帝國議會

衆議院議事速記錄

제4권

대정 9年 7月 ~ 대정 12年 12月

韓國學資料院

〈 目 次 〉

第 4 卷 大正 9年 7月～大正 12年 12月

○島田三郎君　此場合ニ於テ、內閣諸公ニ質問ヲ致シマスル、此事ニ就テハ、本員議席ニ著クニ當ッテ、頗ル近時ノ一大變化――尼港ニ現レタル所ノ慘酷ナル遭難、竝ニ國家ガ無前ノ殘如ヲ被ッタ事ニ就テハ新聞ヲ每朝讀ム每ニ感情ガ昂奮致シマシテ、サウシテ諸處ニ現レマスル所ノ弔慰會ニ臨ミマシテハ、哀傷ノ感ガ胸中ニ迫ッテ參リマス、此報告ノ最モ確實ナルモノハ官報ニ待タナケレバナラヌ、公報ニ待タナケレバナラヌ、併ナガラ文章ハ意ヲ竭スモノデナクシテ、疑ノ事ヲ更ニ問フダケノ便利ガゴザイマセヌ、幸ニ今日此議會ガ開ケマシテ、第一ニ內閣諸公ノ說明ヲ承ッテ幾ラカ憤リヲ散シ幾ラカ遭難者ノ遺族ト共ニ、慰ヲ受ケルヤウナ希望ヲ懷イテ參ッタノデアリマス、併ナガラ議席ニ著イテ謹ンデ諸公ノ說明ヲ承ルト云フト、失望ノ歎ヲ起シテ、愈、平生憤激シテ居ッタコトノ感情ヲ增加シテ來タノデアリマス、（拍手起ル）何故ナラバ、事ハ突然ニ起ルモノニ非ズシテ、其由ッテ來ル所ノ原因ガナケレバナラヌ、近キ所ノ原因ハ何時デモ冬、必ズ海陸共ニ凍リマシテ通路ガ不便デアルト云フコトハ、本年ニ限ッタ譯デハナイノニ、何故ニ昨年ノ秋頃カラ「コルチヤック」ノ勢力ガ段々ト衰ヘマシテ、遂ニ「オムスク」ノ政府ハ「イルクーック」ニ移リ、サウシテ壞崩ニナッタ、之ニ續イテ彼邊ガ段々ト過激派化シテ、事變簇出スルト云フコトハ、唯今田中陸軍大臣ノ御說明ノ中ニモ申サレテ居リマス、其說明ヲ承ラザル前ニ吾々ハ新聞ヲ通シ、或ハ特別ノ通信ニ依ッテ、其事情ヲ承ッテモ、何レモ符合致シテ居ル、斯ノ如キ事態ノ變化スルニ當リ、何故ニ豫メ其危險ヲ推察スルダケノ考案ガ無カッタカト云フコトハ、今ニ至ッテ氷解スルコトガ出來ナイノデアリマスガ、御說明中之ニ何等觸レル所ガナカッタ、更ニ大局カラ考ヘマスルト、吾々ノ同志ガ屢、目的確定セズシテ、屢、推移スル所ノ此西伯利ヘ多數ノ兵ヲ冱寒ノ野ニ曝シテ、暴民ノ威迫ヲ受ケ、或ハ氣候ノ襲擊ニ遭ウテ、戰死者、病死者、合セテ本年春ノ議會ノ時ニ報告致サレタノハ、確カ千二百万程ノ死人ガアッタ（笑聲起ル）千二百人ノ死人ガアッタ（「老イタリ」ト呼フ者アリ）御待チ下サイ、今ノハ二百万ト申シタノハ言ヒ間違デアリマス、千二百人ノ死人ガアッタ、更ニ吾々ノ朋友デアル所ノ議員ノ仲間デ、有志ヲ組ンデ彼ノ地方ヲ訪問シタノデアリマス、最モ正確ニ質問演說トシテ其事ヲ述ベラレタノハ正木照藏君デアリマス、此速記錄ヲ再ビ繰返シテ讀ミマスト、彼方ヘ參ッテ此艱難ヲ嘗メテ居ル所ノ軍人ノ其方ガ、目的ノ何レニ在ルカト云フ事ヲ明白ニ知ッテ居ラナイ、陛下ノ爲メニ一身ヲ捧クルコトニハ、甘ンジテ其犧牲ヲ拂フノデアル、喜ンデ艱難ニ耐ヘルノデアル、死スルトモ少シモ遺憾ハナイノデアル、併ナガラ明白ニ分明ナラズシテ、サウシテ屢、其目的ガ變ル、初メニハ「チエック、フローヴァック」ヲ救ヒ、是デ其任務ガ果セルト云フコトデ、亞米利加ト協定シテ來タ後ニハ、彼處ノ秩序ヲ維持スルコトニナッテ復タ目的ガ變リ、交通ヲ安全ニスルガ爲メト云フコトガ殖エテ復タ目的ガ變ッタ、更ニ過激派ヲ制スルト云フ事ニ就テ復タ目的ガ加ッタ、其上ニ更ニ朝鮮ノ不逞ノ者ガ、滿洲ヨリ西伯利ニ移ッテ居ルカラ、是等ニ向ッテ懸念ガアルカラ、矢張兵ヲ置クノ必要ガアル、斯ウナルト時ガ移ルニ從ッテ目的ガ變ルノデアッテ、更ニ初メニ義ヲ唱ヘテ我ニ協同セヨト言ッテ申込ンデ來タ亞米利加ノ軍隊ガ去ルニ至ッテモ、尚ホ其目的ノ變遷ニ從ッテ長ク此處ニ居ルト云フコトハ、果シテ當初ノ趣意ニ適フヤ否ヤ、殊ニ軍隊ヲ率キテ居ル所ノ將校ノ身ニ取ッテハ、軍隊其者ノ歎難ヲ慰ムル言葉ガ無イト言ハヌバカリノ答ヲシタト云フコトヲ、私ハ承ッテ居ル、其細カナル所ノ事情ハ、陸軍大臣カラモ本年ノ春申サレタノデアリマシテ、三千哩以上ノ長キ道程ノ森林ノ間ニ二十哩位ヰヲ隔テタ所デ、二十五人カ三十人ノ軍隊ガ別々ニ配置セラレテ居ルノデアルカラ、敵ガ一タビ襲擊ノ心ヲ起シタナラバ、如何ナル危險ガ起ルカモ知レヌ、更ニ亞米利加ガ歸ッテシマッタナラバ、此處ニソレダケノ對手ガ少ナクナルノデアッテ、反對ノ勢力ハ月ニ加ッテ、共同ノ勢力ハ全ク空シカラントスル時ニ、尚ホ斷然タル處爲ヲ決セズシテ、荏苒ト時モ冬ニ至レバ初メヨリ交通遮斷セラレテ、音信不通デアル所ノ、更ニ此邊ハ今陸軍大臣ノ說明セラレタルガ如ク「コルチヤック」政府崩壞ト共ニ事件頻々トシテ起ル、斯ウ云フ形勢ニナッテ居ルノデ、是ハ昨年ノ秋頃カラ大凡前途ヲ研究致シテ攻究スレバ、安全ノ地帶ニ引揚ゲルカ、然ラザレバ兵ヲ增シ、機械ヲ備ヘテ防禦ヲ嚴重ニ致ス所ノ必要ガアッタノデアリマスガ、彼地ヨリ無線電信ヲ發スルマデハ、餘リ懸念セラレナカッタヤウニ報告ガ見エテ居リマス、更ニ初メハ西伯利ニ起リマスル所ノ色々ノ假政府ノ如キモノハ、到底對手ニスルダケノ力ガ無イ、此事ハ「コルチヤック」政府ガ賴ル力ガ有ッタニ就テ、歐羅巴諸國ノ人モ日本ト共同シテ助ケタナラバ、物ニナルデアラウト思ッテ居ッタ者サヘモ、其部下ガ過激化シテ、サウシテ「コルチヤック」其人ヲ過激派ニ引渡シテ、遂ニ其政府ハ倒レ、其人ハ殺サレタ、大抵同ジ種類ノ程度ノモノガ諸處ニアルノニ、之ヲ對手トシテ或ハ電信ヲ以テ、雙方融和シテ兵器ヲ互ニ解除スルト云フコトガ宜カラウト云フヤウナ、平和ノ地帶ニ於テ行ハルベキ所ノ處分ヲ司令セラレタト云フ事ニ就テハ、變ニ處シテ安全ヲ保スル政府ノ處分トシテ其不當ヲ疑ハザルヲ得ヌノデアリマス、コンナ點ヨリ外ニ新ニ聞キタイト云フ所ノモノハ私ハ持ッテ居ラナイ、何日ニドウ云フ事ガアッタ、イツドウ云フ事ガアッタ、洵ニ哀悼ニ堪ヘナイト云フ御言葉ハ繰返シテ承ッテ居リ、繰返シテ文書ヲ讀ンデ居リマスルカラ、新タニ演壇ニ立ッテ御說明ヲ要サナイノデアリマスカラ失望ヲシタト云フ、是ガ第一點デアリマス、更ニ此事ヲ總理大臣ノ口ヲ通シテ承ラナカッタト云フコトハ大ナル失望デアリマス（「ヒヤ〳〵」ト呼フ者アリ）出兵其モノニ大ナル疑問ガアリ、大ナル反對ガアリ、大ニ非難ヲ容ルベキ性質ノモノガアルノニ、何故ニ彼ノ尼港ノ一部ニ於テ、軍事ノ小懸引バカリニ就テ、陸軍大臣ガ說明セラレテ事足レリト考ヘラレルト云フノハ、弔祭ノ席ニ臨ンデ、滿腔ノ哀悼ヲ表セラレタ所ノ總理大臣ガ、此事變ヲ見ラレルコト極メテ小ナリト考ヘテ居ラレルカト云フコトヲ、私ハ疑ハザルヲ得ヌノハ失望ノ點デアリマス（拍手起ル）ソレ等ノ事ニ就テハ、地理ヲ按シ、竝ニ事實ヲ考ヘテ研究ヲ積ンダ所ノ同僚ノ望月君ガ詳シク政府ノ說明ヲ乞フト云フコトニナッテ居リマスルカラ、私ハ今承ッタ所ニ就テ、大體ノ感想ヲ述ベルニ過ギナイノデアリマス、此質問ニ當ッテ、劈頭ニ論議ノ問題トナルベキモノハ、今一ツノ大切ナル事ガアリマシテ、此臨時議會ノ生レタ所ノ根源、即チ春ノ議會ガ臨時ニ解散セラレタト云フコトガアリマスカラ、劈頭ニ是非共其意義ヲ明白ニシテ置カナケレバナラヌ、之ヲ論ジタイノデアリマス（「質問デナイ」ト呼フ者アリ）事實ヲ述ベテ、質問ヲ致シテ其辯解ヲ乞フノデアリマスカラ、靜カニ御聽ヲ願ヒマス、諸君ガ斯ノ如キ重大ノ國事ヲ論ズルニ當ッテハ、反對黨デアルト否トニ拘ラズ、禮儀ノ應酬ト云フモノヲシテ、詳ニ言ハシメテ、之ヲ御非難ナサル御自由ヲ蓄ヘラレンコトヲ私ハ謹ンデ望ムノデアリマス（拍手起ル）私ハ自分ノ責任トシテ之ヲ論ジナケレバナラヌ、何故ナラバ內實ノ眞相ハ他ノ原因ニ依テ解散セラレテ、此改選ガアッテ、現時ノ議會ガ生ジテ出タノデアリマスケレドモ、名義上ノ爭ハソレニ非ラズシテ、普通選擧ハ危險ノ思想ヲ帶ビテ居ルト言フ、何故ニ左樣デアルカ、代表者ノ説明ノ言葉ノ中ニ「階級打破」ト云フ言葉ガアルガ、是ガ危險ノ思想ヲ含ンデ居ルト斯ウ云フノガ説明デアリマス、併ナガラ此政府ノ解散理由ノ發表書ヲ讀ンデ見マスルト、速記錄ト丁度相類シテ居リマスルガ、更ニ簡明明白デアリマスルカラ之ヲ申シマス、衆議院ニ於テハ本案ノ否決ヲ見ルヲ疑ハザリシト雖モ事態重大ナルヲ以テ解散ヲシタ――サウスルト政府ハ明カニ前ノ議會ニ於テ、普選ノ問題ニ於テハ、自黨ノ勝利デアルト云フコトヲ確信シテ居ラレタノデアリマス、此確信アルニモ拘ラズ、其表決モ待タズシテ、サウシテ更ニ此確信ヲ裏切ッテ解散ヲセラレ、如何ナル所ノ要求ガ茲ニアッタカト申シマスルト國民ニ訴ヘルト言フ、我憲法ノ趣意ニ於テハ、國民ヲ代表シテ、議會ガ國民ノ意ヲ此席ニ發表スルノデアリマス、之ヲ除イテ直チニ國民ニ訴ヘルト言フコトハ、日本ノ憲法ニ於テ嘗テ見ルコトガナク、考ヘラレタコトガナイノデアリマス、單ニ納税資格ヲ改メテ、サウシテモット多クノ投票者ヲ作ッテ之ヲ國民ノ代表者ニシヤウト云フコトサヘモ危險ナリト言フニ當ッテ、何故ニ必勝ノ算ヲ有ッテ居ル所ノ憲法ノ代表會ヲ解散シテ、殆ド玩弄的ニ無形ノ國民ノ名ニ依テ全體ニ訴ヘントシテ、何ヲ爲サル、積リデアルカ甚ダ意義不明デアリマス(拍手起ル)是ガ亞米利加ノ或州ニ現ハレタナラバ、所謂國民總投票「レフレンダム」ト云フコトヲヤルノデ、憲法モ亦之ヲ許スデアリマセウガ、我ガ憲法ハ斷ジテ斯ノ如キ粗漫ニシテ、戯レノ議會ヲ解散スルノ惡例ヲ大ニ咎メナケレバナラヌ(「何ダ〳〵」ト呼フ者アリ)ソレガ惡例ニ非ズシテ何ンソヤ、憲法ニ於テ許サヽル所ノ處置ヲ執ッタノガ、何故ニ惡例デナイト言ハレルカ、靜カニ御聽ニナッテ、更ニ討論ノ機會モアルノデアルカラ、緩々ト御討論ヲ願ヒマス、弱味ヲ突ケバ直ニ聲ヲ揚ゲテ妨ゲルト云フコトハ、間接ニ矢張吾々ノ主張ニ危惧ヲ抱イテ居ラルルモノト思ウテ頗ル私ハ之ヲ愉快ト感ズルノデアリマス(拍手起ル)斯ノ如クシテ解散ノ理由ハ、社會ヲ脅威スルト云フコトニ決定シテ、之ヲ衆議院ノ解散ノ當日ニ説明セラレ(「殆ド分ラヌ何ヲ言テ居ル」ト呼フ者アリ)之ヲ其翌日ニ政府ノ解散理由トシテ文書ヲ發表セラレ、更ニ地方官ノ會議ニ之ヲ説明セラレ、更ニ檢事ノ集會ニ述ベラレ、其上ニモ之ヲ文書ニ綴ッテ全國一般ニ宣傳セラレタト云フカラ、洵ニ此事ニ就テハ重キヲ措クベキ所ノ内閣ノ所爲デアリマスカラ、私ハ道理ニ依テ之ヲ無意味ノ解散デアルト言フ、是ハ不當ノ解散デアル、其附帶シタ所ノ利害ヲ論ジテ、國事ヲ澁滯セシメテ、行政必要ノ費用ノ納入ヲ遅滯セシメ、官吏ヲシテ此選擧ノ中ニ奔走セシメテ、種々ノ紛亂ヲ社會ニ起シ、其間ニ起ッタル所ノ經濟問題モ要領ヲ得ズシテ、遂ニ今日マデ其歸結ヲ見ルコトガ出來ナイ、更メテ貴族院衆議院ガ之ニ向ッテ質問ヲ爲ス程目前ノ民間ノ休戚ヲ措イテ、斯ノ如キ紛擾ヲ一般ノ國民ニ掛ケタト云フコトハ、確ニ政治上ノ過失デアリマス(「默レ」「謹聽々々」ト呼フ者アリ)其故ニ私ハ事實ヲ述ベマス、是カラ其階級打破ト云フコトニ就テハ危險モナケレバ私ノ失言デモナクシテ、明カニ其説明ヲ致シマス、(「宜シクナイ」ト呼フ者アリ)宜シクナケレバ再ビ天下ニ宣傳セラレテ、私ヲ危險思想ノ人トシテ一向差支アリマセヌ(議長奥繁三郎君、島田三郎君ニ注意ス)議長ノ注意ヲ私ハ受ケルダケノ價値ガ無カッタト信ジテ居リマス、階級打破ノ事ガ何故ニ危險デアルカ、之ヲ確定スルニハ「階級」ト云フ文字ヲ確定シナケレバ所謂水掛論デ、階級ト云フノハ他ノ事デナイ、納税資格ヲ持ッテ居ル階級デ、政治的國民ヲ以テ待遇ヲシテ居ル者ヲ、之ヲ一ノ階級ト見マス、(「質問ヲナサイ」ト呼フ者アリ)質問ヲスルニハ是ガ無ケレバ質問ガ出來ナイ、ソレハ一向差支ナイ、慣例ニ依ッテモ、速記錄ヲ御覽ニナリマシテモ、私ノヤル所ガ規則ニ違ッテ居リマセヌ、一タビ議壇ニ登リマシタル以上ハ、其意ノ盡キザル間ハ與ヘラレタル權利デアリマス、階級打破ト云フノハ、要スルニ言葉ヲ換ヘテ言ヘバ納税ノ區域撤廢ト云フノデアリマス、是ハ私ノ考ヲ申スニ非ズシテ、十二年前政友會諸君ガ此事ヲ述ベラレテ居ルノデアリマスカラ、私ハ其例ヲ申シマス、此引例ハドウ云フ事デアル、此普選案ヲ提出スルニ當ッテ、其理由トシテ、唯今議院ノ帳簿ニ載ッテ居リマス、其理由書ハ、政友會ノ御方ガ多數デアリマス、其理由ノ中ニ斯ウ書イテアル、國民ノ全階級ニ投票權ヲ與フベシ――唯今ノ所デハ、全人民百分ノ三ニ過ギザル少數ノ、或ル階級ニ依テアルノガ宜シクナイ更ニ繰返シテ民選議院ノ假面ヲ裝ヘルモノデ、階級議會デアル此階級ハドウ云フ譯デアルカ、納税資格ヲ有ッテ居ル階級ト、納税資格ヲ有テ居ラナイ爲メニ、政治的國民トシテ取扱ハレナイ、投票ヲ許サレナイ階級、此階級ヲ打破スルニ何ノ妨ガアルカ、例ヘバ階級打破ノ一例ニ諸君ニ判リ宜イ所ヲ言ッテ見レバ、唯今市制ノ中ニ一等階級、二等階級、三等階級ト云フ階級ヲ立テ、金ヲ多ク納メル少數ノ人ニ、多數ノ人ト同様ニ投票權ヲ與ヘテアルノモ、是モ不穩當デアル、時代ニ副ハナイト云フノデ、内務省ハ之ヲ改正スルノ調査ヲ爲シテ、前議會ニ提出セラルヽコトヲ宣言セラレテ、此議場ニ於テ演説ヲ承ッタ、是レ階級打破ニ非ズシテ何ソ、此位ノ元氣ガ無クシテ、世界ノ間ニ相當交際ヲシテ居ラルルモノデナイト云フノガ私ノ確信デアリマス、(拍手起ル)更ニ此事ヲ繰返シテ申シマスレバ、要スルニ維新ノ宏謨ニ依テ、其時ニ武士階級ハ政治的國民ノ階級ダケデ、農、工、商其他之ニ類スル所ノ階級ハ維新前――維新當時ニ於テモ、尚ホ政治的國民トシテ取扱ハレザル所ノ、一ツノ階級デアッタノデアリマス、之ヲ打破セラレタノハ、維新宏謨ノ封建廢止ノ結果デアリマス、ソレト併セテ四民平等ノ結果ヲ生ンダノデアリマス、更ニ進ンデ少クトモ日本帝國ノ今日ノ事ヲ見ルニ至ッタノハ、明治聖帝ノ賜ナリト私ハ恐察スルノデアリマス、其御文章ニ現レテ居ルノハソコデアル、五事ノ御誓文ノ第四箇條ニ「舊來ノ陋習ヲ破リ天地ノ公道ニ基クベシ」此「破ル」ト云フ文字ガ、俗人ノ耳ニハ甚ダ聞苦シイヤウニ感ズルノデアリマスケレドモ、御誓文ノ舊來ノ陋習ヲ破ル、此階級打破ノ事ニ就テ破ルト云フ文字ヲ御咎メニナルダケノ、大膽ナル御方ハ無カラウト思ヒマス、極メテ謹直靜肅ナル態度ヲ以テ、此御文章ヲ讀マルヽデアラウト私ハ思フノデアリマス、斯ノ如ク説明致シマシタナラバ、階級制度ガ何故ニ社會ヲ脅威スルカ、況ヤ其説明ノ中ノ一句ヲ捉ヘテ色々ナル趣意ヲ沒却シテシマッテ、全部ニ亙ッタ文章ヲ解セズシテ、斯ノ如キ事ニ理解シテ國民ヲ煩ハシ、ソレモマダ普通選擧ノ時ニ愬ヘルナラバ、意味ヲ爲シテ居ルノニ、三圓納税階級ヲ有ッテ居ル國民ニ愬ヘルノハ、他ノ國民ヲ蔑視無視シタ、實ニ國民ニ對スル侮辱デアルト思ヒマス、サウスルト他ニ其理由ヲ求メナケレバナラヌ、之ヲ十分ニ述ベナケレバ、此質問ノ精神ガ判リマセヌ、私ハ周官ガ事務ヲ執ッテ報告ヲナス爲メニ、何日ニドウ云フ事ガアッタ、ドレ程ノ金ガ要ルト云フヤウナ、屬官ノ事務ノ報告同様ニ、此演壇ニ立ツノ勇氣ヲ持ッテ居リマセヌ、少クトモ内閣諸公ノ諒解ヲ求メテ、國事ノ進歩ヲ圖ルト云フ抱負ガ無ケレバ、議壇ニ立ツベキダケノ勇氣ヲ持ツモノデナイ、其眞ノ理由ハ他ニ非ズシテ、十目ノ視ル所十指ノ指ス所、天下皆ナ知ッテ居リマス、實ハ前議會ノ末ニ當ッテノ内閣ガ、段々失政ヲ重ネタル結果、初メニ友黨タリシ人々ノ心ヲ失ウテ、國民黨諸君モ、中立倶樂部ノ諸君モ政府ニ反對ノ投票ヲ重ヌルニ至ッテ、政府ハ衆議院ニ孤立セントシテ居ッタ、一方ニハ貴族院ノ開會ノ初メニ當ッテ、否ナソレヨリモ議院ノ開會セザル其休會中ニ當ッテモ、屢々物價調節ノ民心ヲ脅スコトヲ誠實ニ憂ヘラレテ、其策トシテ通貨收縮論トナリ、或ハ金利引上說トナッテ、之ヲ政府ニ促シテモ、何等デモ言ヲ左右ニ寄セテ、的確ナル誠意アル答解ヲ得ナカッタ爲メニ、貴族院ノ諸君ハ、前例ニ無キ十日許リノ質問ヲナサッテ、政府ノ答解ヲ求メタ、其後ニ衆議院ヨリ豫算ガ貴族院ニ廻リマシタ時ニ、此豫算ヲ議スル時ニ、答解ヲ能ク呑込メルヤウニ誠實ナル答ヲシテ貰ヒタイ、然ラザレバ暫ク休會ヲシテ待ツト云フ形勢ニナッタノデアリマスカラ、政友會ハ友黨ノ心ガ離レ、貴族院ハ斯ク政府ノ誠意ヲ責メタノデアルカラ、政府ハ是ニ至ッテ時局ノ行詰リヲ見タノデアリマス、政府ガ困難ヲ感ジタノデアリマス、是ニ於テ政府ハ解散ヲシテ、而モ之ヲ此愚カナル人ニ嫁ヘテ疑惧心ヲ起サシメテ、サウシテ社會黨ト云フ文字ニ依テ天下ヲ風靡シテ、之ニ加フルニ背景ニ政權ノ使用ヲ以テシタナラバ、多數ヲ取レルト云フ此懸引デ、要スルニ國利民福ノ爲メニモ非ズ、行政進行ノ爲メニモ非ズ、又憲法保全ノ意思ニモ非ズシテ、黨勢擴張ノ目的ヲ以テ、解散ヲセラレタト云フコトハ、天下全般ノ信ズル所デアッテ、如何ニ言葉ヲ巧ニシテ辯解ヲスルトモ、斷ジテ社會ノ公論ハ之ヲ許サナイノデアリマス(拍手起ル)斯ノ如クニ致シマシタカラ、遂ニ少數デ反對黨ハ破レ、多數ヲ以テ政府ハ勝ツト云フ運命ニ在ルニ拘ラズ、解散ヲシタノデアリマスカラ、吾々ハ斷ジテ不當ノ解散唯、不當ダケデナクシテ、憲法ノ威力ヲ損ズル所ノ議院法、選擧法、是等ノ諸法律ノ威嚴ヲ損ズル所ノ惡キ例ヲ作ラレタノデアル、是デモ尙ホ私ノ述ベタ所ノ此質問ニ對シテ相當ナル辯解ヲ與ヘラレルカ否ヤト云フコトヲ、私ハ玆ニ問ヒテ、此一段ヲ玆ニ括ルノデアリマス、要スルニ階級打破トカ、或ハ普通選擧トカ云フ、マダ國民ノ全部ガ諒解シナイ所ノ問題ヲ提ゲテ斯ノ如キ擧ヲ爲シタノハ、詰マリ政權維持——「黨勢擴張」ノ四文字ヲ以テ、其精神ヲ說明スルコトガ出來ル、依然トシテ此精神ハ選擧ノ運動ノ中ニ現レタト云フコトハ、是亦痛歎ヲ禁ズルコトガ出來ナイ、政府ハ有ユル機關ヲ動カシテ、政府黨ノ便利ヲ圖ラシタト云フコトハ事保田添野田ノ四人ヲ隨ヘ、大分市ニ出張シ、平井出事務官補ハ政友派ノ旅館糀屋ニ滯在シ、他ノ隨員ハ大分郵便局內ニ宿泊セシメ、而シテ同局電話交換所ノ加入電話ノ中三十一番——憲政會支部ノ電話デアリマス——二百七十四番及二百二十二番——箕浦勝人選擧事務所ノ番號デアリマス——五百三十四番——大分新聞ノ電話デアリマス——此電話線ヲ隣接ノ倉庫內ニ引込ミ田添野田兩人ハ晝夜憲政會側ニテ交換スル電話ヲ盜聞キ其要領ヲ筆

記シテ西垣池田兩書記ニ渡シ兩書記ハ暗號電報ヲ以テ之ヲ熊本管理局ニ送達スルト同時ニ政友派旅館ニ滯在中ノ平井出事務官補ニ報告シ熊本本局及平井出ヨリハ直チニ政友派幹部ニ漏洩サレタリ——是デハマダ證據的確デナイ、事實ハ斯ノ如シ——直チニ政友派幹部ニ漏洩サレタリ此奇々怪々ナル祕密ガ憲政派ノ耳ニ入リタレバ同黨支部幹事長ナル長野綱良ハ五月十一日午後五時檢事正男庭善之助ヲ官邸ニ訪問シ口頭ヲ以テ右ノ事實ヲ訴ヘ是ガ取調ヲ求メタル所正式ノ告發ナキニ於テハ其手續困難ナリトノ答ヲ得テ直ニ引還ヘシ事實ノ發見者ナル大分新聞記者吉野安藏ヲシテ告發書ヲ作製セシメ兩人同伴再ビ檢事正ヲ訪問シ——是デモ中々急ニ取上ゲテ吳レナイ——檢事正ハ取敢ヘズ外部ノ狀況ヲ實檢セシム可キヲ約シ翌十二日午後急、眞實ニシテ一點疑ナキ、コトヽ確メタリシカバ進ンデ內部ノ實檢ニ着手セントスル場合ニ到リ檢事谷勝之助ハ該事件ハ親告罪ナルヲ以テ利害關係者ノ告訴ヲ必要トスト稱シテ檢證ヲ躊躇スル內ニ同日午後九時過奇怪ナル架設電線ハ取除カレ熊本管理局ヨリ出張シ居タル局員モ亦同日奇怪ナル任務ヲ果シテ歸任ノ途ニ就キタリ斯ノ如キ公器濫用ノ弊害ハ根本的ニ排除セザルベカラザルヲ以テ憲政會大分支部ハ五月二十五日告訴狀ヲ檢事局ニ提出シタリ——斯ウ云フ事實デアリマス、此事實ハ公ケノ事トシテ何ト見マスルカ、國ノ信用トシテ何ト見マスルカ、私ハ想ヒ起シマス支那、土耳其二國ガ久シウ歐米ノ諸國ト交際ヲ通ジテ居リナガラ、郵便ノ稅ヲ外國ノ出張所ニ委ネテ郵便切手ヲ外國ニ拂ッテ居ッテ、今ニ改ムルコトガ出來ナイノハ此二國ハ郵便ノ祕密ヲ保ツダケノ、政治的道德ガ缺ケテ居ル爲メニ許サレナイノデアリマス、日本ハ後ニ國ヲ開イタニ拘ラス、早ク郵便局ノ獨立ヲ爲シ得タノハ、日本ノ政治道德ガ信書ノ祕密ト云フコトノ、文明的權威ヲ有ッテ居ルノ人々ハドウ云フ人デアルカ、先ッ以テ東京府內務部長岩田衛君、此時ニハ閑散デアッタカ如何、東京府ニ非常ナル激シキ競爭ガアッテ平生ノ時ヨリ多クノ事ヲ爲サネバナラヌ所ノ職分ノ人デアリマス、山梨縣警察部長ハ如何デアリマスカ、此人ハ矢張山梨縣ノ選擧ノ際、殊ニ多事ノ人デアリマス、群馬縣內務部長亦然リ、東京市本所區太平署長亦然リ、東京府警視最モ然リ、茨城縣水戶商業學校長ハ如何デアルカ、政府ノ敎育ト政治トハ相干涉セシメズト云フ所ノ方針ニ背イテ、ソレデモ許可ヲ得テ此處ニ出掛ケテ行ッテ更

ニ其用事ハ博覽會ノ見物ト、墓參ノ爲メト云フニ至ッテハ、餘リニ虛僞ガ過ギルデハナイカ(拍手)常識ニ愬ヘテ、此驚クベキ政府ノ盡力ヲ私ハ驚嘆敬服スルノデアリマス、縣知事ガ彼ノ間ニ出掛ケテ行ッテ選擧ヲ爭ッタ其縣ノ色ヽナ事務ハドウシマスカ、平生デモ事務官ガ其職ヲ離レルト云フコトデ間ニ合フナラバ、ソレダケ職員ヲ減ジタ方ガ、政務ノ振肅ノ爲メニ私ハ宜イト思フ、然ルニ平生ハ之ヲ減ゼズシテ、必ズ其椅子ニ人ヲ居ラシメ、事アレバ我儘ニ之ヲ許スト云フ、許サレル人モ餘リ政治ニ就テハ正シキ觀念ヲ持タナイノデアルガ、許ス人更ニ其責ヲ持ツト謂ハナケレバナラヌ、目的ヲ達スル爲メニハ、手段ヲ擇ハズト評スベキ事ガ現レテ居ルナラバ、諸君ハ何ト解釋セラル、カ、私ハ隱蔽シナイ小サキ言葉デ言ハナイ、大聲ヲ放ッテ速記錄ニ之ヲ留メテ、天下ノ正シキ人ガ、如何ナル觀念ヲ以テ今ノ內閣ガ如何ナル目的ノ上ニ立テ居ルカト云フコトヲ、判斷スル便利ニ供スルノデアリマス(拍手起ル)更ニモウ一ツ驚クベキ的確ノ事實ヲ擧ゲテ、諸君ノ耳ヲ聳テシメヤウト思フ、ソレハ公器濫用ノ咎ヲ免レヌノデアリマス、電信ノ祕密ヲ侵害シテ之ヲ惡用シタト云フコトノ實例ハ、大分縣ニ現レタ所ノ事實デアリマス、通信機關ヲ利用シテ巧妙ナル選擧干涉ヲ爲シタル形跡ハ全國ニ少カラザルコトデアリマスガ、是ハ訴ノ文書ノ其書拔デアリマスカラ、私ハ特ニ之ヲ讀マナケレバナラヌノデアリマス、極ク正確ナルモノデアッテ、今裁判所ノ手ニ依テ調ベラレテ居ルノハ、六月二十八日ノ東京朝日新聞ニ、「通信事務官ノ通話盜取リ」ト題シテ此事ガ書イテアリマスカラ、私ハ今讀ンデ諸君ノ御聽ヲ煩シタイ、彼地ノ訴狀ノ書拔拔デアルカラ、公文書トシテ信ズベキモノデアリマス——大分郵便局ニ於テ奇怪ナル電話漏洩疑獄事件ヲ惹起シタリ同縣ノ競爭ハ日ヲ逐ウテ激甚トナルヤ熊本遞信管理局事務官補不井出貞三ハ同局書記西垣大郞池田房市及電話アリ)國ヲ賣ルノデハナイ、國ノ威嚴ヲ高カラシメテ、世界ニ好評ヲ博シタイト云フ爲メニハ、眞實ヲ語ラザルヲ得ヌノデアリマス、諸君ハ之ニ對シテ如何ノ感ガアルカ、憲法ノ精神ヲ蹂口ニシテ、小學校兒童ノ退學ヲ命ズルガ如キ處置ヲヤッタト言ハレル、斯ノ如キ暴殘ノ言葉ガ「タイムス」ヲ通ジテ、世界ノ各方面ニ宣傳セラレルト云フコトハ、實ニ日本國民ニ取ッテ、大ナル不愉快デアリマス(拍手)併ナガラ此解散ノ爲メニ庶政悉ク弛ミマシテ、政局ノ失敗ヲ重ネマシテ、後ニ至ッテ呆然タルモノアラント思ハレル事ガ、著々現レテ

居リマスカラ、此時代ニ當ッテ政府ガ如何ニ不生ノ事務ヲ曠シクシテ、サウシテ政務官ニ非ラザル所ノ事務官ヲ多ク候補者ニ立テ、而シテ又ソレヲ援ゲル爲メニ、多クノ事務官ヲ不當ニ使用シタト云フコトノ實例ハ各處ニアリマセウガ、一々擧ゲルノハ甚ダ面倒デアリマスカラ、其最モ的確ニシテ、名ヲシッカリ擧ゲルコトノ出來ル實例ハ、熊本縣ノ選擧干渉ニ於テ最モ明白デアリマス、是ハ小橋内務次官ガ在官ノ儘デ、熊本市ヨリ候補者トシテ競爭ノ渦中ニ投ジマシタ、是ニ於テ官吏ノ中同縣ノ出身デ、大官ニ關係アル者、又昔テ同縣ニ奉職シタル者ヲ選拔シマシテ、應援ノ爲メニ該地ニ出張セシメタ者ガ中々多數デアリマス、一々其名義ハ擧ケマセヌ、併ナガラ又名トスル所ハ何デアルカト云フト、福岡市ニ開會中ノ工業博覧會ノ視察ト云フ名ノ者モアリ、郷里ニ墓參ノ爲メニ行ッタト證言シテ居ル者モアル、併ナガラ如何ニモ其事ノ承諾シ難イノハ、其名前ト職務ヲ擧ゲタラ明白デアリマセウ、東京府ノ内務部長岩田衛、内務屬矢野寛、文部屬宮川宗徳、内務省書記官佐上信一、山梨縣警察部長辛島知巳、群馬縣内務部長馬場一衛、農商務屬西川正雄、東京市本所區太平署長、卯チ警察署長デアリマス――坂口鎭雄、東京府警視緒方惟一郎、大分縣某郡長荒木猛、更ニ教育家ハ成タケ政治上ニ關係シナイノガ政府ノ趣意デ――吾々ハ之ニ不同意デアルケレドモ、兎ニ角現政府ハ其方針ヲ執ッテ居ルニ拘ラズ、茨城縣水戸商業學校長澤村秀夫、是ダケハ出張シテ居ル、私ハ先ヅ事務官ガ候補ニ立ツノハ、是ハ官吏曠職ノ責ヲ免レナイト平生思ッテ居ルノデ、切メテ政務官カ然ラザレバ内閣ト共ニ進退ヲスル所ノ人々、秘書官ノ如キ、警視總監ノ如キ者ハ致方ガナイ、併ナガラ警視總監ノ如キハ選擧ノ爲メニ、決シテ其椅子ヲ離レルコトノ出來ナイ繁劇ナ人デアルカラ、誰ガ之ヲ許スモノカ、内務大臣不同意デアル、併ナガラ玆ニ出サレタ所實デアリマス、其上ニ特ニ今回ノ選擧ノ特徴ト見ルベキ所ノ、而モ其結果ハ永ク選擧界ヲ腐敗セシムル所ノ事實ハ何モノデアルカ、ソレハ選擧費ノ非常ニ増加シタト云フ一事デアリマス、外ヨリ見テ、如何ニシテ斯ノ如キ巨額ノ金ガ動クカト思ハンバカリノ金ノ動イタト云フコトガ特ニ政府與黨ノ御方ノ方ニ著シカッタト云フコトハ(拍手起ル)是ハ百世ノ下私ガ爰ニ言フタ事ガ速記録ニ載ッテ、後人之ヲ記憶シテ居ッタラ正シキ適正ノ判斷ヲ明白ニ得ルデアラウカラ之ニ就テ更ニ後來府縣會ノ選擧モ、郡會ノ選擧モ、町村會ノ選擧モ、著シキ選擧費ヲ費シテ、平生金ニ非常ニ熱中スル人ニ非ザレバ――公益ヲ後ニシテ私利ヲ圖リ、其結果トシテ金ヲ貯ヘタ人デナケレバ、日本ノ政治社會ノ公人タルヲ許スコト、困難ナリト云フ事例ヲ造出シタト云フニ至ッテハ、寒心ニ堪ヘナイノデアリマス(拍手起ル)是ガ私ノ是非論ジナケレバナラヌ所ノモノデアリマス(「質問ヂヤナイ」ト呼フ者アリ)質問ハ結論ニ至ッテ、何時デモ段落ヲ附ケテ私ハソレヲ政府ニ問ヒマスカラ御聽ナサイ、少シモ私ハ急ガズ、緩々ト御聽ニ判ルヤウニシヤウト思ヒマス(笑聲起ル)政權維持ト云フコトガ目的デアッテ、與黨ノ援助、強大デアルト云フコトガ目的デアッテ、此目的ヲ達スルニハ、多數ノ候補者ヲ立テ、多數ノ與黨ヲ選出セシメナケレバナラヌト云フ此目的ノ爲メニ、全力ヲ盡シテ働カレタノデアリマスカラ、此解散ノ事ニ就テ、唯ダ國内ノ批評ダケヲ以テ人々ノ心ヲ其儘ニシテ置ケバ、是デ國ニ取ッテ、何モ損害ガナイト御考ニナッタラ大ナル誤リデアリマス、世界ニ於ケル此擧ノ批評ハ如何デアルカ、一々擧ゲルニ遑ガナイ、併ナガラ世界ノ識者ニ讀マレ、最モ正確ナリ、最モ公平ナリトシテ、新聞界ノ權威ト仰カレテ居ル所ノモノニ就テ、倫敦「タイムス」ヲ推スト云フコトハ、決シテ私ハ不當ノ言方デハナイト思フ、此倫敦「タイムス」ガ(「ソンナ事ハ判ッテ居ル」ト呼フ者アリ)判ッテ居ラナイカラ判ラセルヤウニスルノデアリマス――其倫敦「タイムス」ノ評論ハ斯様ニ書イテ居ル「日本ノ首相原君ハ袞龍ノ御衣ニ隱レ專制的意思ヲ以テ憲法ニ依ル國民ノ選良ヲ恰モ小學校兒童ノ一部ヲ退學セシムルガ如ク至極手輕ク免黜セリ、是國民ノ最良分子ノ理解力ニ對シテ不條理極マルノ侮辱ナリ」是ガ「タイムス」ノ議論ヲ抄譯シテ、東京ノ朝日新聞ヘ宛テタ所ノ電報デアリマシテ、倫敦ヲ三月七日ニ發シテ、其時代ハ電報ガ遲レ勝デアリマシタカラ、數日ヲ隔テ、日本ニ是ガ現レタノデアリマス、斯ノ如ク世界ニ――(「サウ云ウ考ダカラ國ヲ賣ルノダ」ト呼フ者所ノ反應的結果デアリマス、然ルニ此内閣ニ至ッテ、政府ノ與黨ガ今圖ラザル所ノ通信ノ祕密ヲ洩漏スルコトヲ助ケタノミナラズ、主トシテ之ヲ扱ッテ、更ニ之ヲ訴ヘルニモ、最モ容易イ所ノ證據ヲ得ルコトニ非常ノ妨ガアッタト云フコトニ至ッテハ、政府ノ内ノ政治道德ヲ私ハ大ニ疑ハザルヲ得ヌノデアル(拍手起ル)之ヲ海外ノ人ニ聞カシマシタナラバ、電信ノ祕密モ、郵便ノ祕密モ、果シテ日本ニ保タル、ヤ否ヤト云フコトヲ、土耳其政府、或ハ支那共和政府ノ如ク、之ヲ疑ッテ此權利ノ回復ガ、愈、困難デアルト云フコトヲ考ヘルト同時ニ日本ノ博シ得タル所ノ此信用ヲ傷ケラレザルヲ得ヌト私ハ思フノデアリマス(拍手起ル)斯ノ如キ事ガ唯タ一二大分縣ニ於テ的確ナル、最モ諸君ノ反對ノ出來ナイ所ノモノヲ擧ゲテモ、是ダケアルノデアリマスカラ、日ヲ重ネテ方々ヲ捜シテ見マシタナラバ、非常ニ其類ガ多イノデアラウト私ハ思フノデアリマス、是等ハ皆的確ナル證據デアリマスルカラ速記錄ニ揭載ヲ請フ爲メニ議長ノ手許ニ差上ゲテ置キマス、是デ十分澤山ダト思ヒマスガ、私ハ斯ノ如キ事ニ就テ、諸君ハ滿足シテ居ラル、ヤ否ヤト云フ事ヲ質問スルノデアリマス、定メテ不滿足デアラウ、不滿足デアルナラバ、此事ニ就テ相當ナル結末ヲ御着ケニナルコトガ、政府ノ爲メニ圖ッテ、國ニ忠實ナル所ノ行政ノ職務デアルト云フコトヲ私ハ言フノデアリマス、斯ウ考ヘテ見マスルト云フト、此解散ト云フモノハ、徒ラニ費用ヲ掛ケ、民間ノ風俗ヲ選擧ノ買收ト名ヅクル惜ムベキ所ノ惡慣習ヲ鼓舞シタコトニ依ッテ、政治道德ヲ破リ、内ニ在ッテハ職務ヲ空ニシテ、民政ノ捗ラザルヲ憂ヘズシテ、人民ノ世話ヲ燒ク所ノ官吏ガ椅子ヲ空シウシテ、而カモ議員トナッタナラバ、通常會議ガ三箇月、今日ノ如ク臨時議會ガアレバ、行政部ノ椅子ガ空漠トナッテ、ソレデ地方ノ政務ガ擧ルナラバ、何故人數ヲ減ジナイノデアルカト云フコトヲ、私ハ質問スルノデアリマス、洵ニ明白ナル事デ少シモ差支ナイ、ソレカラ是ガ二月二十六日ニ解散セラレ、五月十日ニ至ッテ結了シタノデアリマスカラ、此間ニ於テ政府ハ意ヲ何所ニ全部注イダカト云フコトヲ見タナラバ、内外諸政ノ其當ヲ失スルノハ亦餘儀ナイコトデアラウト思フ、一方ニ於テハ物價暴落ノ爲メニ、大藏省ハ極メテ愼ンデ居ラナケレバナラヌ、一方ニハ失業者ガ段々殖エル爲メニ内務省ハ又繁劇デナケレバナラヌ、外交ノ事ニ就テハ、今外務大臣ガ列擧セラレタ所ノ、或ハ行詰リ、或ハ荅ヲ得ズ、或ハ不利ノ形勢ニ居ル、此儘ニ置クヨリ仕方ガ無イト云フ山東問題ニ非ラザル青島問題ト云フ、此青島問題ニ就テモ荅ヲ得ザル程デアリ、尚ホ其他ニ多クノ難問題ガ目前ニ續々連ッテ居ルニ拘ラズ、政府ハ其椅子ヲ空シクシテ、大臣ガ悉ク選擧ト云フ事ニ鞅掌セラレテ居ル間ニ、種々ノ不便ガ諸處ニ起ッタコトハ私ハ斷ジテ疑ハナイ、併ナガラ其中ニ特ニ擧グベキ事ハ何デアルカ、丁度「コルチヤック」政府ガ振ハズシテ、一月初旬ニ之ガ倒レテシマッタ、「コルチヤック」政府ガ倒シテカラ、西伯利各部ノ方面ガ大分騷々シクナッテ、今迄反過激派デアッタ所ノモノガ、過激派ニ段々感染シテ來タ、斯ウ云フコトハ最モ痛心スベキ事デアッテ、更ニ彼方カラ無線電信ヲ以テ救援ヲ乞フタコトモ此間ニ在ル、此救援ヲ與ヘルコトガ、結氷ノ爲メニ、積雪ノ爲メニ、甚ダ困難デアルト云フコトモ、是亦痛心ノ事デアル、七百ノ愛スベキ所ノ我ガ同胞、忠實ナル所ノ我文武ノ官吏、多年心血ヲ濺イデ彼地ヲ開拓シタル所ノ營業者、斯ウ云フ者ガ男女老少ノ區別ナク、一人ノ孑遺ナク、悉ク殺サレタト云フ此事件ノ出來シタ經過ハ、此選擧ニ全力ヲ注イデ居ッタトキニ現レタト云フコトニ至ッテハ、私ハ此間ニ大ニ意ヲ注イデ、研究スベキ所ノ値打ガアルト思フノデアル、政府ガ儀式的ニハ各地ニ營マレル所ノ弔慰會ニ、或ハ自身ニ內閣員ガ臨マレ、或ハ代人ヲ出シテ之ニ臨マシメテ、弔文ヲ捧ゲル如キ、哀悼ノ表ヲ捧ゲテ居ラレマスケレドモ、其生キテ危急ヲ告グル場合ニ當ッテハ、殘ッテ居ル所ノ大臣ヨリ外ニハ、此事ヲ聽クヲ得ザリシト云フニ至ッテハ、此一大事件ニ向ッテ內閣曠職ノ責ヲ免レズシテ、更ニ其事ガ斯ノ如キ次第ノ惡結果ニ終ッタト云フニ至ッテハ――陛下ニ對シテ、內閣ハ何ト申解ヲ申上ゲラレルカト云フコトヲ、私ハ頗ル案ゼラレルト思ッテ居ルノデアル(拍手)日本全體ノ國民ガ之ニ向ッテ何ト解釋スル、併ナガラ政府モ中ヽ此事ニ就テハ心配セラレタト思フノデアル、其事ハドウ云フ事デアル、此事ノ報到ルヤ、政府ハ內部ニ於テ、色ヽ相談ヲセラレタデアラウ、是ハ祕密ニシテ現レナイ、政友會ノ集會ニ於テ此議ガ上ッテ、反對黨ノ人ヤ國民ガ此議ニ向ッテ種々反對ノ意見ヲ述ベテ質問ヲ出スデアラウ、之レニ對スル所ノ態度ヲ研究シテ置キタイト言ハレタトキニ、原總理大臣、原總裁、此二職ヲ合セテ居ル所ノ者ガ、總裁ノ資格ヲ以テ、是ハ餘儀ナイ所ノ事情デ、援助ヲ與フルコトガ出來ナカッタノデアルカラ、其事情ヲ詳ニ申述ベタナラバ、其等ノ人モ諒解スルデアラウ、要スルニ不可抗ノ事件デアルト云フコトヲ申サレタト云フコトガ、信用ニベキ所ノ新聞ニ載セテアッタト云フコトヲ見ルト、原總理大臣ガ政友會總裁トシテノ資格デ言ッタカラト云ッテ、總理ノ責任トシテ、此國民國家ノ大事件ト云フコトニ、極メテ熱烈デナカッタト云フコトヲ私甚ダ遺憾トスルノデアリマス、私ノ觀察ニ依リマスト、沒ニ不可抗ノ事件ト言フコト勿レ、之ヲ廣ク考ヘマスレバ、何故ニ早ク西伯利ノ撤兵ヲ爲サラナカッタノデアルカ、其目的ニ就テハ種々ニ岐レテ居ル、殊ニ其中ニハ今日ハマルデ取消サレテ居ル所ノ一例ヲ補ウテ、玆ニ其申譯ノ前後甚ダ矛盾シテ居ルト云フコトヲ申シマス、彼ノ地方ニハ、間島ヲ逃レテ西伯利ヘ行ッタ所ノ不逞ノ朝鮮人ガ多數居ッテ、之ガ過激派ノ思想ニ化セラレル、之ニ就テモ捨置難イカラ、彼方ニ兵ヲ出スト云フコトハ餘儀ナイコトデアルト云フコトヲ、今年ノ春ノ議會ニ於テ、大臣ノ說明ノ中ニ承ッテ居ル、モウ一ツハ三千哩ノ長イ處ニ多クノ兵ヲ段々ニ隔テ、配ッテ居ルノデ、此間ニ段々過激化スル所ノ露人ヤ、或ハ是等ノ者ガ屢ヽ鐵道ヲ破壞スル 橋梁ヲ打毁ス、其最モ多キ時ニハ、一夜ニシテ四十箇處モ破壞ヲ被ッタ、之ヲ端カラ修理 修復シナケレバナラヌト云フコトハ、實ニ今ノ兵ノ數デハ、此曠漠タル所ノ原野ニ撒散サレテ居ッテ、其存立ノ問題デアル、斯ウ云フコトヲ言ハレタ、サウスルト此軍隊ハ居留地ノ人ヲ保護スル力ヨリハ、自己ノ自衞ノ爲メニ非常ニ骨ガ折レタト云フダケノ數ガ、廣イ處ニ配ラレテ居ッタト云フコトデアル、之ヲ知ッテ何故ニ此不利ナリ、不可ナリト云フコトニ早ク注意ヲ加ヘテ、屢ヽ吾ヽノ勸告シ豫告シ、忠言ヲ呈シタル所ノ此旨ニ從ッテ、セメテハ初メ誘ウタ所ノ亞米利加ノ撤兵ト同時ニ、同ジ進退ヲセラル、ダケノ勇斷ガナカッタカト云フコトヲ、私ハ責メナケレバナラヌト思フ(拍手)元日本ノ發意デ出兵シタノデハナイ、亞米利加ガ七千人出スカラ同數位ヲ出シテ吳レト、ソコヘ突然七万五千人ノ兵ヲ出シタ、其時ノ當路者ノ說明ド吾ヽガサウデハアルマイト云フ所ノ推想トハ、大ニ齟齬シテ居リマス、ソコデ尼港ノ三百人、彼等ヲ保護スル爲メニ多クノ兵ヲ遣ルト云フコトハ――外ノ土地ニ在ル兵ヲ遣ル コトノ出來ナイト云フコトヲ、陸軍大臣ノ申サレタノモ、道路ト云ヒ、其以後ノ軍隊ノ存立ノ問題デアルト說明セラレタ、今年ノ春ノ說明ト合セ考ヘルトキハ、行屆キ兼ネル所ノ事實クモ知レナイ、併ナガラ單ニ帝國ノ利害ト云フヨリハ、寧ロ國家ノ榮辱ノ關スル所、七百ノ生靈一人ト雖モ、他ノ物ニ換ヘ難キ所ノ貴キモノデアルカラ、我ガ人民ヲ唯タ道路ガ不都合ダ、唯タ手當ガ著カナカッタ、積雪堅氷ノ爲メニ、活路ガ開ケナカッタト云フ斯樣ナル性ノ惡イ金ヲ借リタ人ガ、金貸ニ申譯ヲスルガ如ク、其場合ニ於テ種々ノ理由ヲ提出スルニ至ッテハ、私ハ之ヲ信ズルコトガ出來ナイ、信用ノ度甚低シト謂ハナケレバナラヌ、今日朝鮮ヲ惡化シタ者ヲ、ドウ片付ケテ御取リニナルカ、ソレヲ承リタイ、此朝鮮人ガ滿洲ニ逃レ、或ハ西伯利ニ逃レテ惡化スルト云フコトハ、是ハ餘儀ナイ結果デ、內地ノ人モ食フニ困レバ、惡イ者ノ仲間入ヲ致シマス、況ヤ朝鮮ノ未開ノ人デ、他國ニ流寓スル人ニ至ッテハ、勢ニ制セラレテ過激化スルコトハ自然ノ事デアル、ドウシテ之ヲ制シマス、現在居ル所ノ軍隊ノ存立ヲ問題トシテ、折角五千ノ增兵ヲ要求シタ御方ガ、此日ニ朝鮮人ガ惡化スルコトヲドウシテ防グコトガ出來ル、況ヤ道理ヲ以テ識者カラ考ヘテ見レバ、人ノ思想ヤ飢餓ニ迫ッテ惡化スル所ノ者ヲ、鐵砲ノ機械的手段ニ依ッテ之ヲドウカシヤウト云フコト程、常識ヲ離レタ所ノ愚カナル政策ハ無イト私ハ思フノデアル、初メヨリシテ朝鮮ノ政策ヲ緩和ニシ、多ク外國ニ移出シナイヤウニシテ其處ニ安ンゼシメ、其ノ處ヲ得セシメタナラバ、コンナニ多數此處ニ出掛ケテ行クマイト思フ、長イ間朝鮮人ノ政治ヲ懈ッテ、而モ其政治ヲ內地ノ人ニ知ラシムル朝鮮半島ノ新聞ノ出版ノ自由ヲ奪ウテ、事ガ有ッテ始メテ之ヲ知ッタヤウナコトガ十年ノ久キニ亙ッテハ、如何ニシテモ朝鮮人ガ他方ニ流レテ惡化セザルヲ得ヌ、斯ウ云フコトヲ思ッタナラバ、本ヲ治メテ以テ、先ツ以テ足元ノ日本ノ人ノ信用ヲ厚クセシメ、更ニ半島ノ人民ノ信用ヲ得ルコトニ努メ、サウシテ已ムヲ得ザル所ノモノニ向ッテ、仁義ノ兵力ヲ用キルト云ッタナラバ、是ハ有道者ノ爲ス所ノモノデアッテ、信義アル政府ノ處置トシテ許諾シナケレバナラヌ、色ヽナ事ヲ懈ッテ居ッタ斯ノ如キ內閣ニ向ッテ、一點ノ同情ヲスルコトハ出來ヌ、若シ私ガ西伯利ニ居タナラバ、惡化スマジク思フ程ノ不滿ヲ懷イテ居ルノデアリマス、之ヲ私ハ明言スル、併ナガラ人情ハ大抵共鳴スル點ガアリマスカラ、單ニ私ガ之ヲ隱サズ表現スルバカリデナイ、是マデ言ハザル所ノ人ガ天下ニアルト思フノデアルカラ、本ヲ治メテ德政ヲ布クト云フコトニ早ク反省セラレンコトヲ望ムノデアルガ、果シテ責任ヲ重ンジテ進退ヲ決セラル、カ、蒔イタ所ノ種ハ之ヲ刈ラナケレバナラヌカラ、暫ク時日ヲ許シテ、此事ヲ斯ウ云フ手段デ處理ヲ付ケルカラ、ソレダケノ間責任ヲ宥恕シテ貰ヒタイト云フ、斯ノ如キ深キ同情道德ノ觀念ヨリシテ說明セラレタナラバ、多數ノ國民ハ矢張遭難者ト同樣ニ、內閣モ洵ニ窮境ニ在ルト云フコトヲ察シテ、同情ヲ表スルニ至ルノ善良ノ結果ヲ得ルカモ知レナイ(拍手起ル)然ラザレバ勢ヒ內閣ハ孤立スルニ定ッテ居ルノデアリマス、ソレカラモウ一ツハ對支外交ノ事デアルガ、是ハ望月小太郎君ノ說明ニ讓リマシテ、成タケ私ハ觸レナイヤウニ致シマス、對露ノ事モ今僅カ一部ヲ言ッタガ、過激派ト云フモノヲ段々歐羅巴諸國デハ討滅ノ望ヲ斷ッテ何トカシテ、之ヲ善導シテ行ク口ヲ開イテヤラウト云フ方ニ進化シテ居ル、其事ノ現レタノガ、卽チ亞米利加ガ兵ヲ引返シタ事デアル、兵ヲ退イタガ、物質ノ供給ニ至ッテ日本ト相談シテ決スル其事ニ就テ途ヲ塞ガナイ以前斯ウ言ッテ居ルノデアリマス、是ハ露西亞人ノ善化ヲ望ミ、善化スレバ、其國利國策道理ニ合ウタ所ノ、國ノ利益ノアルコトヲ考ヘテ居ルノデアリマセウ、强硬ニ反對シテ居ル佛蘭西モ、諸國ガ、斯ノ如クナッタニ就テ、今マデ反感ヲ懐イテ居ル、其反感ハ理由アル事デ、過激派政府ガ多額ノ借ヲ佛蘭西ノ國ニ持ッテ居リナガラ、棒ヲ引イテ帳消ニシヤウトセラレタ、ソレガ不法デアルト云フノデ、英吉利ト一緒ニ――亞米利加トハ別ニ――同一歩ヲ整ヘタガ、近時ニ至ッテハ段々ノ形勢ニ鑑ミテ、此反感ヲ緩メントシテ居ル、唯ダ獨リ彼去リ彼離レ、我ガ日本ガ此曠漠ノ地ノ治安ヲ維持スルノダト云フ文字ダケハ、結構ナル意義ノモノヲ作ッテ、自己ノ存立ニ更ニ五千ノ增兵ヲ要スルト云フ窮境ニ至ッテ居リナガラ、何シテ諸方ニ散在シテ居ル所ノ其居留民ヲ安全ノ地帶ニ引纒メテ、之ニ相當ナル――併ナガラ散在シテ居ルヨリハ數少クシテ、且ツ力强キ所ノ軍隊ノ保護ノ下ニ立タシメナカッタト云フコトヲ思ッタナラバ、不注意ナル、又深厚ナル共鳴ト同情ヲ有タナカッタ結果、種々ノ誤ヲ生ジテ、彼地ニ安定シテ居ル所ノ軍人ガ、如何ニモ悲ムベキ運命ヲ執ッタト云フコトヲ、私ハ憤ラザルヲ得ナイノデアリマス(拍手起ル)此ニ至ッテ政府ハ如何ニ處スルカ若シ之ヲ他國ノ議會ニ於テ今日ノヤウナ事ヲヤラレタナラバ、如何ニ奇怪ノ眼ヲ以テ今日ノ內閣諸公ノ態度ヲ見、愈々彼方ニ兵ヲ出スコトニナッタ、其事ハ官報ニ載セテ居ルカラ御覽下サイ――官報ハ質問シテモ返事ヲシナイノデアリマスカラ、折角ノ質問日ノ今日直グ質問ヲシヤウト云フ機會ヲ取ッテ、是非出掛ケテ早ク出テ來タ御方ハ他ノ人民ガ見ル――國ノ代表者タル議員ハ、貴族院ノ方モ、衆議院ノ方モ、官報ヲ見ナイト云フ不便ヲ受ケテ居ッテ、ソレデ、此事ニ就テ、何故此壇ニ登ッテ其委曲ヲ盡シ、一旦兵ヲ減ジタ後餘儀ナクシテ五千ヲヤッタ、今度ハ斯樣ナ不意ノ出來事ダカラ斯ウ云フヤウナ用心ヲシテ、危險ノナイ程度ニ於テ更ニ是ダケノ事ヲシテ、何時確カナル政府ガ成立ツカ、前途長キ所ノ間ニモ、餘リノ害ヲ被ラズニ、安全ナル兵ノ遣方デアルト云フコトヲ、爰ニ說明セラルベキノニ、是ガ議會ガ開カレテ居ッテ、內閣諸公ト國民ノ代表者ト應酬ノ出來ル組織ノ下デ、最モ正適ナル所ノ、最モ簡便ナル所ノ、最モ宜シキ所ノ方法デアルト思フノデアル、是ハ官報ヘ載セテ居ッタカラ、御覽下サイデ引込ムナラバ、初メカラ筆記セラレタモノヲ朗讀サレテ、版ニナッタモノヲ御配リニナッタ方ガ、尙ホ便利デハナイカト私ハ思ヒマス、殆ド之ヲ評スルニ、吾々ハ其拙劣驚クニ堪ヘタリト思フノデアリマス、更ニ日英同盟ノ事ニ就テ附帶シタル事カラ、外交ノ不振ニ就テ不平ヲ漏シテ政府ノ決心ヲ問ハナケレバナラヌ、日英同盟ノ目的ガ屢々變遷シテ、初メハ露西亞帝國ニ對スル同盟デアル、後ニハ日本ト英國トノ間ニ成立ッ所ノ對獨逸ノ同盟ノ如キ形デアリマス、今ハ露國モ彼ガ如ク又獨逸モ彼ガ如クデアレバ、此同盟改訂ノ期迫ルニ當ッテ、何カ同盟ノ甲斐ノアル所ノ趣意ノ下ニ、私ハ確ナル盟約ヲ結ンデ貰ヒタイト云フノガ希望デアリマス、唯ダ名バカリ盟約デアッテ、東西ノ兩國ガ盟約國デアルト云フコトダケデ、是ガ國際聯盟ニハ觸レテハ居ラナイカラ宜シイト云フヤウナ形式的ノ同盟ナラバ、何ノ詮モナイト私ハ思ッテ居ル、併ナガラ此同盟ニ對シテ、大ニ日本人ノ考フベキ事ハ何デアルカ、獨逸ニ對スル所ノ大戰爭ノアッタ時代ヨリ、其初期ニ當ッテハ、東南洋ノ方面、並ニ北太平洋ノ邊リニ在ル所ノ、一ツハ加奈陀一ツハ濠太利新州蘭、此方面ニ獨逸ノ潜航艇若クハ海軍等ニ脅カサレル虞ガアッタ、印度カラ出掛ケテ居ル所ノ郵便船、或ハ貿易船ト云フモノガ甚ダ危險デアッタノニ、日本ノ海軍ガ此處ニ働イタカラ、御蔭デ以テ準備無キ所ノ南洋ノ方面ノ濠太利モ大變日本ノ爲メニ感謝スル斯ウ云フコトノ演說ガ屢々濠太利ノ新聞ニ見エタ、加奈陀モ同樣デアッテ、徵兵ニ應ズル者ハ人種ノ區別ヲ問ハズ、會テ與ヘザリシ歸化權、並ニ選擧權ヲ與ヘルト云フコトヲ言フタノデ、日本ノ人ガ之ニ應ジタ、サウシテ歸ッテ見タラ異論ガ出テ之ヲ拒マレテ、其上ニ排日ノ思想ガ英吉利ノ屬地ノ加奈陀ニ、今猛烈ニ燃エテ居ルト同時ニ、濠太利ニ於テハ、更ニ一層ノ猛烈ヲ以テ燃エテ居ル、是ガ日本ニドウ云フ關係ガアルカ、赤道ノ南ニ在ル所ノ元ノ獨逸領ト云フモノハ、極メテ地面ガ廣クシテ、實入ノアル有益ナ領分デアッテ、赤道ノ北ニ在ル所ノモノハ恰モ小石ヲ大ナル池ノ中ニ散シタ如ク、小サイ島々デアルカラ、格別ノ利益ガ無イノデアル、此利益ノ無イモノガ、東南洋ニ働イタ所ノ日本ノ報酬結果デアリマスルガ、國際聯盟ノ共有地トシテ日本ガ之ヲ管理スルコト、濠太利ガ國際聯盟ノ共有地タル、有益廣大ナル所ノ赤道以南ノ領分ヲ管理スルコト、私ノ見解ニ依ルト、管理ト云フノハ委託權デアリマスカラ、本當ノ所有者ハ國際聯盟ノ共有ノ物デアル、此共有ノ物ノ一大株主デアル所ノ日本ノ移民ガ、赤道ヨリ南ノ濠太利ノ管理ニ屬シタ島ニ、今ハ出稼ヲスルコトガ出來ナイ、排日ノ氣焰此時ニ及ンデ濠太利本土ノ白人主義ヲ此處ニ實行シテ、斷然トシテ日本人ノ其島ニ入ルコトヲ拒ンデ居ル、是ハ何デアルカ、前ニハ感謝ヲセラレテ、日本人ノ働ノ爲メニ、報酬アルベキ筋合ニナッテ居タノデアルガ、後ニハ是ガ全ク拒絕セラレテ、前ノ獨逸ノ領分デアリシ時ニハ、日本人ガ其島ニ入ルコトノ自由ヲ有シテ居タモノガ、共同ノ聯盟國ノ所有トナッテ、濠太利ガ管理シテ居ル所ノ此島ハ、足ヲ入レルコトガ出來ナイ待遇ヲ受ケテ居ルト云フコトハ、畢竟スルニ巴里ニ於ケル平和會議ニ於ケル我ガ委員ノ手落カラ、斯ノ如キ事ニ立至ッタノデアッテ、更ニ之ヲ派遣シタ所ノ政府モ、亦其人ヲ得ザリシ所ノ責ハ、道德的政治ニ免レヌモノデアッテ(「簡單々々」ト呼フ者アリ)其事柄ニ就テハ外務大臣ハ何トモ言ハレズシテ恰モ事ナキヤウニ思ッテ居ラルヽガ、聯盟ヲ爲ス場合ニ於テハ出來ルダケ斯樣ナル不便ヲ去ッテ貰ッテ、同盟ノ一切ノ利益アリ甲斐アル所ノ處置ヲ望ムノデアリマス、此事ハ日本ノ人口ノ增殖スルニ從ッテ愈々斯ノ如キ地所ヲ求ムルニ急ナルニ、此聯盟ヲ無視シ、前ヨリモット酷キ待遇ヲ受ケテ居ルニ至ッテハ、吾々ハ之ヲ憤ラザルヲ得ヌ、併ナガラマダ之ヨリハ甚シイ、亞米利加ノ「カリフォルニア」ニ燃エテ居ル排日ノ氣ハドウデアルカ、之ニ就テハ外務大臣ハ、成ダケ觸レヌヤウニ說明セラレテ居ルガ外務大臣並ニ總理大臣ハ、之ニ就テ切迫シタル問題ニ大ニ力ヲ致サナケレバナラヌト云フコトヲ私ハ玆ニ請求シテ、其決心如何ト質問シナケレバナラヌ、日本ガ獨逸ニ對スル戰爭ニ加ハッタ當時ハ、至極評判ガ亞米利加ニモ宜シカッタ、其結果一昨年ノ末頃ニ至ッテハ、日本人ノ現在ノ三年ノ借地權ノ許可ヲ更ニ延長シテ、十年位キハ借地權ノ許可ヲ與フル所ノ希望ヲ達スベキ運動ガ始マリ、其運動ハ頗ル有望デアッテ、昨年ハ大ニ望ヲ屬シタノデアル、或人ハ言フ、「サクラメント」ノ加州ノ政廳ハ原案トシテ之ヲ議會ニ出スダラウトマデ、非常ニ樂觀ヲスル所ノ報道ガアッタノデアルガ、不幸ナルハドウ云フ事デアルカト云フト、昨年三月朝鮮ニ現レタル所ノ彼ノ暴動ガ、非常ニ惡イ所ノ結果ヲ歐洲ニ影響セシメ、サウシテ殊ニ亞米利加ニハ色々ノ訛言ガ傳ハッタ、其中ニ更ニソレヲ誇大ニ言觸サレテ居ルノハ、例ノ朝鮮ニ於ケル水原ノ問題デアリマス、水原ニ於テ會堂ノ中ニ平和ノ人民ヲ呼入レ、之ヲ二十三人戶ヲ締メテ打殺シテ燒イテシマッタ、是ダケハ事實デス、之ニ至ルマデノ徑路ハ別デス、朝鮮ニ於ケル此騷動ガ非常ニ亞米利加ニ惡ク響イテ、日本ハ宗敎ノ自由ト云フモノヲ憲法ニ與ヘテ居ルケレドモ、併ナガラ朝鮮ニハ全ク之ガ無イノデアル、本國デモドウデアルカ疑ハシイ、コンナ人民ガ段々亞米利加ニ多ク入ッテ來テ加州ニ一ノ部落ヲ造リ二ツノ部落ヲ造ルヤウデハ、前途甚ダ危ナイ、現ニ布哇ノ有様ヲ見ヨト云フヤウナコトヲ言ヒ出シタモノデアルカラ、ソンナ考ノナイ無邪氣ノ人モ、他國ノ斯ウ云フ問題ヲ一々調ベテ居ル譯デハナイカラ、其實況ヲ知ルコトガ出來ナイノデ、此宣傳ガ大ニ效ヲ奏シ、之ト同時ニ大統領ノ選擧ニ近ヅイタモノデアルカラ、斯ウ云フヤツナ多クノ人ノ視聽ヲ喜バスヤウナ排日熱ヲ煽ラセタ、煽ラセレバ忽チ物ニナッテ、三年ノ借地權ノ權利ヲ十年ニ延バスドコロデナク、一年ニシテシマウ、更ニ憲法ニ許サレタル所ノ亞米利加デ生レタ者ハ、自然亞米利加ノ投票權ヲ得ル、市民權ヲ得ルト云フ、此憲法ヲ作リ易ヘテ、歸化ヲ許サレザル父母ノ子ハ亞米利加ニ生レテモ、亞米利加ノ人ト同様ノ權利ヲ與ヘナイコトニシヤウト云フ運動ヲ起シテ居ル、之ニ對シテ五万人ノ賛成者ヲ得レバ之ヲ政廳ニ出シテ――是ハ曾テ總理大臣ガ人民ニ問フト云ハレタ如キ空文ノ問ニ非ズシテ、本當ニ亞米利加ノ總人口ニ問フト云フ所ノ形式ヲ以テ、加州ノ憲法ヲ改メント云フ運動ガ今盛ンニナッテ居ル、是ハ現在ニ迫ッテ居ル問題デアル、併ナガラ是等ノ事ハ餘リニ……

○議長（奥繁三郎君）　一寸島田君ニ注意致シマス、質疑ノ範圍ヲ餘リ越エナイヤウニ願ヒマス

○島田三郎君（續）　少シモ越エテ居リマセヌ、無用ノ事ハ一言モ申シマセヌ、政府ガ責任ヲ感ジナイ以上ハ仕方ガナイ、政府ハ朗讀ヲ爲サルノデアルカラ簡單ニ濟ミマスガ、私ハ話デスカラ長クナルノデス――デ亞米利加ノ政府ハ之ヲ氣ニシテ、内證ニ何カ論シノ文ヲ出シタト傳ヘラレテ居リマスガ、出來ナイ、殊ニ東洋ニ居ル所ノ宣教師、是等ノ人ハ公然ト之ヲ新聞ニ書イテ、諸國ニ之ヲ告ゲマシタカラ、諸國ノ人ノ好意モ之ガ爲メニ破レントシタノニ、幸ニ之ガ日本ニ永ク住ッテ居ッテ、殆ド日本人化シテ居ル所ノ米國人ト、今一人ハ日本人デ外交ノ事ニ就テハ、相當ニ理解ノアル宗教家、此二人ノ人ガ其誤ヲ正サンガ爲メニ――人ノ功ヲ沒シテハイケマセヌカラ其人ヲ擧ゲマスガ――直接ニ其人ノ名ヲ擧グルヨリモ、寧ロ之ニ力ヲ添エタノハ、諸君ノ御承知ノ阪谷芳郎君デアリマス（「違フ〳〵」ト呼フ者アリ）阪谷君ガ色々世話ヲシテ之ヲ送リマシタ、間接ニハ澁澤君モ矢張之ニ援助ヲ與ヘテ遣ッタノデアリマス、是ガ上海ニ於テ政府ノ人ガ招クノデハナイ、純然タル信徒ノ招デアル、是ガ後ロニ立ッテ居ルノハ、大隈侯デアルトカ、澁澤男爵デアルトカ云フヤウナ信用ノアル所ノ人デアルカラ、決シテソンナ疑ヲ容ル、ニ及バヌト言[illegible]テ説明シ、更ニ五年前ノ丁抹ノ都ニ於ケル決議ハ、日本ト定メテアルカラ、今更ソンナ故障ヲ言フ必要ハ無イデハナイカト云フテ説明シタカラ、彼等ハ翻然ト其誤ヲ悟ッテ、此事ハ圓滿ニ片付イタト云フコトデアリマス、此精神ヲ何ト御讀ミナサルカ、政府ノ信用ハ、外國ニ薄クシテ、斯ノ如ク有志ノ努力ニハ精神ガ籠ッテ居ルカ、或ハ共鳴ノ點ガアルノデアルカ、政府ノ招ナラバ日本ノ都ニ開ク會ニハ出掛ケナイガ、サウ云フ方ガ開クト云フコトデ、千有餘人ノ諸外國ノ人ノ集ルノニ、獨リ支那ニ居ル所ノ者ガ行カヌト云フコトハ、一視同仁ノ教ヲ受ケタ者ノ志デナイ、快ク出席スルト云フコトデ、此問題ハ片付イタノデアル、斯ウ見ルト云フト、朝鮮ニヤッタ所ノ政府ノ失策ハ、極メテ日本ノ聲譽信用ヲ墜シテ居ルノデアリマスルガ、此西伯利ニ對スル事モ、決シテ日本ノ信用ハ増シテ居ラナイ、空シク犠牲ヲ拂ッテ、種々ノ猜疑ヲ招イテ居ルト云フコトハ、其目的初カラ明白ニアラズ、其趣意的確ナラバ、屡、目的ヲ變ヘ、時移ルニ從ッテ説明ヲ易ヘ、忽ニシテ兵ヲ減ジ、忽ニシテ必要デアルカラ兵ヲ増ス、今回ノ事件ヲ除イテモ、前ノ行方ニ此變化ノアッタコトヲ御承知ヲランコトヲ望ムノデアリマス、是ハ領土占領ノ野心ガアルデハナイカト云フ説ノ傳ハルト云フコトハ、畢竟政府ノ處置ニ不當ナル所デアルノト、何事モ國家民福ヲ第一トスル此觀念ニ乏シク、遭難者ノ同情ニ熱シテ居ラヌト云フヤウナ種々ナ事ガ、言ハズ語ラズノ間ニ種々ナル不利ヲ受ケテ、其不利ハ單ニ内閣ノ不利ニ非ズシテ、諸君ガ代表シテ居ル所ノ、全國ノ日本國民ノ是ハ大不利益デアッテ、日本政府ハ何故ニ此危急ノ日ニ亞米利加ノ州政府ナリ中央ノ政府ナリ、地方ノ政府ナリ、總テノ方面ニ對シテ、ソレ〳〵ノ方法ヲ講ゼラレナイノデアルカ、是ハ尼港ニ於テ慘殺セラレタル人民ノ如ク見棄テズシテ、早ク此急ヲ救ハレンコトニ努力セラレンコトヲ私ハ望ムノデアルガ、是マデソレニ著手セラレタカ、是カラ大ニ努力ニ著手セラレルノデアルカト云フコトヲ質問スルノデアリマス、此事ヲ聽カナケレバナラヌカラ、私ハ其理由ヲ言ッテ居ルノデアル、ソレカラ……

○議長（奥繁三郎君）　質問ナラ成規ノ賛成ヲ要シマス

○島田三郎君（續）　私ハ質問演説ヲシテ居ルノデアリマス、今日ハ質問會議デアリマス

〔「簡單ニ簡單ニ」ト呼フ者アリ〕

○議長（奥繁三郎君）　一寸御聽下サイ――一寸諸君ニ御諮リ致シマス、今日ハ無論……（議場騷然）質疑ナラバ國務大臣ノ演説ニ依テ質疑シテ下サイ、今日ハ國務大臣ノ演説ニ對スル質疑デアリマス（「質問ヂヤナイ質疑ダ」ト呼フ者アリ）

○島田三郎君（續）　本員ハ斯様ニ日本ノ内政ガ治マラナイ爲メニ、段々日本ノ國威ガ墜チ行クト云フコトヲ極メテ嘆息シ、極メテ之ヲ憂慮スルノデアリマス、決シテ事實ヲ誇張シテ、諸君ノ感情ヲ動カスヤウナ方法ハ執リマセヌ、私ハ茲ニ其實例ヲ示シテ、今迄述ベタコトガ、確ニ斯ノ如キ結果ノアッタト云フコトヲ證明致シマス、ソレハ外デハナイ、矢張朝鮮ノ問題カラ影響シテ、世界列國ノ人ガ日本ハ自由ヲ許サヌ所ノ、殊ニ信教ノ自由ヲ許サヌ所ノ國デアルト誤解ヲシテ、日本ニ對スル所ノ一ノ公ノ擧ヲ拒マントシタコトガアル、ソレハ外デモアリマセヌ、丁度五年前ノコトデアリマス、五年前ニ丁抹ノ首府ニ於テ開カレマシタ所ノ萬國ノ日曜學校ノ集會、即チ聯盟日曜學校デアリマス、此會合ヲ此次ニハ日本ニ開カウデハナイカト云フコトデ、今年ガ丁度ソレニ當ルノデアリマス、本年十月頃ガ其會期デアリマス、所ガ昨年カラ之ガ問題ニナッタ、何故問題ニナッタカト云フト、朝鮮ニ於テ朝鮮ノ宗教學校ヲ迫害シタト云フ聲ガ諸方ニ傳ハッタノデアル、政府ハ之ニ向ッテ的確ナル説明ヲ與ヘナカッタ、水原ニ於テ會堂ノ中デ土耳古人ノヤルヤウナ、或ハ「パルチザン」ノヤルヤウナ事ヲ日本ノ軍隊ガヤッタト、斯樣ニ世界ニ傳ヘラレタ、ソコデ日本ニハ信教ノ自由ナシ、ソンナ政府ノ招ニ行クコトハ好マナイ、萬國聯盟日曜學校ノ地點トシテ、日本ノ都ヲ充テタト云フコトハ、ドウモ同意ガ國威外ニ墜ツルト云フコトニ就テハ、　陛下モ亦御安心遊バサル、コトノ出來ナイ大事件デアルト私ハ思フノデアル、（拍手）更ニ何故十年ノ間朝鮮ガ塞ガレテ居ッテ、斯様ナル所ノ惡キ結果ヲ持來シタカト云フト、色々ナ理由モアリマスガ、要スルニ内地ノ人ガ朝鮮ノ事情ヲ知ラナイカラ、彼ニ色色ナ不法ノ事ガ行ハレテアッテモ、能クソコニ治ッテ居ルト云フコトハ聞クダケデアッテ、少シモ其事ノ裏面ヲ窺フコトハ出來ナイ、大抵ハ朝鮮ノ總督府ニ關係アル所ノ新聞デナケレバ許サレナイ、許サレテモ其不利益ナ事ハ、内地ヨリモモウ少シ甚シク、豫メ原稿ヲ押ヘルト云フ所カラ、其美聲ハ聞エテモ、惡聲ハ聞エヌ、是ガ積リ積ッテ突發シタノガ昨年三月ノ彼ノ暴亂――動亂デアッテ、幸ニ其動亂ハ鎭ッテ、善後ノ策

二今著手シツヽアリマスケレドモ、果シテ其目的ヲ達スルヤ否ヤハ、内閣諸公ノ大ニ意ヲ向ケベキ所ノ大問題デアッテ、西伯利ニ散在スル過激派化スル朝鮮ノ人ノミヲ憂ヘズ、半島ニ安居シテ居ル朝鮮ノ良民ニ不滿ヲ懐カシメナイ所ノ政治ヲ執ラレンコトヲ、現ニ是ハ内閣ニ御注文ヲ申スノデアリマス、ソコデ是カラシテ天下ノ新聞紙ニ向ッテ希望ガアルト同時ニ、内閣ニ向ッテ、新聞紙ニ對スル希望ニドウ云フ御考ヲ有ッテ居ルカ、之ヲ改良セラレンコトヲ質問シナケレバナラヌ、寺内内閣ハ随分出版ニ對シテハ、手酷キ所ノ取扱ヲヤッタ、併ナガラ寺内君ハアレハ武人出身ノ人デアッテ、彼ノ内閣ヲ世ノ中ノ人ハ官僚内閣ト言ヒ、或ハ軍閥内閣ト言ッタ、寺内君ノ從來ノ經歴ニ徴シテハ、多ク此事ニ就テ咎メルコトハ、其人ニ對シテハ無理デハナイカト論スル人ガアル、更ニ其當時ハ大戰最中デアッタカラ、軍事外交ニ就テハ諸外國ト雖モ餘程自由ヲ抑制シタ、此時代ニ寺内君ガ新聞紙ニ就テ色々手ヲ下サレタト云フコトハ、私ハ先ヅ過去ッタ事デアルカラ之ヲ論ジナイ、併ナガラ今ノ内閣ハソレトハ系統ヲ異ニシテ居リマス、自由ヲ標榜シテ天下ニ起ッタル所ノ自由黨ノ系統ヲ承ケタ、更ニ自稱シテ平民内閣ト言ハレテ居ル所ノモノデアルニ拘ラズ、近時新聞ヲ讀ム者ガドウシテモ知ルコトガ出來ナイ、原稿ガ脫稿シタ後ニ取押ヘラレテ居ルモノガ、少ナカラズ新聞社ノ編輯局ニ積ッテ居ルト云フ所ノ風聞ハ、確ニ事實デアルト私ハ信ズル、出版ノ自由ト云フコトノ憲法ノ精神ハ、責任ヲ負ウテ出版セヨ、其代リ惡ケレバ裁判所ニ附シテ惡イ所ヲ咎メルト云フコトデ、押ヘテ行クベキガ出版ノ自由デ、豫メ原稿ノ檢閲ヲ乞ウテ、此事件ハ記スベカラズ、原稿ヲ見ナイ内ニ、斯ウ云フ通信ガアッタラ載スベカラズ——是ハ憲法ニ於ケル所ノ出版ノ自由ノ精神ヲ全ク蹂躙シタモノデアッテ、後カラ制裁ヲ加ヘル所ニ出版ノ自由ガアルノデアッテ、前ニ之ヲ豫防スルト云フコトデハ、全ク昔ノ「センソルシップ」卽チ檢査方法デアリマス、出版ノ自由ハ憲法ノ正條ニ依テ保護セラル、ニ拘ラズ、今ノ内閣ハ此事件ハ載セルナ、此事件ハ載セテモ差支ナイト云フコトノ許可ヲ與ヘナケレバ、載セラレナイモノガ澤山アル、ソレハドウ云フ問題デアルカト云フト、多クハ内閣ノ失策、官僚ノ失策、外交ニ於ケル所ノ官僚ノ失態、斯ウ云フ種類ヤ、西伯利ニ於ケル所ノ内情、此物ニ屬スルト新聞ニ關係アル所ノ人ガ、私話トシテ私ニ物語ッタ、朝鮮ノ事モ矢張サウデアッテ之ヲ重ネル十年ニシテ、朝鮮ノ政府ハ彼レノ如ク爆發ニ非ザレバ、息ヲ抜クコトガ出來ナイ禍ニ陷ッテ、内地ノ人ガ知ッテ居ッタラ、モウ少シ早ク疏通ヲ附ケタモノト痛恨ヲ抱イタノデアリマスガ、現在ニ於ケル新聞紙ノ待遇ハ、斷然憲法ノ正條ニ依テ憲法ノ光ヲ晦マサヌダケノ處置ヲ執ラレテ、出版ノ自由ヲ保護セラレ、完全ニセラレンコトヲ望ム、若シ之ヲ完全ニセザルト云フコトデアルナラバ、憲法ニ對スル所ノ甚ダ宜シカラザル處置デアッテ、他ノ事ニ就テ憲法ノ正條ヲ害シタラ憲法違反トシテ重キ責罰ヲ兼ルニ拘ラズ、政府ノ爲ス所ハ斯ノ如クシテ、其事ガ若シ已ムヲ得ザル理由デアッタト云フコトデアルナラバ、尚ホ情トシテ人々ハ我慢ヲスルデアリマセウ、或ハ戰時特別ノ時代デアッタラバ、或ハ忍ンデ之ヲ宥シマセウ、今日ハ平和ノ時デアル、平和克復ノ御大詔ガ今年一月十日ニ降ッタ、ソレヲ去ルコト稍、半年、今ニ至ッテ尚ホ出版ノ自由ガ斯ノ如ク毀損セラル、ニ至ッテハ、天下ノ新聞記者ノ爲メニ、此自由ノ斯ク侵サレテ居ルコトノ苦痛ヲ私ハ此壇ニ懇ヘテ、政府ノ此過ヲ速ニ除カレンコトヲ切望スルノデアリマス(拍手)此事ヲ果シテ政府ハ承諾ツルカ如何、此問デアリマス、ソレ故ニ或人ハ斯ウ云フ評語ヲ加ヘタ、日本帝國ハ憲法ハ儼然トシテ成立ッチ居ル、併ナガラ憲政ハ完全ニ行ハレテ居ラナイ、稍、諷刺ノ言葉ニ似テ居ル、所謂「サルカスチック」人ヲ諷シテ、チク〳〵感ジサセルヤウナ言葉ニ似テ居ルケレドモ、其事ハ極メテ味ガアッテ、眞相ヲ穿ッタモノデアル、憲法ノ正條ハアル、併ナガラ警察ノ命令ヤ、内務省ノ警保局ノ命令ト云フモノハ、憲政ヲ完全ニ實行シテ居ラナイ、憲法ノ許シタ所ノ出版シタ後ノ制裁デ、裁判所デ片付ケルト云フコトデナク、行政部ノ專斷ヲ以テ、不便ナルモノハ之ヲ止メルト云フナラバ、憲法ハ儼存シテ居ルガ憲政ハ完全ニ實行シテ居ラナイト云フコトモ、少クトモ是ハ無益ナル所ノ咎デナイト私ハ考ヘマス、私ハ餘リ多クノ問題ニ觸レナイデ、今一ツハ大藏大臣ニ問フノデアリマス、大藏大臣ニ問フニ付テハ、又同僚ノ濱口君ガ細カニ質問シテ諸君ノ御聽ニ訴ヘルノデアリマスカラ、私ハ大體ノ事ニ就テ一箇條申シタイ(「緩クリヤリ給ヘ」ト呼フ者アリ)通貨ノ膨脹ヲ少シモ制限シナカッタ、之ガ爲メニ天ヲ衝クバカリノ勢ヲ以テ物價ガ騰貴シタ、此時ニハ給料ヲ取ッテ居ル者、官吏職工ノ類、精神勞役ニ服シテ居ル者、教員教官ノ類、其他有ユル文武官吏、有ユル精神並ニ身體ノ勞働者ガ、物價ノ騰貴ニ苦ンダ時ニ當テ、政府ハ米騷動ガアッテ更迭シタ所ノ内閣ノ後ヲ承ケタルニ拘ラズ、冷然トシテ物價ノ騰貴ハ世界ノ大勢デアル、之ヲ抑制スルノ必要ハナイ物價調節ナドト云フコトハ、斷ジテ人爲ヲ以テヤルベキモノデハナイ、斯ウ言ウテ之ヲ放任シテ居ル、併ナガラ其禍ハ直チニ政府ノ苦ミトナッテ、豫算ノ膨脹トナッテ、此春ノ議會ニ現レタ、政府ハ大ニ此事ニ就テハ考ヘラレタノデアラウト思フ、併ナガラソレニモ、懲リズシテ、依然トシテ今通貨ノ上ニ手ヲ著ケヌ、前ニ著ケルノガ一番宜シイ、併ナガラ途中デ之ヲ色々ナ手段ヲ以テ矯正スル、例ヘバ金利ノ引上ノ如キデ多ク貸出サナイト云フコトニナレバ、勢ヒ返ッタモノハ再ビ貸出サナイカラ、通貨ハ段々ト減ジテ來ルカラ、此方法ハ何時デモ行ハレ得ルコトデアッタノデアル、決シテ大藏大臣ノ言ハレル如ク、物價ノ暴落ヲ促スト云フヤウナ嚴シイ文句ノ如キ事ハ、少シモ無イノデアリマス、併ナガラ此事ガ恰モ政友會ガ多クノ意ヲ注ガレタ選擧ノ半バニ現レタノハ、寔ニ私ハ天ノ數デアッタト、頗ル奇異ニ考ヘルノデアリマス(拍手起ル)三月十日以後ニ段々ト物價ノ下ル兆候ガ現レタ、尤モ機ヲ知ル所ノ人ハ、三月ヲ待タズシテ決シテ、大藏大臣ノ言ノ如キモノデナイト云フコトヲ知ッテ居ッタ、道理ニナイ、下流ニ堤ヲ築イテ水ヲ留メレバ、段々水ガ増スニ從ッテ堤ヲ潰決シテ、非常ノ害ヲ受ケルノガ理論デアル、平和ガ克復セラレテカラ、段々諸國ノ經濟ガ整理セラレテ、輸入超過トナッテ、昨年ノ暮ニハ輸入超過ノ表ガ現レタ、早晩——今ニ異變ノ來ルノハ時ノ問題デアルト何人モ知ッテ居ッタガ、此事ニ就テハ大藏大臣ハ一片ノ注意ヲモ、春ノ議會ニ於テ拂ハレナカッタ證據ガアル、ソレハドウデアルカ、其言葉ヲ私ハ茲ニ大藏大臣ヲ誣ヒナイガ爲メニ、讀上ゲマス、讀上ゲル事ハ内閣諸公ニ十分ノ自由ガアルガ、私ハ他ノモノヲ讀上ゲルノデ、自分ノ說ヲ讀上ゲルノデハナイカラ、更ニ此事ニ就テハ自由ガアル「戰後世界ニ於テ或ハ財界ニ變動ヲ來ス事ナキヤト懸念シマシタガ平和ノ初年卽チ昨年ノ輸出額ハ二十億九千八百万圓、輸入額ハ二十一億七千三百餘万圓、差引輸入超過額七千四百餘万圓デアリマスガ、貿易總額ニ於テハ、未曾有ノ巨額ニ達シタルノミナラズ、一面貿易以外ニ於ケル國際貸借上ノ受取勘定ハ、三億圓ニ上リタルガ爲メニ、其差金ノ入リタルコトハ二億圓ニ達シ、又各事業ノ勃興ノ状況ヲ見マシテモ昨年中ニ於テ成立シタル銀行會社ノ公稱資本總額二十三億七千餘万圓、挪込額十二億三千餘万圓ニ達シ、我ガ經濟界ハ依然トシテ好調ヲ持續シテ居リマス」更ニ同ジ時ニ斯ウ言ウテ居リマシタ「戰爭デモシテ不生產的ニ消費シ國力ヲ消費シタナラバ、ソレハ國ノ富ハ減リマスケレドモ、唯不景氣ガ一時來タカラト云ウテ、國ノ富ガ減ッテ其政府ノ歲入ガ豫算ノ實行ノ出來ナイ程ニナッタ例ハ私ハマダ寡聞ニシテ聞カナイノデアリマス、公債二十億ノ始末ヲドウスルト云フ事ニ就テ行政ガ行詰ッタ時ノ政策ハ今日ヨリ申上ゲル限リデナイ、行詰ルト云フコトハ政府ガ破產スルコトデアル、左樣ナ事ハ私ハ夢ニモ思ウテ居ヌノデアリマス」極メテ樂觀デ以テ、決シテ反動ハ近ク來ナイト云フコトヲ、此天下ニ洽ク告ゲル所ノ、日本デ一番言論表明ノ權威アル所ノ議會ニ於テ、公然此事ヲ發表セラレタ、ソレハ何時デアル、本年ノ一月二十二日、衆議院ノ此演壇ニ於ケル演說デアリマス、是ハ其當時ノ議員片岡君ニ答ヘタ所ノ其說明デアリマス、是カラ僅カ四十日經タナイ中ニ、俄然トシテ大ナル變動ガ起ッタ、其變動ハ三月ノ十日前後ト見テ大抵宜シカラウ、不幸ニシテ私ハ相場ノ事ニハ甚ダ不慣デゴザイマシテ、公ノ職トシテハ數ヲ論ジ、公ノ事ニ就テハ經濟論ヲ致シ、物價論ヲ致シマスガ、株式會社ノ事ハ少シモ私ハ知ラナイノデアリマス、隨テ經濟狀態ニハ迂遠デアリマス、此事ハ諒承セラレンコトヲ望ム、此席上ニ之ニ評シャ方ガアッテ、私ノ申シタ事ニ間違ガアッタナラバ、謹ンデ其玄人的ニ十分ニ承知シテ居ラレル所ノ忠言ヲ、潔ク私ハ容レル積リデアリマス、此處デ前造ヲ仕込ンダモノニ對シテ、無限ノ財力ヲ有ッテ居ラナイ銀行者ノ力ガ、如何ニ政府ガ命令ヲシテモ、其職權ト株主ニ對スル利益ノ觀念トニ顧ミテ、決シテ出來ナイ所ニ、金錢ヲ無限ニ與ヘル愚ナル者ハ、是ハ銀行ヲ支配スル職員ノ中ニハ多分ナイデアラウ、勘定ヲ知ラナイ空言ヲ言フ所ノ政治家ノ中ニハアルカモ知レナイガ、併ナガラ計畫ヲ知ッテ、其原因結果ヲ知ッテ居ル所ノ者ハ、巨大ノ財力ヲ費シテ居ル日本銀行ト雖モ、政府ノ甘言或ハ勸誘ニ誘ハレテ、此到底救ハレナイ所ノモノニ制限ナク金ヲ出スト云フコトハ、斷ジテヤラナイト云フコトヲ私ハ信ジテ居リマス、原總裁ハ小波瀾デアル、一時ノ波瀾デアル、救濟ノ方法アリ、暫クニシテ落着クベシト言ッタノハ、前ノ大藏大臣ノ豫言ヲ裏切ッタト共ニ、決シテ私ハ鎭マラヌ所ノ財界ノ引續キ動搖デアルト思ッテ居ル、之ヲ總括リシテ見マスト斯ウ云フコトニナル、前ニハ物價騰貴デ以テ、生產家、殊ニ商賣人、殊ニ輸出貿易者ハ非常ニ儲カッタ、此時代ニ於テハ所謂成金ト云フモノガ天下ニ橫行シタ、新會社ハ續々ト出來テ來タ、其時ニドウ云フ者ガ苦シンダカト云フコト、中等社會、稱シテ國民ノ背骨ト云ハレル所ノ上ニモ理解ガアリ、下ニモ思遣リノアル知識社會ト云ウテモ宜イ、中立社會ト云ウテモ宜イ是等ノ人ガ非常ニ其生活ヲ脅威セラレテ、都ニ在ル人モ矢張物價ノ高キニ苦ンダ、併ナガラ多數ノ農民ノ方ハ、物ヲ賣ルコトガ多イノデアルカラ喜ンデ居タガ、今日ハ前ニ苦ンダ者未ダ物價ガ下ラザル爲メニ、依然トシテ困難ヲ減ズルコトガ出來ヌ、後ニ下落シテ害ヲ受ケル、天下ノ最大多數ト內閣ガ揚言スル所ノ、前ニ政策ヲ歡迎シタ所ノ農民社會ハ、大トナク、小トナク、殊ニ天下ニ普ク、日本第一ノ輸出產業タル所ノ絲ニ關係スル者ハ、繭ヲ賣ル者、絲ヲ賣ル者、其原料ノ第一期デアル所ノ桑畑ヲ有ッテ居ル者ニ至ルマデ、悉ク狼狽錯愕セザルナシ、此ニ至ッテハ、二年間財政ヲ不規律、不取締ニヤッタ所ノ政治家ハ、何年間ノ後モ經濟界ノ大動亂、人命ヲ危クシ、財產ヲ危險ニシ、斯ノ如キ所カラ失望ノ餘原總裁ノ憂ヘラレル所ノ危險思想ノ方ニ、若キ所ノ失業者ヲ赴カシムル所ノ形勢ヲ現出スルニ至ッテハ、容易ナラザル所ノ政治問題デアリマス、之ヲ唯タ書付ヲ擔當官ニ書カセテ朗讀ヲシテ、責任ヲ濟ンダリト考ヘテ居ラレル所ノ內閣諸ニ申シタ如ク積リ積ッテ溢レタ所ノ此物價ノ過剩並ニ信用ノ過大、堤ヲ潰シテ突出デタル洪水ノ如ク非常ナル害ヲ天下ニ及ボシテ、殊ニ昨年ノ好景氣ニ引換ヘテ非常ニ迷惑ヲ被ッテ居ル者ガアル、天下驚愕シテ病ヲ獲ル者ガアル、絕望シテ自殺スル者モ少カラズ、新聞以外ニモアリマセウ、新聞ニモ頻々トシテ出ル商店工場ハ閉鎖セラレル、失業者ハ日ニ增加スル、銀行ハ休業スル其紛糾ハ多大ナルモノデアッテ万億ヲ數ヘタ分限者ガ、忽チニ差引勘定無財產ニナッテ尙ホ足リナイト云フ變動ヲ起シタノハ、是ハ高橋藏相ノ宣言ヲ裏切ッタル所ノ、一般ニ大打擊ヲ與ヘル財政上ノ變動デアル、高橋藏相ハ他ヲ冷笑シタ如キ色ヲ帶ビタ此宣言ニ向ッテ、何ト天下ニ謝罪セラルヽデアラウカ、少クトモ此議會ニ於テ多年忠告ヲ與ヘラレタル所ノ吾、同志者ニ對シテ、何ト挨拶ヲセラルヽノデアリマセウカ、之ヲ承レバ洵ニ幸トスルノデアリマス、私ハ此事ヲ質問スル、出來ルカ出來ナイカト云フ事ヲ質問スルノデアリマス、併ナガラ尙ホ是デ私ノ聲ヲ止メルコトハ出來ナイ(「モウ澤山デス」「時間デス遣リナサイ」ト呼フ者アリ)十分ニヤリマス、是ガ選擧ノ最中デア、タノガ、稍、悲劇ノ中ニ頗ル滑稽味ヲ帶ビテ居ル、高橋藏相等ガ推薦狀ニ名ヲ連ネタ候補者ガ、高橋藏相ノ演說ヲ當ニシタモノダカラ、身代ヲ失ッタト云フヤウナコトデ、推薦セラレタ書面ヲ見テ、如何ニ苦笑セラレタカト云フコトニ就テハ、悲劇ノ中ノ隱レタル所ノ喜劇デアルト私ハ思フノデアリマス、然ルニ此事ニ就テハ、更ニ原總理大臣ガ氣休メノ演說ヲ爲サレテ居ルガ、是モ其後デ裏切ッテ居ルノハ、是亦同一ノ私ノ評ヲ下スベキデアル、當時暴落ヲ來シテ天下大ナル恐慌ノ端ヲ發シタノハ、三月中旬デアッタガ、慥カ大阪ニ開カレタル關西ノ政友會ノ大會ニ原總裁ガ臨マレテ、サウシテ此財界ノ變動ハ一時ノ小波瀾デアル、永クハ續クマイ、政府モ亦之ニ對ッル救濟ノ方法ヲ講ジテアルト云フ短キ答ヲ、其席デ以テ演說ノ中ニ言ハレテ居リマスガ、吾々ノ見解ハ是ト異ッテ、財界動亂ノ端緖デアッテ、段々決算ヲ求メル者ガ相踵イデ、整理ニ手ヲ著クルニ從ッテ、今、半バ死シテ居ル者ガ全死スルト云フコトノ、一大慘狀ヲ來スト云フコトヲ私ハ信ジテ居ッテ、斷ジテ十億二十億ヲ數ヘテ居ル所ノ株券ノ此遣取リニ及バズ、或ハ同ジ位ノ額デ以テ多分ノ製公ノ面目如何ト顧ミテ、頗ル私ハ心細キコトヲ感ズルノデアリマス、茲ニ又一ツノ怪聞ガアル、此怪聞ハ斷定的ニ言フダケノ私ハ勇氣ヲ持ッテ居ラナイケレドモ、諸君ニ於テ御考ニナッテモ、普通ノ人ガ矢張信ジテ居ルト云フ段階ニ於テ、私ハ之ヲ諸君ノ御聞ニ達シマス、丁度此動亂ニ先タツ少シ前、三月ノ十日カ十一日頃デアリマス、一種ノ怪聞ガ世ノ中ニ出タ、此怪聞ハ幾許モナク東京夕刊新聞ニ出タ、ソレハドウ云フ事デアルカ、政治上責任アル顯官ガ此暴落ノ期ニ先ダッテ、多數ニ其持株ヲ賣却シタ、此一事ガ人ノ心ヲ驚カシテ暴落ノ期ヲ早メタ、十日カノ新聞ニ出テ、其以前ニ事實ガアッタノデアルカラ、多分三日カ二日前ノコトデアリマセウ、サウスルト十五日ノ大暴落ガアッタノデス、頗ル之ニ就テハ天下騷然トシテ――殊ニ私杯ノ決シテ足ヲ近ヅケナイ所デアルガ、又耳ニセサル株式社會ノ大問題ニナッテ居ルト云フコトヲ、私ハ茲ニ明言スル、聞ク者ハ初メハ之ヲ信ジナカッタ、併ナガラ其事ガ新聞ニ發表セラレテ、其權威アル所ノ責任アル所ノ賣ッタ人ノ名前ガ明記シテアル、是等賣ッタ株ノ其數ガ明確ニ記シテアル、是ダケノコトガアッテ、ソレヲ急イデ取消サレタト云フ風聞ヲ聞カナイ、斯ウ云フコトニナッタカラ、天下往々之ヲ信ズル者ガアルニ至ッタ、誰ガ賣ッタカ知ラナイガ、之ヲ賣ッタト云フ事實ハ確ニ三月十五日株式暴落ノ媒介ヲ爲シタ此事實ハ的確ニ原因結果ノ關係ガ有ルト私ハ思フ、其株ハドウ云フ株デアルカト云フト、明治製糖ノ株ガ一千四十四株、横濱船渠ノ株ガ九百二十株、臺灣製糖ノ株ガ二千百六十株、鹽水港製糖ノ株ガ三百六十株、斯ウナッテ居リマス、此新聞ニハ其姓名ガ明記シテゴザイマスガ、私ハ禮儀ヲ破ラマト云フ用心カラ、後ニ取消サレタカ取消サレナカッタカ、間接デアルカラ、之ヲ確メルコトガ出來ナイカラ、名前ダケハ擧ゲルコトヲ躊躇スル併ナガラ、是ハ私ノ責任ニ非ズシテ新聞紙ガ之ヲ天下ニ公表シタ、責任アル政治家デ、此社會ヲ驚カス所ノ大不徳義ナ事ヲヤッタト云フコトヲ、明記シタ責任ハ新聞社ニアル、私ハ取次デアルカラ其責任ヲ負フダケノ勇氣ガ無イ、併ナガラ此事實ヲ否認シテ私ニ迫ッテ公ニシテモ宜シイカラ、ヤレ其始末ヲ是カラ取調ベルト云フダケノ勇氣ノ有ル御方ガ此席上ニアルナラバ、私ハ斷然其名前ヲ明言スルニ憚ラナイ。有ルカ無イカヲ確メマス――誰モ賣ルヤウナ不徳義ガ無イト見エテ、此事ダケハ一種ノ徳義ガ行ハレルカラ、私ハ其名前ヲ公ニスルコトヲ躊躇致シマス、此事ハ決シテ輕カラヌコトデアルト云フコトヲ私ハ證明致マス、私ハ三十年許リ此議會ニ出テ居リマスガ、其初メノ時代ニ於テハ、斯ノ如キ事ハ議會ノ中ニ非常ニ嚴烈ナ制裁ヲ加ヘル所ノ、良キ慣習ガ殘ッテ居ッタコトヲ私ハ記憶シテ居リマス、其事ハ他デモナイ丁度明治二十五六年ノ間ト思ヒマス、其當時ノ農商務省ハ、濫リニ投機的會社ヲ設立スルコトヲ許サナイ、相當ニ米ノ賣買ノアル場處デアルト認メラレタ處、或ハ株式ノ相當ニ賣買ノアルベキ處ト認定セラレタ處、斯ウ云フコトヲ能ク調ベマシテ、之ヲ企テル所ノ者ガ、平素サウ云フヤウナ職業ニ關係ガ有リ、經歴ガ有リ、土地ニ信用ガ有ルカ無イカト云フコトヲ調ベテ、餘程嚴正ナル規律ノ内則ガアッタト見エテ、容易ニ許サレナカッタ、然ルニ明治二十五六年ノ間ニ一種ノ運動者ガアッテ、各地カラ取引所ノ許可ヲ取リニ出テ來タ請願者ガアッテ、所謂吾々ノ嫌フ所ノ一種ノ運動ガ行ハレタ、時ノ農商務大臣ガ之ヲ許可スルト云フ意ヲ漏シテ、其當時ノ次官ガ大臣ノ代理ヲ兼ネテ此事ヲ幹旋シタ、斯ウ云フコトデ其飛火ガ議會ノ中ニ移ッテ、議長自ラ此事ニ就テ、或ル料理屋カ待合所ニ集會ヲシテ、此運動者ニ面會ヲシテ、斯ウ云フコトガ議會ノ中ニ風説サレタカラ、議會ニ一種ノ運動ガ起ッテ、當局者ノ糺彈ノ聲ヲ揚ゲザルベカラズ議場ノ神聖ニ關スル此問題ハ、事實ヲ調ベテ、有ルナラバ其事實ノ有ルダケノ制裁ヲ加ヘテ、議會ヲ肅清シナケレバナラヌト云フ議ガ多數デアッテ、其結果色々ノ曲折ハアリマシタガ、農商務次官ハ之ガ爲メニ、唯ダ僅ニ一箇ノ金時計ヲ受取ッタト云フコトノ爲メニ、辭職スルノ氣ノ毒ナル運命ニ至タノデアリマス、議長亦此件ニ關シテ、議院ノ議席ヲモ併セテ去ラザルヲ得ザル所ノ結果ニナッタノデアリマス、顧ミテ二十五年ノ以前ニ斯ノ如キ事ガアッタ議會カラ見マスレバ、日本全體一般ニ物質的ノ進歩アリ、議會モ亦熟練アリ、議事規則ハ更ニ最モ精細ヲ加ヘ、總テ進歩シタガ、唯ダ古來我國ニ遺ッテ居ッタ所ノ所謂士氣ト云フモノガ地ヲ拂ッテ消エテ、何事モ金錢ヲ以テ解決スベシト云フ、世界ヲ毒スル此流行ガ我ガ議會ノ中ニモ潜入シテ恰モ流行病ノ人ヲ惱マス如ク、餘程ノ健康者ト雖モ罹レナイト云フコトハ、殆ド少ナイ有様デアルト世間デ評スルニ至ッテハ、私ハ日本ノ物質的進歩ト、政界ノ墮落ニ向ッテ、一大嘆息ヲ漏ラサヽルヲ得ヌト思ヒマス、今日ハ待合ニ於テ運動者ニ應接ヲシテ、金時計ノ一ツヤ二ツハ殆ド賄物ニナラナイ、「プレミアム」附ノ封翰ヲ配ッテ、之ヲ早ク賣ッテ自分ダケ難ヲ免レルコトガ、是ガ天下ノ怜悧ナル所ノ男子デアルト稱セラレルニ至ッテハ、日本全國ノ爲メニ、其國運ノ如何ヲ慨嘆心配セザルヲ得ヌト思フガ、諸君ハ之ヲ何ト思フカ、(拍手)是ニ於テ私ハ、唯ダ自分ノ感情ニ走ッテ斯ク申スノデハナイ、併ナガラ風説ニ依レバ、澤山之ヲ以テ騰ル時ニ買ッテ、下ラナイ内ニ賣ッテ富ヲ得タ所ノ者ガ、少カラズ政界ト商界トノ間ニ介在シテ居ル所ノ人ニ算ヘラル、ト云フコトハ天下ノ風評テ、掩ハント欲シテ掩フ能ハズ、新聞紙ハ又或ハ之ヲ明的ニ知ッテ居ルト云フ事實ヲ、私ハ茲ニ明言ヲシテ置キマス(拍手)萬國ヲ凌駕シ、列國ヲ凌駕スル人ニシテ、斯ノ如キ望ヲ懷イテ居リ、斯ノ如キ淵ニ沈ンデ居ルト云フニ至ッテハ、一個ノ虛榮ヲ貪リツヽアル、虛榮ニ沈淪シツヽアル賤業婦ニ等シイモノデアルト、私ハ之ヲ擯斥シナケレバナラヌ(拍手)私ハ感情ニ走ッテ言フノデハナイ、尚ホ私ハ斯ウ云フコトヲ申上ゲタイ、此發ヲ懷ク者ハ、啻ニ吾々如キ者バカリデハナイ、上ハ　陛下御自身モ此時代思想ノ推移スルニ就テハ宸慮ヲ惱マシ給ウテ居ルト云フコトヲ、私ハ諒察シ上グルノデアリマス、其表明ハ何デアルカ、ドウカ諸君モ靜ニ御聽下サルコトヲ願ヒマス、前文ハ畏シ、其必要ナル所ヲ私ハ讀ミマス、是ハ本年ノ一月、世界平和克復ノ大詔トシテ御宣布ニナッタ所ノ御文章デアリマス、前文ヲ謹ンデ之ヲ除キマシテ、必要ナル所ダケヲ讀ミマス、重大ナ事デアリマスカラ、靜ニ御聽下サイ「今ヤ世運一轉シ時局丕ニ變ス宜シク奮勵自彊隨時順應ノ道ヲ講ス可キノ秋ナリ爾臣民其レ深ク之ニ省ミ進ミテハ萬國ノ公是ニ循ヒ世界ノ大經ニ仗リ以テ聯盟平和ノ實ヲ擧ケムコトヲ思ヒ退イテハ重厚堅實ヲ旨トシ浮華驕奢ヲ戒メ國力ヲ培養シテ時世ノ進運ニ伴ハムコトニ勉メサルヘカラス」斯ウ云フ御言葉デアッテ、更ニ少シク略シマシテ讀ミマス「朕カ忠良ナル臣民ノ一心協力ニ倚藉シ衆庶ノ康福ヲ充足シ文明ノ風化ヲ普敷シ益、祖宗ノ洪業ヲ光恢セム事ヲ庶幾フ爾臣民其レ克ク朕カ旨ヲ體セヨ」御名御璽、各大臣副署」斯ウ云フノデアリマス、此御文章ノ肝腎ナモノトシテ私ノ謹上ゲマシタノハ、重厚堅實ヲ旨トシ、浮華驕奢ヲ戒メ、國力ヲ培養シテ時世ノ進運ニ伴フベシト云フコトデアリマスノト、益、祖宗ノ洪業ヲ光恢セムコトヲ庶幾フ、之ガ

陛下ノ最モ御心ヲ惱メサセラレタ所ノ御文言デアッテ、之ヲ明治ノ初年ヲ第一ノ維新ト云フコトヲ得ベクレバ、今日ハ世界ノ大變革ニ際シテ、大正ノ第二維新ヲ責任トシテ荷フベキ全國ノ官民ハ、此詔ニ對シテ責任ヲ感ズルコト、極メテ大デナラナケレバナラヌト思ヒマス、今私ノ擧ゲタ所ヲ通論シテ、其名前ヲ猶豫セヨト言ハレタニ就テ、矢張私ハ悲觀スルノデアリマス、ソレニ由テ事實デアリシコトハ私ノ心ダケニ推測スル、之ガ物價騰貴ノ原因トナリ、往々政機ヲ濫用シテ商賣ヲ營ミ、政治家ト商賣人トノ間ニ不義ノ生活ヲシテ

居ル所ノ者ガアル、其等ハソレニ依ッテ先タッテ便宜ヲ得タデアラウト思フノデアリマス、私ガ猜疑シタ所ノ者ハ、位地ニ重キ所ノ人デアリマス、之ヲ顧ミテ私ハ間接ニアナタ方ノ注意ヲ喚起スルノデアリマス、(「生意氣ナコトヲ言フナ」ト呼フ者アリ)國民皆ナ此　聖勅ニ對シテ、大ニ感激シテ居ルコトハ勿論デアッテ、唯、感激スルノミナラズ、之ヲ實行スル所ノ大ナル責任ヲ荷ウテ居リマス、ソレヨリ尚ホ大ナル責任ヲ負フベキモノハ、此　聖勅ニ副署シタル所ノ、現在此處ニ列席シテ居ラル、各大臣諸公デアルコトハ、申スマデモナイコトデアリマス(拍手)大臣ニシテ此職責ヲ盡ス自信ノ無イト云フコトヲ、私ハ尼港問題ニ及ンダトキニ申シマシスガ、此物價ノ騰貴、物價ノ暴落、此變革ハ或人ノ命ヲ病ニ依ッテ失ヒ、自殺ニ依ッテ縮メタル事ニ顧ミテ、國民ノ惱ミハ如何バカリデアルト云フコトヲ御考ニナルベキデアル(「御心配無用」ト呼フ者アリ)又物價騰貴ノ爲メニ「ストライキ」ヲヤッテ、嚴重ナル檢擧ノ手ニ依ッテ、今尚ホ監獄ニ於ル所ノ者ガ少ナクナイノモ、是モ物價暴騰ノ惡結果ガ産出シタル所ノ、所謂副産物デアルト云ウテ宜シイ、是等ノ場合ニ對シテ、若シ責任觀念ガアルナラバ、今ノ大臣ハ連帶責任ヲ負ウテ、或ハ今回ノ海陸ノ撤軍ノ間ニ合ハザル所ノ責、或ハ全體ノ西伯利ノ政策ヲ誤ッタル責、或ハ物價ノ暴騰暴落ニ對スル財政政策ヲ誤ッタル所ノ責、或ハ(「不得要領」ト呼フ者アリ)信書ト同ジ價値アル祕密ヲ守ルベキ所ノ電話ノ祕密ヲ許カシメテ顧ミザル所ノ責、又更ニ文部省デハ今ハ教官ヲシテ政治ニ參セシメ、他ノ人ガヤッタナラバ直グニ咎ムベキモノデアルノニ、茨城縣ノ學校長ガ、落選スベシト推測シ得ベキ候補者ノ爲メニ選擧運動ヲシテ、其職ヲ空シウシテ行ッタト云フコトハ、監督セラル、大臣諸公ハ、如何ニ責任ノ觀念深カラズト雖モ、斯ノ如キ事ニ就テハ、甚大ノ考慮ヲ煩スコトガ肝要デアルト私ハ爰ニ明言スルノデアリマス(拍手起ル)

(志賀和多利君「議長、島田君ノ質問ニ質問ガアリマス」ト呼ヒ「ソンナコトハ出來ナイ」ト呼フ者アリ、議場騷然)

(志賀多和利君「前例ガアルカラ要求ヲ致シマス」ト呼ヒ「ソンナコトハ出來ナイ」「默レ議長ノ權利ダ」「ヤルベシ〳〵」「登壇スベシ」ト呼フ者アリ)

○議長(奥繁三郎君)　原内閣總理大臣……

(國務大臣原敬君登壇、拍手起ル)

○國務大臣(原敬君)　島田君ノ御質問ニ御答ヲ致シタイノデアリマス、併ナガラ島田君ノ御演説ハ、大部分御議論デアリマス(「高聲ニ願ヒマス」ト呼フ者アリ)大部分御議論デアルト致セバ、強テ答辯ノ必要ハ無イ譯デアリマスケレドモ、(「ヒヤ〳〵」ト呼ヒ拍手スル者アリ)併ナガラ此場合明瞭ニ致シテ置ク方ガ、彼我ノ爲メニ宜シイト思フ(「聞エヌカラ御明瞭ニ願ヒマス、聞エマセヌ」ト呼フ者アリ)ドウモ生レ付デ仕方ガアリマセヌ(三木武吉君「議場ニ徹底スル聲ガ出セヌノカ」ト呼ヒ、「默レ、騷グカラ徹底シナイノダ」、「生レ付トハ何ダ、努メテ高聲ニ願ヒタイト云フノダ」、「默レ三木」ト呼フ者アリ、議場騷然)

○議長(奥繁三郎君)　靜肅ニ願ヒマス

○國務大臣(原敬君)(續)　解散ノ理由ニ就テ種々言論ヲ試ミラレマシタ、其中ニ國民ノ公評ニ愬ヘタト云フコトニ就テ、喋々ノ御議論デアリマス、併ナガラ議會ヲ解散スルト云フコトハ、國民ノ公評ニ愬フルニ非ズシテ何デアリマセウ、孰レノ場合ニ於テモ同樣デアリマス、解散ハ今回初メテイハナイ、數回ヤッテ居ル、孰レニシテモ解散ハ當議場ニ於テハ多數デアルガ、併ナガラ國民ハ之ニ同意シテ居ラヌ、故ニ國民ノ意見ヲ問フナド、云フコトモ屢アル、現ニ諸君ノ支持セラレタ大隈内閣モヤラレタノデアル(拍手起ル)是ハ私ハ憲法上當然ナ事ニシテ、御互ニ異論ノ無イ事デアル、又國民ノ公評ニ愬ヘルト云フコトハ、他ノ諸國ニ行ハレテ居ルガ、國民ノ如何ナル者ヲ問ハズシテ、國民全部ノ投票ヲ求ムルコトデナイト云フコトハ、判リ切ッタ事デアリマス(「ヒヤ〳〵」ト呼フ者アリ)是モ實ハ今回初テノ事デナイ、國民ノ公評ニ國民ノ輿論ニ愬フルト云フコトニ就テハ、御議論ノ生ジヤウト思ハナイノデアル、強テ辯論スル必要モナカラウト思フ(「辯論ハ出來ナイダラウ」「默レ」ト呼フ者アリ)ソレカラ其解散ノ理由中ニ、階級打破云々ノ語ガアッタト云フコトニ就テ、島田君ハ當時ノ御演説ヲ敷衍セラレテ、極メテ辯證セラレ、辯解セラレテ居ルノデアリマス、併シ島田君ハ只今ノ議場ニ於テハ、階級打破ト云フノハ、納税資格ヲ取ルダケノコトデアルト[illegible]場ニ言ハレマスケレドモ、當時普選問題提案者ノ代表者トシテ、演説セラレタ御演説ヲ徹頭徹尾傍聽致シマシタ、尚又其速記モ熟讀致シマシタ、決シテ只今言ハレル如キ、單純ニ納税資格ヲ取ルダケダト云フコトハ云ハレテナイノデアリマス、若シ此説ニ謬アリト云ハレルナラバ、今一度速記録ヲ御覽ナサイ(「速記録ニアル」「默レ」ト呼フ者アリ)

○議長(奥繁三郎君)　靜肅ニ願ヒマス

○國務大臣(原敬君)　違フ所ヲ此處カラ言フ、當時ノ議論デハ、斯樣ニ普通選擧ニシナケレバナラヌト云フ理由ヲ説カレ、其主タル理由トシテ、階級ヲ打破シナケレバナラヌト云フコトヲ言ハレタ、階級打破トハ何事デアルト云ヘバ、詳シク説明セラレテ居ル、階級打破ト云フコトハ極メテ必要デアル、何事ニモ必要デアル、現ニ今日教育ヲスルト云ヘバ、高等教育ノミ盛ニシテ、階級的ニ上流ノ者許リ教育スルコトニ努メテ居ル、階級制度アルガ故ニ起ルコトデアル(「其通リ」ト呼フ者アリ)政府ハ物價調節ヲセヨト云フノニ努メナイノデアル、努メナイノハ何ノ爲メカ、上流社會ニ政府ハ媚ビル爲メデアル甚シキハ言フニ忍ビナイケレドモ——島田君ハ言ハレタ、言フニ忍ビナケレドモ、徵兵制度デサヘモ上流社會ハ免レル(拍手起ル)斯ノ如ク島田君ガ言フ(「判ラナイ」ト呼フ者アリ)島田君ノ演説ノ趣意ハ斯樣ナル趣意デアル、故ニ私ハ之ニ御同意ノ出來ナイト云フコトヲ、其際議場ニ於テ明言シテ居ル、左樣ナ意味デアッテ、吾々ハ選擧權ヲ擴張スルコトハ諸君ニ讓ラナイ、現ニ今回モ擴張シタノデアル、併ナガラ吾々ノ選擧權擴張ノ意味ト云フモノハ、左樣ナル階級制度ヲ打破シナケレバナラヌカラ、選擧權ヲ擴張シナケレバナラヌト云フコトデハナイノデアリマス(「階級制度ト云フモノガアルカ」「默レ」ト呼フ者アリ)階級制度ガ有ルカ無イカト云フコトニ就テ私ノ茲ニ……(「階級制度トハ何ダ」「何處ニアル」「島田三郎ニ聞ケ」ト呼フ者アリ)當時私ノ演説デハ、日本ニ於テハ何等階級制度ノ軋轢ハ存在シナイ、何等階級的ノ弊害モ無イノデアル、然ルニ島田君ハ、階級制度ヲ打破スルガ爲メニ、普通選擧ヲセナケレバナラヌト云フ御議論デアル、斯樣ニ申シタ、當時明瞭ナ事、若シ判ラナケレバ速記録ヲ御覽ナサイ、故ニ今日種々ニ辯解セラレマスケレドモ、今日ノ辯解ト當時ノ御演説トハ違ッテ居リマス、ソレカラ政府ガ解散ヲ致シタノハ種々ノ問題ニ就テ行詰ッタ、此行詰ノ苦痛ヲ免レンガ爲メニ解散ヲシタノデアル(「其ノ通リ」ト呼フ者アリ)併シ此事實ハ何モ擧ゲテナイ、唯タ貴族院デ質問ガアッタカラ行詰ッタ、漠トシタ事デアル、證據ノナイコトヲ言ハレテ居ル、サウシテ行詰ッタカラ、ソレヲ免レル爲メニ解散ヲシタノデアルト言ハレルケレドモ、是ハ實ニ他ニ向ッテハ欺キ得ラレルガ、此議場ニ於テハ通用致スマイト思フ、其次ニ選擧ノ費用、選擧ノ費用ノ嵩ンダト云フコトハ、政府ニ何ノ關係ガアリマス、選擧人ガ增加致シ、國民ノ生活程度モ向上致シ、種々ナル點ニ於テ選擧費用ガ掛ッテ來タト云フコトハ怪ムニ足リマセヌ、之ヲ政府ニ問ハレルノハ何事カ判ラナイ(拍手起ル)其次ハ「タイムス」、「タイムス」ニ此解散ガ甚ダ宜シクナイト書イテアッタト云フコトデアリマスガ、是ハ解散反對ノ人ニハ、好キ味方ヲ得ラレタト云フ感ジガアリマセウ(拍手起ル)併ナガラ成程英吉利ニ於テ「タイムス」ト云フ新聞ハ有力ナル新聞、世界ニ之ヲ信ズル人モ多イノデアリマス、併ナガラ「タイムス」ノ論ハ、直チニ世界ノ公論ト見ル譯ニ參リマセヌ(拍手起ル)現ニ「タイムス」ハ英吉利ノ「ロイドヂージ」ノ政府ニ向ッテ屢、反對ヲ致シテ居ル(拍手起ル)之ヲ以テ英吉利政府ノ政策ノ是非ヲ直チニ斷定スルコトガ出來マセウカ、是ハ私ハ採ルニ足ラザルコトダト思フ、强テ辯解スルマデモアリマセヌ、其次ハ選擧ノ際ニ官吏ガ奔走致シタ、知事ガ職務ヲ棄テ、何ウ斯ウ致シタ、大臣ガ選擧事務ニ鞅掌致シテ居ッタ爲メニ、國家ノ大事ヲ忘レタト言フ、色々ナコトヲ擧ゲラレマシタ(「其通リ」ト呼フ者アリ)固ヨリ政府ニ於テハ、官吏中ニ苟モ選擧違反ガアルカ、干渉デモ致シタカ、其他不穩ナル行動ガアッタカ、何カアレバ此非違ヲ糺スコトニ於テ、少シモ躊躇ヲ致サナイ、併ナガラ官吏ガ奔走致シタト云フコトニ就テハ、或者ハ墓參ノ爲メニ參ッタ序ニ、選擧ニ應援シタ人ガアルカ知レナイ、ソンナ些末ナ事ヲ取上ゲテ御論ジナサル諸君ハドウデアル、政府ノ大臣殆ド總出デ奔走致シテ居ル(拍手起ル)內閣ヲ擧ゲテ選擧ニ奔走致シタト云フコトハ吾々ノ好マザル所デアル、當時非難モ致シタノデアル、故ニ斯樣ナル事ハ吾々ハ致サナイ、又縣知事ガドウ斯ウト云フ、縣知事デ當選シタ人ガ二人アル、選擧區ニ一度位歸ッタカ歸ラヌ位デアル、彼ノ當時ハ或ル知事ガ非常ナル干渉ヲ致シテ、遂ニ刑ニ觸ル、ヤウニナッテ辭職ヲシタコトガアル、私ハ自分ノ事ヲ辯護スルノデナイ、公平ナル局外者ハ今回ノ選擧程官吏ガ奔走シナカッタコトハアリマセヌト言ッテ居ル(拍手起ル「世ヲ欺クコトハ出來マセヌ」「默レ」ト呼フ者アリ)又尼港ノ問題ニ就テ、私ガ何カ不可抗力ト言ッタニ就テ――成程新聞紙ニ左樣ナコトガ書イテアリマス、併シ如何ニモ責任ノ無イ記事デアル、誰ニ聽イタノデアル、ソンナコトヲ聽イタ人モ無シ、自分ハ誰カラ聽イタノカ、サウ云フコトヲ書イタト云フダケ、之ヲ島田君ハ信ゼラレテ、之ヲ確定動カスベカラザル事實ノ如ク見ルト云フコトハ、少シ意外デアル(拍手起ル)成程結氷ノ後ニ於テ――結氷ノ後ニ於テハ兵ヲ送ラントシテモ、救濟セントシテモ、如何トモスルコトノ出來ナカッタ事情ヲ話シタコトハ、其時バカリデハナイ今日モ致シタ(「ソレハ不可抗力デナイ」ト呼フ者アリ)之ガ不可抗力デナイナラバ、天下怪シム事ハナイ、サウ云フ意味デハナイ――諸君ガ非難ノ材料ニスルノハサウ云フ意味デハナイ(「不可抗力」「默レ」ト呼フ者アリ)是ハ根據ガ噂ニ基イテ居リマスカラ、强テ論ズル必要ハ無論是モナイノデ、ソレカラ朝鮮云々――朝鮮人ガ國外ニ出テ滿洲西伯利ニ澤山居ル、所謂不逞鮮人デアリマス、是ハ朝鮮ノ內地ヲ治メルト云フコトヲ言ハレ、バ御尤デ、吾々ガ內地ヲ治メレバ、外ニ居ル者モ安心ダラウト思フ、卽チ昨年私ガ辯明シタコトハ、第一朝鮮內地ヲ十分改良スル、此改良ノ實ガ擧リサヘスレバ、國外ニ居ル者モ安心スルデアラウト云フコトヲ申シタ、併シ今現ニ滿洲ヤラ西伯利ヤラニ不逞ノ者ガ居テ、屢、日本ニ仇スルコトシ、內地ノ政策ノ誤ッタコトニバカリ結論セラル、ノハ、少シ無理ナ事デアル、是ハサウ云フ事情カラデハナイノデアリマス、是ハ事情ヲ能ク御調ニナレバ判ル、ソレカラ尼港ノ處分、又西伯利ノ撤兵モ此事ニ就テ官報ヲ見ロトハ何事ダ――官報ヲ見テ宜イ位ノ事ナラバ、演說デモ何デモ官報ニサヘ揭グレバ宜イカト云フ御議論デアル ――御議論ガ勢ヒ其所ニ至ッタカモ知レマセヌケレドモ、吾々ガ申シタノハサウデハナイ、今日既ニ官報デ發表シタ如ク、尼港問題ニ於テハ「サガレン」州ニ於テ、必要ナル地點ヲ占領スルノデアリマス、西伯利ニ就テハ、浦潮「ハバロフスク」方面ニハ已ムヲ得ズ多少ノ兵ヲ置クケレドモ、「チタ」方面ニ至テハ必要ヲ認メナイカラ、是モ今日公表シタ如ク撤兵シタノデアルト、斯樣ニ申シタノデ、官報ヲサヘ見レバ宜イト申シタノデハナイ、官報ニ發表シタ如クト申シタ、ソレハ何ノ御議論ニモナルマイト思フ、ソレカラ日英同盟ニ就テ喋々ト御議論ガアリマシタガ、如何ニモ議論ガ騷然トシテ居マシテ能ク解リマセヌケレドモ、併シ日英同盟ハ、我國ニ取ッテ極メテ重大ナルモノデアリマス、之ヲ輕々ニ論ズルト云フコトハ無論出來ナイコトデアリマス、故ニ是ハ先刻申シタ如ク、目下兩國政府ニ於テ多少ノ打合ヲ致シテ、其結果ニ依ッテ諸君ニモ御知ラセ申ス時ニ、無論到着スルト思ヒマス、其時マデ御持チ下サルヨリ仕方ガナイト思ヒマス、ソレカラ亞米利加ノ加州問題「カリホルニヤ」ノ日本人排斥問題ノ事デアリマスガ、是ハ日本ニ於テハ甚ダ好マザルコトデ、又米國ニ於ケル朝ト云ハス野ト云ハス、有識者モ贊成ヲシナイデアラウト思ヒマスガ、奈何セン他國ノ事デアリマシテ、日本ノ思フ通リニモ參リマセヌケレドモ、此事ニ就テハ、政府ハ注意ヲ怠ッテ居ラヌノデアリマスガ、之ニ附帶致シテ日曜學校ハ――朝鮮ノ耶蘇敎ヲ虐待致シタガ故ニ、一時日曜學校ノ人々ガ參ラヌヤウニナッタノヲ、更ニ有力ナル人々ノ力ニ依ッテ日本ニ參ルコトニナッタト云フコトデアルガ、左樣ナ事實ガアルカモ知レマセヌ、是ハ政府ノ關係シタ事デハアリマセヌ、併ナガラ日曜學校ハ此秋ニハ千五百人參ルト云フコトデアリマスガ、出來ルダケ便宜ヲ與ヘタイト云フコトヲ政府ハ考ヘテ居リマス、併シ政府ガ招待スルノデハ無論アリマセヌ、併シドウ云フ事情デ參ルコトニナッタノカ知レマセヌガ、現ニ當年參ルコトデアリマスカラ、歡迎致スコトハ適當デアラウト思ッテ居リマス、何等是ニ就テ別ニ故障モ見ナイノデアリマス、ソレカラ新聞ノ記事ニ就テ色々御議論ガアリマシタ、是ガ事柄ハ別ニ列擧セラレタノデハナク、或人ノ私話ニ依レバ杯ト云フコトデアリマスカラ、ドウモハッキリシタ御答ハ出來ナイノデアリマスガ、併シ是ハ政府ガ承諾スルカシナイカ、言ヘト言フコトデアリマスガ、ドノ點ヲ承諾致シテ宜イカ、シナイデ宜イカハッキリ解リマセヌガ、併シナガラ新聞記事ニハ斯ウ云フ事ヲ色々掲ケルコトハ、何レノ時代ニモアルガ、豫審ニ關係スレバ無論イケナイ、其他安寧秩序ニ害ノアル事ハ無論イケナイ、新聞社モ其事情ヲ諒シテ左樣ナモノハ掲ゲナイ、何モ政府ニ不利ナル事ハドシ〳〵止メテアルト云フコトハ無イ、若シアルト云フ御疑念ガアルナラバ、何ノ事柄ヲ止メテアルト云フ事ヲ列擧ナサラナケレバ、抽象的ニハ判ラヌコトト思ヒマス、サウ云フモノノ外止メテ居リマセヌ、ソレカラ經濟問題、此事ニ就テハ大藏大臣ニ問ハレルト云フコトデアリマシタガ、大藏大臣ハ唯今一寸御演説中居ラレナカッタノデアリマスカラ、又外ノ方ガドナタカ御質問ニナルト云フコトデアリマスカラ――此場合ニ御答シテ置キマスコトハ、唯タ大阪ニ於テ私ガ救濟問題ヲ云々シタ事ニ就テ御議論ガアリマシタガ、大阪ニ於テ官民有志ノ招待會ニ臨ミマシテ、此經濟界ハ動亂ヲ生ジテ居ルケレドモ、是ハ政府ニ於テハ出來ルダケ救濟スル、何トカ救濟ノ效ガ擧ガルデアラウト申シタノハ、事實デアリマス、又其後ニ至ッテハ政府ハ十分ニ救濟ニ努メラレタカラ、救濟ノ效ヲ奏シテ居ルモノガ多イ、今後ニ於テモ亦此點ニ就テ政府モ努力致シ其效果ヲ擧ゲルコトヲ努メタイト思ヒマスカラ、今回ノ演説ニモ左樣ニ申シテ置イタ、是ハ何モ僞リヲ言ッタモノデナク、又實際救濟致サナイデモナイ、救濟致シテ、救濟ノ效ガ擧ッテ居ルガ或モノハ擧リ、或モノハ擧ラヌノハ已ムヲ得マセヌガ、大體ニ於テ救濟ノ效ヲ奏シテ居ル(「ドウソモウ少シ大キイ聲ガ出マセヌ」カト呼フ者アリ)出マセヌ――ソレカラ(「全ク聞エナイ」「耳ガ惡イ」ト呼フ者アリ)物價ガ暴落致シタ――物價ノ暴落ニ先ダッテ、政府ノ或ル大官ガ金儲デモ致シタト云フヤウナ説ガアルト斯ウ云フ事デアルガ、是ハ何人ノ捏造説デアリマスカ、選擧當時デアリマシタガ、左樣ナル印刷物ヲ配ック者ガアル(「ヒヤヒヤ」ト呼フ者アリ)私ノ察スル所ニハ、是ハ責任アル人ノ爲シタコトデハアルマイ、選擧ニ就テ何カ政府黨ヤラ反對黨ヲ妨害スル爲メニ――己レノ選擧若クハ利益ヲ得ンガ爲メニ、捏造シテヤッタコトデアラウト思フ、何ソ圖ラン、今日是ガ島田君ノ材料ニナリ、名前ヲ言フノ言ハナイノト、何カ重大ラシキ御話デアリマシタガ、是ハ其人ニ取ッテハ遺憾至極ナ話デアル、斯ウ云フ事デアル、選擧ノ十日モ前デアリマシタカ、選擧ノ最中歟、刷物ヲ振蒔イタリ、色々ナコトガアリマシタ、其色々ノ刷物ノ中ノ是モ其一ッデ、ソレハ政府ノ大官ハ株ヲ賣ッテ――何々ノ株ト誰々トソレニハ書イテアリマシタ、諸君ハ御覽ニナッタ方モアリマセウ、其等ノ人ガ金儲ヲヤッタ、自分ノ株ヲ賣ッテサウシテ株ヲ暴落サセテ、大ニ金ヲ儲ケタト云フコトデ、識者ノ一笑ニモ値セヌ、ソンナ馬鹿々々シイ事ガ世ノ中ニアルカ、此名前ヲ擧ゲラレタ人々ハ非常ニ迷惑デ辯解ヲシロ、取消ヲシロト云ッタ所ガ、小サイ刷物ヲ日本國中ニ配ッタモノヲ、一々取消スト云フコトハ出來ナイ、併ナガラ島田君ハ眞シヤカニ御信用ノアルヤウニ言ハレマシタ、先年當議場ニ責任論モアリマシタケレドモ、左樣ニ島田君ハ之ニ重キヲ措カレ、又御信用ナサルベキ何カ根據ガアルナラバ、明々地ニ其人名ヲ出シ、其證據ヲ擧ゲテ御發表ニナルガ宜シカラウ(拍手)唯ダ風説ガアルカラ斯樣ナ事ガアルト云ッテ、何カ有ルト、人ヲシテ信用セシムルヤウナ事ヲ言フコトハ穩デナイト思フ(拍手)是ハ篤ト御調ニナリマシテ、果シテ左樣ナ事實ガアリト致スナラバ、國家ノ爲メ明瞭ニ之ヲ證明セラレテ然ルベキデアル(拍手「責任觀ハドウシタ」ト呼フ者アリ)

○議長(奥繁三郎君) 島田サンハ引續イテ御質疑ハアリマセヌネ

(志賀和多利君「議長、島田君ノ質疑ニ對シテ質疑ガアリマス」ト呼ヒ「無用々々」ノ聲起ル)

○岩崎勲君 議長々々……

○議長(奥繁三郎君) 岩崎君

○岩崎勲君 國務大臣ノ演説ニ對スル質疑ノ通告者ハ、尚ホ二十有數名ヲ殘シテ居ルノデアリマス、故ニ本日ハ此程度ヲ以テ日程ト共ニ延會シ、特ニ明後五日定刻ヨリ本會議ヲ開キ、此質疑ヲ繼續セラレントヲ希望致シマス

(「贊成々々」ト呼フ者アリ)

○議長(奥繁三郎君) 明後五日デスナ

○岩崎勲君 明後五日午後一時デス

○議長(奥繁三郎君) 今ノ岩崎君ノ御發議ニハ贊成ガアルヤウデゴザリマス

(「異議ナシ異議ナシ」「異議アリ」ト呼フ者アリ)

○議長(奥繁三郎君) 異議ガアリマスルナラバ起立ニ諮ヒマス、岩崎君ノ動議ニ贊成ノ諸君ノ起立ヲ求メマス

(贊成者起立)

○議長(奥繁三郎君) 過半數ニ依リマシテ、動議ノ如ク決シマシタ、是ニテ散會致シマス

午後四時四十三分散會

∨第三　所得税法ノ施行ニ關スル法律案（政府提出）　第一讀會

所得税法ノ施行ニ關スル法律案

第一條　所得税法ハ朝鮮、臺灣及樺太ニハ之ヲ施行セス

第二條　朝鮮、臺灣、關東州又ハ樺太ニ本店又ハ主タル事務所ヲ有スル法人ノ所得税法第三條第一種甲及丁竝第二種乙ノ所得ニ付テハ所得税法ニ依ル所得税ヲ課セス

第三條　朝鮮、臺灣、關東州又ハ樺太ニ於テ所得税ヲ免除スル各當該地ノ製造業ヨリ生スル所得ニ付テハ命令ノ定ムル所ニ依リ所得税法ニ依ル所得税ヲ免除ス

附　則

本法ハ大正九年八月一日ヨリ之ヲ施行ス

大正九年七月七日　高橋國務大臣ノ答辯

○植原悦二郎君　私ノ政府ノ施政方針ニ對スル質疑ハ、主トシテ總理大臣ト、外務大臣竝ニ陸軍大臣ノ御答辯ヲ要スル事デアリマス、併ナガラ貴族院ノ御都合ニ依リマシテ、總理大臣ハ御出席ガ叶ハナイト云フコトデゴザイマスカラシテ、此處ニ御出席ノ國務大臣ガ、總理大臣ニ代ッテ御答辯アルカ、若クハ私ノ質問ノ趣意ヲ總理大臣ニ御傳ヘ下スッテ、何レカノ時期ニ於テ、明確ナル所ノ御答辯ヲ願ヒタイノデアリマス、私ノ第一ノ質問ハ、西伯利問題ニ就テヾゴザイマス、之ニ就テハ、總理大臣モ明確ナル所ノ御答辯ヲ爲スッテ居ルト昨日モ御言ヒニナリマシタガ、第四十二議會ニ於ケル所ノ政府當局者ノ御答辯ヲ見マシテ、又本議會ニ於ケル所ノ外務大臣、陸軍大臣、總理大臣ノ西伯利ノ問題ニ對スル所ノ說明ヲ、一々比較致シテ見マスルト、云フト此間ニ甚シキ矛盾撞著ノアルコトヲ發見スルノデアリマス、(拍手)此點ニ於キマシテ何レガ政府ノ方針デアルカ、私共甚ダ惑フ者デアリマス、私ガ獨リ惑フノミナラ宜シウゴザイマスケレドモ、之ガ爲ニ六千万國民ガ惑フノデアリマス、(拍手)是迄幾度モ日本帝國ハ、海外ニ向ッテ兵ヲ駐屯セシメタコトガアル、日本ノ國民ニシ、嘗テハ日清戰爭ガナゼ爲サレタカ、日露戰爭ガナゼ爲サレタカ、北清事件ガナゼ爲サレタカト云フコトヲ、知ラナンデ居ッタ者ハ一人モ居ナイト云ッテ差支ナイト思ヒマス、又最近ニ於ケル所ノ日獨戰爭モ斯ノ如ク、初メ西伯利ノ出兵ガ「チエック、スロヴアック」援助ノ爲メデアルト云フコトダケハ、國民全體明瞭ニ知リマシタ、併ナガラ其後何故ニ政府ガ西伯利ニ兵ヲ駐屯セシメタト云フコトニ就キマシテハ、恐ラク西伯利ニ兵ヲ出シテ居リマス其父兄デサヘモ、明瞭ニ知ラナイト思ッテ居ル(拍手、(「ノウ〳〵」)ト呼フ者アリ)ナゼ是ガ明瞭デナイカ、事實ヲ申上ゲマス、其上政友會ノ方ガ御異議ガアルナラバ、此場デ御答ヲ願ヒタイ、議席カラ彼是御言ヒニナルコトハ無用デアリマス(拍手)(「政友會ニ質問スルノカ」ト呼フ者アリ)政友會ニ質問スルノデハアリマセヌ、政友會ノ方ガ私ガ西伯利ノ問題ニ就テ、國民ガ疑問ヲ持ッテ居ルト云フ時ニ、「ノウ〳〵」ト仰シヤッタカラ、ソレニ就テ御異議ガアルナラ御答ナサイト云フノデス(「誰ニ質問スルノダ」ト呼フ者アリ)政府ニ質問スルノデス、本年一月二十五日ノ官報ニ於テ、第四十二議會ノ松永君ノ質問ニ對シテ、原總理大臣ハ斯ノ如キ答辯ヲ致シテ居リマス、「亞米利加ガ撤兵致シ英吉利ガ撤兵致ス故ニ日本モ撤兵致スベキデナイカト云フコトデアリマスガ此事ニ付テハ日本ハサウ單純ニ參ラヌト云フコトヲ御諒解ヲ得タイ日本ノ領土竝ニ滿洲ニ於テ西伯利ト境ヲ接シテ居ルノデアリマス是等ノ見地ヨリ日本ハ他國ノ如ク單純ニ參ラヌノデアリマス居留民モ多ケレバ商賣上ノ關係モ亦アル是モ他國ノヤウニ單純ニハ參ラヌ殊ニ所謂過激思想過激派ノ行動ハドウ云フ態度ヲ執ッテ如何ナル行動ヲ今後ニナスカヲ見ナケレバナラヌ又其場合ニ於テハ日本ガ大ニ覺悟致サナケレバナラヌコトモアルカモ知レマセヌ」此意味ニ依レバ總理大臣ノ意志ハ明瞭デアリマス、西伯利ノ駐屯軍ハ、一部ハ在留民ニ備フルタメ、一部ハ過激派ニ備フルタメデアッタト云フ意味ニ於テ、一點疑問ガナカラウト思ヒマス、然ルニ撤兵ノ理由ニ對シテ、此議政壇上ニ於テ外務大臣ハ何ト言ッテ居リマス、外務大臣ハ斯ノ如キ言明ヲ致シテ居リマス「チタ方面ニ於キマシテ是迄大分戰鬪ガ續キマシタガ今日ニ於テハ停戰ノ狀態ヲ呈シ來リマシタ次第デゴザイマシテ又「チエックスロヴアック」軍ハ既ニ全部同方面ヨリ撤退致シマシタ事實ニ顧ミマシテ豫テ宣言ノ趣意ニ從ヒマシテ本日官報ヲ以テ聲明セラレマシタ通リ同方面ノ撤兵ヲ開始スルコトニ致シマシタ」シテ見レバ此外務大臣ノ聲明ニ依レバ、西伯利ニ日本ガ兵ヲ駐屯セシメタコトハ「チエック、スロヴアック」援助ノ爲メデアル、「チエック、スロヴアック」援助ノ目的ガ、既ニ「チタ」方面ニ於テ「チエック、スロヴアック」ガ撤退シタガ故ニ、其用務ヲ完ウシタカラ撤兵シタト云フ聲明ニ外ナラナイノデアリマス、若シ是ガ事實デナク、其他ノ過激派ニ對シテ備フルコトガアッタト云フナラバ、私ハ政府當局者ニ伺ヒタイノデアル、此後政府當局ハ「チタ」方面ニ於テモ、過激派ニ對シテ日本國民ノ――言換フレバ、西伯利在住者ノ生命財產ニ備フル必要ハ無イノデアルカ、無イト斷言出來ルカ、之ヲ伺ヒタイノデアリマス(「判ラヌゾ、要領ヲ得ナイ」ト呼フ者アリ)又西伯利ノ駐屯ガ全ク過激派ニ備フル爲メデナク、「チエック、スロヴアック」ノ援助デアッタモノデアルナラバ、何故ニ或ル時ハ「セミヨノフ」ヲ援ケタノカ、何故ニ或時ハ「コルチヤック」ヲ援ケタノカト云フ疑問モ起ルノデアリマス、何故カナラバ其形跡ノ明瞭ナルコトハ、茲ニ陸軍大臣ガ「コルチヤック」政府沒落後我軍ハ非常ニ悲境ニ陷ッタ、西伯利ノ狀態ハ混亂ニナッタカラ我國ニ於テハ第十三師團ノ增兵ヲシタ」ト云フコトヲ聲明シテ居リマス、是ハ陸軍大臣ノ聲明デアリマス、「西伯利ニ兵ヲ出シマシテ以來浦潮派遣軍ハ極東各地ニ駐屯致シテ居リマシタ秩序ガ漸ク維持セラレテ居ッタノデアリマス然ルニ大正八年ノ暮ニ烏拉爾ノ戰線ガ失敗ニ終リマシタ其爲メニ「コルチヤック」政府軍ガ段々不利ノ狀態ニ陷ッタト云フコトハ皆樣能ク御承知ノコトデアリマス其結果遂ニ「コルチヤック」政府ハ沒落ヲ來シマシテ隨ッテ極東各地ノ所謂社會革命黨ナルモノガ漸次過激派化シテ來タノデアリマス是ガ爲メニ極東ノ情況ガ段々惡化シテ參リマシタ、大正九年ノ一月中旬ニ第十三師團ノ主力ヲ增派致シマシタ」ト聲明致シテ居リマス「コルチヤック」政府沒落以來、西伯利ニ於ケル所ノ革命派ノ勢力ガ伸ビテ危險狀態ニ陷ッタガ故ニ我國ハ態々增兵ヲシタト言ウテ居リマス、是ト外務大臣ガ、「チタ」方面カラ既ニ「チエック、スロヴアック」ガ歸還シタニ依テ、西伯利ノ兵ヲ撤兵シテ、一部ハ浦潮ヘ一部ハ朝鮮國境ニ引揚ゲタト云フ聲明トハ、此間ニ自ラ矛盾ノアルコトハ明瞭デアリマス(拍手起ル)斯ノ如キ狀態デアリマシタガ故ニ、本年一月カラ今日ニ至ッテ、日本ノ國民ハ、何故ニ我國ガ三万以上ノ軍隊ヲ西伯利ニ駐屯セシメ、一億以上ノ國費ヲ之ガ爲メニ負擔シナケレバナラヌカト云フ理由ガ明瞭デアリマセヌ、之ニ就キマシテ、政府ハ如何ナル理由ノ下ニ西伯利ニ兵ヲ駐屯セシメタノデアルカ、初メハ過激派ニ對スル爲メ、後ニハ「チエックスロヴアック」ガ撤退シタト云フガ爲メニ、撤兵スルト云フヤウナ矛盾ノ政策ハ、初リヨリ根本ノ政策ガ立ッテ居ラナンダノデアルカ、或ハ後ニ之ヲ變更シタノデアルカ、之ニ就テ政府ノ明確ナル御答辯ヲ煩シタイノデアリマス、(拍手起ル、「簡單」「明確ナル質問ヲ請フ」ト呼フ者アリ)第二ニ私ノ政府ニ質問シヤウトスル所ハ、對露政策ノ問題デアリマス、(「又速記錄カ」ト呼フ者アリ)御承知ノ如ク過去二三年ノ間、我國ハ西伯利ニ於キマシテモ、動モスレバ西伯利ノ秩序ヲ維持シヤウトスルヨリハ、過激派ヲ西伯利ニ於テ防禦スルト云フヤウナ政策ヲ、執ッタノデハナカラウカト云フヤウナ疑問ガアッタノデアリマス、今日ニ於キマシテハ、露國ノ所謂過激派ノ政府ト云フ「レニン」ノ政府ハ、英國ニ於キマシテモ、著々ト其承認ノ手續ニ入ラントシテ居リマス、佛蘭西ハ「ロマノフ」朝時代ノ最近ノ關係上、動モスレバ之ニ躊躇逡巡スル態度ヲ示シテ居リマスケレドモ、「レニン」政府ハ成立後既ニ三箇年ヲ經過シテ居リマス、歐米諸國ニ於テハ「レニン」政府ヲ認メテ、一日モ早ク露國內ノ平和ヲ克復シ、而シテ國際間ノ關係ノ建設セラレンコトヲ希望致シテ居リマス、之ニ對シテ日本ハ、如何ナル態度ヲ執ッテ進ム積リデアルカ、之ニ對シテ政府ハ明確ナル所ノ對露方針ヲ有シテ居ルカドウカ、此點ヲ伺ヒタイノデアリマス、(拍手起ル)若シ之ニ對シテ、我國モ早晚歐洲各國ノ例ニ倣ッテ「レニン」ノ政府ヲ承認スルト云フ立場ニ立タウトスルナラバ、是迄我國ガ西伯利ニ執ッタ政策ヲ如何ニナサイマスカ、(「ヒヤ〳〵」)ト呼フ者アリ)此間ニ於テ我國ガ從來西伯利ニ執ッタ政策ト、歐洲各國ガ露國ニ執ッテ居ル所ノ政策ト、矛盾ヲ來シハシナイカト云フコトヲ考ヘルモノデアリマス、(拍手起ル)之ニ對シテ私ハ、政府ノ明確ナル所ノ方針ヲ伺ヒタイノデアリマス、第三ニ私ハ政府ニ御尋ヲシタイ事ハ、對支政策ニ就テヾアリマス、內田外務大臣ハ、山東問題ニ甚ダ重キヲ措イテ、對支政策ノ御說明ガアリマシタ、講和談判成立以來、日本政府ハ山東問題ノ解決ニ對シテ、支那政府ニ交渉致シタ、然ルニ支那政府ニ於キマシテハ、第一ニハ支那政府ハ講和條約ニ調印シテ居ラナイト云フ理由、第二ハ國內ノ理由ノ爲メニ、此談判ヲ日本帝國ハ進捗セシムルコトガ出來ナイト答ヘタ、故ニ山東問題ハ、日本ノ對支政策上重要ナル問題デアルケレドモ、支那政府ノ狀態既ニ斯ノ如クデアルカラ、今日ニ於テハ中止ノ狀態デアル、他日支那政府ガ山東問題ノ解決ニ就テ、自ラ進ンデ解決ヲ求メテ來ルナラバ、從來ノ方針ニ依テ、日本政府ハ何時ナリトモ是ト交渉ヲ開始スルコトヲ躊躇シナイ、斯ウ云フ御說デアリマシタ、此點ニ就テハ寔ニ明瞭デアリマスガ、山東問題ノ支那トノ間ノ交渉ガ、斯ノ如ク遷延ニ遷延ヲ重ネマスル所ノ根本ハ、日支兩國ノ間ニ明確ナル所ノ了解ガナイデハナカラウカ、御承知ノ如ク、昨年以來支那ニ於テハ隨分排日ノ聲ガ盛デアリマス、日本ノ政府、國民ハ盛ニ日支親善ヲ唱ヘテ居リマス、併ナガラ支那ニ於キマスル所ノ事實ハ之ヲ裏切ッテ居ルノデアリマス、申スマデモナク我國ハ、將來支那ト親善ナ關係ヲ維持シテ參ラナケレバナリマセヌガ、之ニ就テハ日本ガ從來ノ如ク、或時ハ南方派ヲ援ケ、或時ハ北方派ヲ援ケ、或時ハ直隸派ヲ援ケ、或ル時ハ安徽派ヲ援ケルト云フ如キ狀態デハ、幾度事ヲ繰返シテモ、日支親善ヲ完成セシムルコトハ出來ナイト信ジテ居リマス、(拍手起ル)之ニ對シテ日支親善ヲ圖ラウト致シマスルナラバ、日本ガ自ラ進ンデ、支那ニ圖ル覺悟ガナケレバナラナイ、四國借款團ノ成立シタノモ、或ハ其一部デアリマセウケレドモ、大體ニ於テ支那ニ對スル所ノ國策ガ樹ッテ居ラナイ、未ダ曾テ私ハ、此政府カラ支那ニ對スル所ノ根本的ノ政策ヲ伺ッタコトハアリマセヌ、世界ノ大勢カラ見マスレバ、丁度明治ノ初年ニ於テ、日本ガ外國ト治外法權制度ノ條約ヲ結ビマシテ、法權ト稅權トニ於テ外國ノ條約ニ拘束サレテ、隨分苦ンダ時代ガアリマス、支那ニ於テモ今日治外法權制度ノ爲メニ或ハ關稅ヲ外國ニ支配サレテ居ルガ爲メニ、若ハ各地ニ於テ各國共之ガ勢力範圍デアルト云フ、勢力範圍ヲ定メテ相爭ウテ居ルガ故ニ、支那ハ非常ナル窮境ニ陷ッテ居ルノデアリマス、此場合ニ於テ、日本ハ東洋ニ於テ支那ヲ率キテ支那國民ト共ニ東洋ノ文化ヲ發達セシメ、東洋ニ於テ歐米ノ文物ニ優ル所ノ文化ヲ作ル爲メニ、進ンデ支那ノ勢力範圍ヲ撤廢シ、支那ノ稅制ト法權トニ自由ヲ與ヘテ、支那ヲ率ユルダケノ根本政策ヲ樹ツル位ナ御考ガ有ルカ無イカ、之ヲ伺ヒタイノデアル、若シ是ダケノ程度マデ進ムコトガ出來ナイトシテモ、早晚世界ノ大勢ハ、此方面ニ向ッテ日本ノ對支政策ヲ定メナケレバナラナイヤウニ、餘儀ナクスルデアラウト私ハ信ジテ居リマス、故ニ此方針ニ向ッテ日本ガ一日早ク進メバ進ムダケ、日本ノ爲メニ有利デアルト思フガ、此傾向ヲ作ルコトガ、日本ノ國家ニ有利ナリト現政府ハ御考ニナルカドウカ、是モ伺ヒタイノデアリマス、(拍手)

第四ノ質問ハ日英同盟ノ問題デアリマス、日英同盟ノ協約ノ期限ハ、明年七月滿了スル筈ト思ヒマス、ソレ故ニ原內閣總理大臣モ、其施政ノ方針ノ一端ニ於テ、斯ク述ベラレテ居リマス、日英同盟ニ就テハ、政府ハ目下考慮中デアル、故ニ此考慮ニ基イテ、英國トモ目下交渉ヲシテ居ルノデアルト、斯ウ云フヤウナ意味ニ諒解出來ルノデアリマス、御承知ノ通リ、既ニ國民外交ヲ以テ世界ノ大勢ト認メテ居ル時代デアリマス、若シ一國ノ國務大臣ガ、日英同盟ノ滿了期前既ニ一箇年ノ今日ニナッテ居ル場合ニ、日英同盟ノ將來ニ對シテハ、日本ハ大體ニ於テ此ノ如キ政策ヲ樹ッテ居ル、是ニ向ッテ各國トモ交渉ヲ重ネテ居ルト云フコトデアルナラバ、總理大臣ノ施政方針トシテ御尤ナ次第デアリマス、然ルニ日英同盟ニ就テハ未ダ考ヘテ居ルガ、ソレニ依テ英國政府ト交渉シテ居ルト云フデハ、國民ハ如何ナル方針ニ向ッテ、日本ガ日英同盟ノ繼續ヲ企テ、居ルノデアルカ、又此廢棄ヲ企テ、居ルノデアルカ、國民ハ去就ヲ誤ルノデアリマス、私ガ申スマデモナク、日英同盟ガ初メテ締結サレマシタノハ、明治三十五年ノコトデアリマス、此時ニハ支那ニ於ケル所ノ日英ノ利益ヲ防護スル爲メ、又朝鮮ニ於ケル所ノ日本ノ勢力ヲ承認スル爲メト云フ條件ノ下ニ、締結サレタモノデアリマスケレドモ、御承知ノ如ク(「分ッテ居ル」ト呼フ者アリ)此事ハ日清戰爭ノ結果、我國ハ三國干涉ノ結果、露國ノ勢力ヲ恐レタ、又英國ニ於キマシテハ、(「分ッテ居ル」ト呼フ者アリ)御承知ノ通リ巴爾幹半島近東ニ於テ、露國ノ勢力ガ漸次伸張スルノヲ恐レマシテ、之ニ對スル政策トシテ日英同盟ガ出來タノデアリマス、又其結果日清日露戰爭ガ行ハレマシテ、朝鮮ニ對スル所ノ日本ノ關係ガ變リ(「簡單」ト呼フ者アリ)又巴爾幹半島ニ於キマスル所ノ獨逸露國ノ勢力ガ、從前ト趣ヲ異ニシタガ故ニ、明治三十五年ノ日英同盟ハ、五箇年ノ期限ガアッタニモ拘ラズ三十八年ニ之ヲ改訂繼續サレテ居ルノデアリマス、此場合ニ於キマシテモ、御承知ノ事デハゴザイマセウ、併ナガラ一方ニ於テ、日本ハ露國ノ西伯利ニ於ケルト滿洲ニ於ケル勢力ノ伸展ヲ恐レタ、英國ニ於テハ、巴爾幹半島近東ニ於ケル所ノ獨逸露國ノ勢力ノ南進ヲ恐レタ、此共通ノ利益ノ爲メニ――此共通ノ利益ノ爲メニ、共通ノ敵ニ對シテ、支那、印度、朝鮮ニ於ケル所ノ兩國ノ特殊ノ利權ヲ防禦シヤウト云フコトガ、日英同盟ノ根本ノ理由デアリマス、凡ソ國ト國トノ同盟ハ共通ノ――少クトモ共通ノ敵ガナケレバナリマセヌ、共通ノ敵ガアッテ、又同等ノ範圍ニ於ケル所ノ利權、或ハ領土ノ保全ヲ欲スルガ爲メニ、同盟ハ締結サレルノデアリマス、(「分ッテ居ル」ト呼フ者アリ)若シソレガ御分リデアリマスルナラバ、日英同盟ヲ今日繼續スルト云フハ、如何ナル根據ノ下ニ爲サレマスカ、之ヲ政府ニ伺ヒタイノデス、(拍手)既ニ日英同盟――第一ノ日英同盟、第二ノ日英同盟、明治四十四年ニ締結サレマシタ現行ノ第三ノ日英同盟ノ根柢ハ、日本ハ朝鮮、滿洲、西伯利ニ於ケル所ノ露國ニ對スルガ爲メニ、英國ニ於テハ波斯、土耳其、印度ニ於ケル所ノ獨逸、露國ノ勢力ニ對スル爲メニ、此同盟ガ締結サレタノデアリマス、然ルニ今日ハ露國ノ狀態ハ如何デアルカ、獨逸ノ狀態ハ如何デアリマスカ、シテ見レバ今日英同盟ヲ繼續スルト云フ、今迄ノ日英同盟ノ根柢ハ無クナリマシタ、日英同盟ハ共通ノ敵ニ對シテ、或ル地帶ニ於ケル所ノ、兩國ノ領土利權ヲ防護シヤウト云フ所ノ目的ハ存在致シマシテモ、共通ノ假想ノ敵ハ倒レタ場合ニ、日英同盟ヲ繼續スルト云フナラバ、如何ナル規定ヲ設ケマシテ、如何ナル根柢ニ依テ、日英同盟ノ繼續ヲ爲サル積リデアルカ、之ヲ伺ヒタイノデアリマス、又日英同盟ヲ繼續スルト致シマスレバ、其ノ改定ハ如何ナル方針ヲ以テスルカト云フコトニ就キマシテ、日英同盟ノ一番ノ――第一番ノ要諦ト云フ所ノ日英同盟ノ第二條ニ斯ノ如キ文句ガアリマス「兩締盟國ノ一方ガ挑發スルコトナクシテ一國若クハ數國ヨリ攻擊ヲ受ケタルニ依リ又ハ一國若クハ數國ノ侵略的行動ニ依リ該締盟國ニ於テ本協約前文ニ記述セル其ノ領土權若ハ特殊ノ利益ヲ防護センガ爲メ交戰スルニ至リタル時ハ前記ノ攻擊又ハ侵略的行爲ガ何レノ地ニ於テ發生スルヲ問ハズ他ノ一方ノ締盟國ハ直チニ來リテ其同盟國ニ援助ヲ與ヘ協同戰鬪ニ當リ講和モ亦雙方合意ノ上ニ於テ之ヲ爲ス ベシ」是ガ日英同盟ヲ現在ニ存立セシメテ置ク根柢デアリマス、此根柢ハ國際聯盟ノ第二十條ニ牴觸スルモノデアリマス、國際聯盟ノ二十條ニハ、斯ノ如キ文意ガアリマス、「聯盟國ハ本規約ノ條項ト兩立セザル聯盟國相互間ノ義務又ハ了解ガ各自國ノ關スル限リ凡テ本條約ニ依リ廢棄セラルベキモノナルコトヲ承認シ、且ツ今後本規約ノ條項ト兩立セザル一切ノ約定ヲ締結セザルコトヲ誓約ス、聯盟國トナル以前本規約ノ條項ト兩立セザル義務ヲ負擔シタル聯盟國ハ直チニ該義務ノ解除ヲ得ルノ處置ヲ執ルコトヲ要ス」此條項ト日英同盟ノ第二條トハ兩立セザルモノデアリマス、(「兩立シマス」ト呼フ者アリ)ノミナラズ若シ此第二條ヲ兩立セシムルトスルナラバ、國際聯盟ノ第十五條ノ仲裁ニ附セザル聯盟國ノ紛爭ハ、聯盟會ノ理事ニ付託セラル、ト云フ規定ト、十三條ノ規定ノ「聯盟國ハ聯盟國間ニ於テ仲裁裁判ニ附シ掛」ト云フ規定ヲ如何ニ爲サイマスカ、國際聯盟ノ精神ハ成ルベク國際間ニ戰爭ヲ生ゼシメザルト云フコトニ在ルノデアリマス、然ルニ日英同盟ノ根本ハ、成程東洋ト印度ニ於ケル所ノ平和ノ、維持ノ爲メデハアリマスルケレドモ、万一ノ場合ニ兩國ノ意思ニ於テ、何時タリトモ、其一國ガ戰爭ヲ開ク場合ニ於テハ、之ニ他ノ國ガ參加スベキ所ノ規約ガアルノデアリマス、日獨戰爭ニ、日英同盟ノ理由ニ依テ日本ガ開戰ヲシタノモ、此第二ノ條項ニ依ルコトハ明カデアリマス、然ルニ國際聯盟ハ斯ノ如キ事ヲ爲サセナイノデアリマス、是ガ國際聯盟ノ精神ト條項トニ抵觸シナイト云フ理由ハ、如何ナル方面カラ解釋致シテモ無イノデアリマス、然ラバ政府ハ日英同盟ヲ繼續スルト云フコトデアルナラバ、如何ナル根據ニ基イテ、如何ナル所ノ改訂ノ條件ヲ以テ御繼續ナサル意志デアルカドウカ又之ヲ廢棄スルト云フナラバ、如何ナル方針ニ依テ之ヲ廢棄ナルカ、又若シ日英同盟ヲ改訂繼續スルト云フ場合ニハ、英國ノ領土ナル濠洲、加奈太、新西蘭等ニ對シテ、如何ナル所ノ政府ハ處置ヲ講ズル積リカ、御承知ノ如ク歐洲戰亂前ニ於キマシテハ、濠洲モ、加奈太モ、英國ノ外交ト軍事ニ對シテハ、殆ド喙ヲ容ルベキ所ノ權能ヲ有シテ居リマセヌ、然ルニ、歐洲大亂後、濠洲ニ於テモ、加奈太ニ於テモ、英國ノ外交軍事ニ於テ容喙スベキ所ノ權能ヲ認メラレマシタ、之ニ就キマシテハ、日英同盟ヲ繼續スルトスレバ、是等ノ問題モ十分ニ考慮シナケレバナラナイト思ヒマスガ、是等ニ對スル所ノ、政府ノ態度方針ヲ伺ヒタイノデアリマス(拍手スル者アリ)第五ニ御尋シタイ事ハ排日問題ノ事デアリマス、御承知ノ如ク、千九百七年以來ノ事デハアリマスケレドモ暖、米國ノ太平洋沿岸ニ、日本人排斥ノ聲ガ盛ニ起ルノデアリマス、最近ニ於キマシテハ、御承知ノ如ク加州内ニ於テハ、日本人ニ土地ヲ貸セルコトモ家屋ヲ貸セルコトモ、禁ズルト云フ法律ヲ作ラウト云フヤウナ運動ガ起ッテ居リマス、啻ニ日本カラ米國ニ移住シタ所ノ者ニ對シテ、借地權或ハ借家權ヲ與ヘナイト云フバカリデナク、米國ノ憲法ニ依テ保障サレテ居ル所ノ、米國ニ生レタ日本人ニ對シテスラ動モスレバ此權利ヲ否定シヤウトスル所ノ、排日運動ガ盛ニ起ッテ居ルノデアリマス、然ルニ我國ノ外務省ノ——是ハ外務省ノミト言ヒマセヌ、從來ノ方針ハ、米國ニ於ケル所ノ我國ノ日本人、我ガ日本人ノ權利ヲモ外務省ハ主張スルコトナクシテ、却テ排日病或ハ一ツノ排日ヲ土臺ニスル政治家ノ煽動機關ガアリマスレバ、之ヲ恐レテ自ラ退嬰々々ノ政策ヲ執ッテ來タ、其實例ヲ一ツ申上ゲマス、亞米利加ニ於ケル所ノ日本人ハ、男女ヲ合セテ十二万以上デアリマス、女子ガ三万五千、男子ガ八万八千以上アルノデアリマス、之ニ依テ見マシテモ、四五万ノ在米ノ日本人ハ獨身者デアリマス、是ガ妻ヲ迎ヘル唯一ノ方法ト致シマシタノハ、今日マデ寫眞結婚ニ依テ行ハレテ居ッタノデアリマス、寫眞結婚ト云ヘバ、一應異樣ノ感ガアリマスケレドモ、我國ノ結婚制度ハ恐ク寫眞結婚、否ト寫眞結婚ニ劣ルト申シテモ差支ナイ(「無用々々」ト呼フ者アリ)デ此寫眞結婚ハ弊害ガアルト云フコトヲ傳ヘマシタケレドモ、事實弊害ハ極メテ輕微ナモノデアルト云フ事實ヲ擧ゲテ説明致シマス、我國ノ結婚ニ於キマシテ、少クモ統計ノ上ニ現レタ離婚ノ數ハ、二割五分ニ達シテ居リマス、統計ノ上ニ現レナイ——戸籍ノ上ニ現レナイ離婚ノ數ヲ見マスト、百ニ對シテ少ナクモ三十五以上デアリマス、寫眞結婚ニ於キマシテ離婚ノ數ハ恐ラク五分ヲ上ラナイモノト思ヒマス、百人ニ就テ恐ラク五人乃至六人ハアリマシテモ、十人ヲ越エルヤウナコトハ無イ、此事實カラ見マシテモ、寫眞結婚ノ弊害ノ極メテ輕微デアルト云フコトハ、明瞭ナル事デアルト思ヒマス、ノミナラズ在米ノ婦人ハ、日本人ノ男子ヨリハ、彼等ノ地位ニ滿足シテ居リマス、米國ノ社會的狀態デハアリマスケレドモ、故國ニ於ケル所ノ婦人ヨリハ、一家ニ於キマシテモ、社會ニ於キマシテモ、米國ニ於ケル所ノ日本婦人ハ好遇サレテ居リマス、此意味ニ於テ、寫眞結婚ノ弊害ト云フモノハ殆ド無イト云ッテモ宜イ、然ルニ寫眞結婚ノ結果、幾分日本人ノ米國ニ於ケル所ノ人口ヲ增スニ至ッタト云フコトハ明瞭デアリマス、之ガ爲メニ或ル勞働黨、或ハ「フエシヨナルポリチシアン」ガ、自分ノ地位ヲ造ラウトスル爲メニ、寫眞結婚ノ爲メニ、東洋ノ民族ガ加州ニ於テ非常ニ增加スル、是ハ米國ニ取テ危險ナルモノデアルト一度之ヲ叫ビマスレバ、之ガ爲メニ外務省ハ辟易シテ、自ラ求メテ寫眞結婚ヲ禁止シタノデアリマス、是ハ私ガ何故斯樣ナ事ヲ質問ノ爲メニ申スカト言ヘバ、斯ウ云フ事デアリマス、亞米利加ノ憲法ニ依リマシテモ、亞米利加ノ國民ノ精神ニ依リマシテモ、亞米利加全體ノ輿論ニ依リマシテモ、是以上ニ日本人ヲ米國ニ移住セシムルト云フコトニ就テハ、異議ガアリマセウ、併ナガラ米國ノ憲法、米國民ノ精神、思想ニ依リマシテ、今日米國ニ在住シテ居ル所ノ日本人ノ幸福ヲ圖ルト云フコトニ就テハ、一點ノ異議ハ無イ筈デアリマス、此點カラ行キマシテモ、日本人ノ發展ノ爲メ、日本人ヲシテ一家ヲ成サシメ、日本人ノ幸福ヲ求ムル點ニ於テ、寫眞結婚ハ日本ノ結婚制度ト異ラナイモノデアル、之ニ依ルヨリハ、在米日本人ノ一家ヲ形成スル途ト、幸福ヲ增進スル所ノ途ガ無イト云フコトヲ、米國ニ向ッテ聲明致シマスレバ(拍手)米國ハ反對シナイノデアル、然ルニ外務省ハ如何ナル事ヲシタカ、外務省ハ自ラ進ンテ寫眞結婚ヲ禁止シタノデアリマス、自分自國ノ主張スヘキ權利ヲ海外ニ於テ主張スル能ハズ而モ其主張ハ米國ノ輿論自ラ之ヲ認ムル所デアリマス、ソレニ就テ此主張ヲ爲サズシテ、自ラ日本人ノ五万以上ノ家庭ヲ作ル途ヲ禁止シタト云フコトハ、是ガ排日ノ勢力ヲ援助スルモノデアルト信ジテ居リマス(拍手)何故ナレバ外國人ノ心理狀態ヲ御承知ノ御方ハ、之ニ就テ異議ガアル筈ハナイ、外國人ハ權利ヲ主張シテモ對手ガ善ト認メレバ讓リマス、又此方デ退ケバ、如何ナル程度マデモ何方ノ主張ヲ主張シテ參リマス、此心理狀態ヲ承知シテ居リマシタナラバ(「何ダソレガ」ト呼フ者アリ)外務省自ラガ排日ノ勢力ヲ助長スル所ノ一ノ行動ヲ敢テシタト云ッテモ、差支ナカラウト信ジマス(「ヒヤ〳〵」拍手)ノミナラズ今日ノ加州ニ於ケル所ノ日本人ニ對シテ土地家屋ヲ賃貸借サセナイト云フヤウナ運動ニ就キマシテハ、外務省ガ米國ニ對シテ此權利ヲ主張スルニ、何ノ憚ル所ガアリマセウ(拍手)外務省ガ米國ニ於ケル日本人ニ對シテ、何故ニ總テノ外國人ト共同ナル權利ヲ求メナイノデアルカ(「冷靜ニヤリ給ヘ」ト呼フ者アリ)米國ニ居ル所ノ日本人ヲ將來發達セシムル途ヲ講ズルコトガ、單リ日本ノ爲メ有利ナル事ノミナラズ、米國ノ爲メニモ有利ナル事デアリマス(「ヒヤ〳〵」ト呼フ者アリ)將來日本ハ、米國ト親善ノ關係ヲ保ッテ行カナケレバナラナイコトハ明瞭デアリマス、ソレニ就キマシテ、米國ニ排日運動ヲ起サセレバ起サセルダケ、日本國民ハ米國ノ一部ノ排日運動ヲ以テ全體ノ排日運動ナリト誤解致シマス(「ノウ〳〵」ト呼フ者アリ)又米國ノ側カラ致シマスレバ、此排日運動ニ對スル所ノ日本人ノ反感ヲ以テ、日米ノ間ノ一ノ障碍ト考ヘルノデアリマス、故ニ加州ニ於ケル所ノ排日問題ニ就キマシテ、日本國民ノ權利ヲ何所マデモ主張シ、日本國民ノ米國ニ於ケル者ニ對シテハ、其他ノ外國人ニ對スル一、同等ナル所ノ保護ト權利ヲ主張スルコトハ、日本ノ爲メノミナラズ、米國ノ爲メデモアリ、日米親善ヲ完ウスル所以デアリマス、(「ヒヤ〳〵」「然リ」「議論ハ立派ダ」ト呼フ者アリ、笑聲起ル)尚ホソレノミナラズ、排日問題ニ對シテ、モウ一ツ私ハ申サナケレバナラナイ事ガアル、是ハ諸君ガ御承知デモゴザイマセウ、今年ノ春、而モ米國ノ太平洋沿岸西部諸州ニ於テ、第一ノ教育者ト認メラレテ居ル日米親善ノ爲メニ來ッタト云フ所ノ加州大學ノ總長ノ「ホイラー」デアリマス、是ガ日本ニ參リマシタ時ニ、日本ノ朝野デハ之ヲ重大視シテ、相當ノ歡迎モ致シマシタ、又努メテ日本ノ諒解ヲ得ルコトニ致シマシタ、然ルニ此「ホイラー」ガ桑港ニ著キマシテ、第一ニ聲明シタ事ハ何デアリマス、日本ノ事情ヲ觀察シテ歸ッタ、然ルニ東洋人——東洋人、而モ日本人ト米國人トノ間ニハ、使スベカラザル所ノ溝渠ガアル、日本人ハ生レナガラニシテ軍國主義ダ、日本ノ政策ハ軍國主義ノ政策デアル、米國ハ之ニ反スルモノデアルガ故ニ、日米ノ間ニ於テ親苦ノ完ウスルコトハムツカシイ、ノミナラズ米國ニ於ケル所ノ日本人ト、米國ノ社會ト調和スル所ノ望ガナイト聲明シタデハアーマセヌカ、之ニ就キマシテ私ハ考慮ヲ煩スコトハ、私ノ政府ニ對スル質問ハ是レデアリマス、(「冷靜ニヤレヨ」「シッカリヤレ」ト呼フ者アリ)蓋シ此疑惑ハ、單リ「ホイラー」ノミナラズ、排日運動ノ根柢ニ常ニ横ッテ居ルモノデアリマス、日本人ハ加州ニ來ッテスラ劍ヲ提ゲヤウトシテ居ル、日本人ハ加州ニ來ッテスラ、刀ヲ懷中ニシテ居ルヂヤナイカト云フコトガ、排日運動ノ最モ強イ根柢デアリマス、(「ノウ〳〵」ト呼フ者アリ)此誤解ヲ日本人トシテ解カナケレバナラヌ、(「ドウシテ解キマス」ト呼フ者アリ)然ルニ其目的ノ爲メニ爲サレタモノデアルトハ私ハ申シマセヌガ、昨年ノ議會ニ於テ、定メタ徴兵令ノ施行細則デアリマス、此施行細則ニ依リマスト云フト、外國ニ居ル者――如何ナル業務ヲ營マウガ、外國ニ居ル者三十七歳未滿ノ者ガ日本ニ歸リマシテ、一月以内ニ日本ヲ立去ラナイ場合ニハ、兵役ノ義務ヲ負ハシムルコトニナッテ居リマス、日本ノ國民トシテ――日本ノ國民ト致シテ兵役ノ義務ノ大切ナルコトハ申スマデモアリマセヌ、併ナガラ此年々六七十万増加スル所ノ人口ヲ以テ、此限リアル領土ニ於テ日本ノ將來ノ發展ヲ圖ルトシマスルナラバ、海外ニ於ケル者ガ商用ノ爲メ、或ハ妻帶ノ爲メニ一箇月日本ニ歸ッテ、其間ニ用事ヲ濟マサナケレバ、直チニ兵役ノ義務ヲ負ハサレルト云フコトデハ、單リ日本ノ海外發展ガ出來ナイバカリデナイ私ハ海外發展ガ出來ナイト云フコトヨリハ、排日問題ニ就キマシテ是等ノ事ガ――卽チ加州ニ於テ澤山ノ資本ヲ投ジテ、米國ノ土地ニ於テ事業ヲ營ンデ居ル日本人ガ一寸歸ッテ來テ一箇月以内ニ日本ヲ立去レバヨシ、然ラザレバ直チニ兵役義務ニ服セシムルト云フヤウナ事ハ、「ホイラー」ノ發明シタ所ノ日本人ハ軍國主義ヲ、軍資ノ上ニ裏書スルヤウナコトニ誤解サレルモノデハナカラウカ、(拍手)是ハ獨リ排日問題ニ就テバカリデナイ、私ハ日本ノ國策トシテ、日本ノ海外發展トシテ、考慮スベキ問題デアルト思ヒマスガ、是等ニ就テモ、米國ニ於テハ日本ヲ軍國主義デアルト云フヤウニ、疑惑ヲ懷イテ居リマスノデスカラ、之ニ就キマシテ外務大臣ハ、是等ノ疑惑ヲ解ク御計畫ガアリマスカ否ヤヲ伺ヒタイノデアリマス(「シッカリ〳〵」ト呼フ者アリ)以上ハ私ノ政府當局者ニ問ハントスル所ノ質問ノ要旨デアリマス、之ニ就キマシテ、成ルベク政府ハ明瞭ニシテ御深切ニ而モ日本人六千万人、何人ガ聽イテモ胸ニ落チルト云フヤウナ御答辯アランコトヲ切ニ希望致シマス(拍手起ル)

○議長(奥繁三郎君) 内田外務大臣

〔國務大臣子爵内田康哉君登壇、拍手起ル〕

○國務大臣(子爵内田康哉君) 唯今植原君ヨリ御質問ニ對シテ、私ヨリ御答致シマス、御質問ハ五點ニ分レテ居ル、第一ハ「チタ」方面撤兵ノ件ノヤウニ聽取シマシテゴザイマス、此日本ノ西伯利ニ對シマスル方針ガ始終變ッテ居ル、一定ヲシテ居ナイト云フ御議論ガ、此御質問ノ根源ヲ成シテ居ルダラウト思フ、私ハ其根源ヲ明ニシタナラバ、總テ明ニナルコトデアラウト思ヒマス、日本ノ西伯利方面ニ對シマシテ是マデ執ッテ來マシタ方針ハ、卽チ曩ニ聲明ヲ致シマシタ通リニ、其出兵ノ目的ガ「チエックスロヴアック」ノ救援ニ淵源シタコトハ、申スマデモナイ話デアリマスガ、如何セン日本ノ東部西伯利方面ニ對スル關係ハ、英米ト其情ヲ異ニシテ、唯ダ單一ニ初メ出兵シタル所ノ目的サヘ達スレバ、ソレデドン〳〵引去ッテ來レバ宜イト云フ譯ニ行カナイ、卽チ接壤ノ關係ヲ顧ミ、鮮滿ニ對スル脅威排除セラレ、又浦潮方面ニ居ル所ノ多數ノ居留民ノ保護モ考ヘナケレバナラヌ、斯ノ如キ事情ガ有ルニ依テ、單ニ英米其他ノ國ノ執リシ態度ト、同樣ニ行ク譯ニ行カナイト云フコトハ度々聲明シタ次第デアリマス、卽チ其趣旨ハ本年三月三十一日ノ宣言書ニ最モ明ニ示シテアリマス、決シテ此東部西伯利ニ對シマシテ、是迄政府ノ執リマシタ所ニ何等扞格ノ來シタコトハ無イ、此度「チタ」方面ヨリ撤兵致シマスルノモ、其宣言ノ一部ヲ實行スルニ過ギナイ話デアル、併シナガラ唯今申上ゲル通リ、浦潮方面ニ於テハ、未ダ我接壤地方ニ對スル脅威ガ排除セラレザルノミナラズ、近頃ニ於テハ朝鮮北境ニ於テ、屢、朝鮮人ガ襲擊ヲ試ミテ居ル、其多クハ矢張西伯利ニ於ケル所ノ過激派ヨリ、武器ヤ彈藥ノ供給ヲ受ケテ居ルト云フヤウナ狀態デアリマスカラ、此方面ヨリ撤兵スルコトハ出來ナイ、是モ此間ノ宣言ニ明ニシタ次第デアルノデス、然ルニ「チタ」方面ニ於キマシテハ、昨年頃ハマダ各方面デ戰鬪ヲ致シテ居リマシテ、幸ニ其後今日ニ於キマシテハ、停戰ノ狀態ヲ呈シテ參リマシタ、最早「チエックスロヴアック」軍モ全部彼ノ方面ヨリ撤退ヲシテ、何等顧慮ヲ拂フ所ノ必要ガ無キニ依リ、彼ノ方面ニ於ケル所ノ兵ヲ全部撤退スル、併ナガラ他ノ目的タル所ノ戰場地方ノ――接壤地方ノ安定ヲ圖リ、脅威ヲ排除スル爲メニハ、未ダ撤兵スルノ域ニ達セナイニ依リ、浦潮方面ニ於ケル所ノ兵ハ、其儘當分駐メテ置ク、斯ウ云フ宣言ヲシタ次第デアリマス、又西伯利ノ方針ニ關シマシテ、總理大臣、又陸軍大臣、及外務大臣ノ間ニ色々見解ヲ異ニシテ居ルト云フ御質問デアリマシタガ、是ハ今日ニ始ッタ話デハアリマセヌ、昨年ノ議會ニ於テ、度々此質問ガ出マシタカラシテ、三大臣ヨリモ明確ニ、決シテ扞格ヲシテ居ナイト云フコトヲ辯明シタ次第デアリマスカラ、茲ニ更ニ之ヲ繰返ス必要モ無イト私ハ思ヒマス(「ノウ〳〵」「ヤルベシ」ト呼フ者アリ)是デ第一點ハ盡シタト思ヒマスガ、第二ハ對露政策ニ關シテノ御質問デアリマシタガ、是ハ能ク御趣意ヲ聽取リマセヌデシタガ、斯ク云フ御趣意デアラウト思ヒマス、ソレハ今日莫斯科ノ政府ノ其代表者トシテ、莫斯科政府ノ閣僚ノ一人タル「クラシン」ガ出テ居ル、之ニ「ロイドジョージ」ヤ其他ノ英吉利ノ閣員ガ接觸ヲシテ、結局勞農政府ヲ承認スルニ行クカモ知レナイ、若シ歐米ニ於テ――米ハ除キマス、歐羅巴ニ於テ此勞農政府ヲ承認シタ曉ニハ、日本ガ西伯利ニ於テ執ッタル態度ト扞格スルデハナイカ、斯ウ云フ風ノ御質問ト思ウタノデアリマス、然ルニ目下英國ニ於ケル「クラシン」ニ對スル英國政府ノ交涉ハ、決シテ勞農政府ヲ承認スルト云フコトヲ目的トシテ居ナイ、此事ニ就テハ我ガ代表者モ其議ニ與ッテ、能ク事情ヲ知ッテ居ラレル、佛蘭西伊太利等トモ相談ノ結果、卽チ「サンレモ」ノ商議ノ結果トシテ、露西亞ト通商關係ヲ開クト云フコトナノデアル、ケレドモ通商關係ヲ開クト云フコトガ、自然莫斯科政府ヲ承認スルト云フヤウナ事ニナッテハ、甚ダ面白カラザル事デアルカラ、之ヲ承認シナイト云フコトヲ條件トシテヤッテ居ル次第デアル、今日ノ場合ニ於テ、莫斯科政府ガ全然其方針ヲ改メ、其主義ヲ改メタナライザ知ラズ、今日ノ彼等ノ主張スル所ニ於テ、之ヲ承認セントスル國ハ、恐ラク一國モ無カラウト思ッテ居リマス、又「クラシン」トノ商議モ其後殆ド中止ノ姿デアッテ、「クラシン」ハ今月ノ初ニ莫斯科ニ向ッテ歸ッテ行ッタヤウナ次第デアル、更ニ來ッテ商議ヲ開始スルヤ否ヤハ分リマセヌ、第三ハ對支政策ノ御質問デアリマシタガ、對支政策、殊ニ山東問題々今日ニ至ルマデ紛糾ヲ重ネテ、其解決ヲ見ザルハ、是マデノ――此政府ト云ハズ、前ノ政府、其前ノ政府ニ於テモ方策ヲ誤ッテ、北ヲ援ケ南ヲ援ケシテ居ルカラ、斯ノ如キ事ヲ來スト云フヤウナ御質問ノヤウデアリマシタガ、現政府ニ於キマシテハ、就任早々其方針ヲ明カニシテ、斯ノ如ク南ニ偏シ、北ニ偏スルヤウナ政策ヲ一切シナイト云フコトヲ斷言シ、又其政策ヲ今日迄保持シテ居ル次第デアルノデス、唯ダ此對支政策ニ關シテ日本ガ率先シテ支那ノ法權或ハ税權ヲ恢復シテヤルガ宜イデナイカ、自國自ラ其經驗ヲ積ンデ來テ居ル日本トシテ、當ニ爲スベキモノデアルト云フ御議論デアッタガ、是ハ私ハ滿腹ノ同意ヲ表スルノミナラズ、此意味ニ於テ既ニ是迄モ多少試ミタコトガアルノデス、今日ノ五分税ヲ完全ニシテ、是迄ハ二分カ三分ニ當ッタモノヲ、五分ノ税ヲ取ルト云フコトニナッテ居ル、卽チ一昨年ト思ヒマス、上海ニ於テ會議ヲ開イタコトモ、此精神カラ出テヤッテ居ル話、又法權ノ恢復ニ就テモ、是ハ色々ノ準備ノ要ル話デアリマシテ、法典モ編纂シナケレバナラヌ、裁判官モ養成シナケレバナラヌ話デアルカラ、是等ノ點ニ於テハ、出來得ル限リノ便宜ヲ與ヘル、又是迄與ヘタ、我ガ司法部ニ於テモ、支那ノ裁判官ガ來レバ十分ニ便宜ヲ與ヘテ色〻ノ視察モ遂ゲシメテ居ルヤウナ次第デアル、斯ノ如キ御趣意ノ事ハ、今後モ出來得ル限リハ致シタイト思フ、願クバ一日モ早ク法權稅權共ニ恢復サレテ、我隣邦ニ强固ナル獨立國ノ現出スルコトヲ切ニ希望スル次第デアリマス、第四點ハ日英同盟ニ對シテノ御質疑デアリマスガ、是ハ既ニ先日ノ私ノ外交經過報告ニ於キマシテ申シマシタ通リ、今日英吉利ト打合セヲ開始シテ居ル次第デアリマスカラ、國際慣例ニ顧ミ、又英吉利ニ對スル我國ノ禮讓ト致シマシテ、此問題ニ就テ玆ニ公言スルコトハ斷然出來ナイ次第デアリマスカラ、左樣御承知ヲ願ヒマス、(拍手起ル)最後ノ米國排日ノ事ニ就テノ御質問デアリマスガ、是ハ洵ニ憂フベキ事デアリマス、御說ノ通リ今日「カリホルニア」ニ於テ、一部ノ排日論者ノ中ニ一般投票ニ訴ヘテ、日本人ニ對スル土地所有、又借地總テノモノヲ剝奪セントスル企ガアリ、甚ダ痛心ニ堪ヘザル次第デアリマス、併シ是ハ彼地ニ於ケル十何万ノ居留民ノ爲メ又日米ノ國交ニ顧ミマシテ、最モ愼重ナル考慮ヲ拂ヒ、最モ愼重ナル手續ヲ執ラナケレバナラヌ問題デアリマシテ、今日此議場ニ於テ外務當局トシテ、此問題ニ對シテ十分ニ御質疑ニ應ジテ御答スルコトノ出來ナイノハ甚ダ遺憾デアリマスケレドモ、是ハ國益ニ顧ミテ致方ナイコト、御承知ヲ願ヒタイ、併シ政府ト致シマシテハ我人民卽チ我移住民ノ正當ニ受クベキ又正當ニ受ケテ居ル既得ノ權利ヲ尊重スルコトニ就テ、出來得ル限リ盡力ヲシテ居ル次第デアリマス、左樣御承知ヲ願ヒマス、尙ホ先般此方ニ參リマシタ、或ル一教授ノ言說トシテ御引用ニナッタコトガアリマス、是ハ個人ノ觀察、個人ノ意見デアルカラ致方ガナイ話、然レドモ先般亞米利加ヨリ多數ノ人ガ來タノモ、總テ日本トノ諒解ヲ得、又日本ヨリモ諒解ヲ與ヘタイト云フコトカラ出タ話デアリマス、其中ノ一人タリシ人ガ歸ッテ、尙ホ前說ヲ改メラレヌト云フコトデアレバ、是ハ致方ガナイ話、併ナガラ是等ノ誤解ハ十分ニ解クヤウニ、今後ト雖モ其途ハ講ズルコトヲ怠ラヌ積リデアリマス、尙ホ寫眞結婚ノ事ニ就テ御質疑ガアリマシタガ、是ハ前議會ニ於テ總理及私ヨリ十分ニ說明ヲ致シテ、洵ニ是モ已ムヲ得ザル方法ニ出タ話デアリマス、今日玆ニ更ニ之ヲ繰返ス必要ハ無イト思ヒマス、(拍手起ル)

大正九年七月九日

國務大臣ノ演說ニ對スル質疑

◎望月小太郎君　當第四十三議會ニ於ケル政府當局ノ外交經過ニ關スル說明ハ、私極メテ愼重ノ注意ヲ拂ヒマシテ之ヲ伺ヒマシタケレドモ、其說明ノ不十分ナル爲メカ、如何ニシテモ了解シ難キ疑點ヲ持ッテ居リマスル、故ニ今日此壇上ニ於テ、其眼前ニ横ハレル外交問題ニ關シ、之ヲ一般外交ニ特殊問題ノ二項目ニ區別致シテ、再度ノ說明ヲ煩シタク希望致シマス、先ヅ一般外交ニ就テ第一ニ今一歩進ンデノ御說明ヲ煩シ度イ事ハ、日英同盟改訂ノ交渉ニ關スル經過デアリマスル、英國總理大臣ガ最近英國ノ議會ニ於テ、本問題ハ國際關係ト重大ナル連絡アルヲ以テ明年三月米國大統領新タニ選擧セラレタル上ニ於テ、日英兩國間ニ其內容ノ改廢スベキモノアレバ、之ヲ改廢スルト云フ意味ニ於テ、兩國ノ諒解ハ成立致シテ居ルヤノ演說ヲ私ハ承リマシタガ、果シテサウデアルカ、此邊ノ程度ニ於テノ說明ヲ望ムノデアル、第二ハ加州ノ一角ニ於ケル排日問題ニ關シテ、我政府ハ米國中央政府ト完全ナル諒解アルヤ否ヤ、又其加州ノ輿論緩和ニ對スル方策如何ト云フ事デアル、最近ニ於テ米國ノ議員ガ來朝セラレ、御同樣ガ之ヲ歡迎スル上ニ於テハ、此點ニ於テ、特ニ外務大臣ノ懇切ナル說明ヲ望ミタイノデアリマス、第三ハ日支國交ノ現狀改善ニ關スル方策如何ト云フ問題デアル、現內閣ガ就職以來、日支親善ヲ標榜セラレ、殊ニ兩國外交ノ關係ヲ刷新スルコトニ努力セラレタコトハ、中外ノ知ル所デアル、之ガ爲メニ現當局ハ二回マデモ支那政府ニ對シ、和平ノ勸告ヲ南北ニ試ミマシタケレトモ、其和平ハ扱措キ、當時南北ニ兩分シタル其支那ハ、北ハ更ニ二分シ南モ二分三分シ、其北ノ分裂シタルモノト、南ノ分裂シタルモノガ交互錯綜致シテ、殆ンド亂麻ノ如キ今日ノ狀態デアル、外務大臣ノ說明ニ依リマスレバ、列國ハ日本ノ特殊的地位ニ向ッテハ、十分諒解致シテ居ルト、其我特殊的地位ノ優越ナルモノヲ利用致シ、我國自ラ自主的外交方針ヲ以テ、英米佛伊ノ列强ト何カ協調ヲ保チツヽアルノデアリマスルカ、ソレトモ支那ノ內亂ハ自然ノ成行ニ一任スルト云フノデアルカ、此點ヲ伺ヒタイ、支那和平促進ニ關シテハ、定メテ經綸多々アルベキ現內閣ノコト、期待致シマスルガ故ニ、此點ニ就テ詳細ノ說明ヲ煩シタイ、次ニハ膠州灣還附ニ關スル交渉ノ經過デアリマスル、外務大臣說明ノ如ク、巴里會議ノ結果ト致シテ、我國ハ屢々誠意ヲ披瀝致シテ支那ニ交渉致シタニモ拘ハラズ、其支那ハ言葉ヲ左右ニ托シテ、我ガ此交渉ヲ拒絕シテ居ルノデアル、言換ヘレバ支那政府ハ日支條約中山東問題ニ關スル所ノ條約違反ヲ致シテ居ルト本員ハ信ズル、果シテ當局ハ此點ニ御一致ナルヤ否ヤ、又之ニ對シテ善後ノ處分ハ、自然ノ成行ニ御一任ナサルト云フコトデアルカ、此點ヲ伺ヒタイ、更ニ外務大臣ノ御說明ノ新借款團成立ノ經過ニ就テ御尋致ス、當初大正七年六月我國ハ、米國ノ此新借款團ノ提議ニハ、主義トシテ贊成セラレ、中途ニシテ滿蒙除外問題ヲ提出致シタ爲メニ、一時交渉中止トナリ、本年五月十三日右新借款團ガ成立シタト云フコトハ洵ニ結構デアル、サリナガラ茲ニ伺ヒタイノハ抑モ當初我國ガ提出シタル滿蒙除外トハ如何ナル範圍ノモノデ、又是ガ如何ナル程度ニ協調セラレタノデアルカ、外務大臣ノ說明ニ依リマスルト、關係諸國ハ我國ノ國防、及國民的經濟ノ必要ヲ保障セラレタト明言セラレテ居ル、又昨日ノ豫算總會ニ於テモ、大津君ノ質問ニ答ヘラレタル外務大臣ノ言明ニ依レバ、滿蒙ニ於ケル我特殊利權ニ對シテハ、十分之ヲ保持シ得ル確信ヲ持ッテ居リマスト、斯樣ニ仰セラレテ居ル、然ラバ定メテ大正四年日支條約中、殊ニ南滿洲內蒙古ニ關スル條約權、並ニ該地方ニ於テ鐵道敷設ノ場合ニハ、其資本ニ對シテ日本國ノ有スル優先權、更ニ此日支條約ヲ基礎トシテ、大正七年ニ締結セラレタル滿蒙ノ四鐵道、殊ニ外務大臣ノ言ハレタル、我國防上最モ重大ナル關係アル洮南熱河ノ一地點ヨリシテ、海岸ニ延ル所ノ此線路、更ニ進ンデ大正四年日支協約ノ結果タル、山東鐵道ノ延長線ト見ルベキ濟南ヨリ順德、並ニ高密ヨリ徐州ニ至ル所ノ線路ハ、當然此借款團以外ニ超越致ス、卽チ我國ノ既得權ト列國ハ之ヲ承認致シタモノト心得テ差支ナキヤ、今一歩進ンデ此新借款團主要ノ目的ニ就テ伺ヒタイノハ、支那南北ノ和平統一セラル、マデハ、關係諸國ハ此借款ニ應ジナイト云フコトデアルカ以上ノ六ケ點ニ就テ、外務大臣ハ去三日詳細ナル事ハ外務省ニ於テ公表セラレタト言ハレテ居リマスガ、本員不肖ニシテ、其詳細ナル公表書中ニハ、右ノ如キ諸點ニ觸レナイト云フコトヲ信ズルノデアル、故ニ此六箇ノ問題ニ就テノ說明ヲ煩スト共ニ、願クハ右借款團ニ關係アル書類ノ提出、又ハ公表ヲ要求スルノデアル、第四ハ一般外交ト申スヨリ、寧ロ國家ノ重大事件トシテ御尋スルノガ適當ト思フ、昨日ノ豫算總會ニ於テ一寸問題トナリマシタガ、問フ者答フル者、孰レモ其要點ニ觸レテ居リマセヌ、故ニ更ニ茲ニ御尋致スノデアリマス問題ハ昨年十二月外事彙報ニ現レタル某重大外交事件、記事ノ責任者ノ始末ト云フノデアリマス、其內容ハ本員モ謹ンデ之ヲ述ベヌサリナガラ此事タルヤ、英國皇帝ガ我ガ西園寺、牧野兩全權ヲ信任アラセラレテ、我ガ　天皇陛下ニ對シテノミ、御傳言アラセラレタルト同樣ナル絕對祕密事項ニシテ、斷ジテ外間ニ洩スベキ性質ノモノニ非ズト思フ、其事ガ此外事彙報ニ編纂セラル、ニ至ッテ、總理大臣ハ四十二議會ノ豫算會議ニ於テ斯樣ニ答辯セラレテ居ル、「主任者ニ對シテ相當ナル處分ヲ致ス」斯樣ニ言ハレテ居ル此主任者ト云フコトニ就テノ責任ハ本員トシテ見マスレバ內閣ハ勿論、當時大使タル西園寺牧野兩人ニモ累ヲ煩ハスベキモノト思ヒマスルガ、右總理大臣ノ言質ハ、未ダ實現セザルモノ、ヤウニ存ゼラル、、果シテ如何ナル處置ヲ右責任者ニ向ッテ執ッタノデアルカ、此點ノ說明ヲ煩シマス、是ヨリ特殊問題ニ向ッテ本員ノ疑點ヲ述ブルニ先ダッテ、一言外務大臣ノ記憶ヲ喚起スル必要ガアル、當春卽チ四十二議會ノ此演壇ニ於テ、本員ハ其時ニ至ルマデノ現政府ノ外交經過ニ鑑ミマスレバ、總テ是レ連續的失敗ト、常習的錯誤ノ記錄ニ外ナラズトノ信念ヲ以テ、(拍手起ル)數種ノ疑點ヲ申述ベマシタガ、今ヤ此過失ト錯誤トハ積ミ積ッテ、日本開闢以來未ダ曾テ之レ有ラザル、國家的罪惡ヲ構成シツヽアルモノトノ確信ヲ有スルモノデアリマス、(拍手起ル)卽チ其一ハ徹頭徹尾無意無義ニシテ、動搖常ナキ西伯利政策ノ經過ト、其二ハ此不徹底ナル西伯利政策ガ原因トナリ、結果トナリ遂ニ頃日尼港ニ於ケル同胞七百、官民虐殺事件トナッタト云フ其經過デアリマス、是ヨリ本員ハ西伯利政策ニ對シテノ疑點ヲ申述ベマスルガ、本員疑點ノ根本的要點ハ左ノ如クデアル、卽チ我政府ハ西伯利出兵ノ當初ヨリシテ、我國ニハ自主的外交ノ絕對已ムベカラザル必要アリテ出兵シタルモノニハ非ズ、唯ダ漫リニ他國ノ提議ニ追隨シ、盲從シ過去二箇年ニ於テ忠勇ナル二千有餘ノ人命ト、貴重ナル約七億万圓ニ垂ントスル國帑トヲ犧牲ニ供シ、外ハ列强ノ疑惑ヲ招キ、內ハ露國民一部ノ反感ヲ買ヒ、政府ハ進退兩難ノ結果、遂ニ萬策盡キテ今回一部撤兵ノ聲明ヲ爲シタモノデアルト斯樣ニ信ズルノデアル(拍手起ル)而カモ其列國ノ協調中、米國トノ交渉ニ關シテハ、過激派討伐ト云フ根本的要點ニ向ッテ、不完全ニ始リ不愉快ニ斷絕シ、其間ノ我政策ハ常ニ動搖致シテ、「軍略ト政策トノ不統一ヲ來シ、卽チ軍務當局ト外務當局トハ、往々其目的ヲ異ニシテ、遂ニ內外ノ不信ノ招イタモノト信ゼザルヲ得ナイ幾多ノ材料ヲ持ッテ居リマス、是等ノ材料中ヨリ、殊ニ外交文書ニ關スルモノ、其他二三重要ナル證據ヲ提供致シテ、本員疑點ノ根源ヲ茲ニ訴ヘマシテ、當局ノ說明ヲ要求致シマス、抑、大正七年八月我國ガ米國ノ提議ニ應ジタル日本出兵ノ宣言書中ニハ、左ノ如ク明記シテアル「現ニチェックスローヴァック軍ノ東進ヲ阻碍シ其軍隊中ニハ多數ノ獨墺俘虜混入シ實際ニ於テ其指揮權ヲ掌握スルノ事跡顯然タルモノアリ云々」進ンデ「帝國政府ハ合衆國政府ノ提議ニ應ジ其友好ニ酬ヒ且ツ今次ノ派兵ニ於テ聯合列强ニ對シテ步武ヲ齊シウシテ云々」

即チ現政府ガ其後此出兵ヲ以テ、西伯利ノ秩序維持、又ハ居留民保護杯ト云フコトノ聲明ハ、當初ニ於テハ斷ジテ一字モ無カッタノデアル、之ヲ更ニ證據立テルコトハ後段ニ申述ベマスルガ、要スルニ我自主的外交ノ必要アッテノ出兵ニ非ズシテ、他動的ナルコトハ此宣言書ニ於テ一見明瞭デアル、ソコデ此趣意ハ米國浦潮出兵ノ理由トシテ、八月三日米國國務卿代理ノ發表シタル宣言書中ノ要點ヲ述ベマスレバ、明瞭ト思ヒマスル、此米國ノ宣言書中ニハ、第一ニハ對露一般政策トシテハ軍事的干渉ヲ排斥シ、進ンデ露國ニ於ケル現在ノ軍事行動ハ目下「チエックスローヴアック」軍ヲ攻撃シツヽアル、武裝獨墺捕虜ニ對抗シテ「チエックスローヴアック」軍ニ對シ出來得ル限リノ補助ト援助トヲ與フル場合ニ於テノミ之ヲ容認スベキナリ」ト、嚴格ニ其軍事行動ノ範圍ヲ制限シテ居リマス、更ニ又西伯利方面ニ於ケル「チエック」援助ニ關シテハ、米國ハ占領區域ト雖モ絶對ニ其内政ニ干渉セザル方針ヲ述べ、進ンデ左ノ如キ交渉文章ニナッテ居ル、即チ「日米兩國各數千ノ兵ヲ浦潮ニ派シ以テ兩者一致ノ軍容ヲ整ヘ浦潮ヲ占領シ更ニ能フ限リ目下西進中ノ「チエックスローヴアック」軍ノ後方警備ニ任ゼンコトヲ提議シタル所日本ハ此提議ニ對シテ承認ノ意ヲ通ジ來レリ」云云」之ヲ略言シマスレバ、米國ガチエック救援ノ爲メニ出兵中、萬一獨墺俘虜ガ其「チエックスローヴアック」軍ヲ攻撃スル場合ニ於テノミ、米國ハ之ニ對抗スルケレドモ、若シ夫レ露國ノ政治的團體ト見ルベキ過激派ニ對シテハ、當初ヨリ敵對的行動ヲ執ルガ如キハ、所謂露國ノ内政ニ干渉スルモノデアルト、斯樣ニナッテ居ルノニ、我國ハ之ニ反シテ「チエック」救援ノ目的ヲ貫徹スルガ爲メニハ、獨墺捕虜ハ勿論、其集合團體タル過激派マデモ之ヲ討伐スルト云フコト、竝ニ我ガ軍事占領地域ニ於テハ軍事的干渉ヲモ斷行スルト云フコトガ、當初ヨリノ目的デアッタノデアル、是ハ更ニ八月十三日日支共同出兵ノ外務省ノ宣言書中ニモ、獨墺捕虜ハ事實上露國過激派軍隊ノ指揮權ヲ掌握シ云々、此一句デ説明シテ餘リアルモノト信ズル、日米間ニ於ケル過激派討伐ニ對スル根本的意思ハ、斯ノ如ク當初ヨリシテ、全ク不完全デアッタデアル、此日米兩國ノ不完全ナル交渉上ノ責任ハ、勿論前寺内内閣ニ在リマスルモ、サリナガラ總理大臣タル原君ハ、其當時外交調査會ノ一員トシテ亦責任有ルハ勿論、殊ニ現内閣ヲ組織シテ以來ノ責任ハ、更ニ重大ナルモノガアリト信ズルノデアル、何トナレバ寺内内閣ノ政策ガ不徹底デアルナラバ、何故其曖昧模稜ノ政策ヲ改メテ行クベク、米國ト協議ヲ爲サラナカッタカト云フコトデアル、而モ爲サラヌノミナラズ、前内閣ノ政策ヲ踏襲シタル證據ハ内田外務大臣ノ聲明ニ依テ之ヲ立證シ得ラルヽ、即チ内田外務大臣ハ十月八日左ノ如ク言ハレテ居ル、「帝國外交ノ根本方針ハ既ニ確立シテ内閣更迭ノ爲メ帝國ノ友邦及敵國ニ對スル政策ニ何等ノ變更ヲ來スモノニ非ザルコトヲ一言ス云々」是ガ即チ西伯利政策誤謬ノ出發點ト致シテ、本員ハ之ヲ西伯利政策失敗ノ第一デアルト思ヒマスルガ、政府ノ所見ハ如何デアルカト云フ點ヲ伺ヒタイ、日米間ニ於ケル此不徹底ナル政策ノ聯續ハ、愈西比利ニ於ケル日米兩軍ノ不統一ナル行動トナリマシテ、殊ニ是マデ日米ノ標榜シ來ッタル獨墺捕虜ナル者ハ、此時幽靈ノ如ク消滅致シテ、殘ル所ハ過激派トナッタノデアル、其過激派ニ對シテ日本軍ノ特殊的活動、即チ過激派討伐ニ對シテ、米國ハ之ニ抗議スル爲メニ、十一月二日國務卿「ランシング」氏ハ、幾多ノ證據的文書ヲ華聖頓駐在ノ我ガ石井大使ニ送ラレ、又同一ノ抗議ハ、當時駐日米國大使「モリス」氏ヨリ内田外務大臣ニ提出セラレタノデアル、即チ米國ノ意見ハ、西比利ニ於ケル過激派ハ一ツノ政治團體デアレバ、之ヲ討伐スルハ内政干渉ナリトノ、當初ヨリノ見解ニ明白ニ表明シテ居ッタノデアリマスル、此時内田外務大臣ハ、此米國ノ抗議ニ對シテ、更ニ徹底的兩國出兵ノ根本目的ヲ達セシムベク、即チ少クトモ過激派ニ對スル積極的討伐ヲ中止スル國策ヲ一定シテ、之ヲ中外ニ宣明シ、我ガ軍事行動ノ範圍ヲ米國同樣嚴粛ニ制限スベキ筈デアッタノデアル、然ルニ依然其過チヲ繼續シテ、大正八年一月二十一日、内田外務大臣ハ貴衆兩院ニ於テ、出兵目的ヲ説明シタル中ニ、左ノ如ク言ハレテ居ル「當面ノ主要目的ハ同地方ニ於テ「チエックスローヴアック」軍ガ獨墺武裝捕虜及獨墺勢力指揮ニ服セル過激派軍隊ノ壓迫ヲ受ケ形勢危殆ニ陷リタリ云々」、斯ノ如ク當初ヨリ其目的ノ不徹底ナル西伯利出兵ハ、重ネテ申スガ、畢竟我國ニ自主的外交ノ國策確立セザルノ結果デアッテ、單ニ他國ノ鼻息ヲ窺ヒ、之ニ追隨致シタノガ當初ヨリ誤デアルト斯樣ニ本員ハ信ズルガ、政府ハ果シテ如何ニ之ヲ見ラルヽカ、且又米國提議ノ此七千ノ數ニ超過スル十倍以上、即チ七万五千ノ兵マデヲ出セシ所ノ、其根本的理由ハ何レニ在ルカヲ伺ヒタイノデアル、現ニ本員ハ昨年一月二十三日此壇上ニ於テ、我ガ出兵ガ露國ヲ救濟スルト云フ目的デアルナラバ、何故ニ露國救濟地域ノ協定ヲ聯合國ニ申出サナイカ、即チ「イルクーツク」以西ハ英米佛伊ニ委セテ「イルクーツク」以東ハ我ガ自主的活動ノ範圍ニ於テ、之ニ適應ノ政策ヲ講ズルガ必要デアルト云フコトヲ申シタ時ニ、内田外務大臣ハ斯ウ答ヘタ「聯合國間ニ於テ露國ニ對スル態度ノ一致セル點ハ露國ノ健全分子ヲ援助スルコトヽ、内政ニ干渉セザルコトヽ、此二箇條デアル」ト抑、露國ノ健全分子ヲ援助スルト云フコトハ、即チ不健全ナル過激派討伐ニ續行致シテ行クト云フコトニナルノデアル、然ルニ第二點ノ内政干渉ノ字義ニ束縛セラレ、遂ニ此時ニモ過激派ニ對スル徹底的意見、即チ飽クマデ之ヲ敵視スルカ、或ハ消極的ニ放任スルカノ根本的政策ヲ定メズ、煮切ラザル態度ヲ繼續致シタ結果、外務ノ方針ハ動モスルト過激派ニ對シテ、自然ノ成行ニ委セヤウトスルニ對シテ、軍務當局ハ一意專心飽クマデ過激派討伐ヲ以テ戰鬪ノ主要目的ト爲シ、斯クテ政策ト軍略トハ全然兩分シ、内閣統一ノ責任者タル原總理大臣モ、竟ニ如何トモスル能ハザルニ至リ、列國ヲシテ空シク日本軍閥攻撃ノ好材料ヲ與ヘシメタノデアリマス（拍手スル者アリ）此間ノ消息ハ三月六日山田少將ガ、沿海黒龍兩州ニ對スル有名ナル布告ヲ申セバ明瞭デアル、即チ此布告ニハ「過激派ノ手ニ歸セル村落ハ日本軍ニ於テ燒棄ツベシ」ト是レデアル序ナガラ茲ニ一言加ヘテ置キタイ事ハ、此時ノ過激派ノ首領ハ、今ノ「ウニルフネウジンスク」政府ノ首領タル「クラスノシチヨコフ」氏ニシテ、而モ其時ノ過激派ハ七千ト稱シ、我ガ討伐ノ結果、遁レテ悉ク尼港方面ニ隱レテ行ッタト云フコトガ、即チ此度大虐殺ノ行ハレタル原因デアルト云フコトヲ御記憶ニ訴ヘテ置キマス、更ニ本論ニ遡リマスルガ、此時即チ昨年三月ニ至レバ我廟議ハ復タ一變致シテ、過激派ノ積極的討伐ハ到底不可能デアルト云フコトカラ、三月二十六日衆議院ニ於テ内田外務大臣ハ左ノ如ク述ベラレタ、即チ「過激派ニシテ此ノ地方ノ治安ヲ紊亂スル場合ニハ之ヲ討伐スルコトアルベシ」何トナク始メテ其軍事行動ノ制限ノ聲明シタノデアルガ、何故ニ此時ニ政策ト軍略トノ一致ヲ、積極的ニ我ガ外務大臣ハ主張セナカッタノデアルカ、總理大臣、外務大臣ノ此時ノ決斷力ニ向テ本員多大ノ疑ヲ挿ムノデアルガ、懇切ナル説明ヲ煩シタイノデアル（拍手起ル）更ニ五月ニ至テ政府ノ方針ハ復タ動搖シ來リ、我國ハ巴里會議ニ於テ「オムスク」政府、即チ反過激派政府ノ承認ヲ列國ニ提議シ、之ガ爲メニ三千万圓ノ軍需品其他ヲ供給致シタノデアル、即チ帝國政府ハ此反過激派政府タル「オムスク」政府ヲ援ケテ、依然極東ニ於ケル過激派討伐ヲ當初ノ如ク又逆轉致シタノデアル（拍手起ル）而モ其「オムスク」政府ハ九月初旬ニハ、全ク危機ニ瀕シタノデアルカラ、此場合ニ於テ遲レナガラモ我ガ政府ハ茲ニ自主的外交ノ方針ヲ定メ、極東三州ニ對スル我ガ自衞的方策トシテハ、第一ニ戰線ノ區域ヲ積極的ニ縮小スルカ、第二ニハ居留民ノ引揚ヲ爲スカ、要スルニ政策ト軍略トノ統一ヲ圖ルベキニ、依然此決定ヲ爲サザル我ガ不徹底ナル此態度ハ、遂ニ米國政府ヲシテ非常ナル疑惑ヲ懐カシメ、十月六日米國ハ我國ニ向ヒ、日米兩國ノ出兵目的相違セルヲ以テ、米軍ハ日軍ト協同動作ヲ爲スコト能ハザル旨ヲ通知シ來リ、爰ニ日米出兵ノ協調ハ事實上茲ニ破レ、遂ニ最後マデ過激派討伐ト云フ事ニ對スル兩國ノ意見ハ、不愉快ニ斷絶シ終ッタノデ、是ガ第三ノ失敗デアルト(拍手起ル)思フガ當局ノ説明ハ如何デアルカ、然ルニ此時陸軍當局ハ、此過激派討伐ノ爲メニ增兵ノ必要ヲ固執セラレ、十月二十二日ヨリ十二月二十日ニ至ル、我廟議ハ、紛擾ニ紛擾ヲ重ネ、最後ニ陸軍側ノ勝利トナッテ、五千人ノ增兵ヲ致スコトヽナリ、之ヲ英佛米伊ノ四箇國ニ通告致シタ、四箇國ハ始メテ日本ノ誠意ヲ疑フコトヽナリ、遂ニ其結果本年一月八日米國ノ西伯利出兵司令官「グレーブス」少將ハ、突如トシテ自國ガ初ヨリ提議シタル――其共同出兵ノ發頭人タル米軍自ラガ、此西伯利ヨリ撤退スルト云フコトヲ通告致シ、又當國國務卿「ランシング」氏ハ、我ガ增兵問題ニ關シテ、幣原大使ニ回答文ヲ渡サレタルガ、其文章ニ依レバ、米國ハ我ガ增兵ノ意見ヲ以テ、「國外ヨリノ干渉竝ニ外國軍隊ノ駐屯ノ如キハ最モ妨害トナルヘキモノナリ」トノ事ヲ答ヘタノデアリマス、卽チ此ニ至ッテ日米協同出兵ノ協調ハ全ク破壞的斷絶ニ終リ、日本ハ愈單獨行動ノ危險ナル區域ニ深入スルコトヽナッタト本員ハ信ズルノデアル、(拍手起ル)其時米國政府ニ向ッテ、一月十四日我ガ政府ノ發シタル通牒文ニハ斯ノ如ク記載致シテ居ル、「我國ハ地理上米國ト全ク其立場ヲ異ニスルモノアリ卽チ過激派ノ勢力ガ現下ノ勢ヲ以テ進出シ來リタルニ於テハ東洋ノ平和破壞サルヽハ勿論延テハ我國ノ存立上ニモ一大恐畏ヲ感ズルコトトナルベク殊ニ西伯利各地ニハ邦人ノ殘留スル者尠カラズ是等ガ過激派軍ノ爲メニ生命財産ノ危險ニ遭遇シタルコト一再ニシテ止マラザレバ、我國ハ十分其保護ニ任ズル必要アリ云々」、是レガ卽チ我ガ外交ノ自主的國策トシテ、始メテ其方針ヲ明ニシタルモノデアルト共ニ、一年五箇月前卽チ日米協同出兵ノ當時ニ於テノ我ガ宣言ト、此一月十四日ノ通告文トハ全ク相違致シテ居ル、是デモ政府ハ政策ハ動搖セナイト仰セラル、ヤ否ヤ、(拍手)抑、斯ル小部隊ヲ以テ荒涼タル西伯利ノ彼ノ曠原ニ、如何ニシテ過激派ヲ掃蕩シ、其治安ヲ維持シ、我ガ居留民ノ安全ノ維持ガ出來マスルカ、故ニ内田外相ニシテ當時確乎タル御意見ガアッタナラバ、斷然此增兵問題ニ反對スルガ爲メニハ、進退ヲ賭シテ御爭ニナルベキモノデアル(「ヒヤ〳〵」)然ルニ之ヲ爭ハズ、其儘ニ至シタ爲メニ、遂ニ此出兵ノ今日ニ至ルマデノ失策トナッタ、是ガ第四ノ原因デアルト思フ、(拍手起ル)兎モ角モ此動搖極マリナキ我ガ國策ノ不統一ナルニ乘ジ、此時ニハ西伯利一帶ニ於ケル露國ノ自治團ハ、日本軍ノ撤兵ノ決議シ、内ニ於テハ輿論ノ攻擊ハ御存ジノ如キ有樣デアッタ爲メニ、政府ハ二月十七日黑龍州ノ駐屯軍ヲ撤兵スルコトヽナリ、四十二議會ニ於ケル總理大臣、外務大臣、陸軍大臣ノ説明ガ統一シナカッタ顚末ハ、諸君御承知ノ如ク、而シテ其議會解散後三月三十一日ニ至ルト、政府ノ政策ハ又動搖シ來ッテ、左ノ駐屯ノ必要ヲ聲明シタノデアル、「一、西伯利居留民ノ生命財産ノ安全、二、接壤地方卽チ鮮滿地方ノ危險除去セラル、場合、三、交通ノ自由保障ニ此三目的ノ爲メニ、依然駐兵スルト云フコトハ辯明セラレテ居リマス、此聲明ハ從來ノ積極的過激派討伐ヲ一變シテ、茲ニ始メテ消極的自衞手段ニ移ッタノデアルガ、既ニ自衞手段ニ移タ以上ハ、重ネテ言フ、何ガ故ニ我ガ戰線ヲ縮小スルカ、又危險アル方面ノ居留民ヲ引揚ゲナイノデアルカ、(拍手起ル)斯ノ如ク數次ノ聲明ハ其度每ニ豹變ノ結果、茲ニ我ガ軍事行動ノ大變化ヲ來シタ、卽チ從來過激派討伐ヲ根本的戰術ト定メテ其出兵ヲ繼續セル我ガ陸軍當局ハ、西伯利派遣軍ニ對シ、不思議ナル左ノ如キ訓令ヲ下スノ已ムヲ得ザル有樣トナッタノデアル、曰ク、一我ガ守備區域ニ於テ其團體ガ過激派タルト何タルトヲ問ハズ我軍ニ對シテ攻擊的態度ヲ執ラザル限リハ我ヨリ之ヲ求メテ討伐スルコトナク、露軍ノ爲スガ儘ニ放任スヘシ」ト、是ニ於テ我ガ出兵軍ノ目的ハ半バ消滅スルト共ニ、我ガ軍隊ノ綱紀ハ頽廢シ、士氣ハ沮喪シ、之ニ反シテ過激派ノ勃興ハ、遂ニ彼ヨリ我ニ對スル挑戰トナリ、四月四日浦潮及沿海州一帶過激派ニ對スル武裝解除トナリ、最後ニハ五月二十四、五ノ此兩日ニ亙リ「ウエルフネウヂンスク」政府――而モ其首領「クラスノシチヨコフ」氏ハ、前段申シマシタル大正八年三月ニ於テ、黑龍江ニ於ケル過激派ノ押領トシテ、我軍ノ一大隊竝ニ田中先隊ヲ全滅サセタ、其當面ノ敵ノ首魁デアル、其「ウエルフネウヂンスク」政府ノ「クラスノシチヨコフ」氏ト、所謂緩衝地帶問題ノ交渉ヲ開キツヽアルニ至ッテハ、政府ノ定見ハ果シテ何處ニ在ルカ、(拍手起ル)又陸軍大臣ハ斯ノ如キ事ガ我ガ軍隊ノ權威ヲ毀損セザルモノト思フカ、是ガ卽チ本員ノ認メテ以テ西伯利失策ノ第五ノ疑問ト致ス所デアリマス、(拍手起ル)更ニ一歩ヲ進メテ御尋致ス、此「ウエルフネウヂンスク」政府ト交渉談判ノ經過デアル、卽チ我國ノ要求トシテハ、一過激派ヲ貝加爾以西ニ撤退スルコト、二、「イルクーツク」以東「ヤブロイ」山脈以西ヲ中立地帶ト爲スコトヲ提議致シタ、然ルニ六月一日今回聲明シタル「チタ」撤兵ノ問題ガ、此ノ邊ノ内閣大臣カラ漏レタカ知ラヌガ、此事ガ「ウエルフネ」政府ニ聞エルヤ否ヤ、彼ハ直チニ態度ヲ豹變致シテ、我國ニ對シ第一ニ日本軍ヲ撤退スルコト、第二ニ過激派軍ハ「セレン」河マデ、卽チ貝加爾以西ニ非ズシテ、貝加爾以東ノ要害ノ「セレン」河マデ撤退スルコト、第三ニハ「セミヨノフ」軍ノ武裝解除ヲ要求シタノデアル、之ガ爲メニ此交渉ハ中絶致シタ筈デアル、ケレドモ之ニ對スル經過ニ就テハ、外務大臣ヨリ詳細ニ承リタイ、又更ニ御尋申ス、假リニ此交渉ガ成立致シタト云フ場合ニハ、我國ハ極東ニ於ケル所ノ過激派ヲ承認スルト云フ廟議ノ決心デアルカ、又此「ウエルフネ」政府杯トノ交渉ガ成立シテモ、斯ノ如キ交渉ハ信頼スルニ足ルト思ッタノデアルカ、此點ヲ伺ヒタイノデアル、要スルニ緩衝地帶ト交渉問題トハ、畢竟我ガ無謀ナル出兵ヲ今更撤退スルノ口實ニ窮シタル結果、此兒戲ノ政策ヲ案出シタルモノデハナイカ、(拍手起ル)又今回聲明ノ「チタ」ノ撤兵マデニ於ケル「チタ」駐屯軍ノ目的、及其效果ハ如何ナルモノデアッタノデアルカ、畢竟無用ノ出兵ト云フコトガ、今ニ至ッテ明瞭ニナルニ至ッタト云フコトノ意味デアルカ(拍手起ル)更ニ此「チタ」ノ撤兵ハ之ヲ内地ニ歸還セシムル計畫デアルカ、或ハ「チタ」ヨリ滿洲里又ハ我居留民ノ最大多數アル哈爾賓等ヘ撤退セシムルノ意見デアルカ、果シテ滿洲里若クハ哈爾賓ニ撤退セシムル意見デアッタナラバ、支那政府ト是等ニ對スル交渉ノ經過ハ、如何ニナッテ居ルノデアリマスカ承リタイ、又軍略上カラ陸軍大臣ニ説明ヲ願フノハ、滿洲里若クハ哈爾賓ニ一部駐兵シタ曉ニハ、其軍ハ孤立ニナル所ノ危險ハ無キカ、此邊ニ對シテ、以上出兵當時ヨリ政策ノ動搖極リナキ諸點ノ疑問ニ就テ、當局ノ徹底的説明ヲ要求シタイノデアル、(拍手起ル)第二ニハ尼港ニ於ケル、同胞七百虐殺問題ノ顚末ニ就テ承リタイノデアル、本年三月十二日ヨリ十八日、竝ニ五月二十五、七日ニ亙ル此尼港ニ於ケル同胞ノ虐殺ハ、實ニ神武以來未曾有ノ一大慘事トシテ、本員ハ滿腔ノ敬意ヲ以テ此ノ我ガ官民七百ノ亡靈竝ニ其遺族ニ對シ、此演壇ヨリ多大ノ同情ヲ表スルト共ニ、此一大慘事ハ、帝國國民上下ノ憤慨已マザル所デアル、(拍手起ル)此事ニ對シテ陸海軍竝ニ外務省ノ公表ハ、如何ニシモ國民ノ憤懣ヲ解クニ足ラヌモノト信ズル(拍手起ル)其細目ニ至ッテハ、豫算總會又ハ分科會ニ於テ之ヲ質疑致シマスルガ故ニ、此處ニハ大體ノ根本要點ニ就テ當局ノ説明ヲ煩シマス、第一、大正八年五月我第十四師團中ヨリ僅カ平時編成ノ二箇中隊――其前ニ較ブレバ、三分ノ一弱キ勢力デアリマス、而モ機關銃二臺ノ手薄ナル武備ト、四十餘名ノ海軍無線電信隊トヲ以テ、此孤立無援ナル絶域ニ派遣シ、且ツ後方聯絡ノ設備ヲ講ジナカッタト云フ理由ハ何所ニ在リマスカ、陸軍大臣ハ昨日豫算會議ニ於テ、斯樣ニ述ベラレタヤウニ記憶スル、卽チ最初派遣軍當時ノ狀態ニ應ジテ必要ナル出兵ヲ爲シタル後、此狀況ノ變化アリテ之ニ應シナカッタナラバ怠慢ナランガ、狀況ノ變化無キ間ハ、當初ノ出兵ダケヲ以テ適當ト信ズルノデアル、隨テ何等ノ怠慢過失ナク、又之ニ伴フ責任ナキ譯デアルト、斯樣ニ辯ゼラレテ居ル、又外務大臣ハ貴族院ニ於テ同一ノ意見ヲ以テ、責任ノ理由ヲ發見スルマデハ、責任義務ナシト斷言セラレタヤウデアルガ、此點ニ關シ本員ハ深甚ナル疑惑ヲ懷クベキ理由ト、證據トヲ持ッテ居ルノデアル、抑抑尼港ニ於ケル過激派ノ危險ハ、大正七年八月我ガ海軍陸戰隊上陸以來顯著ナル事實ナルコトハ、今回發表セラレタル陸海軍及外務省ノ公表ニ依テ明白デアル、況ヤ大正八年秋「オムスク」政府卽チ「コルチヤック」政府ノ動搖ト共ニ極東過激派ノ勃興ハ、從來此過激派ヲ正面ノ敵ト致シ、積極的討伐ヲ致シ來ッタル日本帝國居留民ノ不安トナルベキコトハ政府トシテ當然推測シ得ラルベキ筈デアル又此「オムスク」政府ノ勢力ニ信賴セルガ爲メニ、僅カ一箇中隊ノ少數ノ兵ヲ派遣シタモノデアルト云フコトハ、總理大臣、政友會總裁トシテ、六月一日其本部ニ於テノ説明、並ニ右陸海軍、外務ノ三省ノ公表ニ依テモ明カデアル、併ナガラ是ハ畢竟事實ヲ曖昧ニ付シ、所謂不可抗力ラシキコトヲ國民ニ强フル、一種ノ製造的陳述デナイカト、本員ハ疑ハザルヲ得ナイ、其證據ト理由トヲ是ヨリ陳述致シマス、何トナレバ「オムスク」政府ノ實力ガ極東ニ及バナイト云フコトハ、我ガ軍事當局及外務省ハ、當初ヨリ明白ニ之ヲ了解致シテ居ル、若シ極東ニ於ケル過激派ガ「オムスク」政府勢力絶頂ノ期間、卽チ大正七年八月ヨリ大正八年八月ニ至ルマデ、極東ニ於ケル過激派ガ沈默致シタト云フナラバ、ソレハ數千里ヲ隔ッテ居ル「オムスク」政府ノ盛勢ヲ恐レタルニ非ズシテ、七万五千ノ我ガ出兵ノ武威ニ恐レタ所ノ結果デアル(拍手起ル)其七万五千ノ出兵ヲ以テスラ、大正八年三月ニ於ケル「ブラゴエ、シチエンスク」地方ニ於ケル我ガ出征軍ノ困難ハ、前段申シタ通リノ次第デアル況ンヤ其「オムスク」政府ノ基礎ガ危クナルト見タナラバ、前段申シタ大正八年三月「ブラゴエ、シチエンスク」ヨリ尼港ニ遁ゲテ行ッタ過激派七千ノ殘黨ハ、當然日本軍隊、又ハ居留民ニ復讐スベキ好機到來セリト悅ンデ居ッタコトハ、推測ニ難クナイ所ノ事實デアル(拍手起ル)否ナ此推測ハ外務大臣、陸軍大臣モ當然之ヲ豫期セラレタ所ノ證據ガアル、之ヲ申上ゲル、大正八年八月五日我黨ノ町田、加藤、柵瀨三君、不幸ニシテ前三代議士デアリマス、此三人ガ田中陸軍大臣ヲ訪問シ、「オムスク」政府ノ狀態ヲ質問セシ時、陸相ハ斯樣ニ答ヘタ「過激派ガ勢力ヲ挽回シ「エカテリンブルグ」、「チエリヤビンスク」等モ過激派ノ奪フ所トナリ一歩ヲ誤レバ「オムスク」政府ニ迫ラントスル形勢トナリ」續イテ「然ル時ハ日本ノ守備軍ハ過激軍トノ間ニ戰闘ノ危險ヲ生ズル次第ナルヲ以テ此前途ヲ考フル時ハ之ニ對スル帝國ノ處置如何ハ今日豫メ決定シ置ク必要アリ」ト斯樣ニ明言セラレタ、其記事ハ東京朝日外府下ノ諸新聞ニ、八月七日ニ掲載致シテ居ル、御必要デアルナラバ委員其物ヲ提出致シマス、而シテ其翌日卽チ六日內田外務大臣ハ、我ガ加藤小寺兩總務ノ公式訪問ニ對シ斯樣ニ答ヘラレタ、「オムスク」政府ノ勢力減退シタルヲ以テ承認問題ハ抛擲キ政府ハ將來過激派ノ勢力東漸ニ對シ愼重ナル考慮ヲ拂ハザルベカラズ」ト明言シテ居ラレル、(拍手起ル)此事實ハ兩大臣トモ能ク御記憶ニナッテ居ラレヤウト信ズル、否ナ九月五日ニ至リマスレバ、「オムスク」政府ハ列國ヨリ見限ラレ、英國ノ「エリオット」博士、佛蘭西ノ「ルニヨール」大使、米國ノ「モリス」大使等モ全部引揚ゲ、西伯利ニハ歐羅巴ノ軍隊無キノミナラズ、過激派ハ當時「オムスク」政府ノ六十里手前マデ殺到致シテ來ッタノデアリマス、而モ此形勢ヨリシテモ、極東過激派ガ先ヅ其强敵ト認メテ居ル日本軍ノ守備ノ手薄ナル方面、卽チ「ニコラヱウスク」等ニ向ッテ、復讐ヲ爲スデアラウト云フコトハ、誰人トシテモ推測スルニ難クナイト信ズルノデアル、(拍手起ル)然ラバ此時ニ於テ我ガ居留民及軍隊ヲ引揚ゲザル限リハ、政府ハ當然此大正八年八月九月兩月ノ中、卽チ結氷期前ニ十分其補充ヲ考慮スベキ筈デアッタノデアル、本員ノ信ズル所ニ依レバ、石川大隊長ハ昨年八月既ニ此尼港ニ於ケル過激派ノ危險ヲ恐レテ、之ニ備ヘルガ爲メニ我ガ守備區域ノ必要ナル方面ニ塹壕ヲ掘リ始メタルコトハ、最近歸朝致シタル人ガ目撃シテ本員ニ語ッタ所デアル、又更ニ九月下旬ニハ、我ガ石田領事ハ增兵ガ出來ズンバ、居留民全部ヲ引揚ゲルコトノ必要ナル意見ヲ、外務省ニ打電シテ居ルコトヲ信ズベキ理由ガアル、更ニ海軍大臣ノ注意ヲ喚起スル、卽チ三宅海軍少佐ハ同地ニ諜報勤務員トシテ派遣セラレタルコトデアレバ、其職責上少クトモ一日一回ノ報告通信ヲ爲スベキ任務ヲ有シテ居ル、此少佐ハ十月二十三日著任ノ時以來、又齊シク海軍軍令部長ニ其救援ノ必要ヲ打電シ來ッタ筈デアル、本員ハ三宅少佐ガ其遺族ニ宛テタル所ノ數通ノ書類ヲ此處ニ携帶致シテ居リマスガ、右ノ點ニ對シテ一通ヲ參考ニ申シマスレバ、十月十八日「ハバロフスク」ヨリノ船ニ乘ッテ尼港ニ至ル所ノ其航海中、彼ノ手紙ニハ此邊ニ過激派在ル事、又十月二十三日著任ノコトヲ其家庭ニ通知シタ所ノ此書狀――海軍大臣ハ自己ノ尊敬スベキ部下ガ最後ノ書狀トシテ、深ク之ヲ御覽アルベキモノトシテ此處ニ殘シテ置ク、否假リニ石川大隊長、石田副領事、三宅少佐、此人々ヨリ右本員ノ參考ニ持出シタ所ノ報道ガ無カッタトシテモ、前段申シタ大正八年八月九月中ニ於ケル此內外ノ形勢、否ナ外務大臣陸軍大臣ノ言明ニ依テモ明白ナル此時機ニ何故向フカラ通信ガ無カッタナラバ、本省ヨリシテ先方ニ其狀況ヲ御尋ニナラナカッタノデアルカ、(拍手起ル)然ルニ政府ノ公表ニ依レバ、一月二十四日及二十六日ニ於テ、始メテ此增兵ノ意見具申アリタリトテ、猝ニ救援軍派遣ノ計畫ヲセラレタト發表セラレテ居ル、此公表ニ依レバ、現ニ其時既ニ結氷ヲ冒シテ救援スベキ機、及其他ノ用意ハ當初ヨリシテ皆無デアッタト云フ事實ヲ暴露シタノデハナイカ、又其尼港出兵ト共ニ、尼港派遣軍ノ本部隊所在地タル「ハバロフスク」ト、緩急相應ズベキ兵力ノ豫備ナキコトハ申スニ及バズ、北樺太間宮海峽ノ對岸「ポコビ」等ニ、豫備隊ノ聯絡サヘ皆無デアッタト云フ其實狀ヲ暴露シテアルノデアル、(拍手起ル)又尼港ト「ハバロフスク」トノ通信連絡ニ關シテモ豫メ飛行機、軍用鳩、若クハ無線電信等、我ガ獨特ノ通信ノ準備ヲ爲スベキニ、此公報ニ依テ見ルト、其設備ヲ怠ッテ、空シク敵ノ通信機關ニ據ッテ、敵ノ希望通リノ通信ヲ我ガ守備隊ニ送リ、ソレガ爲ニ川本中尉ノ悲痛ナル日記ニ依レバ、我ガ殘存セル軍隊及同胞百三十名ハミス〳〵此敵ノ僞計ニ陷ッタル電報ニ依テ、三月十八日武裝解除ヲ致シ、而モ牢獄ノ中ニ打込マレ、五月二十五日若クハ七日ニ於テ、到頭彼ノ「パルチサン」ノ爲メニ虐殺セラレタリト云フ責任ニ至ッテハ、我ガ歷史ノ有ラン限リ、斷ジテ當局ハ免ルベカラザルモノト思フ(拍手起ル)更ニ海軍大臣ニハ砲艦警備ニ關スル疑點ヲ加ヘテ置ク、抑、支那砲艦ハ、假令偶然ノ出來事トハ云ヘ、三隻ノ砲艦ガ尼港ニ冬籠リヲシタル事實ニ鑑ミルモ、又大正八年三月一日日支軍事協約中、「日支海軍共同防敵終了期間ノ聲明書」、之ニハ斯樣ニ書イテアル、「日支兩國海軍ハ共同作戰ノ圓滿ヲ圖リ云々、其期間ハ平和條約締結セラレ日支兩國之ヲ批准シ日支兩國海軍ノ露領ヨリ及同地方ニ駐在スル協商各國海軍ノ撤退スルニ至ル時ヲ云フ」ソレマデハ兩國ノ軍艦ハ露領ニ居ルベキ所ノ此軍事上ノ協約ヨリ致シテモ、勇敢ナル我ガ海軍ガ、此地ニ數隻ノ小軍艦ヲ支那砲艦同樣、冬籠リサセル計畫ヲ立テ、萬一ノ警備ニ備ヘテ居ッタナラバ、今回ノヤウナ虐殺モ大ニ之ヲ避ケ得ラレナカッタノデアルカ、現ニ陸海軍兩省ノ公表中ニモ、「大正七年九月以來尼港ト外部トノ通信ハ海軍之ヲ擔任ス」ト明記シテアル、其海軍擔任ノ部下ガ、此絶域ノ地ニ何等後方連絡ナキ軍略ニ一任シテ顧ミザルガ如キハ、海軍大臣ノ責任亦斷ジテ免ルベカラズト思フノデアル、(拍手起ル)更ニ一歩ヲ進メテ追窮セザルベカラザル事ハ、此大正八年八九ノ兩月中ニ、當然救援スル事ガ可能デアッタコトハ右申シタガ、假リニ是ガ此時ニ怠慢致シタトシテモ、若シ眞ニ我ガ當局ニシテ眼中一滴ノ涙アッテ、尼港ニ於ケル軍隊及同胞ノ運命ヲ氣遣ヒシ呉レタランニハ、前申シタ十月ヨリ十二月ニ亙ル所ノ五千人增兵ノ場合ニ何故尼港ノ手薄ナル防備ヲ增加スルト云フコトノ計畫ニ思當ラナカッタノデアルカ、(拍手起ル)以上、是等ノ事實ヲ綜合致シテ來レバ、假リニ海陸及外務省今回ノ發表中、結氷期間ノ救援ガ不可能デアルトノ理由ヲ、信ズレバ信ズル程、何故其結氷期前ニ、結氷中ノ準備ヲ怠リシヤノ責任ニ至ッテハ、所謂怠慢過失ノ責斷ジテ免ルベカラザルコトデアル、(拍手起ル)況ヤ本年一月原總理大臣ハ、右五千增兵ノ事ニ就テ衆議院ニ於ケル說明中ニハ、目下差措キ難キ狀態ガアル、其差措キ難キ狀態トハ、居留民ノコトモ之ヲ明言セラレテ居ル、又內田外務大臣モ同一ノ事ヲ言ハレテ居ル、然ラバ政府全體ノ責任トシテ、此七百名同胞ノ虐殺ニ對シテ、上 陛下ニ對シ奉リ下國民ニ向ッテ、如何ナル責任ヲ以テ之ニ接スルト云フコトノ御覺悟ガアルカ、此點ガ伺ヒタイノデアル、(拍手起ル)更ニ伺ッテ置カナケレバナラヌ重大事項ガアル、右三月十二日以來尼港ニ於ケル彼我兩軍戰鬪中ニ、支那砲艦カラ我ガ後藤中隊及領事館ヲ砲擊シタコトニ關シ、閣君ノ所謂天下公知ノ事實デアルトノ言葉ニ對シテ、總理大臣ガ斯樣ニ言ハレテ居ル「支那軍艦ガ砲擊シタコトハ、天下公知ノ事實デアルト言ハレタケレドモ、左樣ニハ參ッテ居リマセヌ、此事ニ就テハ目下十分ニ調査ヲ進メテ居ルノデアリマス」ト速記錄ニ斯ノ如ク明記シテアル、是ハ驚入ッタル所ノ辯明ト言ハザルヲ得ナイ、現ニ五月十九日竝ニ六月七日、其五番目ニ列席セラレテ居ル所ノ陸軍大臣ノ本省ノ發表ニ、此支那砲艦砲擊ノコトヲ公表シテ居ルノデアル、其陸軍ノ發表ヲ讀ミマス「五月十九日陸軍省發表左記調書ハ在「ア」港派遣軍總司令部ニ於テ露國購買組合員「ガウリネンコ、ペートル」氏ニ就キ取調ヘタルモノニテ本人ハ尼港事件ノ際同地ニ「パルチザン」ノ爲メニ投獄セラレ死ノ宣告ヲ受ケタルモ天祐ニシテ免レタルモノナリ」トノ前文ヲ置キ、其中ニ斯樣ニ明記シテアル「赤衛軍ニハ多數ノ朝鮮人支那人アリ日本人ニ對スル慘害ニ參與セリ又同市碇泊中ナリシ支那軍艦ハ之ニ便宜ヲ與ヘ大砲彈藥等ヲ供給セリ此事ハ大ニ赤軍ヲ助ケタリ若シ支那人ノ新シキ砲ヲ與ヘサリセバ斯ノ如キ悲慘ナル結果ノ見ザリシナラン」、是ハ、五月十九日陸軍省ノ發表、進ンデ六月七日陸軍省ハ第二ノ發表ヲシテ居ル「尼港守備ノ任ニ在リシ將校ノ日記ニ依レバ尼港ニ在リシ支那砲艦ガ我ガ守備ニ對シテ無謀ノ砲擊ヲ爲シタルコトハ確實ニシテ此時我守備隊ハ當然氷上ヲ支那軍艦目蒐ケテ突擊ヲ試ミタルモ十二門ノ機關銃ヨリスル猛射ヲ受ケ全ク不成功ニ終レリ」此事ハ都下ノ大新聞悉ク掲載シテ居リマス、然ルニ最近六月二十九日、外務省ノ報告ハ一言此事ノ無キハ、惟フニ外務省モ此陸軍ノ報告ヲ確認セラレタノデアリマセウ、果シテ然ラバ當然支那政府ニ向ッテ、交涉ヲ開始シテアルコト、信ズルガ、其交涉ノ經過ヲ承リタイノデアル、之ヲ要スルニ當初ヨリ此孤立無援ノ尼港ニ、懸軍萬里ノ二個中隊ヲ派遣シ、其樞要本部トノ連絡ヲ惘リ、又萬一ノ場合ニ對スル準備方法ノ事一スラモ講シナカッタト云フコトハ、古今用兵學上ノ暴擧デアルト本員ハ斯樣ニ申サナケレバナラヌ(拍手起ル)然ルニ去五日關君ノ質問ニ對シ、原總理大臣ハ「政府ハ居留民ヲ保護シ得ラル、相當ノ人員ヲ派シテアッタノデアリマスガラ、更ニ强大ナ敵ガ參レバ、幾ラ派シテモ更ニ强大ナレバ仕方ガナイ」ト、斯ク言ハルルニ至ッテハ、一國ノ總理大臣トシテ此答辯ヲ以テ、本員ハ如何ニモ其冷酷無情ナリト慨嘆セザルヲ得ナイノデアル(拍手起ル)本員ハ信ズル、此暴擧少ナクトモ此重大ナル怠慢過失ノ結果ハ、遂ニ同胞七百ノ生靈ヲ兇暴ナル「パルチザン」ノ毒手ニ委ネ、鏖殺同樣ナル悲痛ノ運命ニ陷ラシメタル、此千古未曾有ノ虐殺事件ニ關シテ政府ノ責任ハ、當然ノ結論ト信ズルノデアル(拍手起ル)而シテ此責任問題ニ對シ、陸軍大臣ハ先日貴族院ニ於テ陸軍ノ關係內ニ於テハ、陸軍大臣ガ責任ニ任ズルト男ラシキ悲痛ナル告白ヲナサレタ、然ルニ其後ニ至レバ、此事ニ就テ怠慢過失ガ無イ、隨テ其責任ヲ負フベキモノデハナイト言ハレテ居ル、然ラバ陸軍大臣ノ所謂責任トハ、如何ナル意義デアルカヲ承リタイ、本員ハ確信スル、此不祥事件ハ、獨リ一陸軍大臣ノ責任ノミナラズ、外務大臣ハ當然、海軍大臣ハ勿論、否ナ內閣全體ノ責任ト見ルベキモノデアルト本員ガ信ズル、其所感ニ就テ、當局ノ明確ナル答辯ヲ承リタイト共ニ、以上數箇條ニ亙ッテ居ル所ノ各項目ニ對シテハ、總理大臣以下各關係大臣ハ、宜シク國民的法廷ノ此壇上ニ立ッテ、吾々國民ノ代表者ニ明晰ナル說明ヲ與ヘラレンコトヲ要求スル(拍手起ル)ト共ニ、此虐殺事件ニ對スル善後策ニ關シテ、今一層詳細ニ說明シ得ラレザルヤ如何、又更ニ此虐殺慘死シタ所ノ同胞七百ノ精靈ヲ慰藉スベキ其處置方法ハ、如何ナルモノデアルカト云フコトヲ、國民ノ名ニ於テ此壇上ニ於テ、其答辯ヲ要求スルノデアル(拍手起ル)以上本員ノ質疑ヲ箇條書ト致シテ、質疑應答ノ正確ヲ期スル爲ニ、之ヲ左ニ概括致シマシテ當局答辯ノ便宜ニ供スル爲ニ朗讀致シマス、卽チ

一般外交ニ關シテ

一、日英同盟改訂ニ關スル交涉ノ經過

二、米國加州ニ於ケル排日問題ニ關シ米國中央政府ト完全ナル諒解アリヤ、又加州輿論緩和ノ方策如何

三、支那ノ和平促進ニ關シテ列國ト何カ協調ノ方策ヲ講ジツヽアルヤ如何

四、青島還附問題ニ關シ支那ノ條約違反ヲ認ムルカ之ニ對スル經綸如何

五、新借款團中、滿蒙除外ノ要求、及其協定ノ範圍、卽チ南滿洲東部內蒙古ニ關スル日支條約、竝ニ我投資ノ優先權及滿蒙四鐵道、殊ニ洮南熱河ヨリ海岸ニ至ル線路外濟南順德高密徐洲線ノ始末如何

六、新借款團ノ主要目的竝本問題書類全部ノ提出又ハ公表

七、外事彙報記事ノ主任者處分問題

次ニ特別問題ノ西伯利政策ニ關シテハ

一、出兵當初ヨリ我自主的國策ノ有無如何、竝ニ出兵第一ノ宣言書中ニハ西伯利ノ秩序維持又居留民保護ノ聲明ナシ畢竟政策ノ動搖ヨリ後ニ至ッテ此二目的ヲ追加セシモノニアラサルカ、竝ニ過激派討伐ニ關シ日米不完全ナル協調ヲ何故ニ現內閣ハ之ヲ其儘繼續セシ乎

二、米國ノ抗議ニ際シテ何故ニ其目的ヲ一致セシメザリシ乎又米國提議ノ兵數ヨリ十倍以上ノ出兵ヲ爲シタル理由

三、本年一月十四日米國政府ニ對スル我通牒ハ當初ノ我出兵宣言書ト相違セリト信ズ如何

四、過激派討伐ニ關シ政策ト軍略トノ統一ヲ計ラザリシ理由

五、米國ノ撤兵ト同時ニ撤兵又ハ戰線區域縮小ヲ爲サザルノミナラズ五千人增加ノ理由如何

六、三月三十一日ノ消極的聲明ト共ニ再ビ何故ニ居留民ヲ引揚グルカ又ハ我ガ守備區域ノ縮少ヲ爲サザリシ理由

七、曾テ我ガ正面敵軍ノ首魁タルウエルフネ政府ト緩衝地帶問題ノ交涉ヲ開キシ理由ト其經過竝ニ交涉成立ノ場合極東過激派全部ヲ承認スルヤ否ヤ

八、「チタ」出兵迄ニ於ケル該方面我出兵ノ目的及其效果如何竝ニ右撤兵引揚ノ場所

最後ノ尼港虐殺事件ニ關シテハ

一、二箇中隊ノ外後方連絡準備ナキ理由如何

二、「オムスク」政府ノ沒落ハ大正八年八九月ニ豫期スベキニ之ニ對シテ尼港ニ守備軍ヲ增加スルカ然ラザレバ居

留民ヲ引揚ゲザリシ理由如何

三、石川守備隊長、石田副領事、三宅海軍少佐ノ報告如何、本省ヨリ何故其狀況ヲ問合セヽリシカ

四、結氷中救援組織ヲ結氷前ニ爲サヾリシ理由

五、尼港ト「ハバロフスク」間ニ我獨立通信機關ヲ置カザリシ理由

六、海軍警備艦ヲ置カザリシ理由、日支海軍共同防敵終了期間ノ聲明書中ノ條文解釋如何、及ビ四十三名ノ海軍無線電信隊ヲ孤立ノ地位ニ陷ラシメタル海軍ノ責任

七、五千人增兵問題ノ場合何故ニ尼港ニ救援隊ヲ組織セザリシ理由

八、支那砲艦射撃ニ對スル交渉ノ經過

九、陸軍大臣ノ責任ノ意味、及ビ內閣全體責任ノ所信如何

十、善後策ニ對スル詳細ノ說明、及ビ同胞七百ノ精靈ヲ慰安スヘキ處置方法

以上ハ別ニ此處ニ一冊ヲ殘シ議長ノ手ヲ經テ政府ニ交付セラレテ、此壇上ニ於テ詳細ノ說明ヲ要求シタイノデアル、尙ホ其說明ニ對シ不十分ト信ズル所アレバ、議席ヨリ簡單ナル再質疑ヲ試ミルコトアリト云フコトヲ、當局ニ於テ御承知ヲ願ヒタイ(拍手起ル)

〔國務大臣子爵內田康哉君登壇〕

○國務大臣(子爵內田康哉君) 唯今望月君ヨリ極メテ多數ノ箇條ニ亙ッタ質問ヲ受ケマシタ、最初ハ其要點ヲ書取ラウト思ッテ試ミマシタケレドモ、御質問ノ趣意ガ分ラナイ點ガ多々アリマスルニ依テ、實ハ甚ダ困却ヲシテ居リマシタガ、幸ニ此處ニ箇條書ヲ殘サレマシタノデ、之ニ依テ御答ヲ致シマス、併シ是ハ私ハマダ讀ミマセヌカラ、一應アナタノ質問ノ點ヲ讀ンデ、ソレニ對シテ御答スルコトニ致シマセウ、第一「日英同盟改訂ニ關スル交渉ノ經過」是ハ既ニ私外交演說中ニモ申上ゲテ置キマシタ通リニ、唯今英吉利政府ト打合ヲ開始シテ居ルガ、今日其詳細ヲ發表スル時期デナイト云フ意味デ、此席ニ於テ演說ヲシテ居リマシタ次第デゴザイマス、是レ以上申上ゲルコトハ出來マセヌケレドモ、此間新聞ニアッタ英國首相ノ亞米利加關係ニ就テ、何カ聲明ヲシタト云フコトニ就テノ御質問ガアッタト思ヒマス、其新聞デアレバ私モ讀ミマシタガ、先刻望月君ノ言ハレタヤウナ意味ニハ、私ハ解シテ居ナイ、彼ノ電報ハ甚ダ簡單デアッテ、如何ナル動機デ亞米利加ノ關係ニ言及サレタノカ、ソレガ分ラヌ、無論極ク必要ノ點デアレバ、英吉利ヨリ電報モ參ルデアラウト思ッテ居リマスガ、併シ今日マデ參リマセヌ、唯ダ日英同盟ハ如何ニモ重要ナル問題デアリマスカラ、電報ニ就キマシテハ、此方カラモ電報スルヤウニ念ノ爲メニ言ッテヤッテ置キマシタガ、ソレニ對シテモマダ返電ガ參リマセヌ、或ハ電報ノ遲著カモ分リマセヌ又、是ハ當時ノ狀況ガ能ク分ラナイト、此新聞ダケノ電報ニ對シテ彼此レ申上ゲ兼ネル次第デアリマス、左樣御承知ヲ願ヒマス、第二「米國加州ニ於ケル排日問題ニ關シ米國中央政府ト完全ナル諒解アリヤ又加州輿論緩和ノ方策如何」是ハ御質問ノ通リニ、出來ル限リノ諒解ニ努メテ居リマス、又加州方面ニ於キマシテモ、政府ト云ハズ、同地在留ノ我官民ニ於テモ、出來ルダケ互ニ諒解ヲ得タイト云フコトニ努力シテ居ルノデアリマス、又此間マデ日本ニ滯在シテ居ッタ米國ノ大使ノ如キハ、最モ此點ニ重キヲ措イテ、現ニ自ラ加州ニモ出掛ケテ行ッタヤウナ次第デ、洵ニ是ハ日米雙方ニ取ッテ重大ナル問題デアリマスカラ、當局者トシテハ、日米雙方ニ於テ出來ルダケノ努力ヲシテ居ル次第デアリマス、是以上ハ申スコトガ出來マセヌ、「第三支那ノ和平促進ニ關シテ列國ト何カ協調方策ヲ講ジツヽアルヤ如何、」是モ是迄度ヽ聲明モシ、申上モシタ通リニ、何時デモ機會ガアレバ、其機會ヲ外サズ列國トモ協調ヲ致シテ、支那雙方ノ和平促進ニ關シテハ、出來ルダケノ盡力ヲシテ居ル、又支那ヨリ名士ヤ何ヤ來レバ、是ト親シク意見ヲ交換シテ、南北相爭ウテ居ルト云フコトハ、啻ニ支那ノ不利益デアルノミナラズ、日本ハ其隣邦トシテ甚ダ迷惑ナ次第デアルト云フコトハ、繰返シ〳〵言ッテ居ル次第デアル、今後ト雖モ、決シテ此方針ヲ變ヘル考ハナイ、何卒御安心ヲ願ヒタイ

〔「簡單々々」「ヒヤ〳〵」ト呼フ者アリ〕

○議長(奧繁三郎君) 一寸注意致シマス、政府ノ答辯ヲ爲サル時ニ、簡單々々ト言ウテ・・・・

〔「公平」ト呼フ者アリ〕

○國務大臣(子爵內田康哉君)(續) 第四「青島還附問題ニ關シ支那ノ條約違反ヲ認ムルカ」之ニ對スル經綸如何、此質問ニ對シテモ、既ニ先日ノ私ノ外交演說デ、其要領ヲ盡シテ居ルト思フ、支那ニ對シテ日支協約ノ趣旨ニ依リ、再度モ三度モ協議ヲ開キタイト云フコトヲ申込ンデ居ル次第デアリマス、唯ダ先方國內ノ事情、並ニ巴里平和條約ノ關係上、如何トモ是ニ應ズルコトガ出來ナイト云フコトヲ言ッテ參リマシタ、洵ニ遺憾ノ次第デアリマスガ、先方ノ事情ハ多少之ヲ諒察スルコトモ出來ル次第デアリマスカラ、故ラ條約違反ダト言ッテ之ヲ主張致シマシテ、支那ヲ其實際ノ事情モ顧ミズシテ、吾ヨリ迫ル必要モナカラウト思フ、故ニ支那ニ於テ吾ト交渉ヲ開クト云フ域ニ達スレバ、イツ何時デモ之ニ應ジテ交渉ヲ開ク、斯ノ如キ聲明モ致シマス、又先日ノ演說ニモ述ベタ次第デアリマス、ソレデ此質問ニ對シテハ、十分デアラウト思フ、第五「新借款團中滿蒙除外ノ要求及其協定ノ範圍卽チ南滿洲東部內蒙古ニ關スル日支條約並ニ我投資ノ優先權及滿蒙四鐵道殊ニ洮南熱河ヨリ海岸ニ至ル線外濟南、順德、高密、徐州線ノ始末如何」此點モ既ニ先日ノ演說デ詳シク故ラ申上ゲタ積リデアリマスガ、唯ダ其中ニ含マレテ居ラナイノハ、日支協約ニ――南滿洲東部及內蒙古ニ關スル、日支條約ノ效力如何ニ關スル御質問ト思ヒマスカラ、此點ニ就テ特ニ申上ゲマスガ、日支條約ハ其儘ニ存在シテ居ル次第デアル、是ニ何等影響ヲ及ボシテ居リマセヌ、並ニ我投資ノ優先權、及滿蒙四鐵道、並ニ洮南熱河海岸ニ至ル線外、濟南、順德、高密、徐州線ノ始末、此初メノ滿洲ノ方ニ關係致シマシテ、支那ト日本ガ結ンデ居ル條約ハ其儘存在シテ居ル、又濟南、順德、高密、徐州云々ノ事ニ就キマシテハ、先日米國ノ代表者ト我ガ銀行團、若クハ政府間ニ協定ヲ致シマシタ事ニハ含マレテ居リマセヌ、是ハ何等ノ變更ヲ來シタモノデハナイノデアリマス

○望月小太郎君 含マレテ居ルト云フノガ、卽チ我ガ既得權ト確定サレタノデアルカ・・・・

○國務大臣(子爵內田康哉君)(續) 含マレテ居リマセヌ 第六「新借款團ノ主要目的並本問題ノ書類全部ノ提出又ハ公表」新借款團ノ主要目的ハ、是モ明ニ申シテアリマシタカラ、更ニ繰返ス必要ハナカラウト思ヒマス、此問題ニ關スル書類全部ノ提出、又ハ公表ト云フコトデハアリマスガ、公表スベキモノハ既ニ公表シタノデアル、又書類モ或ハ今後公表シ得ルモノガ出來テ來ルカモ知レヌト思ヒマスカラ其場合ニハ之ヲ公表スルコトヲ少シモ躊躇致シマセヌ、第七「外事彙報記事ノ主任者處分問題」是ハ昨日豫算委員會ニ於テ、大津君ヨリ御質問ガアッタノニ答ヘマシタ次第デアリマスガ、尙ホ本日更メテ本席ニ於テ御質問ガアリマスカラ、同樣ナ趣旨ニ御答致シタイト思ヒマス、此事ハ祕密文書ヲ主任者ガ間違ヘマシテ、外務省デ發刊スル所ノ外事彙報ニ出シタト云フコトデアリマス、洵ニ其事柄自身ハ甚ダ不幸ナ次第デアリマシタ、私ハ外務ノ長官トシテ、僚屬ヲ統督スル點カラ致シマシテ、十分ニ責任ヲ感ジテ居ル次第デアリマスカラ、私以下主任者ニ對シテハ、ソレ〳〵ノ手續ヲ執リ、處分ヲ致シテ居ル次第デアリマス、唯ダ元ト祕密ニスベキ事件ニ關聯シタ次第デアリマスカラ、此事柄ハ公表スルコトハ出來マセヌ、其執リマシタ手續等ハ――何卒左樣御承知ヲ願ヒタイ、唯ダ其爲メニ外交關係ニ何等ノ支障ニ及ンデ居ナイコトデアリマスカラ、是亦左樣御承知ヲ願ヒタイ、次ニ特別問題ハ西伯利政策ニ關シ――特別問題ノ「第一點トシ

テ「出兵、當初ヨリ我自主的國策ノ有無如何並出兵第一ノ宣言書中ニハ、西伯利ノ秩序維持、又居留民保護ノ聲明ナシ畢竟政策ノ動搖ヨリ後ニ至ッテ此二目的ヲ追加セシモノニアラザルカ、並ニ過激派討伐ニ關シ日米ノ不完全ナル協調ヲ何故ニ現內閣ハ之ヲ其儘繼續セシカ」是ハ前內閣ニ於テ出兵致シタ所ノ事ニモ言及サレテ居ルヤウデアリマスガ、當時私ハ其閣員デアリマセヌカラ、能ク事情ヲ審ニ致シマセヌガ、外務省ニ行ッタ以來、書類ヤ何ヤヲ見テ一通リノ經過ハ承知シテ居ル次第デアリマス、御質問ニハ其寺內內閣ノ時ノ宣言書ニハ、秩序維持又ハ居留民保護ノ聲明ガ無イ、畢竟政策ノ動搖ヨリ後ニ至ッテカラ、之ヲ追加シタデハナイカ、斯ウ云フ御質問ノヤウデアリマス、然ラバ言換ヘレバ一タビ何カノ目的ヲ以テ出シタモノハ、如何ナル必要ガアッテモ、又時代ノ變化ガアッテモ、一切他ノモノハ追加スルコトガ出來ナイト云フヤウナ御趣意ニ受取ラレマスガ、斯ル事ハ此活キタ政治ヲスル上ニ於テハ、到底行ヘザルコト、私ハ思フ、必要ガアレバ初メ出シタ目的ノ上ニ二ツナリ三ツナリ、四ツナリ追加スルコトハ、私ハ當然ナ事デアラウト思フ、況ヤ此追加シタト仰セラレル所ノ事柄ハ、初メ申シテハナカッタカ知ラヌケレドモ、我兵ヲ西伯利ニ出シマシタ以上ハ當然其範圍內ニ來ル所ノ我ガ居留民ヲ保護スルノハ當前、ノ話、唯ダ初メ出ス時ニ他ニ目的ガ無イノニ、居留民ダケヲ保護スル爲メニ出スカ出サヌカト云フコトナラバ、是ハ大ニ考究スベキ問題デアリマスガ、一度出シタ以上ハ、直接ソレニ關係ガ無イデモ、當然是ハヤルベキ事デアル、又秩序維持是モ出シマシタ以上ハ秩序ヲ維持セザレバ、其軍自身ガ出テ行ッタ目的ヲ遂行スルニモ困ル話、此點ニ就テハ、昨日豫算委員會ニ於テ陸軍大臣ガ詳細ニ說明サレタ、此秩序維持ハ矢張主ニ鐵道線路ニ依ル話デアル、日本ノ幾倍モアル極東西伯利ニ一万ヤ二万幾ラノ兵ヲ以テ、總テノ秩序ヲ維持スルト云フコトハ期待ガ出來ナイ話、然レドモ兵ヲ出シタ以上ハ、秩序維持モセナクチヤアナラヌコトハ當前ノ話、尙ホ過激派討伐ニ關シ、日米不完全ナル協調ヲ何故ニ現內閣ハ其儘ニ繼續セシ乎、是ハ私ノ承知シ、私ノ執ッテ來タ是マデノ何ニ於テハ、斯ノ如キ事ニ就テ日米ノ間ニ協調ヲ誤ッタト云フコトハアリマセヌ、或ハ出先ノ軍人間ニダ、互ニ意見ヲ異ニシタコトモアルカ知レヌ、併シ是ハ親ノ手許ニ來ルト氷解ガ出來テ居ル、ソレカラ特殊問題ノ第二トシテ「米國ノ抗議ニ際シテ何故ニ其目的ヲ一致セサリシ乎又米國提議ノ兵數ヨリ十倍以上ノ出兵ヲ爲シタル理由」、是ハ初メノ事ハ何時ノ抗議ト云フ事デアリマスカ、望月君ハ色々私等ノ承知シナイヤウナ書類ヲ手ニ入レラレテ居ルヤウニモ見エルガ、外務省ヨリ公然公表シタ外ノ書類ハ、是等ノ事件ニ關シマシテハ、大抵祕密ニシテ外ニハ公表シテ居ラナイ、ソレヲ前提トシテ色々ナ事ヲ申サレマス事ニ就キマシテハ、私ハ答辯スル譯ニハ參ラナイ、ソレカラ十倍以上ノ出兵ト云フ事ハ、是ハ寺內內閣ノ時ノ事デアリマスカラ、私ハ此處デ說明ハ致シ兼ネマスガ、書類ニ就テ何カ調ベテ出セト云フコトデアレバ、更ニ更メテ御出シヲ致シマス、其三トシテ「本年一月十四日米國政府ニ對スル我通牒ハ當初我出兵ノ宣言書ト相違セリト信ス如何」是モ私ノ記憶デハドノ書類デアルカ知リマセヌガ、斯ル事ハ無イト思フ、ソレカラ四「過激派討伐ニ關シ政策ト軍略トノ統一ヲ計ラサリシ理由」是モ斯ノ如キ事ハアリマセヌ、隨テ軍略ト政策ハ何時デモ一致ヲサセテ居ル次第デアリマス、ソレカラ第五「米國ノ撤兵ト同時ニ撤兵又ハ戰線區域縮小ヲ爲サヽルノミナラス、五千人增加ノ理由如何」此點ハ四十二議會ニ於テ、度々軍務當局ヨリモ私ヨリモ說明ヲシタ積リデアル、更ニ繰返ス必要ハアリマスマイガ、何カ一度他ノ國ト一緒ニ兵ヲ出セバ、加何ナル場合ニモ、ソレト同樣ニセナクチヤナラヌト云フヤウニ見エル、向フガ撤兵スレバ此方モ撤兵スル、向フガ戰線ヲ縮小スレバ此方モ縮小セナクチヤナラヌ、斯ウ云フ風ニモ見エル、然ルニ同時ニ又反對ニサウ云フコトヲスレバ、自主的外交ヲ待タズシテ、唯ダ各國ニ追隨バカリシテ居ルト云フ御非難モアルヤウデアル、頗ル迷惑ナル次第デアル、デ是ハ四十二議會ニ於テ屢々說明シマシタ通リニ、米國ト我ガ國情トガ違ッテ居ル、米國ハ接壤地方モ持ッテ居リマセズ、又保護スベキ居留民モ殆ド無イト謂ッテモ宜シイ、故ニ「チエック」ノ軍ガ引ケバ引揚ゲルト云フコトデアルガ日本ハサウハ行カナイ、今日朝鮮北境ノ狀況ヲ見レバ、我ガ撤兵ヲセザリシコトガ、洵ニ賢明ナル策デアッタト云フコトヲ私ハ確信シテ居ル、此事情ハ米國ニハ能ク判ッテ居ル御尤ノ次第ト云フコトニ私ハ諒解ヲシテ居ルダラウト思フ、其事ヲ私ハ此處デ言明シテ憚ラナイ、ソレカラ第六「三月三十一日ノ消極的聲明ト共ニ再ビ何故ニ居留民ヲ引揚グルカ、又ハ我ガ守備區域ノ縮小ヲ爲サヾリシ理由」三月三十一日ノ聲明ハ詰リ「チエックスローヴアック」ガ引揚ゲテモ、日本ハ事情ヲ異ニシテ居ルカラ、直チニ他ノ國ガ爲シタ通リニ撤兵ヲスル譯ニ行カヌ、接壤地方ノ關係モ顧ミナケレバナラズ、又交通ノ自由モ考ヘナクチヤナラズ、居留民ノ保護モ考ヘナクチヤナラヌト云フコトニ就テ、是ハ聲明シタコト、私ハ思フ、ソレデ此質問ニ就テハ十分盡シテ居ル話デアラウト思フ、唯ダ守備區域ノ縮小ヲ爲サヽリシ理由ト云フコトハ、今般「チタ」方面ヨリ引揚ゲルガ、何故ニ其時ニ引揚ゲナカッタト云フヤウナ御質問デアルヤウニ思ハルノガ、若シサウデアレバ其當時ニ於テハマダ「チエック」ノ軍モ總テ浦潮方面ニ集中シテ、船ニ乘ッテ國ニ歸ルト云フ域ニ達セナカッタ、ノミナラズ彼ノ方面ニ於テハ屢、露人間ニモ爭鬪ガアリ、所謂交通ノ線路ヲ脅シ、所謂秩序ノ維持モ出來ナイ場合デアリマスカラ、兵ヲ駐メテ置キマシタガ、今日ノ狀態ニ於キマシテハ「チエック」モ悉ク引揚ゲ、又彼ノ方面ニ於テハ停戰ノ狀態ヲ來シテ居ルカラ、並ニ今日ノ聲明ヲ致シタ譯デアル、左樣御承知ヲ願ヒタイ、ソレカラ第七「當テ我ガ正面敵軍ノ首魁タル「ウエルフネ」政府ト緩衝地帶問題ノ交涉ヲ開キシ理由ト、其經過並ニ交涉ノ成立ノ場合ハ極東過激派全部ヲ承認スルヤ如何」是ハ或ハ私ノ答辯スベキ範圍デナイカモ知レマセヌケレドモ一應申上ゲマス「ウエルフネウジンスク」ニ起リマシタ政團ハ、望月君ノ言ハレマス通リニ「クラスノシチヨコフ」此人間ニ就テハ色々ノ非難モアルヤウデアリマスガ、何モ其人間自身ヲ目當トシテヤルノデハナイ、兎モ角モ今日極東西伯利ニ於ケル政團ハ、兎モ角モ善カレ惡シカレ、其地方ノ事柄ヲ宰ッテ居ルモノデアリマスカラ、何カ我ガ方ニ於テ是ト交涉シ、若クハ處分スベキ事ガ有レバ、已ムヲ得ズ是ト接觸セザルヲ得ナイノデス、此「ウエルフネジンスク」ニ於ケル政團モ矢張其一ツデアル、故ニ察スル所我ガ司令官ガ軍事上ノ必要ヨリシテ、彼ノ間ニ於テ何カ地域ヲ設ケテ、互ニ兵ヲ進メテ擊合ハナイト云フコトヲシテ見タイト云フ試ミヲシタコトハ、有ルヤウニ思ッテ居ルケレドモ、其交涉ガ成立シタナラバ、極東過激派全部ヲ承認スルヤ否ヤト云フヤウナ考ハ毛頭無イ、又起リヤウモナイ話デアル、「ツエルフネジンスク」ハ極東全部ヲ支配モ何モシテ居ナイ、彼ノ次ニ、「セミヨノフ」ハ、後貝加爾一洲ヲ持ッテ居ル、其次ハ黑龍江州「ブラゴエフスチエンスク」ノ政團ガ有ル、沿海州ニハ浦潮ニ臨時政府ガ有ルト云フヤウナ話デ、交涉ガ出來ヤウガ出來マイガ、極東過激派全部ヲ承認スルト云フコトハ欲シテモ是ハ出來ナイ、「チタ」出兵迄ニ於ケル該方面出兵ノ目的及其效果如何」右撤兵引揚ノ場所、是ハ能ク御質問ノ趣意ガ分リマセヌシ、又私ヨリモ或ハ陸軍大臣カラ言ハレタ方ガ宜クハナイカト思ヒマスカラ、保留シテ置キマス、ソレカラ尼港虐殺事件ニ關シテハ、第一「一箇中隊ノ外後方連絡ノ準備ナキ理由如何」、是モ軍務當局ニ讓リマス、第二「オムスク」政府ノ沒落ハ大正八年八九月ニ豫期スベキニ之ニ對シテ尼港ニ守備軍ヲ增加スルカ然ラザレバ居留民ヲ引揚ゲザリシ理由如何」此「オムヌク」政府ノ沒落ヲ八、九月ニ豫期スルト云フコトハ、ドウ云フ御趣旨デアリマスカ

○國務大臣(田中義一君)(續)　卽チ大正八年カラ、暮ノ戰爭ニ於キマシテモ、日本軍ハ皆ナ機ヲ利用シテ居ル、此機ハ敵ガ唯ダ持ッテ來テ呉レタノヂヤアリマセヌ、卽チ機ノ利用ト云フコトハ、準備シテ初メテ出來ルノデアリマス、ソレカラ次ニ、此「ハイロフスク」ノ除ヲ、其機デ尼港ニヤルト云フコトニ就テノ難儀ハ諸君ノ御手許ニ御配付シテアル所ノ記事デ、能ク御判リデアラウト思ヒマス、而シテ此補缺ニ其當時「ハバロフスク」ノ狀況ノ如何ニ拘ラズ、ソレヲ假リニ出セルトシテ、サウシテ其兵ヲ補充スルノニ、浦潮斯德カラ機デヤリ、サウシテ又其補充ハ朝鮮カラヤレト云フコトデアリマスガ、左樣ナ用兵ハ恐ラク何人モ致サヌデアラウト思ヒマス、又「コルチヤック」政府ノ實力ノ計算ヲシタカト云フコトデアリマス、是ハ能クシテ居ルノデアリマス、「コルチヤック」政府ノ手許ニハ、日本ノ參謀官ガ四五名行ッテ居リマス、狀況ハ能ク知ッテ居ルノデアル、而シテ「コルチヤック」政府軍ノ失敗ハ、卽チ「デニキン」軍ノ失敗ノ關係カラ、急ニ彼ノ方ニ敵ノ兵力ガ殖エタカラ、彼レガ失敗ヲ致シタノデアル、其原因ハ其所ニ在ルノデアル、縱シ左樣ナ原因ガナクテモ、「コルチヤック」ノ政府ノ軍隊ガ失敗ヲシタカラト云ッテ、ソレガ何時見込違デアルトカナイトカ、云フ議論ニナリマセヌ、此事ハ能ク申シテ置キマス

第五　日本勸業銀行法中改正法律案（政府提出）　第一讀會

日本勸業銀行法中改正法律案

日本勸業銀行法中左ノ通改正ス

第十四條中「年賦償還貸付金總高ノ十分ノ一」ヲ「拂込資本金及積立金總高」ニ改ム

第十五條中「耕地整理組合」ヲ「耕地整理組合若ハ其ノ聯合會」ニ改ム

第十六條中「第一低當トナルコトヲ得ヘキトキ」ノ下ニ「又ハ先順位ノ低當權者カ日本勸業銀行ニシテ總貸付金額及新貸付金額カ第十八條ノ制限ヲ超エサルトキ」ヲ加フ

第二十一條中「一箇年以上」ヲ削ル

第二十一條ノ二　年賦償還期限前天災事變其ノ他避クヘカラサル事故アリタルトキハ五箇年以内ニ於テ更ニ据置年限ヲ定ムルコトヲ得

第二十九條中「農工銀行法ニ依リ設立シタル各農工銀行ノ發行スル農工債券」ヲ「農工債券、北海道拓殖債券又ハ朝鮮殖產銀行ノ發行スル債券」ニ改ム

第三十條中「農工債券」ヲ「農工債券、北海道拓殖債券又ハ朝鮮殖產銀行ノ發行スル債券」ニ、「農工銀行」ヲ「農工銀行、北海道拓殖銀行又ハ朝鮮殖產銀行」ニ改ム

第三十四條中「十倍」ヲ「十五倍」ニ、「及其ノ引受ケタル農工債券」ヲ「竝其ノ引受ケタル農工債券、北海道拓殖債券及朝鮮殖產銀行ノ發行シタル債券」ニ改ム

第三十六條中「及其ノ引受ケタル農工債券」ヲ「竝其ノ引受ケタル農工債券、北海道拓殖債券及朝鮮殖產銀行ノ發行シタル債券」ニ改ム

第三十九條中「農工債券」ヲ「農工債券、北海道拓殖債券又ハ朝鮮殖產銀行ノ發行シタル債券」ニ、「農工銀行」ヲ「農工銀行、北海道拓殖銀行又ハ朝鮮殖產銀行」ニ改ム

第四十二條　割增金附無記名勸業債券又ハ其ノ利札ヲ喪失シタル者ハ擔保ヲ提供シ又ハ確實ナル保證人ヲ立テ其ノ元金、割增金又ハ利子ノ仕拂ヲ請求スルコトヲ得

∨ 第十五 朝鮮ニ於ケル國勢調査ニ關スル法律案（政府提出） 第一讀會

朝鮮ニ於ケル國勢調査ニ關スル法律案
第一回國勢調査ハ朝鮮ニ之ヲ施行セス

○岩崎勲君 議事ノ進行ニ就テ一言致シタイ、（「何ヲ言フノダ」「ソレハイカヌ何ヲ言フノダ」ト呼ヒ發言スル者多シ）日程第十三ト十五ト一括出來ナイト思フノデアリマス

○議長（奥繁三郎君） 日程第十三ト第十五ハ、同時ニ説明致シタイト云フノデアリマス

○岩崎勲君 判リマシタ

〔政府委員古賀廉造君登壇〕

○政府委員（古賀廉造君） 日程第十三ハ、樺太ニ於ケル租税課目中ニ、特別ナル所得税ヲ追加シヤウト云フ案デゴザイマス、從來樺太ニ於テハ、所得税法ヲ施行シテ居リマスルガ、此度所得税法ノ改正ニナリマスルノデ、樺太内ニハ所得税法ノ施行ハセヌト云フ規定ニ出來テ居リマス、此故ニ樺太廳ニ於テハ、所得税ガ無クナルト云フ譯デアリマスカラ、特ニ樺太ニ限ッテ、所得税ノ一課目ヲ設ケテ、本邦ノ外ニ、樺太ニ限ッテ所得税ヲ施行シヤウト云フ案デゴザイマス、御審議ノ上ニ御賛成ヲ願ヒマス、ソレカラ次ハ朝鮮ニ於ケル國勢調査ニ關スル件デゴザイマス、是ハ本年十月ニ、全國ニ亙ッテ國勢調査ヲスルコトニナッテ居リマス、朝鮮モ無論其範圍ニ入ッテ居リマス、然ルニ此國勢ノ調査ヲ致シマスニ方ッテ、朝鮮デハ約十万人ノ人ヲ要スル、十万ノ人ガ今日ノ場合、朝鮮ニ於テ此職務ニ任ズルノガ足リナイノデゴザイマス、僅ニ五万人シカ無イノデアリマス、此不足五万人ト云フモノヲ、僅ニ三四箇月間ニ之ヲ準備スルト云フコトハ出來マセヌノデ、抛已ムヲ得ス今度ノ國勢調査ニハ、朝鮮ノ方ダケハ延期ヲスルト云フ法案デゴザイマス、御審議ノ上御協賛ヲ願ヒマス

○議長（奥繁三郎君） 日程第十四右議案ノ審査ヲ付託スベキ委員ノ選擧ヲ議題ト致シマス

第十四 右議案ノ審査ヲ付託スヘキ委員ノ選擧

○岩崎勲君 本案ハ所得税法中改正法律案外五件ノ委員ニ、併セテ付託セラレンコトヲ望ミマス

〔「賛成々々」ト呼フ者アリ〕

○議長（奥繁三郎君） 岩崎君ノ動議ニ御異議アリマセヌカ

〔「異議ナシ」「異議ナシ」ト呼フ者アリ〕

○議長（奥繁三郎君） 御異議ナイモノト認メマス、仍テ動議ノ如ク決シマス、日程第十六、右議案ノ審査ヲ付託スベキ委員ノ選擧ヲ議題ト致シマス

第十六 右議案ノ審査ヲ付託スヘキ委員ノ選擧

○岩崎勲君 本案ハ大正八年法律第五號中改正法律案ノ委員ニ、併セテ付託セラレンコトヲ望ミマス

〔「賛成々々」ト呼フ者アリ〕

○議長（奥繁三郎君） 岩崎勲君ノ動議ニ御異議アリマセヌカ

〔「異議ナシ」ト呼フ者アリ〕

○議長（奥繁三郎君） 異議ナキモノト認メマス、仍テ動議ノ如ク決シマス――三木君

〔三木武吉君登壇、拍手起ル〕

○三木武吉君 私ハ（「私ハ」ト呼フ者アリ）議事ノ進行ニ關シテ發言ヲ求メ、幸ニシテ其許可ヲ得タノデアリマス、私ノ發言ノ趣旨ハ、昨日散會前後ニ於ケル小山君ノ發言ノ要求ト議長ノ散會ノ宣告ノ間ニ於テ、果シテ法規典例ヲ無視スル議長ノ行爲ガ有ッタカ無カッタカト云フ其爭ニ就テ議長ノ主張セラル、所ト、小山君ノ主張セラル、所ノ爭點ハ、議長ハ各派交渉會ニ於ケル會テ吾々ニセラレタル言明ヲ重ンジラレ、議事ニ差支ナイ程度ニ於テ、議事進行ニ關スル發言ハ許スト云フ精神カラ、非公式ニ前以テ小山君ノ發言ニ對シテ、同意ヲ與ヘラレテ居ッタノデアリマス、而モ其同意ハ小山君ニ對シテ、特ニ散會宣告ノ機會ヲ逸セザルヤウニト云フ、格別ノ注意マデモ深切的ニセラレテ、ソレヲ與ヘラレテ居ッタノデアリマス（拍手起ル）私ハ此點ニ於テ、議長ノ小山君ニ對シテ執ラレタル處置ハ、頗ル公平深切ナモノデアルト思ウテ、敬意ヲ表シマス（「ソレデ宜シイ」ト呼フ者アリ）此經緯ヨリ致シマシテ、小山君ハ發言ヲ求メラレ、議長ハ小山君ノ氏名ヲ呼上ゲラレタ、然ラバ直チニ小山君ニ對シテ、其發言ノ許可ヲセラレナケレバナラナイ理由デアルニ拘ラズ、其發言ヲ許サナカッタ、唯今議長ノ御辯明ヲ伺ヒマスルト、議長ガ小山君ニ對シテ發言ヲ許スベキニ拘ラズ、許サイリシ理由ハ、既ニ昨日ノ議事ヲ終ッタガ故ニ、許サナカッタノデアルト言ハレタノデアリマス、是ニ於テカ議長ハ之ヲ今日ハオ終ヒト言ハレタ前ニ、果シテ議事ガ了ラレテ居ッタカ居ラナカッタカト云フ、此事實ガ爭ノ焦點ニナルノデアリマス（拍手起リ「ヒヤ〳〵」ト呼フ者アリ）私ハ（發言スル者多ク「靜ニシナイカ」ト呼フ者アリ）諸君ニ對シテ申上ゲナケレバナラヌ、議長ニ對シテ反省ヲ願ハナケレバナラヌ、議院規則ニ依リマスト、議長ガ散會ヲ宣告スルマデハ、尚ホ會議ヲ開イテ居ルモノト言ハナケレバナラヌ（拍手起ル）議事ヲ進行シテ居ルモノト謂ハナケレバナラヌ、又事實ニ就テ見マシテモ、昨日ノ議事日程ハ山ノ如クアッテ、今日尚ホソレヲ議了センガ爲メニ、諸君ハ此處ニ集ハレテ居ルノデアリマス、然ラバ昨日ノ狀態ハ、未ダ議事ヲ了ッテ居ラナイモノデアルト云フコトハ、何人ガ見テモ疑ヒナイノデアリマス（拍手起ル）議長ハ此爭ナキ事實ニ對スル辯明ヲ致シマシテ、既ニ各派交渉會ニ於テ永井君ノ質疑ヲ終レバ、會議ハ之ヲ以テ終リトスルコトニ決定セラレテ居ッタカラ、各派交渉會ノ決定ソレ自身ヲ以テ、議事ハ既ニ了レリト認メルノガ、至當デアルト云フコトヲ辯明セラレタノデアリマス、私ハ議長ニ問ハナケレバナラヌ、各派交渉會ハ、果シテ議長ノ權利ヲ束縛スルノ權限ヲ有ツ會合デアリマセウカ、各派交渉會ノ決定ハ、議長ノ職權ヲ拘束スルノ力ガアルノデゴザリセウカ、各派交渉會ニ於テ、議事ヲ之ニテ打切ルト云フ決定ヲシタ場合ニ於テハ、議長ノ宣告ヲ待タズシテ、會議ヲ了ッタモノト看做スコトガ出來ルノデアリマス（拍手）若シ議長ノ宣告ノ如何ニ拘ラズ、各派交渉會ノ決定ハ、動カスコトガ出來ナイモノデアルト議長ガ見ラル、ナラバ、我輩ハ更ニ聽カナケレバナラヌ、議長ハ岩崎勲君ノ其前ニ於ケル發言ヲ許サレタ、其理由ハドウ云フノデアルカ、各派交渉會ニ決定ヲセラレテ居ッタケレドモ、其決定ニ違フ發言ガアル、而シテ院議ニ賛成デアルカラ、岩崎君ノ發言ヲ許シタノデアル、即チ院議ハ各派交渉會ノ決議ヨリハ重イノデアル、ト一方ニ於テ見ラレテ居ル（「無論ノ話、其通リ」ト呼フ者アリ）同ジ議場ニ於テ同ジ會議中ニ於テ、己レニ都合好ケレバ、院議ハ交渉會ノ決定ヨリ重シト做シ、都合惡シケレバ、各派交渉會ノ決定ガアル故ニ、院議ニ問ハズシテ解散（笑聲起ル）ハ既ニ爲シ了ッタモノデアル、或ハ議事ハ既ニ終了シタモノデアル、議事ハ既ニ終了シタモノデアルト言ハレルニ至ッテハ、餘リニ傍若無人、横暴ノ極ト私ハ謂ハナケレバナラヌト思フ（拍手起ル）議長ハ果シテ各派交渉會ノ相談デ纏ッタ其事柄ガ、議事ヲ打切ルト云フコトデアッタナラバ、議長ガ日程ノ變更、其他ノ事ヲ議場ニ諮ラナイ以前ニ於テ既ニ議事ガ了ッタモノデアルト今後モ繰返シテ看做サレルノデアルカ、若シ然ラズシテ議場ノ決定ニ依テ、議事ノ終了ト云フコトガ認メラル、ノデアルト、今後看做サル、ノデアルナラバ、昨日ノ議長ノ處置ト云フモノハ、越權不當、横暴ナル處置デアルト認メナケレバナラヌノデアル、此點ニ就テ議長ノ明快ナル御答ヲ私ハ

願ヒタイ

○議長（奥繁三郎君） 今ノ質疑ニ對シテ一言御答致シマス、議長ハ各派交渉會ノ決議ニ拘束サル、モノデナイノデ、議長ハ獨立シタル職權ヲ有ッテ居ルト信ジマス、サリナガラ各派交渉會ノ申合ヲ尊敬シタ所ガ、何ノ差支ナイト思ヒマス――日程第十七北海道拓殖鐵道補助ニ關スル法律案第一讀會ヲ開キマス

○林毅陸君（續）　併ナガラ外國ノ人ノ評ハ措キマス、敢テ島田君ガ「タイムス」ヲ引カレタカラト言ッテ、強ヒテ「ドクトル、ジロン」ヲ引カナケレバナラヌト云フ必要モナイ、強ヒテ外國人ノ批評ニハ頗著スル必要モナイガ、倩テ吾々自ラ顧ミテ、此西伯利政策ノ今日迄ノ成行ヲ見ルナラバドウデアル、（「失敗ダラケ」ト呼フ者アリ）寺内内閣ノ時ニ出兵ヲ致シ、亞米利加ト共ニ出兵ヲ致シタ彼ノ當時ニ、如何ナル意見ヲ寺内内閣ガ持ッテ居ッタカハ、吾々ノ議スベキ限リデハナイ、此現内閣ニ至ッテ後執リ來ッタ經過ヲ見レバ、其間ニハ一ツモ矛盾ハ無イ（「ノウ／＼」）或ハ寺内内閣ノ當時ニ於テ出兵ヲシタル其際ニ、如何ナル意見ガアッタカ、或ハ其前後ニ於テ執リタル行動ニ如何ナルモノガアッタカ、其批評ハ吾々ノ關スル所ニ非ラズ、又此不信認案ノ關係アル所ニ非ズ、此原内閣ニ至リテヨリハ、第一ニ昨年ノ一月此議場ニ於テ政府ノ説明致シタル其方針、就任後僅ニ三箇月、就任後僅ニ三箇月ニシテ、當議場ニ於テ宣明シタル其西伯利ニ對スル方針、ソレガ今日マデ少シモ變ラズニ繼續シテ居ルノデアル（「ノウ／＼」「變ッテ居ル」「ソレガ分ラナイノカ」ト呼フ者アリ）或ハ秩序ノ維持ト云ヒ、或ハ居留民ノ保護ト云ヒ、或ハ……（「或ハ何デス」ト呼フ者アリ）滿鮮ノ境界附近ニ於ケル不逞ノ鮮人ノ取締トカ、色々ノ言葉ハ用キラレタガ、（「ソレガ變ッテ居ルノダ」ト呼フ者アリ）ソレガ變ッテ居ルト言フノハ驚クベキ批評デアル、秩序ヲ維持スルト云ヒ、不逞ノ鮮人ヲ取締ルト云フノニ、何ノ矛盾ガ其所ニ在ルカ、或ハ通路ノ安全ヲ保障スルト云フ、ソレト秩序ノ維持ト何ノ矛盾ガアルカ、苟モ秩序ヲ維持シ、治安ヲ維持セントスルナラバ交通ノ安全モ図ラナケレバナラナイ、不逞鮮人ノ取締モシナケレバナラナイ、又亂暴ナル暴兵ガ攻撃ヲ加ヘルナラバ、是モ撃退ヲシナケレバナラナイ、（「當リ前ダ」ト呼フ者アリ）總テ其レ等ハ這入ッテ來ル、何等ノ不思議ハ無イ、（「沿海州モ入ッタカ」ト呼フ者アリ）之ヲ或場合ニハ秩序ノ維持ト言ッテ居ル、或場合ニハ居留民ノ保護ト言ヒ、或場合ニハ不逞鮮人ノ取締ト言ヒ、或ハ滿鮮境界方面ノ治安ヲ維持スル爲メニ云々ト言フ（「ソレガ變ッテ居ルノダ」ト呼フ者アリ）斯ウ云フコトヲ以テ變ッテ居ルト言フノハ、言葉ノ意味ヲ了解シナイ人デアル、是等ノ人ハ今ヨリ日本語ノ研究ヲ御願シタイ（「生意氣ナコトヲ言フナ」「簡單」「苦シイカ」「簡單デハ分ルマイ」ト呼ヒ、其他發言スル者多シ）

大正九年七月十四日

丶第九　朝鮮事業公債法中改正法律案(政府提出)　第一讀會

朝鮮事業公債法中改正法律案

朝鮮事業公債法中左ノ通改正ス

「第一項」ヲ「前項」ニ、「一億七千八百萬圓」ヲ「二億六百五十萬圓」ニ改メ第二項ニ例ル

第十六　所得稅ノ施行ニ關スル法律案（政府提出）　第一讀會ノ續（委員長報告）

報告書

一所得稅法ノ施行ニ關スル法律案（政府提出）

右ハ本院ニ於テ別紙ノ通修正スヘキモノト議決致候此段及報告候也

大正九年七月十二日

所得稅法ノ施行ニ關スル法律案委員長　松田源治

衆議院議長奥繁三郎殿

（小字及━━ハ委員會修正）

第一條　所得稅法ハ朝鮮、臺灣及樺太ニハ之ヲ施行セス

第二條　朝鮮、臺灣、關東州又ハ樺太ニ本店又ハ主タル事務所ヲ有スル法人ノ所得稅法第三條第一種甲戊及丁並第二種乙ノ所得ニ付テハ所得稅法ニ依ル所得稅ヲ課セス

第三條　朝鮮、臺灣、關東州又ハ樺太ニ於テ所得稅ヲ免除スル各當該地ノ製造業者ヨリ生スル所得ニ付テハ命令ノ定ムル所ニ依リ所得稅法ニ依ル所得稅ヲ免除ス

附　則

本法ハ大正九年八月一日ヨリ之ヲ施行ス

京釜鐵道買收法中改正法律案（政府提出）　第一讀會

京釜鐵道買收法中改正法律案

京釜鐵道買收法中左ノ通改正ス

第十三條　削除

第十四條　削除

附　則

本法施行前京釜鐵道買收法ニ依リ發行シタル國債ノ元金ノ消滅時效ニ付テハ仍從前ノ例ニ依ル

〔政府委員神野勝之助君登壇〕

○政府委員（神野勝之助君）　國債整理基金特別會計外三案ハ國債ノ整理統一ヲ圖ラウト云フノガ主タル趣意ト、一ツハ國債整理基金特別會計法ノ公債借換ノ手續ニ關スル規定、其他ヲ改正致シタイト云フノガ趣意デアリマス、卽チ整理基金特別會計法ハ第五條ノ借換ニ關スル規定ガ、餘リ窮屈ニナッテ居リマシテ、實行ガ殆ド不能デアルノデアリマスルカラ、之ヲ改正致シタイト云フノガ一ツデアリマスル、ソレト整理基金特別會計並ニ家祿賞典祿處分法施行法、鐵道國有法、京釜鐵道買收法等ニ依リマシテ、發行セラレマシタル所ノ公債ハ、整理公債條例ヲ適用シテ其利拂期限並ニ時效等ノ規定ハ整理公債條例ノ規程ニ依ルト云フコトニナッテ居ルノデアリマス、然ルニ整理公債條例ハ古イ規程デアリマシテ、時勢ニ適セナイノデアリマスルカラ、其適用ヲ廢シテ一般ノ國債ニ關スル規程ヲ適用シタイト云フノガ、改正案ノ趣意デゴザイマスル、御審議ノ上御協贊ヲ願ヒマス

○議長（奧繁三郎君）　右四案ノ審査ヲ付託スベキ委員ノ選擧ヲ議題ニ供シマス

右議案ノ審査ヲ付託スヘキ委員ノ選擧

○岩崎勲君　緊急上程ニ係ル四案ヲ一括シ、政府提出國債償還資金ノ繰入ヲ爲サヽルコトニ關スル法律案外七件ノ委員ニ付託セラレンコトヲ望ミマス

〔「贊成」「贊成」ト呼フ者アリ〕

○議長（奧繁三郎君）　岩崎君ノ動議ニ異議アリマセヌカ

〔「異議ナシ」ト呼フ者アリ〕

○議長（奧繁三郎君）　異議ナイト認メマス、仍テ動議ノ如ク決シマシタ、日程第二十七、敦賀港擴張ニ關スル建議案ヲ議題ト致シマス、提出者河崎淸君

第十一　明治四十三年勅令第三百三十一號等ノ廢止ニ關スル法律案(政府提出)　第一讀會

明治四十三年勅令第三百三十一號等ノ廢止ニ關スル法律案

明治四十三年勅令第三百三十一號、大正二年法律第十七號、大正五年法律第二十六號及大正七年法律第三十七號ハ之ヲ廢止ス

附　則

本法ハ大正九年八月二十九日ヨリ之ヲ施行ス

本法施行前朝鮮ヨリ移出シタル貨物ノ移入ニ付テハ仍從前ノ例ニ依ル

本法施行前朝鮮ニ移出シタル貨物ニ對スル税金ノ免除若ハ下戻又ハ交付金ノ下付ニ付テハ仍從前ノ例ニ依ル

第十三　關税法關税定率法保税倉庫法及假置場法等ノ朝鮮ニ於ケル特例ニ關スル法律案(政府提出)　第一讀會

關税法關税定率法保税倉庫法及假置場法等ノ朝鮮ニ於ケル特例ニ關スル法律案

第一條　朝鮮ニ輸入スル物品ニシテ別表ニ掲クルモノニハ別表ニ依リ輸入税ヲ課ス

第二條　朝鮮ニ輸入スル左ノ物品ニハ輸入税ヲ免除ス

一　國、道、府、面其ノ他ノ公共團體又ハ朝鮮總督ノ指定スル産業ニ關スル法人ノ輸入スル播種用ノ種子

二　朝鮮ニ於ケル金、銀、銅ノ掘採、採取又ハ製錬ノ事業ニ必要ナル器具、機械、爆發藥、溶解劑トシテ使用スル鹽基性鑛物又ハ化學藥料ニシテ自己ノ使用ニ供スル爲鑛業者又ハ製錬業者ノ輸入スルモノ但シ税關カ相當ト認メタルモノニ限ル

三　朝鮮ニ於ケル鐵、石炭ノ掘採ノ事業ニ必要ナル器具、機械、爆發藥又ハ化學藥料ニシテ自己ノ使用ニ供スル爲鑛業者ノ輸入スルモノ但シ税關カ相當ト認メタルモノニ限ル

四　旅客又ハ貨物ヲ運搬スル爲國境ヲ出入スル車輛其ノ他ノ運搬具及其ノ備品、附屬品

五　前號ノ車輛内ニ於テ消費スル食料品、燃料其ノ他ノ消耗品但シ税關カ相當ト認メタルモノニ限ル

六　朝鮮ニ於テ從來關税免除ノ特許ヲ受ケタル者ノ輸入スル免税品

第三條　朝鮮ニ於ケル製鐵業者一ノ場所ニ於テ一年三万五千佛噸以上ノ製銑能力若ハ製鋼能力ヲ有スル設備ヲ爲ス爲又ハ一ノ場所ニ於テ一年三万五千佛噸以上ノ製銑能力若ハ製鋼能力ヲ増加スル設備ヲ爲ス爲必要ナル器具、機械其ノ他ノ材料ヲ朝鮮ニ輸入スルトキハ朝鮮總督ノ定ムル所ニ依リ輸入税ヲ免除ス

前項ノ設備ヲ爲ス者朝鮮總督ノ指定シタル副生物製造ノ設備ヲ爲ス爲必要ナル器具、機械其ノ他ノ材料ヲ朝鮮ニ輸入スルトキ亦前項ニ同シ

第四條　朝鮮總督ハ凶作其ノ他已ムコトヲ得サル事由アルトキハ期間ヲ指定シ朝鮮ニ輸入スル米、籾、大麥、小麥、小麥粉、粟、高粱、大豆、小豆、玉蜀黍及稗ノ輸入税ヲ低減又ハ免除スルコトヲ得

第五條　平安北道新義州停車場ヨリ咸鏡北道豆滿江口ニ至ル陸接國境ニ於テハ朝鮮總督ノ指定スル地點ニ由ルノ外貨物ノ輸出又ハ輸入ヲ爲スコトヲ得ス

前項ノ陸接國境ニ於ケル貨物ノ輸出入、積戻又ハ運送ニ關スル手續ハ朝鮮總督ノ指定スル場合ヲ除クノ外最初ノ到著地ニ於テ之ヲ爲スヘシ

第六條　左ニ掲クル物品ハ平安北道義州郡水口鎭ヨリ咸鏡北道豆滿江口ニ至ル陸接國境ニ於テハ前條ノ規定ニ拘ラス之カ輸出又ハ輸入ヲ爲スコトヲ得但シ朝鮮總督ニ於テ別段ノ定ヲ爲シタル場合ハ此ノ限ニ在ラス

一　鐵道旅客以外ノ旅客ノ用品及職業上必要ナル器具

二　朝鮮總督ノ定ムル陸接國境隣接地域内ノ住民カ其ノ地域内ニ於テ收穫又ハ生産シタル物品ニシテ自ラ輸出又ハ輸入スルモノ

三　前號ノ住民カ前號ノ地域内ニ於テ爲ス作業ニ必要ナル物品ニシテ自ラ輸出又ハ輸入スルモノ

第七條　前條ノ規定ニ依リ輸出又ハ輸入スル物品ニ付テハ關税法ヲ適用セス

第八條　朝鮮ニ於テハ關税法、保税倉庫法又ハ假置場法中大藏大臣又ハ主務大臣トアルハ朝鮮總督、市町村役場トアルハ府廳又ハ面事務所、市町村吏員トアルハ府ノ官吏若ハ吏員又ハ面ノ吏員、國税徴收法トアルハ國税徴收令トス

第九條　從來ノ開港ノ外開港ト爲スヘキ場所及開港ニ於テ輸出若ハ輸入スヘキ貨物ノ種類ハ朝鮮ニ於テハ朝鮮總督之ヲ定ム

附　則

第十條　本法ハ大正九年八月二十九日ヨリ之ヲ施行ス

第十一條　本法施行前朝鮮ニ於ケル保税倉庫ニ庫入シタル外國貨物ニハ仍從前ノ輸入税ヲ課ス

第十二條　本法施行前朝鮮關税令、朝鮮保税倉庫令又ハ朝鮮陸接國境關税令ニ依リ爲シタル處分、手續其ノ他ノ行爲ハ關税法保税倉庫法又ハ本法ニ依リ之ヲ爲シタルモノト看做ス

本法施行前朝鮮關税定率令第三條第十六號、第四條、第四條ノ二及第八條ノ規定ニ依リ輸入税又ハ移入税ノ免除ヲ受ケタル物品ニ付テハ仍從前ノ例ニ依ル

(別表)

輸入税表

品名	單位	税率
馬(生活力ヲ有スルモノ)		無税
綿羊(生活力ヲ有スルモノ)		無税
鹽		
天日鹽(碎カサルモノ)	毎百斤	〇、一〇
其ノ他	從價	三割
煙草		
葉煙草	從價	二割
葉卷煙草、紙卷煙草及刻煙草	從價	四割
咀嚼煙草	毎斤	〇、二五
嗅煙草	毎斤	〇、五八
其ノ他	從價	四割
礦油(關税定率法別表輸入税表第一一二號ニノ乙ニ該當スルモノ)	毎十ガロン	〇、一九
コークス		無税
木材(關税定率法別表輸入税表第六一二號ノ己及癸ニ該當スルモノ)		無税

備考　從量税率ノ單位ハ圓トス

第十五　内地臺灣又ハ樺太ヨリ朝鮮ニ移出スル物品ノ内國税免除ニ關ス

ル法律案（政府提出）　第一讀會

内地臺灣又ハ樺太ヨリ朝鮮ニ移出スル物品ノ内國税免除ニ關スル法律案

左ニ掲クル物品ニシテ内地、臺灣又ハ樺太ヨリ朝鮮ニ移出スルモノニ關シテハ命令ノ定ムル所ニ依リ内國税ヲ免除若ハ拂戻シ又ハ交付金ヲ交付スルコトヲ得

酒類、麥酒、酒精、酒精含有飲料、醤油、砂糖、糖蜜、糖水、織物、織物製品、石油、賣藥、賣藥類似品、骨牌

附　則

本法ハ大正九年八月二十九日ヨリ之ヲ施行ス

第十七　朝鮮又ハ臺灣ヨリ移出シタル物品ノ内地又ハ樺太ニ於ケル取締ニ關スル法律案（政府提出）　第一讀會

朝鮮又ハ臺灣ヨリ移出シタル物品ノ内地又ハ樺太ニ於ケル取締ニ關スル法律案

第一條　朝鮮又ハ臺灣ヨリ内地又ハ樺太ニ移出スル物品ニ關シ移出地ノ法令ノ規定ニ依リテ課セラルヘキ出港税ヲ逋脱シタル者ハ其ノ出港税ノ五倍ニ相當スル罰金ニ處シ直ニ出港税ニ相當スル金額ヲ徴收ス但シ罰金額ハ三十圓ヲ下ルコトヲ得ス

前項ノ出港税ニ相當スル金額ノ徴收ニ付テハ國税徴收ノ例ニ依ル

第二條　前條ノ出港税ヲ逋脱シタル物品ノ運搬、寄藏、收受、故買又ハ牙保ヲ爲シタル者ハ千圓以下ノ罰金又ハ科料ニ處ス

第三條　第一條ノ罪ニ付テハ刑法第三十八條第三項但書、第三十九條第二項、第四十條、第四十一條、第四十八條第二項、第六十三條及第六十六條ノ例ヲ用井ス

第四條　朝鮮又ハ臺灣ニ於テ第一條ニ該當スル罪ニ付處分又ハ處罰セラレタルトキハ同一事件ニ付本法ニ依ル處分又ハ處罰ヲ受クルコトナシ

第五條　間接國税犯則者處分法及明治三十三年法律第五十二號ハ本法ニ依ル犯則事件ニ付之ヲ準用ス但シ間接國税犯則者處分法ニ定メタル職務ヲ行フヘキ官吏ハ命令ヲ以テ之ヲ定ム

附　則

本法ハ大正九年八月二十九日ヨリ之ヲ施行ス

〔政府委員神野勝之助君登壇〕

○政府委員（神野勝之助君）　韓國併合當時……（「高聲ニ願ヒマス聽エマセヌ」ト呼フ者アリ）朝鮮ノ關税ハ、合併ノ時ナラ十年間ハ、其儘ニ据置クト云フコトニナッテ居ッタノデアリマス、ソレ故ニ今日ニ至ルマデ依然トシテ韓國時代ノ關税ヲ施行致シマシテ、其結果關税關係ニ就キマシテハ、内地ト朝鮮トハ、互ニ外國同樣ノ取扱ヲ爲シ來ッタノデアリマス、然ルニ右十年据置ノ期間ハ、今年八月二十八日ヲ以テ滿了致スノデアリマス、右期間滿了後ハ朝鮮ニモ、内地ノ關税制度ヲ施行致シマシテ、是ト同時ニ内地朝鮮間ニ於ケル貿易交通ハ、特殊ノ事由アルモノヲ除キテ、原則トシテハ自由ニ致シタイト云フ積リデアリマス、此目的ヲ以テ關税法、其他關税關係ノ諸法規ヲ朝鮮ニ施行スル手筈ニ致シテ居ルノデアリマスルガ、關税法ヲ朝鮮ニ施行スルニ就キマシテハ、關税法ノ規定中修正ヲ要スル點ガアルノデアリマス、次ニ内地朝鮮間ノ關税ヲ統一致シマスルニ就キマシテハ、從來内地朝鮮間ノ關税關係ヲ規定シテ居リマス法律並ニ緊急勅令等ハ、之ヲ廢止スル必要ガアルノデ、明治四十三年勅令三百三十一號ノ廢止ト云フノガ即チ其意味デアリマス、又内地ノ關税制度ヲ朝鮮ニ施行スルト致シマシテモ、朝鮮ノ民度、產業狀態、並ニ地理ノ關係カラ致シマシテ、朝鮮ニ於キマシテハ多少特例ヲ用ヰル必要ガアリマス、ソレニ關税法――關税定率法、保税倉庫法、並ニ假置場等ノ朝鮮ニ於ケル特例ニ關スル法律案ヲ提出致シマシタ、又内地ト朝鮮間ノ消費税關係ノ統一セラル、マデハ、内地カラ朝鮮ニ移出セラル、物品ニ對シマシテハ、依然トシテ從來ノ如ク内地消費税ノ免除、拂戻等ヲ存續スル必要ガアリマス、即チ朝鮮ニ移出スル物品ノ、内國税免除ニ關スル法律案ヲ提出シタル次第デアリマス、尚ホ之ニ關係致シマシテ、内地ニ於ケル消費税制度擁護ノ爲メニ、移入品ニ對シテ相當取締ノ途ヲ講ズルノ必要ガアリマス、即チ朝鮮又ハ臺灣ヨリ移出シタル物品ノ、内地又ハ樺太ニ於ケル取締ニ關スル法律案ヲ提出シタル次第デアリマス、何卒審議ノ上御協贊ヲ願ヒマス

○議長（奧繁三郎君）　日程第十乃至第十八、即チ右議案ノ審査ヲ付託スベキ委員ノ選擧ヲ議題ト致シマス

第二十八　(第一號)大正九年度歳入歳出總豫算追加案

第二十九　(特第一號)大正九年度各特別會計歳入歳出豫算追加案

第三十　(第一號)臨時軍事費豫算追加案

第三十一　豫算外國庫ノ負擔トナルヘキ契約ヲ爲スヲ要スル件

報告書

一(第一號)大正九年度歳入歳出總豫算追加案

右ハ本院ニ於テ別紙ノ通修正スヘキモノト議決致候此段及報告候也

大正九年七月十四日

豫算委員長　吉植庄一郎

衆議院議長奥繁三郎殿

(小字及━━ハ委員會修正)

豫算

第一條　大正九年度歳入追加額ヲ貳億五千五百七拾五萬六千九百九拾九圓歳出追加額ヲ四億六千五百拾貳萬四千百拾圓ト定ム其ノ款項ノ金額ハ別冊甲號歳入歳出豫算ニ據ルヘシ

甲號

歳入經常部

第一款　租稅

第二項　所得稅　金貳千百九拾六萬七千九百四拾貳圓

歳入經常部合計金四千六百參拾四萬七千六百六拾五圓

歳入總計金貳億五千五百七拾五萬六千九百九拾九圓

歳出經常部

大藏省所管

第十款　內國稅徵收費　金五百貳拾八萬貳千八百參拾壹圓

第七項　市町村交付金　金七千七拾四圓

大藏省所管合計金千八百貳拾四萬四千七百拾五圓

歳出經常部合計金貳億貳千貳百八拾貳萬參千百七拾六圓

歳出總計金四億六千五百拾貳萬四千百拾圓

〔吉植庄一郎君登壇、拍手起ル〕

○吉植庄一郎君　豫算委員會ノ經過竝ニ結果ヲ御報告致シマス、豫算總會ハ三日間、分科會ハ二日間、合計五日ヲ以テ質問ヲ終了致シマシテ、昨日更ニ午前分科會ヲ開キ、午後ニ總會ヲ開イテ討議ニ入リマシタ、其結果第一號大正九年度歳入歳出總豫算追加案、特第一號大正九年度各特別會計歳入歳出豫算追加案、第一號臨時軍事費豫算追加案、豫算外國庫ノ負擔トナルヘキ契約ヲ爲スヲ要スル件、此四案ヲ、僅ニ第一號ノ歳入歳出總豫算ノ四万七千六百五十圓、歳出ニ於テ七千七十四圓、此削除ヲ加ヘタノミニシテ、政府提出ノ原案全部ガ大多數ヲ以テ通過致シマシタ、勿論此四万七千餘圓ノ歳入竝ニ歳出ニ於ケル七千餘圓ト云フモノ丶、修正ハ、何等政府ノ政策等ニ觸レタモノデハアリマセヌデ、是ハ過日本院ヲ通過シタル增稅案ノ修正ノ結果トシテ、當然現レ來ッタ所ノ數字上ノ修正ニ過ギナイノデアリマス、卽チ政府ノ主義政策ノ全部ニ向ッテ、協贊ヲシタト云フコトニナリマス、但シ此修正ニ對シマシテハ、憲政會ノ諸君竝ニ國民黨ノ諸君ヨリ、修正ノ御意見ノ提出ガアリマシタガ、孰レモ少數ニシテ是ハ否決セラレマシタ、此修正ノ御意見ハ、軈テ本議場ニ於テ兩派ノ代表者ヨリ、更メテ御提出ノコト、存ジマスルカラ、唯ダ否決セラレタト云フコトダケヲ玆ニ御報告致シテ置キマス、既ニ御承知ノ事デハゴザリマスルガ、今回委員會ガ審査致シマシテ決定シタ所ノ豫算案外三件、此大體ヲ此場合ニ御報告ヲ申シテ置キ、且ツ之ニ對シテ質問應答セラレタ、又之ヲ贊成スルニ至ッタル徑路ヲ御報告申スコトガ、當然ノ義務デアルト考ヘマス、勿論質問應答ハ多岐多端ニ渉ッテ居リマスルカラ、ソレヲ一々擧ゲルト云フコトハ、徒ラニ諸君ノ倦怠ヲ招クノミデアリマスカラ、是ハ省略致シマス、故ニ甲ノ質問乙ノ質問錯綜シ來ッテ、政府ガ答辯シタ所ノモノト色ヽ入交リマスルカラシテ、委員長ハ色ヽノ質問應答ノ現レタモノヲ、概括シテ申シマスルモノト御承知ヲ願ッテ置キタウ存ジマス、其詳細ナル事ハ速記錄ニ依テ御了承ヲ與ヒタイト存ジマス、申スマデモナク今回ノ追加豫算案ハ、前期議會ノ解散トナリマシタル、其結果トシテ提出セラレマシタモノデアッテ、歳入ノ總額二億五千五百餘万圓、歳出總額四億六千五百餘万圓、歳入歳出不足額二億九百餘万圓ハ實行豫算ノ剩餘金ヲ以テ――歳入超過額ヲ以テ、之ニ支出スルト云フ計畫ニナッテ居ルノデアリマス、之ヲ議會解散ノ結果政府ガ編成シタル所ノ實行豫算額ト、今回提出シタル追加豫算額トヲ合算致シマスルトキニハ、總額歳出入トモ各十三億二千六百餘万圓ニナルノデアリマス、前期議會ニ政府ガ提出セラレマシタ所ノ豫算案ヨリモ、更ニ四千万圓ノ增額トナッテ居リマス、今回提出ノ分ハ、歳出四億餘万圓ニ過ギマセヌノデアリマスルガ、其實質ニ於テハ、斷片的ナル普通ノ追加豫算案トハ異リマシテ、現內閣ガ前期議會ニ於テ其主義政策ヲ實行センガ爲メニ――經綸ヲ行ハンガ爲メニ提出シタル所ノ豫算案ノ實行豫算ニ於テ、尙ホ爲シ得ラレザルモノ、中ノ、緊急已ムヲ得ザルモノヲ計上シタモノデアリマスルカラ、此實行豫算ト今回ノ追加豫算案トヲ之ヲ合セマシテ、始メテ此內閣ノ經綸ヲ見ルコトガ出來、之ニ依テ先ツ其計畫ノ完璧ヲ――十分トハ言ハレナイケレドモ、大體ニ於テ完璧ニナリ得ルノデアリマス、斯ウ云フコトデアリマスルカラ、通例ノ場合ニ於ケル追加豫算案トハ、自ラ趣ヲ異ニスルコトハ申スマデモナイ事デアリマス、斯ノ如キ重大ナ意義ヲ有スル追加豫算案デアリマスルカラシテ、憲政會ノ早速君等ヨリハ、斯ノ如キ厖大ナル豫算案ヲ提出シタルコトニ就テハ、必シモ會計法ヲ狹義ニノミ解釋セントスル自分ノ意見デハナイケレドモ、憲法及會計法ノ精神ニ照シテ、政府ハ頗ル重大ナル責任ヲ感シナケレバナラヌ筈デアルト思フガ、ドウデアルカト云フヤウナ質問ガアリマシタ、之ニ對シ原總理大臣ノ答辯ガアッタヤウナ譯デ、是程重要視セラレテ居リマス、併シ此質問答辯ノ詳細ハ、速記錄デ御承知ヲ願ヒタイノデアリマスガ、政府ノ答辯ニ依リマスト、憲法及會計法ノ運用ニ於テ何等誤レルコトナク、而シテ往々此議會解散ノ爲メニ國務ノ荒廢ヲ來タス虞アルコトヲ、玆ニ此追加豫算ノ提出ニ依ッテ之ヲ救フコトガ出來ル、先ヅ議會解散ノ爲メニ政府ノ緊急避クベカラザル所ノ大正九年度ニ於ケル諸般ノ計畫ノ、大部分ヲ實行スルコトニ相成ッタト云フ此事ニ就テハ、政府ガ責任ヲ以テ之ヲ斷行シタルノ處置ニ就テ、玆ニ特ニ一言シテ置クノ必要アルト信ジマス、更ニ此追加豫算ノ中ニハ、然ラバ如何ナルモノガ含マレテ居ルカト云フコトニ就テハ、過日本院ニ於テ、內閣ニ對スル不信任案ガ現レタ時ニモ、此內閣ハ成立以來二年ニナッテ居ルガ、殆ド無爲無能ニシテ、何等爲ス所ナイト云フヤウナ、彈劾ノ御演說モアッタ程デアリマスカラ、是ハ此場合ニ、此豫算案ニ如何ナルモノガ包含サレテ居ルノデアルカト云フコトヲ、諸君ニ御紹介ヲ特ニ致ス必要ガアルト信ジマス、先ヅ第一ニハ國防ノ計畫デアリマス、是ハ今回ノ追加豫算ノ眼目ヲ占メテ居ルモノデアリマス、此費用ハ新規計畫ニ屬スルモノ、臨時部ニ於テ陸軍ガ四億八千六百五十九万、一千五百五圓、海軍ノ方ガ八億五千九百万七十一圓某、合計致シテ十三億四千五百六十六万三千二百二十七圓、斯ノ如キ所謂極大ナル繼續ノ計畫デアリマス、此內容ハ詳細ニ申上ゲマスマデモナク、御承知ノ事デアリマスカラ内容ハ是ハ避ケマス、此國防計畫ノ中ニ澤山ノ事ノアル中デ、特ニ此場合ニ御報告シテ置ク事柄ハ小サイノデアリマスルガ、國防ノ精神ニ於テ、國民ニ之ヲ周知セシムルノ必要アル事ガアル、從ラニ國防ハ物質ノミヲ以テ成ルモノデアリマセヌカラ、今回ノ國防計畫ノ一部ニ於テハ色々アリマスガ、從來兵役ヲ終ッテ郷里ニ歸ル所ノ者ニハ、軍隊ノ内ニテ給與シテ居ッタ所ノ衣服ヲ著セナイ、軍服ヲ著セナイデ裸ニシテ歸ス譯デアル、是ハ如何ニモ經濟ノ一點カラ申セバ、餘議ナイ事ノヤウニ考ヘマスルガ、地方ニ歸ッタ所ノ兵隊ガ非常ニ之ヲ遺憾トスル、今回ハ是ハ總テ歸休兵除隊兵ニ向ッテハ、被服ヲ給スルト云フコトニナリマシタ、且又兵士ノ給與モ、從來屢〻問題ニナッタノデアリマスルガ、或場合ニハ此兵士ヲ虐待スルノデハナイカト云フヤウナ議論ガ、往々豫算委員會等ニ於テ現レタコトガアルノデアリマスガ、今回ハ大ニ兵士ノ給與ヲ豐カニスルト云フコトガ含マレテ居リマス、是等ハ、國防ノ上ニ於テ、尠カラザル效果ヲ生ムルモノデアルト信ジマスルカラ、此場合ニ御紹介ヲ致シテ置キマス、第二ハ鐵道ノ計畫デアリマス、御承知ノ如ク、鐵道ハ新規又ハ追加額ヲ合セマスルト、其繼續費ニ於テ八億五十五万 九千百七十三圓、既定額ヲ合セマスレバ、十四億一千九百二十九万八千三百八十二圓ニナリマス、斯ノ如キ計畫ヲ今回定メマシタノデ、是モ内容ニ涉リマシテハ頗ハシウゴザイマスカラ省イテ、後刻速記錄ダケニ議長ノ許シヲ乞ウテ載セタイト思ヒマス、次ニハ道路ノ改良デゴザイマス、是ハ道路法ノ制定ニ依リマシテ其總額ハ二億八千二百八十万圓、大正九年度ニ於テ改訂實行豫算額ガ二百五十万圓ニナッテ居リマス、之ニ依テ全國ハ道路ヲ大ニ改良シテ、交通ノ發達ヲ圖ラウト云フ計畫デアリマス、第四ハ電話電信ノ計畫デアリマスルガ、是ハ電信ニ於テ新規ニ追加シヤウトスル繼續費ガ七千三百八十万圓、電話交換擴張ノ追加ガ二億二千五百五十万圓、合計約三億万圓、之ニ依テ大ニ通信ノ發達擴張ヲ圖ラウト云フノデアリマス、第六ガ是ハ昨年度ニ決マリマシタノデアリマスガ、高等諸學校ノ增設及擴張費ノ繼續シテ居ルモノデアリマス、其總額ハ總テヲ合セマシテ、六千万圓、尚ホ治水費ニ於テ、今回新規ノ追加ヲ致スモノ二千二百四十四万圓、此中ニハ是マデニ手ヲ著ケテ居ル所ノ内國ニ於ケル諸川ノ費用モアリマスガ、北海道ニ於テ石狩川ノ治水ヲ大ニ進メヤウト云フ計畫ガ此中ニ含マレテ居リマス(三木武吉君「道會議員ノ選擧ガアルカラ報告シテ置キ給ヘ」ト呼フ)第八ハ開墾助成獎勵デアリマス、既定額ニ對シテ三百三十六万六千圓ニ更ニ新規追加スルモノガ九百七十二万圓、合計千三百餘万圓ノ獎勵費用ヲ出シテ、大ニ食糧ノ充足ヲ圖ルト云フ計畫デアリマス、第九ガ公有林野ノ官行造林費デアリマス、是ハ今回新タニ計畫サレマシタノデアリマス、本年度ノ支出額ハ五十一万六千餘圓デアリマスルガ、大正十年ヨリ二十三年度ニ至ル見込額ハ、四千四百 六十八万二千五百四十二圓ト云フ少ナカラザル費用ヲ以テ、大ニ造林ノ計畫ヲ進メヤウト云フノデアリマス、第十、産業獎勵ノ計畫、農商務省其他ノ各省ニ於テ是ハヤッテ居リマスガ、特ニ其項目ダケヲ擧ゲマスルノハ、諸般ノ産業ヲ獎勵シテ、戰後ノ經營ニ資セントスル其計畫ハ、外國貿易ノ擴張費、遠洋漁業ノ獎勵費、農事改良ノ獎勵費、糖業ノ改良費、蠶絲業ノ改良獎勵費、工業獎勵費、府縣聯合共進會、輸出水産物檢査費補助副業ノ獎勵費、理化學研究所ノ補助發明ノ獎勵費、緬羊飼育ノ獎勵費、漁港修築ノ獎勵費、漁業組合事業改良ノ獎勵費、畜産增殖ノ獎勵費、林業ノ獎勵費、重要輸出品檢査費、是等ヲ合セマスレバ五百十八万九千五百二十八圓トナリマス、是亦産業ノ獎勵ニ向ッテ努力セントスル計畫デアリマス、第十一ガ調査費、戰後經營ニ資セントスル爲メニ各般ノ調査ヲ必要トシマスノデ、之ヲ各省別ニ致シテ見マスト、外務省、内務省、大藏省、陸軍省、文部省、農商務省、遞信省、是ダケノ各省ニ於テスル調査費用ト云フモノハ二百十四万七百七十一圓、斯ウ云フ金額ニ上リテ居リマシテ、少ナカラザル金額ヲ以テ、此調査ヲスルノデアリマス、如何ナル事ヲ調査スルノデアルカト云フ項目ダケヲ御報告申シマス、外務省ニ於テハ臨時調査費、是ハ海外在留民ノ臨時調査費デアリマス、内務省所管ニ於テハ臨時部ニ於テ河川ノ調査費、道路港灣ノ調査費、神社ノ調査費、保健衞生調査、又衞生事業ノ獎勵費、藥用植物試驗費、都市計畫ノ調査費、大藏省所管ニ於テハ臨時稅務處分調査費、國勢調査費、是ハ申スマデモナク國勢院ニ屬シマス、官有財産ノ調査費、租稅及金融ノ調査費、内閣臨時法規整理諸費、臨時財政經濟調査會ノ諸費、臨時法制審議會諸費、中央諸官衙建築調査費、臨時産業調査會ノ諸費、之ヲ合計致シマスルト、大藏省所管ニ於テ百三万圓ニナッテ居リマス、陸軍省所管ニ於テハ、朝鮮及支那馬ノ調査費、軍人恩給ノ調査事務費、文部省所管ニ於テハ震災豫防調査費、諸學校教科細目調査、實業教育調査、海外教育視察、農商務省所管ニ於テハ鑛物ノ調査、鑛毒ノ調査、炭坑爆發豫防調査、海外漁業ノ調査、米穀貯藏ノ調査、油田調査、更ニ今回新タニ起サレル所ノ蠶業ノ研究、工場災害豫防、竝ニ工場及鑛業衞生ノ調査、有益鳥類調査費、度量衡及規格統一ノ調査、工業用原料調査、燃料ノ研究、是モ今回新タニ起サレマス小作ノ調査、硝子漁港ノ調査、取引所法改正ノ調査、遞信省ニ於テハ電氣工業用發電水力ノ調査、是等ノ各般ノ調査ニ依テ步ヲ進メテ居ルノデアリマス、此場合ニ附加ヘテ一言シテ置キマスガ、此調査會ニ於キマシテハ、憲政會ノ諸君ヨリハ、委員會ニ於テ削除ノ御議論ガアリマシテ、殊ニ此中ニ於テ財政經濟調査會若クハ産業調査會ト云フガ如キモノハ、政府ガ當然責任ヲ執ッテ爲スベキモノデアッテ、之ヲ調査會ヲ作ッテ責任ヲ轉嫁スルガ如キハ、甚ダ怪シカラヌ事デアルト言ウテ、前期議會ニ於テハ濱口君等ヨリ猛烈ナル御攻撃ガアッタノデアリマスガ、今回モ多分是ハ削除ノ御意見ノヤウニ昨日承ッテ居リマシタ、ソレカラ第十二ニ社會政策的ノ諸般ノ計畫、之ニドレ位ノ金ヲ使ッテ居ルカト申シマスト、内務省、農商務省經常臨時ヲ合セ マシテ二百七十二万五千七百五十圓、是ダケノ支出ヲ爲シテ居ルノデアリマス、此内務省所管ニ屬スル内容ヲ御報告致シマスレバ、社會局設置ニ關スルノ經費、協調會事業ノ補助費二百万圓、此協調會ノ事業ニ對スル補助費ノ二百万圓ハ、今回ノ豫算ニ特ニ計上サレタノデゴザイマス、此協調會ノ事ハ、私ガ此壇上ヨリ申上ゲルマデモナク諸君ノ御承知ノ通リデアリマス、既ニ一千万圓ノ財團法人ヲ以テ朝野ノ有力者ニ依テ造ラレテ、現ニ着々事業ヲ進メツ丶アルノデアリマス、之ニ對シテ政府ガ更ニ補助ヲ與ヘテ、其事業ヲ進メヤウト云フノデアリマス、同ジク内務省所管ニ於テ社會事業獎勵費ニ關スル經費、地方制度及財政調査ニ關スル經費、民力涵養ニ關スル經費、農商務省所管ニ於テハ工務局ニ勞働課設置ノ爲メニ要スル經費、住宅用材ニ關スル經費、鑛夫ノ保護及衞生ニ關シ職員增置ノ爲ニ要スル費用、小作組織等ノ調査ニ關スル費用、是ガ社會政策的ノ施設トシテ企ッタ所ノモノデアリマス、第十三ニ朝鮮總督府竝ニ臺灣總督府ニ於テ所謂文化政策、此新附ノ人々ニ對シテ文化政策ヲ執ラントスル──試ミントスル所ノモノデアリマス、其經費ハ朝鮮總督府ニ於テ實行豫算ト追加豫算トヲ合セマスレバ、千百七十一万五千九百四十一圓トナルノデアリマス、今回追加スル所ノモノハ其中六百四十七万二千圓、又臺灣總督府ニ於テハ八百九十一万二千百六十八圓、是ハ朝鮮ニ於テモ、主トシテ教育、衞生、産業ニ關スルモノデアル、臺灣ニ於テモ教育、衞生、産業ニ關スルモノデアリマシテ、大ニ教化ヲシ、産業ヲ進メ、衞生ノ設備ヲ完ウシテ、文化ノ政治ヲ施サントスルノデアリマシテ、朝鮮ノ人々ガ此政策ヲ執ルト云フコトニ就キマシテハ、必ズ非常ナル歡ヲ以テ迎ヘルデアラウト信ジマス、臺灣モ亦同様デアルト思ヒマス、第十四ハ外交方面ニ於ケル擴張デアリマス、其中ニハ色々ナモノガアリマスガ、大ニ今度機密費ヲ增シ、或ハ又支那ノ留學生ニ對シテ補助ヲスル、又同仁會ノ補助ヲ增シテ、大ニ支那ニ向ッテ醫療ノ仁惠ヲ施サントスル、斯ノ如キ計畫ガ含マレテ居リマス、第十五ガ長イ問題ニナッテ居リマス官吏增俸增給、並ニ恩給ノ增加デアリマス、先ヅ是等ガ此豫算ニ現レタ所ノ重要ナル施設ヲ擧ゲタモノデアリマシテ之ヲ綜合シテ見マスルト、國防費ノ繼續費ノ合計十三億五千万圓ニ對シテ、產業ノ發達、交通通信ノ發達、或ハ治水、或ハ食糧政策、卽チ文治政策、此方ニ使フ所ノ繼續費ガドレダケニナッテ居ルカト云フコトヲ概算致シテ見ルト、主ナルモノデ十四億六千万圓ノ巨額ニ達シテ居リマス、此國防ノ新規計畫ノ十三億五千万圓ニ對シテ、國防費以外ノ產業、其他ノ設備ニ對シテ十四億六千万圓ハ丁度國防費ヨリモ約一億一千万圓許リ多イ計算ニナッテ居リマス、此事ハ此場合ニ特ニ言明スルノ必要ガアルト思ヒマス、今回ノ委員會ニ於キマシテ、不幸ニシテ憲政會國民黨ノ諸君ハ、國防費ニ向ッテ削除ヲ加ヘラレントシテ居ルヤウデアリマス、勘モスレバ今日日本ノ位置ニ對シテ、世界ノ各方面ヨリ日本ハ「ミリタリズム」デナイカ、日本ノ政治ノ後ニハ、大ナル軍閥ノ力ガアッテ、常ニ日本ノ政治ヲ左右シテ居ルノデナイカト云フ疑ガ、全然一掃セラル、ト云フコトガ出來ナイ、此場合ニ日本ニ於テ軍備ノ充實ヲ企テルト云フコトニ就テハ、或ハ尙ホ其疑ヲ起スノ虞ガアル、之ヲ解クモノハ卽チ單ニ國防ノミニ力ヲ盡シテ居ルモノデナイ、ソレヨリ以上ノ金額ヲ殖產興業通信、其他ノ事ニ力ヲ盡シ、尙ホ朝鮮臺灣等ニ向ッテハ、文化政策ヲ施ス爲メニモ金ヲ使ッテ居ルノデアル、是等ヲ合スレバ、國防費ノ總額ヨリモ更ニ大ナル經費ヲ投ジテヤッテ居ルノデアル、此內容ヲ中外ニ表明スルト云フコトハ、我國ノ決シテ「ミリタリズム」本位デナイト云フコトヲ、事實ニ於テ表明スルモノデアリマスカラ、此場合特ニ言明スルノ必要アリト認メマス、(拍手起ル)此十四億六千万圓ノ巨額ニ達スル各般ノ施設經營ニ對シテハ、不幸ニシテ國防費ニハ反對セラレタ憲政會及國民黨ノ諸君モ、其憲政會ニ於テハ其一部ノ僅カノ部分ニ反對シタノミデアッテ、其他ノ案ニ對シテハ、殆ド政府ノ原案通リ是認ヲセラレテ居ルト云フコトハ、如何ニ戰後ノ諸般ノ經營ニ向ッテ、國民ガ熱心ニ期待シテ居ルカト云フコトヲ表明シテ餘リアルコト、思ヒマス、(拍手起ル)歲入ノ點ニ於テ僅許リ申上ゲテ此報告ヲ終リマス、歲入ノ點ニ就テハ、既ニ增稅案ノ場合ニ質問應答論議ハ盡サレテ居ルト存ジマスガ、尙ホ豫算ニ於テ審査致シマスルト、今回新タニ增稅セラル、モノハ、九年度ニ於テ二千二百餘万圓、之ヲ平年度ニ於テ一億三千五百万圓ニナル計畫デアリマス、大戰以來我國ニ於テ增稅ヲ致シタ――恆久財源ヲ得ンガ爲メニ增稅ヲ致シタルコトハ、寺內內閣ニ於ケル增稅計畫、並ニ現內閣ニ於ケル增稅計畫デ二回目デアリマス、寺內內閣ノ當時ノ增稅計畫ハ、年額約二千五百万圓ノ增收ヲ計ッタノデアリマス、此寺內內閣當時ノ增稅ト今回ノ增稅トヲ合セテ、年額一億六千餘万圓ニ平年ニ於テ達スベキ計算ニ相成リマス、是ハ少ナカラザル增額デアリマスケレドモ、之ヲ國民ノ富力ノ增加、又政府ノ各年ニ於ケル自然增收ノ趨勢ト之ニ對照シテ見マスル時ニ於テハ、此五箇年――大戰五箇年前後ニ於テ二回ノ增收ヲ致シマシテモ、此費用ノ負擔ト云フモノハ、非常ニ輕微デアルト云フコトガ明瞭ニナッテ居ルノデアリマス、此場合ニ此雙方ノ比較ヲ表デ示スコトハ、本院ガ增稅案ヲ通過シ、更ニ豫算委員會ニ於テ此歲入ヲ認メルト云フ上ニ就テハ、此國富增進ノ割合ト此增稅負擔力ト、果シテ均衡ヲ得ルヤ否ヤヲ國民ニ周知セシムルニ就テモ、最モ必要ナリト信ジマスガ、到底是ハ細カナモノニシテハ際限ガゴザイマセヌカラ、先ヅ第一銀行預金、第二郵便貯金、第三諸會社ノ拂込金、第四輸出入ノ高、是等ノ五六ノ重要ナル點ニ就テ對照ヲ致シマシタナラバ、宜シカラウト存ジマス、大正三年七月ノ、卽チ開戰以來郵便貯金ガ如何ニ增加サレタカ、大正三年七月末ニ二億万圓デアッタ……二億一万六千某ト云フモノガ、大正九年六月ノ末ニハ七億八千七百九十一万七千圓トナッテ居リマス、比較シテ增加スルコト五億八万六千二百二十九圓、是ハドレ位ノ割合ニナッテ居ルカト云フト、約三倍ノ增加ニナッテ居ル、三十割、今日ハ既ニ八億四千ヲ超過致シテ居ルヤウデアリマスガ、郵便貯金ハ開戰以來三倍ノ增加ヲ致シテ居リマス、開戰當時ノ日本ノ正貨ノ量ハ、三億五千二百九十八万三千餘圓デアッタモノガ、大正九年六月末ノ現在高ハ十九億千二百四十三万八千餘圓、比較增加ハ十五億六千万圓ノ增加デアル、比增加ノ割合ハ四十四割四倍四分デアリマス、是ダケ日本ノ正貨ガ增加致シテ居リマス、貿易ハ大正二年ノ輸出輸入ノ――是ハ面倒デスカラ――合計ヲ取リマス、其合計ハ大正二年度ニ於テ十三億六千万餘圓デアリマス、ソレガ大正八年ニ於テハ四十二億七千二百万圓、此比較ノ增加ハ二十一割二倍一分ト云フ譯、ソレカラ開戰前ト今日トノ通貨及手形交換高ヲ比較致シテ見マスルト云フト――是モ其總數ダケヲ申上ゲマス――大正三年七月末ニハ通貨ノ總計ガ三億六千餘万圓、大正九年六月末ニハ十二億三千餘万圓、比較增加スルコト十二億七千餘万圓、此割合ハ……(「委員長、サウ云フコトハ豫算委員會デ話ガ出マシタカ」「豫算委員會ノ經過」ノ中ニアリマスカ」ト呼フ者アリ)此割合ハ三十五割、手形ノ交換高ハ大正二年ニ於テハ百億デアリマス、其百億ノ手形交換高ハ大正八年ニハ七百六十七億某トナッテ居リマス、其比較增加ハ六十三割ニナッテ居リマス、(「サウ云フコトハ豫算委員會ノ經過ノ中ニアリマスカ」ト呼フ者アリ)モウ少シデスカラドウゾ御辛抱ヲ……斯ノ如ク手形交換ノ高ハ六倍三分デアリマス、其他船舶ノ噸數ニ於テハ、大正三年ノ開戰前ト今日トヲ比較スレバ、九割ノ增加ニナッテ居リマス、會社資本ノ拂込ノ合計ハ、大正三年七月末ニ十九億デアッタノガ、大正九年五月ニハ六十六億ニナッタノデアル、比較增加スルコト四十七億餘圓ニナッテ居リマス、此割合ハ二十四割ノ增加ニナッテ居リマス、銀行預金ノ增加ハ大正三年七月末ノ預金殘高ハ、各銀行ヲ合セテ二十億デアッタノガ、最近大正九年二月ノ末ニハ八十億トナッテ居ル、此增加ノ割合ハ三十割デアリマス、先ヅ斯樣ニ國民ノ富力ハ多タハ六十割、少キモ三十割、斯ノ如ク富力ノ增進ヲ見テ居リマスル結果トシテ、日獨開戰以來、日獨戰爭及善後處分ニ就テ費シタル事件費ハ九億餘万圓デアル、尙ホ目下ノ西伯利事件ニ對シテ約四億餘万圓ノ消費ヲ致シ、合計十三億七千六百餘万圓ヲ支出致シテ居リマスルニ對シテ、戰時利得稅ノ三年間ノ實收ハ三億五千万圓、寺內內閣ノ增稅ノ三年間ノ實收ガ約五千万圓、之ヲ差引キマシテモ殘額八億九千五百餘万圓ハ、全ク國庫ノ剩餘金ヲ以テ、日獨戰爭並ニ西伯利事件費ニ就テ支拂ッタノデアリマス、之ガ爲メニ途中ニ何等增稅ニ依ラズシテ、國民ノ負擔ノ增加ヲ圖ラズシテ、之ヲ爲シ得タト云フ、是程ニ我ガ國家ノ狀態ハ健全ナル發達ヲシテ居ルノデアリマス、(拍手スル者アリ)此事情ガ明カニナッテ居リマスレバ、今回ノ增稅ニ對シ、豫算案ヲ協贊スルニ對シテ、國民ハ此僅少ナル增稅ニ對シテ決シテ不平ハ無イ、歡ンデ之ヲ迎ヘルモノデアルト私ハ信ジマス、(拍手起ル「ノウ〳〵」ト呼フ者アリ)惟フニ滿場ノ諸君モ、此國家ノ現狀ニ鑑ミ、此豫算案ガ大多數ヲ以テ豫算委員會ヲ通過致シタルガ如ク、滿場ノ御贊成ニ依テ、現內閣ノ此一切ノ政策ニ向ッテ、全然御贊成アランコトヲ茲ニ望ンデ壇ヲ降リマス、(拍手起ル)

○議長（奥繁三郎君）　濱口……

○高木正年君　私ハ質問ノ通告ヲ致シテ置キマシタガ、此際御許シヲ願ヒタイ

○議長（奥繁三郎君）　高木正年君カラ、此場合質問シタイト云フコトデアリマスカラ許シマス

〔高木正年君登壇、拍手スル者アリ〕

○高木正年君　私ハ會期ノ餘リ長カラザル臨時議會ニ、申サズトモ宜シキヤウナ事柄ニ就テハ、故ラニ申サヾル筈デアリマスガ、此場合特ニ當局大臣ノ答辯ヲ要スルモノハ、極メテ緊要ナル事ト考ヘマスル爲メニ、此壇上ニ立ッタノデアリマス、勿論今日マデ私ハ質疑ノ時間ヲ得ナカッタ、大臣ノ施政方針ニ對スル質疑ニ逢ニ發言ヲ得ズ、豫算委員タルコトモ僅ニ十二日以來デアッテ、昨日ノ豫算總會ニモ此間ニ質疑ヲ挾ムベキ時間無ク、爲メニ此壇上ニ立ッタノデアリマス、暫ク御同情ヲ以テ御聽取ヲ希ヒタク存ジマス、私ノ特ニ質疑ヲ致シタイノハ、政府ガ衆議院ヲ一タビ通過シタル豫算中、卽チ四十二議會ノ豫算中ノ主ナルモノ、陸海軍費ヲ政略ノ爲メニ犧牲ニ供セラレテ、而シテ此四箇月間無意味ニ其實行ヲ妨ゲタト云フコトガ、實質的ニモ、精神的ニモ、國防上多大ノ打擊トナッテ居ルト云フコトハ爭フベカラザル事實デアル、（拍手スル者アリ）然ルニ當局大臣ハ過日濱口君ノ質疑ニ對シテ、如何ナル事ヲ申サレテ居リマスカ、私ハ陸海軍大臣トモ、個人トシテ極メテ御懇意デアル、申スノハ甚ダ自分ノ心ニハ宜シクナイヤウデアルガ、國家ノ重キ爲メニハ、情實ニ依テ沈默ヲ守ルコトハ出來ナイ、海軍大臣ハ何ト申シタカ、四箇月間ノ此間豫算ノ實行ヲ妨ゲタモノハ、極メテ少額デアル、金額カラ云ヘバ僅ニ百餘万圓デアル、併シ海軍ノ設備ノ上ニ於テ、所謂八八艦隊充實ノ上ニ於テ、如何ナル事ガ最モ初ノ企畫ヲ爲ス當時ニ於テ必要デアルカト云フト、寧ロ金ヨリモ時間デアリマス、丁度濱口君ニ答辯サレタ其答辯ト增稅案ノ委員會ニ出席セラレタ所ノ海軍大臣ノ辯トハ、全ク其答辯ガ齟齬シテ居ル矛盾シテ居ル、ドウ云フ事ヲ言ハレタカト云フト、海軍大臣曰ク、海軍ノ計畫ト云フモノハ俄ニ時間ヲ短縮シテ出來ルモノデナイ、一艦ノ設計ヲ造リ、製圖ヲ爲ス上ニ於テ數箇月ヲ要スルノデ、是ハ初メヨリ分リ切ッテ居ルノデアリマス、ソレ故ニ二年三年四年五年ノ後ニ於ケル時間ヲ短縮スルコトハ、所謂金ノ都合ニ依テハ、或ハ三年ヲ二年ト爲スコトモ出來ル、四年ヲ三年デ爲スコトモ出來ル、併シ所謂初度ノ調辨ノ時ニ於テハ、例ヘバ製艦費ノ上ニ於テ、海軍大臣ノ例ヲ引イタ設計其モノニ就テ考ヘテ見マシテモ、先ヅ軍艦ノ製造ノ如キハ年々式ガ變ッテ來ル、新タナ式ヲ採用シ、一艦ノ製圖ヲ作ル、中ゝ一月ヤ二月デハ出來ナイ、更ニ一艦ノ製圖ヲ作リ、之ヲ分割シテ、幾多ノ細カキ圖ニ作ッテ、始メテ是ニ於テ設計ガ成リ、材料ヲ集メテ其艦ノ製造ニ着手スルト云フ順序ニナル、初年度ノ設計ハ所謂時間ノ多キヲ要スルノデアル、ソレガ爲メニ四箇月間ヲ此際空費シタト云フコトハ、確ニ八八艦隊ノ製造ノミノ上ニ於テモ、多大ノ打擊トナッテ居ルコトハ爭フベカラザル事實デアリマス、又水陸設備費ノ中ニ於キマシテ、諸君ハ極メテ能ク御承知デアリマセウ、彼ノ我國ニ於テ最モ基礎的擴張トシテ、急設ノ必要アル所ノ裝甲板ノ製造所ノ擴張デアリマス、是ハ八八艦隊充實ノ爲メニ必要ト言ハンヨリモ、一朝有事ノ日ニ我ガ艦隊ノ補充ヲ爲スベキ場合ニ於テ、戰鬪艦巡洋艦ノ裝甲板ヲ造ラントシテモ、所謂吳製鋼所ノ擴張ノ出來ザル間ニ於テハ、如何トシテモ一時ニ多數ノ軍艦ヲ造ルコトハ出來ナイノデアリマス、今日ハ不幸ナガラ僅ニ一年一艦、今度ノ擴張工事ニ於テ、始メテ二艦分ヲ製造ガ出來ル、是ハ多年私共海軍充實ノ上ノ基礎的擴張トシテ、常ニ〳〵豫算委員會ニ於テ絕叫シタ問題デアリマス、斯ノ如キ事ガ所謂初ノ計畫ニ於テ頗ル必要デアル、實質ニ於テ海軍ガ議會解散ノ爲メニ打擊ヲ受ケタト云フコトハ、決シテ甚小ノモノデナイ、サリナガラ海軍トシテハ、今度ノ臨時議會ニ金ヲ受取ル是ガ他ノ役所ノ仕事デアレバ、年度內ニ使切ラヌ金ハ不要額トシテ大藏省ヘ返上スルカラ、海軍ガ若シ此例ニ依テ金ヲ受取ルトキニ於テハ、折角受取ッタ金ヲ費消ガ出來ナイト云フコトニナルケレドモ、ソコハ陸海軍トモ便宜ガアル、所謂綜合豫算ノ形式ニ於テ、繰延資本ヲ要スルト云フカラ、金サヘ取ッテ置ケバ、十年度デモ十一年度デモ是ハ使ヘルノデアルカラ、金サヘ取ッテ置ケバ宜イト云フ、唯ダ金ヲ取ルト云フ意味デアレバ、通常議會ニ非ズトモ、臨時議會ニナリトモ金サヘ受取レバ宜イト言ヘヤウガ、是デハ眞ニ國防ヲ念フ所ノ我ガ當局大臣ノ態度トシテハ、甚ダ疑ハナケレバナラヌト私ハ思フノデアリマス、（拍手スル者アリ）又陸軍ノ事ニ就テ申シテ見マスト、私共ハ……

○議長（奥繁三郎君）　高木君ニ注意シマスガ、豫算ノ討論ノ際デアリマスカラ、御議論ナラバ討論デ述ベテ貰ヒタイ

○高木正年君（續）　議論デハアリマセヌ、質問デアリマス

○議長（奥繁三郎君）　質問ノ要旨ヲ……

○高木正年君（續）　質問ノ要旨デアリマス、打擊ヲ受ケテ居ル居ラヌト云フコトヲ說明シテ居ルノデス——陸軍ノ上ニ就テモ、先刻吉植君ノ御說明ニナリマシタ軍人ノ待遇ヲ改善シタト云フ事、是ハ私四十二議會カラ屢、豫算總會デ述ベタコトデアリマス、是事ノ如キハ若シ四十二議會ニ於テ豫算ガ通過シタナラバ、軍隊ニ在ル人ガ徒ラニ其待遇ノ宜カラザルコトヲ喞チ、在鄉軍人ガ隨テ恩給ノ上ニ就テ、常ニ焦慮シツ、アルガ如キ精神上ノ打擊ト云フコトモ、此四箇月間ニ起ラナイ筈デアリマス、是ハ一般士氣ノ上ニ多大ノ關係ガアル、私共ハ寧ロ實質ヨリモ精神的ニ四十二議會ニ於ケル所ノ、本院ヲ通過シタル豫算ヲ不成立ニ終ラシメタ結果ハ、更ニ大ナル所ノ打擊アリト云フコトヲ私ハ此際申上ゲネバナラヌ、元來我ガ國民ハ極メテ忠良デアッテ、陛下ノ陸海軍ニ對シテハ己ノ子弟ヲ送リ、且ツ重キ所ノ課稅ヲモ辭セザル決心ヲ持ッテ居ルノデアリマス、衆議院開ケテ以來何レノ時ニカ增稅ガ行ハレタカ、何時モ國防ニ關シ、或ハ戰時ニ關シ、苟モ國防若クハ戰時ニ非ザル限リハ、國民ガ易ゝト增稅ヲ承諾シタル例ハ今日マデ無イノデアリマス、此意味ニ於キマシテ、國防ノ充實上已ムヲ得ズ——總理大臣ガ四十二議會ノ初ニ言ハレタ言葉デアリマス、是ニ於テ增

稅ヲモ辭セズ、國民ハ增稅案ヲ通過スルコトヲ承諾シタノデアリマス、然ルニ此國防ノ爲メニ增稅案ヲ、通過シタ其國防ヲ、或ル政略ノ爲メニ犧牲トシテ、國民ノ間ニ重カラシメザルベカラザル所ノ、國防上ノ觀念ヲ政府自カラ輕ンジ、政略ノ爲メニ國防ヲ犧牲ニシテ、國民思想ノ上ニ國防ニ就テノ一ツノ疑問ヲ生ゼシメタト云フコトハ、確ニ精神上解散ノ爲メニ受ケタル打擊ナリト、私ハ絕叫セザルヲ得ナイノデアリマス、私ハソレ故ニ陸海軍兩大臣、——ハ總理大臣ガ御答ニナッテモ宜シイノデアリマス、此二ツノ問題ニ就テ斯ル立場ニ國防費ヲ置イタト云フコトニ就テ、何等モ考慮セズ、通常會ニ議セズトモ臨時會デ議セバ、卽チ國防上何等憂慮ナシト言ハレルノデアルガ、此點ニ就テノ疑ヲ質シタイト思フノデアリマス、私ハ最早此質問ヲ止メマスガ、殊ニ切實ニ此感ヲ起シマシタ所以ノ次第ヲ一寸申上ゲテ置キマス、是ハ議論デハアリマセヌ、何故殊ニ此際ニ於テ絕叫スルカト申シマスルト、著シク或物ノ上ニ於キマシテ、我ガ軍人ノ士氣沮喪セリト云フコトヲ私ハ歎ジテ居ルノデアリマス、是ハ國民ノ上ニ然ルカト云ヘバ決シテサウデハナイ、一般軍人ノ上ニ然ルカト云ヘバ決シテサウデハナイノデアル、要スルニ私共ハ寧ロ陸海軍當局ノ上ニ於テ、我ガ軍人ノ士氣ガ沮喪セリト云フコトヲ私ハ痛歎セズンバアラズ、——痛歎セザルベカラザル立場ニ在リト私ハ思フノデアリマス、(笑聲起ル)決シテ笑事デハナイ、熱心ニ私ハ申シテ居ルノデアリマス、何故左樣ニ申シマスカ、茲ニ一ツノ軍隊ガアル、ソレガ孤軍重圍ニ在ル時ニ、我ガ軍人ノ氣質トシテ、大和民族ノ氣質トシテ、所謂武士道的ニ考ヘラレル所ノ我ガ國民ノ氣質、我ガ國民ノ氣質ヨリ生レタル所ノ軍人ノ氣慨トシテ、如何ニシテ之ヲ救ハズニ之ヲ見殺シニスルト云フコトハ、我國ノ歷史アッテ以來、我ガ軍隊ノ上ニ有リ得タ事實デアルカト云フコトヲ考ヘテ見ナケレバナラヌ、尼港問題ノ如キハ、確ニ我ガ軍人ノ上ニ於テ、而モ當局ノ上ニ於テ、士氣沮喪セルト云フコトヲ私ハ認メズンバ非ズ、ト斯ノ如ク私ハ考ヘテ居ル、要スルニ今回ノ解散ニ依テ、此重大ナル國防費ヲ政略ノ爲ノニ犧牲ニ供シタ結果、實際上ニモ、精神上ニモ、斯ノ如キ打擊ヲ受ケ、其結果トシテ所謂士氣ノ沮喪ヲ來サシメタルモノデアルト斯樣ニ觀察スル爲メニ、是ハ帝國將來ノ一大憂患ナリト考ヘル爲メニ、特ニ此壇上ニ立ッテ質疑ヲ致ス譯デアルノデアリマス(拍手起ル)

○議長(奧繁三郎君) 加藤海軍大臣

(國務大臣加藤友三郎君登壇)

○國務大臣(加藤友三郎君) 高木君ノ御質問ハ御意見ガ大分多イヤウデアリマシタガ、要スルニ解散ノ爲メニ軍備ノ實行ガ四箇月間遲レルガ、ソレハ怪シカラヌト云フ意味ニ拜聽シタノデアリマス、(高木正年君「ソレハ打擊デアル」ト呼フ)先日濱口君カラノ御質問ニ對シテ、四箇月間遲レルノハ、一二箇年間ニ回復スル見込デアルト云フコトヲ御答シタノデアル、又稅法委員會ニ於キマシテ、濱口君ノ御質問ニハ斯クヽヽ御答シタケレドモ、是ハ多少餘裕ヲ持ッテ御答シタノデアッテ、技術官ハ之ヲ本年內ニ回復シ得ル、斯樣ニ自分ニハ申シテ居ルト打明ケタコトヲ申シタノデアリマス、又私ハ斯クアランコトヲ望ンデ居ル、決シテ本院ニ於テ申上ゲマシタノト、稅法委員會ニ於テ申上ゲタ事トニ於キマシテ、差ハナイノデアリマス、要スルニ解散ノ爲メニ四箇月間軍備費ノ成立ガ遲レル、其結果トシテ全體ノ計畫ノ上ニ、影響ヲ及ボスヤ否ヤト云フコトガ問題デアラウト思フノデアリマスガ、私ハ前申上ゲマシタル通リニ影響ヲ及ボサナイ、斯樣ニ決心ガ付イタカラ議會解散ニ贊成シタノデアル、斯ウ云フ意味ノ事ヲ各方面ニ於テ申上ゲテ居ルノデアリマス、高木君ノ唯今ノ御話モ、御質問ノ要點ガ何所ニアリマスルカ、ハッキリ捕捉致シ兼ネマシタケレドモ、大體右ノ點ニ在ルデアラウト、斯樣ニ考ヘテ御答申上ゲテ置キマス(拍手起ル)

○議長(奧繁三郎君) 濱口雄幸君外一名ト、鈴木梅四郎君ヨリ、何レモ此豫算案ニ對スル修正案ノ提出ガアリマシタ、其趣旨ヲ辯明ヲ許シマス、早速整爾君

(早速整爾君登壇、拍手起ル)

○早速整爾君 本員等ノ提出致シマシタル此豫算ノ修正案ニ關シマシテ、概要ノ說明ヲ申上ゲマス、一般會計ニ於キマシテ歲出ノ總額四億五千七百十四万六千六百十四圓、是ハ修正額ノ總額デアリマス、四億五千七百十四万六千六百十四圓、斯ウ云フ總金額ノ修正ヲ致シマス、修正ハ數箇條ニ涉ッテ居ルノデゴザイマスルガ、修正案ノ印刷ガ未ダ出來ナイト云フコトヲ私遺憾ト致シテ居リマス、細目ニ涉ッテ詳シク說明ヲ致シマスルト云フコトハ、此場合却テ諸君ノ御迷惑ヲ來スコトヲ虞ル、ガ爲メニ、私ハ先ヅ大體ニ就テ修正ノ箇條ヲ申上ゲテ、而シテ其修正セル趣旨ヲ簡單ニ辯明致シタイト思ッテ居リマス、陸軍省ノ部ニ於キマシテ、朝鮮師團ノ步兵隊完成期繰上、及定員增加ニ要スル經費、之ヲ削除致シマスル結果、陸軍省所管ノ歲出經常部ニ於キマシテ、軍事費ノ中百六十四万四千八百五十四圓ヲ削減致シマス、而シテ同ジク臨時部ニ於キマシテ二百十六万三百五十五圓ヲ削減致スコトニナリマス、ソレカラ矢張陸軍省ノ部デ要塞整理費ヲ之ヲ削除致シマスル結果、陸軍省ノ經常部ノ軍事費ガ三十八万千百十九圓ノ削減ヲ致シ、臨時部ニ於テ二百二万二百五圓ノ削減ヲスルコトニ相成リマス、隨テ繼續費ノ方ニ於キマシテ、此朝鮮師團ニ關スル經費三百六十三万八千七百五十圓ヲ削ルコトニナリ、要塞整理費ニ於テ一億三千五百五十四万八千三百四十一圓ヲ削減スルコトニ是ハ全部削除スルコトニナルノデアリマス、朝鮮師團ノ此歩兵ノ完成期繰上及定員增加、是ハ今春來モ色々豫算委員會等ニ於テ、種々議論ノアッタ點デゴザイマスルガ、私共ハ此經費ノ要求ヲ以テ、今日ニ於テ緊急已ムベカラザルモノトハ認メナイノデアリマス、少ナクトモ此定員增加ナドト云ヘル事ハ、今日直チニ之ヲ行ハズトモ暫クノ間ハ之ヲ延期シテ、少シモ差支ガナイト云フ考ヲ持ッテ居ルノデアリマス、陸軍大臣ノ說明ニ依リマスレバ、從來ノ定員デハ不足デアル、內地カラ派遣ヲスルコトハ頗ル容易デナイカト云フヤウナ御尋ニ對シマシテハ、內地カラ分散配置ヲスルト云フコトハ、內地ノ國防上ニ差支ヘルト云フガ如キ御言葉モアッタノデアリマスガ、併ナガラ此陸軍大臣ノ今春ノ委員會ニ於ケル御說明ハ、寧ロ事ヲ大キク構ヘテ御說明ニナッタ嫌ガアル、步兵十二箇大隊ノ增員四千八百人、此四千八百人ヲ我內地ノ各師團ニ置キ、之ヲ分遣スルト云フコトニ致シマシテ、國防上何ノ差支ガアラウトハ私共ハ考ヘナイノデアリマス、勿論多少不便ノアルト云フコトハ、或ハ或點ニ於テハ之ヲ認メナケレバナラヌカ知リマセヌガ、之ヲヤラナケレバ、目下ニ於テ國防上非常ノ故障ガアラウトハ私共ハ認メマセヌ、此意味ニ於テ此定員增加ト云ヘルコトニ就テ、吾々ハ反對ヲスル意見ヲ述ベタノデアリマス、少クトモ延期可能ナリ、是ガ此朝鮮師團步兵隊完成期繰上、竝ニ定員增加ノ經費要求ニ對スル私共ノ削除ノ意見ノ趣旨デアリマス、ソレカラ次ニ要塞整理ノ問題デアリマスガ、是モ四十二議會ニ於テ、既ニ豫算委員會竝ニ本會議ニ於テ、吾々ノ意見ハ十分ニ申述ベラレテ居ルノデアリマス、同ジク吾々ハ延期ノ意味ニ於テ此經費ヲ削除シタイ、要塞ノ整理、是ハ隨分長イ間ノ問題ニナッテ居ッタヤウデゴザイマスガ、今日唯今此陸軍省ノ所謂三ツ相合シテ十一万七千五百六十二圓、之ヲ削ルノデアリマス、是ハ先刻豫算委員長カラモ御報告ガゴザイマシタガ、無論今春以來ノ問題ニナッテ居ッタ要塞整理ヲ行ハナケレバ、日本ノ國防上差當リ非常ナ障碍ガ生ジ來ルトハ、私共ハ思ハヌノデアリマス、殊ニ此要塞ノ前途ニ就テハ研究ヲ要スベキ點ガ多々アル、目下差當リ問題トナッテ居ルノハ、今春モ我ガ同志ガ申述ベマシタ如ク、航空機ニ對スル研究ノ如キハ、最モ必要ナル問題ト相成ッテ居リマス、此研究ノ如何ニ依テハ、要塞整理ノ方法ヲ如何ニスルカト云フコトニ就テ、軍事當局者ニ於テモ、更ラニ攻究ヲ重ネラルベキ餘地アリト信ジテ居ル、又海軍ト要塞トノ關係ノ如キモ、是ハ頗ル面倒ノ問題デハゴザイマセウガ、吾々ハ今直チニ此要塞ノ整理ヲシナケレバナラヌト云フ程、必要ナル問題トシテ迎ヘナクトモ、今暫ク之ヲ研究スル——

今暫ク之ヲ延期シテ、研究ヲ重ネルト云フニ就テハ何等差支ハナイ、要塞整理ノ完成期ハ大正二十年デアル、大正二十年度ニ至ッテ、漸ク完成ヲスルト云フ此要塞整理ヲ、今一年ヤ二年延期シタカラト云ッテ、何等差支ヲ認メナイノデアリマスカラ、此理由ニ於テ、吾々ハ要塞整理費ト云フモノハ否決致シタイト思フノデアリマス、次ニ大藏省ノ臨時部ニ於キマシテ、專賣局ノ中央研究所新營費六十八万三百四十九圓ヲ削除致シマス、是ハ矢張今直チニ此中央研究所ヲ、新タニ設ケナケレバナラヌト云フ必要ニ迫ッテ居ルトハ見テ居ラヌ、從來ニ於テモ、既ニ色々ノ研究ノ仕事ハヤリ來ッテ居ルノデイザイマスカラ、今直チニ此中央研究所ヲ新タニ設ケナケレバナラヌト云フ、差當ッテノ必要ヲ認メナイガ爲メニ、此新營費ヲ削ルト云フコトノ修正ヲ致シタノデアリマス、同ジク臨時部デ臨時財政經濟調査會諸費、臨時法制審議會諸費、產業調査會諸費、是等ノ調査ニ於テ調査スベキ事項ハ、是ハ政府ノ當然ノ責任トシテヤラナケレバナラヌ事柄ノミデアル、之ヲ殊更調査會ニ付シテ、政府ガ己レノ責任ヲ轉嫁セントスルガ如キハ、吾々主義ニ於テ之ニ同意スルコトガ出來ナイ、今春吾々ハ修正意見ヲ提出致シマシタ際、我ガ同志カラ申立ッタノデゴザイマス、矢張同樣ノ理由ニ依テ、是等調査會費ヲ削除スルト云フ意見デアリマス、ソレカラ遞信省ノ臨時部ノ貯金奬勵費八万四千二百三圓ヲ削除スル、是前回ノ議會ニ於テ申述ベラレテ居リマス、政府ノ貯金奬勵ト云フ目的ハ、必シモ吾々ハ之ニ反對ヲシナイノデアル、唯ダ此費用ノ支出セラレル方法ニ至ッテハ、吾々之ニ同意スルコトガ出來ナイ、有效ナル貯金奬勵ノ途ニ依ラズシテ、唯ダ形式的ニ費用ヲ使ッテ貯金ノ奬勵ヲ爲サントスルガ如キハ、是ハ唯ダ徒ラニ貯金奬勵費ト云フ經費ヲ使フニ止マリ、目的ニ於テハ之ヲ可トスルモ、實際ノ遣リ方ニ於テ、吾々ハ此貯金奬勵費ヲ支出スルニ同意スルコトガ出來ナイト云フノガ、此費目ヲ削除シタル意見ノ概要デアリマス、他ノ小サナ科目ハ之ヲ略シマス、ソレカラ特別會計朝鮮總督府ノ臨時部灌漑及開墾事業助成費、此ノ助成金ノ中カラ金二十万圓ヲ削ル、是モ四十二議會ヨリ引續キ問題ニナッテ居ルノデアリマス、朝鮮農事改良株式會社ノ補助二十万圓ヲ削除スルト云フノデアリマス、此事ニ就キマシテハ、四十二議會ニ於テモ、多數ノ人ニ依テ此壇上ニ於テ此問題ハ論議セラレテ居リマス、先ヅ其趣旨ヲ申セバ、第一ニ開墾事業等ノ助成ハ、事業トシテハ必要ナリト雖モ、新タニ起ルベキ朝鮮農事改良株式會社ニ向ッテ、此金額ヲ補助スル必要ガ無イデハナイカ、現ニ朝鮮ニハ土地ノ開墾ヲスル、農事ノ改良ヲヤルト云フコトノ爲メニ、幾ラモ會社ガアル、幾ラモ其事業ニ從事シテ居ルモノガアル、東洋拓殖會社モアルデハナイカ、或ハ殖產銀行モアルデハナイカ、ソレニマダ成立モ致シテ居ラヌ、是カラ成立セントシテ居ル此農事改良株式會社ニ向ッテ、二十万圓補助スル、頗ル其宜ヲ得ナイモノデアルト云フノガ第一ノ論旨デアリマス、而モ此補助ハ契約ノ內容ニ依リマスレバ、二十万圓ト云フノハ先ヅ半箇年ノ補助金ノ計算デアル、更ニ拂込ノ金額ガ段々增加シテ行クニ從ッテハ、此補助金モ隨テ增加スルト云フコトニ約束セラレテ居ルト云フノデアリマスカラ、二十万圓ノ此農事改良株式會社ガ一千万圓全部ノ株金ヲ拂込ム場合ニハ、或ハ百六十万圓ノ國庫ノ補助ヲ、一箇年ニ與ヘナケレバナラヌト居フコトニナルカモ知レナイ、隨分莫大ナル金額ヲ、此一私設會社ニ與ヘルト云フ結果ニモナルノデアリマス、殊ニ此動機ハ昨年ノ豫算委員會――昨年デハナイ、本年春ノ豫算委員會ニ於テ――豫算委員會ニ於キマシテ繰返シ、屢々質問應答ヲ重ネラレタノデゴザイマス、其質問應答ノ趣旨ヲ承ッテ見ルト、此補助ノ動機ニ就キマシテハ、私共頗ル疑フベキ廉ガアルト云フコトヲ思ハナケレバナラヌ、私ハ今是等ノ事實ヲ此壇上ニ於テ申述ベントスルモノデゴザイマセヌガ、唯ダ或事情ノ爲メニ――或事情ノ爲メニ此會社ニ補助ヲ與ヘルト云フコトハ、金額ハ二十万圓ニ過ギナイノデゴザリマスケレドモ、補助ノ弊害ト云フモノヲ此問題ニ於キマシテハ、全ク代表シテ居ルト云フ感ガ致スノデアリマス、(拍手)故ニ今春申述ベマシタル趣意ト同樣ノ趣意ニ依リマシテ、此二十万圓ヲ削減ヲスル、隨テ朝鮮ノ特別會計ノ補充金ノ中カラ二十万圓ヲ減ズル結果ニ相成ルノデアリマス、其結果トシテ此豫算外國庫ノ契約ヲ爲スヲ要スル件ノ中ノ削減モ、隨ッテ起ル筈ナノデゴザイマス、之ヲ外ニシテハ臨時軍事費――臨時軍事費ノ追加豫算ノ中カラ、金八千万圓ヲ削減スルト云フ修正案ヲ提出致シタノデアリマス、是モ四十二議會ニ於テ繰返シ論ゼラレタ所デゴザリマス、要スルニ西伯利ノ撤兵――西伯利ノ撤兵ヲ速ニスルニ於テハ、此臨時軍事費ノ豫算ノ中ノ大部分ト云フモノハ、之ヲ支出セズニ濟ム話デアル、此意見ノ下ニ四十二議會ニ於キマシテ、吾々ハ臨時軍事費豫算ノ中カラ、矢張リ削減スルト云フ意見ヲ立テタノデアリマス、今回此追加豫算ヲ提出セラレ、而モ此臨時軍事費ノ財源ハ、例ニ依ッテ無論公債及ビ借入金ニ依ッテ之ヲ支辦スルト云フ政府ノ案デアル、西伯利ノ撤兵ノ問題ニ就キマシテハ、私ハ此席ニ於テ申述ベマセヌ、是ハ既ニ屢々此議場ニ於テモ繰返サレタル問題デゴザリマスル、政府モ既ニ撤兵ヲ行フト云フコトノ宣言ヲ致シテ居ル今日デゴザリマスカラ、私ハ此問題ニ就テノ意見ヲ申述ベルコトハ避ケルノデゴザイマスガ、既ニ撤兵ヲスルト云フ決定ヲシテ、而モ今日ニ至ルマデ何故ニ速ニ之ヲ撤兵シナイカト云フコトハ、私共多少ノ疑ヲ存シテ居ル所デゴザリマスガ、要スルニ速ニ撤兵ヲスルト云フ意見ヲ決セラレタル以上ハ、無論一日モ速ニ之ヲ實行シナケレバナラヌ、速ニ之ヲ實行スルト云フコトニナレバ、一日早ケレバ一日早イ程國家ノ利益ト云フコトヲ見ルノデアリマス、今日ハ撤兵ノ可否ヲ論ズベキ場合デモゴザリマセヌ、唯ダ速ニ之ヲ實行セヨ、斯樣ニ政府ニ向ッテ吾々ハ促ス外ハナイノデアル、此意味ニ於テ臨時軍事費ノ豫算中カラ吾々ハ削減ヲ試ミタト云フコトハ、決シテ無意味ナ事デハナイノデアリマス、唯ダ之ニ就キテ申上ゲテ置キタイノデアリマス、近時起リマシタル尼港問題ノ善後策ト云フ事ニ就テ、薩哈嗹方面ニ向ッテ臨機ノ處置ヲ執ラナケレバナラヌト云フ、此事柄ニ關シテハ、政府ハ近日別ニ追加豫算ノ御要求ヲナサルト云フコトデアル、是ハ最モ左樣有リサウナコトデアリマス、私共ノ議論ハ全クソレデアル、臨機ノ處置ヲ執ルベキ新タナル問題ニ就テノ豫算ハ、無論此臨時軍事費トハ立派ニ區別ヲ立テ、、新タニ議會ノ協贊ヲ求メラル、ト云フコトニ相成レバ、更ニ是ハ考究スベキ餘地ガアルノデアリマス、臨時軍事費ノ削減ヲ吾々ノ出シマシタル修正案ハ、唯ダ西伯利ノ撤兵、此撤兵ヲ急ニ實施スベシト云フ意見ノ下ニ、此修正ヲ加ヘタノデゴザイマスカラ、此點ハ十分ノ御了解ヲ得テ置キタイト思フノデアリマス、私ハ豫算ノ大體ニ就テ意見ヲ述ベタイト思フノデアリマスガ、議會ノ慣例ヲ重ンジマシテ、其意見ハ更ニ討論ノ際ニ申述ベルコトニ致シマシテ、唯今ハ唯ダ此修正案ノ趣旨ヲ辯明スルニ止メテ置キマス、(拍手)

○議長(奥繁三郎君) 鈴木梅四郎君

〔鈴木梅四郎君登壇、拍手〕

○鈴木梅四郎君 私ハ我ガ黨同志ノ愼重ニ調査致シマシタル豫算ノ修正案ノ、大體ノ說明ヲ致サウト思ヒマス、修正案ノ全部ハ印刷ニ附シマシテ、諸君ノ御手許ニ差上ゲテゴザイマスカラ、數字ノ全體ニ涉ッテ此所デ各箇條ヲ說明致シマスルコトハ省キマス、唯ダ修正ヲ加ヘマシタル總體ノ各自ノ金額ニ就テ申上ゲマス、陸軍省經常部七百六万六千三十五圓、臨時部千五百三十三万七百二十八圓、計二千二百三十九万六千七百六十三圓、海軍省ノ經常部七百十五万三千百三十四圓、臨時部三千二百十一万七百四十七圓、計三千九百二十六万圓、三千八百八十一圓、合計六千百六十六万六百四十圓、是ガ國防ノ所謂充實費ニ關スルモノ、査定額デゴザイマス、國防計畫ニ關聯セザル費目ノ中デ俸給ノ削減ガ四千百二十九圓、ソレカラ陸軍省ノ幼駒買上代ガ九万六千二百六十四圓、增俸改正ノ爲メニ要スル經費ガ三十八万九千二百八十一圓、ソレカヲ朝鮮ノ特別會計ノ中デ農事改良株式會社補助費二十万圓、斯様ナモノヲ削減致シマス、即チ臨時部ノ削減高ハ四千七百六十四万五千六百四圓、經常部ガ千四百七十万四千七百十四圓、合計致シマシテ削減額ガ六千二百三十五万三百十八圓ト云フモノニナルノデアリマス、斯様ナ修正ヲ致スノデゴザイマスルガ、其大部分ハ所謂國防充實ノ此案ニ對シマシテ、一年延期ノ意味ヲ以テ否決スル、此問題ガ一番重要ナモノデゴザイマスルカラ、此意義ヲ明ニシテ置キタイト思フ、此國防充實ノ問題ニ就キマシテハ、我黨多年ノ主張ト致シマシテ、決シテ此充實問題ニ就テ異議ノアル譯デハゴザイマセヌ、最モ他黨ニモ率先致シマシテ、殊ニ海軍ノ充實ノ如キニ就キマシテハ、特ニ聲明スル程ノ熱心ヲ以テヤッタコトモアリマスノデアリマス、陸軍ノ充實ニ就キマシテモ、陸軍ハ我黨ノ多年唱道致シマシタル改革案ニ對シマシテ、近年ハ次第々々我黨ノ主張ニ追随シ來ッテ居ルノデアリマスルカラシテ、此追随シ來ッタル範圍ニ於キマシテ、吾吾ハ陸軍ノ充實ト云フ問題ニ就キマシテモ、十分ナル贊成ヲ表シテ居ルノデアリマス、然ルニデス、此場合ニ於キマシテ一年延期ノ意味ヲ以テ、此國防充實費ヲ削減致シマシタ譯ハ何デアルカト申シマスト、即チ玆ニ已ムヲ得ザルヨリ重大ナル所ノ理由ガアルガ爲ニ致シタノデゴザイマス、其重大ナル理由ト云フノハ何デアルカ、第一ハ憲法第七十一條ノ精神ヲ尊重致シマシテ、將來ノ爲メニ惡例ヲ作ラザルト云フコトヲ主トシタノデアリマス、憲法ノ第七十一條ノ規定ハデス、解散ヲ致シマシタル後ノ國家ノ國費ト云フモノニ對シマシテハ、此解散ト云フコトヲ重大問題ト見マスル爲メニ、嚴重ニ此制限的ノ意味ヲ十分ニ加ヘテアルノデゴザイマス、歳出歳入共ニ前年度ノ豫算ニ依ルベシト明ニ規定シテ居リマスルハ、即チソレガ爲メデアル、即チ此憲法ノ精神ヲ尊重致シマシテ、實ニ公平ニ考ヘマスレバ、如何ニシテモ、此度ノ臨時議會ニ追加豫算トシテ出サレマシタル國防ノ充實案ハ、否決ノ外ハ無イノデアリマス、即チ是ハ自然ノ結論ト致シマシテ、之ヲ否決スルト云フコトハ、モウ論議ノ餘地ハナイ問題デアルト吾々ハ信ズル者デアル、(拍手起ル)尤モ説ヲ爲ス者ガアリマス、會計法ノ第五條ニ必要避クベカラザル云々ノ箇條ガアルニ就テ、此臨時議會ニ此追加案ヲ出シテモ宜イデハナイカト云フ論ガアルノデス、現ニ政府當局者ハ此條ニ基ヅイテ居ルヤウデアリマスガ、私ハ此點ニ就テハ、斷ジテ此論ニ贊成ヲスルコトハ出來ナイ者デアリマス、何故カト申シマスレバ、必要避クベカラザル經費ト申シマスルガ、此國防費ト云フモノハドウ云フモノデアルカト云フト、四十二議會ニ提案サレマシテ、即チ緊急已ムベカラズ、一日モ緩ウスベカラザルモノトシテ提出サレテ、吾々モ之ヲ信ジテ修正ヲ加ヘテ、之ヲ承認シタノデゴザイマスルガデス、現内閣ハ其聲明ノ舌ノ根ノ乾カザル中ニデス、何等相當ノ理由無シニ、即チ一黨一派ノ政策ノ外ニハ(「ノウ〜」ト呼フ者アリ)何等ノ理由ナキニ拘ラズ、此必要避クベカラザルト云フ、一日ヲ緩ウスベカラザルト云フ此國防問題ヲ、解散ノ犧牲ニ供シタト云フコトガ明ニ之ヲ證明シテ居ル、(拍手起ル「ノウノウ」ト呼フ者アリ)少クトモ現當局者ト致シマシテハ、會計法ノ第五條ヲ適用シマスル所ノ資格ト云フモノハ、全然無イモノト私ハ斷言シテ憚ラナイノデアリマス、(拍手起ル)且ツ議會ノ解散ト云フモノハ、我憲政上ニ於テ最モ重大ナル問題デアリマス、此故ニ一黨一派ノ政略ノ爲メニ、輕々シク之ヲ行フト云フヤウナ惡例ト云フモノハ、嚴重ニ之ヲ戒メテ置カナクテハナラヌモノデアリマス、此度ノ解散ハ、原首相ガ幾度此解散ノ理由ヲ當院及委員會等ニ於テ説明サレマシテモ、不徹底極マッタモノデアリマス、何人モ之ニ對シテ御尤ト云フ承認ヲ與ヘル者ハ、政友會員ノ外ハ一人モ無イノデアル、(拍手起ル)院内ハ無論ノコト、院外ノ國民大多數ト云フモノハ、皆十橫暴ナル所ノ解散、不都合ナル解散デアルト云フコトヲ、異口一致ヲ以テ唱道シテ居ル問題デアルノデアリマス、(拍手起ル、「ノウ〜」ト呼フ者アリ)隨テ此臨時議會ト云フモノニ、此國防費ヲ出シテ——此出シタ案ヲ否決スルト云フコトハ、天下國家ノ利害ヲ別ニシテ、一黨一派ノ利害ニ囚ハレテ、所謂政略的ノ解散ヲシタ其惡例者ニ向テ、唯ダ一ツノ罰デアッテ、解散ノ不當及橫暴ヲ責メルト云フ上カラ申シマスト云フト、之ヲ否決セザレバ、其責メル所ノ事實ガ徹底シナイノデアリマス、(拍手起ル)之ヲ否決シテ、始メテ解散ノ不當、橫暴ナル解散ト云フコトヲ責メル意義ガ徹底スル次第デアリマス、(拍手)此意味ヲ以テ私ハ第一ノ理由トスルノデアリマス、第二ノ理由ハ何デアルカ、第二ノ理由ハ實際問題カラ見マシテ、常識的ノ判斷ヲ下シテ、此國防充實ト云フモノハ、是非共否決セザルベカラザルモノデアルト云フ理由デアリマス、此理由ヲ分リ易ク話ス爲メニ、玆ニ三箇ノ互ニ相容レザル所ノ事實ノ有ルコトヲ、一々申上ゲマス、其ハ何デアルカト申シマスルト、申スマデモナク此度ノ臨時議會ハ、確ニ時日ノ短イ臨時議會デアリマス、是迄ノ臨時議會ト較ベマシテ、一番長イ期日ヲ持ッテ居ルノデアリマス、ケレドモ、ソレデモ四週間ヲ出デナイノデアリマス、此四週間ノ短時日ノ間ニ議了スル議案デアル以上ハ、大抵類推ノ出來マスモノデアル、即チ多クノ場合ノ時日ヲ持タヌ臨時議會ト云フコトガ一ツ、其次ニハ是モ重要ナル事實、ソレハ何デアルカト申シマスルト、多年國民ガ希望シ、吾々ガ唱道致シマシタル結果トシテ、不十分ナガラ選擧權ノ擴張ガ行ハレテ、其改正ノ選擧法ニ依ッテ、始メテ、選擧セラレマシタル、議會デアルト云フコトデアリマス、御承知ノ通リ此度ノ改正ノ結果トシテ現レタコトハ、從前ト著シク違ッテ居ルノハ、新シイ議員ガ多イト云フコトデアリマヌ、即チ五分ノ三以上ハ新シキ議員ヲ出シテ居ルト云フコトガ、是迄ニ類例ノ無イコトデアリマス、即チ是ガ改正サレマシタル選擧法ニ依テ選マレ、殊ニ始メテ選擧權ヲ得タル人々ノ選擧シタ議員ガ、此新シキ議員ノ多數ヲ占メテ居ルト云フコトガ、全クノ事實デアル、即チ此議會ト云フモノハ、其内容ニ於テ、斯ノ如キ意味ニ於テ十分ニ變ッテ居ル、一變シテ居ルト申シテ宜シイノデアリマス、御承知ノ通リ新タニ選擧權ヲ得タル選擧者カラ、投票サレマシテ、當選シタ議員ト云フモノハ少クトモ新シキ思想、新シキ考ヲ持ッテ出ラレテ來テ居ルノデアリマス、此改正選擧法ノ結果トシテ選擧セラレマシタル議員ト云フモノハ、少クトモ今日以後ノ議會ニ於テハ、重要ナル部分デアルト云フコトハ、是ハ承認シナクテハナラヌノデアリマス、然ルニデス、此新シキ議員ハ今日ドウデアルカト申シマスルト、此臨時議會トシマシテハ、ホンノ顔合セニ過ギナイ議會デアリマス、マダ色々ノ議事其他ノ事ニ就テ十分ニ精通サレテ居ナイノデアリマス、此議場ニ於テ活動サルベキ十分ナ準備ヲ持タレナイ議員ガ、今日ハ多イト申シテ誤リデナイト思フノデアリマス、(「ノウ〜」「頭ガ古イ」「何ヲ言ッテ居ル」ト呼フ者アリ)此故ニ此臨時議會ト云フモノハ、改正サレタル選擧法ノ實施サレタ結果トシテ、新シク出マシタ、新選議員ト云フモノニ對シテハ、一種ノ事情ノ此ニ存スルト云フコトハ明白ナ事實デアル、是ガ第二ノ事實、第三ハ何デアル、第三ハ國防充實費ト云フモノハ、非常ナ大經費デアルト云フ問題デアル、今年度ハ僅ニ其頭ヲ出シタニ過ギナイノデゴザイマスケレドモ、六千餘万圓ノ巨額ヲ占メテ居ル、海陸合セマシテ……然ルニ海軍ハ八年計畫デアリマス、八年計畫デアッテ其金額ハ八億六千万圓、陸軍ハ十四年計畫デアッテ其總金額ガ四億八千万圓、兩方合セマスルト云フト、十三億五千万圓以上ノ大豫算デアルノデアル、是ハ議會有ッテ以來、我ガ財政史上未曾有ノ大經費ニナッテ居ルノデアリマス、隨テ此問題ハ、國民ノ安寧幸福ニ最モ大ナル問題ヲ有ッテ居ルト云フコトハ、私ノ説明ヲ俟タズシテ諸君ノ御承知ノ所デアル、諸君、此三ツノ互ニ相容レザル事實ガアルト云フコトヲ私ハ申上ゲマシタガ、此三ツノ事實ヲ合セテ御考ニナッタナラバ、私ガ此上ニ喋々ノ論辯ヲ要セズシテ、此重要ナル國防充實費、此問題ヲ臨時議會ニ於テ議決スルト云フコトノ、如何ニ不當デアリ、如何ニ亂暴デアルト云フコトハ、明カニ證明ガ出來ルモノト考ヘルノデアリマス、(拍手起ル、「ノウ〜」ト呼フ者アリ)併シ斯様ナ事實ノ有ルニモ拘ラス、政友會ノ諸君ガ、遮二無二此短期議會ニ於テ此案ヲ議了セラレヤウトスルナラバ、是コソ國民ノ意志ニ反シタ、所謂多數ノ横暴ヲ働クモノデアルト言フノデアリマス、(拍手起ル、「ノウ〱」ト呼フ者アリ)亂暴ヲ働クモノド私ハ斷言シテ憚ラナイノデアリマス、(「君モ大政黨ニナッテ見給ヘ」「謹聽シロ」「國防ヲ否決スルトハ何ダ」ト呼フ者アリ)殊ニ私ハ選擧法改正、此改正ヲ致シマスル、所謂國民ノ多年ノ希望ニ對スル選擧法擴張ノ精神ト云フモノヲ、全ク蹂躙シタルモノト私ハ斷言シテ憚ラナイノデアリマ、(拍手)是ガ第二ノ理由、第三ノ理由ハ國防費ノ財源ト致シマシテ、所得稅ト酒稅トヲ擇バレタノハ、必シモ惡クハナイノデアルケレドモ、併ナラガ今後是ノミニテハ、所謂堅實ナル財源ト爲スコトガ甚ダ不安心デアルト云フ一點デアリマス、先刻吉植君ハ、我國財界ノ膨脹ノ事業ニ就キマシテ、數字ヲ擧ゲテ御說明ニナリマシタ、ガ其通リデアリマス、併ナガラ諸君、御考ニナッテ御覽ナサイ、斯ノ如キ歐洲大戰ノ突發以來、我國諸般ノ數字ガ非常ニ膨脹ヲ來タシタト云フコトハ、是ハ順調ノ時代ニ順ニ出來タモノデアルト云フコトヲ考ヘルノハ大間違、卽チ經濟社會ノ黃金時代、或ハ成金時代ト云フ、此時代ニ出來タ問題デアル、卽チ各會社ノ營業デモ、個人ノ營業デモ、物價騰貴又騰貴ト云フ爲メニ、非常ナ儲ケガ有ッタ爲ニ、不自然ニ膨脹シタト申シテ宜イノデアル、隨ッテ此間ニ收稅ノ上ニ現レタル、成績卽チ所得稅ト酒稅トノトニ現レマシタル所ノ結果ト云フモノハ、此後モ此通リニ持續スルト云フコトヲ見込ムノハ誤リアリト私ハ信ズルノデアリマス、勿論我國ノ國運ハ、次第々々ニ進步シテ參ルノデアリマスカラシテ、多クノ年所ヲ經マシタナラバ、此所謂經濟界ノ黃金時代ノ如キ數字ヲ、維持スルコトガ出來ルコトハ確ニ疑ナイ、併ナガラ今日ノ實際カラ考ヘマスルト云フト、此黃金時代ノ數字ヲ持續スルト云フコトハ確ニ出來ナイ、既ニ反動時期ニ入ッテ居ルノデアリマス、御承知ノ通リ大藏ノ當局ハ、既ニ手應ガアルデアリマセウガ、本年ノ營業稅ノ納入ノ成績ナド、云フモノハ、非常ニ惡イト云フコトハ明白ノ事實デアル、其他ノ租稅ニ於テモ是ト同樣デアラウト思フ、是ハ此數年ノ間、所謂反動時期ノ間ハ此數字ハ餘程下ニ下ルモノト見ルノガ當然デアルノデアリマス、ソレ故ニ私ハ此國防充實ト云フ如キ、他年ニ亙ル所ノ計畫ノ財源ト致シマシテ此所得稅ト云フモノニ重キヲ措キ、酒稅ニ重キヲ措クト云フコトハ、少シク不安心ヲ懷カザルヲ得ナイ、酒ノ事ニ就テハ一寸說明ヲ落シマシタガ、酒ノ今年非常ニ賣行ヲ見タト云フコトハ、經濟界ノ所謂黃金時代ノ持來シタ結果デアリマス、(「ノウ〱」ト呼フ者アリ)地方ニ至ルマデ酒ヲ飲ム者ガ非常ニ殖ヘテ來タト云フノハ、卽チ黃金時代ノ生出シタ新事實、是ガ何日マデモ繼續スルモノト見ルノハ間違ッテ居ルト思フノデアル、此意味ニ於キマシテ、私ハ國防充實費ノ財源ト致シマシテ、此二月ノミニ依ルノハ、少シク不安心デアル吾々ガ多年唱道シ來ッタ所ノ根本的稅制整理、諸般ノ稅制ヲ根本的ニ整理シテ、其薄キニ失スルモノハ、之ヲ厚クシ、重キニ失スルモノハ之ヲ輕クスル、彼此相按排シテ常ニ十分ナル稅制整理ヲシテ、最モ確實ナル財源ニ依テ、此國防ノ充實ヲ圖ルト云フコトハ、最モ機宜ヲ得タルモノト信ズルノデアリマス、(拍手起ル)此意味ニ於キマシテ、私共ハ多年唱道シ來リマシタル此國防ノ充實費モ、遺憾ナガラ一年延期ノ意味ヲ以テ之ヲ否決スルト云フノデアリマス、(拍手起ル)他ノ修正箇條ニ就キマシテハ、餘リ此上多クノ說明ヲ要シナイノデゴザイマスガ、唯ダ茲ニ金額ハ甚ダ少クテモ、意義ガ重大デアルノハ、朝鮮ノ土地改良株式會社ニ對スル補助問題デアリマス、是ハ前回ニ於テモ私ハ此壇上デ、政友會諸君ニ忠告致シタノデアリマス、斯樣ナル今日補助法ヲ以テ一私立會社ヲ補助スルト云フコトハ、時代錯誤デアリマス、本年度ハ僅カ二十万圓ニ過ギマセヌケレドモ、此會社ハ二千万圓ノ資本金デアルノデアリマスカラ、全額拂込ニナリマスレバ、十五箇年ノ間一會社ニ百六十万圓ヅヽノ、補給利息ヲ與ヘナクテハナラヌト云フ朝鮮ノ財政ト致シマシテハ、非常ナル是ハ苦痛ナ問題デアリマス、何故苦痛ト申シマスルト、朝鮮ハ、財政ガ非常ナ窮乏ヲ告ゲテ居ルノデアル、其日鮮同化ノ實ヲ擧ゲマシテ　陛下ノ思召ニ適フヤウニ朝鮮ノ治績ヲ擧ゲヤウトスルニ就キマシテハ、幾多ノ施設ヲ要スルノデアル、就中鮮人ノ教育問題ト云フガ如キモノハ、最モ其必要ノ第一ノモノデアル、然ルニ今日ノ朝鮮ノ財政ト致シマシテハ、之ヲ十分ニスルコトハ出來ナイ、卽チ今日ハドウ云フコトニナッテ居ルカト云フト、朝鮮人ノ普通教育ハ六面ニ一校、內地デ申シマスルト六箇村ニ唯一ツノ小學校ガアルノミデアル、之ヲ此度三面ニ一校、三年計畫ヲ以テシタイト云フ、計畫ガ此度ノ朝鮮ノ計畫デアル、之ガ爲メニ費用ガ足ラジテ、國庫カラ一千万圓ノ補助ヲ仰グニ至ッタト云ウテモ宜イ位ノ問題デアル、此ノ哀ナル所ノ財政ノ中カラ、一會社ニ斯樣ナル保護ヲ致シマスルト云フノハ、不當ノ最モ甚キモノデアル、(拍手起ル)私ハ此點ニ於テ、金額ハ少ナシト雖モ、政友會諸君ガドウゾ奇麗ニ之ハ削除セラレテ、天下ノ物議ヲ招カレヌヤウニ勸告致スノデアリマス、(拍手起ル)若シ諸君ガ强テ之ヲ可決セラレマシテモ、必ラズ前年ノ開墾會社ノ如ク、貴族院ニ於テ是ハ否決セラル、ニ違ヒナイ、ト私ハ思フ、(拍手起ル)是ハ大政黨タル政友會ノ面目デナイト云フコトヲ私ハ明言シテ憚ラナイ、(拍手起ル)尙ホ此以上ニ說明スル事モアリマスルナレドモ、大體ハ斯樣ナモノデアリマスルデ、此意義ヲ御承知アランコトヲ希望致シマス(拍手起ル)

○議長(奧繁三郎君)　是レヨリ通告順ニ依リ贊成反對ノ發言ヲ許シマス、山本悌二郎君

〔山本悌二郎君登壇、拍手起ル〕

○山本悌二郎君　本員ハ鈴木梅四郎君ニ依テ代表サレ、陳述サレタル所ノ國民黨ノ修正案ニモ、將又早速君ニ依テ申述ベラレタル所ノ憲政會ノ修正案ニモ反對ヲ致シ、委員長ヨリ報告サレタル所ノ修正案ニ贊成ヲ致スモノデアリマス、國民黨ノ修正案ハ、新規國防ニ屬スル所ノ經費ノ全部ヲ削除スルト云フコトデアリマスルガ、是ハ又思ヒ切ッタ御修正デアリマス、(「其通リ」ト呼フ者アリ)其理由ト致シマシテ唯今鈴木君ヨリ承ル所ニ依リマスレバ、第一ハ此議會ヲ構成セル、之ニ先ッテノ解散ナルモノガ不當デアルカラシテト云フコトガ、一ノ理由デアッタヤウデアリマスガ、此解散ナルモノガ、果シテ不當ナリシヤ否ヤニ就キマシテハ、當議會ニ於テ、既ニ繰返シ論辯ヲ費サシテ居ル所デアリマスルガ故ニ、私ハ爰ニ再ビ之ヲ繰返スコトハ致シマセヌ、唯ダ併ナガラ此解散ナルモノハ、今日ノ國家ノ時代ニ對シテ、實ニ適切緊要ナルモノデアッタト云フコトヲ、一言茲ニ明言シテ置キマス、(拍手起ル、「ノウ〱」ト呼フ者アリ)更ニ此議會ニ、新ナル選擧法ニ依テ選出サレタル所ノ代議士ガ、其多數ヲ占メテ居ル、而シテ此新代議士ナルモノハ、未ダ議院ノ慣例其他ニ慣熟ヲシテ居ラナイガ故ニ、此議員ニ對シテ斯ノ如キ大計畫ノ議定ヲ求ムルト云フコトハ、不當デアルカラシテト云フヤウニ聽取リマシタガ、若シ左樣デアリマスルトスレバ、是ハ甚ダ穩ナラズト信ズルノデアリマス、(拍手起ル)舊來ヨリノ代議士タリト雖モ、將又新タナル代議士ト雖モ、一國ノ信望ヲ負ウテ選出サレタル所ノ代議士デアル以上ハ、其能力其資格ニ於テ、何等徑庭スル所ガアイマセヌ、(拍手起ル)第三ノ理由ト致シテハ、國防ハ大計畫デアル、ソレ故ニ此短期議會ニ於テ之ヲ議スルト云フコトハ出來ナイ、併ナガラ諸君、國防ノ如キ重大問題ニ就テハ、吾々苟モ職ヲ議院ニ辱ウ致シテ居ル所ノ者ハ、一日モ其研究ヲ怠ルベキモノデハアリマセヌ、既ニ我國ノ國防計畫ガ如何ナル程度ニ在ルヤ、之ヲ如何ナル程度ニ改善スベキヤニ就テハ、疾クニ各自ノ胸中ニ、其成案ハ熟シテ居ラナケレバナラヌノデアリマス、(拍手起ル)隨テ此問題ガ一タビ議會ニ提出サルレバ、數日ノ間ニ之ヲ調査シテ、其可否ヲ決スベキ所ノ能力ヲ有ッテ居ナケレバナラヌノデアル、(拍手起ル)殊ニ國民黨ノ諸君ハ、既ニ鈴木君ガ其冒頭ニ於テ言ハレタルガ如ク、此國防ニ對シテハ、積年ノ議論トシテ、夙ニ之ヲ提唱シテ居ッタノデアルト言ハレル以上ハ、既ニ此國防計畫ニ就テハ、其御議論ハ定ッテ居ルモノト見ナケレバナラナイ、ソレガ何故ニ此旬日ノ議會ニ於テ、議定サル、コトガ出來ナイデアリマセウカ、(拍手起ル)要スルニ斯ノ如キ理由ハ、此重大ナル豫算

案ヲ棄却スル所ノ理由トシテハ、私ハ受取ルコトガ出來ナイノデアリマス、私ハ國民黨ノ此新規國防全部削除ノ修正案ニ對シテハ、是以上ハ申シマセヌ、我國ノ國防ハ、今日果シテ如何ナル程度ニ在リヤ此國防ノ整備ト云フコトニ就テハ財政ノ許ス限リ之ヲ一日モ緩ウスルコトノ出來ナイト云フコトハ、日本國民六千万ノ定論デアリマス、(拍手起ル)私ハ此一言ヲ殘シテ、國民黨ノ此修正案ニ對スル所ノ主張ヲ止メマスル、更ニ憲政會ノ修正案ニ就キマシテハ、其主タル點ハ早速君ヨリモ●サレタルガ如ク、要塞整備、及朝鮮師團、之ニ關スル所ノ修正削除デアリマス、此理由ハ既ニ四十二議會ニ於テ、國民黨ノ代表ニ依テ縷ヽ申述ベラレマシタ、更ニ又本會議ニ於テ、豫算總會ニ於テ、將又分科ニ於テ而シテ又今日ノ議會ニ於テモ其理由ヲ承ッタノデアリマス、然レドモ其歸著スル所ハ要スルニ航空機、其他非常ノ發達ノ趨勢ヲ持ッテ居リマスルガ故ニ、今俄ニ要塞ノ設備ヲ改良セズトモ、此航空機其他ノ武器ノ改良發達ノ模樣ヲ見テ、而シテ其後ニ之ニ著手シテ宜イデハナイカト云フノガ差詰メ之ヲ御削除ニナル所ノ理由ト承リマシタ是ハ卽チ要塞整備費ニ對シテデアリマス、早速君ハ今日暫ク之ヲ一年二年ノ後ニ延バシテモ、差支ナイデハナイカト云フコトヲ申サレマシタ、四十二議會ニ於テハ濱口君ガ憲政會ヲ代表シテ、同ジ御意味ニ於テ、暫ク五年七年ハ差支ナイデハナイカト申サレマシタ、憲政會ノ諸君ノ所謂暫クナルモノハ一年二年ヲ意味スルヤ、將又五年七年ヲ意味スルヤ、甚ダ不明デアリマス、併ナガラ要スルニ其趣意ニ於テハ、武器ノ發達、航空機ノ發達、此發達ヲ見テ、而シテ要塞整備ニ著手シテモ宜シイデハナイカ、ソンナニ急グ必要ガナイデハナイカト云フコトニ歸著スルノデアラウト思ヒマス、併ナガラ諸君、一年二年ナリ、將又五年七年ナリニ此航空機其他ノ發達ガ、最終的決定的ノ發達ヲ遂グルモノデアリマセウカ、如何デアリマセウカ、武器ノ進步、航空機ノ進步ハ、非常ナル速度ヲ以テ進ミツヽアルト云フコトハ、憲政會諸君ノ仰セラレル通リデアル、隨テ此所一年二年ナリ待タナラバ、是デ此以上ノ進步ハシナイト云フ程度ニマデ發達スルモノデアルヤ、五年七年後ニナッテ、此程度デ最早航空機ノ發達ハ、先ヅ其最上點ニ達シタモノデアルト云フ所マデ發達スベキモノデアルヤ、將又一年二年乃至五年七年先ニナッテモ、尙ホ駸々トシテ發達ノ步武ヲ止メナイモノデアルカ、殆ド測リ知ルベカラザルモノデアリマセヌカ、(拍手起ル)然ルニ之ヲ五年七年先ニナッタナラバト仰セラレルナラバ、若シ七年經ッテ尙ホ航空機ハ其以上發達ノ總勢ヲ示シ、若クハ七年ノ後ニ尙ホ航空機ノ發達ハ止マラナイ、其以上大ニ發展スベキ容子デアルト云フコトデアッタナラバ、五年又五年、七年又七年、先ヘ〳〵ト要塞整備ヲ延期シナケレバナラナイ理論ニ到達スルデハアリマセヌカ、(拍手起ル)凡ソ國防計畫ハ、絕エズ時代ノ進運ニ適應シテ、常ニ改良整理ヲシテ行カナケレバナラヌモノデアリマス、常ニ各種ノ武器其他ト釣合ヲ保チ、其發達ノ程度ニ應ジテ改良ヲ施シテ行キ、敵ヲシテ一日モ我間隙ニ乘ジ、我弱點ニ乘ゼシムルガ如キコトノナイヤウニ致スト云フコトガ、國防ノ主體デナクテハナラヌノデアリマス、武器其他航空機ノ進步ト云フコトハ、殆ド底止スル所ヲ知ラナイモノデアル、之ヲ待ッテ――其發達ノ終ル程度ヲ待ッテ、始メテ國防ニ著手スルト云フコトデアッタナラバ、其待ツ間ノ國防ノ缺陷ヲ諸君ハ如何ナサラウト思フノデアル、(拍手)此五年七年ノ間ニ空シク兵備ナキ所ノ此正面ヲ――兵備ノ手薄ナル正面ヲ敵ニ暴露シナケレバナラヌガ、左樣ナコトデ國民ハ一日モ枕ヲ高ウスルコトガ出來マセウカ、(拍手起ル)斯樣ナ御議論ハ既ニ悠長呑氣ヲ超越シテ、寧ロ非常識ニ境スルモノト私ハ信ズルノデアル、(拍手起ル)諸君ハ此要塞整備費ニハ御反對デアッタガ、海軍ノ國防費ニハ、御贊成ナサッテ居ルデハアリマセヌカ、然ルニ海軍ノ武器其他ニハ改良進步ハアリマセヌカ、大砲ハ如何デゴザルカ飛行機ハ如何デゴザル、潛航艇ハ如何デゴザル、既ニ大砲ノ如キハ十二吋ヲ以テ最大ノ威力トナセシ時ハ、卽チ日露戰爭當時デアッタガ、其後遠カラズシテ十四吋ト云フコトニナリ、而シテ今日ハ十六吋デナケレバナラヌト云フコトニナッタデハアリマセヌカ、其他海軍ノ飛行機、殊ニ潛航艇ノ進步ハ如何デゴザイマスカ(「ソンナコトハ分ッテ居ル」ト呼フ者アリ)是等ノ進步ニ對シテ、同ジク艦艇ノ構造ノ仕方、其他モ變ッテ來ナケレバナラナイコトハ、恰モ要塞ガ――要塞ノ設備ガ、飛行機ノ發達ニ伴ッテ改良シナケレバナラヌコトト同ジ事デハアリマセヌカ、然ルニ諸君ハ、此海軍ノ艦隊ノ整備費ニ對シテハ御贊成ニナッテ居リナガラ、獨リ要塞整備費ニ對シテハ、其航空機ノ發達ノ模樣ト云フコトノ口實ノ下ニ之ヲ拒否セント欲スルノハ、我輩之ヲ諒解スルニ苦ムノデアル、(「謹聽」「豫算ノ贊成ノ意ヲ述ベ給ヘ」「前ヨリ大分惡クナッタ」「ヤラレマシタ」「默レ」ト呼フ者アリ)

○議長(奧繁三郞君)　靜ニ……

○山本悌二郞君　ソレカラ朝鮮師團ノ完成ノ繰上、是ハ獨リ朝鮮ノ統治ト云フ小ナル局面ヨリ之ヲ見テハナリセマヌ、我國ハ不幸ニシテ、擾亂紛擾ノ發生地タル大陸ニ控ヘテ居ルノデアリマス、支那、滿洲、西伯利、悉ク危險ナル禍亂發生ノ處ナラザルハナシデアル、之ニ境ヲ接シテ居ル所ノ此朝鮮ニ於テハ、此朝鮮ノ防備ナルモノハ、必シモ朝鮮ノ局部ノミヲ以テ之ヲ判斷スルコトハ出來マセヌ、(拍手スル者アリ)此師團ノ完成ヲ一日モ早ク繰上ゲタイト云フコトニ、何ノ不都合ガアラウカト思フノデアル、(「陸軍大臣」ト呼フ者アリ)要スルニ國防ハ一日モ其充實改良ヲ怠ッテハナリマセヌ、若シモ其缺陷ヲ知ッテ――其國防ノ缺陷ヲ知ッテ之ヲ改良スルノ計畫ヲ立テナケレバ、ソレハ當局ノ罪デアリマス、而シテ當局其計畫ヲ立テ、議會之ニ協贊ヲ與ヘズンバ、卽チ議會ノ罪デアリマス、(「ノウ〳〵」ト呼フ者アリ、拍手スル者アリ)之ニ近ク佛國ノ例ニ御覽ナサルガ宜シイ、諸君ハ(「議會ハ政府ヲ監視スルノデアル、盲從ノ機關デハナイ」「四箇月間遲ラシタ理由ヲ言ヘ」「默レ」ト呼フ者アリ)諸君ハ此世界大戰亂ノ序幕ニ於テ、吾ヽノ眼前ニ展開サレタル所ノ此悲劇ハ、洵ニ吾ヽニ取ッテ一大教訓デアルト思フノデアル、此開戰ノ初ニ當ッテ、獨逸軍ハ潮ノ如ク白耳義ヲ蹂躙シテ、(「判ッテ居ルヨ」ト呼フ者アリ)佛蘭西ノ東北境ニ肉薄スルノ時ニ方ッテ、此東北境ノ守備ノ要點デアル所ノ各要塞ハ、片端カラ陷落シタデハアリマセヌカ、而シテ獨逸ノ大軍ハ旬日ナラズシテ、巴里ヲ距ルコト僅ニ三十哩ノ地點ニマデ殺到致シタノデアル、當時巴里ハ勿論、佛蘭西全國ノ國運ハ、殆ド風前ノ燈火ノ如キモノデアッタノデアル、若シモ不幸ニシテ――幸ニシテ英國軍隊ガ其海峽ヲ渡ッテ、獨逸軍ノ側背ヲ突クト云フコトガ無カッタナラバ、巴里及佛蘭西ノ運命ハ、蓋シ寒心ニ堪ヘザルモノガアッタデアラウト思フノデアル、斯ノ如キ慘禍、斯ノ如キ悲劇ハ、抑モ誰ノ罪デアッタノデアル、千九百六年ヨリ千九百八年ニ亙ッテ、屢、軍事當局者ヨリ此要塞ノ整備ト云フコトニ就キ提案ヲ致シマシタケレドモ、常ニ議會ハ言ヲ左右ニ託シテ、卽チ諸君ガ言ハル、ガ如ク、各種ノ理由ノ下ニ此要塞ノ整備ト云フコトヲ拒ンダノデアル、然ルニ不幸ニシテ未ダ要塞ノ整備ノ出來上ラナイ中ニ、此開戰トナリ、斯ノ如キ悲シムベキ所ノ狀況ヲ惹起シタノデアリマス

「此時發言スル者多ク議場騷然」

○議長(奧繁三郞君)　靜ニ……

○山本悌二郞君　當時吾ヽハ此獨逸軍ガ三十哩ノ地點マデ殺到シタト云フ所ノ此報告ヲ聞ク每ニ、此電報ヲ手ニスル每ニ、手ニ汗ヲ握ッテ聯合國ノ爲メニ憂慮シタモノデアル、是ガ卽チ(「二千万圓ノ繰延ガアルデナイカ」ト呼フ者アリ)(新シク吾ヽニ取ッテ洵ニ大ナル教訓デアラネバナラヌノデアル、(「ソンナコトハ止シ給ヘ」「默レ」ト呼ヒ發言スル者多シ)

○議長(奧繁三郞君)　靜ニ……

○山本悌二郞君　苟モ五年七年ノ先デ宜シイトカ云フヤウナコトデ、不幸ニシテ其間ニ於テ他國ト端ヲ開クガ如コキトガアッタナラバ、而シテ此要塞、其他ノ邊境ノ防費ガ不十分ナルガ爲メニ、苟且ニモ敵ノ一兵一卒ヲシテ、我ガ國土ニ其足跡ヲ印セシムル如キコトガアッタナラバ、其責任ハ誰ノ責任デアリマスカ、(「ソンナ事ガアルカ」ト呼フ者アリ、拍手スル者アリ)此國防計畫ヲ阻止シタル所ノ、此議員諸君ノ

責任デアルカモ知レナイ、此議員諸君ノ責任ハ無責任ヲ執ル方法ニ依テ、兇ハ著キマセウガ、兇ノ附カナイノハ、即チ之ニ依テ披ッタ所ノ國家ノ損害ト恥辱デアルノデアル、此損害ト恥辱ハ、諸君ハ其場合ニ如何スル御考デアルカ、(「假定論ハオ止シナサイ」ト「默レ」「喧シイ」「謹聽々々」ト呼フ者アリ)

○議長(奥繁三郎君) 靜ニ……

○山本悌二郎君 各種ノ此以外ノ修正ニ就テハ、一々論ジマセヌカ、各種ノ地方制度、及財政調査會諸費トカ、臨時法制審議會費トカ、社會事業、地方改良費等ノ削除斯樣ナル事柄ハ、頗ル今日ノ國家進運ノ場合ニ於テ、必要ナル經費デアルニモ拘ラズ、之ニ修正ヲ加ヘラレタト云フコトハ、甚ダ遺憾トスル所デアリマスガ、之ニ就テハ私ハ詳シク述ヘマセヌ、唯ダ一二茲ニ掲ゲテ論ジテ見タイト思フ事ハ、論ズル程デモアリマセヌガ、批評ヲシテ見タイト思フ事ハ、貯金奬勵費ノ削除、是ハ早速君カラ其理由ヲ述ベラレテ、有效ナラザル所ノ方法ニ依ル奬勵費デアルカラ、否決スルト斯樣ニ仰セラレタ、(「其通リ」ト呼フ者アリ)憲政會ノ諸君ハ、豫テヨリ郵便貯金ヲ大ニ奬勵シテ、此通貨ノ收縮ヲ圖ラナケレバナラナイト云フコトヲ仰セラレテ居ル、而シテ郵便貯金ヲ吸收スル方法トシテハ、利子ヲ上ゲルト斯樣ニ仰シヤッテ居ルノデアル、恐クハ此政府ノ方法ナルモノヲ有效ナラズト仰シヤラレル其反面ニハ、郵便貯金ノ利子ヲ上ゲサヘスレバ、有效デハナイカト斯樣ナ御考デアラウト思フ、吾々ハ之ニ對シテ常ニ反對シ來ッタノデアリマスカラ、今茲ニ其理由ヲ述ブル必要ハアリマセヌケレドモ、矢張郵便貯金ノ利子ノ引上ニ依テ、郵便貯金ノ增減ヲ來タスト云フガ如キハ、抑モ一場ノ空論ニ過ギナイト云フコトハ、私ハ表ヲ持ッテ居ル、明治四十二年以來十二箇年ノ表ヲ持ッテ居リマスガ其間ノ郵便利子ハ絶エズ變動ヲ致シテ居リマスケレドモ、郵便貯金高ハ決シテ之ト雁行シテ行クモノデハアリマセヌ、(「ヒヤ〳〵」ト呼ヒ、拍手スル者アリ)委シク之ヲ述ベレバ、マダ幾ラデモアリマスケレドモ、今日ハ之レノ討論デアリマセヌカラシテ、私ハ茲ニ止メテ置キマスガ、續テ早速君ノ所謂此政府ガ計畫シテ居ル所ノ宣傳的奬勵法ト云フモノハ、無效デアルカノ如キ御議論ハ是ハ尚更私ハ首肯スルコトハ出來ナイノデアル、近イ例ガ米國ノ愛國公債ノ場合ニ於テモ分ル、是ハ如何デアリマシタカ、即チ此愛國公債ニ應ゼシムルノ目的ヲ以テ、各人ノ衣食住ノ生活費ノ中ヨリ三割ヅヽヲ貯蓄セシムルト云フ、此趣旨ヲ以テ二百万人ノ宣傳者ヲ米國全土ニ亙ッテ派出シテ、其勸誘ヲ試ミタ、其結果ハ如何デアルカト申シマスルト、六十億弗ノ總募集額初豫定シテ居リマシタモノガ、百十億弗ニ達シタデハアリマセヌカ、是等ハ即チ宣傳ノ方法ヲ必シモ早速君ノ言ハル、如ク、無效デナイト云フ所ノ明カナル證據デアルト私ハ思フ(「井上剛一君「國家有事ノ時ト今日ト場合ガ違フ」ト呼ヒ「井上君靜ニ」ト呼フ者アリ)ソレカラ更ニ臨時財政經濟調査會諸費ニ就キマシテ削減ヲ試ミラレテ居ルノデアル、其理由トスル所ハ是等ノモノ、如キハ、政府ガ責任ヲ以テ爲スモノデアルガ故ニ、調査會ニ責任ヲ轉嫁スルヤウナ事ニハ贊成ガ出來ナイ、斯樣ナ御議論デアッタヤウニ思ヒマス、其議論ノ當否ハ姑ク措イテ、然ラバ何故ニ――然ラバ何故ニ――ソレハ然ラバ何故ニ――(發言者多ク議場騷然)

○議長(奥繁三郎君) 靜ニ……

○山本悌二郎君(續) 濱口君ハ――濱口君ハ――諸君ノ憲政會ノ總務デ在ラレル所ノ濱口君ハ、此財政經濟調査會ノ委員ノ一人デアリマセヌカ、此財政經濟調査會ニ於テ此案ヲ立テ、調査會ハ政府ノ諮問ニ答ヘテ、ソレヲ政府ガ正當ト認メレバ是ガ原案トナッテ、即チ此議會ニ現レルノデアル、此原案ヲ作ルベキ所ノ責任ヲ持ッテ居ル此財政經濟調査會、之ニ伴ウテ税制整理委員會ト云フモノガ起ッテ居ル、此税制整理委員會ノ其一人デアル濱口君ガ、若シ政府ガ此機關ハ責任ヲ之ニ轉嫁スルモノデアルカラ、宜シクナイト云フノデアルナラバ、何故ニ先以テ其委員タルコトヲ辭シテ、而シテ之ニ反對スルコトヲシナイノデアルカ、(拍手)或ハ濱口君ハ是ハ一個ノ資格デアルト申サレルカモ知レマセヌケレドモ、濱口君ガ此委員ニ選出サレタ其理由ハ、表面ハ兎モ角モ、事實ニ於テハ憲政會ノ領袖トシ、憲政會ノ役員トシテ、之ヲ尊重スル意味ニ於テ、入レテアルト私ハ信ズルノデアル、(拍手)是ハ憲政會ノ諸君モ必ズ御承知デアラウト思フノデアル、(「ノウ〳〵」ト呼フ者アリ)然ラバ此憲政會ノ輿論ガ此費目ヲ削除シ、此財政經濟調査會ナルモノヲ否認ナサル以上ハ、何故ニ濱口君ヲシテ其委員ヲ脱退セシメザルヤ、私ハ之ヲ疑フノデアル、(拍手起リ發言者多ク議場騷然)

○議長(奥繁三郎君) 靜ニ……

○山本悌二郎君(續) 私ハ斯ノ如キ矛盾ヲ摘發シテ自ラ喜ブ者デハアリマセヌ、又濱口君一個ヲ徒ラニ批評シ、攻撃スル考モ持ッテ居リマセヌ、併ナガラ憲政會ニ對シテ其議論行動ノ一貫センコトヲ望ムノ結果トシテ、此苦言ヲ呈シタノデアリマス、(拍手)更ニ――更ニ私ハ憲政會諸君ノ言動ノ一致セザル所ノ一例ヲ茲ニ擧グルノ已ムヲ得ザルヲ感ズルノデアル、濱口君ハ大藏大臣ガ本期議會ニ於テ産業ノ奬勵ト云フコトヲ、大ニ將來ト雖モ努メナケレバナラヌト言ウタ此言ヲ捉ヘテ、今日ハ既ニ反動ガ來テ居ル、是ヨリ鋭意整理ヲ專一トシナケレバナラナイ場合ニ於テ、尚ホ産業ヲ奬勵スルト云フコトハ何事カト云フコトヲ仰セラレテ居ルノデアル、(「ソレハ君ノ聽間違ダヨ」「ソンナ事ハナイ」ト呼フ者アリ)ソレハ確カニ申サレテ居ル、ソレハ速記録ヲ御覽ニナレバ分リマスガ、即チ整理時代デアルガ故ニ、産業ノ奬勵ハ不可ナリト斯樣ニ申サレテ居ル、然ラバ此豫算ニ現ハレタル所ノ各種ノ産業奬勵費ハアリマスケレドモ、例ヘバ其中ノ著シイモノヲ引イテ見マスレバ、農商務省所管ニ於テ、産業奬勵費ト云フ名ノ下ニ、各種ノ奬勵費ヲ集メテ、其合計ガ約二百三十万圓ニナッテ居リマス、此二百三十万圓ハ明カニ産業奬勵費ト云フ名前ヲ付ケテアル、而シテ其實ニ於テ亦産業奬勵費デアルノデアル、若シ憲政會ノ輿論ガ産業奬勵ハ今日以後ニ於テハ姑ク不可ナリ、宜シク整理ノ心持ヲ以テ、此時機ニ對スベシト云フ御考デアッタナラバ、何故ニ此産業奬勵費ヲ御削除ニナラナカッタノデアルカ、(拍手)私ハ斯ノ如キコトヲ申スコトヲ甚ダ遺憾ト致シマスケレドモ、凡ソ言フ者必ズ亦之ニ伴フ所ノ行ナカルベカラズ、此意味ニ於テ憲政會諸君ニ御忠告ヲ申上ゲルノデアリマス、(「山本君少シ眞面目ニヤリ給ヘ」ト呼フ者アリ)修正ノ款項ニ對スル論評ハ之ニ止メマシテ、是ヨリ反對黨諸君ガ此豫算案ニ關聯シテ申述ベラレタ、而モ第四十二議會ニ於テモ、又本期議會ニ於テモ述ベラレタル所ノ此豫算ニ關係シテノ、財政策、之ニ就テ私ハ一言ヲ申述ベタイト思フノデアル、先ヅ第一ニ公債政策、此現内閣ノ公債政策ハ、必ズ前途ニ於テ行詰ルニ相違ナイ、(「其通リ」ト呼ブ者アリ)大體――(「現ニ行詰ッテ居ル」ト呼フ者アリ)大正十四年頃マデニ約二十億位ヲ償還ヲシナケレバナラヌ公債ガアル筈デアル、是ハ到底償還出來切ルモノデナイカラ、其時ニナッテ、必ズ行詰リヲ生ズルニ相違ナイ、公債ノ償還行詰リヲ生ズレバ隨テ公債ノ價格ハ下落スル、産業界ハ不安ヲ懐キ、ソレガ爲メニ一般ノ不景氣ヲ招イテ、遂ニ現内閣ノ理想トシテ居ル所ノ四大政綱ノ如キハ、決シテ行ハル、モノデナイト云フコトヲ申サレテ居ルコトヲ私ハ承ッテ居リマス、所ガ其數字ハ是ハドチラデモ宜シイガ、二十億ト云フ數ハ、ドチラカラ割出サレタモノカ知リマセヌケレドモ、大正十四年マデニ償還スベキ所ノ公債ハ、四分利半利付ノ英貨公債ヲ除イテハ、私ノ計算スル所ニ依レバ八億六千七百万圓程デアリマス、此八億六千七百万圓ヲ假リニ一箇年平均ニ割當テマスレバ、僅カニ一箇年一億四千四百万圓ニシカナラナイノデアリマス、歳出入二十五億ト云フ大歳計ヲ持ツ所ノ此我ガ帝國ガ、一億四五千万圓ノ公債償還ガ毎年出來ナイト云フ如キコトハ、餘リニ悲觀ニ過ギタモノデハアリマスマイカ、(拍手)殊ニ尤モ一面ニ於テ償還スルト同時ニ、又一面ニハ新規ノ仕事ニ向ッテ募集致サナケレバナラナイ、此新規募集ノモノガ、大正十四年度マデニ約十億七千万圓モアルヤウデアル、併ナガラ何レノ國ニ於テモ、一面ニ公債ヲ償還スルト同時ニ、又一面ニ於テハ新タニ募リ、而シテ償還期ニ到達シタルモノガ、現金デ直チニ償還スルコトガ出來レバ可シ、出來ナケレバ更ニ之ヲ短期公債ニ乘換ヘル、短期公債ニ乘換ヘタモノガ更ニ時期ノ良好ナモノニ遭遇スレバ、更ニ長期公債ニ乘換ヘル斯様ニ募リ、而シテ更ニ償還ヲスル、償還ヲシツヽ、新タニ募ッテ行ク、斯ク循環シツヽ、常ニ國家ハ或ル程度ノ公債ヲ手ニ持ッテ居ルモノデアル、或程度ノ負債ヲ手ニ持ッテ居ルモノデアル、故ニ奇麗ニ或ル年限ニ達スレバ、一厘一毛ノ相違ナク、奇麗薩張ト償還ニ盡サナケレバ、其國ノ財政ハ行詰ッタモノデアルト云フガ如キハ、是ハ御考違ト謂ハナケレバナラヌノデアル、(拍手「サウ云フ事ハ言ハナイ誰ガサウ云フ事ヲ言ッタ」ト呼フ者アリ)斯ノ如ク常ニ償還ヲシ、而シテ新規ニ募ル、又償還シ得ベカラザルモノハ乘換ヘテ行ク、短期ヨリ長期、斯様ニ繰廻ス所ニ、即チ財政ノ手腕ガ存スルモノデアリマス、故ニ我國ニ於キマシテモ或ル程度ノ――即チ十五億、二十億ノ公債ハ、是カラ始終國家ガ負擔スルコトニナルノデアラウト思フノデアル、之ヲ奇麗ニ繰廻シテ行クト云フコトハ、我帝國ノ將來ニ於テソレ程困難ナ事デナイト云フコトヲ、私ハ此ニ明言シテ差支ナイト思フノデアル、(拍手起ル)殊ニ此大正十四年頃ニ於テ、公債ハ行詰ッテシマウ、公債ノ價格ハ下落スル、斯様ナコトヲ輕ヽシク仰セラレルト云フコトハ、果シテ日本帝國ノ利益デアリマセウカ、如何デアル、憲政會ノ諸君ハ今年モ恐ラクサウデアラウト思ヒマスガ、四十二議會ニ於テハ、三千万圓ノ減債基金ヲ停止スルト云フ政府ノ案ニ對シテ御反對ニナッタ、其御反對ニナル理由トシテ、基金ヲ備ヘテ置カナケレバ、而シテ基金ノ年々定ッタ金額ヲ留メナケレバ、公債ノ信用ニ關スルデハナイカ、是ガ即チ其理由デアッタヤウニ記憶致シマス、ソレ程公債ノ信用ヲ維持スルト云フコトニ重キヲ措カレル所ノ憲政會ノ諸君デアラレタナラバ、此日本ノ公債狀態ガ大正十四年頃ニナッタナラバ、拔差ナラヌヤウナ狀態ニ立至ルト云フガ如キ言ヲ用キラレルト云フコトハ、果シテ帝國ノ爲メデアリマセウカ如何デアリマセウカ、(拍手起ル)更ニ又大正九年度以後十六年度ニ至ル歳出入ノ概計表ト云フモノヲ、政府ハ提出シテ居ルノデアル、之ニ對シテ憲政會ノ諸君、私ハ濱口君ト記憶致シマスガ、之ニ對スル御批評ニハ、政府ノ歳出入ノ此均衡ハ、決シテ將來巧ク維持シテ行クコトハ出來ヌト自分共ハ思ッテ居ッタ、又之ヲ明言シタガ、果セル哉政府ノ概計表ニ依ルモ、大正十年度ヨリ十三年度マデハ、歳出入ニ不足ヲ生ズルデナイカ、斯様ナル不安ノ財政ノ前途ヲ持ッテ居ナガラ、今日莫大ノ公債ノ計畫ヲスルト云フコトハ、思ヒモ寄ラヌト云フヤウナ御結論デアッタヤウニ記憶致シマス、成程大正十年度ヨリ十三年度ニ至ルマデ、政府ノ概計表ニ依リマシテ不足ハ出テ居リマスガ、是ト同時ニ之ヲ補塡スル途ハチヤント立ッテアルノデアル、此點濱口君ハ御見通シニナッタノデナイカト思フノデアル、即チ大正十年度ヨリ十三年度ニ至ル歳出入ノ不足額ハ、合計一億二千三百万圓、約一億二千三百万圓デアリマスルガ、之ヲ補塡スル方法トシテ、大正七年度ノ剰餘金ノ中ヨリ、一億二千二百七十九万圓ヲ割イテ之ニ充ルコトニナッテ居リマス、故ニ是ハ決シテ御心配ニハ及バナイノデアリマス、(拍手起ル)又本年即チ大正八年度ノ剰餘金ト云フモノモ、是モ餘程出テ參リマスガ故ニ、是ハ大正九年度ノ經費ノ中ニ見積ラレタルモノデアル、一部分ハ此九年度ヨリ以後ノ財源ニ充テラレルノデアリマスガ故ニ、若モ此現在ノ計畫ニシテ足ラナイト云フ場合ニハ、大正八年度ノ剰餘金ヲ幾分之ニ廻スコトモ亦不可能デナイノデ、其餘裕ハ綽々トシテアリマスガ故ニ、是ハ御安心ヲ爲スッテ然ルベシト思フノデアル、(拍手起ル)憲政會ノ諸君ハ動モスレバ、悲觀ニ傾キ過ギラレルヤウニ私ハ觀察スルノデアル、第一此既往ノ實績ニ徴シテ見マスト云フト、大正九年度ノ豫算ノ場合ニ於テ、政府ノ豫算一億三千三百万圓、是ダケノ公債ヲ募ルト云フコトニ對シテ、此公債ハ中ヽ募レルモノデナイト云フコトヲ仰シヤッテ居リマス、確カ其當時早速君デアッタカト記憶致シマスガ、斯ノ如キ發議ガ、分科其他ニ於テハ澤山出タヤウデアリマスケレドモ、私ガ確ト記憶シテ居リマスノハ、確カ早速君デアッタヤウニ記憶致シマス、此七年度ノ豫算ヲ議スル場合ニ、一億三千三百万圓ノ此公債ハ、決シテ募レルモノデナイ、今日ノ財界ニ於テ、ソレハ不可能デアルト云フヤウナ御議論ヲ承リマシタ、然ルニ是ハ事實ハドウデアリマシタ、此一億三千三百万圓モ苦モナク、其年度ノ初ニ募集濟ニナッタデハアリマセヌカ、更ニ又大正八年度ニ於テハ如何デアリマス、大正八年度ノ豫算ヲ議スル場合ニ於テ、武富時敏君ハ而モ此壇上ニ於テ政府ノ提案スル所ノ二千四百万圓ノ公債是ハ決シテ募レルモノデナイト云フコトヲ、繰返シテ申サレタノデアル、而モ大聲疾呼サレテ申サレタノデアル、所ガ其公債ノ募集ノ結果ハ果シテ、如何デアリマスカ、二千四百万圓ハ豫定ノ如ク殆ド悉ク募ッテシマッテ、殘ル所ハ七千九百万圓、此九年度ノ末ニ殘リマシタガ、是ハ臨時事件特別會計ノ公債デアリマシタ、臨時事件特別會計ノ公債デ、是ハ諸君御案内ノ通リ、事件發生ヨリ、事件終了ニ至ルマデ、一會計年度トシテ、大正三年ヨリシテ、事件ノ終結スルマデ一年度トシテ、必シモ政府ノ年度内ニ之ヲ募ッテシマウ必要ハナイノデアル、之ヲ除クノ外、殘ル二億數千万圓ノモノハ皆ナ募ッタノデアル、更ニ大正七年度ノ豫算ヲ議スル場合ニ於テ、歳出入ノ見込ニ對シテ、憲政會ノ諸君ハドウ仰セラレタカ、是ハ確ニ私ハ記憶致シテ居リマスガ、早速君ト記憶致シマス、七千万圓ノ自然増收ニ對シテ、左様ナ増收ハ中ヽ得ラレルモノデナイト云フ悲觀説ヲ幾度モ繰返サレテ居ルノデアル、然ルニ其結果ハドウデアリマス、七年度ノ經常歳入ノ豫算全體ガ六億四千三百万圓デアッタモノガ、實際ノ實收ハ九億一千一百万圓デアッタノデアル、(拍手起ル)即チ足リナイトコロハナイ、實收ノ超過二億六千八百万圓ニナッタノデアリマス、(拍手起ル「苛斂誅求ノ結果ナリ」ト呼フ者アリ)更ニ大正八年度ノ豫算ノ場合ニ於テハ、同ジク武富君ガ(「現在ノ財政狀態如何」ト呼フ者アリ)此歳出入ハ決シテ均衡ヲ得ルモノデハナイ、自然收入其他ニ於テ必ズヤ大ナル缺陷ヲ生ズルニ違ヒナイ。大正七年度ハ好景氣ノ絶頂デアッタノデアルガ故ニ、大正八年度ハ下リ坂ニナッテ居ル、此下リ坂ニナッテ居ル時ニ斯様ナ歳入ヲ見積ルノハ過大デアル、是ハ必ズ其通リニ取レナイト云フコトニナッテ、豫算不實行――豫算ノ實行ハ困難ニ陷ルモノデアルト云フコトヲ、此壇上ニ於テ武富君ハ述ベラレタノデハアリマセヌカ、然ルニ今日果シテ如何、經常歳入其當時ノ豫算ガ八億三千九百万圓デアッテ、是ガ即チ取レナイト云フコトヲ憲政會デ御主張ニナッタ、所ガ現在ノ景氣ノ惡イ時ニ實收動カスベカラザルモノガ、既ニ一億六千四百万圓デアッタ所ノ實收ガ、二億二千五百万圓ニナッテ居ルデハアリマセヌカ、(拍手起ル)斯ノ如ク公債ニ於テモ、將又歳出入ニ於テモ、憲政會ノ悲觀説ハ、既ニ事實ニ於テ裏切ラレテ居ルノデアリマス、所謂中ルモ八卦中ラヌモ八卦ト申シマスガ、如何ニモ此中ルコトノ少キヲ遺憾ト致シマス、今年度ノ豫算ニ關シテモ亦同一ノ悲觀説ヲ繰返サレテ居ルノデアル、公債ノ募集ハ困難デ、又租税ノ收入ニ對シテハドウダ、就中前途ノ租税收入ノ如キハ中ヽ其通リニハ取レマイ、斯様ニ悲觀説ヲ又ヽ繰返サレテ居リマスケレドモ、既ニ過去ニ於テ豫想ノ適中セザリシ所ノ、動カスベカラザル此事實ガ在ル以上ハ、吾ヽ國民ト共ニ此憲政會ノ豫言ニハ斷ジテ同意ヲ與フルコトガ出來ナイノデアリマス、(拍手起ル)

(議長少シ注意シタラドウデスカ、餘リ下ラヌ議論ヲスル」「默レ」「生意氣ナ」「何ガ惡イ馬鹿」ト呼フ者アリ」

○議長(奥繁三郎君) 静ニ……

○山本悌二郎君 更ニ憲政會ノ諸君ハ……

(此時發言スル者多ク議場騒然)

○議長(奥繁三郎君) 一寸諸君ニ申シマスガ、成ルベク演説ハ静ニ聽カレルヤウニ、憲政會ノ諸君ガ此演説ニ對シテ、批評ヲ試ミタリ、反對シタリスル御考ガアルナラバ、早速君ガ續イテ演説ヲサレマスカラ、成ルベク早速君ノ口ニ依テ、此演壇デ反對サレルヤウニ……

（拍手起ル、「批評ハ從來ノ慣例ナリ」「議長ハ慣例ヲ重ンジナイノカ」ト呼フ者アリ）

○議長（奥繁三郎君）　靜ニ……

○山本悌二郎君　此豫算ニ現ハレタル所ノ數字ハ、物價騰貴ノ計數ヲ非常ニ含ンデ居ルノデアリマス、物價騰貴ノ爲メニ自然ニ計數ガ膨脹シテ居ルノデアル、此物價騰貴ナルモノハ、現内閣ガ放漫ナル財政策ノ結果、斯ノ如ク相成ッタモノデアルト論斷セラレルノデアル、（「其通リ」ト呼フ者アリ）是ハ此豫算ヲ議スル上ニ於テ、果シテ物價騰貴ナルモノガ、現内閣ノ責任ナリヤ否ヤヲ先ヅ以テ論定スル必要アルガ故ニ、是ヨリシテ此點ニ就テ申述ベルノデアリマス、抑、諸君ハ、直チニ口ヲ開ケバ、今日非常ニ通貨ガ膨脹シテ居ル、此通貨ノ膨脹ヲ止メナイカラシテ、此通リ物價ガ騰ッタノデアル、口ヲ開ケバ二言目ニハ左樣ニ仰シヤルガ、通貨ト物價ノ關係ハ、諸君ノ言ハレル如ク左樣ニ輙スク參ルモノデアリマセウカ、ドウデアリマセウカ、私ハ固ク信ジナイノデアル、既ニ今日三億八千万圓ノ――戰前ノ兌換券ダケヲ申シマシテモ、三億八千万圓ノ兌換券ヨリ、今日ハ約十三億ニ達シタト云フコトハ確ニ增加ニハ相違ナイ、又膨脹ト云フコトモ言ハレルノデアル、併ナガラ此膨脹ノミヲ看テ、直チニ是ガ物價騰貴ノ原因ナリト論斷スルノハ抑、如何ナモノデアリマセウカ、諸君ハ御承知アラネバナラヌト思フノデアリマスルガ、通貨ト云フモノニハ、確ニ此國ニハ是ダケノ通貨ガ、何時モ適當デアルト云フ限ガアルベキ筈ノモノデハナイ、其國ノ經濟狀態ノ發達ニ伴ウテ、或ハ減ジ、或ハ增スト云フコトハ當然ノ結果デアル、通貨ナルモノハ何ノ爲メニ要スルノデアルカト云ヘバ、無論經濟上ノ物資ノ交換賣買ノ爲メニ要スルモノデアル以上ハ、此經濟ガ發展シ、此物資ノ生產、賣買、交換ト云フモノガ盛ニ行ハレ、其數量ニ於テ非常ニ增加スルト云フコトニナレバ、之ニ伴ウテ亦通貨ノ數量モ增加シナケレバナラヌト云フコトハ、當然ノ歸結デアルノデアリマス、（拍手起ル）翻ッテ我國ノ情況果シテ如何デアルカ、既ニ豫算委員長カラモ豫算委員各分科會ニ於テ論議サレタ數字ヲ申サレマシタケレドモ、銀行ノ預金ヲ見テモ、郵便貯金ヲ見テモ、又會社ノ拂込資金ヲ見テモ、乃至銀行ノ手形交換ヲ見テモ、有ユル點ニ於テ我國ノ富ニ膨脹、我國ノ生產賣買ノ旺盛ヲ證セナイモノハ無イデハアリマセヌカ（拍手起ル）是ハ又必シモ數字ヲ要シナイ、吾々ノ眼前ニ橫ッテ居ル此現象事物ニ對シテ、直チニ常識ヲ以テ判斷スルコトガ出來ルノデアル、卽チ戰爭前大正三年前ニ比シテ、我國ノ今日ノ此生產ノ情況、此富ノ程度ハ果シテ同一ノモノデアルカ、或ハ大ニ增加シテ居ルカト云フコトニ就テハ、憲政會ノ諸君ト雖モ、大ニ增加シテ居ルト云フコトハ、否認スルコトガ出來ナイト思フノデアリマス、（拍手起ル）果シテ我國ノ富ガ膨脹ヲシ、我國ノ生產賣買ガ大ニ增加シタトスレバ、隨テ通貨モ亦膨脹スルノガ當然ノ結果デハアリマセヌカ、（拍手起ル）成程一面ニ於テ三億八千万圓ガ十一二三億ニナッタト云ヘバ、三倍以上ニナッタ、併ナガラ一面ニ於テ經濟ノ發達モ亦二三倍、富ノ力ガ二三倍ニナッタト云フコトデアレバ、卽チ此通貨ノ膨脹ナルモノハ、此經濟ノ發展ニ伴ウタル所ノ當然ノ膨脹、自然ノ膨脹デアッテ、決シテ不自然ナル膨脹デナイト云フコトヲ斷言シナケレバナラヌ、（拍手起ル）既ニ不自然ノ膨脹增加デナイトスレバ、ソレヲ緊縮シタナラバ、如何ナル結果ニ相成ルノデアラウ、諸君ハ通貨ガ斯ノ如ク膨脹シテ、其結果トシテ、乃チ物價ガ騰貴シテ居ルノデアル、故ニ此通貨ヲ大ニ收縮シナクテハナラヌデハナイカ、ソレヲ政府ガ何故ニヤラナカッタカト云フノガ諸君ノ御議論デアル、所ガ是ハ此膨脹ハ不自然ノ膨脹デアル、過大ナ膨脹デアルト云フコトヲ前提トシテノ御議論デアルノデアル、若シモ此通貨ノ高ナルモノガ過大ニアラズ、又不自然ナラズトスレバ、此不自然ナラザル膨脹ニ對シテ、人工的ヲ以テ之ヲ收縮シ、之ヲ取上ゲタナラバ、果シテ其結果ハ如何ナル現象ヲ來スデアラウカ、卽チ通貨ノ不足、金融ノ梗塞ト云フコトニ相成ッテ、遂ニ生產界ニ大打擊ヲ與ヘルト云フ結果ガ生レルノデス、（拍手起ル）憲政會ノ諸君ニソンナラバ、ドウシテ收縮シタラ宜シイカト問ウテ見タラバ、公債ヲ募ッテ大ニ海外ニ放資スベシト云フヤウナコトモ申サレテ居リマシタ、ソレハ餘程過去ノ事デ、最早其聲モ餘リ聞キマセヌヤウデアリマス、併ナガラ是等ハ殆ド國民トシテ論評スル價値ガ無イ、吾々ガ二十億ノ在外正貨ガ出來タカラトテ、恰モ成金ニナッタヤウナ心持デ、之ヲザク〳〵掴ミ出シテ、外國ニ持ッテ行クト云フコトデハ、將來何ヲ以テ日本ガ列國ト競爭スル積リデアラウカ、是等ハ勿論論評ノ價値ガ無イ、唯ダ此（「出來ガ惡イネ」ト呼フ者アリ）此金利ノ引上ト云フコトニ就テ、頻リニ彼此論ゼラレマシタ、（「駄目ダ」ト呼フ者アリ）日本銀行ノ金利――日本銀行ノ金利ヲ何故引上ゲナイカ、日本銀行ノ金利ヲ何故大ニ引上ゲナイカ、之ニ依ッテ通貨ヲ收縮シナイカト云フコトハ是ハ又度々耳ニシタ所ノ御議論デアル、吾々ハ此日本銀行ノ金利ヲ引上ゲタレバトテ、ソレハ財界警戒ノ一ノ手段ニハナラウケレドモ、通貨ヲ收縮スル效果ハ斷ジテ無イト云フコトヲ以テ、之ニ反對シタノデアル、（拍手起ル）然ルニ其後是ハ水掛論デアルト云フヤウナ、御考デアッタカモ知レマセヌガ、事實ハ果シテドウデアリマスカ、昨年十月十一月ニ亙ッテ、二回日本銀行ハ金利ヲ引上ゲマシタ、是ハ諸君ノ御承知ノ通リデアル、其日本銀行ノ金利ヲ引上ゲテ以來今日ニ至ルマデノ兌換券ノ增減、果シテ如何ト云フコトヲ御覽ニナッタナラバ、恐クハ思ヒ半ニ過ギルコトデアラウト思フ……

（「時期ガ惡イ」「時期ヲ過ッタカラダ」ト呼フ者アリ）

○議長（奥繁三郎君）　三木君靜ニ――發言ハ許シマセヌ

（三木武吉君「私ハ議長カラ發言ヲ許サレテ居リマセヌカラ發言ヲ止メラレルコトハアリマセヌ」ト呼フ）

○議長（奥繁三郎君）　一寸此際議長ガ諸君ニ注意ヲ促シテ置キマスガ、慣例ニ於テ假令許サレテ居ルカ存ジマセヌガ、批評ハ許シマセヌ、議院法ノ第八十七條ニ依リマスト、絕對ニ議長ハ議場ヲ整理スル權利ヲ有ッテ居リマス、之ヲ妨グル人ハ發言ヲ禁止スル權利ヲ有ッテ居リマス、ソレデ或程度マデハ忍ブ場合ガアリマスガ、議長ノ認識ニ於テ許スベカラザルモノト認ムルトキニハ、之ヲ禁止シマス（拍手起ル）

（「議長々々」ト呼フ者アリ）

○山本悌二郎君（續）　日本銀行ノ金利引上ハ、十月十一月ノ二回ニ於テ行ハレタノデアリマスガ、其後ノ兌換券ノ容子ヲ見マスレバ、卽チ十月ニ十一億五千万デアッタモノガ、十一月ニハ十二億、十二月ニハ更ニ增加シテ十五億ニナッテ居ル、尤モ歲末ノ關係モアリマセウガ、然ラバ其月越ノ九年一月ニナッテ如何ニナッタカト云ヘバ、十三億五千万、二月ニハ十三億三千万、三月ニハ十三億三千万、四月ニハ十三億四千万、五月ニハ十三億、斯樣ニナッテ、金利引上ノ當時ニ於テ十一億五千ノ兌換券デアッタモノガ、今日ハ寧ロソレヨリ增加シテ、十三億臺ニナッテ居ルデハアリマセヌカ、明カニ金利引上ノミニ依テ、此兌換券ヲ收縮スルト云フコトノ出來ナイト云フ適證デハアリマセヌカ、尤モ濱口君ハ日本銀行ノ金利引上ハ、其時期宜シクナカッタト云フコトヲ申シテ居ル、併ナガラ濱口君ノ言ハレル所ノ所謂時期其宜シキヲ得ズト云フコトハ、諸君ノ言ハレル意味トハ違ッテ居ルノデアル、濱口君ノ言ハレルノハ、此日本銀行ノ金利引上ニ依テ、經濟界ニ警戒ヲ與ヘルト云フ時期ハ、十一月ハ既ニ晚カッタト斯樣ニ申シテ居ルノデアル、通貨收縮トハ別問題デアル、通貨收縮ハ流石十一月デナクテ、五月ナラバ收縮ガ出來タト云フヤウナ素人臭イコトハ、濱口君ハ申シテ居ラヌノデアル、斯ノ如ク通貨收縮ノ方法トシテモ、日本銀行ノ金利ノ引上ヲ爲スト云フコトニ依テ、其目的ヲ達セントスルコトハ、全然不可能デアルト云フ吾々ノ主張ヲ正ニ此事象ガ裏書シテ居ルノデアル、要スルニ物價ハ世界ノ大勢ヨリ生レ來ッタノデアル、獨リ我國ニ於テ物價ガ騰貴シタバカリデハナイ、何レノ國ニ於テモ物價騰貴セザル國ハ無イデハナイカ、卽チ是ハ歐洲大戰ニ依テ需要供給ノ權衡ガ破壞サレタト云フコトガ一ノ原因、殊ニ又我國ニ於テハ此五年以來富ノ增加ガ著シクシテ、各人ノ懷ガ非常ニ膨脹シタト云フコトハ、是ガ我國ニ取ッテハ特殊ノ原因デアル、是等ノ經濟上ノ原因、是等ノ經濟上ノ大勢カラ致シテ、此物價騰貴ナルモノガ來ッタノデアッテ、決シテ單ニ通貨ガ殖エタトカ、殖エヌト云フヤウナ問題デ、斯樣ナ現象ヲ起シタノデハナイト云フコトダケハ、玆ニ明カニシテ置カナケレバナラヌノデアル、尤モ物價ノ調節ハ爲シ能フ範圍ニ於テハ爲スノデアル、又通貨ノ收縮モ出來得ル限リニ於テ、必要ナル限リニ於テハシテ居ルノデアル、例ヘバ通貨ノ如キモ、決シテ之ガ物價騰貴ノ原因デハナイケレドモ、サリナガラ各人ノ懷カラ遊離スル所ノ消費スル資本ガ澤山デアレバ、隨テ物資ノ供給ヲ喚起ス虞ガアルガ故ニ、此金ヲ餘リ消費サセナイ方法ヲ執ルト云フガ如キハ、卽チ我内閣ニ於テモ之ヲ執ッタ方法デアル、小額債劵及郵便貯金奬勵ト云フガ如キハ、卽チソレデアル、是以上ハ憲政會諸君ノ言フガ如ク、大雜把ナ急激ナル人工的ノ通貨收縮ナルモノ、如キハ、此内閣トシテモ、亦我黨トシテモ、斷ジテ之ヲ行フコトヲ拒否シタノデアル、併ナガラ諸君、諸君ハ現内閣ノ放漫ナル政策ノ結果トシテ、此物價ハ騰ッタノデアル、物價ノ騰貴ハ全然現内閣ノ責任ナリト斯樣ニ申シテ居ラレマスガ、抑、何レノ國ニ於テ、物價ガ騰貴シナイ國ガ今日此列强ノ間ニ在リマスルカ、悉ク是ガ政府ノ罪デアリマスカ、米國ニ於テ旣ニ然リ、英國ニ於テ旣ニ然リ、然ラバ英國ノ政府、米國ノ政府、悉ク此物價騰貴ニ對シテ、責任ヲ負ハナケレバナリマセヌカ、左樣ナ道理ト云フモノガ、何レノ時ニ在リマセウカ、諸君、物價ナルモノハ總テ之ヲ調節スルト云フコトハ、非常ニ困難ナ問題デアルト云フコトハ、申スマデモナイノデアル、貴下方ガ仰シヤルヤウニ、左樣ニ一擧手、一投足ノ勞ヲ以ッテ、之ヲ上ゲタリ下ゲタリスルコトノ出來ル筋合ノモノデハナイノデアル、德幕專制ノ力ヲ以テスラ、米ノ値段ヲ押ヘヤウトスル策ヲ施シタコトハ一再ニシテ止マリマセヌ、併シ其目的ヲ達シタコトハ、當テ一回モ無イノデアル、一ノ米ノ値段ヲ德幕專制ノ力ヲ以テ之ヲ抑止セントシテ能ハナカッタト云フコトハ、如何ニ物價ナルモノガ政府ノ力ヲ以テ、彼是スルコトノ困難デアルカト云フコトヲ說明シテ餘リアルデアラウト思フ、殊ニ今日ノ此物價ナルモノハ、經濟上複雜ナル影響ニ生レテ來タモノデアル、殊ニ内國的原因ノミナラズ、外國ノ影響ヲ受ケテ、此物價ナルモノガ生レテ來テ居ルノデアル、之ヲ一ニ政府ノ力ヲ以テ左右セヨ、左右スル力ガナケレバ、卽チ政府ノ責任ナリト云フガ如キハ、抑、經濟界ノ大勢ヲ解セザルモ甚シキモノト謂ハナケレバナラヌ、調節ハ無論致シマスルケレドモ、其調節ガ悉ク目的ヲ達セマスト云フコトガ、貴下方ノ御批難ノ點デハアリマセヌカ、大隈内閣ノ當時ニ於テハ如何デアリマシタカ、米ガ十三圓ニ下ッテ、是以上下ッテハ堪ラナイト云フノデ、大隈内閣ハ米價ノ引上策ヲ講ジタデハアリマセヌカ、ソレハ今日貴下方ノ領袖デアラセラレル若槻君ガ、確カ大藏大臣ノ當時デアッタト記憶スル、其時ニ一千万圓ノ金ヲ以テ此米ノ値段ノ引上策ヲ講ジタデハアリマセヌカ、然ルニ其米ノ引上策ヲ講シタ其三月ヨリシテ、米ハ却テ下落シタデハアリマセヌカ、米ノ下落ヲ止メントシテ政府ガ策ヲ施シテ、其策成ラズシテ其米ハ益、下落シタト云フコトハ、大隈内閣時代ニ於ケル明カナル事實デアル、斯樣ニ困難ナモノデアルト云フコトヲ、貴下方ニ御示シヲスルノデアル、故ニ吾々ハ其當時ニ於テモ、米ノ値段ガ下ルカラ、大隈内閣ノ責任ナリト其當時決シテ申シテ居ラヌノデアル、借テ諸君假リニ諸君ノ通リニ此急激ナル通貨ノ收縮ト云フモノヲ行ッタナラバ、果シテドウ云フ狀態ニ立至ッタデアリマセウカ、吾々ハ常ニ主張シタノデアル、今日通貨ノ數量ハ大體ニ於テ不自然ナル數量デハナイノデアル、故ニ之ヲ假ニ一億、二億、三億ト云フガ如キ數量ニ於テ、急激ニ之ヲ吸收スルト云フコトニナッタナラバ、其結果トシテ通貨ノ不足ヲ來シ、信用ノ梗塞ヲ來シ、延イテ生產界ニ大打擊ヲ與ヘルモノデアルト云フ、此意味ニ於テ吾々ハ反對シ來ッタノデアル、然ルニ其證據ハ事實ノ上ニ於テ現レタデハアリマセヌカ、卽チ此四月以來ノ財界ノ動亂ハ、果シテ是ハ何ヲ證據立テルモノデアリマス、此起リハ言フマデモナク、輸入超過ノ結果トシテ、數億ノ金ガ出來三月頃マデノ間ニ、急激ニ吸收サレタ結果トシテ、玆ニ通貨ノ著シキ不足ヲ來シ、銀行ハ之ガ爲メニ警戒ヲシ始メ、銀行ガ警戒ヲシ始メタト云フ聲ヲ聞クヤ、株式ハ俄ニ暴落シ、株式ノ暴落ヲ聞クヤ、更ニ翻ッテ銀行ハ其警戒ノ程度ヲ一層高メタト云フノガ、卽チ今回ノ此動亂ノ序幕デアルノデアッテ、原因ヲアルノデアル、卽チ言葉ヲ換ヘテ言ヘバ、輸入超過ノ爲メニ通貨ガ市場ヨリ吸收サレタト云フコトガ、是ガ抑、今日此變動ノ原因デアルト云フコトハ、貴下モ御通知ノ通リデアル、然ラバ諸君、此通貨ノ收縮ナルモノハ、是ハ成程人工的ニヤッタノデハナイ、貿易上自然ノ結果トシテ、斯ノ如キ現象ニナッタノデハアリマスルケレドモ、併ナガラ通貨市場カラ數億ノ金ガ急激ニ緊縮サレタ、收縮サレタト云フ、其結果ニ至ッテハ同ジ事デアルノデアル、卽チ此緊縮ノ爲メニ此財界ノ動搖ガ起ッタト云フコトデアレバ、是ハ卽チ取モ直サズ通貨ヲ俄ガニ收縮スレバ、必ズ反動ガ起ルノ、必ズ生產界ニ打擊ヲ與ヘルゾト言ッタ、其事ノ主張ヲ正ニ裏書シテ居ルモノデハアリマセヌカ、(「ヒヤ／＼」ト呼フ者アリ拍手起ル)(「三木武吉君、輸入超過ハ何人ノ責任デスカ」ト呼フ)輸入超過ナルモノハ(「簡單々々」ト呼フ者アリ)抑、此五箇年ノ好況ヲ續ケ、五箇年ノ輸出貿易ヲ繼續シ來ッタ所ノ我帝國ハ、必ズヤ早晩輸入超過ノ時ニ移ルト云フコトハ、當然ノ結果デアッタノデアリマス、何レノ國ト雖モ輸入ナラ輸入、輸出ナラ輸出ノ片貿易ヲ以テ、永年ノ間繼續シ得ル國ハ一ツモ無イノデアル、貿易ノ健全ナル狀態ハ、必ズ輸出輸入相伴フ狀態ニ於テ、初メテ健全デアルノデアル、故ニ此戰爭以來五箇年ノ間、輸出ノミヲ繼續シ來ッタ所ノ此我帝國ノ貿易ハ、當然ノ歸結トシテ早晩輸入超過ヲ見ナケレバナラナイ筈デアッタノデアル、是ガ何デ此政府ノ責任デアリマセウカ、當然ノ經濟界ノ歸結デアリマス(「イケナイ事ハ皆當然ノ歸結ダネ」「時間延長」「簡單々々」「恥ヲモウ少シ曝ラサシテヤレ」「八釜シイ」「代表演說人其宜シキヲ失シタリ」「高田ハ分ラヌ高田ハ能力ナシ」ト呼フ者アリ)

○議長(奥繁三郎君) 靜肅ニ――六時ノ時間ハ延長シマス

○山本悌二郎君 或ハ此通貨ノ收縮ナルモノハ、徐々ニスレバ宜カッタデハナイカト云フヤウナ御說モ聽イテ居ルノデアル、成程戰爭開始以來、此經濟界ガ好況ニ向ハントスル所ノ其時機カラ、初メテグイ／＼兌換劵ノ收縮デモヤッテ見タナラバ、ソレハ物價モ騰貴シナカッタデアラウ、ソレハ反動モ來ナカッタデアラウ、併ナガラ我國ノ產業ハソレニ依テ果シテドウ云フ狀態ニナッタデアラウ、常ニ寢テ居レバ怪我ヲシナイ、怪我ヲシタクナケレバ無爲ニシテ寢テ居レバ一番宜シイノデアル、併ナガラ寢テ居ッテ働カナイト云フ政策ガ、果シテ此興隆ノ機運ニ乘ジテ、世界ノ戰爭場裡ニ乘出サナケレバナラヌノニ、果シテ適當シテ居ル政策デアリヤ否ヤ、諸君ノ御考ヲ煩ハスノデアル、(「憲政會顏色ナシ」ト呼フ者アリ)要スルニ豫算ノ各款項目ニ於テモ、將又此豫算ヲ編成スル所ノ基礎トナッテ居ル所ノ財政政策、財政計畫ニ對シテモ、一點非難スベキ所ヲ認メナイノ故ヲ以テ、私ハ此修正案ニ全腹ノ同情ヲ以テ賛成ヲスルノデアリマス(拍手起ル)

(「モウ少シヤリ給ヘ」「何ヲ言ッタッテ分ルモノカ」ト呼フ者アリ)

○議長(奥繁三郎君) 早速整爾君

(早速整爾君登壇、拍手起ル)(「簡單ニヤレヨ」ト呼フ者アリ)

○早速整爾君 私ハ前刻申述ベマシタル此豫算ノ修正案ヲ維持スル爲メニ、豫算ノ大體ニ關シテ私ノ有スル意見ヲ申述ベタイト思フノデアリマス、唯今山本君ハ多クノ事項ニ亙ッテ、吾々ノ所論ニ反對ノ意見ヲ申述ベラレタノデアリマス、山本君ノ御陳述ニナリマシタ事柄ノ中ニハ、唯ダ一ツ獨リ理窟ガ間違ッテ居ルノミナラズ、實際ノ事實ノ前提ヲモ誤ッテ議論ヲセラレタ處ガアルヤウニ思フノデアリマス、(「ヒヤヒヤ」ト呼フ者アリ)是ハ私ガ大體ノ議論ヲ申述ベルニ隨テ、山本君ノ唱ヘラレタル所ガ間違ッテ居ルト云フコトハ、漸次ニ御分リニナルデアラウト思フノデアリマス、先ヅ私ハ矢張鈴木君ガ御申述ベニナリマシタルガ如ク、此追加豫算ト云フモノ、提出ハ此議會ニ於テ斯ノ如キ尨大ナル追加豫算ヲ提出セラレタト云フコトハ、理論ノ上ヨリ申セバ、甚ダ穩當ナル遣方デハナイト云フコトヲ申上ゲ置キタイノデアリマス、是ハ私ハ將來ノ爲メニ政府ニ向ッテ反省ヲ求メタイ、此意味ニ於テ、私ノ意見ヲ申述ベ置カナケレバナラヌ、是ハ私ハ豫算委員會デモ、其意見ノ大體ヲ申述ベタノデアリマス、唯今山本君ハ此說ニ對シテハ、唯ダ議會ノ解散ガ不當デナイト云フ一言ヲ以テ、之ニ酬ヒラレタノデアル、吾吾ハ素ヨリ此山本君ノ御辯解ニ滿足スルコトガ出來ナイノデアリマス、議會ガ解散セラレタル場合、其他ノ場合ニ於キマシテモ、豫算ガ不成立ニナリタル場合ハ、前年度ノ豫算ヲ施行スベシト云フノガ憲法ノ命ズル所デアリマス、(「謹聽」ト呼フ者アリ)是ハ動カスベカラザル所デアル、併ナガラ唯タ前年度豫算施行ノ範圍內ニ於テノミ、國務ヲ取扱フト云フコトニ相成リマスレバ、無論國務ノ進行上差支アルガ故ニ、茲ニ追加豫算ヲ提出スルノ已ムヲ得ザルニ至ッタノデアル、私ハ素ヨリ追加豫算ノ提出ト云フコトニ就テ、絶對反對ノ意見ヲ有ッテ居ルモノデナイト云フトコハ、豫算委員會ニ於テモ申述ベテ居リマス、併ナガラ追加豫算ヲ提出シ得ベキ場合ハ、是ハ今日デハ明ニ會計法ニ規定シテアル、必要避クベカラザル經費、及法律又ハ契約ニ基ク經費ノ不足ヲ生ズル場合ノ外、追加豫算ヲ提出スルコトヲ得ズ、必シモ私ハ此會計法ノ規定ヲ狹義ニ解釋スルコトハ欲シナイノデゴザリマスルケレドモ、憲法ノ七十一條、會計法ノ五條、此精神ノ上カラ申シマスレバ、豫算ガ不成立ニナリタル場合ニハ、甚ダ不元氣デアルケレドモ、前年度豫算施行ト云フコトヲ先ヅ以テ覺悟シナケレバナラヌ筈デアル、是ハ憲法竝ニ會計法ノ精神カラ申シテ、左樣ニ論斷シナケレバナラナイ尨大ナル追加豫算ヲ提出シテ、此事項モ緊急問題デアル、彼ノ事件モ已ムベカラザル經費デアルト稱シテ今囘ノ場合ノ如キ四十二議會ニ提出セラレタル豫算ヨリモ、實行豫算ト相合スレバ幾千萬圓ノ增額ヲ示スガ如キ尨大ナル豫算ヲ提出シ、ドレモ是レモ緊急事件デアルト稱スル場合ニ、政府ノ解散ニ對スル責任ト云フモノハドウシテモ私ハ免ル、コトガ出來ナイト云フコトヲ一言スル(拍手起ル)政府トシテ前年度豫算施行ト言ヘバ、憲法ノ命ズル所ニ從ッテ不便モ忍バナケレバナラヌ、窮窟モ忍バナケレバナラヌ、或ル苦痛モ忍バナケレバナラヌ、是ハ全ク憲法ノ命ズル所デアリマス、私ハ豫算會デモ申シタ、或ル意味ニ於テハ、此憲法ノ規定ハ、濫リニ議會ヲ解散スベカラズト言ヘル意味ヲ暗示シテ居ルモノデハナイカ、豫算ヲ不成立ニスルト云フコトハ、憲法ハ成ルベク之ヲ、防イデ居ルノデアル、然ルニモ拘ハラズ議會ヲ解散シテ、豫算ヲ不成立ニナラシメテ、而シテ尨大ナル追加豫算ヲ提出シテ、是レモ緊急、彼レモ緊急ト言ッテ、協贊ヲ求メルト云フコトハ、私ハ憲法ニ背クト云フノデナイ、會計法ノ規定ニ背クト言ハヌ、併ナガラ其精神ニ照シテ、少ナクモ穩カナラザル行動デアルト云フコトヲ斷言スルノデアリマス(拍手起ル)實際ニ於テ緊急止ムベカラザル經費デアルトスレバ、理窟ノ上カラ申シマスレバ、現內閣ハ此春ノ四十二議會ノ當時、何事ヲ差シ措イテモ豫算ヲ成立セシムベキ責任ガアッタ、其當時豫算ハ既ニ我衆議院ヲ通過シテ、貴族院ノ審査中ニ屬シテ居ッタノデアリマスル、政府ノ方カラ申セバ此豫算ヲ成立セシムルト云フコトハ、全ク一擧手一投足ノ勞デ出來タ場合デアル、立派ニ之ヲ成立セシメ得タノデアル、ソレニモ拘ラズ此豫算ヲ成立セシメナカッタト云フコトハ、私ハ政府ガ此點ニ於テハ、全ク無責任デアッタト斷言シテ少シモ差支ナイト思フノデアリマス、此ニ於テ政府ノ辯明セラル、所ハ、議會ノ解散ハ止ムヲ得ナカッタモノデアル、私共ハ別ニ止ムヲ得ナカッタトハ思ハナイ、解散ヲシナイデ濟ンダ議會デアル、政府ノ政策ヲ行フニ、政府ノ所信ヲ斷行スルニ、解散ヲセズトモ少シモ差支ナカッタ、議會ヲ解散シテ而シテ緊急已ムベカラザル豫算ヲ立派ニ成立セシメ得ルニ拘ラズ、成立セシメナカッタ、而シテ今囘ノ此特別議會ニ對シテ尨大ナル豫算ヲ提出シタト云フコトニ就テハ、政府ハ憲法竝ニ會計法ニ對スル責任ヲ自覺セラレナケレバナラヌト私ハ思フノデアリマス(拍手起ル)併ナガラ私ハ先刻ヨリ申シテ居リマス、ソレダカラ此追加豫算ノ全部ヲ否認スルトハ申サナイ、私ハ固ヨリ之ヲ資義ニ解釋シテ居ル、併シ斯ノ如キ場合ニ當リテハ私共ノ所謂濫リニ解散ヲ斷行スベカラズ、濫リニ豫算ヲ不成立ニ歸セシムベカラズ、此點ニ根據ヲ有スル私ノ此追加豫算論ハ、將來ノ警戒ノ爲メニハ、必ズシモ此內閣ト言ハナイ、此後ノ當局者ニ對シテ反省ヲ促シ置ク爲メニハ、其警戒ヲ求ムル爲メニハ、特ニ茲ニ之ヲ一言シ置カザルヲ得ナイノデアリマス、山本君ハ唯ダ此問題ニ對シテ議會ノ解散ハ當然デアルト云フ一言ヲ以テ御答ニナッタト云フコトハ、先刻申ス通リ頗ル物足ラナイ感ジヲ懷クノデアル、次ニ私ハ山本君ハ長長ト御申述ニナリマシタ此豫算財政計畫ノ基礎ニ關シテ、私共ノ意見ヲ述ベテ、山本君ノ誤ヲ匡サナケレバナラヌノデアル、成程吾々ハ昨年――昨年來ト申スヨリハ或ハ一昨年來デアッタカモ知ラナイ、我ガ經濟界ノ頗ル好景氣ヲ示シタル時代ニ於テ、之ニ對シテ十分ノ警戒ヲ與ヘナケレバナラヌト云フ說ヲ繰返シ述ベタノデアリマス、豫算論ニ於テハ頻リニ歲入ニ就テ大藏大臣ガ樂觀說ヲ吐カレル、併シ景氣ノ好イ時ハソレデ宜カラウ、併ナガラ前途ノ爲メニハ、左樣ニ樂觀一方向キノ議論ヲ以テ財政ヲ處理シテ行クコトガ出來マイト云フノガ、吾々ノ論據、經濟界好景氣ノ場合ニ、十分ニ之ヲ警戒シナケレバナラヌト云フ意味ノ議論ヲ、昨年來屢、之ヲ繰返シタノデアリマス、是ハドウ云フ意味デアルカト言ハバ、財政ノ問題トシテハ、卽チ財政ノ基礎ヲ鞏固ニシナケレバナラヌ、吾々ノ議論ハ基イテ居ル經濟政策トシテモ、最モ堅實ナル經濟政策ヲ行ハナケレバナラヌ、吾々ノ議論ノ基イテ居ル其議論ヲ目シテ唯今山本君ガ悲觀論ト稱シテ居ラル、、何ト言ハレテモ仕方ガナイ、吾々ハ必ラズシモ悲觀論デモナイ、悲觀論ト言ハレテモ何ト言ハレテモ其言葉ハ別ニ咎メナイ、左樣ナ悲觀論ハイカナイ、大藏大臣ハ屢、此事ハ昨年來口ニシテ居ラル、、其當時ノ議論ヲ私ハ繰返シマセヌ、好景氣ノ時ニ寧ロ警戒ヲシナケレバナラヌト云フノハ、前途ノ財界ノ事ヲ考ヘタル吾々ノ議論デアッタ色々山本君ハ唯今御議論ニナッタノデアリマス、併シ吾々先見ノ明ヲ爲シタデハナイカ、論ヨリ證據悲觀論ヲ唱ヘルト言ウテ吾々ヲ嘲ッテ居ッタ、樂觀論ヲ唱ヘテ放縱極マル政策ヲ行ヒタル其結果、今日ノ狀況ハ果シテ如何デアリマス(拍手起ル)此急激ナル反動ノ來ル事ヲ恐レタノハ、卽チ吾々ガ昨年來屢、議論ヲ繰返シタ所以ナノデ、經濟上ノ反動ガ來タ財界ヲ混亂ニ陷レテハイカナイ、成ルベク之ヲ豫防シナケレバナラヌト云フノガ、吾々ノ議論ノ骨子デアッタノデアリマス、然ルニソレヲ肯カズシテ、相變ラズ放縱政策ヲ繼承シタルガ爲メニ事實ガ證明シテ居ル今日ノ如キ財界ノ一大混亂ヲ招イタノデアル、私共ハ決シテ先見ノ明ヲ爲シタト云フコトニ就テ誇ラントスルモノデナイケレドモ、斯ノ如キ狀況ヲ呈シ來ッタト云フ今日ノ財界ノ反動混亂、此狀況ヲ觀ルニ就テハ、實ニ國家ノ爲メニ慨嘆セザルヲ得ナイノデアリマス(拍手スル者アリ)是ハ經濟上自然ノ狀勢デアルカノ如ク辯解ヲセラレテ居ルノデアル、山本君ノ御說モ亦左樣ニ論ジ來ッテ居ラル、ノデアル、ケレドモ是ガ果シテ矢張自然ニ來ッタモノデアラウカ、私ハ飽ク迄モ此點ニ對シテハ內閣諸公ノ責任ヲ問ハザルヲ得ナイノデアリマス(拍手スル者アリ)成程經濟上ノ反動ト言ヘルコトハ、或ル程度ニ於テハ必ズシモ是ハ人爲ニ出デタモノデハナイ、自然ノ狀勢已ムヲ得ズシテ、此處ニ到ッタト云フコトモ、私ハ茲ニ之ヲ認メルノデアリマス、併ナガラ吾々ガ繰返シテ申述ベタル如ク、昨年竝ニ一昨年、殊ニ昨年下半期以來、頗ル經濟上ノ景氣ガ好カリシ場合ニ於テ、少シク之ヲ引締メ、少シク之ニ向ッテ警戒ヲ與ヘルト云フコトヲ敢テシタナラバ、今日ノ如ク亂脈ナル此財界ノ動亂ト云フモノハ、私ハ之ヲ見ズシテ止ンダデアラウト思フ(拍手スル者アリ)吾々ノ恐レタノハ此點デアリマス議論ノ要點ハ物價ヲ調節シナケレバイカヌ、或ハ通貨ヲ收縮シナケレバナラヌト言ウタノハ、是ハ皆經濟社會ノ上調子、空景氣ヲ調節スル策トシテ、引締ッタ策ヲ講ジナケレバナラヌト云フ吾々ノ議論ノ材料ニ、此議論ハ屢、繰返シタノデアル、物價ノ調節ト云フコトニナレバ、社會上ノ問題ハ別ニアルガ經濟上ノ問題トシテハ、吾々ハ大藏大臣ト同ジク、總理大臣ノ感ズル所ト同ジク、社會ノ投機熱ノ勃興、思惑熱ノ勃興ト云フモノモ防ガナケレバナラヌト云フコトヲ信ジテ居ッタノデアリマス、左樣ニ信ジテ居リナガラ、今ノ內閣ハ此投機思惑ヲ抑制スルニ有效ナル途ヲ講ジナカッタ、吾々ハ是ニ於テ屢、言ヲ爲シテ、通貨ノ收縮ヲ圖ラナケレバナラヌ、或ハ物價ノ調節ヲ圖ラナケレバナラヌト唱ヘタノハ、要スル所ハ此投機熱ノ勃興、思惑熱ノ勃興ヲ抑制シテ、經濟上ノ狀況ニ就テ、引締メテ往カナケレバナラヌト云フノガ、吾々ノ議論ノ要點デアッタノデアル、先生一向オ感ジガナイ、大藏大臣ガイツデモ樂觀說ヲ維持シテ吾々トハ意見ヲ異ニスル、併シ投機ノ勃興、思惑ノ勃興ヲ誡ムル爲メニ、屢、警告ヲ與ヘタト言フ、是ガ警告デ往ケルモノデアリマセヌ、銀行業者ニ向ッテ警告、地方官吏ニ向ッテ訓令位デ、此大勢ヲ左右スルコトガ出來ルト思フノハ、內閣諸公大ニ誤リデアル、ドウシテモ此間ニハ經濟上有效ノ政策ヲ講ジテ、其政策ノ力ニ依ッテ經濟上ノ大勢ノ抑制ヲ圖ルト云フ一ノ案ヲ確立シナケレバナラナイト云フコトハ勿論デアル、一向有效ナル政策ヲ講ジナイデ置イテ、偖此經濟社會ノ大混亂ガ來ルヤ、大藏大臣ハ之ヲ辯ジテ曰ク、是レ我內閣ノセイデハナイ、政策ノ爲メニ起ッタ問題デハナイ、ソレハ左樣ニ打擊ヲ受ケタ國民ガ惡イカラデアル、早ク言ヘバ左樣ニ辯解シテ居ラレルノデアルガ、併シ無論此投機思惑ノ勃興ト云フコトハ惡カッタニ相違ナイケレドモ、之ヲシテ然ラシメタト云フコトニ就イテハ、我內閣諸公ノ失策ガ之ヲ助ケタト斷言ヲシナケレバナラヌノデアル(拍手スル者「ノウ〳〵」ト呼フ者アリ)併シ此事ハ山本君ハ力ヲ極メテ論ゼラレタル爲メニ、私ハ簡單ニ申シタノデアル、前刻申シタ財政計畫ノ基礎ヲ論ズルニ當ッテハ、私ハ此事ヲノミ論ズルノハ、私ノ議論ノ趣旨デナイ、併シ是ガ斯樣ナ狀態デ、兎ニモ角ニモ財界ノ混亂ガ其極度ニ達シタ爲メニ、我財政ノ計畫ノ基礎ト云フモノハ、愈、怪シクナッテ來タデハナイカ、大藏大臣ニ此事ノ御記憶ヲ願ヒタイ、イツ迄樂觀說デ以テ我財政ノ基礎ハ鞏固デアル、樂觀ヲシテ可ナリト唱ヘテ居ラレルノデアル、ケレドモ經濟界ノ狀態ハ斯ノ如クナッテ來タトスレバ、今日ハ最早樂觀シ得ル時デハナイ、財政ノ基礎ト云フモノガ、今日ノ結果カラ言ヘバ、愈、怪シクナッテ居タデハナイカ、私ハ繰返シテ之ヲ大藏大臣ニ申上ゲル、山本君ハ本年ノ春或ハ昨年、一昨年頃、我黨ノ同志ガ此議場或ハ其他ニ於テ唱ヘタル其言葉尻ヲ押ヘテ、此財政ノ計畫ニ就テ頻ニ議論ヲセラレタノデアルガ、是ハ餘程山本君ガ事實ヲ間違ヘテ居ラレル、吾々ハ嘘ハ言ハナイ、前刻モ申シマスル如ク經濟上ノ狀態ハ如何ニナルカト云フ事ヲ慮ル、ガ爲メニ、

昨年カラモ一昨年カラモ、豫算ヲ論ズルニ當ッテ、歲入ノ基礎ト云フモノハ果シテ確實デアルカ否カト云フ事ヲ常ニ之ニ注意ヲ怠ラナカッタ、政府ガ豫算ヲ編成スルニ當ッテ、歲入ノ自然增收ト云フ事ヲ見積ルコトガ頗ル過大デ、又一方ニ於テハ公債ノ募集金額ト云フモノハ年々歲々多キニ及ンデ居ル、此點ニ就テハ吾々ハ屢、議論ヲ繰返シタ、自然增收ト云フモノヲ多額ニ見積ルト云フコトハ、果シテ財政ノ基礎ヲ鞏固ニスル所以デアルカ、公債ノ募集金額ハ非常ニ多額ニ及ンデ居ルト云フコトハ、財政ノ基礎ヲ薄弱ニスル所以デハナイカ、其議論ハ卽チ私繰返シテ申ス如ク、經濟上ノ反動ガ來タ場合ニハドウスルカト云フ議論デアッタ、大正八年ノ如ク我ガ經濟界ノ狀態ガ頗ル宜シイ、非常ナ好景氣デアッタ、非常ニ好景氣ノ場合ハ、成程自然增收ガ多額ニアルデアリマセウ、大正七年ノ如キハ山本君ノ言ハル、ガ如ク七千万圓ノ自然增收ガアルト言ッタガ、併シ其以上二億万圓アッタデハナイカ、是ハ經濟上好景氣ノ絕頂時代デアッタ、又大正八年モ同ジデアリマス、吾々ハ是ハ認メルノデアル、併ナガラ此大正七年、大正八年ト云フ此年ノ間ニ於ケル經濟上ノ狀況ハ土臺トシテ、大正九年以後十年、十一年ニ亙ル將來ノ財政計畫ヲ立テ、ソレハ誤リデアラウ、(拍手スル者アリ)好景氣ノ時代ニハ自然增收ノ多額ニナルト云フ事ハ、勿論之ヲ認メ得ラレル、公債募集ノ金額ガ多額ニ上ッテ、好景氣ノ時代ニ於テハ之ヲ容スコトハ出來ルケレドモ、一旦經濟上ノ反動ガ來レバ、如何ニ之ヲ處理スルカト云フノガ、私ノ議論ノ要點デアッタノデアリマス、本年ノ春ノ議會ニ於テハ、吾々ノ議論ハ全クソレデアッタ、反動ガ來ルニ相違ナイ、反動ガ來タ場合ニ之ヲ如何ニスルカト云フノガ吾々ノ議論ノ要點デアッタニ拘ラズ、大藏大臣ハ之ニ對シテ矢張樂觀ノ論デアッタ、反動ガ來ルカ來ナイカ、ソレハ分ラヌト云フ――大藏大臣ニ問フト、來ルカ來ナイカ判ラヌ、來ルニシテモ何時來ルカ、ドンナ形デ來ルカ判ラヌト云フ、將來ノ事ハ考ヘナイ、將來ノ事ハ自分ハ今言ハヌ、是ガ大藏大臣ノ御答ノ要領デアッタノデアリマス、(「憲政會ノ代議士會デアリマセヌカ」ト呼フ者アリ)此故ニ山本君ノ說ニ對シテ反駁ヲ加ヘナケレバナラヌ、此故ニ吾々ハ左樣ナ大藏大臣ガ樂觀ノ說ヲ以テ、無責任ニ將來ノ大勢ハ考ヘナイト云フガ如キ事ヲ言ッテ居ラル、ノハ、大藏大臣トシテハ全ク責任ヲ解セザル行爲デアルト云フコトヲ繰返シテ斷言スル(拍手)ソコデ如何テアリマスカ、論ヨリ證據今日ノ如ク經濟上ノ變化ヲ來シテ、慘澹タル經濟社會ノ狀況ヲ、目前ニ吾々ガ見ナケレバナラヌト云フ此場合ニ際シテ、今日ノ追加豫算ニ對シ、矢張自然增收ヲ見積ルコトハ、此春ノ大藏大臣ガ樂觀說ヲ唱ヘタトキト、同ジヤウナ見積リニナッテ居ル、經濟社會ノ事情ハ異ッテ居リマス、ソレニモ拘ラズ、自然增收ノ見積リノ金額一億五

千万圓ト云フ此金高ト云フモノハ、四十二議會ニ提出セラレタトキト、同ジ考ヲ以テ、此追加豫算ヲ提出セラレテ居ルノデアリ、是ハ私ハ疑フデス、假令大正九年度ニ於テ、僅ニ之ヲ彌縫シテ行クコトガ出來ルニ致シマシテモ、將來永遠ノ計畫ト云フノヲ立ツル上ニ於テ、大正九年度ノ自然增收ハ、今日ニ於テモ尚ホ前日ト同ジ考ヲ以テ、之ヲ計算ヲシテ居ラレルト云フコトハ、私ハ大藏大臣ノヤリ方ガ洵ニ、大膽ニ失スルト斷言シナケレバナラヌノデアリマス、(拍手起ル)公債募集ノ事モ山本君ハ、非常ニ樂觀論デ、今日ノ國民ノ生產力ヲ以テスレバ、今日ノ國民ノ富ノ力ヲ以テスレバ、公債ノ一億ヤ二億ハナンデアルト云フ論ヲ唯今此壇上デセラレタノデアリマス、私ハ洵ニ山本君ノ大膽ナルニ驚ク、此度ノ追加豫算並ニ實行豫算ニ揭ゲラレタル一般會計並ニ特別會計、總テ此公債財源ニ充テラレタル金額、卽チ公債募集ノ金額ハ、諸君御承知ノ如ク三億一千万圓、是ハ隨分今日ノ場合ニ於テハ、多額ノ公債額ト謂ハナケレバナラスノデアリマス、此外ニ大正八年度ノ未募集ノ公債七千六百万圓ト云フモノガ殘ッテ居ルソレニ――是ハ大藏大臣ガ豫算委員會デモ申述ベラレタル如ク、本年度ニ借換ヲ要スル鐵道債券並ニ臨時國庫證券、是ガ一億二千万圓バカリハ、現ニ此九月ニ借換ト云フ時期ニ迫ッテ居ルノデアリマス、此金額ヲ綜合シテ見ルト云フト、殆ド五億ニ近イ公債ト云フモノヲ、此大正九年度中ニ旨ク、消化シテ行カナケレバナラヌト云フコトニナッテ居ルノデアリマス、山本君ハ旣往ノ例ヲ引イテ、大正七年ニハ斯ク〳〵デアッタト云フ風ノコトヲ頻ニ繰返シテ、ナニ公債ノ募集ハ易々出來ルト云フガ如キ事ヲ御述ベニナッタノデアル、是ハ大藏大臣ノ言ハレルトハ少シ違ッテ居ル、大藏大臣ハ易々出來ルトハ今日デハ明言セラレナイ、隨分困難デハアルガ辛ウジテ出來ルデアラウト云フノガ、豫算委員會ニ於ケル大藏大臣ノ答辯デアッタノデアリマス、私ハ豫算委員會ニ於ケル大藏大臣ノ答辯ノ要領ヲ申述ベテ置ク必要ガアル、二億圓足ラズノ公債ハ優ニ國民ニ放資ノ力ガアルト見ル云々、先ヅ預金部ニ於テ一億圓バカリ貯蓄ガ殖ヘテ居ルカラ、其中ノ半位ハ預金部カラ自然公債ヲ持ッ云々、毎月千万圓宛郵便局ヲ初メ零碎ノ資金ヲ吸收スル、是ガ先ヅ八千万圓云々、本年度英國ノ圓大藏省證券全部八千五百万圓ハ、現金デ償還スル、是ハ乘換ト云フコトガ出來ル云々、大藏大臣ノ公債募集ニ關スル御意見ハ、唯今申述ベタ通リデアルノデアリマス、是ハ隨分無責任ナ御言葉ダト思フ、總テ此借換ニ要スル金額ヲ計算シマスレバ、殆ド五億ニ近イ公債募集金額デアル、併シ此中臨時軍事費ニ關スルモノハ、先ヅ借入金ニ依ル積リダト云フコトデアリマスカラ、一億二千二百万圓ダケハ此內カラ假ニ控除シテ見テモ宜シイ、ソレニシテモ、少クモ、四億圓以

上ノ公債ハ最近ニ於テ我ガ市場ニ於テ之ヲ消化スルト云フ見込ガ立タナケレバナラヌノデアリマス、本年ノ春位ノ頃デ、經濟上變動ノ來ナイ場合ニ、大藏大臣ノ此說モ或ハ世間デハ事實ト認メ得タカモ知レヌ、事實行ハレ得ルト認メタカモ知レナイガ、併シ今日ハ左樣ニハ參ラヌ、目前ニ財界ノ大動亂ヲ控ヘテ、是ダケノ公債ガ易々出來ルト云フ、併シ大藏大臣ノハ預金部デ五千万圓位ハ公債ヲ持ツコトガ出來ルト云フ意味デス、是ハ無理ニスレバ出來ルデアリマセウ、併シ預金部ノ資本ヲサウ易々ト此公債ノ方ヘ應ズルコトガ出來ル餘裕ガナイト云フコトヽ、私ハ申スガ五千万圓位ハ出來ル、是ハ先ヅ餘リニ預金部デ出來ルト見テ置イテモ宜シイ、每月千万圓位宛ハ、零碎ノ公債ヲ募集スルコトガ出來ル、是ハ郵便局ナドデ募集シテ居ル、所謂公債ノ民衆化ト云フ大藏大臣ノ議論カラ割出サレテ居ル、公債ノ民衆化ト云フ目的ニ就テハ、吾々ハ同意デアリマス、併シ今日ニ於テ、每月一千万圓宛ノ公債ガ、郵便局其他零碎ノ資金ヲ吸收スルト云フ手段ニ於テ、調ヒ得ルヤ否ヤ私ハ此點ニ就テモ大藏大臣ノ御計畫ト云フモノガ、洵ニ粗漫デアルト云フコトヲ疑ハザルヲ得ヌ、是デ八千万圓出來ル、今日以後八箇月ノ間デアルカラ、八千万圓出來ルト云フコトナ、豫算委員會デ明言シテ居ラレル、私ガ申ス迄モゴザイマセヌ新聞紙上等デモ明カデアル、此一千万圓ノ郵便局ノ公債募集ト云フコトハ、既ニ本年ノ四月並ニ本年ノ六月ノ二回政府ハ是ヲ試ミテ居ラレル、四月ト六月ニ之ヲ試ミテ居ル、併シ政府ハ此成績ガ好カッタト云フカモ知レナイケレドモ、此二回ノ郵便局ノ公債ノ募集ト云フモノハ、全ク失敗ニ終ッテ居ルデハナイカ、(拍手)是ハ何ヨリ論ヨリ證據デアリマス、四月ノ當時ハ一千万圓募集スル積リノガ、約七割位ハ成功シタト云フノデアル、約七割位成效シタトスレバ、七百万圓ハ募集シ得タガ、アトノ三百万圓ハ全ク募集シ得ナカッタノデアル、而モ一月間モ置イテ、本年ノ六月ニナッテ、六月ノ成績ハ如何デアルカ、是ハ凡ソ六割位ハ成效シタト云フ御答デアッタト思フノデアリマス、千万圓ノ募集ヲ試ミテ六月ニハ僅ニ六百万圓ヲ募集シ得タト云フ、實際ノ事實デアリマス、是ハ一月ノ間ヲ置イテヤッタ仕事ナンデス、千万圓募集スル積リガ、僅カ六百万圓シカ募集ガ出來ナイ、而モ此募集ノ仕方ニ於テハ、大藏大臣御承知カ御承知デナイカ、地方ノ三等郵便局長ノ如キハ、是ハ色々運動ヲスル、奬勵ノ方法ガアル爲メデモゴザイマセウ、隨分熱心ニ奔走ヲシテ、非常ナ奔走ヲシテ、此公債ノ募集ト云ヲコトニ斡旋ヲシテ居ルノデアル、政府ノ命令ニ依ッテ斡旋ヲシテ居ルノデアリマス、ソコニ極力斡旋ヲシテモ、一箇月千万圓ノ募集セントシタモノガ、僅カ六百万圓ニ止ッテ居ルト云フ今日ノ狀況デアリマス、而モ是ガ每月デハナイ、一月代リニヤッテ居ル成績ガ左樣デアル、四月六月ニ於テ二千万圓ノ募集ヲセント企テタ計畫ガ、此二月ニ於テ千万圓乃至千二三百万圓マデハ募集シ得タト云フ結果ナノデアリマス、國民ノ郵便貯金ガ殖エル、國民ノ郵便貯金ガ殖エルカラ、其點ニ於テ一箇月千万圓位ハ出來ルト云フノガ、大藏大臣ノ推測ナノデス、是ハ唯ダ大藏大臣ノ當推量デアル、年々歲々郵便貯金ガ殖エルカラ、郵便貯金ノ殖エル割合カラ言ヘバ、千万圓位ハ公債ヲ募集スルノハ、差支ナイト云フ、是ハ當推量ナノデアリマス、論ヨリ證據、實際ニ於テ唯今申スヤウナ狀況ニ陷ッテ居ルノデアル、是ガ果シテ公債ノ民衆化ト云フコトガ、今日以後十分ニ目的ヲ達スルコトガ出來ルデアリマセウカ、私ハ八千万圓位ハ郵便局デ募集ハ出來ルト云フ大藏大臣ノ御答ハ、實際ノ事實ニ遠ザカルコト甚シイト斯ウ斷言シテ憚ラヌノデアリマス、(拍手起ル)英吉利ノ圓大藏省證券ノ現金拂ガアル、之ヲ乘替ヘルト云フノガ、大藏大臣ノ御考デアルト思フノデアルケレドモ、是ハ私ハ實際ニ於テ此乘替ガ叶フヤ否ヤト云フコトハ、殆ド之ヲ論ズルコトヲ要シナイト思フノデアリマス、今日ノ財界ノ狀況ニ於テハ、鐵道債券ノ借替ノ如キモ、是ハ頗ル事困難ニ屬スル、現ニ財界ノ人々ガ自ラ公債ノ現金拂ヲ要求シテ居ルト云フコトハ、今日ノ實際ノ事實デゴザイマスルカラ、鐵道債券ニシテモ、國庫證券ニシテモ、此借替ガ困難ニ相違ナイ、今日ノ狀況ニ於テハ、蓋シ已ムヲ得ヌ、英吉利ノ大藏省證券ノ現金ノ借還ヲ受ケルカラ、是ハ乘替ニ使フト云フヤウナコトニ至ッテハ、大藏大臣ガ當推量デ左樣ニ考ヘテ居ラレル、今日ノ實際上カラ申セバ、此事ガ實行ガ出來ルカドウカト云フコトハ大ナル疑問デアルト云フコトヲ、私ハ申上ゲテ置クノデアリマス(拍手起ル)ソレデ山本君ハ公債ノ募集ハ易々ト出來ルガ如キ語氣ヲ以テ、決シテ悲觀スルニ足リナイト云フコトヲ大分シッコク此席ニ於テ繰返サレタノデアリマスガ、私ハ申ス、大正八年ノ如キ非常ナル好景氣ノ時代ニ於テモ、實際山本君ガ言ハレル如ク、七八千万圓ノ募集殘リガアッタデハナイカ、殊ニ臨時國庫證券ハ三億万圓ヲ募集シ得ルニ拘ラズ、僅ニ四千万圓ヲ募集シテ、他ハ政府ノ力ニ於テハ之ヲ募集スルコトガ出來ナカッタノガ、大正八年度ノ實際ノ狀況デアル、是モ好景氣ト言ハル、大正八年度ニ於テモ、左樣デアッタ、今日ノ如キ打擊ヲ受ケテ居ル、我ガ經濟社界ニ於テ、二億、三億、四億ト云ヘルガ如キ公債ガ易々募集ガ出來ルト云フコトヲ思ハルヽノハ、是ハ今日ノ經濟上ノ實際ノ狀態ヲ離レテ、唯ダ政府ガ行キナリニ出鱈目ニ言ハルヽモノト斷定シテモ、差支ナイト思ッテ居ルノデアリマス、ソレデモ財政ノ基礎ハ鞏固ダ、實行ガ出來ルト云フコトナラバ、ソレハ政府ノ力デハ無理ニ出來ルデアリマセウ、私ハ申ス豫定ノ自然增收ヲ得ヤウトスレバ、政府ノ力デヤル、強テヤレバ是ハ苛斂誅求ニ陷ル(拍手起ル)此公債募集ニ就キマシテモ、飽マデモ政府ハヤル、前刻申シタ以外ニ、日本銀行ノ金ヲ借入レルト云フ途モアルノデアル、色々ナ方法ヲ以テ之ヲヤルト云フコトニナレバ、是ハ強テヤレバヤレナイコトハナイカモ知レマセヌガ、是ガ非常ノ財界壓迫トナルノデアル(拍手起ル)日本銀行デ金ヲ借入レルト云フコトヲ屢々繰返シテ居ル、是モ一時ノ便宜ノ方法トシテ已ムヲ得ナイトシテモ、此公債募集ガ出來ナイ爲メニ、日本銀行ヲ利用スルト云フコトニナレバ、申ス迄モナク是ハ兌換增發ト云フモノヲ招ク、兌換增發ヲ招クト云フ結果ハ、諸君我ガ經濟上ノ今日ニ於テハ、吾々ハ一大禁物デアルト見ナケレバナラヌデハアリマセヌカ(拍手起ル)サウ云フ事マデモシテ、公債ヲ募集スルト云フコトニナレバ、是ハ或ハ爲シ得ルカハ知ラヌケレドモ、我ガ經濟上ノ前途ニ對シテハ、更ニ非常ナル打擊ヲ加ヘルト云フコトヲ覺悟シナケレバナラナイノデアル(拍手起ル)私ハ唯ダ是ダケノ事ヲ以テシテモ、山本君ガ此席上デ述ベラレタル樂觀ノ議論ト云フモノハ、實際上ニ於テ之ヲ認メルコトガ出來ナイト云フコトハ、多數ノ人ハ無論私ノ意見ニ同感デアラウト考ヘテ居ルノデアリマス(「ノウ〳〵」ト呼フ者又拍手スル者アリ)斯ウ云フ風ノ狀況デアルカラ、私ハ此經濟上ノ前途ヲ考ヘルニ當ッテ、前途ノ財政上ノ基礎ト云フモノガ、益々危クナッテ來ルト云フコトニ、心配ヲセザルヲ得ナイ、前刻山本君ハ將來八箇年間ノ財政計畫ニ就テ別ニ心配ハナイト云フ其議論ヲ御述ニナッタノデアリマス、剩餘金ヲ使ッテモ濟ムデハナイカト云フヤウナ議論デアッタ、是ハ誠ニ薄弱極マル議論ト言ハナケレバナラヌ、此臨時議會ニ提出ニナリマシタル大正九年度以降八箇年ノ歲出入ノ概計表ニ依ルト、大正十年度ニ至レバ三千五百七十九万八千餘圓ト云フモノガ不足ヲ告グルト云フコトニナッテ居リマス、此金額ヲ四十二議會ニ提出セラレタル概計表ニ比較スレバ、千三百万圓許リ此不足ノ金額ハ殖エテ參ッテ居リマス、ソレカラ十一年度ニ於テ不足スル金額五千六百二十五万九千餘圓ガ、十一年度ニハ不足スル金額ニナッテ居ル、四十二議會ニ提出セラレタル概計表ニ比較スレバ、此不足ノ金額ガ二千三百万圓許リハ不足金額ガ增加シテ參ッテ居ル、大正十二年度ニ至レバ不足金額ハ二千百八十二万七千餘圓トナルノデアリマス、丁度逆デアリマス、四十二議會ニ提出セラレタル當時ハ二千百何万圓ト云フモノハ、剩餘ガ生ズルト云フ計畫デアッタ、今回ノ計畫ニ依ルト、二千百八十万圓不足ヲ生ズルコトニナッテ居ル、大正十三年度ニ至ッテ初メテ不足ノ金額ガ減ッテ居ル、九百九十万九十餘圓ガ不足ノ金額デアリマス、併シ四十二議會ニ提出セラレタ當時ノ概計表ニ依レバ、三千八百六万圓ト云フモノハ剩餘ヲ生ズル計算ニ相成ッテ居ッタノデアリマス、私ハ將來ノ此財政計畫ヲ所究スル爲メニ、不足額ガ左樣ニ增加シテ來タト云フコトヲ、特ニ茲ニ一言ヲ致シタノデアリマス、幾ラ日本ノ國民ノ富ガ增加シタト言ハレテモ、此概計表ノ計算ニハ、自然增收ハ見積ッテ居ナイト言ハレテモ、現ニ大正九年度マデノ自然增收ノ金額ハ、此內ニ見積ッテ居ラレル、是ハ本年春モ、屢々繰返シテ、明言セラレタ所デアリマス、經濟社會ノ反動ガ、今日ノ如クナッテ居ルニモ拘ラズ、歲出ハ今日以後益々增加シテ行クト云フコトヲ、先ヅ記憶シナケレバナラヌ、私ハ或一項目ニ就テハ申シマセヌ、此概計表ノ中ニハ、全ク新規ノ事業ハ見積ッテナイノデアリマス、新規ノ事業ガ見積ッテナイ概計表ノ上カラ見テ、將來ノ歲出ガ增加シタ場合ニハ、如何ニシテ之ヲ支辨スルノデアルカ、一年度ノ中ニ三千万、四千万、五千万、六千万圓ト云フ不足ヲ生ズル此財政計畫ニ於テ尙ホ歲出ハ增加スル傾ヲ有シテ居ル今日ニ於テ、將來ノ財政計畫ノ基礎ガ甚ダ鞏固ナリト斷言ノスルコトガ出來ルデアリマセウカ、(拍手起ル)私ハ今日ノ財界ノ反動ヲ矢張眼中ニ置イテ之ヲ見ル、此不景氣ガ何時マデモ續クカ續カナイカハ、別問題トシテ、此經濟界ノ狀況ヲ眼中ニ置テ之ヲ見ルト、將來ノ財政計畫ハ斷ジテ行詰マラザルヲ得ナイ、今ノ内閣ノ計畫デハ、前途ハ必ズ行詰ルデアラウト云フコトヲ並ニ繰返シテ斷言ヲスルデアリマス、尤モ私ハ申ス、此財政計畫表ハ大藏大臣自ラ豫算委員會ニ提出シテ置キナガラ、ナニ是ハ唯ダ參考ニ供スルノミデ、當ニハナラナイゾト言ヒ、尙ホ言葉ヲ進メテ、此財政計畫表ト云フモノハ、有害無益ノモノデアルト云フコトヲ、今年ノ春斷言ヲシテ居ラレタ、大藏大臣自ラ之ヲ提出シテ自ラ是ハ有害無益ノモノデアルト云フ、是レ位無責任極マルコトハナイ、是位無責任ナル大藏大臣デアルカラ、私ガ此槪計表ヲ批評スルト云フコトハ、全ク無益ノコトデアルカモ知レマセヌ、(「其通リ」ト呼フ者アリ)併ナガラ、現内閣トシテ、之ニ對スル責任ノ如何ニスルカト云フコトハ、私繰返シテ此席上ニ於テ申サナケレバナラヌ、斯ノ如キ場合ニ當リマシテハ、財政ノ局ニ當ル者ハ、先ヅ進デ財政上根本ノ整理ヲ行ハナケレバナラヌ責任ガアル、是ハ本年ノ春ノ議會ニ於テモ、吾々ガ之ヲ唱道致シタノデゴザイマス、財政ノ上ニモ根本ノ整理ヲ行ハナケレバナラヌ、行政ノ上ニモ根本ノ整理ヲ行フベキ責任ガアル、此大切ノ場合ニ於テ、此重大ナル豫算ヲ遂行シテ行カウト云フコトニ當リマシテハ、先決問題ハ整理デアル、增稅ヲ行フト云フコトニ當ッテモ、其先決問題ハ稅制整理ヲヤラナケレバナラヌト云フコトハ、國民黨ノ諸君ガ唱ヘラレタト同ジ感想ヲ私ハ有ッテ居ルノデアル、是ハ分リ切ッタ議論デゴザイマスガ、追加豫算ノ全部ヲ見渡シテ、放慢ナル計畫コソ種々掲ゲラレテ居レ、整理ヲ行ハレタ跡ハ何レノ款項ニ於テモ、吾々ハ之ヲ認ムルコトガ出來ナイ、誠ニ尨大ナル豫算ヲ吾々ノ前ニ突付ケテ、政府自ラ根本ノ整理ヲ行ッタ跡ハ、吾々ハ之ヲ認ムルコトガ出來ナイト云フコトヲ、此豫算ヲ審議スルニ當リマシテ、甚ダ之ヲ遺憾トシ、更ニ此點ニ於テ簡單ニ現内閣ノ責任ヲ彈劾シ置カザルヲ得ナイノデアリマス、(拍手起ル)尙ホ公債整理ノ問題ニ就テ、山本君ガ御述ニナリマシタカラ、私ハ一言簡單ニ申述ベテ置キマス、此金額ハ進ックト云フコトヲ申サレマシタガ、兎ニ角是カラ數年ノ間ニ整理ヲシナケレバナラヌ公債ガ多額ニアル、之ヲ償還スルコトハ頗ル容易ナ問題デアルト云フコトヲ、山本君ハ明言セラレタノデアリマス、其理由ハ茲ニ八億幾万ノ公債ガアッタトシテモ、之ヲ一箇年ニ平均スレバ一億五六千万圓ニ止マル、一箇年ニ一億五六千万圓償還スルコトハ、何デモナイコトデアルト、唯ダソレダケノ御話デアッタ、先刻モ申上ゲマシタル如ク、私ハ今日ノ場合ニ於テハ、公債ヲ募集スルノニ頗ル困難デアル、ソレガ爲メニハ政府ノ財政ガ行詰リハシナイカト云フ程、歲入ヲ得ル點ニ就テハ頗ル困難ヲシテ居ルノデアリマス、一億五六千万圓ゾ、年々償還スルコトガ頗ル容易デアルト云フコトハ、果シテ如何ナル論據ニ出デタモノデアラウカ、私之ヲ了解ニ苦シム、又短期ノ公債ヲ募ルハ、何デモナイト云フヤウナコトモ言ハレマシタ、今日デハ短期ノ公債ヲ募集スルノモ、甚ダ困難デアルト云フコトハ事實デアル、殊ニ一方ニ於テ減債基金ノ償還ヲ中止スルト云フ政府ノ御方針デアル、今日ノ如キ場合ニ償還ノ計畫ヲ中止スルト云フコトモアリマスレバ、公債ノ信用ヲ保ツコトガ出來ナイデ、公債ノ市價ガ下ッテ來ルト云フコトハ、必シモ大正十四年ヲ待タナイノデアリマス、現ニ事實ニ於テ此公債ノ信用ハ誠ニ下落ヲシナケレバナラヌト云フ狀況ニ陷ッテ居ルデハアリマセヌカ、然ルニ山本君ハ斯ノ如キ無責任ナル言ヲ弄シテ、憲政會ノ人ガ公債ノ償還ガ出來ナイトカ、公債ノ募集ガ出來ナイトカ云フヤウナコトヲ言フノハ、公債ノ信用ヲ保ツ爲メニ、國家ノ爲メニ甚ダ不都合デアルト云フヤウナ言辭ヲ弄サレタガ、是ハ憲政會ノ議論ノ爲メデハナイ、實際ニ於テ政府ノ政策ガ宜シキヲ得ザルガ爲メニ、公債ハ日々信用ヲ失ヒツ、アルデハナイカ、公債ヲ整理スル途ガ途絕エテ來ルガ爲メニ、事實ニ於テ公債市場ノ信用ヲ保ツコトガ困難ニナッテ行キツ、アルデハナイカ、是ハ決シテ憲政會ノアノ言論ノ爲メデナイト云フコトヲ私ハ茲ニ明カニ申シテ置カナケレバナラヌノデアリマス、(拍手起ル)尙ホ濱口君ガ產業ノ獎勵ニ反對シタカノ如キ言論ヲ、此席ニ於テ山本君ガ弄セラレタノデアリマス、是ハ山本君ガ大變牽强附會ノ言葉ヲ弄シテ居ル、唯今ノ内閣ガ產業獎勵、何事ニモ產業獎勵ト云フコトヲ口ニシテ、物價ノ調節モ行ハズ、通貨ノ收縮モ行ハズ、一モ二モナク總テ產業獎勵ト云フコトノ、大藏大臣ガ口ニセラル、ガ爲メニ、左樣ニ產業萬能主義ハ我黨ノ採ラザル所デアルト云フコトヲ、此席ニ於テ繰返シテ申シテ居ラレタ、當リ前ノ話デアル、經濟上ニ於ケル堅實ナル政策ヲ行ハズシテ、何モ彼モ產業獎勵ノ爲メデアルト云フ大藏大臣ノ放漫ナル言葉ニ對シテ、其產業萬能主義ヲ責メタノハ、即チ我黨ノ意見デアッタノデアリマス、(拍手)唯ダ單リ產業獎勵ヲ咎メタノデハナイ、唯ダ山本君ハ濱口君ノ片言ヲ捉ヘテ、徒ラニ牽强附會ノ言ヲ弄サレタニ對シテハ、簡單ニ此事ヲ辯解シテ置カナケレバナラヌノデアリマス、(拍手)其他山本君ノ議論ハ多岐ニ渉ッテ居ルノデゴザイマスガ、吾々ノ此修正ニ對シ、陸軍ノ要塞整理費ヲ削除シタト云フコトニ對シテ、最モ不可解ノ議論ヲ弄セラレタノデアリマス、私ガ一二年延期ヲシテモ宜カラウト言フタト言ヒ、濱口君ガ五六年延期シテモ宜カラウト言ッタト言ヒ、其言葉尻ヲ捉ヘテ、要塞整理費ノ延期論ニ當ッテ來ラレタノデゴザイマス、私ハ左樣ナル子供ラシイ議論ニ對シテ御答ハシタイノデアル、(拍手)唯ダ茲ニ御記憶ヲ願フ點ハ、單リ航空機ノ問題ノミデハナイ、全體要塞整理ヲスルト云フコトハ、現在有ル要塞ヲ廢止シナケレバナラヌ、新タニ要塞モ置カナケレバナラヌト云フ問題デ、所謂要塞改廢ノ問題モソレニ伴ッテ居ル、此問題ヲ完成スルト云フ期限ハ御承知ノ如ク大正二十年度ニナッテ居ルデハナイカ、大正二十年度ニ完成スルト云フノガ、今ノ陸軍省ノ提案デアリマス、(拍手)一年ト言ヒ、二年ト言ッタ所ガ、五年ト言ッタ所ガ八年ト言ッタ所ガ、兎モ角モ十分ノ研究ヲ遂ゲテ、此要塞ヲ整理スルト云フ必要ヲ感ジタナラバ、大正二十年度マデハマダ十年餘ヲ剩シテ居ルト云フコトヲ御考ニナリタイト思ッテ居ルノデアリマス、(拍手)此間ノ研究何カアラン、或ハ要塞整理ノ必要ハナイト云フ議論ニ到達スルカモ知レナイノデアリマス、一旦敵ヲ受ケタ場合ニ、日本ノ國家ハ如何ニスルカト云フガ如キ言ヲ弄セラレタノデアリマスケレドモ、日本ノ今日ニ於キマシテハ、左樣ノ議論ヲセラレルト云フコトハ、山本君ハ餘リニ過慮ニ失シテ居ルト私ハ謂ハナケレバナラヌ、(拍手)要塞ガ無イカラ日本ノ國ガ危クナルト言フ、海軍ノ威力ハ何所ニアルカ、假リニ外國ニ敵ヲ受ケルト致シマシテモ、吾々ハ我國ノ海軍ノ行動ヲ信用スルモノデアリマス、(拍手)要塞ガ無イカラ直チニ日本ノ國ガ危イト云フガ如キ山本君ノ論ハ、如何ニ軍國主義ノ論者ト雖モ、私ハ其議論ハ頗ル淺薄デアルト云フコトヲ認メルデアラウト思フ、(拍手)是以上ハ此要塞整理費ナノニ就テモ、殆ド山本君ノ議論ヲ論駁スル必要ハ無イト私ハ信ジマスカラ山本君ノ議論ニ對シテ駁撃ヲスルト云フコトハ、先ヅ是デ打止メルコトニ致シマス、要スルニ私共ガ政府ノ豫算ノ計畫、財政ノ計畫ノ大體ニ就テ有ッテ居ル意見ハ、先刻來申述ベル通リデゴザイマスガ、唯ダ遺憾ナガラ吾々ノ修正シタル範圍ガ頗ル微々タルニ止ルト云フ事實ハ、私之ヲ認メテ居リマス——之ノ認メテ居リマス、併ナガラ今日ノ如キ短期ノ議會ニ於テ、贊案權ニモ關係ヲスルガ如キ重大ナル問題ニ關シテ、總テ此豫算ノ審査ヲ盡スト云フコトガ、實際ニテ是ハ不可能デアルト斷言シテモ差支ナイノデアル、殊ニ根本的ノ整理ト云フ事ノ如キハ是ハマア當局者ニ於テ責任ヲ負ウテ之ヲ斷行シナケレバナラヌ、吾々議員トシテハ、如何ニシテ根本的ノ整理ヲ行フベキカト云フコトニ就テ、是ハ唯ダ政府ヲ責メル外ニ、全ク吾々ハ其途ヲ得ナイノデアリマスカラ、此故ニ豫算ノ削減ヲ行ハナケレバナラヌ點ガ多々アルニ拘ラズ、吾々モ亦出來得ルダケノ修正ヲ加ヘ、將來ニ向ッテ局ニ當ル者ガ、財政ノ計畫ヲ立テルニ當ッテ心得ナケレバナラヌ點ヲ私ハ披瀝シ殊ニ現内閣ノ財政計畫ノ缺點ヲ茲ニ申述ベテ、内閣若クハ後ノ局ニ當ル者ニ向ッテ反省ヲ促ス所以デアリマス、(拍手)

○吉植庄一郎君 議長

○議長(奧繁三郎君) 吉植庄一郎君

○吉植庄一郎君 先刻委員長ノ報告ノ中デ訂正ヲ致シタイ事ガアリマス、此席カラ述ベマス

○議長(奧繁三郎君) 簡單デスカ

○吉植庄一郎君 極ク簡單デス

○議長(奧繁三郎君) 併シ委員長トシテ御訂正デアリマスカラ、皆サンニ徹底スルヤウニ登壇ヲ促シマス

(吉植庄一郎君登壇、拍手)

○吉植庄一郎君 先刻御手許ニ報告書ヲ差上ゲテ置キマシタ、豫算ノ修正ノ文字ニ相違ガゴザイマス、唯今整理ヲ

スルニ就テ發見ヲ致シマシタ、ソレハ大正九年度歳入歳出總豫算追加案中ニ、歳入經常部第一款租稅、第二項所得稅ノ修正額二千百九十二万三百二圓、斯ウアリマスノハ二千百九十二万二百九十二圓ト訂正ヲ致スノデアリマス、ソレハ丁度十圓ダケ算用ノ誤デアリマス、ソレカラ隨テ歳入ノ總計金額ニ於テ二億五千五百七十五万六千九百九十九圓―サウデアリマセヌ、九千三百五十九圓トナッテ居リマスノガ、三百四十九圓ニナリマスノデアリマス、歳入經常費ノ合計ノ方ニモ同樣十圓ダケノ差ガ―總テ十圓ダケノ計算ノ間違ノアリマシタコトヲ、唯今整理ノ時ニ發見致シマシタ、之ヲ訂正致シテ置キマス、此段……

○議長(奧繁三郎君)　武藤金吉君

〔武藤金吉君登壇、拍手〕

○武藤金吉君　私ハ委員長ノ報告ニ贊成ヲ致シマシテ、國民黨並ニ憲政會ノ兩君カラ出マシタ修正案ニ反對ノ意ヲ表スルモノデアリマス、第一ニ早速君ノ御説モ鈴木君ノ御説モ、此解散ノ理由―解散ヲシタ後デ、斯ノ如キ尨大ナル大豫算ヲ追加案トシテ出スコトハ宜シクナイト云フコトデアリマスルガ、私ハ一言ニシテ之ニ御答ヲ申ス積リデアリマス、卽チ解散ハ非常ノ場合デアル、此非常ノ場合ニ行ハレテ、サウシテ之ニ伴フ國防計畫ハ、緊急已ムヲ得ザル事デアルト同時ニ、又戰後ノ經營ニ就テノ緊急ノ豫算デアルノデアリマス、(「憲法ヲ知ラザルカ」ト呼フ者アリ)而シテ此國防ノ充實ニ就キマシテハ、更ニ重ネテ私ハ一言ヲ申上グタイト思フノデアリマス、世界ノ列强ハ歐洲ノ戰亂ノ後ヲ承ケテ、精鋭ナル新式ノ兵器ニ於テ、又軍事敎育ノ完了ノ壯丁ニ於テ、將又新シキ戰術ノ經驗アル將校ニ於テ、其大ナル數ヲ擁スルノミナラズ、益〻軍備ノ擴張ニ努メツヽアルノデアリマス、翻ッテ我帝國ノ有樣ヲ見マスレバ、戰前ニ較ベマシテ、遺憾ナガラ、何等見ルベキ戰鬪能力ノ增加ナキコトハ、御同樣ニ殘念デハアリマセヌカ、此國防ノ現狀ニ想到シマスレバ吾々ハ帝國自衞ノ上寔ニ寒心ニ堪エザル所デアリマス、卽チ兵器ノ充實改良、空中ノ威力、是ハ飛行機デアリマス、更ニ交通兵力ノ增進、要塞防備ノ整頓ハ、寔ニ國防充實ノ上已ムヲ得ナイ、一日モ速カナラシメテ之ヲ行ハナケレバナラス、卽チ緊急ナル事柄デアルノデアリマス、唯今早速君カラ、要塞ノ整理ニ就テ、御意見ガアリマシタガ、謹ンデ承リマシタ、諸君、此要塞ノ整理ニ就テ、我帝國ノ地形ノ―地勢ハ如何デアリマス、又帝國ノ四圍ノ狀況ハ如何デアリマス、又帝國海軍トノ、策應ニ鑑ミナラバ、果シテ如何デアリマスカ、舊時ノ砲臺、舊式ノ備砲、之ヲシモ整備シナケレバ、攻擊ヲ受ケルバカリデハナイ、又鈴木君ニ於キマシテモ、早速君ニ於キマシテモ、單ニ要塞ヲ御覽爲サルノニ、戰ノ攻防ノミニ論及サレテ居リマスルガ、私ハ此要塞ノ整理ハ、今後帝國ノ領域ヲ保護シ、此領域ト聯絡ヲ取ッテ、國民自給自營ノ實ヲ擧グル所ノ、軍需品ヲ得ル上ニ於テモ、要塞ノ整理ハ其急ヲ要スルノデアリマス、(拍手起ル)更ニ是等ノ此要塞トノ關係ニ就キマシテノ通信、總テノ此勢力ヲ保ッ上ニ於キマシテハ、ドウシテモ要塞ノ整理ハ急ヲ要スルモノデアリマス、諸君今日ハ諸君ハ一年延ベテモ宜シイ、二三年延ベテモ宜シイト申サレテ居リマスルガ、諸君ノ御同僚ノ中ニ寺内内閣ノ增稅ノ時代ニ於テハ、憲政會ノ代表サレテ今日ノ御氣ノ毒ニ議席ニ在ラレマセヌガ、片岡君ハ何故早ク要塞ノ整理ヲ、此軍備擴張特科兵ノ增加ト共ニシナイカト云ウテ、極論サレタ、諸君ノ意見卽チ憲政會ノ意見ヲ、寺内内閣ノ增稅ノ時ニ於テ、强ク主張サレタデハゴザイマセヌカ、(拍手起ル)今日二年ヤ三年遲レテモ宜シイト云フ如キ御説ヲ承ルト云フコトハ―尤モ諸君ハ如何ナル御都合デ御主張ニナルカハ知リマセヌガ、甚ダ吾々ノ了解ニ苦シム所デアルノデアリマス、(拍手起ル、「時勢ノ變化ヲ知ラナイカ」ト呼フ者アリ)諸君、昔熊澤蕃山先生ハ、水ヲ治ムルニ、水ヲ治メント欲セバ川ニ問ヘト云フコトヲ言ハレテ、治水ノ策ヲ擧ゲラレタト云フコトヲ承ッテ居リマス、諸君然ルニ諸君ハ今日要塞ノ整理ヲ爲スニ方リマシテ、唯今早速君ハマダ此席デ辯明サレテ舌根未ダ乾カナイ、一年二年ハ海軍ガアルカラ、要塞ノ整理ヲ後ニシテモ宜シイト云フガ如キハ、諸君ハ地理ヲ見ズ、帝國四圍ノ事情ヲ見ズ、陸海軍ノ策應ノ關係ヲ見ズ、我領域ノ關係ヲ見ナイ所ノ、卽チ此要塞整理ノ方法ヲ說ク所ノ……

〔此時發言スル者多シ〕

○議長(奧繁三郎君)　金澤君、靜ニ……

○武藤金吉君(續)　最モ此事實ニ適セザル所ノ御説デアルト、私共ハ思フノデアリマス、又朝鮮師團ノ定員增加及砲兵隊ノ還省期繰上ニ就キマシテハ、是ハ我山本君ヨリ明細ニ述ベラレマシタカラ、是ハ省キマス、又次ニ此臨時軍事費ニ就キマシテ、是ハ國民黨ノ諸君モ、憲政會ノ諸君モ、共ニ之ヲ削除サレテ居リマスルガ、之ヲ全部削除―此八千万圓ヲ削除サレルカト云フ如キハ、吾々ハドウシテモ同意スルコトガ出來ナイノミナラズ、今ヤマダ薩哈嗹州内ノ必要ノ地點ノ占領、浦潮方面及「ハバロフスク」等ニ於テハ、已ムヲ得ズ駐兵ヲ致シテ居ルノデアリマス、ソレカラ又其駐兵ハ、何時政府ガ撤退スルカト云フコトモ未ダ定ラヌデ居ル、而シテ國民一般ハ之ニ對シテハ、異議ガナイノミナラズ、此撤兵ノ時機モ何時出來ルカ定ラナイト云フノニ、此臨時軍事費ヲ削除スルト云フコトハ、果シテ我國家ニ忠ナル所以デアリマセウカ、徒ラニ唯ダ我國ノ―我ガ國軍ノ士氣ヲ沮喪スルニ止ッテ、何等私ハ國家ニ益ノナイコトヲ信ズル者デアリマス、(「拍手起ル」「問題ハ別箇ノモノナリ」ト呼フ者アリ)更ニ國民黨ノ諸君ノ御修正ニ對シマシテ、海軍ノ國防費削除ニ、同意致シ難イ理由ヲ一言致シタイト思フノデアリマス、國民黨ノ鈴木君ハ、一箇年延期ヲシテ然ルベシト云フコトニ承ッテ居リマスルガ國防ノ充實ハ一日モ早キヲ要スルノデアリマス、又一箇年延期ノ結果ハ、所謂八八艦隊ノ完成ハ、大正十六年ニ出來ベキモノガ、大正十七年トナルノデアリマス、大勢ニ於キマシテ、到底是ハ忍ブベカヘザル點デアリマス、又大正十七年度ニ完成ヲ目標トスル時ハ、一般ノ艦齡ノ―艦ノ年デアリマス、艦齡ノ關係上大正十六年度完成ヲ目標トスル所ノ補充計畫ハ、全然改メテ行カナケレバナリマセヌ、此補充計畫ノ十年度カラ着手スルコトニナリマシタナレバ、之ガ完成ニ至ルマデニ、的確ナル所要ノ財源ヲ得ル爲メニハ、財政計畫ヲ更ニ立テ直サナケレバ相成リマセヌ、然ルニ國民黨ノ諸君ハ、之ヲ延バスト云フコトハ申シテ置キナガラ、財政計畫ヲ立テ直スト云フ御説明ハ、鈴木君ヨリ承ラナカッタノデアリマス、又豫算ヲ改訂シテ、此冬ノ議會ニ出スト云フ御説明モ承ラナカッタノデアリマス、之ヲ要スルニ是等ノ事ハ、補充ノ施設ヲスルト云フコトガ伴ヒマスカラ、到底一年延期ヲスルト云フコトハ、此海軍計畫ニ於テハ絕對ニ私ハ同意ヲスルコトガ出來ナイシ、又是デハ到底水陸ノ設備、艦隊補充計畫ト云フモノモ出來ナイ、又軍需品ノ整備ト云フモノモ、是デハ到底出來ナクナルノデアリマスカラ、此海軍ノ國防費ノ削除ト云フコトハ、是ハ尊敬スル國民黨ノ諸君ニ於キマシテ、御撤回ニナル方ガ然ルベシト私ハ考ヘルノデアリマス、其他細カイ點ニ就キマシテハアリマスガ、他ノ朝鮮ノ農事株式會社ノ事、其他ノ事、大抵判ッテ居リマスガ、唯ダ一言臨時法制審議會ノ費用ノ削除ニ就キマシテハ、一言申述ベテ置キマス、此臨時法制審議會ニ於キマシテハ、旣ニ陪審制度ノ調査ハ結了致シマシタガ、マダ信託及淳風美俗ニ關スル調査等ハ、文部省ニ於ケル敎育調査會ノ建議ニ基キ、進行シツヽアルノデアリマシテ、此費用ヲ削リマスルト、此臨時法制審議會ト云フモノハ、中途ア事業ガ中絕スルト云フコトニ相成リマスルカラ、是等ノ削除ト云フモノハ、金額ハ些細デアリマスケレドモ、ドウシテモ之ヲ削ルコトガ出來ナイノデアリマス、斯ノ如ク憲政會ノ諸君及國民黨ノ諸君ノ修正案ハ、唯ダ此尨大ナル大豫算ヲ追加トシテ出スト云フコトハ、怪カラヌト云フ理由ノ下ニ、此案ガ出來タノデアリマセウガ、吾々ハ今回ノ追加豫算ハ國防費ト云ヒ、又電信郵便及鐵道其他ノモノトシテモ、戰後經營上ドウシテモ措ケナイモノヽ、此追加豫算トシテ出シタモノデアリマシテ、卽チ委員長ノ報告ヲ全然是認シタイト思フノデアリマス、尚ホ終リニ一言ヲ致シテ見タイト思ヒマス、唯今早速君ハ我ガ山本君ノ演説ニ對シマシテ、重ネテ御反駁ガアリマシタガ、私共ハ早速君ガ御説ニナサルヤウニ、我國ノ財政經濟ノ狀態モ、又今日ノ財界ノ狀態モ考ヘテ居ラヌノデアリマス、見方ガ違ヒマスルト、論ジ方モ從ッテ違ッテ參リマスガ、我國ノ今日ハ、決シテ早速君ガ御心配ニナルヤウニ行詰ッテ居ルトカ、或ハ又鈴木君ノ仰セラル、如ク、不自然ノ膨脹デアルトカ、國富增進ト云フモノハ空景氣デアルト云フコトハ信ジナイノデアリマス、我國ノ今日ノ實力ハ、名實共ニ世界ニ於テ有力ナルコトヲ、私共ハ的確ナル數字ノ上ニ於テ確認スルモノデアリマス、例ヘバ大正八年度ノ貿易輸出入總額ハ四十三億ニ上ッテ居リマスガ、此四十三億ニ上ッテ居リマス貿易額ハ、戰前ヨリ段々極メテ穩健ニ上ッテ來テ居リマス、又日本ノ富力、日本ノ富力ハ確實ナル統計ガアリマセヌカラ、之ヲ證明スルコトニ苦シミマスガ、私ハ世界ノ富力ヲ調ベルト同時ニ、日本ノ富力ヲ調ベントシテ手ヲ著ケテ見マシタガ、明治三十七年ニ高橋、五十嵐兩名ノ著述ノ「日本帝國ノ富力」ト云フモノニ於テノ數字カラ割出シマシテ、明治三十七年カラ戰爭ガ始マリマス、大正二年マデ、一年ニ五分ノ增加率ヲ以テ富力ヲ增進シ、戰爭ノ始マッタ三年カラ昨年八年マデ、一割宛ノ增加ヲ以テ推算ヲ致シテ見マスト、日本ノ富力ハ優ニ六百二十四億ノ數字ヲ見ルノデアリマス、是ガ當ッテ居ルカ是ヨリ多イカ少ナイカト云フコトハ、私モ保證出來マセヌガ日本ノ富力ハ確ニ六百二十四億以上ニナッテ居ルコトハ明カデアリマス、又先刻吉植委員長カラモ、此國富ニ就テノ數字ヲ示サレマシタケレドモ、私ハ吉植委員長ノ報告セザル點ニ於テ、私ノ調ベマシタモノヲ申上ゲマスレバ、現在ノ我國ノ國債額ハ三十三億三千六百六十四万圓デアリマス、國債ノ額ハ世界列國ノ十箇國程ノ國ノ額ヲ較ベテ見マスト、一番マダ低イ程度ニナリマス、低イ程度ニ在ッテ、其一人當リハマダ五十四圓ニシカ當ッテ居リマセヌ、又唯今申上ゲマシタ日本ノ富力ノ如キモ、此一人當リニ致シマスト、極メテ少ナイモノデアル、而シテ租稅能力ハドノ程度ニ在ルカト云フコトヲ調ベテ見マスレバ、我國ノ大正八年度ノ國稅ノ收入額ハ、總額ガ六億九千八百八十五万八千六百六十三圓デアリマシテ、其一人當リノ負擔力ハ十二圓九錢ニ當ッテ居リマス、サウシテ又歲出額ノ大正八年度ハ、御承知ノ通リ十二億七千六百五十七万デ、一人當リ二十二圓ニ當ッテ居ル、之ヲ世界各國ノ國債ノ表カラ、國稅ノ負擔ノ表カラ、歲出ノ額カラヲ數字ニ割ッテ見マスト、日本ノ租稅能力、日本ノ富力ト云フモノハ、中々マダ租稅ヲ此倍以上ヲ背負フテモ、早速君杯ガ心配セラレルヤウニ、國ガ潰レルトカ、行詰ルトカ、負擔力ガ無イト云フヤウナ境遇デアリマセヌ(「ノウ〳〵」ト呼フ者アリ)若シノウ〳〵デアリマシタナラバ、此數字ガ是ハ證據立テラレルモノデアルト思ヒマス、此數字ハ私ハ間違ナイト思ヒマスカラ、私ガ調ベマシタモノヲ議長ノ御許ヲ得マシテ、此速記ニ載セテ戴キマスガ、誤リガナイト思フ、其外事業ノ方面ヲ見マシテモ我國ノ事業ハ貿易額ノ順調ニ增加シタルガ如ク、先ヅ以テ事業ノ勃興ニ就キマシテモ、戰爭ノ以前ト、戰爭ノ後ニ於キマシテハ先ヅ之ヲ船舶ニ見マシテモ、百七十五万噸ノ我國ノ船舶ガ今日ハ約三百万噸ニナッテ居リマス、又石炭燃料ノ使用量、若クハ水力電氣ノ發電力ニ於キマシテモ、戰前ト今日トハ丁度倍以上ノ增加ニナッテ居リマス、其外通信事業ノ如キハ戰前ト戰後ニ於キマシテハ、著シク發達ヲ致シテ居ル、又通信事業ノ如キハ、今日マデハ世界ニ於テ、我郵便電信ハ模範タルモノデアリマシタガ、餘リ數ガ激進ヲシタ爲メニ、今日ハ歐羅巴ト同ジヤウナ狀態ニナッテ居リマスケレドモ、卽チ今回ノ此電信、電話、郵便ノ費用ヲ是ダケ取ッテ行キマシタナラバ、是ハ順次ニ改善ヲ致シテ行クコトガ出來マシテ、卽チ現內閣ハ戰後ノ經營ニ國防ノ充實ト共ニ、產業、交通、敎育ノ點ニ於キマシテモ、卽チ野ニ在ル時ノ政策ヲ段々ニ穩健ニ行ッテ行クノデアリマシテ、マダ吾々ニハ之ヲ以テ滿足スルノデハナイ、是ハ戰後經營ノ一端ヲ現ハシタモノデアリマシテ、此以外ニ着々ト戰後經營ノ方法ヲ執ッテ參ルノデアル、私ハ此臨時議會開ケテ以來、憲政會ノ諸君並國民黨ノ諸君、其他ノ諸君ノ態度、及御演說ヲ謹聽致シテ居リマシタガ、此戰後ノ經營ニ就テ化學ノ應用、資本勞働、勞力節約ノ問題、世界經濟戰爭ニ對スル所ノ數字、卽チ經濟財政等ノ御議論、數字ノ御質問ノ少カッタノヲ遺憾トスル、殊ニ憲政會諸君ノ如キニ於キマシテハ、殆ド本會ニ於テモ、豫算委員會ニ於キマシテモ、數字ヤ事實ヲ脫却シテ、要スルニ彈劾トカ、內訌トカ、殆ド餓エタル獵犬ガ猜々スルガ如キ態度ヲ執ラレタト云フコトハ、私ハ國家ノ爲メニ惜ム所デアリマス、願クバ滿場一致ヲ以テ、委員長報告ニ御贊成アランコトヲ主張シテ、壇ヲ降ルモノデアリマス(拍手起ル)

○議長(奧繁三郎君) 西村丹治郎君

(西村丹治郎君登壇)

○西村丹治郎君 私ハ鈴木君ノ修正ヲ維持致スモノデアリマス、最早時間モ往ッテ居リマスカラ、サウ長ク辯ヲ費シマセヌ唯ダ鈴木君ノ說明ニ對シテ補足スルニ過ギマセヌ、吾々ハ軍備ノ充實、殊ニ海軍々備ノ充實ト云フコトニ對シテ、寧ロ當局者ノ計畫ノ、餘リニ姑息ナルコトヲ非難シタ時モアルノデアリマス、然ルニ今日此國防充實費全部ヲ削除致スト云フコトニ就テハ、從來ノ主張ニ反スルガ如キ疑ヲ致シ御持チニナル人ガアルカモ知レマセヌ、故ニ、此點ニ就テハ是非共一言十分ニ辯解シテ置カナケレバナラヌト思フノデアリマス、吾々ハ單ニ追加豫算ニ於ケル、此費用ヲ削除スルト云フニ過ギヌノデアリマス、將來ノ國防計畫ノ上ニ就テハ、何等ノ影響ヲ及ボスモノニ非ズト云フノ根據ノ上ニ立ッテ、私共本豫算中ヨリ之ヲ削除セントスルノデアリマス、先日來ヨリ當議場ニ於テ、並ニ豫算委員會等ニ於テ、此問題ニ關スル質問應酬ノ交換サレタノヲ聽キマスルニ及ンデ、益々私共本豫算ヨリ、之ヲ削除致スノ適當ナルコトヲ信ズルノデアリマス、海軍大臣ハ豫算委員會ニ於テノミナラズ、本日當議場ニ於テモ如何ナルコトヲ言明サレマシタカ、此解散ノ爲メ四箇月遲レタト云フコトハ、遺憾デハアルガ、本年內ニ於テハ、確ニ此取返ハ爲シ得ルト云フコトヲ言明致サレタノデアリマス、諸君一年ノ間ノ計畫ヲ四箇月經ッテ八箇月ノ間ニ取返シ得ルト云フナラバ、此全體ノ計畫ノ上ニ於テ三分ノ一ノ短縮ハ、努力如何ニ依テハ確ニ爲シ得ルト云フコトヲ申サレタト、同一デアラウト私ハ考ヘルノデアリマス、(拍手起ル「ノウ〳〵」ト呼フ者アリ)更ニ又追加豫算ニ於テ要求サレテ居ル所ノ外ノ細カイモノハ、申シマセヌガ、大艦建造費ハ、御承知ノ通リ、今後八箇年ノ間ニ八隻ノ建造費ヲ要求致サレタノデアリマス、更ニ之ニ加フルニ私ノ調査スル所ニ依レバ、大正十六年マデニ此以外ニ於テ大艦ノ補充建造ヲ要スルモノガ、四隻アルト思ヒマス、然ラバ今後八箇年ニ亙ッテ大艦ノ建造スベキモノハ、追加豫算ニ於ケル八隻、並ニ補充建造ヲ要スル四隻ト合セテ十二隻デアリマス、今後八箇年ニ亙ッテ十二隻ヲ製造スレバソレデ宜シイノデアリマス、八八艦隊ハソレデ完成ヲ致スノデアリマス、海軍大臣ハ私ノ質問ニ對シテ、現在我國ノ大艦製造能力ハ一箇年ニ幾何デアルカト云フ問ニ對シテ、確ニ二隻ノ建造ノ能力ガアルト云フコトヲ言明致サレタノデアリマス、サスレバ今後八箇年ニ亙ッテ大艦製造能力ハ確ニ十六隻許リアルノデアリマス、假リニ之ヲ一年推延ベタト致シマシテモ、來年度ヨリ著手シテ七箇年ニナルト致シマシテモ、大艦製造能力ハ十四隻ヲ持ッテ居ルノデアリマス、十四隻ヲ有ッテ居ルノデアリマス、十四隻ヲ造ル能力ノアル此我ガ製艦能力ニ向ッテ、十二隻ヲ造ルト云フニ過ギナイノデアリマスカラ、本年度ノ豫算ヨリ削除シテ、來年ヨリ著手スルト致シマシテモ斷ジテ、我カ八八艦隊完成ノ期限ニ對シテハ、寸毫ノ影響ヲ及ボスモノデナイト云フコトハ爰ニ斷言シテ差支ナイト思フノデアリマス、(拍手スル者アリ)更ニ又陸軍ノ充實費ヲ全部削除致シタト云フコトニ就テモ、吾々ハ確カナル根據ヲ有シテ居ルノデアリマス、四圍ノ形勢殊ニ大戰後ニ於ケル列國ノ形勢ノ推移ガ如何ニ落附クカ、或ハ又此度ノ大戰ノ經驗ニ依ッテ、有ユル方面ニ幾多ノ發明、幾多ノ改良ヲ施サレテ居ルト云フコトハ、明カデアリマス、一年延バシテ、是等ノ狀勢ノ推移、是等發明、是等研究ノ結果ヲ參酌シテ明年度ヨリ著手スルモ、決シテ完成ノ上ニハ寸分ノ影響ハナイト云フコトヲ確信致スモノデアリマス、諸君若シ之ヲシモ不可能デアルト云フナラバ、海軍ノ方デハ四箇月遲レタ此モノハ、僅カ今後八箇月ノ間ニ取返ヘシテシマッテ――ソレヲ取返ヘシ得ルト云フ計畫ヲ立テラレテアル、陸軍ノ方モ、今後十二箇年、十四箇年ニ亙ッテ――之ヲ一年延バシタカラト云ッテ、十四箇年ノ間ニ取返シノ出來ヌナドト云フコトハ、斷ジテアリ得ベカラザルコトダラウト思ヒマス、ソレ故ニ吾々ガ從來ノ主張ニ反スルガ如キ形式ノ下ニ、本追加豫算ヨリ之ヲ削除致スト云フコトハ、國防ノ根本計畫ノ上ニ何等ノ差響キガナイ、唯ダ其著手ガ一年遲レルダケデアル、斯ウ云フ意味ニ於テ吾々ハ之ヲ本豫算ヨリ削除セントスル者デアリマス(「西村君ノ意見ノミ」ト呼フ者アリ)更ニ又是ハ問題ハ極ク小サイヤウデアリマス、又數字モ微々タルモノデアリマス、卽チ韓國農事株式會社ノ補助金ヲ削除スルト云フコトデアリマス、其金額少ナリト雖モ、其影響ノ及ボス所實ニ偉大ナルモノアルト云フコトヲ、私共確信ヲ致スノデアリマス、(「ヒヤ〳〵」ト呼ヒ拍手スル者アリ)何故デアルカ、朝鮮ノ開發、朝鮮ノ將來ノ發展ヲシテ、ヨリ速カナラシメント欲スルナラバ、是非トモ之ヲ削除セザルヲ得ズト云フ論ヨリ申上ゲルノデアリマス、此會社ニ莫大ノ補助金ヲ與ヘルト云フコトハ、確カニ將來朝鮮ノ開發、朝鮮ノ發達ヲ非常ニ阻害スルスルモノデアルト云フコトヲ、斷定スルニ憚ラヌノデアリマス、現ニ諸君今日一ツノ特權會社タル東洋拓殖會社スラ、ドノ位朝鮮ノ開發ヲ妨ゲテ居リマスカ、個人ノ活動ト云フモノハ、全然之ガ爲メニ妨ゲラレタノデアリマス、其以外ノ事業家ノ活動スルト云フコトハ、全ク之ガ爲メニ防ゲラレテ居ルノデアル、更ニ此上ニ加フルニ、一特權會社ヲ以テスルト云フコトハ、更ニ個人ノ活動、更ニ其他ノ事業家ノ活動ト云フモノヲ、全ク、杜絶シテシマイ、全ク阻害シテシマウ、結果ニナルノデアリマス、(拍手スル者アリ)其結果ハ如何ニナルカ、我ガ殖民地タル所ノ朝鮮ノ開發ト云フコトハ、今後斷ジテ吾々ノ希望スルガ如キ、結果ヲ見能ハザルト云フコトヲ確信スルノデアリマス、吾々ハ我ガ朝鮮ニ對スル政策ハドウ致シデモ自由開放ナラザルベカラズ、支那ニ對シテモ門戶開放機會均等ヲ聲明シタル我ガ日本ガ、此殖民地タル朝鮮ニ於テ、機會不均等門戶不開放ノ主義ヲ執ッテ、一二ノ特權會社ニ有ユル利益ヲ與ヘテシマッテ、其他ノモノヲ一切排斥スルガ如キハ何タル矛盾ノ甚ダルキモノデアリマスカ、(拍手スル者アリ)殊ニ聞ク所ニ據レバ、此議場ニ席ヲ列セラレテ居ル御方ノ人々ニシテ、此會社ノ中堅トナッテ居ラル、ト云フコトヲ聞クニ至テハ、私實ニ遺憾ヲ禁ジ得ナイノデアリマス、(「西村ノ意見ノミ」ト呼ヒ拍手スル者アリ)議員ノ地位、議員ノ職責ニ觀ミテ、御差支ニナル——差控ヘニナルノガ私ハ當然ノ事柄ダラウト思フノデアリマス、(「ヒヤ〳〵」ト呼フ者アリ)敢テ是アルガ故ニ、感情的ニ此問題ニ反對致スノデハアリマセヌ、唯ダ朝鮮ノ開發、朝鮮ノ發達ノ、ヨリ一日モ速カナランコトヲ欲スルノ念切ナルガ故ニ、飽マデ自由開放ノ政策ヲ執ラネバナラヌ、ソレガ爲ニハ此特權會社ハ、ドウ致シテモ之ヲ許シテハ相成ラヌト云フ意味カラ、之ニ反對致スデノアリマス、畢リ是ハ私ガ理屈ヲ申スノミデハアリマセヌ、事實ハ確カニ何ヨリモ雄辯ニ此事ヲ語ッテ居ルノデアリマス聞說ラク昨年ノ八九月頃、朝鮮ニ於テ、大資本ヲ投ジテ、矢張之ト同一目的ノ會社ヲ設立セントスル有力ナル所ノ團體ガアッタト云フコトハ、(「恐ラク皆樣ノ御承知アラセラル、通リダラウト思ヒマス(拍手スル者アリ)而モ大資本ヲ有シ、有力ナル人、是等ノ人ガ寄合フテ五千万圓ノ金ヲ掛ケテ、朝鮮ニ將サニ其事業ヲ與サント計畫シタル其咄嗟ノ間ニ於テ某々等關係セル農事改良株式會社ナルモノニ、政府ガ特別ノ恩典、特別ノ保護ヲ與ヘルト云フコトノ消息ヲ知ルト同時ニ、此五千万圓ノ折角生レントシタル會社ハ、其儘閣カラ閣ニ葬ラレタト云フコトハ、何ヨリモ私ハ雄辯ニ朝鮮ノ開發ヲ阻害スルト云フコトヲ語ッタモノト思フノデアリマス(「誤解スルナ」「耳ガ痛イダラウ」「チットモ痛クナイ」ト呼フ者アリ)故ニ此金額小ナリト雖モ、其關係ノ波及スル所ハ、我ガ殖民地ノ開發ヲヨリ遠カナラシムルカ否ヤト云フコトノ大問題デアリマスガ故ニ、私等極力之ニ反對セザルヲ得ヌノデアリマス、(拍手スル者アリ)更ニ私ハモウ一言申上ゲタイト思フノデアリマス、(「簡單」「ヨセ〳〵」「ヤルベシ」ト呼フ者アリ)吾々ハ先般當議場ニ於テ、所得稅並ニ酒稅ノ增徵ニ反對致シタニモ拘ラズ、遂ニ本院ヲ通過シテ、今ヤ貴族院ノ審査ニ付セラレテ居ルノデアリマス、吾々ガ以下ノ理由ニ依テ、軍備充實費ヲ全然削除セントスルト云フ事柄ハ、確ニ今貴族院ニ於テ審査中ノ此案ニ對シテ、間接射擊ヲ致スヤウナモノデアルト信ズルノデアリマス、若シ諸君ガ幸ニ吾々ノ修正說ヲ御贊成下サッテ、軍備充實費ノ全部削除ト云フコトニナリマスナラバ(「贊成シマセヌ」ト呼フ者アリ)貴族院ニ於テ、折角審査中ノ所得稅改正案ト云フモノハ、最早議論スル必要モ無クナッテ來マスルガ故ニ、本修正案ニ御贊成下サルト云フコト——吾々ガ又本修正案ヲ熱心ニ主張スル所以ノモノハ、確ニ貴族院ニ於テ審査中、此所得稅改正而モ今ヤ天下攻擊ノ焦點トナッテ居ル所ノ此所得稅改正ニ對シテ、追擊戰ヲ試ミントスル趣意ニ於テ、更ニ之ニ反對スルノ一理由ヲ加ヘントスルモノデアリマス、願クハ我黨ノ此論理徹底セル軍備擴張、並ニ朝鮮農事改良株式會社補助金ノ削除ニ、御贊成アランコトヲ望ミマス、更ニ私ハ一口附加ヘタイ、前ニ此處テ述ベラレタ御方ガ、吾々ガ、憲政會ノ諸君ト同樣ニ、軍事費ヲ削除シタカノ如キ御辯論ガアリマシタ、是ハ違ッテ居リマスカラ御訂正アランコトヲ望ミマス、(拍手)

○議長(奥繁三郎君)　大藏大臣

〔國務大臣男爵高橋是清君登壇、拍手〕

○國務大臣(男爵高橋是清君)　本案ニ對シマシテ反對ヲセラレル所ノ憲政會、並ニ國民黨ノ代表者ノ御演說ヲ謹ンデ拜聽致シテ居リマシタ、要スルニ追加豫算ノ金額ノ尨大ナルコトニ恐レテ、而モ何故ニ尨大ナラザルヲ得ヌカト云フ理由ノ下ニ就テ、御研究ヲ爲サラナイ結果ダラウト思ヒマス、第一ニハ國防充實デアリマシテ、其他ハ總テ國家ノ產業發達ノ爲メニ必要ナル、經濟的施設ニ要スル所ノ緊急ナル費用デゴザリマス、且又所得稅改正案ニ就テモ、民間各種ノ團體ヨリ色々陳情書モ出テ居リマスガ、一人トシテ此國防充實ヲ否認スル、或ハ之ガ爲メニ要スル所ノ增收計畫ノ、卽チ增稅ヲ否ムト云フモノハ一人モ無イノデアリマス、而シテ國防ヲ一年延期シロトカ、或ハ其大部分ヲ削減シロト云フコトハ、確ニ國民多數ノ意見デナイト云フコトヲ、當局ハ認メテ居ルノデアリマス、(拍手)相變ラズ、或ハ大藏大臣ガ樂觀デアルトカ、或ハ歲入ノ見積方ガ過大デアルトカ、公債ノ募集ガ不可能ニナルトカ、二三年前カラ憲政會ノ常套語トナッテ居ル言葉ヲ以テ徒ラニ傷ケテ、ソレヲ以テ快ト爲ス(拍手)政府ハ委員長報告ノ修正案ノ成立致サンコトヲ希望致スノデアリマス(拍手)

○岩崎勳君　討論終結ノ動議ヲ提出致シマス

〔「贊成々々」ト呼フ者アリ〕

○議長(奥繁三郎君)　岩崎君ノ討論終結ノ動議ニ御異議アリマセヌカ

〔「異議ナシ」「異議ナシ」呼フ者アリ〕

○議長(奥繁三郎君)　異議ナシト認メマス、仍テ討論ハ終結サレマシタ——是ヨリ採決ノ順序ニ就テ一言致シマス、修正案中共通ノ點、共通ヲ除キタル點、委員長報告、此三ツノ今申上ゲマシタ順序ニ依リマシテ採決致シマス、修正案中共通ノ點、卽チ朝鮮農事改良株式會社補助金削除ノ件、是ハ一般會計、特別會計、豫算外國庫ノ負擔ト爲ルベキ契約ヲ爲スヲ要スル件ニモ關係シテ居リマス、朝鮮師團營繕初度調辨費減額ノ件、是ハ乙號ニモ關係シテ居リマス、ソレカラ要塞整理費全部削除ノ件、是モ乙號ニ關係シテ居リマス、以上ノ三點ハ早速君ノ修正意見ト、鈴木君ノ修正意見ト同一デアリマス、是ガ共通ノ點デゴザイマスカラ、之ニ對シテ贊否ヲ問ヒマス、起立ニ依ッテ問ヒマス、右點ノ贊成ノ諸君ノ起立ヲ命ジマス

〔贊成者起立〕

○議長(奥繁三郎君)　起立者少數、仍テ否決ニナリマシタ、次ニ右三點ヲ除キタル早速君ノ修正意見全部ニ、贊成ノ諸君ノ起立ヲ命ジマス

〔贊成者起立〕

○議長(奥繁三郎君)　起立少數、否決ニナリマシタ、次ニ共通ノ點ヲ除キタル鈴木梅四郎君ノ修正意見全部ニ就テ、贊成ノ諸君ノ起立ヲ命ジマス

〔贊成者起立〕

○議長(奥繁三郎君)　起立少數、仍テ否決ニナリマシタ、次ニハ委員長報告ニ贊成ノ諸君ノ起立ヲ命ジマス

〔贊成者起立〕

○議長(奥繁三郎君)　多數デアリマス(拍手)仍テ委員長報告通リ決シマシタ(拍手)是ニテ第一號大正九年度歲入歲出總豫算追加案、特第一號、大正九年度各特別會計歲入歲出豫算追加案、豫算外國庫ノ負擔ト爲ルベキ契約ヲ爲スヲ要スル件、第一號臨時軍事費豫算追加案ハ全部可決確定致シマシタ、明日モ本會ヲ開キマス、其日程ハ公報ヲ以テ通知ヲ致シマス、今日ハ是ニテ散會

午後七時五十一分散會

第二　朝鮮ニ於ケル國勢調査ニ關スル法律案(政府提出)　第一讀會ノ續(委員長報告)(確定議)

報告書

一朝鮮ニ於ケル國勢調査ニ關スル法律案(政府提出)

右ハ本院ニ於テ可決スヘキモノト議決致候此段及報告候也

大正九年七月十五日

朝鮮ニ於ケル國勢調査ニ關スル法律案委員長　根本　正

衆議院議長奥繁三郎殿

○副議長(粕谷義三君)　根本君

〔根本正君登壇、拍手起ル〕

○根本正君　朝鮮ニ於ケル國勢調査ニ關スル法律案ノ委員會ノ經過ヲ御報告致シマス、本案ハ本年十月一日ヲ以テ、帝國版圖内ニ於ケル國勢調査、卽チ正確ニ人口ヲ調査スル所ノ法律案デアリマス、此朝鮮ノ人口ニ就キマシテモ、繼續費トシテ百三万圓ノ豫算ガ出テ居リマス、然ルニ昨年三月ノ騷擾ノ爲メニ、此國勢調査ヲスルコトガ出來ナイ事情ガアッテ、卽チ延期スルト云フ所ノ法律案デアリマス、此百三万圓ノ繼續費ヨリ、十六万圓餘ト云フモノガ大正七八年度ニ於テ使用スベキモノトナッテ居リマスガ、既ニ使用サレタノハ六万二千百八十九圓デアリマス、其殘ッテ居ルモノハ九万八千六百三十四圓餘ニナッテ居ル、而シテ此調査ガ出來ナイト云フ理由ハ、此調査ノ爲メニ十万人ノ調査員ヲ要スルノデアリマス、然ルニ市町村役場ノ人ヲスルニシテモ僅ニ五万人デアッテ、跡ノ五万人ト云フモノハ、此騷擾以來朝鮮ノ事情ニ依テ、其調査員ヲ命ズルコトガ出來ナイ理由ノ下ニ、此度ノ國勢調査ニハ入レズシテ延期スルト云フコトデアリマス、此事ニ就キマシテ、若シ帝國ノ人口ヲ外國ヨリ照會サレテ之ヲ答フル時分ニハ、加何ニ答フルカト云フ所ノ質問モ出マシタ、政府委員ノ說明ニ依リマスルト、國勢調査ト云フ名前ノ下ニ調査ノ交渉ガアッタ時分ニハ、十月一日ノ調査ヲ以テ答ヘルガ、單ニ日本帝國ノ人口ヲ調査スルト云フコトニ就テ、例ヘバ政治年鑑ノ調其他ニ就テアッタ時分ニハ、矢張今日朝鮮ニアル所ノ概略調査ガ出來テ居ル、其人口モ入レルト云フコトデアリマス、此概略ノ人口ト云フモノハ、ドノ位アルカト云フコトヲ質問致シマシタ所ガ、千七百五十万人以上アル、其中デ內地ヨリ參ラレテ居ル所ノ者ガ三十三万六千八百七十二人、朝鮮人ガ千六百六十九万七百十四人、外國人ガ二千三百有餘人アル、斯ウ云フコトニナッテ居リマス、故ニ此內地ノ正確ナル人口ニ合セマシテ、千七百有餘万人ノ人ヲ入レテ外國ニ答ヘルト云フ正確ナル答辯ヲ得マシタ、是ハ事情已ムヲ得ズシテ、委員會ハ滿場一致ヲ以テ政府案ノ通リ可決致シマシタ、此段御報告致シマス(拍手起ル)

○岩崎勲君　本案ハ讀會ノ順序ヲ省略シテ、委員長報告ノ通リ可決確定サレンコトヲ望ミマス

〔「贊成」ト呼フ者アリ〕

○副議長(粕谷義三君)　岩崎君ノ動議ニ御異議アリマセヌカ

〔「異議ナシ」ト呼フ者アリ〕

○副議長(粕谷義三君)　御異議ハ無イト認メマス、讀會ノ順序ヲ省略致シマシテ、直チニ委員長報告通リ可決確定スルニ御異議アリマセヌカ

〔「異議ナシ」ト呼フ者アリ〕

○副議長(粕谷義三君)　本案ハ可決確定サレマシタ、次ハ日程第三、北海道拓殖鐵道補助ニ關スル法律案第一讀會ノ續ヲ開キマス

朝鮮事業公債法中改正法律案（政府提出）第一讀會ノ續（委員長報告）

報告書

一朝鮮事業公債法中改正法律案（政府提出）

右ハ本院ニ於テ可決スヘキモノト議決致候此段及報告候也

大正九年七月十六日

朝鮮事業公債法中改正法律案委員長　井上角五郎

衆議院議長奥繁三郎殿

京釜鐵道買收法中改正法律案（政府提出）第一讀會ノ續（委員長報告）

報告書

一京釜鐵道買收法中改正法律案（政府提出）

右ハ本院ニ於テ可決スヘキモノト議決致候此段及御報告也

大正九年七月十六日

京釜鐵道買收法中改正法律案委員長　井上角五郎

衆議院議長奥繁三郎殿

〔井上角五郎君登壇、拍手起ル〕

○井上角五郎君　國債償還資金ノ繰入ヲ爲サヽルコトニ關スル法律案外十一件ノ委員會、昨日今日ニ亙リマシテ、案ノ内容ニ就テ、當局ノ説明ヲ求メ、次デ決議ヲ爲シテ、十二案悉ク政府原案ヲ可決スルコトニ決定致シマシタ、其各案ニ就テノ大要ヲ御參考マデニ、爰ニ説明ヲ致シテ置キマス、國債償還資金ノ繰入ヲ爲サヽルコトニ關スル法律案ハ、國防充實ニ關スル經費ヲ支辨スルガ爲メニ、所得税法、酒造税法等ヲ改正シテ、其費用ニハ充テタケレドモ、本年度乃至十二年度ノ四箇年度ニ於テ三千万圓、合計シテ一億二千万圓ダケヲ、此繰入ヲ中止シテ、國防充實ノ費途ニ充ツルトキハ、徒ラニ多額ノ増税ヲ爲サズシテ、永年間ニ亙ル此充實ノ設備ヲ完全ニスルコトガ出來ル、言換ヘレバ即チ國防充實ノ爲メニ、此金ヲ使用シテ、増税ヲ或程度ニ止メタト云フニ外ナラヌノデアリマス、政府當局者ハ之ヲ説明致シマシテ、元來國債償還資金ノ繰入ヲ爲スノハ、主トシテ外國公債償還ト云フコトヲ目的トシテ居ッタノデアル、然ルニ今日ニ於テハ、即チ外國公債ノ償還スベキモノハ如何ヤウニナッテ居ルカト云ヘバ、大正九年度ニ於テ約三百九十万五千二百圓、是ハ本年内ニ循還スル積リデ居ル、其次ニ十年ニ償還スベキモノナク、十一年ニモ償還スベキモノナク、十二年ニ至ッテ三千七百九十三万二千百九十二圓、十三年ニ於テ二億三百十三万四千八百三十五圓、十四年ニ至ッテ二億千三百五十万六千二百六十五圓、ソレカラ十九年マデ十五年、十六年、十七年、十八年度ト云フ是等ノ年度ニハ、外國債ノ償還スベキモノガナクシテ、十九年度ニ至ッテ更ニ二億四千四百六十六万八千三百六十一圓償還スベキモノガアルノデアル、言換ヘレバ約四億万足ラズノモノヲ、大正十四年度末マデニ償還スレバ、外國債ノ償還ハ是デ十分出來ル、然ルニ今政府ガ預金部ニ持ッテ居ル在外正貨ガ、三億九千三百七十万アルト云フコトデアルカラ之ヲ外國デ借替ヘルコトモ容易デアル、若シ外國デ借替ヘルコトガ出來ナケレバ、預金部ノ即チ在外正貨ヲ之ニ嵌メテ償還スレバ、内國ニ於テ借替ヘルコトモ出來ルノデアルカラ、其外國公債ヲ償還ノ目途ニ置イテ、以テ拵ヘテ居ル、國際償還資金ノ繰入ハ、之ヲ一時中止スルモ、最初此案ヲ立テタ目的ノ如ク、尚ホ財政ノ信用ヲ維持シ、公債ノ時價ヲ維持スルコトガ出來ルノデアルカラ、差支ハナイト云フノガ當局ノ説明デゴザイマシタガ、討議ヲ爲スニ方リマシテ、即チ憲政會ノ一員タル正木委員ヨリ、國庫ニハ剩餘ガアルカラ、彼ノ剩餘金ヲ以テ國防計畫ノ足ラナイ費用ニ充テヽモ宜カラウ、又或ハ彼ノ剩餘金ヲ此繰入ノ方ニ充テヽモ宜カラウ、兎ニ角何トカシテ或ハ所得税ノ増加ヲ今一段多ク増加シテ、年々三千万圓ヅヽ、先達決メタヨリモヨリ多ク取ッテ、サウシテ此繰入ヲ續ケタラ宜イデハナイカ、此繰入ヲ廢止スルト云フコトハ、公債政策ノ根本ヲ破ッテ、財政信用ヲ害スルモノデアルカラ、之ニ反對スルト云フ御意見デアリマシタ、但シ詳細ノ意見ハ御述ニナラナカッタガ、大要其樣ナコトヲ御述ニナッテ御反對ニナリマシタガ、起立ニ問ヒマシタ結果、多數ヲ以テ可決シタノデゴザイマス、事業公債金特別會計法中改正法律案ト云ヒマスノハ、大正八年三月法律第十五號デ成立シタモノデアリマスガ、其第一條、第二條、第六條ヲ修正シテ、別ニ八條ヲ挿入シテ、且ツ此法律ハ從來事業公債金特別會計法ト稱シテ居ッタモノヲ、公債金特別會計法ト改メルト云フノデアリマス、其意味ハ事業公債ノミヲ此特別會計法デ是マデハ整理シテ居ッタノデアルガ、今後ハ事業公債ナラザルモノヲモ、此特別會計法ヲ以テ整理シタイ、例ヘバ今回制定ニナッタ所ノ道路公債法案ノ如キハ、是ハ事業公債デハナイ、道路公債ヲ募集シテ、政府自ラ其公債ニ依リテ道路ヲ改良シ、若クハ其公債金ヲ府縣郡市ニ分配シテ、其道路ノ改良ヲ補助スルノデアルカラ、事業公債トスベキモノデナイケレドモ、此特別會計法デ整理シタイ、各鐵道國有ニ關スル國有鐵道ノ公債ハ、即チ是マデ事業公債ト稱シテ居ナカッタカラ、此特別會計法デ整理シテ居ナカックガ、之ヲモ此中デ整理ヲシタイ、要スルニ一切ノ公債臨時軍事費ニ關スル公債トカ、或ハ軍用ニ關スル公債ノ如キモノハ別ニシテ、其他ノモノハ總テ一括シテ整理シタイト云フコトノ爲メニ、事業公債金特別會計アルノヲ公債特別會計ト改メテ、斯樣ニ各條ヲ修正シタノデアリマス、別ニ異議ナク委員會ハ同意ヲ表シテゴザイマス國債整理基金特別會計法中改正法律案、是ハ主トシテ政府ハ計算上利益アリト認メタル場合ニ於テ、國債ノ借替ノ爲メ、低利ノ公債ヲ募集スルコトヲ得ルト云フ條項ガアッタ、其條項ヲ改正シタノト、又一ツハ是マデ整理公債條令ト云フモノガゴザイマシテ、明治十九年ニ制定シテ、中々行ク實行ニ適セナイモノガアッタガ、尚ホソレノ制裁ヲ受ケナケレバナラヌヤウナ事ガアッタノヲ除クガ爲メニ、國債整理基金特別會計法中ノ一條ニ改正ヲ加ヘタイト云フノデアリマス、之ヲ改正シタ結果トシテ、家祿賞典祿處分法施行法中改正法律案、鐵道國有法中改正法律案、京釜鐵道買收法中改正法律案ト云フモノニ聯關シテ居ル條項ヲ、ソレゾレ改正シマシタノガ即チ是等ノ案デゴザイマシテ、是亦委員會ニ於テハ何等ノ議論モナク、同意ヲ致シタ、次第デアリマス、電信事業公債法案ト云ヒマスノハ、電信事業ヲ改良シ、擴張スルガ爲メニ、七箇年繼續デ七千三百八十万圓ノ公債ヲ發行スル、又場合ニ依レバ一時繰替支辨ノ方法ヲ執ッテ借入金ヲ爲シ得ルト云フ法案デアリマシテ、今日電信事務ノ改良スベキコトヲ熱心ニ主張シテ居ル吾々トシテ又委員會ハ異議ナク協賛ヲ與ヘタ次第デアリマス、電話事業公債法中改正法律案ハ、是亦既ニ左樣ナ法律案ガアッタノデアリマシタガ、更ニ今後八箇年度間ニ、二億二千五百五十万圓ヲ追加シテ、電話ノ擴張ヲスルト云フノデアリマシテ、是モ極メテ必要ナル事トシテ協賛ヲ與ヘルコトニ決シマシタ、道路公債法案ト云フノハ、豫テ本院ニ於テ道路法ヲ決定シタル結果トシテ、提出セラレタノデアリマス、全國ノ道路ヲ擴張スルガ爲メニ、又改良スルガ爲メニ、三十年度間ニ二億八千二百八十万圓ノ公債ヲ募集スルト云フノデアリマス、其二億八千二百八十万圓ヲ三十年間ニ支出スル割合ハ、國道改良費補助トシテ一億六千七百五十万圓、國道改良費トシテ六百八十万圓、府縣道改良費補助トシテ一千七百万圓、道路改良費補助トシテ――街路ト云フノハ市街ノ道路デアリマス、街路改良補助費トシテ九、千万圓、並ニ事務費トシテ百五十万圓、合計シテ唯今申シタ通リ、總計ガ二億八千二百八十万圓トナルノデアッテ之ヲ三十箇年度間ニ支出スルト云フノデアリマス、此道路公債法ニ對シテハ、勿論委員會ハ滿場異議ナク之ニ同意ヲ表シタ次第デアリマスガ、正木特別委員ヨリシテ一ノ希望ガ出テ居リマス、其希望ハ主トシテ東京市内ノ道路ニ關係シタル事デアリマシテ、大要ヲ言ヘバ東京市ノ道路ハ、道路トシテ適當ニ道路ナル名ヲ用キベキ道路トナッテ居ナイ、實ニ雨ガ降レバ泥濘ヲ極メ、日ガ照レバ即チ塵埃ガ立ッテ、而モ道ハ甚ダ粗末ナモノデアル、斯樣ナ事トシテハ、迚モ都市ノ體裁ヲ成シテ居ルモノデナイカラ、速ニ之ヲ改良シ、且ツ十分ニ之ヲ改良シナケレバナラヌ、是マデ當局ガ之ヲ怠ッテ居ッタノハ、甚ダ宜シクナイガ、斯樣ナ法案ガ出テ之ニ著手スルト云フコトハ、大ニ贊成スルケレドモ、又徒ラニ著手スルト稱シツヽ、年數ヲ經テ平氣デ居ルガ如キコトノナイヤウニセラレタイト云フ、即チ希望デアリマシテ、正木特別委員ガ之ヲ述ベラレタ、別ニ採決致シマセヌガ、委員會ノ多數ハ是認ヲシタ次第デゴザイマス、又秋田特別委員カラモ一ツノ希望ガ出テ居リマス「府縣道以下ノ道路改良計畫ハ完全ナラザルモノト認ム、政府ハ更ニ地方開發上適切ナル計畫ヲ樹立セラレンコトヲ希望ス」斯樣ナ意味ノ希望ヲ述ベラレマシテゴザイマシテ、是モ特別委員會ニ於テ、然ルベキ希望ナリト、多數ハ認メタガ如クニ見受ケタノデアリマス、故ニ特ニ此場合此兩君ノ御希望ヲ、此所デ御紹介ヲ申上ゲテ、併セテ政府當局ノ參考ニ供シタイト思ヒマス、朝鮮事業公債法中改正法律案、是ハ本年度更ニ二千八百五十万圓ノ公債ヲ募集スルコトヲ定メマシテ、鐵道建設改正、醫院新營、警察官衙新營、警備電話擴張、監獄改良、鹽田經營ト云フヤウナ、諸費ニ充テルノデアリマス、詳細ハ昨日決議セラレタル所ノ豫算ニ上ッテ居ルノデアリマス、此朝鮮事業公債法中改正法律案ハ、又委員會ノ滿場一致ヲ以テ同意ヲ表セラレマシタガ、之ニ對シテ憲政會ノ委員タル正木照藏君ヨリ、一ノ警告ヲ出サレマシテゴザイマス、唯今申上ゲル如ク警察官衙ノ新營ト、監獄ノ改良ト、左樣ナモノハ事業ト云ヘナイ、事業トハ――正木君ノ言葉ヲ藉リテ言ヘマスレバ、事業トハ「インダーストリー」ト云フコトデアル、サウスレバ官衙ノ建築トカ、監獄ノ新營トカ、云フモノヲ之ニ加ヘルモノデナカラウ、故ニ今回ハ同意スルケレドモ、以後左樣ナ事ヲ避ケ、事業公債ト云フモノヽ中ニ截セルコトノナイヤウニシタイト云フコトガ、正木君ノ警告デゴザイマシタ、政府當局ハ、是ハ長キ前カラ慣例トナッテ居ッタル事デアッテ、正木君ノ言フガ如ク、事業ハ、卽チ「インダーストリー」ト云フ言葉ヲ意味シテ居ルノデアリマス、現ニ臺灣事業公債法ヲ見テモ、數年前ニ於テ其事業公債ノ中ニ、土地調査ヲモ計上シタコトガアリマス、廳舍建築、卽チ監獄ノ建築、總督府ノ建築其他種々ノ官舍ノ建築ヲシタコトモアリマス、又大租權ノ整理ノ費用ヲモ、此公債デ支出シタコトガアリマス、今日朝鮮事業公債ニ於テ、始メテ斯樣ナル費用ヲ計上シタ譯デハアリマセヌト云フコトハ、當局者ノ說明デゴザイマスシテ、卽チ委員中ノ大島寬太郎君ヨリ、正木君ノ警告ニ對シテ反對ノ說ガ出マシテ、會議ニ諮リマシタ所ガ、卽チ警告スル必要ナシト云フコトニ、多數ヲ以テ決定致シマシテゴザイマス、此段ヲ特ニ御報告申上ゲテ置キマス、臺灣事業公債法中改正法律案ハ、是ハ本年度ヨリ千三百七十万圓ヲ增加シテ、鐵道建築ト、基隆ノ築港ノ費用ニ充テルト云フノデアリマス、樺太事業公債法中改正法律案、是ハ今年度ヨリ七百万圓ヲ增加シテ、鐵道線路ノ變更、改良物價騰貴ニ因リ凡ソ二百十万圓、大泊改良諸費凡ソ四百九十万圓、合セテ七百万圓ヲ本年度ヨリ以降支出スルト云フガ爲メニ、樺太事業公債ノ金高ヲ增加シテ居リマス、以上十二件ガ私共ノ委員會ニ於テ審議調査シタ所デゴザイマシテ、要スルニ總テ政府案ニ贊成ヲシタ次第デゴザイマス、此段御報告ニ及ビマス(拍手起ル)

○議長(奧繁三郎君) 正木照藏君

〔正木照藏君登壇、拍手起ル〕

○正木照藏君 私ハ唯今議題ニナッテ居リマスル所ノ、十二件ノ中ノ二件ダケニ就キマシテ、意見ヲ持ッテ居ルモノデゴザイマスカラ、是カラ申述ベルデゴザイマス、先ヅ國債償還資金ノ繰入ヲ爲サヽルコトニ關スル法律案、之ニ就キマシテ申述ベマス、本案ニ就キマシテハ、私ハ反對ノ意見ヲ有シテ居ルモノデアゴザイマス、本案ハ頗ル重要ナル案デハゴザリマスケレドモ、又同時ニ簡單ナル案デゴザイマス、卽チ國防充實ノ經費ニ充テルガ爲メニ、減債資金ノ繰入ヲ、四箇年間延バスコトノ出來ルヤウニシテ置クト云フ法律案デアリマス、此減債資金ノ繰入ハ、多年實行致シ來ッテ居ルノデゴザイマスカラ、之ヲ唯今中止ヲ致シマスルト、自ラ我ガ國債ノ聲價ノ上ニ影響ヲ及ボシ、又同時ニ是ガ整理ノ上ニモ、大ナル影響ヲ及ボスモノデゴザイマスカラ、容易ニ中止ナドスベカラザルモノト考ヘラレマス、殊ニ御承知ノ通リ、今日ハ我國ノ內國債ハ益〻下落シツヽアル、一方ニ於キマシテハ、募集センケレバナラヌ所ノ國債ノ高モ、大變多イヤウナ場合デモゴザイマスカラ、先ヅ愼重ニシナケレバナラヌト考ヘル、萬々已ムヲ得ヌ場合、卽チ國家危急ノ場合トカ、或ハ事變ノ勃發シタル場合ニ於テハ、已ムヲ得マセヌケレドモ、今日ハ左樣ナ時デナイト考ヘテ居リマス、國防費ノ爲メトゴザイマスレド、勿論他ノ費用トハ違ヒマスケレドモ、ソレニハ大藏大臣モ屢〻述ベラレマシタ通リ、的確ナル歲入ヲ要スル、是ハ其的確ナル歲入ト申スコトハ出來マセヌ、四箇年間減債資金ヲ中止シテ置クト云フコトデ、ソレモ中止スルコトガ出來ルト云フコトデ、頗ル不的確ナルモノデアル、尙ホ恰モ公債ニ依ルト申スト同ジ事ニナルノデアリマス、決シテ的確ナル歲入ト申スコトハ出來マセヌ、若シ之ニ依ラナケレバナラヌト云フコトデゴザイマシタナラバ、一方ニ於テハ剩餘金ガ澤山アル、是ハ大藏省カラ頂戴シテ居リマス所ノ材料ニ依リマシテモ、大正九年度ニ繰越スベキ所ノ金額三億二千七百万圓、ソレヲ色々ニ割當テマシテ、尙ホ大正十年度ヨリ十三年度ニ至ル所ノ歲入ノ不足ヲ補ヒマシテ、尙ホ殘ッテ居ル、其外ニ經常部ノ收入ガ豫想ヨリ殖エマシタ高ガ、二億二千餘万ト云フモノガゴザイマス、之ヲ以テ流用致シマスレバ、一向差支ナイコトニナルト思ヒマス、委員長ハ、私ガ所得稅カラ取ッタラ宜イト云フコトヲ申シタト云フコトヲ申サレマシタガ、私ハ左樣ナコトハ申シマセヌ、的確ナル財源ヲ求メントスルナラバ、或ハ所得稅其他稅制整理ノ時分ニ、何トカ道ハ付キハシナイカト云フコトヲ申シテ、政府ノ意見ヲ質シタノニ止ッタノデ、決シテ私ハ所得稅デ取ッタラ宜イト云フコトハ申シマセヌ、此事ハ正誤致シテ置キマス、斯ウ云フヤウナ性質ノ金ハ、保險ノ掛金ヲ中止スルヤウナモノデ、一旦中止スルト、復舊スルコトハ困難デアリマス、終ニハ此爲メニ中止致スコトガ繼キマスルト、我國ノ國債政策ノ根本ヲ破壞スルコトニ相成ルノデゴザイマスカラ、萬々已ムヲ得ヌ場合ヲ除クノ外ハ、中止ナドヲ致シテハイカヌモノト私ハ信ジテ居リマス、政府當局者ハ、十四年度ノ末ニ償還ノ期限ノ來ル所ノ英國債ニ對スル途ハ、已ムヲ得ヌ場合ニハ、預金部ノ在外正貨ヲ以テ之ニ充ツレバ宜イカラ、其點ハ安心シテ宜シイ、差支ナイト思フト云フ御說明ガゴザイマシタケレドモ、此減債資金ガ必ズシモ外國債ノミノ償還ニ充テル資金ト信ジマセヌ、今日ニ於テハ斯樣ナル事ヲスルノハ宜シカラヌ、又少クトモ宜シイモノトモ思ヒマセヌ、此點カラ反對ヲ致シマスモノデゴザイマス、次ニ此朝鮮事業公債法改正ノコトニ就キマシテハ、委員長カラ略ボ私ノ申シタコトヲ御紹介下サイマシテゴザイマスガ、尙ホ少シク詳シク申述ベテ置キマス、此度增加セントスル八千八百五十万圓ノ內譯ハ、千百万餘ラト云フモノハ鐵道ノ關係、ソレカラ六百五十九万餘ラト云フモノハ醫院ノ新營費、ソレカラ警察ノ官舍ヲ新營スル所ノ費用ガ二百五十八万餘ラ、警備電話ノ費用ガ百二万、監獄新營費ガ二百万餘ラ、斯ウ云フコトニナッテ居リマス、斯樣ナル監獄トカ、或ハ醫院トカ、警察警備ノ電話等ノ費用ハ、決シテ事業公債ニ依ルベキモノデゴザイマセヌ、先例ガアルト申シテモ、其先例ハ間違ッタル先例デアル、必ズ之ヲ襲踏スベキモノデゴザイマセヌ、殊ニ此度同時ニ大藏省カラ出テ居ル議案ニ於テ、事業公債ト云フ中ノ「事業」ト云フ字ヲ削ッテシマッテ、唯ダノ「公債」ニスルト云フ案ガ出テ居リマス、是ハ敎育費ノ如キモノニ關スル公債、或ハ道路ニ關スル公債ノ如キハ、事業ト謂フベキモノデナイカラ、事業公債トシテ置クト甚ダ窮屈デ困ルト云フ案ガ、大藏省カラ出サレテ居リマス、然ラバ此朝鮮事業公債ノ中ニ、ソレニ類スル、或ハソレ以上ニ性質ノ違ッタモノヲ含マセテ置クコトハ、政府トシテハ矛盾シタル話デアリマス、斯ノ如キ事ハ、明々白々分リ切ッタ事デアリマスカラ、政府ニ於テモ今後斯樣ナ事ヲ再ビシナイヤウニ、御注意アランコトヲ私ハ茲ニ警告旁々、希望致シテ置ク次第デゴザイマス

○井上角五郎君 唯今ノハ議題ニナッテ、反對ノ御意見トシテ御述ニナッテ居ルモノト考ヘマスガ、左樣デアリマスカ

○議長(奧繁三郎君) 左樣デス

○井上角五郎君 能ク聽取レマセヌケレドモ、本員ハ之ニ對シテ登壇ヲ求メ、反駁ヲ試ミタイト思ヒマス

○議長(奧繁三郎君) 然ラバ井上君ノ登壇ヲ許シマス――正木君ノ說ヲ質シテ置キマス、演壇デ御述ニナリマシタトキニ、二案ニ就テ反對デアルト云フ御述ガアリマシタガ、今ノ論旨ヲ聽イテ見マスルト、全ク國債償還資金ノ繰入ヲ爲サヽルコトニ關スル法律案ノミニ就テノ反對デ、朝鮮事業公債ニ就テハ單ナル警告ト解釋致シマスガ、左樣デスカ

○正木照藏君 仰セノ通リ

〔井上角五郎君登壇〕

○井上角五郎君 國債償還資金ノ繰入ヲ爲サヽルコトニ關スル法律案、此案ハ先刻私ガ委員長トシテ報告シタルガ如ク、要スルニ國防充實ノ經費ヲ支辨スルガ爲メニ、一時繰入ヲ中止スルト云フニ過ギナイノデアリマス、然ルニ之ニ對シテ、唯今反對ノ議論ヲ聽キマシタ、併シ此案ニ就キマシテハ長キ歷史ガアリ、當議場ニ於テモ、屢〻討論ヲ闘ハサレ、卽チ其討論ハ第四十二議會ニ於テ、殆ド終結ヲ告ゲテ居ルノデアリマスカラ、茲ニ多言ヲ費ス必要モナイト思ウテ居ルノデアリマスケレドモ、今尙ホ之ニ對スル反對ノ議論ガアル以上ハ、極メテ簡單ニ其大要ノ歷史ヲ申上ゲテ、諸君ノ參考ニ供シタ方ガ宜カラウト思フ、卽チ日露戰役ノ後ニ

於テ、戰後ノ爲メニ生ジタル公債ヲ整理スルガ爲メニ、當時特別課稅ヲ爲シタル其特別課稅ヲ廢止スル代リニ、此公債整理ノ爲メニ、年々此金ヲ繰入レルト云フコトヲ決メタノデアリマシテ、一面カラ言ヘバ、此繰入ヲ中止スル場合ニハ、人民ノ負擔ヲ輕減スル、輕減セズトモ、增加シナイ方法ノ爲メニ使ハナケレバナラヌト云フコトヲ意味シテ居ル、又一面カラ云ヘバ、國ノ財政ノ信用ヲ保チ、公債ノ時價ヲ落サヌヤウニシナケレバナラヌト云フ意味ヲ持ッテ居ッタノデアリマス、然ルニ其後國民黨ハ鹽專賣法ヲ廢止シ、若クハ通行稅ヲ廢止スルガ爲メニ此繰入ヲ中止シタイト云フコトヲ、屢、此議會ニ於テ發論セラレテ居ルノデアリマス、吾々ハ卽チ此金ヲ以テ鹽專賣法ヲ廢止シ、此金ヲ以テ通行稅ヲ廢止スルト云フコトハ、日露戰役當時ノ意思ニ反カザルヲ知ッテ居リマスケレドモ、其時ノ狀態ニ於テ、財政ノ信用ヲ保チ、公債ノ時價ヲ保ツ上ニ於テハ、之ヲ廢止スルコトハ出來ナイト云フノデ、殘念ナガラ國民黨ノ度々ノ提案ニハ反對ヲシテ來タ次第デアリマス、憲政會ハ大隈內閣ノ當時ニ於テ、當時ハ年々ノ繰入五千万圓デアッタモノヲ三千万圓ニシタ、其三千万圓ニ減ラシタ趣意ト云フモノハ、如何ナル事デアッタカト云ヘバ、卽チ鐵道事業ノ爲メニ公債ヲ募ル、一方ニハ減債資金繰入トシテ、年々金ヲ五千万圓ツヽ繰入レテ、一方デハ鐵道デ二千万圓ノ金ヲ募ル、左樣ナ一方デハ繰入レ、一方デハ借リルト云フ馬鹿ラシイ事ヲセズシテ、卽チ其二千万圓ノ繰入ヲ減少シテ、其減少シタダケノ金ヲ鐵道ノ方ヘ貸シテ、鐵道ノ金ヲ募ラヌコトニスレバ、國ノ信用ノ上ニ於テ同一デハナイカト云フ議論ヲ以テ、憲政會ハ當テ此議場ニ其案ヲ出シ、又之ヲ豫算ニ大隈內閣ハ組ンデ出シ、議會ガ解散ニナッテ一度ハ豫算ガ不成立ニナッタガ、更ニ其事ヲ大隈內閣ハ豫算ノ上ニ多數ヲ以テ實行シタノデアリマス、此時吾々ハ憲政會ノ趣意ガ、當初此繰入ヲ爲スコトヲ制定シタトキニ、人民ノ負擔ニ關係ヲ持ツベキ費途ニ使フベキデアルト云フ意見ニ反イテ居ルガ爲メニ、又當時ノ我國ノ狀態ニ於テハ、五千万圓ヲ三千万圓ニ減ラスト云フコトハ、財政ノ信用ノ上ニ穩當ナラザルモノデアルト思フガ爲メニ、吾々ハ反對シタノデアリマス、其後寺內內閣ニ依テ一度ハ復活セラレマシタ、殊ニ貴族院ニ於テ吾々ト同一ノ意見ガ盛ニ行ハレテ、寺內內閣ニ於テハ、三千万圓ノ繰入ヲ大隈內閣ガ變更シタモノヲ、更ニ五千万圓ニ復活致シマシタ、其當時寺內內閣ハ國防ヲ充實スルノ必要ヲ感ジテ、所得稅其他ノ增稅ヲ行ヒマシタ、所得稅其他ノ增稅ヲ行ッテ、國防ノ充實ヲヤル費用ニ供シマシタガ、唯ダ徒ラニ國民ノ負擔ヲ增スト云フ譯ニハ行カナイカラ、卽チ五千万圓ノ繰入ヲ三千万圓ニ直シテ、其二千万圓ハ增稅スル代リニ繰入ヲ減少スル、幸ニ戰爭ニ依テ段々正貨ハ我國ニ入ッテ來ル、貿易ハ漸クニシテ其金額ノ增加ヲ見テ來タ、是ニ於テ五千万圓ヲ二千万圓ニスルノハ、國ノ信用ノ上ニ於テ左マデノ支障ハナカラウ、サウシテ是ゾ卽チ增稅スベキモノヲ或程度ニ止メテヤルノデアルカラ、當初ノ意思ニ反カヌモノデアラウト云フノデ、三千万圓ニ直シタノハ寺內內閣ノ時代デアリマス、今回原內閣ガ此繰入ヲ中止スル、三千万圓ヲ中止スルト云フノハ、先刻申上ゲタ通リ、所得稅法ヲ改正シ、酒稅其他ヲ改正シテ、相當ノ增稅ヲ爲シタ、初メニ於テ這入ル所ノモノガ、偶々國防充實ノ費用ニ較ベテ不足ヲ感ズルガ、併シ長イ先ニ入ルダケノ國防充實ノ費用ハ、是ガ增稅ニ於テ十分デアルカラ、其一時的中途ニ於テ不足ニナルモノダケ、此繰入ヲ中止シテ償ハウト云フノデアルカラ、強ヒテ私ハ理窟ヲ付ケルノデハナイケレドモ、歷史上ノ經歷ヲ有ッテ居ル此繰入金、當初ノ如ク卽チ特別課稅ヲ廢止セズ其儘國ノ信用ヲ保ッテモノトシタ其意思ニハ副フノデアッテ、寺內々閣ガ五千万圓ヲ三千万圓トシタノト、原內閣ガ一時之ヲ中止スルノト同一論法トシテ、此點ニハ反カヌモノデアルト云フコトヲ言ハナケレバナラヌト思フノデアル、(拍手起ル)且ツ今日世界ノ狀勢ヲ考ヘ、各國ノ財政ヲ考ヘテ、唯今正木君ハ日本ノ公債ハ廉クナッタ、此上コンナモノノ繰入ヲ爲サズシテ、益々廉クナッタラドウスルカ、成程時事新報ヤ報知新聞ノ日々ノ相場付ヲ御覽ニナレバ、日本ノ相場ハ廉クナリマシタ、世界ノ市場ニ於ケル各國ノ公債ノ相場ト、我日本ノ公債ノ相場ヲ較ベテ見レバ、決シテ廉クナッテ居リマセヌ、(拍手起ル)財界ノ變動ハ各國ソレ〳〵アリマスケレドモ、今日殊ニ甚シク財界ノ變動ヲ感ジテ居ルノハ我國ノ狀態デアッテ、其相場付ハ時事新報、報知新聞ニ載ッテ居ルノデアッテ、之ノミヲ見テ我國ノ財政ノ信用如何ヲ判斷ナサッテハ、少シク淺見ニ失シハシナイカト云フノ誹ヲ免レヌダラウト私ハ思フノデアリマス、諸君、試ミニ各國ノ公債ガ大ニ增加シタ、我國ノ公債ト之ヲ較ベテ見タナラバ、人口ノ上カラ考ヘ、面積ノ上カラ考ヘ、人民ノ富ノ上カラ考ヘテ、如何ニ前ニ大隈內閣ガ五千万圓ヲ三千万圓ニシタ時ノ我國ノ公債ト各國ノ公債ノ割合、今日五千万圓ヲ三千万圓ニシタノヲ更ニ中止スル、今日ノ我國ノ公債ト各國ノ公債ガ如何ナル割合ヲ保ッテ居ルカト云フコトヲ見タナラバ、此中止ヲ行ッタ所ガ國ノ信用ニ關ハルモノデナイ、此中止ヲ行ッテ國ノ信用ニ關ハルト極力論辯ナサルナラバ、先年五千万圓ヲ三千万圓ニナサッタ當時ハ、何ノ標準ニ依ッテ左樣ナル案ヲ御立テニナッタカト云フコトヲ反問セザルヲ得ヌノデアル、第一ニ我國ノ所有シテ居ル正貨ハ大ニ增加シタ、大隈內閣ノ當時ハ如何デアッタラウ、確ニ三億五千万ニハ上ッテ居ナイ、三億四千万圓位デアッタ、今日ハ如何デアルカ、三億四千万ヲ五倍スルト幾ラニナリマスカ六倍スルト幾ラニナリマスカ、兎ニ角六七倍ノ多キニ上ッテ居ルト云フコトハ御考ニナラナケレバナラヌコトデアル、又第三ニハ先刻申上ゲマシタルガ如ク外債ノ償還スベキモノ、殊ニ此繰入ハ外債ヲ目的トシテ居ッタ、其外債ノ償還スベキモノガ幾ラデアルカト云フト、極メテ少ナイ高デアルノデアリマス、故ニ今日ニ於テ此事ヲ實行スルノハ、徒ニ多額ノ增稅ヲナサズ、徒ニ經濟ノ狀態ヲ紊ラズ、現ニ正木君ノ如キハ剩餘金ガアルヂヤナイカ、此剩餘金ヲ使ッタラ宜カラウ、剩餘金ハ今後十年間ノ財政計畫ヲ立テ、或年ハ餘リ、或年ハ不足ガアル其不足ニ向ッテ充テルノデアル、尙ホ臨時ニ追加豫算其他ノ支出ヲ要スルモノガアルカラ、其使途ニ充テナケレバナラヌト云フ剩餘金デアリマス、サウスルト正木君ハ曰ク、ナニ八年度ノ分ニモ剩餘金ガアル筈デアルト、私モ出ル筈ト思ッテ居リマス、出ル筈デアルカラソレヲ充テタラバ宜イヂヤナイカト、兎角一方ニハ此上物價ハドウナルノ、此上將來ノ經濟ハドウナルノ、此上公債ハ迚モ募集ハ出來ナイデアラウ、此上歲入ハ迚モ得ラレナイデアラウト、極メテ悲觀的ノ議論ヲナシ、動モスレバ國民ヲシテ落膽セシムルガ如キ議論ヲナサル所ノ憲政會ノ正木君トシテ、ナニ剩餘金ガ出ルダラウ出ル筈デアル、其出ル筈ノ金ヲ以テ使ヘバ宜イデハナイカト、マダ今日ニ於テハ締切ラナイ豫算ノ其數字ヲ當ニシテ、此繰入ヲ是非續ケテヤラウト云フ如キコトハ、是ハ到底取ルニ足ラヌ議論デアッテ、要スルニ今日ニ於キマシテハ、唯今申上ゲルガ如キ歷史ヲ有ッタ、問題唯今申上ゲルガ如キ議論ハ度々闘ハシテ、其可否ハ既ニ決定シテ居ル問題デゴザイマスカラ、此上更ニ多クノ辯論ヲ費ス必要ハナイト思ヒマスケレドモ、折角正木君ノ熱心ナル御議論、敢テ一言ヲ呈シテ、其御熱心ニ酬イタ次第デアリマス

○議長(奧繁三郎君) 他ニ討論ノ通告モアリマセヌカラ採決致シマス、先ヅ國債償還資金ノ繰入ヲナサヽルコトニ關スル法律案ノ第二讀會ヲ開クヤ否ヤヲ諮リ、起立ニ問ヒマス、此案ノ第二讀會ヲ開クベシト云フノ方ハ起立ヲ命ジマス

〔第二讀會ヲ開クヲ可トスル者起立〕

○議長(奧繁三郎君) 起立多數仍テ第二讀會ヲ開クニ決シマシタ

○岩崎勳君 直チニ本案ノ第二讀會ヲ開キ第三讀會ヲ省略シテ、委員長報告ノ通リ可決確定セラレンコトヲ望ミマス

〔「贊成々々」「異議ナシ」ト呼フ者アリ〕

○議長(奧繁三郎君) 岩崎君ノ動議ニ異議アリマセヌカ

〔「異議ナシ」ト呼フ者アリ〕

○議長(奧繁三郎君) 直チニ第二讀會ヲ開キ、議案全部ヲ議題ニ供シマス

國債償還資金ノ繰入ヲ爲サヽルコトニ關スル法律案 第二讀會(確定議)

〔「委員長報告通リ異議ナシ」ト呼フ者アリ〕

○議長(奧繁三郎君) 異議ナシト認メマス、第三讀會ヲ省略シテ委員長報告ノ通リ可決確定致シマシタ(拍手起ル)次ニ本案公債金特別會計法中改正法律案、外十件ノ第二讀會ヲ開クヤ否ヤヲ諮リマス

〔「異議ナシ」ト呼フ者アリ〕

○議長(奧繁三郎君) 第二讀會ヲ開クニ異議ナシト認メマス、仍テ第二讀會ヲ開クニ決シマシタ

○岩崎勳君 緊急上程ニ係ル此十一件ヲ一括シテ、直チニ第二讀會ヲ開キ、第三讀會ヲ省略シテ、委員長報告ノ通

リ可決確定セラレンコトヲ望ミマス

〔「賛成々々」ト呼フ者アリ〕

○議長（奥繁三郎君）　岩崎君ノ動議ニ異議アリマセヌカ

〔「異議ナシ」ト呼フ者アリ〕

○議長（奥繁三郎君）　異議ナシト認メマス、直チニ第二讀會ヲ開キマス、議案全部ヲ議題ニ供シマス

事業公債金特別會計法中改正法律案　第二讀會（確定議）

道路公債法案　第二讀會（確定議）

電信事業公債法案　第二讀會（確定議）

電話事業公債法中改正法律案　第二讀會（確定議）

朝鮮事業公債法中改正法律案　第二讀會（確定議）

臺灣事業公債中改正法律案　第二讀會（確定議）

樺太事業公債法中改正法律案　第二讀會（確定議）

國債整理基金特別會計法中改正法律案　第二讀會（確定議）

家祿賞典祿處分法施行法中改正法律案　第二讀會（確定議）

鐵道國有法中改正法律案　第二讀會（確定議）

京釜鐵道買收法中改正法律案　第二讀會（確定議）

〔「委員長報告通リ異議ナシ」ト呼フ者アリ〕

○議長（奥繁三郎君）　第三讀會ヲ省略シテ委員長報告ノ通リ可決確定致シマシタ（拍手起ル）

大正九年七月十七日

朝鮮醫院及濟生院特別會計法中改正法律案（政府提出）

第一讀會ノ續（委員長報告）（確定議）

報告書

一朝鮮醫院及濟生院特別會計法中改正法律案（政府提出）

右ハ本院ニ於テ可決スヘキモノト議決致候此段及報告候也

大正九年七月十六日

朝鮮醫院及濟生院特別會計法中改正法律案委員長　齋藤壽雄

衆議院議長奥繁三郎殿

（齋藤壽雄君登壇、拍手）

○齋藤壽雄君　私ハ朝鮮醫院及濟生院特別會計法中改正法律案ノ委員會ノ經過結果ヲ報告致シマス、此法律案ハ特別會計ノ七十一万圓ト云フノヲ九十二万圓ニ增額シタイト云フ案デゴザイマス、此案ニ就テ政府委員カラ詳シク御説明モゴザイマシタ、詰リ物價騰貴其他十六醫院ノ内部ノ改良等ニ依リマスノデゴザイマス、ソコデ委員カラモ質問ガゴザイマスル、政府委員カラ詳シイ答辯モゴザイマシタガ、其中ドウシテモ增額ヲ要スルト云フコトハ、物價騰貴ニ依リマスノト、ソレカラ十六箇所ノ醫院ニ對スル增俸、臨時手當等ノ爲メニ費用ヲ要スルノデゴザイマス、併シ醫院ハ藥價ハ、益、騰貴ヲ致シマシタシマスノデ、藥價等ノ値上モサレタノデアリマスケレドモ、中ヽ其値上ヲ致シタト云フ位ノコトデ足リル譯ニ參リマセヌ、ソレ故ニ基金ヲドウシテモ增加シテ參ラナケレバナラヌト云フコトデゴザイマス、ソレカラ委員ノ中カラ斯ウ云フ質問ガ一ツ出マシタ、全體朝鮮ノ醫院ハ中央部ヲ首メ十六箇所デアル、其院長或ハ醫長ト云フヤウナ人ハ軍人デアル、或ハ豫備後備等ノ軍人デアル、軍醫デアル、他カラハ此病院ニ就職スルコトガ出來ヌト云フ話デアルガ、ソレハドウ云フ都合デアルカト云フヤウナ質問ガ出マシタ、所ガ政府委員ノ御答ニハ別ニ意味ノアル譯デハナイ、併シ中央ノ醫院ノ院長ハ軍醫デアル、サウ云フ關係カラシテ自然軍醫ノ人ヲ多ク採用スルコトニナッテ居ルノト、ソレカラモウ一ツハ、軍醫デアルト採用ヲスル時分ニ俸給其他ニ餘程任用スルニ便利ノコトガアル、サウ云フ事カラシテ多ク、醫長アタリハ軍醫ガ入ッテ居ルノデアルガ、他ニ意味ノアル譯デモ何デモナイ、若シ此法案ガ通過致シタナラバ或ハ他カラ入レルト云フヤウナコトモ出來得ルデアラウ斯ウ云フ答辯デゴザイマシタ、其他此法案ニ就テ深ク尋ネマスコトモゴザイマセヌシ、洵ニ簡單ナル案デゴザイマシタノデス、委員會ヲ開キマシタコトハ一回デゴザイマシタガ、審議ノ末原案ノ通リ全會一致ヲ以テ可決致シマシタ、此段御報告致シマス（拍手起ル）

○岩崎勳君　本案ハ讀會ノ順序ヲ省略シテ委員長報告ノ通リ可決確定セラレンコトヲ望ミマス

〔「贊成々々」ト呼フ者アリ〕

○議長（奥繁三郎君）　岩崎君ノ動議ニ異議アリマセヌカ

〔「異議ナシ」ト呼フ者アリ〕

○議長（奥繁三郎君）　異議ナイト認メマス、仍テ本案ハ委員長報告通リ可決確定致シマシタ

○岩崎勳君　三度議事日程變更ニ關スル緊急動議ヲ提出致シマス、卽チ茲ニ政府提出大正五年法律第四號中改正法律案ノ第一讀會ノ續ヲ開キ、委員長ノ報告ヲ求メ、且ツ其審議ヲ進メラレンコトヲ望ミマス

〔「贊成々々」ノ聲起ル〕

○議長（奥繁三郎君）　岩崎君ノ日程變更ノ動議ニ異議アリマセヌカ

〔「異議ナシ異議ナシ」ノ聲起ル〕

○議長（奥繁三郎君）　異議ナイト認メマス、仍テ日程ハ變更サレマシタ——大正五年法律第四號中改正法律案第一讀會ノ續ヲ開キマス、委員長菅原傳君

（追第一號）豫算外國庫ノ負擔トナルヘキ契約ヲ爲スヲ要スル件（委員長報告）

報告書

一（追第一號）豫算外國庫ノ負擔トナルヘキ契約ヲ爲スヲ要スル件

右本院ニ於テ可決スヘキモノト議決致候此段及報告候也

大正九年七月二十日

豫算委員長　吉植庄一郎

衆議院議長奥繁三郎殿

（吉植庄一郎君登壇、拍手起ル）

○吉植庄一郎君　委員會ノ結果茲ニ經過ヲ御報告致シマス、五案ヲ一括シテ、委員會ハ昨日ヨリ今日午前中ニ掛ケテ、連續シテ質問ヲ致シマシタ、其結果多數ヲ以テ、政府提出ノ原案全部ヲ可決致シマシタ、之ニハ早速君ヨリ修正ノ意見ガ現レマシタノデアリマス、是ハ少數ニ依テ否決セラレマシタ、多分本議場ニ於テ同君ヨリ更メテ御提出ニナルコトヲ考ヘマス、此第二號大正九年度歳入歳出總豫算追加、竝ニ第二號臨時軍事費豫算追加、特第二號大正九年度各特別會計歳入歳出豫算追加、特第三號大正九年度特別會計歳入歳出豫算追加、第一號豫算外國庫ノ負擔トナルベキ契約ヲ爲スヲ要スル件、此内容ハ爰ニ御報告スルマデモナク、皆樣ノ御手許ニ廻ッテ居ルコト、存ジマス、尚ホ委員會ニ於ケル質問應答ノ事モ、是ハ速記錄ニ依テ御覽ヲ願ヒタイ、委員會ニ於テハ特ニ御報告スベキ程ノ質問應答モ無カッタト存ジマス、其事柄ハ委員會ノ速記錄ニ依テ御承知ヲ與ヒマス、唯ダ此御報告ヲ爲スニ方リマシテ、特ニ申上ゲテ置キタイ事ハ、此五案ノ中デ第二號臨時軍事費豫算追加案ナルモノハ、金額ニ於テモ三千三百万圓、是ゾ本年七月四日ノ尼港事件ニ對スル政府ノ聲明ニ基ツイテ、或ル地點ノ占領ニ要スル費用デアリマス、是ガ今回提出ノ此五案中ニ於テ、極メテ重要ナ關係ヲ持ツ問題デアリマス、ソレダケヲ御報告致シテ置キマス、ソレカラ追第一號ノ豫算外國庫ノ負擔トナルベキ契約ノ事ハ、是ハ南滿洲鐵道株式會社ノ社債ニ關係致シタル事デアリマス、卽チ嘗ニ帝國議會ノ協賛ヲ經テアル、豫算外國庫ノ負擔トナルベキ契約ヲ爲スヲ要スル件中ノ第二項ノ「二億圓」トナッテ居ッタノヲ「四億四千万圓」ト改メ、第十項中ノ「三分五厘」ト云フノヲ「四分三厘」ニ改メルト云フノデアリマス、尚ホ南滿洲鐵道株式會社ノ社債保證ニ關シテハ、「南滿洲鐵道株式會社ノ事業經營ノ爲ニ外國ニ於テ募集スル社債ニ對シ現ニ政府ガ保證ヲ爲スモノ、外額面金額一億圓ヲ限リ元利支拂ノ保證ヲ爲スコトヲ得」ト云フコトヲ加ヘタノデアリマス、此諸件ニ就マシテ豫算委員會ハ、先刻御報告申シタ通リ、大多數ヲ以テ全部原案ヲ可決致シタ次第デアリマスカラ、速ニ御賛成ヲ希ヒマス（拍手起ル）

○議長（奥繁三郎君）　早速整爾君

（早速整爾君登壇、拍手起ル）

○早速整爾君　第二號大正九年度歳入歳出總豫算追加、此案ノ中ニ聊カ修正ヲ加ヘタイト思フノデアリマス、事項ダケ申上ゲマスガ、歳出經常部、大藏省所管ノ中デ豫備金ノ増加ニ關スル金額ヲ削除致シマス、第一豫備金ノ増加三百万圓、第二豫備金ノ増加三百万圓、合セテ六百万圓ノ此増加金額ヲ削除致シマス、ソレカラ歳出臨時部デ矢張大藏省所管内閣恩給局廳舍新營費八万圓、之ヲ削除致シマス、次ニ國勢院廳舍新營費四十万圓、之ヲ削除致シマス、國勢院廳舍新營費ノ削除ニ伴ヒマシテハ、乙號ノ繼續費モ隨テ削除スルコトニ相成ルノデアリマス、修正ノ箇條ハ是ダケデアリマス、前日ノ豫算會議ノ當時モ私ハ申述ベタノデアリマスガ、追加豫算ヲ提出スベキ場合ヲ、餘リニ窮窟ニ私共解釋ハ致シタクナイノデゴザイマスケレドモ、此特別議會ニ提出セラレタル現内閣ノ追加豫算第一號ノモノヲ見マシテモ、第二號ノモノヲ見マシテモ、餘リニ濫ニ失シテハ居ナイカト云フ感ジヲ懐クノデアリマス、緊急已ムベカラザル經費ノ不足ヲ補フト云フ會計法ノ精神ニ反シテ、唯ダ政府ガ施行シナケレバナラヌト信ジタト云フ費用ハ、總テ此追加豫算ニ計上シテ提出セラレテ居ルノデアリマス、勿論其費目ノ中ニ就キマシテハ、其内容ニ就キマシテハ、吾々更ニ審議ヲ盡スベキ餘地ノアルモノモアリト考ヘテ居ルノデゴザイマスケレドモ、會計法ノ精神ト云フモノヲ顧ミズシテ、此特別議會ニ於テ、今春ノ四十二議會ニ提出セラレタル豫算ヨリモヨリ以上ニ、多ク膨脹シタル豫算ヲ議定セシメントセラル、政府ノ趣旨ト云フモノニ對シテハ、吾々ト如何ニシテモ同意スルコトガ出來ナイ、此精神ニ基ヅキマシテ、今回ノ第二號ノ追加豫算ニ對シマシテモ、吾々ハ通常議會マデ待ッテ、之ヲ御提出ニナッテモ差支ナカラウト思フ箇條ニ就テハ、此追加豫算カラ之ヲ削除スルノガ至當デアルト考ヘル、豫備金ノ増加ノ如キハ、或ル意味ニ於テハ、必要アゴザイマセウ、併ナガラ此場合差迫ッタル此議會ニ於テ、追加豫算トシテ之ヲ御提出ニナルノハ如何デアルカ、六百万圓ノ増加ト云フ事柄ニ對シテ、私共絶對ニ反對ヲスルトハ申シマセヌケレドモ、此豫算ノ中ニ之ヲ併セテ御提出ニナッタト云フコトニ就テハ、私共會計法ノ精神ニ照シテ、更ニ申セバ憲法ノ精神ニ照シテ、此追加豫算ノ提出ト云フコトニ就テハ、其意ヲ得ナイ點ガ多イノデアリマス、之ニ併セテ前刻申シマシタル或ル廳舍ノ新營費ノ如キモ、是ハ通常議會マデ待ッテ、御提出ニナルト云フコトガ至當ナノデアッテ、此場合ニ於テ是非トモ追加豫算デ之ヲ議了シナケレバナラヌト云フ必要ハ無イト信ジマス、此理由ノ下ニ私共ハ此修正案ヲ提出ヲ致シテ、局ニ當ル方々ガ、沒リニ追加豫算ヲ提出セラレルト云フ其不當ナル行爲ニ對シテ、反省ヲ求メタイト思フノデアリマス、ソレカラ私ハ此第二號ノ臨時軍事費ノ豫算ノ追加案ニ對シテ、一言ヲ加ヘテ置キタイト思フノデアリマスルガ、此度御要求ニナリマシタル臨時軍事費ノ追加額三千三百万餘ト云フ、此費用ハ前刻委員長カラモ御報告ニナリマシタルガ如ク、是ハ尼港ノ慘虐事件ノ善後策トシテ、政府ノ聲明セラレタル薩哈嗹州ノ占領ト云ヘルコトニ要スル、經費ノ御要求デアルノデアリマス、私共ハ無論此案ニ向デハ同意ヲ表スルノデアリマス、此第二號ノ臨時軍事費ノ追加ニ向テハ、協賛ヲ與ヘタイノデアリマス、唯ダ茲ニ一言ヲ加ヘタイト思ヒマスルノハ、吾々ハ前日ノ豫算會議ニ於テ、第一號ノ此臨時軍事費ノ豫算ノ追加案ニ對シテ、八千万圓ノ削減ノ意見ヲ提出ヲ致シタノデゴザイマスルガ、是ハ不幸ニシテ成立タズシテ、此第一號ノ追加豫算案ハ、原案ノ儘當院ヲ通過致シタノデアリマス、吾々ノ意見ガ成立タナカッタ以上之ニ對シテ彼此申スコトハ私ハ避ケタイノデアリマス、丁度此臨時軍事費ノ追加豫算第一號ガ通過ヲシ、更ニ此第二號ガ通過ヲスルト假定ヲ致シマシテ、政府ハ臨時軍事費ニ向ッテ責任支出ヲ行ッテ居ル金額、之ヲ合計致シテ見マスルト、大正九年度ノ臨時軍事費ノ總額ハ、約二億万圓ニ及ブノデアリマス、今日ニ至ルマデ政府ガ責任ノ支出ヲ致シタノガ三千餘百万圓、第一號ノ追加額ガ一億三千餘百万圓、今回ノ第二號ガ三千三百万圓ト云フ計上ニ相成ッテ居ルノデアリマス、大正九年度ノ臨時軍事費ノ總額二億万圓、此二億万圓ノ金額ハ一箇年度ノ經費ト致シマシテ、寔ニ莫大ナル金額デアルト謂ハナケレバナラヌノデアリマス、吾々ハ之ニ向ッテ削減ノ意見ヲ提出シタケレドモ、不幸ニシテ成立タナカッタ、而シテ斯ノ如キ多額ノ經費ヲ要スルト云フコトニ相成リマシタル次第ハ私共ヨリ考ヘマスレバ、全ク現内閣ガ、過去ノ政策ヲ誤ッタル結果デアルト斷言ヲシナケレバナラヌト思フ、撤兵ヲ速ニスルト云フ、此撤兵ヲ速ニスルト云フコトヲ、政府ガ早キニ及ンデ決定ヲ致シマシタナラバ、斯ノ如キ多額ノ臨時軍事費ヲ要スベキ筈ハ無カッタ、（拍手起ル）又最近ノ狀況ニ照シマシテモ、政府ハ或ハ撤兵ヲスルガ如ク、或ハ撤兵セザルガ如ク、頗ル曖昧ナル態度ヲ執ッテ居ッタノデゴザリマスルガ、吾々ノ豫テヨリ主張スルガ如ク、速ニ撤兵ヲ斷行スルト云フコトニ相成リマシタナラバ、無論斯ノ如キ多額ノ臨時軍事費ヲ支出スベキ必要ハ無カッタノデアリマス、此點ハ事ロ過去ノ事ニ屬スルノデゴザリマスルカラ、私ハ重ネテ此席デハ申述ベヌノデアリマス、唯ダ將來ニ對シテ私共ガ茲ニ一言ヲ添エテ置カナケレバナラナイノハ、尼港ノ慘虐事件ノ善後策ニ關スル問題ハ、西伯利ノ出兵トハ全ク別問題デアル、此事ハ先日ノ豫算會議ノ席上ニ於テモ私ハ申シタ、臨時軍事費ノ八千万圓ノ削減ハスルケレドモ、尼港善後策ニ關スル將來ノ費用ト云フモノニ對シテハ、全ク是ハ別問題トシテ、吾々ハ攻究シナケレバナラヌト云フコトヲ段々申シテ置イタノデアリマス、故ニ此度ノ第二號ノ追加案ニ對シテハ吾々ハ同意ヲスル、唯ダ遺憾ナノハ此豫算ノ編成ノ形式ヲ、何故ニ改メナカッタカト云フ點デアル、私ガ申スマデモゴザリマセヌ、臨時事件費ト云フ――臨時事件費ハ大正三年ニ初メテ特別會計トシテ、此會計年度ガ始ッタノデアリマス、日獨開戰ノ爲メニ必要ナル經費ヲ支出シナケレバナラヌ、是ガ此臨時事件費ノ會計デアルノデアリマス、西伯利ノ出兵ト云フコトハ、「チエックスローヴァック」ノ援助トシテ、之ニ關係ヲシテ臨時軍事費ヨリ其經費ヲ支出シ來ッタノデアル、併ナガラ今日ヨリ之ヲ考ヘマスレバ、日獨戰爭、此間始ニ始ッタル臨時軍事費ノ會計ハ、今日トナッテハ既ニ之ヲ打切ッテモ宜イ時デハナイカ、尼港ノ慘虐問題ノ善後策ニ關スル費用ノ如キハ、此臨時軍事費ノ延長トナラズシテ、新シキ形式ノ下ニ之ヲ要求セラルヽト云フコトガ、豫算ヲ編成スル上ニ於テハ、當然ノ仕方デハナカッタカト私ハ思ッテ居ルデアリマス、(拍手起ル)臨時軍事費ヲ多額ニ支出スルト云フコトハ、西伯利ノ出兵問題ト共ニ、列國ノ猜疑ヲ招ク所ノ一ノ原因ニ相成ッテ居ルノデアリマス、今一旦臨時軍事費ノ形式ヲ打切ッテ、新タナル形式ノ下ニ之ヲ要求スルト云フコトニ相成リマスレバ、此列國ノ疑惑ヲ解クト云フ上ニ就テモ、非常ニ效能ガアッタコトデアラウト私ハ信ジテ居ルノデアリマス、(拍手起ル)私ハ今回ノ第二號ノ臨時軍事費ノ豫算ノ追加ト云フコトハ、薩哈嗹州ノ占領ノ問題ニ關スル經費トシテ、之ニ同意ヲ致スノデアリマスガ、併シ第一號ノ豫算ノ中ヲ使用シツヽアル所ノ西伯利ノ駐兵ニ關スル費用、是ハ吾々ノ議論トシテハ、矢張之ヲ認メルコトハ出來ナイノデアリマスカラシテ、全ク西伯利ニ於ケル駐兵ノ費用トハ之ヲ區別ヲシテ、茲ニ第二號ノ追加豫算ニ同意ヲ表スルト云フ意思ヲ明カニシ、西伯利ニ於ケル駐兵ノ費用ヲ御支出ニナルト云フコトニ對シマシテハ、私共ハ矢張今日デモ反對ノ意思ヲ有ッテ居ルト云フコトヲ茲ニ表白ヲ致シテ置キマス(拍手起ル)

○議長(奧繁三郎君) 早速整爾君ヨリ提出ニナリマシタ修正動議ニ贊成ガアリマスカ

〔「贊成々々」ト呼フ者アリ〕

○議長(奧繁三郎君) 成規ノ贊成アリト認メマス――橋本本吉君

〔高橋本吉君「高橋本吉デゴザイマス」ト呼フ 笑聲起ル〕

○議長(奧繁三郎君) 高橋本吉君

〔高橋本吉君登壇、拍手起ル〕

○高橋本吉君 諸君、私ハ唯今議題トナッテ居リマスル此第二號ノ追加豫算案ニ對シマシテ、委員長ノ報告ニ贊成シ、早速君ノ修正ニ反對セントスル者デアリマス、第一ト致シマシテ、豫備金ノ增加ニ對シテ、早速君ガ縷々ノ言ヲ費サレマシタガ、之ニ就テ私ノ反對スル理由ヲ申上ゲヤウト思ヒマス、早速君並ニ早速君ノ代表サル、所ノ憲政會ハ、此豫備金支出ノ狀況ガ如何ニ在ルカト云フコトヲ、御研究ニナッタノデアラウカドウカト云フコトハ、私ノ念頭ニ起ッタ所ノ第一ノ疑問デアリマス、此本年度ノ豫備金ニ就テ見マスルト云フト、第一豫備金三百万圓ノ中、既ニ二百五十万圓ハ支出サレ盡シテ、殘ル所ハ僅カニ百五十万圓デアリマス、如何ナル方面ニ斯ノ如ク費サレタカト申シマスト、諸君モ御承知ノ通リ、本年ハ不幸ニシテ虎列剌ナドノ惡疾ガ流行シタ、又獸疫ガ起ッテ參リマシタ、斯樣ナル事柄ノ爲メニ、百五十万圓ヲ費シタガ、尙ホ斯ル病氣ノ蔓延セントスル模樣デアリマス、斯樣ナ時ニ方ッテ、此費用ヲ如何ニ使ッタカ、又如何ナル用途ガ有ルカト云フコトヲ攻究セズニ、此第一豫備金ガ不用デアルト言ハル、ノハ、私ハドウシテモ了解ニ苦シムノデアリマス、(拍手起ル)第二豫備金ノ狀況ニ就キマシテ、第二豫備金ガ五百万圓デアリマス、其五百万圓ノ中、北海道ノ水害ニ對スル救助費、並ニ之ガ復舊補助費、是等ノ爲メニ既ニ一百万圓ノ金ヲ支出シテ居リマス、其他ノ各地ニ於ケル風水害ノ復舊ノ費用トシテ、彼此七千万圓、又ツイ昨日アタリノ新聞ノ電報ニ見エテ居リマス、春日ト云フ軍艦ガ、亞米利加ニ行ッテ大變歡迎ヲサレテ居ルコトハ、諸君御承知ノ通リデアリマス、彼艦ハ何ノ爲メニ行ッタカト云フニ、「メーン」州百年祭ニ際シテ、日本ノ光榮アル海軍ヲ代表スル軍艦ノ派遣ヲ望ム、斯ウ云フ希望ニ依テ派出サレタノデ、卽チ外交的國交的ノ有意義ノ派遣デアリマス、之ガ費用トシテ六十二万圓モ、矢張第二豫備金ノ中カラ支出サレテ居ル、又先般ノ臨時議會――臨時議會デゴザイマセヌ、先般衆議院議員ノ臨時總選擧、是等ノ事柄ノ爲メニモ、政府ガ三十幾万圓ト云フ第二豫備金ヲ支出シテアル、又茲ニ議會ガ開カレテ、此暑ガノ折御互ニ幾ラカ凉シイ思ヒヲスル設備、是等ノ爲メニモ六、七万圓ノ金ガ掛ッテ居ル、斯樣ニシテ第二豫備金五百万圓ノ中ノ四百五十万圓支出サレテ、殘ル所ハ僅ニ五十万圓デアル、此殘ル所ノ五十万圓ヲ以テ今後八箇月ノ間ノ出來事ニ備ヘルコトハ、是デハ足ラヌト云フコトハ何人モ疑ノ無イ事デアリマス、(拍手起ル)ソレカラス一ツ試ミニ諸君ニ御尋シテ見タイ事ハ、會計法ノ精神上豫備金ヲ餘リ置キタクナイヤウナコトヲ仰セラレタ、由來憲政會ノ諸君ハ此一點ニ就テハ、私ハ不斷大ニ敬意ヲ表シテ居ル、剩餘金ヲ餘リ使ハヌヤウニシテ、成ルベク豫備金ハ明カニ議會ノ協贊ヲ經テ置クガ宜イト云フコトハ、諸君積年ノ輿論デアッタデアリマセヌカ、(拍手起ル)既ニソレハ諸君ノ輿論デアッタノミナラズ、大隈內閣ノ時代ニ第三十六議會ノ臨時議會、矢張夏ノ議會ニ當ッテ、諸君ハ第二豫備金二百万圓ト云フモノヲ御要求ニナリ、支出ニナッタト云フ事實ハ、卽チ臨時議會ニ雖モ、必要缺クベカラザル費用ニ充テル爲メニ、豫備金ト云フモノヲ置クハ、立憲的ノ要求デアルト云フコトハ御認メニナッタコトデアル、(拍手起ル)洵ニ諸君ニシテ今日マデ豫備金支出ノ狀況ヲ御調査ニナラズ、漠然トシテ御反對ニナッタコトハ、炎暑ノ折柄ト雖モ、甚ダ諸君ノ爲メニ遺憾ニ思ヒマス、第二ノ問題ニ移リマシテ、內閣恩給局廳舍新營費ヲ御削リナサル、斯ウ云フ御意見ノヤウニ御聽致シマシタ、併シ是ハ新營デアラウガ、繼續デアラウガ、其必要如何ト云フコトヲ御調査ナサルノハ、吾々國政ニ參與スル者ノ責任デアラウト思ヒマス、(「聽イテモ分ラヌ」ト呼フ者アリ)御分リニナラヌ、何故ナラバ諸君ハ豫算ノ內容ヲ見ズシテ、先日來空論バカリシテ居ル、如何ニシテ內容ガ分ルカ、(拍手起ル)若シ諸君ガ豫算ノ內容ヲ御覽ニナリマシタナラバ、唯今諸君ノ前ニ追加サレタ、否ナ修正サレタ所ノ議案ガ廻ッテ居ル、卽チ恩給及其他ノ扶助料ノ增加ニ關スル法律案、此恩給額ヤ又ハ扶助料ノ增加ニ關スル法律案ハ、諸君モ御贊成デ、高木君ナドハ熱心ニ之ヲ修正シ、支持スルコトヲ御務メニナッテ居ラッシャル、斯樣ナ法律案ヲ諸君ガ通過シテ、何所デ其仕事ガ出來ルト云フコトヲ御承知デゴザイマスカ、其仕事ヲスルノハ卽チ茲ニ要求シテ居ル內閣ノ恩給局廳舍新營費、名ハ新營費デアリマスケレドモ、此仕事ト云フモノハ、卽チ此法律案ノ結果デアル(「生意氣ヲ言フナ」「無禮ナ事ヲ言フナ」ト呼フ者アリ)

○議長(奧繁三郎君) 靜肅ニ……

○高橋本吉君(續) 第三ハ國勢院廳ノ舍新築費、國勢院ノ廳舍新築費モ、是モ新營費デアルカラ反對スルト仰シヤル、同ジ此追加豫算ノ裏ノ所ニ、大藏省所管ニ國勢院ニ關スル經費ト云フモノガアル、國勢院ニ關スル經費七万四千四十八圓、其內容ヲ見タイト御思ナサルナラバ三十一頁ヲ開ケバ、如何ナル形デ其事務ガ殖エタカト云フコトガ分ッテ居ル、斯ノ如ク新タナル事務ヲ澤山スルコトヲ、諸君ガ他ノ一面ニ協賛シテ居ナガラ、其事務ヲ執ルベキ場所ニ對シテ、現實ニ不備デアル、現ニ國勢院ハ三ツノ部ニ分レテ居ル、僅ニ統計局ダケハ自分ノ廳舍ヲ持ッテ居ル、他ハ借家ヲシテ居ル、(「借家デ澤山ダ」ト呼フ者アリ)借家デ澤山ダト仰シヤルケレドモ、其借家ノ爲メニ國勢院總裁ノ居ル所ト軍需局トハ離レ〳〵ニナッテ、之ガ爲メニ空費スル時間ハ中中少ナカラザルモノデアル、國勢調査ノ大事業ヲ日本ガ此目ノ前ニ控ヘテ居ッテ、此十月一日日本全國ノミナラズ、朝鮮ニ外國ノ方面ニマデモ調査ヲシヤウト云フ此間際ニ於テ、之ニ要スル所ノ事務所ヲ(「朝鮮ガ外國カ」ト呼フ者アリ)朝鮮ハ取消シテ外國ト云フ、然ラバ斯ノ如キ必要ナル所ノ事務デアル、其事務ヲ執ル所ノ經費ハ支出シテ置イテ、其事務ヲ執ルベキ場所ニ就テハ、何等ノ御研究ガ無イト云フガ如キハ如何ナル次第デアルカ、諸君ノ中ニハ借家デ宜イト云フコトヲ言ウタ、成程諸君ハ修正ノ權利ヲ有ッテ居ル、例令少數デアルトハ言ヒナガラ、修正ノ權利ヲ有ッテ居ルコトハ尊重シマスガ、然ラバ何故ニ借家ノ費用ト云フモノヲ早速君ノ修正ノ中ニ見積ッテ來ナイカ、左樣ナル事柄デ、鼓ラ彼此レ言フテモ、豫算ノ内容ヲ見ナイデ、唯ダ之ヲ否決ズルナント云フコトハ、甚ダ其意ヲ得ヌ事デアルト思ヒマス、(「借家ヲ捜シテ歩ケルカ」「信州ノ山ノ中ニ行ッテ喋ベシ」ト呼フ者アリ、其他發言スル者多シ)

○議長(奥繁三郎君) 靜肅ニ……

○高橋本吉君(續) 最後ハ私ハ早速君ガ、此尼港ニ要スル所ノ軍事費ニ協贊ヲサレタト云フコトニ對シテハ、非常ニ之ヲ以テ快事ト致シマス、(「カイトハドウ云フ字ヲ書クノダ」ト呼フ者アリ)「カイ」ト云フ字ハ「快」ト云フ字デアル、(「ソンナラ勘辯シテヤラウ」ト呼フ者アリ)何故快イカト云フナラバ、假令政府ニ對シテ何等カノ難癖ヲ付ケヤウ、或ハ責任デモ負ハセタイト思ッテ、長イ間ノ時間ヲ質問ニ費シ、同ジヤウナ事ヲ繰返シ繰返シヤッテ居ル、(拍手起ル、「無禮ナコトヲ言フナ」ト呼フ者アリ)併ナガラ何モ見出スコトハ出來ナカッタ時ニモ、其行掛ハ釋然トシテ棄テ、國家ノ爲メニ爲スベキ場合ニ於テハ、諸君ガ協贊シテ熱中スルト云フコトヲ見ルノハ、私ハ日本ノ國ノ爲メニ大ニ悅ブ者デアリマス、(拍手「ヒヤヒヤ」ト呼フ者アリ)併シ一言私ハ早速君ニ御答シタイ事ガアル、ソレハ早速君ハドウモ唯ダ協贊サレナイデ、何等カソコニ條件的ノモノヲ御附ケニナルト云フヤウナコトデ、豫算ノ形式論ノ點カラシテ御主張ガアリマシタ、併シ早速君ニ御伺致シタイノハ、諸君ノ御議論ハ、尼港ト云フモノニ斯ノ如キ慘事ノ起ッタノハ、矢張西伯利カラ影響シ來ッタ所ノ事柄デアルカラ、現政府ハ其責任ニ應ジナケレバナラヌト云フコトア(「然リ然リ」ト呼フ者アリ)今迄繰返サレテ、然リ然リト言ハレタ通リデアルト思フ、然ラバ此事件ハ斯ノ如ク引續イテ居ッテ、責任ダケハ引續ト見ナケレバナラヌガ、其出兵ニ要スル所ノ費用バカリハ別々ニ切ッテシマツト云フコトハ、ドウシテモ論理ノ一貫ヲ缺クノデアリマス、(「ソレガ分ラヌカ」ト呼フ者アリ)如何デス、若シ他日西伯利ニ出兵ノ目的ヲ達シマシテ、其兵隊ヲ引揚ゲテ、ソレデモウハヤ北樺太卽チ薩哈嗹州ニ於ケル出兵ノミガ殘ッテ居ルト云フ時代ガ來マシタナラバ、是ハ早速君ノ御說ヲ容レラルベキ時デアッテ、臨時事件費デナシニ、別ノ名目ニ變リ得ル時デアラウト思フ、私ハ其日ノ早カランコトヲ望ムノデアリマス、以上述ベマシタ所ニ依リマシテ、私共ノ原案ヲ贊成スル理由ハ明瞭デアラウト存ジマス、ドウゾ滿場ノ諸君ハ、此委員長ノ報告ニ贊成セラレンコトヲ希望致シマス

〔拍手起ル、「名論」「落第」「内容貧弱」ト呼フ者アリ〕

○議長(奥繁三郎君) 他ニ發言ノ通告ガアリマセヌカラ、討論ハ盡キタルモノト認メマス、唯今議題ニナッテ居リマスル五件ノ中四件ハ修正意見モ出マセヌ、修正意見ノ出テ居リマスル第二號大正九年度歲入歲出總豫算追加案、之ニ對シテ早速君ノ修正意見ガアリマス、故ニ先ヅ修正意見ヲ起立ニ依テ決シマス、早速君ノ修正意見ニ同意ノ諸君ノ起立ヲ求メマス

〔贊成者起立〕

○議長(奥繁三郎君) 少數(「多數」ト呼フ者アリ)靜ニ……引續イテ委員長ノ報告ニ同意ノ諸君ノ起立ヲ求メマス

〔贊成者起立〕

○議長(奥繁三郎君) 多數、(拍手起ル「少數々々」ト呼フ者アリ)仍テ委員長ノ報告通リ決シマシタ、他ノ四件ニ就キマシテハ修正意見ガ出マセヌカラ、委員長ノ報告通リ決シマシテ御異議ハアリマセヌカ

〔「異議ナシ」「異議ナシ」ノ聲起ル〕

○議長(奥繁三郎君) 御異議ハ無イト認メマス、仍テ委員長報告通リ決シマシタ――次ハ關稅法中改正法律案外四件ヲ一括シテ議題ト致シマス、御異議ハアリマセヌカ

〔「異議ナシ」「異議ナシ」ノ聲起ル〕

○議長(奥繁三郎君) 御異議ハ無イト認メマス、仍テ關稅法中改正法律案、明治四十三年勅令第三百三十一號等ノ廢止ニ關スル法律案、關稅法關稅定率法保稅倉庫法及假置場法等ノ朝鮮ニ於ケル特例ニ關スル法律案、內地臺灣又ハ樺太ヨリ朝鮮ニ移出スル物品ノ內國稅免除ニ關スル法律案、朝鮮又ハ臺灣ヨリ移出シタル物品ノ內地又ハ樺太ニ於ケル取締ニ關スル法律案ヲ一括シテ第一讀會ノ續ヲ開キマス――委員長指田義雄君

關稅法關稅定率法保稅倉庫法及假置場法等ノ朝鮮ニ於ケル特例ニ關スル法律案　第一讀會續（委員長報告）

報告書

一關稅法關稅定率法保稅倉庫法及假置場法等ノ朝鮮ニ於ケル特例ニ關スル法律案（政府提出）

右本院ニ於テ可決スヘキモノト議決致候此段及報告候也

大正九年七月二十日

關稅法關稅定率法保稅倉庫法及假置場法等ノ朝鮮ニ於ケル特例ニ關スル法律案委員長　指田義雄

衆議院議長奥繁三郎殿

朝鮮又ハ臺灣ヨリ移出シタル物品ノ內地又ハ樺太ニ於ケル取締ニ關スル法律案　第一讀會ノ續（委員長報告）

報告書

一朝鮮又ハ臺灣ヨリ移出シタル物品ノ內地又ハ樺太ニ於ケル取締ニ關スル法律案（政府提出）

右本院ニ於テ可決スヘキモノト議決致候此段及報告候也

大正九年七月二十日

朝鮮又ハ臺灣ヨリ移出シタル物品ノ內地又ハ樺太ニ於ケル取締ニ關スル法律案委員長　指田義雄

衆議院議長奥繁三郎殿

〔指田義雄君登壇〕

○指田義雄君　諸君、唯今ノ議題ト相成マシタ五案ハ、先般切離シテ御報告ヲ申上ゲマシタ關稅定率法中改正法律案ト同時ニ付託セラレタ案デアリマス、本案ノ大體ノ趣意ハ御承知ノ如ク、韓國併合ノ宣言中ニ含マレテ居リマスル關稅ヲ十年間置クト云フコトガ、丁度本年ノ八月二十九日ヲ以テ滿期ト相成ルノデアリマス、卽チ此五案ノ成立ニ依リマシテ、我國ハ世界列强ニ對シマシテ、朝鮮ニ關スル關稅政策ノ確立致シマスコトヲ宣明スル結果ニ相成ルノデアリマス、案ノ內容ハ其說明ヲ極ク重要ナル部分ダケニ省略ヲ致シマシテ、他ハ議案及速記錄ニ就テ御審査ヲ願ヒタイト思フノデアリマス、關稅法ノ改正ノ主ナル要點ハ、御承知ノ通リ朝鮮ヲ除キマシタ本土ニ於キマシテハ、總テ四面海ヲ以テ圍マレテ居ルノデゴザイマスカラ、外國品ノ輸入ト云フコトノ、開港場卽チ港トシテ開カレテ居ル場所ニ於テ行フベキ制度ニ相成ッテ居リマスルニ依テ、朝鮮ト內地トノ關稅ヲ統一致シマスル結果ト致シマシテハ、朝鮮ハ大陸ニ其境ヲ接シテ居ルノデゴザイマスカラシテ、外國貨物ノ取扱ヲ致シマス場所ヲ保稅區域、卽チ稅關行政ノ行ハレテ居ル場所ト云フコトニ改正セラレタノデゴザイマス、又此結果ト致シマシテ、從來內地ニ於キマシテモ、各方面デ開港場ヲ開キタイト云フノ要求モアッタノデゴザリマスルケレドモ、此度ハ開港場ニ限ッテ、外國貿易品ノ輸出入ヲ許スト云フ意味デナイノデアリマスカラ、卽チ稅關行政ノ行ハレテ居マスル場所ハ、ドノ場所ニ於キマシテモ、自由ニ移出入ガ出來ルト云フコトニ改メラレタ結果ニナルノデアリマス、ソレカラ尙ホモウ一點ハ、朝鮮ニ於テ從來規定サレテ居ッタノデアリマスガ、之ヲ更ニ此關稅法ノ上ニ明カニ定メタ重要ナ點ガアリマス、ソレハ船舶ノ修理ノ爲メ、又ハ此開港場ニ於テ積卸ヲスルニ不便ナル機械デアルトカ、大砲デアルトカ云フ、左樣ナ巨大ナル重量ヲ持ッテ居リマスル荷物、之ノ陸揚ハ、從來モ開港場以外ニ於テモ出來タノデアリマスルケレドモ、更ニ此積出ヲ致シマスルニ就テモ、開港場以外ニ於テ行フコトガ出來ル、若クハ開港場ト交通ノ著シク不便ナ場所ニ於テハ矢張此陸揚又ハ船積ヲスルコトガ出來ル、斯樣ナルモノガ、先ヅ關稅法中改正ノ主ナル要點デアリマス、其次ハ明治四十三年勅令第三百三十一號等ノ廢止ニ關スル案、是ハ內地ト朝鮮トノ關稅ガ統一サレマシテ、共通ノ關係ト相成リマスルガ爲メニ、從來勅令若クハ法律ヲ以テ、此間ノ移出移入ノ關係ヲ定メテゴザイマスルモノヲ、總テ關稅法ニ統一致シマシタカラ、其結果ト致シマシテ之ガ廢止セラル、ノデアリマス、一例ヲ申シマスレバ、從來米籾等ノ輸入稅ハ課セナイ、或ハ朝鮮ニ生產スル物品中、或ル種類ノ物ニハ輸入稅ヲ課セナイト云フヤウナ單行法律ノゴザイマスモノガ、關稅法及關稅定率法ニ統一サレル結果トシテ、是等ノ勅令若クハ法律ハ廢止トナルノデゴザイマス、其次ニ關稅定率法保稅倉庫法及假置場法等ノ朝鮮トノ特例ニ關スル法律案、此法律案ニハ色々ゴザイマスルガ、主ナル點ハ朝鮮人ノ生活ニ必要ナル品物、若クハ產業ノ保護ヲ目的トシテ移入致シマスル品物ニ就テハ、內地ノ關稅定率ヨリモ更ニ輕減致シマシタ稅率、若クハ無稅ニ致シマスルト云フ政策ガ、之ニ現レテ居ルノデアリマス、其他色々ノ規定ガゴザイマスルケレドモ、別段取立テ、御報告申上ゲル事モ無イヤウデアリマス、次ハ此內地ヨリ臺灣又ハ樺太カラ朝鮮ニ移出スル所ノ物品ノ內國稅免除、卽チ內地カラ朝鮮ノ方ヘ移出致シマスル所ノ內國稅、是ハ或ル種類ニ限リマシテ免除ヲスル、內國ニ於テ消費稅ガ課ッテ居ル、其他ノ內國稅ノ課ッテ居ル或ル品物ニ付テ、朝鮮ニ入ル時分ニ、今申上ゲマシタ所ノ朝鮮ノ產業保護、乃至ハ生活ヲ安定セシムルト云フ意味ニ於テ、內國稅ノ拂戾シ、若クハ交付金ヲ交付スルト云フ法律デアリマス、其次ハ朝鮮又ハ臺灣ヨリ移出シタ物品ノ內地又ハ樺太ニ於ケル取締ニ關スル法律案、是ハ脫稅ヲ防グノ目的ヲ以テ、總テ朝鮮ニ若クハ臺灣ニ於テ法令ヲ以テ規定セラレマシタモノニ違反シテ、脫稅行爲ノアッタ者ハ、內地同樣ニ間接國稅ノ處分法ニ依テ處分スルト云フ規定ヲ以テ之ヲ取締リマス、斯ウ云フ法案デアリマス、此五案ニ依リマシテ、今申シマシタ如ク韓國併合ニ依リ、十年据置ノ關稅ハ內地ト普通ニ相成ッタ次第デアリマス、倂ナガラ諸君、茲ニ特ニ御報告申上ゲテ置カネバナラヌ事ガアルノデアリマス、唯今申上ゲマシタ率ハ、總シテ對外的關係、卽チ世界列强ニ對シマシテ、此十年間据置ノ關稅ヲ內地ト同樣ニシタト云フ一種ノ對外的意味ハ、是デ全ク結了ヲシテシマッタノデアリマス、然ルニ此對內的關係、卽チ內地ト朝鮮トノ關係此關係ニ於キマシテハ、御承知ノ如ク、朝鮮ノ政令其他ニ對シマシテハ、此帝國議會ノ立法事項ニ屬シテ居リマセヌガ爲メニ、直接ニ之ヲ監督致シマスコトガ出來ヌノデアリマスカラ、委員會ニ於キマシテハ、關稅法ハ斯樣ニ改正セラレテモ、朝鮮ノ政令其他ノ法規ト內地稅ノ關係トハ、ドウ云フコトニナルノデアルカト云フコトニ就テノ質問應答ガ、幾度カ繰返サレタノデゴザイマス、其結果ニ依リマスト云フト、是ハ皆ナ御報告申上ゲマセヌデ、一一此要點ヲ申上ゲテ、詳ハ議長ノ許可ヲ得テ速記錄ニ留メテ置クヤウニ、此書類ヲ提出シタイト思フノデアリマスガ、一二ノ要點ダケヲ申上ゲテ置キマス、朝鮮ノ出港稅ト云フモノヲ朝鮮ニ殘シテ置ク、卽チ帝國內ノ他ノ地方ニ於テ內國稅ヲ課スル物品ヲ、朝鮮カラ內國ニ移出スル場合ニ於キマシテハ、原則トシテ其內國稅ト同一ノ出港稅、港ヲ出ル所ノ稅金ト云フモノヲ取ル、ソレカラ朝鮮ニ於テ特別ノ關稅率ヲ賦課シタル物品ノ、前ニ申上ゲマシタ如ク、特ニ朝鮮ニ於テ稅率ヲ低メタヤウナ物ニ對シマシテ、若シソレヲ內地ノ方ニ移出致シマス場合ニ於キマシテハ、之ニ對シマシテ、一般關稅率トノ差額ヲ出港稅トシテ徵收スル、是ガ先ヅ出港稅ノ原則デアリマス、其他ニソレヲ運用スルニ就テ、十箇條許リノ箇條ガアルノデアリマスガ、尙ホ此朝鮮ニ內地カラ移入スル物デ、茲ニ大ナル問題ガ伏在シテ居ルノデアリマス、內地カラ朝鮮ニ移入致シマス所ノ品物ニ對シテハ、矢張移入稅ヲ取ルノデアリマス、內地ト朝鮮トノ關稅ハ共通ニ相成ッタノデゴザイマスカラ內地カラ朝鮮ニ品物ヲ入レル場合ニ、朝鮮總督府ガ稅金ヲ取ルト云フコトハ、恰モ關稅ヲ二度取ルト云フコトニナルノデアル、外國カラ內地ニ入ッタ時分ニ關稅ヲ取ル、此關税ヲ拂ッタ所ノ品物ガ再ビ朝鮮ニ入リマス時分ニハ、又朝鮮總督府ハ之ニ對シテ移入税ヲ賦課スル、卽チ二重ナル課税ヲ受クルコトニナルノデアリマス、更ニ甚シキニ至ッテハ、從來砂糖若クハ其他數種ノ品物ニ對シマシテ、外國品ヲ若シ原料ニ使ヒマシテ、更ニ之ヲ製品トシテ朝鮮ニ移入致シマシタ場合ニ於キマシテハ、外國ニ此製品ヲ輸出致シマシタ時ト同様ニ、關税ヲ戻スト云フ制度ニ相成ッテ居ッタノデアリマス、關税ヲ戻ス、卽チ戻税ト云フ制度ニ相成ッテ居ッタノデアリマス、然ルニ關税統一ヲ致シマシタ結果トシテ、關税ハ朝鮮モ内地モ同様デゴザイマスカラ、随テ關税ヲ賦課セラレマシタ物ニ對シテ、朝鮮ニ之ヲ移出致シマシテモ戻税ガ無イ、單リ戻税ナキノミナラズ、更ニ移入税ヲ課セラルヽト云フ、甚ダ不可思議ナル現象ヲ見ルコトニ相成ッタノデアリマス、此點ニ對シマシテ委員會ハ、政府委員ニ對シテ斯ウ云フ質問ガ起ッタノデアリマス、關税ヲ統一スル、韓國併合ノ宣言ガ茲ニ滿期ト相成ッテ、關税ヲ統一スルト言ウテ居リナガラ、一面ニ於テハ朝鮮ニ入ル所ノ物ニ又再ビ關税ヲ取ルト言フコトニ相成ッテハ、少シモ統一サレテ居ラヌデハナイカ、卽チ日本内地ニ入ッタガ、日本ノ領土デアル所ノ朝鮮ニハ、又再ビ關税ヲ拂ハナケレバ持ッテ行クコトガ出來ナイト云フコトハ、甚ダ不合理デハアルマイカ、不徹底デハアルマイカ、斯様ナ質問ガ起ッタノデアリマス、此點ニ於キマシテハ、政府當局者モ、同ジク其不徹底ナリ、不合理ナリト云フコトハ認メラレタノデアリマス、左リナガラ朝鮮今日ノ財政ノ状態ニ於キマシテハ、此移入税ニ依テ得マス所ノモノガ、概算約七百万圓ニ上リマス之ヲ昨年度ニ於キマシテ、七百万圓ノ他ニ適當ナル財源ヲ見出スニ非サレバ、直チニ此移入税ヲ撤廢スルコトハ、財政ノ都合上遺憾ナガラ之ヲ實行スルコトガ出來ナイ、故ニ此分ダケハ移入税ヲ存續シテ置クノデアルケレドモ、成ルベク次ノ年度ヨリハ適當ナル財源ヲ見出シテ、此移入税ノ撤廢ヲ行ヒ、以テ關税ノ統一ヲ徹底的ナラシムル覺悟デアルト云フ言明ヲ得タノデアリマス、是ニ於テ更ニ起リマシタ問題ハ、然ラバ來年度カラ移入税ヲ撤廢スル見込デアルナラバ、關税統一ノ此問題モ更ニ一年延バシテ、卽チ移入税撤廢ヲ行フト同時ニ徹底的ニ關税ノ統一ヲ行フノガ宜イヂヤナイカ、斯ウ云フ問ガ起ッタノデアリマス、而シ一面カラ政府ノ説明ノ要旨ヲ考ヘテ見ルト、蓋シ斯ウ云フコトニ歸著スルヤウデアリマス、先ヅ第一ニハ關税統一ト云フコトハ、韓國併合ノ宣言ヲ基礎トシ、對外的ノ關係ヲ有ッテ居ルノデアルカラ、此際卽チ本年ノ八月二十九日ヲ以テ滿了スル此機會ヲ逸スルナレバ、其間種々ナル障碍ノ生ゼヌトモ限ラヌノデアル、卽チ滿十年ヲ豫期シテ宣言セラレタル此滿期ニ於テ之ヲ行フト云フコトハ、自然ノ歸結デアル、其自然ノ歸結ニ基ツイテ之ヲ斷行スルコトハ、寧ロ我ガ國權ヲ伸張スル上ニ於テモ宜イト考ヘル、加之其關税ヲ統一スルコトガ、假令移入税ヲ存續スルガ爲メニ、或ル意味ニ於テ不徹底トナルニ拘ラズ、少クトモ三四點ノ利益ヲ持ッテ居ルノデアル、卽チ日韓ノ間ニ於ケル交通ガ自由ニナル、詳シク言ヘバ朝鮮カラ内地ニ來ル所ノ船舶ハ、開港場ニ非ズト雖モ、津々浦々何レノ場所ニモ自由ニ入港スルコトガ出來ルヤウニナル、卽チ是等ノ船舶ニ對シテハ、從來噸税ヲ課シテ居ッタノデアルケレドモ、此噸税ト云フモノモ課税セヌデ濟ムコトニナル、其次ニハ今申上ゲマシタ如ク、内地カラ朝鮮ニ移入スル物ニ就テハ移入税ヲ課スルケレドモ、朝鮮ヨリ内地ニ移入スル物ニ就テハ、全部其制限ハ撤廢セラレルノデアルカラ、多大ノ利益ガアルノデアル、ソレカラ一般ニ出入スル荷物ト云フモノガ、税關ノ手續ガ總テ省略セラレルコトニナル、其次ニハ旅客ガ往復スルニ就テモ、内地同様ニ自由ナル便利ヲ得ルコトニナルノデアル、是等ノ數箇條ハ獨リ此韓國併合ノ宣言ヲ此際ニ於テ解決致シマスル、自然ノ歸結デアルノミナラズ、更ニ進ンデ兩者ノ交通移出入ノ上ニ於テモ、非常ナ便益アルモノデアルカラ、獨リ移入税ノ撤廢ガ、財政ノ關係上、一年或ハ猶豫ヲスルトシテモ、先ヅ之ヲ實行スルコトガ適當デアラウト云フ、政府ノ説明デアッタノデアリマス、是ニ於テ委員會ハ、政府ノ説明ニ滿腔ノ信頼ヲ置キマシテ、斯ノ如キ希望條件ヲ決定致シタノデアリマス、内地、臺灣、又ハ樺太ヨリ朝鮮ニ移入スル物品ニ對シ移入税ヲ課スルコトハ、關税統一上不徹底ノ嫌アルニ依リ、次年度マデニ之ヲ撤廢スルコト、並ニ其撤廢以前ト雖モ、現在ノ課税ヲ加重セシメザル程度ニ於テ之ヲ調和スルコトヲ望ム、是ハ前年ニ既ニ御説明ヲ申上ゲテアリマス、卽チ移入税撤廢ノコトデアリマスガ、後半ハ假令移入税撤廢ノ以前ト雖モ、從來ヨリ課税ガ重クナル物ハ重クナラナイ程度ニ調和スルノ必要ガアル、卽チ調節緩和スルノ必要ガアル、譬ヘテ申シマスレバ、或種類ノ物ノ如キ、現行ノ儘デアレバ、從來ハ關税ノ課カッタ物ガ、朝鮮ニ移入シテ關税ガ戻サレタモノガ、戻サレナイバカリデハナク、更ニ移入税ヲ二重課セラレルト云フガ如キモノハ、須ク之ヲ調節緩和スルノ必要アル、斯様ナ意味ニ於テ、此希望決議ガ成立ッタノデアリマス、此希望決議ハ滿場ノ容ルヽ所ト相成リマシテ、政府ニ對シテ之ニ對スル所見ヲ求メマシタ、所ガ政府ハ全然此意味ニ同意ヲ致シマシテ、成ルベク次年度ヨリ財政ノ許ス限リ、適當ナル財源ヲ得テ之ヲ撤廢スルコト、及ビ撤廢以前ト雖モ、制令ニ依テ移入税ヲ輕減シ、若クハ免除スルノ方法ニ依テ、加重ナルモノヲ調節スル見込デアル斯様ニ言明ヲ致シタノデアリマスカラ、委員會ハ此誠意アル言明ニ滿足致シマシテ、此條件ヲ附シテ滿場一致ヲ以テ、原案ヲ可決スルコトニ相成ッタノデアリマス、此段御報告申上ゲマス（拍手）

〔參照〕

朝鮮出港税令要綱

一 帝國内ノ他ノ地方ニ於テ内國税ヲ課スル物品ヲ朝鮮ヨリ移出スルトキハ原則トシテ其ノ内國税ト同一ノ出港税ノ課スルコト

二 朝鮮ニ於テ特別ノ關税率ヲ賦課シタル物品ヲ移出スルトキハ之ニ對シ一般關税率トノ差額ヲ出港税トシテ課スルコト

三 特種ノ織物製品及菓子、糖菓ニ對シテハ其ノ原料織物又ハ砂糖ニ對スル帝國内ノ他ノ地方ニ於ケル消費税ノ調節ヲ爲ス爲一定ノ出港税ヲ課スルコト

四 出港税ノ免除及一般取扱方ニ付テハ大體關税ノ取扱ニ準スルコト

五 出港税ヲ課スヘキ物品ニハ納税濟若ハ檢査濟證印ノ押捺又ハ證票ノ貼付ヲ爲シ取締ニ便スルコト

六 出港税ヲ課スヘキ物品ハ郵便物トシテ遞信官署ニ移出手續ヲ爲シ得ルコト

七 郵便物ノ出港税賦課ニ關スル遞信官署ノ處分ニ對スル異議ノ申立ハ其ノ地ヲ管轄スル税關長ニ之ヲ爲サシムルコト

八 出港税ヲ逋脱シタル者ノ處分ハ内國税ヲ逋脱シタル者ノ處分ト同一ニスルコト

九 出港税令犯則者ヲ朝鮮ト帝國内ノ他ノ地方トニ於テ二重ニ處分スルカ如キコト無カラシムル爲必要ナル規定ヲ設クルコト

十 特種ノ見越輸入ヲ防遏スル爲出港税令施行前朝鮮ニ輸入シタル物品又ハ保税倉庫ニ庫入シタル物品ヲ税令施行後一年内ニ移出スルトキハ輸入税率ニ相當スル出港税ヲ課スルコト

朝鮮ニ移入スル物品ノ移入税ニ關スル件制令案要綱

一 内地、臺灣又ハ樺太ヨリ朝鮮ニ移入スル物品ニ付テハ從來ノ税率ニ依リ移入税ヲ課スルコト但シ同一物品ニ對スル移入税カ輸入税ヨリ高キモノアルハ穩當ナラサルニ依リ如何ナル場合ニ於テモ移入税ヲシテ輸入税ヲ超過セシメサラシムルコト

二 移入税ノ免除ニ付テモ亦從前ノ例ニ依ルコト但シ輸入ノ場合ニ輸入税免除ノ規定アルニ拘ラス移入ノ場合ニ移入税ヲ免除セサルハ穩當ナラサルカ故ニ輸入

物品ニ對スル免除ハ常ニ之ヲ移入物品ニモ均霑セシムルコト

三　移入稅並朝鮮ト內地臺灣又ハ樺太トノ間ニ於ケル船舶ノ出入及貨物ノ移出入ニ付テハ關稅法、關稅法等ノ朝鮮ニ於ケル特例ニ關スル法律、保稅倉庫法及假置場法ヲ準用スルコト

○議長(奥繁三郎君)　本案ハ第二讀會ヲ開クヤ否ヤヲ諮リマス

〔「異議ナシ」ト呼フ者アリ〕

○議長(奥繁三郎君)　第二讀會ヲ開クニ異議ナイト認メマス、仍テ第二讀會ヲ開クコトニ決シマシタ

○岩崎勲君　此關稅關係ノ五案ヲ一括シテ、直チニ第二讀會ヲ開キ、第三讀會ヲ省略シ、委員長報告通リ可決確定セラレンコトヲ望ミマス

〔「贊成々々」ト呼フ者アリ〕

○議長(奥繁三郎君)　御異議ハアリマセヌカ

〔「異議ナシ」ト呼フ者アリ〕

○議長(奥繁三郎君)　異議ナシト認メマス、仍テ直チニ第二讀會ヲ開キマス

關稅法中改正法律案(政府提出)　第二讀會(確定議)

明治四十三年勅令第三百三十一號等ノ廢止ニ關スル法律案　第二讀會(確定議)

關稅法關稅定率法保稅倉庫法及假置場法等ノ朝鮮ニ於ケル特例ニ關スル法律案　第二讀會(確定議)

內地臺灣又ハ樺太ヨリ朝鮮ニ移出スル物品ノ內國稅免除ニ關スル法律案　第二讀會(確定議)

朝鮮又ハ臺灣ヨリ移出シタル物品ノ內地又ハ樺太ニ於ケル取締ニ關スル法律案　第二讀會(確定議)

〔「異議ナシ」ト呼フ者アリ〕

○議長(奥繁三郎君)　御異議ナイト認メマス、仍テ第三讀會ヲ省略シテ、委員長報告通リ可決確定致シマシタ、明治四十一年法律第三十七號中改正法律案ノ第一讀會ノ續ヲ開キマス、委員長ノ報告ヲ聽キマス委員長中倉万次郎君

第二十一　植民省設置ニ關スル建議案

（押川方義君提出）

植民省設置ニ關スル建議案

植民省設置ニ關スル建議

政府ハ植民事業振興ノ爲速ニ植民省ヲ設置スヘシ

右建議ス

（押川方義君登壇、拍手起ル）

○押川方義君　提案ノ理由ニ就キマシテ一言申述ベマス

我日本人ニシテ、誰カ帝國ノ雄大ヲ希望セナイ者ガアリマセウカ、（「ヒヤ〳〵」ト呼フ者アリ）我ガ國家ガ恆久的ニ徹底的ニ、又健實ニ優勢ナランコトヲ希望致シマスレバ、ドウシテモ海外發展ハ缺クベカラザル緊急事デアルト吾輩ハ信ジマス、（「ヒヤ〳〵」ト呼フ者アリ）併シ海外發展若クハ植民ト一口ニ申マスルガ、近世ニ於テ文明國民ガ執ッテ居リマスル海外發展ノ方策ハ、極メテ活潑デ、又徹底的デアリマス、昔ノソレト比ベマスレバ、決シテ同一ノ論ニハ辨ヘラレマセヌ、昔ハ專ラ政治上若クハ社會上ノ目的ヲ主ト致シマシタ、或ハ各國ノ貴重ナル金屬ヲ蒐集スルトカ、若クハ特殊ノ產物ヲ蒐集スルトカ、或ハ軍事上ニ於キマシテ、若クハ貿易上ニ於キマシテ、根據地ヲ獲得致シマスルコトニ就テ、最モ熱心ヲ極メタモノデアリマス、サリナガラ近世ノ海外發展策ハ、此等ノ事モ全ク除外サレタノデアリマセヌケレドモ、併シ大ニ趣ヲ異ニ致シテ居リマス、卽チ人口ノ最モ增加致シタルコト又資本ノ極メテ充實致シマシタコト、或ハ交通機關ノ發達致シマシタコト、若クハ貿易ノ伸張擴大、或ハ傳道ノ深遠ナル働キ、若クハ內地探檢ノ活潑ナル發露デアリマス、斯ノ如ク申シマシテモ、是ハ單獨ニ働クモノニ非ズシテ、互ニ相錯綜致シマシテ、是ガ原因トナリ、若クハ結果トナリマシテ、遂ニ大植民ノ成功ヲ致シマシタルコトハ、諸君ノ御承知ノ通リデアリマス、人口ガ澤山ニナッタ故ニ、直グニ海外ノ發展ガ出來ルカト言ハヽ、固ヨリ人口ノ繁殖ハ海外發展ノ一大要素デハアリマスルケレドモ、併シナガラ唯ダ是ノミニ打捨テ置キマシタナラバ、決シテ其國民ハ海外ニ發展スルコトハ極メテ稀ナルモノデアリマス、必ズ其國家ガ狹隘デアルトカ、若クハ利源ガ枯渴シタトカ、內部ニ於テ宗敎ノ爭ガアルトカ、或ハ敎育ノ方針ガ違ッテ居ルトカ、若クハ政府ガ保護トカ奬勵スルトカ、時トシテハ强要致シマシテ、而シテ此國民ヲ海外ニ移轉セシムルニ非ザレバ、人ハ勤勉ナモノダケレドモ、懶怠ハ尙ホ勤勉ニ勝ッテ居リマス、人間ハ隨分冒險ノ精神ガアリマスケレドモ、サリナガラ安易ノ心ハ更ニ人ノ心ヲ奥深ク支配シテ居ルモノデアリマス（「ヒヤ〳〵」ト呼フ者アリ）其故ニ此人種ガ――人口ガ殖エタト云フト共ニ、此國家ヲ世界ニ對シテ大ニ發展セシメヤウト思ヒマスルナラバ、國民ハ餘ル手・心ヲ要スルモノデアルコトハ、諸君ガ愛蘭、或ハ獨逸ノ海外ニ發展シタルコトヲ御調ベニナッタナラバ、必ズ御判リニナッテ居ル筈デアリマス、又資本ガ充實シタカラ外國ニ大ニ勢力ガ張レルト云フケレドモ、資本ハ國民ノ勤勞ノ集積シタモノデアリマス、容易ニ之ヲ海外ニ放下スルモノデハアリマセヌ、必ズ放下ノ場所ヲ擇ビマス、安全ヲ期シマス、又內地ニ於ケルヨリモ、海外ニ於ケル放下ノ大ナル有利ヲ獲得スルニ非ザレバ、巨金ヲ抱イテモ此金ハ海外ニ出ルモノデハ決シテアリマセヌ、（「簡單々々」ト呼フ者アリ）其故ニ是等ノコトニ於テモ、極メテ愼重ナル考ヲ政府ハ持ッテ人民ヲ導カナケレバナラナイ、又交通機關ガ發達ヲ致シマスル、是ハ支那ニ於テ一例ヲ見マスレバ、是カラ五十年若クハ百年後ノ支那ノ運命ハ、諸君ハ能ク御分リニナッテ居ル筈デアリマス、何處ノ國ガドウ云フ所ニ支那ノ鐵道ノ利權ヲ有ッテ居ルカト云フコトヲ考ヘテ見マスレバ、支那ノ運命ハ、紙ノ上ニ書イテナイ文字ガ吾々ニ能ク敎ヘテ居ルノデアリマス、是ハ非常ニ植民ヲ奬勵スル大勢力ヲ有ッテ居ル譯デアリマス、其他商賈ノ事ニ就テモ、唯ダ商賈ヲ盛ニスルト一口ニ申シマスガ、英國ガ今日ニナリマシタノハ、十八世紀ト十九世紀ノ船舶ノ大改革ト、殖產興業ノ大革命トガナケレバ、決シテ今日ノ英吉利ヲ成シテ居ル筈ハナイノデアリマス、（「ドウゾ簡單ニ願ヒマス」ト呼フ者アリ）簡單トハ止メニシロト言フノカ短クセイト言フノカ（「謹聽々々」ト呼フ者アリ）至大ナル國家ノ大問題ヲ我輩ガ論ジテ居ル時デアリマス、暫ク御謹聽ヲ願ヒタイ（「謹聽々々」ト呼フ者アリ）宗敎ノ事ニ就キマシテハ今日ハ我ガ國民ハ隨分憂慮シテ、朝鮮ヤ若クハ支那ニ外國ノ宣敎師ノ居リマスコトニ就テ、心ヲ用ヰテ居ル時デアリマス、是ハ矢張外國ガ海外發展ノ一大策トシテ用ヰテ居ルモノデアル、種々樣々ナル所ノ之ニ就テ議論ガアリマスガ、是ハ彼等ガ豫メ計畫シテ居ル所ノ仕事ヲ爲シツヽ、アルノデアリマス、唯ダ御馳走政策ヤ若クハ懷柔策ナドヲ以テ、彼等ノ魂ヲ奪ヒ取ルト思ヒマシタナラバ、其淺薄ナル、實ニ笑フニ堪ヘタルモノデアリマス、併ナガラ其宗敎ヲ傳播致シマスケレドモ、野蠻ニ近イ國ニ參リマスルト、其宗敎ト共ニ本國ノ文化ガ這入ッテ參リマス、故ニ其國ノ國民ハ、所謂文化ノ輸入ヲ以テ大ニ滿足ヲ致シマスルケレドモ、其國ニ既ニ己レ固有ノ文明ノアル所ハ、決シテ宗敎ヲ單純ニ傳道シタトテモ、大ナル功ヲ成スモノデハナイノデアリマス、ソレ故ニ學校ヲ建テル、病院ヲ造ル、孤兒院ヲ拵ヘル、其他萬般傳道ニ附帶シテ居ル所ノ事業ヲ爲シテ居リマス、此仕事ハ中々徹底シタ仕事デアリマス、一寸表面カラ見テ居ル皮相ナルモノトハ大ニ違ッテ居ルノデアリマスカラ、宗敎ノ根差シタル文化ノ關係ノアル支那ヤ朝鮮ニ對シマシテハ、十分ナル注意ヲ以テ、之ヲ如何ニスルヤト云フ解決法ヲ立テナケレバナラヌノデアリマス、（拍手起ル）又內地ヲ探險致シマスルコトハ、封建制度ガ壞レテハ、人民ガ自由ニナリマシタ故ニ、海外ニ大ニ發展ヲ致シマス、併ナガラソレヨリモ尙ホ强イノハ戰後ノ人民デアリマス、戰ノ後ニ人民ガ有爲ナル國民デアッタナラバ、其國民ハドンナ事ヲスルモノダト云フコトハ、是マデノ歷史ヲ細カク見テ居レバ、能ク分ッテ居ルノデアリマス、故ニ英米ガモウ既ニ其鋒鋩ヲ露ハシテ居ルノデアリマス、是カラ後彼等ガ細カイ所ヘマデ這入ッテ、遺利ヲ天下ニ殘サナイ働キスルヤウニナッテ來ルノハ、言フマデモナイコトデアリマス、然ルニ我ガ大日本帝國ハ、西カラモ北カラモ南カラモ東カラモ、大ニ呼バレテ居ル所ノ國民デアルニモ拘ラズ、僻ミ根性ヲ起シ、外國カラ猜疑ヲ以テ扱ハレル、孤立シテ立ツ瀨ガ無イヤウニナルトカ、種々樣々ナル英米ノ意向ノミヲ見テ、天下ノ意向ダト思ッテ居ルコトハ、大ナル間違デアリマス、（拍手起ル）南亞米利加ノ日本人程迎ヘル――歡迎スル所ガ何處ニアリマス、西伯利ニ向ッテ日本人ハ廣漠タル土地ヲ持ッテ居ルコトヲ忘レテハナラヌノデアリマス、南洋モ然リデアリマス、モット言ヒマシタナラバ、印度、波斯モ苟モ東洋ノ國民ハ手ヲ開イテ日本人ノ大ナル働ヲ待ッテ居ルノデアルニモ拘ラズ、日本人ノ今日ノ海外發展ノ有樣ハ何タル事デアルカ、是ハ當然政府ノ責任デモアリマスルガ、又御互日本國民ノ責タルコトハ免レマスマイ、（「同感」ト呼フ者アリ）歐羅巴ノ强國ニ於テ植民省ヲ有ッテ居ラヌ國ガ何處ニアリマスカ、（「ヒヤ〳〵」ト呼フ者アリ）唯ダ弱少ナル西班牙ト、丁抹ノ外ハ何レノ國デモ皆ナ植民省ト、堂々タル植民地大臣トヲ持ッテ居ルノデアリマス、强國ノ中デハ植民省ノ無イ國ハ日本ト亞米利加バカリデアリマス、併ナガラ亞米利加ハ之ヲ持タナイノハ持ツヨリモ優ル大經綸ガアルノデアリマスガ、日本ハ之ヲ持タナイノハ持ツ勇氣ガ無イカラ持タナイノデアリマスルコトガ違フノデアリマス、（拍手起ル）我國ニモ確カ明治二十八九年ノ頃拓殖省ヲ初メテ設置セラレタルコトガアッタヤウニ記憶致シマス、其時分ニ日本國民ハ未ダ此大切ナル事ヲ感ジナカッタノカ、經濟上ノ色々ナル事ノ爲メニ、翌年之ヲ廢棄シテシマッタ、ソレデ種々ナル歷史的徑路ヲ經テ、今日ノ憫レナル拓殖局ガ大正六年ニヤット內閣直屬デ生キタヤラ死シダヤラ分ラヌモノガ息ヲシテ居ルノデアリマス、（拍手起ル、「古賀廉デハ物足ラヌ」ト呼フ者アリ）無論ノ事デアリマス、此拓殖大臣ハ有爲ナル有能ナル大見識ノアル內外ノ政務ニ通ズルバカリデハナイ、人心ノ微ナル點マデ察スルヤウナ大識見ノアル人ガ大臣トナッテ、我ガ國家ヲ大ニ導ク人ニ當ッテ貰ヒタイノデアリマス、サウ云フ人ガ日本ニ無イト思フダケ日本人ヲ低ク見テ居ルコトハ、日本ガ卽チ進歩シナイ一大障碍トナッテ居ルノデアリマス、願クハ諸君之ニ向ッテ同情ヲ表シ、速ニ植民省ノ設立セラレマスヤウニ御盡力アランコトヲ希望シマス

（拍手起ル）

○岩崎勳君　本案ハ議長指名ヲ以テ九名ノ委員ニ付託セラレンコトヲ望ミマス

○議長（奥繁三郎君）　岩崎君ノ動議ニ御異議アリマセヌカ

（「異議ナシ」ト呼フ者アリ）

○議長（奥繁三郎君）　異議ナイト認メマス、依テ動議ノ如ク決シマシタ、日程第二十二、愛媛縣今治港築港國庫補助ニ關スル建議案ヲ議題ト致シマス、提出者河上哲太君

○小橋藻三衛君(續)　デ斯ノ如キ卽チ此地府ノ狀況ヲ調査スコトガ粗漏ニシテ、之ニ對スル設計ガ粗惡デアル、而シテ工事ハ斯ノ如ク不都合ナル工事ヲシテ居ルニモ拘ラス、之ニ豫定ノ經費ヲ支拂ツテ居ル、而モ之ヲ不當ニ非スト認定サレタト云フコトニ對シテハ、其理由ヲ明カニ委員長ヨリ御辯明アランコトヲ希望スルノデアリマス、(拍手)次ハ鐵道ノ事業費デアリマス、(「ポツ〳〵ヤリ給ヘ」「小サイ聲デヤリ給ヘ」「早クヤレ」ト呼フ者アリ)鐵道院ノ支出ニ係ル所ノ白石川改修工事費分擔金年割額デアリマス、鐵道院ハ白石川改修工事費ノ分擔金年割額ト致シテ、宮城縣ニ對シテ支拂ヲ致サレテ居ルノデアリマス、一體此東北本線ニ於キマシテ、白石槻木間約九哩ノ鐵道線路ト云フモノハ、白石川ガ氾濫ヲ致ス爲メニ、每年非常ナル水害ヲ被ルト云フノデアル、所デ是ガ維持ハ頗ル困難デアルト云フガ爲メニ、此本線ノ卽チ線路ノ安全ヲ期スルガ爲メニ、曩ニ鐵道院ニ於テハ、此鐵道附換ノ計畫ヲ致シタノデアルケレドモ、爾後種々調査ノ結果此附換ト云フ計畫ヲ廢シ、而シテ宮城縣ノ計畫致シテ居ル所ノ白石川改修工事費ノ豫定費額七十三万五千圓ニ對シテ、其約六割ニ當ル所ノ卽チ四十五万圓ヲ負擔ヲ致シ、サウシテ繼續費デハナイ、繼續費ニ非ザル鐵道院ノ事業費ヲ以テ、大正五年度カラ向フ五箇年間ニ亙ツテ年割額ヲ定メテ支出スルト云フコトヲ協定致シ、サウシテ本年度ニ於テ五年六年二箇年度分、卽チ前揭ノ金額タル十一万二千五百圓ト云フモノヲ支拂ツタノデアリマス、デ宮城縣ニ於テ六年度末マデノ同川ノ改修工事費ノ支拂額ニ對シテ、三万餘圓ト云フモノガ確ニ鐵道院カラ超過シタ支出ヲ致シテ居ル、デ又改修サレル區域ニ於テモ、鐵道院ニ於テ線路ノ變更ヲ計畫致シタル、卽チ水害ヲ受クベキ區間ノ全部ニ亙ツテ居ナイノデアル、ソコデ水害卽チ氾濫ノ爲メニ、此線路ノ安全ヲ保護スル爲メニ――支出スルモノガ、事實ニ於テ線路變更ヲ計畫シタル水害區間ノ全部ニ亙ラナイト云フ事由ニ就テ、當局ハ何ト說明スルカト云ヘバ、鐵道線路ノ附換ト云フコトハ、水害ヲ防止スル上ニ於テ、絕對ニ其安全ヲ期スルモノデアルケレドモ、設計ヲ鐵道院ト此宮城縣トニ於テ、協議ヲスル際ニ於テ縣ノ同意ヲ得ルコトカ出來ナカッタ爲メニ、此儘ニ線路ヲ存續セシメル以上ハ、已ムナク此護岸堤ノ築造等ニ相當ナル設備ヲシナケレバナラナイ、是ガ工費ハ多額ニ上ルノデアル、偶、宮城縣ニ於テ白石川改修工事ノ計畫ヲ立テタガ爲メニ、是ト合同スルコトガ鐵道院ニ於テハ有利ナリト考ヘル、ソコデ鐵道院ニ於テ施設スベキ工事ヲ宮城縣ニ委任シテ施行セシメタモノデアル、サウシテ一方此繼續費ニ非ザル事業費ヲ、恰モ繼續費デアルカノ如ク、數年度ニ亙テ一定ノ分擔金ヲ支出スルト云フコトノ協定ヲ爲シタト云フコトハ、縣ニ於テ卽チ此設計費ガ繼續支辯デナイ爲メニ、鐵道院ニ於テモ已ムナク繼續費ノ形ヲ採ラズシテ、事業費ノ中ヨリ一年々々ト切ッテ支出ヲ致スノデアル、又本年度ニ於テ分擔金ノ支出ガ、宮城縣トノ協定ノ割合ヨリモ多カッタト云フコトハ、縣ノ財政上ノ都合ニ依テ、豫メ一定シ年割額ヲ以テ支拂ッテ、翌年度ニ差繼イデ整理ヲスル爲メデアッテ、是ガ協定ノ率ト相違ヲ來シタト云フコトハ、不當デナイト云フ辯明ヲ致スノデアリマス、(「不當ダ」「靜肅ニ」ト呼フ者アリ)此本件ハ北ハ白川以北ニ於テ上流部ノ河身ヲ掘下ケ、下流部ニ於テ築堤ヲ設クルト云フニ過ギナイ、工事ハ甚ダ簡單明瞭デアリマス、サウシテ此河川改修ノ工費ノ豫定總額ニ對シテハ、單ニ協定ノ上ニ於テ、其工費額ニ對スル約六割ヲ鐵道院ヨリ支出ヲスルト云フコトデアッテ、此事實ヨリ考ヘテ見マシテ、鐵道院ノ施設スベキ工事ヲ宮城縣ニ委任シタモノデナイノデアル、畢竟縣ノ計畫シテ居ル所ノ河川改修ノ工事ニ對シテ、是ガ補助ヲシタト認メザルヲ得ナイト云フコトガ實際デアル、サウシテ斯ノ如キ補助ハ、決シテ鐵道院ニ於ケル事業費ヨリ支辦スベキ性質ノモノデナイノデアル、ノミナラズ繼續費デハナイ所ノ卽チ事業費ヲ、實質ガ繼續費デアルモノニ對シテ、數年度ニ亙ッテ一定ノ金額ヲ支出スルト云フコトハ、我帝國ノ會計法ニ於テハ斷ジテ許サレナイノデアリマス、(拍手)然ルニ斯ノ如ク法規上明白ニシテ一點疑ヲ容ルベカラザルモノニ對シテ、之ヲ不當ノ處置ニ非ズト認定サレタル、委員長ノ明白ニシテ適當ナル御答辯ヲ要求スルノデアリマス、(拍手)次ハ鐵道院ノ支出ニ係ル北海道岩內港浚渫工事既成部分ノ代價トシテ、岩內町ニ仕拂ハレタル金額デアリマス、右ハ大正五年度ノ檢査院ノ報告ニモ既ニ出シテ居ッタモノデアルガ、其工事ノ施行ハ町ニ委託ヲシタト云フ名義ニナッテ居ル、表面ニ於テハ――而シテ其工費ノ仕拂ヲスルニ當ッテハ、何等カ實際ノ費用ニ基ツイテ、正確ナル算定ヲ致シテ、動カスベカラザル數字ヲ得テ支出シタカト云ヘバ、左樣デハナイノデアル、卽チ單ニ岩內町ヨリ請願ヲ致シタ時分ニ、鐵道院ノ負擔ト致シテ居ル所ノ、浚渫土量約一万二千坪ノ費額四万九千九百圓ト定メタ割合ニ依テ、唯タ凡ソノ支出ヲシタト云フコトガ事實デアル、然ラバ則チ畢竟此岩內町ニ對シテ、工費ノ補助ヲ爲シタモノト認メルノ外ハナイノデアリマス、決シテ之ヲ以テ鐵道院ノ當然ノ事業費ト爲スコトハ出來ナイ、凡ソ此地方ニ對シテ補助ヲスルト云フコトハ、特別會計ノ事業費ガ之ヲ支出スベキ性質ノモノデハ斷ジテイナノデアリマス、(「ヒヤ〳〵」ト呼フ者アリ、拍手起ル)然ラバ則チ本件ガ豫算ノ目的以外ニ支出ヲセラレタル、我ガ帝國會計法ノ條文ニ違背シテ居ルト云フコトハ、一點ノ疑ガ無イノデアリマス、(拍手起ル)然ルニ之ニ對シテ不當ニ非ズト認定サレタル理由ヲ、明白ニ伺ヒタイノデアリマス、(拍手起ル「一時五分前デス」「モウ一時間ダ」「默ッテ聽ケ」「悠クリヤリ給ヘ」ト呼フ者アリ)ソレカラ次ハ大藏省所管、朝鮮總督府朝鮮歲入、(「御苦勞々々」ト呼フ者アリ)此經常部ニ於テ徵收不足ニ屬スル分デアリマス、是ハ朝鮮銀行ノ所得額ヲ決定スル時ニ當ッテ、朝鮮銀行ノ所有デアル所ノ露國大藏證券、及支那大藏證券ノ割引料合計金額九万八千八百五十圓ヲ、所得額ニ加算ヲシナカッタト云フコトハ不當デアル、ソレカラ又經常部ニ於テ株式會社漢城銀行ノ所得額ヲ決定スル時ニ當ッテ、此漢城銀行ノ所有シテ居ル所ノ露國大藏證券割引料二万六千五百圓ヲ、所得額ニ加算ヲシナカッタト云フコトモ、固ヨリ是ハ失當デアル、右二ツノ事件ハ、孰レモ卽チ徵稅上ニ於テ取扱ノ過誤デアル、固ヨリ此過誤ノ爲メニ徵收不足ヲ生シタコトハ、不當デアルト云フコトハ免レナイノデアリマス、(「ヒヤ〳〵」ト呼フ者アリ、拍手起ル)然ルニ之ヲ正當ナリトシテ承認セラレタル理由ヲ伺ヒタイノデアリマス、(拍手起ル「河內山確カリヤレ」ト呼フ者アリ)次ハ歲出經常部營林廠ノ事業費ニ屬スル費用デアリマス、朝鮮總督府ノ支出ニ係ル所ノ、朝鮮人支那人ノ卽チ職工宿舍ノ新設工事費デアリマス、外ニ官給品ノ價額金三千五百八十二圓三錢四厘ヲ支出セラレテ居ル、デ此費途ハ卽チ大正五年度ニモ會計檢査院ガ詳細ニ指摘シタト同一デアッテ、卽チ一時ノ必要ニ充テタル支出デハナイノデアル、決シテ營林廠ニ於テ事業費ヨリ支辦スベキ一時的ノモノデナイ、永久的ノモノデアル、然ラバ豫算ニ於テ當然要求スベキ費目ニ依テ要求シ、當然支出スベキ費用ヨリ支出シナケレバナラヌニモ拘ラズ、之ヲ事業費ノ中ヨリ一時的ニ支辦シタト云フコトハ、我ガ會計法ニ對シテハ明カナル違反デアリマス、(「ヒヤ〳〵」ト呼フ者アリ、拍手起ル)然ルニ之ヲ不當ニ非ズト決議セラレタ理由ヲ承リタイノデアリマス、(「少シ御注意ヲナサイ」ト呼フ者アリ)次ハ歲入經常部デアリマス第一款臺灣歲入ノ租稅デアリマス、嘉義廳ニ於テ徵收セラレタル臺灣製酒株式會社、大正五年四月一日ヨリ大正五年九月三十日ニ至ル間ノ事業年度ニ屬スル所得稅デアリマス、右臺灣製酒株式會社ハ、大正六年ノ四月ニ大正製酒株式會社ト合併ヲ致シ、主トシテ此製酒事業ヲ經營致シテ居ル、而シテ前申上ゲマシタ大正五年四月一日ヨリ、同年九月三十日ニ至ル、事業年度ノ所得額ト云フモノハ、卽チ大正六年八月ニ於テ此會社ガ合併シ、解散ヲ致シタ後ニ於テ調査決定ヲ致シタモノデアルカラシテ、其事業ヲ繼承致シタル、大正製酒株式會社カラ之ヲ徵收シタト云フノデアル、然ルニ右ノ金額ト云フモノハ、此會社ガ合併スル前ニ決定ノ通知ヲ受ケタモノデハナイノデアリマス、然ラバ合併シタル會社ハ、納税スベキ義務ヲ繼承スベキモノデナイトシテ、サウシテ其請求ニ應ジテ、別途ノ歳出金ヲ以テ拂戻ヲ爲スト云フコトニ立至ッタモノデアル、畢竟調査ノ決定ガ手遲ヲ致シタ爲メニ、斯樣ナル徴收不能ニ歸シタモノデアルコトヲ認メタノデアル、今少シク敏活ニ調査決定ヲ致シタナラバ、斯樣ニ徴收不能事件ハ生ジナカッタノデアリマス、(「ヒヤ〳〵」ト呼フ者アリ)然ルニ此怠慢ナル過怠ナル事件ニ對シ、當該官廳ハ如何ニ申マスカト云ヘバ、當會社ハ決算總會ニ引續イテ、合併契約締結ノ必要上、帳簿書類ヲ大阪出張所ニ送ッタノデアル、ソコデ此調査ヲ致ス爲メニハ、少ナカラザル時日ヲ要シタコトガ原因デアルト申スノデアル、然マニ右ノ會社ハ、前揭ノ即チ大正五年四月一日ヨリ同年九月三十日ニ至ル、事業年度分ノ所得申告ヲ爲シタト云フコトハ大正六年ノ一月デアル、然ラバ當時ガ若シモ此兩會社ガ合併ノ協議中デアッタトスルナラバ、速ニ此調査決定ヲ致スベキモノデアル、假令又帳簿書類ヲ大阪マデ輸送致シテアッタトシテモ、是ガ調査ヲ致スト云フコトニ、斯ノ如キ長時日ヲ要スルト云フコトハ斷ジテ無イノデアリマス、(「ヒヤ〳〵」ト呼フ者アリ拍手起ル)即チ當該官廳ニ於テ、之ガ調査決定ヲ致ス所ノ處置宜シキヲ得ズ、徒ラニ遲滯緩慢ヲ致シタ不當ノ處置ニ依テ、斯ノ如キ徴收不能ヲ出來シタト云フコトハ、爭フベカラザル事實デアリマス、(拍手起ル)然ルニ斯ノ如キ明々白々ナル事件ニ對シテモ、尚ホ不當ニ非ズト之ヲ承認セラレタ理由ヲ明白ニ伺ヒタイノデアリマス(拍手起ル)第二項ハ官業及官有財産ノ收入デアリマス、即チ臺灣總督府營林局ノ徴收致シテ居ル金額デアル、右ハ大正五年三月神戸市ノ鈴木某ト締結致シタル、即チ年期賣買契約ヲ基礎トシテ、大正六年度中ニ賣渡シタ所ノ木材、サウ云フモノノ、代價ガ四万九千百五圓十八錢デアル其中デ一万六百五十七圓四十三錢ハ、翌年度マデモ代價ノ延納ヲ許可シタト云フ事實ガアル、此當局ノ木材生産ニ對スル豫定高ト云フモノハ、大正五年度以降每年度三十餘万尺メト云フコトノ豫定ニナッテ居ル中、其半額ヲ直營製材ヲスルト云フ見込デアリマス、其殘餘ノ半額ノ十五万尺メト云フモノハ、民間ニ於テ適當ナル製材工場ガ無ク、一面内地ニ於テ販路ヲ求ムルコトガ得策デアルト云フコトヲ理由トシテ、前記ノ如キ契約ヲ締結シタルモノデアル、然ルニ年期ヲ八年三月トシ、其總材積ニ對シテ、平均單價ヲ八圓二十四錢ト定メ、サウシテ市價及其生産上ノ費用ニ就キ、甚シキ變動ガ出來タト云フトキハ、更ニ當局ト民間トガ協議ノ上其單價ヲ增減スベキモノデアリマス、又内地ト臺

灣トニ於ケル運賃假定額ト云フモノト、實際ノ費用トノ間ニ差額ノ生ズルト云フコトハ、是ハ時日ノ變遷ニ伴ッテ免レザル事柄デアル、左樣ナ時ニ於テハ、勿論單價ヲ變更スルト云フコトニ定メテ置テ、而シテ六年十二月ニ至ッテ、更ニ其年期ヲ十年三月ト云フコトニ改正ヲシテ、ソレカラ又運賃ニ關スル條項ヲ削除セラレテ居ルノデアル、サウシテ右定メラレタル單價ト云フモノハ、大正四年十二月大阪ニ於テ賣却ヲ致シタル價格十三圓九十錢ヨリ、運賃ト總テノ必要ナル經費ト、ソレカラ利益、左樣ナモノヲ見積ッテ、其額五圓六十六錢ト云フモノヲ控除シタルモノデアリマス、サウシテ協定ノ上、丸太ノ一割五分ト云フモノヲ增額スルト云フコトニ致シタノデアル、然ルニ其後ニ於テ時局ノ影響ニ依テ、物價ハ段々昂騰ヲ告ゲタノデアル、ソコデ當局ガ世間一般ニ對シテ販賣セラレル所ノ即チ標準タル價格ヲ、翌年四月ヨリ七年一月ニ至ルマデ三回ニ亙ッテモ七割餘、製材ニ就テ更ニ高率ナル値上ヲセラレタノデアル、一般ニハ七割餘ノ値上ヲセラレタニ拘ラズ、單リ本件ノ契約ノ單價ニ對シテハ、少シモ之ヲ改定セラレナイト云フノハ如何ナル理由デアルカ、(拍手起ル)同ジ國家ガ同ジ國民ニ對シテ物品ヲ取引スルト云フ協定ノ上ニ於テ、斯ノ如ク彼此甚シキ不權衡ヲ生ズルト云フコトハ、國家爲政者ノ爲スベキ態度デアルカ、右事件ニ對シテハ、大正七年二月實際ニ於テ取調ベタ當時官吏ノ說明スル所ハ、木材價格ノ騰貴ト云フモノハ一時的ノ變徴デアル、其上臺灣材ハ近來内地ニ販賣ヲ開拓シ得タルニ過ギナイノデアル、ソコデ此際島内ニ於テ需要ノ急ニ應センガ爲メニ、若シモ内地ニ移出スルコトヲ中止デモ致スト云フト、他日其販路ヲ茲ニ中絕シテ、再ビ之ヲ内地ニ移出スルト云フ便宜ヲ得ラレナイカモ知レナイ、ソコデ島内ニ於ケル需要ノ增加ト云フコト、及拂下價格ニ對シテハ、本件ノ契約年期ヲ延長シテ、而シテ年割ノ數量ヲ減少シ、其運賃ニ關スル條項ヲ廢止シタト云フコトハ不當ナ事デハナクシテ、畢竟スルニ調節ヲ圖ッタモノデアル、又現時ノ運賃ハ大阪マデガ尺メ當リ五圓餘デアルカラシテ、之ニ木材ノ代價ヲ加算致スト云フト、約十三圓餘トナル、然ルニ同地ニ於ケル市價ガ約十八圓デアルカラシテ、當分此儘据置ク見込デアルト辯明ヲ致スケレドモ、然レドモ實際ニ於テ大阪府ノ調査ヲ致シテ居ル大阪木材市場ノ價格ハ、大正六年度中ニ於テ、臺灣產ノ扁柏上材ノ尺メハ、三十餘圓デアリマス、中材ハ二十餘圓デアリマス、當局者ノ所謂十八圓ヲ適當デアルト云フコト、對比スルト、餘リニ甚シキ懸隔ガアルバカリデハナイ、島内ニ於テハ丸太材買受ノ希望者ガ續出シ、本年度内數回競爭入札ノ結果ハ、當局ノ目安價格ヲ標準トセル豫定價格ニ比シテ、甚シク超過シテ居ッタト云フコトハ事

實デアリマス、(拍手起ル)然ラバ今本契約ニ依テ、年度内ノ賣渡高ニ對シテ目安價格デ計算スルト云フト、十三万三千餘圓トナル、即チ本件契約價格ガ、實際ノ内地ニ於ケル價格及臺灣ニ於ケル價格ニ對シテ、甚シク低廉ニ失シテ居ルト云フコトハ明白ナ事實デアリマス、(拍手起ル)然ルニモ拘ラズ之ヲ以テ不當ニ非ズト認定シタ理由ハ、何所ニ存スルノデアルカ、(拍手起ル)願クバ答辯ヲ要求スルノデアリマス、次ハ第七款ノ災害費第八項道路橋梁、其他風水害復舊費デアリマス、臺灣總督府土木局ノ支出致シテ居ル所ノ十万六千五百六十一圓八十六錢ト云フ金デアル、是ハ宜蘭廳下ノ護岸堤防工事、及附屬工事ニ對スル支出デアリマス、此宜蘭ノ地ノ雨水ノ爲メニ、濁水ガ横溢ヲ致スコトヲ防グト云フノ目的ヲ以テ、第二豫備金ノ支出ニ依テ、本費ヲ支出シタト云フコトノ事實デアリマス、然ルニ大正八年二月ニ於テ、實地ニ就テ檢査ヲ致シタ其實績ニ依テ見ルト、右ノ宜蘭濁水渓ノ横溢ヲ防グト云フ所ニ於テハ、其地方民ガ組合ニ依テ施設ヲ致シテ居ル、水ノ取入口暗渠其附屬工事ガ現存致シテ居ルケレドモ、大正四年五年ノ兩年度ノ水害ニ依テ、全部即チ破壞シ盡サレ、又本川ニ就テ、是マデ何等水害ニ對スル豫防ノ設備ト云フモノガ無カッタノデアル、然ルニ右取入口ヲ復舊スルト共ニ、此宜蘭ノ濁水渓ニ對シテ、新タニ計畫ヲ立テ、之ヲ遂行致シタモノデアッテ、六年度ノ災害復舊ト云フ名義ヲ目的トシテ、此本費ノ支辨トスベキ性質ノモノデハナイノデアリマス、從來アッタモノガ壞レタト云フナラバ復舊工事ハ當然デアルガ、(「然リ」ト呼フ者アリ)從來何等無イモノニ對シテ、復舊工事ナリト稱スル支出ハ如何ナルモノデアルカ、(拍手スル者アリ)所ザ當該官吏ハ其申開ニ對シテハ、本件護岸工事ハ、元々此役務ヲスルト云フ目的デハナイ、六年度ニ於ケル洪水ハ、何等ノ設備ノ無イ所カラ水ガ俄ニ飛出シテ來タノデアルト云フ、而シテ附近一體ハ之ガ爲メニ荒廢ニ歸シタノデアル、ソコデ其儘ニ此荒廢セル箇所ヲ放任スルコトヲ得ザル事情ニ立至ッタ爲メニ、河川ノ流身ヲ是マデノ通リニ復舊スル必要上、本費ヲ要求シテ、之ヲ第二豫備金ヨリ施行シタト申スノデアル、段々其說明ガ怪シク變化ヲ致シテ居ルノデアリマス、然ルニ本件ハ明治四十四年ノ洪水以來、地方廳ニ於テ度々此洪水氾濫ノ防備ヲスルコトヲ必要ナリト認メテ、而シテ當局ト商議ヲ重ネタノデアルケレドモ、實際之ヲ施行スル運ビマデニハ行カナカッタノデアル、然ルニ大正四年、五年ノ兩度ノ出水ニ依テ、其水ノ取入口ガ破壞セラレテ、民力ダケデハ完全ナル護岸工事ヲ起スト云フコトガ、甚ダ困難デアルト云フガ爲メニ、總督府ニ對シテ、當局ハ此本費ヲ以テ施行スルト云フコトヲ、當事者ガ即チ申請ヲシタノデアル、即チ當

時此宜蘭廳ハ護岸百八十間ニ對シテ、右ノ工費ノ總豫算額六万六千五百圓ヲ要求シタモノニ對シテ、總督府ハ前述ベラレタル金額ヲ増加シテ、此工事ヲ實行シタト云フコトガ事實デアル、卽チ本件ハ川ノ流身ヲ復舊スルト云フコトヲ事由ト致シテ、名義ヲ之ニ藉ッテ年來懸案トナッテ、而モ實施ニ至ラナカッタ護岸工事ヲ新設シタモノデアル、(「怪シカラヌ」ト呼フ者アリ)併セテ同年度ニ於テ破壞セラレタル所ノ復舊ヲサレタト云フコトハ明白デアッテ、全ク名義ヲ僞ッテ異ナレル工事ヲ實行シタモノデアリマスカラシテ、本件ノ不當ナル事ハ明白デアリマス、然ルニ斯ノ如ク豫算ヲ無視シ、會計法ヲ無視シ、我國ノ會計紊亂ヲ惹起シタル事件ニ對シテ、不當ニ非ズト承認セラレタル理由ハ那邊ニ存スルノデアリマスカ、(拍手スル者アリ)次ハ蕃地風水害復舊地方費ノ補助デアリマス、臺灣總督府ノ支出ニ係ル十三万一千四百六十二圓ト云フ金額ハ、大正六年七月乃至九月中ニ於テ非常ナル暴風雨ガ起リ、之ガ爲メニ損害ヲ被リタル臺灣ノ地方費第一第二費區ニ於キマシテ、蕃地警察ノ建物其他ノ復舊ニ就キ、到底此多額ナル費用ヲ、地方ノ貧弱ナル負擔ニ依テ支辨スルコトニ堪ヘナイト云フ理由ノ下ニ、第二豫備金ヲ要求ヲ致シテ、之ニ對シテ當局ガ補助ヲ與ヘタト云フ事實デアリマス、(拍手スル者アリ)然ルニ大正六年度ノ地方費收支計算書ニ依テ見ルト云フト、第一第二ノ兩費區ヲ通ジテ、豫備費ト云フモノハ六万六千餘圓ノ殘額ガアルト云フバカリデハナイ、同年度ニ於テ純粹ナル剩餘金ト云フモノハ、百九十二万餘圓ノ多額ニ達シテ居ル、斯ノ如ク豐富ナル財源ガアッテ、僅カナル此費用ヲ支出スル負擔ニ堪ヘザルモノト認ムルト云フコトハ出來ナイノデアリマス、(「ヒヤ〳〵」ト呼フ者アリ)然ルニ當該官吏ハ之ニ對シテ、本費ハ經費ノ性質上、及地方費財政ノ必要上ニ應ジテ補助シタモノデアッテ、單ニ地方ノ負擔ニ堪ヘズト云フ理由ニ依ルモノデナイ、蕃地警察ニ屬スル經費ノ如キハ、國庫ヨリ補助スルヲ至當ト認メタト申スノデアル、併ナガラ地方費ニ對スル補助ト致シマシテハ、明治三十一年臺灣ニ於ケル律令第十七號地方稅規則第七條ニ於テ、明カニ地方稅ヲ以テ支辨スベキ費目ハ決定ヲセラレテ居ルノデアル、(「ヒヤ〳〵」ト呼フ者アリ)而シテ其費目ハ必要ニ應ジ、國庫ニ於テ其幾分ヲ補助スルコトアルベシト云フ規定ニナッテ居ル、卽チ本年度ニ於テ第一、第二兩費區ヲ通シテ、三百三十餘万圓ヲ補足ヲ致シテ居ル、其地方費財政上ノ餘裕ハ、前申述ベタ通リノ事情デアルヲ以テ、地方費ニ於テ固ヨリ其支辨ニ堪ヘルコトガ明白デアルニ於テハ、特ニ之ガ蕃地ノ警察費デアルト云フ故ヲ以テ、之ヲ國費ヨリ補助スルト云フコトハ、必要デナイト云フコトハ明カデアリマス、卽チ帝國會計法ニ依テモ、臺灣律令第十七號地方稅規則第七條ニ依テモ明カニ不當ナル卽チ支出デアルノデアリマス、(拍手スル者アリ)然ルモノヲ不當ニ非ズトシテ承認セラレタル理由ハ、何ヲ根據トセラレタノデアルカ、明白ニ聽キタイノデアリマス、(拍手スル者アリ)次ハ歲出臨時部特別事業費第一項港灣修築費デアリマス、是ハ樺太廳ノ支出ニ係ル一万二千五百四圓六十九錢デアリマス、デ此費用ガ――是ハ「トコンボ」ト讀ムノデスカ、船渠工事費三万四千三百九十六圓十三錢ノ中デアル、其中金二万一千八百九十一圓四十四錢ハ、大正七年度ニ屬スルモノデアリマス、右ハ樺太廳下ニ於テ、卽チ本年築港事業ヲ施行スル上ニ要スル所ノ、卽チ函塊ノ製造、船舶、諸機械修理ノ作業場デアッテ、當初築港區域內ニ設置スベキ筈デアッタノヲ、實際工事ヲ施行スルニ至ッテハ、其位置ヲ變更致シ、築港區域地ノ南方ニ當ッテ、約十數町隔タッタ所ニ、卽チ箇所ノ選定ヲ變ヘタノデアル、サウシテ豫定ノ費額デアル金十六万八千圓ヲ以テ、南部ノ水深六寸餘ノ扁平ナル所ノ岩盤ノ上ニ、三千五百餘立坪ノモノヲ卽チ埋築ヲ致シ、サウシテ其埋築地ノ中央ヲ凹形ニ掘リマシテ、其周圍ニ於テ上幅四尺、下幅六尺、高六尺、延長八十八間、及上幅二尺、下幅四尺、高六尺、延長百二十四間ノ石材ノ「モルタール」ノ煉瓦積ノ護岸、竝木枠護岸、延長百十五間ヲ築設スルト云フノ設計デアル、而シテ其起工ヲ致シマシタノハ、大正六年七月ニ着手ヲ致シ、大正八年ノ八月ニ實地ニ就テ檢査ヲ致スト云フト、大正七年中ニ於テ、右工事ハ卽チ風浪ノ爲メニ屢、其竣成致シタ部分ガ崩壞ヲ來シ、更ニ護岸ノ用ヲ何等奏シテ居ナイノデアル、而シテ再築スルト云フコトハ、最早不可能ニ終ル程崩壞シ盡シテ居ルト云フノデアル、ソレ故ニ已ムナク當該官廳ハ、此大費額ヲ費シタル工事ノ箇所ヲ拋擲致シ、更ニ再ヒ之ヲ築港區域內ニ移轉スルト云フ大失態ヲ演シタノデアル、(拍手)サウシテ再ヒ逆戾リヲ致シテ、之ヲ現在ノ所ニ施行シツヽアルト云フ大失態事件デアル、テ右海岸中ニ於テ、最モ激浪ノ衝突スベキ甚シキ不利益ノ位置ニ於テ、此工事ガ施行サレテ居ルト云フ狀況デアル、サウシテ前記ノ此設計ノ如キハ、其構造ガ堅牢ニシテ、此猛烈ナル激浪ニ耐ヘ得ルカト云ヘバサウデナイ、事實ニ於テ其設計ハ甚ダ脆弱デアル、甚ダ貧弱デアル、而シテ其工事ハ到底此猛烈ナル風浪ニ、卽チ耐ヘ得ベキモノデナイト云フコトハ明白デアリマス、(拍手)其上ニ此工事ニ使用セラレテ居ル所ノ石材ハ如何デアルカト云フト、品質ハ甚ダ不良デアル、決シテ優良ナル品デハナイノデアリマス、而シテ其「モルタール」ノ「セメント」ノ量ガ、通常ノ「モルタール」ノ必要ナル量ノ半分シカ入ッテ居ナイノデアル、而モ火山灰ヲ以テ「セメント」ニ代用致シタト云フガ如キハ、工事ノ性質上ニ於テ、激浪怒濤ニ對シテ崩壞スベキハ當然ノ成行デアリマス、(拍手)故ニ技術上ニ於ケル、設計上ニ於ケル、監督上ニ於ケル、此本件ガ卽チ不當デアリ、注意ノ周到ヲ缺ケリト云フコトハ明白デアリマス、(拍手)然ルニ斯ノ如キ多額ノ工費ヲシテ、空シク北海ノ一片ノ怒浪ニ攫ハタテ、而モ之ヲ不當ニ非ズト承認セラレタル理由ガ伺ヒタイノデアリマス、(「議長々々」「ジヤガ芋默レ」ト呼フ者アリ)更ニ今度ハ陸軍省所管ニ於テ伺ヒタイノハ、砲兵工廠作業費デアリマス、此作業費ニ於テ東京砲兵工廠ノ支出ニ係ル、二十六万八千七百五十八圓七十七錢ト云フ金額デアリマス、右ハ板橋、目黑、岩鼻等ノ各火藥製造所ニ於テ、危害ヲ豫防スベキ其豫防地トシテ、六万五千九十二坪ノ買收ヲ必要トスル、其代價及地上ノ物件ヲ移轉スル所ノ費用三十一万六千百七十七圓七十二錢ノ中デ、而シテ四万七千四百十八圓九十五錢ハ、大正七年度ニ屬スルモノデアリマス、而シテ大正八年二月ニ於テ實地檢査ヲ致シタ成績ハ如何デアラウカト云フト、其地面ノ面積ハ甚ダ廣大ナルモノデアッテ、而シテ土地建物等ノ維持補充ト云フ範圍ニ屬スルモノト認メルコトガ出來ナイノデアリマス、(拍手)且ツ危害ヲ豫防スルト云フ目的ヲ以テ買收シタル土地ニ對シテ、工場ヲ新築スルモノガアルト云フノデアルガラ、斯ノ如キモノハ固ヨリ特定ノ費用ヲ要求シ、此特定セラレタル豫算ニ應ジテ支出ヲ致サナケレバ、決シテ之ヲ一時的ニ費消スベキ事業費ニ依テ支辨スベキモノデナイト云フコトハ、帝國憲法及帝國會計法ノ條章ニ照シテ、明々白々一點ノ疑ハ無イノデアリマス、然ルニ當該官廳ハ之ニ對シテ何ト申スカト云ヘバ、火藥製造所危險工室ニ對シテハ、銃砲火藥類ノ取締法ニ基ヅイテ、宅地其他トノ中間ニ於テ、適當ノ距離ヲ保有サセナケレバナラヌノデアル、然ルニ右ノ製造所ノ附近ニ於テハ、危險工室ニ接近ヲ致シテ、住宅モアリ、又工場ヲ建築シテ居ルモノガ、漸次增加ヲ致スト云フ傾向ノアルガ爲メニ、危害豫防地帶ヲ擴張スルト云フコトノ計劃ヲ立テ、大正六年度以降ニ於テ作業費ノ豫算ニ計上シテ、而シテ之ガ工事ヲ實施致シタモノデアル、サウシテ右買收ノ地域內ニ於テ、工場建設ニ關シ板橋製造所ニ於テハ、被包室ヲ建築致シタト云フノデ、危險ヲ伴フト云フモノデハアリマセヌケレドモ、是マデ危險工場內ガ、過度ニ餘リ接近シ過ギテ居ルト云フガ爲メニ此設備ヲ改善シテ、之ヲ緩和スルト云フ爲メニ致シタ仕事デアル、又岩鼻製造所ニ於テハ、一ノ工場ニ於ケル作業力ヲ分割ヲ致シ、而シテ其停滯ヲ致ス所ノ藥量ヲ減少スルト云フコトガ必要デアル、其爲メニ此捏和室ノ增設ヲスルト云フコトデナケレバ、作業力ノ停滯ヲ防クト云フコトガ出來ナイノデアル、且ツ危害ノ豫防ヲスルト云フ目的ノ爲メニモ必要ナル施設デアッテ、毫モ從來ノ作業力ヲ增大スルガ爲メニ、特殊ノ目的ヲ以テ造營致シタモノデハナイ、サウシテソレガ爲メニ隣接ノ低キ地域ヲ買收ヲシテ、高地ニ介在シテ居ル所ノ火藥及危險工場ノ全部次第々々ニ此低キ地域ニ移轉ヲシテ、其危險ト認メルモノヲ未然ニ豫防スルト云フ此計畫ヲ實行スルト共ニ、適當ナル危害豫防地帶ヲ設定スルト云フノデアッテ、是ガ爲メニ廣キ地區ヲ買收ヲ致シタケレドモ、固ヨリ特定ノモノデハナイカラ、事業費ヨリ支出シタルモノデ、違法デハナイト主張スルノデアリマス、併ナガラ土地建物其他工作物ノ費用ヲ、作業費ノ負擔ヲ以テ支出スルト云フコトニハ、法律規則ノ上ニハ明ニ限定サレテアル、卽チ陸軍作業會計法第三條ニ於テ、維持修理及補充ト云フ此三點ニ限ッテ、土地建物工作物ノ費用ヲ作業費ヨリ支出シ得ルト云フノデアル、然ルニ今右ノ箇所ニ就テ實際ノ事情ヲ取調ベマスト云フト、板橋製造所ニ於テハ、大正六年大正七年ノ二箇年ヲ通シテ、九万二千三百餘圓ヲ以テ二万四百餘坪ト云フモノ、買收ヲ致シ、尙ホ八年度ニ於テ十二万九千餘圓ヲ以テ一万八千五百餘坪ヲ買收スルト云フ計畫デアル、實ニ廣大無邊ノモノデアル、歐洲戰亂勃發ヲ致シテ以來ノ實驗ニ鑑ルト云フト、大正三年臨時事件費ノ支辨ニ係ル設備ノ充實、其外是マデ致シテ居ッタ作業力ヲ增加スル、其增加ニ伴フ施設ノ爲メニ、更ニ隣接セル地域ニ於テ豫防地ヲ設定スルト云フコトガ必要ト云フ事情ガ生ジタノデアル、然ラバ卽チ既存ノ土地建物ノ維持補充ト云フノデハナイ、全ク時節柄ノ要求ニ應ジテ、特別ニ卽チ擴張事業ヲ起スト云フ事實デアル、卽チ之ヲ以テ維持補充ト認メルコトハ斷ジテ出來ナイノデアリマス(「ヒヤ〳〵」ト呼フ者アリ)又岩鼻ノ製造所ニ於テ如何デアル、大正六七年ノ兩年度ヲ通ジテ、一万七千二百餘圓ヲ以テ一万五千三百餘坪ト云フ廣大ナル地面ヲ買收シタモノデアル、此土地ハ群馬縣群馬郡瀧川村大字八幡原地內卽チ林畝ノ間ニアルモノデアッテ、近ク住宅ノ建築ヲ見ルト云フガ如キハ、殆ド想像モシ得ナイ林間若クハ畑地デアリマス、然ルニ右買收地內ニ於テ捏和室二棟ノ新築ヲスルノデアリマス、是ガ在來ノ工場ニ於テ、停滯藥料分劑ガ必要デアルト稱スルケレドモ、其生產品デアル所ノ卽チ各種ノ「ダイナマイト」ト云フモノハ、逐年增加致シテ居ルト云フノガ實況デアル、本件ノ設備ト云フモノハ、在來ノ工事室ヲ以テ之ニ應ズルコトガ出來ナイカラ、其作業ヲ增加スルト斯樣ニ考ヘタ、其目的ノ爲メニ造ラレタモノ、言換ヘレバ非常ニ其作業ヲ增大スルト云フコトヲ基礎トシテ、擴張工事ヲ爲シタト云フコトハ事實デアル、(「ヒヤ〳〵」ト呼フ者アリ)又目黑製造所ニ於テハ、大正六年、大正七年ノ二箇年度ニ渉リ、二十万六千餘圓ヲ以テ、而カモ其所ニ廣大ナル二万九千三百餘坪ヲ買入レタノデアリマス、從來ノ境域デアッタ所ノ卽チ南目黑川ニ至ル一帶ノ低キ土地ヲ包有致シテ、是マデアッタ敷地ノ約卽チ五割ニ相當スル程ノ廣大ナ土地デアル、サウシテ其高地ニ現在建築サレテ居ル所ノ火藥庫、及危險工室全部ヲ次第々々ニ買收シタル低キ土地ニ移轉スルト云フ計畫デアル、卽チ根本ヨリ此全部ノ計畫ヲ改造スルト云フコトデアル、然ラバ製造所ノ移轉改築ト云フコトヲ根本的ニ企圖シタモノデアルト云フコトハ明白デアル、卽チ維持補完ノ範圍ニ屬セザルコトハ一點ノ疑ヲ存シナイノデアリマス、而シテ本件ニ對スル本年度豫算ノ關係ハ、特別會計豫定計算書各目明細書ニ於テ、危害豫防地買收竝境界土壘新設ノ經費トシテ二十万圓ヲ積算致シテアルケレドモ、同年度豫算ト云フモノハ成立致サナカッタノデアル、成立ニ至ラナケレバ、其結果トシテ固ヨリ帝國憲法ノ命ズル所ニ依テ、前年度豫算ヲ施行シタノデアル、而シテ之ガ爲メニ豫算ニ不足ヲ生ジタルガ爲メニ、給與及職工人夫給ノ費目ヨリシテ、三十四万餘圓ト云フモノヲ土地建物及船舶補修ト云フ費目ニ流用增額シタト云フコトデアルノデアリマス、卽チ本件ハ之ヲ約シテ言ヘバ、卽チ事業ノ擴張、又ハ工場ノ移轉ヲ目的ト致シタモノデアッテ、卽チ砲兵工廠ノ工事作業費ヲ以テ支辨スベカラザルモノデアル、所謂陸軍作業會計法ノ第三條ニ對シテハ、明々白々タル違反事件デアルト云フコトデアリマス、(拍手起ル)然ルニ之ヲ不當ニアラズ、違法ニアラズト承認サレタル理由ノ根據ハ何處ニ在ルノデアリマス(拍手起ル「モット緩ックリヤリ給ヘ」「チット早クナッテ來タ」ト呼フ者アリ)

(粕谷副議長退席、奧議長復席)

次ハ陸軍省所管千住製絨所ニ於テノ件デアリマス、歲入第一款千住製絨所作業收入第二項ノ雜收入デアリマス、卽チ千住製絨所ノ徵收ヲ致シテ居ル四千六百二十二圓二十三錢ト云フ金額デアル、是ハ如何ナル事件デアルカト云フト、濾機十臺梳紡機及紡毛機各一臺ト、及是等ニ附屬致シテ居ル裝置帶ト云フヤウナル物件ヲ、大正六年十二月ニ於テ東洋麻毛紡績株式會社ニ對シ、隨意契約ニ依テ製絨所ガ貸下ゲタル其料金ノ徵收デアリマス、右ハ當局ノ辯明スル所ニ依レバ、此貸下ノ隨意契約ヲ致シタル、卽チ東洋麻毛紡績株式會社ト云フモノハ、樺太產ノ菲草ヲ原料ト致シテ、品質ト強力トノ殆ド麻ノ製品トノ大差ナキ程ノ織布ノ製造ヲスルト云フコトガ目的デアル、其製造セラレタル品物ハ軍用服ノ地質ニ頗ル有要ナモノデアルト認メラレテ居ルケレドモ、英國ニ注文致シタ所ノ主要ナル機械ガ未ダ內地ニ着セナイト云フ爲メニ、右會社ハ其作業ヲ開始スルコトガ出來ナイト云フノデアル、然ルニ適、千住製絨所ニ於テ當分使用スルコトノ見込ノナイ機械ガアッテ、之ヲ右會社ガ貸下ゲテ貰ヒタイト云フ出願ヲ致シタノニ對シテ、乃チ時局ノ必要ニ鑑ミ、該製品ヲ軍用品トシテ研究スルノ十分ノ價アリト認メテ、產業獎勵ノ關係上、適當ノ料金ヲ徵シテ其會社ニ貸下ヲスルト云フコトガ、一方ニ於テ不用ナル機械ヲ有用ニ利用スルト云フ上ニ於テ、適切ナル處置ナリト認メ、其上此機械ノ如キハ特種品ニ屬スルモノデアッテ、假令之ヲ實際ニ競爭入札ニ付シテモ、適當ナル需用者ヲ得ルト云フコトハ、右會社ノ外ニ殆ド見エナイガ爲メニ、隨意契約ニ依テ貸下ゲタモノデアル、又其徵收シタル料金ノ算定ハ、帳簿上ニ於テ保存年限ヲ定メテアルガ爲メニ、此保存年限ニ依ルベキガ當然デハアルケレドモ、此年限ニモ依ラズシテ、更ニ實際此機械ヲ使用スルニ耐フル見込ガ幾年間デアルカト云フコトヲ調査シテ、而シテ此度見込ヲ立テタ調査決定ノ年限ニ依ッテ、之ニ帳簿上ニ現存シテ居ル價格一箇年分ヲ乘ジテ、其得タル金額ニ五割又ハ十割ヲ加算シタモノヲ貸下ノ價格トシ、サウシテ之ヲ年度ニ割ッテ貸下料金ヲ算定シタノデアル、ソコデ七年度ニ於テハ、帳簿上ノ現存價格ト保存年限ニ拘ラズニ、斯樣ナ標準ヲ立テ、料金ヲ徵收シタノデアッテ、實際ノ事情ニ適當シタ處置デアルト申スノデアリマス、併ナガラ斯ノ如キ國有ノ物件ノ貸借ニ對シテハ、法令ニ特別ノ明文アル場合ニ、隨意契約ニ依ルノハ格別、其格別ノ場合ヲ取除イタル外ハ、凡テ競爭入札ニ付スベキハ、我國ノ憲法及會計法條ニ於テハ當然ノ事デアリマス(「ヒヤ〳〵」ト呼フ者アリ、「拍手起ル」)然ルニ何事ゾ、當局ガ頗ル怪シキ申合ヲ作ッテ、而シテ之ヲ隨意契約ニ依ッテ處理スルト云フコトハ、甚シキ不都合デアル(「不都合ダ」ト呼フ者アリ、拍手起ル)若シ斯ノ如キ事ヲ當然ナリトシテ、當局者ニ依ッテ是ガ認定サレ、又帝國ノ豫算決算ヲ監督スベキ衆議院ガ之ヲ不問ニ付スルト云フニ於テハ、我國ノ豫算及我國ノ決算ト云フモノハ、如何ナル紊亂ヲ致シテモ、之ヲ糾彈スルト云フコトハ出來ナイノデアリマス(拍手起ル)

(此時發言スル者アリ)

○議長(奧繁三郎君)　靜粛ニ……

○小橋藻三衞君(續)　一體此製絨所ニ於テ備付ケラレ居テル所ノ緬機ト云フモノハ、明治十八年及二十九年紡毛機整紡機ト云フモノト共ニ、十八年ニ購入ヲ致シタモノデアル、サウシテ其原價ハ八千六百九十餘圓ト云フノデアリマス、然ルニ之ヲ前述ベマシタルガ如キ不法ナル方法ニ依ッテ、而モ其貸下ノ價格ヲ之ヲ七千五百二十餘圓ト算定スルト云フコトハ……

(此時發言スル者アリ)

○議長(奧繁三郎君)　靜粛ニ……

○小橋藻三衞君(續)　帳簿上ニ於テ現存價格ハ原價ヲ保存年限ニ應ジテ之ヲ遞減シタト云フノデアッテ、實際ノ當時ノ此事情ニ對照ヲ致シテハ甚ダ不當デアル、サウシテ此使用ニ耐フルト云フ年限ノ見込、年限モデス、此上カラ考ヘテ之ニ五割トカ十割トカ加算スルト云フコトモ、甚ダ是ハ料酌ヲ誤ッタルモノデアル(拍手起ル)デ當時世間ニ於ケル斯樣ナ此機械物件ニ對スル實際ノ價格ノ騰貴率ト、之ヲ對照比較シテ見ルト云フト、固ヨリ適當ナル處置デハナイノデアリマス、然ルニ之ヲ唯々耐久ノ見込年數ノ立テ、、ホンノ手心ニ依ッテ此料金ヲ定メルト云フガ如キ、所謂御手心ニ依ッテ之ヲ增減スルト云フガ如キハ、唯々其機械ニ對シテ使用ノ爲メニ減損スルダケノ價格ノ減少ニ過ギナイノデアル、甚ダ是ハ廉價ニ失シテ居ルト云フコトハ當然デアリマス(「ヒヤヒヤ」ト呼フ者アリ、拍手起ル)ソレカラ又此附屬ノ裝針帶ノ如キモ、僅カニ一呎ノ時價ヲ三圓乃至五圓ニ見積ッテ、其價格ヲ一万六千三百九十六圓ト云フコトニ致シテ、而シテ其殘リノ年限ニ對シテ、貸下價格ヲ四千二百二十餘圓ト云フコトニ致シテ、他ノ分絲調革及篠捲革ヲ合セテ四千四百二十餘圓ト算定シタト云フコトデアルケレドモ、斯ノ如キモノハ一旦使用ヲ許セバ再ビ元ノ製絨所ノ使用スル目的ニ、即チ此毛織ノ紡績ニ使用スルコトガ出來ナイノデアル、全ク廢物ニナリテアルト云フコトハ事實デアルノデアリマス(「ヒヤ〳〵」ト呼フ者アリ)ソコデ約三箇月ノ間ニ貸下期限ヲ分配ヲシテ、サウシテ之ヲ徴收シテ使用後ノ返納ヲ要セナイト云フコトニ致シタノハ、事實ハ呉レタノデアル、拂下ゲタノデアル、名義ハ貸下デアッテ、事實ハ拂下ゲタト同一ノ結果ニ了ッテ居ルノデアリマス(拍手起ル)然ラバ是ハ手續ノ上ヨリ見テモ、又實際使用スル上ヨリ見テモ、亦世間ノ普通ノ時價ヨリ考ヘテ見テモ、一點之ヲ以テ當然ナリトスルコトガ出來ナイニモ拘ラズ、斯ノ如キ不當ノ事實ニ對シテ、之ヲ失當ニアラズトシテ承認セラレタル理由ハ如何デアルノデアリマスカ(「ヒヤ〳〵」ト呼フ者アリ拍手起ル)ソレカラ次ハ農商務省所管ノ製鐵所ノ作業費デアリマス、此第二項事業費ニ於テ、製鐵所ガ支出致シテ居ル製鐵所ノ第二製鋼工場ノ南部ニ於ケル蒸汽汽罐ノ設備費三十四万二千七百五十五圓九錢ノ内ニ於テ、二万二千二百九十八圓三十錢ヲ大正七年度ヨリ支出ヲサレテ居ル外ニ、在庫品二万四千七百九十五圓八十三錢ト云フモノガ使用セラレテ居ル、而シテ八年五月ニ於テ、實地檢査ノ成績ニ依ッテ見ルト、其汽罐室ハ如何デアルカト云フト、全ク第三期ノ擴張費ヲ以テ建築スベキ其中ニ屬スル、第二汽罐場ノ即チ一部分デアルカラ、斯ノ如キ固定的ノ即チ事業ハ、此事業費ニ依ッテ支辦スルト云フコトハ不當デアリマス、然ルニ當局ハ之ヲ以テ右汽罐室ニ要スル蒸汽汽罐ハ五年度ヨリ作業費ヲ以テ、其資金ヲ以テ購入スルト云フ豫定デアッタモノガ、ソレガ從來ノ工場デ、蒸汽力ガ不足ヲ致スト云フガ爲メニ、畢竟其不足ヲ補充スルノデアル、故ニ之ヲ事業費ニ取ルト云フコトハ不當デナイト云フノデアル、併ナガラ右ノ汽罐室ト、共ニ第二汽罐場デアル所ノ隣接汽罐室ハ、第三期擴張費ヲ以テ建設セラレテ居ルト云フノガ豫定ノ設計デアル、サウシテ此汽罐室ニ据付ケラレル所ノ汽罐、六基ノ中四基ト云フモノハ、一旦第三期ノ擴張費デ購入スルト云フコトガ決議サレテ居ル、後ニ作業費ノ支辦ニ改メタト云フノデアッテ、即チ蒸汽力ガ全工場ニ使用セラル、ト云フモノデハアルガ、其工場ノ半分以上ト云フモノハ、素ヨリ第二期ト第三期トノ擴張費ノ支辦ニ屬スルモノデアッテ、サウシテ本件ハ其擴張スルト云フ擴張工事ニ伴ッテ、蒸汽力ノ不足ヲスルト云フソレニ對スル擴張ノ設備デアル、即チ唯ダ之ヲ維持トカ補充トカ申シテ、僅カノ部分的ノ費目デアルガ故ニ、事業費ノ支出ニ待ツト云フモノトハ、全然性質ヲ異ニシテ居ルノデアリマス(拍手)其上又第三期擴張費ト云フモノハ、第二期ノ擴張費ノ上ニ追加シテ要求セラレタルモノデアッテ、其豫算ニ於テ原動力ノ設備費五百六十七万餘圓ヲ見積レリト云フ、其金額ニ考ヘマシテモ、本費ノ支辦トナスベキモノデナイト云フコトハ明カデアル、然ルニ斯ノ如キ明白ナル擴張費ト云フモノヲ、一時的ニ支出シ得ベキ此事業費ノ中ヨリ取ッタト云フコトヲ不法ニアラズト承認セラレタル理由ハ、如何ナル理由デアリマスカ、或ハ製鐵所ノ支出ニ係ル福岡縣遠賀郡上津役村養福寺貯水池築造ニ關スル費用デアル、此總額ハ百二十五万圓ノ内デアルガ、其他ハ大正七年度以後ニ、其他ハ大正七年ニ於テ、在庫品一万六千三百圓一錢ヲ使ッテ居ルト云フノデアル、然ルニ此貯水池ノ水量ト云フモノハ、本年度以降五箇年ニ亙ッテ施行スルト云フ計畫ヲ立テ、サウシテ此年度ニ於テハ、土地購入費ヲ十五万圓ト、地質調査等ノ準備費ヲ支出シタト云フノデアルガ、然ルニ之ヲ本費ヲ以テ支辦スベキ作業上ノ費用トシタノハ如何デアルカ、全ク土地購入デアルトカ、地質ノ調査費デアルト云フガ如キハ之ヲ以テ一時的ノ作業上ノ補充的設備ト見ルコトハ出來ナイノデアル、然ルニ之ヲ從來ノ送水線路ガ、採炭坑道等ノ爲メニ地盤ガ沈下スル爲メ送水管ニ移動ヲシナケレバナラヌ、又通水ニ障碍ヲ來ス等ノ爲メニ、漸次此一方遠賀川ノ水量モ減少ヲ致スカラシテ、多量ノ給水ヲ要スル夏ニナッテハ、甚シキ渇水スルガ爲メニ、河水ノ涸渇及送水管ノ沈下ノ爲メニ、給水上甚ダ不安トナル故ニ、貯水河ノ築造ガ必要デアルガ爲メニ、斯樣ナ工事ヲ施サナケレバナラヌト同時ニ、貯水池ノ決潰ガアル爲メニ補充シ、而モ急速ニ施工シナケレバナラヌ爲メニ着手シタノデアルカラ、擴張費支辦ニ關スル增設工事ノ爲メニヤッタモノデアッテ、特ニ起工シタモノデハナイト稱スルケレドモ、事實ニ於テハ左樣デハナイ、現在ノ設備ト云フモノハ、貯水池ハ五箇所ニ亙リ、其水量ノ如キモ豫定ノ所要額ニ達シナイノデアル、故ニ給水上甚ヨリ此增設ヲ要セナケレバナラナイト云フガ爲メニ、貯水池ヲ增築スルト云フ必要ニ迫ラレテ、而シテ斯ノ如ク作業費カラ支出シタト云フコトガ實際デアリマス、然ラバ最初カラシテ五箇年ノ長キ時日ヲ要シテ、而カモ第三期ノ擴張ノ後デナケレバナラナイト云フ其長キ間ノ設計デアルモノニ對シテ、僅カニ一時ニ補充的ニ必要トスル場合ニ支出シ得ベキ作業費ノ中ヨリ取ッテ、斯ノ如キ永久的擴張工事ニ支出スルト云フコトハ、勿論不當ノ支出ト謂ハナケレバナラヌノデアル、(拍手)然ルニ斯ノ如キ不當ナル支出ニ對シテ、之ヲ不當ニアラズト承認セラレタル理由ハ如何デアルカト云フコトヲ尋ネルノデアリマス、次ハ製鐵所ノ支出デアリマスルガ、金額ハ四十八圓七十錢ト云フノデアル、然ルニ此製鐵所ニ於テ、送風機室ヨリ第二分塊工場及第一厚板工場ヲ經テ、大形工場ニ行クマデノ排氣管ノ敷設費ト云フモノガ、六万八千錢ラアル、其中ニ於テ六万八千六百錢ラト云フモノハ、大正五年度ニ屬シ、外ニ在庫品デアッタ八千八百錢ラト云フモノヲ、使用シテ居ルノデアル、ソレハ排氣發電所ニ於ケル低壓蒸氣ノ集中ノ爲メニ要スル設備デアッテ、他ノ部分ハ總テ第二期擴張費ヲ以テ支辦ヲシタノデアル、然ルニ本件ノ工事ニ限ッテ、之ヲ作業費ノ中ヨリ支出シタト云フコトハ、甚ダ怪シイノデアル、然ルニ當該官憲ハ如何ニ其理由ヲ說明スルカト云ヘバ、此排氣發電所ニ於ケル低壓蒸汽ノ所要量ト云フモノハ、當初設備ヲ致シタ其目的ニ適當スルダケニ、即チ擴張費ノ支辦トシテ之ヲ建設シタノデアルケレドモ、運轉ノ結果、蒸汽ガ不足シタト云フコトヲ認メタノデアル、ソコデ已ムナク實際ニ於テハ、豫定ノ設計ヲ豫定ノ豫算ニ取ッタケレドモ、不足ヲシタガ爲メニ、已ムナク本費ヲ以テ連續シタ所ノ即チ建增工事ヲシナケレバナラヌト云フノデアルケレドモ、併ナガラ苟モ所要ノ物ヲ要スルト云フニハ、技術上ニ於テ一定ノ設計ト云フモノガ現存シテ居ルノデアル、之ヲ適當ニ設計ヲシナカッタト云ヘバ、明カニ當初設計ノ失態デアル、失態デナシトシテモ、斯ノ如キハ明ニ排氣發電所ノ設置ノ擴張費デアル、其擴張費ノ支辦ヲ――而クモ之ヲ蒸汽ノ不足ヲ認メタト云フノデ之ヲ、事業費ヨリ取ルト云フコトハ、斷ジテ是ハ認メルコトガ出來ナイノデアリマス、(「ヒヤ〳〵」「ウマイゾ」ト呼フ者アリ)然ラバ本件モ亦明ニ作業會計法ノ條章ニ違背ヲ致シテ居ルト云フコトハ明白デアル、何故ニ此明白ナルモノヲ不法ニ非ズト御認定ニナッタノデアルカト云フコトヲ伺ヒタイノデアル、(拍手起ル三輪市太郎君「議長議事進行ニ就テ發言ヲ求メマス」ト呼ビ「發言中」ト呼フ者アリ)次ハ國庫金預入利子ノ協定ガ宜シクナイ、其爲メニ國庫ニ不利ヲ來シタト云フ事件デアリマス、即チ大正六年度中、政府ガ一般會計並ニ此預金部ノ國債整理基金、臨時國庫證券、收入金各特別會計所屬ノ餘裕金ヲ所謂、明治二十七年法律第十六號、十八年太政官布告、第十三號及各特別會計法ノ規定ニ依リマシテ、日本銀行ニ對シテ預入ヲ爲シタルモノガ相當ノ金額ニ上ツテ居ツタノデアル、其額ヲ特殊ノ用途ヲ指定セラレタル金ハ別トシテ、各月ノ平均ガ最低金額トシテモ、大正六年五月ニ於テ七千七百六十五万餘圓ニ當ツテ居リ、金額ノ最モ高キ大正七年三月ニ當ツテハ、二億七千七百十一万餘圓ニ上ツテ居ルノデアル、卽チ全年度ノ平均ト致シテモ一億七千七十二万餘圓ト云フ、莫大ナル金額ニ上ツテ居ルト云フ實況デアル(「ト云フコトヲ知ツタノデアル」ト呼フ者アリ)而シテ日本銀行ハ國庫預金ガ增加スルト共ニ、一方ニハ外國爲替ノ貸付金ト云フモノガ、增加シテ、諸預入金ヲ利用セザル場合ニ於テハ、保證準備制限外ニ、多額ノ兌換券ノ發行ヲシナケレバナラヌト云フノガ、實際ノ事情デアル、然ルニ是ガ預入ノ利率ト云フモノハ、保證準備兌換券ノ發行稅ニ相當ヲ致シ、年一分二厘五毛ノ低率ヲ以テシテモ、當時ノ狀況ト照シ合セテ見ルト云フト、其利率ヲ協定スルト云フコトガ、適法デアル、然ルニ大藏省ニ於テハ現在ソレヲ說明スルニ於テ、現今ノ金庫制度ニ於テハ國庫ノ資金ヲ、死藏致スコトガ已ムヲ得ナイノデアル、サウシテ兌換券發行上乃至又金融界ニ於ケル感覺上ニ於テ、面白カラナイガ爲メニ、假令餘裕金ガアツテモ、日本銀行ニ當座預入ヲ致シテ、サウシテ日本銀行ガ之ニ依テ、兌換券發行稅ニ相當スル利子ヲ、納入セシムルコトガ、慣行デアル、尤モ此金庫制度ト日本銀行ニ關スル制度ニ就テハ、時勢ノ進步ニ伴ツテハ講究スベキ要ハアルケレドモ、目下尙ホソレハ研究中デ決定ヲ致シタ事柄デハナイト云フノデアル、併ナガラ國庫ノ餘裕金ト云フモノヲ、日本銀行ニ預入レテ之ヲ運用ヲスルト云フコトハ、成程大藏當局ノ言フ通リテアルガ、其利率ト云フモノハ、世間金融ノ狀勢ニ照シテ、相當ニ之ヲ協定ズルト云フコトハ、當然デアル、敢テ是ハ改正ノ制度ニ依ラナケレバ、實行ガ出來ナイト云フ性質ノモノデハナイノデアリマス、從來此國庫預入金ノ狀況カラ考ヘテ見テモ、概ネ唯ダソレガ其時ノ所謂一時的デアリ、金額モ甚ダ多額デナイ、卽チ四年度以前十年度ニ於テ月末ハ大抵平均千万圓內外多イ時デモ二千四百餘万圓デアルト云フノデアル、然ルニ本年度ニ於テハ前ニ述ベタルガ如ク、非常ニ過大ナル金額ニ激增ヲ致シテ居ル、然ラバ年度內ノ所謂平均額ハ一億七千二万餘圓ニ上ルト云フ狀勢ガ、全ク一變ヲ致シテ居ル以上ハ、之ヲ前年末ノ慣行デアルト稱シテ、最低ノ低率ヲ以テ預入ヲ取扱フガ如キハ、時勢ニ鑑ミ金融上ノ實況ニ照シテ、之ヲ不當ト斷ズルノガ當然デアリマス(「ヒヤ〳〵」ト呼フ者アリ拍手起ル)而シテ日本銀行ノ兌換券ノ發行ハ殆ンド全年度ニ亙ツテ保證ノ準備ノ發行餘力ヲ存シテ居ルト云フケレドモ、國庫金ノ預入ヲシナカツタト云フ時ニハ、若シク制限額ヲ超過スルト云フコトモ、事實デアル、然ラバ年度內ニ於テ、其平均額ハ八千九百九十二万圓ト云フ巨額ニ上ツテ居リ、又之ニ對スル制限外ノ發行稅ガ五百三十九万餘圓ニモ上ツテ居ルト云フ事情デアル、又預入利子ハソレノ僅カニ百十二万餘圓ニ過ギナイト云フコトハ、如何ナルコトデアルカ、日本銀行ハ徒ラニ四百二十七万餘圓ト云フ制限外ノ發行稅ヲ儲ケテ居ルト云フ事實デアル、而シテ日本銀行ニ於テハ其放資ヲ致シテ居ル中ニ、外國爲替貸付金ニ於テ、若シク其金額ガ增加ヲ致シテ、サウシテ日本銀行ノ營業週報ニ依ルト云フト、此年度ニ於ケル平均額ハ一億二千三百二十五萬餘圓ニ上ルト云フノデアル、斯ノ如キ多數ノ——多額ノ貸付金ニ對シテ、大藏大臣ガ認可シテ居ル所ノ、利率ト云フモノハ千五百万圓マデハ、二分、千五百万圓以上三千五百万圓マデハ六分、三千五百万圓以上ハ六分五厘デアルト云フノデアルガ、斯ノ如キコトニ徵シテ見ルト云フト、國庫金ノ預入利率ガ實際ノ金融社會ノ事情ニ照シテ甚ダシク低廉ヲ極メテ居リ、不當デアルト云フコトハ、明カナル事實デアリマス(拍手起ル)然ルニ日本銀行ト大藏當局トノ國庫金預入利子ノ協定ガ斯ノ如キ、不當不利ヲ來シテ居ルニモ拘ラズ、之ヲ以テ國庫ニ於テ、何等不利ヲ來サズ當然ナリト承認セラレタル理由ハ、何レニ存スルノデアルカ(拍手「其處ダ、其處ダ」「チト早イ」ト呼フ者アリ、笑聲起ル)又政府ハ明治二十七年法律第十六號ニ依テ、日本銀行ヲ通ジ橫濱正金銀行ニ對シ、是マデノ預入シテ居ツタル所ノ銀塊ノ返納期限ニ際シテ、大正六年八月ニ純銀量三万八千四百六十一貫餘此預入價格五百万圓ト云フモノハ、年三分デアリマス同十二月ニ於テ純銀量二万六千九百二十三貫餘デアリ此預入價格ハ三百五十万圓デアル、之ニ對シテハ年五分ノ利率ト定メテ一箇年間ノ、卽チ預入ノ繼續ト云フコトノ許可ヲ致シテ居ル、而シテ同年ノ十月ニ純銀量二万九千四百二十三貫餘此預入價格三百八十二万五千圓ヲ返納セシメタト共ニ、右銀塊ノ內純銀量一万七千三百七貫餘其預入價格ハ二百二十五万圓デアルガ、此利率ハ年三分ヲ以テ、一箇年ノ間之ヲ東洋拓殖株式會社ニ入レテ同ジ年ノ十一月株式會社臺灣銀行ニ對シテ更ニ純銀ノ量一万一千五百五十二貫餘其預入價格百五十万圓六十錢ヲ利率年五分ヲ以テ、一箇年間預入ノ繼續ヲ許可シテ居ルノデアル、右預入銀塊ニ對シテ何レモ同一ノ卽チ品目ノ銀ヲ以テ、返還セシムルト云フコトノ約束デアリマス、ソレデ預入ノ價格ハ如何デアルカト云フト明治四十三年八月橫濱正金銀行預入當時ノ卽チ圓銀保有ノ價格ト云フモノヲ基礎トシテ算出ヲ致シテ居ル卽チ純銀ノ價格一匁ニ對シテ、十三錢ト云フコトデアル、之ヲ明治四十三年八月以來之ヲ繼續シテ踏襲ヲ致シテ居ルト云フ、而シテ預入ノ利子ハ右預入ノ價格ニ對シテ、約定致シタル利率ニ依ツテ、通貨ニ依ツテ、納入セシムルコトニ致シテ居ル、然ルニ銀貨ハドウデアルカト云フト、斯ノ如ク實際ノ約定トハ非常ニ掛ケ離レテ居ルノデアル、卽チ銀貨ハ時局ノ影響ヲ受ケマシテ、大正五年以來漸次騰貴ヲ致シ明治四十三年中倫敦ニ於ケル、銀塊ノ相場ノ平均一「オンス」二十四片十六分ノ十一デアルモノガ、同ジ大正六年一月ヨリ七月ニナツテ平均三十七片八分ノ七ニ上ツテ居ル、其後モ益、銀貨ハ騰貴ヲ致シ、八月ヨリ十二月ニ至ツテハ、平均ノ價額四十五片十六分ノ一トナリ、更ニ七年中ノ平均相場ヲ見ルト四十七片二分ノ一ト云フ高價ニ騰ツテ居ルノデアリマス、斯ノ如ク銀貨ハ騰貴ヲ繼續致シテ居ルニ拘ラズ、而カモ一方ニ於テ極メテ、低廉ナル卽チ明治何年以來ノ極メテ低キ價額ヲ襲用ヲ致シテ居ル、而カモ之ニ對スル利子ト云フモノハ、通貨ヲ以テ納メシムルト云フカ如キコトハ、實際ノ此金融事情ニ伴ハナイ、極メテ不利益ナル收利ヲ、政府ガ收メテ居ルコトハ事實デアル、若シ斯ノ如ク預入價額ヲ据置クニ於テハ、預入ノ銀塊量ニ對シテ、卽チ所定率ノ銀塊若クハ、ソレニ依ツテ換算ヲ致シタ通貨ヲ以テ納入ヲセシムルト云フコトハ、適當デアルニモ拘ラズ、之ヲ長キ年月ノ間極メテ低廉ナルモノヲ、基礎トシテ算定ヲ致シ、更ニ銀塊ノ高低ニ拘ラズシテ、幾十年間依然トシテ、不利益ナル取扱ヲスルコトハ、極メテ不當ノ處置デアリマス(拍手起ル)然ルニ當局ハソレヲ何ト申スカト言ヘバ、卽チ此銀ノ預入ハ國庫ノ餘裕ニ屬スルモノデアルガ、一面ハ公益上ノ爲メデアル、ソコデ單純ニ之ヲ國庫ノ資金ノ運用トノミ見ルコトハ出來ナイノデアル、故ニ其預入ノ利率ハ、銀貨下落ノ場合ニ改定ヲ爲サナカツタト、同ジク騰貴ノ場合ニ於テモ、改定ヲ爲サナイノデアルト申スノデアル、斯ノ如ク預入ノ利子ニ關シテハ既往ノ幾年間ニ於テ、銀貨ト云フモノハ、甚ダシキ高低ハ無カツタノデアル、然ルニ近時歐洲ノ戰亂勃發ニ伴ヒ非常ナル減少ヲ來シテ、其經濟社會ノ影響ヲ受ケテ、非常ナル變動ガ來タト云フコトガ事實デアル、然ラバ此現象ニ對シテハ、此預入ヲ繼續スルニ當ツテ、銀貨ノ變動ニ伴フ所ノ事件ニ對シテ、相當ナル考量ヲ加ヘ、之ヲ時價ト卽チ權衡ヲ得シムルト云フコトニ、取扱フト云フコトガ、當然デアル、然ルニ斯ノ如キ事ヲ、致サズシテ而シテ其預入ヲ受ケタル、銀行會社ニ於テハ、銀貨流通地ニ於テ之ヲ營業資金ニ供シ或ハ又利子銀塊ノ貸付ニ使用スルガ爲メニ、假令政府ガ辯明ヲスルガ如ク、一部公益上ト云フ理由ニ依ルトシテモ、其利率ヲ低下スルコトニモ、程度ガアル、其利子ニ就テハ、銀貨若クハ、此換算通貨ヲ以テ納入サスト云フコトハ、當然デアル、（「ヒヤ／＼」ト呼フ者アリ）然ルニ國庫ガ、此實際ニ作ハナイ、實際ノ經濟社會ノ事情ヲ掛ケ離レタル過少ナル金額ヲ、而カモ數十年以前ノ取決メヲ基礎トシテ此過少ナル金額ヲ收入シ、國庫ニ損失ヲ來スト云フガ如キハ、洵ニ不利益極マル事柄デアル（拍手起ル）而シテ預入繼續カラ此返納期限ニ至ル、一箇年間ノ約定利子ノ計算額三十六万二千圓ト云フモノニ對シテ、日本銀行ノ銀塊買入平均相場ニ依ッテ、銀拂トシテ換算ヲ致スト六十四万六千圓トナル其金額、差額ノミデモ、二十八万四千圓ニ上ボルト云フ如キ狀況デアル、又橫濱正金銀行及ビ東洋拓殖株式會社ニ於ケル預入銀塊ニ對シテ、次年度ニ於テモ同一ノ條件デ、納入ヲ繼續シテ居ルト云フコトハ、益〻不都合ナル取扱ト言ハナケレバナラヌノデアリマス（拍手起ル）即チ從來ハ銀塊ニ於テ、餘リ價格ノ變動ガ無カリシ時代ハ之ニ對シテ經濟事情ニ斟酌セズ、同一ノ算定ヲ基礎トシテ取扱ッタルコトヲ不當ナリト攻擊スルコトハ、餘リニ慘酷デアルカモ知レナイ、併ナガラ世界大戰ノ影響ヲ受ケ、銀貨ハ非常ニ騰貴シ年々騰貴ニ騰貴ヲ重ネ、經濟事情銀貨ノ狀況一變ヲ致シテ居ルニ拘ラズ、國庫ハ當然得ベキ收入ヲ而カモ之ヲ過少ニ見積ッテ、當然得ベキ利益ヲ受ケズシテ、國庫ニ過大ナル不利益ヲ來シタト云フコトノ責任ハ、徒ラニ是ハ許スコトガ出來ナイノデアリマス、（拍手起ル）然ルニ斯ノ如キ不當ナル取扱ニ對シテモ、尙ホ政府ノ取扱トサヘ言ヘバ一モ二モナク、之ヲ不當ニ非ズト承認ヲセラレタ理由ハ、何レニ有スルノデアリマスカ（拍手起ル「チット速力ガ早クナッタ、モット緩ックリヤリ給ヘ」ト呼フ者アリ）次ハ官有物即チ交換地價格ノ評定額其當ヲ得ナクシテ、國庫ガ損失ヲ來シタコト、又船舶ノ貸付ニ際シテ、當局ノ措置其宜シキヲ得ズシテ、ソレガ爲メニ國庫ニ損失ヲ歸セシメタト云フ事件デアリマス、ソレハ朝鮮總督府ニ於テ、大正五、六年ノ兩年度ヲ通ジ官有地四百七十二万五千四百五十五坪ト、東洋拓殖株式會社ノ所有八十一万八百二坪餘、其價額三十二万八千二百六十圓六錢ト評定ヲ致シテ、是ガ交換ヲナシタト云フノデアル、其上驛屯土ノ貸付料金三万二千四百九十七圓五十五錢ヲ同會社ニ收納セシムルコト、ナシタト云フノデアル、一體此事件ニ就テ土地交換ヲスルト云フコトハ如何ナル事デアルカ、朝鮮ニ於テ官有地ノ所管ヲ統一スルト云フ事ガ必要ト云フノデアッテ、陸軍省ガ從來有ッテ居ッタ地面ヲ之ヲ總督府ノ所管ニ移スト云フノデアリマス、而シテ朝鮮ニ於ケル師團設置ノ爲メニ必要ナル土地ヲ總督府ヨリ陸軍ノ方ヘ提供スルト云フコトヲ基礎トシテ、此基礎ノ下ニ雙方ガ仕事ヲ進メタト云フノデアル、ソレカラ又總督府ハドウデアルカト言フト、更ニ東洋拓殖株式會社ト協定ヲ致シ、其拓殖會社ヲシテ民有地デアル、六十五万四千七百八十三坪餘ト云フモノヲ買收シテ、會社ガ從來有ッテ居ッタ所ノ土地十五万六千十九坪ト云フモノヲ含セテ之ヲ總督府ニ提供サシテ、而シテ總督府ハ之ニ對シテ會社ノ望ム所ノ即チ其希望撰擇ニ從ッテ、前ニ申マシタル四百七十二万餘坪ト云フモノヲ會社ニ與ヘテ、ソレデ此土地交換ヲ結了シタト云フ事件デアル、然ルニ此交換セル土地ノ價額ヲ算定スルニ就テ、會社ガ差出シタト云フ土地ハ買收價額ト云フモノヲ極メテ其價額ニ準據シタト云フニモ拘ラズ、實際ニ於テ會社ニ交附ヲ致シタ土地ハ、此貸付料ヨリ公課管理費等ヲ控除シタ純益ト云フモノヲ本トシテ、之ニ年八分ノ利率ヲ以テ之ヲ還元シテ計算ノ基礎ヲ出シタノデアル、斯樣ナ事ノ致シタト云フモノハ其當ヲ得ナイノミナラズ、會社ノ民有地買收ニ支出ヲ致シタ所ノ費用ヲ除外シテ、サウシテ之ニ換ヘタノデアル、又其土地ノ貸付料金ヲ會社ノ所有ト爲シタト云フノデアル、斯ノ如キハ極メテ不當ノ事柄デアルニモ拘ラズ、當該官憲ハ何ト說明スルカト言ヘバ、交換地ノ價額ニ就テハ實際此賣買ノ實例ガ甚ダ乏シイ又其面積ニ對スル計算法モ殆ド一定ノ見込ガ立タナイノデアル、ソコデ確カナル標準ノ算出ト云フコトガ極メテ困難デアルガ故ニ、已ムヲ得ズ驛屯土ノ貸付料金ヲ本トシテ價額ヲ割出シタト申シテ居ルノデアル、又民有地ノ買收資金ノ利息ト其外ノ總テノ費用ト云フモノハ固ヨリ交換價額ノ中ニ算定スベキモノトハ考フルケレドモ、斯ノ如ク致シタ時ニ於テハ諸經費ノ計算ガ頗ル煩雜ニシテ、算定上ニ極メテ困難ヲ感ズルガ故ニ、ソコデ左樣ナ面倒ナ計算ハモウ殆ド算盤ニ困ルト云フヤウナ事ハ、寧ロ是ハ算盤面ヨリ除外致スト云フ事ガ簡單明白デ、計算上便利デアルト云フ實際ノ事情トハ相違スルガ、算盤上ガ面倒デアルガ故ニ之ヲ除外シタト云フノデアル、而シテ會社ノ事情又政府ノ事業ノ關係等ヲ考ヘテ、已ムヲ得ズ右ノ如キ方法ニ出デタト稱スルノデアルケレドモ、諸君本件ノ如キモノニ關シテハ、當時朝鮮ノ各道ノ長官ニ提出ヲサセタル調査書ニ依ルト、其時價ハ各々記載ガセラレテ居ル、即チ各道ニ於テ調査シタモノニハ確ニ價額ノ算定ニ困難ナラズト云フ事實ガ明白デアリ、（拍手起リ「偉イ偉イ」ト呼フ者アリ）然ラバ此各道長官ノ調査シタル調査書ヲ基礎トスレバ、算定困難ナリト云フ事實ハ噓デアル、又低廉ナル驛屯土ノ貸付料ヲ基礎トスルト云フガ如キハ、當局ノ措置トシテ適當ナルモノデナイト云フ事ハ明白デアリマス、（拍手起ル）今右ノ調査書ニ依ッテ本事件ノ交換地ノ時價ヲ調ベルト云フト、總額五十一万餘圓ト云フコトニナルノデアリマス、サウシテ十八万餘圓ト云フモノハ、確ニ國家ガ損失ヲシナケレバナラヌノデアル、（拍手「ヒヤ／＼」ト呼フ者アリ）又交換價額ノ中ニ當然算入スヘキ諸經費ニ關シテ是亦計算困難ト云フ理由ヲ以テ除外セラレテ居ルノデアル、ケレドモ斯ノ如キ事モ調査ヲ致セバ當然算盤ハ出ルノデアル、（「ヒヤ／＼」ト呼フ者アリ）之ヲ除外致シテ、而シテ之ヲ適當ノ措置ト認ムルト云フコトハ甚ダ不法デアル、確ニ當局ノ措置其宜シキヲ失シテ、多大ナル損失ヲ國家ニ負ハセタト云フコトニナル、之ヲ不當ニアラズト認メラレタノハ如何ナル理由ニ根據スルモノデアリマスカ、（拍手スル者アリ）次ハ臺灣總督府ニ於テ臨時工事部ノ所屬浚渫船瑞芳號及ビ泥受船四隻、此價格五十万八千餘圓デアリマス、之ヲ福岡縣ニ貸付ケテ、福岡縣ハ博多灣築港株式會社ニ之ヲ更ニ轉貸ヲ致スト云フ目的ヲ以テ、大正五年十月基隆港ニ於テ引渡ヲ受ケ、ソレヲ博多灣ニ曳ク途中ニ於テ十一月中旬沖繩ノ近海デ暴風雨ノ爲メニ之ヲ遺棄シタト云フノデアル、而シテ其結果此浚渫船ガ如何ナッタト云フ事ガ全ク不明トナッタト云フノデアリマス、而シテ已ムヲ得ズ大正六年六月ニ於テ船籍ヨリ之ヲ取除イタト云フ事件デアル、右ノ浚渫船ノ如キ航海困難デアリ、又冬季ニ於テ海上ガ極メテ險惡ナル航路デアッテ、「長途ノ航行ニ堪ヘナイト云フコトハ、苟モ船舶事業ニ通ズルモノハ何人モ十分熟知シテ居ル事實デアリマス、然ルニ相當ノ價額ヲ以テ保險デモ附ケルト云フナラバ格別、之ニ於テ斯樣ナ適當ナル處置ハ執ラレテ居ナイノデアル、即チ保險ニ附ケナカッタト云フガ如キハ斯ノ如キ險惡ナル航路ヲ航行スルニ於テ、極メテ注意ヲ缺キタル不當ノヤリ方デアルト言ハナケレバナラヌ（拍手起リ「ヒヤ／＼」ト呼フ者アリ）之ガ爲メニ生ジタル其損失ヲ塡補スル途ハ無イ結果、之ヲ官有物ニ於テ所謂此國庫ノ損失ヲ出來致シタト云フノデアル、サウシテ右ノ會社ハドウシタカト言フト國家ハ損失ヲ致シタガ會社ハ如何致シタカト言ヘバ、（「會社ハ儲ケタ」ト呼フ者アリ）會社ハ其船ニ對シテハ已ノ名義ヲ以テ保險ヲ附ケテ保險金ヲ得タト云フ事實デアル、假令此金額ハ僅デアッテ官ニ之ヲ取ルト、僅カニ一小部ヲ償フニ過ギナイノデアル、故ニ斯ノ如キ船舶ノ貸付ニ對シテ官憲當局ハ其措置ノ宜シキヲ誤ッテ、國庫ニ對シテ多大ノ損失ヲ負ハシメタト云フ事、是ガ不當デアルト云フコトハ、常識ニ依ッテモ明白デアル、（拍手起リ「ヒヤ／＼」ト呼フ者アリ）然ルニ斯ノ如キ不當ノ處置ニ對シテモ何等過失ニアラズト承認セラレタル理由ハ何處ニ存在スルノデアリマスカ、（「ヒヤ／＼」「不當ト認メテアリマス」「ユックリヤリ給ヘ」ト呼フ者アリ拍手起ル）不當ト認メテアリマスレバ取消シマス（此時發言スル者多シ）

○議長（奧繁三郎君）　靜肅ニ……

（「言フ所ヲ言ハシメヨ」「間違ッタコトハ言ハセヌワイ」ト呼フ者アリ發言スル者多シ）

○加藤定吉君　本員ハ貴族院カラ回付サレマシタ此修正案ニ成贊ノ意ヲ表スルモノデアリマス、殊ニ此中ニ於テ朝鮮農事改良株式會社ノ費目デアリマス、此農事改良株式會社タルモノハ、其事業ノ目的ヲ見マスルト、農事ノ改良、土地ノ收用、及水利ノ事業ヲ朝鮮ニ於テ營ムト云フコトデアリマシテ、之ニ對シテ債券ノ發行ト云フ特許ヲ與ヘテ居ルノデアリマス、所ガ斯ノ如キ目的ヲ同ジウスル會社ガ、既ニ東洋拓殖會社ガアリマス、又殖産銀行モ殆ド其目的ハ是ト同ジヤウナモノデアルノデアリマス、更ニ民間ニ於テモ亦是ト同樣ノ目的ノ會社ガ二三アルノデアリマス、サウ致シマスルト云フト、是等既ニ成立致シテ居リマスル會社ヲ助長シ、之ヲ助ケテ參ルト云フコトニ致シマスルト、特ニ此朝鮮開懇株式會社ト云フ、新タニ興ッタモノヲ保護スルト云フ必要ハ無イト考ヘマス、（「ヒヤ〳〵」ト呼フ者アリ）然ルニ政府ハ何故カ此農事改良株式會社ト云フモノ、成立スルコトニ、非常ニ熱心デアリマシテ、水利權ノ如キハ既ニ一兩年前ヨリ、東洋拓殖會社若クハ其他カラ出願シマシタルモノヲ抑ヘテ置イテ、サウシテ此農事改良株式會社ノ成立ヲ、待ッテ居ルト云フヤウナ模樣ガ見エテ居ルノデアリマスル、是ハ一體ドウ云フ事デアリマスルカ……

○議長（奥繁三郎君）　加藤君一寸……時間ヲ延長致シマス

（「異議ナシ」「贊成」ト呼フ者アリ）

○加藤定吉君（續）　抑、此農事改良株式會社ト云フモノハ、未ダ成立シナイモノデハアリマセウガ、併シ是レノ内容ヲ能ク窺ッテ見マスルト云フト、斯ノ如キ補助ヲ受クベキ、未ダ十分ナル準備モ無イヤウニ聞イテ居ルノデアリマス、殊ニ斯ノ如キ會社ニ、十五箇年ノ間拂込資本金ニ對シテ百分ノ八ノ割合ノ補助ヲ與ヘルト云フコトハ、如何ニモ大キナ補助額デアル、成程本期ノ豫算ニ現レテ居リマスルモノハ、僅ニ二十万圓デアリマスケレドモ、二千万圓ノ資本ニ對シテ、結局國庫ハ八朱ノ補助ヲ與ヘナケレバナラヌト云フ覺悟ヲ致サナケレバナラナイ、然ラバ其金額ハ、無論是ハ總テ補助スルト云フコトニモナリマスマイケレドモ、兎ニ角十五箇年間ニ總テノ補助ノ金額ヲ計算シマスルト云フト、國庫トシテハ二千四百万圓ヲ與ヘナケレバナラナイト云フ責任ヲ負フノデアリマス、此補助額ト云フモノハ、如何ニモ多大ナモノデアル、若シ唯今申上ゲマシタヤウニ、他ニ澤山ニ同樣ナ目的ヲ有ッテ居ル會社ガ既ニ成立ヲ致シテ居ルノニ、新シキ斯ノ如キ會社ニ多大ナ補助ヲ與ヘルト云フコトニナリマスルト、詰マリ是ハ現ニ成立シテ居ル會社ニ對シテ壓迫トナリ、（「ヒヤ〳〵」ト呼フ者アリ）隨テ朝鮮ノ事業開發ノ目的ト云フモノハ、此會社ノミニ依テ、此會社事業其モノ、範圍ニ於テハ達セラレルデアリマセウケレドモ、一般的ニハ却テ是ハ害毒ヲ及ボスノデハナイカト云フコトヲ、吾々ハ非常ニ懼レルノデアリマス、（拍手起ル「ソレダカラ削ラレタノダ」ト呼フ者アリ）殊ニ朝鮮ノ現在ノ財政狀態ト云フモノハ、非常ニ窮乏ヲ感ジテ居ル、此財政ノ窮乏ノ爲メニ關税ノ改正モ延期シテ居ル、小作料モ引上ゲ、酒税モ引上ゲ、或ハ驛屯土ノ拂下、京元線ノ延期、既ニ斯ノ如キ問題ヲ延期シ、若クハ中止シ、若クハ租税ヲ增徴スルト云フヤウナコトデ、有ユル財源ヲ見出シテ、尚且ツ總督府ノ財産ガ足リナイガ爲メニ、國庫ヨリ一千万圓ノ補助ヲシテ居ルノデアリマス、斯ノ如キ狀態ノ下ニ、此臨時議會ニ於テ、斯ノ如キ多大ナ補助ヲ結局與ヘナケレバナラナイト云フ案ヲ此際提出サレタト云フコトハ、甚ダ吾吾ハ遺憾ニ思フノデアリマス、（「同感々々」ト呼フ者アリ）ソレ故ニ若シ政府如何ニシテモ此案ヲ妥當ト認メ、必ズ此案ノ成立ヲ期セントナラバ、十分ニ更ニ此組織ヲ改良シ、又其當事者ノ人物ヲモ詮衡シテ、サウシテ此他ノ既ニ成立シテ居ル所ノ諸會社トノ均衡モ十分ニ考ヘラレテ、サウシテ朝鮮全體ノ産業開發ト云フコトヲ眼中ニ措カレテ、更ニ新タナル計畫ヲ立テラレマシテハ如何デアラウカト、斯ウ考ヘルノデアリマス、（「ソレハ好イ考ダ」ト呼フ者アリ）我黨及國民黨ハ此案ニ對シテハ、前議會ヨリ絶對ニ反對ノ意ヲ表シテ居リマシテ、是ハ屢、此壇上ニ於テ、他ノ議員ニ依テ言明サレタ所デアリマス、而シテ今回幸ニ貴族院ガ吾々ト其所見ヲ同ジウシテ、サウシテ此案ト云フモノヲ削除セラレタト云フコトハ、甚ダ吾々ノ意ヲ得タモノデアリマシテ、吾々ハ國家ノ爲メニ實ニ此事ハ慶賀ニ堪ヘナイト存ジマス、（「ヒヤ〳〵」ト呼フ者アリ、拍手起ル）ドウカ滿場ノ諸君モ此意ヲ十分ニ御了解下サレマシテ、本修正案ニ御贊成アランコトヲ切ニ希望致シマス、（「贊成々々」ト呼フ者アリ、拍手起ル）

第四十九　朝鮮ノ石炭需給ニ關スル建議案（阪上貞信君外一名提出）

朝鮮ノ石炭需給ニ關スル建議案

朝鮮ノ石炭需給ニ關スル建議

朝鮮總督府ハ現在朝鮮ニ於ケル石炭不足ノ狀勢ニ鑑ミ採掘ノ奬勵及保留礦區ノ開放ヲ速ニ實行シ以テ燃料需給ニ關スル政策ヲ樹立シ將來ニ於ケル交通產業ノ發展ニ遺憾ナカラシメムコトヲ望ム

右建議ス

○阪上貞信君　本案ハ最モ重大ナル問題デアリマス、隨テ本建議ノ趣旨ヲ詳細ニ述ベルト云フコトハ、會期切迫ノ際到底十分其意ヲ盡スコトハ出來ナイト考ヘマス、隨テ四十四議會ニ於キマシテ、更ニ本案ヲ提出スルト云フコトノ意味ニ於キマシテ、撤回ヲ致シマス

○議長（奥繁三郎君）　阪上君ヨリ本案ハ撤回ヲスルト云フコトデスガ、異議アリマセヌカ

〔「異議ナシ」ト呼フ者アリ〕

○議長（奥繁三郎君）　仍テ撤回ニ決シマシタ、日程第五十、高松港擴張工事國庫補助ニ關スル建議案ヲ議題ニ供シマス、提出者田中定吉君

特別報告第百五十號

意見書

請願文書表第三九九號

朝鮮ニ於ケル辯護士資格附與ノ請願　朝鮮忠淸南道公州郡公州面本町三百五十四番地外　山寺右衛門外二名呈出

（紹介議員牧山耕藏君）

右請願ノ要旨ハ從來朝鮮ニ於テハ訴訟代理人ノ制度ヲ設ケ理事官ノ許可ヲ得タル者及一事件每ニ裁判所ノ許可ヲ得タル者ハ辯護士ノ如ク訴訟代理ヲ爲スコトヲ得タリシカ其ノ後理事廳ノ廢止トナリ前者ハ其ノ區域內ニ於テ依然訴訟代理ヲ爲シ得ルコトヲ留保セラレ後者モ亦爾來十年間訴訟代理人タルノ許可ヲ得タリ然ルニ大正八年五月朝鮮總督府制令第十三號ヲ以テ前者ハ辯護士タルノ資格ヲ附與セラレ後者ハ其ノ恩典ニ浴セサリキ斯ノ如キハ其ノ處置當ヲ得サルトコロナリ依テ同令第十三號第一條ニ適當ノ但書ヲ加ヘラルルカ又ハ他ノ方法ヲ以テ辯護士資格ヲ附與セラレタシト謂フニ在リ

衆議院ハ其ノ趣旨ヲ至當ナリト認メ之ヲ採擇スヘキモノト議決セリ依テ議院法第六十五條ニ依リ別冊及御送付候也

○議長(奥繁三郎君)　高橋大藏大臣

〔國務大臣子爵高橋是淸君登壇〕

○國務大臣(子爵高橋是淸君)　諸君、玆ニ私ハ大正十年度歲計豫算ニ關シマシテ、其大要ヲ說明致ス光榮ヲ有シマス、大正十年度豫算總額ハ、歲入歲出各、十五億六千二百餘万圓デアリマス、而シテ歲入ハ經常部十二億三千七百餘万圓、臨時部三億二千五百餘万圓、歲出ハ經常部九億二百餘万圓、臨時部六億五千九百餘万圓デアリマス、之ヲ前年度卽チ大正九年度ノ實行豫算額ニ比較致シマスルト、歲入ニ於キマシテハ、經常部ニ於テ二億二千四百餘万圓、臨時部ニ於テ二百餘万圓、卽チ合セテ二億二千七百餘万圓ノ增加デアリマス、歲出ニ於キマシテハ、經常部ニ於テ一億七千七百餘万圓、臨時部ニ於テ四千九百餘万圓、合セテ二億二千七百餘万圓ノ增加デアリマス、大正十年度豫算ノ編成ニ關シテハ、時恰モ戰後ノ反動時期ニ際會致シマシタガ故ニ、啻ニ目前ノ豫算編成ニ就テ、愼重ナル注意ヲ要スルノミナラズ、將來ノ財政計畫ニ對シマシテモ、今日ニ於テ深甚ナル考慮ヲ費サネバナラヌ次第デゴザイマス、仍テ努メテ用ヲ節シ費ヲ省キ、既定計畫ノ遂行ヲ確實ニ致スコトヲ以テ主眼トシ、其餘裕ヲ以チマシテ、緊急措キ難キ事項ニ限ッテ、之ヲ計上致スコト、致シマシタ、今歲入歲出ノ主ナル事項ニ就テ大體ヲ申シマスレバ、歲入豫算中租稅ハ七億五千餘万圓デ、前年度ニ比シマシテ、一億三千七百餘万圓ノ增加デアリマス、此增加ノ中約一億圓ハ、卽チ既定計畫上ノ增加デアルノデアリマス、印紙收入ハ九千餘万圓デ、前年度ニ較ベマシテ、二千四百餘万圓ノ增加デアリマス、又官業及官有財產收入ハ三億三千餘万圓デ、前年度ニ較ベマシテ、四千百餘万圓ノ增加デアリマス、雜收入ハ二千百餘万圓デ、前年度ニ較ベマシテ千四百餘万圓ノ增加デアリマス、其他ヲ合セマシテ、經常部ノ合計十二億三千七百餘万圓デアリマス、又歲入ノ臨時部ニ於キマシテハ合計三億二千五百餘万圓、其內一億九千三百餘万圓ハ、前年度剩餘金ヲ繰入レタノデゴザイマシテ、之ヲ前年度ノ豫算ニ較ベマスルト、前年度剩餘金ノ繰入ノ增加ハ千八百万圓デアリマスルガ、其他ノ歲入ニ於テ減少スルモノモゴザイマスカラシテ、差引臨時部ノ合計デハ前年度ニ較ベマシテ、二百餘万圓ノ增加トナッテ居リマス、右述ベマシタル所ノ大正十年度歲入豫算額ヲ以テ、之ヲ大正九年度ノ實收見込額ト比較シテ見マスルト、減少ヲ示シテ居ルモノガ尠クナイノデアリマス、唯ダ租稅ノ收入ニ於キマシテ多額ノ增加ヲ示シテ居リマスルガ、是ハ主ニ昨年ノ稅法改正ニ伴フ所ノ、豫定ノ增加デアルノデゴザイマス、尙ホ序ナガラ玆ニ申シマスルガ、大正九年度ノ實收見込額モ、優ニ其豫算額ヲ超過スル豫想デアリマシテ、昨年八月以降改正稅法ノ適用ヲ受ケマシタル所ノ所得稅ニ於キマシテモ、十分ニ豫算額通リノ收入ガ得ラレル見込デゴザイマス、次ニ歲出ニ就キマシテハ、出來得ル限リ節約ヲ旨ト致シマシタガ、眞ニ國力ノ發展充實、又ハ社會狀態ノ進步改良ニ資スベキ所ノ必要緊急ノモノニ在リマシテハ、財政ノ許ス範圍內ニ於キマシテ、ソレ〳〵相當ノ經費ヲ立テマシタ、卽チ外交ニ就キマシテハ、大戰後ノ情勢ニ顧ミマシテ、其機關ノ充實擴張ヲ圖リマシテ、之ガ爲メ必要ナル費額ヲ計上致シマシタ、又國防ノ充實ニ就キマシテハ、主トシテ前年度ニ於テ確立致シマシタル基礎ノ上ニ、之ガ完備ヲ期スルノ方針ヲ以チマシテ、其費額ノ要求ヲ致シテアリマス、交通通信機關ノ整備ハ、前年度ニ於テ立テマシタル所ノ豫定ノ方針ノ遂行ヲ期スルコトト致シマシタ、又河川港灣ノ改修等、卽チ國利民福ノ增進ニ裨益スル所ノモノニ就キマシテハ、特ニ相當ノ經費ヲ立テテアリマス、又敎育ノ振興ニ就キマシテハ、社會敎育ノ施設、實業敎育ノ指導竝ニ充實ニ關スル所ノ諸般ノ經費ヲ揭ゲ、且又陸軍一年現役服役中ノ、小學校敎員俸給ノ國庫負擔ニ關スル經費ヲ計上致シマシタ、又產業ノ獎勵ニ就キマシテハ、新ニ海外重要ノ地ニ商務官ヲ設置スルコト、致シ、且ツ貿易ノ情報ニ關スル機關ヲ特設致シテ、內地產業ノ調査ニ從事セシムルコト、致シマシタ、水產講習所ノ擴張、其他水產業ニ關シマスル指導獎勵、及ビ農事試驗事業ノ擴張ヲ經畫致シマシタ、又國民思想ノ善導、社會政策的施設ニ關シマシテモ、ソレ〳〵相當ノ經費ヲ定メテアリマス、其他北海道ノ開發ニ意ヲ用ヒマシテ、拓殖上必要ナル諸般ノ施設ニ應ズルガ爲メ、其經費ヲ計上致シ、且ツ拓殖地域ニ施キマスル警察制度ノ改善ヲ期スルコトヲ圖リマシタ、朝鮮總督府、關東廳、及樺太廳、此各特別會計ニ於キマシテ、各般ノ施設ニ關シテ其財源ヲ補足致ス爲メニ、經費補充金ノ增加ノ必要ヲ認メマシテ、朝鮮總督府ニ對シマシテハ、五百万圓ヲ增加致シテ千五百万圓トシ、關東廳ニ對シマシテハ、百万圓ヲ增加シテ四百万圓ト致シ、樺太廳ニ對シマシテハ、六十六万三千圓ヲ增加シテ百四十三万三千圓ト致シマシタ、大正十年度ニ於キマスル各種公債ノ金額ハ、一般會計ニ屬シマスルモノガ五千四百餘万圓、帝國鐵道建設及改良費ニ屬シマスルモノガ九千八百万圓、朝鮮、臺灣、及ビ樺太ニ於ケル事業費ニ屬シマスルモノガ五千七百餘万圓、合計二億九百餘万圓、此中約二千七百万圓ハ、借入金若クハ其他ノ方法ヲ以テ調達シ得ル見込ノモノデアリマスルカラシテ、實際大正十年度ニ於テ新規ニ公募スル所ノ公債額ハ、約一億八千二百万圓デアリマシテ、前年度ニ於キマスルモノト略、同樣デアリマス、尙ホ大正十年四月以降同ジク十一年三月ニ至リマスル、臨時軍事費支辨ノ爲メニ必要ト致シマスル借入金、又ハ公債ノ額ハ約一億圓デゴザイマス、大正九年度ニ屬シマスル事業費公債ハ、既ニ總テ募集ヲ濟シマシタ、唯ダ帝國鐵道建設、及改良費ニ屬スル所ノ公債募集額ノ中ニ二千万圓ダケ殘ッテ居リマスルガ、此中既ニ一千万圓ハ、現今公債ノ賣出ヲ開始致シテ居リマシテ、殘リノ一千万圓モ本年度中ニハ結了致ス見込デアリマス、臨時軍事費關係ノモノハ、昨年十二月五千万圓ヲ募集致シマシタガ、尙ホ未發行ノモノガ約一億八千万圓アリマス、アリマスルガ、是ハ今後實際ノ支出ヲ要スルニ從ヒマシテ、或ハ借入金ヲ爲シ、或ハ公債ノ募集ヲ致スコトニナリマス、而シテ大正九年中ニ新ニ發行致シマシタル國債ハ二億三千五百餘万圓、借換ノ爲メニ發行致シマシタルモノガ四億千百七十餘万圓、地方債ヲ許可致シテアルモノガ一億九百六十餘万圓、一般ノ社債ノ發行セラレタルモノガ約三億五千万圓、銀行及ビ株式會社ノ現實ニ拂込ミマシタル所ノ資本金ノ、此一箇年間ニ純增加致シマシタル額ハ約二十一億圓、此等合計ハ約三十二億圓ニ達シテ居リマス、此事實ヲ以テ見マスルモ、我財界ノ實力ガ如何ニアルカト云フコトヲ知ルニ足ルノデアリマス、隨テ今回經濟致シマシタル所ノ十年度豫算ニ於ケル公債募集ハ、金融市場ヲ壓迫スルガ如キ虞ノナイモノト信ジテ居ルノデアリマス、最後ニ一般經濟界ノ狀況ニ就テ一言致シタイト考ヘマス、今ヤ世界ノ全般ニ涉リマシテ、戰後ノ反動期ニ入ッテ、我國モ亦其趨勢ニ漏ル、ヲ得ズシテ、昨年以來經濟界ニ幾多ノ波瀾ヲ生ジマシタガ、官民努力ノ結果比較的靜穩ニ越年致シマシタノハ、諸君ト共ニ悅ブ所デアリマス、要スルニ世界ヲ通ジテ斯ノ如キ不況時代ニ入リマスルハ、戰後俄ニ各國ノ間ノ爲替相場ノ平準ヲ失ヒマシタルノト、國際金融疏通ノ途ニ圓滑ヲ缺キマシタル其結果デゴザイマス、物資ノ缺乏ヲ告グル國民ハ購買力ヲ失ヒ、又其供給ニ富メル所ノ國ハ、之ヲ輸出セントスルモ、金融ノ途ニ困難ナルノ有樣デアリマス、隨テ今後爲替相場ト國際金融ノ平準ニ復スル迄ハ、世界ノ經濟界ハ一張一弛、容易ニ安定セザルモノト認メラレルノデアリマス、サレバ我國民モ亦此形勢ヲ諒知シテ、物ニ依ッテハ供給ヲ調節シテ、自衞ノ策ニ出ヅルモ必要デアリマセウ、然レドモ此戰爭中ニ、我經濟界ガ目覺シキ發展ヲ遂ゲタルハ爭ナキ事實デアリマス、國民ハ曾ニ過去ニ於テ開拓シタル所ノ、地盤ヲ喪ハザルヤウニ覺悟ヲセナケレバナラヌノミナラズ、奮ッテ之ヲ擴大スルコトニ努メナケレバナラヌノデアリマス、殊ニ歐米各國競ッテ海外貿易ニ國力發展ノ途ヲ講ジツヽアル今日デアリマスルガ故ニ、我國民モ此間ニ立チマシテ、益、海外販路ノ擴張ヲ心掛ケネバナラヌノデアリマス、而シテ之ガ爲メニハ製造業者、貿易業者、金融業者、海運業者等ガ、新ナル基礎ノ上ニ立脚シテ、奮闘スルノ覺悟ガナケレバナラヌモノト信ズルノデアリマス、顧ミマスレバ此等ノ當業者ノ事業ノ經營上ニハ、現ニ整理改善ヲ要スル點ガ甚ダ多イノデアリマス、卽チ同種類ノ事業ニ從事スル者ハ、或ハ合同シ、或ハ組合ヲ作ッテ其信用ヲ鞏固ニシ、組織ヲ整齊シテ其能率ヲ增進シテ、徒ラニ同業者各自ニ競爭スルノ弊ヲ避ケ、以テ他國ノ同業者ニ對シテ、正當ナル競爭ニ努力スルノ心掛ガ肝要デアリマス、換言スレバ我經濟上ノ各種ノ機關ハ、ヨリ大ニシテ且ツ鞏固ナル基礎ノ上ニ立ッテ、節制ヲ持シ、統一ヲ保チ、以テ內外ノ市場ニ活動シテ、遺憾ナキヲ期セナケレバナラヌノデアリマス、斯ル準備ノ下ニ製造業者、貿易業者、金融業者、海運業者等ガ一致協力シテ事ニ當リマシタナラバ、此反動期ニ際シマシテ、幾多ノ波瀾ニモ亦堪ヘ得ベキノミナラズ、益、我實力ヲ强大ニスルコトヲ得ル所以デアリマス、更ニ望ミマスルコトハ、國民奮ッテ奢侈放縱ノ陋習ヲ去ッテ、大ニ自助獨立ノ精神ヲ發揮シテ、過去ノ教訓ヲ前途ニ利用シテ、以テ此難關ヲ切拔ケ、國運ノ發展ニ專心努力セラレンコトデアリマシテ、斯ノ如ク致シマスレバ、獨リ我經濟界ノ爲メノミナラズ、實ニ國家ノ幸慶ナリト信ズルノデアリマス、終ニ臨ミマシテ、私ハ玆ニ提出致シマシタル豫算案ニ就キマシテ、御審議ノ上、速ニ協贊ヲ與ヘラレムコトヲ切望致シマス(拍手起ル)

○南鼎三君（續）　日英同盟ハ大正三年ノ九月ニ改訂ニナッテ居リマス、是ハ恰度四十四年ニ布カレマシテ……（「此方ニハ分ラヌヨ、私話ナラ官邸ニ行ケ」「靜肅ニ」ト呼フ者アリ）ドウモ……（「ソンナモノニ構ハヌデドシドシヤリ給ヘ」ト呼フ者アリ、笑聲起ル）日英同盟ハ片務的ノ嫌ガアリマスガ、今我ガ日本ガ亞米利加ト開戰ヲスルト云フ場合ニハ、英國ハ何等攻守同盟ノ契ガ、此日英同盟ニ依ッテ爲サレテ居ラナイト思フ、國民ノ多クハ日米ガ開戰スレバ、英國ガ參加スルト云フコトハ、大抵サウ思ッテ居ル、日本ハ其理由ニ依ッテ彼ノ獨逸ニ宣戰ヲ布告シタ、宣戰布告ハ文章ガ既ニサウナッテ居ル、同盟ノ契ニ依ッテシタノデアル、サウシテ彼ノ靑島ニ向ッテ軍ヲ進メタノデアリマス、故ニ國民ノ多クハ左樣ニ思ッテ居ルガ、現在ノ日英同盟ハ片務的デアル、之ヲ國民ノ多クハ知リマセヌ、最モ徹底スルヤウニ、此如何ナル程度デアルカト云フコトノ言明ヲ願ヒタイノデアリマス、次ニ英國ハ申スマデモナク、形ダケデモ同盟デアル、此英國ノ下院ノ議員ガ十數名集リマシテ、サウシテ朝鮮人同情會ト云フモノヲ英國ニ設ケタ、サウシテ朝鮮人ヲ自分等ノ邸宅ニ引入レ、或ハ朝鮮ニ其支部ヲ置イテ、不逞鮮人ヲ煽動シテ居ルト云フコトガ新聞紙ニ依ッテ傳ヘラレテ居リマスガ、我ガ外務大臣ハ斯ウ云フ事ニ就テ、如何ナル御意見ヲ有シテ居ラレルカ、ソレカラ米國ノ資本家團ノ或者等ガ、彼ノ西伯利ニ於テ富源多大ノ土地ヲ永久ニ涉ッテ租借シテ居ル、卽チ物資交換ノ條件ノ下ニ租借シタト云フコトハ、吾々ハ新聞紙ニ依ッテ知ッタノデアル、我國ハ二千ノ生命ト、大枚六億ノ大金ヲ投ジテ、寸土尺地モ得テ居ラナイ、サウ云フ米國ガ西伯利ニ於テ多大ナル土地ヲ得タト云フコトノ眞僞ヲ御尋シタイノデアリマス、先ヅ外務大臣ニ對シテハ是ダケ、次ニ內務大臣ニ御尋シタイ、昨年ノ臨時議會開院式ノ其當夜、丁度九時頃、我ガ帝國ノ立法部タル此衆議院ノ正門ハ、爆裂彈ニ依ッテ破壞サレタコトガアリマス、ソレデ其犯罪人ガアルニ定マッテ居ルガ、其犯罪人ハ既ニ檢擧サレタルモノデアルカ否カト云フコトヲ御尋致シマス（笑聲起ル）獨逸ニ於キマシテハ、三回斯ウ云フ事ヲ繰返サレタ、彼ノ「ビスマーク」ハ官僚式政治家トシテ、非常ニ立派ナ手腕ヲ有サレタ人デアリマス、反問苦肉ノ謀ヲ以テ、所々ノ官署ニ獨逸政府者自ラ爆彈ヲ投ジテ、サウシテ斯ノ如ク危險デアルト云フ口實ヲ自ラ作ッテ、サウシテ民衆ヲ壓迫スル爲メニ警官ヲ殖シタ、或ハ交通ヲ嚴重ニ取締ッタ、斯ウ云フ事ヲ獨逸ノ「ビスマーク」ガ往々ニシテ行ッタノデアリマス、從來我國ニ於キマシテ爆彈事件ノアッタ時ニハ、先ヅ新聞社ノ記事ヲ差止メタ、サウシテ犯罪人檢擧ニ便ナラシメタ、是ハ當然ノ事デアリマセウガ、彼ノ衆議院ノ正門ニ限ッテ記事ヲ差止メヌバカリカ、丁度九時ノ出來事デ、夕刊ガ出テシマッタ後デアリマスカラ、朝刊ニ依ッテ紹介シヤウト斯ウ思ッテ居ッタ各新聞社ニ、寸時モ早ク號外ヲ以テ之ヲ市民ニ知ラシメヨト云フコトヲ、我ガ官憲ガ慫慂シタト云フコトデアリマス、犯罪人ガ今ニ擧ラナイ、一體多數ノ警官ハ何ヲシテ居ルノデアルカ、他ノ所ナラバ宜シイガ、苟モ國民ノ民意ヲ代表スル所ノ立法府ガ斯ノ如ク脅威サレタノデアル、ドウシテモ質問セザルヲ得ナイノデアリマス、而モソレハ議會ノ丁度夜ノ九時頃デアリマス、夏ノ午後ノ九時ト申セバ凉ミニ往復スル人、而モ日比谷公園ガ近ク、南佐久間町ノ停留所ハ、値ニ此正門カラ四十間許リノ所デアル、其角ノ所ニ制服警官ガ二名立ッテ居ッタ、而モ日比谷公園ノ西ノ角ノ所ニハ制服巡査ガ二名、其一名ハ交通警察ノ腕章ヲ卷イテ、自動自轉車ヲ持チツヽアッタ、爆發ノ其時ニ――私ハ此附近ノ人々ニ依ッテ確ニ聞イタノデアル、サウデアラウ冬ノ夜ノ九時頃デアルナラバ、猫一疋通ラヌト云フ形容ガ申サレマスケレドモ、夏ノ午後九時頃ノ出來事、人通リハ多イ開放的ノ夏ノ夕ニ於テ爲サレタル彼ノ爆彈犯人ガ、未ダ捕縛ニ至ラヌト云フコトデアッタナラバ、此犯人ハ永久ニ捕縛スルコトハ出來ナイノデアラウト考ヘル、ケレドモ何人ガ之ニ投ジタ者ノアルニ極ッテ居ル、若モ無イト云フナラバ永久ニ無イ、是ハ或ハ我當局者ハ、彼ノ獨逸「ビスマーク」ノ例ヲ採ッテ、政府者自ラ爲シタコトデアラウカ知ラヌト考ヘル、若モ犯罪人ヲ捕縛スルト云フナラバ、先ヅ內務大臣ヤ警視總監ヲ捕縛シナケレバナラヌコトニナルノデアル、此犯罪人ハ捕縛シ得タカ否カト云フコトヲ御尋シタイノデアリマス本員ノ質問ハ是ダケデアリマス

○議長（奧繁三郎君）　原總理大臣

（國務大臣原敬君登壇、拍手起ル）

○國務大臣（原敬君）　只今南君ノ御質問ガアリマシタ、隨分長キ御演說デアリマシタケレドモ、ドノ邊ガ御質問デアルカ能ク分リ兼ネル、大部分ハ御議論ノヤウニ承ッタ、御議論ニ就キテハ無論御答ヲスル必要ハ無イノデアル、ソコデドノ邊ガ御質問デアラウカト段々勘考致シマシタガ、要スルニ普通選擧ヲ何故ヤラヌカト、斯ウ云フ事ラシイ、ソレナラバ最早議論ノ定ッタ事デアル、第四十二議會ハ之ガ爲メニ解散セラレタ、總選擧ヲ行ヒ、第四十三議會ヲ既ニ經過シテ居ル、漸次選擧權擴張セラレテ、終ニハ所謂普通選擧ニモナリマセウケレドモ、今日ノ時代ニ於テ何故ニ之ヲ許サヌカト云フコトハ、國論一定シテ居ル、此邊ニ就テ御提案デモアルト云フナラバ別段デアリマスガ、政府ニ向ッテドノ邊ヲ御尋ニナルノカ分ラヌ、又外國デ多クヤッテ居ルカラ、日本ニヤラヌノハ惡イヂヤナイカト云フ御議論デアリマシタケレドモ、是モ申スマデモナク外國ガ然ルガ故ニ、日本モ亦然ラザルヲ得ズト云フコトハ、國情ヲ顧ミテハ其論ニ敬服ハ出來ヌ、又直接國稅ヲ拂フ者ダケ認メテ、間接國稅ヲ認メナイ理由ハドウ云フ譯カト云フ御說モアリマシタ、是モ御議論デアリマス、御議論ナラバ强テ爭フ必要ハナイノデアリマス、ケレドモサウ云フ論ハ、先般普通選擧ヲ論ゼラレル時ニモ出タコトデアリマス、併シ間接國稅ヲ拂フ者ヲ認ムルト云フナラバ、老人モ、子供モ、女モ、男モ、總テ間接國稅ハ拂フノデアリマスカラ、總テノ國民ニ權利ヲ與ヘルト云フコトニ歸着シナケレバナリマセヌガ、是ハ何處デモ行ハレテ居ル法制デハナイノデアリマス、斯ウ云フヤウニ考ヘマスルト、無論御議論ニハ敬服モ出來マセヌガ、更ニ又質問ノ要點ヲ了解スルニ苦シムノデアリマス、私ハ唯長イ御演說中ニ、此邊ガ御質問デアラウカト思フ一二ノ點ニ於テ、御答ヲシタ次第デアリマス、尙ホ足ラザル所アリトスレバ、何カノ形式ニ於テ明瞭ナル御質問ヲ下サルコトヲ願ヒマス（拍手起ル）

○議長（奧繁三郎君）　外務大臣

（國務大臣伯爵內田康哉君登壇、拍手起ル）

○國務大臣（伯爵內田康哉君）　唯今南君ヨリ、日英同盟ノ事ニ就テ御質問ガアリマシタ、日英同盟ハ片務的デアルト云フ御質問ノヤウニ聽取リマシタ、其御答ノ前ニ、大正三年ニ改訂セラレタト云フヤウナ御話デアリマシタガ、ソレハ或ハ違ッテ居ルダラウト思フ、私ノ記憶スル所デハ明治四十四年デ卽チ、今年ガ十年目ニナル、大正三年ニ改訂セラレタル日英同盟ナルモノハ私ハ存ジナイ、明治四十四年ニ依ッテ御答致シマス、（拍手起ル）（南鼎三君四十四年ト言ッタ、速記錄ニハサウアル筈ダ」ト呼フ）サウデスガ、ソレハ私ガ聽違……

○議長（奧繁三郎君）　靜ニ……

○國務大臣（伯爵內田康哉君）（續）　此日英同盟ハ決シテ片務的デハアリマセヌ、多分日英同盟條約ノ第四條ニ關シテ言ハレタコトデアラウト思フ、第四條ニ、兩締盟國ノ一ガ、第三國ト總括的仲裁條約ヲ結ンダ場合ニ於テハ、此同盟ニ

於ケル援助ハ適用シナイ、同盟國ノ一方ガ第三國ト交戰ヲスル場合ニ於テハ援助ヲシナイ、斯ウ云フコトニナッテ居ル、是ハ日本ニモ適用サレル譯デアル、日本ガ總括的仲裁裁判ヲ結ンダ場合ニ於テハ、恰モ英吉利ガ他ノ三國ト總括的仲裁裁判ヲ結ンダ場合ト少シモ變リハアリマセヌ、日英同盟ハ總テ對等ノ基礎ニ於テ締結セラレテ居ル次第デアリマスカラ、左樣御承知ヲ願ヒタイ、ソレカラ第二ノ點ハ何カ英吉利ノ下院議員ガ不逞鮮人ヲ養ッテ、煽動ヲシテ居ルト云フ御質問ノヤウデアリマシタガ、サウ云フ報告ニハ接シテ居リマセヌ、又私ハ我ガ同盟國ノ下院議員トモアラウ人ヒガ、サウ云フ事ヲスルト云フコトヲ信ズルコトハ出來マセヌ、恐ラク各地ニアリマス通リ、朝鮮人ニ同情ヲ表シテ、世話スル人ハ一二アルコトデアリマスカラ、朝鮮人ノ世話ヲシテ居ル團體デアルカモ分ラナイ、ソレカラ最後ニ亞米利加人ガ西伯利ニ於テ其大ナル土地ヲ得タトカ、利權ヲ得タトカ云フ御質問デアリマシタガ、是ハ例ノ「ヴァンダーリップ」ノ獲タト稱セラレル所ノ利權ニ關シテノ話デアラウト思フ、是ハ今日ハモウ殆ド音沙汰ハアリマセヌガ、一時ハ歐米ノ新聞等ニ喧傳セラレテ評判ノ種ニナッタ、其當時諸種ノ報告ニハ接シテ居リマスケレドモ、何レモ確タル報告ハアリマセヌ、或ハ「レーニン」政府ガ日米ヲ離間スル爲メニ斯ウ云フ事ヲ企テタノデアリマス、或ハ「ヴァンダーリップ」ノ得タ所ノ利權ハ、確カナモノデハナイトカ、其條約書ヲ見タイト迫ッテモ、條約書ヲ見セナイ、斯ウ云フ報告ガアル、兎モ角モ亞米利加ノ當局ニ於テハ、此事柄ヲ承認シテ居リマセヌ、確カ國務省カラ何カ發明見タヤウナモノヲ出シタヤウニ覺エテ居リマスガ、詰リ亞米利加ニ於テハ、未ダ勞農政府ヲ認メテ居ナイノデスカラ、此勞農政府ト亞米利加ノ一個人トノ間ニ結ンダ契約ナンカハ、取上クベキ筈ノモノデハナイト、斯ウ云フ意嚮ヲ發表シタヤウニ覺エテ居ル、是デ御質問モ答ヘタコト、思ヒマス、

（拍手起ル）

（國務大臣床次竹二郎君登壇）

○國務大臣（床次竹二郎君） マダ爆彈事件ハ檢擧ハ出來テ居リマセヌ、何カ御推測ガアッタヤウデスガ、貴方ハ絕對自由平等說ラシク承リマスガ、又階級鬪爭ヲスベキモノ、如キ御考ヲ持ッテ居ラレル、ノデハナイカノヤウニ思フ、或ハ租稅ハ絞取ルモノデアルカノ如ク御考ノヤウデアリマスガ、私ハ此邊ハ意見ガ違フノデ自然御推測ニハ御同意ハ出來ナイ

（拍手起ル）

○議長（奥繁三郎君） 下岡忠治君

○下岡忠治君 陸軍大臣ノ御出席ヲ要求致シマス

○議長（奥繁三郎君） 何大臣デスカ

○下岡忠治君 陸軍大臣

○議長（奥繁三郎君） 今通知シマシタガ、他ノ大臣ニ對スル質問演說ガアルナラバ、演說ヲ御始メ下サッタラ如何デスカ

○下岡忠治君 御出席下サルコトガ分ッテ居レバ、御出席ヲ待ッテ致シマス

○議長（奥繁三郎君） 下岡君、陸軍大臣ハ今直チニ出席ニナルヤウデス、ソレデ尚ホ總理大臣、海軍大臣、文部大臣ニ對スル御質問モアルヤウデスカラ、是等ノ大臣ハ出席ニナッテ居リマスカラ、登壇ニナッタラドウデス

（下岡忠治君登壇、拍手起ル）

○下岡忠治君 本員ハ田中陸軍大臣ノ進退ニ關スル問題及近頃世ニ八釜シキ學校ノ昇格ニ關スル問題、此二ツノ點ニ就テ質問ヲ試ミル積リデゴザイマス、先ヅ第一ニ陸相ノ進退問題ニ關係シテ御尋ヲシテ見タイト思ヒマス、凡ソ我國開闢以來事端ヲ外ニ構ヘテ、兵隊ヲ異域ニ出シタコトハ古來數十百回ノ多キニ上ッテ居ルノデゴザイマスガ、殆ド例外ナク我國威ヲ海外ニ輝カシ、又我國運ノ進展ニ貢獻スルコトガ出來タノハ、御互ニ大和民族ノ誇リトスベキ所デアラウト信ジマス、然ルニ悲シイ哉大正ノ御代ニナッテ、西伯利ノ出兵事件ハ、徹頭徹尾失敗ニ終ッテ居ルノデゴザイマス（拍手）我光輝アル日本ノ歷史ヲ確ニ汚シテ居ル、殆ド空前ニシテ又絕後トモ謂フベキ程ノ大失態、大不利益ヲ釀スニ至ッタト云フコトハ、我ヽ國民ト共ニ甚ダ遺憾ニ存ズル所デアリマス、（拍手）此事件ノ失敗ノ一伍一什ト云フモノハ、殆ド今日天下公知ノ事實デゴザイマシテ、私ガ茲ニ喋々スル必要ハ無イ位デアリマスガ、公平ナル第三者ノ目カラ見レバ殆ド何人モ是ガ成功ヲシタト見テ居ル者ハ無イ、海軍、陸軍ノ軍人諸君ニ聞キマシテモ、殆ド軍人社會ノ輿論トシテ、實ニ散々ナル失敗ニ了ッタト云フコトハ、誰モ言ッテ居ル所デアリマス、現內閣ノ擁護者ノ人ヽト雖モ、實ニ此點ハ困ッタ事デアルト云フコトデ、誰シモ言ウテ居ルコトデ、例ヘバ最モ忠實ナル擁護者トモ謂フベキ、元ノ「オムスク」政府ニ駐在シテ居ッタ全權大使ノ加藤恆忠君ノ如キハ、明ニ此出兵ノ失敗ナリシ事ヲ自白ヲサレマシテ、一日モ早ク之ガ撤兵ヲ斷行スルト云フコトハ、必要デアルト云フコトヲ公然ト言ッテ居ル位デゴザイマス、斯ルガ故ニ如何ニ堅白異同ノ辯ヲ弄スルニ巧ミナル原總理大臣ト雖モ、恐ラクハ此西伯利出兵ト云フコトニ就テハ十分ニ之ヲ辯護スルノ勇氣ト御言葉トハ無カラウト、私共ハ信ジテ居ル所デアリマス、（拍手）第一ノ過失ハ何所ニアルカト云ヘバ抑、出發點ヲ誤ッタノデアル、出兵ノ發端ニ誤リガアッタノデゴザイマス、出兵ノ起リマシタノハ、申ス迄モナク、大正七年ノ八月、卽チ前寺內內閣ノ時デアッタノデハアリマスルガ、併シナガラ兎ニ角現總理大臣モ、當時ハ外交調查會員トシテ、所謂臨機啓沃ノ大任ヲ持ッテ居リマシテ、寺內內閣ノ此施設ノ方針ニ就キマシテハ、協贊ヲ與ヘテ居ッタト云フコトハ疑フコトハ、出來ヌノデアッテ、前內閣ノ時代ノ事柄デアルカラ、隨ッテ自分ニ責任ガナイト云フヤウナ口吻ハ、決シテ申サルベキ筋合ノモノデハナイト私共ハ信ジテ居リマス、（拍手）言フ迄モナク兵ハ國ノ大事存亡ノ道、隨テ此初ヲ愼ムト云フコトハ、非常ニ肝要ナコトハ申ス迄モナイノデアリマシテ、所謂名正シク勢ヒ已ムヲ得ザルニ至ッテ始メテ兵ヲ出スト云フコトガ、是ハ苟モ局ニ當ル者ノ、爲サナクテハナラヌ事デアラウト思ヒマスガ、昔カラ無名ノ師ヲ起シ、或ハ勢ニ逆ウテ事ヲ起シテ成功シタ例ト云フモノハ、曾テ聞イタコトハナイ譯デアル、然ルニ西伯利ノ出兵ト云フコトニ就テ考ヘテ見レバ、抑其ノ起リノ動機原因ト云フモノガ、何レニ在ッタカト云フコトヲ考ヘテ見ルノニ、名ハ所謂米國ヨリ提議シタ所ノ「チエック」援助ト云フコトニ在ッタコトハ、相違ナイコトデアルケレドモ、其實ハ――其實ハ何レニ在ッタカト申シマスレバ、詰リ過激派ヲ抑ヘテ反過激派ヲ援ケ、所謂西伯利ノ秩序ヲ維持シテ我ガ日本ノ勢力――或一部ノ勢力ヲ其方面ニ扶殖シヤウト云フ考ガアッタコトハ爭フコトノ出來ナイ事實デアルノデアリマス、（拍手起ル）本員ハ列國ガ頻リト日本ニ領土的野心ノアッタモノデアルト云フコトヲ疑ッテ居ルコトヲ非常ニ遺憾ニ思フ、如何ニ無謀ナル軍閥者流ノ人ヽト雖モ日本ガ西伯利ヲ併呑シヤウト云フヤウナ、大ソレタ考ノナカッタコトデアルト云フコトハ、私共信ジテ居ルノデアリマス、併ナガラ兎ニ角軍閥方面ノ人ヽカラ言ヘバ所謂自主的出兵、西伯利ノ內治ニ干涉シ、過激派ヲ抑ヘテ反過激派ヲ援ケヤウ、卽チ是ハ內政ニ干涉スルコトニナル、一種ノ自主的出兵デアルト云フコトデアッタコトハ、疑フコトガ出來ナイノデアリマシテ、當時ノ外交ノ當局者ハ幾分其ノ說ニカブレテ居ッタコトハ事實デアル、併シ兎ニ角外交調查會ニ於テ、原現總理大臣モ調查會ノ一員トシテ自主的出兵デハイカヌ、何處迄モ亞米利加カラ要求スル所ノ、協調的出兵デナクテハナラヌト云フ主張ヲセラレテ、此水ト油、全ク柄鑿相容レザル所ノ二ツノ方針ヲ無理無體ニ捏合ハシテ、而シテ國家ノ大事ヲ決定シタノデアリマスカラ、是カラ先ヤル事、スル事、爲ス事、始終所謂政令二途ニ出デマシテ、總テノ點ニ於テ、二重外交ノ弊ト云フモノヲ起スニ至ッタノハ、卽チ此發端ヲ誤ッタカラデアラウト信ジテ居リマス、（拍手起ル）第二ノ過失ハ出兵後ニ於ケル所ノ對西伯利方針ガ始終動搖シテ居ルト云フ點ニ在ッタ、吾ヽハ究極ニ於テハ、必ズ此出兵ノ事ガ失敗ニ終ルニ違ヒナイト云フコトヲ、豫想ヲ致シテ居リマシタカラ、終始一貫シ

テ、撤兵ヲ一日モ早ク行ハナクテハナラヌト云フコトヲ主張シタノデアリマス、併ナガラ政府當局者ノ目カラ見レバ、善カレ惡カレ既ニ一旦國ノ方針ヲ定メテ海外ニ兵ヲ出シテ居ル上ハ、寧ロ思切ッテ、或ハ非常ナル犧牲ヲ拂フ必要ハアルカハ知レヌケレドモ、何所マデモ過激派ヲ抑ヘテ、反過激派ヲ援ケルト云フ方針デ行クナラ行クデ、斷乎トシテ其方針ヲ貫徹スルベク努力スルト云フコトガ、順序デアッタノデアラウ、然ルニ初ハ脱兎ノ如ク、終リニ至ッテハ所謂處女ノ如キモノデアリマシタ、非常ナ勢ヲ以テ出兵ノ方針ヲ決定シテ之ヲ行ヒナガラ、後ニナッテカラ所謂躊躇逡巡ヲシテ、右ヲ見タリ、左ヲ見タリ、始終出兵ノ方針ガ動搖シテ居ッタト云フコトハ、疑ヲ容ルヽコトノ出來ナイ事實デアリマス、(拍手起ル)外務省側ノ人々ハ、諸外國カラ色々ナ横槍ヲ入レテ、非常ナ非難ヲ蒙ルガ爲メニ、何所マデモ内政ニ干渉スルト云フヤウナコトハ之ヲ避ケテ、而シテ一日モ早ク撤兵ヲ行ハナクテハナラヌト云フコトヲ考ヘル、一方軍人側ノ方カラ申シマスト、遣ッタコトハ遣ッタガ、治マリガ付カナイ、僅カノ兵隊デ非常ナル廣イ區域ノ治安ヲ維持シヤウト云フコトデアリマスカラ、勢ヒ其作戰上ニ無理ナル事ヲヤラザルヲ得ナイト云フコトハ、當然ノ事デゴザイマス、サ其結果ハ如何デアルカト云ヘバ、過激派ノ方ノ側デハ一旦日本ヲ敵ニシテ居ルガ、日本ノ兵隊ガ出テ來ル所ノモノハ割合ニ少ナイノデアルカラシテ、勢ヒ日本ニ與シ易シト云フ考ヲ持ツノハ當然、即チ日本ニ對シテ非常ナル輕侮ノ念ヲ以テ之ヲ迎ヘルト云フ結果ヲ生ムニ至ッタコトデアリ、一方ニ於テハ反過激派ノ人々カラ見レバ折角頼ミニ思ッテ居ッタ所ノ日本ガ援ケテ吳レルヤウデアッテ、中途デハ其援ヲ止メル、援助ヲシナイ、實ニ頼ミ甲斐ノナイ所ノ國デアルト云フ感ジヲ起シマシテ、又此方面カラモ、非常ニ日本ヲ怨ムト云フヤウナ結果ヲ生ズルニ至ッタノデゴザイマス、所謂虻蜂取ラズ、半上落下、實ニ拔キ差シモナラズト云フヤウナ、慘況ヲ呈スルニ至ッタノガ、即チ是ガ第二ノ過失デアリマス、(拍手起ル)更ニ第三ノ過失トシテハ、昨年ノ十一月ニナッテ既ニ「オムスク」政府ハ倒レ、到底日本ノ僅カノ兵隊ノ力ニ依ッテ過激派ヲ懾服スルト云フヤウナ事ハ、思モ寄ラヌ事ダト云フコトガ分ッタガ爲メニ、流石ノ軍閥ノ方面ニ於テモ最早匙ヲ投ゲマシテ、遠カラズ之ガ撤兵ヲ行ハウト云フ方針ヲ決定スルニ至ッタノデゴザイマス、併ナガラダ、此方針ヲ決定シテ置キナガラダ、尙ホ此空前ノ失敗ヲ糊塗スルガ爲メニ、未ダニ御承知ノ通リ浦潮ニ、浦潮附近ノ爲メニ二個師團ト云フ大兵ヲ駐在セシメテ居ルト云フヤウナコトニナッテ居ルノハ、卽チ私共カラ考ヘレバ、所謂失敗ノ上塗リヲナシツヽアルモノダト云フコトヲ、斷言シテ差支ナイト信ズルノデアリマス(拍手)何トナレバ日本ノ兵隊ノ居ル間ハ、流石共近邊ノ過激派ノ人々ト雖モ、幾分カ穩カナル桃色ノ態度ヲ執ッテ居ッタト云フコトハ事實デアル、例ヘバ齊多方面ニ於キマシテモ、色々日本軍ト向フノ政府ノ者トノ交涉ニ依ッテ、比較的溫和、卽チ共産主義マデハ奉ズルニ至ラナイ態度ヲ執リツヽアッタト云フコトハ事實デアリマス、併ナガラ一旦日本ノ兵ガ齊多ヲ引イテシマフ、「ハバロフスク」ノ方ヲ引イテシマフト、又元ノ杢阿彌、過激派ニ戻ルト云フコトハ當然ノ事デアリマス、「レーニン」政府ト常ニ氣脈ヲ通ジテ居ル、狐ノ子供ハ何所マデモ狐ノ子供デアリマス、故ニ僅カノ日本兵ニ依ッテ之ヲ懾服シテ赤化スルコトヲ防クト云フコトハ、是ハ到底出來ナイ事デアルト云フノハ、現ニ齊多「ハバロフスク」カラ兵ヲ引イタ後ノ狀況ニ依ッテ、明ニ判ッテ居ル事實デゴザイマス、今日浦潮方面ニ二個師團居ル、二個師團ガ浦潮方面ニ居ルガ爲メニ、アノ方面ノ政府、アノ方面ノ人達ハ、マダ桃色デアルト謂ッテ宜イ位デアリマス純然タル過激派ノ態度ヲ執ッテ居ラヌト云フコトハ、詰リ日本ニ對シテ或ル遠慮ヲ行ッテ居ルト云フ結果、斯ウ云フコトニナッテ居ルノデアリマシテ、固ヨリ日本兵ガ撤退スルナラバ、「レーニン」政府ガ顚覆セザル限リニ於テハ、西伯利全體ノ惡化ト云フ事ヲ防グコトハ、是ハ到底出來ナイ相談ト謂ハナケレハナラヌ譯デアル、彼等ガ赤色デアラウガ、桃色デアラウガ、苟モ日本ガ西伯利ノ内政ニ干渉シナイト云フ方針ヲ執ル以上ハ、何ヲ苦ンデ二個師團ノ大兵ヲ浦潮ニ駐箚セシメテ、向フ果シテ何時ニナッタラ撤兵スルカ判ラヌト云フヤウナ、無方針ノ現狀ヲ維持スルト云フコトハ、斷ジテ許サヌコト、存ジマス(拍手起ル)昨日總理大臣ガ貴族院ニ於テ、加藤子爵ノ質問ニ對シテ御答ニナッタ所ノ言葉ニ依ッテ見マスルト、二個師團ノ駐兵ト云フコトハ、「浦潮ニ居ル所ノ我七千ノ居留民ヲ保護スルト云フ事、及滿鮮ノ方面ニ對シテ、過激派ガ侵入シテ來ルコトヲ防グ爲メニ、據ロナク駐兵シテ置クノデアルト云フコトノ御趣旨ノ演説ガアッタヤウニ記憶シテ居リマスガ、私共ノ目カラ見レバ、七千ノ浦潮ノ居留民、勿論成ベクハ其成ニ滯留シテ、貿易ナリ商賣ナリヲ行フト云フコトハ、「結構ナ事ト思ヒマスケレドモ、現在ノ狀況ニ於テハ、浦潮デ我ガ居留民ガ立派ナ商賣ヲスルト云フコトハ出來ナイ、獨立ノ生計ヲ營ンデ居ルト云々ト云フ言葉ガアリマシタガ、詰リ唯ダ軍隊ノ力ニ依ッテ、所謂軍隊ノ方ノ商賣ナリ、出入ナリヲスルト云フコトニ依ッテ行ッテ居ル者ガ大部分、他ノ一部ハサウ云フ人デナイト云フコトハアリマスケレドモ、併ナガラ其人々ヲ保護セザルベカラザルガ爲メニ、二個師團ノ大兵ヲ此先何時マデモ分ラヌ間駐在セシメルト云フコトハ是ハ利害ノ上カラ考ヘテモ、ドウシテモ爲スカラザル事ト信ズルノデアリマス、又滿鮮ノ方面ヘ過激思想ガ侵入スルカラ、ソレヲ防ガン爲メニ、西伯利ニ二個師團ヲ置イテ置カネバナラヌト云フコトハ、是ハ殆ト意味ヲ爲サヌ、秦ノ始皇ガ萬里ノ長城ヲ築イテ、夷狄ヲ防イダト同ジヤウナ策法ノ愚策ト言ハザルヲ得ナイ、吾々ハサウ云フ主義ニ於テ浦潮ニ駐兵スルト云フコトハ、得策ナリトハ信ゼナイノデアリマス(拍手起ル)殊ニ丁度今日——丁度今日齊多ニ於テ憲法會議ヲ開クコトニナッテ居ル、其憲法會議ノ樣子如何ニ依ッテ、又一ツ考ヘテ見ヤウト云フヤウナコトヲ、田中陸軍大臣カラ直接ニ私ハ聽イタコトガゴザイマス、隨分迂濶ナ話ト謂ハザルヲ得ナイ、此憲法會議ガ赤化シタル「レーニン」政府ト全ク氣脈ヲ通ジテ、所謂西伯利ヲ全然赤化セシメル所ノ政府トナルコトハ、判リ切ッテ居ルノデアリマス、中央ノ政府ガ倒レヌ以上ハ、ドウ云フ形式ヲ執ルカハ知ラヌケレドモ兎ニ角共産主義ニ依ッテ、西伯利ヲ治メテ行カウト云フ考ヲ有ッテ居ルト云フコトハ、判リ切ッテ居ル、ソレヲ憲法會議ノ結果如何ヲ見テ、而シテ後ニ又徐ロニ謀ヲ講ジテ見ヤウト云フガ如キハ、私カラ言ヘバ、實ニ迂濶千萬ナル遣方ナリト確信ヲ致ス次第デアリマス(拍手起ル)扨斯ノ如ク西伯利出兵ニ關シテハ、徹頭徹尾三重ノ失敗ヲ行ッテ來テ居ル、初ヲ誤リ、中頃ヲ誤リ、又最後ニ於テ大ナル失敗ヲシテ居ル是ダケノ失敗ヲ演ジテ居ッテ、御承知ノ通リ既ニ金ヲ使ッタコトハ約五億、又人命ヲ損フコトモ數千以上ニ上ッテ居ルト云フ狀況デアッテ、得ル所果シテ何物デアリマスカ、唯ダ列國ノ猜疑及露西亞民衆ノ日本ニ對スル反感、是レ以外ニハ何モ無イ、此列國ノ猜疑ト云フコトハ、中々日本ニ取ッテハ非常ナル不利益ヲ醸スコトハ判リ切ッテ居ル、今日世界ニ於テ排日思想ガ非常ニ八釜シイト云フ最大原因ハ、恐ラクハ西伯利出兵ニ關スル彼等ノ誤解デアラウト思ヒマス(拍手起ル)又露西亞一億ノ民衆ガ我日本ニ對スル反感、中々是ハ容易ニ恢復スルコトガ出來ナイ、日本ノ損害デアリマシテ、他日露西亞ノ秩序ガ本當ニ維持スルコトガ出來テ——恢復スルコトガ出來テ、ソレニ依ッテ日本ガ露西亞トノ問ニ通商貿易ヲ始メ、經濟上ノ關係ニ於テ元ノ通リ、或ハ元ノ通リ以上ノ位置ヲ占メヤウト思ウタ所デ、恐ラクハ斯ノ如ク非常ナル大キナ溝ヲ築イテシマッタ問柄デアルカラシテ、日本ニ取ッテハ非常ニ不利益ナル立場ニ立ツコトハ判リ切ッタ事デゴザイマス、此損害ヲ考ヘテ見テモ、非常ニ永久ニ亙ッテ大ナル損害ヲ被ラザルヲ得ナイト云フコトヲ、吾々ハ覺悟シナケレバナラヌ譯デアル(拍手起ル)扨右ノ如ク所謂百害アッテ一利ナシ、總テノ點ニ於テ非常ナル散々ナ失敗ヲシテ、尙ホ其失敗ノ副産物トシテ、尼港事件ト云フモノガ起ッタノデアリマス、尼港事件――殆ド日本ノ從來ノ歴史ニ於テ、未ダ見ザル大凌辱ヲ受ケタコトデアリマシテ、當局者ニ言ハセテ見マスト、配兵ノ上ニ於テ――兵ヲ配置スル上ニ於テモ、或ハ救援ノ上ニ於テモ、之ヲ救ハテヤル手段ニ於テモ、何等ノ過失モナシ、怠慢モナカッタノデアルト云フコトヲ申シテ居リマス、寔ニ白々シイ申分、過失モ過失、怠慢モ怠慢、大ナル過失怠慢ガアルニ拘ラズ、何等之ニ對スル責任ノ無イヤウナコトヲ申シテ居ルト云フコトハ、實ニ怪シカラヌ事ト思ヒマスガ、吾々ハ併シ今其事ニ論及ヲシテ、彼此申サズトモ殆ド世間總テノ人ガ十分ニ承知シテ居ル事デアラウト思フカラ其點ハ重ネテ申スコトヲ避ケマスガ、此一事ガアッテモ――恐ラク此尼港事件ト云フ事ダケヲ考ヘマシテモ、一切西伯利問題ニ就テハ成功ヲシテ居ッタ、日本ハ他日非常ナル名譽ヲ以テ、凱旋ヲスルヤウナ結果ヲ得テ居ッタモノダト假定シテモ此尼港事件、此一事件アルガ爲メニ、確ニ當局者ハ上陛下ニ對シ、下國民ニ對シテ、十分ナル責任ヲ負フベキ筈ノモノデアルト私共ハ信ジテ居ルノデゴザイマス、(拍手)然ルニ今日西伯利問題ヲ通ジ、尼港問題ニ關シ、何人モ之ニ對シテ責任ヲ負フ者ガ一人モ無イ、一人モ之ニ對シテ責任ヲ負ハザルノミナラズ、甚ダ遺憾ナ事デハアリマスケレドモ議論ノ上デ據ロナク言ハザルヲ得ナイノデアリマスガ、却テ論功行賞ガアル、或ハ陞爵、或ハ授爵ノ恩典ニ浴スル人ガアルト云フニ至ッテハ、倒行逆施、恐ラク是ヨリ甚シイ事ハ無カラウト私ハ信ズルノデアリマス、(拍手)外交當局者ニ行ッテ聽ケバ、何分軍閥者流ガ跋扈シテ、吾々ハ餘リ感心セナカッタケレドモ、無暗矢鱈ニ出兵ヲシヤウト云フコトヲ斷行シタ結果、斯ノ如キ羽目ニ陷ッタノデアル、即チ吾々ノ素志デナカッタノデアル、斯ウ云フ事ヲ申シテ責任ヲ免レヤウトシテ居リマス、又軍人社會ノ人ニ聽イテ見ルト、ドウモ外務省ノ奴等ガ腑甲斐ナイ、腰拔ダ、洵ニ豎子國ヲ誤ルト云フモノハ外務當局者、霞ケ關デアルノデアル、一旦矢ハ弦ヲ離レタノデアルカラ一旦國家ノ大事ガ決定シタ以上ハ、何所々々マデモ相當ナル兵ヲ出シテ、所謂過激黨ヲ壓迫スルト云フ方針ヲ持續スルナラバ、當初ノ目的ヲ達スルコトガ出來タノデアルニ拘ラス、ソレヲ行ハナカッタト云フコトハ、外務省ノ奴等ガ實ニ腰拔デアッタ結果デアル、斯ウ云フ事ヲ申シテ居ルノデアリマス恐クハ外務大臣、陸軍大臣、參謀總長、出先ノ軍司令官、總テ各、責任ノ推諉ヲナシ、内閣總理大臣殆ド之ニ對シテ關セズ焉ト云フ態度ヲ執ッテ居ラレルト云フコトハ、獨リ陛下ヲシテ國民ノ怨府ト爲シ、獨リ 至尊ヲシテ社稷ヲ憂ヘシメルト云フ結果ニナルノデゴザイマシテ、吾々ハ此點ニ對シテ、非常ニ痛嘆措ク能ハザル次第デアリマス、昨年ノ特別議會ノ際ニ於キマシテ、陸軍大臣ハ貴衆兩院ニ於テ、ドウ云フ御言葉ガアッタカト云フコトヲ言ッテ見ルト、衆議院ニ於テハ尼港事件ニ關シテハ何等ノ過失モ無ケレバ、又責任モ無カッタノデアルト云フコトヲ斷言セラレテ居リマシタガ、貴族院ニ於テハ何ト仰シヤッタ、貴族院ニ於テハ初ハ此問題ニ關シテハ陸軍大臣ニ於テ、全責任ヲ負フノデアルト云フコトヲ申サレタノデアリマス、後ニ貴族院議員ヨリ段々質問ヲ重ネラレタ結果、「臣節ヲ全ウスルコトヲ誓ヒマス」ト云フ言葉ガアリマシタ、諸君、臣節ヲ全ウスルト云フコトハドウ云フ意味デアリマスカ、閣臣タルノ節義ヲ誤ラナイ、即チ自分ハ其點ニ關シテ十分ナル責任ヲ負ウテ、進退ヲ決スルト云フコトヲ婉曲ニ言ハレタモノニ過ギナイコトハ分リ切ッテ居ル、(拍手起ル)其前ニ水戸ニ於キマシテ、或ル弔祭、即チ亡クナッタ所ノ軍人ノ英魂ヲ弔フベキ式ガアッタノデゴザイマス、其折ニ陸軍大臣ハ其式ニ參ラレマシテ「不肖義一深ク自ラ期スル所アリ」ト云フコトヲ言ハレタコトヲ記憶シテ居リマス、「不肖義一深ク自ラ期スル所アリ」ノ此意味ヲ、マトモニ解釋ヲシテ御覽ナサイ、平易ニ解釋シテ見レバ、此問題ニ就キテハ實ニ自分ニ於テモ非常ナル責任ヲ負擔シテ居ルコトヲ感ズルノデアル、(拍手起ル)隨テ之ニ對シテ深ク自ラ期スル所ガアルノデアル、大ナル決心ヲスル所ガアルノデアルト云フコトヲ言ハレテ居ル譯デアリマス、貴族院ニ於テ「臣節ヲ全ウスル」ト云フコトヲ言ハレタコト、此事ト照シ合セテ見レバ、確ニ本問題ニ對シテハ、自ラ責ヲ負ウテ骸骨ヲ乞フト云フ決心ノアルト云フコトヲ、表明シテ居ラレタモノニ違ヒナイ、(拍手起ル)而シテ衆議院ニ於テハ、御承知ノ通リ何等ノ過失モ責任モ無イト云フコトヲ言ハレタノデアルカラ、詰リ此問題ニ關シテハ、陸軍大臣ハ確ニ二重人格ノ人デアルト云フコトヲ世間デ批評ヲシタノハ、此點ヲ謂フ譯デアリマス、洵ニ私共陸軍大臣ノ一身ニ對シテ斯ウ云フコトヲ申スコトハ、甚ダ失禮デハアリマスケレドモ、當然議會ニ於ケル態度ニ於テハ、確クサウ云フ結果ニナッテ居ルト云フコトヲ信ズルノデアリマス、而シテ特別議會終了ノ後ニ於キマシテ、流石ハ陸軍大臣、私共非常ニ見上ゲタル態度ヲ執ラレタコトヲ感謝致スノデアリマス、洵ニ此問題ニ就テハ、畏多イ事デアル　陛下ニ對シ國民ニ對シ、此儘デハ相濟マヌト云フ考ヲ持タレマシテ、辭表ヲ闕下ニ捧呈ニナッタト云フ事ハ、公然ノ事實デアル、是デナクテハナラヌコトデアリマス、苟モ國ノ大臣トシテ、少クトモ斯ノ如キ立派ナル態度ヲ執ラレルト云フコトハ、當然ノ事ト信ズルノデアリマス、併ナガラ此問題ハ獨リ陸軍ノ一局部ニ限局スベキ筈ノモノデハナイ、西伯利ノ出兵ト云ハズ、或ハ其副産物トモ謂フベキ尼港事件ト云ハズ、内閣ノ諸公總テニ於テ、大ナル責任ヲ負擔シテ居ルモノデゴザイマスカラ、此問題ニ關シテ引責辭職ヲスルト云フ場合ニ於テハ、陸軍大臣ガ獨リ罷メテ、ソレデ濟ムベキ性質ノモノデアリマセヌ、必ズヤ内閣全體ニ於テ責任ヲ負擔スルト云フコトガ、是ガ當然ノ事デアルト謂ハザルヲ得ナイ、(拍手起ル)隨テ議會ハ無事閉了シマシタガ、議會ノ無事ニ閉了シタ後ニ於テ、誰レ言フトナク、現内閣ハ既ニ總辭職ノ期ガ近ヅイテ居ルト云フコトヲ當時申シタノハ、即チ此點デアッタノデアリマス、當然ノ事デアリマス、(「當然ヂャナイ」ト呼フ者アリ笑聲起ル)

○湯淺凡平君　私ハ質問ノ範圍ヲ朝鮮統治ノ問題ニ關係致シマシテ、之ヲ局限致シテ、政府ノ所見ノ在ル所ヲ二三承リタイト思フモノデアリマス、併ナガラソレニ先ダッテ一言御尋ヲ致サナケレバナラヌ事ハ、唯今ノ文部大臣ノ御答辯ノ一節デアリマス、下岡君ヨリ報告サレマシタル所ノ學校關係者、若クハ學生ヨリ吾々ニ屢、告白ヲ致シテ居リマスル所ノ事實ハ、確ニ下岡君ノ報告サレタル通リナノデアリマス(拍手起ル)然ルニ之ヲ文部大臣ハ事實ニ非ズ、斯ノ如キ約束ヲ爲シタルコトハ斷ジテナイト仰シヤル、然ラバ今日學校ニ於ケル所ノ學生ナルモノハ、正シク文部大臣ノ言ハザル所ヲ言ッタノデアルト、吾々ヲ僞ッテ居ルコトニナル、(「ヒヤヽヽ」ト呼フ者アリ、拍手起ル)尚且ツ學校關係者モ亦吾々ヲ欺イテ居ルト云フコトニナルノデアリマス、(「ヒヤヽヽ」ト呼フ者アリ)此文部大臣ノ一言ハ、若シ文部大臣ノ申サレルコトガ正シイノデアルトスルナラバ、今日ノ學校教育ノ上ニ於テ重大ナル問題ト私ハ思フ(拍手起ル)若シモ文部大臣ガ左樣ナ約束ヲ爲サヽルノニ、尚且ツ其文相ノ言ヲ僞ッテ天下ヲ騷ガスト云フコトハ、今日教育界ノ大問題ト思フ、(「ヒヤヽヽ」ト呼フ者アリ拍手起ル)文部大臣ハ果シテ之ニ對シテ如何ナル處置ヲ執ラレルノデアルカ、私ノ虞レル所ハ今日ノ御說明ニ依ッテ此反響ニ依リマシテ、明日ヨリ恐ラクハ此學生ノ間ニハ、大ナル動搖ガ起ルモノト私ハ思フノデアリマス(「無論々々」ト呼フ者アリ、拍手起ル)故ニ此問題ニ對シテ、文相ハ果シテ如何ナル處置ヲ執ラントセラレルノデアルカ、之ヲ承リタイ、――先ヅ私ガ朝鮮ニ就テ御尋シタイト申ス事ハ第一ガ政府當局者ハ今日朝鮮千七百万人ノ民心ノ傾向ヲ如何ニ御觀察ニナッテ居ルカト云フコトデアリマス、果シテ平穩無事ナリト御觀察ニナッテ居リマスルカ、或ハ不安險惡ナリト御觀察ニナッテ居ルノデアリマスカ、此御尋ヲ致ス所以ノモノハ、若シ不安險惡ナリト御考ニナッテ居ッテ、平穩無事デアルモノナラバ、ソレ程ノ弊害モアリマスマイ、併ナガラ之ニ反對ヲ致シテ、頗ル險惡ノ狀況ニ在ルモノヲ無事平穩ナリト御觀察ニナッテ、統治ノ方針ヲ御進メニナルト云フコトニナリマシタナラバ、必ヤ恐ルベキ結果ヲ招徠スルモノデハナイカト憂ヘルノデアリマス(拍手起ル)朝鮮總督又ハ其局僚ノ方々ニシテ近來頻ニ朝鮮ノ天下泰平ナルコトヲ御吹聽ナサレル、恰モ民新政ニ悅服ヲ致シテ、鼓腹擊壤ノ風アリト云フガ如キ樂觀的御宣傳ニ努メテ居ラレルヤウデアリマスルガ、併ナガラ吾々ノ如キ朝鮮ニ特別ノ關係ヲ有スル者ヨリ觀察致シマスレバ、全ク之ト反對ナノデアル、反對ナリト云フコトノ一例ヲ申上ゲテ見マスレバ、現ニ密陽警察署ノ爆彈事件ナルモノガ起リマシタノハ、最近ノ事實ナノデアル、犯人ガ白晝公然ト警察署ノ建物ニ侵入シテ、勤務中ノ警察官ニ向ッテ爆彈ヲ投付ケテ居ル、而モ其行動ノ跡ヲ調ベテ見マスレバ、恐ルベキモノガアルノデス、唯ダ一片ノ出來心ニ依ッテ之ヲ爲シタノデハナイ、一彈ヲ投ジテ其爆發セザル無效ナルコトヲ認ムルヤ、直チニ又第二ノ爆彈ヲ投付ケタト云フガ如キハ、餘程大膽ニシテ、決死的ノ者デナケネバ之ヲ爲スコトガ出來ナイノデアリマス、是等ニ依ッテ見マシテモ、今日ノ朝鮮人ナルモノヽ、不穩ナル行動ニハ、如何ニ動カスベカラザル所ノ決心ト、奪フベカラザル所ノ根柢ガアルカト云フコトヲ、洞察スルニ難カラナイノデアリマス、(拍手起ル)又更ニ今日朝鮮ノ各地方ニ於キマスル所ノ所謂富豪ナル者ハ、此不安不穩ナル所ノ朝鮮人ノ脅迫ニ依リマシテ、所謂軍用金ナルモノヽ、要求ニ依ッテ、一日モ枕ヲ高ウシテ眠ルコトハ出來ナイト云フヤウナ狀態ニ陷ッテ居ルノデアリマス、更ニ又一般的最モ著シイ所ノ例ヲ申上ゲマスレバ、日本ノ大祭祝日ニ當リマシテハ、曾テハ申合セタルガ如クニ、旭日旗ヲ揭揚致シタモノガ、近來ハ殆ド一人トシテ此旗ヲ揭ゲル者ハ無イノデアリマス、若シ或諒解ヲナシテ居ル者ガ、此旗ヲ揭ゲルコトガアリマシタナラバ忽チ多數ニ依ッテ非常ナ脅迫ヲ蒙ラネバナラヌト云フ狀態ニ陷ッテ居ルノデアリマス、是等ノ事實カラ考ヘテ見マシテモ、決シテ總督府ノ方々ノ宣傳セラル、ガ如ク、左樣ニ朝鮮ガ泰平無事デアルト云フコトハ申サレマセヌノデアリマス、而シテ斯ノ如キ狀態ヲ呈シテ居リマスル所ノ、其原因ヲ尋ネテ見マスレバ、色々アルデゴザイセマウ――色々アルデゴザイマセウガ其主ナルモノハ、所謂日韓合邦當時ノ、合邦ヲナシマシタ所ノ趣旨ト云フモノヲ、彼等鮮人ガ誤解ヲシテ居ルノニ基クノデアリマス、日韓合邦ノ趣旨ハ、炳トシテ詔勅ニ明カナノデアリマス、決シテ日本帝國ハ朝鮮ヲ征服シタノデモナケラネバ、屬國トナシタモノデモナイ、所謂日韓兩國ノ共存ニ基イテ行ハレタノガ此合邦デアルニ拘ラズ、其當時鮮人ハ詔勅ノ文意ヲ如何ニ解釋致シマシタカ、洵ニ恐懼ノ至リデゴザイマスルガ、彼等ハ斯ウ解釋シタ、如何ニ詔勅ノ文面ハアルトモ、日本帝國ノ眞意ハ名ヲ合邦ニ籍リテ實ハ朝鮮ヲ征服シタモノデアルト彼等ハ憤激ヲ致シタ、此誤解ハ獨リ朝鮮人バカリデハナイ、日本人ニ於キマシテモ、殊ニ又其當時ノ總督府ノ官吏ノ多數ニ於テモ、確ニ朝鮮人ト同ジヤウナ錯誤ニ陷ッテ居ルノデアリマス、是ハ官民ヲ擧ゲテ、矢張朝鮮人ト同ジヤウニ、日本帝國ハ朝鮮ヲ屬國ニナシタモノデアルト誤解致シタ、而シテ總督府ノ行ヒマシタル所ノ統治方針ハ、恐ラクハ事實ニ於テハ、此朝鮮人ニ對シテ屬國的ナ、朝鮮人ヲ見ルコト征服者ノ如キ態度ヲ以テ進メタト云フコトガ一ツノ原因デアリマセウ、今一ツノ原因ハ彼等ハ非常ニ此合邦ト云フモノニ不滿ヲ抱イテ居ッタ――不滿ハ抱イテ居リマシタケレドモ、兎ニモ角ニモ多年ノ惡政ニ苦シミマシタル所ノ朝鮮ノ人民ハ、日本ノ政治ニナリマシタナラバ精神的ニハ兎モ角モ實際上ノ政治ノ方面ニ於テハ、何等カ朝鮮人ニ對シテ幸福利益ヲ與ヘルヤウナ治績ヲ擧ゲラレルモノデアルト信ジタ、彼等ガ其最初ニ於テ旭日旗ヲ揭揚致シマシタハ、僅ニ此一縷ノ望ヲ有シテ居ッタカラデアリマス、然ルニ合邦以來十年、總督政治ノ方針ハ相變ラズ此朝鮮ヲ見ルコト、尚ホ屬國ノ如キ方針ニ依ッテ進メラレ、而シテ彼等ガ事實ノ上ニ期待致シマシタル所ノ統治ノ治績モ、全ク彼等ヲシテ失望セシメタノデアリマス、若シ朝鮮總督政治ニ於テ治績トシテ見ルベキモノガアルナラバ、私ハ擧ゲテ見テ貰ヒタイ、合邦以來十年ノ間ニ、私共ハ何一ツ治績トシテ擧ッタモノハ無イト思ヒマスガ、强テ之ヲ求ムレバ、教育ノ方面ニ於テ普通學校ガ建設ヲ致サレタ、交通ノ方面ニ於キマシテ鐵道ガ延長シタ、道路ガ改修サレタ是ダケデアリマス、又更ニ誤ッタル所ノ總督政治ノ方針ヲ改メテ、文化政策ヲ行フコトニナリマシタ以來、是モ既ニ二年有餘ノ歲月ヲ經過致シテ居ルノデアリマスケレドモ、此二年ノ間ニ果シテ如何ナル事ガ行ハレタカ、憲兵ガ巡査ニ代リ、朝鮮人官吏任用ノ範圍ガ擴張ヲ致シタト云フコトガアリマス、是レ以上ニハ取立テ、見ルベキモノハ無イ、而シテ普通學校ノ成績ハ如何デアリマスカ、是ハ計畫トシテハ洵ニ結構デアリマス、結構ナ事デアリマスケレドモ、事實ニ於テ今日ノ普通學校ナルモノハ、殆ド排日團ノ本部デアルガ如キ、悲ムベキ有樣ヲ呈シテ居ルモノデアリマス、又更ニ鐵道ニ就テ見マシテモ、成程十二年間ノ成績デアリマスカラ、幾分延長ハ致シテ居リマスケレドモ、日鮮人ノ非常ニ熱望致シテ居リマス所ノ京元線ノ如キモノモ、中止ノ已ムヲ得ザルニ際會シ又今日ノ鐵道ノ經濟モ、甚ダ悲ムベキ狀態ニ陷ッテ居ルト云フノガ事實デアリマス、又政府ハ此私設鐵道ヲ補助ズル、私設鐵道ノ補助ニ努メラレテ居ルヤウデアリマスガ、此私設鐵道ノ補助ニ就テモ頗ル非難ガ多イノデアリマス、現ニ或ル私設鐵道ノ如キハ、年八朱ノ補助――隨分過大ナル所ノ補助ヲ受ケテ居ルニ拘ラズ、其會社ノ株券ガ、今日十圓ノ拂込ノ物ガ、其二十分ノ一ノ五十錢ノ値ヲモ有シテ居ラヌ―云フヤウナ狀態ガアルノデアリマス、之ヲ尋ネテ見マスレバ、其會社ノ重役ナル者ニ信用ガ無イノデアリマス、或ル會社ノ計畫ニ於テ甚ダ不確實ナモノガアルト云フノデアリマス、斯ノ如キモノヲ其大ナ補助ヲ與ヘテ居ル總督府ハ、何故ニ取調ヲ爲シ、監督ヲ爲サヌノデアルカ、斯ノ如キモノモ卽チ朝鮮人ガ、甚ダ不快ノ觀念ヲ以テ眺メテ居ル一ツデアリマス、更ニ又道路ニ至ッテハ、道路ハ出來マシタ、道路ハ出來タガ、此道路ハ多ク朝鮮ノ夫役ニ依ッテ出來テ居ル、此夫役ト云フコトガ又朝鮮人ニ取リマシテハ、甚シキ苦痛デアッタノデアリマス、併シ此道路ノ出來ルコトモ惡クナイガ、併シ道路ガ出來テモ橋梁ガ無イ、朝鮮ノ道路程甚ダ不思議ナモノハナイ、ソレ故ニ折角出來上リマシタ道路モ餘リ用ニ立タナイデ、却ッテ牛馬ノ牧場ニ供サレテ居ルヤウナ有樣ニナッテ居ル、斯樣ナ次第デアリマス、併シ又憲兵ガ巡査ニ代ッタコトモ、是ハ甚ダ喜バシイ事デ、吾々ノ贊成スル事デアリマスガ、是トテモ未ダ大ナル效果ヲ而シテ居ラズ、是ハマダ日ガ淺イノデアリマスカラ、已ムヲ得ナイノデアリマセウケレドモ、朝鮮人ノ目ニハ眞正ノ治績デアルトハ認メテ居ラヌ、又鮮人ノ任官ノ範圍ガ廣クナッタト云フコトモ結構デアリマセウ、アリマセウケレドモ、官吏任用ト云フガ如キハ、治績トシテ見ル上カラハ、洵ニ是ハ些細ナモノデアリマス、斯樣ナ次第デアリマシテ、彼等ガ折角萬一ノ希望ヲ致シテ居リマシタル所ノ事實上ノ治績モ、少シモ擧ッテ居ラヌト云フ狀態デアルカラ、茲ニ彼等ハ大ナル失望ヲ感ジタノデアリマス、恐ラクハ合邦ノ詔勅ニアルガ如キ文化政策ナルモノモ、宣言ハ甚ダ美ナリト雖モ、其實行ニ就テハ彼等ハ信用ヲ置クコトガ出來ナイト云フノガ、卽チ今日不平ヲ起シテ居ル重ナル原因デアルト私ハ思フノデアリマス、政府當局ハ果シテ是等ノ不穩ナル現狀アリトスルナラバ、其原因ハ斯ノ如キモノデアルトハ御認ニナラヌノデアリマセウカ、固ヨリ文化政策ト云フコトハ結構ナ事デアル、政府ガ朝鮮統治ノ方針ヲ文化政策ニ御求メニナッタト云フコトハ、吾々雙手ヲ擧ゲテ贊成ヲスル事デアリマス、併ナガラ此文化政策モ徹底的ニ實行ヲ爲サヌケレバ、却テ彼等ガ疑惑ノ的トナルニ過ギナイト私ハ思フノデアリマス、此文化政策ヲ實際ニ御行ヒニナラウト云フニハ、朝鮮人ニ對シテ精神的ニモ、物質的ニモ、必ズ見ルニ足ルベキ、彼等ヲシテ承服セシムベキ、施設經營ヲ爲サラヌケレバナラヌ、固ヨリ國費ノ關係モアリマスルカラ、之ヲ現實ノ問題トシテ御實行ヲナサルト云フコトニハ、相當ノ時日ヲ要スルデアリマセウ、アリマセウガ、計畫ダケハ御發表ニナルコトガ必要デハナイカ、精神的ニ彼等ノ希望ニ向ッテ光明ヲ點ズルガ爲メニハ、彼等ガ最モ熱望シテ居ル所ノ自治ヲ認メル完全ナル自治ヲ認メルト云フコトニ就テハ、如何ナル方法ヲ御執リニナルノデアルカ、更ニ進ンデ所謂一視同仁、內鮮無差別ノ精神カラ、朝鮮ニ於キマシテ帝國憲法ノ實施ヲ御斷行ナサルト云フコトガ當然ノ歸結デアル、此完全ナル自治ヲ許シ、憲法ノ實施ヲ御斷行ナサルノハ今年ヨリ何年ノ後デアルカ、之ヲ御發明ニナル必要ガ無イカ、御承知ノ通リ我ガ帝國ノ憲法モ、發布ニ先ダツコト十年ニシテ詔勅ガ下ッテ居ルノデアリマス、朝鮮人ニ對シマシテモ斯ノ如キ方法ヲ御執リニナルト云フコトガ、洵ニ必要デハアリマスマイカ、(拍手)又物質ノ方面カラ申シマスルナラバ、第一非常ニ苦境ニ陷ッテ居ル所ノ、多數朝鮮人ノ生活ノ安定ト云フモノヲ保障スルニ就デノ、御計畫ヲ御發表ニナラナケレバイカヌ、此生活ノ改善ト云フコト申シマスト、餘程是ハ廣汎ナル問題デアリマセウ、アリマセウケレドモ、先ヅ差當ッテハ產業ノ刷新ト云フコトデナケレバナラヌ、今日朝鮮ノ產業ノ刷新ニ關シテ、如何ナル施設ガ行ハレテ居リマスカ、殆ド見ルニ足ルベキモノガ無イ、日韓併合ノ際ニ於キマシテ、帝室ヨリ御下賜ニナリマシタル所ノ恩賜金ナルモノガアル、此恩賜金ヲ基礎ニ致シテ、頻リニ養蠶ノ――蠶業ノ獎勵ニ努メテ居ラル、ヤウデアリマスガ、是ガ甚ダ不徹底ナノデアリマス、現ニ各道ニ於テ養蠶ノ獎勵ヲナサンガ爲メニ、桑ノ栽培ヲ寧ロ强制サレテ居ルヤウナ傾ガアル、又棉花ノ栽培モ同樣デアリマス、然ルニ桑ガ出來テモ、繭ハ出來テモ、之ヲ販賣スル途ニ於テ何等適當ナル指導ガ行ハレテ居ラヌ爲メニ、桑ハ出來テモ養蠶ノ途ナク、養蠶ヲ爲シテモ繭ノ販賣ノ途ガナイ、殊ニ近年ノ如キ繭ノ價ノ下落致シマシタル時ニ於テハ、農民ノ困難ハ著シイモノデアリマス、現ニ此勸業ノ主任トモ謂フベキ技師ガ各地方ニ參リマスルト、朝鮮ノ農民ハ桑ノ根ヲ拔イテ持ッテ來ル、是ガ何ニナルノダ、吾、ガ穀物ヲ作ッテ居ル其場所ニ、斯ノ如キ物ヲ强テ植エサシテ、今日是ガ何程ノ價ガアルカ、是ガ何ニナルカト云フコトヲ說明ヲ求メラレテ、非常ニ苦ンデ居ルト云フノガ事實デアリマス、又棉花ノ如キモ、是ハ我國ノ紡績業ニ對スル根本ノ政策トシテモ、結構ナ事デアリマスルガ、此棉花ヲ栽培セシメテ、其生產シタル所ノ棉花ハ、或ル一二ノ會社デナケレバ買收ガ出來ナイト云フヤウナ組織ニナッテ居ルガ爲メニ、非常ニ彼等ハ不便ヲ感ジテ居ルト云フヤウナ是ハ一二ノ例デアリマス、斯ノ如キ有樣ニ陷ッテ居ルノガ、今日ノ產業ノ狀態デアリマス、其次ハ私ハ治水事業ヲ是非斷行ナサラヌケレバナラヌト思フ、此事ニ就キマシテハ既ニ三十九議會ノ豫算委員會ニ於テ、私ヨリ詳シク述ベテ置イタノデアリマスガ、今日ノ朝鮮ノ產業及交通、人文ノ發達、總テノ上ニ治水事業ノ擧ラザルガ爲メニ、非常ナル損害ヲ被ッテ居ルト云フコトハ申スマデモナイ、現ニ鐵道ノ如キモ年々數百万圓ノ損害ヲ被ッテ居ル其他人畜田畑、總テノモノ、被ムル所ノ損害ハ非常ナモノデアリマス、唯今申シマシタ道路ニ橋梁ガ無イト申シマスノモ、畢竟ハ此治水政策ガ確立シテ居ラヌ、爲メニ川ノ位置ガ定マラナイカラ橋梁ノ架ケヤウガナイノデアリマス、又朝鮮ニハ多數ノ荒蕪地ガアリマス、此荒蕪地ノ開墾モ治水事業ガ擧ラザルガ爲メニ、空シク荒廢ニ委シテアルノデアリマス、將來我ガ帝國ノ食糧問題ノ解決ニ對シテモ、非常ニ考慮シナケレバナラヌ所ノ朝鮮ノ耕地ガ斯ノ如キ有樣ニ陷ッテ居ルノモ、治水事業ノ擧ラザル結果デアリマス、嘗テ私ハ御尋シタ事ガアル、治水ナルモノハドウ考ヘテ見マシテモ、朝鮮總督府ノ施政方針トシテハ第一著ニ揭ゲラレナケレバナラヌ筈ノモノデアル、是ガ閑却シテアルノハ如何ナル理由デアルカ、或ハ根本的ニ河川ノ整理ヲ爲スニハ、先ヅ山林ノ荒廢カラ防ガナケレバナラヌト云フコトヲ唱ヘルガ、若シ山林ノ整理ヲ爲シテ、而シテ後ニ河川ノ改修ヲ爲スト云フコトデアッタラ、ソレコソ百年河淸ヲ待ツト云フモノデアッテ、到底今ノ朝鮮人ハ其恩惠ニ浴スルコトハ出來ナイノデアリマス、山林ノ整理ハ宜シイガ、是ト同時ニ治水ニ對シテモ相當ノ設備ヲナサラヌケレバナラヌト私ハ思フガ、ソレモ出來テ居ラヌ、斯樣ナ有樣デアル、惟フニ此朝鮮總督府ノ政治ト云フモノハ、相變ラズ傳統的ノ官僚政治デ唯、行政組織ノ形式ニ囚ハレ、繁文縟禮ノ弊ヨリ起ル所ノ內ノ組織ニ沒頭致サレテ、ソレガ爲メニ外ニ向ッテ、豫定ノ統治方針ヲ御進メニナルト云フヤウナ餘裕ガナイノデハナイカ、既ニ吾々ハ此帝國ノ行政及財政ト云フモノニ向ッテハ、大整理ヲ加ヘナケレバナラヌト云フコトヲ建議致シテ、政府モ既ニ其計畫ヲ進メラレテ居ルニ、其整理ヲ要スベキ百弊ノ伴ウテ居ル所ノ行政組織ヲ、ソックリ其儘朝鮮ニ持ッテ行ッテ居ル、ソレハ其筈ナンデス、朝鮮ニ於ケル官吏ト云フモノハ、内地ノ古手官吏ヲ採用サレテ居ルカラ、勢イ此型ヨリ外ニ出ルコトヲ知ラナイノデアル、之ガ爲メニ朝鮮人ニ聞イテ見ルニ、成程新シイ所ノ政治ハ宜シイケレドモ、其趣旨ハ兎モ角モ其手續ガ甚ダ煩瑣ヲ極メテ、國民ハ非常ニ苦シムト云フコトヲ申シテ居ルノデアリマス、斯樣ナ次第デアリマスカラ、此場合ニ於テハ一刀兩斷、既ニ舊イ政治ヲ改メテ、文化政策ヲ行ハレルト云フコトデアルナラバ、徹底的ニ總テノモノヲ改メテ、新シク進ンデ行クト云フ方針ニ依ッテ、此朝鮮人ニ向ッテ大ナル治績ヲ擧ケルト云フ計畫ヲ御發表ニナッテ、彼等ヲシテ安ンジテ其業ニ就クト云フコトヲ御計畫ニナル御考ハアリマセヌカ、更ニ又生活ノ安定ニ對シテ缺クヘカラサルモノハ、彼ノ社會政策デアリマス、社會政策ハ弱者ヲ扶ケル所ノ唯一ノ途デアルトスルナラバ、朝鮮ノ國民ノ生活狀態ホド、弱者ノ苦ンデ居ル狀態ハ外ニ無イノデアル、之ニ向ッテ果シテ我ガ當局者ハ、朝鮮ノ社會政策ト云フモノニ向ッテ、如何ナル方法ヲ執ルト云フ御考ヲ有ッテ御在デニナルノデアリマスカ、唯、一ツ認ムベキモノハ、彼ノ濟生病院ノ設備ガアリマスガ、是トテモ洵ニ言フニ足ラヌノデアル、是ハ朝鮮全島ニ速ニ普及ヲサレルト云フコトモ必要デアラウト思フ、此等ノ點ニ就テノ御意見ヲ承リタイ、更ニ又租税ノ政策デアリマス、朝鮮ノ國費ハ年ヲ逐ウテ膨脹スルコトハ免レナイ、其國費ハ果シテ何レニ求メントセラレルノデアルカ、恐クハ今日ニ於マシテハ、地租ノ外ニ纏ッタル收入ヲ得ル途ハゴザイマスマイ、故ニ增税ト云フ場合ニハ、大抵此地租ニ向ッテ賦課サレテ居ル、既ニ合邦以來今日マデ私ノ信ズル所ニ依レバ、三回ノ增税ガ行ハレテ居ル、尤モ是迄ノ朝鮮ノ地租ト云フモノハ頗ル輕カッタノデアル、内地ノ地租ノ率ニ比較致シマシテ、頗ル輕微ナモノデアル、數字ハ左樣ニ違ヒナイ、併ナガラ是モ實際ニ考ヘテ見マスルト云フト、左樣ニ輕イ負擔デハナイ、御承知ノ通リ成程此内地ノ租税ハ朝鮮ヨリハ重イデアリマセウ、其租税ノ重イ代リニハ租税ニ依ッテ施サレル所ノ恩澤ハ中々少ナイモノデハナイ、治水事業モ起レバ、交通ノ便利モ、金融ノ便利モ、市場ノ便利モ、此地租ニ依ッテ生ズル所ノ其金ニ依ッテ、ソレ〳〵ノ恩惠ヲ被ッテ居ルニ拘ラズ、朝鮮デハ唯タ負擔ハ致スケレドモ、今日ノ耕作地ト云フモノハ、唯ダ天ノ爲スガ儘ニ抛擲サレテ居ル、雨ガ降レバ洪水ニ襲ハレル、雨ガ降ラナケ

レバ旱魃ニ苦シム、斯樣ナ狀態ニ居ルノデアリマスカラ、其恩惠ダケハ先ヅ其儘ニシテ置イテ、唯ダ負擔ダケ强ユルト云フヤウナ方法ヲ執ラレタナラバ、是以テ又朝鮮ノ民心ト云フモノヲ安定ニ導ク所以デナイト思ヒマス、然ラバ之ヲ適當ナル方法ニ依ッテ課税シ、或ハ朝鮮ノ國費ト云フモノヲ、左程本國ニ迷惑ヲ被ルコトナクシテ、徵收サレルト云フコトニ就テハ、如何ナル御考ヲ有ッテ居ルノデアリマスカ、今日ノ朝鮮人ハ此點ニ於テ深ク心配ヲ致シテ居ル、或ハ今後日本ノ新政策ニ依ッテ、彼等ノ負擔ガ非常ニ過重スルノデハナイカト云フコトヲ虞レテ居ルノデアリマス、先ヅ文化政策、卽チ朝鮮内地ノ事ニ就キマシテハ、斯樣ナ有樣ニナッテ居ルガ、之ヲ朝鮮人ノ不安ヲ除キ、彼等ノ滿足ヲナス爲メニ、徹底的ノ文化政策ヲ行フト云フコトニ就テハ、如何ナル御考ヲ持ッテ御在デニナルカヲ承リタイ、更ニ進ンデ私ハ朝鮮國境ノ國防、此事ニ就テ御尋ヲ致シタイ、日本帝國ノ國防ノ事ニ就テハ、吾々同志ノ間ニハ大ナル意見ガアルノデアリマス、意見ガアリマスガ、是ハ他日ノ問題トシテ、同志ヨリ更ニ論議スル事トガゴザイマセウカラ私ハ止メマス、併シ吾々ノ國防ノ目的及標準ヲ考ヘテ見マスレバ、少クトモ東洋ノ平和ヲ保持スルト云フコトヲ超越シテハ相成ラヌモノデアル、東洋ノ平和ヲ保持スルト云フ上ニ於テハ、將來東洋禍亂ノ中心トナルベキモノハ何物デアルカ、將又何レノ場所デアルカト云フ事ヲ考ヘナケレバナラズ、露國ハ將來如何ニナルカト云フコトハ、何人ト雖モ今豫言スルコトハ出來マスマイ、唯ダ此過激派ノ勢力ト云フモノハ、今後當分ノ間ハ彼等ハ其勢力ヲ逞ウシテ止マナイモノデアル、恐ラクハ將來ニ於テモ過激主義ハ獨リ露國バカリデハナイ、他ノ國ヲモ侵スモノデアルト云フコトハ何人モ疑ハナイ、而シテ其最モ憂ヲ被ル所ノモノハ、西伯利ニ接近ヲ致シテ居ル所ノ我ガ國境ノ地方デアルト云フコトハ疑ハナイ、將來東洋禍亂ノ中心ハ朝鮮國境、若クハ之ニ近イ所ノ場所デアルト云フコトハ明言シテ憚ラナイト思フノデアリマス、然ラバ此國防ノ大目的デアル所ノ禍亂ヲ未前ニ防グガ爲メニハ、相當ノ設備ヲ爲サナケレバナラヌ、然ルニ今日朝鮮國境ノ國防ト云フモノハ如何ナッテ居ルカ、憲兵ヲ引揚ゲテ、警察官ヲ以テ朝鮮ノ警察ヲ卒ルト云フコトハ結構デアリマス、併ナガラ此警察官ト云フモノヲ主力トシテ、之ニ依ッテ朝鮮ノ國防ヲ安全ナリト考ヘルコトニ依ッテハ如何ナモノデアル、若シ又此重大ナル地方ガ何等ノ國防的施設ヲ爲サズシテ、警察官ニ一任シテ安全ナリトナスナラバ、

今日ノ堂々タル二十一個師團ハ果シテ何處ニ用キルノデアルカ、昨日陸軍大臣ノ御演説ヲ承レバ、當分ノ間二十一個師團以上ニハ擴張ハシナイ、併ナガラ其内容ノ充實ヲ努メナケレバナラヌト云フコトヲ申サレテ居リマス、果シテ内容ノ充實ヲ圖ラルルナラバ、此二十一個師團ノ能率ト云フモノハ、益々高メテ參ラナケレバナラヌ筈ノモノデアル、然ルニ將來東洋禍亂ノ中心トナッテ、東洋ノ平和ノ脅カサルヽト云フ其場所ヲ閑却致シテ、内地ニ此二十一個師團ヲ置カナケレバナラヌト云フ必要ヲ私ハ認メナイ、假ニ必要アリトシテモ、此朝鮮ノ國防ヲ今日ノ儘ニ爲シテ置クコトハ、甚ダ不安千萬ナ事デナイカ、朝鮮人ガ不安ノ原因モ一ハ此ニ在ルノデアリマス、何時彼ノ露國或ハ支那ノ過激主義ノ勢力ガ及ンデ、朝鮮ガ脅カサレハシナイカト云フ此不安ノ念モ、朝鮮人ガ今日安ンゼザル所ノ一ノ原因トナッテ居ルノデアリマス、故ニ政府ハ是等ノ事情ニ鑑ミテ、二十一個師團ノ中ノ或ル部分ヲ、英斷ヲ以テ朝鮮ノ國境ニ移轉ヲサスト云フコトノ御考ヲ御持チニナラヌカ、是ハ非常ニ重大ナル事ト考ヘマスカラ、陸軍大臣ノ御答辯ヲ希望致スノデアリマス、更ニ又進ンデ御尋致シタイノハ、先日來ノ總理大臣ノ御演説ニ依リマシテモ、又陸軍大臣ノ御演説ニ依リマシテモ、唯今派遣サレテ居ル所ノ間島及琿春地方ニ於キマシテハ、近日撤兵ガ行ハレル、卽チ全部ノ我ガ軍隊ハ引揚ゲラレルノデアリマスガ、此軍隊ヲ引揚ゲマシタ後ノ一百万人ノ吾々ノ同胞ノ生命財產ノ安固ハ、如何ニナサルノデアルカ、ドウ保護セラレルノデアルカ、或ハ支那ノ官憲ト問ニ諒解ガアッテ、總テ支那ノ官憲ニ信頼ヲ致シテ、其保護ヲ委スト云フヤウナ説モ傳ハッテ居ルノデアリマスガ、政府ハ果シテ之ニ依ッテ、吾々ノ同胞ハ安全ニ保護サレルモノト御考ニナルノデアリマスカ、彼ノ尼港事件ハ如何ニシテ起ッタカ、色々ナ關係モアリマスガ、我ガ當局者ガ、彼ノ賴ムベカラザル所ノ過激派ト妥協ヲ致シテ、之ヲ救援スルト云フコトニ就テ、過失ノアッタト云フコトニ依ッテ起ッタノデアリマス、更ニ又琿春事件ハドウデアルカ、過激派同樣ノ是モ賴ムベカラザル所ノ、信用スベカラザル所ノ、支那ノ官憲ノ保護ヲ餘リニ信用シ過ギタ爲メニ起ッタ所ノ悲慘事デアリマス、既ニ斯ノ如キ賴ムベカラザル所ノモノヲ賴ンダ所ノ政府ノ過失怠慢ニ依ッテ、我ガ同胞ノ上ニ非常ナ悲慘事ガ惹起サレタト云フコトデアルナラバ、之ニ鑑ミテ更ニ一層大ナル所ノ國民ヲ包容シテ居ル所ノ地方、而モ彼ノ兇惡無殘ナル所ノ「パルチザン」、是ト聯絡ヲ有スル支

那ノ馬賊、或ハ不逞ノ鮮人ヲ其跋扈跳梁ニ委セナケレバナラヌ、彼等ノ巣窟地デアリ、根據地デアル所ノ是等ノ地方ニ於テ、全ク信用ノ出來ナイ所ノ支那ノ官憲ニノミ之ヲ委シテ、而シテ能ク彼等ノ安全ヲ疑ハナイト云フニ於テハ、吾々甚ダ不安ノ念ニ堪ヘナイノデアリマス、是等ノ點カラ申シマシテモ、此不安ヲ除キ、而シテ朝鮮ノ國防ヲ完ウスル意味合カラ申シマシテモ、師團ノ移轉ヲ行ウテ、彼等ノ不安ヲ除クト云フコトガ最モ必要デナイカ、斯クナレバ獨リ我ガ帝國ノ領土ヲ保全スルノミナラズ、又我領土ノ安全ヲ期スルノミナラズ、此國外ニ居ル百万ノ同胞ヲシテ、安ンジテ其勢力ヲ扶植セシメ、之ニ依ッテ西伯利ノ秩序ヲ恢復スル上ニ於テモ大ニ資スル所ガアル、更ニ又滿洲蒙古ノ治安ヲ保持スル上ニ於キマシテモ、重大ナル力ヲ備フルコトガ出來ルノデアリマス、或ル陸軍ノ有力ナル將校ヨリ私ガ承リマシタニハ、今日支那ニ於テ彼ノ張作霖ナル督軍ガ非常ニ勢力ヲ現シテ居ル所以ノモノハ、彼ハ他ノ督軍ニ超越致シテ、一旦支那ノ中原ニ事アル場合ニハ、彼ノ手兵ノ全力ヲ擧ゲテ之ニ應ズルコトガ出來ル、ソレハ要スルニ日本ノ軍隊ガ居ッテ、此滿洲ノ平和ヲ維持スルカラ、彼ハ後顧ノ憂ナクシテ、此活動ガ出來ルノデアル、既ニ僅カノ滿洲駐屯軍ガ居リマシテサヘモ、此大ナル滿洲ノ領土ノ治安ガ保タレテ居ル以上ハ、更ニ五六個ノ師團ガ朝鮮國境ニ駐屯スルト云フコトニナリマシタナラバ、恐ラクハ東洋平和ノ爲メニ貢獻スル力ハ偉大ナルモノデアルト、私ハ確信シテ疑ハヌノデアリマス、果シテ政府當局ニ斯樣ナル所ノ御計畫ハ無イノデアリマスカ、少クトモ斯ウ云フ問題ニ對シテ、御考慮ノ値ハナイモノト御考ニナルデアリマスカ、私ノ問ハント欲スル所ハ以上ノ四點デアリマスガ、問フ私ハ甚ダ微力ナリト雖モ、答フル所ノ國務大臣ノ一言一句ハ、半島千七百万人、不安ニシテ動搖スル所ノ民心ノ上ニハ、非常ナル所ノ衝動ヲ與ヘルモノデアリマスルガ故ニ、希クハ最モ詳細ニシテ、而シテ眞摯ナル所ノ御答辯ヲ與ヘラレンコトヲ切望シマス(拍手起ル)

○議長(奥繁三郎君)　中橋文部大臣

(國務大臣中橋德五郎君登壇、拍手起ル)

○國務大臣(中橋德五郎君)　湯淺君ノ御質疑ニ御答ヲ致シマスガ、先程申上ゲタ言葉ガ或ハ足ラナカッタカモ知レマセヌカラ、茲ニ申上ゲル次第デアリマス、彼ノ神戸ニ於テ話ヲ致シマシタル、又高等工業學校ノ或ル人ト二話シタ事柄ヲ、私ガ否認シタヤウニ或ハ御取リニナッタカモ知レヌト思ヒマスガ、是ハ決シテ否認ハ致シマセヌ、其通リデアリマス(「嘘ヲ言フナ」ト呼フ者アリ)總テ其處ニ行キマシテ、話ヲシ、演說ヲ致シタ譯デアリマス(「七面鳥」ト呼フ者アリ)サウ云フ事デアリマスカラ、ソレヲ約束ト御考ヘナサッテモ一向差支アリマセヌ、其計畫ヲ話ヲシタノデアリマスカラ(「ズルトドウナル」ト呼フ者アリ)而シテ先程モ御話申上ゲマシタ通リニ、唯今此案件ハ調査ノ頻ニ進行シテ居ル次第デアリマシテ、マダ十分ニ是等ハ纏ルト云フ所マデ至ッテ居ナイ譯デアリマス(「十年度ニ出スノデスカ」ト呼フ者アリ)ソコデ是ガ之ヨリ纏リマス順序デアリマス(「教育委員會ニ掛ケナイカ」ト呼フ者アリ)サウ云フ順序ニナッテ居ル譯デアリマスカラ、モウ少シ精シク先程御話ヲ申上ゲレバ宜カッタガ、當局ハ出來ルダケ之ヲ委員會ニ掛ケルヤウニシタイト云フ考ヲ持ッテ、唯今進行シテ居ル次第デアリマス(拍手起ル)

○議長(奥繁三郎君)　原總理大臣

(國務大臣原敬君登壇、拍手起ル)

○國務大臣(原敬君)　朝鮮ノ事ニ就テ御尋デアリマシタガ、大體ノ方針ヲ私ヨリ御答致シテ置キマス、是ハ朝鮮人ニモ大分誤解ノアル事デ、洵ニ好機會ト存ジマスカラ、其誤解ヲ去ルガ爲ニ、大體ノ事ヲ御話致シテ置キマス、朝鮮ノ改革ナルモノハ、今日カラ申セバ一昨年ノ秋デアリマス、爾來一年半ニナルカナラヌカノ事デアリマス、斯樣ナル短期日ノ間ニ十分ノ效果ヲ見ルト云フコトハ、何事ニ於テモ不可能デアリマスルガ、併シソレガ爲ニ責任ヲ逃避スルノデハ無論アリマセヌ、併シ物ハ左樣ニ速ニハ結果ヲ見ルコトハ六ケシイ、併シ其改革ノ際ニ、一視同仁ノ詔勅ヲ煥發セラレマシテ、之ニ基イテ私ヨリ政府ノ意見ヲ發表致シマシタ、更ニ總督ガ――新總督ガ赴任致シテ、朝鮮ニ對スル統治ノ方針ヲ詳細宣布致シタノデアリマス、此詔勅、政府ノ意見、總督ノ方針等ヲ精シク玩味致セバ、決シテ朝鮮人ニ誤解ハ無イ筈デアル、併シ往々朝鮮ノ人ガ誤解ヲ致シテ、種々ナル事ヲ私共ニ申シテ參ル、喜ンデ之ヲ承ッテ、其誤レルハ正シテ居ルノデアリマスルガ、今日甚ダ徹底セザルヲ遺憾ト思ッテ居ル、併シ其趣意ハ如何ナル事デアルカ、固ヨリ一視同仁、内地人モ朝鮮人モ何等區別ナク、無差別ナル域ニ達スルト云フコトハ、大方針トシテ宣布セラレテアル、唯ダ諸般ノ進歩ノ程度ヲ顧ミナケレバナラヌ、ソレニ依ッテ相當ナル時ヲ費スノデアリマス、内地ト同樣ノ總テノ文化ノ程度デアリマシタラ、卽日ニモ内地同樣ノ制度ヲ施カレマスケレドモ、今日何人モ常識デ判斷シテ、内地同樣トハ謂ハレヌノデアル、故ニ多少ノ時ヲ費サナケレバナラヌ、ソレガ爲メニ朝鮮人ガ初メ發布致シタ趣意ノヤウニナラヌト云フ種々ナ誤解モアリ、苦情モ申スノデアリマスガ、是ハ無理ナル注文デアル、内地同樣ニ朝鮮ヲ致スト云フ所謂一視同仁ノ聖旨ヲ奉體シテ、如何ナル事ヲ致セバ宜イカ、成ルベク速ニ朝鮮ヲ内地同樣ニ爲サネバナラヌノデアリマスカラ、先以テ朝鮮ニ於ケル制度ノ改正ヲシナケレバナラヌ、第一著ニ諸君ニモ朝鮮人ノ目ニモ見エタノハ、憲兵制度ヲ警察制度ニ變ヘタ事デアリマス、内地ニ於テ憲兵ヲ以テ警察事務ハ多少執リマスケレドモ、是ハ範圍ノ自ラ異ナッタモノデアル、故ニ朝鮮ヲ内地ニ於ケル普通ノ警察ニ變ヘル方針ヲ執リ、實行致ス、國境ノ必要ナル場所ヲ除クノ外ハ、普通ノ警察官ヲ以テスル、又地方制度等ノ改正ヲ致シ、此警察ニ就キマシテモ、從來ノ總督府ノ直轄ノ下ニ總テ在ッタノデアリマスルガ、是等ハ矢張内地ノヤウニ――内地ノ府縣知事ガ警察事務ヲ管轄スルヤウニ致スガ適當ト考ヘテ、朝鮮ノ道長官――道知事ト申シマスガ、道知事ニ警察事務ヲ管轄セシメル、是等ハ一例ニ過ギマセヌケレドモ、斯ウ云フ方針ヲ執ッタ、更ニ朝鮮人ヲ段々教育致スニハ、卽チ教育ノ方針ヲ變ヘナケレバナリマセヌ、故ニ先般既ニ現在ノ儘デ出來得ル範圍デ改正ヲ企テマシタケレドモ、之ヲ以テ完全ナリト致サヌノデアリマスカラ、更ニ教育令ヲ改正シテ、内地同樣ノ教育ヲ段々致サウト考ヘテ居ル、既ニ此事ハ著手ヲ致シテ居ルガ、唯今朝鮮ノ自治ノ話モアリマシタ、卽チ或ガ府縣市町村ノ如キ地方制度ヲ施カナケレバナリマセヌガ、一足飛ニ内地同樣ノ制度モ施カノナイノデアル、故ニ先般道――此方デ申セバ縣市町村ニ丁度當ルモノデアリマスサウ云フモノニ向ッテ諮問機關ヲ設ケル、其諮問機關ノ委員ナル者ハ如何ナル者カト云ヘバ、多クハ官選デアリマスケレドモ、一部ハ又民選ニ致シテ宜イ地方ハ民選ニ致シテ居ル、段々之ガ地方自治ノ發達ヲ促ス爲メニ著手致シタ次第デアリマス、教育ハ既ニ斯クノ如ク、地方制度ハ斯ノ如ク、段々朝鮮ノ自治ノ點ニ於テモ、教育ノ點ニ於テモ、内地同樣ニ致シタイト考ヘルノデアリマス、遂ニ段々朝鮮ガ其等ノ事ヲ完成致スヤウニ相成リマシタナラバ、帝國議會ニ議員モ參ルト云フヤウナル時期モゴザイマセウケレドモ、是等ノ事ヲ何レノ日ヨリ實行スルト云フコトヲ發表シタナラバ、朝鮮人モ大ニ安心スルダラウト云フコトハ、湯淺君ノ言ハル、通リ御尤デアリマス、併シ何レノ日ト云フコトヲ期スルニハ、内地ニ於ケル憲政施行ニ就テ、十年モ期間ヲ置カレマシタ、斯樣ニスル譯ニハ參リマスマイ、何故ト申セバ朝鮮ノ狀態ガ異リ、朝鮮ノ文化ノ進ム程度ニ依ッテ、府縣市町村制ノ自治モ行ハレ、遂ニ又議員選擧法モ施行スルト云フヤウニ相成ルノデアリマスカラ、何時何年ヨリ實行スルト云フヤウナルコトヲ豫メ示スコトガ、假令朝鮮人ノ滿足スル手段ナリトシテモ、容易ニ左様ナル事ノ期限ヲ定ムルコトハ出來ナイノデアリマス、要スルニ朝鮮人ノ自覺心如何ニ依ル、速ニ左様ナル域ニ達スルコトヲ吾々ハ希望スルノデアリマスカラ、朝鮮人モ段々是カラ左様ニナルデアラウト思ヒマス、又官吏登庸ナドハ、是ハ極メテ瑣事デアルト仰セラレル、内地ニ於テハ瑣事ニ違ヒアリマセヌ、併シ朝鮮ニ於テハ瑣事デナイ、成ベク朝鮮デ教育ヲ受ケ、相當ナル力ヲ具ヘタル者ヲ官吏ニスルト云フコトハ、朝鮮人ニ取ッテハ餘程大ナル希望デアリマス、又段々左様ニ致シテ宜シイ、單リ是ハ朝鮮ノ教育ヲ受ケタル者ヲ、朝鮮總督府ノ管内ニ於テ採用スルバカリデナイ、内地ニ於テモ朝鮮人ヲ用ヰテ宜イノデアリマスカラ、既ニ用ヰテ居ル所モアル「何等内地朝鮮ノ差別ナキニ至ルノガ本意デアリマスカラ、單ニ朝鮮ニ於テ用ヰルノミナラズ、内地ニ於テモ用ヰテ居ル、又近頃ハ滿洲方面ニ於テモ、朝鮮語ニ熟達シタル者、即チ朝鮮人ノコトデアリマスガ、朝鮮人ヲ副領事等ニ採用スル制度ヲ、ツイ此頃發布サレタコトハ御承知ノ通リデアリマス、故ニ官吏ニナルト云フコトハ、洵ニ重大ナ事デハアリマスマイケレドモ、朝鮮人ノ身ニ取リ、竝ニ制度ヲ内鮮無差別ニスルト云フコトニ致スコトハ、左迄小ナル問題デハアリマセヌ、是モ實行致シテ居ル、其他百般ノ事、總テ此方針ヨリ割出シテ居リマスケレドモ、サウ俄ニ改革ノ實行ヲ進メルコトハ出來ナイ、一年半位デ非常ナル改革ノ出來ヤウガアリマセヌガ、併シ此方針ハ中外ノ認ムル所デアリマス、彼地ニ於ケル宣教師ナドモ色々非難致シマシタガ、滿足シテ居ルト云フコトノ段々結果ヲ見テ居ル、又朝鮮ニ於テモ多數ノ朝鮮人ハ滿足シテ居ル、幾分ノ人ハ尚ホ不滿ヲ唱ヘテ、一時ニ突飛ニ、直グニモ内地人同様ニ至ルコトヲ主張シテ居ル者モアリマスケレドモ、ソレハ左様ニ參ラス、且ツ多數ノ國民ノ希望スル所デアリマセヌ、斯様ナル方針ニ依ッテ朝鮮ニ施行致シテ居リマスガ、私ノ申スマデモナク、朝鮮農民ノ資力ナルモノハ十分ナルモノデアリマセヌ、農民バカリデナイ、朝鮮人ノ資力ハ裕カナモノデアリマセヌ、併シ是ハ數年來、段々或ハ肥料ノ改正ヲ企テ、水利ノ便ヲ十分デハアリマセヌガ、多少圖ルト云フヤウニ、色々内地ノ水田、或ハ内地ノ米穀ヲ種ルヤウナ事ヲ教込ミマシタ結果、大分收穫モ多クナッテ、以前ノ朝鮮人ニ比スレバ、朝鮮人ノ富ノ程度ハ雲泥ノ差ト申シテ宜シイノデアリマス、併ナガラ内地人同様ノ負擔ニ堪ヘル程度ニハ達シテ居リマセヌ、故ニドウシテモ一般會計ヨリ補充致サナケレバナラヌ、昨年ハ一千万今年ハ一千五百万ト云フヤウニ、内地ノ一般會計ヨリ補充致サナケレバ、到底マダ朝鮮人ノ負擔力ガ十分デアリマセヌカラ、何ヲ致スニシテモ一般會計ヨリ金ヲ補充シナケレバナラヌ、併シ其一般會計ハ御承知ノ通リ、種々ナル事ニ使用致サナケレバナラヌノデアリマスカラ、朝鮮統治ニ必要ナリトシテ取リマスモノガ、意ノ如ク朝鮮ニ金ヲ注グコトハ出來マセヌ、内地ヨリ十分ナル金ヲ注グコトガ甚ダ困難デアル、假令一千万、一千五百万ニシテモ、多少公債財源ニ依ルモノデアルニシテモ、十分ニハ參ラヌ、而シテ朝鮮人ハ負擔力十分ナラズ、此ニ於テ改革ヲ俄ニ一年ヤ一年半デ實行出來ナイコトハ、常識上明瞭ニ判斷ガ出來ル、幾ラカノ時ヲ待タナケレバ、十分ナ效果ハ見ラレナイノデアリマス、故ニ朝鮮人ハ多クハ誤解致シテ、種々ナル陳情モアリマスケレドモ、大體ニ於テ斯ノ如キ趣意デアル、又政府ノ此方針ハ、今日カラ見テ、一昨年ノ秋ニ執ッタコトハ決シテ誤ナラズト考ヘテ居ル、斯様ナル方針ヲ執ッテ進マナケレバ、所謂一視同仁ノ聖旨ニモ副ハナイ、又折角朝鮮ヲ――日鮮合併ヲ致シテ、併合致シタ所ノ目的ヲ貫徹スルコトモ出來ヌノデアリマスカラ、漸次唯今申シタ如キ方針ニ依ッテ、内地朝鮮無差別ノ域ニ達スルコトヲ熱望シテ、今日ノ制度ヲ執ッテ居ルノデアリマス、其外色々御尋ガアリマシタガ道路ハドウデアルトカ、水利ハドウデアルトカ、其他種々ナル御尋ガアリマシタガ、是ハ私ノ聞知シテ居ル事モナイデハアリマセヌケレドモ、幸ニ朝鮮當局者モ出席致シマシタカラ、御希望デアレバ是等ノ人ヨリ詳シク申上ゲテモ宜シイノデアリマス、大體ノ方針ハ唯今申シタヤウナ次第デアリマスカラ、左様御承知ヲ願ヒマス、ソレカラ間島方面ノ兵ヲ引揚ゲル事、是ハ朝鮮人危惧ノ念ヲ抱イテ或ハ居ルカモ知レマセヌガ、ソレヨリモ間島方面ニ於ケル内地人、竝ニ朝鮮人ガ危惧ヲ抱イテ陳情ガ澤山參ル、併ナガラ間島地方ハ申スマデモナク支那ノ領土デアリマス、支那ノ領土デアッテ、支那ノ政府ニ於テ治安ニ任ズルト申ス以上ハ、我國ハ最初ノ聲明通リニ撤兵ヲスルハ當然ノ事デアリマス、凡ソ他國ノ領土ニ兵ヲ出シテ居ルト云フコトハ、必要已ムヲ得ザル事情ガアッテノ上デアッテ、其國ニ於テ責任ヲ以テ治安ヲ任ズルト云フナラバ、何ヲ苦ンデ兵ヲ置ク必要ガアリマセウカ、最初ノ聲明通リ撤兵致スノハ當然ナリト考ヘテ、政府ハ其措置ヲ執ッタノデアリマス、僅カナ部隊ヲ除クノ外、今日ハ撤兵ヲ致シテ居ル、僅カナル部隊モ亦去ルデアリマセウ、去ッタ後ハドウデアル、無論大體ニ於テハ支那政府ノ責任ニ歸スルノデアリマス、併ナガラ從來御承知ノ通リ、警察官其他領事館文官居留民保護ノ爲メニ、是ハ或ハ増加スル必要ハアラウト思ヒマス、ケレドモ出兵ヲ致シテ置クト云フ事ハ、臨時ノ措置ニシテ、長ク此處ニ兵ヲ置クコトハ出來ナイノデアリマス、間島方面ニ於ケル内地人竝ニ朝鮮人――不逞鮮人ナラザル者ハ、成ベク兵隊ニ居ッテ貰ヒタイト申スケレドモ、ソレハ國際上ノ關係デ、左様ニ參ラヌノデアリマスカラ、撤兵ヲ致シタ、多少警察官ヲ増スコトハ或ハ免レマイト考ヘル、斯ウ云フ次第デアリマス、大體ニ於テ今日ハ色々朝鮮ヨリ通報モアリマス、ケレドモ大體ニ於テ朝鮮ハ段々平穩ニ歸シテ居ルノデアリマス、固ヨリ唯今申シタ如ク、一年ヤ一年半僅カノ期間ニ於テ非常ナル朝鮮ノ進歩ノ致シ様モアリマスマイシ、平穩ニ歸シタト申シテモ、サウ速ニ平穩ニモナリマスマイ、併シ今日ハ大體ニ於テ甚ダ無事ニナッテ居ル、恐ルベキヤウナ事ハ無イノデアリマス、爆裂彈ヲ投ジタトカ、何カ投ジタト云フ事ハアリマスケレドモ、是ハ何所ニモ度々アル事デアル、ソレヲ以テ朝鮮ガ直チニ亂レテ居ルトカ、平穩デナイト云フナラバ、日本内地ニ於テモ同様デアリマス(笑聲起ル)ソレハ常識デ判斷シテ、其位ノ事ハ幾ラ防イデモアルカ知レマセヌガ、ソレヲ以テ朝鮮地方ガ不穩ナリトハ結論ガ出來ナイノデアリマス、朝鮮ハ大分今日ハ靜穩ニ傾イテ、何カ彼此不平ガマシイ事ヲ言ハヌ者ガ多數デアリマス、是等ノ者ハ其業ニ安ンジテ、其幸福ノ進ンデ參ルコトヲ喜ンデ居ル次第デアリマス、大體斯ノ如キ次第デアリマス、尚ホ詳細ノ事ハ御都合ニ依レバ政府委員ヨリ御答致シマス

○議長(奥繁三郎君) 田中陸軍大臣

〔國務大臣男爵田中義一君登壇、拍手起ル〕

○國務大臣(男爵田中義一君) 唯今湯淺君ノ御尋ニ對シマシテバ、大體私ハ湯淺君ト同一ナ考ヲ持ッテ居リマス、實ハ本年モ此國境防備ノ事ニ就テ、尚ホ進ンデ施設ヲ致シタイト思ッテ居リマシタガ、何分國費膨脹ヲ致シマスル爲メニ、遂ニ已ムヲ得ズ今年ハ之ヲ施設スルコトモ出來ナカッタノヲ私自分ガ遺憾ニ思ウテ居リマス、今後爲シ得ラル、ダケノ努力ヲ致シマシテ、今少シ朝鮮、殊ニ國境方面ニ軍隊ヲ配

置致シタイト思フノデアリマス、幸ヒ朝鮮ノ人ミハ軍隊ト相親ミ、之ヲ愛スルト云フ風ノアルノハ、洵ニ私共喜ブノデアリマス、之ヲ敎クスルト云フコトハ、朝鮮ノ人ミノ幸福ヲ增ス所以デアルト云フコトモ、能ク諒解ヲ致シテ居リマス、國費ニ餘裕ガアリ得ル程度ニ於テ、漸次其目的ヲ達シヤウト思ッテ居リマス、此處デ此軍隊ヲ配置シマスノモ、亦湯淺君ト同様、私モ内地ノ軍隊ヲ向フヘ移シテ宜シイト考ヘテ居リマス新ニ玆ニ增スコトハ要セヌ、サウ致シマスルト、内地ト朝鮮トニ於テハ、唯ダ給與上ノ差額ガ經常部ニ於テ增スバカリデアル、跡ハ一時費デアリマス、卽チ兵營ナドノ設備費デアリマスカラ、其方法ヲ執ッテ行カウト云フコトヲ私モ考ヘテ居リマス、ソレニ向ッテ將來漸次努力ヲ加ヘテ行ク積リデアリマス、左様御承知ヲ願ヒマス

○岩崎勲君　國務大臣ニ對スル質疑ハ、本日モ此程度ニ止メ、明二十六日ハ定刻ヨリ特ニ本會議ヲ開キ、更ニ質議ヲ繼續セラレンコトヲ望ミマス

〔「異議ナシ異議ナシ」ト呼フ者アリ〕

○議長（奥繁三郎君）　岩崎君ノ動議ニ御異議ハアリマセヌカ

〔「異議ナシ異議ナシ」ト呼フ者アリ〕

○議長（奥繁三郎君）　御異議ナシト認メマス、諸君、ソレデハ明日定時ヨリ本會議ヲ開キマス、其日程ハ公報ヲ以テ御通知致シマス、本日ハ是デ散會

午後五時四十二分散會

一　國務大臣ノ演說ニ對スル質疑（前會ノ續）

（橋本喜造君登壇、拍手起ル）

○橋本喜造君　諸君、財政經濟ノ問題ニ關シマシテハ、既ニ去ル二十二日濱口雄幸君ニ依ッテ、既ニ大體盡サレテ居リマスケレドモ、大藏大臣ハ尙ホ之ニ對シテ具體的ノ質問ヲ希望セラレタノデアリマス、故ニ本員代ッテ具體的ノ質問ヲシヤウト思フノデアリマス、其第一ノ質問ハ米穀即チ米、第二ニハ蠶絲即チ生絲、第三ハ滯貨ノ一掃、即チ滯ッテ居ル所ノ貨物ノ跡始末、此三點ニ對シテ質問ヲ致シマス、併ナガラ此問題ハ、何レモ本期議會ニ於ケル問題中ノ最モ重大ナル問題デアッテ、而モ我國經濟界ノ中樞デアリマスガ爲メニ、本員ハ之ヲ一黨一派ノ所謂黨派根性ヲ以テ解決スルコトヲ避ケマシテ、自己ノ最モ公平ナル立場ニ於テ、質問ヲ發スルコトニ致シテ居リマス、幸ニ當局ニ於キマシテモ、私同樣全ク黨派根性ヲ取去リマシテ、最モ公平ナル答辯ヲ與ヘラレンコトヲ希望致シマス、現下ノ大問題トシテ所謂農會ガ不賣同盟ヲ致シテ居リマス、之ニ對シテ一般經濟界ハ、大正九年度ノ米ノ實收額ヲ六千三百万石ト認メ、尙ホ之ニ朝鮮其他外米ヲ併セマシテ、七千二百万石ト計上致シテ居リマス、然ルニ國調ノ結果ニ依リマスル內地人ノ人口ハ五千七百万人デアル、假ニ一人一年ノ消費額ヲ一石一斗ト致シマシテモ、尙且ツ一千万石ノ剩餘米ヲ來スノデアリマス、之ニ對シテ一般經濟界ハ剩ル物安シト云フ原則ニ從ヒマシテ、自然調節ニ委スノ外ナシト云フコトヲ絕叫致シテ居リマス、然ルニ帝國農會ハ突如トシテ起チ、投賣防止ノ名ノ下ニ所謂不賣同盟、一石三十五圓以下デハ賣ッテハイケナイト云フコトデ、不賣同盟ヲ致シテ、之ヲ各府縣農會ニ傳ヘ、府縣農會ハ又之ヲ郡村ニ傳ヘテ居リマス、而シテ不賣同盟ヲ勵行セシムベク働キツヽアルノデアリマス、而シテ又新聞紙ハ此間ニ於ケル農村ノ金融ハ、勸業銀行或ハ農工銀行ニ於テ之ヲ爲スト云フコトヲ宣傳致シツヽアルノデアリマス、然ルニ諸君、之ニ對シテ政府當局ハ何等ノ聲援ヲ與ヘザルノミナラズ、故ラニ冷淡ヲ裝ッテ居ルヤウナ態度ガ現レテ居ルノデアリマス、然レドモ一般國民、否ナ少クトモ農民ダケハ、政府ハ之ニ對シテ非常ナル後援ヲ與ヘテ居ルカノ如ク思ッテ居リマス、又本員ニ於キマシテモ、此農會ノ不賣同盟ガ果シテ效ヲ奏シマシテ、現實ニ三十五圓ト云フ價格ヲ保ツコトガ出來マシタナレバ、本員ハ衷心ヨリ農民ニ對シテ、其幸福ヲ欣ビ、又農會ニ對シテモ、謹ンデ敬意ヲ表スル者デアリマス、然レドモ諸君、米ナルモノハ國民ノ生活ノ基礎デアッテ、不自然ナル調節ヲ以テ其價格ヲ左右シ得ベキモノデハナイノデアリマス、左樣ナ輕ヽシイ物デハナイノデアリマス、況ヤ一農會ガ不徹底ナル、而モ薄弱ナル宣傳ヲ致シマシテモ、到底其目的ヲ達スルコトハ出來ザルノミナラズ、却テ反動安ヲ來シテ非常ナル迷惑ヲ農民ニ掛ケハセヌカト本員ハ考ヘルノデアリマス、私ガ農會ニ對シテ不徹底ダトカ、或ハ薄弱ダトカ申上ゲルノハ、決シテ惡ク言フ譯デハアリマセヌガ、帝國農會ノ後ニハ政府ノ後援ハ無イ、是ガ薄弱デアル、又農會ハ積立金モ何モ持タナイ、是デ薄弱デアルト云フコトヲ申上ゲル次第デアリマス、既ニ反動安ヲ來シテ、農民ニ迷惑ヲ掛ケルト云フコトハ、火ヲ睹ルヨリモ明カデアリマス、ソレニ帝國農會ハ純朴ナル農民ニ對シテ、如何ニモ米價ノ釣上ゲハ容易ク出來ルヤウナ宣傳ヲ致シテ居リマス、サウシテ農民ニ一時的ノ糠喜ビヲ與ヘテ居ル、私ハ之ヲ冷靜ニ看過シテ居ル所ノ政府及農會ハ、實ニ農民ニ對シテ不誠意、不深切ノ極ミデアルト私ハ信ズルノデアリマス(拍手起ル)不幸ニシテ後日反動安ヲ來シテ、非常ニ米價ガ暴落致シマシタナラバ、政府及農會ハ農民ニ向ッテ如何ナル申譯ヲスルデアリマセウカ、(「ノウ〳〵」ト呼フ者アリ)又農民ニ對シテ如何ナル慰安ヲ與ヘルカ、又政府ハ本期議會ニ於テ、常平倉案ヲ提出スルデアラウト本員ハ思フ、假令常平倉案ガ出マシテモ、衆議院ハ多數ヲ以テ通過スル、併ナガラ貴族院ニ於テハ如何ナル暗礁ニ乘上ゲルカモ知レヌ、縱シ假令通過致スト致シマシテモ、尙ホ通過ノ結果直チニ著手致スト致シマシテモ、其實行期ハ大正十一年度デアラウト思フノデアリマス、然ルニ農民ガ今日困難ヲ感ジテ居ル所ノ米穀ハ、大正九年度即チ昨年出來マシタ所ノ米ニ於テ、痛痒ヲ感ジテ居ルノデアリマス、ソレ故ニ私ハ政府及農會ガ、眞實ニ農民ノ苦痛ヲ念ッテ精神的ニ米價ノ釣上ヲ爲サントスルナラバ、茲ニ政府ノ偉大ナル壓力ヲ用ヰルト同時ニ、少クトモ一定ノ期間農民ニ對シテ、納稅ヲ延期スルノ必要ガアルト思フ(拍手起ル)尙又肥料代其他農民ノ拂方ニ對シマシテハ、少クトモ延期ヲシテヤラナケレバ、到底其目的ヲ達スルコトハ出來ヌノデアリマス、假令勸銀農銀ガ融通ヲ致スト致シマシテモ、僅ニ五俵十俵ト小賣ニスル所ノ米ニ對シテ、如何ニシテ優遇ノ途ガ出來マスカ、其手續サヘ出來ナイデハアリマセヌカ、其方法ヲ講ゼズシテ、結果ヲ得ントスルコトハ、實ニ六ケシイ事デアリマス、何レニ致シマシテモ此問題ハ國家ノ重大問題デアル、國民經濟ノ中樞問題デアル、又一方ニ於テハ、物價政策ノ根本問題デアルガ故ニ、本員ハ之ヲ六箇條ニ分チテ當局大臣ノ公平ナル御答辯ヲ求ムルノデアリマス、其一、政府ハ各種事業ニ對シ救濟ヲ爲シタルニ拘ラズ、食糧ノ根本問題タル米ニ對シ速ニ救濟ヲナサヾル理由如何、其二、政府ハ帝國農會ノ不賣同盟ニ對シテ、徹底的ノ援助ヲ與ヘラル、ヤ、又從來ノ通リ放任主義ヲ執ラル、ヤ如何、其三、政府ハ農會ノ協定ニ依ル一石三十五圓ノ價格ヲ適當ト認メラル、ヤ如何、其四、政府ハ不賣同盟ノ結果、所期ノ通リ價格ノ釣上ヲナシ得タル場合ハ、生產費ノ昂上ニ依リ、政府ガ常ニ獎勵セラル、良貨廉賣主義ノ輸出貿易ニ支障ヲ來スナキヤ如何、其五、政府ハ前項ノ場合ニ於ケル消費者ノ反抗ヲ如何ニ處理セントセラル、ヤ、此五項ニ分ッテ質問ヲ致シマス、實ハ六項ノ積リデアッタガ、一項ハ減ジマス、農商務大臣ニ於テ御判リニナッテ居レバ、宜シイガ御判リニナラナケレバ、此質問ノ趣意ヲ差上ゲテモ宜シウゴザイマス、次ハ蠶絲ニ就テ、一昨日農商務大臣ヨリ縷縷帝蠶絲會社ノ御話ガアリマシタガ、大分違ッテ居リマスカ爲メニ私ハ之ニ對シテ尙ホ判ルダケ御尋ヲシテ見タイト思ヒマス、政府ノ後援ノ下ニ設立セラレマシタル帝蠶會社ハ生絲ニ對シテ千五百圓ト云フ最低價額ヲ定メマシテ、尙又價格ノ釣上ヲナサント欲シテ、全國ニ亙リ製絲會社ニ約三箇月間ノ繰業休止ヲ命ジタノデアリマス、然レドモ、計畫ハ事實ト非常ナル懸隔ヲ生ジマシテ、悉ク失敗ニ終ッタノデアリマス、價格ノ釣上ヲ爲シ得ザルノミナラズ、最低價格ヲ保ッコトサヘモ、非常ニ困難ニナッテ居リマス、爲メニ各自其協定ヲ無視致シマシテ、製絲家ハ繰業ヲ繼續シ、又商人側ニ於キマシテハ、最低價格以下デ賣買ヲ始メタノデアリマス、斯樣ナ有樣デ橫濱ノ定期取引所ハ全ク休止ノ姿デアリマス、日々空廻リヲ致シテ居リマス、又一方ニ解合ノ交涉モアルノデアリマス、斯ノ如キ有樣デアッテ、實ニ混亂ノ狀態デアル而シテ目下滯積貨物トシテアリマス物ハ、亞米利加ニ於テ約四万梱、是ハ一昨日農商務大臣ハ三万二三千梱ト言ハンテ居ル、又橫濱ニ於キマシテ約七万梱、ソレニ帝蠶ノ買込ンデ居ル所ノ生絲ハ約二万梱、全國ノ製絲家ノ手許ニ在ルモノ、及未ダ絲ニナッテナイ所ノ繭、是ハ約十五万梱ト思ッテ居リマス、其外ニ地遺絲ハ五万梱、之ヲ總計致シマスレバ三十万梱以上ニナルノデアリマス、然ルニ近來亞米利加ノ財界ハ大分立直リ、殊ニ機業界ハ非常ナ立直リヲ致シマシタト云フ報道ガ傳ハリマシテ、我ガ製絲界モ餘程活氣ヲ帶ビテ來テ居ルヤウナ有樣デアリマス、併ナガラ是ハ平地ノ波瀾デアッテ、極ク小サイ所ノ波瀾デアル、決シテ之ガ眞實直ッタト云フヤウナ譯デモ何デモアリマセズシテ、必ズ近キ將來ニ於テ、此反動安ノ來ルコトハ明カデアリマス、又昨年帝蠶會社ガ設立致シマシテ以來、支那ノ製絲ガ銀塊安ニ進レマシテ、續々亞米利加ニ輸出サレテ居リマス、又支那人ハ米國人ヲ教師ト致シマシテ、製絲ノ改良ニ努メ、尚又桑田ヲ開拓致シマシテ、極力我ガ日本蠶業ニ對抗セントシツツアル所ノ狀態ガ現レテ居リマス、既ニ改良セラレタル所ノ上海絲ノ如キハ、亞米利加ニ於キマシテモ日本ノ信州ノ一番ノ絲ニ對シマシテ、五十圓百圓ノ上値ヲ保ッテ居ルヤウナ次第デアリマス、私ハ是ニ於テ思ヒマス、農商務大臣ニ於キマシテモ、支那ノ蠶絲ト云フコトニ就テ、餘リ頭ニ重ク用キテ居ラレナイヤウニ思フ、又横濱ノ輸出商ニ於キマシテモ支那ノ蠶絲ト云フコトハ、餘程冷淡ニ思ッテ居ルヤウニ見エマス、是ハ横濱ノ商人ハ、傳統的ニ極ク温イ頭ヲ持ッテ居ッテ、而モ見解ガ餘程狹キニ失スルヤウナ感ジガ私ニハ致シマスノデアリマス、現ニ廣東ヤ或ハ上海ノ絲ガ、日本ノ絲ヨリモ紐育ノ「マーケット」ニ於テ高イト云フコトハ、取リモ直サズ品質ガ良イノデアル、一般ニ支那ノ絲ハ品質ガ惡イ、到底日本ノ絲ノ競爭ニナルベキモノデハナイ、ノミナラズ五十年、三十年來、何等變ッタコトハナイデハナイカト云フコトモ、公然ト横濱ニ於ケル貿易商ノ、而モ有力ナル人ガ言ッテ居ルヤウデアリマス、此上海ノ絲、或ハ廣東ノ絲、是等ノ絲ハ決シテ日本ノ繭ヲ持ッテ行ッテ製造シタノデゴザイマセヌ、矢張支那ノ繭ヲ以テヤッタノデアル、支那ノ繭ナルモノハ日本ノ物ヨリ品質ハ強ク、之ヲ本當ニ製絲スルコトガ出來マシタナラバ、確ニ日本ノ絲ヨリモ優良デアルト云フコトハ、世界一般ニ於テ認メテ居ル所デアリマス、ソレニ我ガ農商務省ニ於テモ何等念頭ニ置イテナイヤウニ思フ、斯ノ如キ有樣デアッテ、日本ノ蠶絲界ハ非常ナ極度ノ不況ニ陷ッテ居リマス、故ニ速ニ之レガ對應策ヲ講ズルコトガ出來ナカッタナラバ、我ガ蠶業界ハ遠カラズシテ根本ヨリ絶滅サル、時期ガ來ハセヌカト、本員ハ心配スルノデアリマス（拍手起ル）又帝蠶會社ノ内容ヲ調ベテ見マズレバ、資本家ハ僅ニ千六百万圓、拂込ハ六百万圓、ソレニ昨日マデニ更ニ二百万圓ヲ拂込ムヤウナ順序ニナッテ居リマスルガ、此拂込ハ恐ラク半數ト雖モ出來タラ宜イヤウニ、本員ハ想像致シマス、サウシテ帝蠶會社ガ此資本ヲ以テ買込ミマシタル絲ハ、三回ニシテ約二万梱、既ニ二万梱ニ對シマシテモ千五六百万圓ノ不足ヲ生ジテ居リマスルガ、之ニ對シテ如何ナル融通ヲ致シテ居ルカト云フコトヲ調ベマスレバ、最初興銀ニ於テ五千万圓ノ融通ヲスルト云フ話ガアッタガ、是ハ更ニ興銀ハ出シテ居ラヌノデアリマス、勸業銀行ニ於キマシテ之ガ融通ヲ爲シテ居ル、而モ買入價格ノ七割ダケヲ融通シテ居ルノデアリマス、併ナガラ政府ノ交渉ニ依リマシテ、更ニ一割ヲ殖シテ、近來ハ八割ノ融通ヲナシテ居ルト云フ話デアル、山本農商務大臣ハ、金利年五分ト云フ御話ヲ一昨日致シマシタガ、是ガ既ニ間違ッテ居ル、五朱六厘ノ割デ勸銀ガ立替ヘテ居ルヤウナ次第デアリマス、而モ此荷物ニ對シテ貸金ヲスルニ當ッテ、重役ノ個人保證マデ取ッテ居ルデハアリマセヌカ、私ハ此點ニ於テ農商務大臣ニ御尋ヲシタイト思フ、苟モ政府ノ後援ノ下ニ立テラレテ居ル所ノ帝蠶會社ガ、而モ自己ノ相當ナル營業ヲ爲スニ當ッテ、個人ノ保證マデシナケレバ、政府ガ所謂特殊銀行ガ金ヲ貸サナイ、是ハ一體何ト云フ事デアリマセウカ、苟モ全國ニ亙ッテ多數ノ株主ヲ有シテ居ル所ノ株式會社、而モ有限責任ノ會社デアッテ、相當ナル會社ノ營業ヲ營ムニ當ッテ、重役ガ個人ノ保證ヲスルト云フコトハ、未ダ曾テ私共ハ聞イタコトハ無イノデアリマス、是ガ個人ノ營業デアッテ、而モ形式的ニ株式會社ニ爲シタルモノデアアレバ、社長或ハ其他ノ重役ガ個人ノ保證ヲシテ何等差支ナイ、ソレニ何ゾヤ多數ノ株主──全國ニ擴ッテ居ル株主、此株主ヲ有ッテ居ル會社ヱ對シテ、而モ政府ハ後援ヲシテアルノデテリマス、ソレニ對シテ個人ノ保證ヲ取ルト云フコトハ全ク此會社ヲ潰サントスルヤウナコトニナリハセヌカト、私ハ思フノデアリマス、又近來斯ウ云フヤウナ有樣デ、帝蠶會社ハ株金ヲ取ラウト思ッテ株主ニ迫レバ、絲ヲ高ク買ッテ下サレバ御拂ヲシマスガ、サモナイ限リハ私共拂フコト出來ヌト云フ隨梅デ、誰獨リ應ズル者ガ無イ、是ハ山本農相ハ知ッテ居ル筈デアル、故ニ寧ロ此際絹絲「シンジケート」ノ如ク潔ク解散シテ、後難ヲ免レタ方ガ増シデアルト云フヤウナコトヲ、殆ド全部ノ重役ガ言傳ヘルノデアリマス、私ハ昨年ノ秋デゴザイマシタガ、蠶絲ニ關シマシテ支那ニ參リマシテ、其歸途ナル所ノ亞米利加人、是ニハ貴衆兩院ノ議員モ附イテ居ッタノデアリマス、其人達ト神戸ニ於テ會見ヲ致シマシタガ、其時ニ斯ウ云フ御話ガアッタ、日本ノ帝蠶會社ハ洵ニ結構デアルガ、是ニハ政府ガ干渉シテ居ル、サスレバ此會社ハ見込ハナイ、直チニ倒レル、到底蠶絲ノ値段ヲ引上ゲルコトハ六ケシイ、實ニオカシイコトヲ言ッタ、吾々ハ政府ガ關係ヲシテ居レバ、其會社ハ丈夫デアル、且ツ値段ノ引上モ出來ルト云フコトヲ信ジテ居ッタノデアリマス、然ルニ亞米利加人ハ、政府ガ關係シテ居ルカラ倒レル、到底絲價ノ維持ハ出來ナイ、斯ウ云フコトヲ言ッテ居ル、是ハドウ云フ事デアルカト申シマスレバ、日本政府ノ救助ナルモノハ、殆ド徹底シテ居ルモノガ無イノデアリマス、第一ニ瀬踏ヲシテ見テ、善ケレバ、自己ノ救濟ノ結果トシテ自慢的ニ之ヲ繼續シ、若シ惡イトナレバ、直チニ取上ゲマシテ、其會社ヲ破滅セシムルヤウナコトヲシマス（拍手起ル）現在昨年以來救濟ヲ受ケテ居ル所ノ事業ハ、其種類ノモノガ澤山アルノデアリマス、其結果ト致シマシテ帝蠶會社ハ、恰モ蠶ノ如ク自ラ繭ヲ作ッテ、其繭ノ中デ死ンデシマフノデアルト云フコトヲ言ハレテ居ル、是ハ皮肉デアルガ、實ニ穿ッタ話デアルト私ハ思フノデアリマス、序ニ日本ノ救濟ガ甚ダ不徹底ナルガ爲メニ、一例ヲ爰ニ擧ゲテ申上ゲマスガ、昨年ト一昨年ノ差、卽チ米國ニ於キマシテ棉花ノ非常ナル下落ガアッタノデアリマス、其差金ガ四十億弗、之ヲ邦貨ニ直シマスト云フト、八十億圓ニナルノデアリマス、ソコデ綿絲ノ組合ハ到底是デハ遣リ切レナイト云フ考ヲ以チマシテ、亞米利加ノ大藏大臣ニ是ガ救濟ヲ賴ンデ居リマス、所ガ其大藏大臣日ク、兎ニ角餘ル物ハ安クナルト云フコトハ、是ハ仕方ノナイ事デアル、又棉花ハ一年草デアル、今年餘リアレバ復タ明年モ餘リハセヌカト思フ、何故ナレバ綿絲ヲ使フト云フ所ノ國ハ、總テ非常ナル不景氣デアッテ、此棉花ヲ買フコトガ出來ナイ、又棉花ガ賣レナケレバ値段ガ騰ラナイ、値段ガ騰ラナイ物ニ對シテ政府ガ救濟スルト云フコトハ、絶對的ニ出來ナイ、ソレハ銀行家ノ爲スヤウナ仕事デアル、ソレデ貴方ガタガ金ガ要ルナラバ、銀行ニ行ッテ相談ナサイ、政府ハ斯樣ナ仕事ニ「タッチ」シナイト云フコトヲ斷然言ハレテ居ル、之ニ對シマシテ大阪ノ毎日新聞ハ、何處カラ聞込ンダ話デアルカ、紐育通信ト致シマシテ、其大藏大臣ノ言葉ヲ掲載致シテ、亞米利加ノ大藏大臣ノ爪ノ垢ヲ煎ジテ、日本ノ大藏大臣ト農商務大臣ニ飲マシテ遣リタイト諷刺ヲシタ、實ニ日本政府ハ救濟ガ好キデアッテ、而モ徹底的ニ救濟スルト云フコトハ嫌デアル、何モ彼モ救濟シ掛ケテ見チヤ廢メ、又最後迄救濟スルト云フ考ハ無イラシイ、此蠶絲ニ對シマシテモ、本當ノ誠意ガアルナラバ、假令政府ガ此事業ヲ引受ケテデモ、救濟ヲシナケレバナラヌノデアル、然ルニ個人保證迄シヤウト云フコトヘ、何ト云フ事デアル、農商務大臣ハ御知リデアラウガ、朝鮮銀行ノ如キハ一個人ノ仕事ヲ助ケテ居リナガラ、ソレヲ更ニ自分ガ引受ケテ炭礦ヲ銀行ガ自ラ經營シテ居ル、是ハ現ニ私ノ國ニ於テ在ルノデアル、其炭礦ヲ稱シテ朝鮮銀行炭礦ト言ハズシテ朝鮮炭礦ト（綽名ヲ付ケタ、又特殊銀行ナル臺灣銀行ノ中ニモ船舶ヲ扱ッテ居ッテ臺灣銀行船舶部ト云フガアルト云フ話ヲ、誰カガ言ッテ居ッタ、事實カドウカ判ラヌ、又甚ダシキハ神戸「マーケット」ニ於キマシテ、東京ニハ原「シップブローカー」原シップブローカー」私ハマダサウ云フモノガ有ルカ無イカ知ラナイ、マダ恐ラク開業ヲシテ居ルマイ、船ノ賣買ヲスルナラバ、其處ヘ持ッテ行ッタ方ガ一番早イト云フ話ヲ私ハ聞イテ居ル、併シ私ハ是ハ決シテ信ジマセヌ、何レニ致シマシテモ此蠶絲ニ對シテハ政府ハ極力之ヲ救濟スル義務ガアル、又一般國民ト此蠶絲ナルモノハ、全國ニ亙ッテ汎ク國民全體ニ依ッテ取扱ハレテ居ルモノデアリマスレバ、必ズ徹底的ノ救助ヲ爲シ得ルモノト思ッテ居ルノデアリマス、然ルニ政府ハ全ク對岸ノ火災視シテ居ルヤウニ、私ハ失禮ナガラ見ルノデアリマス、又何等ノ救濟方法、何等ノ計畫ヲモ爲シテ居ラヌ、興業銀行ノ五千万圓ノ貸金ハ何時爲サルカ、又此貸金ガ出來得ルト雖モ、救濟ガ果シテ出來ルモノデアルカ、本員之ニ對シテ箇條ヲ分ッテ質問致シマス、之ニ對シテハ明確ナル答辯ヲ望ミマス、是ハ山本農商務大臣ニ御願シタイ、其一、政府ハ今日ノ帝蠶會社ヲ以テ蠶絲界ヲ根本的救濟シ能フモノト思フヤ如何、其二、本年ノ端境期ニ於ケル殘存絲約二十万梱ヲ如何ニ處分セラレントスルカ、第二問ハ唯今三十万梱ノ停滯品ガアル、之ニ對シテ假ニ米國ガ一箇月二万梱ノ消化ヲスルト致シマシテ、向フ五箇月間、是デ十万梱減リマシタ、ソレデ二十万梱新規ノ繭ガ出來ル爲メニ消費スル絲ヲ差引イテ、殘リ二十万梱ヲ如何ニ處分セラルヽカ、其三ハ本年度ノ蠶桒ニ對シ、政府ハ一定ノ政策ヲ有スルヤ如何、最早新繭モ五月ニナッタナラバ早イモノハ出來マスガ、ソレニ對シテドウスルカ、第四ハ今日ノ絲價ハ高キニ失シ、機業家ハ極度ノ悲境ニ陥レリ、之ニ對シテ如何ナル政策ヲ政府ハ有スルヤ、機業家ハ絲ノ高イ爲メニ甚ダ困ッテ居ル、拵ヘタ物ハ佛蘭西ニモ亞米利加ニモ、其他ノ欧羅巴ヘ行キマセヌ、絲價ヲ下ゲネバイカヌト云フコトヲ言ウテ居ル、之ヲ政府ハ如何ニナサルカ、其五帝蠶會社設立當時銀塊ハ六十片ナリシニ、今日ハ四十片ニ低落セリ、支那絲トノ對抗上絲價引下ノ必要ナキヤ、第六政府ハ國策ヲ定メ、蠶桒ノ根本政策トシテ徹底的救濟ヲ爲スノ決心ナキヤ、此六箇條ニ對シテ御答ヲ願ヒマス、次ハ滯貨ノ一掃、大藏大臣ハマダ見エテ居リマセヌカ、次官ハ如何デスカ

第一　臺灣ニ施行スヘキ法令ニ關スル法律案(政府提出)　第一讀會

臺灣ニ施行スヘキ法令ニ關スル法律案

第一條　法律ノ全部又ハ一部ヲ臺灣ニ施行スルヲ要スルモノハ勅令ヲ以テ之ヲ定ム

前項ノ場合ニ於テ官廳又ハ公署ノ職權、法律上ノ期間其ノ他ノ事項ニ關シ臺灣特殊ノ事情ニ因リ特例ヲ設クル必要アルモノニ付テハ勅令ヲ以テ別段ノ定ヲ爲スコトヲ得

第二條　臺灣ニ於テ法律ヲ要スル事項ニシテ施行スヘキ法律ナキモノ又ハ前條ノ規定ニ依リ難キモノニ關シテハ臺灣特殊ノ事情ニ因リ必要アル場合ニ限リ臺灣總督ノ命令ヲ以テ之ヲ規定スルコトヲ得

第三條　前條ノ命令ハ主務大臣ヲ經テ勅裁ヲ請フヘシ

第四條　臨時緊急ヲ要スル場合ニ於テ臺灣總督ハ前條ノ規定ニ依ラス直ニ第二條ノ命令ヲ發スルコトヲ得

前項ノ規定ニ依リ發シタル命令ハ公布後直ニ勅裁ヲ請フヘシ勅裁ヲ得サルトキハ臺灣總督ハ直ニ其ノ命令ノ將來ニ向テ效力ナキコトヲ公布スヘシ

第五條　本法ニ依リ臺灣總督ノ發シタル命令ハ臺灣ニ行ハルル法律及勅令ニ違反スルコトヲ得ス

附　則

本法ハ大正十年一月一日ヨリ之ヲ施行ス

明治二十九年法律第六十三號又ハ明治三十九年法律第三十一號ニ依リ臺灣總督ノ發シタル命令ニシテ本法施行ノ際現ニ效力ヲ有スルモノニ付テハ當分ノ內仍從前ノ例ニ依ル

(横田政府委員登壇、拍手起ル)

○政府委員(横田千之助君)　本案ハ臺灣ノ文化發達ノ現狀ニ顧ミマシテ、勅令ヲ以テ法律ヲ施行スルノ途ヲ廣クシ、且ツ特別ノ場合ニ限ッテ、臺灣總督ノ命令ヲ以テ立法事項ヲ規定スルノ途ヲ認メルノデアリマス、其必要ハ從來長ク議會ノ懸案トナッテ居リマシタ所謂六三問題、今日ニ於テハ明治三十九年ノ法律第三十一號、之ヲ今年限リ廢絶致シマシテ、別ニ新シキ此法律ニ依リマシテ、臺灣ノ特別統治ニ臨マントスル所ノ政府ノ所見デアリマス、之ニ立脚シタ法案デアリマス、宜シク御審議ヲ仰キマス(拍手起ル)

○議長(奧繁三郎君)　中野正剛君

○中野正剛君　議長

(中野正剛君登壇、拍手起ル)

●中野正剛君　本案ニ對シマシテ、極ク根本的政治的見地カラ質疑ヲ致シマス、臺灣統治ハ今日朝鮮ノ統治ト共ニ、帝國ノ重大問題トナッテ居ルノデアリマシテ、此統治ニ成功スルト否トハ、我日本國ガ帝國卽チ「エンパイヤ」トシテ、成功スルカ否カヲ決スル重大問題デアルト信ジマス、是等ノ異民族ヲ包容シテ、如何ニ彼等ト融和親善スルカ否カハ、非常ニ多ク本案ニ係ルト思フノデアリマス、朝鮮ノ問題ニ就キマシテハ、今天下議論囂々タルモノガアリマスガ、臺灣ノ方ハ比較的靜カデアリマス、併ナカラ朝鮮ハ日本ヨリ大陸ニ渡ル橋トモナッテ居ルノデ、人ノ往來モ頻繁トナリ、隨ッテ輿論ヲ刺戟スル事モ多イノデアリマスガ、此臺灣三百五十万ノ新シキ我カ兄弟ハ、多ク國民ニ依リテ注意セラレナイ、彼等ハ或意味ニ於テ、無告ノ窮地ニ置カレテ居ルノデアリマス、併ナガラ問題ノ重要ナルコトハ毫モ朝鮮ト異ナラナイ、惡ク臺灣問題ヲ取扱フテコジラセルト云フト、遂ニ英國ニ於ケル愛蘭問題ノ如ク、手ノ著ケ方ガナクナルト私ハ憂慮スルノデアリマス、例ヘバ大正四年所謂土匪討伐ノ際ノ如キハ、二万人ノ全村ノ男女ガ悉ク討滅セラレタト云フヤウナ、非常ナル人道問題ガ起ッテ居リマシテ、是等ノ內容ガ本國ニ能ク傳ラナイ、又我同胞ガ――我同胞ノ代表タル衆議院ガ此問題ニ注意ヲシナイト云フコトハ、帝國王道ノ許サヽル所ト思フノデアリマス、ソコデ簡單ニ質問致シマスガ、本案ハ第一其沿革カラ見テ、當然大變更ヲ避ケラル、カ、左モナクバ當然廢止セラルベキ性質ノモノト思ハレルノデアリマス、抑、本案ハ明治二十八年臺灣ガ我ガ領土ニ歸シマシタル兵馬倥偬ノ際ニ、臺灣ノ法治組織ヲ深ク研究スルニ遑ナク、樺山總督ガ律令ト稱スル一ノ軍律ヲ以テ決定シタノガ、其濫觴トナッテ居リマス、續イテ明治二十九年法律第六十三號ニ依ッテ、同ジ意味ノ權利ガ臺灣總督ニ與ヘラレマシタ所謂總督ガ有スル律令制定權ナルモノハ是レデアリマス、此案ガ第九議會ノ議ニ上ッタ時ニ水野民政長官ノ說明ニ依リマスト、次ノ一齣ガアリマス、臺灣ガ帝國ノ版圖ニ歸セシ以來日尚ホ淺ク、動モスレバ匪亂ノ起ル虞ガアル、且ツ島民ノ人情風俗モ全ク異ッテ居リマシテ、到底內地ト同樣ノ法令ヲ施行スルコトガ出來ナイトアリマス、之ヲ前提トシテ、臺灣ニハ匪亂ガ頻々トシテ、起ルト云フ假定ノ下ニ、本案ハ帝國議會ノ議ニ付セラレタノデアリマス、「元來天皇ノ大權ト雖モ、緊急勅令以外ニハ法律ニ代ル命令ヲ出サル、コトハ、憲法ノ許サヽル所デアル、ソレニ臺灣總督ニ斯クモ大ナル權能ヲ附與シタト云フコトハ、時ノ日本人ガ一般ニ新領土ニ對スル新シキ根本的遠大ノ抱負ヲ有セザリシ反映トシテ、寧ロ私ハ帝國ノ汚辱デアルト思フノデアリマス、當時日本ハ初メテ世界ノ舞臺ニ出テ、臺灣ヲ獲得スルト、何ダカ猫ガ鼠デモ捕ッタヤウナ氣持ニナッテ、新領土トナリタル臺灣ニ對シテ、一般人モ非常ニ輕蔑ノ眼ヲ以テ迎ヘテ居タノデアリマス、其調子デ征服シタ領土ハ、勝手ニ統治スルト云フヤウナ空氣ガ一般ニアッタ際デアル、ソレニモ拘ラズ該問題ハ非常ニ紛糾ヲ來シタ後成立シタノデアリマス、次ニ今法制局長官ニ依ッテ說明セラレタル明治三十九年ノ法律第三十一號デアリマスガ、是モ六三法ノ繼續デアリマシテ、內容ニ於テ大シタ變化ガナイ、此法律ガ制定サル、マデ六三法ハ年限ヲ附シテ數回延期セラレ、遂ニ三十九年ノ法律第三十一號トナッタノデアリマス、今度ノ提案ヲ見マスト、如何ニモ巧妙ニ前ノ案ト違フヤウニ書カレテ居ルノデアリマスケレドモ、詳シク兩案ヲ比較シテ見ルト、殆ド其效力ニ於テ、臺灣總督ニ附與スル權限ノ增減ガ見出サレナイノデアリマス、此點ニ就テ然ラズト政府當局者ガ言ハル、ナラバ、私ハ逐條ニ亙ッテモウ一度申上ゲルコトヲ保留シテ置キマス、兎ニ角絶大ノ權利ヲ臺灣總督府ニ附スルコト、而モ此法ノ淵源タル、最初ハ兵馬倥偬ノ際、其次ハ其領土ニ歸シテヨリ日尚ホ淺ク、匪亂ガ頻々トシテ起ル虞ガアル時ニ出來タ法律デアリマス、其法律ヲ今日ノ世ノ中ニ殆ド內容ヲ變化セズシテ、政府ハ之ヲ總督ニ附セラレルノハ如何ナル御趣旨デアリマスカ、當然變化シ、或ハ廢止セラルベキ法律案ヲ、ドウシテ今日議會ニ持ッテ來ラレタカ、政府ニ對シテ、沿革ノ徑路ト其精神ニ鑑ミテ、如何ニシテ此案ヲ提案セラレタカヲ御伺致シタイノデアリマス、第二ニ政府ハ臺灣人ヲ抑、如何ニ見テ居ラル、カ、日本ハ最初支那ノ青年ヲ無視シテ日支親善ノ基礎トナルベキ重要ナル人ヲ敵ニ追込ミ捲ッテシマッタ、朝鮮ニ對シマシテモ同樣デアリマシテ、青年ヲ無視シタル結果、八道一千七八百万ノ人心ヲ悉ク擧ゲテ、排日的ト爲スト云フ危險ナル狀勢ヲ醸シテ居ルノデアリマス、今日臺灣ノ人心モ既ニ變化シツ、アル、臺灣人ト申シマシテモ大部分ハ漢民族、三百四十餘万ハ漢民族デアッテ、野蠻人デハナイ別シテ漢民族ノ中デモ、新シキ思想ニ鋭感デアル所ノ廣東人、及福建人ガ大多數デアリマス、其靑年等ハ日本ニ憧レテ日本ニ留學シ、其數モ數百ヲ以テ算ヘラレマス、彼等ハ支那人ト共ニ日本ノ中ニ入ッテ、日本ノ教育ニ依リテ新文明ヲ呼吸シ、而シテ世界ノ大勢ヲ知リ始メテ居ルノデアリマス、是等ハ本國ニ歸ルト云フト、本國ノ彼等ノ仲間ハ最モ燃エ易キ廣東人、及福建人デアル、此廣東及福建人ノ中ニ於テ、此青年ノ思想ガ如何ニ動クカ、昔ノヤウニ威ヲ以テ朝鮮人又臺灣人ヲ服スルト云フ舊式ノ政治ハ、今日ハ行ハレナイ、臺灣總督ガ大名行列ヲ以テ其見識ヲ誇ルガ如キコト

ハ、臺灣ノ青年ニ取ッテハ嘲弄ノ種トナッテ居ルノデアリマス、彼等ニ愛國奉公ノ觀念ヲ養成サセヤウト思フナラバ、先ヅ我ガ國家ガ彼等ヲ愛シナケレバナラヌ、愛國心ハ權威ヲ以テ之ヲ强制スベキモノデハナク、人間ガ其所屬スル國家ノ恩惠ヲ體得シタル時ニ、自然ニ胸中ニ湧キ來ル最高至純ノ感情デアリマス、此青年ノ――新シキ理解ヲ有スル青年ノ感情、總テ其青年ノ感情ガ全臺灣ノ人心ヲ支配セントスル、此傾向ヲ見テ、而シテ今日ノ案ヲ提出セラレタカ、又朝鮮ニ於ケルガ如ク、對支政策ノ失敗ニ於ケルガ如ク、青年ノ感情ヲ無視シテ、漫ニ此案ヲ出サレタカ、此點ニ就テ政府ノ所信ヲ承リタイノデアリマス、更ニ重大ナル點ガアリマス、恐ラク最モ重大ナル點デアルト思フ、ソレハ臺灣總督府ニ斯クモ廣大ナル權能ヲ與フルコトハ、アノ臺灣ニ恩惠主義卽チ「フエーヴオリテイズム」ヲ跋扈セシムル危險ハナイカト云フコトデアリマス、臺灣ハ朝鮮ト違ヒマシテ、瘠セタル土地デナイ、貧シキ土地デナイ、實ニ豐沃ナル土地デアッテ、日本南方ノ寶庫デアリマス、此寶ノ庫ノ中ニ總督府ガ絶大ナル權能ヲ有ッテ、立法、司法、行政權ヲ一手ニ收メル結果ハ、臺灣ノ統治ニ恩惠主義ノ弊ヲ醸シハセヌカ、更ニ露骨ニ申シマスレバ、或ハ政黨内ノ高尚ナラザル輩、官僚中ノ純潔ナラザル輩、資本家中ノ陋劣ナル輩ガ、相携ヘテ臺灣ニ利權ヲ漁ル虞ハナイカト云フコトヲ私ハ問ヒタイ(拍手)臺灣ニハ樟腦、阿片ノ絶大ノ富源ガアリマシテ、此富源ヲ開發スルニ對シテ、從前モ屡々天下ニ物議ヲ醸シタ、此腐敗ノ事實ヲ起シタ原因ハ、餘リニ多ク總督府ノ權能ヲ大ニシテ、總督ノ一存デ何事デモ決シ得ルト云フガ如キ、此法制ノ根本ニ缺陷ガアルノデナイカ、私ハ此點ヲ御尋シタイ、樟腦阿片ハ既ニ天下公知ノ事實デアリマスガ、更ニ臺灣ニハ大ナル砂糖會社ガ十以上アル、小ナルモノハ無數デアリマス、此砂糖會社ガ成立スルト、直グ總督府ノ特惠ニ預カル、可哀想ニ臺灣ノ農民ハ自己ノ有シテ居ル土地、例ヘバ稻田ヲ總督府ノ强制ニ依ッテ、忽チ砂糖畑ニ變ジサセル、(拍手)随分壓制ナ話デ、是デハ生命財産ノ安固ガ保タレナイ、資本家ノ犧牲タラシムベク臺灣ノ土人ニ强制命令ヲ出スト云フコトハ、事實臺灣ニ於テ屡々行ハレルコトデアル、是モ政府者ノ所謂無智ナル臺灣土人ナラバ、ソレデ宜カッタデアリマセウガ、臺灣ニモ新シキ空氣ハ吹キ始メテ居ル、彼等ノ青年ハ皆物ヲ讀ミ、資本勞働ノ關係ヲ知ッテ居ル、日本ノ不正ナル資本家、農業家ノ跋扈ニ對シテ、臺灣ノ土人――政府ノ輕蔑シテ居ッタ所ノ臺灣ノ土人ガ、古ト異ル新シキ感想ヲ持ッテ、反抗ノ氣ヲ長ズルコトハ、私ハ自然ノ勢デアルト思フ、殊ニ承ル所ニ依リマスト、此法案ノ特別委員ニモ、財閥ニ關係アル有力ナル人ガ委員長ニ、内定セラレタトモ噂サレテ居ル、斯ノ如キ事ハ天下ノ疑ヲ招クモノデアルカラ私ハ此六三法ナドハ、餘程重大ニシテ且ツ危險ナルモノデアルト思フ、田總督ハ其人格天下ニ定論アリ、私其人ニ向ッテ疑ヲ挿ミタクナイ、又其下ニハ所謂辣腕ナル正義ノ士ノ松本剛吉君ナドモ居ラルル、是等ニ對シテ世ノ中ノ疑ヲ招クガ如キ此法案ハ、餘程考慮ヲ要スベキ問題デアルト思フ、臺灣ノ事情ハ日本ニ餘リ能ク傳ハラナイ、新聞ハ御用新聞デ事實ヲ掲載スルノ自由ヲ有シナイ、内地ノ言論家ガ彼地ニ參リマスト、忽チニ御馳走政略、誘拐政略ニ因ハレテ、調査シヤウトシテモ出來ナイ、折角踏込ンデ行ッテ何等ノ調査モ爲シ得ラレヌ、歸レバ買收セラレタトカ何トカ醜聞ガ身ノ上ニ懸ルノヲ恐レテ言論報道ニ從事スル人ハ、臺灣ニ踏込マナイト云フ現狀デアリマス、其他幾多ノ醜聞モアリマスガ、或ハ根據ナキ流言蜚語カモ知レマセヌ、併シ凡ソ言論報道ノ自由ヲ與ヘナイト、其社會ニハ必ズ流言蜚語ガ輿論ヲ支配スル、此流言蜚語ノ由ッテ來ル所總督府ノ言論報道ニ對スル壓迫政策ト同時ニ、總督ガ絶大ノ權利ヲ持ッタルヨリ生ズル恩惠主義ガ、如何ニ臺灣統治ノ禍ヲ爲シテ居ルカ、私ハ憂慮ニ勝ヘナイ、此點ヲ如何ニ考ヘラルヽカ、御答辯ヲ願ヒタイ、

更ニ第四ニ質問シタイ事ハ、世ニ傳ヘラレテ居ルガ如ク、殘忍無慈悲非文化的行政ヲ一變シ、臺灣人ヲ眞ニ帝國人民ノ一部分トシテ、我國ノ發展ニ貢獻セシムルト云フコトハ、臺灣統治ノ要諦デアルト思フ、然ルニ本案ハ此根本要諦ニハ、有害ナルモノデハナイカト云フコトヲ私ハ問ヒタイ、幾多ノ殘忍ナル事ガ臺灣ニ傳ヘラレテ居ル、最前申上ゲタ大正四年ニ全村ノ男女ガ虐殺セラレテ、其數二万人ニ達スルト云フコトハ、世界人道ノ許サヾル所デアル、又臺灣ノ學生デモ何デモ、本土ニ於テ聊カ不穩ノ言動ヲ爲セバ行政處分ヲ以テ、之ヲ島流シニスルコトガ出來ル、人類ノ住ムニ適セザル火燒島――火ノ燒ケル島ト書イテアル――火燒島ニ流スコトガ出來ル、其島流シノ期限ハ無期限デアル、臺灣總督ヲ一存デ、 陛下ノ臣民ヲコンナ考慮ナキ處分ニ處シ得ルト云フコトハ、私ハ大變ナ間違デハナイカト思フ、此民族三百五十万ハ文化アル漢民族デアル、政府者流ノ所謂土匪ト云フ言葉ハ、漢民族ニ適用セラレ、決シテ生蕃ニ對スル言葉デハナイ、生蕃ハ御存ジノ通リ僅ニ十五万シカ居ナイ、大部分ノ臺灣人ハ漢民族デアル、此漢民族ニ對シテ恰モ野蠻人ニ對スルガ如キ態度ヲ執ルコトハ、我ガ帝國ノ根本精神デハナイト思フノデアリマス、〔「生蕃亦然リ」ト呼フ者アリ〕政府ハ今頃五大國ノ一ニ入ッタナドト言ッテ自惚レル時代デナイ、寧ロ臺灣ニ於ケル漢民族、朝鮮ニ於ケル朝鮮人、是等ヲ包容シテ、延テ此ユーラシア大陸ヲ後ロニ脊負ッテコソ、始メテ世界ニ正當ノ發言權ヲ有スルヲ得ベキデアル、臺灣人ト同ジ民族ノ有名ナル先哲ハ、恩ヲ推セバ以テ四海ヲ保スルニ足リ、恩ヲ推サヽレバ以テ妻子ヲ保スルナシト言ッタ、朝鮮臺灣ニ對シテハ、モウ少シ日本人ガ根本的ニ考慮スベキ時代デアルト思フ、臺灣ニ住スル福建人、廣東人ハ、南洋ニ居住スル福建人、廣東人ト親類仲間ガ多イ、若シ帝國ガ臺灣ノ漢民族ヲ能ク統御シテ、而シテ、彼等ヲ心服セシムルニ於テハ、南洋人口ノ約六七割ヲ占メテ居ル所ノ支那人ト相親シミ、彼等ト手ヲ携ヘテ、帝國ノ南方ニ於ケル大發展ノ根據ヲ作リ得ルト私ハ信ズルノデアル、然ルニ彼等ヲ遇スルコト單ニ野蠻人ニ對スルガ如ク、總督府ノ一手ニ立法、行政、司法ノ三權ヲ收メテ、天皇ノ大權以上ニ 陛下ノ赤子ニ對シテ振舞フト云フコトハ、如何ナルモノデアルカ、所謂現内閣ノ主張セラル、文化主義ノ政策トハ、枘鑿相容レザルモノデハナイカト思フ、此點ニ就テ政府ノ御答辯ヲ承リタイノデアリマス、第五、此法案ニハ施行期限ガ附イテ居リマセヌ、今迄ハ三年乃至數年ノ期限ガ附セラレタノデアリマス、同ジク絶大ナル權力ヲ附與スル此案ニ、施行期限ガ附カズシテ、無期限ニ有效デアルト云フコトハ如何ナルモノデアルカ、何時迄此六三法ノ繼續ヲ以テ、臺灣デ專制政治ヲヤル意見デ居ラレルカ、政府當局者ハ、例ヘバ佛蘭西ノ新領土統治ニ於ケルガ如ク、本國ノ延長主義ヲ行ッテ總テハ、臺灣ニ憲法ヲ施キ、臺灣ヨリ議員ヲ出シ、本國ノ政治ニ參與セシムルヤウニスル方針デアルカ、或ハ英國ノ如ク臺灣ヲ自治トシテ、臺灣人自ラ立法行政ノ權ニ參與セシムルト云フ根本方針デアルカ、但シハ此法案ニ期限ガ無イカラ、無期限ニ臺灣ヲ專制政治ノ鐵鎖ノ下ニ置ク方針デアルカ、此點ヲ承リタイノデアリマス、臺灣人ハ朝鮮人ト違ヒマシテ、獨立ヲ叫ブコトモ出來マセヌ、三百五十万ノ人口デハ獨立ハ出來ナイ、然ラバ本國支那ニ歸ルカ、是モ出來ナイ、唯ダ日本同胞ノ熱烈ナル同情ニ縋ッテ、彼等ノ生活ヲ向上スルト云フ以外ニ、何等ノ希望モ持タナイ、正唯一ノ希望ヨリ外ニ無イ人民――希望ヲ別ニ持タナイ人民ニ對シテ、此唯一ノ希望ヲ與ヘズ、全ク絶望セシムルト云フコトハ、島民ヲ驅リテ自暴自棄ニ走ラシメルカモ判ラナイノデアリマス、臺灣ヲ能ク統治スレバ、我南方ノ門戸デアッテ政治的ニモ、外交的ニモ、經濟的ニモ、頗ル重要ナル土地デアリマスルガ、之ヲ閑却シテ顧ミザルニ於テハ、帝國内ニ於テ朝鮮ト共ニ獅子心中ノ虫トナルト云フコトヲ私ハ憂慮スルノデアリマス、此點ニ就テ此法令ヲ何時迄施行シテ、何時迄臺灣ニ專制政治ヲ行フカ明白ニ返答シテ戴キタイノデアリマス、是レダケヲ……(拍手起ル)

第十一　植民省設置ニ關スル建議案（押川方義君提出）

植民省設置ニ關スル建議案

植民省設置ニ關スル建議

政府ハ速ニ植民省ヲ設置スヘシ

右建議ス

（押川方義君登壇「簡單々々」ト呼フ者アリ）

○押川方義君　簡單ニヤリマス、是ハ昨年ノ臨時議會ニ提案ヲ致シマシタト同一案件デゴザリマスル、幸ニ諸君ノ御賛成ヲ得マシテ、委員ニ付託セラレマシタルコトデゴザリマシタガ、會期ノ切迫致シマシタルガ爲メニ、兩三回集リヲ開イタ儘デ、未了ニ過去ッテ居ル次第デアリマス、就キマシテ今回又之ヲ提案致シマシタル次第デゴザリマス、ソレ故ニ此提案ノ理由ニ就キマシテハ、更メテ又管々シク申述ブル必要ハアリマセヌト思ヒマス（「ヒヤ〳〵」ト呼フ者アリ）唯ダ此植民省ト申シマスルノハ、エライ局限セラレタルモノ、如ク見エマスルガ、此精神ハ獨リ植民地ニ於ケル政務ニ關スル、諸般ノ取扱ヲ致シマスル省ヲ設ケタイト云フノミデハゴザリマセヌデ矢張此移民ニ關シマスル事ニ就キマシテモ大ニ關係ヲスル所ノ權能ヲ有ッタル意味ヲ含ンダル、省ヲ設ケタイト云フ積リデアルノデゴザリマス、唯ダ如何ナル言葉ヲ之ニ用井ベキガ適當デアルカト云フコトヲ、小生ニハ考ガ付キマセヌデアリマシタル故ニ、假ニ是ハ植民省ト申ス此言葉ヲ使ッテ居ルノデゴザリマス、是迄現内閣トハ申シマセヌ、殆ド歷代ノ内閣ガ、植民省ノ事ト、植民地ニ關シマスル事ニ就キマシテハ、大ナル政策ヲ誤ッテ居リマスルコトハ、諸君ノ能ク御承知ノ事デアリマス、殆ド百年若クハ百四五十年以前ノ外國ガ植民地ニ施シマシタルヤウナ政策ヲ、現ニ日本ガ執ッテ居リマスルト云フコトハ、極メテ遺憾ノ事デアリマス、卽チ其缺點ハ所謂文化ノ政治ト云フモノヲ行ハナイデ、威力ヲ專ラニシテ其地方ノ人ヲ服サシメントシ、總テ彼等ノ物ヲ榨取リマシテ、サウシテ自ラ維持スルコトノ出來タヤウナ風ニ裝ウテ居リマスルト云フコトハ、植民地ノ實力ヲ大ニ阻害シテ居ル事デアルノデゴザイマス、又移民ノ事ニ就キマシテモ、非常ナル過ガアリマス、移民ト云フノハ、日本帝國ノ延長ノ如キ方策ヲ執ッテ居リマスル故ニ、各國ノ者ガ大ニ之ニ懸念ヲ致シテ居ルノデアリマス、是等ノ事ニ就キマシテ、植民省ナルモノガ設置セラレマシテ、能ク大ニ盡ス所ガゴザリマシタラバ、庶幾グハ過ガナイヤウニナラウカト思フ、近頃諸君ノ御承知ノ通リ、人口ハ七十万年々殖エマス、又失業者モ隨分所々ニ起ッテ參リマス、是等ノ捌口ニ就キマシテハ、大ニ國民ノ苦慮シテ居ル事デアリマス、ソレニ就キマシテ、或ハ產兒制限論等ヲ出ス人モアルノデゴザリマスガ、是ハ大和民族ガ三億ニモ四億ニモナリマシテ後ニ、或ハ國力ノ如何ニ依リマシテハサウ云フ議論モ立チマセウガ、今日此世界ニ向ッテ雄飛スベキ大使命ヲ持ッテ居ル我ガ大日本帝國ノ臣民ニ、產兒ノ制限ヲ施サナケレバナラナイト申スガ如キ消極的ノ議論ヲ以テ、得タリト致シテ居リマスル狀態ハ、矢張此植民政策、若クハ移民政策、此等ノ事ガ確定ヲ致シテ居リマセズシテ、人民ヲ兎角――國民ヲ兎角迷ニ入レマスルヨリシテ、姑息ノ論ヲ立ツルコトガ始ルノデアラウト思ヒマス、一體大和民族ガ移民スベキ所ノ場所ハ、北米合衆國アリ、南米アリ、墨西哥アリ、南洋アリ、濠洲アリ、「ゲープタウン」アリ、「ニューヂランド」アリ、世界何レノ所ニ於テモ、日本人ガ羽翼ヲ伸ブル場所ハ一杯滿チテ居ルノデアリマス、斯樣ナ事ヲ申上ゲマスルト、今日ノ日米問題ヲドウスルカ、濠洲ノ白人トノ問題ヲドウスルカ、ソンナコトヲ言ウテモ、日本ハ所謂孤立無援ノ狀態ニ陷ッテシマッテ居ルデハナイカ、左樣ニ仰セラル、デアリマセウ、成程現今ノ狀態ヲ見マスレバ其通リデアリマス、其通リデアリマスガ故ニ、日本國家ハ此外國ノ政策ヲ改メルコトガ出來ナイト云フヤウナ、消極的、悲觀的ノ考ヲ以テ世ニ立チマスルナラバ、何ノ時カ日本ハ大國民タルノ資格ヲ備ヘ得ルヤウニナリマセウカ（拍手）是ハ唯ダ彼等ノ考ヲ改メルト云フ一片デアリマス、隨分外務省ハ骨ヲ折ッテ居リマセウケレドモ、是ハ荷ガ重過ギルノデアリマス、ソレ故ニ植民省ナルモノヲ設ケマシテ、大ニ内外ノ事ヲ研究致シマシテ、大政策ヲ樹テ、國家ノ發展ヲ期スルコトヲ希望致シマスルガ爲メニ、此建議ヲ提出致シマシタル譯デアリマス、願クハ諸君ノ御賛成ヲ希望致シマス（拍手）

○岩崎勲君　本案ハ議長指名ヲ以テ、九名ノ委員ニ付託セラレンコトヲ望ミマス

○議長（奧繁三郎君）　岩崎君ノ動議ニ御異議アリマセヌカ

〔「異議ナシ異議ナシ」ト呼フ者アリ〕

大正十年二月二日　議長ノ報告

在外朝鮮人ノ取締竝朝鮮統治ニ關スル質問主意書
右成規ニ據リ提出候也
大正九年十二月二十七日
提出者 山道 襄一　賛成者 箕浦 勝人
外二十九人

在外朝鮮人ノ取締竝朝鮮統治ニ關スル質問主意書

一 第四十二回帝國議會ニ於テ政府ハ上海滿州西伯利等ニ於ケル朝憲紊亂ノ行爲アル不逞朝鮮人ノ團體乃至自稱假政府等ヲ吹ケハ飛フ如キモノニテ敢テ介意スルニ足ラスト斷言セリ一箇年ヲ經過シ彼等ノ教唆煽動ニ基ク獨立陰謀運動最熾烈惡化ヲ極メツツアル今日猶其ノ誤リシコトヲ自覺セサルカ

二 在外朝鮮人ノ自稱假政府又ハ英米兩國議會ノ朝鮮人ノ獨立運動ニ對スル決議案或ハ又外國人ノ本國其ノ他ニ於ケル團體乃至個人ノ該運動援助行爲ノ絕對價値如何ハ之ヲ問フノ必要ナシ唯此等カ朝鮮獨立ノ陰謀ヲ企劃シツツアル朝鮮人ノ對照物ト爲ル上ニ於テハ甚大ナル危險物タルコトヲ知ラサルヘカラス故ニ本員ハ第四十二回帝國議會豫算委員會ニ於テ政府ニ對シ質問ヲ爲スト同時ニ此等陰謀團ハ必ス我カ國家國民ニ取リテ危險且不利益ナルヲ以テ豫メ之ニ備フル所ナカルヘカラサルコトヲ警告シ置キタルカ果シテ琿春事件間島事件等ヲ惹起スルニ至リタリ之レ政府カ在外朝鮮人陰謀團ニ對スル誤信又ハ取締對應策等ノ怠慢ヨリ起リタルモノト思惟スルノ外ナシ若然ラストセハ之ニ對シテ政府ノ執リタル處置奈何

三 豫知シ得タル琿春事件及間島事件ヲ未然ニ防ク能ハス遂ニ英米兩國人等ヲシテ帝國陸軍ノ不法行爲問題ヲ揚言セシムルニ至リ又該地方ニ對スル帝國ノ出兵駐兵撤兵ニ關シ支那ト國際關係ヲ紛糾セシムルニ至ラシメタルハ政府ノ一大失態ナリ之カ顚末及善後策奈何

四 ニコライエフスクニ於テ在留邦人中特ニ婦人小兒ノ虐殺ヲ行ヒタル五百乃至一千名ノ朝鮮人ハ已ニ大正七年四月頃ヨリ彼地ニ於テ露西亞人支那人等ノ共產黨員ト共ニ盛ニ朝鮮獨立運動ヲ試ミ排日行爲ヲ爲シ大正八年四月ニハ排日露西亞人ト共ニ軍隊ヲ組織シ我カ軍ヲ欺キ武器ノ配給ヲ受ケタルノ事實アリ政府ハ之ニ氣付キ何等カノ對策ヲ講シタルコトアリヤ

五 朝鮮獨立ノ陰謀ニ連座シ檢擧セラレタル支那安東縣在住英人「シヨウ」ノ罪狀ハ朝鮮人ノ組織セル自稱上假政府ナルモノノ反逆行爲ト關係スル所ナキカ

六 呂運亨等上海假政府員ト稱スル者カ支那安東縣ニ交通部ナル陰謀遂行機關ヲ設置シタルコト及其ノ後ノ行爲ハ朝憲ヲ紊亂スル犯行ニシテ制令違反ノ罪狀ヲ構成スルモノト思惟スヘキ事實アリ又彼等不逞鮮人ノ行爲ハ朝鮮內ニ行ハルル獨立運動ト重大密接ノ關係ヲ有シ獨立運動者ノ標的トナリ民心ヲシテ益陰惡ナラシメタルコトハ一般ノ認ムル所ナルニ政府ノ態度及措置ハ其ノ然ラサルモノノ如ク爲ニ朝鮮民心ノ惡化ヲ招致セリ政府カ不逞鮮人ヲ優遇シ又ハ犯罪ヨリ免レシムルノ態度ニ出テタル理由奈何

七 朝鮮併合ノ目的ヲ完成セムトスレハ教育ノ力ニ俟タサルヘカラサルモノ最多シ然ルニ大正八年三月騷擾以來一般鮮人父兄ハ邦人教師ニ就キ子弟ヲシテ教育ヲ受ケシムルヲ欲セス兒童モ亦却テ耶蘇教宣教師等ノ學校ニ通學スルヲ好ミ官公立學校中ニハ休校ノ止ムナキニ至レルモノアリ又授業ヲ爲スモ教師ノ言一度國體ニ及ヒ君カ代ノ唱歌ニ至レハ生徒ハ一齊ニ足踏シテ妨害スル等狼藉ヲ極ム爲ニ邦人教師中ニハ寺內總督時代ノ憲兵制度ノ復活ヲ希望スルモノアルニ至レリ是レ果シテ何事ヲ意味スルカ而シテ朝鮮人少青年ノ精神教育ヲ如何ニシテ普及完成セムトスルカ

八 在鮮歐米人中殊ニ宣教師ノ言行及彼等ノ設立ニ係ル學校教會等ニ於テハ獨立思想ノ鼓吹宣傳排日運動ノ教唆煽動ヲ爲ス事實アリ然ルニ政府ハ之ニ對シ直接ノ取締ヲ爲ササルノミナラス間接ニモ彼等ノ本國政府ニ交涉シテ取締ノ擧ニ出テタルヲ聞カス外國人ト云ヘハ腫物ニ觸ルルカ如キ態度ヲ爲スカ故ニ鮮人ノ外人ニ對スル誤信ヲモ大ナラシメ公安ヲ紊ルコト甚シ政府ノ所信奈何

九 朝鮮統治ニ關シ文化政策ノ採用卽チ日鮮人差別待遇廢止一視同仁等ノ聲明ノ如キハ頗ル宜シ然ルニ事實ハ朝鮮人ノ人材ヲ壓迫シ登用ノ途ヲ塞キ各方面ニ於テ差別的待遇ヲ爲シツツアリ之レ統治上ノ不盾ニシテ排日運動ノ原因ナリ若矛盾ナシトスレハ朝鮮人材登用鮮人官吏實業家企業家等優遇ノ事實ノ說明ヲ求ム

十 文化政策ヲ標榜シ言論尊重ノ一事トシテ從來許可セラレサリシ諺文新聞發刊ヲ許可スルト稱シナカラ三新聞ニ局限許可シタルコトカ抑不可解ナリ而モ一度新聞紙發刊セラレ未タ數箇月ナラサルニ發行停止ニ停止ヲ重ネ斷禁セラレタルモノスラアリ中ニハ社主ト八百長的ニ發行ヲ停止シタル爲他ノ關係者ヲシテ許可セサル以前ヨリモ更ニ甚シキ不平ヲ叫ハシムルノ失態ヲ演シ新聞政策ハ無益ニ止マラス有害トナレリ其ノ經過ノ說明ヲ求ム而シテ又彼等朝鮮人青年ニ新聞紙發行ヲ許可スレハ獨立運動ヲ鼓吹シ自由ノ要求ヲ爲スノ言論ヲ逞ウスルハ苟モ朝鮮人ヲ知ルモノノ何人モ豫知スル所ナルカ當局ハ此ノ事情スラ知ラスシテ濫ニ新聞發刊ヲ許可シタルモノナルカ

十一 文化政策ヲ標榜シナカラ朝鮮人ニ自治ヲ許シ參政權ヲ與ヘ徵兵ノ義務ヲ負擔セシムルノ意志ナキカ若其ノ意志ナシトセハ一視同仁ハ無意味ニ終リ日韓併合ノ主旨ハ滅却セラレ朝鮮ヲ植民地扱トシ朝鮮人ト日本人トヲ差別待遇ヲ爲スコトトナラサルカ之ニ對スル政府ノ方針奈何

十二 朝鮮併合ノ功勞者中僅ニ少數貴族ノミ恩賞ヲ受ケ事實上ノ功勞者タル西北學會員一進會員等ノ大多數ハ何等行賞ニ與ラス之レ實ニ反總督政治ノ運動起ル最大原因ノ一ヲ爲シタルモノナルカ近來警察機關ノ弛廢ニ伴ヒ此等功勞者中親日派ノ人々ニ對スル獨立陰謀團ノ迫害激甚ヲ加ヘ來リ生存ヲ脅カサルルニ至レリ而モ反逆人トモ稱スヘキ陰謀團員ハ懷柔政策ノ名ノ下ニ却テ優遇ヲ享ケ又ハ罪ヨリ逃レシメラレタリ例ヘハ呂運亨ノ如キ鄭安立ノ如キ卽チ之レナリ此ノ奇怪ナル現象ハ今ヤ併合ノ功勞者親日派ノ鮮人等ヲ驅テ皆不逞ノ徒ト化セシメツツアリ今夏ヲ竢タスシテ治鮮上實ニ由由數大問題ヲ惹起セムトスルノ徵候アリ政府ハ之ニ對シ如何ナル處置ニ出テムトスルカ

十三 海外ニ去テ不穩文書ヲ作製シ之ヲ鮮人ニ配付シ又ハ武器ヲ携ヘテ鮮人良民及官吏ヲ教唆シ煽動シ脅迫シ殺傷シテ益獨立運動ヲ熾烈ナラシメムトシ企劃セル不逞鮮人中ニハ政府ニ招待セラレ自由ニ帝都ニ出入シテ陰謀宣傳ヲ爲セルモノスラアルニ拘ラス朝鮮內地ニ在テ教唆サレ煽動サレタルモノハ却テ警察ニ拘留セラレ中ニハ獨立宣傳ノ謄寫版刷一枚ヲ貰フテ懷中シタルカ爲又ハ群衆ト共ニ萬歲ヲ一聲叫ヒタルノ故ヲ以テ刑律ニ照ラサレタル者スラア

リ斯ノ如キハ新聲明ノ一視同仁ノ精神ト撞著シ國法ノ權威ヲ損スルコト甚シク統治失敗ノ原因ナリト思惟ス政府ノ所見奈何

十四　總督交迭ト共ニ官吏ノ大交迭ヲ行ヒ上ハ勅任官ヨリ下ハ警部巡査ニ至ルマテ朝鮮及朝鮮人ニ對スル何等ノ理解ナキ人物ヲ引用シ來リテ一種ノ水野閥ヲ作リ前總督時代ヨリ勤續ノ少數官吏ヲ呼フニ在來種ヲ以テシ俸給支給方ニ於テ彼等ヲ虐待シ更ニ又朝鮮人官吏ニ對シテモ寧ロ新聲明ト反對ノ事實ヲ示シ居レリ其ノ弊ノ及フ所測ルヘカラサルモノアラムトス須ニ朝鮮統治ノ禍根タリ政府ハ今ニシテ之ヲ芟除スル意思ナキカ

十五　不逞鮮人ノ跋扈甚シク爲ニ郡衙面役所等ノ吏員等ハ多ク辭任シ之ヲ補充スル能ハス殊ニ國境方面甚シク事務休止ノ狀態ニ在ルモノアリ又或ハ此等行政事務所ヲ駐在所ニ合併シテ辛フシテ執務セルモノモアリ斯ノ如クムハ新總督ノ百ノ政革モ千ノ新法令モ唯總督府內机上ノ事而已ニシテ何等治鮮上ニ貢獻スル所ナシ政府ハ之ニ對シテ如何ナル處置ヲ執ラムトスルカ

十六　朝鮮ノ經濟ハ併韓後十年ニシテ國庫補給金一千万圓ヲ要スルニ至リ更ニ大正十年度ニ於テハ事業公債ハ三千五百万圓國庫補給ハ千五百万圓ニ增額セラレ更ニ資源ヲ得ル爲驛屯土ノ拂下トナリ新稅ノ賦課トナリ國庫鮮人共ニ困憊ス而モ其多額ノ警備費ニ支出セラレ居ルニ反シ人心ハ日ニ惡化シ安寧秩序愈紊レムトス之レ全ク新統治策ノ失敗ヲ語ルモノナリ政府ノ之ニ對スル所見如何

十七　寺內總督時代憲兵制度ノ批難セラレタルハ憲兵ヲシテ單ニ警察行政ヲ取扱ハスルニ止メス寧ロ憲兵萬能ノ政治ヲ行ハシメタルカ爲ナリ而モ總督交迭ト共ニ不用意ニ此ノ制度ヲ廢止シテ失態百出シ今ヤ警察官ノ大增員ヲナシ軍隊ヲ增派シ更ニ又憲兵ヲ增遣スルノ計劃ヲ立テ施政ノ根本ヲモ疑ハシムルニ至リ國費濫費ノ嫌アリ之レ治鮮上何等ノ定見ナキノ結果ナリト思惟ス之ニ對スル政府ノ說明ヲ求ム

十八　朝鮮人ノ自發的農事改良開墾水利等ノ事業ヲ營ム會社ヲ壓迫シ又在來ノ官民投資額莫大ナル此ノ種ノ會社例ヘハ東拓會社殖產銀行等ヲ排斥シテ殊更ニ日鮮人疑惑ノ最多キ朝鮮農事改良株式會社ト稱スル營利的會社ニ對シ同一性質ノ他會社ニ與ヘラレサル各種ノ特權ヲ附與シ國庫ヲシテ結局二千四百万圓ノ補給ヲ契約セシムルカ如キ豫算案ヲ議會ニ提出スルコト二回ニ及ヒタリ其ノ眞意ヲ解スルニ苦シムノミナラス朝鮮產業界ノ爲ニ憂ヘサル能ハス政府カ他ノ同一目的ノ經驗アル會社其ノ他有益ナルモノヲモ壓迫排斥シ特別ニ一營利會社ニ特權ヲ與ヘ之ニ補給迄モ與ヘムトシタル理由ハ產業政策ノ方針ニ基キシモノカ而モ今期議會ニ其ノ提案ヲ見サルハ議會ノ意志ヲ尊重シタル爲カ將又產業政策ニ變更ヲ來シタルカ爲カ其ノ說明ヲ求ム

十九　第四十一回帝國議會ニ於テ朝鮮輕便鐵道ニ對スル年七朱ノ補助法案ヲ提出シナカラ其ノ握潰シノ儘ニ委シ閉會トナルヤ否ヤ行政命令ヲ以テ年八朱ノ補給ヲ爲シタルカ如キハ政治ノ不信義ヲ語ルモノナリ其ノ理由奈何而シテ此ノ補給金ハ前渡金多キニ拘ラス事業ハ進捗セス中ニハ內容紊亂セルモノアリト云フ朝鮮事業界ヲ紊スコト甚タシ當局監督ノ程度ニ於テ詳細ナル說明ヲ求ム

二十　京城現物取引所設置許可ニ際シ種々怪聞ヲ耳ニセルカ中ニモ朝鮮人ノ出願ヲ壓迫シ僅ニ一萬株ヲ配分シテ之ヲ口實ニ願書ヲ却下シタルカ如キハ非道ナリ而モ日本人側ノ權利株配分ヲ受ケタルモノノ中ニハ如何ハシキモノアリト云フ之レ又產業上統治上看過スヘカラサル問題ナリ政府ノ所見奈何

二十一　近時朝鮮ノ官有地拂下ケ貸下ケ等カ利權買ノ目的ヲ以テ一部政商ノ左右スル所トナリ殊ニ朝鮮人ノ願出テハ槪却下セラレ爲ニ鮮人ハ生存ノ安定ヲ脅カサルルノ感ヲ生シ排日本人反總督政治運動ノ瀰漫之ニ依テ甚シキヲ加フルニ至レリ誠ニ朝鮮開發上ヨリ見ルモ亦治鮮ノ大本ヨリ見ルモ遺憾至極ナリ政府ノ之ニ對スル所見奈何

右及質問候也

大正十年二月一日

内閣總理大臣　原　　敬

衆議院議長奧繁三郎殿

衆議院議員山道襄一君提出在外朝鮮人ノ取締竝朝鮮統治ニ關スル質問ニ對シ別紙答辯書差進候

（別紙）

衆議院議員山道襄一君提出在外朝鮮人ノ取締竝朝鮮統治ニ關スル質問ニ對スル答辯書

一　質問書中彼等ノ教唆煽動ニ基ク獨立運動最熾烈惡化ヲ極メツヽアル云々ノ文字ハ果シテ如何ナル事實ヲ指シタルモノカ其事實ヲ擧示スルニ非レハ質問ノ趣旨明瞭ナラサルモ近時不逞運動ハ寧ロ著シク減少シ偶々國外ヨリ來ル不逞者ノ煽動ニ對シテモ亦鮮內ノ民心之ニ雷同スル者尠キニ至レリ

二　滿洲方面ニ於ケル不逞鮮人ノ取締ニ付テハ事支那政府ニ關スルヲ以テ琿春事件又ハ間島事件ノ突發スルニ先チ屢、支那政府ニ交涉シテ之カ取締ヲ求メタリ不幸ニシテ琿春事件ノ發生ヲ見タルモ是レ決シテ政府ノ誤信又ハ怠慢ヨリ起リタルモノト謂フ可カラス

三　琿春事件又ハ間島事件ニ關シ外國人中帝國軍隊ノ不法行爲ヲ云爲セシ者アリシモ是レ全ク事實ノ誤解ニ基クモノナリ又該地方ニ對スル帝國ノ出兵駐兵撤兵ニ關シテハ始終支那政府ト良好ノ關係ヲ保持シ之ヲ紛糾セシメタルコトナク從テ政府ニ於テ何等ノ失態アルコトナシ

四　本項ニ記載スルカ如キ事實ヲ認メス

五　安東縣在住英人「ショウ」事件ハ目下審理中ニ屬シ茲ニ事實ノ眞相ヲ言明スルコトヲ得ス

六　制令違反ノ罪狀ヲ構成スル行爲アル者ニ對シテハ我法權ノ及フ限リ之ヲ嚴罰シテ假借スル所ナシ又政府ニ於テ不逞鮮人ヲ優遇シ或ハ犯罪ヨリ免レシメタルコトナシ

七　騷擾當時官公立學校中一時休校ノ已ムナキニ至リシ事實アルモ幾何ナラスシテ悉ク皆ニ復シタルノミナラス向學心ノ發達著シキモノアルニ鑑ミ、一層教育ノ普及改善ヲ計ルノ必要ヲ認メ目下內鮮有識者ヲ以テ教育調査會ヲ組織シ將來ノ教育方針ニ付キ愼重審議ヲ重ネツヽアリ

八　外國人ト雖モ朝鮮獨立ニ關スル犯罪行爲アレハ之ヲ檢擧シテ憚ル所ナキハ言ヲ俟タサル所ニシテ未タ嘗テ外國人ニ對シテ腫物ニ觸ルヽカ如キ態度ヲ執リタルコトナシ

九　人材登用ニ付キテハ朝鮮人ト內地人トノ間何等差別ヲ設クルコトナキヲ以テ朝鮮人ノ人材ヲ壓迫シ其ノ登用ノ途ヲ塞キタルカ如キ事實アルコトナシ實業家企業家ニ對スル政府ノ態度ニ付キテモ亦同樣ニシテ何等ノ差別ヲ設クルコトナシ

十　朝鮮人ニ於テモ言論ヲ尊重スルコトハ內地ト異ナル所ナシ唯安寧秩序ヲ妨害スルノ事項ヲ認ムルニ至リテハ已ムヲ得ス相當ノ處分ヲ爲サヽル可カラス

十一　朝鮮ニ於テハ漸次地方自治ノ政策ヲ行フノ必要ヲ認メ既ニ其ノ基礎ヲ作リタリ尙漸次諸般ノ制度ヲ內地同樣ニ形成スルニ至ラシムヘキコトハ政府ノ期待スル所ナリ

十二　朝鮮併合ノ功勞者ヲ冷遇シ陰謀團員ヲ優遇シタル事實ナシ

十三　海外ニ在ル不逞鮮人中政府ニ招待セラレタル者ナシ且帝都ニ於テ犯罪行爲アリト認メタル者ニ對シテハ其ノ朝鮮ニ在ル者ト同樣相當ノ處分ヲ爲シツヽアリ何等國法ノ權威ヲ損スルコトナシ

十四　朝鮮總督府內ニ於テ一種ノ水野閥アルヲ認メス且總督府官吏ニ對シ任官ノ新舊ニ依リ待遇ヲ異ニスルコトナシ又鮮人官吏ニ對シテハ聲明セル方針ニ基キ優遇ノ方法ヲ講シタリ

十五　一昨年朝鮮騷擾ノ際ハ下級行政官吏不安ヲ感シ事務澁滯ノ傾向アリシト雖モ爾來平穩ニ復スルニ從ヒ大體ニ於テ鮮內孰レノ地ニ於テモ官公吏ハ各安ンシテ其ノ職務ニ鞅掌シ事務益、擧ルヲ認ム

十六　朝鮮ノ統治ハ文化ノ進展制度ノ整理ニ伴ヒ一年ハ一年ヨリ經費ノ增加ヲ來スヘキハ已ムヲ得サル所ナリ然レトモ之カ爲メ民力困憊セルカ如キ現象ハ之ヲ認メス

十七　時勢ノ進步ニ伴ヒ憲兵制度ヲ普通警察制度ニ改ムルノ必要ヲ認メ之カ改正ヲ行ヒシカ爾來警察力ノ充實ニ伴ヒ良好ノ成績ヲ擧ケツヽアリ而モ警察官ノ員數ニ至リテハ將來更ニ增員ノ必要ヲ認ムルコトアルヘシ

十八　朝鮮人ノ自發的農事改良會社トハ如何ナルモノヲ指スカ質問ノ趣旨明瞭ヲ缺ク東拓、殖產銀行ニ對シ政府ハ未タ嘗テ之ヲ壓迫シタルコトナク又嘗テ壓迫ヲ受ケタリト訴ヘシ者アルヲ聞カス若シ其レ農事改良會社ニ至リテハ朝鮮人多數ノ希望ニ出ルモノニシテ寧ロ財政ノ許ス限リハ一日モ速ニ其ノ設立ノ實現ヲ希望スル次第ナリ

十九　第四十一回帝國議會ニ提案シタル朝鮮輕便鐵道補助法ニ依ル補給金ハ七朱ナリシモ其ノ後經濟界ノ狀況ニ鑑ミ鐵道普及ヲ促進スル爲メ必要ナリト認メ輕便鐵道ニ對スル補給ハ之ヲ八朱ニ變更スルコトトセリ事業ノ進捗セサルハ內容紊亂ノ爲ニ非スシテ寧ロ一般經濟界ノ不振ニ原因スルモノ多シ當局ニ於テハ其ノ督勵ヲ怠リタルコトナシ

二十　京城現物市場ノ設置許可ニ付テハ政府ハ朝鮮人側ニモ公平ニ株式ノ配當ヲ行フヘキコトヲ發起人ニ注意シタルニ過キス鮮人出願者中之ニ對シ異議アリシヲ聞カス

二十一　官有地拂下貸下等ニ付テ特ニ朝鮮人ノ出願ヲ却下シ其ノ生存ノ安定ヲ脅シタル事實ナシ

右及答辯候也

大正十年二月一日

内閣總理大臣　原　敬
外務大臣　伯爵内田　康哉
陸軍大臣　男爵田中　義一

大正十年二月二日　議長ノ報告

帝國軍隊カ鮮人ヲ虐殺シ學校及敎會ニ放火セリトノ事件ニ關スル質問主意書

右成規ニ據リ提出候也

大正十年一月二十二日

提出者 清瀨一郎　賛成者 鈴木梅四郎 外二十九人

帝國軍隊カ鮮人ヲ虐殺シ學校及敎會ニ放火セリトノ事件ニ關スル質問主意書

一 大正九年十月三十日（天長祝日ノ前日）ヲ期シ間島各地ニ於テ帝國出征軍隊ニ依リ行ハレタル鮮人殺戮竝學校、敎會燒却事件ノ眞相如何殊ニ右ハ什麼ナル必要什麼ナル動機ニ因リ敢行セラレタルモノナリヤノ説明ヲ求ム

蓋琿春ニ馬賊ノ一團襲來シ帝國領事館ヲ燒却シ多數ノ同胞ヲ慘殺シタルハ大正九年十月二日午前三時ノ事ナリキ尼港ノ慘事猶未タ人ノ腦裏ニ新ナル際重ネテ此ノ報ヲ得タル世人ハ一樣ニ憂愁ノ氣ニ打タレ只管當局ノ機宜ヲ誤ラサラムコト同胞ノ損害ノ少カラムコトヲ祈願シタリキ幸ニシテ朝鮮北境ニ在リシ我カ守備隊ハ急速ニ行動ヲ開始シ既ニ同月九日ニ至リテハ琿春、間島一帶ノ地ハ我カ軍隊ノ威力ヲ以テ其ノ秩序ヲ維持スルコトヲ得ル狀態トナリ同日ヲ以テ我カ外務省ヨリ事件ノ經過ヲ發表シ國民始メテ愁眉ヲ開クコトヲ得タリ爾來我カ軍隊ハ專ラ匪徒ノ追擊剿滅ニ從事セシト雖倖ニ何等ノ大事ナクシテ經過シツツアリタリ

然ルニ越エテ十一月初旬ニ至リ我カ軍隊ハ十月三十日卽チ天長祝日ノ前日ヲ期シ同時ニ間島各地ノ鮮人部落ヲ包圍シ脫出セムトスル鮮人ハ悉ク之ヲ射殺シ部落内ニ在ル者ハ建物ト共ニ之ヲ燒殺セリトノ報導專ラ世ニ行ハレ内地竝在支那ノ外字新聞ハ一樣ニ此ノ事實ヲ反覆掲載シ痛ク我カ軍隊ノ行爲ヲ非難セリ吾人ハ初メ此ノ報導ニ耳ヲ貸ササリキ思ヘラク規律節制ノ嚴正ヲ以テ誇トナス帝國軍隊ニ豈此ノ事アラムヤ是レ蓋彼ノ排日外人等ノ爲ニスル所アリテ構造スル捏造ノ虛說ニ外ナラシト然ルニ十一月六日ニ至リ左記軍司令部發表ヲ見ルニ及ヒテ前記外字新聞紙ノ報導カ必スシモ根柢ナキ虛說ニアラサルカ如ク察セラレ恐怖措ク能ハサリキ曰ク

陰謀團ノ巣窟ヲ燒拂フ

間島局子街南方約三里ノ獐巖洞ニ不逞鮮人潛在シ我後方連絡隊ヲ脅威セントシツヽアルヲ偵知シタ我軍ハ去月三十日午前八時該部落ヲ包圍シ不逞鮮人等ヲ捜索シタ處同地ノ耶蘇敎學校ニアツタ不逞鮮人等ハ我包圍ヲ突破シテ逃去ヲ企テタカラ之ヲ射殺シ尚學校ヲ捜索シタルニ多數ノ獨立新聞「大韓獨立」ヲ書セル紙片及軍資金其他有力ナル不逞行爲ノ材料ヲ發見押收シ不逞者陰謀ノ巣窟タル同校ヲ燒却シタ（軍司令部發表、京城來電、十一月六日大阪每日新聞掲載）

其ノ後復タ陸軍省ハ右同樣ノ行爲ハ前記獐巖洞ノミナラス龍井村附近ノ部落竝南平洞ニ於テモ敢行セラレタルモノニシテ其ノ日時ハ孰レモ大正九年十月三十日ナリシコトヲ發表セリ更ニ陸軍省ヨリ間島ニ特派セラレタル水町大佐ハ我カ軍ノ射殺シタル鮮人ノ内ニハ無辜ノ良民モアリシナラムモ一々其ノ良否ヲ審査スルニ於テハ多數ノ不逞者ヲ逸ス恐アリタル爲此ノ包圍殺射ヲ行ヒタル旨ヲ發表セリ（次項參照）

思フニ大正九年十月三十日ノ當時ハ我カ軍隊カ間島一帶ノ秩序ヲ維持スルノ實力ヲ具ヘタル時ナリシナリ而シテ前記獐巖洞、龍井村、南平洞ノ地ハ孰レモ我カ軍ノ前線ニハ非スシテ我カ軍ノ後方從テ其ノ勢力圏内ノ地域ナリトス斯ル時斯ル地ニ於テ疑ハシキハ之ヲ捕ヘ其ノ良否ヲ審理スルコトヲ得サリシモノトハ信スヘカラス若果シテ逮捕審訊ヲ爲スコトヲ得サリシ特別ノ事情アリトスレハ其ノ事情如何

次ニ假ニ不逞ノ徒ノ陰謀密會ノ場所ニ用井タリトスルモ濫ニ建造物ヲ燒却スルハ何ノ目的ニ出テタルモノナリヤ建造物ハ死物ナリ逞不逞ノ別アルナシ不逞ノ徒ヲ掃蕩シ去ラハ却テ之ヲ善良ノ目的ニ使用シ得ルニ非スヤ現ニ彼ノ地ハ冱寒堪ユヘカラス多數ノ良民ハ朔風酷烈ノ夜眠ルニ處ナクシテ身ヲ溝壑ニ寄セ死ノ至ルヲ待チツツアリト云フニ非スヤ

終リニ此ノ殺戮行爲ヲ爲スニ付何故ニ特ニ天長祝日ノ前日ヲ選ヒタリヤ之ヲ以テ士氣振興ノ爲ナリト云フ者アリ恐クハ事實ニ非サルヘシ奈何假ニ天長祝日ヲ期シテ士氣ヲ作興スルノ眞意ハ毫末モ存在セストスルモ斯ノ如ク解セラルルノ行動ヲ執ルハ適當ナリヤ　先帝特ニ軍人ニ勅諭ヲ賜ハリ由ナキ勇ヲ好ミテ猛威ヲ振ハハ世人軍人ヲ豺狼ト同視スルニ至ラムト諭ヘ賜ヘリ何ソ茲ニ顧ミル所ナカリシヤ要スルニ前記鮮人部落ノ一齊包圍事件學校敎會燒却事件ニ付内外ノ疑惑ヲ氷解スル爲詳細丁寧ナル説明アラムコトヲ求ム

二 本件ニ付水町大佐カ「フート」其ノ他ノ宣敎師ニ與ヘタル陳述書ニ對スル責任ノ所在ヲ明示セラレタシ蓋水町大佐ハ右鏖殺竝放火ノ事件ノ事實ヲ調査スル爲陸軍省ヨリ彼ノ地ニ特派セラレタルモノノ如シ同大佐ハ間島現場ニ至リ大正九年十二月一、二日ノ頃前記宣敎師其ノ他ニ示ス爲長文ノ陳述書ヲ發表セリ此ノ陳述書タルヤ全體ニ亙リ不謹愼ナル文字ヲ以テ充タサル今其ノ一、二ヲ摘記セハ（一）大佐ハ日本軍隊ノ燒却セシ家屋ノ中ニハ敎會及學校ノ存在シタルハ遺憾ナレトモ此等ノ建物ハ不逞鮮人ニ依リ使用セラレタルカ故ニ既ニ其ノ神聖性ヲ喪ヒタルモノナリト陳述セリ然レトモ此ノ陳述ノ裏面ニハ敎會學校ハ不逞鮮人カ使用シタルコト以外ニ何等軍事上ノ必要ナクシテ燒却シタルコトノ承認ヲ包含スルモノニ非スヤ（二）又大佐ハ我カ軍ニヨリ射殺セラレタル鮮人中ニハ無辜ノ者モアリタルナラム然レトモ一々之ヲ審査スルニ於テハ多數ノ不逞者ヲ逸去セシムルノ恐アリタリト陳述セリ是レ我カ軍隊カ無辜ノ良民ヲ殺戮セシコトヲ是認スルト同時ニ事ノ速ナラムニハ無辜ノ者ヲ不逞ノ者ト併セ殺スモ可ナリトノ怖ルヘキ主張ヲ包含スルモノナリ（三）大佐ハ更ニ我カ軍隊ノ爲シタル所ハ狂暴ナリシナラムモ未タ貴國（英國ヲ指ス）ダイヤー將軍カ印度ニ於テ敢行セシモノニ及ハスト陳述セリ是亦驚クヘキ不謹愼ノ言ニ非スヤ他ノ非ヲ援クモ我ノ非ヲ辯護スルニ足ラス是レ故意ニ他ノ感觸ヲ害スル無用有害ノ言辭ナリ（四）大佐ハ更ニ宣敎師カ寫眞ヲ以テ鮮人ノ屍體中半燒ノ者アルヲ示シ是レ我カ軍ノ鮮人ヲ燒殺シタルモノナリト訴ヘタルヲ斥ケテ曰ク「十月三十日ニ於ケル屍體ハ之ヲ火葬ニ附シタレトモ薪ノ缺乏シタルト其ノ翌日カ我カ天皇ノ誕生祝祭日ナリシ爲兵士ヲ早ク營所ニ歸ラシムル必要アリシヲ以テ屍體ノ燒ケ盡サザリシモノヲ生シタルナリ人ヲ燒殺シタルコトナシ」ト蓋我カ軍カ特ニ天長祝日ノ前日ヲ選ヒテ士氣作興ノ爲此ノ暴擧ヲ爲セシトノ說ハ斯ル陳述ニ胚胎スルモノナルヤモ知ルヘカラス翌日ノ天長祝日ナルコトハ屍體ヲ半燒ノ儘放棄スルノ理由トナラス此ノ陳述ハ天長節ヲ祝賀スルカ爲ニハ非人道ノ行爲ヲ爲スモ可ナリトノ主張ヲ含ムカ如クニモ解セラルル最不敬ノ言辭ナリ果セルカナ此ノ陳述ハ全世界ヲ驚倒セリ各外字新

聞ハ之ヲ論議シ英國議會ハ之ヲ問題トス我カ外務省ハ曾テ之ヲ以テ水町大佐一個人ノ陳述ナリト公示セリ而モ水町大佐若ハ陸軍省ハ未タ此ノ陳述ヲ取消サス此ノ陳述ノ爲我カ帝國ノ世界ニ於ケル聲價ヲ害セシコト幾何ナルヤヲ知ルヘカラス

陸軍省ハ何故ニ之カ取消ヲ命セサルヤ又之ヲ水町大佐一個人ノ行爲トスレハ是レ濫ニ文書ヲ以テ政治上ノ陳述ヲ爲シタルモノニシテ陸軍刑法ニ抵觸スルノ行爲ナリ軍法會議ノ開カレサルハ怪シムヘシ

右ノ次第ナルヲ以テ冒頭掲記ノ如ク水町大佐ノ陳述書ノ責任ニ付當局ノ明答ヲ要求スルモノナリ

右及質問候也

大正十年二月一日

内閣總理大臣　原　敬

衆議院議長奥繁三郎殿

衆議院議員清瀨一郎君提出帝國軍隊カ鮮人ヲ虐殺シ學校及教會ニ放火セリトノ事件ニ關スル質問ニ對シ別紙答辯書差進候

（別紙）

衆議院議員清瀨一郎君提出帝國軍隊カ鮮人ヲ虐殺シ學校及教會ニ放火セリトノ事件ニ關スル質問ニ對スル答辯書

一　我軍カ特ニ天長節祝日ノ前日ヲ選ミテ一擧ニ間島諸部落ノ掃蕩ヲ實施セル如ク傳フルハ事實ニ反ス我軍ハ十月中旬以後十二月上旬ニ亙ル間連日各地ニ匪徒ヲ索メテ掃蕩ヲ實施シ此間特ニ時期ヲ劃シタル事ナク偶ミ天長節祝日ノ前日ニ際シ獐巖洞等ノ掃蕩ノ必要ヲ生シタルニ過キス

獐巖洞ノ掃蕩ハ該地ニ匪徒數百集合シテ其ノ附近南陽坪ニアル我兵站支部ヲ襲ハムトスルノ情報ニ接シ之ヲ實行シタルモノニシテ十月三十日夜ヨリ三十一日朝ニ亙ル出來事ナリ龍井村附近ノ出來事ト稱スルハ其ノ東方約一里半ニアル瑞典洞ノ掃蕩ノ事ニシテ其ノ目的ハ不逞團同地ニ集合シ我後方連絡線脅威ヲ企圖シアルヲ偵知シ之レヲ掃蕩シタルモノニシテ十月二十九日ヨリ三十日ニ亙リ實施セリ南平洞ハ茂山對岸ノ地ニシテ匪徒ノ武裝團隊約百五十集合シ鮮内ニ向テ侵襲ヲ爲サムトスルノ情報ニ接シ茂山守備隊カ同地ノ掃蕩ヲ決行セシモノニシテ十月三十一日夜ヨリ十一月一日ニ亙ル出來事ナリ

彼ノ外字新聞カ我軍ハ審問ヲ行フコトナク無辜ノ民ヲ殺戮セル如ク傳フルモ當時我軍ノ行動ニ抵抗シ或ハ捜査中逃竄ヲ企テ射殺セラレ若クハ戰場附近ニ在リテ彼我ノ流彈ニ中リテ死傷セル等戰鬪行爲ニ伴フ當然ノ損害ノ外無抵抗ノ婦女子ヲ殺害シ或ハ無辜ノ良民ニ危害ヲ加ヘシカ如キコトナシ

鮮人所有ノ學校及教會等若干ヲ燒却セシハ事實ナルモ之等ハ悉ク搜メ其屋内ヲ搜索シ不穩文書匪徒ノ軍需品其他ヲ發見シ之レカ不逞者ノ根據巢窟タル證據歷然タルモノニシテ之レヲ放置スルトキハ再ヒ彼等ノ利用スル所トナリ我軍ニ危害ヲ及ホスト判定シタルモノニ對シテノミ實施シタルモノトス

二　水町大佐ノ「ブート」ニ送リタル所謂陳述書ハ全ク水町個人ノ私信ニシテ何等政府ノ意志ヲ代表セルモノニ非サルコトハ外務當局ヨリ當時既ニ之レヲ表明セリ從テ右信書ノ内容ニ關シ政府ニ於テ責任ヲ負フヘキ限リニ非ス

水町大佐ノ該行爲ハ陸軍刑法ニ抵觸ス云々トノ事ナルモ該書面ハ水町大佐ガ在龍井村外國宣教師ニ宛テタル信書ニシテ決シテ之レヲ衆人ニ公表シタルモノニ非サレハ假リニ其内容カ政治ニ關スルトスルモ陸軍刑法ヲ適用スヘキ限リニ非ラス

該書類カ水町個人ノ信書タル以上其内容ニ對シ政府カ辯明スル限リニ非ラスト雖モ清瀨君カ該書類ニ就テ懸念セラルル諸點ニ關シテハ下ノ如シ

一　教會學校等ハ不逞鮮人カ使用シタルコト以外ニ何等軍事上ノ必要ナクシテ燒却シタルコトナシ

二　我軍隊ハ掃蕩ヲ迅速ナラシムル爲無辜ノ者ヲモ不逞者ト倂セ殺シタルコトナシ

三　天長節ヲ祝賀スル爲ニハ非人道ノ行動ヲ爲スモ可ナリト信シアルコトナシ

右及答辯候也

大正十年二月一日

陸軍大臣　男爵田中　義一

十四　決議案　對露政策ニ關スル件（中野正剛君提出）

決議案

決議

對露不干涉ノ趣旨ヲ明白ニシ通商共益ノ基礎ヲ確立スヘシ

（中野正剛君登壇、拍手起ル）

●中野正剛君　諸君、本員ハ「衆議院ハ政府ノ對露不干涉ノ趣旨明白ヲ缺キ通商共益ノ基礎ヲ確立スル能ハザルモノト認ム」ト云フ決議案ヲ提出致シマシテ、滿場諸君ノ御質問ヲ仰ギタイノデアリマス、本案ハ諸君御承知ノ通リニ、最初對露不干涉ノ趣旨ヲ明白ニシ、通商共益ノ基礎ヲ確立スベシト云フ案デアリマシテ、衆議院ノ對露政策ニ對スル態度ヲ、中外ニ明白ニスルト云フコトガ精神デアッテ、一政黨一內閣ヲ彈劾スルコトハ、其主タル意思デハナカッタノデアリマス、併ナガラ議案ノ形式上、唯今申シタ通リノ案トナッタノデアリマス、本案通過ノ上ハ、衆議院ノ意思ハ對露不干涉ノ趣旨ヲ明白ニシテ、通商共益ノ基礎ヲ確立スルコトガ、日本帝國ノ急務デアルト云フコトヲ明白ニスレバ足リルノデアリマス、我ガ對露政策ハ、今ヤ世界列國環視ノ中ニアッテ、慘澹タル醜態ヲ暴露シテ居ルノデアリマス、(拍手)此醜態ハ假令現內閣ガ二百八十名ノ與黨ヲ提ゲ、後ロニ軍閥元老ノ援護ヲ有スルト雖モ、又假令金テ、、成ラザル事ナク、天日ヲ扇キ返スト云フ平相國ノ威武ヲ逞シウセラレテモ、到底蔽フベカラザル現實デアルノヲ遺憾トスルノデアリマス、(拍手)宜ナル哉堅白異同ノ辯ヲ弄シテ、反對黨ヲ揶揄シ翻弄スルコトニ特別ノ腕前ヲ有セラレル原總理大臣モ、議場ニ於テ一タビ此問題ニ觸ルレバ、俄ニ其辯力ヲ失ハレ、僅ニ他ノ言葉尻ヲ取ッテ、自己ノ苦キ立場ヲ辯護セントセラレルノデアリマス、(拍手)又田中陸軍大臣ハ、前議會ニ於テ、不肖義一私カニ期スル所アリナソト云フ、ドウヤラ立憲政治ノ立場デハ流行ラシイ、時代劇ノ腹切リノ臺詞ニデモアリサウナ言葉ヲ弄シテ居ラレタノデアリマスルガ、本議會ニ於テ、一タビ問題ガ尼港事件以後ノ對西伯利外交ニ及ベバ、殆ト生キタ顏モナク、貴族院ニ於キマシテハ、滑稽千萬ニモ臣節ヲ完フセンガ爲メニ、決意ヲ翻シテ留任シタナソト言ウテ居ラレルノデアリマス、元來臣節トカ何トカ云フコトハ、國ノ大事ニ當リテ、間違ヘバ、命ヲ捨テル捨テヌノ問題ガアッタ時ノ言葉デアリマス、今日立憲政治ニ於テハ、國務大臣ハ堂々トシテ其責任ヲ完フスレバ、ソレデ足リルノデアリマス、ソレニ斯ノ如キ言葉ヲ立憲治下ノ議會ニ濫用シ、嘗テ我國ノ政界ニ流行シタ、袞龍ノ袖ニ隱ル、ト云フナ古キ言葉ヲ復活シ來ルノ憾ガアッテ、本員切ニ遺憾ニ思フノデアリマス、(拍手)最モ活潑ニシテ最モ責任ヲ重ンズベキ、「サーベル」ノ手前モ憚ラズ、所謂袞龍ノ袖ニ隱ル、ト云フヤウナ情ケナキ態度ヲ執ラル、事其事ガ、我ガ對露政策ノ如何ニ不徹底ニシテ、如何ニ我國ノ立場ヲ困難ナラシメ、如何ニ前途ニ陰影ヲ投ジテ居ルカヲ、事實ノ上ニ於テ證明スルト私ハ思フノデアリマス、六億ノ大金ヲ使ヒ、數千ノ人命ヲ失ヒ、而シテ誰一人此失敗ノ責任ヲ擔フ者無キニ至ッテハ、日本モ實ニ慘澹タル有樣デアルト思ヒマス、過去ハ言ハナイ、然ラバ現在將來ニ於テ當局者ガ何カ國民ヲ安心サセルガ如キ約束ヲ爲サル、ナラバ、本員ハ斯ノ如キ議案ヲ提出シナイ、然ルニ議會開會以來、總理大臣ノ演說、內田外相ノ劈頭ノ演說ヲ何遍讀返シテモ、少シモ此對露政策ニ對シテハ、政府ノ方針ナルモノガ明白トナッテ居ナイノデアリマス、(拍手)原首相ノ演說ハ頗ル簡單ニシテ要領ヲ得ナカッタ、內田外相ノ演說ハ之ニ反シテ娓々數千言、帝國ノ外交ニ關係ナキ世界ノ大勢ヲ說カレテ居ルノデアリマスルガ、其演說タルヤ長イバカリデ、恰モ國際聯盟事務局ノ書記生ノ報告ヲ繋ギ合セタヤウナモノデアリマス、帝國ノ外交ニ何所ニ精神ガアルカ、數千言ヲ貫ク一貫セル政府ノ人格ヲ表明シ、我ガ帝國ノ立場ヲ明白ニスル精神ナルモノガ、寸毫モ無カッタコトヲ私ハ遺憾トスル、政策ノ根柢ニ觸レタル要點ガ絕無デアルコトヲ私ハ遺憾トスル、(「君ニハ分ラヌノダ」ト呼フ者アリ)私ハ前期議會ニ於テ、尼港事變ニ對スル調査委員會ヲ設置スルノ案ヲ提起致シマシタル時ニ、斯ノ如キ大蹉跌ノ由ッテ來ル原因ヲ究メザルニ於テハ、此慘劇ハ最後ノ幕デハナクシテ、我帝國ヲ襲フベキ數十年ノ悲劇ノ序幕ニナルカモ知レヌト云フコトヲ申シマシタ、不幸ニシテ序幕ヨリ段々進ンデ、帝國ノ世界ニ於ケル立場ガ、全ク八方總塞ガリノ窮境ニ陷リツ、アルコトヲ衷心ヨリ遺憾トスルノデアリマス、(拍手)今日ハ露西亞全國民ヲ對手トシテ、其國民ノ意思ヲ尊重シ、其飢エタル人々ノ立場ニ同情シテ、經濟的關係ヲ開クコトハ人道ノ指示スル所デアリ、窮境ニ立テル帝國外交ヲ一變スルニ就テ、最モ必要ナル要點デアルト信ジマス、併シ露西亞ニ對スル經濟的關係ヲ開カント欲セズ、先ヅ露西亞ノ內政ニ不干涉ノ趣旨ヲ明白ニシナケレバナラヌ、其不干涉ノ趣旨ハ大臣等ガ辯解ガマシク不干涉云々ヲ口ニスルヨリハ、先ヅ不干涉ノ實ヲ明白ニスル爲メニ、西伯利ニ於ケル我ガ出征軍ヲ撤退スルコトガ、不干涉ノ趣旨ヲ明白ニスル唯一ノ手段デアルト私ハ信ズルノデアリマス、(拍手)先日來豫算委員會ニ於テ、憲政會ノ永井柳太郎君ヨリ政府ニ質問ヲ發シ、當局者ハ不干涉ヲ說キナガラ、大井司令官ノ如キハ現ニ屢々布告ヲ發シテ露西亞ノ內政ニ、干涉シテ居ルデハナイト云フ趣旨ヲ述ベラレルト、原首相ハ實ニ妙ナ返事ヲシテ居ラレル、我駐兵區域ニ於テハ云々ト言ッテ、大井司令官ハ布告ヲシテ居ルカラ、決シテ干涉デナイト言ッテ居ルケレドモ、現ニ二個師團ノ軍ヲ露西亞ノ領土ニ駐屯セシメ、其駐屯區域ニ於テ、露西亞人ノ自由ノ態度ヲ許サナイト云フヤウナコトヲ宣言スルコトガ、不干涉ノ趣旨ト悖ルコトハ明白ナ事デアリマシテ、原首相ノ辯解其物ガ最モ巧妙ナ遁言葉ヲ附シテ、而モ露西亞ニ干涉セントスル忌ムベキ政策表現デアルト云フコトヲ、私ハ遺憾ニ思フノデアリマス、惟フニ日本ノ政府ト雖モ、國步四方ニ困難ナル際、露西亞ト經濟的關係ヲ開クコトハ其希望スル所デアリマセウ、併ナガラ通商セント欲セバ、不干涉ノ趣旨ヲ明白ニシナケレバナラヌ、不干涉ノ趣旨ヲ明白ニセント欲セバ、撤兵シナケレバナラヌ、此撤兵其事ガ日本ノ國際的關係ニ於テ不可能ナルヨリハ政府ノ內輪ニ於テ、政府ノ面目ニ於テ、又軍閥ノ情實ニ於テ、其軍閥其政府ヲ背後ヨリ牽制シ掣肘スル元老其他舊思想家ノ立場カラシテ、不可能ナルガ故デアルト私ハ信ズル、(「支那ニ於ケル駐兵如何」ト呼フ者アリ)帝國ノ對露關係ハ、論理トシテ、又實際政策トシテ、其徹底ヲ期シ難キニ非ズシテ、政府ノ內部ニ横ハル情實、更ニ政治圏外ニ居リテ、政治ヲ蹂躙シ左右セントスル元老等ノ立場ニ依ッテ、斯クモ不徹底ナル政策ヲ繼續シテ居ラル、ト私ハ思フノデアル、(拍手)撤兵ハ日本帝國ノ爲メニ幸福デアリマスガ、不幸ニシテ元老私黨ノ立場ト兩立シナイノデアル、日本帝國ノ利益ヲ頑迷ナル私黨元老ノ情實ニ依ッテ犧牲ニ供スルコトハ、本院ノ認容スベカラザルコトデアルト確信致スノデアリマス、內田外相モ嘗テ駐露大使トシテ令名ヲ逞シウセラレタ際ニハ、今日ノ如キ不徹底ノ議論ヲナサレナカッタ、內田大臣ハ露西亞革命勃發ノ後、彼地ヲ引揚ゲテ來ル時ニ、哈爾賓ニ於テ其意見ヲ天下ニ公表シテ居ラル、、東京ニ歸リ來テ後ニ、露西亞ノ「ザール」ノ政府ノ顚覆スル所以ヲ了解シ、革命ヲ馴致セル大勢其物ヲ是認シ「レーニン」ニ對シテモ、正當ナル解釋ヲ下シテ居ラレタコトヲ私ハ記憶致シテ居リマス、其同ジ內田外相ガ內閣ニ坐ルヤ、情實ニ制セラレテ己レノ信ズル所ヲ天下ニ明白ニスルコトガ出來ズ、己ノ信ゼザル政策ヲ餘儀ナクセラレテ、何所マデモ一身ノ立場ノ爲メニ、此帝國ノ外交ヲ窮地ニ導キ行カントスルノハ、國務大臣トシテ私ハ羞ヅベキ行動デアルト思フ(拍手)殊ニ先日憲政會ノ望月小太郎君ノ質問ニ對スル內田外相ノ答辯ハ滑稽至極デアッタ、當時望月君ハ對露通商ノ一日モ忽ニスベカラザルコトヲ論ゼラレタガ、內田外相ハ其持論デアル議論ガ、反對黨ノ代表者ニ依ッテ發セラレタルガ故ニ、故意ニ之ニ反對センガ爲ニ何ト言ハレタカ、露西亞ト通商シヤウトシテモ物資ハ無イ、物々交換ヲシヤウトシテモ交通ガ不便デアル――取ルニ足ラザル議論デアッタノデ、望月君ハ憤然トシテ怒リ、官吏ハ經濟ヲ知ラズト是ニ於テ罵倒セラレタノデアリマス、私ヲシテ言ハシムレバ、官吏ハソレ程瑣末ノ經濟ヲ知ラズトモ宜イ、通商貿易ノ實際手段ノ如キハ、之ヲ開放シテ營利其物ニ敏感ナル實業家其者ノ手・心ニ委スレバ宜イ、唯ダ大臣ハ大勢ヲ觀テ、我國ノ對露政策ヲ通商ヲ開始シ得ベキ方向ニ差向ケルカ、絶對ニ其反對ニ差向ケルカヲ決定スレバ宜イノデアル、内田外相ハ瑣末ナル通商關係ニ於テ、之ヲ御存ジニナラナクトモ恥デハアリマスマイ、國務大臣トシテ、活眼ヲ開イテ露西亞ナルモノヲ一瞥セラルレバ宜イ小學校中學校ノ地理書ヲ御覽ニナレバ、ソレダケデモアンナ愚論ハ立ツモノデナイト私ハ確信スル、露西亞ハ世界ノ七分ノ一ヲ占メ、歐洲ヨリ亞細亞ニ亙ル「コーマシア」大陸ノ大部分ヲ占有シ、北ハ寒帶ヨリ南ハ亞熱帶ニ亙リ、豐富ナル產物ヲ出シ、其人口一億七千万アリマス、活キタル人間ガ飢エントスルニ方ッテハ必ズ勞役スル、其勞役スル天地、アレダケノ廣サデアレバ、太陽ノ照ル所土壤ノ續ク所何等カノ物資ヲ稼出サナイト云フコトハ無イ物々交換ヲ爲サントシテモ露西亞ニ物質ガ無イ抔ト云フコトハ、經濟原論ノ一頁ヲ知ラヌノミナラズ、地理書ノ初歩スラ辨ゼザル愚論デアルト私ハ斷定致シタイノデアリマス、英米佛モ種々露西亞ノ内政ニ對シテハ、之ヲ關聯シテ自己ノ立場ヲ有シテ居ル、ソレニモ拘ラズ低徊顧望シテ去ルコト能ハズ、英國ノ如キハ久シキ間「レーニン」政府ノ使節ト交渉シ、或ハ屢、飜弄セラレルニ拘ラズ、露西亞ヲ棄テザル所以ノモノハ、露西亞ニ經濟的價値ガアルカラデアリマス、露西亞ニ平和來ラザレバ、世界ニ平和來ラズト云フコトハ英國ガ二年前ニ於テ對露干渉ヲ止メタ時ノ總理大臣ノ演説デアッタノデアリマス、今ハ同一ノ言ヲ繰返シテ、私ハ對露經濟關係ニシテ順調ニ復セザル限リ、世界ノ經濟ハ安定ナルヲ得ズト斷定致スノデアリマス別シテ露西亞ノ隣ニ國ヲ立ツル我ガ日本ガ、對露經濟關係ヲ圓滑ニシ得ズシテ受クル損害ノ如何ニ大ナルカハ目ヲ開イテ地理書ヲ一瞥スレバ、直チニ諸君ノ胸中ニ明白ナルコトデアルト確信致シマス、内田外相ハ更ニ反對黨ノ追撃ニ會ッテ遁口上ヲ言ハレタ、何ト言ハレタカト言ヘバ、對露通商ハ國家トシテ認メテ居ナイ、ケレドモ個人的ニハ妨害シテ居ナイト、是ハ全クノ遁辭デアリマス、現ニ昨年モ政府筋デ對露通商ハヤッテモ宜シイト云フヤウナ考ヲ持ツ人ガアリマシテ、松平總領事ノ如キハ民間ニ斡旋シテ、浦潮ニアル滯貨ヲ引取ルコトヲ實業家ニ勸誘セラレタ、實業家ハ彼地ニ到ッテ露西亞ノ滯貨ヲ引取ルコトヲ運動シタ、サウスルト頑冥ナル我ガ出征軍ハ直チニ之ニ干渉シテ、過激派ト往來シタカラ怪シカラヌトカ、此荷物ヲ引取ル交渉ハ、反過激派ノ某々トシナケレバイカヌトカ、既ニ勢力ヲ失墜セントスル右黨ノ面々ト取引セヨト云フヤウナ干渉ヲ下シタガ故ニ、遂ニ斯ノ如キ事ハ成立セズシテ、折角出張シテ居タ人ハ、手ヲ束ネテ歸ッテ來タト云フ事實モアリマス、又個人的ノ通商ハ妨害シナイト言ッテモ、日本政府ガ屢、露西亞ノ内政ニ干渉スルガ如キ宣言ヲ發シ駐屯軍司令官ガ出先ニ於テ右黨ヲ援助シ、大井司令官ノ言ガ彼ノ通リデアリマスレバ、其部下ニ居ル者ガ如何ニ其言ヲ峻嚴ニ實行スルカ――是等ハ實ニ露西亞ノ内政ニ干渉スルモノトシテ、露西亞人ノ怨ム所デアル、此露西人ノ怨ヲ買ヒテハ、露西亞ニ入ルコトガ出來ナイ、世界ノ經濟的斥候兵ハドシ〳〵露西亞ノ内地ニ繰込ンデ、通商ノ前提タルベキ調査ヲ急イデ居ル、然ルニ今ノ如キ帝國ノ政策ガ繼續スル以上、露西亞人ノ反感ハ我國ニ注ガレ來ッテ、調査スラモ不可能デアル、調査不可能ニシテ通商セントスルコトハ、絶對ニ出來ナイノデアリマス、ソコデ駐兵其モノハ通商妨害ニ非ズシテ何ゾヤト私ハ質問シタイ、ソレカラ西伯利、浦潮、哈爾賓到ル處ニ於テ、我國ノ領事總領事ハ退去命令ノ權利ヲ持ッテ居リマス、其間ニ駐屯軍ノ壓迫ガアリマシテ、外務省ノ派遣シタル役人ハ、恐ク軍部ニ掣肘セラル丶ノガ事實デアリマス、折角通商セント欲シテモ、當局者ノ好マナイ、軍閥ノ好マナイ者ト話ヲ始メルト、彼ハ過激派ナリ、彼ハ危險ナリト言ッテ、忽チ退去命令ガ下ルト云フヤウナコトハ、實際事實デアリマス、又我國ノ出兵ガ直接ニ通商ノ妨害トナッタト云フコトハ、私ガ事實ヲ擧ゲテ申シマス、有名ナル大正七年ノ三月事件ト云フモノガソレデアル、最初露西亞ニ革命ガ成立致シテ、共產主義者ガ「ブラゴエチエンスク」ニ入リ來ッタ時ニ、彼等ハ命令ヲ嚴格ニシテ、日本人ニハ干渉スルナ、妨害スルナト云フコトヲ徹底セシメタ、日本人ハ依然トシテ彼地ニ於テ通商モ出來レバ、貿易モ出來タ、其際ニブラゴエノ直グ向フニ黑波ト云フ所ガアリマス「ヘイボー」ト讀ミマス其所ニ陸軍ノ特派武官ガ居ッタ、其特派武官ト參謀本部ノ某將校トガ二人デ共謀シテ、何デモ事ヲ起サネバナラヌ、過激派ヲ征伐シナケレバナラヌト云フノデ、「ブラゴエチエンスク」ノ居留民ヲ召集致シマシタ、召集シテ、強ヒテ過激派軍攻撃ヲ開始スルヤウニ義勇軍ヲ組織サセタ、其際ニ居留民ノ大多數ハ之ニ反對デアッタガ、軍閥ノ手先ガ此順良ナル帝國ノ居留民ヲ、打ツヤラ擲ルヤラ酷キ目ニ會ハシテ、汝ハ過激派ヲ攻撃セヨト云フコトヲ申渡シ、遂ニ過激派ニ向ッテ我カラ戰端ヲ開カシタ、一度ハブラゴエヲ占領致シマシタガ、再ビ過激派ニ依ッテ占領セラレ、澤山ノ死人ヲ出シ、遂ニ同年九月ニ帝國ノ第七師團ガ「ブラゴエチエンスク」ニ乘込ムマデハ、日本人ハ一人モ居ラレナイト云フ狀態ニナッタ、軍閥ノ手先ガ帝國ノ外交ト何等關係ヲ持タズ、一身ノ手心デ居留民ヲ毆打シ、居留民ヲシテ過激派ヲ敵トセシメ、ソレガ根本トナリテ、彼我ノ間ニ相殺傷スルノ慘劇ヲ演ゼシメ、而シテ今日我國ノ駐兵ガ不可能トナルヤ、到ル處ニ共產主義者ノ反感ヲ買ヒタル我國民ハ、兵ノ存在セザル所一人モ踏留マルコトガ出來ナイト云フガ如キ醜態ヲ形造ッタノハ、帝國ノ干渉政策ノ導キ來シタル所ノ、悲ムベキ現實デアルト云フコトヲ私ハ遺憾トスルノデアリマス、駐兵スレバ長ヘニ干渉デアル、干渉ヲ繼續シテハ通商ハ不可能デアル、私ハ今日撤兵スルコトガ絶對ニ急務デアル、然ルニ政府ガ躊躇逡巡シナガラ、而モ露西亞ニ對スル個人的通商ハ妨害セズナゾト云フ、途方モナキ遁口上ヲ並ベルノヲ聽イテ、私ハ大臣ナル者ニ、政治的良心アリヤ否ヤヲ疑ッタノデアリマス、(拍手)更ニ列國ノ關係ヲ眺メマシテモ 亞米利加デモ、英吉利デモ、佛蘭西デモ、如何ナル國デモ、露西亞ニ對スル政治ハ、各々自國ノ立場ニ依ッテ、愼重ノ打算ノ上ニ施シテ居ルノデアリマシテ、我國ノ如ク、初ヨリ宗教的ニ過激主義ハ我國體ニ害アリナゾト云フ簡單ナル前提ノ下ニ、軍閥ヲシテ其請賓ヲ糊塗セシムルガ爲メニ、重大ナル外交方針ヲ決シテ居ル國ハ一國モ無イノデアリマス、亞米利加ハ如何デアリマスルカ、米國ト日本トハ協調シテ出兵致シタガ、亞米利加ハ其出兵ノ不利ナルヲ見ルヤ、日本ニハ通告モセズシテ撤兵シテシマッタ、彼等ハ歐露ニ於テハ佛蘭西ノ勢ヲ顧ミテ、反過激派ノ宣言ヲ發シマスルガ、極東ニ於テハ日本ノ勢力ヲ驅逐セシガ爲メニ、寧ロ過激派ヲ聲援シテ居ルコトヲ當局者ハ何ト見ラレルカ、現ニ重大ナル事件ガ、日本ノ對露政策ノ一定セザルガ爲メニ今起ッテ居ルノデアリマス、露西亞ガ戰前ニ有シテ居リマシタル長春ヨリ哈爾賓ニ至リ滿洲里ヨリ「ポグラニチナヤ」ニ至ル東清鐵道ハ、唯今過激派政府ヨリ支那ニ讓渡サレテ居リマス、支那ガ獨力ヲ以テ此東清鐵道ノ經營スルノ能力不足ナルコトハ、明白ナル事實ガアリマス、其背後ニハ亞米利加人ガチヤント居ッテ、東清鐵道ヲ支配シテ居ルノデアリマス、實ニ帝國ノ勢力範圍ナリト我ガ軍閥ガ誇言シテ居ッタ北滿洲ニ、亞米利加人ガ土足デ踏込ミ來ッテ、米國ト露西亞ト支那トノ共同排日ヲ計畫シテ居ルノハ、今日ノ事實デアリマス、露西亞モ、支那モ、倶ニ誤レル我ガ軍閥ノ對露政策ニ疑ヲ懷キ、怨ヲ懷キ、相結托シテ亞米利加ニ縋リ、亞米利加ヲ奉ジテ此大陸ニ共同ノ排日ヲ援助シテ貰ッテ居ルト云フ此事實ヲ、政府當局者ハ何ト見ルカ、我國ハ嘗テ七万五千ノ大兵ヲ出シタ、其時ニ軍閥ハ烏拉爾以東ハ我物ナリト云フガ如キ意氣込デアッタノデアリマス、然ルニ七万五千ノ大兵モ大勢ニ逆ヘバ何等ノ效力ガ無イ、亞米利加ノ一市民タル――一技師タル「スチーブン」

氏ノ一本ノステッキガ、帝國七万ノ軍隊ヨリモ強ク、遺憾千萬ニモ我ガ七万五千ノ大軍ハ、亞米利加ノ一市民一本ノステッキニ依リテ逐拂ハレ、「オムスク」支ヘズ「チタ」支ヘズ、沿海州ノ南部ニ慄ヘナガラ、過激思想ノ侵入ガ恐ロシイナド、時代錯誤ノ迷語ヲ發スルニ至ッテハ、何等ノ悲慘ナル狀態デアルカ(拍手起ル)古人ハ「挺ヲ提ッテ秦楚ノ堅甲利兵ヲ撻ツベシ」ト言ヒマシタガ、大勢ニ反スル我ガ私軍ハ――公デナイ軍閥ノ私ノ軍ハ、亞米利加ノ一市民タル「スチーブン」氏ノ、杖一本ヨリモ弱カリシコトヲ衷心ヨリ恥ヅルノデアリマス、又英佛ノ態度ヲ見マシテモ、深ク自國ノ立場ヲ考慮シテ後ノ行動デアリマシテ、我國ノ如キ情實ノ爲メニ、故ナク隣邦ノ國民ヲ罵ルト云フガ如キ態度ハ執ッテ居ナイノデアリマス、波蘭ヲ強大ニシテ北「ダンチヒ」ニ押出サシムルト云フノガ、佛蘭西ノ政策デアリマス、彼ハ之ニ依リテ強大ナル波蘭ニ依リテ、獨逸ト露西亞ト兩國ヲ牽制シ、自國ノ立場ヲ安穩ニスルト云フ政策ヲ執ッテ居リマス、英吉利ガ之ヲ支ヘルノハ露西亞ヲ其方面ニ牽制シテ、印度、波斯、阿富汗斯坦ノ壓迫ヲ避ケントスル、何レモ複雜ナル外交關係ヲ考慮シテ後ノ、波蘭援助デアリ、露西亞干涉デアリマシテ、帝國ノ如ク何等ノ考慮ナキ軍閥ノ私情ノ爲メニ、無方針デ隣邦ニ干涉スルモノトハ、異ッテ居ルノデアリマス、世界ニ於テ日本ト波蘭トノ二國ガ現ニ緩衝國ニセラレテ居ル、當局者ハ西伯利ニ緩衝國ヲ造ルナド、愚ナル議論ヲ爲シテ居ルガ、世界ノ知慧アル國ミハ、此日本ヲ以テ極東ノ對露緩衝國トシテ居ル、波蘭ハ緩衝國トナリタル、代償トシテ纔ニ獨立ヲ贏チ得タ、日本ハ緩衝國トナリタルガ爲メニ、過激派ト掴合ヒ撲合ヒ、疲弊ヲシタル曉ニ、第三者ニ料理セラレントスルガ如キ、悲慘ナル狀態ニ向ッテ政策ヲ進メツヽアルハ、何タル醜態デアリマスカ、時ニ「チタ」政府ハ今ヤ成立致シマシテ、憲法協議會ガ一月ノ二十五日カラ開カルベキ狀態デアリマシタガ、此「チタ」政府ハ大ニ日本ノ對露關係ヲ考慮シ、日本ノ諸思想家ノ怒ヲ買ハザルヤウニ其協議ヲ愼重ニシテ、色ミ問題ヲ考慮シ、今ニ協議會モ開始スルニ至ラナイ、併ナガラ「チタ」政府憲法草案ナルモノガ此所ニアリマスルガ、其中ニ「勤勞セサルモノハ衣食スヘカラス」ト云フ一箇條ガアリマス――働カナイ者ハ食ウテハナラヌ、(「君ハ如何」ト呼フ者アリ)此一箇條ガ、實ニ西伯利ニ於テ餓エタル人ミノ心ヲ唆ルニ非常ノ力ガアリマス、之ニ反對シテ日本ハ何故ニカ勤勞セズシテ衣食セムトスル、舊露西亞ノ遺物ノミヲ引來リテ、或ハ「セミヨノフ」トカ、其他ノ軍人ノ成上者ナドヲ援助シテ、勤勞セザル者ヲ以テ西伯利ヲ統一シ、此勤勞セザル者ノ力ヲ統一シテ、勤勞ニ依リテ衣食セントスル露西亞ヲ擊タントスルガ如キ顏色ヲ示スノハ、實ニ露西亞ノ大勢ニ背クモノト私ハ斷言致シタイ、「チタ」政府ハ今ヤ共產民主主義ニハナラズシテ、社會政策ヲ徹底セシムル民主主義ノ緩衝國トナラントシテ居ル、是ハ前途如何ニ變ズルカモ知レマセヌガ、露西亞ノ本國ノ「レーニン」其人モ、西伯利ノ如キ農業地方ニハ、共產主義ハ徹底的ニハ行ハレナイ、工業地ニ於テノミ之ヲ徹底セシムルコトガ出來ルト云フ意見ヲ持ッテ居リマスカラ、或ハ西伯利ハ徹底セル共產主義ノ國トハナラズ、社會政策ヲ採用シタル、一ノ民主的國家トナルカモ知レヌ、併ナガラ是モ日本ニ氣兼シタル彼等ノ立場デアリマスカラ、或ハ進ンデ共產主義ノ國家ヲ造ルカモ知レナイ、併ナガラ唯今共產主義ノ西伯利ガ出來タニシタ所デ、帝國ガ之ニ干涉セントスルモ出來ナイノデアリマス、農業國ニ於テ共產主義ヲ實現スルコトハ、事實困難デアルトスルノニ、若シモ露西亞ノ當局者ガ覺ラズシテ、工業國ニノミ行ハルベキ共產主義ヲ、餘リ極端ニ西伯利ニ徹底セシメントシタナラバ、其弊害ノ顯著ナルニ及ンデハ、日本ガ干涉セズシテ露西亞ノ住民ガ先ヅ之ニ反對スルカモ知レナイ、日本ガ干涉セズシテ彼等ガ自ラ爲スニ委スレバ、露西亞ニ不適當ニシテ、人民ノ幸福ヲ增進シ得ザルガ如キ主義政策ハ、自國民ノ嚴峻ナル反對ニ依リテ、自ラ倒レルコトヲ私ハ疑ハナイ、外ヨリ干涉セズトモ、彼等ノ缺陷ハ彼等自ラヲ亡ボスデアラウ、日本ハ何故ニ力ナクシテ兵ヲ出シ、果テシモナキ其前途ニ干涉ヲ加ヘントスルカ、私ハ衷心ヨリ此頑迷ナル政策ヲ遺憾トスルノデアリマス(「ヒヤ〳〵」)元氣アル國民ノ前途ニハ、希望アリテ恐怖アルコトナシ、諸君ハ日本ノ民族性ヲ信ゼラレル、其愛國ノ諸君ガ何ヲ恐レルノデアルカ、普通選擧ヲ恐レ、勞働運動ヲ恐レ、朝鮮ノ不逞鮮人ヲ恐レ、支那ノ新思想ヲ恐レ、過激派ヲ恐レ總テノモノヲ、恐怖シテ時代錯誤ノ劍附鐵砲ヲ國際政策上ニ振廻ハシテ、我國體ヲ脅威スルガ故ニ、恐シナド言ッテ居ラレルノハ、何タル意苦地ナキ狀態デアルカ、私ハ之ヲ衷心ヨリ遺憾ニ思フノデアリマス、(拍手起ル)過激思想ハ外ヨリ來ルノデナイ、哈爾賓街頭ニ行ッテ御覽ナサイ、一流ノ料理屋ニ於テ夜ノ二時マデモ三時マデモ、自動車ガ横付ニナッテ居ル、誰ノ自動車カ之ヲ調ベテ見レバ、陸軍部ニ屬スル自動車デアル、陸軍ノ特務機關トカ、特派武官トカ、司令部ニ屬スル人ミトカ、閣下トカ何トカ云フ連中ガ、每晚殆ド泥醉シテ料理屋ニ入浸ッテ居ル、彼等ノ居ル室內ハ「ペーチカ」ノ氣ニ蒸サレテ、歡樂ノ聲湧クガ如クアリマスルガ、其外ヲ看ヨ、自動車ノ「シヨッフアー」ハ、皆我ガ忠良ナル臣民デアル、此我ガ忠良ナル臣民ガ、自動車ノ「シヨッフアー」トシテ、零點下三十度ノ寒サヲ耐ヘテ、閣下等ノ遊樂シテ居ルノヲ見張ヲシテ門前ニ不動ノ姿勢ヲ執ルニ至ッテハ、實ニ悲慘事デアルト私ハ思フ(拍手起ル)過激思想ハ露西亞ヨリ來ルニ非ズ、矛盾セル我ガ西伯利出兵ノ政策ガ、我ガ國民思想ノ根木ヲ毀ウテ居ルモノデアルト思フ、此醜態ヲ政府當局者ハ何ト看ラレルカ、過激思想ノ侵入ヲ恐レルト稱シテ他國ニ出兵シ、我ガ忠良ナル軍人ノ心中ニマデ、過激思想ヲ自發セシメントスル、此過ヲ覺ラザルカト一言シタイノデアリマス、(拍手起ル)社會主義ハ要スルニ「パノラマ」ノ如キモノデアリマシテ、其前ノ方ハ立體的現實デアルガ、先ノ方ハ現實ト異ナル平面的ノ畫デアルカモ知レマセヌ、此內容ヲ解剖スレバ、國民ハ自ラ畫ト現實ノ部分トヲ明白ニシテ決シテ、此思想ニ動カサルルコトハナイ、然ルニ之ニ對スル研究ヲ禁ジ交通ヲ禁ジ、通商スレバ過激思想ノ宣傳ガ恐ロシイナド言ッテ居ルカラシテ、無智ナル者ハ其立體ト平面トノ境ヲ明白ニスルコト能ハズシテ、却テ之ニカブレルカモ知レヌ、又露西亞ハ現ニ一億七千万ノ人命ヲ賭シテ以テ之ヲ試驗管ノ中ニ入レ、「コムミユニズム」ヲ試驗シツツアル、其結果如何ナル物ガ現ハレルカト云フコトハ列國ノ竸ヒ知ラントスル所デアル、故意ニ外ヨリ來ッテ其試驗管ヲ叩壞サウト云フ如キコトハ、世界ノ文明思想ガ如何ニ進ムカヲ諒解セサル、無智頑冥ノ輩デアルト私ハ斷言致シタイノデアル、露西亞ノ狀況ハ我國ニ事實傳ヘラレズシテ、虛誕ノ報告ニ充タサレテアリマスルガ、我軍ヲ「チタ」ヨリ撤退シテ後ニハ、既ニ惡魔ノ修羅場ノ如ク傳ヘラレタル露西亞本部ノ秩序ガ、段々恢復致シマシテ鐵道モ既ニ滿洲里マデ開通致シ、此頃莫斯科方面ノ郵便物ガ浦潮ニモヤッテ來マス一億七千万ノ餓エテ叫ビツヽアル國民ヲ故ナク敵トスルニ於テハ、其人民ガ其廣大ナル國土ニ勞役ヲ加ヘ、物資ヲ出シ、經濟的秩序ヲ恢復シ來ッテ、我國ト衝突スルニ至ルカモ知ラヌ、私ハ今ノ如キ不徹底ナル出兵ヲ繼續スルニ於テハ、遂ニ過激派露西亞ト日本ガ、正面カラ衝突ヲスル日ノ到リハセヌカト思フノデアリマス、隨ッテ露西亞ヲ侮レバ大變ノ間違ヲ招ク、此度日露衝突スルニ於テハ、非ハ我ニ在リ、世界ノ輿論ハ非ナル日本ニ味方セズシテ米國トカ英國トカ支那トカ、其他ノ國ミモ露西亞ヲ後援シテ、我國ヲ叩潰スト云フガ如キ、悲慘ナル外交上ノ運命ニ到著スルト云フコトハ、今日豫メ我國民ガ覺悟シテ置カナケレバナラヌ事デアルト思ヒマス、世界ノ大勢ニ反スレバ、七万五千ノ兵ヲ出シテモ亞米利加ノ「スチーブンス」ノ「ステッキ」ニモ抵抗スルコトガ出來ナイ、大勢ニ反シテ露西亞ト衝突スレバ剛健ナル我ガ大和民族モ、一ト支ヘモナイト云フコトヲ今カラ私ハ憂慮スルノデアル、要スルニ此對露不干涉通商開始ハ、我ガ外交政策ノ核心トナルベキ根本主義デアリマス、政友會內閣ハ、常ニ我國ガ五大國ノ一ニ入ッタコトヲ誇ッテ居ラレマス、我國ガ世界ニ於テ大國タルノ面目ヲ維持スルト否トハ、帝國ガ露西亞トノ經濟關係ヲ圓滿ニ解決スルト否トニ依ッテ決スルト思フ、戰前ニハ我國當局者ノ誇ルコトヲ待タズシテ、世界ハ我國ヲ六大强國ノ一ニ數ヘタ、其際ニ亞米利加ガ滿洲鐵道ノ中立ヲ提議シ、又英米ノ資本家ニ依ッテ、錦愛鐵道ト云フ我ガ南滿鐵道ト競爭スル鐵道ガ計畫セラレタ時、日本ト露西亞ハ默契シテ之ニ當リ、日本ガ斷乎タル態度ヲ明カニセザルニ先ダッテ、露西亞ガ嚴重ニ之ヲ拒絶シタ、日露手ヲ携ヘル時ニ於テハ、極東ニ指一本ヲ指シ得ル國ハ無カッタ、是ガ卽チ五大國ノ一タル面目デアルト思フ、然ルニ今ハ朝鮮ノ人心ヲ失シ、支那ヲ排日ニ驅リ、露西亞ノ上下ヲシテ帝國ヲ疑ハシメ、其背後ニ米國ノ策士ガ蠢動シテ、共同ノ排日ヲ營マントスルニ至ッテハ帝國ノ五大國タル面目何クニ在ルヤ、(拍手起ル)政友會諸君モ、五大國ノ一タル面目ヲ政府ノ宣言通リ維持セント欲スルナラバ、對露不干涉ノ趣旨ヲ明白ニシ、卽刻撤兵ヲ斷行スル如キ外交方針ニ出デシムル態度ヲ決定セラレンコトヲ切望スルノデアリマス、日英同盟モ前途陰翳ヲ有シテ居リマスガ、英國ハ日本ヲ何故ニ尊敬シタカト言ヘバ、少クトモ極東ノ人心ノ和ヲ得テ、此亞細亞大陸ヲ後ロニ脊負ッテ立ッテ居ッタカラデアリマス、若シ露西亞人民ト親善シ、通商貿易ノ基礎ヲ確立スルニ於テハ日本ノ力ハ「ユウラシヤ」大陸ニ亙ルモノデアリマス、此人ノ心ヲ得タル日本ヲ、如何ナル國ト雖モ閑却スルコトガ出來ナイ、日英同盟ヲシテ繼續セシメ、又單ニ文書ノ上ニ於テノミナラズ、精神的ニ有效ナラシメントセバ、今日唯今對露政策ヲ一變スルコトガ最モ急務デハアリマセヌカ、日英同盟ヲ外交ノ骨子トセラル、憲政會諸君ハ、直チニ之ニ同意セラル、モノト思フ、産業立國主義ヲ唱ヘラル、國民黨諸君モ、本案ニ異議ナキモノト思フ、又亞米利加ト平和協定ヲナサント欲スル新進ノ政客諸君モ、亞米利加ニ對シテ平和的誠意ヲ披瀝スルト共ニ、日本ヲシテ頭ヲ擡ゲサセナイ無理ナル態度ヲ執ルニ於テハ、六千万ノ人民ガ解放セラレテ、「ユウラシヤ」大陸ノ虐ゲラレタル露西亞人ト手ヲ把ッテ、極東ニ新勢力ヲ造ルト云フダケノ仕組ヲ結ブコトハ、平和協定ヲシテ實際的ニ可能ナラシムル、唯一ナル手段デアルト確信致ス、彼ノ朝鮮人心ノ不穩ヲ以テ撤兵不可能ノ理由トスル如キハ、軍閥者流ノ短見デアリマス、帝國ガ朝鮮ヲ支ヘルト否トハ、我ガ出征軍人ガ向フニ駐マル駐マラヌトニ依ッテ決セズ、憲兵ニ依ッテ人民ヲ抑壓スルト否トニ依ッテ決セズ、日本ガ國際的ニ有能ニシテ、且ッ尊敬ヲ受クベキ國家トシテ存立シ極東ノ平和ニ指一本ヲ指サセナイト云フ基礎ヲ確立スルカ否ヤニ依ッテ決スルノデアリマス、朝鮮人心ノ惡化ヲ防ガンガ爲メニ西伯利ニ出兵スルコトハ、私ハ言ヒ遁レノ爲メトシテハ最モ愚カナル口上デアルト思フ、朝鮮ノ人心ノ惡化ヲ防ガントセバ、朝鮮ニ對シテ一視同仁ノ政策ヲ徹底セシムルガ宜シイ、西伯利出兵ハ害アリテ益ナキモノト私ハ斷言致シマス、本案ノ趣旨ハ要スルニ對露不干涉ノ趣旨ヲ明白ニシ通商共益ノ基礎ヲ確立スベシト云フ意思ヲ明白ニシ、之ニ悖ル政府ノ方針ハ、日本帝國ノ心アル良民ガ推戴致サザルモノデアルト云フコトヲ、中外ニ闡明センコトヲ根本趣旨ト致スノデアリマス、希クハ滿場諸君ノ一致可決ヲ爲サレンコトヲ切望シテ壇ヲ降ル次第デアリマス(拍手起ル)

○岩崎勳君　本案ニ對シマシテハ、先ヅ政府當局ノ辯明並ニ意見ヲ求メタイト思ヒマス

〔「贊成贊成」ト呼フ者アリ〕

第九　朝鮮事業公債法中改正法律案（政府提出）　第一讀會

朝鮮事業公債法中改正法律案

朝鮮事業公債法中左ノ通改正ス

「前項」ヲ「前二項」ニ、「二億六百五十万圓」ヲ「二億三千六十万圓」ニ改メ第一項ノ次ニ左ノ一項ヲ加フ

朝鮮ニ於ケル煙草專賣制度ノ實施ニ要スル交付金トシテ交付スル爲政府ハ公債ヲ發行スルコトヲ得

大正十年二月十六日

在外朝鮮人ノ取締竝朝鮮統治ニ關スル再質問主意書

右成規ニ據リ提出候也

大正十年二月一日

提出者　山道　襄一

贊成者　下岡　忠治

外四十二名

在外朝鮮人ノ取締竝朝鮮統治ニ關スル再質問主意書

一　在外鮮人取締ニ關スル政府ノ態度怠慢ヲ極メ國家ノ爲ニ遺憾ニ耐ヘサル事實多シ其ノ責任ヲ如何ニセムトスルカ

二　在鮮外國人ノ行動ニシテ朝鮮統治ニ惡影響ヲ及ホス事實多シ政府ハ之ニ對シ如何ナル處置ヲ採リ又ハ採ラムトスルカ

三　在鮮人ノ敎育徹底ヲ缺キ統治ノ根本ヲ誤ラムトスルハ遺憾ニ耐ヘス政府ハ智育ノミナラス精神敎育ニ對シ如何ナル方法ヲ採ラムトスルカ

四　現在ノ朝鮮統治方策ハ一視同仁ノ大精神ニ副ハサルモノト思惟セラシル事實多シ之ヲ根本的ニ改革スルノ意志ナキカ

五　政府ハ朝鮮ノ民心ハ平穩ナリト云フニ拘ラス年々警務機關ヲ擴張スルノ必要アルハ矛盾ノ甚シキモノニ非スヤ

六　朝鮮ニ於ケル產業上ノ施設ハ日鮮人ノ生存及企業ニ對シ脅威ヲ與フルコト甚シキモノアリ爲ニ人心惡化セリト思惟サルヽ事實アリ政府ノ所見奈何

右及再質問候也

大正十年二月十六日

大正十年二月十五日

内閣總理大臣　原　　敬

衆議院議長奥繁三郎殿

衆議院議員山道襄一君提出在外朝鮮人ノ取締並朝鮮統治ニ關スル再質問ニ對シ別紙答辯書差進候

（別紙）

衆議院議員山道襄一君提出在外朝鮮人ノ取締並朝鮮統治ニ關スル再質問ニ對スル答辯書

一　在外鮮人ニ對シテハ常ニ周到ノ注意ヲ拂ヒ外交上相當ノ措置ヲ講シツヽアリテ何等怠慢アルコトナシ

二　在鮮外國人ニ對シテハ朝鮮統治ノ方針ヲ了解セシムルニ努メツヽアリ而シテ其ノ行動ニシテ朝鮮統治ニ悪影響ヲ及ホス場合ニ於テハ適當ノ處分ヲ行ヒ毫モ假借スル所ナシ

三　朝鮮人ノ精神教育ニ關シテハ併合ノ本旨ヲ貫徹スヘク民度事情ニ應シ適切ナル處置ヲ執リツヽアリ

四　現在ノ朝鮮統治方策ニ於テ一視同仁ノ大精神ニ副ハサルカ如キ事實ヲ認メス殊ニ一昨年官制改正以來新ニ施設シタル事項ハ凡テ斯ノ方針ニ出テタルモノナリ

五　騷擾以來安定ヲ缺キタル朝鮮ノ民心ハ漸次平穩ニ歸シツヽアリト雖今尚ホ其警察力ハ朝鮮ノ面積人口ニ比例シ且將來ノ發展ニ伴フ事件ノ增加ニ應シ之ヲ充實スルノ必要アルハ當然ニシテ其ノ間何等ノ矛盾ナシ

六　産業上ノ施設ニ關シテ人心ノ惡化セル事實ヲ認メス

右及答辯候也

大正十年二月十五日

内閣總理大臣　原　　敬

帝國軍隊カ鮮人ヲ虐殺シ學校及教會ニ放火セリトノ事件ニ關スル再質問主意書

右成規ニ據リ提出候也

大正十年二月三日

提出者　清瀨　一郎

贊成者　鈴木梅四郎

外二十九人

帝國軍隊カ鮮人ヲ虐殺シ學校及教會ニ放火セリトノ事件ニ關スル再質問主意書

一　日本軍隊カ無辜ノ鮮人ヲ殺戮セリトノ世評ヲ生シタル原因如何

二　政府ハ獨立思想ヲ有スル鮮人ハ何等ノ外形的行爲ヲ爲サヽルモ斯ル思想ヲ有スルノ事ヲ以テ之ヲ殺戮スル方針ナリヤ

三　教會學校等ヲ燒却スルヲ要シタル軍事上ノ必要如何

右及再質問候也

大正十年二月十五日

内閣總理大臣　原　　敬

衆議院議長奥繁三郎殿

衆議院議員清瀨一郎君提出帝國軍隊カ鮮人ヲ虐殺シ學校及教會ニ放火セリトノ事件ニ關スル再質問ニ對シ別紙答辯書差進候

（別紙）

衆議院議員清瀨一郎君提出帝國軍隊カ鮮人ヲ虐殺シ學校及教會ニ放火セリトノ事件ニ關スル再質問ニ對スル答辯書

一　日本軍隊カ無辜ノ鮮人ヲ殺戮セリトノ世評ヲ生シタル原因ハ從來多數ノ不逞者ト親交深カラサリシ一、二ノ者カ我軍隊掃蕩當時ノ現狀ヲ實見セス單ニ掃蕩後ニ於ケル戰場ヲ巡視シ戰死者中ニ自己ノ知己アルヲ發見シ之ニ多大ノ同情ヲ表シ且匪徒一味ノ鮮人ノ哀訴ヲノミ耳ニシ爲ニ我軍ノ行動ニ關シ著シク誤リタル推測ヲ爲シ我軍カ慘虐至ラサルナキ手段ヲ敢テシタルカ如ク各地ニ傳ヘタルト又一ツハ匪徒カ我軍ノ中傷宣傳ニ努メタルトニアリ

二　政府ハ獨立思想ヲ有スル鮮人ハ何等外形的行爲ヲ爲サヽルモ斯カル思想ヲ有スルノ故ヲ以テ之ヲ殺戮スル方針ニアラス

三　我軍カ燒却シタル教會學校等ハ匪徒ノ武力行動上ノ根據地トシテ其ノ證跡明瞭ナルモノニシテ之ヲ其ノ儘存置スルトキハ再ヒ彼等ノ集合場トナリ之ヲ根據トシテ我軍ヲ脅威シ或ハ之ニ據ツテ我軍ニ抵抗スル等ノ虞レアリテ之ヲ排除スルノ必要アリシニ依ル

右及答辯候也

大正十年二月十五日

陸軍大臣　男爵田中　義一

＼／ 第一 朝鮮醫院及濟生院特別會計法中改正法律案(政府提出)　第一讀會

朝鮮醫院及濟生院特別會計法中改正法律案

朝鮮醫院及濟生院特別會計法中左ノ通改正ス

第二條中「九十二萬圓」ヲ「百十四萬圓」ニ改ム

〔政府委員水野錬太郎君登壇、拍手起ル〕

○政府委員(水野錬太郎君)　本案ノ提出ノ理由ヲ簡單ニ説明致シマス、又朝鮮ニ於キマシテハ、既定計畫ニ掛リマス慈惠醫院十三箇所ノ中、三箇所ヲ明年度ヨリ開始スル豫定デアリマス、又朝鮮ノ實況ニ於キマシテ、今日看護婦助産婦等ノ必要ヲ認メテ居リマスルガ、之ガ養成ヲ致スト云フコトガ極メテ必要デアリマス、之ニ對シマスル費用モ要ルノデアリマス、又次ニ濟生院ニ於キマシテ孤兒ヲ收容シテ居リマスルガ、來年度ニ於テ此收容人員ヲ増シマスルノト、收容ノ期間ヲ延長致シマスル必要ガアリマスルノデ、是ニモ亦相當ノ費用ヲ要スルノデアリマス、是等ノ費用ヲ支出致シマスルガ爲メニハ、醫院ノ收入ヲ以テスル更ニ、更ニ政府ノ支出金ヲ増ノ必要ガアルノデアリマス、而シテ此朝鮮醫院及濟生院特別會計法ニ於キマシテハ、法定ノ金額ガ九十二万圓トナッテ居ルノデアリマス、之ヲ増額スル必要ガアリマスノデ、九十二万圓ニ對シマシテ、二十二万圓ヲ増加セネバナラナイ、卽チ此點ニ於キマシテ、此法律ヲ改正スル必要ヲ認メマシタガ故ニ、九十二万圓ヲ百十四万圓ニスルト云フ法案ガ此法案ノ趣旨デアルノデアリマス、極メテ簡單ノ案デアリマスルカラ、ドウゾ御協賛アランコトヲ希望致シマス(拍手)

○議長(奥繁三郎君)　日程第二、右議案ノ審査ヲ付託スベキ委員ノ選擧ヲ議題ト致シマス

第一　水產會法案（政府提出）　第一讀會

水產會法案

水產會法

第一條　水產會ハ水產業ノ改良發達ヲ圖ルヲ以テ目的トス

第二條　水產會ハ法人トス

第三條　水產會ハ營利事業ヲ爲スコトヲ得ス

第四條　政府ハ其ノ定ムル條件ヲ具備スル水產會ニ豫算ノ範圍內ニ於テ補助金ヲ交付スルコトヲ得

第五條　水產會ハ水產業ニ關スル事項ニ付行政廳ニ建議スルコトヲ得

水產會ハ行政廳ノ諮問ニ對シ答申スヘシ

第六條　行政官廳ハ命令ノ定ムル所ニ依リ水產會ニ對シ水產業ニ關スル報告書ノ提出及水產業ニ關スル事項ノ調査ヲ命スルコトヲ得

第七條　水產會ハ郡市水產會道府縣水產會及帝國水產會トス

第八條　水產會ノ地區ハ郡市水產會ニ在リテハ特別ノ事由アル場合ヲ除クノ外郡市、道府縣水產會ニ在リテハ道府縣帝國水產會ニ在リテハ內地ノ區域ニ依ル

第九條　水產會ノ名稱ニハ郡若ハ市水產會、道、府若ハ縣水產會又ハ帝國水產會ナル文字ヲ用キルヘシ但シ郡市水產會ノ地區カ郡市ノ區域ニ依ラサルトキハ其ノ名稱中ニ郡又ハ市ノ文字ヲ用井サルコトヲ得

本法ニ依リ設立シタル水產會ニ非サレハ其ノ名稱中ニ前項ニ揭クル文字ヲ用井ルコトヲ得ス

第十條　水產會ハ郡市水產會ニ在リテハ命令ヲ以テ規定シタル者ヲ除クノ外其ノ地區內ニ於テ漁業又ハ水產物ノ製造取引若ハ保管ノ業ヲ營ム者及其ノ地區內ニ於ケル漁業權又ハ入漁權ヲ有スル者、道府縣水產會ニ在リテハ其ノ地區內ノ郡市水產會、帝國水產會ニ在リテハ道府縣水產會ヲ以テ之ヲ組織ス

第十一條　水產會ヲ設立セムトスルトキハ其ノ地區內ノ會員タル資格ヲ有スル者ノ三分ノ二以上ノ同意ヲ得テ創立總會ヲ開キ會則ヲ議定シ行政官廳ノ認可ヲ申請スヘシ

郡市水產會ノ設立ニ關シ前項ニ規定スル會員タル資格ヲ有スル者ノ員數ノ計算ニ付テハ漁業權又ハ入漁權ノ共有ノ場合ニ於テハ其ノ漁業權者又ハ入漁權者ハ之ヲ一人ト看做シ、一人ニシテ前條ニ揭クル二以上ノ資格ヲ有スル者ハ之ヲ一人トス

第十二條　水產會ハ設立ノ認可ヲ受ケタル時成立ス

第十三條　水產會成立シタルトキハ其地區內ノ會員タル資格ヲ有スル者ハ總テ之ニ加入シタルモノト看做ス但シ特別ノ事由ニ依リ行政官廳ノ認可ヲ受ケタル者ハ此ノ限ニ在ラス

第十四條　郡市水產會ニ總代會、其ノ他ノ水產會ニ總會ヲ置ク

總代會ハ命令ノ定ムル所ニ依リ會員ノ選任シタル議員及特別議員ヲ以テ之ヲ組織ス

總會ハ命令ノ定ムル所ニ依リ其ノ會員タル水產會ノ選任シタル議員及特別議員ヲ以テ之ヲ組織ス

第十五條　水產會ハ會則ノ定ムル所ニ依リ議員定數ノ五分ノ一ヲ超エサル特別議員ヲ置クコトヲ得

行政官廳ハ水產會ノ特別議員ヲ命スルコトヲ得但シ其ノ員數ハ議員定數ノ五分ノ一ヲ超ユルコトヲ得ス

第十六條　左ニ揭クル事項ハ總代會又ハ總會ノ議決ヲ經ヘシ

一　收支豫算

二　經費ノ分賦收入方法

三　事業報告及收支決算ノ承認

四　豫算ヲ以テ定メタルモノヲ除クノ外新ニ義務ヲ負ヒ又ハ權利ヲ失フヘキ行爲

五　基金ノ造成管理及處分

六　不動產ニ關スル權利ノ得喪及變更

七　會則ノ變更

八　役員及特別議員ノ選任及解任

九　訴願訴訟及和解

前項第一號、第二號、第四號、第七號及第八號ニ揭クル事項ノ決議ハ行政官廳ノ認可ヲ受クルニ非サレハ其ノ效力ヲ生セス

第十七條　總代會又ハ總會ハ會長之ヲ招集ス但シ第一回ノ總代會又ハ總會ハ水產會成立シタルトキ遲滯ナク設立申請者之ヲ招集スヘシ

議員又ハ特別議員ハ議員及特別議員ノ總數ノ五分ノ一以上ノ同意ヲ得テ會議ノ目的タル事項及招集ノ事由ヲ記載シタル書面ヲ提出シ總代會又ハ總會ノ招集ヲ請求スルコトヲ得

會長正當ノ事由ナクシテ前項ノ規定ニ依ル請求アリタル後十四日以內ニ總代會又ハ總會ヲ招集セサルトキハ請求者ハ行政官廳ノ認可ヲ受ケ之ヲ招集スルコトヲ得

第十八條　議員及特別議員ハ總代會又ハ總會ニ於テ各一個ノ議決權ヲ有ス

第十九條　總代會及總會ノ議事ハ本法ニ別段ノ定アル場合ヲ除クノ外出席者ノ議決權ノ過半數ヲ以テ之ヲ決ス

第二十條　會則ノ變更ハ總代會又ハ總會ニ於テ之ヲ組織スル者半數以上出席シ出席者ノ議決權ノ三分ノ二以上ヲ以テ之ヲ議決ス

郡市水產會ノ會則ノ變更カ地區ノ增減ニ關スルトキハ前項ノ規定ニ依ル議決ノ外新ニ編入又ハ削除セラルヘキ區域內ノ會員タル資格ヲ有スル者又ハ會員ノ三分ノ二以上ノ同意アルコトヲ要ス

前項ニ規定スル會員タル資格ヲ有スル者又ハ會員ノ員數ノ計算ニ付テハ第十一條第二項ノ規定ヲ準用ス

第二十一條　水產會ニ左ノ役員ヲ置ク

會長　一人

副會長　一人又ハ二人

評議員　數人

役員ハ郡市水產會ニ在リテハ總代會ニ於テ其ノ會員中ヨリ、其ノ他ノ水產會ニ在リテハ總會ニ於テ其ノ議員中ヨリ之ヲ選任ス但シ特別ノ事由アル場合ニ於テハ會員又ハ議員ニ非サル者ヨリ之ヲ選任スルコトヲ得

第二十二條　會長ハ水產會ヲ代表シ會務ヲ總理ス

副會長ハ會長ヲ補佐シ會長事故アルトキ其ノ職務ヲ代理ス

副會長ハ會則ノ定ムル所ニ依リ會長ノ職務ノ一部ヲ分掌スルコトヲ得

評議員ハ會長ノ諮問ニ應シ並會務ノ執行及財產ノ狀況ヲ監査ス

第二十三條　總代會又ハ總會ノ議決ヲ經ヘキ事項ニシテ臨時急施ヲ要シ總代會又ハ總會ヲ招集スルノ暇ナシト認ムルトキハ會長ハ會則ノ定ムル所ニ依リ專決處分スルコトヲ得但シ第十六條第二項ノ事項ニ付テハ此ノ限ニ在ラス

前項ノ場合ニ於テハ會長ハ次ノ總代會又ハ總會ニ於テ其ノ承認ヲ求ムヘシ

第二十四條　水產會ハ會則ノ定ムル所ニ依リ委員會ヲ置クコトヲ得

左ニ揭クル者ヲ以テ委員トス

一　會長

二　副會長

三　會則ニ定メタル方法ニ依リ選任シタル者

第二十五條　委員會ハ仲裁判斷其ノ他會則ニ定ムル事項ニ關シ審議決定ス

第二十六條　水產會ハ會則ノ定ムル所ニ依リ其ノ會員ニ對シ經費ヲ分賦シ及過怠金ヲ徵收スルコトヲ得

郡市水產會ノ經費又ハ過怠金ヲ滯納スル者アル場合ニ於テ其ノ會長ノ請求アルトキハ市町村ハ市町村稅ノ例ニ依リ之ヲ處分ス此ノ場合ニ於テ水產會ハ其ノ徵收金額ノ百分ノ四ヲ市町村ニ交付スヘシ

前項ニ規定スル徵收金ノ先取特權ノ順位ハ市町村其ノ他之ニ準スヘキモノノ徵收金ニ次クモノトス

經費ノ分賦又ハ過怠金ノ徵收ニ關シテハ勅令ノ定ムル所ニ依リ異議ノ申立、訴願及行政訴訟ヲ爲スコトヲ得

第二十七條　帝國水產會ハ農商務大臣ノ認可ヲ受ケ朝鮮、臺灣、樺太、關東州又ハ外國ニ於テ設立シタル水產會ニ準スル法人其ノ他ノ團體ヲ會員ト爲スコトヲ得

第二十八條　行政官廳ハ水產會ニ對シ事實ニ關スル報告ヲ爲サシメ業務ノ執行又ハ財產ノ狀況ヲ檢査シ會則、收支豫算又ハ經費ノ分賦及收入ノ方法ノ變更ヲ命シ其ノ他監督上必要ナル命令又ハ處分ヲ爲スコトヲ得

第二十九條　行政官廳ハ水產會ノ總代會、總會若ハ委員會ノ決議又ハ役員若ハ委員ノ行爲ニシテ法令若ハ會則ニ違反シ又ハ公益ヲ害シ若ハ害スルノ虞アリト認ムルトキハ決議ヲ取消シ、役員若ハ委員ヲ解任シ、議員ノ改選ヲ命シ水產會ノ事業ヲ停止シ又ハ水產會ノ解散ヲ命スルコトヲ得

第三十條　水產會解散又ハ合併若ハ分割ヲ爲サムトスルトキハ會員ノ三分ノ二以上ノ同意ヲ得テ其ノ事由ヲ具シ尙分割ノ場合ニ於テハ分割ノ各水產會ノ會員又ハ會員タル資格ヲ有スル者ノ三分ノ二以上ノ同意ヲ得且水產會ノ權利義務ノ限度ヲ定メ農商務大臣ノ認可ヲ受クヘシ

前項ニ規定スル會員又ハ會員タル資格ヲ有スル者ノ員數ノ計算ニ付テハ第十一條第二項ノ規定ヲ準用ス

第三十一條　水產會ハ債權者ノ同意ヲ得又ハ異議アル債權者ニ對シ辨濟ヲ爲シ若ハ相當ノ擔保ヲ供スルニ非サレハ水產會ノ解散、合併若ハ分割ヲ爲シ又ハ地區ノ增減ニ關スル會則ノ變更ヲ爲スコトヲ得ス

第三十二條　合併後存續スル水產會又ハ合併ニ因リテ設立シタル水產會ハ合併ニ因リテ消滅シタル水產會ノ權利義務ヲ承繼ス

分割ニ因リテ設立シタル水產會ハ第三十條ノ規定ニ依リテ定リタル限度ニ於テ從前ノ水產會ノ權利義務ヲ承繼ス

第三十三條　水產會ハ解散ノ後ト雖淸算ノ目的ノ範圍內ニ於テハ尙存續スルモノト看做ス

第三十四條　水產會解散シタルトキハ會長及副會長ヲ以テ其ノ淸算人トス但シ會則ニ別段ノ定アルトキ又ハ總代會若ハ總會ニ於テ選任シタル者アルトキハ此ノ限ニ在ラス

前項ノ規定ニ依リ淸算人タル者ナキトキハ行政官廳淸算人ヲ選任ス淸算人闕ケタルトキ亦同シ

第三十五條　淸算人ハ水產會ヲ代表シ淸算ヲ爲スニ必要ナル一切ノ行爲ヲ爲ス權限ヲ有ス

淸算ノ方法及財產處分ニ付テハ行政官廳ノ認可ヲ受クヘシ

第三十六條　行政官廳ニ於テ必要ト認ムルトキハ淸算ノ方法及財產處分ノ變更ヲ命シ又ハ淸算人ヲ解任スルコトヲ得

第三十七條　本法ニ於テ郡市町村トアルハ郡制市制町村制ヲ施行セサル地ニ在リテハ之ニ準スヘキモノトス

附　則

本法施行ノ期日ハ勅令ヲ以テ之ヲ定ム

本法施行ノ際現ニ存スル水產組合及水產組合聯合會ハ命令ノ定ムル所ニ依リ農商務大臣ノ認可ヲ受ケ本法ニ依ル水產會ト爲スコトヲ得

〔政府委員田中隆三君登壇、拍手起ル〕

○政府委員（田中隆三君）　簡單ニ水產會法案提出ノ理由ヲ申上ゲマス、申上ゲルマデモナク我國ハ四面環海、而シテ水產業ト申シマスルノハ、我ガ國民生活ニ密接ナル關係ヲ有ッテ居ル事業デアリマス、其等ノ事情ヨリ致シマシテ、沿岸到ル處ニ漁村ハ生成セラレマシテ、農村ト相併立シテ、特別ノ發展ヲ致シツヽアル譯デアリマス、尙又此漁場ト申シマスノハ、共通ノ場所ニナッテ居リマスノデ、サウ云フ特殊ノ關係カラシテ、種々複雜致シマシタ事故モ往々ニシテ起ルコトハ、是亦御承知ノ通リデアリマス、是等ノ理由ヨリ致シマシテ、恰モ農業ニ就テ農會ト云フモノガアルヤウナ工合ニ、此農會ノ方法ニ準ジマシテ、水產業ニ就テモ、系統アリ統一アル自治機關ヲ設ケタイト云フノガ、此法案ノ起リマシタ骨子デアリマス、而シテ此法案ニ於キマシテハ、市郡ト云フモノ、水產會ヲ單位ト致シマシテ、其上ニ府縣ノ水產會アリ、又其上ニ帝國水產會ト云フモノガ出來ルヤウニナッテ居リマス、而シテ其單位ヲ形造ル水產會ハ、主トシテ漁業者、又其漁業製造業者、又其漁產物ヲ取引スル者、或ハソレヲ保管スル者ト云フヤウナ、此漁業ニ關係アル各當事者ヲ集メテ、唯今申上ゲマシタ單位ノ市ノ水產會、或ハ郡ノ水產會ヲ造リマシテ、順次ニ系統ヲ逐ウテ、帝國水產會ト云フモノニマデ上セテ參リマス譯デアリマス、我國ノ水產業ハ追々發展ヲ遂ゲマシテ、大ニ成績ノ見ルベキモノガアリマスコトハ、是亦御承知ノ通リデアリマスケレドモ、尙ホ將來ニ亙リマシテ、益、其改善ヲ圖ラナケレバナラヌ事項モ多々アリマス次第デアリマス、ソレ故ニ此系統的ノ有力ナル自治機關ヲ設ケマシテ、其機關ノ自奮努力ト官廳行政ノ施設ト相俟ッテ、大ニ此產業ノ發展ニ資シマシテ、產業國策ノ徹底ノ一端ニ致シタイト云フノガ此目的デアリマス、ドウゾ御審議ノ上御協贊ヲ與ヘラレンコトヲ切望致シマス（拍手起ル）

○議長（奧繁三郎君）　高草美代藏君

〔高草美代藏君登壇、拍手起ル〕

○高草美代藏君　唯今議題トナリマシタル水產會法ニ就テ、農商務次官カラ其提出理由ノ大體ヲ御說明ニナリマシテ、略、其要領ヲ得タノデアリマス、實ハ此水產會法ノ問題ハ水產當業者ノ側ヨリ申シマスルト、既ニ二十餘年前ノ希望デアリマシテ、實ハ彼ノ御承知ノ全國ノ水產大會ニ於キマシテモ、年々當議會ニモ請願ヲ致シ、尙ホ政府ニモ年々引續イテ請願ヲ致シテ居ル問題デアリマシテ、實ハ今日提出サルヽト云フコトハ其、晩キノ憾ガアルノデアリマス、併ナガラ假令晩シト雖モ、當業者ガ多年希望致シテ居ル問題デアリマスカラ、爰ニ出現シタト云フコトハ、洵ニ全國二百五十万ノ當業者ガ此報ヲ一度聞キマスト、定メテ滿足致スコト、自分共ハ信ズルノデアリマス、而シテ今此法案ニ就テ私ガ爰ニ質問致サウト考ヘテ居リマス問題ハ、本案ノ第一條ニアリマス所ノ「水產業ノ改良發達ヲ圖ルヲ以テ目的トス」ト云フ此條項デアリマス、私ノ申スマデモナク、我ガ國民ノ主要食物ト申シマスモノハ米デアリマス、所ガ此我ガ國民ハ米食人種デアルト同時ニ、殆ド魚肉ヲ嗜食スルノ人種デアリマシテ、同時ニ魚食人種ト謂ヒ得ラルヽノデアリマス、今ヤ食糧問題ノ非常ニ八釜シイ今日デアリマスガ故ニ、水產問題モ必ズ米ノ問題ノ解決ト同時ニ、解決セナケレバナラヌ重要ナル問題ト私ハ考ヘテ居リマス、此水產事業ト申シマスモノハ、御承知ノ通リ此ノ如ク單リ食糧問題ノ上カラ重要デアルノミナラズ、海外ノ貿易品トシテモ、重要デアルト云フコトハ御承知デアラウト思ヒマス、其外漁業ト海軍トノ關係デアリマス、是モ密接ノ關係ノアルト云フコトハ御承知デアラウト思ヒマスル、又海軍ノ關係ノ中デモ、御承知ノ通リニ今非常ニ心配サレテ居リマスル所ノ重油デアルトカ、輕油デアルトカ、卽チ軍艦ニ使用致シマスル所ノ燃料ノ問題ニ、魚類ノ油カラソレヲ採リマスルト云フヤウナコトデ、是ガ非常ニ密接ナ關係ヲ有チ、今餘程是ガ研究ヲサレテ居ルト云フコトニナッテ居リマスレバ、此上カラ申シマシテモ水產ト海軍トノ關係ハ頗ル重大ナ關係ガアルト申シ得ラレルノデアリマス、斯ノ如

ク論ジ來ッテ見マスルト――觀察致シテ見マスルト、此水產業ノ盛衰ト申シマスルモノハ、直チニ國家ノ民人ニ大ナル影響ヲ及ボスト云フコトガ判ルノデアリマシテ、何ト致シテモ我國ハ斯ノ如キ重大ナル關係ヲ有ッテ居リマスル水產業ヲ助長發展ヲ致スト云フコトヲ、期セナケレバナラヌノデアリマス、故ニ今後水產業ノ改良發達ヲ圖ラウト致シマスルト、卽テ本案ノ第一條ニアリマスル所ノ目的ヲ達スル所ノ手段方法、私ハ第一條ノ目的ヲ達スル所ノ所謂根本ノ政策ニ就キマシテ、政府當局者ノ御抱負ト、政府當局者ノ明カナル辯明ヲ爰ニ求メヤウト考ヘルノデアリマス、サウシテ聊カ私ハ爰ニ極ク簡單ニ私ガ考ヘテ居リマス二三ノ要點ヲ申上ゲテ、質問ヲ試ミヤウト思フノデアリマス、第一ニ此漁業ヲシテ如何ニ發展セシムルカト云フ問題デアリマス、抑、我國ハ私ガ申上ゲマスルマデモナク四面環海デ、沿岸ノ里數ト申シマスルモノハ、其延長里數ガ殆ド八千里ト申シテ居リマス、此中二百五十萬ノ漁民ヲ包容致シマシテ、サウシテ其二百五十萬ノ漁民ガ得ル所ノ收穫高ハドノ位アルカト、申シマスルト、一箇年ニ最近卽チ昨年ノ統計ニ依ッテ見マスルト、約二億圓ノ收益ガアルト云フコトハ、是モ皆樣御承知デアラウト考ヘマス、サウシテ今此漁民ノ狀態ヲ御話致シマスルト、卽チ近時沿岸漁業ガ次第ニ近海漁業ニ移リ、而シテ近海漁業ガ漸次遠洋漁業ニ移ルト云フ狀態デアルノデアリマス、所ガ其遠洋漁業ニ從事致シマスル所ノ人ガ、年々歲々增加致シマスルケレドモ、併ナガラ其收益如何ト其內容ヲ調ベテ見マスルト、殆ド近年其進展ヲ見ナイノデアリマス、其收穫ノ上ニ發達ヲ見ナイノデアリマス、全ク今日ハ收穫ガ停滯不振ノ域ニ在ルト謂ハナケレバナラヌノデアリマス、サレバ此停滯不振ノ原因、其根源ヲ究メナケレバ、本案ノ第一條ノ目的ヲ達スルト云フコトハ、到底不可能デアラウト私共ハ考ヘルノデアリマス、而シテ其原因ハ一ニシテ足リマセヌケレドモ、其主ナルモノニ私ノ考ヲ爰ニ列擧致シマシテ、當局者ノ辯明ヲ求メ、御抱負ヲ伺ハウト思フノデアリマス、水產ノ不振ノ原因ノ第一ハ、水產敎育ノ缺ケテ居ルト云フコトヲ私共思フノデアリマス、御承知ノ通リニ此二億ノ收益ガアリ、二百五十万ノ漁民ヲ包容致シテ居リマス所ノ、而モ國家ノ重要ナル位地ニ在ル所ノ此水產事業ニ向ヒマシテ、官立ノ敎育機關ト致シマシテハ、東京ニ一水產講習所ガアルバカリデアリマス、而シテ縣立ト致シマシテハ、全國ニ甲種――尤モ昨年敎育令ガ改正ニナリマシテ、甲種乙種ノ區別ハ無クナリマシタケレドモ、兎モ角縣立ト致シマシテ從來甲種程度ノ水產學校ガ僅ニ八ツシカ無イノデアリマス、斯ノ如キ有樣デアリマスルガ故ニ、水產ノ知識、水產ノ技能ト云フコトガ一向進步致サナイノデアリマス、御承知ノ通リニ英吉利ハ日本ト同ジク環海ノ國デアリマスガ、其航海ニ於テ、其水產ニ於テ非常ニ發達ヲ致シテ、世界第一ト云ハレテ居ルコトハ御承知ノ通リデアリマス、何ガ故ニ英吉利モ日本ト同ジヤウニ海國デアリ、而シテ一ハ非常ニ發展ヲシ、一ハ非常ニ發展ヲセヌカト云ヒマスト、其本ハ所謂水產敎育ニ在ルノデアリマス、詰リ航海――商船ナドノ敎育ガ非常ニ盛ンナノデアリマス、英吉利ノ諺ニ斯ウ云フ事ヲ昔カラ言ウテ居リマス「英吉利國ハ波濤ニ主タリ波濤ニ主タル者ハ天下ニ主タリ」ト申シテ居ルノデアリマス、此理想ヲ持チ此信念ヲ持ッテ、上下一致シテ英吉利ハ航海ニ發達シ、而シテ水產業ニ努カシテ居ルト云フコトガ、ズット今日マデ從來カラ引續イテノ現況デアリマス、日本ノ國家ニ於キマシテモ、斯ノ如キ抱負ガアルカ否ヤ、政府ノ當路者ニ於テ、斯ノ如キ抱負ヲ持ッテ居ルカドウカ私ハサウ云フ事ハ持ッテ居ラヌト云フコトヲ悲シムノデアリマス、故ニ此水產敎育ノ事ニ就キマシテ、政府ハ如何ナル抱負ヲ御持チニナッテ居ルカト云フコトヲ御尋シタイノデアリマス、第二ニ水產ノ進步致サヌ原因ハ何カト云ヒマスト、水產資金ガ乏シイデハナイカト云フコトヲ私共思フノデアリマス、卽チ水產ニ對スル資金ガ乏シイ、此問題モ年々全國ニ於ケル當業者ガ、水產銀行ヲ立テ、貰ハナケレバナラヌ、陸上ニ於ケル農工銀行、或ハ勸業銀行ニ對シテ、水產ニ對シテモ、ドウシテモ水產銀行ヲ立テ、貰ハナケレバナラヌ、斯ウ云フ事ハ年々引續イテ衆議院ノ方ニモ請願ヲ致シ、政府ノ方ニモ請願ヲ致シテ居ルト云フコトモ、貴方トモ御聞及デアラウト思フノデアリマス、ドウシテモ思フヤウニ水產ノ資金ガ得ラレヌト云フコトガ、第二ノ水產事業ノ發達致シマセヌ大ナル原因ト私共思フノデアリマス、尤モ近頃此聲ノ八釜シイ折柄、農工銀行ノ中ニ就キマシテモ、成ベク都合ニ依ッタラ、水產業者ニモ此資金ヲ出スト云フヤウナ途ハ開イテアリマスケレドモ、併ナガラ實際ニ於キマシテハ、中々借入レルト云フコトガ困難デアルノデアリマス、故ニ此水產資金ニ就キマシテハ、政府ハ如何ナル御抱負ガアルノデアリマスカ、此點ヲ伺ヒタイノデアリマス、第三ノ問題ハ漁場ノ面積ニ比シテ、漁民ガ割合ニ多過ギルト私共思フ、是ガ水產事業ノ發展ヲ致シマセヌ、收益ノ停滯不振デアルト云フ第三ノ理由デアラウト思フノデアリマス、是ハ何故私ガ斯ノ如キ事ヲ申上ゲルカト云ヒマスルト、日本沿岸ノ到ル所非常ニ漁民モ多イノデアリマスガ、陸上ノ人數ニ比シテ、割合ニ漁業者ノ子供ノ蕃殖力ハ强イト云フコトヲ申シテ居ルノデアリマス、殊ニ御承知ノ瀨戶內海ニ於キマシテハ、最モ是ガ夥多ニアルノデアリマス、故ニ此漁業ヲ發展シヤウト思ヒマスルト、比較的漁民ガ多クシテ而シテ其漁場ノ面積ガ狹イ、此解決ヲ一日片時モ早ク致スト云フコトヲ致シマセヌト、行詰リニナッテ居ルノデアリマス、丁度御承知ノ我ガ漁民ヲ移民ヲシ、通漁ヲ致シマスルモノハ、殆ド四方ニ門戶ヲ開イテ待ッテ居ルノデアリマス、之ヲ迎ヘント欲シテ居ルノデアリマス、近クハ御承知ノ朝鮮アリ、或ハ臺灣アリ、或ハ南洋アリ、或ハ樺太アリ、薩哈嗹州アリ、幾ラモアルノデアリマス、或ハ此勘察加州モ漁民ヲ迎ヘントシテ居ルノデアリマス、丁度私共爰ニ此比較ヲ以テ見マスルト――沿岸里數ノ一里ニ對スル比例ヲ朝鮮ト日本ト取ッテ見マスルト、先ヅ漁船ノ數ガ沿岸里數一里ニ對シテ內地ハ五十六艘デアリマス、朝鮮ハ僅ニ五艘デアリマス、而シテ漁業者ノ人口ノ比較ヲ取ッテ見マスルト、內地ハ一百三人、而シテ朝鮮ハ僅ニ七十二人デアリマス、而シテ又漁船一艘當リノ漁獲高ヲ御話致シマスルト、內地ガ四百四十四圓、朝鮮ガ千百五十四圓デアリマシテ、約二倍半朝鮮人ノ漁獲ガ、日本人ノ漁獲ヨリ多イト云フコトニナッテ居リマス、此統計、此實際ヲ比較シテ見マスルト、又實際ニ往ッテ調ベテ見マスルト、朝鮮ニ於キマシテハ非常ニ漁民ヲ入レ、而シテ日本人ガ往ッテ漁業ヲシテ、利益ガアルト云フコトガ實際ニ於テ分ルノデアリマス、其外臺灣ニ往キマシテモ――私ガ今申シマシタ各地ニ往キマシテモ、皆ナ斯ノ如キ比例ヲ以テ、日本人ヲ待ッテ居ルト云フ詰リ有樣デアリマス、サウ致シスルト、政府ハ現在ニ於テ、尙ホ將來ニ於キマシテ、通漁ヲ奬勵ヲナサル御意見デアルカ、若クハ此漁業ヲ是等ノ各地ニ向ヒマシテ、通漁ノミナラズ移民ヲ――漁業者ノ移民ヲ奬勵スル御積リデアルカ、是ハ頗ル此漁業ノ問題トシテ重大ナル問題デアリマス、尤モ政府ニハ御承知ノ通リ、遠洋漁業ノ奬勵規定ト云フ法律ヲ設ケラレマシテ、而シテ從來多少ノ努力ハ致シテ居ラレマスケレドモ、併ナカラ斯ク重要ナル時期ニ――水產ノ重要ナル時期ニ切迫致シ、行詰ルヤウナ有樣ニナリマシタカラ、一層從來ニ比シマシテ、大ナル努力ト、大ナル抱負ト、大ナル理想ヲ以テ、政府ニ私ハ此事業ヲ奬勵シテ貰ヒタイト思フノデアリマス、故ニ換言致シマスルト、此夥多ナル漁民ヲ奬勵スル上ニ就キマシテ、移民ヲ奬勵ヲナサル御積リデアルカ、或ハ通漁ヲ比較的奬勵ヲナサル御積リデアルカ、此邊ヲ伺ヒタイノデアリマス、ソレカラ第四ノ不振ノ原因ト致シマシテ、直接ノ指導調査機關ノ乏シイト云フコトガ、是ガ不振ヲ極ムル第四ノ問題デナイカト思フノデアリマス、御承知ノ通リ魚類ト雖モ、貝類ト雖モ、或ハ藻ノ類ト雖モ、如何ニ海洋廣シト雖モ到ル處何處デモアルト云フ譯デハナイノデアリマス、總テ水族ト申シマスル物ハ、或ハ海水ノ溫度ニ依ッテ去來致シ、漁場ノ如何、或ハ魚餌卽チ「エサ」ノ如何ニ依ッテ、來去ヲ致ス上ニ於テ原因トナルノデアリマス、然ルニ政府ニ於キマシテハ、是等ノ總テノ問題ニ就キマシテ、一向調査研究ヲ全ク爲サヌトハ申シマセヌガ――幾ラカ出來テ居リマセウケレドモ、今少シ大ニ努力ヲセラレテ、サウシテ直接ニ漁民ニ其調査ノ結果ヲ指導奬勵ヲ爲サッテ、サウシテ之ニ導ク、是ガ私共漁業ノ發展ヲセシムル、一ツノ方法デハナイカト思フノデアリマス、故ニ私ハ此點ガ大ニ缺ケテ居ルノデハナイカ、將來政府當路者ハ、此點ニ向ヒマシテハ如何ナル抱負ヲ以テ、如何ナル理想、考ヲ持ッテ居ラルヽノデアリマスカ、ト云フコトヲ御尋シタイノデアリマス、ソレカラ第二ニ――唯今迄申上ゲマシタノハ是ハ漁業ノ問題デアリマス、第二ノ問題ト致シマシテ、養殖ノ事業ヲシテ如何ニ發達セシムル考デアルカト云フコトヲ、簡單ニ御尋ガシタイノデアリマス、世人動モスレバ水產物ノ無盡藏ト云フコトヲ申シテ居ルノデアリマス、然レドモ水產物モ尚ホ陸上ノ產物ト同ジク、決シテ無盡藏ノモノデハアリマセヌ、所謂蒔カヌ種ハ生ヘルモノデハアリマセヌ、然ルニ今ヤ漁業ハ發達致シマシテ、其獲ル所ノ漁具ガ細密トナリ、或ハ漁業法ガ苛酷トナリ、濫獲トナリ、而シテ一方ニ於テハ非常ニ需要ガ多クナリマシタガ爲メニ、又漁民ガ增加致シマシタルガ爲メニ、漁獲物ノ減少ヲ來シタト云フコトハ、前ニ私共申上ゲマシタノデアリマス、故ニ是ニ於テカ是非共養殖ノ方法ヲ、人ノ手デ出來ルダケ施サヾルヲ得ナイト云フ立場ニナッテ來タノデアリマス、而シテ今ヤ養殖事業ハ非常ニ進步發達致シテ來タノデアリマス、現ニ私共調ベテ見マスルト、大正八年度ニ於テハ非常ニ養殖カラ獲リマスル――人間ノ手デ魚類或ハ貝類ヲ殖シマシタガ、其殖シマシタ所ノ養殖、揚リ高ガドノ位アルカト申シマスマト、殆ド千二百万圓ノ全額ニ達シテ居ルノデアリマス、我國ニ於テハ養殖事業ハ近年最モ發達ヲ致シマシテ、ソレハ何處カト云ヒマスルト、卽チ靜岡縣若クハ愛知縣ノ兩縣デアリマシテ、此兩縣ノ面積ダケデモ殆ド一千町步ニ餘ッテ居ルノデアリマス、此收獲高ヲ調ベテ見マスルト、一段步カラ殆ド――能ク獲ル所ハ二百圓餘ニ達スルト云フコトデアリマス、前述ノ如ク一方ニ於キマシテハ漁業者ノ漁獲ガ減ジ、又一方ニ於テハ魚類ノ種類ガ次第ニ增加シテ來テ居リマシテ、勢ヒ其割合ニ利益アル所ノ養殖事業ヲ盛ニ致サウト致シマスルト、ドウシタラ宜イカト云ヒマスルト、ドウシテモ是モ矢張水產業者自ラ努力ヲ致サナケレバナリマセヌケレドモ、併ナガラ政府ガ主トシテ、又之ヲ指導奬勵スルト云フコトヲシナケレバナラヌノデアリマス、然ルニ政府ハ此養殖ノ事業ニ就キマシテ、如何ナル方法ヲ以テ、如何ナル手段ヲ以テ之ヲ發達サセテ居ルカ、之ヲ指導致シテ居ルカト云フト、私共遺憾ナガラ政府ハ養殖事業ニ對シテ、餘リ努力ヲ致シテ居ラヌト云フコトヲ斷言シテ、決シテ憚ラヌノデアリマス、而シテ又直接ニ指導奬勵ニ餘リ努力セヌノミナラズ、一方ニ於テハ斯ウ云フ事ガアルノデアリマス、卽チ今ノ……(「簡單」ト呼フ者アリ)モウ簡單デアリマス――法ノ上ニ非常ニ不備缺點ガアルノデアリマス、御承知ノ通リ陸上ニ於テハ、農業者ハ開墾助成法ト云フ法律ヲ拵ヘマシテ、サウシテ開墾ヲスレバ直チニ自分ニ所有權ガ移リマスガ、一タビ水產家ガ養魚池ヲ拵ヘ、或ハ養魚場ヲ拵ヘルト云フコトニナリマスルト、其漁業權ハアリマスルガ、其所有權ト云フモノハ呉レナイノデアリマス、故ニ斯ノ如キ支障ガアリマスルガ爲メニ、非常ニ養殖事業ノ妨害ヲスルト云フコトニナッテ居リマス、非常ニ支障ヲ來スト云フコトニナッテ居ルノデアリマス、此點ニ於キマシテ、將來政府ハドウ云フ御考ヲ御持デアリマスカ、私共ソレヲ御聽シタイノデアリマス、其次ニ――終リニ臨ミマシテ魚市場法ノ必要ヲ私共說クノデアリマス、御承知ノ通リニ從來魚類ノ取引ト申シマスルモノハ、何百年來ノ習慣ニ依リマシテ取引ヲ致シテ居ルノデアリマスルガ故ニ、其取引ノ上ニ於キマシテモ、其價格ノ上ニ於キマシテモ非常ニ不都合ガアリマスル故ニ、ソレ故ニ需要者ハ非常ニ高イ魚類ヲ食ハナケレバナラヌト云フ現狀デアリマスル故ニ、此點ニ於テモ、ドウシテモ魚市場法ヲ制定致シマシテ、相當ノ手數料ノ規定ヲ致シ、又或時ハ魚ガ多クテ價ガ廉イ、或時ハ魚ガ少クテ非常ニ價ガ高イト云フコトガナクシテ、サウシテ一時ソレヲ貯藏シテ、少ナイ時ニモ多イ時ニモ魚類ノ調節ヲ圖ルト云フコトガ、是ガ今日此食糧問題ノ八釜シイ時ニ當リマシテモ、米ト同ジク、其他ノ食物ト同ジク、矢張水產業モ左樣ニ調節シナケレバナラヌト私共考ヘルノデアリマス、其點ニ於キマシテ政府ハ如何ナル御考ヲ御持デアルカドウカ、以上是等ノ問題ニ就キマシテ、政府ノ御抱負、政府ノ考ヘテ居ラレル所ノ事ヲ、私共明ニ御答ヲ願ヒタイノデアリマス、(拍手起ル)

○議長(奧繁三郎君) 田中農商務次官

〔政府委員田中隆三君登壇、拍手起ル〕

○政府委員(田中隆三君) 唯今ノ御尋ニ簡單ニ御答致シマス、段々唯今ノ詳シキ御話ハ、要スルニ私共カラ申上ゲマスルマデモナク、寧ロ高草君ノ御抱負ヲ伺ッタヤウナ次第デ、至極御同感ニ堪ヘヌ譯デアリマス、唯夕農商務省トシテハ、既ニ先日當議場ノ御贊成ヲ得マシタ豫算案ダケノ事ヲ申上ゲマシテモ、只今モ縷々御述ニナリマシタ、例ヘバ水產講習所ト云フモノヽ、學科程度ヲ進メ、其產業發達ニ資スル目的ヲ以テ、既ニ其講習所ダケデモ、此十年度ニ於テ五十万圓ノ特別ノ經費ノ御增加ヲ願ッテ居ッタヤウナ次第デゴザイマス、ソレハ殊ニ設備ニ關スル費用デ、其他ニ尚ホ年々經常費ト云フモノハ、約五万圓内外ノモノガ掛ッテ參リマスヤウナコトニナッテ居リマス、又養殖ノ事ニ就テモ段々御話ガゴザイマスガ、是モ矢張先日ノ豫算ニアリマスルガ如ク、今年度ハ更ニ三十万圓ダケノ增額ヲ御願申シマシテ、此養殖ノ事ニ就テ、尚ホ徹底的ニ一步進メテ參リタイト云フコトニナッテ居ルノデアリマス、又水產會法ニ於キマシテモ、何條デゴザイマシタカ今後水產會ニ幾ラカ宛ノ補助金ヲ與ヘマシテ、水產會ヲシテ大ニ此目的ニ向ッテ、改良發達ニ努メシムルト云フヤウナ事ヲシテ居ル譯デアリマス、ソレカラ尚ホ此遠洋漁業、或ハ海外漁業ニ關シマスル事モ先日ノ豫算中ニモ所々現ハレテ居リマスル、又豫算以外ニ於テモ、御承知ノ通リ或ハ香港新嘉坡マデニモ色々技師ヲ派遣致シマシテ、種々取調ヲシテ、ソレ〳〵當業者ニハ其報告ヲ示シテ居ルコトハ、此水產ニ關係ノ方ハ御承知デアラウト思フ、而シテ新嘉坡方面ノ調査ノ如キハ大變好イ成績ヲ收メマシテ、既ニ數百万圓ノ大會社ガ出來テ、其調査ノ結果ニ基イテ、大ニ我國ノ漁業ト云フモノヲ、海外ニマデ實際ニ於テ引伸バスベキ運命ニ遭遇シテ來タ譯デアリマス、尚ホ伯剌爾ニモ技師ヲ派遣致シマシテ調査ヲ致シマス、又今度ノ南洋方面等ニ就キマシテモ既ニ技師ヲ遣リマシテ、一通リハ調査ヲ了ヘマシタノデアリマス、併ナガラ之ヲ現實ニ我漁業ヲ其方面ニ於テ、目ニ見エルヤウニ活躍セシムル爲メニハ、政府トシテモ尚ホ數回ノ調査ヲ要スルコトモゴザイマセウ、又當業者諸君ニモ大ニ一ツ奮發シテ戴カナケレバナラヌ事モアラウト思ヒマス、ソレヤ是ヤ兎モ角モ漁業ノ事ニ就キマシテハ、出來得ル限リ努力ヲ致シテ居リマスルコトハ、十分一ツ御諒承ヲ願ヒタイト思ヒマス、要スルニ是等ノ事ヲ熱心ニ希望致シマスルガ故ニ、只今提案致シマシタ此水產會法、之ニ依リマシテ所謂當業者ニモ一ツ大ニ御奮發ヲ願ヒタイノデアリマス、迚モ政府ダケノ力デハイカヌノデアリマス、デ尚又御言葉ノ中ニ、朝鮮臺灣等ノ事ニ就テノ御懸念モアッタヤウデアリマスガ、是ハ今日ニ於キマシテモ兩總督府ト連絡ヲ取リマシテ、漁業ノ改良發達等ノ事ニ就キマシテハ努メツヽアリマス、尚ホ此水產會法ノ何箇條カヲ御覽ニナレバ、會法ニモ載ッテ居リマスガ、此朝鮮ナリ臺灣ナリノ當業者モ、我ガ帝國水產會ノ方ノ會員トナッテ、此本案ノ會ノ目的カラモ互ニ共同聯絡ヲ取ッテ、提携スルノ途ヲ開イテアリマス、水產會ハアチラデ別ニ又其朝鮮ナリ臺灣ナリデ開キマシテモ、其會ハ又コチラノ帝國水產會ノ會員ト聯絡統一ヲ保ツコトニ、大ニ盡カセシムル積リデアリマス、其他詳細ニ亙リマシテハ、委員會ニ於キマシテ申上ゲルコトニ致シマス、大體右ノ通デアリマス(拍手起ル)

○議長(奧繁三郎君) 日程第二、右議案ノ審査ヲ付託スベキ委員ノ選擧ヲ議題ト致シマス

11　在外朝鮮人ノ取締竝朝鮮統治ニ關スル質問ノ答辯ニ對スル山道襄一君ノ意見

〔山道襄一君登壇〕

○山道襄一君　私ハ在外朝鮮人ノ取締竝ニ朝鮮統治ニ關シマスル質問書ヲ提出致シマスルコト二回デアリマス、二回共ニ甚ダ不深切ヲ極メマシタル誠意ナキ答辯書ヲ得タコトヲ、私ノ爲メデナク、國家ノ爲メニ甚ダ遺憾ニ感ズルノデアリマス、今日ハ餘程時間モ經過致シテ居リマシテ、皆サン方ハ定メシ御迷惑ノコト、御察シ致シテ居リマスルケレドモ、此朝鮮問題ハ今日ノ時局ニ取リマシテハ、極メテ重大ナル事デアリ、且ツ帝國ノ爲メニハ非常ナル大問題デアルノデス、故ニ願クバ暫クノ間時間ヲ御貸シ下サルコトヲ御願致シマス、唯ダ私ハ一言申シテ置キマス、朝鮮統治ニ關シマスル私ノ意見ノ陳述ハ、本日他ノ機會ニ於テ之ヲ申述ベル積リデアリマス故ニ、此席上ニ於キマシテハ、在外朝鮮人ノ取締ニ關シマスル事ニ就テ、意見ノ陳述ヲ御許シヲ願ヒタイノデアリマス、私ハ本日此場合ニ於テ、公開ノ席ニ於テ申上ゲルコトヲ憚ルベキ重大ナル一ツノ事件ニ就キ、殊ニ在外朝鮮人ノ取締ニ對シマシテ、本日ハ御互ニ此公開ノ席上デ言フコトノ出來ナイ所ノ、或重大ナル必要ニ迫ッテ居ルノデアリマス、然ルニ從來政府ノ致サレテ居リマスル、在外朝鮮人ノ取締ニ對シマシテ、極メテ怠慢デアル又甚ダ其遣方ガ姑息デアル、而モ帝國ノ政府ノ内ニ於テスラ、各大臣ノ見ラル、所ノ所見ヲ異ニシテ居ラレマスル爲メニ、甚シク朝鮮ノ内輪ニマデ影響ヲ及ボシマシテ、今日ハ非常ナル人心惡化ノ狀態トナリ、危險ヲ訴フベキ狀態ニ陷ッテ居ルノデアリマス、昨年ノ春ノ議會ニ於テ――解散セラレマシタ議會ニ於テ原總理大臣ハ或ハ上海、或ハ滿洲、或ハ西伯利、或ハ布哇或ハ米國等ニ於キマスル所ノ朝鮮人ノ陰謀團體ハ、恰モ吹ケバ飛フガ如キモノデアッテ、何等介意スルノ價値ナキモノデアルカノ如キ御演說ガアリマシタ、然ルニ其半面ニ於テ陸軍大臣、或ハ外務大臣、或ハ朝鮮總督ノ御演說、或ハ其等ノ役所カラ出サレマシタ所ノ文書ニ依ッテ之ヲ見マスレバ、上海ニ於ケル彼等ノ自稱假政府ノ如キ、或ハ間島ニ於ケル、或ハ西伯利ニ於ケル所ノ不逞鮮人等ノ陰謀團體ハ、朝鮮今日ノ惡化ヲ招ク、最大原因デアルカノ如キ言明ヲ致サレテ居ルノデアリマス、即チ此政府ニ於テ在外鮮人ヲ見ラレマスルコトハ、内閣大臣諸公ノ間ニ於テ、既ニ意見ノ相違ガアルノデアリマス、之ガ爲メニ今日ノ朝鮮ノ狀態ヲ惹起シ、昨年ノ間島問題、琿春事件等有ユル不祥事ヲ惹起シタト云フコトハ全ク内閣ノ在外鮮人ニ對スル方針ガ、一定シテ居ラヌカラト言ッテ差支ナイノデアリマス、若シ在外鮮人ノ陰謀團體ヲ檢シ來リマスレバ、其絕對價値カラ申シマスレバ、甚ダ粗末ナモノデアルカモ知レヌ、併ナガラ斯樣ナモノハ、本來其絕對價値ヲ見ルベキモノニ非ズシテ、此在外不逞鮮人ノ團體ガ朝鮮人ノ目ニ映シテ、如何ナル價値ヲ生ズルモノデアルカト云フコトヲ御互ニ知ラナケレバナラヌノデアリマス、之ヲ非常ニ輕視セラレマシタル結果ガ斯樣ナ不祥ノ事態ヲ惹起シテ居ルコトハ茲ニ重ネテ申シマスガ、又更ニ政府ノ私ノ質問ニ對スル答辯ニ就テ、甚ダ遺憾ニ堪ヘナイト申シマスルノハ、政府ハ斯ノ如キ事ヲ申シテ居ラル、ノデアリマス、滿洲方面ナドニ於ケル、或ハ西伯利方面ニ於ケル不逞鮮人ノ取締ニ就テ、何等怠慢モ無イ、過失モ無イト言ッテ居ラレマス、斯樣ナ答辯書ヲ得テ居リマスケレドモ、併シ私共ヨリスレバ大ナル過失大ナル怠慢ヲ認メザルヲ得ナイノデアリマス、私ハ御迷惑デゴザイマセウケレドモ、茲ニ其事實ヲ陳述致サナケレバナラヌ、昨年ノ琿春事件ノ如キ、或ハ間島事件ノ如キ、斯クノ如キ事ハ既ニ一昨年ヨリ政府ニ於テハ、承知シテ居ラレナケレバナラヌ事件デアリマス、一昨年ノ暮ニ朝鮮ノ李王家ノ一族デアル李堈殿下ヲ拐キ出シテ、安東縣マデ連レ行キマシタル事件ノ如キハ、既ニ一昨年八月二十三日ニ於テ、吉林ニ於テ滿洲及西伯利ニ於ケル所ノ不逞鮮人ノ首領ガ集會ヲ致シマシテ、或ハ間島ヨリ、或ハ柳河ヨリ、或ハ浦鹽ヨリ、或ハ「ニコリスク」ヨリ、或ハ「イマン」ヨリ、或ハ齊多ヨリ、各方面ノ不逞鮮人ガ會議ヲ開キマシタ結果、李堈殿下ヲ奪取ッテ、而シテ此人ノ脫出ヲ圖ッテ此人ヲ首領ニ推スト云フコトハ、吾々ノ朝鮮獨立ノ目的ヲ達スル爲メニ、最モ必要ナ事デアルト云フ決議ノ一項ガアル、此事ハ陸軍大臣ハ確カ一昨年九月、乃至十月ノ頃ニ此報告ヲ得テ居ラレル筈デアリマス、而モ其決議ノ條項ハ澤山アリマス、露西亞ノ過激派ト提携スル事、朝鮮ニ決死團ヲ送ル事モ其一ツデアル、此決議ガ萬事ヲ語ッテ居リマス、其決議ヲ實行スル爲メニ、吉林ヨリ鄭安立ナル者ガ京城ニ參ッタノデアリマス、一面ニ於テハ上海ヨリハ全協ナル者ガ京城ニ參ッタノデアリマス、茲ニ李堈殿下ヲ連レ出スト云フ事ニ就テ、鄭安立ト全協ト所謂上海派ト吉林派ノ間ニ於ケル暗鬪ヲ試ミマシタ結果、遂ニ上海派ノ全協ガ勝ヲ占メルコトニナッテ彼ガ奪取ッタ、其爲メニ奪取ラレタノヲ無念ニ思ッテ鄭安立ガ日本ノ警察ニ密告シタ爲メニ漸ク事件ガ總督府ニ判ッタノデアリマス、此鄭安立ニ對シ京城ノ北部警察ハ相當ナル金ヲ呉レテヤッテ、金某ナル警部ガ密偵トシテ使ッテ居ッタ、然ルニ此鄭安立ガ斯樣ナ大陰謀ヲ計畫シテ京城ニ入込ンデ居ル、ソレヲ能ク承知シテ居リナガラ、故ラ此鄭安立ヲ、餘裕ガアルニ拘ラズ捕縛スルコトヲシナカッタ、吉林ニ逃ガシタ斯ノ如クニシテ此大犯罪人ヲ、私ヨリ申シマスレバ寧ロ之ヲ捕縛スルコトガ出來ルニ拘ラズ、此者ヲ捕縛セズシテ逃シタト云フコトハ、當局ノ重大ナル責任デナケレバナラヌト信ズルノデアリマス、單ニ此鄭安立ヲ捕縛シナカッタト云フダケヲ以テ、吾々ハ言フノデハアリマセヌ、彼ヲ捕縛シタシナイト云フコトガ、彼ヲシテ法網ヨリ免レシメ、日本ノ官憲ノ手ヨリ逃レシメタト云フコトハ、是ハ總テ滿洲、或ハ西伯利、上海ニ居リマスル不逞鮮人達ガ或ル方法ニ依ルナラバ、日本官憲與シ易シトシテ、彼等ハ益陰謀ノ鋒ヲ差向ケルノデアリマス、而モ琿春事件或ハ間島事件ニ對シテ、私ハ茲ニ時間ガゴザイマセヌカラ極ク僅カニ申上ゲマス――私ノ力ニ依ッテ調査シ得タ其調査ノ範圍ニ於キマシテ、私ノ極ク微力デ調査シタ範圍ニ於キマシテモ西伯利方面或ハ滿洲ニ於ケル不逞鮮人等ハ、昨年アタリ非常ナル武器ヲ集メテ居ッタト云フコトハ、幾多ノ事實ガ私ノ手ニ入ッテ居ルノデアリマス、況ヤ政府ノ手ヲ以テ致シマスレバ、ドレ程ノ彼等ガ不穩ノ行爲ヲ執リツヽアルト云フコトハ、明瞭ニ分ッテ居ラナケレバナラヌ筈デアル、今其ノ一二ノ實例ヲ申上ゲマスレバ、御承知ノ西伯利ニ於ケル所ノ、不逞鮮人ノ巢窟トモ申シマシテ宜シイ、浦鹽ニ近イ所ノ新韓村、其新韓村ニ居リマスル金河吉ナル者ガ、昨年二月ノ二十日米國ノ軍隊ヨリ、九連發拳銃五百挺ト彈藥及爆彈五百箇、其中二百挺ダケハ靑年ニ分ッテヤッテ居ル、三月七日ニハ露國式步兵銃三百挺、露國兵ノ警設ニ依ッテ――過激派ノ警設ニ依ッテ新韓村ニ持込ンデ居ルノデアリマス、更ニ又二月ニハ浦潮ノ「モルスカヤ」街二十番館ノ「ブリヤシス」カラ左記ノ武器ヲ新韓村鮮人ガ購入シテ、自動車デ運ンデ居ル、其左記ト云フノハ第一回「ブローニング」銃百二十挺代價百五十万留、第二回西班牙式連發銃三百五十挺代價二百五十万留デアリマス、無線電信ノ購入モ其當時彼等ガ交涉シテ居ッタノデアリマス、更ニ又第二ノ尼港事件ガ起ルデアラウト言ッテ、昨年御同樣ガ非常ナル心配致シマシタ此蘇城デアリマス、蘇城ノ東方四里許リノ所ニ住居シテ居リマシタ朴西利、韓昌傑等ガ露西亞人ヲ介シテ「チエック」軍カラ小銃千五百挺ト爆彈トヲ購入シテ居リマス、又「シコトワ」革命軍カラ、小銃百挺及彈藥ノ購入ヲ致シテ居リマス、間島ノ二道溝ノ許在明ハ、三月上旬ニ新韓村ニテ露西亞人ヲ介シテ、小銃五百挺、爆彈六千拳銃四百三十挺、機關銃二門、又彈藥ナドヲ購入致シテ居リマス、更ニ又七八月頃ニ浦鹽斯德附近ノ朝鮮人ハ、露西亞軍用速射砲二門ノ購入ヲ致シテ居リマス、又東寧及其對岸ノ露西亞領「ウサホー」ノ朝鮮人ハ、露西亞人ノ世話ニ依ッテ小銃九十二彈藥一万五千ヲ購入シ、一月六日ニ之ヲ西間島ニ輸送中馬賊ニ掠奪セラレマシタ、是ハ私ノ極ク足ラナイ所ノ調査デアッテ、私ノ手ニ入ッタダケデモ斯樣ニ在外ノ不逞鮮人ハ、昨年春カラ夏ニ掛ケテ用意ヲ致シテ居リマシタ、是等ノ用意ハ政府ニハ尙ホ一層明瞭ニ分ッテ居ルベキ筈デアリマス、彼ノ間島ナリ西伯利ニ居リマス朝鮮人、何ノ必要ガアッテ斯樣ナ武器ヲ購入致シタノデアリマシヤウカ、彼等ガ之ヲ使用致シマス所ノ目的ハ言ハズシテ明白デアリマス、而モ政府ハ之ニ對シテ、如何ナル取締方法ヲ講ゼラレテ居リマシタカ、之ニ對シテ如何ナル手段ヲ講ジ如何ナル對策ヲサレテ居リマシタカ、私ノ質問ニ對スル政府ノ御答辯ニ依リマスレバ、之ニ對シテハ相當ナル手段ヲ執ッタ、殊ニ支那政府ニ向ッテ其取締ヲ要求致シテ居ルト言ッテ居ラレルノデアリマス、張作霖ニ此事ヲ一任シタト言ッテ安心ヲシテ居ラレルノデアリマスケレドモ、張作霖ニ信賴シ何ガ出來マスカ、東山省ニ二百万モ朝鮮人ガ居ルデアリマセウ、何デ張作霖ガ其根據地ニ於テ大勢力ヲ持ッテ居ル所ノ、二百万ノ朝鮮人ノ反感ヲ買フマデモ日本ノ要求ニ應ジマセウ、若シ彼ガ此ノ二百万ノ朝鮮人ノ反感ヲ買ヒマスレバ、彼ハ斷ジテ現在ノ勢力ヲ維持スルコトハ出來ナイ、ソレ故ニ張作霖自身ノ立場カラ申シマシテ、此者ガ我ガ政府ノ一言ノ依賴ニ依ッテ、二百万人カラノ朝鮮人ヲ向フ廻ハスヤウナコトヲシマセウカ、取締ヲシナイト云フコトハ明白デアル、然ルニ我ガ政府ハ之ニ對シテ、張作霖ニ依賴シテ居ル爲メニ安心シテ居ルト云フノデアリマスカラ、是ガ卽チ大ナル失策ヲ來シタ本デアリマス、殊ニ間島事件ノ起ル前昨年九月十二日、其頃非常ナル大部隊ノ不逞鮮人、及過激派及馬賊ノ一團ガ押寄セテ來ルト云フコトガ分ッテ居ッタニモ拘ラズ、政府ハ之ニ對シテ如何ナル態度ヲ執ッタカト云フト、僅カ二十一名ノ警察官ト、十名ノ軍人ヲ御役目ニ出シタダケデ、其他ハ是等大部隊ノ襲來ニ對スル方策ヲ講ジテ居ラナイ、之ヲ講ジテ居ラナイ爲メニ遂ニ間島事件ノ如キ、或ハ琿春事件ノ如キ大事變ヲ惹起シ、忽遂大事ヲ出サナケレバナラヌト云フコトニナリ、之ガ爲メニ支那政府トノ間ニ種々面倒ナル交涉問題ヲ惹起シ、更ニ其餘沫トシテ議會ニ於テモ段々質問ニモナッテ居リマスル、水町大佐ノ聲明ナルアノ大失態ヲ演ジタデハアリマセヌカ、水町大佐ガ宣敎師ニ與ヘタ所ノ言明ニ依ルト、明カニ承認セラレタ、如何ナル事ヲ承認シタカト云ヘバ、良民ヲ殺シテ居ルト云フコトヲ承認サレテ居ル、無辜ノ良民ガ住居ヲ致シテ居ル建物ヲ燒イタト云フコトヲ承認セラレテ居ル、公ノ文書ニハナッテ居リマセヌガ、尙ホ陸軍方面ニ於テ言ッテ居ル所ヲ

聞キマスレバ、水町大佐カ何故ニ良民ヲ殺シタカト云ヘバ、兵營ヲ移サナケレバナラヌ、駐屯軍ノ兵舍ヲ移ス時ノ邪魔ニナルカラ殺シタ、或ハ良民ガ入ッテ居ッタカ知ラヌ、或ハ無辜ノ民ノ家屋ヲ燒拂ッタト云フコトハ、不穩ノ文書ガアッタカラ其家ヲ燒拂ッタト云フコトデアリマス、斯樣ナ事ヲ以テ果シテ之ガ水町大佐個人ノ聲明ト致シマシテモ、此水町大佐其人ハ政府ヨリ特派セラレタ人デアル、陸軍省ヨリ特派セラレタ人デアル、斯ノ如キ人ガ斯樣ナ聲明ヲ致シマスレバ、之ヲ以テ個人ノ資格ヲ以テ聲明シタト云ッテ、其場ヲ遁レルコトハ出來マセヌ、現ニ一月五日デゴザイマス、我當局者ハ此事件ハ無事ニ外國ノ諒解ヲ得タト言ハレテ居リマスガ、確カ一月八日ニハ英國大使ガ外務省ニ抗議ヲ申込ンデ居リマス、更ニ二十日或ハ十一日ニハ、陸軍大臣ト外務大臣トハ、和蘭公使館ニ於ケル宴會ノ席上ニ於テ種々ナル打合ヲセラレ、而モ十二日ニハ陸軍大臣ノ代理トシテ、秦中佐ヲ遣ハシテ外務省ニ交涉セシメタ、私ハ此事ニ就テ特ニ皆サント共ニ國家ノ爲メニ聽イテ置カナケレバナラヌコトハ、一昨年ノ春朝鮮ノ大事件、所謂水原事件デアリマス、二十何名ノ朝鮮人ヲ敎會堂ノ中ニ入レテ、火ヲ放チテ敎會堂ト共ニ燒イテシマッタ、其當時亞米利加ノ政府カラモ此事件ニ對シテ、若シ日本政府ガ此敎會堂ニ朝鮮人ヲ入レテ燒イタ、其責任者ヲ早ク處分致シサヘスレバ、是ハ公ノ問題ニハ致サナイト言ッテ、日本政府ニ忠告シテ呉レタニモ拘ラズ、陸軍省ト外務省トノ間ニ於テ、丁度今回ノ間島事件ノ如ク意見ヲ異ニシテ逡巡致シマシタ結果、米國政府モ押ヘ切レズ、此事件ノ顚末ガ世界中ニ宣傳セラレマシテ、取返シノ付カナイコトニナリ、遂ニ憲兵隊長及其副官竝ニ守備隊及其副官ヲ處分シタノミナラズ、世界中カラ日本ニ對スル誤解ヲ招致シタト云フコトハ、詰リ陸軍省ト外務省トノ意見ガ相違シ、政府內ニ意見ノ杆格ガアル爲メニ、折角事無キニ終ルベキモノガ世界ニ公表セラレ、日本帝國ノ爲メニ非常ナル不利益ヲ醸シタノデアル、殊ニ今回ノ事件ノ如キハ、世界ニ之ヲ明白ニ率直ニ公表シタナラバ、サウ大シタ問題ヲ惹起サズニ濟ンダニ拘ラズ、陸軍省ト外務省トノ間ニ意見ヲ異ニシテ空シク時日ヲ費シタ爲メニ、帝國ノ爲メニ不利益ナル誤解ガ世界ニ傳ヘラレテ居ルノデアリマス、何故ニ斯樣ナ事件ニ對シテ有耶無耶ノ中ニ葬リ去ラントスルカト云フコトヲ、帝國ノ爲メニ惜ムノデアリマス、更ニ又私ガ質問致シマシタ昨年ノ春ノ尼港事件ニ對シテモ誠意ナキ答辯ガアル、彼ノ尼港ニ在住シテ居リマシタ五百名乃至千人ノ朝鮮人ニ對シテ、政府ハ如何ナル取締ヲシテ居リマシタカ、ソレヲ私ハ伺ヒタイノデアリマス、尼港事件ニ對シテ私ノ調査シタ結果ハ、尼港ニ於テ日本ノ軍人及男ノ中ノ壯年者ヲ慘殺シタノハ、多クハ露西亞ノ共產黨員ノ爲メニサレタノデアリマ

スガ、小兒デアルトカ婦人ナドガ虐殺セラレマシタノハ、支那人ト朝鮮人ノ手ニ依ッテサレタノデアリマス、此朝鮮人ハ既ニ大正七年四月、支那人ト露西亞人ト一緒ニナッテ尼港ノ市中ヲ練歩イテ、資本家ニ對シテ示威運動ヲ致シタ、而モ是等ハ表面ノ口實デ、此朝鮮人ハ尼港ニ於テ既ニ大正七年四月朝鮮獨立演說ヲ致シ、支那人露西亞人等之ニ加ノテ示威運動ヲシタト云フコトハ、諸君モ御存ジテアリマセウ、而モ大正八年四月是等ノ不逞鮮人ハ露西亞ノ者ト一緒ニナッテ、オムスク政府ノ管轄ノ下ニ於テ露西亞ヲ衞ルベク、白衞軍ヲ組織スルト稱シテ、斯樣ナル獨立運動ヲ致シタノデアリマス、朝鮮ガ白衞軍ナルモノヲ組織致シテ、六十名之ニ加入致シ、白衞軍ノ組織ガ出來タノデアリマス、其時彼等ハ日本軍ガ尼港ヲ占領致シマシタ時、過激派カラ沒收致シテアクマスル武器ノ交付ヲ要求シテ來タノデアリス、當時ノ守備隊長デアリマシタル小林少佐──小林少佐ハ斷乎トシテ、此銃器ノ引渡ヲ拒絕シタノデアリマス、然ルニ何時ノ間ニカ軍司令官ノ手ヲ經テ、──內閣ノ承認ヲ經タカ、軍司令官ガ獨斷デヤラレタカ、ソコノ所ハ私ハ明言スル材料ヲ有シマセヌガ、私ハ政府カラ命令ガ行ッタト承ッテ居リマス、斯ノ如クニシテ小林少佐ガ拒絕シタニモ拘ラズ、故ラニ百挺ノ武器ヲ、此白衞團ニ渡スコトノ命令ヲ致シテ居ルノデアリマス、此武器ヲ以テ、白衞軍ノ朝鮮人ガ尼港ニ居リマシタル所ノ日本人虐殺ノ一幕ヲ演シタノデアリマス、然ルニ此事實ハ私ハ活キタル證人ヲ何時デモ出スコトガ出來ルデアル、尼港ニ當時在住シテ居リマシタ者ハ、昨年一月カラ五月二十四日マデニ皆ナ殺サレマシタガ、當時日本ニ歸ッテ居ッテ現在生殘ッテ居ル所ノ活キタル證人ハ、何時デモ此武器ノ引渡ヲ致シタ事ニ就テノ證人トシテ出スコトニ躊躇致シマセヌ、然ルニ政府ノ答辯書ヲ見マスレバ、本項ニ記載スル所ノ事實ヲ認メズト云フ實ニ不深切ナル答辯、亂暴ナル答辯デアリマス、何故ニ斯樣ナ答辯ヲシナケレバナラヌカ疑ハザルヲ得ナイ、尼港事件ニ就キマシテハ今更繰返シテ申シハ致シマセヌガ、何故ニ政府ハ此明々白々ナル所ノ斯樣ナ事實ヲ認メナイト稱シテ、我々ヲ瞞着シ去ランスルノデアルカ、斯ノ如キハ誠ニ政治ニ對シテ不深切ナ、一般國民ニ對シテ甚ダシク誠意ナキ遣方デハゴザイマセヌカ、（拍手起ル）次ニ此安東縣ニ居住致シテ居ッタル英國人「シヨウ」ナル者ヲ、昨年ノ七月朝鮮總督府ガ捕縛ヲ致シタ事件デアリマスガ、此者ヲ捕縛致シタ、其犯罪ハ何デアルカ、又其顚末ヲ明ニシテ貰ヒタイト云フ質問ヲ致シタ、然ルニ政府ハ之ニ何ト答ヘテ居ルカト云フニ、安東縣ニ居ル英國人「シヨウ」事件ハ目下審理中ニテ、事實ノ眞相ヲ明言スルコトハ出來ナイト突放シテ居ルノデアル、併ナガラ諸君、「シヨウ」事件ハ重大ナル問題デアリマス、帝國政府ハ昨年ノ夏頃ニ於テ、奉天ニ於

ケル所ノ英國ノ總領事ニ對シテ、此英國人「シヨウ」ノ引渡ノ要求ニ就テ交渉ヲサレテ居ルデハアリマセヌカ、而モ此「シヨウ」ナル者ガ何故ニ捕縛サレタノデアルカト云フコトハ、一昨年ノ暮カラ昨年ノ春ニ掛ケテ、議會ノ問題ニナッテ居リマシタ、彼ノ呂運亨一味ノ者ガ、所謂朝鮮ノ獨立ノ目的ヲ達シマスル爲メ政治ノ變革ヲ企圖致シマシテ、安東縣ニ交通部ナルモノヲ設置スル コトニ致シ、此呂運亨一味ノ者ガ相寄リマシテ、安東縣ニ交通部ナルモノヲ設立スル計畫ヲ立テ、其交通部ハ卽チ「シヨウ」ノ宅ノ怡隆洋行ノ中ニ其事務所ヲ置カレテアッタカラデハナイカ、「シヨウ」ハ自己ガ所有シテ居リマスル所ノ汽船ヲ以テ、上海安東縣ノ間ヲ往復スル不逞鮮人ノ獨立運動ヲ援助致シテ居ッタノデアル、之ガ爲メニ「シヨウ」ハ捕縛セラレタノデアリマス、而モ是ニ於テ私ノ甚ダ疑ハザルヲ得ヌ事ハ、最近ノ報告ニ依リマスレバ――私ノ最近ニ得タ報告ニ依リマスレバ、既ニ或ハ今日ハ出發致シテ居ルカ知レマセヌガ、此英人「シヨウ」ハ京城ニ在リマスル住所ヲ引拂ヒ、今當ニ審理中デアルカラ、答辯ヲ出來ヌト言ハレタ英人「シヨウ」ハ、英本國ニ向ッテ――彼ノ妻ハ日本人デアリマスガ、其妻ヲ伴レテ英本國ニ向ッテ旅行スルト云フコトニナッテ居リマス、勿論旅行スルト云フノハホンノ名目デゴザイマセウガ、英國ニ向ッテ立去ラントスル、或ハ既ニ立去ッテ居ルコト、考ヘマス、卽チ英國人デアレバ斯樣ナ事件ニ就テ彼ガ本國ニ立去ル、保釋中ニ英國ニ旅行スルコトヲ許シナガラ、是等ト同ジヤウナ犯罪者デアリマスル所ノ朝鮮人ヲ、如何ニ取扱ッテ居ルノデアルカト云ヘバ、中々嚴格デアル、此安東縣ノ交通部ノ長ヲ致シテ居リマシタル洪成益ナル者ニ對シテハ、既ニ昨年一月二十三日ニ捕縛致シタノデアリマス、此交通部ヲ造リマシタ趣意ノ文書ハ、私唯今私ノ机上ニ置イテ居リマシテ、此處ニ持ッテ居リマセヌカラ讀上ゲル譯ニハ參リマセヌガ、此交通部ノ設立ニ對シテ、所謂政治ノ變革ヲ目的ト致シマシタル所ノ此陰謀ノ計畫ヲ立テルモノデアリマシテ、其張本人ハ上海ニ居リマスル呂運亨ヲ首メトシテ八名程ノ人間デアリマス、其立テタ所ノ人間ハ、洪成益以下七名許リハ捕縛セラレテ、既ニ牢屋ニ收監サレテ居リマス、唯ダ一人英國人デアリマス所ノ「シヨウ」ノミハ既ニ保釋セラレ、而モ英本國ニ向ッテ旅行スル コトヲ許サレテ居ルト云フコトハ、其結果ガ如何ニ相成ルカト云ヘバ、日本ノ總督ハ、日本ノ政府ハ一視同仁ノ政治ヲスルト稱シ、法ノ權威ヲ維持スルト稱シナガラ、外國人ニ對シテハ頭ガ上ラナイ、外國人ニ賴リサヘスレバ、如何ナル事ヲ爲シテモ差支ナイト云フ觀念ヲ朝鮮人ニ與ヘルノデアリマス、而モ一視同仁ノ聲明ハ殆ド無意義ナル事ニ相成ッテ、一視同仁ト云フ事ガ果シテ何ヲ意味サレルカ、唯ダ言葉ノ上ノ一視同仁デアッテ、事實ニ於テハ決シテ日本ノ政府ハ一視同仁ノ政治ヲ致スノデハナイ、是ガ帝國ノ仁慈ナル　陛下ノ大御心ニ依ッテ行フ朝鮮統治ニ對スル根本ヲ、朝鮮人ヲシテ疑ハシムルニ至ルノデハゴザイマセヌカ、殊ニ此呂運亨ノ如キハ諸君モ御承知ノ事デアルカラ、重ネテ茲ニ繰返シテハ致シマセヌガ、彼ハ上海ニ於ケル所ノ救國冒險團ノ團長デアル、上海ニ於ケル不逞鮮人ハ、所謂彼等ノ仲間ニ於テハ文治派ニ屬スルモノデアリマスガ、此文治派ニ屬スル上海ニ於ケル不逞鮮人ノ中ニ立ッテ居ル此救國冒險團ナルモノハ、爆裂彈ノ製造ヲスルコトヲ研究シ、而シテ其爆裂彈ヲ行使致シテ、朝鮮獨立ノ目的ヲ達シヤウトスルノガ此救國冒險團ノ趣旨デアリマス、呂運亨ハ此救國冒險團ノ團長デアリマス、彼ハ發頭人デアリマス、斯樣ナ事ヲ致シテ居ル所ノ呂運亨ハ東京ノ眞中ニ來リ、政府ノ大官ノ招待ヲ受ケ、公然ト政府ノ力ニ依ッテ、政府ノ手ニ依ッテ新聞社通信社ヲ集メ、堂々ト演說ヲ試ミ、而モ禁苑ノ拜觀マデ差許サレタ、然ルニ一面ニ於テ洪盛益ナル者ハ捕縛セラレ、其手先タル者モ捕縛セラレ、殊ニ大邱ニ於テ起リマシタ事件ハ、靑年外交團、愛國婦人會等ノ靑年男女ガ數十名一昨年ノ暮牢屋ノ中ニ打込マレ、而モ重大ナル犯罪トシテ之ヲ取扱ハレテ居ルノデアリマスガ、張本人ノ呂ハ何等ノ事モ無イトハ不思議デハナイカ、政府ノセラレル所ハ、如何ニモ一視同仁デアル法ノ權威ヲ有ラシムルヤウニ努メテ居ルヤウニ見エマスケレドモ、事實ニ於テハ斯樣ナ事ヲシテ、前後撞著シ、人ニ依ッテ法ノ用井方ヲ二三ニスルト云フヤウナコトヲ致シテ居ルガ爲メニ、其爲メニ、益々朝鮮人ヲシテ思想ノ惡化ヲ來サシメ、今日如何トモスルコトノ出來ナイヤウナコトニナッテ居ル、而モ昨年ノ一月議會ニ於ケル原總理大臣ノ御演說ヲ聽キマスレバ、呂運亨ハ上海ニ歸ッタ後ト云フモノハ、非常ノ善人トナリ、前ノ排日方針ヲ改メテ、或ル意味ニ於テハ日本ニ向ッテ、非常ニ同情ヲ表スル如キ態度ヲ持テ居ル、彼ハ他ニ不心得ノ者ガアレバ、之ヲ說諭致シ、不都合ノ行爲ナキヤウニ說諭ヲ致シテ居ルト云フ御演說ヲ致サレテ居ル、然ルニ確カ三月七日ノ北支那日々新聞ハ、呂運亨ノ歸ッタ後ノ消息ニ就テ、安昌浩ノ談話ヲ掲載シテ居リマスガ、ソレハ總理大臣ノ言ッタコトヲ明カニ裏切ッテ居リマス、ノミナラズ昨年九月ニ於テ呂運亨ハ、御承知ノ如ク上海ニ於ケル不逞鮮人ヲ代表シマシテ、亞米利加議員團ガ上海ニ來タ時ニ、亞米利加議員團ヲ訪問シ、上海ニ居リマスル所ノ朝鮮人ノ婦人會ナルモノ造リマシタ大極旗、卽チ朝鮮ノ國旗其旗ヲ議員團ニ贈ッテ、之ニ依ッテ朝鮮ノ獨立ノ援助ヲ賴ンデ居ルノデアル、而モ彼ハ昨年西伯利ノ「チタ」ヲ訪問シ、露西亞ノ過激派ト交渉ヲ遂ゲテ居ル、更ニ昨年ノ暮カラ本年ニ掛ケテ、廣東方面ニ出沒シ、本年ノ一月三日ノ廣東ヨリ來タ電報、及一月六日、九日ノ兩度香港ヨリ來タ電報ニ依レバ、六時間ニ亙ル所ノ慷慨悲憤ノ演說ヲ致シ、朝鮮獨立ノ爲メニ非常ナル運動ヲ試ミテ居ルノデアリマス、斯ノ如キ人間ヲ今日ニ至リマスルマデ、依然トシテ放任セラレ、殊ニ昨年ノ如キハ東京ニ參ッテ非常ニ優待セラレ、而シテ其指揮ヲ受ケ、敎唆セラレ、煽動セラレマシタ一部ノ人間ハ、重キヲ刑罰ニ問ハレテ居ルト云フコトハ、是ハ果シテ朝鮮統治ノ目的ヲ達シ、在外不逞鮮人ヲ取締ル上ニ、權威アル所ノ遣方デアリマスルヤ否ヤ、疑ハザルヲ得ナイノデアリマス、(拍手起ル)更ニ私ハ先刻申シマシタ如ク、他ノ機會ヲ得マスルガ故ニ多ク申上シマセヌケレドモ、爰ニ一言ダケ私ノ附加ヘテ置キタイ事ハ、今日ノ現在ノ狀態ニ於テ朝鮮ノ統治ヲ完成致シマスノニハ、何ト致シテモ、朝鮮人ノ敎育ノ根本方針ヲ定メナケレバナラヌノデアリマス、果シテ現內閣乃至朝鮮總督府ハ、此朝鮮人ノ敎育ニ對シテ、確乎タル所ノ根本方針ヲ持ッテ居ラレマスルカ否ヤ、之ヲ非常ニ疑ハザルヲ得ヌノデアリマス、百ノ法令ヲ作リ、千ノ制度ヲ變更セラレマシテモ、此敎育ノ根本方針ガ定ラザル限リハ、斷ジテ統治ノ目的ヲ達スルコトハ出來ナイノデアリマス、形式ニ因ハレ、末葉ノ事ノミノ計畫ニ依ッテ、例ヘバ學齡兒童ノ學齡ノ年限ヲ變更致ストカ、或ハ三面、所謂三村ニ一校ヲ置ク方針デ校舍ノ增設ヲスルトカ、或ハ地理歷史ナドヲ是迄ハ日本ノ讀方ノ一ニハ加ヘテ居ッタモノヲ、今回ハ改メテ獨立ノ課目トスルトカ云フヤウナコトヲ致シタトテ、敎育ノ目的ハ達セラレナイ、斯ノ如キハ抑、末デアリマス、朝鮮人ノ敎育ノ根本方針ヲ如何ニスルカ、若シ朝鮮人ノ同化ノ方針ヲ以テ朝鮮人ヲ統治スルナラバ、其朝鮮人ノ同化ニ對スル敎育方針ハ如何スルノデアルカ、私ノ第二回ノ質問ニ對シテ政府ノ御答辯ヲセラレル所ニ依レバ、朝鮮人ノ精神敎育ニ對シテハ、相當ノ施設ヲシテ居ルト言ハレテ居リマスルガ、何ヲ以テ朝鮮人ノ精神敎育ニ對スル施設ヲシテ居ラレルト言ハレマスカ、何モ無イデハアリマセヌカ、重ネテ言フ、學校ヲ建增ヲスルトカ、學齡ノ年限ヲ變更スルトカ云フヤウナコトハ、何モ精神敎育ノ根本ニ關係ハ無イ、此一ツノ目的ヲ達スル確乎タル方針ガ立ッテ居ラナケレバ、如何ヤウナ事ヲセラレマシテモ、朝鮮ノ統治ハ完成スルコトハ出來ナイノデアリマス、而モ施政ノ方針ニ就キマシテモ多大ナ疑ヲ有セザルヲ得ナイ、先刻申シマシタ如ク、一視同仁ヲ以テ標準トセラレテ居ルトアリマスガ、決シテ今日ニ於テ一視同仁ノ方針ハ行ハレテ居ラヌ、是ハ後ニ申シマスカラ、此所ニハ略スルコトニ致シマスルケレドモ、甚ダ心外ニ堪ヘマセヌ事ハ、今日ノ朝鮮ノ統治ハ唯ダ聲ノミデアル、聲ノ政治デアルト云フコトヲ私ハ甚ダ遺憾ニ思フノデアリマス、政治ハ國民ノ幸福、國民ノ利益ヲ增進スル實體デアラネバナラヌ、然ルニ今日ノ朝鮮統治ノ有樣ヲ見マスレバ聲ノ政治デアル、聲ノミガ一視同仁デアル、差別撤廢デアル、而モ事實ニ於テハ何等ノ一視同仁、差別撤廢ヲ發揮シテ居ラナイ、其施設ノ見ルベキモノガ無イノハ遺憾ニ思ヒマス、殊ニ驚クベキ事ハ、朝鮮ノ統治ヲ致スノニ、昨年ノ頃ヨリ何カ更ニ方針ヲ改メテ、文化政治ヲ施ク如キコトヲ度々御發明ニナリマス、然ルニ此新總督ノ政治以來一昨年ノ九月新政治ニ入ッテ以來、警備機關ヲ非常ニ增大セラレタ、是迄ノ警備ニ對シテ、幾多非難ノアリマシタ憲兵政治ニ對シテ非難ガアリマシタガ、今日ニ於テハ寺內伯爵ノ總督ヲセラレマシタ當時ノ警備機關ニ對シテ、殆ド人員カラ云ヘバ倍數以上ニ達シテ居リマス、警察官ダケデモ今日二万幾千、國境方面ニ於テハ憲兵ガ居ル、而モ非常ニ軍隊ヲ增派シテ居ルノミナラズ、今日又騎兵ノ一箇旅團ヲ北鮮方面ニ向ケナケレバナラヌト云フコトニナッテ居ル、恐ラクハ西伯利ノ撤兵ヲスルナラバ、其兵ノ大部分ハ、朝鮮國境ニ殘リハシナイカト云フコトヲ心配スルノデアリマス、實ニ一面ニ於テ文化政治ヲ施クト發明シ、文化政治ガ警察官ヲ二倍ニモ三倍ニモシナケレバ行ハレヌト云フヤウナコトデ、何ノ文化政治デアリマスカ、斯ノ如キ滑稽ガ世界何レノ處ニアリマスカ、(「簡單」ト呼フ者アリ)私ハ意見ノ陳述ヲ許サレテ居リマス、私共ハ之ニ對シテ非常ナ疑ヲ抱カザルヲ得ナイノデアル、最後ニ私ハ統治ノ根本ニ就テ一ツノ大キナル疑念ガアリマス、ソレハ朝鮮ノ統治、產業方針ニ對シテ、此內閣ハ如何ナル方針ヲ持ッテ居ラレルカ疑ハザルヲ得ナイ、昨年ノ夏議會ニ於テ貴族院ニ於テ、唯一ツノ否決セラレマシタモノハ言フマデモナク農事改良株式會社ノ費用デアリマス、之ヲ政府ハ今日議會ニ出ス意思アルコトヲ、答辯書ニ於テ明白ニ言ッテ居ラル、而モ政府ハ之ヲ言ハル丶ニ當ッテ、朝鮮人多數ノ希望デアルカラ之ヲ出シタ、又將來提案スルト言ハル丶ガ、點入ッタル事デアル、私ハ寧ロ是ハ胡麻化シト謂ハナケレバナラヌ、何故ナラバ六十幾名ノ發起人、是ハ何者ガ發起人ヲ定メタノデアリマスカ、朝鮮各道ニ亙ッテ、二人或ハ三人ノ發起人ヲ定メラレタ、何デ定メラレタカト云フト、此定メ方ハ各道廳ノ長官ガ人選ヲシテ、而モ此會社ノ內容ガ何物デアルカ知ラズニ、發起人ハ記名調印シタノデアル、若シ「ノウ」ト言ハル丶ナラバ、私ハイツ何時デモ其人間ヲ擧ゲマス、其朝鮮人ソレ自身ガ當時私ニ言ッテ居ル、判ヲ捺サセラレタ朝鮮人ソレ自身ガ言ッテ居ル、ドウ云フ會社デアルカ知ラヌガ、長官ガ判ヲ捺セト言フコトデ捺シタト言フテ居ル、官ノ干涉ニ依ッテ、官ノ人選ニ依ッテ、官ガ指定シテ作リ上ゲテ判ヲ捺サセタモノヲ以テ、民意デアルト云フコトガ何レノ所ニアリマスカ、(拍手起ル)斯樣ナ民意ト云フコトガ世界何レノ處ニ在リマスカ、斯樣ナ事ヲ申シマスカラ、政治ヲ行ッテ種々ナ間違ッタ事ガ出來ルノデアリマス、更ニ此事ニ就テ後刻中述ベマスケレドモ、斯樣ナ事ヲ致サレテ留イテ、而モ他ノ朝鮮人ノ出願シタ會社ハ、無下ニ却下セラレル、朝鮮ノ補助ノ要求ニ對シテハ無下ニ却下セラレ、特ニ日本人ノ或ル一部ノ者ガ土地ノ拂下ヲ受ケ、或ハ貸下ヲ受ケル、權利ノ賣買ヲ目的トスルモノデアルニ拘ラズ――今日ニ於テ朝鮮ニハ幾多ノ事件ガ惹起サレテ居リマテ、其惹起サレタ事件ハ、役人ガ拂下ヲ受ケル者ト結托シテ收賄賄賂ガ行ハレテ、今ノ荒蕪地ノ拂下、賣下、貸下、ヲ致シテ、現ニ裁判事件ナドモ惹起シテ居ル、斯樣ナ事ヲ致サレテ居ル、朝鮮統治ニ對シテハ幾多ノ忌ムベキ事ガアリマシタガ、長谷川總督ノ居ラレマシタ時迄ニハ、朝鮮ニ於ケル利權屋ナル者ノ橫行ニ對シテハ、相當ニ防ギ得テ居ッタノデアリマス、然ルニ所謂文化政治ガ布カレテ以來、朝鮮人ノ生活ノ安定ヲ脅カシ、日本人ノ或ル一部ノ者ノ權利ヲ失ハシムルヤウナコトガ出來マシタ、奇怪ナ文化政治デアル、而モ此事ガ原因シテ、朝鮮人ノ思想ノ惡化ト云フモノハ、單ニ政治上ノ目的ニ非ズ、政治上ノ惡化ニ非ズ、所謂生活ノ根抵ヲ脅カサレルト云フコトカラ、朝鮮人ハ今日ニ於テ非常ニ獨立ノ事ヲ叫ブヤウニナッタノデアリマス、所謂人心ノ變動惡化ト云フコトハ是レデアリマス、要スルニ此人心ノ惡化、根本的ニ喰入ッテ居ル所ノ弊害ヲ今日ニ於テ除去スルニ非ザレバ、朝鮮ノ統治ハドレ程金ヲ出シ、吾々ガ一視同仁、差別撤廢ヲ唱ヘ、善政ヲ施クトカ叫ンダ所ガ駄目デアル、所謂朝鮮ハ紛糾ノ巷ニ彷徨ヒ、遂ニ大事態ヲ惹起シハセヌカ、甚ダ心外ニ思フノデアリマス、此事件ハ決シテ政黨政派ニ關係シタモノデハアリマセヌ、重大ナル――帝國ガ百年ノ大計ヲ定メ、帝國ノ國防ノ基礎、帝國ノ東洋平和ヲ確立スル上ニ於テ重大ナル關係デアリマスカラ、願クハ諸君モ共ニ此內閣ニ向ッテ十分ナル發明ト、眞面目ナ政治ヲ致スコトノ要求ヲ致サレンコトヲ願ヒタイノデアリマス

○副議長(粕谷義三君) 田中武雄君

(田中武雄君登壇、拍手起ル)

○田中武雄君 本員ハ去ル一月八日浦潮ニ於キマシテ、我十一師團ノ步哨ガ、米國軍艦「オルバニー」號ノ機關長「ラングトン」大佐ニ對シマシテ、自分ノ任務ヲ正當ニ執行シタルニ、憲兵隊ハ之ヲ有罪ト認メマシテ、軍法會議ニ附シタト云フ報道ニ對スル所ノ意見ヲ陳述スル者デゴザイマス、所ガ今日ハ陸軍大臣ガ之ニ就テノ一切ノ經過ヲ、議會ノ開會ト共ニ御報告ニ相成ルト云フコトヲ聞イテ居リマシタガ、ドウ云フ御都合カ、陸軍大臣ノ之ニ對スル御說明ガ無カッタノデアリマス、私ハ更ニ意見ノ陳述ヲセザルヲ得ザルニ至ッタノデゴザリマシタガ、唯今參リマシタル報道ニ依リマシテ、私ガ是マデ確信ヲシテ居リマシタ如ク、總テ私ノ得マシタ報告調査材料ニ依ッテ、何所マデモ此步哨ハ無罪トナラナケレバナラヌト云フコトヲ確信致シテ居ッタノデゴザイマスガ、此確信ノ通リ、軍法會議ハ審議ノ結果此步哨ニ無罪ノ宣告ヲ致シマシタ、(拍手起ル)此判決ニ依リマシテ、總テ私ガ考ヘテ居リマシタ所ノ正當ナル解釋ハ、正當ニ解釋セラレタルコトヲ洵ニ滿足致シマシテ、私ハ意見ノ陳述ヲ止メマス(拍手起ル)

第十三　朝鮮事業公債法中改正法律案（政府提出）第一讀會ノ續（委員長報告）
第十四　臺灣事業公債法中改正法律案（政府提出）第一讀會ノ續（委員長報告）
第十五　樺太事業公債法中改正法律案（政府提出）第一讀會ノ續（委員長報告）

報告書

一朝鮮事業公債法中改正法律案（政府提出）

右ハ本院ニ於テ可決スヘキモノト議決致候此段及報告候也

大正十年二月十九日

朝鮮事業公債法中改正法律案委員長
高山　長幸

衆議院議長奥繁三郎殿

報告書

一臺灣事業公債法中改正法律案（政府提出）

右ハ本院ニ於テ可決スヘキモノト議決致候此段及報告候也

大正十年二月十九日

臺灣事業公債法中改正法律案委員長
高山　長幸

衆議院議長奥繁三郎殿

報告書

一樺太事業公債法中改正法律案（政府提出）

右ハ本院ニ於テ可決スヘキモノト議決致候此段及報告候也

大正十年二月十九日

樺太事業公債法中改正法律案委員長
高山　長幸

衆議院議長奥繁三郎殿

〔高山長幸君登壇、拍手起ル〕

○高山長幸君　簡單ニ御報告ヲ致シマス、此法案ハ三案共何レモ案其物ハ極メテ簡單デアリマシテ、僅カニ數語ノ文字ヲ改メルニ過ギナイノデアリマス、併ナガラ其内容ハ相當大ナル事業ノ計畫ニ關スルコトデアリマス、卽チ朝鮮ニ於テハ煙草專賣ノ開始ニ對スル費用、竝ニ鐵道ノ建設改良ノ費用、其他ヲ合セマシテ總額二千四百餘万圓デアリマス、又臺灣ニ於キマシテハ東海岸ニ鐵道ヲ敷設スル費用、竝ニ既設鐵道改良費用ヲ合セテ、其金額ハ九百餘万圓デアリマス、第三ニ樺太ニ於キマシテハ、眞岡港ノ修築費用ト既設鐵道ノ改良費用ヲ合セテ七百餘万圓デアリマス、委員會ハ數回之ヲ開キマシタ、當局者ノ說明竝ニ各委員ヨリノ質問ニ對スル答辯ヲ得テ、其事業計畫ハ必要ナモノト認メ、隨テ此支出モ必要ナモノト認メマシテ、全會一致ヲ以テ之ヲ可決シタ次第デアリマス、此段御報告ヲ致シマス（拍手起ル）

○副議長（粕谷義三君）　右三案ノ第二讀會ヲ開クニ御異議ハゴザイマセヌカ

〔「異議ナシ」「異議ナシ」ト呼フ者アリ〕

○副議長（粕谷義三君）　御異議ナイト認メマス、三案共第二讀會ヲ開クコトニ決定致シマシタ

○岩崎勳君　日程第十三乃至第十五ニ揭ゲタル三案ハ、之ヲ一括シ直チニ第二讀會ヲ開キ、第三讀會ヲ省略シテ委員長報告通リ可決確定アラムコトヲ望ミマス

〔「賛成」「賛成」ト呼フ者アリ〕

○副議長（粕谷義三君）　岩崎君ノ動議ニ御異議ハゴザイマセンカ

〔「異議ナシ」「異議ナシ」ト呼フ者アリ〕

○副議長（粕谷義三君）　御異議ガナイト認メマスカラ、直チニ第二讀會ヲ開キ、議案全部ヲ議題ト致シマス

朝鮮事業公債法中改正法律案　第二讀會（確定議）

臺灣事業公債法中改正法律案　第二讀會（確定議）

樺太事業公債法中改正法律案　第二讀會（確定議）

○副議長（粕谷義三君）　別ニ御發議モナイヤウデアリマスカラ、三案共ニ第三讀會ヲ省略シテ、委員長報告通リ可決確定ト認メマス

〔拍手起ル〕

○副議長（粕谷義三君）　次ハ日程第十六、第十七、此兩案モ亦同一ノ委員ニ付託サレタ議案デアリマスカラ、一括シテ議題トナスニ御異議ゴザイマセヌカ

〔「異議ナシ」「異議ナシ」ト呼フ者アリ〕

○副議長（粕谷義三君）　御異議ナイト認メマス、日程第十六大學特別會計法案、日程第十七大正八年法律第十二號中改正法律案、右兩案ヲ一括致シマシテ第一讀會ノ續ヲ開キマス、委員長報告――長峰與一君

√朝鮮醫院及濟生院特別會計法中改正法律案(政府提出)第一讀會ノ續(委員長報告)(確定議)

報告書

一朝鮮醫院及濟生院特別會計法中改正法律案(政府提出)

右ハ本院ニ於テ可決スヘキモノト議決致候此段及報告候也

大正十年二月二十二日

朝鮮醫院及濟生院特別會計法中改正法律案

委員長　八木逸郎

衆議院議長奥繁三郎殿

〔八木逸郎君登壇〕

○八木逸郎君　朝鮮醫院及濟生院特別會計法中改正法律案ノ委員會ノ結果ヲ御報告致シマス、出席委員全體ハ異議ナク可決ヲ致シマシタ、質問ハアリマシタケレドモ此報告ハ避ケマス、唯ダ希望ハ施療ノ――朝鮮人ヲ施療スルコトヲ成ベク多クシテ貰ヒタイト云フコトノ希望ニ依ッテ、滿場此案ヲ可決致シマシタ、此段御報告致シマス(拍手起ル)

○岩崎勳君　本案ハ讀會ノ順序ヲ省略シテ、委員長報告通リ可決確定アランコトヲ望ミマス

〔「贊成」「贊成」ト呼フ者アリ〕

○副議長(粕谷義三君)　岩崎君ノ動議ニ御異議ゴザイマセヌカ

〔「異議ナシ」「異議ナシ」ト呼フ者アリ〕

○副議長(粕谷義三君)　御異議ガナイヤウデアリマスカラ讀會ノ順序ヲ省略シテ委員長ノ報告通リ可決確定サレマシタ

〔拍手起ル〕

○岩崎勳君　殘餘ノ日程ニ對シテ延期ノ動議ヲ提出致シマス

〔「贊成」「贊成」ト呼フ者アリ〕

○副議長(粕谷義三君)　岩崎君ノ動議ニ御異議アリマセヌカ

〔「異議ナシ」「異議ナシ」ト呼フ者アリ〕

○副議長(粕谷義三君)　御異議ガナイト認メマス、次ノ日程ハ追テ公報ヲ以テ御報告致シマス、本日ハ是デ散會致シマス

午後五時四十六分散會

第九　大正九年法律第十二號中改正法律案（政府提出）　第一讀會

大正九年法律第十二號中改正法律案

大正九年法律第十二號中左ノ通改正ス

第三條　朝鮮、臺灣、關東州又ハ樺太ニ本店又ハ主タル事務所ヲ有スル法人カ朝鮮、臺灣、關東州、樺太又ハ所得稅法施行地ニ本店又ハ主タル事務所ヲ有スル法人ト合併ヲ爲シタル場合ニ於テ合併後存續スル法人又ハ合併ニ因リテ設立シタル法人カ所得稅法施行地ニ本店又ハ主タル事務所ヲ有スルトキハ所得稅法第九條第三項及第十二條ノ規定ヲ準用ス

第四條　日本ノ國籍ヲ有セサル者ノ臺灣ニ於ケル資產、營業又ハ職業ヨリ生スル所得ニ付テハ所得稅法第十八條第六號ノ規定ヲ適用セス

第五條　臺灣ニ住所ヲ有シ又ハ一年以上居所ヲ有スル個人ノ所得稅法第三條第二種乙及第三種ノ所得ニ付テハ命令ノ定ムル所ニ依リ所得稅法ニ依ル所得稅ヲ課セス

第六條　所得稅法施行地ニ住所ヲ有シ又ハ一年以上居所ヲ有スル個人ノ所得ニシテ臺灣ニ於ケル法令ニ依リ第二種ノ所得トシテ所得稅ヲ課スルモノニ付テハ所得稅法ニ依ル所得稅ヲ課セス

第七條　朝鮮、臺灣、關東州又ハ樺太ニ於テ所得稅ヲ免除スル各當該地ノ製造業ヨリ生スル所得ニ付テハ命令ノ定ムル所ニ依リ所得稅法ニ依ル所得稅ヲ免除ス

附　則

本法ハ大正十年四月一日ヨリ之ヲ施行ス但シ第三種ノ所得ニ付テハ大正十年分所得稅ヨリ、第三條改正ノ規定ハ大正十年四月一日ヲ含ム事業年度分ヨリ之ヲ適用ス

〔政府委員神野勝之助君登壇〕

○政府委員（神野勝之助君）　大正九年法律第十二號ハ、所得稅法ノ施行ニ關スル法律デゴザイマスル、內地ト朝鮮臺灣等トノ間ニ於キマスル、所得稅ノ二重課稅ヲ避ケルコトヲ主眼トシテ改正シタイト云フノデアリマス、現在朝鮮臺灣等ニ於キマシテハ、第一種ノ所得、卽チ法人ニ對スル所得稅ノミヲ課稅致シテ居ルノデアリマス、隨ヒマシテ現行法ノ大正九年法律第十二號ハ、主トシテ法人ニ關スル方面ヲ規定致シテ居ルノデアリマス、然ルニ臺灣ニ於キマシテハ、大正十年カラ第二種ノ所得及第三種ノ所得ニ對シテ、所得稅ヲ課稅スルコトニナッテ居リマスカラ、第一種所得稅ニ於ケルト同一ノ趣旨ヲ以チマシテ、第二種及第三種ノ所得稅ニ就キマシテモ、內地ト臺灣トノ間ニ重複課稅ヲ避ケマシテ、相互ノ聯絡ヲ圖ル必要ガアリマスルノデ、此改正ヲ致シタイト云フノデアリマス、デ是ト同時ニ此場合ニ於キマシテ、內地及朝鮮、臺灣等ノ法人ガ相互ニ合併ヲ致シマシタル場合ニ於テ、所得稅ノ課稅方ニ關スル規定ヲ追加致シタイト云フノガ、他ノ一點デゴザイマス、何卒御審議御協贊アランコトヲ望ミマス

○議長（奧繁三郎君）　日程第十、右議案ノ審查ヲ付託スヘキ委員ノ選擧ヲ議題ト致シマス

第十　右議案ノ審查ヲ付託スヘキ委員ノ選擧

○岩崎勳君　委員ノ數ヲ九名トシ、議長ニ於テ指名アランコトヲ望ミマス

○議長（奧繁三郎君）　岩崎君ノ動議ニ御異議アリマセヌカ

〔「異議ナシ」「異議ナシ」ト呼フ者アリ〕

○議長（奧繁三郎君）　御異議ナイト認メマス、仍テ動議ノ如ク決シマシタ、日程第十一明治四十年法律第二十一號中改正法律案ノ第一讀會ヲ開キマス

√ 第三　決議案（朝鮮統治ニ關シ調査委員會設置ノ件）（中野正剛君提出）

決議案

決議

朝鮮統治ノ根本方針ヲ確立シ一視同仁ノ實ヲ徹底セシメムカ爲本院ニ特別調査委員會ヲ設置スヘシ

（中野正剛君登壇、拍手起ル）

◯中野正剛君　諸君、朝鮮統治ノ根本方針ヲ確立シ、一視同仁ノ實ヲ徹底セシムル爲メ、本院ニ特別調査委員會ヲ設置スベシト云フ決議案ヲ提出致シマシテ、諸君ノ御贊同ヲ仰ギタイ次第デアリマス、本決議案ノ性質ハ、我國民ヲ代表スル衆議院ガ、新附ノ兄弟タル一千七百万ノ朝鮮人ニ對シテ親切ニ彼等ノ現狀、及將來ヲ考慮シテヤルカ否カヲ決スル問題デアリマシテ、固ヨリ衆議院内ニ於テ、自己ノ權能ヲ新附ノ民ノ上ニ發揮シテ、其幸福ヲ圖ッテヤルト云フ案ニ御反對ノ方ハ、一人モアルベキデナイト思フノデアリマス、朝鮮統治ハ我國ノ重大問題中ノ重大問題デアリ、難事中ノ難事デアリマシテ、今之ヲ等閑ニ附シ、今兩三年此儘ニ經過スルニ於テハ、遂ニ手ノ付ケ方モナイ始末トナリハセヌカト云フコトヲ、衷心ヨリ憂慮スルモノデアリマスル、斯ノ如キ帝國ノ存立ニ關シ、更ニ東洋ノ前途ニ最モ深キ關係ヲ有スル案ハ、政府當局者、及朝鮮總督ノ自己ノ立場ヨリ論ヲ立テテ、徒ラニ泰平無事ナリト云フガ如キ議論ヲ用井ベキデナイト思ヒマス、御存ジノ通リ大正八年三月ノ獨立萬歲騷ヨリ、引續キ水原ノ鮮人慘殺事件、最近ニハ間島問題ト云フ風ニ、重大ナル問題ガ次々ニ起ッテ居ルノデアリマシテ、我國ノ新領土、吾々ト同胞ノ新シキ兄弟ニ對スル統治ノ如何ガ、第三國ノ問題トナルニ至ッテハ、實ニ帝國臣民ノ恥デアルト私ハ思ヒマス、殊ニ最近ノ間島問題ニ至リマシテハ、親善ノ關係ニ在ルベキ中華民國ト紛爭ヲ醸シ、更ニ私ノ確ニ承ッタ所ニ依リマスト、同盟國タル英國トモ、押問答ヲシナケレバナラヌト云フ狀態ニ立至ッテ居ルノデアリマス、本國ノ輿論ヨリハ列強ノ非難ヲ憂慮スル當局者、別シテ朝鮮總督、霞ヶ關アタリノ諸君ノ御心配ノ程ハ御察シ致スノデアリマス、本員ハ一部ノ英米恐怖病者ノ如ク、一々列國ノ非難ニ神經過敏トナル者デハナイノデアリマスガ、唯ダ退イテ國民的良心ニ問ヒテ、衷心ヨリ恥ヅベキ事デアルト思ヒマス、當局者モ段々自己ノ「プライド」ヲ下ゲ、皇軍堂々トシテ間島ニ入リ、學校ト教會トヲ燒打シテ、不逞鮮人ヲ撲滅シタトカ、不逞鮮人七十名ヲ物品ト共ニ燒棄テタトカ云フヤウナ報告ヲ受取ッテ、我ガ對鮮政策、不逞鮮人鎭撫ノ實證ト稱スルニ至ッテハ、實ニ情ケナイ次第デアルト思フノデアリマス、率直ニ申シマスレバ、今日一千七百万ノ朝鮮人中排日ナラザル者ハ、殆ド無シト云フ狀態デアリマス、（「ノウ〳〵」ト呼フ者アリ）此際ニ故意ニ朝鮮ノ實情安定ニ歸シタナソ言ハレルノハ、大變ナ間違デアリマス、總督モ御出席ニナッテ居ルガ、其武人出身タル總督ガ地方ヲ巡視セラレルニ、列車ノ過ル所、軍隊憲兵巡査ノ垣根ヲ作ラナケレバ不安デアルト云フ一事ハ、之ヲ何ト見ラル、ノデアリマスカ、殊ニ政友會諸君ノ中ニハ、朝鮮人ノ向上心ニ同情セラレテ、現ニ閔元植君ノ參政要求ノ請願ヲ紹介サレル御運動中デアッタノデアリマス、其閔元植君ガ突如トシテ、世間ノ人々ガ非常ノ不審ヲ懷クガ如キ際ニ東京ニ於テ急ニ亡クナリ、其柩ガ朝鮮ニ歸リ、總督府ガ全力ヲ盡シテ其葬式ヲ盛大ニシナケレバナラナクナッタト云フヤウナ事ハ、何ヲ語ルノデアリマスカ、當局者ハ新聞紙ニ對シテ此事實ノ記載ヲ差止メテ居ルノデアリマス、去リナガラ言論報道ノ自由ヲ奪ッタル社會ニハ、蜚語流言ガ輿論ヲ支配スルノデアリマス、閔元植君ノ死ハ人人之ヲ口ニ言ハズシテ、心ニ知ルト云フコトハ明白ナル事デアリマス、諸君モ唯ダ閔元植ガ東京デ偶然死ンダト思ッテ居ラレル程ノ素人ハ、議場ニ一人モ無ナイト私ハ思ヒマス、殊ニ東京ノ新聞ハ差止メテアリマスガ、玆ニ今マデ朝鮮總督府ノ機關新聞デアルト見ラレテ居ッタ京城日々新聞ニ、チヤント閔元植ノ急死ノ内容ガ書カレテ居ル、京城日報ノ傳フル所ニ依レバ、閔元植氏ハ十六日午前九時三十分東京驛ホテル第十四號室デ――十分間デ絕命シタト書イテアリマス此記事ハ東京ニハ差止メテアリマスガ、何故ニカ此京城日報ハ、公然東京ニ配ルコトヲ許可サレテ居ルノデアリマス之ニ對スル御取消モ無イヤウデアリマス、閔元植君ノ死ハ何ヲ意味スルカ甚ダ口ニスルモ忌ハシキ事デアリマスガ、我國ノ朝鮮統治ガ段々六ケシクナッテ、愛蘭ノ轍ヲ履ミツツアルコトヲ暗示スルモノト思フノデアリマス、（拍手起ル）愛蘭ニ「シンフエン」黨ガアルガ如ク、朝鮮ニハ今獨立黨ガアル、而モ其勢力ガ案外ニ強イ、東京ニ留學スル千數百名ノ留學生中、衷心ヲ叩イテ獨立思想ニ走ッテ居ナイ者ハ、殆ド無イノデアリマス、獨立以外何物ヲモ求メズト云フノハ、愛蘭ニ於テ「シン、フエン」黨ノ揭言スル所デアリマスガ、朝鮮人ニ參政權ヲ許セト云フ進ンダ運動ノ「チヤンピオン」スラモ、此朝鮮ノ獨立思想ニ熱シテ居ル連中ハ之ヲ追跡シテ――ト云フ程ノ決心ニナッテ居ルノデアリマス、閔元植君ヲ――者ガ果シテ獨立黨ノ人デアルカ否カハ分リマセヌガ、少クトモ朝鮮青年ノ中ニ、日本ノ犬トナッテ八百長ノ參政權請願ナドヲスル奴ハヤッテシマヘト云フ議論ガ旺デアッタコトハ事實デアリマス、（「何ヲ言フ」「オ前ハ不逞鮮人ノ犬カ」「事實ハ事實トシテ聽ケ」ト呼フ者アリ）陋劣ナル言葉ヲ以テ、何ト言ハレテモ、事實ハ事實トシテ見ナケレバナリマセヌ、（拍手起ル）前途ニ希望ヲ有スル人ハ、現實ノ前ニ毅然トシテ立ツダケノ信念ト自信トガ無クシテ何事ガ出來マスカ、己ノ欲セザル事ハ其前ニ眼ヲ蔽ウテ、一々自己催眠ニ罹ルト云フガ如キハ、國ヲ危ニ導クモノデアリマシテ、古ヨリ國家ヲ害フ者ハ皆ナ此輩デアル、（拍手起ル）本案ノ如キ重大問題ハ實ハ衆議院ニ於テ若輩タル吾々ガ之ヲ唱フルヲ待タズシテ、（「其通リ」ト呼フ者アリ）先輩者ガ進ンデ出ラレナケレバナラヌ、然ルニ今日何人ガ此問題ヲ提ゲテ敢テ立チ得ルカ、多數黨ノ諸君ハ、之ヲ揶揄シナガラ、自ヲ如何ナル信念ヲ有ッテ居ラレルカ、靜ニ吾々ノ如キ者ニモ言ヲ盡サシメテ、先輩諸君ノ嚴正ナル判斷ト御助力トヲ願ヒタイ次第デアリマス、（拍手起ル）此問題ハ二段ニ分ケテ說明致シタイ、第一ハ根本方針確立ノ必要デアリマス、第二ハ之ガ爲メニ本院ニ特別調査委員會ヲ設置スベシト云フコトデアリマス、此二ツニ分ケテ說明申シタイト思フノデアリマス、根本方針ト申シマスレバ、明治四十三年併合ノ詔書、及大正八年八月十九日ノ官制改革ノ詔書ヲ見テモ明白デアルヤウデアリマス、一視同仁ト云ヒ、又朝鮮人ヲ待遇スルニ本國人ト寸毫ノ差異アルベカラズト云フノガ、明治大正ヲ通ジタ　陛下ノ思召ノ發露デアルノデアリマス、（「勿論」ト呼フ者アリ）此根本方針ハ今日確立ノ必要ヲ說カズシテ、既ニ確立シテ居ルベキ筈デアル、併ナガラ世ノ事ハ單ニ道德論ノミデ行カヌ、此間モ本院ノ中ノ質問者ニ、現ニ總督政治ハ紙ノ上ノ仁政デアッテ、内容ハ何モ無イト言ッタ、單ニ道德的言葉ヲ繰返スノミデ、此道德ヲ根本トシテ制度ノ上ニ現ハシ、更ニ制度ノ運用ノ上ニ現ハスデナケレバ、如何ナル美ハシキ精神ヲ揭言スルモ、遂ニ官僚ノ偽善的口吻トナルコトヲ私ハ憂フルノデアリマス、眞ニ朝鮮總督ハ、一視同仁ノ實ヲ徹底セシムルノ誠意ガアルト言ッテ居ラレマス、新政務總監ハ、文化主義ニ忠實ナリト揭言シテ居ラレマス、去リナガラ政治ハ左樣ノ抽象的揭言ノミデハ役ニ立タナイ、誠意ノミ云々スルナラバ寺内總督モ其誠意アルニ於テ齋藤總督ト變ラナイ、山縣政務總監モ、今日ノ水野總監ト其文化主義ノ紳士タルコトニ於テ御變リハナイ、サリナガラ斯ノ如キ抽象的ノ揭言ヲ千万繰返スモ、到底救フベカラザル根本的弊害ガ朝鮮ニハ存在シテ居ルト云フコトヲ、能ク了解シナケレバナラナイ、其弊害トハ何デアルカ、現總督制度ノ如キモノヲ朝鮮ニ行ヘバ、朝鮮ニハ專制政治ノ弊害ガ、百弊ノ淵藪トナルト云フコトヲ務テ取ラナケレバナラヌ、元來朝鮮併合ハ、朝鮮ノ民意ノ發露ニ副フト云フ形式デヤラレタノデアリマス、朝鮮ノ民間カヲ併合ヲ請願スル形ニ於テ、畢竟朝鮮ノ「デモクラチック、ムーブメント」ヲ容ル、形ニ於テ、併合ハ實行セラレタノデアリマス、其朝鮮ノ民意ヲ酌ンデ併合シナガラ、朝鮮ヲ治ムルニ一切朝鮮人ノ民意ヲ暢達セシメナイト云フ遣方ガ、延テ今日ノ憂ヲ釀スニ至ッタコト、私ハ思ヒマス、總督府ノ官制第三條ヲ見レバ、總督ハ天皇ニ直隸シ委任ノ範圍內ニ於テ陸海軍ヲ統率シ及朝鮮防備ノコトヲ掌ル」、サウシテ第二項ニ「總督ハ諸般ノ政務ヲ統轄シ內閣總理大臣ヲ經テ上奏裁可ヲ仰ク」トアリマス、斯クシテ朝鮮總都府令ナルモノハ、委任ノ範圍ニ於テ、法律ト同樣ノ效果ヲ有スルノデアリマス、固ヨリ併合當時百事匆率ノ際ニ、臨時ニ立テラレタ制度デアリマスガ、總督ハ此制度ノ下ニ、一切ノ朝鮮ニ於ケル政治運動ヲ抑壓シテシマヒマシタ、排日派ヲ抑ヘルト共ニ親日派モ抑ヘタ、言論集會ハ一切之ヲ禁止シテシマッタノデアリマス、御存ジノ通リニ傳統的ニ不遇ノ地位ニノミ置カレタ朝鮮人ハ、其人民ガ非常ニ政治ヲ好ム、其非常ニ政治ヲ好ム朝鮮人ニ一切言論集會ヲ、親日デアルト排日デアルトニ拘ラズ、絕對ニ禁止スルト云フコトガ、朝鮮人ヲ不安ニ導ク第一ノ種デアッタト私ハ思ヒマス、十年ノ間平穩デアッタコトハ、寺內總督ガ始メラレタ總督政治、而モ其總督政治ノ附物デアル、警察政治ガ實ハ恐ルベク行屆イタ效果デアリマス、去リナガラ警察政治ハ如何ニ行屆イテモ、遂ニ警察政治タルヲ出デナイ、警察ノミヲ以テ民心ヲ抑ヘントシタルコトハ、何所ニ於テモ失敗トナッテ居リマス、露西亞ニ於テ然リ、獨逸ノ波蘭政策ニ於テ然リ、英吉利ノ愛蘭政策ニ於テ皆ナ然リデアリマス、此先輩諸國ノ失敗シタ迹ヲ一層嚴肅ニ、露西亞ヨリモ嚴肅ナル警察制度ヲ布キ來ッテ朝鮮ヲ十年間抑ヘタコトガ、今日其反動トシテ、朝鮮七道ニ靄然トシテ獨立反抗ノ氣運ヲ昂メタ原因デアリマス、日本政府ハ朝鮮ニ言論集會ノ自由ヲ奪ヒ、政治ヲ禁遏シタケレドモ、尙ホ敎育ヲ棄テナカッタ、其敎育モ非常ニ窮屈ナル敎育デアリマスガ、兎ニ角敎育ハ文字ヲ敎ヘマス、今マデノ日本ノ鮮人敎育ハ、之ニ氣力ト智識トヲ與ヘ、而シテ文字ヲ讀ム所ノ能力ヲ與ヘタノデアリマス、敎育方針ハ朝鮮人ヲ我國ニ隸屬セシムル方向ニ向ケラレタガ、而シテ其思想ヲ傳フル文字ハ何所ニ在ッテモ共通デアル、窮屈ナル形式一遍ノ總督府崇拜思想ハ、朝鮮人ガ之ヲ受容レマセヌケレドモ、此學ビ得タル文字ニ依ッテ朝鮮人ハ新聞ヲ讀ミ、新聞ヲ通ジテ世界ノ思潮ヲ了解スル、世界ニハ最近大戰爭以來種々ノ出來事ガ起ッタ、其出來事ヲ朝鮮人ハ片唾ヲ吞ミ、心臟ノ皷動ヲ高クシテ窺ッテ居ルノデアリマス、人間字ヲ知ルハ憂患ノ初メナリト申シマス、彼等ガ思想ニ目覺メタコトハ、彼等ガ蹶起スル所以デアリマス、之ニ對シテ新タナル朝鮮人ニ處スベキ途ヲ考ヘズ、舊式ノ警察政治ヲ以テ抑ヘントスルコトガ最惡ノ政治デアッテ、今日ノ不穩ヲ招イタ原因デアル、此思想タルヤ之ヲ抑フレバ何所マデモ反抗スル、其思想ノ奔放スル所、爆烈彈ハ音樂位ニ心得ヘル「ピストル」ヤ短劍ヲ弄フコトハ「ダンス」ヲヤルコト、心得ル程激越トナルノデアリマス、何處ノ國ノ革命黨、獨立黨モ皆ナ爆烈彈ヲ提ケ「ピストル」ヲ提ケテ立ツ、恐國々シテ居ルト大分怪シイ方面ニ爆彈ヤ「ピストル」ガ迫ッテ來ル、斯ウ云フ眞理ヲ了解シテ、之ニ對スル根本方針ヲ樹立シナケレバナラヌ、總督府ハ一度朝鮮ニ言論ヲ許シ、朝鮮日報東亞日報ナドヲ造リマシタガ、總督ハ直チニ之ヲ抑ヘ、今ヤ發行禁止ト同一ノ處分ニナッテ居ルノデアリマシテ、朝鮮ニハ本當朝鮮人ノ經營スル新聞ハ無イ、併ナガラ朝鮮人ハ尙ホ雜誌ヲ出シテ居ル、朝鮮ニ參リマスレバ三十餘種ノ雜誌ガ出テ居リマシテ、勞働ヲ說ク者アリ、思想ヲ說ク者アリ、文化ヲ宣傳スル者アリ、「デモクラシイ」ヲ高調スル者アリ、其思想ニ目覺メ、智識ニ目覺メテ居ルコトハ、殆ド日本ト變リハナイ、今日ハ之ニ對シテ根本的ニ處スベキ途ヲ考フル好時機デアルト私ハ考ヘマス、現總督一人ニ朝鮮統治ヲ委セテ置イテ、衆議院ノ諸君ガ、此一千七百万ノ朝鮮ノ同胞ノ前途ヲ少シモ考慮シナイト云フコトハ、決シテ國家ニ對シテ忠實ナル所以デナイノデアリマス、一年間ノ總督政治ノ功績ハ、麗々シク幾多ノ刷物トナッテ發表セラレテ居ルノデアリマスガ、舊式ノ總督制度ヲ是認シテ、同ジ事ヲヤラセテ置ケバ、如何ニ美辭麗句ヲ連ネテモ、內容ニ於テ聊モ變ラナイ、一年間ノ治鮮方針ニ、少シモ吾々ヲ滿足セシムベキ事ハ出來テ居ナイノデアリマス、總督ハ眞ニ朝鮮ニ親切ナラント思ハル、カモ知レマセヌガ、未ダ能ク朝鮮ノ民情ヲ諒解セザレバ、諒解セザル人ニ對シテノ親切ト云フモノハ少シモ徹底スルモノデナイ、(拍手起ル)親切ニ圖ラントスレバ、先ヅ其對象トナル人民ヲ諒解シナケレバナラヌ、此朝鮮ヲ諒解スルコトハ、朝鮮人ノ一般ハ思想感情ト、此動キツ、アル人々ニ直接シ、其人々ヲシテ朝鮮ヲ統治スルノ根本方針ニ何程カ參與セシメルノデナケレバ、無諒解ノ政治トナリ了ルノデアリマス、一年間ノ成績ノ中ニ色々ナ事ガ述ベラレテ居リマシテ、中樞院ノ年寄ヲ優遇シタトカ、其他臺灣總督ガ此所デ言ハレタヤウナ漢文調ノ麗句ヲ連ネテ、樣々ノ麗ハシキコトガ出來タヤウニ述ベラレテ居ル、併ナガラ我國ノ官僚、我國ノ老人ガ諒解スル朝鮮人ハ、丁度同ジ程度ノ人々バカリデアリマス、日本ニ前日モ中樞院ノ議員デアルトカ、慶尙道ノ儒生デアルトカ云フ老人連ヲ狩出シテ連レテ來ラレテ、サウシテ彼等ヲ貴族院トカ樞密院トカノ、同ジ年輩ノ同ジ思想ノ老輩ノ間ヲ引張ッテ歩カレタ、成程日本ノ御老體ト朝鮮ノ古キ官僚、及傳統的ノ御用學者デアッタ儒生ノ老碌シタ人ニデスカラ、思想モ感性モ共鳴スルノデアリマセウ、彼等ノ親日論ヲ其所等ヲ持ッテ歩イテ、成程穩カダ、朝鮮ハ是等穩健ナ人々ノ思想デ治ムルガヨイナド、言ッテ、日本ノ御老體ハ喜ブデアリマセウガ、左樣ナ事デハ決シテ朝鮮人ヲ諒解シタト云ハレナイノデアリマス、老人本位ニ朝鮮ヲ諒解セントシテモ、其所ニ朝鮮ノ青年ノ脈搏ニ觸レネバ、活キタ朝鮮ヲ了解セリトハ云ヘマセヌ、朝鮮ノ前途ニ貢獻スル青年ニ希望ヲ與ヘ、彼等ノ血ヲ湧カスベキ何事モナケレバ、斯ノ如キ朝鮮人懷柔ハ、畢竟死ンダコトニナッテシマウコトヲ私ハ「遺憾トスルノデアリマス、ソレカラ差別待遇ヲ撤廢シタ、朝鮮ノ官吏ヲ大ニ登庸スルヤウニシタト麗々シク宣言シテアリ「マスルガ、其內容ヲ見レバ驚クベシ、高等官ニ二人カ三人カノ朝鮮人ヲ用井タト云フヤウナモノデアル、下級ノ朝鮮人ノ待遇ヲ少シ善クシタト云フヤウナコトデアリマス、朝鮮人ヲシテ朝鮮ノ政治ニ其經綸ヲ行ハシメ、其抱負ヲ展ベシムルガ如キ機會ハ、少シモ與ヘラレテ居ナイノデアリマス、御存ジノ通リニ朝鮮ノ書生ハ、支那ノ書生ト机ヲ並ベテ、日本ニモ留學シ亞米利加ニモ行ク、其支那ノ青年ハ國ニ歸レバ直チニ督軍トモナリ、大臣トモナル、日本ニテ學ビタル朝鮮人ハ本國ニ歸ッテモ、警察官ニ附狙ハレル、極メテ柔順ニ總督ニ盲從スレバ、漸クニシテ極ク下級ノ役人ニ取立テ、貰フト云フガ如キ有樣デアレバ、書物ヲ讀ンデ元氣ヲ得、而シテ思想ヲ諒解シタル若キ朝鮮人、活力アル朝鮮人ハ、相卒井テ日本ニ反對スルト云フ氣運ニ走ルノハ、當然デアルト私ハ思フノデアリマス、(「同感」ト呼フ者アリ)カアル青年、自覺セル朝鮮人ヲ味方トセズシテ、此思想ヲ一切危險視シテ、向上心アル朝鮮人ヲ總テ不逞鮮人ト爲スナラバ、日本ハ何者ヲ賴リニ朝鮮ヲ治メントスルカ、日本ノ老廢政治、日本ノ官僚政治ハ、同ジ惡キ影ヲ朝鮮ニ移シテ居ルコトヲ本員ハ遺憾ニ思フノデアリマス、ソコデ朝鮮人ヲシテ朝鮮ヲ改良向上セシメル方針ヲ講ゼントナラバ、此所ニ二ツノ途ガアリマス、一ツハ朝鮮ニ憲法ヲ延長シテ、朝鮮人ニモ參政權ヲ與ヘ、朝鮮人ヲモ貴衆兩院ニ列セシメルト云フノガ一ツト、モウ一ツハ朝鮮ニ自治ヲ許スコトデアリマス、此二ツノ途ノ何レヲ採用スルカ、此根本方針ハ未タ政府ニ於テ確立シテ居ルト云フコトヲ、私ハ認ムルコトガ出來ナイノデアリマス、今閔元植君ノ如キ、朝鮮ノ參政運動者ノ世話ヲ政友會ノ諸君ガシテ居ラル、カラ見レバ、或ハ政府ノ方針ハ朝鮮ニ憲法ヲ延長シテ、參政權ヲ與フルコトニ決定シテ居ラル、カニモ見エマス(「君ヨリモ內情ヲ能ク知ッテルヨ」ト呼フ者アリ)ソレナラバソレトシテ根本的ニ今日之ヲ考ヘナケレバナラヌ、自治ニスルカ、憲法延長ニスルカト云フコトハ重大ナル問題デアッテ、左樣ニ輕々ニ斷定スベキ問題デハナイノデアリマス、(「簡單々々」ト呼フ者アリ)朝鮮ニ憲法ヲ延長スルコトハ、丁度舊露西亞ノ波蘭ニ於ケルガ如キモノデアル、又英吉利ガ今マデ愛蘭ニ執ッタガ如キモノデアリマス、露西亞ハ波蘭人ニ參政權ヲ許シ、波蘭人ヲ議會ニ列セシムルニ至ッテ、非常ノ困難ヲ招イタ、波蘭人ハ相結ンデ外國ノ運動費ヲ受取リ、露西亞ニ禍スル獨逸、其他ノ國カラ運動費ヲ取リ來ッテ議會内ニ團結致シ、絶エズ露西亞ニ禍ヲ爲シ來ッタノデアリマス、又英吉利ノ愛蘭統治ハ、御存ジノ通リニ憲法ヲ延長致シマシタケレドモ、愛蘭人ハ之ニ滿足セズ、遂ニ今日ハ非常ニ困難ナル狀態ニ立ッテ居ルノデアリマス、此何レニ決スルカト云フコトハ、今日重大問題デアリマス、(此時發言スル者多ク「政友會節制」「議長整理」ト呼フ者アリ)自治ニスルカ憲法延長ニスルカ、斯ノ如キ重大問題ハ諸君ガ冗談デナク、此衆議院ニ於テ眞面目ニ考フベキ問題デアリマス、今日朝鮮人間ノ輿ノ傾向ヲ明白ニセズ、其前途ヲ慮ラズシテ輕率ニ參政運動者ノ手引ヲナサルノハ、餘程愼重ノ態度ヲ失シテ居ルト思フ、況ヤ參政運動者ナドト云フモノハ、寧ロ政府ノ爲ス所ニ先ンジテ、人民ノ要求ヲ容レルモノデアル、諸君ノ先輩自由黨ノ如キ態度ヲ執ルモノデアル、未ダ加波山事件ノ健兒ガ殖レタトテ、國家カラ表彰サレタ例ヲ聞カナイ、親日派ノ今使ウノニモ忽ニ札付ニシテ、政府ト一切八百長ノ態度ヲ執ラシムルガ如キコトハ、一人ノ親日朝鮮人ヲ造ッテ、百人ノ排日家ヲ造ル所以デアル、朝鮮人一般ノ向上心ニ同情セズシテ、自家ノ使ヒ得ベキモノノミヲ旨ク操縦シヤウト云フコトハ、舊式ノ所謂俗ニ申ス陣笠ヲ操縦スル遣方デアッテ、(拍手起ル)現狀ニ滿足シナイ活キタル人間ヲ使フ方法デナイコトヲ諒解セラレナケレバナラヌ、朝鮮人中ノ所謂親日ノ看板ヲ懸ケタル者ヲシテ、榮華ヲ選シウセシムルト云フガ如キ舊式ノ遣方デハ今日デハイカヌ、又政府ガ先年實行致シマシタ如ク、李完用トカ宋秉畯トカ云フ人ノ陞爵ヲ奏請シタト云フガ如キ事モ、甚ダ朝鮮人ヲ了解セザル遣方デアル、諸君、朝鮮人ノ青年——目覺メタル青年ハ、或ハ不逞鮮人トシテ本國ヲ逐ハレ、或ハ狎暱ノ輿ニ獸類ノ如ク罪除ニ追捲クラレ、或ハ罪狀未ダ明白ナラザルニ、牢獄ノ中ニ泣クト云フ有樣デアル、其中ニ同ジ朝鮮人ノ先輩ガ日本ノ統治ニ滿足スルト云フ爲メニ、爵祿ヲ加ヘラレルト云フガ如キハ、其人ニ良心ガアッタナラバ、其人ヒハ果シテ嬉シイデアリマセウカ、恥カシイデアリマセウカ、老耄ヲ煽テ上ゲ、己ノ手ニ合フ者ハ榮達セシメテ、眞ニ朝鮮ノ前途ヲ思フ愛國ノ士ハ擧ゲテ不逞ノ徒ト爲ス、丁度内地ニ於テ自覺セル青年ヲ敵トシテ、舊老輩、特權階級ノミヲ以テ政治ヲ壟斷セントスル、此惡シキ反響ガ朝鮮ニ移ッテ居ルト云フコトハ、私ハ衷心カラ遺憾ニ思ウテ居ルノデアル、諸君ガ最モ恐ルヽ所ノ不逞鮮人ノ其元氣ヲ引直シテ、帝國ノ爲メニ利用スレバ大ニ役ニ立ツノデアル、日本政府ガ巴里ノ講和會議ニ遣ッタ西園寺、牧野、珍田諸氏ガ支那ノ青年——諸君ノ側カラ見レバ不逞支那人デアルカモ知レマセヌガ、彼ノ王正廷「ウエリントン」顧ナドト云フ青年ノ爲メニ散々ヤッ付ケラレテ、完膚ナカッタノデアル、(「馬鹿言フナ」ト呼フ者アリ)不逞鮮人ト目セラレテ居ル愛國ノ朝鮮ノ青年ハ、諸君ガ愚圖々々シテ居ルト、今ニモ三國ガ之ヲ引出シテ、世界ノ公壇ニ於テ帝國ニ挑戰セシムルニ至ルカモ知レナイ、此情熱アル青年ニ對シテ日本ノ老朽セル官僚等ハ、到底太刀打ガ出來ナイノデアル、寧ロ彼等ノ元氣ヲ善用シテ、日本ニ反抗スルガ如キ朝鮮人ヲ滿足セシムル所ノ根本的方針ニ出ヅルノガ、私ハ政治家ノ經綸デアルト思フノデアリマス、(「ノウ〳〵」ト呼フ者アリ)ソコデ朝鮮ノ前途ヲ親切ニ之ヲ考フレバ、全能ノ神デナイ以上ハ、如何ナル名總督モ一人以テ一千七百万ノ人ヲ、己ノ手心ダケデ治メテ行クコトハ出來ナイ、又此思想ノ變化、世界ノ變調ニ際シテ、朝鮮ニ於ケル根本的方針ノ樹立ヲ獨リデ決メ得ル人ハ無イノデアリマス、(「其通リ」ト呼フ者アリ)諸君ノ如キ人ガ相俱ニ相率ヰテ、朝鮮ノ事ヲ眞面目ニ考ヘテヤルベキデアラウト思フ、諸君ハ之ヲ何ト見ラレルカ、不幸ニシテ我ガ帝國議會ハ、朝鮮ニ對シテ何等發言ノ機會ヲ持ッテ居ナイ、一千五百万圓ノ補助金ヲ協賛スル以外、朝鮮人ノ向上、朝鮮人ノ生活ニ對シテ、何等考慮スベキ機會ヲ持タナイ、斯ノ如ク此帝國議會ノ壇上ニ於テ、「朝鮮ガ問題トナラナイヤウナ政治經濟ニシテアルコトガ、私ハ頗ル遺憾ニ堪ヘナイ、總督、政務總監ニ如何ナル人ヲ置イテモ今ノ儘デハ仕方ガナイ、此變化ノ時機ニ際シテ根本方針ヲ樹立シテ、嚮ニ申上ゲマシタ如ク自治デアルトカ、憲法ノ延長デアルトカ云フコトヲ考ヘ、更ニ同時ニ教育ヲ如何ニスルカ等ハ、議會ガ正當ニ考慮スベキ事デアル、教育ノ如キモ官僚的學校ノ數ヲ増シタトカ、三面一校制度ヲ執ッタトカ云フコトデヤッテモ駄目デアル、私ハ要點ハ其根本制度ノ立テ方ニ在ルト思フ、現ニ日本ニ於テスラ、帝國ノ青年ヲ滿足セシメ得ザルガ如キ教育方針デアル、文部大臣ハ始終胡盧ノ種トナッテ居ル、此有樣デ朝鮮ノ教育方針ヲ議サウナドト云フコトハ、實ニ愚ナル話デアル、(拍手起ル)帝國ノ選良タル諸君ガ、愼重ニ朝鮮ノ前途ヲドウスルカ、自治ニスルカ、憲法延長ニスルカ之ヲ決スルト共ニ、伴ッテ諸般ノ施設ヲ如何ニスルカト云フコトヲ考ヘナケレバナラヌ、目覺メタル朝鮮人ニ如何ニシテ生活ノ途ヲ得セシムルカ、如何ニシテ精神上ノ自由ヲ與ヘシムルカ、議會ハ朝鮮ニ一千五百万圓ノ補助金ヲ協賛シタ、併シ其補助金ハ朝鮮人——日本ノ統治ニ滿足セズシテ反抗セントスル、其朝鮮人ヲ抑ヘル爲メノ憲兵警察ノ費用ニ用ヰラレルモノガ大部分デアッテ、毫モ朝鮮人ノ自覺セル青年ヲ導クニ、親切ナル施設ト云フモノハ今日皆無デアル、(拍手起ル)之ヲ諸君ガ此儘ニ抛擲シテ、帝國ノ臣民ノ本分ガ盡セルト思フノデアルカ、帝國議會ハ速ニ朝鮮統治ノ根本方針ヲ樹立シ、一視同仁ノ言葉ヲ口頭ノ僞善ノ言葉ニ了ラシメナイ爲メニ、愼重ニ朝鮮ノ内情ヲ調査シ、之ニ處スベキ方針ヲ確立スルコトガ必要デアラウト思フ、諸君ノ權能ヲ一千七百万ノ新附ノ民ノ上ニ及ボシテ、親切ニ考ヘテヤラウト云フ案ニ何者カ反對シ得ルカ、(拍手起ル)本案ニ對シテ反對スル事ガ衆議院議員トシテ可能デアルカ、其言ヲ盡サシメズシテ彌次スルコトガ何ノ名譽デアルカ、(拍手、笑聲起ル)諸君ハ速ニ左樣ノ偏見ヲ棄テ、朝鮮ノ前途ヲ顧慮スル爲メニ、調査委員會ヲ設置スル本案ニ贊成セラレンコトヲ希望致スノデアリマス(拍手起ル)

(「反對」ト呼フ者アリ)

○議長(奥繁三郎君) 右ニ對シテ質疑ノ通告ガアリマス、佐々木安五郎君

(佐々木安五郎君登壇、拍手、私語スル者アリ)

○議長(奥繁三郎君) 靜肅ニ……

○佐々木安五郎君 諸君、開院式前ニ提出セラレタル本案ハ虐待ニ虐待ヲ受ケテ今日漸ク上程サレルコトニナッタ、併ナガラ此案ハ性質カラ言ッテ見ルト、十三道、十二府、二百十八縣、五千二百十二箇村ノ人民、一千七百万ノ人民ノ頭ニ、繋ル大問題トシテ、之ニ對シテ議會ハ宜シク靜肅ニダ、吾々ノ言フコトヲ聽クガ宜イ、若モ多數ヲ恃ンデ議場ノ神聖ヲ瀆スガ如キ事ガアレバ、佐々木安五郎ノ言論ノ中ニハ九寸五分ヲ持ッテ居ル、(「何ヲ言フ」ト呼フ者アリ、笑聲起ル)笑ッタ後デ泣カヌコト——笑ッタ後デ泣カヌヤウニスルガ宜イ、議場ノ神聖問題ガアルカラ、九寸五分ガ出ルト怖カラウ之ニ對シテ嚴粛ニ聽クベキ筈ノ政友會ガダ、醉漢ヲ引入レテ中野君ノ演説ニ彌次ラセルナドハ、言語道斷デアル、若モ——若モ朝鮮ノ統治ノ方針ヲ確立シ、一視同仁ノ實ヲ擧ケルガ爲メノ此案ニ反對スルト云フコトガアレバ、政友會ナルモノハ、朝鮮統治ノ方針ヲ確立スルヲ要セズ、一視同仁ノ實ヲ擧グルコトヲ要セズト云フコトニナルガ、ドウダ、(拍手起ル、「ノウ〳〵」ト呼フ者アリ)ノウデナイ、是ハ政友會自己ガ朝鮮問題ヲ知ラザルノミナラズ、更ニ朝鮮人ヲシテ惡化セシムルヤウナ態度ヲ爲スト同ジデアル、故ニ吾輩ハ此問題ヲ愼重ニ取扱フガ爲メニ、此時此問題ヲ出シタコトハ頗ル宜イガ、提案者ノ方針ニ就テ質問ヲ試ミタイト云フノデアル、(笑聲起ル)嬉シカラウ、當リ前カラ言ッテ見ルト此案ハ、調査會好キナ政友會ハ大歡迎ヲシナケレバナラヌノデアル、外交調査會——當然廢止サルベク期待サレタル外交調査會ガ、尚ホ寶物トサレテ殘ッテ居ル、更ニ經濟調査會、又更ニ後藤新平ノ生産調査會ニモ贊成シタト云フ噂ガアル、更ニ昇格問題ニモ調査會ヲ拵ヘルト云フコトデアル、一カラ十マデ調査會好キナ政友會ハ、定メテ此中野正剛君ノ案ノ調査會ニハ

贊成デアラウ、後ニ政友會ノ調査會贊成演說ガ聽カレルト思ッテ、吾輩喜ンデ今カラ待ッテ居ル、中野君ノ縷々述ベラレタル要領ニ就テ一應御尋致シタイガ、中野君ハ敎育ト云フ事ニ就テ隨分重キヲ置カレテ居ル、是ハ當然ノ話デアル、凡テ國ヲ治ムルニハ、敎ト養ノ二ツニ依ラナケレバナラヌト思フ、敎ヲ以テ精神ヲ敎ヘ、養ヲ以テ其肉體ヲ養ヒ、身心兩方面ヲ我ガ範中ニ入レヽバ、其國ハ治マルモノデアル、是ガ出來ザルトキハ敎ヲ失ウ養ヲ失ヒ、其國ノ亂ルヽコトハ當然デアル、韓國併合ニ關スル明治四十三年八月二十九日ノ御詔勅ニモ「朕東洋ノ平和ヲ永遠ニ維持シ帝國ノ安全ヲ將來ニ保障スルノ必要ナルヲ念ヒ又常ニ韓國ガ禍亂ノ淵源タルニ顧ミ曩ニ朕ノ政府ヲシテ韓國政府ト協定セシメ」云々トアリマス、此御詔勅ノ大意ヲ酌ミ奉レバ、東洋ノ平和ト云フコト、帝國ノ安全ト云フコト、韓國禍亂ノ防禦ト云フコト、此三點ニ歸スル、而シテ此深遠ナル御詔勅ガ、現在ノ朝鮮ノ實狀ト果シテ符合スルヤウニ朝鮮當局者ガ治メテ居ルカドウデアルカ、禍亂ノ淵源タルコトハ――今尚ホ禍亂ノ淵源タル形ハ殘ッテ居ルノミナラズ、益〻發展シサウデアル、帝國ノ安全モ之ガ爲メニ危殆ニ及ビハシナイカト云フ疑惧ヲ抱カシムルコトニナッテ居ル、隨ッテ東洋ノ平和ト云フコトモ憂慮シナケレバナラヌト云フヤウナコトニナッテ來マスルト、恐多クモ明治四十三年八月二十九日ノ御詔勅ニ對シテ、朝鮮當局者ハ何ト責任ヲ取ッテ宜イカ、悉ク期待ヲ裏切ラレテ居ルデハナイカ、故ニ私ハ此場合ニ於テ根本的方針ヲ確立スルト云フコトハ、何ヨリモ必要デアルガ、ソレニ就テ敎育ト云フ事ガ大事デアル、敎育ト云フ事ニ就テハ、中野君ハ或ハ今度ノ調査會ニハ、唯ダ新シキ敎育ノミヲ以テ力說サレタヤウニ思ヒマスガ、唯ダ新シキ敎育家ノミデハイカヌト思フ、韓國ハ未ダ儒敎ガ遺ッテ居リマス、而シテ韓國多數人民ノ頭ヲ支配スルノハ儒敎ガ其基ニナッテ居ル、孔子敎デアリマス、孔子敎ガ基ニナッテ居ル故ニ十三道ヲ通ジテ孔子ノ廟ハ三百六十廟程アル、三百六十廟ガアッテ、是ガ春秋二期ノ所謂釋奠――日本ノ言葉デ遠忌祭、卽チ孔子祭ヲ行ヒテ、忠孝仁義ノ道ヲ說イテ、一般民心ノ安定ヲ得セシムルヤウニナッテ居ル、然ルニ日本ガ朝鮮ヲ併合シタ以來ドウナッテ居ルカ、孔子廟ニ屬シテ居ル總テノ財產、動產不動產、サウ云フモノ、或ハ祭費ヲ助クル爲メノ財產マデ附ケテ居リマシタ、其等ノ田地マデ官ニ取上ゲテシマッテ、今日ハ孔子廟ノ御祭モ出來ナイヤウニナッテ居ル、故ニ儒敎ヲ以テ信條トシテ居ル一千七百万ノ將來ノ人間ハ、其方向ヲ知ルニ苦ムト云フヤウナ位地ニナッテ居リマス、是ハ日本ガ併合以後ニヤッタコトデアル、而シテ朝鮮人ノ是マデノ冠婚葬祭、醫藥易占ト云フヤウナ總テニ亙ッテ、最大權力トナッテ居ッタモノハ、何モノガ中樞デアッタカト云フト、是ハ所謂朝鮮ノ言葉デ儒林ト稱スル學者ノ仲間デアリマス、是ガ全朝鮮ニ六百万人居ル、儒林ナルモノハ、今ノ孔子廟ニ附屬スルモノヽ如キ不動產ニ依ッテ今マデ生活シテ居ッタ、サウシテ儒林ガ冠婚葬祭、醫藥易占、何レノ場合ニモ、容喙シテ人民ヲ治メルコトヲ致シテ居リマシタガ、今日ハ此六百万ノ儒林ハ生活ヲ失ッテ、賴ルニ所ナク臥スニ家ナク、滄々浪々喪家ノ犬ノ如ク、所々方々彷徨シテ居ルト云フ有樣デ、其憤激ノ激スル所ガ卽チ不逞鮮人トナルノデアル、諸君ハ不逞鮮人ト云フコトヲ卑ンデ居リマスケレドモ、位置ヲ換ヘレバ不逞鮮人ト云フモノハ、其國ヲ念ヒ、其君ヲ念ウテ居ルノデアルカラ忠臣デアル、位置ヲ換ヘレバ忠臣デハナイカ、吾々カラ見レバ不逞鮮人デアルケレドモ彼等ハ無論國ノ爲メニ死ニ、君ノ爲メニ死スルモノト思ッテ居ルノデアル、故ニ不逞鮮人ヲ善導シテ本當ノ鮮人ニ導クト云フコトヲスルニハ、ドウスレバ宜シイカ、此激發スル源ノ一番根本デアル儒林ト云フモノヲ、先ヅ懷ケテ、是ガ生活ノ安定ヲ得セシメ、六百万ノ人間一人ガ三人宛ヲ敎ヘレバ三六十八一千八百万ノ朝鮮ノ人間ヲ安ンズルコトハ譯ハナイ、之ヲヤラナケレバ駄目ダ唯ダ新シキモノバカリデハ駄目ダ、此點ニ就テモ中野君ハ調査ノ考ガアッタカドウカ、ソレカラ今度ハ宗敎、宗敎ハ日本ト同ジ事、寧ロ日本ヨリ先ニ朝鮮ノ方ガ佛敎ナンカ持ッテ居ッタ、而シテ日本ニ儒敎ノ渡ッタコトハ、朝鮮ヲ經由シテ渡ッタコトハ諸君御承知ノ通リデアリマスガ、今日デハ朝鮮ニ於ケル佛敎ナルモノハ、委靡シテ振ハザルノミナラズ、朝鮮ノ僧侶ト云フモノハ一般ノ朝鮮人カラ蔑視サレテ居ル、蔑視サレテ居ルガ、日本ノ僧侶ヲ更ニ朝鮮ニ渡ラシメテ、日本ノ僧侶ノ手ニ依ッテ各種ノ慈善事業ヲ起セバ、新ナル佛敎ノ生命ヲ吹込ムコトガ出來ハセヌカト思フ、此點ニ就テ當局者ハドウ云フ施設ヲシテ居ルカ、是モ調査スベキ一ノ要點デアラウト思フ、又耶蘇敎デアル、此耶蘇敎ト云フモノハ、朝鮮人ガ敢テ初カラ歡ンデ迎ッタモノデハアルマイト思フケレドモ、今日ハ隨分耶蘇敎ガ流行シテ居ルト云フコトハ、日本ハ賴ミニナラヌ、日本ニ縋ッテモ仕方ガナイト云フ所ニ持ッテ來テ、何トカ云フ國――諸君ニ言ッタラ惡イカ知レヌガ、言ウテモ宜イカ、宜シケレバ言フガ英米ノ宣敎師、是等ガ排日問題ヲ盛ニ捲込ンデ、汝等ニハ獨立ヲ與ヘルカラ己ノ所ヘ來イ、斯ウ云フコトヲ言フ、斯ウ云フコトヲ言フニ拘ラズ、總督府ハ之ニ對シテドウ云フ方法ヲ執ッテ居ルカ、信敎ハ自由ナリト云フコトハ憲法ノ成條ニアルケレドモ、是ハ一國ノ治安、社會ノ秩序ヲ妨害セザル範圍ニ於テ自由デアル、一國ノ秩序モ社會ノ安寧ヲ害シテ、ソレデ外國人ガヤルナラ勝手ナコトヲ言ハシテ置イテ、ソレガ恐シイカラ默ッテ、排日思想ヲ煽テラレテモ宜シイト云フコトハ、是ハヤルベキ事デハナカラウト私ハ思フ、此點ニ就テハ總督府ニ於テモドウ云フ事ヲヤッテ居ルカ、私ハ知ラヌカラ、是ハ調査スル必要ガアルト思フ、故ニ是ハ耶蘇敎ヲ一ツ調査シテ貰ヒタイ、ソレデ更ニ其他ノ儒敎ト、耶蘇敎、佛敎ヲ離レテ、サウシテ所謂侍天敎、天道敎、斯樣ナ色々ナ宗敎ガ起ッテ居リマス、之ニ就テモ日本ノ人間ガ彼等ノ御開山ト云フモノヲ、之ヲ綏撫シテ日本ガ懷ケル積リナラバ、天道敎侍天敎ト雖モ日本ノ人民ハ共鳴セヌト云フコトハナカラウト思フ、此點ニ於テモ大ニ調査スベキ事デアラウト思フガ、中野君ハ此邊ニ思及バレタカドウカ、是ガ敎――敎育ト宗敎、今度ハ養――養ヒノ方デ言ヒマス、養デ言フト先ヅ生活ノ安定ヲ得セシメナケレバイケナイ、所ガ、臺灣總督ガゴザルガ、（笑聲起ル）朝鮮總督デヤ――マアドッチデモ宜イ、總督ニハ違ヒナイ、ソコデ朝鮮總督ハ來テゴザルガ、船中ノ御話ダト云ウテ新聞ノ傳フル所ニ依レバ、此朝鮮モ靜謐ニナッテ、今デハ太平デゴザルト云フヤウナ御話デゴザル、所ガ最近ニ北韓地方カラ來タ所ノ者ニ聽クト、北韓ノ靜謐ニ見エルノハ眞ノ靜謐デハナイ、ドウ云フ靜謐カト云フト已ムヲ得ザル靜謐、ソレハ所謂不逞鮮人ナル者ガ獨立運動ト云フコトヲ一枚看板ニシテ、獨立運動ヲスルカラ費用ヲ出セ、獨立運動ノ軍資金ヲ出セト言ウテ、而シテ金ノアル富豪ノ家ニハ白晝短銃ヲ持ッテ行ク、オ前ノ處ニハ一万何千圓這入ッタ積リデアルカラ、其金ヲ出セト言ッテ短銃ヲ其主人ノ目ノ前ニ置イテ、手ヲ組ンデ眠ッタ眞似ヲシテ居ル、主人ガソレヲ逆ニ取ッテ擊タウトスルト、ガッチ――ト音ガスルケレドモ、發射ハセヌ、發射セヌ筈デアル、安全鐵ヲ掛ケテアル短銃デアル、本當ノ短銃ヲ又出シテ、貴樣ハマタ出サナケレバ今度ハ是デヤルゾト言フ、ソレデ皆ナアルノヲ出サナケレバナラヌコトニナッテ、アラン限リ出ス、出シタラ直ク取ッテ逃ル、ソレヲ今度民間ノ方カラ日本ノ官衙ニ訴ヘルト云フト、官衙ハ之ヲ保護スルト云フコトヲセザルノミナラズ、寧ロ貴樣ハ不逞鮮人ノ獨立運動ノ軍用金ヲ支給シタト云ウ、サウデハナイカト云フコトデ責メラレル、不逞鮮人カラハ財物ヲ奪ハレル、官衙カラハ罪惡ヲ仰付ケラレルコトニナル、朝鮮ノ民ハ住ムノニ場所ガ無イデハナイカ、是ガ故ニ朝鮮人ハ訴フル所ガ無イ爲メニ、默ッテ居ル、被害者ガアルニモ拘ラズソレヲ報告シナイ報告シナイカラ何事モ無イト云フコトデ、是ガ齋藤總督ノ所謂北韓ガ頗ル泰平デアルト云フ譯デアルコトダラウガ、事實ハサウデハナイ、一波揚ラザル大洋ノ底ニモ、黑潮ガ躍ッテ居ル現狀デアル、此黑潮ノ躍ッテ居ルコトニ御氣ガ付カズニ、唯ダ安定ヲ得タ、朝鮮ノ人民ハ日本ノ政治ヲ謳歌シテ居ルト思ハレタラ、ソレコソ大間違、而シテ朝鮮人ノ然ラバ生活ハドレダケノ安定ガ保障サレテ居ルカト云フト、朝鮮ノ國ハ昔ハ普天ノ下王土ナラザルハナシ、土地ハ悉ク國有デアッテ王樣ガ有ッテ居ル、之ヲ名ヅケテ驛屯土ト云フ、此驛屯土ト云フモノヲドウシタカト云フト、東洋拓殖會社ヲ造ル爲メニ取上ゲタデハナイカ、昔ハ土地ダケハ何處ノ土地デモ作ッタラ作ッタ、人間ガ自分ニ所有權ヲ有スルコトニナッテ居ッタ、ダカラ朝鮮ノ到ル處ニ田地ヲ開イテ、到ル處衣食ヲ得ルコトガ出來タガ、合併以來驛屯土ヲ取上ゲテ東洋拓殖會社ノモノトシタ、朝鮮人全體ノ衣食ノ途ヲ奪ッタコトニナッテ居ル、(「噓ヲ言ヘ」ト呼フ者アリ)噓デハナイサウナッテ居ル、故ニ斯ノ如クシテ朝鮮人ガ居ルニ處ナク、耕スニ田ナキガ爲メニ、仕方ガナイカラ、滿洲ニ流レテ行ク、滿洲ニ流レテ行ッタ者ガ殆ド百万近クニナッテ居ル、是ガ更ニ哈爾賓ニ行キ、西伯利ニ行キ、歐羅巴ニ行キ、亞米利加ニ行キ、到ル處ニ行ッテ排日運動ヲ煽動シテ居ル、斯ノ如キハ生活ノ安定ヲ得セシメザルガ爲メデアル、長白山ノ下ニハ虎ガ居ル、其虎ノ居ル下ニモ朝鮮人ガ行ッテ居ル、深谷ト云フ探檢者ガ行ッタ時ニ、虎ガ居ル所ニオ前等ハ何故ニ居ルカ、日本ノ政治ハ虎ヨリモ怖イ苛政虎ヨリモ甚シイ、斯ウ云フコトデアッタ、(笑聲起ル)故ニ虎ヨリモ甚シク嫌ハレルヤウナ政治ハ一體誰ガスル、是ハ卽チ朝鮮人ノ生活ノ安定ヲ得テ居ラヌト云フコトデアル、故ニ彼等ハ逃ゲル、而シテ生活ノ方ノ安定ノ途ト云フコトニ就テ、何トカ調査ノ方法ヲ立テナケレバイケナイ、(「アレハ質問カ」ト呼フ者アリ)パルチザンハ默ッテ居レ、(笑聲起ル)其次ニハ今度ハ繁殖、繁殖ト云フ事ニ就テハドウ云フコトヲヤルカ、繁殖ト云フコトハ朝鮮人ハ矢張日本ノ人種ト同ジ事デアル、非常ニ繁殖スル――年々非常ニ繁殖スルガ、此繁殖スル人間ヲドウ處分スルカ、是ガ日本ニドン〳〵這入ッテ來ル、齋藤總督ハ日本ニ這入ルノハ仕方ガナイト言ウタ、ソレハ如何ニモ仕方ガナイニ違ヒナイケレドモ、是ガドン〳〵日本ニ這入ッテ來ルコトニナルト、將來ヲ日本ノ勞働者ト朝鮮ノ勞働者ノ間ニ――勞働者同志ノ間ニ勞働爭議ノ起ルコトハ、火ヲ睹ルヨリモ明カデアル、而シテ日本ノ農民ハ動モスレバ都會ノ熱ニ浮カレテ、ドン〳〵都會ニ出テ來ル、アトハ百姓ガ無クナル、朝鮮人ガ小作ニ這入ル、日本ノ糧食問題ハ朝鮮人ノ小作人ニ握ラレルト云フコトハ、餘リ遠クナイ内ニ來ル、斯ノ如クシテ朝鮮人ノ導キ方ガ惡イト云フコトニナルト、ドウ云フ危險ガ胚胎スルカモ判ラナイ、此時ニ於テ吾々ハ朝鮮人ノ繁殖問題、吾々ト共ニ繁殖スルハ宜イガ、只今朝鮮人自ラガ考ヘタノニ一ツノ案ガアル、ソレハドウ云フ案デアルカト言ヒマスト、所謂吉林カラ掛ケテ一帶ノ地面ハ、元ト是ハ朝鮮ノ土地デアル、之ニ民族自決ヲ以テ今ノ朝鮮ト外レタモノヲ拵ヘヤウ、サウシテ一ツノ建國ヲヤラウト云フコトヲ考ヘテ居ル、是ハ私ハ頗ル面白イト思フ、二十世紀ハ建國ノ時代デアル、「バスキール」民族ガ國ヲ有ッテ居ッタ、蒙古ニ於テモ「バロンウンゲル」ガ獨立ヲヤッテ居ル、各種ノ方面ニ國ガ出來ル、朝鮮人ニシテ自ラ進ンデ一ツノ國ヲ造レバ、支那人露西亞人其他ノ人間モ、一緒ニ一ツノ獨立國ト云フ小サナ物ヲ造ッテヤリタイト云フナラバ、是ハ日本ノ爲メニハ喜ンデモナキ緩衝地帶ガ出來ルノデアル、「チタ」ノ緩衝地帶ハ過激派ノ方ノ前衛ニナッテ居ル、日本ノ前衛ニ緩衝地帶ヲ造ル必要ガアラウト思フ、若シ必要ナ事ガアッタナラバ、日本ハ之ヲ承認シテヤッテ、而シテ後ニ借款ナラ借款ヲ與ヘテヤル、西伯利ノ費用ガ四億万圓アレバ、小サナ國ガ出來マス、日本ガ兵隊ヲ殺サズニ日本ノ前衛ガ出來ル、斯ウ云フ事ヲヤル時分ニ於テハ、日本ハ之ヲ承認スルダケノ勇氣ヲ蓄ヘテ置クベキデアルヤ否ヤ、其事モ一ツ調査シテ貰ヒタイ、(「モウ少シ眞面目ニヤレ」ト呼フ者アリ)總テ私ノ考ヘル所ハ根本的ノ方面カラ――根本的ノ方面ヲ論ズルト云フト、中野君ハ新シキ兄弟ト言ハレタケレドモ、新シキ兄弟デハナイ、朝鮮ハ舊キ兄弟デ吾々ノ爲メニハ非常ニ舊キ兄弟デアル、神代カラ非常ニ因緣緣故ノアル國デアッテ、天照大神ハ日本ヲ鎭メマシマス、素盞嗚尊ハ朝鮮ヲ鎭メマシマス、日本ハ姉ノ國、朝鮮ハ弟ノ國、三千年間別レテ居ッタケレドモ、邂リ逅ッテ見レバ兄弟デアッタト云フノガ今日ノ有樣デアル、(笑聲起ル)故ニ是ハ新シキ兄弟トシテ待遇スベキモノデナクシテ、舊キ兄弟ガ久シ振リニ邂ッタト云フ積リデ研究ヲシテ貰ヒタイ、ソレカラ中野君ハ舊イ人ヲ非常ニ攻撃サレタガ、舊イ人ヲ攻撃スルバカリデハイケナイ、日本ノ現在デモ舊イ人ノ力ガ非常ニ強イガドウヂヤ、重大問題ガアッテモ山縣老公ガ何ト言ッタトカ、松方老侯ガ何ト言ッタトカ云ッテ大騷ヲスル、故ニ朝鮮ノ人間ヲ處分スルノニモ、新シキ青年ヲ捉ヘルト同時ニ、舊キ老人連中ニ向ッテモ憫ノ手ヲ垂レテヤラナケレバナラヌト云フ事、之ヲ調査ノ方針ニサレテハドウデアラウト云フノデアル、故ニ私ハ中野君ニ向ッテ敢テ反對スル譯デハナイケレドモ、根本的ノ理由ヲ確メル爲メニ之ヲ以テ質問ト致シマス(拍手)

〔中野正剛君登壇、拍手起ル〕

●中野正剛君　佐々木君ガ私ノ案ニ對シテハ、大體ニ於テ贊成デアルガ、才前ト俺トハ思想ガ餘程違フカラ、少シク確メテ置カヌト同意相成ラヌ、(「八百長ヨセ」ト呼フ者アリ)ト云フ話デアリマシタガ、私ガ今聽キマシタル所、左樣ニ私ノ見方ト非常ニ違フトモ思ハヌノデアリマス、教育ノ問題ニ就テ御尋ニナリマシタガ、私ガ新シイト云フコトヲ申シタノガ、善クナイト云フヤウナ風ニ聞エルノデアリマスガ、(佐々木安五郎君「宜クナイヂヤナイ」ト呼フ)舊イノガイケナイト云フコトハ、舊イ形式ノモノガ其眞髓ヲ傳ヘズシテ、内容ニ於テ何物モ無イカラ舊イモノガイケナイト言ッタノデアル、其舊イモノノ中ニモ眞髓ヲ酌メバ、古今東西左樣ニ道トシテハ變化ノアルモノデナイカラ、儒教ト雖モ無論之ヲ尊重シナケレバナラヌ、唯タ其儒教ガ精神ナキ形ニノミ趨ッテハイケナイト云フ考ヲ以テ、私ハ話シタノデアリマシテ、新思想ト云フモノガイケナイト云フノデハナイ、陳腐トナッテ現實ト遠ザカッタ舊思想ガイケナイ、斯ウ云フコトデアリマス、儒教ト雖モ根本ハ誠意誠心、修身齊家、治國平天下、斯ウ來レバ人間ノ道ヲ究メ、己レヲ造ル、個人ヲ造ル、人格ヲ造ルト云フコトガ教育ノ根本方針デアリマシテ、其人間ガ出來テ、而シテ後ニ忠君愛國モアレバ、一視同仁モアル、此事ヲ行フ其人ハ先ヅ人格者デナクテハナラヌト云フ意味デアリマスカラ、決シテ儒教ト雖モ眞髓ニ入レバ、今日ノ御用教育ノヤウナモノデハナイ、却ッテ今日ノ自覺セル新シキ準繩ニ拘束セラレザル眞髓ヲ心ニ持ッテ勇躍セントスル新思想ト、同一デアルト私ハ信ズルノデアリマス、ソレカラ宗教ノ事ニ就テ御尋デアリマスルガ――イヤ未ダ儒林ノ御話デアッタヤウデアリマス、儒林六百万ノ者ヲ等閑ニスルカライケナイ、斯ウ云フ議論モアリマシタガ、固ヨリ人間ハ新舊ニ拘ラズ、其人ガ働ガ有ラウガ無カラウガ、人間トシテノ敬意ヲ拂ハレナケレバナリマセヌカラ、儒林ノ人ガ假ニ困ッテ居ルト云フヤウナコトガアルナラバ、是ニモ相當ニ考慮シテヤルベキデアリマスルガ、決シテ儒林ノ持ッテ居ッタ特權ヲ復活シテ、再ヒ六百万人ヲ養ハウト云フヤウナコトハ出來ナイ事デアリマス、日本ノ御一新ニ際シテ、舊士族ガ零落シテ生活ノ途ヲ失ヒ、之ガ不穩ノ思想ヲ激ハシタケレドモ、之ヲ養フ方法ガ立タナカッタヤウニ、儒林全體ヲ養フト云フヤウナコトハ六ケシイデアリマセウケレドモ、儒林ニ對シテモ何等カ考ヘテヤルト云フヤウナコトハ、愼重ニ考慮スベキモノデアルト思フ、寧ロ此方面ニハ當局者ノ頭ガ舊イ方ニ傾クノデ、儒林トカ兩班トカニ特權ヲ與ヘヤウトカ、位ヲヤラウトカ、東京見物ヲサセヤウトカ云フヤウナ方ハ行屆イテ居ッテ、若キ自覺セル者ニ對スル待遇ノ方ガ寧ロ行屆カナイカラ、私ハ後者ニ力ヲ入レテ論ジタマデアリマス、決シテ此儒林ヲ顧ルナトカ、儒教ヲ捨テヨト云フコトデハナイ、道ハ古今東西ヲ通ジテ一貫セルモノガアルト私ハ信ズルノデアリマス、ソレカラ、宗教ノ事ガ大分論ゼラレタノデアリマスガ、英米ノ耶蘇教ニ對スル考ヲ問ハレタヤウニアリマスガ、英米ノ耶蘇教徒、別シテ亞米利加ノ耶蘇教徒ハ、津々浦々ニ行亙ッテ居リマシテ……

○議長(奥繁三郎君)　中野君ニ一寸注意シマスガ、斯ウ云フ事ヲ調査スル考デアルカナイカト云フコトノ質問デアリマス

●中野正剛君　宜シウゴザイマス、(「シッカリヤレ」「返答ハ成ベク詳細ナルコトヲ望ム」ト呼フ者アリ)日本ガ一面ニ――一面ハ一村デアリマス、一村ニ一駐在所ニ置カントスレバ、耶蘇教ハ公式デハアリマセヌガ、村々毎ニ殆ド私ノ集會所ガアル程デアッテ、非常ノ力デアリマス、併シ此耶蘇教ノ力ハ表面カラ壓迫シテモ決シテ止マラナイ、有ユル迫害ニ遇ヒナガラ、遂ニ世界ニ弘マッタノガ耶蘇教ノ歷史デアル以上、ソレガ

有害デアルニシク所デ、警察權ダケデハ壓迫ハ出來ナイ、又耶蘇敎徒ノ煽動位デ、半島ノ人心ガ不穩ニナルヤウナ事ガアレバ　陛下ノ大ナル仁ハ、耶蘇敎ノ宣敎師ニモ及バヌト云フコトニナリマスカラ、之ニ對シテハ朝鮮人ノ實情ニ徹底シ、心情ニ同情シタル政策ヲ行フト同時ニ、日本人ガ個人トシテモ彼等ニ對シ、耶蘇敎徒以上ノ同情ヲ拂フト云フコトガ、必要デアルト私ハ思フノデアリマス、又耶蘇敎徒ガ段々勢ヲ得ルト云フコトハ、一面ニ於テ日本ノ力ガ國際的ニ輕ク感ゼラレルニ至ッタ爲メデアリマス、英米ノ力ガ大戰以後極東ニ迄モ非常ニ壓力ヲ加フルニ至リ、五大國ノ一ニ加ハレリナド稱スル日本ガ、世界的ニ鼎ノ輕重ヲ問ハレタコトガ、一面ニ於テ一部ノ朝鮮人ノ事大思想ヲ驅リテ、英米ヲ重ジト欲シ、日本ヲ輕シト做スニ至ッタノデアリマス、此朝鮮人ヲ不穩ニ爲シタル者ハ、耶蘇敎徒其者ト言ハンヨリハ、當局者ノ大戰以來ノ外交政策ガ蹉跌ニ蹉跌ヲ重ネ、東洋ニ於ケル威力ガ漸次地ニ墜チカヽッタト云フ、其實情ノ影ガ映ッタノデアリマス、此點ハ特ニ注意ヲ要スベキデアッテ、唯タ耶蘇敎徒ヲ壓迫スル位デハ駄目デアリマス、又日本ノ耶蘇敎徒宣敎師モ隨分行ッテ居リマスガ、是等ハ殆ド英米ノ宣敎師ヨリハ駄目デアル、皆ナ總督府ノ大官ノ家位ヰニ出入シテ、令孃ヤ令夫人ヲ弟子ニ取レバ、ソレデ滿足スルト云フヤウナ宣敎師ガ多ク、迚モ不逞ノ志ヲ懷イテ居ルト云ヘ、英米ノ宣敎師ガ自ラ朝鮮人ノ家ヲ訪問シテ、細民ニ同情スルノニハ比較出來ナイ、是等ノ點モ私ハ調査シテ、此宗敎的ニ不穩ニナル　朝鮮人ニハ仁義ヲ以テ臨ミ、又日本ノ宗敎ヲ以テ臨ムト云フコトニ出タイト思フノデアリマス、是等ハ固ヨリ調査ノ箇條ニ入レル必要ガアルト思ヒマス、ソレカラ滿洲ノ方面ニ出テ行ッタ朝鮮人ヲ、ドウスルカト云フヤウナ御話モアッタノデアリマスガ、御話ノ通リニ百万以上ノ朝鮮人ガ滿洲ニ出テ行ク、本國カラハ保護セラレズ、支那カラハ迫害ヲ受ケル、露領ニ行ッテル朝鮮人ハ、露國人カラ酷イ目ニ合セラレル、往クニ往カレズ、復ルニ復ラレズ、有リシ昔ヲ懷ウテ獨立ナドヲ考ヘタリ言ッタリスル毎ニ、忽チ非常ニ迫害ヲ受ケル、是ハ決シテ我ガ新附ノ民ニ臨ムベキ方針デナイト思ヒマス、彼等ノ生活ノ爲メニ愼重ナル考慮ヲ拂フト云フコトハ、固ヨリ大事ノ事デアリマス、朝鮮ノ不穩ノ思想ハ國內ニ於テ涵クヨリモ、寧ロ海外ニ出テ居ル朝鮮人ノ中カラ傳ヘラレル實情デアリマスカラ、外ニ在ル朝鮮人ニ生活ノ活路ヲ與ヘルト云フコトハ、最モ必要ナ事デアルト思ヒマス、別シテ外ニ在ル有名ナル不逞鮮人ト云ハレル仲間ニハ、非常ニ有力ナル者ガアリマスルカラ、李完用、宋秉畯ヲ陞府スルヨリハ、寧ロ外ニ在ル意氣潑剌タル朝鮮人ヲ特赦シテ本國ニ招キ、而シテ我ガ皇化ニ潤ハシムルト云フコトハ、最モ必要ノ事デアルト思ヒマス、是等ノ事ハ固ヨリ調査事項ニ入レタイト思フノデアリマス、ソレカラ朝鮮ノ農民ガ日本ニ來ルナラバ、前途ドウスルカト云フコトハ、是ハ來ルナラバ大ニ歡迎スベキ事デアリマシテ、日本ノ中ニ朝鮮人ガ農業ヲ營ンデ、日本ノ農夫ヨリ良キ成績ヲ擧グレバ、是ヨリ仕合ハナイノデアリマス、其ノ入リ來ルヲ憂ヘズシテ、寧ロ其多キヲ悅ブベキ問題デアルノデアリマス、ソレカラ西伯利デ緩衝地帶ヲ作ルト云フ御議論モ、是ハ大府雄大ナル御議論デアリマス、外ニ在ル朝鮮人ヲシテ與ニ日本ニ靡カシムレバ、滿洲西伯利ニ在ル朝鮮人ハ、日本帝國ノ發展デナクシテ、寧ロ日本帝國ノ經濟的發展ノ先驅トモナルベキモノデアリマス、固ヨリ西伯利ハ露國トノ關係、支那トノ關係ニ於テ複雜ナル「問題ガアリマスカラ、此日露支三國ノ民ヲ打ッテ一丸ト爲スト云フガ如キ方策ハ、非常ニ大ナル問題トナルノデアリマシテ、是ハ露西亞支那ト共ニ愼重ニ考慮スベキ問題デアリマシテ、是ハ調査會デ一寸手ニ餘ル位ノ問題デナイカト思ヒマスガ、固ヨリ考慮セズトハ申シマセヌ、新シキ兄弟ト言ッタノハ良クナイ、舊キ兄弟ダト云フ歷史上ノ御說明モアリマシタ、吾々日本人ガ前途朝鮮人ト手ヲ携ヘテ、進ムニ新シキ兄弟タル考ヲ持ツコトガ固ヨリ必要アリマスガ、佐々木君ノ如キ歷史上ノ御研究デ、舊キ兄弟タル實證ガ擧レバ甚ダ結構デアリマス、歷史上ノ事モ能ク考ヘテ、昔ヨリ親善ノ關係ニ在ッタト云フ事實ガ現レテ來レバ、私ノ本旨トスル前途ヲ指サシテ進ムト云フ所ノ考ヲ、更ニ後ロカラ培養シテ戴クノデアリマスカラ、決シテ異存ハアリマセヌ、悉クシテ新シキ兄弟ト申シタラ御滿足デアラウト思ヒマス、斯樣ナル總テノ調査ヲスルコトハ異存ハアリマセヌカラ、何卒御贊成ヲ願ヒマス（「贊成スルヨ」ト呼フ者アリ）

○議長（與繁三郎君）　牧山耕藏君

〔牧山耕藏君登壇〕

○牧山耕藏君　只今提出者タル中野君ヨリ、詳細ナル提案ノ理由ノ御說明ガアリマシタ、只ダニ其理由ヲ伺ッタノデアリマス、不幸ニシテ本員ハ、此決議案ニ贊成ノ理由ヲ發見スルコトガ出來ヌノデアリマス、中野君ノ御演說ハ、現政府ノ執ッテ居ル所ノ朝鮮統治策ニ對シテ信任ヲサレナイ、卽チ不信任ノ意見ヲ表明サレテノ、此調査會ノ設置ノ決議案ノヤウニ承ッタノデアリマス、本員ノ第一ニ疑問ト致シマスノハ、決議ノ本旨ガ朝鮮統治ノ根本方針ヲ確立スル、詰リ衆議院ニ調査委員會ヲ設置シテ、サウシテ此朝鮮統治ノ方針ヲ確立スル、是ハ內閣ノ下ニ斯樣ナル機關ガ置カレルト云フコトデアルナラバ、是ハ理窟ガ立ツト思フノデアリマスガ、立法府ガ行政ノ權能ニ屬スル所ノ統治ノ政策ヲ確立シテ、政府ヲシテ實行セシムルト云フ權能ヲ有シテ居ルトハ本員ノ乏シイ智識デハ、諒解ガ出來ヌノデアリマス（拍手起ル「ノウ〳〵」ト呼フ者アリ）卽チ我ガ立憲國ニ於キマシテハ、行政府ト立法府トハ對立ヲシテ居ル　ノデアル、（「必シモサウデナイ」ト呼フ者アリ）議員ハ質問ノ權能ヲ有シ、建議及上奏ノ權能ヲ有シテ居ル、立憲政治ハ責任政治デアリマスカラ、政府ノ失政ニ對シテハ、進ンデ之ヲ彈劾スルコトガアル、不信任ノ決議ヲ行フコトモ出來ルノデアリマスガ、立法府ニ調査委員會ヲ設ケテ行政上ノ方針ヲ決定スルト云フコトハ、甚ダ不條理ナル決議ト思フノデアリマス、（「ヒヤ〳〵」「其通リ」ト呼フ者アリ）卽チ本決議案ハ立法府ガ行政府ノ權域ヲ侵スモノナリト、斷ゼザルヲ得ナイノデアリマス、若シ斯樣ナルコトガ出來マスレバ、內治外交ニ亙ッテ、我立法府ハ常ニ決議ヲシテ、政府指導ノ「位置ニ立ツノデアリマスカラ、斯樣ナル權能ハ、我ガ立法府ニ於テハ之ヲ持タヌト思フノデアリマス、（「持ッテル」ト呼フ者アリ）議院法ノ第二十五條ニ、繼續委員ヲ設ケルコトノ規定ガアルノデアリマスガ、是ハ主トシテ立法事項ニ關係シタル事デアル、統治政策ヲ決定スルト云フガ如キ權能ハ、我ガ立法府ハ持タヌト思フノデアリマスカラ、第一ニ此點ニ於キマシテモ、此決議案ノ無意義ナルコトヲ證明シテ居ルト思フノデアリマス、尙ホ本案ニ對シテ贊成ノ諸君モアルヤウデアリマスカラ、國民黨、憲政會ノ諸君ヨリハ、之ニ對スル所ノ御解釋ヲ伺フコトヲ希望スルノデアリマス、又中野君ノ御演說ノ大部分ハ、朝鮮統治ニ關スル批判デアリマシタガ、其中ニモ現政府ハ甚ダ失政ヲヤッテ居ル、植民地統治――朝鮮ノ統治ニ冷淡ナルガ如キ御演說デアリマシタガ、本員ハ政府ヲ支持シテ居ル政黨ノ一人デアリマスカラ申スノデハアリマセヌガ、此政府位ヰ植民地統治ニ深大ナル注意ヲ拂ッテ居ル政府ハ無イト思フ（「滿洲ノ狀態ハ如何」「默レ」ト呼フ者アリ）我ガ植民地ノ統治ハ、臺灣ノ領有ニ其端ヲ發シテ居リマスガ、爾來二十餘年間ニ於テ樺太ヲ取リ、關東州ヲ租借シ、朝鮮ヲ倂合シ、更ニ今回ノ日獨戰爭ノ結果、南洋諸島ノ委任統治ヲ受ケタノデアリマスガ、是等ノ面積ハ實ニ我ガ本國ノ八割ヲ占メテ居ルノデアリマス、而シテ其人口ハ實ニ二千万ノ多キニ達シテ居ル　ノデアリマシテ、植民地統治ハ實ニ帝國ノ重要ナル國務デアル、然ルニ從來此重要ナル植民地統治ノ局ニ當ッテ居ッタ人ハ誰レデアリマスカ、中野君ハ常ニ軍閥ヲ攻擊サレルノデアリマスガ、現內閣成立以前ノ植民地統治ノ狀態ハ、實ニ軍閥ノ獨占私營ニ委セラレテ居ッタノデアリマス、卽チ總督タリ都督タル者ハ、陸海軍ノ大將若クハ中將ニ限ラレテ居ッテ、國民中ニ如何ナル適材ガアリマシテモ、之ヲ用ヰルコトガ出來ナイ、然ルニ原內閣ハ先ヅ第一ニ此官制改正ヲ斷行致シマシテ、國民中ノ適材ヲ擧ゲテ、文官デアレ武官デアレ、適材ト認メル者ハ之ヲ總督ニ任用スル所ノ、所謂任用ノ範圍ヲ擴張致シタノデアリマス、是レ實ニ原內閣ノ一大英斷ト稱スベキニアリマス、決議案ノ要旨ハ朝鮮統治ノ根本方針ヲ確定シ一視同仁ノ實ヲ徹底セシムル爲メニ、衆議院ニ特別調査委員會ヲ設置スルト云フコトデアリマスガ、朝鮮統治ノ根本方針ト云フモノハ、併合ノ當初ニ於テ確立致シテ居ルノデアル、先刻佐々木安五郎君ノ朗讀セラレマシタ所ノ日韓併合ノ詔書、並ニ大正八年八月十九日ニ發セラレマシタル所ノ、官制改革ノ詔書ニ依ッテ見テモ、明々白々デアリマス、即チ「朕夙ニ朝鮮ノ康寧ヲ以テ念ト爲シ其ノ民衆ヲ愛撫スルコト一視同仁朕カ臣民トシテ秋毫ノ差異アルコトナク各其ノ所ヲ得其ノ生ニ聊シ齊シク休明ノ澤ヲ享ケシメムコトヲ期セリ」ト仰セラレテアリマス、（「其主旨ニ徹底シナイノダ」ト呼フ者アリ）即チ一視同仁ノ澤ニ依ラシメ、民衆ノ福利ヲ增進セシメ、以テ東洋ノ平和ヲ永遠ニ保持スルト云フコトガ、實ニ日韓併合ノ大精神デアリマシテ、朝鮮ノ併合ハ實ニ此大方針ノ御聖旨ニ外ナラヌノデアリマス、併合後十年ノ今日ニ至ッテ、朝鮮統治ノ方針ヲ確立スベシト云フガ如キハ、天下ノ愚論ト謂ハナケレバナラヌ、又決議案ノ本文ト理由書ヲ對照シテ見マスルト、理由書ニハ内外ノ時局ニ鑑ミ、朝鮮ノ人心ニ察シ、統治ノ方針ヲ革新セムガ爲メ、本院ニ調査會ヲ設置スベシト書イテアルノデアリマス、是デハ統治ノ方針ヲ變更セヨト云フコトニモ見エルノデアリマシテ、決議ノ文面ト理由書トニハ、聊カ矛盾ガアルヤウニ察セラレマス、前者ハ根本方針ヲ確立セヨト云フノデアッテ、後者即チ理由書デ見マスルト、既ニ確立シテ居ル所ノ方針ヲ革新シヤウト云フノデアリマス、本案提出者ノ朝鮮統治ヲ論ゼラレル方針ガ、此兩方ヲ對照致シマスルト、未ダ確立ヲ致シテ居ラヌヤウニ思フノデアリマス、決議案ニ於ケル根本方針ノ確立ト云フコトハ、本員ガ前ニ申上ゲマシタ如ク、統治ノ根本方針ナルモノハ、併合ト共ニ既ニ確立ヲ致シテ居ルノデアリマス、今更統治ノ根本方針ノ確立ヲ叫バレルト云フコトハ、意味ヲ爲サヌト思フノデアリマス、次ニ理由書ニ「朝鮮ノ人心ニ察シ統治ノ方針ヲ革新スルト云フコトニ對シマシテハ、其精神ニ於テモ、又其字句ニ於テモ、本員ハ反對ノ意ヲ表明スル者デアリマス、即テ前ニモ申シマシタ如ク、我國ノ朝鮮統治ノ方針ハ確乎不動ノモノデアリマシテ、日鮮民族共存共榮ノ爲メ、又東洋平和ノ上カラ申シマシテモ、決シテ渝ルベキモノデハナイノデアリマス、左様ニ輕々シク此統治ノ根本方針ト云フモノハ渝ルベキ筈ハナイノデアリマヌ、朝鮮ノ人心ニ察シト云フ言葉ガアリマスガ、成程朝鮮ノ人心ハ中野君モ述ベラレマシタ如ク、一昨年來世界思想ノ變動ヲ承ケテ、大ナル動搖ヲ來シテ居ルノデアリマス、併ナガラ二千万人中ノ大多數ト云フモノハ、能ク日韓併合ノ本旨ヲ諒解致シテ居ル、併シ多數ノ中ニハ「ウイルソン」大統領ガ提唱致シマシタ所ノ、民族自決ノ主義ニ共鳴ヲ致シマシテ、獨立ノ叫ヲ致シテ居ル者モアル、又朝鮮ハ日本帝國領土ノ一部デハアルガ、政治ニ就テハ朝鮮人自ラ之ヲ治メタイト云フ、自治ヲ主張致シテ居ル者モアルノデアリマス、併ナガラ朝鮮併合ノ意義ハ、朝鮮人ノ福利増進ノミヲ目的トシタル所ノ片務的ノモノデハナイノデアリマス、即チ日韓併合ノ詔書ニ「朕東洋ノ平和ヲ永遠ニ維持シ帝國ノ安全ヲ將來ニ保障スルノ必要ナルヲ念ヒ又常ニ韓國ガ禍亂ノ淵源タルニ顧ミ曩ニ朕ノ政府ヲシテ韓國政府ト協定セシメ韓國ヲ帝國ノ保護ノ下ニ置キ以テ禍源ヲ杜絶シ平和ヲ確保セムコトヲ期セリ爾來時ヲ經ルコト四年有餘其ノ間朕ノ政府ハ鋭意韓國施政ノ改善ニ努メ其ノ成績亦見ルヘキモノアリト雖韓國ノ現制ハ尚未タ治安ノ保持ヲ完スルニ足ラス疑懼ノ念毎ニ國内ニ充溢シ民其ノ堵ニ安セス公共ノ安寧ヲ維持シ民衆ノ福利ヲ增進セムカ爲ニハ革新ヲ現制ニ加フルノ避ク可ラサルコト瞭然タルニ至レリ」ト仰セラレテアリマス、朝鮮人ノ一部ガ獨立ノ叫ヲシ自治要求ノ叫ヲ致シマシテモ、如何ニ彼等ガ妄動致シマシテモ、此併合ノ大精神ニ、之ニ悖ル所ノ處置ヲ我帝國ハ斷ジテ執ルコトハ出來ヌノデアリマス、又朝鮮ガ非常ニ不安デアル、爆裂彈騷ガ其處ニモ此處ニモ起ッタト云フコトヲ述ベラレマシタガ、是ハ成程朝鮮ノ民情ハ、以前ニ較ベマスレバ險惡デアリマス、併シ是ハ世界列國ヲ通ジテ同様デアルト思フ、爆裂彈ノ如キハドウデアリマス、昨年我ガ衆議院ノ門前ニ之ヲ投ジタ者ガアッタデハアリマセヌカ、斯ノ如ク世界ノ國々ニ於テ思想ガ險惡ニナッテ居ルカラ、種々ノ危險ナル所ノ行動ガ現ハレテ居ルノデアル、本員ハ此決議案ノ理由書ニ有イテアリマス通リ、朝鮮ノ人心ニ察シ、朝鮮統治ノ大方針ヲ今日革新スルト云フ必要ハ、ドノ方面カラ觀測致シマシテモ、之ヲ認ムルコトガ出來ヌノデアリマス、又中野君ハ朝鮮ノ現在ノ統治ノ狀態ニ就テモ、種々御議論ガアリマシタガ、中野君ハ嘗テ京城ニ在ッテ筆ヲ執ラレテ居リマシテ、本員モ亦同君ノ驥尾ニ附シテ、寺内總督時代ノ施政ニ對シテハ、大分論難攻撃ヲ加ヘマシタ一人デアリマスガ、當時ト今日トヲ較ベテ見マスレバ、本員ハ現在ノ統治政策ガ誤ッテ居ル、當時ニ較ベテ宜シクナイト云フ御議論ヲ、中野君カラ承ルコトハナカラウト思ッテ居ッタノデアリマスガ、先刻來ノ御議論デ見マスルト、此統治ノ現狀ニ對シテ、大分大不滿ヲ持ッテ居ラレルヤウデアリマス、寺内總督ノ時代マデハ、詰リ過去併合十年ノ間ハ、朝鮮ノ統治政策ニ就テハ、極メテ消極的ノ政策ヲ執ッタ、即チ財政獨立ノ計畫ヲ立テ、朝鮮ノ政費ハ、朝鮮ヨリ之ヲ支辨スルト云フ消極的ノ方針ヲ執リマシタガ爲メニ、總テノ施設經營ハ大ニ澁滯ヲ示シ、朝鮮ノ開發ハ餘程遲レタト思フノデアリマスルガ、現内閣成立後ハ大ニ積極方針ヲ執リ、昨大正九年ノ豫算ニ於キマシテハ、一千万圓ヲ中央政府ヨリ補助シ、來年度ニ於キマシテハ更ニ一千五百万圓ヲ增加シテ、積極的ノ開發――施設經營ヲヤルコトニ相成ッタノデアリマス、其他政治改善ニ就キマシテモ一視同仁ノ大義ニ基キ、努メテ内鮮人ノ差別ノ待遇ヲ撤廢シ、或ハ從來ノ政治振リガ動トモスレバ形式ニ流レ、虚飾ニ流レ、民情ニ適切ナラザル傾ガアッタ是等ニ對シテモ一大刷新ヲ加ヘテ居リマス、其他教育方針、産業政策等ニ就テモ、或ハ教育調査會ヲ設ケ、尚ホ産業政策ニ就テモ、會社令ヲ撤廢シテ、内地ノ資本ヲ流入シテ、官民擧ッテ此朝鮮ノ統治開發ニ力ヲ盡ス所ノ方針ヲ執ッテ居リマス、更ニ前内閣ノ時代迄ハ、植民地統治首腦者デアル所ノ總督デアルトカ、都督デアルトカ云フヤウナ者ハ、植民地ニ儼然ト構ヘテ居ッテ、議會ニ來テ自己ノ經綸抱負ヲ述ベルト云フコトハシナカッタノデアリマス、然ルニ現内閣ニ至リマシテ、總督ノ任用令ヲ改正スルト共ニ、總督及關東長官モ政府委員トシテ議會ニ出席ヲシテ、サウシテ統治ノ實情ヲ國民ノ代表者ニ向ッテ披瀝ヲスル、又吾々議員モ自己ノ有スル權能ニ依リ、能ク其統治ノ實情ヲ質スコトガ出來ルノデアリマス、何モ衆議院ニ調査委員會ヲ設ケナクトモ總督政務總監ノ如キ首腦者ガ、政府委員トシテ此處ニ列席ヲ致シテ居ルノデアリマスカラ、是ニ就テ如何ナル疑問デモ質スコトガ出來ルノデアリマス、本員ハ若シ本案ガ可決サレマシタナラバ、朝鮮人ハ帝國ノ施政方針ト云フモノハ變動常ナキモノデアル、即チ統治ノ根本方針ト云フモノハ確立シテ居ルノデアルガ、更ニ衆議院ニ調査委員會ヲ開イテ、サウシテ此統治方針ヲ革新スルト云フガ如キ事ハ、一部ノ不逞鮮人ノ口實トナリ、又之ニ對シテ疑惑ヲ抱キ、統治上ニ大ナル惡影響ヲ及ボスモノト思フノデアリマス、本案ノ如キハ、今日朝鮮ノ情勢ニ鑑ミテ、百害アッテ一利ナキ決議案ト信ジマスルガ故ニ、滿場一致ヲ以テ否決セラレンコトヲ希望致シマス（拍手）

○議長（奥繁三郎君）　山道襄一君

〔山道襄一君登壇、拍手起ル〕

○議長（奥繁三郎君）　一寸御諮リシテ置ク事ガゴザイマス、先刻中野正剛君ノ演説中ニ、閔元植氏――ニ關スル事柄ヲ陳述サレマシタ、當議場ハ言論ノ自由ノ場所デゴザリマスカラ、固ヨリ發言ハ自由デゴザイマス、（「ヒヤ〳〵」ト呼フ者アリ）併ナガラ御承知ノ如ク是ハ新聞紙ノ記事差止ニナッテ居ル事項デアリマス、（「ソレハ違フ」「靜ニ聽ケ」「ソンナ事ガアルモノカ」「靜ニシロ」ト呼フ者アリ）靜ニ――靜ニ――故ニ官報號外ヲ以テ之ヲ世間ニ公布スルコトダケハ避ケタラドウカト思ヒマス、御異議ガ無クバ議長ハソレダケノ取扱ヲ致シマス

〔「異議アリ」「異議アリ」「贊成」ト呼フ者アリ〕

○議長（奥繁三郎君）　然ラバ議長ノ唯今御諮リシタ事ニ、反對ノ諸君ノ起立ヲ求メマス

〔反對者　起立〕

〔「分ラヌ」ト呼フ者アリ〕

○議長（奥繁三郎君） 起立少數デス

〔「議長ノ宣告ハ分リマセヌ」ト呼フ者アリ〕

○議長（奥繁三郎君） モウ一度説明致シマスカラ、御聽ナサイ、固ヨリ官報ノ號外ハ新聞紙法ノ支配ヲ受ケナイコトハ、議長ハ承知シテ居リマス、（「然ラバ差支アリマセヌ」ト呼フ者アリ）承知シテ居リマス、故ニ固ヨリ新聞紙法ノ拘束ヲ受ケルナラバ諮ルマデモナイ事デアル、故ニ言論ノ自由ハ許シテ居リマスガ、其事項ハ新聞紙ナドデ社會ニ公布スルコトヲ禁ジラレテ居ル事項デアリマス、故ヲ以テ官報號外ニ此事項ダケヲ載セヌコトニ、院議ヲ以テ計ラウ考デアリマス

〔「贊成」「贊成」ト呼フ者アリ〕

○議長（奥繁三郎君） 念ノ爲メニ起立ニ問ヒマス、贊成ノ諸君ノ起立ヲ求メマス

〔贊成者 起立〕

○議長（奥繁三郎君） 多數ニ依ッテ決シマシタ、院議ニ依ッテ今議長ノ宣言通リ計ヒマス

〔「ソンナ事ハイカヌ」「ソンナ馬鹿ナ事ガ何處ニアル」「議會ノ神聖ヲ汚ス」「議長横暴」「何ダ」ト呼ヒ其他發言スル者多シ〕

○議長（奥繁三郎君） 靜ニ……

○山道襄一君 私ハ只今議題ト相成ッテ居リマスル、朝鮮統治ニ關シマスル調査會設置ノ案ニ、贊成ノ意ヲ表スル者デアリマス、只今牧山君ヨリ反對ノ御意見ヲ承リマシタ、洵ニ……

〔此時私語スル者多シ〕

○議長（奥繁三郎君） 靜ニ……

○山道襄一君（續） 私ハ御反對ナサレマシタル理由ノ薄弱ナルコトニ對シテ、甚ダ遺憾ヲ感ズル者デアリマス、此案ヲ目シテ、立法府ガ行政府ノ權限内ニ立入ルコトデアルカノ如ク申述ベラレマシテ、殊ニ内閣ニ對シテ不信任ノ意ヲ表シテ居ルガ故ニ、贊成スルコトガ出來ナイト云フノガ第一ノ御論旨デゴザイマシタ、其事ハ私ガ更メテ申上ゲルマデモナク、恐ラクハ牧山君御自身モ、其誤レルコトヲ御承知ト考ヘテ居リマス、吾々ガ國民ヲ代表致シマシテ、國民多數ノ意思ノ在リマスル所ノ政治ニ對スル方針ヲ、内閣ニ向ッテ示シマスルト云フコトハ當然ノ事デアッテ、何等立法部ガ行政部ノ權限内ニ立入ッテ干與スルモノニ非ザルコトハ、重ネテ申スマデモナイ事デアリマス、又統治ノ方針ガ云々ト云フコトガゴザイマシタガ、此事ニ就テハ牧山君ノ御説ニ私ハ同意デアリマス、同意デアルト云フコトハ、朝鮮統治ニ關シマスル根本ノ方針ハ、併合ノ當時ヨリ今日ニ至リマスルマデ、少シモ動揺ハ無イノデアリマス、是ハ明カニ先刻牧山君ヨリ朗讀セラレマシタ詔書ニ依リマシテモ明カナ所デアリマス、故ニ中野君モ此點ニ對シテハ、明カニ此事ハ申述ベラレタノデアリマス、本案統治ノ方針ト云ヒマスルノハ、統治ノ根本方針ト云フ意味デナイコトハ、既ニ中野君ノ説明デ明瞭デアリマス、即チ統治ニ關シマスル所ノ各種統治策ノ方針ノコトデアリマス、統治ノ根本方針ハ、一視同仁デアリマスコトハ云フマデモナイ、併ナガラ朝鮮ニ關シマスル統治ニ對シマシテハ、或ハ教育上ノ方針、或ハ治安維持ノ方針、或ハ產業政策ニ對スル方針、斯樣ナ方針ニ對シテハ、此際速ニ革新ヲ圖ラナケレバナラヌト云フコトハ、中野君ノ演説ニ於テモ明瞭ニ相成ッテ居ル事デアリマス、少シク牧山君ノ御聽取違デナカラウカト云フコトヲ私ハ思フノデアリマス（「本文ヲ讀ンデ見ロ」ト呼フ者アリ）故ニ私ハ私ニ於テノ意見ヲ申上ゲタイノデアリマス、殊ニ又私ノ遺憾ニ感ジマスルコトハ、牧山君ノ先刻ノ御言葉ニモゴザイマシタガ、現内閣ノ御方モ朝鮮問題ニ對シテ御發言ナサル場合ニハ、一昨年以來ノ朝鮮騷擾事件ニ對シテ、過去ニ於ケル帝國ノ歴代ト申スノハ語弊ガアリマスルガ、寺内伯爵及長谷川伯爵ノ總督タリシ時代ニ於ケル、朝鮮統治ニ對スル所ノ反感、或ハ反抗、或ハ惡感、或ハ誤解ガ重ッテ、此騷擾ヲ來シテ居ルノデアル、故ニ一昨年ノ八九月以來此方針ヲ改メテ文化政治ヲ布イテ、著々トシテ成效ヲ收メツヽアルト説明致サレマスルガ、實ハ其御説明ガアル度毎ニ、事實バソレヲ總テ裏切リツヽアルコトヲ私ハ非常ニ遺憾ニ思フノデアリマス、（拍手起ル）既ニ中野君カラモ申述ベラレマシタガ、私ヲシテ茲ニ一言述ベルコトヲ許サレルナラバ、朝鮮ノ騷擾ハ今日吾々ガ朝鮮問題ヲ問題トシテ論議シナケレバナラヌヤウニ相成リマシタ、併合後十年ヲ經過シタ今日ニ於テ、斯樣ナ事ヲ論議シナケレバナラヌヤウニ相成ッタル原因ノ中ニ、又將來帝國ノ非常ナル禍根トナルベキ理由ヲ發見シマスル、其動機ガ何レニ在ルヤト云ヒマスナラバ、大略之ヲ四ツニ區分スルコトガ出來ルノデアリマス、其一ツハ御承知ノ如ク先日私モ申述ベマシタガ、在外ノ不逞鮮人ノ行爲デアリマス、彼等ノ在鮮人教唆煽動ガ其一ツデアリマス、其次ニハ朝鮮ニ居リマス所ノ朝鮮人及日本人ノ中ニ、總督政治、日本ノ朝鮮統治ヲ理解セザル所ノ分子ガアルコトデアリマス、此無理解ノ朝鮮人、及日本人ノ朝鮮ニ在リマス者ノ態度ガ、之ヲ誘發致シテ居ルノデアリマス、其次ハ朝鮮ニ居リマス所ノ耶蘇教徒ノ中ニ於ケル、不良ナル分子ノ一部ガ之ヲ教唆致シ、煽動致シテ居ルノデアリマス、其次ハ私カラ申シマスレバ、或ハ今日政友會ノ方々ガ御反對ナサルカ知リマセヌガ、本案ノ骨子デアリマス所ノ朝鮮統治ノ方策ガ誤ッテ居ルト云フコトガ、是レ即チ今日ノ朝鮮民心ノ惡化ヲ來タシテ居ルノデアリマス、併ナガラ在外朝鮮人ノ事、及朝鮮ニ居リマスル朝鮮人、及日本人小ノ朝鮮統治――日本ノ朝鮮統治ノ方策ニ對シテ理解ナキ者ニ對スル意見ハ、今日申述ベル必要ハゴザイマセヌガ、私ハ最モ此案ト密接ノ關係ガゴザリマスル所ノ、此朝鮮ニ居リマスル所ノ基督教徒ノ態度――基督教徒其中ノ不良分子ノ態度、及現ニ行ハレテ居リマスル所ノ統治方策ヲ改メテ行カナケレバナラヌ、速ニ革新シナケレバナラヌト云フ二點是ダケノ事ニ就テ、少シノ間時間ヲ拜借ヲ願ヒタイノデアリマス、（「簡單ニ願ヒマス」ト呼フ者アリ）私ハ朝鮮ニ在リマスル所ノ基督教徒ト申シマスルガ、其全部ヲ指スノデゴザイマセヌ、即チ又基督教徒ノ中ニ於キマシテモ、宗教ノ傳導ニ從事シテ居ラレマス人ノ中ニハ、最モ眞面目ニ宗教家トシテノ立場ヲ執ッテ居ラレル人モアリマスガ、或一派ノ如キニ至ッテハ、甚ダ宗教上ノ宣傳ト、政治上ノ事ヲ混同シテ居ル者ガアルト云フコトヲ悲ンデ居リマス、現ニ大正八年ノ三月ニ起リマシタ所ノ彼ノ騷擾事件ニ就キマシテモ、諸君ハ御承知ノ如ク多數ノ學生ガ之ニ關係致シテ居ル、多數ノ青年男女ガ關係ヲ致シテ居リマスルガ、其中ニ於テ基督教徒ノヤッテ居リマス學校ノ中デ、官立學校ノ學生デ此騷擾ニ關係致シタ者ハ、全部基督教徒デアルト云フコトハ申スマデモナイコトデアリマス、而シテ私立學校及公立學校ノ中ニ於テ、基督教ニ關係ヲ有シテ居リマシタ學生ハ、全部此騷擾ニ關係ヲ致シテ居ルノデアリマス、更ニ又當時ノ民心ノ不穩ナルコトヲ教唆致シマス所ノ不穩文書、朝鮮獨立ヲ教唆シ、煽動致シマスル所ノ不穩文書ハ、何レカラ出デ居ルカト申シマスレバ、即チ是ハ耶蘇教會堂ニ置カレテアル、宣教師諸君ノ經營シテ居ル學校ニ置カレテ居ル、宣教師諸君ノ經營シテ居リマスル病院ノ中ニアル、聖佛蘭西病院ノ如キハ其著シイモノデアリマス、此朝鮮騷擾ヲ惹起スルニ至ラシメマシタル、此教唆煽動ヲ致シタル所ノ不穩文書ハ全部宣教師ノ經營致シテ居リマス學校、宣教師ノ經營致シテ居リマス病院、而シテ其教會ノ中ニ置カレテアッタノデアリマス、又個人ト致シマシテモ――其個人ニ就テ見マシテモ、澤山ナル事實ガ現ハレテ居ルノデアリマス、現ニ諸君ノ御承知ノ通リ、日進女學校長デゴザイマシタル「ダビス」及「ホッキング」ノ如キハ、自ラ進ンデ此學生ヲ指揮シテ、萬歲騷動ニ加入セシメテ居リマス、又御承知ノ如ク平壤ノ「モーリス」ノ如キハ、彼ハ騷擾犯人ヲ隱匿シテ居リマシテ、朝鮮ノ司法官憲ノ手ニ處罰サレテ居リマス、更ニ又平壤ノ「モヘッド」是ハ朝鮮ニ居ル不逞鮮人ガ上海ノ假政府ノ軍用金ヲ集メタモノヲ、總督府ノ取締ガ嚴重デアッテ上海ニ送ルコトガ出來ナイ爲メニ、此「モヘッド」自ラ仲介ヲ致シテ之ヲ上海ニ送ッテヤル、ソレニハ亞米利加ノ新聞記者ニ托シテ之ヲ送ッテヤリマシテ、更ニ其後ノ金ハ恐ク上海ニ居リマス「ヒッチ」ニ對シテ送リ、假政府ニ向ッテ軍用金ノ供給ヲ致シテ居リマス、又萬歲ヲ叫ビ廻ッテ居リマス群衆中ニ、盛ニ自動車ヲ乘リ廻シテ、脱帽ヲ致シテ群衆ヲ教唆致シテ居リマス、若シ又群衆ガ集ラヌトキニハ、異樣ナ服裝ヲ致シテ、時ニ自轉車ヲ飛バシ、自動車ヲ飛

シテ群衆ノ好奇心ヲ使嗾シテ、群衆ヲ集メテ居ル、又學校ニ於キマシテハ如何ナル事ヲ致シテ居ルカト云ツト、殊ニ安重根――伊藤公ヲ刺シタ人間デアルトカ、李完用ヲ襲ウタ李在明デアルトカ、斯様ナ者ノ名ヲ列擧シ、又斯様ナ者ノ話ヲシテ、若キ所ノ朝鮮人ノ血ヲ煽ッテ居ルノデアリマス、殊ニ又作文ナドヲ作リマスト、此中ニ於テハ最モ不穩ナル文字ヲ使ッタル者ニ高點ヲ與ヘテ居ル、殊ニ運動會ヲ致シマスル際ノ如キハ、大韓獨立、帝國萬歳ト云フヤウナ木ノ片ヲ組ミ――其木ヲ綴リマスレバ、大韓獨立帝國萬歳ト云フヤウナモノ、現レル遊戲ヲ以テ、其運動中ノ主ナルモノト致シテ、之ニ父兄等ヲ參加セシメテ、朝鮮人ノ獨立運動ニ對スル宣傳ト申シマスカ、教唆ト申シマスカヲ致シテ居ル、殊ニ彼等ノ作ッテ居リマス所ノ新東國史ナド、云フモノハ、其毎節ニ排日ノ文字ヲ重ネテ居ルノデアリマス、又朝鮮ト申シマシテモ少シ洞ヒニナリマスガ、諸君モ御承知ノ通リ、昨年丁度今頃デアリマス、間島ニ於テ朝鮮銀行ノ十五万圓ノ金ヲ奪ハレタ其時ニ、之ヲ奪ッタ者ハ馬賊、或ハ不逞鮮人デアッタデアリマセウガ、此密議ハ何處デ行ハレマシタカ、間島ニ於ケル「マーチン」ナル者ノ經營シテ居ル、病院ノ地下室ニ於テ行ハレタノデアリマス、聞ク所ニ依レバ此地下室ノ中ニ、日本人巡査ヲ引込ンデ脅迫シタト云フヤウナ事實スラ傳ヘラレテ居ル、殊ニ大正八年ノ末デアリマス、大邱ニ於ケル重大ナル事件トシテ取扱ハレテ居リマシタ青年外交團員、及愛國婦人會員ノ拘引セラレマシタ、此事件ハ可ナリノ重大ナ事件トシテ取扱ハレテアリマシタガ、是ハ何人ガ斯様ナ事ヲ何處デヤッタカト云ヘバ、是ハ宣教師ノ亞米利加人ノ「デイン」ノ宅ニ於テ、斯様ナ計畫ガ仕組マレタノデアリマス、更ニ又私ガ斯様ナ事ヲ申上ゲマシテモ、數限リナイ數デゴザイマスガ、私ヨリモ斯様ナ事ニ對シテ、有力ナ證人ガ宣教師自身ノ中ニアルノデアリマス、諸君モ御承知ノ朝鮮ニ於ケル宣教師ヲ監督シテ居リマス、「ウ井ルチ」君ノ演説デアリマス、是ハ大正八年十一月六日ヨリ十二日ニ至リマス六日間京城ニ開カレマシタル、北監理派十二回年會ノ席上ニ於ケル、「ウ井ルチ」君ノ演説ガアリマス、此演説ハ是非共皆様ノ御聽取ヲ願ヒタイノデアリマス、是ハ短イモノデアリマスカラ、此演説文ヲ諸君ニ朗讀スルコトヲ御許シヲ願ヒタイ、即チ「今諸君ニハ政治的意味ヲ含マヌ純然タル教ノ道ヲ眞直ニ進ミツ、アル者ガ果シテ幾人居リマセウカ表面ニハ宗教ヲ覊シ内幕ニハ政治ニ干與スルガ如キ靈心ニ背反スル不穩當ナル行爲ハ爲サヌト言明シ得ルコトガ出來マスカ今春擾騒發生以來我教會ノ教導者デ教旨ニ背イタ者ハ却々數多クアリマシタ實ニ遺憾ノ極ミデ又不都合ト謂ハネバナリマセヌ政治ハ政治家ノ議スベキモノ宗教家ハ宗教ニ盡スベキガ本來ノ義務デ吾等ハ宗教ニ身ヲ捧ゲタル以上飽迄宗教ニ盡瘁スルノガ當然ニシテ且使命デアリマス我教會ノ或者ハ政治的犯罪ヲナシテ逃走又ハ入監スルニ至ッタ者ガ少クナイガ其等ニ對シテ絶對ニ援助セヌ方針デアリマス」是ハ「ウ井ルチ」君ノ演説デアリマス、所謂北監理派第十二回年會ノ席上ニ於ケル演説デアリマス、私ガ言フマデモナイ、宣教師ノ監督ソレ自身ガ、斯ク宣教師等ノ可ヤリ不穩當ノ行爲ヲ爲シテ居ルコトノ多々アルコトヲ、此演説ニ於テ明カニ證明シテ居ルノデアリマス、然ルニ之ニ對シマシテ我政府或ハ總督府ハ、如何ナル處置ヲ執ラレテ居ルノデアリマス、私ノ記憶スル所ニ依レバ、今ヨリ五六年前ニ於テ、即チ一昨年ノ騷擾ノ起ラザル以前カラ、亞米利加政府ニ對シテ斯様ナ不良ナル所ノ、不心得ナル所ノ人物ノ處分ニ對シテ、交渉セラレタコトガアルノデアリマス、併ナガラ其後ニ於テ如何ナル結果ヲ齎シテ居ルカト云フコトヲ、一向ニ國民ハ知ルコトガ出來ナイノミナラズ、少シモ此事ニ就テ善後ノ處置ヲ執ッテ居ラレナイト云フコトハ、甚ダ遺憾ニ堪ヘマセヌ、更ニ私ガ遺憾ニ思フノミナラズ、彼等自ラガ彼様ナ事ヲ致シテ居ルニ拘ラズ、更ニ一昨年ノ春ノ水原ノ虐殺事件ナルモノニ對スル、宣教師ノ態度ニ付キ驚カザルヲ得マセヌ、勿論當時ノ虐殺ニ就テハ、日本軍隊ノ行爲ニ於テモ洵ニ穩カナラザリシ事アリシハ、是ハ御同様ニ遺憾ナガラ承認シナケレバナリマセヌガ、當時亞米利加ノ「リテラルー、ダイゼスト」ナドニ載セラレマシタ寫眞ヲ見マスト、洵ニ是ハ啌八百ノ捏造シタル寫眞ヲ出シテアリマス、如何ニモ日本軍隊ガ暴虐ヲ試ミタヤウニ出サレテ居ル、即チ日露戰爭ノ時ニ露西亞ノ爲メニ買收セラレテ、密偵トナッテ軍事ノ秘密ヲ犯シ、鐵道ノ破壞ヲ企テントシタ人物、之ヲ京城ヲ距ル約二里ノ麻浦ニ於テ、軍律ニ照シ死刑ニ處セラレマシタ、其時ノ繪端書ヲ探シ來ッテ、一昨年ノ騷擾事件當時ノ、日本軍隊ノ惡虐デアルト稱シテ掲ゲテ居ル、其外ニモ寫眞ガ出テ居ルガ、ソレハ宣教師ガ水原ニ行キマシタトキニハ、寫眞ヲ撮ルベキ何物モ無カッタ、ソレ故ニ其附近ノ朝鮮人ヲ雇ウテ、子供即チ朝鮮語ノ「チヨンガー」ト云フ總髮ノ朝鮮人ニ袪ヲ着セテ其側ニ子供泣ヲカセテ置イテ、如何ニモ親ガ日本人ニ殺サレテ、子供ガ其處ニ悲ンデ居ルヤウナ寫眞ヲ撮リ、亞米利加ノ新聞ニ載セテ居リマシタガ、其實態ヲ能ク見マスト、其袪ノ被サッテ居リマシタ人間ハ總角デ、頭髮ヲ組ンダ所謂「チヨンガー」ト申シマシテ、未ダ妻帶セザル人間デアルト云フコトハ、其寫眞自體ガ證明シテ居ル、然ルニ亞米利加人ハ斯ノ如キ寫眞ヲ以テ、之ニ氣付カスシテ、帝國軍隊ガ非常ナル惡虐ヲシタヤウナコトヲ吹聽スル證據トシテ居ル、而モソレニモ懲リズ、最近諸君モ御覽ニナッテ居リマセウガ、本月十八日「ジヤパン、アドバータイザー」ニ載ッテ居リマス華盛頓ノ電報、是ハ本月十六日ノ華盛頓ニ於ケル出來事デアリマシテ、華盛頓ニ於キマシテ、長老派ノ大會ノ席上ニ於テ「マッケー」ト云フ博士ガ演説致シテ居ル一節ガ、電報トナッテ載ッテ居ル、如何ナル事ガ載ッテ居ルカト云フト「日本人ノ朝鮮人取扱ノ暴虐ハ近世稀ニ見ル所デ唯土耳古人ノ「アルメニヤ」人ノ虐殺ヲ以テ之ニ比スベキアルノミ」ト、斯様ナ亂暴狼藉ナル宣傳ヲ致シテ居ル斯ル事ニ對シテ、果シテ我政府ハ、或ハ總督府ハ、從來如何ナル態度ヲ執ッテ居ラレマスカ、如何ナル事ヲシテ居ラレマスカ永ク怠慢ニシテ居ラレマシタ結果ハ、祭、外國人ニ依リサヘスレバ、如何ナル事ノ爲シテモ差支ナイト云フヤウナ、誤リタル考ヲ朝鮮人ニ起サシテ、今日如何ナル手段ヲ以テシテモ、容易ニ之ヲ鎭メルコトガ出來ナイト云フ民情ニシテシマッタデハゴザイマセヌカ、併ナガラ一方ニ於テハ斯ノ如キ事ハ、外國ノ宣教師諸君ノ甚ダ亂暴ナル所ノ宣傳デアルコトヲ斷言シマスケレドモ、併ナガラ翻ッテ考ヘテ見マスレバ、私ハ日本人御同様ニ於キマシテモ、朝鮮統治ニ對シテハ、亦大ニ考慮シナケレバナラヌ事ガアルト思ヒマス、私ハ外國人ガ斯様ナ事ノ宣傳ヲ致シ、帝國ノ方針ニ對シテ傷ケントスルヤウナ事ヲ致シテ居リマスニ就テハ、必ズシモ外國人ノ惡意ノミト云フコトハ出來ナイノデアル、之ニ對シテハ御同様ニ大ナル反省ヲ致サナケレバナラヌ、即チ今日以前ニ於テ其反省スルコトガ足リナカッタ爲メニ、今日ノ朝鮮ノ惡化ヲ來シテ居リマスカラ、今其反省ヲシナケレバナラヌ要點ニ就テ、諸君ト共ニ此調査會ノ必要ナル理由ヲ少シノ間研究シテ見タイノデアリマス、唯今牧山君ノ引用セラレマシタル、冊子其冊子ハ恐ラク朝鮮ニ於ケル新施政ト云フ、總督府ノ發行セラレマシタ此小サナ印刷物デアラウト推定致シマス、之ニ依ッテ見マスト云フト、是ハ最近ニ於テ總督府ガ朝鮮統治ニ對シテ爲サレマシタ所ノ、有ユル手前ノ御吹聽ガ載セラレテ居ルノデアリマス、私ハ之ヲ一讀致シ、細末ノ點ニハ相當ニ同感ノ意ヲ表スル點モゴザイマス、然リ末節ノ點ニ於テハ同感ノ點ガゴザイマスガ、其主要ナルモノ根本問題ニ對シマシテハ、私ハ多大ノ疑惑ヲ有セザルヲ得ナイ、是ハ非常ニ悲シマザルヲ得ナイノデゴザイマス、先ヅ此中ノ總督府ガ新シキ文化政策ヲ施スト言ハレマスル其中ニ於テ、誇リトセラレテ居ル所ノモノヲ先ヅ五ツ擧ゲテ見タイ、即チ差別待遇ヲ撤退サレタト云フコトガ第一ノ御吹聽デアル、地方行政ノ改革ヲ致シタト云フコトガ第二ノ御吹聽デアル、治安維持策ノ確立シタト云フコトガ第三ノ御吹聽デアッテ、而モ主要ナル御吹聽デアリマス、教育ノ刷新ヲ致シタト云フコトヲ以テ、一ツノ新政ノ旗印ト言ハレテ居ル、最後ノ分ハ產業ノ開發策ヲ立テ、居ルト云フコトデアル、此五ツガ最モ誇リトシテ居ラレマス所ノ、五大政策デアラウト私ハ推測スルノデアリマス、然ルニ事實ハ總テ甚シク是等ノ御報告書ヲ裏切ルコトヲ悲シムノデアリマス、第一日本人朝鮮人ハ平等ノ待遇ヲ受ケテ居ル、一昨年ノ改革以來文化政策ガ施カレテカラ、非常ナル所ノ優遇ヲ朝鮮人ガ受ケテ居ルガ如ク言ハレテ居リマスガ、事實ハ斯様ナ事ガ無イ爲メニ、今日朝鮮人ガ總督政治ヲ疑ヒ、随テ日本ノ仁慈ナル　陛下ノ一視同仁ノ大御方針ニ對シテモ、疑ヲ挾ミハセヌカト云フヤウナ懸念ヲ懐カシメルノデアリマス、何故ニ私ハ斯様ニ言フカト云フト私ハ茲ニ亞米利加ガ比律賓ニ於ケル所ノ人物ノ採用方法トカ、或ハ英國ガ印度省ニ對シテ次官ヲ任用致シタル事トカ、南阿ニ於ケル所ノ人物ノ採用等ノ事ヲ引用シヤウト云フノデハゴザイマセヌ、先ヅ朝鮮自體ニ於ケル所ノ待遇ニ於テ、差別待遇ヲシテ居ルカ居ラヌカト云フコトハ、事實ガ證明致シテ居ルト云フノデアル、現ニ私ノ知レル最近ノ數字ヲ示シマスレバ、當局ガ朝鮮人ノ差別待遇ヲ撤廢シテ、朝鮮人ヲ非常ニ重用致シテ居ルト言ハレマスル事ノ虚デアルコトガ分カル事實ハ、其數字ヲ擧ゲテ申シマスト、勅任官或ハ勅任官待遇ヲ受ケテ居リマス所ノ役人ハ、内地人ガ四十六人デアルノニ比シテ、朝鮮人ハ僅ニ三十六人デアリマス、奏任官及其待遇ガ日本人七百二十五人ニ對シテ、朝鮮人ハ僅ニ三百十六人デアリマス、判任官及其待遇ハ、日本人ガ一万四千三百四十四人アルニ拘ラズ、朝鮮人ハ僅ニ九千七百三十七人デアリマス、殊ニ其囑託トカ云フ者ニ至レバ、日本人ガ百七十八人ニ對シテ朝鮮人ハ僅ニ四十人デアリマス、殊ニ私ハ是ハ概括ノ役人ノコトデアリマスガ、其他ノ事ニ就キマシテ朝鮮人ノ爲メト云フダケデナクシテ、日本ノ朝鮮統治ヲ完成スル爲メニ茲ニ言ハナケレバナラヌ、文化政策中ノ對新聞政策ノ事ハ後程申上ゲマスガ、盛ニ新聞紙ノ——新シク新聞紙ノ發行ヲ許シテ、言論ノ自由ヲ許シタト稱シテ居リマスガ、併ナガラ朝鮮ニ於テ朝鮮人ノ發行スル新聞社ハ幾ツアルカ、是ハ僅ニ三四ヲ算フルニ過ギルモノデアル、普通學校ノ校長ガ四百人ト稱シテ居リマスガ、此中ニ朝鮮人ノ校長ヲ致シテ居ル者ハ僅ニ十九人デアリマス、殊ニ郵便局長ニ至リマシテハ、一人ノ朝鮮人ガ居ラヌノデアリマス、停車場ハアレ程ノ鐵道ガ開通シテ居リマシテ、其鐵道ノ從業員、及停車場ノ數モ相當ニゴザイマスガ、其中ニ於テタッタ一人ノ鮮人驛長ガ居ルダケデ、他ニ朝鮮人ノ間ニ一人ノ驛長ガ居ラヌノデアリマス、彼等ハ一生涯切符切リデ終ラナケレバナラヌ、是デ果シテ日本ノ仁政ニ滿足致シマセウカ、又朝鮮銀行ノ如キモ一万三千人ノ使用人ガアル、其中ニ朝鮮人ハ僅ニ八十人デアル、此八十人ハ皆ナ小使門番ノ如キ者デアル、殊ニ改革ヲセラレタ後ハ、非常ニ人材ヲ登庸シタト言ハレマスガ、知事ガ更迭ヲ行ハレテモ、一人ノ知事モ朝鮮人カラ任用セラレテ居ラヌ、是ガ朝鮮人ノ有識階級ニ於テ、非常ナ怨ノ的ニナッテ居リマス、日本政府ガ差別待遇ノ撤廢ヲ聲明シナガラ、決シテ其實朝鮮人ノ人材ヲ登庸シナイ朝鮮人ヲ優遇シナイト云フコトガ、是ガ一昨年來彼等ノ怨ノ的トナッテ居ル、彼等ガ一生涯唯タ一ツノ希望トシテ居ル役人、其役人ハ地方郡守ニ至ルマデ、最近矢鱈ニ日本人ヲ任用スルヤウナ方法ニナッテ居ル、斯ノ如ク朝鮮人ノ社會上ノ地位、政治上ノ地位、總テノ地位ヲ奪ハサレツヽアルト云フ事實ガアルカラ、折角ノ差別待遇ノ撤廢ニ對シテ彼等ガ疑ヲ有スルニ至ッテ居ルト云フコトニ就テハ、御同様ニ一考シテヤラナケレバナラヌ問題デハアリマスマイカ、更ニ又驚クベキ事ハ、差別待遇撤廢ナド、言ハレマスケレドモ、一昨年此總督府ノ改革ガ行ハレマシテ後、非常ナル官吏ノ更迭ガ行ハレタ、此官吏ノ更迭ガ行ハレマシタガ、其官吏ノ更迭ヲ行フニ當ッテ、私ハ驚クベキ事ヲ發見致シテ居ル、如何ニモ政治ノ完全ヲ期スルニ方ッテハ、人ヲ用井ナケレバナラヌ、人ガ必要デアル、人ニ依ッテ仕事ヲシナケレバナラヌト云フノデ大更迭ヲセラレ、總督、政務總監ノ更迭ハ勿論ノ事、其次ニ突如トシテ更迭ヲセラレタル者ハ如何ナル者デアルカト申シマスレバ、局長級ノ人物ニ於テ、三分ノ二ノ官吏ヲ直チニ罷免セラレタ、課長級ノ人物ニ於テ三分ノ二ノ者ヲ直チニ轉免セラレタ、斯ノ如クニセラレテ、而モ殘リマシタ所ノ僅カ少數ノ人間ニ、如何ナル名目ヲ與ヘテ居ルカト云フト、恰モ雞ノ雛ヲ呼ブガ如ク、彼等ヲ稱シテ在來種ト稱シ、新ニ日本ヨリ招聘セラレマシタ所ノ、朝鮮語モ知ラヌ、朝鮮ノ事情モ諒解セザル者ニ對シテハ優良種ノ名ヲ付ケテ、而モ其外ニ朝鮮人ノ一階級ヲ置イテ、差別待遇撤廢ヲ致シタト言フケレドモ、新ニ一昨年以來在來種ナルモノト優良種ナルモノ、而シテ朝鮮人種ナルモノト此三ツノ階級ヲ付ケテ、前總督時代ヨリモ、更ニ新ニ斯様ナ一ノ階級ヲ増加ヲシテ居ラレルノデアリマス、之ガ爲メニ官吏ノ間ニ非常ナル軋轢ヲ來シテ、非常ナル軋轢ヲ來シマシタ爲メニ、一昨年ノ改革ノ當時カラ舊キ官吏ノ上ニ——怠ケタト言フト語弊ガアルカモ知レマセヌガ、新舊官吏ノ間ニ非常ナル衝突ヲ來シ、爲ニ事務ガ些トモ進捗シナイ、此事務ノ進捗セザルガ爲メニ當時最モ誤ラレタノハ、惡化セントシツヽアリシ所ノ朝鮮人ノ騷擾ヲシテ益〻大キクセシメタ、今日ノ民心惡化ハ全ク此意味カラ來タノデアリマス、而モ日本カラ來マスル官吏ニ對シテハ、内地カラ轉任スル時ニ——内地ノ役人ヲ罷メル時ニ一級上ゲテ、朝鮮ニ赴任スルト又一級上ゲテ貰ッテ、詰リ二級ノ増俸ヲ得テ居ルニ拘ラズ、在來ノ官吏ニ對シテハ在來通リノ俸給ヲ支給シ、殊ニ朝鮮人官吏ニ對シテハ、俸給令ニハ改正セラレマシタケレドモ、併ナガラ日本人ト朝鮮人トノ間ニ差別待遇ガ行ハレ、朝鮮人ハ之ニ對シテ「臍腹ヨリ大ナリ」ト云フ言葉ヲ用井、不誠意ノ罵ッテ居ル、臍腹ヨリ大ナリト云フコトハ、詰リ甚ダ滑稽ト皮肉ヲ意味シタ言葉デアリマス、日本人ノ臍ガ腹ヨリ大イト云フコトノ諷刺ハ、即チ日鮮人ノ官吏ノ待遇ニ對シテ諷シタ言葉デアリマス、日本人官吏ハ俸給ハ極ク僅デアル、人間ノ腹デアルベキ所ノ俸給ハ僅デアルガ、其臍デアル所ノ或ハ加俸或ハ増俸ガ非常ニ大イカラ、所謂臍腹ヨリ大ナリト云フ言葉ヲ以テ、新政策ヲ嘲笑シ呪ッテ居ルノデアリマス、彼等ガ單ニ此嘲笑ノ言葉ヲ用井ルダケナラバ、吾々ハ多ク咎メル必要ハ無イ、意ニ介スル必要ハナイ、併ナガラ是ニ於テ差別待遇ヲセラレルト云フニ對シテ、朝鮮人ガ新シキ文化政策ニ、非常ナル疑ヲ持ツト云フコトニナリマスルニ於テハ、是レ御同様ニ朝鮮統治ニ幾ラ盡力シテモ、其效果ヲ擧ゲ得ラレヌト云フコトニ歸着スルカラ、注意セネバナラ事デハアリマスマイカ、殊ニ新シキ試トシテ、言論自由政策ヲ執ッタト言ハレル、新聞社ヲ新ラシク創設スルコトヲ許シタト言ハレル、而モソレガ千七百万ノ人間ト言ハレマスル朝鮮人、京城ニ於キマスルダケデモ三十万許リノ人間ガ居リマスルケレドモ、其中ニ於テ朝鮮人ノ新聞社ハ僅ニ三社ニシカ許サレヌ、三社ヨリ許サヌト云フコトニ限定セラレタト云フコトニ就テハ、私共如何ナル事情デ三社ニ限定セラレタカヲ甚ダ疑ヒマス、而モ疑フノミナラズ、此新聞經營ヲスル者ハ、如何ナル者ヲ拉シ來ッテ經營ヲ致シテ居ルカト申シマスト、伊藤公爵ガ統監トシテ朝鮮ニ居ラレマシタ際、最モ伊藤公ノ——日本對韓政策ヲ呪ヒ、最モ伊藤公ノ對韓政策ヲ妨害シタ者ハ、所謂彼ノ「ベッセル」ナル人間デゴザイマシテ、此「ベッセル」ト相呼應シテ之ヲ妨ゲタ者ハ梁起鐸デアリマス、彼ハ併韓後亡命シテ、而モ私ガ過日申上ゲタ通リ今英國ニ歸ラントシツヽアル、重大ナル犯人デアリマスル所ノ英國人ノ「シヨー」ト共ニ、朝鮮獨立運動ニ對シテ大陰謀計畫ヲ企テ、居リマシタ、此梁起鐸、此梁起鐸ノ總ミ戻シテ、サウシテ此新聞編輯ノ任ニ當ラシメタ、又一面ニ於テハ呂運亨ト一緒ニナッテ朝鮮ニ問題ヲ惹起シテ居ッタ、御承知ノ張德秀ヲ呼ビ來ッテ新聞編輯ノ任ニ當ラシメタ、而シテ此二ツノ新聞ト、其反對ノ一ノ時事新聞ハ何デアルカト云フト、先刻中野君ノ言ハレマシタ閔元植ノ經營シテ居ッタ時事新聞デアル、詰リ十數年以來不穩當ナル人間「ベッセル」ノ如キ者ト、共ニ日本ノ對韓政策ヲ根本ヨリ破壞セント企テタ、其相棒デアッタ所ノ梁起鐸ノ連レテ來タリ、此張德秀ヲ連レテ來タリ——昨年三月ノ大騷擾ノ上海ニ於ケル發頭人ノ八人ノ一人デアル所ノ、其一人ノ張德秀ヲ連レテ來テ新聞ヲ作ラセ、彼等ニ言論自由ヲ許ス以上ハ、自由ニ彼等ノヤッテ居ル新聞ニ、朝鮮統治ニ對シテ議論ヲサセナケレバ何ノ效果ガ無イ、彼等ハ朝鮮ノ獨立ニ對シテ、朝鮮ノ自治ニ對シテ、思フ存分ノ事ヲ言ハンガ爲メニ新聞ヲ許サレタコトヲ喜ブノデアル、然ルニ彼等ガ一度筆ノ執ッテ自由ヲ呼ビ、或ハ正義ノ叫ヲシテ總督政治ヲ呪ヒタル場合ハ、直チニ發行禁止、發賣禁止、或時ハ無期發行停止ヲシタコトモアルデハナイカ、朝鮮人ノ斯様ナル所ノ所謂獨立運動ニ參加シ、而シテ我ガ對韓政策ヲ根本ヨリ呪ヒ、併合ニ根本ヨリ反對シテ居ル人間ニ言論機關ヲ持タスナラバ、彼等ハ相當ナル所ノ亂暴ナル議論ヲ吐クト云フコトハ、豫メ承知シテ居ラナケレバナラヌ事デアル、之ヲ果シテ承知セズシテ許シタノデアルカ、承知セズシテ許シタトスレバ、迂ノ最モ甚シキモノデナイカ、而モ一面ニ於テ閔元植ノ如キ、中野君モ言ハレマシタガ、閔元植其人間ノ個人的ノ事トニ就テハ彼是申スノデアリマセヌガ、最モ多ク誤解ヲサレテ居ル一人デアリマス、是ハ獨立運動ヲ致シマスル――吾〻カラ言ヘバ所謂不逞鮮人、其不逞鮮人カラ最モ誤解ヲ受ケタル一人デアリマス、此人間ガ經營シマスル新聞ニ種々ナ事ヲ書カセルコトガ、果シテ此不逞鮮人ヲ懷柔シ、或ハ不逞鮮人ヲ善導スル上ニ於テ、如何ナル感ジヲ持タスカト云フコトハ、是ハ三歲ノ兒童ヲ待ツマデモナク明カナル事デアリマセヌカ、新聞政策ハ言論ノ自由ヲ許シタ、言論自由ノ政策ヲ執ッタト言ハレマスルガ、果シテ何物ヲ標準トシテ言論自由ノ政策ヲ執ラレタカ、此新聞ヲ許サレタコトニ依リマシテ得來ッタ所ノモノハ何デアルカ、印度ノ革命ノ有様、愛蘭ノ自治獨立運動、之ヲ一般朝鮮人ニ宣傳シ、一面ニ於テハ不逞鮮人ヨリ日本ノ心事ヲ疑ハセ、恨マセタト云フ以外ニ於テ、何物モ得ナイデハアリマセヌカ、是ハ何カラ來テ居ルカト云ヘバ、文化政策ノ不徹底デアル、不徹底ナル文化政策ヲ行ヒマスルガ爲メニ、斯様ナル所ノ一モ取ラズ二モ取ラズノ狀態ニ陷ッテシマッタノデアリマス、殊ニ斯様ナ人物ニ對シテハ、新聞ノ發行ヲ許シ、言論ノ自由ヲ尊重スルト言ハレテ居リマスガ、朝鮮併合ニ對シテ、功勞ノアリマシタル者ニ對シマシテ、我カ內閣ハ如何ナル態度ヲ執ッテ居リマスカ、例ヘテ申シマスレバ、李朝ノ天日ヲ仰カナイト稱シテ、今尙ホ竹デ編ンダ笠ヲ被ッテ步イテ居ルト云フヤウナ、舊式頑冥ナル思想ヲ持ッテ居ル鮮人ガ多數ヲ占メテ居ル、平安南北道黃海道等、西北朝鮮人ハ寧ロ李朝ニ反感ヲ持ッテ居リマシタルガ爲メニ朝鮮併合ニ對シテハ非常ナル盡力ヲ致シテ、大ナル貢獻ヲ致シタノデアル、又一面ニ於テ諸君御承知ノ通リ、李容九宋秉畯等ノ率井テ居リマシタル一進會ハ、非常ナル好意ヲ以テ併合ニ大ナル盡力ヲ致シテ居ル、然ルニ此西北學會員或ハ一進會員等ガ、併合後ニ於テ如何ナル待遇ヲ受ケテ居リマスカ、今日ニ於テ先刻來申述ベル通リ、啻ニ不逞鮮人ガ非常ナル優遇ヲ受ケテ居ル際ニ、此併合ニ功勞アル者ハ皆ナ斥ケラレマシテ、詰リ併合ニ功勞アリタル者ガ朝鮮ヲ亡命シテ、今日ハ滿洲ニ居リ、上海ニ居ルト云フヤウナコトデ、李東暉トカ、安昌浩トカ、柳東說トカ云フ巨魁ハ、皆ナ西北鮮人デアリマシテ、皆ナ日本ノ爲メニ盡力シナガラ、日本ノ爲メニ虐待セラレテ、海外ニ亡命シテ、今日ノ叛逆ヲ企ッテ居ルノデアリマス、更ニ今日ニ於テ一進會ノ如キ、諸君モ御承知デアリマセウガ、宋秉畯ノ如キハ昨年暫ク此方ニ滯在シテ居ッタガ、遂ニ彼ハ意ヲ決シテ、一進會員ニ對シテ自由ノ行動ヲ取レト云フコトヲ宣言シナケレバ、自分ノ一身ガ危イト云フコトニナッタノデ、彼ハ日本ノ總督政治ノ爲メニ盡カシヤウト云フコトヲ考ヘテ居リマシタガ、昨年ハ一進會ニ對シテハ自由ノ行動ヲ執レト言ッテ居ル、最モ親日派ノ一人デアッタ金嘉鎭ガ上海ニ走リ、李堈公ガ上海ヘ脫去ラレントシ而シテ私ハ諸君ト共ニ玆ニ考ヘナケレバナラヌ事ハ、現ニ李王妃ノ一族デアル所ノ尹德榮モ滿洲方面ニ去ッテ居リマスノミナラズ、私ハ諸君ト共ニ斯様ナ人間ガ、彼等個人デ去ルコトニ於キマシテハ何等關係ナイヤウデアリマスガ、此統治ニ不平ヲ抱キ、不安ヲ感ジテ亡命スルコトハ、朝鮮ノ人心ニ對シテ、非常ナル惡印象ヲ與ヘルコトヲ憂ヒネバナリマセヌ、斯ル中心人物ガ日々此朝鮮ヲ去ッテ行クト云フコトハ、非常ニ朝鮮ノ民心ノ惡化ヲ助長スルモノデアリマス、此壇上デ私ハ諸君ニ御約束シテ置ク、若シ此ノ約束ガ間違ッタナラバ、國家ノ爲メニ仕合デアリマス卽チ、或ル有力ナル――三月四月五月六月ヲ待タズシテ、有力ナル人物ガ米國或ハ西伯利ニ亡命スル虞ノアル者ガアル、此人物ガ亡命致シタ場合ニハ、朝鮮ノ民心ニハ絕大ナル惡化ヲ與ヘルト云フコトヲ豫言ヲ致シテ置キマス、若シ此豫言ガ當ラナカッタナラバ國家ノ爲メニ仕合デアリマス、今日ノ狀態デ進ミマシタナラバ、洵ニ朝鮮統治ノ將來ニ對シテ、由々シキ危險ガ感ゼラレル、是ハ今日ノ徹底セザル文化政策ノ爲メニ生レタノデアリマス、此點ニ於テハ私ハ、諸君ニ十分ナル御熟慮ヲ願ッテ熄マナイノデアリマス、殊ニ私ハ爰ニ悲痛ナル文句ヲ御聽取ヲ願ハナケレバナラヌ、諸君モ御承知ノ通リ、李王職ノ長官ヲ致シテ居リマシタル閔丙奭、此閔丙奭ハ曾テハ、伊藤公ヲ聘スル爲メニ朝鮮――韓國ヲ代表シテ日本ニ來タコトノアル親日派ノ一人デアリマス、此閔丙奭ガ一昨年辭表ヲ出ス時ニ如何ナル言葉ヲ認メマシタカ、彼ハ日ク、今日老年ニナッテ爵ヲ戴イテ居ルト云フガ爲メニ私ノ身邊ヲ危クスルガ故ニ、玆ニ爵ヲ辭シテ一平民トナッテ、老後ヲ安心シテ送リタイト云フコトヲ、書留郵便ヲ以テ總督府ニ送ッテ來タノデアリマス、其文句ノ中ニハ又更ニ言ウテアル、寺內總督ノ時代ニハ吾〻ノ生命ダケハ保護シテ貰ッタ、今日ノ警備機關ノ狀態ヲ見レバ、吾〻自ラ身邊ヲ守ラナケレバ到底生存スルコトガ出來ナイ、――生存スルコトガ出來ナイ、卽チ爵ヲ持ッテ居レバコソ、上海ノ不逞鮮人カラ非常ニ脅迫ヲ受ケル、而モ總督ノ保護ハ受ケラレナイ、爵ヲ辭シテ一平民トナッテ居リサヘスレバ安全デアル、故ニ爵ヲ辭シテ老後ノ餘命ヲ送リタイト云フコトヲ告白シテ居リマス、是ハ卽チ文化政策ナルモノハ不徹底デアッテ、斯様ナル事ニ至ラシメテ居ルト云フコトノ明カナル證據ヲ語ッテ居ルモノデハアリマスマイカ、更ニ私ハ申上ゲナケレバナラヌ事ハ、(「簡單々々」ト呼フ者アリ)此事ハ決シテ私ハ簡單ニ申上ゲル譯ニ參リマセヌ、願クハ諸君ニモウ少シノ間、時間ノ御拜借ヲ承諾セラレタイ、私ハ今日甚ダ大ナル疑ヲ持ッテ居リマスルコトハ、先刻牧山君ヨリモ御話ノアッタ、又內閣當局ノ方モ常ニ演說サレルコトデアリマスガ、今日ノ朝鮮ノ騷擾ヲ來シタ根本原因ハ、民族自決ノ思想ガ世界ニ彌蔓シテ來ッタ、其影響ヲ受ケテ居ルニ基クト言ハレテ居ル、騷擾ニ就テノ根本ハ民族自決主義ガ、朝鮮人ノ民心ニ喰入ッタ結果デアルト云フコトヲ言ハレテ居ルノデアリマス、更ニ今日朝鮮デ人ヲ斬ッタリ突イタリ殺シタリシマスル擾騷ハ、民族自決ノ末節デアルト、公言セラレル、若シ然リトスレバ、此普通ノ治安ヲ紊ル所ノ擾騷、卽チ末節ノ治安上ノ取締ニハ相當ノ御盡力ニナリ、相當ノ施設ヲセラレテ居ルヤウデアルノニ、未ダ曾テ其根本デアルト言ッテ居ラレル民族自決主義ニ對シテ、民族自決主義ノ思想ヲ打消ス爲メニハ、卽チ不逞鮮人ヲ善化スル方法ニ就テハ、如何ナル事モシテ居ラレナイ、恐ラクハ今日ノ幾多ノ總督府ノ施設ノ中ニ於テ、朝鮮人ノ誤ッタ根本主義デアル民族自決主義ニ對シテハ、之ヲ打消ス所ノ何物ノ施設モ何モ無イデハアリマセヌカ、徒ニ末節ニ拘泥シテ其根本ニ觸レテ居ナイ、而モ末節デアル騷擾鎭定ノ爲メニデモ、如何ナル盡力ヲシテ居ラレルカト云ヘバ、恐ラクハ表ナドヲ示サレテ盛ニ成功ノ宣傳ヲサレマシテ、治安ハ維持サレテ居ル、朝鮮ハ平穩ニナッテ居ルト言ハレマスガ、事實ハソレヲ裏切リツヽアル、何故ナラバ此朝鮮ヲ併合シマスル前、又ソレヨリ續イテ寺內總督ノ時代ニ於キマシテ、盛ニ憲兵ヲ使ッテ居ラレル、而モ私ハ此憲兵ヲ使ッテ居ラレタ其當時ノ警察官ノ數ト、今日ノ數トヲ對照シテ見テ、甚ダ驚カザルヲ得ヌノデアリマス、此數ハ玆ニ一々數字ヲ讀上ゲマスコトハ煩雜デアリマスカラ止メマスガ、殆ド其數字ニ於テハ倍數ニ達スル所ノ官吏ヲ增加サレテ居ル、警察官ガ二万人カラアル外ニ憲兵ガ置カレテ、軍隊ガ更ニ十二個大隊置イタ上ニ、尙ホ一箇師團又ハ一個旅團ヲ增サナケレバナラヌト云フヤウナコトニナッテ居ル、斯様ナル事ヲ致サレテ、金額ノ上カラ申シマスレバ、寺內總督ガ尙ホ二百万圓ノ支出ヲシテ貰フナラバ、完全ニ治安ヲ維持スルト云フ立派ナル案ガ出來テ居ッタニモ拘ラズ、今日ニ於テハ五倍六倍スル數字ヲ示サレテモ治安維持ガ出來テ居ラス、元來治安ヲ維持シテ居ルト言ハレマスガ、治安ノ維持ガ出來テ居ラヌ證據ガアル、如何ナル證據ガアルカト云ヘバ、現ニ新シキ文化政策ガ施サレテ新總督政治ガ施カレテカラ、約一年ヲ經過シマシタ、其後ニ於テ如何ナル事ガ起ッテ居ルカ、昨年ノ六月カラ十一月迄ニ起ッタ獨立運動ニ關係シタ殺人ガ三十三件、放火ガ二十四件、爆彈ノ投下ガ三件、傷害ガ十九件而モ義州デアルトカ、鐵山トカ定州、宣川トカ云フ地方ニ於テハ、郡守、面長、書記等ガ辭職シテシマヒ、遂ニ郡守ノ補充ガ出來ヌ、書記ノ補充ガ出來ヌ、而モ亦之レガ爲メ郡衙面役所等ヲ駐在所ノ中ニ移シ、辛フジテ郡事務面事務ヲ執ッタト云フ狀態ニ陷ッタコトハ、是ハ朝鮮當局トシテモ認ナサルコトハ出來マスマイ、更ニ滿一箇年經チマシテモ──文化政策ヲ開始サレテ滿一箇年經ッタ昨年九月ニ於ケル所ノ此狀態ヲ看テ見マシテモ、──丁度一年振リノ九月ノ一日カラ三十日ニ至ル間ニ、獨立運動ニ關スル所ノ或ハ爆彈ヲ投付ケタ、或ハ役人ヲ殺シタ、或ハ傷ケタト云フヤウナコトヲシタコトハ、一日モ缺カシタコトハ無イ、私ハ此所ニ記錄ヲ持ッテ居ル、宣川警察ニ爆彈ヲ投付タ悲壯ナ事ガアル、或ハ釜山警察ノ爆彈事件ガアル、元山ノ大騷亂モゴザイマス、是ハ非常ナル騷擾ヲ致シテ居ル、卽チ警察官ヲ二倍ニ增シテ、文化政策ヲ施クト言ヒ、差別待遇ノ廢止撤廢ヲ致シタ、仁政ヲ施イタト言フ而モ新シキ政治ガ施カレテヨリ一箇年後ニ於テ、尙ホ斯樣ナ狀態ニ於テ、是ガ治安維持ガ出來テ居ルト言ハルヽカ、元來寺內伯爵ノ總督ノ當時、憲兵政治ニ對シテ非常ナル非難ノ聲ガアリマシタ、日本人モ朝鮮人モ齊シク此憲兵ノ撤廢ヲ望ンダ、是ハ憲兵制度其モノ、弊デハナイ、寺內總督ガ憲兵ヲシテ警察官ノ任務ノミヲ執ラシタナラバ、斯樣ナ非難ハ買ハナカッタカモ知レナイノデアル、寺內伯爵ハ學校ノ生徒ガ學校ニ行カナケレバ、小學校ノ校長ヲ叱ル、生徒ノ通學ノ數ガ少ナイト職員ガ叱ラレル、長官ガ叱ラレル、郡役所ノ役人ガ叱ラレル、學校ノ校長ガ叱ラレル、故ニ校長ハ憲兵ヲ賴ンデ子供ニ學校ニ來テ貰フヤウニ勸誘ヲスル、人民ガ稅金ヲ納メナイト稅務署ノ手柄ガ少イ故ニ、稅金ヲ納メサスルガ爲メニ、稅務官吏ガ憲兵ニ賴ンデ滯納者ヲ叱ッテ貰フ、サウシテ其稅金ヲ徵收スル、又ハ道路ヲ造ルニ夫役ヲ課スル、土地ノ收用ヲ致スト云フ場合ニモ容易ニ朝鮮人ガ應ジナイカラ土木工事ヲスルニモ憲兵ヲシテ强制サス、又ハ小サナ裁判事件ハ憲兵デ取扱フト云フヤウニ、憲兵ヲシテ、敎育ニモ、宗敎ニモ、土木ニモ、產業ニモ、收稅ニモ、裁判ニモ、其他有ユルモノニ向ッテ憲兵ヲ干涉サセ、全然憲兵政治ヲ行ラセタカラ、憲兵政治ニ對シテ一齊ニ非難ガ起ッタノデアル、然ルニ私ガ一昨年ノ春ニ此事ニ就テ、憲兵政治ヲ撤廢スル意思ハ無イカト云フコトヲ議會ニ於テ、質問シタ其時ニ、總理大臣ハ何ト答ヘタ、斯樣ナ事ノ考ハ持ッテ居ラヌト言ハレタ、然ルニ半年目ノ九月ニ於テハ急遽トシテ憲兵制度ヲ撤廢シテ、何ノ用意モナク巡査ニ更ヘラレタケレドモ、後ノ準備ガ一ツモ出來テ居ラヌ──後ノ準備ガ出來テ居ラズシテ憲兵制度ヲ撤廢致サレテ、何トサレタカト云フト、憲兵ヲシテ巡査ニ志願サセ轉換セシメタ、私ガ一昨年ノ暮ニ朝鮮ノ田舍ヲ旅行シタ時ニ、如何ナル事ヲシテ居ルカト見ルト、憲兵ノ服ノ此襟章ト肩章ヲ更ヘタダケデ、憲兵ノ服ヲ著ケ、憲兵ノ劍ヲ把ッテ、サウシテ憲兵ノ帽子ヲ被リ、而シテ是ガ新政治ノ巡査デアルト言ッタガ、其憲兵ヨリ轉ジタ巡査ハ、昨日迄憲兵屯所ニ憲兵ノ上等兵ヲシテ居ッタノデ、其土地ノ人ハ憲兵デアルト云フコトヲ能ク知ッテ居ル、唯ダ肩ニ襟章ト肩章ダケガ違ッテ居ル、人物モ服モ劍モ憲兵其儘ヲ、是ガ新シキ文化政策ノ下ニ改正セラレタ警察官デアル、憲兵制度ガ變ッテ警察制度ニナッタノデアルト言聞ラシタケレドモ、鮮人ハ承知シナイ、如何ニ新總督ノ新シキ文化政策デアルト云ウテモ、唯ダ形式ノ變更デアル、人間ガ元ノ憲兵デアル、服ガソレデアル、劍ガソレデアル、唯ダ一ツノ襟章ト肩章ダケヲ取替ヘテ、直チニ憲兵制度ガ警察制度ニ變ッタト言フノデアル、何モ此改革ハ歡ブベキモノデハナイト云フ感ジヲ朝鮮人ニ與ヘタ、而シテ轉科憲兵丈ケデハ足ラズ、急遽非常ニ多クノ巡査ノ募集ヲシナケレバナラヌコトニナリ、內地ニ於テ巡査ヲ募集サレタ、其結果面白クナイ、或ハ土方ヲシテ居ル者、或ハ人夫ヲシテ居ル者ヲ連レテ行ッタ、私ガ一昨年朝鮮ニ行ッテ元ノ警務總監部ニ行ッタ時ニ、便所ニ行カントシテ見ルト四五人ノ絣ノ著物ヲ著タ人間ガ、紙幣ニ石ヲ持タシテ話合ヲシテ居ル、私ハ甚ダ不思議ニ思ッタ、ヨモヤ警察構內デ賭博ヲ打ツノデモナカラウト思ッテ能ク見マスト、今度新シク募集サレテ來タ所ノ巡査ガ金ヲ分ケルノニ面倒ナノデ、金ノ分配ヲシテ居ル所ダト分ッタ、紙幣ニ石ヲ持タシテ分配ヲシテ居ル位ノ人物ハ大抵分ル、斯樣ナ人間ガ巡査ニナッテ、而モ服ガ無イ、劍ガナイ、著タ儘著流シデ、此邊ノ學校ノ制帽ヤ、鳥打帽子ヲ被ッタ者サヘアル、能ク聞クト警察ノ報告書スラ書ケナイ者モアル、一ツノ駐在所ニ巡査ヲ五人置イタ、七人置イタトカ云ウタ所ガ、斯ンナ人物ノ配置ガ何ニナル、憲兵制度ヲ改メントシテ、寧ロ却テ朝鮮ノ民心ニ惡化ヲ來シ、不安ノ狀態ヲ來シタ、左ナキダニ乘ゼントシテ居ル不逞鮮人ハ此虛ニ乘ジタ、彼等ハ如何ナル事ヲシタカ、朝鮮十三道ニ向ッテ派遣シタ總督府ノ吏員ガ──其日本人ノ新シキ官吏ガ朝鮮語ヲ知ラナイ、朝鮮ノ事情ヲ知ラナイガ爲メニ、總督府カラ金ヲ貰ッテ地方ノ役所ニ巡視ニ行ッタ官吏ガ、役人ヲ集メテ獨立ノ宣傳演說ヲ致シタト云フコトハ數限リモナイ、斯樣ナ事ヲシテ、尙且ツ朝鮮ノ治安ガ保タレタト言ハレヤウカ、甚ダ疑ハザルヲ得ヌ、(拍手起ル)當局ヘ朝鮮ノ治安ニ對シテ疑アリト言フナラバ、ソレハ國境方面ニ於テハサウ云フコトモアッタカモ知レナイト言ハレマセウガ、國境方面デハナイ、現ニ諸君ノ御手許ニモ配ラレテアリマス、昨年ノ暮ニ朝鮮十三道ノ日本人實業家ガ京城ニ集ッテ意見ノ交換ヲ致シ、懇話會ノ速記錄ハ貴方ガタノ御手許ニ配ッテ居ル、其一冊子ヲ御覽ニナレバ、如何ニ朝鮮ノ治安ガ紊レテ居ルカ明瞭デアリマスガ、而モ此明瞭ナル事實ヲ、總督府ハ干涉ノ結果大分緩和サレタト言ハレテ居ルガ、ソレデモ御承知ノ通リ不安危險ノ極デアル、國境方面デナクトモ、慶尙南道三千浦ニ於テ、自ラ日本人ガ自衛團ヲ造ッテ居ル、警察ノ力ニ依ッテハ、到底吾々ノ生命財產ノ安固ガ圖ラレナイト云フノデ、三千浦ニ於テ日本人自衛團ヲ造ッテ居ル、朝鮮ノ、一番南ノ方ノ日本ノ統治ガ行屆イテ居ルト言ハレル所ニ於テサウデアル、而モ只今上京シテ居ラルヽ齋藤總督ガ、三日前ニ下關ニ於テ御話ニナッタ其事柄ハ、貴方ガタ新聞デ御覽ニナッテ御承知デアラウガ、朝鮮人モ自衛團ヲ組織シテ居ルト言ハレタ、警察ノ機關ガ行屆イテ居リマスルナラバ、朝鮮人自ラ自衛團ヲ組織スル必要ハ無イ、朝鮮人自ラ自衛團ヲ組織シナケレバナラヌヤウニナッテ居ルノハ、如何ニ朝鮮ノ治安ガ保タレテ居ラヌカト云フコトヲ、朝鮮總督自身ガ語ッテ居ルノデアル、乃チ政府ノ重要ナル大官ノ人ガ語ッテ居ル以上、是程確カナ、事ハナイ是レ以上治安ノ紊レテ居ルコトハ無イデハアリマセヌカ(拍手起ル)更ニ私ハ最モ重要ナル事件ノ一トシテ、敎育──文化政策ノ唯ダ一ツノ旗印中デ、有力ナル旗印デアリマスル朝鮮人ノ敎育ニ對シテ、多大ノ疑ヲ有セザルヲ得ヌ、之ニ對シテモ亦充分調査ヲ行ハナケレバナラヌ、朝鮮總督府ガ朝鮮ノ名士ヲ集メテ、朝鮮ノ此敎育ニ對スル調査會ヲ拵ヘテ居ル、サウシテ其調査會ノ爲シタル仕事ノ一ニ就イテ承リマシタガ、斯樣ナコトデ朝鮮ノ敎育ガ完成シ得ラルヽモノデハゴザイマセヌ、先日私ハ一寸申上ゲテ置キマシタガ、朝鮮人ノ敎育ト云フコトハ、是ガ朝鮮統治根本ノ要件ヲ成スモノデアリマス、先刻中野君カラ御話ガゴザイマシタ如ク、校舍ノ新築ヲ致ス、學齡ノ年限ヲ變更シマスルト云フコトハ、何等朝鮮統治ニ貢獻スル所ノ敎育制度ニ、重大ナル影響ヲ及ボスモノデナイ、若シ制度ノ末節カラ言ヒマスルナラバ、日本人ノ子供ト朝鮮人ノ子供ト、同時ニ合同ヲ致シテ敎育スルガ善イカ惡イカト云フ問題ノ如キモノガ、是レヨリ更ニ主ナルモノデアリマス、私ノ承ル所ニ依レバ、私ノ承ッタノガ違ッテ居ルカ知ラヌガ、原總理大臣ガ日本人ト朝鮮人トノ子供ヲ合同敎育ヲスル方針ヲ持ッテ御在ニナルト承ッテ居ルガ、等シク制度ノ末節ヲ調査スルニシテモ、是等ノ研究ヲ致スナラ宜イガ、此合同敎育等ニ就テハ、少シモ注意ヲ拂ハレテ居ラヌノガ甚ダ殘念デアル、而シテ日本人ト朝鮮人ヲ合同敎育スルト云フコトニ相成リマシテモ、是ニハ言語ノ相違ガアリ、風俗ノ相違ガアル、殊ニ國民思想ノ上ニ大ナル相違ガアルノデアリマス、合同敎育ヲ實現セントシマスルナラバ、其言語ノ上ニ於テ、其思想ノ上ニ於テ、其習慣ノ上ニ於テ先ヅ以テ根本カラ改善統一シテ掛ラナケレバナラヌ、然ラズシテ合同セシムルガ如キハ困難デアルノミナラズ、益、ソコニ於テ日本人ト朝鮮人ノ間ニ、一ツノ渠溝ヲ築クヤウニ相成ルノデアリマス、併ナガラ是モ考ヘラレヌノミナラズ、更ニ私ハ寺内總督ノ時代ニ――形式ヲ喜ンデ居ラレタコトノ失敗ヲ回想スル、寺内伯爵ノ總督時代ニ、學校教育ト云ヘバ校舍ヲ建テル、矢鱈ニ學校ニ對スル衛生ノ事ヲ彼此言フヤウナ形式ニ重キヲ置キ、單ニ形式ヲ貴ンデ居タ、寺内伯爵ガ嘗テ韓人中學校ヲ視察セラレタトキ、其中學校ノ生徒ノ作ッタ作文ノ中ニ「天皇陛下ノ御稜威ニ依テ幸福ナル生活ト安全ナル旅行ヲ爲スコトヲ得ル」ト云フ作文ヲ見テ非常ニ喜ビ、此生徒ノアルコトヲ見テ寺内總督ハ、是ガ卽チ新シキ教育ノ御蔭デ、詰リ同化政策ノ著々トシテ成功シタ實證デアルト言ッテ非常ニ喜バレタ、然ルニ其作文ヲ作ッタ中學生ガ、大正八年三月ノ騷動、卽チ所謂獨立運動ノ主謀者デアッタト云フニ至ッテハ、如何ニ寺内總督ガ教育ニ對シテ形式ヲ喜ンデ居ッタカ、騙サレテ居ッタカト云フコトガ明カデアル、然ルニ今度新シキ文化政策ノ下ニ立テラレタ教育ハ何デアルカ、是迄ハ朝鮮ノ歷史デアルトカ、地理デアルトカ云フモノハ、讀方ノ一科ニセラレテアッタモノヲ獨立ノ學科トシタ、而シテ之ニ依リ日本内地ノ學校ト連絡ヲ付ケルコトガ出來ルトシテ、大ナル教育上ノ施設ノ如クニ言ハレルノデアリマス、併ナガラ此朝鮮ノ歷史ヲ獨立サセ、地理ヲ獨立サセタト云フコトハ、是ハ朝鮮人ノ感情ニ迎合セントスル政策デゴザイマセウ、寺内總督ハ形式主義ヲ執ッタガ、今ノ新シキ文化政治ノ下ニ在ル朝鮮ノ教育ハ、朝鮮人ノ意ヲ迎合スル所ノ迎合主義ノ教育デアル、此迎合主義ノ教育ハ、總テ私ノ恐レル所ハ、寺内總督時代ニ執ッタ形式的教育主義ガ誤ッタト均シク、恐ラク忘レラレテ居ッタ、消滅シテ居ッタ朝鮮人ノ愛國心ヲ、矢鱈ニ引出スコトニ相成ッテ行キハシナイカ、若シ左樣ナ事ニ相成リマシタナラバ、是ガ朝鮮統治ノ上ニ最大ナル過根ヲ貽スモノト考ヘマス、現ニ今日吾々ガ朝鮮統治ノ上ニ大ナル矛盾ガアル、非常ナル苦ミヲ致シテ居ルト言フノハ、此忘レラレタル所ノ愛國心ヲ喚起シタコトデアル(「簡單々々」ト呼フ者アリ)之ガ今日ノ朝鮮ノ不祥ノ事態ヲ惹起シタノデアラウト思フ、斯ノ如ク一夜作リノ迎合主義ノ教育ニ對シテハ、實ニ朝鮮統治ノ根本ニ對シテ、非常ニ考慮シナケレバナラヌノデアリマス(「簡單々々」「シツカリヤレ」「モウ判ッタ」「簡單ニヤレ」ト呼フ者アリ)諸君ハ私ノ演說ニ對シテ左樣ナコトヲ言ハレマスケレドモ、恐ラク諸君ハ半年カ一年經タヌ中ニ、私ノ言フガ如キ事ヲ繰返シテ、朝鮮統治ノ爲メニ悲マレルデアリマセウ、(拍手起ル、「生意氣言フナ」ト呼フ者アリ)私ハ最後ニ諸君ニ向ッテ一言申上ゲテ置カナケレバナラヌ事ガアリマス、卽チ此朝鮮ニ對シマスル、先刻佐々木君ノ言ハレマシタ身ヲ養フ所ノ――朝鮮人ヲ養フ所ノ重大問題デアリマス、此重大問題ニ對シテハ、或ハ會社令ノ撤廢トカ云フヤウナコトヲ言ハレル、如何ニモ會社令ノ撤廢ト云フコトハ結構ナ事デゴザイマスガ、長谷川總督時代カラ行ヒ來ッタ事デアル、或ハ開墾補助ノ如キ、斯樣ナモノガ食糧政策ノ確立ヲ圖ルタメニ、前總督時代ニ案ガ立テラレタ、其案ガ立テラレタ爲メニ、所謂朝鮮ニ於ケル農業ノ開發ノ爲メニ、非常ニ投資スル者ガ出來タノデアリマス、朝鮮ノ農事ノ改良ヲシタト云フコトハ、其土地ニ對シテ機會均等ノ補助ヲ致スト云フ、長谷川總督時代ノ政策ガ斯樣ニナラシメタノデアル、然ルニ斯樣ナ事ヲ破壞セントスルノガ無政策デアル、先日私ガ申述ベタ如ク、(「簡單々々」ト呼フ者アリ)彼ノ朝鮮ノ土地改良株式會社ノ如キ差別待遇的立案ニ對シテ、最モ諸君ニ考ヘテ貰ハナケレバナラヌ、又更ニ諸君ガ國民ニ對シテ相濟マヌ一事ガ起ッテ居ルデハナイカ、何故ナレバ諸君ガ代表スル國民ガ折角納メテ居ル租稅ノ中ニ――吾々ガ協賛ヲ與ヘタ租稅ノ中カラ、千五百万圓ノ金ガ朝鮮ニ向ッテ補給セラレテ居ル、其補給セラレテ居ル中ニ、吾々ガ看過スベカラザル一事ガアル、ソレハ昨年一昨年ノ景氣ノ好イ時ニ勃興致シマシタ所ノ輕便鐵道ニ對スル補助デアリマス、四十一議會ニ政府ガ提出シタ輕便鐵道ノ補助法案ニハ、七朱ノ補給ノ法案デアッタ、其法案ガ議會ニ握潰サレテシマウマデ當局ハ知ラヌ顔ヲシテ居ッテ、議會ガ閉會ニナルヤ否ヤ、四月ニナルト行政命令ヲ以テ、年八朱ノ補給ヲ致シタノデアリマス、其八朱ノ補給ヲ致シタ輕便鐵道會社ノ中ニ、今日事業ヲ完全ニ遂行シタモノガ幾ツアルカ、其中ニハ發起人ガ莫大ナル金ヲ取ッテ逃ゲテシマッタ者ガアル、前渡ノ補給金ダケ取ッテ逃ゲテシマッタ者ガアル、斯樣ナ事ヲシテ、今日國費ガ有耶無耶ノ間ニ葬ラレテ居ル事態ガアルノデアリマス、(拍手起ル)斯樣ナ事ガ起ッテ居ルノニ、諸君ハ尚ホ調査ノ必要ガ無イト言ハレルノデアリマスカ、私共ハ實ニ驚入ッタル說ト謂ハザルヲ得ナイ、況ヤ其外ニ幾多ノ例ガアリマス、長イ事ハ申上ゲマセヌ、數ダケ申上ゲマス、(「長イ々々」ト呼フ者アリ)荒蕪地拂下ノ問題ハ何デアル、斯樣ニ申セバ諸君ガ非常ニ御苦痛ノヤウデゴザイマスルガ、是ハ非常ニ重大ナ事デアリマスカラ、聽イテ戴カナケレバナラヌ、其他官有地貸拂ノ問題、營林廠拂下ノ問題、取引所設置ノ問題、是等ノ問題ノ裏面ニハ如何ナル事ガ潜ンデ居ルカ、是等ハ主ナルモノ、一二ノ例デアリマスガ、唯ダ僅ニ主ナルモノヲ諸君ニ申上ゲタニ過ギヌガ、一體文化政治ノ施カレル以前、寺内總督、長谷川總督時代ニハ、統治其ノモノニ對シテ、相當ナル非難モアリ、攻擊モアリマシタガ、未ダ嘗テ醜イ所ノ聞苦シイ汚ナイ所ノ事件ハ無カッタノデアリマス、(拍手起ル)然ルニ文化政治ガ施カレマシテ以來、官有地貸拂ノ事件、營林廠拂下ノ事件、或ハ輕便鐵道ノ事件、取引所ノ事件、是ハ不景氣ニナッタガ爲メニ運動ヲ拋棄シタ者モアリマスガ、世間ニ傳ッテ居ル所ニ依レバ、官民兩方ニ渉リマシテ、幾多ノ非難ガ數限リナイ程アルノデアリマス、甚シキハ役人ニ於テ、殆ド役人ノ體面ヲ消ス行爲ヲ爲シテ居ル所ノ幾多ノ事實ガアリマス、併合以後武斷政治ノ六七年間ハ少シモ無カッタモノガ、新シイ文化政治ガ施カレタ爲メニ、斯ノ如キ醜怪ナル問題ガ朝鮮ニ起ッテ居ルノデアル、私ハ茲ニ此調査會設置ノ最モ必要ナル所以ヲ申述ベテ置カナケレバナラヌ、卽チ今私ガ申述ベタ如ク、朝鮮ニ於テ斯ノ如キ醜怪ナル事件ガ起ッタコトヲ申述ベントスルヤ、諸君ガ或ハ簡單ニシロト言ヒ、或ハ私ノ演說ニ對シテ妨害ヲ爲サレマスカラ、是非言ハネバナラヌ、私ハ國事ヲ憂フル爲メニ、過去ノ一ノ事實ヲ回顧セザルヲ得ナイ、調査會ヲ設ケナカッタガ爲メニ、議員ノ質問ヲ許サナカッタ爲メニ、十分ニ調査ヲシナカッタガ爲メニ、國家ガ拭フベカラザル一大汚辱ヲ蒙ッタ事件ヲ回顧シナケレバナラヌ、今ヲ距ルコト七年ノ昔ニ起ッタ彼ノ海軍ノ收賄事業ガ是レデアリマス、日露戰爭ガ起ル前ニ、每年工藤行幹君ガ豫算委員會ニ於テ海軍ノ收賄事件ヲ剔抉シテ、其眞相ヲ問ハントスルヤ、歷代ノ海軍大臣タル山本伯ガ工藤君ニ對シテ、一言ノ下ニ、君ハ何ノ證據ヲ以テ斯樣ナ事ヲ言フカト斥ケテ質問ヲサセナカッタ、多數ヲ恃ンデ工藤行幹君ノ發言ヲ禁ジテシマッタ、其爲メニ工藤君ハ數年問苦心シテ調査シタ海軍收賄事件モ、議會ノ問題トナラズシテ死ンデシマハレタ、其間ニ益、海軍ノ收賄事件ヲ擴張サセテ、遂ニ大正二年ノ暮三年ノ始ニ掛ケテ、親補官ノ位置ヲ占メテ居ル高級將官ヤ下級將校ノ者ニ至ルマデ、數十万圓ノ收賄ヲ致シタト云フ事件ガ勃發シテ、之ガ爲メニ日本ノ歷史ニ一大汚辱ヲ貽シタコトヲ諸君ハ御記憶デアリマセウ、(拍手起ル)此山本伯爵ノ內閣ノ海軍大臣タリシ齋藤實氏ハ、此醜怪ナル收賄事件ニ連坐シテ、責ヲ引カネバナラナクナッタ人デアル、而モ　陛下ノ大御心ニ依ッテ其罪ヲ御赦シニナリマシテ、朝鮮總督ノ大任ヲ托サレテ居ルノデアリマス、私ハ齋藤總督ノ忠誠ヲ固ク信ジマス、此齋藤總督ガ山本內閣ノ海軍大臣タリシ時ニ、海軍收賄事件ガ起ッテ連坐セラレタ、而シテ今又朝鮮ガ併合セラレテ二代ノ總督ノ時代ニハ、未ダ嘗テ無カッタ所ノ此幾多ノ醜怪ナル問題ガ、此齋藤總督ノ下ニ起ッタト云フコトハ、諸君、是ハ何物ヲ意味シテ居ルカ、諸君ガ私ノ演說ヲ妨害ナサルケレドモ、君ガ鎭デ問題トナッテ、國家ノ大不祥事ヲ生ズルコトニナッタナラバ諸君ハ何トスルカ、(拍手起ル)乃チ此事ヲ以テ考ヘマシテモ、此調査會ハ大ナル必要ガアル、過去ノ國家ノ汚辱ヲ再ビ繰返サヌヤウニ、願クハ政府モ之ニ同意シ、滿場ノ諸君モ之ニ御同意下サルコトヲ切ニ希望致シマス、（拍手起ル）

○議長（奥繁三郎君） 一寸申シマス、岩崎君ヨリ討論終結ノ動議ガ出テ居リマス、其以前ニ永井柳太郎君ヨリ質疑ノ通告ガ餘程前ニ出テ居リマス、永井君ノ質疑ハ、最初提出者ニ對スル質疑デアリマシタガ、討論ヲ聽イタ上、質疑スル部分ガ或ハ殘ズルカモ分ラヌト云フコトガアリマシタ、ソレガ永井君ニ許ス考デアリマス――永井柳太郎君

○永井柳太郎君 簡單デアリマスカラ此席カラ申シマス、本決議案ノ贊否ヲ決メル前ニ、參考トシテ齋藤朝鮮總督ノ御出席ヲ仰イデ、質問致シタイ事ガアリマス

○議長（奥繁三郎君） 永井君――永井君ニ一言致シマスガ、齋藤總督ハ先刻マデ居ラレマシタガ見エマセヌカラ、今政府委員ノ所ヘ書記官ヲ遣リマシタガ、既ニ退院サレテ居リマス、政府委員ハ居ラレマス、ソレデ宜シウゴザイマスカ

○永井柳太郎君 政府委員ニ對シテ質問致シマス

〔永井柳太郎君登壇〕

○永井柳太郎君 諸君、本決議案ハ、我國ノ新領土統治ノ成敗ニ關スル、重大ナル意義ヲ有スルモノデアリマス、然ルニ其決議案ニ對スル討議半バニシテ、朝鮮總督ガ其席ヲ去ルト云フガ如キ事ハ、自己ノ職責ヲ知ラザルノミナラズ、衆議院ヲ侮辱シタルモノト信ズルノデアリマス、如何ニ武官總督デアルト致シマシテモ、事理ヲ解セザルコト亦甚シト謂ハナケレバナラナイノデアル、朝鮮ニ於ケル民心ノ動搖ハ、淵源スル所頗ル遠イノデアリマス、是ハ種々ナル原因ガアリマスケレドモ、其特ニ重大ナルモノハ、歷代武官總督ヲシテ之ヲ統治セシメタト云フコトニ存スルノデアリマス、元來武官總督ヲ以テ新領土ヲ統治サセテ、其成績ヲ擧ゲタル實例ハ殆ド存シナイノデアル、英國ガ亞弗利加ノ「ナイル」ノ流域ニ於テ支配權ヲ確立致シマシタノハ「ゴルドン」將軍ノ力ニ非ズシテ「クロマー」卿ノ力ニ依ッタノデアリマス、加奈陀ガ今尙ホ英國ニ服從スルコトニ滿足シテ居ルノハ、「ゴルフ」將軍ノ馬蹄ノ力ニ依ルニ非ズシテ「ダーラム」卿ノ自由思想ニ基ヅクノデアリマス、近ク愛蘭ニ於キマシテモ、一介ノ代議士デアル「オーガスチンビル」ガ愛蘭大臣デアッタ時ハ却テ治績ガ擧リ「フレンチ」元帥ガ、「エブレー」ニ於ケル戰勝ノ餘威ヲ以テ愛蘭ヲ壓迫セントシテ、却テ愛蘭ノ紛亂ガ加ハッテ來タノデアリマス、斯ノ如ク武官總督ヲ以テ新領土ヲ統治スルコトハ頗ル危險ナノデアリマスガ、一昨年八月朝鮮總督ヲ、文武執レニ於テモ採ル改革ノアッタ根本原因デアルト信ズルノデアリマス、然ルニモ拘ラズ現內閣ハ、朝鮮總督ヲ文武官執レヨリモ採ルト云フ改革ヲ致シテ置キナガラ、其改革ヲ致シタニ拘ラズ、一介ノ武辨デアル所ノ齋藤總督ヲ擧ゲテ朝鮮ノ統治ヲ任セラレタト云フコトハ、現內閣ガ羊頭ヲ揭ゲテ狗肉ヲ賣ルモノデアルノミナラズ新領土統治ノ眞諦ヲ解セザルモノナリト謂ハナケレバナラヌノデアル、(「何ノ質問ダ」ト呼フ者アリ)馬上天下ヲ取ル者馬上天下ヲ治ムルコトハ出來ナイノデアル、殊ニ齋藤大將ノ如キハ、曩ニ「シーメンス」事件ニ際シテ、國民ヨリ政治道德上ノ責任ヲ問ハレテ瓦解シタル所ノ山本內閣ノ閣僚中、最モ海軍ニ密接ナル關係ヲ有シタルコトハ疑ナイ事實デアリマシテ、斯ノ如キ人ヲ擧ゲテ朝鮮總督ト爲スガ如キハ政治道德ヲ解セザルノミナラズ、新領土ノ住民ヲ悅服セシムル所以ニ非ズト信ズルノデアリマス、斯ノ如キ政府アリ、斯ノ如キ總督アッテ新領土統治ノ實績ガ擧ル道理ハナイノデアリマス、其結果今日中野君ガ提出セラレタルガ如キ、決議案ノ必要モ起ッテ來ルト信ズルノデアリマス、是ニ於テ私ハ朝鮮總督ニ對シマシテ、特ニ次ノ數點ニ關スル說明ヲ求メテ置キタイト存ズルノデアリマス、第一ハ今日朝鮮ノ十三道ヲ通ジテ、獨立自主ノ精神ガ橫溢シテ居ルト云フコトハ疑フコトノ出來ナイ事實デアリマス、昨年十月三日ヨリ十月十日ノ一週間ニ亙ッテ、美濃部朝鮮銀行總裁ガ發起トナリ、朝鮮十三道ニ於ケル內地人ノ代表的實業家ヲ京城ノ商業會議所ニ招集シテ、朝鮮統治ノ實績ト其實業ニ及ボス影響等ニ關シテ、種々ナル調査ヲ致シタ場合ニ、十三道カラ選出セラレタル代表的ノ實業家ハ、殆ド符節ヲ合スガ如ク今日朝鮮ノ全道ヲ通ジテ、獨立自主ノ精神ガ橫溢シテ動モスレバソレガ內地人ノ生命財產ニマデモ、危害ヲ及ボサントスルニ至ッタト云フコトヲ認メテ居ルノデアリマス、北方ノ滿洲ヤ露領ニ近キ咸鏡南北道、平安南北道ノミナラズ、內地ニ最モ接近シテ居リマスル、慶尙南道、及全羅南道ノ地方ニ於キマシテサヘ、今日內地人ハ生命財產ニ危害ヲ感ズル程ニナリマシテ、學校ニ小供ガ通フコトモ危險デアル、中ニハ既ニ其家族ヲ纏メテ、內地ニ引揚ゲルト云フ程ニナッテ居ルコトハ、先程カラノ御說明ニモアル通リデアリマス、ソコデ斯ノ如キ狀態デハ、朝鮮併合ノ目的ヲ遂ゲルコトガ出來ナイノミナラズ、日本ノ 天皇陛下ガ朝鮮ノ併合ニ際シテ發シ給ウタ所ノ、御詔書ノ趣意ニモ悖ルト謂ハナケレバナラナイノデアル、日韓併合ノ當時ノ御詔書ノ中ニ斯ウ云フ御言葉ガアリマス、「韓國ノ現制ハ尙未タ治安ノ保治ヲ完スルニ足ラス疑懼ノ念每ニ國內ニ充溢シ民其ノ堵ニ安セス公共ノ安寧ヲ維持シ民衆ノ福利ヲ增進セムカ爲ニハ革新ヲ現制ニ加フルノ避ク可ラサルコト瞭然タルニ至レリ朕ハ韓國ノ皇帝陛下ト與ニ此ノ事態ニ鑑ミ韓國ヲ擧テ日本帝國ニ併合シ以テ時勢ノ要求ニ應スルノ已ムヲ得サルモノアルヲ念ヒ」云々ト云フ御言葉ガアリマス、此御言葉ニ依リマシテモ、日韓合併ノ根本ノ目的ハ、朝鮮ニ於ケル公共ノ安寧ヲ維持シ、朝鮮人ヲシテ其生活ニ安ンゼシムルト云フコトニ存シナケレバナラナイニ拘ラズ、今日朝鮮十三道ハ亂レテ麻ノ如ク、十三道ニ於ケル所ノ人民ハ何レモ生活ノ安寧ヲ有セズ、時ニハ財產マデモ危險ヲ感ズルニ至ッタト云フコトハ、朝鮮併合ノ當時ノ精神ガ、歷代ノ總督政治ニ依ッテ毫モ徹底シ居ラザルコトハ爭ヒ難キ證據ナリト謂ハナケレバナラヌノデアリマス、(「ソンナ質問ガアルカ」「ソンナラ彈劾セヨ」ト呼フ者アリ)

○議長（奥繁三郎君） 諸君靜肅ニナサイ、サウシテ永井君ニモ一寸一言シマス、御承知ノ如ク一方ニ討論終結ノ動議モ出テ居リマスガ――討論終結モ出テ居マスガ、最前ヨリ質疑ト申サレタカラ、質問デアルト思ッテ許シタノデアリマスカラ、成ベク質問ノ要領ヲ主トシテ御述ヲ望ミマス

○永井柳太郎君（續） ソコデ一方ニ於テ朝鮮人ノ自主獨立ニ對スル所ノ要求ニ對シテ……

〔「阿呆ラシクテ聞ケヌヨ」「要領ダケ言ヘ」ト呼フ者アリ〕

○議長（奥繁三郎君） 靜ニ……

○永井柳太郎君（續） 之ヲ緩和スルガ爲メニ、朝鮮總督ハ如何ナル方針ヲ御執リニナッテ居ルカト云フコトデアル、御承知ノ通リ昨年俄ニ地方制度ガ改正サレマシテ、特定ノ面ト特定ノ府トニ於キマシテハ、協議會ヲ設ケテ、之ニ諮問スルト云フコトヲ定メテ居リマスケレドモ、朝鮮總督府ノ中央行政ニ對シマシテハ、唯ダ中樞院ガ諮詢機關トシテ存在シテ居ルダケデアリマス、然ルニ此中樞院ハ御承知ノ通リ、總督ノ任命スル所デアリ、總督ガ自己ノ欲スル場合ニ自己ノ欲スル問題ヲ之ニ諮詢スルノミデアッテ、其諮詢ニ對シテ、中樞院ノ參議ガ總督ト反對ノ意思ヲ表明シタ場合ニハ、如何ニスルカト云フガ如キ事ニ就テモ何等ノ規定モ無イ、有名無實ノ諮詢機關ニ過ギナイノデアリマス、是ガ朝鮮人ノ間ニ於キマシテ、總督政治ハ其形式ニ於テ如何ナル機關ヲ以テ裝飾セラレテモ、實質ニ於テハ依然トシテ、武斷專制主義デアルト云フ印象ヲ拭フコト能ハザル、根本ノ原因デアルト謂ハナケレバナラヌ（拍手起ル）

〔「其通リ」「何ダソレハ意見デハナイカ」「ソンナ質問ガアルカ」ト呼フ者アリ〕

○議長（奥繁三郎君） 靜ニ……

○永井柳太郎君（續） ソレデ朝鮮總督府ハ、此民心ノ動搖ヲ安定セシメ、日韓併合ノ御趣旨ヲ貫徹スルガ爲メニハ、朝鮮ノ中央行政機關ニ對シ、民選ノ諮詢機關ヲ設クルノ、御精神ガアルカドウカト云フコトヲ伺フノデアリマス、(「無用無用」「何ノ質問ダイ」「簡單々々」「質問デハナイ」ト呼フ者ア

リ)第二ハ總督府ノ東洋拓殖會社ニ對スル政策如何ト云フコトデアリマス、御承知ノ通リ朝鮮ニ於キマシテ、人口ハ(「何所ガ質問ダ」「無用々々」ト呼フ者アリ)約千七百万人ニ及ンデ居リマスルノミナラズ、(「ソンナ事ハ分ッテ居ル」ト呼フ者アリ)其朝鮮人ノ人口ノ增加ハ年々十八万ニ達スルノデアリマス、然ルニ……

〔「新人ト云フ者ハソンナ馬鹿ナ事ヲ言フカ」ト呼フ者アリ〕

○議長(奧繁三郎君) 益谷君、靜ニナサイ

○永井柳太郎君(續) 然ルニ內地人ハ今日僅ニ三十四五万ニ過ギズシテ、日韓併合以後、僅ニ十二三万ヲ增加シタニ過ギナイノデアリマス、斯ノ如キ狀態デハ、朝鮮人ト日本內地人トガ意思ノ疏通ヲ圖リ、密接ナル關係ヲ保ッテ同化ノ實ヲ擧ゲルト云フコトハ、頗ル困難ナノデアリマシテ、朝鮮總督府ハ日韓合併ノ御趣旨ヲ貫徹シ、朝鮮同化ノ實ヲ擧ゲマスル爲メニモ、出來得ル限リ多數ノ內地人ヲ朝鮮ニ移住セシメテ、朝鮮人ト相倚リ相扶ケテ、朝鮮ノ經濟的發達ヲ圖ルノ方法ヲ講ジナクテハナラナイト信ズル、(「議論ダ議論ダ」ト呼フ者アリ)然ルニ東洋拓殖會社ハ、其大ナル內地人ヲ移住セシムル使命ヲ果シマスル爲メニ創立セラレタノデアルト云フ證據ニハ、最初八年間ハ每年三十万圓ノ補給金ヲ與ヘ、大正六年カラハ政府ノ持株ヲ犧牲ニシテマデ、年八分ノ利子ヲ保證セラレテ居ルノデアリマス、是ハ東洋拓殖會社ガ單純ナ營利會社ニ非ズシテ、內地人ヲ朝鮮ニ出來ル限リ多ク移植スベキ、特殊ノ使命ヲ有スルガ爲メデアルコトハ當然デアルニ拘ラズ、(「議長々々」ト呼フ者多シ)朝鮮總督府ハ今日ニ至ルマデ……

〔「議長何ヲシテ居ルノデスカ」ト呼フ者アリ〕

○議長(奧繁三郎君) 永井君ノ發言中デアリマス

○永井柳太郎君(續) 東洋拓殖會社ヲシテ、此目的ヲ遂ゲシムルコトノ爲メニ殆ド監督權ヲ行使シテ居ナイト云フコトハ、爭ヒ難キ事實デアリマス、(拍手起ル)ソレガ爲メニ東洋拓殖會社ハ、明治四十一年八月ニ創設セラレタモノデアルニ拘ラズ、東洋拓殖會社ノ手ニ依ッテ朝鮮ニ移住シタル者ハ、今日ニ至ルマデ僅ニ三千五百戶、一万四千人ニ過ギナイノデアリマス、(「何ヲ言ッテ居ルンダ」「何ガ質問デスカ」ト呼フ者アリ)斯クノ如クシテ東洋拓殖會社ハ、政府國庫ヲ犧牲ニシテ保護セラレテ居リマスルニ拘ラズ、其特殊ノ義務ヲ顧ミズシテ、其資金ヲ悉ク東洋拓殖會社ノ營利上ノ目的ニノミ、專用シテ居ルト云フコトニ對シテ、(「議長々々」「議長何ヲシテ居ルンデス」ト呼フ者アリ)朝鮮總督ガ如何ナル監督權ヲ行使セラレタカト云フコトヲ御尋スルノデアリマス

〔「議長々々」「議長何ヲヤッテ居ルノデスカ」ト呼ヒ其他發言者多ク議場喧然〕

○議長(奧繁三郎君) 靜肅ニ……

○永井柳太郎君(續) ソレカラ第三ニ御尋シタイ事ハ朝鮮ト內地トノ間ニ於ケル關稅ノ撤廢ニ關スル事デアリマス、(「分ラナイ」ト呼フ者又拍手スル者アリ)御承知ノ通リ朝鮮ト內地トガ眞ニ同化シ、日韓併合ノ實ヲ擧ゲント欲スルナラバ、出來得ル限リ速ニ朝鮮ト內地トノ間ニ於ケル關稅ヲ撤廢シテ、朝鮮ト內地トガ同一ノ經濟區域トナッテ、互ニ有無ヲ通ジナクテハナラナイノデアリマス、(拍手起ル)殊ニ內地ト朝鮮トノ間ニ於ケル關稅ガ撤廢セラレテ、內地ノ貨物ガ自由ニ朝鮮ノ內地ニ移入スルコトニナリマスレバ、朝鮮人ハ內地カラ自由ニ移入スル廉價ナル貨物ニ依ッテ、其生活費ヲ輕減シ、生活ノ安定ヲ受ケルト云フ便宜モアルノデアリマスルカラ、朝鮮人ノ生活ノ費用ハ輕減シ、彼等ニ生活ノ安定ヲ得サセマスルガ爲メニハ、內地ト朝鮮トノ關稅ハ、一日モ早ク之ヲ撤廢セザルベカラズト信ズルノデアリマス、(拍手起ル)然ルニ朝鮮總督府ノ代表者ハ昨年――然ルニ昨年七月……

○議長(奧繁三郎君) 永井君、討論ハ許シマセヌ

○永井柳太郎君(續) 然ルニ朝鮮總督府ノ代表者ハ、昨年七月十九日ノ第四十三議會ニ於ケル、關稅定率法中改正法律案ノ委員會ニ於キマシテ、大塚常三郎君ハ政友會ノ鈴木錠藏君ノ質問ニ對シテ、內地ト朝鮮トノ間ニ於ケル移入稅ハ、本年度限リ、卽チ大正九年度限リ廢シタイト思フト云フコトヲ言明セラレマシタノミナラズ、朝鮮總督府ガ吾々議員ニ配付セラレタル「朝鮮ニ於ケル新施政」ト云フ冊物ノ中ニモ、明白ニ內地ト朝鮮トノ間ニ於ケル關稅ハ、大正十年三月三十一日ヲ以テ之ヲ撤廢スルト云フコトヲ公約シテアルニ拘ラズ、大正十年度ノ豫算案ヲ見マスルト、又々內地ヨリ朝鮮ニ對スル移入ニ對スル關稅ガ、元ノ通リ計上シテアリマシテ、朝鮮總督府ハ、衆議院ニ對スル公約ヲ實行シ居ラザルノミナラズ、內地ト朝鮮トノ同化ニ反スルガ如キ行政ヲ執ッテ居ルト云フコトハ、許スコト能ハザル罪惡ナリト謂ハナケレバナラヌノデアリマス、(拍手起ル)其點ニ於テ朝鮮總督府ハ如何ナル辯明ヲセラル、カ、第四ハ朝鮮ト內地トノ同化ノ實ヲ擧ゲント欲シマスルナラバ、朝鮮ニ於ケル精神教育ニ就テハ、最モ深大ナル注意ヲ拂ハナケレバナラヌノデアリマス、此點ニ就キマシテハ、先程佐々木君モ詳細ニ說明セラレタル通リデアル、然ルニ朝鮮總督府ハ、最近如何ナル考デアルカ、朝鮮ニ於キマスル普通學校ノ教師ヲ出來得ルダケ朝鮮人ト致シマシテ次第々々ニ內地人ヲ排斥スルト云フ方針ヲ御執リニナルノハ如何ナル趣旨デアルカ、私ノ理解シ得ナイ所デアル、何レノ國ノ新領土統治政策ヲ見マシテモ、他ノ官吏ハ出來ルダケ植民地ノ住民ヲ以テ之ニ任ジテ居リマスルケレドモ、獨リ教育ノ事ハ對シマシテハ、出來得ル限リ速ニ言語ヲ統一シテ、出來得ル限リ速ニ思想ノ共通ヲ圖リ、出來得ル限リ速ニ同化ノ實ヲ擧ゲル目的ヲ以テ、內地人ヲ其植民地ノ教育家ニ任命ヲスルト云フ方針ヲ執ッテ著々其效果ヲ擧ゲツ、アルニ拘ラズ、獨リ朝鮮總督府ハ、此世界ノ大勢ト全ク逆行スル處置ニ出ラレタルコトハ如何ナル御考デアルカ、伺ヒタイノデアリマス、(拍手起ル)實ニ此朝鮮統治ニ關スル決議案ハ、重大ナモノデアリマスルノミナズ、先程中野君ガ閔元植ノ一身上ニ關スル……

○議長(奧繁三郎君) ソレハ質問デナイデス……

〔「ヒヤ〳〵」「止メロ止メロ」ト呼フ者アリ〕

○永井柳太郎君(續) 事實ニ對シテ說明ヲサレマシタトキニ、議院ガ之ヲ否決致シマシタルコトハ頗ル遺憾デアリマスルガ、斯ノ如ク天下ノ耳目ヲ蔽ウテ政治ヲ行ハントスルコトガ、今日ノ朝鮮ノ紛亂ヲ起シタル大原因デアルト信ズルノデアリマス、(拍手起ル)此點ニ關シテ朝鮮總督府ノ明晰ナル御答辯ヲ煩ハシタイ(拍手起ル)

〔「答辯無用」「無用々々」ト呼フ者アリ〕

○岩崎勳君 議長――議長

○議長(奧繁三郎君) 諸君今永井君ノ政府ニ對スル質問ニ對シテハ、政府ヨリ別ニ答辯ガアリマセヌ(「勿論」ト呼フ者アリ)岩崎勳君

○岩崎勳君 討論終結ノ動議ヲ提出致シマス

〔「贊成々々」ノ聲起ル〕

○議長(奧繁三郎君) 岩崎君ヨリ討論終結ノ動議ガ出マシテ贊成アリト認メマス、岩崎君ノ動議ニ贊成ノ諸君ノ起立ヲ求メマス

〔贊成者 起立〕

○議長(奧繁三郎君) 起立多數――仍テ討論ハ終結サレマシタ、本案ノ採決ヲ致シマス、中野正剛君ヨリ提出ノ決議案ニ贊成ノ諸君ノ起立ヲ求メマス

〔贊成者 起立〕

○議長(奧繁三郎君) 起立少數、仍テ決議案ハ否決サレマシタ(拍手起ル)

○三木武吉君 議長――議長

○安藤正純君 議長――議長

○議長(奧繁三郎君) 三木君、何デスカ

○三木武吉君 只今緊急動議トシテ御手許ニ書送リマシタル決議案ノ提出ヲ致シ、――ソレガ說明ヲ致シタウ存ジマス

〔「無用々々」ト呼フ者アリ〕

○議長(奧繁三郎君) 一寸御待チ下サイ、是ハ一ノ決議案ガ提出サレマシタガ、日程變更ヲセネバナリマセヌ、ソレニ

先タッテ議事進行ニ就テ發言ノ通告ガアリマス、安藤正純君、佐々木安五郎君兩君カラ通告ガアリマスガ、是ハ御一人デ宜イノデスカ

〔佐々木安五郎君「イヤ二人デス」ト呼フ〕

○議長（奥繁三郎君） 安藤正純君

〔安藤正純君登壇、拍手起ル〕

○安藤正純君 先刻中野正剛君ノ決議案ノ演說中ニ、閔元植ノ――云々ノ事ヲ言ハレタルニ對シ、議長ハ此數言ノ文字ヲ抹殺シテ、官報ニ之ヲ揭載セザルコトニシタイト云フコトヲ以テ衆議ニ問ハレマシタ、併ナガラ……（「院議ハ決シテ居ル」「モウ濟ンダ」ト呼フ者アリ）イヤ少シ待ッテ下サイ、終リマデ言フト分リマスカラ……閔元植ノ件ニ就キマシテハ新聞ノ記事ハ既ニ差止メラレテ居リマス、其上ニ尙ホ司法處分ヲ受ケルト云フヤウナ二重制裁ヲ言論界ハ受ケテ居ルノデアリマス、併シ是ハ內務大臣ノ權限デアリマスカラソレヲ此所デ申スノデハナイ、斯ル時ニ方リマシテ、朝鮮ノ事件ニ就テ何事ガアッタノデハナイカト云フコトハ、國民一般ニ不安ノ念ニ驅ラレツ、アル際デアリマスカラ、寧ロ立法府ニ於キマシテハ此事實ヲ明白ニシテ之ヲ國民ノ前ニ披瀝スルコトガ、立法府ノ執ルベキ態度デアラウト思フノデアリマス、（拍手起ル、「ノウ〳〵」ト呼フ者アリ）然ルニ議長ハ何ノ故ヲ以テ、閔元植――云々ノ字ヲ抹殺シヤウト云フコトヲ、院議ニ問ハントスルノデアリマスカ、衆議院議長ハ內務大臣ノ權限ニ倣ウテ立法府カラモ言論ノ壓迫ヲセントスルノ意嚮デアラウカト云フコトヲ疑フノデアリマス、（「ヒヤ〳〵」拍手）殊ニ閔元植ノ……

○議長（奥繁三郎君） 安藤君、議長ニ對スル質問デスカ、又ハ討論デスカ

○安藤正純君（續） モウ少シ御聽ヲ願ヒマス、――閔元植ノ――云々ニ就キマシテハ、唯ダ止メテ居ルト云フダケデアッテ殆ド天下之ヲ知ッテ居ルノデアル、現ニ其――デアル所ノ梁槿煥ト云フ人ハ、昨日長崎ニ於テ――ヲサレマシタ、是ガ――デアル所ノ李殷宗ト云フ人ハ、同ジク名古屋ニ於テ昨日――ヲサレマシテ、今日東京ニ護送ヲサレテ居ルノデアリマス、尙ホ一人ノ――デアル所ノ申鉉馨モ亦……

○議長（奥繁三郎君） 貴方ノハ議事進行ニ就テノ發言ト云フデノスガ……

〔「其通リ其通リ」ト呼フ者アリ〕

○安藤正純君（續） 分リマシタ――早稻田ニ於テ――ヲサレテ居ルノデアリマス、（「モウ止メロ止メロ」ト呼フ者アリ）斯ノ如キ次第デアリマスカラ、此席デ立法府ガ之ヲ壓迫シテ禁止ヲスルト云フコトハ分ラナイ、要スルニ議長ノ執リマシタ處置ハ、不適當不法ト信ジマスカラシテ、須ク議長ハ此件ニ就テ適當ナル處置ヲ執ランコトヲ要請スル次第デアリマス、（拍手）

○議長（奥繁三郎君） 議長ハ既ニ院議ニ問ウテ決シテ居ルコトヲ、之ヲ議長カラ辯明スル責任ハ無イ、（「ヒヤ〳〵」拍手）併シ安藤君ニハ誤解ガアルヤウデスカラ之ヲ訂シテ置キマス、議長ハ議院內ニ於ケル言論ノ自由ヲ妨ゲタト言ハレルガ、發言ハ自由ニ許シマシタ、（「ヒヤ〳〵」）サウシテ之ヲ發言ハ速記ニ載ッテ居ルモノヲ抹殺スルトハ言ハナイ、之ヲ官報ノ號外ニシテ天下ニ頒布スルコトヲ止メマスト云フ……（「同ジ事ジヤナイカ」「傍聽人ヲドウスル」ト呼フ者アリ）靜ニ御聽ナサイ――併シ議長ハ此處置ヲ執ルニ先例モアリマス、大隈內閣ノ時分ニ島田三郎君ガ議長時代ニ、佐々木安五郎君ガ乃木伯爵ノ事件ニ就テ、「日本及日本人」ト云フ雜誌、發賣頒布ヲ禁止サレテアリマス、之ヲ官報ニ載セテ配付シタイト云フ佐々木君ノ要求ニ對シテ、當時院議ニ諮ッテ之ヲ禁ジマシタ、此先例モアリマス、（「ソレハ違フ」ト呼フ者アリ）併シ議長ハ斯ノ如キ重大事件ハ先例アリシ故ヲ以テ直チニ卽斷シナイ、事々物々院議ニ諮ッテ將來モ決スル考デアリマス、左樣御承知ヲ願ヒマス

〔「傍聽人ヲドウスル」ト呼フ者アリ〕

○議長（奥繁三郎君） 佐々木安五郎君

〔佐々木安五郎君登壇、拍手起ル〕

○佐々木安五郎君 中野君ノ決議案ニ就テ、議長ハ議員ノ言論ヲ壓迫サレタ嫌ガアル、（「ノウ〳〵」）オ前達ニハノウノウダラウ、――憲法ノ條章ニ依レバ、第五十二條ニ「兩議院ノ議員ハ議院ニ於テ發言シタル意見及表決ニ付院外ニ於テ責ヲ負フコトナシ」トアル、是ハ議會ノ權能ノ絕對無限デアルコトヲ證據立テタモノデアッテ、議長ハ苟モ議會ノ權能ヲ他カラ侵ス者ガアレバ、身ヲ以テ宜シク之ヲ防グベキ所ノ大責任ガアルノデアル、（「ヒヤ〳〵其通リ」ト呼フ者アリ）然ルニモ拘ラズ、議長自ラガ議會ノ權能ヲ縮小スルト云フ法ガ何所ニアル、況ヤ此京城日報ナルモノハ、是ハ京城ニ於テ發賣禁止サレタモノデハアリマセヌ、京城ニ於テ發賣頒布ヲ禁止セラレザルノミナラズ、東京ノ諸君ニハ戶々ニ配ラレタモノデアル、然ルニ誤解ヲシテ、是ハ東京デ發賣頒布ヲ禁止セラレタモノ、如ク思ハレテ居ルケレドモ、是ハ京城日報デアル、朝鮮ニ於テ發行サレテ居ルモノデ、而シテ朝鮮總督ハアノ記事ハ差止メル丈ノコトハナイト思ッタウラ、差止メナカッタト云フコトヲ言ハレタト云フコトノ新聞ノ報道ガ出テ居ル、吾々ガ見テモ閔元植ガ――タト云フコトハ、何ノ治安ニ妨害ガアルカ、何ノ安寧秩序ニ害ガアルカ、斯ノ如キ事ハ隱ス程治安ニ害ガアル、隱サレルト何事ガ起ッタカ、如何ナル事ガ起ッタカト、隱クス程尙ホ治安ニ害ガアルノデアル、宜シク是ハ議會ノ權能ニ依ッテ、卽チ院外ノ制裁ヲ受ケザル議會ノ神聖ニシテ絕對無限ナル權能ニ依ッテ、之ヲ國民ニ知ラシムルト云フコトハ、吾々國民ノ代表者トシテ選バレタル所ノ衆議院議員ノ任務デハナイカ、而シテ議長ガ取消シタル所ノ其法ガ適法デアッタカ否ヤ、若シ議長ニシテ速記錄ヨリ之ヲ除カル、ト云フナラバ、議長ハ適當ノ方法デ之ヲ除クコトガ出來ル、ドウ云フ方法デヤルカト云ヘバ、衆議院規則第百四十條、議院法第八十七條ニ依ッテ、議長ガ取消ヲ命ジタル發言ハ速記錄ニ揭載セズ、若モ議長ガ速記錄ニ揭載スルコトヲ欲セザルナラバ、中野君ニ對シテ取消ヲ命ジテ然ル後ニ速記錄ヨリ除クト云フナラバ適法デアル、然ルニモ拘ラズ取消ヲ命ゼズ、言論ヲ其儘ニシテ置イテ而シテ速記錄ニ載セヌト云フコトハ、卽チ衆議院規則第百三十九條ノ議事ハ、速記錄ニ依リ記載スト云フ此條項ニ違背シテ居ルノデアル、是ハ誤レル方法デアル、議長ハ唯今先例ヲ言ハレマシタガ、先例ノ言ヒッコナレバ、元來發行禁止若ハ發賣禁止ヲシタモノヲ、此議場ニ於テ公表シタ一番ノ第一步ヲ踏出シタノハ吾輩デアル、ソレハ臺灣ニ於テ發行シテ居ル高山國ト云フモノニ對シテ、兒玉源太郎彈劾ノ記事ヲ一頁六段書イタ所ガ、ソレガ發賣禁止ニナッタ、其時議場ニ於テ長谷場議長ノ居ラル、時ニ、議場ニ於テ吾輩ガ發表シタ所ガ、ソレヲ官報ニ載セルコトガ出來タ、其次ニ陸軍ノ事ニ就テ、「日本及日本人」ニ記事ガ出タノヲ、伊東知也君ガ議場デ發表シタノデ議長ガ差止メルト言ハレタ、ソレヲ差止メルニハ本人ノ任意デ止メルト云フノデアルカ、議長ガ差止メルノデアルト云フト、議院ノ權能ニ係ハルカラ承知スルコトハ出來ヌト云フト、流石ニ奥議長トハ違フテ、長谷場議長ハ言論ヲ尊重スル議長デアッテ、本人ノ任意デ思止ッテ貰ヒタイト柔カニ出ラレタノデ、ソレナラバソレデ宜シイト言ッテ、今日議長ト差止ノ例ノ言ヒッコナラバ、先例ノ方ハ島田議長ヨリ先ノ長谷場議長ノ方ガ、先々例デアル、先例ヨリ先々例ヲ重ンジナケレバイケナイト思フ、況ヤ議長ハ官報ヲ假令抹殺シタ所ガ、樓上ニ居ル所ノ何百ト云フ傍聽人ノ耳ト口トヲ塞グコトガ出來ルカ、此耳目ヲ塞グコトガ出來ルモノデナイ、況ヤ議長自ラモ閔元植ノ――ト云フコトヲ言ハレタ、其議長ノ口上ハ、速記錄カラ取除ケルコトハ出來ルモノデナイ議長ノ言ハ議院ノ權能ノ縮小ヲ圖ルモノデアッテ縮小スルコトハ承知ガ出來ヌ、議長ハ宜シク議場ニ於テ陳謝ナサルガ宜カラウト思フ

○議長（奥繁三郎君） 一言シマス、佐々木君ノ御尋ハ、曩ニ安藤君ニ對シテ答ヘタ事デ既ニ盡キテ居リマス、議長ハ院議ニ問ウテ當然ノ事ヲシテ居リマス、折角ナガラ佐々木君ノ最後ノ要求ニハ應ジ兼ネマス――小山松壽君ヨリ……

○佐々木安五郎君　議長チヨツト‥‥

○議長(奥繁三郎君)　發言ヲ許シマセヌ――議事ノ進行ニ就テ發言ガアリマス(「止メテヤラウ　無愛想ダカラ」ト呼フ者アリ)

〔小山松壽君登壇〕

○小山松壽君　先刻中野正剛君ノ演說中ニ於テ、関元植事件――此事ニ對シマシテ、議長ハ速記錄ニ掲載ヲ差止ムルコトヲ院議ニ諮ラレタノデアリマス、而シテ此事ハ本員ノ考ヘマスル所ニ依リマスレバ、議院トシテハ極メテ重大ナル事ト信ズルノデアリマス、殊ニ唯今議長ハ先例アリトノ御話デアリマシタガ、私ノ調査スル所ニ依リマスレバ、斯ノ如キ事件ハ先例ガゴザイマセヌ、若シ先例ガアリトセラルヽナラバ、諸君ノ御手許ニアリマスル先例彙纂三百三十七頁ヲ指サレタルコトヽ思ヒマス、併ナガラ此先例ト只今議長ガ院議ニ諮ラレタ事ハ、全ク其内容事柄ヲ別ニ致シテ居リマス、議員ガ壇上ニ於テ演說中ニ――若シ其發言中ニ秩序維持上、議長ガ認メテ不穩當ナリトセラレタル場合ニ當ッテハ、之ニ注意シ、而シテ後ニ適當ナル處置ヲ執ラレルコトガ至當デアルト思ヒマスルノニ、其注意ヲ執ラレズシテ、而シテ先例アリトノ御話デアリマシタガ、此先例ハ先例彙纂ニ依リマスルト、三十七議會ニ只今登壇サレマシタ佐々木安五郎君ヨリ、乃木將軍ニ關スル論文ヲ參考トシテ、速記錄ニ掲載方ヲ請求セラレタノデアリマス、而シテ其參考文書ハ、發賣頒布ヲ禁ゼラレタルモノデアリマスルガ故ニ、島田議長ハ之ヲ掲載スルコトニ就テ其可否ヲ院議ニ問ヒタル時、政府ヨリ秘密會ノ要求ガアリマシテ、議長ハ秘密會ノ結果ヲ報告シ、速記錄ニ掲載スベカラズト決シタル旨ヲ宣告セラレタノデアリマス、即チ此場合ハ、發賣頒布ヲ禁ジタル其刊行物ヲ、官報號外速記錄ニ添付シタイト云フコトノ發議デアリマシタガ、只今ノ場合ハ中野君ノ演說中ノ一句ヲ取ラレテ、速記錄ニ掲載シナイト云フコトヲ院議ニ諮ラレタ場合デアリマスカラ、先例ヲ取ッテ此問題ヲ解決セラレタコトデアリマスナラバ、御引用ニナリマシタ先例ハ斯ノ如ク異ッテ居ル譯デアリマス、而シテ本員ノ信ズル所ニ依リマスレバ、斯ノ如キ問題ハ、只今佐々木君モ述ベラレタ通リ、此數百ノ傍聽者ノ居ル公開ノ席上ニ於テ演說セラレタモノガ、假令其事ガ新聞紙法ニ依ッテ掲載禁止ノ命令アリシモノナリト雖モ、是ハ一ツノ行政處分デアリマス、故ニ此行政處分ニ對シテ、政府ガ即チ行政官廳ガ發行スル刊行物ニ掲載スルモノデアリマスカラ、其政府ガ秩序維持ノ關係上、斯ノ如キ言論ヲ掲載スルコトヲ穩カナラズトシテ、議長ニ何等カ交渉デモアッタ場合ニハ、議長ガ之ニ對シテ其交渉ヲ容レテ院議ニ問ハレルト云フコトデアルナラバ、是ハ愼重ノ手續ト考ヘマス、左ニ非ズシテ唯タ議長ガ此立法部ノ自ラノ權限ヲ縮小スルガ如キ態度ヲ執ラレ、而モ其先例ト只今御引用ニナッタ先例ト異ナル點ヲ執ラレタト云フコトハ、頗ル私ハ遺憾ニ考ヘルノデアリマス、殊ニ此問題ハ安藤君ヨリモ申サレタ通リ、既ニ京城日報ニ掲載セラレ、而シテ本日ノ朝刊ニ依ッテ御覽ノ如クニ、此事件ノ――ハ長崎ニ於テ――セラレタ、此ノ如クニシテ、最早本事件ハ記事差止ノ必要ヲ認メズ、將ニ解禁ニナラントスルガ如キ狀態デアルコトハ、議長モ本日ノ新聞ヲ御覽ニナッタナラバ、凡ソ推察ガ出來ルコトヽ考ヘマス、故ニ此問題ハ議員ノ言論ニ關シ又立法府ノ威信ニ關シ極メテ重大ナル事デアル、且ツ茲ニ初メテ一ノ例ノ開カレルコト、考ヘマスカラ、愼重ニ此問題ハ取扱フベキ必要アリト信ジ、議長ノ執ラレル處置、及今後ニ於テ斯ノ如キ事例ニ對シテハ、如何ナル方針ヲ持タレルモノデアルカヲ、爰ニ御尋致シタイノデアリマス

〔「無用々々」「ヒヤ／＼」ト呼フ者アリ〕

○議長(奥繁三郎君)　小山君ノ質問ニ對シテハ、先刻安藤君ニ答ヘタノデ十分ダラウト思ヒマス、詰リ今後ハドウ云フ態度ヲ執ルカト云フト、先刻モ申シマシタ如ク、今後ハ其事件々々、事々物々ニ依ッテ、院議ニ諮問スル考デアルト云フコトヲ答ヘテ置キマシタ、ソレカラ今一ツ小山君ノ御尋ノ中ニ、安藤君ナドヨリ無カッタコトハ、政府ヨリ照會デモアッテ、御諮リニナラバ格別ト云フコトデゴザイマスガ、是ハ政府ヨリ特段ノ照會ガアッタナラバ、立法府ハ政府ノ照會ニ對シテ、應ジナケレバナラヌ筈ノモノデハナイト議長ハ解釋シテ居リマス、ソレダケ御答シテ置キマス

○小山松壽君　只今私ハ議長ノ引用サレマシタ先例ト、異ッテ居ル場合ダト云フコトヲ申シマシタガ、ソレニ對スル御見解ハ如何デスカ

○議長(奥繁三郎君)　ソレニ對スル答ハ事柄ハ違ヒマスケレドモ、意思精神ガ、發賣頒布ヲ禁止ニナッテ居ルモノデアルカラ止メタ、此方モ掲載禁止ヲシテ居ルモノデアルカラ、其點ハ載セナイト云フノデアリマス、發賣頒布禁止ト事柄ハ違ソケレドモ、其精神ハ同ジデアリマス(此時發言ヲ求ムル者多シ)ソレカラ院議ニ問ウタノデアリマスガ、三木君ニ御尋シマスガ、三木君ニ緊急動議トシテ、日程ノ變更ヲ求メラレタノデスカ

○三木武吉君　サウデス

○議長(奥繁三郎君)　ソレデハ御諮リ致シマス、(「反對」ト呼フ者アリ)反對ト言ッテマダ問題ハ宣告シテ居リマセヌ、三木武吉君小山松壽君ヨリ決議案ノ提出者ガアリマシタ「齋藤朝鮮總督ハ朝鮮統治ニ關シテ誠意ナキモノト認ム右決議ス」此決議案ヲ提出サレマシテ、日程ノ變更ヲ求メラレマシタ

○岩崎勲君　反對致シマス、日程變更ノ動議ニ反對致シマス

○議長(奥繁三郎君)　日程變更ニ同意ノ諸君ノ起立ヲ求メマス

〔贊成者　起立〕

○議長(奥繁三郎君)　起立少數ト認メマス、仍テ此決議ハ只今ノ日程ニハ上リマセヌガ、是ハ追テ議長ニ於テ日程ニ上セマス、日程ハ變更サレナイコトニナリマシタ、(「明日ノ日程ニ願ヒマス」ト呼フ者アリ)今豫メ御約束ハ出來マセヌ、日程第四、食糧政策及農家經濟ノ維持確立ニ關スル建議案ヲ議題ト致シマス、委員長中倉万次郎君

特別報告第一號

意見書

請願文書表第一八四號

朝鮮農事改良株式會社補助豫算ニ關スル請願　朝鮮京畿道京城府玉仁洞十九番地侯爵李完用外三十七名呈出（紹介議員波多野承五郎君外四名）

右請願ノ要旨ハ朝鮮ノ人口中八割ハ農民ニ屬スルヲ以テ其ノ發展ヲ企圖シ民衆ノ福利ヲ增進シ進ムテ內鮮融和ノ實効ヲ奏スル最捷徑ハ農事ヲ改良スルニ如クハナシ故ニ請願人等ハ曩ニ右會社ノ設立ヲ政府ニ申請シタルニ政府ニアリテモ了解スルトコロアリテ補助豫算ヲ前後二回帝國議會ニ提出セラレタリト雖一ハ衆議院解散ノ爲他ハ貴族院ノ否決ノ爲未タ前記豫算ノ成立ヲ見ルニ至ラサリキ而シテ政府ハ貴族院否決ノ際更ニ次期議會ニ提出スヘク言明セラレタルニ拘ラス今期議會ニ該豫算ノ提出ナキハ朝鮮人等ノ頗ル遺憾トスルトコロニシテ朝鮮統治ノ大局上策ノ得タルモノニ非サルナリ依テ政府ヲシテ速ニ其ノ補助豫算ヲ提出セシメ且之ニ協贊ヲ與ヘラレタシト謂フニ在リ

衆議院ハ其ノ趣旨ヲ至當ナリト認メ之ヲ採擇スヘキモノト議決セリ依テ議院法第六十五條ニ依リ別冊及御送付候也

五　朝鮮統治ニ關スル質問（清瀨一郎君提出）

朝鮮統治ニ關スル質問主意書

右成規ニ據リ提出候也

大正十年二月十七日

提出者　清瀨一郎
贊成者　鈴木梅四郎
外二十九人

朝鮮統治ニ關スル質問主意書

朝鮮ノ統治ハ日ニ危機ニ近ツカムトス其ノ現狀竝責任ノ所在如何敢テ政府ノ說明ヲ求ム

右及質問候也

（清瀨一郎君登壇、拍手起ル）

○清瀨一郎君　諸君、本員ハ朝鮮ノ統治ニ關シ、陸軍大臣竝ニ外務大臣ニ向ッテ、二箇條ノ質問ヲ持ッテ居ルノデアリマス、由來事朝鮮ニ關スルヤ、政府ハ全クノ秘密主義デアル、昨年ノ此頃迄ハ帝國ノ新聞ニモ雜誌ニモ、朝鮮ニ關スル事ハ絕對ニ禁止シタ事實ガアル、朝鮮ト云フ文字サヘモ抹殺セシメタ時期ガアルノデアリマス、隨テ諸外國ノ吾々ノ友人ガ知ッテ居ル事實デ、アベコベニ內地ノ人民ガ知ラザル事ガ甚ダ多イノデアル、又甚ダ重大ナル問題ニシテ殊ニ然リデアリマス、例ヘバ水原ニ於テ日本ノ軍隊ガ朝鮮人ヲ教會ノ中ニ連込ンデ、外カラ火ヲ點ケテ燒殺シタ、殺人鬼「パルチザン」ノ眞似ヲシタト云フ事實ハ、世界周知ノ事實デアリナガラ日本國民ニ徹底セシメズ、爲ニ何故ニ世界ノ人ガ日本ヲ軍國主義ナリト攻擊スルカ、其理由ヲ知ラザル者モアルノデアリマス、或ハ又彼ノ李太王ヲ上海ノ假政府ヘ連レテ行カウト云フ陰謀、是ナドモ支那ノ新聞ニハ既ニ公表セラレタ事デアリナガラ、日本帝國ノ臣民ハ此事ヲ知ッテ居リマセヌ、政治ノ公開ト云フコトハ、是ハ人類多年ノ經驗ニ依ッテ行ハレタ事デアル、一寸其場逃レノ考ヲスルト云フト、日本帝國ノ惡イ事ヲ言立テルト云フコトハ、却テ朝鮮ニ叛亂ヲ起ス原因トナル、政治ノ邪魔ニナル、デアルカラ此際ハ先ヅ暫ク默ッテ居ッテ吳レト云フ考モ出ヌデハナイ、二千年來政治家ガ皆ナ其考ヲ起シタノデアルガ、大局ニ於テ皆ナソレハ誤レル考デアル、文明國ニ臨ムモ、非文明國ニ臨ムモ、政治ハ民ト共ニ之ヲ爲スト云フコトガ終局ノ勝利デアルガ故ニ、茲ニ、憲法政治ガ行ハレ、言論ノ自由、報道ノ自由ガ行ハレテ行ルノデアル、所モアラウニ帝都ノ眞中デ、宮城ヲ距ルコト數町ノ東京停車場ニ於テ暗殺ノ行ハレタ、此公々然タル事實ヲ數十日ノ間隱蔽シテ置クナンテ、馬鹿ト言ハウカ、阿呆ラシイト言ハウカ、斯ノ如キ暗黑政治ハ、私ハ到底美果ヲ齎スモノデナイト考ヘルモノデアリマス、（拍手）私ノ質問セント欲スル事ノ一箇條ハ、彼ノ琿春ノ虐殺事件デアリマス、一部ノ人ハ斯樣ナル事ヲ議會ノ問題トスルト云フコトハ、日本ノ耻曝シデアル、君ノ其質問ノ趣意ハ撤回シタラドウカ、斯樣ナ强キ意見モアリマシタケレドモ、私ハ日本人ガ之ヲ知ラズニ居ルト云フコトガ善イカ惡イカ、現ニ是ハ英吉利デハ英國ノ議會ノ問題トナシテ、日本人ノ虐殺問題ニ就テ政府ノ答辯ヲ求メテ居ル議員ガアルノデアリマス、載セテ速記錄ニアリ、既ニ近頃ハ帝國內ニモ頒布サレテ居リマス、英吉利人ガ既ニ之ヲ捉ヘテ、日本人ヲ殺人鬼ナルガ如クニ言ヒ做シテ居ル此問題ヲ、帝國議會デ公々然ト論議ヲ許サヌコトハ私ハアルマイト思フノデアリマス、デ之ヲ外務大臣ニ私ガ聽キマスル所以ノ一ツハ、彼ノ琿春事件ノ行ハレタノハ、卽チ馬賊ノ一隊ト所謂不逞鮮人トガ隊伍ヲ成シテ、琿春ニ於ケル帝國領事館ヲ燒拂ヒ、帝國ノ官吏ヲ殺害シ、人民ノ財物ヲ奪ッタ、此事件ノ行ハレタノハ、實ニ大正九年ノ十月二日、恰モ本日ヨリ數ヘテ五箇月前ノ事デアル、國際上ノ慣例ニ依ッテ保護サレタル領事館公使館ガ燒拂ハレタト云フ、此明々白々ナル事實ニ就テ、五箇月ヲ過ギタル今日ニ至ルマデ、何等解決ノ端緒ヲ得ナイト云フコトハドウ云フ理由デアリマセウ、（拍手起ル）外務大臣ハ一體何ヲシテ居ルノデアルカ、臣節ヲ完ウシツヽアルノデアリマスカ、併ナガラ此琿春事件ガ縺レテ麻ノ如ク、今ノ外務大臣ノ御手テヽ中々解決ガ出來ヌト云フ理由ガソコニ在ルノデアル、（拍手）ソレハ十月三十日ニ我軍隊ガ行ヒシ虐殺問題ニ源ヲ發シテ居ルノデアル、當時我ガ軍隊ハ如何ナル事ヲシタカ、大體ヲ申シマスト云フト琿春事件ノ起ッタノハ十月二日デ、當時ハ既ニ一帶ハ不安ニ歸シテ居ッタ、行ハレタ雜嚴洞ト云フ所ハ既ニ我軍ガズット守備シテ、守備範圍內デアリマス、併ナガラ其所ニ居ル軍隊ハ甚ダ事ナキニ苦ンダカドウカ、雜嚴洞其他ノ村ヲ包圍シテ逃ゲテ來ル朝鮮人ヲ悉ク擊殺シ、死骸ニ火ヲ放ケ、家ヲ燒キ、殊ニ又敎會ナドヘ入ッテ見ルト、障子代リニ新聞ガ貼ッテアル、其新聞ニ獨立新報ト云フモノガアッタト云ウテ此敎會ヲ燒拂ヒ、同ジク學校モ燒拂ヒ、同ジク隨ッテ民屋マデモ燒拂ヒ、サウシテ引揚ゲタト云フ事實デアル、此事ハ吾々ハ初メ容易ニ信ジナカッタノデアル、恐ラクハヤ噓デアルマイカト考ヘタノデアリマスガ、此風說ノ起ルヤ、陸軍省ハ有名ナル水町大佐ト云フ者ヲ現場ニ派シテ、事實ノ有無ヲ調査セシメタ所ガ、此水町大佐ガ之ヲ如何ニ扱ッタカト云フニ、他ノ種々ナル事モ發明致シテ居リマスルガ、其中デ成程罪ナキ鮮人モ殺サレテアル、併ナガラ斯ノ如キ場合ニ一々罪ノ有無ヲ審問シテ、殺ス場合ニハ惡イ奴モ之ニ乘ジテ逃レルカモ判ラヌ、ソレデハ再ビ此騷動ヲ起ス虞ガアルカラシテ、事ノ急速ヲ圖ルガ爲メニ、善惡共ニ殺シタノデアル、其事ヲ彼此レ言フノハ、出征軍人ノ心理ヲ了解セザル者デアルト言ッテ居ル、此聲明ヲ讀ンデ見ルト云フト、矢張是ハ罪ナキ者ヲ燒イタ、罪ナキ者ヲ殺シタ、是ハ動カサレヌ事實デアル、併ナガラ過ッテ此事ヲシマシテモ、是ガ直チニ惡シキコトヲ認メテ過ヲ改ムル態度ニ出ヅレバマダシモデアリマスルガ、事ヲ急速ニスル爲メニハ、日本軍隊ハ罪ナキ者ヲ殺シタコトヲ是認スルト云フ辯護論ヲ、政府ヨリ派遣シタル官吏ガ之ヲ唱ヘルニ至ッテハ、其影響ハ如何デアリマセウカ、私ハ深ク思ヲ此ニ致サナケレバナラヌコト、思フ、ソレ故ニ支那政府ニ於テモ此虛ニ乘シテ、間島問題ニ就テ日本ニ對シ賠償謝罪スルドコロデハナク、支那ノ政府カラ日本ニ對シ、賠償ノ請求ヲ爲シツヽアルノガ今日ノ外交狀態デアリマス、外國ノ領土デ我國ノ領事館ヲ燒カレ、官吏ヲ殺サレ、而シテ尚ホ其外國ヨリ侮ヲ受ケ、逆ニ此方ニ賠償ノ請求ヲシテ來ルト云フコトハ可笑シイ、（拍手起ル）併ナガラ此原因ハ誰ガ作ッタカト云フト、ソレハ志ナキ所ノ人々ガ作ッタノデアル、先ヅ或ル程度ノ虐殺ヲ爲シタル者此責任ヲ負フベク、之ヲ辯護シタル者其責任ヲ負フベク、之ヲ辯護セシメタル當局大臣其責任ヲ負ハナケレバナラヌ、現今支那ノ我國ニ對シテ要求シテ居ル被害ト云フモノハ、合計六万六千餘ノ人ガ殺サレタカラ、其賠償ヲ日本政府ハ支那政府ニ對シテナセト云フノデアリマス、此六万六千ノ人ハ誰カト云フト實ハ朝鮮人デアル、日本人ハ朝鮮人ヲ保護スル爲メニ間島ヘ出兵シタノヤラ、間島ニ居ル朝鮮人ヲ殺シニ出兵シタノヤラ、一向是ハ譯ガ相分ッテ居ラヌノデアリマス、此外交ノ旨ク行カヌ一ツノ原因ハ、支那政府ガ斯ノ如ク虛ニ乘ズルト云フノミデナク、此裏ニハ英吉利カラノ干涉ガアルト云フコトハ明々白々デアリマス、是モ英國議會ニ於テ、政府ハ日本政府ニ對シテ如何ナル手段ヲ執リツヽ、アルカト云フ質問ガ出テ居ル、英國政府ガ然ラバ何故ニ我カ政府ニ干涉ヲスルカ、日支問題ノ解決ニ干涉ヲスルカト云フト、是亦外國ナガラ一應ノ理窟ハアル、此水町大佐ノ宣言ナルモノヲ見マスルト云フト、英吉利ニ對シ重大ナル侮辱ヲ意味シテ居ルノデアリマス、其一ツハ水町大佐ノ言フノニハ、我國ノ軍隊モ成程家ヲ燒キ敎會ヲ燒イタデアラウガ、併ナガラ貴國卽チ英吉利ノ人々ガ、印度ニ於テ昨年爲シタガ如キ狂暴ハ致シテ居リマセヌゾト斯ウ言ッテ居ル、英吉利ノ「ダイヤー」將軍ト云フ者ガ印度ニ於テ如何ナル事ヲシタカ、ソレハ私ハ知リマセヌ、併ナガラ英國ハドウシタカラト云ウテ、我國ガ惡イ事ヲシテモ宜イト云フ譯ニハ是ハ參リマセヌガ、此水町大佐ハ英國ノ「ダイヤー」將軍ヲ彈劾スベキ――日本政府ヲ代表シテ彈劾スベキ責務ヲ有ッテ居ッタノデアリマセウカ、斯ノ如キ事ハ國交ノ上ニ於テ甚ダ愼ムベキ事テアルニモ拘ラズ、輕々シク口ニセラレテ居ルノデアリマス、英國政府ヨリシテ干渉ノ手ヲ延バスト云フコトモ、是亦無理カラヌ事デアリマス、尚此水町宣言ノ最後ヲ見テ見マスルト云フト甚シイ、諸君ハ――是ハ宣敎師ノコトデアリマス、諸君ハ基督敎ヲ熱心ニ宣布セラル丶ハ宜イガ、假リニモ併ナガラ朝鮮人ノ獨立精神的ニカ物質的ニ援助セラル丶ト云フコトハ、諸君ノ任務デハナイ、若シサウ云フ事ヲ爲サルト云フト、日本ノ佛敎徒ハ印度ニ行ッテ、印度人ニ獨立運動ヲ敎唆シテモ宜イコトニ相成ルデハナイカト云フ文字ガアル、最モ英吉利ノ痛イ所ヲ突イテ居ルノデアル、痛快ト云ヘバ痛快デアリマスルガ、責任アル政府ノ代表者ガ斯ノ如キ亂暴狼籍ナル議論ヲ、書面ヲ以テ外國人ニ通告スルト云フコトガアリマセウカ、此責任ハ私ハ二重外交ノ張本者タル、陸軍省參謀本部ニ於テアルコト丶思ヒマスルガ、是ト併合致シテ外務大臣モ亦其責任ヲ持タナケレバナラヌ、私ノ是ニ於テ兩大臣ニ向ッテ徹底的ノ説明ヲ求メマスル第一點ハ、暉春事件ニ於テ支那トノ善後解決ガ今日ニ至ルマデ着イテ居ラヌ、其原因ハ那邊ニ在ルカ、日本軍隊ニ在リシカ、水町大佐ニ在リシカ、若クハ是等ノ人々ニ斯ノ如キ行ヲナサシメ、且ッ之ヲ辯護シタル當局大臣ニ在ルモノデハナイカト云フ點デアリマス、第二ノ質問ノ要點ハ、水町大佐ノ宣言書自身ノ責任デアリマス、是ハ書面ヲ以テ私ノ爲シタル質問ニ對シ、彼ノ水町ノ宣言ハ水町個人ノ書面デアッテ、陸軍大臣ハ責ヲ負フベキモノデナイト云フコトデアリマス、自分ノ責任ヲ自分デ責ヲ負フベキモノデナイト答ヘテ無責任ナラバ、泥棒ガ盜ヲシテ吾輩ハ責任ヲ負フベカラズト言ッテシマウト同ジデアル、私ハ責任ヲ負フモノデナイト云フ理由ヲ爰ニ聽クノデアリマス、何トナレバ此水町大佐ト云フモノハ、私費デ自分ガ間島ニ出掛ケテ行ッテ、花見遊山ヲシタモノデハナイノデアル、是ハ陸軍大臣ガ間島ニ遣シタモノデアル、而シテ間島事件ニ就テ、内外人ノ了解ヲ求メル爲メニ彼ヲ派シタモノデアリマスガ故ニ、斯ノ如キ聲明ヲ爲スコト自身ガ、當時彼ノ任務デアッタコトハ明瞭デアル、任務ノ惡ク行ハレタ場合ニハ、ソレハ彼ノ一私人ノ行デアルト云フノハ遁辭デアル、而已ナラズ此聲明書自身ノ原文ヲ讀ンデ見マスルト、是ハ大分長イ聲明デアリマスガ冒頭ヲ讀ミマス、水町大佐ハ書面ヲ以テ斯ノ如ク言ッテ居ル「東洋ノ平和ヲ維持シ鮮人ノ幸福ヲ增進スルハ帝國政府ノ確定ノ方針ナリ」ト言ッテ居ル尚ホ進ンデ「朝鮮ノ獨立ハ東洋ノ平和ニ害アルヲ以テ其獨立運動ハ帝國政府ノ承認スル能ハザル所ナリ」ト言ウテ居ル、彼ハ政府ノ名ヲ冒シテ斯ノ如ク言ッタノデアリマセウガ、私ハ嘗テ此書面ヲ以テ水町自身ノ文書トスレバ、ソレハ陸軍刑法ニ觸レル行爲デアルト言ッタノハ、水町ヲ罰セントスル趣意デハアリマセヌノデ、斯ノ如ク帝國政府ノ方針、一私人ノ行ナリトシテ軍人ガ爲スナラバ、ソレハ陸軍刑法ニ明カニ規定シテアル、（拍手起ル）恐ラクハ水町大佐ハ、陸軍刑法ニ觸レル事ヲ爲サッタノデハアルマイ、政府ハ又水町大佐ヲ刑事ノ人士リト爲ス積リデハアルマイ、陸軍刑法ニ觸レザルコトニスレバ、矢張是ハ政府ヲ代表シ、政府ノ方針ヲ陸軍省カラ發表シタルモノト見ナケレバナラヌ、サウスルト云フト、是ハ陸軍大臣ノ退引キナラヌ責任デハゴザラヌカト云フコトヲ立證スル爲メニ、之ヲ一私人ノ行トスレバ則チ陸軍刑法ノ罰スル所ナリ、軍法會議ノ直チニ開カレザリシハ洵ニ怪シムベシト、斯樣ニ論ジタノハ此譯デアル、私ハ水町ヲ罰スル爲メデハナクシテ、當局大臣ノ責任ヲ問ハンガ爲メデアリマス、彼ノ安賣リノ深切ヲ云々シテ買ヒタクハナイ、併ナガラ國交上ニ於テモ、人道ノ上ニ於テモ、斯ノ如キ重大ナル問題ヲ有耶無耶ニ葬ルト云フコト、闇カラ闇ニ埋葬スルト云フコトハ、吾々ノ忍ビザル點デアリマス、（拍手起ル）加之此水町ノ宣言ハ如何ニシテ世ニ傳ハリマシタカ、水町一個人ガ私ニ話シタモノデハアリマセヌノデ、私ノ之ヲ知リ得タノハ、關東州ニ在ル所ノ陸軍野戰電信隊ガ――陸軍ノ野戰電信隊ガ、官命ヲ帶ビテ内地ニ電報シタモノヲ讀ンダノデアリマス、若モ一私人ガ陸軍野戰電信隊ヲ使ッタトスレバ、是亦官紀紊亂ノ問題デアル、私ハ水町ノ官紀紊亂ヲ言フノデハナクシテ、野戰隊ノ通信機關ヲ使ッタ以上ハ、矢張是ハ陸軍當局ノ責任問題デハナイカト云フ議論デアリマス（拍手起ル）

○議長（奥繁三郎君） 一寸注意シマス、是ハ問責議論ヲ許サヌデ、質問ノ要點ヲ成ベク言ウテ下サイ

○清瀨一郎君（續） 是ガ質問デアリマス、斯ノ如ク明暸ナル質問ハ無イト思フ、何故ニ陸軍大臣ハ水町大佐ノ聲明ニ就テ責任ナシト私ハ答辯サレタカ、其理由ヲ問ウテ居ルノデアリマス（拍手起ル）私ハ彼ノ深切ノ安賣リバカリデハ深切ヲ盡シテ居ラヌ、南瓜ノ安賣リヤウナ深切ハ難有クナイ、實ノ在ル所ノ理由ヲ徹底的ニ、此水町大佐ノ問題ガ甚ダ惡カリシト云フコトハ、既ニ貴族院ニ於テ外務大臣ノ聲明サレタ所デアル、其不穩ナルコトハ之ヲ認メルト言ハレタ、一方ニ於テ外務大臣ハ不穩當ナリト認メル、他方ニ於テ水町ノ爲シタル事ハ、陸軍當局ノ爲サシメタト云フコトニナル以上ハ、其論理ノ結果トシテ陸軍大臣ノ責任問題ガ起リマス、此位明暸ナ論理ヲ無視シテ、何故ニ責任ナシト言ハレタカ、多數決ハ議論ヲ否決スルコトハ出來マスルガ、事實ヲ抹殺スルコトハ出來ナイ、幾ラ多數ヲ頼マレタ所デ、此世界ニ周知ナル責任問題ヲ如何ニ御始末ヲ片付ケニ相成ルカト云フノガ、第二ノ質問デアル

〔「討論終結」ト呼フ者アリ拍手起ル〕

○議長（奥繁三郎君） 是カラ他ノ質問ニ對シテ、質問者諸氏ヨリ意見陳述ノ通告ガアリマス、順序ニ依ッテ之ヲ許シマス、阿片販賣及取締ニ關スル質問、之ニ對スル意見ノ陳述――本田恒之君

第七　戸籍法中改正法律案（政府提出）　第一讀會

戸籍法中改正法律案

戸籍法中左ノ通改正ス

第四十二條ノ二　第三十一條乃至第三十四條及第三十五條第一項ノ規定ハ共通法第三條ノ規定ニ依リテ内地ノ家ヲ去リタル者及他ノ地域ノ家ヲ去リテ内地ノ家ニ入リタル者ノ戸籍ノ記載手續ニ付之ヲ準用ス

附　則

本法施行ノ期日ハ勅令ヲ以テ之ヲ定ム

（政府委員鈴木喜三郎君登壇、拍手起ル）

○政府委員（鈴木喜三郎君）　提案ノ理由ヲ簡單ニ申上ゲマス、只今ニ於キマシテハ、朝鮮臺灣ニ於キマシテ戸籍ニ關スル手續ガ成立シテ居リマセヌデアリシタガ、今回臺灣朝鮮等ニ於キマシテモ、内地人ト婚姻ヲスルトカ、或ハ養子縁組トカト云フコトニ就テノ規則ガ、成立スルヤウニナルコトニナルノデアリマス、随テ今日マデ施行ガ中止サレテ居リマシタ共通法第三條ノ施行ヲ見ルコトニナリマシタ結果、戸籍法ヲ改正シナケレバナラヌ次第ニナリマシテ、本案ヲ提出致シマシタ次第デゴザイマス、何卒御審議ノ上、御協贊アランコトヲ願ヒマス（拍手起ル）

○議長（奥繁三郎君）　日程第八、右議案ノ審査ヲ付託スベキ委員ノ選擧ヲ議題ニ供シマス

第八　右議案ノ審査ヲ付託スヘキ委員ノ選擧

○岩崎勳君　委員ノ數ヲ九名トシ、議長ニ於テ指名アランコトヲ望ミマス

〔「異議ナシ」「異議ナシ」ノ聲起ル〕

○議長（奥繁三郎君）　岩崎君ノ動議ニ御異議ナイト認メマス、仍テ動議ノ如ク決シマシタ、日程第九、第十一ハ便宜上一括議題ニ供スル考デス、御異議アリマセヌカ

〔「異議ナシ」「異議ナシ」ノ聲起ル〕

○議長（奥繁三郎君）　御異議ナイト認メマス、仍テ第九地方鐵道法中改正法律案、第十一地方鐵道補助法中改正法律案ヲ一括シテ、其第一讀會ヲ開キマス――石丸政府委員

第十二　明治四十三年法律第三十號中改正法律案(政府提出、貴族院送付)　第一讀會

明治四十三年法律第三十號中改正法律案

明治四十三年法律第三十號中左ノ通改正ス

「警部補又ハ巡査」ヲ「警部補、巡査又ハ判任官ノ待遇ヲ受クル消防手」ニ、「巡査警部補」ヲ「巡査若ハ判任官ノ待遇ヲ受クル消防手警部補」ニ、「警部補巡査」ヲ「警部補巡査若ハ判任官ノ待遇ヲ受クル消防手」ニ改ム

附　則

本法ハ大正十年四月一日ヨリ之ヲ施行ス

〔第一乃至第七ノ法案ハ二月三日官報號外貴族院議事速記録附錄ニ揭載ノモノト同文ナルヲ以テ之ヲ略ス〕

○武藤金吉君　是ヨリ豫算委員會ヲ開キタイト思ヒマスカラ御許シヲ願ヒマス

○議長(奥繁三郎君)　許可致シマス

○武藤金吉君　豫算委員ノ諸君ハ御參集ヲ願ヒマス

○議長(奥繁三郎君)　第一乃至第四ニ對シテ、山梨陸軍次官ヨリ辯明ガアリマス

〔政府委員山梨半造君登壇、拍手起ル〕

○政府委員(山梨半造君)　陸軍軍法會議法案ノ提出ノ理由ヲ先ヅ申上ゲマス、現行陸軍治罪法ハ明治二十一年ノ制定ニ係リマシテ、其規定ガ概シテ單簡ニ過ギマシテ、時勢ノ要求ニ伴ハザルモノガ頗ル多イノデアリマス、之ガ爲メニ夙ニ改正ノ議ガアッタ次第デアリマス、仍テ陸軍ニ在リマシテハ、十數年前其改正ニ着手致シマシテ、大正三年ニ至ッテ其案ガ脫稿致シマシタ、仍テ陸海軍並ニ部外ノ人々ヲ以テ此調査委員ヲ設ケマシテ、其調査委員ノ會議ニ於キマシテ數年審議ヲ致シテ、漸ク大正八年ニ至リマシテ、此陸軍軍法會議法案ガ脫稿致シタノデアリマス、本案ノ現行陸軍治罪法ト異ッテ居ル主要ノ點ハ、現行法ニ無イ所ノ審判ノ公開、辯護、上奏等ノ制ヲ設ケタノデアリマス、又現行陸軍治罪法ニ、豫審、公判、總テ長官ノ命ニ依リマシテ若手スル制ニナッテ居ルノヲ改メマシテ、本案ニハ檢察官ノ要求ト起訴トヲ以テ若手スルコトニ改正ヲ致シマシタ、其他裁判ノ獨立、保障及人權保護ニ關スル規定ヲ設ケテ、軍事ノ利益ト相反セザル限リ、裁判手續ヲ成ベク普通ノ刑事裁判ノ手續ト同ジヤウニサセヤウト致シマシテ、此改正案ヲ提出シタ次第デアリマス、次ニ朝鮮、臺灣、關東軍軍法會議ノ法律案提出ニ就キマシテ理由ヲ申上ゲマス、此朝鮮、臺灣及關東州ニ於キマシテハ、特別ノ事情ニ鑑ミマシテ、陸軍軍法會議ノ適用上、特例ヲ設クルノ必要ガアリマスル爲メ、此三案ヲ提出シタ次第デアリマス、共ニ御審議ノ上、御協贊アランコトヲ切望スル次第デアリマス(拍手起ル)

○議長(奥繁三郎君)　次ニ日程第五乃至第八ハ海軍大臣ヨリ說明ガアリマス、海軍大臣

〔國務大臣男爵加藤友三郎君登壇、拍手起ル〕

○國務大臣(男爵加藤友三郎君)　日程第五ノ海軍軍法會議法案ニ就キマシテハ、只今陸軍次官ガ陸軍軍法會議法案ニ就テ說明ヲ爲サレマシタモノト、大體ニ於テ同樣ナ意味ニ於テ提案致シタ次第デゴザイマス、日程第六ノ陸海軍軍法會議私訴裁判强制執行法廢止法律案ハ、現行ノ陸海軍治罪法ニ依リマスルト、官憲若クハ軍人ノ損害ニ關スル私訴ノ事柄ヲ、軍法會議ニ於テ審議致スコトニ相成ッテ居タノデアリマス、今回軍法會議法案ヲ改正致シマスル結果トシテ、是等私訴ニ關スル事ハ、軍法會議ニ於テハ致サナイコトニ相成ッテ居ルノデアリマス、其爲ニ是レマデノ執行法案ヲ廢止スルノ必要ヲ威ジマシテ、本案ヲ提案致シタ次第デゴザイマス、日程第七ノ刑事交涉法案、是ハ軍法會議ノ裁判權ニ屬シマスル事件ト普通裁判所ノ裁判權ニ屬シマスル事件トノ交涉ニ關スル事柄ガ、明治十八年太政官令ヲ以テ發布サレテ居ルノデアリマス、此規定ニハ不備ノ點ガ多々アリマスノデ、今回軍法會議法ヲ改正致シマスル機會ニ於テ、其不備ノ點ヲ補ヒマシタ所ノ本案ヲ提出致シタ次第デアリマス、日程第八ハ陸軍法務官及海軍法務官ノ恩給及遺族扶助ニ關スル法律案、現行治罪法ニ於キマシテハ主理ニ就テハ特別ノ分限令ガ設ケテゴザイマセヌノデ、一般文官分限令ニ依ッテ制裁ヲ受ケテ居ルノデアリマス、今回ノ軍法會議法ノ改正ニ就キマシテ、普通裁判官ト同樣ニ、退職ノ制ヲ設クルコトニ相成ッテ居リマス、爲ニ是等主理ガ退職等ヲ致シマシタ際ニ、恩給法ニ文官恩給法ヲ適用致シマス必要ガアリマスノデ、此規定ヲ提案致シタ次第デアリマス、何卒是等ノ諸法案ニ就キマシテ、御審議ノ上御協贊アランコトヲ希望致シマス(拍手起ル)

○議長(奥繁三郎君)　日程第九及第十、山梨陸軍次官ヨリ說明ガアリマス――陸軍次官

〔政府委員山梨半造君登壇、拍手起ル〕

○政府委員(山梨半造君)　日程第九第十ノ兩案ノ提出ニ就キマシテ說明ヲ申上ゲマス、陸軍治罪法ニアル所ノ陸軍警守ニ相當スル所ノモノヲ、今回ノ陸軍ノ軍法會議法案ニハ、陸軍警査ト稱スルコトニナッタノデアリマス、隨テ陸軍警守ノ爲メニ定メテアル所ノ在勤年加算等ニ就テノ規定中ニ、陸軍警守トアルノハ總テ之ヲ陸軍警査ト改メル必要ガ起ッテ、此兩案ヲ提出シタ次第デアリマス、是ハ自然ノ結果デ出來タノデアリマシテ、極メテ簡單ナモノデアリマス、ドウカ御審議ノ上御協贊アランコトヲ切望シマス

○議長(奥繁三郎君)　日程第十一及十二、床次內務大臣ヨリ說明ガアリマス――內務大臣

〔國務大臣床次竹二郎君登壇、拍手起ル〕

○國務大臣(床次竹二郎君)　此兩案ハ警部補、ソレカラ巡査、並ニ判任官ノ待遇ヲ受クル消防手、互ニ相通算致シマシタ、退隱料遺族扶助料ヲ給與致シタイト云フ法案デゴザイマス、ドウゾ宜シク――(拍手起ル)

○議長(奥繁三郎君)　日程第十三、右各案ノ審查ヲ付託スベキ委員ノ選擧ヲ議題ニ致シマス

第十三　右各案ノ審査ヲ付託スヘキ委員ノ選擧

○岩崎勳君　日程第一乃至第十二ニ掲ゲタル十二案ヲ一括シテ、委員ノ數ヲ特ニ十八名トシ議長ニ於テ指名アランコトヲ望ミマス

〔「贊成」「贊成」ノ聲起ル〕

○議長（奥繁三郎君）　岩崎君ノ動議ニ御異議アリマセヌカ

〔「異議ナシ」「異議ナシ」ノ聲起ル〕

○議長（奥繁三郎君）　御異議ナシト認メマス、仍テ異議ノ如ク決シマシタ、日程第十四乃至第十七ハ關聯セル議案ナルニ依リ一括議題ニ致シマス――日程第十四及第十七迄一括シテ其一讀會ヲ開キマス、高橋大藏大臣

第十九　戸籍法中改正法律案(政府提出)

第一讀會ノ續(委員長報告)

報告書

一戸籍法中改正法律案(政府提出)

右ハ本院ニ於テ可決スヘキモノト議決致候此段及報告候也

大正十年三月二日

戸籍法中改正法律案委員長　岩本　平藏

衆議院議長奥繁三郎殿

〔岩本平藏君登壇、拍手起ル〕

〔「簡單ニ願ヒマス」「大ニ緩リヤリ給ヘ」ト呼フ者アリ〕

○岩本平藏君　只今日程ニ上リマシタル戸籍法ノ委員會ノ經過、及結果ヲ報告致シマス、此法律案ハ曩ニ提出ノ時ニ政府委員ヨリ説明ノアリマシタル如ク、朝鮮及臺灣人ト內地人トノ間ニ於ケル結婚、養子、緣組等ノ手續ハ、從來共通法第三條ノ實施ヲ保留サレテ居リマシタルガ爲メニ、此取扱ガ出來ナカッタノデアリマス、今回此共通法第三條ノ實施ニ伴ヒマシテ此戸籍法ノ四十二條ヲ斯ノ如ク改メル必要ガ起リマシタノデ提出シタコトハ、諸君ノ御存知ノ通リデアリマス、サウシテ委員會ハ唯ダ一回ノ委員會ノミデヤリマシテ、質問モ頗ル輕微ナル一二ノ質問ガアリマシタ外、總テ原案ヲ贊成致シマシテ可決致シタノデアリマス、尚ホ此條文中ニ少シ文字ノ落チテ居ル所ガアリマシタコトヲ、政府委員ヨリ正誤ガアリマシタ、卽チ此第一行ノ「三十四條及」ト云フ其下ニ片假名ノ「ヒ」ノ字ガ附クノデス、第二行ノ下ノ「內地ノ家ヲ去リタル者及」此所ニモ矢張捨片名ノ「ヒ」ガ附クノデアリマス、第三條ノ「戸籍ノ記載ノ手續ニ付」此所ニ又片假名ノ「キ」ノ字ガ加ハルノデアリマス、是ハ卽チ印刷所ノ誤植デアリマスカラ、何卒諸君ノ御手許ニ於テ御訂正下サルコトニ御願致シマス、以上ヲ以テ此委員會ノ經過ノ御報告ヲ致シマス(拍手起ル)

○議長(奥繁三郎君)　本案ノ第二讀會ヲ開クヤ否ヤヲ御諮リ致シマス

〔「二讀會ヲ開クニ異議ナシ」ト呼フ者アリ〕

○議長(奥繁三郎君)　第二讀會ヲ開クニ御異議ナシト認メマス、仍テ第二讀會ヲ開クニ決シマシタ

○岩崎勳君　直チニ本案ノ第二讀會ヲ開キ、第三讀會ヲ省略シテ、委員長報告ノ通リ可決確定セラレンコトヲ望ミマス

〔「贊成」「贊成」ト呼フ者アリ〕

○議長(奥繁三郎君)　岩崎君ノ動議ニ御異議アリマセヌカ

〔「異議ナシ」「異議ナシ」ト呼フ者アリ〕

○議長(奥繁三郎君)　御異議ナイト認メマス、仍テ直チニ第二讀會ヲ開キマス

戸籍法中改正法律案　第二讀會(確定議)

〔「異議ナシ」「異議ナシ」ト呼フ者アリ〕

○議長(奥繁三郎君)　御異議ナイト認メマス、仍テ本案ハ委員長報告通リ、可決確定致シマシタ、日程第二十大正九年法律第五十三號中改正法律案ノ第一讀會ノ續ヲ開キマス、委員長三善清之君

第二十　大正九年法律第五十三號中改正法律案(政府提出)　第一讀會ノ續(委員長報告)(確定議)

報告書

一大正九年法律第五十三號中改正法律案(政府提出)

右ハ本院ニ於テ可決スヘキモノト議決致候此段及報告候也

大正十年三月二日

大正九年法律第五十三號中改正法律案委員長　三善清之

衆議院議長奥繁三郎殿

〔三善清之君登壇、拍手起ル〕

○三善清之君　委員會ノ經過ヲ報告致シマス、御承知ノ如ク朝鮮ニ於ケル關稅法及關稅定率法ハ、昨年ノ八月三十一日迄ハ併合以前ノ稅率ヲ用井マシタノデアリマス、御承知ノ通リニ併合當時ノ各國トノ協和ノ結果、十箇年ノ期間ヲ存ジマシテ、關稅等ノ改正ヲ行フコトハ出來ナカッタノデアリマス、而シテ昨年ノ八月一日――九月一日以後ガ全部朝鮮ニ於ケル關稅等ノ改正ガ、內地ノ關稅及關稅定率法ニ依ッテ、一般ノ外國輸入品等ニ對シテ、定率ヲ附ケルコトニ相成リマシタコトデアリマス、其際ニ特殊ノ事情ニ依リマス所ノ物品ニ對シテハ、特別法令ヲ置イタノデアリマス、ソレガ卽チ大正九年法律第五十三號デアリマス、デ其第五十三號ニ特殊ノ稅率ヲ設ケマシタ種類ノモノガ、馬及緬羊、鹽、煙草、香油、「コークス」、是等ノモノニ對シテ特別ノ稅率ヲ設ケタノデアリマス、中ニハ無稅ノ物モアリマス、多クノ物デ四割從價若クハ一斤ニ就テ四割、是ハ內地ノ關稅定率法ニ依リマスヨリハ餘程低イノデアリマス、斯樣ナ特別ノ法令ヲ設ケテ置キマシタノデアリマス、而シテ尙ホ今後モ此法律ヲ存置致シマスルノデアリマスルガ、其中デ煙草ダケヲ此際改ノタノデアリマス、煙草ノ種類ハ外國輸入ノ品デアリマシテ、葉煙草、葉卷煙草、紙卷煙草、總テ外國カラ參リマス所ノ煙草ニ對シマシテ、現在ノ定率ハ一割以上四割位迄ニナッテ居ルノデアリマス、其他ニ消費稅ト稱シテ、小賣ノ三割五分ヲ賦課シテアリマス、ソレヲ綜合致シマシテ、十五割乃至十八割程現在ニ稅率ヲ課シテアルコトニナッテ居リマス、然ルニ今回之ヲ全部撤廢ヲ致シマシテ、而シテ內地ノ關稅定率法ニ依ル所ノモノト同一ニ、三十割乃至三十五割ノ關稅定率法ヲ行フコトニ相成リマシタノデアリマス、是ハ此度朝鮮ニ於キマシテ、御承知ノ如ク專賣法ヲ施行サレマスル結果、當然ノ改正デアリマス、今日ノ所十割乃至十八割ノモノガ、三十割乃至三十五割ニナリマスルト、一躍シテ二倍ノ外國煙草ニ向ッテ輸入稅ヲ課ケルコトニナリマスノハ、大變多イヤウデアリマスルケレドモ、現在內地ニ於ケル稅率ハ左樣デアリマス、加之朝鮮ニ於キマシテハ、唯ダ朝鮮ニ居リマス所ノ外國人ガ用井ルダケノ煙草ノ種類デアリマスカラ、金高ト致シテハ洵ニ僅少ナモノデアルサウデアリマス、委員會ニ於キマシテハ十分ノ審議ヲ致シマシテ、滿場一致デ原案ヲ決議致シマシタ、御報告致シマス(拍手起ル)

○岩崎勳君　本案ハ讀會ノ順序ヲ省略シテ、委員長ノ報告ノ通リ可決確定セラレンコトヲ望ミマス

〔「贊成」「贊成」ト呼フ者アリ〕

○議長(奥繁三郎君)　岩崎君ノ動議ニ御異議アリマセヌカ

〔「異議ナシ」「異議ナシ」ト呼フ者アリ〕

○議長(奥繁三郎君)　御異議ナシト認メマス、仍テ讀會ノ順序ヲ省略シ、委員長報告通リ可決確定致シマス――日程第二十一乃至第二十五ハ、同一委員ニ付託シタル議案ナルニ依リ、一括議題ト致シマス其第一讀會ノ續キヲ開キマス――委員長島田俊雄君

大正十年三月九日

閔元植ノ客死ニ關スル質問主意書

右成規ニ據リ提出候也

大正十年二月十八日

提出者　横山勝太郎

賛成者　森田　茂

大津淳一郎

外三十一人

閔元植ノ客死ニ關スル質問主意書

一　國民協會長、時事新聞社長閔元植君ハ參政權獲得運動ノ爲去二月九日帝都ニ著シ東京ステイシヨンホテルニ滯在シ去十五日衆議院議員選擧法ヲ朝鮮ニ施行セラレムコトヲ望ムノ請願書ヲ提出シ專ラ其ノ目的ノ貫徹ニ奔走努力シツツアリシカ去二月十六日刺客ノ襲フトコロトナリ同ホテルニ於テ腹部ニ傷害ヲ受ケ卽死セリト云フ事實ノ眞相如何

二　閔元植君ハ穩健ナル親日主義ノ紳士ニシテ所謂頑迷ナル不逞鮮人カ同君等ノ身邊ニ危害ヲ加ヘムトスルノ虞アルコトハ我カ當局官憲ノ知悉セルトコロナリ同君等ノ身體生命ニ對シ如何ナル注意ト保護トヲ爲セシ乎

三　這回ノ不祥事ニ關シ內務大臣、警視總監、麴町警察署長ノ責任如何

四　政府カ事實ノ眞相ヲ發表セス怱遽歸鮮ノ途ニ就ケリ若ハ急死セリト云フカ如キ虛僞ノ事實ヲ公表スル理由如何

五　本員等ハ過激ナル不逞鮮人ニ對シ嚴重ナル取締ヲ爲スノ必要アルト同時ニ日韓合倂ノ趣旨ヲ諒解シ日鮮共存ノ目的ノ爲ニ努力スル親日主義ノ人士ニ對シテハ周到ナル保護ヲ與フルノ必要アリト思料ス現政府ノ所見如何

右及質問候也

大正十年三月八日

內閣總理大臣　原　敬

衆議院議長奧繁三郎殿

衆議院議員横山勝太郎君外一名提出閔元植ノ客死ニ關スル質問ニ對シ別紙答辯書差進候

（別紙）

衆議院議員横山勝太郎君外一名提出閔元植ノ客死ニ關スル質問ニ對スル答辯書

國民協會長閔元植ハ朝鮮人參政權獲得運動ヲ爲スカ爲本年二月九日入京シ東京ステーシヨンホテルニ滯泊中同月十六日午前九時三十分頃、同ホテル第十四號室ニ於テ兇漢ノ爲ニ短刀ニテ下腹部ヲ刺サレ卽死シタルハ事實ナリ當局ニ於テハ極力犯人ノ捜査ニ努メ同月二十四日其ノ嫌疑者ヲ逮捕シ目下取調中ナリ

本人ノ渡米ニ際シテハ沿道官憲ハ勿論警視廳ニ命シテ身邊ノ保護ニ充分注意セシメ入京後ハ保護ノ爲メ警視廳ヨリ私服警察官ヲ附シ置キタルモノナリ

本件ニ關シ政府ハ虛僞ノ事實ヲ公表シタルコトナシ

過激ナル不逞鮮人ニ對シ嚴重ナル取締ヲ爲スト同時ニ日韓倂合ノ趣旨ヲ諒解シ日鮮共存ノ目的ノ爲ニ努力スル親日主義ノ人士ニ對シテハ周到ナル保護ヲ與フルノ必要アリト思料スル點ニ關シテハ政府モ亦同感ナリ

右及答辯候也

大正十年三月八日

內務大臣　床次竹二郎

○議長（奥繁三郎君）　會議ヲ開キマス

○佐々木安五郎君　議長――議事ノ進行ニ就テ……

○議長（奥繁三郎君）　發言ヲ許シマス

〔佐々木安五郎君登壇、拍手起ル〕

○佐々木安五郎君　議事ノ進行ニ就テ一言申上ケマス、過日中野正剛君ガ提出ノ朝鮮統治ニ關スル調査會設置ノ決議案ノ演說中ニ、朝鮮人ノ閔元植ガ何者カニ刺サレタト云フ事項ヲ申シタ、其事ガ不穩ナリト云フ廉ヲ以テ、議長ハ之ヲ院議ニ問ウテ議事錄ニ揭載スルコトヲ見合セルト云フコトニシマシタ、此事ニ就テハ私共大ニ疑問ガアルノデス、議長ニ果シテ是ダケノ權能ガ有ルノデアルカ「ヒヤく」若シ會議ニ於テ堂々ト述ベタル言論ガデス、議長ノ考ヲ以テ之ヲ院議ニ問ヒ、而シテ之ヲ議事錄ニ載セルコトヲ見合セルコトガ出來ルト云フコトデアルナラバ、或一黨一派ニ囚ハレタル議長ガ居ッテ、其議長ガ自己ノ忠勤ヲ勵ムベキ黨派ニ不利益ナル問題ハ、多數ノ與黨ノ力ヲ以テ葬去ラウト思ヘバ譯ノナイ事デアル、一度議事錄ニ於テ抹殺サレタルモノハ官報ニ載ルコトハ無イ、官報ニ載ラナケレバ公式ニ於テ世間ニ發表ハサレナイ、同式ニ於テ世間ニ發表サレナイモノヲ、社會ノ報道ニ機敏ナル新聞記者ガ之ヲ社會ニ報道セントスルト、内務省ハ又行政處分ヲ以テ之ヲ禁止スル、勝手ナ事ガ出來ル、斯ノ如クナレバデス、此立憲政體ノ眞髓ヲ發揮スベキ議場ニ於テ行ハレタル談論ガ、闇カラ闇ニ葬去ラレルト云フ危險ガ伴フノデアル、（拍手起ル）私ハ議長ニハ斯ノ如キ過大ナル權利ハ、何ヲ調ベテ見テモ與ヘラレテナイト思フ、況ヤ此間ノ閔元植ノ問題ノ如キハデス、閔元植ノ出身地デアル朝鮮ノ新聞、及ビ其影響ヲ最モ近ク受クベキ滿洲ノ新聞ニハ麗々シク載セテ居ル、麗々シク載セテ居ルノミナラズ、其新聞ガ東京ニ於テモ万遍トナク配ラレテ居ル、配ラレテ居ルノニ、此万人周知ノ事實ヲ、議場ニ於テ言ウタ事柄ヲ議事錄ニ載セサセナイト云フコトデス、古ノ諺デ耳ヲ掩ウテ鈴ヲ盜ムト云フ言葉ガ、ソレガ古臭イト云フナラバデス、（「院議ダヨ」ト呼フ者アリ）眼ヲ閉チテ交番所ノ前ヲ通ル泥棒ガアルト同ジ事デアラウト思フ、吾々ハ斯ノ如キ不條理ナ事ヲシテ、折角ノ立憲政體ノ眞髓ト云フモノヲ傷ケタクナイト思フ、（「ノウノウ」）併ナガラ或ル院議盲從論者ガ居ッテ、多數デアレバ何デモ――規則デモ憲法デモ院議デ破レルト云フヤウナ、憲法ノ何物タルヲ知ラナイ、代議政體ノ何物タルヲ知ラナイ、唯ダ多數萬能論ト云フ人間ガ居ッテ院議デスヨト言フ、滑稽ノ極デハナイカ、院議ガ何デアル、幾ラ院議デアッテモ、院議ヲ以テ憲法ヲ破ルコトハ出來ナイ、院議ヲ以テ議院法ヲ破ルコトハ出來ナイ、院議ヲ以テ議院規則ヲ破ルコトハ出來ナイ、院議ト云フモノハ憲法ノ下ノ院議デアル、議院法ノ下ノ院議デアル、議院規則ノ下ノ院議デアル、斯ノ如ク總テノモノヽ下ニアル院議ガ、ソレ以上ニ超越シテ、總テノモノヲ拘束スルコトハ出來ナイ、ソレガ解ラズニ唯ダ院議デアリサヘスレバ、何事モ葬去ラレルト云フ間違ッタ意見ヲ持ッテ居ル人間ガ居ルカラ、斯ノ如キ暴論ガ斷行サレテ平氣デ居ル、ソレハソレトシテ、ソレハ過去ノ事實トシテ葬ッテモ宜シイガ、調ベテ見ルト院議ニ於テ抹殺サルベキ所ノモノハ、中野正剛君ノ議論切リデ、安藤君ノ議論モ、吾輩ノ言ウタ議論モ、議長自ラガ閔元植ハ刺サレタリト言ハレタ議論モ、院議ニ於テ取消スコトヲ承認シタコトハ無イ、然ルニ調ベテ見ルト云フト、速記錄ニハ驚クベシ悉ク棒ガ引張ッテアル、ドノ條ニモ皆ナ棒ガ引張ッテアル、棒ヲ無茶苦茶ニ引張ルカラ亂暴ト云フノカモ知レナイ、（笑聲起ル）マルデ譯ガ分ラヌ、亂暴極マル事ヲヤッテ居ル、斯ノ如キ亂暴ナ事ヲシテ、是デ一體宜イト云フ譯デアルカドウデアルカ、今日私ハ今更メテ言ヒマス、閔元植ナル者ハ、確ニ梁槿煥ト云フ者カラ刺サレタノデアル、斯様ニ言フ、私ノ言フノヲ今度ハ議長ハ此席ニ於テ院議ニ問ウテ、私ノ言葉ヲ此議事錄カラ取除ケルコトガ出來ルカドウカ、取除ケルコトガ出來ルナラバ除ケテ御覽ナサイ、取除ケルナラバ何ヲ原因トシテ取除ケル、内務省ニ於テ禁令ヲ解イタラ、ソレデ止メルト言フカ知ラナイガ、然ラバ内務省ノ下ニ帝國議會ガ隸屬シテ居ルモノデアルカドウカ、帝國議會ト云フモノハ、内務省ヲ監督スベキモノデアル、内務大臣ヲ監督スベキモノデアル、内務大臣ガ許サウガ許スマイガ、ソンナ事ヲ頓著スベキモノデナイ、内務大臣ガ何ト言ハウガ、帝國議會ハ獨立ノ體面、獨立ノ意思、獨立ノ方針ヲ以テ進ムベキモノデアッテ、内務省ガ禁令ヲ解イタカラ今度ハ差止メヌデモ宜イ、禁令ヲ解カヌカラ今度ハ止メテヤル、斯ンナ下ラナイ事ガアルベキモノデナイ、議長ハ此點ニ就テ如何ナル意見ヲ持ッテ居ルカ、内務省ヲ自分ノ御主人ト崇メルカ、但シハ帝國議會ハ内務省ヲ監督スベキモノデアッテ、内務省ニ隸屬スベキモノデハナイト云フ、本當ニ憲法政治ノ精神ヲ御了解ニナルヤ否ヤ、私ハモウ一遍頂ネテ言ウテ置キマス、閔元植ハ梁槿煥ノ爲メニ刺サレタル者デアル（拍手起ル）

○議長（奥繁三郎君）　佐々木君ノ今述ベラレタル事ハ、多ク意見ニ涉ッテ居ルヤウデアリマス、但シ帝國議會ハ内務省ニ隸屬云々ナドノ事ハ洵ニ感心シナイ議論デ、議長始メ本院ハ左樣ナ考ヲ持ッテ居リマセヌ、其當時議長ヨリ宣言致シマシタ言葉ト云ヒ、又院議デ決セラレマシタ精神ハ獨立シテ決セラレタノデ、内務省ノ管内ニ隸屬シタ譯デナイコトハ、其當時ノ議事ニ於テ明白デアリマス、佐々木君ガ今御演說中ニ、其當日ニ自身ガ述ベタ言葉マデ抹殺サレテ居ル、是ハドウ云フ譯デアルカト云フノガ初メテ一ノ質問ラシイ、之ニ就テハ十日以前ノ事デ、官報ノ號外ナドモ議長ハ只今諳ンジテ居リマセヌカラ、其一點ダケハ調ベマシタ上ニ御答致シマス

○佐々木安五郎君　一寸モウ一遍質問致シマス、何カ十日許リ前ニ貴方ガ仰シヤッタト云フノデスカ

○議長（奥繁三郎君）　イエ十日程以前ノ事デアリマスカラ、其當時ノ官報ヲ調ベタ上御答致シマス

○佐々木安五郎君　ソレハ書記官長ガ言ウタサウデスガ、書記官長ガ獨斷デ斯ノ如キ事ヲヤルベキモノデナイ、無論議長ノ命令ト私ハ速斷シマスガ、若シ書記官長ガシタナラバ書記官長ハ承知ナラヌト思フ、ソレハ當前議長ガ紳士トシテヤラレルナラバ……

○議長（奥繁三郎君）　發言ヲ止メマス

○佐々木安五郎君（續）　……事後承諾ヲ求メルノガ當前ダ、今迄默ッテ居ルノハ怪シカラヌ

○議長（奥繁三郎君）　發言ヲ止メマス

○佐々木安五郎君　止メルナラ止メテ置キマス

○議長（奥繁三郎君）　質問ノ第一、第二、第三、第五ハ政府ヨリ答辯ガアリマシタ、若シ質問サレタ方ニ於テ意見ガアリマスナラバ、後程之ヲ許スコトニ致シマス、質問ノ第四關稅定率法中改正ニ關スル質問、鈴木錠藏君

閔元植ノ客死ニ關スル質問ノ答辯ニ對スル横山勝太郎君ノ意見

〔横山勝太郎君登壇、拍手起ル〕

○横山勝太郎君　朝鮮人閔元植ノ暗殺問題ニ關シテ、去ヌル十八日本員外一名ヨリ質問書ヲ出シテ置キマシタ、本日其答辯ヲ得マシタ、其質問書ノ第一ニ就テハ、政府ヨリ簡單デハアリマスルガ相當ナル説明ガゴザイマシタカラ、本員ハ此點ニ就テハ何事モ申上ゲマセヌ、唯ダ此事項ニ關シテモ内務大臣ノ反省ヲ促シテ置カナケレバナラヌ事ハ、近時政府ハ頻リニ言論ノ自由ニ對シテ抑壓ヲ加ヘ、又一面ニハ警察權ヲ濫用致シテ言論ノ制限ヲ加フルト云フ、一大事弊ヲ現出シテ居ルト考ヘマス、院外ニ於テ既ニ左樣ナ事デアリマスルガ、此院内ニ於テモ、本員等ハ此點ヲ甚ダ遺憾ニ思フノデアリマス、過日來議員ヨリ提出セラレタル質問書ニ對シテ、兎角政府ハ其日若クハ其前日ニ答辯書ヲ出シテ、サウシテ此壇上ニ於ケル議員ノ發言ヲ遮ッテ居ルト云フ事柄ハ、事實ノ證明スル所デアリマス、本日ノ如キモ、單ニ政友會ノ鈴木君ニ對シテノミ發言ヲ許シテ、他ノ黨派ノ議員ノ質問ニ對シテハ、一切答辯書ヲ以テ之ヲ抑壓セントスル如キハ、如何ニモ政府ハ不公平千萬デアルト私ハ考ヘル、(「ヒヤ〳〵」、拍手起ル)殊ニ本日鈴木君ノ如キハ、此壇上ニ立ッテ此質問ノ演説ヲスルコトハ遺憾デアルトマデ言ッテ居ル、シタクナイ方ノ側ノ演説ハ許シテ、(笑聲起ル)發言ヲ希望スル所ノ質問ニ對シテハ之ヲ遮ルト云フ事柄ハ、如何ニモ政府ガ相呼應シテ、不公平ナル事ヲスルモノデアルト私ハ斷言セザルヲ得ナイノデアリマス、斯ウ云フ事柄ハ、ドウカ少シク御注意ヲ願ヒタイト思ヒマス、ソレカラ質問書ノ第二ニ就キマシテ政府ノ答辯スル所ニ依レバ、本人ハ渡來ニ對シテハ、沿道ノ官憲ハ勿論、警視廳ニ命ジテ、身邊ノ保護ヲ注意セシメタ、入京後ハ保護ノ爲メニ、警視廳ヨリ私服警察官ヲ附シ置イタ斯樣ナ周到ナル注意ヲ致シタト云フ答辯デアリマスガ、是ハ少シク事實ニ反スルヤウニ私ハ考ヘル、此答辯ハ事實ニ反シマスガ、此閔氏ヤ日本ノ内地ニ來ッテ東京ニ著スル迄ノ間ノ事柄ハ、姑ク政府ノ答辯ニ不滿足ナガラ同意ヲ致シテ置キマスルガ、入京以來私服巡査ヲ附ケテ、而シテ鄭重ナル保護ヲ致シタト云フ點ハ、是ハ何カノ御間違デハアリマスマイカ、當日ノ模樣ハ内務大臣モ詳細御承知デアリマセウガ、時間ハ明瞭ニハ判ッテ居リマセヌガ、要スルニ午前ノ九時前後デアルラシイ、此午前ノ九時頃ニ不逞鮮人ノ一人ガ、ドウ云フ方法ヲ以テ此閔君ノ泊ッテ居ル客舍ニ入リマシタカ、其事柄ニ就テモ多少ノ知識ハ持ッテ居リマスガ、本日ハ之ヲ明言シマセヌ、御承知ノ通リニ彼ノ「ステーションホテル」ハ玄關口ノ方カラ參リマスレバ受付ガアッテ、相當ナル監視ガ出來ルノデアリマスケレドモ、食堂ノ方ノ昇降口カラ行ケバ、何人ト雖モ客室ノ前ヲ自由ニ往來スルコトガ出來ルノデアル、此場合ニ當ッテ政府ガ本日答辯ヲセラル丶如ク、眞ニ私服巡査ヲ附シテ鄭重ニ警護致シテ居ッタト云フコトデアルナラバ、彼ノ縞ノ著物ヲ著タ怪シキ犯人ハ、之ヲ捕フルコトハ容易デアル、然ルニ彼ノ客室ニ入ッテ、行ッテ、白晝一刀ノ下ニ閔君ヲ暗殺シタニモ拘ラズ、其暗殺ヲセラレタ當時ハ、私服ノ警察官ハ一人モ之ヲ覺知スル者ガ無カッタ、暗殺ヲシテ廊下ヲ走ッテ出ヅル際ニ何人ニカ誰何セラレテ、何カニ躓イテ倒レタ、ソコデ初メテ其廊下ヲ往來シテ居ッタ者ガ、何カ怪シキ者デアルト思ッテ居ル際ニ、既ニ犯人ハ二階ニ降リテ、二階ノ窓カラ飛ンデ降リタノデアル、而モ其窓カラ飛ンデ降リル際ニハ、制服巡査ハ之ヲ見テ居ッタノデアル、而シテ此犯人ハドウ云フ方法ニ依ッテ逃ゲタカ、遂ニ蹤跡ヲ晦シタト云フ事實デアル、政府ノ答辯書ノ中ニ記載セラレテ居ル如ク、警視總監ニ命令ヲシテ身邊ノ保護ヲ注意セシメ、尚ホ私服警察官ヲ附シテ置イテ注意ヲシタト云フコトガ事實デアリマスナラバ、斯樣ナ事ハ斷ジテ起リ得ナイ事デアル、惟フニ政府ハ警視總監ニ命令ヲサレタト言フガ、果シテ警視廳ハ斯ノ如キ命令ヲ受ケテ居ルカドウカト云フコトモ問題デアル、又警視總監ニ命令シタコトガ事實ナリトスルモ、警視廳ノ幾多ノ高等官並ニ下級ノ警察官ハ、此命令ヲ誠實ニ遵奉シタカドウカ、是モ問題デアル、否ナ現ニ顯レテ居ル今日ノ事實ニ依リマスレバ、警視總監モ其部下ノ警察官モ、一人トシテ内務大臣ノ命令ヲ遵奉致シテ居ッタ者ハ無イト云フコトガ事實デアル、斯樣ナコトガアルニモ拘ラズ、單ニ警視總監ニ命令ヲ致シテ周到ナル注意ヲ致シタト云フ事柄デ、此責任ヲ免ルル譯ニハ行カヌト私ハ考ヘル、殊ニ閔君ノ身邊ニ就テハ、政府ハ單ニ答辯書ニ掲ゲタル位ノ注意ダケデハイカヌト思フ、今一層ノ注意ガ必要デアル、其故如何ト申シマスレバ、政府ハ御承知デアリマセウガ、閔元植君ハ餘程以前カラ親日主義ノ思想ヲ持ッテ居リマシテ、而シテ筆ニ口ニ所謂親日本主義ヲ唱ヘテ、日韓併合ノ趣旨ヲ遵奉シテ、常ニ親日派ノ爲メニ非常ナ努力ヲシテ居ッタ人デアル、此故ニ同君ガ昨年ノ一月東京ニ參リマシタ時分ニモ、堂々タル文書ヲ刊行致シテ、其思想ノ在ル所、又鮮人ノ要求スル所ヲ我國ノ朝野ノ人ニ告ゲ又之ヲ要求致シテ居ルノデアリマス、是ニ由テ見マスレバ、閔元植ハ歳纔ニ八歳ニシテ一家離散ノ厄ニ遭ヒ、一紳商ニ伴ハレテ清國ノ小都保定府ニ赴キ居リ、居ルコト二年餘、十一歳ニシテ朝鮮ニ歸リタレドモ、頻リニ政府ノ壓迫ヲ蒙リ、身命ノ安全ヲ保ツコト能ハザル有樣ナリシガ、其後歳二十ノ時ニ伊藤公ノ推輓ニ依リテ、内務衛生課長ヲ拜命シテ爾來日本政府ノ爲メニ、又日本人ノ爲メニ非常ナ努力ヲ爲シ來ッタト云フコトハ、閔君ガ自カラ發表シテ居ル文書ニ依ッテモ明瞭デアル、而シテ今日ノ朝鮮ニ於ケル狀態カラ申シマスレバ、親日派ノ人ハ、官吏ト云ハズ人民ト云ハズ、非常ナル迫害ヲ受ケテ居ルノデアル、斯ノ如キ思想ヲ持チ斯ノ如キ迫害ヲ受ケテ居ル人間ガ、之ガ參政權獲得ノ爲メニ日本ニヤッテ參ッタノデアリマスカラ、政府ハ此人ノ身邊ノ保護ニ關シテハ、一段ノ注意ヲ要スルコトハ是ハ無論デアル、卽チ參政權ノ獲得ハ日韓合併ノ前提トシテ、日韓同化ノ理想ノ下ニ參政權ノ要求ヲスルノデアリマスカラ、今日ノ所謂不逞鮮人ノ側カラ見レバ、確ニ敵トシテ闘フベキ人間トナッテ居ルノデアル、此歴史ヲ考ヘテ見マシタナラバ、同君ガ今日參政權獲得運動ノ爲メニ日本ニヤッテ來ルト云フコトデアリマシタナラバ、如何ナル迫害ヲ被ルカ、如何ナル危險ニ遭遇スルカト云フコトハ、吾々民間ノ者ト雖モ、之ヲ想像スルニ難カラナイ、ソレデ政府ハ單ニ警視總監ニ命令シタ、私服巡査ヲ附ケテ置イタ、此一事ニ依ッテ閔元植君ノ身邊ノ保護ガ出來ルト考ヘタナラバ、是ハ非常ナル過失ト私ハ考ヘル、私ハ同君ノ生立、同君ノ持ッテ居ル思想、同君ノ有シテ居ル理想、總テ日本人カラ見タナラバ、是ハ大切ニ保護ヲシテヤラナケレバナラヌ人間デアル、然ルニ斯ノ如キ冷淡ナル保護ノ下ニ置イタノデアリマスカラ、遂ニ同君ハ暗殺ヲ被ルニ致ッタノデアル、政府ハ單ニ私服巡査ヲ附ケテ置イタト云フコトニ依ッテ、此責任ヲ免レルコトハ出來ヌト私ハ考ヘル、此事項ニ就テ、今一般ノ説明ヲ内務大臣カラ聽カントスル者デアリマス、第三ノ問題、卽チ此不祥事件ニ對シテ、内務大臣並ニ警視總監日比谷署長ノ責任ヲ問ウテ置キマシタ、之ニ對シテ政府ハ何等答ヘル所ガ無イ、吾々ノ聽カントスル所ハ、政府ハ如何ニ新聞記事ノ差止ヲヤッテモ、閔元植君ガ暗殺サレタト云フ事實ハ明瞭デアルガ、白晝公然帝都ノ中央ニ於テ斯ノ如キ不祥事件ヲ出シタルコトニ就テ、政府ハ如何ナル責任ヲ感ジテ居ルカト云フコトガ私ノ問ハントスル、主タル要點デアル、此點ニ於テ政府ハ無責任ニモ、一言半句モ答ヘルコトノ無イノハ如何ナル理由デアルカ、閔君ノ思想其他身邊ノ事情ニ就テハ先刻モ一言致シマシタガ、内務大臣モ御承知ノ通リ、此閔元植君ニ對シテハ、上海ニ居ル所ノ例ノ不逞鮮人ノ巣窟デアル所ノ朝鮮獨立假政府ニ於テハ、既ニ死刑ノ宣告ヲシテ、吾々ノ聞ク所ヲ以テシテモ、數回死刑ノ宣告ノ通知ヲ致シテ居ルノデアリマス、政府ハ無論御承知デアラウト思ヒマス、無論上海ニ在ル假政府ノ不逞鮮人ナル者ガ、五人ヤ十人寄ッテ獨立ヲ圖ッタ所デ、到底其獨立ハ不可能デアラウ、況ヤ死刑ノ宣告ナルモノモ、兒戯ニ類シテ居ルモノデアルト言ハレルカ知ラヌケレドモ、兎ニ角相當ノ組織ヲ以テ、外國ノ版圖内ニ公然巣窟ヲ構ヘテ、日本帝國ニ對シテ不軌ヲ圖ッテ居ル鮮人ガ、親日派ノ閔君ニ對シテ死刑ノ宣告ヲシテ居ル、而モ其事柄ヲ發表致シテ居ル此人ガ、日本ニ來ッテ往來ヲスルニ方ッテハ、非常ニ注意ヲスルガ至當デアルニモ拘ラズ、其注意ヲセザル結果今回ノ不祥事ヲ現出シテ、而シテ議員ヨリ公然其責任如何ト質問シタルニ拘ラズ、其責任問題ニ關シテハ、一言半句モ答辯ヲシナイト云フ事柄ハ、甚ダ私ハ無責任デアルト考ヘマス、此閔君ガ東京「ステーションホテル」ノ三階ノ客室ニ於テ殺サレタト云フ事ハ、他ニ重大ナル意義ヲ有ット私ハ考ヘマス、單ニ朝鮮人ガ帝都ニ於テ暗殺セラレタリト云フ事件デハナイト考ヘマス、抑、東京驛ハ如何ナル所デアルカト申シマスレバ、申スマデモナク宮城ヲ距ルコト僅カ數町ノ所ニ在ル、而シテ東京驛ハ或意味ニ於テ世界ノ公道デアル、世界ノ人ノ往來スル所デアル、世界ノ人ガ宿泊シテ居ル處デアル、最モ平和ニナクテハナラヌ、最モ安全デナクテハナラヌ地域デアルト云フコトハ申スマデモナク、此地域ニ於テ床次内務大臣ガ警視總監ニ命令ヲシ、私服巡査ヲ附ケルト云フ程ニマデ保護ヲシタト云フニ拘ラズ、白晝公然暗殺ガ行ハレテ居ッテ、其犯人ヲ其當時直チニ捕縛スルコトガ出來ヌト云フニ至ッテハ、我日本警察ノ威力ト云フモノハ、全然零デアルト私ハ考ヘル、（拍手起ル）纔ニ數日ノ後ニ捕ヘタケレドモ、長崎方面ニ逃亡スルノヲ悠々眺メテ居ッテ、而シテ纔ニ之ヲ捕縛スルコトヲ得タト云フコトニ至ッテハ、我ガ警察ノ無力無能驚クニ堪ヘタリデアルト私ハ考ヘル、殊ニ私ハ今回ノ事件ニ就キマシテ記憶ヲ喚起致シマスガ、（「簡單」ト呼フ者アリ）前年此三菱ケ原ニ於テ一ノ若キ婦人ガ殺サレタコトガアリマス（「簡單々々」ト呼フ者アリ）是モ殆ト十年ノ日月ヲ經過シテ漸ク犯人ヲ捕ヘタ、又先年此立法府デアル――此神聖ナル立法府デアル衆議院ノ門前ニ爆彈ヲ投ジタ犯人ガアッタガ、此犯人モ今日之ヲ捕ヘルコトガ出來ナイ、（拍手起ル、「ドウダ日比谷署長ニナッテハ」ト呼フ者アリ）斯ノ如クニシテ此麹町區内ニ於ケル重要ナル地域ニ於テ、私ハ殆ド無警察ノ狀態ニ在ルコトヲ斷言シテ憚カラヌノデアル、（拍手）之ニ反シテ先年政友會ノ古キ建築物ニ放火セシ者ガアリシ際ニ於テ、其犯人ハ直チニ捕ヘラレテ居ル、（笑聲起ル）政友會ノ諸君ハ御笑ニナッテ居ル方モアルヤウデアルガ、抑、此神聖ナル立法府ノ建築物ガ重要デアルカ、政友會ノ本部ガ重要デアルカ、（笑聲起ル「脱線々々」ト呼フ者アリ）政友會本部ノ放火犯ハ直チニ之ヲ捕ヘルコトガ出來ルガ、立法府ノ門前ニ爆彈ヲ投ジタル重大犯人ハ、今日未ダ一人モ之ヲ檢擧スルコトガ出來ヌ、其無責任無能ナル内務大臣ガ、能クモ晏然トシテ此所ニ坐ッテ居ルト私ハ考ヘル、（拍手起ル、「亂暴ナ事ヲ言フト値打ヲ下ゲルゾ」ト呼フ者アリ）此責任問題ニ就テハ、政友會ノ諸君ガ騷ゲバ騷グホド、アナタ方ガ苦シイト云フコトガ分ル、（拍手笑聲起ル）立法府ノ門前ニ爆彈ヲ投ジタ犯人ヲ逮捕スルコトガ出來ナイ責任ヲ問ウテ、ソレガ何ガ可笑シイノデスカ、私ハ少クトモ此立法府ノ門前ニ投ジタル爆彈ノ犯人ガ未ダ捕ヘラレザルノ一事、内務大臣ハ重大ナル責任ヲ感ジテ居ラナケレバナラヌト考ヘルガ、本件ノ閔君ノ暗殺事件ニ關聯シテ、是ダケノ注意ト是ダケノ保護トヲ以ッテ足レリト云フコトデ、内務大臣ガ依然此答辯ヲ維持スルノ意思アルヤ否ヤ、私ハ甚ダ之ヲ疑フノデアリマス、第四ノ問題ニ就テハ、政府ハ虚僞事實ヲ公表シタコトハ無イト云フ答辯ヲ致サレテ居リマスカラ、水掛論ハ致シマセヌ、無イナラバ無イデソレデ宜シウゴザイマスガ、然レドモ此第四ノ事項ニ就テモ、内務大臣ニ御注意ヲ願ハナケレバナラヌ事柄ハ、政府ガ近時濫リニ差止命令ヲ新聞社若クハ雜誌社ニ傳達スルノ結果、政府自ラノ虚僞ノ事實ヲ天下ニ公表スルコトヲ勸メル譯デハアリマスマイガ、公ノ報道機關タル責任ヲ有ッテ居ル新聞記者並ニ雜誌記者ハ、ドノヤウニカシテ帝都ノ眞中ニ起ッタル重大ナル事件ヲ、天下ニ報道シナケレバナラヌト云フ責任ガアル、此際ニ方ッテ政府ノ差止命令アルガ爲メニ、不知不識ノ間ニ間違ッタ事實ヲ報道スル結果ニ陥ル、或ハ時ニ某重大事件ト云フ文字ヲ用ヰ、或ハ時ニ「○○事件」ト稱シテ、譯ノ判ラヌ記事ヲ書イテ報道スルコトニナルト思フ、是ガ爲メニ政府自ラハ虚僞ノ事實ヲ報道スル譯デハアリマスマイケレドモ、其新聞雜誌ナル公ノ報道機關ヲ經營シテ居ル新聞記者雜誌記者ハ、之ガ爲メニ覺エズ知ラズ國民ノ前ニ誤レル事實ヲ報道スルノ結果ヲ生ズルト云フ事柄ハ、實ニ此報道機關ノ爲メニ遺憾至極ニ堪ヘナイノデアリマス、其結果ハ○○事件ナルモノヲ讀ミ、若クハ某重大事件ナル記事ヲ讀ム所ノ國民ト云フモノハ、不知不識ノ間ニ不安ノ念ニ驅ラレルト云フコトハ、是ハ已ムヲ得ヌ事柄デアル、（拍手起ル）政府ハ最モ公明正大ヲ尙ブベキ立憲治下ニ於テ、報道機關ヲ抑壓シテ、誤レル事實ヲ報道スルノ結果ヲ生ゼシムルト云フ事柄ハ此憲政治下ニ於テ容スベカラザル政治的ノ罪惡デアルト私ハ考ヘル、（拍手起ル）少クトモ政黨内閣ヲ標榜シテ居ル現内閣ノ、容スベカラザル罪惡デアル、ト私ハ斷定シテ憚ラヌノデアル、此意味ニ於テ所謂差止事件ナルモノニ就テハ、政府ハ深甚ナル注意ヲ拂ハレル必要ガアルト考ヘル、然ルニ今日ニ於テハ、無責任千萬ニモ連日新聞社ニ對シテ記事差止ヲ命令致シテ居ル、（「簡單」ト呼フ者アリ）大正九年ニ於テ幾許ノ差止命令ヲ發シタカト云フ事柄ヲ、或筋ニ就テ調査シテ見マスト、實ニ百數十件ニ及ンデ居ル、百二三十件ニ及ンデ居ル、而シテ大正八年度ヨリノ引殘リガ、マダ二十件許リモアルト云フ話デアル、此數字ガ若シ誤ッテ居ラナカッタナラバ、政府ハ隔日ニ一遍位ヰ差止命令ヲ發シテ居ル、此故ニ命令ヲ發シナイ日モアリマセヌカラシテ、發スル日ニハ三ツモ四ツモ差止命令ヲ出シテ居ルト云フ有樣デアル、新聞雜誌記者ハ、此連日ノ天降ッテ來ル所ノ差止命令ノ範圍ヲ切拔ケテ、今日新聞雜誌ヲ經營シテ居ルト云フ有樣デアル、是ハ確ニ言論ノ抑壓デアルト私ハ考ヘマス、如何ニ差止命令ノ權利ガ内務大臣ニ保留シテアルカラト申シマシテモ、連日頻リニ差止命令ヲ發スルト云フヤウナ事柄ハ、法治國ニ於テ、立憲國ニ於テ容スベカラザル事デアルト私ハ考ヘル、此點ハ昨日ノ豫算委員會ニ於キマシテモ、川村警保局長ヨリ多少ノ陳辯ガアッタヤウデアリマスガ、幸ニ此處ニ内務大臣ガ御在ニナルヤウデアリマスカラシテ、直接ニ内務大臣カラ承リタイ、最後ニ一言致シテ置キタイ事柄ハ、是ハ本件卽チ閔君ノ事件ノミニ關シテ聽ク事柄デハアリマセヌケレドモ、一般的ニ承ッテ置キ、又意見ヲ述ベテ置キタイト思ヒマスル點ハ、此差止命令ヲ以テ東京大阪等ノ新聞紙ニ對シテ、頻リニ壓迫ヲ加ヘラレルケレドモガ、朝鮮ノ新聞ニ對スル問題ハ他ノ議員カラ發言ガアリマシタカラシテ今日ハ止メマスガ、私ノ手許ニ只今奈良新聞ト稱スルモノガアリマス、二月十七日附ノ奈良新聞ニ、悉ク此閔元植暗殺事件ト云フモノヲ明瞭ニ記載致シテ居ル、是ハ差止命令ガ行カヌカラデアリマス、政府ハ如何ナル方針デ差止命令ヲ發スルカ知リマセヌケレドモガ、唯ダ東京、大阪、京都ト云フヤウナ大都市ノ新聞紙ノミ差止命令ヲ出シテ、サウシテ此奈良ニ於テ發行セラレル新聞紙等ニ對シテ差止命令ヲ發セヌト云フヤウナ事柄ハ、是ハ方針ガ何所ニアルカト云フコトヲ疑ハザルヲ得ナガ、同ジク是レ新聞紙ニシテ、同ジク是レ言海ノ報道機關ニシテ、一ハ制限ヲ受ケ、一ハ制限ヲ受ケナイト云フヤウナ、不公平千萬ナル差止命令ヲ發スルト云フヤウナ事ハ、是亦内務大臣ハ、報道機關ニ對シテ責任ヲ負ハネバナラヌト考ヘル、殊ニ今回ノ閔元植君ノ暗殺問題ニ就テ政府ノ執レル方針ニ就テハ、後ニ復タ機會ヲ以テ私ハ聽カントス場合モゴザイマスケレドモガ、本日此處ニ御出席ニナッテ居ル内務大臣ニ一言申シテ置キタイト思フ事柄ハ、閔元植君ノ暗殺ハ、一朝鮮人ノ暗殺デアリマスケレドモガ、私ハ此閔元植君ニ對シテ多大ノ同情ヲ持ッテ居ル者デアル、此忠實ニ日本政府ノ諒解ヲ得テ、日鮮同化ノ運動ニ從事シテ居ル所ノ親日派此重大ナル意味ヲ持ッテ居ル朝鮮人ガ、而モ日本ノ帝都ニ來ッテ暗殺セラル、ト云フ事柄ハ、朝鮮内地ニ居リマス所ノ是ト主義ヲ同ジクスル、幾十百万人ノ親日派ヲ脅威スル結果ヲ生ズルト考ヘマス、此幾多ノ親日派ガ脅威セラレル結果ハ、卽チ一大不安ヲ感ズルノデアル、一大不安ヲ感ズル結果ハ、爰ニ一大不平ヲ感ズルノデアル、不平ヲ感ズル其後ハ全ク民心離叛シテ、我ガ大日本帝國ニ對シテ不軌ヲ企ツル所ノ鮮人ト、同一ノ行動ヲ執ルニ至ルノ虞ガアルト私ハ考ヘマス、此意味ニ於テ今回ノ事柄ハ、全ク私ハ内務大臣ノ職責ニ關スル重大ナル事柄デアルト考ヘル、此故ニ本日茲ニ御提出ニナッタヤウナ無責任ナル答辯ニ非ズシテ、直接ニ内務大臣ヨリ此壇上ニ立ッテ責任アル答辯ヲ聽カントスルモノデアリマス、是ハ單ニ日本人ノ聽カントスル所デハナク、吾々ハ幾多ノ親日派ノ鮮人ニ代ッテ此質問ヲ爰ニ言明スル次第デアリマス、ドウカ内務大臣ハ丁寧親切ニデス、單ニ日本人ノ惑ヲ解クト云フニ止ラズシテ、幾多ノ朝鮮人ニ對シテ不安ヲ與ヘテハナラナイト云フ觀念ノ下ニ立ッテ、御答辯ヲ願イタイト思ヒマス、之ヲ以テ私ノ意見ノ陳述ト致シマス

（拍手起ル）

第五　憲兵補ノ恩給ニ關スル法律案（政府提出）　第一讀會

憲兵補ノ恩給ニ關スル法律案

第一條　憲兵補及其ノ遺族ニ關シテハ恩給ヲ給ス

第二條　前條ノ恩給ニ關シテハ憲兵補ヲ陸軍軍人ト看做シ其ノ該當スヘキ軍人ノ等級ハ勅令ヲ以テ之ヲ定メ軍人恩給法ニ依ル

第三條　憲兵補助員ノ明治四十三年九月十二日ヨリ大正八年八月十九日迄ノ勤務日數ハ憲兵補ノ勤務年數ニ之ヲ通算ス

附　則

本法ハ公布ノ日ヨリ之ヲ施行ス

本法ハ大正八年八月二十日以後本法施行前ニ於テ軍人恩給法第五條又ハ第九條ニ規定スル所ニ該當シタル憲兵補又ハ其ノ憲兵補ノ遺族ニシテ本法施行ノ際現ニ生存スルモノニ付及憲兵補ニシテ同法第二十七條第一號又ハ第二號ニ規定スル所ニ該當シタルモノノ遺族ニシテ本法施行ノ際現ニ生存スルモノニ付テモ亦之ヲ適用シ其ノ本法施行ノ際恩給ヲ受クル資格アル者ニ付テハ本法施行ノ日ヨリ恩給ヲ給ス

前項ニ規定スル本法施行ノ際恩給ヲ受クル資格アル者ハ本法施行ノ日ヨリ起算シ七年以内ニ恩給ヲ請求セサルトキハ其ノ資格ヲ失フ

〔馬場政府委員登壇、拍手起ル〕

○馬場政府委員　大正九年法律第十號中改正ノ趣旨ヲ說明致シマス、現行法ニ依リマスト、學校職員及巡査、看守等ガ退隱料ヲ受ケテ居リマシテ、更ニ公職ニ就キマスト云フト、退隱料ノ全部又ハ一部ガ停止セラル丶ノデアリマス、然ルニ昨年大正九年法律第十號ニ依リマシテ、退隱料ガ一般ニ增加セラレタノデアリマス、而シテ其增加ハ昨年八月ニ增俸ヲ致シマシタ前後ノ區別ナク、卽チ差別ナク增加ヲセラレテ居ルノデアリマス、然ルニ今此退隱料ノ支給ヲ停止セラレテ居ル者ガ、現行法通リニ致シマスト云フト、折角ノ增加退隱料ノ支給ヲ受ケナイコトニナルノデアリマス、故ニ茲ニ本案ヲ提出致シマシテ、卽チ此退職當時ノ俸給ト云フモノニ就キマシテ特別ノ規定ヲ設ケマシテ、以テ此增加退隱料ノ恩典ニ浴セシムルコト丶、且ツハ增俸ノ後ニ退職シテ更ニ公務ニ就イタ者ノ退隱料ヲ受クル者トノ間ニ、不權衡ナカラシムルノガ本案ノ趣意デアリマス、何卒御審議ノ上、御協贊ヲ與ヘラレンコトヲ望ミマス

○議長（奥繁三郎君）　山梨政府委員

〔山梨政府委員登壇、拍手〕

○山梨政府委員　憲兵補ノ恩給ニ關スル法律案ノ說明ヲ申ゲ上マス、朝鮮ノ國境ヲ警備セシムル爲メニ、朝鮮ノ憲兵隊ニハ、朝鮮人ヨリ採用致シマスル憲兵補ヲ補足シテ居ルノデアリマス、勿論此憲兵補ハ純然タル軍人デハアリマセヌ、併ナガラ其軍務ノ狀態ハ憲兵ト同樣デアルノデアリマス、且ツ憲兵ノ下士、上等兵、及陸軍一二等卒ノ待遇ヲ受ケテ居ル者デアリマス、本案ハ是等憲兵補ニ對シマシテ、軍人恩給法ノ規定ニ依ル恩給ヲ支給シヤウト云フノデアリマス、ドウカ御審議ノ上御協贊ヲ願ヒマス

○議長（奥繁三郎君）　右兩案ノ審査ヲ付託スベキ委員ノ選擧ヲ議題ト致シマス

○中野寅吉君　原稿ハ長クテモ、話ハ簡單ニ致シマス、（拍手）此問題ハ衆議院ハ勿論、貴族院モ滿場一致通過スルト思ッテ居リマスガ、遺憾ナガラ政府ノ意嚮ガ只今不明デアル、政府ノ意嚮ガ不明ナノハ、此問題ニ對スル、民間ノ實情ノ御解リニナラナイ點ガアル爲メダラウト思フノデアリマス、田中大臣ナゾハ山ノ中カラ出ラレタ人デアルガ、多クハ東京ニ御住居ニナッテ居ルノデ、所謂長袖寛帶ノ人々ニ日ニ〳〵御交リニナッテ居ル爲メニ、田舍臭イ事ハ御忘レニナッタカ知レマセヌガ、少シ許リ實情ヲ申上ゲル、此問題ハ洵ニ簡單明瞭デアル、元々民有若クハ部落有デアッタ土地ヲ返セト云フノデアル、甚ダ簡單明瞭デアル、所ガ返ス方法ニ就テ、今迄ハ政府ガ四ノ五ノ言ッテ居ル、所謂三百代言的ノ態度ヲ以テ、期間ガ經過シタカラ返セナイノ何ノ彼ノト云フヤウナ、卽チ輿論ニ耳ヲ假サナイヤウナ傾ガアル、之ガ爲メニ百姓ハ非常ニ困ッテ居ル、何ヘバ春ノ夢ヲ見テ――財布ヲ拾ッタ夢ヲ見テ明朝其夢ガ覺メタ時ニモ餘リ好イ氣持ハシナイデナイカ、然ルニ元々民地若クハ部落有デアッタモノヲ取上ゲラレテサウシテ、ソレヲ今以テ返サレナイト云フヤウナ、サウ云フ詰ラナイ話ハ無イ、一ノ谷ノ熊谷デナイケレドモ返セ戻セノ聲ガ盛ニナルノハ當前デアリマス、是ハ當前デアル、大正ノ敦盛トモ目スベキ所ノ山本農商務大臣ハ、全ク引返スダケノ勇氣アリヤ否ヤ、確ニアルト思フ、アルト思フカラ、衆議院ハ滿場一致之ヲ通過サセテ貰ヒタイ、サウスレハ必ズ通過スルダラウト思フ、ソレカラ政府ノ方モ通過スルダラウト思フ（笑聲起ル）私ハ言葉ハ分ラナイ、衆議院モ通過過ト思フ、政府デ言フコトヲ肯クコトモ通過ト思フノデアル、ソレデ山ニ住ム者ハ山ヲ以テ生活スル、是ハ當前デアル、海ニ住ム者ハ海ヲ以テ生活スルノガ是ハ當前デアル、鹽ノ製スルトカ、或ハ魚ヲ捕ルトカ――所ガ山ニ住ンデ伐ル木一本モ無イデハ、甚ダ是ハ氣ノ毒ノ次第デアル、此問題ニ就テハ非常ニ困ッテ居ル、ソレカラモウ一ツハ斯ウ云フモノヲ早ク返スト云フコトハ、非常ニ政府デハ惜ガッテ居ルカ知ラヌガ、是ハ愛林ノ思想カラ云ウテモ早ク返シタ方ガ宜イ、林ヲ愛スル思想カラ言ッテ――今ノ返サナイ官林ハ、大抵ハ皆ナ人民ガ惡戯スル、役人ガ一年ヤ半年其所ニ行ッテ實際ノ容子ハ分ルモノデナイ、其土地ニ長ク住ンデ居ッテ元ト自分ノ物デアッタ、元ト部落ノ物デアッタト云フ關係カラシテ、其地味ヲ能ク知ッテ居ル、地味ニ應ジテ其土地ヲ利用スル、卽チ子ヲ觀ル親ニ如カズデアル、官行作業ヲヤッテ居ル、今大林區署デ官行事業ヲヤッテ居ル、官デ行フ事業ト書クサウダコンナ事ハ失敗バカリデアル、炭ヲ燒イタリ薪ヲ出シタリヤッテ居ル、「スリッパ」ナドヲ出シテ見ル、皆ナ失敗ダラケデアル、所謂士族ノ商法デアル、斯ウ云フ事ヲスルヨリハ、矢張其土地ニ通ジテ居ル所ノ者ニヤラシタ方ガ宜シイ、早ク土地ヲ返シテ――又失敗スルモ當前デアル、ソレニハ百姓ノ怨ト云フモノガ籠ッテ居ル（拍手、「ヒヤ〳〵」）ソレカラ今度ハ林ノ前ニ制札ヲ立テ、居ル、官林ニ行ッテ見ルト――林ヲ大切ニシロ、イヤ火ヲ入レルナトカ、又濫リニ入ルナトカ、麗々シイ制札ヲ立テ、居ル、盜伐モアレバ火事モ大ニアル、民有地ニハ制札モ何モ無イガ火事ナドハチットモ無イ、皆ナ此怨ノ爲メニ火ヲ點ケラレル、怨ノ爲メニ泥棒ヲサレルノデアル、ソレカラ此林ニ對スル所ノ今ノ遣方ハ、所謂官本位デアル、民本位デハナイ、民本位――私ハ餘リ慣レナイ言葉デアルガ、此頃能ク流行ッテ來タ「デモクラシー」デアル、林ノ經營モ此「デモクラシー」的ニヤレバ宜シイ、此話ハ僕ハ甚ダ得手デナイ、得手デナイカラ餘リ繰返サナイガ、官本位デヤッテ居ル爲メニ失敗ガ多イ、諸君モ御承知ノ通リ、朝鮮ニハ禿山禿峰、卽チ私ノ頭ノヤウナ山ガ澤山アル、到ル處禿山禿峰デアル、朝鮮ハ何故斯ウカト云フト、官本位ガ祟ッタノデアル、昔江原道ト云フ所ハ非常ニ大森林デアッタ、（「長イゾ」ト呼フ者アリ）モット簡單ニシマス、此江原道ハ大森林デ良材ヲ伐出シタモンダカラ、此景福宮ノ建築ニハ非常ニ良材ノ献納ヲ命ジタ、景福宮ハ我國ノ志士ガ王妃殺シニ入ッタ所デアルカラ能ク分ルダラウガ、非常ニ立派ナ建物デアル、大抵江原道カラ材木ガ來タ、サウスルト無償デ以テ納メナクテハナラヌカラ、今度ハ他ノ平安北道ノ方デモ、或ハ慶尙北道ノ方デモ、林ヲ持ッテ居レバヒドイ目ニ遭フ、江原道ノヤウニ貧乏シテシマウカラ、早ク伐ッテシマヘト云フコトデ、無暗矢鱈ニ山ヲ荒シタモンダカラ、遂ニ只今ノ如キ禿山禿峰ニナッテシマッタ、官本位ハ是ダケノ罰ガ當ル、朝鮮ノヤウニナリタクナイカラ私ハ此所デ多少ノ話ヲスルノデアル、ソレカラ一ツ今ノ國有林ニ對シテ、田舍デハ部分木ト云フモノヲ植エテ居ル、其部分木ノ七分ノ利益ハ民ガ取リ、三分ノ利益ハ官ガ取ル、大抵ソレデアル、或ハ四分六分ノ所ガアル、此部分木ガチットモ育タナイ、育ッ所ハ甚ダ不便ナ所デアル、部分木ヲ植エル人ハ閥元植扱サレテ居ル、閥元植扱――何デ貴樣ハ部分木ナドヲ植エルノダ、（「簡單」「大ニヤレ」ト呼フ者アリ）元ト民地若クハ部落有デアルト云フコトガ貴樣ハ分ラナイカ、民地若クハ部落有デアルト云フコトヲ示スニハ、其土地ハ放ッタラカシテ置ケ、ソイツヲオ前ガ官ニ願ッテ七公三民ニ御願シマスト云フヤウナコトニナルカラ、元ト民地部落有デアルト云フコトデナイ仕事ヲスル、所謂官有地デアルト云フ裏書行爲ヲオ前ハスルノデハナイカト云フノデ、閥元植扱ヲサレル、何モ參政意見ナドハ要ラナイ、國權恢復スレバ宜イヂヤナイカト皆ナ言ッテ居ルノデス、ソレデ此部分林ノ濫伐ト云フコトガ多イ、ソレカラ部分木ヲ植エタ人ハ、大抵其部落デハ餘リ對手ニサレナイ、小林區ノ役人ナドハ區長ノ所ヘ行カナイデ、部分木ヲ植エタ所ヘ行クノデ、彼奴ハ密告バカリシテ居ル奴ダ、稅金ナドハ少シ餘計ニ課シテヤレト云フノデ、村會ナドデ儲ケガナクテモ上ノ方ニ等級ヲ上ゲラレテ居ル、斯ウ云フ理由デ山ノ利用ハ今ノヤウニシテ置クト、有ユル方面ニ百姓ノ怨ガアッテ迚モ駄目ダ、ソレカラ水源涵養デモサウデアル、水源地ハ官有デアルガ、其水源カラ出ル所ノ水ヘ民有ダ、サウシタナラバ首尾一貫シタ所ノ產業政策ガ付クモノカ、斯ウ云フコトモ分ラナイ、ソレカラ馬ノ話デモサウダ、馬ハ秣草ガ足リナイ爲メニ痟馬バカリ出來ル、痟セタ牛バカリ出來ル、イザ鎌倉ト云フ時ニハ直チニ出合フコトガ出來ナイ、戰ノ上ニモ產業ノ上ニモ、馬ト云フモノハ最モ必要デアル、佐野源左衞門常世ノヤウニ、痟馬ニ鞭ッテハ迚モ此戰ニ勝ヲ得ルコトハ出來ナイ、ソレカラモット酷イ事ヲ私ハ紹介シマセウ、斯ウ云フ事ハ澤山ハ無イガ、盜伐組合ト云フコトガアル、露骨ニ言ヘバ犯罪組合、是ハ已ムナクヤルノデアル、例ヘバ其部落ノ溜池ヲ修繕スル爲メニ木材ガ要ルトカ、或ハ道路橋梁ヲ修繕スル爲メニ木材ガ要ルト云フ際ニ、迚モ貧弱ナ部落デハ買フコトガ出來ナイカラ、已ムナク官材ヲ盜伐スル、サウシテ部落全體ヲ牢ニ入ルト云フコトハ非常ニ困ルカラ、其中ノ中野デアルトカ加藤デアルトカ云フ者ヲ指定シテ、サウシテ其部落ノ犧牲ニナルノデアル、決シテ此木ヲ賣ッタ爲メニ土藏ヲ建テタトカ、田地ヲ買フノデハナイ、此犯罪ヲ行ハナケレバ、其日ノ生活ガ出來ナイト云フコトハ、洵ニ悲慘事中ノ悲慘事ト謂ハナケレバナラヌト云フノデアル、（拍手起ル）斯クスレバ斯クナルモノト知リナガラ、已ムニ已マレヌ所ノ犯罪組合デアル、（拍手起ル、「旨イ〳〵」ト呼フ者アリ）今少シデス、（「面白イ面白イ」ト呼フ者アリ）ソレカラ肥料ノ話デスガ、此間モ肥料ノ話ヲシマシタカラ是ハ省キマス、（「ヤレ〳〵」）イヤ是ハ省キマセウ、此間モ肥料ノ話ヲシタ、餘リ此議場ヲ腐ラカシテモイケマセヌカラ、モウ一ツハ地方ニ於テ唯一ノ樂ミトシテ居ル所ノ茸狩ノ遊茸狩ノ遊デアル、是ハ近來チットモ無クナッテシマッタ、東京ニ住ンデ居ル人ハ、今日ハ上野ヤ淺草ヤ、明日ハ何所ニ向島、京都方面ノ人ナラバ御室、飛鳥山、祇園トカ、サウ云フ所ニ杖ヲ曳イテ、數日ノ苦勞ヲ慰スルコトガ出來ヤウガ、田舍デハサウ云フ事ガ出來ナイカラ、一年ノ中ニハ茸狩ト云フ事ヲ唯一ノ樂ミトシテ居ッタ、所ガ萱一本取ルニモ金ヲ納メナケレバナラヌカラ、洵ニ此樂ミハ無クナッタ、朝早クカラ闔出シテ、サウシテ今日ハ萱苅デアルト云フノデ、老若男女皆一升樽ヲ提ゲテ、或ハ重詰ヲ持ッテ山ヘ登ル、私ハ實際ノ話ヲ言フ、實際ノ話ヲ言ハナケレバ、田中君ナドハ一生懸命ニナッテ呉レヌカラ、甚タベタツケデ面白クナイガ——百姓染ミタ話ダガ、ソレヲ言ハナケレバ政府ノ決心ヲ促スコトガ出來ナイ、今ノ萱苅ノ際ニハ、年頃ノ娘ナドハ萱ヲ押付ケラレテ——山カラ採ッタ萱ヲ押付ケラレテ、顔ヲ眞赤ニスルヤウナコトモアルノダ、サウシテ朝カラ晩マデ飲盡シ、唄ヒ盡シ、踊リ盡シテ、サウシテ子女兩三醉ヲ扶ケテ歸ルヤウナ此光景ト云フモノハ、全ク田舍デナケレバ見ルコトハ出來ナイ、此間ニ剛健質朴ナ思想ガ養ハレルノデアル、ソレヲ只今デハ一日遊ブニハ四圓トカ五圓ノ金ヲ持ッテ行カナケレバ遊ブコトガ出來ナイカラ、此唯一ノ樂ミモ奪取ラレテシマッタ、ソレデ此問題ニ就テ衆議院ヲ通過シテ居ルコトハ五回デアル、モウ輿論モ輿論大輿論デ、五回モ通過シテ居ル、ソレデ良輩議員ノ提案デアル、新割議員ノ提案デアルカラ、ソンナモノハ葬レト言フナラバ承知ガ出來ナイ、山ノ神様ノ暴レ方ハチットヤ暴レ方ガ違フ、徹底的ニヤル、ソレデ此問題ハ既ニ國民ノ輿論デアルカラシテ、ドウシテモ政府ニ於テモ、十分決心ノ臍ヲ固メテ掛ッテ貰ハナケレバナラヌ、若シ之ヲ等閑ニ付スルヤウナコトガアッタナラバ、大ニ此山神ニ信心ヲシテ、大暴レニ暴レナケレバナラヌ、輿論ニ反クト云フコトハ、即チ政府瓦解ノ端ヲ開クノデアル、若シモ政友會政府ガ瓦角ノ端ヲ開クコトアリトスレバ、即チ此山ノ問題ガ發端デアルト思フノデアル、(拍手起ル)何卒今申上ゲタ事ハ地方ノ土臭イ問題デ、諸君ノ奇麗ナ御耳ニ入レタノハ洵ニ申譯ナイガ、(「ノウ〜〜」)併シ百姓ハ百姓ラシク話ヲシテ、實際ヲ訴ヘナケレバ徹底シナイノデアル、(拍手起ル)政府ニ於カレマシテモ今申上ゲタ外ニ、尚ホ此位モ材料モアルノデアルカラ、喋舌レト云フナラバ、農商務省ニ行ッテ二日デモ三日デモ喋舌ッテ上ゲマス、ドウゾ此問題ハ輿論ノ發トシテ、速ニ政府ニ於テモ御同意下サルヤウ、又此衆議院ニ於キマシテモ、滿場一致此問題ニ御賛成下サルコトヲ、此壇上ヨリ切ニ御願致シマス(拍手起ル)

第五　決議案（齋藤總督ノ朝鮮統治ニ關スル件）（三木武吉君提出）

決議案

決議

齋藤朝鮮總督ハ朝鮮統治ニ關シテ誠意ナキモノト認ム

右決議ス

〔小山松壽君登壇、拍手起ル〕

○小山松壽君　諸君、日韓ノ兩國併合ノ意義ニ照シマシテモ、又明治大帝ノ聖旨ヲ奉體致シマスル次第カラ考ヘマシテモ、去ル二十五日中野正剛君提出ノ、朝鮮統治ニ關スル調査機關設置ニ就テノ建議案ハ、外ハ國際關係上ニ帝國ノ威信ヲ保持シ、内ハ千七百万人ノ新同胞ノ福利ノ増進ノ將來ヲ考ヘマスル點カラ見マシテモ、極メテ重大デアリマシテ、之ガ爲メニ提出者ノ説明ハ、懇切ニ丁寧ニ質疑ハ十分ニ應答アリマシテ、討論ハ愼重ニ盡サレタノデアリマス、然ルニ當日ノ光景ハ諸君ノ御覽ノ通リ、此壇上ニ於テ諸君ノ述ベラレマシタル其趣旨ガ言々適切、爲政者ノ宜シク採ッテ其資料ト致サナケレバナラヌニ拘ラズ、一議員ノ齋藤總督ノ手許ニ往ッテ私語スルヤ、總督倉皇トシテ政府委員ノ席ヲ離レ、而シテ其質疑ノ必要上其出席ヲ要求スルノ急ナルヲ看テ、本院ヲ退院セラレタルコトハ議長宣告ノ通リデアリマス、其職責上斯ノ如キ重大ナル案ノ議會ニ提出セラレタルニ際シマシテハ、現下ノ情勢ニ鑑ミテ、總督親ラ其所信ヲ披瀝シテ、以テ鮮民ノ動搖ニ對シテ、其心アル所ヲ盡サナケレバナラヌ、若又總督ガ所用アッテ、已ムヲ得ザルコト、致シマスルナラバ、水野總監在ルアリ、其部下ヲシテ斯ル機會ニ於テ、其趣旨ヲ辯明セシメナケレバナラヌニモ拘ラズ、一言モ之ヲ公ニスルコトナシト云フニ至リマシテハ、議院ヲ侮辱シ、其職責ニ忠ナラザル者ト私ハ認メルモノデアリマス、（拍手起ル）對鮮政策ニ關シマシテ、吾々ハ甚シク之ヲ憂慮シ、遺憾トスルモノ多イノデアリマス、斯ノ如キ不誠意ハ、斷ジテ默過スルコトガ出來ヌガ故ニ、本案ヲ提出スル譯デアリマス、抑、朝鮮統治ノ大本ハ、明治大帝ノ煥發シ給ヘル詔勅ニ瞭カデアリマシテ、復タ架説ヲ要シマセヌ事デアリマス、十年ノ治績ニ見マシテモ、一波治リテ一難來ル所以ノモノハ、之ヲ遠因ト致シマシテハ、兩國併合ノ當初、其處置ノ宜シキヲ得ザリシ事モ亦數フベキ一デゴザイマセウ、併ナガラ之ヲ近因ト致シマシテハ、武人治ニ臨ムニ苛酷ヲ以テシ、表面ニ現ハレタル反抗ヲ鎭壓スルニ專ラニシテ、其中ニ在ル所ノ不平不滿ヲ除去シ、福利ヲ圖リ、以テ我皇ノ徳澤ニ悦服セシムルノ策ヲ缺イタト云フコトガ、主ナル原因ト認メナケレバナリマセヌ、（拍手起ル）合邦ノ政策ニ就キマシテハ、先進國ノ歴史ニ此間ノ消息ヲ詳ニ語リ、事實ハ雄辯ニ致シテ居ル譯デアリマス、一昨年ノ騷擾以來、輿論ハ武官制度ノ撤廢ヲ根本義ト致シテ論議致シマシテ、遂ニ同年八月十九日改革ノ大詔發セラル、ニ先ダチマシテ、長谷川總督ハ其責ヲ引イテ職ヲ退キマシタ、茲ニ更始一新、必ズヤ人心ヲ新タニスベク、世人ハ多クノ期待ヲ持ッテ居ッタノデアリマス、然ルニ事實ハ全ク裏切ヲシテ居リマスル、其第一ハ時代錯誤ノ人選ト、總督ノ出處ヲ愆リタル事デアリマスル、既ニ制度ヲ變革シ、時代ニ順應スベク文化政策ヲ行ハントナラバ、其意義ヲ徹底ナラシムル爲メニ、名ニ於テモ正シク、同時ニ實ニ於テモ正シクナケランケレバナラヌノデアリマス、然ルニ齋藤實氏ヲ起用セシト云フガ如キコトハ、名實共ニ失ヒタルモノト批評致シテ居ル譯デアリマス、（拍手起ル）之ガ實ニ第一誤謬ノ端ヲ發シタ事デアリマス、而モ政府ハ此任命ニ對シ、釋明ヲ發スルノ滑稽ヲ演ジテ居リマスル、其當時新聞紙ニ依ッテ公ニセラレタル釋明ニ曰ク、朝鮮總督ハ軍人ガ任命セラレタル場合モ、軍職トシテニハ非ズシテ、文官トシテ就任スルコト、ナリ、齋藤大將ニ於テモ大將トシテニハ非ズシテ政治家トシテナリ云々ト言ハレテ居ル譯デアリマス、果シテ政治家トシテ其材ヲ用井ントナラバ、何故ニ軍職ヨリ退隱シタル公敵、社會ノ陰人ヲ現役ニ復スルノ必要ガアッタデアリマセウカ、（拍手起ル）若又舊官制上已ムヲ得ザル所ノ任命デアルトシタナラバ、何ガ故ニ八月十二日ノ任命、而モ旬日ヲ出ズシテ、其同月ノ十九日ノ新官制ノ發布ト共ニ任命セラレシモノデアリマシタカ、此事ハ總テ治鮮上ニ一大障礙ヲ來スノ原因トナッテ居リマス、其反響ハ如何デアリマシタカ、當時御用新聞ノ京城日報ノ其態度、及新聞電報ノ報道シタル所ヲ綜合シテ見マスレバ、齋藤總督任命ノ報アリ、御用紙京城日報ハ頻リニ之ヲ打消シ、其虚ナル旨ヲ以テ、動搖ヲ抑ヘテ居リマシタ、併ナガラ愈、事實ナルニ及ビテハ、唯ダ沈默致スバカリデアリマス、鮮人ハ、官制ヲ改革シテ尚ホ武官ヲ任命セル政府ノ不眞面目ヲ非難シ、先ヅ青年團ノ奮起スルアリ、冠履顚倒ノ極ト言ヒ、自家撞著ヲ論難シ、羊頭狗肉ノ甚シキモノト異口同音ニ「武官政治ニ厭キタル吾等ハ、又齋藤大將ノ任命ヲ見ル吾等ハ、其爲人ヲ知ラザルモ、唯ダ「シーメンス」事件ノ海軍大臣タリシコトヲ記憶スルノミ」斯ノ如ク熱罵シ、斯ノ如ク冷笑致シテ居リマシタ、果セル哉、九月二日新總督ハ無前ノ警戒威壓ヲ以テ着任ヲ致シマスヤ、南大門ノ爆彈事變アリ、其當時東京驛「ホテル」ニ滯在致シテ居リマシタ宋秉畯氏ハ、此報ニ就テ何ト批評致シテ居リマス、其批評ニ曰ク「有識階級ハ無謀ナル擧ニ與ミシナイ、穩健ナル一派鮮人ト雖モ、新總督ニ對シテハ既ニ信頼ヲ持タナイ、何故ナラバ今回ノ詔勅ノ御趣旨、官制ノ趣意ヲ事實ガ裏切ッテ居ルカラデアル」、總督赴任前ノ遣方ガ、政策ヲ誤ッテ居ルト批評致シテ居リマスル更ニ第二ハ治鮮策動搖シ、秕政隨處ニ起ッテ居ル有様デアリマス、齋藤總督ノ談ニ依レバ朝鮮ニ縁故ハ薄イ、曾テ大正二年ノ春頃ニ、唯ク一回朝鮮ニ足ヲ停メタコトガアルノミデアッテ、何等ノ理解ヲ持タナイ、水野總監亦然リデアリマス、任地審カナラズシテ而シテ、事功ニ急ナルノ餘リ、憲兵制度ノ撤廢、自由解放ノ政策等其運用ヲ誤リ、結果ハ悉ク蹉跌致シテ居リマス、（「ノウ〳〵」「ヒヤ〳〵」）教育ノ方針ト云ヒ、產業政策ト云ヒ、調査ニ名ヲ藉リ基礎ハ未タ定ラズ、任ニ在ルコト既ニ一年有半以上ニ達シ現レ來ルモノハ醜怪ナル事實ノミデアル、過日ノ當議場ニ於テ、朝鮮通ナル私ノ友人政友會ノ牧山耕藏君ノ所論モ承リマシタガ、遺憾ナガラ内容甚ダ乏シクシテ、其要領ヲ申シマスレバ唯ダ斯樣デアル、現内閣ハ植民統治策ニ努メテ居ル、官制改革モ英斷ヲシタ、寺内總督マデノ過去十年ノ治鮮策ハ財政經濟ノ消極的持久政策ノ施設ノ爲メ、經營開發遲滯ヲ來タセシガ、現内閣成立後ハ大ニ積極方針ヲ執リ、大正九年度ノ豫算一千万圓ヲ中央國庫ヨリ補助シ、十年度ニハ更ニ一千五百万圓ヲ増加シ、開發施設ヲ爲シ云々トアルノミデアリマス、之ガ爲メニ斯ノ如キ治績ガアル、斯ノ如キ事項ガアルト云フコトニ對シテノ、具體的ノ御話ハ一モアリマセヌ、唯ダ調査ト云フコトノミデアリマス、會社令ヲ撤廢シテ、資金ノ連絡融通ヲ計ッタト云フヤウナコトモ御演説中ニアリマシタガ、此資金ノ連絡融通ヲ計ルト云フコトガ、反面ニ於テ其宜シキヲ得ズシテ、却テ惡政醜聞ガ此間ニ流レテ參ッタノデアリマス、（拍手）我黨ノ山道襄一君ノ演説ニハ斯樣ニ指摘シテアリマス「一體文化政策ヲ施サザル以前、寺内總督、長谷川總督ノ時代ニハ、統治其モノニ對シテハ、相當ノ非難モアリ攻撃モアリマシタガ、未ダ曾テ醜イ聞キ苦シイ事件ハ無カッタノデアル、然ルニ文化政治施カレテ以來、官有地拂下事件、營林署拂下事件、或ハ輕便鐵道ノ事件、取引所事件、官民雙方ニ渉ル甚多ノ非難ハ數限リナイ程アッテ、或ハ役人ニシテ役人ノ體面ヲ汚ス行爲ヲシテ居ル甚多ノ事實ガアル」斯ウ明言致シテ指摘シテ居ルノデアリマス、憲兵制度ノ徹廢ノ如キ、其運用宜シキヲ得ザルガ爲メニ、服ハ變リマシテモ中味ハ同ジデアリマス、而シテ一道千人ノ憲兵ヲ以テ、其治安ヲ維持シテ居リマシタモノガ、十三道一万三千人ノ憲兵、今日ハ二万人以上ノ巡査ヲ以テシテモ、尚ホ維持スルコトガ出來ナイト云フ狀態デハアリマセヌカ、（拍手）而シテ國庫ヨリ——中央國庫ヨリ補助致シテ居リマスル所ノ國費ノ大部分ハ、是等ノモノニ費サレツヽアル譯デアリマス、而シテ更ニ永井柳太郎君質疑ノ朝鮮自治ニ關スル要求、中央地方政治ノ諮問機關ノ設置、朝鮮內地雙互關稅ノ關係等、數項ニ亙リマシタ質問ハ、實ニ此場合總督トシテハ一言ナケレバナラヌモノデアリマス、就中關稅問題ノ如キニ至リマシテハ、政友會ノ鈴木錠蔵君ハ、此間ノ消息ヲ審ニサレテ居ルコト、思ヒマス、關稅定率改正ニ關スル法律案、此委員會ニ於テ大塚常三郎君ノ答辯、其政府委員トシテノ答辯ニハ、大正九年限リ之ヲ廢止スル、又「朝鮮ノ新施設」ト題スル冊子ニモ此事ガ明瞭ニ記載サレテアリマス、然ルニモ拘ラズ、大正十年度ノ豫算ニ此事實アルニ拘ラズ、歲計ニ計上サレテ居ル譯デアリマス、事實ハ全ク裏切ッテ居ル譯デアル、所謂二枚舌トモ稱スベキ所ノ茲ニ事實ヲ見ル譯デアリマス、而モ是等ノ重大ナル質問ニ對シ何等ノ答辯ナク、其時ノ狀態ハ如何デアリマスルカ、徒ラニ與黨ノ諸君ガ騷擾シテ、而シテ此質問ヲ沮止シヤウト致シタノデハアリマセヌカ、大ナル失態ヲ重ネテ居ル譯デアリマス、（「質問ノ時機ガ惡カッタ」ト呼フ者アリ）武官總督ノ時代ニ於キマシテハ、善意ノ惡政ナリト評シテ居リマシタガ、新總督ノ政治ハ、惡意ノ惡政ナリト彼等ハ評シテ居リマスル、（拍手起ル）合邦ノ大事業ヨリ今日ニ至ル迄、深ク思ヲ此ニ致シテ居リマスル內田良平君ガ、吾々ニ致シマシタル此「朝鮮統治問題ニ就テ」ト題シマスル一小冊子ハ、深ク此間ノ事情ヲ詳ニシ、治鮮策上最モ聽クニ足ルモノト考ヘマスル、私ノ所論ヲ進メマスル代リトシテ、茲ニ內田良平君ガ心血ヲ以テ原總理大臣、及田中、野田兩相ニ送リマシタル書ヲ朗讀致シテ見マスル、其文ニ曰ク「朝鮮人ノ排日感情ヲ一掃シ同化ノ實ヲ擧ゲント欲セバ人心惡化ノ原因ヲ討ネ彼等ヲシテ必ラズ先ヅ其心ヲ安ンセシメ而シテ後彼等ヲシテ爲政者ニ信頼スルノ念ヲ起サシメザル可ラズ凡ソ政ハ信無クシテ行ハレズ今ヤ鮮人等我ガ政府ノ一々合邦當初ノ期待ニ反スル結果ヲ見大ニ憤恨シテ理論ヲ超越セル感情ノ激動トナリ日本ヲ信頼スル念慮毫モ存セザルノミナラズ却テ嫌忌反抗スルノ狀殆ド其極ニ達シツヽアリ

故ニ刻下ノ急務ハ爲政者ガ彼等ノ感情ヲ融和シ日本ヲ嫌忌スルノ念ヲ驅逐スルヲ措キテ他ニ求ムル可ラズ然レドモ是ニ處スルノ途ハ尋常手段ヲ以テシテハ到底克ク彼等ニ滿足ヲ與ヘ其反感ヲ一掃セシムル能ハザルナリ蓋シ感情融和ノ道ハ鮮人登用、待遇無差別一般人民ヲシテ些ノ壓迫ヲ感ズル事無カラシムルニ存ス同時ニ行ハザル可カラザルモノハ鮮人生活ノ保障是ナリ、生活ノ保障ニシテ確立センカ彼等ノ信賴心ハ湧然トシテ起リ同化ノ端始メテ此ニ發生スルニ至ルベシ由來鮮人生活ノ脅威ハ田制ノ頹敗ニ在リ之レ合邦以前鮮民ノ忍ブ能ハズト爲セシ所ニシテ合邦後多少ノ改革行ハレシト雖モ諸種ノ事情ハ彼等ノ生活上何等裨益スル所無カリシ爲、彼等ハ耕地ノ滅失ニ由リテ益、生活不安ノ狀態ニ陷リ、年々四方ニ離散シツヽアリ故ニ是等ニ對シテ既出屯土ノ如キモノヲ直接從來ノ小作人ニ拂下ゲ其生活ヲ安全ナラシムルヲ可トス是レ漢帝雍齒ヲ封ジタルヨリモ人心ヲ安ンゼシムルニ效果ヲ奏スベキ良法ナリ昨年鮮人騷擾以來總督府ハ漸次彼等ノ自由ヲ解放シ銳意其治ヲ圖リシト雖一事ヲ弛フスレバ忽チ一難ヲ生ジ進退之レ窮スルノ狀態ニ陷リタリ其然ル所以ノモノハ總督府先ヅ自己ノ威信ヲ立テズシテ徒ラニ自由ヲ鮮人ニ與ヘ其歡心ヲ求ムルニ急ナリシガ爲メナリ而シテ其結果ハ憲兵制度ヲ廢スレバ軍隊ノ力ヲ借ルニ非ラザレバ其治安ヲ維持スル能ハズ言論ノ自由ヲ許セバ忽チ當局攻擊排日鼓吹ノ新聞紙ト化シ遂ニ母國ニ迄モ危險ヲ感ゼシムルガ如キ事件ヲ發生シ已ムヲ得ズシテ再ビ取締ヲ嚴ニスレバ鮮人ヲシテ益、壓迫ヲ感ゼシムルガ如キ狀態ヲ呈スルニ至レリ此ノ如ク本ヲ治メズシテ徒ラニ其末ヲ追フノ政策ニ齷齪タランニハ偶、以テ鮮人ヲシテ總督政治ヲ輕侮セシムルニ過ギザルノミ總督府ニシテ眞ニ克ク自己ノ威信ヲ立テ統治ノ任ヲ全フセント欲セバ先ヅ其賞罰ヲ明ニシテ苟クモ功勞アルモノハ斷ジテ之ヲ沒スルガ如キ事アルベカラズ功勞アルモノニ對シ棄テ、顧ミザランカ爰ゾ其信賴ヲ求ムル事ヲ得ンヤ今事實ニ就テ之ヲ見ルニ明治十六年以來鮮人ノ親日主義ヲ抱キ其主義ノ爲メニ殉ゼシモノ決シテ少ナカラズ而シテ其遺族ハ何レモ何等顧ミラレザルナリ偶、尚生存セル志士ニ至リテモ冷遇酷待往時日本ト深甚ノ關係アリシモノトハ思ハレザルノ現狀ニ在リ如此ニシテ彼等ヲシテ其恨ヲ抱カシメザラント欲スルモ能ハザルニ非ズヤ彼等ガ日本ニ信賴セザルノミナラズ擧ゲテ嫌忌スルニ至レルモノ固トニ故ナキニアラザルナリ」ト書イテ居リマス、（拍手起ル）要スルニ第一齋藤總督ノ出處ヲ誤レル時代錯誤ノ爲メニ、文化政策ハ根本ニ動搖シ、適從スル所ヲ知ラザルト云フコト、第二政令之ガ爲メニ行ハレズ感信失墜シテ早ク既ニ秕政ヲ見ル、此二點ガ只今申上ゲタ大要デアリマス、齋藤總督ニシテ良心ヲ有シ、心臟ノ鼓動ヲ感ゼラル、ナラバ、須ク自省ヲ表現セラレテ可ナリト信ジマスルモノデアリマス、今更ニ施政ノ末ヲ論ジ、之ヲ批評スルガ如キハ、山容ヲ整ヘズシテ其河川ノ流域ヲ批判スルト同樣デアルト考ヘマス、（拍手起ル）私ハ爰ニ一言ヲ附シマス、若シ黨利黨勢ノ資源ヲ圖ルニ汲々トシテ、中央並ニ地方政治ノ荒廢ヲ念トセザル政黨アリトシテ、其威力ヲ以テ機會ヲ利用スルナラバ、今日ノ如キ齋藤總督ノ立場ニ於テ、隨處ニ彼ノ公盜ト稱スル叢簇出スルニ至ルベク、（拍手起ル）斯クテハ國政ノ爲メニ痛嘆スベク、又人ヲ誤ルノ根本デアルト考ヘマスルガ故ニ、此覺醒ヲ希望スルモノデアリマス、諸君ノ御賛成ヲ請ヒマス（拍手起ル）

○議長（奧繁三郎君） 木下謙次郎君

〔木下謙次郎君登壇、拍手起ル〕

○議長（奧繁三郎君） 三枝君、成ベク御自身ノ席ニ著カレルコトヲ望ミマス

○木下謙次郎君 本案決議ノ注意ハ三點デアリマス、第一點ガ二月二十五日朝鮮統治ノ問題ニ就テ、本議場ニ於テ討議ノ際ニ、齋藤總督ガ當議場ニ出席シナカッタ、或ハ途中ニ退席シタト云フコトガ非難ノ一デアリマス、第二ハ其議場ニ於テ總督ガ何等意見ノ開陳ヲシナカッタト云フコトデアリマス、第三ハ一般ノ朝鮮統治ニ關スル不信任ノ批判デアリマス、第一ノ出席ノ有無ノ問題デアリマスルガ、此問題ハ單純ナル形式論デアリマシテ（「ノウ〳〵」）官僚臭味ノ時代ニ於テハ、斯樣ナ事ガ問題ニナッタコトガアルノデアリマスガ、苟モ新時代ヲ代表スル大政黨ノ言議トシテハ、如何ナモノデアリマセウカ、殊ニ出席ノ有無ヲ以テ其人ノ誠意ヲ疑フトスルナラバ、諸君ノ中ニモ隨分御缺席ノ御方ガ多イヤウデアリマスルカラ、（「ヒヤ〳〵」）誠意ノ問題ハ如何デアリマスカ、殊ニ諸君ノ總理タル加藤子爵ガ、貴族院ノ議席ニ御出席ニナルコトハ甚ダ少ナイト云フコトヲ聞イテ居ルノデアリマスガ、（「問題ガ違フ」ト呼フ者アリ）貴族院ノ議場ニ出席ノ無イコトガ、直チニ加藤子爵ノ誠意ヲ疑フト云フコトヲ斷定スルコトハ、是ハドウモ早計デアラウト考ヘマスカラ、（「ヒヤ〳〵」）私ノ斯ノ如キ形式論ヲ以テ當議場ノ問題トスルコトハ、甚ダ好シカラヌヤウニ考ヘルノデアリマス、（「ヒヤ〳〵」、拍手）又第二ノ意見ヲ開陳シナカッタト云フコトガ問題ニナッテ居ルノデアリマスルガ、二十五日ノ議場ニ於テ討議サレテ居リマシタ問題ハ、或事ヲ議會ガ行ハントスルコトニ就テ討議ヲ致シタノデアリマシテ、政府或ハ總督府ニ直接ノ關係ナキ事デ、衆議院ニ議席ヲ

(與議長議長席ヲ退キ粕谷副議長代リ著席)

有セザル所ノ政府ノ一ノ官吏ガ、議院内ニ於ケル決議ニ對シテ可否ノ容喙ヲ爲スコトハ、寧ロ議院ノ權威ノ上ヨリ、餘リ好マシカラヌ事デアルト私ハ考ヘルノデアリマス、(拍手)齋藤總督ガ自重シテ發言ヲ差控ヘラレマシタコトハ、何等非難スベキ理由ニハ相成ラヌト私ハ信ズルノデアリマス、(拍手)若シ諸君ガ總督ノ意見ヲ徵スル必要ガアルナラバ、總督ノ出席シテ居リマスル際ニ、諸君ハ宜シク通告ヲシテ置イタラ宜イデハナイカ、其通告ガ議院法四十八條ノ規定ニ依ラザルコトヲ理由トシテ、總督ハ發言ヲ拒ムモノデハナイノデアリマス、寧ロ發言ノ機會ヲ得タルコトヲ欣フデアラウト考ヘルノデアリマス、然ルニ諸君ハ出席中ニハ何等ノ通告ヲモ爲サズ、退席後ニ至ッテ永井君ノ如キハ俄ニ此演壇ニ馳登ッテ、(「俄カデハナク」ト呼フ者アリ)足ガ御惡イカラ俄デハナカッタ、(笑聲起ル)是ハ取消シマスルガ、此演壇ニ御登リニナリマシテ、最初提議者ニ對スル質疑デアルベキモノヲ、俄ニ其內容ヲ一變シテ、總督ニ對スル彈劾カ質問カ分ラヌヤウナ御演説ガアッタノデアリマスルガ、諸君ハ總督ニ對シテ發言ノ機會ヲ與フルコトヲ爲サズシテ、而シテ發言シナイノガ惡ルイト言フノハ、是ハドウモ諸君ノ方ガ御無理デアラウト私ハ考ヘルノデアリマス(拍手起ル、「逃ゲタノハドウカ」ト呼フ者アリ)諸君、世ノ中デ對手ノ不在ヲ見計ッテ、隨分大法螺ヲ吹ク人ガアリマス、(笑聲起ル)世俗ニ之ヲ名ッ付ケテ陰辨慶ト申シマスガ、(拍手起ル)私ハ永井君ハ必ズシモ陰辨慶デアラウトハ考ヘマセヌガ、併ナガラ本日提案サレタ所ノ此彈劾案ノ理由ガ、餘リニ薄弱ナル點ヨリ考ヘテ見マスレバ、(「ソンナ事ヲ言フ資格ガアルカ」ト呼フ者アリ)如何ニモ陰辨慶ノテレ隱シデハナイカト思ハレル點ガアルコトハ、甚ダ遺憾ニ思フ次第デアリマス、(拍手)第三ニ一般統治ノ問題デアリマスルガ、此問題ハ小山君大キイ聲ヲ御出シニナリマシテ、何カ六ケシイ書物カ何カヲ朗讀ナサイマシテ、大ニ威勢ヲ御作リニナリマシタガ、要スルニ是ハ今少シク文化政策的ニ朝鮮ヲ治メロト云フ議論デアルノデアリマス、今少シク「ハイカラ」ニ朝鮮ヲ治メテハドウカ、斯ウ云フ議論ノ趣意ハ承ルノデアリマスガ、此議論ハ私甚ダ朝鮮ノ事ニ無學デ御對手ガ出來ヌカラ存ジマセヌガ、後トカラ朝鮮ノ事ニ精通ヲ致サレテ居リマスル同僚山崎君ガ、此演壇デ十分薀蓄ヲ披瀝シテ御對手ニナル筈ニナッテ居リマス、隨テ私ハ重複ヲ避ケル爲メニ、統治問題ノ論議ヲ差シ控ヘマシテ、茲ニ加藤子爵ノ――即チ諸君ノ總理デアル所ノ加藤子爵ノ朝鮮統治ニ關スル意見ヲ引用シテ、諸君ノ議論ト對照スルコトヲ御許ヲ願ヒタイト思フノデアリマス(拍手)加藤子爵ノ朝鮮統治ニ關スル意見ハ、昨年十月七日東北大會ニ於ケル演説ノ一節ニ發表致サレテ居リマスル、又今年一月二十一日ノ憲政會大會ニ於ケル演説ニ於テモ發表サレテ居リマス、私ハ之ヲ朗讀致シマシテ、諸君ノ記憶ヲ喚起シヤウト考ヘマス、(拍手、「必要ナシ」ト呼フ者アリ)能ク御聽ヲ願ヒマスガ、(「能ク聽ケルモノカ」「靜ニ聽キ給ヘ」ト呼フ者アリ)「政府當局ハ將來朝鮮ニ自治制度ヲ行フヲ目的トシ鮮人ヲシテ漸次自治ニ慣熟セシムルガ爲メニ嚮ニ地方制度ニ改革ヲ加ヘタリ是余ノ意ヲ得タルモノニシテ――余ノ意ヲ得タルモノニシテ自今鮮人ノ慣熟ニ伴ウテ漸次完全ナル自治制度ノ施行セラル、ニ至ランコトヲ望ムモノナリ」現政府ノ方針ニ全然贊成ヲ致シテ居リマス、一月二十一日ノ大會ニ於ケル演説ハドウデアルカ、「寺內總督時代ニ於ケル極端ナル武斷主義壓迫主義ノ結果民心ヲ屈シテ鬱勃タル不平ヲ懷キ面從腹背深ク政府ヲ怨ムニ至レル折柄現內閣ノ時代ニ至リ一氣ニ所謂文化政策ナルモノヲ聲明實行シタルガ爲メ深ク鮮民ノ輕侮ヲ招キ從來鬱結シタル不平一時ニ勃發シタルモノナリ」御聽ニナリマシタナラバ御分リデアリマセウガ、昨年十月七日ニ於ケル演説ノ發表ハ、全然現政府ノ方策ニ贊成デアリマス、一月二十一日ニ於ケル意見ノ發表ハ、現內閣ニ大體ハ贊成デアリマスルガ、若シ反對ガアルトスルナラバ、現內閣ハ文化政策的ニ早ク實行シ過ギタト云フノデアリマス、(「ノウ〳〵」)是ガ現ニ書イテアリマス、此意味ヨリ言ヘバ、諸君ノ現政府ニ反對スル距離ヨリモ、諸君ノ議論ハ諸君ノ總理ノ意見ニ反對スル距離ノ方ガ遠イノデアリマスカラシテ、(拍手起ル)諸君ガ現政府ニ反對スル前ニ當ッテ、先ヅ諸君ノ總理ニ、反對シナケレバナラヌト云フ結論ニ相成ルノデアリマス、(拍手起ル「ヒヤ〳〵」)シテ見レバ諸君ノ議論ハ此所デ大キナ聲ヲ御出シニナッテ御力味ニナルケレドモ、諸君ノ總理トハ矛盾撞著ノ議論デアル――矛盾撞著ト謂ハナケレバナラヌ、諸君或ハ之ニ就テ多少ノ御立腹ガアルカモ知ラヌガ、併ナガラ矛盾撞著ハ此問題ノミデハナイノデアリマス、諸君ノ此議會ニ於ケル行動殆ド狂態ヲ極メテ居ル、(拍手起ル、「ヒヤ〳〵」)或ハ決議ニ名ヲ藉リ、或ハ質問ノ名ヲ藉リ……

(「狂態トハ何ダ」「無禮ダ」「取消セ」ト呼フ者アリ其他發言一時ニ起リ議場騷然)

○副議長(粕谷義三君) 靜ニ――靜ニ

○木下謙次郎君(續) 諸君、諸君、諸君、申上ゲマス、申上ゲマス、ドウモ「狂態」ト云フ言葉ガ御氣ニ障リマシタト見エマシテ、議場ノ混亂ヲ招キマシタコトハ私ハ恐縮ノ至デアリマスカラシテ私ハ――若シ諸君ガ御氣ニ障ルナラバ、此「狂態」ト云フ言葉ヲ取消サウト思ヒマス、ドウゾ御安心ヲ願ヒマス

(拍手スル者アリ發言スル者多シ)

○副議長(粕谷義三君) 御靜ニ願ヒマス――只今木下君ハ「狂態」ト云フ言葉ヲ取消サレマシタ

○木下謙次郎君(續) 申上ゲマス――申上ゲマス……(議場騷然)

○副議長(粕谷義三君) 只今木下君ハ……(議場騷然)靜ニ御聽ナサイ――靜肅ニ願ヒマス――三枝君ニ退場ヲ命ジマス

○木下謙次郎君(續) 私ノ言葉ガ甚ダ極端ニ失シマシタ爲メニ、議場ノ混雜ヲ招キマシタ段ハ恐縮ノ至デアリマス、「狂態」ト云フ言葉ガ御氣ニ障リマシタナラバ取消サウト思ヒマス――取消シマス、併シ「狂態」ト云フ言葉ハ取消シマシタガ、併ナガラ加藤總理ノ意見ト諸君ノ院內ニ於ケル行動ノ矛盾撞著デアルト云フコトハ、取消ス必要ガ無イノデアリマス、(拍手起ル)私ハ世ノ中ニハ甚ダ惡イ言葉カ知リマセヌガ、不思議ナ政黨ガアルモノデアルト考ヘテ居ルノデアリマス、政黨ノ總理――政黨總理ナルモノハ、選擧ノ時カ何カニ必要ガアルノデアッテ、不常ノ主義政策ノ上ニ於テハ、黨員ト風牛馬相關セヌト云フノハ、不思議ナ政黨デアルト思フノデアリマス、(拍手起ル)ソレニ諸君ガ御異議ガアリマスナラバ、少シ脫線ノ氣味デアリマスケレドモ、證據ヲ爰ニ上ゲテ諸君ノ反省ヲ促サウト思ヒマス、(「默レ」ト呼フ者アリ)少シ御聽ヲ願ヒマス、此所ニ證據ヲ持ッテ居リマス、(「問題外」ト呼フ者アリ)問題外デハアリマセヌ、結論ヲ御聽ナサレバ分リマス、先ヅ私ノ演説ノ結論ヲ得ル爲メニ、加藤總理ノ演説ヲ批評シテ、之ヲ諸君ノ行動ニ對照シテ、以テ諸君ノ反省ヲ促スコトヲ私ノ演説ノ結論ニシヤウト思ヒマス、(「何ダソレハ」「脫線ダ」ト呼フ者アリ)多少……

(「反省ヲ促ス必要ハアリマセヌ」ト呼フ者アリ、其他發言スル者多シ)

○副議長(粕谷義三君) 靜肅ニ……

○木下謙次郎君(續) 多少御耳障リカハ知レマセヌガ、暫ク御清聽ヲ願ヒマス、(「脫線ダ脫線ダ」ト呼フ者アリ)御聽ナサイ、(「聽ケナイ」「ヤルベシ〳〵」「脫線トハ何ダ」「脫線ヲ標傍シテ演説スル奴ガアルカ」ト呼フ者アリ)御聽ナサイ

○副議長(粕谷義三君) 靜肅ニ――靜肅

(「下レ下レ」「默レ」「ヤルベシ〳〵」ト呼ヒ拍手スル者アリ議場騷然)

○木下謙次郎君(續) 先ヅ(拍手、「下レ下レ」ト呼フ者アリ)加藤憲政會總理ノ總括的政治意見ハ、加藤總理ノ此

演說ニ依リ批評致シタイト思ヒマス、此主意ト諸君ノ行動ヲ對照シタイノデアリマス、(議場騷然)諸君ハ結論ヲ御聽ニナレバ分ルノデアリマス…

(「議長々々」「脫線々々」「ヤリ給ヘヤリ給ヘ」「降リロ降リロ」「馬鹿止メヌカ」ト呼フ者アリ議場騷然)

○木下謙次郎君(續) 加藤總理ノ演說ハ甚ダ多岐ニ涉ッテ居リマスルガ、演說ノ順序ニ依リ申上ゲマス、(議場騷然)「第一日英同盟ノ所論ヲ見ルニ日英同盟ハ適當ノ修正ヲ加ヘテ之ヲ繼續スベキヲ主張スルモノナリ」云々、此議論ハ現政府ガ非公式ナガラ、或機會ニ於テ發表シタル意見ト少シモ變リガナイノデアリマスカラ、日英同盟ノ問題ニ就テハ、加藤子爵ハ現政府ニ贊成ヲ致シテ居ルト云フ證據デアリマス、ソレカラ支那問題、(議場騷然)對支問題デアリマスガ支那問題ニ對シテ加藤子爵ハ斯ウ云フコトヲ言ッテ居リマス「現內閣ハ幸ニシテ今日ニ至ルマデ不偏不黨內政不干涉ノ主義ヲ採リツヽアリ是固ヨリ不可ナシ」云々、卽チ支那問題ニ就テモ加藤子爵ハ現政府ニ贊成ヲ致シテ居リマス、

(議場騷然)

○副議長(粕谷義三君) 靜ニ…

○木下謙次郎君(續) ソレカラ內政問題ニモ色々議論ガアリマスガ、政友會ノ政策ノ四大政綱ト云フモノニ色々ノ批評ヲ加ヘテ居リマスガ、是モ結局贊成ト云フコトニナリテ居リマス、(「議長々々」ト呼フ者其他發言者多シ)尙又一月ノ憲政會ノ大會ニ於ケル演說ヲ見ルニ、國際聯盟軍備協定問題、加州排日問題、總テ現政府ノ政策ニ贊成致シテ居ルノデアリマス、ソレカラ西伯利亞問題ニ就テモ、加藤子爵ハ撤兵論者ト云フコトニナッテ居リマスガ、事實ハ左樣デハアリマセヌ、現ニ此演說ヲ見レバ斯樣ナコトニナッテ居リマス「第一回ノチエック救援ノ目的ヲ達シタル時最初ノ宣言ニ從ヒ速ニ撤兵スルカ否ラズンバ大軍ヲ出シテ撤底的ニ少クトモ東部西伯利ヨリ過激派ヲ掃蕩シ有力ナル統一的反過激派ノ政府ヲ樹立スルカ二者其一ヲ擇ムベカリシナリ」トアリマス、卽チ西伯利問題ニ就テモ加藤子爵ハ撤兵論者ニ非ラズ、時ノ宜シキニ從ッテ兵ヲ用ヰルト云フ趣旨デアリマスカラ、此方策ニ於テモ、現內閣ト全然反對ト云ハレナイノデアリマス(「退場々々」ト呼フ者アリ)若シ加藤子爵ニシテ、主義ノ上カラ現內閣ニ反對ガアリトスルナラバ、僅ニ普通選擧ノ問題アルノミデアリマスガ、而モ此普通選擧ノ問題モ漸次其方針ヲ改メラレテ、現在ニテハ獨立ノ生計ト云フ條件ヲ固執シ、現行法ト同一ノ主意、卽チ現內閣ノ主義ト同一ノ主義ニ同化シ來ッタコトハ明白デアリマスカラ、主義ノ上ヨリ見レバ、加藤子爵ハ現政府ニ對シテ、反對スベキ政治上ノ根據ハ持ッテ居ラヌト謂フテ宜イノデアリマス、尙ホ此演說ノ他ノ部ニ多少ノ議論ハアリマスガ、財政問題並ニ經濟問題ノ如キハ互ニ水掛論ニ過ギナイモノデ、斯クスレバ宜カッタラウト云フダケデアッテ、其證據ハ無イノデアリマスカラ、水掛論ト云フ外ハアリマセヌ、而モ水掛論以外ハ、愚痴ニ非ズンバ泣言ノミデアリマス、(拍手「馬鹿」ト呼フ者アリ)此演說ヨリ愚痴ト泣言ヲ除キ、且ツ水掛論ヲ取ッテ除ケバ、演說ノ總テノ題目及趣意ハ、現政府ニ贊成ノ意見ヲ表シテ居ルノデアリマス、現政府ニ對シテ、少シモ反對ノ主意ノ見ルベキモノヽ無ンデアリマス、(拍手起ル)斯ノ如クニシテ憲政會ハ反對黨トシテ存在スル理由ガ何所ニアルカ、私ハ反對黨トシテ存在スル理由ヲ疑ウノデアリマス、此ニ至リ私ハ諸君ニ尙ホ注意シタイ事ガアリマス、(「注意トハ何ダ」ト呼フ者アリ)憲政會ハ本來桂公爵ノ創立ニ係ルモノデアリマスガ、其創立當時ニ於テ、此政黨ノ執ルベキ主義ニ就テ、當時ノ領袖ト稱スル人ト桂公爵トノ間ニ、種々交涉ヤ諒解ガ行ハレマシテ結局此憲政會ノ前身タル所ノ同志會ハ、進步主義ヲ執ルト云フ方針ガ決定サレタノデアリマス、言葉ヲ換ヘテ言ヘバ憲政會ナルモノハ軍閥ヲ保護スル所ノ保守主義ノ政黨デハナイノデアリマス、然ラバ急進主義ノ政黨デアルカト云フニ、諸君ハ急進主義ノ一二三ノ黨員トモ分裂ヲ致シテマデ其立場ヲ固守サレテ居ルノデアリマスカラ、必ズシモ極端ナル急進主義ヲ抱クモノデナイコトモ明カデアリマス、急進主義ニ非ズ、或ハ保守主義ニ非ズトスルナラバ、諸君ノ執ルベキ途ハ決定シテ居ルノデアリマス、是ハ何デアルカト云フニ、私ハ此機會ニ於テ原內閣總理大臣施政ノ方針ニ關スル根本主義ヲ、諸君ニ紹介スルコトヲ必要トスルモノデアリマス、原總理大臣ノ(「資格ナシ下レ下レ」ト呼フ者アリ)演說ノ主意ハ、著實穩健ナル自覺ヲ促シ、積極進取ノ國民性ヲ發揮シ、以テ帝國ノ進運ニ貢獻スルト云フノデアリマス、卽チ加藤總理ノ言ハント欲シテ言フ能ハザル所ヲ、原總裁先ヅ之ヲ喝破シテ居ルノデアリマス、又加藤子爵ノ行ハント欲シテ行フ能ハザル所ヲ、原總理先ヅ之ヲ實行セラレテ居ルノデアリマス、故ニ若シ政黨ノ離合集散ガ、政治上ノ主義ノミニ依ッテ行ハレルモノデアルナラバ、加藤子爵ハ宜シク憲政會ヲ解黨シテ政友會ニ入黨シ、原總理ノ指導ノ下ニ立タナケレバナラヌト思フノデアリマス、併ナガラ若シモ政黨ノ離合集散ガ或ハ感情ニ依リ、或ハ行掛リニ依リ、或ハ政權爭奪ノ目的ニ依ッテ行レルモノデアルナラバ、議論ノ爲メニ議論ヲ作リ反對ノ爲メニ反對ヲセナケレバナラヌコトニナルノデアリマス、故ニ總理ノ主張ト黨員ノ行動トハ矛盾撞著、統一モ無ケレバ條理モナイト云フ結果ニ陷リマス、或ハ彈劾ト云ヒ或ハ決議ト云ヒ或ハ質問ニ名ヲ籍リ、或ハ建議ニ名ヲ籍リ、斯クシテ議會開會中ノ年中行事ト做シ、斯クシテ徒ラニ時局ヲ攪亂シ、國務ノ進行ヲ妨害セントスル狂態ヲ演ズルノデアリマス、私ハ此機會ニ於テ以上ノ所論ヲ述ベテ、諸君ノ反省ヲ促ス者デアリマス、最後ニ一言申上ゲマス、(此時發言スル者多ク議場騷然)最後ニ一言申上ゲマスガ、諸君ハ朝鮮總督ニ對シテ、色々ノ理窟ヲ以テ非難攻擊ヲサレルノミナラズ、餘ノ「シーメンス」事件ノ如キモノマデモ持出シテ、人身攻擊ニ涉ル御議論ガアッタノデアリマスガ、(此時發言スル者多ク議場騷然)私ハ諸君ニ注意スル事ガアル、私ハ「シーメンス」事件ガ宜イト言フノデハナイ、「シーメンス」事件マデ持出シテ齋藤總督ノ攻擊ヲサレルト云フコトハ――)此時發言スル者多ク議場騷然)諸君ガ是以上私ノ議論ヲ聽クコトヲ好ミマセヌナラバ、私ノ言ハント欲スル所ハ略シ、以上ニテ盡キテ居リマスカラ、此以上述ベル必要ガアリマセヌ、以上ノ議論ヲ以テ、諸君ノ反省ヲ促スニ十分デアルト思ヒマス、遂ニ本案ノ否決ヲ望ミマス

○副議長(粕谷義三君) 次ハ春日俊文君ヨリ、議事進行ニ就テ發言ヲ求メラレテアリマスカラ、之ヲ許可致シマス、春日俊文君

(春日俊文君登壇、拍手)

○春日俊文君 只今木下謙次郎君ハ――(此時發言スル者多シ)騷ゲ、根氣ノアルダケ騷イデ見タラドウダ、騷ラデモ騷ゲ、モウ宜イカ…

(粕谷副議長議長席ヲ退キ奧議長復席)

(此時發言スル者多ク議場騷然)

○議長(奧繁三郎君) 諸君靜ニ…

○春日俊文君(續) 木下謙次郎君ハ其演說ノ中ニ於テ是カラ脫線ヲスルト云フコトノ前置ヲシテ、新聞ヲ大分拵ッテ居ッタ(「ソンナコトハ言ハヌヨ」ト呼フ者アリ、其他發言スル者多シ)何カ言フコトガアルノカ――脫線スルコトヲ前提ニシテ居ル演說ヲ、議長ハ承認サレルノデアリマスカ、之ヲ御尋致シマス、若シソレガ出來ルナラバ、僕モ一日位斯ウヤッテ見セル、何デモナイ話ダ、斯ウヤッテ居ルコトハ脫――線ヲ前提トシテ演說スルコトヲ承認爲サルカ、是ダケノ事ヲ議長ニ御尋致ス

○議長(奧繁三郎君) 答ヘマス、議席ヘ御歸リナサイ――春日君ニ答ヘマスガ、私少シク用事ガアリマシテ離席ヲシテ、副議長ノ議長中デアリマシタ、自ラ聽キマセナンダガ、今御尋ノ點ニ就キマシテハ、直グ速記ヲ調ベタ後御答致シマス、

三木武吉君

〔三木武吉君登壇、拍手〕

○三木武吉君　諺ニ破鍋ニ綴蓋ト云フコトガアル、牛ハ牛連レ馬ハ馬連レト云フコトガアリマス、齋藤總督ノ不信任ノ決議案ノ辯護ヲ爲ス其人ニ配スルニ、政界ノ思想堅實デアル、大政治家木下謙次郎君ヲ以テシタト云フコトハ、洵ニ政友會ノ策戰其宜シキ得、齋藤總督ノ爲メニ、謹ンデ祝意ヲ申上ゲナケレバナラヌト思ヒマス、私ハ此決議案ニ贊成ノ演説ヲ致スノデゴザイマスガ、先ヅ第一ニ定メテ置カナケレバナラヌ事ハ、去ル二十五日ノ議場ニ於テ現レタル眞實ノ事實デアリマス、即チ去ル二十五日中野正剛君ガ御提出ニナッタル、朝鮮統治ノ根本方針ヲ定ムル必要上、調査機關ヲ設置セヨト云フ決議案ノ討議ノ眞最中ニ、其案ニ依ッテ、自己ノ不信任ヲモ表白セラルベキ當面ノ責任者タル齋藤總督ガ、其席ヨリ去ラレタト云フ事實デアリマス、此點ニ就テハ何ノ爭モ無イト思ヒマス、第二ハ此齋藤總督ガ議院ヲ去ラレル其以前ニ於テ、我黨ノ永井柳太郎君ガ此決議案ニ贊成ヲ表明スルノ必要上、政府當局ニ對シテ質問ガ致シタイト云フ通告ヲ致シテ居ッタ事實デアリマス、此點ニ就テ木下謙次郎君ハ、決議案ヲ提出者ニ對シテ質問スルト云フ申出デアッタト云フコトデゴザイマスルガ、是ハ事實ヲ御知リニナラナイカラ、無理カラヌ事デゴザイマスルガ、事實ハ明カニ政府當局ニ質問ヲスルト云フコトデアッタノデアリマス、此二ツノ事實ノ誤ナキコトヲ前提ト致シマシテ、以下私ハ多少意見ノ在ル所ヲ申述ベテ見タイ、(拍手起ル)只今木下君ガ第一ノ問題ニ就テノ御演説御辯護ト致シマシテ、新シイ時代ニ處スル政治家ハ、單ニ當局者ガ居ルベキ場所ニ居ラナイカラト云ウテ攻撃ヲスル如キ事ハ、言葉ハドウ御使ニナッタカ知リマセヌガ、時代後レデアルト云フヤウナ意味ノ御話ガアッタ木下君ハ御承知デアルカドウカ知リマセヌガ、古來明君賢相ト云ハレルヤウナ人ハ、士ニ接シ言ヲ聽クコトニハ、終日其怠リナキカヲ自ラ戒メテ居ルノデアリマスゾ、(拍手起ル)一哺ニ三タビ吐キ、一沐ニ三タビ其髮ヲ握ルト云フノハ、爲政家ノ常ニ心得ナケレバナラヌ態度デアリマスゾ、(拍手起ル)今日ノ我ガ政府ノ朝鮮統治ノ現狀ハ如何デゴザイマスルカ、木下君ハ失禮デゴザイマスルガ、緣日商人ガ紙ヲ商フカノヤウナ態度デ、紙ヲ振上ゲテ朝鮮統治ノ效能ヲ速記者ニ御陳述ニナッタ、漏レ伺フ所ニ依ルト、如何ニモ效能澤山ノ事ヲ述ベラレテ居リマシタガ、議論ヨリハ統治ハ事實デゴザイマス、如何ニ木下君ノ雄辯宏辭ヲ以テスルモ、現在ノ朝鮮ヲ天國ノ如クニ言ヒ現ハスコトハ出來マセヌゾ、現在ノ朝鮮ヲ日本內地ノ如クニ言ヒ現ハスコトハ出來マセヌ、世界ノ人ハ今ノ朝鮮ヲドウ言ウテ居リマスルカ、朝鮮ハ東洋ノ愛蘭デアルト云フ言葉ヲ御聞ニナリマセヌカ、(「嘘ダ〳〵」ト呼フ者アリ)朝鮮ノ獨立黨ハ、極東ニ於ケル「シンフエーン」黨ダト云フコトノ言葉ガ流布セラレテ居ルコトヲ、御聞ニナリマセヌカ、此唯ダ二ツノ言葉――此唯ダ二ツノ言葉ガ、如何ニ雄辯ニ現在ノ朝鮮統治ノ現狀ヲ語ッテ居リマスルカ、(「ヒヤヒヤ」拍手起ル)如何ニ明治大帝ガ東洋永遠ノ平和ヲ保持スル爲メニ日鮮兩國民ノ同化ヲ圖リ、彼レ千七百万民衆ノ幸福增進ニ努メラレヤウト云フ大御心ガアッタニ拘ラズ、事ハ其御志ト違ッテ、非常ニ混亂ノ狀態ニ在ルト云フコトヲ、最モ雄辯ニ語ル所ノ言葉デハアリマセヌカ、(拍手起ル)私ハ朝鮮統治ノ內容ニ就テ、多クノ言ヲ費スノ必要ヲ認メマセヌ、斯ノ如ク混亂ニ陷リ、世界ノ耳目ハ、我ガ朝鮮統治ノ今後ガ如何ニナルカト云フコトニ注ガレテ居ル此際ニ於テ、此議場ニ中野正剛君ノ決議案トナッテ現ハレタノデアリマス、山道襄一君ノ贊成演説トナッテ現ハレテ居ルノデアリマス、永井柳太郎君ノ質問演説ニ形ガ變ッタノデアリマス、此決議案、此演説、此質問、苟モ日本ノ國民ナレバ、誰一人ト雖モ耳ヲ傾ケテ聽カナイ振リノ出來ル人ハ無イノデアル、(「ノウノウ」拍手起ル)而モ職ニ朝鮮總督ノ任ニ在ル者ガ、當面ノ責任者デアルベキ者ガ、此八釜シイ問題ニ何人モ傾聽ヲ惜マザル此重要問題ヲ前ニ見ナガラ、何ノ所用ノアッタノデゴザイマスルカ、忽然院外ニ去ルト云フノハ何タル不誠意ノ有樣デアリマスカ、(拍手起ル)私ハ唯ダ是ダケノ事實ヲ以テシテ、齋藤總督ノ朝鮮統治ニ對スル不誠意ヲ斷定スルコトガ出來ルト思フ、(「ノワー〳〵」「ヒヤ〳〵」)所謂物ノ一斑ヲ見テ、其全豹ヲ窺フコトガ出來ル、齋藤總督ノ此決議案――過日ノ決議案ニ對スル其態度、之ニ依ッテ彼レ齋藤君ノ平常ノ志ヲ窺フコトガ出來ル、元來此齋藤ト云フ人ハ、如何ナル誠意ヲ不斷所持セラレテ居ル人デアルカ、此事ニ就テ詳細ナル御話ヲ致スコトハ、聊カ齋藤君ノ爲メニ御氣ノ毒ナヤウナ心持ガ致シマスカラ、私ハ詳細ノ事ハ申シマセヌ(「馬鹿言フナ」ト呼フ者アリ)併シ馬鹿言フナ、生意氣ナ事ヲ言フナト云フコトヲ言ハレル以上ハ、馬鹿デナイ、生意氣デナイコトダケハ申上ゲナケレバナリマセヌゾ(「ヒヤ〳〵」、拍手起ル)一身上ノ事デハアリマセヌ、齋藤總督ガ過去ニ於ケル政治上ノ責任、政治上ノ罪惡ニ就テノ事デアリマシテ、決シテ一身上ノ事デハアリマセヌゾ、諸君ガ御記憶ノ通リ大正十三年――(笑聲起ル)大正三年ノ當時ニ於ケル此衆議院ト、アノ貴族院トドウ云フ有樣デアリマシタカ、(「大浦事件ハドウダ」ト呼フ者アリ)我ガ光輝アル帝國海軍、ソレニ終生拭フコトノ出來ナイ一大汚點ヲ染メタト云フコトハ、諸君モ御記憶デアリマセウ、我ガ憲法史上ニ永劫末代消スコトノ出來ナイ大キナ刻印ヲ捺シタコトハ、諸君ガ御承知デゴザイマセウ、(拍手起ル)其事件タルヤ所謂「シーメンス」事件デアリマス、所謂海軍收賄問題デアリマス、此海軍收賄問題ハ、其初メ「リヒテル」ト云フ者ガ獨逸ノ裁判所デ懲役二年ノ言渡ヲ受ケタ、ルコトガ、會、外國電報ニ依ッテ日本ノ新聞紙ニ傳ヘラレタ其新聞紙ヲ見タル我黨ノ島田三郎君ガ、事重大ナリトシテ議院ニ於テ之ニ關スル質問ヲセラレタ、其質問ガ動機トナッテ遂ニ前ニ申シマシタル大事件ヲ生ンダノデアリマス、其事件ノ發生シタル當時ニ於ケル、此處ニ居ラレル齋藤總督ノ態度ハドウデアッタカ、如何ナル態度ヲ執ラレテ居リマシタカ飽マデモ海軍ニハ收賄ヲスルヤウナ者ハ無イ、サウ云フ事實ハ無イ、サウ云フ事實ハ斷ジテ無イト云フコトデ之ヲ曲庇シ、甚シキニ至ッテハ、其職責上當然調査ヲスベキ事マデモ調査ヲ爲サイルノ態度ニ出デタ、所ガ此衆議院ニ於キマシテハ、今矢張御同情ニナリ御援助ナサッテ居ル政友會ノ諸君ガ、多數デ理ヲ非トシ非ヲ理トシテ、(拍手起ル、「ノウ〳〵」ト呼フ者アリ)山本內閣ノ――山本內閣ノ不信任決議モ、一擊ノ下ニ葬リ去ラレルコトニナリマシタケレドモ、正義ノ味方トシテ强キ貴族院ニ於テハ散々ノ憂目ヲ見テ、脆クモ山本內閣ハ倒レル、ソコニ漸タニ大隈內閣ハ出來ル、政友會ハ無慘ナル境遇ニ立至ルト云フ、所謂天譴ニ依ッテ山本內閣ト政友會ガ亡ビ去ッタト云フ歷史ガアル(拍手起ル)

〔「亡ビ去ッタトハ何ダ」「大浦ハドウシタト」呼フ者アリ〕

○議長(奧繁三郎君)　靜ニ……

○三木武吉君(續)　其「シーメンス」事件ノ――其「シーメンス」事件ノ大渦中ニ、「シーメンス」事件ノ大渦卷ノ中ニ二ツノ大ナル統領ガアッタノデアリマス、(拍手起ル)其一人ハ權兵衛山本伯爵デアッテ、其一人ハ實齋藤君デアッタノデアリマス、(拍手起ル)當時一般國民ハ穿ッタ噂ヲ致シマシタ、齋藤君モ遠カラズ――遠カラズ海軍收賄犯人ノ連累者トシテ、牢獄ニ投ゼラレルデアラウト噂ヲシテ居ッタノデアリマス、(拍手起ル、「ソレガドウシタ」ト呼フ者アリ)其噂ハ幸ニシテ我海軍ノ爲メニ、又齋藤君ノ爲メニ、事實トナッテ現ハレナカッタケレドモ……

〔「當然ダ」「馬鹿ナ事ヲ言ヘ」ト呼フ者アリ〕

○議長(奧繁三郎君)　靜ニ……

○三木武吉君(續)　現ハレナカッタケレドモ、其事情ノ中ニ潛ンダル或一ツノ事實ノ爲メニ、齋藤君ハ現役ヲ去ラナケレバナラヌヤウナ愛目ヲ見タト云フコトハ、諸君御承知デゴザイマセウ、(拍手起ル)諸君ハ——政友會ノ御方ガ、飽迄モ齋藤君ヲ今日ニ至ッテ尚ホ庇護シナケレバナラヌト云フ、其間ニ於ケル切ッテモ切レヌ因縁ノアルコトハ、私ハ承知ヲ致シテ同情ヲ致シテ居ルノデアリマス、(拍手起ル)併ナガラ諸君ノ同情、諸君ノ因縁モイヽ、加減ノ時ニ切ラナイト、再ビ「シーメンス」事件ノ時ト、同ジ運命ニナルコトヲ警告致サナケレバナラヌ、(拍手起ル、「何ガ警告ダ」「不逞鮮人ノ聲色ヲ使フナ」ト呼フ者アリ)斯ノ如キ政治上ノ犯罪人、政治上ノ前科者、此政治上ノ犯罪人、政治上ノ前科者ガ、徳ヲ以テ導カナケレバナラヌ我ガ新附ノ民、朝鮮人ニ向ッテ我　陛下ノ統治ノ大權ノ御委任ヲ受ケテ向ッテ見タ所ガ、只ダ大權ノ發動ヲ瀆スノミデアッテ、到底其目的ヲ達スルコトガ出來ナイ位ハ誰デモ分リマス(拍手起ル)況ヤ——況ヤ此人ガ假令過去ノ罪惡ハアルニシテモ、今日己レノ罪科ニ省ミテ、(「罪科トハ何ダ」ト呼フ者アリ)愼ンデ其職ヲ執ル位ノ事ヲスルナラバ、尚ホ恕スベキデアルニ拘ラズ、圖々シクモ烏滸ガマシクモ、飽迄モ不誠意、飽迄モ不熱心ナル態度ヲ以テ、千七百万ノ朝鮮人ニ對スルノミカ、吾ヽ日本本土ノ國民ニマデモ對スルト云フコトハ、返スヾモ此人ノ人格ヲ疑ハナケレバナラヌト思フ、(「君ノ人格ヲ疑フ」「退場ヲ命ジロ」ト呼フ者アリ)私ハ斯ノ如キ過去ノ政治上ノ罪惡ヲ有セラル、方ガ、假令總理大臣ノ御奏請ガアルト致シマシテモ、其職ヲ御受ニナルト云フコトハ既ニ誤ッテ居ル、(拍手起ル)又御受ニナル、心ガアッテモ、之ヲ奏請スル總理大臣ガ誤ッテ居ルト思フ(拍手起ル)一體官吏ハ如何ナル者ヲ之ニ任ズベキモノデアル、上ハ大臣宰相ヨリ下ハ判任官ニ至ル迄、飽迄モ官吏ハ廉恥ノ心ニ富ンダ人デナケレバナリマセヌ、恥ヲ知ル人デナケレバナリマセヌ、露聊カデモ貪慾ナ人デアッテハナリマセヌ、(拍手起ル)是ハ道德上カラ申スマデモナイ、法律ノ上ニ於テモ、ソレガ決定セラレテ居ル官吏ノ服務紀律ト云フ法律ガゴザイマス、其法律ノ第三條ニハ(「ソレハ法律デヤナイゾ」ト呼フ者アリ)「官吏ハ職務ノ内外ヲ問ハス廉恥ヲ重シ貪汚ノ行爲アルヘカラス」トアル、苟モ官吏デアル以上ハ、所謂刀筆ノ小吏ト雖モ、廉恥ヲ重ンジ、貪汚ノ所爲アルベカラザルモノデアルニ拘ラズ、朝鮮統治ノ大任ヲ帶ビ　陛下ノ御委任ニ依ッテ其職務ヲ行フ所ノ此官吏ガ、廉恥ノ心ノ無キ者ヲ以テ任ゼラレ、又其職ニ就クニ至ッテハ、洵ニ私ハ官紀上ノ大問題デアルト信ズルノデアリマス、(拍手起ル)既ニ齋藤君其人ガ斯ノ如キ經歴ノ人デアリ、斯ノ如キ精神ノ人デアリ、斯ノ如キ人格ノ人デアリマス、(「アノ人ダ」ト呼フ者アリ)斯ノ如キ人格ノ人、斯ノ如キ精神ノ人、斯ノ如キ經歴ノ人ガ、此朝鮮統治ノ大任ニ就ク、其無誠意ニシテ、(「貴樣ハ何ダ」ト呼フ者アリ)亂暴ナル政治ヲスルコトハ申スマデモアリマセヌ、衆議院ノ諸君——政友會ノ諸君ト雖モ、此齋藤君ノ過去ノ事、齋藤君ノ人格、齋藤君ノ當時ノ事ニ就テハ、十二分ニ御承知デアリマセヌカ、飽迄モ諸君ガ此明カナル事實ヲ否認シテ、飽迄モ諸君ノ非違ヲ通サントスルコトハ、却ッテ諸君ノ爲メニ利益デナイノミナラズ、(拍手起ル)諸君ト特別ノ因縁ヲ取結バレテ居ル齋藤君ノ爲メニ……

〔此時發言スル者多ク、議場騷然〕

○議長(奥繁三郎君)　武田君、靜ニ

○三木武吉君(續)　宜シクナイ事デアルト私ハ信ジマスルカラ、諸君ガ切ニ此決議案ニ對シテ賛成ノ意ヲ表セラレンコトヲ希望致シマス(拍手起ル)

〔「反對」「三木君周章狼狽ノ態憫ムベシ」ト呼フ者アリ〕

○議長(奥繁三郎君)　三木君ニ御照會シマスルガ、只今ノ御演説中ニ、政治上ノ犯罪人、政治上ノ前科者、引續イテ此罪科ト云フ御言葉ガアリマシタガ、刑法上ノ犯罪人ト云フ言葉ト區別サレテ居ルコトハ明瞭デゴザイマスケレドモ、少シク其人ニ對シテ敬意ヲ缺クヤウニ思ヒマス、(「ノウ〳〵」「ヒヤ〳〵」)皆サンニ御判斷ヲ請フノデハアリマセヌ、三木君ニ照會シテ居ルノデス、三木君、此言葉ヲ取消ス御考ハアリマセヌカ

○三木武吉君　議長……

〔「登壇々々」ト呼フ者アリ〕

〔三木武吉君登壇、拍手起ル〕

○三木武吉君　私ガ齋藤總督ヲ評シテ政治道德上ノ犯罪人(「道德トハ言ハナイ」ト呼フ者アリ)政治道德上ノ前科者デアル、斯樣ニ評シタコトハ事實デアリマス、若シ道德ト云フ言葉ガ無カッタトスルナラバ、是ハ更メテ私ガ補足ヲ致シマス、而シテ齋藤總督ノ「シーメンス」事件ニ於ケル其前後ノ態度ハ、少ナクトモ吾ヽノ見ル政治道德ニ對シテハ、大ナル犯罪者デアルト云フコトヲ信ズルノデアリマス、若シ之ヲシモ道德上ノ大犯罪人デアルト云フコトガ言ヘナカッタナラバ、何ヲカ天下ニ政治道德上ノ大罪惡ト云フモノガアリマセウカ、而シテ齋藤君ハ現役海軍大將ヨリ豫備大將ニナラレタト云フコトハ、前後ノ事情ヨリ致シマシテ、此罪科ヲ償フ一ツノ手段デアッタカモ知レマセヌガ、ソレノミデハ未ダ其總テヲ償ヒ得タリトハ私ハ信ジマセヌカラ、之ヲ稱シテ尚ホ前科者ナリト云フ言葉ヲ使ッタノデゴザイマスガ、御惡ケレバ御惡イヤウナ御考ヲヤラレタラ宜イ、斯ウ云フコトガ政治道德上ノ犯罪デモ前科デモ無イト云フ風ニ、政治道德ノ心ヲ麻痺シタル人ハ、御判斷ニ委スヨリ外致方ガアリマセヌ(拍手起ル)

○議長(奥繁三郎君)　議長ハ其犯罪人デアルナシノ事實ヲ追窮セズシテ、議場ニ於テ政府委員竝ニ議員相互ノ間ニ於テ、彼人ハ犯罪者デアルト云フコトハ不禮ノ言ナリト認メマス、故ニ三木君ニ取消ヲ命ジマス

○三木武吉君　私ハ此際一言致サナケレバナラヌ事ガアリマス

〔「登壇々々」ト呼フ者アリ〕

○議長(奥繁三郎君)　マダ許シマセヌ、諸君靜ニナサイ——一言ナサルノハ何事ニ就テデスカ

○三木武吉君　只今議長ガ私ニ對シテ、取消ノ命令ヲ御宣告ニナリ、其理由ト致シマシテ、事實ヲ明ニシナイデ斯ノ如キ言ヲ爲スノハ、無禮デアルト云フコトデゴザイマス——

○議長(奥繁三郎君)　イヤ私ハサウ申シマセヌ、又事實ノ有無ヲ問ハズ、議場ニ於テ誰某ヲ指シテ犯罪人ト言フコトガ無禮ダト云フ

○三木武吉君　政治道德上ノ犯罪ト言ウタコトガ無禮ト云フノデスカ

○議長(奥繁三郎君)　政治上ノ犯罪人——靜ニ諸君御聽ナサイ、政治上ノ犯罪人、政治上ノ罪科者、此罪科ト云フ言葉ガ、無禮ナ言葉デアルト議長ハ認メマス、ソレデ尚ホ三木君ハ政治上ト言ウタノハ、政治道德上ト云フ意味ガアルト云フ釋明ヲ與ヘラレマシタ、(「補足シマシタ」ト呼フ者アリ)釋明デモ補足デモ同ジ事デスケレドモ、ソレガ尚ノ言葉ノ取消ヲ意味シテ居ラレルナラバ議長ハ追窮シマセヌ、取消ノ意味トハ認メナイカラ、是ハ無禮ノ言ト認メマス

○三木武吉君　議長、議長、言論ノ自由ヲ束縛スルモ甚シイ

○議長(奥繁三郎君)　三木君、何デス

○三木武吉君　議長ノ私ニ對シテ御宣言ニナリマシタ事柄ニ就テ、先刻私ガ其壇上ニ於テ申シマシタ通リ、政治上ノ犯罪人、或ハ政治上ノ前科者ト云フ言葉ガアッタトスルナラバ、ソレハ政治道德上ノ犯罪人、政治道德上ノ罪科者ト云フ意味デアルト云フコトニ補足シタ積デゴザイマスケレトモ、ソレガ取消テナイト云フナラバ、私ガ政治上ノ犯罪ハ、前科者ト言ッタ其言葉ハ、政治道德上ノ犯罪人、前科者ト云フ意味デアッタト云フコトニ言明致シマシテ、議長ノ取消ノ命令ニ服從ヲ致シマス

○議長(奥繁三郎君)　議長ノ三木君ニ對スル警告ハ、大半御受ニナッタヤウニ認メマスカラ、此問題ハ是デ打切リマス——齋藤朝鮮總督

〔政府委員男爵齋藤實君登壇、拍手起ル〕

○政府委員（男爵齋藤實君） 先月二十五日ノ……

〔「シーメンスドウシタ」「靜ニ聽ケ」ト呼フ者アリ〕

○議長（奧繁三郎君） 金澤君、靜ニナサイ

○政府委員（男爵齋藤實君）（續） 二十五日ノ議場ニ於キマシテ、議事中ニ本員ガ公務ノ爲メニ退席ヲ致シマシタ、他ノ政府委員ニ後ヲ託シテ此處ヲ去リマシタノデアリマス、然ルニ斯ノ如キ問題ヲ惹起シマシテ、甚ダ遺憾ニ存ズルノデアリマス、併ナガラ何モ誠意ヲ缺キマストカ……（「誠意ヲ缺イテ居ル」ト呼フ者アリ）サウ云フコトデハ無イノデアリマス、卽チ他ニ政府委員モ居リ、承ルコトモ出來ルノデアル……

〔「シーメンス」「シーメンス」「默ッテ聽ケ」「確ニ居ラナカッタ」ト呼フ者アリ〕

○議長（奧繁三郎君） 靜ニ……

○政府委員（男爵齋藤實君）（續） ソレカラ朝鮮統治ノ事ニ就キマシテ、色々御意見ガアリマシタガ、此事ニ就キマシテハ私共就任以來……

〔「就任シタノガ間違ッテ居ル」ト呼ヒ其他發言スル者多シ〕

○議長（奧繁三郎君） 金澤君、發言ヲ禁止シマス

○政府委員（男爵齋藤實君）（續） 一視同仁ノ御趣旨ヲ奉戴致シマシテ、誠意誠心職ニ從事致シテ居ルノデアリマス、ソレデ今日ノ朝鮮ノ狀態カラ申シマシテモ、先刻諸君ノ御話ノヤウナ狀態デハナイノデアリマス、朝鮮內地ニ於テハ少クトモ靜謐ハ保タレテ、（「ノウ〳〵」）今日迄著任以來宣言ヲ致シ、實施致シテ居ル所ノ事柄ハ、着々進ミツヽアルノデアリマス、順調ニ進ミツヽアル（拍手起ル）唯ダ私ノ所管外ノ事ニ就テハ、往々遺憾ナ事ガアルノデアリマス、是ハ甚ダ遺憾ト致シマスルガ、是トテモソレ〳〵其筋ニ交渉ヲ致シテ、將來ニ於テ斯ノ如キ事ノ無カランコトヲ期シテ居ル次第デアリマス、ソレカラ山道君ノ御說ノ中ニ、朝鮮ノ（「シーメンスハドウシタ」ト呼フ者アリ）朝鮮ノ間ニ於テ、朝鮮ノ統治上ノ事ニ就テ色々御意見ガアッタ中ニ、樣々ナル拂下ノ事デアルトカ、取引ノ出□□□トカ云フコトヲ仰セラレタヤウニ覺エテ居リマスガ、是等ハ何等事實ガ無イノデアリマス、若シ其事實ガ有リトスルナラバ、其事ヲ指摘シテ、ドウゾ御質問下サレムコトヲ切ニ希望致シマス、（拍手起ル）私一身上ニ關スル事ハ、既ニ此所デ打止メニナリマシタカラ申上ゲマセヌガ、私ニ於テハ何等破廉恥ノ事ハ無イノデアリマス（拍手起ル、「ノウ〳〵」ト呼フ者アリ）

○佐々木安五郎君 議長、議長……

○岩崎勳君 討論終結ノ動議ヲ提出致シマス

〔「贊成々々」ト呼フ者アリ拍手起ル、佐々木安五郎君「通告ガシテアル」ト呼フ〕

○議長（奧繁三郎君） 討論終結ノ動議ニ贊成ノ方ノ起立ヲ求メマス

〔贊成者……起立〕

〔「贊成々々」「少數々々」「大多數」ト呼フ者アリ〕

○議長（奧繁三郎君） 多數、討論ハ終結サレマシタ

〔拍手起ル〕

○議長（奧繁三郎君） 本案ニ就テ採決シマス、此決議案ニ贊成ノ諸君ノ起立ヲ求メマス

〔贊成者 起立〕

〔「反對」「贊成」「多數々々」「少數々々」ト呼フ者アリ〕

○議長（奧繁三郎君） 起立少數、（拍手起ル）仍テ決議案ハ否決サレマシタ

〔拍手起ル〕

○岩崎勳君 殘餘ノ日程ニ對シテ延期ノ動議ヲ提出致シマス

〔「贊成々々」ノ聲起ル〕

○議長（奧繁三郎君） 岩崎君ノ動議ニハ贊成ガアルト認メマス、仍テ延期スルコトニ決シマシタ、本日ハ是ニテ散會

午後五時三十二分散會

第四　朝鮮私設鐵道補助法案（政府提出）　第一讀會

朝鮮私設鐵道補助法案

朝鮮私設鐵道補助法

第一條　朝鮮ニ於テ鐵道ヲ經營スル株式會社ノ每營業年度ニ於ケル益金カ鐵道ノ經營ニ要スル拂込資本金額ニ對シ年八分ノ割合ニ達セサルトキハ朝鮮總督ハ會社ニ對シ設立登記ノ日ヨリ十年ヲ限リ其ノ不足額ヲ補給スルコトヲ得但シ補助金ハ鐵道ノ經營ニ要スル拂込資本金額ニ對シ年八分ニ相當スル金額ヲ超ユルコトヲ得ス

第二條　社債又ハ借入金ニシテ鐵道ノ建設費ニ充ツルモノニ對シテハ社債ノ登記又ハ借入金ヲ爲シタル日ヨリ十年ヲ限リ年八分ニ相當スル金額ヲ限度トシ社債又ハ借入金ノ利息ヲ補給スルコトヲ得但シ其ノ社債又ハ借入金ヲ以テ建設シタル鐵道ヨリ生スル益金アルトキハ之ニ相當スル金額ヲ控除ス

第三條　朝鮮總督ハ必要アリト認ムルトキハ一會社ノ經營スル鐵道ヲ數區ニ分チ各區ニ付前二條ノ規定ニ準シ補助ヲ爲スコトヲ得此ノ場合ニ於テ會社カ資本又ハ拂込資本金額ヲ增加シ一區又ハ數區ノ鐵道ヲ經營スルトキハ當該區ノ鐵道ニ對スル補助ノ期間ハ資本增加又ハ拂込資本金額變更ノ登記ノ日ヨリ之ヲ起算スルコトヲ得

第四條　前三條ノ規定ニ依ル益金、拂込資本金額、社債及借入金ハ朝鮮總督ノ定ムル所ニ依リ算出シタル金額ニ依ル

第五條　補助金ノ年總額ハ最高二百五十萬圓トス

第六條　補助金ノ每年度ノ豫算殘額ハ遞次之ヲ翌年度ニ繰越シ使用スルコトヲ得

第七條　補助ヲ受クル會社カ法令、法令ニ基キテ爲ス命令、免許若ハ補助ニ附シタル條件ニ違反シ又ハ公益ヲ害スル行爲ヲ爲シタルトキハ朝鮮總督ハ其ノ補助ヲ停止シ又ハ廢止スルコトヲ得

第八條　補助ヲ受クル會社カ補助期間中左ノ各號ノ一ニ該當スルトキハ朝鮮總督ノ定ムル所ニ依リ既ニ交付シタル補助金ヲ償還セシム

一　免許ヲ取消サレタルトキ

二　期限內ニ工事施行ノ認可ヲ申請セス若ハ工事ニ着手セス又ハ工事施行ノ認可ヲ得サルニ因リ免許其ノ效力ヲ失ヒタルトキ

三　合併以外ノ事由ニ因リ營業開始前解散シタルトキ

第九條　詐欺ニ因リテ補助金ヲ受ケタルトキハ法定ノ利息ヲ附シテ之ヲ償還セシム

第十條　前二條ノ規定ニ依ル償還金ハ國稅滯納處分ノ例ニ依リ之ヲ徵收スルコトヲ得但シ先取特權ノ順位ハ國稅ニ次クモノトス

附　則

本法ハ公布ノ日ヨリ之ヲ施行ス

第五　樺太地方鐵道補助法案（政府提出）　第一讀會

樺太地方鐵道補助法案

樺太地方鐵道補助法

第一條　樺太ニ於テ鐵道ヲ經營スル株式會社ノ毎營業年度ニ於ケル益金カ鐵道ノ經營ニ要スル拂込資本金額ニ對シ年八分ノ割合ニ達セサルトキハ政府ハ會社ニ對シ設立登記ノ日ヨリ十年ヲ限リ其ノ不足額ヲ補給スルコトヲ得但シ補助金ハ鐵道ノ經營ニ要スル拂込資本金額ニ對シ年八分ニ相當スル金額ヲ超ユルコトヲ得ス

第二條　社債又ハ借入金ニシテ鐵道ノ建設費ニ充ツルモノニ對シテハ社債ノ登記又ハ借入金ヲ爲シタル日ヨリ十年ヲ限リ年八分ニ相當スル金額ヲ限度トシ社債又ハ借入金ノ利足ヲ補給スルコトヲ得但シ其ノ社債又ハ借入金ヲ以テ建設シタル鐵道ヨリ生スル益金アルトキハ之ニ相當スル金額ヲ控除ス

第三條　政府ハ必要アリト認ムルトキハ一會社ノ經營スル鐵道ヲ數區ニ分チ各區ニ付前二條ノ規定ニ準シ補助ヲ爲スコトヲ得此ノ場合ニ於テ會社カ資本又ハ拂込資本金額ヲ增加シ一區又ハ數區ノ鐵道ヲ經營スルトキハ當該區ノ鐵道ニ對スル補助ノ期間ハ資本增加又ハ拂込資本金額變更ノ登記ノ日ヨリ之ヲ起算スルコトヲ得

第四條　前三條ノ規定ニ依ル益金、拂込資本金額、社債及借入金ハ政府ノ定ムル所ニ依リ算出シタル金額ニ依ル

第五條　補助金ノ年總額ハ最高五十万圓トス

第六條　補助金ノ毎年度ノ豫算殘額ハ遞次之ヲ翌年度ニ繰越シ使用スルコトヲ得

第七條　補助ヲ受クル會社カ法令、法令ニ基キテ爲ス命令、免許若ハ補助ニ附シタル條件ニ違反シ又ハ公益ヲ害スル行爲ヲ爲シタルトキハ政府ハ其ノ補助ヲ停止シ又ハ廢止スルコトヲ得

第八條　補助ヲ受クル會社カ補助期間中左ノ各號ノ一ニ該當スルトキハ政府ノ定ムル所ニ依リ既ニ交付シタル補助金ヲ償還セシム

一　免許ヲ取消サレタルトキ

二　期限内ニ工事施行ノ認可ヲ申請セス若ハ工事ニ着手セス又ハ工事施行ノ認可ヲ得サルニ因リ免許其ノ效力ヲ失ヒタルトキ

三　合併以外ノ事由ニ因リ營業開始前解散シタルトキ

第九條　詐欺ニ因リテ補助金ヲ受ケタルトキハ法定ノ利息ヲ附シテ之ヲ償還セシム

第十條　前二條ノ規定ニ依ル償還金ハ國稅滯納處分ノ例ニ依リ之ヲ徵收スルコトヲ得但シ先取特權ノ順位ハ國稅ニ次クモノトス

附　則

本法ハ公布ノ日ヨリ之ヲ施行ス

〔政府委員水野錬太郎君登壇、拍手起ル〕

○政府委員（水野錬太郎君）　只今日程ニ上リマシタ、朝鮮私設鐵道補助法案ノ理由ヲ簡單ニ說明致シマス、朝鮮ニ於キマスル土地ノ開發ヲ圖リ、產業ノ進步ヲ促シマスルノニハ、交通機關ノ普及ニ待タナケレバナラヌノハ勿論デアリマス、此趣旨ニ於キマシテハ、朝鮮ニ於キマシテハ、官設鐵道ノ普及ニ意ヲ致シテ居ルノデアリマスルケレドモ、獨リ官設鐵道ノミヲ以テ此目的ヲ達スルコトガ出來マセヌノデ、私設鐵道ニ對シマシテモ、相當ノ便宜ト相當ノ援助ヲ與ヘナケレバナラヌト思フノデアリマス、而シテ朝鮮ニ於ケル私設鐵道ハ從來相當ノ企業者モアッタノデアリマスルガ、之ニ對シマシテハ、今日マデハ豫算ノ範圍内ニ於テ補給ヲ爲シ來ッタノデアリマス、併ナガラ企業者ノ便利ヲ圖リ其安全ヲ期シマスルニハ、法律ヲ以テ之ヲ確定スルコトヲ適當ト思フノデアリマス、此趣旨ニ基キマシテ、本法案ニ於キマシテ規定シテアリマスルガ如クニ、朝鮮ニ於キマシテ私設鐵道ヲ經營スル會社ニ對シマシテ、毎營業年度ニ於ケル益金ガ拂込資本額ノ八分ニ達シマセヌトキニハ、其不足額ヲ會社設立ノ日ヨリ十年間之ヲ補給スルト云フ趣旨デ此法案ヲ提出致シタ次第デアリマス、何卒御審查ノ上、御協贊アランコトヲ切望致シマス

○議長（奧繁三郎君）　永井樺太長官

〔政府委員永井金次郎君登壇〕

○政府委員（永井金次郎君）　本案ニ對シマシテ說明ヲ致シマス、本案ハ朝鮮ノ私設鐵道補助法案ト略、同性質ノモノデアリマシテ、隨テ理由モ略、同一ナノデゴザイマス、樺太ノ開發ヲ圖リマス上ニ於キマシテハ、交通機關ノ完備ニ待タナケレバナラヌコトハ、申スマデモナイノデアリマスガ、殊ニ就中鐵道ノ普及ヲ圖リマスルコトガ、目下ノ急務ニナッテ居ルノデアリマス、隨ヒマシテ此國營政策ニ依リマシテ、卽チ官營ノ方法ニ依ッテ、今日マデ樺太ノ交通機關ノ完備ヲ圖リツヽアリマシタケレドモ、財源ニ限ガアリマスル故ニ、官營ヲ以テシテハ十分ニ目的ヲ達スルコトガ出來マセヌシ、遺憾ノ點ガ少クナイノデアリマス、就キマシテハ之ヲ官營ニ加フルニ民營ヲ奬勵致シマシテ私設會社ヲ起シマシテ鐵道ノ普及ヲ圖ルト云フコトガ、今日ノ時代ニ於テ最モ必要ナル事ト考ヘルノデアリマシテ、此度私設會社ニ補助金ヲ給與致シマシテ、私設會社ニ依ッテ企業ヲ圖リタイト考ヘルノデアリマス、其内容ニ就キマシテハ、矢張年八分ニ相當スル金額ヲ限度トシテ、補助ヲ致シタイト考ヘルノデアリマス、其他ハ朝鮮私設鐵道補助法案ト略、内容ガ似テ居リマスカラ說明ヲ省略致シマス、右樣ノ理由デアリマスカラ、何卒御審議ノ上御協贊アラムコトヲ望ミマス

○議長（奧繁三郎君）　山邊常重君――質問ノ通告ガアリマス

〔山邊常重君登壇、拍手起ル〕

○山邊常重君　只今提案ニナリマシタ朝鮮私設鐵道補助法案、及樺太私設鐵道補助法案ニ就キマシテ、政府ニ質疑ヲ致シマシテ其御答辯ヲ得タイト思ヒマス、勿論土地ノ開發、及產業ノ發達、工業ノ奬勵ヲ圖ルニハ、鐵道ヲ敷設スルト云フコトハ最モ必要ノ事デアリマス、殊ニ朝鮮ノ如キ未開ノ地ニハ尚更其必要ヲ感ズルノデアリマス、併シ今マデハ確カ朝鮮總督ノ下ニ於テ、拂込資本ニ對シテ年六朱ノ補給ヲ致シマシタケレドモ、此法案ニ依リマスト云フト、二朱上ゲマシテ年八朱ニナッテ居リマス、私ノ憂慮シマスル點ハ、若シ朝鮮ニ私設鐵道ノ認可ヲ受ケマシテ、其線路ガ假リニ百哩アル其中拂込資本ニ依ッテ十哩ダケ營業開始ヲシテ、殘リノ九十哩ハ容易ニ其營業ヲ開始シナイ、サウ云フ場合ニモ、尚且ツ政府トシテ之ニ八朱ノ補給ヲスルト云フコトニナリマスト、ソレニ依ッテ大變ナ利益ヲ得ルノハ株主デアリマスケレドモ、政府トシテハ殘リ九十哩ニ對シテ拂込ンダ資本ヲ、一方ハ銀行ニ預金シテ置ク、尚ホソレニ對シテモ八朱ノ補給ヲスルト云フコトニナリマスルト、折角八朱補給シテ鐵道ノ速成ヲ圖リ、產業ノ奬勵、工業ノ發達ヲ圖ルト云フ趣旨ガ、或ハ沒却セラレハシナイカト云フ虞ガアルノデアリマス、尚ホ實例デアリマスケレドモ、一昨年ノ十一月朝鮮ニ或ル私設會社ガ出來マシテ、資本金ハ一千万圓昨年ノ一月十五日ニ四分ノ一ノ拂込ヲ致シマシテ、東京ニ本社ガアッテ、京城ニ支店ハアルサウデスケレドモ、唯ダ株券ヲ發行シテ會社ガ出來タダケデ、未ダ何等鐵道ノ事業ニ著手シテ居リマセヌケレドモ、尚且ツ既ニ六朱ノ補給ヲ受ケテ居ルト聞キマス、斯ウ云フ會社ガ澤山出來マスルト云フト、唯ダ徒ラニ一部資本家ヲ擁護スルト云フヤウナコトニナリマシテ、此鐵道ヲ敷設スル所ノ趣意ニ反スルノデアルト私ハ思フノデアリマス、此點ニ就キマシテ政府ノ御考ハ如何デアルカ、之ヲ承リタイノデアリマス、ソレカラ此法律ニ依リマスト云フト、十年間ダケハ年八朱ノ補給ヲシテヤル、十年後ハ補給ハヤラヌト

云フコトデアリマスガ、若シ假リニ朝鮮ニ於ケル鐵道會社ガ八朱ノ補給ヲ受ケルガ爲メニ、十年マデハ立派ニ營業スルコトガ出來ルケレドモ、若シ十年後政府カラ八朱ノ補給ヲ受ケナイ爲メニ、其會社ノ株券ガ非常ニ暴落シ、金融ガ思フヤウニ行カナイデ、ソレカラ後此鐵道會社ガ事業ヲ繼續スルト云フコトノ出來ナイヤウナ場合ニハ、政府ハ果シテドウ云フ御處置ヲ御執リニナリマスカ、例令サウ云フ會社ガアッテモ、十箇年ダケ八朱ノ補給ヲシテソレカラ以後ハ構ハヌト云ウテ、之ヲ御引離シニナルカドウカ、此點ヲ私ハ御伺ヒシタイト思ヒマス、以上二點ニ就キマシテ、政府ノ御深切ナル答辯ヲ得タイノデアリマス――(拍手)

○議長(奥繁三郎君)　大塚政府委員

〔政府委員大塚常三郎君登壇〕

○政府委員(大塚常三郎君)　只今ノ御質問ニ御答ヲ致シマス、朝鮮ニ於キマシテハ、從來モ年八分ノ補助ヲ與ヘテ居リマシタノデアリマス、今回更メテ之ヲ八分ニ直シタ次第デハアリマセヌ、ソレカラ本案ノ補助ノ方法ニ依リマスルト、株式拂込金額ニ對シテ補助スルガ爲メニ、敷設ヲシナイ資本ニ對シテモ、無用ノ補助ヲスル場合ガアルデハナイカト云フヤウナ御質問ノヤウニ承リマシタガ、實際ニ於テハ鐵道ノ建設資金ハ、一度ニ拂込ムト云フヤウナ場合ハ無イノデアリマス、建設ノ必要ニ應ジテ、順次拂込ムノヲ以テ例ト致シテ居リマスノミナラズ、政府ト致シマシテハ、此補助會社ノ株式ノ拂込ニ就キマシテハ、拂込ノ時期ノ承認ヲ受ケシメルコトニナッテ居ルノデアリマス、ソレデアリマスカラ實際ニ於キマシテハ、使用シマシタル建設費ニ對スル補助ヲ爲スト、稍〻同樣ナ結果ヲ生ズルノデアリマスカラ、會社ガ補助ヲ受ケテ居リナガラ、鐵道ヲ敷設セズシテ會社ヲ解散スル、又ハ營業ヲ開始セヌト云フヤウナ場合ヲ御心配ニナリマシタヤウニ拜聽致シマシタノデアリマスルガ、其樣ナ場合ニ於キマシテハ、此法案ノ八條ニ依リマシテ、鐵道會社ガ免許ノ效力ヲ失フカ、或ハ免許ヲ取消サルヽガ、或ハ事業開始前ニ解散スルト云フヤウナ場合ニ相當スルノデアリマシテ、總テ是等ノ場合ニ於キマシテハ、補助金ノ返還ヲ命ズルノデアリマス、左樣ナ次第デアリマシテ、實際ニ無用ナル國費ヲ補助ノ爲メニ濫費スルト云フヤウナ虞ハ無イト考ヘテ居ルノデアリマス、ソレカラ第二點ノ鐵道會社ガ十年以後ニナリマシテ、尚ホ八分ノ配當ガ出來ナカッタ場合ニハ、ドウスル積リデアルカト云フヤウナ御尋デアリマシタガ、此場合ニ於キマシテハ、政府ト致シマシテハ、鐵道ノ建設ヲ許可スル當時ニ方リマシテ、大體將來ノ見込ヲ立テマシテ、十年間程補助ヲ致シマスレバ、少クトモ八分以上位ノ利益ヲ擧ゲルコトガ出來ルト云フ鐵道デナケレバ、之ヲ許可セヌ積リデアリマス、又朝鮮ノ事情カラ見マシテモ、八分位ノ利益ヲ十年間ニ擧ゲルコトハ出來ルヤウニ考ヘテ居ルノデアリマス

○議長(奥繁三郎君)　右各案ノ審査ヲ付託スベキ委員ノ選擧ヲ議題ニ供シマス

第六　右各案ノ審査ヲ付託スヘキ委員ノ選擧

○岩崎勳君　兩案ヲ一括シテ、政府提出地方鐵道法中改正法律案外二件ノ委員ニ、併セテ付託セランコトヲ望ミマス

〔「贊成」「贊成」ノ聲起ル〕

○議長(奥繁三郎君)　岩崎君ノ動議ニ御異議ナイト認メマス、仍テ動議ノ如ク決シマス――日程第七明治四十一年法律第三十五號中改正法律案第一讀會ヲ開キマス永井榊太長官

朝鮮私設鐵道補助法案（政府提出）第一讀會ノ續（委員長報告）

報告書

一朝鮮私設鐵道補助法案（政府提出）

右ハ本院ニ於テ可決スヘキモノト議決致候此段及報告候也

大正十年三月十二日

朝鮮私設鐵道補助法案理事　大石　大

衆議院議長奧繁三郎殿

樺太地方鐵道補助法案（政府提出）第一讀會ノ續（委員長報告）

報告書

一樺太地方鐵道補助法案（政府提出）

右ハ本院ニ於テ可決スヘキモノト議決致候此段及報告候也

大正十年三月十二日

樺太地方鐵道補助法案理事　大石　大

衆議院議長奧繁三郎殿

〔大石大君登壇、拍手起ル〕

○大石大君　只今議題ト相成リマシタ鐵道法案、並ニ朝鮮鐵道補助法案、樺太地方鐵道補助法案ヲ一括致シマシテ、委員會ノ經過並ニ結果ヲ御報告申シマス、先ヅ軌道法案ニ就キマシテハ、政府委員ノ出席ヲ求メマシテ、質問應答ノ結果、委員會ニ於キマシテハ、現行ノ軌道條例ハ明治二十三年ノ制定ニ係リマシテ、實際ノ適用ノ上ニ於キマシテ、非常ナル不便ト不備ノアルコトヲ感ジタ譯デアリマス、現今ノ實情ニ適合セシメンガ爲メニ、此軌道法案ヲ提出セラレタ譯デアリマス、本案ハ道路ノ維持ヲ完全ニシ、一面ハ道路ノ補助機關ト致シマシテ、軌道ノ發展ヲ圖ル目的ヲ以テ制定ヲセラレタノデゴザイマシテ、最モ時勢ニ適スル所ノ法案デアルト云フコトヲ認メマシテ、委員會ニ於キマシテハ全會一致ヲ以テ可決致シマシタ、唯ダ之ニ二ツノ希望ガ附シテゴザイマスルガ、今之ヲ試ニ御報告申上ゲマスナラバ、軌道法案ノ第三條ハ卽チ免許デゴザイマス、免許ヲ致シマスル場合ニ於テハ、關係市町村ニ諮問ヲ致シテ、聽イテ貰ヒタイト云フ希望條件ガ出テ居リマス、又第四條第九條ニハ、道路ヲ使用スル場合ニ於キマシテ、道路ノ占用料ヲ取ルコトニナッテ居リマスガ、是モ新タナル試ミデアリマスカラ、成ベク軌道業者ニモ迷惑トナラナイ、軌道業者ノ苦痛トナラナイ所ヲ、十分考慮ヲシテ戴キタイト云フ希望ガ出テ居リマス、九條ハ道路管理者ガ道路ノ新設、若クハ改築ノ爲メニ必要ガアルト認メタル場合ニ於キマシテハ、軌道經營者ガ新タニ拵ヘマシタ所ノ軌道敷地ヲ、無償ニテ道路敷地トスルコトガ出來ルト云フ規定ニナッテ居リマスル、是モ成ベク軌道業者ノ意思ヲ鋒査シテ、苦痛ニナラザル所ノ程度ニ於テ、此九條ヲ施行セラレンコトヲ希望スルト云フ條件ガ出テ居リマス、ソレカラ道路ニ鐵道ヲ敷設スル場合ニ於テハ、道路ノ一端ニ軌道ヲ敷設シテ、道路ノ本質ヲ損セザルヤウ、特ニ地方長官ニ訓示若クハ命令ヲシ、道路保全、卽チ道路法ノ目的ニ十分ノ監督遺憾ナキヲ期セラレタシト云フ希望條件ガ出テ居リマス、次ニ朝鮮並ニ樺太ノ鐵道補助法案、是ハ朝鮮並ニ樺太ノ統治ノ上ニ於キマシテ、産業發展ノ上ニ於キマシテ、最モ必要ナル法案デアルト云フコトヲ認メマシテ、是亦委員會ニ於キマシテハ、全會一致ヲ以テ可決ニナッタ譯デゴザイマス、ドウカ本會ニ於キマシテモ、滿場一致ヲ以テ可決アランコトヲ希望致シマス（拍手起ル）

○議長（奧繁三郎君）　此三案ヲ一括シテ、第二讀會ヲ開クヤ否ヤヲ御諮リ致シマス

〔「第二讀會ヲ開クニ異議ナシ」ト呼フ者アリ〕

○議長（奧繁三郎君）　第二讀會ヲ開クニ御異議ナイト認メマス、仍テ第二讀會ヲ開クニ決シマシタ

○岩崎勳君　三案ヲ一括シテ直チニ其第二讀會ヲ開キ、第三讀會ヲ省略シテ、委員長報告ノ通リ可決確定セラレンコトヲ望ミマス

〔「贊成々々」ト呼フ者アリ〕

○議長（奧繁三郎君）　岩崎君ノ動議ニ御異議ナイト認メマス、直チニ第二讀會ヲ開キマス

軌道法案　第二讀會（確定議）

朝鮮私設鐵道補助法案　第二讀會（確定議）

樺太地方鐵道補助法案　第二讀會（確定議）

○議長（奧繁三郎君）　此三案ハ委員長報告通リ御異議アリマセヌカ

〔「異議ナシ」「異議ナシ」ト呼フ者アリ〕

○議長（奧繁三郎君）　御異議ナイト認メマス、仍テ此三案ハ委員長報告通リ可決確定致シマシタ――日程第二十特別市制促進ニ關スル建議案ヲ議題ト致シマス――作間耕逸君

大正十年三月十六日

滿洲ニ於ケル施政方針ニ關スル質問主意書

右成規ニ據リ提出候也

大正十年三月五日

提出者　吉野小一郎
贊成者　松野鶴平
外二十九人

滿洲ニ於ケル施政方針ニ關スル質問主意書

一　近時日支間ノ親善ハ所謂國際儀禮ニ屬スルモノノ外諸般ノ事實ニ於テ殆ト總テ寧ロ逆轉ノ觀アリ政府ハ支那ノ自覺ヲ待ツト謂フ外ニ日支共存共榮ノ根本義ニ基キ兩國ノ政治經濟上親善ノ實ヲ擧クヘキ積極的具體的ノ促進策ニ付奈何ノ考慮ヲ有スルヤ

二　滿蒙ニ對スル我カ施政上政府ヲ直接間接ニ代表スル領事館關東廳陸軍滿鐵ノ相互ハ其ノ政治經濟的施爲方針ニ付頗ル聯絡統一ヲ缺クヲ憾トス各機關ノ當事者亦之ヲ確認セリ政府ハ此ノ際實情ノ調査ヲ進メ制度ノ更新ヲ圖ルコトニ付奈何ノ考慮ヲ有スルヤ

三　南北滿洲ノ貿易ハ近時異常ノ發展ヲ遂ケ其ノ產業ノ發達ハ將來益觀ルヘキモノアルヘク隨テ本邦トノ關係ハ更ニ一層重要ナルモノアラムトス政府ハ滿蒙ヲ管轄區域トスル獨立ノ商務官ヲ速ニ設置スルニ付考慮ノ要ヲ認メサルヤ

四　東支鐵道ノ支配權及其ノ管內ニ於ケル行政權ハ事實上漸次露國ヨリ支那ニ奪回セラレタリ且東支鐵道ニ依ル交通運輸ハ今日著シク支障ヲ生シ居レリ政府ハ從來ニ於ケル日支露間ノ協定ニ照ラシ支那ニ對シ國際通義上何等ノ交涉ヲ要セスト認メラルルヤ

五　日支兩國間既定ノ協約ニ係ル鐵道ノ速成及商租契約ニ關スル施行細則ノ協定ニ付政府ハ現在如何ノ進行ヲ爲セルヤ

又本邦ノ滿蒙經營根本義ハ北滿ニ於ケル優越權ヲ獲得シテ初テ其ノ意義徹底スヘシ政府ハ北滿ニ對シテモ南滿ト均シク商租權ヲ承諾セシムル等具體的ノ所見ヲ有セサルヤ

六　滿蒙ニ於ケル經濟產業ノ發展ヲ希圖セハ我カ低利資金ノ注入ニ鋭意スルヨリ急ナルモノ莫シ政府ハ其ノ保有セル資金ノ一部ヲ割キ適當ノ機關ヲ通シ一定年間特殊貸出ヲ行フコトニ付考慮ノ要ヲ認メサルヤ

七　所謂滿蒙經營ニ關シ現在金融上ノ任務ヲ有スル我カ特殊會社ハ正金銀行、朝鮮銀行及東洋拓殖會社ノ三者ナルカ是等各會社孰レモ其ノ業務方針組織權限資力ニ於テ多大ノ缺陷ヲ有シ且均シク政府ノ特設會社ニシテ對滿經營上ノ聯絡統一ヲ缺如セリ政府ハ此ノ際滿蒙經營上其ノ實情ニ適當セシムヘキ滿蒙本位ノ中樞的金融機關ヲ特設スルコトニ付考慮ノ必要ヲ認メサルヤ

右及質問候也

大正十年三月十五日

內閣總理大臣　原　敬

衆議院議長奥繁三郎殿

衆議院議員吉野小一郎君提出滿洲ニ於ケル施政方針ニ關スル質問ニ對シ別紙答辯書差進候

（別紙）

衆議院議員吉野小一郎君提出滿洲ニ於ケル施政方針ニ關スル質問ニ對スル答辯書

一　帝國政府ハ日支共存共榮ノ根本義ニ基キ政治經濟上親善ノ實ヲ擧クル爲各方面ヨリ鋭意考慮ヲ怠ラスト雖之カ具體的實現ニ就テハ單ニ政府ノ焦慮施設ニ依リテノミ其ノ達成ヲ期スルヲ得ス必スヤ支那ノ協力國民ノ努力ニ俟タサルヘカラス即チ第一支那國內ノ統一康寧ノ回復ニ依リ協力ニ便ナル政情ノ到來ヲ要ス乍併之カ爲帝國政府ニ於テ內政干涉ニ陷ルカ如キ舉措ニ出ツルハ之ヲ避ケサルヘカラス要ハ先ツ支那有爲ノ政治家ニ於テ些々タル政情ヲ排シ和平統一ノ實現ニ努力セムコトヲ熱望セサルヲ得ス帝國政府ニ於テハ數年來列國ト共ニ之ヲ支持スルノ方針ヲ確立シ之カ實現ニ努メ居レリ第二ニ我民間ニ於テモ兩國民相互ノ了解協力ニ努メ國民感情ノ融和ヲ來シ從來ノ誤解ヲ釋クニ力メ以テ共存親善策實行ノ途ヲ圓滑ナラシムルニ盡力セムコトヲ切望セサルヲ得サルナリ

二　滿洲ニ於ケル諸機關ノ間ニ聯絡統一ヲ缺キタルカ如キ事實ナシ

三　支那一般ニ對スル商務官ヲ置クカ爲之ニ要スル豫算ハ已ニ今期議會ニ提出シタリ特ニ滿蒙ヲ管轄スル商務官ノ設置ニ付テハ政府ニ於テ差當考慮セス

四　東支鐵道問題ニ關シ最近露支間ニ折衝ノ事實アルモ右ハ畢竟露國ノ崩壞ニ伴フ異常ノ事態ニ胚胎スルモノニシテ如斯機微ナル局面ニ際シ帝國政府ニ於テ進テ右露支間ノ問題ニ介入スルカ如キハ決シテ策ノ得タルモノニ非スト信ス只常ニ事態ノ推移ニ留意シ帝國及國民ノ既得利益ノ侵迫ヲ防止スルニ就テハ機宜ノ措置ヲ怠ラサルヘキコト勿論ナリ尚東支鐵道ノ運行確保ニ關シテハ聯合國間ノ協定ニ基ク聯合國委員會依然存續シ必要ノ措置ヲ講シツヽアリ

五　日支間既定ノ協約ニ係ル鐵道ニ就テハ政府ハ素ヨリ其ノ速成ヲ希望シ之カ實現ニ努力シツヽアルモ未タ具體的ニ其ノ進行ノ程度ヲ發表シ得ルノ時機ニ達セス

商租契約ノ施行細則協定ニ付テハ目下對案考查中ナルカ支那ノ政情我交涉ニ便ナル時機ニ於テ可成速ニ我目的ヲ達スル樣努力シツヽアリ

北滿ニ於ケル商租權ヲモ承諾セシムルコトハ貴質問者ノ説ノ如ク我國ニ有利ナランモ四圍ノ情勢ニ顧ミ政府ハ未タ之ヲ考慮スルノ時機ニ達セスト思考ス

六　預金部ノ資金トシテ餘裕アル場合ニハ滿蒙ニ於ケル經濟產業發展ノ爲ニモ利用スルコトニ付考慮ヲ加フルヲ辭セス

七　滿蒙ニ於テハ金融機關トシテ既ニ横濱正金銀行朝鮮銀行及東洋拓殖會社各活動シ相當效果ヲ擧ケ居[illegible]スル積ナリ差當リ此等ノ機關ヲ放棄シテ滿蒙本位ノ中樞金融機關ノ急設ヲ要ストハ思考セス

右及答辯候也

大正十年三月十五日

內閣總理大臣　原　敬
外務大臣　伯爵內田康哉
大藏大臣　子爵高橋是清

〔左ノ報告ハ朗讀ヲ經サルモ參照ノタメ茲ニ掲載ス〕

一　去十二日議長ニ於テ選定シタル委員左ノ如シ

六大都市行政監督ニ關スル法律案外一件

松浦五兵衛君	鳩山一郎君	宮崎三之助君
土屋興君	若尾幾造君	加藤重三郎君
竹上藤次郎君	坪田十郎君	樋口伊之助君
赤田瑳一君	向井倭雄君	小山松壽君
森田茂君	武內作平君	作間耕逸君
高木正年君	板野友造君	森下龜太郎君

都市計畫地方委員會職員ノ恩給及遺族扶助料ニ關スル法律案外五件

八田宗吉君	佐藤實太郎君	西村伊亮君
吉木陽君	龍野周一郎君	江崎幸太郎君
荒川五郎君	樋口秀雄君	石川長右衛門君

黃燐燐寸製造禁止法案

今井 今助君　高島七郎右衛門君　山本清三郎君
福井 甚三君　多木久米次郎君　中馬 興丸君
淺川 浩君　中川幸太郎君　山邑太三郎君

畜牛結核病豫防法中改正法律案

柳原九兵衛君　池田猪三次君　伊藤 廣幾君
木下甚三郎君　岩崎宗茂助君　久慈 貫一君
鈴木久次郎君　村山喜一郎君　小橋藻三衛君

石油政策ニ對スル燃料調査會設立ニ關スル建議案

高野 毅君　三浦權兵衛君　中島 鵬六君
木村清三郎君　三好 德松君　坂本素魯哉君
齋藤巳三郎君　古賀三千人君　守屋松之助君

多摩川改修費及水源涵養費國庫支辨ニ關スル建議案外一件

秋本 喜七君　土屋 興君　長谷場 敉君
内山安兵衛君　森 恪君　淺賀長兵衛君
小野 重行君　出口 直吉君　最上 直吉君

救世軍補助ニ關スル建議案

中村 喜平君　吉良 元夫君　波多野喜右衛門君
竹澤 太一君　若林 德懋君　岡 順次君
横山勝太郎君　小池 仁郎君　奥村安太郎君

遠美鐵道速成ニ關スル建議案外二件

池田猪三次君　吉原祐太郎君　野呂 駿三君
西村 正則君　森 恪君　三枝彦太郎君
永井柳太郎君　古屋 慶隆君　近藤 達兒君

一去十二日地方鐵道法中改正法律案外一件委員河相三郎君辭任ニ付其ノ補闕トシテ阪上貞信君ヲ、陸軍軍法會議法案外十一件委員上畠益三郎君辭任ニ付其ノ補闕トシテ仙波太郎君ヲ、地方學事通則中改正法律案委員山邑太三郎君辭任ニ付其ノ補闕トシテ森下龜太郎君ヲ孰レモ議長ニ於テ選定セリ

一昨十四日委員長理事互選ノ結果左ノ如シ

六大都市行政監督ニ關スル法律案外一件委員

委員長 松浦五兵衛君　理事 宮崎三之助君　小山 松壽君　板野 友造君

都市計畫地方委員會職員ノ恩給及遺族扶助料ニ關スル法律案外五件委員

委員長 八田 宗吉君　理事 吉木 陽君

黃燐燐寸製造禁止法案委員

委員長 多木久米次郎君　理事 福井 甚三君

畜牛結核病豫防法中改正法律案委員

委員長 柳原九兵衛君　理事 鈴木久次郎君

石油政策ニ對スル燃料調査會設立ニ關スル建議案委員

委員長 高野 毅君　理事 守屋松之助君

多摩川改修費及水源涵養費國庫支辨ニ關スル建議案外一件委員

委員長 秋本 喜七君　理事 小野 重行君

救世軍補助ニ關スル建議案委員

委員長 中村 喜平君　理事 奥村安太郎君

遠美鐵道速成ニ關スル建議案外二件委員

委員長 池田猪三次君　理事 永井柳太郎君

一昨十四日六大都市行政監督ニ關スル法律案外一件委員森田茂君辭任ニ付其ノ補闕トシテ野田文一郎君ヲ、多摩川改修費及水源涵養費國庫支辨ニ關スル建議案外一件委員淺賀長兵衛君辭任ニ付其ノ補闕トシテ高木正年君ヲ、遠美鐵道速成ニ關スル建議案外二件委員三枝彦太郎君辭任ニ付其ノ補闕トシテ松浦五兵衛君ヲ孰レモ議長ニ於テ選定セリ

一今十五日身元保證ニ關スル法律案委員上畠益三郎君辭任ニ付其ノ補闕トシテ森下龜太郎君ヲ議長ニ於テ選定セリ

第二　朝鮮軍軍法會議ニ關スル法律案（政府提出、貴族院送付）　第一讀會ノ續（委員長報告）

報告書

一朝鮮軍軍法會議ニ關スル法律案（政府提出、貴族院送付）

右ハ本院ニ於テ可決スヘキモノト議決致候此段及報告候也

大正十年三月十二日

朝鮮軍軍法會議ニ關スル法律案委員長　鵜澤總明

衆議院議長奥繁三郎殿

○鵜澤總明君　諸君、陸軍軍法會議法案、朝鮮軍軍法會議ニ關スル法律案、關東軍軍法會議ニ關スル法律案、臺灣軍軍法會議ニ關スル法律案、海軍軍法會議法案、陸海軍軍法會議私訴裁判執行法廢止法律案、刑事交渉法案、陸軍法務官及海軍法務官ノ恩給及遺族扶助ニ關スル法律案、明治三十五年法律第二十九號中改正法律案、明治四十四年法律第六十一號中改正法律案、巡査看守退隱料及遺族扶助料法中改正法律案、明治四十三年法律第三十號中改正法律案、此各案ノ委員會ニ於ケル結果及經過ノ御報告ヲ致シマス、此各案ニ於キマシテ、最モ重大ナル法案ニシテ、而モ今期ノ議會ノミナラズ、數會期ヲ通ジテ最モ重大ナル法案ノ一ツデゴザイマスル、陸軍軍法會議法案、及海軍軍法會議法案、此兩案ヲ合セマスルト云フト、殆ト千何箇條ニ亙ル大法典デアリマス、ソレ故ニ此二法典ニ就テノ御報告ダケニ止メマシテモ、一時間以上掛ルコトデアラウト思ヒマスル、所ガ委員會ニ於キマシテハ、委員諸君ノ非常ナル熱誠ニ依リ又勉强ニ依リマシテ、僅ニ三回ノ質問應答ヲ重ネマシテ、此案全體ヲ貴族院送付ノ通リ、原案ヲ總テ可決スルコトニナッタ次第デゴザイマス、ト云フヤウナ次第デアリマスルカラ、報告ハ是デ濟シタヤウナ次第デゴザイマスルガ、是デハ餘リ簡單デゴザイマスルカラ、モウ一二三分附加ヘテ置キマス、委員ノ中ニ於キマシテ荒川君、横山金太郎君、北山君、三善君、渡邊君、八並君、是等ノ諸君カラシテ簡單デハゴザイマスルガ、極メテ要領ヲ得マシタル御質問デゴザイマシタ、而シテ其質問ノ趣旨ニ依リマシテ、洵ニ此法案ハ時代ノ要求ニ應ジテ居リマスル所ノ必要法案デアリ、又寔ニ立派ニ出來テ居ル法案デアルト云フ事柄ガ明白ニナッタ次第デアリマス、荒川君ハ尚ホ此法律上ノ見地カラノミデハナクシテ、財政上ノ見地カラ、若シ此法律案ヲ施行スルコトニナッタナラバ、經費ガドノ位掛ルモノデアラウカト云フ點モ質問ニナラレタノデアリマス、陸軍ノ志水政府委員ノ答フル所ニ依レバ、陸軍ノ方ニ於キマシテハ、經常費ガ年々約三十万圓位掛ルコトデアラウ、建築費ガ約二百万圓位掛ルコトデアラウ、臨時急ノ費用ガ百万圓位掛ルコトデアラウト云フヤウナ御答辯ガアリマシタ、海軍ノ内田政府委員ニ於キマシテハ、定員増加ニ就キマシテ五万圓足ラズノ經費ガアレバ、此大法案ノ施行ガ出來ルト云フヤウナ御答辯デアリマシタ、而シテ改正案ノ要點ハ、審判ノ公開、辯護士、上訴ノ制ヲ設ケ、豫審、公判、總テ長官ノ命ニ依ッテ今迄ハ著手ヲ致シテ居ッタノデアリマスルガ、此制度ヲ改メマシテ檢察官ノ請求、及起訴ヲ俟ッテ著手スルト云フヤウナコトニナリ、其他裁判ノ獨立、裁判ノ保障、及人權保護ニ關スル規定ヲ設ケマシテ、軍事ノ利益相反セザル限リハ、成ベク普通ノ刑事裁判手續ト擇ブコトナカラシメ、裁判手續上些モ遺憾ナキヲ期セシムルト云フコトガ標準トナッテ、改正セラレタ次第デゴザイマス、ソレカラ其他ノ案ニ就キマシテ刑事交渉案ト云フノハ、陸軍軍法會議法ト、海軍軍法會議法、及普通裁判ニ於ケル刑事問題ノ交渉ノ規定ヲ設ケタモノデゴザイマスルシ、其他此巡査看守退隱料、及遺族扶助料法中改正法律案ニ就キマシテハ、荒川君ノ質問ガアリマシテ、今日ヨリモモウ少シ手當ヲ好クスル方法ガナイカト云フコトノ應答ガアッタノデ、其他ニ質問ハゴザイマセヌ、而シテ此陸軍軍法會議法案、海軍軍法會議法案ニ通ジマシテ、辯護士ノ指定ト云フコトニ對シテ、政府原案ニ於テハ、其適用ノ仕方ニ依リマスレバ、狹キニ失スル虞ガアル、ソレ故ニ陸軍大臣及海軍大臣ニ於キマシテハ、此指定ノ方法ヲ成ベク廣ク致シマシテ、折角設ケラレタル辯護士ノ途、公判公開ノ途、人權保護ニ關スル途ニ就テ、遺憾ナキコトヲ期セラレタキモノデアルト云フコトノ希望ヲ述ベテ、原案ニ可決シタ次第デゴザイマス、此希望ハ別ニ條件ト云フコトデハナイノデアリマスケレドモ、陸海軍當局ニ於キマシテ、徳義ヲ守ッテ、此衆議院ノ意思ヲ十分徹底セシムル コトニシテ貰ヒタイト云フ趣旨デアリマス、此段御報告ヲ致シマス（拍手起ル）

○議長（奥繁三郎君）　本案ニ就キマシテ討論ノ通告ガアリマス、

第十七　決議案(床次内務大臣不信任ノ件)(佐々木安五郎君提出)

決議案

決議

本院ハ床次内務大臣ヲ信任セス

右決議ス

〔佐々木安五郎君登壇、拍手〕

○佐々木安五郎君　私ハ床次内務大臣ノ不信任案ノ提出者トシテ、理由ノ説明ヲ致シマス決議案ノ理由ハ「床次内務大臣ハ就任以來國民思想ノ指導ヲ誤ルコト一再ナラス特ニ最近ニ至リテハ名ヲ新聞取締ニ藉リ猥ニ言論ヲ壓迫シ報道ヲ抑止シ宮中及驛站ニ行ハレタル重大事件ノ公表其ノ機宜ヲ失シ民心ヲシテ五里霧中ニ彷徨セシメ世ヲ擧ケテ惶惑不安ノ念ニ耐ヘサラシム斯ノ如キハ以テ内政ノ樞機ヲ託スルニ足ラス依テ速ニ其ノ責ヲ引キ一身ヲ處決スヘキモノナリ」是ガ提出ノ理由ノ大要デアリマス(「分ッタ〳〵」ト呼フ者アリ)温厚ノ長者ト聞エタル床次内務大臣ニ向ッテ一矢ヲ酬ユルト云フコトハ(「柄デナイ」ト呼フ者アリ)甚ダ氣ノ毒ニ思ヒマス、併ナガラ個人ハ個人、國務大臣ハ國務大臣デ、既ニ内務大臣タル以上ハ、國民ノ代表者トシテ信任スル能ハザル理由ヲ述ベナケレバナラヌノデアリマス、當リ前カラ言ヒマスルト、床次内務大臣ハ地方制度ノ市町村制度改正法律案ノ骨子ガ、閣議ニ於テ蹂躙サレタル其時ニ責任ヲ知ル立憲大臣デアルナラバ、自分ノ進退ヲ決セラルベキモノデアルト私ハ思ッテ居ル、死スベキ時ニ死セザレバ死ニ勝ルノ恥アリ、辭職スベキ時ニ辭職セザレバ辭職ニ勝ルノ恥アリ、吾輩ガ今日此問題ヲ以テ床次内務大臣ヲ責ム前ニ、内務大臣ガ自己ノ意見ヲ貫徹スル能ハザルガ爲メニ、級別撤廢ノ精神ヲ貫クト云フ意味ニ於テ辭職ヲサレタナラバ、ソレコソ立派ナ立憲的大臣ノ標本デアッタニ違ヒナイ、惜イカナ事茲ニ出デズシテ、死ニ勝ルノ恥ヲ見セナケレバナラヌト云フコトハ、御本人ニ對シテハ頗ル氣ノ毒ニ思ヒマス、凡ソ國務大臣數アル中ニ、何レヲ重シ何レヲ輕シト云フ譯デアリマセヌケレドモ、總理大臣ヲ以テ一家ノ主人公ト譬ヘルナラバ、内務大臣ノ主人公ヲ助ケル所ノ一家ノ主婦ノ役目デアル、一家ノ主婦ノ家政ノ取締ガ行屆クト屆カヌニ依ッテ、其家ノ盛衰存亡ノ岐ルルガ如ク、一國ノ内務大臣ガ内政上ニ於テノ舵ノ取リヤウ一ツデ、國家ノ安危、治安、興廢ト云フモノハ岐レルモノデアル、此故ニ太政官以來大久保内務卿ノ如キ一代ノ英傑ガ内務卿ニナッテ居ル、伊藤公ガ内閣制度ヲ立テラレテ以來モ、重要ナル人物ニ非ザレバ内務大臣ニハシテ居ラヌ、故ニ平民内閣ヲ標榜シテ立テルトコロノ政友會内閣ノ原總理大臣ハ、何人ヲ以テ自己ノ女房役ト極メルカト云フコトハ、萬目ノ囑目シテ見ルトコロデアッタガ、札ハ床次内務大臣ニ落チタ、内務大臣ハ固ヨリ令名嘖々タル人デアル、三木君ハ薩南ノ麒麟兒トマデ頌辭ヲ奉ッテ居ル、併ナガラ私ハドウ考ヘテモ薩南ノ麒麟ト迄ハ褒メ稱ヘ奉ルコトハ出來ナイノデアル(拍手)何トナレバ思想ノ根柢ニ於テ不徹底ナルトコロガアリハシナイカト思フ、ソレハ何ヲ以テ之ヲ言フ、將來ヲ知ラント欲スル者ハ既往ヨリ調ベテ見レバ分リマス、床次内務大臣ハ曾テ内務當局者トシテ三教合同ヲ企テラレテ、失敗ニ終ッタコトガアル、三教合同、神道ト佛教ト耶蘇教トヲ一ツニシヤウ、是ガナリマスカ、神道ト云フモノハ諸君御存知ノ通リ多神教デアル耶蘇ト云フモノハ諸君ノ御存知ノ通リ獨一眞神ヲ立テル一神教デアル、佛教ト云フモノハ眞如即萬法、萬法即眞如、一神ニシテ即チ多神ナルモノデアル、一神教ト多神教ト、一神多神ノ混合教ト、之ヲ打ッテ一丸トサレヤウト云フコトヲ、御考ヘニナルト云フコトハ、柳ノ枝ニ櫻ノ花ヲ咲カセ、梅ノ香ヲ移シタイト云フヤウナモノデアル、是ガ出來レバ是ヨリ上ノ立派ナ事ハナイガ、是ハ出來ナイコトデアル、出來ナイコトヲ政府ノ御用掛ノ解ガ掛リサヘスレバ出來ルカト思ハレルノガ、是ガ官僚主義ノ根本ノ誤リデアル(拍手)床次内務大臣ノ思想ノ不徹底ト云フモノハ此所カラ來テ居ル、其根柢ヲ論ズレバ、政府ノ御用掛ト云ッタラドンナ無理デモ通ス、通レルモノダト云フヤウナ御考ガ、總テノ施設ニ現レテ居ルノハ、今日ノ誤レル政策ヲ産ミ來シタル大ナル淵源デアラウト思フ(拍手)併ナガラ斯ノ如クニ三教合同ノ出來ナイモノヲ、ゴチヤ混ゼニスルト云フコトニナルト、頭ヲ虎ニシ尻尾ヲ蛇ニスルヤウナ鵺ノヤウナモノデアル、鵺既ニ麒麟ニアラズ、故ニ私ハ床次内務大臣ノ思想ヲ以テ、麒麟兒ノ思想ナリトハ解釋シナイケレドモ、少クトモ三教ヲ合同スル、合同スルト云フ所ニ床次内務大臣ノ統一的手腕ヲ試ミラレントシテ、失敗ニ了ッテモ何デモ構ハヌ、統一ト云フ考ハアルト思ヘル、是ハ私ノ採ルベキ所デアルト思フ、統一ト云フコトニ就テ今日何ガ一番必要デアルカト云ヒマスルト、戰後ニ於テ整理スベキ問題ハ、曰ク外交、曰ク財政、曰ク産業、曰ク教育、曰ク衞生、指數ヘ口屈スルニ遑アラザル程(笑聲)アルニハ違ヒナイガ、其中デ最モ重要ナル整理ヲ要スベキモノハ何デアルカト言ヒマスルト、思想ニ違ヒナイ(「ヒヤ〳〵」ト呼フ者アリ)思想ノ統一ガ付カザレバ、總テノモノハ統一ハ出來ナイ、思想ハ質デアッテ、政治ハ形デアル、國家ハ形デアル、此質カラ研究シテ掛ラネバ決シテ形ニ於テ立派ナモノガ出來ル譯ノモノデハナイ、然ラバ思想ハ統一ガ出來ルカ出來ヌカ或者ハ曰ク思想ハ統一ガ出來ヌ、思想ノ統一ナンカシヤウト云フノハ迚モ出來ルモノデハナイ、斯樣ナ事ヲ言フ者ガアリマスケレドモ、思想ノ統一必シモ出來ヌト云フコトハナイ、唯ダ思想ノ統一ヲ要スルトキハ、大人格アッテ初メテ思想ノ統一ガ出來ルノデアル、印度ニ於ケル九十五種ノ哲學者ガ、色々樣々ノ異論ヲ唱ヘタトキニ、大聖世尊釋迦牟尼如來ガ起ッテ思想ヲ統一シタ、明治ニ於テ幕末ノ其當時、三百諸侯ガ三百ノ思想デ混亂雜多ニ走ッテ居ッタトキニ、明治天皇ガ現レテ日本ノ思想ヲ統一サレタ、少クトモ思想ヲ統一スルト云フコトハ、宗教家ナラバ釋迦如來、帝王ナラバ明治天皇陛下、此位ノ人ガ出ナケレバ、混亂狀態ニ陷ッタル此思想ノ統一ヲシヤウナント云フコトハ、思ヒモ掛ケヌ事デアル、然ルニ——然ルニ内務大臣ガ思想ノ統一ニ志サレタノハ宜シイガ、内務省御用高等官一等待遇國民思想統一掛ト云フ名前ヲ許サレタノハ、一體誰デス、誰ガ許サレタ、攝州ハ西宮ノ住人(笑聲)褒メテ言ウタラ藝術家、貶シテ言ウタラ「チヨンガレ」語リノ吉田奈良丸、其人デハナイカ、是デ思想ノ統一ガ出來ルト云フコトハ、日本ノ國民ヲ侮辱スルモ甚シイト私ハ思フノデアル、(拍手起ル)日本ノ國民ハ奈良丸位カラ統一サレルヤウナ貧弱ナ思想ハ持ッテ居ラヌ、持ッテ居ラザルノミナラズ、彼ガ仙臺ニ行ッテ内務省ノ御用ト云フ事ヲ笠ニ著テ、紫ノ幕ヲ旅館ニ張ラセテ、絹ノ坐布團ニ一枚重ネテ、有志ガ來テモ識者ガ來テモ傲然トシタ態度ハ、却テ思想ノ惡化ヲ來サシメル原因トナッテ居ル、反感ヲ懷カシメテ居ル、斯ノ如キ頭ガ是ガ内務大臣ノ頭デアルトスレバ餘リ國民思想ト云フモノニ就テ了解ガナイデハナイカト私ハ思フ、更ニ進ンデ其次ニハドウ云フ事ヲサレタ、其次ニハ仁俠道ヲ奬勵致サレタ、仁俠ノ道ト云フモノハ成程惡イ事デハナイ、男伊達、男伊達ト云フモノハ惡イコトハナイ、善イ事デアリマスガ、日本ニ於テ仁俠道ノ發達ト云フモノハ、如何ナル時代ニ發達シタカト云ヒマスルト、是ハ政府ノ役人ガ、官權ヲ濫用シテ下ノ者ヲ壓迫シ、細民ヲ虐ゲルト云フ場合ニ於テ、弱者ノ味方トシテ町奴ガ立上ッタ、是ガ仁俠道ノ初マリデアル、明治ニナッテ此方ハ國ニ法律アリ、法律ハ一律一體、親疎ヲ置カズシテ行ハレルト云フコトデアルカラ、官權ヲ用ヰテ弱者ヲ凌グト云フコトハナイ筈デアル、故ニ仁俠道ト云フモノ、奬勵ハ殆ド必要ガナクナッタ、仁侠道ノ奨励ガ必要ガナイノニ、更ニ仁侠道ヲ奨励シテ國民同志ノ間ニ爭ヲ起サシメタト云フノハ、ドウ云フコトデアル、若シ仁侠ガ必要トスルナラバ、今日ハ日本ノ國家其モノガ弱キ國ヲ援ケ弱キ人民ヲ助ケ國家トシテ仁侠ニ任ズレバソレデ宜シイ、國民ノ中ニハ國ニ法律アリ、仁侠ト云フモノヲ特ニ奨励スル必要ハナイ、況ヤ仁侠ト云フコトヲ奨励サレタ連中ハ何ヲシテ居ル、政府ノ御聲掛リデアル、内務大臣ガ俺達ノ總裁デアル、礒部博士ガ俺達ノ會長デアル、政府ノ御聲掛リダト云フコトヲ笠ニ著テ、地方ニ行ッテハ罪ナキ細民ヲ虐ゲル者モ少クナイト聞イテ居ル、斯ノ如キ仁侠ガ今日ノ大正ノ世ノ中ニ何ノ必要ガアルカ、或ハ言ハン、奈良丸ノ如キ者モ是モ忠臣義士ヲ鼓吹スルカラ、ソレデ必要ダ、奈良丸ヲ尚シト云フノデハナイ、忠臣義士ヲ鼓吹スルカラ必要ダト仰シヤルカ知ラヌガ、忠臣義士ヲ鼓吹シテ必要ナラバ、福本日南ト云フ老志士ガ、今ヤ半身不隨デ倒レカヽッテ居ル、彼モ奈良丸以上ニ待遇シテヤッタナラバ、志士ノ末年ヲ飾ルニ足ルト思フケレドモ、今日ノ國民ガ要求スル思想ノ標準ト云フモノハ讐討デアル、アノ位ノ忠義ト云フダケノ標準デ善イモノデアルカ、恐イモノデアルカ、大石義雄夫レ自身デモ讐ヲ討ッタト云フコトヲ以テ誇リトシテ居ラヌ、成ベクナラバ御主ノ家ヲ再興シテ、内匠頭ノ弟大學ヲ今一度浅野家ノ主人ニシタイト云フコトヲ考ヘテヤッテ居ル、然ルニソレガ出來ナイカラ、已ムヲ得ズ第二ノ手段ニ出テタ、故ニ或人ガ日ク、栗山大膳ト足下トハ何レガ優レルカト云フコトヲ大石義雄ニ問ウタ所ガ、答ヘテ日ク栗山大膳ハ國ヲ存シ、君ヲ存シ、軀ヲ殘シタ、自分ハ國ヲ破リ、君ヲ失ヒ、身ヲ破ッタト云フコトハ、到底栗山大膳ノ比デハナイト云フコトヲ自ラ言ウテ居ル、是ハ即チ大石義雄自身モ消極的ノ忠義デアルト云フ悲シキ境遇ニ居ルノデアル、今ヤ日本ノ國家ガ國運隆隆將ニ興ラント欲スル今日ニ方ッテ、國ヲ亡シ、君ヲ失ヒ、身ヲ失ッテ、其時ニ僅ニ孤忠ヲ存シタト云フ、之ヲ標準トスルト云フコトハ、餘リニ標準ノ取方ガ悲観的デハナイカト私ハ思フ(拍手起ル)若シ眞ニ標準ヲ決メルト云フナラバ、是カラ先ノ忠義ト云フモノハ、日本全國民六千万人ガ腹ヲ一ツニ合セテ、世界ニ大イニ雄飛ヲ試ミルノガ、即チ　天皇陛下ノ御恩澤ニ酬ユルノ所以デアルト思フ、大ナル忠義、積極的ノ忠義、發展的ノ忠義ト云フコトヲヤルノガ當リ前デアルト思フニ拘ラズ、選バレタル此標準ガ殘念ナガラ頗ル御門違ヒノモノデアル、斯ノ如ク奈良丸ヲ使ヒ仁侠道ヲ用キラレタ其結果トシテ、果シテ如何ナル結果ガ現レタカ、何モ結果ハ現レザルノミナラズ、嚴、不穩ノ狀態ヲ現ハシタデハナイカ、此五月ニハ勞働者ガ澤山集ッテ、勞働祭ト云フコトヲヤルサウデ

アル、印絆纏ノ揃ヒヲ著テ市中ヲ練歩クト云フコトハ、内務大臣ノ即チ御示シニナッタ忠臣藏ノ眞似ヲスルノカ知ラヌガ高師直ト狙ハレル者ハアルカナイカ知ラヌガ、勞働者ガ澤山群集ヲ爲シテ市中ヲ練歩イテ、四十七士ヲ眞似テ揃ッテ歩クト云フコトヲ聞イテ居ルガ、斯ノ如キ事ハ私共トシテハ餘リ感心シナイ事デアル、斯ノ如キ事ヲ考ヘテ見ルト、是ハ二ツナガラ是迄國民思想ノ指導ト云フコトヲ誤ッテ居ル爲メニ、其效果ガ擧ラザルノミナラズ反對ノ現象ヲ現ハシタノデアッテ、社會ノ空氣ハ時々刻々惡化シテ居ル、惡化シテ居ル、證據ハ國民ノ味方トナッテ六千万ノ崇敬ヲ受クベキ衆議院ノ門前、一歩ヲ出ズレバ數十人ノ巡査ガ堵列シテ護衛セネバ、吾々ノ身體ノ安全ガ得ラレヌ、一體國民ガ感謝ヲ拂ハナケレバナラヌ衆議院ニ、巡査ガ四十人モ五十人モ立番ヲシナケレバナラヌト云フコトハ、是ハ社會ノ空氣ガ如何ニ惡化シテ居ルカト云フコトヲ、最近ノ事實ニ認メラレルト云フコトハ、誰モ異論ハナイト思フ、殊ニ自分方ニ於テ指導ヲ誤ッテ置イテ、指導ヲ誤ッタガ爲メニ空氣ガ惡化スル、惡化シタ時ニドウ云フコトヲナサルカト云フト、一ニモ壓迫二ニモ壓迫、壓迫亦壓迫、他ノ事ハ何モアリハシナイ、例ヘバ社會主義者ガ演説スル、何トカ云フ變ナ奴ガ演説ヲスルト、ソレヲ思想ヲ破ルニ思想ヲ以テスルト云フコトノ手段ニ出デズシテ、初メカラ解散、諸君ト一言云ヘバ解散、ソレデアルカラ彼等ハ背中ノ方ノ裏面ノ方ニ潜ッテ行クダケデ、益、暗黒ノ中ニ彌没スルダケデ、撲滅ハサレルモノデナイ、石油ニ付イタ火事ヲ水デ消サウト思ッテモ擴ガルバカリデアル、今日ノ集會言論ニ對シテノ壓迫ノ仕方ト云フモノハ、社會主義者ハ喜ンデ居ル、アヽシテ吳レサヘスレバ自分達ノ主義ハ弘マル、唯ダ諸君ト一言云ヒサヘスレバ、五十錢ノ入場料ヲ取ッテ後ハ喋ランデモ返スコトガ出來ル、故ニ社會主義者ノ蔓延膨脹、之ヲ援ケル者ハ内務大臣、内務大臣其人ノ方針ガ社會主義ヲ援ケル結果ニナッテ居ル、彼ノ桂内閣當時ニ於テ、幸徳秋水ノ如キ大虐無道ノ惡人ヲ出シタト云フコトハ、我國ノ歴史ノ爲メニ頗ル悲シミマスガ、是ハ何モ初メカラア、云フ大虐無道ノ人間デハナカッタラウト思フ、「自ラ邪ニ降ル雨ハアラジ風コソ夜半ノ窓ヲ打ッラメ」デ、石ガ抑ヘレバ筍モ横ニ出ル、石ガ壓迫スレバ筍ハ横ニ出ル、桂内閣ガ錦輝館ニ起ッタ赤旗事件ノ後ニ、壓迫亦壓迫、迫害ニ迫害ヲ加ヘタノデ、彼等ハ職業ヲ得ラレズ、食フコトガ出來ズ、自暴ノヤンパチノ結果、大虐無道ノ實ニ恐ルベキ滔天ノ罪惡ヲ幸徳秋水ガヤリ出シタ、アレハ桂内閣ガ造ッタノデアル、若シモ今日ノヤウナ態度ニ於テ内閣ニ反對スル者ヲ壓迫シ學説ノ違フ者ヲ壓迫シ、思想ノ異ナル者ヲ壓迫スルナラバ、恐ラクハ第二ノ幸

徳秋水ヲ生ズルコトガアリハセヌカト云フコトヲ私ハ氣遣フノデアル(「ノウ〳〵」ト呼フ者アリ)「ノウ」ト言フノハ當リ前デアル、アッテハ堪ルモノデハナイ(笑聲)此ヤウナ譯デ自分ノ方デ壓迫又壓迫ヲ加ヘラレタ結果トシテ、而シテ益、社會ガ惡化シテ來マスガ、此外來ノ思想ト言ウテ恐レルコトハナイ、何デ外來思想ト云フモノヲ内務大臣ハ恐レルカ、内務大臣ノ外來思想危險思想ハ、私ハ考ヘル今日所謂社會主義、無政府主義、非國家主義、個人主義、斯ウ云フモノヲ外來思想ト言ハレルガ、能ク調ベテ御覧ナサイ、日本ニハ漢學渡來以來、老莊、荀子、列子ノ學問ヲ繙イテ見レバ、西洋デ此頃「トルストイ」ガドウダ、「クロポトキン」ガドウダ、「マルクス」ガドウダト云フヤウナ、斯様ナ議論ハ總テ諸子百家ノ漢學ノ中ニハチヤント出テ居ル、日本人ハ其思想ヲ一遍呑ンデ見タケレドモ、是ハ自分ノ胃ノ腑ニ合ハヌ、消化サレヌモノトシテ吐キ出シテ居ル、日本人カラ見レバ今日ノ新シイ思想ト云ウテ、西洋人及新シキ「ハイカラ」共ガ珍重スル所ノ所謂外來思想ト云フモノハ、古人ノ糟粕反吐ニ過ギナイノデアル、何モ之ヲ恐レル事ハナイ、日本人ノ己レノ胃ガ健全デアリサヘスレバ、斯様ナ不消化物ガ來テモ何モ恐レル事ハナイ、故ニ外來思想ノ危險ナルヲ恐レルヨリカ、先ニ内來思想ノ危險ナルコトヲ恐レナケレバナラヌ、内來思想ト云フノハドウ云フ事カ、内輪ノ病膿カラ起ル事デアル、大臣タル者ガ二枚舌ヲ使ヒ、政黨ガ會社ノ金ヲ取ル、斯様ナ事ハ皆内來思想ガ、斯様ナ事ガアルト云フト、國民ハ憤慨シテ眞ニ危險思想ヲ生ズルノデアル、外來思想ヨリカ内來思想ヲ私ハ恐レルノデアル、外カラ來ルモノハ恐ロシクナイ、内ヨリ起ル禍ガ恐ロシイ、内ヨリ起ル禍ノ上ニ誰ガ薪ヲ持ッテ來タ、燐寸ヲ持ッテ來タ、鐵板ノ上ニ燐寸ヲ點ケテモ火ハ燃エルモノデハナイ、燐寸ノ燃エルノハ薪ノ上ニ焚付ケルカラ燃エルノデアル、其薪ヲ誰ガ積ンダ、政友會諸君ハ積ンダ覺エハナイカ、薪ヲ積ンダ覺エガアルダラウ、何レ明日分ル、其薪ガ燃上ルヤウナ危險ナ薪ヲ積ンデ置イテ、燐寸一本ガ恐ロシイト云フコトハ何事デアルカ、燐寸ヲ恐レルヨリカ此火事ヲ起ス薪ノ無イヤウニ、罪惡ノ燐ヲ除ケテ置イタラ宜カラウ、(拍手起ル)斯ノ如キ根本的ノ廓清ヲヤラズニ、唯ダ外來思想ガ恐ロシイ、壓迫又壓迫ト云ウテ、ソレデ以テ思想ノ壓迫ノ出來ルモノデナイト云フコトハ、古今ノ歴史ガ示シテ居ルノデアル、思想ヲ止メヤウトスルナラバ、思想デ止メルガ宜イ、無理ニ洋刀ノ力ヲ以テ思想ヲ止メズ、政友會諸君濟々多士、二百八十三名御座ラッシヤル、議場ノ中デハ箝口令ヲ布カレタカドウカ極ク大人シイ御方々デモ、外ヘ出シタラ隨分御喋舌リニナル方ガアラッシヤルカモ知レナイ、是ハ宜シク外來思想ノ危

險ナル人ガアルナラバ、立會演說ヲ求メテ、政友會諸君ト、內務大臣ノ恐レル外來思想ノ傳播者ニ立會演說ヲ求メテ而シテ思想ヲ壓迫スルニ思想ヲ以テシ、言論ヲ止メルニ言論ヲ以テスルガ宜イ、(「御免ダ」ト呼フ者アリ)御免ダヨリ外仕方アルマイ、出來ヌカラ事茲ニ出テズシテ、洋刀ノカデ、目ニ見エナイ思想ニ向ッテ壓抑シヤウト思ッテモ、ソレハ駄目デアル、是ガ此頃ハ唯ダ其危險ナルモノヲ恐レルト云フダケデハナイ、神經ガ過敏ニナリ過ギテ、羮ニ懲リテ水ヲ吹ク、寧ロ日本ノ爲メニハ正當ナル議論ヲシ、確實ナル報道ヲスル新聞記事ノ報導ニ向ッテ、大壓抑ヲ加ヘテ來テ居ルノハドウデアルカ、大正十年一月以降ノ差止事項ヲ見テモ、三十六件以上ニ上ッテ居ル、彼レモ差止、此レモ差止、而シテチヨイトソレニ觸レルト忽チ罰金ヲ仰付ケラレル、罰金ハ大概五百圓、其罰金ヲ仰付ケラレタル新聞ハ、刷直シノ爲メニハ一回五千圓六千圓ト云フ損耗ヲシナケレバナラヌ、罰金ハ五百圓更ニ五千圓ト云フ附加的ノ罰金ヲ仰付ケラレルト云フ事ニナッテハ堪ルモノデハナイ、ソレモ正當ナル事デアレバ兎ニ角、其禁ゼラレタル壓迫サレタル言論ト云フモノハ――其記事ト云フモノヲ調ベテ見ルト、實ニ御話ニモナラヌ、詰ラナイ、下ラナイ、之ヲドウシテ止メルカト云フヤウナモノヲ皆止メテアル、是ハ何デモ新聞ノ檢閱係ト云フ連中ガ頗ル頭ノ古イ、而シテ固イ、時代錯誤ノ所有者ガ集ッテ、是ハ何デモ危險、何デモ是ハ赤丸ヲ付ケヤウデハナイカ、ソレガ宜カラウト言ッテ赤丸ヲ付ケル、サウスルト所屬長官ハ盲判ヲ捺ス、好シ〳〵是デ宜イト言フト、五百圓五千圓ノ大損害ヲ新聞社ニ來スノミナラズ、社會一般ノ報道ヲ停止シ、其言論ヲ壓抑スル爲メニ、世ノ中ハ暗ガリニナラナケレバナラヌト云フ事ニナッテ居ル、故ニ止メラレタ記事ノ中デ差支ナイ分ヲ言ウテ見マスト――差支ノアル部分ハ控ヘマスガ、差支ナイ部分ヲ言ウテ見ルト、是ハ解禁ニナッタノモアリマスガ、先ツ一番可笑シイノハ一月二十四日ニ尼港ニ於ケル支那ノ砲艦ガ我同胞ヲ砲擊シタト云フコトヲ止メラレテ居ル、之ヲ出スト云フト罰金、是ハ一體ドウ云フ事カ、日本人ガ支那ノ同胞ヲ砲擊シタト云フナラバ、是ハ惡イカモ知レナイ、支那ノ軍艦ガ日本ノ同胞ヲ砲擊シタト云フコトヲ止メルノハドウ云フ譯デアルカ、若シ支那ト此事ニ付テ位置ヲ變ヘタナラバ、支那人ハ麗々シク初號文字、二號文字、四段打ッ通シト云フヤウナ大々的ノ記事ヲ書イテ、國論ヲ先ツ沸騰シテ、而シテ外交當局者ノ後ロ――土臺ヲ輿論ニ依ッテ外交ノ助ケニスルト云フ方法ヲヤルニ拘ラズ、日本デハ已レガ被害者ナルニ拘ラズ、害ヲ被ッタト云フ報道ヲシテハイカヌ、是ハドウ云フ譯デアルカ、何ノ主義デ斯ノ如キ事ヲサレルカ譯ガ分ラヌ、其次ニ一月二十四日マダ

アル、讀賣新聞ニ生キタ徐樹錚ヲ柳行李ニ詰メテ送ッタト云フ事ガアル、徐樹錚ト云フ人ヲ北京ノ公使館ニ預ッテ置イタノヲ、或軍人ガ柳行李ニ詰メテ天津マデ送ッテ逃シタト云フ記事ヲ書イタ、書イタノヲ之ヲ又漏ラストイケナイ、讀賣新聞ハ無論發賣禁止ニナリマシタ、他ノ所聞ニモ之ヲ書イテハイケナイト差止メタ、是ハ日本ニ於テコソ初耳デアラウケレドモ、支那人ハ此記事ガ日本ニ報道サレル前ニ皆知ッテ居ル、支那人ガ皆知ッテ居ッテ、日本人ダケ知ラヌ顏ヲシテ居ッタ事ハ、是ハ端書ニ親展ト書イタヤウナモノデアル、何ニモナルモノデハナイ(笑聲起ル)ソレカラ一月二十九日ニドウ云フコトガアルカ、日英同盟ノ問題ニ關シ、同盟更新ノ內容其他ヲ書イテハイケナイ、是モ英國ノ新聞、米國ノ所聞ニハ麗々シク立派ニ載セテアル、橫文字デハ皆載セテアル、日本ノ國民ダケニ之ヲ知ラセズニ置イテ、英國人ハ――自由黨ハ是ハ斯樣ナ事ニ改メラレテハ困ル、斯樣ナコトハ英國ノ不利益デアル、輿論政治ヲ起スベキ自由黨ノ材料ニ供スル爲メニ、新聞ニ開放的ニ皆載セラレテ居ル、國民外交ノ必要ナル此時代ニ於テ、自國ノ民ダケハ盲目ニシテ置イテ、他國ノ民ダケニ眼ヲ與ヘヤウト云フ手段ハ、一體ドウ云フ主義デアルカ、ソレカラマダ可笑シイノハ斯ウ云フ事ガアル、米探ノ活動――米探ト云フモノガ居ルカ居ラヌカ私ハ知ラヌガ、米探ト云フ者ガ居ルナラバ――其米探ノ活動及米國ガ日本ニ對スル國情ヲ探查シツヽアルコトヲ書イテハイケナイ、是ハ一體ドウ云フ事デアルカ、米探ガ居ルナラバ米探ガ居ルゾヨト云フコトヲ國民ニ知ラセル爲メニモ、米探ガ居ルカラ、怪シイ米人ガ要塞附近ヲ迂路々々スルカラ氣ヲ付ケロト云フヤウナ事ヲ知ラシムル爲メニモ、米探ノ出沒往來スルト云フ事ガアルナラバ、書カセル方ガ宜イデハナイカ書カセズニ置イタナラバドレガ米探ヤラ何ヤラ無頓著デ居ル間ニ、彼等ハ十分日本ノ國情ヲ探ッテ、日本ヲ危機ニ陷レルト云フ所ノ謀ヲ爲スカモ知レヌト云フ危險ガアルニ拘ラズ、米探ノ活動及米國ガ日本ノ國情ヲ探查シツヽアルト云フコトヲ書イテハイケナイ、是モ日本ガ亡ビテモ米國ノ御贔負サヘアレバ宜イト云フ考カドウカ知ラヌ、斯ノ如キ軟弱ナル事デ、日本ノ國權ヲ蹂躙シテ外國人ノ媚ヲ求メルノデアル、其次ニ驚クベキ事ハ、對米挑戰的記事ヲ書イテハイケナイ、亞米利加ノ方ハ盛ニ日本ニ挑戰的ノ記事ヲ書イテ居ル、日本ハ無理ニ此方カラ「サア來イ喧嘩シヤウ」ト云ハヌトモ、喧嘩ヲ仕掛ケラレテ、賣ラレタ喧嘩ハ買ハズバナルマイト云フ位デ、挑戰ガアルナラバ應戰ガアッテモ宜イ、應戰的記事ヲ書クノガ惡イ、斯ノ如キ事ヲ一カラ十マデ實ニ愚ニモ付カヌ、コンナモノヲ能ク止メタト思フヤウナモノヲ、片ッ端カラ禁止差止、禁止差止、之ニ違反スル者

ハ五百圓ノ罰金、五千圓ノ損害ヲ掛ケラレル、斯ノ如キ事ヲスルト云フ趣意ハ、何ニ一體起因シテ居ルカ、私ニハ其意味ガ分ラヌ、內務當局者ノ氣ガ分ラヌ、ソレモダ、ソレモ斯ノ如キ禁止サレタモノハデス、立派ニ禁止サレテ一ツモ他ニ洩レヌヤウニ用意周到ナル手筈ガ揃ウテ居ッテ、設備ガ出來テ居ッテ、是ガ洩レタナラバ國際ノ關係ヲ危クナラシムル故ニ、或ハ治安ノ妨害ノ虞ガアレバ、一厘一毛ノ隙ノナイヤウニシテ居レバ宜シイガ、果シテサウ云フ事ガ出來ルカドウカ、大抵日本ニ於テ差止メラレタ新聞記事ハ、國內ニ於テ差止メラレテモ一歩國外ニ出レバ麗々シク揭ゲラレテ居ル、國外ト云ウタ所ガ、日本ノ勢力範圍ニアル所ノ朝鮮、滿洲ニ於テ、日本デ差止メラレタ記事ガ揭ゲラレテ居ル、而モ國內ニ於テ絕對ニ秘密ガ保タレテ居ルカト言ヒマスルト、同ジ國內デモ東京デ禁止サレタ記事ガ大阪デ洩レテ居ル、現ニ閔元植問題ノ如キ東京デハ嚴重ナル差止ガアッタニ拘ラズ、大阪ノ朝日新聞ハ其翌朝パット出シテ移入シテ來タ、何ノ事デアル、而シテ同ジ東京デ如何ナル方面デモ嚴密ニ止メラレテ居ルカト言ヒマスルト、サウデナイ、大抵モウ行屆イタ後、ズット新聞ガ配ラレタ後頃差止命令ガ出ル、私ハ此處ニ記事ヲ持ッテ居ルガ、是ハ皆ナ差止命令ノ出タモノデアル、是モ差止命令、アレモ差止命令、マルデ差止ノ效果ナイノミナラズ、記事ヲ差止メラレルト云フト、差止メラレタノガドノ記事デアルカ、モウ一遍讀直サウト云フコトニナル、此路次通リ拔ケベカラズト云フ事ガ書イテアレバ、其爲メニ却テ其處ガ路次デ通拔ケラレルコトヲ知ラセルヤウナモノデアル、故ニ此發賣禁止ハ或ハ意味ニ於テ其記事ヲ讀ムベシト云フ奬勵ミタヤウナ結果ニナル、(拍手起ル)是ハ何ト云フコトデアル、サウ云フ事ガ澤山アル、甚ダシキハ大正八年十二月ニ外務省ガ自分デ印刷ヲシテ出シタ外事彙報ヲ、大正九年ノ二月ニ之ヲ轉載スルコトヲ禁ズ、氣ノ利イタ幽靈ナラ隱レタ頃ダ(拍手、笑聲起ル)之ヲ轉載スルナドハ一體ドウ云フ譯デアル、三月モ前ノ事ヲ後カラ書イテハイカヌ、是ガ完全ナ腦髓ノ所有者ノ取計ッタ事デアルカナイカト云フコトハ、私共ガ多クノ言葉ヲ弄セズシテ分ル、(拍手起ル)斯ノ如キ事ガ度々重ッテ居リマシテモ、一トシテ新聞差止ト云フモノガ立派ニ行ハレタコトガナイ、恐ク洩レテ居ル、而シテ洩レテ害ガアッタカト云フト、洩レルコトハ洩レルケレドモ、洩レテ害ガナイ所ヲ見ルト、治安ニ妨害デモ何デモナイモノヲ止メタト云フコトニナル、一ツモ洩レテ害ガアッタト云フ事ヲ聞カナイ、害ガナイ、ナイ以上ハ內務省ノ止メタ新聞記事ノ多クハ無毒、毒ノ無イ寧ロ有益ナ記事デアッタト云フコトヲ證據立テルコトガ出來ルト私ハ思ッテ居ル、殊ニ其中デ最モ怪訝ニ堪ヘザルモノハ皇室ノ重大問題、是ハ內容ニ觸レマセヌ、內容ニ觸レマセヌガ、皇

室ノ重大問題ト云フコトヲ、非常ニ内務省ハビク〳〵ナサレテ、如何ニモ重大問題デアル以上ハ、恐懼ノ念ニ堪ヘヌ譯デアリマセウガ、若シモ皇室ノ重大問題ガソレダケ洩レテ惡イト云フコトナラバデス、皇室ノ重大問題デ、六錢ノ切手ヲ貼ッテ東京中ノ知名ノ士ノ所ヘズット新聞ニ出ス前ニ配ッタ者ガアル、此配ッタモノ、爲メニ、隨分此報道ガ擴ガッタ、是ハ私共ノ考カラ見レバ、寧ロ淡白ニ卒直ニ國民一般ニ知ラシムル方ガ國民ニ安心ヲ與ヘテ宜イト云フコトヲ私ハ思ッテ居ル、(拍手起ル)ケレドモ之ヲ禁止スルト云フナラバ、其六錢貼ッタ其祕密出版ノ當人ガ捕マラヌコトハナイ筈デアル、ソレガ捕マラナイ、引ッ捕マラナイケレドモ、名ハ分ッタ、名前ハ分ッタケレドモ之ヲ訐立テヲスルト、元老ヤ當局ノ大臣ヤ政府ニ色々祟リガアルカラ、是ダケハ伏セテ置カウ、實ニ不徹底デアル、若シ洩レテ惡イナラ左樣ナ者ヲ先ニ取締ヲヤッタラ宜カラウト思フ、而シテ其後ノ記事ヲ見ルト何デモナイ、何デモナイ事デモ悉ク一寸ソレニ觸レルト皆差止メ、杉浦翁ガ憤慨シテ辭表ヲ提出シタ、ソレガ何デ治安ニ妨害ガアル、何ニモ治安ニ妨害ヲセヌ、各宮家ノ建白、ソレガ何デ治安ノ妨害デアル、元老ノ責任ソレガ何ノ治安妨害、重大犯人ノ搜索、今日ノ問題、何ガ治安ノ妨害、目星シキ朝鮮人ソレガ何ノ治安妨害、妨害デモ何デモアリハシナイ、之ヲ悉ク治安妨害ト言ウテ居ル、少シク其事ニ觸レタ形跡ガアルト、直グ治安妨害、ソレハ何故斯樣ナ事ヲスルカト云フト、聞ク所ニ依レバ政友會ノ原總理大臣ハ、今度ノ皇室ハ重大問題ニハ關係ノナイヤウナ顔ヲシテゴザルガ、其實アルサウダ(拍手起ル)或ハ自己ノ痛イ所ヲ油ヲ掛ケラレテハイカヌト云フ所カラ、自己ノ本位ヲ以テ差止禁止ヲサセタノデアル(拍手起ル「ノウ〳〵」「馬鹿ヲ言フナ」ト呼フ者アリ)而シテ彌、事ガ急迫ニナッテ、國論ガ沸騰シヤウトスルト、急遽トシテ現レタモノハドウ云フ事ガ現レタカ、二月十日ノ夜、異例ニモ是マデ皇室ニ關スル事ハ總テ書カセヌト云フコトヲ言ッテ置キナガラ、異例ニモ電話ヲ以テ各新聞社ニ向ッテ、良子女王殿下ノ御婚約ハ世上ニ色々ノ取沙汰ヤ風說ガアッタケレドモ、御變更アラセラレザルコト(「當然ヂヤナイカ」ト呼フ者アリ)宮内大臣ハ最近ニ更ルサウデアルト云フコトデアル(「當然ダ」「ソレガ何ダ」ト呼フ者アリ)色々ノ風說ガアルト云フコトヲ殊更發表シテ、色々ナ風說ノアルト云フコトニ就テ國民ノ疑惑ヲ招イタノデアルガ、色々ノ風評ノアルト云フコトニ就テ揣摩臆說ヲシテ、國民ガ今日如何ナル疑ヲ持ッテ居ルカト云フコトガ諸君ノ耳ニハ入ラヌカ(拍手起ル)若シ吾輩ヲシテ内務大臣タラシメバ、良子女王殿下ノ御婚約ハ、東宮御歸朝後ニ決定スルト云フコトヲ發表スレバ、ソレデ澤山デアル、色々樣々世上ニ取沙汰スルケレドモ云々ト云フコトヲ言ッタ爲メニ、今日上下一般沖々訥々ニ至ルマデ、言フモ勿體ナイ、聞クモ畏多イ事ヲ口ニスルト云フトハ、其責任ハ内務大臣ガ其報道ヲ過ッタ爲メデアル、況ヤ最後ノ宮内大臣ノ進退ヲ漏スト云フノハ一體ドウ云フ譯ダ、人ノ進退ト云フモノハ官紀ノ上ニ於テハ最モ祕密ニ屬スルモノデアル、内務大臣ハ府中ニ居リナガラ、宮中ノ事ヲ漏ストハ何事ダ、殊ニ宮内大臣ノ任免ハ天皇直屬ノ權ニ屬スル、之ヲ内務大臣ガ言フ以上ハ、畏レ多クモ天皇ノ大權ヲ干犯シタト云フコトニナル(拍手起ル)斯ノ如キコトヲシテ置キナガラモ、而シテ人ニハ物ヲ言フナト止メテ置イテ、己レガ言フベカラザルコトヲ平氣デ言ッテノケテ居ル、國民ニ疑惑ヲ招グヤウナコトマデモ平氣デ言ウテ居ル、其責任ヲ知ラザル顔ヲシテ居ルト云フコトハ、之ガ立憲大臣ノ果シテ執ルベキ道デアリヤ否ヤ(拍手起ル)聞ク所ニ依レバ内務大臣ハ西郷南洲翁ニ私淑シテ居ラレルト云フコトヲ聞イタ、西郷南洲翁ハ立憲政體ノ國會ナドハ設ケヌデモ宜イト云フコトヲ言ハレタ人デアル、非常ニ非立憲ナ人デアルカト思フト、役所ノ前ニ投票函ヲ置イテ、人民ノ考付イタ儘思ッタ儘ヲ投票サセテ、ソレヲ開イテ見テ適當ノ事ナラソレヲ採ッテヤッタラ宜イデハナイカト言ハレタ、西洋デ云フ「レフエレンダム」一般投票ト同ジデアル、ソレホド進ンダ頭ノ西郷南洲翁崇拜者ノ中ニ、床次内務大臣ノ如キ言論抑壓ノ大張本人ガ現レタト云フコトハ、社會ノ恨事デアル(拍手起ル)之ニ從フ所ノ政友會ノ諸君ハ、少シク諸君ノ良心ニ問ヒ給ヘ(「何ヲ言フ」ト呼フ者アリ)諸君ハ――政友會ハ自由黨ノ變化デヤナイカ――自由黨ノ變化デヤナイカ、卽チ自由黨ノ先輩板垣伯ハ「我ニ自由ヲ與ヘヨ然ラズンバ死ヲ與ヘヨ」ト斯ノ如キコトヲ言ッテ居ル、自由黨ハ――尙ホソレヨリモ強ク言ッテ居ル「我ニ自由ヲ與ヘズンバ汝ニ死ヲ送ラン」ト言フタ、之ガ此變形ガ今日ノ政友會ダト云フコトモ疑フベカラザルコトデアルガ、其政友會ノ先輩ハ自由ノ爲メニ戰ヒ、自由ノ爲メニ奮鬪シタ人間ガ、地下ニ入ッテ墓石冷メタキ三尺ノ下ヨリ諸君ノ行動ヲ何ト見ルカ、先輩ニ酬ユル思想ガアルナラバ、少シハ考ヘテ見ルガ宜イ、諸君ハ恥ヲ知ラザルカ、言論ノコトヲ如何ニ壓迫シヤウト云ウテモ、壓迫ノ出來ナイコトハ昭憲皇太后ガ「淺クトモ堰ケバ溢ル、川水ノ心ヤ民ノ心ナルラン」――「淺クトモ堰ケバ溢ル、川水ノ心ヤ民ノ心ナルラン」ト云フコトヲ仰シヤッタ、此御製ニ就テ野次レル者ガアルナラバ野次ッテ見ロ(笑聲起ル)自分ノ良心ニ問ウテ、先輩ニ恥カシクナイ事ヲスルガ宜カラウ、ソレニハ私ノ提出シタ内務大臣不信任案ニ贊成スレバ、諸君ガ先進ニ對スル申譯ガ少シハ立ツ譯デアリマスカラ政友會諸君ハ滿場一致デ贊成シテ貰ヒタイト云フコトヲ希望シテ置キマス

(拍手起リ發言スル者多シ)

○議長(奧繁三郎君) 靜ニ――佐々木安五郎君ニ一寸御照會シマスガ、只今御演說中ニ内務大臣ガ天皇ノ大權ヲ干犯スルト云フ言葉ガアリマシタガ、天皇ノ大權ヲ犯スト云フ言葉ハ少シ不穩當ニ思ヒマスカラ、取消シニナッタラ如何

○佐々木安五郎君 干犯スルヤウニ當ル……

○議長(奧繁三郎君) 天皇ノ大權ヲ干犯スルト云フナラバ、取消シニナルガ宜イト忠告シマス

○佐々木安五郎君 ソレハ速記ヲ調ベテ……

(松岡俊三君登壇、拍手起ル)

○松岡俊三君 諸君私ハ只今議題トナリマシタル、床次内務大臣不信任ノ決議案ニ反對ノ意見ヲ陳述スル者デアリマス、佐々木君ハ多年操觚界ニ御從事爲サレタル御方デアリマス、洵ニ吾々同僚トシテモ、敬意ヲ拂フベキ所ノ方デアリマス、只今閣臣ヲ彈劾セントスルニ當リマシテ、言論ノ自由ノ壓迫ト云フ此堂々タル所ノ題材ヲ捉ヘラレタト云フ點ニ對シテハ、敬意ヲ拂フニ躊躇シナイノデアリマスケレドモガ、事ノ大小、問題ノ輕重、之ヲ度外ニシ、尙ホ且ツ事實ニ根柢ヲ置カナイデ、此不信任ノ決議案ヲ提出セラレタト云フ點ニ就テハ、斷ジテ贊成スルコトガ出來ヌノデアリマス(拍手「スマジキハ宮仕ヘナリト」呼フ者アリ)故ニ私ハ先ヅ第一段ニ於テ、言論自由ノ壓迫ノ無イコトヲ事實ニ於テ證據立テマス、第二段ニ於テハ、最モ佐々木君ガ力ヲ用井テ述ベマシタル思想上ニ就テノ所見ヲ述ベヤウト思フノデアリマス

(「思想トハ何ダ」ト呼ヒ其他發言スル者多ク議場騷然)

○議長(奧繁三郎君) 靜ニ……

○松岡俊三君(續) 言論ノ自由ヲ尊重セザルベカラザルコトハ、是ハ帝國ノ臣民タル者ハ、蓋シ何人ト雖モ異存ハ無イコトデアリマス、(「政友會ニアリ」ト呼フ者アリ)併ナガラ此言論ノ自由ト申シマシテモガ、實ニ國家ノ治安、社會ノ秩序ヲ紊サヾル範圍ニ於テノミ認メラレルベキモノデアッテ、決シテ之ヲ絕對ノ自由ニ放任スルト云フヤウナコトハ、到底容認スルコトハ出來ヌノデアリマス、(拍手)之ヲ絕對ノ自由ヲ要求シヤウトスルヤウナ者ハ、平地ニ波瀾ヲ起シテ、其間隙ニ乘ジテ己ヲ利セントスル者カ、若クハ無責任ナル所ノ煽動家コソ洵ニ便利デアリマセウ、(拍手)併ナガラ國家治安ノ維持ノ責任ノアル所ノ當局トシテハ、斷ジテ與ミスルコトガ出來ヌダラウト思フノデアリマス、殊ニ本案ニ贊成セラレテ

居ル所ノ安藤正純君ハ、私ト同様、現ニ操觚ノ業ニ從事セラレテ居ル御方デアリマス、此安藤正純君ハ去ル一月二十一日ノ本壇場ニ於テ、斯ウ云フコトヲ申サレテ居ル「併シ本員ハ斯ク言ヒマシテモ、言論ノ絶對ノ自由ヲ主張スル者デハ勿論アリマセヌ、言論ノ絶對自由ヲ主張スル者デハ勿論アリマセヌ、言論ノ無責任ノ自由ト云フモノハ、非常ニ社會ノ平安ヲ害シマスカラ、言論ノ無制限ノ自由ト云フモノハ非常ニ社會ノ平安ヲ害シマスカラ、ソレハ憲法第二十九條ノ保障サレテ居リマス所ノ法律ノ範圍内ニ於キマシテ此自由ヲ得タイ」ト云フコトヲ申スノデ、(「其通リ」ト呼フ者、拍手スル者アリ)此通リデアリマス、實ニ常識アル所ノ操觚者ハ、決シテ絶對ノ言論ノ自由ナド、云フコトヲ要求スルモノデナイト云フコトハ、此安藤君ノ此御演説ニ依ッテ證據立テラレテ居ルト思フノデアリマス、故ニ法律ハ治安維持ノ爲メニ、必要ナル所ノ處分ノ權限ヲ内務大臣ニ與ヘテ居ルノデアリマスケレドモガ、ケレドモガ、此與ヘラレタル所ノ法律ヲ濫用スルト云フヤウナコトガアッタナラバ、勿論不可ナリトシテ堂々之ヲ責ムルガ宜イノデアリマス、併ナガラ諸君此法律ヲ濫用シタカドウカト云フコトヲ、今事實ニ於テ申上ゲテ見タイノデアリマス、現内閣ガ果シテ濫用シタカドウカト云フコトヲ、統計ニ依ッテ申上ゲテ見ヤウト思ヒマス、(「統計ガ何ダ」ト呼フ者アリ)大正七年ノ十月三十日ニ現内閣ガ成立シマシテ以來、大正九年大正十年ノ一月末日迄ニ至リマスル所ノ二十七箇月間ニ於テ、忌ハシイ所ノ此新聞發賣禁止ト云フモノカ幾ラアッタカト申シマスルト云フト、二百六十四件アリマシタ、併シ此二百六十四件ガ二十七箇月ニアリマシタケレドモガ、之ヲ過去ノ大隈内閣ニ比シマスルト云フト、此大隈内閣ハ諸君モ御承知ノ通リ言論ヲ特ニ自由ニスルト云フ所ノ、鳴物附ヲ以テ起ッタル所ノ大隈内閣デアル、ソレバカリデハアリマセヌ……

(此時發言スルモノ者アリ)

○議長(奥繁三郎君)　中野君……

○松岡俊三君(續)　念入リニモ二三ノ新聞記者ヲ其背景トシテ起ッタル所ノ、大隈内閣デアッタノデアル、其大隈内閣ノ當時ニ於テ、時ノ外務大臣加藤子爵ノ所管内ニ於キマシテ、實ニ驚クベキ所ノ新聞記者ト大衝突ヲ來シタト云フコトハ、明カナル事實デアリマスル、此大隈内閣ニ於キマシテハ、三百九十三件アリマシタ――少シ間違ヒマシタ、二百七十三件デアリマス――二百七十三件アリマシタ、併ナガラ政友會ノ此原内閣ニ於テハ二百六十四件、大隈内閣ニ於テハ二百七十三件デアリマシタ、大隈内閣ノ後ニ現ハレタ寺内内閣ニ於テハ三百九十三件アリマシタ、此三内閣ノ言論壓迫ニ對スル所ノ此活キタル事實ハ、只今申上ゲマシタ通リデアル、(「内容ヲ言ハナケレバ分ラヌ」「時勢ノ進化ハ如何」ト呼フ者アリ)時勢ノ進化ニ就イテハ、是カラ述ベマスカラ御聽ヲ願ヒマス、此通リニ――此通リニ比較シマスト云フト、原内閣ニ於テハ九件ダケ少ナイノデアリマスルガ、(「ソレガ時勢ノ進化カ」ト呼フ者アリ)此九件ダケハ事實上デアリマスケレドモ、更ニ然ラバ新聞ハ、ドノ位殖エテ居ルカト云フコトヲ見ナケレバナラヌト思フノデアリマス、大隈内閣當時ノ大正四年――末日ニ於キマシテハ、千七百六十七種ノ新聞ガアリマシタ、保證アル所ノ新聞紙ハ千七百六十七種デアル、寺内内閣當時ニ於テハ、更ニ二百三十ノ新聞ヲ増加シマシテ、千九百九十七アル、此一千九百九十七ノ寺内内閣ノ當時ニ比シマスト云フト、政友會ノ現原内閣ニ至リマシテハ、更ニ九百三十七ッダケ殖エマシテ、二千七百四ニナッテ居ルノデアリマスル、諸君、此通リ文化ノ程度ガ進ムニ從ッテ、新聞紙ノ發行ガ激増ヲ來シテ、大隈内閣當時ニ比シマスト、九百三十七斯ノ如ク増加シテ居ル、此割合ヲ申シマスルト云フト、大隈内閣當時ニ比シマスレバ、五割三分强、洵ニ實ニ夥シイ所ノ増加ニナッテ居ルノデアル、(拍手起ル)斯様ナル新聞ノ數ガ増加シテ居ルニモ拘ラズ、尚ホ前申上ゲマシタ通リ、此發賣頒布ノ禁止ノ數ガ九件ダケ少ナイト云フコトハ、如何ニ寛大デアルカト云フコトハ事實デアルト思フノデアル、(拍手起ル)更ニ私ハモウ少シ明カニシタイト思フノデアリマス、一箇年間平均シマシテ、百ノ新聞ニ對スル發賣禁止ノ數ハドウデアルカト申シマスト、大隈内閣ハ六、三デアル、寺内内閣ハ九、四デアッテ、原内閣ハ僅カニ四、三デアリマス、斯様ナ工合ニ大隈内閣ニ比シマシテ、實ニ一、九ダケガ少ナイト云フコトハ、實ニ如何ニ寛大デアルカト云フ事ヲ證據立テ、居ルダラウト思フノデアリマス、(拍手起ル)之ヲ私ノ尊敬ヲ拂ウテ居ル所ノ三木武吉君ノ御言葉ヲ藉リマスレバ、理論デハアリマセヌノ、事實デアリマスゾト云フコトハ、蓋シ此事ヲ言ウタルコトデアリマス、(拍手起ル)殊ニ是バカリデハアリマセヌ、近時歐洲大戰ノ結果、世界的思想ノ混亂ヲ承ケマシテ、我國モ亦思想問題ノ論議ガ頗ル旺盛ヲ極メテ居ルノデアル、此各種外來ノ思想ノ輸入ト共ニ、動、モスルト奇矯ノ言行ガ大ニ行ハレルト云フ所ノ時デアリマス斯様ナル最モ重要ナル時機ニ在ッタニモ拘ラズ、其發賣頒布禁止ノ數ガ前申上ゲマシタルヤウニ少ナイト云フ――新聞ガ多クシテ發賣頒布ノ禁止ガ少ナイト云フ事ハ、如何ニ當局ガ公ノ機關トモ謂フベキ、天下ノ耳目トモ謂フベキ、此新聞紙ニ對スル所ノ敬意ヲ拂ヒ、同情ヲ以テ進ンデ居ルカト云フ事ヲ、證據立テルモノト謂ハナケレバナラヌノデアル、(拍手起ル)假令二三輕少ノモノナリトモ、成立當初ダケニ於テハ、言論ノ内閣デアルナド、云ハレテ居ル所ノ彼ノ大隈内閣ニ之ヲ比シ、果シテ提出者デアル所ノ佐々木君ハ、此事實ヲ何ト見ルノデアルカ、(「何トモ見ナイ」ト呼フ者アリ)此事實ヲシテ、若シ否認セラレテ横車ヲ押スト云フヤウナコトデアッタナラバ前申上ゲマシタ通リ理論デアリマセヌ、事實ヲ如何ニスルカト云フコトヲ、繰返シテ私ハ言ハナケレバナラヌノデアル、(拍手起ル)又新聞記事差止ニ就テモ、勿論是ハ濫用スベキモノデハナイト云フコトハ申上ゲルマデモナイ事デアル、併ナガラ事苟モ皇室ニ關スル所ノ事件、皇室ニ累ヲ及ボス所ノ虞アル事件ノ如キ、或ハ重大ナル犯罪ノ捜査上ニ必要アル場合、又ハ其他新聞ノ報道ニ依ッテ、其報道ガ國家ノ治安ヲ害スルモノナリト認メタル場合ニ於テハ之ヲ禁止スル、或ハ差止ヲスルト云フコトハ、過去ノ何レノ内閣ト雖ドモ之ヲ執リタル所ノモノデアル、(拍手起ル)併ナガラ現内閣ガ其新聞記事ノ差止ヲシタル所ノ跡ヲ見マスルト云フト、何レモ皇室、外交、朝鮮事件、及軍事上ニ關係シタルモノ、ミデアリマシテ、内政上ニ關スル所ノ記事差止ニ就イテハ、全ク司法官憲ガ其犯罪ノ捜査上必要ナリトシテ認メタル所ノ其差止ノミデアッテ、行政上ノ所謂内務當局トシテ爲シタル所ノ内政上ニ關スル記事ノ差止ト云フ事ハ、殆ド無イト云フコトヲ斷言シテ憚ラヌノデアル、(拍手起ル)更ニ宮中問題ニ關シテ佐々木君ガ申サレタノデアリマスルガ、此宮中問題ニ關スル所ノ公表ニ就テハ、絶對ニ内務省ガ之ヲ爲シテ居ラヌト云フコトヲ明言シテ憚ラヌノデアル、只ダ宮内省ニ於テ是ガ發表サレタモノデアル、併ナガラ宮内大臣辭職云々ト云フ事ハ、是ハ其當時ニ於テ關知シタル其事實ヲ各新聞社ニ報道シタノミデアッテ、此報道ニ依ッテ民心ニ疑惑ヲ生ゼシメタト云フヤウナ事ハ、全ク事ヲ誣ユルモ甚シイモノト謂ハナケレバナラヌ、(拍手起ル、「ノウ〳〵」ト呼フ者アリ)當時御成婚問題ニ關シ、種々ノ流説ガ世上ニ行ハレ、數万枚ノ檄文ヲ撒布シテ、御成婚祈願ノ民衆運動ヲ起サントスル者ガアッタノデアル、之ニ對シテ宮内省ニ於テハ、御婚約ニハ何等御變更等ノ事ハ之レ無キ旨ヲ御公表ニナッタト云フコトハ佐々木君モ御承知ノ筈デアラウト思フ、此宮内省ノ公表ニ依リマシテ、苟モ帝國ノ臣民タル者ハ、悉ク御安堵申上ゲル次第デアリマシテ、吾々同僚モ悉ク滿足シテ喜ヲ呈シテ居ル次第デアル、(拍手起ル、「ノウ〳〵」ト呼フ者アリ)マサカ佐々木君ハ吾々ト考ノ違ウテ居ル御方トハ思ハレヌノデアリマス、(「ヒヤ〳〵」)又閔元植ノ殺害事件ニ就テハ是亦内務省ヨリ何等公表シタルコトハ無イデアル、所管府ノ司法官憲ガ重大殺人事件ナルノ故ヲ以テ、殺人犯ノ捜査上ノ急要ヨリ爲シタルモノデアッテ、之ヲ以テ内務當局ガ、行政上ノ權限ヲ濫用シタト云フヤウナコトヲ言フニ至ッテハ、調査ガ粗漏デアルト謂ハナケレバナラヌノデアル、(拍手起ル)斯ノ如ク前申上ゲマシタル通リ、當局ハ治安維持ノ爲メニ必要ナル所ノ措置、通法手段ニ依ッテ行ヒタルノミデアル、殊ニ新聞紙ニ對シテハ前申上ゲマシタル通リ、公ノ機關トシテ、天下ノ耳目トシテ、最モ敬意ヲ拂ヒ、最モ同情ヲ表サナケレバナラヌト云フ考ヲ有ッテ居ル當局デアル、(「詭辯々々」ト呼フ者アリ)此考ヲ有シ、最モ愼重ナル態度ヲ以テ此新聞紙ニ臨ンデ居ル、只ダ法律上ノ權限ニ依ッテ萬已ムヲ得ザル所ノ、而モ最小限度ニ於テ此行政上ノ措置ヲ爲シテ居ルト云フ所ノ、床次内務大臣ニ向ッテ不信任ヲ呼バハルト云フヤウナコトハ、事實其心ノ存スル所ヲ吾々ハ全ク了解ニ苦シムノデアリマス、(拍手起ル)併ナガラ提出者タル佐々木君ハ新聞――現ニ存スル所ノ新聞紙法ヲ無視シ、或ハ國家ヲシテ無法律タラシメ、或ハ社會ヲシテ無秩序タラシメ、延テ世ヲ擧ゲテ暗黑タラシムルガ如キ事ヲ爲シタナラバ、原内閣ト云ハズ何レノ時代ニ於テモ、百千ノ不信任決議案ヲ出スト雖モ、常識アル所ノ國民ハ、決シテ之ヲ容スベキモノデハナイノデアル、(拍手起ル)私ハ此點ニ於テ、全然無價値ナル所ノ此言論ノ壓迫ニ就テ反駁ヲ試ミテ、全ク其餘ス所ナシト信ズルモノデアリマス、次ニ私ハ佐々木ノ思想上ノ問題ニ就テ、國民思想ノ指導ヲ誤リタリト云フコトニ就テ、一言申上ゲテ見タイノデアリマス、我國ノ思想界ハ、世界的混亂ノ渦中ニ捲込マレントスル虞アルト云フコトハ、各員ノ御心配ノ通リデアリマスル、併ナガラ之ヲ善導セントスルニハ、精神的バカリデモイケナイ、或ハ物質的バカリデモイケナイト云フコトハ、諸君ノ御承認下サル所ダラウト思フノデアリマス、故ニ床次内務大臣ハ、我日本民族固有ノ精神ノ上ニ立ッテ之ヲ達觀シ精神的方面ヨリ、又物質上方面ノ各種ノ施設ヨリシテ、克ク相補足シテ、而シテ最モ健全ナル所ノ國民精神ヲ築カントシテ日夜努力シテ居ラレルト云フコトハ、萬人悉ク之ヲ認メテ居ル所デアル、(拍手起ル)去ル二月十二日本壇上ニ於テ爲シタル所ノ武藤豫算委員長ノ其報告中ニ於テモ、内務大臣ノ抱負ガ露ハレテ居ル、又安藤正純君ガ質問ヲ爲シタルトキニ、之ニ答辯シタル内務大臣ハ其御言葉ノ中ニモ、(「有難ヤ」ト呼フ者アリ)現内閣成立ノ翌年、卽チ大正八年三月以來、立憲思想、自治思想、或ハ此勤勉努力ノ美風ヲ養成スル、各種ノ國民思想ノ善導ニ向ッテ努力セントシテ、全國ニ向ッテ宗教家、思想家、其他ノ者ヲシテ各種ノ講演ヲ爲サシメ、其數實ニ一万八千回デアル、而シテ其聽講者ハ五百万人ニ達シテ居ルト云フコトデアル、今日全國ニ於テ六千万人デアル、此六千万人ノ國民中ニ於テ、腦力判別ノ力アル所ノ者ガ五百万人聽講シタト云フ一事ハ、以テ其努力厚カリシコトヲ特筆大書シテ、決シテ憚ラヌモノデアルト思フノデアル、(拍手起ル)吾々ハ佐々木君ガ申サレルヤウナ工合ニハ考ヘテ居ラヌノデアル、飢エタル者ガ直チニ食ヲ得テ之ニ滿足スルヤウナ工合ニ、或病メル者ガ只一ノ注射ニ依ッテ之ヲ醫スルト云フヤウナ工合ニ、思想ノ善導ノ效果ト云フモノガ、目ノ前ニ直チニ現ハレルト云フヤウニ考ヘ及ブト云フコトデアッタナラバ、私ハ其淺薄ノ程度恐ルベキモノデアルト思フノデアル、(拍手起ル)彼ノ神武以來千三百年(笑聲起ル)千古未ダ曾テ有ラザル所ノ我ガ日本帝國ノ大變革新デアル、此大革新ヲシテ、平和ノ間ニ之ヲ成立セシメタト云フコトハドウデアリマセウカ、私共カラ之ヲ見マシタナラバ、欽明並ニ推古天皇ノ御代ニ於テ、四十年ノ間新舊兩思想ガ非常ナル爭ヲ爲シテ居ルノデアル、此非常ナル所ノ新舊兩思想ノ四十年間ニ跨リタル其爭ヲ、厩戸皇子卽チ聖德太子ガ現レマシテ渾然一化シ、新舊兩思想ノ大調和ヲ圖リ、此大調和ヨリシテ乃チ大化ノ大革新ガ行レタト云フコトハ、卽チ佐々木君ノ如キ歴史ニ能ク興味ヲ持ッテ居ラル、人ハ、否認スルコトノ出來ナイ所ノ一ノ事實デアルト思フノデアル、斯ノ如ク思想ノ善導ノ效果ト云フモノハ、直チニ目前ニ現ハレルモノニ非ズシテ、後年ニ於テ是ハ實現スルモノデアル、此點ヨリ見マシタナラバ、吾々當時ノ大革新ノ動機未ダ到ラズトシテ――大革新ノ時機ガ未ダ到來シナイト云フノデ、厩戸皇子ガ隱忍自重シ、大ニ其望ヲ將來ニ嘱シ、庶政ノ變革ニ勗メタト云フコトヲ覺ラナイデ、此聖德太子ヲ果斷決行ナシト誹リタル者ハ、當時ノ國士ノミデアリマシタラウ、此聖德太子ノ努力ニ對シテ何等顧ミルコトノ出來ナイモノガ、果シテ當レリヤ、否ヤト云フコトハ今日ニ之ヲ照シ、或ハ過去ヲ追想シテ、始メテ知ルコトガ出來ルノデアル、(「ノウ〳〵」)是ト同樣ニ大正ノ現代ニ於ケル所ノ此世界的思想ノ大混亂ノ影響ニ對スル原内閣、及床次内務大臣ノ此努力ト云フモノハ、實ニ吾々ハ之ヲ過去ニ照シ、將來ニ思及ボシタナラバ、實ニ憂國ノ大事業デアルト言ウテ、衷心ヨリ之ヲ感謝シナケレバナラヌノデアリマス、(拍手起ル)克ク隱忍自重シ、頑冥ナル所ノ守舊ノ一派ト、急進短慮ナル所ノ逸リ男ノ一團ノ中間ニ立ッテ、實ニ忠誠質實穩健ノ態度ヲ以テ、大困難ナル所ノ新舊兩思想ノ大調和ヲ爲シ、而モ帝國ヲシテ此危險界ヨリ脫セシメ、畏多クモ天皇陛下ノ大御心ヲ安ンジ奉ル此原内閣、此床次大臣ノ大努力ニ向ッテ、(「ノウ〳〵」)何等認メルコトガ出來ナイト云フヤウナコトハ、餘リニ事ヲシテ曲ヲ曲ナリトスルヤウナ、正直ナル考ヲ以テ是ヲ是トスルコトノ出來ナイ、洵ニ短慮ナル者デアルト私ハ斷言セザルヲ得ナイノデアリマス、故ニ私ハ最後ニ於テ佐々木君ニ申上ゲタイノデアル、吾々ハ御同樣ニ衆議院議員トシテ國民ノ選良デアル、此國民ノ選良デアル所ノ一言一行ト云フモノガ、直チニ天下ノ耳目デアル所ノ新聞紙ヲ通ジテ、其影響スル所頗ル大ナルモノガアルノデアル……

〔「其通リ」「何デ言論ヲ壓迫スルカ」ト呼フ者アリ〕

○議長(奥繁三郎君) 靜ニ……

○松岡俊三君(續) 左樣ナ工合ニ國民ノ選良タル所ノ一擧一動ガ、其影響スル所大ナルコトヲ思ヒマシタナラバ、斯ノ如キ、理由ナキ、根據ナキ所ノ佐々木君ノヤウナ此不信任ノ決議案ト云フモノハ、須ラク國家重大ノ時機デアルト云フコトヲ御考ニナリマシタナラバ、吾々ト協力相一致シテ、眞ニ國民ノ爲メニ吾々ノ誠ヲ盡シ、國ノ爲メニ盡サナケレバナラヌト信ズル者デアリマス、其故ニ以チマシテ、私ハ佐々木君ノ此理由ナキ根據ナキ所ノ不信任決議案ニ對シテ、絶對ニ反對意思ヲ表明スル者デアリマス(拍手起ル)

○議長(奥繁三郎君) 横山勝太郎君

〔横山勝太郎君登壇〕

○横山勝太郎君 本員ハ佐々木安五郎君カラ御提案ニナリマシタ本案ニ對シテ、少シク贊成ノ意見ヲ述ベテ置キタイノデアリマス、只今反對セラレマシタ松岡君ハ、佐々木君ノ提案ノ理由ガ一モ事實ニ根據セザルコトヲ非常ニ怒言疾呼セラレタヤウデアリマスガ、ソレハ松岡君ノ何カ御聽違デアラウト考ヘル、佐々木君ハ極メテ詳細ニ、不信任案提出ノ理由並ニ其事實ヲ御述ニナッテ居ル、其事柄ガ若シ聞エナカッタナラバ、速記錄ヲ通ジテ御閲覽ニナッタラ分ルコト、思ヒマス、佐々木君ノ御提案ノ理由ハ、要スルニ思想問題ト云フコトガ根本ニナッテ居ルヤウデアリマシタガ、無論私モ其意味ヲ以テ御贊成申上ゲマス、併シ此點ハ佐々木安五郎君ヨリ、最モ詳細ニ最モ明瞭ニ、且ツ最モ壯快ニ御演説ガアリマシタカラ、私ハ之ニ蛇足ヲ添ヘルコトヲ致シマセヌ、只ダ床次内務大臣ノ所謂思想ノ善導ト云フコトニ關シテ、此演壇ニ於テ松岡俊三君ガ多大ノ讃辭ヲ呈セラル、ガ如ク、努力セラレタカドウカト云フコトハ、問題デアルト私ハ考ヘル、偶、努力セラレテ居ル事柄ノ中ニ於テ、所謂浪花節語優遇問題ノ如キハ、偶、以テ同君ノ思想問題ニ關スル知識ノ、全ク零デアルト云フコトヲ立證シテ居ルト考ヘル、殊ニ浪花節優遇問題ハ、或ル意味ニ於テハ床次内務大臣ニ取ッテハ、誠ニ御迷惑至極、吾々ヨリ見レバ御氣ノ毒至極ト考ヘル、此問題ハ吾々ノ聞ク所ニ依レバ、同君固有ノ意見デハナイ、床次内務大臣所管ノ内務行政ニ毫モ關係ノ無イ、或ル他ノ拓殖局ノ某官憲ヨリシテ、浪花節ヲ使用シタラ宜カラウト云フコトヲ附焼刃ノ知識ヲ附ケレラレテ、之ヲ創造ナスッタノデアル（「想像説ハ止シ給ヘ」ト呼フ者アリ）此一事ヲ以テ見テモ、果シテ床次内務大臣ガ浪花節ノ優遇ト云フ事柄ニ就テ、果シテ確信ヲ以テ之ヲ斷行シテ居ラル、カドウカト云フコトハ、私ハ大ニ疑問ト致シテ居ル卽ナ、偶、外部ニ最モ有力ナル手段トシテ現レテ居ル所ノ浪花節優遇問題ノ如キ事柄デスラ内務大臣固有ノ意思デナイトシタナラバ、其以外ニ内務大臣ハ思想ノ善導ニ就テ、如何ナル知識ヲ有シテ居ラル、カト云フコトヲ聽カントスル者デアル、私ハ此意味ニ於テ、内務大臣ハ少クトモ思想問題ニ就テ、今日ノ時局ニ當リテ――此思想混亂ノ時代ニ當リテ、我ガ國民ノ思想ヲ善導スルト云フヤウナ資格ノ無イ人デアルト云フ意味ニ於テ、佐々木君ノ不信任提案ノ一ノ重大ナル理由トシテ、之ヲ唱フル者デアル、次ニ私ノ申上タイト思フ事柄ハ、過日関元植暗殺事件ニ就テ私ハ此演壇ニ立ッテ……

（樋口伊之助君「俯向イテヤレ人ノ顔ヲ見テヤルナラ許シマセヌ」ト呼フ）

○議長（奥繁三郎君） 靜ニ――發言ヲ許シマセヌ

○横山勝太郎君（續） 此関元植暗殺事件ニ對スル内務省ノ態度ニ就テ質問ヲシタ際ニ、可ナリ私ハ詳細ニ申上テ置キマシタガ、内務大臣ハ當時本員ノ質問ニ對シテ答辯書ニ依ッテ、関元植ノ身體ニ關シテハ、警視總監ニ命令ヲ致シ非常ナル注意保護ノ責任ヲ盡シタト云フコトデアリマシタガ、併ナガラ當時其答辯書ニ對シテ、私ハ此席ニ於テ床次内務大臣御列席ノ場合ニ於テ、私ハ大ニ此問題ノ責任ヲ面責シタニモ拘ラズ、平素雄辯ナル内務大臣ハ、一言半句モ本員ノ質問ニ對シテ答辯ヲスルコトガ出來ナイ、此関元植暗殺事件ハ實ニ重大ナル事件デアル、殊ニ此問題ニ就テ只今松岡俊三君ヨリシテ、佐々木ヲ御責メニナッテ居ル、其御責メニナッタ趣旨ハ、関元植ノ問題ニ就テ、新聞記事差止ヲ致シタノハ、内務大臣ニ非ズシテ檢事局デアル、故ニ此差止問題ヲ以テ内務大臣ヲ責ムルト云フ事柄ハ、全ク事實ニ立脚セザルモノデアルト云フ、御非難デアリマシタ、是ハ松岡君ガ佐々木君ノ演説ヲ誤解セラレテ居ルト云フコトヲ爰ニ言明致シテ置キマス、佐々木君ガ関元植ノ事件ニ關スル差止問題ヲ齎ラシテ、此演壇ニ立ッテ演説ヲナスッタ趣旨ハ、差止其モノハ問題ニ就テ彼是仰シヤッタノデハナイ、此頃多ク出テ來ル差止命令ト云フモノハ、如何ニモ不理不當デアル、其一例ヲ擧ゲレバ関元植ノ問題ノ如キモ、差止命令ト云フモノハ不當デアルト斯ウ言ッテ居ル、卽チ是ハ内務大臣ノ責任ヲ問フニ非ズシテ、一般ノ差止問題ニ關スル、檢事局ノ態度ヲ非難シテ居ル意味ニナッテ居ルノデアル、佐々木君如何ニ法律ノ事ニ暗シト雖モ、檢事ノ差止問題ト、内務大臣ノ差止問題トヲ混淆シテ、此演壇ニ立ッテ演説ヲスルヤウナ人間デナイト云フコトハ、諸君ハ疾ク知ッテ居ル事柄デアルト私ハ考ヘル、（拍手起ル、「政友會ハ速記錄ヲ見ルベシ」ト呼フ者アリ）佐々木君並ニ吾々ガ、此関元植ノ問題ニ關シテ内務大臣ノ責任ヲ問ハントスルモノハ――（樋口伊之助君「私ノ身上ニ關係シマスカラ私ハ一言申シタイ」ト呼フ）決シテ差止問題其モノガ責任デアルトハ申シテ居ラヌノデアリマス、吾々ハ白晝公然帝都ノ中央ヲ距ル僅ニ數町ノ處――（樋口伊之助君「ウツ向イテヤリ給ヘ」ト呼フ）世界ノ人ノ來往スル所ノ東京驛ノ旅宿ノ前ニ於テ――宿舍ノ前ニ於テ、若クハ宿舍ノ中ニ於テ、関元植ガ殺害セラレタト云フヤウナ事ガアルト云フ事柄ハ、内務行政ノ一部タル我警視總監ノ責任問題ハ、ドウスルカ、警視總監ノ責任問題ハ、卽チ内務大臣ノ責任問題デアルト云フコトヲ問ハントシテ居ルノデアル、（拍手起ル）斯ノ如ク理義明白ナル事柄ヲ以テ内務大臣ノ責任ヲ問責致シテ居ルニモ拘ラズ、松岡君ガ差止命令其モノニ就テ、内務大臣ノ責任ヲ問フ如ク御反對ニナッタノハ、寧ロ松岡君ノ方ガ事實ニ根據セザル暴論デアルト私ハ思フ、（拍手起ル、「ノウ〳〵」「勝チヤン アワテチヤイケナイヨ」「頭ガ惡イ」ト呼フ者アリ）此内務大臣ノ責任問題ニ就テハ、是ハ此演附加スベキ者ガ責任ヲ附加セズシテ、罰スベカラザル者ガ罰セラレテ居ル、爰ニ一大奇觀ヲ呈シテ居ルト私ハ考ヘル、（拍手起ル、「牽强附會ノ議論ヲナスナ」「大間違」「見當違」「詰ラヌ事ヲ止メロ」ト呼フ者アリ）私ハ此點ニ就テ内務大臣ノ良心ヲ問ヒタイ、関元植君ハ御承知ノ通リ朝鮮人デアリマス、此朝鮮人ガ死亡シテ告別式ヲ爲スニ當ッテ、總理大臣モ、内務大臣モ、此関元植君ノ死骸ノ前ニ立ッテ、殊勝ラシクモ花ヲ手向ケテ、告別式ニ參列ヲ致シテ居ラレルガ、其樣ナ儀禮ガ何ノ役ニ立ツカト云フコトヲ考ヘテ貰ヒタイ（拍手起ル、「何ダイソレハ」「何ヲ言フノダ貴樣」「八釜シイ」「懲罰々々」ト呼フ者アリ）自分ノ當然ノ職責デアル職責ヲ盡サズシテ、卽チ内務ノ不取締、警視總監ノ不取締ノ結果、殺サレタル人ノ爲ニ立ッテ、僅ニ告別式ニ參列ヲ致シテ、而シテ其責任ヲ免レントスルニ至ッテハ、心事ノ陋劣ナル唾棄スベキ行爲デアルト私ハ考ヘル、（拍手起ル、「死者ヲ弔フ禮デアル」冷淡ナル東京市民」ト呼フ 者アリ）無論朝鮮人暗殺セラレタルコトニ對シテハ、總理大臣若クハ内務大臣ガ、重大ナル國務ノ餘暇ヲ以テ関元植君ノ死體ノ前ニ參列ヲシテ、告別式ニ列セラレルト云フ事柄、其事柄自體ヲ私ハ非難致シテ居ルノデハナイ、是ハ國民トシテ當然ノ事デアリマセウ、吾々ノ問ハントスル所ハ、其位井紳士トシテノ禮ヲ盡ス人ガ、國務上ノ失態ニ就テ何故責任ヲ負ハヌカト云フコトヲ申スノデアリマス、（拍手起ル、「問題外々々」「精神ニ異狀ハナキヤ」ト呼フ者アリ）朝鮮人ノ卽チ親日派ノ人ヽカラ見マシタナラバ、（「發狂シテハイケマセヌヨ」ト呼フ者アリ）告別式ニ總理大臣内務大臣ガ參列シタケレドモガ、警察ノ不取締ニ依ッテ……

○議長（奥繁三郎君） 三木君ニ私語ヲ禁ジマス、三木君、岩本君ニ私語ヲスルコトヲ禁ジマス

（三木武吉君「我輩ハ私語シテ居ラヌ」ト呼フ）

○横山勝太郎君（續） 國法上ノ責任ヲ負フ者ガ無イト云フコトニナリマシタナラバ、朝鮮ハ之ヲ何ト見ルデアリマセウカ（「降ガリ給ヘ」ト呼フ者アリ）

壇ニ於テ懸案トナッテ居ルノデアリマス、（「何ガ懸案ダオ前ガ懸案ダラウ」ト呼フ者アリ）本員ハ議院法ノ命ズル所、議事規則ノ許ス範圍ニ於テ、正式ナル質問書ヲ出シテ、内務大臣ノ責任ヲ問ウテ居ルノデアル（「答辯ノ必要ナシ」ト呼フ者アリ）併シ此質問ニ對シテ一片ノ答辯書ヲ送ッテ、責任問題ニ關シテハ、一言半句ノ答辯モ與ヘテ居ラヌカラシテ、私ハ其答辯書ニ對シテ意見ヲ述ベルト云フコトデ、此演壇ニ立ッテ更ニ内務大臣ノ責任ヲ問ウテ居ルニモ拘ラズ、内務大臣ハ此點ニ就テ未ダ曾テ一言半句責任問題ニ論及セヌ事柄ハ、無責任ノ極デアルト私ハ考ヘル、（拍手起ル）関元植ノ爲人及其閲歷ニ就テハ、過日ノ壇上ニ於テ申上ゲマシタ如ク、関元植君ハ朝鮮ニ於テ、多數ノ親日派ヲ代表スル所ノ代表的人物デアル、（「判ッテ居ルゾ」ト呼フ者アリ）此人物ガ帝都ニ來ッテ、日本警察權ノ保護ニ浴スルコトガ出來ヌト云フ事柄ハ、中外ニ對シテ、我警察權ノ威信ヲ失墜シタルモノデアルト私ハ考ヘル、（拍手起ル）斯ノ如キ重大ナル事態ヲ出來致シテ居ルニモ拘ラズ、警視總監ハ恬トシテ其職ニ居ル、警視總監ヲ督勵スル責任ノアル所ノ内務大臣ハ、依然トシテ其職ニ噛付イテ居ル事柄ハ、無責任ノ極デアルト私ハ斷言シテ憚ラナイ、（拍手起ル）凡ソ斯ノ如キ重大ナル事柄ヲ、帝都ノ中央ニ於テ白晝公然演出セラレテ、而シテ一人ノ責任ヲ負フ者ガ無イト云フニ至ッテハ、我ガ警察界、我ガ内務行政ノ紊亂ハ其極ニ達シテ居ルト私ハ斷言スル、（拍手起ル、「ノウ〳〵」ト呼フ者アリ）而シテ警視總監、並ニ内務大臣ハ何等ノ責任ヲ負ハザルニモ拘ラズ、反對ニ處罰ヲ蒙ル者ハ新聞紙デアルト云フ ニ至ッテハ、冠履轉倒ノ甚シキモノデアルト謂ハネバナラヌ、（拍手起ル）

（「犯人ヲ逃スコトヲ知ラナイカソンナ事ヲ 新聞ニ書

キ立テレバ――馬鹿」「市太郎默レ」ト呼フ者アリ」

○議長（奥繁三郎君）　靜ニ……

○横山勝太郎君（續）　此故ニ曰ク、警視廳ニ出入ヲ致シテ居ラル丶所ノ新聞記者ノ團體ヨリシテ、決議ヲ以テ警視總監ノ責任ヲ問ウテ居ルニモ拘ラズ、警視總監ハ尚ホ責任ヲ引カナイ（「愚論々々」ト呼フ者アリ）ノミナラズ、部下ノ十六新聞ハ此司法官憲ノ行爲ニ關シテ、自分ノ無罪ナルコトヲ法廷ニ於テ論爭シツヽアルト云フコトハ、諸君ノ御承知ノ通リデアル、卽チ當然責任ヲ負フベキ内務當局者ハ、恬トシテ其職ニ噛付イテ居リ帝都ノ中央ニ起リシ重要ナル事實ヲ報告スル責任アル公ケノ報道機關タル新聞記者ガ、此天下明々白々タル事實ヲ言論機關ノ上ニ報道ヲシテ、ソレガ處罰ヲ受ケルト云フニ至ッテハ、此處罰ヲ受ケル點ハ内務大臣ノ責任ニ非ズトスルモ、國民ノ側ヨリ見一シクナラバ、責任ヲ

○濱田國松君　諸君、本員ハ是ヨリ此決議案ニ贊成スルノ理由ヲ述ベヤウト思ヒマス、先刻來多少議場ガ熱シテ參リマシテ、甚ダ遺憾ニ存ズルノデアリマスルガ、本件ノ内容ニ含マレマスル所ノ問題ノ如キモノハ、目下世間紛議ノ集マル所ノ問題デアリマシテ、國民ハ目ヲ側テ、其責任ノ所在ヲ知ラント欲スノ所ノ問題デゴザイマスルカラ、贊否兩派ノ議論ガ、曲直孰レニ歸スルモノデアルト致シマシテモ、御互ニ冷靜ニ論議スルコトガ宜シカルベシト存ズルノデアリマス（拍手起ル）衆議院ノ塹壕ト稱セラル、所ノ議席ノ後ロヨリハ、先刻來鳩ノ聲ガシタリ、犬ノ聲ガシタリシテ、甚ダ怪シカラヌ事デアルト私ハ思フ、過日貴族院ニ於テ某子爵ハ、衆議院ニ於テ時アッテ泥醉者ノ如クナル時ガアルト云フ御言葉ガアリマシタ、本員ハ我ガ衆議院ノ名譽ノ爲メニ、非常ニ之ヲ遺憾トスルノデアリマス、（拍手起ル）吾ミハ有ユル場合ニ於テ、天下ノ爲メニ冷靜公平ニ、國政ヲ論議スルノ雅量ト、信義ヲ持タナケレバナラヌト私ハ思ヒマス（拍手起ル）此意味ニ於キマシテ暫ク時間ヲ御與ヘ下サルコトヲ希望致シマス、（「判リ切ッテ居ル」ト呼フ者アリ）此問題ニ就キマシテ、世間ニ一ツノ誤解ガアルノデアリマス、ソレハ滿鐵會社ノ内容ニ如何ヤウナル不正ナ事ガアラウトモ、一商事會社ノ曲事タルニ過ギナイデハナイカ、何ノ政府ノ責任問題ヲ惹起スノデアルカト云フガ如キ議論ヲ吐カル、人モ、世間ニハアルヤウデアル、先刻議席ノ一部ヨリ早速君ノ演說ニ對シテ、株主總會ニ於テ爲スベシト云フ御批評ガ出タルガ如キハ、其一例デアル是ハ滿鐵會社其モノ、性質、會社ト政府ノ監督責任ト云フモノヲ了解サレナイカラ此誤解ト云フモノガ出テ來ルノデアラウト思フ、（拍手起ル）故ニ議論ノ順序ト致シテ、滿鐵會社ノ組織並ニ法律關係ニ於テ、冒頭ニ一言スル必要ガアラウト私ハ信ズルノデアリマス、（「ヒヤ〳〵」）鵜澤君ガ御述ニナリマシタ事ハ、卽チ滿鐵會社ハ明治三十九年ノ勅令第百四十二號ニ依ッテ、滿蒙發展ヲ目的トスル、帝國ノ植民行政機關トシテ設立セラレタモノダト云フコトハ、其通リデアリマスガ、ソレ以上進ンデ官制ノ關係、會社ト政府監督ノ關係ハ、遺憾ナガラ御述ニナラナカッタノデアル、私ハ進ンデ之ヲ論議スベキ必要ガアラウト思フノデアリマス、滿鐵會社ノ資本ハ申上ゲルマデモナク四億四千万圓アッテ、其半額ハ帝國政府ノ持株デアル、言葉ヲ換フルナラバ一億二千万圓ハ國有財產デアル、國有財產ガ其半ヲ以テ組織スルノデアリマスカラシテ、國家ノ財產ヲ擁護スルト云フ責任カラ、政府ノ監督關係ト云フモノハ、當然起ルコトハ當前ノ事デアリマス、（拍手起ル）隨テ滿鐵會社ハ吾ミノ外部ヨリ想像スル以上、政府ノ嚴重ナル監督ヲ受ケテ居ルモノデアル、言葉ヲ換フレバ政府ガ滿鐵會社ニ對シテ、十分ナル監督責任ヲ持ッテ居ルト云フコトガ分ル、是ハ六ケシキ議論ヲ申上ゲルヨリモ、此處ニ大正八年ノ第十九回ノ會社ノ事業報告ト云フモノガアル、此一齣ヲ引用スレバ監督關係ハ直チニ明白ニナル、大正八年四月十一日勅令第九十四號ヲ以テ關東廳官制制定セラレ、關東長官ハ當會社ノ業務ヲ監督スルコトニナッタト云フコトニナッテ居ル更ニ滿鐵會社ノ豫算ト云フモノハ商事會社デアリマスケレドモ、每年必ズ政府ノ認可ヲ得ナケレバナラヌト云フ監督關係ヲ持ッテ居ル、卽チ營業報告ニ於キマシテモ、其本ハ矢張明記ヲ致シテ居リマス、大正八年ノ事業計劃、及事業費豫算ト云フ事業費ノ豫算ハ、政府ノ認可ヲ受ケルコトニナッテ居リマス、是ハ本件責任論ノ根柢トナルノデアル、加之事業費ノ中ニ於テモ、款項ノ流用ヲスルニスラ、政府ノ認可ヲ得ナケレバナラヌト云フ關係ニナッテ居ル、故ニ豫算ニ於テ此束縛ヲ受ケテ居ル、此監督ヲ受ケテ居リマスカラ、決算ニ就テモ、會計檢査院ノ認可ヲ得ナケレバナラヌト云フ組織ニナッテ居ル、卽チ昨年此事柄ノアッタ當時ニ於テハ、大正六年マデノ決算ガ終ッテ居ッタト云フ時期デアリマシテ、本件ノ如キハ、今ニ會計檢査院ノ認可ヲ經ナイコトニナッテ居ル、私ハ他日會社ガ會計檢査院ニ認可ヲ申請致ス時ニ於テハ、決算上意外ノ問題ガ發生スルコトヲ豫期スル一人デアリマス、（拍手起ル）會社ノ關係ハ政府トノ關係ニ於テ斯樣ナ事ニナッテ居ルノデアリマスカラシテ、或人ノ如ク會社ノ內容ニ不當不正ノ商取引ガ行ハレタルニ就テ、政府ニ何等ノ責任上ノ問題ガ無イト申ス如キハ、思ハザルノ甚シキモノト謂ハナケレバナラヌ、（拍手起ル）故ニ政治上ノ判斷ヲ之ニ加フルナラバ、會社ノ內容ニ不當不正ナ事ガアレバ、政府ガ其監督ヲ怠ッタト云フ消極的ノ責任ト云フモノガ、第一ニ茲ニ生ズルノデアル、（拍手起ル）更ニ其不當不正ノ取引ニ就テ、情實弊害ヲ助長シタル所ノ關係ガアルナラバ、茲ニ進ンデ第二ニ積極的ノ責任ヲ生ズルノデアル、（拍手起ル）吾ミハ此消極積極ノ二樣ノ責任論ヨリシテ、本件政府ノ責任ヲ攻究ヲ致シテ見タイト存ズルノデアリマス、此責任ヲ論斷シマスルニ就テハ、本件ノ內容ニ含マル、所ノ第一ハ、塔連炭礦ノ買收、第二ハ滿洲丸ノ買收、第三ハ電化工業ノ買收、此三ツノモノニ就キマシテ、買收ノ必要ノ有無、價格ノ當否、是等ノ買收ハ、滿鐵社規ノ定ムル所ニ依ッテ公正ニ行ハレタルヤ否ヤ、第四ニハ此買收ガ政治的ニ監督官憲トノ關係如何、斯ウ云フ四ツノ問題ニ岐ルルノデアラウト思ヒマス、問題ガ三箇アリマシテ、各各事情ヲ異ニ致シテ居リマスガ、成ベク演說ノ短カランコトヲ欲スル爲メニ、其要ヲ摘ンデ此三箇ノ取引ニ就テ、四箇ノ標準ニ就テ、茲ニ事實上ノ意見ヲ少シク述ベテ見タイト思フノデアリマス、塔連炭礦ノ分ニ就テハ、買收ノ必要ノ有無ハ早速君ガ二三之ヲ述ベラレタノデアリマス、卽チ買收ノ必要無シト云フコトニ就テ述ベラレタノデアリマス、言葉ヲ換フルナラバ、會社側ノ說明ニ依ルト、會社ハ撫順煙臺等ノ澤山ナル炭山ヲ有ッテ居ルノデアリマスカラシテ、更メテ此塔連炭礦ヲ買收スルノ必要ガ無イト云フコトニ對シテ、種々ナル會社側ノ辯明ガアルノデアリマス、而シテ其要旨ハ鞍山製鐵所ノ製鐵用ニ必要ナル所ノ「コークス」ノ製造用トシテ、塔連炭礦ヲ買收スル必要アリト云フ議論デアリマスケレドモ、此點ニ就テハ早速君ガ凡ソ辯ゼラレタ、ガ是ハ山田潤二君ノ手記ヲ基礎トシテ述ベラレタガ爲メニ、政友會ノ一面ヨリ致シテ、此根本ノ書類ガ信用セラレザル以上ハ、價ノ無イ議論デアルト云フ御攻擊ガ出タノデアル、果シテ然ラバ私ハ此書類以外ニ、此買收ノ必要ノ無カッタ事ヲ證據立テマス、何デ證據立テルカト云ヘバ、大正八年卽チ本件賣買ノ行ハレタル、二箇月以前ノ會社ノ事業報告書ニ依ルト云フト、骸炭「コークス」ヲ造ル爲メニ新タニ塔連炭礦ヲ買ハナイデモ、南滿鐵道ニ於テハ骸炭ハ剩ッテ居ルノデアル、「コークス」ハ剩ッテ居ルノデアル、是ハ無責任ニハ申上ゲナイ、此事業報告書ヲ御覽ニナルト能ク判リマスガ、大正八年度卽チ賣買ノ二箇月以前ノ締切報告ニ依ルト、大正八年度ニ於キマシテ、南滿會社ガ骸炭ヲ製出シタル所ノ噸數ハ七万千噸デアリマス、七万千噸造ッテ幾ラ使用ヲ致シタカト云フト、鞍山製鐵所其他ニ於テ四万五千噸使ッテ居ルノデアリマス、卽チ從來ノ撫順其他龍鳳炭礦等ノ原料ヲ使用シテ、一箇年七万一千噸ノ「コークス」ヲ造ッテモ、使フ所ハ其六割デアル、四万五千噸ニ過ギナイ、四割ハ剩ッテ居ルノデアル、大正八年ニ於テハ四割剩ッテ居ルノデアル、果シテ然ラバ當面ノ急トシテ、此塔連炭礦ヲ骸炭製造用ノ爲メニ買フ必要ガ何所ニアリマスカ、（「ヒヤ〳〵」拍手）私ハ基礎ノ無イ空論ハ致シマセヌ、會社ノ事業報告ニ依ッテ必要ナキコトヲ、數字的ニ證明スル勇氣ヲ持ッテ居ル一人デアリマス、（「ヒヤ〳〵」拍手）以上ノ事實ニ加フルニ、早速君ガ御述ニナリマシタ數箇ノ會社內情ニ依リマスレバ、何モ買收ノ必要ナキコトハ明カデアリマス、而シテ此事ノ當否ニ就テ、價格ノ當否ヲ論ジナケレバナラナイノデアリマス、此點ハ早速君モ大體御述ニナリマシタカラ、只タ非常ニ不當ナル價格デアルト云フ一語ヲ以テ終リタイノデアリマス、ケレドモ演說ノ責任トシテ、簡單ニ一語ヲ加ヘテ置キマスレバ、價格ノ不當ナルコトハ大正八年十一月中ニ、朝鮮銀行ヨリ此會社ガ二十万圓ノ追加借入ヲセラレル時ニ方ッテ、南滿鐵道ニ保證ヲ依賴セラレタコトガアリマス、其當時ニ於キマシテ會社ハ如何ヤウニセラレタカト云ヘバ、撫順炭礦ノ各技師、滿鐵地質調査所長、責任アル所ノ會社主任ノ鑑定ヲ命ジマシタ所ガ、六十五万圓內外以上ノ實價アラザルガ故ニ、第二回ノ二十万圓ノ保證ニ應ズルコトハ、危險ナリトノ理由ヨリ、之ヲ拒絕シタル事實ガアリマス、果シテ然ラバ其炭礦ノ價格ハ、大體ニ於キマシテ六七十万圓內外デアルト云フコトハ公平ナル鑑定デアリマシテ、（拍手）斯ル物件ヲ四倍近キ所ノ二百二十万圓ニ買收スルニ至ッテハ、事ノ當否ハ多言ヲ要セズシテ、明カデアラウト思フノデアリマス、（拍手）更ニ進ンデ此買收ガ會社內部ノ社規慣例ニ照シテ、正當公平ナル手續ヲ盡サレタルヤ否ヤヲ調査致シマスルニ、滿鐵會社ノ慣例ト致シマシテハ、斯ル買收ヲ爲ス場合ニ於テハ、通常執ルベキ所ノ五ツノ手續ガアルノデアリマス、第一ハ買收理由書ヲ作ルノデアリマス、第二ハ物件ノ評價書ヲ作ルノデアリマス、第三ハ賣買當事者間ニ於ケル、交渉顛末書ト云フモノヲ作ルノデアリマス、第四ニハ契約書案ヲ作ルノデアリマス、第五ニハ之ニ基ツイテ、重役高級社員間ニ於ケル囘議決裁書ヲ作ルノデアリマス、是ハ卽チ會社ノ內規デアリ、又慣例デアルノデアリマス、然ルニ本件二百万圓以上ノ重大ナル買收ニ就テ、卽チ塔連炭礦ノ買收ニ就テ、今日ト雖モ南滿會社ニ於テハ、此常例デアル所ノ四ツノ書類ハ無イノデアリマス、今日デモ無イノデアリマス、只ダ有ルモノハ第五項ノ囘議決裁書ト契約本證書ト云フモノガ、大正九年五月四日附ノ同シ日附デ出來テ居ルノデアル、常識ヲ以テ見レバ、此囘議書案ト云フモノハ、早速君ノ言ハレタ通リ、後日ノ作成ニ係ルモノトモ疑ハナケレバナラヌ道理ガ有ルノデアリマス、(拍手)何故カナラバ、二百万圓ノ重大ナル買收ヲスルノニ、五月四日ニ重役高級社員ガ囘議ヲシテ、卽時ニ決定スルト云フ道理ガアルベキモノデハナイ、(「ヒヤ〳〵」拍手)現ニ此點ニ就テハ其後不滿ノ爲メニ――其後責任ヲ避クルガ爲メニ辭職セラレタル、現波蘭公使川上俊彦君ハ世間ニ公言ヲ致シテ居ル、彼ノ決裁書ニハ自分ノ名ガ書イテアルケレドモ、アレハ後日求メラレテ書イタモノデアル、當時ニ於テハ、自分ハ此囘議ニハ關與シナイト言ッテ居ラレル、堂々タル帝國ノ全權公使、此人ノ言ハ勢ヒ信ジナケレバナラヌト思フノデアリマス、(「其通リ」ト呼フ者アリ、拍手)私ハ此言ヲ信用スルナラバ、此囘議書ト云フモノハ、卽チ後日ノ作成ニ係ルカ、然ラザルモ當時滿足ニ重役間ニ分議セラレテ決定セラレタル所ノ、決議書デハナイト云フコトヲ私ハ斷言スルノデアリマス、(拍手)啻ニソレノミデハアリマセヌノデ、此買收ニ就テハ、會社內部ノ關係、高級責任者タル所ノ撫順炭礦ノ次長、同炭礦ノ技師、會社ノ興業部長興業課長、其他ノ者、孰レモ賣買取引後ノ 六月二十八日ニ至ル迄、此事柄ノ存在ヲ知ラナカッタト云フ 一事ハ、實ニ驚クベキ不思議ナ事デアラウト存ズルノデアリマス、(拍手)斯樣ナ譯デアリマシテ、當否ノ上ヨリ論ズルモ、價格ノ上ヨリ論ズルモ、此塔連炭礦ノ買收ハ甚ダ不當ナルモノデアリマス、所デ是ノミデハ、會社ノ內部ニ不當不正ノ取引ガ行ハレタト云フ程度ニ止マルノデアリマシテ、政府ノ監督責任ト云フ問題ハ未ダ起ラナイノデアリマス、之ヲ論究シテ見ナケレバナラヌト思フノデアリマス、之ニ論究スルニハ、不當不正ノ事柄ガ、性質トシテ暗默秘密ノ間ニ行ハレルト云フ關係ニ於キマシテ、左樣ニ明カナル所ノ書證ト、有形ノ證據ガ此ニアリ得ベキ筈ハナイノデアリマス、故ニ斯ル方面ノ事柄ニ就テハ、其事柄ヲ直接間接ノ接觸ヲ致シ、其取引者ニ直接間接ノ接觸ヲ致シタト云フ此人々ノ證言ニ俟ツノ外、私ハ致方ナイモノデアラウト考ヘルノデアリマス、斯樣ニナリマスト、早速君モ御引キニナリマシタ所ノ、滿鐵前興業課長ノ山田潤二君ノ告白書ナルモノヲ、勢ヒ引用ヲシナケレバナラナイコトニナルノデアリマスガ、此點ニ就テ鵜澤君ハ 先刻山田前興業課長ノ告白書手記ナルモノハ、滿鐵重役ニ不滿ガアッテ引退セラレタル所ノ山田君ノ手記デアルカラ、感情立場ノ上ニ於テ、左樣ナル信用ヲ拂フベキモノデナイト云フコトヲ

御論駁ニナリマシタガ、是ハ左樣ナ單純ナ議論ニ參リマセヌ、ヲ成程世間ニハソレニ似寄ノ事ガアルカモ知レマセヌケレドモ、山田君ガ何故ニ不滿デ滿鐵ヲ退イタカト云ヘバ、重役ガ惡事爲シテ之ヲ忠告致シテモ止メナイカラ、不滿デアルト言ウテ退イタノデアル(拍手)他ニ感情利害ノ問題ニ不滿ガアッテ退イタ後ニ、人ノ惡事ヲ摘發シタノデハナイノデアリマス、茲ニ是等ノ立場ヲ斟酌シナイデ、單ニ重役ニ不滿ヲ懷イテ居ルカラ、訐イテ以テ直ト爲スモノデアルト 一概ニ論ズルコトハ、私ハ出來ナイデアラウト思フ、所デ山田ト云フ人ハ 明治四十四年ニ帝大ヲ出ラレテ、殊ニ優秀ノ成績デ出ラレテ、爾後十年間滿鐵ニ於テ何等ノ非難ナク、高級社員トシテ今日マデ經過セラレタ所ノ歴史ヲ有ッテ居ラレル、殊ニ此人ノ親友デアリマス所ノ、帝國大學ノ工學博士デアラレル渡邊某ノ世間ニ發表セラレタ所ニ依レバ、親友山田ノ性格ハ恬淡高潔不正ヲ憎ムコト仇敵ノ如キノ性質ヲ持ッテ居ラレルト斯樣ニ證明セラレテ居ル、斯ノ如キ性格ノ人、此歴史、此人格、之ヲ信用シナイト言ッタナラバ、世間ニ如何ナル人ヲ信用スルノデアルカ、(拍手)啻ニ吾々ガ信用スベキノミデナイ、現ニ此人ノ告發ニ基ツイテ、東京地方裁判所ノ檢事局ガ此人ノ手記ヲ價アルモノトシテ、調査ヲ進メテ居ルデハナイカ、(拍手)神聖ナル裁判所ニ於テ價アルモノト致シテ居ル以上ハ、帝國議會內部ノ討論ニ對シテ、私ガ之ヲ一ツノ證據ト引用致スモ、敢テ輕卒ノ罪ヲ受クルモノデナイト信ズルノデアリマス、(拍手)此人ノ告白スル所ニ依リマスルト、色々ノ事ガ書イテアリマス、大體ハ早速君ガ御引用ニナリマシタカラ、重ネテ之ヲ引用スルコトヲ致シマセヌガ、此人ノ告白書ニ依レバ、撫順炭礦庶務部長小日山直登氏、並ニ撫順炭礦長井上匡四郎氏、其他信用アル人々ト野村社長、中西副社長是等ノ人ノ交渉ハ總對ノ間ニ於テ、天降リ案デアルト云フ言葉、是非ナイト云フコト、或ル目的ノ爲メニ買收セラレルノデアルカラ致方ガナイト云フ言葉、小日山氏ガ之ニ抗議シタル場合ニ於テ、矢張高等政策ノ爲メニ云々ト云フコト、是等ノ言葉ヲ綜合シ來リマシタナラバ、天降リ案ノ意味ト云フモノモ、高等政策ト云フ意味モ、之ヲ了解スルニ難カラザル次第デアルト私ハ思フノデアリマス、(拍手)斯ル曲事アル場合ニ於テ、山田氏ガ一身ヲ犧牲ニ供シテ、滿鐵ノ擁護、正義維持ノ爲メニ奮起セラレタルコトハ、洵ニ同情ニ値スル一ノ出來事デアルト私ハ思フ、(拍手)次ニ內田汽船會社ノ點ニ於テ簡單ニ述ベマスルガ、是ハ最初ノ關係ヲ少シク述ベナケレバナラヌト思フノデアリマス、最初內田ノ汽船ノ買收セラルル前ニ於テ、田中末雄ナル人ヨリ、六千三百噸ノ買船ノ契約ヲ滿鐵ガセラレテ居ッタト云フコトハ事實デアル、其噸當リ三百二十五圓ト云フコトモ事實デアル、然ルニ衆議院議員選擧ノ數日前ニ當ッテ、此田中商會トノ契約デアッテ、而モ既ニ四十五万圓ノ內金手附金ヲ渡シタモノヲ突然解約ヲ致シテ、新タニ八千五百噸ノ汽船ヲ三百二十五圓ノ割デ滿鐵ガ買ハレタト云フコトガ、本件非難ノ爭點トナッテ居ルノデアル、之ニ就テハ六千三百噸ノ船ヲ、三百二十五圓デ買ハレタト云フ以前ノ歴史ヲ一ツ述ベナケレバ判リマセヌ、其歴史ヲ調ベテ見マスルト、滿鐵ノ營業上、大連汽船株式會社ト

云フモノヲ立テヽ此水運上ノ營業ヲ致シテ居ルノデアリマシテ、名前ハ違ッテ居ルガ、是ハ滿鐵ノ一ツノ分身ニ過ギナイモノデアッテ、同會社ト云フモ宜シイノデアル、此汽船會社ノ株ハ全部滿鐵持チデアルカラ、其事實ガ能ク判ルノデアリマス、所ガ此大連汽船會社ニ於テ、前ニ六千三百噸ノ船ヲ註文致シタイト云フコトハ、滿鐵ノ航路ト云フモノハ、御承知ノ如クニ大連ヨリ上海ニ至ル支那沿岸ノ近海航路ノミデアリマス、近海航路デアルカラ大イ船デハ間ニ合ハナイノデ、六千三百噸ガ手頃ノ船デアルト云フノデ、之ヲ賣買契約ヲスルニ至ッタノデアル、ソレカラ第二ニ早速君ノ述ベラレタ註文價格ハ、鐵ノ單價ニ依ッテ高下スル契約デアリマスカラ、場合ニ依ッテハ三百二十五圓以下デ買取ルコトガ出來ル便益ヲ持ッテ居ル、第三ニハ前ノ田中商會ノ船ハ三菱造船所ガ製造スルノデアルカラ、造船ノ信用上十分ナルモノデアル斯ウ云フヤウナ理由カラ前ノ賣買契約ガ出來タモノデアル、然ルニ只今モ申シマシタル通リニ、俄ニ 八千五百噸 ニ變ヘルト云フコトハ甚ダ不思議ナル事デ、之ニ就テハ滿鐵會社ハ――大連汽船會社ハ斯樣ニ說明ヲスルノデス、六千三百噸ノ船デハ、支那沿岸ノ航路ニハ差支ハナイガ、遠ク撫順炭ヲ新嘉坡、南洋方面ニ輸出スル所ノ、遠洋航路ニ使用スルニ足リナイノデアルカラ、大キイ所ノ八千五百噸ニ變ヘタノデアル、斯樣ニ滿鐵ハ說明セラレル――大連汽船會社ハ說明セラル、ケレドモ、是ハ俗ニ謂フ所ノ頭隱シテ尻隱サズノ責任ナキ所ノ說明デアルト思フ、新嘉坡、南洋ノ遠洋航路ニ六千三百噸ガ使用ガ出來ナイナラバ、初メカラ何故註文ヲシナイカ、初メ何故註文ヲシナイカ、(拍手)初メノ註文ハ大正九年一月デアリ、後ノ變更ハ同年五月デアッテ、三箇月ノ間ノ隔リガアルダケデアル、八千噸級ノ船デナケレバ、遠洋航路ニ使用スルコトガ出來ナイ不便ガアルナラバ、三箇月前ニ於テモ同樣デアラウト思フ、支那海、南洋ノ海ノ狀態ガ三箇月ノ間ニ變ッタトハ本員ハ存ジマセヌノデアリマス、(拍手)斯樣ナ譯デアリマスカラ、此說明ハ殆ド問題ニナラナイノデアル、ナラナイノミナラズ撫順炭ヲ新嘉坡南洋方面ニ輸出スルト云フノハ、ドノ炭ヲ輸出スルノデアルカ、輸出スル炭ガ無イデハナイカ、此點ニ就テハ早速君ノ事情調ト私ノ事情調トハ、少シク違ッテ居ルノデアリマス、早速君ノ塔連炭礦ヲ買フ必要ノ無イ理トシテ、撫順ト云フモノハ貯炭ガ過剩デアルト言ハレマスガ、私ノ調ベタ大正八年度ニ於テハ過剩デハアリマセヌ、卽チ本員ノ調査ニ依リマスルト、大正八年度ニ於テ南滿鐵道ガ撫順、煙臺、龍鳳、有リト有ユル各炭礦ヨリ採掘致シマシタル數量ハ四百三万噸デアル、此中滿洲、關東州、朝鮮、卽チ內地ニ販賣致シタルモノガ三百七十万噸デアル、差引三十三万噸、一割モ殘ッテ居ナイノデアル、百分ノ八シカ殘ッテ居ナイノデアリマス、此狀態ハ大正八年度會社ノ營業報告ニ明記サレテ居ル、海外ニ遠ク輸出スベキ石炭ガナイノデアル、(「間違デアル」ト呼フ者アリ)間違デハアリマセヌ、間違デアルト仰セラル、ナラバ、演說ノ責任ヲ取ル爲メニ、海外輸出ヲ控ヘタト云フ報告書ヲ朗讀致シマス、(「謹聽」ト呼フ者アリ)大正八年度ノ營業報告中ニ確ニ

載ッテ居ル、讀ンデ見マス、「營業本年度內石炭ノ總採掘高ハ三百三万千八百三十五英噸」是ハ撫順ト煙臺ダケデアリマス、此外ニ龍鳳ガアリマシテ、龍鳳ノ分ヲ合セルト、本員ノ段上ゲタル所ノ三百七十万噸ニナルノデアリマス、ソレカラ「販賣高ハ三百七十万三百四噸ナリ」ト報告シテ居ル位デアル、而シテ本年度ニ於テモ、又海外輸出ニ手於ナカシタト云フコトヲ書イテ居ル、賣ルベキ石炭ハ無イノデアル、(「九年度ハドウデス」ト呼フ者アリ)九年度ハ年度ガ終リマスカラ、マダ報告ガアリマセヌ、(「血迷フナ」ト呼フ者アリ)斯樣ナ譯デアリマシテ、私ハ大正七年八年度ニ於テモ、會社ガ海外ニ輸出スル所ノ殘炭ナキニ拘ラズ、之ヲ輸出スル爲メニ、一度定メタル所ノ六千三百噸ノ買船契約ヲ俄ニ違約シテマデモ大キイ船ヲ買フ程ノ必要ハ無イト思フ、斯樣ナ次第柄デアリマシテ、此必要ノ論ト云フモノハ甚ダ信ジラレヌノデアリマス、ソレカラ價格ノ點デアリマスガ、兩方共三百二十五圓ナルガ爲メニ、價格ニハ餘リ議論ガ無イカノ如クデアリマスケレドモ、是ハ調査ヲ致スト八千五百噸ノ三百二十五圓ハ、時期ノ關係ニ於テ船ノ大ナル關係ニ於テ、造船所ノ信用薄キ關係ニ於テ、當然高クテ不當ダト云フコトガ分ルノデアリマス、茲ニ大正九年船價取調表、殊ニ新造大型ノ時價ヲ、日本郵船會社ニ於テ本員ガ取調ベタル所ニ依リマスト前ノ大正九年二月田中ノ分、卽チ六千三百噸ノ分ヲ買ッタトキニハ、元來時價ト云フモノハ大體ニ於テ四百圓デアッタノデアリマス、此當時四百圓デ田中ノ方ヨリ滿鐵會社ガ巧ニ交渉ヲセラレテ、三百二十圓デアリシモノヲ、買船契約ヲシタノデアルカラ、是ハ時價ニ較ブレバ一割安ノ利益ヲ開キ買船シタモノデアル、然ルニ三箇月ヲ經過シテ大正九年五月、卽チ第二ノ內田ノ買船ヲセラル、當時ニ於テ、財界激變船價暴落ノ爲メニ、四百圓ハ下ッテ三百圓トナッタノデアル、(拍手起ル)是ハ郵船會社ノ責任アル調査デアル、前ノ船ハ時價ニ二割安デ買ッタ、利益ガアルノニ之ヲ破約致シテ、時價ヨリ凡ソ一割高キ所ノ、八千五百噸ノ船ヲ三百二十五圓デ買ハレタト云フコトハ不思議ナ事デアル、(拍手起ル)同ジ三百二十五圓デモ、時價ノ關係ニ於テ是ダケ相違ガアルノデアリマス、價格ノ不當ナルコト、多言ヲ要セズシテ明カデアルト存ズルノデアリマス、更ニ此買收ガ何故ニ斯ル不思議ナル事ガ行ハレタカト云フコトニ就テハ、是ハ早速君ガ詳シク御述ニナリマセヌ、此點ダケハ――私ハ責任上之ヲ詳シク補充ヲ致シテ置キマス、此點ニ就テハ大正九年三月三十一日ト四月一日ニ、東京ノ滿鐵支社ニ於キマシテ、先刻御話ヲ申上ゲタ前礦業課長、卽チ本件摘發者ノ山田氏ト重役トガ爭ヲ致シタコトガアル、其時ノ問答ト云フモノヲ爰ニ引用致シマス、當時野村社長ノ申シマスルニハ、或筋ヨリ副社長ガ依賴ヲ受ケテ、內田ノ汽船ヲ買フコトニナッタノデアル、(拍手起ル)我ハ何モ知ラヌ、何分賴ムト斯ウ社長ガ言ッタト云フ、中西副社長ハ、此問題ハ社長ガ某サンニ――此某サンハ政府當路ノ大官タルコトハ、告白皆ニハ明カニナッテ居ル、唯タ爰ニ感ズル所アッテ明言致シマセヌ、某ニ依賴セラレ引受來リシ爲メ、已ムヲ得ズ買フノデアル、十分宜ク賴ムト言ッタト云フコトノ明記ヲサレテ居ルノデアル、成程要ラナイ船ヲ高イ値デ買フノデアリマスカラ、已ムヲ得ザル壓迫カ依賴ガナケレバ、之ヲ買フベキ道理ハ無イノデアル(拍手起ル)是ハ此以上議論ヲスルハ愚カナル事デアラウト信ズルノデアリマスカラ、爰ニ此推測ヲ止メテ置キマス、是ガ卽チ第二ノ點、モウ事實ノ演說ハ一ツヲ述ベレバ終ルノデアリマスカラ、御辛抱ヲ願ヒタイト思ヒマスガ、第三ハ電化會社デアリマス、此電化會社ハ早速君ノ述ベラレタ事情ニ依ッテ、雙方妥協ノ必要ガ起ッテ、之ヲ買收スルコトニナッタト云フノガ事實ノ根本デゴザイマスガ、是ハ會社側ノ辯明ニ依リマスト已ムヲ得ズヤッタノデアルカラ、別ニ不利益デナイト云フコトヲ言ハル、ノデアリマスケレドモ、會社ト電化會社トノ契約ニ依リマスト、早速君モ引用セラレタル通リ、第十一條ニハ工場建設費ノ半額六十五万圓ヲ賠償スレバ、何時デモ根本カラ解約ノ出來ルト云フ契約ニナッテ居ルノデアル、五六十万圓ノ値打シカ無イモノヲ二百二十万圓ニ買ッテ、百五六十万圓モ損失ヲスルヨリモ、契約ノ通リ六十万圓ノ違約料デ何故解約ヲ爲サラナカッタノデアリマス、(拍手起ル)第二ニハ送電探電料ノ賠償ト云フモノ、卽チ當契約ニアリマス所ノ五千四百「キロワット」ト云フモノヲ送電スレバ宜イノデアリマスガ、是モ一「キロワット」五厘ノ割ヲ以テ賠償スレバ、送ラナイデモ宜イト云フコトニナルノデアル、此見積金額ハ一箇年二十万圓ヲ以テ足ルノデアリマス、何モ百數十万圓ノ高價ナルモノヲ、買ハナケレバナラヌト云フ理窟ハ無イト思フノデアリマス、會社ガ斯ノ如ク契約上有利ナル所ノ、數箇ノ條件ヲ持ッテ居リナガラ之ヲ買ッタト云フノハ、取モ直サズ會社側ノ說明セラル、通リ、電化會社側ノ說明スル通リニ、一私人ニ對スル所ノ恩惠的行爲デアルト云フコトガ分ッテ居ル、(拍手起ル)堂々タル法人デアリ、帝國ノ國有財產ヲ株式トシテ居ル所ノ南滿會社ノ數百十万圓ノ金ヲ使ッテ、電化工業會社ト云フ一商人ニ恩惠的金額ヲ與ヘルト云フ餘裕ハ、會社ノ財政ニ於キマシテモ、帝國ノ國有財產ヲ擁護スルト云フ上ニ於キマシテモ、甚ダ不當ナル事デアラウト私ハ存ズルノデアリマス、(拍手起ル)之ニ依リマシテ以上三ツノ賣買ニ就テ、動機不正、價格不當、手續不正、此三ツノ事ガ大體分ッタノデアリマス、私ハ爰ニ結論ト致シマシテ、二三ノ事柄ヲ述ベテ演說ヲ終リタイト心得テ居リマスガ、內容ニ於テ既ニ斯樣ナル缺點ガアリマスルノミナラズ、周圍ノ事情ニ於テモ、甚ダ怪ムベキ點ガ多イノデアリマス、周圍ノ事情トハ何デアルカト申シマスト、此大正九年五月時分ハ、戰後經財界激變ノ影響ヲ受ケマシテ、會社ハ事業大緊縮ノ實行中デアッタノデアリマス、從業員三万五千人、社員九千人、此五分ノ一ニ相當スル所ノ九千人ヲ大正九年三月中突然解傭致シタガ爲メニ、滿鐵會社ニ於テハ、失業問題サヘ惹起シタト云フ程ノ大緊縮デアリマス、斯樣ナル緊縮ヲ致サル、當時ニ於キマシテ、賣買ノ非ヲ蔽ハンガ爲メニ、事業擴張ノ必要アリ、擴張ノ必要アリト御述ニナリマシテモ、ソレハ社員從業員ノ五分ノ一ヲ減ゼラレタト云フ事ト、相對的ニ判斷ガ出來マセヌ、(拍手起ル)第二ニハ當時會社ノ金融ハ頗ル逼迫ナモノデアッテ、興業銀行デ千六百万圓ヲ借ウル、ニ就テモ、大藏大臣ノ非常ナル斡旋ヲ受ケラレタト云フコトガ事實デアル、第十回ノ社債ヲ募ル際ガ――南滿トシテハ僅カト言ヒ得ルガ、第十回ノ社債ノ一千万圓募ルニ就テモ利廻年一割弱ノ不利益ナル條件デ募集テ居タノガ事實デアリマス、金融ニ逼迫シテ居タコトハ、明ウデアッテ四億四千万圓ノ大會社ガ千圓以上ノ物品ヲ買フトキニハ、會計課長ト打合ノ上買ッテ吳レト云フ內情マデ行ッテ居タ內ニ於テハ千圓ノ必要物品ヲ會社ガ買フニモ、會計課長ト交渉ノ上デ買ハナケレバナラナイ程金融逼迫ナル時期ニ於テ、外或種ノ紳商政商ト何百万圓ノ賣買ヲスルニ就テハ、社員ノ知ラナイ間ニ、高級理事ノ知ラナイ間ニ、一部ノ人ニ於テ之ヲ取急イデ行フト云フコトハ、益、以テ其背景ニ暗キ關ガアルト云フコトヲ斷言スルコトガ出來ルト思フノデアリマス、(拍手起ル)斯樣ナ譯デアルノミナラズ、又此取引シタル所ノ外部ノ人ノ關係ヨリ論ジテモ、怪シムベキ節ガ澤山アル、塔連炭礦ノ關係者ハ、院內ニ議席ヲ有セラル、同僚ナルガ故ニ、敬意ヲ表シテ其名ヲ爰ニ申サヌ、只ダ某黨ノ有力ナル幹事ナリト云フコトダケハ、諸君モ御承知デアラウト思フ、(拍手)凡ソ政黨ノ事情ト致シテ、一黨ノ幹事トナルニハ、相當ノ年所ト、政治的經歷ヲ多ク積マナケレバナラナイト云フコトハ周知ノ事實デアル、(拍手起ル)然ルニ此關係者タル政治家ガ新タニ初メテ代議士トナラレテ、當選後間モナク一躍シテ黨ノ幹事トナラレタト云フコトハ、如何ニ俊敏ノ方デアルト云フコトヲ想像シテ餘リアルノデアル(拍手起ル)俊敏ハ惡シキ方面ニ用井レバ、辛辣トナルノデアル(拍手起ル)是ガ塔連炭礦ニ關スル人ノ批評デアル、觀測デアル、第二ニ滿洲丸取引ニ於テ、八千五百噸ノ船ヲ程好ク賣付シタル神戶ノ紳商內田君ノ經歷ヲ調ベテ見マスルト、氏ハ從來各政黨モ關係ヲ有タル、極デアリマスガ、私ハ何等面識ヲ有チマセヌ、只ダ私ノ記憶ニアルノハ、一昨年東海道ノ汽車ガ岐阜縣ニ於テ轉覆ヲ致シタ時ニ、內田君ガ乘込マレテ居ラレテ、谷間ニ落込マレタト云フコトガアル、其時內田君曰ク、俺ハ神戶ノ內田ナリ、金ハ幾ラデモヤルカラ、命ヲ助ケテ吳レト言ウテ叫バレタト云フコトガ新聞ニ載ッテ居タ、(拍手起ル)諸君、內田君ハ生命ヲ金デ買得ルト信ズル所ノ金權萬能ノ論者デアリマス、絕對物質論者デアリマス、斯ル頭腦ヲ有スル所ノ人柄ハ、生命スラ金デ買得ルト信ズルノデアリマスカラシテ、何物ヲ金デ買ハント欲シタルヤモ測ラレヌノデアリマス、(拍手起ル)何物ヲ金デ賣ラント欲シタルヤモ測ラレヌノデアリマス(「ソコデ珍品」ト呼フ者アリ)更ニ第三ノ電化工業會社ノ關係者ハ、社長ガ確カ馬越恭平君デアラレルヤウニ記憶ヲ致ス、同君ハ御承知ノ實業界ノ巨星デアリマシテ、昨年ノ衆議院議員臨時總選擧ニ於キマシテ、岡山縣ニ於ケル某政黨ノ本據ヲ覆スベシトノ重大使命ヲ以テ、某黨ノ有力ナル候補者トシテ馳驅セラレタル所ノ實業兼政治家デアル、斯ル立場ト態度ヲ執ラル、同君ガ、實業界政治界ノ表裏ニ涉ッテ、種々奇怪ナル複雜ナル行動ヲ執ラル、コトアルベシト、想像シ得ル餘地ガアルト私ハ存ズルノデアリマス、(拍手起ル)斯樣ナル次第デアリマシテ、本件ハ内部ノ關係ヨリ取引外部ノ關係ヨリ疑ヘバ疑フ程、其間ニ非違ノ想像ヲ付ケ得ル餘裕ハ、十分アラウト存ズルノデアリマス、(拍手起ル)故ニ吾々ハ茲ニ本件決議案ニ明記セラレタル如ク「南滿洲鐵道會社内部ノ紊亂ニ對シ政府ハ監督ノ任ヲ怠リ倍々其ノ情弊ヲ助長シ綱紀ノ頹廢其ノ極ニ達セリ政府ハ宜シク之ガ責ニ任ズベシ」ト云フ決議案ヲ已ムヲ得ズシテ提出ヲ致シタ次第デ、本員特ニ此理由モ之ニ外ナラヌ次第デアリマス、(拍手起ル)茲ニ終リニ於テ私ハ一言述ベテ演壇ヲ降リタイト思フノデアリマス、本件ハ決議案ノ末文ニ示スガ如ク、又政治上ノ監督責任ニ於キマシテ、啻ニ滿鐵當事者ノミナラズ、政治關係上、官制ノ關係上、監督ノ責任上、政府ニモ責任アリト存ズル者デアリマス、(拍手起ル)此點ニ就テ過日貴族院豫算分科會ニ於テ、仲小路君ガ第一次監督ノ責任者タル關東廳長官、若クハ拓殖局長官ニ對シテ、滿洲ニハ阿片問題ト云ヒ、南滿問題ト云ヒ、種々ナ醜怪ナル所ノ事柄ガ簇出スルガ、之ニ對シテ監督官廳タル諸公ノ見ル所如何ト云フ仲小路君ノ質問ニ對シテ、兩長官トモ、痛心ノ至リニ堪ヘズト云フ意味ヲ漏ラサレタヤウニ記憶ヲ致シテ居ル、(拍手起ル)果シテ然ラバ本件ノ決議案ノ内容ノ如ク、憂ヘル者啻ニ本員等ノミナラズ、政府當局ノ監督者モ、間接ニ此建議案ニ贊成ヲ致シテ居ラル、モ同樣デアル、(拍手起ル)斯樣ナ譯デアリマスカラ、事ハ一會社ノ内事ノ如クデアリマスガ、本件ハ政治ニ關スル綱紀ノ維持ノ上ニ於キマシテ、政府信用ノ上ニ於キマシテ、政府ハ十分ナル責任ヲ執ラルベキモノト私ハ信ズルノデアル、現政府ハ衆議院ニ……

○議長(奧繁三郎君) 一寸濱田君御待ヲ――議場デハ參考書ノ外、新聞等ノ配付ハ許シマセヌ

〔「議長公平」ト呼フ者アリ〕

○濱田國松君(續) 私ハ茲ニ一言ヲ殘シテ壇ヲ降ル積リデアリマスガ、現政府ハ衆議院ニ絶對過半數ヲ有セラレルノミナラズ、貴族院ニ於テモ――貴族院ニ於テモ其一部ノ人々ガ、口デハ貴族院ト云フモノハ政黨政派ノ外ニ超越ヲ致シテ、政治紛糾アル場合ニ於テハ、政府ト國民ノ間ニ調定ヲ致スベキ、責任ヲ持ツテ居ルモノデアルト上院ノ一部ノ諸公ハ申サレナガラ、其行ニ於テハ我黨ハ黨議ニ絶對除外例ヲ許サズ、不服アル者ハ脫會セヨト云フ如キ、下院ノ政黨以上ノ拘束ヲ以テ政局ヲ左右セントスル、上院ニ起レル特殊ノ政情ヲ現政府ハ御利用ニナリマシテ、下院ニ於テモ上院ニ於テモ我事爲スニ足ル、我ハ天下ト共ニ春風ニ坐セリト思ハレテ居ルノガ、現内閣諸公ノ御意嚮デアルト私ハ思フ、併ナガラ天下ハ春風デモナケレバ、春水デモナイ、左樣ニ安靜ナルモノデハナイ、何故カナレバ國民ノ一部ハ中シテ居リマス、國民ノ一部ハ確ニ中シテ居ル、廟堂ノ上人ヲ殺スモ臣節全キモノアリ、言ヲ食ムモ風紀ヲ維持シ得ベシト爲ス者アリ、橫暴專恣眼中人ナキガ如シ、(「ヒヤ〳〵」、拍手起ル)平民ニ非ラザル者ハ國民ニ非ザルカト申シテ居リマス、(拍手)今ヤ貴族院ニ於キマシテハ、文相問責ヲ以テ一ノ谷ノ戰ハ終リマシタ、平氏ノ船ハ今屋島ニ在リマス、(「其通リ」「ヒヤ〳〵」ト呼フ者アリ)船首高ク揭グル所ノ紅ノ扇ヲ射ント欲スル者ハ、在野少數ノ吾々ノミデハナイノデアリマシテ、多數ノ國民ハ盛ニ舷ヲ敲イテ吾々ト呼應致シテ居リマス、(拍手)政黨内閣ノ行クベキ所ハ壇ノ浦デハアリマセヌ、執ルベキ責任ハ快ク執リ、退クベキ時ニ潔ク退イテ、政黨内閣ノ功完キモノト存ジマス、機ヲ知ル夫レ神カ、殷鑑ハ近ク山本内閣ノ末路デアル、(「ヒヤ〳〵」)(拍手起ル)現内閣諸公ノ猛省ヲ希望シテ此壇ヲ降リマス

○議長(奧繁三郎君) 中西六三郎君

〔中西六三郎君登壇、拍手〕

○中西六三郎君 先程ヨリ本案ヲ御提出ニナリマシタル理由、並ニ御贊成ノ理由ヲ精細ニ拜聽致シマシタ、幾多ノ事項ニ涉ッテ御說明ガアリマシタガ、要スルニ其述ベラレマシタル事項ノ總テハ、吾々ノ手ニ於テ豫テ閱覽致シテ居リマス、山田潤二氏ノ辭職理由書ノ中ニアルモノ、外ニハ、何物モ加ハラナカッタノデアリマス、(「ノウ〳〵」、「拍手」起ル)諸君ハ定メテ此山田氏ノ辭職理由書ヲ詳シク御覽ニナリマシタラウガ、私ハ再三丁寧ニ此書面ヲ熟讀致シマシテ、正ニ或ル強キ印象ヲ與ヘラレテ居リマス、此書面ハ只ダ何等價値ナキ文書ナリトシテ斥ケ去ルベキモノデハナイト私ハ考ヘテ居ル、(「勿論」ト呼フ者アリ)如何ニモ此會社ノ内部ニ於テ親シク事務ニ當テ居ッタ人ガ、假令其何ノ事情デアラウトモ、是程ノ力ヲ極メテ調ベタル事柄ヲ公ニ致シテ居ルノデアルカラ、吾々ハ之ニ對シテ、相當ノ注意ヲ以テ吟味致サナケレバナリマセヌ、隨テ此提案ガ滿鐵ノ内部ニ於テ篤ト吟味スベキ紛擾ガアルノデアラウト云フ疑ノ下ニ政府ヲシテ監督ノ實ヲ擧グベク鞭撻スル意味ニ止マッテ居レバ、吾々ハ相當ノ敬意ヲ拂ハナケレバナラヌノデアル、然レドモ此案ハ直チニ此理由ノ下ニ於テ、責任ヲ政府ニ嫁スル彈劾案トナッテ居ルガ爲メニ、吾々ハ茲ニ反對理由ヲ申述ベナケレバナラヌ、(拍手)如何ニモ此ノ書面ハ吾々ヲシテ一應ノ疑ヲ起サセル、卽チ調査ヲ爲スベキ基礎事情トシテノ價値ハアルガ、直チニ之ヲ以テ或ル事實ヲ確定スル所ノ唯一ノ證據ニ致スト云フコトハ、是ハ甚ダ早計ノ事デアリマス(「ヒヤ〳〵」、拍手)私ハ此問題ニ對シテ、幾多ノ攻擊非難ガ加ヘラレテ居リマスモノヲ精細ニ分析致シマスト云フト、直接ノ理由トシテ見ルベキモノト、間接ノ事情トシテ見ルベキモノトガアル、卽チ直接ノ理由トシテ見ルベキモノハ、此賣買ハ不必要デアッタ、假リニ賣買ノ要アリトスルモ、代價ガ不相當ニ高カッタト云フ如キ、是等ハ總テ直接ノ理由デアル、是等ノ直接ノ理由ニ對シテハ、賣買ノ對手方ヨリ相當ノ辯明書ガ出テ居リマスガ、是ハ彈劾者カラ言ヘバ一向ニ價値ガ無イト言ハレルガ、(「其通リ」ト呼フ者アリ)吾々ハ此問題ニ向ッテ初メテ觸レタ者ニ於テハ、此直接理由ハ彈劾スル人ノ言フコトモ一應耳ヲ傾ケルト共ニ又當路者ノ辯解ニ向ッテモ、相當ノ審議ヲ盡サナケレバナラヌノデアリマス、然ルニ彈劾者ノ諸君ニ於テモ、或ハ世間ニ於テモ、此問題ニ向ッテ或程度マデ惡シキ印象ヲ殘シテ居ルカト思フノハ、寧ロ多クハ此間接ノ理由ニ基ツイテ居ルノデアル、(「ノウ〳〵」)私ガ此辭職理由ヲ讀ンデ見テモ、卽チ間接ノ理由、其當時ニ於ケル周圍ノ事情、或ハ其他此書面ノ中ニ在ル所ノ或種ノ人ノ談話等、是等ガ少クトモ人ニ強キ刺戟ヲ與ヘル事柄デアリマス、是ニ於テ私ハ是等ノ間接ノ事情ハ、吾々ハ如何ナル程度マデ之ヲ信用スベキモノデアルカト云フ事ニ向ッテ、最モ責任ノアル吟味ヲ盡サナケレバナラヌノデアリマス、私ハ試ニ他ノ一切ノ事情若クハ調査ヲ斥ケマシテ、只ダ單ニ此文書其物ノミニ就テノ批評ヲ試ミテ見タイト思フ、此文書ニ依ルト云フト、先程鵜澤君ガ言ハレマシタ如ク、滿鐵ノ内部ニ於テ、職員ノ間ニ甚ダ不和ノ狀態ガアルノミナラズ、是ガ系統的ニ、極メテ深キ根ザシノアルト云フ事ガ窺ハレルノデアリマス、現ニ此冒頭ニ於テ斯ノ如キ事ガ書カレテ居リマス「副總裁中村是公氏其後ヲ繼キ明敏果斷社運ハ益々隆々トシテ進ミタリ」卽チ中村副總裁ノ時ニ、非常ニ社ノ狀態ガ好カッタト云フコトヲ謳歌致シテ居ルガ、是ハ恐クハ此山田ト云フ人一人デハナク、社内ニ於テ相當ニ此時代ヲ謳歌スル人ガアラネバナラヌト想像サレルガ、更ニ現在ヲ批評シテ斯ノ如ク言ハレテ居ル、中西氏ノ事ヲ論ジ來ッテ「氏ハ自己ノ勢力ヲ扶植センガ爲メニ忠實ナル社員ヲ斥ケ自己ノ腹心ヲ以テ之ニ代ユルコト屢々ナリ」(「其通リ」ト呼フ者アリ)其易地ノ遠ニシテ與同異伐ノ甚シキ社員ノ目ヲ聳テ、不安ヲ感ゼザル者ナシ」ト云ウテ居ル、(「其通リ」ト呼フ者アリ)諸君ハ其通リト言ハレル、卽チ此社内ニ於テハ、現在ノ最高幹部ノ組織ニ向ッテ絶對ノ反對ヲ致シ、既往ノ幹部ニ向ッテ、深キ憧憬ヲ繋イデ居ル人ガ大分アルト云フコトガ窺ハレル、果シテ然リト致シマスレバ、而モ其系統的軋轢ガ、甚ダ惡シキ狀態ニ進ンデ參ッタト云フ場合ニ當リマシテハ、所謂社員ノ或系統ハ、屢々最高幹部ノ行動ニ向ッテ抵抗ヲ致シ、反對ヲ致スト云フ事ガアリ得ルト相像シナケレバナラヌ、本件ノ場合ニ於キマシテ、長々ト問題ノ成行ガ書カレテ居ル、其成行ノ總テガ我々ノ眼ニ映ル所ニ於テハ、洵ニ系統的反抗ノ狀態トシテ見ヘルノデアリマス、(拍手起ル)斯ル場合ニ在リマシテハ、最高幹部ニ於テ自ラ信ズル所ノ社ノ業務ヲ執行スル場合ニ當ッテハ、時トシテ從來ノ因襲的手續、或ハ其他社内ノ平生無事ノ時ニ當ッテノ手順ヲ履マズシテ、特ニ其所信ノ下ニ斷行的手段ヲ執ッタト云フコトモ、亦稀ニハ有リ得ルコト、思ハネバナラヌノデアリマス、(「ソレガ怪シイノデアル」ト呼フ者アリ、拍手起ル)斯ノ如キ意味ニ於テ私ハ更ニ穿鑿ノ步ヲ進メテ見マスト、洵ニ此文書ハ我々ガ其全部ニ向ッテ、輙スク信用ノ出來ナイト云フコトヲ容易ニ見出スコトガ出來マス、私ハ其内最モ著シキ注意ヲスベキ二三ノ事項ヲ指摘シテ見タイト思フ、塔連炭礦ノ價ヲ論ズルニ當ッテ、如何ニモ此買收價格ガ高イ、嘗テハ此山ハ二万圓デ賣ラウトシテモ、會社ガ斷ッタコトサヘモアル程ノ粗末ナ山デアルノニ、是ガ二百有餘万圓ト云フ價ガ何故スルカト云フ、斯樣ナル攻擊ガ果シテ眞面目ニ加ヘラレタルモノデアルナラバ、我々ハ直チニ反問セント欲スルノデアル、嘗テ二万圓ノ價デ拒絶シタルモノニ向ッテ、何ガ故ニ朝鮮銀行カラ六十五

万圓デ借人レルモノニ褒害ヲ致シタカ、確ニ朝鮮銀行カラ六十五万圓借リルモノニ向ッテ褒害シタル當時ニ於テハ、少ナクトモソレダケノ價値以上ノモノデアルト云フコトヲ、認メタモノニ相違ナイ（「馬鹿ヲ言ヘ」ト呼フ者アリ、拍手起ル）明カニ此文書ノ中ニ其事ガ書カレテアル、ソレダケノモノデアルナラバ、二万圓ノ價デ買收スルコトヲ避ケタル程ノモノデアルガ、又必要ニ迫レバ此會社ノ爲メニ六十五万圓ノ裏書ヲシテ、次第ニ依ッタナラバ、會社自ラガ之ヲ引受ケテモ宜イト云フ覺悟ヲ以テ進ンダルコトサヘモアル、斯ルモノデアルガ故ニ、愈々會社ノ事情ノ進展スル場合、若クハ是ガ變化ノアル場合ニ當リマシテ、會社ノ整理ノ上ニ於テ、寧ロ買收スルコトノ必要ヲ認メタル場合ニ當ッテ、只ダ既往ノ事情ニ於テノ……

（此時發言スル者多シ）

○議長（奥繁三郎君） 春日君ニ注意シマス

○中西六三郎君（續） 價ヲ量定スベキ筈ハナイノデアリマス、但シ吾々ハ今度ニ買收シタル價ガ果シテ相當デアリシカ、又ハ攻撃スル人ノ唱ヘル價ガ相當デアルカト云フコトニ就テ、吾々ハ直チニ其是非ヲ判斷スル材料ハ、只ダ是ノミヲ以テハ不足ヲ感ズルノデアリマス（拍手起ル）諸君ハ何物ニ依ッテ、又如何ナル程度ノ調ニ依ッテ、此價格ガ不當ニ高イ、此書面ニ書スル所ノ評價ガ相當デアルト云フコトヲ斷定サレマシタカ、若シ此書面ニ論ジテ居ルダケノ程度ニ於テ、直チニ諸君ガ共鳴サレタモノデアルナラバ、諸君ハ此代價ヲ判斷スルコトニ向ッテ、餘リニ不用意デアルコトヲ悲マナケレバナラヌノデアリマス（拍手起ル）更ニ又私ハ此代價ニ對シテ、諸君ノ批評ガ當ラナイコトノ一例ヲ擧ゲテ見タイト思フ、此書面ニ於テハ斯樣ナ事ガ書カレテ居リマス、（「其書面ハ信用出來ヌト言ッタデハナイカ」ト呼フ者アリ）此炭礦ノ價値ハ炭界好況ノ頂上ニ在リシ大正七年九月、滿鐵保證ノ下ニ鮮銀ヨリ借入レシ、第一回借入金六十五万圓ヲ相當トスルニ拘ラズ、之ヲ百二十五万圓ナゾト評價シテ居ルト攻撃シテ居ル、卽チ山田ノ此書面ニ於テ、彼ノ意見トシテ現ハレテ居ル所ノモノハ、六十五万圓ガ此山ノ相當ノ價デアルト云フコトヲ認メテ居ル、（「其通リ」ト呼フ者アリ）若シ山田ノ此六十五万圓ガ此山ノ相當ノ價デアルト云フコトガ、極メテ信用スベキモノデアルナラバ、其後ニ於テ朝鮮銀行ガ、更ニ十八万圓ノ貸增ヲ致シテ居ルノハ、ドウ云フモノデアル、然ルニ更ニ其後ニ於テ、朝鮮銀行ハ滿鐵ノ裏書ヲ用井ズシテ十八万圓ノ貸增ヲシテ居ル、銀行ガ滿鐵ノ裏書ヲ以テ……

（此時發言者多シ）

○議長（奥繁三郎君） 靜ニ……

○中西六三郎君（續） 貸ス場合ニ於テハ、或ハ其物ノ價一杯マデハ貸スコトガアリマセウガ、滿鐵ノ裏書ナク、會社單獨ノ信用ニ於テ、八十万圓マデ貸シテ居ルトシマスレバ、少クトモ其當時ニ於テ朝鮮銀行ハ、物ノ價ヲ八十万圓ヨリモ遙ニ多ク見積ッタモノデアルト謂ハナケレバナラヌ、（拍手）又吾々ガ平常ノ一般ノ事情ノ下カラ考ヘテ見マスレバ、大正六年ノ四月ニ、飯田義一ヨリ此會社ガ山ヲ引受ケマシテ、五十五万圓ノ資本ヲ投ジテ段々營業ヲ進メテ行ッタト云フ、此大正六年頃、卽チ段々戰爭ノ景氣ノ最中ニ於キマシテ、吾々ガ知ル所ノ數多ノ實見ニ於テ、曾テ或程度ノ資本ヲ投ジタル鑛山ガ、事業ノ必要ニ於テ、驚クベキ價ヲ以テ轉賣サレタモノ、數多クアルコトヲ知ッテ居リマス、卽チ此山ガ曾テ大正六年ニ引受ケテ六十五万圓ノ實際ニ投資ヲ爲シ、ソレカラ後チ時代ニ應ジテ段々經理ヲ進メテ參リマシタルモノヲ滿鐵ガ自ラ經營スルコトノ必要ヲ認メテ、之ヲ買收スル場合ニ當リマシテハ、マダ其當時ニ於テ持主ノ足許ヲ見テ、叩クダケ叩カナケレバナラヌト云フ如キ、左樣ナル最モ低キ程度ニ在ル商人ノ掛引ヲシナケレバナラヌトハ、吾々ハ信ズルコトガ出來ナイ、（拍手）吾々ハ……

（此時發言者多シ）

○議長（奥繁三郎君） 三木君ニ、春日君ニ、佐々木千秀君ニ注意致シマス

（「批評ハ自由デアルコトヲ貴方ハ知ッテ居リマスカ」ト呼フ者アリ）

○議長（奥繁三郎君） 三木君ノ發言ヲ禁止シマス

（「議長横暴」ト呼フ者アリ）

○中西六三郎君（續） 更ニ此山田ノ書面ノ中ニ、（「議長何デス」ト呼フ者アリ）如何ニ會社ノ内部ノ情實ガ現ハレテ居ルカト云フコトヲ、一言致シテ置ク……

（此時發言スル者アリ）

○議長（奥繁三郎君）、佐々木君、發言ヲ禁止シマス

（「私ハ確ニ受ケマシタ」ト呼フ者アリ）

○中西六三郎君（續） 此塔連炭礦ノ買收ニ於テハ、正ニ會社ノ興業部長タル川上理事ハ調印ヲ致シテ居ッタノデアル、此川上理事ガ調印致シテ居リマシタル以上ニ於テハ、所謂現在ノ最高幹部派ヲ攻撃スルニ於テ甚ダ差支ガアルト見エマシテ、此川上理事ノ調印アルコトニ向ッテ、山田氏ハ斯ノ如ク言ウテ居ル……

（「其書類ハ信用シナイト言ッタヂヤナイカ」「何ダ懲罰獸レ」ト呼フ者アリ）

○武藤金吉君　只今議題ニ供セラレマシタ第二號大正十年度歳入歳出總豫算追加、特第二號大正十年度各特別會計歳入歳出豫算、追第三號豫算外國庫ノ負擔トナルヘキ契約ニ關スル件、此三案ヲ豫算委員會ニ於キマシテハ、本日午前ヨリ午後ニ引續キマシテ審査ヲ致シマシタ、其結果ヲ爰ニ御報告申上ゲマス、第二號大正十年度歳入歳出總豫算追加案ノ歳入經常部ニ於キマシテハ、印紙收入ノ増加二十三万六千二百七十五圓、又歳入ノ臨時部ニ於キマシテハ、前年度ノ剩餘金繰入ノ増加千七百六十四万四千七百三十圓ヲ計上サレマシタ、歳出ニ於キマシテハ經常部臨時部各省ニ渉リマシテ、其主ナルモノハ特許法其他ノ改正ニ伴フ經費、又講和條約實施委員派遣費、國際勞働會議ノ參列費、國際聯盟事務局費分擔金、茨城縣外九縣災害土木費、臨時教育行政調査會諸費、是等ガ此主ナルモノデアリマス、特第二號ノ各特別會計ノ歳入歳出ノ部ニ於キマシテハ、大藏省所管ノ醫務局國債整理基金賠償金、朝鮮總督府、臺灣總督府、關東廳、樺太廳、是等ノ各歳入歳出額ヲ計上サレタモノデアリマス、詳細ナル數字ハ省略ヲ致シマス、又豫算外國庫ノ負擔トナルベキ契約ニ關スルモノハ、此第二號ノ大正十年度歳入歳出總豫算案ノ中ニ、此文部省ノ部分ニ掲載サレテ居リマスカラ是モ説明ヲ省キマス、委員會ニ於ケル質問應答ハ、高橋大藏大臣ノ説明ヲ聽キマシテ、之ニ對シテ憲政會ノ濱口君、國民黨ノ大口君カラ發セラレマシタ質問ハ、此追加豫算ハ第四回目ニナッテ居ッテ、サウシテ其金額モ多額ニ上ッテ居ッテ、之ガ爲メニ大正十一年度ノ豫算ニ支障ハ無イカ、又是等ノ數字ヲ以テ示スコトガ出來ルナラバ、數字ヲ以テ答辯ヲ望ムト云フコトデアリマシタ、政府ハ將來ノ豫算ニ對シテ、數字ヲ以テ答ヲスルト云フコトハ避ケタイ、又大正十一年度ノ財政ガ行詰マルト云フコトデアラウガ、政府ハ決シテ行詰マルト思ウテ居ラヌ、斯ウ云フ應答ノ要旨デアリマス、其外問題ニナリマシタノハ、臨時教育行政調査會デアリマシタガ、是ハ既ニ本議場ニ於キマシテモ建議案ガ出テ居リマス、其建議案當時ノ質問應答ト異ル事ハアリマセヌカラ省略ヲ致シマス、討論ニ移リマシテ、憲政會ヲ代表シテ樋口君ヨリ修正ノ動議ガ出マシタ、其修正ノ要旨ハ、歳出臨時部ニ於テ、大藏省所管ニ屬スル第三款ノ第十項ノ臨時教育行政調査會諸費、金三万九千五百三圓ヲ、全部削除スルト云フコトデアリマシタ、其理由ハ本會ニ於テ述ベルト云フコトデアリマシタ、又國民黨ノ小橋君ハ、此追加豫算ノ三案ニ對シテ全然贊成ヲスルガ、臨時財政經濟調査會ヲ根本的ニ調査ヲ進メテ、財政税制ノ根本整理ヲ行フコトヲ希望スルト云フ、熱心ナル希望條件ヲ添ヘラレマシタ、又臨時教育行政調査會ニ對シテハ、政府ノ提案ハ、此程ノ建議案トハ其趣旨モ異ナル點ガアルヤウデアルカラ、此意味ニ於キマシテ贊成ヲスルト云フコトデアリマシタ、又政友會ヲ代表シテ長田君ハ、此三案ハ全然政府案ニ同意スル、庚申倶樂部ノ井内君カラモ右同樣贊成ヲサレマシテ、採決ノ結果樋口君ノ修正案ハ少數ヲ以テ否決サレマシタ、原案ハ大多數ヲ以テ可決サレマシタ、此段御報告ニ及ヒマス(拍手起ル)

第五　鴨緑江岸道路修築ニ關スル建議案

（高見之通君外五名提出）

鴨緑江岸道路修築ニ關スル建議案

鴨緑江岸道路修築ニ關スル建議

政府ハ速ニ鴨緑江岸道路修築ノ案ヲ立テ之ヲ議會ニ提出スヘシ

右建議ス

○高見之通君　當席ヨリ申述ベマス、此現在ノ朝鮮政治ノ上ニ於テ、治安ノ上ヨリ、事業ノ上ヨリ、軍事ノ上ヨリ、値段ガ廉クテ最モ效能ノアルモノヲ撰ンデ此案ヲ提出シタ所以デアリマス、吾々モ實ハ尊重スル政策ノ權威ヲ示シテ、漸次種々ノ建議案ヲ提出シタイト云フ其一端ニ過ギヌノデアリマス、之ガ如何ニ必要デアルカト云フコトハ、委員會ノ速記錄ヲ御覽ニナランコトヲ望ミマス、ソレヲ以テ其責ヲ塞ギタイト思ヒマス、是丈デアリマス（拍手起ル）

○岩崎勳君　本案ハ議長指名ヲ以テ、九名ノ委員ニ付託セラレンコトヲ望ミマス

〔「贊成々々」ト呼フ者アリ〕

○副議長（粕谷義三君）　岩崎君ノ動議ニ御異議ナイヤウデアリマスカラ、本案ハ委員付託ニ決シマシタ、日程第六、京都監獄移轉ニ關スル建議案ヲ議題ト致シマス、竹上藤次郎君

第十三　金融機關整備ニ關スル建議案（河上哲太郎君外十一名提出）

金融機關整備ニ關スル建議案

金融機關整備ニ關スル建議

政府ハ日本銀行竝各特殊銀行ノ制度ヲ改正シテ統一運用ノ實ヲ擧ケシメ以テ財界經濟ノ發展ニ順應シタル金融機關タラシムルヲ期スヘシ

右建議ス

〔金光庸夫君登壇〕

○金光庸夫君　私ハ提出者ノ一人ト致シマシテ、提案ノ理由ヲ簡單ニ説明致シマス、本案ハ日本銀行、正金銀行、臺灣銀行、朝鮮銀行、勸業銀行、興業銀行、或ハ北海道拓殖銀行ノ如キ、政府ノ保護ヲ受クル特殊銀行ニ對スル制度ヲ改善致シマシテ、サウシテ、統一運用ノ實ヲ擧ゲタイ、サウシテ財界ノ進運ニ順應スルヤウナ金融機關ニサセタイト云フコトガ、本案提出ノ大體ノ理由デアリマス、詳細ノ事ハ委員會ニ於テ説明シタイト存ジマスガ、概略ノ事ヲ少シク申上ゲテ置キタイト存ジマス、ソレハ此特殊銀行ナルモノハ、平時ニ於テ特殊ノ目的ニ向ッテ、各々其任務ガアルコトハ當然デアリマスガ、之ヲ非常ノ場合、財界變調ノ場合ニ、相當活躍サセタイト常ニ考ヘテ居ルノデアリマス、然ルニ先般ノ財界ノ變調ニ際シテハ、此特殊銀行ノ活躍ナルモノガ聊カ遺憾ニ存ジラレタノデアリマス、今此制度ノ改善ヲシタイト云フ要點ノ二三ヲ申上ゲマスレバ、日本銀行ノ兌換券ノ發行制限ノ如キニ於キマシテモ、是ハ我ガ經濟界ノ規模ノ餘程小サイ時代ニ制定サレタノデアリマスカラ、今日ニ於テハ之ヲ今少シク擴張スル必要ガアリハシナイカト存ズルノデアリマス、若シ之ヲ現在ノ規定ノ儘ニシテ制限額ヲ擴張スレバ、發行税ノ收入ガ減ルデハナイカト云フヤウナ感ジモ起ルデアリマセウガ、ソレハ制限額ノ範圍内ニ於テモ、或限度以上ハ發行税ヲ課スルト云フコトニシサヘスレバ其邊ノ調節ハ取レルノデアリマス、尚ホ其制限額ノ擴張ニ伴フ諸種ノ制度ノ改廢モ、必要デアルコトハ當然デアリマス、次ニハ此臺灣銀行、朝鮮銀行等ニ於テモ兌換券ヲ發行シテ居リマスガ、是ハ領臺當時或ハ朝鮮併合ノ當時ニ於テハ、已ムヲ得ナイ事デアッタカ知レマセヌガ、今日ノ如ク臺灣モ、朝鮮モ、所謂内地ノ延長ト云フコトニ見ラレルヤウニモナリマシテ、所謂六三問題ノ如キモ大體ノ原則ヲ變ヘルコトニナリマシタシ、又朝鮮ニ於キマシテモ關税法ノ改正統一ニ依リマシテ、唯ダ一時的ニ朝鮮ノ財政ニ必要ナル輸入税ヲ、一箇年デゴザイマシタカ前ノ臨時議會ニ於テ徴收スルコトニナリマシタ以外ノモノハ、總テ統一サレルコトニナリマシタカラ、此機會ニ於テ此臺灣銀行、朝鮮銀行ノ兌換券發行ノ如キハ之ヲ廢シテ、日本銀行ニ統一スルコトガ却テ利益デハナイカト考ヘラレルノデアリマス、餘リ深ク其點ハ研究致シテ居リマセヌガ、少クトモ調査研究ノ題材ニハナルダラウト存ジマス、又此經濟界ノ發達ヲ期スルニハ、海外貿易ヲ盛ンナラシメナケレバナラヌト云フコトハ當然デアリマスガ、其海外貿易ヲ盛ンナラシメントスレバ、此海外貿易ノ資金モ潤澤ニセネバナラヌト云フコトモ、當然デアラウト思ヒマス、然ルニ此昨年ノ財界ノ變調期ニ際シマシテ、正金銀行ハ頗ル活躍ヲシタヤウニ伺ッテ居リマスルガ、臺灣銀行朝鮮銀行ノ如キハ、一時輸出資金ノ貸出ヲ杜絶シタ、停止シタト云フヤウナコトモ聞イテ居ルノデアリマス、是ハ洵ニ遺憾ナ事デゴザイマス、普通銀行ニ於キマシテハ、財界ノ變調ノ場合ニ於テハ、或ハ羹ニ懲リテ膾ヲ吹クト云フ嫌モアリマセウケレドモ、特殊銀行ハ今少シ公益的ニ活躍ヲサセタイ、ソレニ就テハ、多少制度ノ改善ガ必要デハナイカト云フコトヲ考ヘテ居ルノデアリマス、ソレカラ興業銀行、勸業銀行ニ於キマシテモ、ドチラノ銀行モ工商財團ニ貸付ヲ致シテ居リマス、其間ノ取扱ニ頗ル區々ニ亙ッテ居ルヤウナ事ガアリハシナイカ、是等モ或ハ統一スルノ必要ハ無イカ、又ソレカラ其以外ニモ新シキ事柄デアッテ、勸業銀行興業銀行孰レカニ之ヲヤラセネバナラヌ、必要ガアリハセヌカト思フ點ガアルノデアリマス、大體左様ナ事デアリマスルガ、其以外ニ於テハ、或ハ日銀ノ見返擔保品ノ擴張、所謂擔保制度ヲ擴張スルコト、保護會社ノ株券以外ニモ擴張スルコト、或ハ制限ヲ致シテ居リマス、不動産ヲモ根抵當式ニ他ノ銀行カラ日本銀行ニ入レテ置イテ、サウシテ非常ノ場合、不景氣ノ場合等ニ於テ、之ヲ救濟スル方法モ一ツノ方法デハナイカ、或ハ此前ノ興業銀行ガ、一般ノ工業者ニ對シテ三千万圓ノ救濟ヲシタ、アヽ云フヤウナ方法ガ、モウ少シ田舍ノ小商工業者ヲ助ケルヤウナ制度方法ハナイモノカ、例ヘバ農工銀行ニ小サイ田舍ノ酒造家トカ、醬油業者ト云フヤウナ小サイ工業者ガ、不動産ヲ根抵當式ニ入レテ置キマシテ、サウシテ手形ヲ出ス、其手形ニ勸業銀行ナドノ保證ガアレバ、一般ノ普通銀行ニ於テ世人ノ必要ニ應ジテ金額ヲ調達スル爲メニ、普通銀行ニ貸出シ、サウシテ不動産ヲ恰モ動産化セシムルト云フヤウナ、方法ハ無イモノデアラウトカ云フ説モゴザイマスシ、其他或ハ武藤山治君ナドカラ、吾々及諸君ノ御手許ニ參ッテ居リマセウガ、日本銀行ノ條例ノ改正案ナドモ出テ居リマシテ、アヽ云フ種類ノモノハ世間ニ於テ澤山研究サレテ居ルト思ヒマスガ、其等ノ説ノ當否ハ姑ク別問題ト致シマシテ、少クトモ研究調査ノ題目ニハナルコト、存ジマスカラ、斯様ナ點ハ十分調査ヲ致シマシテ、相當ノ改善ヲシテ貰ヒタイ、サウシテ亞米利加ニ於テモ準備銀行ノ如ク、財界ノ變調ノ際ニ於テ大藏省ト協同一致シテ、此金融界ノ緩和調節ニ貢獻シタト、同ジヤウナ效果ヲ擧ゲシメタイト思フノデアリマス、詳細ノ事ハ委員會ニ讓リマシテ是デ降壇致シマス

○岩崎勳君　本案ハ岩本平藏君外九名提出ノ所得税法改正法律案外四件ノ委員ニ、併セテ付託セラレンコトヲ望ミマス

○議長（奥繁三郎君）　岩崎君ノ動議ニ御異議アリマセヌカ

〔「異議ナシ」「異議ナシ」ト呼フ者アリ〕

○議長（奥繁三郎君）　岩崎君ノ動議ニ御異議ナイト認メマス、仍テ動議ノ如ク決シマス、日程第十四、思想問題審議機關設置ニ關スル建議案ヲ議題ニ供シマス、星島二郎君

第二十　朝鮮ニ於ケル植林事業保護ニ關スル建議案（松山常次郎君外二名提出）

朝鮮ニ於ケル植林事業保護ニ關スル建議案

朝鮮ニ於ケル植林事業保護ニ關スル建議

荒廢セル朝鮮ノ山野ニ植林ヲ施スコトハ産業政策上及國土保存上極メテ重要ノ事ナリ然ルニ現狀ノ儘ニテハ經濟上收支相償ハサルカ故ニ其ノ發達進展極メテ遲々タリ

朝鮮ノ如キ開發ノ初期ニ屬スル地方ニ於テハ或程度迄保護政策ヲ講スルノ止ムヲ得サルモノアルヘシサレハ朝鮮總督府ハ其ノ産業ノ發達ヲ期スル爲鐵道ノ敷設灌漑開墾事業等ニ對シ補助ヲ與フルノ制度ヲ樹立シタリ然ルニ植林事業ノ如キ其ノ資金ノ回收ニ長年月ヲ要シ且利他的性質ヲ有スル經營ニ對シ保護ヲ缺クハ産業保護ノ均等ヲ維持スル所以ニ非ス故ニ政府ハ朝鮮ニ於ケル植林事業ニ對シ直ニ保護奬勵ノ制度ヲ樹立スルノ必要アリト認ム

右建議ス

（松山常次郎君登壇、拍手起ル）

○松山常次郎君　建議ノ趣旨ヲ簡單ニ說明致シマス、今日朝鮮ニ於テ諸種ノ事業ニ對シテ保護政策ガ行ハレテ居リマス、新開地ニ於テ或程度マデ保護政策ヲ行フト云フコトハ、蓋シ已ムヲ得ナイ事ト思ヒマス、私設鐵道ノ如キ、或ハ灌漑事業ノ如キ、開墾事業ノ如キモノニ對シテハ、ソレゾレ補助金ヲ支給セラレテ居ルノデアリマス、然ルニ此植林事業ニ對シテハ、未ダ補助金ヲ支給サレテ居ラナイノデアリマス、朝鮮併合ノ當初ニ於キマシテ、寺内總督ハ此植林事業ニ可ナリ熱心デアリマシタ、併シ其遣方ハ時ヽ滑稽ナ事モアルノデアリマシテ、總督府ノ應接ノ窓カラ見エル所ノ京城ノ周圍ノ山ヲ見テ、アレニ植林セヨ、之ニ砂防工事ヲ施セト云フコトヲ命令スルノデアリマス、サウシテ時ヽ山林課長ヲ呼ンデ、マダ山ガ青クナラヌヂヤナイカト云フコトヲ能ク話シタサウデアリマス、樹ヲ植エタカラト云フテ、サウ急ニ青クナルモノデハナイノデアリマシテ、當局者ガ之ガ爲メニ非常ニ困ッタト云フコトヲ聞イテ居リマス、サウ云フ遣方デアリマスガ故ニ、京城ノ周圍ノ目ノ屆ク限リノ山、或ハ鐵道沿線ノ山ハ相當ニ植林セラレテ居リマス、併ナガラ朝鮮一般ニ亙リマシテハ、未ダ植林事業ガ行渡ッテ居ラナイデアリマス、今日ノ儘デアリマシテハ、何時迄經ッテモ朝鮮ノ山ハ青クナル氣遣ハナイト思フノデアリマス、山ガ荒廢シテ居リマスル上ニ、又川ガアリマスノデ、雨ガ降レバ洪水ガ出ル、或ハ雨ガ少イ時ニハ旱魃ニナル、實際ニ於テ朝鮮ハ今日河邊荒無地ガ七万町歩以上アルノデアリマス、又水ガ足ラヌ爲メニ、植付時期ニ於テ植付ノ出來ナイ水田ガ三四十万町歩年々生ズル次第デアリマス、其外各種ノ文明的施設ガ、洪水カ旱魃ノ爲メニ多ク損害ヲ被ッテ居ル、朝鮮ノ國土ハ斯ノ如クシテ荒廢ニ陷ッテ居ルト云フヤウナ實狀デアリマス、此田地ノ荒レサンデ居ル所ノ災害ノ源ヲ剪除スル爲メニハ、植林事業ヲドウシテモ盛ンニシナケレバナラヌト考ヘマス、此目的ヲ達スル爲メニ、鐵道事業ニ於ケルガ如ク、或ハ灌漑事業ニ於ケルガ如ク、植林事業ニ對シテモ、補助金ヲ支出スル必要アリト考ヘルノデアリマス、諸君、朝鮮經營ノ基本的政策ニ觸レテ居ル所ノ此重要ナル問題ヲ解決スルガ爲メニ、愼重審議、此建議案ニ御贊成アランコトヲ願ヒマス（拍手）

○岩崎勳君　本案ハ高見之通君外五名提出、鴨綠江岸道路修築ニ關スル建議案ノ委員ニ、併セテ付託セラレンコトヲ希望致シマス

（「贊成々々」ト呼フ者アリ）

○議長（奥繁三郎君）　岩崎君ノ動議ニ御異議ナイト認メマス、仍テ動議ノ如ク決シマシタ――日程第二十一、大田飛原間鐵道敷設速成ニ關スル建議案ヲ議題ニ致シマス、平田民之助君

大正十年三月二十三日　議長ノ報告

軍紀振粛ニ關スル質問主意書

右成規ニ據リ提出候也

大正十年三月九日

提出者　田中　武雄
贊成者　小山　松壽
外三十八人

軍紀振粛ニ關スル質問主意書

三月八日東京日日新聞ハ左ノ記事ヲ掲載セリ

無意義ナル西伯利出征ノ副産物、金塊二百五十萬圓ノ行方「セ」軍ヲ操ッタ平佐大尉ノ辣腕、彼ハ長閥ナルガ故ニ陸軍當局ハ知ラヌ顔

我ガ西伯利派遣軍將校ノ中ニハ其行動頗ル怪シム可キモノアリ兎角ノ風評絶エ間無キ折カラ此處ニ驚ク可キ事實現ハレ若シ此ノ内容ガ公ニナレバ目下開會中ノ議會ノ大問題トナリ調査ノ如何ニ依ッテハ將官佐官級ニ責任者ガ續出シサウナノデ陸軍ノ要路ハ臭イ物ニ蓋主義ヲ採ッテ事件ヲ曖昧ノ裡ニ葬リ去ラントシテ井ル、抑本件ハ「セミヨノフ」軍ノ軍資タル數千萬圓ノ金塊ヲ狙ヒ是ヲ巧ニ獲得スルト云フ大仕掛ケノ手段ヲ運ラシ遂ニ二百五十萬圓ヲ引張リ出シテ西伯利ノ天地ニ活動寫眞的ノ惡事ヲ働イタモノデ其眞相ハ次ノ如クデアル

平佐大尉志願シテ浦鹽ニ行ク

目下三重郡久居第五十一聯隊第三中隊長タル陸軍步兵大尉平佐二郎ハ中尉時代ニ參謀本部附トナリ露語研究科ニ入ッタ人デソノ頃カラ巧ニ上長官ニ取入ッテ實地研究ノ名ノ下ニ歐露ニ派遣サレタガ間モ無ク歐洲戰亂勃發ノ爲メ黑木少佐(今ハ退役シテ鎌倉ニ在リ)等ト共ニ日本ニ引揚ゲテ來タ然ルニ其後氏ハ西伯利派遣軍ニ加ハル事ノ最モ有利ナルヲ思ヒイロイロ其運動ヲ試ミ遂ニ目的ヲ達シテ浦鹽特務機關附將校トシテ派遣サレタガ赴任スルト間モ無ク長閥ヲ辿ッテ軍ノ要路ニ接近シ種々面白カラヌ行動ガアルノデ太ク同僚ニ憎マレ爲ニ時ノ所屬隊長志岐中將ハ參謀本部ニ對シテ彼ノ召還方ヲ申請スルニ至ッタ

水モ洩ラサヌ大尉ノ辣腕

處ガ當時特務將校トシテ滿洲里ニ在ッタ黑木少佐ハ此ノ由ヲ聞イテ氣ノ毒ニ思ヒ志岐中將其他要路ニ對シ交渉ノ結果平佐大尉ヲ滿洲里特務機關附ニシタ處黑木少佐ハ間モ無ク流行感冒ニ罹リ肺炎ヲ併發シテ歸朝スルノ止ム無キニ至リ平佐大尉ハ「セ」軍聯絡將校トシテ居殘リ竊テ自己ノ地位ヲ利用シテ「セ」將軍ヨリ其大ナル軍資金ノ運用ヲ託セラレル迄トナッタ目的國ニ當ッタ大尉ハ北叟笑ミテ若々計略ヲ運ラシ先ツ第一著手トシテ軍事警察ヲ手中ニ丸メ込ムベク豫テ懇意ノ間柄デ且ツ同縣人タル哈爾賓ノ北滿憲兵隊長憲兵少佐藤村成助氏ヲ抱キ込ミ第二ニ軍司令部附ノ利ケ者ヲ物色シ是モ同鄕ノ誼アル某參謀少佐ヲ丸メ込ミ斯クテ急所急所ニ渡リヲ付ケ哈爾賓ニ於テ糧食並ニ軍事品ヲ請負フ東露公司ト結託スル迄ニ漕ギ付ケタ此ノ東露公司ナルモノハ彼ノ有名ナル大浦事件ノ元兇白川友一ノ經營ニ係リ其ノ配下ニハ松本世其他如何ハシキ人物アリ其筋ヨリモ夫レト無ク注意サレタ札附ノモノデアル

金塊三十萬圓滿洲里附近デ紛失

計略ハ若々進行シ平佐大尉ハ巧ニ「セ」將軍ヲ說キ糧食ノ買入並ニ日本出兵論ヲ鼓吹スル爲メノ宣傳及ビ運動費トシテ「チタ」合計院ヨリ金塊二百五十萬圓ヲ引出シ是ヲ「チタ」停車場ヨリ汽車ニ乘セ哈爾賓ニ輸送スル途中滿洲里附近ニ於テ約三十萬圓ニ値スル金塊ヲ紛失シタト稱シテ事ヲ有耶無耶ニ葬リ去ッタ殘リ二百二十萬圓ノ中約三十萬圓ハ軍ノ糧食トシテ麥粉ヲ買入レルト稱シ豫テ諜シ合セタ通リ前記白川友一ノ東露公司ヲ指定シテ納入セシムル事トナッタ

貨車失踪麥粉一萬圓ヲ積ンデ

然ルニ此ノ麥粉ハ容易ニ輸送シテ來ヌ爲メ不審ヲ抱キ取調ベタ處哈爾賓ヨリ輸送ノ途中貨車行方不明ノ爲メ東露公司ニ於テモ調査中ダト云フ極メテ珍妙ナ挨拶ヲ爲シ其後此ノ問題ニ就テハ何時モ「捜査中ダ」トノミ要領ヲ得ズ今日ニ至ルモ其儘トナッテ井ル

「セ」軍ノ手ニ落チタ金塊ニ目ヲ付ク

是ヨリ先キ東露公司ハ吉富久孝氏經營ノ日露商會ト共ニ貿易業トシテ相當重キヲ爲シ井上陸軍主計總監ノ世話デ「セ」將軍ノ軍需品ヲ納入スル事トナッタガ當時「ケレンスキー」留紙幣ノ通用禁止トナッタ爲メ兩商會ハ大ニ手違ヒヲ生ジ已ムナク一時日本ニ引揚ゲタカ斯ル中「コルチヤツク」政府倒レタ爲メ數千萬圓ノ金塊ガ「セ」軍ノ「チタ」政府ノ手ニ歸シタノデ平佐大尉ハ此處ニ目ヲ付ケ白川友一ヲ哈爾賓ニ呼ビ寄セ種々密議ヲ凝ラシタ後一旦潰レタ東露公司ノ整理ヲ名トシテ「チタ」出張所ヲ八幡組ニ賣渡シタ

益々冴ユル大尉ノ腕森林採伐……水田買收

蓋シ八幡組ナルモノハ白川友一ノ弟ナル岡島某ガ主トナッテ經營セルモノデ資金ハ平佐大尉ガ提供シ事業ハ「チタ」西南方ノ森林伐採ニ在リ其ノ利權ノ如キモ平佐大尉ノ手ニ依リ軍司令部某々將校等其ノ手先ニ使ハレテ苦モ無ク獲得シ平佐大尉ハ同時ニ「セ」軍將來ノ爲メト稱シ齊々哈爾附近ニ數萬「サアーゼン」ノ水田ヲ買收シタ是レ大尉ガ「チタ」合計院ヨリ金塊ヲ引出シ東露公司ノ手ヨリ麥粉ヲ買入レル迄ノ辛辣ナ遣リ口デアル

出兵論ヲ種ニ三十万圓ノ運動費哈爾賓新聞事件

而シテ大尉ハ日本出兵論鼓吹ノ運動費トシテ金塊三十万圓ヲ日本ニ持チ來ラシメ是ヲ白川等ノ手ニ依ッテ日貨ニ兩替シタガ該金ハ殘ラズ取扱者タル前記八幡組ノ店員ガ拐帶逃走シ行方不明ノ爲メ捜査中デアルト稱シ荏苒今日ニ至ッテ井ル次ニ哈爾賓新聞ノ買收デアルガ此買收ニ就テハ我ガ哈爾賓特務機關ト「セ」軍トノ間ニ種々政略上ノ關ヒアリ卽チ特務機關ハ政策ノ上ヨリ哈爾賓ニ機關新聞ノ必要ヲ感ジ石坂中將ハ意ヲ決シテ前記哈爾賓新聞買收ノ件ニ就テ詳ナル意見書ヲ參謀本部ニ提出シ其買收費數萬圓支出方ヲ申請シタ

金ノ相場ヲ狂ハス程「ハルビン」デ豪遊

然ルニ此計畫ハ端ナクモ軍司令部ノ前記某參謀少佐ガ平佐大尉ニ漏洩シタ爲メ平佐ハ先手ヲ打ツベク「チタ」ヨリ莫大ノ金塊ヲ持チ來リ哈爾賓新聞社長ニシテ五時半デ有名ナ代議士松本誠之氏ト會見協議ノ上五萬圓デ同新聞ヲ買收シ平佐大尉ハ多勢ノ乾兒ヲ引連レテ哈爾賓第一ノ旅館北滿ホテルニ陣取リ同地ノ藝妓多數ヲ揚ゲテ連日大景氣ヲツケ莫大ノ金塊ヲ湯水ノ如ク撒キ散ラシ遂ニ同地金塊ノ相場ヲ狂ハシムルニ至ッタ事態斯ノ如ク平佐大尉ノ爲メニ哈爾賓新聞買收ノ先手ヲ打タレタ特務機關ハ腹ガ立ッテ堪ラズ同機關ノ硬イ將校ハ石坂中將ニ肉薄シテ平佐大尉調査ノ件ヲ主張シ遂ニ其議容レラレテ北滿憲兵隊長藤村少佐ニ調査方ヲ依賴シタ處ガ藤村隊長ハ前記ノ通リ平佐大尉ノ爲メニ抱込マレテ居ルノデ突込ンダ調査ガ出來ズ遂ニ事ヲ「風評」トシテ好イ加減ナ報告ヲ爲シタ

大井大將ノ喫驚部下ニモ同類ガアル

一方此ノ由ヲ聞知シタ時ノ派遣軍司令官大井大將ハ大ニ心痛シテ特ニ司令部附將校ニ內命シテ調査セシメタ處驚クベシ自分ノ配下タル參謀少佐カ其一味タル事判明シ而モ軍ノ參謀ヨリハ平佐大尉ノ參謀タルノ觀ガアルノデ若此事實ヲ公ニスレバ事態容易ナラズト見テ取報告ヲ握リ潰シテ素知ラヌ顔ヲシテ居タ

軍隊思想爲ニ惡化遂ニ陸軍大臣ニ報告

何シロ事件ガ事件デアリ既ニ內部ニ在ル一部將校ニハ知レ渡リ、果テハ下士卒ニ至ルマデ薄々知ルヤウニナッタノデ平佐大尉一味ニ對スル非難漸ク高マリ派遣軍要部ノ責任ヲ云爲スル考サヘアリ殊ニ將校ハ藩閥ノ關係ヲ痛

感シ下士卒ノ中ニハ思想惡化ノ傾向サヘアルヲ以テ軍ノ要路ハ益憂慮スルニ至リ事件ハ愈重大トナツタノデ憲兵司令部モ默ツテ置ケズ種々手ヲ廻シテ取調タル結果田中陸軍大臣ニ詳細報告スル所アリ尚ホ參謀本部ヘモ同樣報告サレタ筈デアルガ先月下旬藤村憲兵隊長竝ニ其部下タル北滿憲兵分隊長牛島鼎氏ハ共ニ停職ヲ命ゼラレタニ過ギズ某參謀少佐ハ依然何ノ障リモ無ク西伯利ニ在リテ辣腕ヲ揮ヒ平佐大尉ハ右ノ如ク第五十一聯隊ノ中隊長トシテ幅ヲ利カシテ居ル

金儲ケニ奔走スル大尉前途ヲ見越シテ

大尉ハ最近資本金三十萬圓ヲ投ジテ浦鹽ニ「オルガン」商會ナルモノヲ設ケ陰ノ人トナツテ金儲ニ熱中シ又數日前三十萬圓ヲ携ヘテ朝鮮ニ赴キ公務ヲ其儘ニシテ土地買收ニ奔走中デアル、而シテ平佐大尉ハ前途ヲ見越シ「己モ軍人ヲヤメテ實業界ニ入ラウ」ナゾト公言シ其筋ヨリハ平佐大尉ノ實兄ナル大阪ノ辯護士平佐純俊氏ニ對シ種々調査シタノデ純俊氏ハ「彼レノ軍人タル事ハ父ノ遺言デアルカラ今更軍人ハヤメサセラレヌ」ト答ヘタ、此ノ如ウナ大惡事ヲ働イテ居ナガラ陸軍ノ要路ハ何故其儘ニシテ置クノカ、實ニ奇々怪々デアルガ這ハ陸軍ニ附キモノヽ長閥ガ絡ランデ公明ヲ掩ウテ井ルカラデアル

長閥軍人ヲ父トセル平佐

即チ平佐大尉ノ父ハ平佐是純氏ト云ヒ我ガ騎兵隊ニ大ナル功績アリ西南役當時ハ山縣公ノ副官トシテ出軍シ故寺內元帥、田中陸軍大臣 其他陸軍ノ頭目ト親交アリ氏ガ大佐時代ニ病ヲ得テ危篤トナルヤ枕頭ニ集マツタ今ノ陸軍ノ頭目ニ對シ二郎「(平佐大尉ノ事)ハ軍人トシテ名ヲ爲サシメ度イカラ何分宜敷賴ム」ト涙ヲ流シテ遺言シタノデ故寺內元帥田中陸相ヲ始メ陸軍ノ要路ハ平佐ヲ目ニカケ今回斯ル大ソレタコトヲシタニ拘ラズ何ウスル事モ出來ヌノデアル

口止メ料二萬圓ヲ鎌田中尉ニ

尚ホ平佐大尉哈爾賓デ豫備陸軍中尉鎌田正一ニ對シ口止メ料トシテ二萬圓ヲ贈リ又西伯利竝ニ內地新聞ノ操縱費トシテ三萬圓ヲ林原吉次郎ナルモノニ與ヘ林原ハ日本ニ歸リ帝國ホテルニ滯在シテ豪遊ヲ極メ警視廳ニ注意サレタ爲メ何レヘカ姿ヲ晦マシタ、白川友一ノ番頭松本世八是レ又莫大ノ金ヲ儲ケテ露國將校ノ未亡人ト結婚シ此ノ程日本觀光ニ來リ先月下旬相州鎌倉ナル海濱ホテルニ滯在シ豪遊ヲ極メテ井タカ一昨々日午前同中同ホテルノ支拂ヲ爲シ横濱ニ赴イテ同地ノ「オリエンタルホテル」ニ入リ晝食ヲ濟シテ哈爾賓ニ向ツタガ同人ノ日本觀光ニ就テハ其筋ヨリモ極メテ注意深イ眼デ睨マレテ井ル

無二ノ親交アル黑木少佐ハ曰ク

「セミヨーノフ」將軍蹶起以來將軍ト無二ノ親交アル黑木親慶少佐ハ宿痾猶癒エス目下鎌倉ニ靜養中デアル同少佐ハ語ル

平佐君ノコトニ就テハ多少聞キ込ンダコトモアリマスガ苟且ニモ死生ノ巷ヲ倶ニシタ間柄トシテハ僕ノ口カラ兎ヤ角言ヒタクアリマセン僕ハ平佐君ニ限ツテ左樣ナコトガナイト信ズルモノデス然シ萬一事實デアツタトシテモ決シテ平佐君ノ私心カラ出タモノダトハ考ヘタクナイノデス「セミヨーノフ」將軍ハ極メテ利慾ニ恬淡ナ人物デスカラ目的サヘ正シケレバ隨分費用ヲ惜シマナイ方ノ性デスガダラシナク金錢ヲ亂費スルヤウナ男デハアリマセン僕ハ「セミヨーノフ」將軍ノ名譽ノ爲ニモ切ニ平佐君ノ冤罪タランコトヲ祈ルモノデアリマス

果シテ右ノ如クナリトセハ我カ軍紀ハ爲ニ破壞セラルヘシ右事實ノ眞相及政府ノ所見如何

右及質問候也

大正十年三月二十二日

內閣總理大臣　原　敬

衆議院議長奥繁三郎殿

衆議院議員田中武雄君提出軍紀振肅ニ關スル質問ニ對シ別紙答辯書差進候

(別紙)

衆議院議員田中武雄君提出軍紀振肅ニ關スル質問ニ對スル答辯書

一　金塊二百五十萬圓輸送ノ件

金塊二百五十萬圓輸送ニ關スル東京日々新聞ノ記事ハ全然事實ト相違ス但平佐大尉カ此輸送ニ若干ノ關係ヲ有スルコトハ事實ニシテ其情況左ノ如シ

大正九年五月上旬平佐大尉カ知多特務機關附トシテ服務中「セメノフ」ハ金塊五十六箱(價格約二百五十萬圓)ヲ哈爾賓方面ニ輸送セントシ既ニ發送ノ準備ヲ終ヘルモ目下「セ」軍ノ力ヲ以テシテハ安全ニ之ヲ輸送スルヲ得ス且日本軍憲ヨリモ其輸送ニ關シ便宜ヲ與ヘラレサルノ理由ヲ以テ個人タル平佐大尉ニ其輸送方法ニ關シ助言ヲ求メタリ因テ平佐大尉ハ確實ナル日本人ヲ選ヒ之ニ輸送セシムル外方法ナキ旨助言セリ此結果「セ」軍行政補助官「タスキン」ト日本貿易商山內基信トノ間ニ本輸送ニ關スル契約ノ成立ヲ見ルニ至レルモノナリ而シテ爾後ニ於ケル輸送ノ方法金塊及代金ノ授受等ニ關シテハ平佐大尉ハ全然關係ナシ從テ金塊三十萬圓紛失ノコトモ平佐大尉トハ何等ノ關係ナキモ輸送途中多クモ三四萬圓ノ金塊カ滿洲里方面ニ於テ山內基信ノ使用人坂上某ニ騙取セラレタル事實ニシテ坂上某ハ大正九年七月哈爾賓警察署ノ手ニ逮捕セラレ旅順ニ於テ裁判ニ附セラレタル筈ナリ

二　麥粉ノ納入竝約一萬圓ノ麥粉紛失ノ件

麥粉ノ納入竝麥粉紛失ノ件ハ事實此種ノ「コトアリシトスルモ平佐大尉トハ何等ノ關係ナシ

三　八幡組ト平佐大尉トノ關係

八幡組ナルモノハ義勇兵トシテ「セ」軍ニ從軍セシ邦人ノ一部カ鑛山森林等ノ經營ヲ目的トシテ「セメノフ」ノ希望ニヨリ組織セルモノニシテ平佐大尉ハ當時「セ」軍ニ從軍シアリシ關係上其成立ニ關シ「セメノフ」ニ助言ヲ與ヘ「セメノフ」ハ其資金トシテ金塊十數布度(價格約三十萬圓)ヲ支出シタルコトアリ尚ホ森林ノ利權獲得等ハ「セメノフ」ノ命令ニヨリ主トシテ哥薩克司令部ヨリ便宜ヲ與ヘタルモノナリ而シテ此八幡組ハ大正九年七月頃解散シ現在ハ存在セス

四　出兵論ヲ種ニ三十萬圓ノ運動費ヲ支出セル件

此事實ナシ

五　哈爾賓新聞買收ノ件

哈爾賓新聞社長東郷俊明カ其社ノ權利ヲ永島義高ニ讓リ渡スニ際シ平佐大尉カ斡旋ノ勞ヲ取リ「セ」軍軍事補佐官「アファナシエフ」ヲシテ「セ」軍宣傳費中ヨリ二萬圓ヲ支出セシメタルコトハ事實ナルモ軍參謀ノ濫洩ニヨリ哈爾賓特務機關ニ先キヲ打チ云々ノ東京日々新聞ノ記事ハ全然事實ト相違ス

六　「オルガン」商會ニ關スル件

平佐大尉カ浦鹽在勤中西伯利各地ヨリ避難シ來ル邦人ニ對シ生業上若干ノ助言ヲ與ヘタルコトアルモ資本金三十萬圓ヲ投シテ浦鹽ニ「オルガン」商會ナルモノヲ組織セル事實全然ナシ同商會ハ東露公司ノ出張所ナリ

七　平佐大尉カ三十萬圓ヲ携ヘテ朝鮮ニ赴キタル件

平佐大尉ハ本年三月中病氣ノ爲メ約三週間ノ休暇ヲ乞ヒ東京陸軍軍醫學校ニ於テ治療ヲ受ケ二月二十七日歸隊セル外朝鮮ニ旅行セシコトナシ從テ本件ノ事實ハ全然ナシ

八　口止料トシテ二萬圓ヲ鎌田正一ニ與ヘシ件

鎌田正一ノ哈爾賓ニ於ケル生活狀態ニ同情シ平佐大尉カ幼年學校時代ノ知己タルノ故ヲ以テ岡島某ヨリ三千圓ヲ融通セシムルコトニ助力セシハ事實ナルモ口止メ料云々ノ事實全然ナシ

九　林原吉次郎ニ新聞操縦費トシテ参萬圓ヲ與ヘシ件
林原吉次郎ナルモノカ「セメノフ」ノ内意ヲ受ケ帝國「ホテル」ニ滯在セシコトハ事實ナルモ平佐大尉トハ關係ナシ

十　白川友一ト平佐大尉トノ關係
大正七年八月頃平佐大尉「セ」軍ニ從事中白川友一ト滿洲里ニ於テ會見セルコトアリ爾後白川友一カ「セ」軍ニ糧食等ヲ納入セシハ事實ナルモ平佐大尉トハ東京日々新聞記事ノ如キ關係ナシ

本事件ニ關スル平佐大尉ノ行動ハ概ネ前記ノ如クニシテ之カ爲未タ軍紀ヲ破壞サルヽカ如キコトアルヲ認メス
右及答辯候也

大正十年三月二十二日

陸軍大臣　男爵田中　義一

九　朝鮮ニ於ケル行政司法ノ衝突ニ關スル質問（鮎川盛貞君提出）

朝鮮ニ於ケル行政司法ノ衝突ニ關スル質問主意書

右成規ニ據リ提出候也

大正十年三月十二日

提出者　鮎川　盛貞

贊成者　鈴木梅四郎

外二十九人

朝鮮ニ於ケル行政司法ノ衝突ニ關スル質問主意書

一　大正元年八月朝鮮制令第二號土地調査令第十五條ニ依レハ「土地所有者ノ權利ハ査定ノ確定又ハ裁決ニ依リテ確定ス」トアリ然ルニ右土地調査令ニ依リ土地ノ所有者カ確定セラレタル後之ト抵觸スル司法裁判所ノ確定判決アリタルトキハ政府ハ如何ナル取扱ヲ爲スヘキ方針ナリヤ

二　又執行力アル判決正本ニ依リ占有ノ引渡登記ノ請求ヲ爲シ來リタル場合ハ政府ハ之ニ對シ如何ナル處置ヲ執ル方針ナリヤ

右及質問候也

○鮎川盛貞君　簡單デアリマスカラ、自席カラ御許ヲ願ヒマス、朝鮮ニ於ケル行政司法ノ衝突ニ關スル質問ハ質問書ニ記載ノ通リデ、隨テ是ハ簡單明瞭デアリマシテ、更ニ其趣旨ノ辯明ヲ加フル必要ヲ認メマセヌカラ省略致シマス、仍テ政府ハ成ベク至急ニ、口頭若クハ書面ヲ以テ答辯アランコトヲ望ミマス

○副議長（粕谷義三君）　日程第十八質問者ヨリ延期ノ申出ガアリマシタ、日程第十一、血淸販賣及之ニ關聯スル事項ニ關スル質問――山田永俊君――是モ御出席ガ無イヤウデアリマスカラ後ニ廻シマス、次ハ質問ノ第十四、窒素化合物ニ對スル政策ニ關スル質問――大口喜六君――是モ御出席ガ無イヤウデアリスカラ後ニ廻シマス――質問第十五、國有土地森林原野下戾ニ關スル質問――綺苗代君

第十六　平和記念東京博覽會費國庫補助ニ關スル建議案(高田米藏君外十四名提出)

平和記念東京博覽會費國庫補助ニ關スル建議案

平和記念東京博覽會費國庫補助ニ關スル建議

東京府開催平和記念東京博覽會ノ爲政府ハ同會費ニ對シ相當補助ヲ與ヘラレンコトヲ望ム

右建議ス

(山崎猛君登壇、拍手)

○山崎猛君　諸君本案提出ノ主意ハ東京府ノ主催ニ依リマシテ、明年三月上野公園ニ開催セラレル平和記念東京博覽會ニ對シマシテ、同博覽會ガ既定計畫ヲ擴張シナケレバナラヌ必要ヲ成ズルニ至リマシタノデ、此必要ナル經費ニ對シテ、國庫ノ補助ヲ要求シタイト云フノガ此案ノ主意デアリマス、簡單ニ其理由ヲ申述ベタイト思フノデゴザイマス、此博覽會ノ目的ガドウ云フモノデアルカ、其效果ガドウデアルカト云フヤウナ事ハ、今更玆ニ申上ゲルマデモナイト考ヘマスガ、唯一ツ申上ゲタイト思ヒマスノハ、同博覽會ノ特殊ノ目的デアリマス、ソレハ此博覽會ハ如何ナルモノヲ目的トシ、如何ナル計畫ニ依ッテ進ンデ居ルカト申シマスト、飛躍時中ニ於ケル我國力ノ伸張ノ有樣竝ニ戰時中ニ於ケル我國ノ殖產興業ノ發達シタル其眞相、其等ノモノヲ世界ノ表ニ公表致シマシテ之ニ依ッテ內外ノ注意ヲ喚起シ、平和的經濟戰ノ對策ニシタイト云フノガ主意デアルノデアリマス、博覽會ハ度々我國ニモ計畫サレテ居リマスガ、併ナガラ此博覽會ハ、其規摸ニ於テ、其計畫ニ於テ、餘程大ナルモノト相成ッテ居ルノデアリマス、而シテ此計畫ガ一タビ發表ニナリマスト、國內ハ勿論、海外ヨリモ非常ナ人氣ヲ以テ迎ヘラレテ居ッテ、早ク既ニ其申込ガ陸續トシテ到來スルヤウナ狀態ニ在ルノデアリマス、例ヘバ米國ノ如キハ十万坪ノ敷地ヲ要求シテ來テ居ルノデアリマス、全體ノ計畫ガ十一万坪ニ過ナイノニ對シテ、十万坪ノ要求ヲシテ居ルト云フ有樣デアリマス、若シ十万坪ガ出來ナケレバ、セメテハ、三万坪デモヤッテ呉レナイカト云フヤウナ要求ヲシテ居リマス、其他英國、加奈陀、支那、安南、智利ト云フヤウナ各國カラモ、ソレ〱出來ルダケ大キイ面積ヲ分ケテ呉レト云フ要求ガ來テ居ル、然ルニ外國ニ對スル陳列品ノ場所ハ、現在ノ計畫ニ於テ、ドレ位取ッテアルカト云ヒマスト、僅ニ一千坪ニ過ギナイノデアル、一千坪ノ面積ヲ以テ上述ノ如キ外國ノ非常ニ多イ要求ニ應ゼズバナラヌト云フ現狀ニ在ルノデアリマス、今日ノ狀態ニ於テハ、唯タ之ニ應ズルノ方法ハ、此既定ノ計畫ヲ擴張スル、是ヨリ外ニ方法ハ無イヤウナ狀態ニ相成ッテ居ル、外國バカリデハナイノデアリマス、拓殖方面ニ於テモ非常ニ人氣ヲ煽ッテ居ル、臺灣ノ如キ、朝鮮ノ如キ、樺太ノ如キ及北海道ノ如キモ、現ニ非常ナル意氣込ヲ以テ、此博覽會ヲ迎ヘテ居ルヤウナ狀態ニ在ルノデアリマス、外國拓殖方面ノ狀態ガ斯樣ナ風デアリマスカラシテ、之ニ相應ジ、國內ノ出品者モ非常ナ人氣ヲ呈シテ居ルノデアリマス、一體外國ニ於テ斯樣ナル人氣ヲ博シタト云フノハ、東京博覽會トハ申スケレドモ、日本ノ主要ナル代表的ノ都會ノ東京博覽會デアルト云フコトハ、直チニ日本博覽會デアルト云フヤウナ考ヲ持ッタ爲メデアラウト考ヘラレマス、兎ニ角ニ斯樣ナ人氣ヲ博シテ居ル所ノ平和記念東京博覽會ニ對シテ、若シ規模ガ狹小デアルト云フヤウナ理由ノ下ニ、此非常ナル好景氣ヲ呈シテ居ル所ノ外國ノ人氣、此出品物ヲ拒絕シナケレバナラナイ、外國品ノ大部分ヲ斷ラナケレバナラナイト云フヤウナコトハ、此博覽會主催者ノ立場ヨリシテモ、餘程遺憾ナ事デアルト考ヘマスルガ、是ハ單ニ主催者ノ眼カラ見テ遺憾ト云フバカリデナクシテ、上述ノヤウナ目的ヲ以テ計畫サレ、外國ニ於テ斯ノ如キ人氣ヲ煽ッテ居ル博覽會ニ對シテ之ヲ斷ッテシマウ、小サナモノニシナケレバナラナイト云フコトハ、申スマデモナク吾々ヨリ見テモ遺憾ナ事ト考ヘルノデアリマス、然ルニ既定計畫ノ六百万圓ノ豫算ノ範圍內ニ於キマシテハ、迚モ此要求ニ應ズルコトガ出來ナイノデアル、東京博覽會ハ固ヨリ一地方ノ計畫ニハ相違ナイノデアリマスルケレドモ、目的ト云ヒ、其景況ト云ヒ、今日ノ如キ狀態デアル以上ハ、是ハ國家的ノ使命ヲ持ッテ居ルモノト斷ジテ差支ナイト思フノデアリマス、果シテ國家的使命ヲ持ッテ居ルモノト致シマスルナラバ、國庫ヨリ其補助ヲ仰グト云フコトモ當然ノ事カト考ヘルノデアリマス、是ガ本案ヲ提出シタ理由デアリマス、何卒御協贊ヲ仰ギマス(拍手起ル)

○岩崎勳君　本案ハ竹澤太一君提出ノ、日本大博覽會開設ニ關スル建議案ノ委員ニ併セテ付託セラレンコトヲ望ミマス

○議長(奧繁三郎君)　岩崎君ノ動議ニ御異議ナイト認メマス、仍テ動議ノ如ク決シマシタ、日程第十七、八王子高崎間鐵道速成ニ關スル建議ヲ議題ニ供シマス、長谷川宗治君

（特第三號）大正十年度特別會計歳入歳出豫算追加案

報告書

一（特第三號）大正十年度特別會計歳入歳出豫算追加案

右ハ本院ニ於テ可決スヘキモノト議決致候此段及報告候也

大正十年三月二十三日

豫算委員長　武藤金吉

衆議院議長奥繁三郎殿

〔武藤金吉君登壇〕

○武藤金吉君　只今議題ニ供セラレマシタ第三號大正十年度歳入歳出總豫算追加案、第四號大正十年度特別會計歳入歳出豫算追加案、特第三號大正十年度特別會計歳入歳出豫算追加案、此三案ヲ豫算委員會ニ於キマシテハ、本日午前審査ヲ進メマシテ、會期切迫ノ折柄分科ニ移サズ、政府ヨリ説明ヲ求メ質問應答ヲ致シマシタ、而シテ此大正十年度歳入歳出總豫算追加ハ、陸軍省及海軍省ノ所管ニ於キマシテ、軍法會議ノ實施準備ニ要スル經費デアリマス、之ガ歳入ハ臨時部ノ前年度剩餘金ノ繰入ノ増加カラ求メマシテ、其金額ハ歳出歳入各、五万九千五百十五圓デアリマス、第四號大正十年度歳入歳出總豫算追加ハ、此歳入ハ關税ノ増加カラ九十八万一千八百二十五圓、關税ノ雜收入ノ増加カラ一万九千三百二十圓、此合計金額ハ百万千百四十五圓デアリマス、之ガ歳出ハ經常部ニ於キマシテ、大藏省ノ所管關税定率法中改正ニ作フ經費、又同ジク大藏省ノ所管造船鐵材取締ニ要スル經費、又農商務省ノ所管ニ於キマシテハ、製鐵業奬勵法改正ニ伴フ經費、遞信省ノ所管ニ於キマシテハ、造船鐵材ノ調査費、之ガ歳出ニナッテ居リマス、特第三號ノ大正十年度特別會計歳入歳出豫算追加ハ、大藏省ノ所管ニ於キマシテ、朝鮮總督府ノ經常部ニ於キマシテ、歳入ハ五万九千四百二十八圓デアリマス、是ハ租税カラ仰ギマス、歳出ハ臨時部ニ於キマシテ、此製鐵奬勵ノ補助費ニ充テマス、四万五千圓デアリマス、質問ノ要旨ハ極ク簡單デアリマシタガ、製鐵事業ト關税ニ伴フ關係ニ就キマシテ應答ガアリマシタガ、其結果政府ヨリ製鐵事業ノ現在及將來ノ説明、及關税トノ關係ニ就テ答辯ガアリマシタガ、詳細ハ速記録ニ依ッテ御覽ニ願フコトニ致シマス、討議ニ移リマシテ、此三案ニ對シテハ、別段異議ハアリマセヌガ、國民黨ノ植原君ヨリ警告ヲ發セラレマシタ、委員會ハ滿場一致ヲ以テ本院ニ於テ可決スベキモノナリト決定致シマシタ、此段御報告ニ及ビマス

○岩崎勳君　三案ヲ一括シテ豫算委員長報告ノ通リ、卽時可決セラレンコトヲ望ミマス

〔「贊成」ト呼フ者アリ〕

○議長（奥繁三郎君）　岩崎君ノ動議ニ御異議ハアリマセヌカ

〔「異議ナシ」「異議ナシ」ト呼フ者アリ〕

○議長（奥繁三郎君）　仍テ動議ノ如ク、卽チ委員長報告ノ通リ可決確定致シマシタ（拍手）前日來ノ質問ニ對スル答辯ニ關シテ意見ノ陳述ノ通告ガアリマス、通告順ニ依ッテ之ヲ許シマス、田中萬逸君

第十七　滿洲大學設立ニ關スル建議案

（佐藤寅太郎君提出）

滿洲大學設立ニ關スル建議案

滿洲大學設立ニ關スル建議

東洋諸國民ヲ指導啓發シテ文明ノ恵澤ニ浴セシムルハ實ニ我カ日本帝國ノ使命ナリトハ世人ノ齊シク稱スルトコロナリ而シテ此ノ事タルヤ固ヨリ教育ニ由リテ人文ノ進歩發達ニ期セサルヘカラス之レ日本帝國カ大ニ積極的文化政策ヲ大陸ニ施スヘキノ急務ナル所以ナリ則チ茲ニ先ツ滿洲大學ヲ設立シ學府ヲ奉天ニ開キ滿鮮支那西比利亞地方ノ學生ヲ收容シ之ヲ教育スルト共ニ學府ヲシテ產業啓發其ノ他地方各般ノ狀態ノ調査機關タラシメ以テ地方文化ノ淵源地ト爲サムトス加之帝國ノ將來ハ大陸方面ニ發展スヘキ自然ノ運命ヲ有ス此ノ故ニ內地ノ學生モ志ヲ海外ニ有スル者ハ早ク生ヲ大陸ニ鍛ヘ大陸ノ研究ニ親マシムヘキナリ若夫レ一大學ノ設立ヲ見ハ從テ各般文化事業ノ勃興ヲ來スヘク又之ニ伴ヒテ內地人ノ移住スル者益多ク遂ニ克ク帝國ノ使命ヲ完ウスルヲ庶幾スヘキカ滿鮮ノ地今僅ニ京城ニ專門學校アリ旅順ニ工科學堂アリ奉天ニ南滿醫學堂アルノミ東洋文化ノ爲ニ圖ルトコロ甚タ遲々タルヲ遺憾トス政府ハ速ニ滿洲大學實現ノ途ヲ講スヘシ

右建議ス

〔佐藤寅太郎君登壇、拍手起ル〕

○佐藤寅太郎君　私ハ滿洲大學設立ニ關スル建議案提出ノ理由ヲ中述ベマス、此建議案ハ滿洲ノ奉天ニ綜合大學ヲ開キマシテ、之ヲ滿洲大學ト稱シ、此東大陸ニ於ケル文化ノ淵源ノ地ト致シタイト思フノデアリマス、是ト同時ニ此東大陸ニ於ケル產業其他各般ノ事項ヲ調査研究ヲ致シマスル所ノ、調査機關ト致シタイト思フノデアリマス、今此國策ノ上カラ見マシタ滿洲ノ大學ヲ起スト云フ私ノ根本觀念ニ就テ、五ツノ點ヲ極メテ簡潔ニ申述ベタイト思ヒマスガ、第一ハ我ガ日本帝國ハ東洋ノ諸國民ヲ指導啓發シテ、サウシテ文明ノ恵澤ニ浴セシメルト云フコトガ、我ガ帝國ノ使命デアリマシテ、而シテ是ハ教育文化ノ力ニ待ツコトガ、大ナルモノデアルト云フコトガ第一デアリマス、第二ハ我帝國ノ將來ノ運命ヲ大陸ニ開展ヲスルト云フコトニ就キマシテハ、矢張教育文化ノ力ヲ用井テ進ムト云フコトガ最モ有效ニシテ、且ツ捷徑デアルト思フ點デアリマス、第三ハ我國モ今日ハ世界ノ五大强國ト云フヤウナ地位ニナッテ居リマス、徒ラニ內地ノ事ニバカリ跼蹐スルノデナクテ、世界ノ人文ニ貢獻スルト云フ所ノ施設ヲ、積極的ニ行フベキ所ノ位置ニ進ンデ居ルト考ヘルノデアリマス（拍手起ル）第四ハ彼ノ日支親善ト云ヒ又、滿蒙開發ト稱スルコトガ、世人ノ常套語ニナッテ居リマスルガ、是モ詰リ文化政策ノ上ニ立脚スノデナケレバ、精神主義ノ上ニ出發點ヲ求メナケレバ、此目的ヲ達スルコトガ出來ナイト思フノガ第四ノ點デアリマス、第五ハ此產業ノ啓發、其他總テ我國ガ將來東大陸ニ於キマシテ仕事ヲスルト云フ時ニ於キマシテ、何事モ調査研究ノ十分出來マシタ所ノ、其學理的出發點ノ上ニ立タナケレバ目的ヲ達スルコトガ出來ナイト思フ是レ卽チ第五デアリマス、區々ノ細說ヤ數行ヲ用井ズシテ、右ノ五箇條ニ依ッテ大體滿洲大學設立ノ必要ヲ御納得下サルコト、存ジマスガ、尚ホ一言附加ヘマズノハ、私モ此滿韓ノ視察ヲ致シマシタコトモ數囘アリマシタガ、滿洲ニモ遊ビマシタガ、此大問題ガ閑却セラレ居ルカノ如クニ、私ハ疑フノデアリマス、殊ニ日本ノ將來ニ大關係ヲ有スル滿洲ニ於キマシテ、此政府ノ代表ノ位置ニ於テ只ダ一ツノ營利會社タル所ノ滿鐵會社ガ、總テ事ヲ曲リナリニモ致シテ居ルト云フコトニシカ私ハ過ギナイト思フノデアリマス、苟モ此帝國將來ノ爲メニハ、大陸ニ文化ヲ布カント欲スル時ニ於キマシテ、此一ツノ商事會社タル滿鐵ノ力ノミニ依賴シテ、爲ノ豫期ノ目的ヲ達センヤト思フ者デアリマス、滿鐵ノ威力ハ甚ダ大ナルモノデアリマセウケレドモ、併シ此文化ヲ進メル上ニ就テハ、ドウシテモ他ニ大ナル政策ヲ樹テナケレバナラヌモノト思フノデアリマス、卽チ滿洲大學ヲ起シテ、サウシテ此物質的方面カラ致シマスレバ滿鐵會社、精神的方面カラ致シマスレバ滿洲大學相竝ビ立ッテ、サウシテ此道ニ進ミマシタナラバ、庶幾クハ吾ミノ念ヒマスル所ノ、帝國ノ責任ヲ遂スルコトガ出來ルト思フモノデアリマス、申スマデモナク此國家ノ膨脹發展ハ、私ノ考デハ最高文化ノ力ニ待ツコトガ多イト思フノデアリマス、各國ノ發達史ヲ見マシテモ、矢張國ノ膨脹ニハ、ドウシテモ最高文化ノ力ヲ要スル、是ハ發達史ガ證明シテ餘アル譯デアラウト思ヒマス、我國モ近來非常ニ教育ノ隆盛ヲ圖リマシテ、內ヘハ大學ノ擴張トナリ、又各種高等教育機關ノ大ナル增設ヲ見ルコトハ、甚ダ慶バシイ事デアリマスガ、之ガ內ニバカリ跼蹐シテ、一向ニ海外ニ發展ノ大ナル力ガソコニ伸ビナイト云フコトヲ、私ハ遺憾ニ思フ者デアリマス、我國モ明治初年ニ北海道ニ開拓使廳ヲ置キマシタル時ニ、彼ノ廣漠無邊ノ札幌ニ、今日ノ北海道ニ於ケル大學ノ基礎ヲ立テタト云フヤウナコトハ、私ハ今日カラ考ヘテ見レバ、非常ナル雄圖デアル、今ヤ教育ハ益、隆盛ニ致シマシテ、日本帝國ハ將來ニ伸ブベキ運命ヲ有シテ居ルニ拘ラズ、此雄圖ヲ見ルコトノ出來ナイコトヲ甚ダ遺憾ト思フ者デアリマス、乃チ私ハ此建議案ヲ提出致シマシテ、帝國ノ將來ノ爲メニ、滿洲大學ノ實施ヲ見テ、サウシテ大ニ東洋諸國ヲ指導啓發スルト同時ニ、日本ノ開展ヲ圖リタイト思フ者デアリマス、區區細說ハ致シマセヌガ、右ノ趣旨ニ依ッテ御協贊下サルコトヲ希望致シマス（拍手起ル）

○岩崎勳君　本案ハ議長指名ヲ以テ、九名ノ委員ニ付託セラレンコトヲ望ミマス

○副議長（粕谷義三君）　岩崎君ノ動議ニ御異議ハナイト認メマス、仍テ動議ノ如ク決シマシタ、日程第十八、御殿場大宮間及吉田大月間鐵道速成ニ關スル建議案ヲ議題ト致シマス、三枝彦太郎君

第三　大正七年度決算

○遠藤良吉君　議長

○議長（奥繁三郎君）　遠藤君、何デスカ

○遠藤良吉君　是ヨリ所得税法中改正法律案外四件ノ委員會ヲ開キタイト思ヒマスカラ、許可ヲ願ヒマス

○議長（奥繁三郎君）　許シマス

（木下謙次郎君登壇、拍手起ル）

○木下謙次郎君　大正七年度歳入歳出總決算、大正七年度各特別會計決算、右二案ニ就キマシテ、審査ノ經過並ニ結果ヲ御報告シヤウト考ヘマス、委員會ハ總會ヲ開クコト六回、分科ヲ通ジテ分科會ヲ開クコト十六回ニ及ビマシタ、愼重審議ヲ盡シタノデアリマスガ、審査ノ結果ハ大體ニ於テ此決算ヲ是認シ、決算中不法不當ト認メラレテ居ル事件並ニ其理由ハ、報告書ニ纏メテ御手許ニ差出シテアリマスカラ、ドウカソレニ就テ御覽ヲ願フノデアリマスガ、唯タ此所ニハ不法不當ト算ヘラレタ件數ヲ列擧シテ、皆樣ノ御參考ニ供シタイト考ヘマス、ソレハ不法不當ト認定サレマシタノガ、大正七年度歳入歳出總決算中、歳入ニ於テ不當ナルモノ百四十一件、歳出ニ於テ不法ナルモノ四件、不當ナルモノ九件、官有物ニ於テ不當ナルモノ三件、大正七年度各特別會計歳入歳出決算中、歳入ニ於テ大藏省所管朝鮮總督府不當ナルモノ一件、文部省所管東京帝國大學不當ナルモノ一件、歳出ニ於テ大藏省所管帝國鐵道不當ナルモノ二件、大藏省所管朝鮮總督府不當ナルモノ一件、文部省所管東京帝國大學不當ナルモノ五件、總計百六十七件、既往年度歳入ニ於テ不當ナルモノ五件、右ノ通リデアリマスルガ、斯ノ如ク不法不當ト認定サレマシタル件數ハ百六十七件、前年來ノ決算ニ較ベマスレバ、其件數ガ非常ニ多イノデアリマスルガ、七年度ニ於テ斯ク決算ニ不法不當ノ件數ノ多イ理由ハ、大藏大臣ノ説明ニ依レバ、七年度ハ我ガ帝國ノ經濟界ガ俄ニ膨脹致シ、經濟界ガ膨脹ヲ致シタノミナラズ、戰時利得税ト云フガ如キ新税法ガ實施サレマシテ、其内容頗ル複雜錯綜ヲ極メタル爲メニ、收税官吏ナド取扱上ニ或ハ不慣ノ結果、斯ノ如ク件數ノ多キヲ招イタノデアラウト云フ説明デアリマシタガ、委員會ハ大體ニ於テ大藏大臣ノ説明ヲ是認致シタノデアリマス、私ハ此報告書ニ於テ――説明スルコトハ以上ノ事ニ止メマシテ、詳細ナル事ハ報告書ニ就テ御覽ヲ願ヒタイト考ヘルノデアリマスルガ、茲ニ省略スルコトノ出來ナイ事ガ一箇條アリマスカラ、此事ノミハ諸君ニ特ニ申上ゲテ置キタイト考ヘルノデアリマス、ソレハ何デアルカト云ヘバ、此報告書ノ末尾ニ載ッテ居リマス所ノ決議文デアリマス「今其決議文ヲ朗讀致シマス「大正七年度ニ於テ鐵道院ガ多數ノ船舶ヲ購入シ燃料運搬ノ自營ノ途ヲ講ジタルコトハ計畫其ノ宜シキヲ得タルモノニ非ス」此意味ハ前内閣ノ鐵道院ノ當局者ガ、石炭運搬ノ爲メニ船舶ヲ購入シタト云フ事柄ヲ非難致ジタノデアリマスル、鐵道院ハ從來石炭ノ運搬ハ、請負人ニ任セテ運搬ヲ致サセテ居ッタノデアリマスルガ、大正七年度ニ於テ急ニ其方針ヲ一變致シマシテ、自ラ燃料ヲ運搬スルト云フコトニ變更ヲ致シタノデアリマスルガ、而モ其方針ヲ變更スルニ就テ、相當ト認ムベキ理由ガ更ニ無イノミナラズ、此方針ヲ變更スルニ就テ、相當ナ機關ヲ經テ利害得失ヲ研究審査致シタト云フコトノ證據ガ少シモ無イノデアリマス、而モ適當ノ手續ヲ經ザルノミナラズ、船舶ノ購入ノ方法ニ就テモ、官署ガ相當ナル注意ヲ拂ッテ買入レルコトノ手段ヲ少シモ履ンテ居ラヌノデアリマス、漫然トシテ數百万圓ノ金ヲ船舶購入ノ爲メニ支出致シテ居ルノデアリマス、而モ此數百万圓ヲ支出シテ買入レタル船舶ノ中ニハ、買入レタル後ニ於テ船舶ノ用ヲ爲サナイモノガ頗ル多クアリマシテ、結局ハ鐵道院ノ持餘シ物トナッタ船舶ガ少クナイノデアリマス、此故ニ大正七年度ニ於テ買入レタル船舶ヲ、翌年度卽チ大正八年度ニ於テハ、之ヲ處分シテ賣拂ハナケレバナラヌト云フヤウナ結果ニ陷リマシテ、其中ノ大部分ヲ賣拂ヒマシタノデアリマスガ、其賣拂ッタ代金ハ僅ニ二十八万圓デアリマス、而シテ二十八万圓デ賣拂ッタ其買入レタル原價ヲ調ベテ見マスレバ、二百五万圓ニ相當致シテ居ルノデアリマスカラ、此部分ダケニ就テモ、鐵道省ハ二百万圓ニ近イ金錢ノ損害ヲ招イテ居ルノデアリマス、而シテ委員中船舶並ニ海運ノ事ニ精通致サレテ居リマス人ノ意見ニ依レバ、二十八万圓ニ賣リマシタ代金ノ廉キニ非ズシテ、最初買込ンダル時ノ船舶ノ代價ガ、不當ニ高價ニ過ギタノデアルト云フ意見デアルノデアリマス、斯ノ如ク漫然タル處置ヲ以テ漫リニ方針ヲ變更シ、適當ナ處置ヲ執ラズ、或ハ適當ナ手續、適當ナ形式ヲ執ラズシテ船舶ヲ買入レ、斯ノ如キ多額ノ損失ヲ招イタコトノ結果ガ判然致シマシタ以上ハ、茲ニ擬ニ申シマシタ警告文ヲ發スルコトノ已ムヲ得ザル次第ニ相成ッタノデアリマス、尚ホ是ヨリ逆ノテ委員會ノ經過ノ事ヲ申上ゲヤウト考ヘルノデアリマスガ、大體ニ於テ委員會ノ經過ハ、平穏無事ノ進行ヲ執ッテ居リマシテ、荒立テ、申上クベキ事柄ハ甚ダ少イノデアリマスガ、參考ノ爲メニ一二御注意致シテ置キタイ事ガアルト考ヘマス、開會ノ劈頭ニ於テ委員ノ一人ハ、議院並ニ政府ニ對シテ希望ヲ述ベタノデアリマス、其希望ノ要旨ハ、從來決算ノ審査ナル事業ニ向ッテ兎角之ヲ輕視シ、或ハ之ヲ閑却スル傾ガアルコトヲ遺憾トシ、將來決算ノ審査ニ向ッテハ、之ヲ或權威アルモノタラシムルコトノ方法、並ニ其理由ニ就テ萬丈ノ氣焰ヲ吐イタノデアリマス、委員ノ一人ハ直チニ之ニ賛成シテ、憲法或ハ會計法ノ精神ヲ引用シテ、大議論ヲ試ミタノデアリマスルガ、此等侃諤ノ議論ヨリシテ委員會ハ俄ニ緊張味ヲ増シ、此委員會ガ緊張味ヲ増シタ結果トシテ、種種ナル質問ヲ喚起スルコトニナッタノデアリマス、其質問ノ主ナル二三ヲ試ミニ之ヲ紹介スレバ、斯ウ云フコトニナッテ居リマス、七年度決算ニ於テ檢査院報告ニ現ハレタル不法不當ノ件數、並ニ金額ノ巨多ナル事ニ付、官吏ノ怠慢又ハ法規ノ弛緩ニ原因セシニ非ズヤトノ點、又剩餘金繰越金ノ餘リニ多キニ過グルコト、其原因及豫算編成上ノ注意、或ハ西伯利出兵費用支出ノ形式ニ就テ、或ハ西伯利經濟援助費ノ支出ニ就テ、或ハ外米管理補給費等、各省各般ニ涉リ、微ニ入リ細ヲ穿チ議論百出、費ス所數万言デアッタノデアリマス、而シテ政府ノ之ニ對スル答辯ハ多クハ懇切丁寧ヲ極メテ、質問者ニ滿足ヲ與ヘタコトガ多イヤウニ認メテ居リマスノデアリマスガ、私ハ本日是等有益ナル應答辯論ヲ一々皆樣ニ紹介スル時間ノ餘裕ヲ持タヌコトハ甚ダ遺憾デアリマスガ、是等應答辯論ハ冀クハ速記錄ニ就テ御覽ヲ願フコト、致シマシテ、最後ニ一言申添エテ私ノ報告ヲ了ラウト考ヘルノデアリマス、委員會ガ斯ク熱心ナル審議ニ十分ナル勉强振ヲ示シマシタコトハ、前ニ申上ゲマシタ通リデアリマス、而モ應答或ハ答辯ニ依テ委員會ノ疑問ガ解釋ヲセラレマスレバ、各派ノ委員諸君ハ直チニ黨派ノ感情ヲ超越シテ、公平ナル立場ニ立チ、條理ノ命ズル所ニ依テ、此決議事項ハ滿場一致ヲ以テ決定致サレマシタノデアリマス、可否ヲ起立ニ問ヒ、少數多數ニ依テ決定致シマシタ事項ハ、僅ニ第五分科中、臺灣ニ關スル費目ノ一箇條アルノミデアリマシテ、他ハ總テ滿場一致ノ決定デアルノデアリマス、隨テ私委員長

ノ報告トシテ、其形式ニハ或ハ不十分ノ點ガアルカハ存ジマセヌガ、併ナガラ其内容ノ決議事項ニ對シテハ、希クハ皆様十分ナル信用ヲ置カセラレテ、速ニ報告ノ通リニ御承認アランコトヲ希望スル次第デアリマス、大體以上ノ通リ報告ニ及ビマス

○岩崎勲君　大正七年度決算ニ就キマシテハ、決算委員長ノ報告ヲ是認セラレンコトヲ望ミマス

〔「贊成」「贊成」ト呼フ者アリ〕

○議長（奥繁三郎君）　岩崎君ノ動議ニ御異議アリマセヌカ

〔「異議ナシ」「異議ナシ」ト呼フ者アリ〕

○議長（奥繁三郎君）　御異議ナイト認メマス、仍テ大正七年度決算ハ、委員長ノ報告ヲ是認サレタルコトニ決シマシタ

○中倉万次郎君　是ヨリ議院本建築速成ニ關スル委員會ヲ開キタイト思ヒマス、御許ヲ願ヒマス

○議長（奥繁三郎君）　許可致シマス

○中倉万次郎君　委員諸君ハ第一委員室ニ御集リヲ願ヒマス

○議長（奥繁三郎君）　日程第四、社會政策ニ必要ナル資金ニ關スル建議案ヲ議題ニ供シマス、三善清之君

第二十一　神祇ニ關スル特別官衙設置建議案（岩崎勳君外十三名提出）

神祇ニ關スル特別官衙設置建議案

神祇ニ關スル特別官衙設置建議

祭政一致ハ我カ國體ノ精華ニシテ敬神崇祖ハ我カ教育ノ淵源ナリ政府ハ内務陸軍海軍ノ三省朝鮮臺灣兩總督府及樺太廳所管ノ神社行政ヲ統一シ左記事項ヲ管掌セシムル爲神祇ニ關スル特別官衙ヲ速ニ設置スヘシ

神祇ニ關スル特別官衙管掌事項

一　祭祀ニ關スル件
二　神社費ニ關スル件
三　神社修造ニ關スル件
四　神官神職任免ニ關スル件
五　神官神職養成ニ關スル件
六　神社調査ニ關スル件
七　其ノ他神祇ニ關スル一切ノ件

右建議ス

〔熊谷直太君登壇、拍手〕

○熊谷直太君　只今議題トナリマシタ神祇ニ關スル特別官衙設置ニ關スル建議案デアリマスガ、本案ハ第四十議會ニ於テモ滿場一致ヲ以テ可決サレマシタ所ノ建議案デアリマス、申上ゲルマデモアリマセヌ、祭政一致ハ我皇國ノ國體デアリマシテ、敬神崇祖ハ我ガ國敎育界ノ根本觀念デアリマス、然ルニ之ヲ所轄致シマス所ノ行政機關ト云フモノハ區々ニ分レテ居リマシテ、國内ニ於キマシテモ、内務省ノ一角、卽チ神社局ニ於テ其行政ヲヤルモノモアリマス、陸軍、海軍、又樺太、臺灣、朝鮮ト云フヤウナ風ニ其行政ト云フモノガ種々ニ分レテ居ルノデアリマス、斯ノ如ク致シマシテハ、眞ニ神祇ニ關シマシテ、立派ナ行政ノ目的ヲ達スルコトガ出來ヌノデアリマスカラ、致シマシテ之ヲ統一シマシテ祭祀ニ關スル事ヤラ、神社ノ費用ニ關スル事ヤラ、神社ノ修造ニ關スル事ヤラ、其他ノ案件ニ就テ、劃一シタル所ノ行政ヲシタイ爲メニ、特別官衙ノ設置ノ必要アルト云フコトヲ建議スル次第デアリマス、本會ニ於キマシテモ滿場一致ヲ以テ本案ヲ可決セラレンコトヲ希望スルノデアリマス

〔「贊成」ト呼フ者アリ〕

○岩崎勳君　本案ハ深見寅之助君外五名提出、國幣大社大山祇神社昇格ニ關スル建議案、外六件ノ委員ニ併セテ付託セラレンコトヲ望ミマス

〔「贊成」ト呼フ者アリ〕

○議長（奧繁三郎君）　岩崎君ノ動議ニハ御異議ナイト認メマス、仍テ動議ノ如ク決シマシタ――日程第二十二、高田川井間及世田米水澤間鐵道敷設ニ關スル建議案ヲ議題ト致シマス、志賀和多利君

第二十三　食料品供給施設ニ關スル建議案（山本条太郎君外四名提出）

食料品供給施設ニ關スル建議案

食料品供給施設ニ關スル建議

食料品ノ貯藏ヲ潤澤ニシ其ノ供給ヲ圓滑ナラシメ以テ價格ノ調節ヲ圖ルハ國民ノ生活ヲ安定ナラシメ社會政策上最緊要ナリト認ム政府ハ速ニ之カ適當ナル施設ヲ講セラレムコトヲ望ム

右建議ス

〔山本条太郎君登壇、拍手〕

○山本条太郎君　食料品ノ需要供給ノ關係及之ガ調節ハ國民ノ生活上最モ重大ナル問題デアリマスコトハ、今更申上ゲルマデモナイ事デアリマス、而シテ我國ノ現狀ヲ見マスルニ、幸ニ米穀ハ昨年ノ大豐作ノ後ヲ承ケマシテ、供給モ潤澤ニナリ、隨テ價格モ著シク低廉トナリマシタノデアリマス、然ルニ他ノ食料品ハ、之ヲ一般ノ日常商品ニ比較シマシテ、未ダ著シキ高値ヲ維持シテ居ルノデアリマス、就中吾吾ガ日常用井テ居リマスル副食物ノ魚類肉類等ニ至リマシテハ、殆ド戰時中ノ値段ニ大差ナイ狀況デアリマス、之ヲ他ノ外國ノ狀況ニ較ベマシテモ、殆ド世界ノ最高「レコード」ヲ爲シツヽアルト云フヤウナ狀況デアリマス、本案ノ趣旨ハ一般ノ食料品ニ對スル供給及調節ノ目的デゴザイマスガ、何分多種多樣ニ亙リマシテ、其範圍モ頗ル廣汎デアリマスカラ、先ヅ當面ノ急ト致シテ居リマス、只今申述ベマシタル魚類肉類等ノ副食物ニ對シテ、第一ニ解決ノ途ヲ講ジ、漸ヲ逐ウテ他ニ進ミタイト云フ考デゴザイマス、抑何故ニ只今申述ベマシタル副食物ノ値段ガ、戰時中左樣ニ暴騰致シマシタカト申シマスルノニ、申スマデモナク戰時中一般國民ノ生活ノ程度ガ膨脹致シマシテ、倂ニ其需要ガ增加シ且ツ供給品ノ生產費ガ向上致シマシタコト、及外國ニ依テハ、戰時中食糧品ノ輸出ヲ絕對ニ禁止シタ處モアルノデゴザイマス、又內外ニ亙ッテ之ヲ運送シマスルノニ、船舶ノ缺乏、運賃ノ騰貴ト云フヤウナコトガ、其騰貴ヲ來シマシタル主ナル原因デアルコトハ、私ガ申述ベルマデモナイ事デアリマス、然ラバ平和恢復ノ後ニ當リマシテ、總テノ商品ガ大ニ下落シ嚮ヘテ申セバ生絲、木綿ノ如キ、或ハ米ノ如キ、砂糖ノ如キ物ガ、戰時中ノ高値ニ比較致シテ、半額若クハ其以下ニ低落致シ又運賃ノ如キニ至ッテハ、之ヲ最モ最高ノ時期ニ較ベマスト八分ノ一若クハ十分ノ一ニ低落シ、又只今デハ何レノ國カラデモ、食糧品ノ輸入ヲ致スコトガ自由ニナッテ居ルニ拘ラズ、尚ホ現在ノ如キ高イ値段ヲ維持シテ居リマスノハ、甚ダ了解シ難イ事デアルノデアリマス、此點ニ關シテ私共多少調査ヲ致シテ見タノデアリマスガ、調査ノ結果ハ甚ダ複雜デアリマシテ、此所デ其詳細ヲ申上ゲルコトハ省略致シマスガ、要スルニ是等ノ特殊ナル物資ニ對シマシテ、供給ノ方法ト、之ヲ配給スル機關ニ一大缺陷ガアリマスコトガ、恐ラクハ今日不自然ナル値段ヲ保ッテ居ル原因ト認メル理由ガアルノデゴザイマス、或ル說ニ依リマスト、全ク是等ノ副食物ノ供給ノ根據ガ枯渇シテ居ル、或ハ缺乏シテ居ルト云フ說モアルノデアリマスガ、私共ハ之ニ對シテハ、全ク見解ヲ異ニ致シテ居ルノデアリマス、假リニ魚類ニ就テ見マシテモ、我國ノ漁場ハ御承知ノ通リ、昨今ハ遠ク朝鮮及沿海州ニ發展致シテ居リマス、尚ホ發展ノ餘地ガ大ニアルノデゴザイマス、又近海漁業ノ點ニ就キマシテ、只今ノ狀況デハ只ダ自然ニ委セテ捕獲スルノミデ、更ニ人工的繁殖ノ途ナドハ講ジテ居ラレヌノデアリマス、只今ノ魚類ノ値段ノ不平均、若クハ高値デアル理由ハ、主トシテ配給ノ不圓滑デアル、卽チ甲ノ土地ノ過剩ノ物ヲ以テ、乙ノ不足ヲ償フト云フ設備ノ不完全ナルコトガ、其主ナル原因デアルカノヤウニ認メラルヽノデアリマス、一例ヲ申上ゲマスルト、昨年樺太ニ於テ鮭鱒ナドガ七八千石モ、鹽ノ配給及運搬ノ不備ノ爲メニ腐敗セシメタト云フヤウナ事實ガアリマスガ、是等ハ皆ナ設備ノ不完全ニ基ヅイタモノデアルノデアリマス、又肉類ニ就テ之ヲ見マシテモ、成程我國ノ供給ハ甚ダ不足デアリマスル、併ナガラ幸ニシテ是等ノ物資ノ最モ豐富デアリマスル支那、朝鮮、滿洲、ナドガ手近ニアリマシテ、今日デハ殆ド無制限ニ、又最モ安値ニ輸入スル便利ガアルノデアリマス、私ガ最近ニ調査シマシタ所ニ依リマシテモ、山東肉ヲ輸入致スノニ、百目一斤二十四五錢、又滿洲カラ冷藏肉ヲ輸入致シマシテモ、約二十錢內外デ輸入セラレルヤウナ狀況デアリマス、之ニ對シテ吾々ガ一圓內外ノ高價ヲ拂ヒツヽアルノハ、要スルニ先刻モ申上ゲマス、供給機關ト貯藏スル設備ノ缺乏ガ、其原因ヲ成シテ居ルモノト考ヘルノデアリマス、歐米ノ狀況ヲ此點ニ關シテ調査致シマスルニ――（「委員會デ述ベテ下サイ」ト呼フ者アリ）簡單ニ申シマス、（「御靜ニ」ト呼フ者アリ）種々ナル設備ガ行ハレテ居リマスルガ、最モ廣ク行ハレテ居リマスノハ、冷藏機關ノ設備デアリマシテ、其一例ヲ申上ゲマスルト、英國デハ（「一例ハ委員會デ願ヒマス」ト呼フ者アリ）一昨年ノ調査ニ依リマスト、同國ニ於ケル冷藏庫ハ――（「後ガ支ヘテ居リマスカラ簡單ニ願ヒマス」ト呼フ者アリ）倉庫十万立方尺以上ノモノダケデ約五十万噸、之ニ運送シマスル冷藏機關ヲ備ヘタ船ガ、三十五万噸ニ達シテ居ルト云フヤウナ狀況デアルノデアリマス、殊ニ支那カラ同國ニ輸入サレテ居リマス中ニ――近來支那カラ輸入シテ居ル肉類ガ段々增加スル傾ヲ持ッテ居リマスガ、倫敦ニ於キマシテノ昨今ノ肉ノ値段ガ、隣接シタル東京ニ於ケル値段ヨリモ安値デ販賣サレテ居ルト云フヤウナ、甚ダ一見不自然ナ狀況ニ在ルノデアリマス、此點ニ關シテ建議者ノ具體的ノ案ト致シマシテハ、先ヅ第一ニ鐵道省ヲシテ、各重要集散地ニ冷藏庫ヲ建設シマスカ、或ハ民間ノ營業者ニ對シテ相當ノ保護ヲ與ヘルカスルノデアリマス、第一冷藏設備アル汽船、及公設市場ニ對シテ相當ノ保護ヲ與ヘル、斯ノ如クニシテ食料品一般ニ涉ル供給ノ第一歩ノ解決ヲ圖リタイト云フノガ、本案ノ骨子デゴザイマス、食料品ノ事ハ社會政策ニ對シテ最モ重大ナル事デアリマスノデ、願クハ御贊成ヲ得マシテ、一日モ速ニ實行セラレンコトヲ希望致シマス（拍手）

○岩崎勳君　本案ハ奥村安太郎君外二名提出、發明獎勵ニ關スル建議案外十一件ノ委員ニ倂セテ付託セラレンコトヲ望ミマス

〔「贊成」「贊成」ト呼フ者アリ〕

○議長（奥繁三郎君）　岩崎君ノ動議ニ御異議ナシト認メマス、仍テ動議ノ如ク決シマシタ――日程第二十四、地方稅財源擴張ニ關スル建議案ヲ議題ニ致シマス、八田宗吉君

第二十八　日本海沿岸鐵道完成ニ關スル建議案（田邊熊一君外五名提出）

日本海沿岸鐵道完成ニ關スル建議案

日本海沿岸鐵道完成ニ關スル建議

新潟市ハ古來我カ邦五大開港場ノ一タリシノミナラス輓近市勢ノ發展甚シク商工業ノ振興亦見ルヘキモノアリ殊ニ近ク築港工事ノ完了ヲ見ルニ至ラムトシ又一方上越鐵道ノ敷設ニ依テ關東地方ニ近邇シ羽越鐵道ノ全通ト同線中阪町米澤間分岐線ノ開通トニ依テ奥羽東北及北海道地方ニ接近セムトスルノ狀態ニ在リ之等諸種ノ事業ニシテ實現セムカ我カ新潟市ハ實ニ日本海沿岸ニ於ケル一大要港トシテ交通機關ノ中心點トナルニ至ルヘシ

然ルニ獨リ北陸線ヨリ羽越線ニ連絡スル鐵道幹線ニ於テ我カ新潟市ハ新津驛ヨリ往復一時間ヲ要スル分岐線ニ在リ之レ交通機關ノ整備海陸連絡ノ上ニ於テ一大缺點ナリト云ハサルヘカラス此ノ際政府ハ速ニ新潟新發田間ニ直通鐵道ヲ敷設シ同時ニ越後鐵道利用ノ計ヲ立テ以テ日本海沿岸鐵道ノ完成ヲ期セラレムコトヲ望ム

右建議ス

○齋藤巳三郎君　本案モ簡單デアリマスカラ、當席ヨリ申シマス、本案ニ於テ日本海沿岸鐵道ト申シマスルノハ、ソレハ滋賀縣ノ米原カラ北陸線ニ依リ、新潟縣ヲ經テ羽越線ヲ通リ、山形縣、秋田縣ヲ經テ青森市ニ達スル、之ヲ日本海沿岸鐵道ト申シテ居ルノデアリマス、此鐵道ハ大正十二年度デ愈〻全通スルコトニ相成ッテ居ルノデアリマス、此鐵道ガ愈〻全通致シマスレバ、關西及中國、九州並ニ其他ノ方面ニ於ケル旅客貨物ハ、多ク皆ナ此鐵道ニ依リマシテ、東北北海道方面ニ往來ヲ爲スコトニナルノデアリマス、而シテ此沿岸鐵道ハ、日本海沿岸ニ於ケル有ユル都市ヲ通過聯絡致シテ居リマスルニ拘ラズ、獨リ新潟縣ニ於ケル新潟市ダケガ此沿岸鐵道ノ幹線カラ外レテ居ルノデアリマス、之ヲ本員等提出者ガ甚ダ遺憾トスルノデアリマス、申スマデモナク新潟市卽チ新潟港ハ、由來我國ノ日本海ニ於ケル唯一ノ一大港灣トシテ、我國ノ五港ノ一ツノ開港場ニナッテ居ルノデアリマス、ノミナラズ新潟築港モ近來其築港ノ工事ヲ進メテ參ッテ居リマス、是モ兩三年ノ中ニ愈〻新潟港モ完成スルコトニナッテ居リマス、若シ新潟港ガ兩三年ノ後ニ完成致シマスレバ、臺灣、朝鮮、滿蒙、西伯利、或ハ樺太方面ニ對シマシテ、運輸航海ノ便ノ開クマスルコトハ申スマデモナイ事デアリマス、又一面陸上交通機關ノ發達ハ相須ッテ、我國ノ産業ノ發達通商貿易ニ於キマシテ、大ナル貢獻アルモノト本員等ハ考ヘルノデアリマス、然ルニ此新潟港ヲ獨リ日本海沿岸ノ鐵道ノ幹線カラ之ヲ除外スルコトハ、國家ノ大體ノ上カラ見テモ、甚ダ不利デアルト信ズルノデアリマス、ソレデ此日本海沿岸鐵道ヲシテ、越後鐵道ヲ利用シテ新潟港ニ達セシメ新潟港カラ新發田迄ノ間約十七哩程アルノデアリマス、此間ニ鐵道敷設ヲ速ニシテ貰ヒタイ、斯ウ云フノガ本案提出ノ骨子トスル所デアリマス、此事ハ新潟縣ノ輿論デアリマス、昨年ノ縣會ニ於キマシテ全會一致ヲ以テ決議ヲシタ事柄デアリマス、隨テ今回當議會ニ提案致スニ就キマシテモ各派聯合シテ本案ヲ提出シタ次第デアリマス、尚ホ詳細ノ事ハ委員會ニ於テ申述ベマスガ、滿場諸君ノ御贊成ヲ仰ギマス（拍手起ル）

○岩崎勳君　本案ハ植竹龍三郎君外五名提出、宇岩鐵道敷設ニ關スル建議案外十五件ノ委員ニ、併セテ付託セラレンコトヲ望ミマス

○議長（奥繁三郎君）　岩崎君ノ動議ニ御異議ナイト認メマス、仍テ動議ノ如ク決シマシタ、日程第二十九、千曲川鳴瀬川江合川改修工事費國庫補助增額ニ關スル建議案ヲ議題ニ付シマス

○佐々木安五郎君　最前カラ承ッテ居リマスト、戸水君ノ漢學振興ノ建議案ニ對シテ、盛ンニ簡單々々ト云フ聲ガ出マス、是ハ重大ナル案件デアリマス、サウ簡單ニヤルモノデハナイ、已ムヲ得ズンバ會期ヲ延長シテモ差支ナイ、國政ヲ議スル爲メニ出來タ衆議院議員ガ何ノ爲メ急グノカ、國務ノ重大ナル問題ヲソッチ除ケニシテ、歸リサヘスレバ宜イト云フコトガアルモノデハナイ(「ヒヤ〳〵」)故ニ私ハ緩リヤリマス、歐羅巴戰爭ガ半バナルトキニ、亞米利加ヲ經テ獨逸ニ歸ル獨逸人ガアッタ、亞米利加人ニ託スルニ、二重底ノ「トランク」ヲ持ッテ來テ、如何ナル事ガアッテモ是ハ開イテ見テ呉レルナト言ッタ、其時ハマダ米獨ノ國際關係ガ破裂シテ居ナカッタ、預ッタ亞米利加人モ大事ニ之ヲ藏ッテ置イタ、然ルニ其後ニ於テ亞米利加ト獨逸ガ愈々戰端ヲ交ヘルコトニナッタ、獨逸人ハ預ケタル「トランク」ヲマダ取リニ來テ居ナイ、アレ程大事ニ託シタ「トランク」デアルカラ、中ニハ定メテ秘密ナル軍用地圖カ、又ハ重要ナル武器ノ製作法見タヤウナモノヲ書イタモノヲ入レテアルデアラウ、敵國トナッタ以上ハ差支ハナイカラ、開イテ見テヤラウヂヤナイカト云フノデ、其二重底ノ「トランク」ノ中ヲ調ベテ見タラ、現ハレタルモノハ兵用ノ地圖ニ非ズ、武器ニ非ズ、彈藥ニ非ズ、爆烈彈ニ非ズ、并モ何物ガ現ハレタカト申シマスト云フト、日本ニ於テハ無用ノ長物トシテ、古本屋ノ棚ニ鼠ノ巣塗レニナッテ居ル「本草綱目」ト云フ書物ガ現ハレテ出タ、何ノ爲メニ獨逸人ガ之ヲ持ッテ行カウトシタノデアルカ、是ハ戰時中ニハ自然ニ食糧ノ缺乏ヲ來タス、此食糧ノ缺乏ヲ來スニ就テハ、之ヲ補フニハ到ル處ノ食用草木、及藥用草木ト云フモノヲ調査スル必要ガアル、之ヲ調査スル原料トスルニハ、古キ昔ヨリ調ベテアル、東洋方面ノ「本草綱目」ト云フモノヲ參考ニ缺クベカラザルモノデアルカラシテ、持ッテ歸ラウトシタト云フ譯デアル、所ガ此獨逸人ノ注意ト同ジヤウナ注意ヲ拂フ獨逸人ガ居ッテ、「本草綱目」ナルモノハ夙ニ獨逸ニ於テハ研究サレテ居ル、ソレガ爲メニ彼ノ戰時中ノ獨逸ノ食糧ノ缺乏シタ眞最中、水ノ邊リニ生ズル、草畑ノ畔ニ生ヘル若、斯ノ如キ物ノ中ニ於テ是ハ藥ニナル、是ハ喰ベラレルト云フ物ハ之ヲ一枚刷ノ彫刻ニシテ、其色ヲ著ケ、其效用ヲ書添エ、之ヲ戸々ニ配ッテ、食物自給ノ方法ヲ講ジタト云フコトデアル、東洋ニ於テハ已レノ國ニ左程貴重ナルモノガアルト云フコトヲ棄テ、閣イテ、今日ニ至ルマデ尚ホ顧ミザル者ガアル、顧ミザル者ガアルノミナラズ、漢學ノ振興ヲ論議スルト簡單ニヤッテ呉レト云フ、怪シカラヌ話デアル、若シ將來ノ事ヲ考ヘルナラバ、東洋ニアルダケノ寶、東洋ニアルダケノ貴重ナル書籍、是ハ總テ調ベ盡シテ、其餘澤ヲ西洋ニマデ霑シテヤルト云フダケノ大見識ガナケレバナラヌ、(拍手)只今西洋ノ文明ト云フモノハ物質文明デアッテ、今度ノ戰爭ニ依テ物質文明ハ最早身代限リ、是ヨリハ東洋ニ向ッテ、精神文明ノ餘リ物ヲ頂戴シニ來ルコトハ斷ジテ疑ハヌコトデアリマス、東洋ニ於テ然ラバ西洋ニ負ケナイ物ガアルカト云ヘバ、今戸水君ガ色々例ヲ擧ゲラレマシタガ、澤山アル、唯ダ東洋人ノ自ラ知ラザルノミ、此二三年前ニ獨逸ニ於テハ電氣ヲ食物ノ肥料ニスル、田畑ノ肥シ料ニ電氣ガナルカ、日本ノ農科大學邊リニ於テハ隨分驚イテ居ル、電氣ヲ肥料ニスルト云フコトハ、非常ニ進ンダ學問デアル、田畑ノ上ニ縱横ニ銅線ヲ張ッテ、針金ヲ張ッテ之ニ電流ヲ通ズルト云フト、其空氣中ニ起ル化學作用ニ依テ、其食物ハ二倍若クハ三倍ノ收穫ヲ多クスルト云フコトハ疑ノナイ事デアル、之ヲ以テ日本ノ方デハ非常ニ驚イタガ、古人ハ一ツモコンナ事ニハ驚カナイ、疾クノ昔ニ日本デモ言ッテ居ル、電氣ノ電ノ字ハ何ト云フ、電ノ訓ハ「イナヅマ」ト付ケテ、稻ヲ助ケル女房役イナヅマト付ケテアル、稻ノ花ガチラホラ白クナル時ニ電光ガスーツト通ッテ往ク、此電光ノ力ニ依テ稻ノ穗ガ能ク實ルト云フコトハ、古人既ニ稻妻ノ言葉ニ於テ言ヒ盡シテ餘蘊ナシ、今ノ人間ハサウ云フ事ハ知ラヌ、一昨年獨逸ニハ斯ウ云フ事ガ發見サレタ、天然痘ノ黴菌ヲ撲滅スルニハ、赤色光線ニ非サレバ黴菌ヲ撲滅スルコトハ出來ヌ、疱瘡ノ黴菌ハ赤色光線ニ非ザレバ、撲滅スルコトガ出來ヌト云フコトガ一昨年發見サレタ、日本ノ帝國大學デハ復タ眼ノ球ヲ圓クシテ驚イテ居ル、何ゾ圖ラン東洋在來漢方ノ醫師ノ學問ヲ調ベテ見ルト、疱瘡ニ赤イ物ガ附物ニナッテ居ル、支那ニ於テハ疱瘡患者ガアレバ、窓ノ硝子カラ何カラ、垂レル布カラ幕カラ悉ク赤クスル、日本ニ於テモ疱瘡病ノ子供ノ枕元ニハ、赤イ達磨サンヲ列ベタリ、赤イ手拭ヲ被セタリ、赤イ小豆ノ粉ヲ顔ニ塗ッテヤル、赤色光線デ天然痘ヲ撲滅スルト云フコトハ、東洋ノ方ガ先ニ發見シテ居ル、獨逸デハ一昨年頃漸ク分ッテ來タ、己ノ國デ昔カラアル事ヲ知ラヌデ皆ナ向フニ迷ウテ居ル、此頃又非常ニ日本デ八釜シク言ハレル「スタイナッハ」博士ノ長生法、長生藥、非常ニ長生ヲスル、若返ル「スタイナッハ」博士ガ之ヲ發明シタノハ、大發明ヲシタト云フヤウニ言ウテ居ルガ、是ハ支那ノ抱朴子ト云フモノニ書イテアル、簡單ナ法デアッテ生氣ヲ元ニ還ス、還丹ノ術ト云フハ是デアル、何デモナイ、又「ラジユーム」ト云フモノハ中中大事ナモノデ、「ラジユーム」ヲ色々ノ難病ガ助カルト言フケレドモ、是ハ鉛ト同ジモノデアッテ、鉛ト云フモノハ「ラジユーム」ニ包含セル或ル一種ノ鑛物ヲ煎シ詰メタ、愈々ノ滓ガ鉛ニナルト云フコトハ日本ニモ考ヘテ居ル者ガアル、其方法ハ漢學ノ書物ニチヤント分ッテ居ル、何モ昔ノ事ヲ調ベナイデ、唯ダ向フノ方バカリ目ヲ著ケテ、己ノ足許ニ氣ヲ付ケヌデ居ル、是ダケノ善イ寶ガアルコトヲ皆ナ忘レテシマッテ居ル、ソレカラ此頃デハ理學博士ガ驚イテ居ルノハ、煉金ト云ッテ金ヲ煉ルト云フコトヲ西洋人ガ言フテ、屢々小說ナドモ出シテ居ル、東洋ニモ此事ハアル、鉛ニ何物カ化合シテ金ニスルコトガ出來ルダラウト云フ議論ガ起ッテ居リマス、鉛ト云フモノハ、鉛ハ五金ノ母ナリト云フコトガ漢學ノ本ニチヤント書イテアル、是ト是トヲ化合シテ斯ウスレバ鉛ニナル、其元素ガ世界ノ學術界デマダ研究ノ盡サレテ居ラヌ、ソコマデノ案ハ抱朴子大仙眞經アタリノ漢字ノ書物ニ載セテ居ル、西洋人ヨリモ此方ノ人間ガ先ニ知ッテ居ル譯デアル、ソレカラ奈良ノ大佛ノ蓮ノ花瓣ガ殘ッテ居ル、是ガ電氣鍍金デアル、此頃日本ノ三千年前ノ古墳カラ取出ス金環ト云フ物、及金ノ鍔、斯ノ如キ物ハ皆電氣鍍金デアル、西洋人ハ之ヲ見テ、日本ニハ三千年前ニ電氣鍍金ガアッタデハナイカト言ヘバ、日本ノ帝國大學ノ教授先生ハ之ニ返答ガ出來ヌ、日本ノ何時頃ニサウ云フ電氣鍍金ガドウシテアッタカ返答ガ出來ヌ、何ゾ圖ラン是ハ調ベテ見レバ、漢學ノ書物ノ中ニ腦砂――腦髓ノ砂、石燐――卽チ石ノ燐、是ハ原語ヲ言ウテ見マスト云フト、是ガ卽チ電氣ノ原ニナル所ノ「オロシテル」、此「オロシテル」ト云フ言葉ガ西洋ニ行ッテ「エレキテル」ニナッタ、日本ノ方ガ是ハ始メデ、奈良ノ大佛ノ鑄像ノ時ニハ、此鍍金ノ原料ヲ百濟ノ坊サンガ持ッテ來タ、石燐ハ漢文ノ書物ヲ讀ンデ見ルト腦砂トアッテ今デモアル、斯ノ如ク向フニアッテ、不思議ニ思ッテ居ルモノガ日本ニ澤山アル、唯ダ日本人ハコンナ自分ノ寶ト云フモノヲ研究スルコトヲ忘レテ居ルノミナラズ、西洋人ハ此頃漢字ノ研究ト云フコトヲ非常ニ詳シクヤリ出シタ、ソコデ太陽ノ中ニ現ハレル所ノ黑點、天文學者ガ不思議ニ思フ黑點、是ハ日月ノ日ヲ象形文字ニ直ストマン丸ノ中ニ黑イ點ガ打ッテアル、支那ニ於テハ日ノ字ヲ造ルトキニ、既ニ太陽ニ黑點ガアルト云フコトヲ知ッテ居ル、地球ニ熱ガアルノハドウ云フカト云フト、大陸ノ陸ノ字ノ「阝」ヲ除ケテ、「坴」ヲ書イテ右ニ「丸」ヲ書イテ「下」ニ火ヲ書クト、直グニ熱ト云フ字ニナル地球ガ丸イ形デ、而モ中ニ地心熱ノアルト云フコトハ、「熱」ト云フ字ニ於テ現ハレテ居ル、西洋ノ學問ガ新シイト云フガ、コッチノ方ガ餘程新シイ、況ヤ此頃ノ思想社會ニ於ケル無政府主義過激主義ト云フガ、コンナ事ハ皆ンナ東洋カラ言ヘバ滓デアル、帝力何ゾ吾ニアランヤト云フコトハ、堯舜ノ時ニ既言ウテ居ル、過激主義ト云フモノヲ主張スルガ、アレバ宜シクナイノデアッテ、日本ニハアンナモノハ要ラヌ、要ラナイモノハ取ラヌデモ宜イ、孟子ノ如キハ「一夫紂ヲ誅スルヲ聞ク未ダ其君ヲ弑スルヲ聞カス」ト云フコトヲ言ッテ居ル、是ハ無政府主義ヲ言フタモノデアル、日本ノ國體デハ日本人ハ取ラナイ、善イモノハ消化シテ役ニ立タヌモノハ捨テル、消化シテ善イモノダケハ殘ス、調ベテ見レバ或ハ老子、或ハ莊子、或ハ列子、或ハ荀子、斯ノ如キモノヲ調ベテ見レバ、此頃西洋デ珍シガル所ノ思想問題ナンカト云フモノハ、東洋ニ於テハ二千年三千年モ昔ニ既ニ言ヒ盡シテ居ル、(拍手起ル)今更ソレヲ騒クコトモ珍シガルコトモ、カブレルコトモナイ、ソンナ事ハ有リ餘ッテ仕方ガナイコトデアル捨テル程アル、ダカラ斯ノ如キ事ヲ珍シガルト云フコトハ既ニ間違デアル、間違デアルカラ之ヲ珍シガラヌヤウニスルニハ研究スルガ宜イ、研究スルハ宜イガ、爰ニ一寸言ッテ置キマスノハ、學問ト云フモノト教育ト云フモノトハ違ッテ居ル、漢字ト云フモノハ康煕字典ニ依レバ八万カラアル、八万カラアル文字ヲ之ヲ悉ク知ラシメヤウト云フノハ、學問ノ方ノ議論、教育ノ方カラ云フト、一般ノ國民ガ日常差支ナイ範圍ト云フモノカラ云ヘバ、文字ハ三千字ヲ知ッテ居レバ學者デアル、其中デ八万字モ知ッテ居レバ神樣ト云ハレル、ダカラ學問ノ方ハ八万字迄突込ンデ宜イ、教育ノ方ハ三千字位ニ止メテ置ク、漢字制限論モ、必ズシモ此議論ト撞著スルモノデハナイ、ダカラ漢學ヲ捨テヽハイカヌ、教育ノ方ハ淺ク廣ク行ケバ宜イ、學問ノ方ハ狹ク深ク行カナケレバナラヌ、漢字振興ノ中ニ教育ト學問トアル或者ハ望ニ依テ學問ニ走ル、或者ハ教育ニ止マル者デアル、教育ニ止マル者ハ漢字ヲ制限スルナリ何ナリシテ差支ナイ、與ニ其事ヲ一々皆ナ知ラナケレバナラヌト云フコトハ無イ、學問ニ走ラウトスル者ハ其先キヲ知ルガ宜シイ、ソレハ幾ラ知ッテモ差支ナイガ、斯クノ如ク言ウテ見ルト、漢字ヲ制限スルモ亦宜シイ、漢學振興論ニハ漢字制限論ヲ包含スルコトガ出來ル、又中ニ引込ムコトモ出來ル、之ニ反シテ戸水君ヨリモ申シマシタガ漢學ヲヤルト云フト國ガ衰ヘル、卽チ漢學國亡論ト云フヤウナモノハ是ハ間違デアル、「アルハベット」デ子音ト母音トヲ合セテ一字ニスレバ國ハ榮エルト云フ、是ハ羅馬字論者ノ言フ事デアルガ、私共ハ是ニハ大反對デアル、若シ子音ト母音トヲ合セテ、一字一音デ「アルハベット」流ノ其文字デ國ガ榮エルト云フナラバ、敢テ問フ朝鮮ノ諺文ハ如何、朝鮮ノ諺文モ子音ト母音ト合シタモノデアル、蒙古文字ハ如何、滿洲文字ハ如何、「チベット」文字ハ如何、「トルキスタン」文字ハ如何、是ハ總テ「アルハベット」ト同ジク、子音ト母音デ造ッタモノデアルケレドモ、國民ノ精神ソコニ至ラザレバ、如何ニ西洋人同樣ナル「アルハベット」ヲ以テシテモ、駄目デアルト云フコトガ分ル、日本ハ漢字ノヤウナモノヲ有ッテ居ルガ、此漢字ニ依テ日本ノ文明ハ阻害サレテ居ラヌ、ドシ〱進ンデ居ル、之ヲ整理シヤウト思フナラバ、漢字ノ整理ガ出來ル、今迄ノ漢字ヨリ多ク無茶苦茶ニ之ヲ詰込ンデ、組織的ニ整理シタモノハ無イ、併シ整理シヤウト思ヘバ出來ヌコトハナイ、例ヘバ康煕字典、玉編合編ノヤウナ辭書ハ悉ク偏デ分ケテアル、文字ノ偏デナク今度ハ旁デ分ケルト、直クニ仁義禮智信ノ「義」ノ字ニ「言偏」ヲ加ヘレバ、衆議院ノ「議」ニナル、「虫偏」ヲ附ケレバ皆キニ附ク蟻ニナル、「人偏」ヲ附ケレバ儀式ノ「儀」ニナル「日偏」ヲ加ヘレバ朝曦一照ノ「曦」トナル、是ハ忠義ト云フ主義カラ子供ニ教ヘルニハ、仁義禮智信ノ「義」ノ字ヲ一ツ教ヘテ、之ニ「言偏」ヲ加ヘレバ「議」トナリ、「虫偏」ヲ加ヘレバ「蟻」トナリ、「日偏」ヲ加ヘレバ「曦」トナルト云フコトハ、只ダ一字デ教ヘ得ラレル、サウシテ其譯ハ後デ附加ヘテ教ヘレバ宜イ、何モ六ケシイコトハ無イ之ヲ一遍ニ錯雜シテ教ヘルカライケナイノデアル、是ハ今迄ノ漢字ヲ整理シテ教ヘレバ宜イ、私ノ友人淸藤幸七郎ト云フ人ガ、五年掛ッテ表ヲ作ッテ居ル、是ハ他日衆議院ニ向ッテ御採擇ヲ願ヒタイト云フ請願ガ出ルカモ知レナイ、出タラ私ハ紹介シテヤラウト思ッテ居ル、斯ノ如キ譯デアリマスカラ漢字ト云フモノハ必ズシモ六ケシイコトハ無イ、之ヲ六ケシイト言フノハ、今迄ノ教育法ガ劣ッテ居ルカラデアル、文部省ナドデ漢字ヲ排斥スル論者ガアルガ、是ハ文部省ガ無能デアルト云フ證據デアル、文部省ガ一雙眼ヲ開イタナラバ、鄙スク之ヲ教ヘルコトハ譯ハ無イ、之ニ依テ平易ナル文字ヲ以テ深遠ナル事ヲ教ヘル、卑近ナル事ヲ以テ深ク廣ク教ヘル、何モ譯ハ無イ、之ヲ爲シ得ナイノハ文部當局ニ手腕ガ無イ、眼識ガ無イ、經驗ガ無イカラ斯ノ如キ事ニナルノデアル、況ヤ將來ノ日本ハ、支那ヲ離レテハ立ツコトガ出來ナイ、朝鮮ヲ捨テヽコトモ出來ナイ、臺灣ヲ捨テルコトモ出來ナイ、支那、朝鮮、臺灣悉ク捨テルコトガ出來ナイ、日本人ガ支那、朝鮮、臺灣ニ往クノト、西洋人ガ支那、朝鮮、臺灣ニ往クノトハ非常ナ便不便ガアル、日本人ガ往クト小學校ヲ卒業シタ子供ガ往ッテモ、飯ヲ食ヒタイ時ニハ飯ト云フ字ヲ書ケバ宜イ、水ガ飲ミタイ時分ニハ水ト云フ字ヲ書ケバ宜イ、小學校ヲ卒業シタ子供ガ支那ニ往ッテモ、朝鮮ニ往ッテモ、臺灣ニ往ッテモ、飢エモセネバ凍エモシナイ、是ハ漢字ノ御蔭デアル、互ニ東洋ヲ一ツニ纏メルト云フコトハ漢字ノ御蔭デアル、西洋人ハ八年掛ラナケレバ、日本ノ小學校ノ生徒ガ當キ得ル漢字ガ解ラヌ、ソレヲ日本人ハ子供ガ往ッテモ直グ解ル、是等ノ便利ト云フモノハ天ガ支那、朝鮮、臺灣ト云フモノト、日本ト云フモノトヲ共ニ結付ケル約束ノ下ニ漢字ヲ與ヘラレタ證據デアル、(拍手起ル)之ヲ排斥スルト云フコトハ、朝鮮ト緣ヲ切リ、臺灣ト緣ヲ切リ、支那大陸ト緣ヲ切ルト云フコトニナルノデ、他日日本ハ物質上ニ於テ孤立スルノミナラズ、文教ノ上ニ於テモ其他凡テノ點ニ於テモ、孤立ノ位置ニ立タナケレバナラヌト云フ大問題デアル、故ニ斯ノ如キ問題ハ何ヨリモ大切ナ事デアリマスカラ、他ノ事ハ差措イテモ、此事ダケハ文部省ニ是非トモヤッテ貰ハナケレバナラヌ、之ヲヤラヌトキニハ、私ハ本當ニ文部大臣ヲ彈劾スル考デアル、是デ終リ(拍手起ル)

○岩崎勲君　本案ハ佐藤寅太郎君提出、滿洲ノ大學設立ニ關スル建議案外一件ノ委員ニ、併セテ付託セラレンコトヲ望ミマス

〔「贊成」ト呼フ者アリ〕

○議長(奥繁三郎君)　岩崎君ノ動議ニ御異議ナイト認メマス、仍テ動議ノ如ク決シマシタ、日程第三十四、岡崎大井間鐵道建設ニ關スル建議案ヲ議題ニ付シマス齋藤寬太郎君

特別報告第三百七號

意見書

請願文書表第二五九八號

朝鮮ニ於ケル辯護士資格附與ノ請願　朝鮮忠清南道公州郡本町三百五十四番地外山喜右衛門外二名呈出（紹介議員牧山耕藏君）

右請願ノ要旨ハ從來朝鮮ニ於テハ訴訟代理人ノ制度ヲ設ケ理事官ノ許可ヲ得タル者及一事件毎ニ裁判所ノ許可ヲ得タル者ハ辯護士ノ如ク訴訟代理ヲ爲スコトヲ得タリシカ其ノ後理事廳ノ廢止トナリ前者ハ其ノ區域內ニ於テ依然訴訟代理ヲ爲シ得ルコトヲ留保セラレ後者モ亦爾來十年間訴訟代理人タルノ許可ヲ得タリ然ルニ大正八年五月朝鮮總督府制令第十三號ヲ以テ前者ハ辯護士タルノ資格ヲ附與セラレ後者ハ其ノ恩典ニ浴セサリキ斯ノ如キハ其ノ處置當ヲ得サルトコロナリ依テ同令第十三號第一條ニ適當ノ但書ヲ加ヘラルルカ又ハ他ノ方法ヲ以テ辯護士資格ヲ附與セラレタシト謂フニ在リ

衆議院ハ其ノ趣旨ヲ至當ナリト認メ之ヲ採擇スヘキモノト議決セリ依テ議院法第六十五條ニ依リ別冊及御送付候也

特別報告第三百八號

意見書

請願文書表第二六四一號

朝鮮忠清南道江景水道敷設ノ請願　朝鮮忠清南道論山郡江景面本町二十九番地平民農荒春幹治外百八十名呈出（紹介議員牧山耕藏君）

右請願ノ要旨ハ朝鮮忠清南道論山郡江景市街ハ朝鮮三大市場ノ一ニシテ交通運輸ノ便ヲ有スル要地ナリ然ルニ飲料ノ淨水ナク爲ニ疫病流行ノ際ハ猖獗ヲ極メ悲慘ノ狀況ヲ呈ス依テ當地水道敷設費ヲ十年度豫算ニ計上セラレタシト謂フニ在リ

衆議院ハ其ノ趣旨ヲ至當ナリト認メ之ヲ採擇スヘキモノト議決セリ依テ議院法第六十五條ニ依リ別冊及御送付候也

（植場平君登壇、拍手起ル）

〇植場平君　只今議長ノ御宣告ノ通リ日程ノ九十ヨリ百三十八ニ至ル四十九件、一括シテ御報告申上ゲマス、此請案ニ對シマシテハ愼重審議ヲ致シタ結果、各案共相當理由アル請願ナリト認メマシテ採擇ニ決シタ次第デアリマス、其内日程ノ九十四朝鮮ニ衆議院議員選擧法施行ノ請願デアリマス、之ニ就キマシテハ一言ヲ加ヘテ置ク必要ガアルノデアリマス、卽チ委員會ニ於キマシテ報告ノ場合ニ敢テ一言ヲ致シテ置クヤウニト云フ決議ガアリマシタ、其決議ニ從ツテ一言ヲ致シマス、此請願ハ衆議院議員法ヲ朝鮮ニ施行セレラタシト云フノデアリマス、靜ニ之ヲ案ジマスルニ、日韓――日鮮待遇ヲ異ニセザルコトハ、日鮮併合ノ大詔ニ依リマシテ炳然タルコトデアルノデアリマス、偶ミ誤謬ノ深ヲ企テル如キ者ノ輩出ハ、偏心懷疑ニ出ルニ依ルモノデゴザイマシテ、本請願ノ如ク穩健ナル方法ニ依ルモノハ、誠意アルモノト認メタノデアリマス、請願委員會ハ朝鮮文化ヲ促進セシメンガ爲メ、此請願ヲ採擇ニ決シタ次第デゴザイマス（拍手起ル）然レドモ其施行ニ就キマシテハ、諸多ノ準備ヲ要スル所アルコトヲ深ク信ジテ居ル次第デゴザイマス、何卒委員會ニ於テ決シマシタル通リ、本議會ニ於キマシテモ、御採擇アランコトヲ希フ次第デゴザイマス、之ヲ併セテ御報告ヲ致シマス、又例ニ依リマシテ報告ニ添付致シテゴザイマスル意見書ハ、總テ御報告ヲ略シマシテ、議長ノ御承認ヲ經テ速記錄ニ掲載致スコトニ致シマス、是亦併セテ御承諾ヲ請ヒマス、右御報告申シマス（拍手起ル）

特別報告第三百八十號

意見書

請願文書表第一八七四號
賣藥印紙稅全廢ノ請願　富山市富山縣賣藥同業組合副組長
佐介平兵衛呈出（紹介議員高見之通君外一名）

右請願ノ要旨ハ醫藥、賣藥共ニ其ノ目的ハ疾病ノ治療ニ在リ然ルニ醫藥ト賣藥トノ區別ヲ立テ賣藥ノミニ苛重ノ印紙稅ヲ課スルハ賣藥ノ改良發展ヲ阻害スルコト尠カラス依テ賣藥稅法ヲ改正シテ印紙稅ヲ全廢セラレタシト謂フニ在リ

衆議院ハ其ノ趣旨ヲ至當ナリト認メ之ヲ採擇スヘキモノト議決セリ依テ議院法第六十五條ニ依リ別冊及御送付候也

特別報告第三百八十一號

意見書

請願文書表第二六一八號
自家用醬油稅法改正ノ請願　岡山縣小田郡三谷村大字東三成千四百九十七番地淺野房次外十七名呈出（紹介議員高莢代藏君）

同　第二七三一號
同上　岡山縣小田郡堺村大字星田千九十五番地平民農川上生太郎外二十二名呈出（紹介議員守屋松之助君）

右請願ノ要旨ハ自家用醬油稅法ニ據ル第一種一石未滿ノ製造ノ如キハ主ニ僻陬居住ノ庶民カ日常必須品ト爲スニ過キス依テ速ニ自家用醬油稅法ヲ改正シ第一種一石未滿製造者ニ課稅セサル様爲サレタシト謂フニ在リ

衆議院ハ其ノ趣旨ヲ至當ナリト認メ之ヲ採擇スヘキモノト議決セリ依テ議院法第六十五條ニ依リ別冊及御送付候也

特別報告第三百八十二號

意見書

請願文書表第一七四三號

國庫出納金端數計算法中改正ノ請願　福岡縣糸島郡小富士村大字御床三百八十五番地平民農藤瀬與右衛門外四名呈出（紹介議員納富陳平君）

右請願ノ要旨ハ請願人等ハ大正五年法律第二號國庫出納金端數計算法施行以來總地租トシテ二錢其ノ他ノ公課トシテ四錢合計六錢ノ賦課ヲ受ケ僅ニ一錢ノ地價ニ對シ六倍以上ノ負擔ヲ受ケツツアルハ苛酷ニ過クルノミナラス該法ノ規定ニ據リ地租一錢未滿ノ端數ハ之ヲ切捨ツルニ拘ラス地租全額一錢未滿ナルトキハ之ヲ一錢ニ切上クルハ富者ニ寛ニシテ貧者ニ嚴ナル規定ト謂ハサルヘカラス依テ前記國庫出納金端數計算法ノ第一條ヲ「國庫ノ收入金又ハ支拂金ニシテ一錢未滿ノ端數アルトキハ其ノ端數ハ之ヲ切捨ツ其ノ全額一錢未滿ナルトキハ之ヲ收入又ハ支拂ヲ爲サス」同第七條ヲ「第一條末段ノ規定ニ據リ收入セサル金額ハ法律上總テノ納税資格中ニハ納税シタルモノト看做ス」ト改正セラレタシト謂フニ在リ

衆議院ハ其ノ趣旨ヲ至當ナリト認メ之ヲ採擇スヘキモノト議決セリ依テ議院法第六十五條ニ依リ別冊及御送付候也

特別報告第三百八十三號

意見書

請願文書表第二六七五號

葉煙草收納ニ關スル請願　徳島縣海部郡奥木頭村長陸原留太呈出（紹介議員原田佐之治君外一名）

同　第二六七六號

同上　徳島縣海部郡下木頭村中木頭村組合村長宮本則太郎呈出（紹介議員原田佐之治君外一名）

右請願ノ要旨ハ徳島縣海部郡奥木頭村ハ煙草耕作ニ適シ其ノ産出額多數ニ上レリ然ルニ輸送收納上不便多ク爲ニ之カ運賃ノ負擔ニ堪ヘス依テ收納所設置又ハ專賣局官吏ヲ當地方ヘ出張セシメ收納ノ便ヲ促進セラレタシト謂フニ在リ

衆議院ハ其ノ趣旨ヲ至當ナリト認メ之ヲ採擇スヘキモノト議決セリ依テ議院法第六十五條ニ依リ別冊及御送付候也

特別報告第三百八十四號

意見書

請願文書表第一九八二號

朝鮮ニ衆議院議員選擧法施行ノ請願　朝鮮京畿道京城府貫洞二十五番地國民協會長閔元植外三千二百二十六名呈出（紹介議員大岡育造君外十六名）

右請願ノ要旨ハ日鮮兩民併合以來激成セラレタル鮮民ノ排日感情ノ一掃シ眞ニ朝鮮統治ノ實效ヲ擧ケムニハ唯地方自治制ノ實施ト參政權附與ノ二途アルノミナリ而シテ地方自治制ニ在リテハ之カ準備機關タル諮問機關設置ニ因リ漸ク其ノ曙光ヲ認ムルニ至リタリト雖獨參政權ニ對シテハ當局ノ方針鮮明ナラス或ハ民度ニ差アルヲ理由トシテ永ク特種制度ノ下ニ別異ノ待遇ヲ爲サムトスルモノノ如シ斯テハ近キ將來ニ於テ之カ實現ヲ見ルコト全ク望ミナキニ似タリ之請願人等ノ忍フ能ハサルトコロニシテ併合ヲ悔ユルノ念茲ニ胚胎セムトシ誠ニ遺憾ニ堪ヘサルナリ依テ彼等新附ノ民ヲシテ國政ニ參與セシメム爲速ニ衆議院議員選擧法ヲ朝鮮ニ施行セラレタシト謂フニ在リ

衆議院ハ其ノ趣旨ヲ至當ナリト認メ之ヲ採擇スヘキモノト議決セリ依テ議院法第六十五條ニ依リ別冊及御送付候也

大正十年三月二十七日

（朝鮮ニ於ケル行政司法ノ衝突ニ關スル質問主意書ハ大正十年三月二十二日速記錄第三十二號八〇八頁掲載）

大正十年三月二十五日

内閣總理大臣　原　　敬

衆議院議長奥繁三郎殿

衆議院議員鮎川盛貞君提出朝鮮ニ於ケル行政司法ノ衝突ニ關スル質問ニ對シ別紙答辯書差進候

（別紙）

衆議院議員鮎川盛貞君提出朝鮮ニ於ケル行政司法ノ衝突ニ關スル質問ニ對スル答辯書

本件ハ假定ノ問題ニ關スル質問ナルヲ以テ答辯ノ限リニ在ラス

右及答辯候也

大正十年三月二十五日

内閣總理大臣　原　　敬

第百十八　鴨緑江岸道路修築ニ關スル建議案（高見之通君外五名提出）（委員長報告）

第百十九　朝鮮ニ於ケル植林事業保護ニ關スル建議案（松山常次郎君外二君提出）（委員長報告）

○高木第四郎君　只今上程セラレマシタ日程第百十八鴨緑江岸道路修築ニ關スル建議案、日程第百十九朝鮮ニ於ケル植林事業保護ニ關スル建議案、此兩案ニ就キマシテハ二回委員會ヲ開キ、政府委員ノ說明ヲ求メマシタ上、滿場一致ヲ以テ兩案共可決致シマシタ、此段御報告致シマス

○岩崎勳君　日程第百十八、第十九ハ孰レモ委員長報告通リ可決アランコトヲ望ミマス

〔「贊成々々」ト呼フ者アリ〕

○議長（奥繁三郎君）　岩崎君ノ動議ニ御異議ナイト認メマス、仍テ動議ノ如ク決シマシタ、日程第百二十乃至第百二十五ハ、同一委員ニ付託シタル議案ナルニ依リ一括議題ニ供シマス、委員長波多野承五郎君

（取引所政策ニ關スル質問主意書ハ大正十年三月一日速記錄第二十一號四七八頁掲載）

大正十年三月二十六日

內閣總理大臣　原　　敬

衆議院議長奥繁三郎殿

衆議院議員奥村千太郎君提出取引所政策ニ關スル質問ニ對シ別紙答辯書差進候

（別紙）

衆議院議員奥村千太郎君提出取引所政策ニ關スル質問書ニ對スル答辯書

質問事項第一及第二ニ對スル答辯

取引所法ハ之ヲ三月九日貴族院ニ提出セリ

質問事項第三及第四ニ對スル答辯

綿絲布先約取引ニ付テハ取引所法ノ背反ニ陷ルノ虞アルヲ以テ今回ノ取引所制度改正ノ趣旨ニ依リ大體ニ於テ之ヲ取引所內ニ收容シ一定ノ組織ト節制ノ下ニ規律アル取引ヲ爲サシムル見込ナリ

質問事項第五ニ對スル答辯

朝鮮米ヲ格付範圍ヨリ除去スヘキヤ否ヤ及內地米ノ受渡範圍ヲ此ノ際直ニ縮少スヘキヤ否ヤニ付テハ內地及朝鮮ニ於ケル農業政策及食糧ノ需給調節上大ニ考慮ヲ要スヘキモノト認ム

質問事項第六及第八ニ對スル答辯

有價證券ヲ賣買スル市場ハ凡テ取引所法ニ依ラシムル方針ナリ而シテ物產ノ大量取引ニ付テハ特ニ嚴重ナル監督ヲ爲シ取引所外ニ於ケル差金決濟ノ施設ハ之ヲ嚴禁スル見込ナリ

質問事項第七ニ對スル答辯

學識經驗アル人々及關係同業者ノ意見ヲ徵シ愼重ノ調査ヲ遂ケタルモノナリ

質問事項第九ニ對スル答辯

現在ノ生絲ニ關スル貿易及經濟狀態ノ下ニ於テハ特ニ置絲取引所增設ノ必要ヲ認メス

右及答辯候也

大正十年三月二十六日

大藏大臣　子爵高橋　是清

農商務大臣　山本　達雄

（朝鮮統治ニ關スル質問主意書ハ大正十年三月一日速記錄第二十一號四八四頁掲載）

大正十年三月二十六日

內閣總理大臣　原　　敬

衆議院議長奥繁三郎殿

衆議院議員淸瀨一郎君提出朝鮮統治ニ關スル質問ニ對シ別紙答辯書差進候

（別紙）

衆議院議員淸瀨一郎君提出朝鮮統治ニ關スル質問ニ對スル答辯書

一　琿春事件勃發スルヤ政府ハ直ニ外務省ヨリ特ニ調査員ヲ該地方ニ派遣シテ領事館及在留邦人被害ノ實況竝事件勃發當時ニ於テ支那當該地方官憲ノ執リタル措置態度等ニ就キ詳細調査ヲ遂ケシメ其ノ結果ニ基キ小幡在支公使ヲシテ支那政府ニ對シ該事件善後處置ニ關スル交涉ヲ開始セシメタル處支那政府ニ於テハ支那側ヨリモ該事件取調ノ爲調査員ヲ派遣シ居ルニ依リ其ノ復命アル迄猶豫アリタキ旨申出アリタルニ付帝國政府ニ於テ可成速ニ右報告ニ接シ交涉カ進捗セシムル樣支那政府ニ督促シツツアリ

二　政府ハ琿春事件ニ對シ英國政府ヨリ何等干涉ヲ受ケタル事實ナシ

三　我軍ハ殊更ニ無抵抗ノ婦女ヲ殺害シ或ハ無辜ノ良民ニ危害ヲ加ヘシコトハ既ニ答辯セル所ノ如シ

四　我軍ハ其軍事行動上ノ必要以外ニ敎會學校民家等ヲ燒却セルコトナキハ既ニ答辯セル所ノ如シ

五　水町大佐カ「フート」ニ送リタル書面ハ全ク水町個人ノ私信ニシテ政府カ其ノ責ニ任スヘキ所ニアラサルハ既ニ答辯セル所ノ如シ

六　水町大佐ノ行爲カ陸軍刑法ニ抵觸セサルハ既ニ答辯セル所ノ如シ

七　水町大佐ノ書信ノ內容ヲ電報シタルハ當時龍井村ニアリシ新聞通信員ニシテ水町大佐カ打電シタルモノニアラス

右及答辯候也

大正十年三月二十六日

外務大臣　伯爵內田　康哉

陸軍大臣　男爵田中　義一

大正十年三月二十七日

朝鮮人ノモルヒネ注射取締ニ關スル質問主意書

右成規ニ據リ提出候也

大正十年三月二十四日

提出者　山道　襄一

贊成者　安達　謙藏

外三十一人

朝鮮人ノモルヒネ注射取締ニ關スル質問主意書

朝鮮ニ於テモルヒネ中毒患者ヲ出スニ至リタルハ恐ラク大正三年ニ始マリタリト思惟セラル當時ハ全羅南道羅州郡ニ於テ數名ヲ見ルニ過キサリシヲ大正八年ニ於テ俄然其ノ數ヲ倍加シタリ之レ全羅南道木浦慈善院ノ羅州出張所員曹廷鉉カ盛ニモルヒネヲ賣付ケタルニ因ルト云フ爲ニ同地青年修養會ハ中毒患者名簿ヲ作製シ當局官憲ニ對シモルヒネ賣買取締方ヲ願出テタルニ拘ラス當局怠慢ノ結果今ヤ羅州郡ニ於テ三百餘名木浦府四百餘名海南郡三百餘名綾州郡八十餘名ヲ始メ咸平靈巖光州等頗ル多キニ至レリ

而シテ當局者ハ阿片吹煙者及阿片販賣人ハ之ヲ取締ルヘキ嚴重ナル法令ヲ設ケナカラ用法簡易ナルヲ以テ傳播シ易ク而モ其ノ害毒甚シキモルヒネニ關シテハ取締頗ル緩漫ナリ爲ニ地方中毒患者中ニハ死者續出シ生存者ハ殺傷竊盜等ヲ爲シ家庭的ニモ社會的ニモ悲慘ヲ極ム如斯ハ人道上ヨリスルモ亦看過スヘカラサル事ニ屬ス政府ハ之カ取締救濟ニ對スル考慮ヲ拂ヒ其ノ方策ヲ講スル意思ナキカ

右及質問候也

大正十年三月二十六日

内閣總理大臣　原　　敬

衆議院議長奥繁三郎殿

衆議院議員山道襄一君提出朝鮮人ノモルヒネ注射取締ニ關スル質問ニ對シ別紙答辯書ノ差進候

(別紙)

衆議院議員山道襄一君提出朝鮮人ノモルヒネ注射取締ニ關スル質問書ニ對スル答辯書

政府ハ朝鮮ニ於ケル「モルヒネ」ノ取締ヲ緩漫ニ付シタルコト無ク從ッテ遂ニ質問者ノ言フカ如キ多數ノ中毒者ヲ生シタル事實ヲ認メス而モ尚ホ一層之カ取締ノ徹底ヲ期シ併セテ國際阿片條約ノ趣旨ニ合致セシムル爲大正九年十二月二十三日朝鮮總督府令第百九十四號ヲ公布シ現ニ施行シツヽアリ

右及答辯候也

大正十年三月二十六日

内閣總理大臣　原　　敬

特別報告第四百六十號

意見書

請願文書表第二九一五號

朝鮮ニ於ケル煙草製造業者救濟ノ請願　朝鮮釜山府富平町一丁目二十九番地ノ一商石田新吉外四名呈出（紹介議員湯淺凡平君）

右請願ノ要旨ハ朝鮮ニ於ケル煙草製造業者ハ大正十年度ヨリ煙草專賣法實施ト同時ニ營業權ヲ失脚シ經濟的打撃ヲ受クヘシ依テ(一)營業權失脚ニ對スル交付金トシテ一箇年引取高ノ四割ヲ交付シ(二)原料、機械、器具、材料ニ付相當ノ價格ヲ以テ買上ケ(三)工場買上ニ付キ相當留意ノ上救濟セラレタシト謂フニ在リ

衆議院ハ其ノ趣旨ヲ至當ナリト認メ之ヲ採擇スヘキモノト議決セリ依テ議院法第六十五條ニ依リ別冊及御送付候也

特別報告第四百六十一號

意見書

請願文書表第三〇七六號

鎭南浦築港ノ請願　朝鮮平安南道鎭南浦府商業會議所會頭馬場嘉藏呈出（紹介議員牧山耕藏君）

右請願ノ要旨ハ朝鮮鎭南浦ハ天與ノ良港ニシテ日韓併合以來諸計畫其ノ緒ニ就キ都市ノ面目一新シ將來益發展ノ機運ニ向ヒツツアルノミナラス國防上亦須要ナル地點ナルニ依リ速ニ築港セラレタシト謂フニ在リ

衆議院ハ其ノ趣旨ヲ至當ナリト認メ之ヲ採擇スヘキモノト議決セリ依テ議院法第六十五條ニ依リ別冊及御送付候也

特別報告第五百三十二號

意見書

請願文書表第三三一七號

朝鮮產牛改良ノ請願　東京府荏原郡大崎町字居木橋五百五番地木村粂丸外二名提出（紹介議員土屋興君）

右請願ノ要旨ハ我カ國畜牛ノ需要供給ノ狀態ヲ觀ルニ近年ハ朝鮮、支那、青島ヨリ輸入シテ以テ其ノ平均ヲ保チツツアリ從テ朝鮮畜牛ノ改良ハ我カ國畜牛ノ自給自足ニ大ナル關係ヲ有スルモノト謂フヲ得ヘシ依テ朝鮮總督府ニ於テハ朝鮮畜牛ノ改良ヲ畫ル爲相當ノ方法ヲ講セラレタシト謂フニ在リ
衆議院ハ其ノ趣旨ヲ至當ナリト認メ之ヲ採擇スヘキモノト議決セリ依テ議院法第六十五條ニ依リ別冊及御送付候也

○橋本喜造君　諸君、本員ハ對外貿易振作ニ關シテ、大藏大臣農商務大臣ニ對シテ質疑ヲ試ミタイ、大正九年三月ニ起リシ財界ノ恐慌ハ益、惡化シテ底止スル所ヲ知ラズ、隨テ是ガ恢復ハ何レノ時期ニ於テ來ルベキカ、何人ト雖モ確言スルコトハ出來ヌノデアリマス、試ニ恐慌ノ第一年、卽チ大正九年ノ對外貿易、之ヲ見マスレバ、輸出入總計四十二億八千四百万圓ニシテ、輸入超過額三億八千八百万圓デアルノデアリマス、又昨年、卽チ大正十年ノ貿易額ヲ見マスレバ、輸入輸出總計二十八億六千五百万圓ニシテ、輸入超過額亦三億六千百万圓デアルノデアリマス、之ヲ前年度ニ比較シテ見マスレバ、總計ニ於テ十四億二千万圓ノ減額ヲ來シテ居ルニモ拘ラズ、輸入超過額ニ於キマシテ、殆ド同額デアルノデアリマス、此點ハ特ニ爲政者ノ注意ヲシナケレバナラヌ所デアラウト本員ハ信ズルノデアリマス、然ラバ大正十一年、卽チ本年度ノ貿易狀況ハ如何、之ニ對シテハ何人タリト雖モ確信スルコトハ出來ヌノデアリマス、併ナガラ今日ノ趨勢ヨリ考ヘマスレバ、本年度ノ輸入超過額ハ、少クトモ四億万圓ヲ下ラズト信ズベキ確クナル理由ガアルノデアリマス、卽チ昨年ノ夏、秋ノ頃ニ當リマシテ、政商並ニ投機者流ガ投機界ヲ煽動致シマシテ、特殊株ノ買占ヲ爲シ、以テ一般株式ノ騰貴ヲ圖リ、一時的變態的ノ空景氣ヲ煽リシ當時ニ於キマシテ、當局並ニ與黨ノ方々ハ、經濟界ハ既ニ恢復セリ、財界ノ曙光ハ正ニ現レタリナドノ言葉上手ニ宣傳ヲシタモノデアルノデアリマス、是ニ於テ一般貿易業者ハ、而モ輕薄ナル輸入業者ハ、思惑的大々輸入ヲ企テタノデアリマス、ソレガ本年一月頃ヨリ二月三月ニ亙ッテ、續々トシテ輸入セラレルノデアリマス、加之昨年頃ヨリ引續イテ獨逸ヨリハ染料、雜品、機械、鐵類、又亞米利加ヨリハ鐵類、材木、御承知ノ亞米利加松ガ毎船多量ニ輸入セラレツヽアルノデアリマス、ソレト又反對ニ我ガ輸出ノ大宗タルベキ生絲、絹織物ノ如キハ、目下米國ニ於テ行惱ヲ生ジテ居リマス、現ニ横濱ノ市場ニ於キマシテモ、昨今非常ナル恐慌ヲ來シテ居ルヤウナ次第デアリマス、綿絲綿布、是等モ銀塊ハ暴落シ、爲替ハ益、惡化シ、其他ノ關係デ、兎ニモ角ニモ本年ハ非常ニ其輸出ハ激減セラレルモノト本員ハ信ズルノデアリマス、是ガ本年度ノ輸入超過ヲ來スベキ大原因デアルト本員ハ信ジマス、過去五年ノ戰時或ハ戰後ニ於テ、辛ウシテ贏チ得タル所ノ二十億圓ノ利得ハ、僅カ三四年ノ内ニ十億以上ヲ損シ、殘額ハ此所一二年ヲ出デズシテ、悉ク之ヲ吐キ出スモノト致シマスナラバ、實ニ心細キ次第デハアリマセヌカ、此恐ルベキ輸入超過ハ、我ガ帝國ノ財政經濟ノ上ニ於テ、又貿易ノ上ニ於テ、一日モ看過スベカラザル緊急事タルニモ拘ラズ、政府當局ハ施スニ何等ノ術ナク、又國民ニ對シテ何等ノ指導ヲモ與ヘズ、偶、政府ノ之ニ對スル政策ヲ見マスレバ、彼ノ四十四議會ニ米穀法案ヲ提出シテ、不自然ナル米價ノ騰貴ヲ圖リシガ如ク、今又各種事業家ノ懇請ヲ容レテ、產業保護ノ美名ノ下ニ關稅ヲ引上ゲ、以テ輸入ヲ防過セントシテ居ルデハアリマセヌカ、殊ニ甚シキハ輸入品不當廉賣ノ名ノ下ニ之ヲ取締リ、以テ內地物價ノ引下ヲ防止セントシテ居ルノデアリマス、其愚策實ニ驚カザルヲ得ヌノデアリマス、諸君、吾人ガ身邊ニ纏ウテ居ル所ノ此洋服、此靴、此時計、總テノ物ハ外國品デアルノデアリマス、成品其物ガ外國品デナケレバ、原料其物ハ必ズ外國品デアルノデアリマス、又國民一般ニ纏ウテ居ル所ノ日本服、是レタリト雖モ絹着物ヲ除クノ外、木綿着物ハ總テ其原料ヲ外國ヨリ輸入スベキモノデアルノデアリマス、米棉ニ非ザレバ印棉、印棉ニ非ザレバ支那棉デアルノデアリマス、是等ノ物ニ對シテ政府ハ苛酷ナル關稅ヲ加ヘテ而シテ輸入ヲ防過セントシテ居ルノデアリマス、是ハ寧ロ愚策ト言ハンヨリハ或ル意味ニ於テ大ナル罪科デハアルマイカト本員ハ思フノデアリマス（拍手）成程政府ノ採リ來レル政策ハ、外國品ノ輸入ニ對シテハ十二分ノ效果ヲ奏スルカモ知レマセヌガ、是ト反對ニ最モ恐ルベキ內地物價ノ釣上トナルノデアリマス、其結果ト致シマシテ、日本ノ商品ハ外國ノ市場ヨリ悉ク驅逐セラレ、我ガ輸出貿易ハ根本ヨリ絕滅スルノ悲境ニ陷ルコトハ、火ヲ睹ルヨリモ明カデアルノデアリマス、休戰以來三年ヲ經過シタル今日ニ於テ、歐米各國ノ產業ハ既ニ大半整理セラレ、今又華盛頓會議ニ於テ、彼等ハ愈、銃劍ノ戰ヲ戢メテ平和ノ戰爭ニ移リ、根本的ニ經濟政策ヲ立直シ、極度ニ物價ノ引下ヲ爲シ、以テ世界ノ事情、殊ニ極東ニ覇ヲ爭ハントシテ居ルデハアリマセヌカ、此時期ニ於テ我帝國ノ物價ハ正反對ニ騰貴シ、歐米諸國ニ比シテ高價第一位ヲ占メテ居ルノデアリマス、而シテ其品質タルヤ、粗惡ニシテ濫造ノ譏リヲ免レズ、諸君、凡ソ物價ノ騰貴ハ、單リ輸出ヲ阻止スルノミナラズ、輸入ヲ誘フモノデアリマスレバ、政府當局ニ於テモ、速ニ適當ノ對策ヲ講ズルコトガ出來ナカッタナラバ、帝國ノ產業ハ悉ク破壞セラレ、經濟界ハ內外ヨリ會威壓迫ヲ受ケルデアリマセウ、內ニ於テハ國民生活ノ不安ヲ來シ、思想ハ益、惡化シ、終ニハ帝國ノ存立ヲ危ウスルニ至ルヤモ圖リ難イ次第デアリマス、實ニ憂慮ニ堪エザル次第デアル、事情斯ノ如ク急ナルニモ拘ラズ、政府當局ハ今尚ホ醒メズ、最モ誤レル不景氣ノ轉回策トシテ、積極的產業政策ノ名ノ下ニ、政友會員或ハ政商ノ輩ニ對シテ、內地ハ言フニ及バズ、滿洲、朝鮮、臺灣等ニ於テスラ、公然ノ博奕場ニ等シキガ如キ取引所ヤ、競馬場等ノ設置ニ對シ、今尚ホ認可ヲ與ヘツヽアルデハアリマセヌカ、而シテ國民ノ貴重ナル生業ヲ無視シ、盛ニ投機熱、思惑熱ヲ煽動シツヽアルノデアリマス、而シテ物價ノ引下ゲ、輸出貿易ノ增進、不景氣ノ挽回ニ對シテハ、袖手傍觀之ヲ國民ノ自覺ニ任スニ外ナシト云フニ至ッテハ、實ニ言語道斷デアル、諸君戰後ノ產業ニ對シテ外國ハ如何ナル事ヲ致シテ居リマスカ、米國ハ言フニ及バズ、英吉利、歐洲大陸ニ於キマシテモ、有ユル努力ヲ致シテ居ルデハアリマセヌカ、「ロイドジヨージ」ハ何ト言ッテ居リマス、破壞サレタル戰時ノ信用ニ對シテハ、國家ヲ賭シテ之ヲ回復セネバナラヌト言ッテ居ルデハアリマセヌカ、然ルニ我ガ當局ハ夢ノ如ク、政府ハ最大ノ消費者デアリ、且ツ最大ノ供給者デアルノデアリマス、一昨年以來煙草ノ代金ヲ引上ゲ、鐵道運賃ハ度々引上ゲ、又郵便、電信、電話等ニ至ルマデ引上ゲツヽ、アルノデアリマス、此調子デ行キマシタナラバ、人類ノ一日モ缺クベカラザル食鹽ニ對シ、不日引上ヲスルカモ知レナイト思ッテ、本員ハ深憂ニ堪エザル次第デアリマス、諸君、最大ノ消費者タリ、且ツ最大ノ供給者タル所ノ政府、先ヅ以テ自ラ自覺シ、消費ヲ節減シ、歲計ヲ縮小シ、其範ヲ示スベキデアル、行政財政ノ根本的整理ヲ行フベキデアル、自ラ之ヲ行ハズシテ國民ノ自覺ニ愬ヘ、消費節減ヲ叫ブ矛盾撞著、是ヨリ大ナルハナシト本員ハ信ズルノデアリマス、以上申述ベタル事ニ對シマシテ、之ヲ項ヲ分ッテ當局大臣ノ誠意アル答辯ヲ望ミマス、其一、政府ハ物價ノ下落ニ對シテハカヲ極メテ之ヲ救援シ、而シテ物價ノ騰貴ニ對シテ之ヲ放任ス、其理由如何、其二、政府スハ投機熱ヲ煽リ、又ハ買占メヲ爲シ、以テ經濟界ヲ攪亂スル政商人ニ對シ取締ヲ爲スノ意思ナキヤ如何、政府ハ年々歲々輸入超過ニ對シ、何等ノ政策ヲモ有セザルガ如シ、之ヲ放任スルノ意思ナルヤ如何、序ニ遞信大臣ニ質問ヲ試ミタイ、船舶ノ航路補助ノ件デゴザイマスルガ、戰後ノ船舶ニ對シマシテハ、各國共ニ有ユル方法ヲ講ジ、積極的政策ヲ執リツヽアルニモ拘ラズ、我ガ野田遞信大臣ハ、其椅子ニ著カレテ既ニ三年本員不幸ニシテ未ダ何等ノ政策アリシヲ知ラズ、甚ダ遺憾ナリト思ヒ居リシ今日ニ於テ、意外ニモ大鉈ヲ振ハレテ、國家ノ二大補助航路ヲ增加セラレタノデアル、何ソヤ、其一ハ兵庫縣明石ヨリ淡路ニ至ル補助航路、其一ハ長崎縣五島ヨリ長崎ニ至ル補助航路、實ニ驚クデハアリマセヌカ、之ガ遞信大臣ノ過去三年餘ニ於テ執ラレタル所ノ船舶政策デアルノデアリマス、元來長崎縣五島ハ、漁業其他ノ產物ニ富ミ、九州ニ於テ寶島トシテ知ラレテ居ル所ノ島デアリマス、今ヲ去ルコト四十年以前ニ於テ、五島ヨリ長崎ニ至ル航路ハ既ニ開カレ、明治三十年頃ニ至リマシテ、佐世保ヨリ五島ニ至ル所ノ航路モ亦開カレテ居ルノデアリマス、何レモ有望ニシテ、經濟上相當ノ業績ヲ擧ゲツヽアルノデアリマス、現ニ佐賀縣第一ノ富豪深川某氏ノ如キハ、此航路ニ依ッテ其財產ハ殆ド全部ガ積上ゲラレテ居ルモノト云ッテ居ルデハアリマセヌカ、現在ニ於キマシテハ、五島ヲ中心トスル汽船會社ト致シマシテハ、九州汽船、五島汽船、佐世保汽船、松浦汽船等ノ計畫ガアルノデアリマス、又個人ト致シマシテモ相當有力ナル船主ガアリマシテ、何等不自由ヲ感ズルコトナク、航海ハ完全ニ繼續セラレテ居ルノデアリマス、然ルニ一昨年以來長崎五島間、最モ有望ナル航路デゴザイマスルガ、此航路ニ於テ、九州汽船對五島汽船ノ大競爭ガ起ッタノデアリマス、而シテ何レカ其一方ヲ倒サザレバ止マザルノ決心ヲ以テ、今尙ホ無賃競爭ヲシテ居ルノデアリマス、其結果五島汽船ハ資力既ニ盡キ、會社ノ維持困難ニ陷ッテ居ルト云フ話デアリマス、諸君、御承知ノ通リ長崎五島間ト云フモノハ、日本ニ於テモ小航路トシテハ有數ノ航路デアルノデアリマス、九州汽船ガ四十年一日ノ如ク、此航路ニ對シテハ有ユル努力ヲナシ、有ユル犧牲ヲ拂ッテ開拓シタノデアリマス、然ルニ大正七年頃ニ至リマシテ、政友會員及政商ノ方々ガ、五島ニ於テ五島汽船會社ナルモノヲ拵エタノデアリマス、而シテ自ラ此航路ニ飛込ンデ競爭ヲ開始シタノデアリマス、而シテ今ヤ此五島汽船會社ハ非常ナル損失ヲ來シテ、自己其モノヽ維持デサヘモ出來ヌヤウナ有樣ニナッテ居ルノデアリマス、政府ガ補助金ヲ交付セント欲スル會社ハ、此五島汽船デアルノデアリマス、然ルニ茲ニ最モ奇怪ナル風說ガアルノデアリマス、其風說タルヤ、今回ノ補助案ガ本期ノ議會ヲ通過シタル曉ニ於キマシテハ、五島汽船會社ハ該補助金ヲ御土產トシテ、有利ナル條件ノ下ニ九州汽船ト合併スルヤウナ話ガ、既ニ出來ツヽアルト云フ話デアリマス、又一說ニハ同地ニ於テ斯フ云フ風說モアル、此航路ハ、航路其モノヲ補助スルニアラズシテ、選出代議士ノ地盤擁護デアル、而シテ政友會ノ黨勢擴張デアルト云フコトマデ言ハレテ居ルノデアリマス、諸君、九州汽船會社ハ四十幾艘ノ汽船ヲ持ッテ居ル所ノ會社デアル、五島汽船會社ハ、本年二十二年ヲ經過シタル木船一艘ヲ持ッテ居ル所ノ會社デアル、其會社ガ將ニ倒レントスルニ當ッテ、遞信省ハ之ニ對シテ補助金ヲ與ヘントスルノデアリマス、從來ノ習慣トシテ、我ガ長崎縣ニ於キマシテハ、縣下ノ事アルニ對シテハ、敵味方ノ別ナク、公平ニ協同一致ノ行動ヲ執ッテ居ッタノデアリマス、而シテ若シ提案スベキモノガアッタナラバ、互ニ相談シ合ッテ提案ヲ爲シタノデアル、然ルニ今回ニ限リ、政友會會員ノミデ斯ウ云フ提案ヲ爲サッタト云フコトハ、實ニ不可思議ノ限リデアル、實狀斯ノ如キ有樣デアッテ、何程贔屓目ニ見マシテモ、如何ナル方面カラ見マシテモ、國庫ヨリ支出スベキモノニ非ザルコトハ確實明瞭デアル、斯ク申ス本員モ亦長崎縣人デアル、選擧區亦長崎縣デアル、縣下ノ事業ニ對シ國庫ヨリ補助ヲ受クルコトハ、衷心之ヲ希望スル所デアリマス、而シテ事苟モ縣民ノ利害休戚ニ關シテハ、之ヲ想フノ念慮ハ敢テ政友會員ニ一歩モ讓ラヌノデアリマス、併ナガラ今回ノ如キ、縣民不等ノ幸福ヲ享クルニ非ズシテ、一代議士ノ地盤擁護、又ハ黨勢擴張ノ爲メ、名ヲ航路補助ニ藉リテ國費ヲ濫用スルガ如キハ、國家ノ選良トシテ斷ジテ許スベキモノニ非ズト本員ハ信ズルノデアリマス(拍手)綱紀肅正ノ聲高キ今日ニ於テ、聰明ナル遞信大臣野田卯太郎君ハ斯ノ如キ歲計豫算ヲ編成シテ居ルノデハナイカ、是ハ今尙ホ覺ラズト云フ譯デハナクテ、鈴木富士彌君ノ言葉ヲ藉ルデハナイガ、耳ヲ掩ッテ鈴ヲ盜メリト言ハレテモ、何等辯解ノ辭ハアルマイト思フ、先日遞信大臣ハ鈴木君ノ質問ニ對シテ、箕浦勝人君ヲ御引出ニナッテ居ルガ、是ニハ遺憾ナガラ箕浦君ハ關係ハ無イ、又大藏大臣ニ於テモ十分御調査ニナッタナラバ、國費多端ノ際斯ノ如キ亂暴ナル航路ノ補助ニ對シ同意セラルヽコトハ、絕對ニ無イト思フ、然ルニ意外ニモ此所ニ計上シテアルコトヲ見レバ、大藏大臣モ必ズヤ盲判ヲ捺サレタニ相違ナイト本員ハ信ズル、果シテ然ラバ、帝國財政ヲ雙肩ニ擔ヒ、而シテ陛下ノ御信任最モ厚キ總理大臣タル高橋是清君、其責任ヲ如何ニセントスルカ、以上述ベ來リタル事ニ對シテ、明瞭ナル御答辯ヲ希望致シマス

(拍手)

ニ深キ穿鑿ヲ爲スマデモナク、協定國間相互ノ爭議ヲチヤント第一條ニ規定シテアル、協同會商ノ議ニ依ッテ處理スルト云フコトガ、其主眼デナケレバナラヌ、然ルニ外務省ノ局僚ナラバ、此條文ヲ無邪氣ニ解釋ナサッテモ宜イデセウガ世界ノ大勢ヲ御覽ナサイ、殊ニ國際經濟金融政策ニハ眼光ヲ有シテ居ラル、高橋總相ガ、此外交ヲ御覽ニナルト、ソンナ暢氣ノコトハ言ッテ居ラレナイ、今日ノ場合英吉利ガ亞米利加ヲ重ジトシテ日本ヲ輕シトスルコト、日本ト國交ハ度外視シテハ、亞米利加ト握手シナケレバナラヌト云フコトハ、英本國ノ政府家及植民地ノ有力ナル政治家ガ、屢々述ベタノミデナク、又英國ノ極東ニ於ケル經濟的立場、其他一般經濟的ノ關係ニ於テ、是ハ當リ前ノ話デアル、英米ノ握手ハ此經濟的根據ヲ有スル現實デアル、又佛蘭西ノ國民ハ亞米利加人ヲ感情上悅ンデ居ナイ、日本人ナドニ對シテ、同情ヲ與ヘタイト思フ傾向ガアル、併ナガラ今日米佛ノ關係ハ、債權者ト債務者ノ關係デアル、如何ニ佛蘭西ガ氣概ヲ持ッテ居ッテモ、自國ノ存亡ヲ賭スル程ノ問題ナラバ兎モ角、然ラザル限リ英米ガ提手シテ事ヲ唱フルナラバ、之ニ從ハザルヲ得ナイヤウナ狀態デアル、私ハ當分佛蘭西ハ、英米ニ追隨シテ行クノガ已ムヲ得ザルコト、思フ、ソコデ私ハ尙ホ忌ムベキ事デアリマスガ、此四國協約ノ第一條ガ豫期スル如キ爭議ガ、此四國相互ノ間ニ持上ッタナラバ、ドウナルカ、日本ハ當然亞米利加ニ依ッテ唱ヘラレルコト、衝突スルトスレバ、亞米利加ノミナラズ、英國佛國此三國ヲ合セタモノト衝突シナケレバナラヌ、衝突ト云フ言葉ハ穩カデナイガ、現ニ爭議ヲ豫期シテ締結シタ協約デアルカラ、爭議ヲ豫期スルコトハ當リ前デアル、其時ニ協同會商ノ議ニ依ッテ之ヲ決スルト云フコトナラバ、日本ハ太平洋ニ對スル三國ノ干涉ニハ服從スルト云フコト、三國干涉ニハ唯々諾々トシテ屈從致シマスト云フコトヲ、公々然紙ノ上ニ書イテ承認シタコトニナリハセヌカト思フ(拍手)形式上ノ議論デハ斯ウナリマセヌ、何トカ仰ッシヤルデシヤウガ、外交ヲ經濟的ニ解釋シ、世界ノ大勢カラ之ヲ御顧ミニナッテ、高橋首相ハ何ト見ラル、カ、內田外相ハ何ト見ラルルカ、單ニ形式一片ノ解釋ニ甘ンズルヤウデハ、ソレデ總理大臣デアリ、大藏大臣デアル首相ノ眼光デアルカ、私ハ此點ヲ承リタイ(拍手「ヒヤ〳〵」)私ハ表面ヲ粉飾シタル言葉ヲ除イテ、四國協商ヲ實質的ニ解釋スレバドンナ事カ、端的ニ申スト斯ウ云フコトニナル、日本ハ日英同盟ヲ廢棄スルノ意思ハ少シモ無カッタニ拘ラズ、英國カラ同盟改訂ハ不可能ナリト云フ宣告ヲ下サレタ、ソコデ我國ハ已ムナク孤立ニ依ッテ、消極的平和ヲ貪ラウトシテ居ッテモ、ソレスラ世界ノ大勢ハ許サズ、四國協約ヲ締結シテ、英米佛三國ノ干涉ヲ甘ンジテ受ケナケレバナラヌ窮境ニ陷ッタモノデアルト解釋スルノガ、私ハ實質的デアルト思フ(拍手)約言スレバ諸公ノ言ハル、事ハ皆ナ違ッテ居ル、日英同盟ガ無クナッタ其代リニ、四國協約ガ生レタノデナイ、日英同盟ハ廢棄セラレタルガ上ニ、四國協約ヲ締結セネバ、國家一日苟モ安キ謀ヲ貪ル手段スラ見出スコトガ出來ナクナッタト說明スルガ、國民ニ向ッテ事實ヲ說キ、此事實ノ上ニ國民ノ覺醒ヲ促ス所以デアラウト私ハ思フ(拍手)內閣諸公ノ立場カラ言ヘバ、外交ノ不振ハ固ヨリ內閣ノ責任デアル、國際的立場ノ不利ニナッタト云フコトハ責任デアルト辯セニレ、何デモ都合惡シキ事ハ蔽ヒ匿サウトナサルカモ知レヌ、併シ諸君ガ責任ヲ盡シテモ、或ル場合ニハ世界ノ大勢上、日本ガ不利ナ立場ニ立ツコトガアル、ソレナラバ其不利ナ立場ニ在ルコトヲ赤裸々ニ國民ノ前ニ公開シテ、國民ト共ニ之ニ對應スルノ大經綸ヲ爲ス覺悟ガナケレバドウスルノデアルカ(拍手)一個ノ私ヲ爲サンガ爲ニ、國民ヲ欺イテ皮相ノ外交的ノ御世辭ヲ並ベテ、形式一片ノ言葉ヲ以テ國民ヲ欺キ拔カントスル其態度ニ、私ハ多大ノ不快ヲ有スル、外相ノ意見如何、總理大臣ノ意見如何、之ヲ御伺シタイ、以上ハ華盛頓會議ノ外交ガ、我ガ國際上ノ地位ニ及ボシタ所ノ結果ノ單ニ一端ニ過ギナイ、細カク解剖スレバ植原君ノ說カレタ如キ、望月君ノ說カレタ如キ色々ノ問題ガアリマセウ、更ニ防禦區域ヲ東經百八十度以西支那海ニ至ル、赤道以南北緯三十度ニ至ルト云フヤウナコトガ問題ニナッテ居ルコトカラ見テモ、米國ヲ主トスル三國ノ太平洋干涉ハ、動モスレバ一變シテ極東干涉トナラントスル前提ガ爲サレテ居ルト云フコトハ、明白ナル事實デハナイカト思フ(拍手)加州排日ガ一變シテ太平洋ニ於ケル排日トナリ、太平洋ノ排日ガ一變シテ支那ニ於ケル排日トナリ、亞細亞大陸、我國產業經濟ノ運命ヲ托スル所ノ此大陸ヲ閉サヽントスル形勢ガ、眼前ニ現レテ來タ時ニ、斯クノ如キ形式一片ノ議論ヲ以テ國民ヲ欺カントスルコトハ、不親切デハナイカト思フ(拍手)內田外相ハ段々日本ノ醜態ガ暴露セラレ、太平洋ハモウ問題デナクナッテ來タコトヲ認メラレタラシイ、太平洋彼岸ノ排日カ旣成ノ事實トナッタカト思フト、今度ハ太平洋上ノ排日ガ蔽フベカラザル勢トナリ、次ニ比律賓マデ排日ノ事實ガ明白トナッテ來テ、殘ッテ居ルノハ單ニ支那デアル、支那ダケハ國際的排日ノ具體的事實ガ、マダ明白ニナッテ居ナイ、ソコデ支那問題ハ一切曖昧ニ付シ得ルト思ハレタカ、一切答辯シテ居ラレナイ、是モ私ハソンナ內面ノ霞ケ關ノ情實マデモ發キ立テヤウトモ思ハナケレバ、承ラウトモ思ハナイ、併シ表面ニ現レタル事ダケカラ質問シマス、萬人ノ見ル如ク「ルート」四原則ハ承認セラレタ、更ニ門戶解放、機會均等ノ原則ハ支那ニ於テ確立セラレタ、表面ダケハ立派デアル、之ヲ日本ノ生死殺活ヲ托スル支那ニ於テ、眞ニ公然ニ行ヒ得ルナラバ異存ハナイガ、今日ノ如キ國勢ニ於テ、今日ノ如キ米國ノ態度、而シテ其米國ノ强大ナル勢力ニ迎合セントスル支那一部ノ淺薄ナル政治家ノ、事大主義ガ跳梁シテ居ル大勢ニ鑑ミレバ、此原則ハ——門戶解放機會均等ノ原則ハ、支那ガ歐米列國ニ對シテ之ヲ認メ、日本ヲ疎外スル形式ニナリツヽアルコトヲ私ハ憂慮セザルヲ得ナイ、斯クノ如ク申シマスルト、又空論デアルト仰シヤルデアリマセウ、ソコデ事實ヲ一二申上ゲマス、數日前ノ新聞紙ニ、直隷督軍曹錕君ガ梁內閣ヨリ親日政治——日本ニ親ム所ノ政治家デアル、曹汝霖一輩ヲ驅逐スベシト云フ通電ヲ發シテ居ル、支那ノ現內閣ハ曹錕、張作霖ノ援助ニ依ッテ立ッテ居ルト言ッテモ宜イ、其支那ノ責任アル督軍、大勢力アル政治家ガ、公々然ト曹汝霖ヲ排斥スル理由ガアレバ宜イガ、彼ハ親日ナルガ故ニ排斥スヘシト云フヤウナ形勢デアル、是レデハ何處ニ門戶解放機會均等ノ趣旨ガ徹底シテ居ルト言ハレルカ、彼等ハ明白ニ原則ヲ否認シテ、公然日本ヲ排斥スルモノデアル、支那ガ斯クノ如キ言ヲ敢テ爲スノハ、極東ニ於ケル米國ノ影ガ濃厚トナリ、日本ノ影ガ大陸ヨリ消失セントスル、一ツノ現象デアルト解釋シテ宜イト私ハ思フ(拍手)支那ニ向ッテ帝國主義的侵略的政策ヲ保ツコトノ愚ナルコトハ、吾々ガ屢々聲明シタ所デアル、斯ノ如キ方針ニ出ヅル者ハ、其內閣ノ何者タルヲ問ハズ、吾々ハ駁擊シタ、併ナガラ形勢ガ今日ノヤウニ變レバ、モウ日支合辦モ出來マセヌ、國力ノ影ガ國際的ニ薄クナレバ、形ニ於テ門戶開放機會均等ヲ唱ヘテモモウイカヌ、現ニ吉林督軍ハ、日支合辦ヲ爲スコトヲ嚴禁スルト云フ命令ヲ發シテ居ル、又本員ノ私ニ得タル情報ニ依レバ、ソレヲ早速適用シテ日本人ト共ニ哈爾賓ノ取引所ヲ計畫シタル其發起人數輩ノ支那人ハ、吉林督軍ノ命令ニ依ッテ捕縛セラレテ居ル、日支合辦ヲ嚴禁スルコトヲ督軍ガ命ズルニ至ッテハ、門戶解放機會均等ハ何處ニ認メラレルカ(拍手)支那ノ政治家ニ向ッテ啖呵ヲ切ルハ末デアル、華盛頓會議ノ與中ニ於テ、日本ノ地位ヲ斯クマデ下落セシメタコトハ、當局者ノ責任デハナイカ(拍手)當局者ガ若シ其責任無シト言ヘバ、日本ノ國際的環境ハ斯ノ如ク不利ニナッタ、當局者ハ努力シタガ、ドウモイカヌト云フコトヲ仄シ、所謂臥薪嘗膽ノ意味ヲ全國民ニ吹込ンデ徐ロニ計ヲ立ツルコトガ、子孫百年ノ爲ニ樹ツベキ長計デアル、而シテ之ガ諸君ノ責任デハナイカト私ハ思フ(拍手)哈爾賓ニ於テ日支合辦ヲ企テタ者ガ縛ラル、ト云フコトハ、多大ノ暗示ヲ示ス、哈爾賓ハ嘗テ露西亞ノ管轄ニ在ッタ、東支鐵道ガ支那ニ取戾サレ、哈爾賓ガ支那警察ノ下ニ置カル、ニ至ッタコトハ、我當局者ノ愚カナル西伯利出兵ニ因ル、八億ノ財ヲ費シ、數千ノ人ヲ殺シ、露西亞人ノ危惧心ヲ誘起シタ當然ノ結果デアル、兎ニ角支那ハ利權ノ回收ニ依ッテ、哈爾賓ヲ自分デ支配シテ居ル、其哈爾賓ハ日本人ガ活動スレバ縛ル、斯ウ云フコトガ今日ノ事實デアル、而シテ此露支間ノ權力關係ヲ旨ク按排シタモノガ第三國亞米利加デアル、「スチーヴンス」ガ哈爾賓ニ於テ活動シ、露西亞人ニ對シテ日本ノ野心ヲ吹聽シ、支那ニ恩ヲ賣リテ此東支鐵道ヲ處分シタ事ハ、諸君ノ御存ジノアル事デ、內閣モ十分諒解シテ居ラレルコトダト思フ、諸君大陸ニ於ケル國際的干係ハ皆ナ此調子デス、第三國ノ亞米利加ニ依リテ支那ノ利權ヲ回收セラルレバ、其利權ハ支那ニ依リテ運用セラレズシテ第三國ニ依リテ運用セラレル、ツイ先日マデ極東ノ優秀權ダトカ、滿蒙ニ於ケル帝國ノ特殊ノ地位ダトカ、色々ナ事ヲ言ッテ居ッタ内閣ガドウデアレカ、我ガ勢力範圍ト思ッテ居ッタ其北滿ノ北ノ方ニ、亞米利加人ガ土足ヲ以テ踏込ミ來リ、其響ガ支那ノ人心ニ影響シ朝鮮ノ人心ニ影響スルニ至ッタ、此日本ノ立場ヲ尚ホ安全デアルトハ如何ナル理由デアルカ(拍手)米國ノ排日ノ徑路ハ霞ケ關流ノ解釋ノミデハ分ラナイ、何故米國ハ日本ヲ排斥スルカ、之ニ付テハ經濟的解釋ガアルデアラウト思フ、最初亞米利加人ハ、太西洋岸ニ於テ製造工業ヲ營ンデ繁昌ヲシタ、ソコデ製造工業地ニ隣接スル原料ヲ取ル處、及又出來上ッタ製造工業品ヲ賣ル市場ガ必要デアルガ故ニ、亞米利加人ハ太西洋ニノミクッ著カズシテ、ドシ〜〜內地ニ踏込ンデ來タ、南ノ方墨亞哥ニ向ッテモ來タ、而シテ太平洋ノ海岸ニマデ出テ來タ、サリナガラ大戰前マデ其亞米利加ハ、歐羅巴ニ比シ比較的劣ッタ工業國デアッタノデアリマスルガ、大戰爭中一大飛躍ヲシテ、亞米利加ハ歐洲ト同ジキ工業國トナッタ、今日亞米利加ノ輸出品ノ主ナルモノハ原料ニ非ラズシテ、製造工業品、輸入品ノ主ナルモノハ製造工業品ニ非ズシテ原料デアル、是ニ於テカ此製造工業品ヲ賣出スベキ市場トシテ、又此原料ヲ取ルベキ原料ノ供給地トシテ、亞米利加ガ太西洋岸ニ行詰ッタ以上、是ニ一飛躍シテ極東ニマデ踏込ミ來タノハ、亞米利加ノ經濟產業的發展ノ必然ノ勢ノ嚮フ所デナクテハナラヌ、外交文書一枚ヲ見ラレナクテモ、高橋首相ニ經濟的金融的世界ノ眼光ガアルナラバ、此形勢ヲウカトハ見テ居ラレマイト思フ(拍手)外務省ノ記錄ヲ御覽ニナルト直グ分ル、日露戰爭ガ濟ンデ「ポーツマス」條約ノ騷ノ中ニ、逸早ク日本ニ飛込ンデ來テ、滿洲ニ對スル野心ヲ暴露シタ者ハ彼ノ「ハリマン」デアル、「ハリマン」ノ假協約ハ日露戰爭ノ結果、日本ガ亞細亞ノ經營ヲ爲スノヲ許サズシテ、亞米利加ガ飛込ミ來ッテ、彼ノ滿洲ノ主人公トナラントシタモノニ外ナラヌ、其次ニハ「ノックス」ノ滿洲中立ノ提議デアル、其次ハ英米資本家ニ依リテ計畫サレタル錦愛鐵道デアル、斯ノ如キ外交ニ參畫シタ其同ジ政治家「ルート」ニ「ロッヂ」ニ「ノックス」――「ノックス」ハ亡クナリマシタガ、此人々ガ久シ振リニ亞米利加ノ當局者トナッテ、其率ズル大統領ハ辛酸ヲ嘗メ盡シタ新聞記者上リノ實行家デアッテ、役人デモナイ、「ウイルソン」ノヤウナ理想一片ノ敎授デハナクシテ、此激流ヲ泳ギ來ル腕ノアル人デアル、此人々ガ率ジタル內閣ガ太平洋會議ヲ提唱シ、防禦區域ヲ極メ、門戶開放機會均等ヲ說イテ進ンデ來ルノハ如何ナル意味デアルカ、單ニ外務省ノ月並ノ解釋デハイカヌ、世界ノ產業關係、經濟關係ヲ通觀シ、是ガ如何ニ日本ノ立國ニ影響スルカ、是遂行ニ如何ナル障碍ヲ與ヘルカト云フコトハ總理大臣カラ能ク外務大臣ニ御相談ニナッテ、今少シ內容アル御解釋ヲシテ戴キタイ、ソコデ私ハ此大勢ヨリ生ジテ來ル日本ノ經濟產業立國策ノ上ニ付テ、高橋君ノ根本的意見ヲ承リタイ(拍手)此日本ニハ――(「簡單」)簡單ニ申シマス――六千万ノ人口ヲ有シテ居ル諸君ノ言ハル、積極政策ト云フモノニ意味ガアルトスレバ、此增加スル人口ニ衣食ヲ供給シ、父母ニハ子弟ヲ敎育スルノ餘裕ヲ持タシメ、青年ハ學問ヲ卒ヘ業ニ就キ、何所迄モ發展スルノ途ヲ開拓シテヤルト云フコトガ、諸君ノ積極的政策デナクテハナラヌ(「ヒヤヒヤ」拍手)之ニ就テハ外交ト內政ト相携ヘテ、根本的方針ヲ樹立シテ行カレルコトガ諸君ノ責任デハナイカ、然ルニ諸君御存ジノ通リ、現ニ日本ハ人口過剩デアル、都會ヲ御覽ニナッテモ仕事ノ割合ニ人ガ多イ、市民ハ共喰ノ悲慘ナル生活ヲナシテ居ル、現ニ小賣商人ガ多過ギル、ダカラ消費者ト生產者トノ間ガ隔ッテ、其間デ暴利ヲ貪ルノガ物價騰貴ノ原因デアル、ソコデ公設市場ヲ獎勵シナケレバナラヌ、高橋首相ト森下君トノ質問應答中、公設市場ヲ造ルト云フコトハ、物價調節ノ一ノ方法ニ算ヘラレタヤウデアル、併ナガラ積極的政策ヲ標榜スル政友會諸君ハ、斯ノ如キ末節ヲ以テ其所謂積極的政策ヲ遂行セラレルト思ッテ居ルナラバ、餘リ愚カデアル(拍手)奸商ヲ整理シテ、公設市場ヲ造ルト云フモ至極尤デアル、併ナガラ奸商々々ト申シマスルケレドモ、小賣商人ダッテ、ソンナニ樂ナ者バカリデハナイ、矢張苦シイ、小賣商人モ國民デアル、之ニ連ッテ居ル妻子眷族モアル、之ヲドウ處分スルカ、都會ノ人口ヲ整理シテ小賣商人ヲ驅逐スルトシテ、彼等ヲ田舍ニヤルカ、田舍ニ行ケバ田舍モ人口過剩デアル、勿論戰爭中ニハ此過剩ナル人口ガ都會ニ出テ、田舍ノ手ガ足リナクナッタト云フ農村モアリマス、併シソレハ日本ノ現在ノ農村ノ如ク、日本ノ人間ガ牛馬ニ等シイ勞役ヲシナケレバナラヌ程ノ狀態デアル時ニ於テノ、人口過剩デアル、若シ今後農村ノ手ガ少クナリ、農村ノ人口ガ少イニモ拘ラズ、都會ニ於ケル莫大ナル人口ガ多大ノ農業生產品ヲ消費スルナラバ、農村ガ大ニ發展シテ、其所ニ農業ノ產業化ト云フコトモ行ハレナケレバナラヌ、此點ニ付テハ諸君ノ中ノ同士ノ山本条太郎君ガ、最モ明白ナル調査ヲ發表シテ居ラレル、私ハ政友會員ノ中カラ斯ノ如キ意見ノ出ルコトニ、非常ニ敬意ヲ拂ッテ居ル、山本君ノ說明ニ依レバ、日本人ハ農村ニ於テ牛馬ノ如キ働ヲ爲シテ居ル、人間ガ牛馬ノ働ヲナス爲ニ牛馬ノ數ガ非常ニ少イ、其比較ヲ外國ト較ベルナラバ、濠洲ハ千人ニ付テ二千二百ノ牛馬ヲ持ッテ居ル、亞米利加ハ千人ニ付八百ノ牛馬、印度ハ五百ノ牛馬ガアル、然ルニ日本ハ二十ニ過ギナイ、ソコデ日本ガ牛馬ノ如ク卑シキ勞役ヲスレバ、牛馬ノ如キ收入シガ無イ、斯ウ云フ事デアル、然ラバ日本ノ農村ノ人口ヲ減ラシテ、人間一人ニ對スル土地ノ量ヲ多クスレバ、牛馬ヲ使役シ、同時ニ機械ヲ使役シテ、農村ノ各、ノ勞働者ノ能率ヲ增スト云フコトニナル、斯ウ見マスルト、都會デモ農村デモ、二ツナガラ人口ノ過剩ニ惱ンデ居ル、此過剩セル人口ヲドウスレバ宜イカ、是ガ卽チ產業立國ノ根本ニナラナケレバナラヌ、然ルニ外ニ向ッテノ移民ハ拒絕サレタ、尤モ或場合ニハ緩和スルコトガ出來ルニモ拘ラズ、霞ケ關ノ外交ハ一切退嬰ニ終始シテ、自ラ移民ノ出口ヲ塞イダ、ソコデ今後ハモウ移民ハ出來マセヌ、而シテ又領土擴張ハ尚更出來マセヌ、サウスレバ日ニ增加スルノ人口ハ之ヲ何處ニ遣ルカ、幸ニシテ農業時代ノ人口ヲ調節スルノニハ、領土ヲ得ルコトガ唯一ノ方針デアリマシタガ、製造工業時代ニ於テハ、平面的ニ發展ガ出來ナケレバ立體的ニ發展ガ出來ル、卽チ原料ヲ本國ニ運ビ來ッテ、此所ニ製造工業ヲ營マナケレバナラヌ、卽チ原料ノ消費セラレ加工セラル、所、人口ノ集中スル所、列國ノ歷史ヲ見マシテモ、產業改革以後、都會ノ人口ガ增加スルノト、其國ノ人口ノ增加スルノトハ同一ニナッテ居ル、サスレバ日本ノ人口ヲ調節シ、國民ノ各、能率ヲ增サシムルニハ對外的領土ノ發展ガ出來ナケレバ、國內ニ原料ヲ吸收シ來ッテ此原料ニ加工スルコトガ必要デアル、原料サヘアレバ、大イナル人口ヲ收容スルコトガ出來ル、日本ノ中ニ大倫敦、大市俄古、大大阪ヲ十モ二十モ造ルト云フコトニナレバ、此國內ノ消費ニ依ッテ國內ノ產業モ養ハレル、又此出來上ッタモノヲ海外ニ出スコトヲ工夫スレバ國家民人共ニ大ニ繁昌スル、卽チ市場ト原料ヲ確保スル政策ヲ執ラナケレバナラヌ、然ルニ今日ノ外交ノ經過ヲ見レバ其政策ガ壞レテ居ルノデハナイカ、高橋藏相ハ現ニ自由貿易ハ今日ノ大勢デハナイ、ソレハ夢ダ、保護貿易ガ世界ノ通則ダト言ハレタ、實ニ其通リデス、保護貿易ニ依ッテ列國ガ各、原料ヲ壟斷シ、市場ヲ壟斷スル傾向ノアル時ニ、支那ニ對シテ融合共產ノ大策ヲ樹テルト云フコトハ、日本ノ根本政策デアリ、是ガ卽チ日本國民ノ各、ヲシテ衣食ニ安ゼシメル所以デアル、國民ヲ食ハセルガ爲ニ、國民ヲ著セルガ爲ニ、外ニ向ッテ市場ト原料ヲ加工スルダケノ外交ノ發動ハナクテハナラヌト思フ、然ルニ華盛頓會議ノ結果、支那ノ大勢ハ前ニ申シタ如クナリツ、アル、合辦ヲ禁止スル大官アリ、親日政治家ヲ排斥スベシト公然天下ニ唱フル督軍ガアル、今迄ハ日、英、米三國ガ相竝ンデ支那ニ進ンデ居リマシタガ、此外交ノ蹉跌ニ依ッテ日本ト英米トハ同列ニ支那人ガ之ヲ取扱ハナイ、經濟的開發ト云フ言葉ハ宜シウゴザイマスケレドモ、今日大勢ハ矢張强國ガ弱國ニ投資シテ、此投資ヲ通ジテ政治的權力ヲ有シ、此政治的權力ヲ以テ經濟的對策ヲ立テル狀態デアル、合辦ガ不可能トナリ、鐵道ガ外國ノ手ニ落チル、此鐵道ヲ通ジテ日本ノ排斥ガ行ハレル、此順序ニナレバ日本ハ何處ニ落著クカ、英米兩國ノ對支發展ハ互ニ兩立スルノ利害ガアッテ、日本ノ對支發展ガ減少スルト同時ニ、英米ノ發展ガ明ニナリツ、アル、貿易ノ減少ハ世界ノ大勢ト高橋藏相ハ言ハレルケレドモ、巴里講和會議以後、華盛頓會議ニ至ルマデノ日本ノ支那ニ於ケル立場ガ薄クナルト同時ニ、對支輸出ノ額ハ半減シテ居ル、同ジ期間ニ於テ亞米利加ノ對支輸出ハ二倍トナリ、英國ノ對支輸出ハ四倍トナッテ居ル、此形勢ヲ何ト見ルカ、諸君ハ積極的政策ヲ執ラレテ地方ニ金ヲ濫費スレバ宜イ、日本ノ好景氣ヲ無理ニ繕ッテ置ケバ宜イト思ッテ居ラレルガ、日本ノ外交今日ノ如クンバ、諸君ノ所謂積極的政策ハ國際的立場ニ於テ縮メラレツ、アル、今日ノ事ハ總テ國際的ニ觀ナケレバナラヌ、モウ少シ眼ヲ開イテ諸君ハ何故外務大臣ニ突込マナイカ、此點ニ付テ總理大臣、外務大臣ノ明確ナル返答ヲ私ハ促シタイ、昔カラ日本ノ程度マデ進ンデ亡ビタ國ハ澤山アル、騷イデサヘ居レバ日本ハ何處マデモ繁昌スル、大シタ事ハアルマイト云フヤウナコトヲ言ッテ居ルノハ間違デス、伊太利ノ都市國家デモ、ソレカラ北歐ノ「ハンザ」同盟デモ、當テハ日本程度ニ發達ヲシマシタガ、形勢ノ變化ニ依リテ原料ノ供給ヲ杜絶サレタル結果、其國ハ衰亡ノ運命ニ向ッタ、日本ニモ現ニ其傾向ガ見エツヽアル、高橋君ハ思想問題マデヲ論ゼラレマシタケレドモ首相ハ思想問題ハ餘リ詳シクモナイ、人心ノ浮薄ナルコトヲ外來思想ナドニ歸著サル、ヨリハ、經濟的ニ御覽ニナッタ方ガ宜イト思フ、外來思想ハ日本ノ思想ヲ險惡ニモ何ニモシマセヌ、日本ニ所謂輕佻浮薄ノ風ヲ增シタノハ何處ニアルカト云フト、日本ニハ青年ノ雄圖大略ガ立テラレナイヤウニナリツヽアル、働カウト云ッテモ働ケナイ、ソコデ青年ガ意氣地ナクナル、是ハ先進諸國「ベニス」ニデモ「ハンザ」同盟ニデモ起ッタ同一ノ現象デアル、產業ガ杜絶シマスレバ――原料ノ供給ガ杜絶シマスレバ產業ガ無クナル、產業ガ無クナルト國家ハ自然ノ勢トシテ通商貿易ニ依ッテ繁昌ヲ維持シヤウトセネバナラヌ、乃チ產業無クシテ國家ノ勢ヲ維持シテ行クニハ、安ク買ッテ高ク賣ル、卽チ投機師ノ氣分ヲ釀成スル、カクシテ、國ヲ擧ゲテ投機的氣風ニナルノハ經濟的自然ノ勢デアル、國民ガ雄圖大略ヲ行フコトガ出來ナイカラ「ブローカー」ニナリ、投機師ニナリ、輕佻浮薄ニナル、斯クシテ毫モ苦心慘憺シテ業ヲ成サウト云フガ如キ、質實剛健ノ氣風ガ出來ナイト云フモノハ、帝國ノ經濟的立場ガ自ラ然ラシムルモノデアルト思フ、經濟學者ハ此現象ヲ解釋シテ曰ク、農業時代ニハ山水ノ風光其モノガ國民ノ氣質ニ影響スルガ、製造工業ノ時代ニハ山水ノミデナク、原料――「マテリヤル」ガ國民ノ思想ヲ變化セシメル、原料乏シクシテ文明ノ進ンダル人民ハ皆激シ易ク醒メヤスイ、所謂輕佻浮薄ニナル、佛蘭西、伊太利ハ是デアル、別シテ最近ノ日本ノ不安ニシテ激昂シ易キ狀態ハ又之ニ外ナラヌト云フコトニナッテ居ル、一國ノ宰相タル者ガ、修身ノ講話ミタヤウナコトヲ言ッテ質朴剛健ノ氣風ヲ養ヒ、外來思想ガ國民思想ヲ輕薄ニシタト言フガ、外來思想ナクシテ諸君ノ言ハレルガ如キ屈從思想ガ日本ヲ支配シタナラバドウナルカ、此眼前ノ現象ニ經濟的解釋ヲ加ヘテ、各〻ノ青年ヲシテ雄圖大略ヲ行ハシムルコトニスル如キ國策ノ根本ヲ立テルコトガ諸君ノ任務デハナイカ、現ニ日本ニハ其外發フベキ傾向ガ現ハレテ居ル、積極的ニ活キ、積極的ニ繁榮シ、積極的ニ活動スルコトガ出來ナイカラ、消極的ニヤル方法ヲ日本人ハ執ラントシツヽアル、其最モ顯著ナルモノハ產兒制限――「バースコントロール」デアル、日本ハ六千万ノ人口ヲ年ニ七十万ヲ增スト云フタノハ過去ノ夢デアル、小川國勢調査院長ハ能ク御存ジデアル、大正八年ニハ人口增加率ガ四十何万ニマデ減少シテ居ル、經濟的生活ノ壓迫ガ日本ノ國民ヲ退嬰セシメツヽアル、人口ガ減ジテ來ルトソレデ安心デハナイ、多クノ子弟ヲ有タザル所ノ家庭ノ其一人兒、二人兒ハ消極的ニナル、冒險的ノ活動ハ出來ナイ、サウスレバ少イ人間ガ消極的ニナルト云フコトニナル、佛蘭西ノ對外發展ガ止リ、佛蘭西ノ國勢微々トシテ振ハザルハ、此經濟的大勢ニ壓サレテ居ルカラデアル、諸君、眼ヲ開イテ世界列國ノ興亡ノ所以ヲ討究シテ、諸君ノ立場デナク、國家ノ立場ヲ何ソ考慮セザルト言ヒタイ、モッ一ッ消極的慰安策ノ顯著ナルモノハ、生產制限デス、其顯著ナルモノハ操業短縮デス、日本ハ現ニ操業ヲ短縮シテ居ル、是ハ今日國內ノ消費ガ盛ンダカラ綿製品ハ日本デ賣レテ居レバ宜イ、併シ日本ガ之ヲヤッテ居ル間ニ外國ノ紡績業ガ大イニ興ッテ居ル、支那ニ於ケル紡績業ガ大イニ興ッテ來ル、若シ今後日本ノ經濟ガモット逼迫シテ來テ、國內ノ消費ガ衰ヘタ時ニ、外ニ賣ラウトスレバ外ハ昔ノ通リデナイ、產業ノ上ニ於テ吳下ノ舊阿蒙ナラザル後進國ガ大ニ紡績業ヲ營ムニ至ッタナラバ、日本ノ製糸紡績ハ玆ニ潰レテシマヒハシナイカ、製糸救濟モ同ジ事デアル、政府ガ間接ニ爲ス所、政府ノ直接ニ爲ス所、皆消極的デアル、卽チ餘リ働ケバ腹ガヘル、寢テ居ッタ方ガ宜イ、子供ヲ產ンデハ困ル、斯ウ云フ狀態ニナレバ日本ノ立國策ガ行詰ル如キコトニナル、此國民ヲ國外ニ如何ニ發展セシムルカ、國內ニ如何ニ發展セシムルカ、此危急ノ際ニ方ッテハ、唯科學ヲ獎勵シ、發明ヲ獎勵シテ原料ノ利用方法ヲ講ジ、立體的ニ產業ノ基礎ヲ確立スルカ、然ラズンバ國外ニ發展スル新シキ方法ヲ考ヘネバナラヌ、而シ最早ヤ領土ノ侵略ハイカヌ、今迄ノ合辦事業デハイカナイ、ソレデハ如何ニシテモット旨ク對外發展ヲスルカ、政府ハ斯ノ如キ事ニ向ッテ金ヲ費スコトハチットモシナイ、足リナイカラ繰延ベテ置ク、後ハ野トナレ山トナレト云フコトハ、成金的個人經濟デアルト私ハ論斷スル、最後ニチットモ滿足シナイ、當局者ノ施設ノ中ニ、昨日ニ至ッテタッタ一ッ耳ヲ傾ケテ聽クニ足ル御答辯ヲ內田外務大臣カラ伺ッタコトニ對シテ、私ハ多大ノ敬意ヲ表シマス、恐ラク內田外務大臣ハアノ言葉ヲナサルヽニ付テ、高橋首相トモ打合サレタラウト思フ、久振リノ痛快ニ私ハ內田君ヲ御褒メ致ス、何デアルカト云ヘバ、植原君ノ質問ニ答ヘテ「チタ」政府ト莫斯科政府ノ聯絡ハ、內面ハドウカ知ラヌガ、表面ハ無イ、又アッタ所デ、莫斯科政府其者モ變化シツヽアル、モウ彼ノ共產主義モ變リツヽアリハセヌカ、近ク日本ハ、莫斯科政府トモ交渉ヲ開始スルニ至ルカモ知レヌト言ハレタ、私ハ之ニ大ニ敬意ヲ表スル、此議論ヲ爲サシメンガ爲ニ、私ハ前期議會ニモ、前々議會ニモ、速ニ西伯利ノ撤兵ヲ斷行スベシト言ヒ、又對露通商ノ基礎ヲ確立スベシト云フ決議案ヲ提ゲテ諸君ニ見エタ、諸君ハ吾々ノ提議ヲ笑殺シテ葬ッタ、然ルニ內田外務大臣ハ爾來十箇月ナラズシテ其意見ヲ翻シテ、莫斯科政府トモ手ヲ携ヘルカモ知レヌト言ハレル、實ハ內田君ノ此御說ハ今日發表セラレザルトモ、ズット前カラ腹ノ底ニ持ッテ居ラレル御說デアルト思フ、內田外務大臣ハ嘗テ露西亞大使トシテ赴任セラレ、革命ノ變ニ遭ッテ引揚ゲテ來ラレタ其當時ノ意見ニ於テ、「レーニン」ノ人格ヲ認メラレ、彼ハ新式ノ學識ヲ素朴ナル古代人ノ如キ人格ニ依リテ行フ者デアルト云フノガ、御意見ノヤウデアッタ、不幸ニシテ日本ノ政界ニハ、斯ノ如キ明敏ナル外交家ヲシテ、充分ニ其持論ヲ行ハシメザルノミナラズ、其達見ヲスラ發表セシメザル人々ガアル、其人ハ山縣公デアルト傳ヘラレル、其人病氣ニナッテ今振ハナクナッテ、ソコデ漸ク今頃本音ヲ吐カレテモ宜クナッタ共產主義ナルモノハ內田君ノ說明ヲ俟ッ迄モナク、分配論トシテ徹底シテ居リマスガ、生產論トシテハ缺陷ガ多イ、國ガ窮乏シテ物ガ足リナクナッタ時ニハ、有ルダケ分ケテ置ク食ハウト云フ方針ハ一時行ハレルガ、外トノ交通ガ自由トナリ、外部ト經濟金融ノ途ガ開ケテ來レバ、此共產主義ハ段々變化シテ、徹底セル社會政策ヲ行フ所ノ普通ノ經濟組織トナル、階級ノ差別ハ認メナイダラウガ、分業ニ依リテ產業ヲ營ム所ノ組織ニ自ラ變スル、內田君ガ今頃見ラレナイデモ、吾々ハ疾クニ豫言シテ居ッタ、今日內田君ガ說ヲ變ヘテ莫斯科ト交渉スルコトニナルカモ知レヌト言ウテ、初テ先鞭ヲ著ケラレタノハ愉快デアル、今ヤ歐露巴ノ政治家ハ「ゼノア」會議ヲ開カントシ、此處ニ露西亞ノ代表者ヲ出サセテ、世界七分ノ一ノ領土、一億七千万ノ國民ヲ不安ヨリ免レシメ、此國民ト融合相接スルコトニ依リテ、世界ノ不安ヲ除カントシテ居ル、之ニ先鞭ヲ著ケル覺悟アリトスレバ、內田君ノ意見ハ大ニ敬服スルニ値アル、サリナガラ私ハ此樣ナ事デヤッテ居ラレル政府ガ、裏面ニ於テ又浦潮政府ナドト手ヲ握ッテ居ラレルノヲ遺憾ニ思フ、私ノ最近ニ得タル情報ニ依レバ、政府當局者ハ、浦潮ニ於ケル反過激派政府ヲ援助スルノ意味ガアッテ、漁區稅――漁場ノ稅ナドヲ、露西亞ノ頹廢以來差押ヘテ、日本ノ銀行ニ保留シテアッタノヲ、ドウヤラ今後ハ浦潮政府ニ納メサウナ形跡ニナッテ來タ、斯ウナレバ日本ハ間接ニ反過激政府ヲ援助スルコトニナル、一方ニ於テ世界ノ大勢ニ鑑ミテ「レーニン」ト握手シタイ、交渉シタイト言ッテ居リナガラ、一方ニ於テ浦潮政府ヲ援助スルトカ、同情スルトカ云フコトハ實ニ矛盾デアル、內田君ガ同情シテ居ラレレバ軍服ヲ著タル諸君ガ援助セラレルカモ知レヌ、妙ナ日本ノ政治組織ハ玆ニ外交ヲ變ニ、變化發展セシムル、此點ヲ何ト考ヘラレルウ、私ハ日本ノ外交四方八面行詰ッタ時、內ニ於テ經濟的立國ノ基礎ヲ作ルモノハ、資本ト原料ノ外ニ、人間ヲ養フコトニ在ルト思フ、產業的ニ人間ヲ養フノガ內ニ於テノ唯一ノ方策デアル、外ニ向ッテハ露西亞ト經濟交通ノ途ヲ開キ側面ヨリ帝國ノ活路ヲ開拓スルノガ唯一手段デアルト思フ、露西亞ニハ不安ナル一億七千万ノ民ガアリ、其南方ニハ同ジク不安ナル印度三億ノ民ガアル、露西亞ニハ科學的人傑「レーニン」アレバ、印度ニハ精神的聖者「ガンデー」ノ如キ者ガアル、南ノ者ト北ノ者ト融合交通スルナラバ互ニ利益ガアル、此融合ノ途ガ開カレッヽ、アル日本ガ極東ニ兵ヲ出シ、此露西亞ヲ背後ヨリ引張ルコトガナケレバ、牽制スルコトガナケレバ、露西亞ハ自由ニ活動シテ不安ナル印度人ト融合シ、更ニ不安ナル亞細亞中原ノ諸民族ト融合シ、更ニ恨ミヲ吞ンデ產業的ノ復興ヲ圖ッテ居ル獨逸ト融合シ、玆ニ「アングロサクソン」ニ對抗シテ、世界ノ眞ノ平和人道ヲ要求スルカガ現レルカモ知レナイ、今日ニ於テ自由貿易ハ大勢デナイト高橋君ハ言ハレル、露西亞ノ經濟狀態ヲ以テスレバ、露西亞ニハ製造工業ガサウ急ニハ興ラナイ、矢張外國ニ向ッテ原料ヲ輸出シ、外國ノ物ヲ買フニ限ッテ居ル、日本ハ私ハ露西亞ニ對シテノミ、或ハ我國ノ工業ノ原料ヲ確保スル爲ニ、製造品ノ市場ヲ確保スル爲メニ、自由貿易ヲ開始シテモ日本ニ於テ不利ガナケレバ、露西亞ニ於テモ不利ガナイト思フ、此點ニ著服セラレテ内田君ハ、莫斯科ト交渉スベシト說カレタカ、高橋君ハ外交ニ對シテ、「エコノミツク、インタープレテーシヨン」ヲ下シテ、莫斯科トノ交渉ヲ開始スルコトヲ是認セラレタノデアルガ、國務大臣ノ此議論ハ單ニ一時ノ出來心デアルカ或ハ所謂軍閥ノ諸君ガ如何ナルコトヲ唱ヘテ來テモ、帝國ノ産業立國ニ則ッタル外交政策ハ、斷ジテ動カサナイト言ハレルカ、此邊ノ明白ナル返答ヲシテ戴キタイ、私ノ質問ハ國務大臣トシテノ諸公ノ答辯ヲ促スノデアル、一人デ御答ガ出來ナケレバ、各大臣御相談ノ上責任アル返答ヲ伺ヒタイ(拍手)

○荒川五郎君(續) 前日ノ議會ニ於テ野田遞信大臣ハ、禪味ヲ帶ビタ大臣トハ何ヲ言フノデアルカト、此演壇デ鈴木富士彌君ニ卽問卽答セラレテ居ル、其時ニハ大臣ニハ之ヲ御咎メニナラヌデ、同ジ此演壇ニ於テ今之ヲ咎メルノハドウ云ウ譯カ、(拍手)併シ諸君、私モ徒ニ長キ時間ヲ茲ニ費スノハ遠慮致シマスカラ、暫ク議長ニ敬意ヲ表シテ、私ハ此辯論ヲ進メマス、又內容ノ改善ヲ期シタイトハ、總理大臣ハ之ヲ御承知デアルマイト私ハ思フ、內容トハ何ヲ言フノデアルカ、內容ノ改善ト云フコトハ言葉ガ宜イカラ、アスコヘ入レル位ノコトデハナイカト思フ、一體ニ前後ガマルデ無誠意デアルカラ、敢テ之ヲ問ウタノデアルガ、イヤ諸君、ソレナラバ私ガ解釋致シマス、內容ノ改善ト云フノハ、一方ニ費用ヲ整理スル、ソレニ對シテ內容ノ改善ト云ヘバ、卽チ敎授訓練ノ事デアリマセウ、ドウデスカ、敎授訓練ナラバ、臨時敎育行政調査會ニ於テ、如何ニ此敎授訓練ヲ改善ナサイマスカ、總理大臣ハ敎員デハアリマスマイ、何ヲ以テ之ヲセラルヽカ、諸君、マダアル、總理大臣ハ補助スルト言ハレテ居ル、補助ト云フ言葉尻ヲ取ルヤウニナルカ知リマセヌガ、今日ノ法律ニハ、小學校敎育費國庫負擔法ト云フ法律ガ歴トシテ存シテ、國庫ガ負擔スルノデアリマス、補助スルト云フ事ト國家ガ負擔スルト云フ事ハ、其間其費用ノ性質ニ大ナル相違ガアルノデアリマス、地方費ニ補助スルト云ヘバ、補助シタ上ハ其費用ハ——其金ハ地方費ニナッテシマウ、國庫ガ負擔スルト云ッタラ、ソレハ何時迄モ國庫費デアル、大藏大臣トモアル者ガ——此費用ニ最モ關係ノアル其金錢大臣ガ、補助ノ地方費ト、國庫負擔ノ國費ト云フ事ノ差別ヲ御承知ナイト云フニ至ッテハ、法令ノ何モノカヲ御承知ナイト謂ハナケレバナラヌ、僅カノ片言ト雖モ如何ニ此點ニ於テ總理大臣ガ御不案內ナルカ、隨テ內容改善ト云フコトガ御分リニナルマイト思フノハ、是ハ已ムヲ得マスマイ、諸君、且夫レ昨年政府ガ此敎育費整理ヲ公言シテ以來、全國ノ敎育者ニ如何ニ打擊ヲ與ヘマシタカ、敎育者ノ心理狀態ニ、如何ノ惡影響ヲ及ボシマシタデアリマセウカ、其敎育ノ進步國運ノ發展ヲ阻碍シタコトハ、決シテ尠クナイノデアリマス、幾万ノ金ヲ掛ケテ調査會ヲ開イテ、サウシテ全國ニ惡影響ヲ與ヘテ居ルト云フコトヽヲ、總理大臣ハ先ヅ以テ御覺リニナルベキモノト思フノデアリマス、諸君、此點ニ付テ僅カナ短カイ御演說デアルガ、斯樣ニ意味ハ支離滅裂、捕捉スルコトヲ得ナイノデアリマス、更ニ其等ノ點ニ向ッテ明快ナ答辯ヲ求ム、是ハ今日天下國民ノ皆ナ倶ニ、此成行ヲ懸念シツヽアルノデアリマスカラ、天下ノ爲ニ此際明確ナル答辯ヲ希望致スノデアリマス、其次ニ私ハ昨年遣支議員トシテ久振リニ支那朝鮮ヲ廻リマシタ、朝鮮ヤ、滿洲ヤ、關東州、靑島到ル處ニ實ハ忌ムベキ怖ルベキ事件ヲ見出スノデアリマスガ、併シ今日ハ其等ニ渉ッテ申スノハ、時間ヲ要スルカラシテ差控ヘ、唯ダ朝鮮ニ付テ申述ベマス、政府當局ハ朝鮮ノ人心ハ餘程安定シテ、平穩ニナッタカノ如ク言ハレマスルガ、是ハ全ク世間ノ耳目ヲ糊塗シテ居ルモノデアル、排日反抗ノ氣分ハ朝鮮全道ニ彌漫シツヽ、益〻熾ニナリツヽアルト申シテモ宜イノデアリマス、今其證據トシテ申セバ武斷政治ノ骨頂ト謂ハレタ寺內伯總督、其時代ニ於テモ、總督官邸ノ警衞ハ、十二名ノ警察官ガ更代シテ任ジテ居ッタ、然ルニ今ノ齋藤總督ニナッテカラ、十二名ガ幾倍致シマシタカ、五倍六十名ノ多數ノ警官ヲ以テ、交代警衞シテ居ラレマス、又朝鮮人ハ今日朝鮮ノ境界一步ヲ出ヅルニモ、嚴重ナ取締ガセラレ、肖像ヲ附ケタ旅行券ヲ要スルト云フコト、是等モ彼ノ武斷主義ト言ハレタ寺內伯爵時代ニモ無カッタ所デアリマス、諸君、又總督巡視ノ際ニ於ケル警衞等ノ嚴重ナルコト、又鎭海灣——鎭南浦ヲ御巡視ニナッタ滑稽、其等ノ事ハ總督政治ガ如何ニアルカト云フコトヲ證スルニ足リマスケレドモ、是等モ餘リニ滑稽過ギル程ニ思ヒマシテ、此處ニハ之ヲ省キマスガ、是等ノ事實ニ見テモ、朝鮮ガ不穩デアリマシテ、ドウシテ斯樣ニセラレルノデアリマセウ、今日全ク道路目ヲ側テヽ居ル有樣デハアリマセヌカ、今年ノ總督府ノ豫算ヲ見マシテモ、頗ル多額ノ警察費ヲ要求セラレタルニ顧ミマシテモ、朝鮮ガ平穩デアルト云フコトガ言ハレマセウカ、諸君、日韓合併條約ノ保障セル生命財產ノ安固、是朝鮮人ガ最モ望ヲ掛ケテ、是デ併合ヲ贊シタ、其生命財產ノ安固ハ、今ヤ全ク裏切ラレテ居ルノデハアリマセヌカ、諸君、多クハ無審査デ罪ナキ良民ヲ殺ス警察官ガアリ、又突然無謀ニ個人ノ財產ヲ奪フ所ノ亂暴ナ處置モ行ハレテ居ルノデアリマス、生命モ財產モ洵ニ危險ノ狀態ニ在ルト云フコトハ、舊韓國政府時代ニモ過ギテ居ルト言ハレテ居リマス、斯ク嚴格ナル總督政治デ、總督ハ所謂階前千里、門外万里、是等ノ事實ハ能ク御承知ハアルマイト思ヒマス、此事總督府ニ繋屬シテ居ル其事件ハ、ソレハ御承知デモアリマセウガ、其外ノ事ハ御承知ナイト思ヒマス、私ハ事件ノ內容、其性質カラシテモ、實ニ此ニ言フノハ忍ビナイノデアリマス、洵ニ國家ノ內醜ヲ暴露スルヤウデ、心外千萬ニ思フノデアリマスケレドモ、併シ此儘差置イテハ、益〻此亂暴ハ加ハル爲ニ、一方ニハ愈〻排日反對氣分ヲ旺盛ナラシメ、朝鮮ノ人民ハ勿論、國家國民ノ一大不幸デ、實ニ人道上一日モ看過スベカラザル大事デアルト思ヒマスカラ、已ムナク忍ンデ其ノ中ノ二三ノ事實ヲ茲ニ舉ゲマス、先ヅ生命財產ト區別ヲ致シテ申シマス、大正十年三月四日、全羅南道寶城警察署ノ管內ノ筏橋里ト云フ駐在所ガアリマス、其駐在所ノ拳銃ガ一挺無クナリマシタ、此駐在所ノ拳銃一挺無クナリマスルヤ、茲ニ總督府警官ハ筏橋里ノ人民男女何十名ヲ捕縛シ、有ユル拷問、有ユル壓制ヲセラレ、中ニハ僅ニ十歲ニナラヌ可憐ノ小娘マデモ縛リ上ゲラレテ、而シテ其等ハ其拷問其苛責、中ニハ吊リ上ゲテ叩カレタリシテ、ソレガ爲ニ金允錫ト云フ者ハ五月五日ノ晚ニ死ニマシタ、ソレニモ拘ラズ尙ホ嚴酷ナル此拷問ヲ續ケラレテ、六十何日何十人ノ者ハ調ベラレタ、所ガ六十三日目ニ至ッテ、其拳銃ハ面長宅ノ裏カラ出テ來タ、驚イテ一時ニ是等ヲ赦シマシタケレドモ、中ニハ其時ニ負傷ヲシタ者、其傷ハ今尙ホ存シテ居リマス、殊ニ金允錫ハ死ンデ、彼等ノ子女ハ俄ニ其親ヲ失ッテ、悲痛ノ淚ニ咽ンデ居ルノデアリマス、是ハ多分總督府ニハ、此事情ノ一部ハ繋續シテ居ルト思ヒマスカラ、總督モヨモヤ御承知ナイコトハナイト思ヒマス、又是ハ平安南道大同郡林原面濟湖里ノ朴燦ト云フ者、此朴燦珏ガ制令違反ノ金鳳圭ト親類デアルカラ、此二人ノ間ニ何カ關係ガアルダラウト云フノデ、大正十年六月十五日ニ朴燦珏ヲ逮捕セラレマシタガ、朴燦珏一人ノミデハナイ、朴燦珏ノ兩親モ縛リ上ゲテ、サウシテ之モ吊リナガラ毆ッテ拷問シタ、ソレカラ朝鮮デ能ク流行ルノハ鼻ノ中ヘ水ヲ入レルノデアリマス、是ハ宜イ、傷ガ殘ラヌカラ宜イト云ウテ、常ニ行ッテ居ルト云フ話ヲ聞キマシタガ、鼻ノ中ヘ冷水ヲ入レタリ有ユル拷問ヲスル、所ガ朴燦珏ノ母親ハ非常ニ身體ガ弱イ所カラ、朴ト朴ノ父親ハ淚ヲ以テ賴ンダ、朴燦珏ハ私ハドノヤウニ檢ベラレテモ宜シイガ、兩親ダケハ赦シテ貰ヒタイ、若シ兩親ガ赦サレヌナラバ、父親ハ措イテモ、母親ハ死ニマスカラト云フノデ、朴燦珏ハ血淚ヲ以テ賴ミヽ上ゲマシタ、事件、是ハ詳シクハ茲ニ申上ゲマセヌガ、實ニ三國誌的ノ拷問ノ遣方ト謂ハナケレバナラヌ、ソレカラ是ハ大正九年ノ十二月ノ事デアリマス、平安北道義州郡ノ……

○議長(奧繁三郎君) 荒川君ニ注意シマス、唯今ハ國務

大臣ノ演説ニ對スル、質疑ノ場合デアルト云フコトヲ御忘レナサラヌヤウニ願ヒマス

○荒川五郎君(續) 承知シマシタ、忘レヌヤウニ致シマス――朝鮮人ガ聽イテモ惡イノデアリマセウ、朝鮮人ダケデハアリマセヌ、日本人ガ聽イテモ、實ニ頭ガ痛クナル程ノ事デアリマス、私モ前カラ申スヤウニ、之ヲ逃ベルノハ忍ビナイノデアリマス、併シ之ヲ言ハズシテ、彼等可憐ノ民ヲ無告ノ地ニ置イテ、國家ノ責任ガドウシテ立チマスカ、思想問題、其等ニ付テノ總理大臣ノ御演説、之ニ付テ是ダケノ辯論ハドウシテモ及バザルヲ得ヌ、此事實ヲ明ニシテ御尊申サネバナラヌ次第デアリマス、ソレカラ李皓榮ナル者ガ、獨立軍資金ヲ集メヤウトシタト云フ嫌疑デ檢ベラレテ、サウシテ是ガドウ云フ拍子カ、總トデハアリマスマイガ、警察官ノ拳銃デ此李皓榮ハ殺サレタノデアリマス、殺サレタ者ハ殺サレ損、殺シタ警察官ハ承レバ果斷ヂヤト賞セラレテ、郡守ニ榮轉致シテ居ルノデアリマス、斯ノ如ク一々申上ゲマスレバ、尚ホヨリ以上ノ事六十何件モ茲ニ調ベテアリマス、ケレドモ唯今二三擧ゲタダケデ、大要ハ分ル譯デアリマスカラ、是ハ總テヲ略致シマス、以上ハ生命ニ關スル事デアリマス、是カラ更ニ財産ニ關スル事、是ハ成ベク簡單ニ申シマス、其一ツハ朝鮮ノ山林區分調査ノ事デアリマス、山林ノ區分調査ヲセラル、ニ方ッテ、國有ト民有トヲ分ケルト云フノデ、民有ノ物ハ何月何日マデニ屆ケ出デヌケレバ、國有トスルト云フコトハ、ソレハ一片ノ告示ニハ出マシタデセウ、揭示場ニハ揭示モアッタト聞イテ居リマスガ、朝鮮人民一々是ガ揭示場ニ行ッテ見ル譯モアリマセヌ、知ラヌ間ニ彼等ノ財産ハ、多ク國有ニ取上ゲラレテシマッテ居ルノデアリマス、何カノ機會デ尋ネテ出レバ、ソレス、國有ニナッテ居ル、オ前等ハサウ云フ緣故ガアルナラバ緣故ヲ辿ッテ貸下ヲ願ッタラ宜カラウ、緣故貸下ヲ願ッタラ宜カラウ、斯ウ云フ注意ヲ受ケマシテ、ソレデハト其手續ヲシヤウト云フコトデ書面ヲ出スト、此書面デハイカヌト云フノデ却下セラレ、其往復ヲシテ居ル間ニ、何時ノ間ニカ其土地ハ內地人ノ或者ニ拂下ゲテシマウ、斯ウ云フ事實ハ茲ニ澤山アルノデアリマス、其他之ニ類スル所ノ事件、是ハ全羅北道井邑郡ニ於テ、土地所有ニ關スル海ニ不當亂暴ノ事件、全羅南道長興郡ノ龍頭山、帝岩山ノ民林ヲ不當處分サレタ事件、慶尙南道ノ蔚山郡大霙山ニ關スル事件、黃海道ノ安岳郡殷串里ノ――是ハ一ツ一寸申ス必要ガアル、是ハ蘆ノ田デアリマスガ、蘆ノ草ヲ製紙原料ノ「パルプ」ヲ造ルカラ拂下ゲテ貰ヒタイト云フノデ、之ヲ內地人ニ貸下ゲラレタ、ソレヨリシテ朝鮮全道ニ於ケル此蘆ノ田ハ――蘆洲ハ殆ド之ニ拂下ヲセラレタ、朝鮮ノ蘆ノ草ト云フモノハ、諸君モ御承知ノ通リニ、朝鮮人ガ屋根ニ葺キマシタリ、或ハ垣ニ致シタリ、ソレカラ又之ヲ薪ニスルノデアリマス、是等ヲ自由ニ採リ用井テ居ッタモノヲ、ソレヲ個人ニ拂下ヲセラレテ、サウシテ拂下ヲ受ケタ人ハ、製紙原料ノ「パルプ」ヲ造ルト云フノハ、唯タ員ノ名義ノミ位ノコトデ、實際ハ其蘆ヲ皆ナ朝鮮人ニ賣ッテ居ル、只今マデハ朝鮮人ハ生活資料ノ一トシテ、ソレヲ自由ニ刈リ居ッタモノヲ、內地人ニ賴ンデ、金ヲ出シテ買ハナケレバナラヌ、ソレヲ容易ニ賣ッテ貰ハレヌト云フノデ、ドレダケ彼等ハ苦ンデ居ルカ、今年ナドハ東京デモ此一月ニナリマシテ以來、六百人モ行倒レヤ凍死人ガアッタト云フ事デアリマスガ朝鮮モ定メテ同ジク寒イデアラウニ、彼等ハ此燃料スラ取上ゲラレテシマッテ居ル、何ト實ニ憐レト云フモ同情ニ堪ヘナイ事デハアリマセヌカ、ソレカラ平安南道ノ龍岡郡ノ爲石山ノ不法事件、中和郡ノ山林貸付ニ關スル事件、平壤ノ寺洞鑛業所ニ關スル事件、ソレカラ是ハ咸鏡南道ノ永興灣ノ牡蠣デス、永興灣ノ牡蠣ナルモノハ、其地方ニ家ガ四百許リアッテ、人民ガ二千人許リ居ル、其等ノ者ハ長イ間此永興灣ニ生ズル牡蠣ヲ採ッテ、生活致シテ居ルノデアル、是ハ皆ナノ共同ノ權利デアル、然ルニ之ヲ一朝內地人ニ拂下ゲテ、大騷動ヲ致シタノデアリマス、種々紛爭ノ結果ガドウナリマシタカト云フノニ、其地方人民ガ言フノニ、內地ノ人デモ此地ヘ來ラレテ一家ヲ持タレタ人ハ、其一部ノ入會權ハ認メマス、決シテ吾々ガ先ヨリ取ッタカラト云ッテ、之ヲ拒ミハシマセヌ、ケレドモ之ヲ全體取ラル、ト云フコトハ、吾々ノ口ヲ閉ヂラレルノデハナイカト非常ナ騷ニナッテ、遂ニ其結果ハ三分ノ二ハ土地ノ人民ニヤリ、三分ノ一ハ內地人ニヤルト云フ斯ウ云フ、定メニナリマシタ、其定メモ吾々ハ無理ダト思ヒマス、無理ダト思ヒマスガ、其實際蠣ノ採レル所ノ收穫ノ多イ部分ヲ、三分ノ一內地人ニヤッテシマッテ、跡ノ三分ノ二ノ殆ド收穫ノ無イ所ヲ、此四百戶ノ人民ニ與ヘヤウトセラレテ居ルノデアリマス、餘リ斯ウ云フ事ヲ一々申スト私モ困リマス、皆サンモ耳ガ痛イ譯デアリマセウ、旁、是等モ總テ茲ニ略ニ致シマス(「ヒヤ〳〵」「感心」ト呼フ者アリ)感心セラレ、バ尙ホ縮メマスケレドモ此第一ニ申上ゲタ趣意ダケハ貫徹シテ置カネバナラヌ、其他租稅ノ納付ヲ怠ッタト云ウテ、牢屋ヘ入レラレタ者ガ一時三百人モアル、是モ略シマス(「ドウモ有難ウ」ト呼フ者アリ)眞面目ニ御聽キナサイ(「眞面目ニヤリ給ヘ」「大ニ謹聽シマス」「議長注意シ給ヘ、亂暴者ニ對シテ」ト呼フ者アリ)

○議長(奧繁三郎君) 諸君靜ニ、荒川君ノ演說ハ憲政會代表ノ演說デアリマスカラ……

○荒川五郎君(續) 朝鮮ニ今李鍾浩ト云フ者ガ居リマス、李鍾浩ハ諸君御承知ノ李容翊ノ孫デアリマス、李容翊ハ大藏大臣モ文部大臣モ、舊韓國政府デハ勤メタ人デアリマス、此李容翊ガ第一銀行ヘ預ケタ金ヲ、其李容翊ナル者ガ亡命シテ露西亞ヘ參リマシテ、是ハ浦潮デ死ンダノデアリマスガ、彼ガ死ンダバカリニ、其留守ニ於テ、彼ガ第一銀行ニ預ケタ所ノ金ハマルデ之ヲ政府ニ沒收セラレタノデアリマス、是ハ通帳モ實際ノ證據アルニモ拘ハラズ、譯モナク、理由モナク、彼ガ露西亞ニ亡命シテ、サウシテ遂ニ浦潮ニ死ンダ其間ニ於テ沒收セラレタ、ソコデ彼ガ孫タル李鍾浩ハ、今此銀行ノ預金帳ヲ抱イテ、貧苦ニ泣イテ居ルト承ッテ居ルノデアリマス、斯ノ如キ亂暴無理ナル處置ヲ申上ゲレバ、一々算ヘ切レヌダケアルノデアリマス、諸君、只今申上ゲタ數箇ノ事實ニ依リマシテモ、之ヲ以テ生命財産ノ安固ガ期セラレマセウカ、生命財産ノ安固、卽チ民ヲ安ズルト云フコトガ政府責任ノ第一義デアリマス、總理大臣施政ノ方針ヲ說キ、茲ニ國家施政ノ重任ニ當ラル、以上ハ、此事實ニ對シテ若シ辯解アラバ茲ニ辯解セラレテ、天下ニ疑ヲ解カルベキ大責任ガアルノデアリマス、政友會ノ中ヨリ斯ノ如キ事ヲ言フダケデモ、聞エガ惡イト云フヤウニ批評ガアリマシタガ、ソレナラバヨリ以上ニ、之ニ對シテ御答辯ノ必要ガアルト思フノデアリマス、尙ホモウ一言朝鮮敎育ニ付テハ、政府ハ將來京城ニ大學校ヲ起シタリ、其他高等、普通學校ナドヲ增設スル計畫ヲセラレテ居ルノデアリマス、所ガ現下朝鮮ノ實情ヲ見マスルノニ、普通敎育及高等普通敎育ヲ卒業致シマシテモ前ニ申シタヤウナ、生命財産ハ危險ナ狀態ニ在ルノデアリマスカラ、彼等ハ卒業シナガラ職ヲ他ニ求ムルコトモ出來マセヌ、又總督府ニ於テモ、之ヲ採用セラル、コトハ殆ド稀デアリマスカラ、彼等ハ知識ヲ有シテ却テ衣食ノ途ニ窮シ、何レモ走ッテ總督政治ニ反抗ノ態度ヲ執リツ、アルト云フコトハ、澤山ノ事實ニ依ッテ證據ヲ擧ゲルコトガ出來ルノデアリマス、現ニ北滿洲ニ於ケル朝鮮人團體ノ巨頭ニ柳東說ナル者ガ居リマス、其柳東說ノ部下ノミニテモ、是等ノ徒ガ八千人許リヲ收容シテ居リマスガ、彼等ハ露西亞共產黨ニ通ジマシテ、高麗共產黨ナルモノヲ組織致シテ居リマス、其衣食ノ資ハ皆ナ之ヲ共產黨カラ仰イデ居ルノデアリマス、斯ウシテ日々朝鮮人ハ共產主義ニ變ジ、赤化シツ、アル、是レ實ニ我ガ朝鮮統治ノ上ニ、一大不安ヲ釀シツ、アルノデハアリマセヌカ、一方ニ生命財産ノ不安危險ヲ致シ、誅求苛斂シテ以テ其職其業ヲ奪ヒ、一方ニハ敎育ヲ進メテ其卒業者、知識階級ノ無職業者ヲ殖スト云フコトハ、徒ニ不逞不平ノ徒ヲ養成スルガ如キ結果ニ陷リハシマセヌカ、殊ニ之ヲ驅ッテ赤化セシメ、惡化セシムルコトハ、實ニ由々シキ大事デアルト思フノデアリマス、國家全體ノ爲ニ、實ニ憂痛ノ感ニ禁ヘナイ次第デアリマスカラ、爰ニ此質疑ヲ爲ス所以デアリマス、以上

總理大臣、竝當局者ニ向ッテ質疑致ス所以デアリマス、速ニ明快ナル答辯ヲ希望致シマス(拍手起ル)

〔國務大臣子爵高橋是清君登壇〕

○國務大臣(子爵高橋是清君)　先刻荒川君ヨリ御質疑ニナリマシタ御演說ハ、長ウゴザイマシタガ、御答ヲスル點ヲ靜ニ聽イテ居リマシタガ、先ヅ學校ノ事ニ付テハ意外ナ御質問ト私ハ考ヘル、私ノ施設ノ方針ニ於テ、臨時教育行政調査會ニ於テ、ソレ〲調査ヲ進メテ居ルト云フコトヲ申シタ、其後ニ於テ、軍備縮小ニ依ッテ若シ餘裕ガ出レバ、ソレヲ以テ小學校ノ教育費ノ補助額ヲ增加スルト申シタルコトニ付テ、是ハ矛盾デアル、其譯ハ調査會ナルモノハ、經費ノ節約ヲ主トスルモノデアル、一方ニ於テ經費ヲ減ゼントスルニ方ッテ、一方ニ於テハ補助額ヲ增スト云フコトハ正ニ矛盾デアルト、斯ウ言ハレテ居ル、是ハ臨時教育行政調査會ト云フモノヽ、性質ヲ能ク御承知ガナイ爲ニ、左樣ナ誤解ヲ懷カシテ居ルノデアリマセウト思フ、臨時教育行政調査會ノ趣旨ハ、教育制度ノ劃一ヲ宜シクナイトシテ居ルノガ根本デアリマス、而シテ其教育調査會ノ委員ナル者ハ、何レモ此教育ノ事ニ付テ、堪能ナル人々ガ集ッテ出來テ居ルノデアリマス、全國各町村ノ地形、風土、人情、生業ノ狀態等異ナルモノガアルニモ拘ラズ、總テ全國劃一ノ制度ヲ施イテ居ルト云フコトハ宜シクナイト云フコトハ教育者一般ノ議論デアル、此劃一制度ヲ改ムル場合ニ於テハ、教育モ經濟的ニ施行スルコトガ出來ル、卽チ無駄ナ經費ヲ省クコトモ出來ルト云フコトモ、皆ナ確信シテ居ラレルノデアル、而シテ此調査會ハ、單ニサウ云フ邊ノ調査ヲスルノミナラズ、尙ホ進ンデ其內容ヲモ改善セントスルモノデアル、然ルニ此內容ノ改善ハ何カト云フコトノ御理解ガナイヤウデアル、今日普通教育ノ內容ハ、改善ヲ要スルト云フコトノ御考ガ更ニ無イヤウデアル、唯タ內容改善ト云フコトハ、言葉ガ良イカラ入レタンダラウト云フ樣ナ御尊デアル、左樣ナ譯デハナイ、國家ノ選良タル荒川君ニシテ、今日ノ普通教育ノ內容ノ改善ト云フコトノ御理解ガナイ以上ハ、私ハ全國ニ矢張此理解ノ無イ人ガ多カラウト思フカラ、之ヲ機會ニシテ政府ノ考ヘル事ノ大要ヲ私ハ御話ヲ致ス、(拍手)教育ハ勿論其普及ハ願ハシイ事デアル、是ハ努メネバナラヌノデアル、併ナガラ普及ヲ圖ルト同時ニ、又教育ノ內容ノ研究ハ常ニ息ルコトノ出來ナイト云フコトハ、我國バカリデハナイ、世界皆ナサウデアル、而モ此普通教育ト云フモノハ、道德的ノ品性、性質ノ涵養、此薰陶陶冶ガ必要デアル、同時ニ亦智育ノ教育モセネバナラヌノデアル、併シ孰レガ重イカト云ヘバ、寧ロ此道德ノ方ノ教養ガ重イノデアリマス、然ルニ今日ノ普通教育ハ、智育ノ教授ニハ頗ル重キヲ置イテ居ル、道德的品性ノ陶冶ノ上ニ於テハ、比較的困却サレテ居ル憾ガアルノデアリマス、普通教育ノ時期ハ、兒童ノ心身ノ鍛鍊修養上ニハ其趣味ヲ養ッテ、良習慣ヲ造ルノニ最モ適當ナル年齡デアル、然ルニ今日ノ教育ハ是等ノ事ニ付テノ研究ヲ、或ハ息ッテ居ルト云フ遺憾ガアルノデアリマス、今日教育行政調査會ニ於テハ、此邊ニ付テ十分調査ヲ進メツヽアルノデアル、是ニ於テ此調査會ノ研究ノ目的モ御諒解ニナッタラウト思フ、ソレカラ教育費ノ補助ノ增加ト云フコトニ付テノ御議論ガアッタヤウデアル、決シテ是ハ矛盾デハナイ、今日ノ小學校教育ノ費用ハ、町村ガ負擔ヲシテ居ル、問題ハ何カト云ヘバ町村ノ負擔ガ重イ、重イカラシテ、此幾分ヲバ國庫カラ補助シテ救濟シテ貰ヒタイト云フガ問題デアルノデアル、臨時教育行政調査會ニ於テ、無駄ナ無益ナ費用ヲ省イテ、之ヲ節約シテ行クト云フ方針ト、何等矛盾ハシテ居ラナイ、市町村ノ教育費負擔ガ如何ニモ俄ニ膨脹シテ、過重デアルカラシテ、之ヲ補助シテ、救濟シテ貰ヒタイト云フノガ、一般ノ希望デアルノデアル、此負擔ヲ國庫ガ補助シテ救濟スルト云フ事ト、調査會ニ於テ無駄ナ費用ヲ省ク爲ニ調査ヲシテ居ルト云フ事ハ、決シテ矛盾シテハ居ラヌノデアリマス、ソレカラ今マデヤッテ居リマス所ノ一千万圓モ、是ハ皆ナ國庫カラシテ、地方ノ教育費ヲ補助シテ居ルノデアリマス、新ニ增加スルト云フ意味デハナイノデアル、是マデ地方ガ負擔シテ居ル所ノ幾分ヲ國家ガ補助スルト云フ意味ノ增加デアル、是デ御分リデセウ(拍手)

○荒川五郎君　マダ外ニ今說明ガアリマスカ——朝鮮問題ニ付テハマダ說明ガナイノデアリマスガ……

○議長(奧繁三郎君)　朝鮮總督ハ見エテ居リマスガ、元來國務大臣ノ演說ニ對スル質疑デスカラ、答ヘラレルカドウカ分リマセヌ

○荒川五郎君　總理大臣ハ……

○議長(奧繁三郎君)　答辯ガ有ルカ無イカ分リマセヌ

○荒川五郎君　併シ御答辯ガナケレバソレハ追窮シマセヌガ、唯ダ……

○議長(奧繁三郎君)　荒川君、再質疑ガアリマスカ

○荒川五郎君　總理大臣ハ唯今私ガ申シタ事實ヲ皆ナ御認ニナッテ……

○議長(奧繁三郎君)　再質疑ナラ之ヲ許シマス、登壇ナサイ——再質疑デハナイノデスカ

○荒川五郎君　唯今高橋總理大臣ハ、教育費ノ事竝補助ト云フ說明ガアリマシタガ、其點ハ承リマシテ、尙ホ其御話ハ、全ク調査會ノ仕事ヲ御承知ナイ說明ニナッテ居リマスカラ、ソレハモウ一應再質問ヲ致ス積リデアリマスガ、併シ其前ニ於テ私ノ御尋致シタノハ、此教育費ノ事ト、ソレカラ我ガ全責任ヲ負フ總理大臣トシテ、朝鮮ノ施政ニ關スル此大問題、大責任ノ上ニ總理大臣ノ說明ヲ請フベク、十分ニ質疑ノ要點ヲ盡シタ積リデアリマス、然ルニ其點ニ於テハ更ニ何等ノ御說明ガ無イノデアリマス、是ハ啻ニ私ガ之ヲ不滿トスルノミナラズ、全天下ノ疑惑ヲ招ク次第デアルト思ヒマス、ソレデ其點ハ嚮ニ申シテ置イタ所デアリマス、此際總理大臣ヨリ此說明ヲ希望致シマス

○議長(奧繁三郎君)　此際ニ……

〔國務大臣子爵高橋是清君登壇〕

○國務大臣(子爵高橋是清君)　荒川君ガ朝鮮ニ於ケル種々ノ事實ヲ立證セラレテ、御尋デアリマシタガ、私ノ今日迄聞及ンデ居リマスル所デハ、其事實ヲ認メルコトハ出來マセヌノデアリマス、又巡査其他ノ事ニ付テハ、尙ホ當局ト雖モ細カク調査デモセナケレバ、分ラヌ事モアルダラウト考ヘルノデアリマス、元來左樣ナ事ハ朝鮮總督ヨリ御答シタ方ガ、明瞭ニナルダラウト思ヒマス、併シ私ノ施政ノ演說ニ付テノ御質疑デアリマスカラ、其今御述ニナッタ所ノ事實ニ付テハ、大體認メルコトガ出來ナイ、或ハ其事柄ニ依ッテハ、尙ホ調査ヲシテ見ネバ分ラヌ事モアルダラウト考ヘル、是ダケ御答シテ置イテ、尙ホ細カイ事ヲ此際ニ確メタイト云フコトデアリマスナラバ、朝鮮總督モ出テ居ラレマスルカラ、總督ヨリ御答ヲシテ宜カラウト考ヘマス(拍手)

○荒川五郎君　私ハ我ガ日本全體ニ亙ッテ、總理大臣ガ其說明ヲ與ヘラルベキモノト思ヒマス、併シ唯今擧ゲタル事實ナドニ付テハ、實際ニ於テ總理大臣ハ一々御承知ナイモノト私モ認メマスデアリマスルカラ、是ハ總理大臣ノ說明ト致シテ、朝鮮總督ガ說明セラレルコトヲ私ハ相當ト心得マス、朝鮮總督ヨリ御說明アッテ然ルベキト思ヒマス

○議長(奧繁三郎君)　齋藤朝鮮總督

〔政府委員男爵齋藤實君登壇〕

○政府委員(男爵齋藤實君)　朝鮮ノ事ニ付キマシテ御質疑ガゴザイマシタニ付テ、一言御答ヲ致シマス、第一警備問題ニ付キマシテハ、前ノ總督府官制ニ於テ行ハレタノト、此新シイモノトノ差ヲ御述ニナリマシタガ、卽チ今日ニ於キマシテ現ニ行ッテ居リマスル所ノ警備ノ狀況ハ、此場合ニ應ジテ、適當ナリト認ムル所ヲ行ッテ居ルノデアリマシテ、其行方ニハ寬ナル所モ、嚴ナル所モ自ラアラウト思ヒマス、是ハ今日朝鮮ノ治安ヲ維持シテ居リマスル現狀カラ、必要ナル程度ニ之ヲ行ッテ居ルノデアリマシテ、何等其點ニ付テハ遺憾ナクヤッテ居ルノデアリマス、ソレカラ朝鮮ノ安定ト申シマスル事ニ付テハ、本官赴任以來一昨年ノ九月迄ハ、遺憾ナガラ甚ダ安定ヲ缺イタ狀態デアッタノデアリマス、併ナガラ一昨年ノ九月以來ハ、實際ニ於テ人心安定致シマシテ、今日

ニ於テハ尙更大體ノ狀勢ガ、宜シクナッテ來ツ、アルノデアリマス、固ヨリ內地同樣ナ人心ニ之ヲ持來スノニハ、多大ナル時日ヲ要スルモノト私ハ信ジテ居ル、併ナガラ是ハ善導致シテ、其所ニ導カナケレバナラヌト堅ク信ジテ居ル者デアリマス、日一日ト狀況ノ宜シクナルト云フコトハ、能ク御覽ニナッタ方ハ必ズ、御分リニナッテ居ルコト、私ハ信ジテ疑ハヌノデアリマス(「ノウ〳〵」)ソレカラ生命財產ノ安固ヲ缺イテ居ルト云フコトニ付キマシテハ、生命財產ノ安固ハ保タレテ居ルノデアリマス、併ナガラ廣イ朝鮮ノ內デゴザイマスカラ、遺憾ナガラ時々過チノナイコトハ無イノデアリマシテ、殊ニ此ノ二万人以上ノ巡查ノ中ニハ、心得違ノ者モ出來マシテ、甚ダ遺憾ナ事ガアル、ソレハ左樣ナ事ノ起ル度ニ嚴重ニ處分ヲ致シテ居リマス、卽チ御尋ニナッタ――御擧ゲニナッタ事柄ノ如キモ、卽チ司法事件ナドニ關係致シテ居ルノデアリマス、目下マダ調查中ニ屬シテ居ル事モアルモノト信ズルノデアリマス、是故ニ此事ハ速記錄デモ拜見致シマシテ、能ク調ベタ上ニ明答ヲ要スルト思フノデアリマスカラ、此席ニ於テハ事柄ヲ擧ゲテ一々此處デ反駁ハ致シマセヌガ、此朝鮮ノ巡查ノ拷問ヲ致シマスト云フコトハ、昔カラ慣習的ニ行レテ居ッテ、甚ダ遺憾ナノデアリマス、ソレ故ニ嚴、戒飭致シマス、斯ノ如キ事ノナカラシムルコトニ努メテ居ルノデアリマス、左樣ナ事ガアルト致シマスレバ、少シモ假借セズ處分ヲ致シ、又矯正ノ途ヲ圖リツ、アルノデアリマス、是ハ決シテ少シモサウ云フ形跡ガナカッタナドト云フコトハ申シマセヌ、遺憾ナ點ガ一、二アリマス、ソレハ矯正シツ、アリマス、相當處分ヲ致シテ居ルノデアリマス、ソレカラ財產ト云フコトノ點ニ付キマシテ、例ヲ擧ゲテ御示シニナッタコトノ中ニ、既ニ本官ノ注意諭告シテ居ル事柄モアリマス、是等ハ既ニ何年前カラサウ云フコトニナッテ居ルコトヲ、今日直ニ直スコトハ出來ナイノデアリマス、是ハ年限ノ切レル機會ヲ待ッテ、相當ナル處分ヲスルトカ、ソレカラ又林野調查ノ區分調查ガ進ンデ行キマスニ從ッテ、之ヲ矯正シテ行クヨリ外ニ仕方ガナイノデアリマス、其方法ヲ講ジツ、アリマス、決シテ朝鮮人ヲ苦マセルト云フヤウナコトハナイノミナラズ、寧ロ之ヲ助ケテ、十分ニ保護シテ行カウト云フ方針ヲ以テ、總督府ハ今日ヤッテ居リマス、ソレカラ教育ノ事ニ付テ最後ニ御話デゴザイマシタガ、是ハ御質問ノ中ニアリマシタ通リ、普通學校ヨリ大學迄ノ教育令ノ制定ヲ乞ヒマシテ、不日發布サルヽト思ウテ居リマスガ、是ハ御話ノ如ク教育ヲシテ、其教育ヲシタ者ヲ十分ニ利用スルコトガ出來ナカッタナラバ、害ヲスルコトハ御說ノ通リト思ヒマス、是ハ之レ無カラシムル爲ニ、私共ハ努メナケレバナラヌコト、思ウテ居リマス、ソレデ今日ニ於キマシテモ、相當ナル教育ヲ受ケタル所ノ朝鮮人ハ、成ベク方向ヲ得サセテ、官吏ナリ、公吏ナリ、ソレ〳〵道ニ就カセルヤウニ努メツ、アリマス、御話ノ如ク滿洲ニ勝手ニ逃去ッタ者ハ、是ハ何トモ致方アリマセヌガ、是トテモ朝鮮ニ戾ッテ來テ、正當ナル生活ニ戾ルモノナラバ、私共ハ之ヲ導イテ、十分ニ助ケテ行キタイト考ヘテ居リマス、御心配ノ點ハ私共同樣ニ感ジテ居ル次第デアリマス、之ヲ以テ……(拍手)

○議長(奧繁三郎君) 奧村安太郎君

○荒川五郎君 議長

○議長(奧繁三郎君) 荒川君何ンデスカ

○荒川五郎君 再質問ガ少シアリマス

○議長(奧繁三郎君) 成ベク質問ハ二度ニ止メルヤウニ申合セデアリマスガ、併シ三度許シタ先例モアリマスカラ、敢テ許サヌト云フノデハアリマセヌガ、極メテ簡明ニ願ヒマス

〔荒川五郎君登壇〕

○荒川五郎君 極メテ簡明ニ申シマス、總理大臣ハ私ノ申シ樣ガ惡カッタカ、內容ノ改善ハ要ラヌコトノヤウニ御聽ニ――申シタヤウニ御聽ニナリマシタガ、サウデナイ、是ハ調查會ノ箇條ヲ申上ゲタラ能ク分ル、調查會ニハ整理――教育費ヲ整理スルト同時ニ、內容ノ改善ヲ圖ッテ調查ヲシテ居ルト云フ御說明デアルガ、何所ニ內容ノ改善ヲシテ居ラルヽカ、今日迄ハシテオヰデニナラヌ、是カラスル積リダト仰シヤルナラバ又ソレデモ聞エマスルガ、進メテ居ルト言ハレルガドウ云フ事ヲシテオヰデニナルカ、調查會ノ仕事ハ、小學校ニ於テ學級ノ整理ヲシヤウ、是ガ一ツ、ソレカラ薄弱――資力薄弱ナ町村ニ於テハ、二部教授ヤ三學級二教員制ヲ行フ專科教員ヲ整理スル、學校ノ建築、增築、改築等ノ費用ヲ節約スル、小學校ニ於ケル備品、消耗品ニ要スル經費ヲ節約スル、學用品ヲ節約スルト云フコトガ問題ニナッテ居ルノデアリマス、是ガ何所ガ內容ノ改善デアリマセウカ、總理大臣ノ再答辯ハ望ミマセヌケレドモ、總理大臣ハ此僅カナ御演說中ニ、空虛ナル言ヲ恣ニセラレテ居ルト云フコトハ、是デ明カデアルト云フコトヲ茲ニ證明シテ置キマス、ソレカラ齋藤總督ノ――是ハ齋藤總督ノ御精神ハ私ハ尤ト思ヒマス、サウシテ私ガ申上ゲタ事實ニ付テ、其中ニハ警察官ヲ處分スルモノモアル、シタモノモアルトカ言ハレタ、サウ云フ事項モアラウト思ヒマスガ、私ハ先カラ申上ゲタヤウニ、洵ニ斯ウ云フ事實ヲ此天下ノ公場ニ公ニスルト云フコトハ、心外千萬ニ思フノデアリマス、然ルニ其事實ヲ茲ニ述ベタニ拘ラズ、齋藤總督ガ重大ナ責任ノ身體ヲ此演壇ニ進ンデ、其事實ヲ否定セラレナカッタト云フコトヲ、更ニ一層國家國民前途ノ爲ニ遺憾ト致スノデアリマス、(拍手)諸君、マダ私ハ申上ゲマセヌガ、其他馬賊ヲ使ッテ滿洲ノ朝鮮人ヲ殺戮致シ、サウシテソレガ問題トナッテ張作霖ニ面當セラレテ、其馬賊ガ引渡サレテ、引渡人ノ面前ニ於テ斬ラシテシマウタト云フヤウニ、種々悲慘ナル事實ハ澤山アルノデアリマス、併シ今此處ニ於テ夫等ノ事實ヲ擧ゲテ之ヲ責メタ所ガ、之ヲ直スニハ至リマセヌガ、此大事ナ朝鮮統治ノ事ハ、我ガ政府高橋內閣ノ全責任デアルト云フコトヲ茲ニ斷言致シテ置キマス

○國務大臣（伯爵内田康哉君）　唯今總理ガ答ヘテソレデ盡キタヤウニ存ジマスガ、ドノ點ガ落ナテ居ッマスカ

○正木照藏君　外務大臣ノ演說ニアッタ、帝國ニ對スル脅威ト云フノハ何デアル、保障ヲ得ルト云フノハ何所カラ保障ヲ得ルカ、ソレヲ御尋スルノデアリマス

○國務大臣（伯爵内田康哉君）（續）　脅威トハ取リ樣デ如何樣ニモ取レマス、併シ先刻ノ私ノ答辯中ニモ申シマシタ通リニ、今日何等ノ保障ヲ得ズシテ、其保障ハ誰カラ取ルト云フ御質問デアリマスカラ、其方ヲ先キニ答ヘマス、保障ハ無論其對手タルベキ露西亞ノ官憲ヨリ得ル話デアル、私ノ希望ニ於テハ、若シ大連會議ガ滿足ニ解決スルナラバ、所謂「チタ」政府ヨリ其保障ヲ得タイト思ッテ居リマス、「チタ」政府ガ我ガ交渉ニ應ジテ、滿足ナル通商條約ヲ締結シ、我ガ求メル所ノ保障ヲ與ヘタナラバ、始メテ浦潮方面ヨリ撤兵スルコトガ出來ルデアラウト思フ、固ヨリ其前ニハ彼地ニ於テ唯今政權ヲ持ッテ居ル所ノ、浦潮政府ノ始末ヲ付ケナクテハナラヌ話、是ハ中々容易ナラヌ問題デアラウト思ヒマスケレドモ、幸ニ「チタ」政府ガ我ト妥協ヲ得タ曉ニハ、餘程私ハ形勢ガ變ッテ來ルデアラウト思ノ、卽チ我ニ對シテ有效ナル保障ヲ與ヘ得ルデアラウト思フ、其保障ガ與ヘラレタ曉ニハ、先方ヨリ撤兵スルコトガ出來ヤウト思フ、併ナガラ若シ是等ノ保障ガ無クシテ撤兵シタナラバ、唯今總理ガ答ヘラレマシタ通リニ、「浦潮方面ニ於ケル幾千ノ日本人ガ、生命財產ノ安固ヲ危クサレル話、是モ矢張帝國ニ對スル脅威ノ一ツデアル、ノミナラズ浦潮方面、極東西伯利ニ於テハ、幾十万ノ不逞鮮人ガ居ル話、是等ハ今日我ガ駐兵ニ依ッテ、朝鮮境ニ接スル所ヲ防止サレテ居ルノデス、ソレニモ拘ラズ時々ヤリマスケレドモ、若シ此兵ヲ撤退シタ時ニ於テハ、過激派分子ト一緒ニナッテ、朝鮮ニ對シテドウ云フ脅威ヲ起スカ分リハシナイ、政府トシテハ此邊ノ事ニ付テモ十分ナル考慮ヲ拂ッテ、處置ヲシナクテハナラヌ次第デアル、其他過激思想ノ傳播ニ對シテ便宜ヲ得ルコトハ、是ハ勿論ノ話、今日上海ニ於テサヘ活動シテ居ル次第デアルノデアリマス、若シ浦潮方面ニ於ケル十分ナル保障ヲ得ズシテ、勝手ニ宣傳ヲサレルト云フヤウナ事デアレバ、是モ矢張帝國ニ對スル脅威ノ一ト見テ私ハ差支ナカラウト思フ、ソレダケ御答致シマス

（拍手）

〔安藤正純君登壇〕

○安藤正純君　私ハ現内閣ノ思想政策ニ付テ、一二ノ質問ヲ試ミタイト思フノデアリマス、思想ノ問題ハ立憲政治ト懸ケ離レテ居ルヤウニ思ヒマスルガ、實ハ總テノ政治ナルモノハ、思想ノ基ク所カラ出テ來ルモノト思ヒマスカラ、殊ニ現在思想問題ノヤカマシイ時ニ於キマシテハ、此問題ハ最モ重要ナル問題ト存ズル次第デアリマス、高橋總理大臣ハ去ル二十一日、本院ニ於キマシテ施政ノ方針ヲ御演說ニナリマシタ、其演說ノ末段ニ於キマシテ、殊ニ言ヲ設ケラレ「爰ニ更メテ諸君ノ御考慮ヲ煩シタイコトハ思想上及風敎上ノ問題デアル」ト冒頭ヲサレマシテ、近時ノ輕薄射利ノ傾向ヲ論ゼラレマシテ、而シテ「質實、剛健、節義ヲ尊ビ、公ニ殉フノ精神ヲ振起セネバナラヌト考ヘマス」ト御說キニナッテ居リマス、此思想ノ事ニ付キマシテ費サレタル總理大臣ノ數百言ハ、恰モ國語讀本ヲ讀ムガ如ク、若クハ修身敎科書ヲ讀ムガ如クアリマシテ、其趣旨ニ於テハ勿論吾々モ異論ハゴザイマセヌガ、斯ノ如キ抽象的ノ文字デアッテ、結局水ヲ飲ムガ如ク、空氣ヲ呼吸スルガ如ク、又風ヲ捕ヘルガ如ク、遂ニ之ニ依ッテ總理大臣及現内閣ノ思想政策ト云フコトヲ、捉ヘルコトガ出來ナイノデアリマス(拍手)私ノ聽カント欲スル所、國民ノ聽カント欲スル所ハ、コンナ日本人ハ米ヲ食フ、袖ノアル着物ヲ着ルト云フヤウナ分リキッタ話デハナクシテ、其現在ノ日本人ガ、如何ニスレバ我ガ民俗精神ヲ涵養シテ、而シテ其民俗精神ガ、世界ノ正義人道タル所ノ世界的精神ト、融合一致スルコトニ導クコトガ出來ルカト云フノガ、國民ノ問ハントスル問題デハナカラウカト思フノデアリマス(拍手)而シテ私ノ觀ル所ニ於テハ、總理大臣ノ、特ニ言葉ヲ設ケテ憂ヘラレル所ノ現内閣ノ思想政策ナルモノハ、現在ノ世界ノ大勢ニ背馳シ、現在ノ日本國民ノ思想ノ要求トハ反對デアル、卽チ現内閣現總理大臣ガ考ヘ、且ツシテ居ラレル如クニ致シマシテハ、總理大臣ノ演說ノ、公ケヘ殉ズル所ノ精神ヲ振起スルト云フコトハ、私ハ出來ナイコトトナルデアラウト思フ(拍手)ソレハ何デアルカト云フト、一言ニシテ言ヘバ、現内閣ノ思想政策ハ、思想善導ノ政策デナクシテ、思想抑壓ノ政策デアルカラデアリマス(拍手)一昨年カラ昨年ニ掛ケマシテ、言論思想ノ壓迫ガ激シクアリマシテ、之ガ爲ニ位置ノアル人ガ牢獄ニ投ゼラレ、或ハ新聞雜誌ガ行政處分ヲ受ケタリ、司法處分ヲ受ケタリシタコトハ敢テアルノデアリマス、私ハ聊カ身、言論界ニ關係ノアル者デアリマスルカラ、特ニ此邊ニ注意ヲ致シマシテ、前内閣ニ於テモ一言致シタ次第デアリマスルガ、此弊ハ今日ニ於テ尚且ツ改マッテ居ラナイノデアル、例ヘバ近來ニナリマシテ、勞農政府ノ過激思想ノ宣傳ト云フコトニ、政府關係ハ頗ル神經過敏ニナラレマシテ、色々嚴酷ノ取締ヲシテ居リマス、勿論斯ル破壞的思想ハ、國家ガ之ヲ放任シテ置クコトハ出來マセヌカラ、十分之ヲ取締ルト云フコトハ、勿論デアリ且ツ必要デアリマス、併シソレ程ニモナイモノヲ、無暗ニ餘計ナ取締ヲ加ヘテ居ルト云フ傾ガアル、例ヘバ近頃大阪及東京ノ文藝講話會ト云フモノガアリマシタ、其講演者中ニ一、二ノ社會主義者ノ色彩ガアル者ガアルト言ヒマシテ、官憲ハ之ヲ止メサセヤウトシタノデアル、既ニ文藝講話會デアリマスカラ、此會合ガ純文藝的ノ會合デアルナラバ、假令一、二ノ社會主義的色彩ヲ帶ビル者ガ居リマシテモ、目的ガ純文藝デアルカラ之ヲ許シテモ差支ハナイト思フ、又社會主義者ト云フモノガ、一カラ二マデ社會主義ト云フ過激ナル社會主義ヲ宣傳スルモノデモアルマイト思フ、併ナガラ文藝ニ言葉ヲ藉リテ、危險思想ノ宣傳ヲスル者ガ無イトモ限ラナイ、此取締ハ必要デアルガ、ソレハ其言フ所ヲ聽イテ後ニ中止ナリ、注意ナリヲシタラバ宜カラウニ、初メカラ何トモ言ハナイ中カラシテ、其會合ヲ止メサセヤウトスルノハ頗ル壓迫デハナイカト思フノデアリマス、

〔粕谷副議長退キ奧議長著席〕

又昨年ノ秋地方ノ敎育費ノ問題ガ起リマシテ、卽チ敎育行政調査會ニ於キマシテ、地方敎育費ノ事ガ問題ニナリマシテ、天下ノ輿論ハ、悉ク此整理案ニ向ッテ反對ヲ唱ヘタノデアリマス、此時ニ帝國敎育會ノ主催デ、全國各地ノ敎育會ノ代表者ガ東京ニ集ッテ參リマシタ、其出席者ノ委員ノ中デ、出京前ニ其地方ノ刑事警官カラ訪問ヲサレテ、何ノ爲ニ東京ニ行クノダ、何ノ用ガアッテ上京スルノダト云ッテ、煩サク附纏ハレテ、上京ノ要旨ヲ聽カレタ人ガ可ナリ有ルト云フコトデアル、是ハ私ハ其本人カラ直接ニ聽イタノデアリマス、是等モ卽チ一種ノ思想壓迫デハナイカト思フ、卽チ官憲ガ其權力ヲ濫用致シマシテ、暗ニ其人ノ思想ニ抑壓ヲ加ヘテ、政府ニ反對ノ態度ヲ變更セシメヤウトスルノデアリマスカラ、卽チ一種ノ思想壓迫政策デアラウト思フ、勿論此思想言論ノ取締ニ付キマシテモ色々アリマスガ、先程申シタヤウニ過激思想ノ如キ破壞的ノモノハ、國家ニ對シテ有害デアリマスカラ、之ヲ取締ルノハ當然デアリマスガ、時トシテハ――否ナ時トシテイナイ殆ド常ニ政府ガ自己ノ失敗失政ヲ蔽ハンガ爲ニ、之ヲ攻擊スル所ノ言論思想ノ發表ヲ禁止シ、防遏スルノガ寧ロ平生デアルノデアリマス、新聞雜誌ノ上ニ於キマシテモ、此犧牲ニ罹ッテ居ルコトハ隨分多イ、若シ國民ガ政府ノ失政ニ對シテスラ、十分ニ拘束セラレナイ所ノ意見ヲ發表ガ出來ナイト云フコトデアレバ、ソレハ卽チ一個ノ專制國デアリマシテ、斯ル國策ハ政治ノ改善ト向上ト云フコトヲ求メルト云フコトハ、出來ナイト思フノデアル(拍手)ソレデアルカラシテ、茲ニ直接行動ト云フヤウナ事ガ起ルノデアル、人間ハ常ニ不平、意見、何カヲ持ッテ居ル、何等カニ依ッテソレヲ發表シタイト云フコトハ、常ニ考ヘテ居ルノデアリマスカラ、其言論ノ發表、思想ノ發表ト云フコトガ、卽チ此思想ノ緩和ニナルノデアル、ソレヲ頭カラ抑付ケテ、希望又ハ不平ヲ言ハセナケレバ、卽チ茲ニ言論ト云フ所ノ一ツノ階段、階段ヲ飛越ヘマシテ、直ニ是ガ直接行動トナッテ現ハレル傾向ヲ生ズルノデアリマスカラ、最モ注意シナケレバナラヌ事ト思フノデアリマス、デ私ガ見ル所ニ於キマシテハ、政府ハ危險思想、危險思想ト云フ、併ナガラ危險ナモノハ、決シテ新思想デハナクシテ寧ロ言論思想ノ壓迫ヲスルコトガ、危險デハナイカト思フノデアル(拍手)普通選擧ヲ――政府ガ普通選擧ノ速行ヲ阻止スルト云フ所ノ政策モ、私ハ是ハ思想ノ上カラ置キマシテ、卽チ政府ノ誤レル壓迫ノ思想政策カラ、出テ來テ居ルノヂヤナイカト思ハレル普通選擧ニナリマスレバ、今日ノヤウニ情實デアル、黨緣デアル、買收デアルト云フヤウナコトガ少ナクナッテ、是ト反對ニ忌憚ノナイ、自由ノ言論ト云フコト力ガアルコトニナル、政府並ニ政友會ハ時機尚早ヲ稱ヘマシテ、普通選擧ノ速行ヲ阻止スルト云フコトモ、之ニハ色々ノ事情デアル、或ハ黨情デアルト云フヤウナ事モアリマセウガ、私ハ之ヲ思想上カラ見テ、矢張其根柢ハ囚ハレザル所ノ自由ノ思想、言論ノ發表ト云フモノヲ危險視シテ、今日ノ時代ニナッテ、尙ホ何處迄モ國民ノ意見思想ニ干涉政策ヲ試ミントスル所ノ、政府ノ根本的ノ誤ッタル思想政策ノ結果デハナカラウカト思フノデアル(拍手)又今回ノ華盛頓會議――華盛頓會議ニ於キマシテ、我國ガ失敗ヲシタト云フコトモ、基ク所ハ政府ノ誤レル思想政策ノ結果デアラウ、政府デハ華盛頓會議ニ日本ハ失敗ハシテハ居ラナイ、成功ヲシテ居ルト言フカモ知レナイガ、事實失敗デアルコトハ、蔽フベカラザル事デアリマス(「ヒヤ〳〵」拍手)勿論世界ノ平和デアルトカ、人類ノ慶福デアルトカト云フ事ノ爲ニ國家及國民ガ、犧牲的精神ヲ以テスルコトハ勿論デアル、ダカラシテ、海軍制限デアルトカ、四國協約デアルトカ、太平洋ノ防備制限デアルトカ、斯ウ云フ事ノ成立ッタノハ洵ニ結構デアリマスガ、唯ダ海軍ノ制限ニ於キマシテ、英米ノ十ニ對スル所ノ七割ガ國防ノ最小限度デアルト言ヒナガラ、遂ニ六割ニ讓ッテシマッタ、四國協約ニ於キマシテハ、日本ノ本土包含ノ諒解ノ下ニ、初メ日本ノ全權ハ相談ヲシテ置キナガラ、後デ本國ノ輿論ノ沸騰ニ驚キマシテ、日本本土ハ除外ト云フコトニ訂正ヲ致シマシタ、又太平洋ノ防備制限ニ於キマシテ

モ、琉球小笠原島ハ本土デアルトテ、制限外ト云フ協定ヲシテ置キナガラ、後ニ英米ガ東經百八十度、北緯三十度ト云フコトヲ定メルニ當ッテ、琉球小笠原島ヲ包含スルコトニナッテ、始メテ狼狽ヲシテ、而モ最近ノ華盛頓電報ニ依リマスルト、遂ニ小笠原島モ條約ノ中ニ規定ヲシテ、防備ヲ制限スルコトニナッタノデアリマス、斯ノ如キハ成功ト如何ニ言ハウトシテモ、言フベカラザル所ノ大失態デハナカラウカト思フノデアル、要スルニ今日ノ外交ハ、私ガ之ヲ言ハウトスルノハ外ノ事デハナイ、今日ノ外交ハ要スルニ秘密、情實、掛引ノ外交デハナクシテ、脫白露現ニ自ラ信ズル所ニ向ッテ、大膽ニ言ハントスル所ヲ言ッテ、而シテ其信ゼザルコトニ向ッテハ、一歩モ讓ラナイト云フ公明ナ遣方ヲスルノガ、今日ノ外交ノ時代デアラウト思フ(拍手)世ノ中ニ何ガ強イカト言ッタラ、自ラ信ジテ僞ラザルコトニ向ヒマシテ、斷々乎トシテ勇往猛進スルト云フコトヨリ強イコトハナイト思フノデアリマス(拍手起ル)日本ノ外交ハ矢張、秘密、情實、駈引ノ舊式外交デアル、ダカラ左ニ躓キ、西ニ躓キ——右ニ躓キ、前ニ極メタコトガ、後トカラドン〜喰違ガ生ズル、事實ハ一番雄辯デアル、海軍協約デモ、四國協約デモ、太平洋ノ防備制限デモ、皆此日本ノ情實、駈引外交ノ跡ガ、歷々トシテ私ハ表ニ現ハシテ證明サレルト思フノデアリマス(拍手)高橋總理大臣ハ先程言ヒマシタ所ノ、本員ノ施政方針ノ演說ノ一箇條ニ於キマシテ、大戰ニ依ル所ノ精神上竝ニ物質上ノ影響ハ之ヲ免レルコトガ出來ナイ、此世界的氣運ノ推移ニ順應シテ、庶政ノ革新ヲ要スルモノハ一ニシテ足ラナイト考ヘマス、斯ウ言ハレテ居ル、併シ內治ト云ヒ、外交ト云ヒ、總テノ事柄ガ現內閣ノ爲ス所、一ツモ世界的氣運ノ推移ニ順應シテ居ルト云フコトハ言ヘナイデハナイカト思フノデアル、如何ニ之ニ應ジマシテ庶政ノ革新ヲスルト言ヒマシテモ、肝腎ノ思想ノ根柢ガ此所ニ到達シテ居ラナイト、百ノ計畫モ千ノ施設モ所謂佛造ッテ魂入レズト云フコトニナッテシマヒハシナイカト云フコトヲ思フノデアル(拍手)デアリマスカラ、私ハ此思想ノ事ニ於キマシテ、首相始メ現政府ガ國民ノ思想ヲ變ヘナサルハ、洵ニ結構ナ、變ヘテ貰ハナケレバナラヌガ、此國民ノ思想ヲ變フル前ニ、先ヅ諸君、自ラ此鎖國採束的ナル、秘密外交的ナル、若クハ年寄ノ冷水的ナル、狹隘固陋ノ思想ノ根本ヲ一ツ改造ナサレテ、モット蟠リノナイ公明ナ思想ニ立脚スル必要ガナカラウカ(拍手)ソレデナケレバ世界ノ大勢ニ後レ、帝國國運ノ消長ニ大關係ガアラウト私ハ思フノデアリマス、(拍手)要スルニ唯今迄述ベマシタコトヲ、要シマスルト政府ハ果シテ此世界ノ思潮及現時ノ我ガ日本ニ於ケル思想ノ現狀ヲ諒解シテ、政治ヲ遣ッテ居ルノカドウデアルカ是ガ、第一問デアル、第二ニハ若シ果シテ之ヲ諒解シテ居ルトスルナラバ、何故思想言論ニ對シテ壓迫政策ヲ捨テ、モット自由ナ發表ヲサセテ、之ニ依ッテ思想善導ノ政策ヲ執ラナイノデアルカ、其點ヲ御伺ヒシタイ、是ガ第二問デアリマス、次ニ別ニ、伺ヒタイコトハ、矢張思想ノ問題ニ關係ヲ致シマス、此政府ノ思想、政策ノ誤謬ハ、現在最モ急デアル所ノ勞働問題ノ解決ニ對スル方針ノ上ニモ現ハレテ居ル、細カイ說明ハ煩シイカラ省キマスガ、大正七八年ノ頃ニ勞働爭議ガ盛ンニ行ハレマシタトキニ、政府ハ世論ニ動カサレマシテ、勞働組合法ノ制定ヲ企テソレガ爲ニ產業調査會ト言フモノヲ創設サレマシタ、所ガ其後經濟界ガ不況トナリマシテ、勞働爭議ガ靜カニナリマスト、產業調査會ト云フモノハ一向開カナクナッタ、所ガ昨年ニナッテ、又足尾銅山、三菱、川崎造船所、藤永田造船所、若クハ砲兵工廠斯ウ云フ所ニ勞働爭議ガ頻々ト起リマスト、政府ハ思出シタヤウニ、又產業調査會ノ幹事會ヲ昨年ノ七月ニ開キマシタ、ソレ等ノ爭議ガ又少シ經ッテ熄ミマスト、政府ハ產業調査會ヲソレ切リ開イテ居ラナイ、是等ノ事情カラ推察致シマスルト、政府ハ勞働爭議ガ頻發シテ世ノ中ガ騷ギ出スト急ニ神經ヲ惱スノカ、或ハ世間ノ手前デアルカ、勞働法規ヲ制定スルト云フヤウナコトヲ言ッテ、サウシテ產業調査會ヲ開キ出ス、併シ政府ノ考ヘテ居ル腹底ハ、出來ルダケ此勞働法規ノ制定ト云フモノヲ避ケタイ方針デハナイカト思ハレルノデアル(拍手起ル)私ノ見ル所デハ、勞働組合法ト云フモノハ、此勞働者ノ集團的運動ヲ合理化スルモノデハナイカト思フノデアル、今日ノヤウニ委シテ、勞働者ノ權利ヲ無視シテ置キマスルト、穩健ナル勞働者迄ガ、遂ニ過激派ニナリマシテ、終ニ直接行動ト云フヤウナモノヲ起ス憂ヲ生ズルノデアル、是ニ於キマシテ第三ニ私ガ政府ニ問ハントスルノハ、政府ハ果シテ此勞資關係ノ最モ重要ナル法制、例ヘバ勞働組合法、勞働爭議法、斯ウ云フモノヽ、制定及治安警察法第十七條ノ撤廢、斯ウ云フコトニ對シテ、ドウ云フ意思及方針ヲ有セラルヽヤ、此ノ點ヲ御伺ヒ致シタイノデアル、最後ニモウ一ツ質問ヲシタイノハ、政府ノ此誤レル思想政策ト云フモノハ、以上述ベマシタ通リ內治ノ上ニ現レ、外交ノ上ニ現ハレ、勞働問題ノ上ニ現レテ居ルガ、更ニ植民地政策ノ上ニ、遺憾ナク此誤ラレテ居ル政策ガ表現サレテ居ルト思フノデアリマス、植民地ノ統治ト云フコトニ關シマシテハ、日本ノ植民地政策ト云フコトニ於テハ、非常ニ色々ノ非難モアル、併ナガラ其等ノ議論ヲスルノガ、唯今ノ要件デハナイ、非難ハアルガ、先ヅ其根本問題ニ關シテ言ヘバ、政府ハ此植民地統治ノ方針トシテハ、內地延長主義ヲ執リマシテ、飽迄同化政策ヲ以テ進ンデ行カウト云フノガ、今日ノ政府ノ植民政策デアル、同化政策ノ善イカ惡イカト云フ其議論ハ別問題トシテ、先ヅ同化政策ハ善イモノトシテ、其同化政策ヲ行フトシテモ、本當ノ同化政策ト云フモノガ、唯制度ヤ外的形式ヲ內地ト一緒ニスルノミデ、本當ノ同化政策ガ執レルモノデハナカラウト私ハ思フノデアル、同化政策ト云フモノハ主トシテ精神上カラ持ッテ來ナクチヤナルマイト思フ、卽チ植民地ノ人ヲシテ本國人ト親愛ニナラシメ、是ト離レルコトヲ欲シナイト云フニ至ッテ、初テ植民地ノ同化政策ガ成功スルモノデアラウト思フノデアル、近頃朝鮮竝ニ臺灣ニ於キマシテハ、漸ク「サーベル」主義ガ排斥サレテ、文化政策ト云フモノヽ、一端ガ行ハレルヤウニナッテ來タヤウデアル、卽チ朝鮮及臺灣デモ諮問機關ト云フモノガ設ケラレテアル、併シ是ハ決議機關デハナイ、又其委員ハ民選デナクシテ官選デアル、敎育制度モ改善サレマシタ、朝鮮臺灣共ニ內地人ト朝鮮ナリ臺灣ナリノ人トノ共學制度ヲ布クコトニナッタ、此共學制度ノ敎育令改正ハ、昨日漸ク樞密院ヲ通過シテ、樞密院ノ決議ニナッタバカリデアリマス、斯ウ云フコトハ良イ事デアル、斯ウ云フ風ニ制度ハ多少ヅヽ、デモデス、進歩シテ來マシタガ、思想精神ノ方面ニ於テハ、非常ニ遺憾ナ事ガ多イ、統治者ガ思想的ニ差別的態度ヲ有シテ居リマシテ、動モスレバ植民地ノ人ヲ抑壓シテ、溫カキ溫情ヲ以テ之ニ接シナイ、ダカラシテ朝鮮人ハ、臺灣人ハ侮蔑ト冷カサヲ感ズルバカリデアッテ、同化政策ドコロデハナイ、段々今日ノ政府ガ考ヘテ居ル所ノ不同化政策ニ導クヤウナコトニナッテ行キツヽアルノデアリマス、其植民地ノ思想抑壓ノ問題ニ付キマシテモ澤山アリマスガ、ソレヲ一々述ベテ居ル遑ガナイ、私ハ唯其一端タル言論ノ方面ダケヲ述ヘテ、之ニ對スル方針ヲ伺ヒタイト思フノデアル、新聞ノ發行——言論ノ發表ニハ新聞ノ發行ト云フコトガ一番ノ機關ダ、此新聞ノ發行ニ付キマシテハ、非常ニ制限ヲ加ヘテ居リマス、御承知ノ通リ朝鮮ニ於キマシテハ、寺內伯ノ總督時代ニ於テハ、從來ノ新聞ヲ買潰シマシテ、皆御用新聞トシタ、一切他ノ新聞ヲ發行スルコトヲ許サナカッタ、長谷川總督ノ時代モ亦然リ、齋藤總督ニナリマシテハ、「サーベル」主義ヲ撤廢シテ、文化政策ヲ唱ヘルト云フ、ダカラシテ新聞發行ノ如キハ自由デナケレバナラナイノニ、大正九年卽チ一昨年ノ秋ニナリマシテ、內地人ノ或人ガ新聞ヲ京城デ發行シヤウトシタ所ガ、何箇月經ッテモ許サレナイ、遂ニ斯ウ云フ理由ヲ以テ單獨デ發行スルコトヲ禁止サレタ、乃チ京城ニハ二ツノ新聞ガアル、京城日報、朝鮮新聞之デアル、此上一箇以上ノ新聞ヲ出スコトハ出來ナイ、剩ス所ハ一ツシカナイ、ドウ云フ譯デ京城ニハ三ツシカ新聞ヲ出サレナイノカ解ラナイガ、剩ス所一箇シカナイカラ、一箇ノ新聞シカ出セナイ、アナタ方ハ三人ダカラ三人デ一ツノ新聞シカ出スコトガ出來ナイト言ッテ、遂ニ三人ガ共同シテ漸ク一ツノ新聞ヲ出スコトヲ許サレタノデアリマス、是ガ即チ今日出テ居ル京城日々新聞デアル、何ガ故ニ斯ノ如ク言論ノ發表機關タル新聞ノ發行ヲ阻碍スルノデアルカ解ラナイ、臺灣ニ於キマシテモ、御承知ノ通リニ臺北、臺中、臺南ニ三ツノ新聞ガ出テ居ル、併ナガラ十年一日ノ如クト言ハウカ、二十年一日ノ如クト言ハウカ、三新聞共ニ相モ變ラザル總督府ノ御用新聞デアル、雜誌ニ至ッテハ、朝鮮、臺灣共ニ朝鮮人、臺灣人ノ經營ヲ許シテ居リマス、併ナガラ極メテ些細ナ事ニマデ干渉政策ヲ執ッテ、自由ニ言論スルコトガ出來ナイヤウニナッテ居ルノガ、今日ノ實情デアル、其一例ヲ擧ゲマス、臺灣青年ト云フ雜誌ガアル、私ハ此壇上ニ於テ唯一ツノ一雜誌ノ事ヲ云々スルノデハナイ、其雜誌ニ依ッテ政府ノ思想政策ト云フモノガ、遺憾ナク現レテ居ル、又是ガ臺灣ノ同化政策ニ非常ナル妨害ニナルデアラウト云フコトヲ考ヘテ、一雜誌ノ事デアリマスルガ、之ヲ拈リ來ッテ質問ヲ試ミナケレバナラヌノデアリマス、臺灣青年ト云フ雜誌ハ、神田表猿樂町カラ臺灣人ノ蔡培火ト云フ人ニ依ッテ發行サレテ居ル所ノ雜誌デアル、別ニ臺灣ノ獨立ヲ唱ヘテ居ル雜誌デモナイ、甚シキ危險思想、不穩當ナ事ヲ書イテ居ル雜誌デモアリマセヌ、唯内地人ト臺灣人トノ間ニ、忌憚ノナイ所ノ言論ヲ交換シ、其意思ヲ互ニ疏通シタイト云フノガ、此雜誌ノ目的デアル、然ルニ總督府ハ殆ンド之ニ干渉ヲ致シマシテ、巡査ガ其購讀者ノ家ニ訪問シテ、何故其雜誌ヲ取ッテ居ルカ、オ前ハドウ云フ者カト云フコトヲ調ベ出ス、雜誌ヲ購讀スルガ爲ニ巡査ニ訪問サレテ、色々ウルサイコトヲ言ハレテ困ルカラ、遂ニ買ハナイコトニナルト云フコトデアル、如何ニ此干渉政策ガ言論ノ上ニ行レテ居ルカト云フコトヲ證明スル爲ニ、最近此臺灣青年ト云フ雜誌ガ、昨年ノ九月以來ドウナッテ居ルカト云フコトヲ調ベテ見マスルト、昨年九月ニハ發行禁止ニナリマシタ、是ハ臺灣總督府、總務長官ガ更ッタ月デアル、九月ニ禁止ニナッタ、別ニ大シテ不穩ナコトハ書イテアリマセヌ、十月號ハドウカト云フト、十月號ノ或所ニ臺灣文化協會ニ付テト云フ斯ウ云フ一文ガアル、所ガ總督府ハソレガ不穩ダト云フノデ、之ヲ切取ッテ諸方ヘ出シタ、十一月號ハドウカト云フト、其中ニ書イテアル所ノ三箇所ノ論文ヲ、矢張切取ッテ之ヲ發行スルコトヲ許シタ、十二月號ハ總督府ガ之ヲ禁止ヲシテシマヒマシタ、唯茲ニ一ツノ奇怪ナル事ガアル、十月號ニ臺灣文化協會ニ就テト云フコトヲ切取ッテ、初テ發行ヲ許シタガ、其文ト些トモ違ハナイモノナンダ、所謂臺灣文化協會ニ就テト云フ其一文ヲ、其雜誌ノ經營者ガ、臺南ト臺中ノ新聞ニ投書ヲシタ、サウシマスルト臺南ノ新聞デモ臺中ノ新聞デモ總督府ノ御用新聞ハ麗々ト一字一句餘サズシテ揭載サレテ居ル、初メ臺南ノ新聞ニ出サレタノハ十一月ノ十七日デアル、總督府デ氣ガ附カナイト云フコトモアッタカモ知レマセヌ、所ガ臺中ノ新聞ハ、ソレカラ十日モ經ッテ出シテ居ル、十日間ニ氣ガ附カナイト云フ譯ハナイ、斯ウ云フ事情ヲ綜合シテ此問題ノ消息ヲ考ヘテ見マスルト、第一臺灣ノ地方ノ方ニハ、文化ト云フコトヲ諒解スル程度ガ少シハアル、中央即チ臺灣總督府ナルモノハ、文化政策ニ對シ、同化政策ニ對シテハ、無理解デアルト云フコトガ言ヘヤウト思フ、第二ニハ、ヤタラニ言論思想ノ壓迫ヲスレバ宜イト云フモノダカラ、總督府ト地方廳ノ間ニ統一ガ保テナイト云フ結果ヲ茲ニ見ルコトガ出來ルノデアリマス、臺灣青年ト云フノハ臺灣ニ於ケル今日ノ唯一ノ雜誌デアル、雜誌ノ興廢消長等ソンナ事ヲ此席デ言フベキコトデヤナイ、内地人ト臺灣人ト意思ヲ疏通シヤウト云フ此言論機關ヲ、サウ無暗ニ壓迫シテシマッテ、ソレデドウシテ同化政策ガ行ハレルカト云フコトヲ私ハ伺フノデアル、臺灣人ノ最モ諒解ノアル識者ハ、斯ウ云フコトヲ言ウテ居ル、吾々ハ日本ノ領土ニナッタカラト云フ理由デ、何デモ彼デモ日本ニ同化セヨト言ハレルコトニハ諒解ハ出來ナイ、日本ト親シクナレ、凡ソ人類ハ一切平等ニ親愛ヲ保チ、平和ヲ得ネバナラヌト思フ、唯日本トハ政治上ノ關係ガアルカラシテ、其點ニ於テ特ニ日本ト親愛ニシナケリヤナラナイト考ヘル、併ナガラ現狀ノ壓迫ヲ以テシテハ、日本人トノ親愛ハ保テナイ、日本トノ諒解ハ出來ナイ、ダカラ茲ニ言論機關ノ雜誌ヲ出シテ、臺灣人モソレニ書ケバ、内地人モ書ク、斯クノ如クシテ意思ノ疏通ヲ圖ルト、臺灣人ハ從來ノ陰性ナル考カラ脱出シテ、公然意思ノ發表ガ出來、内地人ト臺灣人トノ親愛ガ保テル、其言ハント欲スル所ヲ言ッテ、茲ニ意見ノ交換ガ出來ルノデアル、是ハ臺灣ノ有識者ガ言ッテ居ル、斯ウ云フコトモ尚ホ言ッテ居リマス、吾々ノ臺灣ハ日本ト支那トノ政治的ノ關係カラ犧牲ニナッタノデアル、犧牲トナッテ日本ノ領土トナッタノデアル、唯領土トナッタト云フ理由ダケデ、無意義ニ人類ガ諒解スルモノデハナイ、ソレダカラ吾々ハ意思ノ疏通ヲ圖リ諒解ヲスル爲ニ、茲ニ雜誌ヲ出スノデアルガ、ソレガ毎月禁止ニナッタリ、破カレタリ、滿足ニ發行スルコトガ出來ナイ、ソレデ果シテ何ノ文化政策ガアルカト云フコトヲ、臺灣人ノ有識者ガ言ッテ居ルノデアリマス、是ハ餘程考ヘナケレバナラヌコトデアラウト思フ、最モ臺灣ノ事情ニ通ジ、又識見ノアル臺灣人ノ言フ所ニ依リマスト、日本ノ臺灣ニ於ケル同化政策ト云フモノハ、餘程今日ニ於テ政府官憲ガ考ヘナケレバナラナイ必要ガアラウト思フ、臺灣人ノ言フ所ニ依ルト、今日ノ臺灣人ナルモノハ、凡ソ四ツノ派ニ分レテ居ル、第一ハ放任派デアル、放任シテシマフ、是ハ農民、小商人、所謂無智識階級デアル、總テ總督府ノ施政如何ニ壓迫政策デアッテモ、横暴デアッテモ、勝手ニ任セテ何ニモ言ハナイト云フ放任派、第二ノ派ハ何ト言ハウカ、マア拋棄派トデモ言ヒマスカ、是ハ資産階級デアル、臺灣ハドウナラウトモ、支那ニ移住スル、若クハ支那ニ移住スルコトヲ圖ッテ、現在ノ臺灣ト云フモノヲ拋棄シテシマッテ居ル、斷念シテシマッテ居ル、第三ハ是ハ何ト言ヒマスカ、自暴自棄ト言ハウカ、捨鉢ト言ハウカ、マア自暴自棄派トデモ云フベキモノデアリマセウ、其言フ所、ヤッテル所ハ、自分等ハ臺灣ハ去ラナイ、併シ去ラナイ代リニ、逆マニ成ベク日本總督府ガ壓迫ヲシテ貰ヒタイ、臺灣人ニ對シテ成ベク壓迫政策ヲ執ッテ貰ヒタイ、サウシテ支那四億ノ同胞兄弟ニ、斯ノ如ク日本ノ總督府ハ臺灣人ヲ壓迫シテ居ルト云フコトヲ、支那人ノ兄弟共ニ諒解自覺シテ貰ヒタイト云フ、第四ノモノニ至ッテハ是ハ目前派トデモ申シマスカ、何等ノ理想モ無イ、ダカラシテ唯内地人ニ所謂陽ニ服從シテ、其利益ト地位ノ糟粕ダケヲ得タイ、斯ウ云フノデアル、凡ソ今日ノ臺灣人ト云フモノノ思想ハ、斯ウ云フ風ニ分レテ居ルト云フノデアリマス

(「簡明ニ願ヒマス」「簡單」ト呼フ者アリ)

○議長(奥繁三郎君)　靜肅ニ…

○安藤正純君(續)　モウ直キ濟ミマス、是ハ總督府トシテ最モ考ヘナケレバナラヌ、要スルニ現在ノ政府ノ思想政策ト云フモノガ、國内ノ問題ニ外交ノ問題ニ勞働ノ問題ニ延イテハ思想壓迫政策ガ、植民地ニマデ延長致シマシテ、内地延長主義ヲ採ッテ居ルガ、思想ノ壓迫モ延長主義ヲ採ッテ、植民地ニマデ及ンデ居ルノデアル、是デハ臺灣人――朝鮮人モサウデアルガ、主トシテ私ハ臺灣人ニ付テ、臺灣人ハ所謂段々面從腹背ト云フコトニナッテシマヒハシナイカ、植民地政策ノ將來ニ取ッテ大ニ憂フベキコトデアル、政府ノ之ニ對スル所見ハ如何デアリマスカ、之ヲ伺ヒタイト云フノデアリマス、最後ニ是ハ思想ノ問題デハナイガ、一ツ伺ヒタイノハ陸軍縮小ノ問題デアル、此事ハ私ハ詳シク申上ゲマセヌ、既ニ國民黨ノ鈴木梅四郎君カラ質問ガアリマシタカラ、私ハ理由ハ申シマセヌ、唯今日我國ノ現狀カラ見テ、無用ナル程度ノ陸軍ノ軍備ヲ、何時マデモ其儘ニシテ置クト云フコトハ無益ナ話デアル、又之ニ對スル所ノ費用ヲ節減シテ、生産、社會政策、交通政策ト云フヤウナ文化方面ニ廻ハスト云フコトガ、最モ必要デアルト云フコトヲ考ヘルノデアリマス、然ルニ此間鈴木君ノ質問ニ對スル總理大臣ノ御答辯ハ、政府ニ於テモソンナ考モアルト云フ位ノ程度デアリマシテ、明確ヲ缺イテ居リマス、陸軍大臣カラハ何等ノ御答辯ガ無イヤウニ考ヘテ居リマス、新聞其他ニ於テハ此陸軍ノ縮小問題ニ付テハ、政府ニ成案ガアルトカ、或ハ幾種ノ案ガアルトカ云フヤウニ傳ヘラレテ居ルガ、未ダ其眞相ヲ得ナイ、今日

ノ時勢ニ於キマシテ、吾〻ハ此問題ハ最モ必要デアリマスルカラ、願クハ陸軍大臣ノ軍備縮小ニ對シテ、如何ナル意見ヲ有シ、陸軍ハ之ニ對シテドウ云フ方針ヲ執ラントスルノデアルカ、御差支ナクンバ此席ニ於テ御明言ガ願ヒタイト思フノデアリマス、以上私ハ是ダケノ事ヲ御質問ヲ致シマス次第デゴザイマス(拍手起ル)

○議長(奥繁三郎君) 高橋總理大臣

(國務大臣子爵高橋是清君登壇)

○國務大臣(子爵高橋是清君) 安藤君ノ御質問ハ、要スルニ徹頭徹尾思想政策ト云フコトガ骨髓ニナッテ、而モ多クハ御意見ナリ御議論ナリ、詰リサウ云フ御議論ヲ固執セラルヽナラバ、意見ノ相違ト云フコトニ結局ハナルノデアリマセウ、安藤君ハ政府ハ思想ヲ壓迫スル故ニ、思想ヲ善導スル所以デナイ、斯ッ言ハレル、政府ハ今日思想上ニ於テ之ヲ放任シテ總テノ事ヲ放任スルト云フコトハ不同意デアル、又私ノ施政方針ノ演說中ニ述ベタコトハ、マルデ空氣カ水ノヤウダ――ソレデ宜イノデス、淳風美俗ト云フヤウナモノハ、矢張空氣カ水ノヤウナモノデアル、又剛健質實ノ氣風ヲ涵養スルコトガ必要ダ、是モ空氣カ水デ宜イノデアル、若シサウ云フ空氣ニ生活スルヤウニナレバ、國民ガサウ云フ空氣ヲ吸フヤウニナレバ、卽チ其國民ノ思想ハ剛健質實ニナルノデアリマス(拍手起ル)果シテ此ノ淳風美俗ガ必要トセラレ、剛健質實ノ、氣風ヲ涵養スルコトガ必要トアルナラバ、安藤君モ私ト一緒ニナッテ此空氣ヲ我國ニ造ルガ宜イ、空氣ノヤウダト云フコトニ付テハ一向私ハ分ラヌ、空氣デ宜イノデス、此空氣ヲ吸ヒ、此水ヲ飲ンデ國民ガ生存スレバ、是程結構ナコトハナイノデアル、ドウシテモ我國ノ今日ノ現狀ニ於テ、之ヲ放任シテ何等取締ヲセズニ濟ムトハ、政府ハ考ヘテ居ラヌノデアリマス、又既ニ安藤君自身モダ、過激ナル國民ノ思想、過激ナル言論、是ハ國家ノ爲ニ害ニナルカラシテ、之ヲ壓抑スルノハ當然ナリト言ハレルノデアルカラ、之ヲ放任シテ捨テ置ク譯デハナイノデ、安藤君モ矢張國家ノ爲ニ有害ナリトスル所ノ言論ハ、取締ルガ當然ナリト認メテ居ラレルノデアル、政府ハ卽チ此當然ナリト認メタモノヲ取締ッテ居ルノデアル、又勞働問題ニ付テ色〻御議論ガアリマシタガ、孰レノ國モ此歐羅巴ノ大戰後ノ勞働及ビ資本ノ關係ニ付テハ、非常ナ複雜ナ事柄ニナッテ、未ダドノ國ト雖モ、法制ニ依ッテ此勞資ノ關係ヲ斯クスレバ宜イト云フ確信ヲ持ッテ居ル處ハ無イノデアリマス、殊ニ我國ハ外國トハ總テノモノガ違フカラシテ、我國ニ相當シタ所ノ方法ヲ樹テネバナラヌト云フノデ、目下ソレ〴〵研究中デアルト云フコトハ、過日モ申シタ通リデアル、總テ此植民地ノ事ニ付テ色〻御述ニナリマシタガ、實例ヲ擧ゲテ――是ハ其實例ニ付テハ總督ヨリ或ハ御答スルカモ知レマセヌガ、大體ニ於テ矢張思想政策ト云フコトヲ根據トシテ御論ジニナル、凡ソ自由ト云フモノハ、ドノ國ニ於テモ其國民ガ克己自制ノ觀念ガナケレバ、自由ト云フモノハ限リナク許ス譯ニハ行クモノデハナイ、克己自制ノ觀念ノ無キ自由ト云フモノハ、放縱過激ニ流ルヽノデアリマス(拍手)又權利ト云フモノモ貴イモノデアリマスケレドモ、是モ矢張義務ノ觀念ガナケレバ――義務ト服從ノ觀念ガ無クシテ唯權利ヲ主張スレバ、其權利ト云フモノハ尊イモノデナイ(拍手)義務服從ノ觀念ガ有ル國民ニシテ、初テ其國民權利ノ尊ミト云フモノガ起ルノデアル(拍手起ル)ソレ等ノコトヲ考慮セズシテ、唯自由放任シテ置ケバ宜イ、言論サヘ壓迫セナケレバ宜イト云フコトハ、政府ハ同意ガ出來ナイノデアリマス、是ダケ御答致シテ置キマス(拍手起ル)

大正十一年二月一日　議長ノ報告

關東州及朝鮮ニ對スル施政ノ方針ニ關スル質問主意書

右成規ニ據リ提出候也

大正十年十二月二十七日

提出者　山道襄一

贊成者　井上剛一　清水留三郎

外百三人

關東州及朝鮮ニ對スル施政ノ方針ニ關スル質問主意書

一　滿洲及蒙古ニ於ケル鐵道政策ノ完成ハ日支親善日支共存ノ實現ニ關スル重要案件ナリ然ルニ此ノ使命ヲ全フスヘキ南滿洲鐵道株式會社ノ經營狀態ハ之ヲ裏切リツツアルノ事實鮮カラス更ニ未設鐵道ニ對スル政府ノ措置又甚タ遲緩ヲ極メ居レリト思惟ス政府ノ之ニ對スル辯明ヲ求ム

二　帝國ハ關東州ニ於テ唯磽确不毛ノ地上ニ租借權ヲ擁シ舊露西亞帝國時代ノ遺策ヲ踏襲シ徒ニ宏壯ノ建築物ニ膠着シテ多數ノ遊民的文武官人ヲ置キ爲ニ無聊ニ苦シムノ結果瀆職罪ヲ犯スモノアリ黨人ト結托シテ官規ヲ紊ルモノアリ又或ハ官權ヲ濫用シテ三十里堡事件及取引所建値事件等ノ場合ノ如ク支那人ノ惡感ヲ挑發シテ國策ヲ誤ルカ如キモノアリ速ニ根本策ヲ確立シテ一大革新ヲ行フノ必要アリト思惟ス之ニ對スル政府ノ所見奈何

三　關東州カ黨略本位ノ政治ニ毒セラレタルコトハ阿片事件滿鐵事件等ニ政府ノ大官政府與黨所屬代議士等ノ連坐セル事實ニ徵スルモ明白ナリ政府ハ一日モ速ニ其眞相ヲ明ニシ善後策ヲ講セサルヘカラサル責任アルニ拘ラス該事件豫審終結後約半歳ナラムトスルモ該豫審調書ヲ秘密ニシ公判ヲ開廷セシメス帝國議會閉會ヲ俟タムトス是レ政府及政府與黨ノ戰慄スヘキ事實ノ公表セラルルヲ恐ルルカ爲ナリト云フ若事實ナリトスレハ眞ニ聖代ノ一大怪事ナリ更ニ又此ノ事件ヲ隱密ノ裡ニ葬ラムトシツツ一面ニハヨリ大ナル醜惡ノ事實ヲ以テ黨人ノ私利ヲ營ミ國家ノ體面ヲ汚瀆スルカ如キ行爲カ政府大官及黨人等ニ依テ敢行セラルルカ如キ事實ナキカ政府ノ答辯ヲ求ム

四　大連商品取引所創立及大連遊歩場即チ敷島廣場拂下等ニ關スル官規紊亂乃至瀆職事件ニ對シ當局官憲ハ一旦取調ニ著手シタル筈ナルニ爾來杳トシテ聲ナシ其ノ經過奈何

五　關東州ノ行政カ從來三頭政治ノ弊ニ苦シメラレタル如ク近ク更ニ金建銀建兩派ヲ生シ轢軋暗鬪是レ事トシ經濟界ヲ惡化セルコト言語同斷ニシテ更ニ對支政策ヲ傷ケムトスルモノアリ是レ實ニ內閣不統一ノ結果ニシテ又政府大官中ノ或者カ一部人士ヲ煽動シテ之ヲ助長セシメタルノ事實アリ殊ニ特殊銀行カ皷ヲ鳴ラシテ政府ノ政策遂行ヲ阻害シ政府大官ノ使嗾セル日本人カ支那人ト呼應シテ排日ノ助勢ヲ爲スカ如キハ看過スヘカラサルコトニ屬ス政府ハ此ノ事實ニ對シ如何ナル措置ヲ執ラムトスルヤ

六　本年十月滿洲奉天ニ於テ暴露シタル朝鮮人ノ陰謀事件ハ我カ官民ノ關係セルモノアリト云フ果シテ事實ナリヤ殊ニ犯人釋放ニ關シ外務大臣ハ奉天駐在帝國總領事ニ打電シタリト聞ク其ノ眞相奈何

七　朝鮮統治ノ現狀ヲ一言ニシテ評スレハ罪惡ノ政治ニ非サレハ醫ノ政治而已ト謂フノ外ナシ假令ハ農事改良會社ノ如キ其ノ成立ノ裏面ニ言フニ忍ヒサル醜怪ノ事實ヲ藏シ又帝國議會ニ於テハ再度不成立ノ運命ニ接シタル程ノ札附案ナルニ拘ラス更ニ之ヲ提案シテ通過ヲ計ラムトスル其ノ眞意果シテ那邊ニ在リヤ又驛屯土拂下ノ成績ノ如キ當局ノ聲明ヲ裏切リ却テ土地兼併ノ弊ヲ助長シ排日運動ノ資金供給ニ終ラムトスト謂フニ非スヤ而シテ文化政治ト稱スルモノモ實ハ却テ國民生活ノ安定ト幸福トヲ脅威シ減殺スルノ事實ヲ道路ニ鐵道ニ勸業ニ警察ニ又課稅ノ上ニ現ハシツツアリ之ニ對スル政府ノ所見奈何

八　時代ハ何物ヲモ民衆化セムトスルノ現代ニ於テ獨リ文化政治下ノ朝鮮警察ノ軍隊化ハ奇怪ナリ而モ其ノ軍隊化セル警察ハ之ヲ憲兵警備時代ニ比スレハ銃器數ニ於テ三倍人員ニ於テ二倍半經費ニ於テ三倍ノ增加ヲ示シ居レルニ拘ラス保安交通其他一般行政警察事務ハ退歩セリ是レ朝鮮統治上ノ一大問題ナリ政府ノ之ニ對スル所見奈何

九　國境ニ於ケル事件ノ統計ハ前年度ニ比シ四倍ヲ越エムトスルノ不穩狀態ニアルニ拘ラス國境警備ヨリ憲兵ヲ撤退セシメ更ニ一層經費ト人員トヲ要スルコトヲ要スルコト多カラムトスル警備方法ヲ執ラムトスル理由奈何殊ニ文化政策ヲ標榜シ又鄰邦官憲ニ對シ不逞鮮人討伐ヲ要請シナカラ朝鮮內ニ馬賊ノ大集團ヲ駐屯橫行セシメ之ニ武器彈藥ヲ供給シテ帝國領土內ニ於テ帝國臣民ヲ殺傷セシメ鄰邦官民ヲシテ脅威ニ陷ラシメ遂ニ一種ノ國際問題ヲ惹起スルヤ他國軍隊ニ對シテ帝國領土內ニ討伐ニ來ラムコトヲ慫慂シタルカ如キ形跡アリ眞ニ重大ノ失態タリ政府ハ之ニ對シテ考慮シタルコトアルヲ聞カス如何ニシテ其ノ責任ノ所在ヲ明ニセムトスルヤ明確ナル答辯ヲ求ム

右及質問候也

大正十一年一月三十一日

內閣總理大臣　子爵高橋是清

衆議院議長奧繁三郎殿

衆議院議員山道襄一君外一名提出關東州及朝鮮ニ對スル施政ノ方針ニ關スル質問ニ對シ別紙答辯書差進候

衆議院議員山道襄一君外一名提出關東州及朝鮮ニ對スル施政方針ニ關スル質問ニ對スル答辯書

一　質問ノ趣旨明カナラサルモ南滿洲鐵道株式會社ノ經營狀態ハ良好ニシテ滿蒙開發ノ使命ヲ辱カシメサルノミナラス日支親善ヲ阻礙シタルカ如キ事實無シ尚滿蒙ニ於ケル支那未設鐵道ノ敷設ニ關シテハ地方經濟ノ發達上速成ノ必要ヲ認メ適當ノ措置ヲ執リツツアリ

二　政府ハ大正八年以來數次關東廳官制ヲ改正シテ鋭意施政ノ改善ニ努メツヽアルモ偶々管內ヨリ瀆職罪トシテ起訴セラレタル者アルハ遺憾ニ堪ヘス又州內支那人ニ對スル行政ニ付テハ常ニ深甚ノ考慮ヲ怠ラス正義人道ノ下ニ勗メテ公平ヲ期シ日支共榮ノ實ヲ擧ケツツアリ從テ質問書ニ例示セル三十里堡官有土地交換事件、大連取引所建値變更

事件等ハ勿論其他如何ナル場合ニ於テモ苟クモ官權ヲ濫用シテ其ノ惡感ヲ挑發シタルコトナシ

三 阿片事件滿鐵事件ハ目下裁判所ニ繫屬中ナルヲ以テ不日裁判ノ確定ニ依リ明瞭ナルヘシ質問書ニ「政府ハ豫審調書ヲ秘密ニシ公判ヲ開廷セシメス」トアルモ政府ハ該裁判ニ對シテ干渉ニ渉ルカ如キ行爲ヲナシタルコトナシ

四 大連株式商品取引所設立ニ關スル瀆職事件ハ豫審ニ於テ有罪ノ決定ヲ受ケ現ニ公判ニ繫屬中ナルモ大連市敷島町遊歩地拂下ニ關シテハ瀆職又ハ官紀ヲ紊亂シタル事實ナシ

五 大連取引所建値問題ハ既ニ圓滿解決ヲ告ケ客年九月六日金建ニ依ル取引開始以來取引順調ニ行ハレ其ノ取引高ノ如キモ好成績ヲ示シ支那人取引人亦全部取引ニ參加シ最早不穩ノ狀況ヲ認メス尚本件ニ關シ政府大官中一部人士ヲ煽動シテ紛擾ヲ助長セシメタルカ如キ者無ク又政府ハ特殊銀行カ政府ノ政策遂行ヲ阻碍シタルノ事實ヲ認メス

六 質問書ニアル朝鮮人ノ陰謀事件トハ如何ナルコトヲ指示スルヤ明カナラサルモ政府ハ大正十年十月奉天ニ於テ斯クノ如キ事件アリタルヲ認メス

七 朝鮮ノ統治ニ關シテハ政府ハ一視同仁ノ大義ニ遵ヒ時務ニ順應シ現下ノ事情ニ稽ヘ最モ急務ト認ムル治安、教育、産業等各般ノ事項ニ付キテ改革ヲ行ヒ只管民衆ノ安寧ト幸福トヲ圖リ著々其ノ成績ヲ擧ケツツアリ質問書ニ例示セル土地改良ニ關スル特殊會社ノ設立ハ之レ朝鮮ニ於ケル農耕ヲ助長シ併セテ帝國食糧問題ノ解決ニ資セムトスルモノニシテ何等醜怪ノ事實アルナシ驛屯土ノ賣却ニ關シテハ之ヲ小作人ニ賣拂ヒ健實ナル多數ノ自作農ヲ育成セムコトヲ期シ著々豫期ノ成果ヲ得ツツアリ又租税其他統治上ノ施政ニ付國民生活ノ安定ト幸福トヲ脅威シ誅求スルカ如キ事實ヲ認メス

八 騷擾事件勃發以來政府ハ朝鮮ノ情勢ニ鑑ミ警察取締ヲ嚴密ニ行フノ必要ヲ認メ警察官ノ增員ヲ行ヒ又其ノ活動ヲ敏活有效ナラシムルノ方法ヲ講スル等専ラ警察力ノ充實ヲ圖リタルモ質問書ニ謂フカ如キ狀況ニアラス而シテ保安交通其ノ他一般行政警察事務ハ漸次改善ヲ加ヘツツアリテ毫モ退歩セル事實ヲ認メス

九 質問書ニハ國境ニ於ケル事件數前年度ニ比シ四倍ヲ越エムトス云々トアルモ事實ハ之ニ反シテ前年度ヨリ却テ減少シ特ニ不穩ノ狀態ニアルヲ認メス又從來憲兵ヲシテ國境監視ニ任セシメ命令系統ノ異ナレル憲兵及警察官ヲ同一地方ニ於テ類似ノ勤務ニ當ラシメタルハ同方面ノ情況ニ鑑ミ止ムヲ得ス執リタル一時的手段ニシテ最早其必要ヲ認メサルニ至リタルヲ以テ該憲兵ヲ撤廢シ警察官ヲ以テ之ニ代ヘムトスルモノナリ次ニ昨春馬賊ノ一隊カ支那軍警ノ討伐ニ逢ヒ逃竄シテ鮮内惠山鎭ノ奥地密林地帶ニ潜入シ居リタル事實アルモ政府ハ其ノ駐屯ヲ許容シ又ハ之ニ武器彈藥ヲ供給シタルコトナク帝國領土内ニ於テ帝國臣民カ彼等ノ爲ニ殺傷セラレタル事實アルヲ認メス而シテ本事件ニ關シ他國軍隊ヲ帝國領土内ニ討伐ニ來ラムコトヲ慫慂シタルコト斷シテナシ

右及答辯候也

大正十一年一月三十一日

内閣總理大臣　子爵高橋是清

外務大臣　伯爵内田康哉

第一　朝鮮事業公債法中改正法律案（政府提出）　第一讀會

朝鮮事業公債法中改正法律案

朝鮮事業公債法中左ノ通改正ス

「二億三千六十萬圓」ヲ「三億四千四百八十萬圓」ニ改ム

大正十一年二月八日

第四 關東州事業公債法案(政府提出) 第一讀會

關東州事業公債法案

關東州事業公債法

第一條 關東州ニ於ケル事業費支辨ノ爲政府ハ三百十萬圓ヲ限リ公債ヲ發行シ又ハ之カ繰替支辨ノ爲借入ヲ爲スコトヲ得

第二條 前條ノ規定ニ依ル公債ノ發行價格差減額ヲ補塡スル爲必要アル場合ニ於テハ前條ノ制限以外ニ公債ヲ發行シ又ハ借入ヲ爲スコトヲ得

附 則

本法ハ大正十一年四月一日ヨリ之ヲ施行ス

○議長(奥繁三郎君) 神野大藏次官

〔政府委員神野勝之助君登壇〕

○政府委員(神野勝之助君) 朝鮮事業公債法中改正法律案ハ現在ノ法定起債額ノ二億三千六十万圓ニ一億千四百二十万圓ヲ増加致シタイト云フノデゴザイマス、其事業ノ内容ハ第一鐵道ノ建設改良費デアリマス、是ハ大正十一年度以降十九年度ニ亙ル繼續費ト致シマシテ、總計七千四百五十四万圓ヲ追加致シテ、京城元山間ノ鐵道ノ建設、其他既成線ノ改良工事等ヲ致サウト云フノデアリマス、第二ニハ海關工事費ニ於テ清津港ノ海陸連絡設備、城津港ノ防波堤ノ築造ヲ致シマス爲ニ、大正十一年以降十五年度ニ至ル五箇年度ノ繼續費ト致シマシテ、三百九万圓ノ追加ヲ要スルノデアリマス、第三ニハ道路修築改良費ニ對シマシテ、大正十一年度以降十七年度ニ至ル七箇年度ノ繼續費ト致シマシテ、千三百二十七万圓ヲ追加致サウト云フノデアリマス、又新規ノ事業ト致シマシテ、電信電話等ノ通信事業ヲ致ス爲ニ、大正十一年度以降十五年度ニ至ル五箇年間ノ繼續費、總額五百七十九万餘圓ヲ計上致シマシタ此外荒廢セル、山野ノ砂防工事ヲ施行スル爲ニ、大正十一年度以降二十年度ニ至ル十箇年度ノ繼續費ト致シマシテ、總額千三百九十万圓ヲ計上致シマシタ、又煙草專賣制度ノ實施上、葉煙草ノ徵收及買收費ト致シマシテ、大正十年度ニ三百五十万圓ヲ追加スルノ必要ヲ認メマシタ、以上合計一億千四百十万餘圓ヲ追加致サウト云フノデアリマス、次ニ臺灣事業公債法改正法案、是ハ現行法ニ對シマシテ、一千七十万圓ヲ增加致サウト云フノデアリマス其第一ハ鐵道ノ改良費デアリマス、大正十一年度ニ於キマシテ三百四十四万圓ノ改良費ヲ追加致サウト云フノデアリマス、第二ハ鐵道ノ建設費デアリマシテ、大正十一年度ニ百七十五万餘圓ヲ追加致サウト云フノデアリマス、第三ハ東部縱貫線建設計畫ノ完成ヲ圖ルガ爲ニ、之ニ接續スル臺東鐵道ヲ買收スルノ必要カラ致シマシテ、約百十五万圓ノ公債ヲ發行ヲ要スルノデアリマス、又此度新規ノ事業ト致シマシテ、酒ノ專賣制度ヲ實施スルコトニ致シマシタニ付キマシテハ、諸業交付金ヲ下附スル必要ガゴザイマシテ、之ガ約四百四十万圓ノ公債ヲ發行スルノ必要ガアリマス、以上合計千七十万圓ヲ增加致シタイト云フノデアリマス、次ニ樺太事業公債法中改正法案ハ、是ハ現行法ノ起債額ニ九百七十九万餘圓ヲ増加致サウト云フノデアリマス、第一ハ道路改築ノ爲ニ大正十一年度以降五箇年度ノ繼續費ト致シマシテ、百二万餘圓ヲ要シマス、第二ハ鐵道ノ建設並ニ鐵道ノ復舊工事ノ爲メ四百八十万圓ヲ追加致サウト云フノデアリマス、又森林ニ於テ松蟲ノ發生ヲ見ルニ至リマシテ、其被害ガ甚ダ多イノデアリマス、之ヲ急速ニ處理致シマス爲ニ、大正十一年度、十二年度ノ兩年度ニ亙リマシテ、官行斫伐費三百八十九万餘圓ヲ支出スルノ必要ヲ見ルニ至リマシタ、以上合計九百七十九万餘圓ヲ增加致シタイト云フノデアリマス、次ニ關東州事業公債法ハ、是ハ公債財源ヲ以テ大連市上水道擴張工事ヲ遂行セントスルノデアリマス、大連市ハ時局以來著シク發展致シマシテ、其水道使用量モ激增致シタノデアリマス、大正九年度以降五箇年ノ繼續事業ト致シマシテ、總工費四百六十八万餘圓ヲ以テ第三期擴張工事ニ著手致シマシタ、而シテ大正九年度及大正十年度ニ屬スル年割額百六十二万餘圓ハ普通財源ヲ以テ支辨シタノデアリマスルガ、大正十一年度以降ノ年割額三百五万餘圓ハ公債支辨ニ移スノ必要ヲ見ルニ至リマシタノデアリマス、ソレ故ニ茲ニ公債法ヲ制定致サウト云フノデアリマス、御審議御協贊ヲ願ヒマス(拍手起ル)

○議長(奥繁三郎君) 右各議案ノ審査ヲ付託スベキ委員ノ選擧ヲ議題ト致シマス

第八　大正十一年度豫算案
第九　（第一號）臨時軍事費豫算追加案

報告書

一　大正十一年度歳入歳出總豫算案竝大正十一年度各特別會計歳入歳出豫算案

右ハ本院ニ於テ別紙ノ通修正スヘキモノト議決致候此段及報告候也

大正十一年二月十日

豫算委員長　田邊熊一

衆議院議長奥繁三郎殿

大正十一年度各特別會計歳入歳出豫算案

（小字及━━ハ委員會修正）

甲號

大藏省所管

朝鮮總督府

歳入

臨時部

第六款　前年度剰餘金繰入	三、七三七、五八八	三、九三七、五八八
第一項　前年度剰餘金繰入	三、七三七、五八八	三、九三七、五八八
臨時部合計	五五、九八三、八六九	五六、一八三、八六九
合計	一五七、五三一、〇五三	一五七、七三一、〇五三

歳出

臨時部

第十七款　耕地改良及擴張費	三、四九〇、四〇一	三、六九〇、四〇一
第三項　助成費	二、九〇〇、〇〇〇	三、一〇〇、〇〇〇
臨時部合計	五四、九六六、〇五六	五五、一六六、〇五六
合計	一五七、五三一、〇五三	一五七、七三一、〇五三

報告書

一　豫算外國庫ノ負擔トナルヘキ契約ヲ爲スヲ要スル件

右ハ本院ニ於テ別紙ノ通修正スヘキモノト議決致候此段及報告候也

大正十一年二月十日

豫算委員長　田邊熊一

衆議院議長奥繁三郎殿

（━━ハ委員會修正）

特別會計

大藏省所管

朝鮮總督府

朝鮮土地改良事業會社補助

朝鮮ニ於テ土地改良事業ノ促進ヲ計ル爲一會社ヲ特設シ之ニ對シ左ノ條件ニ依リ利益配當ノ補給ヲ爲スノ契約ヲ結フコトヲ得

一　會社ハ株式組織トシ資本金ハ貳千萬圓以内タルコト

一　會社ノ設立登記ノ日ノ屬スル營業年度ヨリ起算シ十五箇年ヲ限リ毎營業年度ニ於テ定款ノ定ムル所ニ依リ株主ニ配當スヘキ利益金カ拂込資本額ニ對シ年百分ノ八ノ割合ニ達セサルトキハ之ニ達スル迄ノ金額ヲ補給スルコト

一　前項ノ補給金額ハ如何ナル場合ト雖株式ノ拂込資本額ニ對シ年百分ノ八ノ割合ヲ超過セサルコト

報告書

一　（第一號）臨時軍事費豫算追加案

右ハ本院ニ於テ可決スヘキモノト議決致候此段及報告候也

大正十一年二月十日

豫算委員長　田邊熊一

衆議院議長奥繁三郎殿

○議長（奥繁三郎君）　尚ホ念ノ爲メ一言致シマス、早速君大口喜六君ヨリ豫算返付ノ動議ガ出テ居リマス、委員長ノ報告ニ次ギ此動議ノ趣旨辯明ヲ許ス考デス、委員長ノ說明ヲ求メマス、田邊熊一君

〔田邊熊一君登壇〕

○田邊熊一君　諸君、本員ハ茲ニ議題ニ供セラレマシタ大正十一年度歳入歳出總豫算案外三案ノ豫算委員會ニ於ケル審査ノ經過ト其成績ヲ簡明ニ御報告致シタイト存ジマス、豫算委員總會ハ一月二十五日ニ始メ、二月二日ニ亙リマシテ愼重ニ審議致シマシタ、同ジク十日午前ニ各分科會ノ決定ヲ致シマシテ、同日午後豫算委員總會ヲ開キマシテ、全部之ヲ決定シテ議長ニ報告シタル次第デアリマス、大正十一年度豫算編成ノ方針ニ付キマシテハ、一月二十一日本豫算案ヲ本會ニ紹介セラレマスルニ際シテ、大藏大臣ヨリ詳細ニ說明セラレテ居リマスルガ故ニ、私ハ重複ヲ避ケンガ爲ニ、成ベク之ヲ省略致シマスルケレドモ、唯大要ヲ申サネバナラヌト思フノデアリマス、歳入歳出各、十四億六千六百餘万圓ニシテ、歳入ハ經常部十二億四千四百餘万圓、臨時部二億二千百餘万圓デアリマス、歳出ハ經常部九億三千九百餘万圓、臨時部五億二千六百餘万圓デアリマシテ、之ヲ前年度ノ總豫算ニ比較致シマスレバ、歳入歳出各、一億一千八百餘万圓ノ減少デアリマス、右ノ如ク大正十一年度豫算ハ内外ノ情勢上、自然增收ヲ見込ムコトガ出來ナカッタ爲ニ、政府ハ努テ政費ノ膨脹ヲ抑制致シマシテ、財政ノ基礎ヲ鞏固ニスルガ爲ニ緊急措キ難キモノ、外ハ、原內閣當時ニ確立致シマシタル積極政策ニ出ル所ノ既定ノ計畫ヲ遂行スルヲ主ト致シマシテ、其他ノ點ニ付ヲハ出來得ル限リ緊縮ノ方針ヲ執ッタノデアリマス、卽チ既定ノ方針ニ基ク所ノ積極政策ト致シマシテハ、先ヅ治水事業ノ遂行、新規港灣ノ計畫、高等諸學校ノ計畫、各種產業政策、交通通信政策、社會政策等ヲ初メト致シマシテ、各種ノ積極政策ニ關スル經費ヲ計上致シテアリマス、又鐵道特別會計ニ於キマシテモ、既定ノ積極政策ニ依リマシテ、新ニ線路建設費ヲ計上サレテ居リマス、其次ニ國防計畫ニ付キマシテハ、海軍省陸軍省所管ニ於キマシテハ相當ノ經費ノ節約ヲサレテ、事業ノ繰延ヲ行ッテ居ル次第デアリマス尚ホ大正十一年度歳出豫算ノ重要ナル事項ニ關シマシテハ、數字ハ繁雜ヲ避クルガ爲ニ之ヲ省略致シマスルガ、議長ノ御許ヲ得マシテ議事錄ニ揭載スルコトニ致シタイト存ジマス、右御諒承ヲ請ウテ置キマス、豫算委員會ニ於キマスル質疑應答ハ頗ル多岐多樣ニ亙ッテ居リマス、先ヅ外交問題綱紀肅正ノ問題、財政政策、物價問題、貿易問題、解禁金出問題公債計畫、稅制問題軍備縮小問題、食糧問題、昇格問題、鐵道問題、數ヘ來レバ頗ル多イノデアリマスガ、其詳細ハ速記錄ニ依ッテ御覽ヲ願イタイト思フノデアリマス、茲ニ豫算ニ關係アル比較的重要ナル事項ト認メマスル質疑ヲ總括的ニ其概要ヲ述ベヤウト思フノデアリマス、財政政策ニ對シマシテ、政府ハ從來積極主義ヲ高唱シタル結果、歳計ハ過大ノ膨脹ヲ見テ居ル爲ニ物價ノ騰貴ヲ來シテ、遂ニ財界ノ大變動ニ際シテ斯ノ如キ非常ナ打擊ヲ受ケタ場合デアル、此後緊縮ノ根本方針モ消極主義ニ變更セネバナラヌ場合ニ陷ッタデハナイカ、政府ハ財政計畫ノ行詰リデアルカラ、行政ノ大整理ヲシテ相當ノ方法ヲ立テル方ガ適當デハナイカト云フ質問ガアリマシタ、之ニ對シテ政府ノ答辯ハ、積極政策ト云フモノハ建設ノ意味デアッテ之ヲ唱道シタノデアル、數年來歳入見込過大ト云フ非難ガアッタケレドモ、之ヲ既往ノ七年度、八年度、九年度ニ依ッテ見レバ、孰レモ自然增收ヲ續ケ、十年度ニ於テハ租稅收入ヲ除クノ外孰レモ增收ノ結果ヲ示シテ居ル、政府ノ豫算編成ノ方針ハ入ルヲ量ッテ出ヅルヲ制シタノデアルカラシテ、十年度ノ實況ニ鑑ミテ十一年度ニ於テハ既定計畫ヲ遂行スル以外ニ於テハ、努テ緊縮

ノ方針ニ依ッタノデアル、而シテ既定計畫ニハ何等ノ變更ヲ加ヘナイノデアル、海軍計畫ノ如キモ終局ノ完成ニハ變リガナイ、此意味ヲ以テ積極政策ヲ拋棄シタノデナイト云フコトハ明カデハナイカト云フ答辯ガアリマシタ、尚ホ貿易問題ニ對シマシテハ、海外ノ貿易ハ非常ニ不況ニ陷ッテ居ル、戰時中開拓シタル所ノ市場ハ悉ク歐米ノ爲ニ蠶蝕セラレテ居ル、商品ノ販路ハ甚シク狹メラレタト思フガ、貿易振興ノ方策ハ物價ヲ低落スル外ニハ無イノデアル、吾々ハ最モ此物價ノ低落ヲ急務ト思フノデアル、又金ノ輸出禁止ハ兌換券ノ縮小ヲ阻止シテ、随テ物價ノ低落ヲ妨ゲルデハナイカト云フ質問ガアリマシタ、之ニ對シテ政府ノ答辯ハ、貿易ノ不振ト物價ノ下落シナイノヲ以テ政府ノ責任ト論ゼラレルノハ甚ダ迷惑デアル、錯雜セル所ノ事情ノ伏在シテ居ル國際貿易ノ上ニ於テハ、物價ノミヲ以テ輸出貿易盛衰ノ因トセラレルノニハ洵ニ無理ノ事ッアル、是ハ海外ニ於ケル購買力ガ著シク減退シタノガ原因デアラウト思フ、現ニ米國ノ如キハ多額ノ國庫金ヲ支出シテ、低利資金ノ融通ヲシテ、國内ニハ安價ナル農產物ガ充滿シテ居ルケレドモ、歐洲方面ニ之ヲ賣ッテモ代金取立ノ見込ガナイ、如何トモスルコトガ出來ナイ狀態デアルガ故ニ、日本ノ物價ガ下落シテモ對手ノ購買力ガ減少シタル以上ハ、當局ガ如何ニ焦ッテモ意ノ如クナラヌノデアル、貿易不振ハ獨リ我國ノミデナイ、列國皆サウデアル、是レ國際的ニ信用ガ破壞セラレテ、貿易ノ聯絡ガ絕タレタ結果デアル、單ニ物價引下ノ一事ヲ以テ昔日ノ貿易ノ振興ヲ恢復スルト云フノハ、餘リニ單純ナル考デハナイカ、殊ニ我ガ物價ハ現ニ低落シツヽ、アルコトハ御覽ノ通リデアル、又金ノ輸出禁止繼續ハ我ガ國家經濟ノ信用上、正貨ヲ維持スル必要ガアルガ爲ニ、今日ハ尚ホ之ヲ解禁スル時機デハナイ、斯ウ云フ答辯デアリマシタ、次ニ歲入減ノ爲ニ國防既定計畫ノ事業ノ一部繰延ヲ斷行シタガ、尚ホ既定計畫ノ遂行ニ關シテ相當多額ノ附加ヲ請求シテ居ルデハナイカ、然ラバ十二年度以降繼續費年度割ニ根本ノ改訂ヲ加ヘルコトガ當然デハナイカト云フ質問ガ起リマシタ、之ニ對スル政府ノ答辯ハ、現ニ物價騰貴ニ屆スル超過額ハ、能率增進、工場ノ組織改善等、生產費ノ節約ニ依ッテ成ベク追加豫算ノ必要ナキヤウニ、極力是ガ節約ニ努メテ居ル、十二年度以降ノ物價騰貴ヲ今日ニ於テ豫想スルコトハ困難ナルガ故ニ、今ハ改訂スルコトガ出來ナイト云フ答辯ガアリマシタ、次ニ減稅問題、殊ニ國防計畫ニ要スル所ノ恆久的財源ヲ得ンガ爲ニ、議會ハ附稅ニ協贊ヲ與ヘタノデアル、今ヤ華府會議ニ於テ軍備縮小ガ實現シタナラバ、政府ハ是ヨリ生ズル財政上ノ餘裕ヲ教育費ヤ治水費等ニ振向ケル由デアルガ、臨時議會ヲ召集スルノ意ガアルカドウカ、又國防費ニ餘裕ヲ生ジタルトキハ、國民ノ負擔ヲ輕減スルガ當然ノ事デハナイカト云フ質問ガアリマシタ、之ニ對シテ政府ハ軍備縮小ガ案外早ク成立シ、財政上ノ餘裕ヲ生ジタルトキハ速ニ豫算ノ組替ヲ行ヒ、臨時議會ヲ召集シテ其協贊ヲ求ムルノ意デアル、又軍備制限ニ依ッテ餘裕ヲ生ジタルトキハ、國家ノ發展上之ヲ文化的施設ニ振向ケタイ、尚ホ餘裕アリトスレバ減稅ヲスルコトハ勿論辭セザル所デアルガ、今ハ之ヲ明言スルコトガ出來ナイ、斯ウ云フ答辯ガアリマシタ、次ニ陸軍縮小ニ關スル質問ガアリマシタ、政府ノ方針ハ現在ノ外形ヲ變更セズシテ單ニ人員ノ一部ヲ減ジ、之ニ代フルニ武器ヲ以テセントスルノデアル、武器ヲ以テセントスト聞クガ、是ハ時代ニ適應セザル姑息ノ改革案デアッテ、我國ガ大陸軍ヲ必要トスル時代ハ既ニ去ッタノデアル、何故ニ大改革ヲ斷行スルノ勇氣ガナイカト云フ問デアリマス、之ニ對スル政府ノ答辯ハ、我ガ師團ハ六個師團ヨリ現在ノ二十一個師團ニ達シタノデアルガ、是レ我ガ國情ノ變化ニ應ズル爲ノ擴張デアッテ、今直ニ之ヲ縮小スルト云フコトハ、世界ノ情勢上俄ニ許スコトノ出來ヌノデアル、國際聯盟ニ於テモ一國ノ安全ヲ保持スルニ必要ナル軍備ハ之ヲ認メテ居ル、華府會議ノ結果四國協約成立シタリト雖モ、戰爭ガ全然廢セラレタト即斷スルコトハ出來ナイ、却テ時勢ノ推移ハ兵員ノ移動ヲ容易ナラシメルカラ、萬一ノ場合ニ必要ナル兵員ハ之ヲ豫メ備フルコトヲ要スルノデアル、サレバ我ガ財界ノ現狀ハ兵員ヲ此儘ニシテ武器ノ充實ヲ圖ルハ困難デアルガ故ニ、兵員ノ一部ヲ減ジ、武器ノ充實ヲ圖ラントシテ目下研究中デアル、又航空隊ハ十一年、十二年度ニ亙リマシテ、各二中隊半ヅヽ、增加ノ計畫ヲシテ居ルノデアルガ、何レ完成ノ結果更ニ必要ナル新規計畫ヲスルカモ知レヌ、兵役年限短縮ノ事ニ付テハ、各方面ニ及ボス影響ガ頗ル大ナルモノガアリマス故ニ、俄ニ之ヲ決定スルコトハ困難デアル、尚ホ軍備制限ノ具體的成案ニ付テハ、陸軍當局ハ誠意ヲ以テ諸君ノ前ニ、他日案ヲ作ッテ提出スルト云フコトヲ言明サレマシタ、次ニ營業稅問題デアリマス、負擔ノ不公平、徵收手續ノ煩雜ナル、其他種々ノ缺點ガアッテ、商工業ノ發達ヲ害スルコトハ申ス迄モナイ事デアル、政府ハ國庫ニ餘裕ガ生ジタル場合ニ於テ、之ヲ全廢スルコトガ出來ナイカドウカ、斯ウ云フ質問デアリマス、政府ノ答ハ營業稅ハ久シキ間施行シタノデアッテ、尚ホ外國ニハ之ヲ採用シテ居ルノデアル、今直ニ之ヲ全廢スルト云フコトハドウモ致シ難イ所デアル、併シ缺點ガアッタナラバ之ヲ改正スルコトハ勿論同意ヲセナイ譯デハナイ、現ニ政府ハ營業稅其他一切ノ稅制整理ニ付テハ、財政經濟調査會ニ諮ッテ調査中デアルカラ、其結果ヲ俟ッテ改善ノ實ヲ擧ゲルニハ躊躇セザルモノデアル、斯ウ云フ答辯デアル、次ニ正貨問題、輸入超過ガ年々三四億万ノ巨額ニ上リマシテ、正貨ガ流出シテ居ル、斯ノ如クンバ我ガ在外正貨ハ遂ニ皆無ニナリハセヌカト云フコトヲ恐ル、モノデアル、政府ハ之ニ對シテ如何ナル見解ヲ持ッテ居ラル、カ、之ニ對スル政府ノ答辯ハ、我國ガ外債ヲ有スル以上ハ、之ガ利拂ニ要スル爲ニ正貨ヲ所有シナケレバナラヌノデアル、貿易上ノ輸入超過ガ一昨年來相當ノ額ニ上リマシタガ、貿易以外ノ受取勘定亦尠カラヌノデアル、故ニ急激ニ正貨ノ減少スルコトハナイト信ズルト云フ答辯デアル、次ニ公債政策、十年度ニ於ケル募集殘リノ公債ト、十一年度ニ於ケル新規借替ノ額ヲ併算スレバ約十億ニ達スルノデアリマス、政府ハ斯カル多額ノ公債募集ガ財界ノ現狀ヨリ推シテ、金融市場ヲ壓迫セズシテ成功スル見込ガアルカト云フ問デアリマス、政府ノ答辯ハ公債ニ付テハ常ニ政府ノ考慮スル所デアル、約十億圓ノ中、約二億ノ軍事費公債ハ必シモ年度内ニ之ヲ募集スル要ハナイ、問題ハ約八億圓ノ募集デアル、是ハ我ガ財界ノ狀況ヲ委細ニ研究シテ、十一年度内ニ新規募集、又ハ借替ヲ決行シ得ル十分ノ確信アリト云フ答辯デアリマス、質疑應答ノ概要ハ只今申上ゲマシタ通リデアリマス、之ヲ要シマスルニ、委員會ニ於ケル質疑ハ即チ其議員ノ本分カラ之ヲ鑑ミテ、我ガ帝國ノ世界ニ於ケル地位ヲ慮ッテ、國利民福ノ增進ヲ以テ國運進展ニ資セントスル所ノ、議員諸君ノ愛國ノ至情ヨリ出デタル質問ト私ハ考ヘテ、深ク敬意ヲ表シタノデアリマス、又政府ノ答辯モ頗ル懇切丁寧ニ胸襟ヲ披イテ、或ハ經綸ヲ說キ、或ハ施設ヲ語リ、外列國ト恆久平和ニ貢獻スルコトヲ期シ、內ハ國民ノ爲ニ安寧福祉ノ增進ヲ圖ルト云フ强イ決心ヲ示サレマシテ、如何ニモ國家ノ重キニ任ズル勇氣アルニ付キマシテハ、私ハ實ニ此上ナイ愉快ニ感ジタノデアリマス、各分科會ニ於キマシテハ、大正十一年度豫算案中、唯大正十一年度特別會計ニ於テ一部修正ヲ加ヘタルマデ、アッテ、其他ハ全部原案ノ通リ確定シタルコトハ御承知ノ通リデアリマス、而シテ其修正ハ御手許ニ廻シテゴザイマスル通リ、朝鮮總督府特別會計ニ於ケル朝鮮土地改良事業會社補助費二十五万圓ヲ全部削除シタノデアリマス、隨テソレニ關係スル總テノ分ヲ修正スルニ至ッタ譯デアリマス、修正ノ理由ハ年八朱ノ利子ノ補給ヲ以テ果シテ其目的ヲ達シ得ルカドウカ、又一億万圓ノ債券ヲ發行スル計畫ガ十分ナル成案ガアルカドウカ、又斯ノ如キ事業ヲ民間會社ニ經營セシムルコトハ困難ナル事情ガ伴ウテ、到底所期ノ目的ヲ達スルコトガ困難デアラウト云フ三箇ノ理由ニ出デタノデアリマス、隨テ右ノ理由ニ依リマシテ、政府ノ提案ニ贊成スルコトガ出來ナイト云フ意見ガ出マシタ、併ナガラ朝鮮ニ於テハ土地改良ノ計畫ヲ立テル必要アルコトハ論ヲ俟タナイ所デアリマスガ故ニ、政府ハ改メテ之ヲ官營トシテ計畫ヲ立テヽ、今期議會ニ追加豫算ヲ發シテ協贊ヲ求メラレンコトヲ望ンダノデアリマス、齋藤總督ハ之ニ答ヘマシテ、原案否決ハ洵ニ遺憾ナ事デアル、併ナガラ議會ノ希望アラハ計畫ヲ改メテ官營トシテ、何レ豫算ヲ今議會ニ提出スル考デアルト云フコトヲ申サレマシタ、仍テ右三分科ニ於テハ右ノ如ク修正ヲ加ヘマシテ、他ハ總テ原案ノ通リ贊成決定シタ譯デアリマス、右終リマシテ、豫算委員總會ヲ開キマシテ討論ニ入リマシタ、憲政會ノ早速整爾君ハ大正十一年度豫算案ハ財政計畫ノ根本ニ付テ缺點ガ頗ル多イノデアルカラ、豫算ノ組替ヲ爲サシメル意味ヲ以テ政府ニ返付スル、但シ其理由ハ本會議ニ於テ十分説明スルト云フ御意見デアリマシタ、又憲政會ノ大口喜六君ハ(笑聲起リ「憲政會ニ非ズ」ト呼フ者アリ)國民黨ノ大口喜六君ハ、財政ノ基礎ヲ鞏固ニセンガ爲ニ、修正ヲ加フベキ箇所ガ頗ル多イ、故ニ是ハ政府ニ編成替ヲ求ムル意味ヲ以テ返付シタイト云フ動議ヲ提出サレマシタ、是亦理由ハ本會議ニ御述ニナルコトニナッタノデアリマス、政友會ノ武藤金吉君ハ、第三分科會ニ於テノ修正箇條ニ贊成シ、其他ハ總テ原案通リ贊成ノ意ヲ表セラレタノデアリマス、最後ニ庚申俱樂部ノ上田彌兵衛君ハ、武藤君同樣ノ意思ヲ述ベラレマシテ、更ニ希望ガアリマシタ、其希望ハ政府ノ原案ニ贊成スルト共ニ、行政整理ヲ行フコト、稅制ノ整理ヲ行フコト、營業稅ヲ全廢スルト云フコトノ御希望モアッタノデアリマス、右討論ガ終結致シマシテ採決ノ結果、早速整爾君竝ニ大口喜六君ノ豫算全部返付ノ動議ハ、少數ニ依ッテ遺憾ナガラ否決セラレマシテ、武藤金吉君ノ意見、即チ朝鮮總督府特別會計ノ一部ニ修正ヲ加ヘテ、其他ハ全部政府ノ原案通リ大多數ヲ以テ可決シタ譯デアリマス、以上ハ大正十一年度歲入歲出總豫算案外三案ヲ審査シタル豫算委員會ノ經過ノ大要ト決定ノ成績デアリマス、願ハクハ諸君ニ於キマシテモ、速ニ御審議ノ上御協贊ヲ與ヘラレンコトヲ希望スル次第デアリマス

〔參照〕

歲出豫算中重要ナル事項

大正十一年度歲出豫算中新規要求ニ係ルモノ及前年度豫算額ニ比シ增加ヲ要スルモノニ就キ其ノ事項金額ノ重ナルモノヲ擧クレハ左ノ如シ

外務省所管

改正會計法施行ニ伴ヒ要スル經費	二〇、〇〇〇圓
高等留學生派遣費ノ增加	二八、四六五
ニューオルレアンス領事館新設ニ關スル經費	八九、〇八二
間島總領事館百草溝分館新設ニ關スル經費	五六、三八九
サンパウロ總領事館ニ職員增加ニ關スル經費	三八、八七九
在任領事館ニ官舍ヲ給與スル爲要スル經費	五五、〇〇〇
國際聯盟理事會ニ關スル經費	六二、五〇〇
外務本省文書庫其他增築費	一〇〇、〇〇〇
東亞同文會事業費補助ノ增加	一三二、九六〇
同仁會事業費補助ノ增加	五〇、〇〇〇
日露協會學校費補給	五〇、〇〇〇
在外兒童教育費補助ノ增加	二〇、〇〇〇
在間島鮮人取締費ノ增加	九二、四〇〇
講和條約實施ニ關スル經費	一、四七五、四三四
前年度豫算ニ伴フ月割差增	五三〇、六六四
其ノ他	六八、九九七
計	二、八七〇、七七〇

內務省所管

改正會計法施行ニ伴ヒ要スル經費	四五、〇〇〇圓
地方局ニ都市課設置ニ關スル經費	一七、六〇七
刑事警察鑑識資料設備費	一〇、〇八〇
榮養研究ニ關スル經費ノ增加	七三、八三〇
北海道廳職員充實ニ關スル經費	三二五、七六〇
社會事業ニ關スル地方廳事務處辨ニ要スル經費	一四四、二五〇
藥品巡視及賣藥檢査ニ關スル經費ノ增加	五三、七五〇
家畜傳染病豫防ニ關スル經費	一二一、四四〇
工場監督ニ關スル經費ノ增加	一〇七、二五〇
狩猟取締ニ關スル經費ノ增加	九九、九四〇
關門海峽海底警察電話敷設費補給	三〇、〇〇〇
治水事業費ノ增加 總額九、五四八、九九一ヲ既定繼續費ニ追加シ大正十一年度以降十二箇年度間ニ支出スルモノナリ	五、四七七、六五八
事務費ノ增加	四二五、三三八
九頭龍川改修費ノ增加	二四六、八二〇
信濃川改修費ノ增加	一、九〇〇、〇〇〇
高梁川改修費ノ增加	四〇〇、〇〇〇
吉野川改修費ノ增加	八〇〇、〇〇〇
渡良瀬川改修費ノ增加	一、〇〇〇、〇〇〇
北上川改修費ノ增加	四五〇、〇〇〇
神通川改修費ノ增加	八〇、〇〇〇
斐伊川改修費	一〇〇、〇〇〇
澱川附屬物維持費ノ增加	三三、五〇〇
木曾川附屬物及水路維持費ノ增加	四二、〇〇〇
境港修築費 總額一、八〇〇、〇〇〇圓ニシテ大正十一年度以降六箇年度間ノ繼續費ナリ(依託工事費)	二〇〇、〇〇〇
高松港修築費 總額二、二〇〇、〇〇〇圓ニシテ大正十一年度以降五箇年度間ノ繼續費ナリ(依託工事費)	四一五、〇〇〇
敦賀港修築費 總額三、四〇〇、〇〇〇圓ニシテ大正十一年度以降八箇年度間ノ繼續費ナリ	一〇〇、〇〇〇
新潟港修築費ノ追加 總額一、一三三、一〇七圓ヲ既定繼續費ニ追加シ大正十一年度以降三箇年度間ニ支出スルモノナリ(依託工事費)	三七四、〇〇〇
長崎港修築費ノ追加 總額九〇〇、〇〇〇圓ヲ既定繼續費ニ追加シ大正十一年度以降三箇年度間ニ支出スルモノナリ(依託工事費)	三〇〇、〇〇〇
清水港修築費ノ追加 總額六七七、〇〇〇圓ヲ既定繼續費ニ追加シ大正十一年度以降四箇年度間ニ支出スルモノナリ(依託工事費)	二〇五、〇〇〇
北海道拓殖費ノ增加	六三六、九八六
大阪府知事以下官舍新營費	二三七、〇〇〇
神宮別宮創建費ノ追加 總額九八、四〇六圓ヲ既定繼續費ニ追加シ大正十一年度以降二箇年度間ニ支出スルモノナリ	七六、一九四
神宮式年御造營事業進行ニ伴フ事務費ノ增加	三三、一七七
吉野神宮修築竝境內整理費 總額五〇〇、〇〇〇圓ニシテ大正十一年度以降四箇年度間ノ繼續費ナリ	五〇、〇〇〇
三島神社修築費	六三、〇〇〇
既定年割額ノ增加	三、八二九、〇四〇
前年度豫算ニ伴フ月割差增	二八、二四三
其ノ他	三、三一一、八五五
計	一六、三六六、〇六〇

大藏省所管

改正會計法施行ニ伴ヒ要スル經費	八二〇、〇〇〇圓
預金利子及手數料ノ增加	二、五二八、八三六
國勢院國際統計課新設ニ關スル經費	一一、〇〇〇
稅關配當金ノ增加	一七一、〇九〇
織物組合交付金ノ增加	一二六、〇〇〇
市町村交付金ノ增加	六五〇、七八五
國債整理基金繰入ノ增加	一〇、六三五、二八五
議院建築費ノ追加 既定繼續費ニ追加シ大正十一年度ニ於テ支出スルモノナリ	一、三〇〇、〇〇〇
橫濱稅關棧橋床改築費 總額二五九、九〇〇圓ニシテ大正十一年度以降二箇年度間ノ繼續費ナリ	一二九、九五〇
大藏本省廳舍其他增築費 總額二五〇、〇〇〇圓ニシテ大正十一年度以降二箇年度間ノ繼續費ナリ	一二五、〇〇〇
鹽專賣用倉庫新營費	一五〇、〇〇〇
貴族院及衆議院廳舍其他修築費	一〇〇、八五〇
稅務署廳舍其他新營費	三〇〇、〇〇〇
專賣局工場擴張費	一〇〇、〇〇〇
專賣局機械製造工場新營費	四九八、二〇七
朝鮮總督府經費補充金ノ增加	九一七、八二五
關東廳經費補充金ノ增加	三〇〇、〇〇〇
樺太廳經費補充金ノ增加	三五〇、〇〇〇

南洋廳經費補充金　三、三〇〇、〇〇〇
國有財産整理費ノ增加　四七五、三〇〇
會計檢査院敷地整理費　八二、〇〇〇
既定年割額ノ增加　七〇二、一〇三
前年度豫算ニ伴フ月割差增　一三二、六六一
其ノ他　一、二六四、二五三
計　二五、一八九、一四五

陸軍省所管

下士候補者ノ教育制度改正ノ爲要スル經費　九三、七二四
自動車修業員增加ノ爲要スル經費　五五、二七六
軍醫學校ニ於テ職員增加ノ爲要スル經費　五九、〇六〇
各隊無線電信通信ノ教育ニ要スル技術員養成等ニ要スル經費　一〇二、五三五
野戰砲兵、重砲兵兩射擊學校ニ於テ無線電信通信ノ教育ヲ行フ爲要スル經費　七四、八二〇
朝鮮國境守備隊配置變更ニ伴ヒ要スル經費　一、三八三、八八三
　朝鮮國境守備憲兵隊ノ減員ニ伴ヒ要スル經費ナリ
一年志願兵及幼年學校自費生諸費ノ增加　六〇五、七六〇
改正會計法施行ニ伴ヒ要スル經費　二五、〇〇〇
物價騰貴ニヨル衣糧費、兵器及馬匹費等ノ增加　六、一九七、〇五五
豫定計畫ニ依ル年割額ノ增加　一五、六〇二、〇七四
土地建造物整理費　二、九四〇、〇〇〇
　總額五、三二〇、〇〇〇圓ニシテ 大正十一年度以降三箇年度間ノ繼續費ナリ
　青山小銃射擊場移轉改增築費　一、二〇〇、〇〇〇
　擣秣廠本所秣倉庫移轉改增築費　七〇〇、〇〇〇
　東京第一衛戍病院及戶山學校移轉改增築費　一、〇四〇、〇〇〇
營舍倉庫廐舍其他修築費　一〇〇、〇〇〇
朝鮮國境守備隊營舍其他新增築費　七〇、〇〇〇
種馬所及種馬牧場其他建物新增築及改修費　一〇〇、〇〇〇
青島守備軍民政部費　二〇、七二五、一七八
其ノ他　一、二〇五、三二九
計　四九、三三九、六九四

海軍省所管

改正會計法施行ニ伴ヒ要スル經費　二〇、五八一
既定經費ニ基ク新艦船ノ維持費　一〇、〇〇〇、〇〇〇
既定經費ニ基ク航空隊豫定年割額ノ增加　一、三〇〇、四七〇
既定經費ニ基ク艦載飛行機裝備ニ要スル經費　四五〇、〇〇〇
物價騰貴ニヨル軍艦製造費ノ追加　八六、〇〇四、四三〇
　一箇年度限リ追加スルモノナリ
艦船特定修理費　一、五〇〇、〇〇〇
艦船臨時製造費ノ追加　五〇〇、〇〇〇
艦船無線電信機改裝費　九〇〇、〇〇〇
準備軍需品臨時充實費ノ追加　五、〇〇〇、〇〇〇
　一年度限リ追加スルモノナリ
陸軍省委託兵器製造費　一、一一七、五四〇
大演習費　五、〇七八、二一四
　內六六六、〇〇〇圓ハ經常部ヨリ移替ニ係ルモノナリ
臨時兵器補充費　一、三〇四、〇〇〇
平壤鑛業所移管費　八〇〇、〇〇〇
其ノ他　二、六一七、五一三
計　一一六、五九二、七四八

司法省所管

少年法及矯正院法施行ニ關スル經費　五六六、九二八
　臨時部建築費總額 四六〇、八〇〇圓ニシテ 大正十一年度ニ於テ支出スルモノナリ
借地借家調停法制定施行ニ關スル經費　九二、四八八
改正會計法施行ニ伴ヒ要スル經費　二〇、〇〇〇
改正供託法施行ニ伴ヒ要スル經費　五五四、一四二
區裁判所出張所設置ニ關スル經費　一二五、六〇〇
監獄職員俸給換算增額ノ爲要スル經費　四八、四八〇
監獄作業ノ授業手及機關手優遇ニ關スル經費　一七、三四〇
刑事訴訟費用法ノ制定ニ伴フ裁判及登記諸費ノ增加　一三八、二八四
岐阜監獄建築費　一五〇、〇〇〇
　總額五五〇、〇〇〇圓ニシテ大正十一年度以降五箇年度間ノ繼續費ナリ
函館監獄建築費　二四〇、〇〇〇
　總額七〇〇、〇〇〇圓ニシテ 大正十一年度 以降五箇年度間ノ繼續費ナリ
宇都宮監獄建築費　一〇四、〇〇〇
　總額四〇〇、〇〇〇圓ニシテ 大正十一年度以降三箇年 度間ノ繼續費ナリ
京都監獄病監建築費　六〇、〇〇〇
　總額八〇、〇〇〇圓ニシテ 大正十一年度以降 二箇年度間ノ繼續費ナリ
佐賀監獄建築費　一三四、〇〇〇
　總額三五〇、〇〇〇圓ニシテ 大正十一年度 以降三箇年度間ノ繼續費ナリ
宮城控訴院仙臺地方裁判所區裁判所建築費追加　一六〇、〇〇〇
　總額一六〇、〇〇〇圓ヲ 既定繼續費ニ追加シ 大正十一年度ニ於テ支出スルモノナリ
松山監獄建築費追加
　總額五〇、〇〇〇圓ヲ 既定繼續費ニ追加シ 大正十一年度ニ於テ支出スルモノナリ
宮城監獄長期監建築費追加　六〇、〇〇〇
　總額六〇、〇〇〇圓ヲ 既定繼續費ニ追加シ 大正十一年度ニ於テ支出スルモノナリ
其ノ他　二三三、九三六
計　二、七五五、一九八

文部省所管

改正會計法施行ニ伴ヒ要スル經費　二〇、〇〇〇
學術紀要編纂配付ニ要スル經費　三五、〇〇〇
一年現役服役教員俸給國庫負擔額ノ增加　一七四、三〇〇
中等教員ノ養成竝檢定ニ要スル經費　一八三、三〇〇
氣象技術員養成及海洋氣象事業進捗ニ伴フ經費　三九、〇〇〇
齒科醫師及藥劑師受驗者增加ニ伴フ經費　一二五、一四二
學制頒布五十年紀念事業ニ要スル經費　五〇、〇〇〇
神戶高等商船學校護岸工事費　二二七、一五五
神戶高等商船學校寄宿舍新營費　一三五、〇〇〇
直轄學校々舍改築費　一〇〇、〇〇〇
既定計畫ニヨル學校創立及學科增設等ニ要スル經費　一、四九八、四六五
高等諸學校創設及擴張ニ伴フ學年進行及開校準備ニ要スル經費　一、六六四、三一五
大學及學校圖書館書記其他俸給平均額增加ニ要スル經費　一四六、〇八〇
豫定計畫ニ依ル航空研究所擴張ニ伴フ經費　一二〇、〇〇〇
豫定計畫ニ依ル東京天文臺擴張ニ要スル經費　一五〇、〇五五
京都帝國大學理學部附屬植物園經營ニ要スル經費　八〇、一一〇
東北帝國大學鐵鋼研究所擴張ニ關スル經費　一二〇、〇〇〇
　臨時部總額二四〇、〇〇〇圓ニシテ 大正十一年度 以降三箇年度間ニ支出スルモノナリ
物價騰貴ニ依ル學校創立費ノ追加　一、六六四、〇〇〇
物價騰貴ニ依ル各帝國大學既定繼續費ノ追加ニ伴フ臨時政府支出金ノ增加　二、〇五二、〇八七
東京帝國大學工學部擴張費　三〇〇、〇〇〇
京都帝國大學工學部擴張費　二七〇、四一〇
東北帝國大學工學部創立費　二四八、七一七
東北帝國大學理學部地質學科教室新營費　七七、七〇〇
九州帝國大學農學部創立費　四一一、二六〇
九州帝國大學工學部造船學科新設費　一四四、〇〇〇
北海道帝國大學醫學部創立費　六〇〇、〇〇〇
既定年割額ノ增加　一、〇六三、〇七〇
其ノ他　九四六、五一六
計　一〇、四五八、五九五

農商務省所管

狩獵取締及鳥獸調査ニ關スル經費　一八四、六九五
家畜傳染病豫防ニ關スル經費　九六、八八六
改正會計法施行ニ伴ヒ要スル經費　一〇〇、〇〇〇
斫伐作業ニ關スル經費ノ增加　二、〇九〇、五四九
間伐木調査ニ關スル經費　四九、六四〇
造林事業ニ關スル經費ノ增加　三四三、〇七八
獸疫血清類ノ製造增加等ニ關スル經費　五九、三二六

大阪工業試驗所事業擴張ニ關スル經費	三九三、二四二
穀類檢査事業ノ改善ニ關スル經費	四八三、三七〇
綿羊飼育奬勵ニ關スル經費ノ增加	五八九、二九一
開墾奬勵費ノ增加	三一四、四〇〇
工業奬勵費ノ增加	三〇、〇〇〇
製鐵業奬勵費ノ增加	七七八、七二五
臨時窒素研究所設備擴張ニ關スル經費	三六四、九九二
治水事業費ノ增加	三〇五、二〇〇
公有林野官行造林費ノ增加	八八八、九九七
伯剌西爾國獨立百年祭紀念内國博覽會參同費	二三〇、四八〇
既定年割額ノ增加	五五三、〇〇〇
前年度豫算ニ伴フ月割差增	四二六、一四三
其ノ他	八一六、〇六四
計	八、六六三、〇七八

遞信省所管

前年度施設長距離無線電信受信局維持費	一九、一九二圓
電話事業擴張ニ伴フ維持費	九七五、〇六七
電信擴張及改良ニ伴フ維持費	四一一、六三四
現業局浴場設備ニ關スル經費ノ增	一四七、二〇七
船用品試驗裝置ノ整備ニ伴フ經費	一一、九二〇
船舶職員試驗事務增加ニ伴フ增員費	一一、三七五
電氣計器檢定事務增加ニ伴フ經費	一二〇、〇〇〇
會計事務實地檢査ニ要スル經費	一五、二八〇
改正會計法施行ニ伴ヒ要スル經費	二五、〇〇〇
恩給ノ增加	二、五八四、七二七
鹿兒島縣各離島航海費補助ノ增	一〇、〇〇〇
宜蘭頭慶線航行補助	一〇〇、〇〇〇
大正十一年度一〇〇、〇〇〇圓 大正十二年度以降四箇年間毎年度二〇〇、〇〇〇圓ヲ補助スルモノナリ	
ペトロパブロフスク線航海補助	四〇、〇〇〇
長崎縣五島航海費補助	二〇、〇〇〇
兵庫縣淡路國航海費補助	五、〇〇〇
白銅貨改鑄ニ伴フ自働電話機改造費	五〇、〇〇〇
電氣試驗所大阪出張所設備擴張ニ要スル經費	四五〇、〇〇〇
既定年割額ノ增加	八八二、五二二
前年度豫算ニ伴フ月割差增	八、四三六、三七八
其ノ他	一、六〇七、五七六
計	一五、九二二、八七八

○議長(奥繁三郎君) 早速整爾君

(早速整爾君登壇)

○早速整爾君 諸君、私ハ豫算返付ノ動議ヲ提出致シマシタ、茲ニ其理由ヲ說明致シタイト思フノデアリマス長イ間現政府ハ放漫ナル政策ヲ續ケテ、所謂成金振ヲ發揮シ來リマシタル結果、我ガ財政ハ著シク紊亂ヲシ、其基礎ハ益、薄弱トナッテ眞ニ行詰リノ窮境ニ陷ッテ居ルノデアリマス、斯カル窮境ニ陷ラザラシメンガ爲ニ、吾々ハ從來屢、口ヲ極メテ政府ノ反省ヲ促シタノデアル、第四十一議會以來毎回毎ニ引續イテ吾々ハ政府ニ向ッテ、此財政上ノ根本整理ヲ責メテ參ッタ、當初ハ内閣ノ成立日尚ホ淺カリシガ爲ニ、藉スニ時日ヲ以テシ、政府ノ豫算ノ原案ヲバ通過セシメタノデゴザイマスルガ、同時ニ吾々ハ政府ニ向ッテ根本ノ整理ヲ行フベシトノ一大警告ヲ與ヘタノデアリマシタ、尋デ第四十二議會ニ於テモ、第四十三議會ニ於テモ、吾々ハ豫算ニ向ッテハ多少ノ修正ヲ加ヘタノデゴザイマスルガ、其他ノ整理ハ之ヲ政府ノ責任ニ愬ヘテ、善意ノ忠告ヲ敢テ致シタノデゴザイマス、然ルニ政府ハ全ク吾々ノ言ニ耳ヲ藉サズ、少シモ反省スル所ナクシテ、依然放漫ノ政策ヲ續ケテ來タノデアル、是ニ於テ、昨年第四十四議會ニ於キマシテハ、吾々ハ豫算返付ノ動議ヲ提出致シテ、政府ニ向ッテ根本ヨリ豫算ノ編成替ヲ求メタノデアル、然ルニ政府ハ相變ラズ吾人ノ言フ所ニ耳ヲ傾ケズ、少シモ財政上ノ整理ヲ行フト云フ誠意ヲ示サズシテ、今日ニ至ルマデ唯姑息彌縫ノ小刀細工ヲ施シテ居ルニ止マッテ居ルノデアル、今ヤ時代ノ要求モ亦急轉シ來ッタモノガアリマスニ於テ、今日ニ於テハ最早姑息ノ計畫ヲ許スノ餘地ハゴザイマセヌ、斷然財政上ノ大改革ヲ行ハナケレバナラヌ時期ニ迫ッテ居ルノデゴザイマスルガ、是ハ豫算ニ對スル區々タル修正ヲ以テシテハ、其目的ヲ達スルコトハ出來ナイ、私ガ言フマデモゴザイマセヌ、行政財政ノ根本整理ヲ行ハンガ爲ニハ、諸般ノ制度ノ上ニモ改革ヲ加ヘナケレバナラヌ、法律命令ノ改廢ヲ要スルモノモ多々アル、特ニ憲法第六十七條ノ規定モアリマシテ、既定ノ歲出ニ屬スル經費ハ自由ニ動カスコトガ出來ナイ爲ニ、其根本整理ノ目的ヲ達スル爲ニハ、唯豫算ノ修正ヲ以テ之ヲ果スコトガ出來ナイノデアリマス、而モ其目的ヲ果サナケレバナラヌ必要ハ、洵ニ愁ニ迫ッテ居ルノデアリマスカラ、吾々ハ更ニ茲ニ此豫算ヲ返付シテ根本ヨリ、其編成替ヲ爲スベシト云フ要求ヲ致スノデアル、豫算返付ト云ヘルコトハ、蓋シ已ムヲ得ザルニ出タルモノデアルト云フコトノ御諒承ヲ願ヒタイノデアリマス、大正十一年度ノ豫算ノ總額ハ、歲出歲入共ニ十四億六千六百万餘圓デアリマス、之ヲ前年度ノ豫算ニ比較致シマスレバ、一億一千八百万圓ノ減少ト相成ッテ居リマス、前年度卽チ大正十年度ノ豫算ハ、日本開闢以來ノ大豫算ト稱セラル、、未ダ曾テ見ザル巨額ノ數字ヲ示シタル大豫算デアル、十五億八千万ト云フ洵ニ厖大ナル豫算デアッタノデアリマスガ、之ニ比較シテ一億一千八百万圓ノ減少トナッテ居ルノデアリマス、其所ガ卽チ政府ノ方針ガ一變シタノデアルト稱セラル、トコロデアル、政府モ亦自ラ此事ヲ言明致シテ居ルノデアル、總理大臣ノ施政方針ノ御演說中ニ「大正十一年度ノ財政計畫ニ付テハ、經濟界ノ實狀ニ顧ミマシテ緊急差措キ難キモノ、外ハ節約緊縮ヲ旨トシ、以テ財政ノ基礎ヲ鞏固ニスル方針ヲ執リマシタケレドモ」云々、是ハ總理大臣トシテノ緊縮方針ヲ執ルニ至ッタト云フ御言明デアル、又大藏大臣トシテモ一月二十一日當院ニ於テノ御演說中ニ「政府ハ務テ政費ノ膨脹ヲ抑制シ財政ノ基礎ヲ鞏固ニスルノ趣旨トシテ」云々、斯ウ云フ御演說ニナッテ居ル、卽チ方針ヲ一變シタト云フコトハ政府自ラモ茲ニ立派ニ言明ニナッテ居ルノデアリマス、成程從來久シク放漫政治ヲ執ッテ豫算ノ膨脹ヲ顧ミナカッタ所ノ政府ガ、今日ニ至ッテハ兎ニモ角ニモ緊縮節約ノ方針ヲ執ルニ至ッタ、是ハ方針ノ一變シタモノニハ相違ナイノデアリマス、併シ抑、是ハ何事ヲ語ッテ居ルノデアリマセウカ、從來政府ノ執來ッタル所謂積極方針ナルモノハ、唯徒ニ經費ヲ膨脹セシムルコトデアッタ、勢ニ乘ジテ無謀ニ行政上ノ組織機關ヲ擴張シ、無算當ニ經費ヲ增加セシムルコトデアッタ、大正七年度ノ豫算ノ總額ハ、八億二千万圓ニ過ギナカッタノデアリマス、之ガ大正八年度ニ至ッテ十億六千四百万圓ト膨脹シテ參ッタ、更ニ大正九年度ニ至ッテハ十三億三千万圓ト云フ巨額ノ數字ヲ示スニ至ッタ、續イテ大正十年度ニ至リマシテハ、十五億八千万圓ト云フ驚クベキ巨額ナ數字ヲ計上セラル、コトニ相成ッタノデアリマス、内閣ノ方々ハ能ク世界ノ大勢ト云フコトヲ口ニセラル、ノデアリマス、世界ノ各國ハ何レモ戰時中ニ膨脹シタル財試ニ一種類二種類ヲ拔ニ中述ベテ見レバ頗ル異樣ノモノデアル、農商務省ニ於テ……

○議長(奥繁三郎君) 一寸注意シマスガ、成ベク豫算返上論ニ副フヤウニ……

○大口喜六君(續) 之ガ返上論ノ根據ニナルノデアリマス

[「議長干涉ヲスルナ」「ソレガ根本ヂヤナイカ」「ソレガ返上論ニナルノダ、干涉ヲスルナ」ト呼フ者アリ]

○議長(奥繁三郎君) 御默リナサイ

○大口喜六君(續) 之ガ返上論ノ基礎、根據ニナルノデアリマス——農商務省ニ於テ臨時ニ置カレテ居ル所ノ職員ノ中ニ、鳥獸調査ノ事務、此臨時事務ノ爲ニ技師一人、技手二人ヲ置イテ居ル、又緬羊、羊ノ事ノミニ關スル事務ノ爲ニ、大正七年四月勅令第八十號ト云フモノデ官制ヲ出シテ、事務官一人、技師四人、屬五人、技手五人ト云フモノヲ置イテ居ル、斯ウ云フモノ、數ガ八十二種類アル、其人員ノ多キコト三千六百十七人、斯ウ云フコトニ相成ッテ居ルノデアリマス(拍手)ドウシテモ是ニハ一大改革ヲシナケレバ吾々ハナラナイト思フ、勿論私ノヤウナ柄ニナイ者ハ、サウ云フ細カイ事ハ申シマセヌガ、是ハ政府ノ當事者ハ能ク御承知ニナッテ居ル筈デアル、獨逸ハ今ドウナッテ居ルカ、英吉利ハ今之ニ對シテ何ト考ヘテ居ルカ、米國ハドウシテ居ルカ、是等ハ楠田君ナドモ此頃御歸リニナッテ、能ク御感ジニナッテ居ル筈ト思フ、是ハドウシテ居ル、日本ガ斯ウ云フ遣方ヲ何時迄モ續ケテ、今年モ去年ノ通リ已ムヲ得ナイ、是デ仕方ガナイ、斯ウ云フ遣方デドウシテ此日本ガ行キマスカ(拍手)是ハ吾吾ハ極メテ當局者ノ反省ヲ促シ、之ヲ直スノハ豫算ノ本カラ直シテ來ナケレバナラナイノデアリマス、即チ豫算ヲ根本カラ改メナケレバ、是ハドウシテモイカナイノデアリマス、ソコデ一般會計ハ此所デ終リニシテ、特別會計ニ對シテ一二言申シテ見タイト思フノデアリマスガ、特別會計ニ對シテ言ヒタイ事ハ實ニ澤山アリマス、併ナガラ大分長クナリマシタ故ニ、唯ダ一二ノ例ヲ擧ゲテ置キタイト思ヒマスガ、朝鮮總督府ニ於テ助成費ト稱スル金ノ中ニ、土地改良事業會社ニ對スル補助ガアリマシテ、是ハ二千万圓ノ會社ヲ起サシメテ一億圓迄ノ社債ヲ許シ、而シテ之ニ對シテ總計七百九十万圓ノ補助ヲ與ヘヤウト云フノデアリマスガ、之ニ對シテハ委員長ガ御報告ノ如ク、大多數ヲ以テ此費用ハ削ルコトニ相成ッタノデアリマスガ、吾々ノ見ル所モ亦斯ノ如キモノハ、東洋拓殖會社ノ事業、朝鮮殖産銀行ノ事業等ニ對シテ、頗ル宜シカラザル影響ヲ與ヘルモノデアルト信ズルノデアリマスルガ故ニ之ニ對シテハ吾々モ反對デアルコトハ勿論デアリマス、ソレカラモウ一ッ此朝鮮ノ會計ニ付テ一言致シタイノハ、歳入ニ於ケル關稅ノ中ニ、移入稅ガ入ッテ居ルノデアリマスガ、此關稅中ニ內地カラ行ク所ノ移入稅ヲ取ルト云フコトハ、宜シカラザルモノデアルト云フノデ、既ニ四十三議會ニ於テ、朝鮮ノ當事者ハ委員會ニ於テ是ハ言明致サレテ、一年間位ノ間ニハ之ヲ廢止スルノデアルカラ、差當リ經濟ノ困ル間ハ、是ハ同意シテ貰ヒタイト云フノデ、是ハ廢止スルコトヲ明言サレテ、而シテ此關稅定率法ノ改正ガ通過致シタノデ時ノ委員長指田義雄君ガ、此演壇ニ於テ其當時御報告ニ相成ッテ、速記錄ニ明記シテアル通リデアリマス、即チ此朝鮮總督府ニ於ケル此關稅ノ制令ハ、大正十年三月ニ於テ期限ガ終ルコトニ相成ッテ居リマシタニモ拘ラズ、朝鮮總督府ニ於テハ更ニ之ヲ延期シテ――己レ自ラ之ヲ延期シテ本年モ默ッテ之ヲ歳入ノ中ニ書入レテ來ラレタト云フコトハ議會ニ對シテ誓ハレタル所ノ政府ノ信用、之ニ對シテ極メテ吾々ハ遺憾ニ感ズル所ノ者デアリマス(拍手)ソレカラ進ンデ鐵道省ニ付テ一言致シテ見タイト思フノデアリマスガ、鐵道省ニ於ケル繼續事業費ト云フモノハ、吾々ノ見ル所ニ於テハ、頗ル不確實ナルモノデアルト思フ、ソレハ何故デアルカト云ヘバ、現在鐵道敷設法ニ依ッテ定ッテ居ル所ノ各種ノ鐵道、此鐵道ト云フモノハ、大正十八年度迄ニ竣成スベキ計畫ニ相成ッテ居ルノデアルガ、此年度割ノ中ニ於テ、大正十一年度分ニ對シテ、實ニ物價騰貴ノ結果、四千一百万圓ト云フ物價騰貴ノ爲ノ追加要求ヲ致シテ居ラレルノデアリマス、然ルニ大正十二年度以後ニ對シテハ、矢張是ガ計算ヲシテナイ、而シテ一方ニ於テハ八千万圓ト云フ多大ナル公債ヲ起シテ、始メテ是ガ辻褄ガ合ッテ居リマスガ故ニ、來年度ヨリハ此割合デ進ンダナラバ、物價ガ下落シナイ限リハ、毎年々々追加豫算ヲ提出シナケレバナラナイ、同時ニ公債ト云フモノハ、本年ノ如ク――少クトモ本年以上ニ之ヲ募集シナケレバ、辻褄ガ合ハヌコトニ相成ルニ拘ラズ、一方ニ於テ更ニ此敷設法ヲ改正サレテ、六千餘哩ノ鐵道ヲ追加シヤウト言ハレルノデアルガ故ニ、斯ノ如キ事ヲセラレル以上ハ、宜シク國民ノ信ヲ保ツ爲メ、一應是マデアル所ノ繼續事業費ノ根本ヲ確立サレル爲ニ、此計畫ト云フモノヲ完全ニ立テラレテ吾々ニ示サレルノガ、鐵道省トシテ相當ナル責任デアルト吾々ハ考ヘテ疑ハザル所ノ者デアリマス(拍手)斯ノ如ク數ヘ來リマスレバ、隨分澤山アルノデアリマスガ、即チ吾々ガ大正十一年ノ此豫算ノ內容ニ立入ッテ研究致シマシタル結果、只今長々申シタ通リ、行政ノ整理改革ヲ要スル所ノ事ガ多大デアル、是ガ政府ヲシテ相當ニ編成替ヲ爲サシムルコトヲ適當ナリト認メマシタノガ、是ガ豫算返付ニ關スル第二ノ理由ニ相成ルノデアリマス(拍手)更ニ歳入ニ對シテ一言述ベテ、第三ノ理由ヲ述ベタイト思フノデアリマス、歳入ガ過大ニ積ッテアルト云フコトハ、先刻來早速君ガ御述ニナリマシタ、是ト吾々ハ殆ド同ジ意見ヲ持ッテ居ル者デアリマスガ故ニ、重ネテ玆ニ述ベマセヌ、過大デアルト云フ點ニ付テハ早速君ノ御說ニ同意ヲ致シテ、是デ足レリト致シテ置クノデアリマスガ、玆ニ吾々ノ一言述ベナクテハナラナイノハ、先刻矢張早速君ノ御演說中ニモアッタカノヤウニモ思ヒマスガ、歳入ニ於テ所得稅ト云フモノガ減ッテ、營業稅ガ殖エタト云フコトハ、是ハ極メテ深キ注意ヲ以テ之ヲ見ネバナラヌコトデアルト、吾々ハ信ズル者デアルノデアリマス(拍手)政府ノ說明スル所ニ依ルト、所得稅ノ減ッタノハ會社ノ或ル部分ガ減ッタノデアルカラト云フ說明デアルガ、是ハ決シテサウバカリデナイ、之ヲ仔細ニ考ヘテ見ルトサウデナイ會社モ矢張又營業稅ヲ出シテ居ル所ノモノデアル、普通ノ人バカリガ營業稅ヲ出シテ居ルノデハナイ、然ルニ營業稅ハ一千八百万圓殖サレテ、所得稅ハ六千四百万圓減ラサレテ居ル、此現象ハドウシテモ是ハ營業稅ト云フモノ、法律ガ宜シクナイ、即チ營業稅ト云フモノガ眞ノ賣上、眞ノ實力ニ對シテ課スル所ノ稅金デナイ、商賣ヲ休ンデ居ッテモ、賃貸價格ニ依ッテ取ラレ、從業ニ依ッテ取ラレ、賣上金ハ洵ニ僅デ不景氣ノ時代ニ遊ンデ居ッテモ、矢張同ジ家ニ住ンデ、同ジ資本ヲ以テ同ジ人ヲ使ッテ居レバ、景氣ノ好イ時ト同ジヤウニ多大ナル稅ヲ取ラレル、所謂一大惡稅デアルト云フ結果ガ、玆ニ現レタモノデアルト吾々ハ思フノデアル(拍手)即チ吾々ノ同僚デアル湯淺君ガ頻ニ言ハレル事デ、吾々ハ敬服シテ居ルノデアリマスガ、湯淺君ハ能ク之ヲ譬ヘテ言ハレルノニ、丁度此所得稅ト營業稅トノ關係ハ、病人ガ熱ガアッテ脈ガアルヤウナモノデ、脈ト熱ガ揃ッテ居ル中ハ病人ハ死ナヽイノデアルガ、脈ト熱ガアベコベニナッテ、脈ノ數ガ減ッテ熱ノ度ガ高マレバ病人ハ死ヌノデアル、我國ノ歳入モ營業稅ガ殖エテ所得稅ガ減レバ、脈ト熱トガ交叉スルヤウナモノデアルカラ(拍手)極メテ是ハ危イモノデアルト云フコトヲ言ハルノデアルガ、甚ダ私ハ卑近ナ喩デハアルガ、適シ當ッテ居ルコトデアルト思ッテ居ルノデアリマス、ソコデ吾々ハ此營業稅ガ非常ニ惡稅デアルト云フコトヲ認メテ居ルノデアルガ、其他ニ地租ニ對シテモ、通行稅ニ對シテモ、織物稅ニ對シテモ、色色此稅ニ對シテハ宜シカラザルコトヲ認メテ居ルノデアルガ、是ハ稅制ノ整理ヲシナクテハイカナイ、或稅ノミヲ此所デウント減ラシタ所ガ、國ノ經濟ハ持テルモノデナイノデアルガ故ニ、一般的稅制整理ト云フモノヲ致シテ、此我國ノ稅ノ均衡ヲ圖リ、而シテ國民ノ負擔ヲ減ジナクテハナラナイト云フ趣意ニ於テ、嘗テ稅制整理ノ事ヲ建議シ、政府モ亦之ヲ容レテ、唯今ハ財政經濟調査會ト云フモノガ出來テ居ルノデアルガ、此財政經濟調査會ガ出來テカラ、全體何年ニナルデアリマセウカ、總理大臣、大藏大臣ハ只今御缺席ニ相成ッテ居ルガ、前ノ原總理大臣ニシテモ、又此大藏大臣ニシテモ屢々委員會ニ於テ言明サレテ、餘程速ニ此稅制整理ヲ實行サレルヤウニ是マデ明言シ、吾々ハ今日マデ之ヲ信ジテ來タノデアルガ、今日ノ狀態デハ、此稅制整理ト云フモノハ殆ド雲ニナルカ霞ニナルカ、其行先ガ分ラナイト云フ狀態ニ相成ッテ居ルノデアル(拍手)是ハ決シテ財政經濟調査會ニ其責ヲ負ハセル譯ニハ行カナイ、眞ニ是ハ內閣ヲヤッテ居ル所ノ所謂內閣諸公、此當事者ノ責任デアルト思フノデアリマス、是等ハ全體今ノ內閣ハ何トシテ此稅制整理ヲヤラレル積リデアルカ、速ニ其一端ナリトモ豫算ノ上ニ現ハサレルコトガ、國民ニ對シテ信ヲ負フベキ所以デアル(拍手)斯樣ニ吾々ハ信ズル所ノ者デアルノデアリマス、斯ノ如ク吾々ニハ歳入歳出ニ對シテ、一大改革並ニ大改正ヲ行ハネバナラヌノデアルガ故ニ、之ヲ豫算ニ於テ修正ヲスルト云フコトニナレバ、言フマデモ無ク多大ナモノデアリマス、修正ヲセヨト云フコトデアルナラバ、相當ニ假スニ時日ヲ以テシテ戴ケレバ――假ニ間違ッテ居ルト諸君ニ言ハレル點ガアルカモ知レナイガ、吾々ノ信ズルダケノ修正ハ、必ズ失禮ナガラシテ見セルノデアリマス(拍手)併ナガラ是ハ官制ニ關係ヲ及ボシ、更ニ憲法上ノ大權ニモ關係ヲ及ボス事デアリマスルガ故ニ、吾々ハ是ハ政府ニ返付シテ、此趣意ニ於テ政府ヲシテ豫算ノ改訂ヲセシムルコトガ適當ナリト信ジタノデアリマス(拍手)是ガ第三ノ理由ニナルノデアリマス、斯ク申シマシタナラバ、政府當局ハ斯ヽ言ハレルカモ知レヌ、ソレハ無理ナ註文デアル、サウ云フ事ヲオ前等ガ言ッテモ、此豫算大改訂ト云フコトガ、十日十五日ニ出來ルモノデハナイ、斯ウ云フコトヲ言ハレルカモ知レナイト思フ、或ハソレハ一ツノ理由デアラウト思フノデアリマス、併ナガラ先刻モ私ハ申シマスル如ク、今ノ内閣ガ華府會議ニ向フニ付テハ、陸軍ト海軍ノ減縮ト云フコトニ付テハ、相當ノ決心ガナクテハナラヌ譯デアル、殊ニ陸軍大臣ハ吾々ノ質問ニ對シテ、軍備ハ縮小スルト云フコトヲ既ニ明言サレテ居ル場合デアリマス、總理大臣ハ、成ベク早ク臨時議會ヲ開キタイト明言ヲサレテ居ル場合デアルノデアリマス、相當ナ用意ト云フモノガ無イト云フコトハナイト吾々ハ思フ、然ラバ吾々ガ是ダケノ希望ヲ述ベ註文スルニ對シテ、此中ニ於テ政府ノ採ルベシト爲スモノアル以上ハ直ニ之ヲ採ッテ豫算ノ編成替ガ出來ル位ノ用意ハ、平生政府ニ於テ無ケレバナラヌ道理デアルト吾々ハ信ジテ居ルノデアリマス(拍手)併ナガラ政府ハソレノ用意モ無イ、ソレモ出來ナイト云フナラバ少クトモ先刻吾々ガ申シタ如ク、臨時部ニ於テ繼續事業ニ相成ッテ居ル國防費ノ中デ、海軍ノ年度割ダケハ、此中ノ大部分ハ御繰延ニナッテ居ルベキモノデアルト吾吾ハ思フノデアル、之ニ依ッテ治水費デアルナリ、教育費ノ補助デアルナリ、政府ノ自ラ信ズル事ヲ、歳出トシテ豫算ヲ訂正シテ御出シニナルガ宜シイ、ソレモ確定的デナイデ出來ナイト云フナラバ、尚ホ吾々ハ數歩ヲ讓ッテ、歳出ハ御出シニナラナクテモ宜イ、詰リ一億一千幾ラト云フ剩餘金ノ繰入ガアルノデアリマスカラ、是ダケデモ御止メニナッテ、政府トシテハ此海軍ノ今年ノ年度割ノ大部分ヲ繰延ベルコトダケハ、爲サルガ適當デアルト思フ、況ヤ華府會議ノ結果未ダ御批准ニハナラヌトシテモ、既ニ是ハ殆ド確定ニ近キコトハ世界各國ノ認ムル所デアリ、我ガ政府モ既ニ其用意ハアラレル筈デアル、是ハ其前ニ出來タ所ノ豫算デアルノニ、只今事此ニ至ッタ以上、殊ニ吾々ガ此希望ヲ述ベル以上ハ、政府ハ之ヲ快ク引受ケマシテ、少クトモ吾々ノ意見ヲ容レテ、豫算ヲ改訂スルダケノ事實力ナシトスレバ、少クトモ此海軍ニ關スル費用ダケハ繰延ベラレテ本年度ノ繼續費ト云フモノヲ繰延ベラレテ、使フコトノ出來ナイヤウニサレテ、而シテ其歳出ノ方ガ定メルコトガ出來ナイト云フナラバ、剩餘金ノ繰入ト云フモノヲ減縮サレテ置イテモ、即チ臨時議會ヲ開ク上ニ於テ、又ハ追加豫算ヲ要求サレル上ニ於テ、吾々ハ非常ニ好イ事デアルト思ッテ居ルノデアリマス(拍手、吾々ハ茲ニ出ル所ノ餘裕ト云フモノハ、言フ迄モナク、一面ニ於テハ國民ノ負擔ヲ減ズル爲ニ、税制ノ根本的整理ヲ行フベク要求スルモノデアル、一面ニ於テハ産業立國ノ主義ニ依リ、又此文化的施設ト云フモノヲ向上セシメンコトヲ希望スルモノデアル、此主義ニ於テ此豫算ニ對シテ吾々ノ信ズル點ヲ述ベ、其中ノ一例タルニ過ギナイノデアリマスルガ、只今迄ノ事ヲ申述ベテ茲ニ政府ノ御同意ヲ求メ、此返上シタル豫算ニ對シ少クトモ吾々ノ信ズル所ノ一部分デモ成程ト思ハレタナラバ、之ヲ容レラレ――中ニハ當局大臣ガ御尤デアル、贊成デアル、併シ費用ガ無イカラ困ルト云フコトヲ委員會デ明言サレテ居ル事モアル、是等ノ事ハ速ニ容レラレテ、海軍ノ繼續費ヲ繰延ベラレ、而シテサウ云フ好イ事ハ容レラレテ、出來ルダケナリトモ此豫算ノ改訂ヲシテ、此衆議院ニ提出サレ是ガ今議會ニ於テ實行サレルコトニナッタナラバ、我ガ日本帝國ノ國民ニ對シテ、如何バカリカ利益デアルト云フコトヲ吾々ハ信ジテ疑ハナイ者デアリマス(拍手)此三ツノ大ナル理由ニ依リマシテ、吾々ハ遺憾デアリマスケレドモ、此豫算ノ全部ヲ政府ニ返付致シマシテ、政府ニ熟考ヲ求メ而シテ然ルベク豫算ノ改訂ヲ要求スル所以デアリマス、諸君ノ御贊成ヲ望ミマス(拍手)

○議長(奥繁三郎君) 討論ニ入リマス、先例ニ依リマシテ動議ハ本案ノ大體議ト併セテ討論ニ付シマス、是ヨリ通告順ニ依リ發言ヲ許シマス――武藤金吉君

〔武藤金吉君登壇〕

○武藤金吉君 諸君、私ハ只今議題ニ供セラレマシタ豫算委員長ノ報告ニ贊成シ、是ガ成立ニ努メ、豫算返付ヲ爲サントセラルル、反對論ヲ否認セント欲スル者デアリマス、大正十一年度歳計豫算ノ編成ニ方リ、政府ハ内外ノ情勢ヲ考察セラレ、政費ノ膨脹ヲ抑ヘ、財政ノ基礎ヲ鞏固ニスルヲ主眼トシテ、周到ナル注意ヲ拂ヒ、能ク歳入ノ實況ニ鑑ミ、新規計畫ヲ見合セ、緊急差措キ難キモノヽ外、既定計畫ノ遂行ヲスル方針ヲ執ラレマシタ、此間ニ整理ヲ行ヒタル事實モ認メラレル、歳入歳出表ニ於テ歴々トシテ之ヲ知ルコトガ出來ルノデアリマス、我ガ帝國ノ財政ハ反對論者ノ見ル所ト違ヒマシテ、私ハ頗ル健全ニシテ、世界中其比ヲ見ザルモノト確信ヲ致シマス、反對論ヲ主張セラル、諸君ハ、金科玉條トシテ所得税、印紙收入、郵便、電信、及電話收入等ニ於テ減收セラル、コトヲ痛撃セラレマスルガ、是ハ其通リデアリマス、併ナガラ一面營業税、砂糖消費税、關税、專賣局益金等ノ增收ノ見込ハ、確然トシテ居ルデハアリマセヌカ、世界何レノ國ト雖モ、此大戰後ノ財政經濟ノ状況ノ大變化ニ當リマシテ、豫算ノ歳計ノ收入ノ不足ヲ見ナイ國ガ何處ニ在リマス、又官業收入ノ完全ニ納ッテ居ル國ハ、果シテ何處ニゴザイマスカ、現ニ北米合衆國ノ如キ、又英國ノ如キ、其優ヲ世界ニ誇ッテ居ル二國ニ於テスラ、我ガ帝國ト較ベマシタナラバ、果シテ如何デアリマスカ、戰後ノ現在ニ於テ、我ガ帝國國民程仕合ナルモノハ無イト私ハ感ジマス(拍手)ノウノウト呼フ者アリ)我ガ帝國ガ世界ニ於ケル有力ナル地位ヲ保ツニ至ッタルコトハ、固ヨリ開國進取ノ國是ニ則ッテ、積極政策ヲ遂行シタル結果デアッテ、世界ノ變遷ニ處シテ、内外政策ノ機宜ヲ誤ラザリシヨリ國富ノ增進ガ出來タノデアリマス、又平和ヲ保障スルニ足ルベキ國防計畫モ立ッタノデアリマス、併ナガラ今日迄年々豫算ノ增加モ亦已ムヲ得ナイノデアリマス、反對論ヲ主張セラル、諸君ハ、政費ガ膨脹シテ財政ノ基礎ハ危クナリ、今ニモ國民ガ負擔ニ堪ヘナクナルガ如クニ論ゼラレテ居ル、行詰リ破壞ヲ見ルガ如クニ力説セラレマスルガ、私ハ却テ積極政策ヲ難ジ、通貨縮小ヲ唯一ノ方針トシテ、十年一日ノ如ク論ジテ居リ、戰後財政ノ變化ヲ顧ミズシテ主張シテ居リ、世界ノ實状ニ暗ク、濫リニ危險呼ハリト權道呼ハリヲシテ居ル論者ガ、却テ私ハ此實際ノ状態ヲ誤ルモノデハナイカト思フノデアリマス、第一ニ自然增收ガ多額デアル、第二ニハ公債募集ガ澤山過ル、第三ニハ巨額ナル剩餘金ヲ繰入レタノハ間違デアル、此三ツノ豫算ノ財源ヲ編入シタノハ、抑、帝國財政ノ基礎ヲ薄弱ナラシメタト信ジテ居ラレマスルガ、此三ツノモノヲ財源ニ編入シタ數字ハ、大正八年度ニ於テ三億六千七百万圓、大正九年度ニ於テ四億千七百万圓、大正十年度ニ於テ三億六千四百万圓、三箇年間ニ十億四千八百万圓ニナッテ、大層之ニ驚カレタヤウデアリマスガ、私共ハ少シモ驚カナイ、國民ノ中デ之ヲ驚イタノハ極メテ少數ノ、吾々ト反對ノ位置ニ立ツ論者デアルト思フノデアリマス(「ノウ〳〵」拍手)諸君、如何トナレバ公債募集ニ付テ試ミニ大正三年度以降ノ國債新規發行額、代償發行額ヲ除キタル數字ヲ擧ゲマスレバ大正三年カラ十年マデノガアリマスルガ、全部之ヲ讀ミマスルト長クナリマスカラ大要ヲ讀ミマスルガ、大正六年ニハ二億三千六百四十七万五千八百十三圓、大正七年ニハ三億七千九百四万千百五十圓、大正八年ニハ二億七千三百四十四万四千三百五十圓、大正九年度ニハ二億七千六百二十一万四百二十五圓、大正十年度ノ一月末ニハ二億七千七百二十二万千九百圓デアリマス

〔奥議長議長席ヲ退キ粕谷副議長代リ着席〕

合計十四億四千二百三十九万三千六百三十八圓、更ニ地方債ノ高ニ付テ申シマスレバ、三年度カラ借入額ハ十年度只今申シタ十月末マデノ合計ガ、二億八千二百六万五千九百五十八圓ニナッテ居リマス、又之ガ許可額ヲ申シマスレバ、大正三年度ヨリ大正十年度ノ十月ノ末マデノ額ガ、六億三千八百七十三万千五百四圓ニナッテ居ルノデアリ

マス、事實程有力ナ證據ハ無イノデアル、年々歳々公債募集ガ澤山過ギルト云フコトヲ議會デ仰シャリマスルガ、其哀レナル悲鳴ハ私共ハ聽飽キテ居ル、私共ハ毎回聽飽キテ居ル事實ハ、滯リナク豫定ノ通リ運ンデ居ルデハナイカ(「ヒヤヒヤ」)公債募集ハ何等今日マデ差支ナイノデハナイカ、此十一年度ノ豫算ニ對シテ何ガ行詰ッテ居ルノデアル、何方ガ行詰ッテ居ルノデアルカ、豫算返付論ノ方ガ行詰ッテ居ルト見ル方ガ相當デアラウト思ヒマス、又後年度ノ行詰ヲ云云サレマスルガ、大正十年度ノ豫算ヲ編成スルニ當リマシテ、十年度豫算ノ中カラ、臨時部ニ於テ不用額四千万圓ヲ生ジ、其外不足ト思ヒシ額ガ千八百万圓、計五千八百万圓剩餘金トシテ見積ルコトガ出來テ居ル、更ニ十二年度以降ハ、一億一千万圓ノ剩餘金ヲ確ニ見積リ得ルノデアル、尙ホ大正十三年度ヨリノ公債ノ返還期ニナリマスルノガ、三千万圓ヲ充當シテ置イタ、是ハ僅ニ四千万圓ヲ返還ニ充ツルコトガ出來ルノデアリマス、此上ニ短期公債ノ借換等ヲ行ヒマスレバ、公債政策ニ何等支障ノナイコトハ明カデアリマス、何モ反對論者ノ言フガ如ク、漫然漠然今日主義ヲ以テ、財政整理ノ任ニ當ッテ居ルモノデハゴザイマセヌ、既往現在將來共ニ、一貫セル確實ナル方針ニ依ッテ國運ノ發展ニ資シ、明ニ公私財界ノ進路ヲ指サシ居ルデハアリマセヌカ、何ヲカ放漫デアリマス、孰レガ無責任デアリマス、私ハ放漫無責任ナル用語ハ、謹ンデ豫算返付論者ニ先ヅ返付ヲシタイノデアリマス、大正十一年度豫算編成ニ當リ、九千六百万圓ノ既定事業ノ繰延ヲ爲シタノハ、何モ金ガ無イカラ繰延ヲ爲シタノデハナイ、是ハ海軍ノ八八艦隊其他ニ就キ、材料及製艦能力ガ之ニ伴ハナイカラ繰延ヲシタノデアル、反對黨ノ一人ガ鬼ノ首デモ取ッタヤウニ、此壇上ニ力味マレマシタガ、全ク事實ガ違ッテ居リマス、又二千三百万圓ノ普通經費ノ節約ニ對シテモ故意ニ解釋シテ居ル、金ガ無ク行詰ッタカラ、已ムヲ得ズ數字上ダケニ止ッテ收入ノ權衡ヲ取ッタ、諸君、全ク事實ヲ誣ユルノ甚シキモノデアリマス、我ガ政友會ハ、既ニ四十四議會ニ於キマシテモ此點ニ注意ヲシテ、國防費ノ節約ニ付テハ、吾々ハ大ニ調査ヲシテ居ッタ、閉會後ニ於テ臨時政務調査會ヲ開イテ、嚴密周到ナル調査ヲ進メタル結果ガ節約トナッテ此豫算ニ現ハレタ、何モ偶然デハナイノデアリマス、ソレヲ指シテ窮餘ノ窮策トハ何ヲ言フノデアル、又數字ヲ配列シタ豫算類似ノ提案トハ何事デアリマスカ、眞面目ナ顏ヲシテ――眞面目ナ尤ラシキ顏ヲシテ、餘リ無責任ノ暴言ハ御免ヲ蒙リタイ、之ヲ聽ク吾々ハ、不誠意不深切ノモノナリトノ感ガ起ラザルヲ得ヌノデアル、政友會ノ積極的政策ハ、少シモ行詰ッテ居ナイバカリデナク、此既定計畫ノ大部分ニハ、政友會ノ積極政策ハ、國防計畫ニ於テモ、社會政策ノ上ニ於テモ總テ含マレテ居ルノデアル、又新規計畫ノ中ニハ緊急差措キ難キモノヲバ之ヲ計上シ、國防制限ニ關シテハ、國際協定ノ確立スル後ヲ待ッテ方針ヲ定メテ、サウシテ其剩餘金ノ始末ハ今ヨリ斷言スルコトハ出來マセヌガ、國民敎育――義務敎育ノ國庫支辨、又ハ第二期治水計畫ノ實行ノ如キハ、吾々曾テ大隈内閣ガ澤山ノ政綱ヲ掲ゲテ、何モシナカッタヤウナコトハ違フノデ、實ニ描イタ餅、唯ダ見セルバカリトハ違フ、必ズ近キ機會ニ於テ、實現ヲスルコトヲ此處ニ斷言ヲシテ置ク、又我ガ政友會ノ政策ハ、時ニ緩急ヲ圖リ、時ニ整理緊縮ヲ行フト雖モ、内外ノ趨勢ニ順應シテ機宜ヲ誤ラズ、國民共同ノ生活ノ安定ニ資シ、國家發展ノ方針ニ付テハ、既往モ將來モ敢テ異ナルコトハナイノデアリマス、反對論者ノ中、通貨ノ膨脹ヲ頻ニ痛撃シテ、毎議會ニ於テ之ヲ唱ヘザルハナク、今議會ニ於テモ、物價騰貴ハ是ガ結果デアルト叫ビ、政府ノ責任ナリト論ジ、頻ニ通貨ヲ縮小セバ、今日ノ(「武藤金」「無禮言フナ」ト呼フ者アリ)

○副議長(粕谷義三君) 靜肅ニ――注意シマス

○武藤金吉君(續) 今日ノ物價騰貴ハ見ザルベシト、通貨ノ縮小ハ殆ド萬能齋ノ如クニ心得テ居ルガ、試ニ戰後各國ノ通貨ノ流通高ヲ御覽ナサイ、英吉利ニ於テハ(「英吉利ノミデハナイデハナイカ」「ゼノア」ニ於テモ」ト呼フ者アリ)

○副議長(粕谷義三君) 靜ニ

○武藤金吉君(續) 英蘭銀行券、其他銀行券、及政府紙幣、是ガ千九百十九年ノ十二月ノ末ニハ、五億六百七十五万磅アッタ、是ガ翌年ノ千九百二十年ニハ、五億五千三百六十五万七千磅ニ進ンデ居ル、又昨年ノ千九百二十一年ニハ、五億八千七十一万磅ニナッテ居ルデハナイカ、又佛蘭西ノ銀行券流通高ハ――政府ノ其流通高ハ、千九百十八年ニハ三百二億四千九百六十一万二千法、千九百十九年ニハ三百七十二億七千四百五十四万法、其翌年ノ千九百二十年ニハ三百七十九億百五十九万九千法、昨年ハ僅チ三百七十四億二千二百八万七千法ニナッテ居ルデハナイカ、亞米利加ハ金貨、國庫金、地金、金券、銀弗、銀券、補助銀券、合衆國ノ紙幣、聯邦準備紙幣、聯邦ノ準備銀行券、國立銀行券、是等ヲ合シタモノデ、千九百十九年ニハ七十七億八千七十九万三千六百六弗アリマス、又其翌年(「ソレヲ日本ノ金ニ直セバ幾ラニナルノダ」ト呼フ者アリ)倍ニナリマス

○副議長(粕谷義三君) 靜ニ――注意致シマス

○武藤金吉君(續) 千九百二十年ニ七十九億六千百三十二万百三十九弗、千九百二十一年ニハ八十三億七千二百九十七万九百四弗デアリマス、斯ノ如ク年々何處ノ國ニ於キマシテモ、通貨ハ膨脹――自然ニ膨脹シテ居ル、尙ホ伊太利ノ如キ、獨逸ノ如キモ非常ノ膨脹ヲ致シテ居ル、獨逸ノ如キハ千九百十九年ニ、四百九十六億千八百万麻克デアリマシタモノガ、千九百二十年ニハ八百十一億五千四百万麻克ニナッテ居ル、昨年ノ十一月三十日ニハ千三百十五億一千麻克トナッテ居ルノデアル、何モ日本ダケガ通貨ガ膨脹シテ、世界一般ト背馳シテ居ル譯デハアリマセヌ、試ニ日本ノ此通貨ガドノ位ニナッテ居ルカト云フコトヲ申上ゲマスレバ、日本銀行ノ兌換券、小額紙幣、朝鮮銀行券、臺灣銀行券、各種硬貨鑄造、又ハ鑄潰、差引殘額等ヲ皆ナ合シタモノガ、大正八年ノ末ニハ三十一億五千二百九十九万九千六百四十三圓デアッタ、大正九年ノ末ニハ三十九億四千九百九十四万三千三百三十六圓トナッテ、大正十年ノ末ノ今三十二億二千五百十五万六千百九十圓トナッタ、然ラバ大正三年カラ大正十年迄ノ比例ハドウデアルト申シマスレバ、大正三年ニハ諸君、十三億六千三百万圓ノ通貨ノ流通高ガアッテ、正貨ノ保有高ハ三億四千百餘万圓シカナカッタ、又大正四年ニハ十四億四千七百餘万圓ノ流通高デアッタモノガ、正貨ハ三億七千九百万圓デアッタ、又大正五年ノ末ニハ通貨ガ十六億七千餘万圓ニナリ、正貨ノ保有高ハ七億千四百万圓トナッタ、大正六年ノ末ニハ二十億五千餘万圓ノ通貨ノ高デアッテ、正貨ノ保有高ガ十一億五百万トナリ、七年ガ二十五億五千九百七十九万圓トナッテ、正貨ノ保有高ハ十五億八千八百万圓餘トナッタ、大正八年ニハ正貨ノ保有高ガ二十億四千五百万圓トナリ、又大正九年ニハ二十一億七千八百万圓トナリ、大正十年ニハ二十億八千四十四万圓トナッタ、以上ノ如ク我ガ帝國ノ通貨ノ流通高ハ、正貨ノ保有高ト均衡ヲ失ッテハ居リマセヌ、強テ論者ノ言フガ如ク失ッテ居ルト云ヘバ、大正三年カラ四年五年ノ此三箇年ニ失ッテ居ルノデアル(拍手)正貨ノ保有高ヨリ通貨ノ流通高ガ過大デアッタノハ、大隈内閣ノ當時デアッタノデアル(拍手)何故諸君ハ内閣ヲ組織シテ居ッテ、其時ニ通貨ノ縮小ヲ實行シナイノデアルカ

〔粕谷副議長議長席ヲ退キ奧議長復席〕

又世界各國ニ於テ、現下通貨ノ膨脹ニ對シテ非常ニ苦心ヲ致シテ居ッテ、是ガ整理ニ當ラレテ居ルコトハ事實デアル、殊ニ不換紙幣ノ回收ニ努メツヽアルコトハ事實デアルガ、國内ノ産業、外國トノ貿易ノ上カラ、容易ニ目的ヲ達スルコトガ出來ナイデ居ルノデアル、我ガ帝國ノ今日ノ通貨ノ過大、之ガ爲ニ物價騰貴ニナッタ譯デモナイ、強チ政費膨脹トノミ思ッテ之ヲ見ルコトハ、間違ッタ思想ノ消極ニ因ハレタ暴說デアルト思フ、次ニ我ガ輸出入貿易ノ近來輸入超過トナッタコトハ、政府トシテモ、吾々國民トシテモ、大ニ考慮シナケレバナラヌ、之ニ對スル對應ノ策ヲ講ズルコトハ勿論デアリマ

スルガ、此戰後ニ在ッテハ、世界各國共ニ大變態ヲ來シテ居ルノデアル、昨年ニ於ケル所ノ上半期ニ於ケル歐米ニ三箇國ノ實績ヲ申上ゲマスレバ、昨年上半期英吉利ニ於キマシテハ、輸出ガ三億六千八百六十五万四千磅、輸入ガ五億七千百七十六万二千磅、此總計ガ九億四千四十一万六千磅、之ヲ前年ノ同期ニ較ベマスルト輸出ハ四割減デアリマス、輸入ハ四割二分減ニナッテ居リマス、又米國ノ昨年ノ上半期ノ輸出ハ二十五億三千六百十万八千弗、輸入ハ十四億三千百十一万四千弗、總計三十九億六千七百二十二万二千弗デアリマシテ、前年ト同期ニ較ベマスレバ、輸出ハ五割一分減、輸入ハ四割減デアリマス、總計四割五分減トナッテ居ル、又佛蘭西ハ大正十年ノ一月カラ八月ニ至ル迄ノ間ニ於ケル輸出ハ、百四十億八千八百万法、又前年ノ同期ハ幾許デアルカト申シマスルト、百七十二億三千四百万法デアリマス、又輸入ハ昨年ノ上半期ハ百三十六億七百万法デ、前年同期ハ三百四十三万四千二百万法デ、又輸出ノ超過ハ實ニ四億八千百万法デ、世界ニ於テ佛蘭西國ハ貿易ガ一番順調デアルト喜ンデ居リマスルガ、而シテ前年ノ輸入超過ハ百七十一億八百万法ヲ數ヘテ居リマスガ、之ガ爲ニ佛蘭西ガ輸出超過ノ結果貿易ハ成功シタトシテ居リマスルガ、何ゾ圖ラン原料ノ不足トナリ、供給ノ不足トナッテ、物價ノ高イコトハ世界有數ノ國トナッテ居ルデハナイカ、却テ大困難ニ陷ッテ居ルデハナイカ(此時發言スル者アリ)

○議長(奥繁三郎君) 靜ニ……

○武藤金吉君(續) 彼ノ世界ノ最大輸出國デアル米國デスラ、昨十年ノ上半期ノ輸出入貿易ノ總額ハ四割五分ヲ減ジテ、多大ナル農産物ハ少シモ輸出ガ出來ナイ、小麥ヤ玉蜀黍ハ一昨年ノ半價ニナッテ居ル、更ニ不景氣ガ其絶頂ニ達シテ居ル、ソコデ我國ノ貿易モ世界的ニ波動ハ免レヌノダ、大正八年ニ四十三億餘万圓、大正九年ニ四十二億八千餘万圓アッタ輸出入貿易額ガ、昨年ハ二十八億六千六百七十三万餘圓トナッテ、約三割六分ノ減退ヲ見タ、而シテ輸入超過ハ大正八年ニ於テ、七千四百五十八万餘圓、大正九年ニ於テ三億八千七百七十八万圓、大正十年ハ三億六千百万圓、合計八億二千三百三十六万圓トナッタ、之ニ付テハ是ハ事實デアル、憲政會ノ濱口君ハ之ヲ發ヒラレテ、戰時中ノ四箇年ニ取ッタル十四億ノ中カラ、今數字ヲ擧ゲタ六割ノ正貨ヲ失ッタ、ドウダト言ッテ大藏大臣ニ突込マレタ、諸君、濱口君ハ此點ニ付テ机上ノ議論ニハ通ジテ居ラッシャルガ、實際ノ財政ニハ甚ダ迂濶ダト思フ(拍手)何故ナレバ肝腎ノ出入勘定ヲ忘レテ居ル(「ノウ〳〵」)何ガ「ノウ〳〵」デアル、大正八年、九年、十年、此三箇年間ニ輸出超過額ダケノ數字ヲ擧ゲテ、貿易以外ノ正貨ノ受取勘定ヲ忘レテ居ルノデアル——貿易以外ノ正貨ノ受取勘定ヲ忘レテ居ル——貿易以外ノ正貨ノ受取勘定トハ何ヲ指スノデアルカ、運賃、或ハ傭船料、外國人ノ本邦ニ於ケル消費金、本邦人ノ海外事業ノ純益、出稼人ノ送金、本邦人海外放資ノ利子、保險關係ノ收入、貿易表以外ノ船舶ノ賣却代金……

○議長(奥繁三郎君) 三番君、其處ハアナタノ席デアリマセヌ

○武藤金吉君(續) 放資ノ回收、是ガ大正八年ダケノ合計デ十一億四千四百二十一万四千圓デアリマス、大正九年ニハ合計十二億八千四百八十七万千圓デアリマス、大正十年ニハ合計六億四千百四十八万四千圓デアリマス、是ハ受取勘定ノ部デアッテ、此受取勘定ダケ讀ンデハ決濟ガ出來マセヌカラ、拂出ノ部分モ私ハ此項目トシテ合計ヲ示シタイト思フ、此拂出ノ方ハ、本邦ノ船舶及船會社ガ外國デ消費スル金、本邦人ガ海外デ消費スル金、外人内地事業ノ純益、外人ノ内地放資ノ利息、保險關係ノ支出、海外事業ノ經營費、御料品特別貿易品ノ代金、其他外債償還買戻及新放資、此合計ガ大正八年ニ於テ五億七千十七万五千圓ヲ拂出シテ居ル、大正九年ニ於テハ十億三千二十二万圓ヲ拂出シテ居ル、大正十年ニ於テハ三億九千九百五十九万圓ヲ拂出シテ居ル、此三箇年間ニ於ケル差引受取超過額ガ、合計十億七千六十万五千圓、之ヲ三箇年間ノ輸入超過ノ八億二千三百三十六万圓ト差引計算スレバ、尚ホ二億四千六百六十四万五千圓ノ餘ガ此所ニ出ルノデハナイカ、然ルニ濱口君ハ四年間ノ戰時中ニ贏チ得タ金ハ其六割、八億以上ヲ出シテシマッタカラ、今ニモ正貨準備ガ無クナルヤウナコトヲ説イテ居ルト云フノハ、財政ノ實際ノ數字ヲ落シタノデハナイカ、我國ノ財政ノ基礎ノ鞏固ナルモ此ニ存スルノデアル、經濟界ノ安定モ此ニ確ニナッテ居ルノデアル、我ガ國民ガ世界一幸福ト云フノモ之ヲ言フノデアル、然ルヲ戰時中得タ金ヲ無クナシテシマッタヤウナ口吻ヲ以テ説イテ居ルト云フガ如キハ、自分ノ議論ノ都合デ必要ナル數字ヲ落シテ論ジテ居ルノデアル、之ヲ落シテ居ル、モウ少シ雅量ヲ以テ斯ウ云フ大切ノ事ハ冷靜ニ御聽ナサイ、次ニ世界各國ノ納税比率ニ比シテ租税ガ高過ギル、又負擔ガ多イト言ヒマスガ、成程租税ハ無税ナラソレ程結構ナ事ハ無イ、又輕ケレバ是モ結構デアリマスガ、併ナガラ大正十年度ニ於テ、只今早速氏ハ外ノ國ハ負擔ガ輕クナッテ、戰時中ニ膨脹シタ財政ガ縮マッテ、皆ナ負擔ガ輕クナッタト言ハヌバカリニ言ッテ居ルガ、試ニ其數字ヲ擧ゲテ見マスレバ、十年度ニ於テ我日本ニ於キマシテハ、國税ガ九億二千七百八十四万七千餘圓ニナッテ居ル、一人當リノ負擔十六圓五十九錢九厘ニナッテ居ル、次ニ英吉利ノ國税ヲ日本ノ金ニ換算致シマスレバ五十九億一千八百六万二千餘圓(「違フ〳〵」「モウ一遍言ッテ見ロ」ト呼フ者アリ)モウ一遍言ヒマス、英吉利ノ國税ハ、換算スルト九十四億一千百五十三万二千餘圓ニナリマス、サウシテ英吉利人ノ一人ノ負擔ハ、百九十九圓二十四錢三厘ニ當ッテ居ル、佛蘭西ノ國税ハ日本ノ金ニ換算ヲ致シマシテ、五十九億一千八百六万二千餘圓ニ當ッテ居ル、佛蘭西人一人一箇年ノ負擔ハ、百五十七圓八十一錢七厘ニ當ッテ居ルノデアル、又亞米利加ハ百十八億五千六百三十五万圓デ、一人百十三圓十六錢ニ當ッテ居ル、伊太利ハ十八億三百十四万二千餘圓、一人ノ負擔ハ四十九圓九十二錢一厘、又獨逸ハ二百二十億三千六百十三万五千餘圓デ、一人ノ負擔ハ三百六十一圓八十四錢ニ當ッテ居ル、支那人ノ負擔ニ付キマシテハ、統計ヲ持チマセヌカラ申上ゲルコトハ出來マセヌ、斯ノ如ク税制ヲ整理シテ惡税ヲ改廢スル必要ハ固ヨリ認メルケレドモ、吾々ハ先ヅ第一ニ此負擔ノ均衡ヲ得ルト云フコトニ努メナケレバナラヌ、我黨ハ所得税ヲ改正スルニ當ッテ、其方針ヲ示シタル如ク、今後ニ於テモ社會政策ヲ何所迄モ基礎トシテ、税制整理ヲ行ッテ行クノデアリマス、諸君ノ如ク理窟モナイメチヤ〳〵ニ反對セラレルノトハ違フ然ルニ國防制限ヨリ生ズル確定ノ財源ヲ捕ラヌ狸ノ皮算用デ、第一ニ之ヲ減税ノ資ニ充テントスル聲ヲ早クモ耳ニシテ居ル、減税、無税——至極結構デアル、併シ是等ハ我ガ帝國ノ位地ヲ顧ミテ、世界ニ於ケル新興國ノ國民タルヲ忘レタル議論デハナイカ、徒ニ國民ニ媚ントスル陋策ハ、今日戰後ノ經營ニ必要ガナイ、世界ニ於テ國力生産力ニ比シ、國税ノ負擔ノ最モ輕ク、而モ綽々トシテ餘裕アルハ、我ガ日本國民デアルコトヲ私ハ確信シテ疑ハヌノデアル、更ニ物價騰貴ノ近因ハ通貨ノ膨脹ニ在リトシ、又國民ノ無自覺ニ在リトシテ居ルガ、通貨ノ膨脹ハ世界的戰後ニ於ケル一般ニ來レル風潮デアッテ、物價ノ騰貴ハ何モ政府ガ放漫政策ヲ執ッタカラデハナイ、諸君、戰時好況ノ時代ニ、浮薄輕佻放漫ノ弊風ト相俟ッテ、國民ノ消費的習慣ヲ作ッタトスレバ、論者モ同ジク其責任ヲ負ハナケレバナラヌデハナイカ、況ヤ大隈内閣ニ於テ戰時中ニハ何ヲシタ、放漫無節制ヲ行ッタノハ大隈内閣デハナイカ、吾々ガ苦心シテ行政整理ヲ爲シテ産ミ出シタル剩餘金ヲ、悉ク使ヒ盡シテシマッタノハ大隈内閣デハナイカ、戰爭未ダ終ラザルニ、總花的ノ濫賞マデモ奏請シタデハナイカ、公器ヲ弄シテ私恩ヲ賣ッタノハ何レノ黨派デアル、最モ惡例ヲ貽シ置キナガラ——政治上大惡例ヲ貽シ置キナガラ、今更政府ニ向ッテ其範ヲ示セト言ウデ迫ル如キハ、其心事ノ程猛々シキ限リデアルト思フ、徒ニ理想口舌ノ上ニ數万言スルトハ、反對論者自己ノ事デアラウ、吾々ハ戰時中ヨリ今日ニ至ルマデ、更ニ將來ニ對シテ

モ荷モ實行セラレザル事トハ口ニシタコトハ無イ、諸君、天氣模樣ヲ見テ、主張ヲ始終變更セラル、政黨ノ態度トハ異ルノデアル、其事ハ既ニ國民ノ多數ハ能ク承知シテ居ルノデアリマス、戰後ニ於テ不景氣ヲ恢復シ、國民生活ニ安全ヲ與ヘントスルハ、各國共ニ苦心ヲシテ、其病源ノ在ル所ヲ究メテアルニモ拘ラズ、未ダ施術投藥ノ療法ナク、戰爭ニ勝チタル國々モ、敗レタル國々モ、又中立タル國々モ齊シク同嘆デアル、現ニ各國ノ貨幣價格ニ非常ナル高低ノアル如キハ何ヨリノ證據デアル、世界各國ノ爲替相場ト物價ノ指數ヲ比率スレバ、一目瞭然ニ物價ガ國內的ニモ、國外的ニモ比較スルコトガ出來ル、何モ我ガ日本バカリガ、特ニ物價ガ騰貴シテ居ル譯デハナイ、詳細ナル調査モ此處ニ持ッテ居ルガ時間ガ長クナルカラ擧證ハ省略スル、要スルニ世界ニ於テ國際間ノ準備的、政治的平和ガ確立セザレバ、國際上ノ信用ノ恢復、爲替ノ安定ヲ期スル譯ニ行カヌノデアル、之ガ爲ニ戰後ノ善後策ガ立タナイデ、各國共ニ財政ノ基礎ガ鞏固ナルニ非ズ、經濟金融ハ未曾有ノ大變化トナッテ、歳出ハ戰爭以前ノ數倍、又ハ十倍ニモナリ、公債ハ七八倍トナリ、租稅ハ三倍乃至五倍トナッテ、隨テ各國共不換紙幣ノ增發トナリ、若クハ產業ノ不振トナリ、失業者ヲ生ジ、公債及私債共權利證書ヲ眺メルニ止マッテ居ッテ、元金モ利子モ、更ニ回收ヲ見ルコトガ出來ナイ狀態デアリマス、諸君、債權國及債權者モ大ニ困ッテ居ル、債務國及債務者モ大ニ困ッテ居ルノデアル、是ガ不景氣ノ病源ナノデアル、卽チ物價ハ是ガ反響デアルト見レバ宜シイ、是ニ於テカ獨逸ノ各國ニ仕拂フベキ所ノ償金ガ實行ガ出來ルカ出來ナイカト云フコトガ問題デアルノデアル、此第一ノ問題ガ解決ヲシテ、世界ノ爲替相場ガ平準ヲ得ルニ非ザレバ、輸出入貿易ハ殆ド何レノ國ト雖モ見込ガ立タナイト申シテ宜シイノデアル、此間ニ立テル我ガ帝國ハ、固ヨリ物價ヲ下落シ、生活ノ安定ヲ期スル方針ニ出デザレバ、對外貿易ニ於テ不利ナル地位ニ立ツコトハ勿論デアルガ、之ヲ急激ニ理想通リニ、反對論者ノ主張セラレルガ如ク、十分ナル調査研究モシナイデ、政府ノ力ニ依テ之ヲ強行スルトシタナラバ、所謂角ヲ矯メテ牛ヲ殺スモノニ類スルデハナイカ(拍手)諸君、物價下落セザル以前ニ製造會社ハ悉ク閉鎖ヲスル悲運ニ至リ、事業ノ解散ヲ見ルニ至ルデハナイカ、悉ク失業者ヲ續出シ、サウシテ又農業者ノ如キハ生產費ガ償ハナイカラ、已ムヲ得ズ田圃ヲ荒廢ニスル虞ガアル、隨テ大恐慌ガ來ルコト、スレバ果シテ如何デアルカ、諸君、惟フニ我ガ帝國ハ、戰後第一ニ大正九年ノ二月以來不景氣ノ風ガ吹イテ來テ、之ニ對シテ政府ハ如何ナル策ヲ執ッタカ、諸君ノヤウニ放漫ナル政策ヲ執ッタラ今日ハ安定ハシテ居ナイ、諸君、應急ノ救濟政策ヲ國民多數ノ要望ヲ容レテ之ヲ斷行シ(「何ヲシタカ」ト呼フ者アリ)何ヲシタカ――是カラ申シマスレバ、各種ノ救濟ハ悉ク成功シテ居ルデハナイカ、諸君、之ヲ器絲救濟ニ見ヨ、又之ヲ米穀法ノ實施ニ見ヨ、昨年ノ今日ハ器絲救濟失敗ダト言ッタデハナイカ、其言葉ハ豫算委員會ニモ、本會議ニモ尚ホ存シテ居リ今ギウノ音モ出ナクナッタノハ、事實ガ論證シテ居ルデハナイカ(拍手)又米穀法ノ如キモ、日本ノ今日ノ實際ニ適當シタルコトハ、日本國民ノ多數ハ是認ヲシテ居ルノデアル(拍手)是ガ何ガ不都合デアルカ、何ガ放漫政策デアルカ、諸君、昨年ノ當時ト今日トヲ冷靜ニ御考ニナッタナラバ果シテ如何デアリマセウ、更ニ眼ヲ歐羅巴、亞米利加ニ放ッテ我ト彼トヲ比較シテ御覽ナサイ、亞米利加合衆國ニ於テハ、農業者ノ救濟ハ昨年カラ掛ッテマダ出來ズニ居ルデハナイカ、船舶ノ整理ハマダ出來ズニ居ルデハナイカ、不景氣ハ其極度ニ達シテ、六百五十万人以上ノ失業者ヲ出シテ居ルデハナイカ、英國ハ工業會社ノ三割以上ハ閉鎖ヲシテ居ル、失業者百八十万人ヲ出シタト稱シテ居ル、諸君、斯ノ如ク商工業ハ不振、國民ハ納稅力ニ堪ヘナイヤウニナッテ居ル、其他佛國、伊太利ハ申ス迄モナク、戰敗國ハ尚更ノ事、到底幸不幸ハ我國ト歐米各國ト比較ニナラナイノデアル、吾々ハ斯ノ如ク仕合デアルトシテ、決シテ現狀ニ甘ンズル者デハナイ、進ンデ行政ノ整理ニハ、既ニ大正十一年度ノ豫算ヨリ着手ヲシテ居ルノデハナイカ、着實穩健ニ此緊縮方針デ臨ンデ、次年度ヨリハ大ニ刷新ノ實ヲ擧ゲルデアル、此豫算ハ既ニ豫備行爲デアルト見テ何モ差支ナイ、何モ積極政策ヲ急ニ拋ッタ譯デハナイノデアル、又此豫算ノ中デ、朝鮮ノ農事改良會社ノ補助豫算ハ兩度議會ニ提出セラレマシタガ、本年モ亦提出ニナッタ、政府ガ參考書トシテ配付セラレタ此朝鮮產米ノ增殖計畫ニ付テノ要領ヲ見マスルト、前回ノモノト多少組織ノ變更モサレテ居ル、是ニ於テ吾々ハ政府當局ノ英斷ヲ確メタ上デ、官營可ナリト言フカラ、卽チ玆ニ削除ヲスルニ至ッタノデアル、要スルニ之ヲ削除シタノハ、農事改良ノ實ヲ速ニ擧ゲ、朝鮮住民ノ爲ニ農事改良ノ實行ガ出來、當局ガ官營デヤルト言フカラ修正ニ同意ヲ致シタ次第デアル、大正十一年度ノ經常豫算ハ、最モ嚴格ニ緊縮方針ヲ執リ、財政ノ基礎ヲ鞏固ニ、既定計畫ノ遂行ニ努メタルニ對シ、憲政會及國民黨ノ諸君ハ、杜撰放漫ナリト稱シテ豫算返付ヲ主張セラレ、只今其御演說ヲ承ッテ、早速君ノ御演說ノ中ニハ、此世界各國ガ戰時中ノ膨脹セシモノヲ戰後緊縮セシメツヽアルト云フコトハ、私ノ演說デ反駁ヲ加ヘテアリマスルカラ更ニ辯明ノ必要ハナイ、又此虚業ノ獎勵、投機ノ誘導、物價ノ騰貴ヲ促シタルハ、政府ノ放漫政策ノ結果ダト論ジラレマシタガ、此政府ガ何時虚業ヲ獎勵シタ事ガアリマスカ、又投機ノ誘導ヲ何時シタ事ガアルカ、投機ノ誘導思惑等ニ付テ、原內閣創立早々高橋現首相ハ、大藏大臣トシテ內外ニ向ッテ嚴重ニ訓令ヲ出シ、此議場ニ於テモ投機思惑ニ對シマシテハ、責任ヲ以テ演說シテ居ルノデハナイカ、諸君、ソレヲ何モ虚業ノ獎勵投機ノ誘導ハ、此政府ノシタ罪ダト言フガ如キハ、其誣妄モ甚シキモノデアル、ソレカラ又行政整理ノ見ルベキ事ナシ、諸君、憲政會ノ諸君ハ、口デ行政整理ハ毎年唱ヘルガ、行政整理ヲ何時ヤッタコトガアルカ嘗ッテヤッタコトガ無イノデハナイカ(拍手)又ヤレル力モ無イ――ヤレル力モ無イ、殊ニ此軍備縮小ニ付テ、總理大臣ト陸軍大臣ノ意見ハ一致シナイ、內閣不一致ダト言ハレル、私モ豫算委員會ニ於テ早速君ノ御質問ハ聽イテ居ッタガ、之ニ對シテ總理大臣ノ答辯ハ明ニ一致ヲ答ヘテ居ルノデアッテ、本議場デ詭辯ヲ弄スルニ至ッタト云フコトハ、早速君ニ取ッテ惜シイ事デアリマス(拍手)ソレカラ又公債募集ガ金融市場ヲ壓迫セリ――公債募集ハ我黨現內閣ノ執來ッタル公債政策ガ、イツ何時金融市場ヲ壓迫シタ事ガアルカ、何時モ滯リナク好イ鹽梅ニ行ッテ居ルデハナイカ、唯ダサウ成ズルノハ諸君ダケナノデアル、洵ニ長イ御演說デアリマシタガ甚ダ失禮ナガラ大體ニ於キマシテ、餘リ駁スベキ價値モ無カッタヤウニ私ハ受取ッタ(拍手)更ニ國民黨ノ大口君ニ付キマシテハ、此返付ノ理由ノ中ニ幾十ヲ數ヘラレマシタガ、其大部分ニ於キマシテハ、私共ハ敬意ヲ表シテ他山ノ石トシテ之ヲ謹聽致シマシタ、洵ニ行政整理ニ關シテ、各省共通統一セズト云フコトニ付キマシテ、深切ニ之ヲ論ゼラレマシタト云フコトハ、我黨ニ於テモ大部分ニ於テハ之ヲ他山ノ石トシテ、將來行政整理ニ資スルコトガ宜シカラウト思ヒマス、之ニ關シテ此方ノ憲政會ノ諸君ノ返付ノ理由トハ、マルデ赤兒ト正直ノ地藏樣トノ相違ノ感ガアル(拍手)諸君、併ナガラ私共ハ憲政會及國民黨ノ、杜撰放漫デアル豫算ヲ返付スルト云フ議論ニハ同意ガ出來ナイ、又我ガ衆議院ニハ先議權ヲ與ヘラレテ、國民ノ代表者トシテ可否ヲ決シ、又ハ修正スベキモノナルニ、何等相當ノ理由モナク、昨年ト同ジヤウニ此返付ヲ致スト云フコトハ、自ラ先議權ヲ拋棄スルモノデアルト思フ又自ラ無經論、無政策ヲ表示スルモノデアルト思フ(拍手)諸君、自ラ行詰リヲ證明スル所ノ無責任ナル主張ニ非ズシテ何ゾヤ、吾々ハ斯ル破壞的ナル無責任ノ返付論ニハ、斷々乎トシテ反對スルノデアル、玆ニ委員長ノ報告ニ全然贊成ヲシテ、此壇ヲ降ル者デアリマス(拍手)

○東武君(續) 試ニ此點ニ付テ諸君ニ教ヲ乞ヒタイト思フガ、諸君ハ本年ノ此十四億六千万圓ノ金ガ非常ニ巨額デアル、巨額デアルカラシテ、此金ノ中カラ行政整理ヲシテ、一億万圓以上ノ金ハ華盛頓會議ノ軍備縮小費ノ以外ニ之ヲ繰出セヨト斯様ニ論ズル、是ハ私共モ若シ左様ナ行政整理ノ餘地ノアルモノデアルト云フ事ナラバ、私共モ諸君ノ説ニ賛成ヲ致ス一人デアリマス、併ナガラ豫算ハ矢張之ヲ縱横ニ分析玩味ヲシテ、吾々ハ審査シナケレバナラヌノデアル、私ハ本年ノ豫算ニ對シテ毎年々々同ジヤウニ歳入ガ不足デアル、公債募集ガ巨額デアル、收入見積ガ過大デアルト云フヤウナ議論ヲ繰返シテ、諸君ト論爭スルコトハ好マナイ、ソコデ豫算審査ノ方法トシテ、自分ハ一ツノ自分ノ意見ヲ定メテ調ベテ見タ、本年ノ豫算ハ總額ニ於テ十四億六千万圓、所ガ此中ニ陸軍省ノ經常臨時ヲ合セルト云フト二億五千三百万圓、海軍省ノ經費ガ三億九千万圓、約四億万圓デアリマスカラ、合計六億四千五百万圓ト云フモノハ、是ハ軍事的所謂陸海軍ノ經費デアル、サウ致シマスルト云フト、此六億四千五百万圓ト云フモノヲ本年ノ十四億六千万圓ノ中カラ差引イテ見マスト、幾ラ金ガ殘ルカト言ヘバ八億二千万圓殘ル、陸海軍ノ經費ハ是ハ世ノ中デ偏武的財政ト唱ヘテ居リマスガ、成程日本ノ財政ハ偏武的デアル、四割五分ト云フ所ノ陸海軍費ヲ使ッテ居ル所ハ、世界各國何處ニモ無イ、是ハ少シク偏武的財政ニナッテ居ルガ、併シ此行政整理ヲ豫算總額十四億六千万圓ノ中カラ六億四千五百万圓ヲ引イテ見マスト、ドウナリマスカト云フト、八億圓殘ルノデアル、此殘ッタ八億圓ガ如何ニ國費ニ分配サレテ居ルカト云フト、私共ハ國民ト共ニ是ハ知ラナケレバナラヌ、憲政會ノ人ニ語スノミナラズ、國民全體ニ向ッテ我日本ノ豫算ト云フモノハ、當局者ノ放漫政策ノ結果ニ依ッテ濫費ヲ致シテ居ル、浪費致シテ居ルト云フ其事實ガ、果シテアルヤ否ヤト云フコトハ、是ハ國民ニ徹底的ニ知ラセナケレバナラヌ、何トナレバ國民ガ出シテ居ル所ノ租税ガ、其國費ニ如何ニ分配サレテ居ルカト云フコトヲ知ルノガ、是ガ立憲政治ノ民デアル、之ヲ知ラセル必要ガアルノデアリマスルガ、此行政費ヲ調ベル上ニ於テ非常ナル困難ヲスル、餘程我帝國ノ豫算ハ特別會計ガ澤山アリ、複雜ニナッテ居ル カラシテ、特別會計ヲ入レルト云フト、中々容易ニ是ハ計算ガ付カナイ、ソコデ經常費臨時費卽チ一般的ノモノノミニ付テ之ヲ調ベテ見ル、私ハ之ヲ調ベルノニ 文化的施設、卽チ國家當面ノ文化的施設ニ、我帝國ノ豫算全體ノ費用ガ如何ヤウニ使ハレテ居ルカ、此事ヲ調ベテ見タ、之ニ付テハ歐羅巴ノ學者ナドニ於キマシテハ、此政費ノ分配ヲ保護的事業、或ハ商業的事業、或ハ開發的事業ト云フヤウナ事ニ立論シテ居ル者モアルガ、我帝國ノ豫算ハ其ヤウニハ區別ヲスルコトガ出來ナイ、ソコデ此豫算ノ按排ヲ調ベテ、私ハ文化的施設ト云フモノヲ土臺ニシテ調ベテ見マシタノデアリマスルガ、今八億何千万圓殘ッタ經費ノ中デ、直接第一ハ教育費、第二ハ農業費、第三道路、治水、港灣、第四通信、電話、電力、詰リ是ダケヲ以テ先ヅ文化事業ノ直接事業デアルト云フ事ニ依ッテ調ベテ見タ、サウ致シマスルト、教育費ハ五千六百万圓ニナル、是ハ朝鮮ノ六百五十六万圓ト云フ 文化教育費用ガアリ、臺灣ノ四百三十万圓、樺太ノ七十三万圓、斯ウ云フモノガアリマスルガ、之ヲ除イタ教育費ガ五千六百万圓ト云フ事ニナル、ソコデ又農業ノ費用ガドウナッテ居ルカト云フト、是ハ實ニ三千六百万圓シカナイ農業ハ殆ド二十億ノ生産ヲ擧ゲテ、サウシテ七千万圓ノ地租ヲ拂ッテ居ル、此農業經濟ニ使ウテ居ル金ガ三千六百万圓、此三千六百万圓ト云ヘバ巨額デアルヤウデアリマスケレドモ、此農業費用ノ中ニハ、森林費用ト云フモノガ一千九百万圓這入ッテ居ル、ソレカラ貿易ニ關係スル生絲、絹業、蠶業、或ハ砂糖、所謂糖業、茶業、其他貿易上ノ保護奬勵ノ含マレタ金ヲ差引キマスト、殘ッタ農業ニ使ッテ居ル金ハ八百三十万圓シカナイ、又道路交通ニ關係スル文化事業トシテ、治水ニ三千一百万圓、道路ニ一千一百万圓、港灣ニ一千四百万圓、此治水、道路、港灣三ツヲ合セテ五千七百六十五万圓ト云フ分配ニナッテ居ル、ソレカラ通信及電話、電信、是等ノモノガドノヤウニナッテ居ルカト云ヘバ、此處ニ野田遞相ガ居ラレルガ、餘程計畫ガ進歩シテ居ル、餘程豫算ノ上ニ於テモ適當ナル按排ヲ受ケテ居ルノデアリマスガ、此通信、電話、電信ノ中デ、事務費ノ俸給等ヲ區別シテ、殘ッテ居ルノガ一億九千何万圓、約二億万圓ト云フモノガ通信、電話、電信、其他ノモノニ使ハレテ居ルノデアリマシテ、遞信省ハ此點ニ付テハ極メテ積極的ノ仕事ヲシテ居ルト云フコトハ、此豫算ノ上デ示サレテ居ルノデアリマス、ソレカラ鐵道ハ一般會計ニ關係ガアリマセヌ、一般會計ニ關係ガナイノデアリマスガ、兎ニ角一億九千万圓ト云フ建設改良費ヲ組マレテ居ルノデアリマスガ、之ヲ今私ノ文化事業ノ中ニ入レテシマウト、茲ニ特別會計ト混雜致シマスカラ、是ダケヲ引イテシマッテ、唯ダ參考ノ爲ニ鐵道ハ文化事業ノ最モ大ナルモノデアルト云フコトヲ擧ゲタノデアリマスガ、眞ニ文化事業ニ投ジテ居ル所ノ――文化事業ト言ヒマスルカ、若クハモウ一歩進ンデ、文化開發事業ト言ッタ方ガ適當デアラウト思ヒマスガ、文化開發事業ニ使ハレテ居ル金ガ、三億五千万圓ト云フ數字ガ出ル、所ガ此三億五千万圓ト云フ金ト、陸海軍ノ經費ヲ總豫算ノ十四億六千万圓カラ差引イタ金ガ、ドウナルクト云ヒマスルト、八省ノ經費デ――陸海軍ヲ除イタル八省ノ經費ハ四億七千万圓デアル、此四億七千万圓ノ中デ、諸君ガ言フ一億万圓ナリ一億五千万圓ノ行政費ヲ捻リ出スコトニナル、八省ノ費用ガ四億何千万圓デアルカラ、豫算ニ數字ノ上ニ於テハ、行政ノ整理ヲシテ、縮小ノ餘地ガ綽々トシテアル如ク見エルケレドモ、茲ニ豫算ヲ眞ニ審査シテ見ルト、面白イ計數ガ出ル、第一ニ私ハ此豫算ノ上ニ於テノ計數ヲ、不動經費ト斯ウ唱ヘテ居ル、自分ガ名前ヲ付ケテ不動經費ト見タ、是ハ動スベカラザル金デアル、之ヲ不動經費トシテ差引カナケレバ、眞ニ金ガ殘ル餘地ガアルト云フコトハ明白ニナラヌ、不動經費ハ第一ニ、皇室費四百五十万圓、ソレカラ神宮神社費ト云フノガ百二十万圓、ソレカラ是ハ一寸ドウデアルカト思ヒマスガ、不動經費トシテ計算スルコトハ多少餘地ガアルカト思ッテ居リマシタケレドモ、併シ是ハ餘リ削減スル所ノ餘地ガナイモノデアリマスカラ、入レタノデアリマスルガ、在外公館費――大使、公使ノ在外公館ノ費用ト云フモノガ一千三百万圓アル、ソレカラ徵兵及軍事救護費ト云フモノガ二百六十万圓、ソレカラ警察費連帶支辨金、是ハ各府縣ニ分チテ契約ガ成立ッテ居ル所ノ三分ヲ補助シ、四分補助スル所ノ金ガアリマスガ、是ガ一千七百七十万圓、ソレカラ預金ノ利子ト手數料、是モ不動經費デアリマスガ、四千六百万圓、ソレカラ貴族院ト衆議院、是モ不動經費ノ中ニ入レタガ三百万圓、ソレカラ內國稅徵收費、所謂所得稅其他總テノ稅ノ徵收費ガ二千二百万圓、是モ動スベカラザル不動經費デアル、ソレカラ最モ巨額ナルモノハ一億二千九百万圓ト云フ公債整理ノ金ガアル、一億二千九百万圓ト云フ公債ノ利子ノ支拂ヲスル所ノ金、是ハ借金デアルカラ、ドウシテモ支拂ハヌ譯ニハ行カヌ、是モ不動經費ノ中ニ入レタ、ソレカラ年金恩給ト云フモノガアル、年金恩給ノ不動經費ト云フモノガ七千二百九十万圓、是等ハドウシテモ不動經費トシテ計算スルヨリ外ハナイガ、之ヲ計算致シマスルト云フト、是等ノ金ガ三億一千九十万圓トナル、サウスルト云フト、此今ノ不動的經費ノ三億万圓ト云フモノヲ先ノ經費ヨリ差引クト云フト、殘リノ行政費ト云フモノハ、一億五千万圓シカ殘ラナイ、宜シイカ、分ッタカ――分ッタカネ、一億五千万圓デ八省ノ費用ヲ賄ハナケレバナラヌ結論ニナッテ來ル、サウスルト諸君ノ謂フ所ノ此整理全額一億圓ヲ此中カラ取ッタナラバ、各省ハ皆門ヲ閉メテシマハナケレバナラヌト云フ結論ニナッテ來ルノデアル（拍手起ル）我輩ハ陸海軍ハ別ニ考ヘテ居ル、是ハ別ニナッテ居ルガ、併シ我國ノ財政經濟ノ按排ト云フモノガ、如何ニモ不公平デアッテ、且ツ文化的施設ニ極メテ僅少デアルト云フコトハ、諸君ト同論デアリマス、今後益々各方面ニ力ヲ盡サナケレバナラヌト云フコトハ明デアル、何處ノ國ヲ見マシテモ、教育費ガ國費ノ三分五厘、農業費ガ二分五厘、斯ウ云フ所ノ國ガ何處ニアルカ、各國何處ニモアリマセヌ、極メテ大切ナル文化的施設ト云フモノハ、悉ク陸海軍ノ經費ノ壓迫ヲ受ケテ、何等手モ足モ出ナイト云フ數字ガ茲ニ現レテ居ルノデアリマス(拍手)ソコデ諸君ガ悲鳴ヲ擧ゲテ又騷グ事實ガ一ツアル、ソレハ何デアルカト云フト、諸君ハ大聲疾呼シテ一億万圓ノ行政費ヲ此處デ繰出サナケレバナラヌト云フコトヲ唱ヘテ居ル、私モ一億万圓ナリ、一億五千万圓ノ金ガ出ルナラバ、洵ニ國家ノ爲ニ祝スベキコトデアルト思ッテ居リマスガ、アナタ方ガ丁度四十二議會ト四十三議會ハ、眞面目ニ豫算審査ヲシタ、四十二議會ノ時ニモ眞面目ニ審査シテ、豫算ニ對シテノ修正ヲ爲シ、四十三議會ニ於テモ同ジク修正ヲ試ミタ、其時ニドノヤウデアッタカト云フト、四十二議會デハアナタ方ハ千二百万圓シカ修正ヲシテ居ラヌ、宜シイカネ、四十二議會デ千二百万圓修正ヲシテ居ル、修正ヲシタ數字ノ上ニ於テハ大キクナッテ居ル、是ハ濱口君ハ能ク御存シデアルガ、ソレハ何デアルカト云フト、此中デ軍事費ノ豫算ト云フモノニ削減ヲ加ヘタ爲ニ、數字ハ大變大キクナッテ居ルガ、眞ノ一般會計ノ中カラハ、其一千二百万圓ナル其數字ハドノヤウナモノヲ削ッタカト云フト、私ノ記憶ニ最モ明ナルモノハ、私ノ方ノ札幌控訴院ノ二十万圓ヲアナタ方ハ削ッタ、ソレカラ內務省ノ社會事業調査費ト云フモノヲ削ッテ居ル、勞働問題トカ、社會政策ヲ行フトカ、ヤカマシク言フガ、四十二議會ニ於テ社會政策ニ投ズル所ノ金ヲ削ッテ居リマス、ソレカラ衛生局ノ事業、是モ削ッテ居リマス、是ハ僅ナ金デアリマス、二十万圓カ十七万圓ノ金デアリマスガ、之ヲ削ッテ居リマス、最モ甚シイノハ、遞信省ノ郵便貯金ノ奬勵ノ金七万何千圓、是マデモ削ッテ居ル、斯ウ云フモノヲ削ッテ、漸ク千二百万圓ト云フモノヲ編出シテ辻褄ヲ合セタト云フコトハ、諸君ハヨモ御忘レハナカラウト思フ(拍手起ル)ソレカラシテ又四十三議會ニハドウデアッタカト云フニ、四十三議會デハ七百二十七万圓、又千二百万圓ヨリ餘程下ッテ、七百二十七万圓シカ削ッテナカッタ、是モ矢張西伯利亞事費ノ八千万圓ト云フモノヲ削ッタカラシテ、其內容ハ四十二議會ト同様デアル、內務省ノ地方制度ノ改善調査費、或ハ醫藥製造試驗費、朝鮮開墾株式會社ノ費用二千万圓ノ數項デアッテ、極メテ貧弱ナルモノデアッタ、ソコデ此四十二議會ニ諸君ガ眞面目ニ修正シタ時ニ、千二百万圓、四十三議會デ七百二十七万圓シカ修正シナカッタ、其口ノ乾カナイ中ニ、今一億万圓ノ行政整理ノ金ヲ生ミ出セト云フヤウナコトハ、是ハ諸君ガ少シ無責任デハナイカト私ハ考ヘテ居ルノデアリマス(拍手)ソレカラシテ物價騰貴ノ議論デアリマスガ、此點ニ付テハ、諸君ト共ニ或ル點ハ同感デアリマス、今日物價ノ際限ナク騰貴スルト云フコトニ付テハ、政府モ國家モ同様ニ自省シテ、以テ大ニ覺悟ヲシナケレバナラヌト云フコトハ、諸君ト同論デアリマス、併ナガラ私ハ各人ノ物價騰貴ノ議論ガアリマシタガ、私ハ他ノ人ノ議論ニハ餘リ耳ヲ傾ケナイガ、濱口君ハ天下ノ財政ノ「オーソリチー」デアル、濱口君ノ所論ノ物價騰貴ノ議論ハ、二ツヲ算ヘテ居ル、其第一ハ政友會內閣唯一ノ生命タル積極政策、放漫政策ノ結果デアルト言ッテ居ル、第二ハ國民ノ無自覺デアルト云フコトヲ算ヘテ居ル、濱口君ノ此二ツハ、間違ナイ所デ、度々豫算會デモ論ジテ居ルガ、濱口君ハ鹿ヲ逐フ猟師ハ山ヲ見ズデ、アナタハ政友會ヲ攻擊スルニ急ナル爲メ、政爭ノ具ニ供スルニ急ナル爲ニ、第一非常ナル錯誤ニ陷ッテ居ルト思フ、物價騰貴ガ政友會ノ放漫政策ノ結果デアルカ、或ハ國民ノ無自覺ノ結果デアルト云フコトナラバ、此以上ニ大キナ梁木ノ目ニ入ッテ居ルコトヲアナタハ忘レテ居ル、何トナレバ歐洲大戰ト云フ千古未曾有ノ世界ノ大變局ト云フモノヲ、アナタハ見落シニナッテ居ルト謂ハナケレバナラヌ(拍手)諸君、私ノ言フコトガ間違ッテ居ルカドウデアルカ、若シ間違ッテ居ルナラバ、諸君ニ反問ヲ致ス、過去四箇年間ニ、海外ノ貿易ハ非常ナ伸暢ヲシテ、殆ド四十億、五十億ニ達セントスル我帝國ノ狀況デアル、戰爭ノ前ト、戰爭ノ後ニ於ケル所ノ我ガ帝國ノ國力ト云フモノハ少クトモ三億、五億ニ增進シタト云フコトヲ諸君ハ御忘レナカラウ、又在外正貨ノ如キ、二十億以上ヲ保有スルト云フコトモ、是モ諸君ハ御忘レナカラウ、又我ガ帝國ノ兌換準備ハ、日露戰爭前後ニ三千万圓シカ無カッタモノガ、今日ハ正貨二十億以上ヲ有スルト云フヤウナコトニナッタ、斯ノ如ク我ガ國民ノ經濟力ガ發展シ、經濟生活ガ發展シ、國力ガ發展シテ、貯金ガ一億圓ノモノガ十億ニナッタト云フコトハ、是ハ諸君ハ決シテ事實ニ間違ハナイト稱スルノデアリマセウガ、若シサウデアッタナラバ、諸君ガ我ガ政友會ノ放漫政策ノ結果ガ物價ガ騰貴シタト云フコトヲ論ズルナラバ、此國力ガ增進シ、正貨二十億ヲ有シ、我ガ帝國ノ隆々トシテ進步シタト云フコトハ、誰ノ賜デアルカ、政友會ノ賜デアルト謂ハナケレバナラヌ(拍手、此時發言スルモノ多シ)

第八　朝鮮醫院及濟生院特別會計法中改正法律案（政府提出）　第一讀會

朝鮮醫院及濟生院特別會計法中改正法律案
朝鮮醫院濟生院特別會計法中左ノ通改正ス

第二條中「百十四萬圓」ヲ「百二十六萬圓」ニ改ム

〔政府委員川村竹治君登壇〕

○政府委員（川村竹治君）　本案ハ朝鮮ニ於ケル慈惠病院ノ增設其他ノ事由ニ依リマシテ、朝鮮醫院及濟生院特別會計ニ屬スル所ノ歳出ノ增加ニ伴ヒマシテ、其財源補充ノ爲ニ同特別會計ニ對スル政府ノ支出金ヲ增加セントスルモノデアリマス、極テ簡單ナルモノデアリマスカラ、速ニ御協贊アランコトヲ希望致シマス

○議長（奥繁三郎君）　日程第九、右議案ノ審査ヲ付託スヘキ委員ノ選擧ヲ議題トシマス

第九　右議案ノ審査ヲ付託スヘキ委員ノ選擧

○岩崎勳君　委員ノ數ヲ九名トシ、議長ニ於テ指名アランコトヲ望ミマス

○議長（奥繁三郎君）　岩崎君ノ動議ニ御異議ナイト認メマス、仍テ動議ノ如ク決シマシタ、日程第十、第十一ハ關聯セル議案デアリマスカラ一括議題ニ供スルニ御異議アリマセヌカ

〔「異議ナシ」「異議ナシ」ト呼フ者アリ〕

○議長（奥繁三郎君）　御異議ナイト認メマス、仍テ第十、大學特別會計法中改正法律案、第十一、大正八年法律第十二號中改正法律案、兩案ヲ一括シテ議題トシマス、第一讀會ヲ開キマス——中橋文部大臣

第二　露國政變及西比利亞事變ノ爲損害ヲ被リタル者ノ救恤ニ關スル法律案　第一讀會

(政府提出)

露國政變及西比利亞事變ノ爲損害ヲ被リタル者ノ救恤ニ關スル法律案

第一條　露西亞内又ハ露支國境地方ニ在リタル帝國臣民ニシテ露國政變及西比利亞事變ノ際引揚又ハ遭難ノ爲損害ヲ被リタルモノニ對シテハ本法ニ依リ救恤金ヲ交付ス

第二條　前條救恤金ノ總額ハ百五十万圓以内トス

第三條　救恤金ハ額面金額ニ依リ五分利付國債證券ヲ以テ之ヲ交付ス但シ二十五圓未滿ノ金額ハ現金ヲ以テ之ヲ交付ス

第四條　政府ハ前條ノ規定ニ依ル交付ニ必要ナル額ヲ限度トシ國債證券ヲ發行スルコトヲ得

第五條　救恤金ノ交付ハ之ヲ受ケムトスル者ノ申請ニ因リ救恤審査會ノ審査ヲ經テ主務大臣之ヲ決定ス

救恤審査會ニ關スル規程ハ勅令ヲ以テ之ヲ定ム

第六條　前條第一項ノ申請ハ大正十一年七月三十一日迄ニ之ヲ爲スヘシ

附　則

本法ハ公布ノ日ヨリ之ヲ施行ス

〔國務大臣伯爵内田康哉君登壇〕

○國務大臣(伯爵内田康哉君)　本案ハ大藏、外務、兩省ニ關係致シマスル法律案デゴザイマスルガ、便宜上私ヨリ一應ノ御説明ヲ致シマス、露國政變、殊ニ西比利亞事變ニ際シマシテ、露西亞國内、又ハ露西亞ト支那トノ國境地方ニ在留致シマシタル我ガ臣民ニシテ、事變ノ爲ニ引揚ゲ、若クハ其他ノ事情ニ依ッテ、實質上ノ損害ヲ被ッタ者ガ少クアリマセヌ、殊ニ尼港事件ノ如キニ於キマシテハ、獨リ財産ノミナラズ、生命ヲ失ヒタル者モ少クナイ次第デゴザイマス、是等ノ利害關係者ヨリ致シマシテ、其損害ノ救恤ニ對シテ、政府ニ願出タル者モ多々アリマスル、然ルニ此種ノ損害ニ對シマシテハ、我ガ政府トシテ之ニ賠償ヲ致シマスル義務ハ固ヨリ有シテ居ル次第デハアリマセヌ、是等ノ損害ノ其種類ニ依リマシテ、露國側ノ政府トノ間ニ交渉ヲ開クベキモノモアリマセウ、然ルニ露國ニ於キマスル政情ハ、目下尚ホ不安定デアリマシテ、何時其政情ガ安定スルカハ豫見スルコトガ出來マセヌ、其間被害者若クハ關係者ガ、甚ダ窮乏ノ位置ニ在リマスルコトハ、洵ニ同情ニ堪ヘザル次第デアリマス、故ニ此際帝國政府ニ於キマシテハ、一定ノ金額ヲ限ッテ、其範圍内ニ於テ、被害者若クハ關係者ニ相當ノ救恤ヲ致シテ、因テ以テ他日彼等ノ露國内若クハ露支國境ニ於テ發展ヲ致シマスル地歩ノ便ニ供セント致ス次第デアリマス、此救恤金ノ總額ハ日露戰役當時、個人損害申請者ニ對シマスル救恤ノ先例ヲ追ヒマシテ、大凡金額百五十万圓以内ト致シマシテ此爲ニ救恤審査會ヲ設ケテ、詳細嚴密ナル調査ヲ遂ゲテ各個々ノ場合ニ付テ救恤スベキ程度ノ金額ヲ定メル筈デゴザイマス、以上ノ趣意ニ依ッテ本案ヲ提出致シマシタルニヨリ、何卒御審議ノ上御協賛ヲ與ヘラレンコトヲ希望致シマス(拍手)

○議長(奥繁三郎君)　本案ニ對シマシテ質疑ノ通告ガアリマス、之ヲ許シマス、荒川五郎君

〔荒川五郎君登壇〕

○荒川五郎君　諸君、西比利亞引揚被難民ノ救濟ニ付キマシテハ、昨年來私共政府ニ交渉致シマシテ、彼等身ヲ以テ纔ニ生命ヲ免レテ居リマスル同情スベキ人々ニ對シテ、一日モ速ニ救濟セラレタイト云フコトヲ警告シ迫ッテ居ッタノデアリマス、然ルニ爰ニ殆ンド滿二年ヲ經タル今日、漸ク此案ガ出マシタコトハ、洵ニ遲々トシテ手緩ルイト言ハナケレバナラヌ、抑、西比利亞ニハ明治四年ヨリ弗ト日本人ガ入リ込ミマシテ、日露戰爭後ニハ大ニ發展致シタノデアリマス、彼等勇士ハ母國ヲ離レテ遠ク異域奥地ニ入リ、或ハ荒涼不毛ノ地ニ進ミマシテ、惡戰苦闘シテ漸次其基礎ヲ造リ我ガ國民ノ平和的發展ノ先驅ヲ爲シタ者デアリマス、國家國民ハ大ニ之ニ尊敬ヲ拂ヒ、彼等ノ前途ニハ出來得ル後援ヲシナケレバナラヌノデアリマス、然ルニ一朝出兵致シ、且ツ無謀ノ駐兵ヲ致シ、ソレガ爲ニ却テ怱遽匆忙トシテ是等ヲ引揚ゲシメテ、意外ニモ巨大ノ困難不幸ヲ與ヘ、流離顚沛今日ノ窮狀ニ陷レマシタコトハ、實ニ政府ノ無謀ノ出兵、駐兵ノ罪デアルノデアリマス(「ノウ〳〵」ト呼フ者アリ)洵ニ一掬同情ノ涙ニ堪ヘナイ次第デアリマス、政府ハ今ヤ漸ク其罪ヲ悟ッテ、此救濟案ヲ出スニ至ッタノデアリマスガ、政府ノ失態カラ其生ジタル費用ヲ國家ガ負ヒ、國民ノ膏血ヲ以テ其罪ヲ塗ラントスルコトハ、洵ニ是レ遺憾ノ至リデハアリマセヌカ、私ハ昨年遣支議員トシテ哈爾賓ニ參リマスルヤ、到ル處ニ多クノ避難民ガ窮狀ヲ訴ヘル有樣、其事實、實ニ聞キシニ優ル殘酷慘絶ノ有樣デアルノデアリマス、而シテ其損害高ナドモ既ニ政府ニモ調ベテ居ルコト、思ヒマスルノニ、本案ニハ只今外務大臣ノ御説明ノ如ク、僅ニ五十万圓以内ヲ限ッテ救濟スルト云フノデアリマス、而シテ只今ノ御説明ニ依レバ、是ハ日露戰爭ノ當時ノ引揚ゲ、ソレニ倣ウテヤルトノコトデアルガ、日露戰爭當時ノ引揚民ト此度ノ西比利亞引揚民ハ全ク事情ガ違フノデアリマス、政府ハ如何ニ此金額ノ目安ヲ出サレタモノデアリマスカ、此中ニハ尼港ノ慘狀、ソレ等ノ救濟モ籠ッテ居ルト思ヒマスガ、果シテサウデアレバ、露西亞ノ政情安定ノ上ハ、露西亞ニ對シテ請求スベキモノモ多々アルト思フノデアリマスガ、ソレ等モ此中ニハ含ンデ居ルノデアリマスカ、全體此引揚ノ仕方ト云フモノハ、恰モ敗戰ノ大軍ガ潰エ走ルガ如ク、國民ハ殆ド坐ル隙ナク、立ツニ隙ナキ有樣ヲ以テ引揚ゲタヤウナ有樣デアリマス、諸君一例ヲ擧グレバ「ハバロフスク」ノ引揚ゲ――「ハバロフスク」ハ浦潮ヨリ日本ノ里數デ二百里許リアル所デアリマス、其州ノ首府デ總テノ機關モ備ッテ、又我國ノ人々モ中々發展致シテ居リマシテ、商業會議所、日本商工會ト云フヤウナモノモアッテ、非常ニ發展シテ居ッタノデアリマスガ、西比利亞ノ政情幾分カ危險ヲ感ズルニ至ッテ、ソレ等商工會等ハ引揚グベキカ、如何ニスベキカヲ協議シテ居ル所ヘ、大正七年八月ニ我ガ出兵ニナッタノデアリマス、出兵ニナルト共ニ、彼等居留民ハ此所ニ安ンズルヲ得、又政府ニ於テハ新ニ此所ニ領事館ヲ置キソレカラ朝鮮銀行ノ支店モ開キ、有ユル力ヲ注ガレタモノデアリマスカラ、サナギダニ發展シツヽアッタノデアリマス、露西亞人モ如キハ、非常ニ盛ニナリツヽアル此「ハバロフスク」ノ非常ニ我ヲ信頼致シテ、「ハバロフスク」ノ露西亞市會ニ於テハ、我ガ朝鮮銀行ノ支店長、其他日本ノ實業家ヲ聘シテ特ニ市會ニ列シサセテ、サウシテ「ハバロフスク」ノ實業上ノ問題ヲ合議ヲシタト云フヤウナ有樣、進ンデハ日本商工會ヘ露西亞人民モ加ハラシテ貰ヒタイト云フノデ、日本商工會ヲ日露商工會トマデシヤウト云フコトニナッタノデアリマス、然ルニ大正九年ノ三月、遽然トシテ茲ニ撤兵ノ方針ヲ執リ直ニ是等ノ居留民ニ對シテ引揚ゲセシメラレル、是迄僅カ數日前マデハ此至レル保護ニ安心シ、露西亞人モ安心シテ賴ッタ其モノガ、大正九年三月二十六日、二十九日此兩日ニ直ニ引揚ゲサセラレルコトニナリマシテ、我ガ居留民ハ賣掛代金ノ取集ノドコロデハアリマセヌ、開イタ農園ノ收穫ドコロデハアリマセヌ、家ヲ疊ミ、店ヲ疊ム遑モアリマセズシテ、我身ノ廻リスラ之ヲ片付ケルコトガ出來ナイ、有樣デアリマシタ、其當時ノ命令ニハ、僅ニ手廻品ハ三個ニ限ル、僅ニ三個以内ノ手廻品ヲ携ヘテ急遽匆忙歸ラナケレバナラヌコトニナッタノデアリマス、幾年幾十年苦心慘憺努力以テ打立

テタル根據ヲ見捨テ、、彼等ハ憐ニモ此所ヲ引揚ゲルニ至ッタノデアリマス、然ルニソレガ三月ノ事デアリマシタノニ、僅ニ一箇月バカリヲ經テ、四月ノ末ニハ更ニ我軍隊ハ其所ニ駐兵スルコトニナッタノデアリマス、隨テ「チタ」方面ニ引揚ゲテ居ル人民サヘモ、其所ニ又歸ッテ來タノデアリマス、サウシテ愈、彼ノ荒レタル所ニ又入込ンデ居タ、所ガ其九月ニナッテ、又突如トシテ軍司令官ハ撤兵ヲ宣言致サレ、而シテ僅カナ日ヲ期シテ、彼等ハ又モヤ追拂ハル、ニ至ッタノデアリマス、斯ノ如クニ致シテ「ハバロフスク」ノ人民ダケデモ其被ッテ居ル損害ハ、世帶デ申セバ三百七十七戶、其金額ハ殆ド二百万ニ近イト稱セラレテ居ルノデアリマス、但シ是ハ「ハバロフスク」一箇所デアリマス、其他「チタ」或ハ「ブラゴエシチエンスク」、「ストレーチエンスク」「ぜーヤ」黑河、「ウエルフネウヂンスク」「イマン」「イルクック」是等各地方引揚民ノ損害モ中々多額デアリマス、「イルクック」ノ如キモ大正八年、是デ危險ハ生ジマスマイカト、我官憲ノ方針ヲ尋ネタトコロガ、駐在ノ領事ヨリ、陸軍官憲ト申シ合フタケレドモ、生命財產ハ完全ニ保護スルト云フ確答ヲ得テ、安心ヲシテ居ル所ヘ――ソレガ大正八年十二月二十一日デアリマスガ、僅カ數日隔タッタ二十六日ノ午後五時ニハ、直ニ是カラ引拂ヘト云フ、洵ニ敗軍ガ潰走スルニモ優ッタ慘酷ナ目ニ遭ウテ居ルノデアリマス、唯其中ニ於テ只今外務大臣ノ特ニ言ハレタル支那、露西亞國境ニ於ケル滿洲里地方居留民ガ、其引揚ノ際ニハ割合ニ官憲ガ深切デアッタト認メラレテ、他ノヤウニ困難不平ヲ愬フル事情ハ少ナイヤウデアルガ、ソレデスラ之ニ猶豫ヲ與ヘズシテ、直ニ之ヲ追拂ヒテ歸ラシメ、是等多クノ者ハ今ヤ多ク哈爾賓ニ集ッテ食フニ食無ク、著ルニ衣無キヤウナ有樣ニ陷ッテ居ルノデアリマス、是等引揚難民ノ狀況ハ、既ニ昨年來諸願委員會、其他ニモ現レテ居リマスガ、其金額ハ中々容易ナラヌ巨額ニ達シテ居ルノデアリマス、是等ハ決シテ日露戰爭ノ避難民ト同樣ニスベキモノデハナイノデアリマス政府ガ兵ヲ出シテ安心ヲ與ヘ、兵ヲ以テ追拂ヒ、而シテ彼等ハ多年苦心經營以テ築キ上ゲタ其根據ヲ失ヒ、斯ル困難ニ陷ッタノハ、全ク政府無謀ノ出兵、無謀ノ駐兵ノ其結果ナル罪ニ外ナラヌノデアリマス(拍手)本案ハ卽チ其政府ノ謝マリ證文ヲ此法律ヲ以テ出シタモノデアリマス、吾々ニハ斯ル事情ニ對シテ、政府ガ唯摑ミ算用デ、サウシテ金額ヲ極メテ其實際ヲ調ベナイデ定ムルト云フコトハ、洵ニ其事情ニ逆ッタル、實際ニ距リタルモノト謂ハナケレバナラヌ、政府ガ茲ニ唯百五十万圓ト限ラレタル其根據茲ニ是等ハ曩ニ申シタ「ニコライウスク」其他露國政府ノ責任ニ關スル事ヲモ含ンデ居ルノデアルカ、其等ノコトモ此際其說明ヲ請ヒマス

二　帝都ノ公安維持ニ關スル質問（横山勝太郎君提出）

帝都ノ公安維持ニ關スル質問主意書

右成規ニ據リ提出候也

大正十一年一月二十一日

提出者　横山勝太郎

賛成者　三木武吉　外二十九人

帝都ノ公安維持ニ關スル質問主意書

一　最モ平和ヲ要スヘキ世界ノ公道タル東京驛頭ニ於テ驟流血ノ慘事ヲ見ルハ一般國民ノ均シク遺憾トスル所ニシテ殊ニ帝都二百万市民ノ不安ニ堪ヘザル所ナリ曩ニ親日鮮人閔元植ノ事アリ今又內閣總理大臣政友會總裁原敬君刺客ノ襲フ所トナリ非命ノ死ヲ遂ク實ニ國家ノ不祥事ニシテ憲政史上ノ一大恐痕タリ政府ハ原君被害ノ原因ハ奈邊ニ在リト認ムル乎且其ノ責任如何

二　政府ハ屢脅威セラルル帝都公安ノ維持ニ關シ從來如何ナル手段ヲ採リ且將來如何ナル方策ニ出テムトスル乎

三　既往ノ事跡ニ徴スルニ帝都ニ於ケル特殊ノ警察機關タル警視廳ヲ存置スルノ必要ナク寧ロ之ヲ廢止シ一般ノ制度ニ歸セシムルヲ適當ナリト信ス政府ノ所見如何

右及質問候也

〔奥議長席ヲ退キ粕谷副議長代リ著席〕

〔横山勝太郎君登壇〕

○横山勝太郎君　本員ハ帝都ノ公安ニ關スル頗大ナル事項ニ付テ、政府ノ所見ヲ質シテ置キタイト思ヒマス、此質問ヲ起シマス理由ハ、其質問書ニ梗概ヲ說明致シテ置キマシタ通リ、諸君モ御承知ノ通リ不和デアリ、最モ靜肅デアルベキ萬國ノ公道ト稱シテモ宜シイ東京驛ニ於テ、屢、流血ノ慘事ヲ見ルト云フコトハ、洵ニ帝都ノ爲ニ遺憾トスルノミナラズ、我國ノ名譽ノ爲ニ甚ダ遺憾ニ存ズルモノデアリマス、曩ニハ親日派ノ鮮人閔元植君ガ東京驛ニ於テ暗殺ヲセラレマシタ、今復タ政友會ノ總裁、時ノ總理大臣デアラレタ所ノ原敬氏ガ、不幸ニシテ刺客ノ襲フ所トナッテ、非業ノ死ヲ遂ゲラレタト云フコトハ、洵ニ憲法史上ノ一大汚點デアリマシテ、吾々ハ非常ニ之ヲ遺憾トスルモノデアリマス、ソコデ第一ニ吾々ノ憂フル所ハ、斯ノ如ク東京市ノ中央、而モ宮城ヲ距ルコト僅ニ數町ノ東京驛ニ於テ、屢、斯ノ如キ慘事ガ演出セラレルト云フコトハ、先刻申上ゲタ如ク帝都ノ一大不安デアリマス、吾々帝都ノ住民ハ、重大ナル生命、自由、財產ト云フモノヲ何ニ依ッテ保護スルコトガ出來ルカト云フ不安ノ狀態ニ陷ルノハ已ムヲ得ヌコトデアル、帝都ハ申スマデモナク政治ノ中心點デアリマス、政治ノ中心點デアル所ノ帝都ノ住民ガ、不安ヲ感ズルト云フ事柄ハ、軈テ我ガ日本帝國全體ノ不安デアルト云フコトヲ吾々ハ斷言シテ憚ラヌ者デアリマス（拍手）斯ノ如ク政治ノ中心タル三百万ノ帝都ノ住民ガ、生命、自由、財產ノ上ニ非常ナル脅威ヲ感ジ延テ全國ノ不安ヲ來シタト云フ事柄ハ、全ク我ガ內務行政ノ一部タル警察ノ不振ト云フコトヲ暴露致シタモノデアルト、私ハ斷定致サナケレバナラヌ（拍手）是等ノ點ニ付テ、吾々ハ屢、此壇上ニ立ッテ內務大臣ノ所見ヲ質シテ居ルノデアリマスレドモ、未ダ曾テ徹底シタル意見ヲ承ルコトガ出來ナイト云フコトヲ、私ハ遺憾ニ存ズルノデアリマス、斯ノ如ク吾々帝都ノ住民ガ、非常ナル不安ヲ感ズルト云フ事柄ハ、我ガ帝國ノ前途ノ爲ニ極テ憂慮スベキ事項デアルト存ジマスカラ、私ハ以下數項ニ亙ッテ、政府當局ノ御意見ノ在ル所ヲ承リタイノデアリマス、先ヅ第一ニ承リタイノハ、原總理ガ東京驛ニ於テ暗殺ヲセラレタト云フコトハ、當時ノ新聞雜誌ニ依ッテ極テ詳細ニ報道セラレテ居リマスガ、併ナガラ其原總理ガ暗殺セラレタル原因ニ付テハ、當局ノ責任アル言明ヲ承ッタコトガナイノデアリマス、苟モ大政黨ノ首領デアッテ、而モ時ノ內閣ノ總理大臣デアル所ノ原氏ガ、暗殺ヲセラレタト云フコトデアリマスナラバ、內務當局ハ其司法上ノ責任ガ何レニ歸スルヤハ、暫ク司法權ノ解決ニ之ヲ委託スルト致シマシテモ、斯ノ如キ慘事ハ何ガ故ニ起ッタノデアルカト云フコトノ原因ハ、必ズ調査ヲ爲サルベキ筋合デアルト私ハ考ヘル、而シテ一國ノ總理大臣トモアラウ者ガ、公然東京驛ニ於テ殺害セラレルト云フヤウナ事柄ハ、將來ノ政治家ノ以テ鑑トスベキ事項デアリマスガ故ニ、何故ニ斯ノ如キ重大ナル結果ヲ生ジタカト云フ事柄ハ、苟モ國民治安ノ責任ヲ雙肩ニ擔ウテ居ル所ノ內務當局ハ、最モ詳細ニ此事項ヲ調査致シテ、再ビ斯ノ如キ慘事ノ國民ノ前ニ演出セラレルコトノナキヤウニ御盡力ニ相成ルノガ私ハ當然デアル、斯ウ考ヘテ居リマス、而シテ原首相ハ如何ナル原因ニ依ッテ、暗殺ノ害ヲ被ラレタカト云フコトヲ、吾々ハ冷靜ニ考慮致シマスノニ、是ハ或ル新聞ノ記事等ニ依レバ、外來ノ危險思想ヲ抱懷致シテ居ル所ノ或ル團體ノ教唆煽動スル所デアル、斯樣ニ傳ヘル者モアリマスケレドモ、併シ事實進行ノ今日ニ於テ、其結果ヲ調査致シマスノニ、全ク原首相ノ暗殺ハ、外來ノ思想ニ煽動セラレタルモノデモ、教唆セラレタルモノデモナイト云フコトハ、極テ明瞭デアリマス、共產主義ノ思想モ、無政府主義ノ思想モ、過激思想ノ事柄モ、一切此問題ニハ關係ヲ持ッテ居ラナイト云フコトガ今日明瞭デアル、隨テ何ガ迷信ノ結果ヤッタモノデアルカト申シマスレバ、左樣ナ事柄モナイ、然ラバ原總理ヲ暗殺シタル所ノ中岡艮一ハ、如何ナル精神ノ上ニ何等カ異常ノアル者デアルカト云フコトヲ調査致シテ見ルノニ、是亦完全ナル責任能力ヲ有スル者デアッテ、意思ノ點ニ於テ寸毫モ缺點ノ無イ人デアル、刑法ヲ適用スル上ニ於テ、裁判官ハ毫モ考慮ヲ費スコトヲ要シナイ、完全ナル意思ヲ持ッテ居ル人デアルト云フコトモ極テ明瞭デアル、然ラバ多クノ場合、人ヲ殺シ、人ヲ害スルト云フ場合ニハ、私ノ怨恨ノ情ト云フモノガ、能ク其原因ヲ爲スモノデアリマスガ、原總理ト中岡艮一トノ間ニ、斯ノ如キ私的怨恨ノ關係ガアルカト申シマスレバ、是亦絕對ニ何等ノ關係モナイコトガ明瞭デアリマス、斯ノ如ク詮ジ來レバ、何ガ原因デアルカト云フコトガ問題トナルノデアリマス、是ニ於テ私ハ中岡艮一ガ裁判官ノ前ニ於テ供述シタル其供述ノ一端ヲ、諸君ニ御紹介ヲ申シテ、サウシテ政府當局ノ考慮ヲ爲サル、資料ニ供シタイト斯ウ考ヘルノデアリマス、極テ簡單デアリマスカラ、朗讀致シテ置キマス、中岡艮一ハ豫審廷ニ於テ、裁判官ノ訊問ニ對シテ、斯ウ答ヘテ居リマス、「問、政治問題ニ付テハ何時頃カラ考ヘルヤウニナッタカ」「答、昨年ノ五月頃尼港問題ガ起ッテカラ政治方面ニ注意スルヤウニナリマシタ」「問、ドンナ風ニ考ヘタカ」「答、尼港問題ヲ新聞雜誌デ見テ政府ノ手拔リニ依ッテ彼樣ナ失政ヲ生ジタト憤慨シマシタ、ソレニ青島問題ニ關スル政府ノ交渉ガ頗ル消極的デアルト思ヒ、東京市疑獄事件ニ付テハ、畏多クモ明治神宮參道不正工事ヲシタリ、又瓦斯疑獄ニ付、現ニ代議士トモアル者ガ政黨ニ關係アル爲メ、揉消運動ヲシタト云フ新聞記事ヲ見、又相當ノ辯護人ガ犯罪ヲ辯護スルモノハ宜イガ、犯罪ヲ免レルヤウナ方法ヲ敎ヘタト云フコトナドハ、怪シカラヌト思ヒマシタ、滿鐵事件ニ付テモ、半官半民ノ會社ガ個人ヨリ故ラニ高ク買込ミ、其何人ガ政友會ニ關係シテ居ルト云フコトデアリ、阿片事件ニ付テハ、高官ガ賄賂ヲ貰ッテ選擧ノ費用ニ供シ、內務次官トモ言ハル、者ガ、此國務ノ忙シイノニ伊勢神宮ヲ參拜スルコトハ宜イデスガ、伊勢神宮參拜ノ序デアルト云ウテ、遙々熊本マデ行キ、政友會ノ人ノ選擧應援運動ヲシタリ、福島ノ選擧デハ官憲ヲ以テ妨害ヲシタリ、又華盛頓會議ノ大使ニハ平素軍備縮小ニ付テ考ヘテ居ル島田、尾崎ナドノ適任者ガアルノニ、今マテ左樣ナ事ニ關係ノナイ德川公爵ヲ選ンダノハ、德川內閣ヲ作ル準備デアリ、彼樣ナ事ヲ新聞雜誌デ見ル度ニ、現內閣ハ私ヲスル、怪シカラヌ政府デアルト思ヒマシタ、古賀、阿部、內務次官、其他ノ者モ惡イト思ヒマシタガ、斯樣ナ者ガ惡イ事ヲシテモ、其儘打捨テ置クノハ、上ニ立ツ總理大臣ガ惡イト思ヒマシタ」「問、勞働問題ニ付テハ別ニ考ヘナカッタカ」「答、特ニ考ヘマセヌデシタガ、神戶ノ勞働問題ガ起ッタ時、警官ガ三菱、川崎等ノ金持ヤ政黨關係アル者ニ味方ヲシ、勞働者ハ亂暴スル者トキメテ扱ヒシタナトハ怪シカラヌト思ヒマシタ」「問、斯樣ナ政治ニ對スル憤慨ニ付テ原首相ヲ殺スト云フ考ハ何時頃持ッタカ」「答、本年ノ夏以來只今申上ゲタヤウナ秕政ガ頻々トシテ起ッテ來タノデ、是ハ誰カガ原首相ヲ斃スダラウ、斃セバ宜イガト思ッテ居リマシタラ、誰カ爆彈ヲ腰ニシテ原首相ヲ斃サウトシタガ、失敗シタト云フ新聞ヲ見、又原首相ヲ誰カガ殺サウトシテ居ルト云フ話ヲ聞キマシタガ、若シ誰モヤラナケレバ自分ガヤラウト段々思フヤウニナリマシタ」「問、愈、自分ガ手ヲ下シテ原首相ヲ殺サウト決心シタノハ、何時カ」「答、前ニ申上ゲタ通リ朝日平吾ガ安田善次郎ヲ殺シタニ付、驛デ話ヲシタ、翌晩寝テカラ決心ヲ固メシマタ」斯ウ云フコトニナッテ居リマス、此豫審判事ニ對スル中岡艮一ノ答辯ハ果シテ中岡艮一ノ答辯ガ誤ッテ居ルカ居ラヌカト云フコトハ、私ハ之ヲ茲ニ論議スルノ自由ヲ有シマセヌ、兎ニ角時々政友會ノ總裁原敬氏ヲ東京驛頭ニ於テ暗殺シタル中岡艮一ハ、斯ク政治上ノ原因ニ依ッテ暗殺シタノデアルト云フコトヲ、裁判官ノ前ニ公言致シテ居ルト云フ事柄ハ、政友會ノ諸君モ、現內閣ノ諸公モ、大ニ考慮ヲセラレナケレバナラヌ事項デアルト云フコトヲ私ハ申ス資料ニ供スルノデアリマス（拍手）斯ノ如ク政治上ノ理由ヲ以テ中岡艮一ハ原首相ヲ殺シタノデアルカ、此中岡艮一ノ考ガ間違ッタカ、ドウカハ姑ク別問題ト致シテ、吾々モ中岡艮一ノ行爲ニ共鳴スル者デハアリマセヌ、然レドモ原內閣ノ時代ニ於テ、第一普通選擧ヲ阻止スルノ目的ヲ以テ、民意ヲ知ルノ必要アリト稱シテ、帝國議會、卽チ衆議院ノ解散ヲ致シタト云フ事柄ハ何トシテモ民衆ノ反對ヲ買フベキ一ッノ原因デアルト云フコトヲ私ハ斷言シテ憚ラヌ者デアル（拍手）殊ニ今日坊間ニ宣傳セラレテアリマスル阿片事件ノ豫審終結決定書ヲ拜見致シマスレバ、古賀長官ノ罪跡ハ裁判官ノ責任ヲ以テ署名ヲシテ居ル、公表文書ニ於テ明瞭デアル如ク、其犯罪ハ今日此席デ申ス必要ヲ認メマセヌガ、兎ニ角諸君モ御承知ノ通リ、數年前ニ廣東政府ノ紙幣ヲ僞造シタリトノ嫌疑ノ下ニ、東京地方裁判所ノ檢事局ノ起訴スル所トナリ、第一審ニ於テ自由刑ノ裁判ヲ受ケテ、東京控訴院ニ控訴シタル結果、兎ニ角無罪ニハナッタケレドモ、ソレハ證憑不十分ノ結果無罪ト云フコトノ宣告ヲ受ケテ居ルニ過ギナイ、兎ニ角前科トハ申シマセヌガ、非常ナル罪惡ノ嫌疑ヲ受ケタ、社會的ニ觀察スレバ立派ナ政治的ノ前科ノアル人間デアルト謂ハナケレバナラヌ（拍手）其惡名紛々タル古賀廉造氏ヲ、處モアラウニ再ビ拓殖局長官ノ顯職ニ推薦ヲ致シタト云フ事ハ、私ハ時ノ總理大臣原敬氏ハ、上、　天皇陛下ニ對シテ古賀廉造ヲ推薦シタル事ノ顚末ニ付テノ責任ヲ感ゼラレナケレバナラヌト云フ事ヲ、私ハ茲ニ斷言ヲスルノデアル（拍手）又古賀長官ノミナラズ、阿部府知事ノ推薦ハ如何デアーマス、阿部府知事ノ今回ノ事件以前ノ事ハ、私ハ此處デ言明スルノ必要ヲ認メマセヌガ、東京府知事ニ再ビ任命セラレテ以來ノ阿部府知事ノ公人トシテノ行動ト云フモノハ、到底吾々東京府民、東京市民、否國民ノ之ヲ承認スルコトヲ得ザルモノガ澤山アリマス、殊ニ瓦斯問題ニ付テハ御承知ノ通リ警視廳ノ高等官デアル所ノ熊谷巖カラ、郡部ノ瓦斯料金値上認可ノ一日モ速カナランコトノ請託ヲ受ケテ、サウシテ某待合ニ於テ五千圓ノ小切手ノ提供ヲ受ケタト云フコトノ事實ハ極テ明瞭デアリマス、此五千圓ノ小切手ノ提供ヲ受ケタル際ノ顚末ハ、是亦諸君ハ新聞紙ニ依ッテ御承知デアラウト考ヘマスガ、言下ニ之ヲ排斥スルコトヲ爲サズシテ、明日午前十時ニ官邸ニ來レト、斯ノ如ク裁判官ノ前ニ供述ヲ致シテ、纔ニ檢擧ヲ免レテ居ルノデアリマス、阿部府知事ト熊谷保安部長トハ役所ハ異ッテ居リマスルガ、同ジク我ガ帝國ノ高位高官ノ人デアリマシテ、上官下官ノ關係ヲ持ッテ居ルノデアリマス、若シ阿部氏ニシテ最モ公平デアリ、最モ廉直ノ士デアルナラバ、此五千圓ノ提供ヲ受ケタル際ニ、明日午前十時ニ官邸ニ來レト言フヨリモ、言下ニ之ヲ叱責シ之ヲ斥ケ、而シテ相當ナル官紀肅正ノ手段ヲ執ルト云フノガ、阿部府知事ノ執ルベキ途デアラウト私ハ考ヘルノデアリマス（拍手）吾々ハ此五千圓ノ顚末ニ付テ、若シ明朝午前十時ニ熊谷保安部長ガ官邸ニ行キシナラバ、ドウナッタノデアラウカト云フコトニ付テ、今日之ヲ考ヘテ見マスト、甚ダ怪訝ニ堪ヘナイノデアル（拍手）斯ノ如キ人ヲ推薦ヲ致シテ、斯ノ如キ事柄ガ原因トナリ結果トナッテ、サウシテ東京市ノ所謂瓦斯事件、卽チ疑獄事件ト云フモノヲ惹起シテ居ルノデアル、之ニ付テ上長官デアル所ノ內務大臣モ總理大臣モ責任ヲ負ハヌト云フコトハ、私ハ無責任ノ極デアルト斷言シテ憚ラヌモノデアル、原總理大臣ハ此議會ニ於テ義勇奉公ノ念慮ガ國民ノ間ニ誠退シツヽアルト云フ事柄ヲ發明セラレテ居リマシタガ、國民ノ義勇奉公ノ精神ガ誠退スルト云フ事柄ハ、其責國民ニモ在ルカモ存ジマセヌガ、苟モ天下ノ政柄ヲ握ッテ居ル所ノ一國ノ總理大臣ガ、官吏ノ任命ニ付テモ、其他部下ノ官吏ノ爲ニ爲シタル罪跡ニ付テモ、一モ責任ヲ負荷セズシテ、サウシテ顧ミテ他ヲ言フガ如キ態度ノアルト云フコトハ、綱紀紊亂ノ責原首相ニ在ッテ、國民ノ義勇奉公ノ念衰頽ノ原因ハ、原總理大臣自ラ之ヲ造ッタモノデアルト私ハ斷言スル者デアル（拍手）吾々ハ斯ノ如キ事柄ガ原因トナッテ、中岡艮一ガ遂ニ東京驛頭ニ於テ之ヲ暗殺シ、而シテ帝都三百万ノ住民ノ不安ヲ惹起スルヤウナコトニナッタモノト認メルノデアリマスルガ、果シテ政府當局ハ左樣ニ認メルカドウカ、若シ左樣ニ認メルナラバ、此事項ニ付テ如何ナル責任ヲ執ルカ、一ニノ下級ノ警察官ヲ譴責シタリ處罰シテ、ソレデ此責任ガ濟ムトハ私ハ信ジナイ、直接ノ責任ヲ負フベキ者ハ警視總監デアルト私ハ考ヘル道路傳フル所ニ依レバ、警視總監ハ此問題ニ付テ責任ヲ引イテ進退伺ヲ出シタトカ、或ハ辭表ヲ出シタトカ云フコトガ傳ヘラレテ居ルノデアリマスガ、ソレガ今日依然トシテ警視總監ノ職ニ在ルト云フコトハ、果シテ如何ナル原因デアルカ、曩ニ閔元植ノ事アリ、今又政友會ノ總裁ガ暗殺セラレテ、サウシテ現內閣ノ諸君ガ不然トシテ雲煙過眼シテ居ル、又二百八十ノ黨員ヲ有シテ居ル所ノ政友會ノ諸君モ、諸君ノ最モ尊敬ヲセラレル、否或ル程度マデ我ガ大日本帝國ノ國民ガ尊敬シテ居ル所ノ原總理大臣ガ暗殺セラレタ、其責任者ヲ問責スルコトガ出來ヌト云フノハ、何タル意氣地ノ無キコトカト私ハ思フノデアリマス（拍手）是ハ獨リ現內閣ノ責任ノミナラズ、私ハ政友會ノ諸君モ亦此點ニ付テ責任ヲ負擔セラル、必要ガアルト考ヘルノデアリマス（拍手）此原因――此責任ニ付テ政府ノ御意見ヲ承リタイ、原因果シテ斯ノ如シトセバ、後ノ總理大臣トナリ、後ノ政治家タルベキ者ハ、之ヲ以テ鑑トスベキ必要ガアルト、斯ウ信ズルノデアリマス、ソレカラ第二ニ御尋ヲ致シテ置キタイノハ、此從來ノ高位高官ノ人ニ對スル取締ハ、如何ナル方法ヲ以テヤッテ居ッタカト云フコトデス、是ハ閔元植ノ暗殺セラレタ當時ニモ、私ハ政府當局ニ質ス所ガアリマシタガ、唯現行ノ巡査ヲ附ケテ置イタトカ、警護ノ警察官ヲ附ケテ置イタトカ云フガ如キ、無責任極マル答辯ヲナサレテ、責任アル答辯ヲ避ケテ居ラレマスガ、從來一體斯ウ云フ帝國ノ憲法政治ヲ運用スル上ニ於テ、最モ尊敬シナケレバナラヌ一黨ノ總裁デアリ、或ハ總理大臣デアルトカ云フ人ニ對シテ、如何ナル警護ノ方法ヲ講ジテ居ッタカ、如何ナル取締ノ方法ヲ講ジテ居ッタカト云フコトヲ私ハ聽キタイノデアリマス、尙ホ進ンデ之ニ關聯シテ承ラナケレバナラヌコトハ、將來ヲドウスルカト云フ問題デアリマス、今警視總監ノ指揮ノ下ニ在ル所ノ警察官ハ、實ニ一万二千二百有餘ノ多キニ達シテ居リマス、サウシテ帝國ノ總理大臣トシテ、一國ノ政治ノ樞機ヲ握ッテ居ル所ノ政友會ノ總裁ガ、最モ平安デアルベキ東京驛頭ニ於テ暗殺セラレタ、此一万二千二百有餘人ノ警察官ハ、何ヲ致シテ居ッタデアルカ、果シテ此一万二千二百有餘人ノ警察官ヲ以テシテモ、斯ノ如キ慘事ヲ豫メ防止スルコトガ出來ヌト云フノナラバ、將來大ニ經費ヲ增加シ更ニ又人員ヲ增加シテ、サウシテ斯ノ如キ事ノ再ビ起ラザルコトヲ注意スルノ必要ガアルト考ヘルノデアル、此點ニ付テ如何ナル考慮ト用意トヲ爲サレテ居ルノデアリマスルカ、ソレヲ承ラントスルノデアリマス、第三ノ事項トシテ承リタイノハ、質問書ニ其要領ヲ盡シテ置キマシタ通リ、私ノ意見ハ警視廳ヲ斷然此際廢止スベシト斯ウ云フノデアル、警視廳ヲ廢止シタカラト申シテモ、警視廳ノ警察事務ヲ全然拋擲シテ顧ミルコトヲ要セヌト言フノデハアリマセヌ、各府縣ノ官制ト同ジク、之ヲ府知事ノ手ニ一任スルト云フコトモ一ツノ方法デアル、又或ル論者ノ主張スル如ク、之ヲ東京市長ノ手ニ移スト云フノモ一說デアル、其孰レヲ執ルモ、必シモ私ハ此際議論ヲスル譯デハアリマセヌケレドモ、吾々ガ警視廳廢止ヲ唱フル所以ハ第一ニ國情ノ上カラ私ハ左樣ニ申ス……

第一　朝鮮醫院及濟生院特別會計法中改正法律案(政府提出)　第一讀會ノ續(委員長報告)

報告書

一　朝鮮醫院及濟生院特別會計法中改正法律案(政府提出)

右ハ本院ニ於テ可決スヘキモノト議決致候此段及報告候也

大正十一年二月二十一日

朝鮮醫院及濟生院特別會計法中改正法律案委員長　花岡次郎

衆議院議長奥繁三郎殿

第五　石油消費稅法廢止法律案（政府提出）　第一讀會

石油消費稅法廢止法律案

石油消費稅法ハ之ヲ廢止ス

附　則

本法ハ大正十二年四月一日ヨリ之ヲ施行ス

本法施行前外國ニ輸出若ハ朝鮮ニ移出ノ目的ヲ以テ消費稅ヲ納付セスシテ製造場若ハ保稅地域ヨリ引取リ消費稅ヲ納付シテ外國ニ輸出若ハ朝鮮ニ移出シ又ハ消費稅ノ徵收ヲ猶豫シタル石油ニ付テハ仍從前ノ例ニ依ル

第一　朝鮮事業公債法中改正法律案（政府提出）　第一讀會

朝鮮事業公債法中改正法律案
朝鮮事業公債法中左ノ通改正ス
「三億四千四百八十萬圓」ヲ「三億九千三百七十三萬圓」ニ改ム

第二　臺灣事業公債法中改正法律案（政府提出）　第一讀會

臺灣事業公債法中改正法律案
臺灣事業公債法中左ノ通改正ス
第一條中「一億二千六百三十萬圓」ヲ「一億三千三百八十萬圓」ニ改ム

第三　樺太事業公債法中改正法律案（政府提出）　第一讀會

樺太事業公債法中改正法律案
樺太事業公債法中左ノ通改正ス
第一條「二千九百四十萬圓」ヲ「三千三百五十萬圓」ニ改ム

〔國務大臣市來乙彥君登壇〕

○國務大臣（市來乙彥君）　只今日程ニ上リマシタ事業公債ノ法案ニ付キマシテ說明ヲ致シマス、朝鮮ニ於キマシテハ、鐵道ノ建設改良並ニ道路ノ修築ノ事業ニ於キマシテ、物價ガ騰貴致シマシタ關係カラ、經費ノ增加ヲ必要ト致シマス次第デアリマス、又臺灣ニ於キマシテハ、鐵道ノ改良ヲ繼續シテ遂行スル必要ガアルノデアリマス、尙ホ鐵道ノ建設ノ爲ニ、又水利ノ事業ノ爲ニ物價ノ騰貴ノ關係カラ致シマシテ、經費ノ增加ヲ必要ト致シマス關係ガアリマス、尙ホ樺太ニ於キマシテハ、鐵道ノ延長ヲ計畫致シテ居リマスルシ、其外ニ港灣ノ修築等ノ爲ニ經費ノ增加ヲ必要ト致シマスル關係ガアルノデアリマス、是等ノ必要ニ依リマシテ、事業公債ノ金額ヲ增加スルコトヲ必要ト致シマス、仍テ事業公債法ノ改正案ヲ提案致シマシテゴザイマス、是等ノ法案ハ何レモ財政計畫ニ伴ヒマシタモノデアリマシテ、總豫算ト關聯ヲ致シテ居ルモノデアリマス、ドウカ十分御審議ノ上ニ協贊ヲ與ヘラレンコトヲ希望致シマス（拍手）

○議長（奧繁三郎君）　日程第四、右三案ノ審査ヲ付託スベキ委員ノ選擧ヲ議題ニ致シマス

第四　右各案ノ審査ヲ付託スヘキ委員ノ選擧

○高見之通君　日程第一ヨリ第三ニ至ル三案ヲ一括シテ、委員ノ數ハ特ニ十八名トシ、議長ニ於テ指名セラレンコトヲ望ミマス

〔「贊成」「贊成」ト呼フ者アリ〕

○議長（奧繁三郎君）　高見君ノ動議ニ御異議アリマセヌカ

〔「異議ナシ」ト呼フ者アリ〕

○議長（奧繁三郎君）　異議ナシト認メマス、仍テ動議ノ如ク決シマシタ、日程第五乃至第十四ハ、同種ノ議案ナルニ依リ、便宜上一括シテ、議題トシ各案ノ提出者ノ趣旨辯明ヲ求ムルニ御異議アリマセヌカ

〔「異議ナシ」ト呼フ者アリ〕

○議長（奧繁三郎君）　是亦異議ナイモノト認メマス、仍テ日程第五乃至第十四ヲ一括シテ議題ト致シマシテ、其第一讀會ヲ開キマス、提出者西村丹治郎君――第五第七ニ亙リ提出ノ趣旨ノ說明ヲ求メマス

一　國務大臣ノ演說ニ對スル質疑（前會ノ續）

〔安藤正純君登壇〕

○安藤正純君　私ハ大正十二年度ノ豫算ニ羅馬法王廳ニ外交ノ使節ヲ駐派スル經費トシテ十一万四千餘圓ヲ計上サレテ居リマスコトニ付キマシテ、是ガ疑問ヲ簡單ニ總理大臣、外務大臣、竝ニ文部大臣ニ御伺ヒ致シタイト思フノデアリマス、私ノ質問致シタイト思フ第一ハ、從來取來リマシタ我ガ外交ノ方針ニ反シテ、新ニ羅馬法王廳ト使節ノ交換ヲスルト云フコトニ付キマシテハ、妥ニ新タナル重大ナル意義ト理由トガナクテハナルマイト思フノデアル、殊ニ經費節減ノ必要ニ迫マラル、今日、最モ重大且ツ緊要ノ事デナクテハナリマセヌ、然ルニ私共ノ見ル所ニ依リマシテハ、斯ル重大ナル意義理由ヲ發見スルコトガ出來マセヌ、之ニ對シテノ御說明ヲ願ヒタイノデアリマス、第二ハ經額ハ十一万四千餘圓デ、大シタ費目デモアリマセヌガ、此新ラシキ施設カラ生ズル所ノ將來ニ對スル我ガ國策上ノ影響如何ト云フコトデアリマス、第三ハ法王廳ノ使節交換ハ、向フカラ參リマスル使節ノ使命ガ外交使節デアルカ、宗教使節デアルカ、勿論外交ノ使節ニ相違ナイノデアリマスガ、果シテ外交使節ナルモノト――羅馬法王廳ノ高僧ガ其使命ヲ帶ビテ參ル外交使節ト――宗教使節トノ間ニ劃然タル區別ガ立テラレルヤ否ヤト云フコトデアリマス、第四ハ果シテ其限界ガ劃然ト立テラレナイト致シマスルト、現政府ノ施政ノ方針ハ確ニ統一ヲ缺イテ居ルト考ヘルノデアリマス、此四ツノ點ヲ御伺ヒ致シタイノデアリマス、仍テ是カラ簡單ニ質問ノ理由ヲ申上ゲタイノデアリマス、第一羅馬法王廳ニ使節ヲ派遣スルト云フ理由ハ、外務大臣ガ貴族院ニ於キマスル所ノ江木君ニ對スル答辯、竝ニ其以後ニ貴衆兩院ニ於ケル總テノ場合ニ於ケル外務大臣ノ辯明、及ビ外務省カラ發表ヲ致シマシタモノニ依ッテ分明致シテ居リマスルガ、要スルニ外務大臣ノ是ガ理由ト致シマシテハ、羅馬法王ト云フモノハ、大戰中平和ノ促進ニ貢獻シタ、其結果、各國カラ使節ガ派遣サレテ居ル、大戰中ハ十四箇國デアッタガ、斯ウ云フ結果ニ基イテ、戰爭ガ終ッテカラハ二十七箇國ニ增加シテ居ル斯ル場所ニ外交官ヲ派遣シテ、世界ニ三億數千万ノ信者ヲ持ッテ居ル此勢力ヲ通シテ、日本ノ平和的精神ヲ各國民ノ間ニ十分ニ了解ヲセシメタイ、斯ウ云フノガ一番主ナル理由ノヤウデゴザイマス、私ハ此理由ハ餘リニ薄弱ニシテ、一言ニシテ殆ド理由トナラナイト云フコトヲ少々申上ゲテ質問ヲ致シタイト思フノデアル、假令大戰中十四箇國シカナカッタ使節ガ、戰後二十七箇國ニ殖エマシテモソレハ皆基督教國ノ間デアル、基督教國相互ノ間ニ於テハ、成程其便利モアリマセウガ、日本ノヤウナ非基督教國デハ特ニ其便宜ハナイノデアル、勿論信敎自由ノ世ノ中デアリマスカラ、羅馬教會ノ宗教上ノ宣傳トカ、或ハ交際トカ云フコトニ付テ彼此レ言フベキ筋合ノモノデハナイト私ハ思ッテ居ル、此點ハ勿論自由デアリ平等デナクテハナラヌト思ッテ居ルノデアリマス、唯、併シ其羅馬法王廳ナルモノト日本ト――關係モ何モナイ、羅馬法王廳ト――宗教上デハナク、外交上ノ交際ヲ開ク特別ノ必要ハナイノデハナイカ、斯ウ云フコトヲ考ヘルノデアリマス、卽チ同一ノ宗教國間ニ於テ使節ノ交換ヲスルト云フコトハ、寧ロ禮儀デモアリ、又便利ガ多イニ違ヒナイガ、異宗教國ノ間ニ於テハ、ソレ程ノ便利モ必要モアリマセヌ、加之此事ノ爲ニ國內關係ニ於テ測ラザル事變ヲ釀モサナイトモ限ラナイ、之ハ外交家トシテ政治家トシテ、大ニ考フベキ事デハナイカト思フノデアリマス、殊ニ此羅馬教會ノ勢力ヲ通ジテ、日本ノ平和的精神ヲ世界ニ宣明シヤウナド、云フコトハ、殆ド是ハ嗤フニ堪ヘタ事デハナイカト思フ（拍手）歐洲ノ二十七箇國ガ法王廳ニ使節ヲ派遣シタカラ、日本モ是ニ倣ッテ使節ヲ派遣シテ、日本ガ侵略主義ノ國デハナイ、軍國主義ノ國デハナイ、平和主義ノ國デアルト云フコトヲ、是ニ依ッテ世界ニ認メサセヤウナド、云フコトハ餘リニ兒戲ニ類シタ噴飯滑稽ノ事デハナイカト思フノデアル、（拍手）若シ外務大臣ガソレ程ニ侵略主義、軍國主義ト云フコトヲ外國カラ言ハレルノガ氣ニナッテ、日本ハ平和主義ノ國デアルト云フコトヲ宣明シタイナラバ、私ハ羅馬法王ノ所ニ公使ヲヤルナド、云フ、ソンナ形式的ナ廣告的ナ事ハ後トシテ、モット國內ノ平和的諸制度ヲ充實シナクテハナルマイト思フ先ヅ其第一ニハ二重外交ノ撤廢デアル、日本ハ陸軍ト外務ト二重外交ヲシテ居ルト云フコトハ、歐米ノ政府及國民ガ常ニ言ッテ居ルノデアル、外務省ノ裏ニハ陸軍ガアッテ、常ニ日本ノ外交ニハ軍閥ト云フモノガ邪魔ヲシテ居ル、卽チ日本ノ外交ニ二重外交デアル、ソレダカラ平和ノ外交ト云フモノガ出來ナイ、平和主義ノ內政ノ妨ゲニナル、若シ外務大臣ガ日本ハ平和主義ノ國デアルト云フコトヲ、ソレ程急イデ宣明ヲシタイナラバ、先ヅ此軍閥外交ヲスッカリ廢メテシマッテ、國民ヲ基礎トスル外交ヲ外務省ガヤルト云フコトガ一番先キデハナイカト思フノデアル（拍手）ソレカラ又軍備縮小デモサウデアリマス、前議會ニ於テ本院ガ各派一致ノ決議ヲ以テ致シマシタ此軍縮ノ事ニ對シテハ、其後陸軍デハ之ヲ實行致シマシタガ、本院ガ決議ヲ致シマシテ軍縮トハ其ノ間大分ノ距離ガ多イノデアル、而モ此陸軍ノ軍縮ノ內容ナルモノハ、表面ハ立派デアルガ、題目ヲ美名ニ藉リテ、內實ハ胡麻化シテアル、事ガ歷々トシテアル、モウ少シ誠意ノ在ル所ノ軍縮ノ施設ヲ致シテコソ、初テ我ガ日本ノ平和主義ノ宣明ヲスルコトガ出來ルノデハナイカト思フノデアリマス、更ニ又普通選擧デモサウデアル、今日日本ニ普通選擧ガ行ハレテ居ラヌト云フコトハ是ハ恥辱デアリマス、外國ニ對シテ恥辱デアリマス、ダカラシテ日本ハ官僚主義ノ國デアル――云フヤウナコトヲ言ハレテ居ル、本當ニ平和主義ノ宣明ガシタケレバ、先ヅ此普通選擧ヲ先キニ斷行スル方ガ宜シイ（拍手）現政府ニ於テハ選擧法制度調査會ヲ設ケテ、枝末ノ事項ニ付テノ調査ハシテ居リマスルガ、普通選擧卽行ノ第一義ヲ決定シナイ、以上簡單ニ擧ゲマシタヤウナコトヲ實行スル方ガ、眞ニ世界ニ對スル實質的ノ平和主義ノ宣明ト云フモノデアリマス、唯ミ徒ニ二十七箇國ガ使節ヲ派遣スルカラ、日本モ此顰ニ倣ッテ使節ヲ派遣スルナドト云フコトハ、是コソ實ニ追隨外交――歐羅巴ノ追隨外交、歐羅巴ノ通辨外交ノ標本ト云フモノデアラウト思フ（拍手）抑モ明治維新以來、五十餘年ニナリマスガ、我國ニハ我國ノ國是ガアル、此國是ニ基ク所ノ外交ノ方針ガアリマス、開國以來五十餘年間、我國ハ羅馬法王廳ト何等常設的ノ修交關係ハ致シテ居リマセヌ、而シテ今日現在モ決シテ其必要ハアリマセヌ、我國ニハ我國ノ獨立シタ思想ト、我國特有ノ國情トガアル、假令歐羅巴全體ガ法王廳ト修交關係ヲシタト云ッテモ、我國ハ我國特殊ノ國情ニ依ッテ外交ノ方針ヲ執レバ宜カリサウナモノダト思フノデアル、之ヲ要スルニ今日財政緊縮ヲシナケレバナラヌト云フ必要ニ迫ラレル今日、十一万四千餘圓ノ金ヲ出シテ、此薄弱ナル理由、何等有力ナル積極的ノ理由ト認ムベキモノ、ナイ羅馬法王廳ト使節ノ交換ヲスルト云フ必要ハナイト私ハ思フノデアル、併ナガラソレ以上ニ今日目ノ當リ、ドウシテモ斯ル重大ナル必要ガアルト云フコトガ此理由以外ニアルナラバ、外務大臣カラ承リタイト思フノデアリマス、次ニ羅馬法王廳ナルモノガ、主宰タル所ノ羅馬教會ノ歐羅巴ニ於ケル歷史ヲ見マスルト、羅馬教會ト云フモノハ常ニ基督新教ト爭ヲシテ居リマシテ、殊ニ國家宗教ノ關係ニ對シテハ世界ノ平和ヲ攪亂シテ居ル、而シテ彼ハ羅馬教會ヲ以テ專ラ精神的ノ權威トスル許リデナク、實ニ地上ニ於ケル――此世ニ於ケル――物質的實在ノ絕對權威者トシテ居ルノデアル、其結果各國ノ君主ヲ悩マシ、國家ノ獨立ヲ脅威致シマシタ、一言ニシテ言ヘバ羅馬法王廳ノ過去ノ歷史ハ國家宗教衝突ノ流血ノ歷史ト云ッテ宜シイノデアル、併シ是ハ歐羅巴中世ノ事デアル、過去ノ事デアル、私ハ過去ノ事ハ是ダケ言フニ止メテ、今更之ヲ繰返シテ、斯ウ云フ事ガアル カライカヌト云フヤウナ、ソンナ頑冥ナコトハ申上ゲナイノデアル、ソレヨリモデス、現在ノ事ニ付テ外務大臣ニ伺ヒタイ、外務大臣ハ貴族院ニ於テモ江木君竝ニ山脇君ノ質問ニ答ヘラレマシテ、法王廳ガ世界大戰ノ中ニ於テ、或ハ戰後ニ於テ平和ニ貢獻シタト云フコトヲ極力言ハレテ居ル、ソレダカラ日本モ平和的精神ノ闡明ノ爲ニ使節ヲ交換スルノダト極力言ハレテ居ル、私ハ餘リニ外務大臣ガ法王廳ノ平和ノ貢獻ト云フコトヲ高調セラル、カラ、茲ニ私ハ又疑問ヲ起シタノデアル、外務大臣ガソレ程法王廳ノミガ非常ニ平和ニ貢獻シテ居ルト云フコトヲ高調シナケレバ、私モ特ニ斯ンナ事ヲ言ハウトハ思ハナイガ、餘リ際立ッテ御言ヒニナルカラ茲ニ一言世ノ疑ヲ解イテ置キタイ、即チ然ラバ愛蘭ノ獨立騷動ハドウデアル、是ハ現在ノ事デアリマス、中世ノ事デハナイ、過去ノ事デハナイ、現在ノ事デアルガ、是ハ如何デアルカ、愛蘭ガ母國ノ英國ニ反抗ヲ致シマシテ、獨立共和ノ激烈運動ヲシタコトハ其裏面ニ誰ガ在ルカ、言フ迄モナク羅馬教會ガ其裏面ニ潜在シテ居ルト云フコトハ、殆ド誰デモ知ッテ居ルコトデハナカラウカト思フ、現ニ法王廳ハ戰爭中ニモ非常ニ平和ニ貢獻シタト御言ヒニナルガ、戰爭中ニ英國ハ愛蘭ニ徵兵令ヲ布キマシタ、所ガ北部ノ「ウルスター」ノ方ハ之ヲ認容致シマシタガ、南部愛蘭ニ於キマシテハ激烈ニ此徵兵令ニ反對ヲシタ、其反對ノ中心ヲ爲シタノハ誰カト云ヘバ、即チ羅馬教會ノ坊サンデアル、法王ノ下ニアル羅馬教會デアル、其反徵兵運動ノ誓約書ト云フモノガ出來テ居ルガ、其誓約書ノ中ニハ現ニ「ログーン」大僧正ヤ「ワルシユ」大僧正ト云フヤウナ、有名ナ羅馬法王直轄ノ高僧ガ之ニ署名ヲシテ、澤山ノ僧侶ヲ使ッテ反抗運動ヲサセテ居タデハナイカ、加之反徵兵運動ノ基金募集ヲ盛ニヤッタノデス、其結果ガドウ現レテ來タカト云フト、兵役ニ應募シタ其壯丁ノ比例ヲ言ッテ見マスト、英蘭ヤ蘇格蘭ニ於キマシテハ、七十一「パーセント」デアッタ、之ニ對シテ愛蘭ハ丁度其數字ヲ逆マニスル所ノ十七「パーセント」ノ外壯丁ノ募集ガ出來ナカッタト云フ結果ヲ生ジテ居ル、斯ノ如ク母國ガ今危急存亡ニ瀕スルト云フ場合ニ當ッテ、徵兵令ノ反對運動ヲシテ此數字ヲ出サシメタノハ、誰デアルカト云ヘバ、羅馬教會デアル、羅馬法王ノ使ッテ居ル所ノ僧侶デアルト云フコトハ、是ハモウ有名ナ事實デアル、此狀態ヲ見マスト羅馬教會ト云フモノハ、平和々々ト仰ッシャルガ、果シテ平和ガ理想カ、非平和ガ理想カ、或ハザルヲ得ナイノデアリマス、我國ニモ植民地ガアル、殊ニ朝鮮ノヤウナ不逞鮮人ナル者ガアッテ、常ニ獨立陰謀ヲ逞ウシテ居ルト云フ事實モアル、私ハ此最近數年間ノ愛蘭ノ狀態ト、之ニ關係スル羅馬教會ノ有樣ヲ見マシテ、茲ニ何モ殊更ニ、信徒ノ少ナイ彼ノ地盤ノ薄弱ナル我ガ日本ノ國ニ、特ニ羅馬教會ト修交ヲ開クト云フ必要ハアルマイト思フ、若シ之ヲ爲サントスルナラ我ガ國策上ノ將來ノ影響ニ向ッテ、一大考慮ヲ用フベキ筋合ノモノデハナイカト思フノデアリマス、之ニ對スル政府ノ所見ヲ伺ヒタイノデアル、第三ニ、江木翼君ハ貴族院ニ於キマシテ、日本ノ憲法ニ定メル所ノ安寧秩序ヲ妨ゲズ、臣民タルノ義務ニ背カザル限リニ於テハ、信徒ノ自由ト云フモノガアルカラ其點ハ差支ナイガ、併シ羅馬法王ト日本ノ國家トガ如何ニシテ修交關係ヲ結バナクテハナラヌノカ、此ノ眇タル「バチカン」ノ一局ニ籠ッテ居ル所ノ羅馬法王ト、何故急ニ日本ガ外交關係ヲ開カナクテハナラヌカ、斯ウ云フ質問ヲシタノデアル、是ハ私モ同意見デアリマス、而シテ外務大臣ノ是ニ對スル答辯ハ、顧ミテ他ヲ言フト云フ態度ナンデス、何ト答ヘテ居ルカト云フト、羅馬法王カラ派遣ノ使節ガ宗教ヲ宣傳シタリ、或ハ宗教事項ニ關係アルヤウニ世間デ誤解シテ居ルガ、ソレハ全然間違ヒダ、羅馬法王ノ使節ト云フモノハ宗教ニハ關係ガナイ、純然タル外交使節ダカラ安心シテ可ナリト、斯ウ云フ答辯ヲシテ居ル、此問答ハ全ク當筬ッテ居ラヌ、實際顧ミテ他ヲ言ッテ居ルノデス、江木君ノ方ハサウ云ッ質問デハナイ、宗教ノ方ハ是ハ信教ノ自由ノ今日ノ世ノ中ダカラ差支ナイ、併ナガラ何故斯ウ云フモノト外交ノ使節ヲ交換シナケレバナラヌカト云フ質問ナノデアル、サウスルト外務大臣ハ其方ハ抛リ出シテ置イテ、宗教ニハ關係ガナイカラ御安心ナサイト云フ、マルデ嘯イテ他ノ事ヲ言ッテ答辯シテ居ル、是ハ私ハ分ラナイ、私ハ此外務大臣ノ答辯ハドウシテモ分リマセヌガ、併シソレハソレトシテ置イテ、私ハ此外務大臣ノ答辯ニ依ッテ更ニ新タナル大ナル疑問ガ生ジタ、即チ法王ノ使節ガ宗教ノ坊サンデアル以上、殊ニ高僧デアル以上、外務大臣ガ言フガ如ク純然タル外交ノ事ノミデ、羅馬教會ト云フモノ、宣傳ニハ一切關係ガ無イト云フコトガ實際上出來ルカドウカト云フコトデス、是ハ私ハ常識上サウ云フ事ハ出來マイト思フ、羅馬法王ノ命令ヲ號イテ羅馬教會ノ宣傳ガ中心デアル所ノ羅馬教會ノ高僧ガ來ルノデスカラ、サウ明ニ外交使節ダト云ッテ、宗教トハ全然關係ガ無イト云フコトハ出來マイト思フ、是ハ歐羅巴ニ羅馬法王ノ所カラ使ニ來テ居ル今日迄ノ歷史ヲ見ルト、直グ分ルノデアリマス、此點ニ付テ私ハ特ニ外務大臣ニ伺ヒタイノハ、外務大臣ハ繰返シ〳〵宗教ニハ關係ハ無イ、外交使節ダカラ、ソレハ宗教事項ニハ關係無イカラ御安心ナサイト、斯ウ言ウテ居ル、ケレドモ分ラナイ事ガアル、理論カラ推シテ、又常識カラ見テ今言フ通リニサウ云フ差別ハ出來マイト思フガ、其私ノ常識ノ推測ハ先ヅ百歩ヲ讓ッテ置キマシテ、茲ニ事實上ノ問答ヲシタイ、即チ外務省ガ斯ウ云フコトヲ言ッテ居ル、羅馬法王廳ガ何故ニ日本ト修交關係ノ開設ニ應ズルカト云ヘバ、第一ニ日米兩國間ノ調和デアル、第二ニ極東傳道方法ノ革新デアル、第三ニ法王廳ノ國際的地位ノ向上デアルト、斯ウ云フコトヲ言ッテ居ラレル、是カラ見ルト、第一ノコトハ別ト致シマシテ、第二ノ極東傳道方法ノ改新トカ、第三ノ法王廳ノ國際的地位ノ向上トカ云フコトハ、之ハ日本ノ方ノ便利ヂヤナイ、法王廳ノ方ノ便利ナンダ(拍手)、外務省ハ現ニ斯ウ云フ文書ヲ發表シテ居リマス、是ハ餘リ世間デ言ッテ居ラナイ、外務大臣モ此事ハ初ニハ發表シタガ、後トデハ言ハナクナッタ、此處デ私ハソレヲ念ノ爲ニ讀ンデ置キマスルガ、此說明文ノ中ニ「第二ニ極東ニ於ケル加特力教會ノ中樞地點ヲ日本ニ置キ、極東ニ於ケル傳道事業ノ安全ヲ日本ノ勢力ノ下ニ託シタイ、ト云フ切ナル希望ガ法王廳ニ在ルノデアル、斯ノ如キ希望ハ最近ノ極東ニ於ケル形勢ニ依ッテ益、具體化シテ來タノデアル、即チ第一ハ支那ニ於ケル加特力教徒ノ保護權ヲ有スル佛國――佛蘭西デス――佛國トハ圓滿ナル諒解ヲ遂ゲ、近ク法王廳使節ヲ北京ニ駐在セシメ、以テ教徒保護權ハ當ノ「ヴアチカン」ニ返還サル、コトニ運ビタル事、第二三ハ法王廳ニ於テハ近キ將來ニ於テ西伯利傳道事業ニ著手スベキ必要ヲ認メタル事ニ依ッテ、法王廳ガ日本ノ援護ヲ背景ニ有シタキ希望ガ、益、濃厚ニナッテ來タノデアル」ト、斯ウ外務省ガ立派ニ說明文ヲ出シテ居ル、サウシテ見ルト、是ハ宗教ノコトニ關係ガナイ所ヂヤナイデス、極東傳道方法ヲスッカリ改新シヤウト云フノダ、今度加特力教會ガ支那ニ於ケル所ノ此遣リ方モ、西伯利ニ新シキ傳道事業ヲ起スト云フノモ、斯ウ云フ宗教ノ宣傳ヲヤラウト云フニ當リテ、羅馬教會ノ其宣傳ノ援護者、寧ロ東洋宣傳ノ中心ニ日本ヲ當テヤウト云フノデアル、コウ云フ重大ナコトヲ立派ニ外務省ガ發表シテ居ルデハナイカ、之ヲ殆ド忘レタルガ如クシテ、佛教徒ナリ、其他ヲ國論ガ喚起シテ、事重大トナッテカラ次ニ發表シタノガ、此文書ナノデス、ソレヲ見ルト、マルデアベコベナ說明デアル、一寸、二三行讀ンデ見ルト、「使節派遣問題ハ全然外交ノ見地カラ計畫サレタモノデアッテ、我宗教行政ノ上ニハ何等變更ヲ來スモノデハナイ、使節派遣ノ結果我國ニ於ケル加特力教徒ニ特別ノ保護ヲ與ヘルトカ、其布教上ニ便宜ヲ供スルトカ云フヤウナコトハナイ」トアル、外務大臣ハ、斯ウ云フヤウナコトヲシテ、其時々ノ御都合主義デ、外國ノ表面的ノ歡心ヲ買フニハ努メルガ、此多數ノ民衆デス、自分ノ國內ニ在ル所ノ自分ノ背負ッテ立ッテ居ル日本七千万ノ民衆ノ希望トカ、國論トカ云フコトハ其方除ケニシテ居ル、斯ノ如クシテ迄モ、法王廳ト修交關係ガ何故ソレ程ニ結ビタイカト云フコトヲ私ハ伺ヒタイノデアル、要スルニ外務大臣ハ、初カラ羅馬法王トノ外交使節ト云フモノハ、此外交使節ガ明ニ宗教上ノ宣傳トカ、布教トカ云フヤウナコト、ハ結付イテ居ッテ分ケルコトハ出來ナイト云フコトヲ御承知ナンデ、御承知ノミナラズ、明ニ此所ニ出テ居ル、斯ウ云フヤウナ極東傳道ノ改新ト云フヤウナ根本的ノコトヲヤリタイカラシテ、其援護者ニナラレタイト云フコトヲ羅馬法王ガ希望シテ居ル、其羅馬法王廳ノ希望要求ヲ外務省ガ御取次ヲシテ居ル、シテ見レバ外務大臣モ此外交使節ニハ宗教關係ヲ分ケルコトハ出來ナイト言フコトハ百モ千モ承知デアルニ相違ナイ、出來ナイノニ議會等ニ於キマシテ、外務大臣ハ宗教關係トハ全然關係ガナイ、純然タル外交使節ト言ッテ居ルノハドウ云ノ御了簡デアルカ、ソレヲ伺ヒタイ、要スルニ是ハ最近國論ノ沸騰ニ依リマシテ、忽ニ外務大臣ガ其本性ヲ隠シテ都合ノ好イ辯明ノ言葉ヲ見出シタコトデアラウト思フ、斯ノ如キニ至ッテハ外務大臣ノ國民ヲ欺ル所ノ不誠意モ極マレリト言ハナケレバナラヌノデアリマス(拍手)、第四ニ、果シテ此間ニ宗教使節ト外交使節トノ間ニ限界ガ立テラレナイト致シマスト、日本ニハ未ダ國内法トシテ宗教法ナルモノ、發布ガナイノデアリマス、是ハドナタモ御承知ノコトダラウト思フ、法治國トシテ一大缺點デアル、日本モソレヲ認メタカラシテ、今日ヨリ約二十五年前、明治三十二年ニ時ノ山縣内閣ガ貴族院ニ向ッテ宗教法ナルモノヲ提出致シマシタガ、宗教關係ノ國内ノ事柄ヲ能ク辨ヘナイデ、未熟生硬ノ案ヲ以テ之ヲ提出シタモノダカラ、國論ノ沸騰ニ會シマシテ、遂ニ敢ヘナク否決ノ運命ニ遭ッタノデアル、爾來二十五年間今日迄其儘ニナッテ居ルノハドウ云フ譯ナノカムヅカシイ――此問題ハ國論ガムヅカシイカラ、其儘ニナッテ居ルノデアラウ、而シテ政府モ其必要ヲ認メタカラ内務省カラ其管轄ヲ移サレタ、文部省デハ、此宗教ノコトニ關シマシテ、茲ニ二三年來宗教法制度調査費ト云フモノヲ費目ニ盛上ゲマシテ――毎年之ヲ豫算ニ盛上ゲマシテ――毎年僅カデハアリマスガ、八千圓バカリノ費用ヲ以テ、外國ニ若イ參事官カ何カヲ出シテ調ベサシテ居ルデハアリマセヌカ、殊ニ昨年ハ本議會ニ於キマシテ私共ガ提出シタ宗教法制度調査會ノ必要ノ建議案ヲ可決ヲ致シテ居ルヤウナ次第デアリマス、此國内法ノ宗教法ト云フモノガ未ダ出來ナイデ、日本ガ宗教ニ對スル此政策ト云フモノガ確立シテ居ラナイ今日、外交使節ト言ッテモ外務省自身ノ言フ所ニ依ッテ宗教事項マデモ含ムヤウナ此使節ヲ、何故國内ノ宗教ヲ管轄スル文部大臣ガ之ヲ認容ナスッタノデアルカト云フコトデアル、卽チ一方ハ存在セネバナラナイ、宗教法ヲ今日迄辨ヘナイデ、宗教ニ對スル國策ヲ怠慢ニ附シナガラ、サウシテ一方ニ外交關係カラ延テ國内ノ傳道事業、卽チ宗教事業ニ關係ガ及ンデ來ル所ニ此使節交換ト云フモノヲ、政府ガ行フコトニ至ッテハ、茲ニ外務ト文部トノ政策ノ不統一ト云フコトヲ暴露スルコトニナルノデアリマス、文部大臣ハ之ニ對シテ何等ノ疑義モナク、外務大臣ノ此提唱ニ御賛同ヲ爲サレタノデアルカ、如何デアルカ、若シ文部大臣ガ之ニ對シ何ノ理由ナクシテ賛同サレタト云フナラバ文部大臣ハ餘リニ御自分ノ職務ニ不忠實ナルモノト言ハナクテハナラヌト思フノデアル(拍手)以上ノ質問、之ヲ要スルニ第一從來ノ外交方針ニ反シマシテ、不必要ノ事業、今日迄ノ外交方針ニナイ所ノ此新事業ヲ、何故民衆ノ輿論、國民ノ考ト云フヤウナコトモ突止メナイデ、行ハナクテハナラヌノカト云フコトガ第一、羅馬教會ノ現在ニ徴シテ、我國策ノ將來ノ影響如何ト云フコトガ第二、外交使節ト宗教使節ト確然限界ガ立ツト思ハレルカ、殊ニ外務省ノ説明ニテハ、明カニ宗教事項ニ關係ガアルト言ッテ居ル、而シテ外務大臣ハ貴族院ニテ、宗教事項ニ關係ガ無イト言ハレテ居ル、何レガ外務大臣ノ眞意デアラウカ是ガ第三、果シテ確然限界ガ立テナイトスレバ、國内法タル宗教法ガ定マラナイノニ早ク既ニ羅馬教會ノ、國内ノ布教上ノ便宜ヲ與ヘルコト、ナル、是ハ國家ノ政策ノ不統一デアリマス、之ニ對スル文部大臣ノ所見ヲ承リタイガ、第四、私ノ質問ハ此ノ四點デアリマス、而シテ總理大臣ガ御出席デアラル、ナラバ、之ヲ包含シテノ總理大臣トシテノ意見モ伺ヒタイノデアリマス、御出席ガゴザイマセヌナレバ、外務大臣並ニ文部大臣カラ明確ナル御答辯ヲ願ヒタイノデアリマス(拍手)

○副議長(粕谷義三君) 内田外務大臣

〔國務大臣伯爵内田康哉君登壇〕

○國務大臣(伯爵内田康哉君) 安藤君ノ御質問ニ答ヘマス前ニ一言致シタイ、外務省ハ此大戰ニ際會致シマシテ、又大戰後ニ於キマシテ、外交機關ノ規模ガ如何ニモ狹小デアルト云フコトヲ痛感シタノデアリマス、ソレ故ニ大戰後ニ於マキシテ、財政ノ許ス限リハ外交機關ノ擴張ヲ圖ッタノデアリマス、今日ノ状態ヲ戰前ニ比シマスレバ、殆ド倍數以上ニナッテ居リマス、是ハ我ガ國運ノ進展スルニ伴ヒ、世界各地ノ主要地點ニ外交機關ヲ增設スルト云フコトハ、是ハ已ムヲ得ナイコトデアリマス、國運ヲ如何程マデニモ發展セシメント欲スレバ、其必要ヲドウシテモ認メザルヲ得ナイノデアリマス、ソレ故ニ年々二三ノ公使館、或ハ四五ノ領事館ヲ增設シ來ッタノデアリマス、ソコデ此羅馬法王廳ト使節ヲ交換スルコトモ、多年其必要ヲ認メテ居ッタノデアリマス、殊ニ戰後ニ於テ最モ其必要ヲ認メタノデアリマス、只今安藤君ノ言ハレマスガ如クニ、歐洲ノ國ガ派遣シタカラ、戰前十四ノモノガ戰後ニハ二十七ニモナッタカラ、其眞似ヲシテ追隨ヲシテヤルノデハナイ、十四ガ二十七ニナッタト云フコトハ、羅馬法王廳ノ世界ニ於ケル勢力ガ如何ニ偉大デアルカト云フコトヲ言ハンガ爲ニ例證シタノデアル、數ガ多クナッタカラシテ日本モヤルト云フ趣意デハナイ、斯ノ如ク世界ノ各地ニ於テ勢力ヲ持ッテ居ル所ノ此羅馬法王廳、成程純然タル國家トハ申スコトハ出來マセヌ、併シ兎モ角モ事實上ノ國體トシテ各國ガ認メテ、純然タル外交機關ヲ創設シテ居リマスルカラ、是等ト軌ヲ一ニシテ我ガ使節ノ交換ヲスルニ何等差支ナイ、斯ウ云フ見地ヨリ此度豫算ニ計上ヲ見タノデアリマス、ソコデ是迄羅馬法王廳トハ外交使節ノ交換ハ屢、ヤッテ居ル(「誰ガヤッテ居ル」ト呼フ者アリ)先年西園寺公モ特派大使トシテ行カレタ事ガアリマス、其次ニハ私ガ嘗テ維也納ニ大使ヲシテ居ルトキニ、同ジク特派大使トシテ行ッタノデアリマス、是ハ先方ヨリ其前ニ此使節ヲ出シマシタカラ、之ニ對スル答禮デシタ、御大禮ノ時ニハ先方ヨリ矢張使節ヲ出シテ來タ、之ニ對シテ確カ瑞西ニ居リマス我ガ公使ヲシテ矢張特派使節トシテ答禮ヲセシメタ、斯ノ如キ使節ノ交換ハ屢、是迄ヤッテ居ル、既ニ羅馬法王廳トハ或ル意味ニ於テ外交關係ガ出來テ居ル、之ヲ常設ニスルニ何等ノ差支ハナイ、只今申シマシタ通リ、兎モ角モ此世界ニ於ケル大勢力ヲ持ッテ居ル所ノ團體ト外交關係ヲ開クコトハ、我ガ國運ノ伸展上最モ必要デアル、此見地カラ起ッテ居ル、何モ日本ガ貧弱デアルカラ、貧弱國ト云フ誤解ヲ受ケルカラ、之ヲ除イテ貰フ爲ニヤルト云フノデモナイノデス、無論誤解ハ各方面ニ於テ之ヲ正スノハ勿論ノ事デアリマス、ケレドモ、卽チ主タル目的ハ兎モ角モ世界ノ各勢力ト相共ニ手ヲ携ヘテ、世界的平和ノ增進ヲ圖ル、此趣旨ヨリ外ハナイ、ソレカラ何カ羅馬法王廳ト使節交換ヲスルノハ、我國ノ思想ト矛盾スルカノ如キ御説明ガアリマシタケレドモ私ハ斷ジテ其虞ハ無イト思フノデス、既ニ信教ノ自由ヲ許サレテ、日本ニハ七八万ノ信徒ガ居リ、又朝鮮ニハ十万以上ノ信徒ガ居ルノデアル、若シ思想ノ矛盾衝突ヲ恐レルナラバ、是等モ禁止シナクテハナラヌ、既ニ信教ノ自由ニ於テ之ヲ許シタ以上ハ、純然タル外交機關ヲ創設スルコトハ、私ハ何等ノ其處ニ反對スベキ理由ヲ見ナイ、ソレカラ羅馬法王廳ハ歴史ヲ述ベラレテ、何カ羅馬法王廳ハ所謂宗教至上權ヲ以テ世界ヲ統一シ、或ハ其信徒ヲ通ジテ行政權デモ行フカノ如キ御質問モアリマシタガ、是亦私ハ何等心配スルニ足ラヌコトデアラウト思フ、今日ノ羅馬法王ハ各國ノ國家ヲ認メ、其信徒ガ之ニ服從スル コトハ寧ロ奬勵シテ居ル、ソレデ羅馬法王廳ガ平和ニ貢獻シタト云フコトヲ能ク言フガ、愛國ノ例ハドウデアルカ、斯ウ云フ御說デアル、愛國ノ騷動ハ今ニ始ッタ話デハアリマセヌ、是ハ愛國ノ國情ガ然ラシムルコトデアッテ、彼ガ羅馬教ヲ信ズルガ故ニ然リト云フコトハ私ハ肯定スルコトハ出來ナイ、又羅馬ノ使節ハ愛蘭ニ居リモ何モシナイ、尚ホ羅馬教ヲ信ズレバ其信徒ガ國家ニ叛クカノ如キ御說モアリマシタ、現ニ朝鮮ニ於ケル例ヲ擧ゲラレマシタガ、是ハ私ノ聞ク所ニ依レバ寧ロ反對デアル、一昨年デアリマシタカ、其前年デアリマシタカ、朝鮮ニ獨立運動ガ起ッタ、此時此獨立運動ニ朝鮮ノ信徒ニシテ加擔シタ者ハ一人モ無イト云フコトデアル、然ルニ神道又ハ佛教徒ノ中ニハアッタト云フコトデアリマス、ソレカラ江木君ト貴族院ニ於ケル質問應答ニ關シテ、何カ私ガ顧ミテ他ヲ言フト云フ御話デアリマシタガ、御質問ノ意味ガ能ク分ラナイ、羅馬法王廳ヨリ派遣スル所ノ使節ガ高僧デアル以上ハ、宗教ニ關係セヌコトハナカラウト云フ御心配ノヤウデアッタ、又其御議論ヲ確メルガ爲ニ、何カ外務省ガ發表シタモノニ前後矛盾ガアルト言ッテ讀上ゲニナリマシタガ、前者ハ私ハ能ク見テ居リマセヌ、恐ラク外務省デ出シタノデアルカドウデアルカ、若シ出シタモノデアレバ、無論個人ノ意見ヲ出シタノカ知リマセヌケレドモ、外務省ノ意見トシテ公表シタコトハ今日迄何モナイ、是ハ取調ベテ申上ゲマス、兎モ角モ羅馬法王廳ヨリ使節ヲ念、交換スルト云フ場合ニ於テ、其使節ガ宗教ニ携ハリ、又外交官ノ特權ヲ利用シテ、羅馬教ノ宣傳ニ努メルト云フコトニ對シテハ、如何ナル取極モ出來得ルト思フ、其邊ノ事ニ付キマシテハ、何モ心配セラル、必要ハナイト思フ、尚ホ宗教法ノコトニ付テノ御質問ハ、文部大臣ニ對スル御質問デアリマスカラ、私ノ答ハ是デ御免ヲ蒙リマス

〔國務大臣鎌田榮吉君登壇〕

○國務大臣（鎌田榮吉君） 安藤君ノ文部ニ關スル御質問ニ御答致シマス、此羅馬法王使節交換ニ付テ、宗教法ノ制定ト云フコトニ關聯シテ御尋ガアリマシタガ、私ノ考ヘル所デハ、此宗教ノ制度ト云フモノ、審査ニ付キマシテハ、餘リ此事ト關係ハ無イノデス、是ハ今日頻ニヤッテ居リマス、此資料ヲ調査致シマシテ、內外ノ制度ヲ調ベルト云フコトニハ、大勉強デヤッテ居リマス、而シテ使節ノ交換ハ、外務大臣答辯ノ如ク何等宗教ニ關係ノ無イコトデアル、ソコデ此宗教法ヲ制定シナケレバ、使節ノ交換ヲシテ都合ガ惡イトカ善イトカ云フコトハ、全ク是トハ別ノ問題デアリマス、併ナガラ宗教法制定ハ鋭意致シテ居リマス

○安藤正純君 此席カラモウ一度簡單ニ外務大臣ト文部大臣ニ質問ヲ致シタイト思ヒマス、外務大臣ノ答辯ハ色色ニ御答ニナリマシタガ、要スルニ私ノ伺ッノハ、積極的ニドウ云フコトガ現在羅馬法王廳ト修好關係ヲ結ブ必要ノアル理由デアルカト云フコトヲ伺ヒタイノデアリマス、之ニ對シテ領事館トカ何トカヲ毎年四ツ五ツ殖ヤシテ居ルカラ、ソコデ羅馬法王廳カラ、前カラノ話合デ殖ヤスト云フコトデアルガ國家ニ對スル公使館ヤ領事館ト、羅馬法王廳ノ使節交換トハ、非常ニ是ハ性質ガ違フノデアル、其性質ノ違フ從來類例ノ無イ、常設ノ修好關係ヲ開クト云フコトハ、如何ナル理由デアルカト云フコトヲ伺ヒタイノデアリマス、ソレカラマダ他ニ色々御答辯ガアリマシタガ、是ハ煩ハシイカラ、サウシテ迚モ伺ヒマシテモ滿足ナ答辯ヲ得ラレマイト思ヒマスノデ、ソレ等ハ略シマシテ、殊後ニ外務省ハ羅馬法王ノ使節ハ宗教ニ關係ガアルト云フコトヲ前ニ立派ニ言ッテ、後ノ發表ト前後矛盾シテ居ルト私ガ言ッタニ對シテ、前ノモノニ對シテハ責任ハ負ハナイト仰ッシヤッタ、後カラ出タ文書ニ對シテハ責任ヲ負ウテ前ニ出シタ文書ニ對シテハ責任ヲ負ハヌト云フノハドウ云フコトデアリマスカ、後カラ出シタ外務省ノ文書ハアナタノ今日ノ立場ニ都合ガ好イカラ責任ヲ負フ譯ニナルノデアリマスカ、前ニ出シタノハ都合ガ惡イカラ責任ハ負ハナイト言ハレルノデアリマスカ、ソレヲ承リタイ、外務大臣ノ答辯ハ餘リニ不誠意ニ餘リニ無責任ト言ハナクテハナラヌ、此ノ點ニ付テ、先ヅ外務大臣ニモウ一度伺ヒマス

〔國務大臣伯爵內田康哉君登壇〕

○國務大臣（伯爵內田康哉君） 第一問ノ何ノ積極的ノ必要ガアルト云フ御質問デアリマスガ、私ハ其必要ノ點ハ明カニシタ積リデアル（「ノウ〳〵」）兎モ角モ日本ノ世界ニ於ケル地位ノ發展ト共ニ、各方面ニ外交機關ヲ增設シテ世界ノ平和ニ貢獻シ、日本ノ國ノ伸展ニ資スル爲ニ必要デアル、貿易ヤ何カノ如キ、サウ云フ風ナ具體的ノ必要許リニ外交ノ關係ハ限ッテ居ナイ、ソレカラ第二ノ質問デアリマスルガ、外務省ノ公表ノ文書ニ付テ言ハレマシタガ、成程外務省當局談トシテ最近ニ公表シタ事ニ付テハ、私ハ之ヲ認メル、併シ其前ノモノハ外務省ノ公表文トシテ出シタノデハナイ、外務省ノ紙ニ書イテアルト言ハレマシタケレドモ、私ハソレヲマダ能ク讀ンダコトモナイ位デアル、恐ラク外務省ノ者ガ出シタナラバ、其私見ヲ發表シタ位ノモノデアルト思フ、是ハ往々アリ得ルコトデアル

○安藤正純君 外務大臣ノ只今ノ御話ニ依リマスルト、前ニ出シタノハ知ラナイト言フガ、併シ是ハ極融トシテ外務省ノ紙ヲ使ッテ出シテ居ルノデアルカラ、アナタハ知ラナイデモ國民ハ知ッテ居ル、併シ知ラナケレバ然ラバ知ラナイデ宜イカラ、ソレヲ取紐シテ十分辯明ヲ願ヒタイノデス、無責任ナ事ヲ言ッテ免レントシテモ、ソレデハ外務大臣ノ責任ハ濟ムマイト思フ、要スルニ外務大臣ノ答辯ハ唯ミ形ニ隱レテ必要ガアルト云フダケデ、必要ノ理由ヲ具體的ニ申サレマセヌカラ、私ノ其內容ヲ聽ク質問ニ對スル答辯ニハナラヌト認メマスカラ、此處デ幾ラ議論ヲシテモ盡キマセヌカラ、議論ハ別ニ紙上ノ――紙上ト云フノハ紙ノ上ノコトデス、――紙上其他ノコト、致シマシテ、此處デハ外務大臣トノ問答ハ是デ打切リマス、而シテ文部大臣ニ向ッテモウ一應伺ヒタイノハ、宗教調査ノ事トハ別問題デアルト言ハレルガ、サウ云フ事ハ子供デモ分ッテ居ル、サウ云フ事ヲ伺ッテ居ルノデハナイ（「ヒヤ〳〵」）宗教調査費ハ八千圓毎年計上シテオ井デニナルカラ、ソレハ分ッテ居ル、ソレヲ聽イテ居ルノデハナイ、此ノ使節ノ交換ガ宗教事項ニ關係ガアルト云フコトニナッテ來ル、サウスルト國內法ノ宗教政策ハソッチ除ケニシテ置イテ、自然外交關係ノ方カラ國內ノ宗教政策ノ方ヘ這入ッテ來ルデハナイカ、其點ハドウ爲サルト云フノデス、サウシテ外務省ノ方カラ文部省ノ管轄事項ノ宗教ノ方ニ踏込マレテ、アナタハ知ラナイ顔ヲシテオ井デニナルノデアリマスカ、ソレデハ政府ガ不統一デハナイカト云フ、ソコヲ伺ヒタイノデアリマス

〔國務大臣鎌田榮吉君登壇〕

○國務大臣（鎌田榮吉君） 最初申上ゲマシタ通リニ、全ク宗教ニハ關係無イ事デアル、隨テ宗教上何等サウ云フ發ヲ致スコトハナイ、左樣御承知ヲ願ヒマス

○安藤正純君 議長、議長

〔「睦イ々々」「登壇」ト呼ヒ其他發言スルモノ多シ〕

○副議長（粕谷義三君） 靜ニ――通告者ハ正木照藏君デアリマス――正木君ノ登壇ヲ促シマス――正木君ヨリ總理大臣外四大臣ノ出席ヲ求メラレテ居リマス、先刻カラ交涉ヲ致シマシタガ、何分ニモ豫算總會ノ都合ニ依リマシテ、總理大臣及ヒ內務大臣ノ出席ハ叶ヒマセヌ、ソレデモ御質問ニナリマスカ

〔正木照藏君登壇〕

○正木照藏君 施政ノ御方針ニ關聯致シマシテ數箇條ノ質疑ヲ致シマス、其前ニ外務大臣ニ先以テ伺ヒ置キタイ事ガアリマス、先刻關和知君ト御問答ノ中ニ關シタ事デアリマス、日支郵便條約ノ事ニ關シマシテ、樞密院對政府ノ關係ニ付テ御優諚ガ降ッタト申スコトハ事實ニ相違ナイ、ソレガ新聞ニ公表サレテ居ル、ソノ新聞ニ公表サレテ居ル事ガ事實ヲ誤ッテ居リマスカ如何デアリマスカ、若シ事實ヲ誤ッテ居ルナラバ、何故取消ヲ御命ジニナリマセヌカ、是ガ第一、次ニ內閣ハ之ニ對シテ責任ヲ持ツ、斯ウ云フ御答辯デゴザイマ

シタガ、此責任ハ外務大臣一己ノ責任デゴザイマスカ、内閣全體ノ責任デゴザイマスカ、此事ヲ承リマス、ソレカラ唯今安藤君カラモ縷々御尋ニナリマシタ羅馬法王廳使節ノ事ニ付テ御伺ヒ致シタイ事ガアリマス、天國ノ出張所ノヤウナ所ヘ俗界カラ使節ヲ送ルト云フコトハ、甚ダ私ハ合點ガ行カヌ、殆ド神樣ヲ相手ニシテ俗界ノ仕事ヲ何カ交渉スルト云フコトハ甚ダ分ラヌ、私ハ宗教上ノ事ニ付テハ餘リ議論ヲ致シマセヌケレドモ、唯、考ヘル所ハ日本國内ニ於テ十分ノ九以上ニ達シテ居ル佛教徒ガ非常ニ反對シテ居ル、ソレニモ拘ラズ、若シ之ヲ御斷行ニナリマシタトキニ、日本ノ國ノ思想上ニ大變ナル變亂ヲ與ヘルト云フコトハ、御考ニナリマセヌカ如何デスカ、尚又私ガ玆ニ御尋致シタイ事ハ、實ハ私共萬國議員會議ニ參リマシタ連中三四人デ羅馬ニ參リマシテ、其時分ニ申合ハセマシテ、羅馬法王ト云フ者ハドンナ者デアルダラウ、「ヴァチカン」ノ宮殿ハドンナモノデアルカ、一遍見ヤウデハナイカ、羅馬法王ニ謁見トハ往キマセヌガ、羅馬法王トハドンナ顔ヲシタ人間カ見タイモノデアル、ソコデ大使館ニ紹介ヲ頼ンダ所ガ、大使ノ館ノ人曰ク、何分伊太利ノ政府ト羅馬法王廳ト云フモノトハ不和ノ仲デアル、不和ノ仲デアッテ吾々大使館ノ連中ハ伊太利政府ニ向ッテ來テ居ル人間デアルカラ、ドウモサウ云フ紹介ノ勞ヲ執ルコトハ出來ナイ、アナタ方ガ若シ羅馬法王ヲ見タケレバ、羅馬法王廳ニ内務大臣某ト云フ者ガ居ルカラ、ソレニ御打合セニナッタラドウデゴザイマスカ、斯ウ云フ コトヲ承ッテ居ル(「統治權モ認メテ居ラヌ」ト呼フ者アリ)ドウモ其通リ、湯淺君ノ仰ッシャル通リ同ジ事ヲ言ッタ、統治權モ認メテ居ラヌト云フコトヲ言ッテ居ル、ソコデ若シ此處デ羅馬法王廳ニ對シテ特別ニ使節ヲ送ッタナラバ、伊太利ノ國ノ感情ヲ害スルト云フ虞ハゴザイマセヌカ、若シ感情モ害セヌデ、何カ特別ニ置ク必要ガアリトシタナラバ、別ニ特ニ使節ヲ御送リニナリマセヌデモ、伊太利大使館ノ大使ニ兼轄サセテ差支ナイ、伊太利ノ大使館ニ行ッテ見ルト、何モ用ハナイ、實ハ何ヲシテ居ルカト思ッテ行ッテ見ルト、ア、云フ大キナ大使館ニ居ル人間ガ、何ヲシテ居ルカト云フコトヲ不審ニスル位デアル、私共ハ先般歐羅巴各國ヲ廻ッテ、實ハ日本ノ國カラ澤山ナ公使館ニ公使ヲ派出シテ居ル、八箇國モ十箇國モ派出致シテ居ル、例ヘバ日本デ申セバ東京ニモ大使館、其次ニ靜岡、其次ニ名古屋ト云フヤウニ、和蘭、白耳義、或ハ瑞典ト、澤山ナ公使館、瑞典ノ如キハ「ストックホルム」ニ行ッテ見ルト日本人ハタッタ一人、公使館ニ四五人居ル、ソレモ歸リソコナッタ人間ガタッタ一人居ル所デス、或ハ波蘭アタリモサウ澤山ハ居リマセヌ、「チエックス、ロバック」ニモ居リマスマイ、斯ウ云フヤウナ所ニ必ズ大使館、公使館ヲ置カナケレバナラヌ必要ガ何處ニアルカ知ラムト云フコトヲ實ハ心配シテ居ル、考ヘテ居ルヤウナ所デゴザイマス、其場合ニ同ジヤウナ羅馬市ヘ持ッテ行ッテ、サウシテ法王廳ノ公使館、伊太利ノ公使館、斯ツ二ツモ置ク必要ガ何處ニアルカ況ヤ若シ之ヲ派遣致シマシタナラバ、忽チ伊太利政府ノ感情ヲ害スルコトハ分リ切ッタ話デアル、感情ヲ害セヌノデアッタラ、モウ少シ詳シイ事ヲ承リタイ、ソレカラ私ガ玆ニ承ラントスル點ハ、外國ニ派遣致シマス所ノ大使又ハ公使ノ任用ノ方針ヲ承リタイ、由來我國ノ外交ノ振ハザルト申スコトハ、國民一般ノ認メテ痛嘆スル所デアリマス、何故斯ノ如ク外交ガ振ハヌカト申シマスレバ、時ノ政府ノ執ッテ居ル所ノ政策即チ外務大臣ノ案出サレタ所ノ政策如何ニ因ルモノデアル、外務大臣ガ其全責任ヲ御負ヒニナルコトハ勿論デアルガ、同時ニ又海外ニ派遣サレテ居ル所ノ大使公使モ其責ヲ分タンケレバナラヌト考ヘル、外務大臣ハ外交官中ノ長老デアル、恐ラク米ノ御飯ヲ御上リニナッタヨリカ、麵麭ヤ「バタ」ノ方ヲ餘計ニアガッテ居ル、箸ヲ持ツヨリモ「ナイフ」ヤ「フォーク」ヲ餘計ニ御持ニナッタ長老デアル、御就任以來、既ニ四箇年半ニモナッテ、其成績ニ付キマシテハ隨分毀誉紛々タルモノアル外務大臣、此席ニ於テ望月君ノ御尋ニ對シテ御答ニナッタ次第、又ハ貴族院ニ於キマシテ御答ニナッタ所、大分御自讃ガアル自畫自讃ガ大分アル、斯ウ云フ事モシテ居ル、斯ウ云フ事モシテ居ッタデハナイカト云フ御陳述モアリマシタガ、或ハ支那ニ對シテ申シマスレバ、讓歩ハシタ、讓歩ハシタケレドモ支那國民トノ親善ノ實ヲ擧ゲツヽアルカ、印紙ヲ貼用シテ居ッタ所ノ證書ヲ省イテヤッタラ彼等ガ喜ンデ居ルカト云フト喜バヌ、一ツ省イタラ又大キナヤツヲ省イテ呉レト言フ、斯ウ云フコトニナッテ來ル、即チ私ハ繰返シテ申シマセヌガ、參議院トカ衆議院トカニ於テ二十一箇條ノ撤廢、之ヲ若シ聽イテヤッタラ、又今度ハ滿洲ヲ戾シテ呉レ、琉球ヲ戾シテ呉レ、是ガ若シ聽カレナカッタラ外務大臣如何デアリマスカ、排日ノ玆ニ議ガ起ルト御考ニナリマセヌカ、此二十一箇條云々ノ事ニ付テハ色々質問ガゴザイマシタガ、之ニ對シテ若シ日本政府ガ刎付ケタナラバ、又排外ノ議ガ生ジテ來ハセヌカ、是ハ私序ニ御尋スルノデゴザイマスガ、或ハ外務大臣ヲ評シテ秦檜デアルトカ云フヤウナコトモゴザイマシタガ、是等ノ事ハ私ノ一向何トモ申シマセヌ、秦檜、張浚ト雖モ膠柴舟ノ如キ大ニ辯護ヲ書イタモノヲ讀ンダコトガゴザイマスガ、或ハ他日外務大臣ノ爲ニ大ニ辯護ヲ書ク者モアリマセウ、唯私ハ外務大臣ハ誠ニ立派ナル外交家デアルトハ認メマスケレドモ、併シ外務大臣ガ果シテ政治家デアルカ如何ト云フ事ニナリマシタナラバ、恐ラク國民ガ内田伯爵ヲ大政治家デアルト申ス者ハ尠カラウト考ヘル、有ルカモ知レマセヌ、尤モ總理大臣ノ二度モ御勤メニナッタ、臨時總理大臣ヲ御勤メニナッタ御方デアリマスカラ、御自身ハ大政治家ト御考デアリマセウガ、國民ガ果シテ大政治家ト云フコトヲ言ハレルカドウカト云フコトハ、是ハ少シ怪シイト思フ(拍手)又ソレト同時ニ、只今各地ニ派遣サレテ居ル所ノ大使、公使、其人モ外交家トシテ誠ニ立派ナ御方デ、隨分澤山洋食ヲオアガリニナッタ方デ、數十年間職ニ在ラレル御方デ、隨分中ニハ敬服スベキ人モアリマスケレドモ、ソレガ果シテ政治家デアルカト申シマスト、是亦國民ハ政治家デアルトハ申サヌ、今日ハ申ス迄モナク昔モ同ジ事デゴザイマスケレドモ、此外交ノ事ハ追々頻繁錯綜致シマシテ、國民ノ生活上其他ノ上ニ、非常ナ影響ヲ及ボシテ居ル故ニ、凡ソ外國ニ使スル人、又外務ノ局ニ當ル人ハ、ドウシテモ國民ノ意嚮ヲ十分了解ナサッテ居ル所ノ人デナケレバナラヌ、即チ國民外交ノ實ヲ擧グル所ノ人デナケレバナラヌト思ッテ居リマス、我國ニ於キマシテモ私ガ玆ニ申スマデモゴザイマセズ、前ニハ或ハ井上伯トカ――井上侯、伊藤公、又大隈侯、陸奥伯爵、其他第一流ノ政治家ガ外交ノ任ニ當ッテ居ル、又蕞爾タル所ノ朝鮮ニ對シテモ、井上侯爵モ御出ニナッテ居ル、只今御生存デゴザイマスカ三浦梧樓子モ御出ニナル、又大石正巳君ノ如キ立派ナ御方モ御出ニナル、米國ニ對シテモ星亨君ノ如キ寔ニ一代ノ奇傑ト唱ヘラレル御方モ御出張ニナッタ、是ガ近來ハドウモサウ云フ人ガ行ッテ居ラヌ、外交官ノ段上リノ人許リデ、外交官ヲ長ク御勤ニナッタ人許リガ行ッテ居ル、是デ國民外交ノ實ヲ擧ゲントスルコトハ木ニ緣ッテ魚ヲ求ムルト申シマセヌケレドモ、ドウモ滄桑ノ中ニ以テ行ッテ鉋ヲ探スト、斯ウ云フコトニナリハセヌカト思フ、私ハ今日ノ狀況ヲ申シマスレバ、中ヽ支那ニ對シテモ、亞米利加ニ對シテモ、決シテ其關係ハ昔時ノ朝鮮ノ如キ比デハアリマセヌ、大變大事デアル、併シ其處ニ使サレテ居ル御方ハ、悉ク外交官出身ノ段上リノ御方ヲ以テスルモノト云フコトハ、當ヲ得タモノデハナイト思ヒマス、亞米利加カラ日本ニ來ル使臣、又英吉利カラ方々ニ出ル使臣ヲ御覽ニナッテモ、第一流ノ政治家デアル、ソレデコソ初テ國民ガ信頼スルコトガ出來ル、私ハ大臣自身ノ事ハ論評致シマセヌケレドモ、實際政府ノ方針如何ニ依ッテ、日本ノ國民ノ意嚮ヲ能ク了解サレテ居ル實業家、大學者等モ、隨分外國使臣タルコトヲ詭合ッテヤルダラウト思ヒマス、ソレヲ私ハ希望スルノデアリマス、今後ノ使臣ノ派遣方ハモウ少シ御考ヲ願ハナケレバナラヌ、ソレニ對シテ政府ノ御考ハドウデアルカ、是ガ私ノ第一問、ソレカラ次ニ西伯利撤兵ノ事ニ付テ御伺ヒ致シタイ、是ハ出スベカラザル大兵ヲ出シ、引揚グベキ時ニ引揚グズシテ、遂ニ數億ノ金ヲ費シ、數千ノ人命ヲ失ッタト云フヤウナ結末デ、何トモ實ニ我國ノ歷史上比較スルコトノ出來ナイ問題デアル、望月君ハ、太閤ノ朝鮮征伐ト仰シヤイマシタガ、太閤ノ朝鮮征伐ドコロデハナイ、ソレ以上ノ事デアルト思フ、昨年現政府ニ至リマシテ、斷然ト撤兵サレテ、卽チ六月二十何日カニ聲明サレテ今日ハ既ニ其事ヲ了ッタト申スコトハ遲蒔ナガラモ國民トシテハ寧ロ喜ブ、國民ノ非常ナ負荷モ濟ンダ、斯ウ云フコトニナル、所ガ其理由ヲ承ルト何ト申サレタ、西伯利ノ政局ガ追ヽ安定シタ、西伯利ノ政局ガ安定セントスル徵候ガアルニ依ッテ此撤兵ヲシタ、斯ウ云フ御話デアル、之ニ就テ私ハドウシテモ外務大臣ニ伺ハナケレバナラヌコトハ、昨年私ガ其事ニ付テ外務大臣ニ御尋シタ時分ニ、外務大臣ノ御答ハ何ト仰シヤッタ、私ハ斯ウ云フコトヲ尋ネタ――總理大臣ハ此間ノ御演説ニ「帝國政府ハ一日モ速ニ政局ノ安定秩序ノ回復ヲ告ゲ、我ガ守備隊ヲ全部撤退スルニ至ランコトヲ切望シテ止マナイ」ト仰シヤッテ居ル、又外務大臣ハ齊多トノ交渉ヲ御述ニナッテ斯ウ云フコトヲ御話シニナッテ居ル、「一般通商問題ノ外我ガ居留民ノ生命財產ノ保護竝ニ交通ノ危險及帝國ニ對スル脅威ノ除去、各種產業ノ經營自由等ニ對シテ、適當ノ保障ヲ得ントスルニ外ナラヌノデアリマス」斯ウ云ウコトヲ仰シヤッタ、ソレ故ニ私ハ斯ウ云フ御尋ヲシタ「元來外務大臣ノ仰シヤッタ帝國ニ對スル脅威ト申スモノハ、何ノ事デゴザイマスカ、又危險ニ對スル保障ト申スノハ誰カラ此保障ヲ求メントスル御趣意デゴザイマスカ、又政局ノ安定秩序ノ回復ト總理大臣ガ仰シヤルノハ、是ハ何時ノコト、御考ニナルカ、何時ニナッタラサウ云フコトガ出來ルト云フ御見込デアリマセウカ」斯ウ云ウコトヲ御尋シタ、ソレニ對シテ內田外務大臣ノ御答ハ「チエックスローバック」救援以來其目的ヲ遂シマシタ今日ニ於テモ、如何ニモ先方ノ政情ガ安定セズ、我國ニ對スル脅威ガ除去サレヌカラ、已ムナク先方ニ駐兵ヲシテ居ル次第デアル」斯ウ言ハレタ、ソレカラ「今日我兵ヲ撤兵シマスレバ、浦潮方面ニ於ケル我ガ臣民ガ如何ナル狀態ニ在ルカト云フコトハ明白ニ分ル次第デアリマス、何等ノ保障モ得ズ撤兵ヲシタ曉ニ、我國ノ被ル所ノ脅威ハ是亦申スマデモナク明瞭ナ事實デアル、」斯ウ云フ御答デアル、私ガ之ニ對シテ再質問ヲ致シマシタ「外務大臣ニ御尋シタ中ノ外務大臣ノ御演説中ニアル帝國政府ニ對スル脅威トハ何ノ事デゴザイマスカ、又危險ニ對スル保障ヲ誰カラ之ヲ御求メニナラントスルカ、此二點、總理大臣ニ對シテハ帝國政府ハ速ニ政局ノ安定秩序ノ回復ヲ付ケルト云フノデアリマスガ、是ハドウ云フ御見込デアリマスカ、凡ソ何時ニナッタラサウ云フコトニナリマスカ、今迄通リナラバ此先キ何年掛ルカ分ラナイト云フ體裁デアリマスガ、之ニ就テ政府ハドウ云フ御見込デアルカト云フコトヲ御尋シタノデアリマス」斯ウ言ッタ、髙橋總理大臣ノソレニ對スル御答ハ「西伯利撤兵ハ政局ノ安定ヲ待ッテヤルト云フ意味ノコトガアッテ、サウ云フコトデアルナラバ何時撤兵ガ出來ルカ、西伯利ノ政局ノ安定ト云フコトハ容易ニ期シ難イ、安定ト云フコトハドウ云フコトダト云フ御質問ノヤウデアリマス、是ハ外務大臣カラモ御説明ヲ致シタト思ッテ居リマスガ、詰リ我ガ居留民、此生命財產ノ保障ガ立テバ先ヅ政局安定ト見ルノデアリマス、卽チ是マデ我國ノ彼ノ地ニ居ル人々ノ生命財產、營業ヲ安心シテ出來ルト云フ狀態ニナランコトヲ期待シテ居ルノデアリマス、而シテ今大連ニ於テ會議ヲシテ居リマス、ソレモ卽チ其目的ニ外ナラヌノデアリマス、其保障者モ無クシテ今直ニ撤兵スルト云ヘバ、數千人ノ我國ノ商賈人等ノ生命財產ノ安定ヲ認メズシテ、撤兵スルト云フコトニナッテソレハ政府トシテ出來ナイコトデアル、殊ニ角時々我國ノ政府ハ、露西亞ニ於ケル或ル政權ト始終交渉スルコトハ必要デアル、假令露西亞ノ政府ヲ認ムルニ至ラズトモ、實際起ル所ノ事柄、居留民ノ生命財產ノ安定ト云フヤウナコトニ付キマシテハ、其地方ニ於ケル時々ノ政權ト交渉スル外途ハ無イノデアリマス、今日其政權ト交渉シテ條約ガ出來レバ、責任者ガ其所ニ現ハレテ來ルノデアリマスカラ、政府ハ其場合ニ於テハ速ニ兵ヲ撤スルノデアリマス」、ソレカラ外務大臣ハ斯ウ云フ御答ヲシテ居ル、少シ長ウゴザイマスケレドモ皆讀マヌト分リマセヌカラ――「脅威トハ取リヤウデ如何樣ニモ取レマス、併シ先刻ノ私ノ辯中ニモ申シマシタ通リニ、今日何等ノ保障ヲ得ズシテ、其保障ハ誰カラ取ルト云フ御質問デアリマスカラ、其方ヲ先ニ答ヘマス、保障ハ無論其相手タルベキ露西亞ノ官憲ヨリ得ル話デアル、私ノ希望ニ於テハ、若シ大連會議ガ滿足ニ解決スルナラバ、所謂齊多政府ヨリ其保障ヲ得タイト思ウテ居リマス、齊多政府ガ我ガ交渉ニ應ジテ滿足ナル通商條約ヲ締結シ、我ガ求メル所ノ保障ヲ與ヘタナラバ、初テ浦潮方面ヨリ撤兵スルコトガ出來ルデアラウト思フ、固ヨリ其前ニハ彼ノ地ニ於テ只今政權ヲ持ッテ居ル所ノ浦潮政府ノ始末ヲ付ケナクテハナラヌ話、是ハ中々容易ナラヌ問題デアラウト思ヒマスケレドモ、幸ニ齊多政府ガ我ト妥協ヲ得タ曉ニハ、餘程私ハ形勢ガ變ッテ來ルデアラウト思フ、卽チ我ニ對シテ有效ナル保險ヲ與ヘ得ルデアラウト思フ、其保障ガ與ヘラレタ曉ニハ、先方ヨリ撤兵スルコトガ出來ヤウト思フ、併ナガラ若シ是等ノ保障ガ無クシテ撤兵シタナラバ、只今總理ガ答ヘラレマシタ通リニ、浦潮方面ニ於ケル幾千ノ日本人ガ生命財產ノ安固ヲ危クサレル話、是モ矢張帝國ニ對スル脅威ノ一ツデアルノミナラズ、浦潮方面、極東西伯利ニ於テハ幾十万ノ不逞鮮人ガ居ル話、是等ハ今日我ガ駐兵ニ依ッテ朝鮮境ニ接スル所ヲ防止サレテ居ルノデス、ソレニモ拘ラズ時々ヤリマスケレドモ、若シ此兵ヲ撤退シタ時ニ於テハ過激派分子ト一緒ニナッテ、朝鮮ニ對シテドウ云フ脅威ヲ起スカ分リハシナイ、政府トシテハ此邊ノ事ニ付テモ十分ナル考慮ヲ拂ッテ處置ヲシナクテハナラヌ次第デアル、其他過激思想ノ傳播ニ對シテ便宜ヲ得ルコトハ是ハ勿論ノ話、今日上海ニ於テサヘ活動シテ居ル次第デアルノデアリマス、若シ浦潮方面ニ於ケル十分ナル保障ヲ得ズシテ、勝手ニ宣傳ヲサレルト云フヤウナ事デアレバ、是モ矢張帝國ニ對スル脅威ノ一ト見テ私ハ差支ナカラウト思フ」斯ウ云フ御答、是ハ私ノ如キ眇タル老人ノ質問デアリマスカラ、或ハ御答ヲ御忘レニナッタカモ知レマセヌケレドモ、苟モ此壇上ニ於テ御答ニナッタコトハ、國民全般ノ記憶ニ留ッテ居ルコトデアル、其處ニ於テ私ガ承リタイノハ、此御答以來六月ノ末マデハ僅ニ四箇月間位シカナイ、其間ニ西伯利ノ政局ガ如何ニ變化シタカ、又外務大臣此通リ、總理大臣モ共ニ御明言ニナッテ居ル通リ、居留民ノ生命財產ニ對シテ立派ナ保障ヲ御取リニナリマシテゴザイマスカ、ドウカ、保障ガナケレバドウシテモ撤兵スルコトガ出來ナイト云フコトヲ此處ニ明言サレタガ、保障ヲ御取リニナッタカ、又朝鮮ニ對スル脅威ノコトニ付キマシテ、私ハ此間憲政會ノ方ニ朝鮮ノ政務總監ガ御出ニナリマシタトキニ問フタ、脅威ハ去ッタカト申シマスト一向去ラナイ、益々殖ス許リデアル、斯ウ云ウコトヲ承リマシタ、私ハ元來速ニ撤兵シロ、斯ウ云フ論者デアル、只今撤兵シタカラト云ウテ之ヲ彼此レヤカマシク言フノデハゴザイマセヌケレドモ、苟モ昨年此壇上ニ於テ立派ニ御答ニナッタ所ノ事實ト齟齬シテ居ル、是ハドウ云フ譯デアル或ハ誰カデゴザイマシタカ、外務大臣ノ答辯ハ始終不誠實デアルト云フコトヲ言ハレテ居リマスガ、ドウモ此點カラ見マスト餘リ信頼スルニ足ラナイヤウニ思フ、第一居留民ガドウナリマシタカ、私昨年六月カラ外國ヘ參ッテ居リマシタノデ、詳シイ事情ハ知リマセヌガ浦潮ニ居リマシタ居留民ハドウナリマシタカ、數千ノ居留民ハ果シテ生命財產ノ安固ヲ得テ殘ッテ居リマスカ、承ル所ニ依レバ五六千モ居ッタ所ノ人間ガ、僅ニ三百カ四百シカ今日ハ殘ッテ居ラヌト云フコトヲ承ッテ居ル、果シテ然ラバ本當ノ生命財產ノ安固ヲ得ナイ證據デアリハシナイカト思フ、外務大臣ノ御言葉ト事實ハ餘程違フ此點カラ考ヘマスト、何分昨年仰シヤッタ御答ト云フモノハ私ハ虛僞ノ御答トハ申シマセヌケレドモ、信頼ヲスルコトガ出來ナイ御答、今日ニナッテ來ルト、少々嘘ニ近イト申上ゲナケレバナラヌヤウナコトニナル、若シ此例ヲ追ウテ居リマスルト、例ヘバ北樺太ノ撤兵ノ如キモ、或ハ露國官憲ト相當ノ約束ガ出來ルマデ留置クト、今日ハ仰シヤッテ居リマスケレドモ、又少シ致シマスト、今度又自分デ撤兵スルコトニナリハシナイカト思フ、ソレナラバ今日早ク御引揚ニナッタラ宜カラウト思ノ、是ハ言葉咎メヲスルヤウデ、甚ダ私モ快ク思ヒマセヌケレドモ、何分此壇上ニ立ッテ御答ニナッタコトデアリマスカラ、國民ニ對シテ容易ナラヌ事ト考ヘマスカラ、之ヲ明白ニ承リタイ外務大臣ガ何故昨年斯ウ云フ事ヲ言ッテ、保障ヲ得ナケレバドウシテモ撤兵スルコトガ出來ナイト云フコトヲ仰シヤッタカ、其時ニハ即チ今ノ總理大臣モ、陸軍大臣モ、皆其事ニ御同意デアッタニ違ヒナイ、同ジ閣員ニ列セラレテ居ッタノデアルカラ——然ルニ内閣ガ更ルト同時ニ翻然ト御改メニナッタト申スコトハ、私考ヘルニ過ヲ改メルト云フコトハ洵ニ結構デアリマス、大變宜シイケレドモ、改メルニ付テハ其事ヲ發明サレルガ宜イ、昨年仰シヤッタコト、違フヤウナコトデハ甚ダ信頼スルニ足ラヌト思フ、此點ニ付テ明ニ國民ニ昨年ノ御答ト其御取リニナッタ所ノ行動ト相反シテ居ルト云フコトヲ、十分ニ明ニ明示アランコトヲ私ハ希望スル、ソレカラ次ニハ前ニ殘シ置キマシタデゴザイマスガ、外交官ヲ養成スルト云フコトハ大變必要ナ事デアル、其駐在國ノ言語風俗ニ十分熟サナケレバナラヌト同時ニ、又日本ノ國ノ狀況ニモ通ゼナケレバナラヌ、此事ニ付テハドウ云フヤウナ御考ヲ御持ニナッテ居リマスカ、此間色々廻ッテ見マスト、中々日本ノ國情ハ餘リ知ラナイ御方ガ多イ、又然ラバ外國ノ事情ヲ御承知カト申スト、是亦餘リ熟知シテ居ラヌ方ガ多イ、私ハ茲ニ知合ノ御方ノ事ヲ申上ゲルノハ甚ダ不本意デアリマスケレドモ、私ガ此間同船シテ歸ッテ來マシタ一外交官ハ、細君ト子供ヲ連レテ歸ッテ來タ、其子供ハ凡ソ五ツカ六ツニナル、日本語ハ一ツモ知リマセヌ、立派ナ妻君ガ御伴レニナッテ、サウシテ御夫婦デ伴レテ歸ル所ノ御方ニ、日本語ハ一言、オ父サン、オ母サン、オ早ウト云フコトモ知リマセヌ、悉ク佛蘭西語、又佛蘭西ノ領事館ニ招バレテ參リマシタ時分ニ、其處ニ子供ガ二人アル、六ツカ五ツ位ノ子供ガ二人アル、其子供ノ一人ノ方ハ、オ母サンノ言フコトハ少シ分ルケレドモ、日本語デ答ガ出來ナイ、其次ノ子ハ一切佛蘭西語デナケレバ分ラナイ、斯ウ云フヤウナコトデアル、是ハ或ハ或點カラ申シマシタナラバ、彼ノ地ノ風俗ニ染ミ、言語ニ通ズルト云フ點カラ申シマシタラ宜イカモ知レマセヌケレドモ、苟モ日本ノ國民ガ、自分ノ母國語ヲ兩方共立派ナ御夫婦ガ附イテ居ッテ、一言モ敎ヘナイト云フコトハ、如何ナル事デアルカト私ハ怪ム、蓋シ外務省ノ御方針ガ其處ニアッテ、サウ云フヤウナコトニナリ來ッタモノデナイカ知ラヌト思フ、是等ニ付キマシテハドウ云フ方針ヲ以テ今後外交官ヲ御養成ニナル御考デアルカ、ドウモ私共一寸考ヘマシテモ甚ダ實ハ不快デアル、ドウモ日本人ノ子供デアリナガラ、日本語ヲ一ツモ知ラナイ、斯ウ云フコトハ甚ダドウモ不便デアル、斯ウ云フ御方ガ追々公使ニナリ、大使ニナリマシテ、其御方ニ對シテ愈々國家ノ利益ヲ增進サセルト云フコトハ、或ハムツカシイカモ知レヌ、是ハ甚ダ私ハ遺憾デアル、誰カ申シマスヤウニ、外國ノ外交官デモアリマスマイケレドモ、日本ノ外交官トシテ如何ニモ不似合デアル、故ニ之ニ就テ外務大臣ノ御方針ヲ承リタイ、次ニ文部大臣ニ伺ヒマスガ、近來日本カラ海外ニ留學シテ居ル所ノ人ガ澤山アル、之ニ對シテハ海外留學生規程ト申スヤウナモノガアルヤウデゴザイマスガ、果シテ其規程ガ嚴重ニ行ハレテ居リマスカ、誰カ之ヲ監督シテ居リマスカ、私共此間廻ッテ見マシテ承ル所ニ依リマスレバ、獨逸ノ物價ガ非常ニ安イカラ、何レノ留學生モ皆獨逸ニ集ッテ來テ居ル、何故ト云ッテソレハ其爲デアリマス、私共參リマシタ時分ニ、磅ニ對シテ三千乃至五千馬克ノ相場デアル、其時分ニ或ル留學生ニ、君達ハ幾ラ位下宿代ナドヲ拂フカト云フト、一二千馬克乃至三千馬克デアリマス、ソレデ晚飯モ朝飯モ食ハセル、日本ノ凡ソ十圓以下デアル、ソレデ三百六十圓ノ學資ヲ貰ッテ居リマス、隨分澤山ナコトニナル、ソレ故ニ此餘ッタ金ヲ持ッテ彼等ハドウ云フコトヲシテ居ルカト言ヒマスレバ、中ニハ日本ノ留學生ガ數人集リマシテ「レストラン」ヲ貸切ッテシマヒマス、又「レストラン」デ音樂ヲヤッテ居ルノヲ、錢ヲ出シテ其音樂ヲ止メサセル、斯ウ云フヤウナ事ヲヤッテ居ル、或ハ別ニ出來ナイ所ノ料理ヲ註文致シマシテ、相客ノ感情ヲ害ッテ居ル、サウシテ喧嘩ヲオッ始メテ、二三人傷ヲ負ウテ病院ニ這入ッテ居ルト云フヤウナ事モ承ッテ居リマス、是ハドウモ今日此儘ニ拋ッテ置クコトハ私ハ出來ヌト思フ、若シ之ヲ拋ッテ置キマスト、歸リマシタ上ニハ立派ナ敎職ニ從事セシメンナラヌ人間ニ、甚ダ不似合ナル惡風ヲ染込マセル、斯ウ云フヤウナ結果ニナリハシナイカト思ヒマス、之ニ對シテ文部大臣ハドウ云フ御方針ヲ御執ニナル御考デアリマスカ、モウ少シ監督ヲ嚴重ニシテ置クカ、學費ガ多ケレバ減ジテシマフ斯ウ云ウヤウナ御方針デモ執ランナラヌヤウニナリハシナイカ、斯ウ云フヤウニ考ヘマス、之ニ就テ御考ガ承リタイ、ソレカラ次ニ遞信大臣ニ御伺ヒ致シマス、我ガ帝國ノ如キ幾多ノ島嶼カラ成立ッテ居ル國ニ於キマシテハ、海運ノ便ヲ付ケルト云フコトガ何ヨリ大切ナ事デアル、故ニ維新以來保護獎勵ニ努メマシテ、今日ハ幸ニ國內ノミナラズ、海外各地ニ至ルマデモ我國ノ船舶ガ參ルヤウニナッテ、餘程途ガ開ケテ、船ノ分量ノ如キモ三百萬噸以上ノ多キニナッテ居リマスコトハ、洵ニ國家ノ爲ニ欣ブベキ有樣デアリマス、唯、今日ヨリ之ヲ見マスレバ、國家ガ今執ッテ居リマス所ノ保護獎勵ノ方法ガ區々ニナッテ居リマス、色々別々ニナッテ統一ヲ缺イテ居ル、例ヘバ海外航路ニ對シマシテモ、第一遠洋航路補助規程ニ依ルモノ、次ニ郵便定期航路補助法ニ依ルモノ、又單ニ豫算外國庫ノ負擔トナルベキ契約ニ依ルモノ、遠洋航路補助法ニ依ルモノハ南米北米ノ航路、郵便規程ニ依ル航路ハ横濱倫敦ノ航路、神戶「シアトル」ノ航路、又次ニ一般ノ豫算外國庫ノ負擔トナルモノハ南洋航路、ソレカラ支那ノ航路、凡ソ十五航路アル、其他單ニ航海獎勵トシテ内地ノ離島間、或ハ內地カラ浦潮ヘ行クヤウナ航路ニ補助シテ居ル、其他ニ朝鮮ニ於キマシテハ朝鮮ノ經濟ヲ以テ、朝鮮ノ沿岸航路ヲ補助シテ居ルノミナラズ、朝鮮カラ日本ヘ出テ來ル航路迄モ補助シテ居ル、臺灣ニ於キマシテハ沿岸航路ノミナラズ、內地臺灣間、又臺灣カラ南洋ヘ行ク航路、臺灣カラ支那ヘ行ク航路ヲモ補助シテ居ル、斯ウ云フヤウナ風デ餘程區々ニナッテ居ル、私共申ス迄モナイ、保護獎勵ニ對シテハ各々色々條件ガアル、或ハ船ノ年令トカ、或ハ船ノ噸數トカ、乎素取ル義務トカ、是ハ管轄ガ違ヒ航路ガ違ッテ來ル、自ニ義務ガ異ッテ來ル、同ジ太平洋ニ於キマシテモ、東洋汽船會社ノ航路ハ遠洋航路補助法ニ依ッテ居ル、郵船會社ノヤッテ居ル航路ハ、郵便定期航路法ニ依ッテ居ル商船會社ノ航路ハ何モ依ル所ガナイ、又臺灣ノ方カラ申シマシテモ、臺灣自身ニ内地ニ通ズル所ノ航路ヲ持ッテ居ルケレドモ、其他ノモノニ付テハ遞信省ノ管轄カラ航路ヲ付ケテ居ル、大連ニ行キマス航路デモ、例ヘバ樺太ヘ行ク航路デモ、サウ云フコトニナッテ居リマス、ドウモ是ハ少シ統一ヲ致シマシテヤルコトガ今日ハ必要デアル、然ルニモ拘ラズ、當年御出シニナッテ居ル所ノ豫算ヲ見マスト、矢張是迄通リノ方法ヲ御取ニナラントスル方法ニナッテ居リマス、或ハ事實ニ於テ害ハ無イカモ知レマセヌガ、斯ノ如キハ此我ガ海運ヲ發達セシムル上ニ於テハ、多少障碍ヲ及ボスモノト信ジマス、是ハ何故御統一ニナラヌカ、モウ少シ整理スベキ所ノ途ガ澤山アリマス、何故ソレヲオヤリニナラヌカ、又例ヘバ學校ノ問題ノ如キモ、遞信省ノ管轄ニ屬シマス東京商船學校ガアリマス、文部大臣モ御出ニナリマスガ、文部省ノ所管ニ屬スル神戸ノ高等商船學校ト云フモノガアル、同ジ學校デアリナガラ一ツハ文部省、一ツハ遞信省ノ所管デアル、是ハドウシテモ統一シナケレバナラヌ、又船ノ輸入税ニ關シマシテモ、大連或ハ朝鮮等デ取ッテ居ル所ノ率ト、日本ノ率トハ違フ、輸入スルニ付テモ税ヲ納メマス上ニ、大連ニ籍ヲ置ク所ノ船ヲ拵ヘル、今デモアルデセウ、サウ云フコトニナッテ頗ル統一ヲ缺イテ居ル、現政府ハ行政整理ヲ行ヒ、經費節減ヲスルト云フコトヲ主トシテ居ラレルカラ、是等ハ第一ニ御研究ニナッテ、サウシテ御進ミニナランケレバナラヌコト、私ハ考ヘル、之ニ對シテ未ダ其事ニ御着手ニナラヌノハドウ云フコトデアルカ、モウ一ツ遞信大臣ニ御尋致シタイノハ、物價調節ノ策ト致シマシテ、私ハ此壇上ニ於テ、昨年政府自ラ其範ヲ示サンケレバナラヌ、第一鐵道ノ運賃ヲ引下ゲルガ宜シイ、ソレカラ煙草專賣ノ如キ代價ヲ引下ゲルガ宜シイ、ソレカラ電信料ヲ引下ゲルガ宜シイト云フコトヲ言ッタ、政府ハ私ノ此言ッタコトニ同意サレテ、鐵道ノ運賃モ追々御下ゲニナラントシテ居ル、又煙草ノ專賣ノ如キモ恐ラク私ノ申上ゲタコトヲ御容レニナッテ、四百錢ラノ金ガ減ルニ拘ラズ値下ニナッテ居ル、然ルニ電信料ニ對シテハ未ダ其事ガ行ハレナイデ、電信料ハ二十錢カラ三十錢ニナッタ、五割以上ニナッテ居ル、電信ノ資本ニ對スル所ノ割合ガ一割何分ト云フコトハ、非常ナ好イ割合ニナッテ居ル、是等ハ第一ニ下ゲンケレバナラヌ、郵便税ト違ッテ電信料ハ電信ニ關スル費用デアルカラ、是亦下ゲルト云フコトガ最モ必要デアル、之ニ對シマシテ未ダ御着手ニナラヌノハ如何ナル御考デアルカ、是ガ伺ヒタイ、以上デ私ノ申スコトハ大抵濟ミマシテゴザイマスガ、其他ニ私ハ茲ニ綱紀肅正ニ關スル事ニ付テ御尋ヲシタイ、是ハ總理大臣ガ御出ニナラナケレバ、法制局長官モ御出デゴザイマスカラ、ドウゾ私ノ申シマスルコトヲ御聽取リ下サレマシテ、他日ノ機會ニ於テ總理大臣ヨリ御答辯アランコトヲ希望スル、ソレハ綱紀肅正ニ付テ貴族院ニ於テ、又或ハ衆議院ノ豫算委員會ニ於テ、幾多ノ問答ガアッテ、其中ニモ綱紀肅正ノ如キモ大切ナ事ハ地方ノ黨弊ヲ芟除スルニ在ル、地方ノ黨弊ヲ革メンケレバナラヌト云フコトニナッテ居ル、ソレニ對シテ總理大臣ハ、其事ハ自分モ同感デアッテ、頻ニ之ニ力ヲ注イデ居ル、未ダ完全ニ行カヌノハ遺憾トスル所デアル、是ガ廓清ノ途ニ努メル、斯ウ云フコトヲ御答ニナッテ居ル、然ルニ之ニ反シテ内務大臣ハ何ト仰シヤッタカ、内務大臣ハ政黨政派——立憲政治ニハ政黨ハ必要デアル、既ニ政黨ガ必要デアル以上ハ、各、其黨勢擴張ニ努メルト云フコトハ無論デアルト云フコトノ前提ノ下ニ、地方ノ事ニ付テ斯ウ云フヤウナ御答辯ニナッテ居ル「併シモウ一ツ茲デ私共特ニ御注意願ハンケレバナラヌコトハ、兎ニ角議會政治トナリマスレバ、議會ノ多數ニ依ッテ事ヲ處理スルト云フノデアリマス、帝國議會ニ於キマシテモ、府縣會ニ於キマシテモ、市町村會ニ於キマシテモ、其決議機關ノ議決ヲ經ルニアラザレバ、地方ノ事業モ何事モ出來ナイノデアリマス、左樣デアリマスルカラシテ、其決議機關ガ多數者ノ、或派ニ屬シテ居リマストキニハ、其派トノ諒解ヲ得ナケレバナラヌト云フコトモ、是亦政治上已ムヲ得ヌ事ダラウト思フ、若シ斯ノ如キコトヲセズシテ、常ニ相衝突シ、相軋轢シテ居ッタナラバ、始終當局者ト議決機關ト云フモノハ衝突シテ、何事モ地方ノ事業ハ出來ナイト云フコトニナルノデアリマス、ソレデアリマスカラシテ時ニ依リマスレバ其議決機關ノ多數ノモノト意思ノ疏通ヲ圖ル必要モアリマセウ、肝膽相照ス必要モ生ズルノデアリマセウ、デアリマスカラ總テノ場合ニ於テ單ニ理想若クハ理窟ノミヲ以テ行ケヌコトノアルト云フコトモ、是亦能ク御承知下サルコトデアラウト思フ、又更ニ之ニ就キマシテ藤村男爵ノ御尋ニ對シテ斯ウ云フ事ヲ仰シヤッテ居ル「地方議會等ニ於キマシテモ當局者ト其地方議會トノ意思ノ疏通ヲ圖ルノデナケレバ、何等ノ仕事モ十分ニ行ハレテ行クモノデナイト私ハ考ヘルノデアル、若シ議決機關ト當局者ト常ニ相衝突シ、相扞格シテ行キマスレバ、何等ノ仕事モ出來ナイト云フコトハ當リ前ノコト、思フノデアリマス、ソレデアリマスルカラ成ベク其間ニ意思ノ疏通ヲ圖ッテ、圓滿ニ國家ノ爲ニ若クハ地方事業ノ爲ニ進運ヲ圖ルト云フコトハ、是ハ已ムヲ得ナイコト、思フノデアリマス、其意味ニ於キマシテ、私ハ一昨日私ノ演述中ニ其一端ヲ申述ベタノデアリマス、斯ク言ヘバ内務大臣ハ地方ノ——地方議會ノ多數派トノ結託ヲ容認スルモノデハナイカト云フヤウナ誤解ヲ、地方官ノ頭ニ與ヘルコトニナリハセヌカト云フ御心配デアッタノデアリマス、私ハ結託ト云フ意味ガドウ云フ意味デアリマスカ、能ク分リマセヌガ、若シ結託ナル意味ガ惡イ意味ニ於テ、不正ノ意味ニ於テ結託スルト云フコトデアルノナラバ、是ハ私ハ宜シクナイコト、思フノデアリマシテ、私ノ申上ゲタノハ決シテ其惡イ意味ニ於テ結託セヨト云フヤウナ意味デナイト云フコトハ御諒承ヲ願ヒタイ、但シ此結託ナル意味ガ議會ト理事者トノ間ニ、互ニ意思ノ疏通ヲ圖ルト云フコトノ意味デアルト云フノナラバ結託ト云フコト、必シモ惡イ事デナイト思フ」斯ウ仰シヤッテ居ル、總理大臣ノ仰シヤッタ意味トハ餘程違ッテ居ル、是ハ内務大臣ガ不正ナ事デナケレバ肝膽相照セト云フ一方ニ於テ、黨勢擴張ハヤラナケレバナラヌ卽チ黨勢擴張ノ爲ニスルコトハ彼等ヲ助ケテヤレ斯ウ云フ意味ニ聽エル、地方官ニ於テハ必ズサウ思フ、總理大臣ノ仰シヤルコト、餘程反對ニナッテ居ル、内務大臣ガ肝膽相照セト云フノハ何事ダ、肝膽相照スト云フノハ腹ノ内ヲ打明ケル、我ガ兵庫縣ニ於テモ、昨年多數黨ノ人ト或ル理事者ガ何所カ酒飲場ニ行ッテ縣政ヲ議シタト云フコトガ縣會ノ問題ニナッテ居ル、是ガ肝膽相照シタノデゴザイマセウ、又政友會ノ——是ハ此間、私ガ新聞デ見タノデゴザイマシテ、本當カ嘘カ知リマセヌガ、今度郡道ノ問題ニ付テ縣會ニ於テ議シタモノハ、其儘内務省デ通シテ呉レト申込ムト云フ議決ニナッテ居ル、是等ハドウ云フコトヲ意味スルカト思フト、卽チ政友會ガ黨勢擴張ノ爲ニ御註文ニナッタト云フ、ソレハ私ガ過言カ知レマセヌガ、兎ニ角政友會ノ多數ノ方ガ議決ニナッタコトハ、内務省デ其儘通シテ貰ハナケレバナラヌト云フ御註文ヲ爲サルト云フコトニナッテ居ル、ソコデ私ハ總理大臣ニ御尋シタイノハ、サウ云フヤウナ内務大臣ノヤウナ筆法ヲ以テヤッタナラバ、果シテ地方ノ黨弊ガ匡正サレルモノデゴザイマセウカ、此内務大臣ノ御考ハ總理大臣モ御同感デアルカ、如何、斯ウ云フコトニ付テ何時ノ機會デモ宜シウゴザイマスカラ、明カナル御答ヲ願ヒマス、又内務大臣ニ付テハ不正ノ結託ト云フコトニ付テ、不正ト云フノハ如何ノ事デスカ、例ヘバ金儲ケヲスルト云フコトデアレバ不正デゴザイマスカ、或派ノ人ガ己ノ所ニ入黨セヌケレバ此道ヲ付ケテヤラヌ己ノ所ニ入黨スレバ此港灣ヲヤッテヤラウト云フヤウナ風ニ、入黨者ヲ片方ニ持ッテ迫リ、サウシテ案ヲ拵ヘル、斯ウ云フコトハ不正ト見ルカ、是ハ黨勢擴張ノ已ムヲ得ナイ必要デアル、是等ノ事ニ付テハ地方官モ十分助ケテヤレ、肝膽相照シテ諒解ヲ得テモ宜シイト云フ御考デアリマスカ、是ガ黨弊ノ根本問題デアルト考ヘル、斯ウ云フヤウナ御方針デ黨弊ヲ廓清シヤウト云フコトハ到底出來ナイヤウニ思ハレル、尤モ中央政府デゴザイマスナラバ、多數黨ト其意見ガ違ヒマスレバ或ハ議會ヲ解散スルカ、然ラザレバ總辭職ヲスル外ハゴザイマセヌガ、地方ノ政務ニナリマスレバ、府縣知事ハ内務大臣ニ伺ッテ原案執行ノ權利ヲ持ッテ居ル、故ニ自ラ御認ニナッテ是ガ必要ナリト思ヘバ其道ガ執レル、必ズ多數黨ニ默從シナケレバナラヌ必要ハナイ、多數黨ノ人ガ言ッタ所ガ、色色ノ關係カラ出來タコトデアレバ、之ヲ改メルコトハ何時デモ出來ル、ソレニ拘ラズ是ハドウシテモ是非多數黨ノ人ノ諒解ヲ得テ肝膽相照スコトヲ以テ是ガ必要デアルト云フコトハ、何分ニモ黨弊ヲ匡正スルニアラズ、寧ロ助長サセル虞ガアルコトヲ私ハ何所マデモ信ズル、之ニ就テ十分ナ御答ヲ何時ノ機會デモ宜シウゴザイマスカラ與ヘラレンコトヲ茲ニ總理大臣内務大臣ガ御出席ガゴザイマセヌカラ、法制局長官カラ宜シク御傳ヘアランコトヲ希望致シマス(拍手)

○副議長(粕谷義三君) 内田外務大臣

〔國務大臣伯爵内田康哉君登壇〕

○國務大臣(伯爵内田康哉君) 只今ノ正木君ノ御質問ニ御答ヲ致シマスガ、第一ノ御質問、即チ先刻關君ノ御質問ニ關聯シテ、御沙汰ノ趣ガ新聞紙ニ出テ居ルガ、ソレハ誤ッテ居ルカ、事實デアルカト云フ御質問ノヤウデアリマシタガ、是ハ先刻モ御答辯申シマシタ通リニ、御沙汰ノ次第ハ公言ガ出來ナイコトデアリマスカラ、隨テ如何ナル記事ガ新聞ニ出テ居リマシテモ、之ニ對シテ何等私ガ申上ゲ兼ル、尚又私ガ責任云々ト言ッタガ、ソレハ外務大臣限リノ責任デアルカ、内閣全體デアルカドウカト仰シヤル、苟モ政務ニ關シテ政府ガ執ッタ處置行動ニ關シテハ、内閣全體其責任ヲ負フ考デアリマス、尚ホ羅馬法王廳ノ件ニ關シテ、我ガ佛教徒ノ思想上ニ如何ナル變化ヲ與ヘルカモ分ラナイト云フ御質問ガアリマシタガ、是ハ洵ニ遺憾ナ事デアリマシテ、私ハサウ云フ變化ヲ來サウトハ思ハナイ、今日ノ佛教徒ノ信念ハ茲ニ羅馬使節ガ來タカラト云ッテ、變動ヲ見ルヤウナ薄弱ナモノデハナイト私ハ確信シテ居ル、唯、或ハ羅馬法王使節交換ノ事柄ガ能ク了解セラレナイ結果トシテ、誤解ヲ懐カレテ居ルコトガアルカ知レヌケレドモ、既ニ本席ニ於テモ詳シク説明シタ所ヲ了解シテ貰ヘバ、疑ハナカラウト思フ、尚ホ此問題ニ關聯シテ、伊太利ト羅馬法王廳ノ關係ニ言及サレマシタガ、是ハ數年前マデハ長イ歴史ノ結果トシテ、其關係ハ寧ロ良好デナカッタ、ソレ故ニ羅馬法王廳ノ使節ニ行ッタ人ハ、殊更ニ伊太利ノ皇室訪問ヲ避ケ、又伊太利皇室若クハ伊太利ノ政府ニ關係ノ有ル人ハ、羅馬法王廳ニ行カナイヤウナ關係ニナッテ居ル、矢張今日モ表面ハサウナッテ居ラウト思ヒマス、ソレ故ニ正木君ガ伊太利ニ行カレタトキニ、我ガ公使館員ガ御紹介ノ勞ヲ執リ得ナカッタノハ無理モナイコトデアラウト思フ、併シ最近羅馬法王廳ト伊太利政府トノ關係ハ、殊ニ戰後ハ大變良クナッテ居ル、ソレ故ニ先年亞米利加ノ大統領ガ伊太利ニ行キマシタトキニ、政府ヲ訪問スルト同時ニ、法王モ訪問シタヤウデアリマス、現ニ我ガ皇太子殿下ガ先年伊太利ヲ御訪問遊バシマシタトキニハ、矢張法王廳ヲ御訪問遊バシタノデアル、斯ウ云フ良關係デアレバ、何モ同ジ地ニ二人ノ使節ヲ置ク必要ハナイデナイカ、伊太利ニ居ル大使ヲシテ兼ネシメテハドウデアルカト仰セラレマスケレドモ、國際禮儀上、又是マデノ歴史ニ顧ミ、サウ云フ譯ニハイカナイ、矢張爰ニハ劃然タル區別ガアリマスカラ、羅馬法王廳ノ使節ヲシテ伊太利政府ノ使節ヲ兼シメルコトガ出來ヌト同時ニ、伊太利政府ニ派遣シタル我ガ大使ヲシテ羅馬法王廳ノ使節ヲ兼シムルコトハ出來ナイ、ソレカラ外國ニ派遣スル大公使ノ人選ニ付テノ御質問ガアリマシタガ、其序ニ何カ二十一箇條及臺灣ニ關シテ御質問ガアリマシタガ、是ハ何カ御質問ノ趣旨デモナイト云フ御言葉デアリマシタ、又此問題ニ對スル我ガ政府ノ決心ハ既ニ屢々聲明ヲ致シマシタカラ、之ニ對スル答辯ハ御宥恕ヲ願ヒタイ、唯、海外ニ派遣シテアル我大公使ハ外交家デアルカモ知レヌガ、政治家トハ言ヒ兼ル、又私モ或ハサウデアルカモ知レヌト云フノデアリマシタガ、是ハ謹デ教ヲ奉ジマスガ、成程此問題ニ付キマシテハ、先日貴族院ニ於テモ同ジヤウナ御質問ガアッタ、政府ニ於テハ出來得ル限リ外交官デアルト同時ニ、政治家デアルノヲ得タイト思ウテ居ル、外交官ト政治家ト云フ區別モ甚ダムヅカシイ問題デアリマスケレドモ、先ヅ爰ニ何カノ相違ガアルトスレバ、外交家タルト同時ニ、政治家デアッテ貰ヒタイ、即チ外國ノ事ヲ知ルト同時ニ、日本ノ内地ノ事ニモ餘程解ッテ居ル、斯ウ云フ事ガ最モ必要デアラウト思フ、又サウ云フ風ニ外交官ヲ養成シタイト思ヒマス、大學ヲ出デ若クハ外交官試驗ヲ經テ採用シタ外交官デ、成ベク内地ニモ置キ、海外ニモ置クヤウニシテ、両々相交代シテ、外國ノ事情ヲ知ルト同時ニ、日本ノ事情ヲ知ルヤウナ者ヲ造リタイト思フ、獨リ外務省ニ於テ養成スルノミナラズ、汎ク之ヲ民間ニ求メタイト思フ、尚ホ爰ニムヅカシイノハ、目星ヲ附ケテ、此人ハ外交家デアルト同時ニ、政治家デアルト思ウタ人ヲ交渉スレバ、ドウモドウ云フ譯デアルカ知ラヌ、サウ云フ人ハドウモ大抵御請ガナイ、是マデ一二貴族院ヨリモ、又衆議院ヨリモ御請ヲ願ッタコトモアリマス、又今後モアラウト思ヒマスカラ、何卒サウ云フ時分ニハ喜ンデ御請アランコトヲ私ハ爰ニ希望ヲ表シテ置ク、其次ニ尚ホ何カ此外交官ノ養成ノ事ニ付テ外務省ハ西洋ニ生レタ子供ニ日本語ヲ習ッテハイケナイ、外國語ヲヤレトカ、或ハ外交官ノ子供ハ必ズ世襲的デ外交官デナケレバイカヌト云フヤウナコトガアリマシタガ、併シ子供ガ外國語ヲ覺エルト云フコトハ往々アル、ソレハ其家族ノ内情ニモ依ル話デアリマシテ、其両親ト雖モ日本語ヲ禁ジテ教ヘナイト云フコトハナイケレドモ、子供ガ外國ニ居ッタ其遊ビ相手ガ、皆外國人デアル場合ニハ、ドウシテモ西洋語ノ方ガ早ク行ク、是ハ獨リ日本ノ子供許リデハナイ、現ニ東京ニ居ル外交官ノ子供デ、日本語ヲ能ク話ス者ガアル、併シ同時ニ其子供ガ日本ニ歸ッテ來レバ、初メ逢ッタトキハ日本ニ居ル兄弟ト言語相通ジナイ者ガ、二三箇月スレバ自由ニ話スコトガ出來ル、是等ノ點ハ御心配ニ及バヌト思フ、最後ニ西伯利ノ撤兵ノ事ニ付テ、前議會ニ於ケル問答ヲ長々御朗讀ニナリマシタガ、是ハ私ハ簡單ニ説明ガ出來ルト思フ、其當時ハ如何ニモ西伯利ノ國情安定セズ、何カノ保障ヲ得ズンバ到底彼處カラ兵ヲ引揚ゲルコトハ出來兼ル、斯ウ云フ考デアリマシタガ、其後成程サウ長イ間デアリマセヌデシタケレドモ、露西亞全體ニ於ケル國情竝ニ極東西伯利ニ於ケル國情ハ餘程違ッテ來タ、露西亞人ノ思想ニ於テモ、又浦潮方面ニ於ケル現狀ニ於テモ、撤兵ヲ斷行シテ先ヅ差支ハナイト云フ確信ヲ得タノデアリマス、ソレデ斷行ヲ致シタ、幸ニ其鑑識ガ當ッテ今日マデ何等ノ不安定ナ事ガ無イヤウニ思ウテ居リマス、現ニ引揚ゲル際ニ於テハ、何等カノ事變ガ起リハシナイカトサウ認定ヲシナガラモ、恐レテ居リマシタガ、所謂一兵ヲ動サズシテ、撤兵ヲ完了シ、我ガ浦潮方面ニ在留ノ邦人ニハ、生命財産ニ危害ヲ及ボサレタ者ハ、幸ニ無カッタノデアリマス、成程浦潮ニ於ケル人數ハ餘程是ハ減リマシタ、是ハ我軍ニ依ッテ衣食ヲシテ居ル者ガ引揚ルノハ無論ノ事デアル、又殘ッタ者モ軍ノ引揚ゲタ後ハ何等ノ商業モ出來ズ殆ド坐食スル許リデアリマシタカラ、是等ノ中デモ引揚ゲタ者ガ多數アルノデアリマス、兎モ角モ生命ト財産ニ危害ヲ及ボスヤウナコトハ、今日マデ認メテ居リマセヌ

（國務大臣鎌田榮吉君登壇）

○國務大臣（鎌田榮吉君） 正木君ノ外國留學生ニ關スル御質問ニ御答致シマス、大低此外國ニ留學ヲ致サシテ居リマス者ハ、皆最高等ノ教育ヲ受ケマシテ自己ノ責任デ、自己ヲ取締ルコトノ出來ル人間許リデアリマス、之ニ監督官ヲ附クルナドト云フコトハ致シテ居リマセヌノデアリマス、自ラ紳士的態度ヲ持シテ行クト云フコトニ致サナケレバナラヌ、而シテ此留學生中ニ、放埓ナル所業ヲナス者ガアルヤノ御話デアリマスガ、未ダ左樣ナ事實ハ承知致シマセヌノデアリマス、併ナガラ獨逸ハ餘程此物價ガ他ノ國トハ違ヒマスヤウデ、今回ノ豫算ニハ此留學費、年々ノ留學費ハ輕減ヲ致シテ豫算ヲ提出シテ居ル譯デアリマス、ドウカ左樣御承知ヲ願ヒマス（拍手）

第七　農村振興ニ關スル建議案（安達謙藏君外四名提出）

農村振興ニ關スル建議案

農村振興ニ關スル建議

政府ハ現下農村疲弊ノ狀況ニ顧ミ根本的及應急的兩方面ニ涉リ之カ振興ニ關スル政策ヲ定メ速ニ其實行ヲ期スヘシ

右建議ス

第八　農村振興ニ關スル建議案（床次竹二郎君外十一名提出）

農村振興ニ關スル建議案

農村振興ニ關スル建議

農村ノ盛衰ハ直ニ國運ノ消長ニ關ス然ルニ近時漸ク不振ノ情勢ヲ見ルハ國家ノ爲深憂ニ堪ヘサル所ナリ政府ハ宜シク審ニ其ノ由テ來ル所ヲ究メ速ニ適切ナル對策ヲ樹テ以テ農村振興ノ實ヲ擧クヘシ

右建議ス

〔下岡忠治君登壇〕

○下岡忠治君　諸君、本員ハ我黨ヨリ提案ヲ致シマシタ農村振興ニ關スル建議案ニ關スル說明ヲ致シマスルカラ、暫ク御清聽ヲ煩シタイト思ヒマス、農ハ國ノ本ナリト云フ言葉ハ、昔カラ傳ヘラレテ居ル言葉デアリマスルガ、現在ニ於テモ有意義ニシテ且ツ權威アル言葉デアルト云フコトヲ信ジテ居リマス、世ノ中ノ先覺者ヲ以テ任ジ、又經濟上ニ關シテ一隻眼ヲ有シテ居ル者ト云フモノハ、動モスレバ日本ハ土地ガ狹イ、農業上ニ於テ發展スル餘地ハ甚ダ少イ、故ニ帝國ノ將來ハ商工業立國ト云フ方針デ進マナケレバナラヌト云フコトヲ申シマス、是モ一理アル言葉デアリマス、吾々ハ將來ノ日本ニ於テ商工業ノ發展ヲ期スベク努力シヤウ、斯ウ云フ意味ニ於テハ此言葉ヲ首肯ハ致シマスルガ、併ナガラ農業ハ行詰ッテ居ルノデアルカラ、將來商工業ニ重キヲ置イテ、農業ハ或ハ閑却スルモ已ムヲ得ナイト云フヤウナ議論デアルトスルト、吾々ハ斷ジテ之ヲ首肯スルコトハ出來ナイ、現在ニ於ケル日本ノ生產力ノ狀況ヲ觀テ見マスルト、申ス迄モナク矢張農業收入ガ全生產ノ六割五分カラ七割ヲ占メテ居ル、例ヘバ米、例ヘバ生糸、此二ツノ生產物ヲ除クト云フコトデゴザイマスルト、日本ノ農業界ト云フモノハ甚ダ寂シイモノト考ヘナケレバナラヌ、御承知ノ通リ英吉利ハ御互ニ聞イテ居ルガ、商工立國ノ國デアルト云フコトヲ申シマス、英吉利ノ本國ダケニ付テ考ヘマスレバ、成程其通リ、戰爭中ニハ幾分農業ト云フコトニ注意ヲ致シマシタケレドモ、英吉利全體ニ於キマシテ御承知ノ通リ、彼等ノ食糧ヲ供給スルニハ、僅ニ一月カ二月ノ食糧ヨリ供給スルコトガ出來ナイト云フ國柄デアルカラ、單ニ英吉利ト云フ本國ダケデ觀テ見マスト、成程商工立國ノ國デアルト云フコトハ言得ルケレドモ、英吉利ニハ大ナル植民地ヲ持ッテ居リマス、廣大無邊ナ領土ヲ持ッテ居ル、言フ迄モナク太陽英領ニ沒セズト云フ程ノ國デアリマスカラ、此領土ノ國ニ於テハ主トシテ農業、矢張英吉利ハ農業ガ總テノ產業ヲ大ナル後援ヲ爲シツヽアルト云フコトハ、疑フベカラザル事實デゴザイマス、亞米利加又然リ、商工業ハ非常ナ勢ヲ以テ進步シツヽアルケレドモ、アノ沃野千里、農業收入、農業ノ產物ト云フモノガ非常ニ澤山アル爲ニ、今日ノ亞米利加ノ經濟ノ基礎ヲ造ッテ居ルト云フコトハ申スマデモナイコトデゴザイマス、斯ノ如キ見地カラ考ヘルト洵ニ古イ言葉デアルニ違ヒナイガ、農ハ國ノ本ナリト云フコトハ甚ダ古イ言葉デハゴザイマスケレドモ、日本ノ現在ノ產業ニ當嵌メマシテモ、尙ホ矢張此言葉ハ十分有意義ニシテ、且ツ權威アル言葉ト言ハナクテハナラヌノデアリマス(拍手)而シテ現在ノ狀態ハドウナリツヽアルカト云フコトヲ申シマスト、今日ノ經濟組織ノ變化ニ伴ヒマシテ、農業ノ收入ガ段々減ッテ來ル、農業經濟ガ甚ダ面白クナクナルト云フ傾向ヲ持チツヽアルコトハ諸君御承知ノ通リデアル、殊ニ數年來、所謂、政友會內閣ノ放漫政策ノ結果ハ(ノウ〳〵)其祟リガ社會ノ各方面ニ現レテ來テ、深刻ナル影響ヲ受ケツヽアルノデアリマス、殊ニ農村ニ於キマシテハ、其影響ガ非常ニ甚シイ(拍手)農村何レノ方面ニ於キマシテモ今日ハ救濟ヲ叫ビ、何トカ之ニ對スル適當ナ方法ヲ講ゼズンバ、我國農業ノ前途ハ實ニ寒心スベキモノデアルト云フコトハ一般ニ唱ヘラレテ居ル、詰リ惡政ノ結果ガ餘程此處ニ響イテ居ルノデアリマス(「ノウ〳〵」「ヒヤ〳〵」拍手)自然ノ組織ノ上カラ來テ居ル點モアル、惡政ノ結果ダケトハ申シマセヌ、自然ノ組織ノ上カラ來テ居ル點モアル、農業ニ付テハ非常ニヤリ惡クナッテ居ルト云フ事實ハ認メルガ、是ト同時ニ此放漫政策ノ結果ガ各方面ニ祟リヲシテ居リマス、就中農業方面ニ於テハ非常ナル惡影響ヲ與ヘツヽアルト云フコトハ疑ナキ所デアリマス、而シテ之ニ對スル方法如何、今ヨリ十五年程前ニ於キマシテ、此農村振興ニ關スル大問題ガ起ッタ事ガアリマス、只今ヨリ十五年前、明治四十四年デゴザイマスガ、桂內閣ノ時ニ當ッテ生產調査會ト云フモノガ設ケラレマシテ、調査會ニ依ッテ帝國ノ農政ノ前途ヲ如何ニスルカト云フ大方針ヲ決定シタコトガアリマス、其決定セラレタルモノガ卽チ此處ニアルノデゴザイマス、是ガ全部ソレデアル、是ハ私ハ關係ヲシテ居ッタ一人デアルカラ詳シク知ッテ居リマス、此大方針ハ明治四十四年カラシテ、將來三十箇年ノ間ニ於ケル帝國ノ農政ヲ如何ニシテ行クカト云フコトニ付テ、大體ノ計畫ヲ定メ、此計畫ヲ遂行スルニ付テハ、政府ナリ、府縣ナリ、或ハ一般農民ニ於テ如何ニ施設シテ宜シイカト云フ指針ヲ示シタモノデゴザイマス、所ガ此十五年間ノ結果ヲ見ルト、割合ニ良ク行ッテ居ッタ、是マデノ成績ハ比較的良ク行ッテ居ル、其當時ノ計畫ヲシテ居ル者ノ略、豫想通リ、物ニ依リテハ豫想以上ニ出テ居ルモノモアリマス、併ナガラ此數年來ハ餘程工合ガ惡イ、又是カラ將來ヲ考ヘテ見ルト、此儘放任シテ置クト云フコトデアルト、非常ナル惡結果、卽チ此三十年以來豫想シテ居ッタモノヲ裏切ルニ違ヒナイノデアラウト云フコトヲ確信致スノデアリマス、此見地カラ更ニ計畫ヲ立直シテ、此際ニ何トカ將來ニ於ケル所ノ農村振興ノ大方針ヲ決定スル必要ガアラウト云フコトヲ信ズルノデゴザイマス、併ナガラ物ニハ緩急アリ、順序アリ、只今農村ガ困ッテ居ルノニ、根本方針ト云フコトヲ言フノハ、是ハ今急病人ノアルノニ、何カノ衞生ノ講義デモスルト同樣ナ事デゴザイマシテ、目前ノ問題ハ目前ノ問題、根本ノ問題ハ根本ノ問題、此兩者ヲ能ク甄別ヲシテ、所謂根本的方針ト應急的方針ト、兩方ニ亙ッテ是ガ施設經營ヲ考ヘルト云フコトガ、今日ノ急務デアラウト云フコトヲ信ズルノデアリマス(拍手)此意味ニ於テ吾々ガ農村振興ニ關スル建議案ヲ出シ、而シテ其建議案ノ內容トシテ茲ニ吾々ガ掲ゲテ居ル所ノモノハ、第一ニ負擔ノ輕減ノ問題デゴザイマス、世ニ謂々タル農村ノ負擔ノ輕減問題ヲ如何ニスルヤト云フコトニ在ルノデアリマス、吾々ハ是迄一般國民ガ非常ナ重イ稅ニ苦ンデ居ッタ、然ルニ平和ノ聲ガ世界ニ輸渡ッテ、華府會議ノ結果ニ於テ海軍ノ軍縮モヤリ、是ト同時ニ總テ日本ノ內政ニ於テモ整理緊縮ヲ行ウテ、之ニ依ッテ餘裕ヲ生ズルナラバ、國民負擔ノ輕減ニ當テルコトガ當然デアルト云フコトヲ信ジテ居ル、而シテ政府ガ大正十二年度ニ提出シタ所ノ豫算ヲ觀テ見ルト、一方ニ於テハ營業稅ニ於テ千九百万圓ヲ減ジタ、之ヲ辯明シテ曰ク、目的ハ減稅ニ非ズシテ唯、整理ノ結果斯ウ云フ譯ニナッタノデアル、辯明ハドウデモ出來マセウ、口實ハドウデモ言フコトガ出來マセウ、併ナガラ兎ニ角實際ニ於テ結果ニ於テ一千九百万圓ト云フモノハ、商工業民ノ負擔ヨリ輕メルコトニナッタノハ疑ヒナイ、而シテ實際ニ於ケル國民ノ負擔ノ均衡ハドウデアルカト云フコトヲ觀テ見マスト、正確ナル數字ヲ以テ現スコトハ出來ヌケレドモ、私共ノ見ル所ニ於テハ幾分農村ノ方ガ重クテ、都市民ノ方ガ輕イヤニ見エル、正確ナル數字ヲ以テ此處デハ申スコトハ致シマセヌ、併ナガラ大體ニ於テ農民ノ方ノ負擔ガ重クテ、都市民ノ方ノ負擔ガ輕イト云フコトヲ認メル譯デアル、恐ラクハ政府當局者ト雖モ、是ハ否認スルコトガ出來ナイト思ヒマス、而シテ一方ニ於テ千九百万圓ノ都市民ノ負擔ヲ減ズルト云フコトヲ行ヒナガラ、農村ニ關スル負擔、即チ地租ヲ其儘ニシテ置クト云フコトハ、ドウ云フ譯デアルカ、是程世ノ中ニ不條理ナ事ハナイ、所謂倒行逆施ノ甚シキモノト言ハナケレバナラヌ、而モ十二年度ノ豫算ヲ編成スルニ當ッテハ、政府ハ少イナガラ五分減即チ六百万圓ノ減稅ヲシヤウ、地租ニ對シテ六百万圓ノ減稅ヲシヤウト云フ提案ヲ致シタコトハ隱レナキ事實デアル、大藏大臣ガ頭ノ中デ考ヘタダケデハゴザイマセヌ、殆ド公然ノ祕密トシテ天下ニ發明セラレタ所デアッタ、所ガ何者ニカ之ヲ阻止セラレタ、疑モナク政友會ノ方針ニ矛盾シタノデゴザイマセウ(拍手)高橋總裁ノ考ト矛盾シタノデゴザイマセウ、高橋君ハ前刻此處デモ話ノアッタヤウニ、今日ハ減稅ノ時機デハナイ、積極的ニ大ニ進ンデヤルベキ時デアッテ、決シテ減稅ト云フヤウナ消極的方針ヲ執ルベキ時デナイト云フコトヲ昨年來――一昨年來、各地ニ向ッテ言ッテ居ラレル、此方針ヲ基礎トシテ、大正十二年度ニ於テ六百万圓ヲ減稅シヤウト云フ、此案ヲ阻止シタ、政友會ガ之ヲ阻止シタト云フコトハ隱レナキ事實デゴザイマス(「ヒヤ〳〵」拍手)比較的負擔ノ輕イ方ノ營業稅ニ付テハ千九百万圓ノ減稅ヲ認メルガ、非常ニ苦ンデ、非常ニ怨嗟ノ聲ヲ放ッテ居ル所ノ農民ニ對シテハ、兎ニ角現狀ノ儘デ宜シイ、減稅ノ必要ガ無イト云フコトハ何タル事ダ、斯ウ云フ矛盾撞著ノ事ヲ行ヒツヽ、今頃ニナッテ所謂一夜造リノ地租委讓案ト云フモノヲ出スニ至ッテハ、私ハ斷言致シマス、是ハ確ニ農民ヲ瞞著スル所ノ案デアル(拍手「ヒヤ〳〵」「ノウ〳〵」)併ナガラ吾々ハ決シテ吾々ノ減稅案デハ滿足ハ致シテ居リマセヌ、農民ノ現在ノ負擔ノ狀況カラ考ヘマスルト、此地租二分減案、即チ吾々ノ地租輕減案ハ之ニ依ッテ農民ノ負擔ガ全然輕メラレテ能事終レリト云フコトハ考ヘテ居ラヌ、或ハ更ニ進ンデ何カ減稅ノ方法適當ナル手段方法ヲ攻究スル必要モアル、又更ニ根本的整理ヲ遂ゲテ、適當ナル財源ガ出來テ、而シテ租稅ノ系統ガ實ニ精細ニ行ハル、ト云フ場合ニ於キマシテハ、吾吾ハ決シテ地租委讓ト云フコトニ反對スル譯デハアリマセヌ、併ナガラ單ニ空ニ地租委讓ト云フコトヲ言出シテ(「空デハナイ」ト呼フ者アリ)空デス、財源ハ何ヲ以テヤッテ居ル、財源ガマルデ分ラヌ、施行時期ガ分ラヌ、營業稅モヤルカ分ラヌ、所謂雲烟縹渺ノ間ニチラット其物ヲ見セテ居ルニ過ギナイ、實ニ不都合千萬ナ事デアリマス、一體諸君ハ法律ヲ制定スル權能ヲ持ッテ居ル、帝國議會ノ最モ大事ナ權能ト云フモノハ、此法律案ヲ提案ヲシ協贊スル ノ力ヲ持ッテ居ルノガ是ガ第一ノ力デアリマス、而シテ假ニ諸君ガ大正十二年度ニ於テ之ヲ行フコトガ出來ヌト云フコトデアレバ、是ハ一歩ヲ讓リマス、中々是ダケノ大事業ヲヤルノヲ咄嗟ノ間ニスルト云フコトハ出來ヌノデアラウカラ、大正十三年度ヨリ之ヲ施行スルト云フコトニシタイト云フ御議論ハ、假ニ一歩ヲ讓ル、假ニ一歩ヲ讓ルニシタ所デ、宜シクアナタ方ニ於テ十分ナル確信ガアッテ、是非之ヲ行フト云フ考デアルナラバ、何故ニ自分ノ權能ニ基イタ法律案ヲ此議會ニ出サヌカ(拍手)建議案ト云フヤウナ曖昧ナ(「建議案ガ曖昧カ」ト呼フ者アリ)斯ウ云フ胡麻化シノ案ヲ拵ヘテ權能ガアリマスカ、玆ニ(「建議案ノ說明カ」ト呼フ者アリ)說明デス

(「建議案ニ胡麻化シトハ何ダ」ト呼フ者アリ)議場騷然)

○副議長(粕谷義三君) 靜ニ

(「胡麻化シトハ何ダ」ト呼フ者アリ)

○下岡忠治君(續) 斷言ヲシマス、(「馬鹿ナ事ヲ言フナ止メロ、モウ少シ眞面目ニヤレ」ト呼フ者アリ、議場騷然)胡麻化シデハナイト云フナラバ宜シク建議案ヲ……(「建議案ノ說明ヲセイ」ト呼フ者アリ)建議案ノ說明デアリマス(「說明デハナイデハナイカ」ト呼フ者アリ)サウ確信シテ居ル(「提案ノ說明ヲスレバ宜シイ」「議長、々々」ト呼フ者アリ議場騷然)說明デス(「說明ニナラヌデハナイカ」ト呼フ者アリ)吾々ハ農民ノ負擔ヲ輕減スル爲ニハ先以テ地租ノ輕減ト云フコトヲ行フケレドモ、ソレダケハ滿足ヲシテ居ラヌノデアルカラ、場合ニ依レバ地租ノ委讓ト云フコトモ能ク條理ガ立ッテ、能ク筋合ノ立ッテ居ルモノナラバ、喜ンデ贊成ヲスル、所ガ財源ガ分ラナイ、施行期日ガ分ラナイ、營業稅ト一緒ニヤルカソレモ分ラナイ、斯ウ云フヤウナ空々漠々タル建議案ヲ出スト云フコトハ無責任デアルト云フコトヲ斷言スル(拍手)サウ云フコトデハ今日ノ農民ハ滿足致シマセヌ、農民ノ知識ガ進歩ヲシテ居リマス、決シテサウ云フコトデハ滿足ヲ致スモノデハゴザイマセヌ、ソレガ第一、又第二、穀價ノ調節ヲ行フト云フ意味デゴザイマス、此米價ノ調節問題ト云フコトガ今日非常ニヤカマシイガ、併テ此調節ト云フコトハ中々ムヅカシイ問題デアリマス、故ニ之ヲ根本的ニ調節方法ヲ攻究致サウトシマスルト、或ハ官營論ト云フコトモアルシ、或ハ米ノ最低最高ヲ決メルト云フコトモアルシ、又種々ノ方法ニ於テ御互ニ眞面目ニ之ニ對スル方法ヲ考ヘナケレバナラヌト云フコトハ認メマスルカラ、此點ニ於テハ御互ニ成案ヲ得ルベク、研究調査ヲ遂ゲナクチヤナラヌト思フノデアルガ、差掛ッテノ案ハドウデアルカト云フニ、吾々ガ共ニ俱ニ協贊ヲ致シタ、此米穀法ヲ運用スルコトハ違ハナイ、米穀法ノ運用ト云フコトニ付キマシテハ、兎角世間ニハ誤解ガアリマス、何カ米ヲ買上ゲルト云フコトハ、唯、單ニ農民ニ贔負ヲシテ、農民バカリニ肩ヲ持ツヤウニ考ヘテ居ル者ガ、アルガ是ハ私ハ間違ッテ居ルト思フ、兎ニ角生產費ハ償ハナイ、年豐カニシテ民ニ菜色有リト云フ、此現況ヲ吾々ハ抛ッテ置ク譯ニハ行カナイ生產費ニ足ラナイ、非常ニ困ッテ居ルニモ拘ラズ、生產費ガ足ラヌ、物價ハ非常ニ高イト云フ、片手落ノ儘ニシテ置クト云フ譯ニハ行カヌカラシテ、若シ非常ニ米價ノ下落スル場合ニ於テハ、之ニ對スル適當ノ救濟方法即チ官買上ヲ斷行スルト云フコトハ決シテ躊躇スベキ事デハナイ、其代リニ此反面ニ於キマシテ、又反動ガ起ッテ非常ニ米價ノ暴騰スルコトモ考ヘナケレバナラヌ、大正七年ノ時ノ模樣ノ如キ、大正八年ノ初ニ於ケル狀況ノ如キ、何處マデ米價ガ上ルカ判ラヌト云フヤウナコトデ、人心恟々タル場合ニ於キマシテハ、之ニ對スル適當ナル方法、即チ外國米ヲ買入レル、或ハ政府ガ買上ゲテ居ル所ノ倉庫ノ鑰ヲ開イテ、而シテ米價ヲ或ル程度マデ下ゲルト云フ途ヲ講ズルノガ、即チ米穀法ノ目的デアル、決シテ是ハ農民ノ味方許リヲスルノデハアリマセヌ、商工業者ノ味方ヲスル法案デモアリマセヌ、唯、當局者ガ此案ノ運用其宜シキヲ得ナクチヤナラヌ、之ヲ能ク活用ヲスルナラバ、米穀法トシテ即チ確ニ或ル效用ヲ發揮スルコトガ出來ルト云フコトヲ私ハ信ジテ居リマス、故ニ先ヅ應急ノ方法トシテ、此米穀法ノ運用ニ付テ適當ナル手段方法ヲ講ズルコトヲ求ムルト共ニ、根本的方法ニ付キマシテハ、共ニ俱ニ諸君ト研究ヲ致シ、政府ヲシテ研究ヲセシムル必要ガアルト考ヘマスカラ、第二項ニ之ヲ求メテ居ル次第デアリマス、第三ハ低利資金ノ融通ヲ潤澤ニスル、是モ說明ヲ俟ズシテ皆樣御承知ノ通リ、併ナガラ甚ダ政府ノ之ニ對スル施設ハ不十分デアリマス、吾々豫テ局ニ當ッテ居ル時分デモ、年々千万ヤ二千万ノ金ハ地方ニ融通シタモノデアリマス、低利資金ヲ……然ルニ今日ノ政府ノ臺所ハドウデゴザイマセウカ、郵便貯金ハ二億三億ノ時代ニ於テスラ、地方ニ二千万三千万ノ融通ヲシタノデアルガ、今日ハ十億ニ上ッテ居ル、非常ナ金デアリマス、政府ガ之ヲ預金部ニ於テ財政上ノ種々ノカラクリニ使ッテ居ル、是ガ甚ダ宜シクナイノデアリマス、吾々ハ地方ヨリ吸收スル所ノ金ハ、成ベク地方ニ還元シテ、而シテ地方ノ繁榮ヲ圖ルト云フコトニ常ニ憂慮シテ居ラナクチヤナラヌ、所ガ政府ガ動モスレバ地方カラ捲キ上ゲテ來タ金ヲ以テ、或ル一種ノ財政上ノカラクリ、例ヘバ一例ヲ申セバ彼ノ西原借款ノ如キ九千万圓ノ此預金部ノ金ヲ、彼方ニ持ッテ行ッテ使ッタ、斯ウ云フ遣口ヲシテ居ルノハ宜シクナイノデアリマスカラ、此預金部ニ關スル所ノ組織ヲ變ヘテ、地方カラ持ッテ來タ金ハ成ベク地方ニ還元スル方針ヲ執ッテ、低利資金融通ヲ最モ良クスル途ヲ講ズル、即チ政府ヲシテ反省セシムル 必要ガア

ラウト云フコトヲ考ヘテ居ルノデアリマス、第四ハドウデアルカ、產業組合ノ改善、是ハ普通ノ事デ說明ヲ俟チマセヌ、殊ニ中央金融機關ヲ創設スルコト、是ハ一言致シテ置ク必要ガアル、吾々ハ產業組合ガ發達スルト云フコトニナリマスルト、ドウシテモ此中心點ガ必要デアル、唯ミ單純ニ中央ニ產業組合中央會ト云フ一ツノ機關ガアルケレドモ、金融上ノ關係トカ總テノ事ハ何モシナイ、唯ミ產業組合ノ世話ヲスル所ノ中央會ト云フモノニ過ギナイノデアリマスルカラ、斯ウ云フヤウナモノデ、日本ノ產業組合ヲシテ將來地方ニ於ケル經濟上ノ大ナル權威タラジムルト云フコトノ見込ハ付カヌノデゴザイマス、故ニ外國ニモ例ノアルコトデゴザイマスルガ、中央金庫卽チ「セントラル、カツセル」中央ニ於テ產業組合ヲ全然統一スル所ノ機關ヲ設ケテ、此中央機關ヲシテ十分ニ低利ナル資金ヲ全國ニ融通セシメル途ヲ講ズルコトガ、實ハ是ハ焦眉ノ急デアリマス、久シク議論セラレテ居ルガ、事實行ハレテ居ラヌ、是ハ若シ諸君ト共ニ意見ヲ同ウスルコトガ出來レバ、何處迄モ政府ニ迫ッテ中央金融機關ヲ設ケシムベク努力ヲシタイト云フ考ヲ持ッテ居ルノデゴザイマス、尚ホ其以外ニ第五、第六、第七、第八等ニ於テ色々說明ヲ致シタイコトハゴザイマスケレドモ、事餘リニ冗長ニ亙ルト、甚ダ諸君ニ對シテ濟マヌ點ガアリマスカラ、兎モ角モ大體今例示ヲシマシタヤウナ趣意ニ於テ、此際農村ノ振興ニ付テ一大方針ヲ決定スルコトガ必要デアル、而シテ是ガ爲ニハ金ガ要リマセウ、單ニ吾々ガ心配スルダケデハイカヌ、或ハ相當ナル經費ヲ要スルニ違ヒナイガ、此經費ニ對シテハ政府ハ決シテ吝マズ、農村ノ爲ニ何處迄モ徹底的ノ方針ノ以テ將來ノ政策ヲ決定スベク希望センガ爲ニ、茲ニ農村振興ニ關スル所ノ建議案ヲ提案シタ次第デアリマスカラ、何卒諸君ノ御贊成アランコトヲ切望スル次第デアリマス(拍手)

○副議長(粕谷義三君) 本案ニ對シテハ質疑ノ通告ガゴザイマシタケレドモ、取消サレマシタカラ次ノ案ニ移リマス――次ノ案ハ床次竹二郎君外十一名ノ提出ニ係ル分デアリマス、小川平吉君

〔小川平吉君登壇〕

○小川平吉君 農村振興ニ關スル建議案並ニ其理由ヲ簡單ニ述ベタイ「建議案、農村ノ盛衰ハ直ニ國運ノ消長ニ關ス然ルニ近時漸ク不振ノ情勢ヲ見ルハ國家ノ爲深憂ニ堪ヘザル所ナリ政府ハ宜シク審ニ其ノ由テ來ル所ヲ究メ速ニ適切ナル對策ヲ樹テ以テ農村振興ノ實ヲ擧クヘシ」是ガ吾々ノ提出致シマシタ建議案デアリマス、之ニ對シテ簡單ニ提案ノ理由ヲ述ベヤウト思フノデアリマス、農村ノ大切ナル事ニ付キマシテハ只今下岡君ヨリモ述ベラレタノデアリマスルガ、申ス迄モナク、我國自治體ノ大部分ハ農村デアリマス、自治體ハ卽チ國家構成ノ基礎トシテ最モ大切ナル意味ヲ持ッテ居ルノデアル、殊ニ農村ハ大切ナル食糧ノ供給地トシテ、又生活必需品ノ消費地トシテ、經濟上ニ於テ最モ重要ナル價値ヲ有シテ居ルコトハ、茲ニ申ス迄モナイ、殊ニ農村ハ其農民ナルモノガ祖先以來一定ノ土地ニ定住ヲ致シ、其營ム所ノ農業ノ性質ハ恆久的ノモノデアル、是等ノ關係ヨリ致シマシテ、大體ニ於テ農村ニ於ケル人民ハ其氣質多クハ剛健質實、其風俗ハ敦厚醇朴デアリマス、而シテ勤儉力行社會ノ風紀ヲ維持スルニ付テ國民ノ中堅トナリ、又堅忍持久國家ノ公ニ殉ズルト云フガ如キ點ニ於テ、精神的ニ最モ重要ナル價値ヲ有スルモノデアルト私ハ考ヘテ居ル(拍手)然ルニ近頃一般ノ經濟狀態ノ變遷ニ伴レ、往々ニシテ農村甚ダ困難デアルト云フ聲ヲ聞クニ至リマシタ、又其靜穩ナル生活ハ齎サレ、不安ナル狀態モ動モスレバ損ハレルト云フ有樣ニナリマシタノハ、洵ニ深憂ニ堪ヘザル所デアリマス、是ガ原因ハ固ヨリ多々是アルノデアリマセウガ、直接何人ガ之ヲ觀察致シマシテモ、明ニ其原因ト見做シ、之ニ對シテ匡救ヲ圖ラナケレバナラヌ所ノ事柄ガアルノデアリマス、卽チ先刻憲政會ノ提案ニ付テ下岡君モ述ベラレタノデアリマスルガ、第一ニハ農村ニ於ケル國民ノ負擔ヲ輕減スルコト、又米價ノ安定ヲ圖ルコト、又各種ノ組合ノ組織機能ヲ發揮スルヤウニ致シテ、農業資金ノ供給ヲ圓滑ニスルコト、農事ノ改良、農具、肥料、其他物資ノ購入販賣等ニ關スル共同ノ作用ヲ助長スル、或ハ土地ノ改良ヲ圖ル、排水、灌漑、耕地整理等農業ノ目的タル所ノ土地ニ付テ一層ノ改良ヲ圖リ、又副業ノ調査獎勵ヲスル、生業ノ紹介ヲスル、或ハ又根本ニ亙ッテ移民、植民ノ獎勵ヲスル、又農業ニ關スル教育ノ普及ヲ圖ル、是等ノコトハ何人ガ考ヘマシテモ、今日農村ノ振興ヲ圖ルニ付テ最モ急務デアルコトハ疑ヲ容レザル所デアルト考ヘルノデアリマス、殊ニ其中ニ於テ焦眉ノ急ト認メラルヽ所ノ事柄ハ、申ス迄モナク農民ノ負擔ノ輕減デアリマス、此點ニ對シマシテハ、吾々ハ別ニ稅制整理ノ建議案ノ中ニ於テ、地租ノ委讓ノ如キ希望ヲ表明ヲ致シテ、大ニ農村ノ人民負擔ノ輕減ヲ圖ラウト考ヘテ居ルノデアリマス、之ニ對シマシテ先刻下岡君ハ、吾々ノ此地租委讓ノ點ニ付テ種々ニ論難ヲセラレタヤウデアリマスルガ、此農村振興ノ建議案ノ說明ニ當ッテ、何ノ必要ガアッテ斯ノ如ク吾々ノ地租委讓ノ議論ニ對シテ論難ヲ加ヘラレタノデアルカ、私ニハ殆ド了解スルコトガ出來ナイノデアリマス、是ハ農村振興ノ建議案デアリマス、下岡君ニシテ若シ誠心誠意農村振興ヲ圖ル一手段トシテ、農民負擔ノ輕減ヲ希望セラルヽノデアルナラバ、此農民ニ對シ、地租ノ輕減ヲスルト云フ御議論モ一ノ御議論デアリマセウ、併ナガラ吾々ガ更ニ進ンデ地租全部ヲ地方ニ委讓シタイト云フコトノ希望ハ、更ニ一層農民ノ負擔ヲ輕減スル所ノ案デアルノデアリマス(拍手「ノウ〳〵」)是ガ手、續デアルトカ、或ハ之ヲ法律ヲ以テスルトカ云フガ如キ、殊ニ其手續ニ立入ッテ、何ガ爲ニ此農村ノ振興ヲ希望スル、同ジ目的ヲ持ッタ所ノ政友會ニ向ッテ、此壇上ニ於テ論難攻擊ヲ加ヘラレルノデアルカ、私ハ其眞意ノ存スル所ヲ知ルニ苦ムノデアリマス(拍手)吾々ハ單ニ一時ノ農民ノ歡心ヲ買フガ爲ニ斯ノ如キ案ヲ出ス者デハアリマセヌ、吾々ハ一タビ口ヲ發スレバ、必ズ其言ヲ實行スルノデアリマス(拍手「ヒヤ〳〵」)苟モ全黨一致ノ建議案ヲ致シマシタル以上ハ、我黨ノ實力ノ存スル限リ之ヲ實行スルコトハ申スマデモナイ(拍手)此點ニ向ッテハ下岡君ニ御安心ヲ願ヒタイト云フ一言ヲ附加ヘテ置キマス(拍手)又低利資金ノコト、或ハ又組合組織ニ關スルコト、或ハ又米價ノ安定ニ關スルコト、是等ノ點ニ付キマシテハ、大體ニ於テ下岡君ノ希望ガ吾々ノ希望ト一致シタノヲ吾々ハ悅ブノデアル、唯ミ茲ニ吾々ノ建議案理由書ニアル中ノ一項ニシテ、憲政會諸君ノ建議案中ニ漏レテ居ルモノニ付テ一言スル必要ガアル、是ハ卽チ移植民ニ關スル事デアリマス、農村振興ノ策ハ多々アルノデゴザイマセウ、又下岡君ノ所謂總總的ノ手段モアラウ、根本的ノ方法モゴザイマセウ、併ナガラ奈何セン我國ノ土地ハ頗ル狹少ニシテ、其國民ノ數ハ頗ル多イ、而シテ年々數十万ノ數ヲ以テ蕃殖ヲスル次第デアリマス、一平方哩ニ二千何百人ト云フ人口ヲ有シ、世界ニ於テ和蘭、白耳義ノ次ニ位シテ居ル、而モ和蘭、白耳義以上ニ耕作不可能ノ土地ヲ澤山持ッテ居ル、斯ノ如キ狀態ハ、大體ニ於テ根本ヨリシテ農業其モノヲ困難ニ陷ラシメテ居ルノデアリマス、故ニ吾々ハ斯ノ如キ自然ニ不利益ナル狀態ヲ救ヒマスルガ爲ニハ、海外ニ向ッテ移植民ヲ獎勵シテ、政府ハ固ヨリデアリマセウ國民モ共ニ俱ニ(「何所ヘヤルノダ」ト呼フ者アリ)是ガ施設經營ヲスル必要ガアルト考ヘルノデアリマス、私ハ茲ニ細カキ理由ヲ述ブルコトハ必要デナイト考ヘタノデアリマスガ、此移民植民ノ事ハ頗ル大切デアリマス、今日我國ノ移民植民ノ行先ノ地方ノ分ラナイト云フヤウナ人ガ、私ハ帝國ニ在ルトハ思ハナカッタ、地圖ヲ開イテ御覽ナサイ、伯剌西爾ト云フ國ガアル、伯剌西爾ノ內ノ「サンパウロ」ト云フ州ハ日本ノ何倍ト云フ位アル、伯剌西爾ノ政府ガ如何ニ日本ノ植民ヲ歡迎シテ居ルノデアルカ、斯ノ如キ事ハ最早私ガ此壇上ニ於テ說明スル必要ガ無イコトデアラウト思フ、況ヤ若シ伯剌西爾ガ遠クテ困ルナラバ北滿洲、烏蘇里、米設ノ立派ニ出來ル所ノ數十万町步ノ立派ナ土地ガアルデハナイカ……

〔「ソンナ事ハ誰デモ知ッテ居ルヨ」ト呼フ者アリ〕

○副議長(粕谷義三君) 靜肅ニ

○小川平吉君(續) 即チ此農業ニ關スル自然狀態ガ最モ不利益デアルカラシテ、根本ノ方策ノ一トシテハ、此移植民ニ關スル政府ノ奬勵、國民御互銘々ノ施設經營ト相俟ッテ、大ニ帝國ノ大和民族ヲ海外ニ膨脹セシムルト云フコトガ最モ必要デアルト思フ(拍手)諸君、併ナガラ私ハ只今茲ニ述ベマシタル事柄ヲ以テ、農村振興ニ關スル方策至レリ盡セリトハ申サヌノデアリマス、固ヨリ農村今日ノ不振ヲ來シマシタル所ノ原因ハ、或ハ直接ニ、或ハ間接ニ、或ハ物質的ノ方面ヨリ、或ハ精神的ノ方面ヨリ、其原因ノ遠キモノハ御維新以來、近キモ十數年ノ間ヲ經テ、種々様々ノ複雜多岐ナル原因ガ集ッテ今日ノ農村ノ不振ヲ來シタノデアラウト思フノデアリマス、然ラバ則チ之ヲ救濟スルニ付テモ所謂一服ノ藥ヲ以テ此複雜多岐ナル所ノ病人ヲ癒スコトガ出來ナイコトハ申スマデモナイ、故ニ吾々ハ此物質的方面、精神的方面ニ亙ッテ、直接間接ニ農村ノ不振ヲ來シタル所ノ原因ニ向ッテ、最モ綿密ナル調査ヲ致シテ、先刻來列擧致シマシタル以外ニ於テ、妙計良策ヲ案出ヲ致シテ、而シテ農村ノ救濟ヲ圖リタイト云フ考ヘデアリマス、又農村ノ今日ノ狀態ニ付テ、御互ニ憂慮ニ堪ヘザル點ハ、獨リ經濟上ノ點ノミデハナイト考ヘテ居リマス、其精神的方面ニ亙ッテ最モ救濟ヲ要スル所ノ缺陷ガアルト考ヘテ居ル、是ハ即チ一般社會ノ進歩從遷ノ結果ト致シマシテ、農村ニ於ケル農民ノ精神的狀態ニ變化ヲ來スコトハ固ヨリ已ムヲ得ヌ次第デアル、是ガ結果トシテ、古來農村人民ノ生活ヲ樂マシメ、又農村ニ居住スル所ノ人々ノ社會組織ノ根柢トナリマシタル所ノ彼ノ良風美俗――立派ナル所ノ風俗習慣ト云フモノガ段々ト壞レテ參ッタ、而シテ之ニ代ルベキ所ノ習慣風俗ガ未ダ樹立シテ居ラヌノデアル、又或ハ神社ニ對スル崇敬、寺院ニ對スル信仰或ハ又社交上ノ儀禮、娛樂機關、是等ノ關係ニ段々ト變遷ヲ致シテ參ッタカラシテ、農民一般ニ安心ヲ與ヘ、此精神的ニ慰藉ヲスルト云フ所ノ事柄ガ段々ト乏シクナッテ參ッタ、是ニ於テカ農民ハ安ンジテ其業ヲ營ミ、樂ンデ其生ヲ送ルト云フコトニ付テ段々ト不安ノ念ヲ感ズルニ至ッタノデアル、今日農村ノ不振ハ決シテ經濟上ノ狀態ノミデハナイ、此精神的ノ方面ニ於テ最モ吾々ハ力ヲ盡シテ匡救ヲ圖ラナケレバナラヌ所ノ缺點ガアルト考ヘルノデアリマス(拍手)殊ニ今日、所謂風教ニ關スル所ノ設備、政府ノ行政機關トシテモ甚ダ不十分デアルト考ヘテ居ル、民間ノ施設經營スル所ニ至ッテモ其通リデアリマス、或ハ青年團ヲ組織シ、其他團體若クハ公衆ノ力ニ依ッテ種々様々ニ全國到ル處苦心ハシテ居ルノデアリマスケレドモ、此風教ノ振作淳風美俗ト云フ點ニ向ッテハ、遺憾ナガラマダ其設備甚ダ不十分デアルト謂ハナケレバナラヌノデアリマス、諸君、今日ノ狀態ハ國民ヲ十年學校ニ置イテ教育ヲ致シテモ、一度社會ニ出レバ一日ニシテ社會ノ力ヲ以テ此教育ヲ破壞スルト云フ如キ憾ガアル、斯ノ如キ狀態デハ前途甚ダ憂ヘニ堪ヘナイ、故ニ風教ニ關スル所ノ政府ノ施設並ニ民間ノ經營、相俟ッテ此精神的ノ方面ニ向ッテ全國農村ニ在ル所ノ人民ニ安心ヲ與ヘ、慰藉ヲスル、之ニ就テ最モ十分ナル計畫ヲ立テナケレバナラヌコトデアルト考ヘルノデアル、是ガ爲ニハ或ハ法律ノ改廢ヲ行フ必要モゴザイマセウ、或ハ又行政ノ機關ヲ改廢スル必要モアリマセウ、特ニ農務省ヲ設置スルトカ、或ハ又拓殖ニ關スル行政機關ヲ造ルトカ、政府ニ於テモ十分ニ研究セラレタ上ニ、行政機關ノ改廢若クハ其運用ニ向ッテ十分ナル改善ヲ加ヘナケレバナラヌ、又彼ノ農會ノ如キ最モ有力ナル機關ガ現ニ今日存在シテ居ルノデアル、此上更ニ此農會ノ活動ヲ促ス手段モ考ヘナケレバナラヌ、或ハ又其農會ノ活動如何ニ依ッテハ、農村委員會ノ如キモノヲモ設置スル必要ガアルカモ知レマセヌ、要スルニ今日農村不振ノ原因ガ複雜多岐デアルダケニ、之ニ對スル振興ヲ圖ルニ至ッテモ、其方策ヤ千差萬別デアラウト思フノデアリマス、故ニ吾々ハ之ニ向ッテ十分ナル調査ヲ遂ゲ、然ル上ニ此振興ヲ圖リタイト云フコトヲ考ヘテ居ルノデアリマス、先刻下岡君ハ、農村ノ疲弊ガ政友會政策ノ放漫ナル結果トシテ疲弊シタト云フガ如ク論ゼラレノデアル、斯ノ如キ簡單ナル言葉ニ依ッテ、農村疲弊ノ原因ガ全部盡サレタト眞ニ御考ニナッテ居ルノカドウカ(拍手)私ハ下岡君ノ如キ農村ノ事ニ精通セラレル所ノ立派ナル代議士タル下岡君ニシテ、斯ノ如キ事柄ガ農村疲弊ノ原因ナリト信ゼラレルニ至ッテハ、毫モ其愁ノ在ル所ヲ解スルコトガ出來ナイノデアリマス、(拍手)農村ハ固ヨリ我ガ帝國ノ大部分ヲ占メルモノデアリマスカラシテ、國家ノ政治ノ大部分ト云フモノモ亦等シク農村ニ關係シテ居ルコトハ論ヲ俟タヌノデアリマス、即チ下岡君ノ如キガ既ニ攻撃サレル所ノ吾々ノ政策、所謂積極政策或ハ交通機關ヲ完備スル、或ハ治水ノ事業ヲ圖リ、港灣ノ修築ヲスル、或ハ產業ノ奬勵ヲスル、是レ即チ悉ク農村振興ノ爲ニナラヌモノハナイト申シマシテ宜シイノデアリマス、(拍手)苟モ眞ニ農村ノ振興ヲ圖ル人ガアリマシタナラバ、此交通機關ノ完備、治水港灣ノ修築、產業ノ奬勵、我黨ノ積極政策ニ向ッテ、最モ率先シテ讃辭ヲ呈サナケレバナラヌモノデアル(拍手)何ガ放漫政策デアル、希クハ此農村振興ノ問題ニ對シテハ、御互ニ誠意ヲ以テ虛心平氣ニ、眞實農民ノ苦痛ヲ救フト云フコトニ向ッテ驀進シヤウデハアリマセヌカ、建議案ヲ出シテ、其建議案ノ提出ノ遲速ヲ爭ヒ、或ハ建議案ノ文句ニ付テ、或ハ其方法ニ付テ、農村振興ヲ考ヘル先ニ、先以テ黨派ノ爭ヲフルト云フ如キコトハ、私ハ眞ニ農村振興ニ熱心ナル者デアルト認メルコトハ出來ヌノデアリマス(拍手)吾々ハサウデハナイ、建議案ノ一日遅レルガ如キコトハ、眞ニ農村ノ振興ヲ策スル熱心ヨリシテ何等ノ躊躇スル所ハナイト考ヘル、又之ヲ帝國議會ニ提出スル所ノ形式ニ至ッテハ、或ハ建議案デアラウガ、一日モ速ニ農民ノ疾苦ヲ救フト云フコトノ目的ヲ遂スルコトガ急デアル、徒ニ形式ニ拘泥ヲ致シ、何故決議デ出サヌ、何故建議デ出サヌ、左様ナコトヲ今日論ズル者ハ、農村振興ニ對シテ誠意アル者ト私ハ認メナイノデアル(拍手)吾々ハ眞ニ農村ノ振興ヲ圖ルニ急ナルガ爲ニ、斯ノ如キ些末ナル議論ハ一切打棄テ、共ニ倶ニ此農村ノ振興ニ向ッテ力ヲ盡シタイト云フノガ、即チ吾々此提案ヲ致シマシタル趣意デゴザイマス(拍手)

○副議長(粕谷義三君) 本案ニ對シテ質疑ノ通告ガアリマス、田淵豊吉君

〔田淵豊吉君登壇〕

○田淵豊吉君 約一時間ニナルカ知レマセヌガ、暫ク御清聴ヲ願ヒマス、私ハ加藤サンデハナイケレドモ、農村ノ事ハ生レタメケデ餘リ能ク知ラヌケレドモ、私ヨリモ知ラヌヤウナコトヲ云フヤウニ思フカラ、私モ少シ言ウテ、若シ直スコトガアレバ結構ダト思ッテ此壇ニ登ッタノデアリマス、誰デゴザイマスカ、小川平吉君ガ農村振興ニ關スル建議案ニ付テ、下岡君モヤラレタヤウデスガ、私ハマア憲政會ノハ其方ニ退ケニシテ、失禮カハ知ラヌガ、政友會ノ案ニ付テ述ベテ見タイト思フ、農村ノ疲弊ハ實ニ國家ノ消長ニ關スルトカ、何トカ書イテアル、ハ是全クノ事カ知ラヌ、所ガ革新倶樂部ノ野溝君ノ言フ通リ、ドウモ兩黨ノ出シタモノハ何等意味ヲ爲サヌ、コンナコトハモウズット前カラ分ッテ居ルコトデアルカラ、何故政友會ガサウ云フコトヲヤラナカッタカ、今頃出シテ實ニ呆レタ話ダト言ウテ居ル、私モサウ思フカラ一應此案ニ付テ、選擧デモアッタラ農村へ歸ッテ、營業稅ハ出シタガ地租ハドウシタト言ハレルカラ因ルト云フノデヤッタノデアラウト、失禮ナガラサウ思フ(「眞面目ニヤレ」ト呼フ者アリ)眞面目ニシテ居ルヂヤナイカ、眞面目ニ聴キ給ヘ、ソレデ政友會ハ選擧ヲ前ニシテ、政友會ハ大分農村カラ出テ來タ者ガ多イカラ、ソレデ負ケタラ工合ガ惡イト云フ點カラ、斯ンナモノヲ並ベ立テタノデハナイカト思フ、ソレダカラコンナモノヲ論駁スルノハ馬鹿ダト云フコトニナル、併ナガラ苟モ此議會ニ出タモノヲ、サウ不眞面目ニ取扱フコトハ吾々ノ良心ガ許サヌ、私ハ能ク知リマセヌガ、私ノ思フ所ヲ述ベタイト思フ、一體政友會ノ人デモ農村カラ出テ來タ農民ノ人モアリマセウガ、農民デナイ人モ唯、政治家デ出テ來テ、好イ加減ナコトヲ、私モサウカ知ラヌガヤッテ居ル(笑聲)ソレデアルカラ徹底的ニ物ヲ知ッテ居ル道理モ無イデセウ、私ハ逐條ニ付テハ言ヒマセヌケレドモ、言葉ノ末ニ囚ハレナイデ、私ノ問フ所ノ精神ヲ見テ戴キタイ、サウシテ答ヘ

ルコトガ出來ナカッタラ答ヘナクテモ宜イ、答ヘルコトガ出來ルナラソレニ近イモノデモ答ヘテ戴キタイ、私ハ農村ト云フモノ、範圍ヲ聞キタイ、農村トハ何ゾヤト云フ一ノ「デフイニシヨン」ヲ聞キタイ、農村ト云フモノハ英語デ言ノト「ランド」ト謂フ「ランド」ト謂フト水モ含ミ、山モ含ム又漁村モ含ム、或ハ山村ト云フカ、山ヲ含ンデ居ル農村デアルカト云フ範圍ヲ聞キタイ、ソレデナイト實際行ノ上ニ於テ困ッテ來ルト思フ(「ヒヤ～～」)ソレハ其性質デアリマスガ、其外ニ又其及ボス所ノ範圍ハ何處マデ至ルカト云フ問題デアリマス、是ハ多分諸君ガ選擧ニ利用シヤウト思フモノダカラ、朝鮮ハ含ンデ居ラヌト思フ、併ナガラ矢張農村振興ノ建議案ガ出ルト朝鮮モ、此恩澤ヲ蒙ムルト云フコトヲ持ッデアラウト思フノデアリマス、或ハ臺灣、或ハ樺太ト云フヤウナ工合ニ其範圍ト云フモノヲ矢張擴張スルコトガ私ハ至當デハナイカト思フ、如何トナレバ、朝鮮アタリハ私ハ此間觀テ來マシタガ、全ク彼所ハ小サナ家バカリデアル、松蟲ノ樣ナ家々デ、涙ノ零レルヤウナ狀態デアル、此農村ノ振興モ圖ラナケレバナラヌト思フ、或ル高官ニ聞キマスルト、日本ノ統治以前ヨリハ餘程良クナッタト云フケレドモ、吾々カラ見レバ實ニ人間ノ住ム家デハナイヤウニ思フ、必ズヤ朝鮮農村ノ振興ト云フコトモ圖ラナケレバナラヌ、臺灣モサウデアル、諸君モ第一ニ考ヘナケレバナラヌコトハ、是ハ怒ルカモ知レマセヌガ、八夫ニナッテ居ル者或ハ農業ニ從事シテ居ル特殊部落ノ人々ガアル、若シ日本デ革命ガ起ルナラバ、特殊部落ノ者ガ先驅者トナルカモ分ラヌト云フヤウナ噂ヲ吾々ハ聞イテ居ル、實ニ是ハ危イ、危險千万デアル、是モ矢張農村振興ト非常ナル關係ヲ持ッテ居ル、朝鮮ハ過激思想ニナッテモ、朝鮮獨立ダケノ運動ニナルカ知レマセヌガ、日本ノ中ニ住ム人ガサウ云フコトヲヤッタトキハ、其問題ガ日本ヲ爆裂サスヤウニナルカ知レヌガ、此問題モ人的關係デ非常ニ重大ナル問題デハナイカト思フ、故ニ是ニモ考慮ヲ拂ハナケレバナラヌ、ソレカラ第二ニ農業立國デアルカ、商業立國デアルカト云フコトハ、下岡サンモ述ベラレタガ、私モ同感デアルカナイカ(笑聲)能ク知リマセヌガ、私ハ下岡サンノ意ノアル所ヲ十分ニ聽取シナカッタノデアリマスガ、英國ハ何方カト云ヘバ、商工立國デアル、佛蘭西ハ農業國デアル、五割五分ノ人口、佛蘭西ニ於テハ農業地ガ多ク煙突ガ少イ、農業國トシテ「レパブリック」ヲ造ッテ安逸ニ暮シテ居ル、英國ハ食糧品ヲ外國カラ取ッテ商工國トシテ興ッテ居ル、近來社會改革ノ暴動カラ「ロイドジョージ」ガ愛蘭ノ西ノ方ニ貧困ノ區域ガアリマスカラ、數億ノ金ヲ投ジテ其土地ヲ買上ゲテ之ヲ農民ニ年賦デ拂下ゲテ居ルト云フコトデアリマス、併ナガラ大體ニ於テ都會集中ノ政策ヲ持ッテ居ル所デアル、佛蘭西ハサウデナクシテ、農業國デアル、獨逸ハ英國ノ轍ヲ履ムコトヲ虞レテ、戰前ニ於キマシテモ農業國デアルト同時ニ工業國トシテ並立シテ、科學的ニ根本的ノ理由カラ農モ工モ吾々ノ生活ニ必要ナ物ヲ造ルモノデアルカラ同ジモノデアルト云フ見地ニ立ッテ之ヲヤッテ居ルト云フコトハ一ノ新ナル例デアルト思フ、然ラバ日本ハ英國流ニヤルカ、佛蘭西流ニヤルカ、或ハ獨逸ノ如クチヤンポンニヤルカト云フコトガ、重大ナルモノデアルト思フ、此先決問題ガ定マラナケレバ、外ノ問題ハ如何ニ言ッテモ定マラヌト云フコトヲ斷言シテ憚ラヌデアリマス、御存知ノ通リ英國ハ七割、八割、九割ノ者ガ都會ニ集中シテ居ル、獨逸モ段々サウナッテ來テ、遂ニ英國ト衝突シテ戰爭ニナッタ、北米ハ農業國カラ工業國ニ變ジツヽアル、日本モ今亞米利加合衆國ノ如ク農業國カラ工業國ニ變ジツヽアル、支那モ段々「プリミチーム」ノ原始的ノ農業國カラ段々進ンダ農業國トナリ、一部ハ工業ニ進ミツツアルノデアリマス、詰リ北米ハ工業國ニ進ミ、南米ハ農業國デアルカラ、互ニ有無通ジテヤラウヂヤナイカト言ウテ居ルガ、日本ハ支那カラ衣食住ノ資ヲ得ヤウトシテ日支親善ヲ唱ヘテ居ルト云フコトハ、日本ノ人モ支那ノ人モ十分了解シテ居ルト思フ、サウ云フヤウナ見地カラ、小川サンノ演說ハ十分聽カナカッタノデアリマスガ、小川サンモ外ヘ行ケトカ何トカ言ッタサウデアリマス、私思フニ日本ヲ如何ニシテ行カウカト云フコトハ非常ニ重大ナル問題デ、年々七十万モ百万モ殖スモノヲ、民力涵養テ鮭ノ尻尾ヲ食ッテ居レト言ッテモ、味噌ヲ嘗メテ居レト言ウテモ、中々イカヌ、是ハ農村ダケノ問題デナクシテ、日本全體ノ問題デアルト思フ、數カラ言ウテモ諸君ハ農業トカ工業トカ言ヒマスケレドモ、鐵ヲ造ル人ハ元ハ我手デ土ヲ掘ッタモノデアル、所ガ鐵ヲ造ルノハ工業デアルガ、實ハ農業的ノモノデアル、豆ガ滿洲カラ來タト言ウテモ、米ガ足ラヌ爲ニ豆粕ヲ持ッテ來テ米ヲ作ルノデアル、ソレデ農業ト工業トノ範圍ハ非常ニ複雜シテ居ルト云フコトヲ信ズルノデアリマス、故ニ此農村ト云フコトヲ言ヒマスレドモ、英國デハ市トカ田舍トカ云フヤウナモノニ分ケテ此研究ヲシテ居ル、諸君ガ農村トカ何トカ漠然ト言ハレルガ、吾々ニハ大體ハ分ルガ、シッカリ分リ惡イ、諸君モ御承知ノ通リ日本ハ如何ナル狀態ニ在ルカト云フト、吾々ノ着ル木綿ハ印度トカ、支那トカ、埃及カラ持ッテ來テ造ルノデアル、住居ノ木ハ何所カラ來ルカト云フト、日本ニモアリマスガ、亞米利加カラ近來持ッテ來ル、北滿カラモ持ッテ來ル、南洋カラモ堅イ木ヲ持ッテ來テ建テル、食ベル物モ滿洲カラ持ッテ來ル、卵トカ、牛トカ、色々ノ物ヲ山東アタリカラ持ッテ來テ、日本ノ食糧ノ充實ヲ圖ッテ居ル、何モ分ラヌ寺內內閣ノ如キハ、一軒ニ二ツノ羊ヲ飼ヘバ都合ガ好イト云フヤウナ馬鹿ノ骨頂ナコトヲ言ウテ居ルガ、ソレハヤレルコトノナイニ極マッテ居ルノデアリマス、ソレニサウ云フヤウナ姑息ナ事ヲヤラウトシテ、大體ノ日本ガ如何ナル狀態ニ在ルカト云フコトヲ知ラナイ、諸君モ御存知ノ通リ、今ヤ日本ハ此農業國カラ漸々工業國ニナッテ、纖維工業國カラ化學工業ニ進ンデ行ッテ、サウシテ精良ナル機械ヲ拵ヘテ、ソレデ機械カラ生產スル所ノ物ヲ造ッテ、サウシテ外國カラ良イ所ノ麥トカ、米トカ、豆トカ、色々ナ食料品ヲ持ッテ來テハ、日本ヲシナケレバイカヌ、一朝亞米利加ト戰端ヲ開イタ場合ニ、日本ハ軍艦ヲ以テ大陸ノ連絡ヲ繫イデ、滿洲邊カラ吾々ノ食料品ヲ持ッテ來ル爲ニ、或程度マデ農國ノ方ガ必要デナイカト云フヤウナ重大ナ問題ガ、此農村ノ問題ト密接ナル關係ヲ持ッテ居ルノデアリマス、ソレデアリマスカラシテ、此獨逸ハ御存知ノ通リ戰前ニ於キマシテ麥ノ價ヲ非常ニ釣上ゲテアル、動イテハ居リマスケレドモ、釣上ゲタリ少シ關稅ヲ下ゲタリシテ、サウシテ麥ノ價ヲ高ク保ッテ置キマスルト、百姓ガ麥ガ高イカラ其麥ヲ餘計作ル――餘計作ルト云フト耕地ガ廣クナッテ來テ、戰爭ニナッタトキ食糧ガアルト云フヤウナコトデ獨逸ハ持ッテ居ッタ、サウシテ洪牙利ト組ンデ戰ニ備ヘタト云フ點デアリマス、故ニ此農作物ニ付テ保護貿易主義ヲ執ッテ居ッタ、又之ヲ社會黨トカ自由黨トカガ寄ッテタカッテ此保守黨、地主黨ニ向ッテ大ナル迫擊ヲ加ヘタノハ事實デアリマスケレドモ、非常ニ爭ヒガアッタノデアリマス、英國ハドウデアルカト云フト、現ニ近年ニ於キマシテハ「プレックファストテーブル」デ朝飯ニ出テ來ル所ノ茶トカ、砂糖トカ、麵麭トカ「バタ」トカ云フ物ハ、何人モ食ベナケレバナラヌ物デアルカラ、自由貿易ニシ無稅ニシナケレバイカヌト云フコトニナッテ、大分サウ云フヤウナコトニナッテ居ル、ソコデ英國ハサウ云フ物ニ付テハ自由貿易主義ヲ執ッテ居リマス、詰リ私ハ全部旨ク盡シマセヌケレドモ、日本ノ今日ノ立場ハ如何ナル立場ニ在ルカト云フコトヲ考ヘマスルトキニ、或ハ亞米利加ノ合衆國ニ移民ヲ送ルコトガ日本ノ非常ニ軟弱ナル外交ノ爲ニ遂ニイケナイ、或ハ又寫眞結婚禁止ノ爲ニ彼ハ文明ニ名ヲ藉ッテ日本ノ子ヲ產ムコトヲ禁ジテ居ルガ爲ニ、外務省ガ之ニ乘ッテ寫眞結婚ヲ禁ジテ居ッタ、ソレガ爲ニ日本ノ人間ガ此方デ殖エテ向フデ殖エヌト云フコトニナッテ、海外ノ何處ニモ此薄弱ナル外交ノ爲ニ日本カラ行ケナイト云フコトガ、我ガ日本ニ響イテ來テ、是ガ食糧問題或ハ社會問題ニ響イテ來テ居ッタ點デアッテ、或ハ英國ト同盟シテ居ッタ爲ニ濠洲ニ行ケナイトカ、或ハ南米ニモ餘リ行カヌト云フヤウナコトデ、又阿非利加ニモ行ケナイト云フコトデ、日本ハ今ヤ手モ足モ出ナイノデ、內ニ引込ンデ居ラナケレバナラヌ、然ラバ其食糧ヲドウスルカト云フコトガ重大ナ問題デ、之ヲ解決シナケレバ農村振興ノ問題ガ百年經ッテモ、千年經ッテモ其根本方針ガ決マラヌトイカヌト思フ、故ニ私ハ其根本方針カラ決メテ掛ラナケレバナラヌ故ニ、日本ハ戰爭ノ場合デアルトカ、或ハ農民ヲ保護スル場合ニ於キマシテハ、此農作物ニ對シマシテ保護關稅主義ヲ執ルカドウカト云フ點ヲ今カラ考ヘテ置クモ、決シテ私ハ早クハナイト思フノデアリマス、日本ハ政黨ガ政友會ハ農民黨デアル、憲政會ハ商工黨デアル、國民黨今ノ革新俱樂部ノ中產黨デアルト云フヤウナルコトヲ吾々ハ聞イテ居ル、然ラバ私ハ思フノデアリマス、諸君ガ此樣ナ主義ヲ持ッテ行ケルカト云フト、憲政會ガ地租ヲ減スト、サウシタナラバ又農民黨デアル筈ノ政友會ハ營業稅ヲドウスルト云フコトニナッテ、入亂レテ選擧權ヲ獲得スル爲ニヤッテ居ルヤウニ私等ニハ見エル、斯ウ云フヤウナ分野ノ明カナラザル所ニ於キマシテハ其政策ノ根柢ガ無イ、是アルガ爲ニ又國民ハ必ズ私ハ困ルト思フノデアリマス(拍手)私ハ多ク言ヒマセヌガ、此點ニ付テモドウ云フ御考ヲ持ッテ居ルカ聞キタイ、其次ニ私ハ是ハ殆ド總テノ人ガ問題デナイヤウニシテゴザイマスルケレドモ、本ヲ見ルト問題ニナッテ居ル、ソレハ何故問題ニナッテ居ルカト云フト、小作農カ自作農カト云フ問題デアル、諸君ノ大柢ノ人ハ一面カラ見レバ自作農程結構ナ事ハナイト斯ウ思フノデアリマス、所ガ焉ゾ知ラン小作農ヲナケレバイケナイト云フコトヲ、彼ノ英國ニ於ケル自由黨並ニ自由黨トクッ付イタ所ノ社會黨ガ之ヲ叫ンデ居ルノハドウ云フ譯デアルカ、自作農ガ餘リ殖エルト云フト、其土地カラ上ガル所ノ品物デ以テ暖衣飽食スル要ガアル者ガ增スカラシテイケナイト云フコトヲ社會黨ガ言ッテ居ルト云フヤウナ狀態デアル、サウシテ即チ小作農ノ方ガ却テ宜シイト云フコトヲ自由黨何カヾ唱ヘテ居ル、之ニ對シテ統一黨ハ何ト言ウテ居ルカト云フト、自作農デナケレバイカヌト言フ、斯ウ言ッテ居ル、サウシテ其小作農ニモ二ツアル、國家ノ國有ニシタ場合ニ國家カラ借ル場合ト、日本ノヤウナ今ノ現狀カラ借ル場合ト二ツアル、而シテ自己ガ持ッテ居ル場合ニモ、今ノ「レニン」政府ノヤウナ狀態ノヤウナモノガアリマス、ケレドモ、先ヅ自己ガ所有シテ居ルト云フヤウナ此二ツニ分レタモノガアル、何方ニスルカト云フコトガ私ハ大問題デアルト思フ、如何トナレバ農業デモ餘リ小サクスルト收益ガ少イ、收益ガ無カッタナラバ其者ガ食ッテ行ケナイト云フ又農村振興ニ反對ノ結果ヲ生ズル、大キクスルト獨逸ノ如キ低利資金ヲ借リテ其土地ヲ買フトカ、或ハ又外ノ小作ヲシテ大キク耕スト云フコトデナケレバ引合ハヌト云フコトニナッテ來ルノデアリマス、故ニ小作農カ自作農カト云フ問題ハ重大ナル問題デアルニ拘ラズ諸君モ、提出サレタ人モ此問題ニ付テ餘リ頭ヲ惱マサレタノデハナイカト云フコトヲ私ハ恐レルノデアリマス、ソレカラ私ハ第四ニ於キマシテ物價調節ト云フ問題ニ付テ觸レテ見タイ、諸君ヨ、米ガ高カッタナラバ勞働者ノ食フ物ガ高イ勞働者ガ高イ物ヲ食フナラバ生產費ガ高ム、物價ガ高クナル、物價ガ高クナルナラバ貿易ハ擴張ガ出來ナイデ、貿易ガ逆調ニナッテ來テ、遂ニ農夫モ食ヘヌト云フヤウナ還元法ガ現レテ來ル、然ラバ如何ナル所ノ點ニ物價ヲ調節スルカト云フ所ノ其水準點ト云フモノガ中々ムヅカシイノデアリマス、ムヅカシイ問題デアリマスケレドモ、今日ノ如ク物價ガ高カッタトキニ、而シテ今日此場合ニ於ケルヤウナ米ガ安カックヤウナ場合ニハ――此場合デスヨ――此米ガ安カッタヤウナ場合ニハ、農民ガ買フ所ノ物ハ、著ル所ノ物ハ、印度ノ綿デアル、肥料モ滿洲ノ肥料デアル、食フ所ノ物モ外カラ持ッテ來タ場合ニソレヲ買ハナケレバナラヌト云フテ、非常ニ窮迫スルノデアル、故ニ少シ許リ米ガ値ガ好カッタ場合デモ、或ハ地租ヲ委讓シテ貰ッテモ稅ガ安クナッテモ四圓カ五圓位安クナッテモ何ノ役ニモ立タヌト云フコトハ諸君ガ知ッテ居ルト思フ、ソレヲ眞面目ニ考ヘズシテ唯、地租ヲ委讓シ、或ハ二步減ニシタラソレデ宜カラウ、農村ガ振興シ出シタナラバ是デ宜カラウト云フコトモ私ハ非常ニ間違ッテ居ルト思フ、ソレカヲ諸君モ御承知ノ通リ物價調節ト云フト非常ニムヅカシイ問題デアルト共ニ、又非常ニ必要ナ問題デアルト私ハ思フ、ソレカラ御存知ノ通リ勞働者ト云フモノモ獨逸ノ如キハ非常ニ「ドレスマシン」即チ大ナル初ニスル所ノ農業ノ機械ヲ持ッテ居リマスカラ、十人ガ十人モ掛ッテ打ツ麥ハ一時間カ二時間デ「ドレスマシン」デ打ッテシマフコトニナッテ來ル、ソレデゴザイマスカラ農業ニ働ク所ノ人ヲ驅逐シテ、サウシテ工業ニ行ク、都合ノ好イトキニハ農業ニ歸ッテ來テ農民勞働者ニナルト云フコトデ、勞働者ハ必シモ此土地ニ固定シテ居ラナイコトハ、伊太利ノ農民ガ移民トシテ土地ヲ變ズル樣ナモノデアリマス、サウ云フ狀態デ農民勞働者ハ都會ニ行キ、又都會ニ在ル者ハ農民勞働者トシテ歸ッテ來ル、相互的ノ「カーレント」ガアルト云フコトハ明カナ狀態デアリマス、故ニ物價節調ヲシナケレバナラヌ、非常ニムヅカシイ問題デアリマスケレドモ、シナケレバイカナイ、又農村々々ト云ウテ都會ヲ見ナケレバイケナイ、諸君、是ハ一寸附加ヘテ忘レヌ中ニ言ウテ置キマスガ、私ノ方ニモ紡績ガアル、紡績ニ何千人ト云フ小サイ女ノ子ヲ入レテ居ル、其爲ニ絲ガ非常ニ飛ブカラ肺病ニナッタリ、身體ガ惡クナッテ、遂ニ家ヘ歸レバ死ヌト云フ、葬式ノ費用ハ儲ケタ金デヤルト云フコトニナル、嫁入リノ費用ヲ儲ケルノガ葬式ノ費用トナルコト、ナル、都會ノ設備ガ工場法ノ勵行ト否トハ如何ニ農村ノ達者ナ人間ヲ造ルカ幸福ヲ造ルカト云フ事ニナル然ルニ唯、農村ダケヲヤレバ宜イ、農村ダケヲ喜バシテヤレバ宜イト云フノデハ到底私ハ徹底シナイト思フノデゴザイマス、ソレカラ私ハ其次ニ課稅ト云フコトニ付テ述ベテ見タイ、例ヘバ私ガ此前ニ立ッテ相續稅並ニ其時ハ言ヒ忘レタカ知レマセヌガ、相續稅ヲ取ルナラバ必ズ讓與稅ガ伴ハナケレバナラヌノガ、マア今日デハ租稅ノ原則トナッテ居リマス、此讓與稅ヲ新設シ此相續稅ヲ修正シテ、成ベク上カラ取ッテ行カナケレバナラヌト同時ニ、消費稅ヲ減ジテ行クコトガ必要デアル、若槻君デゴザイマスカ、消費稅ハ佛蘭西ガ多ク取ッテ居ルカラ最モ良イ稅デアルト云フコトヲ言ハレタノデゴザイマス、ケレドモソレハ若槻君ノ多分誤リデアラウト云フコトヲ私ハ思フノデアリマス、故ニ此消費稅ガ多クアッテ、總テノ物ニ稅ガ課ッテ來ルト、百姓ガ立行クマイト思ヒマス、ソレデ私ハ小サイ事デゴザイマスケレドモ、諸君ニ述ベテ戴キタイコトハ何デアルカト云フト、諸君モ御存知ノ通リ、此政府デアレバ「ネーチユア」ニ制セラレテ居ル吾々ハ、監獄ニ這入ッテ居ル樣ナモノデ吾々ノ「ネーチユア」ノ性質ニ依ッテ飯ヲ食ッテ居ル、之ニ反スルモノハ必ズ死ヌ、宇宙ノ法則ノ支配ヲ受ケテ居ル者デアル、ソレト同時ニ政府ノ定メタ法則ニ亦支配ヲ受ケテ居ル、左樣ナル政府ガ段々近世ニ於テ社會主義的傾向ヲ持ッテ來ル、社會主義的傾向ハ一面、個人主義的デハアルガ、同時ニ社會ノ爲ニ個人ヲ犧牲ニスルコトガ段々色ヽナ所ニ行ハレテ來タ、ソレデアルカラ彼ノ原始時代ノ老莊ガ唱ヘタ如ク、世間デ言ハル、無政府ニ歸ル、露西亞ノ或者等ハ無政府主義ヲ叫ンデ居ル、私ハ思フ、最モ政府ニ居ル所ノ役人ハ政府ノ綱紀ヲ握ヘテ居ル者ハ、其一面ニ於テノ其機關ガ如何ニモ危險ナモノデアル、「ネエチユア」即チ自然ニ反對スルモノデアルト云フコトデ思ッテ、同時ニ此無政府主義的ノ考ヲ持ッテ、有政府主義ノト無政府主義ト調和點ニ立タナケレバイカヌト思フ、然ラバ是ハ何所ニ持ッテ來ルカト云フト、現在ヲ見給ヘ、百姓ガ煙草ヲ喫ミタイ、煙草ハ其地デ手近ニ作レル、我ガ作ッタモノデアルカラ旨イモノカ知ラヌ、ソレヲ專賣局カラクル〳〵廻ッテ手ノ垢ノ附イタモノヲ喫マナケレバナラヌコトニナッテ來ル酒デモサウデアル、醇良ナル酒ハ酒屋ノ釀スモノデアリマスカラ、買ッテ飲ムノハ良イケレドモ濁酒ヲ山ノ上ノ天邊デ造ルコトハ許シテモ宜カリサウナモノデアル、何モ人ノモノヲ取ルモノデナイ、我ガ物ヲ我ガ造ッテ樂シムコトデアルカラ、此點ハ毒ニモ藥ニモナラナイ、ソレヲ政府ノ法則デ網上ゲテ、濁酒ハ飲メヌソト飲ミニクイ樣ニシ煙草ハ造ッテ自ラ直接ニ喫メヌ樣ナ非常ナル壓制ヲ加ヘルノデアリマス、所ガ農民ハ何モ政治學ヲ習ッタモノデモ何デモナイ、皆天然ノ理法デサウセイデモ宜カラウト云フ人情ヲ持ッテ居リマス、英國デ之ヲ申セバ「コンモンセンス」即チ常識ヲ持ッテ居ルノデアリマス、此間私ガ朝鮮カラ戾ッテ來タ時ニ、船デ檢査ヲ前晚受ケテ居リマス、煙草ヲ持ッテ居リマスカ居リマセヌカ、煙草ノ吸カケヲ持ッテ居ルカト聽キマシタ、吸カケトハ何デアルカト問ヒマシタラ、吸カケタ煙草デアルト敎ヘテ吳レタ、妙ナ言葉ヲ知ッテ居ル、船カラ出テ來タラ一寸待ッテ呉レ、烟草ヲ持ッテ居ルカ、烟草ヲ喫ムカト聽キマシタ、私ハ返事ヲシナカッタラ是ハ怪シカラヌ、此關門ヲバ唯、無稅デ通ラウト云フコトハ圖々シイ奴デアル、ト言ヒマシタサウシテ私ガ行カウトシタラ警察ヘ來イト言ッテ引ッ張ル、此間ニ出口ニ參リマスト、改札口ノ柵ヲ飛ビ越ヘテ行ッテ向フニ待ッテ居ッタ專賣局ノ者ヲ連レテ來タ、而シテ二人デ私ヲ捕ヘタ私ガ車ヘ乘ラウトスルト、車ノ梶棒ヲ捉ヘル、車屋ニ警察ニ連レテ來イト言ッテ車屋ガ警察署ノ前ニ降シタ

○副議長(粕谷義三君)　注意シマス

○田淵豐吉君　承知シマシタ、要點デアリマス、サウ云フヤウナコトデ警察ノ巡査ハソレヲ私ハ見逃シマシタケレドモ、サウ云フヤウナコトデアル、ソレデ局長ニ聞キマシタラ、言フノニ、サウ云フコトハ尋ネルコトガアルト申サレマシタ、尋ネルト云フコトハ外國デモナイ、一旦品物ヲ調ベタ以上ハ私ハ何モ持ッテ居ナイ、再ビ喫ムトカ喫マヌトカ云フコトヲ尋ネルト云フコトハ、卽チ探偵政治デアルト斷言スル、斯ノ如キ事ナシテ一面ニ收稅吏ガ或ハ濁酒ヲ調ベル、祭ノ時ニヤッテモ、三十圓四十圓ノ罰金ヲ取ル、烟草ノ葉一枚ノ事デモ罰金ヲ取ルト云フ苛斂誅求ナ事ヲヤッテ居ッテ、ドウシテ一方ニ農村振興ト云フコトガ出來マセウカ、斯ウ云フヤウナコトハ私ハ大問題デハナカラウカト思フノデアリマス、又諸君モ御存知ノ通リ、嚢ニ小川君ガ言ハレタ如ク祭デモサウデアル(「論點ニ立歸リナサイ」ト呼フ者アリ)私ノ村デハ是マデハ舊曆ノ八月ノ十五日ニ祭禮ガアルカラ之ヲヤッタノデアル、所ガ新曆ニ直サナケレバナラヌト云フノデ、月ノ滿月ノ時ヲ見ルコトガ出來ズシテ、新曆デナケレバ許サヌ、獨逸邊リデハソンナ事ハナイ、祭日デモ豫メ極マッテナイモノガアル、態ト新曆ニシテ祭日ヲヤラナケレバナラヌト云ウテ、民ノ樂ムモノヲ取ッテ、段々過激思想ヲ釀成シテ居ルノハ如何デアル、諸君ガ大キナ事ヲ言フケレドモ、能クソレヲ見テ貰ハナケレバナラヌ、又私ノ郡ノ話デアリマスガ、私ガ郡內ヲ廻リマシタ時ニ、火藥ヲ使用シタリ爆發物ヲ使用スルコトガムツカシイカラ、農民ガ仕方ガナイカラ石垣ヲ造ル爲ニ、石ヲ割ルノニ棕櫚ノ木ヲ燃ヤシテ──熱ガ高イモノカ知ラヌ石ノ上デソレヲ焚イテ暫ラクシテ水ヲ掛ケルト石ガ割レル、ソレデ石垣ヲ造ル、亞米利加邊リデ聞クト、大キナ木ヘ火藥ヲ注込ンデ、向フカラ見テ居ルトパント割レル、サウ云フコトデ農民ニ非常ニ容易ク造ルコトヲサセル、然ルニ稅ハ取リ放題取ル、私ニマデ喧シク言ウタヤウニ暴レ込ンデ來ル、農村ハ非常ナ弊害ニナッタ、英國ノ愛蘭デハ倫敦ニ居ル地主ガ年貢ヲ取立テ、三年每ニ年貢ヲ上ゲル、暴動ヲ起スカラ憲兵ヲ増シテ之ヲ鎭壓シタ、今ヤ愛蘭ガ非常ナ危險ニ遭遇シテ居ルノハ、愛蘭ハ疲弊シテ土地ハ荒レテ肥痰ナドガ多イノデアリマス、皆其結果デアル、朝鮮デモサウデアル、日本人ノ警官ト朝鮮ノ警官トガ壓迫スル爲ニ仕方ガナク、非常ナ苦シイ生活ヲシテ、何時爆發スルカ分ラヌト云フ狀態デアル、之ヲ諸君ガ見ズシテ徒ニ文字ノ上ニ於テ農村興振ガドウデアルト云フコトハ、如何ニモ諸君ハ淺薄ナル者デアルカ知ラヌト思フ、私ハ思フ、諸君ガ普選ヲ阻止シマスケレドモ、普選ヲ斷行シテ農民ニ政治的權利ヲ與ヘレバ、諸君ガ言フヤウナ農村興振ヲシナクテモ、自ラ大ナル實ヲ結ブコトガ明カナルコトデアルト私ハ思フ(拍手)諸君ガ唯、末節ノ事ヲ以テ農村興振ノ言ヲ吐イテ、選擧區ヲ瞞着シヤウトシテモ駄目デアル、選擧區ノ人ハ瞞サレヌ、諸君ガ小川君ニシロ、床次君ニシロ、總テノ政友會ニシロ、今少シ眞面目ニ國事ヲ議シテ、昔ヤルベキ時ニヤラナイデ、次ニ來タ內閣ニヤレナイ事ヲヤレト云フ、大キナ顏ヲシテ居ルコトハ如何モ諸君ガ圖々シイデナイカ、私ハ寧ロ斯ノ如キ案ハ撤回シテ、新ナル眞劍ナル案ヲ出サレンコトヲ、私ハ滿場ニ望ンデ已マヌノデアリマス(拍手)

○副議長(粕谷義三君)　植原悅二郎君

○植原悅二郎君　簡單デアリマスカラ自席カラ質問ヲ御許ヲ願ヒタイ──私ハ極ク簡單ニ提案者ニ對シテ一二ノ質問ヲ試ミテ見タイト思ヒマス、農村振興ノ事ニ付キマシテ考慮ヲ拂ハレルコトニ付テハ私共同感デアリマス、洵ニ結構ナ事デアルト思フ、而シテ今日ノ農村ノ經濟、殆ド破綻ノ域ニ瀕シ、農村民ノ大多數ノ生活ガ脅威ヲ感ジテ居ルト云フコトハ、一朝一夕ニ其因ヲ成シタコトデアリマセヌ(拍手)只今田淵君ノ申サレマシタ通リ、總テノ經濟組織ガ根本的ニ變ッテ、農業經濟ヲ以テ國家ノ基本トシテ居ッタ時カラ、今日ハ產業ノ經濟ハ、言葉ヲ換ヘテ申シマスレバ、家族的工業ノ時代カラ機械工業ニ變化シタ所ノ經濟組織ノ根本ガ、今日ノ農村ノ問題ヲ惹起シテ居ルモノト確信致シマス(拍手)故ニ此問題ヲ解決スルコトハ極メテ困難デアルカラ、只今田淵君ノ申サレタ節々ニ付テ、私ハ多大ノ同感ノ意ヲ表スル者デアリマスガ、私ノ御尋シヤウトスル點ハ一ニ此點デアリマス、今日ノ農村民ノ經濟狀態ヲ私ハ振興──ト云フヨリハ時代ニ順應シテ將來發展セシメヤウトスルナラバト、斯樣ナ言葉ヲ用ヰテアリマス、左樣ニ致サウトスルナラバ、農村民ノ負擔ノ輕減モ焦眉ノ急デアリマセウ、ソレト同時ニ農業ヲ營ムニハ製造工業ヲ營ムト同ジク、收支計算ノ償フ所ノ、農業政策ヲ確立致サナケレバナラナイト確信致シテ居ルノデアリマス(「ヒヤ〳〵」)斯樣ニ致シマスレバ、只今小川君ノ申サレタ所ノ第二ノ點ニ逢着セザルヲ得ナイノデアリマス、成ベク農民ノ今日ノ經濟組織ノ上ニ於テ、今日ノ農產物ノ物價ノ上ニ於テ、收支償フヤウニ致サウト致シマスレバ、各小作人ナレ自作農ナレ、耕作段別ヲ增サナケレバナラナイト云フコトハ、是ハ小川君ノ述ベラレタ通リデアリマス、ソコニ至ルト人口ノ過剩ノ問題ノ起ッテ來ルコトハ當然デアリマス、之ニ付テ私ハ此問題ノミニ局限シテ御尋シタイト思フ、ソコデ提案者ハ海外發展ヲ試ムルヨリ致方ガナイト言ハル、同感デアル、是ニ於テ私共ハ田淵君ノ言デハアリマセヌケレドモ、政友會ノ諸君ノ誠意ヲ疑ハザルヲ得ナイノデアリマス(拍手)軍縮ノ問題ニ付テモ先刻申上ゲタ通リ、院議デ決定シタ事ヲ陸軍ノ實行セザルモノハ已ムヲ得ナイト仰シヤッテ居ル、サウシテ海外發展ノコトヲ企テルニ付キマシテハ、現在一番障壁トナッテ居ルモノハ幾多ノ原因ガアリマス、アリマスケレドモ、最モ障壁トナッテ居ルモノハ、現在ノ徵兵令ノ一端デアリマス、現在ノ國籍法ノ一端デアリマス、現在ノ如ク徵兵令ニ依ッテ海外ニ在ル者デ、徵兵猶豫ヲ願ッテ居ル者ハ、海外ニ渡航シテ海外ニ於テ發展シヤウト試ミテモ、日本ニ歸ッテ來レバ、二箇月以內ニ日本ヲ去ラナケレバナラヌヤウナ規程ヲ設ケテ置イテハ、海外發展ヲ叫ンデモ何等ノ價値モナク、又實行モ出來ナイノデアリマス、此問題ニ對シテ私ハ少クトモ六箇月ノ猶豫ヲ與ヘヨト主張シマシタ、政友會ノ諸君ハ昨年ハ二箇月デ宜シイト御主張ナサッタデハアリマセヌカ、四年前カラ私ハ此問題ヲ唱ヘテ居ルガ、三箇年間ト云フモノハ反對ナスッテ、漸ク昨年二箇月ニ陸軍省ト妥協シテ之ヲ御定メニナッタ、又國籍法ノ問題デアリマスガ、此內容ノコトハ私ハ申上ゲマセヌ、現在ノ國籍法ヲ其儘存在致シテ置キマシテ、若シ伯剌西爾ニ行ク資本家ガ土地ヲ買ヒマシテ、小川君ノ言ハルヽ如ク植民ニ非ズ、海外發展ニ非ズ、移民ヲ資本家ガ操縱シテ收益ヲ求メルト云フコトナラバ、是デモ差支ハアリマスマイガ、併ナガラ日本國民ノ自發的海外發展ヲ圖ラウトスルナラバ、之ニ關シテ幾多ノ障壁ノ內カラ改メナケレバナリマセヌ、國籍法ノ改正ヲ私ハ昨年出シマシタ、開會ノ殆ド劈頭ニ出シタモノヲ、政友會ノ多數ノ諸君ガ多數ヲ擁シテ殆ド之ヲ委員會ノ討議ニモ審議ニ付スルコトヲ拒絕シタ事實ガアルデハアリマスマイカ、斯樣ナ事ヲ實際ニ目前ニ致シテ置キナガラ、海外發展ヲシナケレバナラナイ、農村振興ノ爲ニ必要ナル政策デアルト言フノハ、詢ニ矛盾極マル事デアリマスルガ、若シ矛盾デナクテ誠意ヲ以テスルト致シマシタナラバ、徵兵令ノ改正ノ問題モ國籍法ノ改正ノ問題モ、私當年モ提案シヤウト思フ、政友會ノ諸君ハ御贊成ナサルカ如何デアルカ、之ヲ伺ヒタイ

○小川平吉君　國籍法ノ改正ニ付テハ、玆ニ答辯スル限リデハナイト思ヒマス、私共ノ建議案ノ趣意ハ、移植民ノ獎勵ヲシタイト云フノデアリマス、其精神ニ副フ所ノ相當ナル方法デアルナラバ、何時デモ贊成ヲスルト云フコトダケヲ御

谷致シテ置キマス(拍手)

○高見之通君　日程第七第八ノ兩案ハ一括シテ議長ノ指名ヲ以テ、特ニ十八名ノ委員ニ付託セラレンコトヲ望ミマス

(「贊成」「贊成」ト呼フ者アリ)

○副議長(粕谷義三君)　高見君ノ動議ハ御異議ナイト認メマス、仍テ動議ノ如ク決シマス――此際議事進行ニ付テ南鼎三君ヨリ發言ヲ求メラレテ居リマス――南鼎三君

(南鼎三君登壇)

○南鼎三君　私ノ議事進行ニ付テノ意見ハ、本當ノ議事進行ニ付テデアル、ソレハ議長問題デス、議長ハ非常ニ身體ガ御惡イ事柄ニ付テハ、主治醫等カラモ登院シテハ工合ガ惡イト云フヤウナコトデ、差止メラレテ居ラレルサウデアリマス、サウスルト云ソト、數日間程靜養ヲ要スルカト云フコトガ是ハ問題ニナッテ來ル、(曾テ某府會議ニ國命ヲ帶ビテ渡米セラレマシタ徳川貴族院議長、此御不在ガ約數日間デアルトコトモ聞イテ居ル、ソコデマス、今此粕谷副議長ハ斯ノ如ク職務ヲ執ラレテ居リマスルガ、一時ニ始マリマシテ五時迄四時間ト云フモノヲ此處ニ靜座サレテ居ラレル(笑聲、「坐ッテ居ラヌ」ト呼フ者アリ)坐ト云フノハ同ジ事ヂヤナイカ……書記官長等モ此間ニ於テ二週程交代シテ居ラレルガ、此粕谷サンガ少シモ代ラナイ、生理上當然ノ要求トシテ小便等ヲ催スノハ當リ前デアル(笑聲)之ヲ餘リ係ヘラレテ居ルト云フコトニナリマスト、遂ニ膀胱炎、腎臟炎ト云フヤウナコトニナッテ來ルノハ當リ前デアル、或ハ奥サンガ……奥議長ガ今日ノ御病氣ガ增進シテ來タト云フコトモ、我慢シテ此席ニ長ク若カレタト云フコトモ、其原因ノ一ツデアルカト吾々ハ考ヘルノデアル、所デ此重大ナル職務、例ヘバ今後ニ於テモ豫算ノ討論、或ハ又憲政會ノ方ナンカカラモ彈劾案等モ出サレマセウ、又彼ノ重大案タル所ノ普選案ノ如キモ十時間以上ニ亙ル時ニ於テ、若シモ議長ガソレ程爲シ得ラレルデセウカ、普通ノ八時間勞働ト云フノデモ中程ガ休ムトカ云フコトデアル、若モ此儘デアッタナラバ、所謂生理的ノ要求ニ依ッテ此議事ノ進行中ニ休憩セザレバ、此本會議ヲ進行スルコトハ絕對ニ出來ナイコトニナルデハアリマセヌカ、故ニ奥議長ハ適當ノ時機ニ御罷メナスッテ、サウシテ他ニ之ヲ讓ル、從來ノ慣例カラ言ヘバ政友會員カラ出ルノガ至當デス、何故罷メナイノダラウト云フ疑惑ハ吾々ノ頭ニ浮ブノデアル、所ガ道途傳フル所ニ依レバ斯ウダ、病妻未ダ餘命アルニ後妻ヲ物色シタト云フヤウナ譯デ、只今ノ議長健在デ職務ヲ執リツ、アルノニ、彼レ起ッ能ハズトシテ、政友會ノ何人カハ知ラナイケレドモ、議長運動ヲ試ンダト云フノデ、自黨内カラサウ云フ不屆ノ者ガ出タト云フノデ彼ノ剛情一點張ノ議長ハ、遂ニ死ヲ賭シテ此職ヲ退カヌト云フコトニナッテ居ルト云フコトデアル、尚且今假ニアノ議長ノ最近ニ於ケル言語等ヲ見テ見マシテモ、此處デ宣言サレル場合ニ、私ハツイ其邊ニ居ルガ、殆ド其音葉ガ聞エナイヂヤナイカ、アレガ聞エルト云フノハ政友會ノ人ダケカモ分ラヌ、議場混亂、議場騷然、聽取スル能ハズト云フコトヲ速記者ガ書イテモ、ソレガ聞エルト云フノハ政友會ダケカモ知レナイ、ア、云フヤウナ、殆ド呂律ガヤ、コシイヤウナ彼ヲ議長トシテ此處ニ据エテ置クト云フコトハ、是レ確ニ人道問題デアル、既ニ十二歳未滿ノ者ヲ虐使シテハイケナイト云フコトヲ定メテアル我國デ、彼レノヤウナ既ニ言論ガ其調子ヲ亂サレテ居ルノニ、尚且ツ彼ヲ留メテ置クト云フコトハ、政友會ト奥議長トノ間ニ於テ感情衝突ノ結果……(「馬鹿ナコトヲ云フナ」ト呼フ者アリ)先刻言ッテルヂヤナイカ、道途傳フル所ニ依レバト云フ前提ガアルヂヤナイカ、サウデナカッタナラバ此大事ノ下院ノ議長、奥議長ハ直ニ其職ニ堪ヘザルノ理由ヲ以テ辭退スルノガ當リ前デアル、而シテ吾々ガ議事ノ進行ヲシテ行ク上ニ於テ、先刻言ッタヤウナ理由デ、粕谷サンガ此場ニ堪ヘナイト云フノデ出テ行ク時ニハ、御自分ノ勝手ニ此議會ヲ休會シテ、サウシテ自分ガ便所ヘ行ッテ來テ、又召集スルト云フコトニ立至ルヂヤナイカ、是ハ理ノ當然ヂヤナイカ、八時間モ十時間モ粕谷サンガ此處ニ坐ッテ居ラル、ト云フコトハ、人間トシテ不可能ノコトハ分リ切ッテ居ルヂヤナイカ、是ニ於テカ私ハ御相談ヲスルノデス、御相談スルノデス、諸君怒ッチヤイケナイ、マア聽イテ居レ、其相談ハ斯ウダ、私ハ議事ノ細カイ事ハ詳シク知ラナイガ、或ハ假議長ヲ設ケテスルトカ、或ハ粕谷サンヲ假議長ニシテ、副議長ヲ一人選擧スルトカ、第一粕谷サンヲ此處ニ長ク据エテ置クト云フコトヲサヘ既ニ人道問題デアル、サウ云フコトヲ私ハ多數黨タル政友會ニ相談ヲシテ居ルノデアル、何モサウ私ガ此處ニ立ッテ言ッタカラト言ッテ、止セトカ、何ヲ言ッテルトカ、ソンナ事ヲ言フノハ間違ッテ居ル――普通ナラバ公平ナルコトヲ保ツ爲ニ、最モ少數黨デアル吾々ノ方ニ議長ヲセイト云ッノガ當リ前デアル、ケレドモソレハ政友會トシテハ、サウ云フ工合ニハ行カナイダラウカラ、アナタノ方デシテ宜シイ、若シ此儘デ行ッタナラバ如何ニスルカト云フコトデ、私ハ議事ノ進行ニ付テ玆ニ發言ヲ求メタ所以デアル

○横田千之助君　只今ノハ政友會ヘ忠告ト云ッノデアリマスカ、動議デアリマスカドウ云フノデス

○副議長(粕谷義三君)　是ハ唯ヽ議事進行ニ付テ發言ヲ求メラレタノデス

○南鼎三君　君、ダカラ是ハ參考ニ聽イテ、御歸リニナッテカラ、サウ云フコトヲ御考ナス、ダウ宜シイト云フコトヲ忠告申シタノデアル

○副議長(粕谷義三君)　前川虎造君

○前川虎造君　此場合日程變更ノ動議ヲ提出致シマス、本日ノ日程第九以下ヲ順次繰下ゲ、最後ニアル濱田國松君外二名提出ノ決議案ヲ此場合上程セラレンコトヲ望ミマス

(「贊成々々」ト呼フ者アリ)

○副議長(粕谷義三君)　今日程變更ノ動議ガ提出サレマシタ、此動議ニハ成規ノ贊成ガアルト認メマス、御異議ハアリマセヌカ

(「異議ナシ」「異議ナシ」ト呼フ者アリ)

○副議長(粕谷義三君)　御異議ガナイト認メマス、仍テ動議ハ可決サレマシタ、即チ日程ハ自然ノ結果トシテ變更サレマシタ、日程第十六決議案ヲ議題ト致シマス、提出者ノ趣旨辯明ヲ許シマス、淸瀨一郎君

第三　恩給法案(政府提出)　第一讀會

恩給法案

恩給法

第一章　總則

第一條　公務員及之ニ準スヘキ者竝其ノ遺族ハ本法ノ定ムル所ニ依リ恩給ヲ受クルノ權利ヲ有ス

第二條　本法ニ於テ恩給トハ普通恩給、增加恩給、一時恩給、傷病賜金、扶助料、一時扶助料及一時給與金ヲ謂フ

普通恩給、增加恩給及扶助料ハ年金トシ一時恩給、傷病賜金、一時扶助料及一時給與金ハ一時金トス

第三條　年金タル恩給ノ給與ハ之ヲ給スヘキ事由ノ生シタル月ノ翌月ヨリ之ヲ始メ權利消滅ノ月ヲ以テ終ル

第四條　恩給年額竝一時恩給及一時扶助料ノ額ノ圓位未滿ハ之ヲ圓位ニ滿タシム

第五條　恩給ヲ受クルノ權利ハ之ヲ給スヘキ事由ノ生シタル日ヨリ七年間請求セサルトキハ時效ニ因リテ消滅ス

第六條　普通恩給又ハ增加恩給ヲ受クルノ權利ヲ有スル者退職後一年內ニ再就職スルトキハ前條ノ期間ハ再就職ニ係ル官職ノ退職ノ日ヨリ進行ス

前項ノ規定ハ普通恩給又ハ增加恩給ヲ受クルノ權利ヲ有スル者退職後一年內ニ宮內官トシテ就職シタル場合ニ付之ヲ準用ス

第七條　時效期間滿了前二十日內ニ於テ天災其ノ他避クヘカラサル事變ノ爲請求ヲ爲スコト能ハサルトキハ其ノ妨碍ノ止ミタル日ヨリ二十日內ハ時效完成セス

時效期間滿了前六月內ニ於テ前權利者生死若ハ所在不明ノ爲又ハ未成年者若ハ禁治產者法定代理人ヲ有セサル爲請求ヲ爲スコト能ハサルトキハ請求ヲ爲スコトヲ得ルニ至リタル日ヨリ六月內ハ時效完成セス

時效期間滿了前ニ適法ニ請求書ヲ發シタルコトノ通信官署ノ公證アルトキハ時效期間內ニ權限アル官公署ニ到達セサルモ之ヲ時效期間內ニ到達シタルモノト看做ス

第八條　公務員若ハ之ニ準スヘキ者又ハ其ノ遺族互ニ通算セラレ得ヘキ在職年又ハ同一ノ傷病ヲ理由トシテ二以上ノ恩給ヲ併給セラルヘキ場合ニ於テハ其ノ者ノ選擇ニ依リ其ノ一ヲ給ス但シ特ニ併給スヘキコトヲ定メタル場合ハ此ノ限ニ在ラス

公務員若ハ之ニ準スヘキ者又ハ其ノ遺族互ニ通算セラレ得ヘキ在職年又ハ同一ノ傷病ヲ理由トシテ本法ニ依ル恩給ト宮內官ノ恩給規程ニ依ル恩給トヲ給セラルヘキ場合ニ於テ宮內官ノ恩給規程ニ依ル恩給ヲ給セラレタルトキハ本法ニ依ル恩給ハ之ヲ給セス

第九條　年金タル恩給ヲ受クルノ權利ヲ有スル者左ノ各號ノ一ニ該當スルトキハ其ノ權利消滅ス

一　死亡シタルトキ

二　死刑又ハ無期若ハ六年以上ノ懲役若ハ禁錮ノ刑ニ處セラレタルトキ

三　國籍ヲ失ヒタルトキ

第十條　恩給權者死亡シタルトキハ其ノ生存中ノ恩給ニシテ給與ヲ受ケサリシモノハ勅令ノ定ムル所ニ依リ之ヲ當該公務員又ハ之ニ準スヘキ者ノ遺族ニ給シ遺族ナキトキハ死亡者ノ相續人ニ給ス

第十一條　恩給ヲ受クルノ權利ハ之ヲ讓渡シ又ハ擔保ニ供スルコトヲ得ス

恩給ヲ受クルノ權利ハ之ヲ差押フルコトヲ得ス但シ國稅徵收法又ハ國稅徵收ノ例ニ依ル場合ハ此ノ限ニ在ラス

第十二條　恩給ヲ受クルノ權利ハ勅令ヲ以テ定ムルモノヲ除クノ外內閣恩給局長之ヲ裁定ス

第十三條　行政上ノ處分ニ因リ恩給ニ關スル權利ヲ侵害セラレタリトスル者ハ處分後一年內ニ內閣恩給局長ニ具申シ其ノ裁決ヲ求ムルコトヲ得

前項ノ裁決ニ不服アル者ハ裁決ヲ受ケタル日ヨリ六月內ニ內閣總理大臣ニ訴願シ又ハ行政裁判所ニ出訴スルコトヲ得

第一項ノ具申ニ關スル規程ハ命令ヲ以テ之ヲ定ム

第十四條　內閣總理大臣及內閣恩給局長ノ裁決ハ關係官廳ヲ覊束ス

第十五條　內閣總理大臣第十三條第二項ノ訴願ノ裁決ヲ爲ス場合ニ於テハ恩給審查會ニ諮問スヘシ

恩給審查會ニ關スル規程ハ勅令ヲ以テ之ヲ定ム

第十六條　恩給ノ負擔ハ左ノ區分ニ依ル

一　文官及準文官竝其ノ遺族ノ恩給ハ國庫之ヲ負擔ス但シ文官ニシテ國庫ヨリ俸給ヲ受ケサル者ノ一時恩給ハ最終ニ之ニ俸給ヲ給シタル者之ヲ負擔ス

二　軍人及準軍人竝其ノ遺族ノ恩給ハ國庫之ヲ負擔ス

三　朝鮮、臺灣及樺太ニ於ケルモノヲ除クノ外公立ノ小學校、實業補習學校、幼稚園及盲啞學校其ノ他ノ小學校ニ類スル各種學校ノ教育職員及準教育職員竝其ノ遺族ノ恩給ハ其ノ學校又ハ幼稚園ノ所在地ヲ管轄スル府縣又ハ之ニ準スヘキ地方經濟之ヲ負擔ス

四　前號ニ規定スル者以外ノ教育職員及準教育職員竝其ノ遺族ノ恩給ハ國庫之ヲ負擔ス但シ在外指定學校職員ノ一時恩給ヲ除クノ外一時恩給ハ最終ニ之ニ俸給又ハ給料ヲ給シタル者之ヲ負擔ス

五　警察監獄職員及其ノ遺族ノ恩給ハ最終ニ之ニ俸給又ハ給料ヲ給シタル者之ヲ負擔ス

六　待遇職員及其ノ遺族ノ恩給ハ最終ニ之ニ俸給又ハ給料ヲ給シタル者之ヲ負擔ス但シ官國幣社ノ神職及其ノ遺族ノ恩給ハ國庫之ヲ負擔ス

第十七條　前條第一號、第二號又ハ第四號ニ揭クル公務員若ハ之ニ準スヘキ者ノ在職年中ニ第三號ニ揭クル公務員若ハ之ニ準スヘキ者ノ在職年又ハ第五號若ハ第六號ニ揭クル公務員ニシテ國庫ヨリ俸給ヲ受ケサルモノノ在職年ヲ通算シテ國庫ヨリ恩給ヲ給スル場合ニ於テハ國庫ハ通算セラルヘキ在職年ニ應シ勅令ノ定ムル所ニ依リ恩給金額ノ分擔ヲ第三號ニ揭クル公務員若ハ之ニ準スヘキ者ニ恩給ヲ給スル者又ハ第五號若ハ第六號ニ揭クル公務員ニ俸給ヲ給スル者ニ對シ請求スルコトヲ得

前條第三號、第五號若ハ第六號ニ揭クル公務員若ハ之ニ準スヘキ者又ハ其ノ遺族ニ恩給ヲ給スヘキ國庫以外ノ者ハ其ノ恩給ノ基礎在職年中ニ第一號、第二號若ハ第四號ニ揭クル公務員若ハ之ニ準スヘキ者ノ在職年又ハ第五號若ハ第六號ニ揭クル公務員ニシテ國庫ヨリ俸給ヲ受クルモノノ在職年ヲ通算シテ恩給ヲ給スル場合ニ於テハ國庫ニ對シ其ノ通算セラルヘキ在職年ニ應シ勅令ノ定ムル所ニ依リ恩給金額ノ分擔ヲ請求スルコトヲ得

前條第三號ニ揭クル公務員若ハ之ニ準スヘキ者又ハ其ノ遺族ニ恩給ヲ給スヘキ者ハ其ノ恩給ノ基礎在職年中ニ他府縣又ハ之ニ準スヘキ經濟ノ管轄內ニ於テ在職シタル第三號ニ揭クル公務員又ハ之ニ準スヘキ者トシテノ在職年ヲ含ム場合ニ於テハ當該他府縣又ハ之ニ準スヘキ經濟ニ對シ其ノ合算セラルル在職年ニ應シ勅令ノ定ムル所ニ依リ恩給金額ノ分擔ヲ請求スルコトヲ得

前項ノ規定ハ前條第四號若ハ第五號ニ揭クル公務員若ハ之ニ準スヘキ者又ハ其ノ遺族ノ恩給ノ分擔及同條第三號、第五號若ハ第六號ニ揭クル公務員若ハ之ニ準スヘキ者又ハ其ノ遺族ノ恩給相互ノ分擔ニ付之ヲ準用ス

第十八條　國庫ヨリ恩給ヲ給スルモ俸給ヲ給セサル公務員ニ俸給ヲ給スル者ハ其ノ俸給ノ百分ノ一ニ相當スル金額ヲ國庫ニ納付スヘシ但シ在外指定學校及國庫ノ支辨ニ屬スル地方費ヲ以テ維持スル公立學校ニ付テハ此ノ限ニ在ラス
國庫以外ノ經濟ヨリ恩給ヲ給スルモ俸給ヲ給セサル公務員ニ俸給ヲ給スル者ハ其ノ俸給ノ百分ノ一ニ相當スル金額ヲ其ノ經濟ニ納付スヘシ
前項ノ經濟ニ對シテハ國庫ハ前項ニ規定スル納金額ノ二分ノ一ニ相當スル金額ヲ交付ス

第二章　公務員

第一節　通則

第十九條　本法ニ於テ公務員トハ文官、軍人、教育職員及警察監獄職員竝第二十四條ニ揭クル待遇職員ヲ謂フ
本法ニ於テ公務員ニ準スヘキ者トハ準文官、準軍人及準教育職員ヲ謂フ
第二十條　文官トハ武官又ハ宮內官以外ノ官ニ在ル者ヲ謂フ但シ勅令ヲ以テ定ムルモノヲ除クノ外國庫ヨリ俸給ヲ給セサル官ニ在ル者ハ此ノ限ニ在ラス
準文官トハ高等文官ノ試補、判任官見習及國庫ヨリ俸給ヲ給セサル官ニ在ル者ニシテ前項但書ノ規定ニ基ク勅令ヲ以テ指定セラレサルモノヲ謂フ
第二十一條　軍人トハ左ニ揭クル者ヲ謂フ
一　陸軍又ハ海軍ノ現役、豫備役、後備役又ハ補充兵役ニ在ル者
二　國民兵役ニ在ル者ニシテ召集セラレタルモノ及志願ニ依リ國民軍ニ編入セラレタル者
準軍人トハ左ニ揭クル者ヲ謂フ
一　陸軍ノ見習士官及海軍ノ候補生
二　勅令ヲ以テ指定スル陸軍又ハ海軍ノ學生生徒
第二十二條　教育職員トハ左ニ揭クル者ヲ謂フ
一　公立ノ學校若ハ圖書館又ハ在外指定學校ノ職員ニシテ國庫ヨリ俸給ヲ給セサル官ニ在ルモノ及判任官以上ノ待遇ヲ受クルモノ
二　府縣立師範學校長
前項ノ在外指定學校トハ在外國本邦人ノ爲ニ設置シタル學校ニシテ勅令ノ定ムル所ニ依リ政府ノ指定シタルモノヲ謂フ
準教育職員トハ官立又ハ公立ノ學校ノ職員ニシテ勅令ヲ以テ指定スルモノヲ謂フ
第二十三條　警察監獄職員トハ左ニ揭クル者ヲ謂フ
一　警部補、巡查、陸軍警查、海軍警查、貴族院守衛及衆議院守衛
二　看守、女監取締、陸軍監獄看守及海軍監獄看守
三　判任官ノ待遇ヲ受クル消防手
第二十四條　待遇職員トハ左ニ揭クル者ヲ謂フ
一　判任官以上ノ待遇ヲ受クル神宮司廳職員、神宮神部署職員及官國幣社ノ神職
二　判任官以上ノ待遇ヲ受クル監獄ノ保健技師、保健技手、教誨師、教師、作業技手、感化院職員及矯正院職員
三　地方待遇職員令ニ依リ判任官以上ノ待遇ヲ受クル者ニシテ勅令ヲ以テ指定スルモノ
四　前三號ニ揭クル者ヲ除クノ外國庫ヨリ俸給又ハ給料ヲ給スル待遇職員ニシテ勅令ヲ以テ指定スルモノ
第二十五條　本法ニ於テ就職トハ左ノ各號ノ一ニ該當スルコトヲ謂フ
一　文官ニ在リテハ任官但シ終身官タル文官ニ在リテハ任官ノ外復職
二　現役軍人ニ在リテハ任官又ハ入營若ハ入團、非現役軍人ニ在リテハ召集ニ依ル部隊編入又ハ志願ニ依リ軍人タル勤務ニ就クコト
三　教育職員ニシテ官吏タルモノニ在リテハ任官、其ノ他ノモノニ在リテハ任命
四　警察監獄職員ニシテ官吏タルモノニ在リテハ任官、其ノ他ノモノニ在リテハ任命但シ巡查若ハ判任官ノ待遇ヲ受クル消防手警部補ニ任シ又ハ警部補巡查ハ判任官ノ待遇ヲ受クル消防手ニ就職スルトキハ之ヲ轉任ト看做ス
五　待遇職員ニ在リテハ任命
第二十六條　本法ニ於テ退職トハ左ノ各號ノ一ニ該當スルコトヲ謂フ
一　文官ニ在リテハ免官、退官又ハ失官但シ終身官タル文官ニ在リテハ免官、退官、失官ノ外退職
二　現役軍人ニ在リテハ現役ヲ離ルルコト非現役軍人ニ在リテハ召集セラレタル者ニ付テハ召集解除志願ニ依リ軍人タル勤務ニ服スル者ニ付テハ解職
三　教育職員ニシテ官吏タルモノニ在リテハ免官、退官又ハ失官、其ノ他ノモノニ在リテハ免職、退職、解職又ハ失職
四　警察監獄職員ニシテ官吏タルモノニ在リテハ免官、退官又ハ失官、其ノ他ノモノニ在リテハ免職、退職又ハ失職但シ警部補他ノ官職ニ轉シ又ハ他ノ官ヨリ警部補ニ轉シタルトキハ之ヲ退職ト看做ス
五　待遇職員ニ在リテハ免職、退職又ハ失職
第二十七條　第二十五條第一號及前條第一號ノ規定ハ準文官ノ就職及退職ニ付之ヲ準用ス第二十五條第三號及前條第三號ノ規定ハ準教育職員ノ就職及退職ニ付之ヲ準用ス
準軍人ノ就職トハ戰務、戒嚴地境內ノ勤務又ハ外國ノ鎭戍ニ服スルコトヲ謂ヒ退職トハ其ノ勤務ヲ終ルコトヲ謂フ
第二十八條　公務員ノ在職年ハ就職ノ月ヨリ之ヲ起算シ退職又ハ死亡ノ月ヲ以テ終ル
退職シタル後再就職シタルトキハ前後ノ在職年月數ハ之ヲ合算ス但シ一時恩給ノ基礎ト爲ルヘキ在職年ニ付テハ前ニ一時恩給ノ基礎ト爲リタル在職年ノ年月數ハ之ヲ合算セス
退職シタル月ニ於テ再就職シタルトキハ再在職ノ在職年ハ再就職ノ月ノ翌月ヨリ之ヲ起算ス
第二十九條　公務員二以上ノ官職ヲ併有スル場合ニ於テ其ノ重複スル在職年ニ付テハ年數計算ニ關シ利益ナル一官職ノ在職年ニ依ル
第三十條　軍人ノ恩給權ニ付其ノ在職年ヲ計算スル場合ニ於テハ十一年ニ達スル迄ハ軍人又ハ警察監獄職員以外ノ公務員トシテノ在職年ハ其ノ四分ノ三ニ當ル年月數ヲ以テ之ヲ計算ス
第三十一條　警察監獄職員ノ恩給權ニ付其ノ在職年ヲ計算スル場合ニ於テハ十年ニ達スル迄ハ警察監獄職員又ハ軍人以外ノ公務員トシテノ在職年ハ其ノ三分ノ二ニ當ル年月數ヲ以テ之ヲ計算ス
第三十二條　公務員其ノ職務ヲ以テ從事シタルトキハ左記各號ノ規定ニ依リ加算ス
一　戰地ニ在リテ戰務ニ服シタルトキハ從軍期間ノ一月ニ付三月
二　戰地外ニ在リテ戰務ニ服シタルトキハ其ノ期間ノ一月ニ付一月半
前項ノ加算年ハ內國戰ニ在リテハ其ノ二分ノ一トス
前二項ノ規定ハ公務員其ノ職務ヲ以テ戰爭ニ準スヘキ事變ニ際シ戰務ニ服シタル場合ニ付之ヲ準用ス
戰爭ノ期間及地域、戰務ノ範圍竝戰爭ニ準スヘキ事變ハ勅裁ヲ以テ之ヲ定ム
第三十三條　公務員外國ノ交戰又ハ擾亂ノ地域內ニ於テ危險ヲ顧ミス其ノ職務ヲ以テ勤務シタルトキハ在勤期間ノ一月ニ付二月ヲ加算ス
前項ノ外國ノ交戰又ハ擾亂ノ地域及期間ハ勅裁ヲ以テ之ヲ定ム
第三十四條　公務員戒嚴地境內ニ於テ危險ヲ顧ミス其ノ職務ヲ以テ勤務シタルトキハ其ノ期間ノ一月ニ付二月ヲ加算ス

前項ノ場合ニ於テ其ノ勤務ノ場所カ內國ナルトキハ加算年ハ其ノ二分ノ一トス

第三十五條　公務員外國鎭戍ニ服シタルトキハ其ノ期間ノ一月ニ付一月半ヲ加算ス

第三十六條　航空機乘員タル公務員其ノ職務ヲ以テ航空勤務ニ服シタルトキハ其ノ期間ノ一月ニ付二月以內ヲ加算ス

第三十七條　潛水艦乘員タル公務員其ノ職務ヲ以テ在役潛水艦ノ勤務ニ服シタルトキハ其ノ期間ノ一月ニ付一月ヲ加算ス

第三十八條　公務員其ノ職務ヲ以テ邊陬又ハ不健康ノ地域ニ引續キ一年以上在勤シタルトキハ其ノ期間ノ一月ニ付一月以內ヲ加算ス不健康ナル業務ニ引續キ一年以上服務シタルトキ亦同シ

前項ノ地域相互間ノ轉勤ハ之ヲ引續キタル在勤ト看做ス

第一項ノ地域及業務ハ勅令ヲ以テ之ヲ定ム

第三十九條　海上勤務ニ服スル公務員其ノ職務ヲ以テ遠洋航海ヲ爲シタルトキハ其ノ期間ノ一月ニ付半月ヲ加算ス

前項ノ遠洋航海ノ範圍ハ勅令ヲ以テ之ヲ定ム

第四十條　第三十二條乃至前條ノ規定ニ依リ附スヘキ加算年ハ在職年ノ計算ニ付勅令ノ定ムル所ニ依リ實在職年ニ從トシテ之ヲ算入ス

加算年ヲ附スヘキ基礎在職年ハ加算事由ノ生シタル月ヨリ之ヲ起算シ其ノ事由ノ止ミタル月ヲ以テ終ル

二種以上ノ加算年ヲ附セラルヘキ期間ニ對シテハ最モ利益ナルモノニ依リ其ノ一ヲ附ス

第四十一條　左ニ揭クル年月數ハ在職年ヨリ之ヲ除算ス

一　普通恩給又ハ增加恩給ヲ受クルノ權利消滅シタル場合ニ於テ其ノ恩給權ノ基礎ト爲リタル在職年

二　第五十一條ノ規定ニ依リ公務員カ恩給ヲ受クルノ資格ヲ失ヒタル在職年

三　在職中六年未滿ノ懲役又ハ禁錮ノ刑ニ處セラレタル場合ニ於テハ其ノ月ヨリ刑ノ執行ヲ終リ又ハ執行ヲ受クルコトナキニ至リタル月迄ノ在職年月數但シ刑ノ執行猶豫ノ言渡ヲ受ケタル者ニ付テハ此ノ限ニ在ラス其ノ言渡ヲ取消サレタルトキハ其ノ取消ノ月ヨリ刑ノ執行ヲ終リ又ハ執行ヲ受クルコトナキニ至リタル月迄ノ在職年月數

四　公務員ノ不法ニ其ノ職務ヲ離レタル月ヨリ職務ニ復シタル月迄ノ在職年月數

五　宮內職員トシテノ在職年月數ニシテ宮內官ノ恩給規程ニ依リ除算セラルヘキモノ

第四十二條　左ニ揭クル年月數ハ之ヲ在職年ニ通算ス

一　宮內官ノ恩給規程ニ依リ宮內官恩給權ノ基礎ト爲ルヘキ宮內職員トシテノ在職年月數

二　準軍人ノ在職年月數

三　高等文官ノ試補又ハ判任官見習引續キ公務員ト爲リタルトキハ公務員トシテ就職ニ接續スル其ノ勤續年月數ノ二分ノ一ニ相當スル年月數

四　準敎育職員引續キ敎育職員ト爲リタルトキハ敎育職員トシテノ就職ニ接續スル其ノ勤續年月數ノ二分ノ一ニ相當スル年月數

第二十八條、第二十九條及第三十一條ノ規定ハ前項ノ規定ニ依リ在職年ニ通算セラルヘキ年月數ノ計算ニ、第三十條ノ規定ハ前項第一號第三號又ハ第四號ノ規定ニ依リ在職年ニ通算セラルヘキ年月數ノ計算ニ付之ヲ準用ス

第四十三條　第三十二條乃至第四十條ノ規定ハ準軍人ノ在職年ノ計算ニ付之ヲ準用ス

第四十一條ノ規定ハ前條第一項第二號乃至第四號ノ規定ニ依リ在職年ニ通算セラルヘキ年月ニ付之ヲ準用ス

第四十四條　本法ニ於テ俸給トハ本俸及之ニ準スヘキモノヲ謂フ

本俸ニ準スヘキモノハ勅令ヲ以テ之ヲ定ム

公務員二以上ノ官職ヲ併有シ各官職ニ付俸給ヲ給セラルル場合ニ於テハ俸給額ヲ合算シタルモノヲ以テ其ノ者ノ俸給額トス

第四十五條　公務員所定ノ年數在職シ退職シタルトキハ之ニ普通恩給又ハ一時恩給ヲ給ス

第四十六條　公務員公務ノ爲傷痍ヲ受ケ又ハ疾病ニ罹リ不具廢疾ト爲リ失格原因ナクシテ退職シタルトキハ之ニ普通恩給及增加恩給ヲ給ス

公務員公務ノ爲傷痍ヲ受ケ又ハ疾病ニ罹リ失格原因ナクシテ退職シタル後五年內ニ之カ爲不具廢疾ト爲リ又ハ其ノ程度增進シタル場合ニ於テ其ノ期間內ニ請求シタルトキハ新ニ普通恩給及增加恩給ヲ給シ又ハ現ニ受クル增加恩給ヲ不具廢疾ノ程度ニ相應スル增加恩給ニ改定ス

前項ノ期間ヲ經過シタルトキト雖恩給審査會ニ於テ不具廢疾カ公務ニ起因シタルコト顯著ナリト議決シタルトキハ決議後之ニ相當ノ恩給ヲ給シ又ハ改定ス

公務員公務ノ爲傷痍ヲ受ケ又ハ疾病ニ罹リ不具廢疾ト爲ルモ公務員ニ重大ナル過失アリタルトキハ前三項ニ規定スル恩給ヲ給セス

第四十七條　前條ノ規定ハ準文官陸軍ノ見習士官海軍ノ候補生以外ノ準軍人又ハ準敎育職員ニシテ在職中公務ノ爲傷痍ヲ受ケ疾病ニ罹リタルモノ及陸軍ノ見習士官又ハ海軍ノ候補生ニシテ公務ノ爲傷痍ヲ受ケ又ハ疾病ニ罹リタルモノニ付之ヲ準用ス

第四十八條　公務員左ノ各號ノ一ニ該當スルトキハ公務ノ爲傷痍ヲ受ケ又ハ疾病ニ罹リタルモノト看做ス

一　勅令ヲ以テ指定スル地域ニ在勤中其ノ地ニ於テ流行病ニ罹リタルトキ

二　戰地ニ於テ又ハ公務旅行中流行病ニ罹リタルトキ

三　公務員タル特別ノ事情ニ關聯シテ生シタル不慮ノ災厄ニ因リ傷痍ヲ受ケ又ハ疾病ニ罹リ恩給審査會ニ於テ公務ニ起因シタルト同視スヘキモノト議決セラレタルトキ

前項ノ流行病ノ種類ハ勅令ヲ以テ之ヲ定ム

前二項ノ規定ハ公務員ニ準スヘキ者ニ付之ヲ準用ス

第四十九條　公務傷病ノ原因ヲ分ッテ戰鬪又ハ戰鬪ニ準スヘキ公務ト普通公務トス

戰鬪ニ準スヘキ公務ノ範圍及公務傷病ニ因ル不具廢疾ノ程度並敎育職員、警察監獄職員、待遇職員、準文官、準軍人及準敎育職員ノ公務傷病ニ關スル規定ノ適用ニ付テノ階等ハ勅令ヲ以テ之ヲ定ム

第五十條　裁定官廳ハ增加恩給ノ裁定ヲ爲スニ當リ將來不具廢疾ノ回復シ又ハ其ノ程度低下スルコトアルヘキコトヲ認メタルトキハ五年間之ニ普通恩給及增加恩給ヲ給ス

前項ノ期間滿了ノ六月前迄傷痍疾病回復セサル者ハ再審査ヲ請求スルコトヲ得再審査ノ結果恩給ヲ給スヘキモノナルトキハ之ニ相當ノ恩給ヲ給ス

第五十一條　公務員左ノ各號ノ一ニ該當スルトキハ其ノ引續キタル在職ニ付恩給ヲ受クルノ資格ヲ失フ

一　懲戒、懲罰又ハ敎員免許狀褫奪ノ處分ニ因リ退職シタルトキ

二　在職中陸軍刑法若ハ海軍刑法ニ依リ死刑、懲役刑若ハ一年以上ノ禁錮ノ刑ニ處セラレ又ハ其ノ他ノ法令ニ依リ禁錮以上ノ刑ニ處セラレタルトキ

第二十六條第四號但書ノ規定ハ前項ノ規定ノ適用ニ關シテハ之ヲ適用セス

第五十二條　公務員ニシテ其ノ退職ノ當時仍他ノ公務員トシテ在職スルモノニ付テハ總テノ公務員ヲ退職スルニ非サレハ之ニ恩給ヲ給セス

公務員ニシテ退職ノ當日又ハ翌日他ノ公務員ニ就職シ之ヲ勤續ト看做サルルモノニ付テハ後ノ公務員ヲ退職スルニ非サレハ之ニ恩給ヲ給セス

公務員ニシテ恩給ヲ給セサル官職ニ轉シ退職シタルモノニ付テハ其ノ轉任ヲ退職ト看做シ之ニ恩給ヲ給ス

第五十三條　公務員ニシテ其ノ退職ノ當時仍第四十二條第一項第一號ニ規定スル宮內職員トシテ在職

スルモノニ付テハ本法ニ依ル恩給ハ之ヲ給セス

第五十四條　普通恩給ヲ受クル者再就職シ失格原因ナクシテ退職シ左ノ各號ノ一ニ該當スルトキハ其ノ恩給ヲ改定ス

一　再就職後在職一年以上ニシテ退職シタルトキ

二　再就職後公務ノ爲傷痍ヲ受ケ又ハ疾病ニ罹リ不具癈疾ト爲リ退職シタルトキ

三　再就職後公務ノ爲傷痍ヲ受ケ又ハ疾病ニ罹リ退職シタル後五年内ニ之カ爲不具癈疾ト爲リ又ハ其ノ程度增進シタル場合ニ於テ其ノ期間内ニ請求シタルトキ

前項第三號ノ場合ニ於テハ第四十六條第三項ノ規定ヲ準用ス

第五十五條　前條ノ規定ニ依リ普通恩給ヲ改定スルニハ前後ノ在職年ヲ合算シ其ノ年額ヲ定メ增加恩給ヲ改定スルニハ前後ノ傷痍又ハ疾病ヲ合シタルモノヲ以テ不具癈疾ノ程度トシ其ノ恩給年額ヲ定ム

前項ノ場合ニ於テ前後ノ傷痍又ハ疾病カ原因ヲ異ニスルトキハ左ノ區別ニ依リ其ノ年額ヲ定ム

一　後ノ傷痍又ハ疾病カ戰鬪又ハ戰鬪ニ準スヘキ公務ニ基因スルトキハ別表第二號表甲號中前項ノ規定ニ依リ定メタル不具癈疾ノ程度ニ相應スル增加恩給年額ヨリ前ノ增加恩給年額ト別表第二號表甲號中其ノ不具癈疾ノ程度ニ相應スル增加恩給年額トノ差額ヲ控除シタルモノヲ以テ增加恩給ノ年額トス但シ後ノ傷痍又ハ疾病ノミニ因ル增加恩給年額カ前後ノ傷痍又ハ疾病ヲ合シタルモノニ依ル增加恩給年額ト同額ナルトキハ此ノ控除ヲ爲サス

二　後ノ傷痍又ハ疾病カ普通公務ニ基因スルトキハ別表第二號表乙號中前項ノ規定ニ依リ定メタル不具癈疾ノ程度ニ相應スル增加恩給年額ニ前ノ增加恩給年額ト別表第二號表乙號中其ノ不具癈疾ノ程度ニ相應スル增加恩給年額トノ差額ヲ加ヘタルモノヲ以テ增加恩給ノ年額トス

第五十六條　前二條ノ規定ニ依リ恩給ヲ改定スル場合ニ於テ其ノ年額從前ノ恩給年額ヨリ少キトキハ從前ノ恩給年額ヲ以テ改定恩給ノ年額トス

第五十七條　前三條ノ規定ハ宮内官ノ恩給規定ニ依ル恩給ヲ受クル者公務員ト爲リ退職シタル場合ニ付之ヲ準用ス

第五十八條　普通恩給ハ之ヲ受クル者左ノ各號ノ一ニ該當スルトキハ其ノ間之ヲ停止ス

一　公務員又ハ第四十二條第一項第一號ニ規定スル宮内職員トシテ就職スルトキハ就職ノ月ノ翌月ヨリ退職ノ月迄但シ實在職期間一月未滿ナルトキ、軍人以外ノ公務員トシテ恩給ヲ受クル者陸軍若ハ海軍ノ兵卒トシテ就職スルトキ又ハ准士官以下ノ軍人若ハ準軍人トシテ恩給ヲ受クル者軍人以外公務員トシテ就職スルトキハ此ノ限ニ在ラス

二　六年未滿ノ懲役又ハ禁錮ノ刑ニ處セラレタルトキハ其ノ月ノ翌月ヨリ其ノ執行ヲ終リ又ハ執行ヲ受クルコトナキニ至リタル月迄但シ刑ノ執行猶豫ノ言渡ヲ受ケタルトキハ恩給ハ之ヲ停止セス其ノ言渡ヲ取消サレタルトキハ取消ノ月ノ翌月ヨリ刑ノ執行ヲ終リ又ハ執行ヲ受クルコトナキニ至リタル月迄之ヲ停止ス

前項第二號ノ規定ハ增加恩給ニ付之ヲ準用ス

第五十九條　文官ハ毎月其ノ俸給ノ百分ノ一ニ相當スル金額ヲ國庫ニ納付スヘシ

教育職員ハ毎月其ノ俸給ノ百分ノ一ニ相當スル金額ヲ國庫ニ納付スヘシ但シ朝鮮、臺灣又ハ樺太以外ノ地ニ於ケル公立ノ小學校、實業補習學校、幼稚園及盲啞學校其ノ他ノ小學校ニ類スル各種學校ノ教育職員ハ此ノ限ニ在ラス

待遇職員ハ之ニ俸給ヲ給スル國庫、府縣其ノ他ノ經濟ニ對シ其ノ俸給又ハ給料ノ百分ノ一ニ相當スル金額ヲ納付スヘシ

第二節　恩給金額

第六十條　文官在職年十五年以上ニシテ退職シタルトキハ之ニ普通恩給ヲ給ス

前項ノ普通恩給ノ年額ハ在職年十五年以上十六年未滿ニ對シ退職當時ノ俸給年額ノ二百四十分ノ六十ニ相當スル金額トシ十五年以上一年ヲ增ス毎ニ其ノ一年ニ對シ退職當時ノ俸給年額ノ二百四十分ノ一ニ相當スル金額ヲ加ヘタル金額トス

前項ノ場合ニ於テ其ノ在職年中ニ外國實勤續在職年十五年以上ノモノヲ含ムトキハ其ノ勤續在職年中十五年ヲ控除シタル殘ノ勤續在職年一年ニ付退職當時ノ俸給年額ニ百四十分ノ一ノ割合ヲ以テ之ニ加給ス

在職年四十年ヲ超ユル者ニ給スヘキ恩給年額ハ之ヲ在職年四十年トシテ計算ス

第一項ノ在職年ハ國務大臣トシテ退官スル者ニ付テハ國務大臣トシテノ在職年五年以上ナルヲ以テ足ル

第四十六條第五十四條第一項第二號若ハ第三號又ハ前項ノ規定ニ依リ在職年十五年未滿ノ者ニ給スヘキ普通恩給ノ年額ハ在職年十五年ノ者ニ給スヘキ普通恩給ノ額トス

第四十七條ノ規定ニ依リ準文官ニ給スヘキ普通恩給ノ年額ハ退職當時ノ俸給年額ノ二百四十分ノ六十ニ相當スル金額トス

第六十一條　軍人在職年十一年以上ニシテ退職シタルトキハ之ニ普通恩給ヲ給ス

前項ノ規定ハ準軍人在職年十一年以上ニシテ退職シ且其ノ身分ヲ免セラレタル場合ニ付之ヲ準用ス

前二項ノ普通恩給ノ年額ハ退職當時ノ階等及其ノ在職年數ニ依リ定メタル別表第一號表ノ金額トス

前項ノ場合ニ於テ其ノ在職年中ニ外國實勤續在職年十五年以上ノモノヲ含ムトキハ其ノ勤續在職年中十五年ヲ控除シタル殘ノ勤續在職年一年ニ付退職當時ノ軍人ノ階等ニ應シ別表第一號表ノ十一年ノ額ト十二年ノ額トノ差額ニ相當スル金額ヲ之ニ加給ス

在職年五十年ヲ超ユル者ニ給スヘキ恩給年額ハ之ヲ在職年五十年トシテ計算ス

陸海軍准士官ニシテ其ノ官ニ對スル最高ノ俸給ヲ受ケタル者ニハ高等官八等ノ額ヲ給ス

第四十六條、第四十七條又ハ第五十四條第一項第二號若ハ第三號ノ規定ニ依リ在職年十一年未滿ノ者ニ給スヘキ普通恩給ノ年額ハ在職年十一年ノ者ニ給スヘキ普通恩給ノ額トス

準軍人ノ階等ハ勅令ヲ以テ之ヲ定ム

第六十二條　教育職員在職年十五年以上ニシテ退職シタルトキハ之ニ普通恩給ヲ給ス

前項ノ普通恩給ノ年額ハ在職年十五年以上十六年未滿ニ對シ退職當時ノ俸給年額ノ二百四十分ノ六十ニ相當スル金額トシ十五年以上一年ヲ增ス毎ニ其ノ一年ニ對シ退職當時ノ俸給年額ノ二百四十分ノ一ニ相當スル金額ヲ加ヘタル金額トス

前項ノ場合ニ於テ其ノ在職年中ニ小學校、實業補習學校、幼稚園又ハ盲啞學校其ノ他ノ小學校ニ類スル各種學校ノ教育職員トシテノ勤續在職年十五年以上ノモノヲ含ムトキハ其ノ勤續在職年中十五年ヲ控除シタル殘ノ勤續在職年一年ニ付退職當時ノ俸給年額ノ二百四十分ノ三ノ割合ヲ以テ之ニ加給ス

第一項ノ場合ニ於テ其ノ在職年中ニ中學校又ハ之ト同等以下ノ程度ノ學校ノ教育職員トシテノ勤續在職年十五年以上ノモノヲ含ムトキハ其ノ勤續在職年中十五年ヲ控除シタル殘ノ勤續在職年一年ニ付退職當時ノ俸給年額ノ二百四十分ノ一半ノ割合ヲ以テ之ニ加給ス

前項ノ中學校ト同等以下ノ程度ノ學校ハ勅令ヲ以テ之ヲ定ム

第四十六條又ハ第五十四條第一項第二號若ハ第三號ノ規定ニ依リ在職年十五年未滿ノ者ニ給スヘキ普通恩給ノ年額ハ在職年十五年ノ者ニ給スヘキ普通恩

給ノ額トス

第六十條第三項及第四項ノ規定ハ教育職員ニ付之ヲ準用ス

第六十三條　第四十七條ノ規定ニ依リ準教育職員ニ給スヘキ普通恩給ノ年額ハ退職當時ノ俸給年額ノ二百四十分ノ六十ニ相當スル金額トス

第六十三條　警察監獄職員在職年十年以上ニシテ退職シタルトキハ之ニ普通恩給ヲ給ス

前項ノ普通恩給ノ年額ハ在職年十年以上十一年未滿ニ對シ退職當時ノ俸給年額ノ二百四十分ノ六十ニ相當スル金額トシ十年以上一年ヲ增ス毎ニ其ノ一年ニ對シ退職當時ノ俸給年額ノ二百四十分ノ一ニ相當スル金額ヲ加ヘタル金額トス

前項ノ場合ニ於テ其ノ在職年中ニ警察監獄職員トシテノ勤續在職年十年以上ノモノヲ含ムトキハ其ノ勤續在職年中十年ヲ控除シタル殘ノ勤續在職年一年ニ付退職當時ノ俸給年額ノ二百四十分ノ一ノ割合ヲ以テ之ニ加給ス

第四十六條又ハ第五十四條第一項第二號若ハ第三號ノ規定ニ依リ在職年十年未滿ノ者ニ給スヘキ普通恩給ノ年額ハ在職年十年ノ者ニ給スヘキ普通恩給ノ額トス

第六十條第三項及第四項ノ規定ハ警察監獄職員ニ付之ヲ準用ス

第六十四條　待遇職員在職年十五年以上ニシテ退職シタルトキハ之ニ普通恩給ヲ給ス

前項ノ普通恩給ノ年額ハ在職年十五年以上十六年未滿ニ對シ退職當時ノ俸給年額ノ二百四十分ノ六十ニ相當スル金額トシ十五年以上一年ヲ增ス毎ニ其ノ一年ニ對シ退職當時ノ俸給年額ノ二百四十分ノ一ニ相當スル金額ヲ加ヘタル金額トス

第六十條第三項及第四項並第六十二條第六項ノ規定ハ待遇職員ニ付之ヲ準用ス

第六十五條　公務員ノ增加恩給ノ年額ハ退職當時ノ階等、傷病ノ原因及不具廢疾ノ程度ニ依リ定メタル別表第二號表ノ金額トス

前項ノ規定ハ公務員ニ準スヘキ者ニ給スヘキ增加恩給ノ年額ニ付之ヲ準用ス

第六十六條　下士以下ノ軍人公務ノ爲傷痍ヲ受ケ又ハ疾病ニ罹リ不具廢疾ノ程度ニ至ラサルモ之カ爲退職シ又ハ退職後一年內ニ之カ爲一種以上ノ兵役ヲ免セラレタルトキハ之ニ傷病賜金ヲ給ス

傷病賜金ハ之ヲ普通恩給又ハ一時恩給ト併給スルヲ妨ケス

傷病賜金ノ額ハ退職當時ノ階等並傷病ノ原因及程度ニ依リ定メタル別表第三號表ノ金額トス

前項ノ傷病ノ程度ハ勅令ヲ以テ之ヲ定ム

第六十七條　文官在職年一年以上十五年未滿ニシテ退職シタルトキハ之ニ一時恩給ヲ給ス

前項ノ一時恩給ノ金額ハ退職當時ノ俸給月額ノ二分ノ一ニ相當スル金額ニ在職年ノ年數ヲ乘シタル金額トス

第六十八條　下士以上ノ軍人在職年十一年未滿ニシテ退職シタルトキハ之ニ一時恩給ヲ給ス但シ下士以上トシテノ在職年一年未滿ナルトキハ此ノ限ニ在ラス

前項ノ一時恩給ノ金額ハ退職當時ノ階等及在職年ノ年數ニ依リ定メタル別表第四號表ノ金額トス

第六十九條　教育職員在職年一年以上十五年未滿ニシテ退職シタルトキハ之ニ一時恩給ヲ給ス

前項ノ一時恩給ノ金額ハ退職當時ノ俸給月額ノ二分ノ一ニ相當スル金額ニ在職年ノ年數ヲ乘シタル金額トス

第七十條　警察監獄職員在職年一年以上十年未滿ニシテ退職シタルトキハ之ニ一時恩給ヲ給ス

前項ノ一時恩給ノ金額ハ退職當時ノ俸給月額ノ三分ノ二ニ相當スル金額ニ在職年ノ年數ヲ乘シタル金額トス

第七十一條　待遇職員在職年一年以上十五年未滿ニシテ退職シタルトキハ之ニ一時恩給ヲ給ス

前項ノ一時恩給ノ金額ハ退職當時ノ俸給月額ノ二分ノ一ニ相當スル金額ニ在職年ノ年數ヲ乘シタル金額トス

第三章　遺族

第七十二條　本法ニ於テ遺族トハ公務員又ハ之ニ準スヘキ者ノ祖父、祖母、父、母、夫、妻、子及兄弟姉妹ニシテ公務員又ハ之ニ準スヘキ者ノ死亡ノ當時之ト同一戶籍內ニ在ルモノヲ謂フ

公務員又ハ之ニ準スヘキ者ノ死亡ノ當時胎兒タル子出生シタルトキハ前項ノ規定ノ適用ニ付テハ公務員又ハ之ニ準スヘキ者ノ死亡ノ當時其ノ戶籍內ニ在リタルモノト看做ス

第七十三條　公務員又ハ之ニ準スヘキ者左ノ各號ノ一ニ該當スルトキハ其ノ遺族ニハ妻、未成年ノ子、夫、父、母、成年ノ子、祖父、祖母ノ順位ニ依リ之ニ扶助料ヲ給ス

一　在職中死亡シ其ノ死亡ヲ退職ト看做ストキハ之ニ普通恩給ヲ給スヘキトキ

二　普通恩給ヲ給セラルル者死亡シタルトキ

前項ノ規定ニ依ル同順位ノ子數人アルトキハ公務員又ハ之ニ準スヘキ者ヲ被相續人トシタル家督相續ノ順位ニ準シ之ヲ定ム

父母ニ付テハ養父母ヲ先ニシ實父母ヲ後ニス祖父母ニ付テハ養父母ノ父母ヲ先ニシ實父母ノ父母ヲ後ニシ父母ノ養父母ヲ先ニシ實父母ヲ後ニス

先順位者タルヘキ者後順位者タル者ヨリ後ニ生スルニ至リタルトキハ前三項ノ規定ハ當該後順位者失權シタル後ニ限リ之ヲ適用ス

第七十四條　未成年ノ子ハ未タ婚姻セサルトキニ限リ之ニ扶助料ヲ給ス

夫又ハ成年ノ子ハ不具廢疾ニシテ生活資料ヲ得ルノ途ナク且之ヲ扶養スル者ナキトキニ限リ之ニ扶助料ヲ給ス

養子ハ公務員若ハ之ニ準スヘキ者ノ家督相續人タルトキ又ハ公務員若ハ之ニ準スヘキ者カ家督相續人ニシテ之ヲ戶主ト看做ストキハ其ノ死亡ノ時ニ於テ其ノ家督相續人タルヘキ者ニ限リ之ニ扶助料ヲ給ス

前項ノ家督相續人ニハ之ニ準スヘキ者ヲ包含ス

第七十五條　扶助料ノ年額ハ左ノ各號ニ依ル

一　公務員又ハ之ニ準スヘキ者戰鬪又ハ戰鬪ニ準スヘキ公務ニ因ル傷痍疾病ノ爲死亡シタルトキハ其ノ普通恩給年額ノ全額

二　公務員又ハ之ニ準スヘキ者普通公務ニ因ル傷痍疾病ノ爲死亡シタルトキハ其ノ普通恩給年額ノ十分ノ八ニ相當スル金額

三　其ノ他ノ場合ニ於テハ公務員又ハ之ニ準スヘキ者ニ給セラルル普通恩給年額ノ十分ノ五ニ相當スル金額

第七十六條　公務員又ハ之ニ準スヘキ者ノ死亡後遺族左ノ各號ノ一ニ該當スルトキハ扶助料ヲ受クルノ資格ヲ失フ

一　子婚姻シ又ハ其ノ家ヲ去リタルトキ但シ父ノ屬シタル家ヨリ分家シ又ハ公務員若ハ之ニ準スヘキ者ノ妻若ハ子ニシテ分家スルモノニ伴ヒ其ノ家ニ入リタルトキハ此ノ限ニ在ラス

二　公務員又ハ之ニ準スヘキ者女子ナル場合ニ於テ夫婚姻シ又ハ家ヲ去リタルトキ

三　父、母、祖父又ハ祖母其ノ家ヲ去リタルトキ

第七十七條　扶助料ヲ受クル者六年未滿ノ懲役又ハ禁錮ノ刑ニ處セラレタルトキハ其ノ月ノ翌月ヨリ其ノ刑ノ執行ヲ終リ又ハ其ノ執行ヲ受クルコトナキニ至リタル月迄扶助料ヲ停止ス但シ刑ノ執行猶豫ノ言渡ヲ

受ケタルトキハ扶助料ハ之ヲ停止セス其ノ言渡ヲ取消サレタルトキハ取消ノ月ノ翌月ヨリ刑ノ執行ノ終リ又ハ執行ヲ受クルコトナキニ至リタル月迄之ヲ停止ス

前項ノ規定ハ禁錮以上ノ刑ニ處セラレ刑ノ執行中又ハ其ノ執行前ニ在ル者ニ扶助料ヲ給スヘキ事由發生シタル場合ニ付之ヲ準用ス

第七十八條　扶助料ヲ給セラルヘキ者一年以上所在不明ナルトキハ次順位者ノ申請ニ依リ裁定官廳ハ所在不明中扶助料ノ停止ヲ命スルコトヲ得

第七十九條　前二條ノ扶助料停止ノ事由アル場合ニ次順位者在ルトキハ停止期間中扶助料ハ之ヲ當該次順位者ニ轉給ス

第八十條　遺族左ノ各號ノ一ニ該當スルトキハ扶助料ヲ受クルノ權利ヲ失フ

一　其ノ家ヲ去リタルトキ但シ妻夫ノ屬シタル家ヨリ分家シ又ハ遺族タル子ニシテ分家スルモノニ伴ヒ其ノ家ニ入リタルトキ及子父ノ屬シタル家ヨリ分家シ又ハ公務員若ハ之ニ準スヘキ者ノ妻若ハ子ニシテ分家スルモノニ伴ヒ其ノ家ニ入リタルトキハ此ノ限ニ在ラス

二　妻子又ハ夫婚姻シタルトキ

三　不具癈疾ニシテ生活資料ヲ得ルノ途ナク且之ヲ扶養スル者ナキ夫又ハ成年ノ子ニ付其ノ事情止ミタルトキ

第八十一條　公務員又ハ之ニ準スヘキ者第七十三條第一項各號ノ一ニ該當シ兄弟姉妹以外ニ扶助料ヲ受クル者ナキトキハ其ノ兄弟姉妹未成年又ハ不具癈疾ニシテ生活資料ヲ得ルノ途ナク且之ヲ扶養スル者ナキ場合ニ限リ之ニ一時扶助料ヲ給ス

前項ノ一時扶助料ノ金額ハ兄弟姉妹ノ人員ニ拘ラス扶助料年額ノ一年分乃至五年分ニ相當スル金額トス

第八十二條　文官教育職員又ハ待遇職員在職年一年以上十五年未滿ニシテ在職中死亡シタル場合ニハ其ノ遺族ニ一時扶助料ヲ給ス

前項ノ一時扶助料ノ金額ハ左ノ各號ニ依ル

一　小學校、實業補習學校幼稚園又ハ盲唖學校其ノ他ノ小學校ニ類スル各種學校ノ教育職員ノ遺族ニ在リテハ公務員死亡當時ノ俸給月額ノ二分ノ一ニ相當スル金額ニ其ノ公務員ノ在職年ノ數ヲ乘シタル金額

二　文官前號ノ教育職員以外ノ教育職員又ハ待遇職員ノ遺族ニ在リテハ公務員ノ死亡當時ノ俸給年額ノ百分ノ一ニ相當スル金額ニ其ノ公務員ノ在職年ノ年數ヲ乘シタル金額

第八十三條　下士以上ノ軍人在職中死亡シタル場合ニハ一時給與金ヲ勅令ノ定ムル所ニ依リ遺族ニ、遺族ナキトキハ死亡者ノ相續人ニ給ス

前項ノ一時給與金ノ金額ハ死亡當時ノ軍人ノ階等ニ依リ定メタル別表第五號表ノ金額トス

附　則

第八十四條　本法施行ノ期日ハ各條ニ付勅令ノ定ムル所ニ依ル

第八十五條　左ノ法令ハ之ヲ廢止ス

一　官吏恩給法
一　官吏遺族扶助法
一　軍人恩給法
一　市町村立小學校教員退隱料及遺族扶助料法
一　府縣立師範學校長俸給竝公立學校職員退隱料及遺族扶助料法
一　明治二十四年法律第四號
一　明治二十九年法律第十三號
一　官吏恩給法及官吏遺族扶助法補則
一　明治二十九年法律第七十八號
一　明治三十三年法律第七十五號
一　明治三十三年法律第七十六號
一　明治三十三年法律第七十七號
一　巡査看守退隱料及遺族扶助料法
一　明治三十五年法律第二十九號
一　在外指定學校職員退隱料及遺族扶助料法
一　明治四十年法律第四十八號
一　明治四十年法律第四十九號
一　明治四十一年法律第三十五號
一　明治四十三年法律第三十號
一　明治四十四年法律第六十一號
一　明治四十四年法律第六十七號
一　明治四十五年法律第十一號
一　明治四十五年法律第十二號
一　大正七年法律第三十號
一　大正十年法律第三十五號
一　大正十年法律第九十四號
一　大正十一年法律第十八號
一　大正十一年法律第十九號
一　明治二十二年勅令第百三十三號
一　明治二十三年勅令第九十八號
一　明治二十五年勅令第十八號
一　明治二十五年勅令第三十二號
一　明治三十二年勅令第百九十六號
一　明治三十八年勅令第二百二十九號
一　明治四十年勅令第百八十八號
一　明治四十年勅令第百八十九號
一　明治四十一年勅令第七十一號
一　明治四十五年勅令第七十號
一　大正七年勅令第六十二號
一　大正十年勅令第二百六十八號
一　大正十一年勅令第八十七號
一　大正十一年勅令第二百八十四號
一　明治九年第九十九號達陸軍恩給令
一　明治十五年第四十一號達巡査看守給助例
一　明治十六年第三十八號達海軍恩給令
一　明治十七年第一號達官吏恩給令

第八十六條　本法施行前給與事由ノ生シタル恩給、退隱料、遺族扶助料其ノ他之ニ準スヘキモノニ付テハ從前ノ規定ニ依ル

從前ノ規定ニ依ル恩給、退隱料、遺族扶助料其ノ他之ニ準スヘキモノハ之ヲ本法ニ依リ受ケ又ハ受クヘキ恩給ト看做ス

前項ノ場合ニ於テ從前ノ規定ニ依ル恩給、退隱料、遺族扶助料其ノ他之ニ準スヘキモノカ本法ニ依リ給與スル恩給ノ何レノ種類ニ屬スヘキカハ公務員及其ノ遺族ノ種類竝給與ノ事由ニ依リ之ヲ定ム

從前ノ規定ニ依ル恩給、退隱料、遺族扶助料其ノ他之ニ準スヘキモノニシテ本法ニ依ル恩給ニ該當セサルモノアルトキハ本法ニ依ル恩給中最近キ性質ヲ有スルモノニ依ル

第八十七條　第五條乃至第七條ノ規定ハ從前ノ規定ニ依リ生シタル恩給、退隱料、遺族扶助料、退官賜金、退職給與金、退職一時金、給助金、賑恤金、一時扶助金其ノ他之ニ準スヘキモノヲ受クヘキ權利ニシテ本法施行ノ日迄ニ從前ノ規定ニ依ル請求期間ヲ經過セサルモノニ付之ヲ適用ス

第八十八條　第十條ノ規定ハ本法施行前給與ノ事由ヲ生シタル恩給、退隱料、遺族扶助料、退官賜金、退職給與金、退職一時金、給助金、賑恤金、一時扶助金其ノ他之ニ準スヘキモノニ付本法施行後其ノ給與ヲ爲ス場合ニ付之ヲ適用ス

第八十九條　從前ノ規定ニ依リ内閣總理大臣ノ爲シタル裁定ハ具申、訴願又ハ行政訴訟ニ付テハ之ヲ本法ニ依ル内閣恩給局長ノ裁定ト看做シ從前ノ規定ニ依ル具申ノ裁決ハ之ヲ本法ニ依ル具申ノ裁決ト看做ス

本法施行ノ際現ニ具申中又ハ訴願中ノ事件ニ付テハ從前ノ手續規定ニ依リ之ヲ完結ス

第九十條　府縣ニシテ本法施行ノ際市町村立小學校教員退隱料及遺族扶助料法第十四條ノ規定ニ依リ小學校教員恩給基金ヲ備フルモノハ本法施行後引續キ其ノ恩給基金ヲ備フルコトヲ得

前項ノ恩給基金ヲ備フル府縣ニ於テハ第十八條第二項ノ規定ニ依ル納金ハ之ヲ其ノ恩給基金ト爲スヘシ

恩給基金ハ其ノ利子ヲ以テ府縣カ給與スヘキ教育職員若ハ準教育職員又ハ其ノ遺族ノ恩給ニ充ツルノ外之ヲ支消スルコトヲ得ス

府縣ニ於テ給與スヘキ教育職員若ハ準教育職員竝其ノ遺族ノ恩給ハ恩給基金ノ利子及第十八條第三項ノ規定ニ依リ國庫ヨリ交付スル給與金其ノ他ノ收入ヲ以テ之ヲ支辨シ不足アルトキハ府縣費ヲ以テ之ヲ補充スヘシ

恩給基金ノ管理ニ關スル規程ハ命令ヲ以テ之ヲ定ム

第九十一條　本法施行前ノ在職ニ付在職年ヲ計算スル場合ハ從前ノ規定ニ依ル但シ本法施行ノ際現ニ在職スル者ニ付テハ其ノ在職ニ繼續スル在職ニ限リ本法施行前ノ在職ト雖加算年ニ關スル規定ヲ除クノ外本法ニ依リ其ノ在職年ヲ計算ス

前項但書ノ場合ニ於テ從前ノ規定ニ依リ特ニ通算シ得ヘキコトヲ定メラレタル年月數アルトキハ前項但書ノ規定ニ拘ラス之ヲ在職年ニ通算ス

第九十二條　内地人タル公務員其ノ職務ヲ以テ臺灣、朝鮮、關東州(關東廳及其ノ所屬官署職員ニ付テハ南滿洲鐵道附屬地ヲ含ム)、樺太又ハ南洋群島ニ一定ノ期間引續キ在勤シタルトキハ在勤期間ノ一月ニ付半月ヲ加算ス

前項ノ引續キ在勤スヘキ期間ハ軍人ニ在リテハ六月、警察監獄職員ニ在リテハ二年、其ノ他ノ公務員ニ在リテハ三年トス

第四十條ノ規定ハ第一項ノ場合ニ付之ヲ準用ス

第九十三條　公務員其ノ職務ヲ以テ國境警備又ハ理蕃ノ爲危險地域内ニ勤務シタルトキハ當分ノ内在勤期間ノ一月ニ付一月半ヲ加算ス

前項ノ危險地域及期間ハ勅裁ヲ以テ之ヲ定ム

第四十條ノ規定ハ第一項ノ場合ニ付之ヲ準用ス

第九十四條　海軍警吏補ヨリ海軍巡査ト爲リシ者ニシテ本法施行ノ際迄引續キ現ニ南洋廳巡査ノ職ニ在ルモノニ付テハ其ノ海軍警吏補トシテノ在職年月數ハ本法ノ適用ニ關シテハ之ヲ巡査トシテ在職シタルモノト看做ス

第九十五條　朝鮮總督府巡査補ヨリ朝鮮總督府巡査ト爲リシ者ニシテ本法施行ノ際迄引續キ在職スルモノニ付テハ其ノ統監府巡査補及朝鮮總督府巡査補トシテノ在職年月數ハ本法ノ適用ニ關シテハ之ヲ巡査トシテ在職シタルモノト看做ス

第九十六條　臺灣總督府巡査補ヨリ臺灣總督府巡査ト爲リシ者ニシテ本法施行ノ際迄引續キ在職スルモノニ付テハ其ノ臺灣總督府巡査補トシテノ在職年月數ハ本法ノ適用ニ關シテハ之ヲ巡査トシテ在職シタルモノト看做ス

第九十七條　大正九年七月三十一日以前ニ休職若ハ待命ト爲リタル者ニシテ本法施行ノ際迄引續キ休職若ハ待命中ノモノ又ハ其ノ遺族同日以前ノ俸給ニ基キ年金タル恩給ヲ受クヘキ場合ニ於テハ其ノ金額算出ノ基礎タル俸給年額ハ其ノ額ニ勅令ノ定ムル金額ヲ加ヘタル額トス

第九十八條　第四十六條第二項第三項及第五十四條第一項第三號第二項ノ規定ハ本法施行前退職シタル公務員ニ付之ヲ適用ス

前項ノ規定ハ公務員ニ準スヘキ者ニ付之ヲ準用ス

前二項ノ規定ニ依リ給スル恩給ノ金額ハ本法施行前ノ分ニ付テハ從前ノ規定ニ依ル

第九十九條　第四十八條ノ規定ハ本法施行前傷痍ヲ受ケ又ハ疾病ニ罹リ本法施行後退職シ本法施行後不具癈疾ト爲リタル者ニハ之ヲ適用セス仍從前ノ例ニ依ル

第百條　第五十八條ノ規定ハ教育職員及教官其ノ他教育事務ニ從事スル文官ニ付テハ當分ノ内之ヲ適用セス其ノ退隱料又ハ恩給ノ停止ハ仍從前ノ例ニ依ル

但シ教育職員及教官其ノ他教育事務ニ從事スル文官學習院ノ職員ト爲リタルトキハ此ノ限ニ在ラス

前項ノ規定ノ施行セラルル期間内ニ屬スル教育職員ノ在職年ト教官其ノ他教育事務ニ從事スル文官以外ノ公務員ノ在職年トハ互ニ之ヲ通算セス仍從前ノ例ニ依ル教育職員ノ在職年ト第四十二條第一項各號ニ揭クル在職年トノ間ニ付亦同シ但シ學習院ノ職員トシテノ在職年ニ付テハ此ノ限ニ在ラス

第一項ノ規定ノ施行セラルル期間内ニ文官ヨリ教育職員又ハ教官其ノ他教育事務ニ從事スル文官ニ轉任シタル者失格原因ナクシテ退職シ年金タル恩給ヲ受ケサル場合ニ於テハ文官ノ在職年數ニ應シ之ニ一時恩給ヲ給ス

教育職員ヨリ文官ニ轉シタル者教官其ノ他教育事務ニ從事スル文官以外ノ文官トシテ失格原因ナクシテ退職シタルトキハ教官其ノ他教育事務ニ從事スル文官トシテノ在職最終ノ俸給額ニ基キ之ニ恩給ヲ給ス

第百一條　本法施行前死亡シタル者ノ遺族ノ扶助料ニシテ本法施行後轉給セラルヘキモノニ付テハ從前ノ規定ニ依ル恩給額ヲ標準トスルノ外本法ニ依リ之ヲ給ス

前項ノ規定ハ本法施行ノ際現ニ從前ノ規定ニ依リ扶助料ヲ受クル事ヲ得ル者ノ權利ヲ妨クルコトナシ

本法施行前ニ扶助料ヲ受クルノ權利ヲ有シ且其ノ權利ヲ有セサルニ至リタル者ハ之ヲ受クルノ權利ヲ本法ニ依リ取得スルコトナシ

第一項ノ場合ニ於テ本法ニ依リ扶助料ヲ受クルニ付先順位ニ在ルヘキ者ト雖本法ニ依リ後順位ニ在ル者先ニ扶助料ヲ受ケタル場合ニハ本法ニ依リ扶助料ヲ受クルノ權利ヲ有スルコトナシ

大正六年法律第六號附則ノ規定ニ依リ恩給ノ增額ヲ受ケサリシ軍人ノ遺族本法施行後扶助料ヲ轉給セラルヘキ場合ニ於テ第一項ノ規定ノ適用ニ付テハ軍人ノ恩給ハ之ヲ請求ヲ俟タスシテ同法附則ノ規定ニ依リ增額セラレタルモノト看做ス

第百二條　警察監獄職員公務ニ因ル傷痍疾病ノ爲死亡シタル場合ニ其ノ遺族ニ給スヘキ扶助料ノ年額ニ付テハ當分ノ内第七十五條第一號及第二號ノ規定ヲ適用セス仍從前ノ例ニ依ル

第百三條　本法施行前退官退職シ從前ノ規定ニ依リ年金タル恩給ヲ給セラレ又ハ給セラルヘカリシ公務員又ハ之ニ準スヘキ者ニシテ本法施行ノ際其ノ權利ヲ有シ本法所定ノ恩給ノ金額ヲ受ケサルモノニハ本法施行ノ日ヨリ勅令ノ定ムル所ニ依リ本法所定ノ各相當ノ恩給ヲ給ス但シ從則ノ規定ニ依ル金額カ本法所定ノ恩給額ヨリ多キトキハ其ノ額ニ依ル

本法施行前死亡シタル公務員又ハ之ニ準スヘキ者ノ遺族ニシテ第七十三條第一項各號ノ一ニ該當シ本法施行ノ際其ノ權利ヲ有シ本法所定ノ扶助料ノ金額ヲ受ケサルモノニハ本法施行ノ日ヨリ勅令ノ定ムル所ニ依リ本法所定ノ各相當ノ扶助料ヲ給ス但シ從前ノ規定ニ依ル金額カ本法所定ノ扶助料額ヨリ多キトキハ其ノ項ニ依ル

第百四條　明治二十四年八月十六日以降明治四十三年三月三十一日迄ニ退官退職シ又ハ死亡シタル文官、看守、陸軍監獄看守、海軍監獄看守、陸軍警査、海軍警査、貴族院守衛若ハ衆議院守衛又ハ其ノ遺族ニシテ明治四十三年四月改正前ノ俸給令ニ依ル俸給ヲ基礎トシ恩給又ハ扶助料ヲ受ケ本法施行ノ際迄其ノ權利ヲ有スル者ニハ勅令ノ定ムル所ニ依リ其ノ恩給又ハ扶助料ヲ本法施行ノ日ヨリ增額給與ス

前項ノ規定ハ明治四十四年三月三十一日以前ニ退職シタル小學校、實業補習學校、幼稚園及盲啞學校其ノ他ノ小學校ニ類スル各種學校ノ教育職員若ハ巡査又ハ其ノ遺族ニシテ本法施行ノ際迄其ノ權利ヲ有スルモノニ付之ヲ準用ス

第百五條　前二條ノ規定ノ適用ニ關シテハ勅令ヲ以テ之ヲ定ム

（別表）

第一號表

階等	將官及相當官		佐尉官及相當官							准士官	下士			兵卒			
	高等官									判任官							
在職年數	親任	一等	二等	三等	四等	五等	六等	七等	八等	一等	二等	三等	四等	[illegible]	[illegible]	[illegible]	[illegible]
十一年	一,八〇〇	一,七二七	一,六四〇	一,三三四	一,一〇三	八四八	五九一	四五九	三六八	三〇六	二一六	一九二	一六八	一四四	一三三	一二〇	一〇八
十二年	一,八三〇	一,七五六	一,六六七	一,三五七	一,一二一	八六四	六〇一	四六八	三七四	三一四	二二四	二〇〇	一七六	一五〇	一三八	一二六	一一四
十三年	一,八六〇	一,七八五	一,六九四	一,三六八	一,一四〇	八七七	六一一	四七六	三八〇	三一七	二二八	二〇四	一八〇	一五四	一四三	一三〇	一一八
十四年	一,八九〇	一,八一四	一,七二一	一,三九一	一,一五八	八九三	六二〇	四八五	三八六	三二四	二三六	二一二	一八八	一六〇	一四八	一三六	一二四
十五年	一,九二〇	一,八四三	一,七四八	一,四一三	一,一七六	九〇五	六三〇	四九〇	三九二	三二七	二四〇	二一六	一九二	一六四	一五三	一四〇	一二八
十六年	一,九五〇	一,八七二	一,七七六	一,四三五	一,一九四	九二一	六四〇	四九九	三九八	三三四	二四八	二二四	二〇〇	一六八	一五六	一四四	一三四
十七年	一,九八〇	一,九〇一	一,八〇三	一,四五六	一,二一三	九三五	六五〇	五〇七	四〇五	三三七	二五二	二二八	二〇四	一七四	一六三	一五〇	一三八
十八年	二,〇一〇	一,九三〇	一,八三〇	一,四七九	一,二三一	九四九	六六〇	五一六	四一一	三四四	二六〇	二三六	二一二	一七六	一六六	一五四	一四三
十九年	二,〇四〇	一,九五九	一,八五七	一,五〇〇	一,二四九	九六二	六七〇	五二一	四一七	三四七	二六四	二四〇	二一六	一八四	一七三	一六〇	一四八
二十年	二,〇七〇	一,九八八	一,八八五	一,五二二	一,二六七	九七七	六七九	五二九	四二三	三五四	二七二	二四八	二二四	一八八	一七六	一六四	一五四
二十一年	二,一〇〇	二,〇一六	一,九一二	一,五四四	一,二八六	九九〇	六八八	五三八	四二九	三五七	二七六	二五二	二二八	一九三	一八〇	一六八	一五六
二十二年	二,一三〇	二,〇四五	一,九四〇	一,五六八	一,三〇四	一,〇〇五	六九九	五四六	四三六	三六四	二八四	二六〇	二三六	一九八	一八六	一七四	一六三
二十三年	二,一六〇	二,〇七四	一,九六七	一,五八八	一,三二三	一,〇一八	七〇九	五五一	四四二	三六八	二八八	二六四	二四〇	二〇三	一九〇	一七八	一六六
二十四年	二,一九〇	二,一〇三	一,九九四	一,六一三	一,三四二	一,〇三四	七一九	五六〇	四四八	三七四	二九六	二七二	二四八	二〇八	一九六	一八四	一七三
二十五年	二,二二〇	二,一三二	二,〇二一	一,六三三	一,三六〇	一,〇四六	七二九	五六八	四五四	三七八	三〇〇	二七六	二五二	二一三	二〇〇	一八八	一七六
二十六年	二,二五〇	二,一六〇	二,〇四九	一,六五六	一,三七九	一,〇六三	七三八	五七七	四五九	三八五	三〇八	二八四	二六〇	二一六	二〇四	一九四	一八〇
二十七年	二,二八〇	二,一八九	二,〇七六	一,六七六	一,三九七	一,〇七四	七四八	五八三	四六六	三八八	三一二	二八八	二六四	二二三	二一〇	一九八	一八六
二十八年	二,三一〇	二,二一八	二,一〇三	一,七〇〇	一,四一四	一,〇九〇	七五八	五九〇	四七二	三九五	三二〇	二九六	二七二	二二六	二一四	二〇四	一九〇
二十九年	二,三四〇	二,二四七	二,一三〇	一,七二〇	一,四三四	一,一〇五	七六八	五九九	四七八	三九八	三二四	三〇〇	二七六	二三〇	二二〇	二〇八	一九六
三十年	二,三七〇	二,二七六	二,一五八	一,七四四	一,四五一	一,一一八	七七八	六〇七	四八五	四〇五	三三二	三〇八	二八四	二三六	二二四	二一三	二〇〇
三十一年	二,四〇〇	二,三〇五	二,一八五	一,七六五	一,四六九	一,一三一	七八八	六一三	四九〇	四〇八	三三六	三一二	二八八	二四〇	二三〇	二一六	二〇四
三十二年	二,四三〇	二,三三四	二,二一二	一,七八八	一,四八八	一,一四七	七九八	六二二	四九七	四一五	三四四	三二〇	二九六	二四六	二三四	二二三	二一〇
三十三年	二,四六〇	二,三六三	二,二三九	一,八〇九	一,五〇六	一,一五九	八〇七	六二九	五〇三	四一九	三四八	三二四	三〇〇	二五〇	二四〇	二二六	二一四
三十四年	二,四九〇	二,三九一	二,二六七	一,八三二	一,五二四	一,一七五	八一七	六三八	五〇九	四二五	三五六	三三二	三〇八	二五六	二四四	二三三	二二〇
三十五年	二,五二〇	二,四二〇	二,二九四	一,八五四	一,五四三	一,一八七	八二七	六四五	五一六	四二九	三六〇	三三六	三一二	二六〇	二四八	二三六	二二四
三十六年	二,五五〇	二,四四八	二,三二一	一,八七六	一,五六一	一,二〇三	八三七	六五三	五二一	四三六	三六八	三四四	三二〇	二六四	二五三	二四〇	二二八
三十七年	二,五八〇	二,四七七	二,三四九	一,八九七	一,五七九	一,二一六	八四七	六六〇	五二七	四三九	三七二	三四八	三二四	二七〇	二五八	二四六	二三四
三十八年	二,六一〇	二,五〇六	二,三七六	一,九二〇	一,五九八	一,二三一	八五七	六六九	五三四	四四六	三八〇	三五六	三三二	二七四	二六三	二五〇	二三八
三十九年	二,六四〇	二,五三五	二,四〇三	一,九四一	一,六一六	一,二四四	八六六	六七四	五三九	四四九	三八四	三六〇	三三六	二八〇	二六八	二五六	二四四
四十年	二,六七〇	二,五六四	二,四三一	一,九六四	一,六三五	一,二六〇	八七六	六八三	五四六	四五六	三九二	三六八	三四四	二八四	二七三	二六〇	二四八
四十一年	二,七〇〇	二,五九三	二,四五八	一,九八五	一,六五四	一,二七三	八八六	六九一	五五一	四五九	三九六	三七二	三四八	二八八	二七六	二六四	二五四
四十二年	二,七三〇	二,六二二	二,四八五	二,〇〇九	一,六七二	一,二八八	八九六	六九九	五五八	四六六	四〇四	三八〇	三五六	二九四	二八三	二七〇	二五八
四十三年	二,七六〇	二,六五〇	二,五一三	二,〇二九	一,六九〇	一,三〇〇	九〇六	七〇四	五六四	四七〇	四〇八	三八四	三六〇	二九八	二八八	二七四	二六四
四十四年	二,七九〇	二,六七九	二,五四〇	二,〇五一	一,七〇八	一,三一六	九一六	七一四	五七〇	四七六	四一六	三九二	三六八	三〇三	二九三	二八〇	二六八
四十五年	二,八二〇	二,七〇八	二,五六七	二,〇七四	一,七二六	一,三二九	九二五	七二一	五七七	四八〇	四二〇	三九六	三七二	三〇八	二九六	二八四	二七二
四十六年	二,八五〇	二,七三七	二,五九四	二,〇九七	一,七四五	一,三四四	九三五	七三〇	五八三	四八七	四二八	四〇四	三八〇	三一三	三〇〇	二八八	二七六
四十七年	二,八八〇	二,七六六	二,六二二	二,一一七	一,七六四	一,三五七	九四五	七三八	五八九	四九〇	四三二	四〇八	三八四	三一八	三〇六	二九四	二八二
四十八年	二,九一〇	二,七九五	二,六四九	二,一四一	一,七八二	一,三七〇	九五五	七四五	五九六	四九七	四四〇	四一六	三九二	三二三	三一〇	二九八	二八六
四十九年	二,九四〇	二,八二四	二,六七六	二,一六一	一,八〇〇	一,三八五	九六五	七五三	六〇一	五〇〇	四四四	四二〇	三九六	三二八	三一六	三〇四	二九二
五十年	二,九七〇	二,八五三	二,七〇四	二,一八五	一,八一八	一,四〇一	九七五	七六〇	六〇七	五〇七	四五二	四二八	四〇四	三三三	三二〇	三〇八	二九六

第二號表

階等／症状／傷病ノ程度	甲號 戰闘又ハ戰闘ニ準ズヘキ公務 特別項	第一項	第二項	第三項	第四項	第五項	第六項	乙號 普通公務 特別項	第一項	第二項	第三項	第四項	第五項	第六項
親任・勅任／勅任待遇／將官		二,一〇〇	一,六八〇	一,二九五	一,〇五〇	八四〇	七〇〇		一,六八〇	一,三四四	一,〇三六	八四〇	六七二	五六〇
奏任 三等乃至五等／奏任待遇／佐官		一,五〇〇	一,二〇〇	九二五	七五〇	六〇〇	五〇〇		一,二〇〇	九六〇	七四〇	六〇〇	四八〇	四〇〇
奏任 六等乃至九等／尉官		九〇〇	七二〇	五五五	四五〇	三六〇	三〇〇		七二〇	五七六	四四四	三六〇	二八八	二四〇
判任 一等／判任待遇／准士官		七二〇	五七六	四四四	三六〇	二八八	二四〇		六〇〇	四八〇	三七〇	三〇〇	二四〇	二〇〇
判任 二等三等／下士		六〇〇	四八〇	三七〇	三〇〇	二四〇	二〇〇		五一〇	四〇八	三一五	二五五	二〇四	一七〇
判任 四等／兵卒		五四〇	四三二	三三三	二七〇	二一六	一八〇		四五〇	三六〇	二七八	二二五	一八〇	一五〇

備考　特別項ハ各號第一項ノ金額ニ其ノ十分ノ五以内ヲ加ヘタルモノトス

第三號表

傷病原因	症状等差	下士	兵卒
甲　戰闘又ハ戰闘ニ準ズヘキ公務	第一款	一,〇〇〇	九〇〇
	第二款	九〇〇	八一〇
	第三款	八〇〇	七二〇
	第四款	七〇〇	六三〇
	第五款	六〇〇	五四〇
	第六款	五〇〇	四五〇
	第七款	四〇〇	三六〇
乙　普通公務	第一款	八五〇	七五〇
	第二款	七六五	六七五
	第三款	六八〇	六〇〇
	第四款	五九五	五二五
	第五款	五一〇	四五〇
	第六款	四二五	三七五
	第七款	三四〇	三〇〇

	號 キ公務		號 務	
第八款	三〇〇	二七〇	二五五	二二五
第九款	二〇〇	一八〇	一七〇	一五〇
第十款	一〇〇	九〇	八五	七五

第四號表

階級＼年數	將官及相當官			佐尉官及相當官						准士官	下士		
	高等官									判任官			
	親任	一等	二等	三等	四等	五等	六等	七等	八等	一等	二等	三等	四等
一年							九九	七七	六二	五一	三六	三二	二八
二年						二八三	一九七	一五三	一二三	一〇二	七二	六四	五六
三年					五五一	四二四	二九六	二三〇	一八四	一五三	一〇八	九六	八四
四年				八八四	七三五	五六六	三九四	三〇六	二四六	二〇四	一四四	一二八	一一二
五年			一、三六五	一、一〇二	九一九	七〇七	四九三	三八三	三〇七	二五五	一八〇	一六〇	一四〇
六年		一、七二八	一、六三八	一、三二三	一、一〇二	八四八	五九一	四五九	三六八	三〇六	二一六	一九二	一六八
七年	二、一〇〇	二、〇一六	一、九一一	一、五四四	一、二八六	九九〇	六九〇	五三六	四三〇	三五七	二五二	二二四	一九六
八年	二、四〇〇	二、三〇四	二、一八四	一、七六四	一、四七〇	一、一三一	七八八	六一二	四九一	四〇八	二八八	二五六	二二四
九年	二、七〇〇	二、五九二	二、四五七	一、九八七	一、六五三	一、二七二	八八七	六八九	五五二	四五九	三二四	二八八	二五二
十年	三、〇〇〇	二、八八〇	二、七三〇	二、二〇五	一、八三七	一、四一四	九八五	七六五	六一三	五一〇	三六〇	三二〇	二八〇

第五號表

將官及相當官	高等官	親任	一、八〇〇圓
		一等	一、七二八圓
		二等	一、六三八圓
佐尉官及相當官		三等	一、三二三圓
		四等	一、一〇二圓
		五等	八四八圓
		六等	五九一圓
		七等	四五九圓
		八等	三六八圓
准士官	判任官	一等	三〇六圓
下士		二等	二一六圓
		三等	一九二圓
		四等	一六八圓

（國務大臣男爵加藤友三郎君登壇）

○國務大臣（男爵加藤友三郎君）　恩給法案ニ付キマシテ大體說明ヲ致シマス、御承知ノ如ク現行ノ恩給ニ關シマスル規定ハ、明治二十三年頃ヨリ三十四、五年ニ亙ッテ出來マシタ所ノ規程ヲ基礎ト致シテ居ルノデ、其前後ニ於キマシテ數回改正ヲサレテ居ルノデアリマス、斯樣ナル事情ノ下ニアリマスル所ノ現行規程ハ、複雜且ツ多岐ニ亙ッテ居ル點ガアルノデアリマス、故ニ政府ニ於キマシテハ、前年來十分ニ研究調査ヲ遂ゲマシテ、茲ニ一ノ案ヲ得マシタノデアリマス、然ルニ一般ノ恩給額ハ、卽チ文武官ニ對スル恩給額ハ、現行規程ニ依リマスルモノデハ不備デアル、不十分デアルト云フコトデ、十分ニ認メテ居ルノデアリマス、隨テ是ガ增額ニ付テモ種々研究調査ヲ遂ゲマシタガ、財源ノ關係上此點ヲ今回ノ改正案ニ記載シマスルコトノ出來マセナカッタコトヲ甚ダ遺憾ト致スノデアリマス、今回ノ改正ノ一二三ノ要點ハ、其額ヲ增額致シマシタモノハ遺族扶助料、公務ニ依リ不具ニナリマシタモノ、或ハ四十三年頃ト記憶致シマスガ、其以前ニ退隱致シタ所ノ文官ノ恩給、是等ノモノニ若干ノ增額ヲ認メマシタ、其外ハ前申上ゲマスル規程上ノ複雜ナル點ヲ矯正シ、不備ノ點ヲ增補スルト云フガ如キモノヲ今回ノ案ノ骨子ト致スノデアリマス、尙ホ詳細ニ至リマシテハ、何レ委員會ニ於テ主務者ヨリ說明致サセマス、何卒御審議ノ上御協贊ヲ與ヘラレンコトヲ希望致シマス

○副議長（粕谷義三君）　質議ノ通告ガアリマス――三浦得一郎君

（三浦得一郎君登壇）

○三浦得一郎君　私ハ簡單ニ此恩給法改正案ニ付テ御尋ヲ致シタイト思ヒマス、恩給法ノ是迄不備デアッタコトハ、既ニ總理大臣カラ只今御辯明ガアッタ通リデアリマスルガ、四十四議會ニ於テハ根本的改正ヲスル、又四十五議會ニ於キマシテモ、其通リノ辯明ガアッタノデアリマス、然ルニモ拘ラズ此度ノ法案ヲ見マスルト云フト、更ニ恩給法ノ增額ト云フコトハ、只今モ御說明ノアリマシタ通リ、僅ニ遺族ノ扶助料ト、增加恩給ノ幾分ニ止マッテ居ルノデアリマス、之ヲ以テ根本的改正ト云フコトガ申サレルデアリマセウカ、如何デアリマセウカ、今日迄恩給者四十万ノ人々ガ政府ニ向ッテ請願嘆願ヲ致シテ居リマスルノハ、今日ノ物價騰貴ノ際ニ於テハ、恩給ニ依ッテ生活スルコトガ出來ナイ、故ニ恩給ヲ增加シテ貰ヒタイト云フノガ一般ノ叫デアルノデアリマス、政府ハ其事ハ十分ニ御承知ニナッテ居ルノデアリマスガ、只今モ御說明ニナッタヤウニ、唯、財源ガ乏シイカラ甚ダ遺憾デアルト、斯ウ仰セラレルノデアリマス、サリナガラ此四十万ノ人々ノ怨嗟ノ聲ハ恐ク政府ニ向ッテ放ッテ居ルノデアリマス、殊ニ在鄕軍人ニ於テ然リデアリマス、又癈兵ノ如キニ於テハ、此度僅ニ增額サレマシタノデ、兩眼ヲ盲シ、或ハ四肢ノ用ヲ失ッタ者ガ、年額僅ニ四百五十圓、一箇月三十七圓ト云フヤウナ少額デアリマス、又第六公傷ニ於テ最モ一番輕イ所ノ者ガ、月二十二圓五十錢ト云フヤウナ割ニナッテ居ルノデアリマス、斯ノ如キ零碎ナル增額ハ彼等ノ生活上果シテ安定ヲ得ルカドウカ、ト云フコトヲ御考ヲ願ヒタイト思フノデアリマス、又外國ノ例ニ依リマスルト云フト、癈兵ハ一公傷ニ於キマシテハ、卽チ他人ノ介抱ヲ要スルト云フヤウナ重傷デアリマシタナラバ、看護料ヲ支給シテ居リマス、月ニ四十圓ト云フ看護料ヲ支給シテ居リマス、自分一人デ食事ヲスルコトガ出來ナイ、或ハ兩便ヲ辨ズルコトガ出來ナイト云フ人間ハ、矢張日本人デモ看護料ヲ要スルノデアリマス、ソレガ年ニ三百七十圓デ果シテ生活シテ行クコトガ出來ルカドウカ、是ハ常識カラ考ヘテモ直チニ分ル話デアリマス、又彼等ノ慘メナル有樣ヲ見テハ、一昨日モ此壇カラ申シマシタ通リ徵兵忌避ノ念ヲ起ス者ハ年一年ト殖エルデアラウト思フノデアリマス、斯ノ如キ不具癈疾ニ陷ッタ者ハ、戰時ニ於テハ死ヲ鴻毛ヨリ輕シトシテ――自分ノ生命ヲ輕シトシテ如何ナル辛苦艱難ニモ堪ヘ、又命ヲ失フコトヲ潔シトスル所ノモノデアルノデアリマス、斯ノ如キ勇士ガアッテ初テ國家ノ安泰ガ得ラレ、又國ノ資格モ進ンデ來ルト云フヤウナコトニナルノデアリマス、斯樣ナル國家ニ功勞アル所ノ人々ガ慘メナル有樣ニ在ルト云フコトハ、將來士氣ヲ伸張スル上ニ於テ、非常ナル影響ヲ及ボスコトデアラウト私ハ信ズルモノデアリマス、又軍備縮少ノ結果內容ハ何處マデモ充實シナケレバナラヌ、內容ノ充實ハ軍人精神ノ緊張ガ必要デアリマス、今日ハ在鄕軍人ハ恐ク當局ニ向ッテ怨嗟ノ聲ヲ放ッテ居ルノデアリマス、而シテ癈兵ハ斯ノ如キ有樣デアルノデアリマス、是デ果シテ精神動員ガ出來ルヤ否ヤ、銳利ナル所ノ機械、或ハ新シキ所ノ機械ヲ充實シテモ、肝腎ナル所ノ兵卒ガ其士氣ガ全ク頽廢致シテシマッタナラバ、何等內容ノ充實ハ更ニ一文ノ價ハナイ軍隊デアルト私ハ思フノデアリマス、ドウカ此意味ニ於テ何卒一般軍人ノ生活ノ安定ヲ圖リ、又癈兵ヲ救ハント云フコトニ付テ、モウ一應ノ御考慮ヲ煩シタイト思フノデアリマス、是ハ最モ急務ナルコトデアリマスルガ故ニ、本案ノ第一號表カラ第三號表ニ至ルマデノ間ヲ、モウ一應御改正アラヌ以上ハ、吾々ハ此案ニ付テ贊成ヲ表スルコトガ出來ナイノデアリマス、就キマシテハ根本的改正ヲスルト云フコトヲ二年ニ亙ッテ御辯明ニナッテ居ルニモ拘ラズ、斯ノ如キ不備ナル點モ厭ハズシテ、唯、法案ノミヲ改正セラルト云フコトハ、少シモ其意味ヲ爲シテ居ラヌノデアリマス、此點ニ付テモウ一應ノ御說明ヲ煩シタイト思ヒマス（拍手）

（國務大臣男爵加藤友三郎君登壇）

○國務大臣（男爵加藤友三郎君）　三浦君ノ恩給ニ關シ殊ニ軍人ニ於テ非常ニ其不足ヲ感ジ、是等在鄕軍人ノ困難ナル狀態ヲ御述ニナリマシテ、モウ少シ徹底シタル增額案

ヲ立ッタラドウカト云フヤウナ意味、竝其成立ニ付テノ御希望ヲ拜聽致シマシタ、私ハ三浦君ノ御述ニナリマシタ點、卽チ在鄕軍人ノミナラズ、文官等ノ恩給ニ對シマシテモ、先刻申上ゲマスル今日ノ程度ヲ以テ、無論滿足致シテ居ル者デハアリマセヌ、寧ロ是等ノ人ニ對シマシテハ其不十分ナル點ニ於テ、滿腹ノ同情ヲ表スルノデアリマス、故ニ今回モ如何ニカ致シテ增額案ヲ立テタイト云フ意思ヲ以テ、調査研究致サセタノデアリマス、今回ノ財政計畫ヲ御覽下サイマスレバ、政府ノ方針モ御了解下サルコト、存ジマスガ、此增額ヲ實行致サント致シマスノニハ、少クモ二三千万ノ金ハ要スルノデアリマス、一方ニ於キマシテハ是等受恩給者ニ同情致シマスル點ニ於キマシテハ、更ニ三浦君ノ御意見ニ反對ハナイノデアリマスガ、政府ノ方針ト致シマシテ立テマシタ所ノ財政計畫上、遺憾ナガラ之ヲ許サナカッタノデアリマス、勿論今後ニ於キマシテモ、此問題ハ是非共解決致シタイト云フ意思ヲ持ッテ居ルノデアリマス、相當ノ名案ヲ得マスルナラバ、必ズ之ニ反對スル者デハナイノデアリマス、出來ルダケ早ク是ガ實行ヲ期シタイト云フ意思ニ於キマシテハ、何人ノ後ニモ落チナイ積リデアリマスガ、寔ニ遺憾ナガラ本年之ヲ實行スルコトヲ得ナカッタノヲ遺憾トスルノデアリマス、三浦君ノ殊ニ在鄕軍人ニ對スル御同情ノ御意見ニ對シテハ、私モ同感ノ意ヲ表シテ聽キマス、敢ネテ申シマスガ、今回ノ財政計畫上許シマセンカッタ爲ニ、提案致シマシタ程度ニ止マッタト云フコトニ御了解ヲ願ヒタイノデアリマス

○三浦得一郎君　此席カラ申シマス、只今總理大臣ノ御答辯ニ依リマスト、此度此增額ヲ致サナカッタト云フコトハ甚ダ遺憾デアル、十分同情シテ居ルト云フ仰セデアリマス、是ハ私トシマシテハ甚ダ感謝ノ至ニ堪ヘナイ、併ナガラ同情スル同感デアルト云フダケデハ、在鄕軍人一般ハ決シテ滿足致スマイト思フノデアリマス、希クハ此案ヲ御撤回ニナッテ、財源ノ出來ルト同時ニ御始メニナッテ然ルベキモノデアラウト私共ハ信ズルノデアリマス、斯ノ如キ案ガ出マシテモ唯、空文ニ屬スルノデアッテ更ニ實效ハナイノデアリマス、又過般廢兵ガ陸軍大臣ヲ御訪ネ申シテ、彼等ノ窮狀ヲ御訴シタ際ニ、陸軍大臣ハ少クモ五六千万圓ハオ前達ノ爲ニ出ス積リデアルト云フコトヲ御辯明ニナッタト云フコトヲ異口同音ニ申シテ居リマス、閣議ニ於キマシテハ定メシ右樣ナ御協議モアッタコト、存ジマスガ、斯ノ如キ零碎ナル增額デハ、彼等モ亦不滿足デアラウト思フノデアリマス、若シ彼等ガ負傷ヲ致サナカッタナラバ、勞働ヲ致シテモ一日二圓五十錢ノ給料ヲ取リ得ルノデアリマス、ソレガ負傷ヲシタ爲ニ僅ニ一圓ニ足ラザル所ノ金額ヲ以テ生活シテ行カナケレバナラヌト云フ有樣デアリマスガ、果シテソレデ人間一人ノ生活ガ出來ルカドウカ、又子女ノ敎育ヲ如何ニシテ彼等ガ敎育スルデアリマセウカ、此點ニ付キマシテモ唯、御同情バカリデナク十二分ノ同情ノ淚ヲ注ガレテ、速ニ增額アランコトヲ希望スル次第デアリマス、其增額ノ資金ガ無イト云フナラバ、ソレマデ本案ヲ撤回セラレンコトヲ希望致シマス

○國務大臣（男爵加藤友三郞君）　當席カラ御答致シマス、今回提案致シマシタモノヲ撤回致ス意思ハ持チマセヌ、併ナガラ今後ニ於キマシテ御希望ニ對シテハ出來得ルダケノ努力ヲ致シタイト考ヘテ居リマス

○副議長（粕谷義三君）　日程第四、右議案ノ審査ヲ付託スベキ委員ノ選擧ヲ議題ト致シマス

第四　右議案ノ審査ヲ付託スベキ委員ノ選擧

○高見之通君　本案ハ高木正年君外二名提出恩給法改正ニ關スル建議案外二件ノ委員ニ併セ付託セラレンコトヲ望ミマス

〔「贊成々々」ト呼フ者アリ〕

○副議長（粕谷義三君）　高見君ノ動議ニ御異議ナイト認メマス、仍テ動議ノ如ク決シマシタ　日程第五、市町村義務敎育費國庫負擔法改正法律案第一讀會ノ續ヲ開キマス、委員長ノ報告ヲ求メマス、委員長田中隆三君

○清水留三郎君　日程變更ニ關スル緊急動議ヲ提出シマス、即チ茲ニ横山勝太郎君外二名ノ提出ニ係ル、民衆運動取締ニ附スル緊急質問ヲ上程セラレンコトヲ希望シマス

〔「贊成」「贊成」「異議ナシ」ト呼フ者アリ〕

○副議長（粕谷義三君）　此動議ニハ御異議ハアリマセスカ

〔「異議ナシ」「異議ナシ」ノ聲起ル〕

○副議長（粕谷義三君）　御異議ナイト認メマス、尚ホ政府モ此日程變更ニハ同意サレマシタ、仍テ緊急質問ヲ許スコトニ致シマス——横山勝太郎君

民衆運動取締ニ關スル緊急質問（横山勝太郎君外二名提出）

（横山勝太郎君登壇）

○横山勝太郎君　事實ハ極テ簡明デアリマス、昨夕ノ各新聞紙ノ夕刊、今朝ノ各新聞紙ニ依ッテ詳細ナル事實ガ報道セラレテアリマスル通リ、昨日午前十一時ヨリシテ上野公園ニ於テ新聞記者聯盟ノ發起ニ係ル普通選擧各派聯合大懇親會ナルモノガ催セラレマシタ、其席ニ會合致シタル者ハ固ヨリ精確ナル數字ハ分リマセヌガ、六七千以上ト吾々ハ認メテ居ルノデアリマス、或ハ五千トモ言ヒ一万トモ申シテ居リマスガ、固ヨリ正確ナル事ハ分リマセヌ、要スルニ第一會場、第二會場共ニ滿員ノ盛況ヲ呈シタル事ハ事實相違ナイノデアリマス、此新聞記者聯盟ノ主催ニ係ル大懇親會ハ、數日前カラ相當ナル方法ニ依ッテ宣傳セラレテアリマシテ、當日其席ニ多數ノ民衆ガ集合致スト云フ事柄ハ、吾々國民ノ側ニ於テモ固ヨリ之ヲ存ジテ居ル事デアリマスルシ、是ガ取締ノ任ニ在ル內務當局或ハ警視總監等ニ、此狀況ガ分ラナイト云フ道理ハナイノデアリマス、固ヨリ政府ハ此大集合ニ對シマシテ相當ナル取締ヲ爲スベキモノデアルト吾々ハ信ジテ居ッタノデアリマス、然ルニ洵ニ憲政治下ニ於テ遺憾ニ堪ヘザルコトハ、新聞紙ニ依ッテ既ニ御閲讀ニナッテ居ルト考ヘマスルガ、極テ靜肅ニ行ハレツヽアル演說會ノ壇上ヲ目蒐ケテ、大正赤心團ノ團員ト稱スル數人ノ者ガ驅上リマシテ、當時演說ヲ致シテ居ル所ノ代議士作間耕逸君ノ背後ヨリシテ、木刀ヲ以テ一擊ヲ與ヘマシタ、又或ハ椅子ヲ揮ヒ、或ハ腕力ヲ揮ッテ演壇ヲ打壞ハシ、會衆ヲ騷擾セシメタ、是ガ爲ニ作間代議士以外ノ者モ劍傷ヲ被リマシテ、應急ノ手當ヲ受ケタト云フ事實ハ、上野警察署長モ之ヲ承認致シテ居ル事實デアリマス、ソレカラ第二ノ事實ト致シテハ、昨日芝浦方面ニ於テ勞働者ノ大會ガアリマシタ、全國勞働者大會ト申シテ居リマス、其運動ニ參加シタル者ハ日本勞働總同盟、關東聯合會、日本鑛夫總聯合會、日本農民組合、關東同盟信友會、關東機械工組合、東京大阪、朝鮮勞働同盟會、時計工組合正進會、芝浦勞働組合、自由勞働者同盟、造機船工勞働組合、理髮職技友會、出版從業員組合、水平社東京支部、工友會、日本勞農同盟、南葛勞働組合、其他二三ノ組合ガ之ニ參加致シマシテ、其人員ハ總數約二千人デアリマス、是モ或ル政治上ノ目的ヲ以チマシテ、芝浦カラ深川公園ニ向ッテ一大示威運動ヲ催シタノデアリマス、其運動ノ模樣ハ是亦新聞紙ニ依ッテ諸君ハ御了承ノ事ト考ヘマスルガ、極テ靜肅デアッテ、何等社會ノ秩序ヲ紊ルト云フヤウナ不穩ノ擧動ガナイニモ拘ラズ、警視廳ハ前後二百人ヲ拘禁致シマシタ、サウシテ此勞働運動ノ妨害ヲ致シタト云フ事實ガ極テ明瞭デアリマス、其詳細ノ事實ハ、更ニ機會ヲ見テ此壇上ニ質疑ヲ致スコトモアラウト存ジマスルガ、要スルニ今日事實ノ詳細ナルコトヲ語ルコトハ私ノ質問ノ要旨デハアリマセヌ、只今擧ゲマシタ二ツノ簡明ナル事實ニ基イテ、內務當局ノ御方針ヲ承ッテ置キタイノデアリマス、卽チ民衆運動ニ對シテ當局ハ如何ナル方針ヲ以テ取締ヲセントスルノデアルカ、從來ノ例ニ依リマスルト普通選擧ノ運動ニ致シマシテモ、或ハ勞働者ノ運動ニ致シマシテモ、靜肅ニ秩序正シク行ハレテ居ル所ノ運動ニ對シテ、或ル爆發ノ動機ヲ與ヘテ、其靜肅ナル運動ヲ混亂狀態ニ導クト云フ事柄ハ、常ニ官憲ノ爲ス所デアルト云フコトノ疑ヲ吾々ハ持ッテ居ル（拍手）其事實ノアル每ニ吾々同士ハ、此壇上ニ其事案ヲ運ンデ諸君ノ批判ニ訴ヘ、又政府當局ノ意見ヲ承ッタノデアリマスガ、日比谷公園ニ於ケル普通選擧ノ運動ト云ヒ、或ハ芝公園ニ於ケル普通選擧ノ運動ト云ヒ、如何ナル場合ニ於テモ被先ニ民衆ノ側カラ秩序ヲ紊ルト云フヤウナ亂暴ナル行爲ヲ致シタモノハ無イノデアル、警察官ガ或ル特殊ノ人ヲ目蒐ケテ、オ前ハ風采ガ惡イトカ、オ前ハ社會主義者デアルトカ云フヤウナ口實ヲ以テ其者ヲ無理解ニ拘禁セントスルカラ、其事柄ヲ了解シナイ所ノ民衆ガ興奮シテ、警察官ト格鬪ヲスル、警察官ニ反抗ヲスレバ、警察官ハ之ヲ警視廳ニ拉シ去ル、卽チ常ニ騷動ノ動機ト云フモノハ警察官自ラ造ッテ、警察官ガ之ヲ拘禁スルト云フノガ是ガ先例デアリマス、昨日ノ此二ツノ民衆運動ニ對スル當局ノ取締ノ方針ヲ見マスルニ、依然トシテ此舊態ヲ脫スルコトガ出來ナイ、兎ニ角數日前カラ宣傳ヲセラレテ、國民ノ熾烈ナル要求ニ基ク普通選擧ノ大懇親會ガ、上野公園ニ於テ開催セラル、ノデアル、或ハ三千、或ハ五千或ハ一万ト云フ民衆ガ其處ニ會合スベキコトハ、通常人ガ常識ヲ以テ判斷シ得ルノデアリマス、ソレ程多數ノ者ガ一ツノ場所ニ集リマシタナラバ、何カ其處ニ警察事故ヲ生ズルト云フ事柄ハ當然ノ事デアル、故ニ常ニ人民ノ生命、身體、自由、財產ヲ保護スル職責ヲ有シテ居ル所ノ警察ト致シマシテハ、事前ニ事故ノ發生ヲ防止スルト云フ豫防警察ノ目的ヲ以テ、相當ナル設備ヲ爲シ、相當ナル保護ヲ爲スベキハ當然ノ事デアル、所ガ上野署長ガ吾人同志ノ人々ノ詰問ニ對シテ答フル所ニ依レバ、當日ハ何事モ大シタ事柄ガ起ルト云フコトハ豫想シテ居ラヌ、故ニ正服巡查モ入レズ、私服巡查ヲ僅カニ入レテ居タニ過ギヌト云フ御話デアル、數百人、數千人ノ人ガ政治上ノ目的ヲ以テ集會致シマスルニ、何事モ起ラナイト想像致シテ居ル警察官ノ迂遠ナル態度ニ至ッテハ、吾々國民ハ鼓ヲ鳴シテ之ヲ論爭シナケレバナラヌト考ヘマス（拍手）論ヨリ證據ハ普通選擧運動ノ方ニ對シテハ、左樣ナル緩慢ナル取締ノ方法ヲ致シテ居リマスガ、勞働者ノ問題ニ對シテハドウ云フ事ヲ致シテ居リマス、僅ニ二千ノ勞働者ガ靜々肅々指導者ノ下ニ運動ヲ致シテ步イテ居ルノニ、新聞紙ノ報道スル所ニ依レバ、二百人ノ多數ノ警察官ヲ以テ此勞働者ヲ脅威致シテ居ル、二千人ノ勞働者ニ對シテ斯樣ナル取締ヲスル必要ガアルナラバ、五千、一万人集マル所ノ政治上ノ民衆運動ニ對シテモ相當ナル手續ヲ執ルト云フコトハ當然ノ事柄デアル、是ハ私ノ想像デアリマスルガ、上野ニ於ケル普通選擧ノ會合ニ付キマシテモ、可ナリ多數ノ警察官ヲ派遣致シテ居ルト云フコトハ事實デアリマス、併ナガラ取締ノ結果ガ一大失敗ニ終リシガ爲ニ、何事モ起ラヌト想像致シ、取締リヲシナカッタノデアルト、斯ノ如キ遁辭ヲ設ケルモノデアルト私ハ想像致スノデアル（拍手）兎ニ角斯ノ如クニシテ壇上ニ立ッテ、衆議院議員ノ一人作間耕逸君ガ演說ヲ致シテ居ル、所謂憲法ニ依ッテ保障セラル、言論自由ノ法則ニ基イテ、白晝公然正々堂々タル演說ヲ致シテ居ルノニ、赤イ襷ヲ掛ケタ暴漢ガ、木刀ヲ携ヘテ白晝此演壇ノ人ニ向ッテ毆打ヲ與フルニモ拘ラズ、警察官ガ之ヲ保護スル能ハザルニ至ッテハ、否保護スルコトガ出來ヌノデハナイ、故意ニ保護ヲシナカッタモノデアルト私ハ斷言スル（拍手）而モ作間君ハ御承知ノ通リ神田下谷ノ選擧區カラ出テ居ルノデアリマシテ、此人ノ顏、此人ノ容貌、此人ノ風采ト云フモノヲ警察署長ガ知ラナイト云フ道理ハナイ、兎ニ角議會ノ開會中ニ於テ相當ナル保護ヲ受クベキ資格ヲ持ッテ居ル所ノ代議士ノ一人ガ、白晝演說ヲ致シテ居ルニ、而モ數千人或ハ一万人ニモ達スル民衆ノ前デ演說ヲ致シテ居ルニモ拘ハラズ、之ニ暴行ヲ加ヘル者ガアッテモ、保護ヲ受ケルコト能ハザルニ至ッテハ、我國ノ警察官ノ怠慢、不深切、無責任觉クノ外ハナシト私ハ思フ（拍手）而シテ一面勞働者ノ運動ニ對シテハ必要ニアラザル干涉ヲ致シ、何等危險ノ無イ示威運動ニ向ッテ、其中ニ或ハ社會主義者ガ居リハシナイカ、或ハ亂暴ヲスル者ガ居リハシナイカト云フ邪推ヲ以テ、サウシテ其中ノ二百人ト云フ多數ノ人ヲ拘禁シ去ルニ至ッテハ、警察官ハ此民衆運動ニ對シテ如何ナル思想ヲ持ッテ居ルノデアルカ、多數ノ者ガ共同ノ目的ノ爲ニ、共同ノ運動ヲスルト云フ事柄ハ、憲政治下ニ於テ許サレタル適法ノ行爲デアル、議政壇上ニ於テ發言ノ權利ノ無イ、又代表者ヲ壇上ニ送ルコトノ出來ナイ勞働者ガ、白晝公然共同ノ目的ノ爲ニ政治上ノ運動ヲスルト云フコトハ、憲法、法律、官憲ハ之ヲ當然許サレナケレバナラヌト私ハ考ヘテ居ル、其運動ニ對シテ數百人ノ警察官ヲ使用致シテ、而シテ何ノ必要アッテ二百人ト云フ多數ヲ拘禁スルカ、現政府ハ民衆運動ノ一形式デアル所ノ勞働運動ト云フモノヲ根柢カラ崩壞スルト云フ考デ居ルノカドウカ、何カ勞働運動ガ法律規則ニ反シ不穩ナル擧動ヲ爲シタル場合デアリマシタナラバ、之ヲ拉致シ去ルコトハ固ヨリ警察官當然ノ職責デアリマスケレドモ、何モ不穩ノ行爲ヲ致シタ事ノナイ何等不都合ナル擧動ハ無イニモ拘ラズ、二百人ト云フ多數ヲ警察官ガ拉シ去ルト云フコトハ何事デアルカ、殊ニ新聞記者聯盟ノ主催ニ係ル大懇親會ノ開催セラル、所ノ前日デス、或所ニ自動車四臺ガ、自動車ノ後方ニ白イ布ノ帮ニ二月十一日午前十一時カラ普選運動ノ大懇親會ヲ開クト云フコトノ記事ヲ揭ゲタルモノヲ、警察官ハ其撤廢ヲ命ジタ、サウ云フ危險ナモノヲ貼ッテハナラヌト云フノデアル、是ハ危險ナ物デモ何デモナイ、明日ノ大懇親會ノ宣傳デアルカラト、斯樣ニ辯解致シテモ、警察官ハ之ヲ肯カナイ、ソコデ如何ニモ不當デアルト云フコトヲ論難スルト、是ハ長官ノ命令デアルト云フコトヲ申シテ、遂ニ是ガ撤回ヲ餘儀ナクセシメタト云フコトデアリマス、卽チ此大懇親會ノ問題ニ付テ、上野警察署、及警視廳ニ於テハ前日以來細心ノ注意ヲ拂ッテ居ッタト云フ事實ハ極テ明瞭デアル、斯ノ如ク細心ノ注意ヲ一面ニ於テ拂ヒツ、アッタニモ拘ラズ、二月十一日ノ午後一時頃ノ、アノ上野公園ニ於ケル大懇親會ノ席上ニ於ケル亂暴狼藉、毆打傷害ノ事實ノアッタト云フコトハ、私ガ前段申述ベタ通リデアリマス、之ニ向ッテ警察官ガ何等ノ保護ヲ與ヘザルノミナラズ、正服ヲ著ケタル一警察官ノ如キハ、驚キタル民衆ガ壇上ニ駈上ッテ此暴漢ヲ制止セントスルト、其警察官ハ却テ民衆ノ側ニ向ッテ制止ヲ加ヘテ、暴漢ガ暴戾ヲ恣ニスルノヲ寧ロ援助ヲスルト云フ態度ヲ執ッタト云フ事柄ハ、是ハ動カスベカラザル事實デアル(拍手)進ンデ取締ヲセザルノミナラズ、暴漢ノ暴行ヲ放任シテ警察官ガ毫モ之ニ對シテ取締ヲ與ヘヌト云フ事柄ハ、洵ニ此憲政治下ニ於テ吾々ハ看過スベカラザル一大非違ナリト信ズル者デアリマス、要スルニ此二個ノ事實ヲ根據ト致シマシテ、此二個ノ事實ニ對スル政府ノ責任ハ如何、議會ノ開會中ニ當ッテ、白晝演壇ニ於テ一代議士ガ毆打セラレテモ、其身邊ヲ保護スルコトガ出來ナイト云フ程ノ、微力若クハ不深切ナル警察官ヲ持ッテ居ル所ノ內務當局ノ責任ト云フモノハ、私此處デ之ヲ論難セザルヲ得ナイノデアリマス(拍手)若シ現政府ノ如キ緩漫ナル取締ト言ハンヨリハ、寧ロ無責任ナル取締ノ方法デアルナラバ、吾々ハ今日以後ニ於テ民衆運動ト云フモノヲ抛棄セザルヲ得ザル悲境ニ陷ルト云フコトヲ茲ニ明言スルモノデアリマス、今日以後ニ於テ此憲政ノ運用ニ當ッテハ、民衆運動ト云フモノガ最モ必要デアリ最モ有效デアル、法律モ官憲モ之ヲ拒否スルコトハ出來ナイ狀態ニ在ルト私ハ考ヘルノデアル、現政府ハ如何ニ國民ニ交渉ナキ變態內閣ナリトハ云ヘ隱然政友會ノ援助ヲ受ケテ居ル所ノ所謂政友會內閣ノ延長デアルノデアル苟モ陰ニ、或ハ陽ニ政友會ノ援助ヲ受ケテ居ル所ノ現內閣デアルナラバ、民衆運動ノ何物タルカ位ハ理解致シテ居ルデアラウト私ハ考ヘル、然レドモ我ハ變態內閣デアッテ各政黨ノ上ニ超越シテ居ル、國民ニ關係ナイ內閣デアルカラシテ、民衆運動ハ一切萬事知ラヌト放言スルノデアルカ、要スルニ昨日現ニ帝都輦轂ノ下ニ行ハレマシタル所ノ、立憲治下ニ於テアルベカラザル一大慘事ニ對シテ現內閣ノ責任ヲ問ヒ、現內閣ノ民衆運動ニ對スル取締方針ト云フモノヲ承ッテ、後日ノ吾人ノ考慮ニ供シタイト斯樣ニ信ズルノデアリマス(拍手)

○副議長(粕谷義三君) 水野內務大臣

(國務大臣水野錬太郎君登壇)

○國務大臣(水野錬太郎君) 只今橫山君カラ致シマシテ、昨日ノ上野公園ニ於キマスル事件ニ關シマシテノ御質問ガアッタノデアリマス、尚ホ之ニ對シマシテ民衆運動ニ對スル政府ノ方針ヲ御問ニナッタ、御問ノ趣旨ハ能ク了承致シマシタ、事實ノコトニ付キマシテハ一應私モ報告ハ受ケテ居リマスガ、尚ホ之ニ就キマシテハ、橫山君ノ御演說ニナリマシタ點ニ付キマシテハ、尚ホ詳細ニ取調ヲ致シマシテ、或ハ書面ヲ以テ、或ハ口頭ヲ以テ御答スル機會ガアラウト思ヒマスカラ、ソレマデ御猶豫ヲ願ヒマス、尚ホ一應申上ゲテ置キマスルガ、昨日上野ニ於キマスル事件ハ、御承知ノ如クニ一ノ懇親會デアッタノデアリマス、左樣デアリマスルカラ懇親會ニ於ケル場合ニ於テ、警察官ガ特ニ立入ルガ如キコトハ宜シクナイ、却テ是ガ爲ニ反抗ノ氣勢ヲ誘ヘルト云フコトガアルカラ、成ベクハ警察官ノ立入ルコトヲ希望シナイト云フ趣旨ノコトガ、主催者側カラシテ警察側ニ話ガアッタト云フコトデアリマス、如何ニモ左樣デアラウト思フ、左樣デアリマスルカラ成ベクハ警察官ハ宴會場ヤ懇親會場ニ立入ラザルコトガ適當ト考ヘタノデアリマセウ、其爲ニ警察官ハ特ニ其所ニ入ルコトヲ止メタト云フコトデアリマス、併ナガラ兎ニ角昨日ノ如キ事件ガ起リマシタト云フコトハ、御互ニ遺憾ニ考ヘテ居ルコトデ、出來得ルダケノ力ヲ以テ斯ノ如キ事ノ無カラシメルト云フコトハ、私共衷心ヨリ之ヲ希望シテ居ル次第デゴザイマス、一體民衆運動ニ對シマシテモ只今橫山君ノ御話ニナリマシタガ如ク、其運動ハ穩健デアリ、堅實デアリ、靜肅デアルト云フヤウナ場合ニ於テハ、洵ニ是ハ取締ノ必要モ無ケレバ、之ヲ妨害スル必要ノ無キハ勿論デアリマス、但シ其結果ガ或ハ治安ヲ妨害シ、犯罪ヲ惹起スルガ如キ事ガアルト致シマシタナラバ、之ヲ警察トシテ傍觀スル譯ニハイカヌノデアリマスカラ、相當ニ取締リ、相當ニ檢束ヲ爲スガ如キハ是ハ已ムヲ得ナイ事ト、考ヘルノデアリマス(ヒヤ〳〵)此趣旨ニ於キマシテ、私共ハ今後ニ於キマシテモ此方針ノ下ニ取締ヲ致シテ行キタイ、成ベクハ又主催者側ニ於キマシテモ十分ナル諒解ヲ得テ御互ノ間ニ誤解ナク、正々堂々タル行動ヲ以テ局ニ臨ムヤウニ致シタイト考ヘテ居ルノデアリマス、今日ノ御答ハ是ダケニ止メテ置キマス

○橫山勝太郎君 今一言致シテ置キタイト思ヒマス、極テ簡單デゴザイマスカラ此所デ申述ベマス、申スマデモナイコトデアリマスルガ、昨日民衆ノ側ニ於ケル運動ハ、上野公園ニ於ケルモノモ、又芝浦カラ深川公園ニ示威運動ヲ致シマシタモノモ、共ニ極テ靜肅デアッテ、正々堂々ヤッテ居ッタト云フ事柄ハ疑ノナイ事實デアリマスカラ、此事ヲ內務大臣ノ考慮ノ中ニ入レテ置イテ戴キタイノデアリマス、然ルニ勞働者ノ側ニ在ッテハ先刻申上ゲマシタ如ク、實ニ二百數人ノ多數ノ者ヲ拘禁ナサレテ居ルノデアリマス、或ハ其中ニ一人カ二人カノ社會主義者モ居ッタノデアリマセウガ、社會主義者ヲ拘禁スル意味デアッタガ、ドウデアッタカ、私ニハ分リマセヌガ僅カニ一人ノ者ガ運動ヲシテ居ルノニ、二百數人ト云フ多數ノ者ヲ拘禁スルノハ、如何ナル必要ガアルカ、又勞働者ノ側ニ於テ如何ナル亂暴ナ事ヲ致シテ居ッタカ是ハドウカ、詳細ニ御取調ヲ願ヒタイノデアリマス、尚ホ吾々ハ吾々係員ノコトデアリマスガ、兎ニ角國民ノ公選ニ依ッテ當選ヲ致シテ居ル所ノ衆議院議員ノ一人ガ、而モ議會ノ開會中ニ、白晝公然幾千人ノ前デ堂々ト演說ヲ致シテ居ルニ拘ラズ、赤イ襷掛ケヲシテ木刀ヲ携ヘタル暴漢ガ肉薄ヲシ、毆打傷害ノ事實ヲ加ヘテモ、之ヲ警察官ガ取締ラヌト云フコトハ、如何ニ主催者ノ側ガ、懇親會デアルカラ其席ニハ成ベク警察官ノ御這入リニナルコトハ止メテ貰ヒタイト云フコトノ交渉ガアッタト致シテモ、其交渉ノ有無ニ依ッテ內務當局ノ、衆議院議員ノ一身ニ關スル暴行ノ責任ヲ沒スル譯ニハイカナイト考ヘル(拍手)此點ニ關シテ道理アル辯明ヲ、他ノ機會ニ於テ得ンコトヲ切ニ內務大臣ニ希望シテ置キマス

○副議長(粕谷義三君) 質問ノ第四、第五ハ提出者ヨリ延期ノ申出ガアリマスカラ、是亦除キマス、此際質問ニ對スル政府ノ答辯ニ關シテ意見陳述ノ通告ガアリマス、之ヲ順次許可致シマス、吉良元夫君

漁港施設ニ關スル質問ノ答辯ニ對スル藤井啓一君ノ意見

〔藤井啓一君登壇〕

○藤井啓一君　諸君、私ハ漁港問題ニ對スル質問答辯書ニ付キマシテ意見ヲ陳述致シマス、食糧問題ニ對シマシテハ最モ重要ナル問題ノ一ツデアリマス、此食糧政策ニ對シマシテノ一般的ト申シマセウカ、共通致シマスル所ノ對策經綸ト云フモノガ自ラ存在スルモノガアラウト信ズルノデアリマス、私ガ質問致シマシタル問題ハ、吾々ガ日常生活ノ上ニ於キマシテ、最モ主要ナル部分ヲ占メマスル所ノ海產動植物、所謂漁獲物ニ對シマシテノ集散配給等ニ關シマスル所ノ一ノ機關ノ設備、卽チ漁港ノ施設如何ト云フ問題デゴザイマスル、諸君モ御承知ノ如ク、近來水產事業ガ頗ル隆盛ヲ極メマシテ、四面海ヲ以テ包圍セラレテ居リマスル所ノ我ガ沿岸ハ、固ヨリ遠洋漁業ノ進展到底昔日ノ比デハナイノデアリマス、故ニ此漁業者ト消費者トノ間ニ生ジマスル所ノ關係ヲ、最モ經濟的ニ處理シナケレバナラヌト云フコトハ、刻下ノ急務デアルト私ハ信ズルノデアリマス、而シテ又一面ニハ農業者ニ亞ギマスル所ノ、漁業者ノ位置ノ安固ヲ確立スルト云フコトモ亦一ノ社會問題デアラウト考ヘルノデアリマス、故ニ海產物ニ對シマシテノ施設ヲ爲スベキ事ハ、今日最モ當面ノ問題ト致シマシテ、重要ナル問題ト私ハ信ジマスル、宜ナル哉、政府ハ先進國タル英吉利ヤ獨逸ノ港漁ノ調査ヲセラレマシテ、是ガ研究ヲ遂ゲラレタト云フコトヲ私ハ聞及ンデ居ル、而シテ又本年ニ於キマシテモ、我國ニ於キマシテ數多ノ漁港ヲ指定セラレテ居ルノデアル、之ニ對シテソレゾレ相當ノ補助獎勵ヲセラレテ居ルノデアル、併ナガラ是等ノ漁港ノ指定補助ニ付キマシテハ、所謂一ノ避難漁港ト云フコトニ過ギズシテ、私ガ最モ希望致シマスル所ノ經濟的漁港ト云フモノハ一モ無イノデアル、唯、漁民ガ避難スルト云フ、唯、一地方ニ局限セラレタル避難漁港ニ過ギズシテ、我國一般ニ共通シテ居リマスル所ノ經濟的漁港、或ハ一ノ水產市場トモ申スベキ施設經營ニ付キマシテハ、何等政府ニ於キマシテ方針ヲ定メラレテ居ラヌノデアル、或ハ當局ニ於キマシテハ、是等ノ方針ガ定ッテ居ルカハ存ジマセヌガ、未ダ曾テ國民ニ公表セラレテ居ラヌノデアル、私ガ考ヘマスルノニハ、食糧問題ノ最モ高唱セラレマスル今日ニ於キマシテ、我國海產物ニ對シマシテノ經濟的漁港、一ツノ水產大市場ト云フモノガ適切ナ場所ニ施設經營セラレナケレバナラナイモノト信ズルノデアル、聞ク所ニ依リマスレバ、政府ハ東ハ千葉縣ノ銚子港、之ヲ本年ハ漁港設備ニ付キマシテ、農商務省ニ於キマシテハ之ニ補助豫算ガ出テ居ル、成程千葉縣ノ銚子港ハ申ス迄モナク太平洋ヲ漁場ト致シテ居リマシテ、而シテ費消地ト致シマシテハ當東京市ヲ控ヘテ居ル、是等ノ關係カラ致シマシテ、此銚子港ヲ以テ指定經營セラレルト云フコトハ私ハ固ヨリ肯定スル者デアル、併ナガラ銚子港ノ今日ノ現狀ハドウカト申シマスルト、一年ノ漁獲物ノ價格ハ五百万圓ニハ上ラヌト云フコトヲ統計ニ於テ私ハ見テ居ル、五百万圓前後ノ海產物ニ對シマシテ、將來此漁港施設ノ爲ニ、ヨリ以上ナル漁獲ノ集散ヲ爲スト云フコトハ當然デゴザイマスルガ、併シ此銚子港ノ本質ヲ申シマスルト、現在ニ非ズシテ將來ヲ理想トスル漁港デアルトシカ言得ラレヌノデアル、將來ヲ見渡シマシタナラバ、此銚子港ヲ一大經濟的漁港トスルト云フコトハ、將來ヲ期シタ方策デアラウト私ハ信ズル、然ルニ海產物ノ集散配給ニ付キマシテ、我國西部ノ狀態ハドウデアルカト云フコトヲ申上ゲマスレバ、銚子港ト相對立スルモノト致シマスレバ、我國西部ノ現在ノ狀態ヲ申上ゲマスレバ、今日ノ現狀ニ於テハ下ノ關港ノ漁獲物ノ集散配給ノ現狀ヲ申述ベナケレバナラヌノデアリマス、御承知ノ如ク下ノ關港ヲ根據地ト致シマシテ、各漁業者ガ漁場ト致シテ居リマスルモノハ、近海遠海ハ素ヨリ、日本海素ヨリ、對州五島、尙ホ朝鮮各沿岸ハ皆下ノ關港ヲ根據地ト致シテ出漁致シテ居リマス、而シテ進ンデ支那渤海、黃海ニ至ル遠洋漁業モ、下ノ關ヲ根據地トシテ出漁致シテ居リマス、斯樣ナル下ノ關港ヲ根據地トスル漁場方面ハ、全國ノ漁業ヨリ見マシタナラバ、非常ナル遠ク廣キ範圍ヲ包圍シテ居ル所ノ實狀デアリマス、而シテ下ノ關港ニ於キマシテ、現在ニ於テドレ程ノ漁船ガ出入ヲ爲シテ居ルカト申上ゲマスレバ、勢ヒ二三統計ヲ申上ゲナケレバナリマセヌ、諸君モ御承知ノ如ク「トロール」船ト申シマスル漁業ニ付テ、最モ有力ナル方法ノ「トロール」船ハ確カ制限數ハ七十艘デゴザイマスルガ、下ノ關港ヲ根據トシテ居リマスル所ノ「トロール」船ハ五十艘現在シテ居ル、七十艘ノ「トロール」船ノ中、五十艘ハ下ノ關港ヲ根據ト致シテ、遠洋ニ漁業ヲ進展シテ居ル、殘ル二十艘ハ如何ナル方面ニ居リマスカト申シマスルト、或ハ北海道、或ハ長崎、或ハ土佐、或ハ紀伊、神戶等ニ散在致シテ居リマシテ、而シテ是等ノ「トロール」船ハ各、特殊ノ目的ニ使用セラレテ居ルノデアリマス、故ニ專門的ニ漁業ニ從事シテ居リマスル所ノ「トロール」船ハ、殆ド全部ガ下ノ關港ヲ根據ト致シテ居ルト謂ハナケレバナリマセヌ、而シテ「トロール」船ニ亞ギマスル所ノ手繰網船ト云フ船ノ數ヲ申上ゲマスルト、四百六十艘モゴザイマス、尙ホ驚クベキハ此漁獲物ヲ運搬致シマスル所ノ漁獲物運搬船ハ、六百艘モ下ノ關港ヲ根據トシテ出入致シテ居ルト云フ現狀デアル、而シテ是等ノ漁獲物ガ如何ナル方面ニ集散セラルヽカト申シマスレバ、昨年ノ十一月ノ統計ニ依ッテ見マスルト、此陸運、鐵道便ニ依ッテ東京地方ニ輸送サレマスル所ノ數量ガ一万五百九十三噸、尙ホ阪神地方ニ輸送サレテ居リマスル所ノ數量ガ六万三十八噸、中國地方ニ輸送サレテ居リマスル數量ガ二万千三百八十六噸、斯樣ナル驚クベキ陸運ニ依ッテ漁獲物ガ集散セラレテ居ルト云フ狀態デアルデ、是等ノモノヲ合セマスルト、昨年鐵道ニ依ッテ運搬セラレマシタル所ノ漁獲ノ數量ハ十万四千五百三十一噸ト云フ多額ノ數量ニ達シテ居ル、門司鐵道局ノ統計ニ依リマスルト云フト、全國ニ對シマシテ三割五分以上ノ輸送ヲ致シテ居ルノデ九州門司管理局ノ輸送力デアル、斯樣ナ關係カラ申シマシタナラバ、現在ニ於キマシテ下ノ關港ヲ根據ト致シマシテ、集散配給セラレル所ノ漁獲物ハ實ニ驚クベキモノデアリマス、而シテ是等ニ使用セラレマス所ノ製氷――氷デス、鮮魚ニ必要ナル氷ノ需要高ガ如何ナル數量ニ上ッテ居ルカト申シマスルト、一年間ノ使用數量ガ二十万噸ノ氷ヲ使用致シテ居ルノデアル、幸ニ下ノ關港デハ日本製氷會社ガ全力ヲ擧ゲテ、此需要氷ノ供給ヲ爲シテ居ルノデ、斯樣ナ次第デゴザイマシテ、是等ノ噸數ヲ假ニ金額ニ大略直シテ申上ゲマスレバ、昨年下ノ關港ニ於キマシテ取扱ヒマシタル所ノ鮮魚、生魚ノ價格ハドレ程デアルカト言ヒマスルト、約四十万圓ガ價格ノ物ヲ取扱ッテ居ル、之ニ下ノ關港ニ陸揚セズ致シマシテ、朝鮮方面カラ下ノ關ニ陸揚セズシテ需要地ニ輸送セラルヽ所ノ價格ガ三千五百万圓ト云フ價格ニ達シテ居ル、之ニ鹽――鹽藁ト申シマスカ、鹽藁、海產肥料、海藻其他水產ニ關シマスル所ノ各種ノモノヲ合計致シマスルト、下ノ關港ニ輸入セラレテ居リマスルモノハ、一年ニ約一億圓ノ價格ヲ算スルコトガ出來ル、若シ之ニ適當ナル施設ガゴザイマシタナラバ、一億ハ愚カ一億五千万圓ニモ達スルト云フ現時ノ狀態デアルノデアル、然ルニ之ニ對シテ何等ノ經濟的施設ナシ、水產市場トモ稱スベキ何等經營施設モ今日ハゴザイマセヌ、專門家ノ計算ニ依リマスルト、若シ之ニ適切ナル施設アリトセバ、少クトモ一年二百万圓ノ冗費、無駄ナ費用ヲ節シ得ルト唱ヘテ居ル、若シ今日ノ狀態ニ推移リマシタナラバ、少クトモ一年二百万圓ノ不經濟ナル無駄ナ費用ヲ、下ノ關港ニ於キマシテハ海產物ニ對シ費消シテ居ルト云フ計數ヲ現スノデアル（「ドウカ簡單ニ願ヒマス」ト呼フ者アリ）若シ斯樣ナル狀態デゴザイマスニモ拘ラズ、政府當局ハ此西部ニ位置セラレテ居ル所ノ現在ノ下ノ關港ニ於キマスル漁獲物ノ集散配給ニ對シマシテハ、今尚ホ調査ニモ着手セラレヌト云フコトハ、果シテ如何デアラウカト私ハ考ヘル、前申上ゲマス如ク、銚子港ハ固ヨリ將來ノ理想トスル漁港デアル、併シ西部ニ位置シテ居リマスル所ノ下ノ關港ハ現在ニ於キマシテ、現在ニ卸シテ居ル所ノ問題デアル、此物價調節殊ニ食糧價格ノ調節ト云フコトノ高唱セラル、今日ニ於キマシテハ、何ガ故ニ斯樣ナル緊急ナル施設經營ノ方法ヲ講ゼラレヌデアラウカ、頗ル其當局ノ仕方ガ甚ダ閑却ニ過ギテ居ルマイカト思フノデアル、銚子港ノ必要ハ前述ベマシタ、下ノ關港現在ノ狀態ニ於キマシテ、兩々相對シマシタナラバ其緩急、其遲速果シテ如何デアラウカト私ハ考ヘル、然ルニ未ダ何等調査ナシ、私ハ政府ハ速ニ此現狀ニ對シテ相當ノ設備ニ着手セラルベキモノデアラウト存スルノデアル、政府或ハ下ノ關港ノ現狀――水產物ニ對スル現狀ハ君ガ言フ通リ政府能ク之ヲ知ル、併ナガラ何等其地方ノ公共團體ヨリシテ、是等ノ施設ニ付テノ申請ガ無イガ故ニ、當局ハ如何トモ仕方ガナイト、斯ウ云フ御趣意デアルトスレバ、私ハ大ニ當局ノ御考ガ間違デハアルマイカト思フ、今日前申シマスル如ク、物價調節ト云フコトガ緊急ナル時代ニ於テ、地方民ノ申請希望ガ無イガ故ニ、斯ル食糧政策ノ根本的施設トモ云フキ此經濟的漁港ノ施設ノ調査ヲモセラレヌト云フコトハ、農商務省ト致シマシテハ、頗ル此食糧政策ニ冷淡デアラウト考ヘル(拍手)地方ノ財源涸渇シテ居リマスル所ノ今日、地方ノ申請ニ依ルニ非ザレバ調査モシナイ、況ヤ其施設經營ノ實モ擧ゲナイト云フコトハ、果シテ食糧政策ノ根本ニ對シ解決ヲ與ヘルト云フ事ニナルデアラウカ、政府宜シク指導致シマシテ、是等ノ重要ナル物價食糧政策ニ基調スベキ根本設備ニ對シテ、政府自ラ資ヲ投ジテ經營スベキモノデアラウト私ハ信ズルノデアル然ルニ政府ノ此問題ニ對スル答辯書ニ依リマスト相當ノ補助ヲ與ヘル、私ハ斯樣ナル全國ニ於キマシテ一般共通シテ居リマス斯ノ――水產食料物ノ共通シテ居リマス所ノ地域ニ於ケル所ノ經濟的漁港ハ須ク國家ニ於テ經營スベキ方策ヲ立テラルベキモノデアルト信ズルノデアル、補助政策ヲ以テ終始スルト云フコトハ、頗ル今日ノ時代ニ於キマシテハ、到底此食糧政策ヲ解決スル所ノ實現ヲ來スベキモノデハナイト私ハ信ズルノデアル、故ニ斯樣ナル重要漁港トモ稱スベキ位置ニ存在シマス漁港ニ對シテハ、速ニ調査經營ノ方針ヲ執ルベキモノデアラウト考ヘルノデアル、終リニ尚ホ私ノ意見ト致シマシテハ、下ノ關港ノ現狀ニ依リマスルト、水產物ノ陸揚ガ一小部分ニ限ラレテ居リマシテ、非常ナル其輸送ニ支障ヲ來シテ不經濟ナルノミナラズ、非常ナル危險ノ狀態ヲ呈シテ居ルト云フ今日ノ現狀デアリマスカラ、之ニ對シテハ最モ焦眉ノ急ト信ジマスルニ依ッテ、之ニ對スル相當ノ應急ノ施設ヲ爲サルベキモノデアラウト思フ、之ヲ等閑ニセラル、ト云フコトハ、食糧問題ヲ當面ノ問題トシテ解決スル上ニ付キマシテモ、又恆久ノ問題トシテ解決スルニ付キマシテモ頗ル政府當局ノ怠慢ヲ私ハ疑ハナケレバナラヌノデアリマス、卑見ノ一端ハ是ノミデゴザイマス(拍手)

○副議長(粕谷義三君) 勸銀割增金ニ關スル質問ノ答辯ニ對スル意見ノ陳述――佐々木千秀君

第五　決議案（陸軍々備ノ整理縮小ニ關スル件）（安達謙藏君外四名提出）

決議案

決　議

陸軍軍備ノ整理縮少ニ關スル現内閣ノ施設ハ第四十五回議會ニ於ケル本院建議ノ主旨ニ悖リ輿論ノ要求ニ副ハサルモノト認ム

右決議ス

〔下岡忠治君登壇〕

○賴母木桂吉君　議長――議長

○議長（奧繁三郎君）　今下岡君ニ發言ヲ許シテ居ル最中デス

○賴母木桂吉君　ソレニ關シテ發言ヲ求メマス

○議長（奧繁三郎君）　許シマセヌ

○賴母木桂吉君　議事ノ進行ニ關シテ發言ヲ求メマス

○議長（奧繁三郎君）　許シマセヌ

○賴母木桂吉君　何故許サヌノデス

○議長（奧繁三郎君）　人ノ發言中ニハ總テ許サヌノデス

○賴母木桂吉君　マダ發言シテ居リマセヌ、議長……議長……總理大臣ノ出席ヲ求メマス

〔「ソンナコトハ要ラナイ」又「默ッテ居ロ」ト呼ヒ其他發言スル者多シ〕

○議長（奧繁三郎君）　靜ニ

〔「不禮ナコトヲ言フナ」ト呼ヒ其他發言スル者多シ〕

○議長（奧繁三郎君）　諸君靜ニ……發言ヲ求メラレル方ハ、多分總理大臣ノ出席ヲ求メルト云フ意思デセウ、今ニ見エマス

○下岡忠治君　本員ハ我黨提出ノ陸軍軍備縮小ニ關スル決議案ノ説明ヲ致シマスカラ、暫ク御清聽ヲ願ヒマス、我黨提案ノ決議案ハ「陸軍軍備ノ整理縮小ニ關スル現内閣ノ施設ハ第四十五議會ニ於ケル本院建議ノ主旨ニ悖リ輿論ノ要求ニ副ハサルモノト認ム　右決議ス」斯ウ云フ案デアルノデゴザイマス、依テ諸君、我ガ帝國四圍ノ狀況ヲ見マスレバ、今日陸軍ノ軍備ヲ整理縮小スベシト云フコトハ滿天下ノ輿論デアリ、國民共通ノ叫ビデアルト云フコトハ皆様ノ御承知ノ通リデゴザイマス（拍手）故ニ昨年ノ議會ニ於キマシテ、我ガ衆議院ハ滿場一致ヲ以テ――一二ノ反對者ハアリマシタカ知ラヌガ、各派協調ノ下ニ軍縮ニ關スル建議案ヲ可決シ、政府ヲシテ虚心坦懐ニ吾々ノ主張ヲ容レテ、大ニ陸軍ニ關スル所ノ整理縮小ヲ行ハシメルト云フコトヲ期待致シタノデゴザイマシタ、當時國民黨ノ方々ノ主張セラレル所ハ、兵役ハ一年トスルガ宜シイ、又常備軍ハ必シモ師團ノ半減ト云フ譯デハナイケレドモ、大ニ兵力ヲ減縮ヲスル所ノ餘地アリト云フ立脚ノ下ニ議論ヲ致サレタノデゴザイマス、又政友會ニ於テハ説明者ハ初ニ於テ帷幄上奏ハ全廢ヲセナクテハナラヌ、又常備軍ハ大體ニ於テ國民軍ヲ教育スル所ノ基礎ニ當ル所ノ兵力ヲ以テ標準トスル位ニ縮メテ宜シイノデアルト云フ立論ヲナスッタノデゴザイマス、其當初ニ於テハ中々思切ッタ大膽ナ御意見ノヤウデゴザイマシタガ、委員會ニ至ル頃カラハ、稍々龍頭蛇尾ニ陷ルト云フ嫌ガ有ッタコトハアリマシタ、有ッタケレドモ、大體ニ於テ陸軍ニ關スル整理縮小ヲ熱心ニ主張セラレタ所ノ點ハ、吾々ト共通シテ居ッタ所デアッタ、我黨ニ於テハ其平常ノ主張ニ基キ、餘リ無理ナコトハ初カラ貪メズト云フ考デアッタ、故ニ一年兵役ニ結構デアルガ、先ヅ今ノ所デハ一年半兵役ト云フ位ガ適當デアラウ、又軍隊ノ編制ニ關シテハ餘リ其内容ニ立入ッテ彼此レ申スコトハ、寧ロ是ハ專門家ニ委シテ宜イカラ、其編制方法ハ或ハ三單位ノ編成方法ヲ採ルナリ、若干ノ師團ヲ減ズルト云フ方法ヲ採ルナリ、兎ニ角大體ニ於テ先ヅ現在ノ兵力ノ三分ノ一ヲ減ラスト云フ位ノ標準ヲ以テ、縮減ヲ試ミテ然ルベキデアラウト云フコトヲ唱ヘテ居ッタノデゴザイマス、三派唱ヘル所ハ多少ノ違ハアルケレドモ、兎ニ角總テノ點ニ於テ一致シテ居ルモノハ、大ニ陸軍ニ關スル兵備ヲ減少シテ宜イト云フ所ニアッタカラ、大同小異成ベク小異ヲ捨テ大同ニ就ク、茲ニ於テ三派協調シテ出來タ所ノ案ハ、皆様ノ御承知ノ通リ、兵役年限ハ之ヲ一年四箇月トナシ、其經費ハ手取純粹ノ四千万圓ト云フモノヲ捻出スルト云フコトニ決定シタコトハ、諸君ノ御承知ノ通リデゴザイマス、然ルニ此度現レタ所ノ陸軍ノ減縮ト云フモノ、豫算面、其他ノ方面ニ現レテ居ルモノヲ見マスト、誠ニ意外千萬ナ話、年限ハ僅ニ四十餘日卽チ一箇月半ニ足ラナイ所ノ短縮ヲ行ッタニ過ギナイ、吾々ハ八箇月短縮セヨト云フ主張デアル、卽チ一年四箇月、今日ニ比スレバ卽チ八箇月短縮ト云フコトニナリマスガ、其八箇月ノ短縮ノ主張ニ對シテ、政府ハ一箇月半足ラズノ短縮ヲ試ミタニ過ギナイ、又經費ノ點カラ申シマスルト、手取四千万圓ト云フコトヲ主張シテ居ッタモノガ、大正十二年度ノ豫算ニ現レテ居リマスルモノハ約二千万圓ソコ／＼デゴザイマス、半分ニ過ギナイカト云フコトニナッテ居ル、誠ニ吾々非常ニ失望ニ陷ラザルヲ得ナイノミナラズ、一般國民ノ期待ヲ裏切ルコトハ非常ニ大ナルモノト言ハナケレバナラヌ、或ハ政府ハ大正十二年度ニ於テハ、僅ニ二十万圓ソコ／＼デアルガ、將來先ニナッタナラバ、大ニ減スト云フコトニナルカラ、平均シテ見ルト、ソレヨリ多クナルト云フ辯明ヲシタガリマス、現ニ斯ノ如キ口吻ヲ漏シツヽアッタシ、或ハ政府ノ人々ガ後デ政府ノ代辯ヲセラレル折ニ（「代辯トハ何ダ」ト呼フ者アリ）サウ云フ説ヲ唱ヘラレルカ知レナイ、所ガ數字ガ明ニ分ッテ居リマス、此數字ニ依ッテ見ルト、純粹ノ減縮ヲ行ッタト云フモノハ、大正十二年度ニ於キマシテハ、一方ニ於テハ二千三百万圓ソコ／＼ヲ減ジテ居ル、ケレドモ別ニ兵器ノ製造ノ爲ニ二百万圓ノ金ヲ要シテ居ルカラ、ソレヲ引イテ見ルト約二千万圓ソコ／＼ノモノニ過ギナイ、而シテ大正二十一年迄ヲズット計數ヲシテ見ルト、三億五千五百万圓ト云フモノヲ減スコトニナッテ居リマスガ、別ニ兵器ノ製造ノ爲ニ要スル金ガ約一億要スル譯デアルカラ、ソレヲ差引イテ見ルト、二億五千万圓ソコ／＼ノモノデアル、之ヲ十一年間ニ割ッテ見マスト、每年平均二十万圓ソコ／＼デス、二千二三百万圓以上ニ上ルト云フコトハ出來ナイノデアルカラ、ドノ點カラ推シテ見テモ、結局吾々希望シタモノヨリ約半額ニ過ギナイト云フノデアリマス、政府ハ成程此減縮ハ約二千万圓ソコ／＼デアルケレドモ、別ニ物價騰貴ヲ見込ンデ居ラナイ、當リ前ナラ物價騰貴ニ要スル費用ヲ要求シナケレバナラヌケレドモ、ソレヲ計算ノ中ニ入レテ居ラヌト云フコトヲ言ヒ、又或ハ臨時部ニ於テ繰延ヲヤッテ居ル、澤山ノ繰延ヲヤッテ居ル、其額ハ十二年度ニ於テ僅カ五百万圓位デアルケレドモ、十八九年ニナルト、非常ナ繰延ヲ行フノデアルカラ、隨テ此繰延額ヲ計數ノ中ニ入レルト云フコトニナレバ、年額四千万圓若クハソレ以上ニ上ルノデアリマスカラ、衆議院ノ建議ノ趣旨ニ一致シテ居ル、斯ウ云フ辯明ヲスルノデアリマス、吾々ガ當初建議ヲシタ折ニハ、決シテ此繰延ト云フコトハ眼中ニ置イテ居ナカッタ、全體ニ於テ兵力ヲ減ラス、此兵力ヲ減ラシタ結果手取リ四千万圓ノ金ヲ減額致サナケレバナラヌト云フ趣意デアッタノデアリマスカラ、固ヨリ物價騰貴ト云フモノハ考ヘテ居ラズ、又所謂繰延額ト云フモノハ計數ノ中ニ入レナカッタ位デゴザイマスカラ、ドノ點カラ推シテ見タ所デ、吾々ノ建議ノ趣旨ニハ決シテ合致シテ居ルトハ言ヘナイノデアリマス、現ニ委員會ニ於テ此問題ニ付テ論難討究シタ際ニ、當時政府ハ軍縮ニ關シ自分ガ既ニ決メテ居ッタ意見ヲ略、發表致シタノデアリマス、其當時ノ意見ト大正十二年度ノ豫算ニ現レテ居ルモノトハ大シタ違ヒガナイノデアリマス、僅ニ色ヲ著ケテ居ル、其當時ニ於キマシテモ兵隊ハ約五万六千人減ラスト云フコトヲ申シテ居ル、ソレヨリハ少シ殖エテ居リマス、其他經費ノ上ニ於テモ千五六百万圓ノ金ヲ減ラスト云フコトヲ發明シテ居ッタ、其千五六百万圓ノ金ヲ減ラスト云フコト、此結果ニ現レテ居ル所ノモノヲ比較シマスト大シタ違ヒハナイ、僅ニ色ガ著イテ居ルト言ヘマスケレドモ、決シテ吾々ノ建議ノ趣旨ヲ容レテ大ニ陸軍ノ減縮ヲ行ッタト云フ形跡ヲ見ルコトハ出來ナイノデアリマス、吾々ハ院議ヲ尊重セナクテハナラナイ、苟モ吾々ガ各派一致デ政

法約一種ノ聯盟ヲ作ッテ、其聯盟ニ依ッテ政府ヲシテ是非共此輿論ノ爲ニ聽從セシメルト云フ考ヲ以テ斯ノ如キ提案ヲ致シタ以上ハ、何處マデモ是ガ實行ヲ見ルマデハ御互ニ勇往邁進シテ政府ニ迫ラナクテハナラヌ譯ノモノデゴザイマス(拍手)例ヘバ此兵役年限ノ問題ニ付テ見テモ、始終政府ノ言フコトハ違ッテ居ルノデアリマス、兵役年限ノ問題ニ關シテ政府ノ答辯スル所ガ始終違ッテ居ル、從來ハ斯ウ云フコトヲ申シテ居ッタ、ナニ兵隊ノ教育ト云フモノハ一年デ出來ル、併ナガラ兵營ニ於テ所謂團體的ノ教練ヲ行ッテ、眞ニ良兵トシテ仕立上ゲル上ニ於テハ、尙ホ一年間兵營ニ置イテ置クコトハ已ムヲ得ナイコトデアル、言葉ヲ換ヘテ言フト精神教育ヲ行フ上カラ尙ホ一年、卽チ二年間ヲ要スルト云フコトハ已ムヲ得ナイト云フコトヲ申シテ居ッタノデゴザイマス、所ガ昨年アタリカラ大分其意見ガ變ッテ來テ居ル、陸軍大臣ガ兵役年限短縮ノ不可能ナル理由ヲ述ベラレルノニ、ドウ云フコトヲ言ハレテ居ルカ、軍隊ニ於テモ、種々ノ專門的ノ事ガ必要ニナッテ來タ、科學的ノ知識ガ必要デアル、例ヘバ機關銃ヲ使用スルト云フコトニ付テハ、非常ニ科學的ノ知識ヲ要スル、無線電信ノコトニ付テモ科學的ノ知識ヲ要スル、或ハ電話ヲ使フコト云フ事ニ付テモ、一種ノ特別ナ知識ヲ要スル、斯ノ如ク軍隊ニ於テ兵士ヲ養成スル上ニ於テハ、特別ノ技能知識ヲ要スルガ故ニ、ドウモ一年或ハ一年半デハ十分ニ行フコトガ出來ナイカラ、已ムヲ得ズ二年間掛カラナクテハナラヌノデアルト云フコトヲ説明サレテ居ル、從來ノ説明トハ非常ニ違ッテ居ル、精神的教育ノ施ス上ニ於テ已ムヲ得ズ一年間延サナクテハナラヌト云フコトヲ言ハレテ居ッタノガ、或ル一種ノ特別ノ技能、特別ノ知識ヲ要スル爲ニ、僅カ一年若クハ一年半デハ立派ナル兵隊ヲ作ルコトハ出來ナイト云フ意味ニ變ッタノデアリマスカラ、餘程初メノ説明トハ變ッタト云フコトハ是デモ分ッテ居ル、所ガ此度豫算委員會ニ於テ陸軍大臣ノ述ベラレル所ナドニ依リマスト、又變ッテ居ル、日本ハ工業能力ガ甚ダ乏シイ、一朝有事ノ際ニ於テハ多數ノ兵ヲ送ッテ長イ間ノ戰爭ヲスルト云フヤウナコトハ困難デアル、極ク精兵――少數ノ精兵ヲ以テ咄嗟ノ間ニ雌雄ヲ決スルト云フ方針ヲ執ッテ行カナケレバナラヌコトデアル、何トナレバ日本ニ於テハ物質ガ甚ダ乏シイ、工業能力ガ甚ダ乏シイノデアルカラ、サウ云フ方針ヲ執ル上カラ言ウテ見ルト、決シテ一年若クハ一年半ト云フヤウナ僅カノ間ニ造ッタ粗雜ナル兵隊ヲ用フルト云フコトハ出來ナイ、實ニ精兵、長イ間兵營内ニ於テ訓練シタ精兵ヲ用井ナクテハナラヌ意味ニ於テ、二年兵役ト云フコトヲ變ヘルコトガ出來ナイノデアルト云フ意味ノ説明ガゴザイマシタ、諸君、成程日本ノ工業能力ハ甚ダ乏シイ、若シ此論法ヲ以テシマスルト、工業能力ガ今日ノ狀態カラシテ一變スル、倍ニモ三倍ニモ變ルト云フコトハ中、是ハ一朝一夕ニ出來ルコトデハナイ、必ズヤ三十年五十年ノ歲月ヲ積マナクテハ此目的ヲ達スルコトハ出來ナイモノト假定シマスルト、如何ニ一方ニ於テ教育ガ進ミ、如何ニ軍人ニ關スル操習教育ガ國民ノ間ニ行ハルヽト假定シテ見マシテモ、此陸軍大臣ノ議論カラ言フナラバ、恐ラクハ二年兵役ヲ短縮スル機會ト云フモノハ、近キ將來ニ於テ實現スル見込ハ絶對ニ無イト言ハザルヲ得ナイ(拍手)吾々ハサウ考ヘマセヌ、固ヨリ工業能力ト云フコトモ考ヘナケレバナラヌケレドモ、併ナガラ日本ノ現狀カラ言ヘバ、一年半若クハ一年四箇月ノ教育ヲ行ヘバ先ヅ完全ナル兵士ガ出來ルト云フコトハ疑ナイ事ダト信ジテ居リマス、決シテ是ハ吾々ノ一家ノ私見デハナイ、專門家ノ殆ド一致シタ意見デアル、先ヅ兵隊ハ新兵トシテ四箇月間教育スレバ一通リ教育ガ是デ出來ル、尙ホ團體的教練ヲスル爲ニ後ト六箇月間、合セテ十箇月間ノ教育ヲ行ヘバ、一個ノ兵トシテハ相當ナル教育ガ出來ルモノデアルト云フコトハ、殆ド總テ一致シテ居ル所ノ議論デゴザイマス、之ニ對シテ尙ホ六箇月間、卽チ總計一年四箇月間ノ訓練ヲ行ヘバ、確ニ有事ノ際ニ於テ立派ナル兵隊トシテ間ニ合フト云フコトハ、是ハ殆ド今日專門家ガ通ジテ唱ウテ居ルノ議論デゴザイマス、隨テ或ハ工業能力ノ點ヲ言ヒ、或ハ教育ノ點ヲ言ヒ、始終意見ノ變ッテ居ルト云フコトハ、是ハ恐ラクハ陸軍當局ニ於テ確乎タル定見ノ下ニ兵役年限ノ議論ヲシテゴザラヌ證據デアラウト思フ、此見地カラシテ考ヘマスト、吾々ハ陸軍當局ガ二年兵役ト云フコトヲ固ク執ッテ居ラルヽト云フ論據ハ、非常ニ薄弱ナルモノデアルト云フコトヲ確信シテ居ル次第デゴザイマス、殊ニ教育方面カラ考ヘテ見マスルト、日本ノ教育ハサウ程度ハ低クナイ、近頃佛蘭西ト云ヒ、伊太利ト云ヒ、一年半ノ兵役ヲ行フト云フコトヲ企、決定ヲ致シタヤウデアルガ、此伊太利アタリノ教育ノ程度ニ比較シマスト、日本ノ普通ノ教育ト云フモノハ却テ進ンデ居リマス、若モ或ル教育上ニ於テ大ニ施設ヲスベキコトガアルナラバ、政府トシテ思切ッテヤラナクテハナラヌノデアリマス、例ヘバ亞米利加ノ如キハ中學校デアラウガ、小學校デアラウガ、兵式操練ト云フモノヲ正科ノ中ニ加ヘテ居ル、或ハ少年斥候隊ヲ非常ニ擴張シテ、尙武ノ氣象ヲ一般ニ普及スルト云フコトニ大ナル努力ヲ拂ッテ居ル、是ハドウシテモ日本デヤラナクテハナラヌコトデアリマス、唯、軍隊ニ居ル所ノ兵隊ダケニ付テ訓練ヲ能クヤリマシテモ、國民一般ニ關スル尙武ノ氣象、軍事教練ト云フコトニ關スル豫習ヲ常ニ行ハシテ置クト云フコトハ、國民皆兵主義ノ上カラ言ウテ是非トモ是ハ行ハナケレバナラヌコトデアル、之ニハ費用ガ要リマセウ、又相當ノ努力ヲ要スルデゴザイマセウ、併シ相當ノ費用、相當ノ努力ヲ拂ッテ、所謂國民皆兵主義ト云フコトヲ徹底スルノハ、是ハ教育ノ上カラ考ヘテ見マシテモ、軍隊ノ上カラ考ヘテモ、是非トモ行ハナケレバナラヌコトダト思ヒマス、殊ニ此度ハ普通教育費ノ國庫支辨額ガ增額セラレタシ、斯ウ云フ機會ニ於テ一般國民ノ尙武ノ氣象、軍事教育ニ關スル豫習等ヲ行ハスト云フコトハ絶好機會デアル、斯ウ云フ機會ヲ捉ヘテ、一方ニ於テ國民全體ニ於ケルサウ云フ教育ヲ行フト同時ニ、一方ニ於キマシテハ一日モ早ク兵役年限ノ短縮ト云フコトヲ斷行スルト云フコトハ、實ニ適當ナ時デアルト私共ハ信ジテ居ル、然ルニ此點ニ付キマシテ、相變ラズ、躊躇逡巡シテ何等決スル所ガナイト云フコトハ、甚ダ遺憾ニ堪ヘナイ、吾々ハ必シモ金ヲ減ラセト云フコトヲ言ッテ居ルノデハゴザイマセヌ、或ハ時ト場合ニ依ッタラ兵役年限ヲ短縮シテ、金ガ多ク要ッテモ已ムヲ得ナイト思ッテ居ル、國民ヲシテ成ベク兵營生活ニ長ク居ラズシテ、早ク出テ世ノ生産事業ニ從事セシメルト云フコトハ、御互ニ考ヘナケレバナラヌコトデゴザイマスカラ、此見地カラ考ヘテモ、ドウシテモ、一日モ早ク兵營生活ヲ脱セシムル途ヲ講ジナケレバナラヌノミナラズ、此兵役年限ヲ短縮スルコトニナレバ、政府當局ニ言ハシテ見ルト、却テ金ガ餘計要ルヤウニ申シテ居ルケレドモ、是ハ非常ナ間違デアリマス、確ニ金ハ減ル、戰時ノ得員ト同樣ト見レバ、二年間養成スルモノデゴザイマスト、一年半ナラ一年半、一年ナラ一年デ出スナラバ、ソレダケ在營スル期間ガ少イ、隨テソレダケノ費用ヲ減ズルノハ當然デゴザイマスカラ、經濟上カラ考ヘテ一年半兵役ニスレバ金ガ減ルニ決マッテ居ル、然ルニ政府デハ吾々ニ出シタ所ノ參考書ニ依ッテ見ルト、兵役年限ヲ短縮スルト、却テ金ガ非常ニ要ルヤウニ言ッテ居ルノハ、是ハ餘程間違ッタ話デアル、要スルニ政府ガ年限短縮ニ關スル吾々國民ノ輿論、之ヲ容レヤウトスレバ咄嗟ノ間ニ出來ルノデ決シテ吾々ハサウ困難ト思ヒマセヌガ、尙ホ之ヲ實行シナイト云フコトハ、政府ガ軍縮ニ關スル誠意ヲ缺イテ居ルト云フコトヲ斷言シテ憚ラヌノデアリマス(拍手)

又一方編制ノ内容此問題ニ付テハ先刻モ申シタ通リ、餘リ深ク立入ラナイデ、三單位編制ニ依ラウト、或ハ師團ノ編制ヲ變更スル手段ヲ採ラウト、ソレハ深ク立入ルコトヲシナイ、併ナガラ常識カラ考ヘテ、一方ニ於テ大戰爭ノ結果露西亞ガアヽ云フ情勢ニナリ、世界ノ最大陸軍國タリシ獨逸ガ慘敗シタ、又世界一般ニ平和ノ聲ガ非常ニ聞エテ居ル今日ニ於キマシテ、或ル程度ノ陸軍々備ノ縮小、卽チ編制ヲ替ヘテ兵力ヲ減ラス、常備兵ヲ減ラスト云フコトハ、是ハ直覺的ニ何人ニモ想像シ得ルコトデゴザイマス、諸君ハ日露戰役後八師團ヲ殖シタト云フコトハ、皆サン御承知ニナッテ居リマスケレドモ、此八師團ヲ殖シタト云フコトノ以外ニ於テ、大ナル軍備擴張ガ行ハレタト云フコトヲ、或ハツイ念頭ニ置カナイ方ガアルカモ知レマセヌガ、實ハ八師團以外ニ於テ、日露戰役後ニ於テ非常ナル軍備擴張ガ行ハレテ居ルノデアリマス、卽チ是ハ兵役年限ノ短縮、從來ハ御承知ノ通リ三年デアッタ、三年デ例ヘバ三十万ノ常備軍ナルモノトシテハ年々十万人ヅヽ出スコトニナッテ居ッタモノヲ、同ジ三十万ノ常備軍ヲ二年間ニ出スカラ、年々十五万人ノ人ヲ出シテ居ル、卽チ戰時ノ鋭員ニ於テ二年兵役ニシタト云フコトダケデ五割ノ擴張ヲヤッテ居ル譯デアリマス此三年兵役ヲ二年兵役ニ變ヘタト云フコトソレ自ラガ、非常ニ軍備擴張ニナッテ居ル譯デアルカラ、ソレヲ今日或ル程度ノ軍縮卽チ單位ノ變更ヲスルカ、或ハ師團ノ一部ヲ減少スルカ、或ハ他ノ師團ニ於テ相當ノ程度ニ於テ軍備ノ縮少ヲ圖ルト云フコトハ決シテ無理ナ注文デハナイ、國民ノ要求決シテ無理ノ要求ヲシテ居ル譯デハアリマセヌ、吾々ガ諸君ト共ニ決議ヲシテ、迫議ヲシテ是非共決行シテ見タイト云フコトハ、是ハ難キヲ攻メル譯デハナイ、極ク尋常普通ノ見地カラ斯ノ如キ事ハ政府ニ於テ爲サルベキコトデアルト云フコトヲ確信シテ出シタ譯デアリマス、殊ニ此度ノ政府ノ陸軍々縮ノ改革案ナルモノヲ觀テ見ルト、此中ニモ吾々意見ガ澤山アル、又緩急輕重ヲ誤ッテ居ルモノガ非常ニ多イコトヲ信ジマス、例ヘバ兵器ノ問題ガ、一方ニ於テ國防ノ充實ハ非常ニ圖ラナケレバナラヌト云ッ、而モ大戰ノ結果ニ依ッテ兵器ガ非常ニ進歩シテ來テ居ル、故ニ一日モ早ク此兵器ノ改良ニ手ヲ著ケナケレバナラヌト云フコトヲ唱ヘテ居リナガラ、豫算ニ現ハレテ居ル所ヲ觀テ見マスルト云フト、兵器ノ改良ト云フコトハ十三年掛カラナケレバ完成スル事ガ出來ヌト云フコトニナッテ居ルノデアリマス、十三年掛カッテ初テ新式ノ兵器、歐洲大戰ノ結果ヲ應用スル兵器ガ完成スルコトニナッテ居ル、此點カラ考ヘテ見ルト云フト、非常ニ緩慢ナ事ト思ヒマス、吾々ハ一方ニ於テ大ニ兵備ヲ縮小スル必要ハアラウト考ヘルケレドモ、新シイ兵器ヲ持タセ、或ハ新シイ戰術ヲ應用スベキ所ノ各種ノ方法ト云フコトニ付テハ一日モ早ク之ヲ行フ必要ノアルコトヲ認メマス、故ニ十三年モ掛カッテ此兵器ヲ充實スルト云フガ如キハ、吾々ハ事ノ緩急輕重ヲ誤ッテ居ルト云フコトヲ疑フノデアリマス、又歩兵ト砲兵トノ關係ノ如キモ、稍、是ハ專門ニ渉ル事デアリマスカラ、私ハ餘リ委シイ事ハ知リマセヌケレドモ、一般ニ唱ヘラレテ居ル所ニ於テ、餘リニ歩兵萬能主義ニ過ギテ、砲兵ト云フモノニ關シテハ割合ニ減縮ノ程度ガ多過ギルト云フコトガ唱ヘラレテ居リマス、是モ常識ノ上カラ考ヘテ見テ、必シモ之ヲ否認スルコトモ出來ナイデアラウト思フ、言フマデモナク將來ノ戰鬪ハ肉彈主義ト云フヨリ寧ロ機械技術ト云フ方ニ戰鬪主義ノ變ルト云フコトハ、此度ノ戰爭ノ上カラ考ヘテ見マシテモ、世間ノ進歩ノ上カラ考ヘテ見テモ、當然サウアルベキコトデアル、果シテ然ラバ一方ニ於テハ砲兵、卽チ機械ト云ヒ技術ト云フ

方ニ餘リ力ヲ入レテ考ヘテ居ラヌデ、歩兵ト云フモノニ重キヲ置クナドハ、或ハ一方ノ緩急輕重ヲ誤ッテ居ルモノデハナイカト云フコトヲ疑ハザルヲ得ナイ、又政友會ノ津野田君ガ熱心ニ唱ヘラレテ居リマス、例ヘバ滿洲ノ守備隊デアルトカ、或ハ朝鮮ニ於ケル甲定員デアル、之ヲ政府ガ止メタカト云フコトニ付テハ、敢テ私共反對ハ致シマセヌケレドモ、併ナガラ緩急輕重ノ順序カラ言ヘバ、內地ニ於ケル師團、內地ニ於ケル兵力ヲモット削減シテ、寧ロソレヲ後廻シニシタ方ガ宜カラウデナイカト云フ、津野田君ノ述ベタ事ハ、寔ニ傾聽ニ値スル言論デアルト云フコトヲ認メマス、且ツヤ今日モ癈兵ガ大變押寄セテ來タト云フコトヲ聞イテ居リマス、此度ノ增加恩給ノ問題、或ハ下級ノ士官、下士卒ノ待遇上ノ問題、隨分陸軍當局ニナッテ見ルト、金ヲ要スルコトガ澤山ニゴザイマス、吾々唯、無暗ニ押ヘ付ケテ減ラスト云フコトヲ目的トスルモノデナイ、要ルベキモノハ何處マデモ出サナケレバナラヌ、癈兵恩給ニ關スル關係ハ是非出來ルダケノコトハ一方ニ於テ大ニヤリタイ、併ナガラ減ラスモノニ付テハ何所マデモ減ラシテ、一方ニ於テ殖ヤスベキモノハ殖ヤシテ、其差引ニ於テ手取四千万圓ノ金ヲ出スト云フ趣意カラ出來テ居ルノデアリマスカラ、私共ノ考カラ申スト、此度ノ陸軍ノ改革案ト云フモノハ、啻ニ吾々ノ期待ニ副ウテ居ラヌノミナラズ、其內容ニ立入ッテ見ルト、大ニ議論ヲ挾マナケレバナラヌ餘地ガアルト云フコトヲ信ズルノデアリマス、而シテ此間ニ對スル政友會ノ諸君ノ態度ハ如何デアリマセウ、マダ議論ヲ承リマセヌカラ、詳シイコトヲ私ガ此所ニ申スコトハ出來マセヌケレドモ、大體ニ於テ此決議案ニ反對デアルト云フ御態度デアル、去年ハ熱心ニ各派ガ協調ヲシテ、是非トモ政治的聯盟ニ依ッテ、一大威力ヲ以ッテ陸軍ニ反省セシメ、必ズ之ヲ實行セシメルト云フコトヲ誓ッテ居リナガラ、只今ハ其友ヲ賣リ、且ツヤ國民ノ期待ニ背イテ、而シテ今日ハ殆ド當時ノ主張ヲ捨ツルコト敝履ヲ脫スルガ如キ態度ヲ執ッテ居ルト云フコトハ、大政黨ノ態度トシテ如何デゴザイマセウカ、過日三土忠造君ガ此席ニ於テ言ハレタコトガゴザイマス、吾々ハ陸軍ノ問題ハ早ク打切リタイ、何時迄モ此問題ヲ彼此レ言ウテ居ルト云フコトハ、國民ノ尙武ノ精神ヲ阻礙スルヤウナ心配ガアルカラシテ、一日モ早ク之ヲ打切リタイト云フコトヲ申サレマシタ、私ハ洵ニ三土君ニ似合ハヌ所ノ言葉デアルト思フ、何トナレバ國民ノ期待ニ反シタ事ヲ陸軍ガヤッテ居ルコトデアリマスルト、何時マデ經ッテモ此議論ハ止メヤウガナイ、年々歲々必ズ此陸軍ニ對シテ軍備縮少ノ議論ノ起ルノハ當然ノ事デアル、御互ハドウシテモ是デハイカナイ、思切ッテ軍縮ヲ行ハネバナラヌト云フコトヲ各派一致シテ、協調シテ政府ヲ反省セシメルト云ウテ居リナガラ、舌根未ダ乾カザル

內ニ之ヲ拋棄シテ、此儘ニシテ置ケバ是ハ無責任極マルコトデアル、一般國民ハ決シテ之ヲ承知スルモノデハゴザイマセヌ（拍手）隨テ是カラ先矢張四十七議會ニ於テモ、四十八議會ニ於テモ、此議論ノ起ルコトハ決マッテ居ル、所謂國民ガ陸軍ニ對シテ反感ノ心ヲ起シテ、國民ト陸軍トノ間ニ一大溝渠ヲ築クト云フヤウナコトハ、卽チ此決議案ニ反對スルガ故カラデアリマス（拍手）吾々ハ容易ニ物ハ決メマセヌ、決シテ又無理ナ事ヲ政府ニ强ユルト云フヤウナコトハヤリマセヌ、十分ニ熟慮ヲシ、十分ニ調査ヲシ、又政府ヲシテヤリ易イ所ノ方法ヲ講ジテ、一旦決定シタルモノハ是非トモ政府ヲシテ之ヲ斷行セシムルト云フ決心ヲ以テ進ムノデアル（拍手）春秋ノ筆法ヲ以テ云ヘバ、此陸軍ノ改革ヲ否認シテ國民ノ意思ニ反シタ行動ヲ執ルト云フコトハ、政友會ソレ自ラガヤッテ居ル（拍手）之ニ對スル全責任ハ政友會ニ於テ負ハナケレバナラヌモノト確信ヲ致ス者デアリマス、諸君ハ此頃行政ノ根本整理ト云フコトヲ言ヒ出サレタ、地租ヲ地方ニ委讓シヤウ、隨テ營業稅モ之ヲ地方ニ委讓シヤウ、之ニ要スル金ハ一億二三千万圓ノ金ガ要ル、此金ハ何所カラ搾出スカ、租稅デハイカナイ、又他ノ方法ナドデハ出來ナイ、結局行政整理カラ搾出サウ、洵ニ痴人夢ヲ說クニ類スルコトヲ言ッテ居ル、斷ジテ出來マセヌ、一般行政整理カラ一億三千万圓ノ金ヲ搾出スト云フコトハ斷ジテ出來マセヌ、吾輩此處ニ斷言シテ置ク（拍手）若シヤルナラバ陸軍ナリ海軍ナリノ費用ニ、ウント斧鉞ヲ加ヘルト云フコトヲヤレバ、或ハ一億三千万圓ノ金ヲ搾出スコトガ出來ルデアラウガ、陸軍ヤ海軍ハ其儘ニシテ置イテ、自分等ノ一旦主張シタコトハ棚ニ上ゲテシマッテ、而シテ一般ノ行政整理ニ依ッテ一億三千万圓ノ金ヲ搾出サウト云フコトハ、迚モ出來ルコトデハナイ（拍手）私ガ世間ヲ瞞著スル者デアルト云フコトハ確ニ間違ガナイ（拍手）必ズサウ云フモノヲ搾出サウト思ヘバ、陸軍ノ根本ノ整理ガ必要デアル、海軍ニ於テ尙ホ一層ノ斧鉞ヲ加フルノ必要ガアル、斯ノ如キモノヲ除ケテ措イテ、ソレハ一切構ハズシテ、唯、一般ノ行政財政ノ整理ノ上カラ、此一億三千万圓ノ金ヲ搾出サウト云フコトハ、迚モ出來ルモノデハナイ（拍手）行政ノ根本整理ヲヤラウト云フ御考デアルナラバ、陸軍ニ對シテモ海軍ニ對シテモ宜シク尙ホ大ナル斧鉞ヲ加ヘルト云フ決心ヲ御持チナサラナクテハナラヌ、サウスレバ初メテ一般ノ國民ガ首肯スルモノガ出來ルノデアリマス、殊ニ大政黨トシテ常ニ言ウテ居ラレル所デハ、吾々ノ主張シタ事ハ必ズ之ヲ實行スル、洵ニ結構デゴザイマス——洵ニ結構デゴザイマス、苟モ大政黨タルモノガ、一旦天下ニ聲明ヲシタ以上ハ、必ズ之ヲ實行スルト云フ決心ガナクテハナラヌコトハ私モ同感デゴザイマス（拍手）所ガ來年カラ愈、實行シヤウト云フ地租委讓建議案ハ、必ズ是ハ御遣リニナル積リデゴザイマセウ、然ルニ此軍縮ニ關スル建議案ハドウデアリマスカ、吾々ト共ニ是非トモ之ヲ實行セシムルト云フコ

トヲ誓ッテ居リナガラ、今日全ク衆ヲ騙スガ如キ態度ヲ執ルト云フコトハ、恰モ陸軍ノ軍門ニ降伏ヲシタト云フヤウナ態度デアル、斯ウ云フ無責任ナ事ヲシヤッテ、行政財政ノ整理ニ關スル建議案ガ、果シテ來年ニ至ッテ實行セラル、ヤ否ヤト云フコトヲ、一般國民ガ疑フノハ是ハ當然デアル、良イ御手本ヲ是ガ示シテ居ルノデゴザイマス(拍手)斯ノ如キ御手本ヲ示シテ置イテ、而モ法律ヲ提案シ得ル權能ヲ持ッテ居ルニモ拘ラズ、法律ヲ出ス事ハ止メテ、行政財政ノ整理ニ關スル建議案ト云フモノヲ提案シテ、御茶ヲ濁スト云フヤウナ態度ヲ執ルト云フコトハ、吾々ガ反對セザルヲ得ザル所デゴザイマス(拍手)要スルニ私共ノ出シテ居ル此決議案ト云フモノハ、決シテ我黨ノ發明デモナク、又我黨ガ獨デヤッテ居ルコトデハゴザイマセヌ、政友會ノ人々ガ必ズ之ニハ同意セザルベカラザルモノデアル(拍手)故ニ諸君ハ何卒十分ニ御反省下サイマシテ、此決議案ニハ滿場一致ヲ以テ贊成セラレンコトヲ切望シテ此演壇ヲ降リマス(拍手)

第五　朝鮮私設鐵道補助法中改正法律案（政府提出）　第一讀會

朝鮮私設鐵道補助法中改正法律案

朝鮮私設鐵道補助法中左ノ通改正ス

第一條及第二條中「十年」ヲ「十五年」ニ改ム

第五條中「二百五十万圓」ヲ「三百万圓」ニ改ム

附　則

本法ハ大正十二年四月一日ヨリ之ヲ施行ス

〔政府委員男爵齋藤實君登壇〕

○政府委員（男爵齋藤實君）　現行ノ朝鮮私設鐵道補助法ニ依リマスレバ、補助年額ノ最高限度ヲ二百五十万圓ト規定セラレテ居ルノデアリマスガ、此制限額ニ限リマシテハ、今後必要ナル私設鐵道ノ普及ヲ期スルコトガ出來ナイ狀勢ニ立至リマシタノデアリマス、仍テ將來ニ於ケル歳計ト補助所要年額ヲ考ヘマシテ、法定補助額ヲ三百万圓ニ引上ゲントスルノデゴザイマス、又現行補助法ハ補助期間ヲ會社設立登記ノ日ヨリ十年ト規定セラレテ居リマスガ、之ヲ改正致シマシテ十五箇年ニ延長致シタイト云フノデアリマス、其理由ハ朝鮮ニ於キマシテハ治山治水ノ設備モ未ダ備ハラヌノデゴザイマス、鐵道ノ建設其他ニ比較的多數ノ費用ヲ要シマス、開業線ノ收益等モ低率デゴザイマシテ、私設鐵道ノ經營ノ現狀カラ鑑ミマシテ、延長スルノ必要ヲ認メマシタ次第デアリマス、右二點ノ改正デゴザイマスルガ、何卒御審査ノ上御協贊アランコトヲ希望致シマス（拍手）

○副議長（粕谷義三君）　日程第六、右議案ノ審査ヲ付託スベキ委員ノ選擧ヲ議題ニ致シマス

第六　右議案ノ審査ヲ付託スヘキ委員ノ選擧

○高見之通君　本案ヲ政府提出、朝鮮事業公債法中改正法律案外二件ノ委員ニ、併セ付託セラレンコトヲ望ミマス

〔「贊成」ト呼フ者アリ〕

○副議長（粕谷義三君）　高見君ノ動議ニハ御異議ナイト認メマス、仍テ動議ノ如ク決シマス――只今奥議長ガ御著席ニナリマス

〔粕谷副議長議長席ヲ退キ奥議長著席拍手起ル〕

○議長（奥繁三郎君）　議長ハ此際諸君ニ一言御挨拶ヲ申上ゲマス、不肖奥繁三郎諸君ノ推薦ニ依リマシテ衆議院議長ノ宣下ヲ蒙リ、以來茲ニ二年有半、以テ今日ニ至リタルハ熱誠ナル諸君御後援ノ致ス所デアリマス、實ニ感謝ノ至リニ堪ヘマセヌ、而シテ任期ハ尚ホ一年有半餘ニシマシテ、私ノ心ハ竊ニ蹇々匪躬ノ節ヲ效サンコトヲ期シテ居リマシタガ、不幸ニシテ昨年春頃二豎ノ冒ス所トナリマシテ、荏苒歳ヲ越エテ宿痾ヘマセヌ、屢、事ヲ缺キ休養ノ已ムナキニ至リタルモ、一念君國ノ事ニ及ベバ夢寐憂慮ニ堪ヘザルモノガアリマス、病躯ヲ提ゲテ登院致シ、斃レテ後已ムノ決心ナキニアラザリシモ、若シ今日ノ如クニシテ徒ダ曠日彌久セバ、尸位素餐ノ責遁クルニ所ナク、延イテハ諸君ノ倚託ニ背カンコトヲ惧レマス、因テ本日ヲ以チマシテ議長ノ重職ヲ辭シマス、是レ敢テ我ガ一身ノ安ヲ偸ム所以デハアリマセヌ、更ニ他日ノ報效ヲ庶幾スルノ微意ニ外ナラヌノデアリマス、謹デ諸君ノ高諒ヲ仰ギマス、一言御挨拶ヲ申上ゲマス（拍手起ル）

○齋藤壽雄君　諸君、私ハ年長者ノ故ヲ以テ議長奥繁三郎君ノ御辭任ニ對シテ、一言御挨拶ヲ申上ゲマス（拍手）

〔「登壇」「登壇」ト呼フ者アリ〕

〔齋藤壽雄君登壇、拍手起ル〕

○議長（奥繁三郎君）　チヨット諸君ニ御斷リシテ置キマスガ、今私ノ挨拶中辭意ヲ表シマシタナレドモ、マダ御裁可ヲ經テ居リマセヌカラ、齋藤君ノ演說ノ終ラル、マデ當席ヲ瀆シマス（拍手）

○齋藤壽雄君　私ハ年長者ノ故ヲ以テ議員諸君一同ニ代リマシテ、議長奥繁三郎君ノ御辭任ノ意ヲ表明セラレタルニ對シマシテ、謹デ御挨拶ヲ申上ゲマス、奥議長閣下ハ議員ニ當選セラル、コトガ八回、其間重ネテ議長ノ御重職ニ就カレマシタ、是レ偏ニ衆望ノ繫ル所ニシテ、常ニ熱誠ト老練ナル手腕トヲ以テ、克ク敏活ニ公平ニ其職責ヲ盡サレマシタ、然ルニ承レバ最近兎角御健康勝レズ、御靜養ノ意味ヲ以テ今回議長ノ職ヲ辭退サレルト云フコトハ、現時內外諸般ノ事項倍、多事ヲ加フルノ秋ニ際シ、寔ニ遺憾ノ次第デゴザイマス、併ナガラ御病氣ト云フニアレバ、是亦餘儀ナキ次第デアリマス、何卒國家ノ爲メ折角御攝養、一日モ早ク御回復ノ程ヲ切ニ希望致ス次第デゴザイマス（拍手起ル）

〔奥議長退席（拍手起ル）粕谷副議長代リ著席〕

○副議長（粕谷義三君）　是ヨリ議事ヲ繼續致シマス、日程第七、大正十二年度歳入歳出總豫算竝ニ大正十二年度各特別會計歳入歳出豫算、豫算外國庫ノ負擔トナルヘキ契約ヲ爲スヲ要スル件、右全部ヲ議題ト致シマス、尚ホ一言致シマス、早速整爾君外二名ヨリ豫算返付ノ動議ガ出テ居リマス、又田川大吉郎君外五名ヨリ修正案ガ提出サレテ居リマス、是ハ委員長ノ報告ニ次ギマシテ返付ノ動議及修正案ノ趣旨辯明ヲ許シマス、先ヅ豫算委員長ノ報告ヲ求メマス

○津原武君(續)　次ニ軍備ニ關スル經費ノ事柄ニ付テ諸君ノ考慮ニ愬ヘタイ、陸海軍ニ關スル所ノ經費ハ、本年度ノ豫算額ハ四億八千万圓デアリマス、此四億八千万圓ハ、本年度ノ豫算十三億四千六百万圓ニ比例致シマスレバ、實ニ三割六分弱ニ當ルノデアル、一國ノ豫算ノ三割六分、依然此豫算ガ偏武的豫算デアルト云フコトハ、蓋シ諸君ト致シテモ御否定ニナラヌコト丶考ヘルノデアリマス、抑、此內閣ハ華府會議ノ首席全權タル加藤男爵ヲ以テ首班トシテ居ル所ノ內閣デアリマス、華府會議ノ精神ハ何デアリマスカ、申スマデモナク海陸軍ニ關スル所ノ經費ヲ縮小ヲ致シ、永ク軍事費ノ犧牲トナリタル文化產業ニ關スル所ノ經費ヲ、之ニ依ッテ產出サントスルト同時ニ、國民ノ負擔ヲ輕減スルト云フコトガ大ナル目的デアッタノデアル、何事ゾ此內閣ニ於テ斯ノ如キ軍事費四億八千万圓、三割六分ト云フガ如キ比率ヲ示シタルコトハ、吾々ノ實ニ意外トスル所デアル、ノミナラズ吾々ハ華府會議ノ精神ト同一ノ意味ニ於テ、昨年當院ニ於テ一致ノ建議ヲシタデハナイカ、卽チ陸軍ノ縮小ニ關スル所ノ建議ヲ致シタノデハナイカ、然ルニモ拘ラズ此豫算ヲ見レバ如何ナル數字ヲ現シテ居リマスカ、此豫算ニ依レバ陸軍ニ於テハ差引タッタ二千四百万圓ニ止マッテ居ル、此數字ニ付テハ多分後ニ革新俱樂部ニ依ッテ多少ノ御議論ガアルコトト考ヘマスルガ、先ヅ吾々ト致シマシテハ、此豫算ニ現レテ居リマス所ノ陸軍ノ縮小ニ關スル經費二千四百万圓ト見ルノデアル、海軍ニ關スル所ノ整理節減額ハ正味四千六百万圓デアル、華府會議ノ精神、昨年當院一致ノ建議ノ精神ト云フモノガ、何處ニ此豫算ノ上ニ現レテ居ルカ、吾々ハ此意味ニ於キマシテモ、此豫算ヲ此儘ニ受取ルコトハ出來ナイノデアリマス、更ニ現內閣ガ民力休養ニ冷淡デアルト云フコトハ、此豫算ノ上ニ於テ殊ニ指摘ヲ致サナケレバナラヌノデアリマス、成程此豫算ヲ見マスト云フト、義務敎育費國庫負擔額ノ增額三千万圓、或ハ減債基金ノ復活四千二百万圓、又稅制ノ整理ト云フ名前ノ下ニ於テ千四百万圓許リノ減稅ガ計畫セラレテ居ルト云フ事實ハ明カデアル、大藏大臣ハ過日斯樣ナ言葉ヲ仰シヤッタ、國民負擔ノ輕減ト申シマスコトハ、必シモ減稅ノ一事許リデハアルマイ、此御言葉ハ議論ト致シマシテハ吾々モ之ヲ認メマス、併シ之ヲ認メマスルト同時ニ、民力休養、國民負擔ノ輕減ト云フコトガ減稅ヲ第一義トスルト云フコトハ、之ヲ否定スルコトハ出來マイ、然ルニ其減稅ノ計畫ニ付テハ、現內閣何ノ試ミル所モナイ、玆ニ私ハ滿場ノ諸君ニ大正九年ノ夏ノ議會ノ當時ノ事ヲ御回想ヲ請ヒタイノデアリマス、諸君、大正九年夏ノ議會ニ於キマシテ、吾々ハ諸君ト共ニ減債基金ノ繰入中止、又所得稅、酒稅ニ付キマシテ一億三千五百万圓ノ增稅ト云フコトニ協贊ヲシタノデアル、諸君、何ガ故ニ吾々ハ此協贊ヲシタノデアリマスカ、當時世界ノ國情ガ軍備ノ充實一日モ緩クスルコトガ出來ナイト云フ政府ノ要求ニ依ッテ、之ニ協贊ヲシタノデアル、其當時ハ御承知ノ通リ、大正九年三四月ノ財界ニ於ケル大動亂ノ後ヲ受ケ、破產、倒產、到ル處ニ相踵ギ、公債價格頗ル下落ヲ致シテ居ッタニ拘ラズ、尚且ツ之ニ向ッテ追擊戰トモ稱スベキ所ノ減債基金ノ繰入ヲ中止シ、更ニ一億三千五百万圓ト云フ所ノ大負擔ヲ我ガ國民ニ強ヒタノデハナイカ、然ルニ諸君、今日ハ如何ナル狀態デアリマスカ、華府會議ノ結果ハ、全然大正九年ニ於ケル增稅或ハ減債基金ノ繰入中止ト云フ所ノ理由ヲ一空ニ歸セシメタデハナイカ、原因ガ一空ニ歸シマシタ以上ハ、吾々ハ國民ノ代表者ト致シマシテ、總テノ狀態ヲ大正九年ノ夏ノ當時ニ復舊スル所ノ責務ヲ感ズルト云フコトガ至當デアラウト思フ故ニ政府ガ此豫算ニ於テ減債基金ノ繰入中止ト云フ事柄ヲ復活シタト云フコトニ付キマシテハ、吾々ハ之ヲ正當ナリト信ズルノデアル、然ラバ何ガ故ニ政府ガ增稅ト云フコトニ付テモ大正九年ノ夏ノ當時ノ狀態ニ總テノ事柄ヲ還元シナカッタカ、囘復シナイノカ、私ハ此點ニ付テハ政友會ノ諸君ガ、減債基金ノ復活ニ同意セラル丶ト同時ニ、何ガ故ニ吾々ノ廢減稅案ヲ否定セラレタルカト云フコトニ付テ、私自身ト致シマシテハ甚シク疑ヲ持ッ一人デアル、是ト同時ニ革新俱樂部ノ諸君ガ廢減稅ヲ主張セラル丶ノハ吾々ハ之ヲ認ムル、誠ニ相當ト思ヒマスガ、是ト同時ニ減債基金ノ復活ト云フコトヲ否定セラル丶ノモ、私共ノ腑ニ落チヌ所デアリマス、何レニ致シマシテモ吾々ノ主張ト致シマシテハ、有ユル事情ガ大正九年ノ夏ノ議會ノ當時ニ復舊シ、還元スルノ責務ヲ感ズル次第デゴザイマスガ故ニ、此豫算ニ向ッテハ大々的ニ修正削減ヲ致スコトノ必要ヲ感ジテ居リマス次第デアル、更ニ私ハ過去ノ實績ニ付キマシテ此豫算ノ杜撰ナルコトヲ指摘致シタイ、要スルニ剰餘金ノ關係デアリマス、偖テ大正十年度ノ剰餘金ガ如何ナル狀態デアッタカ、豫算ノ參考書ニ現レル所ニ依リマスレバ、大正十年度ノ剰餘金ハ一億一千七百万圓デアリマス、其著シキ內譯ヲ擧ゲテ見ルナラバ、租稅ノ自然增收ニ於テ三千三百万圓、歲出不要額六千二百万圓デアリマス、不景氣ノドン底トモ見ルベキ所ノ大正十年度ニ於キマシテ租稅ノ自然增收三千三百万圓、歲出ノ不要額六千二百万圓、而モ次年度ニ事業ト共ニ豫算ヲ繰越シマシタ所ノ金高ハ、驚クコト勿レ、實ニ一億三千八百万圓ノ巨額ニ達シテ居リマス、然ラバ本年度大正十一年度ハ如何ナル狀態デアルト云フコトヲ、過日豫算委員會ニ於テ確カメタル所、租稅收入ニ於キマシテ早ク既ニ今日ニ於テ一億三千万圓ノ巨額ニ上ッテ居ルノデアル、豫算額ニ對照致シ租稅ノ增收一億三千万圓、驚クベキ增收デアル、元來租稅收入ニ於キマシテ何ガ故ニ斯樣ナル巨額ノ自然增收ヲ生ジタノデアルカ、若シ是ガ苛斂誅求ノ結果デナイト致シマスナラバ、政府ガ徒ニ歲入ヲ過小ニ見積リタル結果デアルト斷ゼザルヲ得ナイノデアル、又何ガ故ニ歲出ノ不要額ノ多キヲ算スルニ至リタルヤ、申スマデモナク是亦政府ガ歲出ヲ過大ニ見積リタル結果デアル、歲入ヲ過小ニ見積リ、歲出ヲ過大ニ見積リ、仍テ以テ多クノ剰餘金ヲ得ルト云フコトハ、政府ト致シマシテハ甚ダ便利デゴザイマセウケレドモ、國民ト致シマシテハ堪ヘ得ル所デナイ、徒ニ多クノ剰餘金ヲ國庫ニ死藏スルト云フコトノ如キハ、財政ノ政策ノ上カラ見マシテ是程不都合ナ事ハナイト考ヘルノデアル故ニ吾々ノ意見ニ依リマスレハ、此豫算ノ中ニ於キマシテモ、歲入ニ於テモ多クノ增額ヲ計上スルノガ至當デアルト信ジラレル點ガアル、政府ガ提出シタル所ノ歲入豫算明細書ナドヲ讀ンデ見マスト云フト、多少事務的ニハ基礎ハ立ッテ居リマスケレドモ、政治的ニ此財界ノ現狀ト云フモノガ達觀シテナイト云フコトヲ遺憾ト致シマス(拍手)又歲出方面ニ付キマシテモ、所謂剰餘金ノ原因トナルベキ所ノ不用額ヲ多ク含ンデ居ルト思フ、況ヤ後年度ニ事業ト共ニ繰越スベキ所ノ金高ノ甚ダ多イト云フコトモ、之ヲ認メナケレバナラヌ、故ニ吾々ハ此豫算ヲ修正致サウト致シマスルトキニ於キマシテハ、先ヅ歲入ニ付テハ相當ノ增額ヲ見込マナケレバナラヌ、歲出ニ付テハ其不用額ト見ルベキモノヲ削除シナケレバナラナイ、當然繰越サルベキモノト考フベキモノハ、之ヲ後年度ニ繰延ブルコトガ至當デアル、而モ斯ノ如キ事務的措置ハ、政府ヲシテ之ヲ爲サシムルコトガ至當デアルト考ヘルノデアリマス(拍手)私共ハ此意味ニ於キマシテ、此豫算ヲ編成替ヲ要求致シマスル次第デアリマス、次ハ公債政策ニ付テ一言致シテ見タイ、公債政策ニ付キマシテハ、先ヅ減債基金ヲ復活シタルコトハ、曩ニ私共ガ非難セザル所デアルト云フコトヲ言明致シテ置イタ、次ニ尚ホ現內閣ニ對シテ多少ノ讃辭ヲ表スベシトスルナラバ、過日大藏大臣ガ大正十二年度ニ於ケル所ノ募債ハ、繰越額モ總テヲ含メテ十五億九千四百万圓ニ止ムル見込デアルト云フコトヲ言明致シタ一事デアリマス、是ハ財界ニ對シテ一ノ指針ヲ示スモノデアル、吾々之ヲ推奬スルニ吝ナルモノデハナイ、併ナガラ諸君茲ニ考慮致サナケレバナラヌ事ハ、大正十二年度ニ於キマシテ償還期限ノ到來致シマスル所ノ國債ハ、其金高ニ五億六千二百万圓デアリマス、卽チ大正十二年度ニ於キマシテ、現內閣ガ國債ヲ處理致シマスル所ノ金高ハ實ニ七億二千百万圓デアル、併此七億二千百万圓ノ國債ガ今日及大正十二年度ノ財界ニ於テ、果シテ民間ノ金融ヲ壓迫スル事ナクシテ爲シ得ベキヤ否ヤ、私ハ此點ニ付テ大ニ疑ヲ持ツ、此意味ニ於キマシテモ、此豫算ニ對シテ大緊縮ヲ加ヘ、進ミテハ非募債主義ニマデ到達セシムルト云フコトハ、實ニ國民ニ忠ナル所以デハナイカト考ヘルノデアリマス、私ガ豫算ノ編成替ヲ求メマス綱領ハ右論ジタル通リデアリマス、茲ニ最終ニ此趣旨ヲ明確ニ致スベキ綱領ヲ揚ゲ、其大體ノ金額ヲ指示致シマシテ、政府ノ考慮ヲ請ヒタイト思フ、先ヅ第一ニ陸軍ノ整理縮小ハ、昨年當院ニ於ケル建議ノ趣旨ヲ體シ、其整理額ヲ四千万圓ニ達セラレルコトガ相當デアル、第二ニ海軍軍備ノ整理縮小ハ、此豫算ニ現レテ居ル所ニ依リテハ不十分ナリト認ム、故ニ其軍事費艦艇製造費、水陸整備費等ノ中ヨリ尚ホ一千万圓ヲ減少スベシ(拍手)第三ニ行政整理ハ大正十二年度ノ基本豫算額カラ經常部ニ一割、臨時部三割ノ率ヲ以テ更ニ此豫算ヲ改訂修正スベシ(拍手)第四ニ植民地卽チ朝鮮關東州、樺太、南洋、之ニ對スル所ノ經費補充金ハ、一般會計ヲ累スルコト過重ナリト認メマス、故ニ其補充金ノ中ヨリ尚ホ二割ヲ減少スベシ(拍手)第五ニ本豫算中ニ計上シテ居リマスル所ノ五ツノ新計畫、此五ツノ新計畫ハ此豫算中ヨリ削除スルコトガ相當デアル、第一ハ羅馬法王廳使節派遣ニ關スル所ノ經費、是ハ全會一致ノ所デアル、第二ハ特別高等警察事務ニ關スル經費、及警察特別施設ニ關スル所ノ經費ノ增加、此增加額ハ之ヲ認メマセヌ、第三ニ冷藏設備及運搬船ニ關スル所ノ奬勵ハ、假令奬勵ヲ致サナクテモ發達ノ見込ガ十分ニアリト考ヘマスルノミナラズ、補助ノ爭奪ニ依ル所ノ弊害ヲ認メマス、故ニ此豫算中ヨリ削除スルノガ相當ナリト思フ(拍手)第四ニ製鐵所ノ硅素鋼板製造設備ニ關スル所ノ經費ハ、是ハ敗殘會社ノ救濟デアル、敗殘會社ノ救濟ヲ目的トスルモノデアッテ、幾分カ綱紀肅正ト云フ事ニモ影響スル事アリト考ヘマスルガ故ニ、之ヲ削除スルガ相當デアルト思フ(拍手)次ニ貯金奬勵ニ關スル府ノ經費ハ、今日ノ國情ニ照シ全然其必要ヲ認メマセヌ、斯ノ如キモノハ宜シク之ヲ削除スベシト云フ所ノ意見ヲ持ッテ居ル、併此大綱方針ノ下ニ於テ此豫算ノ編成替ヲ致シマストキニ於テハ、國庫ニ生ズル所ノ餘剩金實ニ六千七十八万圓、吾々ハ此金高ノ範圍內ニ於キマシテ、此豫算全體ニ亙ッテ政府ガ國務ノ運用ヲ圓滑ナラシムル點ニ於テ、相當ナ款項目ノ取捨按排ヲ致スコトガ至當デアルト云フ意見ヲ持ッテ居ルノデアリマス(拍手)乃チ私ハ茲ニ豫算編成替ヲ政府ニ求ムル意味ニ於テ、此返付ノ動議ヲ提出致シマシタ次第デゴザイマスカラ、ドウカ冷靜ナル御考慮ノ下ニ、此動議ノ通過ヲ切望致ス次第デゴザイマス(拍手)

○副議長(粕谷義三君)　次ニ修正意見ノ趣旨辯明ヲ許シマス、田川大吉郎君

〔田川大吉郎君登壇〕

○田川大吉郎君　諸君、委員長ノ御報告ヲ通シテ、本豫算ニ對スル政友會ノ御意見ノ存スル所ヲ大要伺ヒマシタ、又津原君ノ詳細深切ナル御說明ニ依ッテ、本豫算ニ對スル憲政會ノ御趣旨ノ存スル所ヲ大要伺ヒマシタ、私共ハ其政友會ノ査定ニ同意スル能ハズ、又憲政會ノ豫算返付ノ動議ニ贊成スル能ハズ、別ニ稍々多大ノ削除ヲ含ム修正意見ヲ提出致シテ居ルノデアリマス、是ヨリ其要領ニ付テ陳述致サウト思ヒマスカラ、暫クノ間靜ニ御耳ヲ借シテ下サルコトヲ願ヒマス、尤モ其修正致シマス數字ノ詳細ハ、議長ノ御許ヲ得テ速記錄ニ掲載シテ戴キタイト思ヒマス、故ニ其一々ニ付テ細カクハ茲ニ陳述致シマセヌ、大體ニ於テ經常部ニ約六千三百万圓ノ削減ヲ加ヘ、臨時部ニ約四千八百万圓ノ削減ヲ加ヘ、經常臨時ヲ合シテ一億一千二百万圓ノ削減ヲ加ヘル意見デアリマス、此結果トシテ本年度ノ歲出豫算ノ總計ハ十二億三千三百万圓ニナル譯デアリマス、其內譯ニ付テ數字ノ大キイ方カラ順次ニ申上ゲマスレバ、海軍ノ豫算ニ於テ、四千六百餘万圓補助艦艇ノ新擴張費ヲ削ルノデアリマス、是ハ今年度ヨリ十六年度ニ至ル五年間ノ繼續事業トシテ、三億六千万圓ノ巨額ノ要求ニナッテ居リマス、此金額ヲ全部削除致シタイノデアリマス、其次ニハ減債基金ノ四千二百万圓ヲ削ル、其次ニハ陸軍豫算ニ於テ二千十五万圓ヲ削ル、此二千十五万圓ハ陸軍ニ於テ二千三百餘万圓ヲ整理節約シタト稱セラルヽノデアリマスガ、其中ニハ廢兵院、航空局、馬政局ノ如キ他省ニ對スル移管組替ノ費用ヲ含ンデ居リマス‥‥

〔發言スル者アリ〕

○副議長(粕谷義三君)　ドウカ靜ニ願ヒマス

○田川大吉郎君(續)　此經費ノ三百五十七万圓ヲ減ジマスレバ、陸軍ノ整理節約セラレタ純正ノ金高ハ、今年度ノ豫算ニ於テハ二千万圓以下ニ落チル、故ニ其整理セラレタ數字ヲ昨年ノ本院ノ建議ニ基ク四千万圓ノ數字ニ合致セシムル目的ヲ以テ、二千十五万圓ノ削減ヲ試ミヤウトスルノデアリマス、是等ガ其大ナル數字デアリマシテ、其外ニ政府ノ全般ニ渉ル機密費ガ四百二十七万圓ニナッテ居リマスノデ、之ヲ過大ノ要求デアルト認メ、且ツ機密費ヲ各省ニ渉ッテ別々ニ計上シテ居ラレマス編成方ヲ、編成上不理不當デアルト認メテ、之ヲ一項目ニ集中統一セシメラレンコトヲ希望致シマス、此考ヨリシテ政府ノ機密費ヲ一括シテ二百万圓ニ限リタイ、二百二十七万圓ヲ削リタイト云フ意見デアリマス、農商務省ニ關シテ憲政會カラモ御意見ノアリマシタ如ク、水產物ノ冷藏設備ニ關スル費用、及硅素鋼板工場ノ新設費ノ中ニ、或ル會社ヲ買上ゲントセラレル費用、ソレ等ヲ削リマス、羅馬ニ代表者ヲ派遣ナサルコトニ付テノ委員長ノ御報告ハ、之ヲ廢スルコトニ於テ私共ノ意見ト政友會ノ諸君ト同意見デアリマスケレドモ、之ヲ廢スル所以ノ趣旨ハ稍々違ッテ居リマス、其事ヲ委員長ノ報告ニハ略サレマシタ、私共ハ日本政府ト羅馬法王廳ト新シイ修交關係ヲ結バルヽコトニ付テハ反對致ス者デアリマセヌ、其關係ヲ結ビマスノニハ、現在ノ羅馬大使館ニ於テ羅馬法王廳ニ使スル特別事務ノ係員ヲ設ケラレタラバ、ソレデ足ルノデアラウ、伊太利ニ於テ羅馬大使館ノ外ニ、故ラニ法王廳ヲ目的トスル新シイ公使館ノ設備ヲ必要トシナイデアラウ、日本カラハ羅馬大使館ニ於ケル計畫ノ規模ヲ擴張セラレテ、羅馬法王廳ニ向ッテノ修交ノ關係ヲ始メラレ、此計畫ニ應ジテ、

先方カラモ日本ニ向ッテ相當ノ使節ヲ送ラレルト云フ事ニハ、私共ハ反對スル者デハアリマセヌ、此心持ヲ以テ十一万圓ノ經費削減ノ意見ヲ立テマシタ、又內務省ノ所管ニ於キマシテ民力涵養費十万圓、民力涵養ノ名ハ宜イ、民力涵養ノ目的モ私共ノ衷心ヨリ同意スル所デアリマスケレドモ、今日民力涵養ノ名ニ於テ實行セラレツヽアル所ノ方法實績ハ、民力涵養ノ名ニ、又民力涵養ノ目的ニ遠ザカルコト餘リニ甚シイト思フノデアリマス、仍テ此費用ヲ削リマス（拍手）斯樣ナ譯デ簡ニ申上ゲマシタ如ク、一億一千二百餘万圓ノ巨額ノ削減ヲ試ミルニ至ッタノデアリマス、是ヨリ此豫算ヲ一括シテ大體ノ批評ヲ試ミマス、私共ハ此豫算ニ對シテ軍國主義ノ色彩ノ依然トシテ濃厚ナルコトニ失望致ス者デアリマス、（「ノウ〳〵」）第一ニハ斷ニ申シマシタ海軍省ノ補助艦艇ノ新建設ノ計畫、是ハ大正九年度ノ八八艦隊ノ建設以上ノ計畫デアリマス、當時ノ計畫ニ無クシテ今年度ニ至ッテ初テ計畫セラル、ニ至ッタ新事業デアリマス、大正九年度ニ於テ計畫セラレタ八八艦隊ノ計畫ヲスラ之ヲ縮小スル必要ヲ認メ、之ヲ繼續スル理由ヲ認メラレザル今日ニ方ッテ、ヨリ以上ノ補助艦艇計畫ヲ如何ナル理由ニ基イテ之ヲ必要トセラレルカ、之ヲ必要トセラレル位ナラ、大正九年ノ八八艦隊ノ計畫ヲ繼續スベク主張シ、努力セラルベキ筈デアル、其方ガ寧ロ必要デアラウ、既ニ八八艦隊ノ繼續ヲ必要トシナイ、主力艦隊ノ繼續ヲ必要トシナイト云フ時代ニ方ッテ、當時ノ計畫以上ノ當時ノ計畫ニナカッタ補助艦艇ノ新計畫ヲ要求スルト云フコトハ何事デアルカ、此點ニ於テ政府ノ計畫ニハ前後撞著矛盾ノ嫌アリト私ハ認メル者デアリマス（拍手「ノウ〳〵」）陸軍ニ對シテ手取四千万圓ヲ減ゼラレナケレバナラナイトスルコトニ關シテハ、憲政會ノ諸君ト同一意見デアリマス、仍テ二千万圓ノ削減ヲ誠ミマシタガ、此場合ニ於テ更ニ私共ノ意見ノ存スル所ヲ明ニシテ置キタイト思ヒマス、私共四千万圓ノ削減ニシテ足レリト思フ者デハアリマセヌ、ヨリ以上ノ削減ヲ希望シテ居ル者デアリマス、昨年滿場ノ諸君ト共ニ手取四千万圓ノ整理緊縮ヲ希望致シマシタノハ、ヨリ大ナル削減ノ目的ニ達セントスル第一ノ道程トシテ之ヲ要求シタニ過ギマセヌ、私共ノ同志ハ其當時カラ引續キ今日ニ至ル迄、師團半減ノ希望ヲ懷イテ居ルノデアリマス、今回新ニ計畫ヲ立テラレマシタ組織編成ノ內容ニ付テモ、私共ハ之ヲ不安ニ思ヒ、之ニ贊成スルコトニ躊躇致ス者デアリマス、砲兵ノ大隊ハ三中隊ヲ二中隊ニ縮小セラレ、步兵ノ大隊ハ四中隊ヲ三中隊ニ縮小セラレル計畫デアル、去ナガラ縮小セラレタ砲兵ノ二中隊ハ、戰時ニ於テハ三中隊ニ擴張セラレ、縮小セラレタ步兵ノ三中隊ハ戰時ニ於テハ四中隊ニ擴張セラレル計畫デアル、私共ハ斯ノ如キ計畫ヲ以テ不安ニ堪ヘナイト感ズル者デアリマス、素人デアリマスガ專門家ノ言葉ヲ藉リマスレバ、斯ノ如キ砲兵大隊、若クハ步兵大隊ヲ、專門家トシテハ戰術單位ト云フ言葉ヲ用キテ居ラレルヤウデアル、師團其モノニ對シテハ戰略單位ト云フ言葉ヲ用キテ居ラレルヤウデアリマス、其戰術單位ヲ鞏固ニ堅實ニ組織シ訓練スル方ノ務ヲ怠ッテ、戰略單位ト稱セラレル師團ノ形ヲノミ、師團ノ外形ヲノミ、其門構ヲノミ大キク駄々廣ク維持スルコトニ努メラレタノニ對シテ、私共ハ不安デアリマス、思切ッテ師團ノ數ヲ減ジ、其內容デアル大隊、中隊ノ組織ヲ堅實ニ編成シ訓練セラレンコトヲ希望スルモノデアル、ソレデ今年ノ豫算ニ對シテハ、四千万圓ノ程度ノ修正ニ同意セラレンコトヲ希望致シマスガ、ソレト同時ニ將來ノ豫算ニ對シテハ、今年御計畫ニナリマシタ此步兵ト砲兵トノ組織編成ノ計畫ヲ變ヘテ、寧ロ師團ノ數ヲ減ジ、其步兵及砲兵ノ中隊組織ヲ堅實ニスベク努メラレ、私共ノ目的トスル師團半減ノ方向ニ數步ヲ進メラレンコトヲ希望スルノデアリマス、若シ今日ノ編成ノ儘ニシテ之ヲ認メルナラバ、陸軍ノ今日ノ計畫ハ單ニ將官ヲ愛スルノミ、多數ノ將官ヲ賦ルコトニ躊躇シテ、其根幹デアル兵士ノ待遇ヲ疎略冷淡ニ見テ居ラレルヤウニ考ヘザルヲ得ナイ、將官ノ數ハ非常ナ數ヲ以テ依然トシテ存在致シマスガ、例ヘバ今日ノ兵營ニハ流行感冒ガ頻ニ流行ッテ居ル、兵營ニ對シテハ薪炭ノ供給ハ滿足ニ屆イテ居ルノデアリマスカ、薪炭ノ價ハ非常ニ騰貴致シテ居ルガ、兵營ニ對スル薪炭ノ費用ハ非常ニ節約セラレテ居ル、將官ハ厚キ待遇ヲ受ケテ居ルケレドモ、兵隊ハ薄キ待遇ノ下ニ流行感冒ニ苦シメラレツヽアル、私共ハ其兵卒ノ待遇、兵卒ノ給與ヲ厚ウセラレ、彼等ノ忠勇ナル士氣ヲ根本的ニ鼓舞奬勵セラレンコトヲ希望スルノデアリマス、今年ノ豫算ニ於テ兵卒ニ對スル手當、從來ハ十二錢デアッタモノヲ十五錢ニ增サレタコトニ對シテハ、當局ノ努力ヲ諒トスルニ拘ラズ、十五錢ニシテハ未ダ足リナイト思ヒマス、二十錢ニシテモ未ダ足リナイト思ヒマス、少クトモ之ヲ三十錢程度ニ迄ハ近ク增加セラルベキ必要ガアルト思フ、ソレニ就テハソレ等ノ必要ナル費用ヲ何處ニ求メルカノ問題デアル、師團ノ數ヲ減少シ、或ハ將官ノ數ヲ減少シテ、下級兵卒ニ對スル待遇ヲ厚ウスル費用ニ轉嫁セラレナケレバナラナイト信ズルノデアリマス（拍手）斯樣ニシテ今年ノ豫算ニ海軍ニ於テモ又陸軍ニ於テモ從來ノ方針ヲ改メラレズ、軍國主義ノ色彩ガ依然トシテ濃厚デアルコトヲ深ク遺憾ニ思フ者デアリマス、（「ノウ〳〵」）次ニ中央ノ利益、中央政府ノ都合ヲノミ慮ルニ急ニシテ、地方ノ利害、地方ノ休戚ヲ考ヘラル、ノ情ガ甚ダ薄カッタコトヲ遺憾ニ思ヒマス、玆ニ一例ヲ述ベルコトヲ御許シヲ願ヒマス、東京市ノ改良下水事業ニ對スル政府ノ補助デアリマス、之ニ對シテ政府ハ六百六十六万圓ノ補助ヲセラレル、最初東京市ガ此計畫ヲ起シマス時ニ、政府カラ此金額ノ補助ヲ受ケルトシテ立テマシタル公債計畫、ソレハ九百六十万圓デアリマシタ、政府ガ今回ノヤウニ補助ノ方針ヲ定メラレマシタ結果トシテ、東京市ハ千七百四十万圓ノ公債ヲ起サナケレバナラナイ必要ニ陷リマシタ、此點ニ於テ最初ノ計畫通リニ致シマスレバ、東京市ハ其公債ニ對シテ五百八十万圓ノ利子ヲ拂ヘバ宜カッタノデアリマスガ、今回ノヤウニ公債ノ計畫ヲ變ヘマス結果トシテ、東京市ハ千九百五十万圓ノ利子ヲ拂ハネバナラナイコトニナリマシタ、同一ノ政府ノ補助デアル、六百六十万圓ノ金額ニ於テハ變リハアリマセヌケレド、併ナガラ其補給ノ方法ニ依ッテ斯ノ如ク多大ノ損得利害ノ影響ガ起ル、大藏當局ハ單リ中央政府自身ノ利害ニ付テ考ヘルノミナラズ、地方ノ財政上ノ利害ノ關係ニ付テモ、周密ニ入念ニ考慮セラルベキ必要ノアルモノト信ズル、國家ノ財政ヲ擔當シ國家ノ經濟ヲ按排セラレル當局ノ責任者ハ、自分サヘ宜ケレバ宜イト云フ考デハ濟マナイ、中央ト地方トヲ通ジテ全局ノ利害、全局ノ經濟狀態如何ヲ考ヘラルベキ責任ガアルモノト思ヒマス、然ルニ其補助ノ方法ヲ今回ノ如ク定メラレタル結果トシテ東京市ハ此一事業ニ對シテ忽チ千三百五十餘万圓ノ損失ヲ受ケネバナラナイ事情ニナリマシタ、之ヲ損失ト申シテモ差支ナカラウト思ヒマス、政府ハ此場合ニ金ガ無イカラ財政上之ヲ許ス餘地ガナイカラ、有リサヘスレバ之ヲ補助シタイノダケレドモ、其金ガ無イカラト仰セニナリマスガ、我國ノ豫算我ガ國ノ歲入ノ狀態ハ年々二億以上二億ニ上ボル多數ノ剩餘ヲ生ジツヽアルノデアリマス、此多數ノ剩餘金ヲ抱キナガラ、尚ホ全國市町村ノ必要トスル計畫ニ只今申上ゲルヤウナ損失ヲ負ハシメ、此外補助スル事ガ出來ナイト仰セラレルノハドウ云フ理由デアリマスカ、眞ニ國家全局ノ經濟上ノ利害ヲ顧慮セラレルナラバ、決シテ斯樣ナ卒爾不深切ノコトハ申サレナイ筈デアル、其全局ノ利益ヲ念頭ニ置カレルナラ、決シテ斯ノ如キ不徹底ナル不利益ナル補助ノ計畫ヲ樹テラレル譯ハナイ、之ヲ補助セントセラルレバ、補助セラルベキ歳計ノ餘裕ハ十分ニ有ルノデアリマス、此點ニ於テ今年ノ豫算モ從來ノ豫算ノ如ク依然トシテ中央政府ノ利益其御都合ヲノミ考ヘルニ急ニシテ、所謂階前萬里、地方ノ狀況ヲ深切ニ考ヘラレル周密ノ思慮ヲ缺イテ居ッタト感ゼザルヲ得マセヌ、其次ハ津原君モ御述ニナリマシタガ、歳入ヲ過小ニ見積ッテ歳入多大ノ實狀ヲ隱蔽シテ居ラレル傾ガ此豫算ノ中ニモ明カデアル、之ヲ本年度ノ豫算ニ對スル遺憾ノ甚シイモノ、一ト致シマス、私ハ收入ノ隱蔽ト申ス、有リ得ル歳入ヲ故ラニ過小ニ見積ッテ、強テ餘力ノ無キモノ、ヤウニ裝フテオヰデニナル、其證據ノ一ハ營業税ノ場合ニ極メテ明白デアリマス、昨年度ノ營業税ニ對シテ私ハ七千九百万圓ノ調定額ガアルト思ッテ、先般此壇ニ於テ質問シテ置キマシタ所ガ、昨年ノ營業税ノ調定額ハ七千九百万圓デハナクシテ、九千七百万圓デアリマシタ、昨年ノ豫算ハ六千六百万圓前後、隨テ九千七百万圓ノ收入ガアルト云フコトハ、其豫算ニ對シ三千万圓ノ收入超過ニナルノデアリマス、此事ハ獨リ昨年ノミデハアリマセヌ、大正九年ノ營業税ニ於テハ、千九百八十二万圓ノ増收ガアリマシタ、大正十年ニ於テハ二千二十九万圓ノ増收ガアリマシタ、大正十一年ニ於テハ調定額ニ基イテ現ニ二千四十六万圓ノ増收ガアリマス、此三箇年ヲ通ジテ毎年平均二千三百五十二万圓ノ増收ガアル、是ハ確實ナル收入デ數字ニ現レタル何人モ疑フコトノ出來ナイ爭フコトノ出來ナイ數字デアル、此年々平均二千万圓以上ノ増收ヲ何故ニ之ヲ歳入ノ以外ニ隱シテ御置キニナルノデアリマスカ、是ハ一例デアリマス、私ハ進ンデ十一年度ノ歳入ノ狀況ヲ諸君ト共ニ研究シテ見ナケレバナラナイ、十一年度ノ歳入ノ全部ノ狀態ハ未ダ明白デアリマセヌガ、十一年度ノ上半期ノ歳入ノ狀況ハ現ニ已ニ明白デアリマス、此明白ナル結果ヲ通ジテ、十一年度ノ歳入ノ全部モ略、推測スルコトガ出來マス、十一年度ノ上半期ノ經常部ノ歳入ハ七億五千万圓ニナッテ居ル、七億六千万圓ト申シテモ差支ナイ、大正十年度ノ上半期ノ歳入ハ六億七千万圓デアリマシテガ故ニ、十一年度ノ上半期ノ收入ハ八千万圓以上ノ増收デアリマス、此上半期ノ成績ヲ推シテ下半期ノ狀態ヲ推測シマスト、大正十年度ニ於テハ下半期ニ六億四千万圓ノ收入ガアリマシタ、只今申シ上ゲ、マシタ八千餘万圓ノ増收ハ約一割二分強ノ増收ニナリマス此割合ヲ基礎トシテ、大正十年度ノ下半期ニアッタ六億四千万圓ノ收入ニ、ソレニ一割二分ノ増收ヲ加ヘマスレバ、豫想額ハ七億千万圓ニナラナケレバナリマセヌ、現ニ上半期ニ七億六千万圓ノ收入ガアッテ、其下半期ニ尚ホ七億一千万圓ノ收入ガアルトスレバ、此經常部ノ歳入ノ總計ハ十四億七千万圓、繰上ゲテ十四億八千万圓ノ經常部ノ歳入ガアルト推測ヲ致シマシテモ、大過ハナカラウト思ハレルノデアリマス、是ハ十一年度ノ歳入デアル、斯ノ如クニシテ十一年度ノ經常歳入ハ十二億四千万圓ナル政府ノ豫想ニ對シテ、實ニ二億三千三百万圓ノ増收ニナッテ現レル、昨年度ノ經常歳入ハ實ニ二億三千万圓ノ増收ヲ持來スノデアリマス、其昨年度ノ經常部歳入ノ目的額ガ十二億四千五百万圓デアッテ、今年度ノ經常歳入ノ目的ガ十二億五千万圓デアル、以上ノ成績カラ比較致シマスレバ、本年度ノ豫算モ亦二億三千万圓以上ノ増收ヲ得テ、今年度ノ經常歳入ノ實際ノ入高ハ、此度十四億八千万圓以上ニナッテ現ハレルノデアリマス、昨年度二億三千万圓ノ増收ガアラントシテ居リマスヤウニ、今年ノ豫算ニモ、御互ガ茲ニ諸君ト審査致シツ、アリマス——今年度ノ豫算ニモ經常歳入ニ於テ、必ズ二億圓以上ノ増收ヲ持來サントシテ居ルノデアリマス、昨年ノ數字ガ間違ッテ居レバ別デアリマス、昨年ノ數字ガ間違ッテ居リマセヌケレバ、今年度ノ豫算ハ必ズ此増收ノ結果ヲ持來スノデアリマス、政府ノ示サレタル豫算參考書、諸君ノ御手許ニアリマス豫算參考書ノ數字ハ、之ヲ明確ニ證明スルモノデアリマス、此數字ガアリ、此増收ガアリ、此餘力ガアル、併ナガラ政府ハ之ヲ豫算ノ中ニハ見積ッテハ居ラレナイ、政府ニ問ヘバ歳入ハ成ベク內輪ニ確實ニ見積ルヤウニト仰セニナル、ソレハ御尤デアリマス、併ナガラ斯ノ如キ増收、十二億ヲ標準トシテノ豫算ニ對シテ二億圓以上ノ増收ガアルナドト云フコトハ、內輪ニ見積ラル、其ノ標準ノ立テ方ガ餘リニ甚シイ、私ハ歳入ノ豫算ガ其實際ト一厘モ一錢モ相違ノナイヤウニト主張スル者デハアリマセヌ、サウデナイ、二分ヤ三分ノ増收ノアルコトハ致方ガナイ、何人ガ局ニ當ッテモ、一二三分ノ増收ハ實際ニ於テハ免レナイモノデアルト承認致ス者デアリマス、ケレドモ私ノ承認致シマス程度ハ一二三分ノ程度デアリマス、二分カ三分ノ程度デアル歳計ノ不用額ト云フコトヲ津原君ガ申サレマシタガ、歳計ノ不用額モ二分ヤ三分ハ致方ガナイデアリマセウ、實際ニ於テ已ムヲ得ナイデアリマセウ、歳計ノ不用額ノ二分、歳入ノ超過ノ二分、合シテ四分多クトモ六分、四分乃至六分ト云フ程度ノ剩餘金デアルナラバ、是ハ實際上止ムヲ得ザル正當ノ豫算トシテ之ヲ承認スルニ躊躇致シマセヌ、ケレドモ今日ノ豫算ノ有樣ハ二分ヤ三分ノ超過デハナイ、先刻カラ申シマシタヤウニ、十二億ヲ目的トスル經常部ノ歳入ニ對シテ二億三千万圓、二割前後ノ増收ノアリマスコトハ、歳計ノ調節ヲ念トセラレル、其收支ノ鍵ヲ握ッテ苦心努力シ居ラレル大藏當局ノ豫算トシテハ、實際ヲ去ルコト餘リニ甚シイ豫算ノ立テ方デアルト遺憾ニ存ズルノデアリマス、之ヲ第三ノ批評トシテ、次ニ公債計畫ニ付テ一言致シマス、私共ノ本豫算ニ對スル修正ノ數字ハ、嚮ニ申シマシタヤウニ一億一千餘万圓ニ上ル、此修正ノ意見ガ議場ニ容ラレマスレバ、本年度ノ歳入ニハ是ダケノ剩餘ヲ生ズル譯ニナリマス、私共ハ此剩餘金ヲ公債ニ振替ヘタイ意見デアル、之ヲ國庫ニ保管セラレ、預金部ニ於テ活用セラル、結果トシテ、一般公債ノ募集ヲ止メラレルコトニ致シタイト思フ、公債ノ事業其者ヲ否メナイノデハアリマセヌ、公債ノ事業ハ認メマスガ、公債ヲ一般カラ募集セラル、計畫ヲ認メナイデ生ジ來ッタ剩餘金ヲ利用シテ、此必要ニ充テラレルコトヲ希望スルノデアリマス、此所デ減債基金ノ問題ニ關スル事ヲ申上ゲナケレバナリマセヌ、私共ハ減債基金ノ問題ガ今年ニ提起セラレタコトヲ心外ニ感ジマシタ、是ハ法律ノ停止デアッテ明年度以後カラ始テ豫算ニ現レテ來ルベキ約束ニナッテ居リマス、議會ノ約束デアリマス、國ノ法律デアリマス、之ヲ今年ニ繰上ゲテ一年早メニ繰入レラルルニ對シテハ、格段ナル理由ガナクテハナリマセヌ、其格段ナル理由ヲ今年ノ繰上計畫ノ中ニ見出スコトガ出來ナイノデアリマス、且ツ過去ニ遡ッテ考ヘマスレバ、減債基金ノ問題ハ屢、政略ニ利用セラレテ居リマス、是ハ純理ノ上カラ考ヘラルベキモノデアッテ、決シテ政略ヲ加味セラルベキ性質ノモノデハアリマセヌ、然ルニ過去ノ經過ヲ考ヘテ見マスレバ、此減債基金ハ屢、政略的ノ黨爭ノ具ニ利用セラレ、曾テハ大隈內閣ノ沒落ノ一原因ヲ成シタコトモアル、大隈内閣ノ時代ニハ五千万圓ノ減債基金ヲ三千万圓ニ減ズルコトスラ、貴衆兩院ノ大ナル爭議ノ中心トナッタノデアリマスガ、大隈内閣倒レタ後ニ於テハ其事ハ忘レラレタヤウニ、全然中止サレルコトニナッタノデアリマス、サウシテソレガ十三年度――十二年度迄停止シテ置イテ、十三年度カラ若シ復活セシメラルレバ、復活セシメラルベキ約束ニナッテ居リマシタモノヲ、政府ハ突如トシテ一年ヲ早メテ今年度カラ之ヲ繰入レルコトニセラレル、其今年カラ繰入レントセラレルコトノ根柢ニモ、私共ハ政略ノ關係ノ潜ンデ居ルコトヲ認ムル者デアル、斯ノ如ク政略ヲ含ンデ此計畫ヲ或ハ反對シ、或ハ停止シ、或ハ繰延ベ、或ハ繰上ゲラル、ト云フ輕卒ナル態度ニ對シテ、不確實ナル不眞面目ナル態度ニ對シテ私共ハ賛成ヲ表シ兼ネル者デアリマス、且ツ減債基金ノ論ハ明年ヲ期シテ諸君ト共ニ此議場ニ之ヲ試ミタイト私共ハ思ウテ居マシタ、私共同志ノ中ニハ減債基金ヲ設ケル必要ハナイ、根本的ニ其必要ヲ認メナイト云フ論者モアリマス、又假ニ左樣ナ絶對反對ヲ認メナイ、根本的ニ減債基金ヲ認メナイト云フ議論ヲ認メナイトシマシテモ、一體現在ノ國債四十億圓、此中ニハ鐵道公債ノ十一億圓ヲ含ンデ居ル、一般會計ニ於テノ國債ハ二十二億圓ニ過ギナイ、減債基金法ニ於テ――國債整理基金法ニ於テ一万分ノ百十六ヲ標準トシテ減債ノ計畫ヲ立テルニ當ッテ、國債ノ全部――鐵道公債ノ全部ヲ含ンデ、ソレヲ標準ト致シテ計畫ヲ立テマスカ、若クハ一般會計ノ分ニ屬スル二十二億圓ノ國債ヲ目標トシテ計畫ヲ立テルカト云フコトハ、御互ニ愼重ニ考慮シナケレバナラナイ問題デアリマス、デスカラ根本論ニ於テ之ニ反對スルコトノ外、今回ノ提案ノヤウニ四十億圓ノ全國債ヲ目標トシテ計畫ヲ立テマスコトノ當カ不當カニ付テハ議論ガ存スル、私共ハ斯ノ如キ議論ヲ諸君ト共ニ闘ジタイ、明年ヲ期シテ諸君ノ御意見ヲ確ニ承ッテ見タイト思ッテ居タノデアリマシタ、サウ云フコトナシニ十三年度カラトナッテ居リマス減債基金ヲ、勿卒ニシテ今年度ノ豫算ノ中ニ繰入レラルルコト實ニ其意ヲ得ナイト信ジテ、之ニ反對スル者デアリマス、且ツ本年度ノ公債若クハ減債基金ニ關聯シテ思ヒマスコトハ、獨逸ニ關スル賠償金デアリマス、支那ニ對スル借款デアリマス、支那ヘノ借款デアリマス、露西亞ニ對スル繰替金デアリマス、此金高ハ亞米利加ガ聯合國ニ融通シテ居ル所ノ金高、英佛諸國ガ獨逸カラ受取ラントスル所ノ金、其金額ニ對シテハ少額デアリマスガ、併ナガラ今日ノ列國關係ノ間ニ、獨逸ニ向ッテ若干賠償金ヲ有シ、支那ニ向ッテ若干ノ借款ヲ有シ、露西亞ニ向ッテ若干ノ權利ヲ有スル日本ノ位置ハ決シテ小サイモノデハアリマセヌ、私共ハ世界ノ金融關係ニ向ッテ列國ノ勢力關係ニ對シテ、多大ノ發言權ヲ有シテ居ル者デアリマス、然ルニ本年度ノ豫算ノ計畫ハ此點ニ於テ依然トシテ退嬰消極ヲ極メテ居ル、世界ニ向ッテ有シテ居ル此我國ノ至大ノ發言權ヲ空シクシテ居ラレル、私共ハ日本ノ政府日本ノ國家ガモウ少シ……モウ少シ大膽ニ世界列强ノ間ニ堂々タル地歩ヲ占メテ、世界ヲ救ヒ世界ヲ活カスニ足ル、世界ニ對シテ日本ノ面目ヲ發揮スルニ足ル雄大ナル經綸ヲ描キ、主張ヲ立テラレンコトヲ希望スル者デアル(拍手)此事ノ無カッタコトヲ――此計畫ノ無カッタコトヲ、獨逸ノ賠償金ニ對シテ、支那ノ借款ニ對シテ、西伯利ノ――露西亞ニ關スル繰替金ニ對シテ、何等ノ計畫ガ本年度豫算ノ中ニ含マレテ居ナイコトヲ、本年度豫算ノ大ナル缺陷トシテ遺憾ノ意ヲ表セザルヲ得マセヌ、次ニ變態豫算ト大藏大臣自ラガ稱セラレタ本年度豫算ノ形式ニ付テ、私ハ大臣ノ注意ヲ仰グト共ニ滿場諸君ノ御考慮ヲ煩シタイ、是ハ諸君ハ勿論疾クカラ御注意ニナッテ居ラレル事デアリマセウケレドモ、私ニ取ッテハ日本ノ豫算ノ最大ノ缺陷ハ此ニ在リト信ジテ居リマス、大切ノ問題デアリマス故ニ、更メテ此事ノ御考慮ヲ煩シタイノデアリマス、會計法ハ租税及其他一切ノ收納ヲ歳入トシテ、一切ノ經費ヲ歳出トシ、歳入歳出ハ總豫算ニ編入スベシトアリマス、今年度ノ總豫算ニハ此一切ノ歳入ハ編入シテアリマセヌ、其證據ハ一億七千三百万圓ノ剩餘金ヲ十三年度以後ノ計畫ニ充テルモノトシテ、豫算參考書ノ中ニ取除イテアル、若シ租税及其他一切ノ收入ヲ今年度ノ總豫算ニ編入シナケレバナラナイナラバ、豫算參考書ニ掲ゲテアリマス十三年度以後ノ歳計ニ充テラレル、筈ノ一億七千三百万圓ノ剩餘金ハ、當然ニ今年度ノ總豫算ノ中ニ計上セラレテ居ナケレバナリマセヌ、歳出ハソレヲ必要トシナクトモ、其一億七千三百万圓ハ歳入豫算ノ中ニ繰込ンデ編入シテ、其剩餘ヲ將來ニ殘サル、コトガ當然デアリマセウ、ソレガ正當ノ編入法デアリマセウ、併ナガラ本年度ノ豫算ハソレヲ組込マナイデ、僅ニ豫算ノ參考書ニ於テ政府ノ御都合、政府ノ懐勘定ダケヲ示シ、之ヲ次年度以後ノ用ニ充テムトセラル、計畫ハ、會計法ノ租税及其他一切ノ收納ヲ歳入トシテ、其年度ノ豫算ノ中ニ編入セヨト命ジテアル明白ノ條文、殊ニ其精神ニ悖ルモノデアリマス、更ニ會計法ノ十一條ニ依リマスト、每會計年度ニ於テ政府ノ經費ニ充テル所ノ定額ハ、其年度ノ歳入ヲ以テ之ヲ支辨スベシトアル、每會計年度ニ於テ政府ノ經費ニ充テル所ノ定額ハ、其年度ノ歳入ヲ以テ之ヲ支辨スベシトアル、此條文ノ規定ニモ悖ル、憲法ノ條文ハ玆ニ援用致シマセヌ、致ス必要ガアリマセヌ、憲法ノ條文ニ照シ、會計法ノ規定ニ照シテ、今日ノ豫算ノ編成方ハ無論多年ノ習慣デアルコトハ之ヲ認メマスガ、其習慣ハ良イ習慣デハアリマセヌ、間違ッテ居ル習慣、大藏大臣ガ自ラ之ヲ變態ノ豫算ト稱セラル、程間違ッテ居ル豫算デアリマス、間違ッタ編成方デアリマス、故ニ之ヲ今年ハ致方モアリマセヌ、將來ニ於テハ此變態豫算ノ形式ヲ正式ニ引返サルベク、政府ノ努力ヲ希望セザルヲ得ナイ、サウデナケレバ日本ノ衆議院、日本ノ議會ハ、到底適當ニ有效ニ豫算ニ御贊成シ、政府ヲ監督シ、憲政ノ目的ヲ達成スルコトハ出來マセヌ、其證據ハ――其證據ハ年々ノ豫算ガ年々ノ決算ニ非常ナル相違ヲ現シテ居ルコトデ明白デアリマス、大正九年度ノ豫算ハ豫算全部ガ十二億七千万圓ニ過ギナカッタノニ、決算トシテハソレガ二十億圓ヲ超エマシタ、豫算ト決算トノ間ニ約六億ノ開キガアリマシタ、大正十年度ノ豫算十五億圓ニ對シテハ、同ジク二十億圓ノ決算トナッテ現レテ、決算ト豫算トノ間ニ約四億圓ノ開キガ生ジマシタ、大正十一年度ニハ旣ニ申シマシタ如ク、下半期ノ收入ハ未ダ判リマセヌケレド、若シ下半期ノ收入狀態ヲ旣ニ私ガ推測致シマシタ程度ニ觀察シテ差支ナイト致シマスレバ、二十一億六千万圓ノ決算トナッテ現レナケレバナリマセヌ、然ルニ其豫算ハ十四億八千万圓、故ニ此所ニモ亦六億圓カラノ開キガ生ズル、斯樣ニ日本ノ豫算ハ十二億ノモノガ二十億トナリ、十五億ノモノガ二十億トナリ、十四億ノモノガ二十一億トナルト云フヤウニ、莫大ナル豫算ト決算トノ開キガ生ジテ居ルノデアリマス、此狀態ニ於テドウシテ豫算ヲ正當ニ監督致スコトガ出來マスカ、ドウシテ豫算ヲ正當ニ審理シ、協贊致スコトガ出來マスカ、政府ノ豫算ニ對スル箍ハ緩ンデ居リマス、其引締メヤウガナイノデアリマス、緊縮整理ト云フ事ヲ色々ナ方面ニ向ッテ政府ハ御述ニナリマスガ――御註文ニナリマスガ、政府自ラ先ヅ豫算ノ內容ヲモット緊縮ナサル必要ガアル、是ガ第一デアル、モット整理ナサル必要ガアル、政府自身其豫算ニ向ッテ、先ヅ緊縮整理ノ實ヲ御示シニナラナケレバナリマセヌ、私ハ略、今年度ノ豫算ニ對スル私共ノ意見ノ存スル所ヲ述ベマシタ、是デ此議論ヲ終ルニ當リマシテ、更ニ政府ニ向ッテ、特ニ總理大臣ニ向ッテ希望ヲ述ベテ置キタイ、ソレハ人口問題デアリマス、――人口問題――此事ハ陸軍ニモ關係ノアル問題デアリマス、日本ノ今日ノ國情ヲ憂ヘマス者ハ常ニ人口問題ヲ論ジマス、年々六七十万ニ餘ル多數ノ人口ガ増加シテ、此土地ハ狭隘ニシテソレヲ容ル、ニ足ラナイ、随テ何所ニカ此人口ヲ發展セシムベク新イ地域ヲ發見シナケレバナラナイト云フコトヲ、誰モ彼モ口癖ノ如ク論ジテ居ラレマス、陸軍ノ方ト私ハ陸軍ノ計畫其モノ、全部ニ反對スルノデアリマセヌ、殊ニ人口問題ヲ憂ヘラレル陸軍軍閥ノ方ト或ル部分ノ思想ニ對シテハ、同情ヲ表シテ居ル者デアリマスケレド、問題ハ軍國主義ニ依ッテ此人口問題ガ解決セラル、ヤ否ヤト云フコトニ在ル、従來ノ軍國主義者ノ執リ來ラレタヤウナ方針デ、此人口問題ノ解決ガ出來ルカ否ヤト云フコトデアリマス、ソレガ問題デアリマス、日清戰爭ヲ經テ、日露戰爭ヲ經テ、日本ノ新イ領土、勢力範圍ハ可ナリ廣ク海外ニ開拓セラレマシタ、去ナガラ此各方面ニ於テ、竝ニ南北亞米利加ニセヨ、南洋各地ニセヨ、人口、日本ノ人民ガ現ニ海外ニ發展致シテ居リマス數ハ、其全數ヲ算ヘテモ六十万人ソコ〳〵デアリマス、數十年掛ッテ日本民族ノ海外ニ發展シタ者ハ六十万人ニ過ギマセヌ、然ルニ人口ハ年々六十万乃至七十万ノ數ヲ以テ増加シツ、アルト云フ、斯ウ云フ事實デアル、サウスレバ幾十年掛ッテ六十万人シカ海外ニ送ルコトノ出來ナカッタ此事實ニ依ッテ、ドウシテ年々六七十万宛モ増加シテ行ク人口ノ問題ヲ解決スルコトガ出來マスカ、是ハ軍國主義者ノ考ヘラレルヤウナ方法デハ、到底解決スルコトノ出來ナイモノデアリマス、ソコニ問題ガアル、世界ノ今日必要トスル所ノモノハ軍國ノ兵デハナイ、世界ハ軍國ノ兵ヲ必要トセズ、寧ロ産業ノ兵ヲ必要トシテ居ル、若シ多數ノ産業ノ兵ヲ養ヘバ世界到ル處ニ日本ノ民族ヲ送ルコトガ出來ルト私ハ確信スル、唯、軍國ノ兵デアルカラ世界ニ向ッテ發展スルコトガ出來ナイ、例ヘバ支那ニ移住シテ居ル所ノ日本人、ソレガ兵隊上リノ日本人デアルトスルト、其日本人ト相結ンデ事業ヲシテ居リマスル支那人ニ取ッテ、其兵隊上リノ日本人ハ殆ド毎年ノ如ク日本ニ返ッテ來ナケレバナラヌ、平生ハ共ニ産業ノ事ヲ語ッテ居ルノデアリマシテモ、其日本人ハ兵籍ニ繋ガレテ居ル者トシテ断ヘズ日本ニ引返シテ來ナケレバナラヌ、日本人ニ向ッテ、支那人ナリ其他ノ人々ガ不安ヲ感ジテ、事ヲ與ニ共ニスルコトヲ躊躇スル傾ノアルノハ已ムヲ得マセヌ、私ハ嚢ニ師團半減ヲ目的トスルト申シマシタ、今回ノ改正ニ依ッテ養ハルベキ兵ノ總數ハ二十三万六千トナッテ居リマスガ、私ハ此中カラ思切ッテ少クトモ十万ヲ減ジテ貰ヒタイ、十万ノ軍國ノ兵ヲ養フ代リニ十万ノ産業ノ兵ヲ養ッテ貰ヒタイ、十万ノ軍國ノ兵、軍國ノ主義、軍國ノ思想ヲ注込ンダ日本ノ壯丁ヲ海外ニ送ルコトハ困難デアリマスケレドモ、軍國主ノ義色ヲ著ケラレズ、産業ノ兵トシテ機械ニ親ミ技術的訓練セラレタ其壯丁ヲ海外ニ送ルコトハサシテ困難デナイト思フ、茲ニモウ一ツ私ハ附加ヘテ置カナケレバナラナイ事ガアル、總理大臣ハオ出デニナリマセヌガ、總理大臣等モ蓋シ眼ヲ留メラレタデアリマセウ、監獄部屋或ハ地獄部屋ト云フ文字ガ新聞ニ散見スル、東北ノ方面、北海道方面ニ於テ、炭礦若クハ土木ノ事業ニ關シテ此不思議ナ文字ガ繰返シ用キラレテ居ルノデアリマス、此監獄部屋ノ存在スルト云フ事實ハ、日本ノ勞働賃銀ガ非常ニ騰貴シタコトヲ説明スルモノデアル、勞働ノ賃銀ガ騰貴シタ、随テ勞働ノ能率ヲ増加セシメナケレバナラナイ、随テ彼等ヲシテ多ク勞働セシメヤウト無理ニ鞭チテ酷使スルノデアリマス、其通リ勞働賃銀ガ騰貴シテ居ル、ソレデ支那カラモ朝鮮カラモ賃銀ノ安イ勞働者ガ潮ノヤウニ流レテ來ヤウトスル、是ハ防グベカラザルノ勢デアル、随分支那ノ勞働者ニ對シテハ、之ヲ追還スルヤウナ方針ヲ執ッテ居ラレマス、追還スト申スコトガ間違デアレバ送リ還スヤウナ方針ヲ執ッテ居ラレマス、併ナガラ支那ノ勞働者ハ滔々トシテ日本ニ流レ込マントシテ居ル、勞働ノ賃銀ノ騰貴シテ居ル所ヘ勞働者ガ集ッテ來ルノハ自然デアル、同時ニ支那ニ於テハ紡績ノ事業ガ盛ンニ起リツヽアル、盛ニ起リツヽアル、日本ノ資本モ亦支那ノ紡績事業ニ加ヘラレツヽアル、日本ノ勞働賃銀ガ高イカラ、支那ノ勞働者ガ日本ニ向ッテ來テ支那ノ勞働賃銀ガ安イカラ日本ノ資本ガ之ニ向ッテ流レテ往ク、是ハ雙方トモ當リ前デアリマス、或ハ支那ノ蠶絲ヲモ無税ニシテ輸入スルコトニシタイト云フ議論モアル、支那ノ勞働賃銀ガ安イカラ、斯ウ云フ現象ガ起ッテ來ル(「簡單々々」ト呼フ者アリ)モウ暫ク御聽ヲ願ヒマス、ソコデ斯ウ云フ形勢ガ起ッテ來ル、蠶業、紡績業ハ日本ノ最モ大切ナ産業デアリマスガ、此形勢ヲ馴致シツ、ソレニ平然トシテ居ラレル當局者ノ態度ヲ私ハ疑ハザルヲ得ナイノデアリマス、ドウシテモ茲ニ十万ノ壯丁ヲ開放シテ産業ノ兵ト爲サナケレバナラナイ、サウスレバ日本ノ勞働賃銀ハ自然ニ低クナル、ソコニ一億二億ノ剰餘金ヲ國庫ニ死藏シテ居ラレル、之ヲ民間ニ放ッテ資本化セラレマシテ、其十万ノ産業ノ兵ヲ養フ、此兵ト此資本ガアレバ大抵ノ事ハ出來ル、此事ヲ企テラルベキ必要ガ今眼前ニ迫ッテ居ル、特ニ支那トノ關係ニ於テ最モ明ニ現レテ居ルノデハナイカト私ハ考ヘル、此點ニ考慮セラレコトヲ首相ニ向ッテ第一ニ望ムノデアリマス、第二ニ嚢ニ申シタ豫算ト決算トノ間ニハ非常ノ開キガアル、此事實ニ向ッテ大藏當局者ノ更ニ注意セラル、ノミナラズ、總理大臣ノ眞劍ニ注意セラレンコトヲ希望スルノデアリマス(拍手)是ハ單ニ大藏大臣ノ責任問題ノミデハナイ、總理大臣ノ責任問題デアル、總理大臣ガ特ニ注意ヲ拂ハレナケレバナラヌ大切ノ問題デアリマス、故ニ此事ヲ總理大臣ニ向ッテ希望シマス、私ハ爰ニ外國ノ事ヲ述ベテ總理大臣竝ニ大藏當局者ノ参考ニ供シマスコトハ、或ハ出過ギタコトデアルカモ知レマセヌケレドモ、英國ノ内閣ニハ日本ノヤウナ總理大臣ハアリマセヌ、英國ノ内閣ニハ無任所大臣ダケガアル、書記官ダケガアル、内閣總理大臣ハ大藏省ノ内ニ居テ、大藏省ノ第一大臣ガ内閣總理大臣デアッテ、第二大臣ガ大藏大臣デアルト申シテ差支ナイ、詰リ總理大臣ト大藏大臣トハ同心一體ノ人トシテ、相援ケテ財政經理ノ事ニ力ヲ盡シテ居ルノデアリマス、其協力ヲ必要トスル、同心一體ノ人トシテ互ニ力ヲ協セ、此變態豫算ヲ正式ノ豫算ニ引返サル、コトガ必要デアル(拍手)ソコニ御盡力ヲ仰ガナケレバナラナイ、詰リ總理大臣ニ對シテハモウ一層財政上ニ力ヲ盡サレンコトヲ望ミ、大藏大臣ニ對シテハモウ一層政治上ノ權威ヲ發揮セラル、ニ至ランコトヲ望ム(拍手)日本ノ大藏大臣ハ餘リニ政治上ノ權威ガ薄弱デアリマス、日本ノ總理大臣ハ餘リニ財政上ノ智識ガ貧弱デアリマス(拍手)總理大臣ガ財政上ノ事ニモット心ヲ痛メラレルト同時ニ、大藏大臣ノ各省大臣ニ對スル權威ヲ一層擴張セラレ、事實ニ於テ擴張セラレ、總理大臣ト大藏大臣トノ協力以テ此變態豫算、放漫ニシテ統一ヲ缺キ緊縮ヲ缺キ、活力ヲ缺イテ居ル、精神生命ノ乏シイ豫算ニ新シイ生氣生命ヲ吹込ムニ至ランコトヲ希望スルノデアリマス(拍手)是デ私ハ私ノ批評ト希望トヲ一般合計ニ對スル部分トシテ述ベ終リマシタ、特別會計ニ對シテ一言ヲ加ヘテ此壇ヲ降リマス、特別會計ニ對スル私共ノ調査ハ不行屆デアリマス、率直ニ諸君ノ前ニ告白致シマスガ不行屆デアリマス、故ニ一般會計ニ對シテハ御聽ノ如キ多大ノ修正ヲ加ヘマシタケレドモ、特別會計ニ對シテハ私共ハ一指ヲモ加ヘズシテ、政府提出ノ豫算ヲ其儘ニ看過致シマシタ、サリナガラ特別會計ニ對シテ何等ノ批評ヲ下スベキ餘地ガナイトハ思ヒマセヌ、大ナル餘地ガアルト思フ、唯、私共ノ研究調査ガ不徹底デアリマシタガ爲ニ、今年ハ此方面ニ向ッテ批評ヲ加ヘルコトヲ差控タノデアリマス、其特別會計ノ中ノ南洋廳ノ率ニ付テ一言致シマス、南洋廳ニ對スル政府ノ要求ハ四百十餘万圓ニナッテ居ル、一言ニシテ批評致シマセバ、何等ノ多大ノ要求ゾヤト申シタイ、南洋廳ニ向ッテ四百万圓ノ經費、何等ノ多大ノ豫算ノ要求ゾヤト申シタイ、南洋廳ノ人口ハ諸君ノ御承知ノ通リ僅ニ五万人デアリマス、五万ノ人民ニ對シテ四百万圓ノ經費ノ要求、内地ノ府縣ニ其類例ヲ求メマスナラバ、福井縣ノ豫算ガ四百三十万圓、石川縣ノ豫算ガ四百三十二万圓、徳島縣ノ豫算ガ四百三十九万圓、南洋廳ノ經費ト略ボ同數ノ列ニ在リマスモノガ、内地ノ府縣ノ中ニ於テハ福井縣、石川縣又徳島縣デアリマス、其福井縣ノ人口ハ五十九万人、石川縣ノ人口ハ七十四万人、徳島縣ノ人口ハ六十七万人デアル、五十万以上七十万人ノ多數ノ人口ヲ擁スル府縣ニ於テ必要トセラル丶經費ト、僅ニ五万ノ人口ヲ有スルニ過ギナイ南洋廳ノ經費トガ、殆ド同數デアリマスコトヲ、何等ノ多大ノ豫算ゾヤト批評スルノデアリマス(拍手)且ツ其南洋廳ノ廳費ハ二百六十六万圓トナッテ居ル、朝鮮總督府ノ廳費ハ五百十九万圓デアリマス、朝鮮總督府ノ要スル所ノ五百万圓ニ對シテ、南洋廳ノ要スル二百六十万圓ハ其半額以上デアル、朝鮮ノ全土ニ亙ル經營ニ對シテ據附タル南洋廳僅ニ五万ノ人口ヲ有スルニ過ギナイ南洋廳ノ經費ガ二百六十万圓、餘リニ多大ノ經費ヲ要求スル、何事デアルカト言ハザルヲ得ナイノデアリマス(拍手)去リナガラ其豫算ノ内容ノ一部々々ノ實況ヲ私ハ知リマセヌカラ、敢テ削減シマセヌデシタ、併ナガラ政府トシテハ是等ノ豫算ニ對シテ、モウ少シ綿密ニ、モウ少シ深切ノ注意ヲ拂ハルベキ性質ノモノデアルト云フコトヲ信ジテ疑ヒマセヌ、將來ノ計畫ヲ立テラル丶ニ當ッテハ、特別會計ニ對シテモ一層ノ注意ヲ拂ハレンコトヲ希望致シマス、詰リ變態豫算ヲ改メ、十万ノ壯丁ヲ切離シテ之ヲシテ産業ノ兵タラシメル、一億二億ニ餘ル剩餘金ヲ民間ニ資本化セシムル、國庫ノ中ニ死藏シ來ラレタ從來ノ習慣ヲ改メ、之ヲ民間ニ活用セシムル思慮深キ經綸大略ノアル豫算ヲ造ッテ下サイ、南洋廳其他特別會計ニ屬スルモノハ、更ニ數層ノ注意ヲ拂ッテ下サイト云フコトガ、此意見ノ陳述ヲ終ルニ當ッテ、總理大臣ニ對シ、又大藏大臣ニ對シ、又内閣全體ニ對シ、私ノ述ベテ置キタイ希望デアリマス、可ナリ長イ時間ヲ頂戴致シマシタガ、説明ノ下手ナ爲ニ議論ヲ暢達セシムルコトノ出來ナカッタノハ、御恥シイ次第デアリマシタ、ソレニモ拘ラズ靜ニ御聽下サイマシタ御同情ヲ感謝シテ壇ヲ降リマス(拍手)

朝鮮事業公債法中改正法律案(政府提出)　第一讀會ノ續(委員長報告)

報告書

一朝鮮事業公債法中改正法律案(政府提出)

右ハ本院ニ於テ可決スヘキモノト議決致候此段及報告候也

大正十二年二月十五日

朝鮮事業公債法中改正法律案委員長　小山田信藏

衆議院議長奥繁三郎殿

臺灣事業公債法中改正法律案(政府提出)　第一讀會ノ續(委員長報告)

報告書

一臺灣事業公債法中改正法律案(政府提出)

右ハ本院ニ於テ可決スヘキモノト議決致候此段及報告候也

大正十二年二月十五日

臺灣事業公債法中改正法律案委員長　小山田信藏

衆議院議長奥繁三郎殿

樺太事業公債法中改正法律案(政府提出)　第一讀會ノ續(委員長報告)

報告書

一樺太事業公債法中改正法律案(政府提出)

右ハ本院ニ於テ可決スヘキモノト議決致候此段及報告候也

大正十二年二月十五日

樺太事業公債法中改正法律案委員長　小山田信藏

衆議院議長奥繁三郎殿

〔小山田信藏君登壇〕

○小山田信藏君　只今上程セラレマシタ朝鮮事業公債法中改正法律案、臺灣事業公債法中改正法律案、樺太事業公債法中改正法律案、右三案ノ委員會ノ經過及結果ヲ一括シテ御報告申上ゲマス、本案ノ内容ハ既ニ政府委員ニ於テ數ニ說明セラレテ居リマスカラ、私ハ之ヲ略シマス、委員會ニ於キマシテハ委員ト政府當局ノ間ニ多數ノ質問應答ガ交換サレマシタガ、其中ニ三大要ヲ申述ベマスレバ、先ヅ朝鮮ノ部ニ於テ、朝鮮ハ我ガ帝國ニ併合以來鐵道、產業、港灣等ニ付テ更ニ施設ノ見ルベキモノガナイ、故ニ此際中央政府ノ補充金又ハ公債ヲ增加シテ、其資金ヲ以テ其進捗ヲ圖リ、植民地ノ繁榮ヲ何故期サヌカト云フヤウナ質問ガアリマシタ、之ニ對シマシテ政府當局ハ、植民地ノ繁榮ハ最モ希望スル所デアル、然レドモ今回ノ豫算ニ付テハ大正十二年度ノ豫算編成ニ方リマシテ緊縮主義ヲ執リ、萬已ムヲ得ザルモノヽミニ向ッテ承認ヲ與ヘタノデアルカラ、二三年後ニ於テ財政ノ基礎ガ鞏固ニナリ、又經濟界ガ恢復サレタ時ニ於テハ、相當考慮ヲスルト云フコトデアリマシタ、又滿洲ニ於ケル經濟界救濟ノ質問ガアリマシタ、之ニ對シテハ政府ハ東洋拓殖株式會社或ハ朝鮮銀行ヲシテ相當ノ資金ヲ供給セシムルト云フコトニ付テ、目下研究中デアルトノ事デアリマス、次ハ臺灣ノ部ニ於キマシテ、臺灣ノ島民ガ度々議會開催ノ請願ヲシテ來ルガ、ソレハ何カ臺灣ニ民權黨トカ云フモノガアッテ、左樣ナ運動ヲ爲スノデアルカト云フ質問ニ對シマシテ、政府ハ最初ハ臺灣島民ガ議會ノ性質ノ何モノタルヲ知ラズシテ、左樣ノ請願ヲ致シタカ知ラヌガ、現在ニ於テハ略〻諒解サレテ居ルカラ最早左樣ノ請願ハナカラウ、又民權黨ノ如キモノハ現在ニ於テ更ニ無イト斯ウ云フ答辯デアリマス、次ハ樺太ノ部ニ於キマシテ、樺太ノ植民政策及樺太開發其他ノ根本方針ニ付テノ質問ガアリマシク、之ニ對シテ政府當局ハ、樺太ノ植民ハ目下約十一万人アルケレドモ、大正三十四年マデニハ最初ノ目的通リ、約六十万人ヲ移住セシムルト云フ目的ダト云フ答辯デアリマス、又樺太開發ニ付キマシテハ、本年ヨリ向フ三箇年間、毎年十万圓ヅツヲ支給シテ石油ノ採掘ヲ試ミ、又石炭ニ付キマシテハ目下相當ノ考案ヲ立ッテ考慮中デアル、何レ不日議會ノ協賛ヲ經ルニ至ルカモ知レヌ、斯樣ノ答辯デアリマス、討論ニ移リマシテ朝鮮ノ鐵道政策公債發行等ニ付テ警戒的注意ガアリ、又樺太ニ於キマシテモ鐵道、森林、港灣等ニ付キマシテ、矢張警戒的希望ト注意ガアリマシテ、採決ニ當リマシテハ滿場一致ヲ以テ可決致シマシタ、此段御報告申上ゲマス(拍手)

○副議長(粕谷義三君)　本案ノ二讀會ヲ開クニ御異議ハアリマセヌカ

〔「異議ナシ」ト呼フ者アリ〕

○副議長(粕谷義三君)　御異議ナイト認メマス、仍テ三案共第二讀會ヲ開クコトニ決定致シマシタ

○高見之通君　三案ヲ一括シテ直ニ第二讀會ヲ開キ、第三讀會ヲ省略シテ、委員長ノ報告ノ通リ可決確定セラレンコトヲ望ミマス

〔「贊成」「贊成」ト呼フ者アリ〕

○副議長(粕谷義三君)　高見君ノ動議ニ御異議ナイト認メマス、仍テ直ニ三案ノ第二讀會ヲ開キ、議案全部ヲ議題ト致シマス

朝鮮事業公債法中改正法律案　第二讀會(確定議)

臺灣事業公債法中改正法律案　第二讀會(確定議)

樺太事業公債法中改正法律案　第二讀會(確定議)

○副議長(粕谷義三君)　別ニ御異議アリマセヌカラ、第三讀會ヲ省略シテ、委員長ノ報告ノ通リ可決確定セラレマシタ、次ニ簡易生命保險特別會計ニ於ケル土地建物ノ買入又ハ建物ノ建設ニ關スル法律案ノ第一讀會ノ續會ヲ開キマス、委員長管野傳右衛門君

〔「異議ナシ」ト呼フ者アリ〕

四　西伯利駐兵ニ關スル再質問ノ答辯ニ對スル野村嘉六君ノ意見

〔野村嘉六君登壇〕

○野村嘉六君　私ノ質問ハ西伯利ノ駐兵ニ關スル責任問題ニ對スル質問デアリマス、此問題ハ屢、此議會ニ於テ繰返サレテ居リマス、併ナガラ未ダニ當局ノ答辯ガ質問者ノ質問ニ答ヘルダケノ要點ニ達シテ居ナイト思フ、是ガ爲ニ已ムヲ得ズ本員ハ再ビ此壇上ニ立ツヤウナ次第ニナッタノデアリマス、故ニ或ハ前ノ質問者ト同ジ事實ヲ擧ゲルコトガアルカモ知レマセヌ、此點ハ豫メ御了承ヲ願ッテ置キタイ、御承知ノ通リニ西伯利ノ出兵ハ大正七年ノ八月二日ニ帝國政府ガ聲明シテ行ハレタノデアル、其時ニ帝國政府ガ宣言ヲ出シマシテ、其宣言ノ趣旨ニ基イテ其後ノ行動ヲ執ッテ居ラナケレバナラヌノデアリマスガ、其後ノ行動ハ全ク矛盾シタ行動ヲ執ッテ居ルト申シマスノハ、大正七年八月二日ニ宣言ハ――私ハ必要ノ點ダケヲ當時ノ宣言文ノ中カラ爰ニ摘讀シテ議論ヲ確ムル材料ト致シタイノデアリマス、大正七年八月二日宣言「帝國政府ハ露國竝露國人民ニ對スル舊來ノ隣誼ヲ重ンシ露國ノ速ニ秩序ヲ恢復シテ健全ナル發達ヲ遂ケムコトヲ衷心切望シテ止マサル所ナリ」此文書ヲ見マスルト云フト、當時露國ニ於キマシテ秩序ガ非常ニ紊レテ居タト云フコトハ想見スルニ難カラヌノデアリマス、更ニ中略、第二段トシテ「合衆國政府モ亦同ク其危急ヲ認メ帝國政府ニ提議シテ先ツ速ニ救援ノ軍隊ヲ派遣セムコトヲ以テセリ是ニ於テ帝國政府ハ合衆國政府ノ提議ニ應シテ其友好ニ酬ヒ且今次ノ派兵ニ於テ聯合列强ニ對シ歩武ヲ齊フシテ履信ノ實ヲ擧クル爲速ニ軍旅ヲ整備シ先ツ之ヲ浦潮ニ發遣セムトス」之ニ依リマスト云フト、西伯利出兵ノ目的ハ亞米利加ガ先ヅ提唱シテ、日本ガ之ニ臨イテ、亞米利加ト共ニ之ヲヤッテサウシテ、歩武ヲ齊ウシテ履信ノ實ヲ擧グルト云フ目的デ、此西伯利出兵ガ行ハレタト云フコトハ明瞭デアルノデアリマス、更ニ中略ト致シマシテ大變長イ文章デアリマスカラ、要點ダケ申シマスガ、「其國内改革ニ干渉セサルノ既定主義ヲ聲明スルト共ニ所期ノ目的ヲ達成スルニ於テハ政治的又ハ軍事的ニ其主權ヲ侵害スルコトナク速ニ撤兵スヘキコトヲ茲ニ宣言ス」詰リ亞米利加ノ提議ニ基イテ出兵シ、而シテ「チエック」種族救援ガ其目的ヲ遂スル上ニ於テハ、速ニ撤兵スベキコトヲ茲ニ宣言スト云フノデアリマスカラ、「チエック」種族ヲ救援シタ以上ハ、西伯利カラ撤兵スルト云フノガ是ガ宣言デアルノデアリマス、思フニ此宣言ハ國民ニ對スル宣言デアルト同時ニ、各國モ此意思ヲ了承シタモノナリト私ハ思フノデアリマス、而シテ此宣言ノ責任者トシテノ當時ノ總理大臣寺内伯、後藤新平氏、現總理大臣タル當時ノ海軍大臣加藤友三郎氏、何レモ責任ヲ負ウテ此宣言ヲ天下ニ公表サレタノデアル、否世界ニ公表サレタノデアル、所デ此「チエック」種族ヲ救援スル目的ガ達シマシテ、大正九年ノ二月ニ於キマシテハ、既ニ皆此目的ヲ達成シタ以上ハ、亞米利加ノ如キハ二月ノ十日カラ一週間内ニ駐兵シテ居タノヲ撤兵スルト云フコトヲ、各國ニ宣言シタノデアリマス、成程御承知ノ通リニ、此天下ニ對スル宣言カラ見マスルト云フト、所期ノ目的ヲ達成スルニ於テハ、政治的又軍事的ニ其主權ヲ侵害スルコトナク速ニ撤兵スベキコトヲ茲ニ宣言スト此處ニアルノデアリマス、所期ノ目的ヲ達成シタ以上ハ速ニ撤兵スルノガ理ノ當然ナリト信ズルノデアル、亞米利加ニ於キマシテハ、大正九年ノ二月十日ヨリ二月十七日迄ノ間ニ於テ、既ニ亞米利加ノ兵隊ヲ撤退シタノデアル、天下ニ對スル宣言ヲ重ンジタナラバ日本モ當然其時ニ撤兵スベキガ、私ハ義務ト信ズルノデアリマス、又日本ノ信用ヲ高ムル所以ナリト私ハ思フノデアリマス、所ガ日本ダケハ撤兵セズニ、却テ二月ノ半頃カラ越後ノ高田師團ニ對シテ約半師團モ出兵ヲ命ジタノデアル、私ハ此點ニ對シテハ大正七年八月二日ノ宣言ヲ裏切ルモノナリト思フノデアル、併シ政府ノ政策ハ兎モ角モ大正九年ノ二月中旬カラ、更ニ越後ノ高田師團ニ對シテ西伯利ニ出兵スベキ命令ヲ下シタノデアル、御承知ノ通リニ日獨戰爭ハ大正三年八月二十三日ニ宣戰ノ公布ガアッタノデアル、サウシテ大正九年ノ一月十日ニハ平和ノ詔勅ガ出タノデアル、所ガ大正九年ノ二月ノ末ニ至ッテ高田師團ニ出兵命令ヲ出シタノハ如何ナル一體理屈デアルカ、憲法ノ根據ガアルノデアルカ、私ヲシテ言ハシタナラバ、憲法第十三條ニ「天皇ハ戰ヲ宣シ和ヲ講シ及諸般ノ條約ヲ締結ス」ト云フコトガ規定シテアルノデアル、所ガ大正九年ノ二月後、既ニ日獨戰爭ノ平和詔勅ノ出タ後ニ、尚ホ高田師團ニ出兵ヲ命ジタト云フコトハ、正シク私ハ憲法違反ナリト思フノデアリマス、(「ヒヤ〳〵」)去ナガラ此點ニ對シテハ、是ハ法律上ノ見解デアルカラシテ强テ申シマセヌガ、兎モ角モ所期ノ目的ヲ達シテ居ル以上ニ出兵シタト云フコトハ、私ハ日本帝國トシテハ其信ヲ履ムモノデナイト思フノデアル、併シ議論ト實際トハ動モスルト相違スル點ガアルノデアリマスカラシテ、サレバ實際其當時ニ於テ必要デアッタカ、出兵尚ホ必要ナルカ、更ニ實際論ニ付テ申シタイノデアル、吾々ハ此所期ノ目的ヲ達シタ以上ハ撤兵スルノガ當然デアルト思フ、憲政會亦始終此意見ニ一致シテ居ッタノデアル、ソレナラバソレ以外ニ所期ノ目的ヲ達シタ以上ハ撤兵スルト云フ議論ガ無カッタカト申シマスレバ、大正七年八月ノ出兵當時ニ、軍隊ノ派遣ハ勿論當時之ニ伴フ行政上ノ關係ニ於テ、加藤恒忠君ガ露國ノ大使ト爲ッテ赴任サレ、又前議會ニ選出サレテ居リマシタ所ノ政友會ノ代議士頭本元貞君ガ、軍司令部公報局長トシテ矢張同時ニ赴任サレタノデアリマス、私ハ餘リ當時ノ憲政會ノ議論ヲ支持スルノハ如何ト思ヒマスカラシテ、當時ノ狀況ヲ即チ憲政會ノヲ除キマシテ政府ノ職名ヲ帶ビテ武官以外ニ派遣サレタル所ノ加藤恒忠大使竝ニ頭本元貞公報局長ノ意見ヲ此處ニ一言申上ゲルノハ、論據ヲ確ムル上ニ必要ナリト斯ウ信ズルノデアリマス、大正八年ノ十二月ニ於テ即チ亞米利加ガ撤兵ノ期ガ熟シタ其時ニ、頭本公報局長、即チ情報ヲ偵察スル所ノ當時局長ノ天下ニ公表シタ意見ノ一節ニ依リマスルト、斯ウ云フ事ヲ申シテ居ルノデアル、然ラバ此際如何ナル政策ヲ執ルベキヤト云フニ、唯、思切ッテ撤兵スルノ外ハナイ、外間ニ現レタル消息ニ依レバ、有力者間ニ當分現狀維持ノ姑息策ヲ以テ當面ノオ茶ヲ濁サントスル者モアルヤウニ見ユルガ、是ハ最モ危險ナ愚策デアルト云フコトヲ斷言シテ憚ラズ、現狀維持ト云フコトハ多クノ場合無策ノ意味デアル、殊ニ今日ノ場合無策程危險ナ事ハナイ、西伯利ノ狀態ハ最早現狀維持ヲ許ス餘地ハ無イノデアル、此際若シ現狀維持ノ態度ヲ執ルニ於テハ其結果ハ恐ラク「レーニン」政府軍ト對峙若クハ對戰スルノ已ムナキニ至ルデアラウ――吾々ハ憲政會員ガ言フノナラバ別ト致シマシテ、當時政府ノ與黨デアッタ、政府ノ俸給ヲ貰ッテ、サウシテ而モ重大ナル任務ヲ帶ビテ居タ政友會代議士頭本元貞君ガ、公報局長トシテ西伯利ノ當時ノ狀態ヲ視察シタ結果、吾々ニ此意見ヲ公表シタノデアリマス、シテ見レバ吾々ハ是ハ公平ナリト見ナケレバナラヌノデアル、即チ「今日ノ場合無策ホド危險ナル事ハナイ、西伯利ノ狀態ハ最早現狀維持ヲ許ス餘地ハ無イノデアル、此際若シ現狀維持ノ態度ヲ執ルニ於テハ其結果ハ恐ラクハ「レーニン」政府軍ト對峙若クハ對戰スルノ已ムナキニ至ルデアラウ」ト吾々ハ頭本君ガ矢張其地位ニ鑑ミラレテ、大局カラ認メラレテ居ル意見ヲ發表サレタト云フコトハ至當ナリト信ズルノデアリマス、併シ頭本君ノミカト申スト、當時矢張遣露大使トシテ約一年間汽車ノ中其他ニ於テ其任務ヲ果サレタ加藤恒忠大使ノ言ニ依リマシテモ、矢張同樣ノ趣旨ノ意味ヲ述ベラレテ居ルノデアル、此際ハ撤兵スル外途ハナイト云フコトヲ述ベテ居ラレルノデアル、私ハ政黨ノ關係ニ於テハ憲政會之ヲ唱ヘ、在朝黨ノ關係ニ於テハ時ノ其局ニ當ッテ居ラレル此兩君ガ唱ヘテ居ラレルト云フコトヲ今述ベテ居ルノデアル、更ニ露國ノ内情ニ至ッテハ、ドウデアルカト申シマスルト、私ハ其當時露國ヘ參ッテ居リマセヌカラ樣子ハ分リマセヌ、唯、是ハ通報ニ依ッテ知ル外ハ眞僞ノ程ハ分リマセヌガ、併シ私ノ得タ情報ニ依レバ、浦潮ニ於テ浦潮市會ニ於テハ須ク撤兵ヲシテ貰ヒタイ、露國ハ露國ヲ以テ自ラ治ムルノデ、決シテ他ノ國ノ厄介ニハナラヌト云フ附帶決議ヲシテ居ルト云フ情報ヲ得テ居ルノデアル、是ハ露國側カラ見タ一ツノ情報デアル、併シ是ハ本當デアルカ如何カト云フコトハ、私ハ此處デ保證ハ出來マセヌ、更ニ又東西伯利ニ於ケル東清鐵道ノ從業員ノ職業同盟會ニ於テハ、日本人ガ在留スル以上ハ、憤懣ト怨恨トヲ惹起スノデアル、ソレデアルカラ須ク撤兵シテ貰ヒタイト云フ決議ヲシタト云フコトヲ、其當時情報ニ接シテ居ルノデアル、併シ是モドノ程度ニ在ルカト云フコトハ、身自ラ親シク其局ニ當ッテ居ラナイノデアルカラ、責任ヲ以テ言フコトハ出來マセヌガ、所謂時ノ電報ニ依ッテ私ノ承知シタ範圍ニ於テ申上ゲルノデアルノデアリマス、内地ニ於キマシテハ、吾々一派、在朝黨トシテハ時ノ政府ニ責任ヲ持ッテ立ツ頭本君竝ニ加藤大使、又當時其地ニ於ケル所謂露西亞ノ是等ノ人民ガ、何レモ撤兵ヲ必要ナリト主張シテ居ルト云フコトヲ、是ハ大體的ニ申上ゲテ、サウシテ其時ニ駐兵撤兵ノ相鼓ル、大議論ガアッタト云フコトヲ申上ゲテ置キタイ、斯ク申上ゲルト云フコトハ、矢張議論ノ根據ヲ確ムル必要上デアリマシテ、吾々ハ所期ノ目的ヲ達シタ以上ハ撤兵スベシト、是ガ政策上ニ於テノ意見デアル、駐兵スベシト云フノハ時ノ政府ノ意見デアル、此政策上ノ可否ガ孰レニ在ルカト、此判斷ニ基イテ更ニ責任問題ガ茲ニ惹起サレルノデアリマス、ソレデアリマスカラ已ムヲ得ヌ、事面倒デアリマスケレドモ、手續上ノ問題ヲ申上ゲナケレバナラヌノデアル、偖テ頭本君ガ政友會ノ代議士トシテ、海外ノ事情ニ通ジタ此人ガ公報局長ノ責任トシテ、今申上ゲマス通リ若シ此儘ニ置イタナラバ危險是程甚シキ事ハナイト云フコトヲ、大正八年ノ末吾々ニ報知シタ所デアル、所ガ大正九年ノ御承知ノ通リ四月二十五日カラ二十七日ニ亙ッテ起ッタ事實ハ如何デアリマスカ、「パルチザン」ノ爲ニ我ガ同胞六百人ガ無殘ニモ虐殺サレタ事實ガアルノデアリマス、所謂頭本君ノ此儘ニ置ク程危險ナ事ハナイ、是レ位無策ノ事ハナイ、須ク撤兵スベシト云フ大正八年十二月ノ意見ヲ採用シタナラバ、此慘事ハ起ラナカッタデアラウト思フ、憲政會ノ議ニ聽クニアラズ、政友會ノ前代議士頭本君ノ言ニ聽キナガラ、不幸ニシテ此慘事ハ起ッタノデアリマス、御承知ノ通リ頭本君ガ意見ヲ發表シテカラ五箇月目ニ此事實ガ起ッタノデアル、六百人ト云フ人ガ兎モ角モ他國ハ事知ラズ、日本トシテハ恐ラク虐殺サレ、悲慘ナ最後ヲ遂ゲタト云フコトハ、曾テ私ハ歷史ニ無イ事ト思フ、而シテ其虐殺ノ模樣ニ至リマシテハ、私ハ此處デ言フヲ實ハ憚ルノデアル、兎モ角善良ナル軍人竝ニ非軍人合セテ六百人ガ虐殺サレタ、ソレ自體ハ何ノ爲カト云ヘバ、卽チ駐兵ノ結果ナリト私ハ茲ニ斷言シタイノデアル(拍手)隨テ其行途ニ付テ一二申シテ置カナケレバナラヌ、駐兵スル理由ニハ幾ツモアリマセウガ、其時ニハ兎モ角モ政府ニ於テハ「オムスク」政府ヲ非常ニ重ク視タノデアル、西伯利ニ於ケル「オムスク」政府ニ頼ッタナラバ所期ノ目的ヲ達スルコトガ出來ルト思ッタノデアラウ、所ガ「オムスク」政府ハ脆ク内ニ潰レテシマッタ、是ガ結果所謂「オムスク」政府ニ反對シテ居ル連中ガ、此怨ガ「パルチザン」トナッテ到頭六百名ノ虐殺事件ヲ惹起シタノデアル、「オムスク」政府ニ力ヲ置イタト云フソレ自體ガ政策上ノ誤リデアル、私ハ第一トシテ申上ゲタイノハ、今申上ゲマシタ通リ嘗テ日本ノ國トシテハ絶後トハ思ヒマセヌガ、空前ノ虐殺事件ヲ惹起シタノハ全ク駐兵ノ結果ナリト云フコトハ、茲ニ斷言ヲシテ置クノデアル(ヒヤー〳〵)更ニ有形上ノ損害ト致シマシテハ、約六億万圓ノ經費ガ是ガ爲ニ費消サレタノデアリマス、或ハ六億万圓ニナルカ、七億万圓ニナルカ五億幾ラニナルカ此ノ精算ハ私ハ分リマセヌガ、約六億万圓トシテ差支ナカラウカト思フ、此金ヲ萬一生産事業ニ使ッタナラバ如何デアリマセウ、義務教育費國庫支辨デ御互ニヤカマシク議論シテ居リマスケレドモ、一年ニ四千万圓乃至五千万圓ノ程度ガ議論ノ焦點デアル、萬一六億万圓ノ金ガアッタナラバ、相當ノ利子ニ廻シタナラバ未來永劫其利子ダケデモ國民教育ヲ十分ニ爲スコトガ私ハ出來ルデアラウト思フノデアル(ヒヤヒヤ)又近時地方竝ニ中央ノ財政ガ非常ニ困難シテ居リ、地租委讓等ノ議論モアリマスガ、兎モ角之ヲ地租或ハ營業税ニ廻シタナラバ、一年ニ約五千万圓乃至六千万圓ハ利子ダケデモ生ズル、是ダケヲ減税ニ充テ、モ我ガ國民ハ頗ル其生活ニ安ンズル結果ニ至ルデアラウト私ハ斯ウ思フノデアル、私ハ是ハ有形上ノ議論ニ對シテ申上ゲル、所ガ此六億万圓ト云フモノハ全ク水泡ニ歸シタノデアル、水泡ニ歸シタノミナラバマダ宜シイガ、是ガ爲ニ大ナル後患ヲ貽シテ居ルト云フ事實ガアルノデアル、此點ニ對シテハ後ニ申上ゲマスガ、兎ニ角モ吾々ガ今日議會デヤカマシク論爭シテ居ル此財政經濟整理ニ於テ、年ニ六千万圓ノ餘分ノ金ガアッタナラバ、整理ヲスルニ必ズユトリガ出來、又緩和スルコトガ出來ルデアラウト云フコトヲ斷言シテ憚ラヌノデアル、ソレト同時ニ國民ハ必ズ滿足スルモノデアルト云フコトモ、私ハ茲ニ申シテ不都合ハ無イト信ズルノデアリマス、御承知ノ通リニ何モ國ヲ成ス以上ハ、其國防上他ノ國ト戰ヲスルト云フノモ、平和維持ノ必要上已ムヲ得ヌノデアル、是ハモウ何レノ國ト雖モ已ムヲ得ナイ、不和ヲ維持スル必要上、自衞上、他ノ國ト戰フコトハ已ムヲ得ヌノデアル、曾テハ日清戰爭ヲ起シタノデアル、其時ノ經費ハ幾ラデアルカ、成程物價モ當時ハ安カッタ、併ナガラ漸ク二億二千五百万圓デアルノデアル、御承知ノ通リニ日清戰爭ハ我ガ日本國ヲ世界ニ紹介シタ第一ノ階梯デアッタノデアル、彼ノ世界ニ日本ヲ紹介スル第一ノ階梯、而シテ廣大ナル支那ニ對スル戰勝ノ結果、如何ナル費用ガ掛ッタカト申シマスレバ、僅ニ二億二千五百万圓デアルノデアル、又日露戰役ハ更ニ今度ハ世界ニ紹介スルニ止ラズシテ、世界的ニ地歩ヲ占ムル必要上、否東洋平和ノ爲ニ戰ッタ戰爭デアルガ、其時ノ費用ハ幾ラデアルカト云フト、十三億五千六百万圓デアルノデアル、我ガ日本ヲ世界ニ紹介スル必要上、否東洋平和ノ爲ニ戰ッタ日清戰爭、其時ノ費用ニ對シマスルト云フト、今回ノ無益ノ六億万圓ノ費用ハ何タル大キイ事デアリマセウカ(拍手)約三割ノ費用ヲ使ヒナガラ、何レノ所ニ國家ノ權威ガ發展サレマシタデアリマセウカ、國家ノ信用ヲ增スコトガ出來タデアリマセウカ、是ガ爲ニ却テ我國ノ國威ヲ毀損シタト云フ事實ハアルカモ知レヌケレドモ、一トシテ國威ヲ發揚シタト云フ事實ハ無イノデアル、更ニ述ベマスガ多大ナル費用ヲ使ッテ、サウシテ成功セヌノミナラズ、却テソレガ所謂古來傳ハッテ居ル所ノ日本ノ武ヲ黷スト云フ結果ヲ來シタノデアル、又是ハ財產上ノ關係デアリマスガ、更ニ人命上ノ關係カラ申上ゲマスルト云フト、詳シイ事ハ分リマセヌガ、大略約三千人ト見テ宜シイデアラウト思フ、三千人クラノ死傷者ヲ出シタノデアル、戰死者ヲ出シタノデアル、公明正大ナル戰ノ下ニ於テナラバ、我ガ日本國六千万人擧ゲテ戰地ニ臨ミ、討死シテモ敢テ後悔セヌ、否敢テソレヲ憂トセヌ所ノ日本ノ國民性デアル、併ナガラ……

○議長(粕谷義三君) 一寸御注意致シマスルガ、マダ後ニ意見ノ陳述ガ澤山アリマスカラ……

○野村嘉六君(續) 私ハ重複セヌ積リデアリマス――公明正大ナル戰ノ下ナラバ六千万人皆擧ッテ討死シテモ決シテ憂トセヌノデアル、併ナガラ斯ノ如ク理由不徹底ノ下ニ六千万人カラノ人ガ、詰リ戰死或ハ病死――其他ノ事ニ病歿シタト云フニ至ッテハ、私ハ實ニ遺憾ニ思フノデアル（ヒヤ〳〵）是ガ第三ノ理由デアル、併シ六億ノ金ヲ使ヒ、戰死三千人、病傷者三千ノ約六千ノ人ガ出來タガ、併シ是ガ爲ニ他ニ利益ガアッタカ、斯ウ申シマスト御承知ノ通リニ、今日各國ヲ成シタル程度ニ於テ、却テ是ハ不利益ヲ來シテ居ルノデアル、何故ナラバト斯ウ申シマスト、是ガ爲ニ英吉利人ダトカ、或ハ亞米利加人ガ猜疑心ヲ懷イタト云フコトハ是ハ爭ヘナイ事實デアル、日本動モスルト侵略主義デハナイカ、吾々ハ當初出兵ノ約束ハ七千五百人デアル、ソレヲ七万五千人出シテ更ニ所期ノ目的ヲ達シテ居ルニ拘ラズ、尚ホ出兵スルノハ或ハ西伯利ヲ占領スル意思デハナイカト云フ疑惧ノ念ヲ懷カセタト云フコトハ事實デアルノデアル（ヒヤ〳〵）此事ハ加藤友三郎總理大臣モ貴族院ニ於テ述ベテ居ラレルノデアリマス、是ガ爲ニ誤解ガアッタ、此誤解ヲ解ク方法ダケハ盡シタト言ウテ居ラレルノデアルカラシテ、其誤解タルヤ卽チ侵略主義、其他ノ關係ニ於テ國際上穩カナラザル誤解デアッタト云フコトダケハ私ハ斷言スルニ憚ラヌノデアル、又露國人カラ見マスルト、色々自分ノ兄弟親子ガ討伐サレテ居ルノデアル、是ハ果シテ好イ心持ガスルデアリマセウカ、自分ノ親子ガ殺サレ兄弟モ殺サレタ時ニハ、如何ナル人ト雖モ其怨ハ骨髓ニ徹スルト云フノハ人情ノ當然デアルノデアル、露國人ニ對シテハ救フベカラザル怨ヲ懷ガセ、サウシテ亞米利加ナリ、英吉利ニ對シテ所謂疑ヲ懷カシメタト云フコトハ、果シテ國際的ニ適當デアルカドウデアルカ、是ハ卽チ此出兵ノ結果此駐兵ノ結果ノ失態ナリト斯ウ信ズルノデアル、更ニ申シマスルト云フト、此出兵此駐兵ノ結果ハ御承知ノ通リニ、武器ノ紛失ト云フ問題ガ之ニ伴ウタノデアル、大正十一年ノ十月十六日内閣發表ノ公表ヲ見マスルト、兎モ角貨車十九輛ニ積ムダケノ小銃、火藥、其他ノ所謂軍器軍需ガ紛失サレタト云フコトハ辯解ノ上ニ辯解ヲ加ヘテ、極ク節約ノ程度ニ於テ是ダケハ已ムヲ得ズ公言シテ居ルノデアル、貨車十九輛ノ噸數ハ私ニ分リマセヌガ、兎モ角斯ノ如キ多大ノ武器ヲ紛失スルト云フコトハ、果シテ帝國政府ノ信用如何ト云フコトヲ私ハ思フノデアル、況ヤ其品物ハドウデアルカ斯ウ申シマスルト「チエック」ヨリ預カッタル品物デアル、斯ウ云フノデアル、他所カラ預カッタ品物、否個人カラナラ別トシマシテ、苟モ一ツノ獨立國ヲ成シテ居ル其國カラ預カッタ品物ヲ――個人デ預カッタニアラズシテ、帝國政府ガ預カルノナラ其品物ヲ紛失シタト云ウテ、ソレデ果シテ信用ガ持續ガ出來ルデアリマセウカ（ヒヤ〳〵）其價格ハ約八十六万圓ト云フコトデアルノデアル、由來個人トシマシテモ、人カラ物ヲ預カッタナラバ十分ニ管理方法ヲスルノガ當然デアルノデアル、所ガ政府ガ其管理ヲ怠ッタノカ或ハ故意カ、是ハ他ノ別問題トシマシテ、兎モ角モ國ト國トニ預カッタ其品物ヲ紛失サシテ、ソレデ帝國政府ノ信用ガ維持サレルト云フ考デアラウカ、由來日本ノ國ハ信用ヲ以テ立ッテ居ルノデアル、私ハ此點ニ對シテ此駐兵ノ結果、日本ハ嘗テ例ノ無イ大ナル不信用ヲ來シタモノデアルト云フコトヲ斷言シテ憚ラヌノデアル（拍手）況ヤ紛失シタ本人ガ問題ニナッタ――原少佐ガ問題ニナッタノデアルガ、偖テ其裁判ハ御承知ノ通リニ未ダ判決ヲ言渡サヌ前ニ、判決文ガ社會ニ公表サレテ居ルヤウナ次第デアル、十九輛ト云フ大ナル貨物ヲ紛失サセルヤウナ此無責任ナ當局デアッタナレバ、隨テ裁判モ前以テ――公表シナイ前以テ洩ラシタリ、裁判ガ裁判ナラザル威信ヲ失ッタノモ、是モ當然ナリト私ハ思フノデアル（拍手）私ハ是ガ矢張駐兵ノ一ノ結果ト思フノデアル、駐兵シタナレバコソ此所謂不始末ガ出來タノデアル、所謂所期ノ目的ヲ達成シテ直ニ撤兵シタナラバ、斷ジテ斯ウ云フ不結果ヲ來サヌノデアルト云フコトヲ私ハ言フノデアル（拍手）更ニ第六ト致シマシテハ、所謂此樺太ノ問題デアル、是ハ何ノ爲ニ起ッタト斯ウ申シマスルノニ、要スルニ尼港占領ノ保障ノ爲ニ新高艦ガ彼處ヲ警戒シテ居ッタト斯ウ思フ、彼ノ新高艦ガ二百人ノ我ガ忠勇ナル將士ヲ海底ノ藻屑トシテ、其悲慘ナ最後ヲ遂ゲサセタト云フコトハ、畢竟其警備ノ爲ニ新高艦ガ出タノデアッテ、是ガ卽チ此駐兵ノ結果ナリト私ハ斷言シテ憚リナイト思フノデアリマス（拍手）尚モ聞クモ忌マハシイ問題ガアルノデアリマス、ソレハドウデアルカト斯ウ申シマスルト、今ヤ問題ガマダ未決ノ中ニアルト云フコトヲ聞イテ居リマスガ、露西亞ノ「カルミコフ」カラ金塊ヲ預カッタト云フ、六十万圓ノ此金塊ガ戰爭當時、所謂駐兵ノ時期ニ於テ預カッタト云フ話デアル、此六十万圓ノ金塊ノ處分ハ未ダニ付カナイノデ、先日モ憾、露西亞カラ談判ニ來タト云フ話デアル、先ヅ我ガ日本ノ軍器ヲ盜マレルト云フコトハ既ニ未ダ曾テ無イ日本ノ恥辱デアルニ拘ラズ、今度ハ兩人同樣金ヲ預カッタモノヲ紛失シテ返サナイト云フノデ談判ニ來ルト云フニ至ッテハ、我國ノ國威ヲドウスルノデアルカ（拍手）尚ホ無益ナル駐兵ノ結果、今回撤兵スルニ際シマシテ、約三百五十餘万ノ建築物ヲ其儘ニ放棄シテ來ルト云フコトデアルノデアル、是ガ露西亞ノ人ガ利用スルナラバ、ソレモ宜シイデアラウ、或ハ恐ル今日迄利權獲得ニ最モ意ヲ注イデ居ル某國ノ人ガ、若モ利用デモサレタナラバ、我ガ日本ノ國ガ折角澤山ノ金ヲ入レ、サウシテ利用スルモノハ某國人トアッタナラバ、如何ナル面目ガアッテ此政策宜シキヲ得タルモノデアルト言ハレルデアリマセウカ、是モ全ク所謂政策ノ大失態ノ結果ナリト斷言シテ憚ラヌノデアル、私ガ今迄申シマシタノハ物質上ノ此駐兵ノ結果ノ大失態ヲ言ウタノデアル、更ニ精神的ノ損害ニ對シテ申シテ置キタイ點ガアル、私ハ斯ノ如キ失態ヲ來シタ以上ハ、將來我ガ日本國民ハ對外政策ニ對シ非常ニ疑ヲ持ツ、殊ニ戰爭ニ關スル觀念ニ於テ不安ノ念ヲ生ジハセヌカト思フ、隨テ國民ヲシテ義勇奉公ノ念ヲ或ハ薄カラシメナイカト云フコトヲ、私ハ精神上ノ損害トシテ虞レルノデアル、何故ナラバト云フト、理由ノ無イ出兵ハ駐兵ノ濫用ニナリハセヌカト云フコトヲ私ハ虞レルノデアル、又斯ウ云フ理由ノ無イ出兵、卽チ理窟ノ分ラヌ出兵ノ爲ニ戰死サレ、或ハ病死サレタ其人ノ遺族之ニ對シテ何トシテ政府ガ申譯ヲスルノデアルカ、私ハ此遺族等ニ對シテ慰ムルノ言葉ハ無イデアラウト斯ウ思フノデアル、此慰ムル言葉ガ無イ、其遺族タルヤ必ズ不滿不平ニ驅ラレルニ違ヒナイ、此不滿不平ノ聲ガ何レノ處ニ勃發スルカト云フコトヲ私ハ之ヲ虞レルノデアル、精神上ノ損害トシテ又第三トシテハ、將來我ガ日本國ハ對外關係上如何ニ平和主義ヲ持續スルトハ言ヒナガラ、或ル場合ニ居テハ自主的ニ出兵スル必要ガアルカモ知レナイ、其時ニ果シテ大多數ノ國民ガ後援スルカドウデアラウカ、其後援ニ對スル私ハ危惧ノ念ヲ起スノデアル、何故ナラバト斯ウ申シマスルト、斯ノ如キ大ナル失敗、大ナル政策ノ失敗ノ其結果、出兵スルト云フコトハ或ハ國民全體ヲシテ不安ノ念ニ驅ラシメハセヌカト云フコトヲ私ハ心配スルノデアリマス、此三點ハ私ハ精神上ノ損害ナリト信ズル點ニ於テ申上ゲル、サウ致シマスト云フト、今回ノ詰リ駐兵ハ徹頭徹尾失敗デアル、此六億ノ金、三千人ノ戰死者、其他有形無形ノ損害ヲ不可抗力ナラ已ムヲ得ヌノデアル、又誰ガ考ヘテ見テモ一應ソレガ利益ナリト云フ所ノ程度ナラバ是亦已ムヲ得ヌノデアル、所ガ大正九年ニ既ニ私ハ憲政會茲ニ在官者、其局ニ當ル人ガ反對シテ十分考慮參酌スル餘地ノアルニ拘ラズ、尚ホ駐兵シタノデアルカラ、其罪最モ深シト私ハ斷言シテ憚ラヌノデアル（拍手）所ガ此點ニ對シテ、先日此議席ニ於テ望月君カラ此責任ハ如何、御承知ノ通リニ是ハ政策ノ失敗デアル、不可抗力デナイ、政策ノ失敗デアル以上ハ、所謂政治ニ關與シタ者ガ負フノハ當然デアル、今日ハ立憲政治トシテ責任政治デアルカラシテ、此點ニ對シテ望月君ガドウカト云フト、加藤總理大臣ハ、望月君ノ責任觀念ハ如何ト云フ質問ニ對シテ、責任觀念ハ責任觀念ナリト云フ、殆ド成ッテ居ナイ所ノ答辯ヲシタノデアル、貴族院デ此點ニ對スル質問ニ對シテ、ドウ云フ答辯ヲシテ居ルカト斯ウ申シマスルニ、ソレハ露西亞ト日本トハ接續地デアルト云フコトガ第一ノ理由トナッテ居ル、怪シカラヌ話、接續地デアルト云フコトハ地球ガ初テ出來タ當初カラノ話デアル、又出兵ハ接續地ガ出來タト云フノデ駐兵シテ居ルノデハナイ、故ニ是ハ理由ニハナラヌ、ソレカラ赤化ガ滿洲竝ニ朝鮮ニ及ボスト云フコト、是ガ理由ニナッテ居ル、滿洲竝ニ朝鮮ヲ擁護スルト云フコトヲ言ウテ居ルガ、是ハ驚イタ話デアル、西伯利ニ七万五千人ノ兵隊ヲ出サナケレバ滿洲朝鮮ニ赤化ガ來ル、之ヲ防止ガ出來ナイト云フ理由ガ分ラナイノデアル、何故ナラ軍人ハ卽チ戰鬪ノ士デアル、思想ヲ征伐スル者デナイノデアル、此人等ガ西伯利ニ行ッテ、或ハ戰鬪ノ關係ニ於テハ其效ヲ爲スカモ知レマセヌガ、思想ヲ討伐セヨト云フニ至ッテハ全ク意味ヲ爲サヌノデアル、所謂朝鮮、滿洲ニ思想ノ及ブノヲ恐レタナラバ、朝鮮、滿洲ノ區域ニ於テ十分防禦ノ餘地ガアルノデアル、然ルニ意味ナキ出兵ヲシテ、サウシテ其害ハ今申上ゲル通リデアル、又事實ニ於テドウデアル、是ダケノ出兵ヲシタカラ成功ガアッタカト云フト、今日ノ西伯利ノ方面ハ全部赤化シテ居ルデアリマセヌカ、之ヲ見マシタ所デ所謂政府當局ノ政策ノ誤ッテ居ッタト云フコトハ明瞭デアルノデアル、吾々會テ日本ニ無イ此大恥辱、大犧牲ヲ拂ッテ、ソレ以上日本ノ國益ガ上ルト云フナラバ是ハ已ムヲ得ヌ話デアル、政治ハ結局大ト小ト打算シテ立案スルト云フノガ政治ノ要諦ト斯ウ思フ、今申上ゲタ通リニ有ユル方面ガ全部國ノ恥辱ト國ノ不利益ヲシテ居ルニ拘ラズ、何レノ點ニ利益ヲ求メタカト云フト是モ無イノデアル、加藤總理大臣ノ所謂今申シマスルヤウニ、接壤地トカ何トカ云フヤウナ問題ハ殆ド答辯ニナッテ居ラヌノデアル、若シ是ダケノ理由デ斯ノ如キ大ナル出兵ヲシテ失敗ヲシタト云フナラバ、是ハ提燈ト釣鐘ト換ヘルソレヨリ以上ノ不權衡ノ甚シイモノト思フ、尙ホ加藤總理ハ此點ニ對シテハ出兵ヲ單ニ利益ノ爲ノミデハナイト言ッテ居ル、成程出兵ハ利益ノ爲ノミデハナイ、去ナガラ今申上ゲル通リニ、ソレデハ空前ノ此大失敗ノミノ目的デ出兵シタカト問返サナケレバナラヌ、斯ノ如キ點カラ申シマスルト、此內閣否加藤友三郎其人ニ於テハ、其責任ヲ背負フノハ當然デアルト思フ、併ナガラ加藤總理大臣ハ斯ウ云フコトヲ云フカモ知レマセヌ、吾々ハ海軍大臣トシテハ成程大正七年八月ノ宣戰ノ詔勅ニ――宣言ニハ判ヲ捺シタ、併ナガラ是ハ陸海軍ト云フモノハ日本ニ於テ特殊ノ地位ニ在ル、政策一般ニ對シテ責任ヲ負フモノデナイ、其證據ニ今日迄ノ此內閣ノ更迭其他ヲ見ルト云フト、名ハ病氣其任ニ堪ヘズトハアルガ、其實所謂責任ヲ感知シテ辭職スルト云フノガ當然デアルガ、陸海軍大臣ダケハ今日迄ハ何時デモ居殘リデアル、ソレデアルカラ此政策ニ對シテモ大ナル失敗、所謂空前ノ大失敗デアルガ、皆海軍大臣、陸軍大臣デアルカラ責任ガ無イト云フカモ知レヌノデアル、併シ是ハ海軍ノ一技師ナラソレデ宜イ、海軍大臣ト云フ行政長官ナラソレデ宜イノデアル、去ナガラ苟モ憲法上國務大臣トシテ輔弼ノ任ニ當リ、國策遂行ニ對シテ連帶責任ヲ有シテ居ル以上ハ、所謂此遁辭ハ許サヌノデアル、況ヤ加藤友三郎氏ハ確カ大正六年夏ノ議會、寺內內閣ト思フ、其時ニ本野一郎氏ガ外務大臣デ大變此議場ガ紛糾シタ事ガアル、而シテ外交ノ問題デアッタガ尾崎氏カラ此外交ノ問題ハ他ノ閣僚モ責任ヲ負フノカト云フ質問ニ對シテ、加藤友三郎氏ハ無論連帶責任ナリト云ツコトヲ言明シタコトハ、彼レ自身モ記憶ガアルダラウト思フ、斯ウ致シマス以上ハ憲法ノ正條カラ論ジ、彼レ加藤友三郎自身ノ大正六年ノ當議會ノ言質カラ申シマシテモ、此問題ニ對シテ責任ヲ負フノガ私ハ當然ナリト斯ウ思フ(拍手)私ハ思フ、併シ當局ガ之ヲ失態デナイト信ズルノデアルカドウデアルカ、昔ハ所謂大ナル失態ヲシタ時ハ切腹シタト云フコトデアリマスガ、今日ハサウデナイ、詰リ責任ノ觀念デ其職ヲ去レバ解決スルコトニナッテ居リマスガ、去ナガラ近頃希臘ノ首相ガ土耳古ニ戰ヲシテ、サウシテ戰ニ負ケタト云ッテ死刑ノ宣告ヲ受ケテ居ル、今日ト雖モ尙ホ國ニ依ッテハサウ云フ國モ世ノ中ニアル、私ハ死刑ノ宣告ト云フサウ云フコトヲ言フノデハアリマセヌガ、兎モ角斯ノ如キ大失態ヲ來シ、恬然其地位ニ居ルト云フコトハ果シテ責任ヲ知ル政治家デアルカドウカト云フコトヲ疑フノデアル(拍手)而モ中途ニナッテ內閣ニ入ッタ人ナラバ、ソレハ幾ラカ宥恕スベキ點ガアルケレドモ、彼レ加藤友三郎氏ノ內閣ニ入ッタノハ確カ大正五年デ、此問題ハ大正七年八月二日ニ起ッテ、サウシテ其宣言書ヲ彼レ自ラ署名シテ居ル、大正十一年十月ニ問題ガ解決シタノデアル、此間全部彼ハ大臣トシテ其地位ニ立ッテ居ルノデアルカラ、陸海軍ハ共同動作ノ關係カラ申シマシテモ、國務大臣ノ地位カラ申シマシテモ、彼ガ大正六年ニ此議會デ公言シタ點カラ申シマシテモ、彼ハ責任ヲ負ウテ上　陛下ニ對シ、下國民ニ對シ、サウシテ其職ヲ退クノガ當然ノ責任ナリト私ハ斯ウ思フ(拍手)併ナガラ今私ノ申シタコトガ是ガ果シテ過失デナイ――或ハ過失デナイト云フカモ知レヌ、私ハ過失デナク所謂政策ノ失敗デナイト云フコトデアレバ、政策ノ失敗デナイト云フ言明ヲ得タイ、併ナガラ如何ニ厚顏無恥ナル加藤友三郎ト雖モ、是ガ政策ノ失敗デナイト云フダケノ勇氣ハナイダラウト思フ(拍手)若シソレ政策ノ失敗デアルトシタナラバ、彼レ自ラ責任ヲ負ッテ辭職スルノガ當然ナリト思フ、私ハ第一トシテ此西伯利ノ駐兵ハ詰リ過失デアルカドウデアルカト云フ問題、過失デナク政策上ノ失敗デアルカドウカ、若シ政治上ノ失敗デアッタナラバ、彼レ自ラ詰リ立憲政治ノ責任ニ於テ如何ニ處決スルカ、此二點ニ對シテ質問ヲスル次第デアリマス、是ダケ述ベマス(拍手)

○星島二郎君　現在ノ社會組織、殊ニ庶民階級ノ經濟ヲ救フニ付キマシテハ、産業組合ノ發達ガ最モ必要デアルト思フノデアリマシテ、私共殊ニ最近露西亞ガアレ程ノ革命ヲシナガラ、尙ホ産業組合ハ儼トシテ存シテ居ルト云フ事由カラ致シマシテモ、如何ニ是ガ人間共存ノ生活ノ原理ニ適ッテ居ル主義デアルカト云フコトヲ知ルコトガ出來ルノデアリマス、サウ云フ意味合カラ、私ハ最近獨リ庶民ノ經濟上ノ問題デハナクシテ、モウ少シ根本ニ入ッテ思想的ニモ此産業組合ノ發達ヲ期シタイト斷ッテ居ル一人デアリマシテ、自ラ小サイ經驗ナドヲ以テ、此法案ニ對シテハ殊更興味ヲ持ッテ居ル一人デアリマス、同僚ノ土井權大君モ年來熱心ナル組合運動者デアリマシテ、此度大政黨政友會ヨリ政府ニ先ンジテ斯ル法案ノ出タコトニ付キマシテハ、私ハ政友會ニ敬意ヲ表シタイト思フノデアリマス、併シ其根本ノ思想ニ付テ今少シク私ハ提案者ニ對シテ御尋シタイト思フノデアリマス、ソレカラ又一面當局者ニ對シマシテモ、二三此機會ヲ藉リマシテ、御尋ヲシタイト思フノデアリマス、第一ノ點ニ付キマシテ現在産業組合ノ運用上困ルノハ、勿論中央ノ金融機關ニ困ッテ居ルデハアリマスルケレドモ、寧ロソレモリモ普通ノ金融機關普通銀行トノ連絡ト云ッタヤウナ點ニ於キマシテ、非常ナル不便ヲ感ジテ居ル、若シ一歩進ンデ之ヲ組合ノ中央金庫トセズシテ、寧ロ特殊銀行トシテ一般金融界ト連絡シテ、始メテ本當ノ機能ガ達セラレルデハアルマイカ、私ハサウ云フ意味合カラ寧ロ産業銀行或ハ産業組合ノ中央銀行トシテ、普通銀行ト取引スルヤウナ仕組ニ何故セラレナカッタカ、是ハ最モ重要ナル點ト自分ハ思フノデアリマス、ソレカラ私ハ殊ニ此法案ノ非常ナル缺點ト思ヒマスル點ハ、獨リ産業組合ノミニ限ッテ居ル點ニ付テ、非常ニ自分ハ遺憾ヲ覺エテ居ル、只今横田氏ノ實ニ法案説明ノ「レコード」ヲ破リマシタ思想的背景ヲ帶ビタル御説明ヲ聽キマスルト、農村振興、中產以下ノ金融機關ヲ救濟スルト云フ點ニ付キマシテ、巨細ノ御説明ガアッタノデアリマスルガ、今日ノ各種組合ハ獨リ産業組合ノミナラズ、現在ノ森林組合、漁業組合、畜産組合、蠶絲組合、耕地整理組合、斯ウ云フヤウナモノガ非常ニ殘ッテ居ッテ、寧ロ數字ノ上カラシマスレバ、此他ノ組合ノ方ガモット〱資金ヲ要求シ、其他ノ連絡ヲ要求シテ居ルノデアリマス、唯、是ハ或ハ私ノ邪推カモ知レマセヌケレドモ、マダ日本ノ政黨ハ政務調査機關ガ備ラズ、大政黨政友會デアリナガラ、是ハ確ニ御手落デハナカッタカト自分ハ思フノデアリマス、若シ政黨ハ地盤ノ利用、所謂黨利黨略ノ爲ニヤラレルト云フコトガ理想デアルナラバ、何故斯ウ云フ澤山ノ組合ヲ脱漏シテ居ラレルヤト云フコトヲ疑ッテ見タクナルノデアリマス、斯ウ云フ點ニ付キマシテ、特ニ提案者ノ御意見ヲ伺ヒタイト思フノデアリマス、サウシテ此法案ノ最モ缺點ナノハ、勿論詳シイ事ハ委員會デ申上ゲマスケレドモ、三箇組合ニ限ッテ居ルト云フコトニ付テハ、殆ド其機能ガ餘程薄ライデ來ルト思フ、昨日特殊銀行法改正法律案ノ委員會ニ於テ、政府ヨリ配付サレタ日本銀行貸付ノ狀況ヲ見マシテモ、産業組合ニハ僅ニ一千六百万圓デアリマス、然ルニ耕地整理、漁業、森林、畜產、其他ヲ總計シマスレバ、一億四千万圓ト云フモノニナッテ居ル、此數字カラ見マシテモ、私ハ此法案ヲ政友會カラ出サレタトキニ、多分漁業組合、森林組合ハ入ッテ居ルト思ッテ居ッタ、是ガ明ニナレバ此度要求ハ起ッテ來ルト思フノデアリマス、斯ウ云フ點ニ付テ横田君ハ――提案者ハ之ヲ改正スルノ意思アリヤ否ヤ、ソレカラ現ニ勸業銀行ノミデモ、此各種ノ組合ニ對シテ一億四千万圓カラノ資金ヲ供給シテ居ルノニ、今日此提案ハ政友會ノ只今ノヤウナ大キナ思想ヲ持チタル御説明ニシテハ、餘リニ資本ガ小サイデハナイカ、斯ウ自分ハ思フノデアリマス、アレ程ノ大キイ領袖ガ出マシテ、大キイ聲ヲ爲サッタカラニハ、モウ少シ私ハ資本ヲ大キクシテ欲シイト思フノデアリマス(拍手)此點ニ付テハドウ云フ御考デアルカ、ソレカラ是ハ思想的背景カラ私ドウシテモ肯ヒ得ナイノハ、此產業組合ノ基礎根柢トナルモノハ、法人ト同様ニ人間ヲ認メル――人格ヲ認メル、卽チ多額ノ出資口ヲ持ッテ居ル者モ、一口ヲ持ッテ居ル者モ、唯、一人一票デアルト云フコトニ本當ノ面白味ガアル、然ルニ產業組合ノ中心機關ヲ造リナガラ、其機關ノ理事ヲ官廳ノ任免トシテ居ルノハ是ハ矛盾撞着デアル(拍手)私ハ此點ニ付キマシテ此法案ノ根本ヲ作ルトキ、是ハ此度大藏省ニ行カレ、或ハ農商務省ニ行カレ、或ハ産業組合中央會ニ行カレテ、依作リニ出來上ッタ法案デハアルマイカ、大政黨ノ政務調査機關未ダ備ラズト云フ意味ニ於キマシテ、日本ノ政治界ノ爲ニ憂フルノデアリマス、是等ノ五六ノ點ニ付キマシテ、此機會ニ於キマシテ提案者ノ御説明ヲ願ヒタイト思フノデアリマス、是ハ思想問題ニ最モ影響アルモノデアリマス、殊ニ只今普選ト聯關シタル御説明ガアッタカラ、「サウ云フ」意味ニ於テ殊更理事ノ互選ガ組合員ノ其自治ヲ認メルト云フコトデ、組合ノ中心精神デアリマスカラ、殊更ニ説明ヲ要スル點ト思ヒマス、ソレカラ此機會ニ於キマシテ、政府當局ニ御尋シタイト思フ點ハ、私ハ近來產業組合ノ中ニ於キマシテモ、特ニ市街地信用組合ハ他ノ組合ト違ヒマシテ、殆ド銀行ニ近イ業務ヲ致シテ居ル、斯ウ云フモノガ他ノ産業組合ト異ッタ組合銀行ヲ造ルト云フコトノ必要ヲ感ジテ居リマスガ、之ニ對シテ政府ハドウ云フ意見ヲ持ッテ居ラルヽカ、隨テ此中央金庫ハ勿論政府ト意思相通ズル大政黨ノ提案デアリマスカラ、當局者モ御賛成ト思ヒマスガ、斯ルモノガ出來タトシテ、或ハ勸業銀行ノ中ノ興業貸付ガ其方ヘ行クトカ其他色々按排スレバ、今日ノ勸業銀行、興業銀行、斯ウ云フモノヽ性質ガ殊更ニ別ニ設クル必要ガナクナッテ、將來ニ於テ勸業、興業ノ合併ヲ必要トセラレルヤウナコトデハナイカ、斯ウ云フ點ニ付テ政府ハドウ云フ意見ヲ持ッテ居ラルヽカ、今一歩進ンデ言ヘバ、今日ノ特殊銀行ガ斯様ナ中央金庫ヲ造ッテ、社會全體ノ國家ノ金融政策ノ根本カラ致シマシテ、日本ノ特殊銀行ノ大改正ヲスル必要ナキヤ、勸興ノ合併ノミナラズ、或ハ朝鮮銀行、臺灣銀行ノ銀行券ノ廢止ノ如キ、或ハ今一歩進ンデ日本銀行――國家ノ中心銀行ヲモ改造スル意思ナキヤ、既ニサウ云フ時機ニナッテハ居ナイカ、斯ウ云フ點ニ付テ極ク大雜把デハアリマスガ、大體政府ハ各特殊銀行ノ條例改正ノ時機ニ達シテ居ルヤ否ヤト云フ點ニ付テ、御答辯ヲ得タイト思ヒマス、詳シイ事ハ委員會デ御尋致シマスガ、右御答辯ヲ願ヒマス

○横田千之助君　星島君ノ第一ノ御尋ハ、私ノ提案ノ説明ノ際ニ申シテ居リマスガ、此中央金庫ハ相互組合ノ組織デ、共助協力ノ精神デ出來テ居リマス、銀行ハ營利的方面ニ陷ッテ居ルカラ、中央金庫トシテ共助協力ノ機關トシテノ働ト云フモノトハ全ク別ナ事ニナルカラシテ、寧ロ是ハ今日ニ於テハ銀行ノ組織ナラバ、既存ノ銀行デ濟ンデ居ル、ソレトハ別ノ方面ノモノヲ造ルト云フコトガ本案ノ根本ノ性質デアリマス、ソレカラ今一ツハ單リ產業組合ノミニ、若クハ產業組合聯合會ノミニ貸付ケルト云フコトハ、大變狹イ事デハナイカト云フ御質問デアリマシタガ、是モ提案ノ説明中ニ盡シテアルト思ヒマス、卽チ相互組織ノ是ガ働デアッテ、唯、若干ノ例外ヲ附ケテアル、餘裕金ノアル場合ニ於テハ、公益ヲ目的トスル法人是等ノモノヽ手ヲ通シテ、相當ニ餘金ガアレバ貸付ケル、是ガ矢張本案ノ金庫ナルモノガ他ノ銀行ナドヽハ精神ヲ異ニシテ、別ナ働ヲ中產以下ノ農村ニ向ッテ爲スベキ所ノ時代ガ來タモノト云フ見地カラ是ガ出來テ居リマス、金額少キニ失セズヤ、資本金少キニ失セズヤト云フ御尋、資本金ハ設立ノ當初、最初ニ於テ政府拂込ガ千五百万圓(「聞エナイ」「演壇デヤレ」ト呼フ者アリ)私ノ辯ハ大イカラ聞エル筈ダ

第二十九　植民政策確立ニ關スル建議案（阪上貞信君外四名提出）

植民政策確立ニ關スル建議案

植民政策確立ニ關スル建議

人口ノ増加ヲ緩和シ國民生活ノ安定ヲ計リ社會問題發生ノ禍根ヲ絶滅シ解決セシムル唯一ノ方法ハ新ナル植民政策ノ確立ニ在リ政府ハ速ニ移植民ニ關スル國策ヲ樹立シ以テ民族ノ平和的發展向上ヲ圖ラムコトヲ望ム

右建議ス

（阪上貞信君登壇）

○阪上貞信君　只今日程ニ上ッテ居リマスル植民政策確立ニ關スル建議案ニ付キマシテ、其提出ノ理由ヲ説明致シタイト考ヘルノデアリマス、御承知ノ通リ、植民政策ニ關スル問題ハ最モ重要ナル問題デアリマスルカラ、他ノ建議案ノ如ク簡單ニ趣旨ヲ辯明スルト云フコトガ出來得ナイノデアリマス、甚ダ皆樣ノ御清聽ヲ汚スノハ恐入リマスルガ、暫クノ間時間ヲ御貸ヲ願ヒタイノデアリマス、御承知ノ通リ、植民政策ハ内ニ於キマシテハ人口問題、或ハ生活上ノ問題、又ハ食糧問題、或ハ一般ノ問題ニ關係致シテ居リマスルノミナズ、外ニ對シマシテハ即チ國際間ニ至大ナル關係ヲ有シテ居ル所ノ問題デアルノデアリマス、熟ヽ此植民政策ニ關スル過去ノ歴史ヲ見マスルト云フト、御承知ノ如ク全ク從來ノ植民歴史ハ優者ノ劣者ニ對スル所ノ一ツノ侵略的或ハ征服的、若クハ掠奪的ノ歴史ヲ示シテ居ルト云フコトガ明カデアリマス、多クノ植民歴史ヲ見マスルト云フト、其間ニハ正義ト云フモノモナケレバ、又人道ト云フモノモナイノデアリマス唯、眼前ノ利益ノ爲ニ他國ノ領土ヲ侵略シ、天産ヲ掠メ、或ハ勞働ヲ搾取シマシテ、即チ弱者ニ對シテ強者ガ永遠ニ其服從ヲ強制シテ居ルト云フコトガ、過去ノ植民歴史ノ上ニ於テ多ク認メラレルノデアリマス、彼ノ英國ノ印度ニ於キマスル關係、或ハ加奈陀若クハ濠洲、新西蘭方面ニ於ケル所ノ歴史ヲ調ベマシテモ、又ハ亞米利加合衆國ガ千八百九十三年ニ彼ノ「リリウオカラニ」王朝ヲ顛覆致シマシテ布哇ヲ占領シ、又「パナマ」或ハ「サンドミンゴ」「ニクワラガ」「ハイチ」ト云フヤウナ方面ノ國ヲ取リマシタノモ、又ハ墨西哥或ハ中米諸國ニ臨ム所ノ亞米利加ノ態度カラ見マシテモ、即チ是等ノ歴史ハ何ヲ示シテ居ルカト云ヘバ、只今申上ゲタヤウナ風ニ、決シテ不和的ニ其土地ガ占領サレテ居ルノデハナイノデアリマス、又佛蘭西或ハ獨逸或ハ伊太利ノ歴史ヲ調ベマシテモ同樣デアリマス、更ニ遠ク遡リマシテ彼ノ西班牙或ハ葡萄牙、是等ノ方面ニ於ケル所ノ各國ノ植民歴史ヲ調ベマシテモ、多クハ今申上ゲタ如ク暴戻慘虐ヲ極テ居ルト云フコトハ、私ガ多ク説明ヲ加ヘルノ必要ハナイノデアリマス、即チ過去ニ於ケル所ノ植民政策ハ何デアルカト云ヘバ、一言以テ言ヒマスレバ、武力ニ依ッテ一ツノ土地ヲ支配シテ居ルカ、若クハ宗敎ノ力ニ依ッテ他國ノ領土ヲ掠メタカ、若クハ經濟發展ヲ名ト致シマシテ、所謂掠奪征服ヲ恣ニシタト云フ所ノ歴史ヲ示シテ居ルノデアリマス、斯ノ如ク征服或ハ侵略的ノ事實ハ、或時代ニ於キマシテハ其國民其民族ノ爲ニハ、或ハ自尊心若クハ其虚榮心ヲ滿足シ得タカモ知レナイノデアリマスルガ、最早今日ノ如ク世界平和ノ時代ニ於キマシテハ、斯ノ如キ所謂掠奪若クハ侵略等ノ手段ニ依ッテ他國ノ領土ヲ占領スルト云フコトハ、絶對ニ之ヲ許サナイノデアル、言葉ヲ換ヘテ言ヒマスレバ、今日ハ實ニ正義人道ヲ無視スル所ノ所謂國際的行動ト云フモノハ絶對ニ許サナイト云フコトハ事實デアリマス、今過去ニ於ケル各國ガ世界全體ヲ通ジマシテ、他國ノ領土ヲ侵略シ、若クハ之ヲ自己主權ノ下ニ置キマシタル其關係ガ、如何ニナリツヽアルカト云フコトヲ申上ゲテ見マスルト、歐米列強ガ植民政策實行ノ結果ト致シマシテ、今日世界ノ陸地ノ大部分ト云フモノハ、今ヤ白色人種ノ爲ニ支配ヲ受ケツヽアルコトハ事實デアルノデアリマス、世界ノ總面積ハ五千百二十三方哩アリマシテ、之ニ棲息スル所ノ人類ノ數ハ十七億二千万人住ンデ居ルノデアリマス、故ニ之ヲ世界ノ總陸地面積ノ上カラシテ現在ノ十七億二千有餘万ノ人類ニ之ヲ割當テ、見マスルト、一方哩ニ付キマシテ人間ノ數ハ三十三人棲息シテ居ルト云フコトガ示サレテ居ルノデアリマス、今假ニ世界全體ニ對シテ絶對ノ命令ヲ下スベキ所ノ主權者ガアリト假定致シマシテ、是ガ世界各國ニ對シテ平等ニ其土地ヲ分割若クハ分讓スルコトガ爲シ得ルモノト致シマシタナラバ、我國ノ如キハ、今日ヨリカ數十倍ノ土地ハ確ニ之ヲ貰ハナケレバナラヌト云フ結果ヲ見ルノデアリマス、世界ハ今日ハ人類ノ棲息上ニ付テ、行詰ッテ居ルト云フコトハ世上聞ク所デアリマスガ、事實ハ決シテ今日人類ノ棲息上ニ行詰ッテ居ラナイト云フ事實ハ、之ヲ數字ヲ以テ示スコトガ出來ルノデアリマス、歐羅巴六十餘万方哩ニ住ヒシテ居リマスル所ノ白色人種、此白色人種ハ世界陸地ノ今日ニ於テハ五分ノ二ヲ植民地トシテ獨占シテ居ルト云フコトガ、數字ノ上ニ現レテ居ルノデアリマス、而シテ世界人口ノ三分ノ一、即チ五億六千万人ノ有色人種ト云フモノハ、今ヤ此白色人種ノ爲ニ支配ヲ受ケテ居ルト云フコトガ事實デアルノデアリマス、之ヲ數字ヲ以テ申上ゲマスルト云フト、世界ノ人類ヲ白色、有色ノ二ツニ分ッテ見マスルト、白色人種ノ總數ハ五億五千七百万人居ル、有色人種ハ五億六千六百万人居ルノデアリマス、而シテ所謂白色人種ノ支配下ニ居ル所ノ有色人種ノ數ハ五億六千六百万人ニ達シテ居ルノデアリマス斯樣ナ状態デアリマシテ、過去ニ於キマシテハ燦然タル文化ヲ造リ、歐羅巴ニ對シマシテ其文明ヲ傳ヘタ歴史ヲ持ッテ居ル所ノ東洋有色人種ト云フモノハ、今日ハ多數其白色人種ノ支配下ニ在ルト云フコトガ示サレテ居ルノデアリマス、即チ言葉ヲ換ヘテ云ヘバ、如何ニモ有色人種ノ多數ハ白色人種ノ爲ニ其ノ頤使スル所トナリマシテ彼等ノ爲ニ今ヤ甘ンジテ其命令ヲ聽カナケレバナラヌト云フ有樣ニナッテ居ルノデアリマス、就中英國ノ如キハ御承知ノ通リ、四千七百万ノ國民ヲ以チマシテ、今日ハ印度二億ノ民衆ヲ始トシテ、世界ニ於テ三億ノ所謂有色人種ヲ支配シツヽアルノデアリマス、今日ハ恰モ世界ハ殆ド白色人種ノ爲ニ其脚下ニ跪イテ居ル所ノ觀ヲ呈シテ居ルト云フコトハ、是ハ決シテ誇大ナ言葉デハナイノデアリマス、此白色人種ノ優越ナル所ノ現状ハ彼等ノ自尊心ヲ増長セシメマシテ、白人ハ今ヤ世界人類中ノ最モ優秀ナル所ノ民族トシテ他ノ有色人種ハ所謂劣等ナルモノトシテ、今日蔑視ヲ受ケテ居ルト云フコトハ、是亦事實デアルノデアリマス、彼ノ「ヴエルサイユ」會議ニ於キマシテ、我國ガ人種平等案ヲ提出致シマシタ際ニ於テ此人種平等案ニ對シテ、英米ガ既ニ之ニ對シテ反對ヲシタト云フコトガ、今日有色人種ハ白人種ト同一ナル所ノ所謂待遇ヲ受クルコトノ出來ナイト云フコトガ、即チ此會議ニ於ケル模樣ニ依ッテ見マシテモ、之ヲ認メルコトガ出來ルノデアリマス、即チ歐羅巴人ハ常ニ其文明ヲ以テ誇ッテ居リ、又彼等ハ自由平等ヲ以テ常ニ誇ッテ居ル所ノ國民デアリマスガ、而モ其行ヲ一度ビ見マスト云フト、動モスルト其言動ニ反スル所ノ行動ガアルト云フコトハ、事實デアルノデアリマス、血ハ水ヨリモ濃イ、即チ之ハ事實デアリマス、異人種ニ對シテ憎惡ナル所ノ觀念ヲ有スルコトハ、是ハ必シモ白色人種ノミナラズ、東洋有色人種ノ中ニ於キマシテモアルノデアリマスガ、併ナガラ他人種ヲ以テ自己民族ヨリカ劣等ナル人類ト致シマシテ之ヲ擯斥シ若クハ之ヲ侮辱シ甚ダシキニ至リマシテハ、之ヲ以テ所謂平等ナリトスルコトガ出來得ナイト云フコトニナリマスレバ、吾々有色人種ハ是ニ對シテ大ナル異議ヲ言ハナケレバナラナイノデアリマス、白人ガ自己ヲ以テ優等民族ナリト稱スルノハ宜シイ、併ナガラ之ヲ以テ有色人種ハ劣等ナル所ノ民族トシテ取扱ハレルト云フコトハ、眞ニ遺憾千萬デアリマシテ、要スルニ是ハ白人ノ良心ニ於ケル麻痺デアルト云フコトハ、私ハ卽チ言葉ヲ換ヘテ言ヘバ、自己妄信ノ結果ガ遂ニ今日ニ至ッテ居ルデハナカラウカト信ズルノデアリマス、勿論今日ニ於キマシテハ世界人類中ニ於テ、最モ進歩シタル文明ヲ有シテ、世界ノ文化ニ貢獻シテ居ルト云ッ點ハ、何人ト雖モ白人種ノ其力ヲ認メナケレバナラナイノデアリマス、然レドモ過去ニ於キマシテハ、光ハ確ニ東方ヨリ出デタル時モアルノデアリマシテ、歐羅巴ノ文明ガ古カラ東洋ニ優ッテ居ルト云フ、コトハ、言ヒ得ナイノデアリマス、卽チ印度文明或ハ支那文明、東洋ノ文明一タビ歐洲ノ天地ニ向ッテ是ガ光ヲ放ッタ時代モアルノデアリマシテ、世界ニ棲息スル所ノ人類ノ中ニ於テ、決シテ根本的ニ所謂文野ノ區別ト云フモノガアルノデハナイノデアリマス、卽チ其國家ノ盛衰興亡ハ常ニ吾人人類ノ上ニ於テ起ルト同ジク、矢張起リツヽアルノデアリマス、斯ノ如ク歐羅巴人ガ世界到ル處ニ於キマシテ傍若無人ノ行動ガ行ハレマシテ以來、有色人種ノ大半ハ其支配下ニ屬シタト云フ、所謂十九世紀ノ後半ニ於テ、白人ニ存在ヲ認メラレタ者ハ誰デアッタカト云ヘバ、支那人デアッタノデアリマス支那ハ御承知ノ通リ大國デアリマス、亞細亞ニ於ケル所ノ最モ大キナ國デアル、而シテ支那ハ眠レル獅子トシテ取扱ハレタノデアル、歐羅巴人ハ支那ハ決シテ弱小ノ國デアルトハ思ハナカッタノデアリマス支那ハ眠ッテ居ル所ノ國デアルト云ッテ之ヲ取扱ッタノデアリマス、卽チ其尨大ナル所ノ國土ト、四億万ノ民衆トハ、不可解ノ中ニ歐羅巴人カラ相當ノ敬意ヲ拂ハレテ居ッタノデアリマス、當時我ガ日本ノ國ハドウデアッタカト云フト、洵ニ蕞爾タル所ノ彈丸黒子的ノ小サイ國デアリマシテ、彼等歐羅巴人カラハ何等ノ存在ヲ認メラレテ居ナカッタノデアリマス、此日本ノ一小邦ガ遂ニ六十五万七千方哩ノ面積ヲ有スル所ノ大支那ヲ擊破シテ、卽チ明治二十七八年ノ戰役ニ於テ支那ヲ膺懲シタ、其結果トシテ日本ハ世界ニ於テ其威力ヲ認メラレタノデアリマス、又日本ハ單リ支那ヲ膺懲シタノミナラズ、三十七八年ニ於キマシテハ、彼ノ歐羅巴人ガ最モ尊敬ヲ拂ッテ居リマシタル露西亞ヲ擊破致シマシテ、遂ニ強露ニ打勝ッタ結果、確ニ我國ノ勢力ト云フモノガ認メラレタノデアリマス、併ナガラ此日清日露ノ二大戰爭ハ、我國ノ國威ヲ發展スル上ニ於キマシテハ非常ナル力ヲ持チマシタ、是ト共ニ歐羅巴人ハ非常ナル驚異ノ眼ヲ以テ我國ヲ見ルニ至ッタノデアリマス、卽チ黃禍論ナルモノガ起ッテ參リマシタノハ、其當時カラ生レタノデアリマス、此黃禍論ガ白人間ニ傳播サレマシテ、遂ニ今日ノ如ク我國ハ世界カラ動モスレバ猜疑嫉妬ヲ受ケルヤウナ立場ニ立タナケレバナラヌ結果ヲ生ジテ參ッタノデアリマス、日露、日淸戰爭前マデハ東洋ノ一小孤島トシテ――一小國トシテ世界ノ大舞臺ニ乘出スコトガ出來ナカッタノデアリマス、然ルニ此戰爭後日本ガ世界ノ大舞臺ニ乘出シマスト共ニ、尊大ナル殊ニ白色人種ヲ以テ世界ノ優等人種ナリト誇ッテ居ル所ノ歐羅巴ノ人々ハ、我國ノ所謂勃興ガ彼等ノ自尊心ヲ傷ケテ、是ガ爲ニ白色人種ノ權威ヲ無視スルガ如クニ彼等ハ考ヘタノデアリマス、是ガ爲ニ新興國タル所ノ我ガ日本帝國ハ世界ノ嫉視反感ヲ招キ、或ハ猜疑誤解ノ中心トナリマシテ、爾來我國ニ對スル所ノ彼等ノ注意ハ常ニ深キヲ加ヘテ參ッタノデアリマス（「簡單々々」ト呼フ者アリ）ボツ〳〵ヤリマスカラドウカ――斯樣ナ事情デアリマシテ、我國ノ所謂勢力ガ歐羅巴人ノ爲ニ非常ニ嫉ミヲ受ケマシタノデアリマス、殊ニ日露戰爭後ニ於テ一層其猜ガ甚シクナッタト云フコトハ、卽チ我ガ日本ガ亞細亞ノ大陸ニ向ッテ力ヲ伸バサントシツヽアル時デアリマシタガ爲ニ、益日本ヲ以テ軍國主義ナリ、或ハ侵略主義ナリトシテ彼等ノ反感ヲ招イタノデアリマス、卽チ排日ノ氣分ハ益盛ンニナリマシテ、是ガ爲ニ亞米利加ノ如キハ、御承知ノ通リ日淸、日露戰爭迄ハ、我國ニ對シテハ非常ナ好意ヲ持ッテ居ッタル所ノ國デアリマスガ、日淸戰爭、殊ニ日露戰爭後ニ至リマシテハ、我國ニ對シテハ、甚ダ面白クナイ所ノ關係ヲ見ルニ至ッタノデアリマス、彼ノ學童排斥問題以來、日本ノ移民排斥問題、種々ナル問題ガ亞米利加ニ起リマシテ、最近ニ於テハ彼ノ問題トナッテ居リマスル所ノ米國下院ノ移民委員會ニ於テ、米國移民法ニ一大改正ヲ見ルト云フヤウナ、卽チ華盛頓會議後ノ今日ニ於キマシテサヘモ、尚且ツ我國ニ於ケル所謂排他主義ガ亞米利加ノ一部ニ於テ行ハレテ居ルト云フヤウナ狀況ヲ見ルニ至ッテ居ルノデアリマス、抑モ米國ニ於キマスル所ノ日本人ノ排斥ハ此問題ノ端緒ヲ見マスレバ一千九百六年卽チ明治三十九年ニ於ケル日本學童隔離問題ニ其端ヲ發シマシテ、爾來今日ニ至ル迄日米間ニ於テハ甚ダ面白クナイ關係ヲ持チツヽアルノデアリマス、此點ハ先刻憲政會ノ御方カラ御話モアリマシタカラ、此移民問題ニ付テハ私ハ多クハ申シマセヌ、之ヲ略シマスルガ、要スル亞米利加ニ於テ今日尚ホ日本ニ對シテ排斥ノ聲ノアルト云フコトハ、是ハ蔽フベカラザル所ノ事實デアルノデアリマス、今ヤ米國ハ歐洲大戰ニ依リマシテ其大ナル所ノ富ヲ取得シ、戰爭ノ最後ニ大戰ニ參加シマシテ、遂ニ獨逸降服ノ所謂大團圓ヲ爲サシメマシタ爲ニ、又一面ニ於テハ國際聯盟ヲ主張シテ、遂ニ是ニ加盟スルコトハシマセヌデシタガ、國際聯盟ハ成立ヲ見ルニ至ッタノデアル、又一昨年ハ御承知ノ通リ、華盛頓會議ヲ提唱シテ華盛頓會議ノ成立ヲ見ルニ至ッタノデアリマス、其華盛頓會議ニ於テ軍備ノ制限ヲ實行シ、極東太平洋ノ問題ヲ解決シ、又其富ト名聲ト云フモノヲ以テ、眞向ニ驀シテ今ヤ世界ニ向ッテ亞米利加ハ一大飛躍ヲ試ミントシツヽアルノデアリマス、此亞米利加ノ行動ニ對シマシテハ、世間色々ノ議論モ見マスガ、私ハ此點ニハ餘リ論及ヲ致シマセヌ、要スルニ亞米利加ノ新「モンロー」主義ハ、卽チ平和人道ヲ標榜シ、而シテ經濟上ノ力ニ依ッテ世界ニ向ッテ大ニ飛躍ヲ試ントスルト云フコトハ、是ハ確ニ事實デアルノデアリマス、更ニ言葉ヲ換ヘテ申シマスレバ、亞米利加ノ今日ノ狀況ハ富力ト兵力ト云フモノヲ併用致シマシテ、而シテ此力ニ依ッテ世界ニ向ッテ大ナル飛躍ヲ試ントスルノデアル、對支政策ニ於テ、或ハ對英政策ニ於テモ、或ハ對西伯利政策ニ於テモ、總テノ方面ニ於ケル所ノ政策ヲ見マスレバ、卽チ是ハ明ニ其眞意ヲ見ルコトガ出來ルノデアリマス、要スルニ我國ノ今日ノ力ガ餘リ進ンダト云フコトガ、卽チ世界列國ノ嫉視反感ヲ招クノ結果トナッタノデアリマスガ、併テ然ラバ我國ハ今日ノ現狀ヲ以テ此儘デ我國ガ外ニ向ッテ何等ノ發展ヲ試ミズシテ、其年々歲々增加スル所ノ人口ヲ收容シテ、而シテ我國ガ今後世界ニ向ッテ何等ノ活動モ爲サズシテ、果シテ其國民ノ生存ヲ全ウスルコトガ出來ルヤ否ヤト云フコトヲ考ヘテ見ルト、遺憾ナガラ私ハ斷ジテ我國ハ外ニ向ッテ發展ヲ試ミズシテハ、到底其增加スル所ノ人口ヲ滿足ニ養ヒ得ルト云フコトノ出來ナイト云フコトヲ信ズルノデアリマス、明治ニ於ケル過去ノ日本ト、大正ノ今日ニ於ケル所ノ日本トハ對內的ニモ亦對外的ニモ大ニ其性質ヲ異ニシテ居ルノデアリマス、世界思潮ノ大勢、時代ノ趨向ハ、大ニ注意ヲ加ヘナケレバナラナイノデアル、吾々日本人ハ自己ノ運命ハ大ニ之ヲ開拓シナケレバナラナイコトハ事實デアル、言葉ヲ換ヘテ言ヘバ日本ハ東洋ノ先進國トシテ、東西兩洋ノ文明ヲ融合攝取致シテ、他ノ黃色人種ヲ指導誘掖シテ、文化ノ進步、人類ノ幸福增進ヲ圖ラナケレバナラヌト云フコトハ當然ナ事デアル、此使命ヲ果スニハドウシテモ卽チ島國的根性ヲ脫却致シテ、大ニ其氣宇ヲ擴大シ、而シテ他ノ嫉視猜疑ニ依リマシテ徒ニ心ニモナキ惡評ヲ受ケテ、唯、之ニ對シテ其辯明ヲ爲ス ト云フヤウナ姑息偸安ナル考ヲ吾々ハ捨テナケレバナラヌト思フノデアリマス、我國國民ノ海外發展ニ付キマシテハ、畏クモ　明治大帝ハ萬里ノ波濤ヲ開拓スヘシト云フ詔ヲ宣ハセラレテ居ルノデアリマス、此詔ハ所謂千載不磨ノ大典デアリマシテ、我國ノ現狀ハ內ニ殖產工業ヲ盛ンニスルト共ニ、外ニ向ッテハ大ニ其民性ヲ利導シナケレバナラナイノデアル、大和民族ヲ廣ク海外ノ方面ニ移植發展セシメテ、而シテ大ニ日本ノ力ト云フモノヲ外ニ向ッテ伸サナケレバナラヌノデアリマス、歐洲諸國ハ今ヤ歐洲大戰ノ結果ト致シマシテ、七百七十八万人ノ壯丁ヲ失ッタノデアル又、此外ニハ一千八百六十万人ノ不具者ヲ出シテ居リマス、今日ハ如何ニシテ此失ッタル人口ヲ補充シ、傷ケラレタル負傷者ヲ如何ニシテ其力ヲ回復スルカト云フコトニ對シテハ、歐羅巴ハ非常ニ苦心ヲ致シテ居ルノデアリマス、我國ハ御承知ノ通リ、一方里ニ對シテ人口幾人アルカト云フト、今日ハ實ニ二千二百五十七人ト云フ數字ヲ示シテ居リマス、斯ノ如キ所謂人口稠密ナル所ノ國家ハ、白耳義及和蘭二國ヲ除クノ外、世界ニ於テ我日本ノ外ニハナイノデアリマス、而モ其生産率ハドウデアルカト言ヒマスレバ、一箇年ヲ通ジマシテ千人ニ付テ三七強ト云フ數字ヲ現ハシテ居ルノデアリマス、死亡率ハト言ヒマスレバ千人ニ付テ二十二人ニ當ッテ居ル、卽チ此出生數ト死亡數ト云フモノヲ、之ヲ對照シテ差引イテ見マスト、每年我國ノ人口ハ千人ニ付テ十二人強ト云フモノガ現在ニ於テ增加シツヽアルノデアリマス、現在ノ人口ハ五千五百七十六万三千五十三人デアリマス、丁度十二人平均ニ增加シマスルトスルナラバ、六十七万人ト云フモノハ每年增加スル、現ニ增加シツヽアルノデアリマス、明治維新ノ當時ニ於ケル我國ノ人口ハ僅ニ三千三百万デアッタ、然ルニ大正十二年ノ今日ニ於テハ五千五百有餘万ニナッテ居リマス、今後三十年ヲ經過致シマスレバ、我國ノ人口ハ一億ニ上ッテ來ルノデアル、而シテ更ニ百十二年ニ至リマスレバ、卽チ今後百年ヲ經過致シマスレバ、我國ノ人口ハ二億二千万ト云フ多數ニ上ッテ來ル所ノ結果ヲ示スノデアリマス、「マルサス」ハ御承知ノ通リ人口論ヲ書イテ、世界ハ人口ガ段々增加シテ、此結果トシテ遂ニ地球上立錐ノ地ガ無クシテ、人間ハ其生活ヲ全ウスルコトガ出來ナイト云フコトハ、豫テ「マルサス」ガ之ヲ論ジテ居ル、卽チ此「マルサス」ノ議論ノ如ク人口增加ハ幾何級數的ニ增加致シマスガ故ニ、我國ノ人口ハ今中上ゲル通リ百年後ニ於テハ二億二千ト云フ所ノ其大ナル數ニ上ッテ來ルコトハ、吾々之ヲ今日考ヘテ體カナケレバナラヌノデアリマス、人口ノ增加ハ一面ニ於テハ生活ノ困難、貧富ノ懸隔、國民性ノ墮落、種々社會問題ヲ誘發スルコトハ事實デアルノデアリマス、此惡影響ヲ及ボス度ガアリマスガ故ニ、吾々ハ此人口ノ增加スル所ノ問題ニ對シテハ、大ニ考慮シナケレバナラヌト云フコトハ、單リ人口其モノ、問題デハナイ、支那ハ御承知ノ如ク世界ニ於テ最モ廣イ所ノ面積ヲ有スル所ノモノデアル、地球上ニ於テ、一國家トシテ四億万ノ民衆ヲ有シテ居ル所ノモノハ獨リ支那アルノミデアル、「支那以外ニ一億ト云フ多數ノ民衆ヲ有シテ居ル所ハ無イノデアル、然ルニ此支那デサヘモ——支那ノ今日ニ於テモ既ニ國民生活上食糧ノ缺乏ヲ告ゲテ、今ヤ其人口ヲ他ニ溢ラヌ爲ニ非常ナル苦心ヲ致シテ居ルノデアル、卽チ現ニ今日支那人カ海外ニ出稼シテ居ル所ノ數字ハ約六百五十万人ニ達シテ居ツノデアリマス我國ノ地積ヨリカ二十倍アル所ノ大ナル面積ヲ有シテ居ル所ノ國ニシテ、尚且ツ今日人口過剩ノ爲ニ、其國民ノ生活上非常ナル脅威壓迫ヲ與ヘテ居ルコトハ事實デアル、然ルニ我國ニ於キマシテハ此急激ナル人口增加率、此人口增加率ニ對シテ果シテ是ト共ニ土地ノ生産力、總テノ生産力ガ之ニ相伴ッテ居ルカト云フコトヲ見マスルト、斷ジテサウデナイト云フコトヲ言ハナケレバナラナイノデアリマス、我國ノ食糧ハ年々海外ニ多數ノ輸入ヲ仰イデ居リマス、農商務省ノ最近ノ統計ニ依ッテ見マスルト、日本内地ニ於ケル米ノ生産額ハ、大正四年カラ大正八年ノ五箇年ニ至リマシテ、平均ガ五千六百十万石デアルノデアリマス、而シテ之ニ對スル所ノ國民ノ消費額如何ト云フニ、六千九十万石ニ當ッテ居ルノデアリマス、卽チ約四百八十万石ノ不足ヲ告ゲテ居ル朝鮮臺灣カラ移入スル所ノ、卽チ我ガ植民地カラ移入スル所ノ米ハ每年約二百四十万石ニ達シテ居ル、尚ホ是等ノ移入ヲ差引キマシテモ二百十何万石ト云フ所ノ不足ヲ告ゲテ居ルノデアル、隨テ之ヲ補フベキ所ノ外米ノ輸入ハ、大正七年度ニ於キマシテハ、我國米產額ハ五千四百七十六万石デアリマシタガ、平年作ヨリ遙ニ良好デアッタニモ拘ラズ、尚ホ三百七十万石ノ外米ヲ輸入シテ居ルト云フ事實ガ示サレテ居ルノデアリマス、大正八年度ハ五百四十万石ノ輸入ヲ致シテ居ル、其價格ハ約一億七千万圓ニ上ッテ居ルノデアリマス、卽チ大正八年ハ我國ニ於キマシテ最モ豐作デアリマシタ、米ハ六千八十一万八千餘石ヲ生産シテ居リマ シタニモ拘ラズ、斯ノ如キ多クノ輸入ヲ仰ガナケレバナラヌト云フ現狀デアルノデアリマス、斯樣ナル狀態デアリマシテ、年々三四百万石以上ノ米ノ不足ヲ告ゲテ居ルト云フコトハ是ハ事實デアル、而シテ此現狀ニ依リマシテハ寺内内閣以來、或ハ原内閣、或ハ高橋内閣、歷代ノ内閣ハ此食糧ノ不足ヲ如何ニシテ補フカ、此缺陷ヲ如何ニシテ補充スルカト云フコトニ付テハ、非常ナ苦心ヲサレタノデアル、或ハ食糧局ヲ新設スルトカ、若クハ開墾助成案ヲ發表スルトカ、或ハ耕地整理事業ノ擴張ヲスルトカ、或ハ米穀法ヲ發布スルトカ、種々ナル所ノ方法ヲ講ジタノデアリマスルガ、遂ニ是等ノ種々ナル施設モ何等ノ效ヲ見ズ、今日尚ホ食糧ニ多クノ不足ヲ告ゲテ居ルト云フコトハ事實デアルノデアリマス、所謂土地ハ報酬漸減ノ法則ニ依ッテ支配サレルモノデアリマシテ、決シテ如何ニ勞力ヲ加ヘ、如何ニ肥料ヲ施シテモ、或點以上ノ收穫ヲ得ルコトガ困難デアルト云フコトハ私ガ申スマデモナイ、恐ラクハ現在ノ狀況ヲ以テ致シマスレバ、今後十年後ニ於テハ約一千万石以上ノ米ノ不足ヲ生ジテ來ル、二十年後ニ於キマシテハ(「簡單」ト呼フ者アリ)三千万石、或ハ三十年以上ニ於キマシテハ四五千万石ノ輸入ヲ仰ガンケレバナラヌト云フ結果ヲ生ジ來ルノデアリマス、(「簡單」「謹聽」ト呼フ者アリ)斯樣ナル趨勢デアリマシテ、洵ニ我國ノ將來ハ此人口ノ增加ニ對シマシテハ、實ニ寒心ニ堪ヘナイ所ノ狀態ニ在ルノデアリマス、然ラバ此解決ヲ如何ニスルカ、是ガ解決ヲ如何ニシタナラバ國民生活ヲ安全ニシ、而シテ我國ノ所謂國力ヲ伸張スルコトガ出來得ルカト云フコトガ、卽チ本問題ヲ決定スルニ當ッテ最モ重要ナル所ノ點デアルノデアリマス(「分リマシタ委員會ニ願ヒマス」ト呼フ者アリ)我國ハ御承知ノ通リ英國ト同ジク四面環海ノ國デアリマシテ大陸トハ離レテ居ルノデアリマス、卽チ此問題ニ對シテ或學者ハ日ク、我國ハ將來工業ヲ盛ニシテ工業立國政策ヲ立テ、サウシテ其力ニ依ッテ、此人口ノ緩和ヲ圖ッテ行カナケレバナラナイト云フコトヲ主張スル人ガアルノデアリマス、又一ツハ近頃有名ナル所ノ「サンガー」婦人ニ依リマシテ、卽チ產兒制限ニ依ッテ——產兒制限ノ方法ニ依ッテ增加スル所ノ人口ヲ制限シテ行カナケレバナラヌト、斯ッ云フ所ノ學說モアルノデアリマス、併ナガラ私ハ此二ツノ議論ニ對シテ、何レモ同意ヲ表スルコトガ出來ナイノデアル、何トナラバ成程英國ハ御承知ノ通リ、工業立國ヲ以テ立ッタ國デアリマス、併シ歐洲大戰ノ經驗ニ依リマシテ、今日ハ英吉利ハ工業立國、卽チ工業ダケニ依ッテ其國家ヲ維持スルコトノ困難ナルコトヲ今日ハ認メテ居ルノデアル、又英國ハ御承知ノ通リ、鐵トカ石炭トカ云フモノニ付テノ工業ノ基礎トナルベキ多クノ原料ヲ有シテ居ルノデアリマスガ、我國ハ如何セン、是等ノ鐵石炭ニ對シテハ到底英國ニ及バナイノデアル、又英國ハ其工業ニ依ッテ生產致シマシタ所ノ品物ヲ之ヲ自己ノ植民地ニ送ル、卽チ濠洲加奈陀或ハ新西蘭其他ノ植民地ニ之ヲ送ルコトガ出來ルノデアル、然ルニ我國ニ於テハドウデアルカト云ヘバ、斯樣ナル所ノ大キナル所ノ植民地ヲ持ッテ居ラナイノデアリマス、卽チ工業ヲ以テ我國ノ將來此人口問題ノ緩和ヲ圖ラントスルガ如キハ、私ハ斷ジテ出來ナイ所ノ事柄デアルト云フコトヲ考ヘル、必シモ工業其モノヲ盛ンニスルト云フコトハ決シテ惡ルイ事デハナイ、併ナガラ工業ノミニ依ッテ、例ヘバ東京トカ或ハ大阪ニ今後增加スル所ノ人口ヲ收容致シマシテ、此大都會ニ依ッテ總テノ增加スル所ノ今後ノ人口ヲ緩和セントスルト云フヤウナコトハ到底出來ナイノデアリマス、又「サンガー」夫人ノ所謂人口制限ノ論ガアリマスガ、此人口制限ノ——產兒制限ノ如キニ至リマシテハ、固ヨリ取ルニ足ラナイ、「マルサス」ノ言ッタ所謂人爲若クバ天爲ノ壓迫ニ依ッテ人口ノ繁殖ヲ防グト云フコトハ「マルサス」夙ニ之ヲ言ッテ居リマス、併ナガラ是等ノ說モ中々今日ニ於テハ實行スルコトハ出來ナイ、況ヤ「サンガー」ノ所謂產兒制限ニ依リマシテ人口ノ緩和ヲ圖ルト云フコトハ、成程「サンガー」夫人ノ說ヲ聞イテ見マスルト、優生學ノ上カラ見テ成ベク優等ノ人間許リヲ造ルト云フコトハ、此所謂學說ノ頂點デハアルカハ知レマセヌガ、實際ニ優等ノ民族許リヲ造ルト云フコトハ絕對ニ出來ナイノデアリマス、況ヤ又斯ノ如キ事ハ一面ニ於テ此產兒ヲ制限スル爲ニ生ズル所ノ種々ナル弊害ヲ顧ミマスレバ、斷ジテ是等ノ說ニ依ッテ人口ノ緩和ヲ圖ランスルヤウナコトハ出來ナイノデアリマス、然ラバ軍國主義ニ依ッテ他國ノ土地ヲ取ルコトハ出來ナイ、侵略主義ニ依ッテ他國ノ領土ヲ併吞スルコトハ出來ナイ、武力ニ依ッテ他國ノ領土ヲ奪フコトガ出來ナイトスルナラバ、然ラバ何ニ依ッテ我國ノ人口ノ增加ノ緩和ヲスルカト云フコトガ問題デアリマス、工業立國政策ハイケナイ、所謂產兒制限ハイケナイト致シマスレバ、更ニ來ルベキ所ノモノハ何デアルカ、卽チ私ハドウシテモ是ニ於テ初テ我ガ帝國ハ此增加スル所ノ人口ヲ緩和スル一ツノ方法トシテ、爰ニ移民――移植民ノ政策ヲ確立シテ、只今ノ如キ何等ノ統一ナク、或ハ何等ノ定見ナキモノデナクシテ、統一アリ規律アル所ノ一定ノ下ニドウシテモ此人口ヲ緩和スル一ツノ方法トシテ、植民政策ヲ確立シテ行カナケレバナラヌト云フコトヲ私ハ考ヘルノデアリマス、大正十一年ノ列國國勢要覽ノ調ベル所ニ依リマスルト、我國ノ現在海外ニ於ケル所ノ在留民ノ數ハ、總數五十八万一千四百三十一人デアリマス、之ガ卽チ我國ガ明治十八年ニ初テ布哇ニ移民ヲ送リマシテカラ以來、卽チ海外ニ出テ居ル所ノ人間ノ總數ガ五十八万一千幾ラ、現在殘ッテ居ル者ガソレダケノ數ヨリ外ナイノデアリマス、海外移住者ノ總數ガ卽チソレデアル、此五十八万一千人ト云フモノハ、卽チ我國ノ一箇年ニ生レル所ノ出生數約七十万、此七十万ト對照致シマスルト云フト、ソレニ及バザルコト約十二万程ノ數ニナルノデアリマス、一箇年ニ生レル所ノ人間デサヘ、此明治十八年以來今日迄數十年ノ間ニ於テ海外ニ出テ居ル所ノ數字デアルノデアリマス、曾テ日露戰役ニ於キマシテ時ノ小村外相ハ此議會ノ壇上ニ於テ何ト言ッテ居ルカ、卽チ亞米利加ノ移民ガ排斥セラレマシテ、我國ノ國民ガ亞米利加ニ移民スルコトノ出來ナカッタ當時、小村外相ハ此壇上ニ於テ我國ハ滿蒙ノ野ニ向ッテ五百万ノ移民ヲ送ラナケレバナラヌト云フコトヲ言明サレタノデアル、而モ今日ハ果シテ滿蒙ノ野ニ五百万居ルカ、幾十万ノ人口ガ這入ッテ居ルカト云フト、今日迄年ヲ經ルコトガ十八年、此間ニ於テ現在居ル所ノ人間ノ數ハ我ガ此人口ハデス、僅ニ二十六万ニ出デナイノデアリマス、朝鮮ハドウデアルカト言ヘバ、朝鮮亦サウデアリマス、僅ニ今日ハ三十何万人ヲ超エテ居ラヌノデアリマス、卽チ我國ノ海外ニ移民シテ居ル所ノ移民ノ總數ハ、現在我國ノ領土トシテ居ル所ノ朝鮮、臺灣、樺太或ハ租借地ヲ加ヘマシテ、是等ノ方面ニ行ッテ居ル所ノ總數ガ、卽チ五十八万二千五百九十人、兩方合シマスト云フト、百十六万四千二百二十一人ト云フ所ノ數字ニナッテ居ルノデアリマス、(「モウ宜イ加減ニ切ッテ呉レ給ヘ」「謹聽々々」「大ニ遣ルベシ」ト呼フ者アリ)モウ直ニ終ヒマス、斯樣ナル有樣デアリマシテ、百十六万幾ラノ者ガ植民地及ビ世界全體ヲ通ジテ、所謂同胞ガ外ニ出テ居ルト云フヤウナ洵ニ貧弱ナル所ノ情勢ガ現ニ茲ニ現レテ居ルノデアリマス、斯ノ如ク致シマシテ、我ガ國民ハ今後ハドウシテモ益々海外ニ向ッテ發展ヲシナケレバナラヌト云フコトハ、此數字ニ依ッテ見マシテモ明カナルコトデアル、而シテ是ト同時ニ前ニ申上ゲタ通リ、我國ハ此有色人種ヲ代表シテ、有色人種ノ爲ニ大ニ世界ニ向ッテ氣ヲ吐カナケレバナラナイ大ナル使命ト、責任ヲ持ッテ居ル國民デアリマス、卽チ「ヴェルサイユ」會議ニ於テ人種平等ヲ主張シタノモ是ガ爲デアル、此世界ノ文明ヲ攝取シ融合シテ、而シテ我國ノ所謂國力ヲ外ニ向ッテ伸ス、又日本ノ民族ノ文明ヲ他民族ニ實行致シマシテ、而シテ東洋永遠ノ平和ヲ圖リ、進ンデハ世界全體ノ平和ヲ圖ル責任ヲ持ッテ居ル所ノ國民デアリマス、此吾々ノ民族ハ此大ナル責任ヲ果ス上カラ言ヒマシテモ、只今申シマシタ如ク、ドウシテモ外ニ向ッテ大ニ力ヲ伸サナケレバナラヌ、然ルニ亞米利加ニ於テハ今ヤ排斥サレ、濠洲ハト言ヘバ彼ノ白人濠洲主義ニ依リマシテ、濠洲新西蘭方面ニ於テ、日本ノ移民ハ排斥サレテ居ルノデアル、亞米利加ニ於テモ排斥サレテ居ルノデアル、然ラバ何レノ方面ニ向ッテ我ガ國民ハ今後伸ビテ行クカ、世界ノ門戶ハ全部閉鎖サレテハ居ラナイノデアリマス、世界ノ門戶ハ到ル處ニ我ガ所謂同胞ヲ迎ヘテ居ル處モアルノデアリマス、我ガ國民ハ排斥サレル所ノ方面ニ向ッテ、强テ吾々ハ行ク必要ハナイ、吾々國民ヲ――同胞ヲ歡迎シテ呉レル方面ニ向ッテ、我ガ國民ハ大ニ進ンデ行クト云フコトガ最モ必要ナ事デハナカラウカト思フノデアリマス、卽チ南米伯剌西爾、或ハ亞爾然丁ノ如キ、或ハ蘭領印度ノ如キ、今ヤ邦人ノ移住ヲ盛ンニ迎ヘツヽアルノデアリマス、又支那方面ニ於キマシテモ、又西伯利方面ニ於キマシテモ、必シモ將來我ガ民族ガ發展ノ出來ナイト云フ所ノモノデハナイノデアリマス、今ヤ(「簡單」ト呼フ者アリ)段々御倦怠デアリマスカラ最モ略シマシテ、最早結論ダケヲ茲ニ簡單ニ申上ゲテ此壇ヲ降ラウト思フノデアリマス、今ヤ世界ハ御承知ノ通リ、國際聯盟ガ成立シ、華盛頓會議ガ出來マシテ、表面兎モ角モ世界ノ平和ハ維持サレテ居ルノデアリマス、此際國民ハ相扶ケ相倚リマシテ移植民ニ關スル所ノ政策ヲ確立シテ、サウシテ平和的ニ大ニ海外ニ向ッテ働カナケレバナラナイノデアル、各種ノ救濟事業モ多々アルノデアリマス、又我國ニ於キマシテハ內政上種々ナル問題モ多々アルノデアリマス、過日本會議ニ提出サレマシタ彼ノ農村振興ノ如キモ、最モ急務ナル所ノ問題デアルノデアリマス、併ナガラドウシテモ前ニ申上ゲマシタ如ク、我國ノ今日ノ現狀ハ、或ハ食糧問題、或ハ生活問題、或ハ小作問題或ハ勞働問題、是等ノ問題ノ由テ起リ來ル所ノ原因ヲ探究シテ見マスレバ、必シモ其問題ソレ自身ノ問題デハナクシテ、所謂人口ノ過剩ニ因ル所ノ一ノ此結果ガ、ソレ等ノ多クノ問題ニ向ッテ餘程ノ關係ヲ持ッテ居ルト云フコトハ明カナル點デアルノデアリマス、故ニ私ハドウシテモ此人口問題ヲ緩和スルト云フコトガ、是等ノ總テノ問題ヲ解決スル上ニ於テ、必要ナル所ノ問題デアルト云フコトヲ信ジマスルガ故ニ、私ハ此建議案ヲ提出致シマシテ、而シテ此植民政策ヲ確立スルノ方法如何ト云フコトニ付キマシテ、或ハ是ガ爲ニ拓殖省ヲ設置シナケレバナラヌト云フコトモアリマセウ、或ハ又移民植民ニ關スル所ノ調査機關ヲ設ケナケレバナラヌコトモアリマセウ、或ハ又移植民學校ヲ造ラナケレバナラヌコトモアリマセウ、種々ナル此國策ヲ實行スル所ノ上ニ於ケル施設方法ニ付キマシテハ、種々ナル所ノモノガ多々アルノデアリマス、是ハ何レ委員會ニ於キマシテ、更ニ私ハ十分意見ヲ申述ベタイト考ヘルノデアリマス、要スルニ此問題ハ非常ナ重要ナル所ノ問題デアリマシテ、甚ダ重要ナ問題デアリマスルガ故ニ、ドウカ各位ニ於カレマシテモ、此問題ニ對シマシテハ、政黨政派ノ關係ヲ離レマシテ、所謂我國家ノ將來ヲ如何ニスルカト云フ見地ニ立ッテ、此問題ノ十分ナル御研究ヲ下サランコトヲ切ニ希望シテ此壇ヲ降ルノデアリマス

○高見之通君　本案ハ政府提出、朝鮮私設鐵道補助法中改正法律案ノ委員ニ併セ付託セラレンコトヲ望ミマス

〔「贊成」「贊成」ト呼フ者アリ〕

○副議長(松田源治君)　高見君ノ動議ニハ異議ナシト認メマス、仍テ動議ノ如ク決シマス――日程第三十八ハ提出者ヨリ延期ノ申出ガアリマス、之ヲ許スニ異議アリマセヌカ

〔「異議ナシ」ト呼フ者アリ〕

○副議長(松田源治君)　異議ナシト認メマス、本案ハ延期ニ決シマシタ――日程第三十一、巖手縣下ニ於テ重要港灣設定ニ關スル建議案ヲ議題ト致シマス、志賀和多利君

特別報告第七十四號

意見書

請願文書表第七三二號

朝鮮辯護士資格付與ノ請願　朝鮮忠清南道公州郡公州面本町三百五十四番地外山喜右衞門外一名呈出（紹介議員牧山耕藏君）

右請願ノ要旨ハ請願人等ハ朝鮮統監府施政時代ヨリ十數年來引續キ一事件毎ニ裁判所ノ許可ヲ受ケ彼ノ理事官ノ許可ヲ受ケタル訴訟代理業者ト均シク朝鮮ノ訴訟事務ニ從事シ來レリ然ルニ訴訟代理業者ニ對シテハ大正八年制令第十三號ヲ以テ朝鮮辯護士資格ヲ付與セラレタルニ拘ラス其ノ性行、學力、實績ニ於テ何等後者ト差等ナキ請願人等ニ對シ其ノ資格ヲ付與セラレサルハ失當ノ處置ト信ス依テ前記請願人等ニ對シテモ適當ナル方法ニ依リ朝鮮辯護士資格ヲ付與セラレタシト謂フニ在リ

衆議院ハ其ノ趣旨ヲ至當ナリト認メ之ヲ採擇スヘキモノト議決セリ依テ議院法第六十五條ニ依リ別冊及御送付候也

○武田徳三郎君　諸君、本員ハ只今多年普通選擧ノ爲ニ盡瘁セラレマシタ普選ノ「チヤンピオン」トシテ有名ナル松本君平君ノ眞摯ナル御説ヲ承ッテ深ク滿足ヲ致シマス、併シ私ハ此今提案サレマシタ所ノ選擧法ノ改正案ニ對シテハ、反對ノ意見ヲ持ッテ居ル者デアリマス、ソレデ先以テ松本君ノ只今ノ教ニ對シテ私ノ批判ヲ許サレンコトヲ請ヒタイト存ジマス、私ノ了解シマス所ニ於テハ、松本君ノ御説ハ其重要ナル部分ハ五箇條ニ分レテ居ルヤウニ拜聽致シマシタ、第一ハ、若シ明治四十三年ノ時ニ於テ普選問題ガ解決シテ居タナラバ、今日ノ如キ貴族院、今日ノ如キ樞密院ノ爲ニ、此階級的ノ政治ヲ無理押ザル、ヤウナ事ハ無カッタラウト、斯ウ云フ事ガ一ツデアリマス、而シテ其次ニハ我黨ノ諸君ノ御批評ニ及バレマシタ、戸水博士ガ社會主義ト普選トハ兄弟ダト申サレマシタコトニ向ッテ攻擊ヲ致サレタコトデアリマス、普選問題ノ根本ノ思想ハ、決シテ社會主義トハ何等ノ交渉ガ無イト云フコトヲ御説キニナッタノハ重要ナル論點ノ一ト考ヘマス、而シテ更ニ婦人參政權ト云フモノト、此普選問題トハ關係ノ無イモノデアルト云フコトヲ御説キニナッタ點デアリマス、次ニハ我黨ノ宮古君ノ主張サレマシタ恒產恒心論ト云フモノハ、今日ノ思想トハ相容レナイモノデアルト云フ御説デアリマシタガ、最後ニ至ッテ最モ力ヲ入レラレマシタ所ノ問題ハ、卽チ今日我ガ帝國ニ於テ普選ノ要求ハ盛デアル、自發的要求ガ確ニアルト云フコト、假令其要求ガアルヤ否ヤト云フコトニ假ニ疑ハアッテモ、是ガ水掛論ニ終ルト致シマシテモ、要求ガ無クトモ必要ナルモノハ之ヲ與ヘルガ相當デアルト云フノ御論デアルヤウニ拜聽致シマシタ、私ハ私ノ本案ニ反對シテ居リマス所ノ意見ヲ是ヨリ述ベマスニ當リマシテ、私ノ所論ノ中ニ自ラ此松本君ノ御説ニ答ヘルヤウナ順序ニナラウカト存ジマス、其前ニ先以テ申上ゲテ置カナケレバナラヌコトハ、貴族院竝ニ樞密院ニ對シテノ御説デアリマス、私ハ此點ハ寧ロ私ヨリ反問ヲ致シタイ點デアッタノデアリマス、諸君ハ貴族院竝ニ樞密院ガ特權階級ノ代表者トシテ、非常ニ「デモクラシー」ノ政治ヲ妨害スルト仰シヤッタデアリマシタト考ヘマスガ、果シテ然ラバ、果シテ斯ノ如ク御考ニナルナラバ、此普選ヨリ先以テ先ニ、然ラズンバ普選ト同時ニ此改革ヲ御主張ニナルノガ論理ノ當然デハアリマスマイカ、私ハ此點ニ於テ却テ反問ヲ致シテ、重ネテ松本君ノ教ヲ請ヒタイト存ズル點デアリマス、ソレカラ私ノ論旨ヲ進メマス、去ル二十四日ニ於キマシテ憲政會ノ代表者トシテ横山君ガ本案ノ贊成ノ御演説ヲ爲サル場合ニ於テ、政友會ノ普選反對ノ議論ハ十人十色デアル、何ヲ言フノカ雜然トシテ定マル所ガナイト云フヤウナ御口氣ガアリマシタ（「其通リ」ト呼フ者アリ）ソレハ其通リデアリマス、其通リデアリマスガ私ハソレハ當然ナ事デ何等差支ナイ事ト考ヘマス、吾々本案ニ反對スル者ハ其説ハ如何ヤウ異ルトモ、或ル一點ニ於テ此諸君ノ提案ガ不可ナル點ガアルナラバ、其不可ナル一點ヲ以テ之ニ反對ヲスルコトハ、何デソレガ不論理的デアリマスカ、當然ノ事デハアリマセヌカ、私ハ寧ロ提案者ノアナタ方ノ議論ガ十人十色デアルト云フコトヲ甚ダ不可解ニ存ズル者デアリマス、アナタ方ハ提案者デアリマス、提案者デアル以上ハ、其法律案ニ取ッテハ一點立法上ノ主義ニ依ッテソレガ貫徹シテ居ラナケレバ、提案者トシテノ責任ハナイ筈デアリマス、然ルニ諸君ノ提案ハ所謂十人十色デアリマス、私ハ今ソレヲ一應事實上カラ申上ゲテ見タイト存ジマス、私ハ第四十二議會ニ於テ、普選問題ガ初テ當院ニ提出セラレマシテ以來、今日ニ至ルマデ普選論者カラ説明セラレマシタ所ノ御議論ヲ敬聽致シマシタ、更ニ又傍聽速記錄ニ就テ、諸君ノ御意見ノ在ル所ヲ審ニ比較研究致シテ見マシタ、私ノ解スル所ニ依リマスレバ、諸君ノ御主張ノ大體ハ三ツニ分レテ居ルヤウニ存ジマス、第一ハ國民ガ義務ヲ行ッテ居ルカラ、ソレニ對シテ權利ヲ與ヘルノガ相當デアル、卽チ吾々ハ國民トシテ直接ノミナラズ、間接税ヲ納メテ居ル、又國民トシテ苟モ丁年ニナッタ者ハ、國民皆兵ノ主義ニ依ッテ、總テ徴兵ノ義務ヲ盡シテ居ル、隨テ之ニ對シテ其代償トシテ選擧權ヲ與ヘルノハ當然デアルト云フ、代償論デアリマス、更ニ又モウ一ツハ凡テ議會政治ノ本旨ハ、有ユル階級ノ思想、感情竝ニ其利害ヲ代表スルガ相當デアル、斯ウ云フ御論旨デアリマス、是ハ所謂學者ノ利益代表説ト稱スル御説デアリマセウ、而モ其御説ノ中ニ、此憲政ニ最モ力ヲ盡サレタ尾崎先生ニ至ッテハ、此利益代表説ヲ極端ニ御主張ニナッタノデアリマス、卽チ尾崎先生ノ説カラ窺ヘバ、普選ノ基調ハ生命權ノ保障デアル、財產權ノ保障デアル、隨テ又參政權無キ者ハ生活權無ク、又財產權ノ保障モ無イ者デアルカラ、斯ル者ハ奴隷若クハ禽獸ニ等シキモノデアルト云フ御論斷デアリマス、此尾崎先生ノ御論斷ハ永井柳太郎君ノ編纂サレマシタ「識者ノ觀タル普通選擧」ト云フ本ノ序論ニ其事ガ明白ニ書イテアリマス、尾崎君ノ序文トシテ明瞭ニ書イテアルノデアリマス、是ハ利益代表説ノ極端ナル徹底セル御議論ト承ッテ居リマス、更ニ第三ノ普選論者ノ御主張ニナル所ノモノハ、人間ハ人間トシテダケノ理由デ、參政權ヲ與ヘベキモノデアルト云フ、所謂人格主義ノ御説デアリマス、是ハ島田三郎先生ガ主トシテ御主張ニナッテ、新人永井柳太郎君ノ如キ最モ高潮的ニ此説ヲ昨年此壇上ニ於テ御述ニナッタノデアリマス、最モ傾聽スベキ御説ト考ヘマス、而シテ是等ノ三ツニ分レタ所ノ御説ニ對シテ、之ヲ一々根本的ニ批評ヲ申スト云フコトハ、私ノ今日ノ企デハアリマセヌ、大體ニ於キマシテ我黨ノ戸水博士竝ニ昨日牧野君カラシテ、是等ノ大體ニ付テノ批評ガアッタト存ジマス、故ニ私ハ此學理的ノ事ハ批評スルコトヲ差控ヘマス、併ナガラ私ハ其理論的批評ハ差控ヘマスルガ、是等ノ三ツノ主義ニ依ッテ、如何ナル結果ガアナタ方ノ御提案ニナッタ本案ノ中ニ現レテ居ルカト云フコトヲ、比較的ニ申上ゲテ見ナケレバナラヌト思ヒマス、先ヅ第一ノ代償説ニ至ッテハ、私ノ申上ゲル必要モナク、既ニ昨日牧野良三君ヨリ完膚ナク擊破サレタノデアリマス、啻ニ牧野君ノ力ヲ藉リル許リデナク、既ニアナタ方同志――普選案ノ同志ノ永井柳太郎ニ依ッテ、昨年此壇上ニ於テ木葉微塵打碎カレテ居ルノデアリマス、故ニ私ハ之ニ向ッテ言及スルノ必要ヲ認メマセヌ、所謂利益代表説ナルモノニ至リマシテハ、卽チ各階級ノ利害感情ヲ事實ニ立法ノ上ニ代表スルト云フノ御説デアリマス、若シ此御説ガ果シテ諸君ノ御提案ニナリマシタ本案ノ立法主義ニ、最モ力ヲ御入レニナッテ居ル點デアルト假定致シマシタナラバ、而シテ此御説ヲ肯定致シタルモノト假定致シマスルナラバ、此法案ノ爲ニ如何ナル事ガ現レテ來ルカト云フコトヲ御考ニナラナケレバナラヌ、苟モ法律案ヲ作ル以上ハ、其主義ダケヲ定メタカラト云ッテ、其法案ハ活キテ働クモノデハアリマセヌ、又法案ハ勿論其立法ノ主義ガ重要デアリマス、立法ノ主義ガ定マラナケレバ、立法ヲ爲スコトノ出來ナイコトハ、當然デアリマス、併ナガラ法律案トシテ實際ニ之ヲ行フ上ニ於テハ、更ニ事實的ノ方面ヲ考ヘテ見ナケレバナラヌ、然ラバ此第二ノ利益代表説ニ至ッテハ、其御説ニ伴フ所事實的ノ方面ガ、如何ニ此法案ノ上ニ現レテ居ルカト云フコトヲ觀察シテ見ルト、利益代表説ト云フモノハ、卽チ各階級ノ利害感情ヲ事實ニ代表スルト云フコトデアリマスルカラ、先以テ此選擧區ナルモノハ、ドウシテモ論理ノ歸結ト致シマシテ、今日ノヤウナ地域團體ヲ廢メナケレバナラヌ筋合ノモノト考ヘル、或ハ之ヲ階級的ノ團體、或ハ之ヲ職業的ノ團體トシナケレバ、此利益代表説ト云フモノハ此法律ノ上ニ明カニナッテ居ラヌモノト信ズル、然ルニ諸君ハ何等此法案ニ於テ利益代表説ニ適フ所ノ立法ハドノ條項ニ於テモ見エテ居ラヌノデアリマス、更ニ又第三ノ人格主義ノ方面カラ考ヘテ見マスナラバ、苟モ人ハ人デアルト云フダケノ理由ヲ以テ、人格ガ有ルト云フダケノ理由ヲ以テ、ソレニ權利ヲ與ヘナケレバナラヌト云フノ御論デアルナラバ、宮古君ガ去ル二十四日ニ説明サレマシタルガ如ク、ドウシテモ婦人ニ參政權ヲ與ヘナケレバナラヌト云フノ道理ガ出テ來ルノデアリマス、此點ニ於テ私ハ松本君ノ御答ヲ承ラナケレバナラヌ、松本君ハ此點ニ於テ婦人參政權ノ問題ハ、是ハ沿革的ニ違ッタモノデアルカラ、婦人參政權問題ト選擧法ノ改正ノ問題トハ引離シテモ宜イト仰シヤイマスケレドモ、假ニ松本君ノ御論ガ正シイモノデアルト致シマシテモ、沿革的ニ相違ガアッタカラト云ッテ、現ニ參政權ニ最モ關係ノアル婦人參政權ト云フモノヲ、選擧法ノ改正案ト引離スト云フ理由ハ、ドウシテモ私ハ解スルコトガ出來ナイ、更ニ人格主義ヲ以テ此立法主義ト致サル、事デアッテ見レバ、日本帝國ノ國民ニ千六百万ノ半數ヲ占メテ居ル婦人ガ、所謂日本帝國臣民ノ人格ヲ認メラレル以上ハ、同ジク之ニ向ッテ參政權ヲ與ヘナケレバナラヌト云フ結論ハドウシテモ避ケルコトガ出來ヌト考ヘル、斯ル理由ノ下ニ宮古君ガ、諸君ガ普選案ヲ御主張ナサルナラバ、何ガ故ニ婦人參政權ニ向ッテ解決ヲ與ヘナイノデアルカト云フコトヲ言ハレタノハ、何デ論理ノ矛盾デアリマセウ、私ヘ此點ニ付テ松本君ノ明白ナル御答ヲ承リタイト思フノデアリマス、更ニ又此人格主義ノ御主張カラ言ハレルナラバ、臺灣ノ吾々ノ同胞、朝鮮ノ吾々ノ同胞モ亦同ジク大日本帝國ノ臣民デアリマス、而シテ又大日本帝國ノ臣民トシテ人格ヲ認メラレル者デアリマス、之ニ向ッテ何故諸君ノ此改正案ガ、何等カノ解決ヲ與ヘルダケノ立法ヲシナイノデアリマセウカ、諸君ハ臺灣ノ同胞、朝鮮ノ同胞ヲ以テ、尾崎君ノ所謂奴隷若クハ禽獸ト認メラレタノデアルカ、如何ニモ非論理的ノ議論デアルト思フ、諸君ノ此立法ノ主義ナルモノハ、何等實際ニ於テ一貫シタル所ガ無イト云フコトハ、明白ナ事實デアルト私ハ考ヘマス、ノミナラズ人格主義ノ立法ノ上カラ申シマスルナラバ、其當然ノ歸結ト致シマシテ、選擧區ヲ地域團體ニスルノ理由ハナイ、全國一般ヲ一ツノ區域トスルコトハ是亦論理的ノ當然ノ歸結デアリマス、ノミナラズ諸君ハ苟モ人格者デアル以上ハ、ソレニ向ッテ政治ニ參與スルノ權利ヲ持タナケレバナラヌト主張セラル、ナラバ、其當然ノ歸結ト致シマシテ、其參政權ヲシテ苟モ無用ニナラシメナイダケノ用意ヲ此立法ノ上ニ持タナケレバナラヌ、然ルニ諸君ノ此立法上ニ於テハ無效ノ投票ノ出ナイヤウニ、技術的ノ方面ガ何等見エテ居ラナイノデアル――私ノ無效ノ投票ト申スコトハ、卽チ當選シナイ所ノ、代議士ニナリ得ナイ人ニ向ッテ、投票ノ行カナイヤウナ方法ト云フ意味デアリマス、ドウシテモ人格主義カラ諸君ガ論ゼラレルナラバ、少クトモ候補者ノ數ヲ限定シテ、無效ニ終ル所ノ投票ヲ成ベク少クスルト云フ所ノ手段ヲ執ラナケレバ、此主義ガ一貫シナイノデアリマス、然ルニ諸君ノ提案サレタ所ノ此法案ヲ見ルナラバ、何等ソレニ向ッテ用意ヲ與ヘテ居ナイ、唯、第八條ニ於テ納稅ノ資格ヲ取ルト云フコト、年齡ヲ二十五歲ニ制限スルト云フコトダケヲ改正サレタノミデ、他ノ點ハ殆ド現行法通リニナッテ居ルデハアリマセヌカ、然ラバ諸君ハ此點ニ向ッテ立法上ノ主義ガ、何等一貫シタ何等統一ノ組織ヲ此間ニ認メルコトガ出來ナイノデアリマス、私ハ之ニ向ッテ細論ヲ致シテ見タイト思ヒマスルケレドモ、私ハ此點ニ付テ深ク諸君ヲ咎メル意味デハナクシテ、私ノ言ハント欲スル所以ハ斯ウ云フ點デアル、諸君ハ斯ク諸君ノ提案サレタ此普選案ナルモノハ何等一定ノ主義ガ無ク、又假ニ一定ノ主義ガアッタト致シテ、其主義カラ演繹シテ來タル所ノ法律上ノ他ノ條項ガ、少シモ其主義ニ相副フベキ所ノ條項ガ此間ニ認メラレテ居ナイト云フコトハ、要スルニ諸君自身ガ此普選案ナルモノハ到底實行ノ出來ナイモノデアルト云フコトヲ覺悟ノ上デ、到底實行スルノ見込ガ無イモノデアルカラ、主義ダケヲ高ク掲ゲテ、其技術的ノ方面ナドハ、追テユックリト相談シヤウト云フヤウナコトデ諸君ハ出サレタモノデ、實行的ノ決心ガ諸君ニ無イト云フコトヲ表明スルモノデアラウト思フ(拍手)然ラズンバ同ジク普選論者デアッテ、現ニ松本君平君ノ如キハ、私ハ昨日ノ公報ヲ見ルニ、婦人參政權ニ對スル建議案ヲ御提出ニナッテ居ル、ソレ程サウ云フ重要ナ建議案ヲ御提出ニナルヤウナラバ、何故此法案ノ中ニソレヲ組入レラレナイ何故諸君ハ十分ナ協議ヲ盡シテ、然ルベキ一定ノ主張ヲ定メテ、其主張ニ合フベキダケノ立法ヲ此法案ノ中ニ明ニ示シテ置カレナイカ、要スルニ是等ハ諸君ガ眞ニ之ヲ實行スルノ目的デナイカラシテ、斯ル法案トシテ不完全ナルモノヲ此處ニ御提出ニナッタモノデナイカト私ハ推斷致スノデアリマス、(拍手)吾々ガ普選尚早論ヲ唱ヘル所以ノモノハ、斯ノ如キ不完全ナル法案ヲ否決致シ、諸君ヲシテ普選ニ對シテ一定ノ立法上ノ主義ヲ定メシメ、而シテ一定ノ立法上ノ主義ニ從ッテソレガ統一完全セル所ノ法案ヲ作ラシメンガ爲ニ、假スニ時ヲ以テスルノ主義ヲ以テ吾々ガ尚早論ヲ唱ヘルノデアリマス、更ニ私ハ普選論者ノ方々ニ一ツ御考ヲ願ヒタイ事ガアリマス、ソレハ諸君ノ御論旨ヲ讀ンデ承ッテ見マスルノニ、兎角量ニ力ヲ御入レニナッテ居ル、量ノ問題ヲ深ク御論ジニナルヤウデアリマスルガ、質ノ問題ヲ一向御論ジニナラヌ、之ヲ私ハ甚ダ遺憾ニ存ジマス、諸君瓦ヲ何程積ミ重ネテモ、玉ニハナリマセヌ、如何ニ「ダイヤモンド」ガ貴イカラト申シテ「ダイヤモンド」デ柱ヲ造リ、屋根ヲ葺クコトハ出來マセヌ、斯ノ如ク質ハ尊ブベキモノデアリ、量ハ重ンズベキモノデアリマス、併ナガラ其一方ヲ拾テ、一方ヲ取ルト云フコトハ、是ハ大ナル過チデアリマス、若シ此議論ヲ政治上ニ當嵌メテ見マスルナラバ、餘リニ質ヲ尊ビ過ギマスレバ、卽チ專制政治ニ陷リマス、餘リ量ヲ尊ビ過ギマスレバ其弊ハ「モップ」政治ニ陷リマス、暴民政治ニ陷ルノ弊ガアリマス、然ラバ此質ト量トヲ適當ニ按排スル所ニ苦心ガ存スルノデアリマス、國家ハ一人ニ依ッテ興リ、一人ニ依ッテ亡ブト申シマス、人或ハ此言葉ヲ以テ專制君主ヲ辯護スルノ言葉ト言ヒマスルケレドモ、私ハサウ思ヒマセヌ、此言葉ハ眞理ノ全部デハアリマセヌ、併ナガラ一面ノ眞理デアリ、一面ノ事實デアリマス、若モ昔「ワシントン」ガ居ナカッタナラバ、亞米利加ノ獨立戰爭ハ如何ナル結果ニ終ッタデアリマセウカ、若モ「ビスマーク」ガ居ナカッタナラバ獨逸帝國ノ統一ガ如何ナル結果ニ陷ッタデアリマセウカ、若モ「カブール」ガ居ナカッタナラバ伊太利ノ統一ガ如何ナル結果ニ終ッタデアリマセウカ、畏クモ明治大帝ガ御在シマサナカッタナラバ、明治維新ノ革命ガ斯ノ如キ立派ニ成就シタデアリマセウカ、(「革命トハ何事ダ」ト呼フ者アリ)革命デハアリマセヌ、維新デアリマス、斯ノ如ク私ハ考ヘ來レバ、質ガ政治ノ上ニ影響スルコトハ頗ル大ナルモノデアリマス、斯ク申シテモ私ハ多數ノ意見ヲ無視セヨト云フ意味デハアリマセヌ、要スルニ質ト量ト云フモノハ此按排ヲ宜シクシナケレバ、完全ナル政治ガ行ハレナイモノデアルト云フコトヲ申上ゲルノデアリマス、(「ソレハ同感デアル」ト呼フ者アリ)同感ナラバ少シク御聽ヲ願ヒタイ、凡ソ此代議政治ト申スモノハ、是ハ最善ノ政治デアリマセヌ、是ハ獨リ私ノ卑見ノミデナク苟モ政治學ヲ學ンデ居ル所ノ人達ハ之ヲ認ムル筈デアリマス、併ナガラ是レ以上ノ適當ナル制度ハ、今日ノ時代ニ於テ吾々ニ依ッテ見出サレナイカラ、先ヅ次善トシテ代議制度ヲ採ルノデアリマス、併ナガラ代議政治ノ最善デナイト云フニハ種々ナル理由ガアリマスルガ其重大ナル理由ノ一ハ、私ガ今申上ゲマシタ質ト量トノ按排ガ頗ル困難ナモノデアルト云フ缺點デアリマス、故ニ此絕對的最善デナイ所ノ制度、卽チ次善ノ制度タル代議制度ヲ適當ニ運用スルト云フコトニ至ッテハ、國民ノ非常ナル政治的天才ヲ要スルノデアリマス、故ニ政治的天才ガ之ニ適ハナイ場合ニハ、代議制度ヨリ害ヲ受ケテ益ヲ受クルコトガ甚ダ少イノデアリマス、又政治的天才ガ之ニ適ッテ居ルモノハ、代議制度ノ運用ニ依ッテ害ヲ受クル事ガ少クテ、利ヲ受クル事ガ多イノデアリマス、又事實ノ上ニ徵シテ見マスト「アングロサクソン」ノ民族ハ代議制度ノ運用ニ依ッテ多ク利ヲ受ケテ居リマス、而シテ又拉典民族ハ此代議政治ノ運用ヲ誤ッタ爲ニ、利ヲ受クルヨリハ害ヲ受クル事ガ多イノデアリマス、是等ノ實例ハ亞米利加ヤ英吉利ノ代議制度ノ事實ヲ見、又墨西哥若クハ南亞米利加ノ代議制度ノ運用ノ實際ヲ御視察ニナル人ハ、必ズ私ノ今申上ゲタル事實ヲ異論無クシテ御肯肯ニナルコ、ト私ハ信ジマス、斯ノ如ク此代議政治ノ運用ニ取リマシテハ、質ト量トノ關係ヲ適當ニ按排スルト云フコトニ向ッテハ非常ナル苦心ヲ拂ハナケレバナラヌモノト思ヒマス、然ルニ二十四日ノ討論ニ於キマシテ、横山君ハ、政友會ハ普選問題ヲ卽行スルト云フコトニ向ッテ逡巡躊躇スル所以ノモノハ、臆病ダカラト云フ論斷デアリマシタ(「其通リ」ト呼フ者アリ)其通リデアリマス、政友會ハ臆病デアリマス、政友會ハ國家國民ノ爲ニ必要ナル國運ヲ進メ、民福ヲ進メル上ニ必要ナル政策ダト考ヘマスルナラバ、ソレニ向ッテ大膽ニ猛烈ニ進ムダケノ勇氣ヲ持ッテ居リマス、併ナガラ此代議政治ノ運用ニ對シマシテハ頗ル臆病デアリマス、代議政治ノ運用ニ對シテ餘リニ熱情的デアルト云フノデ、拉典民族ハ失敗ヲ致シ、代議政治ノ運用ニ對シテ頗ル保守的、寸ヲ得レバ寸ヲ守ルト云フ堅實ナル歩ミ方ヲシテ居ル、卽チ臆病デアル「アングロサクソン」ガ成功シテ居ルノデアリマス、吾々ハ其先蹤ニ從ッテ、其歷史ノ敎ヘル所ニ從ッテ、他ノモノニ向ッテハ猛烈ニ大膽ニ放膽ニヤルコトヲ好ミマスケレドモ、代議政治ノ運用ニ取ッテハ努テ臆病ニヤルノガ至當デアル、臆病ニ行フコトヲ以テ寧ロ當ヲ得タモノト考ヘマス(拍手)次ニ私ハ申上ゲテ見タイコトハ、普選論者ハ兎角今日ノ吾々代議士ハ、國民ノ代表者ト言ッテ居ルケレドモ、僅ニ三百万人ノ代表者デアルト言ハレマス、現ニ松本君平君モ此壇上ニ於キマシテ其御議論ヲ致サレマシタ、昔テ又植原悅二郎君ガ四十二議會ニ於キマシテ普選案ヲ提出サレタ時ニ、舊國民黨ヲ代表サレマシテ、其提案ノ理由ニ付テ說明ヲサレタ其中ニ、同樣ノ御議論ヲ致サレマシタ、其時ノ言葉ニ依ッテ、吾々ハ國民ノ代表者デアルト常ニ口癖ニ言ッテ居ルケレドモ、吾々ハ六千万ノ代表者デナイ、唯、僅ニ百五十万ノ代表者デアル、其時ハ舊法ニ依ッテ選出サレタノデアリマスカラ、ソレデ植原君ハ百五十万人ト言ハレタ、今日ナラバ松本君ト共ニ三百万ト言ハル丶ノデアリマセウ、吾々ハ此國民全體ノ代表者デナクシテ、百五十万人ノ代表者デアルト云フコトヲ深ク自覺シナケレバナラヌト斷言サレテアリマス、是ハ大ナル過デナイカト私ハ思フ、元來此代表ノ觀念ニ取ッテ、普選論者ハ大ナル誤ッタ觀念ニ囚ハレテ居ルト云フコトハ、昨日我黨ノ牧野君カラ詳細ニ學理上ノ說明ヲ致サレマシタカラ、私ハ此點ヲ省ク積リデアリマスガ、之ヲ事實ノ上カラ私ハ言ッテ見タイト思フ、果シテ植原君若クハ松本君ノ言ハル丶ガ如クニ、今日吾々ハ三百万ノ有權者ニ依ッテ選擧セラレタ者デアルカラ、三百万ダケノ代表者デアッテ、六千万ノ國民ノ代表者デナイト云フ御議論デアルナラバ、諸君ノ御主張ノ通リニ此普選案ヲ實行シタ上ニ於キマシテモ、尙ホ同一ノ結論ニ達スルノデアリマス、何トナレバ今日此諸君ノ提案サレマシタ所ノ此普選案ガ實行サレマシタ曉ニ、如何ナル結果ヲ示スデアリマセウカ、卽チ普選案ヲ實行サレマシタ場合ニハ、千三百万ノ有權者ガアルト云フコトデアリマス、併ナガラ從來我國ノ選擧ノ實例ニ鑑ミテ見マスト、其有權者ノ一割ハ棄權者デアリマス、而シテ又約四割ハ落選者ニ投ゼラル、所ノ投票デアリマス、卽チ私ノ先程申シタ無效投票ニナルノデアリマス、卽チ約五割ノ投票ト云フモノハ、何等ノ代表權ヲ持タナイ所ノ投票ニ終ルノデアリマス、卽チ半數ノ投票ノミガ代表者ヲ持ッ所ノ投票ニナル實例ニナッテ居リマス、果シテ然ラバ諸君ガ千三百万ト──卽チ人格ヲ持ッテ居ルト認メラレテ居ル所ノ千三百万ノ人ニ選擧サレタト致シマシテモ、事實ハ六百五十万ノ人ノ代表者ニ過ギナイデハアリマセヌカ、然ラバ諸君ハ三百万ノ人ニ依ッテ五千七百万ノ人ヲ支配スルト云フコトハ非立憲デアル、「デモクラシー」ノ精神ニ反スルト仰シヤルナラバ、同ジク六百五十万ノ人ニ依ッテ五千四百万ノ人ヲ支配スルコトハ、又同ジ「デモクラシー」ノ精神ニ反スルモノデハアリマセヌカ、若シ然ラズシテ昨日我黨ノ牧野君カラ主張サレマシタ如ク、投票ノ如何、選擧人ノ如何ニ拘ラズ吾々ハ、常ニ全國民ノ代表者デアル、六千万ノ代表者デアル、一個ノ「フイクション」デアル、擬制デアル、斯ウ云フコトヲ、諸君ハ吾吾ト共ニ御認ニナルナラバソレハ、三百万デアルト千三百万デアルトヲ問ハズ、等シク全國民ヲ代表スル者ト謂ハナケレバナラヌ、要ハ千三百万ヲシテ投票セシムル方ガ國情ニ適スルカ、或ハ三百万ノ人ヲシテ投票セシムル方ガ國情ニ適スルカト云フ所ノ問題ニ依ッテ是ハ決スルモノデアリマス、決シテ投票者ノ多少ニ依ッテ、是ガ或ル一部分ヲ代表シ、他ハ全國民ヲ代表スルト云フ道理ハ、到底此選擧ノ觀念ノ上カラハ出テ來ナイモノト私ハ信ズル(ヒヤ〳〵)斯ク申シマスルト、必ズ反對ノ方ニハソレハ一種ノ法理論デアル、法理論トシテハ其說ヲ認メルケレドモ、實際政治的ノ觀察トシテ見タナラバ、澤山ノ人ヲ代表スル者ト、少數ノ人ヲ代表スル者トデハ大ナル相違ヲ來ス、多數ノ者ニ依ッテ投票サレ、多數ヲ代表スル者ハ必ズ多數ノ利益ニナルヤウナ政治ヲ致シ、少數ノ者ニ依ッテ投票サレ選擧サレタル者ハ、必ズ少數ノ利益ヲ圖ル傾向ガアル、斯ウ云フ政治論若クハ事實論ヲ以テ之ニ對抗セラル、デアリマセウ、併ナガラ私ハ此點ハ寧ロ代議士ニナル人、選バレル人、其人ノ政治的ノ見識、政治的ノ德操ノ問題デアルト信ジマス、諸君ハ──今日卽チ普選案ヲ御提出ニナッタ諸君ハ、ドレダケノ人ヲ代表ニナッテ居リマスカ、憲政會ノ人ハ大正九年ニ於テ當選サレタ方々ノ數ハ、投票者ノ數、卽チ諸君ノ背後ニ在ル所ノ人ノ數ハ四十万人ニ過ギナイノデアリマス、而シテ國民黨ノ諸君ノ背後ニ居ル所ノ人ハ僅ニ十万ノ人シカ無イノデアリマス、卽チ無所屬全體ヲ合セテモ漸ク十三万七千ノ人ヲ背後ニ持ッテゴザルダケノ事デアリマス、故ニ之ヲ總テ合セマシテモ六十三万カソコラノ人シカ諸君ノ背後ニ無イノデアリマス、然ルニ更ニ少數ノ人ニ從ッテ選擧セラレタル諸君デスラモ、國民全體ノ要求デアルト云フ名ノ下ニ此普選案ヲ御出シニナッテ居ルデハアリマセヌカ、然ラバ諸君ハ投票者ノ少イト多イトニ依ッテ、是ガ國民ノ意思ヲ代表シテ居ル、是ガ國民ノ意思ヲ代表シテ居ナイト云フモノデナイト云フコトハ、諸君ノ御自身ノ行動ニ依ッテ──諸君御自身ガ此普選案ヲ御提出ニナッタト云フ此事實ニ依ッテ、十分ニ證明セラレテ居ルデハアリマセヌカ、更ニ又諸君、斯ク申スナラバ政友會ノ行動ハ如何デアルカ、既ニ屢、其御論ヲ承リマシタ、其御論ハ敎育費ニ對スル御下賜金ヲ何ニ使ッタカ、若シ多數ノ者ヲ考ヘマスルナラバ、是非共之ヲ普通敎育ニ使フノガ相當デアッタモノヲ、高等敎育ニ使フナド、云フコトハ卽チ「ブルヂョア」ノ利害ヲ考フルモノデアルト云フヤウナ御論ガ、屢、此壇上ニ於テ繰返サレタノデアリマシタ、併ナガラ是ハ大ナル誤デアル、今日我國ニ於キマシテ、中等敎育以上ノ敎育ヲ受ケントスル子弟ハ、如何ナル狀態ニナッテ居ルデアリマセウカ、殆ド押合ヒ引合シテモ中學校ニ這入ルコトハ出來ナイ、又中學校ヲ卒業シタ者ハ如何ヤウナル苦勞ヲ致シテモ高等學校ニ這入ルコトハ出來ナイト云フヤウナコトデ、敎育制度ノ議論ガ天下ニハ囂々トシテ居ルニモ拘ラズ、中學校ノ敎員ハ共ニ自己ノ敎ユル所ノ生徒ヲドウニカシテ高等學校ニ入レタイト云フノデ、中學校ノ本旨ヲ沒却スルヤウナ敎育ヲ今日事實ニ於テ施シテ居ルノデアリマス、而シテ中學以上ノ學生ハ、殆ド此入學難ノ爲ニ神經衰弱ニ陷ル狀態ニナッテ居ルデハアリマセヌカ、然ラバ此國家ノ後繼者タル所ノ此多數ノ學生ヲ、神經衰弱ニ陷ラシメテ、サウシテ我ガ國家ヲ維持スルコトガ出來マセウカ、然ラバ此國家全體ノ利益ノ上カラ觀察致シテ、中學以上ノ敎育資金ニ御下賜金ヲ費消シタコトハ、何デ是ガ「ブルヂョア」ヲ保護スルノ施設デアリマセウカ、決シテサウ云フ事ハ無イト云フコトハ少シ敎育ノ實際ニ通ジテ居ル人ハ、直ニ之ヲ首肯シナケレバナラヌ所ノ事實デアリマス、更ニ又諸君ハ、吾々政友會ヲ目シテ特權階級ノ代表者デアル、特權階級ノ利害ヲ顧慮スル者デアルト云フ御非難ヲ屢、繰返ヘサレマシタガ、昨年ノ議會ニ於テ、卽チ我黨ノ內閣カラ健康保險法案ヲ提出致シテ、諸君ノ御協贊ノ下ニ旣ニ今日ハ法律ニナッテ居リマス、諸君、健康保險法ナルモノハ、誰ヲ保護スルモノデアリマセウカ、卽チ工業勞働者ヲ保護スルモノデアリマセヌカ、工業勞働者ノ中ニハ今日選擧權ヲ持タヌ人ガ多數アリマス、更ニ又本年ハ產業組合中央金庫法案ガ現ニ我黨ニ依ッテ提出サレテ今審議中デアリマス、此產業組合ノ中央金庫ナルモノハ、是ハ何人ヲ保護スルノデアリマスカ、卽チ農業勞働者ヲ保護スルモノデアリマス、農業勞働者ノ大部分ハ同ジク選擧權ヲ持ッテ居ナイ者デアリマス、我黨ハ我黨ノ背後ニ吾々ヲ投票シタ者ト否トニ拘ラズ、苟モ事ハ國家全體ノ利害ニ關スルモノデアルナラバ、苟モ是ガ多數ノ國民ノ利害休戚ニ關スルモノデアルナラバ、必ズ之ヲ取ッテ以テ本院ニ提出シテ、之ヲ法律ト致シテ國民ノ大部分ノ利害ヲ之ニ依ッテ滿足サセントスルコトヲ努メテ居ルノデアリマス、而シテ此事實ハ私ノ述ベマシタ二個ノ事實ニ依ッテ十分ニ證明シテ餘リアルモノト私ハ考ヘマス(拍手)諸君、普選ヲ主張ナサル諸君ノ方々ノ中デ新知識ヲ有シテ居ラル丶方々カラ、屢々此壇上ニ於テ引用サレマス所ノ「カールマルクス」ハ、其唯物史觀ノ「ホーミユラ」ノ中ニ斯ウ言ッテ居ル、一ツノ社會組織ニ於テ其生産力ガ十分ニ發達ヲ致シテ、最早發達スルノ餘地ナキマデニ是ガ發展シ盡スニアラザレバ、其社會組織ハ如何ニシテ廢滅スルモノデナイト云フコトヲ言ッテ居リマス、私ハ是ハ「カールマルクス」ノ權威ニ依ラズトモ、想フニ諸君ノ御認定ニナルデアラウト思フ、併ナガラ獨リ此眞理ハ社會組織ニ取ッテノミデハアリマセヌ、亦政治上ノ組織ニ取ッテモ同一ノ眞理デアルト私ハ考ヘマス、古ヨリ四時ノ序功ヲ成スモノハ去ルト云フコトガアリマス、即チ春ハ春ノ功ガ了レバ夏ニナル、夏ハ夏ノ功ガ了レバ秋ニナル、秋ハ秋ノ功ガ了レバ冬ニナルト云フコト、同工異曲ノ類デアリマス、故ニ總テノ制度ハ其制度本來ノ目的ガ十分ニ其效果ヲ盡シ得タ後ニアラザレバ、妄ニ是ガ無クナルモノデナイト云フコトハ、何レノ場合ニ於テモ眞理デアルト考ヘマス、而シテ諸君ガ頻ニ此制限選擧ヲ攻擊致サレマスケレドモ、制限選擧ハ制限選擧特有ノ使命ガアル、其制限選擧ハ制限選擧特有ノ此國家社會ニ對スル所ノ效果ガアッテ生レ出タモノデアリマス、故ニ其效果ヲ十分盡サナイ間ハ、此制度ハ廢滅ニ歸スベキモノデハアリマセヌ、然ラバ制限選擧ニ依ッテ如何ナル效果ガアルカト申シマスレバ、我國ノ現狀ニ於テハ如何ナル事ガ最モ必要デアリマセウカ、勿論私ハ多數ノ利害ヲ考慮致シマス、多數ノ休戚ヲ考ヘマス、併ナガラ我國ノ今日ニ於テ最モ缺ケテ居ル所ノモノ、最モ憂フベキ所ノモノハ何デアルカト云フト、生産ノ振ハヌト云フコトデアリマス、而シテ其生産ノ十分振ハナイト云フコトハ、資本ノ不十分デアルト云フコトモ亦一原因デアリマス、今日ノ如ク我國ノ經濟界ノ生産ノ振ハナイ狀態ニ於テハ、到底世界ノ列强ト角逐シテ行クコトハ出來マセヌ、大和民族ノ精華ヲ世界ニ發揚シ、列國ト共ニ爭ッテ日本ノ國運ヲ伸張セシムル上ニ付テ、經濟上ノ發展ニ最モ重キヲ置カナケレバナラヌト私ハ考ヘマス、斯ル場合ニ於テ徒ニ資本家ヲ窘メ、資本ノ蓄積ヲ妨ゲ、資本ノ運用ヲ妨害スルヤウナ事ハ愼ンデ之ヲ避ケナケレバナラヌト考ヘマス、普選ガ實行サレタナラバ必シモ私ハ資本家ヲ窘メルトハ申シマセヌ、資本ノ蓄積ヲ妨害スルトハ申シマセヌ、併ナガラ若シ選擧ヲ致ス所ノ人、參政權ヲ持ツ所ノ人ガ選擧ノ本旨ヲ誤ッテ、其運用ヲ爲ス心得ガ十分ナルニアラザレバ、先程申シマスヤウニ即チ量ノミヲ尊ビ、質ノミニ重キヲ置イテ、其質ヲ顧ミナイヤウナ法制ヲ茲ニ立ツルニ於テハ、必ヤ「モップ」政治ニ陷ル、必ヤ衆愚政治ニ陷ッテ、資本ノ增殖、資本ノ運用、資本ノ蓄積ヲ妨グルヤウナ結果ヲ來ス虞ガアルト云フコトダケハ、十分ニ注意致サナケレバナラヌ問題デアリマス、是ニ於テ私ハ然ラバ日本ノ國民、即チ諸君ノ普選ヲ要求スルト言ハル丶所ノ民衆ハ、果シテ此參政權ノ運用ニ十分熟シテ居ル所ノ機會ニナッテ居ルカ、ドウカト云フ所ノ問題ニ觸レナケレバナラヌノデアリマス、是ガ私ノ最後ニ申上ゲル所ノ點デアリマス、併セテ又是ハ松本君ノ先程ノ御論斷、國民ガ果シテ自覺的ニ此權利ヲ要求シテ居ルカ否カト云フ問題ニ立至ルノデアリマス、諸君、松本君ノ御說ノ如ク、果シテ國民ガ此參政權ノ運用ヲ間違ヒナク爲シ得ルヤウナ程度ニ進ンデ居ルカ否カ、又國民ガ直ニ自覺的ニ此參政權ヲ求メテ居ルカ否カト云フコトハ、トモスレバ水掛論ニ陷ルノ虞ガアリマス、是ハ松本君ノ仰シヤル通リデアリマス、其點ハ松本君ニ御同意ヲ致シマス、之ニ對シテ松本君ハ、政友會ハ新聞ノ論調ヲ無視シ、「デモンストレーション」ヲ無視シ、之ヲ以テ決シテ國民ノ要求デナイト云フヤウナコトハ間違ッテ居ル、斯ウ云フコトガ第一ノ御論斷デアリマス、私モ不肖ナガラ新聞ニ關係ヲシテ居ル者デアリマス、決シテ新聞ヲ卑シムヤウナ者デハアリマセヌ、又新聞記者諸君ニ對シテハ十二分ノ敬意ヲ表シテ居ル者デアリマス、故ニ新聞ノ論調ハドウデモ宜イト云フヤウナコトハ申シマセヌ、併ナガラ新聞ノ論調ノミニ依ッテ、國民ノ要求ノ總テガ此ニアルト云フコトヲ論斷スルノハ、是ハ少シク早計ノ事ト考ヘマス、又此「デモンストレーション」院外ノ民衆ノ運動ト云フヤウナモノヲ以テ、直ニ是ガ國民ノ要求デアルト論斷スルコトモ甚ダ早計デハナイカト存ジマス(拍手)併ナガラ是ハ水掛論デアリマスカラ、幾ラ言ッテモ同ジ事デアルカモ知レマセヌガ、私ハ此「デモンストレーション」ヲ以テ國民ノ要求デアルト斷ズルコトノ早計デアルト云フコトハ、私ノ說トシテ申スヨリハ諸君、憲政會ノ諸君モ亦之ニ御同意ノ筈デアルト云フコトヲ一言申シテ見タイ、是ハ議論デハアリマセヌ、事實デアリマスカラ、其事實ヲ申上ゲテ見マセウ、諸君ハ申スマデモナク第四十二議會マデハ制限選擧論者デアッタノデアリマス、而シテ四十一議會ニ於テ選擧法改正案ヲ提出サレマシテ、ソレガ特別委員會ニ付託サレテ、特別委員ノ審議ヲ行ッテ居ッタ場合ニ、即チ諸君ガ制限選擧論者デアッタ場合ニ、今日ハ議席ヲ持ッテ居ラレタカモ知レマセヌガ、諸君ノ代表者トシテ法律上ノ知識ニ於テ相當ナル聲名ノアル齋藤隆夫君ガ、諸君ヲ代表致サレマシテ、其委員會ニ於テ如何ナルコトヲ言ハレマシタカ、齋藤君ハ斯ウ云フ事ヲ言ハレマシタ、此普通選擧ヲ實行セントスルナラバ、國民ハ先ヅ其參政權ヲ要求スベキモノデアル、併ナガラ此院外ノ民衆ノ運動、所謂「デモンストレーション」ノ如キモノヲ以テ、之ヲ國民ノ要求デアルト斷ズルコトハ間違ッテ居ル、若シ人ガ立ッテ、若イ者ノ前、學生ノ前、勞働者ノ前ニ立ッテ、汝等ニ權利ヲ與ヘルカラ汝等騷ゲト言ヘバ幾ラデモ騷グモノデアル、故ニ是等ハ若イ者、學生、勞働者ガ騷イダカラト言ッテ、「デモンストレーション」ヲヤッタカラト言ッテ、之ヲ以テ國民ノ要求デアルト斷ズルコトハ間違ッテ居ル、國民ノ輿論ト云フモノハ斯ル院外ノ民衆運動ニ依ッテ求ムルコトノ出來ナイモノデアルト云フコトヲ斷言シテ居ルノデアル(拍手)諸君ガソレヲ疑フナラバ、四十一議會ノ委員會ノ速記錄ヲ御覽ナサイ、諸君、此諸君ノ代表者ノ述ベラレタ齋藤隆夫君ノ御說ハ、永井君ガ此壇上ニ於テ諸君ノ變說改論ヲ辯ズルニ能ク用キラレル所ノ、時勢ノ急變、急轉直下ト云フヤウナ言葉ヲ以テハ之ヲ辯解シ盡スコトノ出來ナイ問題デアリマス(拍手)院外ノ民衆運動ヲ目シテ之ヲ國民ノ要求ト見ルカ否ヤト云フコトハ、急轉直下デハアリマセヌ、時勢ノ變化ト云フコトヲ以テシテハ解釋スルコトノ出來ナイ問題デアリマス(ヒヤ〳〵)此點ニ向ッテ私ガ多ク述ベル必要ハナイ、諸君自身ガサウ言ッテ居ルデハナイカ、諸君ノ代表者ガ明ニソレヲ言ッテ居ルヂヤナイカ、諸君、私ハ斯カル議論ヲ致シテ徒ニ諸君ヲ攻擊スル者デハアリマセヌ、寧ロ進ンデ積極的ニ、我ガ多數ノ民衆ガ果シテ自覺的ニ選擧權ヲ要求シテ居ルヤ否ヤト云フコトヲ、確的デハアリマセヌガ、稍々確的ニサウデナイ傾向ノアルト云フコトヲ事實ノ上カラ一ツ證明シテ御覽ニ入レマセウ、諸君、此參政權ノ要求ガ國民ノ自覺的要求デアルカドウカト云フヤウナコトハ、如何ナル方法ヲ以テモ之ヲ確的ニ證明スルコトハ勿論出來ナイノデアリマス、併ナガラ最近ニ行ハレマシタ總選擧ノ實例ニ付テ考ヘマスルナラバ、稍々之ヲ窺ヒ知ルコトガ出來ルノデアリマス、大正四十五年五月ニ行ハレマシタ、即チ舊選擧法ニ依ッテ行ハレタ所ノ選擧(笑聲「大正四十五年カ」ト呼フ者アリ)ソレハ間違ヒマシタ、四十五年ト言ッタノハ間違ヒデス、大正六年デアリマス、ソレハ私ノ言違ヒデアリマス、大正六年ノ四月ニ行ハレマシタ所ノ總選擧、即チ納稅資格十圓ノ場合ニ行ハレタル所ノ總選擧ト、更ニ選擧法改正後、即チ三圓ニ減稅資格ヲ低下シタ時ニ行ハレタルトキノ總選擧ヲ比較シテ見マスト、其棄權者ノ數ガ大正六年ノ時ニ於テハ八分八毛デアッタ、然ルニ大正九年ニ行ハレタ、即チ選擧權ノ擴張サレタ時ニ行ハレタ棄權ハ一割三分三厘デアリマス、即チ此事實ハ選擧權ガ擴張サレ丶バサレル程棄權ガ多イト云フコトハ、是ハ何ヲ物語ッテ居ルモノデアリマスカ、更ニ又此大正九年ニ行ハレタ總選擧ニ於キマシテ、十圓以上ノ納稅者ノ棄權ト、十圓以下ノ納稅者ノ棄權ノ割合ヲ見マスト云フト、十圓以上ノ納稅者、諸君ノ所謂有產階級ノ納稅選擧者、其棄權數ガ一割一分七厘六毛デアリマス、然ルニ十圓以下、比較的無產階級ニ近イ所ノ人ノ棄權ハドウデアッタカト云フト一割五分五厘三毛デアリマス、非常ナル相違ガ此間ニ在ルノデアリマス、全體カラ見マシテモ幾分カ有產階級ニ近イ者ハ棄權スルコトガ少イ、又選擧權ガ擴張サレ、バサレル程棄權ガ多イ、此二ツノ事實ハ抑、何ヲ物語ッテ居ルモノデアルカ、若シ選擧權ガ諸君ノ言フガ如ク貴重ノモノデアル――勿論貴重ノモノデアリマセウ、此貴重ナル選擧權ヲ、卽チ選擧ト云ッモノハ言フマデモナク國家ノ最モ重要ナル機關デアル所ノ此衆議院ヲ構成スル所ノ方法ガ卽チ選擧法デアリマセウ、然ラバ此國家ノ最モ重要ナル機關ヲ構成スルト云フコトハ、國民トシテ國家ニ對スル重大ナル義務デアリマス、故ニ私ハ一體此選擧權ノ觀念ニ付テハ諸君ガ少カラヌ誤謬ニ陷ッテハ居ナイカト考ヘルノデアリマス、選擧權ハ名ハ權利ト申シテモ、私ハ其内容ハ寧ロ義務ト言フ方ガ適當デアルト思フ、若シ義務ト云フ言葉ヲ使フコトガ學術的ニ正確デナイナラバ、國民トシテ國家ニ對スル公ノ務デアルト言フ方ガ適切デナイカト思フ、此重大ナル務ヲ爲スニ當ッテ、其義務ヲ棄テ、其義務ヲ棄テルト云フコトハ抑、如何ナルモノデアルカ、卽チ此選擧權ノ重要ナル事ヲ未ダ十分ニ認識シナイト云フコトヲ證明スルモノデアリマス、斯ノ如ク選擧權ガ擴張サレ、バサル、程棄權ノ多イト云フコトハ、我國ノ多數ノ民衆ガ未ダ適當ニ、松本君ノ言葉ヲ藉ッテ言ヘバ、自覺的ニ、此權利ノ尊イコトヲ未ダ十分ニ了解シタトハ言フコトノ出來ナイト云フコトヲ事實ニ證明スルモノデアリマセヌカ、選擧權ノ重要ナル點、選擧權ノ重大ナル所以ヲ了解セズシテ、如何ニシテ之ヲ適當ニ行使スルコトガアラウ道理ハナイデハアリマセヌカ

〔發言スル者アリ〕

○議長（粕谷義三君） 靜ニ

○武田德三郎君（續） 故ニ私ハ諸君ノ言ハル、所ノ「デモンストレーション」ト云フヤウナ此一事ヲ以テ、國民ガ自覺的ニ選擧權ノ意義ヲ十分ニ了解シテ、國家ニ對スル公ノ務デアルト云フコトヲ十分ニ了解致シテ、自覺的ニ之ヲ要求シテ居ルモノデアルト云フコトヲ斷ズルコトハ出來ナイト私ハ考ヘルノデアリマス（「分ラヌ〳〵」「ノウ〳〵」ト呼フ者アリ）併ナガラ私ハ松本君ト共ニ、國民ガ要求シナイデモ此權利ヲ與ヘナケレバナラヌトハ斷ジマセヌ、是ハ私ハ松本君ト同一ノ意見デアリマス、松本君ヘ國民ガ要求シナクトモ、與フベキモノデアッタナラバ與ヘレバ宜イヂヤナイカト御論ジニナリマス、併ナガラ是ハ總テ一概ニサウ申スコトハ出來ナイ、此外ノ問題ナラバ、國民ガ要求シナクトモ與フベキモノハ與ヘナケレバナラヌ、卽チ我黨ハ先程申シタヤウニ、昨年ノ議會ニ於テ我黨內閣ヨリ提案シタヤウナ健康保險法ノ如キハ、假令勞働者ガ要求シナクトモ、勞働者ノ爲ニナルモノヲ吾々ノ方カラ與ヘテ居リマス、又本年ノ產業組合中央金庫法案ノ如キモ、勞働者ノ方カラ――農民勞働者ノ方カラ要求シナクトモ、彼等ノ爲ニ必要ナルモノヲ吾々ノ方カラ與ヘテ居リマス、併ナガラ選擧權ノ如キ、其行使スルコト運用スルコトガ、國家ノ盛衰ニ重大ナル關係アルコト、之ヲ行使スル其人ガ之ヲ行使スルダケノ十分ナル覺悟ト用意ノ無イ者ニ取ッテハ、其要求無シニ之ヲ與ヘルト云フコトハ間違ッテ居ルト考ヘマス、斯カル意味合ニ於テ吾々ハ靜ニ考ヘル、徐カニ國家ノ狀況ヲ考ヘ國民ノ要求ガ那邊ニ在ルカ、國民ガ選擧權ニ關シ、選擧ト云フ重大ナル事ニ關シテ如何ナル程度マデ自覺シツツアルカト云フコトヲ詳ニ考ヘ、更ニ此選擧法ノ改正ニ當ッテ、如何ナル立法上ノ主義ニ依ッテ改正ヲ企テルカト云フコトヲ詳ニ考ヘ、十分ニ考慮ノ上、苟モ過ツ事ノナイヤウニ、先程申シタヤウニ吾々ハ寧ロ立憲制度ノ運用ニ關シテハ臆病ト言ハル、マデ愼重ナ態度、十分ナル考慮ヲ拂ッテ居ル、然ル後ニ此重大ナル問題ヲ解決シタイト云フノガ吾々ノ考ヘデアリマス、吾々ノ尙早論ヲ唱ヘル所以ハ、卽チ此論據ニ立ッノデアリマス、諸君ノヤウニ輕佻ニ、徒ニ輕進シテ何等立法上ノ確タル主義ナク、人ニ指摘サレ、此法案ハ何デアリマスカ支離滅裂デアル、何等統一ナク、何等ノ結束ナク（拍手）此法案ハ先程申シタ如ク支離滅裂デハナイカ、立法ノ趣意カラ云フテ何等此法案ニ現レテ居ナイデハナイカ、コンナ不熟ナ、コンナ半熟ナ、コンナ瓦ニ等シイ所ノ法案ヲ吾々ノ前ニ提出致シテ、之ヲ以テ國家國民ノ爲ニナル、之ヲ以テ眞正ノ普選ガ實行サル、ナド、考ヘルコトハ、抑ゝ片腹痛キ事デアルト云フコトヲ私ハ申シテ憚ラヌノデアル（拍手）吾々ハ再三申上ゲルヤウニ、我黨ハ決シテ普選案ニ反對デハナイ、反對デナイ以上ハ、諸君ノ如キ斯カル支離滅裂ナル不完全ナル法案ヲ提出スルコトヲ暫ク見合セテ、徐ニ吾々ト共ニ吾々ノ後ヘニ附イテ、吾々ガ十分ニ攻究シ、十分ニ研究シテ完全ナル成案ヲ得ル時マデ諸君ハ御待ニナル方ガ諸君ノ爲國家ノ爲ニナルト私ハ考ヘルノデアリマス（拍手）

○議長（粕谷義三君） 田淵豐吉君

〔田淵豐吉君登壇〕

○田淵豐吉君 諸君、私ハ此議會ニ普選案ノ無所屬ノ提案者トシテ、又降旗君其他ノ人々ノ後ニ著イテ贊成論ヲ述ブルベク、玆ニ登壇シタノデアリマス、私ハ三度玆ニ普選案ニ付テ此演壇ニ起ツコトニナッタノデアリマス、私ガ考ヘマスノニ、政友會ノ方々ガ大分勢ガ强クナッテ來タヤウデアリマス、何故强クナッテ來タカト云フノニ、前デハ色々ノ議員ガ普選ニ贊成シテ、政友會ニ反對ヲシテ來ル、後デハ國民ノ普選熱ガ强クナッテ來タカラ、モウ大分苦シクナッテ本音ヲ吐キ出シテ、之ニ對抗スベク其勢ヲ造ッテ居ルノデハナイカト私ハ思ヒ（「ノウ〳〵」拍手）私ハ過日來ノ討論ヲ聽キマシタガ、或人ハ戶水君デシタカ、普選ハ社會主義ト同ジヤウナモノデアルカラ、結局物質論者ノ唱ヘル所デアッテ、サウシテ色々ノ國ノ廢滅ヲ來ス原因ニナルト云フコトヲ明ニ述ベテ居ラレル、然ルニ理想デハ贊成ダト言フ、ドウモ自家撞著ノ言ノヤウニ私ハ思フ（拍手）又牧野君デアリマシタカ述ベラレルノニ、普選ハ其理由ハ違ヒマスガ、贊成デアルト云フコトヲ明言サレタヤウニ思ッ、幾分カ後デ胡麻化シタノカ、私ノ頭ガ惡イノカ分リマセヌケレドモ、事實論ニ立籠ッテ――理論的ニ行カナケレバナラヌト言ウタノヲ變ヘテ、事實上ニ立籠ッテ、サウシテ結局私ハ普選ニ反對デアルト云フ、反對投票ヲスル先驅ヲ爲シタヤウナ演說ヲサレタヤウデアリマス、或ハ又君權論ノヤウナモノヲ持ッテ來テ、東洋ノ文明ヲ鼓吹シテ、何トカ彼トカ言ハレタヤウナ有力ナル人モ見エル、併シ私ハ或ハ大寶令デモ、或ハ大化ノ新政デモ、皆是ハ支那ノ制度ヲ餘程模倣シタ、所ガ斯ウ云フヤウニ西洋ノ制度ヲ模倣スルト云フコトハ、ドウシテモ民本主義ト云フコトヲ、既ニ憲法ニ於テ採用シタ所ノ結果ニ於テ斯ウナラナケレバナラヌ、斯ウ云フ事ハ諸君ガ此處ニ出テ來ル前ニ、十分研究シテ出テ來ラレタイト云フコトヲ私ハ希望スル、又今此處ニ立ッタ所ノ人モ何ゾ色ゝ言ハレタ、併シ要スルニ皆是迄吾々ガ數回此壇上ニ立ッテ言ウタコトヲ再ビ繰返スコトデアルカラ、私ハ是等ノ人ニ一々應酬スルコトヲ避ケタイト思ッ、サウシテ私ハ聞キマスル所ニ依ルト、ドウモ政友會ノ人ゝハ普選ト云フモノハ贊成デアルケレドモ、今ヤッタナラバ色ゝノ普選贊成論者ノ後ニ著イテ詰ラヌニ依ッテ、我黨ガ天下ヲ取ッタ時ニヤッテ、ソレ見タカ、俺ガヤッタノデアルト云フコトヲ見セル爲ニ、其適當ナ時機ヲ狙ッテ居ルノデハナイカト私ハ思フノデアリマス（「ノウノウ」拍手）サウ云フヤウナ不眞正ナ心ヲ持ッテ此壇上ニ立ッタト云フコトハ、既ニ私ハ餘リ宜シクナイ事デハナイカト思フ、私ハ政友會ノ人ガ申サレマスル所ノ、是ハホンマデアルカ嘘デアルカ分リマセヌケレドモ、政友會ハ憲政會國民黨ヤ其他ノ人ゝノ提案ノヤウナ普選ハ施カナイ、ケレドモ選擧權ハ原君モ言ハレタヤウナ衣鉢ヲ繼イデ擴張ヲ爲サル故ニ來年カ再來年ニ――多分來年デアルカモ知ラヌ、何故カト云フト總選擧ヲ前ニ控ヘテ居ルカラ、落チテハドウモナラヌト云フ焦慮ガ中ゝ强イ、其時ニ何ゾ提案シヤウト云フコトヲ、今カラ心ノ中ニ御調査ナサッテ居ルノデハナイカト云フコ

トヲ私ハ疑フノデアル（拍手）イヤ私ハ能ク知ラヌデスケレドモ、サウ云フヤウナ御話ガアル、ソコデソレハドウスルカト云フト、略、公民權ヲ持ッタ者ニ遣ラウト云フ御說デアル、ソレハドウ云フ數ニナルカト云フト、約九百万人ニナルト云フコトヲ聞イテ居ル、千四百万カ千三百万アル中デ九百万人ニアテガヘバ、是デ大體宜カラウト云フコトデ、胡麻化シテ行クヤウナ氣ガナイカ知ラント考ヘル（「ノウ〜」「拍手」）ソコデ私ハ諸君等ガ色々ト事實論ダトカ理論上トカ申サレマスルガ、御存ジノ通リ普通選擧ヲ徹底的ニ施イタノハ先ヅ「ビスマーク」デアル、御存ジノ通リアノ當時獨逸ノ人口三千九百十七万アッテ、十万人毎ニ一人ノ議員ヲ出シタ、即チ三百九十七人ト云フノハ近年マデサウデアッタノデアル、サウ云フヤウナ狀態デアッタ、サウシテ二十五歲以上ノ男子ニハ悉ク選擧權ヲヤッタト云フ「ビスマーク」ハ社會黨ニ最モ反對シタ人デ、其「ビスマーク」ガ此普通選擧ヲ斷行ナスッタノデアル、所ガ佛蘭西モ矢張普通選擧ヲ施イタ、五十年前ニ施イタ、所ガ英吉利ハ三度改革シタ、千八百三十年代、六十年代、八十年代ト三大改革ヲシタ、最初ニハ非常ナ一種ノ急激ナルモノデアル、第二回ハ「ヂスレリー」ガヤッタノデ、ソレハ靜カデアッタラシイ、第三回ノ千八百八十五年ニ大改正ヲヤッタ、議論ニ非常ニ長ク掛ッテ遂ニ是ガ通ッタ、其通ッタ結果ドウデアルカト云フト、御存ジノ通リ英吉利ハ千八百八十一年ノ統計ニ依リマスト、三千五百万ノ人口ガアッタ、其當時ニ於キマシテ三百万是マデ三百万アッタ所ノ此有權者ヲ更ニ二百万增シテ、五百十万カ五百二十万ニシタノデアリマス、其當時三千五百万ノ人口デアリマスカラ、今日日本ハ五千七百万デアリマスカ、若シ五千七百万トスルナラバ、日本ノ人口ニ引直スト、約九百万ノ人間ガ玆ニ有權者トナルト云フコトヲ、英吉利ガ既ニ三十八年前ニ是ハ斷行シテ居ルヤウナ狀態デアリマス、其英吉利ノ其時ニハ、既ニ鐵道ハ一万八千哩位モ敷カレテ居ル、大分進步ハシテ居ル、併シ獨逸ノ五十年前ニ施カレタ其時ハドウデアルカト云フト、蒸汽ノ家ガ二割モ三割モアッタヤウナ狀態デアル、其時代ニ普通選擧ヲ施イタ結果、彼ノ工業ガ興ッテ——普通選擧バカリデハアリマセヌケレドモ——工業ガ興ッテ、今マデ獨逸ノ農業國デアッタノガ工業國ニ變ジテ、遂ニ彼ノ英吉利ト戰端ヲ開イタコトニナッテ居ル、ソレハ此前ニヤッタ所ノ人ノ論駁ニモ幾分カ側面的ニ關係ガアリマスカラ、一寸申述ベタヤウナ次第デアリマス、サウ云フヤウナ次第デ、英吉利ハ三十八年前ニ約五百万ノ有權者ヲ拵ヘタ、ソレハ日本ト國情ガ違フヂヤナイカ、日本ハ遅レテ居ルデハナイカト云フ議論ヲ爲サル人ガアルカモ知ラヌガ、私ハ想フノニハサウデハナイ、御存ジノ通リドウ云フ譯デアルカト云フト、英吉利ニハ愛蘭ト云ッテ、殆ド人種ガ違ッテ古イ文明ヲ持ッテ居ル、愛蘭ヲ併呑シテ居ル、日本ノ丁度朝鮮ノヤウナ狀態ニ彼等ガ思ッテ居ル、其朝鮮ヲ含ンダ所ノ日本ト云フモノガ、既ニ三十八年ノ前ニ此選擧權ト云フモノヲ大擴張ヲヤッテ居ルト云フコトハ、非常ナル所ノ進步デナケレバナラヌト私ハ思フノデアリマス（拍手）既ニ彼ノ「グラッドストン」ハ愛蘭、蘇格蘭ニ餘リ選擧權ヲ擴張シタナラバ、危イデハナイカト云フコトヲ言ハレタヤウニ、私ハ本デ習ッテ居ル、サウ云フヤウナ工合ニ色々ト國ガ寄ッタ所ノ、彼ノ英吉利人種ノ違ッタ所ノ、彼ノ英吉利ノ本國ガ、三十八年前ニ既ニ五百万、日本ノ人口ニ較ベテ今日九百万ノ人ガ選擧權ヲ有ッテ居ッタ、其時ニモ矢張「デイストリビユーションビル」ガ通ッテ居ル、少數ナ百万人位ノ者ガ約三分ノ二ヲ議員ニ出シテ居ッタ、跡二百万ハ殆ド三分ノ一ノ議員シカ出シテ居ラヌカラ、其選擧區ノ改正ヲ當時ニ行ッタト云フコトハ事實デアリマス、サウ云フヤウナ事ニナッテ居ル、所ガ御存シノ通リ日本ハ世界ニ於テハ最モ古イ國デ、民族モ同一デアル、二千數百年續イタ民族デアル、サウ云フヤウナ民族デアッテ、サウシテ大化ノ新政ニ非常ナル所ノ「ソシアリスチック」社會的ノ政策ヲ既ニ採ッテ居ルノデアル、サウシテ民族モ同一デ、言語ガ同ジデ、サウシテ小サイ區域ニ持ッテ行ッテ塊マッテ、非常ニ仲ノ好イ國民デアル、幾度ノ戰爭ニモ吾々ハ勝ッテ居ル所ノ偉大ナル「ヂヤパン」デアル、此日本ニ於テハ英國ノ其狀態ト餘程違ッテ居ル、英國ハ日本ト違ッテ居ル、故ニ斯ウ云フヤウナ狀態ニ於テハ、ドウシテモ普通選擧ト云フモノヲ今日施クト云フコトハ、モウ必要デアルト私ハ斷言シテ憚ラヌノデアリマス（拍手）御存ジノ通リ牧野君モ昨日デシタカ論ゼラレタガ、普選ハ矢張佛蘭西革命ノ自由トカ、或ハ平等トカ博愛トカ云フ所ノモノカラヤッテ來タノデアリマス、諸君モ御存ジノ通リ人ハ自由ニナリタイ、併ナガラ此自由ト云フモノハ政治上ニ壓迫サレルカラ、此專制政治ヲ倒シテ立憲的ニナリタイト云フ所ノ政治的自由ガ、主ナル原因デアルト私ハ思フ、第二ノ平等ト云フノハ既ニ政治的自由ヲ得タケレドモ、尚ホ中ニ於テ平等ニ行ハレヌカラト云フノデ、玆ニ平等觀ガ段々行ハレテ來タノデアリマス、所デ既ニ自由觀ガ行ハレ、平等觀ガ行ハレテ居リマスケレドモ、博愛觀ト云フモノヲ持ッテ行カナケレバ巧ク行カヌト云フノデ、博愛觀ガ段々ト進ンデ來タ、詰リ日本ニ於テモ自由黨ガ起ッテ自由ヲ鼓吹シテ、段々社會的政策ヲ加味シタ平等黨ガ起リ、段段社會平等觀ガ起ッテ來ル、更ニ「インタアナショナル」國際的ノ點トカ、或ハ國家聯盟トカ、「イントラナショナル」トカ云フ思想ガ起ッテ、玆ニ社會的トカ云フ博愛ノ精神、慈悲ノ精神ガ起ッテ來ルト思フノデアリマス、サウ云フヤウナ三ツノ階段ヲ以テ佛蘭西モ牧野君ガ昨日言ハレタ通リ、立憲政治ト同時ニ所有權ノ觀念ヲ規定シタノデアリマス、所ガ佛蘭西ハ所得稅ガ何故無カッタカト云フト、所得稅ヲ取ルト云フコト、又殊ニ累進稅ヲ取ルト云フト、即チ貧シイ者ニハ一割シカ課ケヌノハ、富者ニハ三割モ課ケルノハ平等觀ニナッテ居ナイ故ニ、是ハ平等觀念カライケナイト云ウテ、佛蘭西ハ永年之ニ反對シタ所ノ歷史ガアリマス、所ガ御存ジノ通リ今日ハ社會ノ「ソリダリチー」ガ起ッテ、社會ト云フモノガ一ツノ團體デアルト云フ思想ガ起ッタ爲ニ、共存共榮ト云フ思想ガ起ッタ爲ニ、資本家モ勞働者モ——共存共榮ト云フ思想モ矢張少シ古イガ、サウ云フ所カラ這入ッテ來タノデゴザイマスカラ、ソコニ初メテ負擔能力說——負擔能力ト云フノハ小サイノハ小サイヤウニ擔ヘ、大キイモノハ大キイモノヲ擔ヘト云フヤウニ、人格上カラ來タモノデ博愛ノ精神カラ來タト思フノデアリマス、諸君ガ所得稅ヲ取リ、或ハ相續稅ヲ取ルト云フヤウニナレバ、此博愛觀ト云フモノハ、國內ニ於テ十分ニ充實サレタモノデアッテ、自由、平等、博愛ノ觀念ヲ及ボシ、朝鮮ニモ世界ニモ及ボスヤウニナッテ來ルト思フノデアリマス、故ニ諸君デモ唱ヘラレマス通リ、又外務大臣モサウデアルガ、矢張外交的ニ平和協調シテ行カウト云フノハ、精神ヲソコニ置イテアルト私ハ確ク信ジテ疑ハヌノデアリマス、所ガソレガ巧ク行カナイカライケナイ、私ハ段々ト此社會ガサウ云フヤウニ進化シテ來タコトニ付テ、普通選擧ト云フモノヲ私等ハ要求スルノデアル、既ニ憲法政治ヲ施イテ諸君ガ議員ニ選バレテ來タナラバ、他ノ人モ選擧權ヲ有ッタラ宜イデハナイカト云フノガ、私等ノ主張デアル、所ガ爾ニモ新聞記者ノ人ト會ヒマシテ尋ネマシタカラ私ノ事ヲ答ヘタ、此處デモソレヲ言ヒタイト思ヒマスガ、物事ヲ考ヘルニ二ツノ思想ガアル、一ツハ吾々ノ主義方針ト云フモノヲ確乎トシテ「アイデイア」ヲ決メテ——理想ヲ決メテ、其理想ヲ以テ自身ヲ規定シ、社會ヲ規定シ、萬物ヲ支配スルト云フ一ツノ精神カラ出發シタモノデアル、「プラトーン」ナドハサウ云フ主義デアル、所ガ「アリストートル」ヨリ進ンデ「ベーコン」ニ至ッテハ、科學的思想ガ起ッテ「インダクチーブメソッド」即チ歸納法ヲ採リ、「デダクチヴ、メソッド」演繹法ヲ採ラナイ、物ノ理想ヲ見、社會ノ現象ヲ見テ、其現象カラ抽象シタ所ノ「ユニテイー」即チ統一ヲ以テ、玆ニ始メテ一ツノ理想ノ作ルト云フコトニナッテ居ル、故ニ此「プラトン」邊カラ言フト「アイデイア」ヲ決メテ——理想ヲ決メテ是ガ現實ニ行ク、又今ノヤウナ思想ハドウデアルカト云フト、科學思想ノ反映トシテ、事々物々カラ「サイエンチカル」科學的ナモノヲ取ッテ、取ッタモノヲバ統合シテ一ツノ理想ヲ作ルト云フヤウナ「インダクチヴ、メソッド」歸納法ニ變ジテ來タ、是ガ世ノ推移狀態デアリマス、固ヨリ或ハ「プラトーン」ノ思想ハ時ニ何百年カ後ニ繰返サレテ來ル、最モ宗敎ノ盛ナ時ニハ、ドウシテモ「デダクチヴメソッド」ヲ用井ル、即ナ演繹法ヲ用井ル、科學ノ盛ナ時ニハ「インダクチヴメソッド」ヲ用井ルト云フヤウナ傾ニナッテ居ル、所ガ總テノ保守黨ハ皆統一ヲ欲スル、統一ヲ欲スルカラ自己ノ思ッタコトニハ氣遣ハナイ、何フヲ見定メタ上ニ始メテ政策ヲ作ルト云フヤウナ狀態デアル、所ガ「ラジカル」ハ——是ハ政治學ノ一端デアリマスガ、「ラジカル」ハ——進步主義ノハマア斯ウ云フヤウナ必要ガアルカラ、サウヤッテ見タラドウデアルカ、今現ニソレガ必要デアルカラサウヤッタラバ後デ必ズ幾多ノ「エレメント」即チ要素ガ「アジヤスト」統合シテ、玆ニ好イ理想ヤ狀態ヲ作ルコトガ

出來ルト云フノデアリマス‥‥

○議長(粕谷義三君) 田淵君、成ルベクドウカ外國語ハ無クシテ‥‥

○田淵豊吉君(續) サウ云フヤウナ二ツノ要素ガアルト思フ、故ニ政友會ノ要素ハ詰リ、是ハ政友會ハ誠心誠意カ何カ知ラヌガ、善ク解釋スルトサウ云フヤウナ統一的ニ、今選擧ヲヤッテ危イト云フヤウナ思想ヲ定メテ居ル、所ガ何ゾ知ランヤ其思想ト云フモノハ、是マデノ選擧ニ買收ガアッタトカ、損ヲシタトカ、國ガドウシタトカ、社會黨ガ起ッタトカ云フ所ノ「エンヴァイロンメント」卽チ此境環カラ來タ思想ニ過ギナイデハナイカ、ソコニ境環ノ頭ニ自己主義ガ加ッテ、自己ガ危イト云フコトニナルト、其天秤ハ何處ニ行ッテシマフカ分カラヌト思フノデアリマス、故ニ政治家ハ虛心坦懷ニ其法案ナリ何ナリヲ見ル必要ガアルト思ヒマス、所ガ又「ラヂカル」ノ方ハ――急進派ノ方ハ其本ニ物々ト云フモノヲ、ソレヲ如實ニ見テ、其物ガ現ニ其處ニ在ル以上ハ、其物ニ存在ノ價値ガアルト云フノハ、存在ノ理由ガアルト云フノデ、其一ツノ價値カラ他ノ大ナル價値ヲ產出サウト云フコトニ、卽チ進歩的ニ行ッテ居ル、故ニドウシテモ行カナケレバナラヌト云フ方ニ進ンデ行クト云フヤウナ狀態デアル、ソコガ卽チ保守黨ト進歩黨ノ岐レル所デ、此所ハ何百年ヲ經ッテモ、何千年經ッテモ、其二ツノモノガ因トナリ果トナッテ、因果ガ相應ジテ居ルト云フコトハ、私ハ否ムベカラザル事實デアルト思フ、サウ云フヤウニ物事ノ見方ヲシテ來マスルト云フト、政友會ハマア今ヤッテハ危イ、危イカラ是ハセヌ方ガ宜イト言ヒ、片方ハ善イモノデアルカラモウ早クセネバイカヌ、吾々ハ否定スル權利ハ無イ、斯ウ云フヤウニ見テ居ルノデハナイカ知ラント思ヒマス、ソレカラ又私ハ進ミマシテ、少シ切レ々々ニナルカモ知レヌガ、聽イテ戴キタイ、ソレハ昨日モ牧野君ナドガ言ハレタ問題ガアル、詰リ一般利益ガ特殊利益ノ代表カト云フ問題ガアル、諸君ガ此處ニ立ッテ居ルノハ、一般利益ヲ代表センガ爲ニ來テ居ルカ、諸君ハ特殊利益ヲ代表センガ爲ニ來テ居ルカ、此所ガ二ツノ岐レル所ノ問題デアルト思フ、一ツハ或ハ職業ニ於テ、卽チ種類ニ於テ變ズル所ノ代表ト、或ハ土地的ノ代表ヲスル者ト、或ハ他ノ階級ヲ代表スル者ノト云フヤウニ分レテ居ル、例ヘバ此處ナラ貴族院ナンカハ階級ヲ代表スルヤウニ吾々ニ一寸見エル、衆議院ハ選擧區ヲ百モ二百モ、三百モ幾ツニモ割ッテ居リマスカラ、其土地ノ利益ヲ代表スルモノデアル、政友會ノ中デモ關東會、九州會ト云フノガ、既ニ土地的ノ代表ノ狀態ガアルト云フコトヲ現シテ居ルノデアリマス、故ニ「バーグ」デアリマシタカ斯ウ云フコトヲ言テ居ル、私ハ英吉利ノ一ツノ選擧區ヲ代表シテ居ルノデハナイ、英吉利ノ議員デアルト言ッテ大演說ヲ爲サッタト云フコトヲ聞イテ居ル、私ハ曾テ博士ノ有賀長雄ト云フ先生ニ聽イタ、議員ハ横濱カラ出テ來レバ横濱ノ利益ヲ代表シテ、特殊利益「ゾンデル、インテレッセ」ヲ代表スレバ宜イノデアル、是ガ必要デアルカラ言ウタノデアリマス、第一ニハ「ゲネラルインテレッセ」卽チ一般利益ヲ代表スベキモノデアルト云フ說ハ副島義一博士ガ言ウテ居ル、此二ツノ爭ヒガアル、私ハ何方カ十分ニハ分ラヌ、卽チ私ハ議員デアリマスカラ、ドウシテモ國家ノ利益ヲ圖ラナケレバナラヌ、此處ニ立ッタ武田サンノ御說ニ依リマスト、吾々ハ日本人デアルケレドモ「デペンデンシー」デアル所ノ日本ノ領土デアル所ノ朝鮮マデモ吾々ノ心ハ行ッテ居ルカラ、朝鮮ニハ選擧權ヲ與ヘナクテモ宜イト云フ結論ニナルガ、朝鮮ハ言語モ違ヒ、民族モ違ヒ、習慣モ違フカラ聯合位ハ勿論許シテ貰ヒタイト云フ又選擧權ナドモ貰ヒタイト云フ思想ガアッタ、原君モソレヲ是認シテ居ルデハナイカ、其思想ガ特殊ノモノデナケレバ其モノ、事ハ分ラナイ、自己ノ自由意思ヲ發揮シタイト云フ心デハナイカト思フ、既ニ諸君ガ其二ツノ一般利益ト特殊利益ト云フモノヲ持ッテ居ル、故ニ尾崎君ノ如キハ特殊利益ガ一般利益ヲ害サナイ場合ニ代表シタラ宜イト云フコトヲ調和的ニ論ゼラレテ居ル、ソレモ吾々ノ大ニ研究スベキ問題デハナカラウカト思ッテ居ル、(「田淵君講義ヲシナイデ討論ヲシ給ヘ」ト呼フ者アリ)ソレハ今ノ說モゴザイマスケレドモ、要ニ特殊利益デアルカ一般利益デアルカト云フコトヲ牧野君モ述ベラレテ、又今發案シタ方モ論及シテ居ルカラ、私ハ附加ヘタ次第デゴザイマス、サウ云フヤウニ吾々ハ世界ニ協調シテ行クケレドモ、日本ト云フモノヲ見テ居ル如ク、吾々ハ日本ノ代議士デアルケレドモ、同時ニ吾々ノ土地ニ於テ不正ヲ行ハレタ場合ニハ、何處マデモソレヲ正サナケレバナラヌト云フ心ヲ持ッテ居ル、ソコデ殊更ニ此處ニ分リ切ッタ事ヲ止メマシテ進ミマスト、既ニ露國ニ於テ一部行ハレテ居ルト稱セラレテ居ル職業ノ代表デアル、例ヘバ長島君ガ新聞記者ノ代表トスレバ、中原君ハ醫者ノ代表トシテ出テ來ルト云フヤウニ階級ノ芯ヲ集メテ特殊ノ利益、特殊ノ主義ヲ持ッテ居ル者ノ利益ヲ代表スルヤウニシナケレバ政治ガ能ク行カヌト云フ議論ガアッテ、既ニ露國ノ「ソフエット」政府ニ於テモサウ云フコトガ行ハレテ居ルト云フコトヲ聞イテ居ル、獨逸ノ社會黨ニハ十年モ二十年モ前カラ議員ハ要ラナイ、寧ロサウ云フヤウナ特殊ノ組合カラ選出シタ者ヲ執行機關トシテ議員ノ代リニシヤウヂヤナイカト云フ說ガ現レテ居ルト云フコトハ、注目スベキ一大現象デアルト思フ、若シ「パーリメンタリツム」卽チ議會政治ノ是マデノヤウナ狀態ヲ維持セントスルナラバ、サウ云フヤウナ利益ヲモ代表セシムルヤウナ仕組ニシナケレバイカヌデハナイカト思フ一人デアリマス、ソレヲスルニハ普通選擧ハ何百万ト云フ人ガ後ニ控ヘテ居ル、是等ノ人ハ中產階級以下ノ人ノ心ト賤惜ト利益ヲ代表シテ來ル結果ニナリマス、若シサウデナケレバ君主政治デアッテ立憲政治デナイ、立憲政治ハ帝王ノ權利ト云フモノヲ制限シテ居ルノガ立憲政治ノ根本デハナイカト思フ、此處ニ諸君ガ出テ居ルト云フノハ民意ヲ代表シテ出テ來タ、或ハ國家トカ何トカ云フモノ、意思ヲ代表セントシテ出テ來テ居ルノデアルカラ、最モ下層民ニモ之ヲ施行ツト云フコトガ最モ必要ナ事デハナイカト思フノデアリマス、私ハ此普通選擧ハ幾ニモ申シタ通リ、自由トカ平等トカ博愛ト云フモノカラ出テ居ル、此三ツガ昨日モ互ニ違フヤウニ言ハレテ居リマスケレドモ、私ハサウデハナイ、「ゴット」ノ如ク吾々ノ理想ト云フモノヲ遠イ所ニ置ケバ、此三ツト云フモノハ互ニ一ツノモノニナッテ輝クト思フノデアル、眞善美トカ知情意トカ云フガ心ニ三方面ガアル譯デハナイガ三方面ニ意味付ケラレテ言ッテ居ル、眞善美、自由平等、博愛、之ニ依ッテ吾々ハ神ノ如クデアレバ、自由デアリ平等デアリ博愛ニ滿チテ居ルト思フ、是ハ只ミ一ツノ「プロツセス」デアッテ、吾々ハソレニ進ンデ行カウト云フ傾向デアルト思フ、併ナガラソレガ達セラレテ居ルト云フ譯デハナイノデアル、故ニ吾々ハ物ヲ見ル點ニ於テ、自由ト平等ト博愛觀ト云フモノヲ以テ見テ居ル、私ノ信ズル所ニ依リマスト、普選ト云フモノハ要スルニ此「デモクラシー」ノ「マーチ」デアルト思フ、「デモクラシー」ノ一ツノ進行ガ卽チ普選トナッテ現レテ來タモノデアルト私ハ堅ク信ズルノデアリマス(拍手)普選其物ダケデハイカヌ、或ル學者ガ言ハレタ通リ、國家國體ヲ構成スルニハ三ツノ要素ガアル、一ツハ何デアルカト云フト、卽チ國家ト云フ國體デアル、ソレニハ法律ト云フモノガ必要デアル、第二ニハ社會デアル、社會ハ道德ヲ以テ規定シテ居ル、或ハ習慣ヲ以テ規定シテ居ル、第三ハ經濟デアル、經濟ト云フモノハ半バ國家的法律的デアリ、半バ社會的道德的デアリ倫理的デアル、此三者ガ集ッテ國體ヲ動カシテ行ク、故ニ諸君ノ如ク普通選擧ガ斯ウダカラ斯ウダト云フ意味デハナイ、既ニサウモノガ二ツ根ザシテ茲ニ普通選擧ト云フモノガ生レテ居ルノデアル(拍手)既ニ日本ガ封建政治ヲ打破シテ、サウシテ今日ノヤウナ立憲政治ニナッタト云フノハ「デモクラシー」ノ「マーチ」デアル、更ニ普通選擧ニ直スト云フノハ「デモクラシー」ガ尙ホ「マーチ」シテ進行曲ヲ奏デツヽ居ルノデアルト思フ、「デモクラシー」ハ丁度音樂ノ「コンサート」ノ如キモノデ、私モ先年松竹ノ催シデアッタ「ローエングリーン」ノ音樂ヲ聽キニ行キマシタガ、獨逸邊リデヤルヨリハドウモ下手デアル、一人々々ノ者ガ既ニ下手デアル、又全體的ニ統一ガ下手デアルカラ、二重ニ下手デアルカラ聽カレタモノデハナイ、「デモクラシー」ニナリマスト「ユニナー」モアリマスガ、其中ニ「バライチー」ガアッテ、色々人間ガ色々ナ人格ヲ具ヘ、智德ヲ具ヘテ居ルノデアリマスガ、是ハ各々ノ善イモノ、統一デアリマスカラ、茲ニ良イ結果ガ起ルノデアルト私ハ思フノデアリマス、私ハ此普選ト云フモノハ、矢張此法律上ニ現レヽバ普選案トナリマスケレドモ、詰リ普選時代デアルト思フ、詰リ專制時代ガ去ッテ普選時代ニナッテ來タ、英吉利デハ千八百八十五年ニ於テ初メテ「セルフガバーメント」ノ自治ト云フモノガ行ハレテ、英國ノ議會ガ三十八年前カラ一般國民ノ議會ニナッタ、ソレマデハサウデハナイ、日本モ普選ガ布カレテ初メテ衆議院ト云フモノガ、其名ニ應ジタル所ノ衆議院ニナルノデアルト私ハ堅ク信ジテ疑ハヌ者デアリマス(拍手)サウ云フヤウナ意味カラシマシテ、私ハ此普選ト云フモノハ、卽チ普選時代デアッテ、社會モ矢張ソレニ伴ッテ行カナケレバナラヌ、彼ノ「モンテスキユー」氏ガ「レスプリデロア」ト云フ法律ノ精神ト云フ本、卽チ所謂三權分立論ノ書ニ皆イテアル、其中ニ王國ハ名譽ト云フモノガ大ナル所ノ意義アル理想デアルヤウニ、共和國ニ於テハ義務ト云フ觀念ガ最モ強ク人間ヲ支配スルモノデアルト言ッテ居ル、サウ云フ工合デ私ハ「デモクラシー」ノ思想ト云フモノハ、民本的ノ思想カラ私ハ進ンデ來ルト感ジテ居ル、サウ云フ社會ト云フモノガアッテ、ソコデ此道德ニ於テモ、習慣ニ於テモ、矢張普選ノヤウナ色ヲ帶ビルト云フコトハ是ハ否ムベカラザル所ノ社會上ノ大原則デハナカラウカト私ハ堅ク信ズルノデアリマス、ソレハ何カラ分ルカト云フト、或ハ衣デモ、食デモ、住デモ皆サウデアル、詰リ衣食住ト云フヤウナモノニ於テモ是ガ最モ必要デアルト思フ、例ヘバ建築ニ於キマシテモ、私ハ建築ノ左樣ハ能ク知リマセヌガ、或ハ玄關ヲ徒ニ盛ニシテ、臺所ト云フヤウナモノヲ非常ニ汚クスル、或ハ子供ノ部屋ヲ暗クシテ、掛軸ニ非常ナ高價ナ骨董ヲ掛ケルト云フヤウナノハ「デモクラシー」ノ家デハナイ、衣服デモサウデアル、ケバ〜〜シイ服ヲ着テ、社會ノ或ル高貴ノ人ガヤルト云フノデ唯、無意味ニソレヲ眞似ルト云フノハ「デモクラシー」デハナイ、安クテ色ガ綺麗デアッテ、自己ノ品性ガ現レテ居ル物ガアッテ、衣服其物ガ衛生的デアルノガ「デモクラシー」デアルト思フ、又食事デモ、支那食ノ如ク安イ物デ作ッテ、唯、單ニ珍シイト云フコトヲ以テ、サウシテ誇リトセズシテ、廿イ物デ安クテ、サウシテ滋養ニナル、美味ナ物デアルト云フコトガ、卽チ此「デモクラチック」ノ食事デアラウト私ハ思フ、或ハ藝術ニ於テモサウデアリマス、是マデハ皆「マドンナ」トカ貴族カ何カト云フヤウナ繪ヲモノヲ畫イタモノデゴザイマスケレドモ、近世ニナッテ或ハ倫敦トカ、或ハ「アムステルダム」邊リデ流行シ出シタ色々ナ貧民ヤ、景色或ハ佛蘭西ニ於キマシテモ彼ノ働イテ居ル勞働者ノ繪ヲ畫クト云フヤウニ、美術ニ付テモ是ガ入ッテ來タト云フノハ卽チ「デモクラシーマーチ」ガ此繪畫ノ中ニ入ッタモノデアラウト私ハ思フ、左樣ナモノデ、相寄リ相援ケテ「デモクラチック」ガ其處ニ初メテ現出スルノデアラウト思フ、故ニ普選ダケ布イテモ、私ハソレガ進マナケレバイカヌ、所ガ日本デハ段々斯ウ云フヤウナ千年ノ歴史ヲ持ッテ、斯ウ云フヤウニ循ヘテ居ルガ、外國ノ如ク普選ヲ布イテモ私ハ危クナイ、併シ尚ホ足ラヌ所ガアリマスカラ、此普選ノ法律ノヤウナモノヲ以テ普選ノ道德ニシナケレバナラヌト私ハ思フ、民本的道德デアルト私ハ思フ、更ニ進ンデ諸君ノ最モ其必要ヲ感ジテ居ル所ノ經濟ニ付テ、一言致シマスノハ、經濟モ矢張サウデアル、經濟ハ諸君ガ大株主デアルト云フノデ、直グ其處ノ重役ニナル、專務ニナル、或ハ人選ノ上ニ於テモ誤リ、或ハ事務ヲ整理スル上ニ於テモ誤リ、材料ヲ取ル時ニ於テモ誤ル所ノ人ガ、唯、大株主デアルト云フノデヤッテ居ル、併ナガラ其人一人デアルカト云フト、色々ナ人ノ株式ヲ集メテヤッテ居ッテ、唯、比較的大株主デアルト云フノデ利權ヲ其處デ壟斷シテ居ルノガ、普選ニ反對シテ居ル所ノ大ナル惡イ精神デハナカラウカト私ハ思フ、サウ云フヤウナ状態デアル、或ハ勞働者モサウデアル、勞働者ガ三人ニ一人、五人ニ一人ノ監督者ヲ要スルト云フヤウナ所ノ働キ振リト云フモノハ、是レ義務ノ觀念ノ無イ所ノ、社會的名譽心ノ無イ所ノ勞働者デアッテ、是レ普選ノ精神ニ反スル所ノ勞働者デアルト私ハ思フ、サウ云フヤウナ狀態ガ、私ハ經濟界ニモ行ハレテ居ル、而シテ今現ニ何ガ行ハレテ居ルカト云フト、私ハ言フ、宿屋ノ風呂番デモ宿屋ノ番頭ニナリ得ル、政ハ番頭ガ宿屋ノ主人ニナリ得ル、或ハ會社ヲ經營シ得ル、或ハ一ツノ兵卒ト雖モ力次第デハ大將ニモナレルト云フヤウナコトニナラナケレバ、此「デモクラシー」ハ洵ニ旨ク行カナイト斷言シタイノデアリマス、故ニ我ガ日本ハサウ云フヤウナ新陳代謝ノ狀態デアル、然ルニ諸君ガ此三圓以下ノ者ハ如何ニ知識ガアッテモ與ヘヌト云フコトデ、此處ニ新陳代謝ヲ妨ゲテ居ルト云フコトハ、或ハ恐ル、是レ大ナル所ノ不安ガ其中ニ潜ンデ居ルノデナイカト私ハ思フノデアリマス、ソレデ私ハ社會上ノ事ヲ論ジマシタガ、私ハ更ニ此政治上ノ事ニ付テ何故斯ウ云フコトガ起ッタカト云フト、二ツアルト思フ、一ツハ理想ノ上カラ世界ガ非常ニ進ンデ來タカラ、日本モサウシナケレバイカヌト云フ所ノ思想ト、一ツハ食フコトガ食ヘヌト云フヤウナ思想カラ起ッテ來タノデハナイカト思フ、ソレ故ニ私ハ失禮デハアリマスケレドモ、吉良君ガ申サレタ猫イラズヲ食ッタナラバ死ヌカラ、猫イラズハ止メタガ善イト云フ、是ガ善イカ惡イカト云フコトハ能ク知リマセヌケレドモ、餘リ結構ナモノデハナイカモ知レヌ、ソコデ猫イラズヲ食ベルト云フハソレハ手段デアッテ、目的ハ自殺ニ在ルノデアル、其自殺ハ好ンデ自殺スルカト云フト、私ハサウデナカラウト思フ、仕方ナクシテ自殺シタ、之ヲ酷イ言葉デ言ヒマスト、誰ガシタカ知ラヌガ近年ノ政治ノ中樞ヲ握ッテ居ル御方々等ガ餘リ惡イ政治ヲスルカラ直接間接ニ苦ンデ死ヌヤウナ結果ヲ來シタノデハナイカト思フ、洵ニ猫イラズモ惡イカモ知ラヌケレドモ、亦政治ニ携ハル者ハ牛ノ喘グヲ見テモ尚且ツ支那ノ宰相ハ政治ニ心ヲ留メタト云フコトヲ聞イテ居リマス、自殺者ガ何万人アッタト云フコトヲ諸君ハ氣ヲ留メナケレバナラヌト私ハ思フ、私ハ吉良君ト同一ノ精神ヲ以テ之ヲ見タイノデアリマス、サウ云フヤウナ點ニ向ッテ、私ハ政友會ガ或ハ金庫法案ヲヤッタトカ工場法ヲドウシタトカ、職業紹介所ノ爲ニ十五万圓トカヲ卽坐ニ出ストカ、農業振興ヲスルトカ、地租ヲ委讓スルトカ、色々ナコトヲ申サレマスガ、併シ諸君ガ之ヲ委讓シタ場合ニ何ヲ以テ埋メルカ、吾々カラ考ヘタナラバ、相續稅デモ直グ持ッテ來タラ宜イト思フガ、諸君ガ相續稅ヲ持ッテ來ラレヌ理由ハ、卽チ下層社會ヲ代表シテ居ナイ一ツノ證據デハナイカト私ハ思フ、ソレダカライケナイト思フ、爭イ來ハ分ッテ居ルケレドモ、諸君御存知ノ通リ此知識ト云フモノハ色々ノ人ガ持ッテ居ル、知識ヲ澤山持ッテ居ル、故ニ知者ニ向ッテ一ツノモノヲ賴マウトシタノデアリマス、所ガ知者モ嘘ヲ言フ、人格ガ惡イト云フノデ、吾々ガヤラウヂヤナイカト云フヤウナ實體的ノ進化ヲ來シタモノト思フ、獨逸ニ於キマシテモ彼ノ社會黨ニ於テ「フランク」ノ如キ學者カラ出タ所ノ者ガ非常ニ尊敬サレナイ、「シヤイデマン」ト云フ勞働者ノ生拔キノ者ガ非常ニ尊敬サレルト云フノハ、玆ニ具體的條件ガアルカラデナカラウカト思フ、サウ云フヤウナ點カラ見マシテモ、私ハ今日諸君ガ言フ所ノ色々ノ施設方針ト云フモノガ其根柢ニ觸レテナクシテ、生温クヤッテ居ルト云フノハ何ガ爲デアルカト云フト、矢張私ハ色々ナ條件ガ缺ケテ居ルカラデアル、之ヲ一刀兩斷シテ其根柢ヲ與ヘルト云フノハ、卽チ全國民ニ選擧權ヲ與フルト云フ、普選ヲ以テ一掃シ得ルト云フコトヲ固ク斷言シテ憚ラヌノデアリマス、故ニ諸君ハ之ニ何故贊成シナイカト云フコトヲ私ハ言ヒタイ、詰リ彼ノ佐藤一齋ト云フ昔ノ漢學者ガ養生ニ付キテ言ハレテ居ル、第一何ガ宜イカト云フト、約言スレバ卽チ安心立命デアル、第二ハ飲食男女ニアル、第三ハ草根木皮ダト云フ、諸君ノ使フ所ノ草根木皮ハ最モ詰ラナイ所ノ草根木皮デアルト云フコトヲ斷言シテ憚ラナイノデアリマス、諸君ガ色々ノ法案ヲ出シ散ラカシタ所ガ、其根柢ニ於テ國民ヲ愛シ、國家ノ前途ヲ憂フル所ノ大ナル精神ガ無イカラ、唯、對症療法デアッテ、頭ガ痛イトカ足ガ痛イトカ言フト、唯、藥代デモ取ッテ貧乏人ヲ弱ラス藪醫者デナイカト思フ、故ニ私ハサウ云フ點ト云フモノハ大ニ爲サナケレバナラヌト思フノデアリマス、私ハドウカ此普選ニ於テ人ノ心ヲ明ルクシタイ、自由意思ノ發揮ヲシタイ、成ベク不等觀念、博愛觀念ヲ養ヒタイト云フコトヲ此前ニモ述ベタノデアリマス、諸君モ御存知ノ通リ彼ノ子供ガ玩具ヲ使フノハ何ガ爲カ、五ツカ十ノ小サイ女ノ子ガ人形ヲ持ツノハ何ガ爲カ、大キクナッタ時ニ斯ウ云フヤウナ任務ガアルト云フコトヲ自然ガ敎ヘテ居ル、子供ガサウデアル故ニ普選ト云フモノガ必要ナル事ハ申スマデモナイノデアリマス、例ヘバ子ヲ生マヌ所ノ四十、五十ノ「オールドミス」ナル老嬢デハ決シテ私ハ此子ノ味ハ分ラヌト思フノデアリマス、如何トナレバ子ヲ生ンダ所ノ經驗ヲ一ツモ持ッテ居ナイ者ニハ如何ニ敎ヘテモ分ラヌ、此選擧權ヲ與ヘナケレバ眞ニ其選擧權ヲ使ウテ見タイト云フ氣ガ起ラス、ドウ云フヤウニシテ使フカト云フ所ノ觀念モ起ラナイ、諸君ハ國民ノ好ガ無イト云フコトハ、諸君ガ普選ヲ與ヘナイカラデアル、諸君ハ自ラ作ッタ所ノ結果ヲ諸君ガ誹謗シテ居ルヤウナ有樣デナイカト思フ、此點ハ能ク御考察アリタイト思フ、而シテ之ニ與ヘテ、自發的ノ精神カラ、自己ハ日本及朝鮮或ハ東洋ト云フヤウナ所ノ民族ヲ良クセントスル所ノ普選ニ依ッテ政治的、社會的、倫理的ノ觀念ヲ吹込ムト云フコトハ、敎育ノ上カラ見テモ、政治ノ上カラ見テモ、如何ナル點カラ見テモ最モ必要ナル所ノ問題デナイカト私ハ思フノデアリマス、ドウカ諸君ハ此普選ト云フモノニ依ッテ――普選ヲ布ケバ日本ハ危ナイ、潰レルト云フコトヲ言ッテ居ルガ、併ナガラ世界ハ普選ニ依ッテ段々明ルクナッテ居ルノデゴザイマス、私ハ此世界ノ大勢カラ見テサウ信ジテ居ル、斯樣ナ次第デゴザイマス、私ハ此間馬ニ乘ッタ、彼ノ示威運動ニ於テ馬ニ乘リマシタ、所ガモウ既ニ彼ノ坂本公園ニ著シ、會ガ濟ンデ二重橋指シテ掛ルト、他ノ人ガ早イ爲ニ馬ガ非常ナ速力ヲ以テ走リ出シタノデアリマス、其時私ハ非常ナ感ニ打レタ、私ハ馬ガ下手デアルカラ馬ノ手綱ヲ非常ニ引締メテ、約一町許リ外ノ馬カラ後ニ走ッテ居ッタノデアリマス、私ハ制シ得タノデアリマス、所ガ松本君其他ノ人ハ三町モ四町モ向フニ走ッテ居ッタ、其馬ハ群衆心理ニ支配セラレテ居ッタノデアル、馬ハ群ヲ愛スルノデアルカラ非常ナ速力デ奔ルノヲ制シ得難クテ落チタ、ッタ、塚原卜傳ノヤウナ人ナラバ此馬ヲ制シ得タト思フ、故ニ良イ所ノ乘手ガアルナラバ、此馬ト云フモノハ停ッタカモ知レヌ、併ナガラ諸君、此世界ニ流レテ居ル所ノ此大ナル思潮、大ナル時代ノ要求ト云フモノハ、諸君、政友會ガ何百萬掛ッテモ之ヲ制御スルコトハ出來マイト私ハ深ク信ジテ疑ハヌノデアリマス(拍手)故ニ此馬ハ制シ得ベシ、而シ時代ノ潮流ハ制スベカラズ、彼ノ「ナポレオン」ノ大雄ヲ以テシテモ、尚ホ此民族主義ノ勃興ニ抵抗シ得ナカッタト云フコトハ、歴史ノ上ニ昭々トシテ明カナ事デアラウト思フ、政治ヲ解スル者ハ一面此理論ヲ知ラナケレバナラヌト同時ニ、一面社會ヲ知ラナケレバ、極端ナル忠君愛國ノ思想ハ却テ大ナル禍ヲ爲スト云フコトハ昭々トシテ明カナ事デハナイカ、私ハ二三日前ノ大阪ノ新聞ニ於テ見マシタ、露國ノ執行委員長デアル所ノ「カメネフ」ト云フ人ガ言ハレタ、日本ハ今ヤ露國ノ日露戰前ノヤウナ狀態デアル、社會上及政治上大變革ノ起ラントシテ居ルト云フコトヲ話サレタコトヲ、私ハ新聞ヲ通ジテ聞イタ、更ニ私ハ彼ノ哈爾賓ニ過日行キマシテ、日本ノ非常ニ贔屓デアル所ノ、寧ロ白軍ニ同情ヲ持ッテ赤軍ニ同情ヲ持タナイカノ如クニ見エル所ノ、或ル露西亞人ニ逢ウタノデアリマス、其露西亞人ハ露國ノ「デユマ」ノ議會ニ十年モ出テ居ッタ人デアリマス、其人ガ何ト言ウタカト云フト、日本ハ丁度露國ノ革命以前ニ於ケルヤウナ狀態デアルト云フコトヲ言ハレタノデアル(「ソレガ何ダ」ト呼フ者アリ)何デモ宜シイカラ御聽ナサイ、ドウ云フ狀態デアルカト云フト(「失敬ナコトヲ言ウナ」「默レ」「靜肅ニ」ト呼フ者アリ)サウ云フコトヲ言ハレタノデアリマス(議場騷然)マア御聽ナサイ(「ソンナ話ヲスベキモノデハナイ」ト呼フ者アリ)諸君、私ハ眞面目ニ論ジテ居ルノデアル、愛國ノ誠意ニ於テハ諸君ニ一歩モ落チナイカラ之ヲ言フノデアル(拍手)其人ノ言フノニ、露國ノ政黨ハ色々ノ政黨ガアッテ、私ノ所屬シテ居ル政黨ハ丁度國民黨ノヤウナ政黨デアルト言ウテ居ル、サウシテ露國ヲ支配シテ居ル所ノ政黨ハ何デアルカト云フト、其時ノ政黨ト云フモノハ或ハ貴族、僧侶、大地主ノ代表デアル所ノ人ガ多數ヲ占メテ居ッテ、ソレガ憲法擁護派デアッテ、非常ニ保守派デアル、サウシテ選擧權ト云フモノハ複選擧デアッテ、直接選擧デハナイ、サウ云フヤウナ保守的ノ政黨ガ、進歩ヲ肯ゼズシテサウ云フヤウナコトニナッテ居ッタト語ラレタ、勿論私ノ思フニハ以前カラ露國ノ專制政治家ハ日本ト戰端ヲ開イタ前ニ、佛蘭西カラ金ヲ借リテ露國ニ彼ノ長イ「シベリア」鐵道ヲ架ケタノデアリマス、滿洲ヘ行ッテ見ルト、二三千門ノ大小ノ大砲ヲ置イテ、日本ニ備付ケントシタ武力ノ勢ハ其所カラ出テ來タモノデアル、サウ云フ人ガ內ニ專制政治ヲ布キ、外ニ武力ヲ以テ我ガ日本ニ對抗シテ、世界ヲ睥睨セントシタ狀態デアル、又其露人ノ談ニ日本ガ段々ト過激ニナッテ來テ、今ヤ日本ハ危イ、「ケレンスキー」ハ何故倒レタカト云フト、彼ハ戰爭ヲ止メルト言ッテ、國民ニ贊成シナガラ戰爭ヲ止メナカッタカラ、露國民ガ怒ッテ「ケレンスキー」ヲ倒シテシマッタ、サウシテ「ケレンスキー」ガ倒レタカラ「ケレンスキー」ヨリ强イ所ノ、土地ヲ與ヘル、麵麭ヲ與ヘル、戰爭ヲ止メルト云フ所ノ「レニン」ガ出テ來テ、今日ノヤウニ彼ノ百万ノ大軍ヲ以テ露國內ヲ壓迫シテ居ル、「デモクラチック」デアルト同時ニ、非常ナ專制政治ヲ實現シテ居ル現狀デハナイカ、諸君ハ之ヲ襟ヲ正シテ十分ニ隣國ガ受ケタ所ノ大ナル慘害ヲ味ハナケレバナラヌ、日本ハ諸君知ル如ク幾分法律上ニハ差別ハナイガ、社會的、經濟的ニ壓迫サレテ居ル所ノ特種部落カラ出ル水平運動ガ起ッテ居ル、或ハ秘密結社ガ起ッテ、勞働者ノ約三分ノ一位ハ議會否認ノ政策ヲ執ッテ居リ、或ハ露國ノ或者ト策應シテ居ル現狀デハナイカ、彼ノ一露人ノ言ハレタ所ノ露國革命以前ニ於ケル狀態ト、日本ノ現狀ト一緒デアルト云フコトハ苦言トモ謂フベキ言葉デハナカラウカト私ハ思フ(發言スル者多ク議場騷然)マア御聽キナサイ、私ハサウ思フノデアリマス、而シテ信ズルノデアリマス、彼ノ露國ガ歐洲戰敗ノ結果、日露戰爭ニ負ケタカラシテ遂ニ斯ノ如キ狀態ニナッテ、又再ビ敗ケタカラ斯ノ如キ狀態ニナッタノデゴザイマス、而シテ內ニハ餓莩途ニ滿チテ木ノ麵麭ヲ嚙ラナケレバナラヌ幾百万ノ人ガ、「ナンセン」博士ノ統計ニ依ルト餓死シテ居ルト云フヤウナ慘澹タル狀態ヲ來シテ居ルノハ何ノ爲デアルカ、卽チ保守黨ガ――全權黨保守黨ガ此大ナル所ノ力ヲ揮ッテ、露國ハ選擧權擴張ノ必要ガ無イト云フコトヲ絕叫シタ結果デアルト云フコトヲ回顧シタイノデアリマス、彼ハ今ヤ社會主義ヲ以テ、或ハ共產主義ヲ以テ天下ヲ風靡セントシテ居ルガ能ハズシテ、段々資本主義ニ化シテ居ッタト云フヤウナ狀態デアリマス、ケレドモ斯ノ如キ所ノ悲慘ナル、慘劇ヲ味ハシメタト云フノハ保守黨ノ力デアル、守舊派ノ罪惡デアルト思フノデアリマス、ソレヲ獨逸ニ於テモ言フコトガ出來ルノデアリマス、故ニ私ハ大ニ愼マナケレバナラヌモノト或ル人ハ言ッテ居ルノデゴザイマス、諸君、此露西亞ノ「レニン」ノア、云フヤウナ(發言スル者多シ)聽キ給ヘ、默ッテ――「レニン」ノ主義ガ支那ニ入リ込マヌト云フ人ガアルガ、ドウ云フ譯デアルカト云フニ、支那ニハ大ナル風當リスルモノガナイ、然ルニ日本ニ於テハ風當リガアル、諸君ソレハ何デアルカト云フト、日本ニハ政友會ノ人トカラ金ヲ貰ッテ、僅ニ其公正ナル投票ヲ十分ニ行使シナイト云フヤウナ人ガ、我ガ上院議員ノ中ニ在ルト云フコトヲ新聞或ハ世間ガ傳ヘテ居ル、而シテ是等ノ權力ヲ以テ國民ハ向ハントスル者ガアルト云フコトヲ私ハ聞イテ居ル、(拍手)斯ウ云フヤウニ政友會諸君ハ色々ナ餌ヲ以テ國民ヲ釣ッテ、サウシテ選擧權擴張――名ヲ以テ自己ノ安心ヲ求メルト云フ狀態デアル、而シテ國民ニ大ナル關係ノアル財政整理ヲ斷行シ得ナイ、行政モ整理シ得ナイ、斯ノ如キ世界ニ於テ、最モ無能ナル內閣ヲ諸君ハ戴イテ居ルト云フ狀態デアル、(拍手發言スル者多ク議場騷然)諸君耳ヲ澄シテ私ノ言フ事ヲ聽イテ戴キタイ、眞劍ニ聽イテ戴キタイ、卽チ支那ニ於テハ大ナル風當リガナイケレドモ、日本ニ於テハ資本黨ガ跋扈シ金權黨ガ跋扈シ、貴族黨ガ跋扈シ、茲ニ政界ノ一角ニ政友會ガ跋扈シテ、我ガ日本ノ國ヲ危クスルノデハナイカト思フノデアル、(拍手)故ニ私ハ日本ニハ彼ノ露國革命以前ニアッタヤウナ、或ハ地主デアルトカ貴族デアルトカ、僧侶デアルトカ、保守黨デアルトカ云フヤウナモノガアッタ如ク、日本ニハ財閥ガアリ、資本閥ガアリ、而シテ貴族ノ橫暴ガアリ、サウシテ大地主ト云フモノガアッテ、茲ニ大キナ所ノ風ガ吹イテ來ルナラバ、或ハ恐ル、此國ガ覆ヘルコトガアルカモ知レヌト云フコトヲ斷言シテ憚ラヌノデアル、故ニ吾々ハ卽チ來ラントスル所ノ大ナル社會ノ流潮ヲ見テ、吾々ノ肉眼ヲ以テ見ズシテ、吾々ノ心ヲ以テ之ヲ觀ナケレバナラヌ、昔ノ人ハ一匹ノ牛ガ喘イデ居ルノヲ見テモ天下ノ大勢ヲ知ッタト云フガ、普選卽行ノ爲ニ何十万何百万ノ人ガ押寄セル所ノ此聲ニ耳ヲ傾ケナカッタナラバ、或ハ虞ル、諸君ガ非常ナル所ノ慘劇ヲ味フコトニナリハシナイカト云フコトヲ私ハ虞レル(拍手)故ニ吾々ハ若シ普選ガ施カレテ吾々ガ落選シ、或ハ此大ナル所ノ政黨或ハ革新俱樂部ガ落選シテモ吾々ハ構ハナイ、吾々ハ此普選ノ肥料ニナッテモ構ハヌ、普選ト云フモノヲ施イテ、而シテ我ガ日本ノ國ニ國民的安定ト安心立命トヲ與ヘテ、而シテ此明ルイ所ノ日本ノ帝國ヲシテ、益々個人ノ幸福ノ上ニ於テモ、國家社會ノ協調ノ上ニ於テモ、大ナル文明ノ域ニ進マシメナケレバナラヌト云フコトヲ斷言シテ憚ラヌノデアリマス(拍手)故ニ心アル所ノ諸君ハ、深夜靜ナル時ニ大ニ之ヲ考ヘラレテ、ドウカ此普選ニ贊成セラレンコトヲ、國民ニ代ッテ私ハ此壇上カラ熱望シテ茲ニ此壇ヲ降ル次第デアリマス(拍手)

○多木久米次郎君　一寸陸軍大臣ニ本問題ニ付テ伺ヒタイノデスガ、此馬ノ改良法律ガ出マシテ以來現ニ十有五年餘ヲ經マシテ、日本全體ノ馬ノ大改良ガ出來タト云フコトハ、陸軍大臣ニ對シテ大ニ感謝スル所デアリマス、サウシテ今ヤ軍縮ノ結果トシテ馬匹ノ需要ガ減ッテ、稍、此奬勵ノ目的ヲ達スルニ甚ダ阻礙ヲ來サント云フ爲ニ、馬券ノ發行マデモシテ奬勵サレルト云フコトハ、當路者ガ如何ニ馬ノ改良ニ熱心デアリ、苦心サレテ居ルト云フコトヲ感謝スル次第デアリマス、併ナガラ私ガ平素考ヘテ見マスノニ、此奬勵ノ方法ニモウ少シ御改良ヲ加ヘル必要ハアルマイカ、モウ少シ大ニ當路者ノ考慮ヲ願ヒタイト思フ、一寸忘レマシタガ、之ニ就テハ三百五十万圓程ノ金ガ要ルト思ヒマスガ、年々馬ガ三万五千匹許リ増殖スルニ付テ三百五十万圓許リノ金ガ要ルト、一匹ニ付テ百圓ヅツノ奬勵費ガ要ルト云フ譯デアッテ小サイノヲ買ッテ來ル方ガ安イカノヤウニ見エマスガ、其奬勵ノ金額ヲ見ルト中々少クナイヤウデアリマスガ、事務官ノ月給ヤ旅費ニ大部分使ッテシマッテ、馬匹ノ奬勵費ハ少クナイカト思ヒマス、而モ其奬勵法ガ苦心慘憺ヲ極メテ、馬ヲ造ッ者ニ褒美ヲヤルト云フヤウナコトモ、金ヲ出シテ良イ馬ヲ買ッテ來タ者ニ褒美ヲヤルト云フ傾ガアル、馬ヲ買ッテ共進會ニ出シテ、褒美ヲ貰フノヲ目的ニ馬ヲ買ッテ居ル者ガアルヤシニ思ハレル、是ハ馬ノ奬勵上甚ダイカヌト思フ、ソレノミナラズ我國ノ馬ヤ、牛ヤ、豚ヤ、或ハ羊ヲ増殖致シマスノニ、豆粕、油粕ト云フヤウナモノガ一億五千万カ二億万カ這入ッテ居ル、而モ肥料トシテ一ノ窒素、燐酸ヲ目的ト致シテ居ルニ拘ラズ、其含有シテ居ル澱粉、脂肪、蛋白、糖分、纖維ナント云フモノガ、肥料分ヨリモ五倍モ七倍モ價ノアルモノヲ、殆ド之ヲ我國デハ學理應用ヲ家畜ト相俟ッテ應用シナイ爲ニ、何億万圓ノ損失ヲシテ居ルト云フコトハ明デアル、殊ニ又六千万石ノ米ト見マシテ、米ノ糠ガ一石五十錢ト見テ三千万圓ノ價ガアル、是等ヲ馬匹ノ改良ニ使フナラバ、馬ハ殆ド手間ヲ入レヽバ、飼養ト云フコトハ只出來ル、ソレデ餘程經濟的ニ出來ルノデアリマス、然ルニ是等ヲ法律デ以テ保護シナイデ、全ク國産ヲ損ヲシ、此肥料分ナドデモ全ク價ノアルダケ利用シテ居ラヌ、殊ニ馬匹ノ改良ニ於テ然リデアル、殊ニ此馬匹改良ニ付テハ政府ノ御苦心モ誠ニ感服シ、感謝シテ居リマスケレドモ、經濟ト云フコトヲ無視シテ居ル、殊ニ最初カラ馬ヲ限リナク増殖シテ、馬ガ無イト云フト平生ニ於テモ甚ダ不便利極マル譯デゴザイマスケレドモ、併ナガラ一朝事ガアレバ國家ノ安危存亡ニモ關係スル問題デアリマシテ、極力改良シナケレバナラヌ問題デアリマスケレドモ、經濟的ニ出來テ居ラヌ、ソレカラ私ハ馬ガ段々出來テ來タナラバ、殆ド二束三文デ、買人モ無ケレバ只デモ貰ヒ人ガ無イト云フヤウニナリハセヌカト心配シテ居ッタ、果セル哉軍縮ノ爲ニ、僅ニ何万匹カノ馬ガ不要ニナッタ爲ニ、私ノ杞憂ガ實現シタト云フコトハ遺憾デアル、殊ニ飛行機、自動車ノ如キモノ、發展ハ、馬匹ニ大影響ヲ及ボスコトハ明カデアル、或ハ馬車ニデモ代ヘテ、人間ガ人間ヲ載セテ挽歩クヤウナコトハ餘リ文化的デナイシ、國ノ面目デモナイガ、此邊ハドウ云フ風ナ御考デアルカ、殊ニ朝鮮ノ如キハ馬ノ態度ト云フモノハ殆ド無イガ如キデアル、故ニ其三百五十万圓ノ金ヲ使フ其經費ヲ省イテ、或ハ之ヲ飼養スル者ニ幾ラカ補助デモシテ馬匹ノ改良ヲ存續スルヤウナコトニハ出來マスマイカ、朝鮮ナドハ殆ド馬ハ見ル影モナイヤウナ狀態デアリマスガ、陸軍ナドハドウ云フ風ニ御覽デアラウカ、此馬券問題ニ付テハ多少ノ御議論モアルカモ分リマセヌガ、併ナガラ何レ一利アレバ一害アリデ、弊害モ多少伴ハヌコトモアリマスマイケレドモ、併シ國家有用ノ馬匹ノ奬勵ニデモナルト云フ案デアルナラバ、私ハ欣ンデ贊成シタイノガ、其奬勵ノ手段方法ニ付テ、モウ少シ御考慮ヲ迎ギタイト思ヒマス、之ニ於テ伺ヒマス

〔國務大臣山梨半造君登壇〕

○國務大臣(山梨半造君)　御答ヲ致シマス、今ノ御質問ノ要領ハ、產馬ニ向ッテ經濟ガ立行クヤウニ、直接ニ保護ヲ與ヘタラ宜イノヂヤナイカト云フノガ結局ノヤウデアリマシタ、私共ガ考ヘマスルノニハ、此產馬其モノニ向ッテ直接奬勵ヲ與ヘタイノデアリマスガ、是ガ中々一寸言フベクシテ行フベカラズシテ、餘程吾々モ攻究シテ居ル所デアリマス、デアリマスカラ此攻究ハ決シテ中絕セズニ行フ積リデアリマス、唯々今私ガ此奬勵ニ向ッテ努力致シテ居リマスノハ、例ヘバ軍馬ノ購買、ソレカラ馬政局デ使フ所ノ種牡馬ノ購買、是等ヲ成ベク產馬地ニ普通サセテ、サウシテ之ニ依ッテ奬勵シテ行キタイト思ッテ居ルノデアリマス、ソレカラ馬匹展覽會ノ如キ、是ハ實ハ產馬ノ奬勵カラ起ッタノデアリマスガ、今御話ノ通リ是ハ買ッテ來テ博覽會ニ出シマシテ、賞狀ヲ取ルヤウナコトガアルト云フコトデアリマスガ、サウ云フコトモアルヂヤラウト思ヒマスガ、其馬匹展覽會ニ出ス爲ニ斯ノ如キ良馬ヲ購買スル、卽チソレヲ高ク購買スルト云フコトモ產馬ノ奬勵ニ當ルト、斯ウ吾々ハ今マデ信ジテ居ッタノデアリマス、是ナドハ多少攻究ノ餘地ガアルヤウニ思ヒマスガ、此攻究ハ矢張續ケテ行キタイト考ヘテ居ル、ソレカラ朝鮮ノ如キハ馬ガ無イト斯ウ云フ仰セデアリマス、是ハ朝鮮ニハ今マデ實ハ道路ガ無カッタノデアリマス、道路ガ無カッタ爲ニ馬ガ使用ガ出來ナカッタ、斯ッ云フコトニナルノデアリマス、然ルニ此西伯利出兵以來馬ノ不用ニナリマシタモノハ、漸次之ヲ朝鮮ニ賣リマシテ、サウシテ朝鮮ニ大キナ馬ノ飼養ガ盛ニナッテ來ルト云フノハ、是ハ一ハ道路ガ開ケマシタカラシテ、此大キナ馬匹ガ朝鮮ニモ必要デヤラウ、斯ウ云フコトヲ吾々ハ考ヘテ、ソレヲ奬勵スル爲ニ、內地ヘ馬ヲ賣ッテ居ルカト云フコトデアリマシタガ、是ハ矢張朝鮮ニ普及サセルガ宜カラウト云フノデ、今日デハ朝鮮ノ京城ヲ中心ト致シマシテ、道路ノ改良セラレタ處ニハ日本馬匹ノ使ハレテ居ルモノガ頗ル多クナッテ居ルノデアリマス、隨テ陸軍デモ補充部ヲ朝鮮ニ置クト云フヤウニナッタノデアリマス、ソレ故ニ朝鮮ニモ馬匹ガ漸次發展スルコト、思ヒマス、隨テ日本ノ馬匹ハ彼ノ方面ニ利用サレ得ルコト、思ッテ居リマス、ソレデ自動車ガ盛ニナッテ馬ガ漸次減ルト斯ウ云フノデアリマスガ、是ハ私ハ一時ノ現象ト思ヒマス、自動車ノ如キハ都會ニ發達スルモノデアリマス、自動車ノ發達シタ其奧ハ、矢張馬ニ依ッテ交通運輸ヲセネバナリマセヌ、ソレデ自動車ガ發展スレバ發展スル程、其奧ニ馬ガ非常ニ發達シテ來ルダラウ、斯ウ云フコトデ私共ハ自動車モ共ニ奬勵シテ行キタイ、卽チ自動車ノ奬勵ハ間接ニ馬匹奬勵ニモナル、斯ウ云フヤウニ考ヘテ實ハ行ッテ居ルノデアリマス、是ハ矢張一番ノ交通ガ漸次馬ニ適當スルヤウニナリマスレバ、馬ノ使用ハ漸次殖エテ來ル、斯ウ云フコトニナルデアラウト思ッテ、其方面ニ向ッテ努力シテ居ル次第デアリマス、尙ホ御注意ノ件々ハ、研究致シマシテ御所望ニ應ジ得ルヤウニシタイト思ッテ居リマス(拍手)

○議長(粕谷義三君)　日程第十一、右議案ノ審査ヲ付託スベキ委員ノ選擧ヲ議題ト致シマス

第二　右議案ノ審査ヲ付託スヘキ委員ノ選擧

○鈴木錠藏君　委員ノ數ハ特ニ十八名トシ、議長ニ於テ指名アランコトヲ望ミマス

〔「贊成」「贊成」ノ聲起ル〕

○議長（粕谷義三君）　鈴木君ノ動議ニ御異議ナイト認メマス、仍テ動議ノ如ク決シマス、――日程第三、治安警察法中改正法律案ノ第一讀會ヲ開キマス、提出者ノ趣旨辯明ヲ許シマス、砂田重政君

第九　日露通商開始促進ニ關スル建議案

（望月小太郎君提出）

日露通商開始促進ニ關スル建議案

日露通商開始促進ニ關スル建議

日露兩國ハ極東ニ於ケル政治上經濟上ノ接壤地域トシテ一日モ早ク兩國ノ通商ヲ開始スヘキニ拘ラス大連長春兩會議決裂以後帝國政府ハ今ニ至ル迄未タ通商開始再開ノ交渉ナキハ深ク日本國民ノ遺憾トスル所ナリ帝國政府ハ此ノ際速ニ露國ニ對シ通商開始ノ交渉ヲ開キ協約ヲ締結スヘシ

右建議ス

○望月小太郎君　私ハ總理、外務、大藏、陸軍四大臣ノ出席ヲ要求シテ置キマシタガ、總理ハ病氣ト云フコトデアリマスガ、外務大臣以下ハ承知シテ居ルトコト、思ヒマスガ、未ダ出席シテ居リマセヌカラ、其出席ヲ要求致シマス

○副議長（松田源治君）　外務大臣、大藏大臣ハ直ニ見エルサウデアリマス、ドウカ登壇ノ上趣旨ノ辯明ヲ願ヒマス

〔望月小太郎君登壇〕

○望月小次郎君　本員ハ我對露政策ノ實際問題ト致シテ、御同樣ガ官民朝野一致ノ力ヲ以テ、目前ニ解決セヌケレバナラヌト信ジマスル此日露通商開始促進ノ建議案ニ對シマシテ、茲ニ其理由ヲ申述ベマス、申ス迄モナク日露兩國ガ極東ニ於ケル其接壤地域ノ關係ハ、政治上、經濟上、兩國民ガ互ニ誠意ト友情ト披瀝シテ、提携致シテ、此東亞未開ノ一大富源ヲ開發スルト云フコトハ、實ニ日露兩國民ノ使命デアルト斯樣ニ確信致シマス、殊ニ諸君御承知ノ如ク、世界ノ國々ニ於テハ、先刻モ清瀬君ガ言ツタ如ク、正義人道ト表看板コソ掲ゲタレ、其內情ニ於テハ、人種ニ對シテ平等的待遇ヲ與ヘマセヌガ、此露國ニ至ツテハ、全ク人種差別ノ觀念ガ無イノデアリマス、莫斯科王朝三百年來、露國民傳統的ノ精神ト致シテハ、各民族ニ平等ノ權利ヲ與ヘテ居ル、彼ハ一面右ニ於テ歐羅巴ノ文明ニ接觸スルト共ニ、左ニ於テハ吾々東洋人ニ無限ノ同情ヲ持ツテ居ル所謂歐亞兩民族ノ混合國民デアリマス、カルガ故ニ日露戰爭後モ、兩國民ノ感情ハ極メテ急速ニ恢復致シ、確カ明治四十年ト記憶致シマスルガ、日露協商ガ結バレ、引續キ通商ノ前途ハ兩國ノ運命ニ至大ノ希望ヲ齎シテ參リマシタガ、不幸露國政變ノ結果、西伯利出兵以來此感情ガ今日迄融和致シマセヌ、其結果ト致シテ通商ハ杜絕致シテ居ルト云フ今日ノ此現狀、故ニ今日トナツテハ、此通商ヲ開始シテ、茲ニ日露兩國ノ國交ヲ既往ニ恢復致シタイト云フノガ、本員建議案ノ目的デアリマス、故ニ之ヲ三段ニ分チテ申述ベテ見タイ、第一ハ通商ヲ開始セヌンバ、現在只今經濟上ノ大損害ト云フコトヲ御諒恕ニ愬ヘ、第二ニハ既往通商開始ノ交渉ガ不結果ニ終リシ原因ニ付テ、御參考ニ一二ノ證據ヲ提供シ、第三ニハ通商不開始ノ儘行ツタナラバ、極東將來ノ政治上ノ不安定ハ、我國ノ爲ニ益、憂フベキ結果ヲ來スモノデアルト云フ、此三段ニ分チテ事實ニ付テ申述ベテ見タイト思ヒマス（拍手）勿論政府モ此點ニ付キマシテハ、本員ト所感ヲ同ジウスルガ如ク、大連、長春ニ會議ヲ開キマシテ、通商開始ノ交渉ヲ致シマシタガ、是ハ不幸ニシテ失敗ニ終リマシタ故ニ、茲ニ本員提出ヌル建議案ガ幸ニ通過スレバ、是ハ卽チ第三日露交渉ノ端緒ヲ開クモノデアリマス（拍手）其經濟上ノ大損害ヲ茲ニ申上ゲテ見マスレバ、大正八年我ガ出兵以來、政府直接間接ノ勸誘ノ下ニ企テラレタル西伯利全體ニ於ケル我邦人ノ企業ト云フモノガ、此通商ヲ開始セヌンバ、其將來ノ經營ハ悚澹タルノミナラズ、遂ニハ既往數箇年ノ努力ハ全ク水泡ニ歸スルト云フ有樣、之ヲ事實上ニ付テ大體ノミヲ申上ゲ、追テ委員會ニ於テハ其詳細ヲ陳述致シタク心得マスル、其一ツハ東支沿線ノ損害デアリマス、卽チ哈爾賓ヲ中心トシ、他面ニハ浦潮ヲ中心トシタル、沿海州ニ於ケル我ガ邦人ノ事業ハ、製粉、製材、運輸、倉庫、油房、電氣、土木業、煉瓦、炭坑、是等ニ向ツテノ放資額ハ、約二千四五百万圓ニナツテ居リマスガ、通商ヲ開始セヌンバ、是等ノ事業ハ全滅ニ歸スルト云フ有樣デアリマス、第二ハ烏蘇里線方面ヲ中心ト致シタル水田ノ損失デアリマス、大正九年度ニハ耕地面積二千町歩ニ達シ、翌十年度ニハ四千町歩ニナツテ居リマス、將來米田ト化スベキ耕地ハ實ニ三百万町歩ノ見込ニナツテ居リマス、昨年ノ收穫ヲ見マスト、全高ニ於テ六十万石、隨テ市價千五百万圓ニナルト云フ或人ノ統計モアリマスガ、水田事業ニ對シテハ、朝鮮總督府ハ非常ニ努力ヲ致シ、過般迄五万人ノ朝鮮人ガ此水田ニ從事致シテ居リマシタ、不幸通商ノ杜絕致シタル今日ハ、此水田事業ノ絕滅ト共ニ、五万ノ朝鮮人ハ所謂失業者トナリ、其結果朝鮮內治上ニ向ツテ惡影響ヲ及ボスト云フコトハ、申上ル迄モナイト信ジマス、其三ハ御同樣ニ直接間接最モ重大ナル利害關係ノ問題デアリマス、卽チ沿海州一面ニ於ケル林業ノ損害デアリマス、富士製紙、王子製紙、樺太工業、日露實業、東洋拓殖、大倉、秋田木材、三井物產、其他ノ數會社ガ「アントノーフ」及「メルクロフ」政府ヨリ得マシタ此森林伐採ノ權利ハ、約三百万町歩ニ渉リ、而モ期限ハ二十四箇年、之ニ對シテ二百万圓ノ納稅金ヲ致シテ居リマス、昨年ノ伐採高ハ六百万圓デアリマスガ故ニ、二十四箇年トシテ見マスルト、茲ニ一億五千万圓ト云フ損害ガ目前ニ起ツテ居ル次第デアリマス、其四ハ漁業問題、是レ最モ焦眉ノ急務デアリマスガ、此損害ハ直接ニ三千七八万圓、間接ノモノガ一千万圓以上、加之ニ二百四十八箇所ノ漁區及十七箇所ノ罐詰工場、之ニ從事スル漁船ハ一千隻及漁夫二万人ト云フモノガ、此問題ニハ生活上密接ノ關係ヲ持ツテ居リマス、從テ萬一此漁業ガ出來マセヌトキハ、我ガ北海道ノ眼目タル函館ノ如キモ、恐クハ火ノ消エタヤウナ有樣ニ陷ルカト思ヒマス、此場合漁業問題ニ付テ一言外交關係ヲ申述ベテ御參考ニ訴ヘタイ、卽チ日露漁業條約ハ明治四十年ニ結ビマシテ、其十三條ニ「本協約ハ十二箇年有效ニシテ毎十二箇年ノ終ニ於テ兩締盟國相互ノ合意ニ依リ之ヲ更新又ハ改正スベキモノトス」トアリマス、從テ大正八年ノ七月十五日ガ其期限改訂ノ時期デアリマシタガ時偶々露國政變ノ爲ニ、我ガ政府ハ已ムナク時ノ「オムスク」政府ト暫定的ノ協約ヲ結ビマシタ、然ルニ其「オムスク」政府ガ潰レテ以來十年十一年ノ二箇年間ハ、所謂自由出漁ト云フ時代ニナリマシタ、所デ過般我ガ撤兵以來、勞農露國ノ勢力ガ此極東ノ「オコツク」海其他沿海州ニ迄及ビマシタ結果、今年ノ自由出漁ト云フコトハ既ニ極東沿海州漁業局ニ於テ禁止致シテ居リマス故ニ、之ヲ繼續致シテ往クト云フコトニナレバ、勢ヒ力ヅクデヤラネバ出來ナイト云フ恐ヲ持ツテ居リマス、政府モ此點ニ於テハ御同樣ト所感ヲ同ジクシタト見エ去ル二十日浦鹽渡邊總領事ニ命ジテ、勞農露國側ニ向ツテ我漁業權復活ノ交渉ヲ致サセマシタ所、殘念ナ事ニハ二十三日右沿海州漁業局ハ入札規則ヲ公布シ、此三月二十日迄ニ契約ヲ改メナケレバ、既得權マデモ――既往ノ總テノ日本人ノ權利ニ屬スルモノ迄モ抹殺スルト云フ、全ク日露漁業協約ノ精神迄モ顧ミラレナイト云フ有樣ニナツテ居リマス、其五ハ北樺太ノ油田問題ニ付テ申述ベマス、抑モ此事業ハ大正七年ニ久原鑛業會社ガ率先致シテ巨資ヲ投ジ、外國關係ヨリシテ日本石油、三菱鑛業、大倉、此三社ヲ勸メマシテ、所謂北辰會ナル

モノヲ組織シ、其後鈴木商店、三井鑛山等我ガ有數ナル實業家ガ參加致シマシテ、海軍省ヨリハ其補助金トシテ、大正九年度ニハ六十万圓、十年度ニハ百四十万圓、十一年度ニハ百五十万圓、卽チ三百五十万圓ノ補助金ヲ與ヘ、今年モ亦之ニ相當ノ補助ヲ與フル計畫アリトカ承ッテ居リマス、然ル所ヘ御承知ノ米國ノ「シンクレヤ」會社ガ飛込ミマシテ、此油田問題ハ洵ニ紛糾シタル現狀トナリマシタ、要スルニ我ガ勇敢ナル實業家ダ、政府援助ノ下ニ企テタ所ノ此石油事業ノ將來ニ付テハ、目下大ナル困厄ト憂慮トニ囲マレテ居ルト云フ現狀デアリマス、其六ハ特ニ同情スヘキ我西伯利引揚人ノ損害デアリマスルガ、只今是等五千名ノ同胞ガ、四千万圓ノ損害ヲ受ケテ居ルト云フコトニナッテ居リマス、此外三百四五十名ハ尙ネ浦潮ニ殘ッテ居リマスガ、是ハ歸ルニ旅費ナク、已ムナク其處ニ留ッテ居リマシテ、政府モ之ニ付テハ相當ニ救助ヲ爲スコトヲ目下考慮中デアルト云フコトヲ、過般豫算總會ニ於テ大藏大臣ガ明言セラレテ居リマス、道路區々ノ所ニ依レバ、政府ハ最近一億万圓ノ低利資金ヲ融通致シテ、大藏大臣ガ曾テ其社長タリシ日露實業會社ト云フ其モノハ今日實際上利益ガ無クナッテ居ル、サウ云ウ會社ヲモ買上ゲテ、茲ニ日露通商ヲ開始セントスル意見デアルト云フコトデアリマスガ、此一億万圓ノ低利資金ヲ貸スヨリモ、モット根本問題タル此日露通商開始ニ向ッテ、政府ガ一致ノ御同意ヲナサッタナラバ、日露兩國ノ經濟上ノ將來ハ極メテ有望ト思フノデアリマス、其七ハ貿易ノ點ニ付テ一言申上ゲマスガ、大正五年ニ我ガ輸出貿易ノ額ハ一億五千万圓ニ達シタモノガ、昨年ハタッタ一千百万圓デアリマシタ、以上七項目ノ損害ハ一年間ニ計算致シテモ三億万圓ニナリマス、況ヤ二十四箇年ノ其權利若クハ將來ノ漁業權、卽チ既得權ヨリ生スベキ其利益等ヲ計算致シマスルト、實ニ數億ノ巨額ニ達スルノデアル、之ニ加ヘテ政府肩換リノ二億万圓ノ貸金及六億万圓ノ西伯利出兵費等約十數億ノ金ガ、通商ヲ開始スルト開始セザルトニ依ッテ、活ルカ死ヌルカト云フ是ガ經濟上ノ一大問題ト致シマシテ、政黨政派ノ感情ヲ離レテ、切ニ諸君ノ公平ナル御考慮ニ訴ヘタイノデアリマス、幸ニ現內閣ノ首相及外務大臣モ、此日露通商開始ニ對スル希望ハ、當議會ニ於テ貴衆兩院ニ向ッテ述ベラレテ居リマスルガ、未ダ是ガ實際ニ著手セラレザルコトハ御同樣、官民共ニ遺憾ト思フノデアリマス、是ヨリ第二點ノ――何故今日迄ニ通商開始ガ好結果ニ了ラナカッタカト云フ點ニ付テ御參考マデニ申上ゲマスルカラ、外務大臣モ今日ハ極メテ公平冷靜ニ御考慮ニナッテ裁キタイ、若シ本員ノ誤リアル所ハ御遠慮ナク御訂正ヲ希望スル、卽チ既往ニ於ケル大連、長春會議ノ失敗ハ、簡單ニ一、二ノ事實ヲ申上ゲマスルト、相互ノ意思ガ疏通デアッタ、其間ノ電報及往復公文書、是等ヲ詳細ニ調査致シテ見マスレバ、結局破綻セズシテ濟ムベキモノデアルト思ヒ、本員ハ過般モ申上ゲマシタ如ク、長春會議ノ決裂ニ對シテ、政府ハ何等發表シタ所ガナイ、依テ已ムヲ得ズ當地ニ就テ人ヲ露西亞ニ派シテ研究シマシタ所ヲ茲ニ一例ダケ申上ゲマス、卽チ御同樣ノ手許ニ頂キ外務省カラ配付セラレタル外務省公表集第三輯、其第三輯ノ三百七十七頁ニ長春會議ニ付テ日本ト「齊多」トノ交換公文書ヲ抄錄致シテアリマスルガ、此抄錄ハ七月三十一日附ヲ以テ始マッテ居ッテ、此以前ノ往復文書ハ載セテアリマセヌ、本員ノ得タル材料ニ依リマシテ、其以前ノ文書ヲ極メテ簡單ニ御參考ニ訴ヘタイ、卽チ七月十八日附山內總領事ノ發シタル覺書中ニ「日本政府ハ本年十一月一日以前ニ於テ沿海州ヨリ日本軍隊ヲ完全ニ撤兵スルコトニ決シ」云々斯樣ニシテアリマス、之ニ對シテ極東共和國ノ外務大臣ノ「ヤンソン」氏及ビ勞農露國代表「カラハン」ノ連署ヲ以テ七月二十五日ノ返事ニハ極東露領地帶ヨリ相違ナク撤兵セラレンコトヲ希望スル旨ヲ以テ滿足ヲ表シタ、是ガ抑モ誤解ノ原因ト思ヒマス、此以上ハ此席上デハ申上ゲマスマヘ、斯ウ云フ手違ヒノ結果遂ニ決裂ニ至ッタ、此決裂ノ詳細モ今日ハ此處デ申シマセヌガ、畢竟スル所我ガ政府ハ勞農政府ノ狀態ヲ詳カニセナカッタト云フ事、是ガ卽チ不幸ナル日露兩國ノ今日ノ關係ヲ來シテ居ルノデアリマス、ソコデ簡單ニ勞農政府ノ現狀ヲ此ニ立證セザルヲ得ナイ、彼ハ五箇年ノ間ニ於テ、其當時日本ガ力ヲ入レテ居ッタ「齊多」共和國ノ如キモ消エテ煙ノ如クナリ、總テ十四共和國ヲ統一致シテ茲ニ全露勞農聯邦政府ヲ確立致シ、昨年十二月三十日ガ彼等ノ國祭日卽チ新ニ生レタル露國ノ國祭日デアル、而モ新經濟政策ナルモノハ、昨年一月ヨリ實行致シテ居リマシテ、之ニ依リ外國ノ資本及個人ノ財產權モ、或ル程度ニ承認スルコトニナッタ上ハ、之ヲ最モ好機會ト致シテ日露兩國ハ茲ニ通商問題ヲ締結スベキ好時期デハナカラウカト斯樣ニ確信スルノデアル、去リナガラ露國ガ過去ニ於ケル態度ニ對シテハ、本員亦之ガ疑惑ヲ茲ニ申サザルヲ得ナイモノガアル、卽チ彼ハ「ゼネヴ」會議ヨリ海牙會議ニ至ルマデ殆ド自國國家ノ法人タルコトヲ忘レテ列國ヲ驚倒セシメタル所ノ其誠意ノ有無ニ對シテハ、吾々モ十分ニ研究セネバナラヌト云フ一點ト、第二ハ極東方面ニ於テ「齊多」政府ガ昨年十一月廢セラレタ後、沿海州革命委員會ハ、昨年十月二十五日以前、卽チ我ガ撤兵前ニ許可セラレタル林業、漁業其他ノ利權ハ、一切無效ノ旨ヲ宣告致シテ居リマス、ソコデ是ガ契約復活ヲ希望スル者ハ、二度目ノ納付金ヲ納メナケレバナラヌト云フコトヲ要求致シテ居ルノミナラズ、此一月十六日ニハ日本カラ舊極東共和國領內ニ輸出シテ來ッタ所ノ金屬、皮革、工業用品、燐寸、其他ノ物ヲ禁止致シテ來テ居リマス、斯ウ云フ次第デアリマスガ故ニ、露國ト雖モ我國ヲ誤解致シテ居ルノデアリマス、ソコデ日露兩國ガ此相互ノ誤解ヲ釋ク爲ニハ通商ヲ開始スルガ先決問題デアル、然ラズンバ既ニ露英、露伊、露佛、露米ノ接近ハ著々進行セラレ、我國ガ一日遲レレバ一日ヅツ日本ノ不利益ニナラウト存ジマス、ト申スノハ勞農露國ハ早ク通商條約ヲ開始シタ國ニハ關稅ヲ割引シテ居ルト云フ幾多ノ事實ガアリマスガ故ニ、茲ニ政府ニ向ッテモ切實ニ本案ニ同意ヲ希望致スノデアル、卽チ此通商ヲ開始スル時ニハ、右申シタ十數億ノ金ハ、之ヲ東方ニ失ウテ之ヲ西方ニ得ルガ如ク、所謂過去四年間ノ禍ヲ轉ジテ福ト爲ス、此事ガ對露政策上目下ノ急務ト信ジマス、ソコデ第三、之ヲ爲サズンバ、政治上極東ノ將來ト云フモノハ、極メテ不安全デアルト云フコトヲ申述ベテ置キタイ、御承知ノ如ク既ニ勞農露國ノ勢力ガ極東ニマデ及ンデ來タ今日、是レ迄ハ勞農露國ニ反對シタ東三省ノ張作霖氏モ、形勢ノ變化次第、或ハ恐ル其勞農露國ト提携スルコトガナイトハ申上ゲラレナイ內情、之ニ加フルニ西伯利ニ於ケル朝鮮人十六万、並ニ滿洲ニ於ケル八十万ノ朝鮮人中、既ニ一万五千人ハ「ハバロフカ」「ブラゴエ」等ニ於ケル勞農露國ノ爲ニ働イテ居ル、卽チ我國ノ所謂不逞鮮人ト云フ者ニナリ易イ、此結果ハ將來極東政情ノ動亂ハ期シテ待ツベシト云フノハ、語甚ダ強イカハ存ジマセヌガ、吾々トシテハ十分ニ考ヘナケレナラヌ、仍テ此際御同樣殊ニ政府ニ向ッテ望ム、政府ハ宜シク虛心坦懷ニ此過去ノ行懸ヲ一掃セラレテ、露國ニ向ッテ通商開始ノ交渉ヲ開イテ頂キタイ、之ガ本案提出ノ眼目デアリマス、幸ニ露國ノ全權、所謂極東全權タル「ヨッフエ」氏目下來朝ヲ機會トシテ、我政府ハ非公式ニモ之ト接觸シテ、彼ノ意見ヲ聽キ彼我ノ誤ヲ正シ、我ガ要求スベキコトハ徹底的ニ之ヲ要求シ、互讓妥協ノ此準備ハ、外務大臣ノ御手ノ裡ニアル事デアル、此以上申述ベルコトハ本員ノ此建議案ニ對スル素志デアリマセヌガ故ニ、茲ニ最後ニ之ヲ申上ゲタイ事ハ、以上本員ノ申述ベタル其大體ノ趣意ニ於テ、通商開始ノ必要ニ御同意ヲ願ヒタイ、若シ穴レ其手段方法等ニ至ッテハ、本員敢テ茲ニ之ヲ具體的ニ申述ベナイコソ寧ロ國家ニ對スル忠實ト斯様ニ心得マシテ、一切ニ列席諸君及政府ノ御同意ヲ願ヒタイ、是ガ即チ本建議案説明ノ趣意デアリマス（拍手）

○鈴木錠蔵君　本案ハ政府提出朝鮮私設鐵道補助法中改正法律案ノ委員ニ併セテ付託セラレンコトヲ望ミマス

○副議長（松田源治君）　鈴木君ノ動議ニ御異議アリマセヌカ

〔「異議ナシ」「異議ナシ」ト呼フ者アリ〕

○副議長（松田源治君）　御異議ナシト認メマス、依テ動議ノ如ク決定シマス

○鈴木錠蔵君　議事日程變更ニ關スル動議ヲ提出致シマス、即チ政府提出朝鮮私設鐵道補助法中改正法律案ノ第一讀會ノ續ヲ開キ、委員長ノ報告ヲ求メ、且ツ其審議ヲ進メラレンコトヲ望ミマス

〔「賛成」「賛成」ト呼フ者アリ〕

○副議長（松田源治君）　鈴木君ノ日程變更ノ動議ニ御異議アリマセヌカ

〔「異議ナシ」「異議ナシ」ト呼フ者アリ〕

○副議長（松田源治君）　御異議ナシト認メマス、依テ日程ハ變更サレマシタ、朝鮮私設鐵道補助法中改正法律案ノ第一讀會ノ續ヲ開キ、委員長ノ報告ヲ求メマス、委員長小山田信蔵君

朝鮮私設鐵道補助法中改正法律案(政府提出)　第一讀會ノ續(委員長報告)

報告書

一朝鮮私設鐵道補助法中改正法律案(政府提出)

右ハ本院ニ於テ可決スヘキモノト議決致候此段及報告候也

大正十二年三月六日

朝鮮私設鐵道補助法中改正法律案委員長　小山田信藏

衆議院議長粕谷義三殿

〔小山田信藏君登壇〕

○小山田信藏君　唯今上程セラレマシタ朝鮮私設鐵道補助法中改正法律案ノ委員會ノ經過及結果ヲ御報告申上ゲマス、本案ノ内容ハ既ニ御承知ノ通リデアリマスカラ、私ハ之ヲ略シマス委員會ニ於キマシテハ委員ト政府委員トノ間ニ幾多ノ總答ガ交換サレマシテ、其中二三大要ヲ申述ベマスレバ、朝鮮ニ於ケル私設鐵道許可ノ方針及其補助金等ニ付テ質問ガアリマシタ、朝鮮ニ於ケル私設鐵道ハ、將來國有鐵道ニ變ル性質ノモノデ、朝鮮ノ開發交通ヲ主トシテ、一面ニハ收益關係ヲ調査シ、一箇年八朱ノ補給ヲ與ヘテ、十箇年後ニ至ッテ尚ホ其營業ヲ繼續スルヤ否ヤヲ調査シテ許スト云フコトデアリマス、ソレカラ補助金等ニ付テハ、目下補助ヲ與ヘテ居ル會社ガ十箇所デアル、其中開業シテ居ルモノガ六箇所、工事著手ノモノガ三箇所、未著手ノモノガ一箇所、此總資本金ガ合計九千四十万圓デアリマシテ、内拂込ガ二千七百九十万圓デ、十一年度迄ニ補助ヲ與ヘタ金額ガ四百三十五万圓、即チ一箇年五分五厘ニ相當シテ居ルト云フコトデアリマス、又私設鐵道合同ノ問題ニ付テ質問ガアリマシタ、政府ハ各私設鐵道ノ合同ヲ希望シテ居ルト云フコトデアリマス、即チ其理由ハ散布ノ資金ヲ一ニシテ、最モ有效ノ線ヨリ起工セシメテ、朝鮮開發ノ目的ヲ速ニ達シタイト云フ理由ヨリ賛成シテ居ルノデアリマス、又各植民地ニ於ケル鐵道補助ニ付テ各、相違ガアル、朝鮮ノ補助ガ一番優位ニ居ルガ、其理由如何ト云フ質問ガアリマシタ、之ニ對シテ政府委員ハ、總資本ノ十分ノ八五ハ約内地ニ於ケル内地人ガ出資シテ居ル、其他ハ植民地ニ居ル内地人ガ出資シテ居ルヤウナ譯デアルカラ、拂込ト同時ニ補助ヲ與ヘルコトニナッテ居ル、サウ云フ關係デアルトノコトデアリマス、又朝鮮ノ鐵道網ト、朝鮮ノ鐵道網ニ付テ質問ガアリマシタ、朝鮮ノ鐵道網ニ付テハ、十一年度ヨリ凡ソ六千哩ヲ標準トシテ目下調査中デアルトノコトデアリマス、討論ニ移リマシテ、朝鮮ノ鐵道ハ遲々トシテ更ニ進捗シテ居ラヌ、故ニ此法案ニ付テ希望條件ヲ附シテ、置キタイト云フ動議ガアリマシテ、卽チ斯樣ナ希望條件ガ出テ參リマシタ、「朝鮮ニ於ケル鐵道ノ普及ハ統治開發上喫緊ノ要務タリ、而シテ現在ノ如ク多數ノ私設鐵道會社ノ分立スルハ其ノ目的ノ達成上極メテ不得策ナルヲ以テ政府ハ事情ノ許ス限リ、合同ヲ勸說シ會社ノ基礎ヲ鞏固ニシ尙ホ財界ノ現狀ニ鑑ミ適當ノ方策ヲ立テラレンコトヲ望ム」、斯樣ナ希望條件ヲ提出サレマシテ、之ニ對シテ朝鮮總督ハ本希望條件ニ副フヤウニ十分ニ努力スルト云フ言明ヲサレタノデアリマス、委員會ニ於テハ希望條件附デ滿場一致デ以テ可決シマシタ、此段御報告申上ゲマス(拍手)

○副議長(松田源治君)　本案ノ第二讀會ヲ開クニ異議アリマセヌカ

〔「異議ナシ」ト呼フ者アリ〕

○副議長(松田源治君)　異議ナシト認メマス、仍テ第二讀會ヲ開クコトニ決シマシタ

○鈴木錠藏君　直ニ本案ノ第二讀會ヲ開キ、第三讀會ヲ省略シテ、委員長報告ノ通リ、可決確定アランコトヲ望ミマス

〔「贊成」ト呼フ者アリ〕

○副議長(松田源治君)　鈴木君ノ動議ニハ異議アリマセヌカ

〔「異議ナシ」ト呼フ者アリ〕

○副議長(松田源治君)　異議ナシト認メマス、仍テ直ニ第二讀會ヲ開キ、議案全部ヲ議題ト致シマス

朝鮮私設鐵道補助法中改正法律案　第二讀會(確定議)

〔「異議ナシ」ト呼フ者アリ〕

○副議長(松田源治君)　異議ナシト認メマス、第三讀會ヲ省略シテ、委員長報告通リ可決確定シタルコトヲ宣告致シマス――日程第十、岐阜地方及區裁判所移轉改築ニ關スル建議案ヲ議題ト爲シ、提出者ノ趣旨辯明ヲ許シマス、山田永俊君

第十　郡ノ併合ニ關スル建議案（多木久米次郎君外二名提出）

郡ノ併合ニ關スル建議案

郡ノ併合ニ關スル建議

兵庫縣加古、印南ノ二郡ハ凡テノ點ニ於テ行政區域ヲ分ツノ必要ヲ認メス依テ政府ハ之ヲ併合シテ一郡ト爲シ行政整理ノ一端タラシメムコトヲ望ム

右建議ス

（多木久米次郎君登壇）

○多木久米次郎君　此食糧充實ニ付テノ問題ハ、洵ニ陳腐ナ議論ノヤウデアリマスケレドモ、是程國家ニ重大ナル問題ハ無イト存ジマスカラ、ドウカ大ニ皆サンノ御考慮ヲ仰ギ、政府ノ反省ヲ促シ、天下ノ地主モ小作人モ大ニ發醒ヲシテ、サウシテ此六千万同胞ガ自給自足ニ依ッテ生キテ行クコトヲ圖リタイト云フ希望ノ大問題デアリマスカラ、御清聽ヲ願ヒマス、御承知ノ通リニ我國ハ農業國デアリマスガ、併シナガラ遺憾ナ事ハ農業國ト云フノハ名ダケデアリマシテ、砂糖モ足ラズ、綿モ足ラズ、米モ小麥モ肉モ鷄卵モ、麻ヤ煙草ニ至リマスマデ、少キモ六七百万圓カラ、多キハ十億万圓買入ヲシテ、漸ク國民ガ生命ヲ繋イデ居ルト云フ狀態デアリマス、此狀態ハ皆サン如何ニ思召スデアリマセウカ、今ヤ國際間ノ大競爭ハ益〻激甚ヲ加ヘ、殊ニ歐洲戰亂後ハ世界ノ武力ナリ勢力ノ權衡ヲ失ウタ爲ニ、我國ガ如何ニ危險ナ狀態ニ在ルカト云フコトハ皆サン御承知ノ通リ、苟モ世界ニ國ヲ立テ働カントスルニハ、自給自足デナケレバナラヌ、然ルニ鐵ハ無シ、石油ハ足ラズ、山林ニハ伐出ス木モナイ、海產物果シテ何ガアルカ、況ヤ國民ガ益〻增殖スルト云フコトハ、國家發展ノ上ニ最モ慶賀ニ堪ヘヌ所ノ結構ナ事デゴザイマスガ、吾々ガ食フ所ノ食物ガ無イト云フコトニ至リマシテハ、洵ニ遺憾千万ナ事デアリマス、殊ニ昨年ノ如キ年柄ニ於テスラモ、米ガ一億圓、小麥ガ六千万圓、落花生ニ至ルマデ、又例ノ綿ノ如キ、羊毛ノ如キ續々ト輸入シツヽアル次第デアリマス、著ル物無ク、食フ物無シト云フ狀態デアリマス、之ヲ如何ニスレバ自給自足ガ出來ルカト云フコトヲ、私ハ微力ナガラ至誠ノ力ヲ捧ゲテ之ニ盡シテ居ル次第デアリマス、一朝一夕ニ思出シタヤウナ一夜造リノ考デハアリマセヌ、而シテ總テノモノガ蒸汽トカ、電氣トカ、機械ノ作用ニ依ッテ、人工デ一日デヤルノヲ、機械デ百人千人ノ仕事ヲ爲スヤウナ時代ニナッテ居ルニ拘ラズ、農家ハドウデアルカ、御承知ノ通リ一ノ機械ヲ應用スル者モナケレバ、資本モ無イ、殆ド筋ト骨、筋骨卽チ機械デアリマス、血ヤ汗ヲ絞ッタ程ノ收穫ハナイト云フ狀態デアリマス、是ガ爲ニ農村ガ益〻衰弊ヲ致シマシテ、今日ノ慘狀ヲ呈スルト云フコトハ、皆サン御承知ノ次第デアリマス、然ルニ多年――三千年來ノ精力ニ依リマシテ、此憐ムベキ國家ノ犧牲者タル農家ハ、商工業ト保護ノ上ニ於テモ、待遇上ニ於テモ雲泥モ啻ナラヌ所ノ虐待ヲ受ケテ居ッタヤウナ狀態デアリマス、收入ハ少クシテ負擔ハ多ク、而モ自己ノ賣ラントスル所ノ物ハ何ノ保護モナクシテ、而シテ自己ガ生活ノ爲ニ買ハネバナラヌ所ノ物ハ、毛織物ニ致シマシテモ、御承知ノ通リ二割以上ノ關稅ヲ掛ケラレテ居ル、機械ヲ買フト云ウテモ、鐵デモ其他總テ生活上ニ於テ農家ガ買ハントスレバ、ドレモコレモ關稅ノ保護ガアル、況ヤ煙草ノ如キ、酒ノ如キニ致シマシテモ、自家ノ畑デ作ッタ物スラモ自家自ヲ造ルコトハ出來ナイ、米ヲ以テモ酒ヲ造ルコトガ出來ズ、何モ彼モ文化的ノ負擔ハ負ヒマスガ、收入ハ矢張三千年ノ昔ト同樣ノ狀態デアル、而モ國民ガ――僅ニ五千六百万ノ人ガ五千五百八十万町步ニ依ッテ生キテ居ルトスレバ、一人一反デ生活シナケレバナラヌト云フヤウナ悲シイ狀態デアル、御承知ノ通リ英吉利ノ如キハ石炭アリ鐵アリ、而モ發明工夫ニ富ミ、工業ノ盛ンナ國デアッテ、而モ世界陸地ノ七分ノ一ノ土地ヲ有シテ居ルヤウナ英國ニ於テハ、一人六反半餘ノ土地ヲ有シテ居ル、佛蘭西ハ一町一反、獨逸ハ二町一反ト云フヤウナ廣イ土地ヲ持ッテ居ル、亞米利加ハ今日未ダ鍬ノ入ラヌ所ガ無盡藏ニアルト云フ狀態デアリマス、我國ガ僅カ五十億万ノ收穫ヲ得ルニハ、三千五百万以上ノ人間ノ勢力ヲ要スルニ、亞米利加ハ僅カ四千五百万人ニ依ッテ五百億、六百億ト云フヤウナ收穫ヲ得ツヽアルヤウナ次第デ、日本ハ實ニ心細イ次第デアリマス、ソレガ爲ニ此食糧問題ノ解決ヲセントスルニハ、先ヅ第一ニ農村ノ振作ヲ圖ラナケレバナラヌ、農村ノ振作ヲ圖ルト共ニ主トシテ生活シテ居ル農村ト云フモノヲ副業トシテヤルト云フヤウニ、基礎組織ヲ改メナケレバナラヌト思ヒマス、之ヲヤルニハ第一ニ農村ノ小學校カラ改造シナケレバナラヌコトヲ大ニ考ヘタノデアリマス、試ニ御承知ノ通リ各農村ハ此普通敎育ノ負擔ニ苦ミ、サウシテ政府ニ迫ッテ三千万圓ト云フ補助ノ增額ヲ得テ、四千万圓ヲ得マシタガ、洵ニ政府ガ之ニ同意シタコトハ結構デアリマスガ、併ナガラ全國ニハ八百万ノ子供ガアリマシテ、此子供ニ對シテ千万圓貰ッタ所ガ、一人五圓宛、一日ニ割レバ一錢カ一錢五厘ニシカ當ラヌ、日本國民微力ナリト雖モ、最愛ノ子弟ノ敎育ヲ致シマスニ、一日一錢カ一錢五厘國家ノ補助ヲ受ケナケレバナラヌト云フ所マデ行詰ッテ居ルコトハ、國家ノ爲ニ悲ムベキ事デアル、然ラバ如何ニシタラ宜シイカ、此學校ノ組織ヲ變ヘテ貰ヒタイ、ドウシテ之ヲ變ヘルカト云フト、今日ノ學校ハ全ク家庭ト反シテ居ル、都會ノコトハ言ヒマセヌガ、農村ノ狀態カラ言ヘバ、御承知ノ通リ今日ハ日曜或ハ大祭日、若ハ土曜日デアルトカ、今日ハ夏炎天デ暑イカラ休ムト云フヤウナコトデ、休ム日ガ隨分多イ、然ルニ農村ノ其家庭ハ、燃ユルガ如キノ時ニ於テ、御祖サンヤ御父サンハ夕ニ星ヲ戴イテ入リ、晨ニ月ニ嘯イテ出デ、病骨ヲ勞シテ一家ノ經營ニ努メテ居ルニ拘ラズ、御子サン達ハ休ミト云フ名目ノ下ニ、全ク蠶ヲ掬ッタリ、「ダボ」ヲ掬ッテ、雀ヲ捕ッタリシテ多クハ休ミヲ皆無心ニ遊ンデ居ルト云フ狀態デアリマスカラ、洵ニ家庭ト一致シナイ所ガアリマス、斯ノ如ク僅カノ費用ニ苦ムナラバ、ドウカ此學校ノ子供ニ、之ニ手工デモサセテ、竹細工デモ宜シ、藁細工デモ宜シ、狀袋ヲ貼ラシテモ宜シ、楊枝ヲ削ラシテモ宜ケレバ、或ハ又柳行李ノ「バケツ」ヲ拵ヘルモ宜イ（「バスケット」ダラウト呼フ者アリ）又麥稈細工トカ、手工ハ澤山アリマス、最寄々々其材料ノ安イ所デ色々ノ事ヲヤラセテ見ルト、子供ハ中々喜ンデヤルモノデアリマスカラ、休ミヲ減ラスト共ニ、モウ少シ手工ノ時間ヲ殖ヤスガ宜イ、子供ハ手工ハ喜ンデヤリマスカラ、一日ニ十錢ヤ二十錢ノ金ヲ得ルコトハ何デモナイ、サウシテ子供ノ腕ハ黃金ノ湧ク力ヲ持ッテ居リマスカラ、十錢カ二十錢ヅヽ得ルコト、スレバ、子供ガ千人學校ニ居ルトスレバ、一人ガ十錢トシテモ、一日ニ百圓、月ニ三千圓、一年ニ三万六千圓ト云フモノガ子供ノ指先ノ力デ出來、而モ自治ノ國民ヲ造リツヽ、子供ノ指先デ學校ノ經營位ヲ爲スコトガ出來ル、然ルニ今日ノ敎育ノ狀態ハドウデアルカト云フト、マルキリ夏ニナレバ高等游民ヲ造ルヤウナモノデ、殊ニ農學校ト云フヤウナモノハ御承知ノ通リ夏ノ炎天ニ、植物ノ研究ヲスルノニハ一番大事ノ時デアルニ拘ラズ、學校ガ休ミシテ、其學校ノ生徒ガ農事ニドレ程ノ實習ヲヤッテ居ルカト云フ

ト、唯「テーアル」……コトヲヤッテ居ッテ、學校ヲ出タ者ハ一ツモ百姓ハ出來ナ……ウナ者許リデアル、話ガ偏ニ寄リマスガ、農村ノ振興ニ大關係ノアル事ハ行政組織デアル、マルキリ行政ノ組織ガ國ノ富カヲ增進スルト云フ方ニナッテ居ラヌ、餘リ法律家許リ跋扈シテシマッテ、法律家デナケレバ農務課長ニモ、衛生課長ニモ、土木課長ニモ、教育課長ニモナリ得ナイヤウナ理窟デカラニ、生產的農學ヲヤリ、工學ヲヤッタ者ハ全ク法律家ノ奴隷的狀態ニ在ルト云フヤウナ理窟デアリマシテ、將來是ハモウ官吏タラン者ハ、法律ノ外ニ生產的教育ハ受ケナイヤウニナリハシナイカト思フ、農村デサウ云フ狀態ヲ見マスルト、是ハモウ國家ニハ農科大學ヤ、工科大學ハ無クナルデアラウト云フコトヲ、オドケニ言フタ者ガアル位ノ狀態デアリマス、ソレデアリマスカラ、其外ノ漁業ト云フヤウナモノモ段々奬勵シナケレバナラヌノニ、唯、政府ハ御座ナリノ漁業ノ奬勵位デハ迚モ往キマセヌカラ、實際的ニ若イ者ヲ能ク教ヘ、又教師モ選ンデ成ベク簡單ニ自活ノシ易イ事ヲ選ンデヤッテ貰ヒタイ、日本ハ斯ウ云フ契約的ノ百姓デアリマスカラ、モウ一歩更ニ進ンデ露西亞ノヤウニ、一塲五圓モ十圓モスルヤウナ物ヲ造ル如クニ、總テノ物ニ加工ヲシマシテ收益ヲ增スト共ニ、又農家ノ負擔ヲ輕クスルヤウニ持ッテ往カナケレバ立ッテ往カナイ、況ヤ科學ノ進步ハ御承知ノ通リ、土用ノ炎天ニ氷ヲ拵ヘレバ、寒中ニモ花ヲ咲カセル、空モ飛ベバ、水中モ泳グト云フヤウニ、其他人工ヲ以テ生絲ヲ造レバ、寶玉類モ造リ、護謨モ造ルト云フヤウナ狀態デ、殆ド科學ノ進步ハ原料ノ如何ヲ問ハズシテ、殊ニ物質ノ價額ヲ增加スルト云フヤウナ力ノアル今日デアリマスカラ、ドウカ成ベクハ政府モ斯ウ云フヤウナ狀態ニ顧ミラレマシテ、農村ニ於ケル加工ノ研究所ヲ拵ヘルト共ニ、又各府縣ニ於キマシテモ、各農事試驗場ヲシテ、更ニ斯ル研究ヲサスヤウナ設備ヲシテ貰フト云フコトヲ私ハ希望スル次第デアリマス、サウシテ米價調節法モ結構デアルガ、甚ダ運用ハ培收ヲ謂ルヤウナ結果ニ至ラズシテ、數量ノ調節ハスルケレドモ、價額ノ調節ハシナイト云フヤウナ政府ハ始終ニ言明ガアルガ、是ハ洵ニ遺憾ナ次第デアル、多少貴族院ノ如キ排農思想――何カ土地ヲ除イテレ己ノ命ガ繫ゲルカノ如ク誤解シテ居ルヤウナ貴族院ニ對スル御遠慮ノ爲ニ、政府ハ腹ニ無イコトヲ言ッテ居ルノデアルカ知レマセヌガ、此頃々シイ農家デ、ドウカシタ風ノ吹廻シデ、只サヘ引合ハナイ、只サヘ泣ノ淚デ居ル農村ニ對シテ、最近命トモ恃ム所ノ米ガ下落スルヤウナ手段ガ行ハレテ、アルヤウナ傾ガアッテ困ル、既ニ今日ニ於テ其通リデアリマスガ、六千万石穫ッテモ足リナイ、大ニ不足スルト云フコトハ明カデアル、況ヤ三十年ヲ待タヌデモ、既往ノ實驗ニ依ッテ將來人口ガ一億ニナルノハ明カデアル、サウスレバ四千万石、五千万石ト云フ大缺陷ヲ來スト云フコトハ明カデアル、而シテ政府ハ今日ドレ程ノ對策ガアルカ、開墾助成法モ宜シイ、食糧局ノ設置モ宜シイガ、是位ノ腫病ニ膏藥ヲ貼ッタリ、氣候療法位ノコトデ是ガ行クカドウカ、ドウ云フ風ニ是等ハ考ヘテ居ラレルカ、時々ハ話ハ下手デアル、皆御聽キヅライカ知リマセヌケレドモ、國家ニ是クラヰ重要ナ問題ハ無イ、簡單ナク條所謂バカリシテ居ル人ガアリマスガ、中ニモ日本ノ米ト云フモノハ、實ハ亜ト當テ作ッタモノデアルト云フコトヲ考ヘテ貰ヒタイ、ソレヲドウ云フ風ニ考ヘテ居ラレルカ、苟モ人民ヲ代表シテ國利民福ヲ增進スル上ニ於テ、今ノ今、食フ物ガ足リナイト云フヤウナ問題ニ付テハ、ドウ云フ風ニ考ヘテ居ラレルカ、是ガ爲ニ遂ニ貿易ハ不均衡ヲ來シテ、サウシテ昨年ハ二億五千万圓ト云フ莫大ノ輸入超過デアル、二十二億万圓ノ正貨ハ今ハ十八億万圓ニナリ、輸出ノ減衰ニ依ッテ段々減リツヽアルト云フコトハ、皆御承知ノ次第デアルト思フ、斯ウ云フ狀態デ行ケバ、幾年カノ後ニ、正貨ガ無クナッテシマフト云フ事ハ、殆ド推察ニ餘リアルヤウナ次第デ、三十年先ノコトデナク、近ク今ノ今、是ガ自給自足ヲ圖ラナクシテドウスルカ、輸入超過ハ自然ノ事デアルカノ如クニ考ヘテ居ッテ、物資ハ無イ、鐵ハ無イ、石油ハ無イ、發明工夫ハ無イ、死學者ハ多イ、謂ル所青年ノ元氣モナケレバ、青年ノ奮發心モ甚ダ少ナイ、士氣ガ甚ダ振ハナイ、今日ニ於テカラニ、ドウ云フ風ニ考ヘテ居ラレルカ、私ハ信ジマス、今日政黨ノ宜シキヲ得テ政府ガ大ニモット御熱心ニナリ、國民ガモウ一ツ反省ヲ致シマスレバ、コ、五年ヤ十年ハ自給自足ノ生活ヲ持續スルコトガ出來ルト確信シテ居ル、然ルニ拘ラズ、今日ニ於テモ、小麥マデ輸入シテ居ル、小麥ハ五十八万町步作ッテ居リマスガ、少シモ奬勵シナイ、少シ價ガ下ルト誰モ作ル者ハナイ、ソレガ爲ニ――工業ガ振ハナイトカ、損ガ行クト云ヘバ、國家ノ力ヲ投ジテ、ドンナ補助デモシテ居ル、戰爭中ニ金ガ儲カッテ困ル、個ノ非常時デ叩カレルヤウニ、船デ赤手何千万圓、何百万圓ト儲ケル者マデデモ、政府ハ保險ノ責任ヲ持ッテ、爲ニ何百万圓ト云フモノヲ出ス、又金持ガ露西亞ヘ非常ニ高イ物ヲ賣ッテ、ソレガ七千万圓損トナッタ、サウスルト國ハ公債ヲ出シテ買取ッタガ、然ルニ農家ガ苦ンデ居ッテモ、財政ノ許ス限リ助ケタイトカ、調査中デアルトカ云フヤウナ噺リデ、是デ濟ムカ、濟マヌト思フ（拍手）

（粕谷議長議長席ヲ退キ松田副議長代リ著席）

ソレデ私ハ總テノ組織ヲ變ヘルト云フコトハ、急ニハ行キマスマイケレドモ、是ハドウシテモサウ云フ順序ニナラナケレバイカヌト思ッテ居ル、ソレデアルカラ米ヲ高クスルコトモ宜シイガ、關稅モ一ツ改正シテ貰ヒタイモノデアル、百姓カ買フ物ハ關稅ノ掛ック物ヤラ、自分ガ持ッテ居ル物モ取上ゲラレテ、又高ク買ハナケレバナラヌ、此關稅ガ輸入物十六貫目ニ對シテ一圓取ッテ居ラレル、若シモ是ガ從價稅デアッタラ、今日米ガ二十五圓トスレバ、二割トシテモ五圓、三十圓トスレバ六圓取ルヤウナモノデアル、僅カ米ガ五圓カ六圓ノ安イ時ニ一圓ニ定メタヤツガ、是ガ矢張其儘ニナッテ居ル、マルッキリ金城鐵壁トモ頼ム所ノ百姓ノ關稅ハ僅カ一圓デアル、議會カラデモ誰モ請ッテ吳レル者モ無イヤウナ狀態デアル、ドウカ農村振興ノ委員會ニ於キマシテハ、是非一ツ之ヲ問題トシテ、政府ガ反省ヲシテ、サウシテ此關稅デ以テ保護政策ヲ行ハヌト云フト、段々ト滅ビテ仕樣ガナイヤウナ狀態ニナリマス、是モドウカ一ツ皆樣ノ御考慮ヲ仰ギタイ、（「分リマシタ」「簡單」ト呼フ者アリ）ソレデ米モ無ク――色々ト手段モアリマセウガ、ドウカ私ハ一村五百圓ヅツ位米ナリ麥ナリ、良イ作リヲシタ奴ニ褒美ヲヤルヤウニシテ貰ヒタイ、何デモナイ話、褒美ヲヤルト云フコトガ非常ニ偉イ力ガアル、御承知ノ獨逸ハ世界ノ二十一箇國ヲ敵トシテ、彼ガ如キ戰爭ヲ致シマシタガ、是ハ矢張賞罰宜シキヲ得、奬勵宜シキヲ得タ結果デアル、彼ノ「ツエッペリン」ノ風船ガ發明サルルヤ、一遍ニ伯爵ノ栄爵ヲ授ケラレ、又一國ノ皇后樣ガ委員長ニナッテ、全國ニ數百万圓ノ發明奬勵ノ寄附ヲ募集サレマシタガ、立ドコロニ數百万圓ノ金ガ寄リ、而シテ又ソレノミナラズ、一國ノ皇太子トモアラウ者ガ、此危險ナル風船ニ便乘シテカラニ、發明ノ氣風ヲ奬勵サレタ、然ルニ我國ハドウデアルカ、彼ノ下瀨火藥ガ日清、日露戰爭ノ國家安危存亡ノ場合ニ於テ、彼ノ如キ大發明ヲシタニ拘ラズ、地方官ガ盲判ヲ押シタヤウナ僅ニ勲三等ヤ何ゾニ昇サレタヤウナ狀態デアル、是等モモウ一ツ勲爵ヲ授ケ、一般ガ此發明工夫ヲ奮發スルヤウニ、十分ナル褒美デモアッタナラバ、ドレ程發明工夫ガ行ハレルカ分ラヌ（「後ニ議案ガ澤山アル、委員會デ願ヒマス」ト呼フ者アリ）然ルニ日本ニ學者ガ澤山アルニ拘ラズ、殆ド死學者デアル、發明工夫ノ奬勵ガ行屆カヌト云フコトハ明カナ事デアル、政府モ多少農村ノ功勞者ニ褒美ヲヤルヤウデアルガ、褒美ノヤリヤウガ少イ、立毛品評會ト云フモノガ非常ニ結果ガ宜シイ、ソレニハ維新以來幾億万圓入レテ、ドウシタラ餘計取レルカト云フ工夫ヲヤッテ居ルケレドモ、立毛品評會ニ依ッテヤルト、六石七石ト云フ結果ヲ見ル、農事試驗所ヨリモ尙ホ其結果ガ立派デアル、然ルニ拘ラズ褒美ガ甚ダ少イカラ一般ノ人心ヲ動カス所ノ力ガナイ、ソレデアルカラドウカ一村ニ五百圓位ヤッタ所ガ、五百万圓デアル、此五百万圓デ以テカラニ、全國ノ食糧ノ自給自足ヲ圖ッテ、貿易ノ權衡ヲ保チ、自然食物ノ充實ヲ圖リタイト思フノデアリマス、是ハ非常ニ經驗ガアリマス、私ハ微力デアリマスケレドモ、各府縣ニ私ガ千圓ヅヽ寄附ヲ致シマシテ、之ヲヤッテ貰ウタ所ガ、到ル所之ガ行ハレテ、競ウテヤッテ居ラレル、米ヲ餘計作ッタ爲ニ却テ困ッテ居ル狀態、私ハ實ハ人ノ知ラヌ前カラ肥料ト云フモノヲ拵ヘテ、人ニ米ヲ餘計穫ラシタリ、立毛品評會ヲヤッテ、米ヲ餘計穫ラシタ爲ニ、農家ガ餘計泣カンナラヌト云フ狀態デアル、サウ云フ罪惡ヲ犯シタ私デアリマスカラ、私ハ農村ノ爲ニ微力デアルカラ、皆サンノ御力ヲ藉ッテカラニ、ドウカ米ヲ餘計穫ッタ所ガ、米ヲ出シテ身代限リヲシタリ、餘計骨ヲ折ッテ餘計米ヲ穫ッテ泣イタリ、餘計穫ッテ苦ム者ガ無イヤウニ、一ツ面白ク農村ヲヤッテ行キタイト思ヒマス、妙ナモンデ褒美ヲヤルト云フ事ニナリマスト、何ヲ放ッテ置イテモヤル、御承知ノ通リ、相撲ヤ拳デモサウ敵ト鬪ッテ負ケヌヤウニシタイト云フト何ヲ放ッテ置イテモヤル、段々農村ガ衰レテ青年ガ都會ヘ來ルト云フコトモ、多少自分ノ運命ヲ開拓スルト云フ考カラモ起ッタデアリマセウケレドモ、多クハ娯樂モナケレバ引付ケル奬勵手段ガ無イカラ、朝鮮ダケヘモ飛ンデ行ク者ガ甚ダ少クナイ、況ヤ(「簡單」ト呼フ者アリ)內ニ行詰マッテシマッテ、外ニ段々發展シナケレバナラヌ狀態デアリマスガ(「分ッタ」ト呼フ者アリ)其分ッタ事ガ行ハレナイ(「委員會デヤレ」ト呼フ者アリ)委員會デヤッタラ宜イガ、此所デ言フ權利ヲ私ハ得テ居ルノデス(「徳義ヲ重ンジ給ヘ」ト呼フ者アリ)……

○副議長(松田源治君) 私語ヲ禁ジマス

○多木久米次郎君(續) 委員會デ言ッテ宜イモノナラバ、尚ホ此所デ言ッテ宜イデヤナイカ、委員會デ言ヘテ此所デ言ヘヌノデスカ(「十分ヤリ給ヘ」「謹聽」ト呼フ者アリ)

○副議長(松田源治君) 靜粛ニ……

○多木久米次郎君(續) 是ハ誠ニ陳腐ノヤウナ話デアルケレドモ、話ガ下手デアリマス、皆首ハイデモ分ッテ居ルダラウト思フ、コンナ話ヲ聽クノハ面白クナイデセウガ、國家ノ爲ニ迷惑デモ聽イテ貰ヒタイ(拍手「ソレデハ三日デモヤリ給ヘ」ト呼フ者アリ)三日モヤリヤッセヌ(「謹聽」ト呼フ者アリ)大體米ト云フモノハ、生活ニ誠ニ必須ノモノデアルカラ、安クナケレバナラヌ、ソレガ安クッテ是ガ立ッテ行キ、安クッテ供給ガ續ケバ安カッタラ宜イニ極ッテ居ルケレドモ、今日相當ノ價格ヲシテ居ッテモ引合ハヌ筈デアル、是ガ二十年或ハ三十年前ト、今日三十倍四十倍ト云フ勞力ガ上ッテ居ル、況ヤ此勞力問題ト云フモノハ、國際間ノ問題ニサヘナッテ居ルヤウナ狀態デアリマスカラ、此問題ガ如何ニ食糧問題ニ大影響ガアルデアラウカ、ドウシテモ是ハ特別ノ關係ヲ以テヤッテ貰ヒタイ、百姓ト云フ問題ハ誰モ彼モ皆嫌ッテ、土臺議會ニ百姓思想ガ缺乏シテ居ルコトヲ私ハ誠ニ遺憾ニ思フ、百姓問題ナント云フト、聽カヌ先カラ欠伸ヲシテ居ル、モット上手ナ人ガ言ウタラドウカ知ラヌガ、私ハ話ガ下手ダ、空理空論バカリ說クヤウナ人ハ話ガ上手ダ、ソレデアルカラ迷惑デモ聽イテ貰ハンケレバナラヌト思フ(拍手「謹聽」ト呼フ者アリ)御承知ノ通リ生活ノ向上ガ進ンデ來テ、肉ヤ鷄卵モ日本ニ出來ル材料ヲ捨テ、買ハンケレバナラヌ、牛ガ何匹居ルカ、豚ガ何匹居ルカ、鷄ガ何羽居ルカ、皆御承知デアルガ、食物ハアリヤセヌ、著ル物ハアリヤセヌ、而シテ物價ヲ下ゲタイト云フノデアル、是ハ實際行ハレルカ、米ハ澤山作ッテ宜カラウ、百姓ハ泣イテモ身代限リヲシテモ、安クシテ欲シイト云フ希望デハ立ッテ行カヌ、今日デモ營業稅ハ負ケタ、石油モ負ケタ、賣藥稅モ負ケタガ、地租ナンゾハ顧ミル人ハナイ、今日幸ニ政友會カラ農村振興問題ガ出マシタガ、是ガ形ニドトナイニシテ現レル、斯ウ云フ立派ナ錦ノ御旗ヲ樹テタガ、ナト棹ガ小サイヤウナ考ヲ持ッテ居ル、旗ガ何處マデ立ツウ何處マデモ押立ッテ、行ク積リデアルカ、斯ク幹部ノ方ミガ農村思想ノ缺乏シテ居ルコトハ、國家ノ爲ニ憂ヘテ居ル、憲政會ノ方デモ普選問題ト云フヤウナ、川ヲ隔テ、居ルヤウナコトヲ言ハズト、農村問題ニ單刀直入ニ這入ッテ居ルナラバ、モット大多數ヲ占メテ居ル、今日農村ノ問題ヲ沒却シテ居ルガ、政友會ハ又農村ノ外ニ付テ一層重キヲ置イテ貰ハナケレバナラヌ、前途甚ダ悲ムベキモノデアル、ソレデアリマスカラ、ドウゾ此問題ニ付キマシテ一ッ十分ニ御考慮ヲ仰ギタイ、ドウカ御贊成ヲ願ヒタイ、其實論ニ付テハ色々材料モアリマスノデ、一時間モ二時間モ話ガ出來マスガ、餘リ時間ヲ費スト云フコトモ恐縮デアリマスカラ、是デ止メマス、其次ニハ高砂港ノ補助問題ニ付テ一寸說明致シマス、高砂港ハ中國ノ相當ナ良イ港デアリマス、當時ハ播州鐵道モ出來マシテ、將ニ南北連貫セントスルヤウナ場合デアリマス、播州ノ平野タル加印兩郡ノ地ト云フモノガ實ニ廣イ平野デアリマシテ、而モ加古川ノ流域ガアッテ、將來中國ノ「マンチエスター」トナルベキ、土地ハ是デアルト思ヒマス、而シテ加古川ハ三十里モ流レテ居ル、而モ此沿岸ハ非常ニ物產ニ富ンデ居リマシテ、米モ中々出マスガ、此高砂港ナルモノハ、丁度播州ノ內海ニ屬シテ居ッテ、サウシテ此內海ハ少シ天氣デモアレバ、廣イ內海ニ船ガ一杯ニナル位往復ノ頻繁ナ處デアリマス、併ナガラ播州ノ海ハ不意ニ風ガアリマシテ、難破船ト云フモノガ年々數百艘ト云フ數ニ上ル狀態デアリマス、爲ニ港灣ノ不完全ナルコトハ、國家ニドノ位不利益デアルカ分ラヌ、而シテ此加古川ノ三十里ニ亘ッタ所ノ大河川ハ、今ヤ河川改修ニ著手サレマシテ、治水工事ガ行ハレルコトハ結構デアリマスガ、治水工事ノ爲ニ加古川カラ排泄スル土砂ガ澤山出マシテ、將來高砂ノ港ガ大ニ埋沒スル虞ガアル次第デアリマス、此加古川ノ支流ニ洗川ト云フノガアリマスガ、以前ハ其所ニ大部分流レテ居ッタモノガ、其處ヲ堰止メテ、全ク高砂港ノ前ヘ土砂ガ流込ンデ來ル次第デアリマスカラ、將來此港ガ埋沒スルコトハ明カデアル、然ルニ一方ニハ加古川ヲ改修シテ、土一升金一升ノ場所ヲ造ッテ、工業地ヲ造ルヤウナ話デアリマスノニ、世界的ニ連絡シタル天然鐵道トモ言フベキ此停車場ガ不完全デアッテ、此地方ノ僅ニ一年三万ヤ五万ノ補助デハ、維持ガ出來ナイヤウナ狀態デアリマス、幸ニ致シマシテ、政府モ見ラレ、所ガアッテ、彼ノ高松ノ港灣ト云ヒ、又小松島ノ港灣ト云ヒ、或ハ今治ノ港灣ノ如キ、其他境港ノ如キ、非常ナル補助ヲシテ、サウシテ國家ガ運輸交通ノ機關ヲ造ラレツヽアル狀態デアリマスカラ、ドウカ之ニ等シク高砂港ニモ御同情ヲ願ヒマシテ、僅百万圓ト云フヤウナ大ナル補助ヲ願ハマデモ、又國ノ補助ヲ願ヒタイト言ッテモ、非常ニ澤山ナ金ヲ望ム次第デハアリマセヌ、僅ニ加古川ノ改修ト相俟ッテ、加古川ノ改修ノ結果、埋沒ヲ防クダケノ設備デモシテ貰ヘレバ、地方ハ滿足スル次第デアリマス、其費用モ僅カ百万圓モ私ハ要ラヌト思フ、ソレモ一時ニ要ルモノデモアリマセヌカラ、ドウカ皆サン御贊成ヲ願ヒタイ次第デアリマス、ソレカラ郡ノ併合ニ付テハ、是ハ又委員會デ說明致シマスカラ略シマス、ドウカ惡カラズ

○鈴木籠藏君 日程第八ハ安達謙藏君外四名提出、農村振興ニ關スル建議案外六件ノ委員ニ付託シ、第九ハ大島寅太郎君外二名提出、舞鶴東港廢止ニ伴フ地方善後ニ關スル建議案外二件ノ委員ニ付託シ、日程第十ハ議長指名ヲ以テ九名ノ委員ニ付託セラレンコトヲ望ミマス

(「贊成」ト呼フ者アリ)

○副議長(松田源治君) 鈴木君ノ動議ニ異議アリマセヌカ

(「異議ナシ」ト呼フ者アリ)

第三　共通法中改正法律案（政府提出、貴族院送付）　第一讀會

共通法中改正法律案

共通法中左ノ通改正ス

第一條中「又ハ關東州」ヲ「、關東州又ハ南洋群島」ニ改ム

第九條中「又ハ關東州」ヲ「、關東州又ハ南洋群島」ニ、「又ハ關東都督」ヲ「、關東長官又ハ南洋廳長官」ニ改ム

第十六條　一箇ノ刑事事件又ハ牽連スル數箇ノ刑事事件地域ヲ異ニスル數箇ノ裁判官廳ノ管轄ニ屬スルトキハ刑事訴訟法第五條及第十一條第一項ノ規定ヲ準用ス

附　則

本法ハ大正十二年四月一日ヨリ之ヲ施行ス但シ第十六條ノ改正規定施行ノ期日ハ勅令ヲ以テ之ヲ定ム

第十六條ノ改正規定施行ノ際現ニ繫屬スル事件ニ付テハ仍從前ノ規定ニ依ル

〔政府委員馬場鍈一君登壇〕

○政府委員（馬場鍈一君）　共通法中改正法律案ノ提出理由ヲ簡單ニ申上ゲマス、御承知ノ如ク南洋群島ガ我ガ帝國ノ委任統治ニ屬シマシタノト、昨年刑事訴訟法ノ改正ニ伴ヒマシテ、共通法ノ中ニ改正ヲ加ヘタイ點ガ出來タノデゴザイマス、卽チ南洋群島ト、內地、朝鮮、臺灣等トノ間ニ、法律上ノ聯絡ヲ取ル必要ガ生ジマシタノデアリマス、第二點ハ刑事訴訟法ノ條文ヲ共通法ノ中ニ引用シテアルノデアリマスルガ、刑事訴訟法改正當然ノ結果ト致シマシテ、其引用條文ヲ改正スル必要ガアルノデアリマス、簡單ナ案デアリマスルカラ速ニ御協贊ヲ與ヘラレンコトヲ望ミマス（拍手）

○議長（粕谷義三君）　日程第四、右議案ノ審査ヲ付託スベキ委員ノ選擧ヲ議題ト致シマス

第四　右議案ノ審査ヲ付託スヘキ委員ノ選擧

○鈴木錠藏君　本案ハ阪上貞信君外四名提出、植民政策確立ニ關スル建議案外一件ノ委員ニ併セテ付託セラレンコトヲ望ミマス

〔「贊成」「贊成」ト呼フ者アリ〕

○議長（粕谷義三君）　鈴木君ノ動議ニハ御異議ナイト認メマス、仍テ動議ノ如ク決シマス、日程第五、大正十年法律第百二號中改正法律案ノ第一讀會ヲ開キマス、馬場法制局長官

大正十年度豫備金支出ノ件
大正十年度特別會計豫備金支出ノ件
大正十年度特別會計豫備金外ニ於テ豫算超過支出ノ件
（承諾ヲ求ムル件）（委員長報告）

報告書

一大正十年度豫備金支出ノ件（承諾ヲ求ムル件）

右ハ本院ニ於テ承諾ヲ與フヘキモノト議決致候此段及報告候也

大正十二年三月九日

大正十年度豫算金支出ノ件委員長　松浦五兵衛

衆議院議長粕谷義三殿

報告書

一大正十年度特別會計豫備金支出ノ件（承諾ヲ求ムル件）

右ハ本院ニ於テ承諾ヲ與フヘキモノト議決致候此段及報告候也

大正十二年三月九日

大正十年度特別會計豫備金支出ノ件委員長　松浦五兵衛

衆議院議長粕谷義三殿

報告書

一大正十年度特別會計豫備金外ニ於テ豫算超過支出ノ件（承諾ヲ求ムル件）

右ハ本院ニ於テ承諾ヲ與フヘキモノト議決致候此段及報告候也

大正十二年三月九日

大正十年度特別會計豫備金外ニ於テ豫算超過支出之件委員長　松浦五兵衛

衆議院議長粕谷義三殿

○松浦五兵衛君　〔松浦五兵衛君登壇〕　只今日程ヲ變更サレマシテ、議題トナリマシタル大正十年度豫備金支出ノ件外二件ノ委員會ノ經過及結果ヲ御報告申上ゲマス、本案ハ御承知ノ通リ、總額ガ千六百七十万圓程ニナッテ居リマシテ、而モ其費途ハ各省竝ニ朝鮮、大連、關東州、樺太等ニ亙ッテ居リマシテ、災害復舊其他ノ極テ微細ナル支出ガ多イノデアリマス、唯、其中ニ外務省ニ關係スル費用デ特ニ百四十餘万圓ノ電報料ノ增加、及ビ二百三十餘万圓ノ華府會議ノ費用、是ガ各委員ノ注意スル所デアリマシテ、此二點ニ付キマシテハ、總理大臣、外務大臣及ビ關係政府委員ニ、極テ詳細ナル質問應答ヲ重ネ、其他ニ付テモソレ〲政府委員ト質問應答ヲ重ネタ結果、此三案共ニ全會一致ヲ以テ承認ヲ與ヘルコトニ決シマシタ、而シテ全會一致デハアリマスルガ、其中國民黨ノ中川君ヨリハ、特ニ豫算ニ於テ豫備金ヲ增加シタノハ、從來屢、議論ノ種トナル所ノ責任支出ヲ減ゼシムル爲デアル、然ルニ今回ノ案ニ於テモ尚ホ責任支出ヲ認メルノハ甚ダ遺憾トスル所デアルカラ、此點ヲ政府ニ於テ今後大ニ注意シテ貰ヒタイト云フノ希望條件ヲ附シテ賛成サレタノデアリマス、次ニ憲政會ノ正木君ヨリハ、前申上ゲタ通リ華府會議ノ內容ニ付テハ頗ル遺憾ガアル、併シソレハ委員會デハ述ベズニ、本會議ニ於テ其意見ヲ述ベル、金額ニ同意ヲ與ヘルコトニハ吝カナラヌト云フ御趣意デ御贊成ニナリマシタ、以上委員會ノ經過ヲ御報告申上ゲマス（拍手）

○議長（粕谷義三君）　委員長ノ報告ニ贊成ノ通告ガアリマス、其發言ヲ許シマス、正木照藏君

○正木照藏君　〔正木照藏君登壇〕　大正十年度第一豫備金、第二豫備金ノ支出ハ、今委員長ノ報告サレマシタ通リニ、各省ニ亙ッテ色々ノ項目ニナッテ居リマスガ、大抵皆已ムヲ得ヌモノデアリマシテ、別ニ不都合ハナイト認メマスカラ、之ニ對シテ承諾ヲ與ヘルコトニハ私モ贊成スル者デアル、唯、第二豫備金ヨリ支出シタル一番大キナ金高、即チ二百三十八万餘圓ノ高ニ達シテ居リマス華盛頓會議ノ費用、之ヲ承認スルニ付キマシテハ、其會議ノ結果竝ニ經過如何ト云フコトヲ考ヘナケレバナラヌ、之ニ就キマシテハ、ドウモ私共ハ遺憾ナガラ、誠ニ立派ナ御出來デアッタ何處マデモ滿足ヲスルト申スコトノ出來ナイノヲ遺憾トスル、此會議ハ一昨十年七月初メ亞米利加カラノ提議ニ依リマシテ、軍備制限問題ト、太平洋ト極東ノ問題ヲ議センガ爲ニ、日、英、米、佛、伊ノ五箇國ノ會議ヲ開キタイカラ、日本モ參加シテ貰ヒタイト云フコトノ勸誘ニ始マリマシテ、日本モ之ニ應ジテ行ッタコトデアル、ソレデ其成績ヲ見マスレバ、大正十年十一月十二日ニ華盛頓ニ於テ會議ヲ開キ、十一年ノ二月六日マデ掛ッテ、其間ノ日數八十七日間ヲ費シテ居ル、會議ノ數ガ百三十五回、集合セル國ガ五箇國、條約案ヲ六箇條議定シ——山東ノ協約ノ半ハ別デゴザイマス、其外ニ決議事項十四、聲明ヲシタ所ガ十箇條ニ及ンデ居リマス、我國ノ爲ニハ洵ニ重大ノ會議デアリマシテ、其程度カラ申シマスレバ、寧ロ巴里ノ講和會議以上デアルト私共ハ認ムルノデゴザイマス、我國カラハ加藤全權、德川全權、幣原全權等ヲ初メトシマシテ百四十餘名ノ御方ガ之ニ參列サレタ、是等ノ御方ガ彼ノ地ニ於テ色々御心配ニナリ、御苦勞ニナッタコトハ、私共國民トシテ感謝ヲ表スル者デゴザイマス、唯、會議ノ成績ニ至リマシテハ、ドウモ悉ク滿足スルコトガ出來マセヌ、最モ其主案タル海軍軍備ノ制限其他ニ付キマシテハ、列國協調ノ結果デゴザイマスカラ、先ヅ此位ノ所デ我慢シナケレバナラヌト申シマスコトハ私共信ジテ居リマスガ、ソコニ至リマス所ノ經過ニ付キマシテハ隨分缺點ガアル、洵ニ立派デアッタト申スコトノ出來ナイコトヲ私ハ遺憾トスル、之ヲ少シ詳シク申シマスレバ、第一此會議ニ派出サレル所ノ全權其人デアル、私共カラ申シマスレバ、當時少クトモ總理大臣ガ御出ニナラナケレバナラヌ、總理大臣ガ御出ニナルノガ當然ト思ッタ、然ルニモ拘ラズ、總理大臣モ御出ニナラズ、又外務大臣モ御出掛ニナラズ、海軍ニ關係ノアル海軍大臣ノ御出掛ニナッタコトハ是ハ當然デゴザイマスケレドモ、特ニ德川貴族院議長マデ煩ハシテ御出席ヲ請ウタト云フコトハ、當時國民トシテ滿足ヲ表シテ居ラナカッタ、此點ハ私共今日ニ於テモ甚ダ遺憾ニ認メル者デゴザイマス、次ニ海軍ノ比率ヲ審議スルニ當リマシテ、帝國ハ七割ヲ主張シ、次ニ六割ニ讓歩シタ、之ニ就キマシテハ海軍大臣カラ色々其委員會ニ於ケル事情ヲ承リマシテ、誠ニ已ムヲ得ヌ事ノアッタコトモ了承致シマシタガ、ソコニ到ルマデノ手續ニ付テハ甚ダ手落ガアッタト思フ、第一ニ一番初メ加藤寬治中將ノ如キハ七割ヲ聲明シ、德川全權ガ又ソレヲ取消シタト云フコトデアル、又加藤全權ノ御話ニ依リマシテモ、一應ハ加藤全權カラモ七割ヲ主張シタガ、終ニ之ヲ讓歩シタト云フコトニ付テハ、何ダカ日本ガ駈引ヲヤッタヤウナ形ニナッテ誠ニ面白クナイ、私共六割ニ異存ハアリマセヌガ、其經過ガ甚ダ拙イヤウニ考ヘル、次ニ太平洋ノ問題ヲ議スルニ當リマシテ、亞米利加ノ布哇ヲ除外スルコトヲムザ〲ト承認サレタト云フコトニ付テハ、加藤總理カラ色々事情ヲ承リマシタガ、是亦物足ラヌ感ガスル、或ハ其御說ニ依リマスレバ、非律賓ガ一番大事ダカラ、非律賓サヘ除外サレヽバ布哇ノ如キハサウ重キヲ置カヌト云フ御說デアッタガ、是ハ國民トシテドウモ首肯スル能ハザル點デアルト思フ、ソレカラ其覺書ヲ拵ヘルニ付キマシテ、「ジヤパンプロパー」ト云フ字ヲ使ッテ、ソレニ付テ色々ノ疑義ヲ生ジ、遂ニ之ヲ改メルト云フヤウナコトヲヤック、加藤全權——總理大臣モ少々手落デアッタト云フコトヲ申サレテ居リマスガ、甚ダ是ハ失態デアル、別ニ利害ニ關係ガナカッタト致シマシテモ失體デアル、其次ニ軍艦攝津ヲ除イテ陸奥ヲ加ヘタト申スコトハ、是ハ餘程ノ御苦心デアッタヤウニ承リマシタガ、其代リニ英吉利ニモ二隻、亞米利加ニモ二隻ノ新艦ヲ許シタト云フコトハ、差引キ我國ノ爲ニハドウ云フ結果ニナッタカト言ヒマスト、私共ハ疑ガ解ケヌノデゴザイマス、ソレカラ今一ツハ日英同盟ニ代ハル所ノ四國協約ヲ制定致シマシタ、此結果ニ付キマシテハ私共今此ニ其利害得失ヲ論斷スルコトハ避ケマスガ、唯、其條文ヲ拵ヘルニ當リマシテ、條約國、太平洋ニ於ケル其島嶼タル屬地ト領地ト云フ文字ノ解釋ニ當ッテ、色々矛盾シタヤウナコトヲヤリマシテ、又再ビ後デ追加協定ヲヤッタト云フヤウナコトモ甚ダ拙劣ナルコト、認メルノデアリマス、ソレハ大シタ問題デハゴザイマセヌケレドモ、私共最モ此會議ニ於テ遺憾ニ感ジマスノハ、初メ我國ガ亞米利加カラ勸招サレマシタ時分ニ、太平洋問題即チ東洋問題トハドウ云フ風ナモノデアッテ、ドウ云フ性質ノモノデアルカト云フコトヲ亞米利加ノ方ヘ問返シタ、其時ニ亞米利加ノ方ノ答ニハ、サウ云フ問題ハ何レ寄ッテ此問題ヲ研究スル時ニ定メタイカラ、此處デハ追究スルコトヲ避ケテ呉レ、斯ウ云フ返事デアッタ、之ニ對シテ帝國ハ十年七月二十六日ヲ以テ斯ウ云フコトヲ回答シテ居ル、特定國間限リノ問題、若クハ

既定事實ニ及ブコトハ愼重ニ之ヲ避ケルヲ以テ可ナリトス、愼重ニト云フ字ヲ加ヘテ、ドウシテモサウ云フコトヲヤリタクナイ、ヤル意思ハ無イト云フコトヲ明ニ言ッテ居リマス、然ルニモ拘ラズ彼ノ地ニ於テ山東協約ノ問題ヲ議シタ、是ハ華盛頓會議ノ問題トハナッテ居ラヌト云フ、コトヲ言ヒマスケレドモ、結局英吉利、亞米利加、兩全權ノ勸誘ト申シマスカ、强制ト申シマスカ、ソレニ依ッテ遂ニ日本ト支那トノ兩國ノ間ニ會議ヲ開キ、ソレニハ而モ亞米利加並ニ英吉利、兩國ノ全權ノ隨員ガ其會議ニ出張致シマシテ、監視ト申スコトハ甚ダイカヌカハ知リマセヌケレドモ、兎モ角其事ヲ色々聽イテ居ッタ、斯ウ云フヤウナコトデ此會議ヲ開イタ、卽チ支那ト致シマシテハ此兩國ヲ背景ト致シマシテ、日本ニ對シテ色々ナ讓歩ヲ求メ、日本ハ遂ニ讓歩ニ重ネルニ讓歩ヲ以テ此始末ヲシタト申スコトハ、實ニ我ガ外交ノ一大失策デアッテ、吾吾ハ千古ノ恨事ト致スノデアル、外務大臣ニ此事ヲ承リマスレバ、彼地デ開イタノハ便利上開イタノデアルト申サレマスケレドモ、何カ便利デアル、日本ト支那トノ問題ヲ華盛頓ニ持ッテ行ッテ開カナクテモ宜イ、之ヲ日本ニ開ク、或ハ支那ニ開イタナラバ、恐ラクア、云フ讓歩ヲシナイデ濟ンダコト、考ヘラレル、ソレニモ拘ラズ殆ド兩國監視ノヤウナ形ニ於テ、斯ウ云フヤウナ讓歩ヲスルニ至ッタコトハ、洵ニ私共長ク之ヲ日本ノ歷史カラ見テモ遺憾ト認メル者デアリマス(拍手)ソレデ外務大臣アタリ、卽チ政府ノ答辯ニ依リマスレバ大變ナ讓歩ヲシタニ付テ、日本ト支那トノ間ノ親善ノ空氣ガ大變改マッテ、非常ナル好イ效果ヲ得ツ、アルト云フコトヲ申サレテ居リマスケレドモ、是ハ私ガ前ニモ申シマシタ通リニ、私共ハ決シテサウトハ思ハヌ、此會議ニ於テ大ニ弱腰ヲ示シタレバコソ、此度二十一箇條ノ殘ッテ居ル條件ニ對シテ、支那ハ是ガ無效ヲ宣布シ、既ニ向フカラ人ガ參ッテ日本ノ政府ニ掛合ハントスル如キコトニ至ッタノハ全ク此爲デアル、是ハ英米ノ背景背後ガアッタコトヲ忘レズ頭ニ持ッテ居ッテ、マカリ間違ヘバ仲裁裁判ニモ持出スト云フコトヲ言ッテ居ル、斯ウ云フコトニ至ッタノハ決シテ親善ニ進ンダドコロデハナイ、寧ロ弱腰ヲ示シタ所ノ結果ト斷定シナケレバナラヌ(拍手)斯ウ云フヤウナ狀況デゴザイマシテ、華盛頓會議ノ費用ニ付テハ、私共ハ費用ハ贊成致シマスケレドモ、其經過並ニ結果ニ付テハ決シテ滿足シテ居ル者デナイト云フコトヲ茲ニ言明致シマシテ之ニ贊成スル、卽チ承諾ヲ與ヘントスル者デアル、序ナガラ使ヒマシタ費用ノ內譯ヲ一寸參考ノ爲ニ申上ゲテ置キマスガ、總額ハ二百三十八万幾ラデアリマス、其中事務所ニ使ッタ費用ガ百七万幾ラ、ソレカラ旅行手當ト申シマスモノニ四十一万六千圓ヲ出シテ居ル、又特別手當ニ三十八万七千圓出シテ居ル、其外ニ機密費ト云フモノガ七十五万圓アル、七十五万圓ト申シマスト殆ド全額ノ三分ノ一、三分ノ一マデ機密費ヲ出シテ居ル外務省ニ機密費ガ多イト云フコトハ私共常ニ之ヲ疑ッテ居ル、當年モ豫算ノ時分ニ革新俱樂部ノ方カラ意見ガ出テ居リマシタガ、機密費ト申シマスモノハ、聞キマスト何ニ使ッタカ言フコトハ出來ヌト言ッテ逃レテ居リマスガ、僅カナ額ナラバ宜シウゴザイマスケレドモ、金額ノ三分ノ一ニ達スル七十五万圓モ使ッタト云フコトハ、實ニ甚シイ使ヒ方デアルト思ヒマス、是ハ何處ノ費用モ外務省ノ方ノ費用ハ電信料ト機密費トナッテ居ル、何時デモ之ニ隱レテヤッテ居ルト云フコトハ甚ダ私ハ之ヲ不滿足トスル者デアリマス、序ニ御參考ノ爲ニ申述ベマスガ、派遣サレタ御方ニドウ云フヤウナ手當ヲ給シテ居ルカト云フコトヲ調ベテ見マスルト、親任官ノ御方ニハ往復ノ旅費トシテ一万四千圓、勅任官ニナリマスレバ六千二百圓、ソレカラ日當ハドウカト云ヒマスレバ、一番高イノガ一日百七十五圓、ソレカラ百五十圓、勅任官ニ至リマシテハ、八十圓カラ六十圓、尤モ是ハ向フニ家ヲ借リテ居リマスカラ、宿賃ハ其外ニナッテ居ッテ、隨分相當ノ額ヲ差上ゲテ居ル形ニナッテ居ル、是ハ委員會ニ於テ調ベマシタカラ、御參考ノ爲ニ此所ニ申シテ置ク次第デアリマス、要スルニ今申上ゲマシタヤウナ言明ヲ附ケマシテ、私ハ本案ニ贊成ヲ致シテ、豫備金ノ支出ニ付テ承諾ヲ與ヘントスルモノデアリマス(拍手)

○議長(粕谷義三君) 別ニ通告モアリマセヌカラ採決ヲ致シマス、本件ニ承諾ヲ與フルコトニ御異議アリマセヌカ

〔「異議ナシ」ト呼フ者アリ〕

○議長(粕谷義三君) 御異議ナイト認メマス、仍テ本件ハ承諾ヲ與フルコトニ決シマシタ——日程第十、河川法中改正法律案ノ第一讀會ヲ開キマス、提出者本多貞次郎君

し　第十五　内地ト朝鮮、臺灣、樺太、南洋群島、關東州及滿鐵附屬地間ノ郵便電信料金統一ニ關スル建議案（牧山耕藏君外十四名提出）

内地ト朝鮮、臺灣、樺太、南洋群島、關東州及滿鐵附屬地間ノ郵便電信料金統一ニ關スル建議案

内地ト朝鮮、臺灣、樺太、南洋群島、關東州及滿鐵附屬地間ノ郵便電信料金統一ニ關スル建議

内地ト朝鮮、臺灣、樺太、南洋群島、關東州及滿鐵附屬地間ノ郵便電信料金ハ其ノ種類ニ依リ内地相互間ニ比シ高率ナリ之ヲ統一スルハ拓殖統治上極メテ緊要ノコトニ屬ス政府ハ速ニ之カ差別ヲ撤廢シ内地同樣ノ料金ニ改正スヘシ

右建議ス

第十六　仁川築港擴張ニ關スル建議案（牧山耕藏君外四名提出）

仁川築港擴張ニ關スル建議案

仁川築港擴張ニ關スル建議

仁川港ハ朝鮮西海岸ニ於ケル一大要港ニシテ輓近產業ノ進展ニ伴ヒ其ノ貿易額ハ逐年激增シ現ニ大正十一年ノ如キ一億万圓ヲ突破スルノ盛況ヲ呈セリ而シテ之ニ件フ出入船舶ノ增加ハ直ニ築港ノ狹隘ヲ來シ之カ擴張增築ハ洵ニ刻下ノ急務ニ屬ス依テ政府ハ速ニ適當ノ計畫ヲ樹テ必要ナル豫算案ヲ提出セラレムコトヲ望ム

右建議ス

〔牧山耕藏君登壇〕

○牧山耕藏君　此席ヨリ發言ノ御許ヲ願ヒマス――日程第十五ハ内地ト朝鮮、臺灣、樺太、南洋群島、關東州、及滿鐵附屬地間ノ郵便電信料ガ全部デハアリマセヌガ、其種類ニ依リマシテ、内地相互間ヨリモ著シク高率ニ在ルノデアリマス、之ヲ内地ト同樣ニ改メタイト云フノガ本建議ノ趣旨デアリマス、此結果ト致シマシテハ、遞信省竝ニ各植民地收獲ノ收入ニ多少ノ影響ヲ及ボスノデアリマスケレドモ、植民地統治ガ帝國ノ重要ナル國務デアリ、其成敗如何ガ國勢ノ消長ニ重大ナル關係ヲ持ッテ居ル點ヨリ考察致シマスレバ、斯樣ナル差等ヲ撤廢致シマシテ、内地同樣ニ改メルコトガ統治政策上適當ナリト信ジマシテ、此案ヲ提出致シマシタ次第デアリマス次ニ日程第十六ハ、仁川港擴張ニ關スル建議デアリマスガ、仁川ハ朝鮮ニ於ケル重要ナル港デアリマシテ、丁度東京ニ對スル横濱ノ如キ關係ニ在ルノデアリマス、貿易額ノ如キモ日本全國ヲ通ジテ第五位ニ在ルノデアリマシテ、大正十二年ノ如キハ既ニ一億万圓ヲ突破シテ居ルノデアリマス、此港ハ潮ノ干滿ノ差ガ甚シク、普通ノ築港デハ其用ヲ爲サヌノデアリマシテ、夙ニ政府ハ三百五十餘万圓ノ經費ヲ以テ、明治四十四年ニ閘門式築港ノ計畫ヲ立テマシテ、大正七年ノ十月ニ竣工ヲ致シタノデアリマス、所ガ其當時ノ計畫デハ、約六十万噸ノ貨物ガ集散ヲスルト云フコトヲ目安トシテ計畫ヲ立テラレタノデアリマスガ、時勢ノ進展ニ伴ヒマシテ貨物著シク增加シ、既ニ今年ノ如キ、又昨年ノ如キ七十餘万噸ヲ超過致シテ居ルヤウナ次第デ、隨テ出入船舶ノ數モ激增シ今日ニ於キマシテ既ニ貨物ノ荷役上ノ非常ナル不便ヲ感ジテ居ルノデアリマスカラ、茲ニ擴張增築ノ計畫ヲ立ツルニ非ザレバ、豫期ノ目的ヲ達スルコトガ出來ヌノデアリマス、政府ハ速ニ適當ナル計畫ヲ立テラレマシテ、之ニ必要ナル豫算ヲ提出セラレンコトヲ希望シ本建議ヲ爲ス次第デアリマス、尙ホ詳細ナル提案理由ノ說明ハ委員會ニ讓リマス

○鈴木錠藏君　第十五第十六ノ兩案ヲ一括シテ、阪上貞信君外四名提出、植民政策確立ニ關スル建議案外二件ノ委員ニ併セテ付託セラレンコトヲ望ミマス

○議長（粕谷義三君）　鈴木君ノ動議ニ御異論アリマセヌカ

〔「異議ナシ」「異議ナシ」ト呼フ者アリ〕

○議長（粕谷義三君）　御異議ナイト認メマス、仍テ動議ノ如ク決シマシタ、第十七、第十八モ便宜上一括議題ト爲スニ御異議アリマセヌカ

〔「異議ナシ」「異議ナシ」ト呼フ者アリ〕

○議長（粕谷義三君）　御異議ナイト認メマス、日程第十七、牧野法制定ニ關スル建議案、日程第十八、第二國立醸造試驗所新設ニ關スル建議案、右二案ヲ一括議題ト致シマス、提出者ノ趣旨辯明ヲ許シマス、吉良元夫君

第十一 朝鮮多獅島築港速成ニ關スル建議案（牧山耕藏君外七名提出）

朝鮮多獅島築港速成ニ關スル建議案

朝鮮多獅島築港速成ニ關スル建議

多獅島ハ朝鮮平安北道龍川郡ノ南端郭串嘴ヲ距ル千四百二十間ノ處ニ在リ安東及新義州ヲ距ルコト水路二十六浬陸路二十一哩餘ニ位シ曾テ日清日露ノ兩戰役ニ際シ皇軍上陸ノ爲ニ數十隻ノ艦船投錨シタル所ニシテ爾來多獅島錨地ト稱セラレ現ニ二千噸乃至五千噸級ノ商船出入シ國境貿易ノ要港トシテ且同方面唯一ノ不凍港トシテ近時漸ク中外ノ認ムル所トナレリ然レトモ物資ノ呑吐港タル安東及新義州ト該錨地トノ連絡ハ鴨綠江水路ニ依リ艀船ヲ以テ輸送スルノ外ナク潮水ノ干滿ヲ利用スルニ非サレハ航行自由ナラサルノ有樣ニテ往復ニ三日乃至六日ヲ要スヘク而モ潮汐及淺瀬ノ變化頻々トシテ起リ危險少カラス從テ本船及艀船ノ運賃モ亦甚シク高率ナルヲ免レス殊ニ冬季四箇月間ハ江流氷結シ運航杜絕スルヲ以テ製造貿易運輸等ノ諸業殆ト休止若ハ縮短ノ已ムナキニ陷リ國境ニ於ケル產業貿易ノ發達ヲ阻害スルコト詢ニ尠少ナラサルモノアリ故ニ多獅島ヲ築港シ新義州ト同港間ニ鐵道ヲ敷設シテ海陸ノ連絡ヲ完カラシムルコトハ極メテ緊要ノコトニ屬ス而シテ本建議ハ第四十五回帝國議會ニ於テモ大多數ヲ以テ本院ヲ通過セリ依テ政府ハ速ニ適當ナル計畫ヲ樹テ之ニ必要ナル豫算案ヲ提出セラレムコトヲ望ム

右建議ス

○阪上貞信君　簡單デアリマスカラ自席カラ意見ヲ述ブルコトノ御許ヲ願ヒマス――多獅島ハ朝鮮平安北道龍川郡ノ南端郭串嘴ヲ距ル千四百二十間ノ處ニ在ル港デアリマシテ、安東及新義州ヲ距ルコト水路二十六浬、陸路二十一哩餘ノ處ニ在ルノデアリマス、此港ハ曾テ日清、日露ノ兩戰役ニ於キマシテハ、我ガ皇軍ガ上陸致シマシタ地點デアリマシテ、數十隻ノ戰艦ハ常ニ此所ニ投錨ヲ致シテ居ッタノデアリマス、然ルニ今日ニ於キマシテハ、國境貿易ノ要港トシマシテ同方面唯一ノ不凍港トシテ、近時漸ク中外ノ認ムル所トナリマシタガ、港ノ經營ハ何等ヤッテナイノデアリマス、現在ハ安東及新義州ト該錨地トノ連絡ハ鴨綠江ノ水路ニ依リマシテ、僅ニ艀船ヲ以テ輸送スルノ外ハナイ狀況ニ在ルノデアリマス、斯樣ナル狀況デアリマスルガ故ニ、此鴨綠江ハ潮水ノ干滿ヲ利用スルニアラザレバ、航行自由ナラザル有樣デアリマシテ、往復ニ數日ヲ要シマス、之ガ爲ニ貿易上甚ダ困難ナ狀況ニ在ルノデアリマス、殊ニ冬期四箇月ト云フモノハ、全ク鴨綠江ガ結氷致シマスノデ、貿易ヲ營ムコトガ出來ナイト云フ狀況ニ在ルノデアリマス、朝鮮ノ產業ヲ盛ニシ、若クハ國境貿易ヲ伸展致シマスル上カラ見マシテモ、トウシテモ此港ヲ新築シ、新義州ト同港間ニ鐵道ヲ敷設シテ、海陸ノ連絡ヲ完カラシムルコトハ極テ緊要ノ事デアリマシテ、昨年卽チ四十五議會ニ於キマシテハ、本院ニ建議案ヲ提出致シテ、本院ハ既ニ之ヲ決定致シテ居ルノデアリマス、ドウカ斯樣ナ事情デアリマスルガ故ニ、此建議案ノ趣旨ヲ御熟議ノ上御贊成ヲ願ヒマス

○鈴木錠藏君　本案ハ阪上貞信君外四名提出、植民地政策確立ニ關スル建議案外五件ノ委員ニ、併セテ付託セラレンコトヲ望ミマス

○議長（粕谷義三君）　鈴木君ノ動議ニ御異議ナシト認メマス、仍テ動議ノ如ク決シマス――日程第十二、水道補助費補關擴張ニ關スル建議案、八田宗吉君

第十八　北海道漁港修築政策確立ニ關スル建議案（黒住成章君外六名提出）

北海道漁港修築政策確立ニ關スル建議案

北海道漁港修築政策確立ニ關スル建議

北海道沿岸線一千五百五十四里ノ環海ハ魚族ニ富ミ世界三大漁場ノ一ト稱セラレ現ニ水產總額九千万圓乃至一億圓ニ達シ本邦水產總額約四億圓ノ四分ノ一ヲ占ム而モ之レ概ネ沿岸漁業ノ成果ニシテ沖合漁業ハ殆ト閑却セラレタリ而シテ沿岸漁業ハ今既ニ其ノ頂點ニ達シ之レ以上發展ノ餘地ナキニ反シ沖合漁業ノ將來ハ最多望ニシテ前途ノ發展實ニ洋々タリ故ニ國家ノ力ニ依テ之カ助成ヲ計ルトキハ眞ニ國民ノ生活ニ資シ國家ノ經濟ヲ補益スルコト測ルヘカラサルモノアリ然ルニ北海道ノ沿岸ハ天然ノ錨地ニ乏シク爲ニ漁民ノ遭難逐年頻出ス而シテ沖合漁業ノ發達ヲ助リルニハ漁港ノ修築ヨリ急ナルハナシ殊ニ漁港ノ要地ハ頗ル多キニ拘ラス今日漸ク其ノ二三ノ成ルヲ見ルノミニシテ未タ漁港政策ノ確立ヲ見サルハ洵ニ遺憾ニ堪ヘサル所ナリトス依テ政府ハ速ニ漁港ノ根本計畫ヲ定メ之カ實施ニ努メラレムコトヲ望ム

右建議ス

○黒住成章君　只今上程サレマシタル北海道漁港修築政策確立ニ關スル建議案ノ趣旨ヲ極テ簡單ニ申上ゲマス、本案ハ北海道ノ沿岸ニ水產ノ增收ヲ期スル爲ニ、道民ノ要望致シマスル漁港修築政策ノ確立ヲ政府ニ要望スルノデアリマス、諸君生活ノ不安ヨリ近時食糧問題ノ研究ハ漸ク熾烈ニナッテ參ッタノデアリマスガ、米麥ノ如キ炭水化物食料品ニ關シマシテハ、朝鮮ノ研究モ相當盡サレ、政府ニ於キマシテモ施設ニ立法ニ、而シテ相當ニ金モ使ハレテ居ルノデゴザイマスガ、蛋白質食料畜品ノ方ニ付テハ、之ニ比シテ甚ダ其研究ト施設計畫ガ足ラザルコトヲ遺憾ニ思フノデゴザイマス、近頃諸多ノ形式ニ於テ、或ハ質問若クハ建議案ガ提出サレテ居ルノデゴザイマスカラ、相當政府モ御用意ハアラウトハ考ヘマスガ、何故ニ此蛋白質食料品ノ方ノ問題ヲ片手落ニ爲サルカ解シ兼ヌルノデアリマス、申ス迄モナク食糧問題ハ並行シナクテハナラヌノデアリマス、而シテ此蛋白質食料品ト申シマスレバ、鳥獸肉及ビ魚肉デゴザイマス、而シテ獸肉ニ關スルモノハ昨日モ吉良君カラ建議案ガアリマシタル際ニ、卽チ牧野法ノ建議案デ御述ニナッタ如ク、極テ貧弱デアル、日本ニハ農耕用ノ牛ヲ入レテ僅ニ百四寸五万頭シカナイノデアリマス、更ニ鳥肉ニ至リマシテハ一層貧弱デゴザイマス、而シテ從來日本人ノ長キ間用ヒ來リマシタル關係ト、又嗜好ノ上カラ研究ヲ致シマシテ、水產殊ニ魚肉ニ手ヲ染メナケレバナラヌト云フコトハ、極テ明白ナル事デアルノデアリマス、學者ノ研究スル所ニ依リマスルト年々、我ガ日本人ノ此魚肉ノ攝取量ハ殖エツツアルノデアリマス、學者ノ統計ニ依リマスルト、一年每ニ一人一日ニ夂宛殖エテ居ルト云フコトデアリマス、更ニ人口ハ每年五六十萬人ノ增加ヲ來シテ居リマスルト云フ今日デアリマスルノデ今ヨリ十年ノ後ヲ考ヘマスルト、此蛋白質食料品ハ非常ナル需要高ニ達スルニ拘ラズ、此傾向ニ放任シテ置キマスト產額之ニ伴ハナイ、實ニ寒心スベキ問題ニ立至ルコト極テ明白ナル事デアリマス、故ニ國家食糧問題トシテ其政策ノ確立ヲ一日モ忽諸ニスル事ハ出來ナイト思フノデゴザイマス、斯樣ナ意味ニ於キマシテ、魚類ノ增收ヲ圖ルト云フコトハ、一ニ北海道產業ノミデナク、食糧問題トシテ重大ナル意義ヲ有シテ居ルノデアリマス、而シテ北海道ノ沿岸ハ千五百五十餘里、環海魚族ハ頗ル豐富デアリマス、世間稱シテ世界三大漁場ノ一ト言ウテ居ルノデアリマヤシテ、年產額ガ一億万圓內外デアリマス、卽チ帝國ノ產額四億万圓ノ四分ノ一ヲ北海道ニ於テ收獲致シテ居ルノデゴザイマスガ、是ハ從來主トシテ沿岸漁業ノ賜デアリマス、而シテ沿岸漁業ハ今日ハ最早絕頂デアリマス、更ニ有望ナノハ卽チ沖合漁業デアル、此沖合漁業ノ完成ヲ期スルニハ、申ス迄モナク漁港ガ極テ必要デアルノデアリマス、斯樣ナ大第デアルニ拘ラズ、一向ニ此政策ガ確立サレテ居ナイ爲、北海道ニ於テモ出來テ居リマスノハ二三ニ過ギナイト云フ狀態デアルノデアリマス、而シテ北海道ノ沿岸線ハ天然ノ錨地ニ頗ル乏シイノデゴザイマス、ドウシテモ漁港ノ修築ヲヤラナケレバナラヌ、此意味ニ於キマシテ本案ヲ提出致シタノデゴザイマス、政府ハ速ニ此問題ニ對シテ根本的ニ計畫ヲ立テラレ、吾々ノ要望スル漁港ノ修築ヲ完成セラレンコトヲ切望スル者デゴザイマス（拍手）

○鈴木錠藏君　本案ハ阿部武智雄君外八名提出ノ北海道本州連絡完成ニ關スル建議案外一件ノ委員ニ、併セテ付託セラレンコトヲ望ミマス

〔「異議ナシ」ト呼フ者アリ〕

○議長（粕谷義三君）　鈴木君ノ動議ニハ御異議ナイト認メマス、仍テ動議ノ如ク決シマス――日程第十九、露國政變及中與ニ關スル被害者救濟並對露貿易企業促進ニ關スル建議案ヲ議題ト致シマス、提出者ノ趣旨辯明ヲ許シマス、――川崎克君

第三十一 全邱鐵道建設ニ關スル建議案（牧山耕藏君外十一名提出）

全邱鐵道建設ニ關スル建議案

全邱鐵道建設ニ關スル建議

政府ハ全羅北道全州ヲ起點トシ舘村、鎭安、長溪、安義居昌、梅村、高靈、玄風ヲ經テ慶尚北道大邱ニ至ル間ノ鐵道ヲ建設シ以テ交通運輸ノ發達ヲ促進セラレムコトヲ望ム

右建議ス

○牧山耕藏君 提案ノ理由ハ大體建議案ノ本文ニ明カデアリマスカラ、詳細ナルコトハ委員會ニ於キマシテ述ベル事ト致シマシテ、此處ニハ省略致シマス

〔「贊成」「贊成」ト呼フ者アリ〕

○鈴木錠藏君 本案ハ阪上貞信君外四名提出、植民政策確立ニ關スル建議案外六件ノ委員ニ併セテ付託セラレンコトヲ望ミマス

〔「贊成」ト呼フ者アリ〕

○議長（粕谷義三君） 鈴木君ノ動議ニハ御異議ナイト認メマス、仍テ動議ノ如ク決シマス、日程第三十二、阿蘇國立公園設定ニ關スル建議案ヲ議題ト致シマス、原田十衞君

第四十三　群山港國營修築ニ關スル建議案（阪上貞信君外二名提出）

群山港國營修築ニ關スル建議案

群山港國營修築ニ關スル建議

今ヤ世界ノ大勢ハ武力的戰爭ニ代フルニ經濟的戰爭ノ時代トナレリ從テ之カ對策ヲ講セムトスルニハ專ラ港灣ヲ修築シテ海外貿易ノ發達ヲ圖ラサルヘカラス群山港ハ南鮮ノ要港ニシテ朝鮮第一ノ米穀輸移出港タリ政府ハ速ニ國費ヲ以テ本港修築ノ計畫ヲ樹テラレムコトヲ望ム

右建議ス

○阪上貞信君　簡單デアリマスカラ自席デ…

○議長（粕谷義三君）　速記者ニ聞エマセヌサウデスカラ、登壇ヲ望ミマス

〔阪上貞信君登壇〕

○阪上貞信君　本案ハ昨四十五議會ニ於テ本院ヲ通過シタ建議案デアリマス、重ネテ本年茲ニ提出致シタノデアリマス、群山港ハ朝鮮ノ各開港地ニ於テ最モ有數ナル地デアリマシテ、背後ニハ全羅北道ノ大平野ヲ控ヘ、錦江ヲ隔テ、其對岸ニハ忠清南道ノ沃野ヲ控ヘテ居リマス、即チ米穀ノ集散地トシテ朝鮮ニ於テハ勿論、我國ニ於テモ殆ド他ニ類例ノ無イ盛ナル港デアリマス、然ルニ開港以來今日ニ至ルマデ二十四箇年ノ歲月ヲ經テ居リマスガ、不幸ニシテ此港ノ修築ニ對シマシテハ、韓國政府時代カラ所謂併合以來今日ニ至リマシテ、此港ノ修築ニ對シテハ何等ノ施設モ見ナイノデアリマス、唯僅ニ二十數万圓ノ金ヲ投ジタ外、何等ノ施設モ見ナイト云フ有樣デアリマス、今ヤ此港ノ貿易ハ殊ニ大正十一年度ニ至リマシテ、三千四百六十万圓ト云フ巨額ニ上ッテ居リマス、而モ米穀ハ殆ド一箇年八十万石ヲ輸出スル盛況ニ立ッテ居リマス、斯樣ナ盛況デアリマスガ故ニ、政府ハ一日モ速ニ此群山港ノ修築ヲ國營ト致シマシテ、而ノ之ニ依ッテ朝鮮ノ產業及一般ノ開發ニ資セラルヽコトガ、最モ適切ナル方策デハナイカト考ヘルノデアリマス、ドウカ斯樣ナル理由デアリマスガ故ニ、滿場ノ御贊成ヲ仰グ次第デアリマス

○鈴木錠藏君　本案ハ阪上貞信君外四名提出、植民政策確立ニ關スル建議案ノ委員ニ、併セテ付託セラレンコトヲ望ミマス

〔「贊成」「贊成」ト呼フ者アリ〕

○議長（粕谷義三君）　鈴木君ノ動議ニハ御異議ナシト認メマス、仍テ動議ノ如ク決シマス——日程第四十四、立山連峰ヲ中心トスル國立公園設置ニ關スル建議案ヲ議題ト致シマス、提出者ノ趣旨辯明ヲ許シマス——廣瀨與之君

第四十九　滿洲中央銀行設置ニ關スル建議案(松野鶴平君外六名提出)

滿洲中央銀行設置ニ關スル建議案

滿洲中央銀行設置ニ關スル建議

滿洲經濟界ハ既ニ長足ノ進歩ヲ遂ケ將來ノ發展亦益見ルヘキモノアラムトス此ノ時ニ際シ既設金融機關トシテ横濱正金銀行朝鮮銀行東洋拓殖會社其ノ他數十ノ銀行會社アリト雖其ノ間何等ノ脈絡ナク亦統一ナシ而モ各銀行會社何レモ其ノ權限資力並經營方針ニ於テ缺陷少カラス以テ膨脹セル今日ノ滿洲經濟界ヲ負擔スルニ足ルナシ即チ政府ハ現下ノ狀勢ニ鑑ミ滿洲將來ノ經濟的發展ニ資セムカ爲茲ニ一大英斷ヲ以テ滿洲中央銀行ヲ設置セラレムコトヲ望ム

右建議ス

〔上塚司君登壇〕

○上塚司君　本案ハ他ノ案ト多少其趣ヲ異ニ致シテ居リマスルカラ、議案縮減ノ際甚タ恐縮デアリマスルガ、暫ク御清聽ヲ煩シマス、本案ハ滿蒙經濟發展ノ現狀ニ鑑ミマシテ、經濟組織ノ動脈デアリマスル中樞金融機關ヲ設置致シマシテ、滿蒙ニ於キマシテ日支兩國ノ經濟的發展ヲ助長シ、且ツ金融上ノ缺陷ヲ補ハントスルノデアリマス、滿洲ニ於キマシテ有力ナル中心的金融機關ヲ設クルノ必要アリマスルコトハ、既ニ二十數年前滿鐵設立ノ際ニ於キマシテ、其定款原案ニ金融業務ノ一項デアリマシタニ徴シマスルモ明カデアリマス、唯、金融業ハ他ノ雜駁ナル事業ト其趣ヲ異ニ致シテ居リマスルカラシテ、他ノ事業ト共ニ兼營スベカラズト云フ主張ノ下ニ此項目ハ其後削除致サレタノデアリマス、然ルニ其後大正四年五月臨時議會ニ於キマシテ、滿蒙銀行設立ニ關スル建議案ヲ通過致シマシタ、翌年一月通常議會ニ於キマシテ、政府ハ滿洲銀行法案ヲ提出致シマシタ、此案ハ當時衆議院ヲ通過致シマシタガ、貴族院ニ於キマシテ審議未了ニ終ッタノデアリマス、爾來年ヲ經マスルコト七年、其間歐洲大戰ノ影響ヲ受ケマシテ、滿洲ノ經濟界ハ著シク膨脹致シマシタ、政府ハ此大勢ニ策應致シマス爲ニ、從來爲替金融機關トシテ活動致シマシタ正金銀行ノ外ニ、新ニ朝鮮銀行ヲシテ滿洲ニ進出セシメ、以テ滿洲ニ中央銀行的業務ヲ代理セシメタノデアリマス、又東拓ヲ導キマシテ、殖產興業資金ノ融通ニ當ラシメタノデアリマス、吾々ハ此三大機關ノ成立ニ依リマシテ、各、其機能ヲ發揮シテ、以テ滿洲經濟界ノ斷エザル膨脹ニ對シマシテ、十分ニ策應スベキコトヲ期待致シタノデアリマス、然ルニ其後ノ情勢ヲ見マスルニ、其實際ハ大ニ吾々ノ期待ヲ裏切リ、是等三大機關ノ中、正金ハ爲替機關デアリマスカラ姑ク別ト致シマシテ、他ノ二機關ノ融資致シマシタル機能ニ至リマシテハ、滿洲ノ經濟、產業發達ノ趨勢ニ對シマシテ、頗ル追隨セザルノ憾ミガアルノデアリマス、殊ニ大正九年三月財界恐慌以後ニ執リマシタル兩銀ノ態度ハ、甚シク妥當ヲ缺キマシテ、滿洲財界混亂ノ時ニ際シマシテ、當然ノ影響以上ニ撹亂セシメマシタルコトハ、吾々ノ今尚ホ遺憾ト致シテ居ル所デアリマス、乃チ朝鮮銀行ガ滿洲ニ進出シ來リマシテ、大正七年一月ニ至リ國庫金取扱事務ヲ開始シマシテ、正金銀行ニ代ッテ金券發行權ヲ得マシテ、大活動ヲ開始致シマスルヤ、其事業ハ日々發展シマシテ、幾日ナラズシテ滿洲西伯利ノ到ル處ニ支店出張所ヲ設ケマシテ、正ニ滿洲金融界ノ霸王タルノ感ガアッタノデアリマス、此時ニ於キマシテ鮮銀ハ自ラ滿洲ニ於ケル中央銀行タルヲ標榜致シマシテ、盛ニ自家發行ノ金券ヲ流布致シタノデアリマスルガ、一タビ顧ミマシテ其爲ス所ヲ見マスルト、意外ニモ其本分ヲ忘レ、當初ノ聲明ヲ裏切リ、抱負、施設、共ニ一地方銀行ト異ナル所ナク、滿洲財界ノ興廢ヲ一身ニ背負ウテ立ツノ親銀行タルノ權威ト温情トヲ有セズ、徒テ利己的ニシテ、大小ノ擧措悉ク一小地方銀行ノ如クデアリマシタ所ノモノハ、世人ノ非常ニ失望シタ所デアリマス、次ニ東拓ハ興業金融機關ト致シマシテ、奉天、哈爾賓、大連等、滿洲ノ首腦地ニ進出致シマシタガ、同社ノ現狀ハ朝鮮ニ多大ノ力ヲ致シマシテ、最近ニ於キマシテハ山東其他ノ方面ニ、事業上ノ發展ヲ致シマスルト共ニ、滿洲ニ於キマスル放資ハ、殆ド休止ノ狀態ニ在ルノデアリマス、斯樣ナ事柄ハ其由來スル所甚ダ多イノデアリマスガ、是等ノ金融機關ガ何レモ其本據ヲ滿洲以外ノ地ニ持ッテ居リマスル故ニ、滿洲ニ對シマシテ先天的ニ中樞的責任ヲ感ゼズ、滿洲ノ根據地トノ間ニ自ラ營業上ノ施設ニ主客ノ差等ヲ設ケマシテ、滿洲各地ニ在リマス支店出張所ハ、其經營上ノ方針ヲ、滿洲ノ現場ニ遠イ所ノ本店ニ仰ギマシテ、滿洲ノ爲ニ懇切丁寧ニ適宜ノ措置ヲ遂行スル能ハザルニ由ル事ガ多イノデアリマス、是レ篤シ其根本的錯誤ハ國法ノ行ハル、所ト、國法ノ行ハザル地域トヲ同一ニ視テ居ル矛盾ニ出ヅルノデアリマス、是レ實ニ我ガ財界金融機關制度ノ一大缺陷デアリマス、以上ノ如キ事情ヲ以テマシテ、大正九年度以來ハ再ビ此中央銀行設立ノ問題ガ非常ニ世上ニ高唱セラレマシテ、今ヤ滿洲ニ於ケル所ノ大輿論トナッテ居ルノデアリマス、現ニ前滿鐵社長デアリマスル早川氏ノ如キハ、自ラ率先致シマシテ其必要ヲ説キ、又關東廳當局ニ於キマシテモ其必要ヲ認メマシテ、經濟調査會ニ諮問致シマシテ、是ガ決定ヲ見テ居ルノデアリマス、又滿洲各地ノ商業會議所ノ如キモ幾度カ請願書ヲ提出致シマシテ、非常ニ熱烈ニ其設立ヲ希望致シテ居ルノデアリマス、以上ノ狀況ニ鑑ミラレマシテ、政府ハ速ニ適當ナル案ヲ具シマシテ、滿洲中央銀行設立ヲ促進セシメラレンコトヲ希望致スノデアリマス、幸ニ愼重審議セラレマシテ、御贊成ヲ願ヒマス(拍手)

○鈴木錠藏君　本案ハ阪上貞信君外四名提出、植民政策確立ニ關スル建議案外八件ノ委員ニ、併セテ付託セラレンコトヲ望ミマス

〔「贊成」「贊成」ト呼フ者アリ〕

○議長(粕谷義三君)　鈴木君ノ動議ニ御異議ガ無イト認メマス、依テ動議ノ如ク決シマシタ――日程第五十、鎭南浦築港速成ニ關スル建議案ヲ議題ト致シマス、牧山耕藏君――

第五十　鎭南浦築港速成ニ關スル建議案（牧山耕藏君外一名提出）

鎭南浦築港速成ニ關スル建議案

鎭南浦築港速成ニ關スル建議

鎭南浦ハ天與ノ良港ニシテ又西鮮唯一ノ呑吐港タリ近時産業ノ進展ト陸上交通機關ノ整備トニ伴ヒ逐年集散物資ノ激増ヲ來シ出入船舶ノ數亦著シク增加スルニ至レリ同港ハ明治四十二年韓國政府ニ於テ總工費豫算額五百四十餘万圓內第一期工事費百餘万圓ヲ以テ閘門式船渠ノ工ヲ起シタルモ事半ニシテ韓國併合トナリ當初ノ計畫ニ一頓挫ヲ來シ大正四年三月未完成ノ儘竣工ノ形式ヲ取ルニ至レルモノニシテ閘門式船渠ヲ中途ヨリ開渠式ニ變更セシ結果ハ船渠內土砂ノ堆積甚シク爲ニ政府ハ年々十數万圓ノ經費ヲ浚渫ニ要シツツアルノ現狀ニ在リ今ヤ我カ國運ノ進展ト共ニ朝鮮ノ産業亦益開發セラレムトスルニ方リ大工業地トシテ目セラルル平壤ヲ控ヘ廣漠タル沃野ヲ有スル平安南北並黃海ノ三道ヲ與地トシ近ク平元鐵道開通ノ曉ニ於テハ支那方面ト裏日本並浦鹽面方トノ聯絡ニ對シテ仲繼港タルヘク大連港ト共ニ滿蒙開發ノ重大ナル使命ヲ有スル鎭南浦港カ前記ノ如ク其ノ規模狹少且未完成ノ儘使用シ居レルヲ以テ其ノ岸壁ニハ僅カニ一隻ノ汽船ヲ繫留シ得ルニ過ギス爲ニ船舶輻湊ノ際ノ如キ沖待ヲ爲スモノ長キハ八十時間以上ニ及フコトアリ或ハ入渠ノ目的ヲ達セスシテ港外ニ於テ艀荷役ヲ爲スモノ尠カラス茲ニ益船渠ノ狹隘ヲ痛感スルニ至リ之カ修築完成ハ洵ニ刻下ノ急務ナリト認ム而シテ本建議ハ第四十五回帝國議會ニ於テ大多數ヲ以テ本院ヲ通過シタル事項ナリ依テ政府ハ速ニ適當ノ計畫ヲ樹テ之ニ要スル豫算案ヲ提出セラレムコトヲ望ム

右建議ス

○牧山耕藏君　此席ヨリ發言ノ御許ヲ願ヒタウゴザイマス

○議長（粕谷義三君）　許シマス

○牧山耕藏君　鎭南浦ハ西朝鮮ニ於ケル重要ナル港ト致シマシテ、明治四十二年韓國政府ノ時代ニ五百四十餘万圓ノ經費ヲ以テ、閘門式船渠ノ計畫ヲ立テタノデアリマス、然ルニ工事半バニシテ日韓併合トナリマシテ、第一期工事費百餘万圓ヲ投ジタノミニテ、未完成ノ儘竣工ノ形式ヲ執ッタノデアリマス、サウシテ閘門式ノ計畫ヲ中途ニシテ、開渠式ニ改メマシタ結果、大同江ノ遊泥ガ流レ込ミマシテ、政府ハ此港ノ浚渫ヲ致シマスル爲ニ、年々十數万圓ノ國帑ヲ費シテ居ルト云フヤウナ狀態デアリマス、所ガ近年非常ニ發展ヲ致シテ參リマシタ上、尚ホ大正十一年度ヨリハ平元鐵道ノ建設工事ガ開始サレマシタ、此鐵道ガ出來上リマシタ後ニ於テハ、鎭南浦ノ使命ハ更ニ一段ノ重キヲ加フルコトニ相成ルノデアリマス、卽チ裏日本竝ニ浦潮方面ヨリ平元鐵道ヲ經テ、中部支那トノ間ノ一大幹線ガ描カレ、中繼港ト相成ルノデアリマスカラ、鎭南浦ノ使命ハ殊ニ重大ニ相成ッテ居ルノデアリマスガ、現狀ノ如キ有樣デアリマシテハ、到底港トシテノ用ヲ爲サヌノデアリマス、仍テ速ニ築港完成ノ計畫ヲ立テラルヽコトノ必要ヲ認メマシテ、此案ヲ提出致シタ次第デアリマス、此案ハ既ニ昨四十五議會ニ提出ヲ致シマシテ、通過致シタノデアリマスカラ、ドウゾ皆サンノ御贊成ヲ得マシテ、一日モ速ニ竣成セラレコトヲ希望シテ已マヌ次第デアリマス（拍手）

○鈴木錠藏君　本案ハ阪上貞信外四名提出、植民政策確立ニ關スル建議案外九件ノ委員ニ、併セテ付託セラレンコトヲ望ミマス

〔「贊成」「贊成」ト呼フ者アリ〕

○議長（粕谷義三君）　鈴木君ノ動議ニ御異議ナシト認メマス、仍テ動議ノ如ク決シマシタ――日程第五十一ハ提出者ヨリ延期ノ申出アリマシタ、之ヲ許スニ御異議ハアリマセヌカ

〔「異議ナシ」ト呼フ者アリ〕

○議長（粕谷義三君）　御異議ガ無イト認メマスカラ延期ヲ許シマス――日程第五十二、衆議院議員選擧法別表中改正ニ關スル建議案ヲ議題ト致シマス、木下謙三郎君

特別報告第百七十五號

意見書

請願文書表第一五七〇號

朝鮮ニ移出織物關稅撤廢ノ請願　桐生市兩毛織物同業組合聯合會組長抱山源八郎外二名呈出（紹介議員探見賓之助君外一名）

右請願ノ要旨ハ朝鮮ニ移出スル織物ニ對シ今尚關稅ヲ廢サザル爲內地產ノ朝鮮向織物業ノ發達ヲ阻止シ却テ支那ヨリ多額ノ織物ノ移入サルル現狀ナルハ國策上不利益ナルハ勿論國內產業進展上遺憾ナリト信ス依テ朝鮮向內地織物業者ノ發展ヲ期スル爲是カ移出關稅ヲ速ニ撤廢セラレタシト謂フニ在リ

衆議院ハ其ノ趣旨ヲ至當ナリト認メ之ヲ採擇スヘキモノト議決セリ依テ議院法第六十五條ニ依リ別冊及御送付候也

特別報告第百八十一號

意見書

請願文書表第一七四一號

三國港開港ノ請願　福井縣坂井郡三國町長岡崎悌二郎呈出（紹介議員野村勘左衛門君）

請願ノ要旨ハ福井縣三國港ハ日本海沿岸ニ於ケル重要港ニシテ將來滿洲港及朝鮮各港灣ト密接ナル對外貿易關係ヲ生スルノミナラス陸上ニ於テ三國支線鐵道相俟テ貨物ノ輸出入ハ日ヲ追テ盛ナラムトス依テ速ニ三國港ヲ開港セラレタシト謂フニ在リ

衆議院ハ其ノ趣旨ヲ至當ナリト認メ之ヲ採擇スヘキモノト議決セリ依テ議院法第六十五條ニ依リ別冊及御送付候也

大正十二年三月十四日　議長ノ報告

朝鮮事務大臣設置ニ關スル質問主意書

右成規ニ據リ提出候也

大正十二年三月三日

提出者　多木久米次郎

外二名

賛成者　山口　義一

外二十九名

朝鮮事務大臣設置ニ關スル質問主意書

朝鮮総督ヲシテ國務大臣ヲ兼ネシムル必要アリト認ム政府ノ所見如何

右及質問候也

大正十二年三月十二日

内閣総理大臣　男爵加藤友三郎

衆議院議長粕谷義三殿

衆議院議員多木久米次郎君外二名提出朝鮮事務大臣設置ニ關スル質問ニ對シ別紙答辯書差進候

〔別紙〕

衆議院議員多木久米次郎君外二名提出朝鮮事務大臣設置ニ關スル質問ニ對スル答辯書

朝鮮総督ヲシテ國務大臣ヲ兼ネシムルコトハ目下其ノ必要ヲ認メス

右及答辯候也

大正十二年三月十二日

内閣総理大臣　男爵加藤友三郎

三　阿片竝阿片アルカロイドノ政策ニ關スル質問（大口喜六君提出）

阿片竝阿片アルカロイドノ政策ニ關スル質問主意書

右成規ニ據リ提出候也

大正十二年三月七日

提出者　大口　喜六
贊成者　鈴木梅四郎
外四十三名

阿片竝阿片アルカロイドノ政策ニ關スル質問主意書

一　政府ハ内地、朝鮮、臺灣、關東州等ニ於ケル阿片竝阿片アルロイドニ關スル政策ヲ統一シ之ニ對スル根本的國策ヲ定ムルノ意思ナキヤ

二　平和條約第二十三條ニ依ル阿片竝阿片アルカロイドニ關スル同盟國トノ協定ハ如何ニ行ハレ居ルヤ其ノ内容竝現狀如何

三　世界特ニ東部亞細亞ニ於ケル阿片竝阿片アルカロイドノ合理的需要ニ對シ之カ供給ニ付我カ國ノ採レル方針如何

右及質問候也

〔大口喜六君登壇〕

○大口喜六君　私ハ政府ニ向ヒマシテ阿片竝阿片「アルカロイド」ノ政策ニ關スル質問ヲ提出シテ居リマス、故ニ此際其趣旨ヲ辯明シテ置キタイト思フノデアリマス、私ノ質問致シマシタル條項ハ三箇條ニ相成ッテ居ルノデアリマスガ、其第一條ハ、政府ハ此内地ハ勿論朝鮮、臺灣、關東州等ニ於ケル阿片竝阿片「アルカロイド」ニ關スル政策ヲ統一シテ、之ニ對スル根本的政策ヲ立テルノ意思ハナイカト云フノデアリマス、現在我國ノ此阿片ニ對スル政策ハ、内地ハ内地ダケデ決ッテ居ルノデアリマシテ朝鮮ハ朝鮮、臺灣ハ臺灣、關東州ハ關東州ト、各別ノ方策ニ依ッテ之ヲ行ッテ居ルノデアリマス、其不統一デアリマスル所ノ結果ハ種々ナル弊害ヲ起シテ居リマスルノミナラズ、我國ガ得ベキ所ノ利益モ之ヲ得ズニシマフ形ニ相成ッテ居リマス、是ハ甚ダ遺憾千萬ノ事デアリマスルト思ヒマスルノミナラズ、陵、此疑フベキ所ノ事實モ其間カラ發見サルヽノデアリマス、例ヘバ昨年ノ十一月二十六日ニ於キマシテ、横濱税關ノ保税倉庫ニ保全サレテ居ッタ所ノ阿片約二千兩ト云フヤウナモノハ、其日ノ一夜ノ間ニ船ニ積マシテ何處カヘ出テ行ッテシマッタノデアリマス、デ此事實ハ常時新聞ニ出テ居リマシタノデ、私ハ豫算委員會ニ於テ之ヲ政府ニ質シマシタ、政府ニ於テハ其事實ダケシコトヲ認メタノデアリマス、デ然ラバ其行爲ト云フモノハ阿片法ニ牴觸スルモノデアッテ、阿片法ニ於ケル罪トナルモノデアルト思フガ、ドウデアルカト云フ私ノ質問ニ對シテ、是又内務當局者ハ、内務省ニ於テハ是ハ阿片法違反デアルト云フコトヲ認メルト云フコトヲ明ニ言ッテ居ルノデアリマス、然ルニ今日ニ於テモ何等之ニ對シテ檢擧ノ事實モ見得ルコトガ出來マセヌシ、制裁ヲ加ヘラレテ居ルコトモ聞カナイ、或ハ政府部内ニ於テ意見ガ異ル者ガアルデハナイカト吾々ハ思フノデアリマスガ、是等モ色々臺灣ヤ關東州其他ニ對スル阿片ノ政策ト云フモノガ、内地ニ於ケル政策ト異ッテ居ル結果カラ起ル所ノモノデアルト吾々ハ思フノデアリマス、殊ニ私共ガ甚ダ異樣ニ感ジテ居リマスルノハ、内務省ニ於キマシテハ、我國ノ内地ニ於ケル所ノ「モルヒネ」ノ必要量ハ一箇年ニ約四千封度デアルト云フコトヲ假ニ定メマシテ、之ニ對スル原料トシテ十「パーセント」乃至十三「パーセント」ノ「モルヒネ」ヲ含ンデ居ル所ノ阿片四万封度ヲ毎年輸入スルコトヲ許シテ居ルノデアリマス、然ルニ臺灣ニ於テハ、或ル此癮者ニ對シテ——阿片癮者ニ對シテ與ヘル所ノ阿片膏ヲ製造スル傍ラ、粗製「モルヒネ」ト云フモノガ出來ル、此粗製「モルヒネ」ヲ中ニハ約六十五「パーセント」ノ「モルヒネ」ヲ含ンデ居ルノデアリマスルガ、之ヲ我ガ内地ニ輸入スルコトヲ許シテ、昨年ノ如キハ八千二百封度ノ粗製「モルヒネ」ヲ入レルコトヲ許シテ居ルノデアリマス、其結果「モルヒネ」ト云フモノガ約五千封度以上出來ルノデアルガ、是ハ全然内地ニハ要ラナイ筈デアル、此五千封度餘計出來タ所ノ「モルヒネ」ト云フモノハドウ云フ所ヘ之ヲ賣ラレテ行クモノデアルカ、是ハ頗ル研究ニ値スベキ事デアラウト吾々ハ思フノデアリマス、斯ノ如キ事ガ出來上ッテ居ルト云フコトガ、矢張是ハ我國ニ於ケル阿片政策ガ一定セザル結果デアルト思フノデアリマス、ソレ故ニ吾々ハ我國ニ於ケル此阿片竝阿片「アルカロイド」ニ對スル政策ト云フモノヲ政府ガ一定ヲシテ、根本的國策ト云フモノヲ此際樹テナケレバ、西洋各國ト——外國ト我國ト協約ヲ致シテ居ル上ニ於テ、頗ル不都合ナ事ヲ生ズルノミナラズ、國家ノ利益ニモ反スルコトガ出來ヤウ、何故ニ政府ハ今日マデ此儘ニ之ヲ打棄テ、置クカ、之ヲ統一シテ一定ノ國策ヲ設ケル所ノ御意思ハ政府ニ無イカ、果シテ有リトスレバ如何樣ニ之ヲ定ムル考ヘデアルカ、又其意思ナシトスレバ其必要ナシト認ムルノハ如何ナル理由ニ依ルモノデアルカ、斯ウ云フコトガ承リタイノデアリマス、第二箇條ト致シマシテハ、御承知ノ如ク此平和條約ヲ万國ト結ビマシタル結果、其第二十三條ニ於テ阿片竝阿片「アルカロイド」ノ如キモノニ關シマシテハ、各國トノ協定ガアルノデアリマシテ、現ニ此平和條約ニ依ッテ出來テ居ル所ノ事務所ノ中ニハ、阿片ヲ取扱フ所ノ者モアル筈デアリマスルガ、此各國トノ協約ノ精密ナルコトハ、細密ナルコトハ如何樣ニナッテ居ルカ、其内容ガ知リタイノデアリマス、其内容ガ分ッタ上ニ於テハ、現在實際ニ取扱ッテ居ルノハ如何樣ナル遣方ニ依ッテ取扱ッテ居ルカ、現在ノ實情ヲ政府ヨリ答辯シテ戴キタイノデアリマス、第三箇條目デアリマスガ、是ハ少シ私ハ政府ニ對シテモ說明ヲ要シテ置キタイト思フノデアリマス、中スマデモナク此阿片膏ヲ喫フト云フ如キコト、卽チ俗ニ言フ阿片ノ煙草ヲ用フルト云フガ如キコトハ、衞生上極メテ宜シクナイ事デアルノミナラズ、人道上カラシテモ吾々ハ宜シクナイ事デアルト信ズル者デアルガ、併シ支那デアルト云フガ如キ既ニ此習慣ニ因ハレテ居ル國ニ於テハ、所謂阿片癮者ト云フガ如キ者ガ出來テ居ッテ、ドウシテモ之ヲ一朝ニシテ廢スルコトハ出來ナイ所ノ事情ニ在ル、是ハ醫學上カラ見テモ已ムヲ得ザルコトニ相成ッテ居ルノデアリマスルガ、其結果支那ノ如キニ於テハ頗ル多量ノ阿片竝ニ「モルヒネ」ノ輸入ヲ致シテ居ルノデアリマス、私共ノ大體承知スル所ニ依リマスレバ、支那ニ這入ッテ居ル阿片竝ニ「アルカロイド」ノ金額ハ、毎年少クトモ一億三千万圓以上ニ上ルト承知シテ居ルノデアリマスガ、或ハソレヨリ多イカモ知レナイ、其中ニ於テ亞米利加デアルトカ、英吉利デアルトカ云フ國カラ輸入シテ居ル高ノ方ガ、我ガ日本國カラ輸入シテ居ルヨリ餘程超過シテ居ルヤウニ私共ハ承知シテ居ルノデアリマス、果シテ然リトスレバ、世界各國ガ認ムル程度ニ於テノ東洋ニ於ケル阿片竝ニ「モルヒネ」ノ必要量ト云フモノハ、ソレガ所謂合理的デアッタナラバ、我國カラモ相當ノ方策ヲ定メテ之ニ供給スルガ宜イト吾々ハ思フノデアリマス、我國ガ外國ニ表面憚ル所ガアルカノ如クニシテ、漫リニ一部分ニ於テ嚴密ナル法ヲ以テ之ニ處シマシテモ、一面ニ於テ大ニ拔ケル所ガアッテ、密輸出密輸入ヲスルガ如キ者ガアレバ、却ッテ外國ニ對シテモ宜シクナイ、ソレヨリモ一定ノ方策ヲ定メテ、果シテ我國ガ支那ニ對シテ相當ノ供給ヲシテ宜シイト信ジテ居ルダケノコトハ、政府ガ一定ノ方策ヲ樹テ、、寧ロ公々然ト之ヲ我國ガ支那ニ供給シタラバドウデアルカ、サウシタラ我國ニ於ケル取締モ簡便ニナルシ、又一面ニ經濟上ニ於テモ頗ル有利デアル、若モソレヲ他ノ外國ガ不承知デアルト云フナラバ、他ノ外國ト我國トノ間ニ果シテ眞ニ均衡ガ保ッテ居ルカ、

ドウデアルカ、或國ト或國トハ特殊ノ利益ヲ占メ、我國ダケガ特ニ掣肘ヲ加ヘラレテ居ルト云フコトガアッテハナラナイト私ハ思フノデアリマス、此點ニ對シテハ餘程我ガ政府ニ於テハ「モルヒネ」政策ハ阿片政策ソ一定サレルト同時ニ、世界的ニ我國ノ立場ヲモ明ニサレテ、相當ノ國策ヲ定メラレ、外國トノ間ニ十分ナル協定ヲ進メラレルコトガ必要デアルト信ジテ居ルノデアリマス、今ヤ阿片會議モ開ケヤウトシテ、派遣サレル人モ定ッテ居ルヤニ承ッテ居ル場合デアリマスルガ故ニ、政府ハ此際ニ於テ我國ノ内地ニ於ケル阿片政策、「モルヒネ」政策ニ對スル串理ヲ明カニサレルト同時ニ、世界ニ於ケル我國ノ立場ハ如何様ナル主義方針ノ下ニ居ルモノデアルカ、又居ラシメヤウトスルモノデアルカ、其邊ニ對シテ根本的ノ政府ノ御方針ヲ承ッテ置キタイト思フノデアリマス、是レ私ガ此質問ヲ提出致シマシタ趣意ノ大體デアリマス

○議長（粕谷義三君）　次ハ質問第五、爪哇印度及海峽植民地航路運賃値上ニ關スル再質問――提出者清水留三郎君

第十一　拓殖省設置ニ關スル建議案(牧山耕藏君外十名提出)

拓殖省設置ニ關スル建議案

拓殖省設置ニ關スル建議

我カ國ハ領土狹隘ニシテ資源豐ナラス列强近時ノ經濟的發展ト國内ニ於ケル人口增加ノ趨勢トニ鑑ミ帝國國運ノ盛衰ハ一ニ繫リテ國民ノ對外發展ニ在リト謂フヘシ今ニシテ之カ根本方針ヲ確立シ拓殖事業ノ保護奬勵、移植民ノ指導誘掖ニ努ムルニ非サレハ他日噬臍ノ悔アルヘシ若夫レ朝鮮臺灣關東州樺太及南洋群島ノ開拓發展如何ハ國力ノ消長ニ影響スル所極メテ重大ナリ殊ニ是等ノ拓殖地ハ政治上經濟上將又社會上内地ト密接不離ノ關係ニ在リ拓殖地ヲ輕視シテ帝國ノ國是ヲ樹立シ國策ヲ遂行シ得ヘキニ非ス然ルニ從來是等ノ事務ヲ統轄スル中央行政機關ヲ見ルニ改府常ナク徒々トシテ振ハス拓殖行政ノ實效ヲ期スルニ遺憾尠カラス依テ政府ハ速ニ一省ヲ設置シ以テ拓殖行政ノ實績ヲ擧ケムコトヲ望ム

右建議ス

〔牧山耕藏君登壇〕

○牧山耕藏君　拓殖省設置ニ關スル建議案提出ノ理由ヲ申述ベタイト思ヒマス、一省ヲ新設スベシト云フ建議デゴザイマスルカラ、可ナリ詳細ニ其理由ヲ申述ベタイト思ヒマスルガ、本日ノ日程尙ホ五十二件ヲ餘シテ居リマスルカラ、同僚諸君ノ言論ヲ尊重致シマシテ、極テ簡單ニ提案ノ要旨ノミヲ申述ベタイト思ヒマス、我ガ帝國ノ植民地統治ハ臺灣ノ領有ニ其端ヲ發シマシテ、爾來二十有餘年間ニ於テ樺太ノ割讓ヲ受ケ、關東州ヲ租借シ、朝鮮ヲ併合シ、更ニ歐洲大戰ノ結果南洋群島ノ委任統治ヲ受ケマシタ爲メ、今ヤ我ガ國權ノ及ブ範圍ハ本國ノ約八割ニ相當ヲ致シマシテ、新附ノ同胞正ニ二千二百万人ノ多キニ達シテ居ルノデアリマス、是ガ統治ハ實ニ帝國ノ重要ナル國務デアリマシテ、其成敗如何ハ國勢ノ消長ニ重大ナル關係ヲ持ッテ居ルノデアリマス、又我國ノ人口增加ノ趨勢ニ鑑ミマシテ、帝國國運ノ盛衰ハ一ニ繫ッテ國民ノ海外發展如何ニアリト申シマシテモ過言デナイト思フノデアリマス、卽チ我ガ同胞ハ年々歲々八十万人ノ增加率ヲ示シテ居ルノデアリマシテ、今後三十年ヲ經過致シマスレバ、我ガ國民ノ數ハ實ニ一億万人ヲ突破スルノ盛況ヲ呈スルノデアリマス、今ニシテ是ガ長計大策ヲ講ジ、拓殖業務ノ保護獎勵、移植民ノ指導誘掖其宜シキヲ得ルニアラザレバ、必ズヤ他日噬臍ノ悔アルコトハ火ヲ睹ルヨリモ瞭カナル事柄デアリマス、然ルニ是等重大ナル拓殖統治及移植民ニ關スル中央機關ハ一致シマシテハ、僅ニ内閣ニ拓殖事務局ノ設ケガアリマスルケレドモ、其規模ハ極テ狹少デアリマシテ、到底如上ノ目的ヲ達スルコトガ出來ヌノデアリマス、拓殖統治ニ關スル、我國ノ沿革ヲ見マスルト云フト、臺灣領有ノ當時ニ於キマシテハ、拓殖務省ヲ設置致シマシタノデアリマスルガ、一年有餘ニシテ之ヲ廢シ、内閣ニ臺灣事務局ヲ置キ、北海道ニ關スル事務ハ之ヲ内務省ニ所管セシメ、更ニ臺灣事務局ヲモ廢シテ内務省ノ所管ニ移シタガ、朝鮮併合後第二次桂内閣ノ下ニ拓殖局ヲ設置致シマシタガ、第二次西園寺内閣時代ニ至ッテ、又復之ヲ廢止シテ内務省ニ移シタノデアリマス、而シテ寺内内閣ニ至ッテ再ビ拓殖局ヲ復活致シタノデアリマスルガ、現加藤内閣ニ至ッテ、昨冬其規模組織ヲ變更致シマシテ、現在ノ拓殖事務局ト相成ッタノデアリマス、是等ノ經過ヲ見マスルト云フト、我國ニ於ケル拓殖統治ノ政策ト云フモノハ、一貫シタル方針ガ無イノデアリマス、卽チ朝三暮四デアリマシテ、甚ダ重要ナル植民地ノ統治、及ビ移植民ニ關スル所ノ中央ノ統轄機關ト云フモノハ、改廢常ナラザル狀態ニ在ルノデアリマス、植民地統治ニ關シマシテハ、内閣總理大臣ノ管理ニ屬スルノデアリマスケレドモ、内閣總理大臣ハ事實ニ於テ一般ノ國務ヲ統轄スルコトニ忙ハシクシテ、拓殖統治ニ關スル所ノ實務ヲ見ルコトハ出來ナイノデアリマス、隨テ此重要ナル所ノ國務ト云フモノハ、一個屬僚ノ支配ニ委セラレテ居ルト云フコトガ現在ノ狀態デアリマス、一例ヲ申シマスルト、豫算ノ編成ニ方ッテ、各植民地政廳ノ首腦者ハ東上ヲ致シマシテ、大藏省ニ對シテ補充金若クハ公債ノ募集額、其他豫算ノ編成ニ付テ種々交渉ヲ重ネテ居リマスルガ、一タビ大藏省ノ査定ニ合シマスレバ、ソレガ最後ノ決定ト相定ルノデアリマス、他ノ各省ノ豫算査定ニ付テハ、ソレゾレ主管ノ大臣ガ豫算ニ關スル内閣會議ニ於キマシテ、自己ノ主張ニ依ッテ豫算ノ復活按排サル、コトハ諸君御承知ノ通リデアリマスガ、獨リ植民地ノ豫算ニ關シマシテハ、如何ニ其事柄ガ國策ノ遂行上必要ナル事項デアリマシテモ、主管大臣ガ無イ爲ニ、之ヲ閣議ニ付シテ廟議ノ決定ニ俟ッコトハ出來ナイト云フノガ現制度ノ實際デアルノデアリマス、賢明ナル諸君ノ前ニ歐洲列國ノ例ヲ引クコトハ甚ダ恐縮デアリマスルガ、御承知ノ如ク英吉利ニ於キマシテモ、伊太利ニ於テモ、獨逸ニ於テモ、其他白耳義、葡萄牙ニ於キマシテモ、荷モ多少ノ植民地ヲ持ッテ居ル國ト云フ國ハ、悉ク植民省ヲ設ケテ居ルノデアリマス

〔粕谷議長議長席ヲ退キ松田副議長代リ著席〕

殊ニ英吉利ノ如キハ植民省ノ外ニ印度省ヲモ設ケテ居ルト云フヤウナ狀態デアリマシテ、列國ガ植民地統治ニ如何ニ力ヲ注イデ居ルカト云フコトハ、此事實ニ徵シテモ明瞭デアリマス、我ガ帝國モ上述ノ如ク本國ノ面積ニ匹敵スル所ノ新領土及租借地等ヲ有シテ居ルノデアリマス、且ツ移植民ノ重要ナル問題ヲ處理致シマスル爲ニ、新ニ一省ヲ設ケ、主務大臣ヲシテ常ニ閣議ニ列シテ、廟議ノ決定ニ參畫セシメ、一面ニ議會ニ於テ政府ノ方針ヲ究明シ、以テ政治上ノ責任ヲ擔當セシムルコトハ、世界ノ趨向ト帝國現時ノ情勢トニ鑑ミマシテ、最モ適切ニシテ且ツ緊急ヲ要スルモノト認メマシテ、私共同志ハ此建議案ヲ提出致シマシタ次第デアリマス、ドウゾ各位ニ於カセラレマシテモ、愼重御審議ノ上御贊成ヲ得マシテ、國家ノ爲メ、一日モ早ク拓殖省ノ新設ヲ希望シテ已マヌ次第デアリマス(拍手)

第一
大正十一年度第二豫備金支出ノ件
大正十一年度豫備金外ニ於テ豫算超過及豫算外支出ノ件
大正十一年度特別會計第二豫備金支出ノ件
大正十一年度特別會計豫備金外ニ於テ豫算超過及豫算外支出ノ件
承諾ヲ求ムル件

〔政府委員西野元君登壇〕

○政府委員（西野元君）　改正會計法ノ實施ニ伴ヒマシテ、玆ニ大正十一年度ノ第二豫備金ノ支出ニ關シマスル事後承諾案ヲ提出致スト同時ニ、同年度ニ於キマシテ豫備金外ニ臨時支出ヲ致シマシタモノニ付キマシテモ、亦第二豫備金支出ノ例ニ準ジマシテ、其事後承諾案ヲ今期議會ニ提出致シマスニ付キマシテ、玆ニ私ハ其大體ノ説明ヲ致シタイト存ジマス、大正十一年度ノ一般會計ニ付キマスル第二豫備金ノ豫算額ハ八百万圓デゴザイマシテ、外務省所管、山東條約實施委員派遣費、國際聯盟總會及國際勞働會議ノ參列費、内務省所管ニ於キマシテ外事警察施設費、社會局設置費、海軍省所管ニ於キマシテ職工ノ退職特別賜金其他各省ニ於キマシテソレ〳〵風水害又ハ震災、火災等ニ依リマス廳舍、官舍、其他ノ復舊費及新營等ニ付キマシテ、緊急已ムヲ得ザル所ノ豫算外ノ費途ニ對シマシテ、右豫算額全部ヲ充當致シタノデアリマス、次ニ特別會計ノ第二豫備金支出ノ主ナルモノヲ擧ゲマスレバ、朝鮮總督府ニ於キマシテ、露國ノ避難民救設費、臨時機密費、及風水害ニ基キマスル鐵道線路並ニ道路其他ノ復舊費等ニ充當致シタノデアリマシテ、又臺灣總督府及樺太廳ニ於キマシテハ、風水害並ニ震災等ノ災害復舊費ニ充當致シタ次第デアリマス、只今申上ゲマシタ一般會計第一豫備金及第二豫備金豫算ヲ拂切リマシタガ爲ニ、又朝鮮總督府特別會計ニ於キマシテ第二豫備金、造幣局及專賣局特別會計ニ於キマシテ各、第一豫備金ノ拂切リニ相成リマシタガ爲ニ、政府ハ已ムヲ得ズ剩餘金又ハ歳入金ヲ財源ト致シマシテ、豫算超過又ハ豫算外ノ支出ヲ致シタモノガアリマス、其金額ハ一般會計ニ於キマシテ豫算超過支出ニ充テマシタモノガ三百三百二十餘万圓、豫算外支出ニ充テマシタモノガ三百五十餘万圓、合セマシテ六百七十餘万圓デアリマス、又各特別會計ニ於キマシテハ、專賣局ニ於キマシテ豫算超過支出ニ充テマシタモノガ五百十餘万圓、朝鮮總督府ニ於キマシテ豫算外ノ支出ニ充テマシタモノガ三十餘万圓ヲ算シテ居ルノデアリマス、今其事項ノ主ナルモノヲ擧ゲマスト、豫算超過支出ニ付キマシテハ一般會計大藏省所管ニ於キマシテ、諸拂戻及補塡金、織物組合交付金、司法省所管在監人費等デアリマス、又特別會計ニ於キマシテハ、專賣局ノ賠償及購買費等デアリマス、又豫算外支出ニ付キマシテ申上ゲマスト、一般會計ニ於キマシテハ、外務省所管ニ於キマシテ西伯利居留民ノ引揚費、間島地方警備費、内務省所管ニ於キマシテ北海道災害土木費補助、遞信省所管ニ於キマシテ海底電信線修繕費、其他各省所管ニ亙リマシテソレ〳〵災害復舊等ニ充テタノデアリマス、又特別會計ニ於キマシテハ、朝鮮總督府ノ道路及鐵道線路ノ災害費等ニ要シマシタ經費デアリマス、以上申上ゲマシタモノハ何レモ緊急差措キ難キ豫算外ノ支出又ハ豫算超過支出デアリマシテ、政府ニ於キマシテハ必要已ムヲ得ザルモノトシテ是ガ支出ヲ致シタノデアリマス、何卒御審議ノ上承諾ヲ與ヘラレンコトヲ切望致シマス（拍手）

第十七　三國港修築ニ關スル建議案（野村嘉左衛門君外四名提出）

三國港修築ニ關スル建議案

三國港修築ニ關スル建議

福井縣三國港ハ縣下三大河川ノ湊合セル九頭龍川及竹田川ノ河口ニ位シ往古ヨリ日本海ニ於ケル重要ノ港灣タリ現ニ陸ニハ三國支線ニ依リ北陸幹線ニ連絡シ海ヲ隔テ露領及朝鮮ニ對ス之ヲ修築シテ日本海沿岸海陸交通ノ良商港タラシムルコト極メテ緊要ナリ然ルニ近時九頭龍川改修ノ結果上流ヨリ流出スル無限ノ土砂ハ潮水ト風浪ノ關係ニ依テ漸次堆積シ其ノ河口ヲ塡塞シ以テ水利ヲ沮害スルノミナラス若シク本港灣ノ機能ヲ減スルモノアリ依テ政府ハ速ニ調査ヲ遂ケ九頭龍川河口ニ對スル適切ナル治水ノ施設ヲ實行スルト同時ニ少クモ二千噸以上ノ船舶ノ出入ニ支障ナカラシムル程度ニ於テ同港灣修築ノ計畫ヲ立テラレムコトヲ望ム

右建議ス

○高見之通君　本案ハ提出者ノ說明ヲ省略シ、大島寅太郎君外二名提出、舞鶴軍港廢止ニ伴フ地方善後ニ關スル建議案外八件ノ委員ニ、併セ付託セラレンコトヲ望ミマス

〔「贊成」ト呼フ者アリ〕

○議長（粕谷義三君）　高見君ノ動議ニ御異議ナイト認メマス、仍テ動議ノ如ク決シマス、日程第十八、京濱間ノ運輸交通政策確立ニ關スル建議案ヲ議題ト致シマス、提出者ノ趣旨辯明ヲ許シマス、若尾鐖造君

第四十五　朝鮮ニ於ケル水利事業資金充實ニ關スル建議案（松山常次郎君外一名提出）

朝鮮ニ於ケル水利事業資金充實ニ關スル建議案

朝鮮ニ於ケル水利事業資金充實ニ關スル建議

朝鮮ニ於ケル水利事業資金ハ現狀ノ儘ニテハ不足ヲ告ケ事業ノ發達ヲ阻害スルコト尠カラス政府ハ速ニ之カ充實ノ方法ヲ講セラムコトヲ望ム

右建議ス

○松山常次郎君　本案ノ説明ハ簡單デアリマスカラ、本席ニ於テ之ヲ爲スコトヲ御許可ヲ願ヒマス、――朝鮮ニ於ケル土地改良事業ガ我國食糧問題ノ解決上極メテ重要ナル意義ヲ有スルコトハ、同目的ノ爲ニ特殊會社ヲ造ラウト云フ問題ガ二度此帝國議會ニ現レマシタカラシテ、既ニ諸君ハ十分此事ヲ御了解ノ事ト思ヒマス、朝鮮ニ於キマシテハ一方民間ニ水利組合ヲ起シテ、水利事業ヲ促進スルト云ヒ、一方特殊會社ヲ造ッテ之ヲ進メヤウト云フコトニナッテ居リマスルガ、此特殊會社ガ今日其成立ガ悩ンデ居リマスル時ニ、特ニ民間ノ水利事業ヲ促進スルコトガ必要ガアルト考ヘルノデアリマス、然ルニ今日ノ現狀ニ於キマシテハ、其水利事業資金ノ準備ニ於テ遺憾ノ點ガ多イノデアリマス、是レ本案ヲ提出スル所以デアリマス、詳細ノ理由ハ委員會ニ於テ之ヲ説明ヲ致シタイト思ヒマス、御贊成アランコトヲ願ヒマス

○鈴木錠蔵君　本案ハ阪上貞信君外四名提出、植民政策確立ニ關スル建議案外十一件ノ委員ニ、併セテ付託セラレンコトヲ望ミマス

〔「贊成」ト呼フ者アリ〕

○議長（粕谷義三君）　鈴木君ノ動議ニ御異議ナイト認メマス、仍テ動議ノ如ク決シマシタ、日程第四十六、電力政策實施ニ關スル建議案ヲ議題トシ、提出者ノ趣旨辯明ヲ許シマス、秦豊助君

特別報告第二百四十號

意見書

請願文書表第一四一三號

朝鮮ニ於ケル煙草營業者補償ノ請願　東京市東亞煙草株式會社取締役南新吾外二十名呈出（紹介議員島田俊雄君外一名）

右請願ノ要旨ハ朝鮮總督府ハ大正十年四月煙草專賣令ヲ公布シ以テ朝鮮ニ於ケル煙草葉ヲ買收シタリ然ルニ其ノ補償方法甚シク不當ナル爲當該營業者ハ孰レモ著シク窮境ニ陷レリ依テ（一）朝鮮煙草專賣令第四十七條ニ依ル交付金二割二分ナルヲ四割ニ改ムルト共ニ最低交付金ヲ三千圓トシ（二）特別補償トシテ賣上代金ノ三割ヲ交付シ（三）徴收價格ノ低廉ナリシ爲ニ生シタル損害ノ補償ヲ爲スト共ニ工場ヲ買上ラレサル者及借家工場所有者ニ對シ交付金ノ六分ノ二ヲ給與シ（四）朝鮮外ヨリ輸入販賣シタル煙草代金ヲ交付金決定ノ基本賣渡代金中ニ加ヘラレタシト謂フニ在リ

衆議院ハ其ノ趣旨ヲ至當ナリト認メ之ヲ採擇スヘキモノト議決セリ依テ議院法第六十五條ニ依リ別冊及御送付候也

第三十一　金剛山國立公園設置ニ關スル建議案（田中萬逸君提出）

金剛山國立公園設置ニ關スル建議案

金剛山國立公園設置ニ關スル建議

楠公父子ノ誠忠ト共ニ天下ニ著聞セル河内金剛山一帶ノ地ハ風光頗ル明媚ニシテ史的舊蹟甚タ豐富ナルノミナラス交通亦至便ナリ依テ茲ニ金剛山ヲ中心トスル國立公園ヲ設定セラレンコトヲ望ム

右建議ス

○田中萬逸君　簡單デスカラ當席カラ説明致シマス、本建議案ハ楠公ノ義烈ト共ニ著名ナル金剛山ヲ中心トシテ岩湧山、金胎寺山、岳山、烏帽子岳、西山、羽曳山、玉手山ヲ包含シ、西南ハ天野山、瀧畑並ニ日本最古ノ狹山池ヲ限リトシ北ハ大和川ヲ境トシテ、一大國立公園ヲ建設セントスルノガ其趣旨デアリマス、而モ此地域ハ富ノ都煤煙ノ都ト稱セラル、大阪ヨリ數里程デアリマシテ、交通ハ頗ル至便デアリマス、故ニ此雄大ノ自然ト千古不磨ノ史蹟トヲ綜合ハシテ國立公園ヲ建設シ、國民保健ノ增進ト相俟ッテ、精神上ノ善導ヲ盡シタナラバ最モ良イト考ヘマス、故ニ此建議案ヲ提出シタ次第デアリマス、詳細ハ委員會ニ於テ述ベマス

○鈴木錠藏君　本案ハ日野辰次君外三名提出、霧島山國立公園設置ニ關スル建議案外十八件ノ委員ニ、併セテ付託セラレンコトヲ望ミマス

〔「贊成」「贊成」ト呼フ者アリ〕

○副議長（松田源治君）　鈴木君ノ動議ニ異議アリマセヌカ

〔「異議ナシ」「異議ナシ」ト呼フ者アリ〕

○副議長（松田源治君）　異議ナイト認メマス、仍テ動議ノ如ク決シマス――日程第三十二ハ提出者ヨリ延期ノ申出デアリマス、許可スルニ異議アリマセヌカ

〔「異議ナシ」「異議ナシ」ト呼フ者アリ〕

○副議長（松田源治君）　異議ナシト認メマス、仍テ延期ニ決シマシタ――日程第三十三、勝田上管谷間鐵道速成ニ關スル建議案ヲ議題ト致シマス、提出者根本正君

○早速整爾君　諸君私ハ此豫算ニ對シテ一ノ修正ノ案ヲ提出致シタノデアリマス、ソレハ只今議長カラモ御報告ニ相成リマシタガ如ク、此豫算ノ中カラモ退職特別賜金ニ關スル項ヲ削ッテ、其他ハ別ニ原案ニ對シテ觸レル所ハナイノデアリマス、私共ハ此特別退職賜金ト云フモノ、支出ニ對シテ、絶對ニ反對ヲスル者デハゴザイマセヌ、退職賜金ヲ支出スル事柄ニ對シテハ、其必要ヲ認メテ居ル者デゴザイマスガ、政府ノ處置其當ヲ得ザルガ爲ニ由々敷憲法上ノ問題ヲモ惹起致シテ居ルノデアリマス、此故ニ一ハ政府ノ責任ヲ糺シ、其反省ヲ促ガシ、且ツ豫算ノ變更ヲ求ムルガ爲ニ、此退職賜金ノ豫算ヲ政府ニ返付スルノ意味ヲ以テ、此豫算中ヨリ削除致シタイト云フノデアリマス、是ヨリ其修正ノ理由ヲ申述ベタイト思フ、只今モ申シマス如ク行政整理若クハ軍備縮小ニ依ッテ退官退職シタル者ニ對シテ、特別賜金ヲ支給スルト云フコトノ必要ハ、私共之ヲ認メテ居ルノデアリマス、唯、政府ノ處置其當ヲ得ザルガ爲ニ、憲法上ノ問題ヲ惹起シタト云フノデアル、是ヨリ先昨年ノ十月ヲ以テ政府ハ一ノ勅令ヲ發布シ、陸海軍ノ職工ニ對スル特別手當支出ノ件ヲ公布セラレテ居リマス、又十一月二日ヲ以テ更ニ勅令ヲ發布シタ、卽チ勅令第四百七十九號陸海軍武官竝ニ文官ニ對スル特別賜金支給ノ件ヲ公布セラレテ居ルノデアリマス、此勅令ハ全ク退職者ニ對スル特別賜金支給ノコトガ規定シテアル二箇ノ勅令デ、共ニ特別賜金ヲ支給スルコトヲ規定シテ、之ヲ公布セラレテ居ルノデアリマス、而シテ政府ハ其勅令ヲ適用シテ今日ニ至ルマデ隨分無理ナル處置ヲ執ッテ、而シテ最後ニ今回ノ追加豫算ハ此勅令ニ基イテ提出セラレタルガ如キ形ト相成ッテ居ルノデアリマス、此所ガ卽チ本末顚倒ノ甚ダシキモノデ、憲法上ノ疑義モ此間ニ生ジテ來ルコトヲ免レナイ、此勅令ハ只今モ申シマスルガ如ク、特別賜金ヲ支給スルコトニ關スル所ノ規定デアル、特別賜金ヲ支給スルコトニ關スル規定デアリマス以上、支給スベキ財源ガ備ッテ後行ハルベキモノデアリマスカラ、茲ニ豫メ財源ヲ決定シテ初テ支給スベキガ當然ノ順序デアルト私ハ考ヘルノデアル(拍手)卽チ支給スベキ財源ナクシテ支給スル規定ヲ設ケルト云フコトガ、本末ヲ顚倒致シテ居ルト申スノデアリマス、勅令ヲ見レバ能ク分ル

〔粕谷議長議長席ヲ退キ松田副議長代リ著席〕

全ク歳出ノ件ハナケレバナラヌ所ノ勅令デアル、全ク歳出ヲ規定シタル所ノ勅令デアリマス、從來ノ例ニ依テ見テモ斯ノ如キ勅令ハ財源卽チ歳出ノ豫算ヲ眼ノ前ニ置クニアラザレバ、斷ジテ之ヲ規定スルコトノ出來ナイ筈デアル、財源ナクシテ此勅令ヲ實行スルコトノ出來ナイト云フコトハ、何人デモ明ニ之ヲ認ムルコトガ出來ルデハアリマセヌカ、先ヅ豫算ヲ決定シ豫算ノ決定ヲ俟ッテ初テ此支給ノ規定ヲ設ケルト云フノガ當然ノ順序デアル(拍手)然ルニ政府ハ豫算未ダ決定セザルニ先ッテ、支給スベキ豫算ガ目前ニ無イノニ拘ラズ、我儘勝手ニ早クモ此勅令ヲ規定シテ公布ヲ致シタノデアリマス、歳出ノ豫算ガナクシテ實行ノ出來ナイ勅令ヲ公布シタト云フコトハ、實ニ政府越權ノ沙汰デアルト言ハナケレバナラヌデハナイカ(拍手)國家ノ歳出歳入ハ無論豫算ヲ以テ帝國議會ノ協賛ヲ經ナケレバナラヌ、是ハ憲法ノ規定デアル、然ルニ歳出ノ豫算ハ帝國議會ノ協賛ヲ經ザルニ先ッテ先ヅ之ヲ支給スルト云フ勅令ヲ公布シタト云フコトハ、全ク憲法ヲ無視シタル所ノ處置ト謂ハナケレバナラヌ、卽チ政府ハ斯樣ナル憲法ヲ無視シタル所ノ行ヲ爲シ、此勅令ニ依ッテ非常ナル無理ヲ行ウテ來テ居ルノデアリマス、第一ノ勅令ニ依ッテ行ハレタル所ハ、卽チ三百六十八万圓ノ金ヲ第二豫備金カラ支出シタト云フコトニナッテ居ル、是ハ既ニ當院ニ提出セラレテ、事後ノ承諾ヲ求メラル、ノデアリマスカラ、別ニ審議中ニ屬シテ居ルノデアル、第二ノ勅令ニ依リマシテハ、各省ノ豫算ノ殘額ノ中カラ此特別退職賜金ヲ既ニ支給ヲ致シテ居ルノデアル、此各省ノ殘額ノ中カラ特別賜金ヲ支給シテ居ルト云フコトニ付テハ、唯、豫算ノ範圍内ニ於テ之ヲ行ウテ居ルト辯解シテ居ルケレドモ、是ハ明ニ會計法違反ノ行爲デアルト斷言ヲシナケレバナラヌ(「總理大臣眞面目ニ聽ケ」ト呼フ者アリ)

○副議長(松田源治君)　中野君……

○早速整爾君(續)　政府ハ各省ノ豫算ノ殘額ノ中カラ、從來賞與金ヲ支出シタ慣例ガアルト稱シ、賞與金ヲ支給シタノデアル、賞與金ノ名義ノ下ニ此特別賜金ヲ支給シタノデアルト辯解シタノデアリマス、賞與金ノ名義ノ下ニ支出シタナラバ、卽チ會計法違反デハナイト斯樣ニ大藏大臣モ辯解致シテ居ルノデアリマス、是ハ實ニ己ノ責ヲ免レンガ爲ノ強辯デアルト私ハ信ズル、實際ノ事實ハ勅令ヲ適用シテ特別賜金ヲ支給シ來ッタノデアル、私ハ賞與ノ名義ニ依ッテ支出シタト致シテモ、茲ニ大ナル疑問ヲ懷ク、俸給ノ殘額ノ中カラ支出シタト云フ、俸給ノ殘額ノ中カラ賞與ノ名義ニ依ッテ支出シタト致シテモ、私ハ疑ヲ懷ク、是ハ政府ガ唯、會計法違反ノ責ヲ免レンガ爲ニ、斯ノ如キ小細工ヲ行ウタノデハナイカト思フ、全ク小細工ヲ行ッタノデアル、勅令ノ適用ニ依ッテ退職賜金ヲ支給スルト云フコトガ出來ナイト云フコトヲ承知シテ居レバコソ、賞與金ノ名義ヲ藉リテ俸給ノ殘額ノ中カラ之ヲ支給シタト云フコトガ事實デアル以上ハ、全ク此點ニ於テモ會計法違反ヲシテ居ルト云フコトハ、明ニ之ヲ認メルコトガ出來ルノデアリマス、況ヤ獨リ賞與金ノ名義ノミデハナイ、實際ニ於テ退職賜金トシテ豫算殘額ノ中カラ之ヲ支出シテ居ルデハアリマセヌカ、大藏大臣ハ事實ニ於テ此事ヲ曖昧ニ御答ニナッテ居ルガ、實際ニ於テ退職賜金ヲ支給セラレタル所ノ辭令ヲ受ケテ居ル者ガ多々アル、是ハ事實デアル、全ク此勅令ヲ適用セラレタノデアル、會計法違反ト云フコトヲ敢テシテ、此勅令ノ適用ニ依ッテ俸給ノ殘額ノ中カラ退職賜金ヲ支給シタト云フ事實ハ、吾々ハ斷ジテ之ヲ默過スルコトハ出來ナイデハアリマセヌカ、(拍手)殊ニ此事ニ關シテ豫算委員會デハ質問應答ガ重ネラレタノデアリマスガ、大藏大臣ハ會計法違反ト云フ責ヲ免レンガ爲ニ、何處マデモ賞與金ダ、何處マデモ賞與金ダト主張セラル、點ガ、ドウモ大藏大臣ハ餘リニ頑強デアルガ是ガ如何ニモ無責任ナノデアル、初カラ企テ、會計法違反ヲヤラウトセラレタノデアル、豫メ謀ッテ會計法違反ヲヤラレタノデアル、會計法違反ト云フコトヲ承知シテ居ラレルガ爲ニ、故ラニ賞與金ト云フ名義ニ藉リテ、其名ノ下ニ隱レテ此勅令ヲ適用セラレタノデアル、會計法第十二條ノ第一項ハ明白デアル、大藏大臣ハ一番先キニ之ヲ知ッテ居ナケレバナラヌ、「國務大臣ハ豫算ニ定メタル目的ノ外ニ定額ヲ使用シ又ハ各項ノ金額ヲ彼此流用スルコトヲ得ス」ナンデアル、俸給ノ殘額ガアル、四百二十餘万圓使ッタ四百二十餘万圓ノ俸給ノ殘額ヲデス、此退職賜金ニ流用スルコトガ出來ナイヂヤナイカ、明瞭ニ此會計法ニ於テ出來ナイノデアリマス、然ルニ之ヲ敢テシタ會計法違反ヲ敢テシタ、政府ハ如何ニ之ヲ辯解スルコトガ出來

ルノデアリマスカ、設ラ强辯ヲ弄シテモ、事實ハ之ヲ何トモスルコトガ出來ナイノデアル(拍手)元來特別賜金ナルモノハ新規ノ要求費デアル、今回初メテ起ッタル新要求費ニ相違ナイ、各省ノ俸給豫算ノ殘額ガアルカラ、此殘額ニ依ッテ之ヲ支辨スルナドト云フコトハ、出來得ベキ筈ノモノデナイト云フコトハ、會計法ヲ見ザル者ト雖モ、常識ノ上ノ判斷ニ依ッテ之ヲ知ルコトガ出來ル、然ルニ政府ガ之ヲ利用シテ――寧ロ之ヲ濫用シテ會計法違反ヲ敢テシタト云フコトハ、吾々ハ政府ノ非違頗ル甚シキコトヲ詰責セザルヲ得ヌノデアリマス(相手)畢竟是ハ豫算ガ無クシテ勅令ヲ發布シタ、豫算ガ無イノニ特別賜金ノ支給ノ規定ヲ設ケタ、其結果デアル、卽チ憲法ヲ無視シタルコトノ結果ハ、會計法ニモ違反ヲシナケレバナラヌト云フ事實ヲ生ズルニ至ッタノデアル、而シテ其行懸リノ上カラ今回提出ニナッタル追加豫算ハ、議會ガ之ヲ鵜呑ニシナケレバナラヌカノ如キ形ニ於テ强要ヲセラレテ居ルノデアリマス、吾々ハ固ヨリ政府ノ豫算ノ强要ヲ甘ンジテ之ヲ受ケル者デハナイケレドモ、實際ニ於テハ政府ハ此追加豫算ノ協賛ヲ議會ニ向ッテ强要シテ居ルノデハナイカ、不當ナル支出ヲ爲シ、會計法ニ違反シテマデモ其行懸リヲ作ッテ、一方ニハ既ニ之ヲ給與シテ居ル、半分給與シテ、後ノ半分ハ殘ッテ居ルト云フヤウナ成行ニナッテ居ルノデアリマスカラ、此豫算ハドウシテモ之ヲ鵜呑ニシナケレバナラナイト云フ形ニナッテ來テ居ルノデアリマス、若シ此豫算ガ否決セラレタナラバドウスルカ、殆ド政府ハ二進モ三進モ立ッテモ座ッテモ居ラレナイト云フ状況ニナル、立ッテモ座ッテモ居ラレナイノミナラズ、是ガ支給ヲ受クル者ハ既ニ支給ヲ受クベキ立派ナ約束ヲ爲シテ居ルノデアリマスカラシテ、今日ニ至ッテハ此豫算ハドウシテモ之ヲ通過セシメナケレバナラヌト云フ状況ニナッテ居ルノデアル、是ハ卽チ實際上ノ豫算ノ協賛ニ對スル强要デアルト私共ハ思ッテ居ルノデアリマス(拍手)議會ノ協賛權ニ對スル一種ノ壓迫ト謂ハナケレバナラヌ、總テ是ハ協贊權ノ蹂躙デアルト私ハ斷言ヲ致スノデアリマス(拍手)政府ハ之ニ對シテ頻ニ辯解ヲシテ居ラル、、ソレハ、卽チ勅令ニ於テハ――勅令ニ於テハ之ヲ支給スルコトヲ得ト規定シテアルノデアルカラ、支給スベシト規定シタノトハ全ク違フ、其間ニ大ナル餘裕ガアルデハナイカト云フノガ政府ノ辯明デアリマス、卽チ支給スルコトヲ得ト規定シテアルカラ、決シテ是ハ豫算ノ强要ヲ爲シタモノデハナイト云フノガ、政府ノ辯明ノ主ナル趣旨デアル、成程法文ヲ解釋シテ、嚴格ニ解釋スレバ、

左樣ナ强辯ヲ弄スル餘地ガアルカハ知ラナイノデアル、併ナガラ支給スルコトヲ得ルト規定シテモ、支給スト規定シテモ、支給スベシト規定シテモ、結果ハ同ジ事デハアリマセヌカ、是ハ唯、勅令ニ書カレテ居ル普通ノ文例デアル、支給スルコトヲ得ト云フコトヲ規定シタルコトハ、卽チ立派ニ此支給ヲ受ケル者ニ對シテ立派ナ約束ト既ニナッテ居ル、支給スルコトヲ得トシテモ、豫算ガ無ケレバ支給スルコトハ得ナイノデアル、公債ガ無ケレバ之ヲ支給スルコトハ得ナイノデアル、支給スルコトヲ得ト規定シタル以上ハ、之ヲ施行スルト云フコトヲ公布シタ以上ハ、國家ノ歳出ト云フモノハ前提ノ條件トナッテ居ル、國家ノ義務ヲ規定シタト云フコトハ、此「得」ト云フ文字ガ有ラウガ無カラウガ全ク同一ノ結果デアルト私ハ思ッテ居ルノデアリマス、政府ノ辯解ヲ正面ヨリ解釋スレバ、支給スルコトヲ得ト規定シテアルカラ、支給スルモ可ナリ、支給セザルモ可ナリト云フ解釋ニナルト云フ、然ラバ私ハ支給セザルモ可ナリト云フ此勅令ノ規定デアルカト政府ニ問ハナケレバナラヌノデアルガ、支給セザルモ可ナリト云ヘルガ如キ、施行ノ出來ナイヤウナ勅令ヲ發布スル意思ハ政府ニアッタノデハアリマスマイ、支給スルモ可ナリ、支給セザルモ可ナリト云ヘルガ如キ、左樣ナ意思デ以テ此勅令ヲ規定セラレタモノトハ想像スルコトガ出來ナイノデアリマス、又支給セザルモ可ナリト云フ意味デ此勅令ヲ規定シタモノトスレバ、此勅令ハ全然實行不可能ノ勅令トナッテシマウ、左樣ノ譯デアリマスカラ、政府ノ意思ハ全ク此勅令ヲ實施スルト云フ考カラ起ッタト云フコトハ申スニ及バヌ、又事實ニ於テハ政府ハ此施行ヲ取急イデヤッテ居ラレタノデアル、勅令ノ規定ヲ矢張私ハ吟味シテ見ナケレバナラヌノデアリマス、成程支給スルコトヲ得ト規定シテアルト云フ文字ニハ、多少ノ餘裕ガアルト云フ解釋ガ出來ルカモ知ラナイノデアリマスガ、第三條ニ「前二條ニ規定スル特別ノ賜金又ハ手當ノ金額其ノ支給ノ範圍及時期其ノ他支給ニ關スル事項ニ付テハ所管大臣大藏大臣ト協議シテ之ヲ定ム」協議シテ之ヲ定ムト決メタル以上ハ、殆ド是ハ細則ノ規定ガ茲ニ現レテ居ルト同樣デアル、成程所管大藏大臣ト協議シテ之ヲ定ムト規定セラレタ結果、御協議ノ上御定メニナッテ居ル規則ガアル、是ハ政府デハ内規ト稱シテ、内規デアルカライツ何時デモ是ハ止メルコトガ出來ルカノ如ク御説明ニナッテ居ルノデアルガ、サウデハアリマスマイ、此勅令ニ依ッテ立派ニ支給規則ヲ御定メニナッテ居ル、支給セザルモ可ナリト云フナラバ、此規則ヲ御定メニナル必

要ハナイ、其他ノ省ニモアルデアリマセウ、海軍退職特別賜金及手當支給規則、本年ノ二月五日附ヲ以テ海軍大臣男爵加藤友三郎ノ名義ヲ以テ此規則ガ内達セラレテ居ルノデアリマス、是ハ部内ニ對スル細則ノ内達デアル、公文書デアル、此支給規則ト云フモノヲ見レバ、支給スルコトヲ得デハアリマセヌ、現金ヲ以テ之ヲ支給スル、是ハモウ立派ニ支給スト明言シテアル、「特別賜金又ハ手當ハ大正十一年八月五日ヨリ大正十三年三月三十一日マデノ間別ニ定ムル期間又ハ期日ニ於テ現役ヲ退カシメラレ、退官、退職シ、又ハ解職、解雇、若ハ解傭セラレタル者ニ之ヲ支給ス」ト斷言シテアル、立派ニ是ハ規定シテアル、「特別賜金又ハ「手當ハ國債ヲ以テ支給ス、國債ノ交付價格ハ經理局長ノ通牒スル所ニ依ル」是ハ一々朗讀スル必要ハナイ、是ハ勅令ノ延長デアル、勅令カラ生レ來ッタ所ノ支給規則デアル、實行スル意思ニ於テ此規則ガ内達セラレ、此規則ニ支配セラレテ、既ニ支給ヲ受ケル者トノ間ニ立派ナ約束ガ成立ッテ居ルデハアリマセヌカ、勅令ノ延長タル支給規則ニ於テ、斯ノ如ク規定シテアル以上ハ、支給スルコトヲ得ト云フ文字ニ餘裕ガアルカラト言ッテ、政府ハ斷ジテ其責ヲ免レルコトハ出來ナイト私ハ思フ、本來ハ公布ノ日ヨリ之ヲ施行ス、施行スルコトハドウシテモ財源ガナケレバ出來ナイ、豫算ガナケレバ出來ナイノニ、公布ノ日ヨリ之ヲ施行スト斷定的ニ此勅令ハ規定シテ居ラレルノデアリマス、如何樣ニ辯解セラレルトモ、此勅令ノ規定ト云フモノハ、憲法ヲ無視シタルモノデアッテ、協贊權ノ一種ノ壓迫デアルト云フコトハ、殆ド疑ヲ容ル、ノ餘地ガ無イト私ハ思ッテ居ルノデアリマス、原則ハ國債ヲ以テ之ヲ交付スト云フノガ原則デアッテ、ソレカラ現金デ支給スルト云フノガ寧ロ是ハ但書ニナッテ居ル、國債ヲ以テ之ヲ交付ス、此國債ヲ以テ之ヲ交付スルト云フコトハ、矢張同ジ事デアッテ、豫算ガ無イノニ勅令ヲ發布シタ、國債ガ無イノニ國債ヲ以テ支給スルト云フコトヲ約定シタト云フコトハ、同ジ誤ニ陷ッテ居ルノデアルガ、更ニ此國債ノ問題ニ關シテハ大藏大臣ハ大藏省令ヲ發布シテ、是ハ二度ノ勅令ノ度毎ニ、其當時省令ヲ發布シテ、一歩進ンダル計畫ニ出テ、居ラレル、大藏省令ノ第五十四號並ニ第五十六號ニハ、特別ノ賜金又ハ手當ヲ國債ヲ以テ交付スル場合ニ於ケル此交付ノ價格ヲ定メテアル、交付價格ハ時期ヲ參酌シテ隨時之ヲ定ム、是ハ一歩進ンデ居リマス、國債ヲ以テ交付シナイノニ交付スル價格マデ既ニ之ヲ定ムル大藏省令ヲ發布スルト云フコトハ、如何

ニモ大膽ナル遣方デアルト私ハ思ッテ居ルノデアル、此處迄規定シテアルカラ、(國債ヲ以テ交付スルコトヲ得ト勅令ニアルト言ッテモ、是ハ公債ヲ以テ之ヲ交付スルト云フコトヲ斷言シタノト同ジ結果デアル、少シモ變リハアリマセヌ、此勅令ハ併セテ勅令ノ延長タル支給規則ハ、公債ヲ發行スルト云フコトヲ前提ノ條件トシテ、公債ヲ發行スルト云フコトヲ必須ノ條件トシテ、此勅令ヲ規定セラレタルモノト斷言シナケレバナラヌコトハ、私ガ申スマデモナク、國債ヲ起スト云フコトハ、帝國議會ノ協贊ヲ經ナケレバ出來ナイ、是ハ憲法第六十二條ノ二項ノ規定デアル、何人ト雖モ恣ニ公債ヲ起スコトハ出來ナイ、公債ヲ發行スル規定ヲ發布スルコトハ出來ナイ、然ルニ此内閣ハ此勅令ニ依ッテ、憲法ノ規定ヲ無視シテ、憲法六十二條ノ規定ヲ無視シテ、公債ノ發行ヲ前提條件トシテ此勅令ヲ發布スルニ至ッタト云フコトハ、如何ニモ帝國議會トシテハ默視スルコトノ出來ナイ由々シキ問題デハアリマセヌカ(拍手)從來此公債ノ場合ニ於テハ其例ガ頗ル確實デアル、公債ヲ發行スルト云フ、無論法律ニ據ラナケレバナラヌ、法律ニ據ラナケレバナラヌト云フコトハ御承知デアリマスカラ、昨日此問題ニ關スル法律案ハ此議會ニ提出セラレ、本日ノ議事日程ニ上ッタノデアリマス、此法律ガ確定シテ、然ル後ニ此勅令ノ規定ヲ發布セラレルノガ當リ前デアル、私ハ何レノ場合モ調ベテ見タ、何レノ場合ニ於テモ先ヅ法律ヲ以テ公債發行ノ事ヲ規定シ、而シテ後勅令ヲ以テ其支給ノ公債ノ處分法ガ決ッテ居ル、省令ヲ以テ其細則ガ定メテアル、是ガ當リ前ノ順序デアル、今回ノ例ト一番相近イノガ大正三年ノ臨時事件ニ關スル一時賜金ヲ公債デ交付セラレタル場合、臨時事件費ノ中カラ交付セラレタ場合、豫算ハ臨時軍事費トシテアッタノデアリマスガ、公債ヲ以テ交付セラレタ場合、其公債ニ關スル法律ハ大正四年ノ六月二十一日法律第十六號ヲ以テ公布セラレテ居ル、之ニ議會ハ協贊ヲ與ヘテ法律ガ決定シタノデアル、而シテ之ニ關スル勅令ハ同年十一月六日勅令二百四號ガ出テ居ル、而シテ更ニ今回ノ如キ大藏省令――類似ノ大藏省令、此大藏省令ハ十一月六日省令七十七號デ公布シテアル、當リ前ノ規定デアリマセウ、法律ガマダ定マラナイノニ勅令ガ出ル、省令ガ出ルト云フニ至ッテハ、洵ニ言語道斷ノ沙汰ト謂ハナケレバナラヌ(拍手)更ニ私ハ今回ノ此特別賜金ト同ジ例デアル最モ特別ノ例ヲ引イテ、私ノ意見ヲ確メテ置キタイト思フ、明治四十三年ニ、是ハ朝鮮併合ニ關シテ臨時恩賜ヲ下付セラレタ場合ガアル、朝鮮臨時恩賜、此時ハ公債ヲ以テ之ヲ交付セラタ、朝鮮ノ王族其他ニ向ッテ恩賜公債トシテ交付セラレタ其場合ニハ、明治四十三年ノ八月朝鮮臨時恩賜ニ關シテ國債交付ノ件、國債交付ノ件ハ憲法第八條ニ依ッテ緊急勅令ヲ以テ公布セラレテ居リマス、又之ニ關聯シタ國債發行ノ件ハ、憲法七十條ニ依ッテ之モ緊急勅令トシテ公布セラレテ居ル、此兩樣ノ緊急勅令ガ相合シテ後ニ勅令トナリ、省令トナリ、此臨時恩賜公債ト云フモノハ、總テニ向ッテ交付セラレテ居ルノデアリマス、此臨時緊急勅令ハ、翌年卽チ四十四年三月議會ニ於テ事後承諾ヲ經テ居ルノデアリマス、言ハナクテモ分リ切ッタ理窟デアル、法律ガ無イ場合、議會ヲ開ク事ガ出來ナイ場合、國債ヲ下附スルト云フ件ハ、憲法第八條ニ依ッテ、國債ヲ發行スル件ハ憲法第七十條ニ依ッテ緊急勅令トシテ實行ヲ爲シテ居ル、當然デアル、先ヅ法律ヲ以テ之ヲ定メ、而シテ勅令、而シテ省令、而シテ初メテ公債ヲ交付スルト云フノハ當然ノ順序デアル、私ハ繰返ス、國債ヲ起スト云フモノハ帝國議會ノ協贊ヲ經ナケレバ出來ナイコト、知リナガラ、强テ之ヲヤラントスルガ爲ニ、政府ハ亂暴ニモ此國債ヲ起スト云フコトヲ前提條件トシタル勅令ヲ公布シテ、而シテ公債ヲ以テ支給スルコトヲ得トアルノデアルカラ差支ナイト云フヤウナ、誠ニ窮シタル辯解ヲ爲シテ居ルノデアル(拍手)私共ハ斷ジテ之ヲ假借スルコトハ出來ナイ、明瞭ナ道理デアル、憲法上明瞭ナル道理デアル、此政府ノ爲シタル所ハ、全ク憲法ニ違反ヲシテ居ル、少クトモ憲法ノ精神ニ違反ヲシテ居ルト云フコトハ、何人モ之ヲ疑フコトハ出來ナイト云フノデアリマス(拍手)政府ハ豫算委員會ニ於テ頻ニ實行ヲ急イダカラト云フコトヲ御辯明ニナッテ居ルノデアリマス、私ハ此實行ヲ急ガレタル事情ハ諒トスル、軍備縮小ノ實行ヲ急イダ、行政整理ノ實行ヲ急イダト言フ、是ハ如何ニモ御急ギニナッタル事情ガアッタト云フコトヲ諒トスル、併ナガラ是ハ急イダト云フコトハ内輪ノ事情ニ止マル、徒ラ實行ヲ急イダカラト云ッテモ、憲法ニ違反シテマデモ之ヲ實行スルニ至ッテハ、政府ハ果シテ其責任ヲ如何ニスルカ(拍手)成程軍備ノ縮小ヲ實行スルト云フコトヲ急グガ爲ニ、其當時部内ノ人心ガ不安ニ驅ラレテ、或ハ動搖ヲ測ラレナイト云フ狀態ニ在ッタト云フコトヲ御述ニナッテ居ルノデアリマス、部内ノ人心ガ不安ニ驅ラレ、動モスレバ動搖ヲ測ラレザル狀況ニ在ッタ、或ハソンナ事實ガアッタカモ知レヌ、併シ左樣ナ事情ガアッタガ爲ニ、此勅令ヲ發布シテ恩典ヲ與ヘルト云フコトヲ約束ヲシテ、此部内ノ不平ヲ取鎭メラレタト致シマスレバ、私ハ更ニ疑問ヲ生ゼザルヲ得ヌ、部内ガ不安ニ驅ラレテ居ル、動搖ヲ測ラレナイカラ、出來モシナイ不當ナル勅令ヲ發布シテ、ソレニ向ッテ斯ク斯クノ恩典ヲ與ヘルト云フコトヲ約束シタト致シマスレバ、是ハ全ク官紀ノ紊亂ヲ暴露スルモノデハナイカト思フ(拍手)私ハ事情ハ諒トスル、事情ハ諒トスルケレドモ、斯ノ如キ事ヲ以テ憲法違反ノ行爲ヲ敢テシテマデモ、部内ヲ鎭撫シナケレバナラナカッタト云フコトハ、政府ノ威信ノ失墜ヲ證據立テルト同時ニ、全ク官紀ノ紊亂ヲ暴露スルモノデアルト私ハ繰返スノデアリマス(拍手)斯樣ニシテマデ此憲法上ノ大問題ヲ惹起シタ、私ハ事情ハ如何ニ察スベキモノガアルニシテモ、此大問題ヲ惹起スルニ至ッタト云フ政府ノ責任ト云フモノハ、飽迄モ之ヲ糺サナケレバナラヌト云フコトヲ確信ヲ致シテ居ル(拍手)　天皇ノ大權ノ下ニ發布セラレタル勅令、荷モ是ハ輕ク見ルコトノ出來ナイ問題デアリマス、憲法ニ違反ヲシテマデ、官紀ノ紊亂ヲ暴露シテマデモ、　天皇大權ノ下ニ公器ヲ濫用シタト唱ヘル者ガアッタラ、政府ハ如何ニシテ之ヲ辯解セラル、ノデアリマスカ(拍手)私ハ此事情ヲ聞クニ至ッテ益、此憲法上ノ問題ガ重大デアルト云フコトヲ申述ベタイト思フノデアル、斯樣ナル次第デアリマスカラ、此不當ノ處置ニ基イテ提出セラレタル所ノ追加豫算、吾々ハ斷ジテ之ヲ鵜呑ニスルコトハ出來ナイ、間違ッタル手續ノ下ニ提出セラレタル追加豫算、特別賜金ヲ給與スルト云フ必要ハ認ムルニ拘ラズ、將來ニ向ッテ大ナル惡例ヲ貽スノ虞ガアルガ爲ニ、斷ジテ此豫算ニ協贊ヲ與ヘルコトハ出來ナイ(拍手)若シ之ヲ自然ニ放任スレバ、是ハ實ニ憲法上ニ一大惡例ヲ貽スモノ、他日惡イ考ヲ持ツ所ノ政治家ガアッテ、唯、一片ノ勅令ヲ以テ豫算ヲ動カシ、一片ノ勅令ヲ以テ議會ノ協贊權ヲ蹂躙スルト云フ者ガ現レテ來タナラバ、我ガ議會政治ノ前途ハ如何デアルカト云フコトヲ恐レナケレバナラヌノデアル(拍手)殊ニ況ヤ此豫算ノ内容ニ付キマシテモ、前刻委員長ハ一寸御報告ニナッタヤウデアルガ、寧ロ辯解ノ方ノ御報告ヲ盡サレテ居ッタノデアル、内容ニ付テモ異議ヲ唱フベキ餘地ガアリマス、私共豫算委員會ニ於テ之ヲ申述ベタ、或ル期間ノ間退職シタル者ニ與フル所ノ此特別賜金、其期間ノ前後ニ於テ退官シタル者ハ、勿論此恩澤ニ與ルコトハ出來ナイノデアリマス、同ジ退官シタ者ノ間ニ不權衡ヲ來スト云フコトハ、事實上之ヲ認メナケレバナラヌ、政府モ亦之ヲ認メテ居ル、唯、已ムヲ得ナイト云フ、此不權衡ヲ來シテ居ルト云フコトヲ自然ニ放任スレバ、是ガ人心ニ惡影響ヲ及ボスヲ免レナイト私共ハ思フ、一向此點ニ關シテ政府ハ顧慮スル所ナシト御答ニナッテ居ルノデアル、第二ニ私ハ豫算委員會デモ申述ベタ、例ヘバ今回ノ特別賜金ハ西伯利事件ノ戰死者ニ對スル特別賜金ヨリモ、金額ガ多イ、此點ニ關シテハ政府ノ御答ハ色々ニ御辯解ニナッテ居リマスケレドモ、殆ド事實ヲ混同シテ居ラレル、實際ニ於テ今回ノ特別賜金ハ西伯利ノ事件ノ戰死者ヨリモ其金額ガ多イト云フコトハ間違ガナイ、私ハ一寸計算ヲシタモノヲ讀ンデ置ク、陸軍ノ軍人卽チ中佐階級ノ者、西伯利事件ノ戰死者ガ受ケル所ノ賜金六千四百圓、然ルニ今回ノ特別賜金ハ七千、八百圓トナル、ソレカラ少佐階級ノ者デ、戰死者ノ場合ニ受クル所ノ特別賜金ハ五千圓、今回ノ特別賜金ハ六千六十六圓デアリマス、又大尉階級ノ者デ、戰死者ノ受クル特別賜金四千五百九十一圓、而シテ今回ノ特別賜金ハ五千七十五圓、是ハ殆ド時ヲ同ジウシテ居ル、コトデアル、時ヲ同ジウシテ受クル所ノ賜金ノ計算ガ斯様ニ違ッテ居ル、戰死者ノヨリモ今回ノ退職者ノ方ノ金額ガ多イト云フコトハ事實間違ナイ、斯ウ云フ事ニナルト、此間ハ甚ダ不權衡デハナイカ、世間ニ異論ガアル、此異論ガ起ルノハ偶然デナイト私共思フ(拍手)國家ガ勇戰奮鬪シタル戰死者ヲ無視シ、且ツ輕蔑スルト同一ノ結果ヲ惹起シ、延イテハ國民ノ犧牲心ヲ痲痺セシメ、國體ノ精華ヲ滅ボサントスル惧ガアルト云フ異論デアル、此異論モ偶然ニ起ルモノデハアリマスマイ、國家ノ爲ニ奮鬪シテ戰死シタ者ヨリモ多イト云フコトハ、此不權衡ノ結果ガ全般ノ國民ノ思想精神ノ上ニ大ナル惡影響ヲ及ボスト云フコトハ、私ハ疑ナイ事實デアルト思フノデアリマス(拍手)斯ウ云フ者ニ關シテハ政府ハ唯、已ムヲ得ナイト仰シャル、又左様ニ不權衡デハナイト御辯解ニナルケレドモ、事實ハ左様ニ不權衡デアル、是ガ人心ニ惡影響ヲ及ボシ、國民思想精神ノ上ニ惡影響ヲ及ボス惧アリトスレバ、是モ亦實ニ重大ナル問題ナリト斷言シナケレバナラヌノデアル(拍手)吾々ハ此故ニ此豫算ノ內容ニ付テモ相當ナル變更ヲ求メナケレバナラヌト云フコトヲ附加ヘテ置クノデアル、此理由ニ於テ之ヲ政府ニ返付スル、一ハ憲法上ノ理由ヨリ、一ハ此豫算ノ內容ノ變更ヲ求ムルト云フ趣意ニ依ッテ、此豫算ヲ返付スルト云フノデアリマス、政友會ノ諸君ハ吾々ノ意見ヲ異ニシテ、此豫算ヲ鵜呑ニセラル丶、模樣デアルガ、私ハ政友會ノ諸君ノ御反省ヲ求メタイ、特別賜金ヲ給與スルト云フ事實ニ付テハ、前申シマス如ク吾々モ別ニ異論ヲ有シナイノデアル、憲法上由々シキ問題ヲ醸シタ今日、之ヲ諸君ガ看過セラレントスルト云フコトハ、實ニ憲法ニ對シテ不忠實ナリトノ誹ヲ免レルコトハ出來ナイデハアリマセヌカ(拍手)憲法政治ノ前途ノ爲ニ之ヲ考ヘマスレバ、斯ノ如キ大問題ヲ看過スルト云フコトハ、憲法政治ノ下ニ於テハ非常ナル惡例ヲ貽スモノデアルト云フコトハ前申シタ通リデアル、(拍手)憲法問題ニナレバ黨派ヲ超越シタル問題デアリマス、徒ラ政友會ノ諸君ガ政府ト妥協ヲセラレテモ、政府ト懇談ヲセラレテモ、憲法上ノ疑義ト云フモノハ其懇談ニ依ッテ解決セラルベキデハアリマセヌ(拍手)此豫算ニ付テハ政友會ノ諸君ガ、現內閣ノ諸公ト懇談ヲ重ネラレタト云フコトガ新聞ニ現ハレテ居ル、一片ノ懇談ニ依ッテ憲法上ノ疑義ヲ解釋スルコトガ出來ナイト云フコトハ、明カデハアリマセヌカ

○副議長(松田源治君)　時間ヲ延長シマス

○早速整爾君(續)　斷ジテ黨派ノ問題デハアリマセヌ、私共議院ニ籍ヲ列シテ以來豫算ニ關シテ隨分憲法上ノ問題ヲ惹起シタ事モ多イガ、此位顯著ナル、此位甚シイ重大問題ハ未ダ出會ハシタイコトハアリマセヌ(拍手)從來未ダ曾テ無イ所ノ憲法上ノ大問題ト思フ(ヒヤ〳〵)此由々シキ大問題ニ對シテ、唯、黨派觀念ノ上カラ、或ル黨略ノ上カラ之ヲ放任シテ、之ヲ自然ニ放任シテ追加豫算ヲ鵜呑ニセラル丶ト云フニ至ッテハ、政友會ノ諸君ハ憲法政治ニハ飽迄モ不忠實ナリト云フ誹ヲ免レルコトハ出來ナイダラウト思フ(拍手)私ハ敢テ政友會諸君ノ反省ヲ求メル、斯ノ如キ重大ナル憲法問題ニ對シテハ、黨派ヲ超越シテ我ガ立憲政治ノ爲ニ、憲法有終ノ美ヲ濟スガ爲ニ、十分ノ考慮ヲ垂レラレテ、此憲法問題ダケハ鄭重ニ御取扱ニナルヤウニ私ハ切望セザルヲ得ヌ(拍手)デ私ハ此點ニ於テ政府ノ反省ヲ求ムルト同時ニ、又政友會ノ諸君ノ反省ヲ求メテ此壇ヲ降ルノデアリマス(拍手)

特別報告第三百二十八號

意見書

請願文書表第二三八六號

朝鮮ニ於ケル内地人小學校教員俸給國庫支辨ノ請願　朝鮮京城本町一丁目五十二番地士族官吏吉松熊郎外千八百六十七名呈出（紹介議員牧山耕藏君）

右請願ノ要旨ハ現今朝鮮ニ於ケル内地人兒童ノ教育ハ悉ク學校組合ニ依リテ經營セラレツツアリ然シテ之カ經費ハ年々加重スルノミナラス俸給費ノ外更ニ校舍ノ新築、改築及教育ニ要スル資料ノ購入費等ノ出費モ尠少ニ非サル爲今ヤ關係民ハ其ノ負擔ニ堪ヘサルニ至レリ若徒ニ此ノ現狀ヲ繼續セムカ遂ニ國民教育ノ根底ヲ破壞スルニ至ルヘシ依テ教育ノ完全ヲ期シ併テ其ノ負擔ヲ輕減セムカ爲朝鮮ニ於ケル内地人小學校教員ノ俸給ヲ國庫ニ於テ支辨セラレタシト謂フニ在リ

衆議院ハ其ノ趣旨ヲ至當ナリト認メ之ヲ採擇スヘキモノト議決セリ依テ議院法第六十五條ニ依リ別冊及御送付候也

第三十五　決議案（田川大吉郎君提出）

議事改善ノ目的ヲ以テ特別委員十五名ヲ舉ケ左記事案ニ對シ愼重ニ審議セシムヘシ

決議案

決議

審査事案

一　我カ議會ノ開始期ハ近年次第ニ歲末ニ接近シ其ノ年内ニハ辛ウシテ成立手續ヲ終ルノミノ慣例トナリタルカ第一回議會ノ當初之ヲ十一月下旬ニ開會シ少クトモ衆議院ノ豫算審査ヲ年内ニ終了セシメタルハ會計法其ノ他ノ關係ニ基ツキ確乎タル根據ノアリタルモノナリ舊例ニ復セシムヘキニ非サルカ

二　尙議會ハ每會年末年始三週間以上ヲ休ムノ例ナルカ此ノ如キハ我カ議會開會期ノ僅ニ三箇月ナルニ比シテ自ラ怠ルノ餘リニ甚シキモノト謂フヘシ一月四日ニハ幸ニシテ政治始ノ式アリ議會モ此ノ日ヨリシテ開始スルヲ必要トスヘキニ非サルカ

三　然モ議會ノ會期ヲ三箇月ニ限定セラルルハ到底今日ノ必要ニ適合セス之ヲ延長スル方法トシテハ憲法第四十二條ノ規定スル所ニ依ルカ若ハ第四十三條ノ規定スル所ニ依ルカ孰レニシテモ議會ノ會期ヲ更ニ延長セシムル必要アルヘシ

米國ノ議會ハ一年中殆ト開キ續ケナリ現ニ第六十六議會ノ第一期ハ一九一九年ノ五月十九日ニ始マリ同十一月十九日ニ終リ其ノ延長百八十五日第二期ハ同年十二月一日ニ始マリ翌二十年六月三日ニ終リ其ノ延長百八十八日第三期ハ同年十二月六日ニ始リ翌二十一年二月四日ニ終リ延長八十九日合計四百六十六日ノ久シキニ亙リタリ是レ固ヨリ異例ノ一ナルモ然レトモ其ノ前期第六十五議會ノ會期ハ同シク三期ニ亙リ合計六百三十四日ノ久シキニ亙リタルコトアリ

英國ノ議會ハ米國ノ議會ノ如ク長カラサルモ然レトモ近年ノ會期ハ每年孰レモ百八十日以上ヲ超エ曾テ其レ以下ノ事例アリタルヲ知ラス

更ニ注意スヘキハ米國カ此ノ如ク長期ノ議會ヲ有スルニ拘ラス其ノ質問討論ノ時間ニ制限ヲ加ヘツツアルコトナリ是レ又我カ議會ノ參考スヘキ一方法ニ非サルカ

四　且豫算ヲ審議スル期日ノ僅ニ三週間ナルハ確ニ不足ナリ貴族院ノ審議ハ僅々一箇月以上ニ亙リツツアリ豫算ノ審議期間カ衆議院ヨリモ貴族院ニ於テ反テ長シト謂フハ是レ世界ノ立憲國ニ全然類例ナキ所ナルヘシ

五　我カ議會ノ質問ハ概シテ討論ト相混シツツアリ申ス迄モナク討論ト質問トハ別事ナリ之ヲ別離シテ質問ノ機會ニハ質問ノミニ止メ討論ハ討論ノ機會ニ於テスルコトヲ嚴ニ區分スル必要アルヘシ英國下院ニ於テハ每日少クモ五十件以上多キハ百件以上ノ質問ヲ一時間十五分内ニ進捗セシメツツアリ

六　我カ議會ハ全院委員會ヲ開クコト多カラス全院委員會ノ名ハ近年全ク有名無實トナリ了レリ之ヲ有名有實ニシ大ニ其ノ機能ヲ發揮セシムル必要アルヘシ例ヘハ總豫算案ノ如キハ提案ノ初メ之ヲ全院委員會ノ議ニ付シ然ル後之ヲ豫算委員會ニ付スルコト相當ノ順序ナルヘシ

今年貞愛親王ノ國葬費ヲ議スルニ當リ首相カ先ツ之ヲ豫算委員會ニ提議シ其ノ後之ヲ本議場ニ提案シタルハ先後ノ序ヲ誤リタルモノナルヘシ

七　各省ノ歲出豫算ハ各省每ニ本議會ニ說明ノ必要アルヘシ我カ議會ニ此ノコトナク直ニ豫算委員會ニ一括送付セラルルノ慣例ハ海外諸國ニ殆ト見サル所ノ異例ナルヘシ

八　我カ議會ハ殊ニ植民地豫算ヲ輕視スルノ嫌ナシトセス朝鮮總督、臺灣總督、關東長官等ヲ本議場ニ迎ヘ特ニ全院委員會ニ於テ懇切ニ各地ノ事情ヲ詳悉スル必要アルヘシ

九　繼續委員ノ名モ亦全ク有名無實ニ爲リ了レリ議會開會日數ノ斯ノ如ク短ク問題ノ紛糾極マリナキコト我カ國ノ如キ議會ニ於テハ此ノ種ノ委員會ヲ設ケテ本議會ノ或ハ足ラサル所ヲ補フ必要最モ切ナルモノアルヘシ

十　政府ノ所謂祕密ノ内容ト其ノ範圍ハ當局者ノ間ニモ異同アルヲ免レス且此ノ如キハ獨リ當局者ノ解釋ニ一任スヘキニ非ス之ヲ協定シ置ク必要アルニ非サルカ

十一　出征軍隊ノ歸還シ若ハ戰沒者ノ遺骸到著等ノ場合ニ特ニ院ノ代表者ヲ派遣シ敬祝、犒勞、悼哀ノ情ヲ表スルノ禮逐年忽緒ニ附セラレツツアリ此ヲ遺憾ナカラシムル爲一定ノ方針ヲ立ツル必要アルヘシ

十二　米國ノ下院議員ハ一人殘ラス一種以上五種以下ノ各委員會ノ委員ニシテ其ノ上院議員ハ二種以上九種以下ノ各委員會ノ委員タリ我カ國ノ委員ヲ一部少數者ニ限リツツアル現狀ト相距ル遠シト謂フヘシ然レトモ米國ノ委員ノ數ハ必スシモ多カラス上院外交委員會ノ委員ハ十六名ニシテ同海軍委員會ノ委員モ同數ニシテ下院豫算委員會ノ委員ハ三十四名外交委員會ノ委員ハ二十名等ナリ我カ國ニ於テモ亦各議員ニ少クトモ一種以上ノ各委員ヲ割當ツル必要アルニ非サルカ

十三　我カ議院法ハ議會カ審査ノ爲人民ヲ召喚シ及議員ヲ派出スルコトヲ禁スルモ歐米ノ議會ハ常ニ自由ニ此ノ事ヲ爲シツツアリ現ニ一九二〇年ノ米國下院ノ聽取書ノ總頁數ハ九萬二千百九十二頁ノ多キニ達シタリト謂フ米國議會ハ此ノ種ノ審査ヲ行フコトヲ以テ其ノ當然ノ職務ト爲シ議會ノ本領以テ完ウセラルヘシト爲セリ我カ國ニ於テモ之等ノ事例ニ鑑ミ之ヲ改新スルノ必要アルニ非サルカ

十四　決議案ノ提出者ハ從來只一人ノ賛成者アレハ足リタルヲ近年更ニ其ノ賛成者ノ數ヲ增加シ以テ其ノ提出手續ヲ殊更窮窟ニスルニ至レリ此ノ如キハ歐米諸國カ決議案ノ提出手續ヲ最手輕ニシ以テ自由ニ各員ノ所見ヲ吐露セシメムト務メツツアル傾向ト相反スルノミナラス議會自ラ議會ノ權能ヲ抑束セル嫌ヒナシトセス

十五　各派交涉會ノ協定シツツアル所ハ往々ニシテ議場本然ノ任務ニ關係アルモノ少カラサルカ如シ此ノ如キハ寧ロ全院委員會ノ議ニ付シ各員ヲシテ衆人環視ノ間ニ公然懇談シ協定セシムルヲ至當トスヘシ之ヲ各派交涉會ノ私議ニ委マルハ獨リ一派ヲ成ササル議員ノ權利ヲ無視スルノミナラス議會公開ノ根本精神ニモ違背スル傾向ナシトセサルヘシ

同一ノ理由ニ因リ議場以外ノ事ナルモ例年首相邸ニ催サルル豫算內示會モ廢止セラルルヲ至當トスヘシ

十六　懲罰議事モ之ヲ公開スヘキニ非サルカ

右決議ス

（田川大吉郎君登壇）

○田川大吉郎君　本建議案ハ議事改善ヲ目的トスルモノデアリマス、私ハ諸君ノ後ニ從ヒマシテ、熱心ニ其改善ヲ希望スルノデアリマス、サリトテ現今ノ議事ハ合法的デナイトハ私ハ申シマセヌ、整然タル規律ト節制ヲ缺イテ居ルト申スノデアリマセヌ、現今ノ議事ハ合法的ニ進行サレツヽアリマスケレド、併ナガラ未ダ善クナイ、尙ホ改良ノ餘地ガアラウト思フ、未ダ滿足デハアリマセヌ、尙ホ刷新ノ必要ガアラウト考ヘルノデアリマス、私共ノ理想ト感情トガ之ヲ要求スルノミナラズ、海外立憲國ノ事例ト趨勢等モ亦私共ニ此注意

ヲ促スモノガアルト信ジマスノデス、ソレデ僭越ナガラ斯ノ如キ提案ヲ試ミマシタガ、本建議案ノ中ニ含マレテ居リマス事項ハ、十六項ノ多數ニ渉ッテ居リマス、其中ニハ憲法ニ關係ノ事モアリ、議院法ニ關係ノ事モアリ、又衆議院規則ニ關係ノ事モアリマス、サリナガラ其大多數ハ是等ノ法規ニ――是等法規ヲ改正シマセズシテ、議會ノ努力ト政府ノ努力ト、議會ト政府ノ合意ニ依ッテ十分改善ノ目的ヲ達シ得ラレルト信ズルノデアリマス、中ニハ法規ノ改正ヲ待タナケレバナラヌモノモアリマスガ、其法規ノ改正ヲ必要トシマスル部分ハ、此場合ニ於テ私ノ重キヲ置イテ居ル部分デハアリマセヌ、十六事項ノ中ニ私ノ重キヲ置イテ居リマス、諸君ノ御協贊ヲ得ノ改善ノ目的ヲ達シタト希望シテ居リマス主ナル要項ハ、法規ノ改正ヲ煩ハサズシテ實行シ得ラルモノト信ジマスガ故ニ、先ヅ其部ニ向ッテ說明ヲ試ミテ見タイト思ヒマス、第一ノ事項トシテ私ハ我ガ議會ノ會期ガ開始セラレル時期ガ、近年ノ例トシテ毎年歲末ニ迫ッテ居ルコトヲ不滿ニ感ズルノデアリマス、年ノ暮二十五日、二十六日ニ至ッテ開會セラレテ、數日開會、成立ノ手續ヲ經テ年內ノ休ミトナッテ、次ノ年ノ始ハ大概三週間ニ亙ル位ノ休會ト慣例上ナリ來ッテ居リマスガ、私ハ其前ノ年ノ暮ノ二十五日、二十六日ニ至ッテ開會セラレツヽアル此慣例ヲ改メラレテ、第一議會、第二議會ノ頃ノ當初ノ慣例ノ如ク、之ヲ十一月ノ下旬ニ開始シタル例ニ戻シタイト希望スル者デアリマス、少クトモ此時期ニ開會シテ年內ニ衆議院ニ於ケル豫算ノ審査ガ議了セラル、ニ至ランコトヲ希望スル者デアリマス、農家ガ忙シイト云フヤウナ御非難ノ聲ヲ聞キマスガ、會計法ノ第九條ニ於テ、豫算ハ必ズ前年ト云フ字ヲ用ヒテ居ルノデアリマス、十二年度ノ豫算ヲ十二年ノ正月ニ當ッテ議シマスコトハ、會計法ノ規定デハアリマセヌ、十二年度ヲ冠スル豫算ハ十一年ノ卽チ年內ノ議會ニ提案セラルベキ規定ニナッテ居ルノデアリマス、今日ニ於テハ此規定ノ條文ニ適ハシムルガ爲ニ、年ノ暮ニ一旦提出ヲシテ、更ニ撤回ノ手續ヲ執ッテ、十二年ノ一月ニナッテカラ更ニ提出ノ手續ヲ履ンデオ井デニナル、斯ノ如キ事ヲ爲サレル必要ハナイ、斯ノ如キ事ヲ爲サレルノハ會計法ノ規定ノ目的デハナイ、會計法ノ既定ノ目的ニ從ッテ、又第一議會當初ノ慣例ニ從ッテ、之ヲ遲クモ十一月ノ下旬頃マデニ開會セラレルコトニシ、前年內ニ於テ其豫算ノ議事ノ大要終了セラル、マデノ働ヲ政府ガ進ンデ執ラレナケレバナラヌ、是ハ政府ニ向ッテ努力ヲ要求スルノデアリマス、第二ノ事項ト致シマシテ、先ニ申上ゲマシタ毎年年ノ初メ約三週間位議會ヲ休マル、慣例ニナッテ居リマスガ、甚ダ殘念デアル特ニ我ガ議會ノ會期ガ僅ニ三箇月ニ限ラレテ居ル今日ニ於テ、三週間ニ亙ル、或ハ二週間以上ニ亙ル長キ期間ヲ休會ノ裡ニ空シク送リ去リマスコトハ非常ニ殘念デアル、或ハ議會自ラ議會ノ權能ヲ放棄シテ居ルモノト謂ハナケレバナラヌト感ズルノデアリマス、仍テ此場合年ノ初ニ休マル、コトハ致方ナイト致シマシテモ、此長キ期間ヲ爲シ得ル限リ短縮致シタイ、幸ニ一月四日ハ政治始ノ例ニナッテ居リマス、議會モ亦此日ヲ始トシテ其實際ノ成立ヲ圖リ、實際ノ審議ニ着手スベキモノデハアルマイカト考ヘル、私ハ一月四日ト敢テ限定シテ申ス譯デハゴザイマセヌケレドモ、此例ノ行ハレテ居リマスコトヲ御互ハ參考シナケレバナラナイト考ヘルノデアリマス、ドウシテモ議會ガ開カレテ居ル以上ハ、政治ノ中心ハ議會ニナクテハナラヌ、議會ガ政治ノ中心デナクテハナラナイ、其議會中心ノ實ヲ擧ゲマス爲ニ、一月四日ヲ期トシテ政治始ノ式ヲ擧ゲラレマスコトガ、議會ノ成立シ開會セラル、時日ト一致致シマスコトハ必要ノ手續デアル、此間ニ議會ガ開カレルヤウニナッテ居リマスノニ、議會ガ此時期ヲ逸シマスコトハ甚ダ殘念デアル、依テ一月四日ニ致シタイノデアリマス、私ノ希望ハ十一月カラ始メルノデアリマスガ、年末ニ至リテ休會中斷セラレテ居リマス議會ヲ、一月ノ始メニ開カレルヤウナ例ヲ開イタラドウデアラウカト諸君ノ御考慮ヲ要求スル次第デアリマス、第三ニ此議會ノ會期ヲ三箇月ニ限ッテ居ルコトハ要スルニ短イト思ヒマス、僅カ三箇月ノ間ニ日本ノ國政ノ總テニ關スル審查、批評、建設ノ計畫ヲ遂ゲナケレバナラヌト云フコトハ、無理ナル要求ノアルト思ヒマス、ソコデ之ヲドウカシテモット延長セラレタイト希望スルノデアリマスガ、此延長ノ希望ヲ持出シマスト、直ニソレハ憲法ノ修正ヲ必要トスルト云フ論者ニ出會フノデアリマス、ケレドモ憲法第四十二條ノ規定スル所、並ニ四十三條ノ規定スル所ニ從ッテ、憲法ヲ改正セズトモ實際ニ於テ之ヲ延長シ得ル手續ハ既ニ開カレテ居ルノデアリマス、與ヘラレテ居ルノデアリマス、故ニソレ等ノ手段ヲ採リマセズトモ、議會延長ノ希望ヲ充タスコトガ出來マス、仍テ政府トノ合意ニ依ッテ特ニ政府ノ盡力ニ依ッテ、成ルベク議會成立ノ期間ヲ長カラシムルヤウニ注意ヲ願ヒタイ、斯樣ニ希望スルノデアリマス、特ニ若シ今日ノヤウニ三箇月ニ限ラレタル議會トシテ考ヘテスナラバ、三箇月ノ將ニ盡キントスル今日此頃ノヤウニ押詰リシ場合ニ臨ンデ、追加豫算又追加豫算ト云フヤウナモノガ提出ニナリマスコトハ甚ダ迷惑デアリマス、一體議會ノ開會ノ期間ニ付テハ、外國ノ事例トシテハ日本ノヤウニ限定セラレタモノハ無イヤウニ思ヒマス、若シ日本ノヤウニ會期ヲ限定セラレマシタナラバ、其結果トシテ當然豫算案、法律案等ノ重大ナル議案ノ提出時期ヲ制限シテ置カナケレバナラヌノデアリマス、例ヘバ議會ノ終末期一箇月以前ヲ時期トシテ其提出ヲ限リ、三週間ヲ期限トシテ其提出ヲ限リ、遲クトモ二週間前マデニ其提出ヲシテ、其時期以後ハ之ヲ前ニ提出セラレタル法案ノ整理ノ時間ト致シマシテ、新ナル提出ヲ以テ新ニ議會ヲ煩ハスコトニナラヌヤウニ制定シテ置クベキ筈デアリマス、然ルニ其事ノ注意ヲ缺イテアルガ爲ニ、現ニ今日モ亦諸君ト共ニ追加豫算ヲ議サナケレバナラヌト云フヤウナ苦シイ審査ヲ餘裕ナクシテ、審査ヲ盡サヽル間ニ審査ヲ盡シタヤウナ議事ヲ開カナケレバナラヌ苦シイ辛イ破目ニ陷リツヽアリマス、故ニ三箇月ニ限定セラル、モノトシテ考ヘマスト、此期限ノ制限ニ付テモ新ニ諸君ノ御考慮ヲ煩ハサナケレバナリマセヌ、若シ前ニ希望致シマシタ如ク三箇月ニ限定セラレズニ、憲法第四十二條或ハ四十三條ノ應用ニ依リテ、此期間ヲ五箇月若ハ六箇月、或ハ七箇月ノ會期ニ延長スルコトガ出來マスレバ、只今申上ゲマシタヤウナ希望ニ付テ故ラニ御考慮ヲ煩ス必要ナクシテ、是等ノ弊ミニ打勝ツコトガ出來ルヤウニナルデアリマセウ、何レニモセヨ私ハ諸君ト共ニ議會ノ會期ノ延長ヲ希望スル者デアリマス、實際ニ於テ、事實ニ於テ議會ノ開期ノ延長セラレマスヤウニ、諸君ノ御盡力ヲ仰ギタイノデアリマス(拍手)私ハ斯ク議會ノ會期ノ延長ヲ希望シマスト同時ニ、私共自身ノ議事ニ對スル態度慣例ニ付テモ、顧ミテ注意ヲ加フベキ點ガアルト考ヘテ居リマスカラ、其事ヲモ玆ニ一言スルコトヲ許シテ戴キタイ、決議案ノ文章ノ中ニハ「更ニ注意スヘキハ米國カ此ノ如ク長期ノ議會ヲ有スルニ拘ラス其ノ質問討論ノ時間ニ制限ヲ加ヘツヽアルコトナリ」斯樣ニ私ハ玆ニ米國ノ例ヲ擧ゲテ、諸君ノ御注意ヲ仰ガウト致シテ居ルノデアリマス、「米國ノ議會カ此ノ如ク長期　議會」斯樣ニ書キマシタモノニハ、其例トシテ第六十五議會ハ六百三十四日ノ長キニ亙ッテ居ル、第六十五議會ハ四百六十六日ノ久シキニ亙ッタト云フコトヲ擧ゲテ置キマシタ、斯ノ如ク近年ニ米國ノ議會ハ四百日以上、場合ニ依ッテハ六百日ニ亙ル長キ會期ヲ續ケテ居ルノデアリマスガ、ソレニモ拘ラズ議員ノ質問ニモ、答辯ニモ其時間ニ對シテ一々制限ノ加ヘテ居リマス、上院ハ別デアリマスガ、下院ハ時間ニ制限ヲ加ヘテ居リマス、一般ニ其長ク許サレタル時間トシテ一時間デアリマス、或ハ三十分ニ制限セラレ、或ハ十五分ニ制限セラレ、五分間ノ討論ト云フコトハ、普通ノ討論ノ慣例デアリマス、斯ノ如ク彼等ガ長キ議會ヲ有シテ居ルニ拘ラズ、各員ノ質問ハ討論ト時間ヲ制限シテ居リマスル實際ノ慣例モ、亦御互ニ以ッテ參考スベキ一ツノ有力ナル資料デアラウト私ハ思フノデアル、此事ハ玆ニモウ一ツノ言葉ヲ添ヘルコトヲ許シテ戴キマスガ、斯樣ニ米國ノ下院ハ議員ノ發言ノ時間ヲ自ラ制限スルヤウニナリマシタコトハ、千八百四十一年以來ノ事デアル、其當時ニ於テハ米國ノ下院ノ議員ノ數ガ二百三十七名デアリマシタ、其以前ニ於キマシテハ一人三時間ニ亙リ、又四時間ニ亙ッテノ長演說ヲスル者ガアリマシタガ、議員ノ數ガ增加シテ二百三十七名ニナリマシタ時、一人ノ議員ガ左樣ニ長時間ノ演說ヲシテ居リマシテハ、全員ノ希望ヲ充タス譯ニハ行カナイト云フノデ議員ノ申合ヲ其時間ヲ制限スルコトニナリ、最長時間ヲ一時間ニ限ルコトニナッタノデアリマス、議會近年ノ傾向ニ付テ考ヘマスレバ、私共モ亦此事ニ注意ヲ拂フノ必要ガアル、議員ノ數ハ既ニ四百六十名、議會ノ會期僅ニ三箇月、彼ハ一年開キ續ケノ議會ヲ持ッテ居テ、而シテ其議員ノ數ハ未ダ三百名ニモ達セザル時代ニ、此制限ヲ加ヘタ注意ニ鑑ミマシテ私共モ今日ニ於テ之ニ注意ヲ加ヘル必要ガアラウト考ヘマス、此事ヲモドウゾ御參考ノ上ニ加ヘラレテ、愼重ニ御考慮ヲ下サレンコトヲ希望致シマス、第四ニ豫算ノ審議ノ期間ガ僅ニ三週間デアル、是ガ如何ニモ不足ト思ヒマス、蓋シ諸君モ御同感デアラレヤウ、僅ニ三週間、是モ是ダケノ時間シカドウシテモ造ラレナイモノデアルトスレバ我慢ヲシナケレバナラヌケレドモ、私共ハ衆議院ハ豫算ノ審査ニハ僅ニ三週間トシテ追立テラレ、審査ヲ急イデ居ルノデアリマスガ、貴族院ノ豫算ノ審議ノ期間ハサウハナッテ居リマセヌ、現ニ衆議院ハ二月十三日ニ豫算ヲ審議シテ、二月ノ十四日ニハ豫算ハ貴族院ノ手ニ渡ッテ居リマス、貴族院ハ其以來審査ヲ續ケテ、今日其總豫算ガ議事ニ上ッテ居ル、故ニ貴族院ハ其時以來三十四五日ノ審査ヲ續ケテ居ルノデアリマス、貴族院ノ豫算ニ對スル審査ノ期間ガ、衆議院ノ豫算ニ對スル審査ノ期間ヨリモ長イト云フ議會ハ、世界ヲ見渡シテ――世界ノ立憲國家ヲ見渡シマシテ、私ハ日本ノ外ニハ無イ實例デアラウト思フ、憲法ニ於キマシテハ、豫算ハ前ニ衆議院ニ提出シロト云フコトニナッテ居マシテ、其豫算ニ對シテ先議權ヲ持ッテ居ルコトガ、我衆議院ノ特權ノ一ツニナッテ居リマスガ、其衆議院ハ豫算ヲ審議スルノニ僅ニ三週間シカ期間ヲ持タナイ、サウシテ先議權ヲ持チマセヌ貴族院ハ、一箇月ニ亙ッテ、無期限ニ無制限ニ其期間ハ彼等ノ自ラ自由ニ決スル儘ニシテ、審議スルコトノ出來ル現在ノ狀況ニナッテ居リマスコトハ、御互ニ深イ注意ヲ要スルコトト思ヒマス、先議權ノアル私共ノ豫算ノ審議ノ權利ハ、三週間ノ時日ニ制限セラレテ居テ、貴族院ニ其制限ノ無イト云フコトハ、顧ミテ衆議院ノ先議權ノ其實效何處ニ在ルト問ハザルヲ得ナイ(拍手)此期間ヲ延長スル必要ガアリマス、私ヲ以テ申シマスレバ、今日ノヤウナ狀態ニ於テノ先議權ハ、餘リ有難クアリマセヌ、寧ロ先議權ヲ貴族院ニ讓ッタモ宜シイ、貴族院ノ豫算ニ對スル審議期間ヲ三週間ニ限ッテ、然ル後ニ衆議院ハ一箇月若クハ一箇月半ニ亙ッテ、靜ニ徐ニ審査ヲ考定スルコトガ出來マスレバ、其先議權ヲ失ヒ、後議ノ權ヲ衆議院ニ持ッテ居ッテモ、其方ガ衆議院ノ爲ニ利益デアルト信ジル、但シ其先議權ヲ抛タウトシテ發言スルノデアリマセヌ、ドウカ此三週間デハ餘リニ不足デアリマス、豫算ノ審議ノ期間ヲモット延長セラレルヤウニ諸君ノ御盡力ヲ仰ギタイ、曩ニ申シマシタ私ノ茲ニ試ミツツアル提案ノ大部分ハ、法規ノ改正ヲ要セズシテ實行ガ出來ルト申上ゲマシタガ、此三週間ニ限ラレタル豫算ノ審議ノ期間ヲ延長致シマスノニハ、議院法ノ改正ヲ必要ト致シマス、故ニ此事モ若シ必要アリト認メラレマシタナラバ、ドウゾ其議院法改正ノ手續ヲ盡サレンコトヲ希望スルノデアリマス、斯ノ如キモノガ議會ノ會期ニ對シテ諸君ト共ニ御相談ノ上、何等カノ改正刷新ノ方法ヲ執リタイト云フノガ、私ノ希望スル意見ノ要領デアリマス、之ニ加ヘテモウ少シ豫算關係ノ事ヲ申スコトヲ許シテ戴キマス、其豫算ノ關係デアリマスガ、日本ノ議會ニ於テハ、歲入ノ豫算ハ嘗テ此議場ニ報告セラレテ居リマセヌ、歲出ノ豫算ヲ所管セラレル大臣ヨリ其歲出ノ計畫ノ內容ヲ本議場ニ報告セラレ、說明セラレタコトハ曾テアリマセヌ、私ハ之ヲ遺憾トスル、又之ヲ心外トスル者デアリマス、爲シ得レバ各省ノ大臣ヲシテ、其主管ノ歲出計畫ヲ本議場ニ臨ンデ周密ニ深切ニ說明シテ貰ヒタイ、然ル後ソレヲ豫算委員會ノ手ニ移スヤウニシテ貰ヒタイ、此歲出豫算、各省ノ新ニ計畫セラレタル新シイ歲出ノ計畫ガ、衆議院本議場ニ向ッテ紹介セラレナイノモ、恐ラクハ各國ノ議會ニ嘗テ類例ノ無イ所デアリマセウ、何處デモ歲出ノ豫算ハ必ズ歲入ノ豫算ニ先ンジテ議會ニ紹介セラレテ居ル、現ニ諸君ハ此三月ニ入ッテ以來ノ外國電報トシテ、英吉利ノ議會ニ「民政費」ト申シマセウカ、陸海軍事費ノ關係ヲ除イテノ歲出豫算ガ、先ヅ提出セラレタル電報ヲ御覽ニナッタ筈デアル、ソレニ引續キマシテ海軍ノ豫算ガ提出セラレタ、引續キマシテ航空省ノ豫算ガ提出セラレタ、引續キマシテ陸軍省ノ豫算ガ提出セラレタ、サウ云フ電報ヲ諸君ハ頻々此頃ノ海外電報ニ依ッテ御覽ニナリツ、アリマセウ、サリナガラ英吉利ノ歲入豫算ノ計畫ハ、今日ニ至ルマデ未ダ議會ニ紹介セラレテハ居リマセヌ、其紹介セラレル時期ハ、例年ノ例ニ依レバ多分四月ノ末デアリマセウ、若クハ五月ノ初デアリマセウ、歲入ノ豫算ハ四月ノ末、五月ノ初ニ至ッテ紹介セラレマスケレドモ、各省ノ歲出豫算ノ計畫ハ、此三月ノ初以來著々トシテ議會ニ紹介セラレツ、アル、斯ノ如キ海外ノ立憲國家ノ普通ニ執リ來ッテ居ル所ノ例デアリマスガ、獨リ我ガ日本ニ於テハ、歲入ト歲出ノ豫算ヲ一括シテ議會ノ初ニ提出スルト云フコトニナッテ居ッテ、大藏大臣ハソレ等ニ對シテ概括的ノ說明ハ試ミラレマスケレドモ、各省ノ主務大臣ハ其所管スル歲出計畫ヲ此議場ニ向ッテ紹介セラレルコトハ爲サレマセヌ、斯クシテ私共ハ之ヲ知ラナカッタト申シテハ私共ノ手落チニナリマスケレドモ、事實私共ノ知リマセヌ新シイ計畫ガ屢、其概括的豫算ノ間ニ包マレテ通過セラレツ、アルノデアリマス、議會之ヲ知ラズ新聞記者之ニ氣付カズ、國民亦之ニ氣付カズシテ通過シ、又實行セラレツ、アル所ノ豫算ノ計畫ガ少クナイト云フ現在ノ實情ニナッテ居ルノデアリマス、故ニ私ハ諸君ト共ニ御相談ノ上、此習慣ヲ改メマシテ、議會ノ開會ノ初ニ先ヅ歲出ノ豫算ガ提出セラレル、其歲出ノ豫算ヲ各省ノ所管大臣ガ此議場ニ向ッテ紹介スルノ例ヲ開キタイト希望スルノデアリマス、又同樣ノ例デアリマスガ、各植民地ノ豫算ニ對シテモ、同ジ希望ヲ提出セザルヲ得マセヌ、隨分其關係ハ廣クナリマシタ、其豫算ハ大ナル高ニ增加シテ參リマシタケレドモ、私共ハ此壇上カラ朝鮮ノ當局者ヨリ朝鮮ノ豫算ノ說明ヲ聽イタコトハアリマセヌ、臺灣ノ當局者ヨリ臺灣ノ豫算ノ內容ヲ聽イタコトハアリマセヌ、隨テ私共今日ノ議會ニ於テ臺灣ニ對シ、朝鮮ニ對シ、又關東州ニ對シテ有シテ居ル感興、有シテ居ル知識、有シテ居ル觀念ハ極メテ稀薄デアリマス、斯ノ如クシテ私共ハ朝鮮ヲ統治シツツアル、又臺灣ヲ統治シツ、アルト申スノハ、自ラ顧ミテ深ク恥ヂザルヲ得ナイ、私ハ事實ニ於テ臺灣ノ狀況モ、朝鮮ノ狀況モ、若クハ關東州ノ形勢ニモ深キ注意ヲ拂ッテ居ル者デハナイト申サナケレバナラヌノデアリマス、個人トシテハ色々深イ注意ヲ拂ッテ居ラレル人モアリマセウケレドモ、議會トシテ議會ノ全體トシテハ臺灣ノ計畫、朝鮮ノ計畫、關東州ノ計畫等ニ向ッテ知ルコトハ極メテ稀ナノデアリマス、審議ノ手續ガ極メテ粗略ニナッテ居ルノデアリマス、前段ニ各省大臣ガ其所管ノ計畫ヲ每年議會ノ初ニ議會ニ向ッテ說明シテ下サルヤウニト希望致シマシタト同ジ希望ヲ以テ、同ジ主張ヲ以テ「私ハ植民地ノ總督ガ此議場ニ臨ンデ、其所管地ノ形勢實狀ヲ詳クガ如クニ、此壇上ニ於テ說明シテ與レルヤウニナルコトヲ希望スルノデアリマス、是デ私ハ豫算ノ審議ニ關スル希望ノ一斑ヲ說明致シマシタ、斯ウ云フ事ガ私ノ諸君ニ愬ヘテ見タイ、諸君ノ御考慮ヲ煩ハシテ見タイ要點デアリマス、議會ノ會期竝ニ豫算審議ノ方法等ガ、茲ニ諸君ニ愬ヘテ見タイト私ノ考ヘマシタ意見ノ要領デアリマス、之ニ附加ヘテ尙ホ此中ニ列記シテアル一二ノ事ヲ申シテ此說明ヲ終リマス、我ガ議院法ハ議會ニ人民ヲ呼出シテ審問スルコトヲ許シテアリマセヌ、又議員ヲ其人民ノ許ニ派遣シ、實際ニ臨ンデ調査スルノ權利モ認メテ居リマセヌ、海外ノ議會ヲ見マスルト、此事ハ當然ノ習慣トシテ行ハレツ、アルノデアリマス、私ハ之ヲ行ハナケレバナラヌモノト思フ、是ガ行ハル、所ノ議會ニ本當ノ權威ガアリ、之ヲ行フコトニ依ッテ議會ハ始メテ新シイ眞實ノ材料ヲ議會ニ寄集メルコトガ出來ル、其政治的計畫ニ對シテ始メテ有力ナル材料ヲ蒐集スルコトガ出來ル、此事ナクシテ議會ノ權能ヲ發揮セントスルコトハ無理デアル、議會ノ信用勢力ヲ擴張セントスルコトハ無理デアル、眞ニ議會ノ信用勢力ヲ擴張セシメヤウト致シマスレバ、議院法ヲ改メテ、或ル一定ノ事柄ニ對シテハ、人民ヲ此處ニ呼出スコトモ出來、ソレニ付テ審査スルコトモ出來ル、一々人民ヲ此處ニ呼出スノミデハナイ、議員自ラ人民ノ許ニ行ッテ調査ヲシテ、其報告ノ上ニ議會ニ資料ヲ提供スルコトノ出來ルヤウニ致スノガ必要ナル手段デアラウ、必要ナル手續デアラウ、斯樣ニ私ハ思ヒマス、故ニドウゾ此議院法第七十三條ヲ改正シテ、議會ガ進ンデ斯ノ如キ事ヲ爲シ得ル途ノ開ケマスヤウ、諸君ノ御盡力ヲ仰ギタイト希望スルノデアリマス、最後ノ事項トシテ私ハ十六ニ懲罰事犯ノ議事モ公開シテ貰ヒタイ、公開セラル、方ガ適當デアラウ、斯樣ナ希望ヲ提出シテ居ルノデアリマス、其懲罰事犯ニ關スル議事ガ祕密會議ヲ以テスルコトニ衆議院規則ヲ以テ制限セラレテ居ルコトハ、私能ク之ヲ存ジテ居リマス、其心持其精神ヲモ略、推測スルコトガ出來マスガ、一段ノ裁判ヲモ公開ノ目的精神ヲ以テ規定セラレ、從來祕密ノ間ニ包マレテ居リマシタ所ノ裁判スラモ――或種ノ裁判スラモ近年多ク公開セラル、ヤウニナリ來リマシタ場合ニ、本院ニ於ケル懲罰事犯ノ議事ガ、依然トシテ祕密會ノ間ニ包マレツ、アリマスコトハ、議會ノ內外ニ於ケル公開ヲ本トシテノ精神ニ悖ルモノデアラウ、議會ノ議事ハ爲シ得ル限リ公開ヲ原則トシテ進マシメナケレバナラヌ、現ニ公開ヲ原則トシテ進ミツ、アリマス間ニ、懲罰事犯ノ議事ノミハ獨リ祕密ノ間ニ從來ノ慣例ヲ守ッテ移ラズ、ソコニ祕密ノ議事トシテ進行セラル、現在ノ狀況ニナッテ居リマスノヲ、諸君ノ御同意ヲ得ラレマスナラバ、是ガ公開セラル、ヤウニ改メテ戴キタイ、是ハ衆議院規則デアリマス、改メヤウト致サルレバ雜作モナイ事デアル、諸君ノ一擧手一投足ノ間ニ、容易ニ改正ヲセラル、事デアリマスガ、斯樣ニ改正シテ戴キタイ、斯樣ニ思フノデアリマス、斯ノ如キ事ガ私ハ飛々ニ說明致シマシテ、列擧シテ居リマス十六ノ事項ニ向ッテハ、一々ニ說明ヲ加ヘマセヌデシタケレドモ、私ノ希望致シマス改良ノ方針、改善ノ方針ナルモノ、大要ハ、略、御諒解下サルコトヲ得タデアラウト思ヒマスノデ、此程度ニ說明ヲ止メルノデアリマス、最後ニ政友會ノ諸君ノ間ニ御計畫ニナッテ居リマス議會ノ制度ノ改善ニ關スル調査會、其御趣意ヲ私ハ心ヨリ贊成致ス者デアリマス、其成立其進行ヲ希望致シテ居ル者デアリマス、即チ私ノ茲ニ考ヘテ居リマス事ノ大部分モ、或ハソレ等ノ御協議ノ範圍內ニ屬シテ居ルモノデアラウト思ッテ居リマス、唯、政友會ノ諸君ト所見ヲ異ニスルト云フ程デハアリマセヌガ、希望ヲ異ニ致シテ居リマス點ハ、私ハ之ヲ議會自身ノ手ニ依ッテヤリタイ、議事改善ノ實ハ議會自身ノ手ニ依ッテヤリタイ、調査會ノ必要、特別委員會ノ必要ト云フコトハ勿論之ヲ認メマスガ、其調査會、其特別委員會ナルモノハ、議會ノ手ニ依ッテ自ラ造リタイ、之ニハ特別委員ヲ擧ゲテ審査ヲ願フト云フ決議案ニナッテ居リマスガ、爲シ得レバ繼續委員ト云フモノハ、從來名アッテ一回モ之ヲ設ケラレタ事ハアリマセヌ、其繼續委員會ノ如キモノヲ組織セラレテ、只今列擧シマシタヤウナ希望ノ各項ヲ其委員會ノ手ニ掛ケテ、一々審査ヲシテ戴ケバ至極滿足デアルト思ッテ居ルノデアリマス、政府ノ手ヲ煩ハシ、政府ト合同ヲシテ調査會ヲ開キマスコトヨリモ、是ハ議事改善デアル、議院內ノ事デアリマス、議會自ラ委員會ヲ設ケテ之ヲ審査シ之ヲ決定シテ、是ガ改善ヲ圖ルト云フコトガ、議會ノ本領ニ適フ當然ノ仕事デアラウト、信ジテ居リマス、其點ニ於テ聊カ政友會ノ諸君ト希望ヲ異ニ致シマスガ、併シ改善ノ目的ヲ達シタイト思フ主張、其改善ノ事項トシテ改善事項ノ內容トシテ考ヘマス所ノ事柄ハ、蓋シ大ナル相違ハナカラウト思フ、ドウゾ斯ノ如キ趣旨ヲ酌ンデ、是等ノ事項ガ諸君ノ手ニ依ッテ愼重ニ考慮セラレ、初ニ申シマシタヤウニ今日ノ議事ノ進行ガ合法的デナイトハ決シテ申シマセヌ、サリナガラ改善ニモ亦改善ヲ加ヘテ、御互ノ面目ヲ一新シ、議會ノ信用ヲ中外ニ高カラシムルノ途ノ講ズルコトハ、御互ノ當然ノ責務デアルトシテ、敢テ此案ノ提出ヲ試ミタル次第デアリマス、ドウゾ愼重ニ御考慮下サランコトヲ希望致シマス(拍手)

○岩崎勳君　簡單ニ當席ヨリ反對ノ意見ヲ述ベサセテ戴キタイト思ヒマス、本案ノ內容タル審査事項ニ付キマシテハ、其中ニ反對スベキモノモアリマスシ、又同意スベキモノモアリマス、何レデモ宜シイモノモアリマス、併シ其同意スベキ事項ニ付キマシテハ、院議ヲ以テ直ニ之ヲ實現シ得ル事モ出來ルノデアリマス、其他必要ニ應ジマシテハ、法規ノ範圍內ニ於テ臨機如何ナル處置ヲモ執ルコトガ出來ルノデアリマス、ソレ故ニ是等ノ審査事項ヲ特ニ十五名ノ特別委員ニ付シテ審査スルト、斯ウ云フ御提議ニ對シマシテハ、私ハ其必要ナシト云フ理由ヲ以テ反對ヲスルノデアリマス

〔「贊成」「贊成」ト呼フ者アリ〕

○議長(粕谷義三君)　岩崎君ヨリ反對ノ動議ガ出マシタ、仍テ本案ニ付テ採決ヲ致シマス、此決議案ニ贊成ノ諸君ノ起立ヲ求メマス

〔贊成者　起立〕

○議長(粕谷義三君)　少數デアリマス、否決サレマシタ

大正十二年三月二十二日

（第二號）大正十二年度
歳入歳出總豫算追加案外六件

（第二號）大正十二年度歳入歳出總豫算追加案
（特第一號）大正十二年度各特別會計歳入歳出豫算追加案
（追第二號）豫算外國庫ノ負擔トナルヘキ契約ヲ爲スヲ要スル件
（第三號）大正十二年度歳入歳出總豫算追加案
（特第二號）大正十二年度特別會計歳入歳出豫算追加案
（特第三號）大正十二年度各特別會計歳入歳出豫算追加案
（第四號）大正十二年度歳入歳出總豫算追加案
（委員長報告）

報告書

一（第二號）大正十二年度歳入歳出總豫算追加案

右ハ本院ニ於テ可決スヘキモノト議決致候此段及報告候也

大正十二年三月二十一日

豫算委員長　東　　武

衆議院議長粕谷義三殿

報告書

一（特第一號）大正十二年度各特別會計歳入歳出豫算追加案

右ハ本院ニ於テ可決スヘキモノト議決致候此段及報告候也

大正十二年三月二十一日

豫算委員長　東　　武

衆議院議長粕谷義三殿

報告書

一（追第二號）豫算外國庫ノ負擔トナルヘキ契約ヲ爲スヲ要スル件

右ハ本院ニ於テ別紙ノ通修正スヘキモノト議決致候此段及報告候也

大正十二年三月二十一日

豫算委員長　東　　武

衆議院議長粕谷義三殿

〔別紙〕

（――ハ委員會修正）

特別會計

大藏省所管

朝鮮總督府

朝鮮私設鐵道會社社債保證

朝鮮私設鐵道補助法ニ依リ現ニ補給ヲ受クル會社ノ合併ニ依リテ成立スヘキ私設鐵道會社カ發行スル社債ニ對シ政府ハ左ノ條件ニ依リ之カ元利支拂ヲ保證スルノ契約ヲ結フコトヲ得

一　該私設鐵道會社ハ大正十七年三月三十一日迄ニ左記鐵道ノ建設ヲ完了シ之カ運輸ヲ開始スルヲ要ス

忠清北道	清州	忠州間
黄海道	石灘	下聖面間
江原道	鐵原	金城間
慶尚南道	馬山	晋州間
忠清南道	禮山	廣川間
慶尚北道	金泉	咸昌間
咸鏡南道	咸興	長豊里間
咸鏡北道	古茂山	茂山間

其ノ他朝鮮總督ノ指定スル區間

朝鮮總督ハ已ムコトヲ得サル事由アル場合ニ限リ前項ニ掲クル鐵道ノ一部ノ建設ヲ免除シ又ハ建設完了若ハ運輸開始ノ期日ヲ延長スルコトヲ得

一　政府ノ保證スル社債ハ該鐵道會社拂込資本金額ノ範圍内ニ於テ償還殘額額面貳千萬圓ヲ最高トス但シ借換ノ爲一時新舊社債償還殘額ノ重複スル場合ハ此ノ限ニアラス

一　政府ノ保證スル社債ハ大正二十五年三月三十一日迄ニ償還スルモノトス

一　該私設鐵道會社ハ政府ノ保證スル社債ノ元本ヲ償還スルニ充分ナル部分ヲ留保スルニ非サレハ其ノ財産ヲ他ノ債務ノ擔保ニ供スルコトヲ得ス

一　該私設鐵道會社カ第一、第二、第三及第四ノ條件ニ違背シタル場合ニ於テハ朝鮮私設鐵道補助法第一條第二條及第三條ニ依ル補給ハ之ヲ停止スルコトヲ得

報告書

一（第三號）大正十二年度歳入歳出總豫算追加案

右ハ本院ニ於テ可決スヘキモノト議決致候此段及報告候也

大正十二年三月二十一日

豫算委員長　東　　武

衆議院議長粕谷義三殿

報告書

一（特第二號）大正十二年度特別會計歳入歳出豫算追加案

右ハ本院ニ於テ可決スヘキモノト議決致候此段及報告候也

大正十二年三月二十一日

豫算委員長　東　　武

衆議院議長粕谷義三殿

報告書

一（特第三號）大正十二年度各特別會計歳入歳出豫算追加案

右ハ本院ニ於テ可決スヘキモノト議決致候此段及報告候也

大正十二年三月二十一日

豫算委員長　東　　武

衆議院議長粕谷義三殿

報告書

一（第四號）大正十二年度歳入歳出總豫算追加案

右ハ本院ニ於テ可決スヘキモノト議決致候此段及報告候也

大正十二年三月二十一日

豫算委員長　東　　武

衆議院議長粕谷義三殿

○横田千之助君　國務大臣ノ出席ヲ要求致シマス

○議長（粕谷義三君）　只今要求致シマス

〔東武君登壇〕

○東武君　是ヨリ追加豫算ノ報告ヲ致シマス、只今日程ニ上リマシタ追加豫算ハ第二號、大正十二年度歳入歳出總豫算追加外六件デアリマス、通ジテ七件デアリマス、第二號ノ歳入歳出總豫算ノ金額ハ、歳入歳出トモ二千二百三十万九百圓デアリマシテ、財源ハ前年度剰餘金ヲ以テ計

上サレテ居ルノデアリマス、其他多少ノ雜收入ガアルノデアリマスガ、其歲出ノ主ナルモノハ、內務省所管ニ於テ工場監督費十一万圓、是ハ煩雜ヲ避ケル爲ニ特ニ金額ノ大キイモノ、或ハ問題トナッタモノダケヲ御報告スルコトニ止メマス、文部省所管ニ於キマシテ學術研究奬勵費ト云フ金額ガ二十万圓アリマス、歲出ノ臨時部ニ於キマシテ、外務省所管ニ於テ青島居留民團貸付金三百万圓、內務省所管ニ於キマシテ土木費借入金利子補給二十万圓、是ハ金額ハ少イケレドモ本院ノ度々建議ニナッタ事デアリマスカラ、御報告致シテ置キマスガ、神社調査費ノ增加ガ一万七千圓ト云フノガアリマス、是ハ神社調査ニ要スル所ノ費用ヲ特ニ追加サレタモノト思ヒマス、其他埼玉外三縣災害土木費補助ト云フノガ百二十万圓、北海道災害復舊費ガ四百八十二万圓アリマス、大藏省所管ニ於キマシテ、衆議院議員選擧法調査會費ト云フノガ四万八千圓アリマス、是モ少額デアリマスケレドモ、問題ニナリマシタカラ御報告スルノデアリマス、樺太廳費補充金ノ增加七十八万圓、陸軍省所管ニ於キマシテ退職特別賜金百三十万圓、海軍省所管ニ於テ退職特別賜金百八十八万圓、文部省所管ニ於キマシテ大東文化協會事業費補助ト云フノガ十五万圓アリマス、是モ一寸御報告致シテ置キマスガ、是ハ本院ヨリシテ三回ノ建議ニナリマシタ所ノ、東洋思想ヲ研究シテ東洋ノ堅實ナル思想ヲ永遠ニ保存スルト云フ理想ヲ含ンダ所ノ施設デアリマスガ、最モ本院ノ建議ヲ容レマシテ、特ニ二十五万圓ノ追加ヲ要求サレタモノト思ヒマス、其外災害復舊費、又特ニ御報告ヲ申上ゲナケレバナラヌノハ、本院ヨリシテ提出致シマシタ衆議院ノ意見ヲ容レマシテ、政府ガ產業組合中央金庫設立ノ經費五百万圓ヲ追加要求サレテ居ルノデアリマス、遞信省ノ所管ニ於キマシテ、海底電信線修理費十四万圓、災害復舊費八十四万圓ト云フ費用ガアリマスガ、大體第二號案ノ歲出ハ斯樣ナモノデアリマスガ、此第二號ト云フ中ニハ餘リ問題トナッタモノハナイノデアリマス、唯、一ツ衆議院議員選擧法調査會ト云フ目ニ付テ議論ガアリマシテ、尙ホ修正ガアリマシタガ、ソレハ後デ御報告シマス、特第一號、各特別會計歲入歲出豫算追加ト云フノガアリマスガ、是ハ朝鮮總督府ノ費用デアリマシテ、歲入臨時部三十一万七千圓、此歲出ノ主ナルモノハ露國避難民ヲ救濟スル費用ガ二十四万四千圓含ンデ居リマス、又樺太ノ歲入臨時部ノ補充金ト云フ金ガ七十八万圓、同ジク歲出臨時部ニ七十八万圓計上サレテ居リマス、其他ハ文部省所管デ四十七万圓、是ハ東北大學、北海道大學其他總テ各特別會計ニ於ケル所ノ災害復舊費ノ要求デアリマス、是ハ何等問題ニナッテ居リマセヌ、又追第二號、豫算外國庫ノ負擔トナルベキ契約ニ關スル件ト云フノガアリマス、此內容ハ政府ハ日本興業銀行ノ發行ニ係ル所ノ興業銀行債券保證五千万圓借替ノ爲ニ、額面五千万圓ヲ十五箇年以內ノ償還ニ對シテ其元利支拂ノ保證ヲスルト云フ案デアリマス、此案ハ皆サンノ御存ジノ通リ、有名ナル寺內內閣時代ニ起ッタ所ノ西原借款ナル所ノモノデアルノデアリマスルガ、此案ニ付テハ幾多ノ質問ガ重ネラレマシタノデアリマスガ、極ク大要ダケデ御報告申上ゲテ置キマス、此借款ニ付テハ支那政府ハ誠意ヲ以テ此借款ヲ認容シテ居ルヤ否ヤト云フコトデアリマス、ソレカラシテ其後ノ利子ノ支拂ハ如何ニナリツヽアルカト云フコト、ソレ等ハ此西原借款ハ經濟借款デアルニ拘ラズ、之ヲ政費所謂軍費ニ使ッタト云フコトガ事實ノヤウデアルガ、是等ニ付テ政府ハ適當ノ監督ヲ爲シタリヤ否ヤト云フヤウナ問題デアリマス、又其以外ニハ市來大藏大臣ハ、其當時ノ西原借款ノ當時ノ大藏次官デアッタノデアルカラ、必ズ此事ニ付テハ十分ノ考慮ヲ有シテ居ルコトト考ヘルガ、之ニ對スル責任觀念ハ如何デアルカ、又加藤總理大臣ハ寺內內閣ノ閣臣ノ一人デアリマシタノデアルガ、閣議ハ如何ナル方針ヲ定メテ居ッタモノデアルカト云フヤウナ數項ニ亙ッタ質問ヲ重ネラレタノデアリマシタガ、政府ノ答辯ハ寺內內閣時代ノ對支政策ハ唯、日支親善ト云フ政治的ノ事バカリデハ、眞實ノ日支親善ヲ圖ルコトガ出來ナイガ爲ニ、日支親善ノ經濟上ニ基本ヲ置イテ、兩國ノ經濟關係ヲ密接ナラシムルト云フ方針ノ下ニ此借款ヲ起シタノデアルガ、其後ノ經過ハ支那政府モ之ニ對シテハ色々ノ議論ガアッタヤウデアリマシタガ、數多ノ紆餘曲折ヲ經タ結果、今日ハ支那政府モ此借款ニ對シテハ十分認メテ居ルコトデアルシ、又整理モ著々好良ニ進ミツヽアッテ、既ニ利子ノ支拂ノ如キモ僅ニ五百万圓バカリガ殘ルノミデ、跡ノ利子ノ支拂モ好良ニ進ミツヽアル、斯樣ナ答辯デアリマス、又市來藏相或ハ加藤首相ハ、此借款ニ付テハ其當時ノ矢張市來藏相ハ樞機ニハ參シナイケレドモ、十分此借款ノ內容モ承知シタコトデアルシ、又加藤首相モ其當時ノ閣僚ノ一人デアッタ爲ニ、十分ニ此事ニ付テノ責任觀念ヲ有シテ居ル、決シテ責任ヲ回避シナイト同時ニ、國家ノ爲メ一日モ早ク是等ノモノヲ整理スルト云フ誠意ヲ以テ、只今努力シツヽアルモノデアルト云フ答辯デアリマス、其他此豫算追加第二號ノ中ノモウ一ツハ、朝鮮私設鐵道會社ニ社債保證ヲスルト云フ案デアリマス、是ハ朝鮮ノ私設鐵道ノ補助法ニ依ッテ、現ニ補給ヲシテ居ル所ノ會社ヲ十會社ヲ合併ヲサセテ、其合併ヲサシタモノニ對スル三千万圓ノ拂込資本ニ對シテ、二千万圓マデノ政府ガ債務ニ對シテ保證ヲスルト云フ契約ヲ爲スノ件デアル、此點ニ付テハ幾多ノ矢張質問應答ガアッタノデアリマスガ、其質問應答ノ主ナル事項ハ、從來我ガ政府ハ此特殊會社ヲ除イタ外ニ於テハ、斯ル法人若クハ私人ニ對シテ、政府ガ保證ヲ爲シタト云フ先例ガアルカナイカ、斯樣ナ先例ハ無イト云フ答辯デアリマス、又朝鮮文化開發ニ鐵道ノ速成ヲスルト云フコトハ、勿論緊要ナル事ト考ヘルガ、朝鮮ト等シク發展或ハ樺太、或ハ北海道ト云フヤウナ所ニ斯樣ナ計畫ガアッタ場合ニハ、政府ハ如何ナル取扱ヲスルカ、之ニ對シテハ政府ハ其時ノ事情ニ依ッテ是ハ財的ノスルヨリ外ハナイト云フコトノ答辯デアリマス、又特殊會社ナラバ社長其他ノ任命權ヲ政府ガ持ッテ居ルシ、又監督ニ直接スルコトガ出來ルノデアルガ、私立會社ヲ合併シタト云フモノニ向ッテ、若シ國家ガ重大ナ責任ヲ負ッタ場合ニ、其私設會社ガ運用宜シキヲ得ザルヤウナ場合ニハ、如何ナル責任ヲ何人ガ取ルノデアルカト云フコトノ質問應答ガアリマシタ、之ニ對シテハ政府モ明瞭ナル答辯ヲ期待スルコトガ出來ナカッタノデアリマス、其他種々詳細ノ論議ガアリマシタガ、是等ハ時間ヲ省ク爲ニ速記錄ニ付テ御覽ヲ願ヒマス、第三號大正十二年度歲入歲出總豫算追加ト云フノガアリマスルガ、是ハ特第二號ト關聯スルモノデアリマシテ對支文化事業特別會計ヲ設置スルト云フ所ノモノデアリマス、此對支文化事業ヲ設置スル只今ノ追加要求ニナッテ居リマスモノハ、歲入ハ支那ノ償還金ノ收入三百八十万圓、所謂團匪事件ノ利子元利ノ收入デアリマス、又一般會計カラ八十八万七千圓、是ガ歲出ニナッテ居ルノデアリマスガ、支那文化事業ノ特別會計ニ於テ本年度ノ爲スベキ所ノ事業計畫ハ、第一ニ文化事業ノ事務局ヲ拵ヘルト云フノデ、其費用ガ十一万圓バカリ要求サレテ居リマス、支那留學生ニ給與スルト云フ金額ガ四十一万圓、講演及視察ヲスルト云フ費用ガ十一万二千圓、靑島中學校、病院其他ニ補助スルト云フ金ガ五十四万圓、支那ニ於テ天災地變、惡疫流行、窮民救助ト云フ所謂救助賑恤ノ金ガ三十万圓アリマス、是ハ大正十二年度ノ特別會計追加トシテ要求サレテ居ルノデアリマスガ、此追加ニ對スル所ノ法案ハ既ニ本院ニ於テ法律案ガ上程サレテ決議ニナリマシタコトデアリマスカラ、其結果デアラウト考ヘテ居リマス、ソレデアリマスカラシテ、此事ハ此以上ヲ省略致シマス、特第三號、各特別會計歲入歲出豫算追加ト云フノガアリマスガ、是ハ造幣局ノ資金ノ中カラシテ新ニ四千万圓ヲ特別會計ヲ設置シテ、社會事業基金ニ繰入レルト云フ案デアリマス、是モ今法律案ガ本院ニ提出サレテ委員會ニ上程サレテ今審議ヲ進メツヽアルコト、考ヘマスノデアリマス、是ハ所謂貨幣改鑄ノ結果トシテ、一億二千万圓ノ金ガ出テ來タ、ソレヲ三箇年ニ亙ッテ四千万圓宛特別會計トシテ、社會事業ノ基金トシテ繰入レマシテ、サウシテ其利子ヲ以テ社會事業ヲ爲スト云フ法案デアルノデアリマス、是モ既ニ法案ガ提出サレテ審議中デアリマスカラ、詳シイ事ハ省略致シマス、次ハ大正十二年度歳入歳出總豫算追加デアリマスガ、矢張是ハ恩給法ノ追加デアルノデアリマス、本豫算ニ於キマシテ政府ハ豫算ノ中ニ最初ニ三百六十餘万圓ト云フモノヲ計上シテアッタノデアリマスガ、今回恩給法ノ改正ニ依リマシテ、大正十二年度ニ於テ支拂フベキ所ノ恩給額ガ新ニ四百万圓計上サレテ追加シタモノデアリマス、此追加ハ要ニ本院ニ於テ恩給法ニ對シテ修正ヲ加ヘ増額シタモノニ對シテ、更ニ政府ハ財政ノ都合ヲ見テ今後六箇年ニ亙ッテ、漸次増額ヲ爲ス方針デアルト云フ言明デアリマシタガ、此法案ガ貴族院ニ廻リマシテ貴族院ノ憤慨ヲ政府ガ參酌シテ、此實額ヲ大正十三年度ニ於テ實行スルト云フコトニ決定ヲシタ爲ニ、此追加ヲ要求サレタモノデアリマス、是ハ大正十二年度ニ於テハ三箇月分、卽チ十月一日カラ三箇月分ノモノヲ計上サレテ居ルノデアリマス、十三年度ニハ全額ヲ支拂フコトニナルノデアリマス、以上數件ニ對スル質問應答ハ數ヲ重ネラレマシタケレドモ、ソレハ速記錄ニ於テ御參照ヲ願ヒマス、討論ノ結果ヲ御報告致シマスガ、政友會ヲ代表シマシテ、三土忠造君ヨリシテ、朝鮮私設鐵道會社社債保證ヲ削除スルト云フ動議ガ提出サレマシタ、其理由ハ斯ノ如キ私設會社ニ政府ガ保證スルト云フコトハ當テ前例ガ無イ、又朝鮮、臺灣、其他之ニ類似シタルモノガ續々出タ場合ニハ相當考慮ヲ要サナケレバナラヌコトデアル、又斯ノ如キ重要案ヲ會期切迫ノ場合ニ追加スルト云フ如キハ、甚ダ審議ヲ盡シ難キ憾ミガアル、又政府ニ於テモ斯ノ如キ重要ナル計畫ヲ樹テルニ付テハ、一層十分ノ考慮ヲ拂ッテ、若シ已ムヲ得ズ必要ナルモノトスルナラバ、改メテ或ル他ノ時期ヲ以テ提案スルモ差支ナイト云フ理由ニ依ッテ、之ヲ削除スルト云フ動議デアリマス、社會事業特別會計ニ付テハ、既ニ法律案ガ委員會ニ於テ審議中デアルカラ、其審議ヲ待ツト云フ所謂留保的ノ可決ヲスルト云フ意見ガ提出サレタノデアリマス、憲政會ヲ代表致シマシテ津原武君カラ修正動議ガアリマシタ、其修正ハ衆議院議員選擧法ノ調査會費ハ、是ハ全部削除スル、陸海軍ニ亙ル所ノ退職賜金三百餘萬圓ハ全部削除スル、日本興業銀行債券保證、所謂西原借款全部ヲ否認スルト云フコト、朝鮮私設鐵道會社社債保證全部削除スル、斯ウ云フ憲政會ヨリ修正動議ガ出マシタ、革新派ヲ代表シマシテ植原悅二郎君カラハ退職賜金全部ヲ削除スルト云フコト、朝鮮私設鐵道社債保證全部削除スル、其他特別市制調査費ト云フノガアリマスガ、是ハ市制ノ調査ヲスル費用デアリマス、金額ハ僅カデアリマス、衆議院議員選擧調査費ト云フ此二件ハ希望附ニ於テ贊成ヲスルト云フコトデアリマシタ、庚申派ヲ代表シマシテ佐々木平次郎君ノ發議ガアリマシタガ、庚申派代表者ノ意見ハ政友會ノ三土君ノ修正動議ニ全部贊成デアルト云フ意見デアリマス、採決ノ結果ハ朝鮮鐵道社債保證ハ全會一致ヲ以テ削除ニ決シタノデアリマス、其他ヲ採決致シマシタガ、全部之ヲ除イタ外ハ大多數原案ニ決定シタ次第デアリマス、此段御報告申上ゲマス

○議長（粕谷義三君） 只今ノ議題ニナッテ居リマスル各案ニ付テ、早速君外一名ヨリ及植原悅二郎君ヨリ、ソレ〴〵修正案ガ提出サレマシタ、先ヅ早速君提出ノ修正案ニ付テ其趣旨辯明ヲ許シマス、津原武君

〔津原武君登壇〕

○津原武君 諸君、只今上程セラレタレ豫算案、是ニ關聯シテ居リマスル所ノ各案ニ付キマシテ、吾々ハ只今委員長ニ依ッテ紹介セラレタル如ク、四箇ノ修正案ヲ提出致シタノデアリマス、先ヅ第一ハ陸海軍ニ關スル所ノ退職特別賜金ヲ削除スルコト、第二ハ衆議院議員選擧法調査會諸費ヲ削除スル、第三ハ豫算外國庫ノ負擔トナルベキ契約ヲ爲スノ件ニ付テ、日本興業銀行債券五千万圓ノ保證ヲ致スト云フコト、之ヲ否認致ス、第四ハ朝鮮私設鐵道會社社債發行ノ社債ニ付テ保證契約ヲ爲スコトヲ否認スルノデアリマス、卽チ茲ニ成ベク簡單ニ其趣旨ヲ述ベマシテ、諸君ノ御贊成ヲ請ヒタイト存ジマス、但シ私ノ辯明ハ衆議院選擧法調査會諸費ニ關スル事項ハ、去ル二月二十四日ヨリ三月一日ニ亙リシ、所謂普選案ノ討議ノ際ニ於テ、吾ガ同志ノ人々ヨリ其委曲ヲ盡シテ居ルト考ヘマス、又陸海軍所管ニ屬スル退職特別賜金ニ付キマシテモ、去ル十七日及十九日ノ兩日ニ亙ッテ吾々ノ意見ハ其總テヲ此壇上ニ於テ御紹介ヲ致シテ居ルト信ジマスルガ故ニ、茲ニ之ヲ省略致スコトガ適當デアルト考ヘマス、然ラバ餘ス所ハ第三ノ興業債券保證ノ問題、竝ニ朝鮮私設鐵道會社社債ノ保證ニ二件デアリマス、然ルニ此最終ノ問題ニ付キマシテハ只今委員長ガ報告セラレタル如ク、是亦各派一致致シマシテ之ヲ削除スルコトニ、委員會ニ於テハ決定致シタノデゴザイマスルガ故ニ、其理由ノ説明モ亦之ヲ極メテ簡略ニ致スト云フコトガ適當デアラウト考ヘル、故ニ此壇上ニ於テ私ガ主トシテ説明ノ必要ヲ認メ諸君ノ御批判ヲ請ヒタイト存ジマスル事項ハ、卽チ日本興業銀行社債ノ保證ヲ致スコトガ果シテ適當デアルカ否カト云フ一點ニ局限ヲ致スコトガ至當デアルト考ヘルノデアリマス、諸君、此問題ハ只今委員長モ言ハレタルガ如ク、彼ノ有力ナル西原借款ノ後始末ニ關スル所ノ問題デアリマス、故ニ先ヅ第一ニ此西原借款ナルモノヽ、輪廓竝ニ其性質、其經過、其現狀ヲ批判ヲ致シ、而シテ本案ガ如何ニ我ガ財政ノ上ニ於テ重要デアルカト云フコトヲ諒解致シ、サウシテ其結論ニ到著致スノガ當然デアラウト考ヘルノデアリマス、先ヅ第一ニ此西原借款ナルモノハ日支ノ親善ヲ增進致シ、又兩國間ニ於ケル經濟關係ヲ改善シ、之ヲ發展セシムベキ所謂共存共榮ノ主義ニ於キマシテ、其名ニ於テ支那政府ニ貸與シタル所ノ金額デアル、其金額ハ都合八口ニ分レテ居ルノデアルガ、合計致シマスレバ實ニ一億四千五百万圓ノ巨額ニ達シテ居ル、其中五百万圓ノ一口ヲ除キマスルノ外、卽チ一億四千万圓ナルモノハ特殊銀行、卽チ日本興業銀行、朝鮮銀行、臺灣銀行ノ三行ガ債權者ト相成リ、其資金ハ日本興業銀行ノ債券一億圓ヲ發行致シマシテ、此貸付ノ資源ニ充當ヲ致シタノデアリマス、今回ノ此發案ナルモノハ、要スルニ其發行致シタル所ノ債券ノ半額ト借替ニ對シテ、所謂政府ノ保證ヲ繰替ヘント欲スルノデゴザイマスル、故ニ若シ此案ニ協贊ヲ致スト云フコトニ相成リマスルナラバ、更ニ其殘リノ半額五千万圓ノ保證モ鵜呑ニ致サナケレバナラヌト云フ關係ニ相成リマスルガ故ニ、今回ノ案ハ五千万圓ノ問題ト致シテ之ヲ考ヘルコトハ出來ヌノデアリマス、卽チ此案ニ協贊シタル結果ハ、一億万圓ニ協贊スルノデアル、之ヲ一億万圓ノ問題ト致シマシテ取扱フコトガ至當デアルト云フコトハ、先ヅ吾々ト致シテ考慮シナケレバナラヌ問題ト考ヘルノデアリマス、次ニ此西原借款ナルモノ、使ヒ途――使途ト云フモノハ初メカラ一定致シテ居ルノデアリマス、卽チ其目的ニ依ッテ八口ニ分レテ居ルノデアル、或ハ參戰ノ借款ト申シ、或ハ吉會鐵道ノ借款ト申シ、種々ノ名目ノ下ニ於キマシテ、色々其目的ト云フモノハ明ニ相成ッテ居ル、所謂經濟借款デアリマス、參戰借款ヲ除キマスルノ外ハ總テ經濟借款デアル、然ルニ此經濟借款ナルモノハ不幸ニシテ政治的ニ濫用セラレタノデアル、其大部分ガ政治的ニ濫用セラレタル所ノ傾向ガアル、當時支那ノ政情ニ於キマシテ所謂段祺瑞ノ政府ハ此借款ノ金額ヲ利用致シマシ、其多クガ南方討伐ノ軍資ニ使ハレタト云フコトハ、其當時喧傳セラレタル事實デアッタガ、吾々モ茲ニ其正確ナル證據ヲ持タザルニ致シマシテモ、蓋シ當然ノ事柄デアッタト考ヘルノデアリマス、故ニ此借款ノ結果ナルモノハ、最初ハ果シテ兩國ノ共存共榮ノ主義ニ基キタルモノト致シマシテモ、其結果カラ致シマシタナラバ或ル意味ニ於キマシテ、卽チ段祺瑞ニ對シテ南方討伐ノ軍資ヲ供給致シタト云フ成行ニ相成ッテ居ルト云フコトハ、吾々ト致シマシテモ誠ニ遺憾ニ存ズル所デアリマス、元來斯ノ如キ經濟借款ガ其目的ニ使ハレズ、其目的ノ使途ニ使ハレズシテ、不當ナル目的ニ使用セラレル場合ニ於キマシテハ、政府ト致シマシテハ申スニ及バズ債權銀行ト致シマシテモ、支那政府ニ向ッテ相當ナル抗議ヲ申込ムコトガ至當デハナカッタデアラウカ、之ヲ爲サザリシコトハ、債權銀行ハ申スニ及ビマセズ、我ガ政府ト致シマシテハ相當ノ怠慢ノ責ヲ負ハナケレバナラヌト思フ、加之若シ一歩ヲ進メテ此貸金ナルモノガ眞ニ

經濟借款ノ名ニ藉リテ其實軍費ヲ供給スルニアッタト致シマシタナラバ、其政府ノ責任ノ重大ナル事ハ今更申スマデモナイ、(拍手)諸君、商賈ノ資本ニ金ヲ貸シタ、其金ガ賭博ニ使ハレテ居ルト云フコトヲ見テ、手ヲ束ネテ安心ヲシテ居ル債權者ガアルデアラウカ、殊ニ初メヨリ賭博ニ使ハレルト云フコトノ情ヲ知ッテ、之ヲ貸與ヘタリト致シマシタナラバ、洵ニ其責任、其罪タルヤ重キモノト申サナケレバナラヌ、吾々ガ其借款ニ付テ寺内内閣ノ其當時、其問題ヲ取扱ヒタル寺内内閣ノ行動ハ實ニ此類デハナイカト思フノデアル、次ニ考慮スベキコトハ只今委員長ニ依リテモ紹介セラレタ所デゴザイマスガ、此債權ハ法理上ニ於キマシテ支那政府ガ之ヲ認ムベキコトハ今更申スマデモナイ、一點ノ疑モ無イノデアル、殊ニ況ヤ不完全ナガラモ其利子ノ幾分ヲ支拂ッテ居ルノデアル、又或ハ他ノ借款ニ振替ヘテ居ル事實モアル、利子ヲ支拂ヒ他ノ借款ニ振替ヘテ居ルト云フ其事自體ハ、即チ支那政府ガ此債權ヲ承認ヲ致シテ居ルト云フコトヲ證據立ルモノデゴザイマスガ故ニ、此債權ガ存在ヲ致シテ居ルト云フコトニ今更議論ノ餘地ハ無イノデアル、併ナガラ何ニセヨ相手ハ支那ノコトデアル、近時支那ノ外交ガ頗ル常軌ヲ逸シテ居ルト云フコトハ諸君ノ御存知ノ通リデアル、即チ適法ニ貸シ、正當ニ結バレテ居リマス所ノ對支二十一箇條ニ對シテモ、無效呼ハリヲシ其廢棄ヲ申込ムガ如キ常軌ヲ逸シテ居リマス所ノ支那政府ノコトデアル、而モ此西原借款ナルモノハ、其目的ノ爲ニ使用セラレズ何等支那國ニ對シテ益スル所ガナカッタノデアル、益スル所アリト致シマシテモ、甚ダ薄カッタノデアル、況ヤ現在ノ支那ノ財政ノ困窮狀態ニ照シテ、何等カノ口實ヲ構ヘテ、其元利ノ支拂ヲ遁ラントスル事情ノアルコトハ、政府之ヲ認メ、又吾々ト致シマシテモ事情サモアルベキ事ト考ヘルノデアリマス、今政府ニ就テ元利支拂ノ狀態ヲ取調ベタル所ニ依レバ、元金ニ付キマシテハ一厘ダモ支拂ハレテ居ラナイ、利子ニ付キマシテハ、今日マデニ振替勘定其他ニ依ッテ二千八百万圓ノ收入ガアッタ、併シ現在ニ於テ尚ホ五百九十万圓ノ支拂不足ノアルト云フコトハ明確ナル事實デアル、諸君、斯ノ如キ狀態ノ債權デアリマス、斯ノ如キ狀態ノ債權ガ、果シテ期限内ニ於キマシテ、完全ニ其元利金ガ支拂ハルヽデアリマセウカ、吾々ト致シマシテハ頗ル不安ノ念ナキヲ得ヌ所デアリマス、依テ此不安ナル債權ヲ基礎ト致シマス所ノ此日本興業銀行ノ債權、之ニ向ッテ保證ヲ致スト云フコトハ基本タル債權ガ不安デゴザイマスト同時ニ、之ニ保證ヲ致シマスル所ノ吾々國民ト致シマシテモ、亦同時ニ不安ノ念ニ打タレザルヲ得ザルコトニ、誠ニ至當ノ道理デアルト思フノデアリマス、諸君、西原借款ナルモノヽ正體、只今マデニ申シタル所ニ依ッテ、其輪廓ノ大體ハ御了知相成ッタコト、考フルノデアリマス、此點ニ關シ豫算委員會ニ於テ首相並ニ藏相ハ、此借款ノ經過頗ル面白クナイ、此借款ノ經過ハ甚ダ面白クナイト云フ言葉ヲ以テ辯明セラレタノデアリマス、諸君、借款ノ經過甚ダ面白クナイ、是ハ即チ此借款ヲ爲シタルコトノ失敗デアッタコトヲ自白シタル言葉デハアルマイカ、若シモ此失敗ガ寺内内閣時代ノ出來事デアル、即チ寺内内閣ノ產物デアルガ故ニ、現内閣ニ於テハ何等ノ責任ナキヤ否ヤ、事ハ重大ナル對支政策ヨリ割出サレタル所ノ借款デアリマス、其寺内内閣ノ關係ト致シマシテ、現首相ノ加藤男爵ハ、現ニ其樞機ニ參與シテ居ッタノデアリマスガ故ニ、此重大ナル事柄ニ對シテ、其廟議ニ參與セラレザルコトハ、吾々ハ信ズルコトハ出來ナイノデアリマス、又市來大藏大臣ハ其當時ノ次官ト致シ、此借款ノ事柄ニ付テ總テノ處理ノ當局者デゴザイマシタガ故ニ、是亦此借款ノ失敗ニ付キマシテハ、何等ノ責任ナシト言ヒ得ルヤ否ヤ、私共ハ不タク此問題ヲ見マスト、斯樣ニ見ルノデアリマス、是レ即チ世間ニ多クアリマスル所ノ銀行會社等ニ於ケル不良ノ貸付、乃至不當ノ貸付ト同視スベキモノデハナイカ、即チ此貸金ハ中々取レル見込ノ確立致シテ居ラヌ貸金デアリマス、サウシテ不良ノ貸付デアリ、而モ更ニ一歩ヲ進メテ貸スベカラザルモノニ貸シタノデアル、貸スベカラザル所ノ費途ニ貸シタノデアル、斯樣ニ見マストキニハ、即チ不當ノ貸付デアリマス、不當ノ貸付或ハ不良ノ貸付、何レニ致シテモ兎ニ角回收困難ニ陷ッテ居ルト云フコトニ對シ、政府ハ回收必ズシモ困難ナラズト言ハルヽケレドモ、殆ド困難ニ近キ程ノ不良ノ狀態ニ在ルト云フコトハ、政府トシテ必ズシモ否定シナイノデアル、諸君、斯ノ如キ不良ノ貸付、或ハ不當ノ貸付ヲ致シテ、其銀行若クハ會社ガ破產ヲ致シタル場合ニ於ケル其會社其銀行ノ重役ノ責任ハドウナッテ居リマスカ、先ヅ世間ニ多ク行ハレテ居ル所ノ事實ヲ申シマスレバ、其貸付ヲナシタル所ノ重役又支配人ハ、先ヅ其責任ヲ負ウテ去ルノデアリマス、或ハ自己ノ私財ヲ提供スルノデアリマス、現内閣ノ首相、現内閣ノ大藏大臣ハ、寺内内閣當時ノ關係ト致シ、若クハ其支配人トシテ、此不當ナ貸付、不當ノ貸付ニ非ザルモ不良ナ貸付ヲ致シタトスルナラバ、其責任ノ負ヒ方ト云フモノハ、今日ノ經濟社會ニ行ハルヽ方法ニ依ルモ、能ク御理解ガ出來ルト吾々ハ理解致シテ居リマス、然ルニ現内閣ハ此責任ノ負ヒ方ニ付テ、何等ノ誠意ヲモ示サズ、又何等ノ方法ヲモ提供セラレズ、又何等之ヲ整理シタル實績ヲ示サズシテ、單ニ吾々ニ向ッテ、吾々國民ニ向ッテ此保證ヲ要求セラルヽト云フコトハ、吾々ト致シマシテハ如何ニモ不愉快ニ存ジマスト同時ニ、即チ會社銀行ノ株主タル所ノ吾々國民トシテハ、斯ノ如キ案ニ對シテハ容易ニ贊同致シ兼ネルト云フコトヲ玆ニ聲明スル必要ヲ認ムルノデアリマス、元來寺内内閣ノ支那ニ對スル方針ハ、昨日モ首相ニ依テ辯明セラレタル如ク、時ノ政府ヲ援助スルト云フコトノ方針ヲ執ラレタト云フコトデアル、時ノ政府ハ即チ段祺瑞ノ政府デアル、故ニ時ノ政府ヲ援助スルト云フコトハ、或ル意味ニ於テ段祺瑞ヲ援助スルト云フコトデアル、當時段祺瑞ハ南方政府ト戰ヒツヽアリシ其時ニ當リ、時ノ政府ヲ援助スル意味ニ於テ斯カル貸金ヲ致シマシタナラバ、其金ガ南方討伐ノ軍費ニ使ハレルト云フコトハ、加藤男爵ノ聰明ヲ以テセザルモ、吾々ト致シマシテモ能ク了解シ得ル所デアル、斯ノ如キ事ヲ豫知セザリシ結果デアルト致シマスルナラバ、吾々ハ頗ル加藤男爵ノ聰明ヲ疑ハザルヲ得ヌノデアル、斯樣ニ見來リマス時ニハ、此借款ノ會議ニ參與セラレタル所ノ加藤首相、其當時ノ加藤海軍大臣ノ責任ハ可ナリ重大ト吾々ハ認メザルヲ得ヌノデアル、加之大正七年ニ至リ寺内内閣倒レ、原内閣之ニ代ッタノデアル、而シテ原内閣ガ成立スルヤ、支那ニ對スル所ノ方針ハ變更セラレ、即チ北方ヲ援ケテ南方ヲ壓服スルト云フ主義ヲ棄テヽ、南北同仁、即チ内政不干渉主義ト云フ主義ヲ確立セラレタノデアリマス、而シテ加藤男爵ハ等シク此内閣ノ閣僚ノ椅子ヲ占メラレタノデアリマス、此點ニ付キマシテ私ハ加藤男爵ノ政治上ノ操志ヲ疑フト云フコトニ付テハ、他ニ論ズル機會モゴザイマセウカラ、茲ニ之ヲ避ケマスガ、昨日加藤首相ノ答辯ニ依リマスト云フト、成程寺内内閣ハ北方援助ノ主義デアッテ、原内閣ハ内政不干渉主義、即チ南北何レニモ偏セザリシ所ノ主義デアッタ、併ナガラ外交方針ノ變更ハ、時勢ニ依ッテ已ムヲ得ザルコトデアル、斯樣ニ言ハレルノデアル、成程其通リニ相違ナイ、併ナガラ果シテ其當時内外ノ國情ナルモノガ、眞ニ對支ノ外交方針ヲ變更セザルベカラザル程ニ、ソレ程ノ著シキ變化ガアッタデアラウカドウカ、既ニ變更スル必要ガアッタト致シマシタ所ガ、私ハ更ニ加藤男爵ニ問ヒタイ、此原内閣ノ成立致シマシタル時ニ於テハ、此借款ノ金額ト云フモノハ、其大部分ハ尚ホ興業銀行ノ金庫ノ裡ニ在ッタト云フコトヲ指摘シナケレバナラヌ、其證據ハ西原借款ノ中、黑吉林鑛借款ハ大正七年八月二日ニ成立致シテ居リマス、其金額三千万圓、滿蒙ノ四鐵道借款前借二千万圓、是ハ大正七年九月二十八日デアル、山東二鐵道借款ノ前借二千万圓、參戰借款二千万圓、是レ何レモ大正七年九月二十八日デアリマス、而シテ原内閣ノ生レマシタノハ大正七年ノ十月デアル、隨テ原内閣ノ成立致シマシタ時ニハ、此借款ノ契約ハ締結セラレテ居ッタケレドモ、未ダ履行ハセラレテ居ラナイ、既ニ履行セラレタリト致シマシタ所デ、其現金ナルモノハ尚ホ保留セラレテ居ッタト云フコトハ、政府ガ提出致シテ居リマス所ノ種々ノ參考書ニ依ッテ之ヲ忖度シ得ルノデアル、加藤男爵ニシテ眞ニ我ガ帝國ノ利害ヲ考ヘ、又對支外交方針ノ變更ニ思ヲ致サレマシタナラバ、原内閣ノ閣僚ノ一人ト致シマシテ、此借款契約ノ破棄――之ヲ破棄スルコトガ出來ナイニシテモ、現金ノ引渡ト云フコトニ付テハ、其當時ノ原首相若クハ高橋大藏大臣ニ慫慂致シマシテ、相當ナル手段ヲ執ルベカリシモノデアッタノデアル、之ヲ爲サズシテ遂ニ今日ノ此不良ナル狀態ニ陷ラシメタト致シマスルナラバ、私ハ此點ニ於テモ加藤首相ノ責任ハ可ナリ此問題ニ付テハ重大ト考ヘルノデアリマス(拍手)而シテ本借款ノ責任ニ關シマシテ昨日濱口君ノ質問ニ對シ大藏大臣ハ斯ク斯樣ニ言ハレタ、此借款ニ付テハ自分ハ廟議ニ參與シタル者デハナイ、其當時ノ廟議ニ參與シタ者デハナイガ、併ナガラ兎モ角ニモ當面ノ責任者トシテ、廟議ノ決定ニ從ッテ此事務ヲ處理シタル者デアルガ故ニ、其責任ノ重大ナル コトハ感ジテ居リマスト云フコトヲ、繰返シ繰返シ明言セラレタノデアリマス、洵ニ男ラシイ態度デアル、同時ニ加藤首相モ亦自分ノ此點ニ關スル所ノ責任ハ、市來大藏大臣ノソレト同一デアルト云フコトヲ裏書セラレタ、吾々ノ責任觀念ヨリシテ見マスル時ニ於キマシテハ、平時取締役タリシ加藤男爵ノ責任ト、一支配人ニ過ギザリシ所ノ市來大藏 大臣トノ責任ノ間ニ於キマシテハ、相當ノ階段アルコトガ至當デアルト考ヘマスガ、是ハ姑ク別問題ト致シテ眞ニ首相及大藏大臣ガ、斯ノ如ク責任ヲ自覺セラレテ居リマスナラバ、何ガ故ニ此案ヲ提出セラレルマデノ間ニ於テ、今少シ此責任解決ノ方法ニ於テ相當ナル手段ヲ取ラザリシカ、斯ノ如キ手段ヲモ取ラズ、單ニ是ハ借錢ノ切替デアル、借錢ノ切替ナルガ故ニ、前ノ借錢ノ保證ヲ致シテ居ル所ノ政府、吾々國民モ、矢張其切替ラル、所ノ借用證文ニ向ッテモ、同ジク保證ノ判ヲ押スノガ至當デアルト云フガ如ク、殆ド權柄ヅクデ此案ヲ提出セラル、ニ至リマシテハ、吾々ハ如何ニシテモ之ヲ認ムルコトガ出來ヌノデアル(拍手)故ニ此案ニ對スル、吾々ノ否決ノ理由ハ極メテ簡易明白デアリマス、首相既ニ其失敗ナルコト認メ、首相既ニ其責任ノ重大ナルコトヲ認メラレテ居ルノデアル、吾吾ハ單ニ一片ノ口頭ノ供述ノミヲ以テハ之ニ滿足スル コトガ出來ナイ、宜シク適當ナル方法ニ依リ、適當ナル解決ヲナシ、適當ナル誠意ヲ示シテ此案ノ協贊ヲ求メラル、マデハ、首相ノ責任ヲ糺彈スルト云フ意味ニ於テ此案ヲ否決セントスル者デアルト云フコトノ御理解ヲ願ヒタイ、終リニ此案ヲ否決致シマスル結果ガ、債權銀行、即チ興業銀行、臺灣銀行、朝鮮銀行ニ及ボスベキ影響ガ可ナリ甚大デアルト云フコトハ、吾々ガ此決定ヲ致シマスル場合ニ於キマシテハ、相當ニ考慮ヲ致シマシタ、或ル意味カラ申シマスルナラバ、彼等ハ其當時ニ於ケル誤レル國策ノ犧牲トナッタモノデハナイカ、又我ガ政府、我ガ國家ノ信義ノ上ヨリ見テモ、一旦保證ヲシテヤッタモノデ之ヲ切替ヘル場合ニ於テ、其保證ヲ拒絕スルト云フ コトハ、如何ニモ國家ノ信義ヲ破リタル行動デハナイカ、斯ヤウニモ考ヘテ見タノデアリマス、併シ退テ考ヘテ見マスト、勿論斯ノ如キ不當貸付若クハ不良貸付ヲ保證シタリシ所ノ寺内内閣ノ責任モ頗大デゴザイマスケレドモ、特殊銀行ノ使命ニ反シ、徒ラニ其時ノ政府ノ鼻息ヲ窺ヒ、其强要ニ唯々諾々ト致シマシテ、一億四千万圓ノ巨額ヲ支那政府ニ貸與ヘタル所ノ債權銀行ノ負任ハ、可ナリ重大デナケレバナラナイ、ノミナラズ之ヲ法律的ニ申シマスルナラバ、前ノ債權ニ保證ヲ致シテ居ルト云フ故ヲ以テ、今回借替ヘテル、所ノ此債權ニ保證スル所ノ義務ノナイト云フコトハ、勿論明白ナル理義デアリマス、故ニ吾々ハ斯ノ如ク考ヘタノデアリマス、此事ハ之ヲ否決スル、而シテ國家ノ信義ヲ保持スル方法ニ付キマシテハ、他ニ手段ガアラウ、是ハ此問題ト切離シテ考慮致スコトガ至當デアルト考ヘタノデアリマス、以上申シマスルコトガ即チ興業債權保證ニ關スル否決論ノ大體ノ要旨デゴザイマス、吾々ハ種々ノ情實ヲ捨テ、國家ノ利害ヲ思ヒ、斯ノ如ク決定致スコトガ至當デアルト考ヘテ居リマスガ、故ニ、諸君ニ於カセラレテモ、ドウカ冷靜ナル御批判ノ下ニ、成ベク御贊同ヲ請ヒタイト存ジマス(拍手)次ニ朝鮮私設鐵道社債保證ノ件ニ付キマシテハ、只今委員長ニ依リマシテ大體ノ說明ハ盡キテ居リマス、恐ラク此問題ニ付テハ後ニ政友會ノ方々ヨリモ、或ハ革新俱樂部ノ方々ヨリモ、詳細ナル說明モアルベシト期待致シマスルガ故ニ、私ハ是ハ省略致シマスルガ、單ニ吾々ノ所見ノ大綱ノミヲ茲ニ一二申上ゲテ置キタイ、此政府提出ノ私設鐵道社債保證ノ方法ハ、朝鮮ノ事情又朝鮮ノ私設鐵道ノ關係ヨリ致シマシテ之ヲ見ルトキニハ、可ナリ面白キ方法デゴザイマスルト同時ニ、朝鮮ノ文化產業ニ開發致シマスル上ニ於テハ、相當ナル效顯アルモノト信ズルノデアリマス、併ナガラ吾々ハ主トシテ以下ノ二ツノ理由ニ依リマシテ之ニ反對スル者デアリマス、即チ朝鮮ニ於ケル私設鐵道ノ補助率ハ內地鐵道ノ補助率ト異ッテ、頗ル高率デアル、內地ハ七分デアルガ朝鮮ハ八分デアル、又補給年限モ內地ハ十年デアルガ朝鮮ハ十五年デアル、朝鮮ノ私設鐵道ニ對スル所既ニ厚シト言フベシ、然ルニモ拘ラズ今尙ホ進ンデ此私設鐵道ガ合同スルト云フコトヲ前提ト致シ、其發行スル所ノ社債二千万圓ニ向ッテ政府ガ之ヲ保證スルト云フコトハ、所謂二重ノ保護デアル、「二重ノ保護大ニ考慮スベキモ」ノデアル、況ヤ保護モ餘リ厚キニ失スル時ニ於テハ、發展スル所ノ芽ヲ摘去ル所ノ危險モアルト云フコトガ、此案ニ反對ヲ致シマスル所ノ一ツノ理由、他ノ一ツノ理由ハ、朝鮮ノ鐵道ハ成程其特殊ノ關係、其特殊ノ事情ヨリシテ見マスルナラバ、斯ノ如キモノガ必要デアルカモ知ラヌガ、是ト同時ニ內地即チ先ニ委員長ガ申サレタ如ク、北海道ニ於テ、或ハ臺灣ニ於テ、或ハ樺太ニ於テ、是ト同一ノ事情是ト同一ノ關係ノアルベキモノハ甚ダ多イ筈デアル、現在是ナシト致シマシテモ、將來斯ノ如キモノガ續々ト起ッテ來ルト云フコトハ、蓋シ必然ノ趨勢デアル、故ニ斯ノ如キモノニ付テハ、十分ナル考慮ヲ致シタル上ニ於テ之ヲ協贊スルノガ至當デアル、斯ノ如キモノニ向ッテ容易ニ保證ヲスルト云フ所ノ先例ヲ開キマシタナラバ、他ニ之ニ倣フベキモノガ續々發生致シマシテ、遂ニ此頃ノ所謂綱紀紊亂ノ端緒ヲモ開クベキ傾向ヲ爲ストモ限ラヌノデアル(拍手)斯ノ如キ意味ニ於キマシテ、斯樣ナ先例ヲ作ルト云フコトニ付テハ、十分ニ考慮スベキモノデアルト云フ意味ヲ以テ、即チ之ヲ第二ノ理由ト致シマシテ、本案ヲ否決スルコトノ修正意見ヲ提出致シタノデアリマス、是ガ私共同志ノ提出致シマシタル修正意見ノ大體デゴザイマス、何卒冷靜ナル御批判ヲ要求致シマス(拍手)

○議長(粕谷義三君)　植原悅二郎君

〔植原悅二郎君登壇〕

○植原悅二郎君　此ニ議題トナッテ居リマスル所ノ追加豫算全部ノ中ニ於キマシテ、私共ハ 第二號大正十二年度歲入歲出總豫算追加ノ陸海軍省ニ於ケル所ノ 特別退職賜金三百二十餘万圓ヲ削除スルコト、第二三豫算外國庫ノ負擔トナルヘキ契約ニ關スル件ノ中デ、朝鮮私設鐵道會社社債保證ニ關スル所ノ契約ニ關スルコトヲ削除スルト、此二ツノ削除以外、其他ハ全部原案ニ贊成ノ意ヲ表スルモノデアリマス、勿論贊成致ス項目ノ中、二三私共ノ贊成スル ニ付キマシテノ理由アルコトダケヲ闡明シテ置キタイ點ガアルノデゴザイマス、先ヅ第一ニ私共ガ陸海軍省ニ於ケル所ノ特別退職賜金ヲ削除スルコトニ付テ申述ベマス、此事ハ既ニ先年特別退職賜金ノ問題ガ起リマシタトキニ詳細私共ノ之ニ對スル態度ハ闡明致シテ置キマシタカラ、茲ニ繰返ス必要ハ無イト思ヒマス、同一ナル趣意ニ依ッテ之ヲ削除スルコトダケヲ申述ベテ置キマス、次ニ朝鮮私設鐵道會社社債保證ニ關スル件デアリマス、私共ハ朝鮮ノ交通機關ヲ完成シ、朝鮮ノ殖產興業ノ發展ヲ圖リ、朝鮮民ノ文化ノ向上ヲ促ス施設ニ對シテハ、其必要ヲ認メル點ニ付キマシテ、敢テ人後ニ落チル者デハアリマセヌ、併ナガラ今回政府ガ茲ニ提案サレマシタ所ノ朝鮮ニ於ケル所ノ私設鐵道會社ヲ併合セシメ、之ニ二千万圓ヲ限度トスル所ノ社債ヲ發行セシメ、其元利ヲ約十五箇年保證セントスル所ノ計畫ハ極テ杜撰ナルモノデアルト私共ハ存ジテ居リマス、第一ニ私共ノ此問題ニ付テ諒解ノ出來ナイ點ハ、此點デアリマス、未ダ朝鮮ニ於ケル所ノ私設鐵道會社ハ併合サレテ居ラナイノデアリマス、其併合サレテ居ラナイモノニ、併合サレ、バト云フガ如キ條件ヲ以テ斯樣ナ社債ヲ發行スルコトヲ認メ、其元利ノ保證ヲ爲スト云フコトハ極テ杜撰ナ、突飛ナ計畫デアルト信ズル者デアリマス、若シ是等ノ私設鐵道會社ガ併合サレテ居リマシタ場合デアリマスナラバ、相當ニ此問題モ考慮致サナケレバナラナイト思ヒマスケレドモ、マダ併合サレナイモノニ對シテ、斯ノ如キ案ヲ提出シテ議會ノ協賛ヲ求ムルト云フコトハ、餘リニ早計ニ過ギルコトデアルト存ジテ居ルノデアリマス、次ニ私共ノ此問題ニ付テ理解ノ行カナイ點ハ、朝鮮ニ存在シテ居リマスル所ノ八乃至十ノ會社ニハ、既ニ其工事ヲ終リマシテ相當ニ事業ヲ致シテ居ルモノモアリマス、又相當ニ資金ノ豐富ナルモノモアリマス、又是等ノ鐵道會社ノ中ニハ既ニ敷設ノ權ヲ得マシテ、三箇年モ經過シテ居ルニ拘ラズ、着手ヲ致サザルモノモアリマス、又或モノハ半バ工事ヲ致シマシタケレドモ、其工事ノ進行極テ遲々トシテ困難ニ陷ッテ居ルモノモアリマス、各會社共悉ク違ッタ所ノ狀態ニ居リマスモノヲ、併合セヌ先カラ併合スレバ二千万圓ノ社債ヲ發行スルコトヲ認メテ、政府ガ元利共ニ保證シヤウト云フガ如キコトハ、或ル有利ナ私設鐵道會社ニ對シテハ、併合ヲ強請シ、極テ不公平ナル結果ニ陷ルト云フ點モ吾々ノ反對スル第二ノ點デアリマス、尙ホ私共之ニ對シテ疑問ヲ持ッテ居リマスモノハ、西鮮殖產鐵道會社、森林鐵道、中央鐵道、產業鐵道等ノ株券ヲ、東拓會社一會社ニ於テモ、政府當局ノ說明ニ依リマスト、十五万株以上有シテ居リマス、是等ノ點カラ考慮致シマスト云フト、左樣ナ推測ヲ致シテハ如何トハ思ヒマスケレドモ、此案ハ朝鮮ノ私設鐵道ノ完成ヲ圖ル爲ニ、鐵道會社ノ爲ニ致スコトカ、或ハ是等ノ株券ヲ大部分有スル東拓會社救濟ノ爲デアルカ、頗ル疑惑ニ思フノデアリマス、是等ノ點ニ付キマシテ私共ハ政府ノ說明ニ依リマシテモ了解スルコトガ出來マセヌ、ソレ故ニ朝鮮ノ鐵道ノ完成ヲ速成スルト云フコトニ付テハ、私共熱心ニ希望スル者デアリマスガ、政府ガ提案サレマシタ此朝鮮私設鐵道會社ニ併合ヲセシメテ、二千万圓ヲ限度ト致シテ約十五箇年間其元利ヲ保證シヤウトスル計畫ハ、承認スルコトノ出來ナイモノデアリマス、此意味ニ於テ私共ハ此問題ヲ否認スルノデアリマス、次ニ玆ニ申述ベテ置キタイノハ、日本興業銀行債券保證ノコトデアリマス、是ハ只今津原君モ申サレマシタ通リ、主トシテ全部西原借款ニ關聯スルコトデアリマス、私共ハ此問題ハ斯樣ニ考ヘマス、政府ノ辯明スル所ニ依リマスト云フト、此借款ハ日支親善ヲ圖ルト共ニ、日支ノ間ノ經濟關係ヲ最モ親密ナラシメテ、兩國ノ共存共榮ノ實ヲ擧ゲル一助ニスル爲デアルト云フ、斯樣ナ辯明ヲサレテ居リマス、私共ハ此目的デ此借款ガセラレタモノデアルト云フコトデアルナラバ、目的ハ相當ノ目的デアッタト信ジテ居ルノデアリマス、併ナガラ其實行セシ手段方法ニ付キマシテハ、隨分私共疑惑ヲ挾ム點モ少クナイノデアリマス、又此借款成立後ニ政府ガ執リマシタ手續ニ於キマシテモ、頗ル遺憾ヲ感ズル點ガ多々アルノデアリマス、只今問題トナッテ居リマス所ノ五千万圓ノ元利ノ保證ヲスルカ否ヤト云フコトハ、是等ノ問題ト切離シテ考慮ヲ致サナケレバナラナイ問題ト思ヒマス、既ニ此興業銀行ノ債務ニ付テハ、政府ガ保證致シテ居ルコトデアリマス、今此借替ヲ致サウ、更ニ此保證ヲ延長シヤウト云フコトデアリマス、斯樣ナ問題ヲ私共假令此借款ニ對スル所ノ過去ニ於ケル政府ノ措置ガ如何樣デアリマシテモ、此保證其物ヲ否認スルコトハ出來ナイコトハ信ジテ居ルノデアリマス、ノミナラズ私共ハ此西原借款ニ付キマシテ政府當局ハ責任ヲ深ク感ジテ居ルト云フコトヲ言明サレテ居リマス、其責任トハ果シテ如何樣ナモノデアルカト云フコトニ付テハ、多少ノ疑問ナキデハアリマセヌケレドモ、私共今日日本ノ國家國民ノ代表者トシテ考慮致シマス場合ニ於キマシテハ、此借款全部ヲ支那政府ニ十分ニ承認セシメテ、而モ之ニ對スル所ノ確實ナル擔保ヲ取ルベキ手續ニ致サナケレバナラナイモノデアルト信ジテ居リマス、斯樣ナ意味ニ於キマシテ、私共ハ過去ノ政府ノ執リマシタ所ノ此借款ニ對スル所ノ措置ト切離シマシテ、其債權其モノハ繼續的ノモノデアル、且ツ西原借款ニ對シテハ將來政府ガ努力シテ、支那政府カラ確實ナル擔保ヲ得テ、正確ナル所ノ借款ニ致サナケレバナラナイト、斯樣ニ信ジテ居ル者デアリマス、此意味ニ於キマシテ、政府ニ努メテ此方針ニ向テ努力スベシト云フ警告ヲ附シテ、之ヲ承認スル者デアリマス、次ニ私共ノ此場合申述ベテ置キタイ一二ノ項ハ、大藏省ノ所管ニ屬スル衆議院議員選擧法調査費四万八千餘圓デアリマス、私共ハ普選ハ卽行スベキモノト確信致シテ居リマス、普通選擧其モノニ付テハ今日問題ノアルベキ筈ハナイト確信シテ居ル、併ナガラ選擧法全體ニ渉リマスレバ、相當ノ考慮ノ途モアラウ、又研究致サナケレバナラナイ事項モ多々アルト信ジテ居ルノデアリマス、ソレ故ニ政府ハ、此調査費ヲ要求スル以上ハ、此調査費ヲ以テ必ズ次ノ議會迄ニ衆議院議員ノ選擧法ヲ改正シ、而モ普通選擧ヲ實行スルト云フコトニ努力致シ、必ズ之ヲ實現スヘシ、斯樣ニ政府ニ警告ヲ與ヘテ、之ニ贊成スル者デアリマス、モウ一ツ此場合ニ私共ノ意思ヲ申述ベテ置カナケレバナラナイ事ガアリマス、ソレハ都制調査ニ關スル所ノ經費一万八千餘圓ヲ內務省ノ所管ニ於テ要求シテ居ル事デアリマス、曩ニ此演壇ニ於テ私共ノ同志ガ主張致シテ居リマスル通リ、特別都制ニ付テハ最早實行ノ機ニ到著致シテ居ルト思ヒマス、私共日本ノ大都會ニ於ケル所ノ總テノ製造工業、商業、生活ノ狀態、交通、通信等ノ狀態ヲ考ヘマスレバ、ドウシテモ今日ノ如キ內務省或ハ府縣ノ監督ヲ受ケル下ニ於テ、郡部ト同等ナル權力ヲ持ッテ居ル所ノ都市ノ發達ハ期スルコトガ出來ナイト信ジテ居ル者デアリマス、ソレ故ニ特別ノ都制ヲ最早設クルコトガ焦眉ノ急務デアルト思ヒマスガ、兎ニモ角ニモ此問題ヲ更ニ研究調査スルト云フコトハ、都制實行ノ出來ルマデハ必要ナ事デアルノデアリマス、ソレ故ニ此調査費ヲ以チマシテ、一日モ早ク私共ノ主張スル所ノ特別都市ノ制度、根本的カラ改革スル所ノ事ヲ一日モ早ク實現スルト云フ目的ヲ以テ此調査費ヲ使用セラレンコトヲ望ムト云フ此警告ヲ致シテ、是モ承認致シタイト思フノデアリマス、以上申述ベタル通リ、特別退職賜金ハ削除、朝鮮私設鐵道ノ社債ニ關スル事モ削除、興業銀行ノ債券ニ對スル保證、衆議院議員選擧法ノ調査費、都制調査費ニ付キマシテハ前段申述ベタルガ如キ意味ノ警告ヲ與ヘテ贊成ノ意ヲ表スル者デアリマス、何卒諸君モ吾々ト同樣ナ御見地ヲ以テ御贊成アランコトヲ希望致シマス

○三土忠造君　本員モ此豫算案ニ對シテ一言述ベタイト思ヒマスルガ、極メテ簡單デアリマスガ故ニ、當席ヨリスルコトヲ御許ヲ願ヒマス

○議長（粕谷義三君）　許シマス

○三土忠造君　吾々同志ハ先刻豫算委員長ヨリ報告サレマシタ通リ、朝鮮私設鐵道社債保證ニ關スル件ノミヲ削除致スノデアリマス、其理由ハ朝鮮開發ノ爲ニ鐵道普及ノ必要ハ十分認メテ居ルノデアリマスガ、既ニ朝鮮鐵道ニ對シテハ特別ノ補助法ノ規定モアリ、尙ホ此上ニ社債ニ對シテ政府ガ保證スルト云フコトニ付キマシテハ、餘程考慮ヲ要スルト思フノデアリマス、卽チ私設會社ニ對シテ社債ノ保證ヲ與ヘルト云フ事ハ今日マデ先例ノ無イ事デアリマス、之ヲ此先例ヲ打破シテ新ニ例ヲ開クト云フコトニ付キマシテハ、他トノ權衡上如何ナル問題ガ起ルカト云フ事モ考ヘナケレバナラヌ、又此方法ニ依ラズシテ他ニ適當ナ方法ガアルカモ知レヌ、之ニ就テモ研究ヲ要スルト思フノデアリマス、會期切迫ノ場合ニ於テ斯ノ如キ根本ニ渉ッテ研究ヲ要スル問題デアリマスガ故ニ、其事業ノ必要ハ認メマスケレドモ、今少シク政府ニ於テモ研究サレルコトヲ希望スル意味ニ於テ、今回ハ取敢ヘズ削除スル、斯ウ云フ意味デ削除致スノデアリマス、ソレカラ日本興業銀行債券ノ保證デアリマスガ、之ニ就キマシテ憲政會ノ諸君ヨリシテ所謂西原借款ナルモノ、協約サレマシタル當時ノ事情ニ遡ッテ、段々ト御非難ガアリマシタ、吾々モ此借款ノ過去ノ歷史ニ付キマシテハ多少議論ガアリマスケレドモ、今日ノ問題ハ玆ニ政府ノ保證ヲ打切ルト致シマスレバ、此債權ヲ有スル直接ノ責任者タル、債權者タル日本興業銀行、及朝鮮銀行、臺灣銀行等ニ對シテ如何ナル影響ヲ及スカ、又此三銀行ニ對スル影響ガ經濟界ニ如何ナル影響ヲ及スカト云フ事ヲ考ヘマスルト云フト、之ニ對シテハ政府ト致シマシテハ保證ヲ與ヘル外ナイト考ヘマシテ、之

ニ贊成致スノデアリマス、今一ツ序ニ申上ゲテ置キマスガ、社會事業特別會計基金ノ問題デアリマス、是ハ尚ホ考慮ヲ要スル問題ト考ヘマスケレドモ、目下委員會ニ付託ニナッテ居リマスル特別會計法律案ノ委員會ニ於テ、十分審議ヲ致スコトニ致シマシテ、此結果ニ依ッテ或ハ此豫算ガ削除セラレルカモ知レマセヌケレドモ、吾々ハ尚ホ此審議ニ俟ツト云フコトニ致シマシテ、只今ノ所ハ左樣ナ意味ニ於テ之ヲ認メテ置ク、斯ウ云フ意味デアリマス、其外ニ付キマシテハ全部贊成デアリマスガ故ニ、吾々同志ノ所見ノ大體ダケヲ申上ゲテ置キマス

○議長(粕谷義三君) 他ニ發言ノ通告モアリマセヌ、仍テ討論ハ終結セラレタモノト認メマス、採決ニ臨ミマシテ一言致シマス、即チ此七案ノ中ニ於テ第二號、及追第二號ハ何レモ修正ガアリマス、先ヅ此二ツノ案ニ付キマシテ順次採決ヲ爲シ、次デ他ノ五案ニ付テ採決ヲ致ス積リデアリマス、第二號ニ對シマシテハ――即チ大正十二年度歲入歲出總豫算追加案デアリマス、之ニ對シテハ早速君ノ修正ト、植原君ノ修正ト同一ノ箇所ガアリマス、此同一ノ點ヲ除キマシテ、早速君ノ修正ニ付テ贊否ヲ問ハウト思ヒマス、其早速君ノ修正ハ、衆議院議員選擧法調査費デアリマス、此費目ヲ削除シヤウト云フ修正デアリマス、之ニ贊成ノ諸君ノ起立ヲ求メマス

〔贊成者　起立〕

○議長(粕谷義三君) 起立少數デアリマス、修正ハ否決セラレマシタ――次ニ早速君ト植原君ト其修正ノ共通ノ部分、即チ退職特別賜金ヲ削除スルト云フ修正デアリマス、此修正ニ贊成ノ諸君ノ起立ヲ求メマス

〔贊成者　起立〕

○議長(粕谷義三君) 起立少數デアリマス、修正ハ否決セラレマシタ――次ニ委員長ノ報告ニ同意ノ諸君ノ起立ヲ求メマス

〔贊成者　起立〕

○議長(粕谷義三君) 起立多數デアリマス、委員長ノ報告ノ通リ可決セラレマシタ(拍手)次ニ追第二號、即チ豫算外國庫ノ負擔トナルヘキ契約ニ關スル件、此件ニ付キマシテ朝鮮ノ私設鐵道會社々債保證ノ項、之ヲ全部削除スルト云フ早速君ノ修正、又植原君ノ修正意見、及委員長ノ報告モ同一デアリマス仍テ此點ヲ除キマシタル早速君ノ修正ニ付テ採決ヲ致サウト思ヒマス、是ハ即チ只今津原君ニ依ッテ述ベラレマシタル日本興業銀行社債保證ニ關スル件デアリマス、此修正案ニ同意ノ諸君ノ起立ヲ求メマス

〔贊成者　起立〕

○議長(粕谷義三君) 起立少數デアリマス、早速君ノ修正ハ否決サレマシタ、次ニ委員長ノ報告、即チ委員會修正ニ對シテハ御異議アリマセヌカ

〔「異議ナシ」「異議ナシ」ノ聲起ル〕

○議長(粕谷義三君) 御異議無キモノト認メマス、仍テ委員長ノ報告ノ通リ決定可決サレマシタ、次ニ特第一號、第三號、特第三號、第四號、此五案ハ委員長ノ報告ハ可決デアリマス、之ヲ一括シテ採決ヲ致サウト思ヒマスガ御異議アリマセヌカ

〔「異議ナシ」「異議ナシ」ノ聲起ル〕

○議長(粕谷義三君) 御異議ナキモノト認メマス、仍テ各五案ニ付キ委員長ノ報告ニ同意ノ諸君ノ起立ヲ求メマス

〔贊成者　起立〕

○議長(粕谷義三君) 起立多數デアリマス、委員長ノ報告ノ通リ可決確定致シマシタ、是ニテ追加豫算七件ハ全部委員長ノ報告ノ通リ可決確定セラレマシタ(拍手)次ニ本日ノ日程ノ中デ殘ッテ居リマス日程第三十六自治刷新ニ關スル決議案ヲ議題ト致シマス、提出者ノ趣旨辯明ヲ許シマス、下岡忠治君

第三十一　金剛山國立公園設置ニ關スル建議案（田中萬逸君提出）
（委員長報告）

報告書

一金剛山國立公園設置ニ關スル建議案（田中萬逸君提出）

右ハ本院ニ於テ可決スヘキモノト議決致候此段及報告候也

大正十二年三月十六日

金剛山國立公園設置ニ關スル建議案委員長　日野辰次

衆議院議長粕谷義三殿

第二十三　因襲打破ニ關スル建議案（橫田千之助君外六名提出）

因襲打破ニ關スル建議案

因襲打破ニ關スル建議

政府ハ士族平民ノ族籍上ノ差別ヲ廢シ且帝國臣民ノ間ニ於テ其ノ一部ニ對シ特ニ侮蔑的稱呼ヲ爲シテ階級的差別待遇ヲ爲スカ如キ因襲ヲ成ルヘク迅速ニ一掃スル爲適切ナル積極的方法ヲ講セラレムコトヲ望ム

右建議ス

〔橫田千之助君登壇〕

○橫田千之助君　因襲打破ニ關スル建議案ノ要領ヲ成ベク簡單ニ說明致サウト思ヒマス、建議案ノ趣意ハ二ツニ分レテ居リマス、卽チ士族ト云フ族籍稱號ヲ廢メテ貰ヒタイ、第二ニハ、何ト云フ言葉ヲ使ッテ宜イカ知リマセンガ、世ニ謂フ所ノ特殊部落――此特殊部落ト云フ言葉ハ、著シク一部國民ノ感情ヲ刺戟シテ、是ガ爲ニ聖代ニアルマジキ出來事ヲ起スノデアリマスルカラ、此壇上デ私ガ使フノニ付テモ、餘程注意ヲシナケレバナラヌ言葉デアル、此ニ於テ私ハ用語ハ適切デアルカドウカ知リマセヌガ、此說明ヲスル上ニ於テハ、少數同胞ト此場合唱ヘヤウト思フ、此少數同胞ト云フ是等ノ人々、是等ノ人々ニ對スル所ノ因襲的社會感情、之ヲ一掃スル爲ニ政府ハ積極的手段方法ヲ執ッテ貰ヒタイ、斯ウ云フ趣意ニナッテ居ルノデアリマス、項目ハ二ツニ分レテ居リマスケレドモ、此建議案ノ要求スル所ノ根思想ハ固ヨリ一ツデアリマス、士族ト云フ事ニ付テハ、舊刑法時代迄ハ明治四年ニ其稱號ヲ置カレタ以後、一ツノ是ハ貴號トシタ時代ガアリマス、貴イ號トシタ時代ガアル、華族士族平民ノ區別ヲ置カレタ後ニ、此士族ナルモノハ是ガ貴號トシテ國法ガ認メタ時代ガアル、此時代ハ多分明治二十年前後ニ終ッタト思フ、其法律ニ貴號トシタ譯ハドウデアルカト云ヘバ、從來ノ因襲カラ生ジタノデアリマシテ、刑法ナドノ規定ニハ、刑罰上ノ刑罰制裁トシテ、除族ト云フコトヲ拵エタコトガアル、斯ウ云フ規定ヲ置イタコトガアル、除族スルト云フノガ卽チ貴號ヲ奪フ、然ルニ此時代ハモウ三十年ノ昔ニ遡ル、併ナガラ此因襲ノ人心ニ潜ンデ居ルノハ、マダソレカラ以後ニ續イテ居ル、今ヨリ十年乃至十五年前マデハ、各地方カラ士族編入願ト云フノガ中々出テ來タノデアル、吾々ハ斯ウ云フ由緒ヲ持ッテ居ル、斯ウ云フ歷史アル所ノ國民デアルカラシテ、士族ノ仲間ニ入リタイト云フノガ屢、內閣ヘ申請サレテ、是ガ閣議決定デ決メルコトニナッタ時代ガアル、然ルニ其後今日ニ至リマシテハ、斯ウ云フ事柄モ最早消滅シテシマッテ、國民大多數ノ觀念ニハ、士族平民ト云フノ唯、名義ガ殘ッテ居ッテ、實際ニ何等差別的觀念ハ無イモノト斷ズルコトガ出來ヤウト思フ、然ルニモ拘ラズ尙ホ族籍ノ上ニ士族平民ノ區別ヲ置イテ、身分ノ稱號トシテ官廳ニ是ガ稱ヘ方ヲ異ニスル取扱振ト云フモノハ、全ク時代錯誤ノ仕事デアラウト考ヘテ居ルノデアリマス（拍手）加之此士族平民ノ此文字ガ、日々夜々使ハレテ、是ガ又繁文縟禮ノ上ニ於テモ、官廳其他ノ仕事ノ捗取ノ上ニモ、影響スル所ハ決シテ尠クナイト云フコトヲ斷言スルコトガ出來ルノデアリマス、私ノ建議案ノ提出ニ當リマシテ、一部ノ士族ト云フ人々カラシテ、種々ノ反對ノ意見ヲ寄セテ來ル人ガアッタ、此反對ガナケレバ、此建議案ノ趣意ハ餘リ意味ヲ爲サナカッタカモ知レナイ、反對ノ手紙、反對ノ團體ガ各處ニアッテ、動モスレバ提案者ノ私ニ向ッテ、脅迫的行動ガアルノヲ見ルト云フト、私ハ意外ニ此建議案ガ値打ガアッタト考ヘテ居ル（拍手「ヒヤ〳〵」）何トナレバ私ノ考デハ何千萬ノ國民、士族平民ト云フ族稱ニ依ッテ、自分ガ優越デアル、自分ガ平凡デアルト云フ考ハ、一人モ無イト今迄思ッテ居ッタ、然ルニ此形式ガアルガ爲ニ、自己ハ士族ナルガ爲ニ、優越シタル國民ダト云ンガ如キ考ヲ持ッテ居ル者ガ、十人デモ二十人デモアルト云フコトナラバ、是ハ以テノ外デアル、此意味ニ於テ此士族平民ノ族稱ト云フコトヲ廢サナケレバナラヌト云フ必要ヲ御認ヲ願ヒタイノデアリマス、次ニ輕侮擯斥ノ代表的言葉トナッテ居ル少數同胞ニ對スル種々綽名ミタヤウナコト、是ハドウモ千年以前カラ事柄ガ起ッテ居ルノデアリマスカラ、之ヲ改メルコトハ中々政治ノ上ニ於テモ大切ナ事デアッテ、非常ナ困難ナ事デアルト云フコトハ、私ハ能ク承知シテ居ルノデアリマス、先ヅ此少數同胞ノ歷史ヲ詳シク申上ゲレバ、長イ時間ヲ要シマスカラ是ハ省キマス、唯、是ダケノ事ハ申上ゲテ置カナケレバナラヌ、千年以前ニ此少數同胞ノ元ガ出タ、之ニハ色々ノ種族ガアルガ、此種族ハ決シテ他ノ國民ヨリ劣等ナ者デナイコトハ大キナ聲デ言フコトガ出來ル、（拍手）加之仔細ニ此種族ノ生活狀態、發達シタル徑路ヲ調ベテ見マスルト、其自治的精神ノ旺盛ナルコト其階級制度ノ秩序整然タル、其團結本能ノ最モ雄大ナルコトハ、他ノ一般國民ヨリモ寧ロ優越デアッタト云フ歷史ガアルノデアリマス、斯ウ云フ點カラ考ヘテ見マスト、ドウシテモ現在ノ多數ノ同胞ガ、此少數同胞ニ向ッテ假ニモ侮蔑擯斥ノ心持ヲ持ッテ居ルト云フコトハ、何等ノ根據ナク、何等ノ意味ナク、單ナル因襲的感情ノミデアルト云フコトヲ斷定シテ憚ラヌノデアリマス、（拍手）諸君、此無理解ナ、人類愛ヲ知ラザル、歷史ヲ知ラザル、事實ヲ還視シタル所ノ因襲的感情ガ、今ヤ世界ノ五大國――三大國ト云フ所ノ大國民ノ多數ノ國民ニ牢トシテ拔クコトガ出來ナイ、是アルガ爲ニ是等ノ人々ガ、六歲七歲ノ學齡兒童ノ時カラ小學校ヘ行ッテ、他ノ兒童ニ擯斥サレ、或ハ彼ハト云ッテ指サレテ育ッテ來ル、此觀念ト云フモノハ、私ハ詳シク說明スルコトヲ寧ロ憚ルノデアリマス、而モ同一軍隊ニ於テ、義勇奉公ノ念ヲ以テ國家ニ勤メナケレバナラヌ兵士ノ間ニ、食器ノ事ヤ何カデ斯ウ云フ關係カラ種々ノ面倒ヲ起シテ、侮蔑擯斥ヲ受ケルト云フノ事情ヲ聞クト、諸君ハ一掬ノ涙無キヲ得ナイ譯ニナルノデアリマス、家主ト貸借人、湯屋ト浴客ノ關係、結婚關係、是等ノ關係カラ惹起シタ差別觀念カラ起ッタ人生悲慘ノ事柄ト云フモノハ、此所デ竝ベ擧ゲタナラバ、殆ド皆涙襟ヲ潤スノ概アル話ガ多イノデアリマス、唯、斯ノ如キ事實、悲慘ナル事實、悲ムベキコトガ多イト云フコトヲ此場合申上ゲテ置クニ止メマス、元來是等少數同胞ト言ハレル人ニハ、或ル時代佛敎ノ最モ國民精神ニ打込マレタ時代ニ於テハ、佛敎ノ神髓タル六種輪轉三世輪廻ノ因果律ニ依ッテ能ク救ハレテ居ッタノデアル、名僧親鸞ハ此仲間ノ中ニ一身ヲ投入シテ、其大ナル手ヲ擴ゲ、至誠天地ヲ動スノ概ヲ以テ、佛敎ノ神髓ヲ是等ノ人々ニ說イテ、是ニ一脈ノ安心ヲ彼等ニ與ヘテ、離レントスル所ノ人心ヲ茲ニ繋ギ止メタカト云フモノハ大ナルモノデ、然ルニ明治維新以來、泰西文明ヲ吸收スルニ急ナリシ日本ノ國家ノ狀態、社會事情、廢佛毀釋以來、此佛敎ノ信念ガ步一步衰頹スルト共ニ、科學ハ頻リニ各人ノ頭ニ注入サレテ、今日ニ於テハ彼等ガ哀ムベキ少數同胞ヲ支配スルハ、科學ノ知識ト論理的頭腦ヨリ外ナイト云フコトガ過言デアルカ知ラヌガ、先ヅ形容シ得ラレルト思フ、此場合ニ彼等ハ維新前ニ於テハ、其職業上ニ於テ、或ル程度ノ獨占的業務ヲ持ッテ居ッタ、其業務ニ依ッテ其生活ノ保障ト云フモノガ確實デアッタ、然ルニ數十年間ノ經濟的變遷ヨリ、此職業上ノ優越ナル方面ハ奪ハレテ、精神的慰安トスルベキ所ノ宗敎ノ權威ハ衰ヘ、唯、科學論理ノ知識ト、經濟的壓迫ト、而シテ同情ナキ多數同胞ガ、學齡時代ヨリ擯斥侮蔑ノ言葉ト目ヲ以テ迎ヘラレル此間ニアルノデアリマスカラ、彼等ノ神經ハ尖ラザラントスルモ得ヌノデアリマス、國家ハ明治四年ノ太政官布告ニ於テ、無論差別的稱號ノ廢滅ヲ命ジタノデアリマス、廢滅ヲ命ジタカ、爾來國家ハ積極的ニ如何ナル事ヲ爲シタカ、固ヨリ明治初年以來今日ニ至ル迄、政治家、宗敎家、學者、是等ノ人々ノ仕方ハ餘リニ分裂カ多カッタ、餘リニ變化ガ多カッタ爲ニ、斯ウ云フ點迄手ガ屆カナカッタコトヲ今更私ハ攻撃シヤウト云フモノデハナイ、併ナガラ今日ニ至ル迄、經濟的ニハ細民部落何々、或ハ講演教化ト云フヤウナコトデ、チヨコ〳〵シタ仕事ハシテ居リマスケレドモ、眞ニ積極的ニ國家意思ノ全體ヲ擧ゲテ、是等ノ人々ヲ此差別待遇カラ救出スト云フ國家ノ身構ト云フモノハ、未ダ見出スコトガ出來ヌノデアリマス、此ニ於テ私ハ今日ノ事態ハ容易ナラヌコトニ及ンデ居ル、最近ニ至リマシテ二三ノ出來事ガアリマスガ、此二三ノ出來事ノ起ル根ハ、頗ル深イ、頗ル長イ、茲ニ國家ハ餘程考ヲ著ケナケレバナラヌ、此事ハ一朝ニシテヤルコトデハナイガ併テ現狀デドウシテモ棄テ置クコトハ出來ナイ、有ユル手段方法――積極的手段方法ヲ講ジテ、此因襲ヲ打破ッテ貰ヒタイ、積極的手段方法――積極的手段方法ト申シマシテモ、固ヨリ之ヲト云ッテ求ムルコトガ頗ル少イコトニ私ハ苦シム者デアルガ、先ヅ此少數同胞ノ歷史沿革、是等人々ノ千年以來來ッタ所ノ生活ノ狀態寧ロ是等ノ人々ト云フモノガ他ノ同胞ヨリモ健全ナル方面ニ活動シタ事實、是等ノ事柄ト云フモノヨリ最モ能ク調査シテ、是ヲ多數國民ニ打込ムト云フノモ一ツノ方法デアリマセウ（拍手）此打込ム人ハ、法律ノ試驗ヲ受ケタ高等文官試驗ニ出ダ法律家デハイケナイ、宗教家的最モ熱烈ナル所ノ人物ヲ選定スル必要モアラウト思フ、又此差別觀念ヲ直接間接ニ世間ノ多數ニ吹込ム所ノ講談演劇ト云フヤウナモノハ、無論是ハ斷然禁止シナケレバナラヌ、小說ノ題材ナドニ斯ウ云フ問題ヲ捉ヘテ、一面ハ此方面ノ人々ニ非常ニ同情ヲ表スルヤウニ書キ立テ、泣カセル小說ガ澤山アルケレドモ、是ガ同情ヲ寄セルヤウデアッテ、實ハ此人々ト云フモノト、何カ一般同胞ト云フモノトハ、非常ナ隔離レタ關係ニ在ルト云フコトデ、妬ミヲ起ス樣ナ小說ナドモ澤山アル斯ウ云フモノ、發賣頒布ハ斷乎トシテ國家ハ禁ズルガ宜シイ、少クモ今日殊別的言葉ヲ用ヒ、侮蔑擯斥ノ行動ヲスル者ニ對シテ、法令ヲ以テ積極的ニ取締ルカドウカト云フコトハ、是ハ大問題デアル、之ヲ取締ルガ爲ニ、此少數同胞ト他ノ同胞トノ間ニ却テ大ナル障壁ヲ築クヤウナコトニ相成ッテハ濟マヌケレドモ、併シ幸ヒ此處ニ水野內相ガ居ラルヽカラ、內相ニ御聽キヲ願ヒタイノハ、今日日本人ハ勅令及省令ニ於テ、種々ノ罰則ヲ附ケタモノガ多イ、此種々ノ罰則ヲ附ケタ多イモノヽ中ニ、一面ニ於テハ法的規則デアルケレドモ、他ノ一面ニ於テハ道德的訓戒デアッテ、社會種族ノ向上ヲ求ムル所ノモノガ澤山アルヤウデアル、例ヘバ動物ヲ虐待スル、人ノ見テ居ル所デ動物ヲ虐待スル者ニ付テハ拘留三十以上食フ、犬ニ荷車ヲ牽カシテハイカヌ、是ハ地方ニ依ッテ違フケレドモ、其他之ヲ數ヘ上ゲルト云フト、勅令省令ノ中ニ罰則ヲ以テ善良ナル風俗ノ維持ト向上ヲ圖ル規定ハ澤山アル、當局ハ同胞ノ少クモ百万人、多ク數ヘレバ三百万ト云フ、此最モ不遇ニ哭ク所ノ同胞ニ對スル侮蔑

指斥ノ言葉ニ對シテハ、斯ノ如キモノトノ權衡ハ如何ニ御覽ニナルカ、是等ノ點カラ考慮ヲ致シテ、サウシテ此法令ヲドウ云フ風ニ此方面ニ使ハルヽカト云フコトハ、私ハ固ヨリ御指圖ハシナイガ、善良ナル判斷ノ下ニ、適ニ相當ノ考慮ヲ求メタイ點モ積極的手段方法ノ一ツデアリマス、殊ニ考ヘナケレバナラヌノハ、是等ノ詳シイ歷史ヲ述ベルト云フコトハ、又少シク刺戟ヲ與ヘルコトニナリマスカラ申シマセヌ、外國ノ例、或ル政治家デアッタカ、學者デアッタカ、名前ハ忘レマシタガ、世界ニ猶太人アルノハ、恰度與國ニ一種ノ劇藥ヲ置クガ如シ、之ヲ多數ノ氣閉氣ヲ壓迫スルト、之ガ爆發シテ他ノ藥罐ガ破裂スルコトニナッテ、遂ニ大火事ヲ起ルト云フコトヲ、或ル學者カ政治家ニ承ッタコトガアル、少數同胞ヲ他ノ國民ト殊別的觀念ノ間ニ介在サセテ、之ニ對スル國家ノ何ト言ヒマスカ、同情ト言ヒマスカ、國家ガ之ニ相當ノ待遇、當然ノ待遇ヲスベキ所ノ手段方法ヲ怠ッタナラバ、今ノ西洋ノ學者カ政治家ノ藥罐ノ話、劇藥ノ話ト云フモノモ、餘程參考ニシナケレバナラヌト思フ、今腕ノ力ヲ――國家一大事變ノトキニ、腕ノ力ヲ以テ集團ヲ提ゲテ臨ンダ所ノ世界ノ各團體ガアルガ、此歷史ヲ見ルト云フト、元ハ其中堅ニナッタ者ハ、一般國民カラ侮蔑擯斥サレタ人ガ少クナイ、此人々ガ水平運動ト號シテ、水平線ニ至ルマデヲ標的トスレバ、洵ニ國家社會ノ幸慶デアリマスケレドモ、反動ハ怖ロシイモノデ、水平線ヲ突破スル場合ガ往々ニシテアル、是ハ嚴ニ警メナケレバナラス、自他共ニ警メナケレバナラヌ、此意味ニ於テモ少數同胞ノ感情ガ、此マデ高調シタトキニハ、國家ハ確カリ身構ヘヲスベキ必要ガアルノデアリマス、況ヤ今日ノ時代、私ハ世界思潮、――世界思潮ト號シテ、唯、世界ノ大勢ニ丸呑込ミヲシテ顧慮シヤウト云フ論者デハアリマセヌ、昨年ノ六月「チエック スロヴァキア」ノ首府ニ開カレタ國際聯盟委員會ニ於テモ、各國ノ人ガ集ッテヤッタ決議ノ要目ハ、日ク人種差別撤廢、少數民族ノ保護、此二ツノ觀念デ經トナリ緯トナッテ、世界思潮ノ所謂眞只中ニ渦イテ居ルト云フコトヲ象徵スルコトガ出來ル、而モ帝國ハ此人種的差別觀念ヲ一掃スルニ、今後其旗頭トナッテ、先頭ニ立ッテ世界的經綸ヲ行フ一大標目トシテ臨マナケレバナラヌト云フコトハ、何人モ異議ハナイ事デアル（拍手）此場合ニ於キマシテ明治四年ニ國家意思ハ明白ニ同等ノモノデアルト云フコトヲ表現シ、其事實ノ眞ニハ何等差別スベキ點ハナイ、風俗ハ同ジク血液ハ同ジク、言語ハ同ジデアル、是等ノ人々ニ向ッテ、如何ニ因襲トハ云ヒナガラ、多數國民ノ眼ガ開ケズシテ、斯ウ云フ事柄ガ國家內ニ在ルトシテハ、日本ノ世界的使命ヲ遂行スル上ニ於テ、大ナル累デアルト云フコトヲ說破シナケレバナラヌ、諸君、此建議案ノ影響スル所ハ、今帝國及世界ノ各方面ニ漂ッテ居ル「ボルシエヴイツク」ノ運動ニ影響スル所モアルト云フコトヲ申上

ゲテ置ク、說明ハ申上ゲマセヌガ、アルト云フコトヲ申上ゲテ置ク、無資產階級ノ過激ナル運動ニモ關係ガアルト云フコトヲ私ハ第二ニ申上ゲテ置ク、而シテ又宗教改革、風教維持ノ上ニモ大ナル關係ガアルト云フコトヲ申上ゲテ置ク、殊ニ帝國ハ臺灣及朝鮮ノ特別統治ヲヤッテ居ル、之ヲ包容シテ行カナケレバナラナイ、此臺灣及朝鮮ノ統治ノ上ニモ、此觀念ヲ速ニ一掃スルヤ否ヤト云フコトハ、大ナル影響ヲ及ボスト云フコトヲ申上ゲテ置ク、人或ハ五十年間牢トシテ拔クベカラザル因襲、否、遡レバ一千年間拔ケザル因襲、此因襲ガ君ノ言フ通リサウ旨クヤレルカ、斯ウ言フ人ガアル、唯、政治家ハ時代ヲ見ナケレバナラヌ、一千年間拔ケナカッタ、五十年ノ間ハ明治維新以後此觀念ガ今日マデ拔ケナイ、併シ考ヘテ見ルト、士族ト平民トノ觀念ハ、是ハ明治維新ノ前ニ遡ッタラ容易ニ差別觀念ハ拔ケナカッタ筈デアル、然ルニ今日士族ノ族籍廢止ト云フコトニ多少ノ反對者ガアルトシテモ、大多數ハ異議ガナイト云フ所マデ行ッタ以上ハ、此差別觀念ハ拔ケテ居ル、帝國ノ今世界ニ於ケル使命ハ、人種平等ヲ高調シナケレバナラヌ、御互ガ戮力協心シテヤッテ上ゲル所ニ、吾々ハ先ニ國家ノ爲ニ働イタル所ノ政治家、軍人、宗教家ノ後進タル所ノ値打ガアルト云フコトヲ覺悟シナケレバナラヌ、此精神ヲ多數ノ國民ニ吹込ンデ、此意味カラ出發シテ、是等ノ少數同胞ハ何ノ吾々ト異ルモノデハナイ、是ト共ニ相抱イテ、之ト相一致シテ、以テ世界的經綸ニ上ラナケレバナラヌト云フ更始一新、帝國ノ一大飛躍ヲスル時代デアルト云フコトヲ今日考ヘレバ、此時代ノ渦卷ニ卷込マレル時ハ、斯ノ如キ因襲ハ普通ノ人ガ物指ヲ當テ、算盤球ヲ採テ計算スル計數以外ノ働ヲ以テ、吾々ガ一掃スベキ時期デハナイカト信ズルノデアル、諸君、私ハ然ト第四十六議會ノ傾向ヲ見テ居ル、其辯論モ出來ルダケ傾聽致シ、且ツ速記錄モ努メテ拜見致シマシテ、黨派ノ異同ヲ問ハズ、各黨各派ノ名士ノ所說カラ抽象シテ、一貫スル此議會ノ樣子ヲ捉ヘヤウト今年ハ苦心シタ、ドウモ行詰ッタト云フ中ニ、日本ノ時代ハ更始一新ノ時代、大飛躍ノ時代ガ迫リ來ッテ、各黨各派ノ辯論ノ中ニ、一種勇躍ノ氣味合、興國洋々ノ氣分ガ私ノ眼ニハ見出セル、多數ノ方々ニハドウデアルカ知リマセヌガ、一脈ノサウ云フ點ヲ私ハ見出シタ、此時機ガ捉ヘ所デアル、國務大臣タル水野內相ハ之ヲ洞察セラレナケレバナラヌ、斯樣ナ時機ガ政治家ノ捉ヘ所デアル、斯樣ナ時機ヲ捉ヘテ公明ニシテ大膽、果斷ナ何カ大政策ヲ樹テ、戴キタイ、政治家ノ左右ノ手ニハ、水ト劍トヲ持タナケレバナラヌ、此不遇ニ苦ム社會ノ差別觀念ニ苦ム所ノ同胞ニ向ッテハ、水ヲ以テ此不遇ノモノヲ洗ヒ去ッテ戴カナケレバナラナイ、若シ夫レ突破シテ公安ヲ害スル者ニ向ッテハ、斷々乎トシテ劍ヲ以テ臨マナケレバナ

ラヌ、此點ニ於テ私ハドウカ現内閣ノ諸公ハ、其練達ナル事務的手腕ニ加フルニ、雄大ナル所ノ政治家的氣象ヲ十二分ニ發揮シデ、先ヅ第一著ニ此少數同胞ヲ救ヒ上ゲル所ノ手ヲ高ク擧ゲラレンコトヲ熱望シテ此建議案ノ要旨ト致シマス

第二十四　在支公使館ヲ大使館ニ昇格スルコトニ關スル建議案（田淵豐吉君提出）

在支公使館ヲ大使館ニ昇格スルコトニ關スル建議案

在支公使館ヲ大使館ニ昇格スルコトニ關スル建議

日支ノ國交ハ益親善ヲ加フ政府ハ速ニ在支公使館ヲ大使館ト爲シ有能ノ大使ヲ擧ケ以テ其ノ任ヲ完ウセシムヘシ

右建議ス

〔田淵豐吉君登壇〕

○田淵豐吉君　暫クノ間御清聽ヲ汚シマス、支那ハ御存ジノ通リ非常ニ古イ文明國デアッテ、非常ナル大領土ヲ持チ、非常ナル所ノ大人口ヲ持ッテ居ル世界ノ一等國デアルト私ハ思フノデゴザイマス、所ガ其内容ガ整ハヌ爲ニ、二等國、三等國ノ扱ヲ受ケテ居リマスケレドモ、將來大ニ吾々ノ注目シナケレバナラヌコトデアルト信ズルノデアリマス、御存ジノ通リ日本ガ最モ關係ノ深イノハ支那デアッテ、或ハ露國、或ハ英國、米國ト云フ、此四大強國ハ日本ト大ナル關係ヲ持ッ國デアラウト私ハ思フ、然ルニ日本ガ此支那ニ對スル所ノ點ニ付キマシテ、餘程關係ガ十分ニ重大デ無イト云フコトヲ思ッテ居ルト云フコトハ、大ナル誤デナイカト私ハ思フノデアリマス、御存ジノ通リ露國ハ非常ニ長イ所ノ國境ヲ以テ支那ト繋ガレテ居ルシ、又北滿ニ於テハ露國ト支那トノ間ニ於ケル大ナル關係ガアル、又蒙古ニ於テ露國ト支那トノ大ナル關係ガアル、西藏ニ於キマシテハ、英國ト或ル關係ヲ持ッテ居ル、佛蘭西ニ於テハ支那ノ西南ニ於テ大ナル關係ヲ持ッテ居ル、日本ハ御存ジノ通リアノ朝鮮ト界ヲ接シテ居ル所ノ間島ハ勿論、滿洲ノ全部、或ハ臺灣ニ於テ大ナル關係ヲ持ッテ居ルノデゴザイマス、故ニ日本ハ佛蘭西トカ、獨逸トカ、或ハ伊太利トカ云フ國ヨリモ、支那ト云フ國ハ大ナル關係ヲ持ッテ居ルモノト私ハ確ク信ズルノデアリマス、所ガ日本ガ外國ヘ大使ヲ出シテ居ル國ハ、或ハ英トカ、米トカ、獨トカ、佛トカ、伊トカ云フ國ハ勿論、大戰後ニ於キマシテハ、外國ノ例ニ倣ヒマシテ白耳義迄モ大使ヲ出シテ居ル、更ニ進ンデハ此戰後伯剌西爾迄モ日本ノ大使ヲ出シテ居ルト云フヤウナ狀態デアリマス、而シテ土耳古ノ國ニ於キマシテハ、條約ガ回復サレルナラバ――條約ガ旨ク出來マスナラバ、此土耳古ニ於テモ大使ハ既ニ送ルヤウニ、今カラ大使格ノ者ヲ以テヤッテ居ル狀態デアルサウデアリマス、ソレカラ露國ガ承認サレ、バ露國ヘモ大使ヲ送ラナケレバナラヌ狀態ニナッテ居リマス、又聞ク所ニ依リマスト云フト、彼ノ南米ノ「エー、ビー、シー」デアル所ノ亞爾然丁トカ、或ハ智利トカ、伯剌西爾トカ云フ所ノ國ガ、相互ニ大使ヲ交換シテ居ルサウデアリマス、又更ニ進ンデハ亞米利加合衆國ガ二等國三等國ト言ハレテ居ル所ノ、彼ノ墨西哥ニ大使ヲ送ッテ居ルト云フ特殊的關係ヲ持ッテ居ルサウデアリマス、然ルニ我ガ日本ハドウデアルカト云フト、歐米カラハ最モ關係ノ深イ所ノ彼ノ伯剌西爾トカ、或ハ白耳義トカ云フヤウナ、日本ト關係ノ少イ國ニマデ大使ヲ出シテ居ルノニ、日本ト最モ密接ノ關係ヲ有シテ居ル支那ニ大使ヲ出シテ居ナイト云フコトハ、吾々ノ解スルコトノ出來ナイ點デアルノデアリマス、反對論者或ハ言フ――反對論デハナイカモ知レヌガ、反對的ニ見エル、支那ノ財政ガ惡イカラ、支那デハ日本ナドヘ大使館ヲ設置スルノハ費用ガ掛ルカラ、却テ好マヌノデハナイカ知ラヌト言ハレテ居ル、併ナガラ私ハ是ハ重大ナル問題デハナイト思フノデゴザイマス、又二十一箇條ノヤウナモノガ支那カラ出サレテ居ル時ニ當リマシテ之ヲ爲スト云フコトハ、其時期ヲ得ナイカライケナイト云フヤウナコトヲ言ハレテ居ル、詰リ今日遣ッテ居ル所ノ者ヲ變ヘテ大使ヲ派遣スルト云フコトハ、或ル適當ナル所ノ時機ヲ選バナケレバナラヌト云フノデアリマス、併ナガラ私ハサウ云フヤウナ時ヲ得ナクテモ、十分ニ今日ヤッテモ私ハ宜カラウト思フノデゴザイマス、然ルニ政府ハ彼ノ羅馬法王廳ニ使節ヲ派遣スルコトニ付テノ豫算ニ計上サレタノデアリマス、諸君モ御存シノ通リ此外交官ヲ派遣スルノハ、或ハ觀察報告ヲ求ムルトカ、或ハ又吾々日本人ノ外國ニ行ッテ居ル所ノ者ヲ保護スル役目ヲスルトカ、或ハ兩國ノ交渉ニ當ルト云フヤウナ事ガ三ツノ三大任務トシテ數ヘラレテ居ル、然ルニ此羅馬法王廳ニハ殆ド報告ヲ取ルトカ、或ハ觀察ヲ致スノニ便宜デアルトカ云フコトガ、派遣ノ理由ノ重大ナルモノトシテ唱ヘラレテ居リ、第二ノ小サイ理由ハ卽チ好感ヲ以テ法王廳ト接スルト云フコトガ、卽チ任務トナッテ居ッタラシイノデ、三大任務中ノ交渉或ハ國民ヲ保護スルノ任務ノ必要カ無イト思ハレルヤウナ事ニサヘモ、使節ヲ出サウト云フコトヲ言ハレタデハナイカ、私ハ此羅馬法王廳ヘハ絶對的ニ出セナイト云フノデアルカナイカ知ラナイ、併ナガラ現在ハ十分ニ必要ガナイト云フコトヲ皆認メテ反對サレタヤウデゴザイマス、然ルニ私ハ支那ノ關係ハ全ク是等ト違ッテ居ルト思フノデゴザイマス、御存知ノ通リ支那ニハ非常ニ大キナ幾多ノ領事館總領事館ガアルノデゴザイマス、或ハ滿鐵會社ガアッテ非常ナル權利ヲ扱ッテ居ルノデアリマス、或ハ關東廳ガ或ル權利ヲ有ッテ居ルノデゴザイマス、或ハ又日本ノ陸軍ノ駐屯等ニ依ッテ生ズル所ノ陸軍ノ關係ガアリ、外交ノ關係ガアルト云フヤウナコトデ、三重ニモ、四重ニモ、五重ニモ入込ンダ所ノ大ナル關係ヲ持ッテ居ルノデゴザイマス、而シテ我ガ日本ノ原料ト云フモノハ、綿デモ豆デモ支那カラ持ッテ來ナケレバイケナイト云フヤウナ狀態デアル、又我ガ日本ノ製品ヲ支那ニ賣ラナケレバナラヌト云フ經濟的立場ヲ持テ居リマス、或ハ軍事上カラ言ッテモ、支那ガ日本ニ對シテ重大ナル援助ヲ受クル國ニナルカモ知レヌノデゴザイマス、或ハ又文化上ニ於テモ、學問上ニ於キマシテモ、〔支那ト非常ナ交渉ヲ持タナケレバナラヌヤウニナルカモ知レヌ、後來サウ云フコトニナッテ來ルト思フノデゴザイマス、日本ト支那トハ非常ナル所ノ複雑ナル關係ヲ有ッテ居ル、軍事上、外交上、政法上、或ハ社會上、或ハ倫理道德上、宗教上ニ於テモ密接ナル關係ヲ持ッテ居ル、日本ト支那トハ千三百年以前ニ聖德太子ガ隋ニ使節ヲ送ッタ時カラ今日マデ、非常ナル所ノ密接ナル關係ヲ持ッテ來タノデゴザイマス、而シテ我ガ日本ノ外交、家ノ遣方ヲ見マスルノニ、少シモ支那ノ事情ヲ知ラナイ、支那ノ政黨ト云フモノハドウ云フ風ニナッテ居ルノカ、如何ナル「コンビネーション」ニ依ッテ軍閥ガアルノデアルカ、政治閥ガアルノデアルカ、各々ノ政治家ノ頭ガドウ云フ頭ヲ持ッテ居ルカト云フヤウナコトヲ十分知ラナイ、或ハ事業ノ報告モ十分ニ知ラナイカラ、借款ヤ何カニ對シテ非常ナル過ヲ生ジテ居ルト云フコトガアル、報告ガ非常ニ區々デアッテ、觀察ガ機敏デナイト云フ大ナル失敗ガアル、日本ハ滿洲ナリ山東ナリニ行ッテ居ル日本ノ人民ヲ保護スルコトヲ知ラナイデ、色々ナ失態ヲ演ジテ居ル、或ハ交渉スル場合デモ、今回ノ山東ノ交渉デモ、最初ニ持ッテ行ッタモノト、最後ニ得タ結果トノ間ニハ非常ニ軒輊ガアッテ慚愧ニ堪ヘナイト云フコトヲ、北京ニ於テ交渉ニ當ッタ日本ノ或ル役人ガ言ハレテ居ッタノデゴザイマス、サウ云フヤウナ工合デ其觀察報告ニ於テモ誤リガアリ、國民ノ保護ニ於テモ任務ヲ盡サズ、交渉ニ於テモ十分ニ交渉スルコトガ出來ナイ、又今回ノ二十一箇條ノ事ガ問題ニナルカドウカ知リマセヌガ、伊集院氏ヲシテ關東廳ノ長官タラシメタト云フコトハ、此様ナ問題ニ備フル爲ニヤッタノデハナイカト云フコトヲ吾々ハ疑ハザルヲ得ナイ狀態デアリマス、詰リ色々ノ寄木細工デゴッタ返シテ居ルト云フコトハ、私ハ支那ノ現狀デハナイカト思フノデアリマス、斯ウ云フヤウナ非常ニ重大ナル關係ヲ持ッテ居ルヤウナ支那デゴザイマス、又支那人ソモ吾々ハ何百万人ト滿洲ニ有ッテ居ル、朝鮮人ガ又吉林省方面ヘ何百万人行クヤウニナルト云フ、非常ナル移住ガ起ラヌトモ限ラヌ、又支那人ガ日本領土ニ來ヌトモ限ラヌト云フヤウナ、斯ウ云フヤウナ狀態ニ際シテ、今ノヤウナ外交家デハ、到底私ハ我日本ノ前途ヲ託スルコトハ出來ナイト思ヒマス、即チ斯ノ如キ重大ナル關係ガアルノデアリマスカラ、日本デハ斯様ナ人ハ無イカモ知レマセヌケレドモ、彼ノ比斯馬克ガ外國ニ使シタ如キ、政治家デ同時ニ外交家デアル所ノ一流ノ人物ヲ――總理大臣級ノ人物ヲ以テ、支那ニ對スル外交ノ使臣トシテ送ルト云フコトハ、日本帝國ノ最モ必要ナル事ト私ハ斷言スルノデアリマス、然ルニ日本ノ政治家ニハ此頭ガ無イ、内田外相ノ下ニ唯ゝ諾々トシテ使ハレルヤウナ人ヤ、或ハ又木デ鼻ヲ括ッタヤウナ人ガ北京ニ居ルト云フヤウナ狀態デ、如何ニシテ日支ノ親善ガ出來ルカト思ヒマス、或ハ公使ノ見習ノヤウナ者デアッテ、伯剌西爾ヤ亞爾然丁ニ行クヤウナ人ヲ以テ支那ニ送ルノハ非常ナル誤リデ、支那ヲ侮辱シタルモノデアルト思フ、支那ニ使スル人ハ一等國ニ使スルヤウナ最モ眞面目ナ、總テノ見識ヲ具ヘテ、人情モ法律モ知ッテ居ッテ、外國ノ英米ノ大使ト樽俎ノ間ニ折衝シテ、少シモ負ケナイト云フ人物ヲ遣ラナケレバナラヌト思ヒマス、諸君ガ議院内デ外交ノ決議ヲ爲サッテ居ッテモ、出先デ報告ガ誤ッテ來タリ、政策ニ於テ爲ス所ガ誤ッテ居ッタナラバ、何等ノ效力モ無イト思ヒマス、先ヅ斯ウ云フ所ニ最モ目星シイ所ノ人物ヲ送ラナケレバナラヌ、過日聞イタノデアリマスガ、「マンパワー」即チ人物ノ力ト云フコトヲ高調サレタ人ガアリマシタ、英米佛ト云フヤウナ間ニ日本人ガ這入ッテ交ル場合ニハ、其一人ノ人ガ偉イカ偉クナイカト云フコトニ依ッテ、非常ナル影響ガアルト云フコトヲ聞イタノデアリマス、殊ニ現在ハ恰モ植民地ノヤウニゴッタ返シテ居ル、支那ニ於テハ一層其感ガ甚シクハナイカト思フ、故ニ吾々ハ支那公使ヲ十分ニ選擇シマシテ、有能ナル公使ヲ定ルト云フコトガ吾々ノ眼目デアリマス、然ラバ有能ナル公使ヲ送レバソレバ宜イデハナイカト云フ、ソレデ宜イカモ知レヌケレドモ、支那ノ國ヲ尊敬スルト云フヤウナ意味カラ言ヒマシテモ、亦日本ガ是等ノ人ニ――十分ナル一等ノ人ヲ其職ニ居ラシムルノニハ、ソレダケノ尊敬ヲ拂ッテ、物質上、精神上其任務ヲ全ウセシムルコトガ必要デアル、又設備及其他ノ金額及地位ニ於キマシテモ、適當ナルモノヲ與ヘルト云フコトガ最モ完全ナル活動ニ便利デアルト私ハ信ズルノデアリマス、今ヤ支那ハ二十一箇條ノ問題ニ付テ或一部ノ輿論ガ起ッテ居ル、或ハ治外法權撤去ノ問題ガ來ルデアラウ、其他續々色々ナ問題ガ出來テ、外交上ノミナラズ、經濟上ノ大問題ガ茲ニ起ッテ來ルト私ハ思フ、斯ウ云フヤウナ場合ニ、啻ニ外交上ノ政策ノミナラス政治上、經濟上ニ大經綸ヲ持ッテ居ル所ノ人ヲ此支那ニ派シテ遣ルコトハ、最モ緊要適切ダト思ヒマスカラ、一日モ早ク此公使館ヲ大使館ト爲シ、有爲ノ人物ヲ任ジ、以テ日支ノ親善提携ノ爲ニ資スルト云フコトハ日支兩國ノ利益デアルト思フ、是レ此建議案ヲ提出シタ所以デアリマス、諸君ノ御贊成アランコトヲ希望致ス次第デアリマス

○高見之通君　本案ハ阪上貞信君外四名提出殖民政策確立ニ關スル建議案外十三件ノ委員ニ併セ付託セラレンコトヲ望ミマス

○副議長（松田源治君）　高見君ノ動議ニハ異議アリマセヌカ

（「異議ナシ」「異議ナシ」ト呼フ者アリ）

○副議長（松田源治君）　異議ナシト認メマス、仍テ動議ノ如ク決シマス――日程第二十五、三浦半島一週鐵道敷設ニ關スル建議案ヲ議題ト致シマス、提出者小泉又次郎君

第二十八　石炭及含油頁岩低温乾餾事業振興ニ關スル建議案（宮古啓三郎君外十二名提出）

石炭及含油頁岩低温乾餾事業振興ニ關スル建議案

石炭及含油頁岩低温乾餾事業振興ニ關スル建議

石炭低温乾餾法ハ低温ヲ以テ石炭ヲ燃灼シ瓦斯、重油、「コーライト」等（又硫酸安母尼亞其ノ他ノ副産物）ヲ生産スル方法ニシテ瓦斯ハ以テ普通燃料ニ用ウヘク重油ハ以テ軍艦其ノ他ノ動力ヲ起スヘク「コーライト」ハ以テ木炭代用ニ供スヘシ又石炭ヲ燃灼シテ悉ク瓦斯化セシメ之ヲ燃料トシテ電氣ヲ起サハ水力電氣ヨリモ廉價ニ電力ヲ供給スルコトヲ得ヘシ而シテ石炭ニ代フルニ褐炭、亞炭、泥炭等ヲ以テスルモ其ノ效用何等差異アルコトナク褐炭、亞炭、泥炭等ハ我カ邦領土ニ無限ニ存在スルヲ以テ之ヲ用井テ瓦斯、重油、「コーライト」、電氣等ヲ無限ニ生産スルコトヲ得ヘシ又此ノ方法ヲ含油頁岩ニ對シテ施サハ一層多量ニ重油ヲ生産スルコトヲ得ヘシ而シテ含油頁岩ハ朝鮮及支那ニ無限ニ存在セリ今ヤ此ノ二樣ノ低温乾餾ハ研究ノ時代ヲ去テ實行ノ時期ニ達シ燃料界ニ一大革命ヲ來サムトス天然ノ燃料ニ天惠薄キ我カ邦トシテハ燃料問題ノ對策トシテ大々的ニ此ノ大事業ヲ起サザルヘカラサルヤ論ヲ俟タス依テ政府ハ速ニ國立ノ石炭及含油頁岩ノ低温乾餾工業所ヲ設立スルカ又ハ民間ニ於テ起シタル一大會社ニ對シ此ノ事業ニ從事セシメ低利資金ノ融通、國庫ノ補助若ハ其ノ他ノ方法ヲ以テ大ニ之ヲ助成スヘシ

右建議ス

（宮古啓三郎君登壇）

○宮古啓三郎君　今期切迫ノ今日デゴザイマスカラ、提案ノ理由ノ詳細ハ之ヲ委員會ニ讓リマシテ、此處デハ述ベマセヌ、要スルニ石炭、褐炭、亞炭、ソレカラ泥炭、ソレカラ含油頁岩、是等ノ低温乾餾法ト云フモノハ、今日ハ既ニ最早研究ノ時代ヲ去ッテ實行ノ時期ニ入ッテ居ルノデアリマス、之ニ依リマシテ我ガ日本ニ最モ必要デアル所ノ重油、ソレカラ輕油、揮發油、瓦斯、ソレカラ木炭代用ノ「コーライト」等ヲ無限ニ生産スルコトガ出來ルノデアリマス、又此瓦斯ヲ燃料ニ致シマシテ電氣ヲ起スト云フト、電氣ヲ極ク廉價ニ供給スルコトガ出來ルノデアリマス、サウ云フ譯デアリマスカラ今ヤ今日ハ燃料界ニ一大革命ヲ來サントシツヽアルノデアリマス、併ナガラ此ノ新事業ナルモノハ國家ニ於キマシテ其範ヲ示シ、若クハ十分ニ保護奬勵スルデナケレバ、其發達ト云フモノハ容易デナイト云フコトハ申ス迄モアリマセヌカラ、ソレデ此案ヲ提出致シマシタ次第デアリマス、何卒御贊成ヲ願ヒマス

○高見之通君　本案ハ秦豐助君外七名提出、電力政策實施ニ關スル建議案外三件ノ委員ニ、併セ付託セラレンコトヲ望ミマス

（「贊成」「贊成」ト呼フ者アリ）

○副議長（松田源治君）　高見君ノ動議ニ御異議アリマセヌカ

（「異議ナシ」「異議ナシ」ト呼フ者アリ）

○副議長（松田源治君）　異議ナシト認メマス、仍テ動議ノ如ク決シマス日程第二十九、矢部川改修工事ニ關スル建議案ヲ議題ト致シマス

第十七　内地ト朝鮮、臺灣、樺太、南洋群島、關東州及滿鐵附屬地間ノ郵便電信料金統一ニ關スル建議案（牧山耕藏君外十四名提出）（委員長報告）

報告書

一内地ト朝鮮、臺灣、樺太、南洋群島、關東州及滿鐵附屬地間ノ郵便電信料金統一ニ關スル建議案（牧山耕藏君外十四名提出）

右ハ本院ニ於テ可決スヘキモノト議決致候此段及報告候也

大正十二年三月二十四日

内地ト朝鮮、臺灣、樺太、南洋群島、關東州及滿鐵附屬地間ノ郵便電信料金統一ニ關スル建議案委員長

小山田信藏

衆議院議長粕谷義三殿

大正十二年三月二十七日

第十八　仁川築港擴張ニ關スル建議案（牧山耕藏君外四名提出）（委員長報告）

報告書

一仁川築港擴張ニ關スル建議案（牧山耕藏君外四名提出）

右ハ本院ニ於テ可決スヘキモノト議決致候此段及報告候也

大正十二年三月二十四日

仁川築港擴張ニ關スル建議案委員長　小山田信藏

衆議院議長粕谷義三殿

大正十二年三月二十七日

第二十　朝鮮多獅島築港速成ニ關スル建議案（牧山耕藏君外七名提出）（委員長報告）

報告書

一朝鮮多獅島築港速成ニ關スル建議案（牧山耕藏君外七名提出）

右ハ本院ニ於テ可決スヘキモノト議決致候此段及報告候也

大正十二年三月二十四日

朝鮮多獅島築港速成ニ關スル建議案委員長
小山田信藏

衆議院議長粕谷義三殿

大正十二年三月二十七日

第二十一　全邱鐵道建設ニ關スル建議案（牧山耕藏君外一名提出）

（委員長報告）

報告書

一全邱鐵道建設ニ關スル建議案（牧山耕藏君外一名提出）

右ハ本院ニ於テ可決スヘキモノト議決致候此段及報告候也

大正十二年三月二十四日

全邱鐵道建設ニ關スル建議案委員長　小山田信藏

衆議院議長粕谷義三殿

大正十二年三月二十七日

第二十二　群山港國營修築ニ關スル建議案（阪上貞信君外二名提出）（委員長報告）

報告書

一群山港國營修築ニ關スル建議案（阪上貞信君外二名提出）

右ハ本院ニ於テ可決スヘキモノト議決致候此段及報告候也

大正十二年三月二十四日

群山港國營修築ニ關スル建議案委員長　小山田信藏

衆議院議長粕谷義三殿

大正十二年三月二十七日

第二十三　鎭南浦築港速成ニ關スル建議案（牧山耕藏君外一名提出）（委員長報告）

報告書

一鎭南浦築港速成ニ關スル建議案（牧山耕藏君外一名提出）

右ハ本院ニ於テ可決スヘキモノト議決致候此段及報告候也

大正十二年三月二十四日

鎭南浦築港速成ニ關スル建議案

委員長　小山田信藏

衆議院議長粕谷義三殿

大正十二年三月二十七日

第二十六　植民政策確立ニ關スル建議案（阪上貞信君外四名提出）（委員長報告）

報告書

一植民政策確立ニ關スル建議案（阪上貞信君外四名提出）

右ハ本院ニ於テ可決スヘキモノト議決致候此段及報告候也

大正十二年三月二十五日

植民政策確立ニ關スル建議案委員長

小山田信蔵

衆議院議長粕谷義三殿

大正十二年三月二十七日

第二十七　拓殖省設置ニ關スル建議案（牧山耕藏君外十名提出）（委員長報告）

報告書

一拓殖省設置ニ關スル建議案（牧山耕藏君外十名提出）

右ハ本院ニ於テ可決スヘキモノト議決致候此段及報告候也

大正十二年三月二十五日

拓殖省設置ニ關スル建議案委員長　小山田信藏

衆議院議長粕谷義三殿

大正十二年三月二十七日

第二十八　朝鮮ニ於ケル水利事業資金充實ニ關スル建議案（松山常次郎君外一名提出）（委員長報告）

報告書

一朝鮮ニ於ケル水利事業資金充實ニ關スル建議案（松山常次郎君外一名提出）

右ハ本院ニ於テ可決スヘキモノト議決致候此段及報告候也

大正十二年三月二十五日

朝鮮ニ於ケル水利事業資金充實ニ關スル建議案委員長

小山田信藏

衆議院議長粕谷義三殿

特別報告第三百二十七號

意見書

請願文書表第一五九八號

鎭南浦築港速成ノ請願　朝鮮平安南道鎭南浦府鎭南浦商業會議所會頭士族川添種一郎外三名呈出（紹介議員牧山耕藏君）

右請願ノ要旨ハ朝鮮平安南道鎭南浦ハ時運ノ進展ト貿易ノ激增トニ伴ヒ現在ノ設備ヲ以テシテハ到底本來ノ使命ヲ果シ難シ依テ朝鮮ニ於ケル產業經濟界ノ情勢及殖民政策ノ根本義ニ照應シテ鎭南浦ノ築港ヲ速成セラレタシト謂フニ在リ

衆議院ハ其ノ趣旨ヲ至當ナリト認メ之ヲ採擇スヘキモノト議決セリ依テ議院法第六十五條ニ依リ別册及御送付候也

特別報告第五百六十六號

意見書

請願文書表第二五三七號

在外指定學校職員退隱料ノ請願　英領香港堅尼地路七號日本人小學校教員川北長一郎外三名呈出（紹介議員長峠與一君）

右請願ノ要旨ハ臺灣、朝鮮、樺太及關東州ニ在職セル學校職員ニ對シテハ明治三十三年法律第七十五號以下數次ノ法律ニ依リ其ノ恩給年數ニ加算法ノ特典ヲ與ヘラレタルニ拘ラス均シク祖國ノ爲ニ努力シツツアル在外指定學校職員ニ其ノ恩典ナキハ遺憾ニ堪ヘサルトコロナリ依テ前記在外指定學校職員ニ對シテモ其ノ退隱料ニ關スル在職年數ノ算定ニ加算法ノ恩典ヲ與ヘラレタシト謂フニ在リ

衆議院ハ其ノ趣旨ヲ至當ナリト認メ之ヲ採擇スヘキモノト議決セリ依テ議院法第六十五條ニ依リ別冊及御送付候也

第二　大正九年度決算

報告書

一大正九年度歳入歳出總決算
一大正九年度各特別會計歳入歳出決算
右ハ本院ニ於テ別紙ノ通議決スヘキモノト議決致候此段及報告候也
大正十二年三月十九日

決算委員長　宮古啓三郎

衆議院議長粕谷義三殿

〔別紙〕

不法又ハ不當ナルモノ
大正九年度歳入歳出總決算中
歳入ニ於テ
不當ナルモノ　六十件
歳出ニ於テ
不法ナルモノ　四件
不當ナルモノ　十三件
大正九年度各特別會計歳入歳出決算中
歳入ニ於テ
大藏省所管朝鮮總督府
不當ナルモノ　三件
歳出ニ於テ
文部省所管學校及圖書館
不法ナルモノ　一件
大藏省所管造幣局
不當ナルモノ　一件
大藏省所管専賣局
不當ナルモノ　一件
大藏省所管朝鮮總督府
不當ナルモノ　一件
大藏省所管朝鮮醫院及濟生院
不當ナルモノ　一件
大藏省所管臺灣總督府
不當ナルモノ　一件
陸軍省所管東京砲兵工廠
不當ナルモノ　一件
海軍省所管海軍工廠
不當ナルモノ　一件
鐵道省所管帝國鐵道
不當ナルモノ　四件
總計　九十二件
既往年度（大正七年度及大正八年度）
一般會計
歳入ニ於テ
不當ナルモノ　四十三件
歳出ニ於テ
不當ナルモノ　一件
特別會計
歳入ニ於テ
不當ナルモノ　二件
歳出ニ於テ
不當ナルモノ　一件
總計　四十七件
大正九年度歳入歳出總決算及同各特別會計歳入歳出決算中不法又ハ不當ナリト議決シタル事項左ノ如シ
不當ナルモノ
一般會計歳入ニ於テ
課税標準ノ決定其宜シキヲ得サルモノ　四件
租税ノ徴收不足ニ屬スルモノ　三十一件
租税ノ徴收過ニ屬スルモノ　十六件
監督不十分ナリシカ爲課税價格ヲ低下シ登錄税ヲ騙取セラレタルモノ　一件
故ラニ課税價格ノ認定ヲ低下シ國庫ニ不利ヲ生セシメタルモノ　一件
監督其宜シキヲ得サリシカ爲多額ノ歳入金ヲ横領費消セラルルニ至リタルモノ　一件
其他不當ナルモノ　六件
合計　六十件
同　歳出ニ於テ
虚構ノ事實ニ對シ支出ヲ爲シタルモノ　八件
工事施行上適當ノ注意ヲ缺キ國庫ニ損失ヲ及ホシタルモノ　一件
物品購入上豫算外國庫負擔ノ契約ヲ爲シ且注意周到ヲ缺キ國庫ニ損失ヲ及ホシタルモノ　一件
豫算ノ剩餘アルニ乘シ翌年度ノ所要品ヲ多數ニ購入シ且購入日附ヲ作爲シ之カ經費ヲ支出シタルモノ　一件
經費仕拂ニ關シ所屬年度ヲ混淆シタルモノ　一件
工事施行上監督其宜シキヲ得ス出來形設計ニ違背シタル粗造ノ工事ニ對シ代金ノ全部ヲ仕拂ヒタルモノ　一件
合計　十三件
特別會計歳入ニ於テ
租税ノ徴收不足ニ屬スルモノ　三件
同　歳出ニ於テ
物品ノ購入ニ關シ措置其當ヲ得サルモノ　一件
虚構ノ事實ニ對シ支出ヲ爲シタルモノ　八件
事實ニ反スル證明ヲ爲シ所屬年度ヲ紊リタルモノ　一件
事實ヲ作爲シテ豫算ノ繰越ヲ爲シ且不急ノ物品ヲ購入シ國庫ニ損失ヲ來シタルモノ　一件
合計　十一件
不法ナルモノ
一般會計歳出ニ於テ
豫算目的外ノ支出ヲ爲シタルモノ　三件
經費仕拂ニ關シ所屬年度ヲ混淆シタルモノ　一件
合計　四件
特別會計歳出ニ於テ
豫算目的外ノ支出ヲ爲シ且競爭入札ヲ避ケタルモノ　一件
總計　九十二件
既往年度（大正七年度及大正八年度）未確定金額ノ檢查確定セルモノノ内不當ナリト議決シタル事項左ノ如シ
一般會計歳入ニ於テ
租税ノ徴收不足ニ屬スルモノ　二十六件
租税ノ徴收過ニ屬スルモノ　十四件
課税標準ノ決定其宜シキヲ得サルモノ　二件
其他不當ナルモノ　一件
合計　四十三件
特別會計歳入ニ於テ
租税ノ徴收不足ニ屬スルモノ　二件
一般會計歳出ニ於テ
虚構ノ事實ニ對シ支出ヲ爲シタルモノ　一件
特別會計歳出ニ於テ
虚構ノ事實ニ對シ支出ヲ爲シタルモノ　一件
總計　四十七件
（以下略ス）
〔宮古啓三郎君登壇〕

○宮古啓三郎君　決算委員會ノ經過竝ニ結果ノ御報告ヲ致シマス、先ヅ最初ニ決算委員會ニ於テ審査ヲ致シマシタ範圍カラ申上ゲマス、大正九年度ノ歳入ハ經常臨時ヲ通ジマシテ、二十億六十五万二千三百二十一圓六十九錢七厘、歳出ハ經常臨時ヲ通ジマシテ十三億五千九百九十七万二百五十五圓四錢一厘、差引キマシテ剩餘金ガ六億四千六十七万四千六十六圓六十五錢六厘トナリマス、此歳入ノ中ニ於キマシテ二千九百五十二万百二十四圓四十九錢、歳出ノ中ニ於キマシテ四百万五千三百七十七圓八十錢七厘、是ダケハ會計檢査院ノ檢査ガ未確定デアリマスルガ故ニ、此分ヲ除キマシテ、其他ノ部分ヲ審査致シタノデアリマス、又特別會計ニ於キマシテハ、大藏省所管、朝鮮總督府歳入ノ中ニ於キマシテ一万六千三百四十一圓三十七錢、歳出ノ中ニ於テ五万二千二百二十六圓七十四錢、同ジク臺灣總督府ノ歳出ノ中ニ於マキシテ二十万二千九百二十四圓八十八錢、文部省所管ノ京都帝國大學ノ歳出ノ中ニ於キマシテ一万九千四百圓、是ダケガ餘計檢査院ノ檢査ガ未確定デアリマシタカラ、此分ヲ除キマシテ其以外ヲ審査致シタノデアリマス、又既往年度ノ一般會計ニ於キマシテ、大正七年度分ノ會計檢査院ノ檢査確定ノ分ガ、歳入ノ中デ五十二万七百四十六圓九錢、歳出ノ中ニ二十二万九千五百八十圓三十三錢七厘、大正八年度分ノ會計檢査院ノ檢査確定ノ分ガ、歳入ノ中ニ於キマシテ五千百三十万三千二百七十二圓六十五錢三厘、歳出ノ中デ三百二十五万九千五百七十三圓六十一錢八厘、及既往年度ノ特別會計ニ於キマシテ、未確定トシテ殘ッテ居リマシタ大藏省所管ノ朝鮮總督府、朝鮮醫院及濟生院、臺灣總督府ノ歳入歳出ノ全部ガ、會計檢査院ノ檢査確定ヲ致シマシタカラ之ヲ審査致シタノデアリマス、以上ガ卽チ吾々ガ審査致シマシタ範圍デアリマス、委員會ヲ開キマシタコトハ、總會ヲ開キマシタコトガ十回、分科會ヲ開キマシタコトガ通ジテ十七回、計二十七回デアリマシテ、委員諸君ハ何レモ非常ニ精勵ヲサレマシテ、最モ愼重ニ審査ヲ致シタノデアリマス、審査ノ結果ヲ申上ゲマスルガ委員中ノ本田恒之君カラシテ、會計檢査院ノ報告ノ通リニ決定致シタイト云フ動議ガ出マシテ、尙又附帶ノ決議ヲ爲シタイト云フコトデ一ツノ決議案ガ出タノデアリマス、然ルニ是ハ少數ヲ以チマシテ成立ヲ致シマセヌ、此點ニ付キマシテハ本田君カラシテ少數者ノ意見トシテ本會議ニ提出シタイト云フ希望ガゴザイマスカラ、後ニ御本人ヨリ詳述サレルコト、存ジマスカラ私ハ之ヲ略シマス、而シテ其決議案ナルモノハ、少數意見者ノ報告トシテオ終ヒニ附イテ居リマス、多數ヲ以テ決定ヲ致シマシタ結果ハ、大正九年度ノ一般會計ニ於キマシテ、歳入ニ於テ不當ナルモノ六十件、歳出

ニ於テ不法ナルモノ四件、不當ナルモノ十三件、特別會計ノ歳入歳出ノ決算中ニ、歳入ニ於キマシテ大藏省所管朝鮮總督府デ、不當ナルモノ三件、歳出ニ於テ文部省所管學校及圖書館ニテ不法ナルモノガ一件、大藏省所管ノ造幣局ニ於テ不當ナルモノガ二件、同ジク專賣局ニ於キマシテ不當ナルモノガ一件、同ジク朝鮮總督府ニ於テ不當ナルモノガ一件、同ジク朝鮮醫院及濟生院ニ於テ不當ナルモノガ一件、同ジク臺灣總督府ニ於キマシテ不當ナルモノガ一件、ソレカラ陸軍省所管ノ東京砲兵工廠ニ於テ不當ナルモノガ一件、海軍省ノ所管デ海軍工廠ニ於キマシテ不當ナルモノガ一件、鐵道省所管ノ帝國鐵道ニ於キマシテ不當ナルモノガ四件、總計九十二件、既往年度卽チ大正七年度及大正八年度ノ分ノ一般會計ニ於キマシテ、歳入ニ於テ不當ナルモノ四十三件、歳出ニ於キマシテ不當ナルモノ一件、特別會計ニ於テ、歳入ニ於キマシテ不當ナルモノガ二件、歳出ニ於キマシテ不當ナルモノガ一件、總計四十七件、是ダケデゴザイマス、此詳細ハ御手許ニ廻ッテ居リマスル報告書ニ明記シテ居リマスカラ、之ニ依ッテ御覽ヲ願ヒマス、是ヨリ經過ヲ申上ゲマス、委員會ニ於キマシテ質問應答ヲ致シマシタコトハ餘程多岐ニ渉ッテ居ルノデアリマス、ソレデアリマスカラ、一々之ヲ御報告スルコトハ非常ニ時間ヲ要スルコトデアリマスカラ、ソレハ速記錄ニ讓リマス、其中デ最モ重要ナルモノ數點ニ付キマシテ、玆ニ御紹介ヲ致サウト思フノデゴザイマス、尙又其數點ニ付キマシテモ、此後ニ少數意見者ノ說明ガゴザイマスシ、尙又之ニ對シテ討論モアルノデアリマスカラ、私カラハ其中ノ極メテ要領ノミヲ申上ゲヤウト思フノデアリマス、第一ノ問題ハ特別會計ノ中デ、農商務省所管ノ製鐵所ノ部ニ於キマシテ、鹿町炭鑛ノ買收問題デゴザイマス、此問題ニ付キマシテハ委員中ヨリシテ非常ニ澤山ナ質問ガ起ッタノデアリマス、殆ド三日間此質疑應答ノ爲ニ費シタノデゴザイマス、其質問ノ主ナルモノハ、第一ニ此鹿町炭鑛ヲ三百万圓ニ一割投ゲマスケレドモ、先ヅ三百万圓ト申シマス、三百万圓ヲ以テ買收ヲ致シタコトハ如何ニモ不相當デアル、其價ガ斯ノ如ク大ナルモノデハナイノデアル、而シテ「ボーリング」モ下サナイデ之ヲ買收シタト云フコトハ甚ダ不都合デハナイカト云フ質問デゴザイマス、之ニ對シマスル政府ノ答辯ハ、凡ソ製鐵事業ヲ致シマスニハ、第一ニ鐵鑛、其二ニ石炭ト云フ物ガナケレバナラヌノデアッテ、此二ツノ物ガ安全デアルデナケレバ、鐵工業ノ基礎ノ確立ト云フコトハ出來ナイノデアル、銑鐵ヲ一噸造ルニハ石炭ガ二噸必要デアル、鋼鐵ヲ一噸造ルニハ石炭ガ四噸必要デアル、斯樣ナ石炭ト云フモノハ全ク製鐵事業ノ是ハ生命デアル、而シテ其石炭ナルモノガ製鐵所ニ於テ經營ヲシテ居ル二瀨炭ト云フノガ

アリマスルガ、サウ云フモノト竝ニソレト同ジヤウナモノデハ――普通ノモノダケデハイカヌノデアル、之ニ配合炭ヲ加ヘナケレバ相當ナル「コークス」ヲ造ルコトハ出來ナイカラ、ドウシテモ配合炭ト云フモノ、必要ガ玆ニ在ルノデアル、其割合ハ普通炭ヲ六割、配合炭ヲ四割加ヘナケレバナラヌノデアル此配合炭ト致シマシテ、多年ノ經驗ニ依ッテ――實驗ニ依ッテ適當デアルトスル所ノモノハ、支那ニ在ル所ノ本溪湖ノ石炭、開平炭、及鹿町ノ石炭ガ卽チ是デアル、然ルニ本溪湖ト云フモノハ支那ノ國ニ在ッテ、大連マデモ二百哩モアル、又大連カラ――製鐵所マデ六百哩モアルノデアルカラ、之ヲ運搬スルニ付テ多額ノ費用ヲ要スルカラシテ、是ハ洵ニ引合ハナイノデアル、開平炭ハドウデアルカト申シマスルト、開平炭ト云フモノハ是ハ秦皇島ニ製鐵所ヲ置クト云フコトニナッテ居ルノデアッテ、製鐵所ト云フモノヲ置クト云フコトニナリマスレバ、開平炭ト云フモノハ到底當テニスルコトハ出來ナイ、ソレカラ此本溪湖炭モ矢張サウデアッテ、本溪湖製鐵所ト云フモノト鞍山製鐵所ト云フモノガアッテ、其方ニ是モ亦使ハレルノデアル、斯樣ナ譯デ、且又此二ツノ石炭ガ海外ニ在ルノデアルカラ、一朝事ガ有ッタトキニハ、到底之ヲ日本ヘ持ッテ來ルト云フコトガ不可能デアル、現ニ其實例ト致シテハ先頃呉佩孚ト張作霖トガ戰ヲ致シマシタトキニハ、一箇月間程ハ之ヲ輸入スルコトガ出來ナカッタノデアル、斯樣ナ譯デアッテハ到底此製鐵工業ノ安全ヲ期スルト云フコトハ到底出來ナイ、內地ニ在ッテハドウデアルカト申シマスト、高島炭ト云フモノハ硫黄分ガ多イ、而シテ又價格ガ高イ、三池炭ト云フモノハ硫黄分ガ多イ、斯樣ナ譯デアルカラ、高島炭竝ニ三池炭ト云フモノモ亦配合炭トシテ適當デナイノデアル、相殘ッテハ鹿町炭鑛ヨリ外ニ無イノデアル、此鹿町炭ト云フモノハ開平炭ト全ク其ノ性質ヲ同ジウシテ居ル、ソレデアルカラシテ一番鹿町炭ト云フモノガ此製鐵所ニハ適當ヲ致スノデアル斯樣ナ次第デアルカラシテ、製鐵所ハドウカシテ此鹿町炭鑛ヲ自分ノ手ニ入レタイト云フ考ヲ起シタノデアル、明治四十二年以來度ゝ此鹿町炭鑛ニ技師ヲ派遣致シテ、サウシテ調査研究ヲ遂ゲタノデアル、恰モ大正八年ノ九月ニ至ッテ、此鑛區ノ賣却ヲシタイト云フ相談ヲ受ケルコトニナッタノデアル、是レ洵ニ幸デアルカラシテ、其調査ヲ遂ゲマシテ、之ヲ買受クルコトニナッタノデアル、先方ニ於テハ五百万圓デナケレバ賣ラヌト云フコトヲ申シテ居リマシタガ、段々交渉ヲ重ネテ結局三百万圓デ買收スルト云フコトニナッタノデアル、「ボーリング」ヲ下サナイト云フコトニ付テ大ニ非難サレルガ、此鹿町炭鑛ト云フモノハ既ニ稼行中ノモノデアル、新シイ山デハアリマセヌデ、現ニ採掘ヲ致シツ、アル所ノ山デアリマスル、ソレデアルカラシテ、其坑內ノ模樣ト云フモノハ略、既ニ是ハ

分ッテ居ルノデアル、ソコデ又其石炭ノ所謂炭層――炭層ト云フモノモ一番下ニ在ルト認メラル、所謂大瀬五尺層ト云フモノヲ除キマシテハモウ既ニ現レテ居ルノデアル、又會社ニ於テ下シマシタ所ノ「ボーリング」ト云フモノガ既ニアルノデアル、其會社ニ於テ下シタ所ノ「ボーリング」ノ實績ト云フモノヲ之ヲ調査ヲ致シ、ソレカラ又隣接鑛區ニ於テ「ボーリング」ヲ下シタモノガアル、其實績モ亦調査研究ヲ致シタノデアル、又鑛區ノ内若クハ外ニ於テ露頭ガ幾ツモアル、其露頭ノ傾斜角度等モ調査ヲ致シテ、サウシテ大體ノ炭量ト云フモノヲ計算シタノデアル、凡ソ「ボーリング」ト云フモノハ新シイ山デアルナラバ必ズ之ヲ下サンケレバナラヌノデアラウケレドモ、既ニ加工中ノモノデアルナラバ、必シモ之ヲ必要トスルト云フコトハナイノデアル、殊ニ又學理ノ應用ト云フモノハ、此石炭山ニ對シテハ多クハ的中ヲスル、ソレデアリマスルカラシテ「ボーリング」ヲ下サズニ此買收ヲ致シタト云フコトハ、決シテ不當デハナイ、其炭量ヲ安河内技師ヲ以テ計算ヲセシメマシタ所ガ、他ノ層ハ計算ニ入レマセヌデ、單ニ鹿町五尺層ト云フモノダケヲ計算ヲ致シマシテ八百七十九万噸アル、ソレカラ大瀬五尺層ト云フモノハ其又下ニ在ルト見込ンデ居ルノデアルガ、ソレガ九百七十六万噸アル見込デアル、之ヲ合スレバ即チ千八百五十万噸ト云フコトニナルノデアル、併ナガラ製鐵所ノ考ヘル所デハ、此一番下ニ在リト稱スル所ノ大瀬五尺層ナルモノガ無クテモ、其以外ノ層ダケデモ之ヲ三百万圓デ買フテ差支ガナイ、斯樣ニ考ヘタノデアル、ソコデ此大瀬五尺層ナルモノマデモ加ヘルト云フト、一噸當リガ十一錢位ニナルノデアルガ、一噸當リ其倍二十二錢、若クハ二十五錢、三十錢位マデ行ッタ所デ、決シテ製鐵所ニ於テハ差支ガナイ見込デアッタノデアルカラシテ、大瀬五尺層ノ如キハ決シテ之ヲ眼中ニ置イタモノデハナイノデアル、而シテ又此大瀬五尺層ト云フモノモ三十町計リノ處ニ在ル所ノ露頭、其他ノ露頭カラ之ヲ調査ヲ致シテ、必ズ在ルト云フ見込ヲ付ケタノデアル、デソレハ其後ノ實際ニ徴シテ見マスルノニ、即チ買收ヲ致シタ後ニ於テ「ボーリング」ヲ八本程下シタ、八本程下シマシテ其結果ヨリ見テ、林義雄ト云フ技師ニ調査ヲサセテ見マシタ所ガ、大瀬五尺層ナルモノヲ除イタ其以外ノ分ダケデ確ニ千五百八十四万噸ハアルノデアル、是ハ買收以後ニ調査シタ結果デアリマス、デ斯ノ如ク大瀬五尺層ヲ除イテスラ千五百万噸以上アルノデアル、之ヘ持ッテ行ッテ大瀬五尺層ガ九百万噸以上アルト云フコトニナルト、二千五百万噸以上アルト云フ計算ニ相成ルノデアルカラシテ、決シテ代價ガ不當デアルト云フヤウナコトハナイ、又「ボーリング」ヲ下サナイデ買ッタト云フコトガ惡イト云フヤウナ事ハ無イト信ズル、斯樣ナ答辯デゴザイマス、ソレカラ又委員カラシテ斯ウ云フ質問ガ起リマシタ、最初十六鑛區ノ見込ヲ以テ其代金ヲ三百万圓ト云フコトニ定メタノデアル、愈、假契約ヲ結ブト云フトキニ相成リマシタ所ガ、二鑛區ヲ除イテ十四鑛區ト云フコトニ致シタ、二鑛區ノ坪數ガ二十万坪以上アル、此二鑛區ヲ除キマシタ場合ニ於テハ、代金ヲ減額シナケレバナラヌ筈デアルノニ、矢張三百万圓デ之ヲ買ッテシマッタト云フノハ不都合デハナイカト云フ斯樣ナ質問ガ起ッタノデアリマス、之ニ對シテ政府ノ答辯ハ、成程十六鑛區ト云フモノヲ買ハウト云フコトヲ話シタノデアルガ、ソレハ併ナガラ鹿町炭鑛側ノ方デハ承諾シテ居ラナカッタノデアル、製鐵所ノ希望ハ十六鑛區デアッタノデアルガ、鹿町炭鑛ノ方デハソレヲ承知致シテ居ラナカッタノデアル、愈、假契約ヲ結ブコトニ相成リマシタ所ガ、ドウシテモ二鑛區ヲ入レルト云フコトヲ承諾セヌノデアル、ソコデ二鑛區ハ加ヘラレナイガ、併ナガラ總テ之ヲ製鐵所ノ方デ買收スルト云フコトニナレバ、各鑛區ノ間ニ在リマスル所ノ採掘ノ坪數ガ、皆鑛區ノ内ニ這入ッテシマフ、是ハ二十万坪ニ近イモノガアルノデアルカラ、此二十万餘坪ノモノガ無クッテモ三百万圓デ買ウテモ差支ナイト云フ考デ、此二鑛區ヲ除イタニ拘ラズ、代金ハ依然トシテ三百万圓デ買ッタノデアル、斯樣ナ答辯デアリマス、ソレカラ又委員中カラシテ、此鑛區ノ外ニ附屬物、即チ土地、建物、器械器具等デアリマスルガ、アレヲ二十万圓ト云フコトニ見積リ、鑛區ノ方ヲ二百八十万圓ト云フコトニ見積ッテ、假契約ヲシテ居ッタノデアリマスガ、愈、實地ヲ調ベルコトニナッタ所ガ、是ハ二十万圓デアルト思ウタ所ガ、十五万圓ノ價シカ無カッタ、既ニ十五万圓ノ價シカ無イト云フコトニナッタナラバ、五万圓ノ金額ハ少クトモ三百万圓ノ内カラ差引イテ然ルベキモノデアル、然ルニソレヲ差引カズシテ依然トシテ三百万圓トシテ買ウタノハ、不都合デハナイカト云フ斯樣ナ質問ガ起ッタノデアリマス、之ニ對スル政府ノ答辯ハ、成程假契約ノ際ニ鑛區ヲ二百八十万圓、附屬物ヲ二十万圓ト云フコトニ書現ハシタト云フコトハ相違ナイノデアルガ、ソレハ假ニ置イタノデアル、元來當事者ノ間ニ相談シタノハ、鑛區ト附屬物ト之ヲ悉皆籠メテ三百万圓ト云フコトデ約束ヲシタノデアル、ソレデアルカラ内譯ヲスベキモノデハナイ、但シ豫算ノ組織ノ上デ一ハ鑛山採掘權買收費ト云フコトニ致シ、他ノ一ハ器具機械、土地購入費ト云フ風ニ分ケネバナラヌ、之ヲ分ケネバナラヌカラシテ、ソコデ假ニ鑛區ノ方ハ二百八十万圓トシ、附屬物ノ方ハ二十万圓ト云フコトニ致シタノデアル、ソレデアルカラシテ愈、本契約ヲ結ブ際ニ當ッテ、二十万圓ニ見タモノガ十五万圓シカナカッタト云フ以上ハ、其五万圓ハ鑛區ノ方ヘ持ッテ行カナケレバナラヌコトニナルノデアル、ソレデアルカラ愈、本契約ノ際ニ於テ、鑛區ノ代金ヲ二百八十五万圓トシ、附屬物ヲ十五万圓トシタノデアル、デアルカラ是ハ初メカラ總體ヲ引括メテ三百万圓ト云フ譯デアルノデアルカラシテ、此間ニ於テ何等不都合ノアル譯ノモノデハナイ、斯樣ナ政府ノ答辯デゴザイマス、ソレカラ其ノ次ニ委員カラシテ質問サレタノハ、大正九年ノ三月ニ遽ニ之ヲ買フ必要ハナカッタノデハナイカ、而モ斯ノ如キ高イ相場ヲ以テ遽ニ之ヲ買ッタト云フコトハオカシイデハナイカ、斯樣ナ質問ガアリマシタ、之ニ對シマシテ政府ノ答辯ハ、大正八年ノ九月中ニ賣却ノ申出ガアリマシタカラ、其相談ヲ引續イテ進メテ參リマシテ、大正九年ノ三月十六日ニ假契約ヲ結ブコトニナッタノデアル、遽ニ大正九年ノ三月ニ起ッテ三月ニ決メタト云フ譯デハナイノデアル、大正八年ノ九月カラ此談判ハ進メ來ッタノデアッテ、而シテ當事者ノ間ニ合意ガ成立ッテ、ソレカラ此契約ヲ結ブト云フコトニナッタノデアル、決シテ遽ニ此契約ヲシタト云フ譯ノモノデハナイノデアル、殊ニ又三月十六日ト云フ時ハ株式ノ暴落ノ時デアッタ、株式ノ暴落ノ時デアッタト云フノニ、之ヲ契約シタノハ不都合デハナイカト云フヤウナ意見モアルノデアルガ、併ナガラ其時初テ是ハ決メタ問題デハナクッテ、其前ニ最早當事者ノ間ニ決メテ居ッタノデアル、三月十六日ノ形勢如何ト云フコトニ依ッテ之ヲ反古ニスルト云フヤウナコトハ出來ナイノミナラズ、製鐵所ニ於テハ依然トシテ此鑛區ノ必要ヲ感ジテ居ッタノデアル、其時ニ會社ノ過半數ノ株ヲ持ッテ居ル所ノ者ガ大倉喜八郎氏デアル、大倉喜八郎氏ガ自分デ此山ヲ引受ケテ、サウシテ自分デ經營ヲシヤウト云フヤウナ話モアッタ、左樣ナ事ヲサレルコトニナッタナラバ、製鐵所ハドウシテモ欲シイ所ノ山ヲ得ルコトガ出來ナクナッテシマフ、製鐵所ノ方デハドウシテモ是ハ欲シカッタノデアル、當時ハ非常ナル利益ノアル時代デアッテ、何千万圓ト云フ利益ヲ年々製鐵所ガ擧ゲ來ッタノデアル、或ル一年ノ如キハ六千万圓近イ利益ガアッタ、斯樣ナ製鐵所デアルノデアルカラ、ドウシテモ是ガナケレバイカヌト見込ヲ付ケテ居ルノデ、是ガ買ヘナイト云フコトニナッタラ大變ダト云フ考ヲ持ッテ居ルノデアルカラシテ、ソレデ此契約ノ遂行ヲ致シタノデアル、代金ノ支拂ハドウ云フコトニ致シタカト申シマスルト、ソレニ對シテハ表ヲ提出シテアリマスガ、大正九年ノ四月二十三日ニ二十万圓拂ッテ居ル、五月ノ一日ニ一万七千六百四十五圓四十錢、五月八日ニ千九百五十七圓五十錢支拂ヲ致シマシテ、其殘ハ五月十二日以後ニ全部ヲ拂ッテ居ルノデアリマス、五月十日ハ丁度總選擧ノ日デアリマスカラ此ニ御注意ヲ願ヒタイノデアリマス、斯樣ト支拂ノ方法ヲ致シタノデアル、斯樣ナ譯デアリマスカラシテ、決シテ遽ニ此買收ヲシタト云フヤウナ譯デハナイ、左樣ニ承知ヲシテ貰ヒタイト云フコトノ答辯デゴザイマシタ、ソレカラ尚又委員中カラシテ、ドウモ此經過ヲ見ルト云フト如何ニモ刑事的不正ナル行爲ガアルト思フ、之ニ對シテハドウデアルカト云フヤウナ意見モ出デ、又司法當局ニ聽キタイト云フヤウナ意見モゴザイマシテ、司法省ノ政府委員トシテ林刑事局長ガ出席ヲ致シマシタ、ソレデ林刑事局長ノ意見ヲ聽イテ見マシタ、所ガ司法省ニ於テハ、兎ニ角此鹿町炭礦ノ買收ト云フ事ニ付テハ、甚ダ面白カラザル噂ヲ聞クノデアル、然ラバ此調査ヲシナケレバナラヌト云フ考ヲ起シテ、長崎地方裁判所ノ檢事正ニ命令ヲ下シテ、詳細ナル調査ヲ遂ゲシメタノデアル、餘程數多ノ日子ヲ費シテ最モ綿密ニ調査ヲ致シタ積リデアル、其結果ハドウデアルカト云フト、此買收問題ニ關シテ何等不正ナル行爲アリシ事ヲ發見セヌノデアル、但シ其調査ノ中ニ於テ重役ノ一人ガ會社ニ對シテ不正ナル行爲ガアッタト云フ事ガ、發見サレタ故ニ、其點ニ對シテハ檢事ヲシテ起訴セシメタノデアル、其以外ニ於テハ何等刑事ニ關係ノアルヤウナ不正行爲ノ在リシト云フコトハ全然認メナイノデアル、斯樣ナ答辯デゴザイマシタ、是ガ鹿町炭礦ニ關シマスル質疑應答ノ要領デゴザイマス、次ニハ特別會計ノ中デ、鐵道省所管帝國鐵道資本勘定ノ部ニ於キマシテ、大津京都間ノ鐵道工事請負代金ノ値增問題、是ハ委員カラ色々ノ質問ガ起ッタノデアリマス、是ハ大正五年ノ四月ヲ以チマシテ東山隧道、其他ノ工事ノ請負ヲ稻葉某、後ニハ稻葉合資會社トナッタノデアリマスガ、其者ニ八十六万四千圓ヲ以テ請負ハシタノデアリマス、其後ニ大正六年十月ニ三割四分、大正七年ノ八月ニ二割二分、大正八年ノ八月ニ五割五分ト云フモノヲ、何レモ未成部分ニ對シテ値增ヲ致シタノデアリマス、而シテ更ニ又大正九年ノ八月ニ於テ、五割八分ノ未成部分ニ對スル値增ヲ致シタノデアリマス、是ガ甚ダ不都合デアルト云フノ攻擊的質問デアッタノデアリマス、之ニ對シマスル政府ノ答辯ハ、請負契約ヲ致シマシタ以後ニ於テ、物價ハ益、暴騰シタノデアル、又賃銀ガ急、騰貴ヲ致シタノデアル、ソレガ爲ニ到底元ノ契約高デアッテハ請負ヲシタ人ガ大ナル損害ヲ被ルコトニナルノデアル、ソレハ如何ニモ氣ノ毒デアルカラシテ、一般ニ請負人ニ對シテ値增ヲ致シタノデアル、故ニ獨リ稻葉某、稻葉合資會社ダケニ對シテ特殊ノ利益ヲ與ヘタモノデハナクテ、大正八年八月ノ値增マデハ、是ハ總テノ請負人ニ對シテ値增ヲ致シタノデアル、獨リ大正九年八月ニ五割八分ノ値增ヲシタト云フコトハ此稻葉ニ特別デアル、何故ニ大正九年ノ八月ニ此稻葉ニ對シテ五割八分ノ値增ヲセナケレバナラナカッタカト申シマスト、大正七年ノ末カラ此隧道ノ中ニ於テ非常ナル硬岩ニ當リマシテ、掘鑿ガ頗ル困難トナッタノデアル、ソコデ大正九年ニ至ッテハ又非常ナル硬岩ト、軟弱ナル土質ト交、相次ギマシテ、作業ガ愈、困難トナッタノデアル、數ヘテ見ルト初メヨリ十六回モ事故ヲ生ジテ居ル斯樣ナコトデアル爲ニ、請負人ハ厭ヤニナッテシマッテ解約ヲ望ムヤウニナッテシマッタノデアル、ソコデ之ヲ解約スルト云フコトハ權利トシテハ勿論出來ルノデアル、加之保證金ノ沒收モ出來ルノデアル、併ナガラ考ヘテ見ルト、之ヲ解約サセルト云フコトニナレバ、新ナル請負人ニ請負ハセナケレバナラヌト云フコトニナル、サウナレバ豫定ノ時期ニ到底進行ヲ見ルコトハ出來ナイ、少クトモ三四箇月間ハ工事ガ遲レルコトニナルノデアル、且又後ニ請負フ所ノ人ガ斯樣ナ困難ナル工事デアリマスルカラ、果シテ前ノ契約者ノ通リニ請負フカドウカト云フコトハ、是亦覺束ナイノデアル、ソレ故ニ此場合ニ於テハ寧ロ解約ヲセナイ、値增ヲシテモ元ノ者ニ之ヲ遂行サセル方ガ餘程鐵道ノ上ニ利益ガアルト云フノデ、ソレガ爲ニ解約ヲ致サナイデ、九割三分程ノ値增ヲ致シタノデアルカラシテ、決シテ稻葉某ニ特殊ノ利益ヲ與ヘタト云フヤウナコトハ斷ジテ無イノデアルト云フノガ、卽チ政府ノ答辯デアリマス、其次ニ特別會計ノ中、大藏省所管關東廳ニ於テ、官有地拂下問題ナルモノガアリマス、此問題ニ對シマシテ委員ヨリ質問ガ起ッタノデアル、大連株式商品取引所ニ對シテ、大連市內ノ官有地四千八百八十一坪ヲ隨意契約ヲ以テ一坪當リ二百圓、五箇年賦皆濟デ拂下ゲタト云フコトハ、洵ニ不當デハナイカト云フ質問デアリマス、之ニ對スル政府ノ答辯ハ、成程此問題ニ對シテハ二百圓、五箇年賦デ拂下ゲタニ相違ナイ、其經過ハ最初大連ノ民政署カラ一坪當リ百五十圓デ拂下ゲルコトガ相當デアルト云フ意見ガ出タ、之ヲ大連市地價調査委員會ト云フモノニ諮問致シタ所ガ、一坪ノ代金二百八十圓、五箇年賦ガ相當デアルト云フ答申ガ出タノデアル、然ルニ元來大連ノ民政署ガ一坪百五十圓ト云フコトヲ申出タノハ、決シテ根據ノ無イコトデハナイノデアッテ、是ハ近隣ノ振合ニ依ッテ此申出ヲシタノデアル、尙又大連ノ土地政策ト云フモノハ單ニ收入ヲ圖ルノミヲ以テ能事ト致シテ居ルノデハナイノデ、大連ノ發展ヲ圖リ、延イテ滿蒙ノ開發ノ一助トシナケレバナラヌト云フ政策ヲ執ッテ居タノデアル、ソレデアルカラ成ベク安價ニ拂下ゲテ、サウシテ有力ナル商工業者ヲ大連ニ招來スルト云フノガ卽チ關東廳ニ於テ執ッタ政策デアル、斯樣ナ次第デアリマスカラシテ、調査委員會ニ於テハ二百八十万圓ガ相當デアルト云フ意見ガ出タノデアルガ、東京ニ其當時居リマシタ關東長官ハ、自分ノ歸ルマデ待テト云フ電信ヲ發シテ置キマシテ、歸ッテ後大正九年十二月ニ決定致シマシタ、其決定ハ調査委員會ニ於テハ氣付イテ居ラナカッタ所ノ其土地ニ在ル下水管等、是ガ二十五万圓以上ノ費用ヲ要スルモノデアルサウデアリマス、ソレ等ハ買受人ニ於テ負擔スルコトニ致シマシテ、サウシテ二百圓ヲ以テ拂下ゲルコトニ決定致シマシタ、卽チ大正十年三月ニ契約致シマシテ其拂下ヲ實行致シタノデアリマス、尙ホ大正十年三月ニナリマスト又價格ガ幾分下ッテ參リマシタヤウナ次第デ、關東廳デハ二百圓ヲ以テ賣ルト云フコトハ寧ロ喜ンデ致シタヤウナ譯デアリマス、斯樣ナ譯デアリマスカラ坪二百圓ヲ以テ拂下ゲタト云フコトハ、決シテ不相當ナル相場ヲ以テ拂下ゲタモノトハ政府ニ於テハ斷ジテ認メナイノデアル、且又隨意契約ヲ以テ拂下ゲヲ致シマシタノハ、關東廳ニ於テ施行致シマス官有地特賣規則第一條ニ「官有地ハ公用又ハ公益事業產業ノ保護獎勵若ハ土地整理ノ爲ニ其ノ他官ニ於テ特ニ必要ト認メタル場合ニ限リ隨意契約ニ依リ之ヲ賣渡スコトアルヘシ」ト云フ條文ガアリマスカラ、此條文ニ基イテ隨意契約ニ依ッテ拂下ゲタノデアッテ、決シテ違法ノ處置ヲ致シタモノデハナイノデアル、斯樣ナ答辯デゴザイマシタ、終リニ遞信省ノ所管ノ中デ、爲替貯金局ニ於テ、東京日用品市場協會ニ對シテ二回ニ百万圓ノ金ヲ貸渡シタト云フ點ニ付テ、色々ナ質問ガアッタコトヲ御紹介致シマス、是ハ東京日用品市場協會ト云ウモノハ更ニ財產ヲ有シテ居ナイ所ノモノデアル——更ニト云ウテハ語弊ガアルカ知レマセヌガ、洵ニ僅カシカ財產ヲ所有シ居ラヌ所ノモノデアル、此者ニ對シテ百万圓ト云フヤウナ金ヲ貸出シテ之ヲ回收スルト云フコトハ容易ナラヌ譯デハナイカ、甚ダ危險ヲ履ムデハナイカ、斯樣ナ事ヲ致シタノハ不都合デハナイカト云フノ質問デゴザイマス、之ニ對シマシテノ政府ノ答辯ハ、元來東京日用品市場協會ト云フモノハ何ノ爲ニ出來タモノデアルカト申シマスルト云フト是ハ東京府民ノ生活ノ安定ヲ圖ル目的ヲ以チマシテ設立ヲ致シタ所ノモノデアッテ、東京府ノ事業デアルノデアルガ、併ナガラ少シク都合ガアッテ別個ノ法人ト致シタモノデアル、併ナガラ殆ド其仕事ト云フモノハ東京府ガ爲シテ居ルノト同ジヤウナ譯デアルカラ、他ノ人ト同ジヤウナ信用程度ノモノデハナイノデアル、ソレカラ債務ノ償還ノ資源ト云フモノハ事業上ノ收入ニ存スルノデアッテ、其收入ト云フモノハ事業ノ性質上確實ナモノデアル、ソレカラ又既ニ協會ガ買入レ、又ハ建築ヲ致シマシタ所ノ土地建物六十七万圓內外ノモノニ對シマシテ、抵當權ヲ既ニ設定ヲ致シタノデアル、尙ホ協會ノ銀行預金並ニ現金ヲ調ベテ見ルト云フト、五十万圓內外ノモノガアル、又回收ノ方法ハ如何ニスルカト申シマスルト云フト、是ハ三箇年据置デ、二十箇年賦デ取ルノデアル、斯樣ナ譯デアリマスルカラ、此金ノ回收ト云フコトニ付テ決シテ懸念スベキコトハナイノデアル、安全ニ此回收ト云フモノハ付ク見込デアル、斯樣ニ申シテ居リマス、ソレカラ又簡易保險積立金ノ運用ニ付キマシテハ、運用委員會ト云フモノガ目的ヲ決議ヲ致シマシテ、ソレニ基イテ貸付ケタノデアッテ、公設市場ノ設置ニ付テ貸付ケルノハ此決議ノ中ニ存シテ居ルノデアルカラ決シテ違法ノ貸付ヲ致シタモノデハナイ、内務省ニ於キマシテハ、直接ニ監督ハ致シテ居ラヌノデアッテ、東京府ガ第一種ノ監督、内務省ハ民法ノ第三十四條ニ依ッテ公益ニ關スル財團法人トシテ監督スルニ止マルノデアルノデアル、ソレデ此東京日用品市場協會ガ土地ヲ買受ケルト云フヤウナコトニ付キマシテハ、東京府ニ對シテモ、又内務省ニ對シテモ、認可ヲ必要トスルモノデハナイノデアル、認可ヲ必要トシナイノデアルカラシテ、内務省ニ於テハ後ニ至ッテ知ルダケノモノデアルノデアル、品川町ニ於テ千九百餘坪ノ地所ヲ坪當リ九十四圓デ買ッタト云フコトハ不當デアルト云フヤウナ意見モアルケレドモ、併ナガラ是ハ日用品市場協會ガ爲シタ事デアッテ、直接ニ之ヲ妨グベキ途ハ内務省ニハ無イノデアル、事後ニ於テ其事ヲ聞クダケノモノデアルノデアル、九十四圓當リト云フモノガ非常ナ高價デアル、高イモノデアルト言ハレルケレドモ、政府ノ方デハ果シテソレガ高イト云フコトノ根據ヲ持ッテ居ラヌノデアルカラシテ、果シテ高イト云フコトモ明白ニ之ヲ知ルコトハ出來ナイノデアル、左樣ナ譯デアルカラシテ、決シテ内務省ガ監督ヲ怠ッタト云フヤウナ事モナイノデアル、遞信省ガ此貸出ヲシタノガ惡イト云フヤウナ事モナイノデアル、斯樣ナ答辯デゴザイマスル、其外細カク申シマシタナラバ、澤山アルノデゴザイマスルケレドモ、ソレヲ一々申シマシテハ非常ナ時間ヲ要シマスルカラ、只今申シマシタ所ガ、最モ重要ナル點デゴザイマシテ、決議案ニ於キマシテモ現レ尚又討論ニ於テモ現レルモノガ即チ是等ノ問題ナリト存ジマスカラ、仍テ此重要ナル問題ニ對シマシテノ質疑應答ヲ御紹介致シタ次第デゴザイマス、然ルベク御審議ヲ願ヒマス（拍手）

○議長（粕谷義三君）　此場合一時間程休憩ヲ致シマス

午後零時十七分休憩

○田淵豐吉君（續）　諸君、私モ前ニ話サレタ平野君ト同ジク、委員會ニ付テノ委員諸君ノ態度及委員會ノ性質ニ付テ、而シテ委員諸君ノ責任並ニ大臣ノ責任ト云フコトニ付テ關係ヲ持ッタ事デゴザイマス、ソレハ私ノ出シマシタ在支公使館ヲ大使館ニ昇格スルコトニ關スル建議案ト云フモノヲ過日出シタノデゴザイマス、昨日朝鮮事業公債法中改正法律案外二件ノ委員會ニ付託サレタノデアリマス、サウシテ私ニ趣旨辯明ヲ致セト言ヒマスカラ、再ビ簡單ニ此處デ述ベタ以外ニ細カキニ渉ッテ私ハ述ベタノデアリマス、サウシテ此處ニ居ラレル所ノ外務大臣内田氏ガ其處ニ出席サレテ、サウシテ私ガ委員長ノ許シヲ得テ發言致シマシタ時ニ答辯ヲサレタノデアリマス、序ナガラ其言ウタ言葉ヲ一言申述ベマスレバ（「ソンナコトハ關係ガナイ」ト呼フ者アリ）關係ガアル、一寸聽イテ下サイ、ソレデ其點ニ付キマシテ大臣ノ申サレルノニ大使館ニ昇格シタイノハ是マデハ山々デアッテ、吾々ハ同意見デアルケレドモ、今日急ニソレヲヤルト云フコトハ都合ガ惡イカラ、少シ待ッテ貰ヒタイ、併シ君ノ精神ハ能ク諒解シタカラ考ヘテ置クト云フ御答デアッタ、然ルニソレカラ午後二時頃デアリマシタカラ一旦休マレマシテ、再ビ大臣ヲ呼ビニ行キマシタ所ガ大臣ガ來ナイ、來ナイト云フノデ到頭流會ニナッテシマッテ、今朝滿洲中央銀行設置ニ關スル建議案ト、私ノト唯、二ツデ、九時カラヤルト云フコトニナッテ始ッタノデゴザイマス、所ガ大藏大臣ハ御見エニナッテ、此滿洲中央銀行設立ニ關スル所ノ建議案ガ議題ニ上ッテ、サウシテ修正意見デ可決サレタヤウデアリマス、所ガ内田サンハ貴族院ガ忙ガシイカラト言ッテ昨日モ來ナイ、今日モ出テ來ナイト云フヤウナ狀態デアリマス、少シモ出テ來ナイ、サウシテ委員諸君モドウカト云フト、モウ定數ヲ缺クカラ仕方ガナイト云フノデ出テ行ッテシマッタヤウナ譯デアッタ、ソレデアリマスカラ私ハ初テ昨日委員會ニ出タ者デアリマシテ、サウシテ私ハソレデハイカヌト云フノデ、委員諸君ヲバ三四十分掛ッテ拉致シマシテ、サウシテ九人カ十人ヲ捕ヘタノデゴザイマス、所ガ内田外務大臣ハ呼ビニ行キマシタガ依然トシテ出テ來ナイ、何ヲ嫌ガッタカ出テ來ナイ狀態デアル、（「何故早ク出サナイカ」ト呼フ者アリ）大分前ニ出シタ平野君ノデモ殘ッテ居ルノデナイカ、ソコデ政友會ノ委員ノ言フノニ早ク出シタ遲ク出シタハ關係ガ無イノデアル實ハ此案ハ握潰スノダカラ、サウシタノデアラウト云フコトヲ言ハレテ居ル、ソレカラ望月小太郎君ガ私ニ昨日握潰ス必要ガアルト云フコトヲ言ハレタ、私ハ極力ソレヲ阻止シヤウト努メタノデアリマス、然ルニ委員諸君ガ少シモ集マラナイカラ、私ガ無理ニ伴レテ行クト云フト、今度ハ大臣ガ來ナイト云フ、何ガ忙シイ、昨日モ休ンデ又今朝モ來ラレナイト云フノハ、委員會ヲ馬鹿ニシタモノデアルト私ハ確ク信ズルノデアリマス、斯ノ如ク事外交ニ關スル點デアルカラト言ヒマスケレドモ、建議案其物ハ吾々ガ三十名以上ノ人ノ贊成ヲ得テヤッテ居ル是ガ可決サレルカ否決サレルカト思ッテ出シテ居ルノデアリマス、然ルニ十數名ノ委員ガ曖昧模稜ノ間ニ之ヲ葬ッテ而シテ委員ガ揃ハナイカライケナイト言ッテ居ル、然ラバ揃ッタラドウデアルカト云フト、又大臣ガ出テ來ナイト云フマルデ諜シ合ハシテヤッテ居ル譯デアル、斯ノ如キ事ヲシテ居ル、此建議案ハ一體ドウ云フモノデアルカト云フト、諸君御存ジノ通リ、政府ガ是ハ時機尚早ト見レバ握潰スコトノ出來ルモノデアル、然ルニ之ヲ委員會ニ掛ケタセノヲ、何故ニ委員諸君ハ眞面目ニ之ヲ審議シナイノデアルカ、私ハ委員會ノ人々ノ姓名ヲ讀上ゲテ彼等ヲ詰問セント思フノデアリマスガ、併ナガラ私ハ其煩ヲ省イテ、何故ニ大臣ハ出テ來ナイ、又今日ハ木村権右衛門君ノ發議ニ依ッテ休憩ヲ致シ、サウシテ十二時迄ニ開クト云フ約束デアル、大臣ガ今日此處ニ出テ來ル時間ガアリナガラ何故出テ來ナイ、諸君御存ジノ通リ、一體委員會ナルモノ、性質ハ何デアルカト云フト、其物ヲ採擇スルトカ、或ハ採擇シナイト云フ權利ハ無イモノデアル、委員會ニ送付シテ是ガ宜イカ惡イカト云フコトヲヤッテ、其決議ヲ持ッテ此處ニ戻ッテ來ベキ所ノ性質デアルト確ク信ズルノデアル、然ルニ委員會ガ其職責ヲ濫用シテ恰モ帝王ノ如キ權力ヲ以テ之ヲ握潰スト云フ譯デアル、私ハ委員諸君ガ其職責ト云フモノヲ進ンデ蹂躙シテ、大ナル汚點ヲ印シタルモノデアルト思フ、是ハ政府ニ都合ガ惡イト云フト、政府ノ都合ノ惡クナイヤウニ、政務調査會ニ掛ケテソレヲ聞イテ來ルト云フ譯デアッテ、政府ノ鼻息ヲ窺ッテ議員ノ權能ト云フモノハ少シモ顧ミナイデ、政府ノ一擧一動ニ向ッテ其様子ヲ伺ッテ居ルト云フヤウナ有様デアル、私ハ斯ノ如キ委員會デアルナラバ、國民ノ前ニ對シテ斯ノ如キ委員會ハ、大改正ヲ行ハナケレバナラヌト私ハ思フ、然ルニ諸君ガ外務大臣ガ此綱紀肅正ノ今日ニ於テ、名ヲ忙シイト云フコトニ藉ッテ――何所ガ忙シイカ能ク知リマセヌケレドモ、貴族院モ忙シイダラウケレドモ、衆議院ノ委員會モ忙シイデハナイカ何故出テ來ナイカ、斯ノ如キ事ヲヤッテ而シテ恬トシテ恥ヂナイノハ大ナル過デアルト私ハ思フ、又委員會ノ諸君ハ一體此案ヲ否決スルナラバ否決爲スッタラ宜イ、握潰スト云フコトハ何ウ云フ譯デアルカ、又斯ノ如キ委員ヲ出シタ所ノ諸君ハ能ク御考ニナッテ、斯ノ如キ者ヲ懲罰ニスルト云フコトノ必要ガアルト思フ（拍手）故ニ私ハ尚ホ今日是カラ遲クデハアリマスケレドモ、此委員會ヲ速ニ開會シテ、否決カ可決カト云フコトヲ決シテ並ニ報告ヲ爲サルト云フコトハ、是レ即チ議員ノ職務ヲ十分ニ行フノ所以デハナカラウカト信ズルノデアリマス、故ニ此多忙ナル時ニ當ッテ其時間ヲ割イテ、斯ノ如ク申上ゲルノ已ムヲ得ザルコトヲ確ク信ズルガ爲ニ、平野君ノ後ニ立ッテ、諸君ノ前ニ立ッテ、一時間モ早ク私ノ此案ガ此議場ニ現レンコトヲ希ウテ此壇ヲ降ルノデアリマス（拍手）

○高見之通君　議事日程變更ニ關スル緊急動議ヲ提出致シマス、卽チ茲ニ松野鶴平君外六名提出、滿洲中央銀行設置ニ關スル建議案、木村淸三郎君外六名提出、陸軍除隊兵ニ對シ軍服支給ニ關スル建議案ヲ各別ニ議題ト爲シ、次ニ鈴木梅四郎君外四名提出、陸海軍大臣任用ノ官制改正ニ關スル建議案、北井波治目君外二名提出、新議院構內ニ議員事務室設置ニ關スル建議案、向井倭雄君外十二名提出、文官任用令改廢ニ關スル建議案、關直彥君外四名提出、文官任用令ノ改正ニ關スル建議案、三輪市太郎君提出、高等試驗令施行ニ關スル建議案、三輪市太郎君提出、高等試驗令中改正ニ關スル建議案ヲ一括議題ト爲シ、次ニ吉原正隆君外一名提出、矢部川改修工事ニ關スル建議案、金光庸夫君外二名提出、大野川改修速成ニ關スル建議案ヲ一括議題ト爲シ、次ニ秦豐助君外七名提出、電力政策實施ニ關スル建議案、宮古啓三郎君外十二名提出、石炭及含油頁岩低溫乾餾事業振興ニ關スル建議案ヲ一括議題ト爲シ、各委員長ノ報告ヲ求メ、且ツ審議ヲ進メラレンコトヲ望ミマス

〔「贊成」ト呼フ者アリ〕

○議長（粕谷義三君）　高見君ノ日程變更ノ動議ニ御異議アリマセヌカ

〔「異議ナシ」ト呼フ者アリ〕

○議長（粕谷義三君）　御異議ナシト認メマス、仍テ日程ハ變更セラレマシタ、滿洲中央銀行設置ニ關スル建議案ヲ議題トシ、委員長ノ報告ヲ求メマス、小山田信藏君

滿洲中央銀行設置ニ關スル建議案（松野鶴平君外六名提出）（委員長報告）

報告書

一　滿洲中央銀行設置ニ關スル建議案（松野鶴平君外六名提出）

右ハ本院ニ於テ表題ヲ「滿洲ニ於ケル金融機關整備ニ關スル建議」ニ改メ別紙ノ通修正スヘキモノト議決致候此段及報告候也

大正十二年三月二十六日

滿洲中央銀行設置ニ關スル建議案委員長　小山田信藏

衆院議長粕谷義三殿

滿洲ニ於ケル金融機關整備ニ關ル建議

滿洲經濟界ハ旣ニ長足ノ進歩ヲ遂ケ將來ノ發展亦益見ルヘキモノアラムトス此ノ時ニ際シ旣設金融機關トシテ橫濱正金銀行朝鮮銀行東洋拓殖會社其ノ他數十ノ銀行會社アリト雖其ノ間何等ノ脈絡ナク亦統一ナシ而モ各銀行會社何レモ其ノ權限資力並經營方針ニ於テ缺陷少カラス以テ膨脹セル今日ノ滿洲經濟界ヲ負擔スルニ足ルナシ卽チ政府ハ現下ノ狀勢ニ鑑ミ滿洲將來ノ經濟的發展ニ資セムカ爲速ニ金融機關ノ整備ヲ爲サレムコトヲ望ム

右建議ス

〔小山田信藏君登壇〕

○小山田信藏君　滿洲中央銀行設置ニ關スル建議案ノ委員會ノ經過及結果ヲ御報告申上ゲマス、本案ハ委員會ニ於テ提出者ヨリ其說明ヲ聽キマシタ所ガ、啻ニ滿洲中央銀行設置ニ關スルニ限ッタ事デハナイノデス、殷モ大ナル意味ニ於テ、現在及將來ニ於ケル滿洲ノ經濟金融機關調節ニ關スル設備設置ヲ爲シタイト云フ趣旨ガ主ナル點デアリマス、又政府當局ニ於テモ滿洲ニ於ケル目下ノ……

〔私語スル者多ク議場騷然〕

○議長（粕谷義三君）　靜肅ニ願ヒマヌ

○小山田信藏君（續）　經濟金融機關ニ付テハ相當ニ考慮中ダト云フコトデアリマス、仍テ松井繁夫君ヨリ本案ニ對シマシテ修正ノ動議ガ出マシタ、卽チ滿洲ニ於ケル金融機關整備ニ關スル建議案ト修正シタイト云フ意見デアリマシタ、又建議皆ノ一部ヲ「茲ニ一大英斷ヲ以テ滿洲中央銀行ヲ設附セラレムコトヲ望ム」ト云ソノヲ、「速ニ金融機關ノ整備ヲ爲サレムコトヲ望ム」ト云フコトニ修正ヲ致シマシタ、又松野鶴平君ヨリ本案ニ對シマシテ希望條件ガ提出サレマシタ、卽チ滿洲目下ノ狀況ニ鑑ミ、政府ハ速ニ相當額ノ經理救濟資金ヲ支出スルコト、此委員會ニ於キマシテハ、此修正案竝ニ希望條件トモ滿場一致ヲ以テ可決致シマシタ、此段御報告致シマス（拍手）

○高見之通君　本案ハ委員長ノ報告ノ通リ、可決確定サレンコトヲ望ミマス

〔「贊成」ト呼フ者アリ〕

○議長（粕谷義三君）　高見君ノ動議ニハ御異議ナイト認メマス、仍テ動議ノ如ク決シマシタ、次ニ陸軍除隊兵ニ對シ軍服支給ニ關スル建議案ヲ議題トシ、委員長ノ報告ヲ求メマス、理事八田宗吉君

大正十二年三月二十七日

阿片並阿片アルカロイドノ政策ニ關スル質問主意書

右成規ニ據リ提出候也

大正十二年三月六日

提出者　大口喜六

賛成者　鈴木梅四郎

外四十三名

阿片並阿片アルカロイドノ政策ニ關スル質問主意書

一　政府ハ内地、朝鮮、臺灣、關東州等ニ於ケル阿片並阿片アルカロイドニ關スル政策ヲ統一シ之ニ對スル根本的國策ヲ定ムルノ意思ナキヤ

二　平和條約第二十三條ニ依ル阿片並阿片アルカロイドニ關スル同盟國トノ協定ハ如何ニ行ハレ居ルヤ其ノ内容並現狀如何

三　世界特ニ東部亞細亞ニ於ケル阿片並阿片アルカロイドノ合理的需要ニ對シ之カ供給ニ付我カ國ノ採レル方針如何

右及質問候也

大正十二年三月二十六日

内閣總理大臣男爵　加藤友三郎

衆議院議長粕谷義三殿

衆議院議員大口喜六君提出阿片並阿片アルカロイドノ政策ニ關スル質問ニ對シ別紙答辯書差進候

〔別紙〕

衆議院議員大口喜六君提出阿片並阿片アルカロイドノ政策ニ關スル質問ニ對スル答辯書

一　阿片並阿片アルカロイドニ付テハ内地、朝鮮、臺灣、關東州等各其ノ事情ヲ異ニスルヲ以テ遽カニ之レニ關スル政策ヲ統一シ難キモ目下之ニ關シ調査研究ヲナシツヽアリ

二　國際聯盟ハ平和條約第二十三條（ハ）ノ規定ニ依リ阿片其他ノ有害藥物取引ニ關スル取極即チ阿片條約ノ實行ニ付一般監視ヲ委託セラレタルヲ以テ本問題ニ關スル諮問機關トシテ阿片委員會ヲ設ケタリ

阿片委員會ハ聯盟理事會ノ諮問ニ依リ又ハ進テ聯盟理事會ニ對シ意見ヲ報告スルモノニシテ本問題ニ利害關係多キ國即チ日、英、米、佛、獨、支、和蘭、葡萄牙及暹羅ヨリ委員ヲ出シ居リ而シテ大正十年五月第一回ヲ、大正十一年四月ニ第二回ヲ、大正十一年九月第三回ヲ、大正十二年一月第四回ヲ開キタリ、日本委員ハ有吉公使ニシテ宮島博士顧問タリ

阿片委員會ノ報告ニ依リ聯盟理事會ノ既ニ執リ又ハ現ニ執リツヽアル施策ノ主ナルモノ次ノ如シ

一　阿片條約ニ規定スル事項ニ關スル法規及各種統計ヲ含ム年報ヲ各國ヨリ提出セシメテ之ヲ審査スルコト而シテ現在迄ニ於テハ大正九年度各國年報ヲ大正十一年四月第二回阿片委員會ニ於テ審査シタリ

二　輸入證明書制度（阿片條約所定ノ藥品ノ輸入ヲ許可スルトキハ證明書ヲ輸入國政府ヨリ發給スルコトトシ輸出國政府ハ輸入證明書ナキ場合輸出ヲ許可セサルコト）ノ採用カ取締上最モ有效ナルヲ認メ各國政府ニ對シテ其採用ヲ勸告シタルコト、而シテ既ニ本制度ヲ實施シ居レルハ日、英、米、白、加奈陀、波蘭、伊、印度、瑞西其他ニシテ其他各國ハ贊成ナル旨回答シタルモ未タ實施ニ至ラス（大正十一年十月現在）

三　阿片條約未加盟國ニ加盟ヲ促シタルコト

四　尚阿片委員會ノ報告ニ基キ聯盟ニ目下國際間ノ不正取引取締ノ爲不正取引ニ關スル情報ノ交換各國内ノ合法的需要額ノ調査ニ關シ各國ノ意見問合中ナリ

三　世界特ニ東部亞細亞ニ於ケル阿片並阿片アルカロイドノ合理的需要ニ對シ阿片ニ付テハ從來阿片法ノ規定ニ依リ在外帝國臣民ニシテ合法的ニ要求スルモノニ限リ醫藥用阿片ノ輸出ヲ許可シ又阿片アルカロイドニ付テハ大正九年十二月内務省令第四十一號ノ規定ニ依リ輸入地官憲ノ證明アルモノニ限リ其ノ輸出ヲ許可シツヽアリ

右及答辯候也

大正十二年三月二十六日

内閣總理大臣男爵　加藤友三郎

外務大臣伯爵　内田康哉

内務大臣　水野錬太郎

大正十二年三月二十七日

關東州ニ於ケル阿片疑獄事件竝阿片政策ニ關スル質問主意書

右成規ニ據リ提出候也

大正十二年三月二十七日

提出者　山道襄一

賛成者　野田文一郎

外三十名

關東州ニ於ケル阿片疑獄事件竝阿片政策ニ關スル質問主意書

阿片ニ關スル國際協定ハ屢行ハレ西暦千九百九年上海ニ於ケル萬國阿片會議ニ次テ同千九百十一年海牙ニ於ケル萬國阿片會議等各國ハ支那ニ於ケル阿片ノ生産消費ノ根絶ニ誠心誠意努力スヘキヲ誓ヒ又ハ締者外阿片ヲ供給セサルコト等ヲ約定シ各國ハ之ヲ遵奉スヘキヲ聲明シタルニ事實ハ全ク之ト相反シ支那ヲシテ依然阿片國タラシメツツアリ是レ實ニ世界ノ人道ニ反シ國際信義ヲ無視スルモノト謂ハサルヘカラス而シテ我カ帝國モ亦是等ノ會議約定ニ參加シ居レルコトハ勿論ナルニ歐米各國ノ阿片政策ノ例ニ倣ヒ關東州及青島等ニ於テ地方費豫算ノ大部分ヲ阿片ノ收入ニ仰キタルコトアリ遂ニ大正七年是等租借地ヨリ支那內地ニ阿片輸入ノ噂ヲ生シ支那ノ抗議ニ會シ爲ニ閣議ヲ以テ嚴禁主義ヲ採ルコトニ決シタリ然レトモ租借地內阿片中毒者ヲ救濟スルコトハ人道上必要ノコトニシテ且關東州ニ於テハ嚴禁主義採用ノ結果多數支那苦力ヲ失フコトハ政策遂行上不利益多キヲ以テ一面嚴重ナル取締規則ヲ制定シテ漸禁主義ヲ採用スルコトト爲シ大正八年七月ノ內閣通牒ヲ見ルニ至リタルカ更ニ翌年青島ニ於ケル阿片密輸出事件ナルモノ起リ支那政府ノ抗議ヲ受ケタルヲ以テ同年十月我カ政府ハ嚴重ナル取締命令ヲ發スルト共ニ外務大臣カ協約諸國ニ對シテ我カ公明ナル態度ノ聲明ヲ爲シタリ然ルニ不幸大正十年關東州ニ於テ官規上風紀上將又國際信義上與ニ遺憾ニ堪ヘサル所謂阿片疑獄事件ナルモノヲ見ルニ至リタルコトハ世間周知ノ事實ニシテ今尙決定ニ至ラサルノ狀態ニ在リ而シテ若本事件ノ解決ニシテ大局ヲ無視スルカ如キコトアラムカ遂ニ我カ帝國ノ威信ト信望トハ地ヲ拂フニ至ルヘシ殊ニ支那カ最近我カ國ニ向テ發シタル關東州租借地返還要求ノ如キ其ノ理由タル何等採ルニ足ラサルモノナルモ若其ノ理由中ニ帝國政府カ關東州ニ於テ利益ヲ圖ラムカ爲ニ阿片ヲ販賣シ國際ノ協定ニ悖リ世界ノ人道ニ背反スル行爲アリトノ口實ヲ加ヘシムルニ至ラハ德義上ニ於テハ帝國ノ立場ハ非常ノ窮地ニ陷ルヘキコト疑フヘカラス是レ實ニ由々敷一大事ト謂フヘシ卽チ左ノ諸點ニ對シ豫メ帝國政府ノ態度ヲ明ニ爲シ置クコトハ最緊要ノコトタルヲ信シ玆ニ政府ノ愼重ニシテ責任アル答辯ヲ要求ス

一　阿片疑獄事件ニ對スル第一審判決理由書第一ニ「關東廳ハ是等中毒者ニ阿片ヲ供給シ其疾患ヲ救濟スルト共ニ其收入ヲ圖ルカ爲ニ行政處分ヲ以テ支那人設立ノ慈善團體ナル大連市所在ノ宏濟善堂ヲ阿片ノ輸入販賣人ニ指定シ同堂戒煙部ヲシテ其仕入販賣ヲ司ラシメ」云々トアリ之レ明ニ關東廳カ收入ヲ圖ル目的ヲ以テ宏濟善堂ヲシテ阿片ヲ販賣セシメタルコトヲ證明スルモノナリ然ラハ卽チ關東廳ハ關東州ニ行ハルル勅令ニ依ル刑法ノ阿片煙ニ關スル罪タル刑法第百三十六條ニ違反セルモノニ非スヤ政府ノ所見如何又若收益ヲ目的トシ阿片ヲ販賣スルコトカ犯罪行爲ニ非ストセハ其ノ理由如何

二　前關東廳事務總長杉山四五郞ハ最近東京區裁判所ニ於テ取調ヲ受ケタル際關東廳ハ前民政署長中野有光カ職務ヲ以テ癮者以外ニ阿片ヲ賣却シタルコトヲ承認シタルコトナシト謂ヘリト謂フ政府ハ之ニ對シ同意スルヤ否ヤ

三　阿片事件判決文中ニ明記スル如ク關東廳カ收入ヲ圖ル目的ヲ以テ阿片販賣ヲ爲シ從テ之ニ基ク豫算決算ヲ編成實行シタリトスレハ單ニ刑法上ノ犯罪行爲タルニ止ラス帝國政府ハ上海及海牙ニ於ケル國際阿片協定ニ背反シ大正九年ノ世界ニ對スル聲明ヲ自ラ裏切リタルモノタルコトヲ自認スルモノニシテ由々敷國際問題ヲ惹起スルニ至リ帝國ノ威信ヲ傷クルコト頗ル大ナリ政府ノ之ニ對スル所見如何

四　大連戒煙部ノ事業ニ對シ指揮監督權ヲ有スル關東廳大連民政署長ノ職務ハ大正八年五月十七日付關東廳事務總長ノ通牒ニ依リ總テ所屬長官ノ承認ヲ經ヘキモノニシテ又事實承認ヲ求メタリト謂フ然ラハ卽チ民政署長ノ職務上ノ失態ハ同時ニ所屬長官ノ責任ナラサルヘカラス政府ハ之ニ對シ如何ナル處置ニ出テタルヤ

五　第四十四回帝國議會ニ於テ原總理大臣ハ關東廳ニ於テハ阿片ヲ販賣セサル旨ヲ答ヘ又川村拓殖局長官ハ阿片ニ關スル大正八年及大正九年ノ內閣通牒ヲ以テ我カ政府ノ方針トスル旨ヲ明言セリ然ルニ關東廳地方法院ノ該事件ニ對スル第一審判決文ヲ見レハ全然之ヲ裏切レルモノアリ政府ハ其ノ孰レヲ以テ正當ナリト爲スカ

六　帝國政府ハ青島及關東州ニ於ケル阿片特許ヲ爲スニ當リ單ニ癮者救濟ノ目的ヲ以テシタルカ又ハ阿片事件判決文中ニ明記スル如ク收入ヲ圖ル目的ヲ以テ特許ノ許可ヲ爲シタルコトアリヤ

七　阿片事件ノ判決文ニ依レハ中野有光カ大正八年度ニ於テ民政署長トシテ阿片ヲ賣下タル價格ハ當時ノ市價ニ比スレハ價開キ最低一分五厘最高三割一分八厘平均一割三分八厘ナリ是レ故意ニ賣下價格低廉ニシテ自己又ハ他人ノ利益ヲ圖リタルモノナルヲ以テ背任行爲トシテ處罰ストアリ今玆ニ其ノ判決ノ可否ヲ論ハムトスルニ非サレトモ若右ノ理由ヲ以テスレハ大正十年三月中大連市ニ居住シタル元崎元八ニ對シ當時ノ戒煙部理事佐藤雄太カ民政署長代理及關東廳ノ許可ヲ得テ阿片ヲ賣下タル價開キノ一層大ナルモノアルニ對シテモ亦刑法ノ適用ナカルヘカラスト思惟セラル何トナレハ元崎ハ紅皮子四百函（約量七千六百六十貫）ニ對シ十匁二圓七十錢乃至三圓二十錢ヲ以テ拂下ヲ受ケ居レリ而モ當時市價ハ四圓三十錢ニシテ小賣人ニ對スル賣下價格ハ三圓七十錢ナリシモノヲ特ニ値下ヲ爲シ平均三圓ヲ以テ賣下ラレタルモノナリト謂フ此ノ値開キ十匁ニ付一圓七十錢ナルヲ以テ元崎ハ實ニ四割三分三厘ノ利益ヲ供與セラレ居ルコト、ナリ居レリ此ノ不當ノ値開キヲ以テ阿片ヲ賣下タル官吏ニ對シ政府ハ法ノ權威ヲ重ムスルトセハ何等カノ處置ニ出テサルヘカラサルニ非スヤ若之ヲ處分スルノ必要ナシトセハ其ノ理由如何

八　阿片事件ニ對スル關東廳長官ノ提起セル損害賠償ノ私訴ニ係ル金額中ヨリ特ニ呂運亨召來ニ要スル費用トシテ杉山事務總長ヨリ古賀拓殖局長官ニ送致シタル一万五千圓卽チ中野民政署長カ阿片賣下代金中ヨリ支出シタル右金額ヲ控除シタル理由如何卽チ右金員ハ國家ノ收受スヘキ正當ナルモノト認ムルヤ

九　右一万五千圓ハ政費トシテ何種ノモノニ屬スルヤ又之ヲ決算書中何レニ組入レ居レルヤ

十　大正八年關東州內ニ於ケル癮者數ハ二千七百八十五人ニシテ之ニ供給スル阿片賣下金額ハ百万圓ヲ限度トシ右癮者ハ一人タリトモ增加スルコトヲ得サルコトハ大正八年五月ノ內閣命令ニ依リ明ナリ然ルニ大正九年ニ於テハ阿片市價下落シタルニ拘ラス關東廳地方費豫算中阿片收入三百万圓ヲ計上シ又之カ決

算ヲ爲シ或ハ呂運亨召來費ノ如キ大正八年度俄算以外ノ金額ヲ阿片賣下金中ヨリ收納シタル理由如何

右及質問候也

大正十二年三月二十六日

内閣總理大臣　男爵加藤友三郎

衆議院議長粕谷義三殿

衆議院議員山道襄一君提出關東州ニ於ケル阿片疑獄事件並阿片政策ニ關スル質問ニ對シ別紙答辯書差進候

〔別紙〕

衆議院議員山道襄一君提出關東州ニ於ケル阿片疑獄事件並阿片政策ニ關スル質問ニ對スル答辯書

一　關東州ニ於テハ癮者救療ノ爲阿片ノ供給ヲ爲スモノニシテ勅令ニ依ル刑法第百三十六條ノ規定ニ該當セサルモノト認ム

二　當時ノ監督官タル者ノ言ヲ信スルノ外ナカルヘシ

三　關東州ニ於ケル阿片制度ハ癮者救療ヲ目的トスルモノニシテ帝國ノ威信ヲ傷クルコトナシ

四　民政署長ノ職務上ノ失態ニ付テハ所屬長官ノ承認ヲ經タルモノニ非ス

五　形式上ヨリ見タルト實質上ヨリ見タルトノ相違ニシテ矛盾セス

六　青島ニ於ケル阿片ノ賣却ハ癮者救濟ノ目的ヲ以テ爲シタルモノナリ

七　適當ト認メタル價格ヲ以テ賣下ヲ爲シタルモノナリ

八　私訴ニ係ル金額中ヨリ該金額ヲ控除シタルハ中野ニ請求スヘキモノニ非スト認メタルニ依ル

九　該金額ハ地方費ニ屬スヘキモノナリ

十　癮者數ニ相違アリ

右及答辯候也

大正十二年三月二十六日

内閣總理大臣　男爵加藤友三郎

陸軍大臣　山梨半造

○田淵豊吉君　諸君、臨時議會ガ開カレマシテ、吾々ガ召集ニ應ジテ參ツテ居ルヤウナ次第デアル、所ガ丁度此大事變ノ爲ニ吾々ガ臨時議會ノ召集ニ應ジタヤウナ次第デアリマスガ、私ハ先ヅ此内閣ノコトニ付テ少シク最初ニ意見ヲ述べテ聽イテ見タイト思フ、ソレヲ大キク論ジマスレバ、道ノ道トスベキハ常道ニ非ズ、總テノモノガサウ云フヤウナ論法ヲ以テ論ズルコトモ出來マス、併ナガラ國家ヲ立テ、總テノ官廳ヲ置キマスル間ニハ、又其政治ノ組織トカ、遣方ト云フコトガ、又或ル有力ナル規範トナル場合ガ多イノデアリマス、今茲ニ私ノ言葉ヲ以テシマスレバ、官僚内閣ガ生レタノデアル、私等ハ民衆ニ近イ所ノ、國民ニ基礎ヲ置イタ所ノ政黨、其政黨カラ出タ所ノ政黨内閣ト云フモノ、方ガ、黨政ノ運用ニ宜イト云フコトヲ常々宣言シテ居ル者デゴザイマス、所ガダ、政友會内閣潰レテ加藤内閣現ハレ、政友會ガ之ヲ支持シタケレドモ、トウ／＼死ンデシマツタカラ仕方ガナイ、結局政友會ガ又取ラウトシタ、又憲政會モ爭ウタガ是亦旨ク行カナイデ、天降的ニ山本サンガ此ニ御出ニナツタト云フコトデアル、此計畫ニ付テハ犬養サンナドガ二三年前カラ計畫サレテ居ツタコト、私ハ思フ、後藤サント組ンデヤラレタト云フコトハ吾々ハ幾分カ聞イテ居ルヤウニ思フ、所ガ私ハ新聞ニシテ知リマセヌガ、此内閣ハ地震ニ依ツテ生レタ内閣デハナクシテ、地震ヲ受ケタ内閣デアルト思フ、地震前ニ略ボ決定ノ運ビニ至ラントシタモノデハナイカト思フ、所ガ此大事變ニ遭遇シテ、果シテ是ガ旨クヤツテ行ケルカドウカト云フコトガ國民ノ中心問題トナツテ居ルノデアリマス、私ノ先ヅ問ヒタイノハ、官僚内閣ガ擧國一致内閣ヲ標榜シタ所ガ、私ノ考ヘマスル所ニ依リマスト、擧國一致希望内閣デアルト思フ、ドウモ擧國一致ガイカナイヤウデアル、サウシテ諸君等ノ是カラノ考ヲ村度シ、或ハ諸君ノ行動ヲ見テ見マスルト云フト、ドウモ山本サンハ各派ニ基礎ヲ置イテナイト斯ウ仰シヤル、サウデナイガ如ク、アルガ如ク、ドウモ分ラヌ（笑聲）犬養君ハ此革新倶樂部ノ——此前ノ國民黨ノ頭目デアル、田君モ政友會ニ數十人カ數人カノ議員ヲ持タレテ——失禮デアルガ持タレテ居ルト云フコトデアル、後藤サンモ或ハソコ等アタリニ幾人カノ乾兒ヲ持タレテ居ルト云フコトデアル——乾兒ト云ツテハ失禮デアリマスガ、議員ト關係ヲ持タレテ居ルト云フコトデアル、其他岡野サンモ研究會ニ——貴族院ナンゾニ同志ガアルト云フコトヲ間違デアルカ知ラヌガ聞イテ居ル、サウ云フヤウナ具合デ、色々ナモノヲ掻集メテ、各黨ノ小サイ政派ソノ上ニ立ツテ居ルヤウニ思フ、其實ハ知ラヌ顔ヲシテ、少シモ關係ガ無イト云フ、サウシテ山本サンハ、此前ニハ犬養サンガ山本サンヲ大正二年四月デシタカ、非常ニ攻撃シタヤウニ思フ、ソレハ政黨ナンカハ實ニ小サイ惡イ事ヲシテ地方ヲ荒シテカナハヌ、又官僚ハ中央デ大キナ惡イ事ヲシテカナハヌト云フコトヲ言ツテ、非常ニ攻撃シタ、併シ先ヅ官僚閥族ヲ先ニ倒サナケレバイカヌト云フヤウニ吾々ハ聞イタ——聞イタノデハナイガ、後デサウ云フコトヲ讀ンダ、サウ云フヤウナ具合デアルノデアリマス、所ガ今回ハ擧國一致内閣デ出來テ來タ、ソレデ官僚ガ起ツテ來タ、私ハ斯ウ云フヤウニ考ヘテ居ル、山本サンハ發ニケチヲ付ケラレタカラ、我ハ眞直ナ人間デアルカラ、サウ云フケチヲ一ツ掃ハウト云フ氣ヲ持ツテ居ルカ知レヌ、又第二ハ國防計畫、殊ニ海軍ノ計畫ハ我ノ立テタモノデアル、斯樣ニ思ツテ居ル、然ルニ縮小ニナツタカラ、之ヲ充實シナケレバナラヌト云フ固イ決心ヲ持ツテ居ラレルヤウニ思フ、又後藤サンハ「ヨツフエ」ヲ招ンデ來タガ、併ナガラ此跡始末ヲ付ケナケレバナラヌト云フノデ、日露ノ交渉ヲ續ケテ、サウシテ露國政府ヲ認メルト云フコトニ全力ヲ注ガレルト云フコトト思フ、又田サンハ田サンデ、ドウ云フ考ヲ持ツテ居ルカ知ラヌガ、矢張綱紀肅正ト云フヤウナコトヲ以テヤツテ居ラレルカ知レヌ、犬養サンハ何故是等ノ官僚ト一緒ニヤツタカト云フト、恐ラクハ官僚ニ降ルノデハナイ、官僚ノ中ニ這入ツテ、官僚ヲシテ普通選擧ト云フモノヲ斷行セシムルト云フコトガ、大ナル目的デアルト思ツテ這入ツタニ相違ナイト思フ　而シテ普通選擧ト云フモノハ、總テノ罪惡ヲ「サロベート」シテ、罪惡ヲ神聖化スルモノト云フ考ヲ持ツテ這入ラレタニ違ヒナイト思フ（ヒヤ／＼）所ガダ、私ハ官僚内閣ニ現代ノ日本ヲ取ツテ政權ヲ行ヒ、而シテ其思フ所ヲ國民ニ徹底シテ、善イ所ノ國ヲ造リ得ル所ノ自信アリヤ否ヤト云フコトヲ聞キタイノハ、例ヘバ犬養サント山本サントハ非常ニ仲ノ好イ仲デアルト云フコトヲ私ノ同志カラ聞イタ、又後藤君ト犬養サントハ相策應シテ居ルト云フコトモ聞イタ、犬養君ノ持論デアル此徹底的男子、普選ト云フモノハ、必ズヤ此内閣ヲ造ル時ニ於テ、チヤント心ト心トノ間ノ融合トカ、口ト口トノ融合ガナケレバ、犬養サントモ云フ者ガ此内閣ニ這入ル道理ガナイト云フコトヲ私ハ斷言シテ憚ラヌノデアル、所ガ普選ヲ出スト云フコトニナルト、政友會ハ——私ハ失禮デゴザイマスケレドモ、私ノ村度スル所ヲ言フノデアリマス——ソレハ是迄ノ行掛リモアルシダ、又或人ハ贊成デアルケレドモ、或人ノ反對モアツテ、黨トシテ纒ラヌカラ、サウ一年ノ間ニ豹變出來ナイカラ、若シ讓ツテモ獨立ノ生計位ヲ御定メニナツテ居ルノデハナイカト云フコトヲ疑フノデアル、然ラバ犬養君ノ獨立ノ生計ハ惡イト云フコトデ、先年加藤高明サンアタリニ喰ッテ掛ッタ、此議論カラ、ドウシテモソレト融和シナイト云フコトハ明カニナッテ居ル、其人ガ内閣ニ在ッテ、内閣ノ或ル中樞ノ一部ヲ占メテ居ル場合ニ、此議會ニ多數ヲ擁シテ居ル所ノ政友會ニ對シテ、政府ガ此普選問題ヲ提唱スル場合ニ於テ、果シテ解散ニ依ラズシテ、如何ナル方法ニ依ッテ之ヲ解決スルコトガ出來ルノデアルカ、故ニ私ノ考カラスルト云フト、此普選問題ト云フノハ、既ニ決定サレテ居ルモノト私ハ觀テ居ル、若シ決定シテナイトスルナラバ、山本サンガ噓ヲ言ッタカ、或ハ犬養サンガ噓ヲ言ッタカ、或ハ噓デナカッタケレドモ、政友會ニ妥協ヲシテサウシテ色々ノ法案ヲ通シテ貰ッテ、サウシテ都合好ク行ク爲ニ政友會ト妥協シテ、後來ノ内閣ハ政友會ニ讓ルカラト云フヤウナ妥協ガアラズンバ、是ガ出來ルコトデハナイト思ヒマス、山本サンハ噓ヲ吐クコトノ少イ人ト私ハ考ヘル、故ニ私ノ言フコトニ付テ耳ヲ傾ケラレタイト私ハ思フ、私ハ副總理ト今日稱セラレテ居ル所ノ後藤内相ハ、中央集權ノ思想ヲ持ッテ居ル人デアルト云フコトヲ考ヘル、或ハ「コロニー」ニ行ッテ臺灣ヲ治メ、或ハ彼ノ滿洲ニ行ッテ或一部ヲ治メタト云フヤウナ事ガアルヤウニ思フ、卽チ後藤サンハ中央集權的ノ傾ヲ持ッテ、鐵道ニ於テモ廣軌論ヲ提唱シタカノ如ク吾々ハ考ヘテ居ル、所ガ政友會ハ地方分權黨デアル、地方分權デアッテ、サウシテ成ベク鐵道ヲ延長シテ、サウシテ地方ノ利益産業ノ發達ヲ圖ッテ、同時ニ我黨ノ利益自分ノ利益ヲ圖ラウト云フノガ政友會ノ考デアル(笑聲起ル)私ハ英米ニ於テハ、此自由思想ノ「パーラメンタリズム」議會主義ガ英國ニ起ッテ、亞米利加ニ於テモ其一部ガ行ハレテ居ル、然ルニ大陸ニ於テ露國ト云ヒ、獨逸ト云ヒ、佛蘭西ト云ヒ、西班牙ト云ヒ、伊太利ト云ヒ、何方カト云フト、

官僚主義ノ傾向ヲ帶ビテ居ルノデアル、我日本國ニ於テハ、古來官僚ノ主義ヲ皆持ッテ居ルコトハ、是ハ事實デアルト思フ、然ラバ官僚主義ガ宜イカ、民衆的民本的主義ガ宜イカト云フコトガ、是ハ一ツノ大問題デアリマス、輕々ニ論ズルコトガ出來ナイケレドモ、私等ノ信ジマス所ニ依ルト、民本的政策ト云フモノガ今日ニ於テ缺クベカラザル所ノ普選ノ内容ヲ現ハシ、普選ノ形式ヲ成シテ居ルモノデアルト云フコトヲ固ク信ズルノデアリマス(拍手)併ナガラ英國ニ於テモ保守黨ガ選擧權ノ擴張ヲヤッタコトガ幾ラモアル、故ニ此保守黨デアル官僚内閣ガ、選擧權ノ擴張ヲヤルト云フコトハ珍シイコトデハナイ、ソレハ中ノ一部ノ腐敗セル者ニ超越シテ、國民全部ト握手シテ、新官僚主義ヲ提唱スルト云フコトガ後藤内相ノ大ナル職責デナケレバナラヌ、所ガソレニ出テナイヤウナ形跡ノアルコトヲ、私ハ多ク悲シムノデアリマス、然ラバ政友會ハドウカト云フト、矢張民黨デハアルケレドモ、同時ニ其中ニ改革派非改革派ノ區別ガ出來テ、同時ニ權力ノ爭奪ガアッテ、官僚主義ヲ鼓吹シヤウトシテ居ル、憲政會モ亦然リデアル、官僚主義ノ非常ナル大ナルモノデアル、革新俱樂部モ亦犬養サントハ關係ガ無イト云フガ、犬養サンノ下ニ居ッテ、與黨ノ如キ顏ヲシテ居ルト云フコトハ、又官僚主義デアルト思ヒマス、庚申俱樂部ニ至ッテハ、時ノ風ニ從ッテ其行動ヲ變ヘテ居ルト云フノデアル、私ハ無所屬デアリマシテ今日ノ狀態ニ於キマシテハ、吾々ハ國民ノ意ノ在ル所、或ハ又吾々ノ自信ノ立ツ所ヲ以テ勇往邁進シテ、少シモ權力關係ト云フコトニ束縛ヲ受ケナイデ、不偏不黨吾々ハヤッテ退ケルト云フ所ノ大精神ヲ持ッテ居ル、吾々ハ何方カト云ヘバ諸君ト立場ヲ異ニシテ居ルカモ知レマセヌケレドモ、國民ノ是トシ、又世界ノ進運ニ副ハントシテヤルノデアリマスガ、各政黨ガ斯ノ如キ狀態デハ、私ハ實ニ心細

イ、而シテ斯ノ如キ官僚内閣ガ現ハレタ、此官僚内閣ハ果シテ向後政友會ノヤウナ大政黨ト苟合スルコトナクシテ、其所信ヲ實行スルヤ否ヤ、若シ所信ヲ實行セントスルコトガ、直グ地震ノ間際ニ際シテ、議會召集ヲ奏請シ、サウシテ不信任案的ノモノヲ標榜スルナラバ、之ヲ解散シテ何處マデモヤリ切ルト云フ大ナル鐵案ヲ有スルモノデアルナラバ、値打ガアルノデアリマス、併ナガラ大ナル案ヲ出シテ、幾ラ削減サレテモ平氣ナ顏ヲシテ居ルヤウナコトデハ、官僚何カアラント私ハ信ジマス、故ニ此點ニ於テ内閣諸公ハ大ナル決心ト努力ガ必要デアルト信ズル、私ハ官僚内閣ガ今日ノ時局ニ際會シテ、十分ニ國政ヲ遂行スルコトガ出來ルヤ否ヤト云フコトヲ、山本首相ニ問ヒタイノデアリマス、大分長クナリマシタガソレヲ問ヒタイ、第二ハ私ハ所謂遷都論ニ付テ、私ノ主張ヲ述ベタイノデアリマス、諸君、私ハ其當時東京ハ非常ニ地震ノ國デアッテアブナイ、故ニ他ノ國ニ移サナケレバイカヌ、關西ノ人ハ關西ヘ持ッテ來イ、東北ノ人ハ東北ヘ持ッテ來イト云フヤウナコトヲ、チョイチョイ耳ニシテ居ルノデゴザイマス、所ガソコデ十二日デシタカ、詔勅ガ降ッタノデアリマス、サウシテ帝都タルノ地位ヲ失ハズト云フコトガ書カレテアルノデアリマス、私ハ此東京ノ地盤ト云フモノガ餘程富士山ニ近イ、此地震ノ原因ハ私ハ能ク知リマセヌケレドモ、矢張火山脈ト云フモノト間接直接ニ關係ヲ持ッテ、斯ノ如キコトヲ繰返シテ居ルノデナイカト思フノデアリマス、故ニ富士山ノ横ニ据ッテ居ルト云フコトハ、危險デアルト云フコトヲ私ハ考ヘテ居ル一人デアル、併ナガラサウ云フヤウナ議論カラスルナラバ、日本到ル處アブナイデナイカト云フ議論ガ立タヌコトハナイ、故ニ如何ナル所ガ宜イカト云フコトガ大問題デ、是迄ノ諸帝ハ、二千餘年ノ歷史ノ間ニ何回モ都ヲ遷シタト云フコトハ、色々ノ點ニ於テ前途ヲ憂ヘラレタ結果デアル、或ハ帝都ガ腐敗墜落シタ爲ニ遷都

サレタコトモアッタト聞イテ居ル、今回モ矢張遷都論ガ出タ、所ガ如何ナル理由ヲ以テ山本首相ガ詔勅ノ奏請ヲナサレタカト云フコトヲ私ハ聽キタイ、此詔勅ヲ御出シ下サッタト云フコトハ、地震後間モナイ十日ノ間ニ下サレタ、民論ノ十分ニ一致シナイ間ニ、民心ノ動搖ヲ恐レテヤラレタノデアルカドウカ、科學的研究ノ見地ニ立ッテヤラレタカドウカ、東京ハアブナクナイト云フコトデヤッタカドウカ、此事ハ小ナル問題ノ如ク取扱ハレルカ知レマセヌケレドモ、コヽ三百年一千年ノ後ニ於テ、諸君ノ計畫シタ事ガ土崩瓦解シタ場合ハ、如何ニモ申譯ガナイ、故ニ吾々此立法部ニ居ル者ハ、餘程眼ヲ遠大ニシテ、我ガ日本ノ基礎ヲ危クシナイヤウナ大立論ノ上ニ立タナケレバナラヌノデアリマス、五億ハ廉イ、十億ハ廉イ、三十億ハ高イト云フ、唯ミ金額ヲ以テ論ズルコトハ出來ナイ、吾々ハ根本的精神ヲ以テセザレバ、百億ノ富デモ一朝灰燼ニ歸シタナラバ、三文ノ値打ガ無イデナイカ、故ニ其立場ヲ十分ニ究メテ置クト云フコトハ必要デアリマス、併ナガラ如何ナル地點モ弱點ガアリマス、地震ニ付テ火災ガ起ッタナラバ、火災ヲ防グヤウニスレバ宜イト云フコトハ一部ノ理由ガアル、如何ナル理由デヤッタカト云フコトヲ明カニシテ、尙ホドウシテ遷都ヲシナクテ宜イト云フ議論ガ立タレタノデアルカ、ソレヲ聽キタイ、明治維新ノ際ニ、國都ト帝都トアルト云フコトヲ言ッタ者ガアッタコトヲ或ル友人カラ聞イタ、勝海舟ハ幕府ノ危カッタ時ニ、人心ノ大ナル動亂ヲ憂ヘテ居ッタノデアリマスガ、　天皇陛下ガコチラヘ御出ニナルト云フコトデ、ソレデ初メテ民心ガ安定シテ、國都ト首都ガ一ツニナッタノデアル、其當時江戸ナル國都ヲ失ッタナラバ、經濟上或ハ社會上ノ大變動ヲスルト云フコトヲ東京人士ガ憂ヘタノデアリマス、吾々ハ關西ニ居リマシテ此間ノ火災ニ遭ヒマセヌデシタガ、關西ノ人ハ、東京ガ燒ケタ、遷都ヲセイト云フコトハ、如何ニモムゴタラシイ議論デハナイカト云フ人モアリマス、併ナガラ如何ニシテモ、我ガ日本帝國ヲ安全ニ保チ、帝都ヲ如何ニシテモ安全ノ地帶ニ置クコトガ必要デアルト私ハ堅ク信ズル、故ニ其理由ヲ承リタイ、若シ東京ニ置クコトニ決ッタナラバ、必ズ弱點ガアルニ違ヒナイカラ、其弱點ガ如何ナル方法ニ於テ塡メラルヽカト云フコトニ付テ、最大ナル努力ヲシナケレバナラヌト思ヒマス、第三ニ於キマシテハ、是ハ小サイ問題ノヤウデ、質ハ大キナ問題デアリマス、ソレハ科學的研究デアリマス、詰リ地質學ノ研究、百科全書ナドヲ見ルト、地震博士ノ大森サンダケノコトヲ多ク書イテ居ルヤウニ見受ケラレマシタガ、サウ云フヤウニ日本ニ地震博士ヲ得ルヤウニ、科學的材料ガ日本ニ在ルト云フ點ニ於テヤッタノデゴザイマスケレドモ、今回ノ事ハ十分豫測ガ出來ナカッタ、是ハ大森サン一人ヲ責メル譯ニイカヌ、故ニ吾々ハ日本ノ地質ガ如何ナル狀態ニ在ルカト云フコトヲ知ッテ、色ミ研究ノ爲ニ數百萬圓ノ財產ト雖モ抛ッテソレガ爲ニ努力シナケレバナラヌ、果シテ根本的研究ニ於テ步ヲ進メテ居ルカドウカト云フコトヲ聞キタイノデアリマス、サウシテ此十億二千億ト云フコトハ大キナ問題デナイ、此科學的基礎ノ見地ニ立タナケレバ、諸君ガ何遍政友會ガ決議ナサッタ所ガ、一文ノ價値ガナイト云フコトヲ私ハ堅ク信ジテ疑ハヌ、故ニ大ニ研究シテ、人間並デ分ラヌコトヲ分ラセルト云フコトガ、科學的研究ニ俟タナケレバナラヌト思ヒマス、絕對ニ分ラヌコトハナイト云フコトヲ私ハ堅ク信ジマス、ソレカラ私ハ第四ニ於キマシテ、後藤サンハ市長ヲ永ク勤メラレタ人デアル、八億圓ノ都市計畫ヲヤラウトシタト云フコトヲ聞イタ、私ハ「ピーター」大帝ガ「ペトロスブルグ」ヲ送ル時ニ、大ナル所ノ努力ヲ以テ、木ノ小屋ニ住ミッヽ、都ヲ造ッタ、或ハ羅馬「ロミユラス」兄弟ハ、狼ノ乳ヲ飮ンデ、サウシテ大キクナッテ、彼ノ羅馬ヲ造ッタヤウニ聞イテ居ル、或ハ「ゼフアソン」ガ巴里ニ摸シテ亞米利加ノ首都華盛頓ヲ造ッタト云フコトヲ聞イテ居ル、是等ノ人ハ大ナル努力ヲ以テ、都市計畫ニ滿腔ノ力ヲ揮ッタニ違ヒナイ、然レドモ後藤君ハ其大ナル、斯ノ如ク「ピーター」大帝ガ「ペトロスブルク」ヲ造ッタ所ノ力ノ三分ノ一モ揮ッテ居ルカドウカト云フコトヲ聞キタイ、是ハ小ナル問題ノ如ク見エテモ、中ミ一軒ノ家ヲ建テルニモムヅカシイノデアリマスカラ、況ヤ都市ヲ建設スルノハムヅカシイト思ヒマス、若シモ今日諸君ガ――國民ガ向後百年カ二百年カノ後ニ搖返サレテモ、成ベク耐震耐火ノ家ヲ建テ、都市ヲ建ツルコトヲ希望シテ居ルナラバ、其上ニ急ガナクテモ宜イカラ、十分ナル都市計畫ヲ立テヽ行カナケレバナラヌ、所ガ後藤サンアタリノ設計シテ居ル所ハ平面的デアッテ、立體的デナイ、同時ニ年限的デナイ、非常ニ短イ期間デ、サウシテ淺イ計畫ノヤウニ、吾々ニハ思ハルヽノデアリマス、故ニ之ヲ立體的ニヤルニハ、地上ノ溝ガ使ヘナケレバ、地ノ中ヲ水ノ流レルヤウニ水道管ヲ敷イテ居ルヤウニ、或ハ地下鐵道ヲ敷ク計畫ガ、其一部ハ一億圓ノ金デ出來ル、街ガ狹ケレバ地下ヲ通ル計畫ガ必要デアリマス、何故ニ其計畫ヲナサラヌカト云フノデアリマス、サウシテ街ヲ造ルニ、下カラシテ來ナケレバナラヌ、上カラ上カラト云ッテ急グ狀態デアリマス、犬養サンハ早ク造レト云フコトデアッタト聞イテ居リマスガ、ソレデモアブナイト思ヒマス、ソレカラ道路モ必要デアリマスガ、此建築法ト云フモノガ日本ハイケナイ、人心ガ心的ニナッテ居ナイ、物質的デアルカラ、手ヲ拔イテ家ヲ建テヽ居ルカラ、東京ノ家ハアブナイ、田舍ノ家ハ强イ是レ卽經濟的ト云フコトヽ、都市ノ建築者ガ意ヲ用キナイ點デアルト私ハ信ズルノデアリマス、故ニ此建築法ニ於キマシテモ、今回非常ニ災害ヲ來シタ、或ハマダ何十人モ生埋ニナッテ居ル所ハ、鐵筋混凝土ガ少クテ「カヤク」ガ少クテ「セメント」類ガ多イト云フコトデアリマス、此事ハ善イノカ惡イノカ知リマセヌガ、サウ云フ狀態デアリマス、サウ云フ事ニ付テハ大ニ研究シナケレバナラヌ、獨逸ノ「ライプチッヒ」ニ於テハ、建築博覽會ヲ造ッテ、サウシテドウ云フ風ニ「セメント」ヲ使ッテ鐵筋混凝土ヲ造ルカト云フコトニ付テ、大ナル努力ヲシテ研究シテ居ル、未ダ日本ハサウ云フコトハ措イテ、建築法ガ進ンデ居ナイ、或ハ材料ノ良否ニ付テモ、建築ニ付テノ監督官モ十分デナイ、又監督スル人間ガシッカリシテ居ラナイカラ、如何ナル事ヲ表面上請負ハシテモ、悉ク亂暴ナルモノヲ造ッテ、今建テタモノハ又ゾロ災害ヲ被ルノデハナイカト云フコトヲ私ハ疑フノデアリマス、故ニドウカ斯ウ云フ點ヲ考慮ニ入レテ置キタイ、サウシテ又如何ナル計畫ヲソレニ付テシテ居ルカト云フコトヲ聽キタイ、第五ニ於テハ私ハ經費ノ問題ニ付テ、是ハ政反會ノ人、其他ノ人カラ述ベラレタ通リデ、救助ハ各地ニ及ボシテ、東京、横濱ダケデナイ、靜岡、千葉、埼玉、神奈川迄モ率土ノ濱王土ニアラザルナシデ、其土地ガ傷ンダ時ハ、相當應急ノモノヲヤルト云フコトガ、アトデ百圓呉レルヨリモ、今三十圓呉レル方ガ良イ場合ガ多イノデアリマスカラ、其土地ノ知事ヤ內務部長ガ何ヲシテ居ルカ、其等ヲ調査シテ早クヤルト云フコトガ私ハ必要デナイカト思フ、又細カイ事ハ此前ニ色々述ベラレマシタカラ申シセヌガ、又餘リ知リマセヌガ、アノ三億二千万圓ト云フモノヲ東京ノ市街ヲ造ル爲ニ土地ヲ買フ費用ニ使ウテ居ル、是ハアトデ國ノ方ニ戻ッテ來ルノデアルカ、戻ッテ來ナイモノデアルカ、ソレヲ聽キタイ、又私ハ其二分ノ一ヲ國ガ假ニ出ストシテ、アトノ二分ノ一ヲ市ガ出スノカ伺ヒタイ、私ハ田川氏ノ書イタ本ノ中ニ、東京市ハ二千四百万坪、其所有主二万三千人デアルト云フコトヲ書イテ居ラレルノヲ見タ——間違ヒナイノデスカ（田川大吉郎君「其位ノモノデス」ト呼フ）其位ノモノデアルト書イテ居ラレル、故ニ私ハ是ガ半分燒ケタナラバ、一万人位ノ人ガ之ヲ持ッテ居ル、其持ッテ居ルモノヲ買上ゲルト、アトノ土地ガ高クナッテ利益スルニ決マッテ居ルケレドモ、ソレヲ土地增價稅ヲ取ッテ、二十年カ二十五年間ノ後ニ、土地ノ增價シタ差額ニ依ッテ之ヲ國ナリ市ナリニ取ルヤウニスル方法ヲ執ラナケレバ、此計畫ノ半ハ以上ヲ支出スル金ハ地主トカ富豪ノ手ニ這入ッテ、サウシテ吾々貧民ノ手ニハ廻ラヌト云フ結果ヲ來スノデナイカ、是ハ考慮スベキ問題デアル、「ワグネル」博士ハ國ノ發達ニ依ル土地ノ增價ハ、國ニ持ッテ來イト論ジテ居ル、又先年獨逸デハ、之ヲ國ト市トニ二ツニ分ケテ居ッタノデアリマス、サウ云フヤウナ狀態デアリマスカラ、私ハ之ヲ土地增價稅ニ依ッテ取ルコトニシタナラバ、其費用モ省ケルト思ハレルノデアリマス、其點ノ御意見ヲモ聽キタイノデアリマス、第六ニハ、私ハ內閣諸公ガ最モ人道上悲シムベキ所ノ大事件ヲ一言半句モ此神聖ナル議會ニ報告シナイデ、又神聖ナルベキ筈ノ諸君ガ一言半句モ此點ニ付テ述ベラレナイノハ、非常ナル憤慨ト悲ミヲ有スル者デアリマス、ソレハ何デアルカト言ヘバ、朝鮮人殺傷問題デアリマス、諸君ハ何ガ爲ニ朝鮮ヲ合併ヲ致シタカ、合併ヲ致シテ國防上、外交上、或ハ文明ノ上、產業ノ上ニ於テ、互ニ相通ジテ、殆ド同ジ民族ガ相共ニ提携シテ往クト云フコトガ、此合併ノ根本的ノモノデナイカト私ハ固ク信ズル一人デアル、然ルニモ拘ラズ噂ニ依リマスルト、殆ド千トカ千以上ニ上ル所ノ朝鮮人ガ殺サレタト云フコトニ向ッテ、一言半句モ吾々ノ眼ハ新聞紙ナドヲ通ジテ視ルコトガ出來ナイデ、唯、噂ニ依ッテ之ヲ聽クト云フコトハ、非常ニ怪訝ノ念ヲ挾マザルヲ得ナイ狀態デアリマス、諸君、吾々ハ皇民ニ非ザルナキ所ノ朝鮮人、邊土ニ在ッテ代議士ヲ出シテ居ナイ所ノ無告ノ民ノ爲ニ何ガ爲ニ諸君ノ肺肝ヲ貫ク言葉ヲ以テ彈劾シナイノデアルカ、或ハ小事末節ニ捉ハレテ、千人以上ノ人ガ殺サレタ大事件ヲ不問ニ附シテ宜イノデアルカ、朝鮮人デアルカラ宜イト云フ考ヲ持ッテ居ルノデアルカ、吾々ハ惡イ事ヲシタ場合ニハ、謝罪スルト云フコトハ、人間ノ禮儀デナケレバナラヌト思フ、日本人ハ正義ノ上ニ立ッテ居ッテ、侵略主義デハナイ、吾々ハ正義ノ上ニ立ッテ、比較的文明ナラザル國民ヲ文明ノ域ニ進メンガ爲ニ、人類ノ福祉ヲ增進スルガ爲ニ、吾々ハ日本帝國ヲ形造ッテ居ルノデハナイカ、然ルニ諸君ハ更ニ一言半句モ此事ニ付テ述ベラレナイノハ如何、又新聞紙上ニモ之ヲ揭載スルコトヲ禁ジ、演說ニモ之ヲ禁ジ、之ヲ言フ者ヲ罰スルト云フノハドウ云フ譯デアルカ、之ヲ私ハ內閣諸公ニ聽キタイノデアリマス、人或ハ言フノデアリマス 朝鮮人ノ中ニモ惡イ者ガアルカラ、流言蜚語ガ多ク起ッタノデ、サウシタノデアル、又其時ハ群衆心理ガ働イテ、十日間ハ竹槍ヲ持ッテ家ニ蟄伏シテ居ッタヤウナ狀態デアッテ、實ニ無政府ノヤウナ狀態ヲ呈出シテ居ッタノデアル、ソコハ今日ノ考ト違ッテ居ル、故ニ如何ナル人ガサウ云フ事ヲヤッタカ知ラヌガ、今日或ハ冷靜ナル眼ヲ以テ斯ク〳〵デアルカライケナイト云フコトヲ速斷スルコトハ出來ナイ、其間ニ十分考慮ノ餘地ガアル、吾々日本國民モ東京市民モ、其時ハ恐怖ノ念ニ打タレタ爲ニ、流言蜚語ニ惑ハサレ、或行動ヲ執リ、或ハ自家防衛ヲ行ッタカモ知ラヌト云フノデアル、併ナガラ其防衛ノ範圍ヲ超エナカッタカドウカト云フコトハ、今日之ヲ考ヘテ、若シ防衛ノ範圍ヲ超エテ居ッタナラバ、吾々ハ朝鮮人ニ對シテ、殊ニ被害ノ朝鮮人ニ對シテ、大ナル謝罪ヲシナケレバナラヌ、ソレヲ單ニ速斷ニ依ツテ、東京ニ住ンデ居ル人、横濱ニ住ンデ居ル人ト云フノデナイ、吾々ノ國民性ガ生ンダ所ノ一ノ結果デアルト私ハ信ズル、吾々ハ決シテ惡意ハナイ筈デアル、併ナガラ恐怖ノ結果、斯ノ如キ事ヲシタノデアルカラ、日本國民トシテ吾々ハ之ニ向ツテ相當朝鮮人ニ對スル陳謝ヲスルトカ、或ハ物質的ノ救助ヲナスルトカシナケレバ、吾々ハ氣ガ濟マヌヤウニ私ハ考ヘルノデアル（拍手）諸君、足ヲ踏ンデモ失禮デアリマシタト云ヘバ怒ル氣ガシナイ、知ラヌ顔ヲシテ居レバ、千人殺シタトキハ十万人ノ者ガ殺サレタ虐殺サレタ、火焙リニサレタト云フコトヲ誤ツテ傳ヘラレヌトモ限リマセヌ、總督府カ何カカラ出タ話ニ依リマスト、朝鮮ハ比較的平穩デアルト云フコトヲ聞イテ居ル、併ナガラ私ハ官邊ノ報告ヲ信ズルコトハ出來ナイ、津々浦々ヲ廻ツテ見ナケレバ、官憲ノ壓迫ニ依ツテ能ウ言ハヌカモ知レナイ、若シ私ガ日本人デアツテ、外ノ所デ斯ウ云フコトヲ演説スルナラバ、發言禁止ヲ喰フニ違ヒナイ、此神聖ナル議場ニ於テ、吾々ハ神聖ナル帝國ノ國民トシテ、神聖ナル衆議院議員トシテ、此事ヲ諸君ニ訴フルノ唯一ノ場所デアルト云フコトヲ諸君ハ大ニ知ツテ貰ヒタイノデアリマス、故ニ吾々ハ既往ノ吾々ノ過ヲ決シテ言ヒ拔ケ拭フコトヲシナイデ、赤裸々ニ告白シテ惡イ事ハ惡イ、併シ斯ク／＼ノ狀態デアカラ此點ハ諒承ヲ願ヒタイト云フコトヲ朝鮮人ニ向ツテ告ゲ被害者ノ遺族ノ救濟ト云フコトモ講ジナケレバナラヌ、各國ニ向ツテ謝電ヲ送リ、外國ニ向ツテ先日吾々議院ガ謝意ヲ表明スル前ニ、先ヅ朝鮮人ニ謝スルノガ事ノ順序デハナカラウカ、之ヲ隱シテ置クト云フコトハ、秘密主義デアツテ、今日ハ取ラナイ、又實際上通ラナイ所ノ議論デアルト私ハ思フ、ソレカラ第二ニハ、王正廷ト云フ人ガ、是ハドウ云フ使命ヲ持ツテ來タカ、

公ケニハ知リマセヌケレドモ、矢張支那人ガ數百名殺サレタト云フ事ニ付テ研究ニ來ツタト云フコトデゴザイマス、吾々ハ此隣邦ノ國民永キ歴史ニ於テ修交ノアル所ノ國民ガ、我ガ日本ノ領土ニ住ンデ居ツタガ爲ニ斯ノ如キ災害ヲ被ツタト云フコトニ向ツテハ此非常ナル罪ヲ謝サナケバナラヌト私自身ハ思フ、尤モ彼等ト雖モ矢張日本ニ在ツタノデ、當時ノ狀態ハ能ク知ツテ居ルノデアルカラ、十分ニ之ヲ調査シテ日本ニ誤リアル所ハ謝スルガ宜イ、過ノナキモノナラ謝センデ宜イ、過ガアルモノナラバ相當ノ謝意ヲ表スルト云フコトガ、隣邦ニ對スル所ノ誼デハナカラウカト思フ、故ニ是ハ秘密主義ヲ執ツテ居ラナイデ、赤裸々ニ我狀態ヲ告白シタナラバ、必ズヤ彼レノ心モ解ケルデアラウ、日本國民ニ惡意ガアルノデハナイ、自警團ニ惡意ガアルノデハナイ、唯ミ其時ノ狀態ガ然ラシメテ斯ク／＼デアルト云フコトヲ明ニ陳述スル必要ガアルト信ズル、内閣諸公ハ之ニ對シテ如何ナル考ヲ持ツテ居ルカト云フコトヲ聞キタイ、更ニ進ンデ彼ノ主義者ヲ慘殺シタト云フコト、是ハ私ガ多クヲ語ラナイデモ諸君ハ知ツヲ居ルデセウ、ア、云フ風ノ思想ハ今日始マツタノデハナイ、彼ノ老莊ガ數千年前ニ虚無ノ説ヲ唱ヘテ居ル、而シテ近年デハ「トルストイ」ガ之ニ感染シタト云フ事實ガアル、ソレガ又日本ニモ現ニ參ツテ居ル數千年以來ノ古イ思想デアル、隨テ彼等一人ノ思想ニ依ツテ我日本帝國ガ動搖スルモノデナイト云フコトハ明カデアル、後藤君ガ「ヨツフエ」ト會ウタカラ、後藤君ガ「ヨツフエ」ニカブレタト云フヤウナコトハ誤リデアリマス、是ハ小川君ノ大ナル淺慮デハナイカト思フ、是等ノ主義思想ニ對シテハ思想ハ思想ヲ以テ戰ハナケレバナラヌ、秘密ニシタ所デ密ニ思想ノ交換ヲシタナラバ、是ハ取締ラウトシテモ取締ルコトガ出來ナイ、家ヲ建テルナラ地質カラ能ク調ベテ其上ニ動カザルヤウ混凝土デ

以テ固メ、其上ニ家ヲ建テルノデナケレバ引繰リ返ルト云フコトハ明カナ事實デゴザイマス、人々ノ思想ノ發表ハ自由デナケレバナラヌ、大分前ニ今村地震博士ガ地震ガ來ルト云フコトヲ言ツタ所ガ、ソレハ人ノ心ヲ惑ハスモノデアルト言ツテ其説ヲ成ベク言ハサヌヤヤウニシタト云フコトモ聞イテ居ル、サウ云フ風ニシテ學者ヲ迫害シタト云フ事實ハ幾ラモアル、早稻田ニ於テモ主義者ガアツタト云ウテ政府ニ於テモ之ヲ迫害シタ、又學校ニ於テモ半バ之ヲ迫害シタト云フ事實ガアル斯ノ如キ狀態デハイケナイ、思想ハ思想ヲ以テ爭フベキデアル、諸君、吾々ノ敵ハ最モ尊重シナケレバナラヌ、吾々ノ思想上ノ敵ハ思想上尊重スベキデアルト云フコトヲ知ラナケレバナラヌ、吾々ハ敵ニ依ツテ自己ノ弱點ヲ知リ、其弱點ヲ知ツテ自己ノ立場ヲ明カニスル コトニシナケレバナラヌ、無政府主義デアルガ爲メニ必ズ迫害シナケレバナラヌト云フモノデハナイ、官僚軍閥ノ非常ナル壓迫ノ爲ニ彼等ノ中ニハ思想ノ安定ガナクシテ之ヲ唱ヘタヤウナ者モ亦少カラヌト思フ、故ニ之ニ向ツテ官僚主義軍閥主義ノミデ抽付ケタナラバ、却テ彼等ハ窮鼠猫ヲ嚙ムデ、如何ナルコトヲスルカモ知レナイ、是等ノ思想問題ニ向ツテ、直ニ鐵拳ヲ加ヘ、直接行動ヲ以テ之ヲ殺スト云フガ如キハ、一見實ニ愛國者ノ態度ノ如クニ見エマスケレドモ再思再考スレバソレハ眞ノ愛國者デアルト云フ斷案ヲ下スコトハ出來ナイト思フ、殺シタ者モ能ク知リマセヌケレドモ愛國者デアツタカモ知レヌ、而シ其動機カラモ、結果カラモ、十分ニ論ジナケレバナラヌ、唯動機バカリヲ以テ論ズルコトモ出來ナイ、吾々ハ此點ニ於テ大ニ留意スル必要ガアルト信ズル、故ニ又私ハ文相ニ向ツテ日本ノ斯ノ如キ朝鮮人殺傷問題、或ハ支那人ノ殺傷問題、或ハ主義者ノ慘殺問題ト云フヤウナコトガ、日本ノ國民ニ如何ナル影響ヲ與ヘテ居ルカト云フコトノ

研究ヲシテ居ルカ居ナイカト云フコトヲ聞キタイ、若シ研究シテ居ルナラバ、之ニ向ツテ如何ナル對策ヲ講ジナケレバナラヌカト云フコトヲ聽キタイ、勿論教育ハ今震災デ家ヲ建テルヤウニ、十年位ノ年月デ出來ルモノデナイ、少クトモ二十年三十年ノ年月ヲ費サナケレバナラヌコトハ明カデアル、故ニ吾々ハ科學的精神ヲ養ツテ、理化學的研究ヲ本トシタル精神ヲ養ツテ、此思想ト思想トノ競爭ニ打勝タナケレバナラヌ、吾々ハ人間トシテノ思想ト、動物トシテノ考ト、吾々ノ文化的「シヴィリゼーション」ノ戰爭、人間ト自然トノ戰爭、大我ト小我トノ戰爭ニ於テ如何ナル考ヲ以テヤツテ居ルカ、實ニ吾々ハ此大ナル爭鬪ニ打勝タナケレバナラヌ、此爭鬪ニ向ツテ思想上國民教育上如何ナル態度ヲ以テ是等ノ問題ヲ理解シ、日本帝國ヲシテ萬世不易ノ帝國タラシメ、思想ハ大イニ自由ニシテ、而シテ思想ハ思想ト相戰ヒ、其思想ノ衝突カラ良イ思想ガ生レテ來テ、良イ國ガ打立ツヤウニシナケレバ、如何ニ立派ナ東京市ガ出來テモ、三文ノ値打モナイト信ズル、政友會ノ諸君ノミガ物質的デハナイ、政友會アラズトモ日本ハ非常ニ物質的デアル、併シ其物質的ノ後ロニハ精神ガアルモノデナケレバナラヌ、精神ガアツテ初メテ物質ガ活躍スル、此十億十五億ノ金ヲ使フ場合ニ、精神ノ籠ツテ居ル金ナラバ、東京市ニ比較的便利ニ比較的綺麗ニ、比較的堅牢ニ都市ヲ造ルコトガ出來ル、若シ是ガ精神ノ無イ金デアルナラバ、三文ノ價値モナイモノガ出來ルデハナイカト思フ、私ハ決シテ政友會諸君ノ如ク内閣諸公ヲ罵倒シテ快ヲ叫ブ者デハナイ、私ハ誠心誠意ヲ以テ是等ノ諸點ニ向ツテ内閣諸公ノ方針ト所見ヲ聽カンガ爲メニ此壇上ニ立ツタ次第デアリマス（拍手）

○議長（粕谷義三君） 山本總理大臣

〔國務大臣伯爵山本權兵衞君登壇〕

○國務大臣（伯爵山本權兵衞君） 只今田淵君ヨリ熱心ニシテ且ツ高遠ナル諸ノ面ニ對シテノ御意見、且又御質問モアツタノデゴザイマス、右ニ對シマシテハ相當ニ御答スルノ必要ヲ認メテ居リマスガ、何ニセヨ、隨分多岐ニ亙ツテ居リマスカラ尚ホ熟考ノ上他日御答ヲ致スコトト御承知ヲ願ツテ置キマス、

〔田淵豐吉君登壇〕

○田淵豐吉君 山本首相ガ私ノ發言ニ付テ其意見トカ質問トカガ多クアツタヤウニ思フ、多岐ニ亙ツテ居ルカラ今言ヘナイト云フコトデアリマス、御分リニナラナケレバ私ハ玆ニ再ビ簡單ニ申述ベタイ、第一ハ官僚内閣ヲ樹テ擧國一致内閣ヲ立テテ果シテ此庶政ヲ十分ニ遂行スルダケノ自信アリヤ否ヤト云フコトヲ聽イタノデアリマス、第二ハ遷都ニ付テノ詔勅ノ奏請ハ如何ナル理由ニ依ツテ之ヲ爲シタカト云フコト、此第二ノ點ガ最モ明瞭デアリマス、之ニ御答辯ナイノハ、ナサラナイノデアルカ、出來ナイノデアルカ、第三ニハ科學的研究、智識的研究ト云フ此非常ニ深イ研究ニ付テ、ヤツテイナイカラ之ヲオヤリニナル御考ハナイカドウカト云フコトヲ聽イタノデアリマス、第四ハ都市計畫法ニ付テ建築物其他ノ點ニ於テ、私ハ地下鐵道ノ如キモノヲ設ケ、立體的ニ都市ヲ計畫スル必要ガアルカナイカト云フ事ヲ聽イタノデアル、第五ニ於テハ各地ニ供給スル所ノ經費ヲ十分ニ供給セラレナイト云フコトヲ聽イタ、都市ニ於テ三億二千万圓ノ半バハ國カラヤツテシマフノデアルカ、取返ス積リデアルカ、若シヤツテシマフナラバ、ソレハ土地增價税ニ於テ之ヲ取ツタラドウカト云フコトヲ御聽キシタ、第六ニ於テハ此内閣ニ最モ必要ナル朝鮮人殺傷問題ニ付テ一言半句モ之ヲ述ベヌト云フコトハ、最モ重大問題デハナカラウカト思フ、其故ニ此問題ニ付テノ御意見ヲ聽キタイ、或ハサウ云フコトガマルキリ無カツタカ、アツタカ、或ハ支那人ノ問題ハアツタカナカツタカ、之ヲ聽キタイ、此六ツノ點ハ最モ明瞭明白デアルト信ジマスカラ、山本首相其他ノ閣僚ヨリソレ／＼御答辯アルコトヽ信ズル、若シ答辯ナシトスルナラバ、是ハ吾々ノ言ヲ輕視シタモノト言ハナケレバナラヌ、唯政友會ハ多數ダカラ答辯ヲスル、田淵豐吉ハ無所屬デ一人デアル、勢力ガナイカラ答ヘナイト云フヤウデハ、内閣諸公ノ政策經綸ヲ行ハレルコトハ出來ナイノデアリマスカラ、虚心坦懷ニ、此議會ヲ神聖ニスル爲ニ、議會ヲ汚サザランコトヲ切ニ望ンデ此壇ヲ降ルノデアリマス

○議長(粕谷義三君)　高見君ノ動議ニハ御異議ナシト認メマス、仍テ動議ノ如ク決シマシタ、是ヨリ國務大臣ノ演說ニ對スル質疑ヲ繼續致シマス、通告順ニ依ツテ其發言ヲ許シマス、永井柳太郎君

一　國務大臣ノ演說ニ對スル質疑（前會ノ續）

○永井柳太郎君（永井柳太郎君登壇）　諸君、本員ハ時局重大ノ時ニ方リマシテ、山本總理大臣ガ七十有餘歲ノ老軀ヲ提ゲテ國難ニ當ラントセラル、勇氣ヲ多トスル者デアリマス、併シ本議會ニ於ケル山本伯ノ一昨日來ノ御演說竝ニ議員ノ質議ニ對スル御答辯ヲ承リマスルト、其多クハ唯ゝ簡單ナル行政事務ノ報告ニ過ギズ、未ダ國難ニ際シテ國民ヲ指導シ、一代ノ人心ヲ作興スルニ足ルガ如キ剴切ナル大議論ニ接シ得ザリシコトヲ、本員ハ頗ル遺憾トスルノデアリマス(拍手)殊ニ議員ノ質疑ニ對シマシテ屢ゝ其御答辯ハ不得要領デアリ、時トシテ故意ニ沈默ヲ以テ答辯ヲ與ヘラレザルコトサヘモアリマスルコトハ、明ニ議會ノ權能ヲ輕ンズルモノデアルノミナラズ、確信ヲ以テ國難ニ當ラントスル者ノ態度ニアラズト信ジマス(拍手)山本伯ハ第一次山本內閣時代ヨリ約十年殆ド政界ト絕緣シ、未ダ曾テ其政見ヲ發表シタルコトナク、又未ダ曾テ民衆ニ接シタルコトナク、殆ド國民トハ沒交涉ノ政治家デアツタノデアリマス、隨テ國民ハ山本伯ガ如何ナル經綸ヲ藏シ、如何ナル政見ヲ有セラル、カニ付キマシテハ、多大ノ疑念ヲ持ツテ居ルノデアリマスルカラ、山本伯トシテハ出來得ル限リ其說明ヲ親切ニシ、出來得ル限リ其政見ヲ明瞭ニシ、以テ此疑念ヲ一掃スルニアラザレバ、眞ニ國民ノ信任ヲ收メ人心ヲ安ンズルコト斷ジテ不可能ト言ハザルヲ得ナイ(拍手)殊ニ震災直後ニ發生致シマシタ不祥事ニ對シテハ其責任ノ所在今尚ホ分明セズ、是ガ爲メ內ニ於キマシテハ只サヘ混亂セル人心ハ愈ゝ混亂セントシ、外ニ於キマシテハ隣邦ノ國民ノ日本ニ對スル疑惑ノ念ハ愈ゝ深カラントシツツアルノデアリマシテ、本員ハ實ニ國家ノ爲ニ衷心ヨリ之ヲ憂ヘザルヲ得ナイノデアリマス、(拍手)何卒是等ノ點ニ付テ御考慮ノ上、只今本員ガ中述ブル數點ノ質疑ニ對シ親切ニ且ツ明瞭ニ、御答辯アランコトヲ希望致シマス、第一ハ昨日本員ノ同僚デアル田淵君ガ震災直後ニ發生シタル鮮人事件ニ對シ、何故ニ政府ハ哀悼ノ意ヲ表シ且ツ其遺族ヲ慰安スル爲ニ最善ノ方法ヲ講ゼザルカト質問シタニ對シテ、何等ノ御答ヲ與ヘラレナカツタノハ如何ナル理由デアルカト云フコトデアリマス、田淵君ノ質疑ハ一昨日來行ハレタル議員ノ質疑中最モ施政ノ大本ニ觸レタル質疑ノ一ツデアリマシテ、將ニ國民ノ問ハント欲スル所ヲ問ヒタルノ感ガアルノデアリマス(拍手)此田淵君ノ質疑ニ對シテ御答辯ガ無カツタト云フコトハ、議院ノ權能ヲ輕ンズルモノデアリマスノミナラズ、山本伯ガ眞ニ國民ト提携シテ更始一新ヲ行ハントスル御聲明ニ背反スト信ズルノデアリマス、(拍手)顧レバ日韓合邦ガ行ハレテ日尚ホ淺ク、朝鮮人ハ其言語ニ於キマシテモ、又其思想ニ於キマシテモ內地人ノソレニ通ゼザル點ガ少クナイノデアリマスカラ、隨テ意思ノ疏通ヲ缺ク場合ガ甚ダ多イノデアリマス、故ニ政府ハ是等ノ朝鮮人ヲ保護シ指導シ、教化スルコトニ於テ全力ヲ盡サナケレバナラナイノデアリマシテ、平常ノ時ニ於ケルヨリモ、非常ノ時ニ於テ、殊ニ其事ガ大切ナノデアリマス、然ルニ此度ノ大震災ニ際シマシテ、政府ガ朝鮮人ヲ保護シ指導スベキ處置ヲ過チマシタガ爲ニ、遺憾ナル事件ヲ出來致シタノデアル、故ニ、政府ハソレニ對シテ衷心カラ遺憾ノ意ヲ表スルト同時ニ、其不幸ナル犧牲者ニ對シテハ遺族ヲ慰安スルニ最善ノ方法ヲ講ズルト云フコトハ、明ニ正義人道ノ要求デアルノミナラズ、又人間本然ノ至情ナリト言ハザルヲ得ナイノデアリマス、然ルニ最近政府ノ爲ス所ヲ見マスルト、頻ニ各地ニ於キマシテ自警團ヲ檢擧シテ、ソノ檢擧セラレタル者ガ既ニ數千名ニ達シテ居ル、起訴セラレタル者亦數百名ノ多キヲ算シマシテ、鮮人事件ノ全責任ハ唯ゝ自警團ニノミ存スルガ如キ觀ガアルコトハ、本員ハ頗ル怪訝ニ堪ヘナイ所デアリマス(拍手)本員ハ彼ノ震災當時ニ於テ、人心ガ不安ニ堪ヘナカツタ時ニ於テ、鮮人襲來ノ報道ニ接シテ、只サヘ不安ニ堪ヘナカツタ人心ガ益ゝ不安ニ滿タサレマシタ場合ニ、各地ニ自警團ガ組織セラレテ、ソレ等ノ自警團ノ人ゝガ身ヲ挺シテ公安維持ノ大任ニ就キタル、コトニ對シテハ、衷心ヨリ感謝スベキデアリマスルノミナラズ、吾々日本國民ハ一旦緩急アルニ際シテハ各ゝ出デ、國難ニ當ルノ精神ヲ失ハザルコトヲ祝セザルヲ得ナカツタノデアリマス(「ヒヤ〳〵」(拍手)故ニ其自警團ニ屬シテ公安維持ノ大任ニ就キタルモノ、中デ、特ニ功勞アリシ者ハ其功勞ニ對シテ政府ガ適度ニ表彰ヲシテ、ソレニ依ツテ益ゝ義勇奉公ノ精神ヲ鼓舞シ、社會奉仕ノ思想ヲ激勵スルコソ當然デアルト思ウテ居リマシタノニ、其事未ダ行ハレザルニ先チテ、却テ自警團檢擧ノコトガ起ツテ、鮮人事件ノ全責任ハ擧ゲテ自警團ニ存スルガ如キ觀アルコトハ、國民思想ノ向上發展ノ爲ニ本員之ヲ悲マザルヲ得ナイノデアリマス(拍手)本員ハ壇上カラ全世界ニ向ツテ申シタイノデアル、日本人ハ故ナクシテ朝鮮人ヲ憎ミ、故ナクシテ朝鮮人ヲ殺スガ如キ殘忍刻薄ナル劣等民族ニ非ズ、日本人ハ故ナクシテ朝鮮人ヲ恐レ、故ナクシテ流言蜚語ニ迷フガ如

キ思慮淺薄ナル臆病民族ニ非ズ（ヒヤ〳〵）吾々ハ朝鮮人ノ可憐ナル者ニ對シテ、内地人ノ可憐ナル者ニ對スルト同ジヤウニ注グベキ熱涙ヲ持ツテ居リマス、吾々ハ朝鮮人ヲ吾々ノ兄弟ト信ジ、朝鮮人ト提携シテ共ニ亞細亞復興ノ使命ヲ果スベキ尊キ自覺ヲ持ツテ居ルノデアリマス、吾々日本民族ガ何デ故ナク朝鮮人ヲ憎ミ、何デ故ナク朝鮮人ヲ殺シマセウゾ、吾々ハ之ヲ信ズルコトガ出來ナイノデアル、既ニ此朝鮮人ヲ愛シ朝鮮人ト倶ニ亞細亞復興ノ使命ヲ果サンコトヲ自覺シテ居ル日本民族ガ、彼ノ不祥事ヲ出來シタト云フコトハ、其處ニ大ナル原因ガ存在シテ居ルト思フノデアリマス（拍手）其大ナル原因トハ何ガアツタカト申セバ、卽チ其當時ノ政府ノ内部ニ於ケル少數ナル役人ガ事ノ眞相ヲ十分ニ極ムルコトヲセズ、自分ガ從來朝鮮ニ於テ執來ツタ過マテル政策ノ反動ガ、早晩現ハレ來タルニアラザルヤト云フコトヲ恐レテ居ツタ爲ニ、其恐怖ノ念ニ驅ラレテ誇大セル報道ヲ政府自ラノ手ニ依ツテ發表シタト云フコトガ根本ノ原因デナイカト思フノデアル、（ヒヤ〳〵）諸君、私ハ——諸君、私ハ其大震災直後ニ於キマシテ、其時ノ内務省ガ各地ノ地方官ニ宛テ、發シマシタ所ノ電報ヲ此處ニ寫シテ持ツテ居リマス、其電報ハ内務省ヨリ直接各地ノ地方官ニ發送シタルモノデハナク、一タビ使ヲ以テ船橋無線電信所ニ發送シテ、船橋無線電信所カラ之ヲ各地ニ於ケル鎭守府ヲ通シテ地方官ニ傳達致シタモノデアリマス、而シテ其電信ノ中、特ニ本問題ニ密接ナル關係アルモノダケ三通先ヅ讀上ゲタイト思ヒマス、（謹聽）其一ツハ發信時刻九月三日午前五時三十分、發信者警保局長、宛先朝鮮總督、電文「東京附近ノ震災ヲ利用シ在留鮮人放火、投彈、其他ノ不逞手段ニ出ントスル者アリ既ニ東京府下ハ一部戒嚴令ヲ施行セルヲ以テ此際鮮内鮮人ノ動靜ニ付テハ嚴重ナル取締ヲ加ヘラレ且ツ内地渡來ヲ阻止スルヤウ御配慮ヲ相煩シタシ」、第二發信時刻、九月三日午前六時四十分、發信者警保局長、受信者吳鎭守府副官、電文「山口縣知事宛左ノ通リ電報アリタシ鮮人ハ不逞ノ行動ヲ敢テセントス現ニ東京市内ニ於テハ放火ヲ爲シ爆彈ヲ投擲セントシテ頻ニ活動シツヽアルヲ以テ既ニ東京府下ニ一部戒嚴令ヲ施行セントスルニ至リタルガ故ニ貴縣ニ於テハ渡來鮮人ニ付テハ此際嚴重ナル視察ヲ加ヘ苟モ主義者ナル以上ハ内地上陸ヲ阻止シ一方上海ヨリ渡來スル下層鮮人ニ付テハ十分ナル警戒ヲ加ヘラレ機宜ノ處置ヲ執ラレタシ」第三ハ九月三日午前六時、發信者警保局長、受信者各鎭守府、電文「各地方長官ニ左ノ通リ電報方取計ヲハレタシ東京地方震災ヲ利用シテ鮮人ハ各地ニ放火シ不逞ノ目的ヲ遂行セントスル既ニ東京市内ニ於テハ爆彈ヲ所持シ石油ヲ注ギ放火セル者アリ既ニ東京府下ニ於テハ一部戒嚴令ヲ施行セラレタルガ故ニ各地ニ於テモ十分ナル視察ヲ加ヘ鮮人ノ行動ニ關シ嚴密ナル取締ヲ加ヘラレタシ」此三通デアリマス、是ニ於テ諸君ニ申上ゲテ置キタイコトハ、此三通ノ電報ハ何レモ九月三日早朝ノ發信トナツテ居リマスガ、此電報ハ何レモ九月一日、或ハ二日ニ東京カラ使ニ依ツテ船橋無線電信所ニ送致セラレタモノデアリマシテ、此電報ヲ發シタル責任者ハ固ヨリ現内閣ニ非ズシテ、前ノ内閣臨時内閣デアツタノデアリマス（拍手）故ニ此電報ノ發信者トシテノ最高責任者ハ其當時ノ内務大臣水野錬太郎氏デアリシコトハ言フヲ俟タナイノデアリマス、其事ヲ裏書スル最モ明確ナル事實トシテ、本員ハ去ル十一月十二日千葉地方裁判所デ開カレタ千葉縣東葛飾郡法典村自警團ノ騷擾殺人事件ノ公判ニ證人トシテ出廷致シマシタ船橋海軍無線電信所長海軍大尉大森良三氏ノ豫審調書ヲ讀ミタイト思ヒマス、其大森良三氏ノ豫審調書ノ一節ニハ「一日ニ東京ヘ出シタ使二人ガ前後シテ歸リ來リ、海軍、陸軍、内務、大藏各省ノ救助電報、外務省ヨリ各國ニ居ル大使ニ發スル電報、外國人ノ電報等多クヲ纏マレテ來タ中ニ、警保局長カラ山口、福岡ノ兩縣知事ニ宛テ、朝鮮人ガ東京デ暴動ヲシテ居ルカラ、當分朝鮮カラ日本ニ來ル者ハ差止メヨト云フ意味ノモノガアツタノデ、是等ノ緊急信ヲ發送致シマシタ」ト言明シテ居ルノデアリマス、斯ウ云フヤウナ電報ガ其當時ノ内務省ノ最高官カラ發セラレマシタノデ、其命令ニ接シマシタ所ノ各地ニ於ケル地方長官ハ又其命令ヲ管下ノ郡役所ニ傳ヘ、管下ノ郡役所ハ又之ヲ管下ノ町村ニ傳達スルコトニ努メマシタ結果、彼ノ自警團ノ組織ヲ見ルニ至ツタノデアリマシテ、自警團ノ組織ハ明ニ國家ノ急ニ應ジ、公共ノ安寧ヲ保持セントスル赤心ニ出デタルモノデアルコトハ一點ノ疑ヲ容レナイノデアリマス（拍手）現ニ多數ノ自警團ガ檢擧セラレマシタ彼ノ埼玉縣ヲ見マシテモ、埼玉縣ノ地方課長ガ九月二日ニ東京カラ本省トノ打合セヲ終ヘテ、午後ノ五時頃ニ歸ツテ來マシテサウシテソレヲ香坂内務部長ニ報告ヲシテ、其報告ニ基イテ香坂内務部長ハ守屋屬ヲシテ縣内ノ各郡役所ヘ電話ヲ以テ急報シ、各郡役所ハ其移牒セラレタルモノヲ或ハ文書ニ依リ、或ハ電話ニ依ツテ之ヲ各町村ニ傳ヘタノデアリマス、現ニ浦和地方裁判所ニ於キマシテ大里、兒玉兩郡々書記ガ陳述致シマシタ證書ニ依ツテモ、其移牒電話ハ大體次ノ如キモノデアツタノデアリマス、「東京ニ於ケル震火災ニ乘ジ暴行ヲ爲シタル不逞鮮人多數ガ川口方面ヨリ或ハ本縣ニ入リ來ルヤモ知レズ、而モ此際警察力微弱デアルカラ各町村當局ハ在鄕軍人分會員、消防手、靑年團ト一致協力シテ其警戒ニ任ジ、一朝有事ノ場合ニハ速ニ適當ノ方策ヲ講ズルヤウ至急相當ノ手配相成リタシ」云々ト云フコトデアリマス、斯ノ如ク内務省ノ最高部カラ出タ所ノ命令ガ地方ニ傳ヘラレ、地方長官ガ又之ヲ管下ノ官廳ニ傳ヘマシテ、其結果自治團ノ組織ヲ見ルニ至ツタノデアリマシテ、自警團ニ屬スル人口ノ活動ハ一ニ其平素ヨリ信頼スル官憲ノ報道ヲ信ジ、官憲ノ命令ヲ奉ジタルノ結果ニ過ギナイノデアリマスルカラ、若シ自警團罪アリトスレバ、國法ニ照シテ之ヲ處斷スルコトハ本員固ヨリ之ヲ拒ム者デハナイケレドモ、其自警團ヲシテ其罪ヲ犯サシメタル當時ノ官憲其モノヽ責任、亦之ヲ糾彈セザルベカラズト言ハザルヲ得ナイ(拍手)若シ當時此報道ヲ出シマシタモノガ何等ノ責任ナク、此報道ガ事實デアッタトシテ之ヲ許スナラバ、其命ヲ奉ジテ公安維持ノ大任ニ當ツタル自警團ノ人々モ亦之ヲ許シ、特ニ罪狀アル者モ亦之ヲ酌量スルガ當然デハナイカト思フノデアリマス(拍手)現内閣ノ總理大臣山本伯ハ本月十二日ニ都下ノ各新聞ニ公ニセラレタ談話ノ中ニモ、又本議會ノ劈頭ニ於ケル御演說ノ中ニモ、震災直後發生シタ不祥事ハ流言蜚語ニ出タルモノデアルガ如ク言フテ居ラレマス、私ハ之ヲ山本總理大臣ニ質シタイ、鮮人事件ノコトハ果シテ流言蜚語ニ出タモノデアルカ若シ流言蜚語ニ出タモノデアリマスルナラバ其流言蜚語ヲ取締ルベキ所ノ、政府自ラ出シタ所ノ此流言蜚語ニ對シテ政府ハ責任ヲ感ジナイカ、内閣ハ違ッテ居ツテモ恰モ前内閣ノ締結シタ條約上ノ義務ハ新内閣ガ同ジク之ヲ遵守シナケレバナラヌト同ジヤウニ内閣ハ違ッテ居ッテモ前内閣ノ出シタ所ノ流言蜚語ノ爲ニ、多數ノ朝鮮人ガ不幸ナル犧牲トナッタナラバ、同ジ政府當局者ノ共同責任トシテ、之ニ哀悼ノ意ヲ表シ、其犧牲者ノ遺族ニ對シテ之ヲ慰安スベク最善ノ方法ヲ講ズルコトハ、即チ政府ノ道德的責任デハナイカト思フノデアリマス(拍手)又若シ之ニ反シマシテ、鮮人襲來ノ報道ハ決シテ一箇ノ流言蜚語ニアラズ！流言蜚語デナク、明カナル事實トシテ存在シテ居ッタト云フコトデアリマスルナラバ、本員ハ重ネテ總理大臣ニ質サヾルヲ得ナイ、其鮮人襲來ノ如キ事ガ現ハレテ來ル程、朝鮮人ノ内地人ニ對スル思想ヲ惡化セシメタル朝鮮統治上ノ大失態ニ對シ過去數箇年ニ亘ッテ朝鮮統治ノ衝ニ當ッテ居ッタ政府當局、殊ニ齋藤朝鮮總督ノ責任如何ト云フコトデアル、是等ノ點ニ付キマシテ政府ハ其態度ヲ明ニスベキモノデアルニ拘ラズ、今日ニ至ルマデ鮮人事件ニ對シマシテハ何等事實ノ眞相ヲ明カニセズ、哀悼スベキ場合ニモ嘗テ哀悼ノ意ヲ表セズ、而モ議員ノ質問ニ對シテスラ尙ホ一言答フルコトナキハ、現内閣自ラ前内閣ト共同ノ責任ヲ負擔セントスルモノデアルト言ハレテモ辯解ノ言葉ハナイデアラウト思フ、此事ニ付キマシテ、私ハ山本總理大臣ノ明白ナル御答辯ヲ煩ハシタイノデアリマス、第二ハ支那人ノ誤殺事件ニ關スルコトデアリマス、最近報道セラレル所ニ依リマスト、支那政府ハ支那人誤殺事件ニ關シテ日本政府ノ調査及報告ニ滿足セズ、支那政府自ラ調査委員ヲ任命シテ、支那人誤殺事件ノ眞相ヲ極メントスルニ至ッタノデアリマス、現ニ去ル十日ノ午後ニ於テ支那人誤殺事件ノ調査委員ニ任命セラレタ王正廷氏一行ノ人人ガ外務省ニ外務大臣ヲ訪問シテ、何等カノ挨拶ヲシタ事實ガアリマス、私ハ此事實ハ獨立國トシテ、又法治國トシテノ日本ノ名譽ト信用トニ取ッテハ、由々シキ大事デアルト信ズル者デアリマス、支那政府ガ日本政府自ラノ調査及報告等ニ滿足セズシテ、自ラ調査委員ヲ任命シテ支那人誤殺事件ノ眞相ヲ調査セントスルト云フコトハ即チ支那政府ガ日本帝國ノ警察權及司法權ヲ信用セズト云フコトデアリマシテ、獨立國トシテ、又法治國トシテノ日本ヲ侮辱スルコト大ナルモノト信ズルノデアリマス、(拍手)曾テ千九百十四年ニ彼ノ墺匈國ノ皇儲及皇儲妃兩殿下ガ「ボスニヤ」ノ首府ノ「サラエボ」ニ於キマシテ、塞爾維人ノ爲ニ暗殺サレマシタ時ニ、墺匈國ノ政府カラ塞爾維ノ政府ニ對シテ共犯罪人ヲ訊問シ、共犯人ヲ調査スル爲ニ墺匈國ノ代表者ヲ派遣スルコトヲ要求シテ參ッタノデアリマス、其時塞爾維ハ敢然トシテ之ヲ拒ンデ答ヘタ、塞爾維小ナリト雖モ一獨立國デアル、塞爾維ハ墺匈國ノ皇室ニ累ヲ及ボシタル塞爾維人ノ犯罪者ヲ調査シ、且ツ訊問スルノ責任ヲ持ッテ居ルケレドモ、其調査及訊問ニ對シテ外國タル墺匈國政府ノ派遣シタル代表者ヲ參列セシムルコトハ、塞爾維憲法及刑事訴訟法ノ斷ジテ許サヾル所ナリト拒絕致シタノデアリマス、支那政府ガ日本政府ノ支那人誤殺事件ニ關スル調査及其報告ニ滿足セズシテ調査委員ヲ派遣スルノハ、日本ヲ治外法權ノ國デアルガ如キ取扱ヲ爲サントスルモノデアル、此事ノ爲日本ニ參リマシタ王正廷氏一行ガ外務大臣ニ見エタ時ニ、外務大臣ハ如何ニ之ニ御挨拶ヲ爲サレタカ、其外務大臣ノ御返答ヲ明白ニ承リタイノデアリマス、凡ソ此度ノ支那政府ト日本政府トノ間ニ於ケル支那人誤殺事件ニ對スル意思ノ疎隔ハ、支那政府ガ明ニ場所ヲ指摘シ、其場所ニ就テ調査セラレンコトヲ要求シテ居ルニ拘ラズ、日本ノ外務省ハ十一月八日ト十二月三日トノ兩度ニ亘ッテ、支那人誤殺事件ノ犧牲トナッタ人々ノ、姓名及其場所ヲ報告セラレタケレドモ故意ガ偶然カ支那政府ノ指摘シタル、且ツ支那民間ニ於ケル囂々タル議論ノ燒點トナッテ居ル地點ニ付キマシテハ、三箇月ノ久シキニ亙ル今日マデ何等ノ調査ヲ行ハズ、調査シタリトシテモ其結果ヲ發表シテ居ラナイト云フコトガ、其根本原因ヲ爲シテ居ルノデアリマス、現在政府ハ彼ノ大杉榮ヲ暗殺シタ所ノ甘粕事件ノ爲ニモ軍法會議ヲ開イタ、又鮮人事件ニ對シテモ自警團ノ檢擧ヲシテ居ル併ナガラ此隣邦ト日本トノ國交ニ最モ密接ナル關係アル支那人誤殺事件ニ關シマシテ、三箇月ノ久シキニ亙ル今日マデ、支那ガ要求シテ居ル地點ニ對シテ調査シタル事實ナク、其事實アリトシテモ其結果ヲ發表シナイト云フコトハ實ニ政府ノ大ナル失態デアルト言ハレテモ、恐ラクハ辯解ノ辭無カルベシト思フノデアリマス(拍手)我ガ日本ノ同胞七百ガ、彼ノ「ニコラエウスク」ニ於キマシテ、時ノ露國政府ノ如何トモスルコト能ハザル「バルチザン」ニ虐殺ヲサレマシテサヘ、日本ハ北樺太ヲ保障占領シ、尚且ツ今露西亞政府ニ陳謝ヲ求メテ止マナイノデアル、又曾テ支那團匪事件ニ際シマシテ、時ノ支那政府ガ如何トモスベカラザル土匪ノ爲ニ日本人ガ斃レタルニ對シマシテモ、日本政府ハ支那ニ對シテ償金ヲ要求シ、且ツ支那政府ニ陳謝ヲ求メタノデアリマス、自ラ正義トシテ他ニ求ムル所ヲ、自ラモ亦他ニ向ツテ行フダケノ誠心誠意アツテコソ、吾々ハ日支親善ノ實ヲ擧ゲルコトガ出來ルノデアリマス、此公明正大ニ自分ノ是トスル所ハ之ヲ是トシテ主張シ、要求スルト同時ニ、又非トスル所ハ之ヲ非トシテ陳謝スルガ如キ勇氣ヲ持タザル者ハ眞ニ世界ノ尊敬ヲ博スルニ足ラズト存ズルノデアリマス(拍手)諸君モ御存知ノ通リ、山本總理大臣ハ十月十二日ノ都下ノ各新聞ニ公ケニセラレタ談話ノ中ニモ、斯ウ云フコトヲ云ウテ居ラル丶、「最初ノ三週間位ト云フモノハ通信交通機關ハ全然用ヲ爲サヌ、人心混亂ノ裡ニ長イ時日ヲ過シ、此間ニ在ツテ言フニ言ハレヌ事實ヲ惹起シタノハ遺憾千萬デアツタ、若モ此出來事ノ爲ニ日本ガ國際上乃至人道上ニ汚點ヲ貼スヤウナコトガアツタナラバ、我ガ五十年ノ文明ヲ失フノミナラズ、内外ニ大變ナル誤解ヲ招ク基トナル」斯樣ニ言ツテ居ラル丶ノデアリマス、若シ此言葉ガ總理大臣ノ眞意デアリマスルナラバ、總理大臣ハ日本ノ國際上ニ於ケル信義ヲ確立シ、人道上ニ於ケル名譽ヲ維持スル爲ニ斷乎タル處置ヲ執ルノガ當然ノ義務ト思ヒマス、今日本ガ國際上ニ於テ孤立致シテ居リマスルノハ、強大國ニ對シマスレバ正義ト不義トヲ問ハズ之ニ盲從シ、小弱國ニ對スレバ正義ト不義トヲ問ハズ其要求ヲ拒絶スルト云フガ如キ外交ノ多年行ハレテ居ツタト云フコトガ今日世界ノ侮リヲ受ゲル根本トナツテ居ルノデアル、力ノ強大ナル國ハ日本恐ル丶ニ足ラズト爲シ、力ノ微弱ナル國ハ日本頼ムニ足ラズトシテ、彼ノ日英同盟ハ廢棄セラレ、隣邦支那ヨリモ亦排日運動ガ起ルト云フ狀態ニナツタノデアリマス、此過去數年間ニ亙ル事大主義ノ外交ヲ根柢カラ一新致シマシテ、眞ニ日本ノ自主獨立ノ地位ヲ確立セント欲スルナラバ、如何ナル強大國ノ要求デアツテモ、苟モ不義ト信ズルコトハ斷ジテ拒絶スルト同時ニ、如何ナル小弱國ノ要求デアツテモ、苟モ正義ト信ズルモノハ快諾ヲ與ヘ以テ自主獨立ノ見地ニ立ツテ公明正大ナル外交ヲ行フコトガ、卽チ眞ニ山本内閣ガ唱道セラル丶所ノ外交一新ノ根本義デアラネバナラヌト本員ハ信ズルノデアリマス(拍手)此根本ニ於ケル日本ノ外交ノ積弊ヲ一新シテ、支那ニ對シテモ誠心誠意ヲ以テ交リ、此支那人誤殺事件ニ對シテ有ノ儘ノ報道ヲ支那ニ致シ、以テ支那ノ誤解ヲ一掃スルト同時ニ、其代リ日本ノ法治國トシテノ權威、獨立國トシテノ名譽ヲ傷ケントスルガ如キ調査委員ノ派遣ハ、斷乎トシテ之ヲ御斷リニナルト云フコトガ當然ノ處置デアルマイカト信ズルノデアリマス、今日本ノ政府ガ支那ニ對シテ與フベキ報道ヲ完全ニ與ヘズシテ、而シテ支那ノ調査委員ガ實地ニ就テ支那人誤殺事件ノ跡ヲ調査致シマシテ、若シ日本ノ警察ト日本ノ司法部トニ依ツテ調査シ報告シテ置イタモノ以外ニ、何等カ新シキ事實ヲ發見シテ、之ヲ世界ニ公表スルコトガアリマスルナラバ其時コソハ、日本ノ警察權ト日本ノ司法權トハ、支那ノヤウナ治外法權ノ國ノソレヨリモ更ニ劣等ナルモノデアルト云フコトヲ發露スルモ同樣デアリマシテ、獨立國トシテノ日本ノ名譽ヲ傷ケ、法治國トシテノ日本ノ權威ヲ地ニ墜スコト是ヨリ大ナルハ莫シト言ハザルヲ得ヌノデアリマス、此點ニ關シテ私ハ外務大臣ノ明白ナル、深切ナル御答辯ヲ要求致シマス、第三ニ本員ハ帝都復興ニ關スル種々ノ御計畫ト莫大ノ經費ノ支出ニ對シテハ之ヲ諒ト致シマスケレドモ、明日ノ東京ヲ建設スルト云フコトヨリモ、今日ノ東京ニ於ケル生活問題ヲドウスルカト云フコトガ更ニ緊急ナル問題デハナイカト云フコトヲ救護事務局總裁タル資格ニ於テ總理大臣ニ伺ヒタイ、救護事務局ガ公表シテ居リマスルモノヲ見マスルト、十一月二十日現在ノ東京ニ於キマスル罹災民ハ約百六万ノ多キニ達シテ居ルノデアリマスガ、此百六万ノ罹災民ノ中デ殆ド一割ニ近キ者ハ燒跡ニ復歸スベキ資力ナク又避難スベキ家屋ヲ持タズシテ、總テ東京市中百二十箇所ノ「バラツク」ニ收容セラレテ居ルノデアリマス、此「バラツク」ハ本員ガ申上ゲルマデモナク、全ク應急ノ設備ニ過ギナイノデアリマスカラ、雨露ヲ完全ニ凌グコトサヘモ出來ズ、風吹クコトナク雨降ルコトナキ晴天ノ日ニ於テサヘ、太陽西ニ傾ケバ冷氣肌ヲ刺スガ如キ苦痛ヲ感ゼザルヲ得ナイ、況シテ風吹キ雨降ル日ノ生活ニ至ツテハ其悲慘ナルコト想像ニ餘リアルノデアリマス、此殆ド寒天ニ吹曝サレテ居ルガ如キ「バラツク」生活者ノ中ニハ消化機病者、呼吸器病者ノ續出スルハ毫モ怪ムニ足ラヌノデアリマス、併ナガラ此粗末ナル「バラツク」ノ中ニデモ生活シ得ル者ハ、尚ホ幾ラカ幸福ト言得ルノデアリマシテ、其粗末ナ「バラツク」ニサヘ這入ルコトノ出來ナイ約一萬三千ノ同胞ガ存立シテ居ルノデアリマス、其悲慘ナル「バラツク」生活ヲ營ミ、或ハ「バラツク」ニモ這入リ得ザル約十萬ノ赤貧者ノ多數ハ、又失業者デアルト云フコトハ、最近福田博士ガ主宰シテ居ル所ノ高等商業學校調査會ノ調査ノ結果ニ依ッテモ明白デアリマス、其結果ハ山本伯自ラ總裁トシテ主宰シテ居ラル、救護事務局ノ報告中ニ明白ニ現ハレテ居リマス、帝都復興ノ事業ガ一方ニ於テ著々ト行ハレ、火災保險ニ對シテ政府ハ一億八千萬圓ノ大支出ヲ爲スコトヲ意トシナイニ拘ラズ、住ムニ家ナク食フニ食ナク、而モ從事スベキ職業サヘモ求メ得ナイ所ノ數萬ノ同胞ニ對シテハ、何等救濟ノ事實ガ行ハレテ居ラヌト云フコトハ、本員實ニ人道上ノ大問題トシテ之ヲ看過スルコトハ出來ナイノデアル(拍手)山本總理大臣ハ屢〻詔勅ヲ御引用ニナリマシタガ、彼ノ明治維新ノ當時、先帝ガ下サレタ御宸翰ノ中ニ何トアリマスカ、億兆一人タリトモ其所ヲ得ザレバ、即チ朕ガ罪ナリトアル、此億兆一人タリトモ其所ヲ得ザレバ、即チ朕ノ罪ナリト仰セラレタ其御言葉ニ對シテ、山本總理大臣ハ衷心恥ヅル所ナキヤ、本員ハ之ヲ問ハザルヲ得ナイノデアル(拍手)去ル九月二日ニ前ノ内閣ガ殘シテ置キマシタ非常徴發令ニ依リマシテモ、九月一日ノ大震災ノ結果ニ依ッテ罹災民トナッタ者ノ爲ニハ家屋ヲ徴發スルコトガ出來ルト云フコトニナッテ居ル、此非常徴發令ヲ適用セラレテ、今日各處ニ散在シテ居ル大富豪ノ邸宅竝ニ其別莊ヲ徴發シテ、ソレニ此住ムニ家無ク求ムルニ職無キ人々ヲ安住セシムルト云フコトガ、私ハ實ニ急務中ノ急務デアルト思フノデアリマスルガ、山本總理ハ此非常徴發令ヲ適用シテ、先ヅ自ラノ邸宅ヲモ此住ムニ家無ク求ムルニ職無キ不幸ナル人〻ノ爲ニ開放スル誠意ナキヤ否ヤ、之ヲ問ハザルヲ得ナイノデアル(拍手)諸君、山本總理大臣ハ臨時議會ノ開カル、前ニ於キマシテ、貴衆兩院ノ各政黨ニ時局ヲ混亂セシメナイヤウ了解ヲ求メラレタノデアリマスルガ、山本總理大臣ガ假令貴衆兩院ニ於ケル總テノ政黨ノ了解ヲ求メラレマシテモ、茲貴衆兩院ノ外ニ於ケル一般民衆ニ對シ、眞ニ人間人格ノ尊嚴ヲ認メ、生活ノ安定ヲ第一義トスル所ノ政治ヲ行ハレナカッタナラバ、議院ノ中ハ平和デアリマシテモ、足一歩議院ノ門ヲ出ヅレバ天下ハ如何ナル混亂トナルヤ測リ知ルコトガ出來ナイノデアリマス(拍手)先日政友會ノ小川平吉君ガ此壇上ニテ質問セラレタ言葉ノ中ニ、今日日本ニ於テハ危險思想ガ益〻蔓延シ、無政府主義者ヤ共産主義者ガ増加セントスル傾向ガアルト云フコトヲ言ハレマシタガ、サウ云フ思想ノ惡化ヲ來シタ根本ハ何處ニ在ルカト言ヒマスルト、過去數年間ニ亙ル人間人格ノ尊嚴ヲ認メズ、生活ノ安ヲ脅威シテ憚ル所ナキ專制政治ガ行ハレタ結果ニ過ギナイノデアリマス(拍手)其專制政治ヲ行ヒタルコトニ於キマシテ、質問者デアッタ小川平吉君ノ屬スル政友會自身ハ、最大ノ責任ヲ辭スルコトハ出來ナイノデアル(拍手「馬鹿ナコトヲ言フナ」「モット眞面目ニ言ヘ」ト呼ヒ、其他發言スル者多シ)其危險思想ノ製造ニ最モ重大ナル責任ヲ持ッテ居ル所ノ政黨ニ屬スル小川君ガ、此壇上ニ於テ危險思想ガ蔓延シ危險ナル主義者ガ増加スルコトヲ恐レラル、ガ如キコトハ、恰モ兒童ガ自ラ描キ出セル鬼ノ繪ヲ見テ自ラ恐怖スルガ如キ滑稽ト言ハザルヲ得ナイノデアリマス、(拍手)是ガ即チ今日ノ日本ニ於キマシテ危險ナル思想ガ起リ人心ヲ惡化スル根本デアル(「議長」「議長」ト呼フ者多ク、又「眞面目ニヤレ」「問題外」ト呼フ者アリ)故ニ現内閣ガ苟モ更始一新ヲ唱ヘマスル以上ハ、眞ニ人間人格ノ尊嚴ヲ認メ、生活ノ安定ヲ第一義トシ、上御一人、下萬民ノ大精神ニ基イテ立法上及行政上ノ大改革ヲ行ハナケレバナラナイノデアリマシテ、此人間人格ノ尊嚴ヲ本トシ、生活安定ヲ第一義トスル、立法上、及行政上ノ大改革ガ行ハレナイヤウデアリマスルナラバ、日本國民ハ嘗テ彼ノ政友會ヲ葬リタルト同樣ニ、現内閣モ亦葬ルコト火ヲ睹ル如ク明カデアルト謂ハザルヲ得ナイノデアリマス(拍手)是等ノ點ニ付キマシテ本員ハ總理大臣、及關係諸大臣ノ明白ナル御答辯ヲ要求スルノデアリマス(拍手)

○議長(粕谷義三君) 只今ノ永井君ノ御演説中ニハ、甚ダ穩カナラザル言語ガアッタヤウニ思ヒマス、(「議長〻〻」ト呼フ者アリ)能ク速記録ヲ調査致シマシタ上デ相當ノ取計ヲ致シマス、(「ヒヤヒヤ」)――山本内閣總理大理

〔國務大臣伯爵山本權兵衞君登壇〕

○國務大臣(伯爵山本權兵衞君) 諸君、只今永井君ヨリ種々ノ御質問ヲ拜シマシタガ、何レモ先日來當議場ニ於テ各員ヨリノ質問ニ對スル私ノ答辯ガ甚ダ不十分デアルト云フコトヲ前提ト致サレマシタ、是レ寔ニ致方ガゴザリマセヌ、諸君ノ希望ヲ滿タスダケノ言葉ヲ盡シ得マセヌノヲ甚ダ遺憾ニ存ジマスサリナガラ其質問中ノ主ナル問題ニハ、既ニ震災當時ニ起リマシタル所ノ非常悲ムベキ出來事ニ對シマシテ、永井君ノ述ベラレタル所ニ付テ大體一言申上ゲテ置キタイト思フ、固ヨリ當時ノ出來事ハ殆ド想像ノ及バナイ事ガゴザリマシテ、又喪心的態度ニ何レモ出テマシタル其結果ハ、何レモ傷ムベキ大事ヲ惹起シタコトニ考ヘマスノデアリマス、熟〻考ヘマスルト云フト、我ガ國民ガ非常時ニ際シテ過去數十年來ニ鍛錬ヲ致シマシタル事柄ヨリ考ヘマスルト、ドウシテ見テモ想像ノ付カナイ程ノ出來事ガゴザリマス、我ガ國民ハ五十年間内外多事ニ際シマシテ、非常ニ心膽ヲ鍛錬致シマシタル結果ハ、假令非常時ニ際シマシテモ必ズシモ心情自若トシテ、能ク自己ノ將來ニ及ボス事等ヲ判斷ヲ致シテ後、決心ヲスル人方デアラウト信ジマスル、所ガ其當時ノ出來事ハ殆ド想像スルコトノ出來ヌ程ノコトガゴザリマス、故ニ内外人ニ對シマシテモ數多ノ不祥事ヲ惹起シマシタ、偖此結果ハ高等警察竝ニ司法警察ニ於キマシテ相當ノ手段ヲ取ッ

テ、既ニ調査進行中デゴザリマスカラ、其事柄ニ對シマシテハ同僚ヨリ精シク申述ベルデゴザリマス、又流言蜚語ト云フコトガゴザリマシタガ、是ハ今御讀上ニナツテ居リマスガ、必ズシモ御讀上ノ通リデアルト云フコトハ斷言シマセヌガ、政府ハ流言蜚語ヲ鎭靜シマスト同時ニ、之ニ對シテ畏怖ヲ戒メ、同時ニ各自ニ向ウテ十分ナ警戒ヲ加ヘタノデゴザリマス、萬事ガ思ソガ儘ニ行キ足ラザルヲ甚ダ遺憾ト致シマス、詳細ノ事ニ關係致シマシテハ、直接此職ニ當ツテ居リマス人ヨリ詳細意見ヲ申述ベマスル、サリナガラ内閣ノ首席ニ在リマス私ハ、全部ノ大責任ハ無論負ヒマスルノデアリマスカラ、ドウゾ左樣御承知ヲ願ヒタウゴザリマス

○議長（粕谷義三君） 伊集院外務大臣

〔國務大臣男爵伊集院彥吉君登壇〕

○國務大臣（男爵伊集院彥吉君） 永井君ノ御質問ニ御答致シマス、王正廷氏ガ來ラレタコトニ付キマシテ、共同調査デモ致スカノヤウニ御考ニナツテ居ルヤウデゴザイマスガ、全クサウデハゴザイマセヌ、王正廷氏ノ來ラレマスコトニ付キマシテ、同氏ハ何等ノ全權ヲ持ツテ居ラヌノデアリマス、種々ノ用ヲ兼ネテ日本ノ各方面ノ方々ト此際ニ於テ意見ヲ交換致シタイト云フコトヲ以テ御出ニナツタノデアリマシテ、隨テ此流說ニ關スル共同調査ヲスルト云フヤウナコトハ、全ク其全權等ヲ持ツテ居ルノデハナイノデアリマス、又支那ト致シマシテモ、今日能ク分ツテ居ラレル諸君デゴザリマスカラ、日本ニ治外法權ガアルヤウナ考ヲ以テ王正廷氏ノ如キ人ガ來ヤウト云フコトハ思ハヌノデアリマス、全ク善意ヲ以テ來ラレタノデアリマス、隨テ此際ニ於テハ却テア、云フ人ガ來ラレテ、日本ノ此慘狀ヲ御覽ニナリマシタラバ、當時ノ事情モ能ク分ルノデアリマスカラ、私ハ努メテ接シテ十分事情ヲ明カニシマシテ、意思ノ疏通ヲ圖ツテ、永井君ノ御話ノ如ク日支兩國ノ親善ヲ益〻進メテ行キタイト云フ考デ居リマス、次ニ此流說ノ事ニ付キマシテハソレ〳〵各當局ニ於テ嚴重ニ調査ヲ致シテ居リマスガ、今尙ホ其事跡ガ判明シマセヌ、是ハ今後引續イテ十分調査ヲ願フ積リデゴザリマス、是ダケ御答辯致シテ置キマス

○議長（粕谷義三君） 後藤内務大臣

〔國務大臣子爵後藤新平君登壇〕

○國務大臣（子爵後藤新平君） 只今永井君カラノ御質問中、鮮人竝ニ支那人ノ關係ニ付テ警察上ノ取締ニ關スルコトノ御質問モアリマシタ、又救護事務局ノコトニ付テノ御質問モアリマシタ、此點ニ付テ一應御答ヲ致シテ置キマス、ソレカラ當初ノ流言蜚語、此事ニ付キマシテハ世上色々ノ說ガアリマス、而シテ此電信發送ノコトニ付テモ種々說ガアリマシタガ、九月二日ニ内閣ガ成立致シマシテカラ以來ノコトハ、總テ自分ノ責任デアリマシテ、唯〻其間ニ於テ何ノカンノト言ツテ關係ヲ區別シテ彼此レ申スベキモノデナイト云フコトニ付テ、深ク恐懼罷リ在ル次第デアリマス、此蜚語流言其モノガ非常ナ害ヲ加ヘタルコトニ付テハ申スマデモナイコトデアリマスガ、蜚語流言其モノハ少シモ害ニナラナカツタモノヲ傳播シタノデハナクシテ、此注意ハ當時ニアツテ甚ダ必要ナルモノデアリシト云フコトモ疑ナキコトデアリマス、唯〻其取締上電信、電話ノ利用ガ完キヲ得ルコトガ出來ナカツタ爲ニ、或ハ訂正等ノ屆カザルコトモアリ、又取締上ノ運動ニ付テモ、動作目的ノ如クナルコト能ハザリシコトアリシ爲ニ、諸般ノ遺憾ナル點ガ少カラザリシト云フコトモ事實デアリマス、併ナガラ自警團ノ事ニ付キマシテ、御辯ガアリマシタガ、此震災當時ノ秩序ノ紊レタル時ニ當ツテハ、自警團ノ盡シタル努力ハ、當局ニ於テモ大ニ認メテ居ルノデアリマス、此中ニ付テ偶〻法規ニ觸ル、者アリシコトハ甚ダ遺憾トスルトコロデアリマス、併ナガラ是ハ其功アルガ爲ニ放慢ニ付スルコトガ出來ナイカラ、ソレ等ノモノハ檢擧ヲ致シテ相當ニ處分セラル、コトニナツテ居ルノデアリマス、故ニ鮮人若クハ支那人ニ關係シマシテモ別ニ區別ヲシテ之ヲ處分スル譯デハナイト云フコトハ、勿論御認ニナツテ居ルコトデアラウト思フノデアリマス、而シテ又内地人、即チ日本人ノ殺害ヲ加ヘラレタ者ニシテ、或ハ負傷ヲ被ツタ者ニシテ、其加害者ノ不明ナルモノモアルノデアリマス、日本人ノ殺傷ニ付テハ、悉ク加害者ガ分ツタト云フ譯デハナイノデアリマスカラ、此意義カラ全般ノ御判斷ナ乞ハナケレバナラヌト思ヒマス、又朝鮮人ノ保護ニ付キマシテハ、九月十日迄ニ保護ヲ受ケタル者、四千六百餘人ニナツテ居リマス、又九月十七日ニアツテハ習志野ニ於テ約四千人、目黑ニ於テ六百人ノ保護ヲ加ヘテ居ルノデアリマス、其他朝鮮人ノ朝鮮ニ歸ルノモ危險デアリマスカラ、是ガ爲ニ保護ヲシタ所ノ朝鮮人ヲ押ヘテ歸ラシメナカツタト云フ位ノ誤ツタル報道ガ、大ニ彼ノ心理狀態ヲ害シタト云フコトモアル位ニ保護ガ屆イテ居ルノデアリマス、ソレカラ鮮人ノ犯罪ノ檢擧ノ數モ少カラヌノデアリマス、故ニ不幸ニシテ犯罪人デナキ者ノ害ヲ被ツタ者ガ絕對ニ無イト云フコトハ勿論言フ能ハザルコトデアリマス、支那人ノ保護ニ至リマシテモ、無賃歸國セシメタル者約五千人デアリマス、斯ノ如ク保護ニ於テ屆ク限リノ保護ヲ致シテアルノデアリマスガ、當時ノ形勢、全ク親ハ子ヲ顧ミルコト能ハズ、子親ヲ顧ミルコト能ハザリシ形勢デアツタト云フコトニ付テ、今日ハ想到シ能ハザル程ノ慘狀デアリマシタ、斯樣ナ譯デアリマシタカラ、其間ニ種々ノ錯誤ヲ生ジタルコトハ少カラヌノデアリマスガ、之ニ對シテハ十分ナル調査ヲ遂ゲテ、サウシテ其善後ノ處置ノ宜シキヲ得ルコトニ努メテ居ル譯デアリ

マス、救護局ノ事ニ至リマシテモ、決シテ今日ノ狀態ヲ以テ滿足スル譯デハアリマセス、又御指摘ノ通リノ事柄ハ救護局ニ於テモ調査ヲ致シテ居ル、卽チ永井君ノ述ベラレタヤウニ救護局ノ報告ニ云云トアリマシタガ、之ヲ一々私茲ニ擧ゲマセヌガ、先ヅ救護局ガ如何ニ調査ヲシテ居ルカハ大要報告ニ依ッテ御分リニナルデアリマセウト思ヒマス、又救護局ノ分配ニ付キマシテモ、當局ハ慊ラザル所ノモノ甚ダ多イノデアリマスガ、當時以來不眠不休ヲ以テ努力致シマシタ、其足ラザル所ノモノハ勿論當局ノ責任デアリマス、併シナガラ是ガ爲ニハ所謂義勇奉公ノ念ヲ以テ、無給デ助力セラレタル諸君ノ如キモ、非常ナ努力ヲ續ケテ、サウシテ助ケラレタ所ノ人々ニ對シテ深ク感謝セザルヲ得ナイノデアリマス、斯ノ如キ協力ノ起リマシタノモ、當局ノ者ノ力ノ及バザルガ爲メノミナラズ、當局ノ者ノ不休不眠ノ努力ヲ稱讚セラレマシテ同情セラレマシテ、サウシテ斯樣ニ各紳士ガ所謂義勇奉公デ努力セラル、マデニ至ツタノデアリマス、斯ノ如キ協力ガ起ル程ニナリマシタケレドモ、其足ラザル所ノモノ甚ダ多イノデアリマスガ、是ハ將來ニ於テ是等ノ事ニ付テハ其足ラザルモノ、缺點ノアル所ヲ明カニシテ、以テ諸般ノ法制上ノ缺點ヲ補フヤウニ致シタイト云フ考ヲ以テ、只今調査中デアリマス、大要右御答ヘ致シマス

○永井柳太郎君 簡單ニ當席ヨリ再質問ヲ致シタイト思ヒマス、只今總理大臣、外務大臣……

〔「登壇」「登壇」ト呼ヒ其他發言者多シ〕

○議長（粕谷義三君） 靜肅ニ

○永井柳太郎君 御答辯ガアリマシタケレドモ、多クノ點ニ於テ本員ハ滿足シ得ナイコトヲ遺憾ト致シマス、殊ニ山本總理大臣ハ本員ガ大震災ノ直後ニ於テ發生シタル不祥事件ニ對シ、遺憾ノ意ヲ表スノ意思ナキヤ否ヤト云フコトヲ伺ヒマシタニ對シテ、遺憾ノ意ヲ表スル意思アリトモ、ナシトモ言明セラレザルハ非禮ニアラズヤト思ヒマス、又只今後藤内務大臣ノ御說明ニモアリマシタ通リ、當時鮮人襲來ト云フコトハ單ナル流言浮說ニ止マラズ、或ル程度マデ其根柢トスル點ガアッタヤウデアリマス、若シ然リト致シマスレバ、從來朝鮮統治ノ任ニ當ツテ居ッタ政府當局並ニ齋藤朝鮮總督ノ之ニ對スル責任ヲ承ル必要ガアルト思フノデアリマス、又外務大臣ハ王正廷氏ハ何等ノ目的ヲ以テ來タモノデモナク、唯〻漫然ト來レルモノノヤウニ御話ガアリマシタケレドモ、王正廷氏自ラ現ニ本月三日奉天ニ於テ發表セラレタルモノヲ見マスルト、今回ノ渡日ノ目的ハ支那政府ノ命ニ依リ、日本ノ震災時期ニ於ケル支那人ノ誤殺事件ニ對シ調査セシ爲デアルト云フコトヲ言ハレテ居ルノデアリマス、私ハ外務大臣ノ御答辯ヲ滿足シ得ザル者デアリマスケレドモ、其點ハ他日豫算委員會ニ於テ重ネテ申上ゲ、詳細ナル御答辯ヲ求メルコトニ致シマスルガ、此席ニ於テハ山本總理大臣ヨリ本員ノ只今伺ヒマシタ點ニ付テ詳細ナル答辯ヲ願ヒタイト思ヒマス

〔國務大臣伯爵山本權兵衞君登壇〕

○國務大臣（伯爵山本權兵衞君） 只今永井君ヨリノ再度ノ御質問ニ對シテ御答致シマス、政府ハ起リマシタ事柄ニ就テ目下取調進行中デゴザリマス、最後ニ至リマシテ其事柄ヲ當議場ニ愬ヘル時モゴザリマセウ、本日ハマダ其時ニアラザルモノト御承知ヲ願ヒマス

중의원 의사 속기록 4

인쇄일: 2025년 12월 15일
발행일: 2025년 12월 25일
지은이: 조선총독부 중추원
발행인: 윤영수
발행처: 한국학자료원
서울시 구로구 개봉본동 170-30
전화: 02-3159-8050 팩스: 02-3159-8051
문의: 010-4799-9729
등록번호: 제312-1999-074호

잘못된 책은 교환해 드립니다.
정가 250,000원